ENCYCLOPÉDIE
MÉTHODIQUE.

ÉCONOMIE
POLITIQUE ET DIPLOMATIQUE,
PARTIE DÉDIÉE ET PRÉSENTÉE
A Monseigneur le Baron DE BRETEUIL,
Ministre et Secrétaire d'État, &c.

Par M. DÉMEUNIER, Secrétaire ordinaire de MONSIEUR, Frere du Roi, & Cenſeur royal.

TOME SECOND.

A PARIS,
Chez PANCKOUCKE, Libraire, hôtel de Thou, rue des Poitevins;
A Liège,
Chez PLOMTEUX, Imprimeur des États.

M. DCC. LXXXVI.
AVEC APPROBATION, & PRIVILEGE DU ROI.

ENCYCLOPÉDIE

MÉTHODIQUE,

OU

PAR ORDRE DE MATIÈRES;

PAR UNE SOCIÉTÉ DE GENS DE LETTRES,
DE SAVANS ET D'ARTISTES;

Précédée d'un Vocabulaire universel *, servant de Table pour tout* l'Ouvrage*, ornée des Portraits de* MM. DIDEROT & D'ALEMBERT*, premiers Éditeurs de l'Encyclopédie.*

D

DACHSTUL, feigneurie immédiate d'Allemagne. Elle eft bornée, d'un côté, par le bailliage allemand du duché de Lorraine, & de l'autre par les bailliages de Saarbourg & de Grimbourg, qui appartiennent à l'électeur de Trèves, dont elle relève. Elle appartenoit anciennement à la ligne Rodolphine des dynaftes de Fleckenftein: le dernier de ces princes la vendit en 1644 à Philippe-Chriftophe de Sœtern, archevêque de Trèves, fon feigneur direct, qui la donna à fa famille à titre de fidéicommis. Marie Sidoine fa fille, & l'héritière de Philippe-François, comte de Solms, la porta en mariage à Notger Guillaume : la famille de ce dernier la poffède encore. Son titulaire ne fiège pas aux affemblées de l'Empire, mais il a voix & féance à celles du cercle du haut-Rhin. Sa taxe matriculaire eft d'un cavalier & d'un fantaffin, ou de 16 florins par mois; & fa contribution pour l'entretien de la chambre impériale eft de 10 rixdalles & 73 kr. par mois.

DAIRI ou DAIRO, fouverain pontife des japonois.

Kœmpfer l'appelle *le monarque héréditaire eccléfiaftique du Japon*. On fait que l'empire du Japon a deux chefs; l'un eccléfiaftique qu'on nomme *dairo*, & l'autre féculier qui porte le nom de *kubo*. Ce dernier eft à proprement parler l'empereur, & le premier eft l'oracle de la religion du pays.

Les grands prêtres, fous le nom de *dairis*, ont été long-temps les maîtres du Japon, tant pour le fpirituel que pour le temporel. Ils ufurpèrent l'autorité plenière & abfolue, par les intrigues d'un ordre de bonzes venus de la Corée, dont ils étoient les chefs. Ces bonzes facilitèrent à leur dairi le moyen de foumettre toutes les puiffances de ce grand Empire. Avant cette révolution, il n'y avoit que les princes du fang ou les enfans des rois, qui puffent fuccéder à la monarchie; mais après la mort d'un des empereurs, des bonzes ambitieux élevèrent à l'Empire un de leurs grands prêtres, qui jouiffoit de la réputation d'un faint. Les peuples, qui le croyoient defcendu du Soleil, le prirent pour leur fouverain. Leurs idées religieufes étoient très-abfurdes. Ils rendirent à cet homme des hommages idolâtres; ils fe perfuadèrent que s'oppofer à fes commandemens, c'étoit réfifter à Dieu même. Lorfqu'un des rois particuliers ou des chefs du pays avoit quelque démêlé avec un autre, ce dairi connoiffoit de leurs différends, avec la même autorité que fi Dieu l'eût envoyé du ciel pour les décider.

Quand le dairi régnant marchoit, dit l'auteur de l'Ambaffade des hollandois, il ne devoit point toucher la terre; il falloit empêcher que les rayons

du foleil ou d'une lumiere quelconque ne le touchaffent : on eût regardé comme un crime de lui couper la barbe & les ongles. On lui préparoit fes repas dans une vaiffelle qui ne pouvoit fervir qu'une fois. Il prenoit douze femmes, qu'il époufoit en grande pompe : fon château offroit deux rangs de maifons, où elles logeoient fix de chaque côté. Il avoit de plus un férail pour fes concubines. On apprêtoit tous les jours un magnifique fouper dans chacune de ces douze maifons : il fortoit porté fur un palanquin magnifique, dont les colonnes d'or maffif étoient entourées d'une efpèce de jaloufie, afin qu'il pût voir tout le monde fans être vu de perfonne. Ce palanquin repofoit fur les épaules de quatorze gentilshommes des plus qualifiés de fa cour. Il étoit alors précédé de fes foldats, & fuivi d'un grand cortège, en particulier d'une voiture tirée par deux chevaux, dont les houffes étoient couvertes de perles & de diamans : deux gentilshommes tenoient les rênes des chevaux, pendant que deux autres marchoient à côté; l'un d'eux agitoit fans ceffe un éventail pour rafraichir le pontife, & l'autre portoit un parafol. Cette voiture appartenoit à la première de fes femmes ou de fes concubines, &c.

Nous fupprimons d'autres détails de cette efpèce dont parlent les voyageurs; il nous fuffit de remarquer que le peuple rendoit au dairo un culte peu différent de celui qu'ils rendoient à leurs dieux.

Les bonzes, dont le nombre eft immenfe, montroient l'exemple, & gouvernoient defpotiquement fous leur chef. C'étoit autant de tyrans répandus dans les villes & dans les campagnes : leurs vices & leurs cruautés aliénèrent à la fin les efprits des peuples & des grands; un prince, feul refte de la famille royale, forma un fi puiffant parti, qu'il fouleva tout l'Empire contre eux. Une feconde révolution acheva d'enlever aux dairos la fouveraineté qu'ils avoient ufurpée, & les fit rentrer avec les bonzes dans leur état naturel. Le prince royal remonta fur le trône de fes ancêtres, & prit, vers l'an 1600, le titre de kubo. Ses defcendans ont laiffé au dairo fes immenfes revenus, quelques hommages capables de flatter fa vanité, avec une ombre d'autorité pontificale & religieufe pour le confoler de la véritable autorité qu'il a perdue. Méaco eft fa demeure; il y occupe une efpèce de ville à part avec fes femmes, fes concubines, & une très-nombreufe cour. L'empereur ou le kubo réfide à Yedo, capitale du Japon, & jouit d'un pouvoir abfolu fur tous fes fujets. *Voyez* JAPON. L'article du dairo, qu'on lit dans le Dictionnaire de Trevoux, a befoin d'être rec-

A

tifié. Confultez Kœmpfer , & les Recueils des voyages de la Compagnie des Indes orientales au Japon , tom. V. *Voyez* JAPON.

DALAI-LAMA ou LAMA-SEM , & communément LE GRAND LAMA, chef de la religion de tous les tartares idolâtres, ou plutôt leur dieu fenfible & vivant.

Le nom de *dalai-lama* fignifie *prêtre univerfel.* On prétend que ce pontife eft le même, auquel on donna autrefois le nom de *prêtre - Gehan*, ou *prêtre-Jean* ; car le mot de *Gehan*, dans la langue des peuples de la partie feptentrionale de l'Inde, fignifie *univerfel.* Ainfi prêtre-gehan & *dalai-lama* ont la même fignification. Ce dieu prétendu fait fa réfidence ordinaire près de Potala, vers les frontières de la Chine. Il habite un célèbre couvent fitué fur le fommet d'une montagne très-élevée. Vingt mille prêtres de cette divinité habitent les environs : on les nomme *lamas.* Ils demeurent plus ou moins près du *grand-lama*, felon qu'ils font plus ou moins diftingués par leur dignité & par leur mérite. On dit que le *dalai-lama* réunit la puiffance fpirituelle & la puiffance temporelle ; & que , par une modération qu'on n'a guère vu, lui & fes prêtres fe mêlent feulement des affaires fpirituelles ; mais il y a lieu de croire que des circonftances particulieres lui font une néceffité de ce facrifice de fes droits. Le *dalai-lama* a fous lui deux kans des calmouks, chargés de l'adminiftration de l'autorité temporelle & des dépenfes néceffaires à l'entretien de fa maifon. On ajoute que le *grand-lama* a foin de ne pas expofer fa divinité au grand jour ; qu'il ne fort prefque jamais de fon palais, & fe tient toujours renfermé dans le fond d'un temple, entouré de fes prêtres, qui lui rendent tous les hommages dus à l'Être fuprême. Lorfque les dévots viennent l'adorer, on ne leur permet pas de s'approcher de trop près. Le refpect qu'on porte à ce dieu va fi loin, que fes excrémens même font regardés comme facrés. Cette inconcevable folie paroît certaine, car elle eft atteftée par tous les écrivains ; & on ne fera pas difpofé à la révoquer en doute, fi on fonge à toutes les extravagances humaines. On conferve précieufement fon urine, comme un remède divin contre toutes les maladies. On fait fécher fes excrémens les plus groffiers ; on les réduit en poudre qu'on enferme précieufement dans des boîtes d'or enrichies de pierreries, & on les envoie aux plus grands princes comme des préfens d'un prix ineftimable. Ces monarques fe font honneur de les porter fufpendues à leur cou. Les peuples font convaincus que le grand lama ne meurt point ; & pour entretenir cette erreur, lorfque les prêtres s'apperçoivent que fa mort n'eft pas éloignée, ils font chercher des côtés un homme qui lui reffemble, & le fubftituent adroitement à fa place.

On vient en foule, des pays les plus éloignés, pour vifiter le temple du grand lama. Il y a toujours à fes pieds un baffin deftiné à recevoir les offrandes des dévots.

DALMATIE, (*DALMATIA*) hung. *Dalmatiai Arffag.* contrée d'Europe.

La *Dalmatie* actuelle, qui appartient à la Hongrie, à Venife, à l'Empire ottoman & à la république de Ragufe, s'étend depuis le fleuve Arfo jufqu'au fleuve Drin ; mais il y en a une portion comprife fous le royaume d'Iftrie, & une autre fous celui d'Albanie. Les habitans de cette contrée ont la même langue & la même manière de vivre que les efclavons, & leur religion eft la catholique romaine.

Précis de l'hiftoire politique de Dalmatie. La *Dalmatie*, felon les monnoies & les infcriptions, tire fon nom de l'ancienne ville de Delmium ou Delminium que les romains prirent & détruifirent l'an de Rome 597. Ils établirent leur domination dans la *Dalmatie*, qui fecoua cinq fois le joug & leur fufcita bien des embarras jufqu'au règne d'Augufte. Lorfque cet empereur partagea les provinces avec le fénat, la *Dalmatie* fut une des onze provinces proconfulaires que devoient gouverner les fénateurs ; mais le fénat la lui rendit de fon plein gré, & il la fit régir par un gouverneur. Après la mort de Conftantin le grand, cette province fut regardée comme un des diftricts de l'Illyrie occidentale : elle eut beaucoup à fouffrir, de même que les royaumes voifins, de l'inondation des peuples barbares ; & les goths ayant créé un empire en Italie, fubjuguèrent la *Dalmatie* : Juftinien, empereur d'Orient, vainquit les goths & les dalmates. Les efclavons pénétrèrent en *Dalmatie* l'an 640 ; ils s'y maintinrent vers la fin du règne d'Héraclius, & ils eurent leurs rois particuliers. Le dernier de ces rois, nommé *Slodomir*, &, felon d'autres, *Saromyr*, n'ayant point d'enfans, laiffa le royaume à fon époufe, qui le légua à fon frère Ladiflas, roi de Hongrie, qui l'a tranfmis à fes fucceffeurs. Les vénitiens cependant occupèrent les côtes ; ce qui détermina les rois de Hongrie à déclarer aux vénitiens & aux dalmates rebelles plufieurs guerres dont le fuccès fut d'abord heureux : mais, au quinzième fiècle, les vénitiens fe rendirent maîtres de tout le royaume de *Dalmatie.* Depuis cette époque, les turcs leur en ont enlevé une partie, & la Hongrie eft rentrée en poffeffion de quelques diftricts ; ou plutôt ce que poffède la Hongrie fait partie de l'ancien royaume de Liburnie, plutôt que de celui de *Dalmatie.* Nous donnerons à l'article VENISE quelques détails fur les reffources qu'offre la *Dalmatie* aux vénitiens.

Remarques fur la Dalmatie. Les fleuves de la *Dalmatie* ont peu de longueur ; mais ils font prefque tous navigables. Au nord, le pays eft montueux & froid, & il n'eft propre qu'à la nourriture des beftiaux ; mais d'autres diftricts offrent des plaines ou des collines très-fertiles. En général, la *Dalmatie* produit beaucoup de bois. C'eft de la *Dal-*

matie que Venise tire la plupart de ses bois de chauffage & de construction ; elle produit aussi de l'huile, du vin & du miel, de la cire & du bétail, (sur-tout des chevres & des brebis). Elle exporte en Italie une quantité assez considérable de laine. L'air y est tempéré & pur.

Ce qu'on appelle la *Dalmatie* hongroise est situé au haut de la mer Adriatique, & fait une partie de l'ancienne Liburnie. Avant de la décrire, il est à propos de dire un mot des uscoses & de la Morlaquie.

Les uscoses abandonnèrent autrefois la *Dalmatie* pour échapper au joug des turcs. Leur dénomination vient du mot *scoco*, qui signifie un fugitif ; & comme ils sautent avec agilité, plutôt qu'ils ne marchent, dans le pays rude & inégal qu'ils habitent, on les a appelés *sauteurs*. Lors de leur fuite, ils s'établirent en foule à Cliffe ; mais les turcs ayant acquis ce canton en 1537, ils se retirèrent à Zengh que l'empereur Ferdinand leur céda. Comme ils y exerçoient trop de brigandages, on leur assigna en 1616 les montagnes de la Carniole, qui ont quatre grands milles d'Allemagne de longueur, & qui sont situées entre les rivières de Kulp & de Brigana. Le château de Sichelberd se trouve au milieu de ces montagnes. Tous les uscoses dépendent du capitaine du château de Sichelberg ; ils demeurent dans des maisons éparses, ou près de Feyenthum, Wenitz, & aux environs, dans de gros villages. C'est un peuple grossier & sauvage, d'une haute taille, courageux, enclin aux désordres & au vol, & qui tire sa principale subsistance du produit de ses troupeaux. Il parle la langue valaque. Sa religion approche beaucoup de la religion grecque ; mais il y a parmi les uscoses quelques catholiques romains. Ils ont un archevêque, des évêques, des popes ou prêtres, & des caluges ou moines.

On donne le nom de *Morlaquie* à la portion de la Liburnie, qui s'étend depuis Saint-Georges dans le territoire de Zengh jusqu'au comté de Sara ; ou, selon d'autres, depuis Binodok jusqu'à Nowogrod ; elle a quinze milles géographiques de longueur, & cinq à six de largeur : elle est remplie de hautes montagnes. Le nom de *morlaques* a été introduit par les vénitiens, & il est ensuite devenu usité chez les autres peuples d'Italie. Il vient de *mauro ulachi*, terme moitié grec & moitié esclavon, qui désigne des italiens maures ou noirs, ou des valaques. On a appelé *morlaques* tous ceux qui demeurent sur les montagnes, & qui mènent la vie pastorale des valaques, quoiqu'à proprement parler ils ne fassent point partie des valaques : les italiens appliquent cette dénomination à tous les habitans des montagnes de la Rascie, de la Bosnie & de la Croatie, dont la langue n'a absolument point de rapport avec l'italienne. Ce sont des hommes grands & robustes, dont le tempérament s'est fortifié par l'habitude de vivre dans les montagnes. Ils s'occupent de la nourriture &

du soin du bétail ; la plupart suivent la religion grecque. Aujourd'hui ils sont sous la protection de la Hongrie, ou sous celle des vénitiens, & il n'y a presque point de place forte en *Dalmatie*, où on ne trouve des morlaques en garnison.

La *Dalmatie* hongroise consiste en cinq districts, qui obéissent au gouvernement de Carlstadt. Nous en parlerons plus en détail à l'article ILLYRIE HONGROISE.

Raguse est la capitale de la *Dalmatie* ragusienne. *Voyez* RAGUSE.

Ce que nous avons à dire sur la *Dalmatie* turque, se trouvera à l'article OTTOMAN (EMPIRE).

DANEMARCK, contrée de l'Europe, dont il n'est pas besoin d'indiquer ici la position.

Cet article contiendra, 1°. un précis de l'histoire politique du *Danemarck*, entremêlé de remarques sur son gouvernement ; 2°. la description des provinces de ce royaume & des remarques sur le climat ; 3°. des détails sur la population, les paysans & les nobles ; 4°. des observations sur l'agriculture, les manufactures, la navigation & le commerce ; 5°. des remarques sur les établissemens de commerce ou les colonies que le *Danemarck* possède en Asie, en Afrique & en Amérique ; 6°. des détails sur les impôts, les revenus, les dépenses, les dettes & les loix somptuaires ; 7°. des détails sur l'armée & sur la marine ; 8°. d'autres détails sur les loix & les tribunaux ; 9°. enfin des observations sur les intérêts & les rapports politiques du *Danemarck*.

SECTION PREMIERE.

Précis de l'histoire politique du Danemarck, *& remarques sur son gouvernement.*

C'est une opinion assez généralement reçue que les cimbres occupoient, dans les temps les plus reculés, à l'extrémité de la Germanie, la Chersonèse cimbrique, connue de nos jours sous le nom de *Holstein*, de *Sleswick*, de *Jutland*, & que les téutons habitoient les isles voisines. Que l'origine des deux peuples fût ou ne fût pas commune, ils sortirent de leurs forêts ou de leurs marais ensemble & en corps de nation, pour aller chercher dans les Gaules, du butin, de la gloire & un climat plus doux. Ils se disposoient même à passer les Alpes, lorsque Rome jugea qu'il étoit temps d'opposer des digues à un torrent qui entraînoit tout. Ces barbares triomphèrent de tous les généraux que leur opposa cette fière république, jusqu'à l'époque mémorable où ils furent exterminés par Marius.

Leur pays presque entièrement désert après cette terrible catastrophe, fut de nouveau peuplé par des scythes qui, chassés par Pompée du vaste espace renfermé entre le Pont-Euxin & la mer Caspienne, marchèrent vers le nord & l'occident de l'Europe, soumettant les nations qui se trouvoient sur leur passage. Ils mirent sous le joug la

A 2

Ruffie, la Saxe, la Weftphalie, la Cherfonèfe cimbrique, & jufqu'à la Fionie, la Norwege & la Suède. On prétend qu'Odin, leur chef, ne parcourut tant de contrées, ne chercha à les af-fervir qu'afin de foulever tous les efprits contre la puiffance formidable, odieufe & tyrannique des romains. Ce levain, qu'en mourant il laiffa dans le nord, y fermenta fi bien en fecret, que, quelques fiècles après, toutes les nations fondirent, d'un commun accord, fur cet Empire ennemi de toute liberté, & eurent la confolation de le renver-fer, après l'avoir affoibli par plufieurs fecouffes réitérées.

Le *Danemarck* & la Norwege fe trouvèrent fans habitans, après ces expéditions glorieufes. Ils fe rétablirent peu-à-peu dans le filence, & recom-mencèrent à faire parler d'eux vers le commen-cement du huitième fiècle. Ce ne fut plus la terre qui fervit de théatre à leur valeur; l'Océan leur ouvrit une autre carrière. Entourés de deux mers, on les vit fe livrer entièrement à la piraterie, qui eft toujours la première école de la navigation pour des peuples fans police.

Ils s'effayèrent d'abord fur les états voifins, & s'emparèrent du petit nombre de bâtimens mar-chands qui parcouroient la Baltique. Ces premiers fuccès enhardirent leur inquiétude, & les mirent en état de former des entreprifes plus confidéra-bles. Ils infeftèrent de leurs brigandages les mers & les côtes d'Ecoffe, d'Irlande, d'Angleterre, de Flandre, de France, même de l'Efpagne, de l'Italie & de la Grèce. Souvent ils pénétrèrent dans l'intérieur de ces vaftes contrées, & ils s'é-levèrent jufqu'à la conquête de la Normandie & de l'Angleterre. Malgré la confufion qui règne dans les Annales de ces temps barbares, on par-vient à démêler quelques-unes des caufes de tant d'évènemens étranges.

D'abord, les danois & les norwégiens avoient pour la piraterie un penchant violent, qu'on a toujours remarqué dans les peuples qui habitent le voifinage de la mer, lorfqu'ils ne font pas con-tenus par de bonnes mœurs & de bonnes loix. L'habitude dut les familiarifer avec l'Océan, les aguerrir à fes fureurs. Sans agriculture, élevant peu de troupeaux, ne trouvant qu'une foible ref-fource à la chaffe dans un pays couvert de neiges & de glaces, rien ne les attachoit à leur terri-toire. La facilité de conftruire des flottes, qui n'é-toient que des radeaux groffiers affemblés pour na-viguer le long des côtes, leur donnoit les moyens d'aller par-tout, de defcendre, de piller & de fe rembarquer. Le métier de pirate étoit pour eux ce qu'il avoit été pour les premiers héros de la Grèce, la carrière de la gloire & de la fortune, la profeffion de l'honneur qui confiftoit dans le mépris de tous les dangers. Ce préjugé leur inf-piroit un courage invincible dans leurs expédi-tions, tantôt combinées entre différens chefs, & tantôt féparées en autant d'armemens que de na-

tions. Ces irruptions fubites, faites en cent en-droits à la fois, ne laiffoient aux habitans des côtes mal défendues, parce qu'elles étoient mal gouvernées, que la trifte alternative d'être maf-facrés, ou de racheter leur vie en livrant tout ce qu'ils avoient.

Quoique ce caractère deftructeur fût une fuite de la vie fauvage que menoient les danois & les norwégiens, de l'éducation groffière & militaire qu'ils recevoient, il étoit particuliérement l'ou-vrage de la religion d'Odin. Ce conquérant im-pofteur exalta, fi l'on peut s'exprimer ainfi, par fes dogmes fanguinaires, la férocité naturelle de ces peuples. Il voulut que tout ce qui fervoit à la guerre, les épées, les haches, les piques, fût déifié. On cimentoit les engagemens les plus fa-crés par ces inftrumens fi chers. Une lance plan-tée au milieu de la campagne attiroit à la prière & aux facrifices. Odin lui-même, mis par fa mort au rang des immortels, fut la première divinité de ces affreufes contrées, où les rochers & les bois étoient teints & confacrés par le fang hu-main. Ses fectateurs croyoient l'honorer, en l'ap-pellant le *dieu des armées*, *le père du carnage*, *le dépopulateur*, *l'incendiaire*. Les guerriers qui al-loient fe battre, faifoient vœu de lui envoyer un certain nombre d'ames qu'ils lui confacroient. Ces ames étoient le droit d'Odin. La croyance uni-verfelle étoit que ce dieu fe montroit dans les batailles, tantôt pour protéger ceux qui fe dé-fendoient avec courage, & tantôt pour frapper les heureufes victimes qu'il deftinoit à périr. Elles le fuivoient au féjour du ciel, qui n'étoit ouvert qu'aux guerriers. On couroit à la mort, au mar-tyre, pour mériter cette récompenfe. Elle ache-voit d'élever jufqu'à l'enthoufiafme, jufqu'à l'i-vreffe du fang, le penchant de ces peuples pour la guerre.

Le chriftianifme renverfa toutes les idées qui formoient la chaîne d'un pareil fyftême. Les mif-fionnaires avoient befoin de rendre leurs profélytes fédentaires, pour travailler utilement à leur inf-truction; & ils réuffirent à les dégoûter de la vie vagabonde, en leur fuggérant d'autres moyens de fubfifter. Ils furent affez heureux pour leur faire aimer la culture, & fur-tout la pêche. L'abon-dance du hareng que la mer amenoit alors fur les côtes, y procuroit un moyen de fubfiftance très-facile. Le fuperflu de ce poiffon fut bientôt échan-gé contre le fel néceffaire pour conferver le refte. Une même foi, de nouveaux rapports, des be-foins mutuels, une grande fûreté encouragèrent ces liaifons naiffantes. La révolution fut fi entière, que, depuis la converfion des danois & des nor-wégiens, on ne trouve pas dans l'hiftoire la moin-dre trace de leurs expéditions, de leurs brigan-dages.

Le nouvel efprit qui paroiffoit animer la Nor-wege & le *Danemarck*, devoit étendre de jour en jour leur communication avec les autres peuples de l'Europe. Malheureusement elle fut interceptée par l'ascendant que prenoient les villes anséatiques. Lors même que cette grande & singulière confédération fut déchue, Hambourg maintint la supériorité qu'elle avoit acquise sur tous les sujets de la domination danoise.

Au reste, les peuplades qui occupoient le *Danemarck* dans les premiers tems, n'ont produit aucun historien exact, & ce n'est que depuis cinq ou six cens ans que l'histoire de ce pays est bien connue. Les livres sont pleins de détails sur les expéditions des premiers danois, & tous les historiens nous parlent de l'ancien gouvernement de *Danemarck* comme d'un état électif. Saxon le grammairien & les auteurs danois ses successeurs s'accordent sur ce point. Puffendorff (1), Vertot (2) & les écrivains étrangers nous en donnent la même idée ; mais un nouvel historien (3) a entrepris de prouver que la succession à la couronne de *Danemarck* fut héréditaire jusqu'au règne d'Abel (4), & que lorsque le peuple renonça, dans le dernier siècle, au droit d'élire son souverain, il ne fit que rétablir l'ancienne forme de gouvernement. Les monumens historiques semblent démentir cette assertion.

La Norwège, royaume également électif, eut long-temps ses rois particuliers ; & après avoir été unie, tantôt au *Danemarck*, & tantôt à la Suède, est enfin demeurée au *Danemarck*.

Marguerite, élue reine de *Danemarck* (5) & ensuite de Norwège (6), obtint aussi le sceptre de Suède, autre état électif, également gouverné par un roi, par un sénat & par des états généraux. Cette princesse entreprit de faire passer sur la tête d'Eric, duc de Poméranie, son petit neveu, les mêmes couronnes qu'elle avoit réunies sur la sienne, & elle réussit. Elle convoqua (7) les états-généraux de ces trois royaumes à Calmar en Suède. Les états consentirent à l'élection d'Eric, & à l'union des trois couronnes en faveur de ce prince. On en fit une loi fondamentale qui fut reçue par les trois nations (8).

Cette loi célèbre dans le nord, sous le nom de *l'union de Calmar*, contenoit trois articles principaux. I. Que ces royaumes n'auroient dans la suite que le même roi élu tour-à-tour dans les trois royaumes par quarante électeurs de chaque royaume ; savoir, trois prélats, un bailli, un maréchal, quelques gentilshommes, les bourguemestres des principales villes, & deux des plus anciens paysans de chaque jurisdiction, sans que la dignité royale pût être transférée comme un héritage, à moins que le prince n'eût des enfans ou des parens, que les trois états assemblés jugeassent dignes de lui succéder. II. Que le souverain seroit obligé de résider tour-à-tour dans les trois royaumes, & de consumer dans chacun les revenus de chaque couronne, sans pouvoir les transporter ailleurs, ni les employer à autre chose qu'à l'utilité particulière de l'état dont ils seroient tirés. III. Que chaque royaume conserveroit ses loix, ses coutumes & ses privilèges, & que les gouverneurs, les magistrats, les généraux, les évêques, & même les troupes & les garnisons seroient tirés de chaque pays, sans qu'il pût jamais être permis au roi de se servir d'étrangers, ni de sujets de ses autres royaumes, qui seroient réputés étrangers, dans le gouvernement de l'état où ils ne seroient pas nés.

Ce n'est pas ici le lieu d'examiner si cette union étoit bien sage, si les circonstances la justifioient, & si on avoit pris les précautions nécessaires pour la maintenir. Après la mort de Marguerite, que les historiens appellent la *Sémiramis du nord*, les suédois secouèrent le joug d'une domination qui avoit paru injuste dès son commencement, & qui à la fin étoit devenue insupportable ; & cette division produisit, entre les danois & les suédois, des guerres qu'il importe peu de faire connoître ici.

Les danois, après avoir pris des rois dans les maisons de Poméranie & de Bavière (9), élurent enfin Christian d'Oldembourg, connu dans l'histoire sous le nom de *Frédéric I*, dont la maison règne depuis trois siècles sur les royaumes de *Danemarck* & de Norwège, auxquels elle a déja donné douze rois. La couronne fut élective jusqu'à Frédéric III ; mais sous le règne de ce prince, elle devint héréditaire, & l'on établit la loi royale qui sera insérée plus bas.

Tant que la couronne fut élective, il y eut des états-généraux, & l'autorité des rois fut limitée ; ils prêtoient à leur couronnement un serment plus favorable aux nobles qu'aux dernières classes des citoyens (10). Frédéric III en fut dispensé. Il avoit défendu sa capitale avec autant de courage

(1) Dans son Introduction à l'histoire de l'Europe.
(2) Dans ses Révolutions de Suède.
(3) Histoire de *Danemarck*, par Jean-Baptiste Desroches, avocat du roi au bureau des finances de la Rochelle. *Amsterdam* 1731, 8 vol. in-12 ; & *Paris* 1732, 9 vol. in-12.
(4) Son règne commença en 1250.
(5) Dans le quatorzième siècle, après la mort de Waldemar III son pere, roi de *Danemarck*.
(6) Après la mort de Haquin son époux, roi de Norwège.
(7) En 1395.
(8) Nous parlerons de l'union de Calmar à l'article UNION.
(9) En 1449.
(10) Il promettoit en pleine assemblée de ne faire mourir ni confisquer aucun homme noble, & d'en

que de bonheur contre le fameux Charles Guſtave , roi de Suède ; & la paix ayant été conclue après la levée du ſiège de Copenhague (1) , le clergé & le peuple , qui étoient opprimés par la nobleſſe , dont ils étoient traités preſque comme des eſclaves , ſouhaitèrent de n'avoir qu'un maître , & ils le déclarèrent pendant la tenue des états-généraux. Les nobles voulurent éluder l'effet de cette réſolution ; mais les eccléſiaſtiques & les bourgeois inſiſtèrent , & tous les ordres déclarèrent le royaume purement héréditaire en faveur de Frédéric III & de ſes enfans mâles & femelles , & le roi abſolu.

Frédéric III fut ſolemnellement affranchi (2) , par la nobleſſe du royaume , de l'obligation du ſerment. Deux jours après (3) , les eccléſiaſtiques & les bourgeois firent la même choſe , & rendirent un hommage public au roi , lui offrant à lui & à ſes héritiers de l'un & de l'autre ſexe , un pouvoir illimité. Dans le mois ſuivant (4) , les trois états du royaume affranchirent le roi de ce ſerment. L'année d'après , un acte , nommé *acte du droit héréditaire & du pouvoir abſolu* , fut ſigné (5) par les principaux habitans du royaume , tant ſeigneurs qu'eccléſiaſtiques & autres citoyens , lequel les ſujets confirmèrent pour eux & leur poſtérité tout ce qui avoit été réglé relativement à la ſucceſſion héréditaire , & offrirent au roi & à ſes héritiers à jamais un pouvoir abſolu , avec l'autorité d'introduire telle forme de gouvernement qu'il jugeroit à propos , & de régler la ſucceſſion dans la famille royale , comme il le trouveroit bon. C'eſt en conſéquence de ces divers actes que Frédéric III publia la loi royale (6) , qui règle le ſort du *Danemarck*. Chriſtian V , ſon fils , publia la loi de *Danemarck* (7) , & y ajouta enſuite celle de Norwège (8). La loi faite par Frédéric III , conſervée en langue danoiſe dans les archives de *Danemarck* , n'avoit été ni imprimée ni publiée ; mais Frédéric IV , ſon petit-fils , ordonna (9) qu'elle le fût.

Le roi de *Danemarck* fut ainſi revêtu de toute la puiſſance du peuple par la loi royale de ſon pays , à-peu-près comme les empereurs l'étoient par la loi royale de Rome. Et , dans le fait , il n'y

a point d'autorité qui paroiſſe plus étendue que celle de ce prince ; il a ſuccédé aux droits de la nation dont l'autorité n'avoit point de bornes. Nous avons parlé des effets de la loi royale à l'article POUVOIR ABSOLU. *Voyez* ABSOLU ; mais nous allons donner ici la ſubſtance des 40 articles que contient cette effrayante loi.

I. Frédéric III recommande particuliérement à ſes enfans & à toute ſa poſtérité le culte du vrai Dieu , comme il eſt révélé dans les ſaintes Ecritures , & comme il eſt établi dans la confeſſion d'Augsbourg : il veut que tous les habitans du pays ſoient protégés dans cette profeſſion de la foi chrétienne contre tous ſectaires , hérétiques & contemporains de la religion chrétienne.

II. Le roi de *Danemarck* & de Norwège ſera déſormais réputé par tous ſes ſujets indépendant ſur la terre ; il ſera au-deſſus de toutes les loix humaines , ne reconnoiſſant de puiſſance au-deſſus de la ſienne que celle de Dieu.

III. Le roi jouira de l'autorité de faire , de changer & de révoquer les loix , auſſi-bien que d'en diſpoſer comme il le jugera convenable.

IV. Le roi diſpoſera d'une manière abſolue des charges , des emplois & des offices.

V. Il aura la puiſſance de faire la paix & la guerre , de contracter des alliances & d'impoſer des taxes.

VI. Il exercera une autorité abſolue dans les affaires de l'égliſe , & ſur toutes les aſſemblées religieuſes.

VII. Tous les actes qui ont rapport au gouvernement , ſeront expédiés au nom du roi , qui , lorſqu'il ſera d'âge compétent , les ſignera de ſa propre main.

VIII. Dès que le roi ſera entré dans ſa quatorzième année , il ſe déclarera majeur.

IX. La tutelle du roi mineur ſera réglée par le dernier teſtament de ſon prédéceſſeur ; mais ſi le roi ſon prédéceſſeur n'y a pas pourvu , la reine-mère ſera régente du jeune roi , & elle ſera aſſiſtée de ſept des principaux conſeillers du roi. Tout ſera décidé à la pluralité des ſuffrages. Dans ce conſeil d'état , la reine aura deux voix , & chacun des ſept conſeillers une. Toutes les dépêches &

---

laiſſer le jugement au ſénat. Il déclara que tous les gentilshommes auroient juriſdiction & puiſſance de condamner leurs vaſſaux à mort ſans appel ; qu'il ne prendroit point de part aux amendes ni aux confiſcations , & qu'il ne pourroit contrevenir à aucune de ces choſes , ſans le conſentement de ſon peuple. Le Bret , *Traité de la ſouveraineté* , page 11 de l'édition de 1632.

(1) En 1660.
(2) Par une réſolution du 27 octobre 1660.
(3) Le 29 octobre 1660.
(4) Le 28 de novembre 1660.
(5) En *Danemarck* le 21 janvier 1661 ; en Norwège le 18 août 1661 ; en Iſlande le 8 août 1662 ; & dans l'iſle de Ferro le 25 août 1662.
(6) Le 25 de novembre 1665.
(7) En 1683.
(8) En 1687.
(9) Par un édit du 15 ſeptembre 1709 , & publié en langue danoiſe à Copenhague , le 14 décembre ſuivant , avec la loi royale de Frédéric III.

toutes les ordonnances feront expédiées au nom du roi, & fignées par la reine & par les fept confeillers.

X. Si la reine-mère eft morte ou remariée, & fi le premier prince du fang a dix-huit ans, & s'il peut demeurer toujours dans le royaume, ce prince fera régent & aura deux voix.

XI. Si le prince du fang n'eft pas dans fa dix-huitième année, les fept principaux confeillers du roi adminiftreront la régence, & n'auront chacun qu'une voix & une autorité égale.

XII. Si l'un de ces principaux meurt, ou fi, par quelqu'autre accident, il eft rendu incapable de remplir fes fonctions, un autre lui fera fubftitué.

XIII. Les fept régens ou gardiens de l'état prêteront ferment de fidélité au roi, & ils jureront d'employer tous leurs foins pour conferver le pouvoir abfolu dans toute fa vigueur.

XIV. Ils feront d'abord un inventaire exact de tous les effets du roi, tant fur mer que fur terre, de tous fes revenus & de toutes fes dépenfes, afin qu'ils puiffent dans la fuite rendre au roi un bon compte de leur adminiftration, ou être punis s'ils ont prévariqué.

XV. A l'inftant où le roi mourra, le prince du fang le plus proche fera roi, fans aucune efpèce de formalité.

XVI. Le roi fera facré folemnellement.

XVII. Il ne fera ni par écrit ni verbalement aucune efpèce de ferment à fes fujets.

XVIII. Il pourra fe faire facrer, même pendant fa minorité, & régler le cérémonial de fon facre, felon les circonftances.

XIX. Les royaumes de Danemarck & de Norwège, avec toutes les provinces, ifles, feigneuries & fortereffes, joyaux, argent comptant, magafins militaires, & généralement tous les biens que poffédoit Frédéric III ou que fes fucceffeurs pourroient acquérir dans la fuite, deviendront fans aucune divifion la propriété d'un feul roi.

XX. Frédéric III voulut, dans l'article 20e, que fes autres enfans fe contentaffent de l'efpérance de régner, quand leur tour viendroit; qu'on leur fournît un entretien honorable en argent ou en terres, dont ils toucheroient le revenu, mais dont la propriété demeureroit au roi, &c.

XXI. Aucun prince du fang ne doit ni fe marier, ni fortir du royaume, ni s'engager au fervice d'un prince étranger, fans la permiffion du roi.

XXII. Les filles & les fœurs du roi auront une maifon convenable, jufqu'à ce qu'elles fe marient de fon aveu. Le roi leur donnera alors la dot qu'il voudra, & elles déclareront en mêmetemps, par un écrit figné d'elles, qu'elles n'en attendent rien de plus, & qu'elles fe bornent au droit de parvenir au trône, fi les circonftances où elles doivent porter la couronne arrivent.

XXIII. Si à la mort du roi, le plus proche héritier de la couronne eft hors du royaume de Danemarck, il y reviendra tout de fuite pour prendre les rênes du gouvernement; & s'il ne s'y rend point dans l'efpace de trois mois, à compter du jour qu'il aura appris la mort de fon prédéceffeur, & s'il n'eft pas arrêté par la maladie ou par un autre empêchement légitime, le plus proche héritier apparent fera déclaré vice-gérent, jufqu'à l'arrivée du roi dans fes états héréditaires, conformément à ce qui eft réglé pour les cas de minorité & de régence.

XXIV. Les princes & les princeffes auront rang immédiatement après le roi & la reine, & entre eux, felon la proximité de leur ligne, à la fucceffion de la couronne.

XXV. Ils ne prêteront jamais de ferment devant aucun juge, mais devant le roi feulement, ou devant un commiffaire délégué par le roi luimême.

XXVI. Les rois héréditaires de Danemarck & de Norwège jouiront d'un pouvoir abfolu & illimité, & on donnera à ces mots une valeur plus étendue encore qu'ils n'en ont dans les pays où les rois chrétiens héréditaires font cenfés jouir d'un pouvoir abfolu. On donnera les mêmes acceptions à ces mots à l'égard des reines, lorfque la fucceffion tombera dans la ligne féminine. On exhorte les rois qui fuccéderont à Frédéric III, à examiner avec attention la conduite de leurs miniftres, relativement à l'abfolue fouveraineté, de forte qu'elle puiffe être tranfmife dans toute fa vigueur. Frédéric III veut auffi que quiconque dira ou fera quelque chofe pour y porter atteinte, foit puni comme traitre à la couronne, de la peine réfervée au crime de haute trahifon.

XXVII. Tant qu'un des héritiers mâles né de légitime mariage fera vivant, aucune femme defcendue d'un mâle, ni aucun homme, ni aucune femme defcendue d'une femme ne feront appellés à la fucceffion. Aucun prince ni aucune princeffe du côté maternel n'y auront de droit, tant qu'on trouvera un prince ou une princeffe du côté paternel : enforte qu'une princeffe de la ligne mafculine fera préférée à une princeffe de la ligne féminine.

XXVIII. Lorfque la fucceffion au trône paffera aux princeffes du fang, celle qui fera defcendue de l'aîné des mâles aura la préférence & ainfi de fuite, tant qu'il y aura un rejetton de la ligne mafculine; mais lorfque la ligne mafculine fera éteinte, les princes & les princeffes de la ligne féminine fuccéderont, & le même ordre fera obfervé, c'eft-à-dire, que les hommes feront préférés aux femmes, & les aînés aux cadets.

XXIX. Pour ôter (dit Frédéric III), par un exemple, toute occafion de difpute parmi nos enfans à notre mort, le prince Chriftian notre fils aîné parviendra au trône; & tant qu'il fe trouvera un de fes defcendans mâles, (quoique lui-même vînt à mourir avant nous,) ni le prince Georges, ni aucun de sa famille, ni la princesse sa sœur, ni la famille de sa sœur n'auront droit à la couronne.

XXX. Mais lorsque la ligne de la famille du prince Christian sera éteinte, la ligne masculine de notre fils le prince Georges montera sur le trône, en observant les réglemens ci-dessus; savoir, que les hommes passeront devant les femmes, & le plus âgé devant le plus jeune, quoique né avant que son père montât sur le trône. S'il plaît à Dieu de nous donner un plus grand nombre d'enfans, la même règle sera observée entre eux.

XXXI. Si la ligne masculine vient à manquer, la succession regardera le fils de la fille ainée du dernier roi & ses descendans l'un après l'autre, ligne après ligne, les hommes toujours préférés aux femmes, & les plus âgés aux plus jeunes.

XXXII. Si le dernier roi ne laisse ni fils ni fille, le plus proche prince du sang succédera au trône.

XXXIII. Immédiatement après lui, la princesse la plus proche parente du roi dans la ligne masculine parviendra au trône, & ses descendans y monteront dans l'ordre marqué ci-dessus.

XXXIV. Mais si les familles de notre fils deviennent absolument éteintes, alors la princesse Anne-Sophie & ses héritiers, jusqu'à mille générations, prendront le sceptre de ces royaumes.

XXXV. La fille d'une fille ainée sera préférée au fils d'une plus jeune fille, afin que l'ordre généalogique ne soit point troublé; que le second succède au premier; le troisième au second; le quatrième au troisième, & ainsi de suite.

XXXVI. Si la succession tombe au fils d'une fille, & qu'il n'y ait des héritiers mâles, le même ordre doit être observé, eu égard à ses descendans, comme il a été prescrit pour notre ligne masculine.

XXXVII. Le mari de la reine n'aura point d'autorité dans ces royaumes, quelque puissant prince qu'il puisse être dans son pays; il lui cédera la préséance en toutes choses, & lui obéira comme à la reine souveraine de Danemarck & de Norwège.

XXXVIII. On comptera les enfans posthumes parmi les princes & les princesses qui ont droit de parvenir à la couronne. Ils succéderont à leur tour comme les autres.

XXXIX. Lorsqu'un prince ou une princesse naîtront dans quelqu'une des branches de la famille royale, leurs parens transmettront au roi les noms de ce prince ou de cette princesse avec le jour de leur naissance, & le prieront de leur accorder un acte portant qu'il a été informé de cette naissance. Un double de cet acte sera gardé soigneusement dans nos archives.

XL. Tout ce qui a été dit ci-dessus des fils & des filles, sera entendu de ceux qui viendront d'un légitime mariage.

Cette loi fondamentale de Danemarck n'exige pas de commentaire, & il seroit également inutile de parler de la constitution du royaume où elle est ici en vigueur.

La maison électorale de Saxe, celle de Holstein-Gottrop, la maison royale de Suède & la maison impériale de Russie descendent des filles de Frédéric III, & elles paroissent appellées au trône de Danemarck, au défaut d'autres héritiers; mais la différence de religion rendroit la Saxe & la Russie inhabiles à la succession.

SECTION IIᵉ.

Description des provinces du royaume de Danemarck, & remarques sur le climat.

Deux grandes isles, douze petites & une péninsule forment le royaume de Danemarck. Les grandes isles sont celles de Séeland & de Funen ou Fionie. Les petites portent le nom d'*Amac*, *Langland*, *Falster*, *Gutaburg*, *Mune* ou *Moen*, *Arroé*, *Samsoé*, *Anhout*, *Lessow*, *Soltholm* & *Bornholm*.

Le roi de *Danemarck* possède en outre, 1°. la Norwège, 2°. le duché de Sleswick, 3°. le Holstein, 4°. les deux comtés d'Oldembourg & de Delmenhorst, 5°. l'isle d'Islande, 6°. les isles Ferroë, 7°. l'isle de Shetland ou Hitland, 8°. le Groënland, 9°. la ville de Tranquebar sur la côte de Coromandel, 10°. Christiansburg & Friedichsberg en Afrique sur la côte de Guinée, 11°. & quelques isles en Amérique. *Voyez* les articles NORWÈGE, SLESWICK, HOLSTEIN, OLDEMBOURG & DELMENHORST, ISLANDE, FERROÉ & GROENLAND.

Le Danemarck seul, selon Busching, contient 850 milles géographiques quarrés; les duchés de Holstein & de Sleswick 979; la Norwège est à-peu-près de l'étendue de la Grande-Bretagne; l'islande & le Groënland n'ont jamais été exactement mesurés.

Les provinces qui forment aujourd'hui les domaines de cet état en Europe, furent autrefois indépendantes les unes des autres. Des révolutions, la plupart singulières, les ont réunies sous les mêmes loix. Au centre de ce tout bizarrement composé, sont quelques isles, dont la plus connue se nomme *Sélande*. On y trouve un port excellent, qui n'étant au onzième siècle qu'une habitation de pêcheurs, devint une ville au treizième, la capitale de l'Empire au quinzième, & une belle cité après l'incendie de 1728, qui consuma seize cens cinquante maisons. Au midi de ces isles, est cette péninsule longue & étroite, que les anciens appelloient *Chersonèse cimbrique*. Ses parties les plus importantes, les plus étendues ont successivement grossi la domination danoise, sous le nom de *Jutland*, de *Sleswick* & de *Holstein*. Elles ont été plus ou moins florissantes, à proportion qu'elles se sont ressenties de l'instabilité de l'Océan, l'Océan, qui tantôt s'éloigne de leurs bords, & tantôt les engloutit. On voit dans ces contrées une lutte entre les hommes & la mer, un combat perpétuel dont les succès ont toujours été balancés. Les habitans d'un tel pays paroîtroient disposés à devenir libres, si l'on pouvoit établir sur ces matières une théorie générale. On dit que ce n'est point à des marins, à des insulaires, aux peuples des montagnes que l'autorité absolue peut en imposer long-temps; mais cette assertion peut être revoquée en doute.

La Norwège qui obéit au *Danemarck*, n'est, dit-on, pas plus propre à la servitude. Elle est couverte de pierres ou de rochers, & traversée en différens sens par de hautes montagnes, qui ne sont pas susceptibles de culture. On ne voit en Laponie qu'un petit nombre de sauvages fixés sur les côtes par la pêche, ou errans dans des déserts affreux, & subsistant, par le moyen de la chasse, de leurs pelleteries & de leurs rênes. L'Islande est un pays misérable, cent fois bouleversé par des volcans, par des tremblemens de terre, & cachant toujours dans son sein des matières bitumineuses, qui peuvent à chaque instant la réduire en un amas de ruines. Pour le Groënland, que le vulgaire croit une isle, & que les géographes présument tenir à l'Amérique par l'ouest, c'est un pays vaste & stérile que la nature condamne aux glaces éternelles. Si jamais ces régions sont peuplées, elles pourront devenir indépendantes les unes des autres, & peut-être du roi de *Danemarck*; mais l'homme est né pour la servitude, & l'on peut admirer ici, comme en bien d'autres endroits, par quels foibles liens l'opinion tient réunies sous le même joug, des contrées aussi disparates.

Le climat des isles danoises de l'Europe n'est pas aussi rigoureux qu'on le jugeroit par leur latitude. Si les golfes dont elles sont environnées voient quelquefois interrompre la navigation, c'est bien moins par les glaçons qui s'y forment, que par ceux que les vents y poussent, & qui s'unissent à mesure qu'ils s'y entassent. Si l'on en excepte le nord du Jutland, les provinces qui joignent l'Allemagne jouissent de sa température. Le froid est très-modéré, même sur les côtes de la Norwège. Il y pleut souvent durant l'hiver, & son port de Bergen est à peine une fois fermé par les glaces, tandis que ceux d'Amsterdam, de Lubeck & de Hambourg le sont dix fois dans l'année.

SECTION IIIᵉ.

Détails sur la population du royaume de Danemarck, *& sur les paysans & les nobles.*

La population de cet Empire n'est pas proportionnée à son étendue. Dans les siècles reculés, il s'appauvrit d'habitans par les émigrations continuelles. Les brigandages qui les remplacèrent, en-

tretinrent cette indigence. L'anarchie empêcha l'état de se relever de si grands maux. La puissance absolue du prince sur les citoyens qui se croient libres sous le titre de *nobles*, & de la noblesse sur un peuple esclave, étouffe jusqu'à l'espérance d'une plus grande population. Les écrivains varient beaucoup sur le nombre des habitans du *Danemarck*. Les listes réunies de tous les états de *Danemarck*, hors l'Islande, dit l'un, ne firent monter les morts, en 1771, qu'à cinquante-cinq mille cent vingt-cinq; de sorte que le calcul de trente-deux vivans pour un mort ne produiroit qu'un million sept cents soixante-quatre mille personnes.

D'après le dénombrement que voici, & qu'on dit assez exact, la population seroit plus considérable.

	Ames.
Isles de Selande, de Moën & de Bornholm,	283,466.
Isles de Fionie, de Langland, de Laaland & de Falster,	143,988.
Evêché d'Aashaus,	117,942.
Evêché de Ripen,	99,923.
Evêché d'Aalbourg,	80,872.
Evêché de Wibourg,	59,399.
Isles Féroë,	5,754.
Norwège,	723,141.
Islande,	46,201.
Duché de Slewigh,	243,605.
Duché de Holstein,	134,665.
Duché de Gluksbourg,	10,072.
District de Kiel,	75,000.
TOTAL	**2,023,928.**

Enfin quelques personnes pensent que la totalité des sujets danois en Europe peut s'évaluer à 2,200,000: & en y joignant les colonies, cette population est portée à 2,500,000.

On compte dans le *Danemarck* proprement dit 68 villes, 22 bourgs, 583 biens nobles, 16 baronies & 15 seigneuries. Le nombre des habitans dans tout le royaume de *Danemarck* peut être évalué à un million d'ames; une multitude de sujets danois quittent leur patrie pour s'engager dans le service maritime chez les hollandois & les anglois; en échange, ce royaume reçoit tous les ans beaucoup d'étrangers, dont une partie entre au service militaire, & l'autre, composée d'artistes & d'artisans, se marie & se fixe en *Danemarck* pour toujours.

Il y a en *Danemarck* deux sortes de paysans; les uns, appelés *Selv-Eyer-Bonder*, possèdent en pleine propriété des immeubles, & ne paient à leur seigneur qu'une légère redevance annuelle en reconnoissance du domaine direct; à cela près ils sont libres, & ne sont chargés d'autre contribution que de la taille imposée par le prince. Tous les autres habitans sont des espèces de fermiers, (fastebonder) & paient au propriétaire un canon annuel, foit en argent, en bétail ou en bled ; & ils font en outre affujettis aux corvées. Le roi Frédéric IV rendit, le 21 février 1702, une ordonnance, par laquelle il exempta de la mortaille tous ceux qui étoient nés depuis le 25 août 1699, c'eft-à-dire, depuis l'époque où il étoit monté fur le trône. Mais, par l'établissement d'une milice nationale, tous les payfans font redevenus ferfs ou mortaillables ; car, dès qu'un jeune homme eft arrivé à l'âge de neuf ans ; il n'ofe quitter le domaine où il eft né ; & depuis 18 ans jufqu'à quarante, il eft obligé de fe faire enrôler dans les troupes du pays. Aucun foldat n'ofe s'établir ni prendre de ferme, ailleurs que dans la terre où il fe trouve infcrit. Lorfqu'il a fini fon fervice militaire, & qu'il ne veut point recevoir de ferme, le propriétaire de la terre à qui il appartient peut le céder au régiment des gardes, ou à tel autre régiment qu'il juge à propos ; le même propriétaire peut demander le congé d'un foldat qui veut s'établir, en mettant à fa place un autre fujet ; & lorfqu'un payfan quitte la terre fans paffe-port, il eft pourfuivi comme transfuge.

La nobleffe jouit en général des droits fuivans : favóir, du droit de chaffe & de pêche, de patronage, (en vertu duquel elle nomme les curés & perçoit les revenus eccléfiaftiques) ; celui de faire des fidéicommis ; celui de varech ou de trouvaille, lorfque le véritable propriétaire de la chofe perdue ne fe préfente pas dans un an & jour. Les gentilshommes, quand il s'agit de leur honneur ou de leur vie, doivent être cités au tribunal fuprême du roi ; & s'il eft queftion de faifir leurs biens pour dettes, le juge provincial inftruit ces fortes de caufes. Les privilèges de la nobleffe de Slefwick feront indiqués ailleurs. Toutes les perfonnes qui ont un rang ou une dignité, jouiffent d'une efpèce de nobleffe perfonnelle. Le roi Chriftian V introduifit le premier le titre de comte & de baron féodal. Les nobles de cette claffe, outre les privilèges dont nous venons de parler, jouiffent de plufieurs autres droits : ils peuvent établir des majorats dans leur famille ; leurs teftamens, pour être valables, n'ont pas befoin de la confirmation du roi ; ils ont le droit de patronage fur tous les bénéfices, & ils perçoivent auffi la dixième partie des biens foumis à la dixme. Le principal manoir du baron, dont dépendent 100 arpens de terres, ou, ce qui revient au même, dont l'étendue eft de cent tonnes de grain dur ; & celui du comte, d'où dépendent 300 arpens, font exempts de toute contribution, exceptée celle qu'on appelle taille des princeffes. Les baronies & les comtés ne peuvent être hypothéqués pour dettes, & leur poffeffeur ne fauroit les aliéner fans le confentement de l'héritier préfomptif, & fans la permiffion du roi. La confifcation n'a lieu à l'égard de ces terres que pour crime de lèze-majefté ; & en ce cas, elles retombent à la plus prochaine

ligne. Les comtes en particulier ont la propriété des mines & des tréfors trouvés dans leurs terres ; ils jouiffent du droit de jurifdiction fur leurs domeftiques, & lorfqu'ils bâtiffent des maifons à Copenhague, ils font exempts des rentes foncières, du logement des gens de guerre, & de différens autres impôts. Ces maifons paffent à l'aîné auffi-bien que le comté. La chancellerie donne aux comtes le titre de très-illuftres (hoch-und-wohlge-bohrn), & aux barons celui d'illuftres (wohlge-bohrn) ; & lorfque les comtes font compris dans la première claffe fur la lifte des rangs, on les appelle excellences ou hochgrüfliche excellenz.

SECTION IVᵉ.

Obfervations fur l'agriculture, les manufactures, la navigation & le commerce du Danemarck.

Agriculture. L'agriculture pourroit être d'un produit plus confidérable qu'elle ne l'a été jufqu'à préfent ; mais les payfans auroient befoin d'inftructions & d'encouragement. On évalue le produit annuel du royaume du *Danemarck* feul à 8,361,700 tonnes de froment, feigle, orge, avoine, bled, farrafin, pois, vefces & fèves. Quand la récolte eft bonne, les danois peuvent exporter beaucoup de grains. L'exportation la plus confidérable & la plus utile fe fait vers les parties méridionales de la Norwège, où l'on n'ofe acheter que du bled de *Danemarck*, quoique les habitans foient dans le cas de s'en procurer ailleurs & à meilleur compte. Les ifles de Fionie, de Laaland (qui eft la plus fertile de toutes), de Langland & le Jutland en fourniffent la plus grande quantité ; celle de Sélande produit du malt ; celle de Fionie du bled farrafin ; le Jutland & le duché de Slefwick beaucoup de boeufs, de chevaux & de cochons ; les chevaux du Slefwick font plus grands que ceux des ifles. Quelques provinces exportent des pois ; d'autres, principalement l'ifle de Falfter, des fruits ; l'ifle de Laaland de la manne ; celle de Fionie de l'hydromel ; quelques provinces, & en particulier celles d'Eyderftedt font un grand commerce de fromages & de beure.

On voyoit peu de manufactures en *Danemarck* au dernier fiècle. Frédéric IV & Chriftian VI commencèrent à en établir. Frédéric V les multiplia & les perfectionna. On trouve aujourd'hui à Copenhague beaucoup d'artiftes, & l'induftrie a fait des progrès dans le refte du royaume. On y fait de la toile de voiles, de la toile ordinaire, de la batifte, des dentelles, du papier, du tabac à fumer & du tabac en poudre, des étoffes de coton & demi-coton, du fucre raffiné, des terres colorées, des pipes de terre, de la porcelaine, de la fayence, du vitriol, de l'alun, du favon, des galons d'or & d'argent, toutes efpèces d'ouvrages d'orfèvrerie, de cuivre, de laiton, de fer

& d'acier. La fauſſe dorure, qu'a inventée Ste-
num, approche beaucoup de la dorure véritable
par ſon éclat & ſa durée. Les manufactures d'armes ſuffiſent pour fournir l'armée danoiſe. Les
préparations des cuirs ſe perfectionnent de jour
en jour : les gands de Rander & d'Odenſée ont
de la réputation. On fabrique également des draps
de différentes qualités, des étoffes, des tapis
peints & imprimés, des bas tricotés & faits au
métier, des chapeaux, &c. des étoffes de ſoie,
de pluche, de velours : la manufacture la plus
conſidérable eſt la manufacture royale de ſoie établie à Copenhague. Il y en a une autre où l'on fabrique beaucoup de toiles peintes. L'introduction
des marchandiſes étrangères eſt défendue ; & dès
1736 l'uſage des bijoux, des étoffes d'or & d'argent, ainſi que des dentelles étrangères, a été
interdit. En 1738, le roi fit établir à la bourſe
un grand magaſin où les manufacturiers apportent
les marchandiſes dont ils ne trouvent point le débit, & dont le prix leur eſt payé comptant ; ces
marchandiſes ſont enſuite livrées à crédit aux marchands : cet établiſſement eſt ſujet à beaucoup
d'inconvéniens ; mais ce n'eſt pas ici le lieu de les
indiquer.

Commerce. Le *Danemarck* eſt ſitué très-avanta-
geuſement pour le commerce ; il ſemble deſtiné à
être l'entrepôt de la mer Baltique. Autrefois les
villes anſéatiques faiſoient ſeules le commerce de
ce royaume ; mais les anglois & ſur-tout les hollandois ne tardèrent pas à le leur enlever. Les
danois commencèrent, ſous le règne de Chriſtian III, à faire leur commerce par eux-mêmes.
Chriſtian IV les favoriſa autant qu'il lui fut poſſible, & ſous Chriſtian V ils ſortirent de leurs ports
avec leurs propres vaiſſeaux. Cependant c'eſt Frédéric IV qui eſt véritablement le fondateur du
commerce danois ; Chriſtian VI le ſoutint, & Frédéric V le porta à ſa perfection.

Dans l'état actuel des choſes, les exportations
ſont aſſez bornées : les plus conſidérables ſe réduiſent pour les provinces du continent de l'Allemagne, à cinq ou ſix mille bœufs, à trois ou
quatre mille chevaux propres à la cavalerie, à
quelque ſeigle & à de menus grains, qui ſont
vendus aux ſuédois & aux hollandois. Depuis quelques années, le *Danemarck* conſomme le froment
que la Fionie & l'Aaland envoyoient autrefois à
l'étranger. Ces deux iſles, ainſi que la Séelande,
ne vendent plus guères que ces magnifiques atte-
lages, ſi chers à tous ceux qui aiment les beaux
chevaux. La Norwège fournit au commerce, du
hareng, des bois, des mâtures, du goudron & du
fer. Il ſort des pelleteries de la Laponie & du
Groënland. On tire de l'Iſlande de la morue, de
l'huile de baleine, de chien & de veau marin,
du ſoufre, & ce voluptueux duvet connu ſous le
nom d'*édredon*.

Pour entrer dans des détails qui ſont toujours
utiles dans ces ſortes de matières, nous dirons,

d'après Buſching, que les danois exportent annuellement 548,496 tonnes de ſeigle, d'orge,
d'avoine, de pois, de fèves, de bled ſarraſin ; de la manne, de millet, de lentilles, de
pavot, de moutarde, de cumin, de fruits
verds & ſecs ; de l'eau-de-vie de grain, (environ
32,000 ancres), de la bierre, du pain, des cochons du Jutland (environ 10,000) du lard, de
la viande, du beurre, du fromage, du ſuif, de
la cire, du miel, de l'hydromel, des peaux,
de la laine, des ſoies de cochons, des crins, des
plumes, des draps, des gands de Rander, des
dentelles, des cordes, des ouvrages de fer blanc,
de cuivre & de fer, de la toile & du treillis,
de la farine & des bas du Jutland, des peaux de
moutons, de la laine filée, de la toile à voiles,
des chapeaux, des pierres de taille, de la fayence, de la poterie de gray, des coffres, des meubles de différentes eſpèces, des ſouliers, des pan-
toufles, du ſucre, du ſirop, des toiles peintes,
&c. Suivant le calcul fait en 1759 par le vice-
chancelier Pontoppidan, le produit de ces denrées & marchandiſes exportées & des acciſes va
à 2,533,271 écus, & la valeur des marchandiſes qui entrent à 2,477,445 écus danois, de
manière que l'exportation paſſe l'importation de
55,826 écus ; par conſéquent le commerce de *Danemarck* eſt preſque dans un équilibre parfait.

Parmi les productions du *Danemarck*, il y en a
fort peu qui puiſſent ſervir de matière première dans
les manufactures. On n'y trouve pas en aſſez
grande quantité les ſoies, les laines, le lin, le
chanvre, le caſtor, ou les autres matières néceſſaires aux grandes fabriques. Il faut ajouter que
les danois ne ſont pas naturellement induſtrieux,
& qu'ils ſe contentent d'élever leurs beſtiaux, de
vaquer à l'économie rurale, de faire la pêche &
d'aller en mer : on concevra aiſément la raiſon
pourquoi les manufactures y ſont fort négligées.
Ainſi tout le commerce qui s'y fait en draps, en
étoffes de laine & de ſoie, en chapeaux, bas,
dorures, toiles, &c. eſt paſſif ; c'eſt-à-dire, que
le *Danemarck* tire ces marchandiſes des pays étrangers, & les paye en argent ou en lettres de change
ſur la Hollande ou ſur Hambourg, qui eſt la
caiſſe publique des danois. Il en eſt de même des
vins, huiles, eaux-de-vie, fruits & autres productions que la nature a refuſées aux contrées du
nord ; mais les états du *Danemarck* ont, d'un autre côté, un commerce actif qu'on vient d'indiquer tout-à-l'heure. Non-ſeulement les ports de
Copenhague, de Bergen en Norwège, & les autres ports de la mer Baltique & de la mer du
Nord ſont toujours remplis de navires marchands
des principales nations commerçantes, mais il y
a auſſi beaucoup de vaiſſeaux appartenans aux ſujets du roi de *Danemarck*, qui parcourent toutes
les mers du monde. On voit, par exemple, à
Bergen des négocians qui tous les mois font lancer à l'eau un nouveau vaiſſeau, qu'ils nomment

ordinairement du mois de l'année où il a été achevé, comme le Janvier, le Février, &c. & qu'ils
envoient dans les pays méridionaux, où ils se vendent souvent avec sa cargaison. La facilité que
donne la Norwège pour la construction de ces
bâtimens, fait que le propriétaire & l'acheteur
étranger y trouvent l'un & l'autre leur compte.
Le commerce du *Danemarck* avec l'Islande est assez important; & ce qui l'est bien davantage, ce
sont les établissemens qu'ont fait les danois dans
les indes orientales & occidentales. Nous en parlerons dans les sections suivantes. La compagnie
des Indes, établie à Copenhague, envoie tous
les ans plusieurs vaisseaux à Tranquebar, où est
le dépôt principal & le centre du commerce de
l'Asie; elle trafique aussi à la Chine & dans les
contrées comprises dans les concessions accordées
au *Danemarck*. Ces vaisseaux rapportent du thé,
des porcelaines, des gourgourans & toutes sortes
d'étoffes de soie, des meubles, &c. La compagnie en fait de ventes publiques, où abondent
les hambourgeois & les négocians des autres villes commerçantes. La voie la plus courte pour
transporter ces marchandises en Allemagne, est
celle de Kiel. On prétend que, dans les premières années, les actions de cette compagnie ont
rendu jusqu'à quatre-vingt pour cent de dividende.
Les danois font aussi quelque commerce à la côte
de Guinée; ils transportent des nègres à l'isle
Saint-Thomas en Amérique, & ils les y vendent
aux espagnols; mais cet article est peu considérable. Pour faciliter le commerce, on a établi à
Copenhague une banque, qu'il ne faut pas comparer à celles d'Amsterdam, de Venise ou de
Hambourg. Il est impossible qu'une banque obtienne un grand crédit dans les gouvernemens absolus où le souverain est toujours le maître de
disposer, sur-tout dans des cas de nécessité, des
capitaux qui s'y trouvent placés. Dans les républiques, cette disposition des capitaux dépend du
peuple & d'une multitude de magistrats, qui ne
souffriroient jamais qu'on touchât à des fonds dont
dépendent le salut & la prospérité de l'état. On
ne sauroit donc envisager la banque de Copenhague que comme une espèce de Lombard,
ou, tout au plus, comme une petite caisse publique pour la commodité des paiemens intérieurs.
Les grands paiemens à l'étranger se font par la
voie de Hambourg, comme nous l'avons déja
dit.

La compagnie royale des Indes orientales, dont
les premières lettres d'établissement ont été expédiées en 1616, est la plus considérable des associations de commerce qu'on trouve en *Danemarck*.

La compagnie générale de commerce, établie
en 1747, a pour objet principal le transport en
France, en Espagne, en Portugal & en Italie,
des marchandises des pays situés aux bords de la
mer Baltique; elle a un privilège exclusif pour le

commerce du Groënland & pour la pêche de la
baleine, qui se fait le long des côtes de cette
mer; elle a la traite des nègres pour les isles danoises de l'Amérique, & elle est intéressée pour
200 actions dans le commerce du Levant. Au
reste, le fonds de cette compagnie est de mille actions, dont chacune étoit au commencement de
300 écus, & qui en 1750 ont été portées jusqu'à 500.

Le commerce du Levant se fait sous la direction de la compagnie générale, dont nous venons
de parler. Pour la soutenir, on a établi cinq
cens actions, dont chacune est de cinq cents
écus.

La banque des assignations de change & d'emprunt, dont nous avons déja dit un mot, a été établie
le 29 octobre 1736. Les billets de banque sont
de 100, de 50, de 10 écus, & ont le même
cours que l'argent comptant dans tous les états
du roi, ainsi que dans tous les bureaux de recette.
Cette banque prête aussi sur gages, moyennant 4
pour cent d'intérêts; (c'est ce que l'on nomme
Lombard, *Mont-de-piété*). L'emprunt ne peut passer cent écus, mais il peut être moindre. En 1760,
on a augmenté le nombre des actions.

Navigation. La navigation est assez active en
Danemarck. La pêche des harengs, de la morue
& d'autres poissons produit une pépinière de matelots. Le trajet continuel que les danois font en
Islande, entretient aussi leur marine. Les norwégiens sont presque continuellement en mer, &
depuis que le commerce des Indes orientales a
pris faveur en *Danemarck*, la navigation s'accroît
tous les jours. Le roi entretient une grande flotte
capable de la protéger, & dont nous parlerons
plus bas.

On a commencé en 1777 le canal de Sleswick
& de Holstein, qui doit joindre les deux mers pour
éviter un long & dangereux détour. Un million
de rixdales est destiné à cet objet. On comptoit
2053 vaisseaux, en 1771, dans les divers ports
du royaume : ce nombre paroît avoir augmenté
depuis.

SECTION Ve.

*Remarques sur les établissemens de commerce, & les
colonies que les danois possèdent en Asie, en Afrique & en Amérique.*

C'est en 1618 que les danois formèrent aux
Indes leur premier établissement. La circonstance
étoit favorable pour fonder un grand commerce.
Les portugais, opprimés par un joug étranger,
ne faisoient que de foibles efforts pour la conservation de leurs possessions. Les espagnols n'envoyoient des vaisseaux qu'aux Moluques & aux
Philippines. Les hollandois ne travailloient qu'à
se rendre maîtres des épiceries. Les anglois se res-
sentoient des troubles de leur patrie, même aux
Indes. Toutes ces puissances voyoient avec cha-

grin un nouveau rival, mais aucun ne le traver-
soit.

Il arriva de-là que les danois, malgré la modicité de leur premier fonds qui ne passoit pas
853,263 livres, firent des affaires assez considérables dans toutes les parties de l'Inde. Malheureusement la compagnie de Hollande prit une supériorité assez décidée, pour les exclure des marchés
où ils avoient traité avec le plus d'avantage; &,
par un malheur plus grand encore, les dissensions
qui bouleversèrent le nord de l'Europe, ne permirent pas à la métropole de cette nouvelle colonie de s'occuper d'intérêts si éloignés. Les danois
de Tranquebar tombèrent insensiblement dans le
mépris, & des naturels du pays qui n'estiment les
hommes qu'en proportion de leur richesse, & des
nations rivales, dont ils ne purent soutenir la
concurrence. Cet état d'impuissance les découragea. La compagnie remit son privilège, & céda
ses établissemens au gouvernement, pour le dédommager des sommes qui lui étoient dues.

Une nouvelle société s'éleva en 1670 sur les
débris de l'ancienne. Christiern V lui fit un présent en navires ou autres effets, qui fut estimé 310,828 livres, & les intéressés fournirent
732,600 liv. Cette seconde entreprise, formée
sans fonds suffisans, fut encore plus malheureuse
que la première. Après un petit nombre d'expéditions, le comptoir de Tranquebar fut abandonné
lui-même. Il n'avoit, pour fournir à sa subsistance, à celle de sa foible garnison, que son petit
territoire, & deux bâtimens qu'il frétoit aux négocians du pays. Ces ressources même lui manquèrent quelquefois, & il se vit réduit, pour ne
pas mourir de faim, à engager trois des quatre
bastions qui formoient sa forteresse. A peine
mettoit-on en état d'expédier tous les trois ou
quatre ans un vaisseau pour l'Europe, avec une
cargaison médiocre.

La pitié paroissoit le seul sentiment qu'une situation si désespérée pût inspirer. Cependant la
jalousie qui ne dort jamais, & l'avarice qui s'allarme de tout, suscitèrent aux danois une guerre
odieuse. Le rajah de Tanjaour, qui leur avoit
coupé plusieurs fois la communication avec son
territoire, les attaqua en 1689 dans Tranquebar
même, à l'instigation des hollandois. Ce prince
étoit sur le point de prendre la place après six
mois de siège, lorsqu'elle fut secourue & délivrée
par les anglois. Cet événement n'eut ni ne pouvoit avoir des suites importantes. La compagnie
danoise continua à languir. Son dépérissement devenoit même tous les jours plus grand. Elle expira
en 1730, mais après avoir manqué à ses engagemens.

De ses cendres naquit, deux ans après, une
nouvelle société. Les faveurs qu'on lui prodigua
pour la mettre en état de négocier avec économie, avec liberté, sont la preuve de l'importance
que le gouvernement attachoit à ce commerce.

Son privilège exclusif devoit durer quarante ans.
Ce qui servoit à l'armement, à l'équipement de
ses vaisseaux, étoit exempt de toute imposition.
Les ouvriers du pays qu'elle employoit, ceux
qu'elle faisoit venir des pays étrangers, n'étoient
point assujettis aux réglemens des corps de métier, qui enchaînoient l'industrie en *Danemarck*,
comme dans le reste de l'Europe. On la dispen-
soit de se servir de papier timbré dans ses affaires.
Sa jurisdiction étoit entière sur ses employés; &
les sentences de ses directeurs n'étoient pas suje-
tes à révision, à moins qu'elles ne prononçassent
des peines capitales. Pour écarter jusqu'à l'ombre
de la contrainte, le souverain sacrifia le droit qu'il
pouvoit avoir de se mêler de l'administration,
comme principal intéressé. Il renonça à toute influence dans le choix des officiers civils ou militaires, & ne se réserva que la confirmation du
gouverneur de Tranquebar. Il s'engagea même à
ratifier toutes les conventions politiques qu'on jugeroit à propos de faire avec les puissances de
l'Asie.

Pour prix de tant de faveurs, le gouvernement
n'exigea qu'un pour cent sur toutes les marchandises des Indes & de la Chine qui seroient exportées, & deux & demi pour cent sur celles qui se
consommeroient dans le royaume.

L'octroi dont on vient de voir les conditions,
n'eut pas été plutôt accordé, qu'il fallut songer
à trouver des intéressés. L'opération étoit délicate. Le commerce des Indes avoit été alors si
malheureux, que les riches citoyens devoient avoir
une répugnance invincible à y engager leur fortune. Une idée nouvelle changea la disposition des
esprits. On distingua deux espèces de fonds. Le
premier, appellé *constant*, fut destiné à l'acquisition de tous les effets que l'ancienne compagnie
avoit en Europe & en Asie. On donna le nom de
roulant à l'autre, parce qu'il étoit réglé tous les
ans sur le nombre & la cargaison des navires qui
seroient expédiés. Chaque actionnaire avoit la liberté de s'intéresser ou de ne pas s'intéresser à
ces armemens, qui étoient liquidés à la fin de
chaque voyage. Par cet arrangement, la compagnie fut permanente par son fonds constant, & annuelle par le fonds roulant.

Il paroissoit difficile de régler les frais que devoit supporter chacun des deux intérêts. Tout
s'arrangea plus aisément qu'on ne l'avoit espéré.
Il fut arrêté que le fonds roulant ne feroit que les
dépenses nécessaires pour l'achat, l'équipement,
la cargaison des navires. Tout le reste devoit regarder le fonds constant qui, pour se dédommager, préleveroit dix pour cent sur toutes les marchandises des Indes qui se vendroient en Europe,
& de plus cinq pour cent sur tout ce qui parti-
roit de Tranquebar.

Le capital de la nouvelle compagnie fut de
3,240,000 liv. partagé en 1600 actions de 2025 liv.
chacune.

Avec ces fonds , toujours en activité , les affociés expédièrent, durant les quarante années de leur octroi , cent huit bâtimens, La charge de ces navires monta en argent à 87,333,637 liv. & en marchandifes à 10,580,094 livres , ce qui faifoit en tout 97,913,731 liv. Leurs retours furent vendus 188,939,673 liv. Le *Danemarck* n'en confomma que pour 35,450,262 livres. Il en fut donc exporté pour 153,489,411 liv. Qu'on faffe une nouvelle divifion , & il fe trouvera que les ventes annuelles fe font élevées à la fomme de 4,723,491 l. que le pays n'en a confommé tous les ans que pour 886,250 livres , & que les étrangers en ont enlevé pour 3,837,235 liv.

Les répartitions furent très-irrégulières , tout le temps que dura le privilège. Elles auroient été plus confidérables , fi une partie des bénéfices n'eût été mife régulièrement en augmentation de commerce. Par cette conduite fage & réfléchie , les heureux affociés réuffirent à tripler leurs capitaux. Ces fonds auroient encore groffi de deux millions, fi le miniftère n'eût engagé , en 1754 , la direction à ériger une ftatue au roi Frédéric V.

Lorfque le privilège de la compagnie expira le 12 avril 1772 , il lui fut accordé un nouvel octroi , mais pour vingt ans feulement. On mit même quelques reftrictions aux faveurs dont elle avoit joui.

A l'exception du commerce de la Chine , qui refte toujours exclufif , les mers des Indes font ouvertes à tous les citoyens , & à l'étranger qui voudra s'intéreffer dans leurs entreprifes. Mais , pour jouir de cette liberté , il faut n'employer que des navires conftruits dans quelqu'un des ports du royaume ; embarquer dans chaque vaiffeau pour 13,500 liv. au moins de marchandifes de manufactures nationales ; payer à la compagnie 67 liv. 10 fols par laft ; ou deux pour cent de la valeur de la cargaifon au départ , & huit pour cent au retour. Les particuliers peuvent également négocier d'Inde en Inde , moyennant un droit d'entrée de quatre pour cent pour les productions d'Afie , & de deux pour cent pour celles d'Europe , dans tous les établiffemens danois , comme on n'en fauroit douter , la cour de Copenhague n'a fait ces arrangemens que pour donner la vie à fes comptoirs , l'expérience a dû convaincre qu'elle a été trompée.

La compagnie étoit autrefois exempte des droits établis fur ce qui fert à la conftruction , à l'approvifionnement des vaiffeaux. On l'a privée d'une franchife qui entraînoit trop d'inconvéniens. Elle reçoit , en dédommagement , 67 liv. 10 fols par laft , & 13 liv. 10 f. pour chacune des perfonnes qui forment l'équipage de fes bâtimens. On l'oblige , d'un autre côté , à exporter fur chacun de fes navires , expédiés pour l'Inde , 13,500 liv. de marchandifes fabriquées dans le royaume, &

18,000 liv. fur chacun des navires deftinés pour la Chine.

Les droits , anciennement différens pour les productions de l'Afie qui fe confommoient en *Danemarck* , ou qui paffaient à l'étranger , font actuellement les mêmes. Toutes , fans égard pour leur deftination , doivent deux pour cent. Le gouvernement a voulu auffi refter l'arbitre des frais de douane que les foieries & les cafés , deftinés pour l'état , feroient obligés de fupporter. Cette réferve a pour but l'intérêt des îles de l'Amérique & des manufactures nationales.

Le roi a renoncé à l'ufage où il étoit de placer tous les ans , dans le commerce de la compagnie , la fomme d'environ cent mille liv. dont il lui revenoit communément un profit de vingt pour cent. Pour le dédommager de ce facrifice , il fera verfé dans fa caiffe particulière 22,500 liv. lorfque ce corps n'expédiera qu'un vaiffeau ; 36,000 livres lorfqu'il en fera partir deux , & 45,000 livres lorfqu'il y en aura trois , ou un plus grand nombre.

Sous l'ancien régime , il fuffifoit d'être propriétaire d'une action , pour avoir droit de fuffrage dans les affemblées générales. Pour trois actions , on avoit deux voix ; trois pour cinq , & ainfi dans la même proportion jufqu'à douze voix , nombre qu'on ne pouvoit jamais paffer , quel que fût l'intérêt qu'on eût dans les fonds de la compagnie : mais il étoit permis de voter pour les abfens ou les étrangers , pourvu qu'on portât leur procuration. Il arriva de-là qu'un petit nombre de négocians , domiciliés à Copenhague , fe rendoient les maîtres de toutes les délibérations. On a remédié à ce défordre , en réduifant à trois le nombre des voix qu'on pourroit avoir , foit pour foi-même , foit par commiffion.

Telles font les vues nouvelles qui diftinguent le nouvel octroi de ceux qui l'avoient précédé. L'exemple du miniftère a influé fur la conduite des intéreffés , qui ont fait auffi quelques changemens remarquables dans leur adminiftration.

La diftinction du fonds conftant & du fonds roulant réduifoit la compagnie à un état précaire , puifqu'on étoit libre de retirer , après chaque voyage , le dernier qui fervoit de bafe aux opérations. Pour donner au corps une meilleure conftitution , ces deux intérêts ont été confondus. Déformais les actionnaires ne pourront , jufqu'à la fin de l'octroi , revendiquer aucune portion de leur capital. Ceux d'entr'eux qui , pour quelque raifon que ce puiffe être , voudront diminuer leurs rifques , feront réduits à vendre leurs actions , comme cela fe pratique par-tout ailleurs.

A l'expiration du dernier octroi , la compagnie avoit un fonds de 11,906,059 livres , partagé en feize cens actions d'environ 7,425 liv. chacune. Le prix de l'action étoit évidemment trop fort dans une région où les fortunes font fi bornées. On a remédié à cet inconvénient , en divifant une action en trois ; de forte qu'il y en a maintenant quatre mille huit cens, dont le prix , pour plus de fûreté, n'a été porté fur les livres qu'à 2,250 liv. Ce changement en doit rendre l'achat & la vente plus faciles , en augmenter la circulation & la valeur.

Le projet d'élever les établiffemens danois dans l'Inde , à plus de profpérité qu'ils n'en avoient eu, a occupé enfuite les efprits. Pour réuffir , il a été réglé qu'on y laifferoit conftamment deux millions 250,000 livres , en y comprenant leur valeur eftimée 900,000 liv. Les bénéfices qu'on pourra faire avec ces fonds , pendant dix ans , refteront en augmentation de capital , fans qu'on puiffe en faire des répartitions.

Jufqu'à ces derniers temps, les navires expédiés d'Europe pour la Chine, portoient toujours les facteurs chargés de former leur cargaifon. On a judicieufement penfé que des agens , établis chez cette nation célèbre, en faifiroient mieux l'efprit, & feroient les ventes & les achats avec plus de facilité & de fuccès. Dans cette vue, quatre facteurs ont été fixés à Canton , pour y conduire les intérêts du corps qui les a choifis.

Les danois avoient autrefois formé un petit établiffement aux ifles de Nicobar. Il ne coûtoit pas beaucoup , mais il ne rendoit rien. Son inutilité l'a fait fagement profcrire.

La compagnie avoit contracté l'habitude d'accorder, fur hypothèque, aux acheteurs un crédit de plufieurs années. Cette facilité l'obligeoit elle-même d'emprunter fouvent des fommes confidérables à Amfterdam ou à Copenhague. On s'eft vivement élevé contre une pratique inconnue aux nations rivales. Il eût été peut-être dangereux d'y renoncer entiérement ; mais on l'a renfermée dans des bornes affez étroites pour prévenir toute défiance.

A ces principes de commerce, fort fupérieurs à ceux qui étoient fuivis , la compagnie a ajouté les avantages d'une direction mieux ordonnée , plus éclairée & mieux furveillée.

Auffi une confiance univerfelle a-t-elle été le fruit de ces fages combinaifons. Quoique le dividende n'ait été que de 8 pour cent en 1773, & de dix pour cent en 1774 & en 1775, on a vu les actions s'élever à vingt-cinq & trente pour cent de bénéfice. Leur prix auroit vraifemblablement augmenté encore , fi la paix intérieure de la fociété n'avoit été, depuis peu, fi fcandaleufement troublée.

L'ancienne compagnie bornoit prefque fes opérations au commerce de la Chine. De tous ceux dont elle avoit le choix, c'étoit celui où il y avoit le moins de rifques à courir, & plus de bénéfices à efpérer. Sans abandonner cette fource de richeffes , on eft entré dans quelques-autres, long-temps négligées.

Le Malabar , il eft vrai, a peu fixé l'attention. Autrefois on ne tiroit annuellement des loges de Colefchey & de Calicut qu'une foixantaine de milliers de poivre. Ces achats n'ont guères augmenté : mais on a eu raifon d'efpérer que les affaires prendroient plus de confiftance dans le Bengale.

A peine les danois avoient paru aux Indes , qu'ils s'étoient placés à Chiuchurat , fur les bords du Gange. Leurs malheurs les écartèrent de cette opulente région pendant près d'un fiècle. Ils s'y montrèrent de nouveau en 1755 , & voulurent occuper Bankibazar, qui avoit appartenu à la compagnie d'Oftende. La jaloufie du commerce , qui eft devenue la paffion dominante de notre fiècle, renverfa leurs vues , & ils fe virent réduits à fonder Frédéric-Nagor dans le voifinage. Ce comptoir coûta tous les ans 22,500 liv. plus que fon territoire & fes douanes ne rendirent. Cette dépenfe, quoique foible, étoit plus confidérable que les opérations ne le comportoient. L'attention qu'on eut, après le renouvellement du privilège, d'envoyer de l'argent à cet établiffement trop négligé , lui donna un commencement de vie ; mais il rentra bientôt dans le néant. Son malheur eft venu d'avoir été mis dans une dépendance abfolue de Tranquebar.

On a dit, en 1784 , que les danois venoient de former un nouvel établiffement fur la rive orientale du Molveira , l'une des branches du Gange ; qu'ils ont obtenu pour cet effet une permiffion du grand-mogol, auquel le roi de *Danemarck* avoit envoyé un ambaffadeur ; que le nouveau fort bâti par eux s'appelle *Fredéricksbourg* ; qu'il eft peuplé par des colons envoyés d'Elfeneur & du Holftein ; qu'on a formé la garnifon de quelques troupes tirées de Tranquebar fur la côte de Coromandel ; que ce nouvel établiffement eft à 200 milles de Calcutta.

Tranquebar poffède un excellent territoire ; quoique de deux lieues de circonférence feulement, avoit autrefois une population de trente mille ames. Dix mille habitoient la ville même. On en voyoit un peu plus dans une grande aldée, remplie de manufactures groffières. Le refte travailloit utilement dans quelques autres lieux moins confidérables. Trois cens ouvriers, facteurs, marchands ou foldats, c'étoit tout ce qu'il y avoit d'européens dans l'établiffement. Son revenu étoit d'environ 100,000 livres, & ce revenu fuffifoit à toutes fes dépenfes.

Avec le temps, le défordre fe mit dans la colonie : elle rendit moins , & coûta le double. Les entrepreneurs s'éloignèrent, les fabriques languirent, les achats diminuèrent, & l'on n'obtint qu'un bénéfice très-borné fur ceux qu'on ordonnoit de loin en loin. Dans l'impuiffance où l'on étoit de faire des avances aux atteliers, il fallut payer les marchandifes vingt-cinq & trente pour cent plus cher, que fi l'on fe fût conformé aux ufages reçus dans ces contrées.

Depuis 1772 , Tranquebar a changé de face.

Un peu de liberté, quelques fonds, une meilleure adminiftration, une augmentation de territoire, d'autres caufes encore ont amélioré fon fort. Mais jamais fa deftinée, jamais la deftinée du corps qui lui donne des loix, ne feront brillantes.

La pofition locale du *Danemarck*, le génie de fes peuples, fon degré de puiffance relative, tout l'éloigne d'un grand commerce aux Indes. Ses provinces font-elles affez riches pour fournir les fommes néceffaires aux grandes fpéculations, ou les étrangers livreront-ils leurs capitaux à une affociation foumife à un gouvernement abfolu?

Le projet formé en 1728 de transférer de Copenhague à Altena le fiège du commerce avec l'Afie, pouvoit bien procurer quelques avantages; mais il ne levoit aucun des obftacles qu'on vient d'expofer. Ainfi nous ne craindrons pas de dire que l'Angleterre & la Hollande firent un acte de tyrannie inutile, en s'oppofant à cet arrangement domeftique d'une puiffance libre & indépendante.

Le roi de *Danemarck* poffède fur la côte de Guinée. Chriftiansbourg, petite forterffe fituée dans le royaume d'Aquamboë & de Friedrichsberg, autre petite ville fortifiée dans le pays de Sabde. Il s'y fait quelque commerce, & les danois y trouvent beaucoup de commodité pour relâcher & pour faire de l'eau dans leurs voyages.

Les danois poffèdent en Amérique l'ifle Sainte-Croix, l'ifle Saint-Jean & l'ifle Saint-Thomas. Nous avons déja parlé de l'ifle Sainte-Croix. *Voyez* l'article (CROIX SAINTE.) *Voyez* auffi l'article CRABES.

Au premier janvier 1773, on comptoit à Saint-Jean foixante-neuf plantations, dont 27 étoient confacrées à la culture du fucre, & 42 à d'autres-productions-moins importantes. Saint-Thomas en avoit exactement le même nombre & avec la même deftination, mais beaucoup plus confidérables. Sur trois cens quarante-cinq qu'offroit Sainte-Croix, cent cinquante étoient couvertes de cannes. Dans les deux premières ifles, les propriétés acquièrent l'étendue que le colon eft en état de leur donner. Ce n'eft que dans la dernière que chaque habitation eft bornée à 3000 pieds danois de longueur fur deux mille de largeur.

Saint-Jean eft habité par cent dix blancs & deux mille trois cens vingt-quatre efclaves. Saint-Thomas, par trois cens trente-fix blancs & quatre mille deux cens quatre-vingt-feize efclaves. Sainte-Croix, par deux mille cent trente-fix blancs & vingt-deux mille deux cens quarante-quatre efclaves. Il n'y a point d'affranchis à Saint-Jean; & il n'y en a que cinquante-deux à Saint-Thomas, que cent cinquante-cinq à Sainte-Croix. Cependant les formalités néceffaire pour accorder la liberté fe réduifent à un fimple enrégiftrement dans une cour de juftice. Si une fi grande facilité n'a pas multiplié ces actes de bienfaifance, c'eft qu'ils

ont été interdits à ceux qui avoient contracté des dettes. On a craint que les débiteurs ne fuffent tentés d'être généreux aux dépens de leurs créanciers.

Cette loi paroît fage : en la mitigeant, elle auroit peut-être fon utilité, même dans nos contrées. Il feroit peut-être à defirer que tout citoyen, revêtu de fonctions honorifiques à la cour, dans les armées, dans l'églife, dans la magiftrature, en fût fufpendu au moment où il feroit légitimement-pourfuivi par un créancier, & qu'il en fût irrémiffiblement dépouillé au moment où les tribunaux l'auroient déclaré infolvable. On prêteroit avec plus de confiance, & on emprunteroit avec plus de circonfpection. Un autre avantage d'un pareil réglement, c'eft que bientôt les conditions fubalternes, imitatrices des ufages & des préjugés des hautes claffes des citoyens, craindroient la même flétriffure, & que la fidélité dans les engagemens deviendroit un des caractères des mœurs nationales.

Les productions annuelles des ifles danoifes fe réduifent à un peu de café, à beaucoup de coton, à dix-fept ou dix-huit millions pefant de fucre brut, & à une quantité proportionnée de rum. Une partie de ces denrées eft livrée aux anglois, propriétaires des meilleures plantations, & en poffeffion de fournir les efclaves. Des états très-authentiques prouvent que, depuis 1756 jufqu'en 1773, cette nation a vendu, dans les établiffemens danois du nouvel hémifphère, pour 2,307,686 liv. 11 f. & enlevé pour 3,197,047 l. 5 f. 6 den. L'Amérique feptentrionale reçoit auffi quelques-unes de ces productions, en échange de fes beftiaux, de fes bois & de fes farines. Le refte eft porté dans la métropole pour une quarantaine de bâtimens, du port de cent vingt jufqu'à quatre cents tonneaux. La plus grande partie s'y confomme, & il n'en eft guères vendu en Allemagne ou dans la Baltique que pour un million de livres.

Les terres fufceptibles de culture ne font pas toutes en valeur dans les ifles danoifes, & celles qu'on y exploite pourroient être améliorées. De l'aveu des hommes les mieux inftruits, le produit de ces poffeffions feroit aifément augmenté du tiers & peut-être de la moitié.

Un grand obftacle à cette multiplication de richeffes, c'eft la fituation extrêmement gênée des colons. Ils doivent 4,500,000 liv. au gouvernement; ils doivent 1,200,000 liv. au commerce de la métropole; ils doivent 26,630,170 livres aux hollandois, que l'immenfité de leurs capitaux & l'impoffibilité de les faire valoir par eux-mêmes, rendent forcément créanciers de toutes les nations.

Les droits du fifc mettent de nouvelles entraves à l'induftrie. Les denrées & les marchandifes qui ne font pas propres au *Danemarck*, ou qui n'y ont pas été portées, fur des vaiffeaux danois,

doivent

doivent quatre pour cent à leur départ d'Europe. Les nationales & les étrangères payent également six pour cent à leurs entrées aux isles. On y exige 18 liv. pour chaque nègre qui arrive, & une capitation de 4 l. 10 sols, des droits assez forts sur le papier timbré, un impôt de 9 liv. par mille pieds quarrés, de terre, le dixième du prix des habitations vendües. Les productions sont toutes assujetties à cinq pour cent à leur sortie des colonies, & à trois pour cent dans tous les ports de la métropole, sans compter ce que le rum donne dans les détails de la consommation. Ces tributs réunis forment à la couronne un revenu de huit à neuf cens mille liv.

Il est temps que la cour de Copenhague se détache de ces impôts si multipliés & si accablans. Un intérêt bien raisonné devroit sans doute inspirer cette conduite à toutes les puissances qui ont des possessions dans le nouveau-Monde : mais le *Danemarck* est plus particuliérement obligé à cette générosité. Ses cultivateurs sont grévés de si énormes dettes, qu'ils n'en pourront jamais rembourser les capitaux, qu'ils n'en paieront pas même les arrérages, sans un désintéressement entier de la part du fisc.

Mais le *Danemarck* ne pourra consommer cet œuvre de sagesse, tant que les dépenses publiques excéderont les revenus publics; tant que les événemens facheux qui, dans l'ordre ou plutôt le désordre actuel des choses, se renouvellent continuellement, forceront l'administration à doubler, à tripler le fardeau des malheureux sujets déja surchargés; tant que ses conseils travailleront sans vues stables.

Au reste, les isles de Saint-Thomas, de Saint-Jean, de Sainte-Croix pourroient acquérir une assez grande prospérité, & leurs productions pourroient suppléer jusqu'à un certain point, au peu de valeur qu'ont celles de la métropole même.

Un écrivain a calculé que les productions des colonies danoises ne s'élèvent pas au-dessus de sept millions, que soixante-dix navires & quinze cens matelots sont employés à leur extraction; que ces établissemens reçoivent en esclaves ou en marchandises pour quinze cens mille francs; qu'on peut réduire à neuf cens mille l. les frais d'exportation ou d'importation, & à dix pour cent les droits & les assurances; & que, toutes dépenses prélevées, les isles danoises doivent jouir d'un produit d'environ trois millions & demi. En donnant ces détails, nous n'en garantissons pas l'exactitude, & le lecteur doit sentir qu'en pareille matière les différens auteurs offrent des résultats très-différens.

Le *Danemarck* a le plus grand intérêt à jouir & à trafiquer seul de toutes les productions de ses isles de l'Amérique. Plus les possessions de cette puissance sont bornées dans le nouveau-Monde, plus elle doit être attentive à ne laisser échapper aucun des avantages qu'elle en peut tirer : les ma-

ladies des empires ne sont pas du nombre de celles qui se guérissent d'elles-mêmes; elles s'aggravent en vieillissant, & il est rare que des circonstances heureuses en facilitent la cure; il est presque toujours dangereux de renvoyer à des temps plus éloignés, & le bien qu'on peut se promettre d'opérer, & le mal qu'on a quelque espoir de déraciner dans le moment; pour un exemple de succès obtenu en temporisant, l'histoire en offre mille où l'on manque l'occasion favorable, pour l'avoir trop attendue; la lutte d'un souverain est toujours celle d'un seul contre tous, à moins que plusieurs d'entr'eux n'aient un intérêt commun. On sait jusqu'à quel point il faut compter sur les alliances; la puissance d'une nation foible ne s'accroît jamais que par des degrés imperceptibles, & que par des efforts toujours croisés par la jalousie des autres nations, à moins qu'elle ne sorte tout-à-coup de sa médiocrité, par l'audace d'un génie impatient & redoutable : ce génie peut se faire attendre long-temps, & alors il risque le tout pour le tout, sa tentative pouvant amener également & l'agrandissement & la ruine totale. En attendant que ce génie paroisse, le plus sûr est de sentir sa position, & le plus sage de se convaincre que, si les puissances du premier ordre commettent rarement des fautes impunies, la moindre négligence de la part des souverainetés subalternes, à qui de vastes & riches territoires n'offrent aucune ressource prompte, ne peut avoir que des suites funestes.

Section VIe.

Détails sur les impôts, les revenus, les dépenses, les dettes & les loix somptuaires.

Le *Dictionnaire des Finances* offre à l'article DANEMARRCK des détails assez étendus sur les impôts qui se perçoivent dans ce royaume, & nous aurons soin de ne pas répéter ici ce qui s'y trouve.

En *Danemarck*, on exige des impôts fixes pour les terres, d'arbitraires en forme de capitation, & de journaliers sur les consommations. Le gouvernement jouit d'ailleurs d'un domaine très-considérable, & il a une ressource assurée dans le détroit du Sund. Six mille neuf cens trente navires qui, si l'on en juge par les comptes de 1768, doivent entrer annuellement dans la mer Baltique ou en sortir, payent, dans ce fameux passage, environ un pour cent de toutes les marchandises dont ils sont chargés. Cette espèce de tribut qui, quoique difficile à lever, rend à l'état deux millions cinq cens mille livres, est perçu dans la rade d'Elseneur, protégée par la forteresse de Cronenbourg. Il y a long-temps que cette position & celle de Copenhague invitent inutilement le *Danemarck* à y former un entrepôt, où tous les peuples commerçans, soit du nord, soit du midi, viendroient échanger leurs productions & leur industrie.

C

Avec les fonds provenants des tributs, du domaine, des péages, des subsides du dehors, l'état entretient ses escadres & ses armées, dont on parlera plus bas. Aux dépenses militaires, le gouvernement en a joint d'autres depuis quelques années, pour l'encouragement des manufactures & des arts. Qu'on ajoute quatre millions de livres pour les besoins de la cour, une somme à-peu-près semblable pour les intérêts qu'entraîne une dette publique de soixante-dix millions, & on aura l'emploi de vingt-trois millions de livres, qui forment le revenu de la couronne.

Si c'est pour en assurer les recouvremens que le gouvernement proscrivit en 1736 l'usage des bijoux, les étoffes d'or & d'argent, on se permettra de dire qu'il avoit sous sa main des moyens plus simples. Il falloit peut-être abolir les entraves qui gênent les opérations des citoyens entr'eux, qui empêchent la libre communication des différentes parties de la monarchie. Il falloit ouvrir à tous les navigateurs de la nation, l'Islande, le Groënland, les états barbaresques, la pêche de la baleine. Il falloit rendre aux peuples le commerce des isles de Feroé, concentré dans les mains du souverain. Il falloit affranchir tous les membres de l'état de l'obligation qui leur fut imposée en 1726, de se pourvoir de vin, de sel, d'eau-de-vie, de tabac, à Copenhague même.

Il ne sera pas hors de propos d'entrer ici dans quelques détails sur le péage du Sund, l'un des plus beaux revenus du roi. Le Sund est un détroit fameux entre l'île de Sélande & la Terreferme de Schouen, qui appartient à la Suède. Du côté du Danemarck, est la ville d'Elseneur avec la Forteresse de Cronenbourg, près de laquelle il y a une assez bonne rade. Du côté de la Suède, est la ville de Helsinbourg avec un château ruiné. C'est entre ces deux villes que passent & repassent tous les vaisseaux qui font le commerce de la Baltique, & c'est le seul passage qui donne entrée à cette mer. Car, quoique le grand & le petit Belt soient aussi des passages qui conduisent dans la Baltique, on ne les fréquente point, parce que le petit Belt n'est pas assez profond, & que le grand est plein de rochers & d'écueils cachés sous l'eau; le Sund au contraire est très-profond, quoiqu'il n'ait guères qu'un mille d'Allemagne de largeur près de Cronenbourg, & qu'on distingue parfaitement les objets d'un rivage à l'autre. On a eu grand soin de garnir de fanaux tous les endroits de la côte qui pourroient être dangereux; d'autres fanaux, où l'on allume des feux, servent de guides aux vaisseaux dans les nuits obscures & orageuses; enfin on a pris toutes les précautions imaginables pour rendre ce passage le moins périlleux possible. C'est à ces précautions que l'on doit attribuer l'origine du droit de péage que la cour de Danemarck fait lever sur tous les vaisseaux qui passent par le détroit du Sund. D'abord les négocians consentirent à payer volontairement pour

chaque vaisseau une petite somme qui pût subvenir à l'entretien de ces fanaux; mais le Danemarck l'a exigé ensuite comme un droit formel. L'empereur Charles V signa à Spire sur le Rhin un traité avec le roi de Danemarck, qui fixoit le droit de péage que les navires appartenans aux sujets des dix-sept provinces devoient payer. Depuis cette époque, le Danemarck a établi différentes conventions pour la quotité de ce droit avec chacune des nations commerçantes, en particulier; & cette taxe a été haussée ou baissée, selon les circonstances où cette couronne s'est trouvée, ou selon que la bonne ou mauvaise fortune des puissances avec lesquelles elle contractoit, lui a permis de stipuler des conditions plus ou moins favorables. Si l'on examine l'origine de ce péage, il paroît que les titres sur lesquels le Danemarck se fonde, sont très-foibles, & qu'on ne pouvoit convertir une redevance volontaire en un impôt considérable & onéreux pour tout le commerce du Nord. Mais si on songe ensuite que les autres puissances de l'Europe ont consenti à ce droit, & qu'il a été confirmé par plusieurs traités, on verra peut-être que le Danemarck n'exerce aujourd'hui ce même droit qu'à juste titre, & qu'on ne sauroit s'y soustraire de bonne grace, puisque les traités sont les vrais titres qui constatent les droits des peuples. On peut trouver les tarifs du péage du Sund, tels que chaque nation les paye, dans les Recueils diplomatiques. Nous y renvoyons le lecteur curieux; car l'extrait seul de ces pièces passeroit les bornes de cet ouvrage, & seroit contraire à son plan. Il faut remarquer qu'autrefois la nation suédoise ne payoit aucun droit de passage, ni pour ses propres vaisseaux, ni pour les marchandises appartenantes à des suédois, & chargées sur des navires étrangers. Le Danemarck se croyoit trop heureux que la Suède lui abandonnât ce revenu en entier, & qu'elle ne fît pas valoir le droit que lui donne son rivage & la ville de Helsinbourg. Mais, par l'article IX du traité de Friedrichbourg conclu en 1720, la Suède a renoncé à cette franchise du passage; elle s'est obligée à payer le péage comme les hollandois & les autres nations; ce qui paroît extraordinairement dur pour la nation suédoise.

SECTION VIIe.

Détails sur l'armée & sur la marine.

D'après la nouvelle ordonnance pour la composition de l'armée de Danemarck, publiée cette année (1785), la cavalerie sera composée de 6073 hommes, y compris les officiers, & il y aura 4751 chevaux. L'entretien pour ces deux objets sera de 395,433 rixdallers, & 49 schellings. Elle consistera dans les régimens suivans; savoir, la garde à cheval de 177 hommes; elle coûtera, y compris les chevaux, 29,655 rixdallers & 4 schellings & demi; quatre régimens de cavalerie de 2,620 hommes, qui coûteront, y compris les chevaux, 157,747 rixdalers & 76 fchel. ; quatre régimens de dragons de la même force, leur entretien & celui des chevaux coûteront 156,747 rixd. & 76 fchellings ; un corps de huffards de 330 hommes, & un autre corps de 326 ; ces deux corps, y compris les chevaux, coûteront 51,283 rixdalers, & 47 fchellings & demi.

L'infanterie fera compofée de 33,475 hommes, & fon entretien reviendra à 890,396 rixdalers & 51 fchellings ; elle confiftera dans les régimens fuivans ; favoir, la garde à pied de 483 hommes ; fon entretien fera de 31,153 rixdalers & 61 fch. ; un corps de chaffeurs de 132 hommes ; il coûtera 9,813 rixdalers & 46 fchellings & demi ; un autre corps de chaffeurs de la même force, & qui coûtera la même fomme ; 16 régimens de 27,962 hommes, qui coûteront 658,209 rixdalers & 53 fch. quelques compagnies détachées de 1,999 hommes ; elles coûteront 60,096 rixdalers & 56 fchel. ; quelques compagnies de garnifon de 358 hommes, qui coûteront 13,724 rixdalers, 4 fchellings & demi.

Toute l'armée en *Danemarck* fera donc forte de 39,548 hommes, & fon entretien annuel reviendra à 1,285,830 rixdalers & 4 fchellings.

D'après la même ordonnance, l'armée en Norwège fera portée en 1786 à 35,715 hommes, & fon entretien coûtera 378,092 rixdalers & 70 fch. Il y aura 4 régimens de dragons de 4,349 hommes & de 2,725 chevaux ; un corps d'artillerie de 436 hommes ; 2 régimens d'infanterie enrôlée de 2,294 hommes ; 8 régimens d'infanterie nationale de 27,524 hommes, 960 chaffeurs, & une compagnie de garnifon de 156 hommes.

Total de l'armée en *Dancmarck* & dans la Norwège, 75,263 hommes, dont l'entretien annuel reviendra à 1,663,922 rixdal. & 70 fchel.

Le nombre des habitans du *Danemarck* ne paroît pas affez grand pour fournir de recrues l'armée. La cavalerie cependant eft prefque toute compofée de nationaux, fur-tout pour ce qui regarde les régimens qui font en garnifon dans le centre du royaume. Mais l'infanterie eft prefque toute recrutée par des recrues qu'on fait à Hambourg, à Breme, à Lubeck, & dans les villes libres de l'Empire où le *Danemarck* a le droit d'engager des gens de bonne volonté. C'eft la bonté des chevaux danois, qui fait la force de leur cavalerie. Leur infanterie n'eft ni auffi renommée, ni auffi-bien difciplinée que celle des grands princes allemands. La défertion y eft confidérable : il paroît qu'on recrute chez l'étranger, 1°. parce que la marine, la pêche & la navigation occupent beaucoup de monde ; 2°. parce que la culture des terres & le foin des beftiaux emploient la plupart des gens de la campagne ; & 3°. parce que les payfans font ferfs dans la plupart des provinces. Ils appartiennent au gentilhomme fur la terre duquel ils font

nés, & ils font partie de ce domaine. Le roi, dont l'autorité eft fi abfolue, n'a pas encore ofé prendre aux propriétaires des hommes qui font partie de leur bien, pour les employer dans fes troupes ; & quand, par hafard, un ferf a été engagé par les enrôleurs, fon feigneur le réclame.

Le roi a plufieurs fortereffes qui font bien entretenues, comme la ville de Copenhague même, Gluckftadt dans le Holftein, Rendsbourg, Fridericia, Drontheim, Bergen, le Wardhuys à l'extrémité de la Norwège, & plufieurs forts & citadelles difperfés dans le pays.

Indépendamment des troupes régulières, les milices ou troupes provinciales font compofées d'hommes robuftes & grands, qu'on réforme à la moindre infirmité, & le pays ou le bailliage eft alors obligé d'en fournir d'autres ; ils fervent les uns pendant fix années, les autres pendant douze ans ; ils ne fe trouvent annuellement aux régimens auxquels ils font attachés, que pendant trois femaines, & ils paffent le refte de l'année dans leurs familles.

L'efcadre danoife confifte en temps de paix en vingt-huit vaiffeaux de guerre du premier, fecond & troifième rang, en feize frégates & cinq brûlots. On entretient 1800 charpentiers, 400 canoniers & plus de 3000 matelots pour le fervice de cette efcadre. Le *Danemarck* peut en temps de guerre doubler ces forces navales ; la Norwège fournit en abondance des bois & des matériaux pour cet ufage. Mais, comme il faudroit au moins dix à douze mille hommes de troupes pour bien garnir une pareille efcadre, & que fon entretien excéderoit les reffources pécuniaires de cette couronne, elle auroit befoin de fecours étrangers, fi elle vouloit garder long-temps un auffi grand nombre de vaiffeaux. Si on compare les troupes de terre & l'établiffement ordinaire de marine avec l'étendue & la richeffe du royaume, on ne trouvera point de proportion entre ces deux objets, & les forces paroîtront plus grandes qu'elles ne devroient l'être relativement aux revenus & aux reffources de cet état. Voilà pourquoi le *Danemarck* cherche toujours à fe procurer des fubfides en France ou en Angleterre. Il y a à Copenhague une maifon de cadets, où l'on élève les jeunes gens qui veulent fervir dans la marine. Toutes les ifles de *Danemarck* & la côte de Norwège fourniffent des matelots, & on n'en manque jamais. Au refte, le *Danemarck* fait bien d'entretenir conftamment une bonne armée navale, qui puiffe protéger fon commerce, fa navigation, fes poffeffions dans les Indes, fon droit de péage du Sund, & même fes propres foyers. Il excite la jaloufie des autres nations commerçantes, & les efcadres de la Suède & de la Ruffie lui impofent la néceffité de veiller à l'entretien de fa marine.

C 2

Section VIIIe.

Détails fur les loix & les tribunaux.

On dit que le code civil des loix danoifes eft peut-être le meilleur de l'Europe ; qu'il eft précis & clair. Molefworth, détracteur des établiffemens du *Danemarck*, rend juftice aux loix de ce royaume. La police y eft très-bien adminiftrée dans toutes fes parties ; mais on s'y plaint beaucoup des juges. Un avantage particulier à cet état eft l'uniformité des poids & mefures ; on la doit prefqu'en entier aux foins du comte de Bernftorf.

Les danois ne reconnoiffent l'autorité des loix romaines que dans le duché de Holface ou de Holftein, qui eft un fief de l'Empire. Les peuples de ce duché fuivent le droit de Lubeck, tiré de celui de Saxe. Des tribunaux du Holftein, on appelle à la chambre impériale.

Toutes les autres provinces de *Danemarck* ne reconnoiffent que leurs loix & leurs coutumes. Les danois en ont qui font conformes au droit romain. Ils en ont d'autres qui y font contraires ; mais le droit romain, comme droit romain, n'y a aucune autorité.

Waldemar fit compiler les ftatuts de fes prédéceffeurs ; il y joignit les anciennes coutumes du *Danemarck*, & il y ajouta beaucoup d'autres réglemens, de l'aveu des états. Il en compofa un corps entier de droit, qu'on appella *le droit danois*. Ce code de droit fut réformé fur la fin du dernier fiècle par Frédéric IV ; qui changea toute la jurifprudence, & qui voulut bannir la chicane de fes états, en banniffant des tribunaux toutes les formalités inutiles. Il n'y a depuis ce temps-là qu'un feul volume in-4° pour toute la nation danoife, & un autre pareil pour les peuples de Norwège, qui ne diffère de celui-là que dans les cas où les befoins particuliers de la Norwège ont demandé d'autres réglemens que ceux de *Danemarck*.

Les loix du *Danemarck* & de la Norwège font écrites en langue danoife ; elles offrent tant de fimplicité, que l'homme du monde le plus ignorant peut les entendre & les citer dans fa propre caufe, fans avoir befoin de confeil ni d'avocat. Auffi y a-t-il peu d'avocats en *Danemarck* ; leurs droits font modiques, & les procès y font rares & promptement expédiés. Le juge qui ne prononce pas felon les loix, eft menacé de dédommagement envers la partie condamnée, & celui qui malverfe dans fes fonctions eft menacé d'un châtiment ; mais il paroît que la corruption s'eft gliffée dans les tribunaux. Quoique les danois aient trois degrés de jurifdiction, l'affaire la plus épineufe peut être terminée en moins d'un an, à très-peu de frais.

Il y a à Copenhague fept collèges ou confeils principaux, dont le roi fe fert pour gouverner fes états : le confeil d'état, le confeil de guerre, le confeil fupérieur de juftice, le confeil des finances, le confeil de la chancellerie, le confeil de la marine & le confeil de commerce. Le roi préfide à tous ces confeils.

Les évêques formoient autrefois la troifième claffe des états, & ils jouiffoient d'un grand crédit dans cette affemblée de la nation ; mais aujourd'hui leurs fonctions fe réduifent à-peu-près à celles qu'exercent les furintendans en Allemagne, & c'eft-là auffi le titre que les loix leur donnent. Le roi les nomme, enfuite l'évêque de Sélande les confacre dans l'églife de Notre-Dame de Copenhague. On n'en compte que fix en *Danemarck*, quatre en Norwège, & deux en Iflande.

La religion luthérienne domine dans tout le *Danemarck*, & dans les provinces qui en font partie. Le roi Frédéric I l'embraffa, & fon fils Chrétien II l'introduifit dans fes états l'an 1536. Quoique les évêques aient peu d'autorité dans leur diocèfe, le clergé n'a pas été fans crédit durant plufieurs règnes, & les eccléfiaftiques ont eu une grande influence à la cour, par l'efprit de dévotion qui s'étoit emparé des fouverains. On a été trop luthérien en *Danemarck*, s'il m'eft permis de m'exprimer ainfi. Les cabales des prêtres ont percé jufques dans la diftribution des principaux emplois de l'état, & les princes font tombés dans l'indolence, l'inaction, & les petites pratiques qui nuifent à la fplendeur des royaumes. Cependant on a toujours toléré, & l'on tolère encore en *Danemarck* toutes les autres communions chrétiennes.

Section IXe.

Obfervations fur les rapports & les intérêts politiques du Danemarck.

Le premier objet de la politique du cabinet de Copenhague eft la confervation des duchés de Slefwick & de Holftein, l'un des plus béaux fleurons de cette couronne. Des princes de la maifon de Holftein occupent ou vont occuper bientôt les trônes de Ruffie & de Suède, & c'eft cette maifon que le *Danemarck* a dépouillée de fon héritage. Quoique les cours de Stockolm & de Pétersbourg n'aient pas vécu jufqu'ici en trop bonne intelligence, & qu'il y ait entre elles de la rivalité & des prétentions fur plufieurs domaines, les chofes peuvent changer de face ; l'amitié qui naît des liens du fang, peut l'emporter un jour fur les cabales politiques des miniftres, & ces deux puiffances fe réunir en faveur des intérêts primitifs de leurs maifons. S'il faut parler ici le langage effrayant de la politique, & oublier la paix de l'Europe & les intérêts des autres puiffances, lorfqu'on rédige l'article de l'une d'entr'elles, le cabinet de Copenhague doit veiller fans ceffe fur ce grand objet ; troubler, autant qu'il le peut, la bonne intelligence entre la Ruffie & la Suède ; fe faire de puiffans amis & des alliés dans toute l'Europe, & entretenir fi bien fes forces de terre & de mer, que la nation foit à l'abri de toute crainte, & toujours prête à une vigoureufe défenfe. En général, le maintien de l'équilibre dans le Nord eft d'une grande importance pour cette cour. Cet équilibre eft formé par quatre puiffances, le *Danemarck*, la Suède, la Ruffie & la Pruffe. Depuis le règne de Pierre I, la Ruffie a fait des progrès fi confidérables, que les deux autres royaumes du Nord, même réunis, courroient de grands rifques, fi toutes les forces ruffes venoient à fondre fur eux. Heureufement la puiffance de la maifon de Brandebourg eft telle, qu'une armée pruffienne, affemblée dans le voifinage des provinces que la Ruffie a conquifes fur la mer Baltique, pourroit faire diverfion, arrêter les deffeins de la cour de Pétersbourg, & maintenir les chofes dans l'état où elles font.

Les rois de *Danemarck* forment des prétentions fur la ville de Hambourg, & ils ont fait diverfes tentatives pour s'en emparer à main armée. Les titres qu'ils citent, à l'appui de ces prétentions, paroiffent très-foibles ; celui de la bienféance eft le plus fort. La jaloufie feule maintient cette petite république ; car les autres puiffances voifines auroient de la peine à confentir qu'elle tombât au pouvoir du *Danemarck*. Le cercle de la baffe Saxe & même l'Empire perdroit beaucoup, fi Hambourg appartenoit à un prince abfolu. C'eft le port commun de l'Allemagne, & il ne fauroit être affez libre.

Le cabinet de Copenhague a conçu de nos jours un vafte deffein ; c'étoit de faire déclarer le prince royal de *Danemarck* fucceffeur au trône de Suède ; de réunir, après la mort du roi Frédéric, les royaumes de Suède, de *Danemarck* & de Norwège, & de leur rendre la fplendeur & la puiffance qu'ils avoient du temps de l'union de Calmar. Nous n'examinerons pas fi l'exécution de ce projet étoit poffible, mais nous dirons que les moyens dont on a voulu fe fervir étoient mal imaginés. On a employé la voie de la négociation auprès de tous ceux qui étoient intéreffés à le faire échouer ; c'eft-à-dire, auprès des grands : de fecrettes brigues parmi le peuple, & quelques régimens danois pour foutenir à propos les dalécarliens révoltés, auroient pu faire réuffir toute l'entreprife. Au refte, on ne retrouvera peut-être plus une occafion auffi favorable ; &, excepté les danois, perfonne en Europe ne doit peut-être le defirer.

Le *Danemarck* a peu de liaifons avec le Portugal & l'Efpagne. Ces puiffances font trop éloignées. Lorfque l'Europe entière eft en guerre, le *Danemarck* pourroit tirer quelques fubfides de l'Efpagne. Il a préféré jufqu'ici l'argent de la France ou de l'Angleterre. Son commerce avec ces deux nations du midi n'eft pas non plus fort important. Le *Danemarck* ne fournit à l'Efpagne que quelques bois & quelques poiffons fecs, vers le

temps du carême, & prend en échange des vins, des huiles & des fruits ; encore tire-t-il ces denrées prefque toutes de la Hollande & de Hambourg. Le comte de Dehn fut envoyé, il y a quelques années, à Madrid, en qualité d'envoyé de *Danemarck* ; mais on n'a pas vu jufqu'à préfent que fa négociation ait été fort heureufe.

La France a de bien plus grands rapports avec le *Danemarck*. L'une & l'autre de ces puiffances s'intéreffent aux affaires de l'Allemagne, de la Pologne & du Nord, & elles font dans un état de négociation prefque continuelle. Il y a ordinairement deux partis à la cour de *Danemarck* ; l'un pour la France, & l'autre pour l'Angleterre. Selon l'afcendant que prend l'un de ces partis, ou felon les circonftances dans lefquelles fe trouvent les pays du Nord, le *Danemarck* eft dévoué aux françois ou aux anglois. Au refte, la balance penche plus ou moins du côté de l'Angleterre, fur-tout depuis que des mariages ont allié ces deux maifons. Il faut, ou que les raifons politiques prévalent manifeftement en faveur de la France, ou que fes fubfides foient infiniment plus confidérables, ou que la négociation foit conduite avec une fagacité merveilleufe, pour mettre le *Danemarck* dans le parti françois.

Le commerce avec la France s'accroiffant tous les jours, c'eft une raifon de plus pour engager le *Danemarck* à fe ménager la bonne amitié de la cour de Verfailles, qui peut d'ailleurs lui être d'une utilité infinie, contre les anglois & les hollandois qui lui contefteront tôt ou tard la liberté du commerce dans les Indes.

D'après ce que nous venons de dire, on peut juger des difpofitions du *Danemarck* à l'égard de l'Angleterre. La bonne intelligence entre ces deux cours, cimentée depuis bien des fiècles, les liens du fang, l'appui de l'Angleterre pour maintenir l'équilibre dans le Nord, & celui de la maifon de Hanovre pour protéger les provinces d'Oldenbourg & de Delmenhorft, qui font ifolées, le commerce réciproque qui fe fait entre les deux nations excitent puiffamment la cour de *Danemarck* à cultiver l'amitié de celle de Londres. D'ailleurs les deux nations n'ont prefque point de prétentions l'une à la charge de l'autre. Si quelque chofe peut les brouiller, ce fera peut-être le commerce des Indes, & les progrès de la navigation danoife ; le but des anglois étant de diminuer ou d'anéantir le commerce maritime des autres peuples, ils emploient toutes fortes de moyens pour cela ; ils ne rougiffent pas de favorifer jufqu'aux brigandages des corfaires de Barbarie.

La Hollande a eu de temps en temps des démêlés avec le *Danemarck*, pour le paffage du Sund, pour la pêche de la baleine au Groënland, pour celle de la morue fur les côtes de Norwège, ou pour la contrebande que les navires marchands des Provinces-Unies faifoient fur ces mêmes côtes, à-peu-près comme les anglois la faifoient en Amérique dans les mers qui entourent les possessions espagnoles. Lorsque la marine de la république étoit encore respectable, le *Danemarck* ne pouvoit lui résister. En 1645 & en 1658, les flottes hollandoises passèrent le Sund à leur gré, & agirent despotiquement dans la Baltique, tantôt contre les danois, & tantôt en leur faveur. La décadence de la marine des hollandois met le *Danemarck* plus à son aise à cet égard; aussi, lorsqu'en 1737 il survint quelques contestations entre ces deux puissances au sujet de la pêche, les hollandois n'eurent garde de prendre le ton menaçant qu'ils prenoient jadis; mais, après des mémoires publiés de part & d'autre, l'affaire fut terminée à l'amiable. Au reste, le commerce réciproque entre ces nations, est très-important. Les hollandois tirent une immense quantité de bois & d'autres denrées de Norwège, & ils approvisionnent en échange toutes les provinces danoises. La balance est très-défavorable au *Danemarck*. La cour de Copenhague & la république se ménagent avec soin; elles ne doivent pas changer de systême. Il y a bien des objets propres à détruire cette harmonie; car, pour n'en citer qu'un exemple, la compagnie des Indes établie à Copenhague excite la jalousie des Provincet-Unies.

Comme le roi de *Danemarck* possède une partie du Holstein, & quelques provinces dans le cercle de Westphalie, il est à ce titre membre du Corps germanique, & il faut qu'il suive les révolutions du systême général de l'Allemagne. Quand il n'auroit par là d'autre prérogative que celle d'enrôler des soldats dans les villes libres de l'Empire pour recruter son armée, & sur-tout son infanterie, ce seroit déja un objet considérable. Aussi avons-nous vu que, dans toutes les guerres qu'a faites l'Empire; le *Danemarck* a fourni son contingent, & au-delà, de bonnes troupes, dont on a tiré de grands services. Le renfort que cette puissance envoya l'an 1734 à l'armée du Rhin, étoit de six mille hommes. Le roi de *Danemarck*, en qualité de prince de Holstein de la tige des comtes d'Oldenbourg, a voix & séance à la diète de l'Empire, au banc des princes. L'exercice de ce droit fut interrompu, il est vrai, par une dispute sur la préséance, survenue entre la maison de Holstein & quelques autres membres de l'Empire; mais cette affaire se termina par une convention signée le 13 août 1740, entre le roi de *Danemarck* & les princes d'Allemagne, qu'on nomme *alternans*. Cette convention admet sa majesté danoise au rang des princes qui alternent, c'est-à-dire, qui président alternativement, & on lui rend sa séance à la diète. Le *Danemarck* n'a de liaisons directes, ni avec la maison d'Autriche, ni avec les autres princes de l'Allemagne. Nous ne voyons point dans l'histoire, que cette puissance se soit beaucoup exposée pour donner du secours à quelque prince allemand en particulier, ou pour faire des acquisitions nouvelles

en Allemagne; une sage neutralité a été presque toujours l'objet de sa politique.

Le roi de Prusse ayant beaucoup d'influence dans les affaires du Nord, est de tous les princes d'Allemagne celui avec lequel le *Danemarck* a les plus grandes liaisons. Lorsqu'au commencement de ce siècle l'ambition & les succès brillans de la Suède inquiétèrent ses voisins, le *Danemarck*, la Russie & la Prusse conclurent une alliance qui produisit la guerre du nord, & qui devint funeste au monarque suédois.

La situation & la constitution de la Pologne n'engagent pas le *Danemarck* à s'intéresser beaucoup à son sort; aussi n'a-t-il presque aucune liaison avec ce royaume. Je parle de ces liaisons directes que le voisinage, le commerce, ou le systême de la politique des états font naître, & non de ces rapports accidentels & momentanés, qui résultent quelquefois d'un enchaînement bizarre de circonstances. C'est ainsi que le systême général de l'Europe pourroit réunir le Portugal & la Russie; & c'est aussi, par un semblable principe, qu'autrefois le *Danemarck* prit un grand intérêt à ce qui arriva en Pologne, lorsque Charles XII y porta ses armes triomphantes. Le destin de la Pologne importoit peu à la cour de Copenhague; mais il lui importoit beaucoup que la fortune du conquérant suédois fut arrêtée.

La Suède est de tous les états de l'Europe celui avec lequel le *Danemarck* a eu le plus de démêlés. On a vu ces deux royaumes ne former qu'une même monarchie. Nous avons déja parlé du projet de les réunir de nouveau; mais ils ont été presque toujours divisés par des jalousies & des intérêts divers, & fort souvent en guerre ouverte l'un contre l'autre. Il en est résulté entre les deux nations une rivalité, une aigreur & une haine plus forte peut-être que celle qui règne entre les turcs & les chrétiens. Le *Danemarck*, il est vrai, s'est occupé long-temps des moyens de subjuguer la Suède & de la réduire à la condition d'une de ses provinces; mais les événemens ont si peu répondu à ses espérances, que les suédois ont reconquis le Schouen, & ont couvert la Gothie occidentale, par le moyen du château de Bahus. Les danois ont d'ailleurs fait tous leurs efforts pour ruiner le commerce & troubler la navigation de la Suède; mais ils n'ont pas mieux réussi. Il paroît que, dans l'état actuel des choses, le *Danemarck* ne devroit plus songer à opprimer la Suède; il est de l'intérêt de ces deux puissances de vivre en bonne harmonie pour leur sûreté mutuelle, & pour se défendre contre la Russie, dont les rapides accroissemens ne peuvent que réveiller toute leur attention. Le traité du Nord, conclu en 1720 à Friederichsbourg, a mis fin à toutes les mésintelligences; car il a fixé les limites des deux royaumes, ainsi que les droits des deux nations. Quant à la réunion des trois royaumes du Nord, il n'y a qu'une révolution extraordinaire qui puisse la faire réussir.

La Ruffie, ainsi que nous l'avons déja dit, doit attirer toute l'attention du cabinet de Copenhague. Les acquisitions qu'elle a faites dans la mer Baltique, aux dépens de la Suède, lui ont donné les moyens d'y entretenir une flotte considérable, & de s'y approprier une partie du commerce. Ces forces maritimes, jointes aux forces de terre qu'elle avoit déja, la rendent redoutable aux danois, qui agiroient contre toutes les règles de la saine politique, s'ils favorifoient l'agrandissement des russes. La Ruffie submergeroit tout le nord, si on la laissoit sortir des digues qui la renferment dans son lit naturel. Tout ce que le *Danemerck* pourroit espérer, ce seroit d'être envahi le dernier. Le systême général qu'on a formé pour le Nord est bon, & il faut se contenter de le maintenir. Il faut que le *Danemarck* entretienne ses propres forces avec vigilance; il doit envoyer à la cour de Pétersbourg des ministres habiles, qui sachent pénétrer les desseins les plus secrets de la politique russe, & qui observent soigneusement toutes les démarches du cabinet impérial.

Le *Danemarck* n'a presqu'aucune liaison avec la Porte Ottomane, & c'est ce qui nous dispense d'en parler. Il n'y auroit que la Ruffie qui, par des conquêtes qu'elle tenteroit sur les autres peuples du Nord, pourroit mettre la cour de Copenhague dans la nécessité d'entamer une négociation à Conftantinople, & d'exciter les turcs à faire une diversion, en attaquant les russes d'un autre côté.

Les pirates de la côte de Barbarie pourroient inquiéter les navires du *Danemarck*, si sa navigation s'étendoit jusques dans la Méditerranée; mais comme les danois n'envoient guères de vaisseaux qu'aux Indes; qu'ils restent dans l'Océan, & que ces corsaires passent rarement le détroit de Gibraltar, il n'y a presque point d'exemple qu'ils se soient emparés d'un bâtiment danois.

DANTZIC, ville libre, qui fait partie de la Pologne, & qui est enclavée dans la Pruffe occidentale.

Cette ville est dans le Palatinat de Pomérellie sur les rivières de Radaune & de Motlaw, & elle a une forterefse sur la Viftule à un mille de la mer Baltique. Sa position, jointe à la bonté de son port, l'a rendue une des villes les plus commerçantes du Nord. Il s'y fait un très grand commerce de grains; elle est par cette raison extrêmement peuplée, & l'on y compte au-delà de soixante mille habitans. La religion luthérienne est la dominante; cette ville qui autrefois tenoit un rang diftingué parmi les villes anséatiques, jouit encore aujourd'hui, sous la protection des rois de Pologne, de privilèges & d'immunités considérables, tels que le droit de battre monnoie, d'affifter par ses députés aux diètes de Pologne, & d'y donner son suffrage pour l'élection d'un roi.

La ville entretient une garnifon, & elle pourroit passer pour forte, si, au septentrion & au couchant, elle n'étoit commandée par des hauteurs qui la dominent, quoiqu'on n'ait rien négligé pour la défendre de ce côté-là. Comme elle fait en quelque façon partie de la Pologne, elle a participé aux différentes révolutions qu'éprouva ce royaume.

Les productions de Pologne font le principal objet de commerce d'exportation de cette ville. Elle en reçoit, année commune, 50 à 60,000 lafts de bled, dont le prix varie beaucoup, & se règle sur les prix de Hollande. En comparant les divers prix de plusieurs années, les dantzicois le paient 18 ducats le laft; ainsi 60,000 lafts font une fomme de 2,080,000 ducats. On croit que les bois, la cendre, la potasse, la toile, le cuir, le miel, &c. que les négocians de *Dantzic* reçoivent de la Pologne, montent à-peu-près à la même fomme; & on peut évaluer à six millions de rixdales les capitaux que cette ville met annuellement dans son commerce, & à 20 pour cent ses bénéfices; mais elle paie 150,000 rixdales au roi de Pologne, à titre d'impofitions & d'autres droits, & une fomme égale pour les intérêts de ce qu'elle doit à l'Angleterre & à la Hollande. Il ne doit lui rester en bénéfice que 900,000 rixd. qui fervent à payer les ouvrages des fabriques étrangères dont elle a besoin. Malheureusement la plus grande partie de cet argent eft employé pour des objets de luxe, dont le goût augmente tous les jours dans cette petite république. Il paroît que la ville de *Dantzic* dépense ce qu'elle gagne; & que, si elle ne prend pas d'autres mefures, son commerce ne fuffira bientôt plus pour payer ses importations. Les anciennes maisons de commerce font les seules qui se foutiennent encore; les nouvelles font presque toutes tombées peu de temps après leur établissement.

La dernière révolution de Pologne a nui beaucoup au commerce de *Dantzic*. Le traité de partage qui a démembré ce royaume, paroît avoir conservé tous les privilèges des dantzicois; le roi de Pruffe les a reconnus formellement, ainsi que leur indépendance; mais ces privilèges étant très-défavorables, aux intérêts du commerce des pruffiens, il en est réfulté des divisions & des actes d'hoftilité, qui ont fait craindre l'envahissement de *Dantzic*. La ville a été invettie par les troupes du roi de Pruffe, & ce n'eft qu'après bien des négociations que la difpute s'est terminée. *Dantzic* est à la bienféance du roi de Pruffe; fes privilèges femblent lui donner un droit exclufif au commerce de l'une des portions de la Pologne que la cour de Berlin a obtenu dans le traité de partage, & il eft bon de parler ici en détail des prétentions qu'on lui a contefté, & de l'arrangement, peut-être passager, qui en a été la fuite.

Le manifefte du roi de Pruffe ayant difcuté ces

droits avec beaucoup de fagacité , & avec une modération & une adreffe vraiment dignes d'eloges , nous allons le rapporter.

« Sa majefté le roi de Pruffe fe trouve depuis » quelque temps engagé inopinément dans une » contéftation avec *Dantzic*, qui attire l'attention » de l'Europe, & peut donner lieu à de fauffes » interprétations de la part du public non inf- » truit. On eft ordinairement porté à donner tort » au plus puiffant vis-à-vis du plus foible , & à » lui attribuer des deffeins cachés & étendus ; » mais il fuffira d'expofer l'origine , les progrès » & l'état actuel de cette difcuffion , avec fes » circonftances & les raifons qu'on allègue des » deux côtés , pour convaincre que de pareils » deffeins n'exiftent nullement ici ; que la ville » de *Dantzic* n'a pas même l'ombre de la raifon » de fon côté ; que , par des vues d'une politi- » que mal entendue , elle fufcite au roi une que- » relle , qu'il n'auroit pu attendre d'un état beau- » coup plus puiffant, & qu'enfin fa majefté en a » agi , dans cette occafion , avec cette modéra- » tion & cet amour de la juftice dont elle a de » tout temps donné tant de preuves convainquan- » tes. Lorfque la république de Pologne, par le » traité de Varfovie du 18 feptembre 1773, cé- » da à fa majefté toute la Pruffe polonoife, on » n'excepta que les villes de *Dantzic* & de Thorn » avec leur territoire, & hors de là il ne fut rien » ftipulé en faveur de la ville de *Dantzic*. Sa ma- » jefté reçut donc les bourgs de Langfurh, Alt, » Neufchottland, Schiedlitz & Stolzemberg, » dépendans auparavant de la couronne de Po- » logne, & qu'on appelle *fauxbourg de Dantzic* » à caufe de leur proximité. Les habitans de ces » bourgs, lorfqu'ils fe trouvoient encore avec » *Dantzic* fous la même dénomination polonoife, » commerçoient librement fur la Viftule, en paf- » fant *Dantzic*, & alloient chercher leurs den- » rées des contrées pruffiennes fituées de l'autre » côté, lorfqu'ils ne préféroient pas de les pren- » dre à *Dantzic* même. Ce commerce & cette » navigation libre ont, autant que l'on en eft » inftruit, continué comme auparavant, lorfque » la Pruffe polonoife & avec elle les villes ci- » deffus furent cédées à fa majefté, & féparées » de *Dantzic*, Au mois d'avril de cette année » (1783), le magiftrat de *Dantzic* commença à » défendre aux habitans des villes pruffiennes, » fituées en-deçà de *Dantzic*, de tirer directement » leur bled & autres denrées du territoire pruf- » fien fitué au-delà, exigeant que les cargaifons » achetées dans ce territoire fuffent vendues au » marché de *Dantzic* pour le prix déterminé par » les dantzicois, & que les fufdites villes pruf- » fiennes achetaffent d'eux à des prix également » arbitraires les denrées dont elles ont befoin. » Tous les bâtimens des fujets du roi, venant du » territoire pruffien, furent arrêtés par la milice » poftée au Blockaus, & forcés avec des pro-

» cédés même infultans de décharger à *Dantzic*. » Par cette nouveauté, on interrompit le com- » merce & la navigation libre que les fujets pruf- » fiens avoient de temps immémorial fur un fleuve » qui, à fon embouchure & dans fa plus grande » étendue, appartient à leur fouverain ; & non » content de cette défenfe de la navigation, on » interdit également aux fujets pruffiens, fé- » parés par la ville de *Dantzic*, toute com- » munication ou échange de leurs produits ré- » ciproques par terre. Les fujets du roi, aban- » donnés ainfi aux procédés arbitraires & intéreffés » des négocians dantzicois, en portèrent les » plaintes les plus amères à fa majefté. Le roi » fe borna d'abord à faire faire, par fon réfident » à *Dantzic*, des repréfentations, tant verbales » qu'écrites, au magiftrat ; mais ces repréfenta- » tions demeurant fouvent fans réponf**e**, & tou- » jours fans réponfe fatisfaifante, le miniftère du » cabinet du roi adreffa, le 20 juin & le 24 » juillet, au magiftrat de *Dantzic* des lettres auffi » pleines de modération que bien motivées ; il » n'en reçut que des réponfes vagues, déclina- » toires & obfcures, fondées fur des prétextes » vagues, & qui fe réfutoient d'eux-mêmes. Le » public impartial, qui lira ces pièces telles qu'el- » les ont été jointes à cet expofé publié en alle- » mand, s'inftruira par leur contenu des détails » de cette difcuffion, & fe convaincra de l'in- » juftice évidente de la prétention de la ville de » *Dantzic*, & de l'équité manifefte de ce que » fa majefté exige d'elle. Le miniftère fit accom- » pagner ces lettres de repréfentations verbales » du réfident, fommant le magiftrat de *Dantzic* » d'indiquer les raifons de fon procédé. On offrit » de fatisfaire à toute prétention fondée, deman- » dant feulement que, jufqu'à l'époque d'un ar- » rangement, on continuât de permettre aux fu- » jets du roi l'exercice de la navigation & du » commerce libre par terre, comme ils en avoient » joui auparavant. Mais la ville de *Dantzic* dé- » clina toutes ces propofitions. Il ne reftoit donc » à fa majefté d'autre voie, pour foutenir fes fu- » jets, que celle des réprefailles, qu'on a fuppor- » tant exécutée avec toute la modération poffi- » ble, quoique jufqu'à préfent fans effet. Le roi » ordonna d'abord, au mois d'août de cette an- » née, au colonel de Pirch de porter un petit » détachement de troupes fur l'ifle de Holm & » territoire pruffien, de s'affurer ainfi du paffage » de la Viftule en cet endroit, & de renvoyer » fans aucune violence tous les bâtimens dantzi- » cois allant de la ville à la mer Baltique, ou » de la Baltique à la ville, laiffant néanmoins » paffer fans difficulté les vaiffeaux des nations » étrangères. Ceci ne produifit aucun effet ; toute » cette difcuffion fembla devenir moins l'affaire » d'un magiftrat fage & éclairé, que celle d'une » populace effrénée. Aucun fujet ou employé » pruffien n'ofoit plus fe montrer avec fûreté fur

» le

» fe territoire dantzicois. Le colonel de Pirch,
» voulant faire paffer fur la Viftule un bâtiment
» pruffien, fut infulté, avec les foldats qui l'ac-
» compagnoient, par la populace, de la manière
» la plus groffière, fans que la garnifon du Blo-
» chauff, qui fe trouvoit tout près de là, eût
» cherché à l'empêcher. Le confeiller de la ré-
» gence, Meyer, fut attaqué dans la ville avec
» danger de fa vie, & le magiftrat s'excufa fur
» ce qu'il ne pouvoit retenir la fougue du peu-
» ple. Le magiftrat fe replie toujours dans cette
» affaire fur la volonté & les réfolutions de la
» bourgeoifie, & de ce qu'il nomme le troifième
» ordre, duquel il prétend être gêné, & au
» point de ne pouvoir agir autrement. Une obfti-
» nation auffi décidée obligea le roi à donner
» aux repréfailles un nouveau degré de force : on
» interrompit le commerce des dantzicois par ter-
» re, & on fit arrêter leurs vaiffeaux au Neuf-
» fahrwaffer. Ces nouvelles mefures reftèrent en-
» core fans fruit. Le magiftrat crut fe tirer d'affaire,
» par la déclaration plaufible qu'il avoit abandonné
» toute l'affaire à fon fouverain le roi de Pologne.
» Comme en d'autres occafions, où elle n'y trou-
» voit pas fon compte, elle a toujours évité de
» reconnoître la fouveraineté de la Pologne, par
» exemple, en rejettant la convention conclue
» entre la Pruffe & la Pologne, pour l'abolition
» de la traite foraine, on auroit avec raifon
» décliner la médiation d'une cour éloignée, par
» rapport à une prétention auffi étrange. Cepen-
» dant on attendit encore l'effet des foins du comte
» d'Uuruhe que le roi de Pologne avoit envoyé
» à Dantzic ; toutes les repréfentations de ce
» miniftre n'opérèrent que la déclaration à laquelle
» la ville fe détermina enfin de vouloir rendre la
» liberté du commerce & de la navigation aux
» fujets du roi ; mais *falvo jure*, feulement jufqu'à
» la fin de cette année, uniquement pour les den-
» rées de confommation, fous condition que tou-
» tes les repréfailles cefferoient auffi-tôt. Il étoit
» impoffible d'accepter une propofition auffi infi-
» dieufe, puifque la ville obtenoit par-là une re-
» connoiffance indirecte de fa prétention, & la
» ceffation entière des repréfailles que l'on ne re-
» commence pas aifément, tandis que les fujets
» du roi n'obtenoient que pour deux mois d'hiver,
» où la nature même y met obftacle, cette liberté
» de commerce & de navigation dont ils ont joui
» de tout temps, & qu'on n'auroit pas manqué
» de leur contefter bientôt après. Le roi n'efpé-
» rant plus obtenir, par la voie des repréfen-
» tations, de la négociation, & même de repré-
» failles modérées, cette liberté naturelle qu'il
» réclamoit pour fes fujets, s'eft vu avec regret
» forcé de paffer à des mefures plus férieufes. Sa
» majefté a ordonné en conféquence au général
» major Baron d'Eglofftein d'entrer avec quatre
» bataillons d'infanterie & quatre efcadrons de
» cavalerie fur le territoire de Dantzic, que les

» troupes du roi n'avoient pas touché jufques-là ;
» d'enfermer cette ville de tous côtés, par mer &
» par terre, quoique dans une certaine diftance,
» d'obferver, du refte, la difcipline la plus fé-
» vère, & de laiffer paffer fans difficulté tous
» les vaiffeaux étrangers. Cette démarche même
» n'a pu encore vaincre l'obftination de la ville
» de *Dantzic*, & n'a produit qu'une réponfe va-
» gue au général d'Eglofftein, dans laquelle le
» magiftrat renouvelle fa première déclaration,
» qui porte fur un intérémiftice de deux mois,
» & envifageant comme obligatoires les premières
» offres qu'on n'avoit fait que par condefcendan-
» ce, fe plaint de ce qu'on exige maintenant une
» liberté entière & illimitée de la navigation. Il
» eft vrai que, durant cette conteftation, le roi
» a fait propofer plufieurs fois, tant à la cour de
» Varfovie qu'au magiftrat de *Dantzic*, d'accor-
» der aux fujets du roi le libre paffage, feule-
» ment *falvo jure*, & jufqu'à l'époque d'un ar-
» rangement amical ; mais, fuivant la nature des
» chofes & l'équité la plus manifefte, ces propo-
» fitions portoient fur un commerce entièrement
» libre, & non reftreint à un court efpace de
» temps. Or le magiftrat les ayant déclinées, &
» ne les ayant enfin acceptées que comme par
» grace, & en reftreignant fa conceffion d'une
» manière vague & infidieufe aux denrées de con-
» fommation des fujets pruffiens & au court ef-
» pace de deux mois inutiles pour la navigation,
» & qu'il auroit fans doute laiffé écouler fans
» arranger l'affaire, après que les repréfailles au-
» roient une fois été lévées ; fa majefté ne peut
» être rappellée à des offres volontaires & non ac-
» ceptées, & voyant la mauvaife volonté de
» la ville de *Dantzic*, & fon obftination à oppri-
» mer conftamment les fujets pruffiens, elle ne
» peut qu'infifter maintenant fur une définition
» entière & radicale de l'affaire, & fur la con-
» ceffion illimitée du libre paffage de fes fujets
» fur le territoire de *Dantzic*, & jufques-là con-
» tinuer les mefures qu'elle a été obligée d'adop-
» ter. Mais comme elle n'a jamais eu & n'a en-
» core aucun deffein hoftile ou contraire aux
» traités contre la ville de *Dantzic* ; qu'elle eft feu-
» lement difpofée à foutenir fon commerce d'une
» manière conforme aux avantages de fes propres
» états, ces repréfailles ne dureront auffi que juf-
» qu'à ce que cette ville ait remis fur l'ancien pied
» le commerce libre des fujets pruffiens, leur
» ait affuré folemnellement, pour leurs perfon-
» nes & marchandifes, le libre paffage par fon
» territoire, & ait procuré à fa majefté une fa-
» tisfaction convenable pour les procédés infolens
» qu'on s'eft permis envers fes officiers & fujets ;
» ces points accordés, les repréfailles cefferont
» auffi-tôt ».

Il feroit inutile d'examiner les raifons que donne ce manifefte ; il fuffit de dire que le roi de
Pruffe a obtenu une fatisfaction complette. Voici

D

les articles principaux de la convention définitive, telle qu'elle a été publiée en 1785.

I. Le magistrat de la ville de Dantzic reconnoît que le procédé de cette dernière envers sa majesté, ainsi qu'à l'égard de ses sujets, a été outré & porté jusqu'à l'offense par erreur ou préoccupation d'esprit; &, après cet aveu, il se croit dans l'obligation de faire des excuses du passé à sa majesté, au nom de ladite ville, avec promesse qu'à l'avenir il réglera sa conduite de manière à ne plus donner aucun sujet de mécontentement à S. M. ni de plainte fondée à ses sujets.

II. Le commerce & le passage libres des sujets royaux, tant par eau que par terre, par le territoire de la ville de Dantzic, ayant formé le point principal de la contestation; le magistrat déclare par la présente, & s'engage solemnellement, au nom de ladite ville & de tous ses ordres, à accorder dorénavant à tous les sujets du roi, soit par eau ou par terre & sur tous les bras que forme la Vistule, la même liberté de commerce & de navigation par le territoire de la ville, à l'égard de tout ce qu'ils jugeront à propos de transporter d'une partie des états du roi dans l'autre, que celle dont jouissent les habitans mêmes de Dantzic, soit en naviguant sur la Vistule, soit en transportant par terre leurs marchandises, par les états dépendans de sa majesté; ladite ville s'engageant en outre à rétablir le chemin & le passage par le Gansekrug, & à en permettre l'usage aux sujets du roi, à la réserve cependant à sa volonté de séparer ce chemin dans les endroits où il s'approche trop des fortifications; ou, si cela n'étoit pas faisable, d'y établir des barrières qui se fermeroient la nuit, & n'en permettroient l'ouverture que de jour, en y attachant un droit de passage, en conformité de ceux perçus dans d'autres endroits, & auxquels les sujets du roi seront assujettis sur un pied d'égalité avec les habitans de la ville.

III. En revanche, le roi ayant sincérement à cœur le bien-être de la ville de Dantzic, & souhaitant de lui conserver particulièrement le commerce des marchandises de Pologne, sa majesté lui abandonne exclusivement ledit commerce d'exportation sur mer, en tant qu'il peut se faire sur la Vistule par la ville & le territoire de Dantzic; de manière que les habitans de cette ville jouiront seuls du droit de transporter sur la Vistule toutes les productions de la Pologne & autres marchandises quelconques qui seront destinées pour Dantzic; & qui devront être exportées au delà sur mer.

En conséquence sa majesté ordonne sérieusement à ses sujets de s'abstenir de tout commerce exportatif de mer par la voie de Dantzic & du Fahrwasser; &, afin qu'on se conforme d'autant plus à son intention à ce sujet, elle donnera les ordres les plus mesurés aux officiers du bureau de péage au Neu-Fahrwasser pour y veiller exactement, & ne permettre à aucun de ses sujets de se mêler du commerce d'exportation sur mer. De plus, le roi permettra à la ville de Dantzic d'y constituer pour elle & de sa part un agent qui puisse avoir l'œil à ce qu'il ne se commette aucune contravention à cet égard, & qu'il n'y soit exercé aucun commerce de mer par les sujets prussiens, soit en productions de Pologne, soit en celles de Prusse.

Pour prévenir tout désordre, dispute ou querelle qui pourroient résulter des visites que ce commissaire se croiroit en droit de faire sur les navires prussiens; il ne sera point autorisé à en faire; mais il se contentera, dans tous les cas où il pourra remarquer ou soupçonner quelque exportation sur mer par un bâtiment prussien, de faire son rapport à ce sujet aux officiers du bureau des péages, qui y remédieront sur le champ, sinon il en donnera avis au magistrat même de Dantzic, qui se fera rendre justice par la voie du résident du roi, ou par celle du ministère, s'il le jugeoit nécessaire, lequel ne manquera pas de redresser promptement tout ce qui aura pu être commis en contravention à cet article.

La ville de Dantzic étant ainsi suffisamment rassurée contre toute exportation sur mer de la part des sujets prussiens, ceux-ci en revanche jouiront de la liberté de se procurer toutes leurs nécessités, effets, marchandises de quels lieux qu'ils jugeront à propos, & de les transporter librement par le territoire de la ville de Dantzic; comme celle-ci reconnoît avec gratitude les sentimens de générosité de sa majesté à son égard, elle promet de ne pas charger lesdites marchandises ou effets des sujets du roi en passant par le territoire de la ville, des droits & péages excédans ceux que ses propres habitans ont coutume de payer en pareils cas.

IV. Le commerce d'importation par mer du côté du Fahrwasser sera libre aux sujets des deux parties contractantes; mais afin d'observer une juste balance, sa majesté consent que sur tous les effets & marchandises appartenans aux sujets prussiens & importés du côté de la mer, le magistrat de Dantzic soit autorisé à faire percevoir tels droits d'entrée & de transit par le Fahrwasser, qu'il jugera à propos, pourvu toutefois qu'ils n'excèdent pas ceux qu'on a coutume de payer aux bureaux des péages prussiens. En revanche, ledit magistrat promet de faire lever les droits susdits au Blokhaus & non dans la ville, afin que les bâtimens prussiens ne soient plus dans le cas de décharger leurs cargaisons, ni forcés d'entrer dans la ville: consent en outre ledit magistrat que les connoissemens que produiront les maîtres de ces mêmes navires aux douaniers dantzicois, soient reçus & reconnus par ceux-ci comme des documens valables, & leurs cargaisons exemptes de toute visite.

Mais dans le cas d'un soupçon fondé que pourroit former le magiftrat fur l'infidélité de ces con-noiffemens, par laquelle ces douanes feroient in-juftement fraudées des droits qui leur font dus, il fera en ce cas autorifé à faire arrêter au Blockhaus le navire fufpecté, pour lui faire fubir la vifite felon l'ordre prefcrit, à laquelle cependant doit affifter néceffairement le réfident du roi, & au défaut de celui-ci, fon chargé d'affaires, lefquels auront été préalablement avertis, afin d'empê-cher par leur préfence tout défordre ou violence, & écarter la partialité qui accompagne d'ordinaire une pareille vifite.

Le magiftrat de *Dantzic* promet de plus d'ac-corder le paffage libre & exempt de tous droits de péage & de *tranfit* à tous les effets & biens ap-partenans en propre à fa majefté pruffienne, tels que les fels communs, porcelaine, fer, tabac, uniformes de troupes, fufils, poudre, & géné-ralement toutes les munitions & armes de toutes efpèces qu'exige l'entretien de fes armées, ainfi qu'aux tranfports des fels appartenans à la com-pagnie ou commerce maritime, qui feront mu-nis de paffe-ports fignés par le miniftère de Pruffe.

Le lecteur obfervera fans doute que les précau-tions ordonnées par l'article 3 feront tôt ou tard infuffifantes, & que *Dantzic* ne jouira pas long-temps du droit exclufif fur le commerce d'expor-tation des grains de la Pologne.

DARIEN (Ifthme de Darien). Cette étroite langue de terre, qui joint l'Amérique méridionale à la feptentrionale, appartient aux efpagnols: elle eft fortifiée par une chaîne de hautes monta-gnes affez folides pour réfifter à l'impulfion des deux océans oppofés. Le pays eft fi aride, fi plu-vieux, fi mal fain, fi rempli d'infectes, que les efpagnols n'auroient jamais vraifemblablement fon-gé à s'y fixer, s'ils n'euffent trouvé à Porto-Bello & à Panama des havres favorables pour éta-blir une communication facile entre la mer Atlanti-que & la mer du Sud. Le refte de l'ifthme les attira fi peu, que les établiffemens de Sainte-Marie & de nombre de Dios qu'on y avoit d'abord for-més, ne tardèrent pas à s'anéantir.

Cet abandon détermina, en 1698, douze cens écoffois à s'y rendre. La fociété unie pour cette entreprife fe propofoit de gagner la confiance du petit nombre de fauvages que le feu n'avoit pas détruits, de leur mettre les armes à la main con-tre la nation dont ils avoient éprouvé la férocité, d'exploiter des mines qu'on croyoit plus abon-dantes qu'elles ne le font, de couper le paffage aux galions par des croifières habilement dirigées, & de combiner affez heureufement fes forces avec celles de la Jamaïque, pour prendre l'empire dans cette partie du nouveau-Monde.

Un projet auffi menaçant déplut à la cour de Madrid, qui parut déterminée à confifquer les effets de tous les anglois qui trafiquoient fi utile-ment dans fes royaumes. Il déplut à Louis XIV, qui offrit à une puiffance déjà trop affoiblie une efcadre fuffifante pour le faire échouer. Il déplut aux hollandois, qui craignirent que la nouvelle compagnie ne partageât un jour avec eux le com-merce interlope dont ils étoient feuls en poffeffion. Il déplut au miniftère britannique même, qui prévit que l'Ecoffe devenue riche, voudroit fortir de l'efpèce de dépendance où fa pauvreté l'avoit jufqu'alors réduite: cette oppofition violente & univerfelle détermina le roi Guillaume à révoquer une permiffion que fes favoris lui avoient arrachée. Ce fut alors une néceffité d'évacuer l'ifle d'Or, où la nouvelle colonie avoit été placée.

Mais la crainte feule qu'avoient eue les efpa-gnols de fe voir un pareil voifin, les détermina à s'occuper eux-mêmes d'une contrée qu'ils avoient toujours jufqu'alors dédaignée. Leurs miffionnai-res réuffirent à former neuf ou dix bourgades, dont chacune contenoit depuis cent cinquante juf-qu'à deux cens fauvages. Soit inconftance dans les indiens, foit dureté dans leurs conducteurs, ces établiffemens naiffans commencèrent à déchoir en 1716; & de nos jours, il n'en refte plus que trois, défendus par quatre petits forts & par cent foldats.

DARMSTADT. (HESSE) Nous renvoyons à l'article HESSE tout ce qui regarde les états de *Heffe-Darmftad*, ainfi que les détails relatifs aux poffeffions de la maifon de Heffe & des branches de Heffe-Rhinfels, de Heffe-Hombourg, de Heffe-Philipftal & de Heffe-Rothenbourg.

D'ATAIRE.} *Voyez* le Dictionnaire de Jurif-
DATERIE. } prudence.

DAUPHIN, titre que porte en France le fils ainé du roi.

Charles V, petit-fils de Philippe de Valois, eft le premier qui l'ait porté; & Gui VIII eft le premier prince du Dauphiné qu'on ait appellé *dauphin*. Ce ne fut d'abord qu'un furnom qu'on lui donna, parce que le cimier de fon cafque avoit la forme d'un dauphin. Ses fucceffeurs le prirent enfuite comme une qualité honorifique, & ils appellèrent leur territoire le *Dauphiné*. Gui-gues II ajouta à fon nom le titre de *Viennois*, & fe nomma *dauphin de Viennois*. Humbert II éta-blit fon confeil à Grenoble, fupprima dans fes armes les deux tours, & n'y laiffa que des dau-phins. Ce prince n'avoit point d'enfans, & com-me il étoit très-pieux il réfolut de quitter le monde & d'entrer dans l'ordre des Dominicains: du confentement du pape, & de celui des peu-ples & des feigneurs qu'il avoit conquis, ou dont il avoit acheté la vaffalité, il céda fes états à la France par deux traités: le premier eft de 1343, & le fecond eft de 1349 (1).

---

(1) *Voyez* la donation, page 210 de la feconde partie du 1er volume du Corps diplomatique. *Voyez* auffi

Il revêtit Charles V de son droit, en lui remettant l'ancienne épée du Dauphiné, la bannière de S. Georges & l'anneau. Cette cession ne comprenoit que le Viennois, le Gresivaudan, l'Embrunois & le Gapençois. Le Diois, le Valentinois ont été depuis joints au Dauphiné; Louis Aymard, comte de Poitiers, n'ayant point de postérité, institua le *dauphin* de France pour son héritier en 1419, & les deux comtés furent réunis au domaine delphinal, par transaction des 16 juillet 1419, 14 août 1426 & 7 décembre 1454.

A l'égard de la manière dont les *dauphins* acquirent leur territoire & leur jurisdiction, l'histoire nous apprend que Isarne, évêque de Grenoble, chassa les sarrasins qui s'étoient emparés de cette ville & de son territoire en 963: en conséquence, Frédéric I donna en 1161 la ville de Grenoble en fief à ses évêques, avec tous les droits de régale; il qualifia l'évêque du titre de *prince*. Gui ou Guigues VIII, surnommé *dauphin*, vint, les armes à la main, & força Saint-Hugues à lui céder la moitié de la jurisdiction de la ville de Grenoble, & à poser des limites entre les deux territoires; le fait est constaté dans l'acte que l'on appelle le *Cartulaire Saint-Hugues*. Les *dauphins* voulurent se fixer dans Grenoble, & en conséquence ils achetèrent de l'évêque le droit de s'y établir: peu-à-peu ils s'arrogèrent toute l'autorité. Quelques personnes croient que les *dauphins* n'étoient point souverains, mais seigneurs du Dauphiné; ils observent 1°. que les *dauphins* n'étoient que simples vicaires de l'Empire, & qu'ils en prenoient la qualité: 2°. ils recouroient à l'empereur pour avoir le droit de faire battre monnoie, & pour obtenir la possession des mines; 3°. quoiqu'ils eussent droit de vie & de mort sur leurs sujets & de faire la guerre à leurs voisins, ainsi que la plupart des autres seigneurs, cependant ils ne jouissoient pas des droits de grande régale; bien plus, dans les différends qu'ils avoient, ils recouroient à l'empereur pour obtenir justice de lui seul. Ils n'ont jamais pris la qualité de souverains, mais de simples seigneurs de telle ou telle ville.

La cession du Dauphiné déclara que les rois de France ne pourroient exiger que les droits & services établis, & qu'ils maintiendroient les privilèges du peuple, de la noblesse & des ecclésiastiques. Quelque tems après, les peuples du Dauphiné les menacèrent de les appeller au tribunal de l'Empire.

Lors de la cession du Dauphiné, les nobles vouloient se donner au duc de Savoie, & les ecclésiastiques préférèrent le roi de France, qui étoit un prince plus puissant. Les jurisconsultes & les écrivains de droit public prétendent que le Dauphiné est annexé à la France, & qu'il n'y sera incorporé que lorsque les rois de France seront empereurs. Dumoulin dit à ce sujet: *Delphinatus non est de regno, sed annexus est regno Galliæ*. Mais cette vaine discussion est aujourd'hui bien inutile.

On trouvera, dans le Cérémonial de la France, les cérémonies qui s'observent lors de la naissance, de l'éducation & des obsèques des *dauphins*. Au moment où le roi de France meurt, le *dauphin* est reconnu pour roi & légitime successeur, quoiqu'il ne soit encore ni sacré, ni couronné: le nouveau roi exerce le droit de joyeux avénement, qui consiste dans le droit de créer de nouvelles maitrises dans les arts & métiers, & de nommer à la première prébende de chaque cathédrale ou collégiale, même au préjudice du droit des gradués: ce droit est annexé à celui de régner. Les loix fondamentales du royaume nomment les *dauphins* successeurs à la couronne.

DAUPHINÉ. *Voyez* l'article précédent.

DÉCADENCE DES ÉTATS, nom par lequel on désigne l'anéantissement ou la chûte des nations qui perdent leur indépendance ou leur force. Nous avons traité de l'accroissement des états (1): nous avons dit de quelle manière les états acquièrent & maintiennent leur prospérité: nous allons parler des causes de leur décadence & de leur chûte.

Le sort a dévoué toutes les choses du monde à l'instabilité. Les plus formidables Empires subissent des révolutions qui commencent par les affoiblir, & qui finissent par les renverser. La puissance romaine, ce colosse des nations, finit (dit M. de Montesquieu) comme le Rhin qui n'est plus qu'un ruisseau, lorsqu'il se perd dans l'Océan.

Si les changemens tombent sur de grands objets; si des royaumes ou des empires sont démembrés, affoiblis, détruits; si des nations s'éteignent, & si la face de l'univers est, pour ainsi dire, bouleversée, on les appelle *des révolutions*.

Un peuple peut essuyer deux sortes de révolu-

les preuves de l'histoire du Dauphiné, par Valbonnay. On s'est persuadé que la donation étoit en faveur du premier né des rois de France; mais cette condition n'est pas littéralement exprimée dans la donation. Consultez l'histoire du Dauphiné, par le même Valbonnay, pag. 603 de l'édition de 1732. Dans le temps de cette donation faite à Charles, Jean, père de Charles, étoit le fils ainé du roi Philippe de Valois, & fut son successeur, sous le nom de Jean II. Après la mort du roi Jean II, Charles son fils, qui étoit déja dauphin, lui succéda sous le nom de Charles V, dit le Sage: ainsi ce ne fut pas le fils ainé du roi qui fut le premier dauphin, ce fut Charles, fils de l'ainé. Dans la suite, nos rois ont toujours fait appeller Dauphin leur fils ainé, héritier présomptif de la couronne. *Voyez* une longue note sur le Dauphiné, dans l'histoire de Louis XI par Duclos, liv. I, sous l'an 1446.
(1) *Voyez* l'article ACCROISSEMENT DES ÉTATS.

tions ; les unes naturelles , les autres politiques.
Les premieres font produites par des bouleverfemens de la nature , par des tremblemens de terre,
par des fubmerfions , par des peftes & par d'autres fléaux ; de pareilles caufes font étrangeres à cet
article. Les fecondes doivent être attribuées aux
hommes ; elles ne font qu'altérer les fyftêmes des
états ; elles changent la forme de leur gouvernement , ou elles affujettiffent leurs peuples à des
loix étrangeres. Nous allons tâcher d'indiquer les
fources de ces dernieres.

Nous ne parlerons pas de toutes les caufes directes ou indirectes qui peuvent abréger la durée d'un
gouvernement , changer le fyftême des états &
renverfer les empires , nous nous bornerons aux
principales & à celles qui produifent les effets
les plus foudains ; elles font ou étrangeres , ou in-
trinfeques.

1°. On doit mettre au nombre des premieres
les grandes émigrations des peuples , pareilles à
celles qu'on a vu au quatrieme & cinquieme fie-
cles. Des hordes innombrables de goths , de vandales & d'autres barbares fortirent du fond du
nord , inonderent l'Europe , & pousferent leurs
conquêtes jufqu'en Efpagne , en Italie & même
en Afrique. D'autres fois les peuples qui habitoient
les pays les plus feptentrionaux attaquerent leurs
voifins vers le midi , & les forcerent à quitter
leur demeure : ceux - ci fe virent contraints de
tomber à leur tour fur d'autres peuples qui les
avoifinoient au fûd ; & ainfi de proche en proche ,
les nations fe renverfoient les unes fur les autres ,
& fe pouffoient toujours vers les climats les plus
doux. La même chofe eft arrivée parmi les fcythes , les Tarrafins , &c. Au milieu de ces révolutions , il falloit que la face de l'Europe , & celle
même d'une partie de l'Afie , changeât tout-à-fait.
Chaque peuple changea de domicile ; des royaumes , des empires , des républiques furent détruits,
ou fondés , ou tranfportés ailleurs. On dira peut-
être que cette caufe de la deftruction des états
n'eft qu'idéale , & que des révolutions femblables
ne font plus à craindre : mais il feroit difficile de
le prouver. De pareils événemens ne font ni phy-
fiquement , ni moralement impoffibles. Le centre
prefque inconnu de l'Afrique , de l'Ethiopie , les
plateaux de la Tartarie , l'Amérique elle - même
vomiront peut-être un jour des effains d'hommes,
ou plus forts , ou plus robuftes , ou plus infatigables que les européens ; & lorfque la molleffe,
la corruption ou la tyrannie auront brifé le reffort
dont les nations ont befoin pour fe foutenir , croit-
on que les tartares , par exemple , manqueront de
la force & du courage nécesfaires pour opérer
une grande révolution ? Au refte , il feroit inutile
de mettre de l'importance à cette vaine fpéculation ; & fi les fciences & la difcipline militaire
donnent une fi grande fupériorité , il eft bon de
dire qu'il y a des circonftances où les barbares ti-

reroient plus de fecours de la force de leur caractère & de leurs paffions exaltées.

2°. La guerre entreprife par un injufte conquérant ou fondée fur l'équité, eft la feconde caufe
étrangere qui peut produire la *décadence des états*.
La plupart des changemens arrivés aux empires
du monde , n'ont-ils pas été occafionnés par la
voie des armes ? Si les guerres heureufes donnent
quelquefois de la fplendeur aux états , les guerres
très-malheureufes fuffifent pour anéantir une nation. Il eft rare cependant qu'une feule guerre dé-
truife un empire. La république de Carthage ne
fut détruite qu'à la fin de la troifieme guerre punique ; mais comme le moindre échec que reçoit
une puiffance l'affoiblit d'abord , & fortifie fon
ennemi ou fon rival , c'eft par degrés que les états
vont de leur *décadence* à leur chûte.

3°. Lorfqu'une puiffance fait des progrès confidérables , fon agrandiffement peut devenir la
troifieme caufe , ou prochaine ou éloignée , de
la *décadence* d'un état voifin. Le fyftême politique
de l'Europe en général eft tel aujourd'hui , qu'une
nation ne peut s'élever , par la voie des conquêtes ou par celle du commerce , &c. qu'aux dépens de quelqu'autre. Chaque degré de puiffance
réelle qu'elle acquiert lui donne au moins un degré
de puiffance relative de plus , & ce degré qu'elle
gagne eft une perte pour fes rivaux. Infenfiblement
elle imprime la terreur aux autres fouverains ; elle
leur donne enfin la loi ; & comme c'eft une maladie éternelle parmi les fouverains de vouloir
agrandir leurs domaines & de contenir des peuples
divers fous le même fceptre , elle ne tarde pas à
envahir les contrées qui font à fa bienféance. Prefque tous les hommes d'état ont fenti cette vérité.
Les longues querelles entre les maifons d'Autriche & de Bourbon , entre les puiffances du nord ,
&c. n'ont point eu d'autre principes ; mais les
confeils des rois n'ont pas toujours pris de bonnes
mefures pour prévenir cette élévation exceffive des puiffances qui infpiroient une jaloufie
bien fondée. On a vu telle nation préférer les
petits intérêts aux grands , faire céder l'avantage le plus effentiel & le plus conftant à des avantages momentanés , & conclure quelquefois avec
fes rivaux des alliances qui fervoient dans la fuite
à les fortifier contre elles-mêmes & contre fes alliés naturels.

La maxime latine, *obftare principiis*, eft trop
négligée par ceux qui conduifent les affaires , &
fouvent il faut un fiecle de guerres pour obtenir
des arrangemens , dont on fe feroit affuré fans
peine quelque temps auparavant.

4°. L'étendue trop vafte d'un empire devient prefque toujours une caufe de *décadence*. La plupart
des monarchies anciennes atteftent cette vérité.
La grandeur de celle d'Alexandre caufa fa ruine.
Rome s'écroula fous le poids de fes propres
forces. Monfieur de Montefquieu traite cette ma-

tière avec fa fupériorité ordinaire] dans *les caufes de la grandeur & de la décadence des romains*, & nous ne pouvons rien faire de mieux que d'y renvoyer les lecteurs.

5°. La dépendance abfolue où fe met une puiffance à l'égard d'une autre, eft encore une caufe de fon affoibliffement. Cette dépendance peut venir, ou de la pareffe nationale, ou du défaut de police, qui réduit un peuple à chercher des denrées, des ouvrages d'art, & à mendier des fecours chez un peuple riche & formidable. Le Portugal paroiffoit être, il y a quelques années, dans cette fituation à l'égard de l'Angleterre ; & fi le cabinet de Saint-James avoit eu des projets de conquêtes en Europe, ou fi l'indépendance du Portugal n'avoit pas été maintenue par les intérêts des autres puiffances, il eût été difficile de calculer les fuites de l'afcendant qu'avoit pris la nation britannique fur la nation portugaife. Cette dépendance commence d'abord par le mauvais fyftême politique d'un gouvernement qui époufe toutes les querelles d'un allié puiffant, qui entre trop dans fes vues, qui attache fa fortune à celle du même allié par des liens prefque indiffolubles, ou qui lui vend, pour ainfi dire, toutes fes forces en recevant des fubfides trop confidérables. Alors, s'il eft permis d'employer ici un langage métaphorique, on navigue fur une mer orageufe, on attache fa barque à un vaiffeau du premier rang avec des chaînes qu'on ne fauroit couper, lorfque ce vaiffeau eft en péril, & l'on eft entraîné avec lui dans l'abîme.

6°. Un état qui affecte une grande indépendance & une autorité capable de donner de l'ombrage aux autres fouverains, peut fe ruiner par fa forfanterie ; car la nation qui voudroit fe concentrer en elle-même, rompre toutes fes liaifons de commerce ou d'amitié avec le refte de l'Europe, révolteroit les autres puiffances. Il faut cependant obferver que nous ne parlons ici que des peuples en général, & que cette réfolution conviendroit peut-être à la France. La richeffe de fon fol, l'induftrie & la multiplicité de fes habitans, lui donneroient affez de moyens de braver le refte de l'Europe.

7°. Si un état peut s'affoiblir & fe perdre par l'indolence de ceux qui le gouvernent & qui ne favent pas fe fervir de tous fes avantages, faire valoir fes droits, les faire refpecter par fes voifins, il laiffe auffi miner fes fondemens lorfqu'un fouverain forme des entreprifes vaines, chimériques, dangereufes, & qui furpaffent abfolument fes forces. S'il entreprend un commerce qu'il ne fauroit protéger ; s'il veut fe faire rendre juftice, les armes à la main, par une puiffance qui a des moyens de l'écrafer ; s'il exige des prérogatives & des honneurs extraordinaires ; s'il forme des projets de conquêtes trop vaftes ; s'il entreprend des travaux femblables à ceux des romains, des bâtimens dignes de l'ancienne Grèce & de l'Egypte ;

s'il veut avoir une armée, une marine, une cour, des places fortes, des canaux, des chemins magnifiques, & d'autres chofes femblables qui ne font pas proportionnées à fes reffources ; loin de fe fortifier, il tombe dans la langueur, & il fe prépare le fort des hommes qui ruinent leur fortune.

8°. Le partage que fait un monarque de fon empire, perd quelquefois un état. La monarchie que Philippe, roi de Macédoine, avoit fondée, & que fon fils rendit prefqu'univerfelle, s'anéantit peu de temps après que les fucceffeurs d'Alexandre l'eurent divifé. Le partage que Théodofe fit de l'Empire romain, entre fes fils Arcadius & Honorius, fut la première caufe de fa *décadence*.

L'Empire formidable d'occident, que Charlemagne avoit établi avec tant de peine, fut démembré ou plutôt anéanti, par le partage que cet empereur en fit entre fes enfans.

Rien n'eft donc plus fage ni plus jufte en politique, que l'établiffement du droit de primogéniture : la raifon & l'expérience démontrent que la fucceffion indivifible qui paffe au premier né des mâles, maintient l'état autant que le partage du pays fert à le ruiner. Lorfqu'il s'agit de l'héritage d'une couronne, on ne doit pas dire que des fils nés d'un même père ont un droit égal à fa fucceffion, & que les cadets ont à fe plaindre fi l'aîné hérite de tout. Ces raifonnemens que les écrivains de droit public ont trop employé, ne méritent pas une réfutation férieufe. Au refte, dans prefque toutes les contrées où le droit de primogéniture eft établi, on a réglé 1°. que les cadets participeroient à la fucceffion des biens allodiaux, meubles ou immeubles qui ne font point incorporés à la couronne, mais qui relèvent d'elle ; 2°. que l'aîné qui hériteroit de la fouveraineté, feroit obligé de donner aux autres princes de fa maifon un appanage affez confidérable pour fournir à un entretien digne de leur naiffance ; 3°. que le fouverain pourroit faire à chacun de fes enfans un établiffement convenable, en leur achetant, de fon épargne, des terres & feigneuries qui les miffent hors de la dépendance abfolue du chef de fa famille ; mais que ces terres ou feigneuries ne jouiroient d'aucun droit de fouveraineté. S'il faut montrer la fageffe de ces difpofitions, on peut obferver que le droit de primogéniture eft introduit dans tous les fiefs, & qu'on doit diftinguer la fucceffion des fouverains & celle des particuliers. On ne peut partager des hommes & des peuples, comme on partage les autres biens de la fortune ; & la fouveraineté n'eft pas un bien dont le poffeffeur puiffe difpofer, mais une charge, un office dont il eft revêtu. D'ailleurs le droit de primogéniture & la création des appanages font utiles même aux branches d'une maifon régnante. Suppofons en effet un roi qui gouverne une vafte monarchie, & qui la partage entre une nombreufe famille ; fi chaque branche conferve ce droit de partage, au bout de quatre ou cinq générations les portions subdivifées fe trouveront fi petites, que ces princes qui defcendent d'une fouche refpectable, ne feront que de petits fouverains expofés à toute l'avidité de leurs voifins plus puiffans. Quoique fouverains, ils n'auront plus de grandeur réelle; ils fe trouveront au-deffous des princes appanagés des grandes maifons royales. D'un autre côté, l'état perd peu de chofe en contribuant aux appanages des princes, lorfqu'ils font obligés de dépenfer, dans le pays même, l'argent qui leur eft fourni pour leur entretien : leur luxe met une plus grande valeur en circulation, & cet argent retombe dans la maffe totale des richeffes publiques. S'ils poffédent des terres, ils les poffédent à titre de fujets, & de fujets aifés qui peuvent améliorer & embellir ces terres, & en rendre les cultivateurs heureux. Enfin, de quelque côté qu'on confidère l'établiffement des appanages & de la primogéniture, on doit approuver cette invention de la politique.

9°. C'eft un axiome en politique que la fouveraineté ne fouffre aucune divifion, parce que tout pouvoir divifé s'affoiblit, & il en réfulte que deux princes ne fauroient à la fois occuper le même trône. Toutes ces affociations à l'Empire, fi communes dans l'hiftoire des empereurs, étoient bien mal calculées. Le prince Iwan & Pierre I., placés enfemble fur le trône de Ruffie, auroient fait des maux inexprimables à cet Empire, fi la co-régence eût duré plus long-temps. Un pareil arrangement devient donc une caufe directe de la *décadence* d'un état. L'hiftoire en fournit mille preuves, & les fimples lumières de la raifon peuvent en convaincre. Il s'agit ici de deux fouverains régnans avec une autorité égale; car lorfqu'un monarque affoibli par l'âge ou par des infirmités, une princeffe qui fuccombe fous le fardeau des affaires publiques, affocie à la régence un fils, un époux, un frère, & fe remet à lui des foins du gouvernement, c'eft un autre cas, & les fuites n'en font pas fi dangereufes. Ce prince affocié n'eft alors qu'une efpèce de vifir, de premier miniftre, qu'on peut dépofer, & qui doit rendre compte au monarque de fes actions.

10°. La puiffance d'un état eft réelle ou relative, ou fondée fur fa fituation locale, ou d'opinion, ou acceffoire; après avoir développé les principales caufes qui concourent à la *décadence* des deux premières efpèces de puiffances, examinons comment les trois dernières peuvent s'affoiblir par des caufes étrangères. Lorfque la nature brife les barrières qui fervent de rempart à un pays; que les mers & les rivières font impraticables par des bancs de fable; que les campagnes font fubmergées; que les montagnes s'écroulent; en un mot, quand le fol éprouve des ré-

volutions, il eft conftant qu'un pays perd les avantages de fa fituation primitive, & que de pareils défaftres mettent en danger la puiffance de l'état. Il n'eft pas befoin de dire qu'un fouverain fage doit prévenir, autant que les forces humaines peuvent le faire, les effets de pareils fléaux, & en réparer les dommages.

La puiffance d'opinion s'affoiblit, & tombe, felon que l'opinion fur laquelle elle eft établie, s'affoiblit dans l'efprit des hommes : voilà pourquoi ceux qui font à la tête d'un pareil état, cherchent toujours à perpétuer cette opinion, vraie ou fauffe.

Enfin la puiffance acceffoire s'anéantit, lorfque les provinces éloignées qui la donnent font enlevées par une force étrangère, & paffent en d'autres mains, ou que leur poffeffion devient plus à charge qu'utile à l'état. Si le Portugal venoit à perdre le Bréfil & fes poffeffions en Afie; fi les ifles & les provinces de Terre-Ferme, qui appartiennent encore à la république de Venife, lui étoient enlevées, le Portugal & Venife fe trouveroient bien affoiblis; la métropole doit donc faire les plus grands efforts pour s'en affurer la confervation. Mais il eft des provinces dont la confervation même devient fi onéreufe, que cette charge énerve l'état & devient la fource de fa foibleffe. L'ifle de Corfe, dont les habitans inquiets, mécontens, mettoient depuis fi long-temps la république de Gênes au défefpoir, en fournit un exemple remarquable. Si la rébellion eût continué dans ce royaume, & que les génois ne l'euffent pas cédé à la France, il eft vraifemblable que l'état de Gênes fe feroit ruiné.

Telles font en général les caufes étrangères de la *décadence* des états. Examinons quelles en peuvent être les caufes intrinfèques; 1°. la conftitution vicieufe de l'état : nous dirons ailleurs quelle efpèce de conftitution vicieufe peut détruire un gouvernement.

L'état le plus régulièrement conftitué peut courir à fa ruine, lorfqu'il eft gouverné par un fouverain infenfé. Les fautes continuelles que fait un prince extravagant, perdent une nation, avant que les miniftres les plus fages puiffent les réparer.

Malheur à toi, terre, quand ton roi eft jeune, dit l'Eccléfiafte, &c. (1); mais il ne faut pas prendre cette maxime à la lettre, & l'expreffion de *jeune* eft bien vague. Les loix naturelles & pofitives éloignent, il eft vrai, de la régence, les rois & les princes mineurs, & leur donnent des tuteurs. Ces cas ont été prévus par-tout, & il n'y a guères de pays où les loix ne déterminent l'âge que le fouverain doit avoir pour régner, & les perfonnes auxquelles fa tutelle & la régence de l'état font confiées, jufqu'à ce qu'il foit parvenu à fa majorité : mais les maux qu'entraînent ordi-

(1) Eccléfiafte, chap. x, verf. 16.

nairement ces minorités, défolent les peuples & les provinces. Ce font des temps orageux où toutes les paffions s'enflamment, & où chacune produit de funeftes effets.

2°. Il ne fuffit pas que la forme d'un gouvernement foit régulière & le prince fage; il faut encore, pour conferver l'état, des miniftres fidèles.

3°. Le relâchement dans les mœurs, dans le maintien du bon ordre & de la société, & dans l'obfervation des loix eft encore une caufe directe & intrinsèque de la decadence d'un état. C'eft le peuple qui fait l'état; fi le peuple s'abandonne au vice, une ou deux générations fuffiront pour l'énerver: l'expérience de tous les fiècles attefte ce fait.

4°. Dans les pays où la liberté naturelle des hommes eft opprimée fous un joug despotique, l'état ne fauroit être bien formidable. Il n'y a pas un inftant où le despote ne foit en danger de périr fur fon trône, & il en coûte mille fois plus de fe faire obéir par le pouvoir abfolu que par le pouvoir des loix.

5°. Il eft affreux de le dire; mais l'homme doit s'accoutumer aux plus triftes vérités: une trop grande liberté devient quelquefois la caufe de la decadence d'un état. Lorfque la liberté arrive à l'excès de la licence, c'eft le plus dangereux excès où une nation puiffe tomber. L'extrême foibleffe du royaume de Pologne & la léthargie de la république de Hollande n'ont prefque d'autre fource.

6°. Si une nation négligeoit de perfectionner l'agriculture, le commerce, les fciences & les arts utiles, pour fe livrer avec trop de paffion aux arts libéraux & à des objets frivoles, elle pourroit arriver à un degré de foibleffe, qui compromettroit fon indépendance.

7°. L'orgueil & la pareffe font une autre caufe bien directe de la foibleffe & de la decadence d'un état.

8°. A quoi fert-il que l'état foit bien conftitué, le prince fage, les miniftres excellens, les mœurs bonnes, fi les loix font ridicules? Les loix doivent être non-feulement pleines de fageffe en elles-mêmes, mais auffi convenables au pays pour lequel on les a faites. Une feule loi infenfée, fur-tout lorfqu'elle porte fur un objet relatif à la conftitution de l'état, peut faire des maux inexprimables. M. de Montefquieu remarque (1) avec beaucoup de jufteffe que Conftantin fit une faute infigne, lorfqu'en transférant le fiége de l'Empire à Conftantinople, & voulant que fa nouvelle ville reffemblât en tout à l'ancienne, il voulut qu'on y diftribuât auffi du bled au peuple, & ordonna que celui d'Egypte y feroit déformais envoyé.

Cette loi devint une des caufes de la decadence de l'empire d'Orient.

9°. Les colonies trop fortes que l'état envoie dans des provinces éloignées, & fur-tout en d'autres parties du monde, l'affoibliffent & deviennent une caufe intrinsèque de fa decadence. Je dis trop fortes; car il ne s'agit pas ici des colonies que la Hollande, l'Angleterre & la France, par exemple, entretiennent dans leurs poffeffions d'Afie & d'Amérique: car, outre que ces nations font nombreufes par elles-mêmes, & qu'elles y portent beaucoup de fujets étrangers, il faut obferver que ces colonies procurent à la métropole cinq efpèces d'avantages qui compenfent la perte plus apparente que réelle qu'elle fait de quelques-uns de fes citoyens. Ces avantages font, 1°. une plus grande confommation des productions de fes terres que la métropole y envoie; 2°. l'augmentation d'un plus grand nombre de manufacturiers, artifans, &c. qui s'occupent des befoins des colonies; 3°. l'accroiffement de la navigation & de tous les ouvriers qui y concourent; 4°. l'exportation d'une plus grande quantité de denrées, & 5°. un plus grand fuperflu de denrées & marchandifes que ces colonies rendent, & que la métropole fournit de fon commerce. Nous entendons ici par colonies trop fortes ces efpèces d'émigrations, telles que l'Efpagne les ordonna ou les permit après la découverte du nouveau-Monde.

10°. Le relâchement dans la difcipline militaire conduit auffi un état à fa perte. Prefque toutes les monarchies anciennes ou modernes fe font brifées contre cet écueil.

11°. Un état peut avoir deux efpèces de dettes; les unes occafionnées par des fecours donnés aux manufactures, au commerce, à des établiffemens utiles, & au foulagement des peuples, &c. les autres viennent des dépenfes mal calculées du fouverain. L'excès de cette dernière efpèce de dettes ne peut qu'énerver l'état, & le mener à une ruine certaine. Si le pays même n'a aucun équivalent pour la dette contractée fur fon crédit; s'il n'a pas affez de moyen pour regagner, par la balance de fon commerce, les intérêts des capitaux empruntés, que l'état paye annuellement, il ne tardera pas à manquer à fes engagemens, & perfonne ne peut calculer les fuites funeftes que produit la banqueroute d'un fouverain. Nous ofons prédire ici que cette caufe de decadence fi moderne bouleverfera l'Europe dans quelques fiècles.

12°. Dans les monarchies, les démêlés continuels entre les miniftres, les généraux & les autres perfonnes en place; dans les républiques, les divifions entre le fénat & le peuple, entre les magiftrats & les chefs du gouvernement, peuvent mener facilement l'état à fa decadence, & de fa decadence à fa chûte.

---

(1) Grandeur & décadence des romains, chap. XVII,

Outre

Outre les caufes générales de la *décadence* des états, il y en a plufieurs de particulières ; mais elles font fi indirectes & en fi grand nombre, que les bornes de cet article ne nous permettent pas de les développer. Nous dirons, avant de le terminer, à quels indices on peut reconnoître fi un état s'élève ou s'affoiblit. Ces indices, femblables aux fymptômes de la fanté ou des maladies du corps humain, font intérieurs, ou fe manifeftent au dehors. L'accroiffement ou la diminution des revenus publics forme le thermomètre le plus fûr de la profpérité d'un pays ; mais, pour en bien juger, il faut qu'ils foient perçus en tems de paix par les voies ordinaires de recouvrement, fans exactions, fans nouveaux impôts, fans des tailles arbitraires, fans capitations, ou fans aucune opération forcée. L'accroiffement de la population, qu'il ne faut pas cependant admettre ici comme une règle générale, ainfi que l'ont fait quelques écrivains, puifqu'en Afrique & en Afie on voit les hommes fe multiplier outre mefure, fous la verge de la tyrannie ; les progrès de l'induftrie qui fe font fans efforts, l'accroiffement du commerce que l'on peut connoître par un fimple dépouillement des regiftres de la douane, la profpérité des manufactures anciennes ou nouvelles, quelquefois l'agrandiffement de la capitale, la conftruction des nouveaux édifices ou la réparation des vieux, le fuccès des arts, l'humeur contente du peuple, le bon état de l'armée & de la marine, la cherté proportionnelle des vivres, le cours du change, l'arrivée des étrangers qui viennent s'établir dans le pays, la liberté & le bon ordre qui y règnent, ces diverfes chofes annoncent la profpérité de l'état, & le contraire prouve fa *décadence*. L'influence que le fouverain acquiert dans les affaires générales de l'Europe, la recherche empreffée que d'autres princes font de fon alliance, la gloire qu'il obtient par fes armes, les traités avantageux qu'il obtient dans les affaires politiques ou pour le commerce de fes fujets, fon pavillon que l'on voit flotter dans toutes les mers & dans tous les ports étrangers, les égards & les diftinctions que l'on montre dans d'autres cours à fes miniftres ; c'eft par là que les nations étrangères reconnoiffent le degré de profpérité, de grandeur où de foibleffe où fe trouve chaque peuple, & l'homme d'état doit avoir fans ceffe les yeux ouverts fur ces objets.

DECAN, contrée des Indes dans la prefqu'ifle en-deçà du Gange, au midi du Mogol ; elle formoit autrefois un royaume féparé ; mais aujourd'hui les indoux donnent ce nom aux provinces les plus méridionales de l'empire mogol : le foubah du *Decan* devroit exercer les fonctions de viceroi dans ces provinces ; mais les rajahs, les nababs & les princes qui fe font formés des états indépendans ne refpectent guères fon autorité.

L'hiftoire politique du *Decan* eft fi obfcure ; nous avons fi peu de monumens de fes annales, qu'il feroit difficile d'entrer ici dans des détails bien fuivis & bien exacts. Il paroît qu'il étoit gouverné depuis plufieurs fiècles par des rois ; mais ces rois n'étoient-ils que des vicerois du mogol ou des foubahs ? c'eft ce qu'on ne peut débrouiller. Quoi qu'il en foit, celui qui donnoit des loix au *Decan* étoit tributaire du mogol, furtout depuis le règne d'Idal-Schah. Cette expreffion de tributaire fuppoferoit l'indépendance des gouverneurs du *Decan* ; mais il ne faut peut-être pas la prendre à la lettre. Chavas, homme d'efprit & de cœur, parvenu de l'efclavage à des charges-confidérables, étoit régent du royaume pendant la minorité de ce prince. Il payoit exactement aux commiffaires du mogol, les trente millions de pagodes que le maître du *Decan* lui devoit alors de tribut annuel ; mais, lors de leur retour, il les faifoit attaquer par des gens apoftés, qui lui rapportoient tout l'argent. Sa manœuvre fut découverte. Le mogol entra dans le royaume avec deux cents mille hommes, & fut arrêté deux ans au fiège du Château de Perinda, que des hollandois qui s'y trouvoient prifonniers, aidèrent à défendre. On dit que le *Decan* pouvoit mettre aifément fur pied deux cents mille hommes. On ne trouvoit autant d'artillerie dans aucune contrée de l'Inde ; mais depuis que les européens y ont porté ou excité la guerre, depuis les bouleverfemens qu'y ont caufé les princes de l'Inde, il y a lieu de croire que ce diftrict n'eft plus en auffi bon état. Le mogol eft cenfé pofféder aujourd'hui ce pays, qui n'a plus de roi particulier. Il y entretenoit autrefois huit mille chevaux de garnifon, & il en tiroit pour fes domaines un crore, foixante-deux lacs, quatre mille fept cents cinquante roupies, c'eft-à-dire, 10,204,750 roupies. Un crore vaut cent lacs ; un lac vaut cent mille roupies, & une roupie environ trente fous de France. Ainfi le mogol tiroit chaque année du *Decan* quinze millions trois cents fept mille cent vingt-cinq livres. On fait que le grand-mogol eft aujourd'hui à la folde & à la merci des anglois & des princes de l'Inde. Le foubah gouverne le *Decan* pour lui-même & par lui-même.

Le *Decan* eft divifé en huit farcars ou provinces, & chaque farcar en foixante-dix-neuf perganas ou gouvernemens : ce feroit la contrée de l'Inde la plus formidable pour les européens, fi elle fe trouvoit plus près des côtes.

Nader Scha, roi de Perfe, vulgairement appellé *Thamas Koulikan*, avant de quitter Delhy pour retourner dans fes états, fit un traité avec Méhémet-Scha, empereur des mogols, dans lequel il fut ftatué que la charge de grand-vifir & toutes les foubabies ou vice-royautés (1), alors

---

(1) On ne peut mieux définir le titre, le pouvoir & les prérogatives du foubah qu'en traduifant ce mot

au nombre de neuf, seroient héréditaires dans les familles qui les posſédoient : le monarque perſan calcula très-bien ſes intérêts, en ordonnant cet article ; il voulut diviſer l'empire mogol, dont il avoit appris à connoître la force ; l'armée de 1,200,000 hommes, qu'on venoit de raſſembler contre lui, auroit pu, ſous un autre empereur que Méhémet-Scha, venger les inſultes faites au ſouverain qui régnoit dans l'Inde : il paroît que Nader Scha fut bien aiſe d'ailleurs de ſervir l'ambition de Nizam-el-Moulouc, grand-viſir & ſoubah du Decan, qui, pour ſe venger d'une inſulte qu'il avoit reçue de Méhémet-Scha, avoit attiré le roi de Perſe dans l'Empire, & l'avoit ſauvé dans une entrepriſe auſſi téméraire.

La ſoubabie du Decan, telle que Nizam-el-Moulouc la poſſédoit, faiſoit au moins le tiers de l'empire mogol, puiſque tout le pays qui s'étend du golfe de Cambaye au Bengale, appartenoit à cette ſoubabie, dont Aurengabad & Ayderabad étoient les villes capitales ; il paroît auſſi qu'elle s'étendoit ſur toutes les côtes de la preſqu'iſle., depuis Cambaye juſqu'au golfe de Bengale.

Ce vaſte gouvernement étoit diviſé en pluſieurs diſtriĉts, parmi leſquels on comptoit des royaumes ou des états preſqu'indépendans régis par leurs chefs, qu'on appelloit des rois, & par leurs loix particulières : ces rois n'étoient, pour ainſi dire, que tributaires de l'Empire ; ils devoient fournir un certain nombre de troupes à l'armée du ſoubah, & ils ſe faiſoient très-ſouvent un honneur de les conduire en perſonne : les principaux de ces royaumes étoient ceux des marattes, de Canara & de Mayſſour.

Quelques-uns de ces royaumes & de ces états étoient peu ſoumis ; le Canara, par exemple, défendu par ſes forêts & ſes montagnes qui rendent ce pays de difficile accès, montroit peu de reſpeĉt pour le ſoubah ; les marattes ne paroiſſoient ſoumis que lorſqu'ils étoient d'accord avec le ſoubah ſur le paiement du chotaie, ou cinquième du revenu du Decan que l'empereur Aurengzeb leur avoit accordé ; & leur population conſidérable leur fourniſſoit de nombreuſes & fortes armées, & ſurtout une cavalerie dont il étoit difficile d'arrêter les incurſions : enfin d'autres états, quoique compris dans la ſoubabie du Decan, n'avoient point encore été ſubjugués. Tels étoient le petit empire de Calicut ou du Samorin, & les domaines des princes noirs ſur la côte Malabare, où les montagnes, les gorges & les forêts avoient empêché les armées des mogols de pénétrer.

Outre les royaumes & autres pays tributaires, la ſoubabie du Decan comprenoit différens gouvernemens, plus ou moins grands, qui étoient amovibles, & que le ſoubah avoit le pouvoir de donner ; mais dont la nomination devoit être confirmée par les empereurs.

Lorſque la ſoubabie devint héréditaire, les ſoubahs prétendirent avoir le droit de nommer irrévocablement les gouverneurs, que les européens appellent nababs, ſans qu'il fût néceſſaire d'aucune confirmation ou ratification de la cour de Dehli.

Un écrivain qui a parcouru les diverſes contrées de l'Inde, a trouvé dans le Decan de belles pièces d'artillerie de fabrique européenne ; il y vit au moins trente canons fondus en France ſous le règne de Louis XIV ; c'étoit le reſte de l'artillerie perdue dans le naufrage de l'eſcadre de M. de la Haye, dans la rade de Maſulipatnam ; cette place appartenoit alors aux rois de Golconde, qui étoient ſoubahs du Decan, & qui firent retirer du fond de la mer les canons des vaiſſeaux françois.

Le principal commerce du Decan eſt le poivre, que l'on tranſporte en Perſe, à Surate & en Europe. Il fournit des vivres aux provinces voiſines, & il fait un commerce par terre avec l'Indoſtan, le royaume de Golconde & la côte de Coromandel, où ſes ſujets portent des toiles de coton & des étoffes de ſoie.

Les veneſeurs ſont une peuplade du pays : ils achètent le bled & le riz qu'on apporte dans les villes une fois par ſemaine, & ils le revendent dans les pays voiſins, où ils vont en caravanes de cinq ou ſix, & quelquefois de neuf ou dix mille bêtes de ſomme. Ils emmènent alors leurs familles, & particulièrement leurs femmes qui manient l'arc & la flèche avec autant d'adreſſe que les hommes ; enſorte qu'ils ne craignent ni les rasboutes ou ſoldats, ni les couliers, qui ſont des voleurs qu'on trouve ordinairement ſur cette route.

Voyez les articles ARCATE, CALICUT, CANARA, COROMANDEL, MAISSOUR, MALABAR, MADRASS, SEIRRA & TANJAOUR.

DÉCEMVIR, magiſtrat romain qu'on chargea de faire des loix, & qu'on revêtit d'une autorité ſouveraine ſur cet objet.

Les décemvirs furent ainſi nommés, parce qu'ils étoient au nombre de dix : leur autorité devoit finir après une année d'exercice ; mais le pouvoir eut pour eux tant de charmes, qu'ils s'engagèrent par ſerment à faire tous leur efforts pour le garder toute leur vie. Nous allons rappeller ici les

---

par celui de vicaire-général de l'Empire ; cette charge donnoit à celui qui en étoit revêtu, de l'autorité ſur les rois & vaſſaux de l'Empire ; le ſoubah leur commandoit, ainſi qu'à l'empereur lui-même, à-peu-près comme le vicaire général de l'Empire commanderoit en Italie, ſi cette dignité ſubſiſtoit encore. Le ſoubah a l'air de reconnoître le mogol pour ſon maître ; au reſte il réclameroit en vain les titres de ſa charge, & il ne s'en aviſe plus.

principaux faits de cette époque de l'histoire romaine.

Au milieu des disputes entre les praticiens & les plébéiens, ceux-ci demandèrent qu'on établît des loix fixes écrites, afin que les jugemens ne fussent plus l'effet d'une volonté capricieuse, ou d'un pouvoir arbitraire. Après bien des résistances, le sénat y consentit, & on nomma les *décemvirs* ; ce fut l'an 301 de Rome. On crut qu'il falloit leur accorder un grand pouvoir, parce qu'ils devoient donner des loix à des partis qu'il étoit très-difficile de réunir. On suspendit les fonctions de tous les magistrats, & les *décemvirs* furent chargés seuls de l'administration de la république. Ils se trouvèrent revêtus de la puissance consulaire & de la puissance tribunitienne ; l'une leur donnoit le droit d'assembler le sénat, l'autre celui d'assembler le peuple. Mais ils ne convoquèrent ni le sénat, ni le peuple ; & , sans consulter personne, ils prononcèrent sur toutes les affaires : Rome se vit ainsi soumise à leur pouvoir. Quand Tarquin se livra à la tyrannie, Rome fut indignée de ses usurpations ; quand les *décemvirs* exerçoient leurs vexations, Rome fut étonnée du pouvoir qu'elle avoit donné, dit l'auteur des causes de la Grandeur des romains.

Ces nouveaux magistrats entrèrent en exercice aux ides de mai ; & , pour inspirer d'abord de la crainte & du respect au peuple, ils parurent en public avec douze licteurs, qui portoient les haches & les faisceaux, comme on en portoit devant les anciens rois de Rome. La place publique fut remplie de cent vingt licteurs, qui écartoient la multitude avec un faste & un orgueil insupportables, dans une ville où régnoit auparavant la modestie & l'égalité. Les *décemvirs* étoient d'ailleurs environnés d'une troupe de gens sans nom & sans aveu, la plupart chargés de crimes & accablés de dettes, qui ne pouvoient trouver de sûreté que dans les troubles de l'état ; & , ce qu'il y eut de plus fâcheux, on vit bientôt à la suite de ces nouveaux magistrats une foule de jeunes praticiens qui, préférant la licence à la liberté, s'attachèrent servilement aux dispensateurs des graces, & qui, pour satisfaire leurs passions & fournir à leurs plaisirs, n'eurent point de honte d'être les ministres & les complices des débauches des *décemvirs*.

Cette jeunesse effrénée, assurée de la protection des magistrats, enlevoit impunément les filles du sein de leurs mères ; quelques-uns, sous de foibles prétextes, s'emparoient du bien de leurs voisins qui se trouvoit à leur bienséance : on les dénonçoit en vain au tribunal des *décemvirs* ; les plaintes étoient rejettées avec mépris, & la faveur seule ou des vues d'intérêt tenoient lieu de droit & de justice.

On ne sauroit imaginer à quel point tomba la république sous l'administration des *décemvirs* ; il sembloit que le peuple romain eût perdu ce courage, qui auparavant le faisoit craindre & respec-

ter de ses voisins. La plupart des sénateurs se retirèrent ; plusieurs autres citoyens suivirent leur exemple, & quelques-uns cherchèrent un asyle chez l'étranger. Les latins & les peuples soumis à la république méprisèrent les ordres qu'on leur envoyoit, comme s'ils n'eussent pu souffrir la domination d'une ville où il n'y avoit plus de liberté, & les éques & les sabins vinrent impunément faire des courses jusqu'aux portes de Rome.

On sait l'infame décret qu'Appius porta contre la vertueuse Virginie, l'an de Rome 304 : Denis d'Halycarnasse, Tite-Live, Florus & Ciceron ont immortalisé cet événement : le spectacle de la mort de cette fille, immolée par son père à la pudeur & à la liberté, fit tomber d'un seul coup l'odieux pouvoir d'Appius & des autres *décemvirs*.

L'indignation s'empara de toutes les classes de citoyens ; hommes & femmes, à la ville & à l'armée, tout le monde se souleva : toutes les troupes marchèrent à Rome pour chasser les tyrans ; elles campèrent sur le Mont-Aventin, & elles ne s'éloignèrent qu'après avoir obtenu la destitution & le châtiment des *décemvirs*.

Tite-Live raconte qu'Appius, pour éviter l'infamie du supplice, se donna la mort en prison. Sp. Oppius son collègue eut le même sort ; les huit autres *décemvirs* cherchèrent leur salut dans la fuite, ou se bannirent eux-mêmes. On confisqua leurs biens qui furent vendus publiquement, & les questeurs en déposèrent le prix dans le trésor public. Le lâche Marcus Claudius, dont Appius s'étoit servi pour se rendre maître de la personne de Virginie, fut condamné à mort, & on l'auroit exécuté sans ses amis, qui obtinrent de Virginius qu'il se contentât de son exil. C'est ainsi que fut vengé le sang de l'infortunée Virginie, dont la mort, comme celle de Lucrece, tira pour la seconde fois les romains de l'esclavage. Alors chacun se trouva libre, parce que chacun avoit été offensé ; & le sénat & le peuple rentrèrent dans tous leurs droits.

L'administration des *décemvirs* ne procura d'autre avantage à la république que le corps de droit romain, connu sous le nom de *loix décemvirales* ou de *loix des douze Tables*. Les *décemvirs* travaillèrent avec beaucoup de zèle, pendant la première année de leur magistrature, à cette compilation qu'ils tirèrent en partie des loix de la Grèce, & en partie des anciennes ordonnances des rois de Rome.

Les auteurs anciens vantent beaucoup la sagesse de ces loix, dont il ne nous reste que des fragmens ; mais les écrivains modernes les jugent avec plus de sévérité, & on n'en fait plus le même cas. L'étude du droit naturel, du droit civil & du droit politique s'est perfectionnée ; & si la situation des romains au quatrième siècle de la république ne comportoit pas de meilleures loix, le législateur qui en donneroit de pareilles aux

doivent jamais être violés, fous quelque prétexte que ce foit. Aucune autre de fes parties ne pourra être altérée, changée ou diminuée, fans le confentement des cinq feptièmes de la chambre d'affemblée, & de fept des membres du confeil légiflatif.

Signé, GEORGE READ, préfident.

Extrait des Journaux.

Certifié, *figné* JAMES BOOTH, greffier.

SECTION II°.

Remarques fur la déclaration des droits & la conftitution de l'état de Delaware.

Il n'eft pas befoin de dire que la *déclaration des droits* établit d'une manière précife, formelle & énergique, les grands principes de la liberté civile, de la liberté politique & de la tolérance. On y trouve des idées républicaines fur l'organifation des fociétés, les droits du peuple, l'autorité qu'il eft néceffaire de confier à la puiffance exécutrice, & la fubordination de la puiffance militaire à la puiffance civile. Les citoyens de la *Delaware* ont profité de tout ce qu'on a écrit de plus raifonnable fur la jurifprudence criminelle, la liberté de la preffe & la théorie des impôts. Ils confacrent les vues que les auteurs animés par le bien public s'efforcent de prouver, & c'eft un grand fpectacle de voir, dans le nouveau-Monde, la raifon de tout un peuple d'accord avec celle des hommes de l'Europe les plus inftruits.

On fait que les conftitutions des Etats-unis font plus ou moins républicaines; celle de la *Delaware* l'eft peut-être moins que celle de *Penfylvanie*, mais elle l'eft davantage que la plupart des autres.

Nous allons nous permettre quelques remarques qui feront énoncées avec la modération convenable. L'importance du fujet exige cette modération; & lorfqu'on fonge à tous les détails dont il faudroit être inftruit pour parler avec affurance, on ne peut fe permettre que des doutes: 1°. l'article IV de la *déclaration des droits* a voulu donner toute l'étendue poffible à la liberté des citoyens, & on y lit qu'*aucun homme qui fe fait un fcrupule de confcience de porter les armes, ne pourra, dans aucun cas, y être légitimement contraint, s'il paye un équivalent.* Cette difpofition ne peut-elle pas entraîner des fuites fâcheufes? ne peut-elle pas rendre difficile un jour la recrue des troupes & des milices? Et pourquoi, dans les cas

de néceffité où il n'y a plus d'autre loi que celle de concourir à la défenfe commune, donner un prétexte aux lâches? Ce point n'eft-il pas un de ceux que les légiflateurs doivent omettre dans leurs loix? Quand on a établi les grands principes de la liberté, il y a des détails dans lefquels il ne faut point entrer.

2°. L'article XVII (1), qui interdit les décrets généraux de perquifition, femble mettre des entraves à la police, & les magiftrats voudront l'enfreindre quelquefois; mais les citoyens de la *Delaware* ne doivent jamais oublier que la liberté eft incompatible avec une police rigoureufe, & que les peuples qui ont connu la liberté, ont dédaigné les vaines déclamations contre les abus du défaut de police.

3°. Les treize Etats-unis ayant établi leur forme de gouvernement fur les mêmes principes, nous renvoyons le lecteur à quelques remarques générales que nous avons déja faites à l'article des deux CAROLINES, & à celui de CONNECTICUT, ou que nous aurons occafion de faire ailleurs.

4°. La chambre d'affemblée eft fixée à vingt-un repréfentans; il n'y a que neuf membres de la chambre haute, ou du fénat; & à mefure que la population fera des progrès, il faudra néceffairement en augmenter le nombre. Vingt-un perfonnes choifies valent mieux fans doute que 60 hommes prévenus ou peu éclairés; mais on doit ici craindre fur-tout qu'on ne corrompe les membres de la légiflation; & fi la multitude des membres d'un corps légiflatif a des inconvéniens pour l'expédition des affaires courantes, tant que la conftitution eft refpectée; elle eft avantageufe dans des temps de troubles, lorfque des factieux veulent changer la forme du gouvernement. Au refte, l'état de *Delaware* paroit vouloir adopter les combinaifons qu'indiqueront les circonftances; & la fin du dernier article de la conftitution annonce, pour l'avenir, les changemens qui paroîtront convenables.

5°. On eft admis au confeil dès qu'on a paffé 25 ans, & on auroit peut-être dû reculer cette époque. Les membres du confeil ont befoin de maturité & d'expérience; & ces qualités leur font d'autant plus néceffaires, que l'article VI leur attribue le droit d'arrêter tous les bills pour lever de l'argent.

6°. La rotation qu'ordonne l'article IV pour le déplacement des fénateurs (2), femblable à-peu-près à celle qu'a établi l'état de la Nouvelle-Yorck, eft très-fage, & il feroit à defirer qu'elle fût établie dans chacun des Etats-unis. Les nou-

---

(1) De la déclaration des droits.
(2) Les fénateurs dont nous parlons ici font les membres du confeil proprement dit, ou de la chambre-haute; nous donnerons le nom de membres du confeil privé à ceux qui fiègent au confeil privé, qu'on peut appeller *confeil d'état*.

veaux membres du conseil profiteront de l'expérience des anciens; le corps prendra une marche uniforme, qu'il inspira naturellement aux citoyens qui doivent le composer.

7°. L'article VII donne au président des deux chambres, ou premier magistrat, le droit de faire grace, ou d'accorder répit. La plupart des Etats-unis ont cru devoir revêtir, en certains cas, un seul homme du droit de faire grace, ou d'accorder répit; & cette disposition laisse des inquiétudes. Lorsque la loi & la justice ont rendu leurs arrêts, la commisération publique doit adoucir quelquefois la rigueur de la justice & de la loi; mais ne vaudroit-il pas mieux charger de ce soin les deux chambres assemblées, ou des hommes honnêtes qu'on choisiroit dans l'occasion? On seroit d'autant plus porté à le croire, que l'autorité du président est fort grande.

8°. Les citoyens de *Delaware* n'ont pas établi de gouverneur proprement dit; mais le président de l'état en fait toutes les fonctions: il en a les prérogatives & le pouvoir; & comme il préside d'ailleurs les deux chambres de législation & le conseil privé; qu'il est le maître de convoquer ou de ne pas convoquer ce conseil privé; qu'il peut, en certains cas, faire grace & accorder répit, ce que nous avons dit ailleurs de la nécessité de surveiller l'autorité du gouverneur, est applicable ici.

9°. L'article XII établit les membres du conseil législatif & du conseil privé, juges de paix dans toute la province. L'expérience montrera peut-être que cette disposition est dangereuse. Un juge de paix est revêtu d'une espèce de police, qui intimide la plupart des citoyens; & si, dans des temps ordinaires, cette autorité a peu d'inconvéniens pour un petit état, il est dangereux, dans des temps de troubles, de revêtir ainsi d'une portion de la puissance exécutrice & judiciaire, des individus qui ont déja une portion de la puissance législative.

10°. La cour des appels, présidée par le président de l'état, & telle que l'établit l'art. XVII, est susceptible aussi de quelques objections: mais les objections de cette nature doivent toujours être mesurées d'après la force plus ou moins grande des mœurs publiques, & on ne sait pas encore jusqu'à quel point la puissance des mœurs tempérera, dans les Etats-unis, les inconvéniens & les défauts des loix.

11°. La profession de foi qu'exige la fin de l'article XXXII de la constitution, ne paroît pas d'accord avec le second & le troisième article de la déclaration des droits. Les citoyens des Etats-unis qui annoncent tant de sagesse, devoient éviter tout ce qui mène au parjure, & l'on songe avec douleur aux parjures sans nombre qu'ont déja produit, & que produiront leurs loix.

12°. L'art. XVI qui défend sous aucun prétexte, de tenir en esclavage aucune des personnes importées d'Afrique, ou d'y vendre aucun esclave nègre, indien ou mulâtre, mérite les plus grands éloges: on y voit l'heureux effet de la puissance des mœurs des honnêtes habitans de la Pensylvanie, & il est bien à desirer que les deux Carolines & les autres provinces qui n'ont pas encore proscrit l'esclavage, suivent un si bel exemple.

13°. Il paroît que la constitution de *Delaware* fut établie en 1776, lorsque les colonies déclarèrent leur indépendance. Elle fut rédigée à la hâte, ainsi que toutes les autres; & si on y apercevoit quelques imperfections, il ne faut pas s'en étonner. Le lecteur le plus difficile devroit être content d'y trouver d'excellentes loix fondamentales, & tout ce qui peut servir à établir un jour, selon les circonstances, les loix particulières les plus sages.

SECTION IIIe.

Observations sur la position, la culture & les productions de l'état de Delaware.

Les trois comtés sur la *Delaware* (c'est le nom que portoit l'état de *Delaware* avant la révolution) formoient un gouvernement distinct & séparé, quoique réunis à la Pensylvanie: leur constitution étoit à-peu-près semblable. Ils sont situés sur la grande péninsule, formée d'un côté par la baie de Chesapeack, & de l'autre par la rivière *Delaware*. La péninsule aboutit au Cap-Henlopen; elle commence aux montagnes de fer, (*iron-hills*), & elle n'a que douze milles de large depuis la tête de l'Elk, jusqu'à Willmington. Outre les trois comtés dont je viens de parler, la péninsule renferme celui de Kent, qui appartient au Maryland, & ceux d'Acomack & de Northampton, qui appartiennent à la Virginie; elle a plus de 300 milles de longeur. Je ne connois, dit le Cultivateur américain, aucune partie de l'Amérique qui soit aussi riche, aussi variée dans ses productions, & aussi-bien située pour la navigation. On en exporta, les années qui précédèrent la guerre, 200,000 barils de farine, cent cinquante mille boisseaux de bled, beaucoup de tabac, de goudron, de mâts, de vergues, de planches, &c.

Nous ne pouvons dire ici d'une manière précise quelle est aujourd'hui l'état de la culture, des productions, de la population, du commerce, des dettes & des ressources des citoyens de la *Delaware*, & il faut attendre d'Amérique des détails plus exacts sur chacun de ces points.

Voyez les articles ETATS-UNIS, CAROLINE SEPTENTRIONALE, CAROLINE MÉRIDIONALE, CONNECTICUT, MASSACHUSETT, RHODE-ISLAND, NEW-YORCK, NEW-JERSEY, MARYLAND, VIRGINIE, GEORGIE, NEW-HAM-

PSHIRE, & sur-tout l'article PENSYLVANIE.

DELMENHORST, comté appartenant au roi de Danemarck. *Voyez* l'article OLDEMBOURG.

DELOS, isle de l'Archipel, où l'on vit s'établir un petit état, qui joua par le commerce un certain rôle, après la destruction de Corinthe. M. de Montesquieu dit, en quelques lignes, tout ce qu'il importe d'en savoir.

Corinthe ayant été détruite par les romains, les marchands se retirèrent à *Delos* : la religion & la vénération des peuples faisoit regarder cette isle comme un lieu de sûreté (1) : de plus, elle étoit très-bien située pour le commerce de l'Italie & de l'Asie, qui, depuis l'anéantissement de l'Afrique & l'affoiblissement de la Grèce, étoit devenu plus important.

DÉMEMBREMENT D'UN ÉTAT, opération par laquelle on détache d'un état, des districts ou des cantons qui en faisoient partie. Le prince a-t-il le pouvoir de démembrer l'état ? Si la loi fondamentale le défend au souverain, il ne peut le faire sans le concours de la nation, ou de ses représentans ; mais si la loi se tait, on regarde le prince comme le dépositaire des droits de la nation & l'organe de sa volonté. La nation ne doit abandonner ses membres que lorsque la nécessité, le salut public ou de très-grands avantages peuvent excuser ce sacrifice : le prince ne doit les abandonner que lorsqu'il peut justifier cet abandon par les mêmes motifs.

Les règles du droit naturel sont bien inutiles ici comme ailleurs : lorsque les souverains se décident à quelques *démembremens*, ils ne sont pas arrêtés par les plaintes qu'excitera leur opération : on a vu cependant ces plaintes produire de l'effet ; mais ce n'est jamais que lorsque le prince, craignant des troubles ou une guerre civile, renonce à ses arrangemens pour ne pas compromettre son autorité ; ou bien le prince se repent d'un sacrifice que lui imposa la force, & il se prévaut des droits du peuple, qu'on ne craint pas alors de faire valoir.

C'est ainsi que les notables du royaume de France s'assemblèrent à Cognac, après le traité de Madrid, & ils conclurent, d'une voix unanime, que l'autorité du roi ne s'étendoit point jusqu'à démembrer l'état. Le traité fut déclaré nul, & contraire à la loi fondamentale du royaume. Charles-Quint s'apperçut alors de la faute qu'il avoit faite ; il se repentit d'avoir relâché François Ier, avant que les états-généraux eussent approuvé le traité. Au reste, l'empereur devoit user de sa victoire avec plus de générosité ; il devoit imposer des conditions moins dures, & mieux calculer le genre des sacrifices qu'il exigeoit. Aujourd'hui que les états-généraux ne s'assemblent plus en France, le roi demeure le seul organe de l'état envers les autres puissances : elles prendroient sa volonté pour celle de la France, & les cessions du monarque demeureroient valides. Les puissances ont demandé quelquefois que leurs traités fussent enrégistrés au parlement de Paris : mais cette formalité même ne paroît plus en usage.

DEMERARY, ESSEQUIBO & BERBICHE, trois colonies que les hollandois ont formées dans la Guyane.

Nous n'avons pas fait d'article BERBICHE : nous ne ferons pas d'article ESSEQUIBO, & on trouvera ici ce que nous aurions pu dire à chacun de ces mots.

L'établissement de Berbiche, borné à l'est par la rivière de Corentin, & à l'est par le territoire de Demerary, n'occupe que dix lieues de côtes. Dans l'intérieur du pays, rien ne l'arrêteroit jusqu'à la partie des Cordelières, connues sous le nom de *Montagnes bleues*. Le grand fleuve qui lui a donné son nom, embarrassé à son embouchure par un banc de boue & de sable, n'a d'abord que quatorze ou quinze pieds de profondeur ; mais il en acquiert bientôt quarante, & l'on en trouve la navigation facile jusqu'à trente-six lieues de la mer, terme des plantations les plus éloignées.

L'an 1626 vit jetter les premiers fondemens de la colonie. Comme on la formoit sur une région comprise dans l'octroi de la compagnie des Indes occidentales, ce corps, alors puissant & très-protégé, se réserva quelques droits, &, d'une manière plus particulière, la vente exclusive des esclaves. La culture du sucre & du rocou, dont on s'occupoit uniquement, n'avoit pas fait de grands progrès, lorsqu'en 1689 quelques aventuriers françois ravagèrent le pays, & n'en sortirent qu'après s'être fait promettre 44,000 liv. qui ne furent jamais payées. Des françois firent encore, en 1712, une invasion dans la colonie. Afin d'échapper au pillage, & pour être débarrassés de ces étrangers, les habitans s'engagèrent à donner 660,000 liv. Les noirs, le sucre, les provisions qu'on livra montèrent à 28,654 liv. ; le reste devoit être acquitté en Europe par les propriétaires des habitations, tous de la province de Zélande. Soit impuissance, soit raison, ils se refusèrent à un engagement pris sans leur aveu. Trois riches particuliers d'Amsterdam remplirent cette obligation, & devinrent seuls maîtres de Berbiche.

Leur conduite fut sage & mesurée. Ils rétablirent les anciennes plantations ; ils introduisirent un meilleur esprit parmi ceux qui les exploitoient ; ils ajoutèrent la culture du cacao à celles qui étoient déja connues : mais leurs capitaux ne suffisoient pas pour élever la colonie au degré de prospérité dont elle paroissoit susceptible. Sept millions 40,000 liv. furent jugés néceſſaires pour ce grand objet, & il fut créé ſeize cens actions de 4,400 liv. chacune. On n'en put placer que neuf cens quarante & une, ſur leſquelles même les acquéreurs ne fournirent que 42 pour cent. Ainſi le nouveau capital ſe trouva réduit à un million 573,352 livres, dont on donna 1,320,000 l. à l'ancienne ſociété qui cédoit toutes ſes propriétés; de ſorte qu'il ne reſta en argent que 273 mille 352 liv.

C'étoit bien peu pour la fin qu'on s'étoit propoſée. Les intéreſſés eux-mêmes en étoient ſi convaincus, qu'en 1730 ils demandèrent que tout ſujet de l'état fût autoriſé à naviguer & à s'établir à Berbiche, à condition qu'il payeroit en Amérique ſix liv. de capitation pour chaque blanc & pour chaque noir qu'il placeroit ſur ſon habitation; 55 par plantation pour la contribution eccléſiaſtique; deux & demi pour cent pour toutes les marchandiſes qui entreroient dans la colonie, ou pour les denrées qui en ſortiroient; & en Europe, 3 liv. par tonneau de tout ce qu'il tireroit des ports de la république, & 3 liv. par tonneau de tout ce qu'il y envërroit. Moyennant ces redevances, la ſociété s'engageoit à faire toutes les dépenſes que le gouvernement, la défenſe, la police & la juſtice de cet établiſſement exigeroient. Les Etats-généraux jugèrent ce plan utile, & ils lui donnèrent la ſanction des loix, par un décret du 6 décembre 1732.

Une fermentation aſſez vive fut l'heureuſe ſuite de ce nouvel ordre de choſes. Tout proſpéroit, lorſqu'en 1756 les blancs, & les blancs ſeulement, furent attaqués d'une épidémie qui dura ſept ans, & en fit périr le plus grand nombre. L'état de foibleſſe où cette calamité avoit réduit Berbiche enhardit, en 1763, les eſclaves à ſe révolter. A la première nouvelle du ſoulévement, vingt ſoldats & quelques colons, échappés à la contagion, ſe réfugient dans quatre navires qui étoient dans la rivière, & bientôt après dans une redoute bâtie près de l'Océan. Les ſecours qu'on leur envoie de tous côtés, les mettent enfin en état de retourner dans leurs plantations, & même de réduire les nègres : mais ils ne règnent plus que ſur des décombres où ſur des cadavres.

La ſociété, ruinée comme les habitans, eſt réduite à demander huit pour cent à ſes actionnaires; ce qui lui donne 330,000 livres, & à emprunter 1,100,000 liv. de la province de Hollande, à un intérêt de deux & demi pour cent. Ces ſommes ne lui ſuffiſant pas encore pour remplir ſes obligations, elle obtint, en 1774, de la république que les impôts perçus juſqu'à cette époque ſeroient doublés dans la ſuite. Les nouvelles taxes jettent dans le déſeſpoir le colon déja trop découragé par la perte totale de ſes cacaoyers, & par la baiſſe énorme de ſon café. Auſſi cet établiſſement ſur lequel on avoit fondé de ſi grandes eſpérances, ne fait-il que rétrograder.

La colonie ne compte que cent quatre plantations, la plupart peu conſidérables, ſemées de loin en loin ſur les bords de la rivière de Berbiche, ou ſur celle de Canje qui ſe jette dans la première, à trois lieues de la mer. On y voit ſept mille eſclaves de tout âge & de tout ſexe, & deux cens cinquante blancs, ſans compter les ſoldats qui devroient former le même nombre. Ce qui y eſt annuellement recueilli de café, de ſucre, de coton, eſt porté par quatre ou cinq navires dans la métropole, où il n'eſt pas vendu au-deſſus d'un million ou douze cens mille livres. Sur ce produit, il faudroit prendre un intérêt de ſix pour cent que les colons ſe ſont engagés à payer pour environ 1,760,000 liv. qu'ils ont empruntées; mais c'eſt une obligation qu'ils ſont dans l'impuiſſance de remplir. Il faut que les prêteurs ſe contentent de quatre, de trois, de deux; Pluſieurs même ne reçoivent rien.

Quoique, ſuivant les calculs remis, en 1772, aux Etats-généraux, les dépenſes annuelles de ſouveraineté ne paſſent pas, en Europe & en Amérique, 190,564 livres, la ſociété n'en eſt pas moins dans une ſituation déſeſpérée. Depuis 1720 juſqu'en 1763, les dividendes réunis ne ſe ſont élevés qu'à 61 pour cent; ce qui ne fait, année commune que 1 4/3. Après cette époque, il n'y a plus eu de répartition. Auſſi les actions qui ont coûté 2200 liv. chacune, n'ont-elles plus de cours. On n'en trouveroit pas 110 liv. Il faut ſe former une autre idée de la colonie d'Eſſequibo.

Cette rivière, éloignée de vingt lieues de celle de Berbiche, fixa la première les hollandois qui, comme d'autres europééns, rempliſſoient, vers la fin du ſeizième ſiècle, la Guyane de leurs brigandages, dans l'eſpérance d'y trouver de l'or. On ignore préciſément à quelle époque ils ſe fixèrent à Eſſequibo; mais il eſt prouvé que les eſpagnols les en chaſſèrent en 1595.

Ces républicains étoient retournés à leur poſte, puiſqu'en 1666 ils en furent expulſés de nouveau par les anglois, qui eux-mêmes ne purent pas s'y ſoutenir un an entier. Cet établiſſement, qui avoit toujours été peu de choſe, ne fut rien après la repriſe de poſſeſſion. En 1740, ſes productions ne formoient pas la cargaiſon d'un ſeul navire.

Deux ou trois ans après, quelques colons d'Eſſequibo jettèrent les yeux ſur la rivière très-voiſine de Demerary. Les bords s'en trouvèrent très-fertiles, & cette découverte eut des ſuites favorables.

Depuis quelque temps, les défrichemens étoient ſuſpendus à Surinam, par la guerre ſanglante & ruineuſe qu'il ſoutenoit contre les nègres attroupés dans les bois. Berbiche, de ſon côté, étoit agité par la révolte de ſes eſclaves. La compagnie des Indes occidentales ſaiſit ce moment propice, pour appeller à ſa conceſſion des hommes entreprenans de toutes les nations. Ceux qui y arrivoient avec un commencement de fortune, recevoient gratuitement un terrein avec quelques en-

DÉM

couragemens. Ils étoient même assurés, après leurs premiers travaux, d'obtenir, en prêt & à des conditions modérées, la valeur des trois cinquièmes des établissemens qu'ils auroient formés. Cet arrangement devint une source féconde d'industrie, d'activité & d'économie. En 1769, on comptoit déja sur les rives du *Demerary* cent trente habitations, où le sucre, le café, le coton étoient cultivés avec succès. Le nombre des plantations s'est accru depuis cette époque, & il doit beaucoup augmenter encore.

On trouvera à l'article PROVINCES-UNIES des remarques sur les désordres qui règnent dans ces trois colonies, & sur les moyens de les réparer. *Voyez* PROVINCES-UNIES.

DÉMOCRATIE, forme de gouvernement dans laquelle le peuple jouit de la souveraineté. La division générale des formes de gouvernemens en démocratiques, aristocratiques, monarchiques & despotiques manque de précision, & elle en doit manquer. On a vu une multitude sans nombre de gouvernemens démocratiques & aristocratiques; mais on n'en a jamais vu deux qui soient absolument pareils: les combinaisons diverses qu'ont imaginé les peuples pour maintenir leur liberté, varient & varieront toujours. Ils se sont assuré, par ces combinaisons, une liberté plus ou moins grande dans les détails; mais quelques soient ces combinaisons, on peut établir des principes généraux sur la *démocratie*, & c'est ce que je vais faire ici, en profitant, dans les trois premières sections, des vues lumineuses de l'auteur immortel de l'*Esprit des loix*.

Nous parlerons 1°. des principes & des loix de la *démocratie*; 2°. de la corruption du principe fondamental de la *démocratie*, & des moyens de la rétablir; 3°. des choses qui conviennent & de celles qui ne conviennent pas à la *démocratie*; 4°. des avantages & des inconvéniens de la *démocratie*.

SECTION PREMIERE.

Des principes & des loix de la démocratie.

Le peuple, dans la *démocratie*, est à certains égards le monarque; à certains autres, il est le sujet.

Il ne peut être monarque que par ses suffrages, qui sont ses volontés. La volonté du souverain est le souverain lui-même. Les loix qui établissent le droit de suffrage, sont donc fondamentales dans ce gouvernement. En effet, il est aussi important d'y régler comment, par qui, à qui, sur quoi les suffrages doivent être donnés, qu'il l'est dans une monarchie de savoir quel est le monarque, & de quelle manière il doit gouverner.

Libanius (1) dit qu'à *Athènes* un étranger qui se mêloit dans l'assemblée du peuple, étoit puni de mort. C'est qu'un tel homme usurpoit le droit de souveraineté.

Il est essentiel de fixer le nombre des citoyens qui doivent former les assemblées: sans cela, on pourroit ignorer si le peuple a parlé, ou seulement une partie du peuple. A Lacédèmone, il falloit dix mille citoyens. A Rome, née dans la petitesse pour aller à la grandeur; à Rome, faite pour éprouver toutes les vicissitudes de la fortune; à Rome qui avoit, tantôt presque tous ses citoyens hors de ses murailles, tantôt toute l'Italie & une partie de la terre dans ses murailles, on n'avoit point fixé ce nombre (2); & ce fut une des grandes causes de sa ruine.

Le peuple qui a la souveraine puissance, doit faire par lui-même tout ce qu'il peut bien faire; & ce qu'il ne peut pas bien faire, il faut qu'il le fasse par ses ministres.

Ses ministres ne sont point à lui, s'il ne les nomme: c'est donc une maxime fondamentale de ce gouvernement, que le peuple nomme ses ministres, c'est-à-dire, ses magistrats.

Il a besoin, comme les monarques, & même plus qu'eux, d'être conduit par un conseil ou un sénat. Mais, pour qu'il y ait confiance, il faut qu'il en élise les membres; soit qu'il les choisisse lui-même comme à Athènes, ou par quelque magistrat qu'il a établi pour les élire, comme cela se pratiquoit à Rome dans quelques occasions.

En général, le peuple ne choisit point mal ceux à qui il doit confier quelque partie de son autorité. Il n'a à se déterminer que par des choses qu'il ne peut ignorer, & des faits qui tombent sous les sens. Il sait très-bien qu'un homme a été souvent à la guerre, qu'il y a eu tels ou tels succès: il est donc très-capable d'élire un général. Il sait qu'un juge est assidu; que beaucoup de gens se retirent de son tribunal contens de lui; qu'on ne l'a pas convaincu de corruption: en voilà assez pour qu'il élise un préteur. Il a été frappé de la magnificence ou des richesses d'un citoyen; cela suffit pour qu'il puisse choisir un édile. Toutes ces choses sont des faits dont il s'instruit mieux dans la place publique qu'un monarque dans son palais. Mais saura-t-il conduire une affaire, connoître les lieux, les occasions, les momens, en profiter? Non, il ne le saura pas.

Si l'on pouvoit douter de la capacité naturelle qu'a le peuple pour discerner le mérite, il n'y auroit qu'à jetter les yeux sur cette suite continuelle de choix étonnans que firent les athéniens & les romains; ce qu'on n'attribuera pas sans doute au hasard.

(1) Déclamations 17 & 18.
(2) *Voyez* les Considérations sur les causes de la grandeur des romains & de leur décadence, chap. IX. *Paris*, 1755.

On sait qu'à Rome, quoique le peuple se fût donné le droit d'élever aux charges les plébeiens, il ne pouvoit se résoudre à les élire ; & quoiqu'à Athènes on pût, par la loi d'Aristide, tirer les magistrats de toutes les classes, il n'arriva jamais, dit Xenophon (1), que le bas peuple demandât celles qui pouvoient intéresser son salut ou sa gloire.

Comme la plûpart des citoyens qui ont assez de suffisance pour élire, n'en ont pas assez pour être élus ; de même le peuple qui a assez de capacité pour se faire rendre compte de la gestion des autres, n'est pas propre à gérer par lui-même.

Il faut que les affaires aillent, & qu'elles aient un certain mouvement qui ne soit ni trop lent, ni trop vîte : mais le peuple a toujours trop d'action, ou trop peu. Quelquefois avec cent mille bras il renverse tout ; quelquefois avec cent mille pieds il ne va que comme les insectes.

Dans l'état populaire, on divise le peuple en de certaines classes. C'est dans la manière de faire cette division que les grands législateurs se sont signalés ; & c'est de-là qu'ont toujours dépendu la durée de la *démocratie* & sa prospérité.

Servius Tullius suivit, dans la composition de ses classes, l'esprit de l'aristocratie. Nous voyons, dans Tite-Live (2) & dans Denys d'Halicarnasse (3), comment il mit le droit de suffrage entre les mains des principaux citoyens. Il avoit divisé le peuple de Rome en cent quatre-vingt-treize centuries, qui formoient six classes ; & mettant les riches, mais en plus petit nombre, dans les premières centuries ; les moins riches, mais en plus grand nombre, dans les suivantes, il jetta toute la foule des indigens dans la dernière ; & chaque centurie n'ayant qu'une voix (4), c'étoient les moyens & les richesses qui donnoient les suffrages, plûtôt que les personnes.

Solon divisa le peuple d'Athènes en quatre classes. Conduit par l'esprit de la *démocratie*, il ne le fit pas pour fixer ceux qui devoient élire, mais ceux qui pouvoient être élus ; & laissant à chaque citoyen le droit d'élection, il voulut (5) que, dans chacune de ces quatre classes, on pût élire des juges ; mais que ce ne fût que dans les trois premières classes où étoient les citoyens aisés, qu'on pût prendre les magistrats.

Comme la division de ceux qui ont droit de suffrage est dans la république, une loi fondamentale, la manière de le donner est une autre loi fondamentale.

Le suffrage pour le sort est de la nature de la *démocratie* ; le suffrage par choix est de celle de l'aristocratie.

Le sort est une façon d'élire qui n'afflige personne ; il laisse à chaque citoyen une espérance raisonnable de servir sa patrie.

Mais, comme il est défectueux par lui-même, c'est à le régler & à le corriger que les grands législateurs se sont surpassés.

Solon établit à Athènes, que l'on nommeroit par choix à tous les emplois militaires, & que les sénateurs & les juges seroient élus par le sort.

Il voulut que l'on donnât par choix les magistratures civiles qui exigeoient une grande dépense, & que les autres fussent données par le sort.

Mais, pour corriger le sort, il régla qu'on ne pourroit élire que dans le nombre de ceux qui se présenteroient ; que celui qui auroit été élu seroit examiné par des juges (6), & que chacun pourroit l'accuser d'en être indigne (7) : cela tenoit en même-temps du sort & du choix. Quand on avoit fini le temps de sa magistrature, il falloit essuyer un autre jugement sur la manière dont on s'étoit comporté. Les gens sans capacité devoient avoir bien de la répugnance à donner leur nom pour être tiré au sort.

La loi qui fixe la manière de donner les billets de suffrage est encore une loi fondamentale dans la *démocratie*. C'est une grande question, si les suffrages doivent être publics ou secrets. Ciceron (8) écrit que les loix (9) qui les rendirent secrets dans les derniers temps de la république romaine, furent une des grandes causes de sa chûte. Comme ceci se pratique diversement dans différentes républiques, voici, je crois, ce qu'il en faut penser. Sans doute que lorsque le peuple donne ses suffrages, ils doivent être publics (10) ; & ceci doit être regardé comme une loi fondamentale de la *démocratie*. Il faut que le petit peuple soit éclairé

---

(1) Pages 691 & 692, édition de Wechelius de l'an 1596.

(2) Liv. I.

(3) Liv. IV. art. 15 & suiv.

(4) *Voyez* dans les Considérations sur les causes de la grandeur des romains & de leur décadence, ch. IX, comment cet esprit de Servius Tullius se conserva dans la république.

(5) Denys d'Halicarnasse, éloge d'Isocrate, pag. 97, tom. 2, édition de Vechelius. Pollux, liv. VIII, chap. X, art. 130.

(6) *Voyez* l'oraison de Demosthène, *de falsa legat.* & l'oraison contre Timarque.

(7) On tiroit même pour chaque place deux billets ; l'un qui donnoit la place, l'autre qui nommoit celui qui devoit succéder, en cas que le premier fût rejetté.

(8) Liv. I & III des Loix.

(9) Elles s'appelloient *loix tabulaires* : on donnoit à chaque citoyen deux tables ; la première, marquée d'un A, pour dire *antiquo* ; l'autre d'un U & d'une R, *uti rogas.*

(10) A Athènes, on levoit les mains.

par les principaux, & contenu par la gravité de certains personnages. Ainsi, dans la république romaine, en rendant les suffrages secrets, on détruisit tout ; il ne fut plus possible d'éclairer une populace qui se perdoit. Mais lorsque, dans une aristocratie, le corps des nobles donne les suffrages (1), ou dans une *démocratie* le sénat (2), comme il n'est là question que de prévenir les brigues, les suffrages ne sauroient être trop secrets.

La brigue est dangereuse dans un sénat ; elle est dangereuse dans un corps de nobles : elle ne l'est pas dans le peuple, dont la nature est d'agir par passion. Dans les états où il n'a point de part au gouvernement, il s'échauffera pour un acteur, comme il auroit fait pour les affaires. Le malheur d'une république, c'est lorsqu'il n'y a plus de brigues ; & cela arrive, lorsqu'on a corrompu le peuple à prix d'argent : il devient de sang froid, il s'affectionne à l'argent ; mais il ne s'affectionne plus aux affaires : sans souci du gouvernement, & de ce qu'on y propose, il attend tranquillement son salaire.

C'est encore une loi fondamentale de la *démocratie*, que le peuple seul fasse des loix. Il est pourtant mille occasions où il est nécessaire que le sénat puisse statuer ; il est même souvent à propos d'essayer une loi avant de l'établir. La constitution de Rome & celle d'Athènes étoient très-sages. Les arrêts du sénat (3) avoient force de loi pendant un an ; ils ne devenoient perpétuels que par la volonté du peuple.

Il ne faut pas beaucoup de probité, pour qu'un gouvernement monarchique ou un gouvernement despotique se maintiennent ou se soutiennent. La force des loix dans l'un, le bras du prince toujours levé dans l'autre, règlent ou contiennent tout. Mais, dans un état populaire, il faut un ressort de plus, qu'on peut appeller *la vertu* : on a beaucoup critiqué Montesquieu sur ce point ; on ne l'a pas entendu, parce qu'on n'a point voulu lui donner la peine d'examiner ce qu'il veut dire ; ou, après avoir réfléchi sur son assertion, on a voulu se donner le plaisir de le critiquer. Il est clair que l'auteur de l'Esprit des loix parle de l'intégrité des mœurs publiques & de l'intégrité particulière des citoyens ; il a pu moins dire qu'une monarchie peut avoir beaucoup de force & de prospérité, quoiqu'on ne trouve point d'intégrité dans les mœurs publiques, & dans celles des sujets en particulier ; & qu'une république au contraire manquera toujours de prospérité & de force, s'il ne règne pas, dans toutes les classes

des citoyens, un grand fond de respect pour les mœurs de l'état.

Ce que je dis est confirmé par le corps entier de l'histoire, & très-conforme à la nature des choses. Il est évident que dans une monarchie, où celui qui fait exécuter les loix se juge au-dessus des loix, on a besoin de moins de vertu que dans un gouvernement populaire.

Il est évident encore que le monarque qui, par mauvais conseil ou par négligence, cesse de faire exécuter les loix, peut aisément réparer le mal ; il n'a qu'à changer de conseil, ou se corriger de cette négligence. Mais lorsque, dans un gouvernement populaire, les loix ont cessé d'être exécutées, comme cela ne peut venir que de la corruption de la république, l'état est déja perdu.

Quand Sylla voulut rendre à Rome la liberté, elle ne put plus la recevoir ; elle n'avoit plus qu'un foible reste de vertu : & comme elle en eut toujours moins, au lieu de se réveiller après César, Tibère, Caïus, Claude, Néron, Domitien, elle fut toujours plus esclave ; tous les coups portèrent sur les tyrans, aucun sur la tyrannie.

Les politiques grecs qui vivoient dans le gouvernement populaire, ne reconnoissoient d'autre force qui pût le soutenir, que celle de la vertu. Ceux d'aujourd'hui ne nous parlent que de manufactures, de commerce, de finances, de richesses & de luxe même.

Lorsque cette vertu cesse, l'ambition entre dans les cœurs qui peuvent la recevoir, & l'avarice entre dans tous. Les desirs changent d'objet ; ce qu'on aimoit, on ne l'aime plus ; on étoit libre avec les loix, on veut être libre contre elles ; chaque citoyen est comme un esclave échappé de la maison de son maître ; ce qui étoit *maxime*, on l'appelle *rigueur* ; ce qui étoit *règle*, on l'appelle *gêne* ; ce qui étoit *attention*, on l'appelle *crainte*. La frugalité est prise alors pour l'avarice. Autrefois le bien des particuliers faisoit le trésor public, mais pour lors le trésor public devient le patrimoine des particuliers. La république est une dépouille, & sa force n'est plus que le pouvoir de quelques citoyens, & la licence de tous.

Athènes eut dans son sein les mêmes forces, pendant qu'elle domina avec tant de gloire, & pendant qu'elle servit avec tant de honte. Elle avoit vingt-mille citoyens (4) lorsqu'elle défendit les grecs contre les perses ; qu'elle disputa l'Empire à Lacédèmone, & qu'elle attaqua la Sicile. Elle en avoit vingt mille, lorsque Demetrius de Phalere les dénombra (5), comme dans un marché l'on compte les esclaves. Quand Philippe osa

(1) Comme à Venise.

(2) Les trente tyrans d'Athènes voulurent que les suffrages des aréopagistes fussent publics, pour les diriger à leur fantaisie. *Lysias, orat. contra agorat. cap.* 8.

(3) *Voyez* Denys d'Halicarnasse, liv. IV & IX.

(4) Plutarque, *in Pericle.* Platon, *in Critiâ.*

(5) Il s'y trouva vingt mille citoyens, dix mille étrangers, quatre cens mille esclaves. *Voyez* Athénée, liv. VI.

dominer

dominer dans la Grèce, quand il parut aux portes d'Athènes (1), elle en avoit le même nombre. On peut voir, dans Démosthène, quelle peine il fallut pour la réveiller : on y craignoit Philippe, non pas comme l'ennemi de la liberté, mais des plaisirs (2). Cette ville qui avoit résisté à tant de défaites, qu'on avoit vu renaître après ses destructions, fut vaincue à Cheronée, & le fut pour toujours. Qu'importe que Philippe renvoie tous les prisonniers ? il ne renvoie pas des hommes. Il étoit toujours aussi aisé de triompher des forces d'Athènes, qu'il étoit difficile de triompher de sa vertu.

La vertu dans une république est une chose très-simple ; c'est l'amour de la république ; c'est un sentiment qui ne dépend pas de l'instruction : le dernier homme de l'état peut avoir ce sentiment comme le premier. Quand le peuple a une fois de bonnes maximes, il s'y tient plus long-temps que ce qu'on appelle *les honnêtes gens*. Il est rare que la corruption commence par lui ; souvent il a tiré de la médiocrité de ses lumières un attachement plus fort pour ce qui est établi.

L'amour de la patrie conduit à la bonté des mœurs, & la bonté des mœurs mène à l'amour de la patrie. Moins nous pouvons satisfaire nos passions particulières, plus nous nous livrons aux générales. Pourquoi les moines aiment-ils tant leur ordre ? C'est justement par l'endroit qui fait qu'il leur est insupportable. Leur règle les prive de toutes les choses sur lesquelles les passions ordinaires s'appuient : reste donc cette passion pour la règle même qui les afflige. Plus elle est austère, c'est-à-dire, plus elle retranche de leurs penchans, plus elle donne de force à ceux qu'elle leur laisse.

L'amour de la république, dans une *démocratie*, est celui de la *démocratie* ; l'amour de la *démocratie* est celui de l'égalité.

L'amour de la *démocratie* est encore l'amour de la frugalité. Chacun devant y avoir le même bonheur & les mêmes avantages, y doit goûter les mêmes plaisirs & former les mêmes espérances ; chose qu'on ne peut attendre que de la frugalité générale.

L'amour de l'égalité, dans une *démocratie* borne l'ambition au seul desir, au seul bonheur de rendre à sa patrie de plus grands services que les autres citoyens. Ils ne peuvent pas lui rendre tous des services égaux ; mais ils doivent tous également lui en rendre. En naissant, on contracte envers elle une dette immense, dont on ne peut jamais s'acquitter.

Ainsi les distinctions y naissent du principe de l'égalité, lors même qu'elle paroît ôtée par des services heureux, ou par des talens supérieurs.

L'amour de la frugalité borne le desir d'avoir à l'attention que demande le nécessaire pour sa famille, & même le superflu pour sa patrie. Les richesses donnent une puissance, dont un citoyen ne peut pas user pour lui ; car il ne seroit pas égal. Elles procurent des délices dont il ne doit pas jouir non plus, parce qu'elles choqueroient l'égalité tout de même.

Aussi les bonnes *démocraties*, en établissant la frugalité domestique, ont-elles ouvert la porte aux dépenses publiques, comme on fit à Athènes & à Rome. Pour lors la magnificence & la profusion naissoient du fond de la frugalité même ; & comme la religion demande qu'on ait les mains pures pour faire des offrandes aux dieux, les loix vouloient des mœurs frugales, pour que l'on pût donner à sa patrie.

Le bon sens & le bonheur des particuliers consiste beaucoup dans la médiocrité de leurs talens & de leurs fortunes. Une république où les loix auront formé beaucoup de gens médiocres, composée de gens sages, se gouvernera sagement : composée de gens heureux, elle sera très-heureuse.

L'amour de l'égalité & celui de la frugalité sont extrêmement excités par l'égalité & la frugalité mêmes, quand on vit dans une société où les loix ont établi l'une & l'autre.

Dans les monarchies & les états despotiques, personne n'aspire à l'égalité ; cela ne vient pas même dans l'idée ; chacun y tend à la supériorité. Les gens des conditions les plus basses ne desirent d'en sortir, que pour être les maîtres des autres.

Il en est de même de la frugalité. Pour l'aimer, il faut en jouir. Ce ne seront pas ceux qui seront corrompus par les délices, qui aimeront la vie frugale ; & si cela avoit été naturel & ordinaire, Alcibiade n'auroit pas fait l'admiration de l'univers. Ce ne sera pas non plus ceux qui envient ou qui admirent le luxe des autres, qui aimeront la frugalité ; des gens qui n'ont devant les yeux que des hommes riches, ou des hommes misérables comme eux, détestent leur misère, sans aimer ou connoître ce qui fait le terme de la misère.

C'est donc une maxime très-vraie que, pour que l'on aime l'égalité & la frugalité dans une république, il faut que les loix les y aient établies.

Quelques législateurs anciens, comme Lycurgue & Romulus, partagèrent également les terres. Cela ne pouvoit avoir lieu que dans la fondation d'une république nouvelle ; ou bien lorsque l'ancienne étoit si corrompue, & les esprits dans une telle disposition, que les pauvres se croyoient

---

(1) Elle avoit vingt mille citoyens. *Voyez* Demosthène, *in Aristog.*
(2) Ils avoient fait une loi pour punir de mort celui qui proposeroit de convertir aux usages de la guerre l'argent destiné pour les théatres.

obligés de chercher, & les riches obligés de souffrir un pareil remède.

Si lorsque le législateur fait un pareil partage, il ne donne pas des loix pour le maintenir, il ne fait qu'une constitution passagère ; l'inégalité entrera par le côté que les loix n'auront pas défendu, & la république sera perdue.

Il faut donc que l'on règle, dans cet objet, les dots des femmes, les donations, les successions, les testamens ; enfin toutes les manières de contracter. Car, s'il étoit permis de donner son bien à qui on voudroit & comme on voudroit, chaque volonté particulière troubleroit la disposition de la loi fondamentale.

Solon, qui permettoit à Athènes de laisser son bien à qui on vouloit par testament, pourvu qu'on n'eût point d'enfans (1), contredisoit les loix anciennes qui ordonnoient que les biens restassent dans la famille du testateur (2). Il contredisoit les siennes propres ; car, en supprimant les dettes, il avoit cherché l'égalité.

C'étoit une bonne loi pour la *démocratie*, que celle qui défendoit d'avoir deux hérédités. (3). Elle prenoit son origine du partage égal des terres & des portions données à chaque citoyen. La loi n'avoit pas voulu qu'un seul homme eût plusieurs portions.

La loi qui ordonnoit que le plus proche parent épousât l'héritière, naissoit d'une source pareille. Elle est donnée chez les juifs après un pareil partage. Platon (4), qui fonde ses loix sur ce partage, la donne de même ; & c'étoit une loi athénienne.

Il y avoit à Athènes une loi, dont je ne sache pas que personne ait connu l'esprit. Il étoit permis d'épouser sa sœur consanguine, & non pas sa sœur utérine (5). Cet usage tiroit son origine des républiques, dont l'esprit étoit de ne pas mettre sur la même tête deux portions de fonds de terre, & par conséquent deux hérédités. Quand un homme épousoit sa sœur du côté du père, il ne pouvoit avoir qu'une hérédité, qui étoit celle de son père : mais quand il épousoit sa sœur utérine, il pouvoit arriver que le père de cette sœur n'ayant pas d'enfans mâles, lui laissât sa succession ; &

que par conséquent son frère, qui l'avoit épousée, en eût deux.

Qu'on ne m'objecte pas ce que dit Philon (6), que, quoiqu'à Athènes, on épousât sa sœur consanguine, & non pas sa sœur utérine, on pouvoit à Lacédèmone épouser sa sœur utérine, & non pas sa sœur consanguine. Car je trouve, dans Strabon (7), que quand à Lacédèmone une sœur épousoit son frère, elle avoit pour sa dot la moitié de la portion du frère. Il est clair que cette seconde loi étoit faite pour prévenir les mauvaises suites de la première. Pour empêcher que le bien de la famille de la sœur ne passât dans celle du frère, on donnoit en dot à la sœur la moitié du bien du frère.

Seneque (8), parlant de Silanus qui avoit épousé sa sœur, dit qu'à Athènes la permission étoit restreinte, & qu'elle étoit générale à Alexandrie. Dans le gouvernement d'un seul, il n'étoit guère question de maintenir le partage des biens.

Pour maintenir ce partage des terres dans la *démocratie*, c'étoit une bonne loi que celle qui vouloit qu'un père qui avoit plusieurs enfans, en choisît un pour succéder à sa portion (9), & donnât les autres en adoption à quelqu'un qui n'eût point d'enfans, afin que le nombre des citoyens pût toujours se maintenir égal à celui des partages.

Phaléas de Calcédoine (10) avoit imaginé une façon de rendre égales les fortunes dans une république où elles ne l'étoient pas. Il vouloit que les riches donnassent des dots aux pauvres, & n'en reçussent pas ; & que les pauvres reçussent de l'argent pour leurs filles, & n'en donnassent pas. Mais je ne sache point qu'aucune république se soit accommodée d'un réglement pareil. Il met les citoyens sous des conditions dont les différences sont si frappantes, qu'ils haïroient cette égalité même que l'on chercheroit à introduire. Il est bon quelquefois que les loix ne paroissent pas aller si directement au but qu'elles se proposent.

Quoique, dans la *démocratie*, l'égalité réelle soit l'âme de l'état, cependant elle est si difficile à établir, qu'une exactitude extrême à cet égard ne conviendroit pas toujours. Il suffit que l'on établisse un cens (11), qui réduise ou fixe les dif-

---

(1) Plutarque, vie de Solon.

(2) Ibid.

(3) Philolaüs, de Corinthe, établit à Athènes que le nombre des portions de terre & celui des hérédités seroit toujours le même. *Ariste*, polit. liv. II, chap. xII.

(4) République, Liv. VIII.

(5) *Cornelius Nepos in præfat.* Cet usage étoit des premiers temps. Aussi Abraham dit-il de Sara : *elle est ma sœur fille de mon père, & non de ma mère.* Les mêmes raisons avoient fait établir une même loi chez différens peuples.

(6) *De specialibus legibus quæ pertinent ad præcepta decalogi.*

(7) Liv. X.

(8) *Athenis dimidium licet, Alexandriæ totum.* Seneque, *de morte Claudii.*

(9) Platon fait une pareille loi, liv. III. des loix.

(10) Ariste, Politique, liv. II, chap. vII.

(11) Solon fit quatre classes ; la première de ceux qui avoient cinq cens mines de revenus, tant en grains qu'en fruits liquides ; la seconde, de ceux qui en avoient trois cents, & pouvoient entretenir un cheval ; la troisième, de ceux qui n'en avoient que deux cens ; la quatrième de tous ceux qui vivoient de leurs bras. *Plutarque*, vie de Solon.

férences à un certain point ; après quoi, c'est à des loix particulières à égaliser, pour ainsi dire, les inégalités, par les charges qu'elles imposent aux riches, & le soulagement qu'elles accordent aux pauvres. Il n'y a que les richesses médiocres qui puissent donner ou souffrir ces sortes de compensations ; car pour les fortunes immodérées, tout ce qu'on ne leur accorde pas de puissance & d'honneur, elles le regardent comme une injure.

Toute inégalité, dans la *démocratie*, doit être tirée de la nature de la *démocratie* & du principe même de l'égalité. Par exemple, on y peut craindre que des gens qui auroient besoin d'un travail continuel pour vivre, ne fussent trop appauvris par une magistrature, ou qu'ils n'en négligeassent les fonctions ; que des artisans ne s'enorgueillissent ; que des affranchis trop nombreux ne devinssent plus puissans que les anciens citoyens. Dans ces cas, l'égalité entre les citoyens (1.) peut être ôtée dans la *démocratie* pour l'utilité de la *démocratie*. Mais ce n'est qu'une égalité apparente que l'on ôte : car un homme ruiné par une magistrature, seroit dans une pire condition que les autres citoyens ; & ce même homme, qui seroit obligé d'en négliger les fonctions, mettroit les autres citoyens dans une condition pire que la sienne ; & ainsi du reste.

Il ne suffit pas, dans une bonne *démocratie*, que les portions de terres soient égales ; il faut qu'elles soient petites, comme chez les romains. « A dieu ne plaise, *disoit Curius à ses soldats* (2), » qu'un citoyen estime peu de terre, ce qui est » suffisant pour nourrir un homme ».

Comme l'égalité des fortunes entretient la frugalité, la frugalité maintient l'égalité des fortunes. Ces choses, quoique différentes, sont telles qu'elles ne peuvent subsister l'une sans l'autre ; chacune d'elles est la cause & l'effet : si l'une se retire de la *démocratie*, l'autre la suit toujours.

Il est vrai que, lorsque la *démocratie* est fondée sur le commerce, il peut fort bien arriver que des particuliers y aient de grandes richesses, & que les mœurs n'y soient pas corrompues. C'est que l'esprit de commerce entraîne avec soi celui de frugalité, d'économie, de modération, de travail, de sagesse, de tranquillité, d'ordre & de règle. Ainsi, tandis que cet esprit subsiste, les richesses qu'il produit n'ont aucun mauvais effet. Le mal arrive, lorsque l'excès des richesses détruit cet esprit de commerce ; on voit tout-à-coup naître les désordres de l'inégalité, qui ne s'étoient pas encore fait sentir.

Il y avoit dans la Grèce deux sortes de républiques. Les unes étoient militaires, comme La-

cédémone ; d'autres étoient commerçantes, comme Athènes. Dans les unes, on vouloit que les citoyens fussent oisifs ; dans les autres, on cherchoit à donner de l'amour pour le travail. Solon fit un crime de l'oisiveté, & voulut que chaque citoyen rendît compte de la manière dont il gagnoit sa vie. En effet, dans une bonne *démocratie* où l'on ne doit dépenser que pour le nécessaire, chacun doit l'avoir ; car de qui le recevroit-on ?

On ne peut pas établir un partage égal des terres dans toutes les *démocraties*. Il y a des circonstances où un tel arrangement seroit impraticable, dangereux, & choqueroit même la constitution. On n'est pas toujours obligé de prendre les voies extrèmes. Si l'on voit, dans une *démocratie*, que ce partage, qui doit maintenir les mœurs, n'y convienne pas, il faut avoir recours à d'autres moyens.

Si l'on établit un corps fixe qui soit par lui-même la règle des mœurs, un sénat où l'âge, la vertu, la gravité, les services donnent entrée ; les sénateurs, exposés à la vue du peuple comme les simulacres des dieux, inspireront des sentimens qui seront portés dans le sein de toutes les familles.

Il faut sur-tout que ce sénat s'attache aux institutions anciennes, & fasse en sorte que le peuple & les magistrats ne s'en départent jamais.

Il y a beaucoup à gagner, en fait de mœurs, à garder les coutumes anciennes. Comme les peuples corrompus font rarement de grandes choses ; qu'ils n'ont guère établi de sociétés, fondé de villes, donné de loix ; & qu'au contraire ceux qui avoient des mœurs simples & austères, ont fait la plupart des établissemens ; rappeller les hommes aux maximes anciennes, c'est ordinairement les ramener à la vertu.

De plus, s'il y a eu quelque révolution, & que l'on ait donné à l'état une forme nouvelle ; cela n'a guère pu se faire qu'avec des peines & des travaux infinis, & rarement avec l'oisiveté des mœurs corrompues. Ceux-mêmes qui ont fait la révolution ont voulu la faire goûter, & ils n'ont guère pu y réussir que par de bonnes loix. Les institutions anciennes sont donc ordinairement des corrections, & les nouvelles des abus. Dans le cours d'un long gouvernement, on va au mal par une pente insensible, & on ne remonte au bien que par un effort.

On a douté si les membres du sénat dont nous parlons, doivent être à vie, ou choisis pour un temps, dit Montesquieu. Sans doute qu'ils doivent être choisis pour la vie, comme cela se pratiquoit à Rome (3), à Lacédémone (4) & à

---

(1) Solon exclut des charges tous ceux du quatrième cens.
(2) Ils demandoient une plus grande portion de la terre conquise. *Plutarque*, œuvres morales, vies des anciens rois & capitaines.
(3) Les magistrats y étoient annuels, & les sénateurs pour la vie.
(4) Lycurgue, dit Xénophon, *de republ. Lacedæm.* voulut qu'on élût les sénateurs parmi les vieillards.

Athènes même. Car il ne faut pas confondre ce qu'on appelloit le *sénat* à Athènes, qui étoit un corps qui changeoit tous les trois mois, avec l'Aréopage, dont les membres étoient établis pour la vie, comme des modèles perpétuels. Maxime générale : dans un sénat fait pour être la règle, &, pour ainsi dire, le dépôt des mœurs, les sénateurs doivent être élus pour la vie ; dans un sénat fait pour préparer les affaires, les sénateurs peuvent changer.

Il faut en convenir, l'auteur de l'Esprit des loix n'a pas examiné tous les inconvéniens de sa maxime, & il a tracé les loix de la *démocratie* avec la rapidité ordinaire de son génie. Les nouvelles républiques d'Amérique ont senti le défaut de cet axiome ; &, malgré l'autorité de toutes les républiques anciennes, elles n'ont point voulu que les sénateurs fussent en place toute leur vie. Une pareille combinaison est plus favorable à l'égalité ; & quand on voit que l'oppression du peuple, dans les républiques, est presque toujours venue du sénat, il est clair que les nations libres doivent profiter aujourd'hui de la malheureuse expérience des siècles passés.

Outre l'aréopage, il y avoit à Athènes des gardiens des mœurs & des gardiens des loix (1). A Lacédèmone, tous les vieillards étoient censeurs. A Rome, deux magistrats particuliers avoient la censure. Comme le sénat veille sur le peuple, il faut que des censeurs aient les yeux sur le peuple & sur le sénat. Il faut qu'ils rétablissent, dans la république, tout ce qui a été corrompu ; qu'ils notent la tiédeur, jugent les négligences & corrigent les fautes ; comme les loix punissent les crimes.

Toutes les républiques modernes n'imitent pas l'institution de la censure qu'avoient adoptée les anciennes républiques. *Voyez* l'article ÉTATS-UNIS. Les métaux & le commerce ont tout corrompu ; ils détruisent & détruiront toujours l'égalité ; ils ameneront le luxe & le dédain de la simplicité, & ils meneront toujours à cet ordre de choses contraires à la nature de la *démocratie*.

La loi romaine, qui vouloit que l'accusation de l'adultère fût publique, étoit admirable pour maintenir la pureté des mœurs, elle intimidoit les femmes ; elle intimidoit aussi ceux qui devoient veiller sur elles.

Rien ne maintient plus les mœurs qu'une extrême subordination des jeunes gens envers les vieillards. Les uns & les autres seront contenus ; ceux-là par le respect qu'ils auront pour les vieillards, &

ceux-ci par le respect qu'ils auront pour eux-mêmes.

Rien ne donne plus de force aux loix que la subordination extrême des citoyens aux magistrats. « La grande différence que Lycurgue ait mise entre Lacédèmone & les autres cités, dit Xénophon (2), consiste en ce qu'il a sur-tout fait que les citoyens obéissent aux loix ; ils courent lorsque le magistrat les appelle. Mais, à Athènes, un homme riche seroit au désespoir que l'on crût qu'il dépendît du magistrat ».

L'autorité paternelle est encore très utile pour maintenir les mœurs. Dans une république, il n'y a pas une force si réprimante que dans les autres gouvernemens. Il faut donc que les loix cherchent à y suppléer : elles le font par l'autorité paternelle.

A Rome, les peres avoient droit de vie & de mort sur leurs enfans (3). A Lacédèmone, chaque pere avoit droit de corriger l'enfant d'un autre.

Au reste, depuis qu'on a approfondi l'étendue des droits de l'homme, on ne fait plus tant de cas de l'autorité absolue du pere sur ses enfans, & aucune *démocratie* moderne ne voudroit imiter en cela les républiques de l'antiquité.

La puissance paternelle se perdit à Rome avec la république. Dans la monarchie où l'on n'a que faire de mœurs si pures, on veut que chacun vive sous la puissance des magistrats.

Les loix de Rome, qui avoient accoutumé les jeunes gens à la dépendance, établirent une longue minorité. Peut-être avons-nous eu tort de prendre cet usage : dans une monarchie, on n'a pas besoin de tant de contrainte.

Cette même subordination, dans la république, y pourroit demander que le pere restât pendant sa vie le maître des biens de ses enfans, comme il fut réglé à Rome ; mais cela n'est pas de l'esprit de la monarchie.

C'est dans le gouvernement républicain que l'on a besoin de toute la puissance de l'éducation. La crainte des gouvernemens despotiques naît d'elle-même parmi les menaces & les châtimens. L'honneur de la monarchie est favorisé par les passions, & les favorise à son tour ; mais la vertu politique est un renoncement à soi-même, qui est toujours une chose très-pénible.

On peut définir cette vertu, l'amour des loix & de la patrie. Cet amour, demandant une préférence continuelle de l'intérêt public au sien propre, donne toutes les vertus particulières ; elles ne sont que cette préférence.

Cet amour est singuliérement affecté aux *démo-*

---

pour qu'ils ne se négligeassent pas même à la fin de la vie ; &, en les établissant juges du courage des jeunes gens, il a rendu la vieillesse de ceux-là plus honorable que la force de ceux-ci.

(1) L'aréopage lui-même étoit soumis à la censure.

(2) République de Lacédèmone.

(3) On peut voir, dans l'Histoire romaine, avec quel avantage pour la république on se servit de cette puissance. Je ne parlerai que du temps de la plus grande corruption. Aulus Fulvius s'étoit mis en chemin pour aller trouver Catilina ; son pere le rappela & le fit mourir. Saluste, *de bello Catil.* Plusieurs autres citoyens firent de même. *Dion*, liv. XXXVII.

craties. Dans elles feules, le gouvernement eft confié à chaque citoyen. Or le gouvernement eft comme toutes les chofes du monde; pour le conferver, il faut l'aimer.

On n'a jamais oui dire que les rois n'aimaffent pas la monarchie, & que les defpotes haïffent le defpotifme.

Tout dépend donc d'établir dans la république cet amour; & c'eft à l'infpirer que l'éducation doit être attentive. Mais, pour que les enfans puiffent l'avoir, il y a un moyen fûr; c'eft que les pères l'aient eux-mêmes.

On eft ordinairement le maître de donner à fes enfans fes connoiffances; on l'eft encore plus de leur donner fes paffions.

Si cela n'arrive pas, c'eft que ce qui a été fait dans la maifon paternelle, eft détruit par les impreffions du dehors.

Ce n'eft point le peuple naiffant qui dégénere; il ne fe perd que lorfque les hommes faits font déja corrompus.

SECTION IIᵉ.

De la corruption du principe fondamental de la démocratie, & des moyens de le rétablir.

Le principe de la *démocratie* fe corrompt, nonfeulement lorfqu'on perd l'efprit d'égalité, mais encore quand on prend l'efprit d'égalité extrême, & que chacun veut être égal à ceux qu'il choifit pour lui commander. Mais lors que le peuple, ne pouvant fouffrir le pouvoir même qu'il confie, veut tout faire par lui-même, délibérer pour le fénat, exécuter pour les magiftrats, & dépouiller tous les juges.

Il ne peut plus y avoir de vertu dans la république. Le peuple veut faire les fonctions des magiftrats; on ne les refpecte donc plus. Les délibérations du fénat n'ont plus de poids; on n'a donc plus d'égards pour les fénateurs, & par conféquent pour les vieillards. Que, fi l'on n'a pas du refpect pour les vieillards, on n'en aura pas non plus pour les pères; les maris ne méritent pas plus de déférence, ni les maîtres plus de foumiffion. Tout le monde parviendra à aimer ce libertinage; la gêne du commandement fatiguera comme celle de l'obéiffance. Les femmes, les enfans, les efclaves n'auront de foumiffion pour perfonne. Il n'y aura plus de mœurs, plus d'amour de l'ordre, enfin plus de vertu.

Le peuple tombe dans ce malheur, lorfque ceux à qui il fe confie, voulant cacher leur propre corruption, cherchent à le corrompre. Pour qu'il ne voie pas leur ambition, ils ne lui parlent que de fa grandeur; pour qu'il n'apperçoive pas leur avarice, ils flattent fans ceffe la fienne.

La corruption augmentera parmi les corrupteurs, & elle augmentera parmi ceux qui font déja corrompus. Le peuple fe diftribuera tous les deniers publics; &, comme il aura joint à fa pareffe la geftion des affaires, il voudra joindre à fa pauvreté les amufemens du luxe. Mais, avec fa pareffe & fon luxe, il n'y aura que le tréfor public qui puiffe être un objet pour lui.

Il ne faudra pas s'étonner, fi l'on voit les fuffrages fe donner pour de l'argent. On ne peut donner beaucoup au peuple, fans retirer encore plus de lui: mais, pour retirer de lui, il faut renverfer l'état. Plus il paroîtra tirer d'avantage de fa liberté, plus il s'approchera du moment où il doit la perdre. Il fe forme de petits tyrans, qui ont tous les vices d'un feul. Bientôt ce qui refte de liberté devient infupportable; un feul tyran s'éleve, & le peuple perd tout jufqu'aux avantages de fa corruption.

La *démocratie* a donc deux excès à éviter; l'efprit d'inégalité, qui la mene à l'ariftocratie, ou au gouvernement d'un feul; & l'efprit d'égalité extrême, qui la conduit au defpotifme d'un feul, comme le defpotifme d'un feul finit par la conquête.

Il eft vrai que ceux qui corrompirent les républiques grecques, ne devinrent pas toujours tyrans; c'eft qu'ils étoient plus attachés à l'éloquence qu'à l'art militaire, outre qu'il y avoit, dans le cœur de tous les grecs, une haine implacable contre ceux qui renverfoient le gouvernement républicain; ce qui fit que l'anarchie dégénéra en anéantiffement, au-lieu de fe changer en tyrannie.

Mais Syracufe, qui fe trouva placée au milieu d'un grand nombre de petites oligarchies changées en tyrannies (1); Syracufe qui avoit un fénat (2), dont il n'eft prefque jamais fait mention dans l'hiftoire, effuya des malheurs que la corruption ordinaire ne donne pas. Cette ville, toujours dans la licence (3) ou dans l'oppreffion, également travaillée par fa liberté & par fa fervitude, recevant toujours l'une & l'autre comme une tempête; &, malgré fa puiffance au dehors, toujours déterminée à une révolution, par la plus petite force étrangère, avoit dans fon fein un peuple immenfe, qui n'eut jamais que cette cruelle alternative de fe donner un tyran, ou de l'être lui-même.

---

(1) *Voyez* Plutarque, dans les vies de Timoléon & de Dion.
(2) C'eft celui des fix cents, dont parle Diodore.
(3) Ayant chaffé les tyrans, elle fit citoyens des étrangers & des foldats mercenaires, ce qui caufa des guerres civiles. *Ariftote*, Polit. liv. V, chap. III. Le peuple ayant été caufe de la victoire fur les athéniens, la république fut changée, *ibid.* chap. IV. La paffion de deux jeunes magiftrats, dont l'un enleva à l'autre un jeune garçon, & celui-ci lui débaucha fa femme, fit changer de forme à cette république. *Ib.* liv. VII, chap. IV.

On prenoit à Rome les juges dans l'ordre des sénateurs. Les gracques transportèrent cette prérogative aux chevaliers. Drusus la donna aux sénateurs & aux chevaliers; Sylla aux sénateurs seuls; Cotta aux sénateurs, aux chevaliers & aux trésoriers de l'épargne; César exclut ces derniers; Antoine fit des décuries, de sénateurs, de chevaliers & de centurions.

Quand une république est corrompue, on ne peut remédier à aucun des maux qui naissent, qu'en ôtant la corruption & en rappellant les principes; toute autre correction est ou inutile, ou un nouveau mal. Pendant que Rome conserva ses principes, les jugemens purent être sans abus entre les mains des sénateurs; mais quand elle fut corrompue, à quelque corps que ce fût qu'on transportât les jugemens, aux sénateurs, aux chevaliers, aux trésoriers de l'épargne, à deux de ces corps, à tous les trois ensemble, à quelqu'autre corps que ce fût, on étoit toujours mal. Les chevaliers n'avoient pas plus de vertu que les sénateurs, les trésoriers de l'épargne pas plus que les chevaliers, & ceux-ci aussi peu que les centurions.

Lorsque le peuple de Rome eut obtenu qu'il auroit part aux magistratures patriciennes, il étoit naturel de penser que ses flatteurs alloient être les arbitres du gouvernement. Non, l'on vit ce peuple, qui rendoit les magistratures communes aux plébéiens, élire toujours des praticiens. Parce qu'il étoit vertueux, il étoit magnanime; parce qu'il étoit libre, il dédaignoit le pouvoir. Mais lorsqu'il eut perdu ses principes, plus il eut de pouvoir, moins il eut de ménagemens; jusqu'à ce qu'enfin, devenu son propre tyran & son propre esclave, il perdit la force de la liberté pour tomber dans la foiblesse de la licence.

Section IIIe.

Des choses qui conviennent, & de celles qui ne conviennent pas à la démocratie.

En indiquant les choses qui conviennent & celles qui ne conviennent pas à la *démocratie*, nous ne parlons pas d'une convenance ou d'une disconvenance absolue qui maintienne nécessairement, ou qui détruise la république. Il faut appliquer la même remarque à ce que nous avons dit dans les deux premières sections. Les républiques des petits cantons de la Suisse se passent de toutes ces combinaisons étudiées qu'on a vues dans les *démocraties* de l'antiquité. On n'y trouve point de sénats, ou du moins ces corps y sont peu nombreux: les citoyens n'y sont pas divisés par classes;

ils sont tous égaux, & le respect pour les vieillards que les législateurs des gouvernemens républicains se sont efforcé d'établir y est presque nul, lorsqu'il s'agit de l'administration des affaires publiques. Il seroit aisé d'y montrer d'autres différences; mais il suffit d'avoir mis le lecteur sur la voie, & nous bornerons là cette observation préliminaire.

Les peuples des isles sont plus portés à la liberté que les peuples du continent, & la *démocratie* leur convient davantage. Les isles sont ordinairement d'une petite étendue (1); une partie du peuple ne peut être si bien employée à opprimer l'autre; la mer les sépare des grands empires, & la tyrannie ne peut s'y prêter la main; les conquérans sont arrêtés par la mer; les insulaires ne sont pas enveloppés dans la conquête, & ils conservent plus aisément leurs loix.

Il convient à une république de n'avoir qu'un petit territoire, sans cela elle ne peut guère subsister. Dans une grande république, il y a de grandes fortunes, & par conséquent peu de modération dans les esprits; il y a de trop grands dépôts à mettre entre les mains d'un citoyen; les intérêts se particularisent; un homme sent d'abord qu'il peut être heureux, grand, glorieux dans sa patrie, & bientôt qu'il peut être seul grand sur les ruines de sa patrie.

Dans une grande république, le bien commun est sacrifié à mille considérations; il est subordonné à des exceptions; il dépend des accidens. Dans une petite, le bien public est mieux senti, mieux connu, plus près de chaque citoyen; les abus y sont moins étendus, & par conséquent moins protégés.

Ce qui fit subsister si long-temps Lacédèmone, c'est qu'après toutes ses guerres, elle resta toujours avec son territoire borné. Le seul but de Lacédèmone étoit la liberté; le seul avantage de sa liberté c'étoit la gloire.

Sans des circonstances particulières (2), il est difficile que tout autre gouvernement que le républicain puisse subsister dans une seule ville. Un prince d'un si petit état chercheroit naturellement à opprimer, parce qu'il auroit une grande puissance, & peu de moyens pour en jouir ou pour la faire respecter: il fouleroit donc beaucoup son peuple. D'un autre côté, un tel prince seroit aisément opprimé par une force étrangère, ou même par une force domestique; le peuple pourroit à tous les instans s'assembler & se réunir contre lui. Or, quand un prince d'une ville est chassé de sa ville, le procès est fini; s'il a plusieurs villes, le procès n'est que commencé.

Il est contre la nature de la chose que, dans une constitution fédérative, un état confédéré

---

(1) Le Japon déroge à ceci, par sa grandeur & par sa servitude.
(2) Comme quand un petit souverain se maintient entre deux grands états par leur jalousie mutuelle; mais il n'existe que précairement.

conquière fur l'autre, comme nous avons vu de nos jours chez les fuiffes (1). Dans les républiques fédératives mixtes, où l'affociation eft entre de petites républiques & de petites monarchies, cela choque moins. ·

Au refte, en difant que telle chofe eft contre la nature de la *démocratie*, nous ne voulons pas dire que cette chofe détruiroit la *démocratie*: on fait que des circonftances particulières arrêtent l'effet de la combinaifon la plus deftructive; & ce qu'on vient de dire des conquêtes de l'un des états du corps helvétique, en eft un exemple.

Il eft encore contre la nature de la chofe, qu'une république démocratique conquière des villes qui ne fauroient entrer dans la fphère de la *démocratie*. Il faut que le peuple conquis puiffe jouir des privilèges de la fouveraineté, comme les romains l'établirent au commencement. On doit borner la conquête au nombre des citoyens que l'on fixera pour la *démocratie*.

Si une *démocratie* conquiert un peuple pour le gouverner comme fujet, elle expofera fa propre liberté, parce qu'elle confiera une trop grande puiffance aux magiftrats qu'elle enverra dans l'état conquis.

Dans quel danger n'eût pas été la république de Carthage, fi Annibal avoit pris Rome? Que n'eût-il pas fait dans fa ville après la victoire, lui qui y caufa tant de révolutions après fa défaite (2)?

Hannon n'auroit jamais pu perfuader au fénat de ne point envoyer de fecours à Annibal, s'il n'avoit fait parler que fa jaloufie. Ce fénat qu'Ariftote nous dit avoir été fi fage, (chofe que la profpérité de cette république nous prouve fi bien) ne pouvoit être déterminé que par des raifons fenfées. Il auroit fallu être trop ftupide, pour ne pas voir qu'une armée à trois cents lieues de là faifoit des pertes néceffaires, qui devoient être réparées.

Le parti d'Hannon vouloit qu'on livrât Annibal aux romains (3). On ne pouvoit pour lors craindre les romains; on craignoit donc Annibal.

On ne pouvoit croire, dit-on, le fuccès d'Annibal: mais comment en douter? Les carthaginois, répandus par toute la terre, ignoroient-ils ce qui fe paffoit en Italie? C'eft parce qu'ils ne l'ignoroient pas, qu'on ne vouloit pas envoyer de fecours à Annibal.

Hannon devient plus ferme après Trebies, après Trafimènes, après Cannes: ce n'eft point fon incrédulité qui augmente, c'eft fa crainte.

Les conquêtes faites par les *démocraties* ont un autre inconvénient. Leur gouvernement eft toujours odieux aux états affujettis. Il eft monarchique par la fiction; mais, dans la vérité, il eft plus dur que le monarchique, comme l'expérience de tous les temps & de tous les pays l'a fait voir.

Les peuples conquis y font dans un état trifte; ils ne jouiffent ni des avantages de la république, ni de ceux de la monarchie.

Ce qu'on vient de dire de l'état populaire, fe peut appliquer à l'ariftocratie.

Ainfi, quand une république tient quelque peuple fous fa dépendance, il faut qu'elle cherche à réparer les inconvéniens qui naiffent de la nature de la chofe, en lui donnant un bon droit politique & de bonnes loix civiles.

Une république d'Italie tenoit les infulaires fous fon obéiffance; mais fon droit politique & civil à leur égard étoit vicieux. On fe fouvient de cet acte d'amniftie (4), qui porte qu'on ne les condamneroit plus à des peines afflictives, fur la confcience informée du gouverneur. On a vu fouvent des peuples demander des privilèges: ici le fouverain accorde le droit de toutes les nations.

Il eft dangereux, dans les républiques, de trop punir le crime de léfe-majefté. Quand une république eft parvenue à détruire ceux qui vouloient la renverfer, il faut fe hâter de mettre fin aux vengeances, aux peines & aux récompenfes mêmes.

On ne peut faire de grandes punitions, & par conféquent de grands changemens, fans mettre dans les mains de quelques citoyens un grand pouvoir. Il vaut donc mieux, dans ce cas, pardonner beaucoup que punir beaucoup; exiler peu qu'exiler beaucoup; laiffer les biens, que multiplier les confifcations. Sous prétexte de la vengeance de la république, on établiroit la tyrannie des vengeurs. Il n'eft pas queftion de détruire celui qui domine, mais la domination. Il faut rentrer, le plutôt que l'on peut, dans ce train ordinaire du gouvernement, où les loi protègent tout, & ne s'arment contre perfonne.

Les grecs ne mirent point de bornes aux vengeances qu'ils prirent des tyrans, ou de ceux qu'ils foupçonnèrent de l'être. Ils firent mourir les enfans (5), quelquefois cinq des plus proches parens (6).

---

(1) Pour le Tockembourg.

(2) Il étoit à la tête d'une faction.

(3) Hannon vouloit livrer Annibal aux romains, comme Caton vouloit qu'on livrât Céfar aux gaulois.

(4) Du 18 octobre 1738, imprimé à Gênes, chez Francelli. *Vetiamo al noftro general-governatore, in detta ifola, di condanare in avenire folamente ex informatâ confcientiâ perfona alcuna nazionale in pena afflittiva: potrà ben fi fare arreftare ed incarcerare le perfone che gli faranno fofpette; falvo di renderne poi a noi follecitamente, art. 6.* Voyez l'article CORSE.

(5) Denys d'Halicarnaffe, Antiquités romaines, liv. VIII.

(6) *Tyranno occifo; quinque ejus proximos cognatione magiftratus necato.* Ciceron, de inventione, lib. II.

Ils chassèrent une infinité de familles. Leurs républiques en furent ébranlées ; l'exil ou le retour des exilés furent toujours des époques qui marquèrent le changement de la constitution.

Les romains furent plus sages. Lorsque Cassius fut condamné pour avoir aspiré à la tyrannie, on mit en question si l'on feroit mourir ses enfans : ils ne furent condamnés à aucune peine.

Dans les républiques où les richesses sont également partagées, il ne peut y avoir de luxe ; & comme cette égalité de distribution fait l'excellence d'une république, il suit que moins il y a de luxe dans une république, plus elle est parfaite. Il n'y en avoit point chez les premiers romains ; il n'y en avoit point chez les lacédémoniens ; & dans les républiques où l'égalité n'est pas tout-à-fait perdue, l'esprit de commerce, de travail & de vertu fait que chacun y peut, & que chacun y veut vivre de son propre bien, & que par conséquent il y a peu de luxe.

Les loix du nouveau partage des champs, demandées avec tant d'instance dans quelques républiques, étoient salutaires par leur nature. Elles ne sont dangereuses que comme action subite. En ôtant tout-à-coup les richesses aux uns, & augmentant de même celles des autres, elles font dans chaque famille une révolution, & en doivent produire une générale dans l'état.

A mesure que le luxe s'établit dans une république, l'esprit se tourne vers l'intérêt particulier. A des gens à qui il ne faut rien que le nécessaire, il ne reste à desirer que la gloire de la patrie & la sienne propre : mais une ame corrompue par le luxe a bien d'autres desirs. Bientôt elle devient ennemie des loix qui la gênent. Le luxe que la garnison de Rhège commença à connoître, fit qu'elle en égorgea les habitans.

Si-tôt que les romains furent corrompus, leurs desirs devinrent immenses. On en peut juger par le prix qu'ils mirent aux choses. Une cruche de vin de Falerne (1) se vendoit cent deniers romains ; un baril de chair salée du Pont en coûtoit quatre cents ; un bon cuisinier quatre talens ; les jeunes garçons n'avoient point de prix. Quand, par une impétuosité générale (2), tout le monde se portoit à la volupté, que devenoit la vertu ?

La sévérité des peines est plus analogue au gouvernement despotique, dont le principe est la terreur ; qu'à la monarchie & à la république, qui ont pour ressort l'honneur & la vertu.

Dans les états modérés, l'amour de la patrie, la honte & la crainte du blâme sont des motifs réprimans, qui peuvent arrêter bien des crimes. La plus grande peine d'une mauvaise action sera d'en être convaincu. Les loix civiles y corrigeront

donc plus aisément, & n'auront pas besoin de tant de force.

Dans ces états, un bon législateur s'attachera moins à punir les crimes qu'à les prévenir, il s'appliquera plus à donner des mœurs, qu'à infliger des supplices.

C'est une remarque perpétuelle des auteurs chinois (3), que plus, dans leur empire, on voyoit augmenter les supplices, plus la révolution étoit prochaine. C'est qu'on augmentoit les supplices, à mesure qu'on manquoit de mœurs.

Il seroit aisé de prouver que, dans tous ou presque tous les états d'Europe, les peines ont diminué ou augmenté, à mesure qu'on s'est plus approché ou plus éloigné de la liberté.

Dans les pays despotiques, on est si malheureux, que l'on y craint plus la mort qu'on ne regrette la vie ; le tyran qui le sait, ou qui est averti par son instinct, y rend les supplices plus rigoureux. Dans les états modérés, on craint la mort en elle-même ; les supplices qui ôtent simplement la vie, y sont donc suffisans.

Les hommes extrêmement heureux & les hommes extrêmement malheureux sont également portés à la dureté, témoins les moines & les conquérans. Il n'y a que la médiocrité & le mélange de la bonne & mauvaise fortune, qui donnent de la douceur & de la pitié.

Ce que l'on voit dans les hommes en particulier, se trouve dans les diverses nations. Chez les peuples sauvages qui mènent une vie très-dure, & chez les peuples des gouvernemens despotiques, où il n'y a qu'un homme exorbitamment favorisé de la fortune, tandis que tout le reste en est outragé, on est également cruel. La douceur règne dans les gouvernemens modérés.

Lorsque nous lisons, dans les histoires, les exemples de la justice atroce des sultans, nous sentons avec douleur les maux de la nature humaine.

Dans les gouvernemens modérés, tout, pour un bon législateur, peut servir à former des peines. N'est-il pas bien extraordinaire qu'à Sparte, une des principales, fût de ne pouvoir prêter sa femme à une autre, ni recevoir celle d'un autre ; de n'être jamais dans sa maison qu'avec des vierges ? En un mot, tout ce que la loi appelle une peine, est effectivement une peine.

Dans les états modérés, où la tête du moindre citoyen est considérable, on ne lui ôte son honneur & ses biens qu'après un long examen ; on ne le prive de la vie que lorsque la patrie elle-même l'attaque ; & elle ne l'attaque qu'en lui laissant tous les moyens possibles de se défendre.

---

(1) Fragment du livre 36, de Diodore, rapporté par Const. Porphyrog. *Extrait des vertus & des vices.*
(2) *Cùm maximus omnium impetus ad luxuriam esset.* Ibid.
(3) La Chine, à cet égard, est dans le cas d'une république ou d'une monarchie.

Auss

Aussi, lorsqu'un homme se rend plus absolu (1), songe-t-il d'abord à simplifier les loix. On commence, dans cet état, à être plus frappé des inconvéniens particuliers, que de la liberté des sujets dont on ne se soucie point du tout.

On voit que, dans les républiques, il faut pour le moins autant de formalités que dans les monarchies. Dans l'un & dans l'autre gouvernement, elles augmentent en raison du cas que l'on y fait de l'honneur, de la fortune, de la vie, de la liberté des citoyens.

Les hommes sont égaux dans le gouvernement républicain; ils sont égaux dans le gouvernement despotique: dans le premier, c'est parce qu'ils sont tout: dans le second, c'est parce qu'ils ne sont rien.

Plus le gouvernement approche de la république, plus la manière de juger devient fixe; & c'étoit un vice de la république de Lacédémone, que les éphores jugeassent arbitrairement, sans qu'il y eût des loix pour les diriger. A Rome, les premiers consuls jugèrent comme les éphores; on en sentit l'inconvénient, & l'on fit des loix précises.

Dans les états despotiques, il n'y a point de loi, ou, s'il y a une loi, on ne s'en embarrasse pas; le juge est lui-même sa règle. Dans les états monarchiques, il y a une loi; & là où elle est précise, le juge la suit; là où elle ne l'est pas, il en cherche l'esprit. Dans le gouvernement républicain, il est de la nature de la constitution que les juges suivent la lettre de la loi. Il n'y a pas de citoyen contre qui on puisse interpréter une loi, quand il s'agit de ses biens, de son honneur ou de sa vie.

A Rome, les juges prononçoient seulement que l'accusé étoit coupable d'un certain crime; & la peine se trouvoit dans la loi, comme on le voit dans diverses loix qui furent faites. De même, en Angleterre, les jurés décident si l'accusé est coupable ou non du fait qui a été porté devant eux; &, s'il est déclaré coupable, le juge prononce la peine que la loi inflige pour ce fait; & pour cela il ne lui faut que des yeux.

Machiavel (2) attribue la perte de la liberté de Florence à ce que le peuple ne jugeoit pas en corps, comme à Rome, des crimes de lèse-majesté commis contre lui. Il y avoit pour cela huit juges établis. *Mais*, dit Machiavel, *peu sont corrompus par peu.* J'adopterois bien la maxime de ce grand homme: mais comme dans ces cas l'intérêt politique force, pour ainsi dire, l'intérêt

civil, (car c'est toujours un inconvénient que le peuple juge lui-même ses offenses) il faut, pour y remédier, que les loix pourvoient, autant qu'il est en elles, à la sûreté des particuliers.

Dans cette idée, les législateurs de Rome firent deux choses; ils permirent aux accusés de s'exiler (3) avant le jugement (4), & ils voulurent que les biens des condamnés fussent confacrés, pour que le peuple n'en eût pas la confiscation. On mit d'autres limitations à la puissance que le peuple avoit de juger.

Solon sut bien prévenir l'abus que le peuple pourroit faire de sa puissance dans le jugement des crimes: il voulut que l'aréopage revît l'affaire; que, s'il croyoit l'accusé injustement absous (5), il l'accusât de nouveau devant le peuple; que, s'il le croyoit injustement condamné (6), il arrêtât l'exécution, & lui fît rejuger l'affaire: loi admirable qui soumettoit le peuple à la censure de la magistrature qu'il respectoit le plus, & à la sienne même!

Il sera bon de mettre quelque lenteur dans des affaires pareilles, sur-tout du moment que l'accusé sera prisonnier, afin que le peuple puisse se calmer & juger de sang-froid.

Il faut des censeurs dans une république, où le principe du gouvernement est la vertu, dit M. de Montesquieu. Ce ne sont pas seulement les crimes qui détruisent la vertu; mais encore les négligences, les fautes, une certaine tiédeur dans l'amour de la patrie, des exemples dangereux, des semences de corruption; ce qui ne choque point les loix, mais les élude; ce qui ne les détruit pas, mais les affoiblit; tout cela doit être corrigé par les censeurs: il ne s'agit pas ici d'une nécessité absolue; & ce que nous avons déjà dit suffit pour le prouver.

On est étonné de la punition de cet aréopagite qui avoit tué un moineau, qui, poursuivi par un épervier, s'étoit réfugié dans son sein. On est surpris que l'aréopage ait fait mourir un enfant qui avoit crevé les yeux à son oiseau. Qu'on fasse attention qu'il ne s'agit point là d'une condamnation pour crime, mais d'un jugement de mœurs dans une république fondée sur les mœurs.

» Dans les monarchies, il ne faut point de
» censeurs, continue Montesquieu: elles sont
» fondées sur l'honneur, & la nature de l'hon-
» neur est d'avoir pour censeur tout l'univers.
» Tout homme qui y manque est soumis aux re-
» proches de ceux-mêmes qui n'en ont point. Là,
» les censeurs seroient gâtés par ceux-mêmes qu'ils

---

(1) César, Cromwel & tant d'autres.
(2) Discours sur la première décade de Tite-Live, liv. I, chap. VII.
(3) Cela est bien expliqué dans l'Oraison de Cicéron *pro Cæcinâ*, à la fin.
(4) C'étoit une loi d'Athènes, comme il paroît par Démosthène; Socrate refusa de s'en servir.
(5) Démosthène, sur la couronne, pag. 494, édition de Francfort, de l'an 1604.
(6) *Voyez* Philostrate, vie des sophistes, liv. I; vie d'Eschines.

» devroient corriger. Ils ne feroient pas bons
» contre la corruption d'une monarchie ; mais la
» corruption d'une monarchie feroit trop forte
» contre eux ».

On pourroit faire beaucoup d'objections à l'auteur de ce paffage ; mais elles feroient étrangères à cet article ; & la penfée de M. de Montefquieu étant plus vraie que fon expreffion, on auroit mauvaife grace à critiquer ce grand homme.

SECTION IVe.

Des avantages & des inconvéniens de la démocratie.

Nous parlons, dans cet ouvrage, de toutes les républiques qui exiftent, & de celles de l'antiquité qui font les plus connues. Les détails fur la forme des divers gouvernemens populaires font accompagnés de réflexions, d'après lefquelles on peut fe former une idée des avantages & des inconvéniens de la *démocratie*. Nous allons ajouter quelques autres obfervations.

La *démocratie* pure n'exifte peut-être que dans les petits cantons fuiffes. Là des hommes courageux & robuftes, qui ont fecoué le joug de la tyrannie, mènent une vie paftorale & fe gouvernent eux-mêmes : leurs montagnes prefque inacceffibles font la fauve-garde de leur liberté ; comme ils ont peu de befoin, leur fimplicité prévient ou arrête les maux que produiroit leur gouvernement ; pour en conclure quelque chofe en faveur de la pure *démocratie*, il faudroit toujours fuppofer une peuplade dans des circonftances pareilles, & de pareilles circonftances ne peuvent guère fe retrouver. En général la *démocratie* pure eft fort dangereufe, on peut même ajouter qu'elle eft déraifonnable, en ce qu'elle accorde à des hommes ignorans & groffiers des droits fi vaftes qu'ils en abuferont toujours. Ainfi nous ne traiterons pas des avantages & des inconvéniens de la pure *démocratie*, mais des avantages & des inconvéniens des gouvernemens démocratiques, c'eft-à-dire, des gouvernemens où dominent les inftitutions républicaines.

Cette diftinction étoit néceffaire ; car la plupart des écrivains de l'antiquité & des temps modernes ont embrouillé la queftion, pour ne l'avoir pas énoncée d'une manière affez précife. On a trop généralifé les queftions du même genre : les mots de *démocratie*, d'*ariftocratie*, de *monarchie* & de *defpotifme* ont produit de la confufion & du défordre dans la fcience qui importe le plus au bonheur de l'humanité, & cette confufion a fini par établir affez généralement des principes dangereux. Les anciens légiflateurs préféroient à tout le gouvernement républicain, tempéré par quelques inftitutions ariftocratiques ; mais le gouvernement républicain auquel ils donnent des éloges, offre des combinaifons fi variées, qu'on ne tirera jamais un réfultat fixe de leurs écrits ou de leurs loix. D'ailleurs la théorie

des gouvernemens a fait beaucoup de progrès ; & l'expérience de tant de fiècles écoulés depuis, inftruit les nations. L'abâtardiffement des caractères, l'étendue actuelle du commerce, du luxe & de la navigation, la multitude fans nombre de monarchies qui fe font formées & confolidés de toutes parts, font peu favorables aujourd'hui aux conftitutions démocratiques : on fera déformais réduit à profiter plus ou moins des heureux tempéramens qu'a imaginés la nation angloife pour le maintien de fa liberté ; & les nouvelles conftitutions qui viennent de s'établir en Amérique, ont fait à-peu-près tout ce que doivent efpérer les grandes peuplades dans l'état actuel des chofes.

Un grand peuple, livré au luxe & à l'ambition, ne peut plus juger des avantages des gouvernemens démocratiques. Lorfqu'on a perdu l'enthoufiafme ou le fentiment de la liberté ; lorfqu'on eft accoutumé aux entraves & aux chaines de la fervitude, on préfère la tranquillité à tout. L'eftime pour les conftitutions républicaines paroît avoir diminué ; les troubles, les divifions & le carnage qu'elles offrent quelquefois, épouvantent l'imagination, & l'imagination épouvantée ne fonge plus à l'égalité naturelle : nous tâcherons de la rappeller ici, mais fans oublier à quel point le repos contribue au bonheur des hommes.

S'il s'agiffoit de favoir quelle eft, indépendamment des circonftances, la forme de gouvernement la plus naturelle, celle qui conferve le plus les droits de l'homme, celle qui fait perdre aux citoyens la moindre portion de leur liberté primitive, celle qui expofe à des abus dont on peut le moins murmurer, la queftion feroit réfolue ; mais fi les orages & les troubles des conftitutions républicaines font, en dernière analyfe, plus de mal que de bien, on auroit raifon de préférer un autre régime. Il eft donc néceffaire de pefer de part & d'autre les avantages & les inconvéniens. Nous ne chercherons pas à indiquer la meilleure forme de gouvernement démocratique ; il eft impoffible de donner fur ces matières une folution générale : l'homme le plus habile, confulté par plufieurs peuplades qui voudroient établir leur gouvernement, feroit réduit à examiner la pofition de chacune, & à tempérer le régime de la *démocratie*, d'après une foule de détails. Nous nous contenterons d'indiquer ceux des avantages de la *démocratie*, qu'il eft difficile de contefter, & ceux de fes inconvéniens dont il faut convenir.

1°. Si les *démocraties* entraînent de grands abus & même de grands maux, ces maux font de la nature humaine, & les maux des autres gouvernemens nous viennent des hommes.

2°. L'état populaire eft le plus conforme à la nature ; c'eft celui qui s'écarte le moins de l'égalité primitive de l'homme.

3°. La *démocratie* eft de tous les états celui où l'on obferve le plus de juftice dans la diftribution des emplois, & où l'on voit le moins de ces choix qui déshonorent les places & les administrateurs.

4°. C'est la constitution qui laisse au citoyen le plus de liberté, & qui est la plus favorable aux talens. C'est dans les républiques qu'on a vu les plus grands législateurs & les plus grands orateurs. Telle république a produit dans un siècle plus de grands hommes, que n'en produiront jamais les monarchies & les aristocraties durant toute leur durée. Nous n'ignorons pas que les grands hommes sont souvent les fléaux des nations, & nous ne parlons ici que de l'effet des *démocraties* sur les talens & les caractères.

5°. Il faut que les *démocraties* bien ordonnées soient très-séduisantes; car elles frappent vivement l'imagination, & elles donnent au cœur de l'homme les émotions les plus douces. Un attrait invincible nous reporte sans cesse vers ces beaux siècles d'Athènes, de Sparte & de Rome, qui offrent l'héroïsme des talens, des caractères & des vertus, & où des peuples entiers présentent à l'admiration publique tout ce qui honore la nature humaine. Des taches imperceptibles du point où nous sommes, gâtoient un peu le tableau, quand on le voyoit de près; mais de légers défauts détruiront-ils l'effet de tant de charmes? Si l'on tourne ensuite ses regards sur des républiques moins brillantes, mais plus heureuses, le spectacle n'est plus aussi pompeux, mais il est aussi intéressant. Les petits Cantons suisses, par exemple, n'offrent-ils pas une simplicité héroïque, des hommes intrépides, mais laborieux & contens, dont la liberté fait le bonheur, sans le vain échaffaudage des arts & des faux plaisirs? Enfin celles des passions humaines qui sont nobles, n'ont-elles pas toute leur énergie dans les gouvernemens démocratiques? & le frein qui y domine les passions viles, est-il ailleurs aussi puissant?

6°. Si l'état populaire n'est pas formé pour les conquêtes, il n'y en a point d'aussi propre à la guerre défensive: Rome eut moins de peine à subjuguer des royaumes formidables, que les petites républiques de l'Italie. Les vieillards, les femmes & les enfans ouvroient les portes, lorsqu'il ne restoit plus de citoyens pour les tenir fermées.

7°. On ne connoît, dans l'état démocratique, d'autre souverain que la loi. La loi y est l'expression de la volonté générale; &, si elle manque quelquefois de justesse, elle n'est pas injuste comme dans les pays où quelques hommes dictent des ordres, au mépris des droits de leurs concitoyens.

8°. Un philosophe de l'antiquité l'a dit, les loix sont inutiles sans les mœurs: ce courage vigilant qui surveille les officiers de l'administration; cet amour de la patrie qui réprime les grands abus; cette fierté qui s'indigne de l'oppression, & qui punit toujours les oppresseurs, ne se retrouvent plus qu'à la suite des institutions démocratiques.

9°. La modicité des impôts est un avantage qu'on ne peut contester aux *démocraties*, & sous ce rapport le gouvernement républicain est encore favorable aux sujets: excepté peut-être les républiques commerçantes qui forment une classe à part, on n'en citera pas une seule où les citoyens & même les sujets aient payé la moitié des impôts qu'on paye de tout temps dans les aristocraties & les monarchies.

10°. La douceur de la jurisprudence criminelle est un dernier avantage des *démocraties* bien ordonnées. Le glaive de la justice frappe rarement les sujets des cantons suisses, & même des villes impériales, où le peuple jouit d'un reste de liberté. La licence qu'on reproche aux *démocraties* qui ne sont pas encore corrompues, ne va donc pas jusqu'aux crimes; & malgré l'heureuse police dont se vantent les autres gouvernemens, on y voit sans cesse des forfaits, & les coupables y fatiguent les juges & les bourreaux. Nous allons indiquer avec le même soin les inconvéniens de la *démocratie*, & le lecteur pourra tirer la conclusion.

1°. Si la *démocratie* est avantageuse pour les villes seules ou les petites peuplades, elle a beaucoup d'inconvéniens pour les grandes nations. Le gouvernement démocratique chez un peuple puissant n'offre plus que des restes de la liberté & de l'égalité de la *démocratie*. C'est une liberté fictive, réelle seulement en bien peu de cas. Les droits des citoyens s'y réduisent souvent à la vaine prérogative de donner son suffrage à l'élection des officiers de l'état. Toutes les grandes nations sont-elles donc dévouées à l'aristocratie, à la monarchie & au despotisme? Elles y sont entraînées; mais il faut, s'il est possible, arrêter cette disposition, & il leur est utile d'avoir des institutions démocratiques ou républicaines. Car alors on compte le peuple pour quelque chose, & le peuple lui-même sent qu'il conserve des droits; si on ne le respecte pas, on le ménage; & si on ose le tromper, on n'ose pas l'opprimer hautement; il vit plus tranquille; & puisque la nature nous a réduit à un bonheur idéal, il en est plus heureux.

2°. Nous avons déjà dit que la *démocratie* pure & simple a des inconvéniens. Il faut presque toujours que des institutions aristocratiques la tempèrent. Les républiques ont ordinairement besoin d'un sénat, & il est rare que le peuple abandonné à lui seul, dirige une sage administration.

3°. Si on juge des *démocraties* par les horreurs qu'on y a vu quelquefois, par les épouvantables proscriptions de Marius & de Sylla, par exemple, on se trompera. Une république est corrompue, lorsqu'on s'y permet ces violences sanguinaires, & il vaudroit autant juger la monarchie par les cruautés de Philippe second & de Christiern deux; mais elles offrent trop souvent des scènes cruelles.

4°. Il est d'autres violences qui tiennent davantage au régime de la *démocratie*, & à l'ascendant de l'une des factions. Les citoyens qui y sont les

loix en corps, fe réuniffent quelquefois en troupes; ils ne veulent plus des lenteurs d'une délibération, & ils femblent énoncer leur volonté
par un acte de force, au lieu de l'énoncer par
de paifibles fuffrages. Ainfi on a vu, les années
dernières, les habitans d'un petit canton de la
Suiffe fe porter en foule chez un homme riche,
le dépouiller de fon argent & le partager entr'eux, pour, difoient-ils, rétablir l'égalité. On
ne cherche point à juftifier cet attentat; mais il
faudroit favoir s'il a été précédé d'une forte de
délibération, fi aucune loi de la république ne l'autorifoit, & fi on ne s'eft pas fervi dans cette invafion du prétexte d'une amende.

5°. Les factions font un mal inhérent aux *démocraties*, & on apperçoit, au premier coup
d'œil les maux des factions; mais on ne voit pas
de même le bien qu'elles produifent. Elles entretiennent la vigilance & le courage; elles veillent
autour de la ftatue de la liberté, les unes pour
la détruire, les autres pour la conferver : & tout
eft perdu lorfqu'elle eft environnée de tranquilles
admirateurs. Qu'on ne foit pas trop effrayé des
troubles & des divifions des *démocraties*; une république dont l'extérieur eft trop paifible, court
des dangers. L'ambition profite du fommeil des
autres, mais elle ne dort jamais. Les riches voudront toujours dominer les pauvres, & les pauvres feront opprimés, s'ils ceffent un moment
d'épier & de contenir les riches.

6°. Il faut s'attendre, dans les *démocraties*, à
de grandes injuftices. & à de grandes fottifes :
mais quel eft le gouvernement où l'on ne fait ni
grandes injuftices, ni grandes fottifes ? Les injuftices des peuples libres font-elles plus redoutables
que ces terribles injuftices des ariftocraties & des
monarchies, où l'on fe joue de la vie des hommes
& du répos des citoyens ?

7°. Lorfqu'on examine les inconvéniens des *démocraties*, il ne faut pas que des boutades paffagères ou des inftans de frénéfie faffent trop d'impreffion. On peut fourire en lifant que le peuple
de Megare, après avoir chaffé fon prince, établit
pour première loi de l'état populaire que les pauvres vivroient à difcrétion chez les riches; & lorfqu'on fe rappelle de quelle manière les athéniens
traitèrent le vertueux Ariftide; lorfqu'on fe fouvient que Phocion & Miltiade moururent en prifon; que Thémiftocle & Alcibiade finirent leurs
jours en exil, on doit gémir fur les vices de l'humanité, plus encore que fur les abus de la *démocratie*.

8°. De toutes les formes de gouvernement, la
démocratie eft la moins ftable. C'eft une machine
compliquée, dont le mouvement eft affujetti à
l'équilibre d'une multitude de poids; & combien
il faut d'adreffe pour maintenir l'équilibre au mi-

lieu des fecouffes, des chocs & des frottemens
de tant de parties diverfes ! Les paffions font ici
plus fortes que les ames républicaines; tous les
gouvernemens qui ont commencé par la *démocratie*, font devenus plus ou moins abfolus, & on a
vu peu de gouvernemens abfolus finir par la *démocratie*.

9°. A ne confidérer que l'ignorance, la groffiéreté & les abfurdes préjugés du peuple, il paroît indigne de fe mêler de l'adminiftration; il femble mériter tout au plus d'être gouverné; mais on
ne doit pas confondre la populace des nations af-
fervies, avec le peuple des nations libres, & il
faut étudier les gouvernemens républicains, pour
juger à quel point la liberté & de bonnes loix
tempèrent les effets de la mifère & du travail ma-
nuel. Sans doute, la populace d'Athènes & de
Rome manquoit de lumières & de raifon; elle
étoit dominée par des paffions viles, & entraînée
par des caprices méprifables : on fit bien de la
contenir : & fi elle abufa quelquefois de la portion
d'autorité qu'on lui laiffa, elle n'en abufa pas toujours.

10°. On a reproché aux *démocraties* la lenteur
& la foibleffe; mais ce reproche eft bien vague.
Athènes, dans fes beaux jours, eut une extrême
activité; elle réfifta à toutes les armées d'un monarque puiffant; elle montra cette force admirable qui fe tire de la valeur & de l'enthoufiafme
patriotique, qui ne calcule ni les dangers ni les
obftacles, & qui triomphe de tout : fes bataillons,
foibles en apparence, renverfèrent les innombrables cohórtes du grand roi.

11°. Un mathématicien célèbre (1) a calculé les probabilités des opinions rendues à la
pluralité des voix, & fon réfultat n'eft pas favorable aux *démocraties* : mais on ne doit pas juger les *démocraties* fur ce fait; car les élections
& les délibérations des autres états ont encore
plus d'inconvéniens. D'ailleurs le philofophe qui
a trouvé ce réfultat, cherchoit la vérité & la juftice rigoureufe; & lorfqu'on veut écrire utilement
fur les matières politiques, il faut renoncer aux
chimères. Puifque les hommes n'ont jamais à choifir qu'entre des maux & des abus, qu'importe
après tout que des citoyens ignorans fe trompent
dans la nomination aux charges publiques, ou
dans la rédaction de quelques loix civiles. Lorfque la liberté politique eft établie, l'effet de la
conftitution détruit fouvent l'effet des mauvais
choix & des mauvaifes ordonnances.

12°. Il nous refte quelques mots des grands hommes de l'antiquité fur la fottife & les vices du
peuple dans les gouvernemens populaires; mais
que prouvent ces traits d'efprit & ces mouvemens d'indignation ? que le peuple y eft ridicule

(1) M. le marquis de Condorcet.

& quelquefois malhonnête ; & n'y a-t-il pas des gouvernemens où il l'eſt toujours ?

13°. Il faut l'avouer avec Plutarque, la venalité eſt une maladie commune aux états populaires. La brigue & la corruption y déshonorent les aſſemblées du peuple ; mais la brigue & la corruption né déshonorent-elles pas toutes les opérations en d'autres gouvernemens ?

DEMOISELLE, (titre honorifique). Voyez le Dictionnaire de Jurisprudence.

DENRÉES. Voyez GRAINS.

DÉPARTEMENT. Voyez l'article AFFAIRES POLITIQUES.

DÉPÊCHE. C'eſt proprement une lettre d'affaire qu'on envoie par un courier exprès pour quelque cauſe importante qui concerne l'état; mais on donne auſſi le nom de dépêches à toutes les lettres qui entrent dans la correspondance d'une cour avec ſes miniſtres, ſes généraux ou ſes agens.

Ce ſont les ſecrétaires d'état ou leurs premiers commis, qui ſont chargés de dreſſer les dépêches. Un roi donne, par des dépêches, ſes ordres à ſes miniſtres qui réſident dans les pays étrangers.

En Allemagne, les couriers chargés de porter les dépêches ſe nomment eſtafettes : ils ont la livrée de l'empereur, & l'on eſt obligé, dans toutes les poſtes, de les monter : ils vont ſans poſtillon.

Le roi de France Louis XIV établit un conſeil de dépêches, auquel aſſiſtoient M. le dauphin, le duc d'Orléans, le chancelier & les quatre ſecrétaires d'état. Ce conſeil ſubſiſte encore aujourd'hui ſous le même titre.

En Espagne, le ſecrétaire d'état, chargé du département des affaires étrangères, eſt appellé ſecrétaire des dépêches univerſelles, del deſpatcho univerſal.

DÉPOPULATION. La dépopulation eſt proprement l'action de dépeupler un pays ou une place. Cependant ce mot ſe prend plus ordinairement dans le ſens paſſif que dans le ſens actif. On dit la dépopulation d'un pays, pour déſigner la diminution de ſes habitans, ſoit par des cauſes violentes, ſoit par le ſeul défaut de multiplication. La terre contient-elle aujourd'hui moins d'habitans que dans les anciens temps ? & ſi elle s'eſt dépeuplée, quelles ſont les cauſes de cette dépopulation ? La première queſtion exigeroit un long mémoire, & nous ne pouvons pas la diſcuter ici. Il nous ſuffira de renvoyer au Dictionnaire univerſel de M. Robinet, tom. 15, & aux Eſſais de Hume. Cette matière ne paroît pas encore éclaircie, quoiqu'on l'ait traitée dans un grand nombre de volumes.

Quant à la ſeconde, nous allons indiquer les cauſes de la dépopulation. Ces cauſes ſont phyſiques ou morales.

L'altération dans la température de l'air, la diminution de la chaleur du ſoleil, ou de la vertu nutritive de la terre, agiſſant ſur les végétaux ainſi que ſur le corps animal, préviennent quelquefois la génération, ou enlèvent un plus grand nombre d'hommes dans les différens périodes de la vie. On peut ſuppoſer que des cauſes de cette nature agiſſent dans les mêmes climats en des ſiècles différens, & en différens climats dans le même ſiècle. Le genre humain peut être ravagé par la peſte & par la famine, & un pays fertile devenir un affreux déſert : cependant de pareilles cauſes ne paroiſſent pas ſuffiſantes pour expliquer le phénomène de la dépopulation que trouvent quelques écrivains dans les diverſes parties du globe : on ignore s'il y a eu des changemens dans l'état de la nature, qui aient produit une différence conſidérable ſur toute la terre, ou dans quelques régions particulières ; c'eſt pourquoi nous ne chercherons pas à expliquer la dépopulation de cette manière. Mais on pourroit trouver des cauſes naturelles d'un autre genre, dont les effets ont été plus grands ; & des maladies inconnues autrefois peuvent avoir produit de terribles ravages chez les modernes, telles que la petite vérole & la maladie vénérienne.

Les pernicieux effets des maladies particulières, ou les autres cauſes phyſiques que l'on peut alléguer, ne ſuffiſent pas : pour expliquer la dépopulation de la terre d'une manière ſatisfaiſante, il faut recourir aux cauſes morales ; la dépopulation peut venir, 1°. de la différence des religions & des inſtitutions religieuſes ou morales ; 2°. des différentes coutumes relatives aux domeſtiques & à l'entretien des pauvres ; 3°. des différentes règles ſur les ſucceſſions, ou ſur le droit d'aîneſſe ; 4°. du peu d'encouragement que l'on donne aux mariages ; 5°. du grand nombre de ſoldats qu'on voit dans les armées de l'Europe ; 6°. de la trop grande étendue du commerce ; 7°. de l'abandon de l'agriculture ; 8°. de la perte de l'ancienne ſimplicité. Quelques-unes de ces cauſes paroîtront plus puiſſantes que les autres ; mais il y a lieu de croire que chacune en particulier, & toutes en général, influent ſur la dépopulation.

Premièrement, la religion doit influer ſur cet objet ; & ſi la terre fut autrefois plus peuplée qu'elle ne l'eſt maintenant, on peut trouver ici une des cauſes de ce changement. Il s'eſt fait, dans les cultes de l'Europe & de l'Aſie, deux changemens conſidérables ; l'établiſſement du chriſtianiſme & du mahométiſme. Conſidérons leurs différens effets.

La polygamie autoriſée par le paganiſme, nuiſant à la propagation du genre humain, le chriſtianiſme ne peut avoir contribué à la dépopulation ſous ce rapport ; il doit au contraire avoir multiplié les hommes, malgré tout ce qu'on a dit de la diſproportion entre les mâles & les femelles, & de la ſupériorité en nombre de celles-ci en orient ; mais des obſervations plus exactes, faites dans l'occident, démontrent que la proportion entre la naissance des mâles & celle des femelles paroît égale à peu de chose près : ensorte que la disposition la plus convenable à la propagation de la race humaine, est celle qui ne permet qu'une femme à un homme. Ainsi la polygamie qui prive plusieurs hommes de femmes, & qui accorde plusieurs femmes à un seul homme, doit être nécessairement contraire à la population. *Voyez* POLYGAMIE.

Si le christianisme, dans sa pureté, n'est pas défavorable à la multiplication de la race humaine, on peut en abuser comme des meilleures institutions, & il ne seroit peut-être pas aisé de justifier tous les édits des empereurs chrétiens à ce sujet : on n'a pas répondu solidement à ceux qui regardent le nombre prodigieux de prêtres non mariés dans les pays catholiques, & celui des personnes du sexe que renferment les couvens, comme une des principales causes de la *dépopulation* dans les pays soumis au souverain pontife. Si on compare des pays catholiques & des pays protestans de la même étendue, on trouvera la population beaucoup plus nombreuse dans les derniers.

2°. La diversité des coutumes anciennes & modernes relativement aux domestiques & à l'entretien des pauvres, est une autre cause de *dépopulation*.

Depuis plusieurs siècles, l'Europe s'est vue inondée de mendians & de malheureux, qui n'ayant rien subsistent de leur travail journalier ; l'aumône fournissant à peine de quoi vivre aux premiers, & le travail des seconds pourvoyant avec beaucoup de peine à leurs propres besoins, que peut-on attendre d'une situation pareille ? Ils ne se marient point du tout, ou leurs mariages sont stériles, ou leurs enfans meurent, ou la foiblesse de leur constitution les rend inutiles à la société.

Si l'on en croit M. Templeman, il y a un million 500,000 habitans en Ecosse, & les deux tiers sont des mendians ou des pauvres entretenus aux dépens des autres. Le bas peuple si nombreux dans presque toute l'Europe, est accablé de misère, & éprouve plus de besoins qu'on n'en éprouvoit autrefois, & cet ordre de choses diminue les mariages ou tarit la source des enfans.

Dans les anciens temps, les gens du peuple pouvoient fournir à leur subsistance, ou, s'ils tomboient dans la pauvreté, ils se donnoient à de riches maitres, qui, trouvant leur compte dans le nombre de leurs esclaves, les encourageoient au mariage, & prenoient grand soin de leurs enfans, lesquels faisoient une portion considérable de leurs richesses : car il ne paroît pas que la servitude ait nui beaucoup à la population chez les grecs & les romains.

3°. Les loix sur les successions & le droit de primogéniture, en vertu duquel l'aîné des famil-

les opulentes, & même de celles qui ont une fortune médiocre, obtient, dans plusieurs pays de l'Europe, la plus grande portion des biens paternels, tandis que les cadets n'ont qu'un très-mince patrimoine, peuvent être regardées comme une autre cause de la *dépopulation* dans les siècles modernes. Cet arrangement est moderne : les grecs & les romains faisoient une distribution plus égale du bien paternel entre tous les enfans, & les anciens n'ont jamais favorisé les aînés d'une façon aussi disproportionnée.

4°. L'encouragement au mariage est beaucoup moindre de nos jours. Les anciens conféroient des honneurs, & accordoient des privilèges aux personnes mariées : les célibataires de la Grèce se voyoient en quelque sorte notés d'infamie ; &, en quelques cas particuliers, on ne permettoit pas de différer ce lien, au-delà d'une certaine époque ; on alloit même plus loin, ceux qui ne se marioient point pouvoient impunément être traités avec mépris.

5°. Le grand nombre de soldats de nos armées modernes, qui se marient peu, qui débauchent d'ailleurs tant de femmes, & qui donnent lieu à tant de maladies infames est une cinquième cause de *dépopulation*.

6°. La trop grande étendue du commerce, entre l'Europe & les contrées les plus reculées de l'orient & de l'occident, paroît être une autre cause de la *dépopulation* en Europe.

7°. Le goût pour la vie paisible & champêtre, si dominant autrefois & si affoibli parmi les modernes, peut expliquer aussi l'extrême population des anciens.

8°. On peut encore attribuer la *dépopulation*, dans les temps modernes, à l'étendue de plusieurs états modernes, comparée à celle des anciens.

Depuis une époque antérieure à celle d'Alexandre, jusqu'à l'établissement de l'Empire romain, les contrées d'occident étoient remplies de petites nations indépendantes. César en trouva plusieurs dans les Gaules. L'Italie, la Grèce, l'Asie mineure & les côtes d'Afrique, ainsi que presque toutes les isles de la Méditerranée & de la mer Ægée, formoient des états séparés : un état ne comprenoit souvent qu'une seule ville & un petit territoire bien cultivé ; car on s'attache beaucoup à la culture des terres situées près des villes.

9°. Le luxe inconnu aux siècles anciens, contribue par degrés & insensiblement à diminuer la population.

10°. La corruption des mœurs, suite nécessaire du libertinage d'esprit & de la mauvaise éducation, la diminue d'un autre côté.

11°. L'usage des nourrices étrangères est une nouvelle cause de *dépopulation*.

12°. La richeſſe des dots contribue encore à la *dépopulation*. Cette eſpèce de luxe cauſe un dommage infini à la ſociété : elle diminue le nombre des mariages, & elle porte la ſtérilité dans ceux qui ſe font.

13°. On peut compter l'exceſſive rigueur des loix pénales, tant criminelles que fiſcales, parmi les cauſes de *dépopulation*. On fait peu de cas de la vie des hommes, & on les ſacrifie légérement.

14°. La multitude de domeſtiques qui rempliſſent les villes, produit deux maux à la fois ; elle dévaſte les campagnes qui reſtent ſans cultivateurs, & elle augmente le nombre de célibataires ; car le ſervice ne peut guères s'accorder avec le mariage & le ſoin d'une famille.

Parmi les cauſes de la *dépopulation*, on pourroit d'ailleurs indiquer, 1°. le nombre immenſe de fainéans & de mendians, dont la plupart des états cherchent peu à tirer parti ; 2°. la mauvaiſe adminiſtration des maiſons de force & des hôpitaux ; (*voyez* l'article DÉPÔT) 3°. la dureté dans la perception des impôts ; 4°. la multiplicité des corvées ; 5°. les perſécutions & les guerres de religion ; 6°. enfin ces princes déteſtables qui montent ſur le trône pour la deſtruction de l'eſpèce humaine, & ces fameux brigands que leur brillans ſuccès ont fait regarder comme des conquérans & des héros.

Nous obſerverons, en finiſſant, qu'on ne doit pas regarder ces cauſes de *dépopulation*, comme des cauſes invariables & d'un effet ſûr : l'Aſie & l'Afrique n'offrent que trop de contrées où l'inſtinct de la nature triomphe de tous les obſtacles, & où la race humaine ſe multiplie exceſſivement au milieu de tout ce qui devroit arrêter la population.

Comment on peut remédier à la dépopulation. Lorſqu'un état ſe trouve dépeuplé par des accidens particuliers, des guerres, des peſtes, des famines, il y a des reſſources, dit l'auteur de l'*Eſprit des loix*. Les hommes qui reſtent peuvent conſerver l'eſprit de travail & de l'induſtrie ; ils peuvent chercher à réparer leurs malheurs, & à devenir plus induſtrieux par leur calamité même. Le mal preſque incurable eſt lorſque la *dépopulation* vient de longue main, par un vice intérieur & un mauvais gouvernement. Les hommes y ont péri par une maladie inſenſible & habituelle : nés dans la langueur & dans la miſère, dans la violence ou les préjugés du gouvernement, ils ſe ſont vûs détruire, ſouvent ſans ſentir les cauſes de leur deſtruction. Les pays déſolés par le deſpotiſme, ou par les avantages exceſſifs du clergé ſur les laïques, en ſont deux grands exemples.

Pour rétablir un état ainſi dépeuplé, on attendroit en vain des ſecours des enfans qui pourroient naître. Il n'eſt plus temps, les hommes dans leurs déſerts ſont ſans courage & ſans induſtrie. Avec des terres pour nourrir un peuple, on a à peine de quoi nourrir une famille. Le bas peuple, dans ces pays, n'a pas même de part à leur miſère, c'eſt-à-dire, aux friches dont ils ſont remplis. Le clergé, le prince, les villes, les grands, quelques citoyens principaux ſont devenus inſenſiblement propriétaires de toute la contrée : elle eſt inculte ; mais les familles détruites leur en ont laiſſé les pâtures, & l'homme de travail n'a rien.

Dans cette ſituation, il faudroit faire, dans toute l'étendue de l'Empire, ce que les romains faiſoient dans une partie du leur : pratiquer, dans la diſette des habitans, ce qu'ils obſervoient dans l'abondance ; diſtribuer des terres à toutes les familles qui n'ont rien, leur procurer les moyens de les défricher & de les cultiver. Cette diſtribution devroit ſe faire à meſure qu'il y auroit un homme pour la recevoir, de ſorte qu'il n'y eût point de moment perdu pour le travail. *Voyez* l'article POPULATION.

DÉPÔT DES LOIX. Pour que l'autorité publique, limitée par des loix, ne dégénère pas en deſpotiſme, il faut, dans la monarchie, quelque choſe qui veille à la conſervation des loix, qui empêche qu'on ne les enfreigne, qu'on ne les oublie, ou qu'on ne les aboliſſe par des uſages & d'autres loix contraires à la conſtitution de l'état. Or, cette choſe, que je nomme *dépôt des loix*, ne peut ſe trouver que dans une partie de l'état, également intéreſſée à ſoutenir l'autorité publique & les loix qui l'ont limitée, & aſſez éclairée d'ailleurs pour connoître les loix, leur force, les moyens qui peuvent les tenir en vigueur, & ceux qui pourroient les détruire. « Ce *dépôt*, dit Monteſquieu, ne peut être que dans les corps politiques qui annoncent les loix lorſqu'elles ſont faites, & les rappellent lorſqu'on les oublie. L'ignorance naturelle à la nobleſſe, ſon inattention, ſon mépris pour le gouvernement civil, exigent qu'il y ait un corps qui faſſe ſans ceſſe ſortir les loix de la pouſſière où elles ſeroient enſevelies. Le conſeil du prince n'eſt pas un *dépôt* convenable ; il eſt par ſa nature le *dépôt* de la volonté momentanée du prince qui exécute, & non pas le *dépôt* des loix fondamentales. De plus, le conſeil du monarque change ſans ceſſe ; il n'eſt point permanent ; il ne ſauroit être nombreux ; il n'a point à un aſſez haut degré la confiance du peuple ; il n'eſt donc pas en état de l'éclairer dans les temps difficiles, ni de le ramener à l'obéiſſance ». *Eſprit des loix, liv. II, chap. 4.*

DÉPÔT DE MENDICITÉ, lieu où l'on enferme pour un temps limité les mendians valides, les vagabonds, les filles publiques, les fous, & généralement tous ceux qui troublent ou inquiètent la société. Il y a trente-trois *dépôts* en France ; on peut évaluer l'ensemble des mendians renfermés habituellement au moins à six mille, & à-peu-près à seize mille le nombre de ceux qui sont arrêtés dans le cours d'une année. Ce genre d'administration qui n'est pas fort ancienne, occasionne au gouvernement une dépense annuelle d'environ douze cens mille livres. On voit, d'après ce premier apperçu, combien il en coûte à l'état & à l'humanité, pour rendre paisibles les jouissances de l'homme riche ou du citoyen laborieux. Les loix rigoureuses, publiées contre la mendicité, sont du 3 août 1764 & du 21 octobre 1767. A cette dernière époque, des lettres ministérielles rappellerent aux intendans des provinces, aux prévôts de la maréchaussée la déclaration de 1764, qui prononce la peine de galères contre les mendians sans asyle. Les cruautés exercées contre ce qu'on appelle *mendians* ont fait périr, dit-on, en moins de trois ans, vingt-cinq mille hommes dans les cachots & plus de six mille aux galères : on cessa, à la vérité, de marquer indistinctement d'un fer chaud le vagabond & le manouvrier mendiant ; mais on livra le pauvre nud à la brutalité des concierges & à la voracité des régisseurs : alors des compagnies parcoururent le royaume, & l'on s'agita pour tirer des bénéfices des trente-trois cloaques, où l'on entassoit tout ce que la maréchaussée pouvoit rassembler : on fit des marchés à cinq sols, à six sols par tête ; la peste s'établit dans plusieurs *dépôts*, & la mort dévora ceux que la faim, la malpropreté & la misère avoient épargnés.

M. Turgot parut, & en vertu du mot *liberté* dont ses disciples ont si souvent abusé, on ouvrit les *dépôts* : près de sept mille individus, sans asyle, sans ressources, se répandirent dans les campagnes & sur les grandes routes : on ne tarda point à s'appercevoir que les attroupemens se multiplioient dans le royaume : les anciens réglemens reprirent vigueur ; & sans principes, sans ordre, sans avoir rien prévu, on enferma une seconde fois tous les mendians. Les académies proposèrent des prix pour ceux qui trouveroient les moyens de détruire la mendicité ; c'étoit demander, en d'autres termes, comment on pourroit rétablir l'égalité des conditions ; aussi la question fut-elle à peine effleurée, & il ne nous est resté de tous ces travaux littéraires que quelques projets vagues, ou des plans d'une exécution difficile. *Voyez* les articles MENDIANS, MENDICITÉ.

En 1781, se trouvoit à la tête des finances un homme d'un génie vaste & accoutumé à tout soumettre à des combinaisons d'ordre & d'économie. Il avoit déja fondé à Vaugirard un hospice qu'il pensoit pouvoir servir de modèle aux hôpitaux du royaume : il abaissa ses regards sur les *dépôts* ; & il voulut soulager le pauvre. Lié par des rapports de principes & de sensibilité avec M. le Peletier de Mortfontaine, intendant de Soissons, il fit choix de cette province peu distante de Paris pour établir, dans le *dépôt*, un plan de réforme qui lui avoit été présenté : ce plan simple avoit été rédigé par M. de Montlinot, qui fut chargé de le faire exécuter. Les vues du gouvernement ont été remplies ; les comptes imprimés ont mérité que M. Necker en fasse une mention honorable, dans un ouvrage trop connu pour en donner ici le titre. Un suffrage aussi flatteur doit déterminer à entrer dans tous les détails qui ont servi de base à l'administration du *dépôt* de Soissons : mais, avant que de citer cet exemple comme un modèle à perfectionner, on croit devoir donner une idée de ce qu'il conviendroit de faire pour rendre l'administration générale des *dépôts* uniforme, & plus dirigée vers le but qu'on se propose.

Un administrateur principal, un secrétaire général & un caissier formeroient à Paris le bureau de la mendicité.

Cinq inspecteurs au moins, résidans au Havre, à Orléans, à Amiens, à Soissons, à Bordeaux, seroient chargés de rendre compte de l'état des autres *dépôts* du royaume : ces cinq inspecteurs généraux auroient 1500 liv. chacun d'appointemens, 500 liv. pour les frais de bureau, & quinze cens livres pour les tournées qu'ils seroient obligés de faire chaque année dans le département qui leur seroit indiqué. Toutes les années ils seroient tenus de venir faire leur rapport en personne au bureau de l'administration, & de résider à Paris pendant le cours du mois de décembre au moins, afin d'avoir le temps de discuter les matières qu'ils auroient à traiter, & prendre de nouveaux ordres. La considération qu'ils chercheroient à mériter par leur travail, exciteroit leur émulation ; quelques légères gratifications, accordées par l'administrateur en chef, augmenteroient leur zèle & leur activité.

Tous les autres *dépôts* du royaume auroient également des inspecteurs ; mais, comme ils ne seroient pas tenus de faire des voyages, ils ne recevroient que quinze cents liv. d'appointemens : on pourroit leur accorder des gratifications relatives à leur travail & à l'importance de leurs fonctions. Je pense que, pour le bien des pauvres & l'utilité de l'administration, il conviendroit de choisir tous les inspecteurs, dans une classe au-dessus de la bourgeoisie ; je prendrois par préférence des chevaliers de S. Louis, pour des raisons que je détaillerai ailleurs : je me ferois, en un mot, autant qu'il me seroit possible, un rempart d'honnêtes gens contre toute espèce de vexation & de rapacité : il seroit bon d'ailleurs d'avoir des agens honnêtes & bien nés, pour présenter à messieurs les intendans les projets qui tendroient à améliorer les établissemens confiés à leurs soins. Les places souvent honorent les hommes ; mais aussi quelquefois les hommes honorent les places.

Je ne laisserois subsister aucun *dépôt* dans les villes de guerre, parce que la police civile & militaire y est trop active pour y souffrir les mendians valides : ainsi le *dépôt* de Lille, par exemple, seroit transféré à Dunkerque : toutes les généralités où il y a des ports de mer, y placeroient leurs *dépôts*. Le motif de cette disposition est que la marine pourroit employer utilement les enfans abandonnés ou illégitimes, qui sont à la suite des mendians ; il y a d'ailleurs, dans ces villes, plus de ressources pour le travail & l'embarquement des vagabonds. On ne sauroit trop le répéter ; il faudroit ôter aux mendiantes de race les enfans avec lesquels elles perpétuent la mendicité la plus contraire au bien public. C'est dans ce genre d'opération que les inspecteurs provinciaux dont j'ai parlé, seroient fort utiles, soit en faisant passer les garçons dans les ports de mer, soit en plaçant les filles de sept à huit ans dans les pays de fabrique.

Les *dépôts* principaux dont j'ai déja parlé, seroient disposés de manière à contenir chacun au moins quatre cents individus : tous ceux qui seroient arrêtés à Paris comme mendians ou vagabonds & étrangers à cette généralité, seroient sur le champ répartis dans l'un des *dépôts* principaux ; ils seroient conduits à leur destination tous les mois au plus tard par la même voiture, suivie d'un garde préposé à cet effet. Ce garde seroit tenu de veiller à ce que les transférés ne dissipent point dans la route leurs effets, leur argent, &c.

Ce nouvel ordre de choses n'empêcheroit pas la maréchaussée d'escorter les convois comme à l'ordinaire. Tous les mendians seroient vêtus, en sortant de prison, d'une robe de grosse toile, pour les mettre à l'abri des intempéries des saisons & cacher, autant qu'il est possible, le spectacle hideux de gens couverts de haillons ; ces robes seroient remises au conducteur, pour être rendues en compte à Paris.

Immédiatement après leur entrée au *dépôt*, tous les mendians seroient scrupuleusement interrogés par l'inspecteur, & ils seroient, sur-tout obligés d'indiquer d'une manière claire & précise le nom de leurs parens, amis ou maîtres, & leur genre d'espoir & de ressources. Des interrogatoires, faits avec un esprit de douceur, de zèle & de charité, inspireroient à ces malheureux une sorte de confiance ; il ne faut pas confondre avec les interrogatoires dont je parle, les déclarations juridiques que l'on fait faire aux mendians ; elles sont trop concises & toutes calquées sur le même modèle ; elles ne remplissent presque jamais le but qu'on se propose. Veut-on rendre les hommes meilleurs ? il faut qu'ils voient clairement que vous vous intéressez à leur sort : aussi ne faut-il épargner ni soins, ni dépenses, ni crédit pour faire les informations indiquées & les recherches convenables.

Je suis persuadé que, par cette méthode, on

obtiendroit pour ceux qui ne sont que malheureux, des réclamations plus promptes que par la voie des transféremens. J'ai mille preuves que l'on va plus vîte au-devant de celui dont le déshonneur n'est pas connu dans sa patrie, que quand il n'est plus possible de lui sauver l'espèce de flétrissure qu'imprime toujours la détention dans un *dépôt* : il faut compter l'honneur pour quelque chose, même dans les dernières classes du peuple.

Je supprimerois donc les transféremens : ils sont très-dispendieux & ne servent à rien. J'ai connu de malheureux ménages ambulans qui ont coûté plus de deux mille écus à l'état, sans produire d'autre effet que d'en détruire quelques-uns par les maladies pestilentielles qu'ils contractent dans leurs marches. Tous ceux qui ne seroient pas réclamés resteroient au moins trois mois renfermés, si c'étoit la première fois ; s'ils paroissoient être d'une bonne conduite après ce terme de détention, on leur accorderoit alors des passeports limités, une route fixée, & deux sols par lieue pour regagner leurs provinces.

Je ferois retenir tous les mendians en *tierce récidive* ; je leur ôterois tous les enfans illégitimes avec lesquels ils excitent la pitié, & je les distribuerois, dans les provinces étrangères, à celles qu'ils ont parcourues. Chaque *dépôt*, par la méthode que j'indique, ne seroit pas surchargé des vagabonds incorrigibles ; on les feroit passer dans l'un des *dépôts* principaux, & cette punition seroit la plus effrayante que l'on puisse donner aux mendians. Comme il n'y a qu'une caisse seule pour la mendicité, il doit être fort indifférent à l'administration qu'un homme soit renfermé dans un lieu, plutôt que dans un autre. A ces dispositions générales, j'en ajouterois une particulière, que je crois très-importante. Parmi le nombre de mendians que la maréchaussée arrête, il en est sûrement de malheureux ; dans l'ordre actuel des choses, la corvée, les impositions, les maladies, le défaut d'ouvrage, un hiver rigoureux peuvent plonger, dans la misère la plus affreuse, un journalier qui n'a que ses bras pour vivre, & qu'on refuse d'employer : la première ressource de cet être abandonné est de vendre ses meubles, ses hardes, son linge ; alors tout est perdu pour lui : rebuté dans toutes les classes de la société, n'ayant plus de courage, avili & déguenillé, il mendie : c'est bien pis, si cet homme a une femme & des enfans ; jamais ils ne peuvent, même avec la meilleure volonté, remonter à leur premier état. Si ces malheureux ont été enfermés dans des *dépôts*, & s'ils y ont croupis dans la fainéantise & l'opprobre, leur accorder la liberté ne produit aucun bien : sans domicile, sans avances, sans habits, ils ne peuvent trouver ni condition, ni ouvrage ; après avoir épuisé les ressources de quelques ames charitables, ils ne tardent pas à mendier derechef, & à être ramenés dans les *dépôts*. Qu'on ne m'accuse pas ici d'exagérer ; j'ai trop

K

vu de ces malheureux ; j'ai trop de fois mis la main fur leurs plaies, pour ne pas pouvoir affirmer que le feul moyen de diminuer le nombre des familles indigentes, & leur faire quitter le vil métier de mendiantes, quand elles ne font pas entiérement corrompues, confifte à leur rendre l'honneur, à leur faire la charité & non l'aumône, & enfin à les remettre à-peu-près au point où elles étoient, quand elles ont commencé à mendier. J'imaginerois, pour remplir ce but, dix à douze hofpices que je placerois en Champagne, en Lorraine, dans la Sologne, le Berry, en Corfe, & généralement dans les provinces où il y a des terres incultes ; j'étendrois même ces hofpices jufqu'en Afrique, où l'on trouve une fubfiftance aifée & abondante dans certains cantons; l'art de fonder des colonies eft un art qui nous manque ; le gouvernement à ce fujet ne connoît encore que des fautes & des malheurs.

Toutes les années, au mois de février, on choifiroit dans les *dépôts* les ménages fur lefquels on auroit des renfeignemens fûrs, & on les conduiroit dans les hofpices qui leur feroient deftinés : on fent bien qu'on ne doit porter, dans ce genre d'habitations, que des gens mariés & ayant des enfans ; il y auroit trop de danger à placer ainfi des vagabonds qu'on ne peut attacher à aucun fol.

Je ne ferois fortir, par année, du diftrict d'un *dépôt* principal qu'environ vingt à vingt-cinq ménages ; ce qui feroit pour le royaume environ cent vingt-cinq ménages par an rendus à la culture. Un feul homme, pour payer dans la route les frais de gîte, conduiroit à pied ces émigrans ; il y auroit quelques précautions à prendre pour faire obferver une police exacte. En arrivant, les nouveaux colons feroient préfentés au chef de l'hofpice, & enfuite placés fous une tente au milieu de la portion de terrain qui leur feroit affignée. Le premier travail confifteroit à défricher, le plus qu'il feroit poffible, & à raffembler les matériaux les plus communs pour bâtir une hute, conformément au local & aux proportions qui feroient fixées : on feroit aidé, dans cette opération, par les premiers colons qui ne feroient plus à la charge du roi.

Chaque ménage recevroit, pendant la première année, pour deux chefs & un enfant, & ainfi proportionnellement, quatre livres de pain par jour, & en argent cinq liv. cinq fols par mois ; favoir, 3 liv. pour le chef, 1 liv. 10 fols pour la femme, & 15 fols pour un enfant. Cette fomme ferviroit à acheter, des anciens colons, les légumes & le fel pour faire la foupe. La feconde année, il ne feroit plus délivré que trois livres de pain & 3 l. par mois ; enfin la troifième & dernière année, il ne feroit plus donné d'argent : on ajouteroit à cette dépenfe, celle de quelques outils & d'un habit complet de toile par année. La quatrième

année, il ne feroit plus rien fourni aux colons ; mais il leur feroit paffé un contrat pour leur adjuger en propriété le terrain qu'ils auroient défriché. Chaque hofpice dépenferoit, la première année, environ 14000 liv. ; la feconde 10410 liv. ; la troifième 8610 liv. Les douze hofpices coûteroient donc enfemble, pendant trois ans, 356241. ; mais le gouvernement, à cette époque, auroit acquis fix cents chefs de famille & des enfans : fi depuis la profcription de la mendicité, en 1764, on avoit fuivi ce plan, il y auroit aujourd'hui dans le royaume deux mille quatre cents propriétaires de plus, des terrains incultes en valeur & une maffe de population qu'on ne peut apprécier. J'ajouterai encore une obfervation : les grands propriétaires fe multiplient & abforbent toutes les propriétés, fource de la mifère & de la mendicité. J'ai foumis au calcul plufieurs villages que j'étois à portée de connoître, & j'ai reconnu que toutes les propriétés, au-deffous de la valeur de 400 liv., font diminuées d'un cinquième depuis dix ans. Si cette progreffion effrayante a lieu, dans un fiècle il n'y aura plus, dans les campagnes, que des poffeffeurs de vaftes domaines ; &, au lieu de peuple, de malheureux journaliers.

Je ne détaillerai pas davantage ce projet d'hofpice ; les circonftances, le local admettent des différences auxquelles il eft aifé de fuppléer. Cette idée feroit facilement développée, fi l'on pouvoit efpérer de la faire réuffir ; je ne fais par quelle fatalité la capitale renferme des établiffemens qui féconderoient des provinces entières ; il n'y a pas une feule bonne raifon à donner, pour fixer à Paris la Salpêtrière, Bicêtre, la Pitié, &c. ; mais c'eft-là que fe trouvent les intriguans qui s'emparent de l'efprit des plus honnêtes adminiftrateurs, auxquels on perfuade qu'ils font le plus grand bien poffible, parce qu'ils le défirent.

Après avoir confidéré les *dépôts* fous un point de vue général, il convient de donner les détails néceffaires pour conduire les individus de ces fortes de maifons. Le régime, qui doit être tout-à-fait différent de celui des hôpitaux, a befoin d'être plus févère, & le reffort qui contient tant d'êtres, d'âge, de fexe & de mœurs différens, a befoin de la main d'un feul homme doux, mais ferme : c'eft ici que le moral de l'infpecteur particulier influera néceffairement fur ceux qui font confiés à fes foins : il doit être bien né, aifé, s'il eft poffible, mais fur-tout avide de la confidération publique. C'eft pour cette raifon que je defirerois que plufieurs chevaliers de S. Louis fe livraffent à ce genre d'adminiftration, qui doit être tourné vers la forme militaire : on pourroit leur apprendre à connoître le peuple, non avec les livres où l'on ne trouve prefque jamais ce qu'il faut favoir, mais avec une efpèce de noviciat d'une année au moins, paffé dans un *dépôt* principal.

Tout ce que l'on va ajouter fur l'adminiftration

intérieure des *dépôts*, fera pris en partie dans les différens comptes de celui de Soiſſons ; quelques détails ſur le régime que l'on y a adopté, ſerviront à faire connoître la marche que l'on a ſuivie pour ne pas s'écarter d'un plan ſimple, qui ne rappelle que des idées d'ordre, de juſtice & de ſévérité.

On a d'abord établi pour principe que le travail ſeul ſeroit la récompenſe de l'homme malheureux, & la punition du fainéant ; c'eſt ſous ce double rapport qu'on a enviſagé le *dépôt* de mendicité de Soiſſons, & tout le ſecret de cette nouvelle adminiſtration conſiſte à ne rien épargner pour donner au fainéant de la ſanté, & faire naître en lui le déſir du travail, ſeul patrimoine de l'homme obſcur & malheureux. On a établi, dans l'intérieur de la maiſon, deux atteliers où l'on polit des glaces que l'on tire de Saint-Gobin, & des métiers où l'on fabrique des toiles communes de différentes eſpèces : les femmes ſont employées à la filature du chanvre & aux travaux relatifs à leur ſexe ; il eût été injuſte & contre tout ordre de laiſſer croupir le mendiant ou l'homme dangereux dans l'inaction : tous ont trouvé, dans l'aſyle qui leur étoit deſtiné, un travail ſuivi, des conſolations & du pain ; mais ils n'ont rien trouvé au-delà qui ne fût le produit d'un travail aſſidu.

De la ſubſiſtance & du vêtement des individus du dépôt de Soiſſons.

Une livre & demie de pain, compoſée de deux tiers de froment & d'un tiers de ſeigle, de la ſoupe fournie de légumes ſuivant la ſaiſon, voilà la ſeule ſubſiſtance que l'adminiſtration accorde aux renfermés : on a entièrement ſupprimé les rations de pois, de fèves ou de viande, qu'on eſt dans l'uſage de diſtribuer dans les autres *dépôts* ; outre que ces alimens ſont de médiocre qualité, le renfermé s'accoutume à cette demi-ſubſiſtance, qui, à la longue, altère ſa ſanté & favoriſe ſa pareſſe ; car l'oiſiveté ſe contente de peu : ce n'eſt ni par les châtimens & les privations qu'on a attaqué la fainéantiſe, mais par la faim ou le beſoin de vivre : c'eſt ce beſoin impérieux qui dompte le lion & ſoumet l'homme dans tous les états. En ſuivant ce principe à la rigueur, il a fallu cependant être juſte, & ne pas laiſſer un ſeul inſtant manquer d'ouvrage l'individu qu'on force de ſe nourrir par ſon travail ; on expliquera ailleurs quels moyens on a employés pour tenir, autant qu'on le peut, en activité tous les renfermés valides.

Il a fallu prévoir encore que l'homme qui travaille, a beſoin d'une nourriture plus abondante que celui qui reſte dans l'inaction : on a établi en conſéquence, dans l'intérieur de la maiſon, une cantine où l'on vend des légumes, du fruit, de la viande & du pain : on y diſtribue également du vin, & ſur-tout de la demi-bierre faite exprès ; elle ne coûte que deux ſols ſix deniers la bouteille :

cette boiſſon ſaine & rafraichiſſante eſt d'un grand ſecours dans les chaleurs exceſſives de l'été : on a cru devoir ſupprimer toute vente d'eau-de-vie, comme inutile & ſouvent dangereuſe.

Quoique l'on ait fixé le prix des différentes denrées qui ſe vendent dans le *dépôt*, le cantinier fait ſur cette vente un bénéfice qui le dédommage de ſes peines. Pour reſtreindre cependant ce bénéfice, autant que la juſtice le permet, on a obligé le cantinier à fournir gratuitement, deux fois la ſemaine, aux fous & aux folles qui ne travaillent pas, quinze rations de fromage, de légumes ou de viande : cette diſtribution ſe fait en préſence d'un employé libre. Par cet arrangement ſimple, on voit que ce ſont réellement les travailleurs qui ſoulagent les fous : ce point de vue a l'avantage de faire diſparoître, aux yeux des renfermés, toute idée de gain fait au profit de l'adminiſtration, qu'il faut toujours conſidérer comme bienfaiſante & charitable.

Le vêtement pour les hommes & pour les femmes eſt de treillis, ou de groſſes toiles fabriquées dans la maiſon ; les bas ſont de fil, & tricotés par les femmes du *dépôt* : on ne fournit de ſabots qu'aux fous, aux enfans & aux infirmes. On ne fait aucun uſage d'habits de laine ; ils coûtent chers, & ne peuvent être lavés ſans ſe détériorer : les renfermés, en général, ont bien plus beſoin de propreté que de chaleur ; j'ignore par quelle raiſon on emploie des étoffes de laine dans les *dépôts*, au-lieu de groſſe toile, qui étant doublée a l'avantage d'être propre & facile à entretenir. On joint ici le prix d'un vêtement complet d'homme & de femme : ces détails ſont néceſſaires pour ceux qui veulent que tout ſoit calculé : il faut cependant obſerver que le treillis, fabriqué dans la maiſon, ne revient qu'à vingt-cinq ſols l'aune ; il peut en coûter trente & trente-cinq chez le marchand, ſuivant le dégré de fineſſe.

Vêtement d'homme.

Veſte, deux aunes......................... 2	10	
Toile pour poches, un tiers........	6	8
Bord, fil, boutons..................	7	6
Culotte.......................... 1	17	6
Toile pour les genoux, &c..........	5	
Bandelettes pour jarretières........	2	
Bonnet, un quart..................	6	
Bord rouge, fil, &c................	3	
Gilet........................ 1	5	
Toile pour poches, &c.............	5	
Fil & boutons....................	3	
Façon de veſte....................	2	6
Gilet............................	1	6
Culotte.........................	1	6
Bonnet..........................	1	

TOTAL, environ 8 liv.

Vêtement de femme.

	liv.	f.	d.
Jupe, deux aunes & demi de treillis..	3	2	6
Cafaquin, deux aunes.............	2	10	
Jupe de deffous, deux aunes un quart.	2	5	
Coëffure, un tiers................		10	
Cordon, 3 aunes...............		3	
Fil..........................		4	
Façon.......................		10	
TOTAL.................	9	4	6

Trois vêtemens durent au moins deux ans; ce qui donne le vêtement d'homme à douze livres, & celui de femme à 13 liv. 16 f. 9 den. par année; ces habits fe lavent, &, quand on les défait, les pièces fervent encore de doublure.

Du travail des individus du dépôt de Soiffons.

Tous les hommes validés de la maifon font occupés à polir des glaces & à faire de la toile : par la difpofition des atteliers deftinés au poli, trente-fix glaces peuvent être travaillées en même-temps. Celui qui a ce que l'on nomme un banc, eft appellé maître. La glace qu'il façonne eft à fon compte; c'eft lui qui la préfente à l'infpection; c'eft lui qui en reçoit le prix fur un vu bon, qui s'acquitte toûjours fur le champ : ces billets font imprimés, ainfi que ceux des tifferands : on en donnera les modèles. Chaque maître a ordinairement un apprentif : il le paye fuivant fa force & fon adreffe. Jamais l'adminiftration ne fe mêle de ces arrangemens particuliers; elle gâteroit tout en voulant agir : fi un maître n'eft pas content de fon apprentif, il le renvoie, comme celui-ci eft également libre de chercher une autre condition : de cette police intérieure naît un avantage précieux; c'eft que le fainéant eft bientôt découvert & toûjours balloté; la difette & les réprimandes de fes camarades font bien plus propres à exciter fon courage que toute autre efpèce de punition. Un nouveau venu ne peut pas être long-temps fans travailler, parce que l'adminiftration le laiffe feul lutter avec fes befoins, qui deviennent d'autant plus preffans qu'il voit les autres confommer le fruit de leur travail. S'il arrivoit cependant qu'un homme voulût, par pareffe, ne s'attacher à aucun maître, les prévôts ne tarderoient pas à le renvoyer des atteliers où il ne feroit qu'embarraffer la manœuvre; il iroit rôder dans les cours; c'eft alors feulement que l'adminiftration s'occupe de cet individu : fi c'eft un fainéant, on le met au pain & à l'eau, jufqu'à ce qu'il demande à travailler : fi c'eft un homme foible, mais avec de la bonne volonté, on cherche à l'appliquer à quelque genre d'occupation analogue à fes forces.

Quand un maître obtient fa fortie, l'infpecteur du poli fait occuper le banc par le compagnon qu'il juge le plus intelligent; la confidération que l'on accorde aux bons ouvriers, la liberté que l'on donne aux maîtres de fe choifir des apprentifs ôte aux renfermés cet air inquiet & mécontent qu'on rencontre dans les atteliers de force. Le travail très-rude du poli des glaces devient plus facile étant partagé, & l'ouvrier femble conferver une apparence de liberté dans l'emploi de fes forces, erreur toûjours chère à l'homme, dans quelque état qu'il fe trouve.

On donne une prime de trente fols tous les mois à celui des ouvriers qui eft le plus haut en fomme : on a mis pour condition feulement, de ne point avoir caffé de glaces pendant le cours du mois; cet accident, de telle manière qu'il arrive, exclut de la prime.

Un maître ouvrier eft payé, fuivant le tarif de la manufacture des glaces : on fouftrait de fon billet les frais de potée & de lifière. L'adminiftration prend le quart de ce qui refte, pour fe dédommager des fournitures de plâtre pour fceller les glaces, de flèches de bois qui font reffort, & des uftenfiles néceffaires dans les atteliers; il feroit peut-être à défirer qu'on fupprimât ce bénéfice, en forçant, par exemple, les ouvriers à fe fournir de culottes & de tabliers.

Un homme qui emploie fon temps, peut gagner environ 15 liv. par mois : il gagne fouvent plus, mais cela dépend de la grandeur des glaces & de quelques circonftances particulières. Le commençant ou l'apprentif gagne deux ou trois fols par jour, proportionnellement aux fervices qu'il rend à fon maître : ce modique falaire ne procure pas une vie bien attrayante; mais il peut fuffire pendant quelques mois d'apprentiffage, & cette première punition eft la plus jufte que l'on puiffe infliger au mendiant valide : avec trois fols par jour, un homme, aux yeux de l'adminiftration, eft cenfé cependant ne manquer de rien : il doit fe contenter de prendre une demi-livre de pain de fupplément pour fa foupe, & tous les deux jours il peut confommer, en fromage, en viande ou en bierre, les quatre fols qui lui reftent. Ceux qui ont des befoins factices, comme celui de prendre beaucoup de tabac, font les plus mal-aifés : il eft affez rare qu'un bon apprentif ne partage pas quelquefois avec fon maître une partie des alimens que celui-ci confomme.

Les tifferands font payés comme les glaciers, fur des billets qu'ils préfentent; mais on ne leur rétranche rien, parce que le treillis & les toiles à l'ufage de la maifon ne fe payent que deux fols & demi l'aune. Un ouvrier en fait au moins trois aunes par jour : les apprentifs reçoivent 18 fols par femaine. Les tailleurs font payés à la pièce.

Les femmes font occupées à tricoter, filer du chanvre, du lin ou de la laine, & à faire les vêtemens. La façon de la livre du chanvre est fixée à cinq sols. La façon des habits des hommes est de douze sols ; ceux de femmes coûtent huit sols ; ceux d'enfans quatre sols.

Modele d'un billet de glacier & de tisserand.

24 janvier 1785.

Nom........ FRANÇOIS.

		liv.	f.	d.
N°. de la glace..... 29—29.				
Prix de l'ouvrage, suivant le tarif...		3	13	
Frais, potée & lisière...........			2	
Reste net..................		3	11	
Quart retenu....,.,........			17	9
Revient à l'ouvrier..........		2	13	3

Modele d'un billet de tisserand.

Nom........... J. B. PRÉVÔT.	
Qualité..................	treillis.
Aunage	31 aun. & demi.
Largeur	deux tiers.
Poids	38 livres.
Façon..................	2 sols 6 den.
Revient à l'ouvrier.......	3 l. 18 f. 9 d.

De la police du dépôt & des surnuméraires de la maréchauffée.

Sous l'ancienne administration, la police & la sûreté du *dépôt* étoient confiées à des concierges plus ou moins intelligens, mais toujours déprédateurs & grossiers : avec ce régime, aucun ordre n'étoit exécuté, & les gains les plus sordides, faits aux dépens des malheureux, étoient le seul but qui faisoit accepter un emploi fatiguant & dur. Il n'étoit pas aisé de remédier à tant d'abus ; mais, avec le concours de plusieurs circonstances, on a trouvé un arrangement simple qui donne à la police du *dépôt* une forme imposante & sûre : on ose avancer, d'après l'expérience, que plusieurs *dépôts* de l'intérieur du royaume pourroient employer pour leur sûreté les mêmes moyens que ceux mis en usage dans le *dépôt* de Soissons. La police de la maison y est exercée par trois surnuméraires de la maréchaussée, que M. de Noirefosse, prévôt général, qui a toujours concouru de tout son pouvoir au bien du *dépôt* de Soissons,

a choisi lui-même : ils sont habillés, nourris, appointés par l'administration. On donnera l'état de leur dépense pour servir de règle ; ils couchent dans trois cabinets séparés qui se trouvent dans les endroits de la maison où il y a le plus de danger pour les évasions : le jour, ils se réunissent dans un corps-de-garde placé dans la cour des hommes ; ils ont sous leurs ordres deux porte-clefs, dont l'un, pendant le jour, est de garde chez les femmes, & surveillé par le surnuméraire qui a ce poste.

La distribution du pain, du vin, du linge se fait en présence d'un surnuméraire, à qui en est confiée la police. L'un d'eux assiste à l'ouverture des chambres dont il est chargé, & c'est à lui que le prévôt de chambrée fait son rapport : malgré l'envie que l'on auroit d'abréger ces détails minutieux, il faut expliquer ce que l'on entend par un prévôt de chambrée. La première condition que l'on exige de celui dont on a fait choix, est de n'être pas flétri, & qu'il soit dans la classe des ouvriers : on a presque toujours choisi les prévôts dans la classe des vagabonds, qui avoient de la taille & quelques années de service : la raison est qu'il faut du nerf pour faire exécuter un ordre, & y avoir été soumis pour savoir obéir. Un bord de moquette rouge, qui coûte environ dix sols, placé sur une veste de treillis, seul vêtement des hommes du *dépôt*, fait la décoration d'un prévôt ; trente sols par mois lui servent de gages. Par la disposition du local de la maison, chaque chambre a un cabinet. Le prévôt couche seul & a des gages. Le lit double qui est à côté de lui, est occupé par deux hommes qu'il choisit : voilà une partie de ses prérogatives.

Le prévôt, à l'ouverture des chambres, fait son rapport, mais publiquement & en présence de celui qui a transgressé la règle : on s'est bien donné de garde, dans aucun cas, de recevoir des délations secrettes ; elles sement la méfiance, & finissent par ne produire aucun effet. Comme il n'est guère question, le matin, que de plaintes sur le défaut d'attention à la prière du soir, qui se fait tous les jours, ou sur le défaut de propreté, ou sur quelques propos grossiers tenus dans la chambrée ; alors le prévôt appointe le délinquant, c'est-à-dire, qu'il le condamne à faire deux ou trois fois, suivant le délit, la corvée de propreté. Ce jugement est toujours en dernier ressort, & il n'est pas encore arrivé une seule fois qu'il n'ait pas été exécuté. Le moyen de forcer les hommes à être justes, c'est de démontrer qu'on est juste avec eux. Le prévôt a d'autres fonctions à remplir ; comme il a seize hommes au moins, ou vingt au plus dans sa division, il est chargé de leur faire procurer les choses qui leur manquent. Un renfermé souffre-t-il de quelques peines ou de quelques besoins, l'inspecteur est averti : car une prérogative du prévôt est, dans ce cas, de demander la permission de parler à l'inspec-

-teur : droit précieux pour les hommes de cette espèce, & auquel on doit une partie de la police de la maison : ainsi toujours l'accusation est publique, & la demande d'un bienfait secrette.

Le prévôt distribue le linge dans sa chambrée & surveille les atteliers. M. l'intendant a établi pour règle que le prévôt qui a servi fidélement pendant six mois, obtienne sa liberté.

Tous les jours, le soir, on fait la visite, & les trois surnuméraires viennent à dix heures faire leur rapport à l'inspecteur, ou à la personne qu'il a chargé de le remplacer ; car c'est un point de règle absolument essentiel que l'inspecteur ne soit jamais censé absent. Tels sont les moyens simples que l'on emploie pour établir l'ordre & la police.

D'après cet exposé, on doit sentir la différence qu'il y a entre le service des surnuméraires & celui des concierges. Les premiers, sous l'œil de leurs chefs, ont l'espoir, s'ils remplissent bien leurs fonctions, d'être placés. Le concierge n'a nul intérêt de faire mieux ; il a le dernier grade de son état. Le surnuméraire a l'honneur & l'ordre pour base de sa conduite ; le concierge ne cherche qu'à gagner pour se dédommager d'un service gênant. Le surnuméraire est craint & respecté, sous l'uniforme qui annonce la bravoure & l'honorable service militaire : le concierge n'est qu'un homme du peuple, aux yeux des renfermés. Il faut convenir cependant que le corps de la maréchaussée tire quelqu'avantage de placer au *dépôt* ses surnuméraires ; ils y reçoivent une instruction précieuse pour leur état ; ils apprennent à connoître les gens de la province qu'ils doivent surveiller dans les campagnes, sur les grandes routes : leur tenue, leur conduite, leur vigilance sont connues de leurs chefs, & cette dernière considération n'est pas d'une petite importance pour le bien général.

On ne sauroit trop prévenir cependant ceux qui seroient tentés d'adopter le régime du dépôt de Soissons, de ne pas mêler avec les surnuméraires, des concierges, des espèces de régisseurs sans noms, sans crédit, sans état ; il faut, pour tempérer l'action & la force militaire, que toute police intérieure soit subordonnée à un seul homme qui, par des considérations personnelles, puisse faire respecter la portion d'autorité qui lui est confiée.

Détail de la dépense occasionnée par les trois surnuméraires de la maréchaussée.

	liv.	s.	d.
Appointemens, 100 l. chacun, ci	300		
Gratifications, 50 l. pour trois, ci . . .	150		
Trois rations de pain par jour, ou 3 l. & d.	164	5	
Une livre & demi de viande pour dîner, ci	191	5	
Prêt pour le souper ; à raison de 3 s. par jour, ou 13 l. 10 s. par mois ; ci	164	5	
Habillement	250	13	6
Une paire de bottes par an, ci	20		
TOTAL	1240	8	6

Il faut remarquer que deux habillemens servent pour trois années : ainsi la dépense annuelle pour cet objet n'est que de 167 liv. 2 sols 4 den. ; ce qui donne la dépense totale pour les trois surnuméraires, à 1166 liv. 17 s. 4 den.

La viande se tire tous les jours de la marmite des malades : mais, comme on a voulu éviter la cuisine du soir, on a donné 13 liv. 10 sols par mois aux trois surnuméraires, qui en disposent par économie, mais toujours en commun : cette espèce de prêt a une forme militaire, qu'on a trouvé avantageux de favoriser.

Des malades & des infirmeries.

Le traitement des malades se fait avec économie & simplicité ; un chirurgien, une première infirmière avec deux aides, voilà les seuls officiers de santé de la maison : on n'appelle un médecin que dans des cas fort graves. Moyennant 3 liv. par couche, une femme de la ville vient accoucher les femmes du *dépôt*. Il faut convenir qu'on a apporté une grande économie dans le choix des remèdes ; la pharmacie qui guérit les pauvres, & qui vaut bien celle des gens riches, a été mise en usage : on a substitué le miel au sucre ; le quinquina excepté, on a proscrit généralement les drogues chères & les compositions trop recherchées.

On a supprimé toute espèce d'apozèmes, comme inutiles : on y a substitué une sorte d'infusion d'oseille, à laquelle on ajoute un peu de sel & de beurre : ce bouillon est facile à prendre, & entièrement approprié à l'état du genre des maladies que l'on traite.

Les potions purgatives sont faites avec la poudre de jalap, le miel & l'eau quelquefois aiguisés avec l'émétique, suivant l'indication. Les pilules cochées sont employées pour ceux qui ont de la répugnance à prendre des vomitifs liquides.

Dans les maladies inflammatoires, le sel d'epsom & le miel remplacent ordinairement les follicules, la manne & les autres médicamens mis en usage ; dans le cas cependant où il faut des laxatifs plus doux, lorsqu'il est question, par exemple, d'enfans malades, ou de femmes en couche, on fait fondre deux onces ou deux onces & demie de manne dans un bouillon ; ce qui tient lieu de tout autre purgatif.

On fait usage de la rhubarbe, du diascordium, de l'ipécacuanha, du catholicon double, de la magnésie blanche, du quinquina, quand ces remèdes sont absolument nécessaires.

Une infusion de fleurs pectorales & le miel forment la première espèce de looks en usage dans la toux. La seconde est composée de gomme adragante, d'amendes-douces & de miel. La troisième se fait avec le jaune d'œuf & le miel délayés dans une infusion adoucissante, quelquefois on y mêle de la cassonade au lieu de miel : suivant les indications ; on y ajoute de l'émétique ; ou le kermès.

Dans les maladies particulières, telles que l'hydropisie, les obstructions & la galle, on emploie les différens remèdes les plus appropriés à ce genre de maladie. Pour guérir les maladies vénériennes, on fait d'abord usage du sublimé corrosif ; souvent on a recours aux frictions, aux pilules de Belofte, ou aux bois sudorifiques. L'état de dépense fait pour l'année 1783, prouve que l'on a usé d'une grande économie, puisque 3872 journées d'infirmerie n'ont coûté que 187 liv. 3 sols. Enfin on a confié à un chirurgien tous les médicamens dont on fait usage : on a cru être juste, en traitant les renfermés du *dépôt*, comme l'équipage d'un navire qui sait se passer de l'appareil d'un médecin, & d'une pharmacie dispendieuse & trop recherchée.

De la comptabilité du dépôt de Soissons.

On a divisé ce compte, pour y mettre de l'ordre, en trois parties. La première contient l'état des recettes, divisé en cinq chapitres ; savoir :

CHAPITRE PREMIER. Reliquat du compte de l'année précédente.
CHAPITRE II. Fonds fournis sur la recette générale.
CHAPITRE III. Fonds fournis sur d'autres caisses.
CHAPITRE IV. Fonds fournis par des particuliers, à la décharge du roi.
CHAPITRE V. Produit du travail des renfermés.

La seconde partie contient les états de dépenses ; elle est divisée en neuf chapitres, qui se sous-divisent en autant d'articles qu'il est nécessaire, pour rendre la comptabilité plus nette.

CHAPITRE Ier. *Bâtimens.*

Article 1. Acquisitions.
Article 2. Indemnités & frais de contrats.
Article 3. Réparations.
Article 4. Loyers.

CHAPITRE IIe. *Secours spirituels.*

Article 1. Décoration de la chapelle.
Article 2. Dépense journalière.
Article 3. Gratifications aux desservans.

CHAPITRE IIIe. *Ameublement.*

Article 1. Construction & raccommodage de lit.
Article 2. Tables, bancs, baquets & autres ustensiles.

CHAPITRE IVe. *Vêtemens.*

Article 1. Fournitures relatives à l'habillement.
Article 2. Vêtemens d'enfans.
Article 3. Blanchissage.
Article 4. Raccommodage d'habits.

CHAPITRE Ve. *Police du dépôt.*

Article 1. Appointemens & gages des employés du dépôt.
Article 2. Propreté & santé, paille & vinaigre &c.
Article 3. Clarté.
Article 4. Chauffage ; charbon.

CHAPITRE VIe. *Subsistance.*

Article 1. Achat de grains & fabrication de pain.
Article 2. Légumes frais & secs.
Article 3. Viande.
Article 4. Sel.
Article 5. Graisse & beurre.
Article 6. Bois.
Article 7. Ustensiles servant à la cuisine.

CHAPITRE VIIe. *Infirmerie.*

Article 1. Coucher des infirmes.
Article 2. Subsistance.
Article 3. Médicamens.
Article 4. Honoraires du chirurgien.
Article 5. Frais d'enterrémens.
Article 6. Ustensiles servant à l'infirmerie.

CHAPITRE VIIIe. *Enfans.*

Article 1. Enfans en nourrice.
Article 2. Enfans en pension.
Article 3. Layettes & trousseaux.
Article 4. Supplément de nourriture pr les enfans.

CHAPITRE IXe. *Travail des renfermés.*

Article 1. Achat de matières & d'outils.
Article 2. Filature de lin & de chanvre, &c. &c.

La troisième & dernière partie contient les dépenses générales : elle est divisée en 4 chapitres.

CHAPITRE Ier. *Frais de capture.*

Article 1. Gratifications aux officiers & brigades de la maréchaussée.
Article 2. Gîte & géolage dans les prisons empruntées.
Article 3. Translation des mendians.

CHAPITRE IIe. *Administration générale.*

Article 1. Gratifications.

CHAPITRE IIIe *Secours aux mendians relâchés.*

CHAPITRE IVe. *Dépenses extraordinaires.*

Quelque minutieuses que paroissent les formes que j'indique, je conseille cependant à ceux qui sont chargés de la comptabilité d'un *dépôt* de s'y astreindre, parce que ce moyen fait voir d'un coup d'œil les parties qui ont besoin d'être réformées.

(*Cet article est de M.* DE MONTLINOT.)

DÉPRAVATION DE L'ORDRE. Cette expression collective ne présente pas seulement l'idée de l'altération, du dérangement de l'ordre ; mais encore, celle de sa dégradation progressive. Remontons un moment aux principes de l'ordre, pour mieux connoître les principes de sa *dépravation*.

L'homme est si petit, si foible, si subordonné, & la nature si grande, si puissante, si impérieuse, que, quand on suppose l'homme abruti par la barbarie, par l'orgueil ou par l'indépendance, au point de croire que rien n'existe au-delà de ce qu'il voit, & de prendre les élémens & ce qui l'environne pour l'infini, on ne pourroit encore s'empêcher de sentir qu'alors même il est forcé de reconnoître un ordre, auquel il est assujetti par le décret de son existence, & dont ses besoins le rendent sans cesse dépendant.

Tout lui démontre en effet que, de l'ordre de nos besoins, naît l'ordre de les satisfaire ; que de celui-ci naît l'ordre du travail ; de ce dernier l'ordre social, dont l'objet est le secours & l'assistance réciproques, & qu'on ne peut tenter de rompre cette chaîne formée sur les desseins de la nature, sans échouer en tout ou en partie dans cette entreprise, c'est-à-dire, sans se mettre plus ou moins en danger de périr.

Toute vertu consiste à se tenir dans l'ordre & à lui obéir ; tout délit au contraire consiste dans le désordre & dans ses accidens.

Telle est la science du bien & du mal, comprise sous l'emblême de l'arbre de vie. L'homme voulut se connoître, se gouverner lui-même, s'exposer aux hasards d'être son propre guide ; & son auteur prit soin de l'asservir aux besoins pour lui marquer la voie, & pour le ramener sans cesse à l'obéissance de l'ordre, dont dépend sa conservation maintenant encore. Si-tôt que, par le travail & ses profits, il se trouve dans l'abondance, & qu'il en abuse, le lien social se relâche, le guide s'éloigne, l'homme suit ses folles idées, perd la voie du bien, cherche le mieux, trouve le mal, & prend le pire. Voilà l'origine de la *dépravation de l'ordre*, voilà sa marche & ses succès.

Quand nous disons *dépravation de l'ordre*, c'est de l'ordre social que nous entendons parler ; car le grand ordre est dans les mains du grand ordonnateur ; il ne nous appartient d'en connoître que ce qui est relatif à notre subsistance & à nos besoins ; mais cette portion fait la loi de notre existence, & devient pour nous l'ordre légal—physique.

L'ordre légal imposé à l'humanité, est cet ordre protecteur & favorable, qui fait naître & diriger l'ordre social ; celui-ci n'est autre chose que l'association des travaux de chaque individu pour l'avantage de tous ; & cette union légale de la nature est ce qu'on appelle la *société*.

La société, ou le concours d'aides & de secours, est indispensable à l'homme, depuis l'instant de sa naissance jusqu'au jour de sa mort ; & si, dans cet intervalle, il étoit quelques heures vers le midi de sa carrière, où la présomption de ses forces lui fît penser qu'il peut se suffire à lui-même, cette présomption ne serviroit qu'à l'égarer, & à le mener à une vie misérable & dépourvue de tout : juste punition d'un ingrat, dont l'enfance & le premier âge ne purent échapper à la misère que par des avances gratuites & par la protection de la société.

Rendre à chacun la part qui lui est due, est la première loi sociale ; car chacun a ses besoins, & n'a que son travail pour y satisfaire ; & si, par épargne sur les profits de son travail, il a pu faire des avances à d'autres, la reprise de ces avances est un droit naturel légal pour lui, comme la restitution de ces avances est un devoir naturel, égal pour celui qui les a reçues.

De-là naissent les droits & les devoirs réciproques qui, par un commerce continuel d'avances & de retours, font tout le mouvement de la société.

Tout, en effet, porte sur des avances : il fallut & il faudra toujours travailler avant de recueillir. Les facultés que l'homme tient de la nature, & les fruits spontanés de la terre firent toutes les premières avances. Le travail les a continuées ; il les sollicite & les entretient ; mais le sein fécond de la terre & le bienfait constant de la providence renouvellent journellement cet ordre de munificence ; car le sein de la terre rend six chaque année à qui lui confie deux ; & cet excédent annuel qui perpétue, accroît & enrichit la société, est un miracle perpétuel de nouvelles avances.

C'est au partage de cette restitution annuelle des avances de la culture, avec le surcroît nécessaire pour le renouveller, que doit présider l'ordre légal social, pour que la distribution s'en fasse équitablement à tous ; & l'ordre légal étant conforme aux intentions de la nature, cette distribution s'opérera d'elle-même, si la cupidité frauduleuse ou violente n'en intercepte le cours.

L'ordre fait donc à l'homme des avances, dont la restitution est de droit & la continuation de devoir. L'acquittement des devoirs & l'acquêt des droits sont le double objet toujours renaissant du travail ; & ce cercle continuel de droits & de devoirs, de travaux & de dépenses, est le nœud de la société, dont la propriété est l'ame : tel est l'ordre de son essence.

La volonté générale tend toujours à l'ordre ; la volonté particulière émue & déterminée par la cupidité, dévoyée par le mauvais exemple, soutenue par l'ignorance, suite de la prévarication, tend aisément à enfreindre l'ordre ; de-là la nécessité des loix positives qui annoncent les rites de l'ordre, & qui, par la crainte qu'inspire la sanction des peines, écartent les infracteurs.

Mais les loix n'ont point d'autorité, & sont bientôt méprisées, si une force publique, imposante,

supérieure

supérieure à toute force privée, n'est établie pour maintenir l'observation des loix, pour représenter la volonté commune, pour contenir ou réprimer les volontés particulières qui s'en écartent, & pour faciliter enfin, par les travaux publics, l'action laborieuse & profitable de la société. C'est l'établissement solide & respecté de cette force en puissance, qui complette le corps & l'ordre social ; c'est du dérangement de cette institution essentielle que provient la *dépravation de l'ordre*, & voici comment.

Les grands devoirs que l'ordre impose à la force publique, qui représente la souveraineté, supposent & nécessitent l'attribution de grands droits ; & ces droits sont connus, propagés & acquittés par la nature, comme toutes les autres avances, & selon les mêmes conditions. Mais, quand les sociétés prennent leur dernier accroissement & se complettent en rassemblant tous les arts, les professions, les moyens de travail & d'industrie, à la faveur desquels les hommes cherchent à satisfaire leurs besoins, on néglige d'ordinaire le principal pour l'accessoire ; & le brillant des arts frivoles & décorateurs tourne vers leurs productions, les desirs, l'activité & l'empressement du plus grand nombre, au préjudice des objets de première utilité : on perd de vue, on dédaigne, on oublie la science importante des avances, des distributions & des dépenses, &, à plus forte raison, l'ordre naturel légal & ses bases posées de la main de l'éternel. Chacun cherche à se prévaloir, & s'efforce d'anticiper sur la part des autres ; tout devient ligue, & alors il n'est plus de vraie société.

En cet état, la force supérieure remise entre les mains des hommes, séduite par l'artifice des passions qui l'environnent & qui la flattent, par la cupidité qui l'assiège, ne reconnoît plus de bornes ; elle se persuade que l'intérêt public se concentre en elle seule, qu'elle doit étendre son gouvernement sur tout, & se mêler de tout. En conséquence, elle entreprend ou se propose ce que ne peut faire la rosée du ciel & la graisse de la terre ; je veux dire, de contenter tout le monde, ou de faire au moins que tout le monde se taise & obéisse comme s'il étoit content.

D'un autre côté, les passions & les cupidités partielles des hommes éloignés de ce centre de puissance, qui par-là même ne peuvent profiter des erreurs & des foiblesses de l'autorité, voudroient lui tout disputer, méconnoissent ses droits utiles, en lui supposant des devoirs universels, d'infaillible utilité.

Ces deux erreurs si opposées, &, de part & d'autre, produites par des intérêts également aveugles, portent, dans l'intérieur de la société, un ferment toujours corrosif, dont l'activité cachée sous les apparences d'un calme trompeur, ne peut être arrêtée que par l'explosion des querelles extérieures ; autre moyen infaillible de dépérissement. En attendant, des trèves artificieuses & perfides composent un ordre ruineux de conventions, de droits, de privilèges, dont l'observation & le maintien sont l'objet de l'obéissance, comme leur infraction destructive est celui des vues ambitieuses de l'autorité.

La nature, cette bonne mère, appelle également à sa table ronde tous les individus de la société, pour recevoir à leur tour chacun sa part à la subsistance ; mais les combats de la cupidité & la fluctuation continuelle qu'ils occasionnent, dans la foule de ceux qui en approchent, ne permettent qu'aux plus forts de s'y asseoir, & font périr chaque jour les plus foibles d'entre les convives, ainsi que l'espoir des avantages qui devoient naître de leur population & de leurs travaux. Parlons sans figure ; la lutte continuelle du pouvoir désordonné & de l'obéissance égarée, opère dans la société la *dépravation de l'ordre*, en renversant la distribution des richesses, le cours des dépenses & celui des travaux ; en favorisant les attentats de la force injuste & oppressive contre les droits de la foiblesse ; en détruisant enfin la source des revenus, par la spoliation des avances de la culture & par le découragement de ses agens. Cet enchaînement de désordres qui tendent toujours plus à diminuer la réproduction des subsistances & le nombre des mariages, empêche en même-temps de naître un surcroît de population, dont les travaux auroient été suivis d'un surcroît de productions, toujours avec le même excédent destiné à des avances futures.

Eh ! le moyen qu'à travers les brouillards épais qu'élèvent tant de passions discordantes, on puisse voir se conduire, on pense à rechercher & on retrouve les voies de la nature, les règles & les loix de l'ordre naturel, que quelques hommes simples & isolés peuvent bien reconnoître encore ; mais que nul ne peut suivre, si la généralité des hommes ne s'y conforme concurremment.

Quoi qu'il en soit, c'est dans l'oubli & dans l'ignorance de ces voies propices ; c'est dans les erreurs vexatoires & impies qui en résultent, que consiste la *dépravation de l'ordre*, dépravation dont les détails sans nombre seroient trop longs & inutiles à développer. Il suffit de dire que toute prospérité humaine dépend de l'ordre social légal, c'est-à-dire, entièrement conforme aux lois simples & favorables prescrites par l'ordre naturel, & que toute inquiétude, toute infortune & vexation sociale proviennent de la *dépravation de cet ordre*.

(*Cet article est de M.* Grivel.)

DÉPUTATION. C'est l'envoi de quelques personnes choisies d'une compagnie ou d'un corps, vers un prince ou une assemblée, pour traiter en leur nom, ou pour suivre quelque affaire. *Voyez* l'article suivant Député.

Les *députations* font plus ou moins folemnelles, fuivant la qualité des perfonnes à qui on les fait, & les affaires qui en font l'objet.

Le terme de *députation* ne peut être appliqué proprement à une feule perfonne envoyée auprès d'une autre, pour exécuter quelque commiſſion, mais feulement lorfqu'il s'agit d'un corps. Le parlement, en Angleterre, députe un orateur & ſix membres pour préfenter fes adreſſes au roi. Un chapitre députe deux chanoines pour folliciter fes affaires au confeil.

En France, l'affemblée du clergé nomme des députés pour complimenter le roi. Le parlement fait auſſi par députés fes remontrances au fouverain ; & les pays d'états, tels que le Languedoc, la Bourgogne, l'Artois, la Flandre, la Bretagne, &c. font une *députation* au roi, à la fin de chaque affemblée.

On donne auſſi le nom de *députation* à une forte d'affemblée des états de l'Empire, qui eſt différente de celle des diètes. C'eſt un congrès où les députés ou commiſſaires des princes & états de l'Empire diſcutent, règlent & concluent les chofes qui leur ont été envoyées par la diète ; cette *députation* a lieu auſſi quand l'électeur de Mayence, au nom de l'empereur, convoque les députés de l'Empire, à la prière des directeurs d'un ou de plufieurs cercles, pour arranger des affaires, ou pour affoupir des conteſtations qu'ils ne font pas eux-mêmes en état de terminer.

Cette *députation*, en ufage dans le corps germanique, fut inſtituée par les états à la diète d'Augsbourg en 1555. On y nomma alors pour commiſſaires perpétuels l'envoyé de l'empereur ; les députés de chaque électeur, excepté celui du roi de Bohême, parce qu'il ne prenoit part aux affaires de l'Empire, qu'en ce qui concernoit l'élection d'un empereur ou d'un roi des romains ; mais les chofes ont changé à cet égard depuis l'empereur Jofeph. On y admet encore ceux de divers princes, prélats & villes impériales. Chaque député donne fon avis à part, foit qu'il foit de la chambre des électeurs, ou de celle des princes. Si les fuffrages des deux chambres s'accordent avec celui du commiſſaire de l'empereur, alors on conclut, &, ainſi que dans les diètes, on forme un réfultat qui fe nomme *conſtitution*; mais une feule chambre qui eſt d'accord avec le commiſſaire de l'empereur, ne peut faire une concluſion, ſi l'autre eſt d'un avis contraire.

DÉPUTÉ, celui qui eſt envoyé par une communauté quelconque.

Les *députés* n'étant pas miniſtres publics, ne font point fous la protection du droit des gens ; mais on leur doit une protection plus particulière qu'à d'autres étrangers ou citoyens, & quelques égards en confidération des communautés dont ils font les agens.

Des écrivains enthoufiaſtes fe font moqués des *députés* qu'envoient les grandes nations aux états, aux diètes, aux parlemens & aux diverfes affemblées qui font chargées de faire les loix, ou de confentir aux impôts : trop amoureux d'une liberté complette, ils ne fongeoient pas qu'ils demandoient une chimère, & que, s'il eſt poſſible de rendre utiles aux peuples ces fortes de difcuſſions, il faut le contenir dans des bornes raifonnables. L'exagération fe réfute d'elle-même, & le paſſage fuivant n'a pas befoin de remarques.

« L'attiédiſſement de l'amour de la patrie, l'ac-
» tivité de l'intérêt privé, l'immenfité des états,
» les conquêtes, l'abus du gouvernement ont
» fait imaginer la voie des *députés* du peuple dans
» l'aſſemblée de la nation. C'eſt ce qu'en certains
» pays on ofe appeller le *tiers-état*. Ainſi l'intérêt
» particulier de deux ordres eſt mis au premier
» & au fecond rang ; l'intérêt public n'eſt qu'au
» troifième.

» La fouveraineté ne peut être repréfentée, par
» la même raifon qu'elle ne peut être aliénée ;
» elle confiſte eſſentiellement dans la volonté gé-
» nérale, & la volonté ne fe repréfente point :
» elle eſt la même, ou elle eſt autre ; il n'y a
» point de milieu. Les *députés* du peuple ne font
» donc ni ne peuvent être fes repréfentans ; ils ne
» font que fes commiſſaires ; ils ne peuvent rien
» conclure définitivement. Toute loi que le peu-
» ple en perfonne n'a pas ratifiée eſt nulle ; ce
» n'eſt point une loi. Le peuple anglois penfe
» être libre ; il fe trompe fort, il ne l'eſt que
» durant l'élection des membres du parlement ;
» fi-tôt qu'ils font élus, il eſt efclave, il n'eſt
» rien. Dans les courts momens de fa liberté,
» l'ufage qu'il en fait mérite bien qu'il la perde.

» L'idée des *députés* eſt moderne : elle nous
» vient du gouvernement féodal, de cet abfurde
» gouvernement dans lequel l'efpèce humaine eſt
» dégradée, & où le nom d'homme eſt en déshon-
» neur. Dans les anciennes républiques, & même
» dans les monarchies, jamais le peuple n'eut de
» *députés* : on ne connoiſſoit pas ce mot-là. Il eſt
» très ſingulier qu'à Rome, où les tribuns étoient
» ſi facrés, on n'ait pas même imaginé qu'ils puf-
» fent ufurper les fonctions du peuple ; & qu'au
» milieu d'une ſi grande multitude ils n'aient ja-
» mais tenté de paſſer de leur chef un feul plé-
» bifcite. Qu'on juge cependant l'embarras que
» caufoit quelquefois la foule, par ce qui arriva
» du temps des gracques, où une partie des ci-
» toyens donnoit fon fuffrage de deſſus les toits.

» Où le droit & la liberté font toutes chofes,
» les inconvéniens ne font rien. Chez ce fage peu-
» ple, tout étoit mis à fa juſte mefure : il laiſſoit
» faire à fes licteurs ce que fes tribuns n'euſſent
» ofé faire ; il ne craignoit pas que fes licteurs
» vouluſſent le repréfenter ».

Les *députés* aux aſſemblées publiques jouiſſent de certains privilèges. Les états qui ont droit de s'aſſembler par *députés*, pour délibérer fur les affaires publiques, peuvent par cela même exiger une sûreté entière pour leurs représentans, & tout ce qui est nécessaire à la liberté de leurs fonctions. Si la personne des *députés* n'est pas inviolable, ceux qui les délèguent ne pourront s'assurer de leur fidélité à maintenir les droits de la nation, & à défendre courageusement le bien public : ces représentans ne s'acquitteront pas dignement de leurs commissions, s'il est permis de les inquiéter, en les trainant en justice pour dettes, ou pour des délits communs. Les raisons qui établissent les immunités des ambassadeurs sont applicables ici. Les droits de la nation & la foi publique mettent ces *députés* à couvert de toute violence, & même de toute poursuite judiciaire, pendant la durée de leur mission. Cette règle s'observe en tout pays, & particuliérement aux diètes de l'Empire, au parlement d'Angleterre, & on la suivoit jadis aux Cortès d'Espagne. Henri III, roi de France, fit tuer aux états de Blois le duc & le cardinal de Guise : il viola la sûreté des états; & lorsque ses apologistes diront que ces princes étoient des factieux & des rebelles, qui portoient leurs vues audacieuses jusqu'à dépouiller leur souverain de sa couronne, il faudroit savoir si Henri n'étoit plus en état de les faire arrêter & punir, suivant les loix; & si la nécessité sembloit imposer la loi de se défaire de deux princes, on regrettera toujours qu'on ne les ait pas attaqués ailleurs. On dit que le pape Sixte V, apprenant la mort du duc de Guise, loua cet acte de vigueur comme un coup d'état nécessaire; mais qu'il entra en fureur, quand on lui dit que le cardinal avoit été tué aussi : c'étoit pousser bien loin d'orgueilleuses prétentions; & le pontife, en avouant que la nécessité avoit autorisé Henri à violer la sûreté des états & toutes les formes de la justice, montroit une partialité ridicule dans sa colère sur le dernier point.

DESPOTE. Ce mot, dans son acception simple, veut dire *maître & seigneur suprême*; il est synonime de monarque.

DESPOTISME, signifie donc, dans son sens naturel, l'autorité légitime & souveraine d'un seul; mais l'opinion & l'usage le font communément prendre en mauvaise part, on le confond souvent avec le pouvoir arbitraire & la tyrannie. Voici ce qu'en dit l'ancienne Encyclopédie, en le présentant sous ce double point de vue.

Le *despotisme* est le gouvernement tyrannique, arbitraire & absolu d'un seul. Tel est le gouvernement de Turquie, du Mogol, du Japon, de Perse, de presque toute l'Asie, &c.

Le principe des états despotiques, est qu'un seul prince gouverne tout, selon ses volontés, n'ayant absolument d'autre loi qui le domine, que celle de ses caprices. Il résulte de la nature de ce pouvoir, qu'il passe tout entier dans la main de celui à qui il est confié; cette personne, ce visir devient le despote lui-même, & chaque officier particulier devient le visir. L'établissement d'un visir découle du principe fondamental des états despotiques (1). Lorsque les eunuques ont affoibli le cœur & l'esprit des princes d'Orient, & souvent leur ont laissé ignorer leur état même, on les tire du palais pour les placer sur le trône; ils sont alors un visir, afin de se livrer dans leur serrail à l'excès de leurs passions stupides : ainsi, plus un tel prince a de peuples à gouverner, moins il pense au gouvernement; plus les affaires sont grandes, & moins il délibère sur les affaires; ce soin appartient au visir. Celui-ci, incapable de sa place, ne peut ni représenter ses craintes au sultan sur un événement futur, ni excuser ses mauvais succès sur le caprice de la fortune. Dans un tel gouvernement, le partage des hommes, comme des bêtes, y est sans aucune différence, l'instinct, l'obéissance, le châtiment. En Perse, quand le sophi a disgracié quelqu'un, ce seroit manquer au respect, que de présenter un placet en sa faveur; lorsqu'il l'a condamné, on ne peut plus lui demander grace; s'il étoit yvre, ou hors de sens, il faudroit que l'arrêt s'exécutât tout de même, sans cela, il se contrediroit, & le sophi ne sauroit se contredire.

Mais, si dans les états despotiques le prince est fait prisonnier, il est censé mort; les traités qu'il fait, comme prisonnier, sont nuls, son successeur ne les ratifieroit pas : en effet, comme il est la loi, l'état & le prince, & que si-tôt qu'il n'est plus le prince, il n'est rien; s'il n'étoit pas censé mort, l'état seroit détruit. La conservation de l'état n'est que dans la conservation du prince, ou plutôt du palais où il est enfermé : c'est pourquoi il fait rarement la guerre en personne.

Malgré tant de précautions, la succession à l'empire, dans les états despotiques, n'en est pas plus assurée, & même, elle ne peut pas l'être; en vain seroit-il établi (2), que l'aîné succéderoit; le prince en peut toujours choisir un autre. Chaque prince de la famille royale ayant une égale capacité pour être élu, il arrive que celui qui monte sur le trône, fait d'abord étrangler ses frères, comme en Turquie; on les fait aveugler, comme en Perse; on les rend fous, comme chez le Mogol : ou si l'on ne prend point ces précautions, comme à Maroc, chaque vacance du trône est suivie d'une

_____

(1) Ce n'est pas un principe de gouvernement, mais au contraire un oubli des principes, un abus de l'autorité qui ne reconnoît ni règles ni limites, & qui tend par son excès à se détruire elle-même. (*Note de M. G.*)

(2) Etabli! par qui? Si on en faisoit une loi, la loi seroit au-dessus du prince, & l'état ne seroit plus despotique, dans le sens qu'on l'entend ici. Si c'étoit par la volonté seule du prince, il est évident qu'on n'en tiendroit aucun compte après lui. (*Note de M. G.*)

affreufe guerre civile. De cette manière, perfonne n'eft monarque que de fait, dans les états defpotiques.

On voit bien, que ni le droit naturel, ni le droit des gens ne font le principe de tels états, l'honneur ne l'eft pas davantage ; les hommes y étant tous égaux, on ne peut pas s'y préférer aux autres ; les hommes y étant tous efclaves, on ne peut s'y préférer à rien. Encore moins, cherche-rions-nous ici quelque étincelle de magnanimité : le prince donneroit-il ce qu'il eft bien éloigné d'avoir en partage ? Il ne fe trouve chez lui, ni grandeur, ni gloire. Tout l'appui de fon gouvernement eft fondé fur la crainte qu'on a de fa vengeance ; elle abat tous les courages, elle éteint jufqu'au moindre fentiment d'ambition : la religion, ou plutôt la fuperftition, fait le refte, parce que c'eft une nouvelle crainte ajoutée à la première. Dans l'empire mahométan, c'eft de la religion que les peuples tirent principalement le refpect qu'ils ont pour leur prince.

Entrons dans de plus grands détails, pour mieux dévoiler la nature & les maux des gouvernemens defpotiques de l'Orient.

D'abord, le gouvernement defpotique s'exerçant dans leurs états fur des peuples timides & abattus, tout y roule fur un petit nombre d'idées ; l'éducation s'y borne à mettre la crainte dans le cœur & la fervitude en pratique. Le favoir y eft dangereux, l'émulation funefte : il eft également pernicieux qu'on y raifonne bien ou mal ; il fuffit qu'on raifonne pour choquer ce genre de gouvernement ; l'éducation y eft donc nulle ; on ne pourroit que faire un mauvais fujet, en voulant faire un bon efclave.

Le favoir, les talens, la liberté publique,
Tout eft mort fous le joug du pouvoir defpotique.

Les femmes y font efclaves ; & comme il eft permis d'en avoir plufieurs, mille confidérations obligent de les renfermer : comme les fouverains en prennent tout autant qu'ils veulent, ils en ont un fi grand nombre d'enfans, qu'ils ne peuvent guère avoir d'affection pour eux, ni ceux-ci pour leurs frères. D'ailleurs, il y a tant d'intrigues dans leur ferrail, ces lieux où l'artifice, la méchanceté, la rufe, règnent dans le filence, que le prince lui-même y devenant toujours plus imbécile, n'en eft que le premier prifonnier de fon palais.

C'eft un ufage établi dans les pays defpotiques, que l'on n'aborde perfonne au-deffus de foi, fans lui faire des préfens. L'empereur du Mogol n'admet point les requêtes de fes fujets, qu'il n'en ait reçu quelque chofe. Cela doit être dans un gouvernement, où l'on eft plein de l'idée que le fupérieur ne doit rien à l'inférieur ; dans un gouvernement, où les hommes ne fe croient liés que par les châtimens que les uns exercent fur les autres.

La pauvreté & l'incertitude de la fortune y na-

turalifent l'ufure, chacun augmentant le prix de fon argent, à proportion du péril qu'il a à le prêter. La misère vient de toutes parts dans un pays malheureux ; tout y eft ôté, jufqu'à la reffource des emprunts. Le gouvernement ne fauroit être injufte, fans avoir des mains qui exercent fes injuftices : or, il eft impoffible que ces mains ne s'emploient pour elles-mêmes, ainfi, le péculat y eft inévitable. Dans des pays, où le prince fe déclare propriétaire des fonds, & l'héritier de fes fujets, il en réfulte néceffairement l'abandon de la culture ; tout eft en friche & défert. Quand les fauvages de la Louifiane veulent avoir du fruit, ils coupent l'arbre au pied. Voilà le gouvernement defpotique, dit l'auteur de l'*Efprit des loix.*

Dans un gouvernement defpotique de cette nature, il n'y a donc point de loix fur la propriété des terres, puifqu'elles appartiennent toutes au defpote ; il n'y en a pas non plus fur les fucceffions, parce que le fouverain eft le feul fucceffeur de droit. Le négoce exclufif qu'il fait dans quelques pays, rend inutiles toutes fortes de loix fur le commerce. Comme on ne peut pas augmenter la fervitude extrême, il ne paroît point dans les pays defpotiques d'Orient de nouvelles loix en temps de guerre, pour l'augmentation des impôts. Les mariages, contractés avec des filles efclaves, font qu'il n'y a guère de loix civiles fur les dots & fur les avantages des filles. Dans quelques pays de l'Inde, on n'a pu découvrir de loix écrites. Le vedan & autres livres pareils, ne contiennent point de loix civiles. En Turquie, où l'on s'embarraffe auffi peu de la fortune, que de la vie & de l'honneur des fujets, on termine promptement toutes les difputes. Le bacha fait diftribuer des coups de bâton fous la plante des pieds des plaideurs, & les renvoie chez eux.

Si les plaideurs font ainfi punis, quelle ne doit point être la rigueur des peines pour ceux qui ont commis quelque faute ? Ainfi, quand nous lifons dans les hiftoires les exemples de la juftice atroce des fultans, nous fentons, avec une efpèce de douleur, les maux de la nature humaine. Au Japon, c'eft pis encore ; on y punit de mort prefque tous les crimes. Là, il n'eft pas queftion de corriger le coupable, mais de venger l'empereur. Un homme qui hafarde de l'argent au jeu, eft puni de mort, parce qu'il n'eft ni propriétaire, ni ufufruitier de fon bien.

Le peuple qui ne poffède rien en propre, n'a aucun attachement pour fa patrie, & n'eft lié par aucune obligation à fon maître : de forte que, fuivant la remarque de M. la Loubere, comme les fiamois doivent fubir le même joug fous quelque prince que ce foit, ils ne prennent jamais aucune part à fa fortune ; au moindre trouble, ils laiffent aller tranquillement la couronne à celui qui a le plus de force ou d'adreffe. Un fiamois s'expofe gaiement à la mort pour fe venger d'une injure particulière, pour fe délivrer de la vie, ou pour se dérober au supplice ; mais mourir pour le prince ou pour la patrie, c'est une vertu inconnue dans ce pays-là. Ils ne manquent pas de motifs, puisqu'ils n'ont ni liberté, ni biens. Les prisonniers, faits par le roi de Pégu, restent tranquillement dans la nouvelle habitation qu'on leur assigne, parce qu'elle ne peut être pire que la première. Il en est de même des habitans de Pégu, pris par les siamois. Accablés dans leur pays par la servitude, ils disent avec l'âne de la fable.

Battez-vous, & nous laissez paître ;
Notre ennemi, c'est notre maître:

La rébellion de Sacrovir donna de la joie au peuple ; la haine qu'avoit inspirée Tibere, fit souhaiter un heureux succès à l'ennemi public. *Multi odio præsentium suis quisque periculis latabantur.*

Je sais que les rois d'Orient sont regardés comme enfans adoptifs du ciel. On croit que leurs ames sont célestes, & surpassent les autres en vertus, autant que leur condition surpasse en bonheur celle de leurs sujets ; cependant, lorsqu'une fois les sujets se révoltent, le peuple vient à mettre en doute si l'adoption céleste n'a pas passé de la personne du roi légitime à celle du sujet rébelle ; d'ailleurs, dans ces pays-là, il ne se forme point de petite révolte. Point d'intervalle entre le murmure & la sédition ; la sédition & la catastrophe ; le mécontent va droit au prince, il le renverse ; il en efface jusqu'à l'idée. Dans un instant, l'esclave est le maître ; il est usurpateur & légitime. Point de grande cause par de grands événemens dans ces pays despotiques. Au contraire, le moindre accident produit une grande révolution, souvent aussi imprévue des agens que des patiens. Lorsqu'Osman, empereur des turcs, fut déposé, on ne lui demandoit que justice sur quelque grief. Une voix sortit de la foule, & nomma par hasard Mustapha. Soudain, Mustapha fut empereur.

Le père Martini prétend que les chinois se persuadent, qu'en changeant de souverain, ils obéissent au ciel ; & quelquefois, ils ont préféré un brigand au prince reconnu ; mais outre, dit-il, que cette autorité despotique est sans défense, son exercice se terminant entièrement au prince, elle est affoiblie, faute d'être partagée & communiquée. Celui qui veut détrôner le prince, n'a guères qu'à jouer le rôle & prendre l'esprit de souverain. L'autorité, renfermée dans un seul homme, passe sans peine à un autre, faute de gens dans les emplois, qui s'intéressent à conserver l'autorité royale. Il n'y a donc que le prince intéressé à défendre le prince, tandis que cent mille bras s'intéressent à défendre nos rois.

Loin donc que les despotes soient assurés du trône, ils ne font que plus près de tomber ; loin que leur vie soit en sûreté, ils ne font que plus exposés à la perdre d'une manière tragique. Un sultan est souvent mis en pièces, avec moins de formalité qu'un malfaiteur de la lie du peuple ; avec moins d'autorité, il auroit moins à craindre. Caligula, Domitien & Commode furent égorgés par ceux dont ils avoient ordonné la mort, &c. (Le chevalier DE JAUCOURT.) Considérons maintenant le *despotisme* sous son vrai point de vue, & pour le bien connoître, remontons à sa source.

On suppose que le *despotisme* est le gouvernement d'une société, qui n'a d'autre loi que la volonté d'un seul. Si cela est, tous les sujets d'un despote n'ont point d'opinion à eux. S'ils n'ont point d'opinion, ils n'ont point de besoins ; car le besoin de manger leur fait chercher du pain, celui de reposer, un abri, celui de se couvrir, un vêtement, celui de se reproduire, une femme, &c. avant que le prince leur ait ordonné rien de tout cela. Or, on n'a point ces choses, qu'on ne les acquière ; on ne les acquiert pas sans travail ; on ne travaille pas sans accord, sans aide ; on n'est point aidé sans conventions, & nulle convention qui ne soit une loi entre les contractans.

Il suit de tout cela, que si le despote règne sur une société, le principal de l'action sociale y va de soi-même, sans le concours du despote, & à plus forte raison, sans l'intervention & l'expression de sa volonté. Voilà donc la toute-puissance de cette volonté, bornée au pouvoir d'empêcher toutes ces choses, & d'en intervertir l'ordre & le cours. C'est-là le ressort de la violence, qui est le même par-tout, & qui semblable aux ravages du feu & des inondations, n'a pas besoin d'une dénomination particulière pour être inférée dans la catégorie des gouvernemens.

Mais ici, c'est autre chose ; le *prince* existe, & est reconnu comme puissance légitime ; il pourvoit à la défense du territoire & de ses frontières ; il en impose au-dehors ; il veille au-dedans à la paix publique & à la sûreté privée ; & son ordre personnel fournit à tout.

S'il en impose au-dehors, c'est par des forces militaires ; ces forces, & ce qui les réunit & les subordonne, supposent des loix militaires. Celles-ci sans doute tiennent plus que toute autre à la volonté d'un chef ; mais cette volonté doit pourtant être entendue ; elle doit s'énoncer dans la langue des autres, & frapper à leur opinion ; s'il veille au-dedans, c'est encore par des ordres ; mais ces ordres doivent correspondre à l'opinion de la justice sommaire, & cette opinion est fondée sur la loi du bon sens. Dès-lors je conçois notre despote ; c'est un chef qui n'a encore acquis qu'une portion du pouvoir d'un monarque, la portion qui doit aller par des ordres ; c'est un souverain à qui il reste le pas le plus essentiel & le plus difficile à faire vers la puissance, à se rendre vrai monarque, chef de justice ; qui parvient à dominer par des loix, c'est-à-dire, à être institué, reconnu, révéré & affermi dans la toute-puissance par les loix.

Jufques-là, fon pouvoir n'eft que précaire, &, fi l'on peut parler ainfi, qu'une autorité par *interim*, plus dangereufe pour lui que pour tout autre. Pour l'exercer, il faut qu'il la tranfporte fur une autre tête, qui en ufera ou en abufera. Pour en ufer, il faut qu'il la rende fienne; car être ferviteur & maître tout enfemble, furpaffe les forces de l'humanité. Le voilà donc fufpe& ou abufif. S'il abufe, il tyrannife, & la tyrannie écrafe & difperfe la fociété.

En un mot, l'a&ion fociale doit être perpétuelle. Point d'a&ion durable fans réa&ion. Ainfi le veulent les loix de la nature que l'homme ne fauroit changer. L'a&ion du fouverain fur le peuple a befoin de la réa&ion du peuple fur la fouveraineté. Il faut au peuple un prince, il faut au prince un peuple; le befoin eft réciproque à cet égard.

Le befoin du peuple eft que le fouverain foit le prote&eur & le défenfeur des loix reconnues, & de favoir à qui & à quoi il obéit. Le befoin du prince eft que fes droits foient reconnus, & que le peuple lui obéiffe volontairement & fans contrainte. Entre ces deux befoins de leur nature, fi correfpondans & fi aifés à concilier en apparence, fe trouvent la cour des princes & leurs prépofés. Les courtifans affidus n'ont pas befoin de la volonté du prince, mais de celle de l'homme; à force d'intrigues & d'affiduités, ils obtiennent les places; & l'on fait que l'affiduité & l'intrigue ne font pas l'école des règles, des loix, des ufages, des moyens de s'affocier les opinions & de prévenir les cas d'intervention d'autorité. Le défir même de fe faire valoir & d'étaler fes propres fervices provoque les occafions. L'impéritie une fois compromife aime à trancher le nœud gordien, & tous ces motifs intéreffent les prépofés à provoquer l'exercice de la volonté perfonnelle, & à préfenter de loin & de près à l'autorité les exemples qui l'entraînent vers le *defpotifme*.

Ainfi l'on dépouille le prince de fon vrai pouvoir, en opprimant le peuple, en contrariant fes opinions & fes ufages, & en s'oppofant à l'exercice de fa raifon, jufqu'à ce qu'on ait enchaîné le prince des fers dorés du *defpotifme*, avili le peuple & anéanti l'efprit national.

C'eft chez les nations civilifées, apprivoifées, polies, qu'il faut chercher le *defpotifme* vraiment a&if & corrofif; follicité d'un côté par la cupidité ambitieufe & le vœu commun de l'impunité; facilité de l'autre par la connivence, la prévarication, la molleffe, & par tous les vices qui, dans les périodes préparatoires des révolutions politiques, remplacèrent de tout temps les mœurs généreufes, turbulentes & économes. Aux lieux où l'on croit voir le *defpotifme* avoué & dominant, on ne trouve que des déferts, des étapes de commerce & des caravanes; ce font des pays de con-

quête, qui, faute de loix, n'y purent voir s'élever des nations.

Ce ne peut être l'œuvre d'un grand homme, ni de plufieurs même fucceffifs, que de faire goûter & recevoir des loix à des peuples une fois barbares; c'eft l'effet feul du temps & des circonftances longues & défaftreufes, qui amène un peuple à plier volontairement fous le joug des loix: & malheureux aveugles que nous fommes, à peine nous jouiffons de quelques-uns des avantages qui coûtèrent tant de foins & de travaux à nos pères, que chacun de nous concourroit volontiers, dans ce qui le regarde, à les tranfgreffer avec mépris. On fatigue le juge de follicitations; ce qui eft renier la loi pour invoquer l'homme: on accable la cour de demandes pour obtenir des places & des penfions; ce qui eft dénaturer la charge & l'ériger en bénéfice, déferter l'emploi & envahir les émolumens; on interroge, on invite de toutes parts le *defpotifme* du prince; chacun de nous voudroit que le gouvernement fît tout, pourvu qu'il le fît felon nos vues & nos intérêts particuliers: on cherche à établir le *defpotifme* jufques fur les digues pofées pour l'arrêter. Ainfi vit-on autrefois, dans certains pays, des tribunaux de la légalité ordonner qu'on arrachât les vignes, ou qu'on envoyât, dans des temps de prétendue difette, les pauvres en garnifon chez les propriétaires aifés.

Qu'on y prenne garde, le *defpotifme* eft dans l'ame de tous les hommes, & dans la cupidité de chaque individu, tel qu'il puiffe être. Il n'a de remede efficace & permanent que dans l'inftru&ion de tous, afin que l'opinion & le préjugé de tous faffent fociété en faveur du droit d'un chacun, & foit plus fort que toute ligue oppreffive.

Que tout homme apprenne, dès qu'il peut concevoir & s'énoncer, ce que font les droits & les devoirs de l'homme; ils font auffi fimples, qu'ils font contredits par la barbarie & par les ufages qu'elle a fait naître: ce font les titres & les cara&ères diftin&ifs de la liberté de l'homme, & de fa véritable foumiffion. La connoiffance des devoirs fait des fujets bien plus fûrs & plus acquis que l'emploi de la contrainte; & la connoiffance des droits, en nous donnant la plénitude de notre être & une haute idée de notre condition, nous attache tout autrement à la puiffance qui veille pour nous les conferver. Ils ne fauroient fe montrer à nous, fans la connoiffance des droits d'autrui, de ceux fur-tout de l'autorité prote&rice & du prince qui en eft revêtu.

Cette connoiffance première tient à celle des avances, de leur nature, de leur origine, de leur importance & décifive immunité. Tout cela s'apperçoit & fe grave aifément dans le cœur & dans la mémoire, parce que tout cela tient au premier des préceptes, & que l'enfemble conduit à la connoiffance & au refpe& de la propriété, qui n'eft pas moins un fentiment excité par l'amour propre, qu'un esprit de modération inspiré par l'équité.

Voilà tout ce qu'il faut que l'homme sache pour être entiérement disposé à se soumettre à des loix, à ne pas s'y tromper, à ne reconnoître comme telles que celles qui énoncent les loix de la nature & présentent la règle infaillible des mœurs, à ne recevoir pour loix que les injonctions marquées à cette empreinte ; à rejetter enfin, par la force de la raison, toutes celles qui n'ont point ce caractère, au lieu de les éluder par la fraude, de les avilir par la désuétude, & de donner aux mœurs le régime de l'infraction.

C'est ce régime funeste qui établit le *despotisme* habituel, volontaire & individuel, dans le sein de chaque société. Chacun veut arriver à son but par la route la plus courte ; c'est le vœu de la nature ; c'est l'épargne des avances & le moyen de trouver un profit plus considérable & plus sûr. Chacun veut l'obtenir à moins de frais possible ; tous invoquent le *despotisme*, dans l'instant même où ils le dévouent à l'anathême qu'il mérite, en supposant le despote investi d'une puissance illimitée, sans autre guide que sa foible & fragile volonté ; mais ce sentiment d'horreur qu'il inspire, bien profond & bien reconnu, n'est encore que le vœu de l'usurpation.

Ce vœu général déguisé sous toutes les formes, loin d'être combattu, doit pour devenir utile être livré à son propre essor, jusqu'à ce qu'il rencontre le *despotisme* légal.

Voilà le vrai *despotisme* ; celui qui, sous la dictée de la nature, peut seul gouverner l'homme en tout temps & en tous lieux, qui assurera les droits des souverains & leur puissance, les droits de l'homme & sa soumission. Le code des loix majeures prononcées despotiquement par cette autorité bienfaisante, mais impérieuse, sous peine de misère & de mort, n'est ni long ni abstrait. A l'ombre du respect qui leur est dû, reposeront les loix coutumières, les usages, les règles, les mœurs : l'autorité sera par-tout absolue, & nulle part arbitraire.

La nature, dans son cours, nous montre chaque jour l'exemple du *despotisme*, qui nous rend le matin la lumière, & qui nous l'ôte le soir ; mais selon des révolutions constantes, générales & favorables, qui guident, manifestent & constatent l'usage de notre liberté. Le *despotisme* légal que nous indiquons ici, est le seul raisonnable comme le seul possible. Tout autre est la prétention d'un général d'armée qui, dans l'ivresse & les fumées du vin, voudroit commander l'exercice à deux cents lieues à la ronde, & prétendroit être obéi.

(Cet article est de M. GRIVEL.)

Nous avons fait d'autres remarques sur le *despotisme* à l'article ABSOLU (POUVOIR), & le

lecteur en trouvera de nouvelles encore à l'article MONARCHIE. *Voyez* aussi les articles ARISTOCRATIE & DÉMOCRATIE.

DÉSERTEUR. L'illustre auteur de l'Esprit des loix remarque que la peine de mort infligée aux *déserteurs*, ne paroît pas avoir diminué les désertions ; il croit qu'une peine infamante qui les laisseroit vivre, seroit plus efficace. En effet, un soldat, par son état, méprise ou est fait pour mépriser la mort, & au contraire pour craindre la honte.

Plusieurs souverains paroissent avoir senti la justesse de cette remarque ; & , graces au progrès des lumières, ou à l'expérience des princes, il ne reste plus que quelques contrées en Europe, où l'on punisse de mort les *déserteurs*.

Le 12 décembre 1775, une ordonnance du roi a modéré les peines portées contre les *déserteurs*. La peine de mort avoit lieu dans tous les cas de désertion : on ne l'inflige plus qu'aux *déserteurs* qui, abandonnant leur patrie en temps de guerre, joignent la trahison à l'infidélité. Ceux qui désertent, après avoir volé le prêt ou dérobé des effets à la chambre, où ailleurs, sont condamnés aux galères perpetuelles : on met les autres à la chaîne, pour un temps proportionné au délit.

Les historiens parlent d'une loi que fit Charondas contre les *déserteurs* ; elle portoit qu'au lieu d'être punis de mort, ils seroient condamnés à paroître pendant trois jours, dans la ville, revêtus d'un habit de femme ; mais les mêmes historiens ne disent point si la crainte d'une telle honte produisit plus d'effet que celle de la mort. Quoi qu'il en soit, Charondas retiroit deux grands avantages de sa loi ; celui de conserver des sujets, & celui de leur donner occasion de réparer leurs fautes, & de se couvrir de gloire à la première occasion qui se présenteroit. J'observerai seulement que la peine étoit peut-être mal choisie.

L'Europe avoit adopté des francs la peine de mort contre les déserteurs ; si cette loi a pu être bonne pour un peuple, chez qui le soldat alloit librement à la guerre, avoit sa part des honneurs & du butin, il n'en étoit pas de même parmi nous.

Comme personne n'ignore les diverses causes qui rendent les désertions si fréquentes & si considérables, je n'en rapporterai qu'une seule ; c'est que les soldats sont réellement dans les pays de l'Europe, où on les prend par force & par stratagême, la plus vile partie des sujets de la nation, & que leur solde n'est pas proportionnée à leurs fatigues. Chez les romains, (dit encore l'auteur de l'Esprit des loix dans un autre de ses ouvrages,) les désertions étoient très-rares : des soldats tirés d'un peuple si fier, si orgueilleux, si sûr de commander aux autres, ne pouvoient guères penser à s'avilir, jusqu'à cesser d'être romains.

On demande s'il est permis de se servir à la guerre, des *déserteurs* & des traîtres qui s'offrent d'eux-mêmes, & même de les corrompre par des promeſſes ou des récompenſes ? Quintilien, dans ſa déclamation 255, ſoutient qu'il ne faut pas recevoir des *déſerteurs* de l'armée ennemie. Il veut qu'on obſerve, au milieu de la guerre, les règles de la juſtice & de l'honneur ; mais on ſait que la guerre ſe moque des principes de la juſtice, & qu'on s'efforce vainement d'y obſerver les règles de l'honneur. Grotius prétend que, ſelon le droit des gens, on peut ſe ſervir des *déſerteurs*, mais non pas des traîtres. Cette déciſion ne paroît pas même conforme aux vaines règles qu'établiſſent les publiciſtes ; car, en ſuppoſant qu'une puiſſance a un juſte motif de faire la guerre, elle a certainement droit d'ôter à l'ennemi tout ce qui lui eſt de quelque ſecours. Il ſemble donc qu'il doit être permis de travailler à appauvrir l'ennemi, en gagnant ſes ſujets par argent, ou de quelqu'autre manière. Mais il faut bien prendre garde de ne pas ſe nuire à ſoi-même, par l'exemple qu'on donne aux autres ; & c'eſt toujours un acte de généroſité de s'abſtenir, tant qu'on le peut, de ces ſortes de voies.

DESSÉCHEMENT, c'eſt l'opération par laquelle on tire un terrain bas de deſſous les eaux qui le couvrent ; on le deſſèche, on l'aſſainit. Le *deſſéchement* eſt une annèxe naturelle du défrichement ; cependant les premiers défrichemens durent précéder le *deſſéchement*. De ſimples familles & de foibles ſociétés ont pu & dû même commencer les travaux du défrichement des terres à leur portée, tandis que les vrais *deſſéchemens* n'ont pu être que l'ouvrage d'une ſociété en force, & par conſéquent nombreuſe, d'une nation puiſſante.

En effet, le *deſſéchement* entraîne néceſſairement l'ouverture des grands débouchés. Je puis défricher autour de moi, & vivre pauvrement des fruits de mon travail avec ma famille & mes voiſins ; mais un petit *deſſéchement* partiel va augmenter au-deſſous l'engorgement, qui bientôt augmente & s'étend juſqu'à moi, par le gonflement, par l'humidité, par des vapeurs mal ſaines & autres inconvéniens du marécage ; il m'environne, il me barre le chemin ; en un mot, le vrai *deſſéchement*, dans un pays encore neuf, doit commencer par le bas, par les grandes voies. L'inondation fut la première oppoſition de la nature qui força les hommes agricoles à la réunion.

Dans les contrées déſertes, (& il en eſt trop encore,) la terre ſe couvre de bois ; les bois attirent & concentrent l'humidité ; leurs débris arrêtent les eaux ; celles-ci entraînent des matières qui forment des digues naturelles ; tout devient marais. Telle fut notre Europe dans les temps anciens encore connus ; telle fut l'Aſie pour les premières peuplades ; telle eſt encore l'Amérique dans la plus grande partie de ſon continent.

L'homme ſe roidit contre l'oppoſition & la réſiſtance. La néceſſité des grands travaux fit les étroites & les fortes réunions. Peut-être que l'admirable police de l'ancienne Egypte fut due en partie aux étranges difficultés que les premiers habitans trouvèrent à s'établir dans un pays, auſſi contrarié par des accidens périodiques qu'avantagé par le climat.

Le *deſſéchement*, quand il eſt poſſible ſelon nos forces, eſt de tous les travaux celui qui donne le plus d'encouragement. L'eau travaille d'elle-même à ſeconder nos efforts qui favoriſent ſa pente ; elle les facilite d'une manière admirable. Leur ſuccès devient auſſi très-fructueux ſur les terres deſſéchées ; car ces terres, faciles à manier, fécondées par les mains du cultivateur, ſont d'une extrême fertilité dans les premiers temps. D'ailleurs la nature ſemble prendre plaiſir à tout apporter aux lieux des grands débouchés, à tout donner aux terres d'alluvions.

L'hiſtoire de la Chine, la ſeule qui nous préſente le tableau d'une nation indigène, & propriétaire légitime du ſol qu'elle occupe aujourd'hui, nous fait voir les patriarches qui y établirent la première peuplade, occupés à conquérir ſur les eaux les provinces du ſud de ce vaſte empire. Les travaux publics furent leur premier ſoin, comme ils doivent être celui de tout vrai fondateur d'empire ; & ces travaux, confiés aux premiers hommes de l'état, aux plus ſages & aux plus habiles ; ces travaux, dont l'exécution les occupa pendant une longue ſuite d'années, étoient tous de *deſſéchement*.

Il eſt vrai qu'ils y en mêlèrent d'autres, autant & plus néceſſaires par la ſuite que les premiers ; nous voulons parler de ceux d'irrigation, ou du ſoin de donner aux eaux une direction nouvelle, factice & favorable aux divers beſoins de l'agriculture, de la population & des arts. C'eſt à quoi nos nations conquérantes n'ont jamais penſé. Auſſi, ne ſont-elles pas vraiment établies. Mais le *deſſéchement* que l'irrigation rend enſuite permanent & ſolide, doit avoir précédé celle-ci ; puiſqu'avant que de ſonger à diriger les eaux de manière qu'elles deviennent utiles, il faut avoir acquis & découvert le pays où l'on veut le répandre.

Toute priſe de poſſeſſion en grand d'un pays bas doit avoir commencé par le *deſſéchement*. Il a même beſoin d'être renouvellé ſans ceſſe, car tout tend à renouveller les inconvéniens de l'inondation. Quand même, toujours fidèle aux ſoins & au culte journalier & aſſidu, pour ainſi dire, que demande l'agriculture prédominante, un peuple innombrable & laborieux ſeroit continuellement occupé à réparer les dommages des cas fortuits, à maintenir, à conſerver les terres hautes, à les rétablir, & y rapporter les terres & engrais entraînés par les torrens ; il eſt toujours vrai que les orages, les crues exceſſives & le cours ordinaire des eaux, tendent à encombrer les bouches des grands fleuves, & par conſéquent à inonder les parties baſſes des terrains qui les avoiſinent. Ainſi le Rhin a formé la Hollande & les petites

provinces

provinces adjacentes que les hollandois, semblables aux alcyons, ont ensuite habitées & fécondées. Ainsi le Nil forma le *Delta*, que l'égyptien rendit le théâtre d'une fertilité prodigieuse; ainsi le Danube se perd en une multitude de bouches, dont les rives n'attendent, pour devenir planureuses, que d'être habitées par un peuple moins barbare que ceux qui les ont dévastées jusqu'ici.

Les bouches du Rhône & tant d'autres pourroient reprocher à des nations policées, qu'elles ne le sont pas encore dans le vrai sens de ce mot. Quoi qu'il en soit, les immenses travaux par lesquels la Hollande se maintient & se défend contre les flots & les abîmes, prouvent que les travaux de *desséchement* sont de la plus grande importance & d'une continuité nécessaire, entre ceux que la providence a prescrits à l'humanité.

Si de ces grands objets, nous passons à ceux de détail qui s'offrent à nous dans l'intérieur des terres, nous en trouverons encore d'immenses. Les premiers dont nous venons de parler, sont dans l'ordre des travaux publics; &, si on considère leur étendue, on ne trouvera pas étrange l'opinion des publicistes, qui, renonçant aux spéculations & aux subtilités dont on avoit voulu jusqu'à eux composer la politique, ont cru trouver la saine & immuable politique, écrite & tracée dans les loix de l'ordre naturel, & qui, traitant des dépenses souveraines & de leur objet, ont assigné un tiers de l'impôt aux dépenses des travaux publics.

A l'égard des objets de détail, relatifs aux *desséchemens*, ils peuvent, à quelques avances près, concerner les dépenses foncières des propriétaires; & sur cela les changemens dans les mœurs, changemens qui tiennent à d'autres causes physiques, peuvent influer beaucoup sur les *desséchemens* particuliers. Par exemple, il falloit par-tout des bois & des étangs, quand les propriétaires habitoient les campagnes & les châteaux, & les bois & les étangs se trouvoient par-tout; mais depuis que le numéraire plus abondant a rendu les revenus plus faciles à transporter & plus disponibles, les propriétaires se sont habitués & établis dans les villes, & les étangs & les bois ont beaucoup diminué, parce que le bois & le poisson ne se transportent pas aussi aisément que les grains; il a fallu des revenus dont on pût disposer à volonté, quoique moindres; les bois se sont rapprochés, les campagnes ont été défrichées, & les étangs desséchés avec profit; car on n'en vouloit pas donner de ferme, la moitié de ce qu'on en donnoit il y a cent ans.

Cependant ce *desséchement* qui devient universel, & qu'on croit avantageux aux propriétaires, fait beaucoup de tort au pays. Quand les eaux sont conservées & retenues, elles semblent doubler en apparence & doublent réellement en effet; de même, quand elles sont écoulées, elles diminuent, ainsi que l'humidité, bien plus qu'il ne paroît à

la vue, & le terrein s'en ressent. Par-tout on abat & on restreint les bois, soit en extirpant jusqu'aux haies & aux bordures, soit en réduisant tous les bois en taillis, qui n'ont point du tout le même effet qu'avoient les futaies, pour attirer l'humidité d'en haut & pour appeller les sources. En même-temps on dessèche & on défriche les étangs, les eaux baissent par-tout & les ruisseaux disparoissent. L'homme, en toutes choses, ne trouve rien de si difficile que de tenir le juste milieu.

Une sorte de *desséchement* bien nécessaire & bien digne de l'attention publique, qui doit toujours aider & encourager la sollicitude privée, ce seroit d'empêcher ou de détruire les marais jonqueux & factices, que des écluses & d'autres travaux de main d'homme forment de toutes parts en retenant & élevant les eaux, sans aucune attention pour le dommage qu'en souffrent les possessions riveraines. Les moulins seuls, qui en général donnent le plus chétif des revenus, toujours sujets à autant & plus de réparations qu'ils ne rapportent de profit, font, par leurs digues & leurs écluses mal construites & plus mal entretenues, une multitude de marécages des bons terrains qui bordent les petites rivières & les ruisseaux.

Indépendamment du remplacement de ces écluses & des machines grossières qu'on nomme *moulins* aujourd'hui, & que l'industrie & les sciences méchaniques, appliquées à leur plus utile objet, pourroient suppléer par des machines à moudre moins dispendieuses & plus perfectionnées, la bientenue de tous ces engins préserveroit les terres adjacentes de l'effet du refluement des eaux & de leur transfudation; mais cela tient à la richesse des campagnes. La misère occasionne par-tout le désordre & la mal-propreté; la richesse se complait à la bien-tenue. Et qui la mérite plus que notre patrimoine, que le sol bienfaisant & nourricier? En tout, l'art & le soin du *desséchement* & celui de l'irrigation sont les deux grands arcs-boutans de l'agriculture.

(*Cet article est de M. G R I V E L.*).

DETTES PUBLIQUES. Ce sont les *dettes* contractées par le gouvernement, pour le compte du public, ou de tous les sujets de l'état, pris collectivement.

Le mot de *dettes publiques*, employé chez les peuples les plus connus, dans le sens qu'on lui donne ici, semble former un préjugé favorable pour la solidité de l'état qui en fait usage. En effet, l'usage du mot annonce celui de la chose, & celle-ci la confiance qu'elle inspire. On ne prête qu'à celui qu'on croit avoir de quoi rendre, de manière pourtant qu'on puisse l'y forcer, s'il refusoit d'acquitter ses engagemens. Cependant le public, qui est le nom collectif des individus qui vivent sous la même loi, n'est en quelque sorte qu'un être de raison; car si cette réunion ne leur

M

est pas avantageuse, ne peut-on pas craindre qu'ils ne veuillent plus rester réunis ? & le public, dès-lors, n'est plus qu'un essain dispersé. Lorsqu'on prête au public, c'est que l'on compte sur sa permanence. Le forcer à payer, devient presque impossible ; car s'il demeure public, c'est-à-dire, société, il est plus fort que tout membre quelconque, & s'il cesse d'être public, on n'a plus de partie contre laquelle on puisse répéter sa créance.

Dire que les emprunts se font au nom du public, qu'ils se font sous sa sauve-garde, sous sa caution, c'est ne rien dire ; car il faut être deux pour un emprunt, un prêteur & un emprunteur.

Autrefois, les princes avides taxoient les fortunes odieuses & choquantes. En divers pays, on taxe encore le pauvre pour l'impôt, à défaut de tarif régulier & raisonnable ; mais tout cela est oppression, & l'oppression n'a ni force réelle, ni durée.

C'est presque toujours en abjurant l'oppression en apparence & en prenant l'air & la contenance de la bonne-foi, qu'on s'est ouvert la ressource des emprunts ; dangereux, s'ils sont faciles, parce que tout ce qui donne à l'homme trop de facilités, le livre à la dissipation ; ruineux, quand ils deviennent difficiles, en ce que, dès-lors, la foi publique subit le joug de l'usure.

Quoique les vertus seules doivent unir les hommes, c'est d'ordinaire l'intérêt qui les lie. L'usure fait plus de marchés que la bonne-foi.

Cependant, si l'usurier semble donner la foi, la fraude lui tend aussi des pièges qu'il n'évite pas toujours.

A considérer, par l'extérieur seulement, la conduite des hommes, on voit que chacun jouit avec confiance d'une apparente sécurité. Heureux au fond, ceux qui n'ont pas lieu de s'appercevoir que c'est erreur de leur part ! & ce n'est pas le grand nombre. La réflexion qui ne manque guères à l'intérêt, fait voir qu'on marche sur une mine couverte ; mais on espère avoir passé avant l'explosion.

Il ne faut jamais croire qu'un emprunt que fait un état soit facile ; cette opinion seroit contre la nature des choses. Cela ne se peut de la sorte que par confiance passagère ; mais au fond, chacun sait qu'il contracte avec un être idéal, qu'on risque de voir un jour refuser la charge, si devenue trop lourde, elle l'oblige de prendre un autre masque pour, à sa faveur, capter de nouveaux moyens. On ne transporte donc point d'une manière sûre sa confiance sur l'emprunteur ; mais on espère en soi-même, en sa propre adresse ; on compte sur son attention.

Le gouvernement qui emprunte, sait bien que le crédit présent nécessitera le crédit futur ; il emploie tous les moyens de persuasion pour inspirer la confiance. Les capitalistes réels, ni même le peuple des imitateurs, que les mœurs générales entraînent, ne s'y trompent pas ; mais il est si doux d'avoir

des revenus constans, & qui ne donnent ni procès, ni la peine de faire un nouveau capital, en attendant le moment de le grossir par un revirement de parties d'agiotage, tandis que les charges désordonnées & les mœurs courantes discréditent toute autre sorte de bien, qu'on se livre au présent, soi, ses actions & ses possessions sans retenue. Une fois bien embarqué, le courant vous emporte, & dès-lors, on ne peut plus vivre qu'autour du gouffre dans lequel on a mis tout son avoir.

Les gens difficiles vous disent après cela que les emprunts occasionnés par les *dettes publiques* & les effets malheureux qui en sont la suite, entraînent nécessairement le relâchement & la dissolution de tous les liens sociaux & domestiques ; que tout le monde cherche à devenir rentier, & que la plupart des prêteurs se font rentiers viagers ; que chacun ne vit plus que pour soi & pour le temps présent, sans s'embarrasser de sa postérité, de ses parens, de sa patrie, dont les intérêts ne le touchent plus, né l'émeuvent plus, & lui sont en quelque sorte tout-à-fait étrangers. Cette assertion est peut-être trop générale, quoique l'on ne puisse disconvenir que l'égoïsme & la dépravation des mœurs ne se soient prodigieusement accrus, depuis que l'épidémie des emprunts a gagné tous les gouvernemens, & que la classe des rentiers s'est si fort grossie.

Les rentiers sont considérés, par la plupart des écrivains politiques, d'un œil très-défavorable. Ils sont regardés comme des hommes incapables de dévouement généreux, se tenant toujours près du centre des affaires pour en profiter, abhorrant le déplacement, crainte de malheurs publics ; car mortes les rentes, morts les rentiers.

Mais il faut convenir en même temps, que si l'existence & la multiplication des rentiers font un malheur pour un état, ce malheur est nécessité par celui des emprunts, autorisé en quelque sorte par l'exemple des voisins, & que les rentiers, comme tout créancier de la chose publique, ayant prêté leurs capitaux, & contracté de bonne-foi, doivent être garantis & maintenus, dans la jouissance de leurs rentes, par l'égide de la foi publique. C'est ce qu'avoue Montesquieu, qui d'ailleurs traite les rentiers de gens oisifs, & qui méritent peu de ménagement de la part de l'état.

« Il y a, dit-il, quatre sortes de gens qui paient
» les *dettes publiques* ; les propriétaires des fonds
de terre, ceux qui exercent leur industrie par le
» négoce, les laboureurs & artisans, enfin les
» rentiers de l'état ou des particuliers.

» De ces quatre classes, la dernière, dans un cas
» de nécessité, sembleroit devoir être la moins
» ménagée, parce que c'est une classe entièrement
» passive de l'état, tandis que ce même état est
» soutenu par la force des trois autres. Mais comme on ne peut la charger plus, sans détruire
» la confiance publique, dont l'état en général
» & les trois classes en particulier ont un souve-

» rain befoin ; comme la foi publique ne peut
» manquer à un certain nombre de citoyens, fans
» paroître manquer à tous ; comme la claffe des
» créanciers eft toujours la plus expofée aux pro-
» jets des miniftres, & qu'elle eft toujours fous
» les yeux & fous la main, il faut que l'état lui
» accorde une fingulière protection, & que la
» partie débitrice n'ait jamais le moindre avantage
» fur celle qui eft créancière ».

Il ne faut rien moins que ces confidérations pour
faire tolérer les emprunts & les rentiers ; car d'ailleurs ils favorifent, ils augmentent le défordre,
non-feulement en étendant l'oifiveté & les mauvaifes mœurs, mais en attirant toute la fubftance
de l'état dans la capitale, où elle fermente & fe
corrompt, tandis que les campagnes deffechées
périffent de langueur. L'état alors fe dépeuple,
dépérit, chancelle, & le premier ébranlement
peut quelquefois en achever la ruine.

Toutes ces chofes n'arrivent ou ne frappent
qu'au dernier période fans doute, & l'on eft étonné que dans l'hiftoire, les révolutions les plus capitales ne paroiffent avoir, pour ainfi dire, commencé
que de la veille ; mais cette époque fut préparée de
longue-main par des jours de fplendeur apparente : on
fe battoit à Rome, & les émeutes populaires s'élevoient pour la préférence entre deux comédiens,
bien long-temps avant le jour où Alaric vint brifer
le fceptre de cette reine du monde & l'humilier
à fes pieds. Les mêmes féditions commencèrent
un mois après à Carthage, alors capitale de l'Afrique, & floriffante encore, parce que les beaux arts
fugitifs s'y étoient tranfplantés, eux & leurs fup-
pots. Les jeunes filles & les jeunes garçons fardés
infeftèrent auffi-tôt les rues, en attendant la venue
de Genféric & de la Barbarie. O villes corrompues
& déprédatrices ! tout ce qui fert à vos fuper-
fluités & à votre luxe, eft le pur fang & l'aliment
de la poftérité, cruellement défhéritée.

Nous laiffons à réflechir là-deffus & à décider,
fi ce que nous venons de dire ne peut convenir
aux rentes multipliées chez les nations modernes,
à un excès prodigieux, quoique néceffaire & indifpenfable.

En tout, il n'y a d'emprunt & de prêt licite,
felon la nature des chofes, que celui qui affocie
le prêteur aux profits d'une entreprife lucrative.
J'achette une terre ; mon prêteur acquiert une
part fur le fonds, dont je me réferve la direction
& la reprife, au moyen du rembourfement ; c'eft
affaire de convention entre nous ; ainfi, d'une entreprife de commerce quelconque. Les emprunts
faits par l'état, femblent manquer de la condition
principale : fi l'état peut affecter fes revenus, il
ne peut démembrer ni aliéner fes propriétés ; quand
les capitaux & les intérêts des emprunts excèdent
ces revenus, il ne peut plus emprunter qu'en abufant de l'avidité des prêteurs, auxquels on fait un
fort avantageux en compenfation du rifque qu'ils
peuvent craindre.

D'après ces principes & ces inductions, tout
grand prince régénérateur, tout gouvernement fage qui, fur les pas de la nature, voudroit tendre
à la ftabilité & à la durée, ne devroit-il pas commencer par établir & promulguer en loi fondamentale, la loi fifcale qui fixeroit & déterminerait le
patrimoine du fouverain ; &, fans prétendre lui
donner un effet rétroactif, décréteroit que toute
dette du prince, ne pouvant affecter que fes revenus, devroit s'éteindre avec lui.

Un pareil fyftême, bien contraire à celui fuivi
aujourd'hui par la plupart des nations, peut exciter de grandes contradictions ; mais ces idées ne
font pas nouvelles, & des adminiftrateurs éclairés
ont penfé ainfi. Au furplus, les vérités les plus conftantes ne s'établiffent jamais mieux que par la difcuffion.

(*Cet article eft de M.* Grivel.)

Voyez, dans le Dictionnaire des finances, un
article fur les *dettes publiques*, où l'on a traité cette
queftion fous d'autres rapports.

DEVOIRS. *Voyez* l'article Droits & Devoirs.

DÉVOUEMENT, ou facrifice de fa vie pour
le falut de la patrie.

L'amour de la patrie, qui diftinguoit le caractère des anciens romains, n'a jamais triomphé
avec plus d'éclat que dans le facrifice volontaire
de ceux qui fe font dévoués pour elle à une mort
certaine. Indiquons-en l'origine, les motifs, les
effets & les cérémonies, d'après les meilleurs auteurs qui ont traité cette matière. Je mets à leur
tête Struvius, dans fes Antiquités romaines, &
M. Simon, dans les Mémoires de l'Académie des
Belles-Lettres de Paris.

Les annales du monde fourniffent plufieurs
exemples de cet enthoufiafme pour le bien public.
Je vois d'abord parmi les grecs, plufieurs fiècles
avant la fondation de Rome, deux rois qui répandent leur fang pour l'avantage de leurs fujets.
Le premier eft Ménécée, fils de Créon, roi de
Thèbes, de la race de Cadmus, qui vient s'im-
moler aux manes de Dracon, tué par ce prince.
Le fecond eft Codrus, dernier roi d'Athènes,
lequel ayant fu que l'oracle promettoit la victoire
au peuple, dont le chef périroit dans la guerre
que les athéniens foutenoient contre les doriens,
fe déguife en payfan, & va fe faire tuer dans le
camp des ennemis. Mais les exemples de *dévouemens* que nous fournit l'Hiftoire romaine, méritent tout autrement notre attention ; car le noble
mépris que les romains faifoient de la mort, paroît avoir été tout enfemble un acte de l'ancienne
religion de leur pays, & l'effet d'un zèle ardent
pour la patrie.

Quand les gaulois gagnèrent la bataille d'Allia,
l'an 363 de Rome, les plus confidérables du fénat, par leur âge, leurs dignités & leurs fervices,

se dévouèrent solemnellement pour la république réduite à la dernière extrémité. Plusieurs prêtres se joignirent à eux, & imitèrent ces illustres vieillards. Les uns ayant pris leurs habits saints, & les autres leurs robes consulaires avec toutes les marques de leur dignité, se placèrent à la porte de leurs maisons, dans des chaises d'ivoire, où ils attendirent avec fermeté l'ennemi & la mort. Voilà le premier exemple de *dévouement* général dont l'histoire fasse mention, & cet exemple est unique. *Tite-Live*, *liv. V, chap. 32.*

L'amour de la gloire & de la profession des armes porta le jeune Curtius à imiter le généreux désespoir de ces intrépides vieillards, en se précipitant dans un gouffre qui s'étoit ouvert au milieu de la place de Rome, & que les devins avoient dit devoir être rempli de ce qu'elle avoit de plus précieux, pour assurer la durée éternelle de son empire. *Tite-Live, liv. VII, chap. 6.*

Le principal motif du *dévouement* des payens étoit d'appaiser la colère des dieux malfaisans & sanguinaires, dont les malheurs & les disgraces qu'on éprouvoit, donnoient des preuves convaincantes; mais c'étoit proprement les puissances infernales qu'on avoit dessein de satisfaire. Comme elles passoient pour impitoyables lorsque leur fureur étoit une fois allumée, les prières, les vœux, les victimes ordinaires paroissoient trop foibles pour la fléchir; il falloit du sang humain pour l'éteindre.

Ainsi, dans les calamités publiques, dans l'horreur d'une sanglante déroute, s'imaginant voir les furies, le flambeau à la main, suivies de l'épouvante, du désespoir, de la mort, portant la désolation par-tout, troublant le jugement de leurs chefs, abattant le courage des soldats, renversant les bataillons & conspirant à la ruine de la république, ils ne trouvoient point d'autre remède pour arrêter ce torrent, que de s'exposer à la rage de ces cruelles divinités, & attirer sur eux-mêmes, par une espèce de diversion, les malheurs de leurs citoyens.

Ainsi ils se chargeoient, par d'horribles imprécations contre eux-mêmes, de tout le venin de la malédiction publique, qu'ils croyoient pouvoir communiquer comme par contagion aux ennemis, en se jettant au milieu d'eux, s'imaginant que les ennemis accomplissoient le sacrifice & les vœux faits contre eux, en trempant leurs mains dans le sang de la victime.

Mais, comme tous les actes de religion ont leurs cérémonies, propres à exciter la vénération des peuples, & en représenter les mystères, il y en avoit de singulières dans le *dévouement* des romains, qui faisoient une si vive impression sur les esprits des deux partis, qu'elles ne contribuoient pas peu à la révolution subite qu'on s'en promettoit.

Il étoit permis, non-seulement aux magistrats, mais même aux particuliers, de se dévouer pour

le salut de l'état; mais il n'y avoit que le général qui pût dévouer un soldat pour toute l'armée; encore falloit-il qu'il fût sous ses auspices, & enrôlé sous ses drapeaux par son serment militaire. *Tite-Live, liv. VIII, chap. 10.*

Lorsqu'il se dévouoit lui-même, il étoit obligé, en qualité de magistrat du peuple romain, de prendre les marques de sa dignité; c'est-à-dire, la robe bordée de pourpre, dont une partie rejettée par derrière, formoit autour du corps une manière de ceinture ou baudrier, appellé *cinctus gabinus*, parce que la mode en étoit venue des gabiens. L'autre partie de la robe lui couvroit la tête. Il étoit debout, le menton appuyé sur sa main droite par-dessous sa robe, & il avoit un javelot sous ses pieds. Cette attitude marquoit l'offrande qu'il faisoit de sa tête, & le javelot sur lequel il marchoit, désignoit les armes des ennemis qu'il consacroit aux dieux infernaux, & qui devoient être bientôt renversés par terre. Dans cette situation, armé de toutes pièces, il se jettoit dans le fort de la mêlée, & s'y faisoit tuer. On appelloit cette action se dévouer à la terre & aux dieux infernaux. C'est pourquoi Juvenal dit, en faisant l'éloge des dieux:

> *Pro legionibus, auxiliis, & plebe latinâ*
> *Sufficiunt diis infernis, terraque parenti.*

Le grand-prêtre faisoit la cérémonie du *dévouement*. La peine qu'il prononçoit alors, étoit répétée mot pour mot par celui qui se dévouoit. *Tite-Live, liv. VIII, chap. 9.* nous l'a conservée, & elle est trop curieuse pour ne pas l'inférer ici.

« Janus Jupiter, Mars, Quirinus, Bellone, » dieux domestiques, dieux nouvellement reçus, » dieux du pays; dieux qui disposez de nous & » de nos ennemis, dieux manes, je vous adore, » je vous demande grace avec confiance, & je » vous conjure de favoriser les efforts des romains, » & de leur accorder la victoire, de répandre la » terreur, l'épouvante, la mort sur les ennemis. » C'est là le vœu que je fais, en dévouant avec » moi aux dieux manes & à la terre, leurs légions & celles de leurs alliés, pour la république romaine ».

On ne doit pas être surpris des révolutions soudaines qui suivoient les *dévouemens* pour la patrie. L'appareil extraordinaire de la cérémonie, l'autorité du grand-prêtre, qui promettoit une victoire certaine, le courage héroïque du général qui couroit avec tant d'ardeur à une mort assurée, étoient assez capables de faire impression sur l'esprit des soldats, de ranimer leur valeur & de relever leurs espérances. Leur imagination remplie de tous les préjugés de la religion payenne, & de toutes les fables que la superstition avoit inventées, leur faisoit voir ces mêmes dieux, auparavant si animés à leur perte, changer tout d'un coup l'objet de leur haine, & combattre pour eux.

Leur général, en s'éloignant, leur paroiſſoit d'une forme plus qu'humaine : ils le regardoient comme un génie envoyé du ciel pour appaiſer la colère divine, & renvoyer ſur les ennemis les traits qui leur étoient lancés. Sa mort, au lieu de conſterner les ſiens, raſſuroit leurs eſprits : c'étoit la conſommation de ſon ſacrifice, & le gage aſſuré de leur réconciliation avec les dieux.

Les ennemis mêmes, prévenus des mêmes erreurs, lorſqu'ils s'étoient apperçus de ce qui s'étoit paſſé, croyoient s'être attirés tout l'enfer ſur les bras, en immolant la victime qui leur étoit conſacrée. Ainſi Pyrrhus ayant été informé du projet du dévoûement de Decius, employa tous ſes talens & tout ſon art pour effacer les mauvaiſes impreſſions que pourroit produire cet événement.

Les romains ne ſe contentoient pas de ſe dévoûer à la mort pour la république, & de livrer en même-temps leurs ennemis à la rigueur des divinités malfaiſantes : toujours prêtes à punir & à détruire, ils tâchoient encore d'enlever à ces mêmes ennemis la protection des dieux maîtres de leur ſort ; ils évoquoient ces dieux ; ils les invitoient à abandonner leurs anciens ſujets, indignes par leur foibleſſe de la protection qu'ils leur avoient accordée, & à venir s'établir à Rome, où ils trouveroient des ſerviteurs plus zélés & plus en état de leur rendre les honneurs qui leur étoient dus. C'eſt ainſi qu'ils en uſoient avant la priſe des villes, lorſqu'ils les voyoient réduites à l'extrémité. Après ces évocations, dont Macrobe nous a conſervé la formule, ils ne doutoient point de leurs victoires & de leurs ſuccès.

Tous aimans leur patrie, rien ne ſembloit les empêcher de ſacrifier leur vie au bien de l'état, & au ſalut de leurs citoyens. La république ayant auſſi un pouvoir abſolu ſur tous les particuliers qui la compoſoient, il ne faut pas s'étonner que les romains dévoûaſſent quelquefois aux dieux des enfers des ſujets pernicieux dont ils ne pouvoient pas ſe défaire d'une autre manière, & qui pouvoient, par ce *dévoûement*, être tués impunément.

(*Cet article eſt de l'ancienne Encyclopédie.*)

DEWAN, DEWANÉE, nom d'un officier, ou titre d'un office dans le Bengale, qu'il eſt important de faire connoître.

Le *dewanée*, (dit M. Bolts dans l'Etat civil, politique & commerçant du Bengale,) eſt le nom d'un office qui n'exiſte plus depuis pluſieurs années ; & cependant les agens de la compagnie s'en ſont ſervis pour faire illuſion aux ignorans, & abuſer la légiſlation de la Grande-Bretagne. Afin de mettre le lecteur en état de former un jugement impartial ſur ce qu'on appelloit autrefois le *dewanée* ; & ſur ce qu'on veut faire en-

tendre à préſent par ce mot, nous aurons recours à ce qu'en ont dit ceux qui ont joué les principaux rôles dans l'adminiſtration des affaires du Bengale, & qui par conſéquent connoiſſoient bien cette matière.

M. Vanſittart, qui a été gouverneur du Bengale, nous dit que le *dewanée* eſt l'emploi d'un officier qui eſt le ſecond de la province, & qui a la ſurintendance des terres & de la perception des revenus. Cet officier, appellé *dewan*, eſt nommé par la cour de Delhi ; il eſt abſolument indépendant du nabab qui, ſuivant la conſtitution de l'Empire, n'a aucun droit de ſe mêler de ce qui regarde l'adminiſtration des revenus.

Une lettre de pluſieurs membres du conſeil de Calcutta à la cour des directeurs, datée du 11 mars 1762, nous dit : « que le *dewanée* eſt l'emploi d'un officier chargé de la perception des revenus de toutes les provinces ſoumiſes au nabab, & dont il doit rendre compte à la cour de Delhy. Cet officier eſt différent du ſoubah, qui a le commandement des troupes & la juriſdiction des provinces. Le *dewanée* étoit autrefois un office ſéparé ; mais les nababs du Bengale, profitant des derniers troubles de l'Empire, ſe ſont approprié cet emploi ».

Voici les termes de M. Holwel, ancien gouverneur du Bengale, au ſujet du *dewanée* : « l'empereur a la propriété des terres, & par conſéquent les revenus. Il y a dans chaque nababie un *dewan* royal, qui rend compte au tréſor de Delhy de la ſomme de tous les revenus, tels qu'ils ſont fixés dans les livres de la couronne. Comme le *dewan* & le nabab ſont toujours en bonne intelligence, ils ne manquent jamais de prétextes pour ſoutenir que tous les revenus n'ont pas été payés, quoique, dans le fait, ils en aient reçu le montant. Ils partagent entr'eux ce qu'ils peuvent diſtraire ainſi du tréſor royal ; & le nabab prend toujours la part du lion ».

Le lord Clive & ſon comité acquirent, en 1765, à la compagnie angloiſe cet emploi de *dewanée*. L'empereur le leur avoit déja offert pluſieurs fois ; mais elle l'avoit toujours refuſé. La cour des directeurs écrivit, en 1763, au gouverneur & conſeil de Calcutta : « vous avez très-bien fait de ne pas accepter le *dewanée* que nous offroit le roi, c'eſt-à-dire, le prince Ally-Gohar ; nous ſommes ſatisfaits des raiſons que vous donnez de votre refus ».

On alléguoit alors pour raiſon, que ſi la compagnie angloiſe prenoit cet emploi, il en réſulteroit des diſputes interminables avec le nabab, parce qu'on diminueroit trop ſon autorité ; qu'on exciteroit la jalouſie & le mécontentement des puiſſances du pays & des nations de l'Europe qui ont des établiſſemens dans le Bengale ; que la légiſlation d'Angleterre pourroit ſe mêler des affaires de la compagnie & les contrarier ; & qu'enfin l'acquiſition de cet office pourroit avoir d'autres ſuites qui feroient très-préjudiciables aux intérêts de la compagnie.

Nous nous écarterions de notre objet, si nous recherchions les raifons particulières qui engagèrent le lord Clive & fon comité à prendre l'emploi de *dewanée*; nous parlerons feulement de celles qu'ils donnèrent au public dans leur lettre du 30 feptembre 1765.

« Après une mûre délibération fur cette matière, les difputes perpétuelles de fupériorité » qui règnent entre vos agens & les nababs, & » les preuves manifeftes que nous avons de la corruption & du défordre qui défolent ce pays, » nous ont fait convenir unanimement, qu'il n'y » avoit pas d'autre moyen pour attaquer le mal » dans fa racine, que d'acquérir à la compagnie » le *dewanée* du Bengale, & des provinces de Bahar & d'Orixa.

» Cette acquifition affurera d'une manière permanente vos poffeffions & votre influence, puifque déformais aucun nabab n'aura affez de richeffes ou de puiffance, pour vous renverfer » par la force, ou vous corrompre par l'argent: » l'expérience de plufieurs années nous a appris » qu'il eft impoffible de partager l'autorité, fans » engendrer le mécontentement, & nous mettre » en danger de tout perdre. Tout le pays doit » appartenir à la compagnie ou au nabab; dans » cette alternative, nous vous laiffons à juger lequel des deux partis eft le plus défirable & le » plus utile dans les circonftances actuelles ».

Le lord Clive, dans une autre lettre qu'il écrivit à la cour des directeurs, le 30 feptembre 1765, expliqua plus au long fes vues. « Quoique les » revenus, difoit-il, appartiennent à la compagnie, les nations étrangères en prendront ombrage, fi les officiers en font les collecteurs. Si elles en portent des plaintes à la cour d'Angleterre, les fuites pourront être » très-embarraffantes pour nous. On ne peut fuppofer que les françois, les hollandois & les danois reconnoiffent la compagnie angloife pour » maitreffe de la nababie du Bengale, & qu'ils » confentent à payer à vos employés les impôts » fur le commerce, ou le revenu des terres qu'ils ont poffédées pendant plufieurs années, » en vertu des firmans royaux, ou des conceffions » des anciens nababs ». Il ajoutoit plus bas : « notre jurifdiction territoriale ne donnera point d'ombrage aux nations étrangères, tant que nous conferverons en apparence l'autorité du nabab ».

Les affaires de la compagnie changèrent entièrement de face, après qu'elle eut acquis le *dewanée* du Bengale. Le lord Clive & fon comité écrivoient à la cour des directeurs : « vous êtes devenus fouverains d'un riche & puiffant royaume. » Vous n'êtes pas feulement les collecteurs, mais » les propriétaires des revenus des domaines du » nabab ».

Le fuccès de cette entreprife donnoit aux employés de la compagnie un vafte champ pour exercer leur ambition & leur tyrannie. Maîtres abfolus du pays, ils foulèrent aux pieds les droits naturels du genre humain, & établirent dans la fuite, à leur profit, des monopoles de commerce, jufques fur les denrées néceffaires à la vie. Nous avons parlé à l'article BENGALE de ces monopoles deftructeurs, dont on ne trouveroit pas d'exemple dans l'hiftoire des nations. *Voyez* les articles BENGALE & MADRASS.

DEUX-PONTS, principauté de *Deux-Ponts*. Cette principauté s'étend dans la Weftrie, le Wafgau, le Naghau, le Spirgau, & a pour bornes le bas-Palatinat, l'Alface, la Lorraine & l'évêché de Trèves. Son territoire n'eft pas continu, mais entrecoupé par-tout de terres qui appartiennent à la maifon électorale palatine, au comté de Hanau, à celui de Naffau, aux rhingraves, &c.

Les états qui la compofent, font :

1°. Les terres de l'ancien comté de *Deux-Ponts*; favoir, le grand bailliage de ce nom, fitué dans le Blisgau en Weftrie.

Le grand bailliage de Neucaftel ou Bergzabern, fitué partie dans le Wafgau, partie dans le Spyrgen, & que la France a prétendu quelquefois comprendre dans la baffe-Alface.

2°. Les terres de l'ancien comté de Veldenz, relevant de l'électeur palatin.

Remarque. Par échange conclu en 1769, le duc de *Deux-Ponts* céda à l'électeur palatin le village de Frankweiler, dépendant du grand bailliage de Bergzabern, la petite ville d'Odernheim avec le ci-devant couvent de Diffibodenberg, les villages de Niederhaufen, Hochftetten, Hallgarthen dans le grand bailliage de Meifenheim, & la prévôté d'Einœlten, compofée des villages d'Einœlten, Hochnœlten, Rosbach, Tiefenbach & Oberweiler. Il obtint, de fon côté, le bailliage de Hagenbach, compofé de la ville de ce nom, & des villages de Pforz, Werth, Berg & Neubourg, le bailliage de Felz qui renferme la petite ville de ce nom, & les villages de Münchaufen, Scaffhaufen, Keffeldorf & Neubejnheim, que le duc de *Deux-Ponts* a reconnu depuis pour être de la fouveraineté de France.

Précis de l'hiftoire politique de la principauté de Deux-Ponts. Cette principauté, telle qu'elle fubfifte aujourd'hui, renferme l'ancien comté de ce nom, & quelques portions de celui de Veldenz, qui en forment à-peu-près les deux tiers. En 1385, Everard, dernier comte de *Deux-Ponts*, vendit la moitié de ce domaine à la maifon palatine, pour 25 mille florins, & il céda l'autre moitié à titre de fuzeraineté ou de propriété ; il fe réferva feulement un fief mafculin, qui devoit paffer à la maifon palatine, s'il mouroit fans héritiers ; il mourut en effet fans héritier, peu d'années après. En 1410, ce comté échut en partage au duc Etienne, qui en 1444, le légua avec celui de

Veldenz à fon fils, Louis le Noir. Nous dirons à l'article VELDENZ, comment ces deux états réunis obtinrent le titre de principauté de *Deux-Ponts*. Le duc Wolfgand les diminua, en cédant Lautereck & une partie du comté de Veldenz à fon oncle Rupert. Mais d'après la convention de Heidelberg, datée de 1553, & l'accommodement d'Augsbourg, conclu en 1568, avec le comte palatin, George-Jean, fon coufin, il reçut en dédommagement la moitié du bas-comté de Sponheim, pour fa part de la fucceffion de l'électeur Othon-Henri, qui, quelques années avant fa mort, lui avoit déjà remis la principauté de Neubourg, qu'il poffédoit du chef de fa mère. Wolfgand, par fon teftament de 1568, donna cette dernière principauté à Philippe-Louis, l'aîné de fes fils, à la condition de céder à fon frère Othon-Henri, pour fon partage, les châteaux, ville & jurifdiction de Soulzbach, avec les bailliages d'Hippoltftein & d'Allersperg, & à fon frère Frédéric, les châteaux & jurifdictions de Parkftein & Weiden, avec la recette de Floffenbourg, au pays de Neubourg, & il voulut que la principauté de *Deux-Ponts* demeurât à Jean, fon puîné, qui accorderoit pour appanage, à Charles, fon cadet, la moitié du comté de Sponheim. Ce Jean de *Deux-Ponts* eut trois fils ; favoir, Jean fecond, Frédéric-Cafimir, & Jean-Cafimir. La fucceffion paffa du premier au fils du fecond, Louis-Frédéric, qui étant mort fans poftérité, en 1681, laiffa la régence aux defcendans du troifième, Jean-Cafimir de Kleebourg, dont le fils Charles-Guftave avoit obtenu la couronne de Suède, qu'il tranfmit à Charles XI, héritier en 1681 du duché de *Deux-Ponts* ; ce duché fut enfuite poffédé par le roi Charles XII, après la mort duquel il échut, en 1718, au duc Guftave-Samuel-Léopold, fils d'Adolphe-Jean, & neveu du roi Charles-Guftave. Ce dernier duc étant mort fans enfans, en 1731, Chriftian III de Birkenfeld réclama le duché, comme héritier, & l'ayant obtenu par accommodement, fait en 1733, avec l'électeur palatin, auquel il céda le fous-bailliage de Stadecken, il l'a laiffé à fon fils Chriftian IV, qui a eu pour fucceffeur Charles-Auguste, prince aujourd'hui régnant.

Productions. Son fol eft très-montueux & bien inférieur à celui du Palatinat. Il fuffit néanmoins à la fubfiftance de fes habitans. On y trouve affez de pâturages pour l'entretien du bétail ; le bois y eft abondant, le fable domine en quelques endroits, au point de ne produire que de l'avoine : les vignes réuffiffent le long du Glan, bailliage de Neucaftle, & dans quelques diftricts de Meifenheim & d'Eifenheim, où il y a auffi du mercure & des améthyftes ; on trouve de l'agathe, entre Lihctenberg & Baumholder & des mines de cuivre, au bailliage de Nohfelde. Les mines de fer du pays ont fait établir des forges d'acier aux *Deux-Ponts*.

Titres, prérogatives & revenus du duc de Deux-Ponts. Le duc de *Deux-Ponts* fe qualifie de comte palatin du Rhin, duc de Bavière, comte de Veldenz, de Sponheim & Ribeaupierre, feigneur de Hohenack. Il n'a point d'armes particulières pour cette principauté.

Il a voix & féance aux diètes du cercle du Haut-Rhin, & à celles de l'Empire, où il a rang au collège des princes, immédiatement après l'électeur palatin. Sa taxe matriculaire eft de dix cavaliers & trente fantaffins, ou de 240 florins par mois, indépendamment de 172 rixdales & 36 kr. par terme, pour l'entretien de la chambre impériale, déduction faite du bailliage de Stadecken.

Les revenus annuels du duché de *Deux-Ponts* font évalués à plus de 500,000 florins d'empire.

DHAUN (Wild-graviat de). Nous dirons aux articles RHINGRAVES & WILD-GRAVES, quels font les diftricts qui portent en Allemagne les noms de rhingraviat & de wild-graviat ; d'où leur vient ce titre, & quels privilèges il donne.

La portion de la branche de *Dhaun*, éteinte en 1750, comprenoit le Wild-graviat de *Dhaun*, fitué au Hundfrück, fur la rivière de Simmaru, aux environs de fon embouchure, dans la Nahe. Il forme un bailliage, dont les rhingraves de Grumbach & de Rheiggrafenftein font aujourd'hui en poffeffion.

Le grand bailliage de Rhaunen, fitué au Hundfrück, eft compofé d'une partie de la forêt d'Idar. La maifon princière de Salm-Salm en poffède les trois quarts, l'électeur de Trèves, le refte ; & il comprend, les fous-bailliages de Rhaunen, village & paroiffe confidérable, Stibshaufen, Sulzbach, Bollenbach, Oben-Kyrn, Schwerbach, Cromenau & Weitersbach.

Le bailliage (Ingerichts-Amt) de Hauffen, fitué au Hundfrück, & formé des villages de Haufen, Woppenrod, Gœsenrod & Wickenrod. Les rhingraves de Grumbach & Grehweiler le poffèdent aujourd'hui.

La moitié de la ville de Kyrn & de la grande mairie (Oberfchultheifferey) de Meddersheim. Les princes de Salm occupent la première dès 1750, & les rhingraves de Grumbach & Grehweiler, la feconde.

Ce que le traité de 1701 affigna de la fucceffion de Kyrbourg à la branche de *Dhaun*.

A la mort du comte Frédéric-Guillaume, qui en 1750 termina la branche de *Dhaun*, les maifons de Grumbach & de Stein fe mirent en poffeffion d'une moitié de fa fucceffion, & laiffèrent les princes de Salm-Salm & de Salm-Kyrboug, maîtres de l'autre. Mais ceux-ci réclament toute l'hérédité. Les premiers répondent, que le droit de communauté emporte le droit de fucceffion plénière, tant dans les allodiaux, que dans le fief, & que la maifon des rhingraves, tant princes, que comtes, ayant été en communauté avec la branche éteinte, tous ont également droit à fa fucceffion, fans égard au degré de parenté. Leurs adverfaires reftreignent le principe & les confé- quences, & infiftent beaucoup fur le degré plus ou moins proche de parenté, auquel on doit, felon eux, avoir égard. Il en eft réfulté un procès qui pend encore à la chambre impériale. *Voyez* les articles GRUMBACH, STEIN, SALM-SALM, KYRBOURG, RHINGRAVES & WILD-GRAVES.

DICTATEUR, *Magiftrat fouverain de l'an- cienne Rome.* Le *dictateur* étoit créé, tantôt par un des confuls, ou par le général d'armée, fui- vant Plutarque; tantôt par le fénat, ou par le peuple; on établiffoit cette magiftrature dans des temps difficiles. Le citoyen, à qui on la confioit, commandoit en fouverain, & il étoit chargé de pourvoir à ce que la république ne fouffrît aucun dommage.

Les romains ayant chaffé leurs rois, fe virent obligés de créer un *dictateur* dans les périls ex- trêmes de la république; comme, par exemple, lorfqu'elle étoit agitée par de dangereufes fédi- tions, ou lorfqu'elle étoit attaquée par des enne- mis redoutables. Dès que le *dictateur* étoit nommé, il fe trouvoit revêtu de la fuprême puiffance; il avoit droit de vie & de mort, à Rome, comme dans les armées, fur les généraux & fur tous les citoyens, de quelque rang qu'ils fuffent : l'autorité & les fonctions des autres magiftrats, à l'excep- tion de celle des tribuns du peuple, ceffoient, ou lui étoient fubordonnées : il nommoit le géné- ral de la cavalerie, qui lui fervoit de lieutenant, & fi l'on peut parler ainfi, de capitaine des gardes : vingt-quatre licteurs portoient les faifceaux & les haches devant lui, & douze feulement les por- toient devant le conful. Il pouvoit lever des trou- pes, faire la paix ou la guerre, felon qu'il le jugeoit à propos, fans être obligé de rendre compte de fa conduite, & de prendre l'avis du fénat & du peuple : en un mot, il jouiffoit d'un pouvoir plus grand, que ne l'avoient jamais eu les anciens rois de Rome; mais comme il pouvoit abufer de ce vafte pouvoir, fi fufpect à des républicains, on prenoit toujours la précaution de ne le lui déférer que pour un temps très-court : en général, fa magif- trature n'excédoit guères l'efpace de fix mois.

L'établiffement de la dictature dura, felon les premieres loix de fon inftitution, jufqu'aux guerres civiles de Marius & de Sylla. Ce dernier, vain- queur de fon rival & du parti qui le foutenoit, entra dans Rome à la tête de fes troupes, & y exerça de telles cruautés, que perfonne ne pou- voit compter fur un jour de vie. Ce fut pour auto- rifer fes crimes, qu'il fe fit déclarer *dictateur* perpétuel l'an de Rome 671, ou, pour mieux dire, qu'il ufurpa de force la dictature. Souverain abfolu, il changea à fon gré la forme du gou- vernement; il abolit d'anciennes loix, en établit de nouvelles, fe rendit maître du tréfor public, & difpofa defpotiquement des biens de fes conci- toyens.

Cependant cet homme qui, pour parvenir à la dictature, avoit donné tant de batailles, raffafié du fang qu'il avoit répandu, fut affez hardi pour abdiquer la fouveraine puiffance environ quatre ans après. Il fe réduifit de lui-même, l'an 674, au rang d'un fimple citoyen, fans craindre la haine de tant d'illuftres familles, dont il avoit fait périr les chefs par fes cruelles profcriptions. Plufieurs regarderent une démiffion fi furprenante comme le dernier effort de la magnanimité; d'autres l'attri- buerent à la crainte continuelle où il étoit qu'il ne fe trouvât quelque romain affez hardi pour lui ôter d'un feul coup l'Empire & la vie. Quoi qu'il en foit, fon abdication rétablit le bon ordre, & l'on oublia prefque les meurtres qu'il avoit com- mis, en faveur de la liberté qu'il rendoit à fa pa- trie; mais fon exemple fit appercevoir à ceux qui voudroient lui fuccéder, que le peuple romain pouvoit fouffrir un maître; ce qui produifit d'au- tres révolutions fanglantes, & finit par anéantir la république.

Après la bataille de Pharfale, on vit Céfar en- trer triomphant dans Rome, l'an 696 de fa fon- dation. Alors tout plia fous fon autorité; il fe fit nommer *conful* pour dix ans & *dictateur* perpétuel, avec tous les autres titres de magiftrature qu'il voulut s'arroger. Maître de la république comme du refte du monde, il ne fut affafiné que lorfqu'il effaya le diadême.

Augufte tira parti des fautes de Céfar; il fe contenta du titre d'empereur, *imperator*, que les foldats, dans les beaux jours de la république, donnoient à leurs généraux. Par cette conduite adroite, dit M. de Vertot, il accoutuma des hom- mes libres à la fervitude, & rendit une monar- chie nouvelle fupportable à d'anciens républicains.

On ne peut guères ici fe refufer à des réflexions qui naiffent des divers faits qu'on vient de rap- porter.

La conftitution de Rome, dans les dangers de la république, auxquels il falloit de grands & de prompts remèdes, avoit befoin d'une magiftrature qui pût y pourvoir. Il falloit, dans les temps de troubles & de calamités, pour y remédier prompt- ement, fixer l'adminiftration entre les mains d'un feul citoyen; il falloit réunir dans fa perfonne les honneurs & la puiffance de la magiftrature, parce qu'elle repréfentoit la fouveraineté : il falloit que cette magiftrature s'exerçât avec éclat, parce qu'il s'agiffoit d'intimider le peuple, les brouillons & les ennemis : il falloit que le *dictateur* ne fût créé que pour cette feule affaire, parce qu'il étoit toujours créé pour un cas imprévu : il falloit en- fin dans une telle magiftrature, fous laquelle le fouverain baiffoit la tête & les loix populaires fe taifoient, compenfer la grandeur de fa puiffance par la brièveté de fa durée. Six mois furent le terme fixe; un terme plus court n'eût pas fuffi, un terme plus long eût été dangereux. Telle étoit l'inftitution de la dictature : rien de mieux & de plus

plus fagement établi ; la république en éprouva long-temps les avantages.

Mais quand Sylla, dans la faveur de fes fuccès, eut donné les terres des citoyens aux foldats, il n'y eut plus d'homme de guerre, qui ne cherchât des occafions d'en avoir encore davantage. Quand il eut inventé les profcriptions, & mis à prix la tête de ceux qui n'étoient pas de fon parti, il fut impoffible de s'attacher à l'état, & de demeurer neutre entre les deux premiers ambitieux qui s'éleveroient à la domination. Dès-lors, il ne régna plus d'amour pour la patrie, plus d'union entre les citoyens, plus de vertus : les troupes ne furent plus celles de la république, mais de Sylla, de Pompée & de César. L'ambition, fécondée des armes, s'empara de la puiffance, des charges, des honneurs, anéantit l'autorité des magiftrats ; &, pour le dire en un mot, bouleverfa la république ; fa liberté & fes foibles reftes de vertus s'évanouirent promptement. Devenue de plus en plus efclave fous Auguste, Tibère, Caïus, Claude, Néron, Domitien, quelques-uns de fes coups portèrent fur les tyrans, aucun ne porta fur la tyrannie.

DICTATURE. On donne ce nom en Allemagne à une affemblée de fecrétaires de légation, ou cancelliftes des différens princes & états, qui a lieu dans la ville où fe tient la diète de l'Empire. Le milieu de la chambre où ils fe réuniffent, offre un fiège deftiné au fecrétaire de légation de l'électeur de Mayence. Ce fecrétaire dicte aux fecrétaires de légation des autres princes, les mémoires, actes, proteftations & écrits qui ont été portés au directoire de l'Empire ; & ils les écrivent fous fa dictée.

La *dictature* eft ou publique, ou particulière. La *dictature* publique eft celle dans laquelle on dicte aux fecrétaires de légation de tous les princes & états de l'Empire. La *dictature* particulière eft celle dans laquelle on dicte feulement aux fecrétaires des états d'un certain collège de l'Empire, c'eft-à-dire, à ceux des électeurs, ou à ceux des princes, ou à ceux des villes libres.

On nomme encore *dictature* particulière, celle dans laquelle les états catholiques, ou les états proteftans ont quelque chofe de particulier à fe communiquer.

DIEPHOLZ, (comté de) état d'Allemagne au cercle de Weftphalie, qui appartient au roi d'Angleterre en qualité d'électeur de Hanovre. Il eft borné par le comté d'Hoya, les évêchés de Munfter & d'Ofnabruck, & la principauté de Minden. Son étendue eft d'environ neuf lieues de longueur fur quatre de largeur.

Productions, commerce, divifion, &c. Il eft en général parfemé de marais & de bruyères. Celles-ci abondent fur-tout dans le bailliage de Diepholz, où il y a d'ailleurs plus de champs cultivés que de prairies, au lieu que les prairies l'emportent dans celui de Lemfoerde, où elles prolongent le Dum-

merfée. Le terrein, en général, exige un labour opiniâtre, & un certain nombre de perfonnes y fuivent la charrue avec des bêches, afin d'en approfondir, autant qu'il fe peut, les fillons ; ce qui augmente la fertilité ; fans pouvoir la porter au-delà du fextuple de la femence. Le bois de chauffage y eft rare, mais la tourbe y fupplée.

Ce comté renferme 4 bourgs & à-peu-près 1900 feux. La plupart de fes habitans vivent du produit de leurs troupeaux, fur-tout des bêtes à corne, qu'ils vendent en Hollande & le long du Rhin. Ils fabriquent auffi de groffières étoffes de laine, qu'achètent les hollandois, & une forte de groffe toile, dont le tiffage occupe prefque tous les payfans dans les intervalles de leurs travaux champêtres, & qu'ils vont vendre dans la principauté de Minden & l'évêché de Munfter, d'où ils rapportent les étoupes dont elle eft compofée : on l'envoie de-là à Breme, en Hollande, & jufqu'en Amérique. On y fabrique auffi une efpèce de toile de lin, dite *lavent-linnen*, fur laquelle le roi donna en 1768 une ordonnance, tendante à en perfectionner la fabrique & à prévenir la fraude. Une quantité confidérable d'habitans vont, toutes les années, en Hollande, faire le fervice de faucheurs & de tourbiers.

On profeffe, dans ce comté, la religion luthérienne ; on y compte dix paroiffes fous l'infpection d'un furintendant, outre celle de Goldenftedt, où il y a beaucoup de catholiques.

Le comté de *Diepholz* eft divifé en deux bailliages : le bailliage de *Diepholz* & le bailliage de Lemfoerde.

Les bailliages d'Aubourg & Wagenfeld faifoient jadis partie du comté de *Diepholz* ; ils ont paffé à la maifon de Caffel, qui les poffède malgré les proteftations continuelles de celle de Hanovre. Le général-major-baron de Cornberg, maître autrefois d'Aubourg, vouloit être feigneur immédiat de l'Empire, & il demanda, en 1710, voix & féance aux états de Weftphalie. Il s'efforça de prouver que ce bailliage, avant d'être fief oblat de la maifon de Caffel, étoit franc-aleu immédiat de l'Empire, & qu'il fut vendu comme tel, en 1400, par le comte de Bronkhorft-Steinwede à ceux de Gemunde, d'où il paffa, en 1450, aux comtes de *Diepholz*, qui en 1521 l'offrirent en fief aux princes de Heffe, fans toutefois renoncer à leur fupériorité territoriale. Il foutenoit encore que cette terre, avant de paffer à la famille de *Diepholz*, donnoit à fon feigneur la voix & le droit de fiéger qu'il demandoit aux états de Weftphalie, & qu'étant de nouveau détaché du comté de *Diepholz*, elle contribuoit féparément aux charges de ce cercle ; mais il fut débouté, & le diftrict échut fans difficulté, après fa mort, à la maifon de Caffel.

Précis de l'hiftoire politique du comté de Diepholz. Les anciens maîtres de *Diepholz* n'ont eu long-temps d'autre titre que celui de *feigneurs*

N

nobles. Rodolphe, l'un d'entr'eux, créé comté par l'empereur Maximilien, qui, en 1517, accorda à Henri le Moyen, duc de Zelle, la première expectative de ce comté, à laquelle Charles V ajouta, en 1556, un diplôme ampliatoire & de confirmation. La branche mâle de *Diepholz* s'éteignit, en 1585, en la personne du comte Frédéric, & le comté passa au duc Guillaume de Zelle, à la maison duquel il resta toujours attaché jusqu'en 1665, époque de la mort du duc Christian Louis, dont la succession fut partagée : son frère aîné George-Guillaume prit pour lui la principauté de Zelle, & céda à son cadet Erneste Auguste, évêque d'Osnabrück, le comté de *Diepholz* pour lui & sa postérité, à charge toutefois de réversibilité, si Erneste ou ses hoirs parvenoient jamais à la succession de la principauté de Calemberg. Mais un autre traité, conclu en 1681, anéantit cette clause, & céda sans réserve ce comté à Erneste-Auguste, qui le réunit à la principauté de Calemberg, dont il étoit en possession dès 1629. *Voyez* les articles HANOVRE & BRUNSWICK.

Contributions & revenus. La taxe matriculaire actuelle du comté de *Diepholz* est d'un cavalier & de 4 fantassins, ou de 28 florins par mois ; au lieu que le tarif du cercle, en 1653, le désignoit pour trois cavaliers & douze fantassins, dont trois à la charge du possesseur de la maison d'Aubourg. Son contingent à l'entretien de la chambre impériale est compris dans la somme générale que la maison électorale paye pour toutes ses possessions relativement au même objet. Le roi d'Angleterre a pour ce comté voix & séance parmi les comtes de Westphalie, tant à la diète de l'Empire qu'à celles du cercle, où il siège entre Virnenbourg & Spiegelberg.

Les contributions de ce pays, non comprises les 20,000 rixdales que produisent les deux bailliages royaux, montent annuellement à 10,824 rixdales ; ce qui est comme un à 6, en proportion de celles du comté d'Hoya. On y envoie de la cavalerie, à laquelle les habitans sont obligés de fournir les fourrages, & ils donnent une certaine somme pour l'entretien de l'université de Goëttingue. Quant à ses prérogatives relativement à la cour des appellations, nous en parlerons à l'article HOYA.

DIÈTE DE L'EMPIRE. On donne ce nom à l'assemblée des membres du corps germanique. Quoique nous ayions déja parlé de la *diète* de l'Empire à l'article ALLEMAGNE, nous croyons devoir ici entrer dans de plus grands détails.

C'est l'empereur qui convoque la *diète*, & son droit à cet égard est de toute ancienneté ; l'archevêque de Mayence la convoque au défaut de l'empereur, de l'aveu on avec la participation des électeurs : il jouit de ce privilège depuis le XIe & XIIe siècles ; mais le concours des électeurs n'a été formellement établi que par les capitula-

tions impériales, dont la première est celle de Charles-Quint : ce fut aussi Charles-Quint qui décida qu'aucune *diète* ne pourroit se tenir hors de l'enceinte de l'Empire.

L'empereur est à la tête de cette assemblée, & trois collèges la composent. Elle se tient à Ratisbonne depuis l'an 1663.

Les membres de la *diète*, partagés en trois collèges ; savoir, celui des électeurs, celui des princes & celui des villes impériales sont au nombre de 285, lesquels donnent en tout 159 voix, dont 153 sont individuelles, *vota virilia*, & six collectives, *vota curiata*. Ces dernières sont particulières au collège des princes, & se donnent par 39 prélats, abbés, abbesses, commandeurs d'ordres de Souabe & du Rhin, qui siègent sur deux bancs ; & par 93 comtes & seigneurs de Wétéravie, de Souabe, de Franconie & de Westphalie, qui siègent sur quatre bancs. Les voix individuelles sont communes aux trois collèges ; elles se donnent, dans le premier, par chacun des neuf électeurs qui le composent ; dans le second, par 39 princes formant un banc ecclésiastique, & 61 princes séculiers formant un autre banc ; & dans le troisième, par 50 villes impériales, dont 13 sont distinguées par le nom de *banc du Rhin*, & 37 par le nom de *banc de Souabe*.

Voici les noms de tous les membres de la *diète* de l'Empire, suivant l'ordre de siéger & de voter, qu'ils observent dans chacun de leurs collèges.

L'empereur.   } La direction en appartient
Collège des électeurs. } à l'archev. de Mayence.

L'archevêque de Mayence.
L'archevêque de Trèves.
L'archevêque de Cologne.
Le roi de Bohême.

(Lorsqu'il y avoit un électeur de Bavière, il siégeoit entre le roi de Bohême & le duc de Saxe).

Le duc de Saxe.
Le margrave de Brandebourg.
Le comte palatin du Rhin.
Le duc de Brunswic-Lunebourg.

Collège des princes. { La direction en appartient tour-à-tour à l'Autriche & à Saltzbourg, & les voix s'y recueillent d'un banc à l'autre pour les 35 premières, en commençant par les ecclésiastiques.

Banc des ecclésiastiques.

1. Autriche.
2. Bourgogne (qui ne siège plus).
3. Saltzbourg.
4. Besançon (qui ne siège plus).
5. Grand-maître de l'Ordre téutonique.
6. Bamberg.

7. Worms.
8. Wirtzbourg.
9. Aichstœdt.
10. Spire.
11. Strasbourg.
12. Conftance.
13. Augsbourg.
14. Hildesheim.
15. Paderborn.
16. Freyfingen.
17. Ratisbonne.
18. Paffau.
19. Trente.
20. Brixen.
21. Bafle.
22. Munfter.
23. Ofnabruck.
24. Liège.
25. Lubeck.
26. Coire.
27. Fulde.
28. Kempten.
29. Ellwangen.
30. Prieur de S. Jean de Jérufalem.
31. Berchtolsgaden.
32. Weiffembourg.
33. Prum.
34. Stablo ou Malmedy.
35. Corvey ou Corbie.

Banc des électeurs.

1. Bavière (qui n'eft plus).
2. Magdebourg.
3. Palatin-Lautern.
4. Palatin-Simmern.
5. Palatin-Neubourg.
6. Bremen.
7. Palatin-deux-Ponts.
8. Palatin-Veldentz.
9. Saxe-Weimar.
10. Saxe-Eifenach.
11. Saxe-Cobourg.
12. Saxe-Gotha.
13. Saxe-Altenbourg.
14. Brandebourg-Culmbach.
15. Brandebourg-Anfpach.
16. Brunfwick-Zell.
17. Brunfwick-Calenberg.
18. Brunfwick-Grubenhaguen.
19. Brunfwick-Wolfenbuttel.
20. Halberftadt.
21. Poméranie-citérieure.
22. Poméranie-ultérieure.
23. Werden.
24. Mecklenbourg-Schwerin.
25. Mecklenbourg-Guftrow.
26. Wirtenberg.
27. Heffe-Caffel.
28. Heffe-Darmftadt.

29. Bade-Bade.
30. Bade-Dourlach.
31. Bade-Hochberg.
32. Holftein-Gluckftadt.
33. Holftein-Gottrop.
34. Saxe-Lavenbourg.
35. Minden.
36. Savoie (qui n'envoie plus à la *diète*).
37. Leuchtenberg.
38. Anhalt.
39. Henneberg.
40. Schwerin.
41. Camin.
42. Ratzebourg.
43. Hirfchfeld.
44. Nomeny.
45. Montbeliard.
46. Aremberg.
47. Hohenzollern.
48. Lobkowitz.
49. Salm.
50. Dietrichftein.
51. Naffau-Hadamar.
52. Naffau-Dillenbourg.
53. Aversberg.
54. Oftfrife.
55. Furftemberg.
56. Schwartzenberg.
57. Lichtenftein.
58. Taxis.
59. Schwartzbourg.
60. Les prélats de Souabe, au nombre de 20.
61. Les prélats du Rhin, au nombre de 19.
62. Les comtes de Wétéravie, au nombre de 21.
63. Les comtes de Souabe, au nombre de 22.
64. Les comtes de Franconie, au nombre de 16.
65. Les comtes de Weftphalie, au nombre de 34.

Collège des villes impériales. { La direction alterne entre Cologne & Ratisbone.

Banc du Rhin.

1. Cologne.
2. Aix-la-Chapelle.
3. Lubeck.
4. Worms.
5. Spire.
6. Francfort fur le Meyn.
7. Goflar.
8. Bremen.
9. Mulhaufen.
10. Nordhaufen.
11. Dortmund.
12. Friedberg.
13. Weltzlar.

N. B. Hambourg, quoique ville impériale très-confidérable, n'envoie point à la *diète*.

N 2

Banc de Souabe.

1. Ratisbonne.
2. Augsbourg.
3. Nuremberg.
4. Ulm.
5. Eflingen.
6. Reutlingen.
7. Nurdlingen.
8. Rothenbourg fur le Tauber.
9. Halle en Souabe.
10. Rothweil.
11. Uberlingen.
12. Heilbron.
13. Gemund en Souabe.
14. Memmingen.
15. Lindau.
16. Dunkelsbül.
17. Biberah.
18. Ravensbourg.
19. Schweinfurt.
20. Kempten.
21. Winsheim.
22. Kaufbeuern.
23. Weil.
24. Wangen.
25. Iffni.
26. Pfullendorf.
27. Offenbourg.
28. Lentkirch.
29. Wimpfen.
30. Weiffenbourg en Nordgau.
31. Giengen.
32. Gengenbach.
33. Zell.
34. Buchorn.
35. Aalen.
36. Buchau fur le Federfée.
37. Bopfingen.

Le rang qu'on vient d'indiquer à ces états de l'Empire germanique, n'eft pas très-fixe; plufieurs fe difputent le pas & la préféance : ces états font appellés à l'affemblée fix mois d'avance. L'imprimé en forme d'édit qu'on leur adreffe, fe publioit jadis dans l'Empire ; mais depuis le règne de Frédéric III, on l'envoie à chacun d'eux ; & comme, dans le nombre de ces états, il en eft plufieurs qui, par leur puiffance & par leur influence, méritent certaines marques de confidération, on a foin de leur adreffer une lettre particulière.

En qualité de chef du corps germanique, l'empereur eft le préfident né de la *diète* : il propofe les principaux objets de délibération, & fa fanction eft néceffaire à toutes les réfolutions finales qui s'y prennent. Il y a même lieu de croire qu'originairement cette affemblée ne fe formoit que devant lui : on voit, fous le règne de plufieurs des anciens empereurs, dont la réfidence

n'étoit pas fixe, les états de l'Empire mandés auprès de fa perfonne, en quelque lieu qu'il fe trouvât. Conrad II, l'an 1026, & Frédéric I, l'an 1156, tinrent la *diète* en Italie, aux environs de Romaglia ; ce fut-là que le premier de ces princes publia la loi, qui déclara qu'aucun vaffal, pourfuivi pour crime, ne pourroit l'être que pour félonie, ni jugé & condamné à mort pour ce crime, que par les *pares curiæ* : & ce fut au même lieu que le fecond, cherchant à donner à fa puiffance toute l'étendue poffible, & confultant pour cet effet quatre jurifconfultes de Bologne, reçut d'eux & adopta l'effrayant maxime : *voluntas imperatoris jus efto, ficuti dicitur : quidquid principi placet, legis vigorem habet.* Othon II, l'an 982, avoit tenu une *diète* à Vérone, & y avoit difpofé de la Bavière en faveur d'un de fes neveux ; &, l'an 1245, Frédéric II y tint celle où il nomma fes délégués au concile de Lyon. Enfin il y a eu des *diètes* fur les bords de la Stella en Tofcane ; à Chiavenne, au pays des grifons ; à Compiègne, dans l'Ifle de France, & à Utrecht : la première, fous Othon-le-Grand : la feconde, fous Frédéric I : la troifième, fous Louis-le-Débonnaire ; & la quatrième, fous Henri IV. Il eft vrai qu'à ces époques, les *diètes* n'étoient pas permanentes : on les convoquoit fouvent ; & ce fut l'incommodité de fe tranfporter ainfi quelquefois d'un bout de l'Empire à l'autre, qui fit naître, chez quelques-uns de fes membres, la penfée de n'y pas affifter en perfonne, mais de s'y faire repréfenter par des procureurs ou par des envoyés. Le premier exemple d'une pareille repréfentation fut donné, à ce qu'on croit, l'an 1023 par un abbé de Saint-Maximin de Trèves, lequel obtint de l'empereur Henri II la difpenfe d'aller aux *diètes*, & la permiffion de charger le comte palatin d'y opiner en fon nom. Les autres membres du corps germanique obtinrent ou s'arrogèrent le même privilège, mais un peu tard : le rois de Bohême s'en prévalurent dans le treizième fiècle. Cette innovation s'établit peu-à-peu : les empereurs, qui fentoient les embarras qu'entraînoit le cérémonial attaché à leur perfonne, s'étant déterminés à ne plus affifter eux-mêmes aux *diètes*, on vit bientôt les états de l'Empire s'en abfenter pareillement, & donner enfin à leurs affemblées la forme qu'elles ont aujourd'hui.

Dès le règne de Maximilien II, un principal commiffaire, fecondé par un co-commiffaire, repréfentoit l'empereur aux *diètes*, & chacun des autres membres y envoyoit un ambaffadeur, ou un miniftre plénipotentiaire, des confeillers réfidens ou des agens. Les états de l'Empire regardent le principal commiffaire de l'empereur comme un prince ; &, pour que l'activité des affaires ne fouffre pas de fa dignité, fon co-commiffaire eft ordinairement un ancien membre du confeil aulique, ou un homme de qualité verfé dans la connoiffance du droit public de l'Allemagne. Ces commiſſaires ſont accrédités, ou, en ſtyle de la *diète*, légitimés, au moyen d'un reſcrit de l'empereur à l'aſſemblée. Leurs fonctions générales conſiſtent à faire aux états les propoſitions de la cour impériale, & à leur remettre ſes réſolutions : ils peuvent auſſi être chargés de négociations particulières ; & comme le cérémonial à beaucoup de part à leur commiſſion, on imagine bien qu'ils s'occupent de toutes les miſères de l'étiquette.

L'archevêque de Mayence, directeur particulier du collège des électeurs, eſt en même-temps directeur général des deux autres, & toutes les affaires ſe traitent devant lui. Il préſide à la dictature publique, d'où partent, comme du grand dépôt, tous les objets préſentés à la délibération des états : ſa dictature ſe mêle des affaires particulières à l'empereur ; des affaires communes à tout l'Empire, & des affaires qui ne concernent qu'un ou pluſieurs membres de la *diète* ; tous les protocoles de l'aſſemblée ſe rapportent à ſa chancellerie ; toutes les expéditions en ſortent, & toutes ſont ſous ſa ſignature, la ſeule qu'emploie la *diète*. Les miniſtres qui le repréſentent, ſe légitiment auprès du principal commiſſaire, enſuite ils reçoivent eux ſeuls les lettres de créance des autres repréſentans des états de l'Empire ; & conjointement avec l'empereur & le principal commiſſaire, ils reçoivent celles des envoyés des puiſſances étrangères. Ces mêmes miniſtres, en vertu de leur autorité de directeurs, ajournent les membres de l'aſſemblée, leur indiquent l'heure & le lieu, un jour d'avance, & ſe ſervent pour cet office, de l'un des gens du maréchal héréditaire de l'Empire.

Les trois collèges s'aſſemblent dans le même palais, mais chacun dans des appartemens ſéparés : c'eſt de nos jours, à l'hôtel-de-ville de Ratisbonne ; & c'eſt le lundi & le vendredi de chaque ſemaine que ſe tiennent les ſéances. Les délibérations commencent par le collège des électeurs, puis elles vont à celui des princes, & enfin on les fait paſſer à celui des villes impériales. Elles ſont déciſives dans tous trois ; mais, pour devenir réſolutions, il faut qu'elles ſoient unanimes dans les trois collèges. Quand les deux premiers ne ſont pas d'accord, ils communiquent & confèrent entr'eux ; & cette double opération s'appelle *re* & *correlation* ; il eſt rare qu'elle produiſe de l'effet. On communique au troiſième collège, mais on ne confère point avec lui ; cependant rien n'eſt réſolu, s'il n'eſt pas de l'avis des deux premiers. D'ailleurs c'eſt à la pluralité des voix que l'on délibère dans chacun des trois collèges, l'on n'excepte que le cas où lorſqu'il s'agit d'affaires de religion, l'Empire ſe diviſe en corps catholique & en corps évangélique ; & d'autres cas, qui peuvent avoir été réſervés par les traités de Weſtphalie, ou par les capitulations impériales.

Les réſolutions priſes par la *diète* s'appellent *concluſions*, *concluſa* ; & le miniſtre de Mayence

les préſente ſous le titre modeſte d'*avis*, en allemand *gutachten*, au principal commiſſaire, afin qu'elles obtiennent la ſanction impériale : cette ſanction eſt un décret, qu'on nomme *de ratification* ; ſi elles l'obtiennent, on publie enſuite le tout, ſous le nom de *décret de l'Empire* ; mais ſi le décret eſt refuſé, les réſolutions tombent, & on abandonne la queſtion, ou on la renvoie à un autre temps.

On appelle *recès de l'Empire*, le recueil authentique de tous les décrets d'une *diète* ; ce décret, confié à l'archi-chancelier, doit être muni de ſa ſignature, au-deſſous de celle de l'empereur, & au-deſſus de celle du vice-chancelier, & alors il a force de loi fondamentale ; mais il ne peut avoir lieu qu'à la clôture d'une *diète* : ainſi la *diète* qui ſubſiſte à Ratisbonne depuis cent neuf ans, n'a pas encore donné de recès. La prolongation de cette *diète* à des inconvéniens : des réſolutions en aſſez grand nombre ont été priſes & ratifiées depuis qu'elle ſubſiſte, & leur promulgation en forme de loix ſembleroit aſſez intéreſſante, pour ne devoir plus être différée : mais des raiſons ſans doute très-graves occaſionnent ce délai, & empêchent la cour impériale de ſe prêter ſur cet article, au deſir même du collège électoral, qui, en 1742 en 1745, demanda formellement un recès par *interim*. Au reſte, on obſerve aſſez généralement que l'inutilité des réquiſitions reſpectives, ſoit de la *diète* à l'empereur, ſoit de l'empereur à la *diète*, ne cauſe pas entr'eux de brouilleries dangereuſes ; & que, s'il eſt du ſyſtème des états germaniques, & de celui de leur chef, de former réciproquement des prétentions fréquentes, il paroît l'être auſſi d'en attendre le ſuccès avec patience.

La *diète* de l'Empire n'a pas toujours été compoſée, ainſi qu'elle l'eſt aujourd'hui : les villes n'y avoient qu'une foible part, avant le grand interrègne du treizième ſiècle ; & cette nobleſſe immédiate ſi nombreuſe, qui paroiſſoit y avoir aſſiſté de tout temps, en fut excluë dans le ſeizième, ſous le règne de Maximilien I. Quant aux dignitaires eccléſiaſtiques & aux princes ſeculiers, on voit qu'ils y ont aſſiſté le plus conſtamment, & on trouve encore que le nombre de ces derniers a augmenté de ſiècle en ſiècle.

On voit auſſi que, juſqu'au règne de Charles-Quint, le droit de voter à la *diète* étoit borné à la perſonne du votant, ſans appartenir aux divers états ou principautés, dont ce votant pouvoit être poſſeſſeur : la *diète* de Nuremberg, tenue l'an 1543, fournit le premier exemple du contraire, & ce fut un prince eccléſiaſtique, le cardinal de Brandebourg, qui introduiſit cette innovation ; car il y a long-temps que les princes de cette maiſon ſavent ſe faire diſtinguer. Le cardinal de Brandebourg, archevêque de Mayence & de Magdebourg, donna deux voix à la *diète*, l'une pour Mayence dans le collège des électeurs, & l'autre pour Magdebourg dans celui des princes. L'an 1556, Othon-Henri, électeur palatin, fut le premier d'entre les princes séculiers qui l'imita : on le vit opiner comme électeur dans le premier collège, & comme duc de Neubourg, dans le second. Ces exemples n'ont pas été perdus pour la postérité : il n'est aucun des principaux membres de l'Empire, qui n'ait aujourd'hui plus d'une voix, soit individuelle, soit collective, à donner à la *diète* : le roi de Prusse, par exemple, opine comme électeur dans le premier collège, & dans le second comme duc de Magdebourg, comme prince de Halberstadt, comme duc de Poméranie, comme prince de Minden, comme prince de Camin, comme prince d'Ostfrise, & comme comte de Teckenbourg.

Les diverses classes de la *diète*, ou, pour mieux dire, les premières traces de la division en trois collèges, s'apperçoivent déja, dans le quatorzième siècle, à la *diète* que l'empereur Henri VII fit convoquer à Spire, l'an 1308 ; la *diète* tenue à Nuremberg sous Louis V, l'an 1323, en fait ensuite une mention expresse. Mais l'institution précise de ces trois collèges, l'époque où ils furent distinctement séparés, est de l'an 1467, & se trouve parmi les actes mémorables de la *diète* qui se tint alors à Nuremberg, sous Frédéric III. Jusqu'alors on avoit vu les états de l'Empire délibérer entr'eux, sans beaucoup d'ordre ni peut-être de décence ; car la confusion & la grossiéreté ont souvent déshonoré les *diètes*. Il eût été difficile de maintenir le bon ordre, ou même la bienséance parmi tous ces votans, dont la foule étoit quelquefois si nombreuse, que dans une *diète* de Nuremberg, assemblée par Albert I l'an 1299, on compta sept électeurs, cinquante-sept princes, & cinq mille cinq cents comtes, barons & autres gentilshommes, qui tous avoient leur voix individuelle à donner. Ce fut l'an 1521 qu'après avoir été absolument exclus de la *diète* par Maximilien I, l'an 1500, les comtes, barons & gentilshommes immédiats commencèrent à rentrer ; mais on les assujettit à la forme actuelle, ou à la votation par voix collective & par collèges : le collège de Wétéravie & celui de Souabe furent alors réadmis avec chacun une voix ; celui de Franconie ne le fut qu'en 1641, & celui de Westphalie en 1654. L'établissement du collège des prélats du Rhin est de l'an 1653, & postérieur de beaucoup à celui du collège des prélats de Souabe.

Enfin le pouvoir & l'autorité de la *diète*, sa compétence & sa souveraineté, objets de recherches, de contestations & de curiosité pour les savans, pour les princes de l'Empire & pour leurs ministres, n'ont pas toujours été les mêmes qu'à présent. La sphère des délibérations de la *diète* s'est étendue & retrécie, selon le caractère, l'ambition & la puissance du corps germanique. La *diète* en corps élisoit les empereurs, & jugeoit de

leur conduite : la bulle d'or & d'autres titres ont attribué ce droit au collège électoral, à l'exclusion des deux autres. Elle prononçoit aussi sur l'établissement des péages ; aujourd'hui ce sont les électeurs seuls qui règlent ce point. Mais, pour se faire une idée juste des droits actuels de cette assemblée, il suffit de jetter les yeux sur les traités de Westphalie, de l'an 1648, & sur les capitulations des empereurs, à commencer par Charles-Quint : on y voit en substance, que les princes & états d'Allemagne, tenans la *diète*, ont voix décisive dans toutes les délibérations qui se rapportent à la législation de l'Empire, tant ancienne que moderne, à la guerre, à la levée des troupes, à celle des contributions, à l'ordonnance des contingens, à l'imposition des taxes, à la construction & l'entretien des forteresses, à la paix, aux alliances, aux monnoies, au ban de l'Empire, à ses tribunaux suprêmes, à l'introduction des nouveaux princes dans le corps germanique, à la disposition des grands fiefs, à celle des grandes charges, &c. L'empereur ne peut rien prononcer sur tous ces points que de concert avec la *diète* ; & les décisions de la *diète* n'ont force de loix, qu'après la ratification de l'empereur. Pour que le bonheur de l'Empire résulte d'une telle combinaison, on sent quel phlegme doit régner dans les conseils divers de chacun de ses membres. *Voyez* l'article ALLEMAGNE, & les articles de chacun des états qui composent le corps germanique.

DIÈTE DE POLOGNE. C'est l'assemblée générale des états de la Pologne, composée des trois ordres réunis ; le roi, le sénat & les nonces, que choisit l'ordre équestre ; la réunion de ces trois ordres forme la souveraineté du royaume, & de la république. *Voyez* DIÉTINE.

L'Europe est encore touchée des maux qu'a essuyés la Pologne, & il est bon de faire connoître en détail tout ce qui a rapport à la *diète*. On y appercevra la source des troubles, & la cause de ses malheurs. La constitution des *diètes* forme une partie essentielle du droit public de la Pologne ; & comme celle de 1768, qui fait l'objet des réclamations des confédérés, a apporté de grands changemens à cette constitution, après avoir indiqué la substance des anciennes loix, nous ferons un tableau de ces changemens.

1°. Les *diètes* ordinaires, appellées *seym*, ont commencé vers la fin du quinzième siècle. Auparavant les rois étoient plus ou moins absolus ; mais depuis la fin du quinzième siècle, les rois ont encore fixé le lieu & l'époque de ces assemblées. Les loix de 1569, 1576, 1673, 1717, 1726 leur ont ôté ces droits ; & à force de vouloir ainsi se prémunir contre l'abus du pouvoir monarchique, les polonois, séduits par l'amour de la liberté, tombèrent dans l'anarchie au-dedans, & dans la dépendance au dehors.

Selon les loix, les *diètes* devoient se tenir tous

les deux ans, & ne durer que six semaines ; elles s'assembloient deux fois de suite à Varsovie, & la troisième dicte se convoquoit à Grodno en Lithuanie ; mais, sous le règne actuel, elles ont toutes été assemblées à Varsovie. Elle s'ouvroit le lundi après la S. Michel ; mais la dicte de 1768 en a permis l'ouverture au lundi après la S. Barthelemi, en laissant toutefois la liberté de suivre l'ancien usage.

A l'approche des diètes, le roi écrit à tous les sénateurs des lettres, pour les consulter sur l'objet des délibérations comitiales. Leurs réponses & les volontés du roi fournissent le sujet des instructions que les deux chancelleries expédient à toutes les provinces & à tous les districts qui ont droit de députer des nonces ; elles y joignent les lettres de convocation ou universaux, qu'on affiche aux grods, ou greffes de chaque district, trois semaines avant l'assemblée des diétines.

Les sénateurs s'assemblent au jour marqué, dans leur chambre, & les nonces dans leur stuba.

La dicte de 1736 avoit réglé l'ordre des délibérations ; celle de 1764 y a apporté quelques changemens, & celle de 1768 de bien plus considérables encore. En voici le précis.

On doit commencer par le rugi, c'est-à-dire, la légitimation des nonces, ou l'examen de leur nomination, pour savoir si elle est légale.

Le maréchal doit être élu à la pluralité des suffrages, avant la fin du troisième jour ; on l'élisoit autrefois le premier jour. Celui-ci nomme le secrétaire de la dicte & les députés ; savoir, deux par province, pour dresser les constitutions ; six par province, pour former les jugemens de la dicte ; & quatre par province, pour examiner les comptes de la commission du trésor.

La chambre des nonces doit se réunir au sénat, au plus tard le second jour après l'élection du maréchal.

Cette réunion faite, on complimente le roi, & on fait la lecture des pacta conventa.

Le chancelier fait ensuite lecture des sujets sur lesquels on doit délibérer, & des résultats des sénatus consilia. Les commissaires du sénat, chargés de dresser les nouvelles constitutions à proposer, sont nommés par le roi, ainsi que ceux qui doivent examiner les comptes du trésor. Il y a d'autres officiers, appellés nouveaux commissaires du trésor, qu'on élit à la pluralité des voix.

Les nonces retournent dans leur chambre, & là les matières proposées leur sont communiquées, & on leur accorde un jour entier pour y réfléchir, avant de délibérer.

On examine d'abord les affaires économiques au sénat & dans la chambre des nonces. La conclusion se prend à la pluralité des suffrages, & le roi a la voix prépondérante, en cas de partage.

Après les affaires économiques, on agite les matières d'état, qui exigent l'unanimité pour former une conclusion. Le niemasz sgoda, ou l'opposition d'un seul nonce suffit pour empêcher toute conclusion : il faudroit s'étonner que le règlement de 1768 eût maintenu un pareil abus, si ce qui s'est passé depuis en Pologne n'avoit pas révélé les motifs de cette disposition.

Voici le précis des matières d'état, déclarées telles par la dicte de 1768.

L'augmentation des impôts & des troupes ; les déclarations de guerre & les traités de paix & d'alliances ; la concession de l'indigénat & des lettres de noblesse ; la réduction des monnoies ; les changemens par rapport aux charges dans les tribunaux, ou dans le ministère ; l'ordre à tenir dans les diètes ; la permission à donner au roi d'acheter des terres ; la convocation de l'arrière-ban ; enfin l'anéantissement des saisies à main armée : & il faut avouer qu'en conservant le liberum voto sur tous ces points, on a pris un moyen sûr pour troubler à jamais la Pologne.

Le lundi de la sixième semaine, au plus tard, après l'ouverture de la dicte, la chambre des nonces doit se réunir à celle du sénat, pour entendre la lecture des constitutions faites, en commençant par les affaires d'état, ensuite par celles d'économie. Enfin le maréchal de la dicte & les députés signent les constitutions, & on les envoie au grod pour y être collationnées.

2°. Les diètes extraordinaires diffèrent des diètes ordinaires, en ce qu'elles ne sont pas assemblées à des époques fixes ; en ce que le roi seul peut signer les universaux, sans être tenu de consulter les sénateurs ; enfin, en ce que les diétines peuvent ne précéder que de trois semaines l'ouverture de la dicte. De plus, on n'y lit pas les pacta conventa : on n'y tient point de jugemens comitiaux : on s'attache aux seules propositions faites par le roi. Ces diètes ne durent communément que quatre jours. La loi de 1726 ordonnoit que ces assemblées ne fussent convoquées que dans les cas d'une nécessité indispensable. Il n'y en a point eu depuis 1768, & jamais elle n'ont été plus nécessaires que dans les années suivantes.

3°. Durant l'interrègne, il y a d'autres diètes qui ne sont pas de la classe des diètes ordinaires. Le primat, qui est toujours l'archevêque de Guesne, annonce la vacance du trône à tous les sénateurs, en les invitant à se rendre à Varsovie. Autrefois les tribunaux étoient fermés ; par la dicte de 1768, ils doivent toujours continuer leur séance, excepté la justice de la cour.

Les universaux & les instructions sont expédiés au nom du primat ; les diétines s'assemblent ; enfin les nonces élus arrivent à Varsovie.

On suit d'abord la marche des diètes ordinaires dans cette dicte, appellée de convocation. On pourvoit ensuite à la tranquillité publique durant l'interrègne ; on donne des conseillers au primat, & , en cas de guerre, aux grands généraux ou hetmans ; on fait lecture des lettres des princes étrangers ; on fixe l'époque de la dicte d'élection.

& on finit d'ordinaire par une confédération générale. Les conftitutions de cette *diète* de convocation font fignées par tous les membres de l'affemblée, & par les députés des villes de Cracovie, de Wilna & de Léopold, qui ont confervé le droit d'affifter à ces *dietes* feules.

La *diète* de 1768 a décidé que, dans ces *dietes* de convocation, les matières d'état ne pourront être décidées qu'à l'unanimité des voix.

La même *diète* a mis au rang des loix fondamentales & immuables, que le roi doit être à jamais électif, & de la religion catholique.

La *diète* d'élection n'eft plus une affemblée de nonces. Toute la nobleffe monte à cheval, & eft conduite par les palatins à Varfovie. Les polonois campent d'abord fur la rive droite de la Viftule, & les lithuaniens, fur la rive gauche. Le fénat eft placé dans une baraque élevée auprès du village de Wola, en vertu de la conftitution de 1587, & il a à fa tête le primat. Cette barraque, entourée d'un rempart, fe nomme *Szopa*.

La nobleffe, rangée fous les enfeignes des Palatinats, nomme fes nonces, comme pour les *dietes* ordinaires : ceux-ci nomment à la pluralité le maréchal de l'élection.

Ce maréchal prête le ferment de ne figner le diplôme, qu'au cas que l'élection foit unanime.

Trois députés, un pour la Grande, un pour la Petite-Pologne, un pour la Lithuanie, vont avec le maréchal au *Szopa*.

On propofe la rédaction des *patta conventa* ; on nomme les députés du fénat & des provinces qui doivent les dreffer ; on examine les infractions des loix, qui ont été faites, pour y remédier ; le fénat donne audience aux miniftres étrangers & au nonce du pape ; on lit leurs lettres de créance : enfin, le primat déclare les candidats au trône, & les députés de la nobleffe en rendent compte à leurs brigades.

Le jour fixé pour l'élection, toute la nobleffe à cheval fe range autour du *Szopa*, fuivant l'ordre des Palatinats.

Le maréchal de l'élection & les nonces fe réuniffent au fénat : les nonces retournent enfuite à leur brigade. Le maréchal de la *diète* & le primat reftent feuls, pour recueillir les fuffrages : ils parcourent les brigades, & quand l'affemblée eft d'accord, le primat proclame le roi élu au milieu du *Szopa*, & le grand-maréchal, aux trois portes du retranchement qui entoure le *fzopa*.

Si le roi élu fe trouve à l'affemblée, on fe hâte de lui faire prêter ferment : fi c'eft un prince étranger, fes ambaffadeurs jurent en fon nom ; & on lui envoie des députés chargés de lui remettre le diplôme, & d'exiger fon premier ferment.

Les nobles quittent enfin le camp ; ils retournent chez eux, en attendant les diétines pour nommer les nonces à la *diète* de couronnement.

Les univerfaux font encore expédiés par le primat, & cette *diète* doit être affemblée à Craco-

vie ; mais celle de 1764, pour l'élection de Staniflas-Augufte, fe tint à Varfovie.

Le roi fait une entrée publique. On enterre fon prédéceffeur le lendemain.

Le roi élu devoit paroître en cuiraffe, chauffé à la romaine ; mais en 1764 on ne fe conforma pas à cet ufage. Les grands officiers rempliffent les fonctions de leurs charges, & le roi eft couronné par le primat : à fon défaut, par l'évêque de Cujavie ; & au défaut de celui-ci, par l'évêque de Cracovie. Le roi entre en fonction dès ce moment, & reçoit les fermens accoutumés. La *diète* confirme tous les actes des *dietes* de convocation, d'élection & de couronnement.

Si la *diète* d'élection a été litigieufe, cette *diète* de couronnement eft fuivie d'une *diète* de pacification, où l'on prononce une amniftie générale. Je ne mets point, dans l'ordre des *dietes*, les autres affemblées de la nation ; comme les *dietes* à cheval, qui font les convocations de l'arrière-ban, ou de tout l'ordre équeftre, ni les grands confeils, ni les confédérations, puifque toutes ces affemblées n'ayant lieu que dans les temps de troubles, ne fuivent d'ordinaire aucunes règles fixes. *Voyez* CONFÉDÉRATION.

Il refte maintenant à expliquer de quelles perfonnes font compofées les *dietes* régulières : elles font compofées du roi, du fénat & des nonces.

Le fénat étoit autrefois compofé de cent quarante-fix membres ; la *diète* de 1768 l'a augmenté de fept.

Dix-fept évêques forment la première claffe des fénateurs.

Les palatins, les trois caftellans, qui ont le rang de palatins, & le ftarofte de Samogitie qui marche avec eux, forment depuis la *diète* de 1768 un nombre de 38, & ils compofent le fecond ordre des fénateurs.

Les caftellans du premier rang, au nombre de 34, forment la troifième claffe des fénateurs.

Les caftellans du fecond rang, au nombre de cinquante, compofent la quatrième claffe des membres du fénat.

Enfin les quatorze miniftres d'état, felon la *diète* de 1768, forment la cinquième claffe du fénat.

Ces 153 fénateurs reffemblent, à divers égards, à la chambre des pairs en Angleterre, comme la chambre des nonces a quelque rapport avec celle des communes.

Voici le tableau de ces nonces, fuivant les provinces dont ils font députés.

De la petite Pologne.

	nonces.
Du Palatinat de Cracovie	6.
Du duché de Zator	2.
Du Palatinat de Sendomir	7.
Du Palatinat de Lublin	3.
Du Palatinat de Pdolachie	6.

Du

nonces.

Du Palatinat de Ruſſie	6.
De la terre de Halicz	6.
De la terre de Chelm	2.
Du Palatinat de Belzk	4.
Du Palatinat de Podolie	6.
Du Palatinat de Kiovie	6.
Du Palatinat de Wolhynie	6.
Du Palatinat de Braclavie	6.
Du Palatinat de Czerniéchovie	4.

Pour la petite Pologne, en tout .... 70.

De la grande Pologne.

Du Palatinat de Poſnanie & de celui de Kaliſz, enſemble	12.
Du Palatinat de Siradie	4.
De la terre de Wielun	2.
Du Palatinat de Leuzczyce	4.
Du Palatinat de Brzeſc en Cujavie, conjointement avec celui d'Inowroclaw	4.
De la terre de Dobrezin	2.
Du Palatinat de Plocko	4.
Du Palatinat de Maſovie	20.
Du Palatinat de Rawa	6.

Pour la grande Pologne, en tout ...... 58.

Du grand duché de Lithuanie.

Du Palatinat de Wilna	10.
Du Palatinat de Trock	8.
Du duché de Samogitie	2.
Du Palatinat de Smolenck	4.
Du Palatinat de Polock	2.
Du Palatinat de Nowogrodeck	6.
Du Palatinat de Witebsk	4.
Du Palatinat de Brzeſc, en Lithuanie	4.
Du Palatinat de Mſciſlaw	2.
Du Palatinat de Minsk	6.

Pour la Lithuanie, en tout .... 48.

Des provinces incorporées.

Du Palatinat de Kulm. Le nombre des nonces eſt-il limité : 6 diſtricts.

Du Palatinat de Marienbourg, de même : 4 diſtricts.

Du Palatinat de Poméranie ; de même : 8 diſtricts.

Du Palatinat de Livonie : 6 nonces.

Si l'on nomme un nonce par diſtrict, c'eſt encore vingt-quatre nonces pour ces quatre Palatinats.

On voit donc que la *diète* peut être compoſée

de 200 nonces, & quelquefois davantage : ces 200 nonces, joints aux ſénateurs, formeroient une aſſemblée de plus de 353 membres.

Nous parlerons en détails, de la conſtitution, des abus, des malheurs, de la foibleſſe, & de l'hiſtoire politique de la Pologne, à l'article PO-LOGNE. *Voyez* POLOGNE.

DIÈTES *des Suiſſes*, c'eſt ainſi qu'on déſigne en françois les aſſemblées des députés des cantons Suiſſes. On les appelle en allemand *tagſazung*, *tagleiſtung*, c'eſt-à-dire, journées, aſſiſes. Ces aſſemblées ſont générales ou particulières, ordinaires ou extraordinaires. Du moment où les petits états, qui ſucceſſivement formèrent le corps helvétique, établirent une ligue fédérative, & avant que ces peuples prétendiſſent à l'indépendance de l'empire germanique, avant que leurs aſſociations défenſives priſſent la forme d'une confédération régulière & générale, les divers cantons étoient convenus, chacun avec ſes voiſins & alliés, d'un lieu de conférence, déterminé par les traités, pour ſervir de rendez-vous à leurs députés, tant pour les négociations au ſujet de leurs intérêts réciproques, que pour les jugemens des arbitres dans les différends qui les diviſoient. *Voyez* CORPS HELVÉTIQUE. Ces ligues particulières s'étant réunies dans la première confédération générale, qui eut lieu d'abord entre les huit anciens cantons, enſuite entre ceux-ci & les cinq cantons, qu'ils s'aſſocièrent ſucceſſivement, à meſure que les victoires répétées des Suiſſes rendirent leurs armes reſpectables aux nations voiſines, les aſſemblées de leurs députés devinrent plus nombreuſes & plus fréquentes ; les intrigues des puiſſances étrangères les rendirent célèbres ; & ſouvent y introduiſirent la corruption & la diſcorde. Des conquêtes, que divers cantons avoient faites à frais communs, & dont ils partagèrent les fruits, occaſionnèrent l'établiſſement des *diètes* annuelles, dans leſquelles on s'accoutuma à traiter des intérêts nationaux, & à donner audience aux ambaſſadeurs.

Ces *diètes* annuelles & ordinaires s'aſſembloient à Baden, dans l'Argau. Par le traité de paix, de 1712, qui termina la guerre, entre les cantons de Zuric & de Berne, d'une part, & les cinq cantons, Lucerne, Uri, Schwitz, Underwalden & Zug, de l'autre ; ces derniers renoncèrent à leur part dans la co-régence du comté de Baden. Les *diètes* générales, qui s'aſſemblent annuellement au mois de Juillet, ont été transférées, depuis cette époque, à Frauenfeld, petite ville & chef-lieu de la Thourgovie. Le nom de *diète* générale & annuelle pourroit, mal-à-propos, faire conſidérer ces aſſemblées des députés Suiſſes, comme des Etats généraux, ou un corps repréſentatif, chargé du pouvoir légiſlatif ou de l'adminiſtration nationale. Les petits Etats réunis par la confédération helvétique, forment chacun une république abſolument indépendante. Libres de

O

contracter des liaisons avec d'autres puissances, sous la réserve-seule de leur engagement fédératif & réciproque, ces républiques n'ont ni troupes, ni trésor, ni aucun objet de régie en commun. Pour toutes les négociations publiques, leurs députés n'apportent aux *dièttes* que des instructions limitées; & ce n'est qu'en vertu d'un ordre & pouvoir spécial qu'ils peuvent conclure, & terminer des affaires intéressantes.

Lorsqu'il est question d'une *diète* générale, ordinaire ou extraordinaire, c'est le canton de Zuric, qui en vertu du premier rang qu'il occupe, & du dépôt de la chancellerie helvétique qui lui est confié, fixe le temps & le lieu des assemblées, & les convoque par une lettre circulaire. Quant aux conférences entre plusieurs cantons, sur des objets qui n'intéressent pas le canton de Zuric, c'est alors le plus ancien des cantons, suivant l'ordre établi entr'eux, qui invite les autres à députer des représentans. Les députés du premier canton tiennent le haut bout de la salle, les autres députés se rangent des deux côtés, suivant le rang des cantons. Dans les assemblées générales, quelques députés sont placés sur un second rang, à main droite; ceux de quelques alliés, auxquels un long usage a procuré le droit d'assister à ces *dièttes*, tels que les députés de l'abbé & de la ville de St. Gall, des villes de Bienne & de Mulhausen (1), se rangent au bas du cercle, où sont aussi placés le baillif du lieu, qui a, comme nous le dirons plus bas, sa fonction particulière, & la chancellerie, représentée par un officier de la chancellerie de Zuric, aidée du secrétaire baillival.

Un canton se fait représenter par deux députés. Les cantons d'Underwalden, de Glaris & d'Appenzell, partagés chacun en deux districts, envoient un député pour chaque district. L'ouverture de la séance se fait, à huis ouverts, par un compliment que prononce le premier député de chaque canton. On appelle cette cérémonie la *salutation helvétique*; le premier député de chaque canton remercie les autres de leur bienveillance, fidélité confédérale, amitié & bon voisinage, & il leur promet les mêmes sentimens; le compliment renferme d'ailleurs une profession publique & solemnelle de reconnoître les engagemens & les obligations des anciens traités & des confédérations. Dans l'origine de la ligue, ces traités exigeoient le renouvellement du serment de toutes les communes des divers cantons, tous les cinq ou tous les dix ans, avec la clause, toutefois que l'interruption de cette solemnité ne dérogeroit

point à l'effet & aux engagemens des alliances. La possession tranquille de la liberté, la constance du zèle & de la fidélité des confédérés, firent négliger, comme superflu, le renouvellement de ces sermens, & lorsque des mésintelligences paroissoient l'exiger, le schisme religieux fit naître des difficultés sur la cérémonie & les formules. Cependant tous les traités & actes publics entre les confédérés rappellent les premières alliances, & à l'ouverture de toutes les *dièttes*, on en fait une profession publique, ce qui rend cette cérémonie de l'ouverture publique des *dièttes*, plus importante & plus respectable.

Les députés du premier canton proposent les sujets de délibération. On commence par les affaires générales: à moins qu'un des Etats confédérés, ou l'ambassadeur d'une puissance étrangère ne demande la convocation d'une *diète* extraordinaire, les affaires générales sont renvoyées à la *diète* annuelle de Frauenfeld. C'est le baillif de Tourgovie, qui dans cette assemblée invite les députés, successivement, à opiner sur la question proposée; si l'assemblée ne peut être d'accord, le baillif jouit d'une voix prépondérante dans la parité des suffrages: ces cas sont bien rares, & ils n'ont guères rapport qu'à des résolutions provisionnelles. Communément, les matières proposées sont toutes prises, *ad referendum*; c'est-à-dire, qu'on doit les soumettre à l'examen des communes des divers états; & si ces objets ne sont pas fort pressans, on renvoie la délibération à une autre *diète*. Lorsque les objets, qui touchent l'intérêt général, ont été discutés, une partie des députés se retirent de la *diète*, en prenant congé par un nouveau compliment, & la chancellerie expédie à chaque canton un double du recès, qui contient le résultat des délibérations.

La *diète* annuelle change dès ce moment de forme & d'objet. Elle devient une assemblée des représentans des divers cantons qui ont part à la jurisdiction sur les bailliages communs. Les baillifs rendent compte à l'assemblée des bamps & des revenus appartenans aux Etats; ils soumettent leur gestion à l'examen de la *diète*, qui confirme ou révoque les sentences prononcées par les baillifs sur des causes civiles, portées par appel devant cette assemblée: chaque député présent, a suffrage en qualité de juge, & le baillif donne sa voix, quand il y a parité de suffrages. Au reste, les jugemens de la *diète* ne sont pas en dernier ressort; dans les causes majeures, on peut en appeller devant les cantons même. Le tribunal supérieur, dans chaque canton, prononce, & sa sen-

---

(1) Des troubles intérieurs s'étant élevés dans la ville de Mulhausen, sept cantons, choqués du peu de déférence des mulhausois pour leur médiation, renoncèrent à l'alliance de cette ville. *Voyez* CORPS HELVÉTIQUE & MULHAUSEN. Malgré les démarches soumises des habitans de Mulhausen & l'intercession réitérée des cantons protestans, ils n'ont pu obtenir des cantons catholiques la grace de rentrer dans l'alliance. Cependant ces derniers ont consenti depuis peu à admettre aux *dièttes* les députés de Mulhausen, & ils reconnoissent par cette admission sa qualité d'alliée du corps helvétique.

tence forme un nouveau suffrage ; toutes ces prononciations sont communiquées aux parties, & notifiées au baillif, pour qu'il exécute ce que la pluralité a décidé. Cette forme judiciaire doit prolonger les procès & accumuler les frais.

Les baillifs de la Thourgovie, du Reinthal, du comté de Sargans, & de la partie supérieure des bailliages libres, rendent compte-à la *diète* de Frauenfeld.

Il se tient annuellement, au mois d'Août, une assemblée ou *diète* des députés de douze cantons à Lugano, ou à Locarno ; elle a pour objet l'administration des quatre bailliages ultramontains, situés sur les confins de la Lombardie. Il est d'usage de n'envoyer à cette *diète* qu'un seul député de chaque canton. Une pareille session a lieu à Baden, entre les députés des trois cantons, Zuric, Berne & Glaris, au sujet des bailliages de Baden, & de la partie inférieure des bailliages libres. Les cantons d'Uri, Schwitz & le bas Underwalden, envoient des députés à une session particulière, relative à quatre vallées sur les confins du Milanès, dont ils ont la souveraineté. Les états de Berne & de Fribourg ont établi entr'eux une conférence, de deux en deux ans, à Morat, pour les quatre bailliages, que ces états gouvernent en commun, &c. Toutes ces *diètes* ou conférences, qui ont rapport à l'examen de la conduite des baillifs & à l'administration des provinces sujettes, sont appellées *syndicats* ou *sessions de contrôle*.

Les cantons aristocratiques défrayent leurs députés & règlent leur part aux épices & émolumens. Les cantons démocratiques, au contraire, laissent à leurs représentans le soin de se dédommager de leur dépense sur le produit de leur commission : méthode qui pourroit un jour occasionner de grands abus, si la cupidité, sous ce prétexte, introduisoit la corruption parmi les surveillans même des juges inférieurs & des baillifs; & cet inconvénient est d'autant plus à craindre pour les cantons démocratiques, que les constitutions même de ces états établissent une taxe, en faveur de l'assemblée du peuple, sur toutes les charges & commissions, un peu lucratives ou honorables.

Outre ces différentes *diètes* ordinaires & annuelles, il se tient quelquefois des conférences particulières entre deux ou plusieurs cantons, qui ont des intérêts momentanés à régler. Les cantons catholiques d'une part, les protestans de l'autre, s'assemblent quelquefois par députés, pour les objets qui intéressent leurs églises. Ils forment même à la grande *diète* de Frauenfeld des sessions particulières pour cet objet.

Le droit public entre les membres du corps helvétique établit encore une autre sorte de conférences. Ce sont les congrès des arbitres chargés de prononcer sur les différends qui s'élèvent entre les cantons même. Les confédérations, & les traités d'alliance particulière entre des cantons voisins, déterminent le lieu de ces conférences pour chaque cas, le choix des arbitres & la forme des jugemens. *Voyez* CORPS HELVÉTIQUE, & les articles de chacun des états qui composent le Corps helvétique.

DIÉTINE, nom qu'on donne aux assemblées de la noblesse polonoise des Palatinats, des provinces & des districts, qui jouissent de la prérogative de nommer & d'envoyer des nonces à la diète de la nation. Ces *diétines* ordinaires doivent précéder de six semaines l'ouverture de la diète générale.

Par la constitution de 1768, elles doivent avoir lieu le lundi après la sainte Marguerite, excepté celle du duché de Zator & celle de la seigneurie de Halicz, qui se tiennent huit jours plutôt.

Ces assemblées se tiennent dans les églises à huis ouverts. Pour y jouir d'une voix active, il faut être gentilhomme polonois ; être citoyen de la province, c'est-à-dire, y posséder quelque terre, & avoir 18 ans complets. On élude assez aisément, avec du crédit, l'article qui exige une possession territoriale.

Le plus ancien sénateur préside d'abord l'assemblée, pour faire élire un maréchal. Ce maréchal, élu à la pluralité, dirige seul les délibérations.

On procède ensuite à l'élection des nonces, qui, d'après la constitution de 1768, s'élisent à la pluralité. Les gentilshommes qui n'ont pas de domaines dans la province ; ceux qui n'ont pas 23 ans ; ceux qui sont, ou sénateurs, ou membres des tribunaux ; ceux qui n'ont pas assisté à l'assemblée ; ceux qui redoivent au trésor public, ne peuvent, suivant les loix, être choisis pour nonces.

Le maréchal, aidé d'un conseil, dresse ensuite les instructions pour les nonces ; l'original de ces instructions est déposé dans le grod du district, & on en donne une copie aux nonces.

Si les *diétines* sont rompues, le roi peut en faire assembler quatre, successivement ; & si ses tentatives sont infructueuses, la province perd son suffrage, pour cette fois, à la diète générale.

Trois semaines après les *diétines*, les nonces doivent se réunir ; ceux de la Grande-Pologne à Kolo ; ceux de la Petite-Pologne, à Nove-Miaslo ; ceux de Lithuanie, à Stonyn ; ceux de Masovie & de Podlachie, à Varsovie ; ceux de Volhynie, à Volodomir ; & ceux de Prusse, à Graudentz : mais le règlement n'est observé que par les nonces des trois Palatinats de la Prusse.

Ainsi, les *diétines* sont l'assemblée de tout l'ordre équestre de Pologne. La noblesse entière forme cet ordre. Le caractère des nobles est héréditaire : ils sont tous égaux : les mésalliances ne dérogent point. Cette noblesse se prouve par témoins, ou par titres, par l'entrée attestée dans les *diétines* ; par la jouissance reconnue d'un domaine ; par l'exercice d'une charge noble ; par des lettres d'ennobliſſement ou d'indigénat, expédiées ou confirmées par une diète. La nobleſſe ne ſe perd que par des crimes d'état, & par l'exercice de métiers réputés vils, tels qu'un commerce de détail, ou la tenue d'un cabaret dans les villes. Il eſt permis à un gentilhomme polonois d'établir des manufactures, de ſervir un autre gentilhomme, ou de vendre, comme il peut, les productions de ſes terres. La diète de 1633 a établi toutes ces règles. Les enfans, nés pendant que le père abuſoit ainſi de ſa liberté, c'eſt l'expreſſion de la loi, ſont cenſés roturiers. Si quelqu'un eſt ennobli, ſes enfans, nés depuis cette époque, ſont gentilshommes polonois ; mais ſi un étranger, après avoir prouvé ſa nobleſſe par des titres ſuffiſans, obtient l'indigénat dans une diète, il eſt habile, dès-lors, à tous les emplois, & jouit de l'égalité établie entre tous les nobles. Enfin, un gentilhomme étranger, naturaliſé par la diète, perdroit ſes droits d'indigène, s'il négligeoit d'acheter des terres. Telle eſt la nobleſſe dont le concours forme les *diétines*, & dont le ſuffrage élit les nonces à la diète. Tel eſt enfin le corps ſouverain de la nation. *Voyez* DIÈTE de Pologne, & l'article POLOGNE.

DIÉTRICHSTEIN (princes de). *Voyez* le Dictionnaire de géographie.

DIETZ, état d'Allemagne. *Voyez* l'article NASSAU.

DIFFÉREND, ou DIFFÉRENT, *conteſtation*, *débat*. Le *différend* n'eſt pas la même choſe que la diſpute & la querelle. La concurrence des intérêts cauſe le *différend* ; la contrariété des opinions produit les diſputes ; l'aigreur des eſprits eſt la ſource des querelles. On vuide le *différend* ; on termine la diſpute ; on appaiſe la querelle : l'envie & l'avidité des hommes font quelquefois de gros *différends* pour des bagatelles : l'entêtement, joint au défaut d'attention à la juſte valeur des termes, eſt ce qui prolonge ordinairement les diſputes : il y a, dans la plupart des querelles, plus d'humeur que de haine.

Il y a deux moyens de vuider les *différends* entre ceux qui ſe trouvent dans l'état de nature, diſoit ſagement Cicéron : « L'un, par la diſcuſſion des » raiſons de part & d'autre ; l'autre, par la force. » La première convient proprement à l'homme ; l'autre n'appartient qu'aux bêtes. Il ne faut donc en venir à celle-ci, que quand il n'y a pas moyen d'employer l'autre. La diſcuſſion des raiſons peut ſe faire principalement de quatre manières ; ſavoir, la conférence amiable, la tranſaction, la médiation & les arbitres : on y en ajoute ordinairement encore deux, le ſort & les combats ſinguliers.

Il eſt manifeſte que, par le droit naturel, tous les *différends* entre des perſonnes indépendantes, doivent être ſoumis à des arbitres.

Si l'on a cauſé du dommage, ou ſi l'on a fait quelque offenſe, & qu'on l'ait réparée, il ne reſte plus de ſujet de diſpute ; l'offenſé & l'agreſſeur doivent déſormais vivre en bonne intelligence. Mais ſi le dommage n'a pas été réparé ; ſi l'offenſé, non content de la réparation faite, conſerve pour l'agreſſeur, l'aigreur ordinaire entre ennemis ; ſi l'on n'eſt pas d'accord de la juſtice des prétentions qu'on a les uns contre les autres ; ſi enfin, il y a quelque ſujet de querelle, quel en ſera le juge ?

Ceux qui vivent entr'eux dans l'indépendance de l'état de nature, n'ont point de juge commun qui puiſſe prononcer avec autorité ſur leurs *différends* ; on n'y reconnoît point de ſupérieur ; chacun y eſt l'arbitre ſouverain de ſes propres actions ; mais chacun doit ſe conformer aux maximes de la loi naturelle. L'offenſé péut negliger ou ſoutenir ſon droit, diſſimuler l'offenſe, l'injure, le dommage, ou en pourſuivre la réparation. L'agreſſeur peut même vouloir réparer le mal qu'il a fait ; mais celui des deux qui prononce ſur ſon affaire propre, ne peut aſſujettir l'autre à ſon jugement. Il faut donc, ſi l'on aime la juſtice, & que le *différend* ne puiſſe être terminé par une conférence amiable entre les parties, s'en remettre au ſort, ou s'en rapporter à la déciſion d'un ou de pluſieurs arbitres, car il n'y a que cette voie d'éviter les illuſions de l'amour propre, & les ravages de la guerre, qui peut naître des prétentions qu'on ne veut pas ſoumettre à des arbitres.

La convention, par laquelle on nomme des arbitres, ne doit pas être conditionnelle ; car ſi l'on vouloit faire dépendre l'exécution du jugement de la juſtice de ſes diſpoſitions, il s'enſuivroit que la partie condamnée ſe conſtitueroit elle-même juge des raiſons qui auroient déterminé l'arbitre ; il naîtroit de-là une nouvelle diſcuſſion, toute pareille à la première ; il faudroit avoir recours à un autre arbitre, & après celui-là à un troiſième, & il y auroit un progrès à l'infini. Le jugement de l'arbitre, dans l'état de liberté naturelle, doit être une loi ſouveraine pour les deux parties ; car cet état ne connoît ni les appels, ni les procédures, ni les autres formes que les ſociétés civiles ont introduites.

Les mêmes loix de nature qui ont été données aux particuliers, ont leur application aux corps politiques. Un état ne doit pas faire à un autre état ce qu'il ne voudroit pas qu'un autre état lui fît. Toute république doit faire aux autres républiques ce qu'elle ſouhaiteroit que les autres lui fiſſent. Enfin, toutes les puiſſances de la terre doivent cultiver, les unes avec les autres, l'amitié que la nature apprend aux particuliers à entretenir entr'eux. On ſe tromperoit groſſièrement, ſi on imaginoit que les loix naturelles ne lient pas les corps politiques, comme les particuliers. La multitude des coupables ne diminue certainement pas les crimes aux yeux de l'auteur de la nature. Au contraire, une puiſſance ſouveraine eſt beaucoup plus coupable qu'un ſimple particulier, quand elle gommet quelque crime, parce que l'infraction qu'elle commet, cause beaucoup plus de mal à la société, que la mauvaise conduite d'un particulier.

Les souverains sont donc obligés de deux manières de soumettre leurs *différends* à des arbitres.

Deux nations ont un *différend*, dont elles ne peuvent se constituer juges; car elles sont également indépendantes. Rien n'est plus raisonnable, que de prendre pour arbitre un peuple voisin, qui n'ait aucun intérêt à décider plutôt la question en faveur de l'un, qu'en faveur de l'autre. Chacun de ces deux peuples prétend que son droit est certain, & ne veut point le modérer. Dans cette opposition de sentimens, il faut qu'un peuple, choisi pour arbitre, termine la querelle, ou que le sort des armes la décide.

Si l'on concevoit une république, où il n'y eût ni magistrats, ni juges, & où chaque famille se crût en droit de se faire justice à elle-même par violence, sur toutes ses prétentions contre ses voisins, on déploreroit le malheur d'une telle société, & l'on auroit horreur d'une république (si néanmoins un tel corps méritoit ce nom), où toutes les familles s'armeroient les unes contre les autres. Doit-on regarder avec moins d'horreur le monde entier qui est la société universelle des hommes, lorsque chaque peuple qui n'y est que comme une grande famille, se croit en droit de se faire justice, par la violence, sur toutes ses prétentions contre les peuples voisins?

Un particulier qui, ayant des prétentions sur un héritage, voudroit s'en emparer par force, au lieu de réclamer l'autorité du magistrat, seroit puni comme un séditieux. Osera-t-on dire qu'un souverain peut d'abord employer la violence pour soutenir ses prétentions, sans avoir tenté toutes les voies de douceur & d'humanité? La justice ne doit-elle pas encore être plus sacrée pour les souverains, par rapport à des pays entiers, que pour des familles, par rapport à quelques petits héritages? Sera-t-on injuste & ravisseur, lorsqu'on se prend que quelques arpens de terre; juste & équitable quand on usurpe des provinces entières? Si l'on se prévient, si l'on se flatte, si l'on s'aveugle dans la discussion des plus petits intérêts, ne doit-on pas craindre davantage de se prévenir, de se flatter, & s'aveugler sur les plus grands? Se croira-t-on soi-même dans une matière où l'on a toutes sortes de motifs de se défier de son jugement? Ne craindra-t-on point de se tromper dans des cas où l'erreur d'un seul homme conduit à des conséquences terribles?

Les princes chrétiens pourroient rougir de ne pas adopter la voie de l'arbitrage; car l'Alcoran en fait une loi aux turcs. Mahomet a ordonné que si deux nations ou deux provinces de musulmans sont en guerre, toutes les autres s'unissent pour les concilier, & pour contraindre celle qui a tort à donner satisfaction à l'autre.

Un souverain qui consent à l'arbitrage de ses *différends* avec un autre souverain, montre sa confiance dans le droit qu'il réclame; il fait voir sa bonne foi, son équité, sa modération; & si le refus de l'autre souverain l'oblige à une guerre, il aura pour lui le témoignage de sa conscience & l'estime de ses voisins.

DILLENBOURG. *Voyez* Nassau.

DINKELSBUHL ou DÜNKELSBUHL, ville impériale: elle est appellée par quelques-uns *Tricollis*, *Zeacollis* ou *Zeapolis*, & située entre le comté d'Oettingen & la principauté d'Anspach sur trois collines, en allemand Buhel, où l'on cultivoit jadis de l'épautre, en allemand Dinkel, d'où elle a tiré son nom & ses armes, qui sont de gueules à trois collines de sinople, chacune surmontée d'un épi de bled d'or. Son magistrat est moitié catholique & moitié luthérien; mais le plus grand nombre des habitans professe le luthéranisme. Les catholiques occupent l'église principale & deux couvens d'hommes. Les luthériens ont la paroisse de l'hôpital, un consistoire particulier & deux écoles, dont l'une est destinée à l'étude de la langue latine depuis la convention de 1651. L'ordre téutonique y a un bailliage & une prévôté dépendante de la commanderie d'Ellingen, qui possède entr'autres le village de Vimmelbach. Dans un ancien sceau, cette ville porte le nom d'*oppidum villicum*. Elle fut ceinte, en 982, d'une muraille simple, à laquelle on en ajouta une seconde en 1126. En 1351, l'empereur l'engagea aux comtes d'Ottingen; mais elle s'est rachetée elle-même, & les empereurs Charles IV & Wenceslas lui ont garanti son immédiateté. Elle a la seizième voix parmi les villes impériales de Suabe à l'assemblée de l'Empire, & la treizième aux diètes du cercle. Sa taxe matriculaire, qui étoit jadis de 2c8 florins, fut réduite à 90 florins en 1683. Sa contribution pour l'entretien de la chambre impériale, est de 148 rixdales 71 kr. Son petit territoire, qui est rempli d'étangs, comprend le hameau Tiefweeg. L'abbaye d'Elwangen & les princes d'Oettingen-Spielberg réclament une portion du territoire de cette ville, & le procès est pendant à la chambre impériale.

DIOCESE. *Voyez* le Dictionnaire du Jurisprudence.

DISCIPLINE MILITAIRE. *Voyez* le Dictionnaire de l'Art militaire.

DISCUSSION. Discuter une matière, une question, une opinion, c'est l'épurer & la débarrasser de toutes les matières qui peuvent lui être étrangères, pour la présenter nette & dégagée de toutes les difficultés qui l'embrouilloient.

L'étude jointe à l'expérience peut seule rendre un ministre d'état capable des hautes fonctions qu'il remplit. On sait quels peuvent être les fruits de l'une & de l'autre, & il s'en faut bien que l'expérience lui fournisse toutes les ressources dont il a besoin. L'intervalle qui sépare le commencement & la fin de la vie est si court, qu'il semble que ces deux extrémités se touchent ; une expérience de peu de jours ne peut donner qu'une instruction médiocre. L'étude, par un chemin plus facile & plus abrégé, procure des connoissances étendues ; on n'est jamais à portée de tout voir, mais la lecture peut tout enseigner. Un ministre, quelque longue que soit son administration, n'a presque jamais à traiter deux grandes affaires qui se ressemblent parfaitement : c'est par la connoissance des événemens qui ont précédé, qu'on doit se précautionner contre ceux qui peuvent suivre. Si l'on n'est instruit des principes, on fait de fausses démarches qu'on n'a pas toujours le temps de réparer. N'est-il pas plus sage & plus utile de s'instruire en étudiant les fautes des autres, que de se former par celles qu'on feroit soi-même dans la pratique ?

Les dépositaires de l'autorité & des fonctions des princes ne commettent tant de fautes, que parce qu'il n'y a ni règle positive, ni principes écrits qui servent à redresser leurs vues, ou à leur donner celles qu'ils doivent avoir. De-là vient qu'on arrive si tard au but, & que très-souvent on le manque. Une société ne peut subsister long-temps qu'avec le secours d'une règle d'institut, toujours présente à ceux qui la conduisent. Comment l'état qui renferme toutes les communautés, aussi-bien que tous les particuliers, pourroit - il s'en passer ? comment ceux qui succèdent aux places & aux emplois, seront-ils au fait de ce que les conjonctures changent aux principes suivis par leurs prédécesseurs ? Faute de cette règle permanente, une bonne idée qui n'a pu s'exécuter périt avec l'inventeur ; & une infinité de mauvaises, adoptées par vivacité, par ignorance, se perpétuent.

Chaque emploi demande une étude particulière ; tous les arts s'apprennent, & les plus faciles & les moins estimés ont leurs principes, leur méthode, leur temps d'apprentissage. Celui de conduire le genre humain n'auroit-il pas ses règles ? gouverne-t-on le monde à l'aventure ? Il est presqu'impossible qu'un gouvernement, mené sans principe de théorie, soit long - temps heureux. Ciceron observe que la perfection d'un art demeure toujours inconnue à ceux qui se conduisent par routine, & qu'une longue expérience qui n'est pas soutenue par un fond réel de connoissances, n'est souvent qu'une longue habitude d'erreurs. Il faut joindre les exemples des siècles passés à l'expérience, & la spéculation à la pratique.

Ce n'est qu'en exerçant sans cesse son intelligence, qu'on lui donne de l'étendue. Ce qu'on apprend par l'étude ne suffit pas, il est vrai, pour former un grand homme d'état ; mais on acquiert des connoissances absolument nécessaires, des principes fondamentaux, une théorie qui ouvre l'esprit, qui fait naître des idées, & qui contribue à assurer les opérations ministérielles. Les connoissances spéculatives & les connoissances pratiques s'entr'aident ; l'exercice perfectionne ce qu'inspire la méditation, & achève l'homme d'état que l'étude a commencé.

Si l'on a vu des hommes gouverner avec succès sans le secours de l'étude, c'étoient des esprits supérieurs, & il n'est donné qu'à des génies du premier ordre de tirer tout de leur propre fonds. Peu de gens peuvent se flatter d'être nés avec cette pénétration & cette étendue d'esprit qui suppléent à l'étude, & quelquefois même à l'expérience. D'ailleurs ces hommes extraordinaires ont été bien rares, & ils seroient allés plus loin, si une bonne éducation eût augmenté les avantages qu'ils avoient reçus de la nature.

Tout concourt à prouver l'extrême utilité des *discussions* politiques, & des ouvrages qui traitent du gouvernement & des différentes branches de l'administration.

Pourquoi donc chercher à décourager les écrivains laborieux qui rendent des services aux administrateurs ? Ils doivent sans doute parler avec circonspection ; ils doivent éviter tout ce qui pourroit former des séditieux ; mais on calcule bien mal ses intérêts, lorsqu'on leur interdit l'examen des abus généraux : c'est par les abus que les nations s'affoiblissent, que l'état perd sa consistance & sa gloire ; & il y a telle nation qui, dans la détresse d'une crise désastreuse, se repentira un jour d'avoir étouffé les réclamations modérées de quelques citoyens honnêtes qui voyoient les maux de l'état, & qui en indiquoient les remèdes.

Ces ministres qui affectent de dépriser les hommes qui écrivent sur la politique & l'administration, savent - ils que la liste des ministres qui ont laissé des ouvrages sur les mêmes matières, est bien nombreuse ? nous allons en citer plusieurs & venger du moins, par de nobles exemples, le discrédit qu'on voudroit jetter sur les travaux les plus utiles de l'esprit humain.

1. P O L Y B E.

Polybe gouverna la république des achéens, qui lui érigèrent une statue avec cette inscription : *à la mémoire de Polybe dont les conseils auroient sauvé l'Achaïe, s'ils avoient été suivis, & qui la consola dans ses malheurs.* Ce qui nous reste de son histoire, renferme d'excellentes maximes sur l'art de gouverner.

2. C I C E R O N.

Ciceron rassembla au souverain degré les talens qui distinguent l'homme d'état, le philosophe & l'homme de lettres. Il eut des gouvernemens de provinces, des commandemens d'armées, des confulats : il apprit à la philosophie à parler la langue romaine : il porta l'éloquence à sa perfection. Ce génie, aussi grand que la république qu'il gouverna, composa trois ouvrages sur l'administration & la politique. 1. Ses livres de la République, dont il ne nous reste que des fragmens. Loin de vouloir changer la constitution de l'ancienne république romaine, il n'avoit d'autre but que de réformer les abus de la nouvelle qui étoit alors corrompue, & il se proposa seulement de perfectionner l'ancienne. 2. Le Traité des loix, dont nous n'avons que les trois premiers livres, qui même sont imparfaits. Dans le premier, Cicéron traite de l'origine de la loi, & développe la source de tout ce qu'on appelle devoir. Il la tire de la nature universelle des choses, ou, comme il l'explique ensuite, de la raison consommée & de l'autorité suprême de Dieu. Dans les deux livres suivans, il donne un corps de loix, qui s'accorde avec le plan d'une ville bien ordonnée, qu'il avoit expliqué dans son Traité de la république. Il met au premier rang celles qui appartiennent à la religion & au culte des dieux. Les autres regardent l'autorité & les devoirs des magistrats. Il tire presque toujours ses principes de la constitution & des usages de l'ancienne Rome; il expose quelques vues par lesquelles il croyoit pouvoir remédier au désordre qui s'étoit glissé dans le gouvernement de sa patrie, & donner à sa république une pente plus sensible vers l'aristocratie. Dans les livres qui se sont perdus, il traitoit des droits & des privilèges particuliers du peuple romain. 3. Les Offices où Cicéron traite des devoirs de l'homme, & donne des leçons d'une morale si complette & si pure, qu'il n'y a que celle du christianisme qui lui soit supérieure.

3. TACITE.

Tacite parvint aux charges les plus considérables, & se mêla long-temps de l'administration de l'Empire romain, sous les règnes de Vespasien, de Titus, de Domitien & de Nerva, qui l'honorèrent de leur estime. Il fut préteur sous Domitien & consul sous Nerva. Les ouvrages qui nous restent de lui, offrent les leçons les plus utiles aux rois & aux ministres, & son nom réveille tout-à-la-fois l'idée d'un grand politique, & celle du plus grand des historiens.

4. MAISIERES.

Philippe de Maisières fut chancelier des royaumes de Jérusalem & de Chypre pour le roi Pierre I, ambassadeur de Pierre II à la cour du pape Grégoire II, ministre d'état du roi de France Charles V, & gouverneur du dauphin qui fut depuis Charles VI, roi de France. On lui attribue le Songe du Vergier, où l'on discute le différend des deux puissances, & des usurpations que les juges séculiers & les juges ecclésiastiques se reprochoient réciproquement. Mais il est plus sûrement auteur d'un autre Songe, intitulé le Songe du vieil pelterin, resté en manuscrit dans la bibliothèque des Célestins de Paris, chez qui Maisières se retira & mourut. Il composa cet ouvrage pour l'instruction de Charles VI, & il eut pour but la réforme de tous les ordres de l'état, l'abréviation de la procédure, & la correction des abus de la discipline militaire.

5. SEYSSEL.

Claude de Seyssel, archevêque de Turin, & plusieurs fois ambassadeur du roi de France Louis XIII à la cour de Rome, a fait la grande Monarchie de France & la Loi salique des françois, deux in-8°. imprimés plusieurs fois à Paris dans le seizième siècle.

6. MORUS.

Thomas Morus fut successivement avocat, shériff de Londres, maître des requêtes, chevalier-trésorier de l'Echiquier, chancelier du duché de Lancastre, ministre à Bruxelles, plénipotentiaire à Cambrai, ambassadeur en France & à la cour de Vienne, enfin grand chancelier d'Angleterre, puis décapité à Londres sous Henri VIII, parce qu'il ne vouloit pas prêter le serment de suprématie. Le plus connu de ses ouvrages est l'Utopie, roman politique très-célèbre, dont nous parlerons ailleurs. Voyez UTOPIE.

7. WALSINGHAM.

François Walsingham, que la reine Elisabeth fit deux fois son ambassadeur en France, a publié ses Mémoires, & il n'y parle guères que de ses négociations.

8. GUICHARDIN.

François Guichardin, aussi grand homme d'état que célèbre historien, a rempli son Histoire d'Italie d'une multitude de règles & de maximes politiques, qu'on a jugées si bonnes & si utiles, qu'on les a extraites, rassemblées & imprimées plusieurs fois en Italie, en latin & en françois.

9. CONTARINI.

Gaspard Contarini, vénitien, cardinal, célèbre par plusieurs ambassades & légations qui lui firent un grand nom, a composé deux livres intitulés: l'un, de Potestate papa; l'autre, de Republica venetorum libri quinque. Synopsis reipublicæ Venetiæ, & alii de eâdem discursus politici. Il ne faut pas croire que Contarini développe, dans ce dernier ouvrage, les mystères du gouvernement de la république de Venise. Il en étoit bien capable; mais c'est une tâche que devoient remplir dans la suite deux françois, Amelot de la Houssaye & Saint-Disdier.

10. SMITH.

Thomas Smith, que j'aurois dû joindre à Walsingham, comme son contemporain & son collègue dans sa première ambassade, fut secrétaire d'état sous Edouard VI, & depuis sous la reine Elisabeth. Il a composé un ouvrage intitulé, *de la République & du gouvernement d'Angleterre.*

11. L'HÔPITAL.

Michel de l'Hôpital, chancelier & garde des sceaux de France, composa, lorsqu'il n'étoit que premier président de la chambre des comptes, un discours en vers latins au roi François II, contenant *une Instruction pour bien & heureusement régner.*

12. BONGARS.

Jacques Bongars, maître d'hôtel du roi Henri IV, & son ministre en plusieurs cours, nous a laissé des *Lettres* écrites avec beaucoup de dignité, de probité, & une grande connoissance des affaires.

13. D'OSSAT.

Arnaud, cardinal d'Ossat, qui, après avoir porté la livrée, s'éleva par degrés jusqu'à la pourpre, avoit des vertus & des talens qui le rendoient digne des négociations & des ambassades dont il fut successivement chargé. Ses *Lettres* doivent être le bréviaire de l'homme d'état.

14. PASCHAL.

Paschal, ambassadeur en Pologne, en Angleterre & chez les grisons, a fait un ouvrage intitulé : *Legatus.*

15. HOTMAN.

Jean Hotman, sieur de Villiers, ambassadeur de France en Suisse, y composa un livre intitulé : *de la Charge & de la Dignité de l'ambassadeur.*

16. JEANNIN.

Pierre Jeannin, un des plus habiles négociateurs que la France ait eu, contribua beaucoup à affermir la république des Provinces-Unies, par la trêve de douze ans qu'il obtint en 1609, & par les sages conseils qu'il donna sur la constitution de ce nouveau gouvernement. Le cardinal de Richelieu disoit qu'il ne trouvoit nulle part de plus solides instructions que dans les *Mémoires & les Négociations* de Jeannin.

17. CANAYE.

Philippe Canaye, ambassadeur de France en Allemagne, en Suisse, en Italie, a laissé des *Lettres & des Mémoires de ses négociations*, imprimées en trois volumes *in-folio*, dont le troisième est fort curieux.

18. SULLY.

Maximilien de Bethune, duc de Sully, le plus habile ministre du meilleur des rois. Il suffit de le nommer; il n'est point d'homme d'état qui ne puisse s'instruire par la lecture de ses *Mémoires.*

19. PEREZ.

Antoine Perez, secrétaire d'état sous Philippe II, a fait des *Lettres* & d'autres ouvrages en espagnol, fort estimés.

20. BEDMAR.

Alphonse de la Cueva, marquis de Bedmar, célèbre par son ambassade de Venise, est auteur d'un livre intitulé, *Squittinio della liberta veneta*, qui offensa extrêmement les vénitiens.

21. SAAVEDRA.

Don Diego Saavedra Faxardo, l'un des plénipotentiaires d'Espagne au congrès de Munster, a composé en espagnol un ouvrage intitulé : *Idée d'un prince politique & chrétien, représenté en* 101 *emblèmes.*

22. LISOLA.

François, baron de Lisola, employé par la cour de Vienne dans la négociation de trois différens traités de paix, ne cessa de négocier & d'écrire pour la maison d'Autriche contre celle de France.

23. GROTIUS.

Hugues de Groot ou Grotius, ambassadeur de Suède en France, a composé le *Traité du droit de la guerre & de la paix*, & d'autres ouvrages sur la politique.

24. PARUTA.

Paul Paruta, noble vénitien & procurateur de S. Marc, après avoir glorieusement servi sa patrie dans plusieurs négociations, a composé un ouvrage intitulé, *della Perfettione della vita politica libri tre.* Mais sa conduite fut un plus grand modèle de cette perfection que son livre.

25. GOZLISKI.

Laurent Grimaldo Gozliski, chancelier de Pologne

Pologne sous le règne de Sigismond II, a tracé le portrait d'un grand ministre & d'un grand magistrat dans son ouvrage intitulé : *le Sénateur accompli.*

26. BACON.

François Bacon, chancelier d'Angleterre, étoit tout-à-la-fois un grand philosophe, un habile historien ; un jurisconsulte éclairé & un profond politique. Ses Essais de morale & de politique répondent à la haute réputation dont il jouit.

27. BASSOMPIERRE.

François de Bassompierre, maréchal de France, ambassadeur en Espagne, en Suisse & en Angleterre : ses négociations en Espagne & en Suisse ont été imprimées sous ce titre : *Ambassades du maréchal de Bassompierre.*

28. ROHAN.

Henri, duc de Rohan, grand capitaine & grand politique, a fait deux ouvrages : l'un intitulé, *le parfait Capitaine*, & l'autre : *Intérêts & maximes des princes & des états souverains.* La seconde partie de ce dernier ouvrage, fort inférieure à la première, n'est pas du duc de Rohan ; & la première n'est plus d'une grande utilité, vu le changement des intérêts des puissances de l'Europe.

29. MARCA.

Pierre de Marca, ministre d'état & archevêque de Paris, dont l'ouvrage le plus célèbre est celui de l'*Accord du sacerdoce & de l'Empire*, écrit en latin.

30. RICHELIEU.

Armand-Jean Duplessis, duc de Richelieu. Il gouverna la France sous Louis XIII pendant seize ans ; & tout le monde sait que, dans ce court espace de temps, il abaissa la maison d'Autriche, détruisit le calvinisme en France, soumit les grands aux loix, extirpa les germes de soulèvement répandus parmi le peuple, & affermit l'autorité royale. On est persuadé aujourd'hui que le *Testament politique*, imprimé sous son nom, est véritablement de lui, ou du moins que la plus grande partie a été rédigée sous ses yeux.

31. D'AVAUX, & 32. SERVIEN.

Claude de Mesmes, comte d'Avaux, & Abel Servien, comte de la Roche-des-Aubiers, tous deux ministres d'état & plénipotentiaires au congrès de Munster, sont très-connus par l'indécence de leurs querelles. Les pièces de ce beau procès sont curieuses par la force & l'habileté politique

qui y brillent : on les trouve dans les *Négociations secrettes pour la paix de Munster & d'Osnabrug.*

33. D'ESTRADES.

Le maréchal d'Estrades s'est mêlé de toutes les affaires majeures de l'Europe pendant quarante ans. Ses *Mémoires & négociations* imprimés ne sont qu'une partie des ouvrages manuscrits qu'il a laissés. L'abbé d'Estrades, fils du maréchal, ambassadeur à Venise & en Piémont, a laissé aussi des *Mémoires* de ces deux ambassades, qui ne sont pas imprimés.

34. TEMPLE.

Guillaume Temple, chevalier baronet, eût été un des plus habiles négociateurs de l'Europe, s'il avoit eu moins de singularité dans les manières & les opinions, & s'il avoit montré plus d'impartialité dans les négociations de Nimègue. On a de lui des *Mémoires de ce qui s'est passé dans la chrétienté depuis le commencement de la guerre en 1672, jusqu'à la paix conclue en 1679*; des *Lettres* écrites durant ses ambassades, & des *Remarques sur l'état des provinces des Pays-Bas*, ouvrage plein de sens & le chef-d'œuvre de l'auteur.

35. MOLESWORTH.

Molesworth, envoyé extraordinaire d'Angleterre en Danemarck, a fait l'*Etat présent du royaume de Danemarck, par lequel on voit le fort & le foible de cette couronne, avec des remarques très-utiles sur le gouvernement despotique & sur la conduite qu'elle tient aujourd'hui (1690)*; ouvrage où l'on trouve des détails curieux, & qui seroit plus estimé, si l'auteur eût été moins dominé par la passion : la modération n'étoit pas la vertu favorite de Molesworth.

36. NANI.

Jean-Baptiste Nani, noble vénitien, procurateur de S. Marc, deux fois ambassadeur en Allemagne & deux fois ambassadeur en France, a fait, outre son *Histoire de Venise*, deux *Relations* de ses ambassades : la république de Venise oblige ses ministres, à leur retour, de présenter au sénat une relation de leur ambassade. M. Nani a fait imprimer la sienne.

37. CARAFE.

Le prince Charles-Marie Carafe, ambassadeur d'Espagne à la cour de Rome, a traité des devoirs d'un ambassadeur, de sa conduite envers le prince qui l'envoie, & celui vers lequel il est envoyé, &c. dans un ouvrage intitulé : l'*Ambasciatore politico christiano.*

38. SAINT-PHILIPPE.

Le marquis de Saint-Philippe, connu par ses ambassades, a composé en espagnol un livre qui a été traduit en françois & imprimé sous ce titre: *la Monarchie des hébreux*, ouvrage plein de maximes dictées par une politique adroite, mais exposée avec trop d'abondance & de prolixité.

39. SANTA-CRUZ.

Le marquis de Santa-Crux, qui se distingua à Turin, à Cambrai, à Soissons, dans plusieurs ambassades, est auteur d'un *Recueil de réflexions militaires & politiques*, en espagnol, estimé des maîtres de l'art, comme pouvant être d'un grand usage pour les négociateurs & pour les militaires.

40. WICQUEFORT.

Wicquefort, que j'aurois dû placer plus haut pour suivre l'ordre chronologique, fut trente-deux ans résident de l'électeur de Brandebourg à Paris. Il a fait plusieurs ouvrages estimés, dont le plus connu est celui qui a pour titre : l'*Ambassadeur & ses fonctions*.

41. CALLIERES.

François de Callières, employé dans plusieurs négociations, remplit avec honneur l'emploi d'ambassadeur extraordinaire & plénipotentiaire de France à Risswick. Il a fait un *Traité de la manière de négocier avec les souverains*, de l'utilité des négociations, du choix des ambassadeurs & des envoyés, & des qualités nécessaires pour réussir dans ces emplois. On en a publié une nouvelle édition en 1750, & on y a ajouté une seconde partie qui montre bien l'avantage qu'ont les hommes d'état pour traiter les matières d'administration, sur ceux qui n'ont point été employés dans le ministère.

On a tiré ce catalogue de l'examen des principaux ouvrages d'économie politique ou de diplomatique, inséré dans le tome VIII *de la Science du gouvernement*. Tant d'habiles politiques n'ont écrit que parce qu'ils sentoient l'importance & l'utilité des *discussions* sur ces objets.

DISETTE, s. f. Dans le sens où l'on prend communément ce mot, la *disette* semble provenir du fait de la nature qui, par des dérangemens contraires à notre expérience, a trompé l'espoir du cultivateur, a frustré ses avances & refusé le produit sur lequel on avoit dû compter ; ensorte que la table ronde de l'année, si l'on veut me passer cette expression, est renversée, si l'économie & la prévoyance humaine ne trouvent, dans les réserves qu'elles ont faites, de quoi vivre au courant, faire de nouvelles avances & redoubler

les travaux ; car les cas fortuits n'enlèvent pas seulement les revenus, mais souvent altèrent le fonds qu'il est indispensable de réparer.

Telle est l'inévitable guerre contre laquelle les sociétés doivent s'armer en corps, & se tenir toujours prêtes ; &, quoique les forces de l'attaque paroissent infiniment supérieures à celles de la défense, Dieu a mis, dans les organes & dans les facultés de l'homme, une étendue prodigieuse dont il ne trouvera jamais les bornes, & dont il ne découvre les ressources qu'en raison de l'opposition.

En effet, sous les climats doux & favorables, sur les terres d'une fertilité presque spontanée, l'homme languit dans la mollesse, dans l'incurie de l'ignorance, dans l'oisiveté ; au lieu que, sous les climats âpres & rigoureux, dans les contrées ardues & ingrates, il force tous les obstacles & triomphe de la stérilité. C'est-là sur-tout que les efforts de son industrie étonnent par leur grandeur, & charment par leurs succès. Les difficultés aiguisent l'esprit de l'homme, & les inconvéniens lui apprennent enfin les moyens de les prévenir ou de les réparer. La prévoyance est fille de la dure épreuve.

Mais il faut se souvenir en toutes choses, que tout ce qui est de l'homme ne sauroit se faire que par l'aide & le concours de ses semblables, & ne peut s'opérer qu'en société. Sans la société, la *disette* est par-tout sous les pas de l'homme. Elle est urgente, prompte & désespérée dans l'isolement ; elle est impérieuse dans la société errante ; elle est menaçante, fortuite & mortelle dans la société sédentaire, foible & opprimée ; périodique, attendue & suscitée dans la société désordonnée par l'erreur & par le monopole réglementaire. Elle est par-tout plus ou moins destructive ; mais elle ne sauroit ébranler ni même atteindre une société complette, régie & préservée par des loix conformes à celles de l'ordre naturel.

En effet, les cas fortuits les plus redoutables, les ébranlemens de la nature, contre lesquels l'homme n'a d'abord de ressource que celle de céder, de fuir & de réparer ensuite les ravages, ne sont que locaux, passagers & rares : les vimères ordinaires ou plus communes, qui opèrent les *disettes* dans les pays où la désordre, en interceptant les communications naturelles, isole chaque canton & porte par-tout également la misère, soit par la privation, soit par la non-valeur ; ces cas fortuits, disons-nous, n'attaquent guères qu'une sorte de denrée. Aux lieux où les grains manquent ou germent sur place par l'humidité, les fourrages abondent ; la sécheresse qui brûle les menus grains, perfectionne la qualité des grands bleds.

En l'année 1709, presque généralement calamiteuse par la perte de tous les grains semés en automne, les bleds de mars trouvant la terre imprégnée du nître que l'extrême gelée y avoit déposé, fructifièrent avec une abondance qui consola le cultivateur, & soutint la vie du peuple. Les passages, qu'une guerre longue & acharnée avoit fermés de toutes parts, s'ouvrirent à la nécessité ; le prix des grains, qui, faute de débouchés, étoit tombé d'une manière déplorable, & qui avoit ruiné les puissances agricoles, se releva, se soutint ; les forces nationales semblèrent repousser avec lui ; & ce renouvellement de vigueur prépara les trèves & la paix, dont les premices se montrèrent deux ans après. On peut voir, par cet exemple, qu'il n'est aucun mal qui ne soit accompagné de quelque bien. Cette année 1709, qui n'a guère eu de semblable, ne laissa de traces ruineuses que sur les arbres à fruits, dont les espèces les plus délicates, furent obligées de renaître de leur souche ; objets locaux qui ne sont point de véritables fléaux.

Dans le cours ordinaire des choses, ou même dans les cas extraordinaires, si, de longue main, le commerce est libre, & dès-long-temps protégé ; c'est-à-dire, si sa liberté est défendue contre le fisc national & étranger, si le commerce rural sur-tout est préservé de toute atteinte de monopole municipal & réglémentaire, appuyé sur le prétexte de la nécessité des approvisionnemens publics, & secondé par les clameurs du peuple suscitées & fomentées, le commerce en gros & en détail sera par-tout attentif à courir sus à la disette.

Pour le vrai commerce salutaire & naturel, vendre beaucoup à petit gain, c'est le chemin de la fortune, c'est le seul vœu de l'industrie traficante. Il n'y a que le monopole qui cherche à faire ce qu'on appelle des coups, & ce n'est que la jurisdiction oppressive qui lui en procure le moyen. A cela près, vendre beaucoup à petit gain, je le répète, c'est le trafic. Or nulle part cet avantage n'est plus assuré que dans le commerce des denrées de premier besoin. Là chacun devient pratique au jour la journée ; le pain est le correspondant journalier de chaque individu.

Si la société avoit donc pris d'avance les habitudes & les précautions qui seules peuvent la maintenir ; si l'action des échanges & la circulation du commerce entre tous ses membres étoient libres par la facilité des rapports entre les travaux & des communications territoriales, l'appel & le signal de la disette feroient affluer l'abondance, par la raison qui a fait dire cherté foisonne. Nous avons déja fait voir que cherté n'est pas disette (voyez CHERTÉ) qu'elle en est au contraire le remède. Or elle la détruit & la remplace par-tout.

Mais le trafic, dit-on à bon droit, ne va qu'aux lieux où se trouve le moyen de payer ; car il ne donne pas, il veut vendre ; il ne peut même faire autrement. Or quand les moyens de payer nous manquent, par la perte de ce que nous avions d'ordinaire à offrir en échange, nous n'avons pas de quoi acheter, & nous mourrions de faim au

milieu des tas de bled, s'ils vouloient venir à nous ; mais ils s'en garderont bien, de peur de tentation & de violence ; & , dans les deux cas également, nous éprouverons toujours la disette.

Cette objection, de la vérité de laquelle nous convenons, loin de détruire ce que nous avons dit, que la disette ne peut rien contre une société bien ordonnée, ne fait que le confirmer. Il suit, en effet, de cette assertion que ce n'est point du cours & de la présence de la denrée que le gouvernement propice doit s'occuper, & que ce cours ira, tout seul & de lui-même, droit au besoin. La disette ne porte donc plus sur les moyens de payer.

Mais le moyen primitif, le moyen général de payer n'est que le travail. Chacun, en général, ne vit que du salaire de son travail. Le commerce vivifie un pays, non-seulement parce qu'il donne la valeur vénale aux produits locaux ; mais encore parce qu'il salarie des travaux pour ses voitures, pour ses magasins, pour son débit. Les lieux habités où la populace abonde ne sont pas ceux où l'on vit des travaux productifs des subsistances & revenus ; mais des travaux d'une industrie qui prépare & façonne les objets de luxe, de décoration, de commodités, de superfluités ; & les cas fortuits locaux n'ont pas porté directement sur ceux-ci, qui vont toujours sur le courant, ou sur des anticipations nécessitées par leurs dissipations. La non-valeur annuelle des travaux ne menace donc bien essentiellement que la campagne, & momentanément encore ; car il faut que les travaux y recommencent, ou tout seroit perdu.

Je demande si, dans un gouvernement propice & par conséquent puissant & sage, qui mettroit au-dessus de tout le bon & le meilleur entretien des campagnes, la vigueur des cultures, l'immunité & la force des avances, ce seroit jamais un effort ruineux pour l'administration que de venir à l'appui des forts propriétaires, au secours des cantons fortuitement affligés par les malheureux effets de l'intempérie des saisons, de manière que le peuple y trouvât le salaire de son travail préparatoire, jusqu'au temps où les travaux annuels recommenceroient. Quant à ces derniers, les fermiers ou forts entrepreneurs de culture s'en chargent & en font les frais sur les avances qu'ils avoient réservées ; car ces sortes d'accidens sont entrées dans leurs calculs de prévoyance ; & ces riches entrepreneurs, vrais soutiens de la société & colonies de l'état, ne manqueront nulle part sous le bon régime de l'ordre, de la prospérité duquel nous n'avons pas d'idée. Tous ces salaires, tant d'une part que d'autre, s'employeront en achats de subsistances ; ils se changeront en pain, & le grain ne manquera jamais aux lieux où l'on veut payer le pain.

C'est ainsi que la sage politique doit dépouiller ce fantôme de disette, dont on se sert pour faire peur au peuple, comme on jette de la terre sur les haies pour faire donner les oiseaux dans le filet. Le peuple voit la stérilité ; il craint aussi-tôt la *disette* , parce qu'il est accoutumé à se croire seul & sans appui. Qu'on lui apprenne qu'il fait cause commune avec des associés riches ; qu'on ranime son courage abattu, on le préservera de l'effroi que le tumulte rend toujours dangereux ; on tirera les administrateurs d'inquiétude , & l'on empêchera la société d'être la dupe & la victime des prétendus approvisionneurs. *Voyez* l'article GRAINS.

(*Cet article est de M.* GRIVEL.)

DISPENSE. *Voyez* le Dictionnaire de Jurisprudence.

DISSOLUTION DES ÉTATS. Les états, dont la constitution change entièrement , & qui deviennent la proie des nations voisines , des conquérans ou des tyrans, perdent leur première forme , & c'est ce qu'on nomme leur *dissolution.*

La nature , par une marche constante , mène tout ce qui existe à la destruction ; les êtres physiques & les êtres moraux sont plus ou moins tard les victimes de cette inévitable loi. Les sociétés humaines , leurs gouvernemens, leurs institutions, leurs opinions , leurs demeures mêmes s'altèrent & disparoissent quelquefois. Les hommes , ces êtres mobiles , sont dans une action & dans une réaction perpétuelles ; le citoyen agit contre le citoyen ; les différens corps d'un état luttent, presque sans interruption , les uns contre les autres. Les souverains & les sujets sont dans un combat continuel ; les nations font des efforts constans contre les nations ; les passions communes aux sociétés comme aux individus , sont les forces motrices qui font naître les mouvemens divers dans le monde moral ; & de cette collusion perpétuelle , résulte à la fin la *dissolution* des corps politiques.

Les états, ainsi que les corps humains, portent en eux les germes de leur destruction : comme eux, ils jouissent d'une force plus ou moins durable ; comme eux, ils sont sujets à des crises qui les enlèvent brusquement, ou à des maladies chroniques qui les minent peu-à-peu, en attaquant les principes de la vie. Ainsi les sociétés , comme les malades , éprouvent des transports, des délires , des révolutions : un embonpoint trompeur couvre souvent leurs maladies internes ; la mort elle-même suit de près la santé la plus robuste. La nature toujours agissante produit quelquefois tout-à-coup des hommes qui guérissent un état , & le font , pour ainsi dire , renaître ; mais elle produit plus souvent des êtres destructeurs , qui , en un moment , le précipitent dans l'abîme.

Un état se dissout , dès que les vices accumulés de son gouvernement le privent de la sûreté, de la force & des mœurs nécessaires au maintien

de l'ensemble. Un corps politique est menacé de *dissolution* , lorsque ses souverains négligent d'entretenir en lui l'esprit qui doit l'animer relativement à ses besoins ; lorsque , oubliant de tenir l'équilibre entre ses forces , ils permettent qu'une branche de l'administration absorbe toutes les autres ; lorsque , par quelque vice interne , une nation cesse de jouir de la puissance , du rang , de la considération qu'elle devroit avoir parmi les autres , d'après les avantages que la nature lui a donnés : ces avantages sont déterminés par le nombre de ses habitans , par leur industrie & leurs talens , par leurs richesses & leurs ressources , par la bonté de leur sol , par son étendue & sa position. Un état est menacé de *dissolution* , lorsque les principes de son gouvernement sont corrompus ; lorsque les loix sont mauvaises & sans vigueur ; lorsque l'autorité est méprisée ; lorsque l'anarchie s'empare de tous les ordres de l'état ; lorsque les citoyens s'isolent & se détachent de la patrie ; lorsque des guerres civiles les arment les uns contre les autres ; & un état est dissous lorsque la violence change la forme de son gouvernement ; lorsqu'une force étrangère vient le démembrer , le détruire & lui ravir son indépendance ; enfin une nation est dans un état de *dissolution* & de ruine, quand les ressorts du gouvernement sont usés , & quand le luxe plonge tous les esprits dans l'apathie pour tout ce qui est utile, dans l'indifférence pour le bien public , dans le mépris pour la vertu : l'état n'a plus alors de citoyens ; il se remplit d'êtres vicieux , détachés de leur patrie , qui ne sont animés que d'une passion désordonnée pour les richesses , les plaisirs , les frivolités.

Chûte des anciens empires. Que sont devenus ces peuples fameux, dont nous lisons avec étonnement les annales ? Quel sort ont eu les institutions si sages du laborieux égyptien , les richesses & les forces si vantées de l'assyrien , du perse & du mède , les conquêtes du macédonien, le commerce étendu du tyrien & du carthaginois ? Enfin que reste-t-il de ce peuple vainqueur de tous les autres peuples , qui finit par engloutir les empires du monde , & dont les citoyens commandoient à tant de rois ? Leurs gouvernemens ont été renversés, leurs institutions abolies, leurs demeures & leurs dépouilles partagées entre des barbares : de toute leur grandeur, on ne voit plus que des monumens informes , dont les ruines imposantes nous impriment encore une vénération stérile pour une puissance qui a disparu.

Les loix & les noms mêmes des Solon , des Lycurgue , des Numa ne sont plus connus des barbares qui occupent aujourd'hui l'ancienne patrie de la liberté & de la gloire ! Les institutions les plus sages n'ont pu garantir les peuples de leurs propres folies , de la fureur des factions , des guerres , du fanatisme des conquêtes , du poison du luxe, plus destructeur encore que tous les autres fléaux. Que le passé soit pour nous un miroir fidele de l'avenir ; il nous apprendra que les nations les plus puissantes & les plus belliqueuses, que les gouvernemens les plus sages, que les établissemens qui sembloient devoir braver le tems & l'inconstance des hommes, ont été tôt ou tard forcés de suivre la loi d'une nature, qui veut que tout finisse.

Mais, dira-t-on peut-être, si toutes les nations sont forcées de subir leur destinée ; si, victimes des loix du sort & des révolutions du globe, elles sont toujours entraînées par une pente fatale vers la ruine, qu'est-il besoin de s'occuper des maux qui doivent avoir leur cours ? A quoi bon disputer sur la préférence que mérite un gouvernement sur un autre ? Que peuvent produire ces loix si sages, ces établissemens si vantés, cette politique si prudente, ces vertus mêmes que l'on regarde comme les soutiens des empires ? Ne songeons point tristement à nos peines ; laissons-nous entraîner, le plus doucement qu'il est possible, par la force irrésistible de la nécessité, & n'allons pas, par des réflexions affligeantes, aggraver des malheurs auxquels nous ne voyons point de remedes : contens de jouir du présent tel qu'il est, ne portons plus nos regards sur un avenir qui n'est propre qu'à troubler.

C'est ainsi que parlent des hommes corrompus & frivoles, en qui le vice éteint l'amour de la patrie, & toute tendresse pour leur postérité. C'est ainsi que s'expriment des esclaves indolens en qui le despotisme a totalement étouffé jusqu'au desir de voir changer leur sort. Mais les maux des nations sont-ils donc sans remede ? De ce que l'homme doit périr un jour, en conclura-t-on qu'il faut l'abandonner à son sort, lorsqu'il est accablé par quelque maladie ? Les loix, la liberté, la douceur du gouvernement en sont-elles moins désirables, parce que leur durée ne peut être éternelle ? La santé est-elle un bien à dédaigner, parce que tôt ou tard elle est suivie d'infirmités & de douleurs ? La raison, la prudence, la vertu, la liberté sont-elles des choses méprisables, parce que souvent elles opposent des barrieres impuissantes à la force, au délire, au crime & à la tyrannie ? Gardons-nous de le croire. Si les nations ne sont point destinées à jouir d'une félicité inaltérable, le bonheur n'est pas moins fait pour être l'objet constant de leurs desirs ; leur bien-être, même passager, doit occuper le législateur, le politique, le citoyen qui pense, l'homme de bien qui s'intéresse à sa patrie.

Cela posé, examinons quelles peuvent être, dans les différens gouvernemens, les causes sensibles de leur dissolution ; & remontons, s'il se peut, jusqu'à la source de la corruption des états : parce que jusqu'ici l'inexpérience des hommes les a presque toujours empêchés d'opposer aux maux qui les assiègent, des remparts assez forts, n'allons pas en conclure que l'esprit humain, retenu

trop long-temps dans une enfance perpétuelle, ne pourra jamais en sortir. Ne désespérons point de son activité ; attendons un sort plus doux du progrès des lumieres : s'il ne nous est pas permis de changer nos propres destinées, semons pour la postérité ; montrons-lui les écueils où ses peres ont échoué ; exposons-lui les suites de leurs gouvernemens imprudens, de leurs législations vicieuses, de leurs préjugés dangereux, de leurs usages insensés, de leurs vices destructeurs ; traçons-lui le tableau des folies qui les ont conduits à leur ruine : faisons des expériences pour cette postérité, dont tout homme de bien doit s'occuper, & flattons-nous de l'espoir consolant que nos descendans, aidés des circonstances & de nos réflexions, seront un jour plus sages & plus heureux que nous.

Causes de dissolution des monarchies absolues. La monarchie passe dans l'esprit de bien des gens, pour avoir des avantages marqués sur les autres formes de gouvernement. Moins une monarchie est compliquée, plus son jeu semble avoir d'aisance. Il est vrai que, dans la monarchie, la puissance de la nation, remise entre les mains d'un chef qui gouverne sans partage, se porte avec facilité par-tout où le besoin l'exige ; mais, d'un autre côté, une force trop grande confiée à un seul homme devient propre à subjuguer une société, qui ne présente jamais à son souverain que des forces divisées & des volontés peu d'accord. Ainsi la monarchie dégénere presque toujours en despotisme & en tyrannie. D'après l'exemple de tous les âges, on a pu voir comment on abuse du pouvoir, lorsqu'un seul homme est dépositaire des forces de l'état.

Lors même que la monarchie ne dégénere point dans ces honteux excès, l'inégalité & la diversité qui se trouvent nécessairement entre les talens, les caracteres & les passions des monarques qui se succedent, doivent produire des variations continuelles dans ce gouvernement. La volonté du chef étant la seule regle de la nation, doit produire à tout moment des révolutions dans les loix, dans les établissemens, dans les principes de l'administration, dans les idées. Il ne peut y avoir rien de fixe par-tout où le caprice peut tout changer d'un jour à l'autre ; si le même homme n'est pas toujours d'accord avec lui-même, dans les différens intervalles de sa durée, que sera-ce lorsque l'état passera successivement entre les mains de princes ou de ministres qui n'auront rien de commun avec leurs prédécesseurs.

D'où l'on voit que, par son essence même, un état monarchique doit être dans une oscillation continuelle, & que le maître de tout peut aisément, par son imprudence, conduire sa nation à sa perte.

Causes de la dissolution des monarchies limitées. Même dans une monarchie limitée, le monarque conserve toujours un ascendant très-marqué sur les corps qui concourent au gouvernement, quand, dépositaire unique de la puissance exécutrice, qui demande plus particuliérement l'unité, il tient dans ses mains les forces militaires ; quand il reste le maître & de la distribution des graces, & de l'emploi des deniers publics : ces deux ressorts, dirigés par une volonté fixe contre des volontés discordantes & divisées, doivent parvenir tôt ou tard à les dompter. La force intimide, les récompenses séduisent, & le souverain finit par subjuguer tous ceux dont il peut acheter les suffrages. Un monarque prend un ascendant nécessaire sur une nation vénale qui consent à lui vendre sa liberté ; il en devient indubitablement le maître absolu, quand la soif de l'argent l'a corrompue ; l'amour des richesses, devenu la passion dominante d'une nation, applanit toujours la route au despotisme. Les citoyens qui veulent être chargés de représenter la nation, ne regardent plus leurs places que comme des moyens d'acquérir des richesses, des titres, des emplois lucratifs ; ils acheteront alors, d'un peuple avide & corrompu lui-même, le droit de le revendre au souverain, qui peut les enrichir, les décorer, les appeller aux grandes places. La liberté sera toujours précaire dans les pays où le monarque sera le possesseur exclusif de tout ce qui peut exciter la vanité & la cupidité des hommes.

Le gouvernement mixte, quand il n'a pas ôté au peuple la faculté d'exercer la licence, éprouve très-fréquemment les inconvéniens du gouvernement populaire. Des enthousiastes, des imposteurs, des charlatans politiques auront, comme dans la démocratie, le pouvoir d'alarmer le vulgaire, d'exciter sa fureur, de lui rendre suspectes les démarches & les entreprises les plus justes, les plus utiles, les plus sensées ; en un mot, l'animeront contre ses intérêts les plus vrais, lorsque leurs propres passions n'y trouveront point leur compte. Ainsi la nation se déchirera en partis, en factions, en cabales, dont les suites sont les mêmes que celles qui amènent la ruine d'un gouvernement populaire.

Causes de dissolution dans les démocraties. Nous avons déja traité cette matiere à l'article DÉMOCRATIE : nous y avons exposé les avantages & les inconvéniens des gouvernemens démocratiques. Nous allons ajouter ici quelques autres réflexions, & dire comment l'état populaire est toujours plus près de la *dissolution* que les autres gouvernemens. Pour peu que l'on parcoure l'histoire des démocraties, tant anciennes que modernes, on voit que le délire & la fougue président souvent aux conseils du peuple. La partie la moins raisonnable & la moins éclairée d'une nation fait la loi à celle que son expérience & ses lumieres mettroient en droit de commander ; & celle-ci souvent, par ses hauteurs & par son despotisme, se rend justement suspecte au peuple. L'homme déraisonnable est toujours envieux. Une multitude jalouse & om-

brageuse croit avoir à se venger de tous les citoyens que le mérite, les talens ou les richesses lui rendent odieux ; l'envie est un puissant mobile dans les républiques ; les services les plus signalés sont punis & méconnus par une troupe d'ingrats que le nombre & l'impunité empêchent de rougir de ses crimes. Trop souvent un peuple, comme un particulier, devient insolent & méchant, quand, sans lumieres & sans vertus, il jouit de la puissance ; il s'enivre de vanité à la vue de ses forces, qu'il ne sait guères exercer avec prudence ou justice ; il méconnoît alors ses vrais amis, pour se livrer à des perfides qui flattent ses passions. L'histoire de ces athéniens si vantés offre un tissu de folies, d'injustices, d'ingratitudes & d'oppressions : on y voit les défenseurs les plus généreux de cette république, obligés de se justifier de l'avoir fidélement servie, ou contraints à se bannir, pour éviter la fureur de la populace.

Ainsi, sous la démocratie, la vertu même devient souvent un crime. Un peuple aveugle dévient à tout moment la dupe des flatteurs, qui font servir ses fureurs à leurs projets : la chaleur de son imagination le livre à des factieux qui le soulevent contre ce qui fait obstacle à leurs propres passions : son délire le rend la proie des ambitieux qui l'égorgent de ses propres mains, &, qui, pour terminer ses malheurs, l'obligent à la fin à se réfugier sous les aîles de la tyrannie : celle-ci achève de détruire ce que l'anarchie & la licence avoient pu épargner.

Ce qu'on vient de lire n'est point en contradiction avec l'article DÉMOCRATIE : il s'agit d'exposer ici quelles sont les causes de la *dissolution* des états, & non pas quelle est la meilleure forme de gouvernement.

Causes de dissolution dans les aristocraties. Dans l'aristocratie, un petit nombre de citoyens puissans ne tardent point à faire sentir leur autorité à un peuple qu'ils méprisent, & dont peu à peu ils deviennent le tyran. Chaque membre du gouvernement se croit un roi. Dans quelques aristocraties, nous voyons la même politique, les mêmes soupçons, les mêmes loix sanguinaires, aussi peu de liberté que sous les tyrans les plus ombrageux. La tyrannie aristocratique n'est pas moins douloureuse ; elle est même plus permanente que la tyrannie d'un monarque. Un corps ne change guères de maximes ; un despote peut en changer lui-même, ou du moins être remplacé par un successeur modéré. Le peuple, soumis à une aristocratie illimitée, est tyrannisé pendant des siècles par des maîtres qui ne s'écartent jamais de leur plan.

Autres causes de dissolution. Non-seulement la forme de gouvernement ne garantit point les nations de la destruction ; les choses même qui, dans l'origine, étoient les plus salutaires, finissent par se tourner en poisons ; semblables aux alimens les plus sains, l'excès en devient nuisible. C'est ainſi que la liberté, cet unique gage de la félicité publique, dégénère en une licence funeſte, lorſqu'elle n'eſt point retenue par des loix qui en préviennent l'abus. D'un autre côté, un reſpect exceſſif pour les loix & les inſtitutions de ſes pères peut devenir très-dangereux, lorſque les changemens ſurvenus à l'état les ont rendus inutiles ou contraires à ſes intérêts actuels. Dans d'autres circonſtances, le mépris de ces loix conduit à l'eſclavage ou à la licence, amène tantôt l'anarchie & tantôt la tyrannie. Dans une république, une loi changée produit ſouvent une révolution; ſous le deſpotiſme, il n'en exiſte point d'autre que l'intérêt actuel du monarque, ou de ceux qui veulent pour lui.

Réflexions générales ſur la diſſolution des gouvernemens. Si l'on veut parler, avec quelque clarté, de la *diſſolution* des gouvernemens, il faut, avant toutes choſes, diſtinguer la *diſſolution* de la ſociété, & la *diſſolution* du gouvernement. Ce qui forme une communauté, & tire les hommes de la liberté de l'état de nature, afin qu'ils compoſent une ſociété politique, c'eſt le conſentement que chacun donne pour agir avec les autres, comme un ſeul & même corps, & former un état diſtinct & ſéparé. La voie ordinaire, qui eſt preſque la ſeule par laquelle cette union ſe diſſout, c'eſt l'invaſion d'une force étrangère qui ſubjugue ceux qui ſe trouvent unis en ſociété. Car en cette rencontre, les hommes unis n'étant pas capables de ſe défendre, de ſe ſoutenir, de demeurer en corps entier & indépendant, l'union de leur corps doit ceſſer, & chacun eſt contraint de rentrer dans l'état où il étoit auparavant, de reprendre la liberté qu'il avoit, & de ſonger déſormais à pourvoir à ſa ſureté particulière, en adoptant quelqu'autre ſociété. Quand une ſociété eſt diſſoute, le gouvernement de cette ſociété ne ſubſiſte plus. Ainſi, l'épée d'un conquérant détruit ſouvent, renverſe, confond toute choſe, & par elle, le gouvernement & la ſociété ſont mis en pièces, parce que ceux qui ſont ſubjugués ſont privés de la protection de cette ſociété dont ils dépendoient, & qui étoit deſtinée à les conſerver & à les défendre contre la violence. Outre ce renverſement, cauſé par un peuple étranger, les gouvernemens peuvent être diſſous par des déſordres arrivés au-dedans.

Premièrement, cette *diſſolution* peut arriver lorſque la puiſſance légiſlative eſt altérée.

Si un prince, ou quelques perſonnes mettent leur volonté arbitraire à la place des loix, qui ſont la volonté de la ſociété, déclarée par le pouvoir légiſlatif, le pouvoir légiſlatif eſt changé.

Lorſque le prince empêche que les membres du corps légiſlatif ne s'aſſemblent dans le temps qu'il faut, ou que l'aſſemblée légiſlative n'agiſſe avec liberté, & conformément aux fins pour leſquelles elle a été établie, le pouvoir légiſlatif eſt altéré. Car, afin que le pouvoir légiſlatif ſoit en

ſon entier, il ne ſuffit pas qu'il y ait un certain nombre d'hommes convoqués & aſſemblés; il faut de plus que ces perſonnes aſſemblées aient la liberté & le loiſir d'examiner & de terminer ce qui concerne le bien de l'état. Ce n'eſt point un nom qui conſtitue un gouvernement, mais l'uſage & l'exercice des pouvoirs qui y ont été établis; & celui qui ôte la liberté, ou ne permet pas que l'aſſemblée légiſlative agiſſe dans le temps qu'il faudroit, détruit effectivement l'autorité légiſlative & anéantit le gouvernement.

Lorſque le prince, ſans le conſentement du peuple, & contre les intérêts de l'état, change ceux qui éliſent les membres de l'aſſemblée légiſlative, ou la manière de procéder à cette élection, le pouvoir légiſlatif eſt auſſi changé. En effet, ſi le prince fait choiſir d'autres que ceux qui ſont autoriſés par la ſociété, ou ſi l'on procède à l'élection d'une manière différente de celle que la ſociété a preſcrite, ceux qui ſont élus & aſſemblés de la ſorte, ne forment point l'aſſemblée légiſlative qui a été déſignée & établie par le peuple.

Lorſque le peuple eſt livré & aſſujetti à une puiſſance étrangère, ſoit par le prince, ſoit par l'aſſemblée légiſlative, le pouvoir légiſlatif eſt aſſurément changé, & le gouvernement eſt diſſous. Car le peuple ayant formé une ſociété, pour compoſer une ſociété entière, libre, indépendante, gouvernée par ſes propres loix, rien de tout cela ne ſubſiſte, dès que le peuple eſt livré à un autre pouvoir, à un pouvoir étranger. Le peuple alors rentre dans tous ſes droits.

DIVAN. On nomme ainſi la chambre du conſeil, ou tribunal, d'où ſortent les décrets de juſtice, ou les ordonnances dans les pays orientaux, ſur-tout chez les turcs. Il y a des *divans* de deux ſortes, celui du grand-ſeigneur, & celui du grand-viſir.

Le premier, que l'on peut nommer le *conſeil d'état*, ſe tient le dimanche & le mardi, dans l'intérieur du ſérail, par le grand-ſeigneur, aſſiſté des principaux officiers de l'Empire, au nombre de ſept; ſavoir, du grand-viſir, du kaïmacan, du vice-roi de l'Empire, du capitan-bacha, du teſterdar, du chancelier, des pachas du Caire & de Boude: ceux-ci en tiennent de particuliers chez eux, pour les affaires qui ſont de leur département; & comme les deux derniers membres ne s'y trouvent pas, ils ſont remplacés par d'autres pachas.

Le *divan* du grand-viſir, c'eſt à-dire, le lieu où il rend la juſtice, eſt une grande ſalle, garnie ſeulement d'un lambris de bois, de la hauteur de deux ou trois pieds, & de bancs matelaſſés & couverts de drap: cette ſalle n'a point de porte qui ferme. Ce *divan* peut être regardé comme le grand-conſeil ou le premier parlement de l'Empire ottoman. Le premier miniſtre eſt obligé de rendre la juſtice au peuple, quatre fois par ſemaine, le lundi, le mercredi, le vendredi & le famedi. Le cadilesker de Natolie est assis à sa gauche dans le *divan*, mais simplement comme auditeur; & celui de Romelie, qui a voix délibérative, est à sa droite. Lorsque ce ministre est trop occupé, le causch-bachi le remplace; mais s'il y assiste, ce dernier officier fait ranger les parties sur deux files, & passer de main en main les arzhaals ou requêtes, jusqu'au buijuk-teskeregi, premier secrétaire du grand-visir, auquel il lit la requête; & les deux parties sont entendues contradictoirement, sans avocats & sans beaucoup de formalités; on pèse les raisons : des assesseurs résument le tout, & donnent leurs conclusions. Si leur décision plaît au grand-visir, le ministre la confirme par le mot *fah*, c'est-à-dire, *certain* : sinon, il fait recommencer la plaidoierie, & décide ensuite de sa pleine autorité, en faisant donner aux parties un hujet, ou copie de la sentence. Les causes se succèdent ainsi, sans interruption, jusqu'à la nuit; on sert, dans la salle même de l'audience, un dîner qui ne dure qu'une demi-heure. Six visirs, ou conseillers d'état, le chancelier & les secrétaires d'état composent ce *divan*, outre le grand-visir. Le chiaoux-bachi se tient à la porte, avec une troupe de chiaoux, pour exécuter les ordres du premier ministre. Les causes importantes qui intéressent les officiers de sa hautesse, attachés à sa personne, ou qui occupent les grandes charges de l'Empire, les délibérations politiques, les affaires de terre & de mer ressortissent en conseil privé du grand-seigneur : on l'appelle *galibé-divan*. Il se tient tous les dimanches & les mardis, comme nous l'avons dit. Les officiers militaires sont assis à la porte; le muphti y assiste, lorsqu'il y est mandé par un ordre exprès; le teskeregi ouvre l'assemblée par la lecture des requêtes des particuliers; le visir-azem propose ensuite l'affaire importante qui doit faire la matière de la délibération; & après que les membres du *galibé-divan* ont donné leur avis, ce ministre entre seul dans une chambre particulière, où il fait son rapport au grand-seigneur qui décide.

Si le sultan le juge à propos, il convoque un conseil général, qui ne diffère du *galibé-divan* que par le plus grand nombre des membres qui le composent. Tous les grands de la Porte y sont appelles, l'uléma, les officiers des milices & des différens ordres, même les vieux soldats & les hommes les plus expérimentés. Ce *divan* s'appelle *oja divani*, le *divan des pieds*, peut-être, parce que tout le monde s'y tient debout. Ce tribunal a quelque rapport à nos anciennes assemblées des états, comme le *galibé-divan* au conseil privé du roi de France, & le *divan* au premier parlement de l'Empire. *Voyez* l'article OTTOMAN (Empire).

DIVAN-BEGHI, ministre d'état en Perse. Le *divan-beghi* est le surintendant de la justice; il n'a que le dernier rang parmi les six ministres

du second ordre, qui dépendent, à certains égards, de l'athemadoulet, ou premier ministre.

On appelle au tribunal du *divan-beghi*, des jugemens rendus par les gouverneurs. Ce ministre a 50,000 écus d'appointemens, afin de rendre la justice *gratis*. Il connoît des causes criminelles des khans, des gouverneurs, & autres grands seigneurs de Perse disgraciés pour quelque faute; & il reçoit les appels du baruga, ou lieutenant-criminel.

Le *divan-beghi* rend la justice dans le palais du prince, sans suivre d'autre loi, ni d'autre règle que l'alcoran, qu'il interprète à son gré. Il ne connoît que des crimes. *Voyez* Tavernier, *Voyage de Perse*. Le chevalier de la Magdeleine, qui est resté fort long-temps chez les turcs, en parle dans les chapitres 49 & 50 de son *Miroir ottoman*. *Voyez* l'article PERSE.

DIVORCE. C'est la dissolution du mariage, par laquelle ceux qui étoient époux, cessant de l'être, sont rétablis dans l'état civil où ils se trouvoient avant leur union, ne sont plus tenus, l'un envers l'autre, aux devoirs mutuels qui résultoient de cette relation conjugale, & recouvrent la liberté de se marier de nouveau. Le Dictionnaire de jurisprudence a traité cet article en jurisconsulte; nous allons le traiter dans ses rapports avec l'économie politique.

Chez les athéniens, le *divorce* étoit autorisé par les loix : & on le trouve établi dans la plupart des nations orientales, les loix de Romulus & celles des douze tables, le permirent à Rome; elles exigèrent seulement, des raisons valables qui se discutoient entre les parens. Dans la suite, un mari put renvoyer sa femme, & une femme put quitter son mari, sans donner de raison précise. Les empereurs firent des loix pour déterminer ces raisons, & fixer les formalités du *divorce*. Les ministres de la religion chrétienne interdirent ensuite le *divorce*, lorsque le mariage avoit été contracté selon les loix, & ils ne voulurent dégager que ceux dont on pouvoit prouver que le mariage étoit nul; dans les autres cas, ils se contentoient de séparer de corps & de bien les époux, ils les condamnoient au célibat, & ils ne leur permettoient pas de contracter un nouveau mariage. Quelques pays chrétiens, & même catholiques, permettent le *divorce* pour certaines raisons, & le refusent pour d'autres. Les uns rendent une liberté entière aux deux époux; les autres ne l'accordent qu'à l'une des parties. Tant d'usages différens annoncent que les peuples n'ont pas suivi par-tout les mêmes principes sur cette matière, & qu'ils n'ont pas fondé leur législation sur les mêmes règles de droit. Nous allons examiner ce qu'enseignent là-dessus la raison, le droit naturel, la philosophie morale, la religion & la saine politique.

La loi qui permettroit le *divorce*, devroit être rédigée avec la plus grande précaution; car l'établissement du *divorce* paroît entraîner les plus grands abus : mais est-il possible d'arrêter ces

abus,

abus, & peut-on calculer toutes les précautions qu'exigeroit la loi? Il faut en convenir, les nations de l'antiquité, qui autorisèrent le *divorce*, n'en avoient pas calculé les abus, & elles avoient abandonné au hasard les suites de cet établissement, le plus délicat de tous ceux que peuvent former les hommes. Si la force des mœurs publiques en diminua les inconvéniens à quelques époques, il en est d'autres où la licence ne connut plus de frein, où l'on vit tous les désordres que devoit produire la négligence du législateur.

Ainsi, les Juifs en vinrent jusqu'à autoriser un homme à répudier sa femme, sans autre raison que la nouvelle passion que lui inspiroit une femme plus belle à son gré que la première, ou un simple réfroidissement pour celle-ci. Ce fut bien pis à Rome: si, comme on le dit, on n'y vit point de *divorce* durant six siècles, malgré les loix de Romulus & celles des douze Tables, qui le permettoient (1), sur la fin de la république, un mari répudioit sa femme; il en prenoit une autre, & sa femme prenoit un autre mari, sans autre prétexte que leur fantaisie. Les hommes, dans les commencemens, jouissoient seuls du droit de répudier leurs femmes; mais celles-ci obtinrent bientôt, ou s'arrogèrent le droit de répudier leurs maris, & un auteur contemporain observe, que les dames romaines étoient dans le cas de ne plus compter les années par les consuls, mais par les maris, dans les bras desquels elles passoient successivement; que les plus illustres ne se marioient que dans l'espérance du *divorce*, & ne répudioient un mari que pour en épouser un second. *Seneca, lib. de Beneficiis*, III, 16.

Comment s'y prendra-t-on? quel sera le sort des enfans qui resteront après le *divorce*? Quel sera celui de la partie coupable, ou de celle qui se trouvera innocente? Lorsque la volonté mutuelle opèrera le *divorce*, quelle sera la fortune des époux séparés? &c. &c. Il faudroit entrer sur tous ces points, dans des détails précis, & on est effrayé

de la multitude d'élémens, & des combinaisons sans nombre que demanderoient ces calculs.

Il faudroit ensuite fixer les lots ou portions de biens & de revenus qui seroient le partage des femmes ou des enfans, après le *divorce*, relativement à la fortune & à la condition des familles. Notre but n'est pas de résoudre ces questions préliminaires, & avant de s'en occuper, il faut voir si rien ne s'oppose à l'établissement du *divorce*.

La conduite des premiers siècles du christianisme, pendant lesquels le *divorce* fut toléré; l'exemple plus récent, & toujours subsistant d'un royaume catholique (la Pologne,) où le *divorce* est compris dans le code des loix nationales, & s'exerce sans sortir de l'ordre, semblent prouver que le *divorce* & la religion ne sont pas nécessairement incompatibles.

Depuis Constantin jusqu'à l'empereur Léon, qui monta sur le trône vers la fin du neuvième siècle, la loi du *divorce* conserva toute son énergie. Les changemens qu'on y apporta, n'avoient pour motif que l'honnêteté publique & la sûreté des citoyens. On vit publier, dans cet intervalle de près de dix siècles, une foule de loix, tendantes à réprimer les abus du *divorce*, sans qu'aucune essayât de le détruire; & ce soin même, que prenoient de sages législateurs, de conserver au *divorce* son intégrité, prouve bien qu'on le regardoit comme légal.

Théodose II & Valentinien III, touchés du sort des enfans qui restoient après le *divorce*, & qui souvent manquoient de subsistance, voulurent qu'à l'avenir le mariage ne pût être rompu sans formalités. Ils exigèrent que le *divorce* fût constaté par un acte solemnel.

Par cette sage précaution, Théodose & Valentinien réprimèrent quelques-uns des abus du *divorce*. Les causes qui pouvoient le produire, étoient exprimées dans leur loi, & lorsqu'il n'étoit que l'effet du caprice ou d'un motif caché, on étoit puni. Dans ce cas, la femme per-

---

(1) Denys d'Halycarnasse, Valere Maxime & Aulugelle disent que, quoiqu'on eût à Rome la faculté de répudier sa femme, on eut tant de respect pour les auspices, que personne, pendant cinq cents vingt ans, n'usa de ce droit jusqu'à Carvilius Ruga, qui répudia la sienne pour cause de stérilité. Mais il suffit de connoître la nature de l'esprit humain, pour sentir que la loi donnant à tout un peuple un droit pareil; ce seroit un grand prodige que personne n'en usât. Coriolan, partant pour son exil, conseilla à sa femme de se marier à un homme plus heureux que lui. La loi des douze Tables & les mœurs des romains étendirent beaucoup la loi de Romulus. Pourquoi ces extensions, si on n'avoit jamais fait usage de la faculté de répudier? De plus, si les citoyens eurent un tel respect pour les auspices, qu'ils ne répudièrent jamais, pourquoi les législateurs de Rome en eurent-ils moins? Comment la loi corrompit-elle sans cesse les mœurs?

En rapprochant deux passages de Plutarque, on verra disparoître le merveilleux du fait en question. La loi royale permettoit au mari de répudier dans trois cas. « Et elle vouloit, dit Plutarque, que celui qui » répudieroit dans d'autres cas, fût obligé de donner la moitié de ses biens à sa femme, & que l'autre » moitié fût consacrée à Cérès. » On pouvoit donc répudier, dans tous les cas, en se soumettant à la peine. Personne ne le fit avant Carvilius Ruga, « qui, comme dit encore Plutarque, répudia sa femme » pour cause de stérilité, deux cents trente ans après Romulus » : c'est-à-dire, qu'il la répudia soixante & onze ans avant la loi des douze Tables, qui étendit le pouvoir de répudier, & les causes de répudiation.

doit fa dot, fes gains nuptiaux ; le mari étoit tenu de rendre, & ce qu'il avoit reçu, & ce qu'il avoit promis de donner. En venant ainſi au ſecours de deux époux, qui ſont malheureux par la contrariété d'humeur ou de caractère, par la méchanceté, le déſordre & les infirmités de l'un d'eux, les empereurs que je viens de citer, conſacrent une raiſon qui effectivement eſt d'un très-grand poids : c'eſt, diſent-ils, qu'il feroit injuſte de ne pas ſecourir ceux qui gémiſſent ſous un joug inſupportable.

Juſtinien, qui preſcrivit des formes au mariage, ne prétendoit pas qu'il fût entiérement indiſſoluble : il vouloit ſeulement que le *divorce* fût régi d'une manière avantageuſe aux mœurs & à l'honnêteté publique. Delà cette foule de cas exprimés dans ſes novelles, & qui varioient à raiſon de la connoiſſance qu'il acquéroit du beſoin des ſujets de tout l'Empire ; le but de toutes ſes diſpoſitions étoit de produire la diſſolution abſolue du mariage, & de rendre aux époux ſéparés la liberté d'en contracter un nouveau.

La plupart de nos rois de la première race, quoique chrétiens depuis Clovis, firent uſage du *divorce*. Charlemagne, empereur, ſecond roi de la deuxième race, répudie d'abord Himiltrude en 770, de laquelle il avoit deux enfans mâles vivans ; enſuite Hermengarde, fille de Didier, roi des lombards, après un an de mariage. Tous les princes de l'Europe uſent du *divorce*, quand la néceſſité l'exige, & les papes ne s'y oppoſent pas. Charlemagne avoit répudié deux femmes, & il eſt placé au rang des ſaints.

Sainte Fabiole, dont quelques-uns placent la mort à la fin du quatrième ſiècle, & que ſaint Jérôme appelle *la gloire des chrétiens*, *l'étonnement des idolâtres*, *le regret des pauvres & la conſolation des ſolitaires*, étoit de l'ancienne famille de Fabia, qui fut illuſtre dans Rome dès le temps de la république, & qui dut ſon rétabliſſement à Fabius Maximus, l'un de ſes ayeux. Ses parens l'ayant mariée à un homme d'une vie déréglée, & ne pouvant le corriger, elle prit le parti de le quitter. Et, quoiqu'elle eût mieux aimé ſe voir ſoupçonnée d'être la cauſe du *divorce*, que de ternir la réputation de ſon époux, elle profita peu de temps après de la liberté que lui donnoit la loi, & elle convola à de ſecondes noces.

On voit conſtamment à Varſovie, dit M. l'abbé Coyer, un nonce apoſtolique avec une étendue de pouvoir qu'on ne ſouffre point ailleurs. Il n'en a pourtant pas aſſez pour maintenir l'indiſſolubilité du mariage. Il n'eſt pas rare en Pologne d'entendre dire à des maris, *ma femme qui n'eſt plus ma femme*. Ce ſont les évêques qui jugent ces *divorces*, conformément aux loix du royaume, & l'égliſe en Pologne remarie à d'autres ceux qu'elle a ſéparés.

Les miniſtres de la religion ne croient pas pouvoir s'oppoſer aux changemens que l'autorité civile a trouvé à propos de faire ſur ce point.

Que l'indiſſolubilité abſolue du mariage porte atteinte à la ſplendeur des monarchies, c'eſt une vérité qui a été ſentie par le célèbre maréchal de Saxe, par l'auteur profond des corps politiques, avant lui par M. de Monteſquieu, par tous ceux, en un mot, qui ont eu occaſion de traiter de la politique, & qui l'ont fait ſans préjugé & ſans intérêt. Un mémoire ſur la population, publié il y a quinze ou ſeize ans, a mis cette vérité dans tout ſon jour. Il paroît que les calculs qu'il renferme ne ſont pas exagérés, puiſque ce livre n'a jamais été attaqué à cet égard, & qu'on s'eſt récrié ſur-tout contre la nouveauté du ſyſtême.

Le célibat libertin qui domine en Europe, joint au célibat eccléſiaſtique des prêtres, & au célibat dans lequel on croit en général devoir retenir les troupes, nous privent de près de deux millions d'ames par génération. C'eſt une vérité arithmétique fondée ſur des dénombremens généraux, ſur l'état actuel du célibat, & enfin ſur les dénombremens particuliers de quelques provinces, où la maſſe des naiſſances perd un ſeptième au moins ſur la comparaiſon.

Le ſouverain pourroit donc paroître à cet égard intéreſſé à détruire un obſtacle capable, non-ſeulement de borner la population de ſes ſujets, mais de le mettre au-deſſous de lui-même, & de lui faire perdre enfin toute proportion avec les puiſſances qui admettent l'opinion contraire à la ſienne.

Il paroît que l'établiſſement du *divorce* exciteroit au mariage une foule innombrable de célibataires, retenus par la crainte qu'inſpire un mariage éternel.

Il paroît que cet établiſſement féconderoit les mariages ; qu'en les rendant plus nombreux, ils ſeroient moins troublés par les célibataires dont le nombre ſera diminué ; & l'état des perſonnes mariées dépendant de leur conduite, elles en deviendront plus circonſpectes.

Il paroît encore que cet établiſſement tireroit parti du vice même, & vengeroit la vertu opprimée, ſans employer les voies de force ; que les ménages, qui actuellement vivent dans un *divorce* de fait & ſont frappés de ſtérilité, redeviendroient féconds.

Quand on examine bien cette queſtion, on voit que le droit naturel eſt peut-être plus favorable que contraire au rétabliſſement du *divorce* ; que la religion ne s'y oppoſe pas néceſſairement, & qu'il pourroit être à bien des égards favorable aux ſouverains. Ces principes admis, le légiſlateur ne devroit cependant pas ſe preſſer de rétablir l'uſage du *divorce* : il lui reſteroit encore bien des points à diſcuter, avant de prendre un parti : en voici quelque-uns.

Le *divorce* peut-il être établi chez tous les peuples indifféremment, & à toutes les époques de la civiliſation ?

Les grandes nations, corrompues par le luxe, la fottife & la débauche, en font-elles fufceptibles?

Des mariages perpétuels n'y ont-ils pas moins d'inconvéniens que n'en auroit le *divorce*?

Un peuple chez qui le mariage eft indiffoluble depuis plufieurs fiècles, eft-il propre au rétabliffement du *divorce*?

Pour que le *divorce* offre plus d'avantages que d'inconvéniens, n'eft-il pas néceffaire que les mœurs publiques aient de l'honnêteté, de la fimplicité & de la force?

Quels feroient, par rapport à l'éducation nationale, les effets du *divorce* folemnellement établi? Quels feroient fes effets relativement à l'induftrie?

Pour faire le bonheur de quelques époux, ne feroit-on pas le malheur d'un grand nombre d'enfans?

Si la difcuffion de ces différens points & de plufieurs autres pareils offroit des réfultats en faveur du *divorce*, il feroit néceffaire avant tout, de bien régler la forme, les conditions & les fuites de la diffolution des mariages : nous avons déja dit quelle profondeur & quelle mâturité de combinaifons exigeroit ce travail.

Différence entre le divorce & la répudiation. Il y a cette différence entre le *divorce* & la répudiation, que le *divorce* fe fait par un confentement mutuel à l'occafion d'une incompatibilité mutuelle, au lieu que la répudiation fe fait par la volonté & pour l'avantage de l'un des deux parties, indépendamment de la volonté & de l'avantage de l'autre.

Il eft quelquefois fi néceffaire aux femmes de répudier, & il leur eft toujours fi fâcheux de le faire, que la loi eft dure, qui donne ce droit aux hommes, fans la donner aux femmes. Un mari eft le maître de la maifon ; il a mille moyens de tenir ou de remettre fa femme dans le devoir, & il femble que, dans fes mains, la répudiation ne foit qu'un nouvel abus de fa puiffance : mais une femme qui répudie, n'exerce qu'un trifte remède. C'eft toujours un grand malheur pour elle d'être contrainte d'aller chercher un fecond mari, lorfqu'elle a perdu la plupart de fes agrémens chez un autre. C'eft un des avantages des charmes de la jeuneffe dans les femmes que, dans un âge avancé, un mari fe porte à la bienveillance par le fouvenir de fes plaifirs.

C'eft donc une règle générale que, dans tous les pays où la loi accorde aux hommes la faculté de répudier, elle doit auffi l'accorder aux femmes. Il y a plus : dans les climats où les femmes vivent fous un efclavage domeftique, il femble que la loi doive permettre aux femmes la répudiation, & aux maris feulement le *divorce*.

Lorfque les femmes font dans un ferrail, le mari ne peut répudier pour caufe d'incompatibilité de mœurs : c'eft la faute du mari, fi les mœurs font incompatibles.

La répudiation, pour raifon de la ftérilité de la femme, ne fauroit avoir lieu que dans le cas d'une femme unique ; (1) lorfque l'on a plufieurs femmes, cette raifon n'eft pour le mari d'aucune importance.

La loi des maldives (2) permet de reprendre une femme qu'on a répudiée. La loi du Mexique (3) défendoit de fe réunir fous peine de la vie. La loi du Mexique étoit plus fenfée que celle des maldives ; dans le temps même de la diffolution, elle fongeoit à l'éternité du mariage ; au lieu que la loi des maldives femble fe jouer également du mariage & de la répudiation.

La loi du Mexique n'accordoit que le *divorce*. C'étoit une nouvelle raifon pour ne point permettre à des gens qui s'étoient volontairement féparés, de fe réunir. La répudiation femble plutôt tenir à la promptitude de l'efprit, & à quelque paffion de l'ame ; le *divorce* femble être une affaire de confeil. *Voyez* les articles MARIAGE & POPULATION.

DIXME, f. f. eft une certaine quotité des fruits de la terre, due par le poffeffeur du fonds en rapport au décimateur ; c'eft-à-dire, à celui qui eft autorifé à percevoir la *dixme*.

Ce mot & la chofe font parvenus jufqu'à nous, en nous offrant l'idée d'une forte de confécration.

Dans l'enfance du monde, l'homme une fois livré à lui-même & à fes propres forces, élevé par des parens qui confervoient amèrement & religieufement la mémoire de l'état heureux dont ils étoient déchus & de la correfpondance directe avec le créateur, ne purent concevoir l'idée d'une autre forme d'hommage que de lui offrir une portion des fruits réfultans de leurs travaux & des bienfaits de la nature. De-là, l'idée des facrifices & d'une portion des récoltes réduite en fumée, & montant vers le ciel avec le vœu des facrificateurs.

Quand, parmi les races patriarcales, Dieu choifit une famille pour en former une nation, dont les loix, les rites, les inftitutions, les vertus & les vices même confervaffent jamais l'efprit & la tradition des connoiffances primitives, du culte divin, de la haute théocratie, de l'adoration d'un feul Dieu & des promeffes de la rédemption auffi anciennes que le monde, il fallut que cette famille devînt

---

(1) Cela ne fignifie pas que la répudiation, pour caufe de ftérilité, foit permife dans le chriftianifme.
(2) Voyage de François Pyrard. On la reprend plutôt qu'une autre, parce que, dans ce cas, il faut moins de dépenfes.
(3) Hiftoire de fa conquête, par Solis, pag. 499.

un peuple ; que ce peuple, pour devenir nombreux, se fît agricole ; que dès-lors il reçût des loix positives, des chefs, un ordre social & un ordre fiscal, c'est-à-dire, formant le revenu public.

Toute la terre avoit, en fait de culte, abandonné l'esprit pour la lettre, la divinité pour l'effigie. Les superstitieuses cérémonies avoient défiguré le culte devenu contagieux par tout ce que la joie bruyante des fêtes donnoit d'attrait aux vices & aux faux plaisirs. Il fallut, pour conserver l'idée & le culte du vrai Dieu, élever un mur de séparation entre le peuple dépositaire de ce culte & tous les peuples voisins. Il fallut, pour rendre ce mur solide & durable, l'étayer des forces de l'anathême ; & pour que cet anathême, contraire aux sentimens naturels de sociabilité, fût respecté, il fut nécessaire de le prononcer au nom de Dieu même, dont le temple & ses sacrifices devinrent le point de ralliement de la nation.

Ce culte, tout temporel encore, devoit en imposer par la splendeur des cérémonies, la pompe du sacerdoce, la multitude des prêtres, &c.

Le législateur qui vouloit une nation nombreuse, mais sur-tout ferme par son institution, unie, obéissante, crut que le sacerdoce suffiroit à la représentation de la puissance tutélaire & au maintien de l'ordre public. Ainsi, sans songer à établir autrement la souveraineté qu'il prétendoit ne devoir appartenir qu'à Dieu même, comme étant toute céleste, il borna toute contribution à la *dixme* des fruits destinés à la subsistance de la tribu sacerdotale, indépendamment des offrandes des particuliers pour les divers sacrifices.

Cette *dixme* des fruits étoit déja un tribut trop fort, ainsi que nous le verrons tout-à-l'heure ; mais il étoit offert sur les lieux par le zèle & en nature.

Tant qu'on défricha, qu'on s'établit, on conserva la simplicité de la piété primitive. Des juges suffisoient pour régler les différends du peuple, & pour le tenir en paix ; mais bientôt nombreux, inquiet ou molesté par ses voisins, il voulut des rois ; & dès-lors, installés par les prêtres, ces monarques ne purent vivre en paix avec les pontifes. Le premier souverain fut bientôt réprouvé ; le second fut guerrier, prophète, roi, restaurateur de l'arche, restaurateur des apprêts du temple.

Son successeur le surpassa en quelque sorte dans ces trois dernières qualités. Cependant, pour achever les grandes choses qui rendirent son nom à jamais mémorable, il eut besoin de chercher au-dehors des subsides éphémères & de fonder sa puissance sur le commerce extérieur.

De fragiles matériaux ne font que des édifices peu durables. Sous le fils de celui-ci, le peuple ne voulut plus porter le joug. Dix portions se séparèrent du corps de l'état & de la communion du temple ; & les deux tribus qui demeurèrent fi-

dèles, n'offrent plus que des rois foibles, ombragés par le sacerdoce, ou des princes réfractaires à la loi divine & à tous les devoirs de l'humanité.

S'il est permis, d'après les erremens de la politique, de prononcer sur la cause des révolutions plus particuliérement marquées dans les décrets de la providence, nous croyons pouvoir dire que l'instabilité de l'état de ces souverains venoit de ce que les loix constitutives n'ayant point pourvu au maintien de la souveraineté, laissoient ses droits & ses revenus dans une incertitude, qui nécessitoit la foiblesse du prince ou l'oppression du peuple.

En effet, un peuple qui donne la *dixme* de son produit total, c'est-à-dire de ce qui lui revient en une saison pour se nourrir toute l'année, sans même prélever ce qu'il faut rendre en semence & en engrais, & qui paye aussi le soin qu'on prend de le maintenir en paix, de protéger ses travaux, paye assurément le premier & le plus nécessaire des services, qui préserve & assure l'effet de tous les autres ; mais il ne sauroit fournir une contribution plus forte des produits du sol, sans mettre en péril sa propre subsistance, & sans prendre sur la portion due à la terre pour obtenir la continuation des récoltes.

D'ailleurs rien n'est plus inégal & plus disproportionné que cette forme de levée. Telle terre rapporte dix fois la semence à travail égal, telle vingt-cinq, tandis qu'une autre à côté n'en donnera que trois ou quatre.

On n'auroit donc dû prendre la *dixme* que sur le revenu, & l'on sait que le revenu ne paroît qu'après que les avances de tout genre ont été restituées & reprises selon l'ordre. Pour connoître les revenus, il faut des baux à ferme. La grande culture, qui seule peut donner des revenus fixes & assurés, comme offrir des baux solides, demande le remplacement de quatre dixièmes pour le remplacement complet des avances annuelles, deux dixièmes pour l'intérêt des avances primitives destinées à leur entretien annuel & à leur établissement. (*Voyez* au mot AVANCES.) Les avances foncières & les dépenses d'entretien, d'administration des fonds, de leur rétablissement & d'amélioration dans les cas fortuits, de protection des colons, &c. exigent à-peu-près le tiers des quatre dixièmes qui restent. Que restoit-il donc aux propriétaires & au souverain, en donnant au sacerdoce un dixième si onéreux par lui-même & par son inégalité ?

Le christianisme, la plénitude de la loi & l'accomplissement des espérances données dès l'aurore des âges, étant venu détruire les sacrifices sanglans, abolit aussi les observances légales relatives aux temps d'attente & de séparation. La connoissance du vrai Dieu, le culte de l'esprit & la loi de charité universelle furent prêchés sur la terre, & les rites du judaïsme détruits. Avec eux disparut la *dixme* sacerdotale (1), & la charité de précepte s'étendit sur tous les actes & sur toutes les personnes.

Le christianisme, vainqueur de l'idolâtrie & de l'irréligion, réformateur des mœurs efféminées & corrompues, vint encore à bout d'adoucir la férocité des peuples barbares. Mais leurs fréquens retours vers les mœurs féroces, causés par ceux de l'ignorance, portant des hommes cruels à se livrer à leur caractère, dans l'espoir de trouver dans la religion des moyens d'expier leurs forfaits, & les prêtres, médiateurs entre le ciel & les pécheurs, leur promettant le pardon de leurs crimes s'ils vouloient les racheter par des donations à l'église, il arriva que les églises à la longue empiéterent sur les propriétés publiques & privées, & acquirent tant de biens, que la souveraineté, méconnue & dépouillée quand elle n'avoit pas les armes à la main, se vit obligée d'autoriser les usurpations militaires.

Charles Martel, opposant une utile barrière aux conquêtes des sarrasins, distribua de grands domaines sacerdotaux à ses capitaines; & quand son petit-fils, le sage & puissant Charlemagne, voulut rétablir la paix entre ceux qui jouissoient de ces biens usurpés & les prêtres qui crioient anathème, l'autorité de ce grand homme engagea les uns à se contenter de la *dixme* de ces biens, & les autres à s'y soumettre pour s'y conserver. C'est à ces circonstances qu'on doit rapporter l'établissement de la *dixme* parmi nous, & le règne de Charlemagne en est l'époque.

De cette rénovation de la *dixme* sacerdotale, suivit l'attention continuelle des prêtres à l'étendre & à la soutenir.

En 813, les conciles de Mayence, d'Arles & de Rheims prescrivirent de payer la *dixme* de toutes les productions. Celui de Châlons, de la même année, plus rigoureux, ordonne que ceux qui refuseront de payer le *dixme*, après avoir été avertis & sollicités par le prêtre (décimateur) soient excommuniés: *Qui post crebras admonitiones & precationes sacerdoti dare neglexerint, excomunicentur.*

Enfin au concile de Latran, tenu sous Alexandre III en 1179, les *dixmes* devinrent de précepte, & furent déclarées préférables aux impôts dus par le peuple.

Ce même concile confirme les laïques dans la possession des *dixmes* qui leur avoient été inféodées précédemment.

D'après toutes ces ordonnances émanées du trône

& de l'autel, l'habitude de payer la *dixme* s'étendit d'autant plus, qu'elle fut ensuite appuyée de la sanction des arrêts, selon les temps, les cas & les contrées. Cependant la diversité qu'on trouve par-tout dans la perception des *dixmes*, décèle manifestement le défaut de leur origine, & prouve que ce n'est qu'un usage devenu loi, dans une matière qui touche d'aussi près aux élémens de la vie & de la durée de la société.

« Il paroît donc que les *dixmes* ecclésiastiques, » quoique réputées spirituelles & consacrées à » Dieu pour la subsistance de ses ministres, ne » sont point de précepte divin, mais seulement » de droit positif »; (*voyez* à ce sujet le Dictionnaire de Jurisprudence au mot DIXME); que le consentement unanime des fidèles en rendit en France l'usage général, & que toute propriété foncière y fut assujettie par la force de la loi.

Quelques gens ont écrit & enseigné que la *dixme* étoit de droit divin; mais, si cette assertion se trouvoit fondée, la *dixme* ne seroit-elle pas aussi ancienne que le christianisme, aussi étendue que la chrétienté; la forme de sa perception ne seroit-elle pas uniforme dans tous les lieux, & il est incontestable qu'elle ne date que du neuvième siècle; que les prêtres de l'église grecque ne l'ont jamais perçue, & que, dans les lieux où elle est établie, il y a diversité dans sa perception, puisque, en certains endroits, elle est du onzième, en d'autres du douzième, du vingtième, du trentième des fruits; qu'enfin on paye ici la *dixme* de certains fruits qui ne la doivent pas ailleurs, &c.

Quoi qu'il en soit, l'usage de la *dixme* ne peut être qu'onéreux à la propriété, & sa forme est souvent préjudiciable à la réproduction.

A l'égard du fonds, il est de principe que toute levée sur le produit total est spoliative par son inégalité, & fatale par sa facilité même.

Il est aussi de principe, que l'instruction tant divine qu'humaine, l'instruction qui seule rend l'homme raisonnable, flexible, capable du plus juste discernement du bien & du mal, est un bien que chacun a droit de prétendre sur le public, & un devoir du public envers tous les citoyens; (en disant du public, nous entendons du souverain) qu'elle doit être payée aux dépens du public & sur le revenu public; & comme le droit du souverain, qui le soumet aux devoirs de sa charge, est un revenu constant sur le produit des fonds du territoire, les avances de toute espèce prélevées, les fonds destinés à l'instruction, soit sacrée ou profane, ainsi que tous ceux destinés aux autres charges de l'état, ne doivent pas s'écarter de

(1) Il ne paroît pas que, durant les huit premiers siècles de l'église, où la piété des fideles étoit dans la plus grande ferveur, les prêtres & les ministres des autels aient jamais prétendu les *dixmes*; ils ne vivoient que des offrandes qui se faisoient volontairement sur les autels: aussi S. Hilaire, qui étoit évêque de Poitiers en 369, dit-il que le joug des *dixmes* avoit été ôté par J. C.

cette règle & rompre, au préjudice de tous, la mesure préordonnée des diftributions.

Voyez le Dictionnaire de Jurifprudence, où l'on a traité cet article fous un autre rapport.

(Cet article eft de M. Grivel.)

DOGE DE VENISE, premier magiftrat de la république ; on l'établit à vie, & il eft le chef de tous les confeils. Cette magiftrature date de 709 : les vénitiens, formant alors une efpèce de république, leur premier doge ne fut qu'un tribun du peuple élu par les bourgeois. Plufieurs familles qui donnèrent leur voix à fon élection, fubfiftent encore. C'eft la plus ancienne nobleffe de l'Europe, fans en excepter aucune maifon ; elle prouve, dit M. de Voltaire, que la nobleffe peut s'acquérir autrement qu'en poffédant un château, ou en payant des patentes à un fouverain.

Le *doge* de la république accrut fa puiffance avec celle de l'état ; il prenoit déja, vers le milieu du dixième fiècle, le titre de duc de Dalmatie, *dux Dalmatiæ* ; car c'eft ce que fignifie le mot de *doge* : dans le même temps Beranger, reconnu empéreur en Italie, lui accorda le privilège de battre monnoie. Aujourd'hui le *doge* de Venife n'eft plus qu'un fantôme de la majefté du prince, dont la république ariftocratique a retenu toute l'autorité.

On traite toujours le *doge* de férénité, & les vénitiens difent que c'eft un titre d'honneur au-deffus d'alteffe. Tous les fénateurs fe lèvent & faluent le *doge*, quand il entre dans les confeils, & le *doge* ne fe lève pour perfonne que pour les ambaffadeurs étrangers. La république lui accorde quatorze mille ducats d'appointemens pour l'entretien de fa maifon ; il donne quatre fois l'année aux ambaffadeurs, à la feignerie & aux fénateurs qui affiftent aux fonctions de ces jours-là. Il n'a guères que deux valets de chambre, quatre gondoliers & quelques ferviteurs ; la république paye tous les autres officiers, dont la plupart ne le fervent que dans les cérémonies publiques. Il eft vêtu de pourpre comme le refte des fénateurs ; mais il porte un bonnet de général, qui eft la marque de fa dignité.

Il eft protecteur *della virginia*, collateur de tous les bénéfices de S. Marc, & nomme à quelques autres petites charges d'huiffiers de fa maifon, qu'on appelle *commandeurs du palais*. Sa famille n'eft point foumife aux magiftrats des pompes, & fes enfans peuvent avoir des eftafiers & des gondoliers vêtus d'un habit plus brillant que celui des eftafiers & des gondoliers des fénateurs. Telles font à-peu-près les prérogatives du premier magiftrat de Venife : on voit que le *doge* dépend complettement de la république, & que la république lui laiffe très-peu d'autorité.

On ne prend point le deuil à la mort du

doge ; & nous allons faire voir que, s'il repréfente la majefté du fouverain, il ne jouit pas même de l'ombre de la fouveraineté.

Il eft affujetti aux loix comme les autres citoyens, & fans aucune réferve ; quoique les lettres de créance que la république envoie à fes miniftres dans les cours étrangères, foient écrites au nom du *doge*, cependant c'eft un fecrétaire du fénat qui eft chargé de les figner, & d'y appofer le fceau de la république. Les ambaffadeurs adreffent leurs dépêches au *doge* ; mais le *doge* ne peut les ouvrir qu'en préfence des confeillers, & on peut les ouvrir & y répondre fans lui.

Il donne audience aux ambaffadeurs, mais il ne leur donne point de réponfe de fon chef fur les affaires importantes ; il a feulement la liberté de répondre, comme il le juge à propos, aux complimens qui lui font adreffés, parce que de telles réponfes font toujours fans conféquence.

Il ne peut oublier qu'il ne fait que prêter fon nom au fénat ; car on ne délibère & on ne prend aucune réfolution fur les propofitions des ambaffadeurs & des autres miniftres, qu'après qu'il s'eft retiré avec fes confeillers : on examine alors l'affaire, on prend l'avis des fages, & l'on rédige la délibération qu'on porte enfuite à la première affemblée du fénat ; le *doge* s'y trouve avec fes confeillers, mais il n'a, comme les autres fénateurs, que fa voix pour approuver ou défapprouver les réfolutions qu'on a prifes en fon abfence.

Il ne peut faire de vifites particulières, ni rendre celles que les ambaffadeurs lui font quelquefois dans des occafions extraordinaires, qu'avec la permiffion du fénat, qui ne l'accorde pas, s'il y a des prétextes honnêtes de la refufer. Le *doge* vit chez lui d'une manière fi retirée, que la folitude & la dépendance font à jamais fon partage.

La monnoie de Venife, qu'on appelle *ducat*, fe bat au nom du *doge*, mais non pas à fon coin ou à fes armes, comme c'étoit l'ufage, lorfqu'il avoit un pouvoir abfolu.

Il préfide à tous les confeils, mais il n'eft reconnu prince de la république, qu'à la tête du fénat, dans les tribunaux où il affifte, & dans le palais ducal de faint Marc. Hors de là, il a moins d'autorité qu'un fimple fénateur, puifqu'il n'oferoit fe mêler d'aucune affaire.

Il ne peut fortir de Venife, fans en demander la permiffion à fes confeillers ; & s'il arrive quelque défordre dans le lieu où il va, c'eft au podeftat, comme étant revêtu de l'autorité publique, & non au *doge*, à le réprimer.

Ses enfans & fes frères font exclus des premières charges de l'état, & ne peuvent obtenir aucun bénéfice de la cour de Rome, mais feulement le cardinalat qui n'eft point un bénéfice, & qui ne donne point de jurifdiction.

Enfin, fi le *doge* eft marié, fa femme n'eft pas traitée en princeffe ; le fénat n'en a point voulu couronner depuis le feizième fiècle,

Quoique la place de *doge* soit si désagréable, les familles qui n'ont point encore donné de *doge* à la république, font cependant leur possible pour arriver à cette dignité, soit afin d'obtenir plus de considération, soit pour mieux établir leur fortune ; car, malgré la modicité des revenus que lui assigne la république, ce premier magistrat peut s'enrichir, s'il est assez heureux pour vivre long-temps.

On n'élève guère à cette dignité que des hommes d'un mérite distingué. On choisit ordinairement un des procurateurs de saint Marc, un sujet qui ait servi l'état dans les ambassades, ou dans les premiers emplois de la république. Mais comme le sénat ne l'élève à ce haut rang que pour gouverner en son nom, on ne choisit pas toujours les plus habiles sénateurs. L'âge avancé, la naissance illustre, & la modération dans le caractère, sont les trois qualités auxquelles on s'attache davantage.

Immédiatement après la mort du *doge*, on nomme trois inquisiteurs pour examiner sa conduite, pour écouter toutes les plaintes qu'on peut faire contre son administration, & payer ses créanciers, aux dépens de sa succession. Dès que ses obsèques sont achevées, l'on procède à l'élection de son successeur : cette élection entraîne une multitude de scrutins & de votations qu'on a imaginés, afin que le sort & le mérite concourent également à ce choix. Tandis que les électeurs sont enfermés, on les garde soigneusement & on les traite à-peu-près de la même manière que les cardinaux dans le conclave.

Le *doge*, après son élection, prête serment ; il jure l'observation des statuts, & il se montre au peuple : mais comme la république ne lui laisse jamais goûter une joie pure, & qu'elle a soin de lui faire sentir à chaque instant le poids de la servitude, on le fait passer, en descendant, par la salle où son corps doit être exposé après sa mort. C'est-là qu'il reçoit par la bouche du chancelier les complimens sur son exaltation.

Il monte ensuite dans une machine, qu'on appelle *le puits*, & qui se conserve dans l'arsenal pour cette cérémonie : elle a la figure extérieure d'un puits, & elle est soutenue sur un brancard, d'une longueur extraordinaire, & dont les deux bras se joignent ensemble : elle est portée sur les épaules d'environ cent hommes.

Le *doge* s'assied dans cette espèce de litière, ayant un de ses enfans ou de ses plus proches parens qui se tient debout derrière lui. Il a deux bassins remplis de monnoies d'or & d'argent, qu'on a frappées pour cette cérémonie, avec la figure ou l'inscription qu'il lui plaît, & il les jette au peuple, tandis qu'on le porte tout autour de la place de saint Marc.

On trouvera à l'article VENISE, tout ce qui a rapport à la constitution de cette république. *Voyez* VENISE.

DOGE DE GÊNES. C'est le premier magistrat de la république ; on le tire du corps des sénateurs ; sa magistrature ne dure que deux ans, & il ne peut rentrer en place que douze ans après. Il ne peut recevoir de visite, donner audience, & ouvrir les lettres qui lui sont adressées, qu'en présence de deux sénateurs qui demeurent avec lui dans le palais ducal. Son habit, dans les jours de cérémonie, est une robe de velours ou de damas rouge à l'antique, avec un bonnet pointu, de la même étoffe que sa robe. Les sénateurs le qualifient d'excellence ; & les autres sujets de la république, de sérénité ; quand il sort de charge, & qu'il se rend à l'assemblée des colléges convoqués pour recevoir la démission de sa dignité, le secrétaire de l'assemblée lui dit : *Vostra serenita ha fornita suo tempo ; vostra excellenza sene vadi à casa :* votre sérénité a fait son temps ; votre excellence peut se retirer chez elle. On procède, quelques jours après, à une nouvelle élection, & le doyen des sénateurs fait pendant l'interrègne les fonctions du *doge*. *Voyez* l'article GÊNES, pour ce qui regarde la constitution de la république.

DOMAINE DE LA COURONNE. *Voyez* l'article ALIÉNATION, où nous avons examiné s'il seroit utile d'aliéner les *domaines* de la couronne. *Voyez* aussi le Dictionnaire de jurisprudence.

DOMAINE D'OCCIDENT. *Voyez* le Dictionnaire des finances.

DOMBES (principauté de). Elle est aujourd'hui réunie à la couronne de France, & elle fait partie de la Bourgogne. *Voyez* le Dictionnaire de géographie.

DOMINGUE (St.), grande isle d'Amérique, au milieu des Antilles. Cet article contiendra ; 1°. un précis de l'histoire politique de cette colonie ; 2°. la description générale de l'isle, la description particulière des établissemens qui appartiennent à l'Espagne, & de ceux qui appartiennent à la France, avec des remarques sur chacun de ces établissemens ; 3°. des réflexions sur les moyens d'améliorer les cultures du sud de l'isle ; 4°. des détails sur la nature & la valeur des productions que la France reçoit annuellement de *St.-Domingue* ; détails sur la population ; 5°. des détails sur les liaisons de *St.-Domingue* avec les nations étrangères ; 6°. des remarques sur les moyens d'assurer la navigation des parages de *St.-Domingue* pendant la guerre ; 7°. des remarques sur la démarcation des limites, entre la partie françoise & la partie espagnole de *St.-Domingue*. Un écrivain célèbre ayant traité tous ces points avec exactitude, nous profiterons de son travail.

On trouvera à l'article FRANCE quelques vues sur l'administration des isles françoises de l'Amérique.

SECTION PREMIERE.

Précis de l'histoire politique de la colonie de Saint-Domingue.

Cette isle, célèbre dans l'histoire pour avoir été le berceau des espagnols dans le nouveau monde, jetta d'abord un grand éclat par l'or qu'elle fournissoit. Ses richesses diminuèrent avec les habitans du pays qu'on forçoit de les arracher aux entrailles de la terre; & elles tarirent enfin entièrement, lorsque les isles voisines ne fournirent plus de quoi remplacer les déplorables victimes de l'avidité des conquérans. La passion de rouvrir cette source d'opulence, inspira la pensée d'aller chercher des esclaves en Afrique : mais outre qu'ils ne se trouvèrent pas propres aux travaux auxquels on les destinoit, l'abondance des mines du continent qu'on commençoit à exploiter, réduisit à rien les grands avantages qu'on avoit tirés jusqu'alors de celles de *St.-Domingue*. La santé, la force, la patience des nègres, firent imaginer qu'il étoit possible de les employer utilement à la culture; & on se détermina, par nécessité, à un parti sage, qu'avec plus de lumières, on auroit embrassé par choix.

Le produit de leur industrie fut d'abord extrêmement borné, parce qu'ils étoient en petit nombre. Charles-Quint, qui, comme la plupart des souverains, préféroit ses favoris à ses peuples, avoit exclusivement accordé la traite des noirs à un noble flamand, qui abandonna son privilège aux génois. Ces avares républicains firent de ce honteux commerce l'usage qu'on fait toujours du monopole : ils voulurent vendre cher, & ils vendirent peu. Lorsque le temps & la concurrence eurent amené le prix naturel & nécessaire des esclaves, ils se multiplièrent. On doit bien penser que l'espagnol, accoutumé à traiter les indiens, presque aussi blancs que lui, comme des animaux, n'eut pas une meilleure opinion de ces noirs africains qu'il leur substituoit. Ravalés encore à ses yeux par le prix même qu'ils lui coûtoient, ils ne firent qu'aggraver le poids de leur servitude. Elle devint intolérable. Ces malheureux esclaves tentèrent de recouvrer des droits que l'homme ne peut jamais aliéner. Ils furent battus; mais ils tirèrent ce fruit de leur désespoir, qu'on les traita depuis avec moins d'inhumanité.

Cette modération, s'il faut appeler ainsi la tyrannie qui craint la révolte, eut des suites favorables. La culture fut poussée avec une espèce de succès. Un peu après le milieu du seizième siècle, la métropole tiroit annuellement de sa colonie, dix millions pesant de sucre, beaucoup de bois de teinture, de tabac, de cacao, de caffé, de gingembre, de coton, une grande quantité de cuirs. On pouvoit penser que ce commencement de prospérité inspireroit le goût, & donneroit les moyens d'en étendre les progrès. Un enchaî-

nement de causes, plus funestes les unes que les autres, ruina ces espérances.

Le premier malheur vint du dépeuplement de *St.-Domingue*. Les conquêtes des espagnols dans le continent, devoient contribuer naturellement à rendre florissante une isle que la nature paroissoit avoir placée pour devenir le centre de la vaste domination qui se formoit autour d'elle, pour être l'entrepôt de ses différentes colonies. Il en arriva tout autrement. A la vue des fortunes prodigieuses qui s'élevoient au Mexique ou ailleurs, les plus riches habitans de *St.-Domingue* méprisèrent leurs établissemens, & quittèrent la véritable source des richesses, qui est, pour ainsi dire, à la surface de la terre, pour aller fouiller dans ses entrailles des veines d'or qui tarissent bientôt. Le gouvernement entreprit en vain d'arrêter cette émigration. Les loix furent toujours éludées avec adresse, ou violées avec audace.

La foiblesse, qui étoit une suite nécessaire de cette conduite, enhardit les ennemis de l'Espagne à ravager des côtes sans défense. On vit même le célèbre navigateur anglois, François Drake, prendre & piller la capitale. Ceux des corsaires qui n'avoient pas de si grandes forces, ne manquoient guère d'intercepter les bâtimens qui étoient expédiés de ces parages, alors les mieux connus du nouveau monde. Pour comble de calamité, les castillans eux-mêmes se firent pirates. Ils n'attaquoient que les navires de leur nation, plus riches, plus mal équipés, plus mal défendus que tous les autres. L'habitude qu'ils avoient contractée, d'armer clandestinement pour aller chercher par-tout des esclaves, empêchoit qu'on ne pût les reconnoître; & l'appui qu'ils achetoient des vaisseaux de guerre, chargés de protéger la navigation, les assuroit de l'impunité.

Le commerce que la colonie faisoit avec les étrangers, pouvoit seul la relever, ou empêcher du moins sa ruine entière : il fut défendu. Comme il continuoit, malgré la vigilance des commandans, ou peut-être par leur connivence, une cour aigrie, & peu éclairée, prit le parti de raser la plupart des places maritimes, & d'en concentrer les malheureux habitans dans l'intérieur des terres. Cet acte de violence jetta dans les esprits un découragement, que les incursions & l'établissement des françois dans l'île, portèrent depuis au dernier période.

L'Espagne, uniquement occupée du vaste empire qu'elle avoit formé dans le continent, ne fit jamais rien pour dissiper cette léthargie. Elle se refusa même aux sollicitations de ses sujets flamands, qui desiroient vivement d'être autorisés à défricher des contrées si fertiles. Plutôt que de courir le risque de leur voir faire sur les côtes un commerce frauduleux, elle consentit à laisser dans l'oubli une possession qui avoit été importante, & qui pouvoit le redevenir.

L'Espagne occupoit, sans fruit, comme sans partage;

partage, cette grande poffeffion, lorfque des anglois & des françois, qui avoient été chaffés de
St.-Chriftophe, s'y réfugièrent en 1630. Quoique
la côte feptentrionale où ils s'étoient d'abord établis, fût comme abandonnée, ils fentirent que,
pouvant y être inquiétés par leur ennemi commun, ils devoient fe ménager un lieu sûr pour
leur retraite. On jetta les yeux sur la Tortue,
petite ifle fituée à deux lieues de la grande ; &
vingt-cinq efpagnols qui la gardoient, fe retirèrent
à la première fommation.

Les aventuriers des deux nations, maîtres abfolus d'une ifle qui avoit huit lieues de long, fur
deux de large, y trouvèrent un air pur, mais
point de rivières & peu de fontaines. Des bois
précieux couvroient les montagnes ; des plaines
fécondes attendoient des cultivateurs. La côte du
nord paroiffoit inacceffible. Celle du fud offroit
une rade excellente, dominée par un rocher, qui
ne demandoit qu'une batterie de canon pour défendre l'entrée de l'ifle.

Cette heureufe pofition attira bientôt à la Tortue une foule de ces gens qui cherchent la fortune ou la liberté. Les plus modérés s'y livrèrent
à la culture du tabac, qui ne tarda pas à avoir
de la réputation. Les plus actifs alloient chaffer des
bœufs fauvages à S. Domingne, dont il vendoient les
peaux aux hollandois. Les plus intrépides armèrent
en courfe, & firent des actions d'une témérité
brillante, dont le fouvenir durera long-temps.

Cet établiffement allarma la cour de Madrid.
Jugeant, par les pertes qu'elle effuyoit déja, des
malheurs qui la menaçoient, elle ordonna la deftruction de la nouvelle colonie. Le général des gal-
lions choifit, pour exécuter fa commiffion, l'inftant
où la plupart des braves habitans de la Tortue
étoient à la mer ou à la chaffe. Il fit pendre ou paffer
au fil de l'épée tous ceux qu'il trouva ifolés dans
leurs habitations, & il retira fans laiffer de garnifon, perfuadé que les vengeances qu'il venoit
d'exercer rendoient cette précaution inutile : mais
il éprouva que la cruauté n'eft pas le meilleur garant de la domination.

Les aventuriers inftruits de ce qui venoit de fe
paffer à la Tortue, avertis en même-temps qu'on
venoit de former à Saint-Domingue un corps de
cinq cents hommes deftiné à les harceler, fentirent qu'ils ne pouvoient éviter leur ruine, qu'en
ceffant de vivre dans l'anarchie. Auffi-tôt, facri-
fiant l'indépendance individuelle à la fûreté fociale, ils mirent à leur tête Willis, anglois, qui
s'étoit diftingué dans cent occafions, par fa prudence & par fa valeur. Sous la conduite de ce
chef, on reprit poffeffion, fur la fin de 1638,
d'une ifle qu'on avoit occupée pendant huit ans ;
&, pour ne plus la perdre, on s'y fortifia.

Les françois fe reffentirent bientôt de la partialité de l'efprit national. Willis ayant attiré un
affez grand nombre de fes compatriotes, pour être
en état de donner la loi, traita les autres en fu-

jets. Le commandeur de Poinci, gouverneur général des ifles du vent, averti de la tyrannie de
Willis, fit partir fur le champ de Saint-Chriftophe quarante françois qui en prirent cinquante autres à la côte de Saint-Domingue. Ils débarquèrent à la Tortue, & s'étant joints aux habitans de
leur nation, ils fommèrent tous enfemble les anglois de fe retirer. Ceux-ci, déconcertés par cet
acte de vigueur inattendu, & ne doutant pas que
tant de fierté ne fût foutenue par des forces plus
nombreufes qu'elles ne l'étoient, évacuèrent l'ifle
pour n'y plus revenir.

L'efpagnol montra plus d'opiniâtreté. Les corfaires qui fortoient tous les jours de la Tortue,
lui caufoient des pertes fi confidérables, qu'il crut
que fa tranquillité, fa gloire & fes intérêts exigeroient également qu'il la fît rentrer fous fa domination. Trois fois il réuffit à s'en emparer, &
trois fois il en fut chaffé. Enfin elle refta en 1659
aux françois, qui l'évacuèrent lorfqu'ils fe virent
folidement établis à Saint-Domingue, mais fans
renoncer à fa propriété. Le gouvernement en a
toujours tiré les bois néceffaires à fes conftructions,
au fervice de fon artillerie, aux befoins de fes
troupes ; mais une difpofition mal calculée l'a,
pour ainfi dire, livrée à une famille particulière.

Cependant les progrès de ces aventuriers fûrent
lents, & ne fixèrent les regards de la métropole
qu'en 1665. Ce n'eft pas qu'on ne vît errer d'une
ifle à l'autre affez de chaffeurs & de pirates ;
mais le nombre des cultivateurs qui étoient proprement les feuls colons, étoit exceffivement borné. On fentoit la néceffité de les multiplier, &
le foin de cet ouvrage difficile fut confié à un
gentilhomme d'Anjou, nommé Bertrand Dogeron.

Dogeron, dans le court efpace de quatre ans,
porta à quinze cents le nombre des cultivateurs
qu'il avoit trouvé à quatre cens. Ses fuccès augmentoient tous les jours, lorfqu'il les vit arrêtés
en 1670, par un foulévement dont l'incendie em-
brafa la colonie entière. Perfonne ne lui imputa le
malheur d'un événement où il n'avoit pas en effet
la moindre part.

Lorfque cet homme vertueux fut nommé par la
cour de France au gouvernement de la Tortue &
de Saint-Domingue, il ne réuffit à faire connoître
fon autorité, qu'en laiffant efpérer que les ports
qui lui alloient être foumis, ne feroient pas fermés aux étrangers. Cependant, avec l'afcendant
qu'il prit fur les efprits, il établit peu-à-peu,
dans la colonie, le privilège exclufif de la compagnie
qui parvint à négocier enfin fans concurrens. Mais
fa profpérité la rendit injufte, au point qu'elle
vendoit fes marchandifes deux tiers de plus qu'on
ne les avoit payées jufqu'alors aux hollandois. Un
monopole fi deftructif fouleva les habitans. Ils prirent les armes, & ne fe mirent bas après un an
de trouble, qu'à condition que tous les vaiffeaux
françois auroient la liberté de trafiquer avec eux,

R

en payant à la compagnie cinq pour cent d'entrée & de sortie. Dogeron qui étoit l'auteur de l'accommodement, saisit cette circonstance pour se procurer deux bâtimens, destinés en apparence à porter ses récoltes en Europe; mais qui réellement étoient plus à ses colons qu'à lui. Chacun y embarquoit ses denrées pour un fret modique. Au retour, le généreux gouverneur faisoit étaler la cargaison à la vue du public. Tous y prenoient ce dont ils avoient besoin, non-seulement au prix de l'achat primitif, mais à crédit, sans intérêt & même sans billet. Dogeron avoit imaginé qu'il leur donneroit de la probité, de l'élévation, en se contentant de leur promesse verbale pour toute sûreté.

Une constitution si sage ne pouvoit durer; il falloit trop de vertu pour la perpétuer. On s'apperçut en 1685 que tous les liens se relâchoient, & l'on tira de la Martinique, où la police avoit déja pris de bonnes racines, deux administrateurs qui furent chargés d'établir la règle & la subordination à *Saint-Domingue*. Ces législateurs assurèrent l'ouvrage de la civilisation, en formant des tribunaux de justice en différens quartiers, sous la révision d'un conseil supérieur qui fut érigé au Petit-Goave. Cette jurisdiction devenant trop étendue avec le temps, on créa en 1701 un semblable tribunal au Cap-François, pour la partie du nord.

Toutes ces innovations pouvoient éprouver des difficultés. Il étoit à craindre que les chasseurs & les corsaires qui formoient le gros de la population, ennemis du frein qu'on mettoit à leur licence, ne se retirassent chez les espagnols & à la Jamaïque, où l'offre séduisante de grands avantages sembloit les appeler. Les cultivateurs eux-mêmes y étoient comme attirés, par le dégoût que leur donnoit le vil prix de leurs productions, dont le commerce étoit chargé d'entraves continuelles. On gagna les premiers à force de caresses, & les seconds par la perspective d'un changement dans leur situation, qui étoit vraiment désespérée.

Les cuirs, fruits uniques des courses des boucaniers, avoient été le premier objet d'exportation de *Saint-Domingue*. La culture y ajouta depuis le tabac qui trouvoit un débit avantageux chez toutes les nations. Il fut bientôt gêné par une compagnie exclusive. On la supprima, mais inutilement pour la vente du tabac, puisqu'elle fut mise en ferme. Les habitans espérant pour prix de leur soumission, quelque faveur du gouvernement, offrirent au roi de lui donner, affranchi de tous frais, même de celui du fret, le quart de tout le tabac qu'ils enverroient dans le royaume, à condition qu'ils auroient la disposition libre des trois autres quarts. Ils prouvoient que cette voie apporteroit au fisc plus de revenu que les quarante sols pour cent qu'il retireroit des fermiers. Des intérêts particuliers firent rejetter cette ouverture.

Le colon ne prit pas le parti du désespoir; mais, dans son dépit, il tourna heureusement son activité vers la culture de l'indigo & du cacao. Le coton le tenta, par les richesses que cette plante avoit données aux espagnols dans les premiers temps; mais il s'en dégoûta bientôt, on ne sait pour quelle raison, & l'abandonna au point que, quelques années après, on ne voyoit pas un seul cotonnier sur pied.

Jusqu'alors les travaux avoient été faits par les engagés & par les plus pauvres des habitans. Des expéditions heureuses sur les terres des espagnols, procurèrent quelques nègres. Leur nombre fut un peu grossi par deux ou trois vaisseaux françois, & beaucoup plus par les prises qu'on fit sur les anglois, durant la guerre de 1688, par une descente à la Jamaïque, d'où l'on en enleva trois mille en 1694. C'étoient des instrumens sans lesquels on ne pouvoit entreprendre la culture du sucre : mais ils ne suffisoient pas. Il falloit des richesses pour élever des bâtimens, pour se procurer des ustensiles. Le gain que firent quelques flibustiers, dont les expéditions étoient toujours heureuses, les mit en état d'employer des esclaves. On se livra donc à la plantation de ces cannes, qui firent passer l'or du Mexique aux mains des nations qui n'ont, au lieu de mines, que des terres fécondes.

Cependant la colonie qui même en se dépeuplant d'européens, avoit fait, au milieu des ravages qui précédèrent la paix de Riswick, quelques progrès au nord & à l'ouest, n'étoit rien au sud. Cette partie ne comptoit pas cent habitans, tous logés sous des hutes, & tous misérables. Le gouvernement n'imagina pas de meilleur moyen, pour tirer quelqu'avantage d'un si grand terrain, que d'en accorder en 1698, pour un demi-siècle, la propriété à une compagnie qui prît le nom de *Saint-Louis*.

Elle s'engagea, sous peine de voir son octroi annullé, à former une caisse de 1,200,000 livres; à transporter, dans les premières années, sur l'étendue de sa concession, quinze cens blancs & deux mille cinq cens noirs; cent des premiers, deux cents des seconds, chacune des années suivantes. On la chargeoit de distribuer des terres à tous ceux qui en demanderoient. Chacun, selon ses besoins & ses talens, devoit obtenir des esclaves payables en trois ans; les hommes à raison de six cents francs, & les femmes pour quatre cents cinquante livres. Le même crédit étoit accordé pour les marchandises.

A ces conditions, le privilège assuroit à la nouvelle société le droit d'acheter & de vendre exclusivement, dans tout le territoire qui lui avoit été abandonné, mais seulement aux prix établis dans les autres quartiers de l'isle. Encore cette dépendance onéreuse au colon étoit-elle adoucie par la liberté qui lui restoit de prendre où il voudroit toutes les choses dont on le laisseroit mánquer , & de payer avec ſes denrées ce qu'il auroit acheté.

Le monopole ſe détruit par ſon avidité même. C'eſt un torrent qui ſe perd dans les gouffres qu'il creuſe. La compagnie de Saint - Louis eſt une preuve de fait ajoutée à cent autres , pour confirmer le vice & l'abus des ſociétés excluſives. Elle fut ruinée par les infidélités , par les profuſions de ſes agens , ſans que le territoire confié à ſes ſoins profitât de tant de pertes. Ce qui s'y trouva de culture , de population , lorſqu'elle remit en 1720 ſes droits au gouvernement , étoit pour la plus grande partie l'ouvrage des interlopes.

Malgré les malheurs qu'elle éprouva , la colonie de *Saint-Domingue* devint le plus bel établiſſement du nouveau Monde. C'eſt durant la longue & ſanglante guerre ouverte pour la ſucceſſion d'Eſpagne , que s'étoit opéré un commencement de bien. Il ſembloit devoir faire de rapides progrès , avec la tranquillité que la paix d'Utrecht rendit aux nations. Une de ces calamités que les hommes ne peuvent prévoir , recula de ſi belles eſpérances. Tous les cacaoyers de la colonie périrent en 1715. Dogeron avoit planté les premiers en 1665 : ils s'étoient multipliés avec le temps , ſur-tout dans les gorges des montagnes du côté de l'oueſt. On voyoit des habitations où il y en avoit juſqu'à vingt mille ; de ſorte que , quoique le cacao ne ſe vendît que cinq ſols la livre , il étoit devenu une ſource abondante de richeſſes.

Des cultures importantes compenſoient cette perte avec uſure , lorſqu'un ſpectacle des plus affligeans conſterna la colonie entière. Un aſſez grand nombre de ſes habitans , qui avoient conſacré vingt ans d'un travail continuel ſous un ciel brûlant , à ſe préparer une vieilleſſe heureuſe dans la métropole , y étoient paſſés avec une fortune ſuffiſante pour payer leurs dettes & pour acquérir des terres. Leurs denrées leur furent payées en billets de banque , qui périrent dans leurs mains. Ce coup accablant les força à retourner pauvres dans une iſle d'où ils étoient ſortis riches , & les réduiſit à demander , dans un âge avancé , des occupations aux mêmes gens qui avoient été autrefois à leur ſervice. La vue de tant d'infortunés inſpira un grand éloignement pour la compagnie des Indes , qu'on rendoit reſponſable de ces calamités. Cette averſion , née de la compaſſion ſeule , ne tarda pas à ſe changer en une haine profonde , & ce ne fut pas ſans de grands motifs.

Depuis leur établiſſement , les colonies françoiſes recevoient leurs eſclaves des mains du monopole , & en recevoient par conſéquent fort peu & à un prix exorbitant. Réduit , en 1713 , à l'impoſſibilité de continuer ſes opérations languiſſantes , le privilège aſſocia lui-même à ſon commerce les négocians particuliers , ſous la condition qu'ils

lui paieroient quinze liv. pour chaque noir qu'ils porteroient aux iſles du vent , & trente pour ceux qu'ils introduiroient à *Saint-Domingue*. Cette nouvelle combinaiſon fut ſuivie d'une telle activité , que le gouvernement commença enfin à ſe détacher de l'excluſif , en conférant , en 1716 , la traite de Guinée aux ports de Rouen , de Bordeaux , de Nantes & de la Rochelle. Il devoit leur en coûter deux piſtoles pour chaque eſclave qui arriveroit en Amérique : mais les denrées qui proviendroient de la vente de ces malheureux , étoient déchargées de la moitié des droits auxquels les autres productions étoient aſſervies.

On commençoit à ſentir le bien qu'alloit produire cette liberté , toute imparfaite qu'elle étoit , puiſqu'elle ſe bornoit à quatre rades , lorſque *Saint-Domingue* fut encore condamné à recevoir ſes cultivateurs de la compagnie des Indes , qui n'étoit même obligée de lui en fournir que deux mille chaque année. En effet , on ne ſait ce qui doit le plus étonner , dans le cours des événemens relatifs au nouveau-Monde , ou de la rage des premiers conquérans qui le dévaſtèrent , ou des mauvais calculs des gouvernemens qui , par une ſuite de réglemens peu judicieux , ſemblent s'être propoſés , ou d'en perpétuer la miſère , ou de l'y replonger lorſqu'il ſe promettoit d'en ſortir.

Ce fut en 1722 qu'arrivèrent , dans la colonie , les agens d'un corps odieux. Les édifices qui ſervoient à leurs opérations , furent réduits en cendres. Les vaiſſeaux qui leur arrivoient d'Afrique , ou ne furent pas reçus dans les ports , ou n'eurent pas la liberté d'y faire leurs ventes. Le gouverneur-général , qui voulut s'oppoſer à une licence excitée par l'abus de l'autorité , vit mépriſer des ordres qui n'étoient pas ſoutenus de la force ; il fut même arrêté. Toutes les parties de l'iſle retentiſſoient de cris ſéditieux & du bruit des armes. On ne ſait où ces excès auroient été pouſſés , ſi le gouvernement n'avoit eu la modération de céder. Pour cette fois , les peuples ne furent point punis des fautes de leurs chefs ; & le duc d'Orléans montra bien , dans cette circonſtance , qu'il n'étoit point un homme ordinaire , en s'avouant lui-même coupable d'une rébellion qu'il avoit excitée par une inſtitution vicieuſe , & qui auroit été ſévérement punie ſous un adminiſtrateur moins éclairé ou moins modéré. Après deux ans de troubles & de confuſion , les inconvéniens qu'entraîne l'anarchie ramenèrent les eſprits à la paix ; & la tranquillité ſe trouva rétablie , ſans les remèdes violens de la rigueur.

Depuis cette époque , jamais colonie ne mit ſi bien le temps à profit que *Saint-Domingue*. Ses pas vers la proſpérité furent prompts & ſoutenus. Les deux guerres malheureuſes qui troublèrent ſes mers , ne firent qu'en comprimer les reſſorts. Sa force s'en accrut , & ſon action en devint plus rapide.

SECTION IIe.

Description générale de l'isle ; description particu-
lière des établissemens qui appartiennent à l'Es-
pagne & de ceux qui appartiennent à la France,
& remarques sur chacun de ces établissemens.

L'isle de *Saint-Domingue* a cent soixante lieues
de long. Sa largeur moyenne est à-peu-près de
trente, & son circuit de trois cens cinquante ou
de six cens, en faisant le tour des Anses. Elle est
coupée dans toute sa longueur, qui va de l'est à
l'ouest, par une chaîne de montagnes d'où l'on
tiroit de l'or, avant que le continent de l'Amérique eût offert des mines infiniment plus riches.

Le navigateur qui approche de la partie espagnole, n'apperçoit qu'un amas informe de terres
entassées, couvertes d'arbres & découpées vers
la mer par des baies ou des promontoires : mais
il est dédommagé de cette vue peu riante par le
parfum des fleurs d'acacia, d'oranger ou de ci-
tronnier que les vents de terre lui portent, soir
& matin, du fond des bois.

La côte françoise, quoique cultivée, offre un
aspect qui n'est guère plus riant. C'est toujours
un horison semblable ; ce sont par-tout les mêmes
accidens, les mêmes couleurs, les mêmes bâtimens. L'œil fatigué ne peut se reposer en aucun
endroit, sans retrouver ce qu'il quitte, sans revoir
ce qu'il a vu. Il n'y a que la partie du nord,
remplie de riches plantations, depuis l'océan
jusqu'à la cime des collines, qui offre une perspective digne de quelque attention. Ce paysage
est unique dans l'isle, sans être comparable à ceux
de l'Europe où la nature & l'art sont bien plus
féconds en beautés touchantes.

Les chaleurs sont toujours vives dans la plaine.
Quoique la température des vallons dépende en
partie de leur ouverture à l'est ou à l'ouest, on
peut dire en général que l'air humide & frais
avant & après le coucher du soleil, y est embrasé
dans la journée. La différence du climat n'est véritablement sensible que sur les montagnes. Le
thermomètre y est à 17 degrés à l'ombre, lorsque, à la même exposition, il est à vingt-cinq
dans la plaine.

La partie de *Saint-Domingue* qui appartient à
l'Espagne, avoit en 1717 dix-huit mille quatre
cents dix habitans espagnols, métis, nègres ou
mulâtres. Leur couleur & leur caractère tenoient
plus ou moins de l'américain, de l'européen &
de l'africain, en raison du mélange qui s'étoit
fait du sang de ces trois peuples, dans l'union
naturelle & passagère qui rapproche les races &
les conditions : car l'amour, comme la mort, se
plaît à les confondre. Ces demi-sauvages, plongés dans une fainéantise profonde, vivoient de
fruits & de racines, habitoient des cabanes,
étoient sans meubles, & la plupart sans vêtemens.

Le petit nombre de ceux en qui l'indolence n'a-
voit pas étouffé le préjugé des bienséances, le
goût des commodités, recevoient des habits de
la main des françois leurs voisins, auxquels ils
livroient leurs nombreux troupeaux, & l'argent
qu'on leur envoyoit pour deux cents soldats, pour
les prêtres & pour le gouvernement. La compagnie exclusive, formée en 1756 à Barcelone pour
ranimer les cendres de *Saint-Domingue*, n'a rien
opéré. Depuis que cette isle a été ouverte, en
1766, à tous les navigateurs espagnols, son état
est encore resté le même. Ce qu'on peut y avoir
planté de cannes, de casiers & de pieds de tabac
ne suffit pas à la consommation, loin de pouvoir
contribuer à celle de la métropole. La colonie ne
fournit annuellement au commerce national que
cinq ou six mille cuirs, & quelques denrées de si
peu de valeur, qu'elles méritent à peine d'être
comptées.

Tout, dans l'isle, se ressent de ce défaut de
culture. San-Yago, la Vega, Seibo, d'autres
lieux de l'intérieur des terres, autrefois si renommés pour leurs richesses, ne sont plus que de
vils hameaux où rien ne rappelle leur première
splendeur.

Les côtes n'offrent pas un tableau plus animé.
Au sud de la colonie, est la baie étroite & profonde d'Ocoa, qu'on pourroit appeler un *port*.
C'est dans cet endroit où les espagnols n'ont
point d'établissement, (quoiqu'une saline qui suffit
à leurs besoins en soit fort proche), qu'est déchargé l'argent envoyé du Mexique pour les dépenses du gouvernement, & d'où il est porté sur
des chevaux à San-Domingo, qui n'en est éloigné
que de quinze lieues.

Cette célèbre capitale de l'isle reçut long-tems
directement des secours étrangers : mais alors la
Lozama, qui baigne ses murs, admettoit des bâtimens de six cens tonneaux. Depuis que l'embouchure de cette rivière a été presque comblée
par les sables & par les pierres que cette rivière
entraîne des montagnes, la ville n'est pas dans un
meilleur état que le port, & de magnifiques ruines font tout ce qui en reste. Les campagnes qui
l'environnent, n'offrent que des ronces & quelques troupeaux.

Quatorze lieues au-dessus de cette place, coule
la rivière de Macousis, où aborde le petit nombre de navires américains qui viennent trafiquer
dans l'isle. Ils débarquent leurs foibles cargaisons
à la faveur de quelques islets qui forment un assez
bon abri.

Plus loin, toujours sur la même côte, la Ru-
mana parcourt les plus superbes plaines qu'il soit
possible d'imaginer. Cependant on ne voit, sur un
sol si vaste & si fécond, qu'une bourgade qui
paroîtroit misérable dans les contrées même que
la nature auroit le plus maltraitées.

Le nord de la colonie est digne du sud. Porto-
de-Plata, dont il seroit difficile d'exagérer la

beauté., la bonté, ne voit dans fes nombreufes anfes, ne voit fur fon riche territoire que quelques cabanes.

L'Ifabellique qui a une belle rivière, des plaines immenfes, des forêts remplies de bois précieux, ne préfente pas un afpeét plus floriffant.

Avec autant ou plus de moyens de profpérité, Monte-Chrifto n'eft qu'un entrepôt où des interlopes anglois viennent habituellement charger les denrées de quelques plantations françoifes établies à fon voifinage. Les hoftilités, entre les cours de Londres & de Verfailles, rendent les liaifons frauduleufes infiniment plus confidérables, & ce marché acquiert alors une grande importance. Mais ce mouvement ceffe auffi-tôt que le miniftère de Madrid croit convenable à fes intérêts de fe mêler dans les querelles des deux nations rivales.

Les efpagnols n'ont aucune poffeffion à l'oueft de l'ifle, entiérement occupé par les françois ; & ce n'eft qu'après la paix de 1763, qu'ils ont jugé convenable de former des établiffemens à l'eft, qu'on avoit depuis long-temps perdu de vue. Le projet d'établir des cultures pouvoit s'exécuter dans la plaine de Vega-Réal, qui eft fituée dans l'intérieur des terres, & qui a quatre-vingt lieues de long, fur dix, dans fa plus grande largeur. On trouveroit difficilement dans le nouveau-Monde un terrein plus uni, plus fécond, plus arrofé. Toutes les produétions de l'Amérique y réuffiroient admirablement : mais l'extraétion en feroit impoffible, à moins qu'on ne pratiquât des chemins, dont l'entreprife effrayeroit même des peuples plus entreprenans que la nation efpagnole. Ces difficultés devoient naturellement faire jetter les yeux fur des côtes excellentes, déjà un peu habitées, & où l'on auroit trouvé quelques fubfiftances. On craignit fans doute que les nouveaux colons ne priffent les mœurs des anciens, & l'on fe détermina pour Samana.

C'eft une péninfule, large de cinq lieues, longue de feize, & dont le fol, quoiqu'un peu inégal, eft très-propre aux plus riches produétions du nouveau-Monde. Elle a de plus l'avantage d'offrir aux bâtimens qui arrivent d'Europe, un attérage facile, & un mouillage fûr.

Ces confidérations déterminèrent les premiers aventuriers françois qui ravagèrent Saint-Domingue, à fe fixer à Samana. Ils s'y foutinrent affez long-temps, quoique leurs ennemis fuffent en force dans le voifinage. On fentit à la fin qu'ils étoient trop expofés, trop éloignés des autres établiffemens que leur nation avoit dans l'ifle, & qui prenoient tous les jours de la confiftance. On les rappella. Les efpagnols fe réjouirent de ce départ, fans s'n'occupèrent pas la place qui devenoit vacante.

Ce n'eft que de nos jours que la cour de Madrid y a fait paffer quelques canariens. L'état s'eft chargé de la dépenfe de leur voyage, des frais de leur établiffement, dè leur fubfiftance pendant plufieurs années. Ces mefures, quoique fages, n'ont produit aucun bien. Le vice du climat, des déffrichemens commencés fans précaution, l'infidélité fur-tout des adminiftrateurs qui fe font approprié les fonds qui leur étoient confiés : toutes ces caufes, & peut-être quelques autres, ont précipité dans le tombeau la plupart des nouveaux colons ; & ce qui a échappé à tant de calamités, languit dans la détreffe.

Etabliffemens formés dans la partie méridionale de Saint-Domingue. La partie du fud, occupée par les françois, s'étend aétuellement depuis la Pointe-à-Pitre jufqu'au cap Tiburon. A l'époque de leurs conquêtes dans le nouveau-Monde, les efpagnols avoient bâti fur cette côte deux grandes bourgades, qu'ils abandonnèrent dans des jours moins brillans. La place qu'on laiffoit vuide, ne fut pas d'abord remplie par les françois qui devoient craindre le voifinage de *San-Domingo*, où étoient concentrées les principales forces de la puiffance, fur la ruine de laquelle ils s'élevoient. Leurs corfaires, qui s'affembloient ordinairement dans la petite ifle à Vache, pour courir fur les caftillans, & pour y partager le butin qu'ils avoient fait, enhardirent quelques cultivateurs à commencer, en 1673, un petit établiffement dans le continent. Prefque auffi-tôt détruit, il ne fut repris qu'affez long-temps après. La compagnie, établie pour l'affermir & pour l'étendre, remplit mal fes obligations. Il dut fes progrès aux anglois de la Jamaïque & aux hollandois de Curaçao, qui, s'étant avifés d'y porter des efclaves, retiroient feuls les produétions d'un fol, que feuls ils mettoient en valeur. Ce ne fut qu'en 1740, que les négocians de la métropole ouvrirent les yeux. Depuis cette époque, ils ont un peu fréquenté cette partie de la colonie, malgré les vents qui en rendent fouvent la fortie longue & dangereufe.

Le quartier qui eft à l'eft de tous les autres établiffemens, fe nomme *Jacmel*. Il eft formé par trois paroiffes qui occupent trente-fix lieues de côte, fur une profondeur médiocre & très-inégale. Ce vafte efpace eft rempli par cent-foixante caféières, foixante-deux indigoteries, & foixante cotonneries. La plupart de leurs cultivateurs font pauvres, & ne peuvent jamais devenir bien riches. Un terrein généralement montueux, pierreux, expofé aux féchereffes, leur défend d'afpirer à l'opulence. Cette ambition n'eft permife qu'à ceux qui partagent la plaine de Jacmel. Il y a vingt habitations très-vaftes, dont dix feulement font arrofées, quoique toutes foient fufceptibles de cet avantage : c'eft-là que, dans un fol ufé, on fait de l'indigo, qui demanderoit des terres vierges. Lorfque les bras & les autres moyens d'une grande exploitation ne manqueront plus, on lui fubftituera le fucre, qui réuffit auffi bien qu'on puiffe le defirer, dans la feule plantation où on ait commencé à le cultiver.

Aquin, a quinze lieues fur le rivage de la mer, & trois, quatre, quelquefois fix lieues dans l'intérieur des terres. Cet établiffement compte quarante plantations en indigo, vingt en café, & neuf en coton. Ses montagnes, moins élevées que celles qui les joignent, ne jouiffent, par cette raifon, que de peu de fources, que de peu de pluies, & ne promettent qu'une grande abondance de coton, qu'on leur demandera quelque jour fans doute. Pour ce qui concerne fes plaines, elles furent autrefois affez floriffantes : mais les féchereffes, qui ont graduellement augmenté à mefure que le pays s'eft découvert, ont de plus en plus diminué la quantité & la qualité de l'indigo qui faifoit toute leur richeffe. Cette plante, qui laiffe la terre prefque habituellement expofée aux ardeurs d'un foleil brûlant, doit être remplacée par le fucre qui la tiendra couverte dix-huit mois de fuite, & y confervera long-temps les moindres fraicheurs. Déjà, quelques habitans des plus aifés ont fait ce changement dans leurs plantations. La nature du fol permet à vingt-cinq colons de fuivre cet exemple ; & ils s'y détermineront fans doute, lorfqu'ils en auront acquis les moyens, lorfque les eaux de la rivière ferpente auront été fagement diftribuées. Dans l'état actuel des chofes, toutes les productions du quartier fe réuniffent dans un feul bourg, très-enfoncé dans les terres. L'impoffibilité de les tranfporter fur la côte, dans la faifon des pluies, les frais indifpenfables pour les y voiturer, dans les temps même les plus favorables, avoient fait imaginer de former cet entrepôt fur les bords d'une baie profonde, où l'on embarque les denrées. Mais cette pofition n'offre pas un arpent de terre qu'on puiffe cultiver ; mais on n'y trouve point d'eau potable ; mais les eaux ftagnantes de la mer la corrompent l'air. Ces raifons ont fait perdre de vue un projet, dont les inconvéniens furpaffoient les avantages.

Saint-Louis eft une efpèce de bourgade qui, quoique bâtie au commencement du fiècle, n'a qu'une cinquantaine de maifons. Un très bon port, même pour les vaiffeaux de ligne, décida cet établiffement. Sur un iflet, fitué à l'entrée de la rade, on éleva des fortifications confidérables qui, en 1748, furent détruites par les anglois, & qui depuis, n'ont pas été rétablies. Le territoire de ce quartier s'étend cinq à fix lieues fur la côte ; fes montagnes, encore couvertes de bois d'Acajou, font la plupart fufceptibles de culture ; fa plaine inégale offre quelquefois un fol fertile & fes nombreux marais peuvent être defféchés. On n'y compte que vingt cafières, quinze indigoteries, fix cotonneries & deux fucreries. Cette dernière production réuffiroit dans dix ou douze plantations, fur-tout fi elles étoient arrofées par les eaux de la rivière Saint-Louis, comme on le croit très-praticable. Cavaillon n'occupe que trois lieues

fur les bords de l'océan. C'eft une grande gorge qui s'étend huit ou neuf lieues dans les terres. Elle eft partagée par une affez grande rivière qui, malheureufement dans les groffes pluies, fe répand au loin & caufe fouvent beaucoup de ravages. A deux lieues de fon embouchure, eft un petit bourg, où arrivent les navires, & où ils chargent les denrées que fourniffent vingt plantations de café, dix d'indigo, fix de coton, & dix-fept de fucre. Le nombre des dernières pourroit être aifément doublé dans une plaine qui a cinq ou fix mille quarreaux d'étendue : mais les plus floriffantes de celles qui exiftent, ont à peine atteint la moitié de leur culture ; & les autres ne donnent qu'un foible produit, & de mauvaife qualité. Les montagnes, quoique couvertes d'une terre excellente, ne rempliffent pas le vuide. Les conceffions que le gouvernement y a faites, refteront incultes, jufqu'à ce qu'on ait pratiqué des chemins pour l'extraction des denrées. Cette entreprife, qui eft au-deffus des moyens des habitans, devroit être exécutée par les troupes. L'oifiveté, & des marais infects, ont engourdi jufqu'ici les foldats, les ont fait périr fur les rivages de la mer : la fraicheur des lieux élevés, l'air pur qu'on y refpire, un travail modéré, l'aifance dont il feroit jufte de les faire jouir : toutes ces caufes réunies ne les maintiendroient-elles pas dans leurs forces naturelles, n'affureroient-elles pas leur confervation ?

La plaine du fond de l'ifle à Vache, contient vingt-cinq mille quarreaux d'un fol excellent partout, à l'exception de quelques parties que les torrens ont couvertes de gravier, & d'un petit nombre de marais, dont le deffèchement ne feroit pas difficile. Il s'y eft fucceffivement formé quatre-vingt-trois fucreries, & l'on peut y en établir encore environ cinquante. Celles qui exiftent, n'ont guère qu'un tiers de leur domaine en valeur ; & cependant, elles donnent une immenfe quantité de fucre brut. Qu'on juge de ce que le territoire entier en fourniroit, s'il étoit convenablement exploité. On pourroit compter fur un produit d'autant plus régulier, que les pluies manquent fouvent moins ce quartier que dans les autres, & que trois rivières qui y coulent, s'offrent, pour ainfi dire, d'elles-mêmes, pour l'arrofement de toutes les plantations.

Le fucre & l'indigo qui croiffent dans la plaine ; le café & le coton qui defcendent des montagnes : tout eft porté à la ville des Cayes, formée par près de quatre cens maifons, toutes enfoncées dans un terrein marécageux, & la plupart environnées d'une eau croupiffante. L'air qu'on refpire dans ce féjour, manque également de reffort & de falubrité.

Cet entrepôt a été comme jetté fans réflexion dans l'enfoncement d'une rade qui n'a que trois paffes, dont la profondeur, infuffifante en elle-même, diminue encore tous les jours. Le mouillage y eft fort refferré, & fi dangereux durant l'équinoxe, que les bâtimens qui s'y trouvent alors, périffent très-fouvent. La grande quantité de vafe qu'y dépofent les eaux de la ravine du fud, s'accroît au point, que dans vingt ans, on n'y pourra plus entrer. Le canal, formé par le voifinage de l'ifle à Vache, n'y fert qu'à gêner la fortie des navigateurs. Ses anfes font le repaire des corfaires de la Jamaïque. C'eft-là, que croifant fans voiles, & voyant fans être vus, ils ont toujours l'avantage du vent, fur des bâtimens auxquels la force & le lit conftant des vents, ne permettent pas de paffer au-deffus de l'ifle. S'il étoit poffible que des vaiffeaux de guerre relâchaffent dans ce mauvais port, l'impoffibilité de vaincre cet obftacle & celui des courans pour gagner le vent de l'ifle, les forceroit de fuivre la route des navires marchands. Ainfi, doublant la pointe de l'Abacou, l'un après l'autre, à caufe des bas-fonds, ces vaiffeaux, qui fe trouveroient entre la terre & le feu de l'ennemi, avec le défavantage du vent, feroient infailliblement détruits par une efcadre inférieure.

La mauvaife température de la ville, le vice de fa rade, ont fait defirer à la cour de Verfailles, que les affaires qui s'y traitent, fe portaffent à Saint-Louis. Ses efforts ont été inutiles, & ils devoient l'être ; parce qu'il eft tout fimple que les échanges s'établiffent dans l'endroit qui produit & confomme davantage. S'obftiner à contrarier encore cet ordre de chofes prefcrit par la nature, ce feroit retarder en pure perte les progrès d'un bon établiffement. Les caprices même de l'induftrie méritent l'indulgence du gouvernement. La moindre inquiétude du négociant le conduit à la défiance. Les raifonnemens politiques & militaires ne peuvent rien contre ceux de l'intérêt. Le commerce ne profpère que dans un terrein qu'il a choifi lui-même. Tout genre de contrainte l'effraie.

Ce que le miniftère de France peut fe propofer, c'eft de retirer les tribunaux de Saint-Louis, qui n'eft, & ne fera jamais rien, pour les donner aux Cayes, où la population & les productions, déjà confidérables, doivent beaucoup augmenter ; c'eft de former un lit à une ravine, dont les débordemens furieux caufent fouvent des ravages inexprimables ; c'eft de purifier & de fortifier un peu la ville. On feroit l'un & l'autre, en creufant tout autour un foffé, dont les déblais ferviroient à combler les lagons intérieurs. Le fol, exhauffé par ce travail, fe deffécheroit lui-même. L'eau de la rivière, qu'on feroit couler par une pente naturelle dans ce foffé profond, mettroit la ville, avec le fecours de quelques fortifications, à l'abri des entreprifes des corfaires, affureroit même une défenfe momentanée, qui donneroit les moyens de capituler devant une foible efcadre.

On peut, on doit aller plus loin. Pourquoi ne pas donner un port factice à un entrepôt important, qui bientôt fe trouvera bouché ? Les navires marchands, qui vont chercher un afyle à la baie des Flamands, fituée à deux lieues au vent des Cayes, femblent y avoir défigné d'avance le havre dont cette ville a befoin. Ce port peut contenir un grand nombre de vaiffeaux, même de guerre, à l'abri de tous les vents ; il leur offre plufieurs carénages ; il leur permet de doubler au vent de l'ifle à Vache, & de conferver avec la ville un cabotage qui, protégé par des batteries bien diftribuées, feroit refpecté de tous les corfaires. Un feul inconvénient diminue l'avantage de cette pofition. C'eft que la qualité du fonds & le calme de la mer y rendent la piquure des vers plus commune qu'ailleurs, & plus dangereufe pour les vaiffeaux.

L'Abacou eft une péninfule que l'abondance & la qualité de fon indigo rendirent autrefois floriffante. Depuis que cette plante vorace a détruit tout principe de végétation fur les petites collines très-multipliées de ce quartier, on ne cultive, avec quelque fuccès, que les bords de la mer, enrichis de la dépouille des terres fupérieures. Cette dégradation a déterminé un affez grand nombre de colons à porter ailleurs leur activité. Ceux qui par habitude, ou par raifon, ont perfévéré dans leurs plantations, fe font aggrandis de tout ce qui étoit à leur bienféance. Ils fe foutiennent encore, en laiffant repofer une partie de leur héritage, pendant que l'autre eft mife en valeur : mais cette reffource n'eft pas ce qu'elle feroit en Europe. C'eft l'opinion des habitans eux-mêmes, qui dirigent leur induftrie vers le fucre, autant que leur fortune & leur crédit le leur permettent.

C'eft fur les hauteurs défrichées, épuifées de ce quartier, qu'il conviendroit de multiplier les troupeaux. Le gouvernement s'eft mépris, lorfqu'il a concédé des montagnes, fous la condition qu'on les couvriroit de bêtes à cornes. Outre qu'il n'étoit pas raifonnable d'employer en pâturages des terres vierges, qu'on pouvoit rendre plus productives pour l'état ; il étoit impoffible d'efpérer que des hommes entreprenans fe feroient pafteurs, lorfqu'ils pouvoient tirer un meilleur parti de leur attelier, à quelque culture qu'ils l'employaffent. On peut même affurer que les beftiaux feront toujours infiniment rares à *Saint-Domingue*, même dans les lieux qui ne peuvent avoir une autre deftination, tout le temps que le monopole des boucheries fubfiftera dans la colonie.

Les côteaux occupent environ dix lieues de rivage, fur une profondeur de deux jufqu'à cinq lieues. Par-tout on trouve de petites anfes, où le débarquement eft facile, fans qu'aucune offre un abri contre les mauvais temps. Le quartier contient vingt-quatre caféières, trois cotonneries, foixante-fix indigoteries. Cette dernière production y a moins diminué en quantité, y a moins dégénéré en qualité qu'ailleurs, avantages qu'il faut attribuer à la nature & à la difpofition du terrein. Cependant, le temps ne paroît pas éloigné, où les bords de la mer verront s'élever quatorze ou quinze fucreries, fur les débris de la culture ancienne. L'habitude & la facilité d'obtenir des efclaves par des liaifons interlopes, rendront la revolution facile.

Tiburon, qui a douze lieues d'étendue fur les bords de la mer, & deux, trois, quatre dans l'intérieur des terres, termine la côte. La rade de ce cap n'offre pas un abri fuffifant contre les tempêtes; mais des batteries bien placées en peuvent faire un lieu de retraite & de protection pour les bâtimens françois, pourfuivis en temps de guerre dans ces parages. Cet établiffement a quatre habitations en coton, trente en indigo, & trentefept en café. Depuis la paix de 1763, il s'y eft formé quatre fucreries, dont le nombre peut s'élever à feize.

Etabliffemens formés dans l'ouest de Saint-Domingue. L'ouest de la colonie eft bien différent du fud. Le premier établiffement digne de quelque attention qui s'y préfente, c'eft Jérémie ou la grande-Anfe. Il occupe vingt lieues de côte, depuis Tiburon jufqu'au Petit-Trou, & quatre ou cinq dans les terres. Comme c'eft un quartier naiffant, il n'y a guère que les bords de la mer qui foient habités, & encore le font-ils fort peu. Cependant toutes les denrées qui enrichiffent le refte de l'ifle, y font cultivées. Une production qui lui eft particulière, & dont il recueille annuellement cent cinquante milliers, c'eft le cacao qui ne réuffiroit pas dans les cantons plus découverts. Le point de réunion eft un bourg joliment bâti & fitué fur une hauteur où l'air eft très-falubre. Le temps doit rendre ce marché confidérable. Malheureufement fa rade eft mauvaife. Auffi tôt que le vent du nord fouffle avec quelque violence, les navires font obligés de fe réfugier au Cap-Dame-Marie, où l'on n'a pris aucune mefure pour leur affurer une protection; ou d'aller chercher l'ifle des Caymites, expofée aux entreprifes des corfaires.

Le Petit-Goave eut autrefois un grand éclat, & il en fut redevable à un port où les vaiffeaux de toute grandeur trouvoient un mouillage excellent, des facilités pour s'abattre, un abri contre tous les vents. C'étoit l'afyle le plus convenable pour des aventuriers, qui ne fongeoient qu'à s'approprier les dépouilles des navigateurs efpagnols. Depuis que les cultures ont remplacé la piraterie, ce lieu a beaucoup perdu de fa célébrité. Ce qui lui refte de confidération, il le doit à fes richeffes territoriales, bornées à quinze plantations en fucre, vingt en café, & douze en indigo ou en coton; il le doit encore davantage au produit de vingt-quatre fucreries, de cinquante indigoteries, de foixante-fept cafeyères, de trente-quatre cotonneries que les paroiffes du Petit-Trou, de l'Anfe-à-Veaux, de Saint-Michel & du Grand-Goave verfent dans fon entrepôt. Il eft mal fain, & le fera jufqu'à ce qu'on ait réuffi à donner de

la pente à la rivière Abaret, dont les eaux croupiffantes forment des marais infects.

Les dépendances de Léogane ont de l'étendue. On y compte vingt habitations livrées à l'indigo, quarante au café, dix au coton, cinquante-deux au fucre. Avant le tremblement de terre de 1770, qui détruifit tout, la ville avoit quinze rues bien alignées, & quatre cents maifons de pierre qui ne font plus qu'en bois. Sa pofition, dans une plaine étroite, féconde & arrofée ne laifferoit pas beaucoup à defirer, fi un canal de navigation lui ouvroit une communication facile avec fa rade, qui n'eft éloignée que d'un mille.

S'il étoit raifonnable de faire une place de guerre fur la côte de l'ouest, Léogane mériteroit la préférence. Elle eft affife fur un terrain uni; rien ne la domine, & les vaiffeaux ne peuvent l'infulter: mais du moins auroit-il fallu la mettre à l'abri d'un coup de main, en l'enveloppant d'un rempart de terre avec un foffé profond, qu'il eût été facile de remplir d'eau fans les moindres frais. Ces travaux auroient infiniment moins coûté que ceux qui ont été entrepris au Port-au-Prince.

La première partie de l'ifle que les françois cultivèrent, fut celle de l'ouest, comme la plus éloignée des forces efpagnoles qu'on avoit alors à craindre. Située au milieu des côtes qu'ils occupoient, il y établirent le fiège du gouvernement. On le plaça d'abord au Petit-Goave; il fut depuis tranféré à Léogane, & c'eft en 1750 qu'on l'a fixé au Port-au-Prince.

Le territoire de ce quartier contient quarante fucreries, douze indigoteries, cinquante cafeyères, quinze cotonneries. Ce produit eft groffi par d'autres beaucoup plus confidérables, qui lui viennent des riches plaines du Cul-de-Sac, de l'Arcahaye & des montagnes du Mirbalais. Sous ce point de vue, le Port-au-Prince eft un entrepôt important, auquel il falloit ménager une protection fuffifante pour prévenir une furprife, & pour affurer la retraite des citoyens. Mais convenoit-il d'y concentrer l'autorité civile & militaire, les tribunaux, les troupes, les munitions, les vivres, l'arfénal; tout ce qui fait le foutien d'une grande Colonie?

Une couverture d'environ quatorze cens toifes, prife en ligne directe, dominée de deux côtés, eft l'emplacement qu'on a choifi pour la nouvelle capitale. Deux ports formés par des iflets ont fervi de prétexte à ce mauvais choix. Le port des marchands, à moitié comblé, ne peut plus recevoir fans danger des vaiffeaux de guerre; & le grand port qui leur eft deftiné, auffi mal fain que l'autre par les exhalaifons des iflets, n'eft défendu par rien, & ne le peut être contre un ennemi fupérieur.

Une foible efcadre fuffiroit même pour en bloquer une plus forte, dans une pofition fi défavantageufe. La Gonave, qui divife la baie en deux, laifferoit à la petite efcadre une croifière libre &
fûre;

fûre ; les vents de mer empêcheroient qu'on ne vînt à elle ; ceux de terre, en ouvrant la fortie du port aux vaiffeaux qu'on lui oppoferoit, lui faciliteroient le choix de la retraite, entre les deux pertuis de Saint-Marc & de Léogane. A égalité de manœuvre, elle auroit toujours l'avantage de mettre la Gouave entre elle & l'efcadre françoife.

Que feroit-ce fi celle-ci fe trouvoit la moins nombreufe ? Défemparée & pourfuivie, elle ne pourroit atteindre une relâche auffi avancée que le Port-au-Prince, avant que le vainqueur eût profité de fa déroute. Si les vaiffeaux battus y arrivoient, aucun ouvrage n'empêcheroit l'ennemi de les pourfuivre prefque en ligne, & d'entrer jufques dans le port du roi où ils fe retireroient.

La plus heureufe ftation, en fait de croifière, eft celle qui donne la facilité d'accepter ou de refufer le combat, de n'avoir qu'un petit efpace à garder, de découvrir d'un point central, de trouver des mouillages fûrs au bout de chaque bordée, de pouvoir fe cacher fans s'éloigner, de faire du bois & de l'eau à volonté, de naviguer dans de belles mers, où l'on n'a que des grains à craindre. Tels font les avantages qu'une efcadre ennemie aura toujours fur les vaiffeaux françois mouillés au Port-au-Prince. Une frégate pourroit, fans rifque, venir les y braver. Elle fuffiroit pour intercepter à l'entrée ou à la fortie, tous les navires marchands qui navigueroient fans efcorte.

Cependant un port fi défavorable a décidé la conftruction de la ville. Elle occupe en longueur fur le rivage, douze cents toifes, c'eft-à-dire, prefque toute l'ouverture que la mer a creufée au centre de la côte de l'oueft. Dans ce grand efpace qui s'enfonce à une profondeur d'environ cinq cents cinquante toifes, font comme perdues cinq cents cinquante-huit maifons ou cafes, difperfées dans vingt-neuf rues. L'écoulement des ravines qui tombent des mornes, entretient dans ce féjour une humidité continuelle & mal faine. Ajoutez à cette incommodité le peu de fûreté d'une place qui, commandée du côté de la terre, eft par-tout abordable du côté de la mer. Les iflets même qui diftinguent les deux ports, loin de garantir d'une defcente, ne ferviroient qu'à la couvrir.

Tel eft l'emplacement que des intérêts particuliers ont fait malheureufement choifir pour y édifier la capitale de *Saint-Domingue*. Un tremblement de terre, arrivé en 1770, l'a détruite de fond en comble. C'étoit le moment du repentir. On avoit d'autant plus de raifon de l'efpérer, que tout porte à croire que la nouvelle cité eft affife fur la voûte du volcan. Vain efpoir ! Les maifons particulières, les édifices publics : tout a été rétabli.

Saint-Marc, qui n'a que deux cents maifons, mais agréablement bâties, fe préfente au fond

d'une baie couronnée d'un croiffant de collines remplies de pierre de taille. Deux ruiffeaux traverfent la ville, & l'air qu'on y refpire eft pur. On ne compte fur fon territoire que dix fucreries, trente-deux indigoteries, cent cafeyères, foixante-douze cotonneries. Cependant fa rade, quoique mauvaife, attire un grand nombre de navigateurs ; & c'eft aux richeffes de l'Artibonite qu'elle doit cet avantage.

C'eft une excellente plaine de quinze lieues de long, fur une largeur inégale de quatre à neuf lieues. Elle eft coupée en deux parties par la rivière qui lui a donné fon nom, & qui coule rapidement fur fa crête, après avoir parcouru quelques poffeffions efpagnoles & le Mirbalais. L'élévation de ces eaux a fait naître l'idée de les fubdivifer. Des obfervations géométriques en ont démontré la poffibilité : tant les nations favantes ont d'empire fur la nature. Mais un projet, appuyé fur la bafe des connoiffances mathématiques, exige des précautions extrêmes dans l'exécution.

Dans l'état actuel des chofes, les plantations formées fur la rive droite font expofées à de fréquentes féchereffes, qui ruinent fouvent les efpérances les mieux fondées. Celles de la rive gauche, fenfiblement plus baffes, font bien arrofées, & parvenues, par cet avantage, au dernier période de leur culture. Les propriétaires des premières preffent la diftribution des eaux ; les autres la repouffent, dans la crainte de voir leurs terres fubmergées.

Si, comme le bruit en eft généralement répandu, on a des moyens fûrs pour rendre une partie fertile, fans condamner l'autre à la ftérilité, pourquoi retarder une opération qui doit donner une augmentation de dix ou douze millions pefant de fucre ? Cet accroiffement deviendroit encore plus confidérable, s'il étoit poffible de deffécher entièrement cette partie de la côte qui eft noyée dans les eaux de l'Artibonite. C'eft ainfi qu'en changeant le cours des fleuves, l'homme policé foumet la terre à fon ufage. La fertilité qu'il y répand peut feule légitimer fes conquêtes, fi toutefois l'art & le travail, les loix & les vertus réparent avec le temps l'injuftice d'une invafion.

Le territoire des Gonaïves eft plat, affez uni & fort fec. Il a deux plantations en fucre, dix en café, fix en indigo, & trente en coton. Cette dernière production pourroit être aifément multipliée fur une grande étendue de fable qui ne paroît actuellement propre qu'à cette culture. Mais fi les eaux de l'Artibonite font jamais diftribuées avec intelligence, une partie confidérable de ce grand quartier fe couvrira fûrement de cannes. Alors on verra peut-être que c'étoit dans fon port excellent & facile à fortifier qu'il eût fallu placer le fiège du gouvernement. Un autre avantage doit rendre cette contrée intéreffante. Il s'y trouve des eaux

S

minérales. On les négligea long-temps dans une colonie toujours remplie de convalefcens & de malades. Enfin, en 1772, on y bâtit des bains, des fontaines, quelques logemens commodes, un hôpital pour les foldats & les matelots.

Etabliffemens formés au nord de St.- Domingue.

L'oueft de *Saint-Domingue* eft féparé du nord par le môle Saint - Nicolas, qui tient aux deux côtes. A l'extrêmité du Cap eft un port également beau, fûr & commode. La nature, en le plaçant vis-à-vis la pointe du Maifi de l'ifle de Cuba, femble l'avoir deftiné à devenir le pofte le plus intéreffant de l'Amérique, pour les facilités de la navigation. Sa baie a quatorze cents cinquante toifes d'ouverture. La rade conduit au port, & le port au baffin. Tout ce grand enfoncement eft fain, quoique la mer y foit comme ftagnante. Le baffin qu'on diroit fait exprès pour les carénages, n'a pas le défaut des ports encaiffés : il eft ouvert aux vents d'oueft & du nord, fans que leur violence puiffe y troubler ou y retarder aucun des mouvemens des travaux intérieurs. La péninfule où le port eft fitué, s'élève, comme par degrés, jufqu'aux plaines qui repofent fur une bafe enorme. C'eft, pour ainfi dire, une feule montagne qui, d'un fommet large & uni, va, par une pente douce, fe rejoindre au refte de l'ifle.

Le morne Saint-Nicolas n'avoit jamais fixé l'attention publique. Des côteaux pelés & des rochers applatis n'avoient rien d'attrayant pour la cupidité. L'ufage que firent les anglois de cette pofition, dans la guerre de 1756, la tira du néant où elle étoit reftée. Le miniftère de France, éclairé par fes ennemis même, y établit en 1767 un entrepôt où les navigateurs étrangers pourroient librement échanger les bois & les beftiaux qui manquoient à la colonie, contre fes firops & fes eaux-de-vie de fucre que la métropole rejettoit. Cette communication, qu'une tolérance raifonnable & une fraude induftrieufe étendirent encore à d'autres objets, donna naiffance à une ville actuellement compofée d'environ trois cents maifons de bois, apportées toutes faites de la Nouvelle-Angleterre.

A quelque diftance du port, mais toujours dans le diftrict du Môle, eft la bourgade de Bombardopolis. Les acadiens & les allemands, qu'on y avoit tranfportés en 1763, y périrent d'abord avec une effrayante rapidité. C'eft le fort inévitable des nouveaux établiffemens fondés entre les tropiques. Le peu de ces infortunés qui avoient échappé aux atteintes funeftes du climat, du chagrin & de la mifère, ne fongeoient qu'à s'éloigner d'un fol peu fertile, lorfque les combinaifons faites à leur voifinage relevèrent un peu leurs efpérances. Ils cultivent des vivres, des fruits, des légumes qu'ils vendent aux navires ou aux habitans du port, & même un peu de café, un peu de coton pour l'Europe.

Après le Môle-Saint-Nicolas, le premier établiffement qu'on trouve à la côte du nord, c'eft le Port-de-Paix. Il dut fa fondation au voifinage de la Tortüe, dont les habitans s'y réfugioient à mefure qu'ils abandonnoient cette ifle. L'ancienneté de fes défrichemens a rendu ce canton un des moins mal fains de *Saint-Domingue*, & il eft parvenu depuis long-temps au point de richeffe & de population où il pouvoit arriver. Mais l'un & l'autre font peu de chofe, quoique l'induftrie ait été jufqu'à percer des montagnes pour conduire les eaux & arrofer les terres. La difficulté qu'on trouve de tous les côtés d'aborder au Port-de-Paix, le fépare en quelque forte du refte de la colonie.

Le petit Saint - Louis, le Borgne, le Port-Margot, Limbé, Lacul font auffi fans communication entre eux. Ces quartiers font féparés par des rivières qui inondent & ravagent leurs meilleures terres. Auffi font - elles généralement trop froides, pour que les cannes y puiffent profpérer. On devroit contenir les eaux de ces torrens dans des lits larges & profonds. Après ces travaux, il feroit facile d'établir des ponts qui rapprocheroient les habitans, les mettroient à portée de fe faire part de leurs lumières, & les feroient jouir des avantages d'une fociété mieux ordonnée. Alors les plantations d'indigo s'amélioreroient, & celles de fucre fe multiplieroient, fans que le café fût abandonné. On le regarde comme le meilleur de la colonie. Limbé en récolte feul deux millions pefant, comparable à celui de la Martinique.

C'eft peu, fi c'eft même quelque chofe, en comparaifon de la plaine du Cap, qui a vingt lieues de long fur environ quatre de large. Il y a peu de pays plus arrofés : mais il ne s'y trouve pas une rivière où une chaloupe puiffe remonter plus de trois milles. Tout ce grand efpace eft coupé par des chemins de quarante pieds de large tirés au cordeau, bordés de haies de citroniers, & qui ne laifferoient rien à defirer, s'ils étoient ornés de futaies propres à procurer un ombrage délicieux aux voyageurs, & à prévenir la difette de bois qui commence à fe faire trop fentir. C'eft le pays de l'Amérique qui produit le plus de fucre & de meilleure qualité. La plaine eft couronnée par une chaîne de montagnes, dont la profondeur eft depuis quatre jufqu'à huit lieues. La plupart n'ont que peu d'élévation. Plufieurs peuvent être cultivées jufqu'à leur fommet. Toutes font féparées par des vallées remplies d'un nombre prodigieux de cafiers, & de très-belles indigoteries.

Quoique les françois euffent reconnu de bonne heure le prix d'un terrain, dont la fertilité furpaffe tout ce qu'on en peut dire, ils ne commencèrent à le cultiver qu'en 1670, époque à laquelle ils ceffèrent de craindre l'efpagnol, qui jufqu'alors s'étoit tenu en force dans le voifinage. Ce fut un de ces hommes que l'intolérance religieuse commençoit à proscrire dans leur patrie, le calviniste Gobin, qui alla former la première habitation du Cap. Les maisons s'y multiplièrent, à mesure que les campagnes limitrophes étoient défrichées, &, vingt ans après, c'étoit une ville assez florissante pour exciter la jalousie. En 1695, elle fut attaquée, prise, pillée & réduite en cendres par les forces réunies de la Castille & de l'Angleterre.

Le port est digne de la ville : il est admirablement placé pour recevoir les vaisseaux qui arrivent d'Europe. Ceux de toute grandeur y sont commodément & en sûreté. Ouvert seulement au vent de nord-est, il n'en peut recevoir aucun dommage, son entrée étant semée de recifs qui rompent l'impétuosité des vagues.

C'est dans ce fameux entrepôt qu'on verse plus de la moitié des denrées de la colonie entière. Elles y arrivent des montagnes ; elles y arrivent des vallées ; elles y arrivent principalement de la plaine. Les paroisses qui fournissent les plus importantes, sont connues sous les noms de *Plaine-du-nord*, de la *Petite-Anse*, de la *grande Rivière*, de *Morin*, de *Limonade*, du *Trou*, du *Terrier-Rouge*, du *Fort-Dauphin* & d'*Onanaminthe*, qui se termine à la rivière du Massacre. Le quartier Morin & l'islet de Limonade sont fort au-dessus des autres établissemens, pour l'abondance & la qualité de leur sucre.

SECTION III.

Réflexions sur les moyens qui pourroient améliorer les cultures dans le sud de la colonie.

Les établissemens du sud de la colonie languissent tous dans une misère plus ou moins grande. Aussi les ventes & les achats ne s'y font-ils pas avec des métaux, comme au nord & à l'ouest de la colonie. Au sud, on échange les marchandises d'Europe contre les productions de l'Amérique. Il résulte de cette sauvage pratique, des discussions éternelles, des fraudes innombrables, des retards ruineux, qui éloignent les navigateurs, ceux principalement qui s'occupent du commerce des esclaves.

C'est une vérité trop bien prouvée que la perte annuelle des noirs s'élève naturellement au vingtième, & que les accidens la font monter au quinzième. Il suit de cette expérience que la contrée qui nous occupe, & qui réunit plus de quarante mille esclaves, en a vu mourir vingt-cinq mille en dix ans. Huit mille cent trente-quatre africains, que les armateurs françois ont introduits depuis 1763 jusqu'en 1773, n'ont pas assurément rempli ce grand vuide. Quel auroit donc été le sort de ces établissemens, si les interlopes n'avoient pourvu au remplacement ? Ce n'est pas tout.

La partie du sud de *Saint-Domingue* a un grand désavantage. Les montagnes qui la dominent, la privent, ainsi que la côte d'ouest, durant environ six mois, des pluies du nord, du nord-est, qui fécondent les campagnes septentrionales. Elle sera donc en friche ou mal cultivée, jusqu'à ce que les eaux du ciel y aient été remplacées par celles des rivières. Cette opération, qui tripleroit les productions, exige de gros capitaux & beaucoup d'esclaves. Le commerce de France, soit impossibilité, soit défiance, ne les fournit point.

On a conseillé au gouvernement d'ouvrir, pendant dix ou quinze ans, cette portion de sa colonie à tous les étrangers : on lui a représenté que les anglois y porteront des noirs ; les hollandois feront des avances à un intérêt que peuvent très-bien supporter les cultures du nouveau-Monde : on lui a dit que le succès est infaillible, si l'on fait des loix qui donnent une solidité convenable aux créances des deux nations ; que les ports de la métropole s'élèveront d'abord avec violence contre cette innovation ; mais que lorsque le monopole leur sera rendu ; lorsqu'ils jouiront exclusivement de l'accroissement immense que la navigation, les ventes, les achats auront reçu, ils béniront la main courageuse qui aura préparé leur prospérité. Nous nous abstiendrons de discuter ici cette vue politique. Pour résoudre de pareilles questions, il faut combiner tant d'élémens & des connoissances de détail si sûres & si précises, que nous ne croyons pas devoir l'entreprendre.

SECTION IVe.

Détails sur la nature & la valeur des productions que la France reçoit annuellement de sa colonie de Saint-Domingue. Détails sur la population.

Toutes les productions de *Saint-Domingue* se réduisoient, en 1720, à vingt-un millions de sucre brut, à un million quatre cens mille livres de sucre terré, à un million deux cens mille livres d'indigo. Ces denrées se sont rapidement & prodigieusement accrues. On y a ajouté le coton & le café vers 1737. La culture même du cacao a été reprise, mais un peu plus tard.

En 1775, la France reçut de cette colonie, sur trois cens cinquante-trois navires, un million deux cens trente mille six cens soixante-treize quintaux soixante-dix livres de sucre, qui valurent 44,738,139 liv. ; quatre cens cinquante-neuf mille trois cens trente-neuf quintaux quarante-une livres de café, qui valurent 21,818,621 liv. ; dix-huit mille quatre-vingt-six quintaux vingt-neuf livres d'indigo, qui valurent 15,373,346 livres ; cinq mille 787 quintaux soixante-quatre livres de cacao, qui valurent 405,134 liv. ; cinq cents dix-huit quintaux soixante-une livres de rocou, qui valurent 32,663 liv. ; vingt-six mille huit cents quatre - vingt - douze quintaux quatre-vingt-deux livres de coton, qui valurent 6,723,205 livres ; quatorze mille cent vingt-quatre cuirs, qui valurent 164,657 liv. ; quarante-trois quintaux quarante-six livres de carret, qui valurent 43,460 liv. ; quatre-vingt-dix quintaux dix-neuf livres de canefice, qui valurent 2435 liv. ; quatre-vingt-douze mille sept cents quarante-six quintaux quatre-vingt-douze livres de bois, qui valurent 908,368 liv. ; en menues productions, dont quelques-unes appartenoient aux autres colonies, 1,352,148 l. ; & enfin en argent 2,600,000 liv. Réunissez toutes ces sommes, & vous trouverez un revenu d'environ 94,162,000 liv.

Si, aux 94,162,000 liv. produits par *Saint-Domingue*, on ajoute les 488,598 liv. produits par Cayenne ; si l'on y ajoute les 18,975,974 livres produits par la Martinique ; si l'on y ajoute les 12,751,404 liv. produits par la Guadeloupe, l'on verra qu'en 1775 la France reçut de ses possessions du nouvel hémisphère, sur cinq cents 62 navires, environ 126,378,000 liv.

Le royaume ne consomma de ces productions que pour 52,793,763 liv. Il en vendit donc à l'étranger pour 73,584,237 liv.

Cette grande exportation fut formée par un million quarante mille neuf cents quatre-vingt-dix-huit quintaux soixante-six livres de sucre, qui rendirent 38,703,463 liv. ; par cinq cens mille cinq cents quatre-vingt-deux quintaux quarante-six livres de café, qui rendirent 23,727,608 liv. ; par onze mille trois cents six quintaux trente - huit livres d'indigo, qui rendirent 9,610,423 livres ; par sept mille neuf cents vingt - deux quintaux soixante-quinze livres de cacao, qui rendirent 554,592 liv. ; par quinze cents trente-un quintaux soixante-dix-huit livres de rocou, qui rendirent 95,838 liv. ; par mille vingt quintaux onze livres de coton, qui rendirent 255,027 liv. ; par douze cents sept quintaux cinquante-neuf livres de canefice, qui rendirent 32,605 liv. ; par quarante un mille huit cents huit quintaux vingt-huit livres de bois, qui rendirent 598,723 liv. ; par cinq cents soixante-huit cuirs, qui rendirent 5112 liv. ; par cent livres de carret, qui rendirent 1000 liv.

Pour revenir à *Saint-Domingue*, ses étonnantes richesses étoient produites par trois cents quatre-vingt-cinq sucreries en brut, & deux cents soixante-trois en terré ; par deux mille cinq cens quatre-vingt-sept indigoteries ; par 14 millions dix-huit mille trois cents trente-six cotonniers ; par quatre-vingt-douze millions huit cents quatre-vingt-treize mille quatre cens cinq cafiers ; par sept cents cinquante-sept mille six cents quatre-vingt-onze cacaoyers.

A la même époque, la colonie avoit pour ses troupeaux soixante-quinze mille neuf cens cinquante-huit chevaux ou mulets, & soixant-dix-sept mille neuf cents quatre bêtes à corne. Elle avoit pour ses vivres sept millions sept cents cinquante - six mille deux cents vingt-cinq bananiers ; un million cent soixante-dix-huit mille deux cents vingt-neuf fosses de manioc ; douze mille sept cents trente-quatre quarreaux de mais ; dix-huit mille sept cens trente-huit de patates ; onze mille huit cens vingt-cinq d'ignames, & sept mille quarante-six de petit mil.

Les travaux occupoient trente - deux mille six cents cinquante blancs de tout âge & de tout sexe ; six mille trente-six nègres ou mulâtres libres, & environ trois cents mille esclaves. Le dénombrement de l'année ne portoit, il est vrai, qu'à deux cents quarante mille quatre-vingt-quinze le nombre de ces malheureux captifs : mais il est connu qu'alors chaque cultivateur en déroboit le plus qu'il pouvoit aux recherches du fisc, pour se soustraire à la rigueur des impositions.

Ces cultures ne consomma sont répartis sur quarante-six paroisses. Il y en a dont la circonférence est de vingt lieues. Les limites d'un grand nombre ne sont pas fixées. La plupart n'ont que des cabanes ou des ruines pour églises. Dans presque aucune, le service public ne se fait avec la décence convenable. Celles du sud & de l'ouest sont dirigées par des dominicains ; & celles du nord par des capucins qui ont succédé aux jésuites. Toutes ont un bourg ou une ville.

Les bourgs sont formés par les boutiques de quelques marchands, par les ateliers de quelques artisans, les uns & les autres construits autour du presbytère. Il s'y établit les jours de fête une espèce de marché où les esclaves viennent troquer les fruits, les volailles, les autres petites denrées qui leur sont propres, contre des meubles, des vêtemens, des parures qui, quoique de peu de valeur, leur procurent quelques commodités, & les distinguent de ceux de leurs semblables, qui n'ont pas les mêmes jouissances. On ne sauroit assez regretter qu'on les tourmente au milieu de ces foibles échanges ; & que les satellites de la justice, chargés de la police de ces assemblées, fassent sentir à ces infortunés la dureté de leur condition, jusques dans les courts instans de relâche, qui leur sont accordés par leurs maîtres.

A *Saint-Domingue* & dans le reste de l'Archipel américain, le spectacle des villes est uniforme & monotone. Il n'y a ni nobles, ni bourgeois, ni rentiers. Elles n'offrent que des ateliers propres aux denrées que le sol produit, & aux différents travaux qu'elles exigent. On n'y voit que des commissionnaires, des aubergistes & des aventuriers, s'agitant pour trouver un poste qui les nourrisse ; & acceptant le premier qui se présente. Chacun se hâte de s'enrichir, pour s'éloigner d'un séjour où l'on vit sans distinctions, sans honneurs, sans plaisirs, & sans autre aiguillon que celui de l'intérêt. Personne ne s'arrête là avec le dessein d'y vivre & d'y mourir. Les regards sont attachés fur l'Europe ; & la principale jouissance qu'y procure l'accroissement des richesses, consiste dans l'espoir plus ou moins éloigné de les rapporter parmi les siens dans notre hémisphère.

SECTION V^e.

Détails sur les liaisons de Saint - Domingue *avec les nations étrangères.*

Indépendamment des immenses productions que la colonie envoie à sa métropole, & qui peuvent au moins augmenter d'un tiers ; elle en livre quelques foibles portions à l'Espagnol. C'est avec du sucre, du taffiat, & fur-tout avec les boissons & les manufactures de l'Europe, qu'elle paie ce que la partie espagnole de Saint-Domingue lui fournit de porc & de bœuf fumés, de bois, de cuirs, de chevaux & de bêtes à cornes pour ses atteliers ou ses boucheries ; qu'elle s'approprie tout l'argent envoyé des mines du Mexique dans cet ancien établissement. La cour de Madrid a cherché à diminuer la vivacité de cette liaison, en proscrivant les marchandises étrangères dans sa possession, & en chargeant de droits excessifs les bestiaux qui en sortiroient. Ce règlement vicieux n'a eu d'autre effet que de mettre de la gêne dans ces échanges qui, pour l'intérêt des deux peuples, auroient dû continuer avec liberté. C'est fur-tout dans cette partie du nouveau-Monde que le besoin l'emporte sur l'antipathie de caractère, & que l'uniformité du climat étouffe ce germe de division.

Les hollandois de Curaçao envahissent une grande partie du commerce de la colonie françoise, durant les guerres où ils ne font pas engagés : mais ils y enlèvent aussi quelques denrées durant la paix. C'est avec des productions des Indes-orientales, c'est avec des lettres-de-change qu'ils entretiennent ces foibles liaisons.

Celles des jamaicains avec *Saint-Domingue* font beaucoup plus considérables. Les douze ou treize mille esclaves que portent annuellement à la colonie les navigateurs françois, ne l'empêchent pas d'en recevoir quatre ou cinq mille des anglois. Les derniers lui coûtent un sixième de moins que les autres, & font payés avec du coton, fur-tout avec de l'indigo, accepté à plus haut prix que par le commerce national. Ces interlopes l'introduisent dans leur patrie comme une production des isles britanniques, & reçoivent une gratification de douze sols par livre.

Cependant, c'est avec l'Amérique-septentrionale que *Saint-Domingue* entretient une communication plus suivie & plus nécessaire. Dans des calamités pressantes, les navires de cette vaste contrée du nouveau-Monde font admis dans toutes les rades, & seulement au Môle-Saint-Nicolas, dans les temps ordinaires. Des bois de construction, des légumes, des bestiaux, des farines, du poisson salé, forment leurs cargaisons. Ils enlèvent

publiquement vingt-cinq ou trente mille barriques de sirop, & en fraude toutes les denrées qu'on peut ou qu'on veut leur livrer.

Le ministère de France, frappé de la disette qui règne souvent dans cette colonie, ainsi que dans les autres isles françoises de l'Amérique ; bien convaincu par une longue expérience, que les négocians de nos ports ne suffiroient jamais à l'approvisionnement, même pendant la paix ; instruit d'ailleurs que l'entrepôt du Môle-Saint-Nicolas ne remplissoit pas, dans toute leur étendue, les vues qui en avoient dirigé l'établissement ; que les bâtimens interlopes venoient assez publiquement dans la colonie, sous le prétexte d'une voie d'eau, dont ils daignoient à peine prendre un certificat ; & que les administrateurs, arrêtés par les besoins de la colonie, étoient obligés de fermer les yeux sur ces infractions aux loix, a cru devoir adopter d'autres arrangemens. Un arrêt du conseil, du 24 août 1784, a maintenu l'entrepôt établi au carénage de Sainte-Lucie, & en a établi trois autres aux isles du vent ; un à Saint-Pierre, pour la Martinique ; un à la Pointe-à-Pitre, pour la Guadeloupe ; & un à Scarboroug, pour Tabago. Le même arrêt du conseil en a établi trois pour *Saint-Domingue* ; un au Cap-François, un au Port-au-Prince, & un aux Cayes-Saint-Louis ; en supprimant celui qui s'est trouvé jusqu'à présent au Môle-Saint-Nicolas, il a permis aux navires étrangers d'y porter des bestiaux, des vivres, des salaisons, & quelques autres articles ; & il a borné leurs chargemens en retour, à des sirops, des taffiats & des marchandises venues d'Europe. Les négocians de tous les ports de France ont aussi-tôt formé des réclamations très-vives ; ils ont peint avec des couleurs exagérées les dangers de cet arrangement ; ils ont publié des mémoires sans nombre. Le ministre qui a fait la loi, laisse discuter la question. Dans ce moment, on écrit de part & d'autre : si les plaintes des villes de commerce n'obtiennent pas la révocation de la loi, nous examinerons à l'article FRANCE ce qui s'est dit de part & d'autre : nous nous contenterons d'observer ici que les défenseurs de la loi n'ont pas fait usage de toutes les raisons qui la favorisent ; & qu'en convenant des dangers & des abus de ces divers entrepôts, on pourroit se borner à examiner si la nécessité a imposé la loi, si l'humanité qui l'a dictée, doit l'emporter sur les maux de détail qu'elle produira ; & si enfin, elle n'est pas la suite nécessaire de la révolution opérée dans le nouveau-Monde par l'établissement des Etats-unis.

SECTION VIe.

Remarques sur les moyens d'assurer la navigation des parages de Saint-Domingue *pendant la guerre.*

Nous avons dit quel est durant la paix le partage qui se fait des richesses territoriales de *Saint-Domingue*. La guerre ouvre une autre scène. Aussi-tôt que le signal des hostilités a été donné, l'anglois s'empare de tous les parages de la colonie. Il en gêne les exportations, il en gêne les importations. Ce qui veut entrer, ce qui veut sortir, tombe dans ses mains; & le peu qui auroit échappé dans le nouvel hémisphère est intercepté sur les côtes de l'ancien, où il est également en force. Alors, le négociant de la métropole interrompt ses expéditions; l'habitant de l'isle néglige ses travaux. A des communications importantes & rapides, succèdent une langueur & un désespoir, qui durent aussi long-temps que les divisions des puissances belligérantes.

Il en auroit été autrement, si les premiers françois, qui parurent à *Saint-Domingue*, avoient songé à établir des cultures. Ils auroient occupé, comme ils le pouvoient, la partie de l'isle qui est située à l'est. Elle a des plaines vastes & fertiles. Le rivage en est sûr. On entre dans ses ports le jour qu'on les découvre. Dès le jour qu'on en sort, on les perd de vue. La route est telle, que l'ennemi n'y peut préparer aucune embuscade. Les croisières n'y sont pas faciles. Ses parages sont à l'abord des européens, & les voyages fort abrégés. Mais comme le projet de ces aventuriers fut d'attaquer les navires espagnols & d'infester les côtes du Mexique de leurs brigandages, les possessions qu'ils occupèrent sur une côte tortueuse, se trouvèrent enveloppées par Cuba, la Jamaïque, les Turques; par la Tortue, les Caïques, le Gouave, les isles Lucayes, par une foule de bancs & de rochers, qui rendent la marche des bâtimens lente & incertaine; par des mers resserrées, qui donnent nécessairement un grand avantage à l'ennemi pour aborder, bloquer & croiser.

La cour de Versailles ne parviendra jamais à maintenir, pendant la guerre, des liaisons suivies avec sa colonie, que par le moyen de quelques vaisseaux de ligne au sud & à l'ouest, & d'une bonne escadre au nord. La nature y a créé, au Fort-Dauphin, un port vaste, sûr, commode, & d'une défense aisée. De cette rade, située au vent de tous les autres établissemens, il sera facile d'en protéger les différens parages. Mais il faut réparer & augmenter les ouvrages de la place; il y faut sur-tout former un arsenal convenable de marine. Alors, assurés d'un asyle & de tous les secours nécessaires, après un combat heureux ou malheureux, les amiraux françois ne craindront plus de se mesurer avec les ennemis de leur patrie.

La partie de *Saint-Domingue*, occupée par les françois, peut être attaquée par les espagnols qui en possèdent l'autre partie.

Les mesures qu'il conviendroit de prendre, pour prévenir les ravages qu'il seroit possible aux espagnols de commettre dans l'intérieur de *Saint-Domingue*, méritent aussi quelque attention.

Les espagnols, qui occupent encore les deux tiers de cette isle, la possédoient toute entière, lorsqu'un peu avant le milieu du dernier siècle, quelques françois, hardis & entreprenans, allèrent y chercher un refuge contre les loix ou contre la misère. On voulut les repousser; &, quoiqu'ils n'eussent d'autre appui que leur courage, ils ne craignirent pas de soutenir la guerre contre un peuple armé sous une autorité régulière. Ils furent avoués de leur nation, lorsqu'on les crut assez forts pour se maintenir dans leurs usurpations, & on leur envoya un chef. Le brave homme, qui fut choisi pour commander le premier à ces braves aventuriers, se pénétra de leur esprit au point de proposer à sa cour la conquête de l'isle entière. Il répondoit sur sa tête du succès de cette entreprise, pourvu qu'on lui envoyât une escadre assez forte pour bloquer le port de la capitale.

Pour avoir négligé un projet d'une exécution plus sûre & plus facile qu'elle ne le paroissoit de loin, le ministère de Versailles laissa ses sujets exposés à des attaques continuelles. Ce n'est pas qu'on ne les repoussât constamment avec succès, qu'on ne portât même la désolation sur le territoire ennemi; mais ces hostilités nourrissoient, dans l'ame des nouveaux colons, l'amour du brigandage; elles les détournoient des travaux utiles & arrêtoient les progrès de la culture, qui doit être le but de toute société bien dirigée.

La faute qu'avoit faite la France, en se refusant à l'acquisition de l'isle entière, l'exposa au péril de perdre ce qu'elle y possédoit. Pendant que cette couronne étoit occupée à soutenir la guerre de 1688 contre toute l'Europe, les espagnols & les anglois, qui craignoient également de la voir solidement établie à *Saint-Domingue*, unirent leurs forces pour l'en chasser. Le début de leurs opérations leur faisoit espérer un succès complet, lorsqu'ils se brouillèrent d'une manière irréconciliable. Ducasse, qui conduisoit la colonie avec de grands talens & beaucoup de gloire, profita de leur division pour les attaquer successivement. D'abord il insulta la Jamaïque, où tout fut mis à feu & à sang. De-là ses armes alloient se tourner contre San-Domingo, dont il étoit comme assuré de se rendre maître, lorsque les ordres de sa cour arrêtèrent cette expédition.

La maison de Bourbon monta sur le trône d'Espagne, & la nation françoise perdit l'espérance de conquérir *Saint-Domingue*. Les hostilités que les traités d'Aix-la-Chapelle, de Nimègue & de Riswick n'y avoient pas même suspendues, cessèrent enfin entre deux peuples qui ne pouvoient s'aimer. Celui qui avoit établi des cultures, tira quelque avantage de ce rapprochement. Depuis un temps, ses esclaves profitoient des divisions nationales pour briser leurs chaînes, & se retirer dans un territoire où ils trouvoient la liberté sans travail. Cette défertion fut rallentie par l'obligation que contractèrent les efpagnols, de ramener les transfuges à leurs voifins pour la fomme de 250 liv. par tête. Quoique la convention ne fût pas trop exactement obfervée, elle devint un frein puiffant jufqu'aux brouilleries qui divifèrent les deux nations en 1718. A cette époque, les nègres quittèrent en foule leurs atteliers. Cette perte fit revivre, dans l'ame des françois, le projet de chaffer entièrement de l'ifle, des voifins prefque auffi dangèreux par leur indolence même, que d'autres l'auroient été par leur inquiétude. La guerre ne dura pas affez long-temps pour amener cette révolution. A la fin des troubles, Philippe V ordonna de reftituer tout ce qu'on pourroit ramaffer d'efclaves fugitifs. On les avoit embarqués pour les conduire à leurs anciens maîtres, lorfque le peuple foulevé les remit en liberté. Les nègres s'enfoncèrent, dit-on, dans des montagnes inacceffibles, où ils fe font multipliés au point d'offrir un afyle affuré à tous les efclaves qui peuvent les y aller joindre. C'eft-là que, graces à la cruauté des nations civilifées, ils deviennent libres, & féroces comme des tigres, dans l'attente peut-être d'un chef & d'un conquérant qui venge les maux que fouffre leur malheureufe race.

Les combinaifons actuelles de la politique n'ordonnent pas que l'Efpagne & la France fe faffent la guerre. Si quelque événement mettoit les deux nations aux prifes, malgré le pacte des couronnes, ce feroit vraifemblablement un feu paffager qui ne donneroit ni le loifir, ni le projet de faire des conquêtes qu'on feroit obligé de reftituer. Les entreprifes, de part & d'autre, fe réduiroient donc à des ravages. Mais alors la nation qui ne cultive pas, du moins à Saint-Domingue, fe trouveroit redoutable, par fa mifere même, à celle dont la culture a fait des progrès. Un gouverneur caftillan fentoit fi bien l'avantage que lui donnoient l'indolence & la pauvreté des fiens, qu'il écrivit au commandant françois que, s'il le forçoit à une invafion, il détruiroit plus dans une lieue, qu'on ne le pourroit faire en dévaftant tout le pays foumis à fes ordres.

Cette pofition démontre que, fi l'Europe voyoit commencer les hoftilités entre les deux peuples, le plus actif devroit demander la neutralité pour cette ifle. Il auroit dû même, dit-on fouvent, folliciter la ceffion abfolue d'un territoire inutile ou onéreux à fon poffeffeur. Nous ignorons fi la cour de Verfailles a jamais manifefté cette ambition. Mais on peut fuppofer le miniftère efpagnol très-éloigné de cette complaifance, puifqu'il s'eft montré fi difficile fur la fixation des limites confufes & incertaines des deux nations. Ce traité vivement defiré, long-temps projetté, entâmé même à plufieurs reprifes, a été enfin conclu en 1776.

SECTION VII.

Remarques fur la démarcation des limites, entre la partie françoife & la partie efpagnole de Saint-Domingue.

Quelle devoit être la bafe d'une négociation jufte & raifonnable ? L'état des poffeffions en 1700. A cette époque, les deux peuples, devenus amis, reftèrent de droit les maîtres de tous les terrains qu'ils occupoient. Les ufurpations que peuvent avoir faites depuis les fujets d'une des couronnes, font des entreprifes de particulier à particulier. Pour avoir été tolérées, elles n'ont pas été légitimées. Aucune convention directe ou indirecte ne leur a imprimé le fceau de l'approbation publique.

Or, des faits inconteftables prouvent qu'au commencement du fiècle, & même plufieurs années auparavant, les poffeffions françoifes, aujourd'hui bornées au nord par une branche de la rivière du Maffacre, s'étendoient jufqu'à celle de Reboue ; qu'au fud ces limites, actuellement arrêtées à l'Anfe-à-Pitre, fe prolongeoient jufqu'à la rivière de Neybe. Cette furprenante révolution s'opéra par une fuite naturelle du fyftême économique des deux peuples voifins. L'un, devenu de plus en plus agricole, fe rapprocha des ports où fes denrées devoient trouver un débit fûr & avantageux. L'autre, refté toujours pafteur, occupa les plages abandonnées, pour élever de plus nombreux troupeaux. Par la nature des chofes, les pâturages fe font rétrécis, du moins rapprochés.

Une négociation convenablement dirigée auroit rétabli la France dans la fituation où elle étoit, lorfqu'elle donna un roi aux efpagnols. C'étoit le vœu de la juftice ; c'étoit le vœu de la raifon, qui ne vouloit pas que des colons actifs, & qui rendent utile la terre qu'ils fécondent, fuffent immolés à un petit nombre de vagabonds qui confomment fans réproduire. Cependant, par une politique dont les refforts nous font inconnus, la cour de Verfailles a renoncé à ce qu'elle avoit poffédé anciennement, pour fe réduire à ce qu'elle poffédoit aux bords de la mer, à l'époque de la convention. Mais cette puiffance a-t-elle du moins regagné, dans l'intérieur des terres, ce qu'elle facrifioit fur la côte ? S'il faut le dire, le moindre dédommagement ne lui a pas été accordé.

Avant le traité, la colonie françoife formoit une efpèce de croiffant, dont la convexité produifoit autour des montagnes un développement de deux cents cinquante lieues de côte au nord, à l'oueft, au fud de l'ifle. C'eft le même ordre des chofes, depuis que les limites ont été réglées. On reviendra un peu plutôt, un peu plus tard fur cet artangement, par une raifon qui doit faire taire toutes les autres confidérations.

Les établiffemens françois de l'oueft & du fud

font féparés de ceux du nord, par le territoire efpagnol. L'impoffibilité où ils font de fe fecourir, les expofe féparément à l'invafion d'une puiffance également ennemie des deux nations. Un intérêt commun déterminera la cour de Madrid à fixer les bornes, de manière que fon allié y trouve les commodités dont il a befoin pour fa défenfe. Or, cela ne fera jamais, à moins qu'une ligne de démarcation, tirée des deux points arrêtés fur les rives de l'océan, ne détermine les propriétés des deux peuples. Inutilement, l'Efpagne accorderoit pour toujours à fon voifin la liberté de traverfer fes états, comme elle le lui permit paffagèrement en 1748. Cette complaifance ne ferviroit de rien. Cet efpace, de quinze & de vingt lieues, eft coupé par des montagnes fi efcarpées, par des forêts fi épaiffes, par des ravins fi profonds, par des rivières fi capricieufes, qu'il eft militairement impraticable dans fa fituation actuelle. Pour le rendre utile, il faudroit de grands travaux, & ces travaux ne feront jamais ordonnés que par une couronne qui opérera fur fon domaine.

La cour de Madrid fe déterminera d'autant plus aifément à céder cette communication, fi néceffaire à une nation qui fait caufe commune avec elle, que ce terrain intermédiaire n'a que peu de valeur. Il eft inégal, peu fertile & fort éloigné de la mer. On n'y voit que quelques troupeaux épars. Cependant les propriétaires de ce fol inculte feront dédommagés par la France avec une générofité qui étouffera tous les regrets.

DOMINIQUE, (l'ifle de la) l'une des Antilles entre la Guadeloupe & la Martinique. Elle a été prife par les françois durant la guerre qui vient de fe terminer; mais le traité de paix de 1782 l'a rendue à l'Angleterre. En 1732, on y trouva neuf cents trente-huit caraïbes, répandus dans trente-deux carbets. Trois cents quarante-neuf françois y occupoient une partie de la côte que les fauvages leur avoient abandonnée. Ces na ropéens n'avoient pour inftrumens, ou plutôt pour compagnons de leur culture, que vingt-trois mulâtres libres, & trois cents trente-huit efclaves. Tous étoient occupés à élever des volailles, à produire des denrées comeftibles pour la confommation de la Martinique, & à foigner foixante-douze mille deux cents pieds de coton. Le café vint augmenter la maffe de ces foibles productions. Enfin l'ifle comptoit fix cents blancs & deux mille noirs à la paix de 1763, qui en fit une poffeffion angloife.

Dès la fin du dernier fiècle, la Grande-Bretagne qui marchoit à l'empire des mers, en accufant la France d'afpirer à la monarchie du continent, avoit montré pour la Dominique la même ardeur qu'elle témoigna dans les dernières négociations, où la victoire lui donnoit le droit de tout choifir. Sur cette ifle fe font fucceffivement établies neuf paroiffes où, au 1er janvier 1778, on comptoit quinze cents foixante-quatorze blancs, de tout âge & de tout fexe; cinq cents foixante-quatorze mulâtres ou noirs libres; 14 mille 308 efclaves.

Ses troupeaux ne s'élevoient pas au-deffus de deux cents quatre-vingt-huit chevaux, de fept cents fept mulets, de trente-quatre ânes, de dix-huit cents trente bêtes à cornes, de neuf cents quatre-vingt-dix-neuf cochons, & de deux mille deux cents vingt-neuf moutons ou chèvres.

Pour fes cultures, elle avoit foixante-cinq fucreries, qui occupoient cinq mille deux cents cinquante-fept acres de terres; trois mille trois cents foixante-neuf acres plantés en café, à raifon de mille pieds par acre; deux cents foixante-dix-fept acres plantés en cacao, à raifon de cinq cents pieds par acre; quatre-vingt-neuf acres plantés en coton, à raifon de dix mille pieds par acre; foixante-neuf acres d'indigo & foixante arbres de canéfice.

Ses vivres confiftoient en douze cents deux acres de bananiers, feize cents quarante-fept acres d'ignames ou de patates, & deux mille fept cents vingt-neuf foffes de manioc.

Dix-neuf mille quatre cents foixante dix-huit acres étoient occupés par les bois; quatre mille deux cents quatre-vingt-feize par des prairies ou favanes; trois mille fix cents cinquante-cinq étoient réfervés pour la couronne; & trois mille quatre cents trente-quatre entièrement ftériles.

C'étoit tout ce que quinze ans de travaux avoient pu opérer fur un fol extrêmement montueux & très-peu fertile.

Cet établiffement effuya, dès fes premiers pas, une infidélité des plus criminelles. Plufieurs de fes cultivateurs avoient obtenu du commerce des avances très-confidérables. Pour ne pas payer leurs dettes, ils fe réfugièrent avec leurs efclaves dans les ifles françoifes, où une protection marquée leur fut accordée. Inutilement on les réclama, inutilement on demanda qu'ils fuffent tenus de fatisfaire à leurs créances: les follicitations furent inutiles. Alors le corps légiflatif fit une loi qui accordoit à tous les émigrans françois l'avantage de jouir avec fécurité de toutes les richeffes qu'ils porteroient à la Dominique.

Si on examine fans partialité la conduite des deux nations, on la trouvera mauvaife de part & d'autre.

Un autre objet que des établiffemens de culture entroit de loin dans les vues étendues de l'Angleterre. Elle vouloit attirer à la Dominique les productions des colonies françoifes, pour en faire elle-même le commerce. C'eft pour l'exécution de ce grand projet, qu'en 1766 furent rendues libres toutes les rades de cette ifle. Auffi-tôt accoururent, de l'Europe & de l'Amérique feptentrionale, une foule d'hommes actifs & entreprenans. Des dépôts immenfes de farines, de poiffon falé, d'efclaves furent formés au Rofeau. Cette bourgade fournit aux befoins de la Martinique, de la Guadeloupe, de Sainte-Lucie, & en reçut en paiement,

paiement, des denrées plus ou moins précieuses. Les échanges auroient été même plus considérables, si, par une avidité fiscale mal-entendue, la Grande-Bretagne n'avoit elle-même resserré les bornes de ces liaisons frauduleuses.

La *Dominique* est dans une position très-avantageuse. Située entre la Guadeloupe & la Martinique, à sept lieues seulement de l'une & de l'autre, elle les menace également. A ses deux extrémités, nord & sud, sont deux excellentes rades, d'où les corsaires & les escadres ennemies peuvent intercepter la navigation de la France avec ses colonies, & la communication même des deux établissements de la Guadeloupe & de la Martinique : on dit que le conseil de George III s'occupe d'un autre projet dont l'exécution seroit facile ; qu'il veut convertir en port la rade du nord, connue sous le nom de *prince Rupert*, & l'entourer de fortifications. On ne sait si la nation ne s'y opposeroit pas ; car elle met trop de confiance en ses forces navales, & il est vraisemblable qu'elle se refuseroit à cette dépense.

La *Dominique* a fixé, dans les derniers temps, l'attention de l'Amérique entière, par un événement dont les causes remontent, ou peu s'en faut, à la découverte du nouveau-Monde.

Les européens avoient à peine imprimé leurs pas sanglans sur un autre hémisphère, qu'il fallut demander à l'Afrique des esclaves pour le défricher. Dans cette espèce dégradée, se trouvoient des femmes que le besoin rendit agréables aux premiers colons. De cette alliance que la nature sembloit réprouver, sortit une génération mixte, dont la tendresse paternelle rompit très-souvent les fers. Une bonté innée dans l'homme fit tomber, en quelques occasions, d'autres chaînes, & l'argent rendit encore un plus grand nombre de captifs à la liberté. En vain une politique soupçonneuse & prévoyante voulut s'élever avec force contre cet usage applaudi par l'humanité : les affranchissemens ne discontinuèrent pas. On en vit même augmenter le nombre.

Cependant les affranchis ne furent pas égalés en tout à leurs anciens maîtres. Les loix imprimèrent, généralement à cette classe, un caractère d'infériorité. Le préjugé l'abaissa encore davantage dans les fréquentes concurrences de la ●●● civile. Sa position ne fut jamais qu'un état intermédiaire entre l'esclavage & la liberté.

Des distinctions si humiliantes remplirent ●●rage ces affranchis. L'esclave est communément si abruti, qu'il n'ose braver son maître ; il ne peut que le haïr : mais le cœur de l'homme, qui a vu tomber ses fers, a plus d'énergie. Il hait & brave les blancs.

Il falloit prévenir les dangereux effets de ces dispositions sinistres. Dans les sociétés de l'Europe,

Œcon. polit. & diplomatique. Tom. II.

où tous les membres sont égaux, où l'intérêt de chaque individu est l'intérêt de tous, il n'est pas permis de supposer à un citoyen l'intention de nuire au bien général, sans de bonnes preuves. Mais, dans les isles d'Amérique où la population est composée de trois classes différentes, on se croit en droit de sacrifier les deux dernières à la sûreté de la première. L'esclave est retenu dans une oppression perpétuelle ; & l'affranchi est emprisonné au moindre soupçon. Son aversion pour les blancs est regardée comme un délit fort grave, & justifie aux yeux de l'autorité les précautions qu'on prend contre lui. C'est à cette sévérité que la plupart des nations ont voulu attribuer l'espèce de tranquillité dont elles ont joui dans leurs établissemens du nouveau-Monde.

Dans les seules colonies angloises, le noir est assimilé au blanc. La présomption la plus forte ne suffit pas pour attenter plutôt à la liberté de l'un que de l'autre. Il arrive de-là que la loi, qui craint de se méprendre sur le choix du criminel, reste quelquefois dans l'inaction plus long-temps que l'avantage public ne le voudroit. Les affranchis ont quelquefois abusé de ces ménagemens dans les isles britanniques. Leurs mouvemens séditieux avoient déterminé le parlement d'Angleterre à changer de systême pour la *Dominique*.

Un bill du mois de décembre 1774 a défendu à un colon de donner la liberté à son esclave, avant d'avoir versé cent pistoles dans le trésor public. Mais si cet affranchi prouve dans la suite que son travail ne suffit pas à sa subsistance, il recevra 80 liv. tous les six mois, jusqu'à ce que des circonstances plus heureuses lui permettent de se passer de ce secours.

Tout affranchi, convaincu devant deux juges de paix, par la déposition de deux témoins libres ou esclaves, de quelque délit qui ne sera pas capital, sera puni par le fouet, par une amende ou par la prison, selon que les magistrats l'estimeront convenable. On lui impose les mêmes peines pour avoir troublé l'ordre public, pour avoir insulté, menacé ou battu un blanc.

Un affranchi qui favorisera la désertion d'un esclave, qui lui donnera asyle ou acceptera ses services, sera condamné à une amende de 2000 liv. applicable aux besoins publics. Si le coupable est hors d'état de payer cette somme, on lui fera subir une prison de trois mois, ou on lui infligera le fouet, selon l'ordre des juges de paix.

Aucun nègre, mulâtre ou métis libre ne pourra voter à l'élection du représentant de sa paroisse dans l'assemblée générale de la colonie. La faveur ni la fortune ne pourront jamais effacer ce sceau de réprobation.

DOOM'S-DAY-BOOK, c'est-à-dire, *livre du jour du jugement.*

Ces termes, consacrés dans l'histoire d'Angleterre, désignent le dénombrement fait, par ordre de Guillaume I, de tous les biens de ses sujets: l'on nomma ce dénombrement *livre du jour du jugement*, apparemment pour signifier qu'on faisoit le recensement des biens des anglois, comme on fera celui des actions des hommes dans cette grande journée. En effet, le roi n'oublia rien pour avoir le cens le plus exact de tous les biens de chaque habitant de son royaume; les ordres sévères qu'il donna sur cet objet, furent exécutés avec une fidélité d'autant plus grande, que les préposés, aussi-bien que les particuliers, s'attendoient à un châtiment exemplaire, s'ils usoient de fraude ou de connivence en cette occasion.

Ce cens fut commencé la quatorzième année, & terminé la vingtième année du règne de ce monarque. Il envoya en qualité de commissaires, dans toutes les provinces, quelques-uns des premiers comtes & évêques qui, après avoir entendu les jurés & autres personnes qui avoient prêté serment dans chaque comté & centaine, évaluèrent tous les biens, meubles & immeubles de chaque particulier, selon leur valeur au temps du roi Edouard. Cette époque est désignée, dans le registre, par les trois lettres T. R. E, qui veulent dire *tempore regis Eduardi*.

Cette description étoit principalement destinée à fournir au prince un détail précis de ses domaines & des terres tenues par les tenanciers de la couronne, & l'article de chaque comté porte le nom du roi à la tête, & ensuite celui des grands tenanciers en chef, selon leur rang. Toute l'Angleterre, à la réserve des comtés de Westmorland, de Cumberland & de Northumberland, fut soigneusement recensée, ainsi qu'une partie de la principauté de Galles; & le recensement fut inscrit sur deux livres, nommés *le grand* & *le petit livre du jugement* : le petit livre renferme les comtés de Norfolk, de Suffolk & d'Essex; le grand contient le reste du royaume.

Ce registre général, qu'on peut nommer *le terrier d'Angleterre*, fut déposé au trésor royal, afin de le consulter au besoin, c'est-à-dire, suivant l'expression de Polidore Vergile, lorsqu'on voudroit savoir combien de laine on pourroit encore ôter aux brebis angloises. Quoi qu'il en soit, ce grand registre du royaume, qu'on garde à l'échiquier, a servi depuis Guillaume, & sert encore de témoignage & de loi dans tous les différends que ce registre peut éclaircir.

Il faut convenir de bonne-foi, de l'utilité d'un pareil dénombrement. Il est pour un état bien policé ce qu'est un registre exact, qui présente à un chef de famille le tableau de ses domaines, & la dépense plus ou moins forte qu'il peut faire en faveur de ses enfans; mais le principe qui détermina Guillaume à ce recensement, est très-condamnable. Ce prince ne voulut avoir l'état des biens de ses sujets que pour les leur ravir; regardant l'Agleterre comme un pays de conquête, il jugea que les vaincus devoient recevoir comme une grace signalée ce qu'il auroit la bonté de leur laisser. Maître du trône par ses victoires, il ne s'y maintint que par la violence, bien différent de Servius Tullius qui, après avoir le premier imaginé & achevé le dénombrement de l'état de Rome, résolut d'abdiquer la couronne, pour rendre la liberté toute entière aux romains.

DON GRATUIT. *Voyez* le Dictionnaire des Finances, à l'article CLERGÉ ou DON GRATUIT.

DORTMUND, ville libre & impériale au cercle de Westphalie, dans l'enceinte du comté de la Marck sur la rivière d'Ems.

Cette ville fut presque entièrement réduite en cendres en 1297. On la comptoit jadis au nombre des anséatiques, & ses environs sont célèbres par la défaite qu'y essuyèrent les huns en 937. Elle a eu long-temps à souffrir des prétentions & des attaques des comtes de la Marck & de l'archevêque de Cologne, qui lui disputoient son indépendance, & qui l'assiégèrent plusieurs fois, entr'autres en 1387. Elle fit avec eux un accommodement en 1388; elle leur paya 14,000 florins d'or, & ils renoncèrent à toutes leurs prétentions. Elle a conservé, depuis cette époque, sa liberté & son immédiateté, qui lui ont été confirmées par les empereurs Louis en 1332, Charles IV en 1377 & plusieurs de leurs successeurs, avec voix & séance aux diètes du cercle de la Westphalie & à celles de l'Empire, où elle siège au banc du Rhin, dans le collège des villes impériales.

Sa taxe matriculaire, suivant le rôle de Lorraine, est de 96 florins, & sa contribution pour l'entretien de la chambre impériale est de 108 rixdales vingt & demi-creutzers.

Son domaine est un ancien comté, dont la moitié lui fut cédée par ses premiers seigneurs, & confirmée en 1343 sous certaines clauses, par Conrad de Lindenhorst, qui avoit des droits sur ce domaine, en vertu de son mariage avec la fille & l'héritière du comte Herbord de Dortmund. Catherine, l'une des descendantes de Conrad, transmit ses biens à Jean de Steck son mari; celui-ci étant mort sans enfans en 1504, le magistrat de Dortmund s'empara de l'autre moitié du comté, dont il se fit investir par l'empereur Maximilien, & il la conserve dans son entier.

Les villages ou hameaux qu'on y remarque, sont Bechten, Breschiem, Doëssen, Ellinghausen, Ober & Nieder-Evicke, Garmen, Groppenbrock, Holzhausen, Kemminghausen, Lindenhorst, Schwiringhausen.

DRACHENBERG, ou TRACHENBERG, l'une des quatre principautés qui composent la Silésie. *Voyez* l'article SILÉSIE.

DRAGOMAN, ou DROGMAN, ou DRO-

GUEMAN. On nomme ainſi, dans le Levant, les interprètes que les ambaſſadeurs & les conſuls des nations chrétiennes, réſidens à la Porte, en Aſie & en Afrique, entretiennent près d'eux. *Voyez* le Dictionnaire du commerce, article DROGUEMANS.

DROIT NATUREL DE L'HOMME. C'eſt le *droit* accordé à tout homme par la nature aux choſes propres à ſa jouiſſance & à ſon bonheur, ou la juſte prétention qu'il a, en vertu des loix conſtitutives, de ſon eſſence aux choſes qui lui ſont néceſſaires.

L'homme, compoſé d'intelligence & de matière, eſt obligé à des devoirs qui naiſſent de ſa conſtitution originelle. Comme animal, il eſt ſujet aux infirmités & aux beſoins de l'animalité; par conſéquent, forcé de pourvoir à ſa ſubſiſtance; comme être penſant, il doit (1) travailler à ſon bonheur & chercher à en étendre les limites. Mais s'il ne peut ſe dérober aux loix du grand ordre, s'il eſt impérieuſement aſſujetti à exécuter les conditions ſous leſquelles il exiſte, à céder à l'attrait qui le porte vers ſon bien-être, il doit trouver dans cet ordre naturel des *droits* qui répondent à ces devoirs, & qui lui donnent les moyens de s'en acquitter. L'exiſtence & le bonheur ſeroient pour nous des biens illuſoires, ſi, en nous les rendant néceſſaires, la nature ne nous avoit donné un titre légitime pour les poſſéder.

Le premier *droit* de l'homme eſt donc le *droit* à l'exiſtence & à la vie, c'eſt-à-dire, à la propriété perſonnelle; le ſecond, au bien être dont il eſt ſuſceptible dans ce monde, ou à l'acquiſition & à la poſſeſſion paiſible des biens qu'il peut acquérir, par l'emploi de ſes facultés; d'où ſuit d'un côté la liberté; la ſûreté de ſa perſonne; & de l'autre, la garantie de ſes propriétés. Si je ſuis en poſſeſſion de ces premiers *droits*, je ſuis maître de ma perſonne & de mes biens; ma tête & mes bras ſont à moi; le profit de mon travail eſt à moi, & non à un autre. Mais par la négation de ces *droits*; je perds mon *droit* à la ſubſiſtance; je ne ſuis plus rien; je deviens nul ſur la terre. Ainſi, quand la nature nous a donné l'être, elle nous a donné le *droit* de jouir de la vie, d'acquérir les choſes néceſſaires à la ſoutenir; & lorſqu'elle nous a fait deſirer le bonheur, elle nous l'a rendu légitime. C'eſt dans cette loi générale que chacun trouve ſes premiers *droits*; ils ſont les *droits* de tous; mais ils ne ſont pas les mêmes pour tous; car, quoique les *droits* à la conſervation & au bien-être ſoient communs à tous les hommes; il ne ſuit pas dela que tous doivent en jouir dans une égale proportion; ces *droits* ſe modifient, ſuivant l'état & la ſituation de chaque individu, & ſur-tout, ſuivant ſes rapports ſociaux; & l'on ne ſauroit en avoir une idée complette, qu'après en avoir connu toute la liaiſon & la correſpondance (2). Avant de conſidérer le *droit naturel des hommes*, il faut donc conſidérer l'homme lui-même dans ſes différens états de capacité corporelle & intellectuelle, & dans ſes différens états relatifs aux autres hommes. Sans cet examen préalable, il eſt impoſſible de bien connoître ce c'eſt que le *droit naturel*; & c'eſt faute de remonter à ces premières obſervations, que les philoſophes & les publiciſtes nous ont donné des idées ſi différentes, & ſouvent ſi contradictoires du *droit naturel des hommes*, parce que, ne le conſidérant que ſous certains aſpects, ils s'arrêtoient au parallogiſme ou argument incomplet, qui ne nous préſente point un ſujet dans toutes ſes parties (3).

Du droit naturel, conſidéré relativement aux capacités individuelles de l'homme.

Il eſt certain que les beſoins d'un homme venant à changer par une mutation d'état individuel & par la facilité plus ou moins grande qu'il a de les ſatisfaire, ſes droits doivent éprouver en même temps une altération manifeſte; c'eſt-à-dire, qu'ils doivent être plus ou moins étendus, en raiſon de

---

(1) Tout eſt vrai dans cette idée, juſqu'aux mots qui l'énoncent; car le mot *doit* dont on ſe ſert ici, eſt vrai même dans le ſens où il eſt obligatoire.

Que je demande à un ſauvage bien fort, bien alerte, bien libre : que dois-tu? à qui es-tu obligé? A rien, me répondra-t-il. Ne dois-tu pas te rendre heureux? Oui. Eh bien! tu dois donc quelque choſe.

(2) « Il en a été des diſcuſſions ſur *le droit naturel*, comme des diſputes philoſophiques ſur la liberté, » ſur le juſte & l'injuſte : on a voulu concevoir comme des êtres abſolus ces attributs relatifs, dont on ne » peut avoir d'idée complette & exacte, qu'en les réuniſſant aux correlatifs dont ils dépendent néceſſaire- » ment, & ſans leſquels ce ne ſont que des abſtractions idéales & nulles.

(*Première note du Traité du droit naturel*, de M. QUESNAY.)

(3) Ainſi Juſtinien définit vaguement le *droit naturel*, lorſqu'il dit que c'eſt *le droit que la nature enſeigne à tous les animaux*. Ainſi le ſophiſte Traſymaque, Hobbes & l'auteur des *Principes du droit naturel & de la politique*, le définiſſent d'une manière fort inexacte, en diſant que c'eſt le droit illimité de tous à tout. Ainſi ceux qui ont dit : que le droit naturel ſe borne à l'intérêt particulier de chaque homme; ceux qui ont dit : que le droit naturel eſt une loi générale & ſouveraine qui règle les droits de tous les hommes; ceux qui ont dit : que c'eſt un droit limité par une convention tacite ou explicite; ceux qui ont dit : qu'il ne ſuppoſe ni juſte ni iniuſte; ceux qui ont dit : qu'il eſt juſte, déciſif & fondamental, &c. ne nous en ont donné que des idées vagues ou partielles, parce qu'ils ne l'ont pas vû ſous toutes les faces. Ces définitions ſont vraies à certains égards; mais ne nous préſentant pas l'enſemble du *droit naturel*, où des conditions qui lui ſont eſſentielles, elles ne permettent pas que nous en prenions une idée juſte & complette, & ſont par conſéquent inſuffiſantes.

T 2

ce qu'il peut en faire ufage. Les *droits* d'un homme fort & ceux d'un homme foible, ceux d'un homme fain & ceux d'un infirme, les *droits* d'un homme-fait & ceux d'un enfant; enfin, ceux d'un grand génie & ceux d'un imbécille, ne peuvent avoir pour chacun une extenfion égale. Là où augmente la capacité de fatisfaire les befoins, là s'accroît le *droit* d'y pourvoir; là où elle diminue, là le *droit* s'affoiblit; enfin, ce *droit* devient comme nul pour celui qui eft privé de fon ufage. Ainfi, un enfant dépourvu de forces & d'intelligence, a un *droit* à la fubfiftance, fondé fur fes befoins indiqués par la nature au père & à la mère; mais fi le père & la mère viennent à mourir, & laiffent l'enfant fans autre reffource, alors privé de l'ufage de fon *droit naturel* aux foins de fes parens, ce *droit* devient nul pour lui. Au contraire, fi cet enfant, plus heureux, peut profiter des foins & des avances de fes parens, s'il devient grand & robufte, qui doute que plus de facilité à jouir de fes *droits*, n'en étende bientôt les limites? on peut en dire autant d'un homme infirme qui recouvre la fanté, & d'un ignorant qui devient habile.

» Si nous voulons donc confidérer les facultés
» corporelles & intellectuelles, & les autres moyens
» de chaque homme en particulier, nous y trou-
» verons une grande inégalité, relativement à la
» jouiffance du *droit naturel des hommes.* Cette
» inégalité réfulte de la combinaifon des loix de
» la nature, & devient une fuite des propriétés,
» par lefquelles nous éprouvons les biens & les
» maux de cette vie, propriétés, fondées elles-
» mêmes fur les règles immuables & juftes, que
» l'Etre fuprême a inftituées pour la formation
» & la confervation de l'univers. »

L'efprit borné de l'homme s'étonne, en voyant que ces loix éternelles font les caufes du mal phyfique; mais fans en pénétrer la profondeur, il peut du moins s'appercevoir, s'il examine ces loix avec attention, que ces caufes du mal font elles-mêmes les caufes du bien; que la pluie qui incommode le voyageur, fertilife les terres; que ces caufes, qui ne font inftituées que pour le bien, ne produifent le mal qu'incidemment; qu'ainfi, elles ne font, dans l'ordre naturel, relatif à l'homme, que des loix obligatoires, pour le bien, en lui impofant le devoir d'éviter, autant qu'il peut,

tout le mal dont fa prudence fait lui faire prévoir les fuites.

Si l'homme, abufant de fa force & de fes richeffes, viole l'ordre des loix phyfiques, inftituées pour le bien, il ne doit donc pas attribuer à ces loix les maux qui font la jufte peine de leurs tranfgreffions; fi le mauvais ufage qu'il fait de fa liberté lui attire des malheurs funeftes, & vient à caufer fa ruine (1), il n'a pas à fe plaindre de celui qui l'a fait libre. Dès que par l'attribut conftitutif de fon effence, il peut fuir le mal & choifir le bien, il ne doit s'en prendre qu'à lui-même, de fon mauvais choix & des fuites de fes folies. Mais s'il n'excède point les bornes de fon *droit*, fi fa raifon eft éclairée, il peut fe conduire avec fageffe, autant que le permet l'ordre des loix phyfiques qui conftituent l'univers.

Quoique le bien & le mal phyfique, le bien & le mal moral aient leur origine dans les loix naturelles, elles font juftes & parfaites dans le plan général, parce qu'elles font conformes à l'ordre & aux fins que l'auteur de la nature s'eft propofées en les inftituant; car il eft lui-même l'auteur des loix & des règles, & par conféquent, fupérieur aux loix & aux règles; mais leur deftination eft d'opérer le bien, & tout eft foumis à celles qu'il a inftituées. L'homme, doué d'intelligence, a le *droit* de pouvoir les contempler & de les connoître pour fon plus grand avantage; d'où fuit qu'il a auffi le *droit* de faire ufage de toutes les facultés qui lui ont été départies par la nature, dans les circonftances où elle l'a placé, fous la condition de ne nuire à foi-même, ni aux autres; condition, fans laquelle perfonne ne feroit affuré de conferver la jouiffance de fon *droit naturel* (2).

Du droit naturel des hommes, confidérés relativement les uns aux autres, & de l'établiffement de la propriété foncière.

Pour fe faire une idée jufte du *droit naturel de l'homme*, relativement aux autres, il faut d'abord confidérer l'homme dans fes divers états de fociété. Le fentiment de ceux qui ont regardé l'homme comme un animal naturellement infociable, eft un vrai paradoxe démenti par le fait. Nulle part on ne trouve les hommes cherchant à s'éloigner les uns des autres. L'homme ne vit ifolé

---

(1) Qui eft-ce qui ne voit pas que les dons les plus précieux de la nature, peuvent devenir pour l'homme qui en fait un mauvais ufage, des caufes de dommage & de deftruction. La force, la fanté, la liberté, l'intelligence font pour lui des biens ineftimables, s'il les emploie dans l'intention de la nature & de la raifon; mais il en jouit avec excès; s'il les fait fervir à contenter fes caprices; s'il en fait l'inftrument de fes paffions fougueufes & de fes plaifirs déréglés, ils fe changent en poifons; ils opèrent la perte de fa fortune; ils caufent fouvent fa ruine, & quelquefois celle de fa famille. Tous ces maux font une fuite des loix phyfiques, on veut; mais c'eft par la faute de celui qui en brave la fanction. Il eft un être libre & il s'égare: en accufera-t-on la liberté? eft-celle qui en eft la vraie caufe? point du tout, puifqu'il étoit libre de faire un meilleur choix. Elle en eft la caufe occafionelle, comme Dieu l'eft de toutes les actions humaines.

(2) Phyfiocratie, tom. 1, pag. 22.

qu'accidentellement, ou par le caprice d'une volonté particulière qui ne fait loi pour personne.
Dans cet état de pure solitude, l'homme n'a
plus de rapport qu'avec la nature ; mais cet état
ne peut subsister que le temps de la vie de chaque
individu.

On auroit beau dire que l'homme est insociable ;
puisqu'il y a des hommes sur la terre, la société
est prouvée. Chacun doit la vie à des êtres de son
espèce qui ont dû s'associer, non-seulement pour
lui donner le jour ; mais pour veiller à sa subsistance, à sa défense, & sa conservation. Sans une
société entre le père & la mère, la race des
hommes étoit séchée dans ses racines ; sans une
société durable entre un enfant & les auteurs de
sa vie, l'enfant n'auroit pu subsister : enfin, sans
une société continuelle avec ses semblables, l'homme n'eût point étendu ses facultés perfectibles,
inventé les arts & les sciences, & formé les grandes familles, appellées *nations*.

La première société fut donc celle de l'homme &
de la femme, si l'on veut, celle de la famille ;
&, dès qu'elle exista, les relations de besoins &
de services, de pitié & de reconnoissance, commencèrent à se former entre ses divers membres ;
l'habitude de se voir tous les jours fortifia les liens
de l'attachement qui les unissoit, & assigna des
droits à chacun ; ce qui établit naturellement un
ordre de dépendance, de justice, de devoirs, de
sûreté & de secours réciproques.

Chacun est pour soi dans ce monde, c'est-à-
dire, que chacun est obligé pour sa conservation
& son bien-être de se procurer les choses nécessaires ; & comme il souffre seul, s'il vient à y
manquer, la préférence de ses soins pour lui-même
est son premier devoir. Tous ceux qui lui sont
associés, doivent s'acquitter des mêmes devoirs
envers eux-mêmes & sous les mêmes peines. Mais
ces devoirs sont plus faciles à remplir, si les
hommes, naturellement portés les uns vers les autres, trouvent dans l'union de la famille, l'avantage du secours mutuels, pour l'entière jouissance
de leurs *droits* respectifs. Or c'est ce que les besoins & l'attrait naturel ont dû opérer dans la première société. Le dessein de la nature n'a donc
pas été de restraindre nos *droits* dans la société,
mais de les étendre au contraire par le concours
des forces & des intérêts de tous ceux qui la composent. Il est évident, en effet, que l'union de
l'homme & de la femme, établie sur l'inclination
& le besoin, n'a pu lui être que très-avantageuse ;
elle ne leur a pas seulement donné plus de facilité
de pourvoir à leur subsistance ; mais la femme y
a trouvé une sûreté contre les dangers, & le mari
l'adoucissement de ses travaux & de ses peines. Il
n'a pas dû entrer dans l'idée de celui-ci de borner
les *droits* de la femme qui lui devenoit si chère,
ni dans les desseins de la femme de se soustraire
à l'autorité de l'homme, dont la force & l'affection lui devenoient si utiles. Et si, par la nais-

sance des enfans, les devoirs du père & de la
mère ont augmenté à cause du surcroît de travaux
& de soins qu'exigeoit l'augmentation de la famille, leurs *droits* ont dû s'étendre dans la même
proportion, sans pourtant rien soustraire aux *droits*
de ces nouveaux membres.

Dans cet ordre de société, l'autorité sur les
autres a dû naturellement appartenir au père, comme à celui qui avoit le plus de force & d'intelligence ; mais il n'auroit pu empiéter sur les *droits*
naturels de ceux qui lui étoient subordonnés, non-
seulement sans blesser les sentimens de tendresse
qu'il leur devoit, mais sans contrevenir aux notions de justice & de raison qui le lui défendoient.
Les enfans, dans leur foiblesse, avoient *droit* aux
secours paternels, comme étant une extension de
la subsistance & de la propriété des parens, &
ceux-ci n'auroient pu encore s'y refuser, sans renoncer à l'espoir d'en trouver le prix, au déclin
de l'âge, dans la reconnoissance de leurs enfans.

Il est évident, en effet, que l'opinion de sa
supériorité sur la femme dut seulement inspirer à
l'homme qui l'aimoit, le desir & l'attention de lui
sauver les dangers & les peines ; que sa pitié pour
la foiblesse de ses enfans, jointe à l'idée qu'ils
étoient une partie de lui-même, en les lui faisant
chérir tendrement, lui fit une loi de veiller plus
particuliérement à leur sûreté & de pourvoir à
leur nourriture. Ceux-ci devant tout à leurs parens, s'accoutumèrent à les regarder avec soumission & avec respect. Leur père sur-tout supérieur en force, en stature, en intelligence, en expérience, toujours occupé de leur conservation,
dut leur paroître un être puissant & bon, à qui
ils devoient l'attachement le plus cher, la gratitude & l'obéissance la plus parfaite.

L'homme fut donc reconnu pour chef de cette
société, par toutes les raisons de justice & de
nécessité qui justifient le pouvoir. Le temps ne fit
que cimenter cette espèce d'empire, & la suite
des générations servit à le prolonger. Il est vraisemblable que ces enfans, devenus pères à leur
tour, inspirèrent leurs sentimens à leurs enfans ;
que tous demeurant ensemble dans la cabane paternelle, ou tout auprès, la vénération pour le
père commun & l'obéissance ne firent que s'étendre. L'homme né bon ne fait point de mal à ses
semblables, s'il n'est égaré par le calcul d'un faux
intérêt ; on peut dire même qu'il n'est content de
lui qu'après avoir donné des marques de reconnoissance à ceux qui l'ont obligé. Quels n'étoient
donc pas les sentimens de ces premiers humains,
tous enfans du même père, pour ce chef de la
famille ? Ils n'avoient point cessé d'éprouver sa
bonté : jeune, on lui avoit dû l'obéissance & le
respect comme à l'être nécessaire & puissant ; vieux,
ils lui devoient des secours & la plus tendre reconnoissance pour avoir usé sa vie au soutien de la
leur, & pour l'affection qu'il leur témoignoit en-

core dans fon impuiffance. L'amour, la juftice, la piété leur en faifoient un devoir plus facré, par la prévoyance de leur ptopre intérêt. C'eſt ainſi que les relaticns morales, qui fe font étendues dans la fociété civile, fortent des relations phyſiques inſtituées par la nature, à laquelle nous devons toujours remonter pour trouver le vrai principe de tout droit & de toute fociété.

A meſure que les enfans prirent de l'accroiffement, leur concours aux travaux profitables à la famille dut étendre leurs droits par l'emploi de leur perfonne & de leurs talens, & le chef dut leur faire trouver, fuivant les régles mêmes de la juſtice diſtributive, dans les fecours & les travaux des autres, & dans la participation de leurs avantages, la compenfation de leur peine & de leurs fervices. Il eſt jufte, en effet, que celui qui travaille pour un autre dans la fociété, & à fa décharge, participe à fes bénéfices ; la femme qui prépare les repas, la fille qui fait les habits, les fils qui déchargent le père d'occupations diverfes pour le laiffer à celles principales, travaillent tous avec lui & pour lui ; ils doivent donc tous & un chacun jouir, dans la famille, de toute l'étendue de leut droit naturel, conformément au bénéfice qui réfulte du concours des travaux de cette fociété.

Si on confidère les hommes dans un état de multitude, c'eſt-à-dire, un nombre de familles vivant enfemble fur le même territoire, fans aucune dépendance les uns des autres ni d'aucun de leurs membres, par conféquent fans loix poſitives qui en faffent une fociété régie par une autorité légitime, « il faut les confidérer comme une peuplade » de fauvages dans des déferts, qui y vivroient » des productions naturelles du territoire, ou qui » s'expoferoient par néceſſité aux dangers du brigandage, s'ils pouvoient faire des excurfions » chez des peuples où il y auroit des richeffes à » piller » (1) ; mais cet état ne peut pas durer long-temps entre des hommes qui tournent leurs foins à multiplier les travaux, & enfin à cultiver les champs, parce qu'ils tendent à la fociété policée ; & jufques-là pourtant ils doivent, par des conventions tacites ou explicites, refpecter la perfonne d'autrui & fes propriétés quelconques, pour la garantie de leur fûreté perfonnelle & de leurs propriétés acquifes.

Telle fut fans doute la marche des hommes vers l'ordre focial & vers le bonheur, pour la jouiffauce de leurs droits réciproques. Ils vécurent d'abord des produits de leurs recherches. Ils devinrent enfuite bergers ; enfin ils étendirent leurs droits fur le fol, & fe firent des propriétés plus conftantes, en forçant la terre, par leur travail, de multiplier leurs fubfiſtances.

Quoique certains écrivains aient avancé, en traitant du droit naturel de l'homme, que tous avoient un droit à tout, c'eſt-à-dire, que tout devoit leur être commun, & qu'ainfi perfonne ne pouvoit fe faire une poffeffion exclufive, fans empiéter fur le droit des autres, & fans voir repouffer fon éntreprife par des attaques que la force feule pouvoit réprimer : il eſt inconteſtable & par le raifonnement & par le fait, que ce droit s'arrêtant de lui-même au point où chacun peut le porter, il fe réduit aux chofes dont chacun peut obtenir la jouiffance. Qu'eſt-ce en effet que ce droit illimité, qui étant commun à tous, néceſſite chacun à ne jouir de rien, fi ce n'eſt un droit abfolument nul par l'impoſſibilité d'en faire ufage ?

Si le premier qui fit l'entreprife de s'approprier un terrain, eût bleſſé, par un acte auſſi manifeſte, la propriété des autres, eſt-il vraifemblable qu'ils euffent tous fouffert de le voir poffeffeur tranquille de leur bien ufurpé ? Plufieurs fe feroient réunis contre lui ; il eût été forcé d'abandonner fa terre, & cet exemple eût anéanti pour jamais de pareilles entreprifes ; car qui eût voulu, feul contre tous, tenter une ufurpation tout au moins inutile, employer un temps précieux & des richeffes plus précieufes encore pour fe faire tant d'ennemis ? Mais les propriétés foncières exiſtent ; elles ont donc exiſté par l'approbation tacite & unanime de tous les hommes, qui n'ont vu exercer au premier propriétaire qu'un acte de juftice naturelle, qu'il leur étoit libre d'exercer comme lui. Sans l'intime conviction de fon droit exclufif à la terre qu'il auroit travaillée & aux productions de cette terre, l'homme n'y eût point fait de travaux. S'il n'eût pas cru pouvoir recueillir en fûreté, il n'eût pas femé. Il faut donc convenir que l'homme ne trouva pas d'obftacles, de la part de fes femblables, à l'établiffement de fa propriété foncière, & qu'il ne devoit pas en trouver.

La propriété n'eſt donc pas une injuſtice, un attentat contre le droit de tous, comme on l'a dit ; elle eſt au contraire le garant de la vie de tous les membres de la fociété. Les prétentions de l'homme à cet égard font donc bien fondées ; elles n'auroient même de bornes que fon infuffance à les étendre, fans la propriété d'autrui, que la juftice naturelle & la raifon lui apprennent à refpecter, pour ne pas donner aux autres des motifs d'attenter à la fienne. Il n'eſt donc pas poffible de revoquer en doute le droit de l'homme à la propriété, puifqu'il eſt fondé fur fon droit à l'exiftence, qu'on ne fauroit lui conteſter fans les plus terribles conféquences pour foi-même.

Mais, quand ces principes feroient problématiques, n'eſt-on pas en droit de demander à ceux qui regardent l'établiſſement de la propriété comme un crime de lèfe-humanité & le premier monument de fervitude, fi dans l'hypothèfe qu'un homme a été la bafe du genre humain, quelqu'un

---

*(1) Phyſiocratie, pag. 26.

a pu lui disputer le *droit* de propriété ; si ses enfans n'ont pas eu le *droit*, la liberté, la facilité d'en acquérir autant qu'il y avoit de place vuide ? Cela est trop évident pour être contesté. Et si le genre humain avoit dû son origine à plusieurs hommes primitifs, nous disent quelques-uns ? Mais ces hommes auroient bien eu de quoi choisir ; & , de l'aveu des ennemis de la propriété, l'homme naturel étant sans astuce & sans envie, il n'auroit pas imaginé d'attaquer la possession d'un autre, quand il avoit toute la facilité de s'en donner une pareille, ou même une plus grande, s'il la vouloit.

L'homme n'acquiert pas la propriété d'un terrain qui n'a pas de maître, en le mesurant des yeux & en disant : *ceci est à moi*. Sa propriété se borne où finit son travail, & le travail ne sauroit embrasser les limites indiquées par la pensée, ou même par la vue. Il est restreint à une modique portion. Sa propriété n'est rien au-delà ; car une propriété qui ne produit rien, est une propriété nulle. C'est une partie de la substance de l'homme, ce sont ses forces, son temps, ses richesses employées à bonifier la terre, qui la rendent exclusivement sienne. Tout autre pouvoit avant lui l'acheter au même prix, & la justice des mêmes raisons devoit la lui garantir. C'est donc une bizarrerie de l'esprit de paradoxe, de vouloir que deux hommes qui sont seuls dans le monde, aient à se faire la guerre pour la prétention des limites de leurs possessions.

La propriété foncière fut donc assurée à l'homme par son *droit* & par le consentement des autres ; & la convention tacite d'en jouir sans trouble, établie sur la raison de la paix commune & générale, la rendit immune & sacrée. L'idée de la compensation en bien & en mal, fut comme une règle qui dirigea toutes les volontés vers l'avantage de tous, en les accoutumant au plus grand respect pour la propriété des autres, & cette lumiere devint pendant quelque temps la garde tutélaire des sociétés. Les habitations, d'abord éparses & éloignées par la nécessité de la recherche, se rapprochèrent avec les possessions. Les occasions de se voir étant plus fréquentes, la confiance augmenta, les relations s'étendirent. L'homme, convaincu qu'il n'avoit sur l'homme que le *droit* de l'échange, s'accoutuma à secourir les autres pour

mériter leurs secours. On s'entraida, on s'allia par des mariages. Ces sociétés multipliées formèrent en quelque sorte, des nations particulières, où tous demeurèrent tacitement liguées pour la défense & la sûreté de tous ; mais cet état qui avoit quelque douceur, ne dut pas être d'une longue durée, puisqu'elle ne pouvoit guère subsister qu'entre ceux qui avoient un même & commun intérêt à la maintenir. Dès que les propriétés établies ne permirent, dans un même pays, que la formation moins avantageuse de nouvelles propriétés, l'inégalité naturelle de l'homme, rendue plus manifeste ou même accrue par une position facheuse, jetta des semences de jalousie & de cupidité dans son cœur aigri du bonheur des autres, qui, faisant naître souvent la défiance, le trouble & la guerre, forcèrent les propriétaires à chercher un abri sous la protection tutélaire d'un pouvoir nouveau, pour parer leurs propriétés (1) des entreprises hardies de tout homme injuste ; ce qui fit naître la promulgation des loix positives, écrites ou de convention, &l'établissement d'une autorité souveraine pour les faire observer.

« Ainsi la forme des sociétés (2) dépend du » plus ou du moins de biens que leurs membres » possèdent ou peuvent posséder, & dont ils veu- » lent s'assurer la conservation & la propriété. » Ainsi les hommes qui se mettent sous la pro- » tection des loix positives & d'une autorité tu- » télaire, étendent beaucoup leurs facultés d'être » propriétaires, & par conséquent étendent beau- » coup l'usage de leur *droit naturel*, au lieu de le » restreindre (3) ».

Du droit naturel des hommes réunis en sociétés policées.

En passant de l'état de multitude à l'union sociale, les hommes reconnurent en divers pays diverses formes de gouvernement ou d'autorité souveraine ; ici, elle fut réunie dans les mains d'un seul ; là, elle fut divisée entre plusieurs chefs : ailleurs, le peuple en corps voulut en quelque sorte la retenir, en ne la confiant que pour un temps à des membres qui le représentèrent : de-là naquirent la monarchie ou la royauté, l'aristocratie ou la république des nobles, la démocratie

---

(1) Chaque cultivateur, occupé tout le jour au travail de la culture de son champ, avoit besoin de repos & de sommeil pendant la nuit ; ainsi il ne pouvoit pas veiller alors à sa sûreté personnelle, ni à la conservation des productions qu'il avoit fait naître par son travail & par ses dépenses ; il ne pouvoit pas non plus abandonner son travail pendant le jour, pour aller au loin défendre le territoire contre les ennemis du dehors. Tous les propriétaires furent donc nécessités de concourir unanimement & de contribuer à l'établissement & à l'entretien d'une force & d'une garde assez puissantes, pour assurer la défense de la société & de ses richesses contre les attaques extérieures, pour maintenir l'ordre dans l'intérieur, pour prévenir & punir les crimes des malfaiteurs ; ce qui fit naître l'autorité d'un ou de plusieurs chefs.

(2) Les hommes se sont réunis sous différentes formes de sociétés, selon qu'ils y ont été déterminés par les conditions nécessaires à leur subsistance, comme la chasse, la pêche, le pâturage, l'agriculture, le commerce, le brigandage, &c ; de-là se sont formées les nations sauvages, les nations ichthyophages, les nations pâtres, les nations agricole, les nations commerçantes, les nations errantes, barbares, scénites & pirates.

(3) Physicratie, pag. 28.

ou la république populaire. Ces trois fortes de gouvernement fubfiftent encore fous une forme fimple ou diverfement compofée de la combinaifon de ces trois premiers. Mais quelles que puiffent être ces formes d'autorités fouveraines, elles ne font point la bafe du *droit naturel* des hommes réunis en fociété, & ne décident point de fon effence ; « car les loix varient beaucoup fous chacune de ces formes. Les loix des gouvernemens, » qui décident du *droit* des fujets, ne font prefque jamais que des loix pofitives ou d'inftitution humaine ; or, ces loix ne font pas le fondement effentiel & immuable du *droit naturel* ». Elles ne devroient être qu'une explication des loix naturelles ; mais comme elles s'en écartent quelquefois, ou qu'elles leur font contraires, elles ont trop peu de ftabilité, pour qu'il foit poffible d'examiner l'état du *droit naturel* des hommes fous ces loix.

« En effet, là où les loix & la puiffance tutélaire n'affurent point la propriété & la liberté, » il n'y a ni gouvernement, ni fociétés profitables ; » il n'y a que domination & anarchie fous les apparences d'un gouvernement, parce que les loix » pofitives & la domination y protègent les ufurpations des forts, & anéantiffent la propriété » & la liberté des foibles ».

Pour connoître l'étendue du *droit naturel* des hommes réunis en fociété, il faut donc remonter aux loix naturelles, conftitutives du meilleur gouvernement poffible. Ce gouvernement confifte dans l'ordre naturel & dans l'ordre pofitif les plus avantageux à ceux qui lui obéiffent ; car pour jouir de la plénitude de leur *droit naturel*, les hommes doivent être foumis, dans la fociété, à des loix naturelles & à des loix pofitives qui en dérivent.

Des loix naturelles.

Les loix naturelles (1), inftituées par l'Être fuprême, comme les meilleures loix poffibles, font néceffairement la bafe du gouvernement le plus parfait, & doivent fervir de règles aux loix pofitives ; car celles-ci ne font que des promulgations des premières, ou des loix de manutention relatives à l'*ordre naturel*, évidemment le plus avantageux au genre humain (2).

Les loix naturelles font établies à perpétuité, pour la réproduction & la diftribution continuelle des biens qui font néceffaires aux befoins des hommes réunis en fociété, & affujettis à l'ordre que ces loix leur prefcrivent.

Ces loix irréfragables forment le corps moral & politique de la fociété, par le concours régulier des travaux & des intérêts particuliers des hommes, inftruits par ces loix mêmes à coopérer avec le plus grand fuccès poffible au bien commun, & à en affurer la diftribution la plus avantageufe à toutes les claffes de la fociété.

Enfin, ces loix fondamentales, qui ne font point d'inftitution humaine (3), & auxquelles toute puiffance humaine doit être affujettie, conftituent le *droit naturel* des hommes, dictent les loix de la juftice diftributive, établiffent la force qui doit affurer la défenfe de la fociété, contre les entreprifes injuftes des puiffances intérieures & extérieures dont elle doit fe garantir, & fondent un revenu public pour fatisfaire à toutes les dépenfes néceffaires à la fûreté, au bon ordre & à la profpérité de l'état.

Des loix pofitives.

Les loix pofitives font des règles authentiques établies par une autorité fouveraine, pour fixer l'ordre de l'adminiftration du gouvernement ; pour maintenir ou réformer les coutumes & les ufages introduits dans la nation ; pour régler les droits particuliers des fujets, relativement à leur état ; pour déterminer décifivement l'ordre pofitif dans

---

(1) Les loix naturelles font ou phyfiques, ou morales. La loi phyfique eft, felon nous, le cours des chofes de ce monde, réglé par la force active que Dieu y répandit, & qu'il y entretient.

La loi morale eft la connoiffance des droits & des devoirs réfultans du *droit naturel*, fondé fur la loi phyfique.

Les loix phyfiques ou morales les plus avantageufes aux hommes réunis en fociété, font celles qui opèrent le plus grand bien des fociétés. Dans l'ordre phyfique, par exemple, ce font les loix productives des fubfiftances ; dans le fens moral, celles qui font réfulter notre bien & notre mal, du bien & du mal que nous faifons aux autres. Les gouvernemens & les particuliers font plus heureux, en raifon de ce qu'ils font plus fidèles à les obferver. Ces loix, & fur-tout les loix phyfiques, ont une fanction inévitable pour ceux qui les méprifent.

(2) Les loix naturelles de l'ordre des fociétés font les loix phyfiques même de la réproduction perpétuelle des biens néceffaires à la fubfiftance, à la confervation & à la commodité des hommes. Or l'homme n'eft pas l'inftituteur de ces loix, qui fixent l'ordre des opérations de la nature & du travail des hommes, travail qui doit concourir avec celui de la nature à la réproduction des biens dont ils ont befoin. Tout cet arrangement eft de conftitution phyfique, & cette conftitution forme l'ordre phyfique qui affujettit à fes loix les hommes réunis en fociété, lefquels, par leur intelligence & leur affociation, peuvent obtenir avec abondance, en obfervant les loix naturelles, les biens que leur font néceffaires.

(3) Il n'y a point à difputer fur la puiffance légiflative quant aux premières loix conftitutives des fociétés ; car elle appartient au Tout-puiffant qui a tout réglé & tout prévu dans l'ordre général de l'univers ; les hommes ne peuvent y ajouter que du défordre, & ce défordre, qu'ils ont à éviter, ne peut être exclus que par l'obfervation exacte des loix naturelles.

les cas douteux, réduits à des probabilités d'opinion ou de convenance ; pour asseoir enfin les décisions de la justice distributive. Mais nous avons vu que le *droit légitime* ne peut avoir d'autre base, ni d'autres principes que les loix naturelles mêmes, qui constituent l'ordre essentiel de la société ; ainsi les loix positives, qui déterminent dans le détail le *droit naturel* des citoyens, étant indiquées & réglées par ces loix primitives, ne doivent être introduites dans la nation qu'autant qu'elles sont conformes & rigoureusement assujetties à ces premières loix ; elles ne doivent donc pas être arbitraires, & le législateur, soit le prince, soit la nation, ne peut les rendre justes, qu'autant qu'elles sont justes par essence (1).

Le domaine de chacune des deux législations, *naturelle & positive*, se distingue évidemment par les lumières de la raison ; car les loix de part & d'autre sont établies & promulguées par des institutions & des formes (2) fort différentes. Les unes sont consignées dans le grand livre de la nature, intelligible à tous ceux qui veulent l'étudier sans préoccupation, & leur étude forme une doctrine qui se divulgue sans formalités légales ; ces loix sont obligatoires, indépendamment d'aucune contrainte & par leur seule évidence. Les loix positives ou littérales sont annoncées par les ordonnances du souverain : comme leur principal objet est d'opposer une sanction redoutable aux dérèglemens de l'homme pervers & aux attentats de l'homme injuste, elles sont obligatoires, à raison de la peine attachée à leur transgression, quand même elles ne seroient connues, que par la simple indication énoncée dans l'ordonnance.

Les loix positives ne peuvent suppléer que fort imparfaitement à la connoissance des loix de l'ordre. Aussi, la première loi positive, la loi fondamentale des autres loix positives, c'est l'*institution de l'instruction publique & privée des loix de l'ordre naturel*, qui est la règle souveraine de toute législation humaine, de toute conduite civile, politique, économique & sociale ; car sans la connoissance des loix naturelles, qui doivent servir de base aux loix positives, & de règles souveraines à la conduite des hommes, il n'y a nulle évidence de juste & d'injuste, d'ordre physique & d'ordre moral, nulle distinction essentielle de l'intérêt général & de l'intérêt particulier, de la réalité des causes de la prospérité & du dépérissement des nations ; nulle évidence enfin des *droits* sacrés de ceux qui commandent, & des devoirs de ceux à qui l'ordre social prescrit l'obéissance.

Plus une nation s'appliquera (3) à les connoître, plus l'ordre naturel dominera chez elle, & plus l'ordre positif y sera régulier. On ne proposeroit pas chez une telle nation une loi déraisonnable ; car le gouvernement & les citoyens en appercevroient aussi-tôt l'absurdité. Il n'y auroit que l'ignorance qui pût en favoriser l'introduction ; mais si le flambeau de la raison y éclaire le gou-

---

(1) « Souvent le *droit* légitime restreint le *droit naturel*, parce que les loix des hommes ne sont pas aussi parfaites que les loix de l'auteur de la nature, & parce que les loix humaines sont quelquefois surprises par des motifs dont la raison éclairée ne reconnoît pas toujours la justice ; ce qui oblige ensuite la sagesse des législateurs d'abroger des loix qu'ils ont faites eux-mêmes. La multitude des loix contradictoires & absurdes, établies successivement chez les nations, prouve manifestement que les loix positives sont sujettes à s'écarter souvent des règles immuables de la justice & de l'ordre naturel le plus avantageux à la société ».

Traité du droit naturel, par M. QUESNAY, pag. 7 & 8.

(1) Les loix naturelles renferment la règle & l'évidence de la règle. Les loix positives ne manifestent que la règle ; celles-ci peuvent être réformables & passagères, & se font observer littéralement & sous des peines décernées par une autorité coactive : les autres sont immuables & perpétuelles, & se font observer librement & avec discernement par des motifs intéressans, qui indiquent eux-mêmes les avantages de s'y conformer : celles-ci assurent des récompenses, les autres supposent des punitions.

(3) Chez une nation où les loix de l'ordre naturel sont oubliées ou méprisées, l'altération du gouvernement, les vices de l'administration opérant un changement rapide & considérable dans les fortunes, les propriétés se trouvent bientôt accumulées sur un petit nombre de têtes, le reste des citoyens vit comme il peut de son industrie & de son travail ; & comme, parmi les riches, la bizarrerie, le luxe prodigieux, la dépravation des mœurs disposent de leurs revenus en choses de fantaisie ou de vaine curiosité, la circulation qui devoit ramener ces revenus à la terre, est interrompue ou détournée de son objet. Ces exemples fréquens influent sur les chefs, augmentent les erreurs & les folles dépenses. L'agriculture languissante, opprimée par des impôts de toute espèce, négligée par l'incurie des propriétaires, décline à vue d'œil & ne donne plus que de foibles produits ; le nombre des hommes diminue, & cependant une partie du peuple est sans salaires, & cette partie est encore de trop, puisqu'on ne peut la nourrir. Alors l'extrême nécessité, née de l'extrême inégalité, emploie tous les possibles pour se satisfaire. Bientôt elle produit avec l'incertitude l'astuce, la bassesse, la mendicité, l'égarement & le crime ; elle jette la société dans le trouble & le malheur, quelquefois dans des convulsions violentes, & enfin dans des crises qui ne peuvent avoir de terme qu'une révolution. Au contraire, dans une société bien ordonnée, il n'y a rien de trop, parce que tout y est à sa place. Tout y prospère, parce qu'on y suit les loix éternelles de la justice ; que chacun y jouit pleinement de ses droits & remplit ses devoirs. L'inégalité y devient un avantage, en donnant plus de ressort & d'activité aux relations sociales, & l'accroissement rapide de la population, effet de la prospérité générale, en est bientôt une nouvelle cause. Un grand revenu liquide, retombant sans cesse sur la terre, y fait germer les richesses & les salaires qui, répandus abondamment de tous côtés, sont l'ame d'un commerce & d'une circulation immenses, & multiplient les hommes à l'infini, en les rendant toujours utiles.

vernement, toutes les loix positives, nuisibles à la société & au souverain, ne tarderont pas à y disparoître.

Il est donc évident que le *droit naturel* de chaque homme s'étend à raison de ce que l'on s'attache à l'observation des meilleures loix possibles, qui constituent l'ordre le plus avantageux aux hommes réunis en société (1).

Du droit des nations.

De même que chaque particulier est le maître de ses propriétés justement acquises, chaque nation a la juste possession du territoire qu'elle occupe ; soit que la société l'ait mis en valeur, soit qu'elle le tienne par droit de succession, soit enfin que les nations voisines (qui ont *droit* d'établir entr'elles & avec elles les limites de leurs territoires, par les loix positives qu'elles ont admises, ou par les traités de paix qu'elles ont conclus) aient reconnu par des conventions la justice de son domaine. Tels sont les titres naturels & légitimes qui établissent le *droit* de propriété des nations. Mais comme les nations forment séparément des puissances particulières & distinctes qui se contrebalancent, elles ne peuvent être assujetties à l'ordre général que par la force contre la force. Chaque nation doit donc avoir une force suffisante, formée par confédération avec d'autres nations, qui pourvoient réciproquement à leur sûreté.

La force propre de chaque nation doit être seule & réunie sous une même autorité ; car une division de forces appartenante à différens chefs, ne peut convenir à un même état, à une même nation ; elle divise nécessairement la nation en différens états, ou principautés étrangères les unes aux autres, & souvent ennemies. Ce n'est plus qu'une force confédérative, toujours susceptible de division entre elle-même, comme les nations féodales qui ne forment pas de véritables empires par elles-mêmes, mais seulement par l'unité d'un chef suzérain d'autres chefs, qui comme lui jouissent des *droits* régaliens (2).

Ces puissances confédérées & ralliées sous un chef de souverains, qui lui sont égaux en domination, chacun dans leurs principautés, sont eux-mêmes en confédération avec leurs vassaux feudataires ; ce qui semble former plus réellement des conjurations qu'une véritable société réunie sous un même gouvernement. Cette constitution d'empire confédératif, formée par les usurpations des grands propriétaires ou par le partage de ter-

ritoires envahis par des nations brigandes, n'est donc pas la constitution naturelle d'un gouvernement parfait, dont la force & la puissance appartiennent indivisiblement à l'autorité tutélaire d'un même royaume. C'est au contraire une constitution violente & contre nature, qui livre les hommes à un joug barbare, & le gouvernement à des dissensions & des guerres intérieures, désastreuses & atroces.

La force d'une nation doit consister dans un revenu public, qui suffise aux besoins de l'état en temps de paix & de guerre. Elle ne doit pas être fournie en nature par les sujets & commandée féodalement, car elle favoriseroit des attroupemens & des guerres entre les grands de la nation, qui romproient l'unité de la société, désuniroient le royaume & jetteroient la nation dans le désordre & dans l'oppression féodale. D'ailleurs, ce genre de force est insuffisant pour la défense de la nation contre les puissances étrangères ; elle ne peut soutenir la guerre que pendant un temps fort limité & à des distances fort peu éloignées ; car elle ne peut se munir pour long-temps des provisions nécessaires & difficiles à transporter ; cela seroit encore plus impraticable aujourd'hui, que la grosse artillerie domine dans les opérations de la guerre. Ce n'est donc que par un revenu public, qu'une nation peut s'assurer une défense constante contre les autres puissances, non-seulement en temps de guerre, mais aussi en temps de paix : pour éviter la guerre, qui en effet doit être très-rare dans un bon gouvernement, puisqu'un bon gouvernement exclut tout prétexte absurde du gouvernement pour le commerce, & toutes autres prétentions mal entendues ou captieuses, dont on se couvre pour violer le *droit* des gens en se ruinant & en ruinant les autres : car pour soutenir ces entreprises injustes, on fait des efforts extraordinaires par des armées si nombreuses & si dispendieuses, qu'elles ne doivent avoir d'autres succès qu'un épuisement ignominieux, qui flétrit l'héroïsme des nations belligérentes, & déconcerte les projets ambitieux de conquête (3).

Ceux qui n'ont jamais bien réfléchi sur l'importance des objets que nous venons de parcourir dans cet article du *droit naturel*, ne sauroient concevoir combien leur connoissance peut étendre les vues d'un homme qui veut entrer dans la carrière de la vraie politique, donner de solidité à son jugement & rendre ses actions conformes à la justice. Connoître ses *droits*, c'est connoître ceux des autres, c'est connoître ses devoirs. Un cœur

---

(1) Physiocratie, pag. 34, 35.

(2) Les *droits* régaliens sont les *droits* d'impôts, de la guerre, de la paix, de monnoie, de justice & d'autorité immédiate sur les sujets, d'où résultent ces *droits* qui assurent également à tous ceux qui en jouissent, l'exercice & la propriété de l'autorité souveraine.

(3) Extrait du *despotisme de la Chine*, de M. Quesnay, chap. 8.

droit, un efprit fans préjugés, imbu de la néceffité d'être jufte, même pour fon intérêt, & convaincu, qu'attaquer la propriété d'autrui, c'eft
permettre tacitement d'attaquer la fienne, fe fait
pour l'avenir des principes d'une probité invariable; il porte au-dedans de lui une règle fûre qui
lui donnera les moyens de tout apprécier à fa jufte
valeur. Il voit le vrai des chofes, fans que l'opinion des faux fyftêmes puiffe lui en impofer; &
foit en économie, foit en politique, ou en morale, il a dès-lors un guide affuré pour fe conduire. Tout ce qui eft conforme au *droit naturel de
l'homme*, eft jufte & convenable; tout ce qui s'en
écarte, eft injufte & faux calcul. Delà, s'il veut
paffer à l'étude particulière des loix de fon pays;
s'il va difcuter chez l'étranger les affaires de fa
patrie, les principes généraux de *droit* qu'il poffède, lui donneront le moyen d'en pénétrer l'efprit, de fe les rendre familières & de s'en occuper à l'avantage de chaque citoyen & de la chofe
publique (1).

(*Cet article eft de M.* GRIVEL.)

DROIT DES GENS : felon plufieurs écrivains, le
droit des gens eft une jurifprudence que la raifon naturelle a établie fur certaines matières entre tous les
hommes, & qui eft obfervée chez toutes les nations; mais cette définition fuppofe que la raifon
naturelle a toujours dicté les articles du *droit des
gens* qu'on a vu établis chez les peuples; & il vaudroit mieux dire que le *droit des gens eft une forte
de jurifprudence que les peuples ont établi dans leur
rapports entr'eux*.

Le Dictionnaire de Jurifprudence, (article
DROITS), développe les principes fcholaftiques du
droit des gens, & il donne un précis des ouvrages
de Puffendorf, de Grotius & de Burlamaqui fur
cette matière; mais nous croyons devoir ajouter
ici d'autres détails à cette queftion politique.

Le *droit des gens* comprend les principes & les
règles que l'ufage, ou un confentement tacite ont
établi parmi les nations libres, pour régler leur
conduite les unes à l'égard des autres. La coutume & le confentement tacite des nations obligent feuls ici les peuples à fe conduire d'une manière plutôt que d'une autre; car les principes &
les règles du *droit des gens* font quelquefois contraires à la faine raifon.

La bonté du *droit des gens* indique l'intelligence
& la police des nations, qui l'ont adopté. Celui
des peuples fages & civilifés eft conforme, dans

prefque tous les points, à la raifon & au droit
naturel.

Les nations jouiffent, les unes à l'égard des autres, de toute la liberté naturelle; & comme chaque état forme un corps moral, chaque nation
eft, par rapport aux autres, ce que, dans l'état
de nature, un homme feroit à l'égard des autres
hommes. Elles font donc obligées de refpecter le
droit naturel, & de le prendre pour bafe de leur
droit des gens.

*Toutes les nations ne font point liées entr'elles
comme les membres d'un état; & elles font bien
éloignées de former, par leur union, un feul corps
politique.*

Les nations ont entr'elles certains rapports : le
commerce & le voifinage les obligent à traiter enfemble; leurs intérêts, leurs vues, leurs forces &
leur foibleffe produifent fans ceffe de nouveaux ar-
rangémens entr'elles; mais ces liaifons ne les mettent pas dans une dépendance mutuelle; les devoirs qu'elles impofent ne peuvent être affimilés à
ceux qu'impofent aux citoyens les conftitutions d'un
état. Des écrivains auxquels nous ferons un fingulier
reproche, celui d'avoir porté trop loin les fentimens
de l'humanité, fe repréfentent les peuples comme
les membres d'un grand état, comme les citoyens
de l'univers, comme les parties de l'affociation générale des hommes; ces vaines déclamations ne
donnent que des idées fauffes, & elles introdui-
fent, fur le *droit des gens*, des principes exagérés
& contraires à la profpérité des nations.

Les rapports généraux des hommes de diverfes
contrées ne doivent pas être confondus avec ceux
qui réfultent de la conftitution civile; ils font très-
différens.

La fociété fuppofe certaines obligations mutuelles, contractées dans la vue de remplir un objet;
& les nations ne peuvent en aucune manière contracter de ces fortes d'obligations mutuelles.

Une nation a donc le *droit* de vivre féparée de toutes les autres, & de rompre tout commerce & toute fréquentation avec elles, comme il eft permis à un homme de vivre dans une
parfaite folitude. Elle ne bleffe par-là aucun devoir.

Ainfi, les nations ont le choix de deux moyens
pour fe procurer la félicité; le premier eft la communication ou le commerce avec les autres peuples,
le fecond eft une féparation totale. Toute idée de
dépendance, de devoir & de fociété entre les

---

(1) Le *droit* romain érigé en oracle par quelques-uns n'eft fouvent qu'un cahos, où la lumière & les
ténèbres, la juftice & l'iniquité, le bien & le mal font confondus pêle-mêle & fans ordre; ce feroit un
excellent ouvrage à faire, que le débrouillement de ces loix fi long-temps révérées. En les comparant avec
celles de la nature, avec les vraies règles de l'ordre, on diftingueroit ce qu'elles ont de vraiment conforme
au *droit* primitif de ce qu'elles renferment d'arbitraire & de vicieux.

peuples libres, est absolument contraire à la nature des choses.

L'état de liberté naturelle, dans lequel se trouvent les peuples libres, n'est point à la merci des constitutions civiles. La volonté de chaque nation est libre & indépendante ; dans les états, au contraire, la volonté de chaque citoyen est soumise à la volonté générale, qui s'est formée de la réunion des volontés particulières. Chaque nation ne se propose que sa félicité particulière, comme chaque homme le feroit, si les peuplades vivoient encore dans l'état de nature ; au lieu que, dans les sociétés civiles, un individu ne peut chercher sa félicité particulière que par des moyens qui ne contrarient point la félicité générale.

Véritable état des nations les unes à l'égard des autres, d'où l'on tire le principe général du droit des gens.

Les nations n'ont entr'elles d'autre rapport que celui d'habiter la même terre, & d'avoir la même constitution organique. Elles sont dans un état de parfaite égalité, auquel la différence de force & de richesse n'ajoute ou ne retranche rien.

Il en résulte que leur volonté est parfaitement libre, & qu'elle ne peut être assujettie qu'à la raison, ou à la contrainte. Si la volonté de l'une d'entr'elles nuit à un peuple, ce peuple a droit de la réprimer par la force, parce que, eu égard à leur parfaite indépendance, il n'y a de moyen que la force, pour contraindre une nation à se renfermer dans les bornes de l'équité. Elles sont toujours dans le cas d'opprimer, ou d'être opprimées.

Leur volonté doit recevoir les loix de la raison, parce qu'elles doivent appercevoir qu'elles ne pourront jamais parvenir à la félicité, si elles n'observent pas les loix de la nature & de l'équité, dans leurs procédés avec les différentes nations, & si elles ne se conduisent pas à leur égard, comme elles desirent que les autres se conduisent vis-à-vis d'elles dans les mêmes circonstances.

On tire de-là ce principe général du *droit des gens* : *chaque peuple doit se conduire à l'égard des autres, comme il souhaite que les autres se conduisent à son égard en pareilles circonstances.* C'est la première & la suprême loi de l'équité naturelle, surtout par rapport à ceux qui vivent dans une égalité & dans une indépendance parfaite.

Ce principe général est d'ailleurs analogue à la nature du *droit des gens*, qui repose sur le consentement tacite des nations, & qui tire toute sa force de l'usage.

Il s'ensuit qu'il est conforme au *droit des gens* de se conduire vis-à-vis des autres nations, comme elles se sont conduites vis-à-vis de nous. Il peut en résulter un *droit des gens* très-

cruel ; mais ce sera toujours un véritable *droit des gens*. La crainte des représailles contient les nations féroces ; & le désordre des sociétés & des peuples autorise quelquefois des vengeances terribles.

M. de Montesquieu a établi sur le *droit des gens* un principe qu'il regarde comme général & comme la base de ce *droit*. Voici son principe : *les nations doivent se faire, autant de bien dans la paix, & dans la guerre le moins de mal qu'elles peuvent, & que leur intérêt le permet.* Ce principe est très-conforme à la raison & à l'humanité, & opposé aux maximes cruelles que différens auteurs ont cherché à introduire dans le *droit des gens*. Il diffère peu de celui que nous avons indiqué tout-à-l'heure ; & nous n'examinerons pas s'il réunit toutes les qualités d'un principe général.

La paix est la première loi du droit des gens.

Les hommes sont portés à la paix par le sentiment de leur conservation, par le sentiment de la peur que leur inspire la nature, par la commisération qu'ils éprouvent à l'aspect de leurs semblables. Le *droit* naturel est le premier guide des nations qui jouissent de la liberté naturelle ; ainsi la paix est la première loi du *droit des gens*. La raison dicte aussi cette loi ; car elle montre que les nations ne peuvent faire la guerre, sans ressentir de grands maux & de grandes pertes, & sans mettre leur félicité & leur conservation au hasard.

La paix est aussi la conséquence la plus prochaine & la plus immédiate du principe général que nous avons établi sur le *droit des gens* ; car si une nation se conduit, à l'égard des autres, comme elles souhaitent que celles-ci se conduisent à son égard, elle n'offensera jamais les peuples de manière à leur donner sujet de lui faire la guerre, & elle ne déclarera jamais la guerre sans un juste motif.

La seconde loi est qu'un peuple peut entreprendre la guerre, quand il est en danger d'être subjugué ou détruit.

La conservation de soi-même étant la première loi de la nature, & tout homme ayant droit d'en tuer un autre, quand il y est forcé pour conserver son existence ; les peuples ont de même le droit de commencer la guerre, quand ils sont dans un danger certain ou inévitable d'être détruits. Le *droit* naturel permet toujours de se défendre, & les peuples peuvent commencer la guerre, & tous les cas où le *droit* naturel permet que l'on tue pour sa propre conservation. Lorsqu'on veut suivre des principes rigoureux, il n'est pas facile de justifier les guerres entreprises par d'autres motifs ; mais nous reviendrons sur cet objet à l'article GUERRE.

L'objet prochain de la guerre, c'est la conquête ; on veut conserver les domaines qu'on cherche à conquérir ; ainsi on ne doit point dévaster, ni faire de cruautés.

L'objet d'une guerre juste étant, selon les écrivains, rigoureux ou relâchés, de prévenir sa propre destruction, ou de conquérir un pays, pour se venger ou pour obtenir justice ; dès que le danger est passé, que l'ennemi demande la paix, & qu'il consent à donner satisfaction, l'équité naturelle & le *droit des gens* veulent qu'on la lui accorde : car si on la refusoit, on ne suivroit pas le premier principe du *droit des gens*, qui ordonne de faire aux autres ce qu'on voudroit qu'ils nous fissent dans la même occasion.

Une guerre qu'on a déclaré avec justice, peut ensuite devenir injuste : c'est le cas où se trouva Charles XII, roi de Suède ; il commença la guerre pour se défendre contre un aggresseur injuste. Ainsi elle étoit parfaitement équitable : mais il la prolongea de la manière la plus injuste, en refusant avec opiniâtreté des projets de paix très-raisonnables qu'on lui offrit.

Toutes les guerres de terre ont un autre objet accessoire, qui est de faire des conquêtes pour se dédommager des frais que la guerre occasionne, ou des injustices qu'on a essuyées : ainsi on se propose de garder les conquêtes qui, sans cela, ne dédommageroient de rien, & ne seroient profitables en aucun sens ; la raison & le *droit des gens* n'autorisent donc pas le vainqueur à dévaster les pays qu'il a conquis ; & comme les nations qui se font la guerre, doivent se faire le moins de mal possible, & qu'il ne leur est permis de faire que celui que leur véritable intérêt exige, la cruauté contre les sujets de l'ennemi leur est interdite. La cruauté d'ailleurs déshonore l'humanité ; elle est contraire à l'esprit de toute nation raisonnable & policée. La troisième loi du *droit des gens* est donc de s'abstenir de toute cruauté pendant la guerre.

Ce n'est pas la faute des auteurs qui ont écrit sur le *droit* de la nature & des gens, si les nations de l'Europe ne se livrent plus à la barbare cruauté des anciennes guerres ; ils n'ont pas rougi d'enseigner que le vainqueur a le *droit* de raser toutes les villes de l'ennemi, & de tuer les vaincus, ou de les réduire en esclavage, s'il vouloit bien leur laisser la vie par compassion.

Les nations, en se faisant la guerre, doivent laisser un chemin libre aux négociations ou à la paix.

Puisque la paix est la première loi des nations, & qu'une guerre juste cesse de l'être quand on refuse la paix, il en résulte qu'au milieu de la guerre, *les nations doivent laisser un chemin libre au retour de la paix.* C'est la quatrième loi du *droit des gens.* Les envoyés de l'ennemi qui ont quelques propo-

sitions à faire, ou quelques papiers à remettre, de quelque état qu'ils soient, doivent donc jouir de la sûreté la plus parfaite, tant de la part des soldats, que du reste des citoyens.

La nature de la chose & l'aveu des nations sur ce point, exigent seulement que, s'ils sont militaires, ils fassent connoître, par un trompette ou par un tambour, qu'ils viennent faire un message, & qu'on n'a rien à redouter de leur approche. Il est d'usage aujourd'hui que les envoyés d'un ennemi aient un passeport de celui auquel on les envoie, lorsqu'ils sont de l'état civil ; mais ce n'est guères qu'une précaution, pour qu'on ne les accuse pas d'espionnage, & qu'ils soient garantis des mauvais traitemens des partis ennemis qu'ils peuvent rencontrer sur leur route. Ce n'est point ce passeport qui rend la personne des envoyés sacrée pour les princes & les généraux ennemis. Leur lettre de créance suffit à leur sûreté, sans qu'ils aient besoin de passe-port. Toutes les nations policées de l'antiquité ont accordé une pleine sûreté aux ambassadeurs de leurs ennemis ; & lorsque Charles XII fit arrêter l'ambassadeur d'Auguste, roi de Pologne, dans son quartier général, sous prétexte qu'il étoit venu sans passeport, il viola le *droit des gens.*

La cinquième loi est d'observer inviolablement les paroles que l'on donne à la guerre.

Les conventions faites à la guerre doivent être sacrées. Si les nations civilisées ne les observoient pas, leur manière de faire la guerre seroit cruelle & barbare ; mais par la corruption de la nature humaine, la guerre suspend ou élude toutes les loix, même celles du *droit des gens.*

Il s'agit ici des capitulations des forteresses, de la promesse de certaines troupes qui, en danger d'être prises par l'ennemi, se sont engagées à ne point servir contre lui pendant un temps déterminé ; des paroles d'honneur, des officiers prisonniers, des suspensions d'armes, & de beaucoup d'autres conventions qui ont lieu dans le cours d'une guerre. Si une nation ne tient pas ces sortes de conventions, ses ennemis ne les observeront pas non plus dans les mêmes circonstances : si le *droit* des représailles les y autorise, la guerre deviendra plus cruelle & plus destructive.

On a déterminé, par la crainte des représailles, les turcs à tenir les capitulations qu'ils accordent aux forteresses ; ils ont enfin senti qu'il étoit de leur intérêt de tenir leur parole.

Quels que soient les ennemis, quand ce seroient des sujets révoltés contre l'autorité la plus légitime, il faut remplir les conventions qu'on a faites avec eux, pendant qu'ils avoient les armes à la main. Dans le siècle dernier, un général de l'empereur en Hongrie ne voulut pas tenir les conventions qu'il avoit faites avec les mécontens, il faifoit empaler ou enterrer vifs tous les prifonniers; mais il fe vit bientôt contraint de ceffer fes horribles cruautés, parce que les hongrois ne tinrent plus leur parole, & firent de même empaler ou enterrer vifs tous les foldats de l'empereur qui tombèrent entre leurs mains.

Si des états, qui fe font réunis, refufoient de tenir les conventions faites à la guerre, fous prétexte que l'ennemi a manqué aux loix de l'union, ils fuivroient un mauvais principe; la qualité de l'ennemi & la nature de la guerre, ne font rien à de femblables conventions. Il fera toujours déraifonnable & dangereux de donner lieu à un retour de cruautés & de barbarie dans la guerre, en violant des conventions facrées par leur nature.

La loi naturelle, qui nous fait veiller à notre confervation, ne peut jamais donner le *droit* de violer un traité fait fous les armes, puifque c'eft ordinairement le foin de fa confervation qui produit ce traité; ainfi, quand les officiers, qui ont donné leur parole d'honneur, fervent contre l'ennemi, ou contre fes alliés, fans avoir été échangés, ou fans avoir payé leur rançon, ils allèguent en vain qu'ils n'ont pas d'autre moyen de fubfifter; car, lorfqu'on les a relâchés fur leur parole, ils étoient cenfés pouvoir fe procurer leur fubfiftance, fans manquer à leur parole; & fi l'efpoir qu'ils en avoient, les a trompé, ils doivent retourner prifonniers chez l'ennemi.

La fixième loi eft que les ambaffadeurs jouiffent de la fûreté & de la liberté la plus parfaite.

Si le *droit des gens* exige que les états laiffent un chemin libre au retour de la paix, lorfqu'ils fe font la guerre, il veut auffi que pendant la paix ils donnent un libre cours à la négociation des affaires. Et c'eft delà que réfultent les privilèges des ambaffadeurs. M. de Montefquieu a très-bien développé le principe & la fource de leurs *droits*, & voici ce qu'il en dit. « Le *droit des gens* a voulu » que les princes s'envoyaffent des ambaffadeurs: » & la raifon, tirée de la nature de la chofe, » n'a pas permis que ces ambaffadeurs dépendiffent du fouverain, chez qui ils font envoyés, » ni de fes tribunaux. Ils font la parole du prince » qui les envoie; & cette parole doit être libre: » aucun obftacle ne doit les empêcher d'agir; ils » peuvent feulement déplaire, parce qu'ils parlent » pour un homme indépendant: on pourroit leur » imputer des crimes, s'ils pouvoient être punis » pour des crimes; on pourroit leur fuppofer des » dettes, s'ils pouvoient être arrêtés pour dettes; » un prince qui a une fierté naturelle, parleroit » par la bouche d'un homme qui auroit tout à » craindre. Il faut donc fuivre, à l'égard des ambaffadeurs, les raifons tirées du *droit des gens*, » & non pas celles qui dérivent du *droit politique*. Que s'ils abufent de leur être repréfentatif, on le fait ceffer, en les renvoyant chez

» eux; on peut même les accufer devant leur » maître, qui devient par-là leur juge ou leur » complice. » Les *droits* des ambaffadeurs découlent immédiatement du principe du *droit des gens*; car fi les princes fouhaitent que leurs propres ambaffadeurs jouiffent d'une liberté entière & d'une parfaite fûreté, il faut que l'ambaffadeur d'un autre prince ait chez eux toute la liberté & toute la fûreté poffible.

Aucun peuple ne doit troubler la fociété des autres peuples, & c'eft la feptième loi du droit des gens.

Aucune nation, pendant qu'elle eft en guerre, & pendant qu'elle eft en paix, ne doit troubler le commerce, ou les affociations que les autres peuples font entre eux. Une nation peut, à la vérité, rompre à fon gré tout commerce & toute affociation avec les autres peuples, en ce qui la concerne; mais elle ne peut jamais être en *droit* d'interrompre le commerce des autres nations, parce qu'elle bleffe par-là la liberté naturelle des peuples, qui eft leur plus grand bien.

Ceci dérive encore de notre principe général du *droit des gens*; car un état ne pouvant fouhaiter qu'on trouble fon commerce, il ne doit troubler celui de perfonne.

Il fuit de-là que les ports doivent être fûrs & le commerce libre, même en temps de guerre, à l'égard des puiffances neutres.

Une nation neutre peut être regardée comme ennemie en deux cas: 1°. quand elle porte à l'ennemi des vivres & des munitions de guerre, qu'il n'auroit pu fe procurer, fans expofer fes vaiffeaux, fi cette nation ne les lui avoit portés. La confédération des neutres, durant la dernière guerre, a fi bien expofé les privilèges de la neutralité, & en quoi confiftent les munitions de guerre, qu'il n'eft pas befoin d'infifter là-deffus. 2°. Quand elle fait, pour l'ennemi, un commerce qu'il n'auroit pu continuer par lui-même, à caufe du danger où il auroit expofé fes vaiffeaux. Une nation eft dans ce cas, lorfqu'elle va chercher les marchandifes qui font dans les colonies de l'ennemi, qu'elle les exporte pour l'ennemi, & qu'elle importe dans ces mêmes colonies, & pour l'ennemi, des denrées & des marchandifes d'Europe, lorfque la crainte empêche l'ennemi d'y envoyer fes propres bâtimens. Elle fe met à la place de l'ennemi: elle eft fon facteur, fon agent.

Une nation ceffe d'être neutre, dès qu'elle entreprend ce commerce, & elle n'a pas à fe plaindre, lorfqu'on traite fes vaiffeaux comme ceux de l'ennemi.

Les nations neutres ont foutenu, à différentes époques, qu'elles faifoient, pour leur compte, le commerce avec les colonies ennemies. Mais fi elles ne faifoient pas ce commerce avant la guerre, il eft clair que c'eft-là un prétexte: & il faudroit qu'une nation fût bien fimple, pour fouffrir qu'on

mît ainſi ſous ſes yeux les richeſſes de ſes ennemis à couvert.

Ce principe eſt ſi conforme au *droit des gens*,
à la ſaine raiſon & à l'équité naturelle, qu'il faut
avoir toute la cupidité & tout l'aveuglement des
négocians hollandois, pour n'en pas ſentir la vérité.

En général, les vrais principes du *droit des gens*
exigent, qu'eu égard à la liberté & à la ſûreté
dont les nations neutres doivent jouir ; on examine le commerce & la navigation qu'elles faiſoient avant la guerre, & qu'on les laiſſe libres
de les continuer, de quelque nature qu'ils ſoient.

Si elles portoient habituellement des vivres &
des munitions à la nation ennemie, avant la guerre,
je ne crois pas qu'on puiſſe les en empêcher. Elles
renforcent l'ennemi, & elles le mettent en état
de prolonger la guerre ; mais quelle maxime de la
raiſon ou du *droit des gens* peut nous mettre en
droit de chercher notre avantage au préjudice d'un
tiers innocent, que la guerre ne regarde pas ? Et
ſur quel principe raiſonnable peut-on obliger
une nation à diſcontinuer ſon commerce, pour
une guerre qui s'élève entre deux nations étrangères, & à laquelle elle ne prend point de part ?
au reſte, chaque nation obéit alors à ſa convenance, & elle ne s'embarraſſe pas des règles de
la juſtice rigoureuſe : enſuite, tous les peuples
s'étant écartés des principes à différentes époques de
leur hiſtoire, ſi le *droit des gens* lui eſt contraire,
le *droit* des repréſailles l'autoriſe à les imiter.

Il paroît qu'on peut enlever les munitions &
les vivres qu'on porte à l'ennemi, mais en les
payant leur véritable valeur. On ſuit une règle
plus commode ; on enlève les munitions de guerre,
& quelquefois les vivres ; & ſi on les paie, c'eſt
lorſqu'on redoute la vengeance de la nation offen-
ſée. *Voyez* l'article GUERRE.

DROIT PUBLIC. *Voyez* le Dictionnaire de
Juriſprudence.

DROIT DE LA GUERRE. *Voyez* l'article
GUERRE.

DROIT ALLEMAND, ou DROIT GERMA-
NIQUE *Voyez* le Dictionnaire de Juriſprudence.

DROIT ANGLOIS. *Voyez* le même Dictionnaire.

Voyez dans le même Dictionnaire ce qui a
rapport au *droit* de beaucoup d'autres nations,
& des détails ſur les diverſes acceptions du mot
DROIT.

DROIT PUBLIC EN FRANCE. Nous croyons
devoir donner ici une notice hiſtorique de l'étude
du *droit public* & de la politique en France, dans
les différens ſiècles de la monarchie, avec quelques remarques touchant les principaux ouvrages
qu'on a publiés ſur cette matière.

Ceux qui ont étudié notre hiſtoire, ſçavent
qu'en France le *droit public* & la politique ont

été regardés, juſqu'au dix-ſeptième ſiècle,
comme un myſtère réſervé aux rois & à leurs
miniſtres. Les rois & les miniſtres manquoient
même ici de principes certains & de méthode
fixe.

Le *droit* de conquête fit celui de la première
race, & nos françois, au berceau, étoient, à peu
de choſe près, du caractère d'Achille, duquel
on a dit :

Jura negat ſibi nata, nihil non arrogat armis.

Le *droit* du plus fort, des notions confuſes des
loix romaines, & quelques uſages particuliers,
formèrent le code des conquérans des Gaules. Le
droit naturel & celui *des gens* n'étoient reſpectés
qu'autant qu'ils s'accordoient avec l'intérêt des
paſſions.

Sous Clovis I & ſes ſucceſſeurs, quels déſordres
ne voit-on pas dans l'ordre de ſuccéder, dans les
moyens d'acquérir, dans les moyens de conſerver,
dans les divers engagemens & dans la manière de
les exécuter ! L'égalité dans le partage du butin
entre le général & ſes ſoldats, étoit la loi la plus
connue. Les récompenſes, les peines, tout étoit
arbitraire : celui qui condamnoit, puniſſoit de ſa
propre main : les traités les plus ſolemnels n'étoient
que le fruit de la néceſſité, des liens qu'on briſoit
ſans honte, & ſouvent par les voies les plus odieuſes, par le meurtre & par la perfidie. La religion
même n'obtenoit ſur les cœurs que ce foible empire dû à l'impreſſion trop ſouvent paſſagère d'un
bien ou d'un mal inviſibles. Les événemens juſtifioient tout.

On a vanté les lumières politiques de Clovis I,
de Clotaire l'ancien, de Frédégonde, de Brune-
hault, &c. Mais ſur quoi ſont fondés ces éloges ?
ſur des meurtres multipliés, des uſurpations, des
perfidies manifeſtes ; ſur des guerres injuſtes, &
dont l'ambition & l'avarice étoient le motif. Auſſi,
le pillage, l'incendie, le malheur des peuples en
étoient-ils les ſuites affreuſes. Il n'y a rien là qui
annonce un peuple policé par les principes du
droit & de la politique.

Sous les rois Carlovingiens, la légiſlation acquit
une forme qu'elle n'avoit point encore eue. Charlemagne, l'ame la plus élevée, le génie le plus
étendu, & l'un des plus grands rois de la monarchie, aſpira au titre de légiſlateur, & le mérita
par les ſoins qu'il prit de former un corps de loix
qui pût approcher de la dignité de celles des romains. Son deſſein étoit de les rétablir ; mais les
livres du *droit public* étoient perdus, & on ne put les
trouver. Dans un ſiècle plus éclairé, que n'eût-il
point fait ! Mais, qu'eſt-ce que le code de ſes
loix, en comparaiſon du recueil majeſtueux de la
Juriſprudence romaine, même dans l'informe compilation de Juſtinien (1) ? Les capitulaires, la loi

---

(1) Il fit ſupprimer les livres des juriſconſultes romains, après qu'on eut achevé les pandectes ; il fut puni

falique, & les autres parties de notre ancien code, ne font rien à côté de ces belles ordonnances, qui fuppofent les vues les plus fages & les combinaifons les plus heureufes. Le défaut de principes, d'ordre & de méthode eft le moindre de ceux qu'on remarque dans cette collection.

On peut donc dire que fous la feconde race, ainfi que fous la première, les principes du *droit* & de la politique, cet enchaînement de conféquences liées entre elles, cette filiation de règles, d'axiomes, de définitions, de divifions exactes qui forment une fcience, étoient tout-à-fait inconnus.

Le fiècle de Charlemagne & les deux fuivans, furent à-peu-près étranges aux loix du *droit naturel* & à la littérature : l'ignorance, la ftupidité, le mépris des fciences & de la morale régnoient univerfellement, dit un moderne (1).

Le *droit féodal*, qui devint la jurifprudence de l'état & du gouvernement fous les premiers rois de la troifième race, & qui introduifit quelques formes républicaines dans un état monarchique, renverfa prefque entièrement le grand édifice de légiflation dont s'étoit occupé Charlemagne. Il fit de tels progrès ; & les conféquences des principes reçus en cette matière furent pouffées fi loin, que l'on ne connut bientôt plus d'autre jurifprudence que celle des loix féodales. Le *droit public*, le *droit* particulier, le *droit eccléfiaftique* même, la politique, tout prit l'empreinte du *droit des fiefs*.

Ce fut dans ces temps qu'on vit naître les mots étranges de *fuzeraineté, hommage, féauté, vaffalité, ligéance* ou *ligéité, parage, lods, rachapt* ou *relief, loyaux aides, aides chevels*, & tant d'autres dont notre *droit*, appellé *coutumier*, notre ancienne hiftoire, notre vieille poéfie & nos vieux romans font remplis. Les caprices les plus extravagans devinrent des loix, & fous le nom de *droits* & de *devoirs féodaux*, celui qui avoit la force en main exigeoit des hommes, qu'il appelloit tantôt fes *vaffaux*, tantôt fes *fujets*, tout ce qu'il lui plaifoit ; la raifon, les mœurs, la religion, la nature même (2) réclamoient en vain contre l'abus ou la barbarie ; la loi de l'inféodation parloit ; il falloit fe taire & fe foumettre.

Dans cette pofition, quel refpect pouvoit-on avoir pour les principes du *droit* & de la politi-

que, facrifiés en toute occafion à des idées toûjours arbitraires & très-fouvent bifarres ?

Une des caufes apparentes du retard des progrès de la fcience du *droit* & de la politique fut auffi le principe fingulier que la cour de Rome, qu'on ne diftinguoit point encore du Saint-Siège, s'efforça d'introduire, pour augmenter fon pouvoir, & accréditer dans l'efprit des peuples fes prétentions immenfes fur le temporel des rois.

Elle en trouva l'occafion dans la foibleffe de Louis-le-Débonnaire, dans l'efprit mal-fait de Charles-le-Chauve, dans la timidité de Robert, le premier de nos rois qui ait été excommunié à Rome, & le premier qui y ait été canonifé ; dans l'indolence de Philippe I, difpofé à facrifier tout à fon repos & rien à fa gloire & à celle de l'état ; dans la conduite aveugle & paffionnée de Louis-le-Jeune, contre Henri II, roi d'Angleterre, fon rival ; enfin, dans les projets peu réfléchis de quelques autres princes qui, en fe fervant de la cour de Rome, confirmèrent fes ufurpations & lui donnèrent des titres, dont les papes firent dans la fuite un fi fréquent ufage contre ceux de qui ils les tenoient.

Philippe-Augufte fut le premier des rois de la troifième race, qui reconnut les fautes de fes prédéceffeurs, & qui penfa férieufement à y remédier. Mais, à l'époque de fon règne, la cour de Rome avoit déja pris tant de fupériorité, en ébloüiffant les peuples & quelques fouverains même du nom toujours refpectable de la religion, qu'il n'alla pas auffi loin qu'il s'en étoit flatté.

La découverte du livre *des Pandectes*, en 1127, eût dû bannir tout-à-fait l'ignorance & la barbarie, en ramenant les efprits à cette raifon épurée qu'on a appellée *ratio fcripta*, & qui, fans être parfaite, étoit bonne du moins pour ce temps-là. Mais de vieux préjugés, l'habitude & de trop grands intérêts s'oppofoient aux progrès des principes lumineux du *droit romain*, qui le céda, d'un côté, au *droit canonique*, & de l'autre au *droit féodal*.

S. Louis fut plus heureux que fon aïeul, & peut-être, fous fon règne, la France eût-elle connu de véritables principes de *droit* & de politique, fi le fyftème des croifades, né fous Philippe I, n'eût point été un nouvel obftacle au progrès de la raifon.

à fon tour de la même peine, par les empereurs Léon & Bazile, qui firent ce qu'ils purent pour fupprimer fes livres. *Traduction d'Arthurus Duck, de l'ufage du droit civil, ch.* 5, *pag.* 68.

(1) Arthurus Duck, de l'ufage du droit civil, chap. 5, pag. 75.

(2) Cambden *de Britannia*, & Spelman après lui, rapportent une ancienne charte par laquelle Baudouin avoue tenir certaines terres à Hemington, dans le comté de Suffolk, *pers ferjantiam, pro quâ debuit facere, die natalis domini, unum faltum, fuffium & peltum.* Dans l'aveu de Breuil, daté du 27 feptembre 1398, il eft parlé *d'un trépied dû au feigneur pour chaque femme qui battoit fon mari.* Pour la naiffance d'un enfant qui auroit les deux fexes, au village de Montluçon, quatre deniers une fois payés, *aut unum bombum five vulgariter pet, fuper pontem de caftro montis Lucii folvendum.* La Thaumaffière, dans fes notes fur les coutumes de Beauvais, chap. 28, pag. 407 à la fin & 408. La maifon de la Rovere en Piémont avoit le droit de déshonorer la mariée, le jour ou la première nuit de fes noces. Un cardinal de cette maifon, Jérôme de la Rovere, jetta au feu la charte de ce privilège. *Bayle, Dict. au mot SIXTE IV, note H.*

Il se livra, comme bien d'autres princes, au séduisant appas des conquêtes de religion, qui le bannit, pour ainsi dire, de ses états, & priva enfin les françois d'un de leurs plus grands rois.

Il aimoit la justice; il cherchoit à la connoître; il en faisoit l'objet de ses réflexions & de ses études. Les grands ouvrages qui ont paru de son tems, annoncent son goût, & prouvent le degré d'estime qu'on avoit pour la jurisprudence & l'étude des loix romaines & des livres de Justinien, dont la France commençoit à s'occuper.

Tout le monde connoît les *Etablissemens de saint Louis*, divisés en deux livres, & le livre de la *Royne Blanche*, rédigé par Pierre de Fontaine, que le prince faisoit souvent monter avec lui sur le même tribunal pour rendre la justice à son peuple, & le *Coutumier de Beauvoisis*, composé par Philippe de Beaumanoir, bailli de Robert de France, fils de S. Louis, comte de Clermont, auquel quelques-uns de nos jurisconsultes ont donné le nom de *Justinien françois*.

Dans ce même siècle, Thomas d'Aquin, qui montra du génie dans des ouvrages qui en supposoient peu, jetta les fondemens de la science; je veux dire, d'une connoissance méthodique du *droit* & de la politique dans son ouvrage *des Devoirs des princes*, (*de eruditione principum*), & dans sa lettre adressée à la duchesse de Brabant.

Sous le règne de Philippe le hardi, esprit bien inférieur à celui de S. Louis son père, mais non moins zélé pour la justice, le *droit* & la politique firent quelques progrès. Gilles de Rome, élève de S. Thomas & précepteur de Philippe le Bel, se distingua par un excellent ouvrage *sur la Conduite des princes*, & par un autre *sur le Pouvoir ecclésiastique & la puissance temporelle*. Ces morceaux, peu connus & peu lus, mériteroient de l'être davantage, & honorent à quelques égards le siècle où on les publia. Pour faire l'éloge de Gilles de Rome, il suffira de dire qu'il fut le conseil & le guide de Philippe le Bel dans le fameux différend, entre ce prince & l'ambitieux Boniface VIII, & qu'il soutint les intérêts du prince contre les prétentions du pontife avec une fermeté qu'on ne sauroit trop admirer, & qui annonce un homme instruit dans le *droit* & la politique. Après cette grande affaire, conduite par la France avec autant de sagesse que de vigueur, on jugea que la cour de Rome craindroit toujours, dès qu'on cesseroit de la craindre.

Les guerres sanglantes entre la France & l'Angleterre, qui occupèrent les règnes de Philippe de Valois & du Roi Jean, dont le caractère dur & impétueux fut si funeste à sa patrie, empêchèrent pour un temps les progrès de la science du *droit* & de la politique : mais, sous son successeur, on en vit renaître le goût avec celui de l'histoire, qui y est lié plus qu'on ne le pense communément.

Le tempérament de Charles V, affoibli par le

poison que lui avoit donné le roi de Navarre son beau-frère, le renferma dans son palais & l'obligea à faire la guerre par ses généraux. Il aimoit la lecture, & fut le premier de nos rois qui pensa à se former une bibliothèque.

Parmi les différens ouvrages auxquels son estime pour les savans donna lieu, on a toujours distingué le *Songe du verger*. Cet ouvrage fut dédié à Charles V en 1364, par Charles de Louviers, conseiller au parlement de Paris. Il est précieux, parce qu'il contient les anciennes maximes de l'état savamment discutées pour l'époque où le livre parut.

Mais quelque estimables qu'en soient les principes, quelque respect que l'on doive à cet ancien monument de nos *droits* & de nos libertés, le plan de l'ouvrage, aussi bien que celui du *Rosier des guerres*, écrit sous les yeux & par l'ordre de Louis XI, pour l'instruction du dauphin, est trop rétréci, trop peu méthodique pour servir d'introduction à la connoissance du *droit* & de la politique. Ce ne sont que des résultats de l'expérience, ou de sages réflexions appuyées sur le raisonnement & l'autorité du *droit* civil ou du *droit* canonique, de l'écriture ou des pères. On diroit que l'auteur du *Songe du verger*, qui a adopté la forme du dialogue, a voulu suivre la méthode de Platon ou de Cicéron.

Il faut dire la même chose des excellens *Mémoires* de Philippe de Commines, historien de Louis XI, que tant de politiques ont pris pour un chef-d'œuvre, & dont l'empereur Charles-Quint n'achevoit la lecture que pour la recommencer. On a comparé ses sages réflexions, ses principes utiles & judicieux à ce qui se trouve de meilleur dans Thucydide, Polybe, Xénophon & Tacite; mais quelle différence : on n'y trouve pas la clarté, la simplicité, la raison profonde & le courage éclairé que doit offrir un bon ouvrage sur le *droit* & la politique. L'auteur n'ayant écrit que d'après son expérience, & son expérience ayant été acquise dans un siècle grossier & peu éclairé, il n'a pu imaginer les grands principes sur l'administration des sociétés ou la forme des gouvernemens.

Le célèbre prince de Machiavel, bien loin de contribuer à l'établissement des vrais principes du *droit* & de la politique, semble n'avoir été écrit que pour les détruire, empoisonner le cœur des princes, leur inspirer les maximes les plus pernicieuses, leur apprendre la théorie des plus grands crimes; &, sous le prétexte de la nécessité ou de la convenance, c'est-à-dire, sous le prétexte le plus dangereux & le plus abominable, les exciter à des actes d'irréligion, de mensonge, de perfidie & de cruauté. Quelle fut la fin de cet affreux César Borgia qui étoit son héros? Ses forfaits indignèrent tout le monde; il fut mis en prison au Château Saint-Ange & à Ostie; il recouvra sa liberté, mais pour porter son impuissante rage à un siège où il fut tué.

Louis XII, né avec un cœur droit, ennemi du mensonge, savant même pour son tems, crut qu'il lui suffisoit d'être honnête homme, & négligea trop l'art & les mesures qui pouvoient obliger ses ennemis à suivre ses principes. Sous son règne, on ne pensa sérieusement qu'à affoiblir ou à éluder ceux de la cour de Rome, à établir le pouvoir monarchique & l'indépendance de nos rois, & on y réussit. Cela n'étoit pas fort difficile; il ne s'agissoit que d'éclaircir quelques maximes fort simples, & d'avoir recours à l'autorité des textes sacrés de l'Ecriture, pour fixer les bornes des deux puissances.

Avec l'ame la plus noble, l'esprit le plus élevé, François premier eut le génie le plus étendu, & la mémoire la plus heureuse : il fit renaître les sciences dans tous ses états. Les lumières s'accrurent, & les savans pensèrent à l'étude du *droit* & de la politique. Une des maximes de ce prince fut même d'employer, dans les négociations les plus délicates & dans les ambassades, des personnes distinguées dans les lettres, des prélats, ou des hommes de loi.

On s'appliqua au *droit* romain : c'étoit une source précieuse; il falloit y puiser. Mais, en se livrant à l'étude des textes, ou à celle des anciens docteurs, personne ne songea au défaut essentiel de ces immenses collections. Il consiste surtout dans le désordre avec lequel le *droit* naturel, le *droit* des gens & le *droit* civil ou du citoyen y sont confondus.

Justinien, qui s'est acquis tant de réputation par la compilation du corps du *droit*, est accusé d'avoir détruit les monumens qui lui ont fourni les matériaux de sa compilation.

Au reste, les hommes éclairés savent aujourd'hui le cas qu'on doit faire de ces loix romaines si vantées : l'estime qu'on avoit pour elles, s'est affoiblie, & cela ne pouvoit être autrement. Indépendamment de tout ce qu'on a dit sur cette matière, ce n'est pas à la cour d'un empereur de Rome que des jurisconsultes, soudoyés par le prince, pouvoient établir les vrais principes du *droit* : si l'on examine la définition du *droit* naturel, telle qu'elle se trouve dans les instituts, on verra qu'en confondant l'homme avec tous les autres animaux, on doit adopter l'axiome de Carnéade, qui a été adopté par Hobbes, *jus naturale est nullum*, le *droit* naturel n'est qu'une chimère.

Parmi les savans hommes qui parurent dans le seizième siècle, les uns étudièrent la jurisprudence en antiquaires & en historiens : ce fut le point de vue du célèbre Guillaume Budé. Les autres en grammairiens. On a fait ce reproche au docteur Connan; on eût pu le faire à Alciat. Le plus grand nombre l'étudia en praticiens, & sans autre objet que celui d'acquérir les lumières nécessaires à la conduite ou à la décision des affaires du barreau. Ne pourroit-on pas faire ce reproche à notre Dumoulin, à Tiraqueau, qui se bornèrent au mérite d'interprètes des loix, sans jamais examiner la justice de ces loix ?

Aucun d'eux n'envisagea la jurisprudence en philosophe; ils ne cherchèrent ni à analyser la certitude des principes du *droit* & de la politique, ni à fixer les rapports qui se trouvent entre l'un & l'autre. On s'en tint aux commentaires qui se multiplièrent à l'infini, aux recueils, aux traités particuliers, à l'examen d'une infinité de questions inutiles en comparaison des questions importantes qu'on négligeoit. L'autorité décidoit tout, & jamais on ne remontoit au principe. C'est avec des citations & des passages, qui souvent se contredisent, qu'on faisoit des volumes sur le *droit* public comme sur le *droit* particulier. Un méprisable savoir étouffoit, pour ainsi dire, la raison.

Les esprits se rebutèrent enfin de cette érudition qu'on n'acquéroit qu'à grands frais, & qui ne procuroit point ces lumières pures, cette certitude satisfaisante qui est le fruit de quelques vérités qu'on pourroit appeler *vérités de première nécessité*, dans les sciences, & dont le germe fécond, une fois développé par le raisonnement, en produit une infinité d'autres.

On abandonna cette étude opiniâtre pour chercher, dans les écrits de Platon, d'Aristote, de Xénophon, de Cicéron, &c. quelque chose de plus solide. Peut-être l'y trouva-t-on; & il y a même lieu de le croire, quand on voit la multitude d'hommes judicieux que forma cette étude sous le règne de Henri II & de ses enfans. Les du Bellay, les Montluc, les Hottmans, les Defoix, les Noailles, les Danez, les Pybrac, les d'Ossat, les Jeannin, &c. peuvent être regardés comme les jurisconsultes & les politiques les plus éclairés qu'ait eu la France.

Il fallut imaginer des remèdes aux malheurs de l'état, sous les règnes tumultueux des trois frères François II, Charles IX & Henri III. Catherine de Médicis leur mère, maîtresse des affaires, avoit malheureusement introduit l'étude & la pratique des principes de Machiavel, dont on vantoit beaucoup en Italie les lumières politiques. L'esprit d'intrigue, des tracasseries de cour, l'hypocrisie, & par conséquent l'irréligion & la mauvaise foi déshonorèrent la cour & la nation.

Les françois, trop généreux pour suivre long-temps des impressions si étrangères à leur caractère, sentirent à la fin les malheurs de l'état, & ils rougirent de son avilissement.

Le patriotisme fit entendre sa voix : des hommes courageux plaidèrent, dans leurs écrits, la cause de la droiture; ils réclamèrent l'espèce de liberté dont la nation est susceptible dans la monarchie : on retrouva le bon sens & l'honnêteté dans leurs ouvrages. Le vertueux Mornay, le sage la Noue, le savant Bongars, tous les hommes illuftres attachés à la France & au parti d'Henri IV fe diftinguèrent autant par leur plume que par leur épée. On établit de grandes vérités, des principes utiles dans les difcours publics, qui fe firent aux confeils & aux affemblées de la nation, auxquelles nous donnons le nom d'*états*.

Bodin (1), qui s'étoit diftingué parmi les orateurs de ces affemblées, donna, dans un ouvrage en fix livres, fous le titre de *République*, des principes de droit & de politique, accompagnés de réflexions & d'exemples qui annoncent beaucoup de lumières, & qui furent admirés de toute l'Europe. Il fut le premier de nos françois qui foupçonna qu'on pouvoit réduire en méthode l'étude du *droit* & de la politique ; &, s'il n'exécuta pas ce grand projet, c'eft peut-être moins la faute de l'auteur que celle de fon fiècle trop livré au goût de l'érudition.

La carrière étoit ouverte, mais perfonne n'ofoit y entrer. Scipion Gentilis, dont nous avons un *Traité du droit de la guerre* ; Villiers, Hottman, Charles Pafcal, auteur eftimé d'un *Traité de l'ambaffadeur* ; Guy Coquille, dont le préfident de Thou a fait un fi bel éloge, & que l'avocat général Servin comparoit à Papinien, paroiffoient dignes d'achever l'ouvrage commencé par Bodin ; mais l'étendue du projet les étonna ; ils n'oférent en entreprendre l'exécution, & ils fe bornèrent à des traités particuliers. Leurs ouvrages eftimés fervirent cependant beaucoup ; car ils donnèrent une efpèce de vogue à l'étude du *droit* public & de la politique.

Enfin Grotius parut : nous avons déja remarqué que fes leçons de politique font fouvent injuftes & mal calculées ; il autorife des chofes criminelles, & il défend des chofes raifonnables : on voit que fon efprit étoit élevé, & que fa raifon manquoit de courage & de fermeté : mais, s'il ne faut plus louer fes ouvrages avec exagération, il faut fe fouvenir de l'époque où il les publia ; &, fi l'érudition & les fubtilités de la dialectique déparent fouvent fes écrits, fes fautes, qui furent celles de fon fiècle, ne doivent être comptées pour rien ici, car nous faifons le tableau hiftorique des progrès du *droit* public.

Son *Traité du droit de la guerre & de la paix* a paffé long-temps pour un des plus grands efforts dont l'efprit humain foit capable. Lui-même difoit

qu'il y avoit employé tout fon favoir. S'il profita comme il y a lieu de le croire, du travail de Scipion Gentilis fur le *droit de la guerre*, il alla bien plus loin que lui, & il traita fon fujet avec tant de fupériorité & d'intelligence, qu'il fixa fur lui feul les yeux de tous les jurifconfultes & de tous les politiques de fon temps.

Trop profond, trop favant pour être à la portée du commun des lecteurs, Grotius avoit befoin d'un traducteur éclairé. Il en a trouvé deux, Courtin & Barbeirac, tous les deux eftimables ; mais fur-tout le dernier, qui a développé l'économie & l'enchaînement des principes de l'auteur, dont la liaifon ne paroiffoit pas affez fenfible. On peut même dire qu'il a augmenté le mérite de l'original, en y répandant plus de jour.

D'après le traité de Grotius, auquel il faut joindre la traduction & les commentaires de Barbeirac, Hobbès & Puffedorf fe font appliqués à la difcuffion des principes du *droit* naturel & au développement de fes différences avec le *droit* des gens & le *droit* civil. Ils ont débrouillé la jurifprudence & la politique, & préfenté les objets avec une précifion qu'on ne trouve pas dans Grotius.

Leurs ouvrages, accueillis de la manière la plus favorable, ont été fuivis des *Principes du droit naturel* & de ceux du *droit politique* de Burlamaqui, confeiller d'état & profeffeur en *droit* à Genève, reçus avec tant d'avidité. Si l'*Effai fur les principes du droit & de la morale* (2) de Richer d'Aube n'a pas eu le même fuccès, cependant il a trouvé des lecteurs.

Mais que font tous ces ouvrages auprès de l'*Efprit des loix* ? Et depuis l'*Efprit des loix* avec quelle énergie & quelle profondeur les écrivains françois n'ont-ils pas difcuté les principes du *droit* naturel, ceux du *droit* public & du *droit* politique ?

DROITS ET DEVOIRS. Ce font les conditions onéreufes & favorables, fous lefquelles l'homme exifte dans le monde & fubfifte dans la fociété.

Les *droits* de l'homme, confidérés plus particuliérement, font les titres primitifs qui lui furent accordés par la nature, en vertu defquels il doit jouir, en fa qualité d'homme, de tous les avantages, de tous les biens néceffaires à fes befoins, & propres à fa fubfiftance & à fon bien-être.

---

(1) Jean Bodin que Cujas, qui ne l'aimoit pas, parce que Bodin l'avoit critiqué, appelloit *Audinus fine bono*, (qui eft l'anagrame de *Joannes Bodinus*) étoit natif d'Angers, & mourut procureur du roi à Laon, en 1596. Ses *fix livres de la République* parurent, pour la première fois, en françois en 1577, in-folio. Il en donna une feconde edition plus parfaite en 1580. Les anglois en firent une traduction latine, que Bodin eut le plaifir de voir lire dans l'univerfité de Cambridge, lorfqu'il paffa en Angleterre à la fuite de François de France, duc d'Alençon, à l'occafion des propofitions du mariage de ce prince avec la reine Elifabeth. Bodin a lui-même traduit *fa République* en latin. Et, ce qui eft peut-être un plus beau titre de gloire, il a produit Montefquieu qui lui doit *fon Syftéme des climats*, & une multitude de vues rajeunies & préfentées avec tant d'éclat dans l'*Efprit des loix*.

(2) François Richer d'Aube, maître des requêtes, intendant de Soiffons en 1727, mort le 6 octobre 1752, âgé d'environ 66 ans. Il étoit petit-neveu du célèbre Fontenelle ; fon livre eft un in-4°. de 514 pages. L'auteur n'étoit ni affez favant, ni affez profond pour un pareil ouvrage.

X 2

Les *devoirs* font les obligations impérieufes, qui lui furent impofées par la nature & la néceffité, qui font attachées à fon individu paffible & mortel, & auxquelles il ne peut fe fouftraire fans fouffrir, & enfin fans périr.

Les *droits* & les *devoirs* de l'homme en famille & en fociété, ne font qu'une extenfion de ceux-ci.

L'amour propre, organe préparé par la nature pour la confervation de fes productions ; action dans les végétaux, inftinct chez les animaux, & qui s'étend en nous jufqu'à l'intelligence, s'exalte & s'épure dans les idées & l'opinion de l'homme. Tantôt il fe repaît de chimères & fe crée des fantômes ; tantôt il revient fur lui-même, s'épuife & fe détruit par de vains efforts : mais il a des règles fûres pour fe retrouver à fa véritable place, & ces règles font dans la nature qui lui indique fon objet, lui prefcrit fa tâche, & lui apprenant à s'en acquitter, lui en donne les moyens.

L'objet de cet amour propre qui veille à notre bien-être, eft d'acquérir des *droits*, de les perpétuer, de les étendre ; fa tâche d'acquitter les *devoirs* correfpondans inféparables de nos *droits* ; fes moyens, ce font nos organes, & nos facultés naturelles & acquifes.

Les uns & les autres font perfectibles, par l'habitude & par l'intelligence. C'eft à celle-ci qu'il appartient de diriger le tout. Pour bien employer un objet, il faut le bien connoître. La connoiffance exacte de nos *droits* & de nos *devoirs* eft donc le premier befoin de notre intelligence.

Nos *droits* font tous relatifs à la continuité, à la commodité & à la perpétuité de notre exiftence ; nos *devoirs* fe rapportent tous à l'obtention, à la confervation & à l'extenfion de nos *droits*.

Le fondement & la bafe de nos *droits*, ainfi réunis & inféparables, fe trouve dans le fein de la nature. Seule, elle fournit à l'homme les premières avances de fa fubfiftance, le premier de fes befoins, & par conféquent fes premiers *droits*.

Le travail auquel l'oblige la néceffité de rechercher fa nourriture, de la ramaffer, de l'apprêter, fut le premier de fes *devoirs*. Son intelligence aidant à fes organes de difcernement, de force & de vîteffe, l'homme apprit à guetter le fecret de la nature, à l'inviter à la multiplication des alimens & des produits analogues à fes autres befoins ; c'eft la culture de la terre, travail que la nature fit fructifier.

La culture veut de l'aide. Toutes les conditions naturelles de l'homme exigent qu'il s'affocie avec fes femblables ; & cette affociation eft un traité, dont la fubftance embraffe tous les membres qui la compofent, dans le cercle des *droits* & des *devoirs* d'un feul individu. Nous allons nous expliquer, en revenant toujours à la terre, organe des loix de la nature le plus préfent à nos befoins, fource de toutes les avances & règle phyfique de nos *droits* & de nos *devoirs*.

La terre, comme nous l'avons dit, fit les premières avances : il fallut, pour les perpétuer, les lui rendre, partie en nature, partie en travail. Cette reftitution fit l'acquit de notre *devoir* ; & la terre, par fa fertilité, nous rendit le tout avec accroiffement pour reftituer notre mife, récompenfer notre travail, & continuer fon bienfait en nous faifant de nouvelles avances.

Suppofons des affociés pour cette cultivation ; l'expérience nous ayant appris que l'aide bien entendue double l'effet du travail, nous ne pouvons douter que chacun des affociés ne foit compris dans le don de la nature qui en réfulte ; qu'il ne revienne à chacun fon *droit*, qui récompenfe l'acquit du *devoir* paffé, & foumet au *devoir* du travail futur, fi l'on veut que le profit fe perpétue. Ici commence le cercle des *droits* & des *devoirs*, au centre duquel viennent fe réunir tous les intérêts individuels.

Partez delà & cherchez en quoi confiftent tous les *droits* & les *devoirs* fociaux, d'individus à individus, d'homme à homme, par-tout vous trouverez ce cercle de *droits* & de *devoirs*, applicable à toutes les conventions & inftitutions humaines, à tous les liens fociaux, à tous les *devoirs* naturels ou de choix : *droit* d'acquérir chacun fa part dans les tréfors annuels que la terre nous prépare, d'étendre cette part, d'en perpétuer la perception : *devoir* de parvenir à cet objet par la reftitution des avances qui nous furent faites, foit en mife, foit en travail, foit en induftrie : *droit* de faire de cette part fa propriété que nul ne peut léfer fans crime, fans attentat contre la nature & la fociété : *devoir* de rendre, de laiffer, de garantir à chacun fa part en propriété, aux mêmes conditions d'immunité facrée. tout ce qui fort de-là contrarie la nature, & ne fauroit durer. Tout ce qui embraffe l'idée la plus étendue du jufte & de l'injufte, fe rapportera toujours à ce principe fimple & conftitutif des *droits* & des *devoirs* de l'humanité, qui a fa fource & fa vie dans la terre.

En renfermant dans cette doctrine, (applicable avec la plus grande fimplicité à tous les détails de *droits* & de *devoirs* de chacun en particulier) toute l'inftruction indifpenfable à donner à chaque individu, membre d'une fociété policée, il ne fera plus fi difficile, qu'on a voulu le faire croire, de rendre l'inftruction générale, & de repouffer la politique impie qui a voulu affujettir les peuples, par la barbarie ou par des fuperftitions mal-entendues.

Chacun comprendra facilement que fon père & fa mère lui ont fait les avances de la vie, & qu'il faut lui rendre toute la vie ;

Que, dans ces avances, il entra portion de ce qu'il redoit en fecours à fon frère cadet ;

Qu'en remontant un peu plus haut, fes proches ont avec lui un même père, & que tous partent des mêmes avances ;

Que la fociété fit à fon père des avances de fûreté & d'hofpitalité ;

Que le maître qui inftruit, que la religion qui

enseigne, élève, tempère, menace ; que le magistrat qui maintient l'ordre ; que la souveraineté qui couvre & défend tout, font tous en cela de grandes, fortes & respectables avances, dont il doit rendre sa portion, en s'acquittant de sa portion de ces *devoirs*.

Si, dans sa débile enfance, il apprend cela par cœur, chaque progrès de son intelligence lui en montrera l'application, lui en donnera l'habitude, lui en inspirera le sentiment, d'autant plus que la notion de ces avances dérive de celle de ses *droits*, & que chacun entend volontiers tout ce qui a trait à cet article.

A côté de ses *droits* se trouvent ses *devoirs*. On ne porte pas la même attention à les connoître, on n'écoute pas ce qu'on nous en dit avec autant de complaisance ; mais en définissant ce grand art d'instruire, en l'appliquant aux objets rapprochés de *devoir* journalier, en lui montrant le profit qui en résulte, toujours proportionnel à la mise en avances & en travail, on arrivera bientôt à la propriété, à la sûreté, aux avantages qu'on acquiert en propre, & à la liberté d'en user à sa volonté.

L'instruction sur les *droits*, montre par-tout la propriété. L'instruction sur les *devoirs*, rappelle toujours aux avances.

Ainsi, pour accoutumer chaque enfant à être homme, citoyen & regnicole de cœur & d'esprit, pour instruire chaque homme de tout ce que lui vaut la société & de tout ce qu'il lui doit, pour former de bons sujets & de dignes souverains, pour réunir tous les membres du corps social en une seule & même opinion & volonté sociale, il suffit d'inculquer à tous, selon la portée du plus simple, la doctrine des avances, des *droits* & des *devoirs*, & de la propriété ; &, pour leur offrir cet ensemble, il suffit de leur apprendre le petit catéchisme des *droits* & des *devoirs*.

On n'exclut pas pour cela les hautes leçons morales & religieuses ; mais le plus grand nombre n'y sauroit atteindre que difficilement, les profusions &c. les exemples d'une société compliquée tendants souvent à l'en éloigner ; & ceux qui ont le moyen de se livrer aux spéculations, ne sauroient souvent y tenir ferme contre les subtilités du raisonnement & les égaremens de l'esprit, qu'en s'éloignant jusqu'à un certain point des bases simples & inébranlables de l'ordre naturel.

Cette connoissance est la boussole de la bonne conduite dans la vie, le guide du véritable intérêt particulier, dans lequel seulement réside l'intérêt public, qui n'est autre chose que la conservation des *droits* de tous, & l'observation des *devoirs* de tous. Tâchons de rendre ceci plus évident encore, en donnant plus d'étendue à nos idées, & en faisant des applications particulières, des vérités générales que nous venons d'indiquer.

Comme être matériel & sensible, l'homme est averti de ses besoins, par ses sensations. Comme être intelligent & raisonnable, il apprend de l'expérience & de la raison les moyens de les satisfaire. Etablis pour surveiller son ignorance & lui servir de sauve-garde, la douleur & le plaisir sont ses premiers maîtres ; l'une lui fait éviter & fuir ce qui lui peut nuire : l'autre le fait voler au-devant des objets qui lui sont essentiels.

Ainsi la nature nous ayant donné des besoins & des desirs qui constituent nos *devoirs*, nous a en même-temps gratifiés du *droit* & des moyens de nous procurer la jouissance & la possession des choses qui peuvent servir à les contenter.

Les *droits* & les *devoirs* sont relatifs & réciproques ; ils croissent ou ils s'affoiblissent en même-temps & mutuellement ; c'est-à-dire, qu'à mesure que les *droits* de l'homme prennent de l'extension par la faculté d'en faire usage, ses *devoirs* s'étendent & deviennent plus pressans & plus obligatoires. Augmenter ses *droits*, c'est donc augmenter ses *devoirs*, & de même ajouter à ses devoirs, c'est étendre ses *droits* naturels & légitimes.

Les relations de l'homme sont la mesure de ses *droits* & de ses *devoirs*. D'abord, simples & en petit nombre, elles se forment, croissent & se multiplient avec ses facultés individuelles & ses propriétés. Ses premières relations sont avec la nature ; celles qui suivent graduellement sont avec le père & la mère, avec la famille, la société, le gouvernement, l'humanité. D'après ces premières notions, il n'est pas difficile de connoître & de classer nos *droits* & nos *devoirs*.

Nous venons au monde, nous habitons la maison paternelle, nous entrons dans la société chargés de nos *devoirs* envers nos supérieurs, envers nos égaux, envers nous-mêmes. L'auteur de la nature, qui nous a donné l'existence, les parens de qui nous tenons le jour, le prince qui nous gouverne sont nos supérieurs : nos amis, nos concitoyens, tous les hommes sont nos frères & nos égaux.

La soumission, l'amour, le respect nous acquittent envers les premiers ; la justice & la bienfaisance envers les autres. Notre conservation & notre bien-être exigent pour nous-mêmes la préférence de nos soins & l'amour de nous, toujours louable, s'il n'est pas excessif. C'est-là le tribut journalier dont nous sommes redevables, & auquel nous ne pouvons nous dérober, sans vouloir troubler l'harmonie générale, & sans porter atteinte à notre repos.

Nos *devoirs* une fois désignés, nos *droits* le sont en même-temps, puisque ce qui est *devoir* pour nous, est *droit* pour ceux à qui nous sommes tenus de les acquitter, & que les *devoirs* de ceux-ci à notre égard constituent nos *droits* sur eux. La connoissance de ces relations & de la réciprocité des *droits* & des *devoirs* entre les hommes, dans les divers états & les différentes positions de la vie, est de la plus grande importance, & peut seule former la base d'une bonne éducation comme d'une bonne politique, parce qu'il est infiniment intéressant pour toute société policée que chacun connoiſſe préciſément ce qu'il peut ſur les autres, & ce que les autres peuvent ſur lui, les conditions ſous leſquelles il jouit de ſa propriété, & combien il eſt juſte & profitable que chacun ſoit le maître paiſible de la ſienne; enfin qu'il n'y a que le calcul d'un faux intérêt qui iſole l'homme, & qu'il gagne à s'unir aux autres & à les ſervir.

C'eſt pour faire jouir chacun de ſon droit que les ſociétés policées ſe ſont formées, que les gouvernemens ſe ſont établis, & c'eſt par l'obſervation des devoirs que tout état, que toute police ſubſiſte; ainſi, de l'obſervation des devoirs & de la jouiſſance des droits, naît la conſervation & le bonheur de l'homme, qui ne peut ſubſiſter ſur la terre ſans cette harmonie.

Premiers droits & devoirs.

Ce que le ſentiment & la religion nous preſcrivent de rendre à Dieu, la raiſon & la juſtice ne l'ordonnent pas moins. Tout ce qui s'offre à la vue ou tombe ſous les ſens, annonce la bienfaiſance & dépoſe de l'autorité du maître de la nature. Tout nous montre un ſuprême ordonnateur qui a donné le mouvement & la vie, qui a préparé la ſucceſſion & pourvu à la reproduction des êtres, & qui, malgré les irrégularités apparentes de l'univers, entretient ce bel enſemble depuis tant de ſiècles dans un ſi grand accord, qu'il eſt toujours dans la juſte meſure qui convient à toutes ſes parties. Les tremblemens de terre, les tempêtes, les inondations ſi terribles aux individus, ſervent à l'ordre de l'enſemble, & ne vont point à l'extinction des eſpèces; la guerre même que l'homme ne ceſſe de faire à certains animaux, plus cruelle pour eux que tous les fléaux phyſiques, n'a pu en détruire aucune. Les tygres, les lions & les loups ſubſiſtent; le grand ordre a pourvu à tout.

Mais ſi, par la volonté de celui qui a tout fait, chaque eſpèce a droit à l'exiſtence & à la perpétuité; ſi l'homme pourvu de plus grandes qualités & d'un eſprit qui lui ſoumet en quelque ſorte toutes les forces de la nature, eſt par cela même obligé à de plus grands devoirs, il trouve auſſi de plus grands droits dans cet ordre irréſiſtible.

Comme créature intelligente & raiſonnable, il contracte en venant au monde, un devoir d'adoration, d'amour & de reconnoiſſance envers l'auteur de la nature & du grand ordre; un devoir d'obéiſſance à cet ordre univerſel, ſuprême & ſacré, quelque impulſion que puiſſe nous donner notre intérêt, toujours pervers, quand il contrarie la loi de l'ordre; enfin un devoir de réſignation abſolue à ce que ordonne cette loi, de nous & de nos intérêts. Mais dès-lors l'homme a droit à la vie que Dieu lui a donnée, pour en jouir, ſous ſa volonté, le plus & le mieux qu'il peut, ſauf le droit des autres. Il trouve, dans le grand ordre des choſes, la baſe de ſon droit, la loi qui lui aſſigne ſa part à

la ſubſiſtance, à la liberté, à la ſûreté & à la propriété.

La vie ne ſeroit qu'un préſent illuſoire, ſi nous n'avions un droit permanent à la ſubſiſtance; elle offriroit dans la nature une contrariété funeſte, puiſque nous ſommes forcés de pourvoir à nos beſoins, ſous peine de ſouffrance & de mort. Auſſi cette néceſſité impérieuſe donne d'abord à l'homme le droit de ſe procurer les choſes propres à le nourrir; car le grand vœu de la nature étant l'exiſtence & la ſucceſſion des êtres, elle agiroit évidemment contre ſon vœu, ſi l'homme n'avoit pas ce droit; &, pour qu'il en faſſe un uſage convenable, il faut non-ſeulement qu'il jouiſſe de la liberté de ſa perſonne, ſans quoi n'ayant pas droit à lui-même, il n'auroit droit à rien, il faut encore que les choſes qu'il ſe procure par la recherche & le travail lui appartiennent en propre; ſinon par la négation de ces deux propriétés mobilière & immobilière, ſon droit à la ſubſiſtance devient encore nul, & l'homme ceſſe d'exiſter. Ses prétentions à cet égard ſont donc fondées ſur la juſtice par eſſence, & elles n'auroient de bornes que l'inſuffiſance de l'homme, ſans la propriété des autres que la loi naturelle & la raiſon lui apprennent à reſpecter, pour ne pas donner de motifs d'attenter à la ſienne. Tels ſont les premiers droits de l'homme conſignés dans le grand livre de la nature, auquel il faut toujours avoir recours pour trouver les principes de toute loi & de toute juſtice.

Droits & devoirs de l'homme dans la ſociété policée.

C'eſt à la ſociété bien ordonnée que l'homme doit tout le bonheur dont il jouit ſur la terre. Il tient de Dieu ſon exiſtence & ſes facultés; mais il trouve dans la ſociété la ſûreté de ſa perſonne, l'emploi de ſes forces & de ſon induſtrie, le perfectionnement de ſes organes & l'aſſurance de ſes biens. C'eſt ſous la protection du corps politique dont il eſt membre, qu'il vit tranquille à l'abri de l'invaſion du fort & des attentats du méchant. Ce ſont ſes loix qui veillent autour de lui, & qui défendent ſes propriétés.

Sans l'inſtitution ſociale, le genre humain ne ſeroit encore compoſé que de peuplades miſérables, les arts ſeroient ignorés, les douceurs de la vie civile ne ſeroient pas connues, & l'homme reſteroit borné comme les animaux aux reſſources de la recherche pour ſa ſubſiſtance. La ſociété bien ordonnée eſt donc pour l'humanité le plus haut point de perfectibilité & de bien-être; les droits de chaque homme n'y ont pas été ſeulement protégés, ils s'y ſont accrus par la facilité de l'uſage. Mais comme tout eſt relatif dans le monde, ſes devoirs y ont augmenté en proportion de ſes droits. Il eſt libre de ſa perſonne, maître abſolu de fes biens & de fes richeffes (1). Il en a pour garant l'union conftante de toutes les volontés & le pouvoir de l'autorité tutélaire ; mais il doit, par cette raifon, regarder avec refpeét la propriété des autres, &, dans la vue même de fon intérêt, n'y donner jamais atteinte ; il doit fournir des fecours pour en mériter & déférer aux loix ; il doit enfin contribuer pour fa part, en raifon de fa force & de fes revenus, aux dépenfes fouveraines, qui bien dirigées n'ont pour but que la protection, la défenfe & l'amélioration des propriétés particulières & de la chofe publique.

En effet, fi la fociété eft formée pour le bonheur de tous fes membres, comme on n'en peut douter, chacun y doit trouver l'extenfion de fes *droits* par le concours de tous, & chacun a le plus grand intérêt d'en affurer l'exercice à lui & aux autres. D'un autre côté, le fouverain n'ayant de pouvoir que par la réunion de toutes les volontés fociales en fa perfonne, fon intérêt demande qu'elles ne s'aliènent jamais de lui, & que l'ordre qui maintient les propriétés ne fouffre aucune altération ; d'où il fuit que les loix de la fociété fuppofées les meilleures poffibles, le *droit* naturel de l'homme doit y avoir la plus grande étendue poffible.

Les *droits* du fouverain, réfident dans les *devoirs* des fujets. Ceux-ci, par un jufte retour, ont leurs *droits* de citoyens établis fur les *devoirs* du fouverain, & l'affurance de ces *droits* fur fon autorité, qui, femblable à celle de Dieu, doit être préfente par-tout, pour furveiller & maintenir la fûreté publique, l'inftruction publique & le patrimoine commun.

La fûreté publique bien établie fuppofe qu'un homme ne doit pas être feulement à l'abri dans fa maifon, au milieu de fa famille, de l'attentat & de l'invafion des méchans ; mais encore dans tous les lieux de l'état où fes propriétés de toute efpèce peuvent s'étendre ou fe transporter : ainfi les chemins, les lieux écartés & les frontières, comme les places publiques & les rues de la capitale, doivent être fous l'œil vigilant de l'autorité fouveraine.

Le *devoir* d'inftruire dont eft chargé le fouverain, fait attendre de lui l'éducation publique, l'enseignement des *droits* & des *devoirs*, & la juftice qui en eft le garant immuable. Il n'importe pas moins au chef qu'aux fujets que cette inftruction s'établiffe, fe maintienne, fe perpétue. L'erreur offufque & trouble la raifon, caufe les maux publics & les défordres moraux & politiques. L'inftruction feule, publique & continuelle peut s'oppofer à l'erreur & la détruire, en montrant le vrai principe des chofes.

Il ne peut y avoir que des chefs injuftes qui veuillent abufer de la foibleffe humaine, & faire

ligue avec l'ignorance pour perpétuer & augmenter l'erreur. Ils prohibent l'inftruction qui éclaireroit leurs injuftices, auffi l'ignorance eft partout le partage des efclaves ; mais il eft de la dignité de l'homme libre de jouir de l'inftruction.

Enfin les propriétés feroient comme nulles dans une fociété, fi on n'avoit la facilité d'en jouir. Elles deviennent agréables, elles profpèrent en raifon de cette facilité. Tout ce qui peut fervir au débouché, à la communication, au commerce, à la circulation, donne un prix aux productions de la terre, en fait des richeffes & augmente la force & la richeffe de l'état. Ainfi la conftruction & l'entretien des chemins, des canaux, des ponts, des quais, des ports, des rues, des marchés, des aqueducs, &c. fait une partie effentielle des *devoirs* du fouverain, en tant qu'il veille & préfide à la confervation & à l'accroiffement des avances foncières fouveraines, qui font le patrimoine public & établiffent l'abondance.

Quelle que foit la forme extérieure de l'autorité, elle n'a jamais dû s'occuper que de ces objets. Elle n'eft rien au-delà ; car elle ne doit avoir ni infpection, ni jurifdiction fur les particuliers, tant qu'ils font dans l'ordre & que perfonne ne s'en plaint. Telles font, dans la fociété, les fonctions du chef pour le repos & le bonheur de tous, & tels les *droits* des particuliers pour leur bien propre & pour la profpérité générale.

Droits & devoirs dans la famille, ou droits du père & du fils, relativement l'un à l'autre.

Ici fe vérifie d'une manière plus précife cette vérité, que nous n'avons encore expofée que fuccinctement ; favoir, que le *droit* & le *devoir* naiffent enfemble & fe fuivent fans ceffe ; qu'on n'eft point affujetti à des *devoirs*, fans acquérir des *droits*, & que plus les premiers s'étendent, plus les autres s'accroiffent & deviennent facrés. Les *devoirs* de père & de fils font comme tous les autres prefcrits par la nature ; mais comme ils devoient être en quelque forte la bafe de l'humanité, le fondement des liaifons fociales & le principe des *devoirs* relatifs, ils ont dû précéder toutes les fociétés.

Dès qu'il y a eu un homme & une femme fur la terre, un père & un enfant, ces *droits* & ces *devoirs* relatifs de père & de fils inftitués par le grand ordre, ont commencé à avoir de l'exécution, pour être perpétués avec la chaîne des générations jufqu'à la fin des fiècles. L'auteur des êtres s'eft plu à graver en traits ineffaçables dans le cœur de toutes les créatures, mais particuliérement dans celui de l'homme, la loi conftitutive des premiers *droits* & confervatrice de l'univers. Il a attaché aux *devoirs* qui s'y lient l'attrait &

les plaisirs les plus doux, l'amour le plus pur & le plus innocent; en sorte qu'on a raison de regarder comme le cœur le plus insensible & le plus dénaturé, celui qui ne les éprouve pas.

Le raisonnement pourroit convaincre l'homme de la nécessité de se soumettre à ces *devoirs* & de la justice de s'y livrer; mais l'instinct, c'est-à-dire, un penchant qui précède tout examen & toute discussion, y soumet invinciblement tout ce qui respire, & par un effet admirable de la toute-puissance, donne à l'amour paternel plus de force, plus d'activité & de vigilance en raison des besoins & de la foiblesse de la progéniture. Le cœur sent vivement, & plus vivement, s'il est moins distrait par d'autres passions : plus les difficultés, les dangers & les douleurs augmentent, plus cet amour tutélaire s'attache à son objet, plus il s'accroît ; & delà vient l'excessive tendresse des mères. Un enfant leur doit plus, leur coûte plus qu'au père; elles sont d'ailleurs plus timides, on sent qu'elles doivent l'aimer davantage.

Les *devoirs* du père envers les enfans sont inhérens à son bien-être, & ses *droits* à la supériorité, au commandement, au respect & aux services, sont une cause de l'observation de ces *devoirs*. Les *droits* paternels sont donc évidens & reconnus; mais quels sont les *droits* de ceux qui leur doivent la vie? Sont-ils nés pour être dépendans? Eh! comment ne le seroient-ils pas? Que deviendroit la famille, que deviendroit la race humaine, sans les soins & les travaux du père? L'enfance n'est que besoin, l'enfant ne naîtroit que pour mourir aussi-tôt, s'il ne recevoit à chaque instant la vie de ceux qui la lui ont donnée. Le père pense, agit, se fatigue, souffre, se consume pour son enfant, pour lui donner une longue vie, une vie heureuse. Quels *droits* plus forts & plus sacrés l'ouvrier a-t-il sur son ouvrage? Il faut bien que l'enfant dépende, tant qu'il ne peut ni se substanter, ni se défendre par lui-même, & qu'il trouve dans cette dépendance les secours que demandent ses besoins. Mais il a *droit* à ces secours, puisqu'on les lui a rendus nécessaires; il a *droit* au soutien de la vie que ses parens lui ont donnée, comme un dépôt qu'ils devoient lui remettre. Ainsi la nourriture, les soins, la protection & l'instruction que les parens ont reçus de leurs pères, deviennent un *droit* pour les enfans, qui à leur tour en sont chargés pour leur postérité; & cette transmission successive est aussi juste que naturelle. En établissant les relations de besoins & de services, de pitié & de reconnoissance, en assignant à chacun tout ce qu'il peut prétendre, elle affermit l'ordre dans la famille & prépare l'homme pour la société.

L'homme enfant pourroit donc dire à ses parens, vous m'avez donné la vie, vous devez donc m'aider à la soutenir, tant que je n'y saurois pourvoir par moi-même. Je suis formé avec des desirs, qui peuvent être bons ou mauvais, suivant qu'ils seront éclairés; il faut donc m'apprendre à vouloir: enfin, je suis né avec de l'intelligence, qui peut être utile ou dangereuse; vous devez donc m'instruire des meilleurs moyens d'en faire usage, & pour moi & pour les autres.

Droits de l'homme sur l'homme.

L'homme a des besoins, & il est foible; il ne peut rien ou presque rien par lui-même; mais il est né bon & sociable, & il devient fort de la force des autres; il doit donc, pour son propre intérêt, pour mériter des secours, ne point refuser les siens, lorsqu'ils sont nécessaires, soit qu'on les lui demande de vive voix, soit que les rapports plus ou moins intimes qui le lient aux autres le sollicitent à soulager leurs besoins pressans & leur misère. C'est donc un *devoir* indispensable d'aimer & de secourir les hommes, tous fils d'un même père, par tous les moyens que nous fournissent nos facultés; mais ces *devoirs* ont des degrés de progression, & nos rapports nous les indiquent. Tout homme sur la terre est en rapport avec nous, & par-là notre prochain; nos plus grands rapports constituent notre plus prochain. Le service le plus prochain est donc le premier *devoir* de fraternité. C'est par l'exactitude à observer l'ordre des rapports, que peut s'établir la fraternité universelle.

Ce *devoir* étant comme tout autre nécessairement réciproque, il n'est point un *devoir* pour un homme, sans être alors un *droit* pour un second. Un écrivain célèbre a très-bien dit : l'homme n'a sur l'homme que le *droit* de l'échange; mais il a ce *droit*; &, s'il faut qu'il donne pour recevoir, la nature y a pourvu, en obligeant l'homme d'être sans cesse dans la dépendance des secours d'autrui. Faire du bien, c'est donc exactement & à la lettre le recevoir, c'est remplir un *devoir* utile & établir son *droit*. Par la même raison, & malgré les sophismes de la fausse politique & de l'aveugle cupidité, faire du mal à autrui, c'est s'en faire à soi-même. Un homme ne peut donc nuire à un homme, ni une nation à une autre nation, sans se nuire manifestement. Pour se convaincre de ces deux vérités importantes, il suffit d'examiner les objections qu'on fait d'ordinaire contre elles, & d'en peser la valeur.

On convient assez généralement qu'à ne consulter que l'équité, gravée au fond de tous les cœurs, l'homme a des motifs puissans, dans sa bonté naturelle, dans son inclination à la justice, pour le porter à secourir les autres, par conséquent à ne leur point faire de mal; mais, dit-on, ce sont des motifs purement moraux, qui ne tiennent point contre des intérêts présens & nécessaires, & on a des preuves que souvent un homme, *une*

une nation ne se nuisent point en se rendant injustes.

On le croit ainsi, & c'est un malheur pour l'humanité ; mais cette opinion funeste n'est pas moins fausse que dangereuse. Quiconque élève son esprit au vrai principe des choses, ne peut s'empêcher de voir & de remarquer, que Dieu ayant établi un ordre physique auquel l'homme doit obéir, sous peine de souffrance & de mort, il faut que tout ce qui en découle, même la morale, se rapporte à cette base physique ; que tout homme qui s'en écarte, trouve même physiquement un dommage dans son infraction.

Vainement diroit-on qu'il y a des scélérats qui ne se nuisent point par leurs crimes, des tyrans par leurs vexations, des conquérans par leurs ravages, des nations par les attentats d'une ambition avide & querelleuse, il n'est pas moins vrai que leurs injustices ne restent pas impunies. Veut-on parler d'un voleur ? Si la maréchaussée, les roues, les gibets n'en font pas raison à la société, la société se la fait en quelque sorte. Un voleur public n'est-il pas toujours en crainte ? Jouit-il pleinement des *droits* de l'homme, des secours mutuels, de sa propriété mal acquise ? N'est-il pas rejetté de par-tout ? Penseroit-on qu'un filou, un voleur du fisc, un plaideur adroit, escroc & fripon évitent absolument la peine qui leur est dûe ? Mais ne sont-ils pas dans le cas d'être recherchés ? Ne donnent-ils pas à ceux qui veulent les dépouiller, le *droit* d'agir à leur égard comme ils ont fait envers les autres ? Ne trouveront-ils pas des gens injustes, eux qui ne veulent pas être justes, ou des gens forts ou adroits qui s'empareront de leur bien ? Et puis, qui peut dire que si ces fripons avoient suivi les loix de l'ordre ; s'ils avoient travaillé avec honneur & probité, ils n'auroient pas réussi ? Sont-ce, après tout, les grandes richesses qui établissent le bonheur ? N'est-il pas évident que si, dans la société, chacun étoit fidèle à ses *devoirs*, tous seroient aussi heureux qu'ils pourroient l'être. Ceux qui contrarient cette disposition, font donc le mal public & le leur. Un bien honnête, bien cultivé, bien soigné, l'estime & la considération qui suivent le travail & la justice, donnent des jouissances plus douces, mieux senties, plus agréables. Un homme se nuit donc par l'injustice, qui n'est que lésion de propriété.

Qui peut douter que les conquérans ne se nuisent en s'emparant des provinces & des royaumes qu'ils subjuguent ? ce ne sera pas celui qui lira l'histoire avec attention. Ce n'est point l'étendue d'un état qui fait le pouvoir & sur-tout le bonheur d'un monarque ; d'ailleurs, on ne ravage pas le pays des autres, sans ravager & affoiblir le sien. Ceux qui vont augmenter les friches dans les états voisins, accroissent nécessairement celles de leurs empires, écrasent leurs sujets & se ruinent eux-mêmes ; combien ces forcenés qui marquent leur

passage en traces de sang & de larmes, n'auroient-ils pas été plus heureux, si, fidèles aux loix de l'ordre, ils avoient employé leurs soins & leurs dépenses à bonifier leur propre sol ? en conquérant sur eux-mêmes un nouvel empire, ils auroient vu multiplier leurs sujets & leurs revenus dans la progression la plus rapide. Ajoutons qu'heureux en apparence, & loués par la bêtise & la flatterie des hommes rampans, ils sont malheureux en effet ; toujours sous le glaive de quelque fanatique, qui croit bien mériter du genre humain, en purgeant la terre de ces désolateurs, ils vivent dans la crainte, & paient souvent de leur sang celui qu'ils ont versé. Quelle est la fin ordinaire de ces héros si vantés ? Le glaive ou le poison terminent leur vie, ou ils la traînent dans des transes pires que la mort. Ninus, Sémiramis, Cyrus, Alexandre, Pyrrhus, Jules-César, & de nos jours, Thamas-Kouli-Kan, doivent fixer les regards de ceux qui entreprendroient de marcher sur leurs traces.

Quant aux nations, à qui l'esprit de vertige a fait perdre de vue les loix de l'ordre, & les peines qui suivent l'infraction de celles des *droits* & des *devoirs*, & qui oubliant les avantages qui résultent de la concorde & du commerce des nations entre elles, repoussent les autres par les armes & les prohibitions, qui s'imaginent devenir riches & puissantes, en raison de la foiblesse & de la pauvreté de leurs voisins, & qui voudroient tout envahir & tout vendre, elles sont dans une erreur très-préjudiciable aux autres & à elles-mêmes.

Qu'est-ce qui rend une nation puissante ? Ses richesses. Et ses richesses, d'où viennent-elles ? de la terre sans doute. Mais ces richesses ne sont telles, que quand elles excèdent les consommations immédiates. Augmentez les produits à volonté, vous aurez de quoi nourrir un plus grand nombre d'hommes ; mais si vos hommes, vrais spartiates, consomment chez eux tous ces produits, ils n'auront que le nécessaire & point de richesse. La richesse est le revenu *disponible*, ou l'excédant du nécessaire, qui se modifie & circule en mille façons dans le monde par l'échange & le commerce. Cela posé, une nation a besoin de toutes les nations ; car, point de revenu pour elle, si elle ne vend ses denrées, point de jouissances agréables, point de finances, point de force, ni de crédit.

Il y a vingt ans qu'on citoit l'Angleterre comme une nation dont la prospérité s'étoit fort accrue par nos malheurs. Ces assertions, d'une aveugle partialité, ou d'une politique ignorante, ne se soutiennent point devant la réflexion, & sont bien démenties par le fait. Il n'est point vrai que l'Angleterre pût s'enrichir par nos pertes. Il est évident au contraire, que, si elle venoit à bout de consommer notre ruine, elle se causeroit un très-grand dommage ; car alors, nous n'acheterions plus ses denrées, ses laines, ni ses ouvrages. On achète peu, quand on est pauvre, on n'achète pas, quand on n'a pas de quoi payer. Si nous étions ruinés, nous n'acheterions rien. D'un autre côté, ne pouvant point, ou presque point faire d'avances pour notre culture, nous aurions peu ou point de produit, & alors, nos vins, nos huiles, nos sels, seroient nuls pour eux, ou plus chers, ou plus mauvais. Une nation n'a donc point d'intérêt à ruiner ses voisins ? Il lui importe au contraire qu'ils prospèrent. Il est aujourd'hui bien prouvé que l'Angleterre n'avoit pas tiré de ses victoires sur la France autant de profit qu'on le publioit, & qu'au contraire elle s'étoit déjà fait un très-grand mal, par la dette énorme qu'elle s'étoit créée, par le désordre qu'elle avoit mis dans ses finances ; enfin, par l'épuisement & les divisions civiles qu'elle se préparoit. La guerre du Canada qui lui avoit coûté quinze cent millions, monnoie de France, suivant M. de Greenville, dans son ouvrage *sur les finances de l'Angleterre*, devoit enfanter d'autres guerres, en exaltant l'orgueil & l'ambition du peuple anglois, en lui inspirant le désir d'étendre sa fiscalité sur l'Amérique pour faire face à ses dépenses passées & futures, en lui faisant oublier enfin dans cet état de vertige ses *droits* & ses *devoirs* envers l'Amérique & la France. Une politique, fondée sur les vrais principes de la justice, avoit déjà fait prédire (1) les malheurs de l'Angleterre. Sa conduite, ainsi que ses succès, ont justifié cette espèce de prédiction, & servent à nous démontrer toujours davantage, qu'une nation, qui méprisant les loix de l'ordre, enfreint les *droits* de ses voisins & s'efforce de leur nuire, se nuit immanquablement à elle-même & se prépare une décadence non moins inévitable que méritée.

Droits de l'homme sur lui-même.

La connoissance de l'ordre naturel, en nous prescrivant les *devoirs* relatifs à tout ce qui nous entoure dans la société, nous en assigne d'indispensables par rapport à nous-mêmes. Elle demande que nous tâchions d'accroître notre *droit* par l'extension de nos *devoirs* ; c'est-à-dire, qu'en étendant les *droits* des autres, qu'en les obligeant, qu'en leur rendant service, nous acquérons à notre tour des *droits* à leurs bons offices, à leurs secours, à leur reconnoissance : car ce mutuel commerce de charité, de bienfaits & de services, augmentant par cette noble émulation la tendance & les efforts vers le bien, il doit en résulter un accroissement & une somme de bonheur pour tous. Etendre nos *devoirs* relatifs, c'est donc étendre nos *droits* propres. C'est la nature qui l'a prescrit. Soyons donc attentifs à ce que nous demande à cet égard l'ordre de la charité & de la justice, établi pour nous comme pour les autres. Eclai-

rons l'ignorance, faisons taire les passions qui nous égarent ; & dans le silence de notre cœur, écoutons la nature qui nous parle ; elle nous apprendra à désirer & à vouloir ; & nous montrant le *devoir* d'être pères bienfaiteurs de ceux dont nous ne pouvons le devenir à d'autres titres, elle nous fera voir que l'extension de leurs avantages est une extension de nos *droits*. Enfin, puisque le penchant nous porte à désirer, désirons ce qui est louable ; mais agissons, voilà le bonheur pour tous.

Remarquons pourtant que cet ordre naturel, d'après lequel nos *droits* personnels sont établis, n'admet pas, même pour le bien, les écarts d'une imagination enflammée. La loi de l'ordre calcule tout, & c'est par le calcul même que la bienfaisance exige sa part sur le patrimoine universel, & qu'elle ajoute sa portion réelle à l'intérêt individuel & général. Remarquons encore, que plus nous travaillerons, plus nous profiterons ; plus nous ferons bien, plus nous trouverons bien, & notre travail, notre profit, notre bienfaisance, notre bien-être, tourneront constamment & réciproquement à l'avantage de tous, & toujours à notre propre avantage.

(*Cet article est de M.* G R I V E L.)

DUC.
DUCHÉ. } *Voyez* le Dictionnaire de Jurisprudence.

DUEL. *Voyez* le même Dictionnaire.

DUNKELSBULL, ville impériale. *Voyez* DINKELSBULL.

DUUMVIRS, magistrats ou officiers romains. Il y eut à Rome plusieurs espèces de *duumvirs*.

Les *capitales duumviri*, *duumviri perduellionis*, connoissoient des crimes de leze-majesté, & n'étoient pas des magistrats ordinaires ; on ne les créoit que dans certaines circonstances.

Les *duumvirs*, ainsi nommés de leur nombre, étoient des juges inférieurs au préteur, & ils ne connoissoient que des matières criminelles ; ils pouvoient condamner à mort ; mais lorsque le criminel étoit citoyen romain, il lui étoit permis d'appeller de leur sentence devant le peuple. Ces charges étoient fort considérées, tant pour le pouvoir qu'elles donnoient que par leur ancienneté ; elles furent créées par le roi Tullus Hostilius, à l'occasion du meurtre commis par Horace, en la personne de sa sœur : *duumviros qui Horatium perduellionem judicent secundùm legem facio*, dit Tite-Live : *lex horrendi criminis erat* ; *duumviri perduellionem judicent* : on appelloit ces magistrats *duumviri capitales* ; c'étoient des espèces de lieutenans criminels.

Il y avoit aussi des *duumvirs* municipaux : c'étoient deux magistrats créés à l'instar des con-

consuls, pour faire les fonctions de ces derniers dans les villes municipales : on les prenoit dans le corps des décurions, & la forme de leur élection étoit la même que celle des consuls, à cela près qu'ils étoient nommés trois ou quatre mois avant qu'ils entrassent en charge, afin que, s'il leur survenoit quelque raison légitime de refuser, on pût les remplacer par d'autres. La nomination avoit lieu aux calendes de mars, & ils prêtoient serment de servir les citoyens avec zèle & fidélité. Ils furent d'abord précédés de deux licteurs qui tenoient en main une baguette ; mais dans la suite ils portèrent les faisceaux, comme nous l'apprenons de Cicéron : *anteibant lictores, non cum bacillis, sed ut hic pretoribus anteeunt, cum fascibus duobus* : ils portoient aussi la robe bordée de pourpre, & par-dessus une tunique blanche ; aussi-tôt après leur élection, ils donnoient au peuple des combats de gladiateurs ; & lorsqu'ils entroient en exercice, ils donnoient aux décurions un ou deux deniers. La durée de leur magistrature n'étoit point fixée du temps d'Auguste, puisqu'on en trouve qui furent en charge cinq mois, d'autres six, & la plupart un an ; ce qui étoit le terme le plus ordinaire.

Les *duumviri navales*, ou commissaires de la marine, furent créés l'an 542, à la requête de M. Decius, tribun du peuple, dans le temps que les romains étoient en guerre avec les samnites : *alterum*, dit Tite-Live, *ut duumviros navales classi ornandæ, reficiendæque causâ, idem populus juberet. Lator hujus plebisciti fuit Decius tribunus plebis.* Ces magistrats étoient extraordinaires & créés seulement pour le besoin, comme l'insinue le même auteur dans un autre endroit : *adversùs illyriorum classem creati duumviri navales erant, qui tuendam viginti navibus mari superiore anconam, veluti cardinem haberent.*

Les *duumviri sacri* étoient choisis par l'assemblée du peuple, toutes les fois qu'il s'agissoit de faire la dédicace d'un temple : *senatus*, dit Tite-Live, *duumviros ad eandem ædem Junonis monetæ pro amplitudine P. R. faciendam jussit* : on les tiroit ordinairement du collège des prêtres.

Les *duumvirs* des livres sybillins étoient deux magistrats chargés de la garde des choses sacrées ; ils furent institués par l'un des Tarquins, qui trouva ces livres sybillins, & qui en confia la garde à deux hommes distingués par leur mérite & leurs dignités, à la place desquels on créa, l'an 387, des *duumvirs* qu'on appelloit *duumviri sacris faciendis*, & on porta en même-temps une loi qui ordonnoit qu'une partie d'entr'eux seroit tirée du peuple. Sylla en augmenta le nombre jusqu'à quinze, qu'on créoit de la même manière que les pontifes ; celui qui étoit à leur tête, s'appelloit *magister collegii*. Les quindecemvirs gardoient les livres des sybilles, & lorsque la république se trouvoit embarrassée, ou qu'on avoit annoncé quelques prodiges extraordinaires, le sénat ordonnoit aux quindecemvirs de consulter ces livres, & de faire tout ce qu'ils prescrivoient.

On distinguoit aussi les *duumvirs* des colonies romaines ; ceux-ci avoient, dans leurs colonies, le même rang & la même autorité que les consuls à Rome. On les tiroit du corps des décurions : ils portoient la prétexte ou la robe bordée de pourpre.

DYCK, seigneurie d'Allemagne. Cette seigneurie, située dans la partie inférieure de l'archevêché de Cologne, appartient à une branche de la maison de Salm-Reifferscheid. Lorsqu'Auguste-Eugene-Bernard, comte de Salm-Reifferscheid de *Dyck*, maréchal héréditaire de l'archevêché de Cologne, mourut en 1767 dans sa résidence de Ledbur-Dyck, sans laisser d'héritiers, la seigneurie de *Dyck* & tous ses états d'empire échurent à François-Jean-Guillaume, son frère cadet, qui étoit alors grand chanoine de Cologne & de Strasbourg, & qui depuis est rentré dans l'état séculier. Cette seigneurie donne droit de séance & de suffrage aux diètes de l'Empire, dans le collège des comtes de Westphalie, mais non point aux assemblées de ce cercle. Il y a une sorte d'alliance entre l'archevêché de Cologne & cette seigneurie, qui est au rang des seigneuries supérieures, & dont le propriétaire assiste aux diètes de Bonne. La seigneurie de *Dyck* consiste en un beau château, en un village, & en plusieurs maisons & fermes éparses. Du nombre de ces derniers est Zweyffater, près de laquelle est établi un péage seigneurial.

E

EAUX ET FORÊTS. *Voyez* le Dictionnaire de Jurisprudence.

EBERSTEIN, comté d'Allemagne : il est situé
le long de la forêt Noire, entre le duché de Wir-
temberg & le marquisat de Bade. Il est coupé par
la rivière de Murg, sur laquelle on flotte des bois
qu'on conduit au Rhin. Les anciens comtes d'E-
berstein, établis en Souabe, diffèrent absolument
de la famille saxonne de ce nom. Le premier,
dont on ait quelques notions certaines, s'appelloit
Berthaud, & vivoit vers l'an 1120. Everard l'aîné,
son petit-fils, laissa deux enfans, Everard le jeune
& Otton l'aîné, qui fondèrent deux branches.
Agnès, fille du premier, épousa le comte Henri
second de Deux-Ponts ; & Simon joignit du
vivant de sa mère, aux titres & aux armes de
sa famille, le titre & les armes du comté d'Eberstein, dont il prit en même-temps la régence ; mais
ayant perdu le tout par un décret judiciaire, ses
descendans renoncèrent dès-lors au titre & aux
armes d'Eberstein, en conservant toutefois un grand
nombre de domaines situés de l'autre côté du
Rhin, lesquels paroissent provenir des cette succession. Othon l'aîné ayant hérité des terres de son
père, à l'exclusion de sa sœur Agnès, laissa un fils,
connu sous le nom d'Otton le jeune, qui en 1283
vendit le quart du château de l'ancien Eberstein à
Rodolphe, margrave de Bade, qui avoit épousé
sa sœur. Son fils Henri I continua cette famille par
son fils Henri II, qui eut deux enfans, Guelphe
& Guillaume I. Guelphe vendit, en 1387 & 1389,
sa portion du comté d'Eberstein au margrave Rodolphe de Bade ; mais Guillaume I eut pour fils
Bernard I, dont le fils Jean donna, en 1453, sa
part du château d'Eberstein aux margraves Charles
& Bernard de Bade, qui, par cette donation, en
devinrent les possesseurs exclusifs. Le comte Bernard III, fils de Jean, maître de toutes les terres qui restoient à la maison d'Eberstein, conclut
en 1505 avec le margrave Christophe de Bade
une convention, dans laquelle il promit que lui &
ses successeurs seroient les conseillers & serviteurs
du marquisat de Bade ; que le comté d'Eberstein
jusqu'alors divisé, lui seroit réuni ; que la jurisdiction, ainsi que tout le reste de l'administration,
à l'exception d'un petit nombre d'articles, seroient
exercées en commun ; que la foi & hommage des
sujets se recevroient de même, & qu'enfin une paix
éternelle seroit jurée & observée de part & d'autre dans tous les châteaux, villes & bourgs dépendans du comté indivis d'Eberstein. Il fut stipulé de plus, que si l'un ou l'autre des contractans se trouvoit dans le cas d'engager ou de vendre sa portion, il seroit tenu de l'offrir préféra-
blement & deux mois d'avance, à son co-seigneur.
C'est en vertu de ce traité que tout le comté d'E-
berstein passa à la maison de Bade en 1660, après
la mort du comte Casimir, dernier mâle de cette
famille. Les comtes portoient d'abord d'argent à
une rose de gueules ; mais ils y joignirent, dans
la suite, d'or à un sanglier de sable, apparemment
pour avoir des armes parlantes, attendu qu'Eber
signifie en allemand un verrat. La branche aînée
de la maison de Bade a possédé ce comté jusqu'à
son extinction, & en 1711 il a passé à celle de
Bade-Dourlac, qui a réuni tous les états de ses
ancêtres. Il forme un grand bailliage &, malgré
la réunion, il a conservé ses officiers, tandis que
les communautés luthériennes qui s'y trouvent,
ont été soumises à la juridiction de la surinten-
dance ecclésiastique de Carlsruhe. Il donne au
margrave de Bade voix & séance à la diète de
l'Empire, dans le collège des comtes de Souabe,
ainsi qu'aux assemblées du cercle. L'ancienne taxe
matriculaire du comté d'Eberstein étoit de quatre
fantassins, ou de seize florins par mois. Il paye
pour l'entretien de la chambre impériale 10 rixd.
73 kr. *Voyez* l'article BADE.

ECHANGE, s. m. Ce mot a plusieurs acceptions. Dans son sens primitif, il signifie le troc
qu'on fait d'une chose contre une autre ; c'est
d'ailleurs une convention ou contrat, par lequel
deux personnes se transportent mutuellement &
réciproquement deux propriétés.

L'échange, dans le sens le plus étendu, est la
communication réciproque des rapports entre les
hommes.

L'échange a été le premier moyen employé par
les hommes pour faire le commerce. Plusieurs nations sauvages ou barbares ont conservé cet usage,
& l'on ne trafique encore chez elles que par
échanges.

Nous allons considérer l'échange, sous le point
de vue qui convient plus particuliérement à l'économie politique.

Tout est rapport entre les hommes ; c'est ce qui
maintient & constitue la vie humaine & la société.

Le mouvement & le jeu de ces rapports établissent le commerce d'individu à individu, & de
société à société. Tout est commerce & jeu de
rapports dans le monde civil & politique.

Les rapports embrassent bientôt le commerce ;
car il n'est point de commerce sans rapports ; mais
le commerce ne remplit pas toute l'étendue des
rapports. En effet, il est bien des rapports qui
consistent en avances, qui doivent être restituées
& non pas échangées. Or l'échange est proprement ce qui fait l'essence du commerce.

Celui dont la loi suprême & bienfaisante voulut que le grain, confié pendant quelques mois à
la terre, en produisit vingt ou trente, selon les
lieux & les circonstances, ordonna du même trait
la société de l'homme avec son semblable, ses rapports avec son associé, & l'*échange* qui est l'expression de ces rapports.

En effet, l'homme ne peut consommer tout ce
que son travail peut produire, & les produits de
ce travail ne peuvent fournir qu'à un seul article
de ses besoins. Chacun de ces besoins demande
une occupation absolument étrangère à l'autre.
C'est précisément cette ligne de démarcation qui
décide la nécessité de se rejoindre par des rapports dont l'objet est l'*échange* ; l'un offre l'excédant de sa récolte en bled par-delà sa provision,
pour obtenir le vin, la laine, ou le laitage superflu de son voisin ; l'*échange* se conclud, & l'œuvre de transmutation du superflu en nécessaire est
le fruit de cet *échange*, & le lien de la société.

L'*échange* est donc d'institution première ; il né-
cessite les rapports, comme ceux-ci nécessitent la
société.

Cette façon simple & vraie de considérer les
échanges, dissipe les illusions de cette politique
triviale & miope qui divise, pour ainsi dire, le
commerce en deux sections, dont l'une est de
vendre, & l'autre d'acheter: Le trafic ou commerce des revendeurs, qui achètent d'une main
pour revendre de l'autre ; (sorte de service qui,
dans l'ampliation des sociétés & l'extension des
rapports, s'est placée entre les producteurs & les
consommateurs pour la commodité des rapports
& la facilité des *échanges*) le trafic a produit
cette illusion dont il a su profiter.

Il est certain qu'un marchand, par exemple,
qui achète du sucre en Amérique pour le revendre
en Europe, fait deux opérations très-distinctes
sur la même denrée ; mais ce même marchand,
en allant acheter du sucre en Amérique, y a porté
du bled ou du vin qu'il a vendu, & avec l'argent tiré de la vente de son bled il a acheté du
sucre : mais l'argent ne fait rien à cela, il y a
toujours un *échange* de sucre contre son bled, ou,
si vous voulez, de son sucre contre l'argent
qui représentoit son bled, & il a ainsi acheté ou
vendu tout-à-la-fois, ou, si vous l'aimez mieux,
il n'a fait ni l'un ni l'autre, il a seulement échangé
son bled, contre du sucre. Dans tous les cas, en
un mot, nul n'est vendeur qu'il ne soit acheteur
en même-temps, & nul n'est acheteur qu'il ne
soit vendeur.

Cependant, à en croire la politique mercantile, qui dans certains temps a séduit tous les esprits,
il faut faire fleurir le commerce national, il importe que la nation devienne marchande, & le
terme & le succès de cette spéculation seroit que
la nation vendît de tout & n'achetât de rien. Ce
seroit en effet un singulier marchand & bientôt
riche que celui qui auroit le privilège de toujours

vendre & de point acheter ; mais cela n'est pas
possible. Cependant il semble que ce soit le but
de ceux qui veulent que les nations agricoles soient
en même-temps fabricantes ; car puisqu'elles sont
agricoles, elles ont de droit les denrées de la première main ; &, si elles sont fabricantes aussi,
que restera-t-il donc aux autres ? & comment
pourra-t-on leur vendre sans leur rien acheter ?

Mais ici l'énigme s'explique, &, pour se conformer à notre langage, on consent à acheter l'argent de
l'étranger ; &, pour cela, de lui vendre des denrées & des marchandises : c'est-là le but & l'effet
du bon commerce, &, chacun de son côté tirant
à l'argent, on joue au plus adroit, au plus vigilant & au plus fort, pour voir à qui l'argent demeurera ; & celui qui, au bout de l'an, a de son
côté le fort, a pour lui, dit-on, la balance du
commerce.

La raison spécieuse de cette préférence est que
la nation qui a l'argent, a tout le reste à volonté,
l'argent représentant toutes choses, & le faisant
bientôt accourir à l'*échange*, par le moyen de ce
préjugé universel de préférence. Il faut donc attirer l'argent dans l'état, empêcher l'argent de sortir de l'état, & voilà l'objet fixe & constant de
cette politique. Mais qui attireroit sans cesse l'argent dans ma poche, la feroit bientôt crever, &
moi aussi sous un poids inutile ; & l'on veut qu'une
multitude de poches soient d'un autre calibre que
celle d'un particulier, cela n'est pas clair.

L'argent, dit-on, doit circuler entre regnicoles,
mais ne pas aller à l'étranger ; il me semble que
la poche d'un brabançon n'est pas plus étrangère à
celle d'un flamand que celle d'un voisin à la mien-
ne. Ce correctif n'est pas clair encore.

Dans le fait, il ne peut y avoir d'argent utile
dans un état que celui qui est en circulation, &
qui favorise les *échanges* ; tout autre numéraire ne
sert à rien, ou sert à nuire comme à créer des
rentes ou faciliter les déprédations. Il ne peut y
avoir de circulation qu'autant qu'il y a de consommation en denrées ou en marchandises ; & il ne
peut y avoir de consommation, de celle du moins qui
se paye par *échange*, qu'autant qu'il y a de revenu ;
car, sur le produit total annuel qui se consomme
en entier dans une année, tout ce qui se consomme
par ceux qui le font naître, ou par les dépenses
que leurs coadjudans font en nature, n'a pas besoin d'argent pour le représenter. Il se prend au
tas, ou se livre en nature de la main à la main.
Il n'y a que les choses qu'on *échange*, pour lesquelles l'argent soit nécessaire ; & quant à ce point,
la masse totale des *échanges* est représentée par le
premier de tous les *échanges*, je veux dire, par
le revenu.

Les propriétaires, en donnant leurs terres à cultiver à un agriculteur quelconque, se sont réservé
le tiers, le quart, les deux cinquièmes ou la moitié du produit. Cette part, y compris celle du
souverain ou autres part-prenants, s'il en est, doit

être disponible. Elle l'est en argent, & ne le seroit pas en denrées; ainsi l'on stipule de l'argent; & voilà pourquoi il faut au fermier de l'argent pour l'achat duquel il vend des denrées, & ensuite il le livre au propriétaire, au terme de leurs conventions. Celui-ci aussi-tôt en paye sa dépense, par laquelle cet argent circule & passe dans toutes les mains soudoyées, industrieuses, &c. &c. & la dépense privée de tous ces individus le reporte aux producteurs, par le moyen desquels il recommence le même cercle, qu'on appelle *circulation*.

Il faut donc dans un état autant d'argent en circulation, qu'il y a de revenus en valeur; & il y sera toujours, si les avances de consommations sont libres; car l'argent ne cherche que son emploi, ne vaut que son emploi.

Mais si les spéculations administrantes s'en mêlent, elles trouveront de toutes parts un inévitable écueil. Si vous visez à l'argent de l'étranger, il ne vous le vendra qu'à profit pour lui, & il saura bien le rattraper par un autre endroit; car sans cela il n'en auroit bientôt plus, le jeu finiroit, & vous taririez bientôt la source du commerce. Si vous achetez ses denrées, non-seulement vous payez son travail, mais encor le don du ciel en faveur de sa culture, dont la nature a doublé en produit les dépenses qu'il y a faites, augmentation qui ne lui coûte rien. Si vous achetez ses marchandises, vous alimentez son industrie, & ce n'étoit pas votre dessein. Il faut pourtant bien acheter quelque chose, si vous voulez du commerce, ou languir dans un lazaret, si vous n'en voulez pas.

L'unique secret, pour s'épargner les soins inutiles de l'option & pour éviter tous ces écueils, c'est, comme on l'a dit depuis long-temps, de laisser faire & de laisser passer. L'effet naturel de l'*échange*, laissé de droit à son libre cours, est de faire à la fois l'avantage des uns & des autres des échangeurs. Chacun des deux gagne, & tous les deux sont contens; & chacun de son côté court chercher & solliciter les matériaux de nouveaux *échanges*, sans s'enquérir ni de la balance du commerce, ni des lettres de naturalisation de l'acquéreur.

Le devoir des souverains n'est pas du tout de faire leurs sujets riches; mais de leur laisser le soin de le devenir, & de veiller à ce que personne ne les empêche d'user en ceci de leur droit naturel. Dès-lors ils s'empresseront de courir aux *échanges*, & je ne connois que ceux qui seroient contraires aux bonnes mœurs, c'est-à-dire, à l'innocence de la nature, qui pussent devenir dangereux par les conséquences, & qui ne seroient point favorables. Tous autres *échanges* font l'action & la vie sociale; & c'est dans leur multiplicité, dans leur célérité & leur continuité que consiste la vraie prospérité d'un état.

(*Cet article est de M.* GRIVEL.)

ÉCHANSON (grand), officier du roi de France; il a rang aux grandes cérémonies, comme à celle du sacre du roi, aux entrées des rois & reines, aux grands repas de cérémonies de la cour le Jeudi saint, de même que le grand pannetier & le premier écuyer tranchant.

Les fonctions que remplissent ces trois officiers dans ces jours d'appareil, sont celles que font journellement les gentilshommes servans; mais ces derniers ne dépendent ni ne relèvent point des premiers.

Le *grand échanson* a succédé au bouteiller de France, qui étoit l'un des grands officiers de la couronne & de la maison du roi.

Hugues, bouteiller de France en 1060, signa à la fondation du prieuré de S. Martin-des-champs à Paris; & un officier, appellé *Adam*, en qualité d'*échanson*, signa en 1067 à la cérémonie de la dédicace de cette même église. Il y avoit un *échanson* de France en 1288, & un maître *échanson* du roi en 1304, dans le même temps qu'il y avoit des bouteillers de France. Erard de Montmorency, *échanson* de France, le fut en 1309 jusqu'en 1323, de même que Gilles de Soyecourt en 1329, & Briant de Montéjan depuis 1346 jusqu'en 1351, quoiqu'il y eût aussi alors des bouteillers de France. Jean de Châlons III du nom, comte d'Auxerre & de Tonnerre, est le premier qui ait porté le titre de *grand bouteiller de France*: il l'étoit en 1350 au sacre du roi Jean. Il continua d'y avoir des *échansons*; & Guy, seigneur de Cousan prenoit la qualité de *grand échanson* de France en 1385, Enguerand sire de Coucy étant en même-temps grand bouteiller. En 1419 & 1421, il y avoit deux *grands échansons* & un grand bouteiller; mais depuis Antoine Dulau, seigneur de Château-neuf, qui revêtu en 1483, revêtu de la charge de grand bouteiller, il n'est plus parlé de cet office, mais seulement de celui de *grand échanson*.

ÉCHANSONNERIE, lieu où s'assemblent les officiers qui ont soin de la boisson du roi, & où elle se garde. Il y a l'*échansonnerie* bouche & l'*échansonnerie* du commun: la première fait partie de l'office qu'on appelle *gobelet*; elle a son chef qu'on appelle aussi *chef de gobelet*.

ÉCHIQUIER. *Voyez* le Dictionnaire des finances & le Dictionnaire de Jurisprudence.

ECCLÉSIASTIQUE (État). *Voyez* ÉGLISE (État de l').

ÉCLAT EXTÉRIEUR, pompe, magnificence, faste. Les points de morale universelle qu'on pourroit traiter dans cet article, sont étrangers à notre plan, & nous nous bornerons à quelques remarques sur la manière dont un prince doit juger de l'*éclat* de sa grandeur.

Comme il doit vivre au milieu de cet *éclat*, & qu'il en sera toujours environné, il est pour lui d'une extrême importance de savoir quelle en est la fin, & quel en doit être l'usage : s'il l'ignore, il remplira son esprit d'erreurs populaires ; il quittera le sentier qui devoit le conduire à une véritable gloire, pour suivre, par de fausses routes, une vaine idée de splendeur & de majesté, qui s'évanouira quand il croira la saisir, & qui l'exposera à une triste méprise.

L'éclat extérieur de la grandeur comprend deux choses : les honneurs ou les respects, & la magnificence. Celle-ci dépend du prince, & l'autre de ses sujets.

L'autorité d'un prince étant nécessaire au maintien de la tranquillité & de la paix, il faut la respecter par des motifs de justice & de reconnoissance. Il importe peu de savoir ici, s'il gouverne bien ou mal ; c'est à son trône que s'adressent les hommages & les respects, & rien ne peut en dispenser. D'ailleurs c'est un tribut qu'on lui doit pour les bons offices qu'on en reçoit, & qu'on en attend ; & il est visible qu'une autorité qui ne seroit pas respectée selon toute l'étendue de son pouvoir, ou deviendroit absolument inutile, ou seroit très-limitée dans ses effets.

Mais si on doit des respects profonds à l'autorité, ils ont plus de rapport à la place qu'occupe le prince qu'à sa personne. Ils sont une suite naturelle de sa grandeur, & il en faut juger comme de la grandeur elle-même. Ils ne supposent, comme elle, aucun mérite. Ils laissent tous les défauts, & n'en peuvent changer aucun ; &, s'ils se trouvent le prince destitué de quelques qualités essentielles, ils n'en sont point le supplément.

Un prince se tromperoit donc, s'il vouloit s'attribuer à soi-même un honneur qui n'est dû qu'à l'autorité, & s'il croyoit mériter tout ce que mérite sa place. Il doit craindre de déshonorer, par sa conduite, une autorité si respectable, & s'efforcer de mériter par ses actions, les honneurs qui sont dus à son caractère.

ÉCOLE ROYALE MILITAIRE, nom qu'on donne en France à une maison où l'on élève de jeunes gentilshommes aux frais du roi.

L'établissement de l'Hôtel royal des Invalides eût suffi pour immortaliser le règne de Louis XIV. Son successeur forma le projet d'éterniser le sien, par l'établissement de l'Ecole militaire. Ces deux maisons sont voisines l'une de l'autre. Si on ne consulte que la majesté de l'édifice, on ne tardera pas à décider la supériorité des arts, en faveur du siècle de Louis le grand. Mais si l'on cherche à pénétrer dans les vues de ces deux princes, on verra qu'outre l'amour de la gloire, un motif de reconnoissance pour les services que la noblesse françoise leur a toujours rendus, un motif de jus-

tice à l'égard de ceux qui ont sacrifié leur vie, leurs membres & leur fortune à la défense de l'état, ont également dicté à leur cœur ces deux fondations royales.

Elles ont même une liaison si étroite, que Louvois, en cherchant à acquitter son maître des obligations qu'il avoit à la noblesse guerrière, conçut l'idée de fonder l'établissement d'une Ecole militaire dans l'Hôtel des Invalides. On ne voit pas ce qui empêcha l'exécution d'un plan aussi heureux & aussi juste.

Le célèbre d'Argenson, l'un des plus grands ministres que la France ait eus, & qui, comme Louvois, donna à nos armes tant de gloire, suivit à-peu-près les mêmes vues. Il venoit de faire rendre à son maître cette belle ordonnance de 1749, monument de bonté & d'affection envers l'Hôtel des Invalides. Il venoit d'ouvrir la belle esplanade qui ajoute encore à l'effet imposant du bâtiment de cet Hôtel.

Mais l'amour d'une gloire qui fût personnelle au roi & à son ministre, ou des vues plus profondes l'engagèrent à abandonner le projet de Louvois sur l'Ecole militaire, & il la créa telle que nous la voyons. Ce fut en 1751, c'est-à-dire, après les brillantes campagnes de Maurice, comte de Saxe, après la glorieuse paix d'Aix-la-Chapelle, & au milieu de l'ivresse des peuples & dans les premiers momens de calme que fut donné à la nation l'édit concernant l'établissement de cette Ecole.

Un membre de cette famille précieuse, qui, par sa bienfaisance, a fait oublier & l'obscurité de sa naissance, & l'immensité de ses richesses, avoit été chargé de concerter tous les plans relatifs à cette Ecole. Nous devons à la vérité de dire que l'une des personnes qui contribua la plus au succès de cette affaire, fut la fameuse marquise de Pompadour.

On s'occupa du soin de construire un Hôtel où les meilleurs maîtres éleveroient, *sous les yeux du roi, cinq cens gentilshommes nés sans biens, dans le choix desquels on préféreroit ceux qui, en perdant leur père à la guerre, sont devenus les enfans de l'état* (1).

On n'attendit pas même que les bâtimens fussent construits. On établit provisoirement l'Ecole militaire au château de Vincennes. Ce premier établissement ne fut composé que de quatre-vingt élèves, qui y entrèrent au mois d'octobre 1753. Trois ans après, au mois de juillet 1756, ils furent transportés dans l'Hôtel qui subsiste aujourd'hui. Il paroît que le nombre de cinq cens élèves n'a jamais été complet.

Cependant le gouvernement de l'Ecole se per-

(1) Préambule de l'édit.

fectionnoit tous les jours. On en juge par les réglemens qu'ont faits fucceffivement M. d'Argen-
fon, le maréchal de Belle-Ifle, M. le duc de
Choifeul, M. l'archevêque de Paris & le confeil
d'adminiftration de cette maifon.

Elle étoit déja chère à la nation, quoique fon
inftitution fût encore récente; elle recueilloit même
déja le fruit d'une jufte reconnoiffance, lorfqu'elle
fut enveloppée dans la révolution qui, en 1776,
changea toutes les parties de notre conftitution
militaire. Il n'eft ni de mon état, ni dans le plan
de cet ouvrage d'apprécier ici ce nouveau fyftême, fruit des réflexions d'un homme diftingué
par fa bravoure & fes lumières : on doit le
refpecter, par la feule raifon qu'il a le premier
fubftitué des punitions militaires au fupplice des
déferteurs.

Mais nous n'avons pu nous défendre d'un certain attendriffement, en lifant, dans la déclaration du premier février 1776, l'autorifation que
le roi donne au nouveau confeil d'adminiftration
de vendre & aliéner l'Hôtel de l'Ecole militaire
& fes dépendances. Eh! lorfqu'on fe rappelle les
fervices diftingués que la nobleffe françoife a rendus dans tous les fiècles de la monarchie; lorfqu'on fe peint la générofité avec laquelle elle les
a toujours rendus, les facrifices continuels auxf-
quels elle fe dévoue, la mifère dans laquelle elle
languit après s'être couverte d'honneur, peut-on
être fans inquiétude fur un établiffement confacré
à la poftérité de cette nobleffe, établiffement plus
lié qu'on ne peut l'imaginer avec l'exiftence de
fon chef-lieu. Rien peut-être ne contribue davantage à éternifer les fondations utiles que la magnificence des bâtimens dans lefquels elles font
établies. Par combien d'exemples on pourroit prouver que c'eft à cette impreffion fublime de certains bâtimens que nous devons la confervation de quelques établiffemens moins utiles que
l'Ecole militaire? Combien même de titres à l'im-
mortalité la fituation de l'Hôtel donnoit à l'Ecole?
Elevé à l'ombre du majeftueux monument que
Louis XIV forma, autant pour fa gloire que pour
le foulagement des foldats eftropiés ou vieillis à
fon fervice; placé auprès de l'immenfe capitale,
qui la regardoit comme un embelliffement &
comme une utile fondation, non loin du trône
qui doit s'affectionner aux jeunes plantes qui croiffent pour fa gloire; il avoit coûté des fommes
confidérables, & on le regardoit, dans toute l'Europe, comme un établiffement qui faifoit honneur
à la nation.

La nouvelle forme qu'il donna à la fondation
de Louis XV, quelque avantageufe, quelque fé-
duifante qu'elle fût, n'étoit pas même faite pour
tranquillifer abfolument fur le fort de l'Ecole militaire en général. Il étoit à craindre que le fort
des véritables élèves ne fût un jour confondu avec
celui des cadets gentilshommes; nouvelle inftitu-

tion du genre de celles qui fe créent, fe détruifent, ou fe réproduifent au gré des opinions. Nous
l'avons vue, après différentes révolutions, s'é-
teindre en 1734. Peut-on affurer qu'elle n'éprouvera pas le même fort? & fi on l'affujettit à un
examen ferieux, n'eft-il pas même à craindre qu'elle fubiffe? Le chef-lieu des élèves étoit détruit,
l'ancien confeil anéanti, les Ecoles militaires diftribuées dans des provinces éloignées; & je laiffe à penfer fi l'anéantiffement des cadets une fois opéré,
n'auroit pas entraîné la ruine des Ecoles militaires.

Heureufement M. le comte de Saint-Germain
revint fur fes pas, & rétablit l'ancienne Ecole
militaire, finon dans fon ancien état, au moins
comme la première & le centre de toutes les autres inftitutions militaires. Cette opération fut le
fruit de l'ordonnance du 17 juillet 1777.

Nous allons donner un tableau fidèle & pris fur
les ordonnances de la fituation actuelle de cet
établiffement. Nous parlerons des élèves, de l'adminiftration & des revenus de l'Ecole militaire.

Elèves de l'Ecole militaire.

L'Ecole militaire de Paris n'eft plus la feule
inftitution de ce genre. Elle n'eft que le chef-lieu,
que le point de réunion des élèves qui fe font le
plus diftingués dans les Ecoles établies dans les
provinces. Le nombre primitif des élèves devoit
être de cinq cents : il eft actuellement porté à fix
cents. On n'oferoit affurer que cette nouvelle forme foit plus avantageufe que la première. Il eft
vrai que le nombre des enfans qui profitent des
bienfaits de l'état, eft augmenté de cent; mais
cette augmentation ne dépend pas de la divifion
des élèves en plufieurs Ecoles. Elle eût peut-être
eu lieu d'une manière plus économique & plus
avantageufe, en fe contentant de porter à fix cens
le nombre des jeunes gens dans la maifon de l'E-
cole de Paris, dont la vafte étendue s'y prêtoit
facilement : d'ailleurs cette diftribution des élèves
n'entraîne-t-elle pas des inconvéniens, des frais
qui ne fe trouvent pas dans leur réunion? Celle-ci
préfente des facilités pour opérer en grand, pour
appeller au fecours de l'éducation les maîtres les
plus habiles, pour exciter une fomme de moyens
d'émulation plus impofante, pour mettre un enfemble noble & néceffaire dans toutes les parties
de l'éducation; l'inftitution changeant néceffairement d'efprit, de point de vue felon les inftituteurs, & encore plus felon les ordres qui en-
feignent, l'effet général de l'éducation militaire actuelle, ne doit-elle pas fe reffentir de ce compofé
d'efprits contraires? Dans les provinces, les moines
& les maîtres particuliers font-ils affez inftruits des
matières qu'on doit enfeigner à un jeune homme
deftiné au métier des armes? Tous ces avantages fe trouvoient naturellement dans l'ancienne
Ecole;

Ecole : le motif de rapprocher davantage les enfans de leur famille, qui a contribué à ce changement, n'a-t-il pas d'autres inconvéniens, &

justifie - t - il l'état actuel des *Ecoles* ?
Le réglement du 28 mars établit les *Ecoles
militaires*, dont voici le tableau.

COLLÈGES de	DIOCÈSES	TENUS PAR LES
Soreze	Lavaur	Bénédictins
Brienne	Troyes	Minimes
Tiron	Chartres	Bénédictins
Rebais	Meaux	*Idem.*
Beaumont	Lisieux	*Idem.*
Pont - le - Roy	Blois	*Idem.*
Vendôme	Blois	Oratoriens
Effiat	Clermont	*Idem.*
Pont - à - Mousson	Toul	Chanoines rég. de S. Sauveur.
Tournon	Valence	Oratoriens

L'arrêt du conseil d'état, du 19 octobre 1776,
ajoute à ces collèges ceux d'Auxerre & de Dol
tenus par les Bénédictins. Un autre arrêt a suspendu
ce dernier collège.

On avoit alors entiérement proscrit l'*Ecole* de
Paris. Ce ne fut que le 17 juillet 1777 que l'ordonnance du roi la rétablit dans ses anciennes fonctions, & y créa un nombre indéterminé de places
d'élèves. Cet établissement fut en activité au premier octobre suivant.

Le nombre des élèves de toutes les maisons est
d'environ six cents ; chaque collège en a une cinquantaine. On en compte environ soixante &
quinze à l'Hôtel de l'*Ecole* de Paris.

Au milieu de toutes les oscillations que cet
établissement a éprouvées, on n'a jamais varié sur
le degré de noblesse nécessaire pour y être reçu.

Le roi déclara, dans son édit de 1751,
que, quoique en établissant cette *Ecole*, il eût
en vue toute la noblesse de son royaume, il' accordoit cependant aux enfans de celle qui suit la
profession des armes, des préférences d'autant plus
justes qu'elles sont fondées sur le plus ou le moins
de mérite des services militaires. Les degrés de
ces préférences sont partagés en huit classes.
Savoir :

PREMIÈRE CLASSE (1).

Orphelins dont les pères ont été tués au service, ou qui sont morts de leurs blessures, soit
au service, soit après s'en être retirés à cause de
leurs blessures.

IIᵉ CLASSE.

Orphelins dont les pères sont morts au service
d'une mort naturelle, ou qui ne s'en sont retirés
qu'après trente ans de commission, de quelque
espèce que ce soit.

IIIᵉ CLASSE.

Enfans qui sont à la charge de leurs mères,
leurs pères ayant été tués au service, ou étant
morts de leurs blessures, soit au service, soit
après s'en être retirés à cause de leurs blessures.

IVᵉ CLASSE.

Enfans qui sont à la charge de leurs mères,
leurs pères étant morts au service d'une mort naturelle, ou après s'être retirés du service après
trente ans de commission, de quelque espèce que
ce soit.

Vᵉ CLASSE (2).

Enfans dont les pères sont actuellement au
service, ou qui ne s'en sont retirés que par rapport à des blessures, ou à des infirmités qui les
ont mis dans l'impossibilité d'y rester, ou après
trente années de services non interrompus.

VIᵉ CLASSE.

Enfans dont les pères ont quitté le service par

(1) Art. XIV de l'édit de 1751.
(2) Art. 1, 2 & 5 de la Déclaration du 24 août 1760.
Œcon. polit. & diplomatique. Tom. II.   Z

rapport à leur âge, à leurs infirmités, ou pour quelqu'autre cause légitime.

VIIe C L A S S E.

Enfans dont les pères n'ont pas servi, mais dont les ancêtres ont servi.

VIIIe C L A S S E (1).

Les enfans de tout le reste de la noblesse qui, par leur indigence, se trouvent dans le cas d'avoir besoin des secours du roi.

Tel est l'ordre que sa majesté entend que l'on observe dans l'admission des enfans proposés pour ses *Ecoles* royales-militaires ; de sorte que la première classe soit toujours préférée à la seconde, la seconde à la troisième, & ainsi de suite jusqu'à la dernière.

Les enfans qui n'ont ni père ni mère, peuvent y être reçus (2) depuis l'âge de huit à neuf ans jusqu'à l'âge de treize ; & ceux qui ont père & mère, depuis huit à neuf ans jusqu'à dix & onze seulement.

(3) Les élèves doivent d'abord faire preuve de quatre degrés au moins de noblesse, du côté du père seulement, devant le généalogiste commis à cet effet par sa majesté. Ainsi, ils doivent lui représenter en original :

1°. Leur extrait baptistère légalisé, dans lequel les dates seront en toutes lettres, & non en chifres ; & si l'extrait ne fait pas mention du jour de la naissance, il faut suppléer à cette omission par un acte de notoriété.

2°. Les contrats de mariage du père, de l'aïeul & du bisaïeul ; & dans le cas où il n'y auroit pas eu de contrat de mariage, ni d'articles sous signatures privées, on y suppléera par l'acte de célébration de mariage, dûment légalisé.

3°. On joindra à chacun de ces contrats de mariage deux autres actes prouvant la filiation ; comme extraits baptistères, testamens, créations de tutelles, gardes-nobles, partages, transactions, sentences, hommages, aveux & dénombremens de fiefs, contrats d'acquisitions, de ventes ou d'échanges, procès-verbaux de noblesse pour être reçu dans l'ordre de Malte, ou dans d'autres ordres ou chapitres nobles, &c.

4°. Il faut encore y ajouter les arrêts, les ordonnances, ou les jugemens rendus sur la noblesse dont on fait la preuve, soit par le conseil d'état, par les commissaires généraux du conseil, & par les cours des aides, soit par les intendans, commissaires départis dans les généralités du royaume.

5°. Les actes que l'on demande doivent être produits tous en original ; & en cas que les originaux (qui sont les premières grosses) se trouvent perdus, on pourra y suppléer par de secondes grosses, délivrées par les notaires propriétaires des minutes ; en observant que les notaires se déclarent tels au bas de l'acte délivré, que leurs signatures soient légalisées par le principal officier de la justice d'où ressortit le lieu du domicile du notaire, & que cette expédition sur la minute soit attestée par ce même principal juge royal, qui certifiera avoir vérifié mot à mot l'expédition sur la minute.

6°. Il faut aussi fournir le blason peint des armes de la famille, & l'explication claire & exacte de ces armes.

7°. Enfin, l'élève agréé prendra à tous les actes de sa production un inventaire de ces mêmes actes, qu'il faudra dresser suivant l'ordre des dates ou des degrés.

L'intention du roi étant qu'il ne soit reçu (4) dans ses *Ecoles militaires* aucun enfant dont les parens pourroient se passer de ce secours, le bien des pères & mères & celui des enfans eux-mêmes, s'ils n'ont ni père, ni mère, doit être constaté par les intendans ou par leurs subdélégués, qui en délivreront un certificat détaillé, vérifié sur le rôle des impositions, & attesté conforme à la commune renommée par deux gentilshommes voisins du domicile des parens des enfans proposés.

Ce certificat doit être également attesté par les gouverneurs des provinces (5) où le domicile des parens est situé, ou à leur défaut, par les commandans de ces mêmes provinces & par l'évêque diocésain.

La conformation des enfans doit être bonne, c'est-à-dire, qu'ils ne doivent être ni contrefaits, ni estropiés. On exige à cet effet le certificat d'un médecin ou d'un chirurgien (6).

Ils doivent savoir lire & écrire, afin de pouvoir être appliqués tout de suite à l'étude des langues (7). On leur fait subir à cet égard un examen le jour de leur arrivée aux *Ecoles militaires* ; & ceux d'entre eux qui sont reconnus n'être pas assez instruits sur ces deux points, sont laissés à leurs familles, pour n'être admis qu'au remplacement de l'année suivante.

Il faut au surplus que les parens qui ont des enfans à proposer, s'adressent aux intendans des généralités où les familles de ces enfans sont éta-

---

(1) Réglement du 28 mars 1776, tit. 2, art. 5.
(2) Edit de janvier 1751, art. 15. Réglement de 1776, tit. 2, art. 2.
(3) Edit de 1751, art. 16.
(4) Déclaration du 24 août 1760, art. 6.
(5) Réglement de 1776, tit. 2, art. 6.
(6) Edit de 1751, art. 17.
(7) Réglement de 1776, tit. 2, art. 3.

blies, ou aux fubdélégués, chacun pour ce qui concerne fa fubdélégation. Toute autre voie feroit inutile, & occafionneroit aux parens des peines & des démarches qu'ils doivent s'épargner.

C'eſt chez les intendans ou chez leurs fubdélégués qu'ils trouveront des mémoires, aux queſtions defquels ils doivent répondre exactement ; parce que ce n'eſt que de leurs réponſes que peuvent réfulter les connoiſſances néceſſaires pour rendre compte au roi de leurs demandes.

Voici en quoi conſiſtent ces queſtions.

1°. Sont-ils en état de faire preuve par titres de quatre degrés de nobleſſe, du côté du père feulement ?

2°. Noms & furnoms du père.

3°. Son âge.

4°. Eſt-il au ſervice, ou s'en eſt-il retiré ? A-t-il été tué au ſervice, ou y eſt-il mort d'une mort naturelle ?

Il faut détailler en cet endroit le temps où le père a commencé à ſervir, les grades par lefquels il a paſſé, les époques de ces grades, &c., afin que la vérification puiſſe s'en faire plus facilement au bureau de la guerre.

5°. S'il a quitté le ſervice, dans quel temps, & par quelles raiſons ?

6°. A-t-il reçu quelques graces du roi dans le cours de ſes ſervices, ou en ſe retirant ?

7°. Eſt-il chevalier de S. Louis ? s'il l'eſt, dans quel temps a-t-il été aſſocié à cet ordre ?

8°. La mère eſt-elle vivante ?

9°. Noms & furnoms des enfans propoſés. Produire leurs extraits baptiſtères ; les parens peuvent propoſer pluſieurs frères en même-temps.

10°. Quel eſt le nombre des frères & ſœurs des enfans propoſés ?

11°. Ces enfans ont-ils des frères, des oncles, des parens au ſervice du roi ?

12°. Savent-ils lire & écrire ?

13°. Ont-ils été confirmés ? ont-ils fait leur première communion ?

14°. Sont-ils bien conformés ? en rapporter le certificat.

15°. Ont-ils eu la petite-vérole, ou la rougeole ?

16°. Quelle eſt leur occupation actuelle ?

17°. Sont-ils élevés dans la maiſon paternelle, dans des penſions ou dans des collèges ?

18°. Quel eſt le lieu de l'habitation des parens, le dioceſe, la généralité, l'élection, la fubdélégation ; où peut-on leur écrire ?

19°. Quel eſt l'état de la fortune des parens ? en rapporter le certificat, tel qu'il eſt demandé ci-deſſus.

20°. Les enfans dont les pères auront quitté le ſervice pour des bleſſures ou des infirmités, en rapporteront les certificats exigés par les articles 3 & 4 de la déclaration du 24 août 1760.

Les parens n'ont beſoin d'autre titre pour conduire leurs enfans aux *Ecoles militaires*, que de la lettre du miniſtre de la guerre qui accorde leur demande.

Les frais de cette conduite ſont à la charge des parens. Ils ſont encore obligés de pourvoir à la première fourniture néceſſaire pour l'équipement & l'établiſſement de leurs enfans dans les *Ecoles militaires*.

Cette première fourniture, faite par les familles, conſiſte en hardes neuves.

SAVOIR:

Un ſurtout de drap bleu.
Un habit de drap bleu, doublure, paremens rouges, & boutons blancs.
Deux veſtes bleues.
Deux culottes noires.
Douze chemiſes.
Douze mouchoirs.
Six cravattes ou mouchoirs de cou.
Six paires de bas.
Six bonnets de nuit.
Deux peignoirs.
Deux chapeaux.
Deux paires de ſouliers.
Deux peignes.
Un ruban de queue.
Et un ſac à poudre.

Au moyen de cette première fourniture, les familles n'ont plus aucuns frais à faire pour leurs enfans, à l'exception de leurs ports de lettres. Ils doivent être entretenus de tous points & équipés par les *Ecoles militaires*.

Nous allons abandonner ici le plan des nouvelles *Ecoles militaires*, pour ne nous occuper que de l'hôtel de Paris, devenu le chef-lieu & le point de réunion des ſujets qui ſe font le plus diſtingués dans les collèges militaires de province.

L'inſpecteur général des *Ecoles* rend au mois de juillet de chaque année compte de tous les élèves des *Ecoles militaires*, au ſecrétaire d'état, ayant le département de la guerre ; & ceux dont les notes ſont les plus favorables, ſont nommés par ſa majeſté, dans le mois d'août ſuivant, à l'âge de treize ans accomplis au moins, & de quinze ans accomplis au plus, pour entrer au mois d'octobre à l'*Ecole* de Paris. Les frais de transport ſont acquittés par l'adminiſtration des *Ecoles*.

Cet hôtel eſt encore ouvert à la jeune nobleſſe nationale & étrangère, qui y eſt élevée aux frais des familles. Elle doit faire les mêmes preuves que la nobleſſe élevée aux frais du roi, & devant le même généalogiſte, avoir les mêmes certificats de bonne conformation & de capacité. C'eſt à l'inſpecteur général que ces pièces doivent être adreſſées. Elle ne peut être propoſée avant l'âge d quatorze ans au moins, & après celui de seize au plus. Les parens des enfans de cette claſſe doivent remettre au tréſorier, dont ils rapporteront les quittances, d'abord la ſomme de 400 liv. une fois payées, pour les premiers frais de leur habillement & équipement; enſuite, celle de 500 l. pour les trois premiers mois de la penſion, à raiſon de 2,060 liv. par année, qui ſeront toujours payées par quartier & d'avance.

Ces deux claſſes de nobleſſe qui reçoivent une éducation militaire à l'Hôtel de Paris, ſont actuellement connues ſous le nom de *cadets* gentilshommes. Ils ont, en y entrant, le même rang que ceux qui ſervent dans les troupes, & il leur eſt expédié des lettres de ſous-lieutenant, à l'époque de la révolution de leur ſeizième année. Mais ces lettres demeurent nulles, tant par rapport au rang, que par rapport aux grades honorifiques, s'ils n'ont paſſé deux ans au moins dans l'Hôtel.

Ainſi ſe trouve anéantie, du moins à cet égard, l'ancienne compoſition de l'*Ecole militaire*. Je ſuis bien éloigné de déſapprouver l'édit en ce qu'il fait participer ainſi tous les jeunes nobles aux avantages de la même éducation. Mais le moïen qu'on a pris, eſt-il ſans de grands inconvéniens? Le mélange dans les *Ecoles militaires* de provinces, d'élèves qui ont une différente deſtination d'état, eſt-il bien aſſorti au plan d'une éducation militaire? On a deſiré étouffer ainſi la hauteur trop ordinaire à la nobleſſe; mais cette aſſociation peut elle-même ſouvent altérer les principes de nobleſſe qui lui ſont ſi néceſſaires, produire dans leurs camarades, qui n'ont pas cet avantage de la naiſſance, un genre d'eſprit qu'il eſt de l'utilité commune de réprimer: & cette vue de la nouvelle compoſition, n'eſt-elle pas anéantie par le projet de réunir à l'Hôtel de Paris de ſimples élèves des *Ecoles*, & des élèves dont les familles peuvent payer 2,000 liv. de penſion? Le roi ne l'avoit-il pas déclaré expreſſément par ſon ordonnance du 26 mars 1774? Et le miniſtre, auteur de la nouvelle combinaiſon, ne commence-t-il pas par annoncer lui-même la crainte trop fondée, que cette différence des fortunes & des qualités ne rompe l'égalité? Eh! tous les inſtituteurs détruiront-ils l'effet comme néceſſaire, que produiſent les richeſſes & les titres? N'a-t-on pas à redouter l'impreſſion d'imitation que donnent ces avantages à ceux qui ſont le plus loin de les partager? Le cortège même des parens, des amis, des gentilshommes penſionnaires, n'a-t-il pas de quoi affliger l'amour-propre des gentilshommes penſionnés? L'objet bien médité de l'*Ecole militaire*, fondé par Louis XV, n'admettoit à l'inſtruction de l'Hôtel que des enfans dont l'indigence avoit été conſtatée par des moyens trop rigoureux peut-être. L'eſprit de cette attendriſſante fondation n'eſt-il pas en cela fortement altéré?

L'objet de l'éducation de cette maiſon embraſſe la religion, les mœurs & la ſcience militaire.

Le ſoin d'élever les jeunes militaires dans l'amour & dans les principes de la religion eſt confié à deux docteurs de la maiſon de Sorbonne, & nous répétons avec plaiſir ce que dit M. Paris de Meyſieu, dans l'article de l'ECOLE MILITAIRE, inſéré dans l'ancienne *Encyclopédie*, qu'on ne pouvoit choiſir des directeurs dans une maiſon plus reſpectable & plus éclairée. Nous avons lu avec attention les deux réglemens, donnés par feu M. l'archevêque de Paris, pour les exercices ſpirituels de l'*Ecole*, & nous formons le vœu qu'ils y ſoient exécutés. Ils préſentent la religion avec la noble ſimplicité qui la fait chérir par les militaires, & ils n'impoſent aucune ſurcharge de pratiques minutieuſes.

Je voudrois ici pouvoir rappeller tout le réglement de M. le marechal de Belle-iſle, renouvellé par M. de Choiſeul & M. de Saint-Germain, concernant la police des mœurs, les devoirs des inſpecteurs, des profeſſeurs & des élèves. On peut avancer hardiment qu'il n'eſt aucun code d'éducation publique, tracé avec plus de dignité & de ſageſſe. La baſe de toute inſtitution eſt la ſubordination. Elle fait ici l'ame de toutes les claſſes qui compoſent la maiſon. Elle exiſte non-ſeulement des élèves aux chefs & aux maîtres, mais encore des élèves à ceux de leurs camarades, que leur bonne conduite a établis les capitaines, lieutenans, ſergens, caporaux & anſpeſſades de la compagnie, dans laquelle ils ſont enrégimentés. L'obéiſſance doit être prompte; il n'eſt permis de faire des remontrances, qu'après avoir obéi. Les arrêts & la priſon ſont les moindres peines de la déſobéiſſance.

Le ſilence qui règne dans cette maiſon eſt plus profond que dans les cloîtres, & on ſait que c'eſt la marque la plus certaine de la bonne diſcipline.

Les précautions priſes pour empêcher les jeunes gens de ſe voir en particulier, ſont très-eſtimables. Ils ſont ſans ceſſe ſous les yeux de leurs maîtres, & un piquet d'invalides fait pluſieurs fois la viſite des dortoirs pendant la nuit. L'ordonnance du 28 juin 1776 attache au ſervice de l'*Ecole* cent hommes, tant officiers que ſoldats invalides.

L'un des premiers principes que l'on cherche à graver dans le cœur des élèves, c'eſt l'amour du prince, la reconnoiſſance dûe à ſes bienfaits. L'une des premières loix, c'eſt la politeſſe à l'égard de leurs camarades, marque infaillible d'une bonne éducation. L'un des premiers devoirs, c'eſt une extrême propreté. Le mobile continuel de la maiſon, c'eſt l'amour de l'étude & de l'inſtruction. On n'a même, dans aucun temps, négligé les moyens d'y entretenir l'émulation la plus énergique.

La fermeté dans le commandement y eſt inébranlable; mais elle eſt accompagnée de beaucoup de politeſſe. Une fermeté incivile reſſemble à l'humeur, & l'humeur n'est pas faite pour en imposer.

En un mot, les élèves sont sujets à de fréquentes revues. Il y a une correspondance active & continuelle entre le secrétaire d'état, les chefs de la maison, les inspecteurs & les professeurs, qui a pour objets la conduite, le caractère & l'application des élèves. Aucune faute ne demeure impunie. Les punitions, parmi lesquelles j'ai été étonné de trouver celle *de se mettre à genoux*, sont toutes imposées par les chefs qui doivent en donner une note au conseil.

Les sciences qu'on y apprend sont, 1°. les langues vivantes, c'est-à-dire, le latin, le françois, l'allemand & l'anglois. Dans l'origine, on y enseignoit la Langue italienne, à laquelle on a depuis substitué l'angloise; 2°. l'Histoire & la Géographie; 3°. les Mathématiques; 4°. les Fortifications; 5°. le Dessein; 6°. la Danse; 7°. l'Escrime; 8°. l'Equitation. On devoit d'abord y apprendre l'art de nager, si nécessaire aux militaires. L'expérience ou la réflexion ont peut-être éclairé sur les dangers d'une institution semblable, communiquée en même-temps à un grand nombre d'élèves. On peut assurer que les professeurs de cette *Ecole* ont toujours été choisis parmi les hommes les plus distingués dans la science qu'ils sont chargés d'enseigner.

Le conseil de l'*Ecole* royale militaire a supprimé l'étude de la Tactique. (1) comme peu convenable aux élèves, en ce que cette science exige bien des connoissances préliminaires, dont plusieurs ne peuvent être que le fruit de l'expérience, & qu'une théorie de la Tactique séparée de cette expérience, qui est seule capable de faire une juste application des principes à la pratique, devoit mettre dans l'esprit, des idées fausses, & inspirer peut-être une prévention contraire à la véritable instruction: mais il a substitué à cette étude celle des ordonnances militaires. Elle a pour objets, 1°. les ordonnances concernant les exercices & les évolutions; 2°. celles sur le service des places; 3°. celles sur les crimes & délits militaires; 4°. celles du service de campagne. C'est un aide-major qui leur apprend cette science si nécessaire à un jeune militaire.

Lorsque l'éducation d'un jeune gentilhomme est faite dans les *Ecoles militaires*, c'est-à-dire, lorsqu'il y a passé six ans, & que sa seizième année est révolue, sa majesté vient à son secours, soit en lui accordant une pension, soit en le décorant de la Croix de Saint-Lazare, soit en lui donnant l'entrée dans un régiment.

Les élèves, selon l'article 19 de l'édit de 1751, qui sont parvenus à l'âge de dix-huit à vingt ans; ceux même qui, dans un âge moins avancé, auront une éducation perfectionnée pour pouvoir servir.

utilement dans les troupes, seront employés dans les différentes parties de la guerre, suivant les talens & l'aptitude que l'on reconnoîtra en eux.

En exécution de l'édit de 1751, le roi a rendu une ordonnance, le 30 janvier 1761, qui déclare 1°. que ceux qui, dans le cours de leurs études, auront fait le plus de progrès dans les Mathématiques & dans les autres parties relatives au génie, seront envoyés dans l'*Ecole* de Mezières, où ils seront reçus en qualité d'ingénieurs, après les examens ordinaires; 2°. qu'il en sera usé de même à l'égard de ceux, dans lesquels on reconnoîtra de l'aptitude & du goût pour l'artillerie; qu'ils y seront admis en qualité de sous-lieutenans, sans être obligés de passer par l'*Ecole* des élèves; que cependant ils ne seront admis à ce grade qu'après avoir donné des preuves de leur capacité & de leur instruction, dans un examen qu'ils subiront à la *Fère*; 3°. que les autres seront répartis dans l'infanterie, la cavalerie, les dragons, suivant les talens & les dispositions qu'ils auront pour l'une ou l'autre de ces espèces de services, & que cette repartition se fera à tour de rôle dans les régimens, chacun en proportion de leur composition, à commencer par la tête; 4°. que le roi n'entend pas néanmoins interdire aux parens des élèves, la faculté d'obtenir pour eux des emplois dans les régimens où ils desireroient de les voir placés de préférence, ni aux colonels celle de demander des élèves, auxquels ils pourroient prendre quelqu'intérêt particulier.

Dans la situation actuelle de l'Hôtel de l'*Ecole* royale militaire, on expédie aux élèves des lettres de sous-lieutenans, à l'époque de la révolution de leur seizième année, & la date de ces lettres détermine le rang qu'ils prennent dans les troupes, pourvu toutefois qu'ils aient passé deux ans au moins à l'*Ecole* royale. Les sous-lieutenances en pied & avec appointemens, qui viennent à vaquer dans les mois d'octobre, novembre & décembre, leur sont réservées concurremment avec les pages du roi & de la famille royale, sans que les pensionnaires externes de ladite *Ecole* puissent y prétendre, pouvant, par l'état de leur fortune, être proposés aux emplois de sous-lieutenans de nouvelle création.

Le roi paye le voyage des élèves pour se rendre à leurs régimens, leur fournit le premier uniforme, & leur rend les effets qu'on avoit exigés d'eux à leur entrée dans les *Ecoles*.

Pour les mettre en état de se soutenir dans les premières années de leur service, l'article 19 de l'édit de 1751 veut qu'il leur soit payé une pension de deux cents livres. L'ordonnance interprétative de cet article de l'édit, & en date du 28 octobre 1769, règle tout ce qui concerne cette pension, & on n'a point touché à ces dispositions

(1) Réglement du 9 août 1771.

parmi les systêmes divers qui ont changé la forme de l'*Ecole militaire*. Ainsi, 1°. elle n'est accordée qu'aux gentilshommes qui ont rempli le tems de leur éducation dans les *Ecoles*, & que le roi juge à propos, quand ils sont en état d'en sortir, d'employer dans ses troupes, ou dans les autres parties de la guerre qui conviennent à leur aptitude & à leur talent; 2°. elle leur est accordée du jour qu'ils sortent de l'Hôtel, & ils en jouissent jusqu'à ce qu'ils soient parvenus à des emplois, dont le traitement soit à raison de douze cens liv. & au-dessus. Ils ne sont même rayés de l'état des pensions qu'à l'expiration de l'année où ils ont commencé à jouir d'un pareil traitement; 3°. les officiers-élèves ne sont payés de cette pension qu'en rapportant au trésorier des *Ecoles* un certificat de service & de bonne conduite, signé par les chefs de leurs régimens. Ce certificat, de même que la quittance fournie au trésorier, doivent énoncer le grade du pensionnaire, pour qu'on puisse vérifier le traitement qui y est attaché; 4°. ceux qui quittent le service sans des causes légitimes, lesquelles sont vérifiées avec la plus grande exactitude, sont rayés de l'état des pensions.

Le roi, dans son premier édit, avoit daigné joindre à toutes ces marques de sa protection, à l'égard des élèves de l'*Ecole militaire*, une décoration qui servît à leur rappeller la reconnoissance qu'ils doivent à l'état. Il fut réglé que tous ceux qui en sortiroient pour entrer au service, seroient reçus chevaliers novices de l'ordre de S. Lazare, & en porteroient la petite croix. L'expérience prouva que cette distinction devenue très-multipliée, avoit perdu de son éclat. Alors on a imaginé très-sagement d'en faire une récompense offerte à l'émulation des jeunes élèves, qui enfans de l'état, par leur éducation, auroient donné les espérances les plus fondées de devenir des sujets distingués. D'ailleurs l'avantage d'être reçus novices dans cet ordre, ne leur donnoit aucun état précis, & la décoration, presque semblable à celle des officiers de l'ordre qui ne peuvent leur être assimilés, les confondoit avec eux. Ces considérations ont déterminé le réglement donné par le roi, le 21 janvier 1779, & celui de monsieur, frère du roi, grand-maître des ordres du Mont-Carmel & de Saint-Lazare, en date du même jour de la même année.

En conséquence, l'ordre de Notre-Dame du Mont-Carmel est désormais consacré aux élèves de l'*Ecole* royale militaire. Le ministre de la guerre présente tous les ans au grand-maître un état de six élèves qui, par leurs mœurs, leurs progrès & leurs heureuses dispositions, sont jugés par l'inspecteur-général les plus dignes d'être admis dans cet ordre; & trois d'entr'eux, aux choix du grand-maître, sont reçus chevaliers. Les preuves fournies pour leur admission à l'*Ecole militaire*, doivent être, dans cette occasion, représentées au généalogiste de l'ordre de Saint-Lazare. La mar-

que de cet ordre, consiste dans la petite croix, pareille pour la forme & la grandeur à celle qui a été d'usage jusqu'à présent. Sur un côté se trouve l'effigie de la sainte Vierge, & un trophée orné de trois fleurs de lys de l'autre côté. Un ruban cramoisi suspend cette croix à la boutonnière de l'habit.

Chacun de ces trois chevaliers reçoit, à dater du premier janvier qui suit sa réception, une pension annuelle de cent livres, qui lui est payée sur le trésor de l'ordre, & qu'il conserve tout le tems qu'il reste au service, à moins que des blessures reçues à la guerre & duement constatées ne l'aient forcé de s'en retirer.

Si un de ces nouveaux chevaliers de l'ordre de Notre-Dame du Mont-Carmel a le bonheur de faire à la guerre un action de courage & d'intelligence, qui ait un grand éclat & de grands avantages, le grand-maître, sur l'attestation du général de l'armée & du secrétaire d'état de la guerre, en se réservant toutefois le droit de juger du mérite de l'action, le recevra sur le champ & sans autre preuve chevalier de l'ordre de S. Lazare; & la réunion des croix des deux ordres, qui ne pourra avoir lieu que dans ce seul cas, offrira la preuve honorable du service qu'il aura rendu à l'état.

Le 6 juin 1753, le roi établit à l'Hôtel de l'*Ecole militaire* trois conseils; le premier sous le titre de *conseil d'administration*; le second sous celui d'*économie*, & le troisième sous la dénomination de *conseil de police*.

Le conseil d'administration étoit composé du secrétaire d'état ayant le département de la guerre, &, en cette qualité, surintendant de l'Hôtel, du gouverneur & de l'intendant: on y ajouta depuis le lieutenant de roi & le major. On devoit le tenir tous les mois. C'étoit à ce conseil que ressortissoient toutes les affaires générales de la maison, & que se rapportoient les opérations des deux autres conseils.

Ce conseil a été rétabli le 4 janvier 1777; il a toujours pour chef le ministre de la guerre, surintendant de la fondation, & il est composé de l'inspecteur général, du sous-inspecteur & du directeur général des affaires. Le secrétaire de l'administration, garde des Archives, y a voix consultative seulement, ainsi que le trésorier, qui n'y assiste toutefois que lorsqu'il y est appelé, mais qui est tenu de se trouver à l'Hôtel tous les jours d'assemblée. Il a été subrogé aux fonctions des autres conseils, & embrasse seul tous les détails temporels & spirituels qui concernent la fondation de l'*Ecole militaire*.

Le mouvement de discipline de la maison se fait sous les yeux du ministre de la guerre; du gouverneur & inspecteur général, du sous-inspecteur commandant, du capitaine-commandant, d'un aide-major & de quatre sous-aides-major.

Le roi, par son édit de février 1778, a créé

un office de commissaire des guerres, près & à la suite de l'Hôtel.

Le premier revenu dont l'*Ecole militaire* ait joui, c'est le produit des droits sur les cartes à jouer que le roi lui avoit cédé, par sa déclaration du 13 janvier 1751, & par forme de dotation. Il est rentré en possession de ce droit, par l'arrêt du conseil d'état du 26 novembre 1778. Un autre arrêt du même jour fixe à quinze millions de livres l'indemnité accordée à l'*Ecole*, pour raison de la privation de cette branche importante de son revenu. Cette somme a été fournie par le trésor royal en quittances de finance, produisant rentes à quatre pour cent sur les aides & gabelles, faisant partie de celles créées par l'édit de février 1770, pour en commencer la jouissance des arrérages, à compter du premier janvier 1779, & être sur lesdites quittances constitué un ou plusieurs contrats de rentes au profit de l'*Ecole*.

Les dépenses qu'exigeoit nécessairement l'établissement de l'*Ecole militaire*, la satisfaction que donnoient les succès des premiers élèves déterminèrent un nouveau bienfait de la part du roi. Il lui accorda, par son arrêt du conseil d'état du 15 octobre 1757, & pour le terme de trente années consécutives, la loterie si connue sous le nom de l'*Ecole royale militaire*, composée dans les mêmes principes que celles établies à Rome, Gênes, Venise, Milan, Naples & Vienne en Autriche. Cette loterie a été supprimée le 30 juin 1776, & l'indemnité de deux millions par année, estimée comme le prix moyen que l'*Ecole* en retiroit, lui a été accordée jusqu'au premier novembre 1787, terme de l'expiration des trente années de la concession.

Sa majesté avoit, dès le 20 avril 1755, réuni à la chapelle de l'*Ecole militaire*, à l'entretien des prêtres qui la desservoient & des sœurs employées au service des élèves malades, la manse abbatiale de l'abbaye de S. Jean-de-Laon, ordre de S. Benoît, vacante par le décès de M. de Caylus, évêque d'Auxerre. L'union a été consommée le 15 juillet 1762, mais sous la réserve des droits que prétendoient les religieux de cette abbaye. Ce fut pour arrêter le cours des contestations que cette réclamation des religieux alloit entraîner, que le roi leur abandonna tous les biens de la manse abbatiale, à la charge par eux de payer, entre les mains du trésorier de l'*Ecole* & tous les ans a perpétuité, la somme de 12,000 liv. (1).

Enfin, l'intérêt que le roi prenoit à cet établissement, l'un des plus utiles de son règne, l'engagea à lui attribuer deux deniers pour liv. (2) sur le montant des dépenses des marchés, concernant la subsistance, l'entretien & le service, tant de ses troupes que de ses places. La solde même des soldats & des invalides fut enveloppée dans cette imposition.

Le maréchal de Belle-isle voulut contribuer aussi à la dotation de l'*Ecole militaire*. Il avoit acheté sept cent-vingt mille livres les six offices d'affineurs & départeurs d'or & d'argent, que le roi avoit recréés par son édit du mois d'août 1757, dont quatre à la monnoie de Lyon, & deux à celle de Paris. Le 31 décembre 1759, par acte pardevant notaires, il en fit donation au roi, à la charge de payer à différens particuliers la somme de 26,450 l. de rentes viagères; & à mesure que ces rentes s'éteindroient, d'en appliquer le montant à l'*Ecole militaire* qui, lors de l'extinction de toutes les rentes, pourroit jouir de la totalité du produit de ces six offices, si le roi n'aimoit mieux lui donner quelqu'autre objet d'un égal revenu. Cette concession fut confirmée par lettres-patentes de février 1760; mais les quatre charges d'affineurs de la ville de Lyon ont été supprimées, & l'exercice réuni aux maîtres & marchands tireurs d'or de la même ville, à condition qu'ils feroient aux propriétaires de ces charges (l'*Ecole militaire*) une rente de quarante mille livres (3), franche, exempte de toutes impositions, présentes & à venir, & remboursable de la somme de huit cens mille livres; à la garantie & paiement de laquelle rente, les droits résultans de ces affineries seront spécialement & par privilège affectés, & en outre, tous les biens présens & à venir de ladite communauté demeureront obligés & hypothéqués. Un autre édit du mois de février 1781 a supprimé les deux offices d'affineurs & départeurs d'or, établis à Paris, & a révoqué la réunion faite à la communauté des tireurs d'or de la ville de Lyon, des fonctions & des droits des quatre places d'affineurs qui y avoient été affectées. Par l'article 3 de cet édit, il est enjoint à l'administration de l'*Ecole royale militaire*, propriétaire desdits deux offices & de la rente de quarante mille liv., de remettre incessamment au conseil les quittances de finances & autres titres de propriété, pour être procédé à la liquidation des indemnités à elle dûes, & pourvu à leur remboursement.

Voilà le tableau des revenus, de l'administration & des élèves de cette intéressante fondation. Nous ne pouvons nous défendre de regretter que ses traits primitifs aient été altérés. La bienfaisance qui présida à son berceau, les vues profondes des trois ministres qui l'ont d'abord gouvernée, le zèle vraiment patriotique des premiers intendans qui en ont régi les biens, avoient porté l'*Ecole militaire* au plus haut point de gloire. On nous pardonnera le vœu que nous formons de la voir reprendre sa première forme, sa même composition,

---

(1) Lettres-patentes du 24 juillet 1766.
(2) Arrêt du conseil d'état du 25 août 1760.
(3) Edit du mois de mars 1760.

fa même police ; vœu, au furplus, que nous foumettons aux lumières de l'adminiftration qui nous gouverne. Ce n'eft pas fans un grand étonnement que l'on compare l'affiette ferme & tranquille de tous les établiffemens pendant plufieurs fiècles, avec l'agitation qui depuis vingt ans bouleverfe toutes leurs conftitutions. Ce n'eft pas que nous ne foyons intimement convaincus de la pureté des motifs qui ont déterminé ces changemens. Mais lorfqu'on veut porter la main à ces maffes conftitutionnelles, il faut avoir beaucoup réfléchi, beaucoup confulté, & être dans la difpofition de revenir fur fes pas, fi l'appât fecret & dominateur de la nouveauté, l'éclat d'une théorie, l'amour du bien ont pu quelquefois nous égarer. Des vues d'économie déterminèrent M. de Saint-Germain à la réformer ; il refte à favoir fi la réforme a diminué les dépenfes. L'Ecole militaire étoit deftinée à cinq cens jeunes gentilshommes : c'eft l'état bien connu de fes revenus qui doit déterminer l'ampliation du nombre de ceux qui peuvent profiter du bienfait de l'éducation militaire. Elle étoit confacrée à la nobleffe indigente. Puiffe-t-on obferver religieufement ce vœu de la fondation, & ne point ouvrir la porte à la brigue, à la follicitation de ceux qui n'ont ni la pauvreté, ni la nobleffe en partage ! Il eft encore bien à defirer que cette refpectable nobleffe indigente ne foit pas mife à la portée de s'affliger de l'opulence des premières familles, & de contracter leurs vices. L'éducation devoit abfolument n'être que militaire. Il femble donc qu'on ne doit pas confondre ceux qui doivent la recevoir, dans des collèges ouverts à des enfans qui font deftinés à d'autres profeffions. (Cet article eft de M. DES BOIS DE ROCHEFORT, docteur de la maifon & fociété de Sorbonne, curé de S. André-des-Arts).

ÉCONOMIE, f. f. Ce mot, dit l'ancienne Encyclopédie, vient du grec οίκος, maifon, & de νόμος, loi, & ne fignifie originairement que le fage & légitime gouvernement de la maifon, pour le bien commun de toute la famille. Le fens de ce terme a été dans la fuite étendu au gouvernement de la grande famille qui eft l'état.

On a joint au mot d'économie différentes épithètes qui en étendent ou en modifient la fignification. La nature de notre travail nous difpenfe de nous arrêter à ces différences ; nous nous contentons d'indiquer trois fortes d'économies ; l'économie privée, ou domeftique, l'économie fociale, & l'économie générale, ou politique.

C'eft de l'économie politique feulement dont il peut être ici queftion, quoiqu'elle dépende en quelque forte de l'économie fociale & de l'économie privée, & que les trois ne faffent qu'un tout indivifible, affujetti au calcul, & au même calcul applicable à de grandes & à de petites proportions, mais toutes réfultantes de l'ordre.

L'ordre politique néanmoins embraffe tous les autres ; & de même que l'ordre focial & l'ordre domeftique nourriffent, fortifient & complètent l'ordre politique, celui-ci les maintient & les préferve activement, en tendant toujours à les maintenir invifiblement.

L'ordre naturel eft le principe du tout enfemble ; il l'eft de l'ordre individuel, de l'action & du repos de l'homme, de leur objet & de leur moyen. Il fait naître de celui-ci l'ordre domeftique, de cet autre, l'ordre focial intérieur, & de ce dernier enfin, l'ordre politique, qui eft l'ordre focial, général & fupérieur.

Non-feulement la véritable économie confifte dans l'ordre, mais elle en eft le moyen. Elle n'eft point parcimonie, comme on a quelquefois voulu le croire, faute de calcul & de lumières ; elle eft au contraire l'emploi continuel & affidu de tous fes moyens à l'effet de profiter.

Ces moyens dépendent tous foncièrement de l'intelligence de l'homme ; car nous avons moins de force que l'éléphant, moins de viteffe que le cerf, moins d'agilité que le finge & l'écureuil, moins d'induftrie machinale, que n'en montrent bien des animaux dans ce qui eft du reffort de leur inftinct ; pas un néanmoins ne fait & ne peut cultiver la terre & folliciter l'abondance du fein maternel.

L'agriculture donc, vrai pivot de la vie de l'homme, dépend de fon intelligence. Il ne peut la pratiquer avantageufement qu'à l'aide de fes femblables, ce qui néceffite la fociété, qui dérive d'une première affociation de travaux & de profits. La fociété & tous fes liens & fa durée dépendent de la bonne-foi à remplir les conditions naturelles de l'affociation ; & la bonne-foi de l'homme, comme toutes les autres vertus dont elle eft la bafe, dépend de fon intelligence.

Tous nos moyens donc font dans l'intelligence ; mais celle-ci eft elle-même en nous un don de la nature, comme l'inftinct l'eft dans les animaux, avec la différence, que l'intelligence eft libre : elle peut devenir, ou lâche, ou ambitieufe, s'abrutir, ou voler de fes propres aîles, & déroger également par l'un & l'autre abus.

Sans prétendre faire ici de la métaphyfique, nous pouvons affurer que dans l'homme naturel le fentiment primitif du jufte & de l'injufte vient de nature, comme fes appétits & fes vrais befoins. Mais les idées d'acception qui naiffent de l'expérience, de l'habitude, de la fréquentation & de l'exemple de fes affociés, forment en lui des befoins & des prévoyances d'opinion ; lui offrent des moyens de prévarication & de fraude qui corrompent fes fentimens, déforment fes idées naturelles, & le jettent dans le vague deftructif de fes propres intérêts, fur les traces incertaines & toujours illufoires d'une aveugle cupidité.

Si des moyens que l'homme trouve dans la penfée, nous voulons paffer à ceux qui confiftent dans l'action, nous trouverons que leur direction utile dépend néceffairement du calcul, qui tient encore à notre intelligence. Le calcul fuppofe la prévoyance qui

qui naît & se forme des souvenirs, de l'examen & de l'expérience, lesquels, d'après des
données équivalentes, nous promettent les mêmes
résultats. Le bon emploi donc de notre force, de
notre adresse & de tous nos moyens physiques,
dépend en premier lieu de notre intelligence appliquée à l'esprit de calcul.

Le calcul est la règle indispensable & la base
de toute *économie*, tant *privée*, que *publique*; &
quoique l'*économie privée* paroisse bien simple &
bien bornée auprès de l'autre, si compliquée &
si vaste, toutefois les règles sont les mêmes pour
toutes deux; le point d'où elles partent est le
même pour l'une comme pour l'autre, & celui
auquel elles se rapportent, est pour chacune le
même également. Pour nous en convaincre, examinons successivement ces deux points fixes de
nos rapports primitifs.

Le premier est sans doute le point d'où doivent
partir tous nos calculs d'*économie*, & ce point
est la nature, mère apparente de tous les êtres
& distributrice effective de tout ce qui peut fournir à leurs besoins.

Celle-ci se meut & agit par des ressorts connus
seulement de son auteur; mais son action est soumise à de grandes loix, dont la marche est à-peu-
près généralement régulière, & que nous appellons *ordre naturel*.

Cet ordre consiste dans la révolution constante
& circulaire de la production, de la croissance,
de la consommation & de la réproduction, qui
embrasse toutes les substances & tous les êtres, lesquels, pendant le cours de leur existence, sont,
chacun dans son cercle, partie de la production,
reçoivent la croissance, participent à la consommation, &, compris dans l'ancien emblême du
phénix de la fable, retournent servir à la réproduction.

Ici l'emblême a manqué le point principal du
miracle de l'ordre naturel; nous voulons dire celui de la multiplication des espèces infinies dans
les forces de la nature; multiplication qui n'a de
bornes que celles des secours que l'homme lui
donne pour repousser les espèces qui disputent le
terrein & la substance à celles qu'il veut faire pré-
dominer. C'est-là le but & le travail de l'agriculture; ce sont les moyens d'aider & de déterminer ainsi la nature, vers les objets qui nous sont
propres, que l'homme doit apprendre par l'examen, retenir par l'expérience, exécuter par le
travail, & réduire au calcul de comparaison des
frais de ce travail & du résultat de ses succès.
Tel est le premier point, c'est-à-dire, celui de
naissance & de croissance, d'extension & de perpétuité dans nos rapports avec la terre. Passons
maintenant au second point.

Celui-ci consiste dans nos rapports avec les aides de notre travail, & par conséquent avec les
hommes, qui tous ne peuvent vivre que par leur
association quelconque, soit licite, soit illicite avec

ce travail primitif. Nous appellons *licite* celle qui
est de convention connue, consentie & observée
des deux parts; nous appellons *illicite* celle qui
est de rapine, soit frauduleuse, soit violente.

L'association, ou plutôt la ligue, qui ravit de
force les fruits du travail d'autrui, arrête, suspend & fait cesser ce travail; celle qui les attire
à soi, par ruse ou par fraude, en surprenant la
bonne-foi & la simplicité de ceux qui les ont fait
naître, détourne ces fruits du véritable objet de
leur destination, qui est de retourner vers la source
de la réproduction, qu'elle fait ainsi décroître plus
ou moins sensiblement, selon la force ou l'impu-
dence des abus, & tend toujours à la dessécher,
par la suppression des moyens physiques, & conséquemment par celle des moyens moraux qui
peuvent seuls la renouveller & l'entretenir.

En ceci, certainement l'*économie privée* est entièrement subordonnée, ou, pour mieux dire,
assujettie à l'*économie publique*, autrement à l'*économie politique*, sur laquelle l'économe rurale ne
sauroit avoir aucune influence. Lorsque celle-ci
s'écarte des principes, elle porte le désordre dans
l'*économie privée*; elle l'appauvrit, & l'économe
rural ne peut que céder au coup, sans distinguer
la main qui le frappe. Tout son calcul ne sauroit
le mener qu'à se réduire à l'inaction, pour éviter
de perdre ses avances & son travail: c'est ainsi
qu'on a semé l'orgueil même de la paresse chez
des peuples autrefois actifs & industrieux. Mais
l'*économie politique* n'en est que plus obligée à l'attention sur ses moindres démarches, & à conformer tout son régime aux loix éternelles de l'ordre
naturel.

En effet, lorsque le gouvernement croit n'avoir
à veiller qu'aux cas majeurs qui attentent à la paix
publique, soit intérieure, soit extérieure, ou que
l'administration provoquée prétend statuer sur les
moindres détails, l'un & l'autre se trompent capi-
talement & d'une manière désastreuse. De même
que le monde va tout seul, d'après l'impulsion
une fois donnée par le premier moteur, tous les
détails iront d'eux-mêmes, pourvu que la grande
main soit attentive à la réclamation des droits du
tiers, & livre d'ailleurs toute *économie domestique*
à sa propre impulsion. D'autre part, l'autorité
suprême & le gouvernement seront toujours respectés au-dehors & au-dedans, & verront la prospérité publique naître, croître & s'étendre comme
d'elle-même, pourvu qu'il observe de ne jamais
s'écarter de la première & suprême loi, de l'ordre des choses, de l'ordre naturel supérieur aux
rois de la terre; &, si l'on peut parler ainsi, la
loi séminale des nations & des empires.

C'est en cela & en cela seulement que consiste
l'*économie politique*: que rien n'attente à la marche naturelle & provisoire des avances, du travail, de la production, de la distribution, de la
consommation & de la réproduction. Voilà la loi
& les prophètes; voilà l'*économie politique*, l'*éco-*

nomie *sociale*, l'*économie domestique*, enfin l'*économie publique & particulière*. Toute la justice & tout l'ordre se réduisent à cela.

Le mot *économie politique* désigne aussi la science qui comprend tous les objets relatifs à la politique, à l'administration, au gouvernement intérieur & extérieur d'un état ; & c'est dans cette acception étendue que cet ouvrage est appellé *Dictionnaire d'économie politique*.

(*Cet article est de M. Grivel.*)

ÉCONOMISTE, s. m. qui s'occupe de l'économie. Dénomination qu'on a donnée depuis environ vingt ans, aux philosophes hommes de lettres qui ont tourné leurs recherches & leurs études vers cette partie si intéressante de la politique intérieure des sociétés policées, & qui se sont efforcés d'étendre la connoissance des loix naturelles, de leur constitution, de leur prospérité, ainsi que la science des droits & des devoirs des hommes qui les composent.

Les *économistes* & leurs écrits ont été critiqués à toute outrance, par des gens qui paroissent ne les avoir pas entendus, ou qui ne se soucioient pas de les entendre, tandis qu'ils ont été peut-être exaltés & prônés avec trop peu de modération par leurs partisans. Les reproches multipliés qu'on leur a faits, ont été rapportés dans une lettre d'un célèbre magistrat du parlement de Paris ; lettre imprimée, mais peu connue, où l'auteur répond de son mieux à tous ces reproches. Il nous semble qu'on ne pourra nous savoir gré de la consigner ici, parce qu'elle peut servir à éclaircir tout ce qu'on a dit pour ou contre les *économistes*. Nous exposerons ensuite les principes de leur doctrine d'une manière plus précise.

LETTRE SUR LES ÉCONOMISTES

Avec cette Epigramme :

Dat veniam corvis, vexat censura columbas. Juven.

[L'auteur de cette lettre s'est proposé de donner une idée du système politique de ceux que le public appelle *économistes*. Il a voulu montrer en même-temps que ce système, qu'on regarde bonnement comme particulier à un petit nombre d'hommes, loin d'être une nouveauté, porte sur des vérités qui pourroient passer pour triviales, sur des principes avoués de tout le monde ; qu'ainsi, pour être *économiste*, il s'agit de n'être pas inconséquent].

En vérité, mon cher marquis, quoique peu contrariant de ma nature, je ne peux vous passer votre sortie contre les *économistes*. Quoi ! vous, monsieur, bon citoyen & bon serviteur du roi ! Vous, l'ami de l'humanité, le partisan le plus zélé de la justice & de la bienfaisance, vous déclamez contre d'honnêtes gens qui prêchent l'une &

l'autre : *tu quoque, mi Brute*. Vous serez donc bien surpris, si je vous prouve que vous êtes *économiste* : oui, tout le monde ; je n'en excepte pas même ceux qui crient le plus haut contre ce qu'ils appellent, par dérision, la *science économique*. Dans un sens, ils ont raison d'en plaisanter ; car, quoiqu'elle ait une grande étendue, quoiqu'elle embrasse toutes les conditions, tous les droits & tous les devoirs de l'état social, elle a peu de profondeur. Eh ! comment estimer une science qui ne contient rien de mystérieux, rien qui exige des efforts de génie, rien enfin qui puisse prêter à l'imagination ! Mais ils ont beau dire ; je vous réponds, moi, qu'ils sont ce qu'ils prétendent ne pas être : sans qu'ils s'en doutent, leur cœur chérit le système que leur bouche condamne ; ils seroient dans le plus grand trouble, dans la plus grande consternation, s'ils croyoient ce système au moment d'être abandonné.

Il est vrai que la conduite d'un grand nombre de ces critiques n'est pas d'accord avec ses principes : ils veulent jouir du bénéfice, sans en avoir les charges ; ils veulent qu'on soit juste envers eux sans qu'ils soient, à leur tour, tenus d'être justes envers les autres. Cependant, malgré l'inconséquence de leurs procédés bizarres, je vous proteste encore une fois qu'ils n'en adoptent pas moins la théorie du véritable *économiste*. Si vous en doutez, allez enfoncer leur porte, enlever leur bourse, maltraiter leur personne ; allez vendanger leur vigne, moissonner leur champ, cueillir les fruits de leur jardin : vous verrez comme ils se hâteront de vous traduire devant les magistrats, d'appeler les loix à leur secours, avec quelle chaleur ils poursuivront publiquement la réparation de l'injure faite par vous à leurs droits de propriété.

Mais, direz-vous, est-ce que le système économique se trouve entièrement renfermé dans la loi de propriété ?

Hé ! sans doute, monsieur, ce système n'est autre chose que le droit de propriété même, reconnu pour la première de toutes nos loix fondamentales, & présenté dans toutes les conséquences qui en résultent nécessairement.

Cela n'empêche pas que beaucoup de gens ne cherchent à le faire passer pour dangereux. A force de le dire, ils ont si bien fait que ses partisans sont devenus les loups-garoux des grands enfans ; & vous savez que, parmi nous, le nombre des grands enfans n'est pas petit. Aussi, quand je vous vois condamner les *économistes* sur parole, & sans daigner approfondir leur doctrine, jouez-vous à mes yeux le rôle du paysan athénien, qui donnoit sa voix pour le bannissement d'Aristide.

Je sais que, pour couvrir de ridicule ces vrais amis de l'humanité, on les traite encore d'hommes à systèmes, de novateurs, d'enthousiastes. De bonne foi, monsieur, toutes ces qualifications vagües sont-elles autre chose que des mots? & des mots sont-ils faits pour vous en imposer? Observez même que, dans sa véritable signification, l'esprit du systême, diamétralement opposé à celui de paradoxe, est l'esprit d'ordre, est l'art de bien combiner, de bien lier ses idées. Qui dit un homme à systême, dit un homme conséquent, un homme à principes : est-ce que pour se bien conduire, il n'en faut point avoir? Et si vous étiez tenté de croire que, pour soi personnellement, il fût bon de n'en admettre aucun, je vous demanderai si cela le seroit également pour les autres? Si vous dormiriez paisiblement à côté de celui qui ne reconnoîtroit ni droits, ni devoirs essentiels; qui ne croiroit ni aux crimes, ni aux vertus? Déja je devine votre réponse; &, dans les précautions qui vous seroient suggérées par votre intérêt personnel contre un tel ennemi, je lis très-distinctement que ce qui ne vaut rien pour les autres, ne vaut rien pour soi. Mais, en convenant qu'il faut des principes pour se bien conduire, peut-être imagine-t-on qu'il n'en faut pas pour bien gouverner.

Le titre de novateur, quoique pris parmi nous en mauvaise part, ne me paroît point cependant odieux par lui-même; il ne doit l'être du moins que chez une nation dont la morale, la politique & le gouvernement sont portés à leur plus haut point de perfection. Apparemment que nous sommes dans ce cas; que, dans notre morale & notre politique, il n'existe aucun préjugé qu'il nous soit avantageux de détruire; que, sur le fait du gouvernement, il n'existe aucun abus qu'il nous soit utile de réformer : pourquoi donc varions-nous sur tous ces objets?

Par-tout où régneront des désordres, se trouveront deux sortes de personnes; les unes qui en souffriront, les autres qui en profiteront : les premiers cherchent toujours à les faire connoître, à les corriger; les secondes à les justifier, à les perpétuer. Aux yeux de celles-ci, les novateurs seront donc des hommes à pendre; je dis à pendre; parce que, à l'exemple de certain législateur grec, de telles gens, s'il étoit en leur pouvoir, établiroient volontiers que tout homme qui voudroit proposer une loi nouvelle, seroit tenu de se présenter la corde au col. En général, plus les corps politiques ont besoin d'être réformés, & moins ils veulent l'être; aussi le métier de réformateur est-il, à mon avis, le plus mauvais de tous les métiers. Licurgue, ce sage, dont on a tant vanté & les loix & les vertus, fut trop heureux d'en être quitte pour un œil : vous sçavez qu'il pensa perdre la vie comme beaucoup d'autres.

Si jamais on n'eût rien innové parmi nous, je vous prie, monsieur, de me dire où nous en serions encore aujourd'hui; à brûler les enchanteurs & les sorciers; à prendre la force pour arbitre de la justice; à faire dépendre de quelques pratiques

superstitieuses, la fortune, l'honneur, la vie des citoyens; à mille autres sortes d'absurdités marquées au coin de l'ignorance & de la barbarie. Dans le temps dont je parle, nous devions être cependant bien plus éclairés qu'aujourd'hui : nous lisions l'avenir dans les astres; nous avions une correspondance suivie avec les esprits aëriens & les démons, personnages qui, comme vous n'en doutez point, en savoient bien plus long que nous.

Je conviens avec vous que notre état politique pourroit empirer, convenez aussi qu'il pourroit s'améliorer; qu'à cet égard, un changement proposé peut être utile, comme il peut être nuisible. Comment donc un homme raisonnable se permet-il de le condamner comme changement? Avant que de prendre un parti pour ou contre, il me semble qu'il conviendroit d'en examiner & les principes & les effets. Est-il donc dit qu'une nouveauté ne fera jamais fortune parmi nous, qu'autant qu'elle sortira de la boutique d'une marchande de modes? O! mon cher marquis, pour être un peu moins légère, notre nation n'en seroit pas moins aimable.

J'entends dire de tous côtés que le mieux est ennemi du bien : & depuis quand, s'il vous plaît? On le disoit aussi dans le temps où les hommes croyoient se propicier le ciel par des crimes, par des sacrifices horribles de victimes humaines; on le disoit chez nos ancêtres, lorsque leurs druides remplissoient d'une jeunesse d'élite des colosses d'osier, pour les brûler en l'honneur des dieux; on le disoit chez ces grecs si célèbres qui, malgré leurs arts, leurs sciences & leurs philosophes, ont été les plus cruels ennemis les uns des autres; chez ces fameux conquérans, dont la puissance n'étoit qu'un colosse d'airain aux pieds d'argile; ces romains, dont la constitution politique entretenoit une guerre perpétuelle entre les patriciens & les plébéiens; guerre qui les a fait passer sous le joug du despotisme, autre maladie mortelle dont ce corps politique a péri.

Mais ne remontons pas si loin : sous le brigandage du règne féodal, & depuis, lorsque la fureur des duels étoit de mode, entre amis mêmes, & pour des querelles étrangères; ou, lorsque le sacerdoce, oubliant l'esprit, l'objet & la base de son institution primitive, vouloit disposer des empires, délioit les sujets du serment de fidélité, armoit les peuples contre leur souverain légitime, donnoit les trônes au premier occupant, fouloit aux pieds la personne même des empereurs; que, victimes de l'ambition & du fanatisme, les membres d'un même corps politique couroient s'entregorger, au nom d'une religion de paix, d'amour & de charité, ne disoit-on pas comme aujourd'hui, que le mieux est ennemi du bien? Et, s'il ne l'étoit pas alors, comment l'est-il devenu? Les sociétés politiques sont-elles donc arrivées au point qu'elles ne pourroient que perdre, en continuant encore de travailler à se perfectionner.

A a 2

Quant à la qualité d'*enthousiastes* que vous donnez aux *économistes*, véritablement je crois bien qu'ils la méritent un peu. Quelques-uns d'entr'eux me disoient un jour : « si l'on pouvoit personnifier » la loi de propriété, avec tous les avantages » qui en résultent, il faudroit mettre, au bas de » son portrait, les deux vers que Voltaire mit au » bas d'un portrait de l'Amour » :

> Qui que tu sois, voici ton maître ;
> Il l'est, le fut, ou le doit être.

La raison qu'ils en rendoient, c'est que le bonheur de notre espèce étant nécessairement attaché au maintien du droit de propriété, cette loi naturelle se trouve faite pour gouverner tôt ou tard le monde moral en son entier. Fasse le ciel que cette prédiction s'accomplisse ! On ne regardera plus comme un malheur pour le genre humain l'institution des sociétés.

Je passe donc condamnation sur l'enthousiasme des *économistes* ; je tiens même que l'amour du bien public est un des sentimens dont il nous est le plus difficile de tempérer la chaleur ; mais, en supposant qu'ils aient la vérité pour eux, il faut le louer, cet enthousiasme, au lieu de le condamner : si les ames froides ne produisent pas de grands maux, jamais aussi, jamais elles ne produiront de grands biens.

Je sais parfaitement encore que, quoiqu'ils ne soient pas du nombre de ceux qui disent, & *nul autre n'aura d'esprit hors nous & nos amis*, on prétend que leur ton dogmatique est révoltant : cela se peut ; il seroit même difficile qu'il ne le fût pas. Nous sommes animaux d'habitude : naturellement on doit nous révolter, quand on attaque les préjugés dans lesquels nous avons vieilli. Celui qui découvrit la circulation du sang, révolta tous ses confrères en le publiant ; une foule de contradicteurs s'éleva contre lui. Mon cher marquis, *comme la vérité*, *l'erreur a ses martyrs*. En général, nous nous laissons plus volontiers arracher les dents que les préjugés, & voici pourquoi : le soulagement que doit nous procurer la première de ces opérations, nous est connu d'avance ; mais le bien qui doit résulter de la seconde, nous est absolument inconnu.

Ecartons, monsieur, toutes ces différentes qualifications, pour venir à celle qui mérite le plus d'attention. Est-il bien vrai que les *économistes* soient des hommes dangereux ? Sans doute que ce n'est pas de leur personne, mais bien de leurs principes qu'on veut parler : des faits d'une notoriété publique ne permettent pas de l'entendre autrement. Dans ce cas, pour qu'ils soient dangereux ces principes, il faut qu'ils puissent avoir des suites facheuses, ou pour l'intérêt personnel du souverain, ou pour les intérêts particuliers de ses sujets ; qu'ils se trouvent contraires au bon ordre, aux bonnes moeurs, ou à la religion : examinons

donc s'il est quelqu'un de ces inconvéniens qu'on puisse leur reprocher.

Persuadés qu'en se réunissant en société, les hommes ont eu pour objet de se rendre heureux, de se procurer sur la terre tout le bonheur que leur espèce peut comporter, les *économistes* pensent qu'un gouvernement n'est parfait, qu'autant qu'il est propre à remplir cet objet ; mais qu'il ne peut y parvenir qu'en suivant les voies de la nature, qu'en établissant son ordre public & ses loix, sur l'ordre & les loix invariables de la nature. J'ai peine à croire que vous soyez tenté de les contredire ; que vous ayez une autre idée de l'institution des sociétés politiques. Sans doute que vous ne pensez pas qu'il faille employer pour nous rendre heureux, des moyens contre nature ; leurs succès, s'ils en avoient, seroient de vrais miracles, & les miracles ne sont pas faits pour durer ; d'ailleurs nous n'avons pas, je crois, l'intention de pouvoir en faire à volonté.

Considérant donc le but des sociétés ; considérant aussi que le propre de tout être sensible est d'agir toujours pour son intérêt réel ou apparent, vous conviendrez sans peine encore d'une seconde vérité ; c'est que, parmi les hommes, il n'est ni ne peut être d'autre lien social, qu'un intérêt commun connu d'eux : je dis, *connu d'eux* ; car, tandis que comme êtres sensibles ils agissent pour leur intérêt personnel, comme êtres intelligens ils sont conduits par l'opinion vraie ou fausse qu'ils en ont.

De-là une autre conséquence, la nécessité dont il est que les hommes soient instruits de tout ce qui concerne leur intérêt commun ; de tout ce qu'il leur interdit, de tout ce qu'il leur permet, de tout ce qu'il exige d'eux ; en un mot, de tous les droits dont ils doivent jouir, de tous les devoirs qu'ils doivent remplir.

Arrêtons-nous un moment sur ces premières vérités : pourquoi le tyran Mahomet voulut-il bannir de ses états l'instruction ? N'étoit-ce pas qu'il avoit tout à redouter de l'instruction ? Il voua ses sujets à l'ignorance, parce que, voulant les gouverner comme des brutes, il avoit besoin d'en faire des brutes. Si cette coupable politique vous paroît injurieuse à l'humanité ; si elle révolte en vous le sentiment & la raison, je vous vois forcé d'adopter à cet égard le systême des *économistes* : persuadés que l'ignorance est le plus cruel de nos ennemis ; qu'elle est, comme le pensoit Zoroastre, le génie mal-faisant, le mauvais principe, auteur de tout le mal moral ; ils veulent qu'on la poursuive en tous lieux, qu'on ne lui laisse aucun asyle ; ils veulent que l'instruction publique fasse de nous des hommes, afin que nous puissions être gouvernés comme des hommes.

Hé bien, monsieur, voyez-vous à cela quelque inconvénient ? Quand on ne se propose point d'abuser de notre crédulité ; quand on ne veut point faire de l'ignorance un moyen d'oppression, il me paroît difficile de regarder comme dangereux, que nous soyons inftruits de nos droits & de nos devoirs effentiels ; que chacun de nous connoiffe les rapports de l'intérêt commun avec fon intérêt particulier ; qu'il fache bien, en un mot, fon métier de citoyen ; car enfin ce métier a fes règles particulières, & il n'eft aucune condition dans laquelle on foit difpenfé d'être citoyen. Je crois au contraire que c'eft un moyen de nous rendre chers les uns aux autres ; de nous imprimer un grand attachement à l'ordre public, un grand refpect pour les loix, un grand amour pour le fouverain, chargé de maintenir, de faire obferver les loix. Et vous pouvez qualifier de dangereux ce qui n'eft propre qu'à refferrer les nœuds qui nous uniffent ! Et ceux qui chérchent à nous procurer cet avantage, font à vos yeux des fanatiques qu'il faudroit proforire. N'eft-ce pas là ce que faifoit ce roi de Perfe, quand il prioit Arimanius d'infpirer aux athéniens de bannir leurs meilleurs citoyens.

Il eft vrai que des hommes ainfi éclairés ne peuvent plus être dégradés, être réduits à la condition des brutes ; mais auffi vaut-il mieux à tous égards régner raifonnablement fur des hommes, que de conduire arbitrairement des brutes. Dans le cas dont il s'agit, le premier me paroît même d'autant préférable, que des brutes de notre efpèce feront toujours des tigres mal-appriviffés : je parle d'après l'expérience de tous les temps.

Un des plus beaux génies de notre fiècle a déployé toute fon éloquence pour nous prouver que les progrès des fciences ont occafionné les progrès de la corruption. Mais par quelle efpèce de fcience la corruption peut-elle être arrêtée ? Eft-ce par la Phyfique, l'Aftronomie, la Géométrie, par les autres fciences de ce genre ? Nullement : quelque élevées qu'elles foient, quelque honneur qu'elles faffent à l'efprit humain, quelque droit enfin qu'elles aient à notre admiration, elles ne nous découvrent point les règles de la morale & de l'art de gouverner ; elles ne tendent à perfectionner ni les mœurs ni le gouvernement : la longue lunette de celui qui contemple les aftres, ne l'empêche point de tomber dans un puits.

A la vérité, ces connoiffances font favorables aux arts ; mais les arts mêmes, en augmentant notre puiffance, peuvent nous devenir funeftes ; & ils le deviennent en effet lorfque, livrés à des erreurs fur la morale & la politique, nous manquons des autres connoiffances néceffaires pour faire fervir cette puiffance à notre bonheur.

Si donc, fous le nom de *fcience*, on entend la découverte des vérités contraires à ces erreurs ; perfonne, je crois, n'entreprendra de perfuader que le progrès d'une telle fcience doive rendre les hommes plus corrompus : autant vaudroit foutenir qu'ils fe conduiroient mieux de toutes manières, fi, privés de la clarté du jour, ils étoient condamnés à vivre dans l'obfcurité de la nuit ; qu'ainfi un moyen affuré de nous rendre meilleurs & plus

heureux dans ce bas monde feroit de nous crever les yeux ; j'efpère que cela ne prendra pas.

L'intérêt commun étant le feul lien politique, le fondement de toute fociété, eft-ce que vous refuferez d'en conclure avec les *économiftes*, qu'il doit être auffi le principe, la raifon primitive de toutes les loix ? *Salus populi fuprema lex efto.* Leur ferez-vous un crime de le regarder comme conftituant néceffairement la juftice par effence, comme étant la règle fouveraine du jufte & de l'injufte ? Croyez-vous qu'il y ait de l'inconvénient pour le monarque, pour l'état, les mœurs ou la religion, quand on foutiendra que, dans l'ordre des chofes humaines, rien n'eft vertueux s'il n'eft jufte, rien n'eft jufte s'il n'eft conforme à l'intérêt commun ; qu'ainfi, dans fa vie privée comme dans fa vie publique, chacun doit s'interdire ce qui bleffe l'intérêt commun, ne fe permettre que ce qui convient à cet intérêt. Ah ! monfieur, plût à Dieu que cette morale fût généralement adoptée ! Le fiècle d'or ne feroit pas perdu pour nous : loin d'attacher la gloire à des forfaits ; loin d'être plus féroces que les ours, qui du moins ne font point la guerre aux autres ours, chaque homme ne verroit dans les autres hommes, que des frères, que des amis.

Dans le fyftême des *économiftes*, l'intérêt commun n'eft point l'intérêt des uns, établi fur la ruine des autres : ils font bien éloignés de penfer qu'il faille des efclaves pour le bonheur des hommes libres ; qu'il faille écrafer les campagnes par des corvées, pour procurer quelques avantages aux villes. Cet intérêt n'eft non plus, ni une idée vague, ni une chofe d'opinion : ils le font confifter dans ce qui convient le mieux à tous les intérêts particuliers ; & ce qui leur convient le mieux eft l'inftitution du droit de propriété, l'inftitution d'une légiflation & d'un ordre public, qui puiffent maintenir conftamment ce droit dans toute fa plénitude en faveur de chaque citoyen. La raifon de cela, c'eft que fous la loi de propriété, fous cette loi qui maintient chaque particulier en poffeffion de fon individu, de fes talens, de fes facultés, de fes biens, quels qu'ils foient, chacun jouit néceffairement de tous les avantages qu'il peut raifonnablement fe promettre de fa réunion en fociété.

Le premier de ces avantages eft l'abondance des chofes convenables à nos jouiffances, à nos lumières ; or il eft démontré qu'à l'aide du droit de propriété, cette abondance s'établit & fe perpétue naturellement, autant que le territoire d'une nation peut le comporter ; au lieu que, fans le droit de propriété, la culture fera toujours languiffante ; les terres feront, du moins en partie, frappées de ftérilité ; à quoi vous ajouterez que, fi le droit de propriété féconde les terres, il ne féconde pas moins l'induftrie, qui fert à déployer l'utilité de leurs productions.

J'ignore où peut-être le danger d'un tel fyftême :

vraisemblablement ce n'est pas dans l'objet qu'il se propose ; car il ne peut être dangereux d'empêcher les hommes de mourir de faim. Ce n'est pas non plus dans le moyen qu'il emploie pour parvenir à son but ; car il n'est ni dans l'homme, de faire pour d'autres que pour lui, de grands travaux & de grandes avancés, ni dans l'ordre naturel de la réproduction, que, sans ces travaux & ces avances, les terres puissent être fécondées.

Le système des *économistes* étant ainsi fait pour les hommes tels qu'ils sont, & pour l'ordre de la nature tel qu'il est, avant que de rejetter leur théorie, il faut commencer ou par changer cet ordre, en assujettissant la réproduction à d'autres loix ; ou par créer des hommes nouveaux, pour peupler la terre d'une nouvelle espèce d'êtres intelligens qui ne soient pas des hommes, qui n'aient pas les mêmes besoins que les hommes. Cela sera peut-être un jour, si Dieu le veut ; mais, en attendant cette révolution, le germe moral de l'abondance sera toujours le droit de propriété ; & je ne vois aucun inconvénient à le publier.

Le second avantage est la liberté ; le troisième la sûreté ; le quatrième l'égalité. Sous la loi de propriété, tout particulier étant pleinement libre de disposer à son gré de sa personne & de ses biens, tant mobiliers qu'immobiliers ; de les employer à tous les usages qui ne blessent en rien les propriétés des autres citoyens, chacun jouit en cela de la plus grande liberté qu'un homme raisonnable puisse desirer en société. Non, un homme raisonnable ne portera jamais ses prétentions, jusqu'à vouloir être le maître de disposer arbitrairement de la personne & des biens d'autrui : il sent bien que de telles prétentions ne pouvant manquer de devenir réciproques, elles ne pourroient manquer aussi de substituer à l'état social, l'état de guerre, état où personne ne peut se flatter de jouir d'aucun droit de propriété, d'aucune sûreté, d'aucune liberté.

Dites-nous donc, monsieur, si vous pensez qu'il seroit mieux pour le monarque ou pour la nation, de la priver de cette liberté, dont les droits de propriété sont nécessairement les titres & la mesure. Dites-nous encore ce que gagneroient le souverain, l'état, les mœurs ou la religion, si le corps politique n'étoit pas organisé de manière à procurer aux droits de propriété, la plus grande sûreté possible, celle qui leur est essentielle, pour qu'ils puissent être, dans le fait, comme dans la spéculation, de véritables droits. N'est-il pas vrai, que sans sûreté, comme sans liberté, un droit ne seroit plus, dans le fait, qu'un vain titre, dont il ne résulteroit aucune utilité ? N'est-il pas vrai, que procurer la sûreté des droits de propriété, c'est prendre les mesures nécessaires pour prévenir, pour écarter les abus & les crimes ?

Vous m'alléguerez peut-être, qu'une telle organisation seroit contraire aux intérêts des souve-

rains, en ce qu'elle mettroit à leur autorité des bornes qui ne lui permettroient pas de devenir arbitraire. Mais il est aisé de vous démontrer que ces bornes sont posées par la nature ; que même ce sont elles qui les font ce qu'ils sont ; mais en fait de gouvernement, un seul ne pouvant jamais être par lui-même plus fort que tous, autorité & pouvoir arbitraire sont deux choses incompatibles ; elles ne sont pas moins opposées l'une à l'autre, que les ténèbres à la lumière, que la folie à la raison. Si quelqu'un faisoit entourer de barrières un précipice, pour vous empêcher d'y tomber, prétendriez-vous qu'il auroit mis mal-à-propos des bornes à votre pouvoir, à votre liberté ?

Malgré la distance prodigieuse que votre naissance, votre fortune, vos talens, vos emplois mettent entre vous & une multitude d'autres hommes, j'espère, monsieur, que vous ne vous offenserez pas non plus de l'égalité qui résulte du droit de propriété. Vous êtes trop judicieux pour trouver mauvais que cette loi, sans chercher à rendre les conditions égales, à rendre les hommes égaux, dans le fait, les rende cependant tous égaux, dans le droit, les fasse jouir tous également d'un même droit commun, d'un droit qui protège également toutes les prétentions légitimes ; qui assure également à chaque citoyen la liberté de faire pour son intérêt personnel, tout ce qui ne blesse en rien l'intérêt commun. Loin de pouvoir deviner le danger de cette égalité sociale, il me paroît, je l'avoue, qu'on ne peut se dispenser de l'applaudir, quand on veut consulter & la nature & la religion ; quand, dans chaque homme, on voit un homme, ses droits & celui qui les lui a donnés.

Si d'ailleurs vous vous imaginiez que l'égalité dût régner dans le fait, comme dans le droit, je vous répondrois que cette égalité de fait ne peut être dans l'ordre politique, parce qu'elle n'est pas dans l'ordre de la nature ; qu'elle ne seroit pas non plus dans l'ordre de la justice, en ce que ceux qui mettroient le moins dans la société, se trouveroient aussi-bien traités que ceux qui mettroient le plus ; que vouloir établir une telle égalité, ce seroit favoriser la paresse, énerver l'industrie, étouffer le germe de l'abondance. Je vous laisse à juger si cela peut convenir à l'intérêt commun, & même aux bonnes mœurs. Desir de jouir & liberté de jouir, voilà, monsieur, l'ame du mouvement social ; & dans le moral, comme dans le physique, le mouvement, qui détruit tout, est cependant ce qui produit tout, ce qui conserve tout.

La liberté du commerce, tant extérieur qu'intérieur, est une conséquence nécessaire du droit de propriété : elle conduit à sa suite la plus grande concurrence possible d'acheteurs & de vendeurs ; & l'effet naturel de cette concurrence est de mettre une nation dans le cas de se procurer toujours, sans aucune violence, le prix le plus avantageux pour elle, tant en vendant qu'en achetant. Vous concevez que ce double avantage favorisant tout-à-la-fois & la culture & l'industrie nationale, il tend nécessairement à porter au plus haut degré les revenus des particuliers, celui du souverain, la population, & généralement tout ce qui concourt à former la puissance, la prospérité générale d'un empire. Direz-vous que ce sont-là des malheurs dont il faille chercher à nous garantir ?

On croit voir cependant de grands inconvéniens résulter d'une telle liberté : sans doute qu'ils ne regardent pas le commerce intérieur. Il y auroit une absurdité trop manifeste à vouloir qu'une province ne versât pas son superflu dans une autre province qui en auroit besoin : ce seroit un moyen infaillible de les ruiner toutes deux. Mais, attendez ; peut-être s'imagine-t-on que ce versement peut s'opérer sans liberté ; peut-être a-t-on quelque expédient pour rendre le commerce plus actif, en le rendant moins libre, en privant même entièrement ses agens de la faculté d'agir. Je crains bien, monsieur, que quelque jour, ces hommes graves & sensés, qui ne sont point gens à systèmes, ne proposent de nous charger de fers pour que nous puissions mieux marcher.

Je ne vois que deux moyens qu'on puisse employer pour faire passer le superflu d'une province dans une autre : le premier, indiqué par la nature, est la liberté d'un commerce mis en activité par l'intérêt commun des vendeurs & des acheteurs ; je pense que sans être un fou, on peut compter sur ses effets. Le second, inventé par les soi-disant ennemis des systêmes, est un privilège exclusif, à la faveur duquel quelques particuliers puissent acheter & revendre au prix qu'ils veulent. Si ce dernier moyen est le meilleur, apparemment que le monopole est une chose juste & utile à l'état : dans ce cas, au-lieu de plusieurs privilégiés, je vous conseille de n'en établir qu'un seul ; le monopole sera bien plus sûr.

Ce n'est donc que par rapport au commerce extérieur, qu'on croit appercevoir des inconvéniens dans la liberté. On prétend que l'importation des marchandises étrangères fera sortir de l'argent du royaume ; mais les *économistes* démontrent très-clairement que l'empêcher de sortir, c'est l'empêcher d'entrer ; qu'une nation ne peut vendre beaucoup & à un bon prix pour elle, si elle n'achète beaucoup ; qu'elle seroit bientôt dans le cas de ne plus rien vendre aux étrangers, si elle vouloit toujours leur vendre sans rien acheter : en effet, avec quoi le paieroient-ils ? Mais ce n'est pas tout : s'il convient à notre intérêt national de prohiber l'importation des marchandises étrangères, la même politique doit convenir également à l'intérêt de chaque peuple. Voilà donc le commerce nécessairement interdit entre toutes les nations : l'absurdité des conséquences montre bien l'absurdité du principe.

On allègue encore que cette importation préjudicieroit à nos manufacturiers ; & cette objection est pareillement culbutée dans les ouvrages économiques. Est-ce que l'étranger n'a pas à faire des frais de transport ? D'ailleurs, il ne peut avoir parmi nous la préférence sur nos manufacturiers, qu'autant que ses marchandises ou leur prix sont plus avantageux à la nation : dans ce cas, exclure l'étranger, c'est sacrifier l'intérêt commun de la nation à l'intérêt particulier de quelques hommes salariés par la nation. Le grand moyen de faire fleurir nos manufactures, est la liberté du commerce, jointe à l'immunité de tous droits, de tout impôt, tant sur les agens & sur les ouvrages de l'industrie, que sur les matières premières qu'elle emploie. *Laissez faire & laissez passer*; voilà, selon M. de Gournay, tout le code politique du commerce ; & ce M. de Gournay n'étoit point un méchant homme.

C'est pour avoir ainsi confondu la nation avec ses salariés, qu'on a cru de bonne-foi que la liberté du commerce étoit contraire à l'intérêt national : on l'a regardée comme un obstacle aux grands profits de nos commerçans, aux grandes fortunes que ceux-ci font ordinairement chez une nation privée de cette liberté. En cela cependant, ces politiques n'auroient point vu d'inconvénient, s'ils avoient recherché sur qui & aux dépens de qui de telles fortunes sont faites : ils auroient bientôt apperçu que les commerçans ne peuvent bénéficier, qu'en revendant plus cher à la nation ce qu'ils achètent de l'étranger, ou plus cher à l'étranger, ce qu'ils achètent de la nation ; qu'ainsi de l'une & de l'autre manière, leurs bénéfices sont pris sur la nation ; car traitant avec l'étranger immédiatement, la nation acheteroit à un prix plus bas, & vendroit à un prix plus haut.

Tout le monde dit que le commerce enrichit une nation : les *économistes* le disent aussi comme tout le monde ; mais ils ne l'entendent pas comme tout le monde. Selon eux, le commerce enrichit une nation, parce qu'il procure aux productions territoriales le débit dont elles ont besoin pour avoir une bonne valeur en argent. Au moyen de cet avantage, les propriétaires fonciers & les cultivateurs font les plus grands efforts pour fertiliser leurs terres ; ils en ont alors les moyens, & leur intérêt leur en fait naître la volonté : de-là, cet axiome, que la consommation est la mesure nécessaire de la reproduction.

Mais les *économistes* ne regardent point comme un accroissement à la richesse nationale, les fortunes pécuniaires des commerçans & des marchands, lors même qu'elles sont faites avec l'argent de l'étranger ; car alors cet argent qui leur reste, n'est jamais qu'une portion des valeurs en productions fournies par la nation à l'étranger, portion dont la retenue diminue d'autant la richesse nationale, au-lieu de l'augmenter. Je ne vous parle point de celles qu'ils font avec l'argent de la nation : quelles que foient les fommes accumulées ainfi dans leurs coffres, il eft clair qu'elles n'ajoutent rien à la maffe totale : en leur parvenant, elles ne font que changer de main. Je vous obferverai feulement que dans l'un & l'autre cas, ces fortes de fortunes, quoiqu'elles foient des richeffes dans l'état, n'appartiennent pas à l'état. Cofmopolites par leur nature, elles n'ont point de patrie qui leur foit propre & particulière ; elles ne reftent même chez une nation qu'autant qu'elles s'y croient en sûreté, qu'elles y jouiffent d'une pleine immunité : auffi, quand une nation en a befoin, eft-elle obligée d'acheter l'argent des commerçans nationaux, comme celui des étrangers.

Il feroit plaifant que le propriétaire d'une maifon regardât l'argent comptant de fes locataires comme un accroiffement à fa fortune, parce que cet argent fe trouveroit placé dans fa maifon. Une fois qu'il auroit affiché cette ridicule prétention, argent, locataires, tout fuiroit : adieu fa prétendue opulence ; la maifon refteroit déferte. Telle feroit pourtant la manie d'une nation, fi, quand fes marchands s'enrichiffent, elle croyoit s'enrichir réellement, & pouvoir difpofer de leur argent pour les befoins de l'état.

Les *économiftes* reconnoiffent toute l'utilité qui réfulte du miniftère des commerçans, & font hautement profeffion d'honorer les commerçans ; mais ils ne veulent pas que cette utilité foit payée, par la nation, à un prix plus haut que la nation ne doit la payer. Pour en empêcher, la liberté du commerce leur paroît être l'unique moyen qu'on puiffe employer fans bleffer la juftice, l'unique moyen qui convienne à l'intérêt commun ; & fous ce nom, ils comprennent celui des commerçans mêmes ; car, pour que ceux-ci puiffent faire un grand commerce, il eft néceffaire que la nation ait annuellement une grande abondance de productions à commercer ; abondance qui ne peut fe perpétuer, qu'autant que la nation en retire un bon prix. Si cela vous eft évident comme à moi, je vous prierai de m'indiquer comment ce qui eft dans l'ordre de la juftice & de l'intérêt commun, peut devenir dangereux ; il ne m'eft pas poffible de l'imaginer.

Je fais bien pourtant que quelques perfonnes ont allégué, contre la liberté du commerce, qu'elle feroit trop favorable aux nations étrangères ; qu'elle tendroit à les enrichir. En tout cas, fi, par-là, les étrangers s'enrichiffent, ce ne fera pas à nos dépens, puifque cette liberté nous procure le double avantage d'obtenir le meilleur prix poffible, tant en vendant qu'en achetant. En vain objectera-t-on que du moins ils partageront avec nous cet avantage ; tant mieux ; c'eft le moyen que le commerce fe perpétue entr'eux & nous : il feroit d'une impoffibilité abfolue qu'il fubfiftât long-temps entre deux nations, s'il étoit ruineux pour l'une des deux. Oui, je défie qu'il s'établiffe folidement fur toute autre

bafe qu'une utilité réciproque : c'eft-là ce qui forme cette grande chaîne dont la nature fe fert pour lier toutes les branches de l'ordre focial, pour ne former, d'une multitude d'hommes, qu'un feul & même individu moral.

Une chofe certaine, c'eft qu'encore que les commerçans s'élèvent fortement contre la liberté du commerce, il n'en eft pas un que vous ne rendiez fur le champ *économifte*, quand il vous plaira. Dites-lui que le gouvernement vient d'abandonner abfolument le fyftème de la liberté ; que dans chaque province le commerce eft mis en ferme pour le roi, par conféquent en privilège exclufif ; & pour lui ôter toute efpérance, ajoutez que toutes les compagnies font nommées ; qu'elles feules déformais pourront commercer. Si cet homme vous croit, il vous démontrera fur le champ, & par de très-bonnes raifons, que tout eft perdu : ainfi, le voilà devenu *économifte* à cet égard. Votre propos cependant, quoique faux dans fon expofé, n'auroit rien que de conféquent : fi la liberté du commerce eft nuifible, on ne peut trop la refferrer, on ne peut trop diminuer le nombre des commerçans ; on n'a rien de mieux à faire que d'établir dans chaque province un feul privilégié. Qu'on le faffe donc, & je vous jure que toute la France fe déclarera bientôt *économifte* : vous verrez alors combien de gens le font fans le favoir.

L'immunité du commerce eft une branche effentielle de la liberté dont il doit jouir. Point de taxes fur les perfonnes, fur les falaires de leur induftrie ; point de droits fur les marchandifes, fur leur paffage d'un lieu à un autre. Les *économiftes* ne veulent qu'un feul & unique impôt, établi dans une proportion invariable & connue, fur le produit net des terres, fur le revenu qu'elles donnent annuellement ; revenu qui confifte uniquement dans la valeur en argent de leurs productions, après qu'on en a déduit les reprifes à faire par le cultivateur, pour le paiement de fes travaux, pour les intérêts & les indemnités de fes avances.

Si cette branche du fyftème économique a quelques inconvéniens, ce n'eft pas pour les agens du commerce & de l'induftrie, puifque leurs perfonnes & leurs falaires doivent jouir d'une entière immunité : auffi fur cet article font-ils tous de vrais *économiftes*. Mais ce n'eft pas non plus pour le fouverain : il eft prouvé qu'une grande partie de ces fortes d'impofitions retombe fur lui perfonnellement, par les renchériffemens qu'elles occafionnent, fans parler des autres préjudices qu'elles lui caufent indirectement. Ce n'eft pas enfin pour les propriétaires fonciers : puifqu'ils ont à fupporter ces mêmes renchériffemens ; & que, par un effet néceffaire des contre-coups de ces fortes d'impofitions, leurs revenus doivent progreffivement diminuer, tandis que les impôts doivent progreffivement augmenter.

Pour vous convaincre, monfieur, de ces vérités, il faudroit ici faire un traité de l'impôt ; vous

vous redire ce qui cent fois a été dit, a été démontré par des calculs rigoureux. Permettez donc que je vous renvoie aux traités déjà faits & connus ; vous y trouverez les calculs dont je vous parle ; & dans le cas où les données de ces calculs vous paroîtroient exagérées, retranchez la moitié des résultats ; vous serez encore effrayé de l'énormité des préjudices causés à la richesse nationale, par les taxes personnelles, principalement par les droits sur les marchandises ou leur transport. Hélas ! mon cher marquis, c'est ainsi que voyoit, que pensoit Sully, autre homme à systêmes, autre ennemi du bien public, qui n'aimoit ni son roi, ni l'état.

Peut-être ne voudrez-vous pas prendre la peine de lire de tels ouvrages ; hé bien ! considérez un moment cette masse prodigieuse de frais & fauxfrais de toute espèce, inséparables de la perception de ces impôts : alors vous conviendrez sans doute, qu'en voyant la nation écrasée par le poids de ce fardeau monstrueux, on peut bien, sans être un mauvais citoyen, publier les moyens naturels de l'en délivrer.

Ces moyens sont, comme je viens de vous le dire, l'établissement d'un impôt direct & proportionnel sur le produit net des terres, de tous les biens-fonds productifs ; impôt qui se percevroit sans frais, & qui ne préjudicieroit en rien à la culture, au commerce, au bon prix & à l'abondance des productions territoriales. A mon avis, personne alors ne pourroit se plaindre ; car personne alors ne paieroit l'impôt. En effet, dans tous les actes estimatifs des terres & translations de leur propriété, elles ne seroient plus évaluées qu'en raison du revenu qu'elles donneroient annuellement à leurs propriétaires, déduction faite de l'impôt.

A la vérité, cette manière d'évaluer les terres suppose une règle de proportion invariable pour la fixation de l'impôt. Aussi, je vous en ai prévenu, cette règle est-elle dans le système des *économistes* ; c'est même un des articles qui leur suscitent le plus d'ennemis. Cependant il n'est point ici de milieu : si cette règle n'est pas fixe ; si la quotité de l'impôt, n'étant pas déterminée par une loi constante & immuable, peut varier sans aucune nécessité, peut varier par la seule volonté arbitraire de l'état gouvernant, il est clair que tous droits de propriété sont détruits dans l'état gouverné ; car ils se tiennent tous de manière que blesser l'un, c'est blesser les autres. Or, détruire les droits de propriété, c'est anéantir tous les avantages qui doivent en résulter pour le souverain même, comme pour ses sujets ; c'est briser le lien politique, en blessant ouvertement l'intérêt commun.

En même-temps que les *économistes* s'élèvent contre ce désordre ; qu'ils lui opposent l'intérêt de la souveraineté, l'intérêt général de l'état, ils prétendent que le revenu de la souveraineté doit

être composé de toute la portion qu'elle peut prendre dans le revenu général de la nation, sans opérer la destruction de ce revenu, sans même repousser les accroissemens dont il pourroit être susceptible. Maintenant, je m'en rapporte à vous, monsieur, un tel systême ne convient-il pas autant au véritable intérêt du souverain, qu'à celui de la nation ? Un souverain raisonnable peut-il se proposer d'éteindre le revenu national, pour grossir celui de sa souveraineté ? N'agiroit-il pas, en cela, comme le Dissipateur, qui fait entrer son capital dans sa dépense annuelle ? D'un autre côté, les peuples peuvent-ils redouter un plan, qui tend à ne faire payer par eux, que ce qu'ils peuvent & doivent payer sans inconvénient ; ou plutôt un plan, dans lequel on ne leur demande rien, les terres étant chargées de les acquitter entièrement de l'impôt ?

On ne prétend pas cependant que l'impôt ne pût augmenter passagèrement, s'il survenoit des sujets imprévus de dépenses extraordinaires & indispensables. *Nécessité ne connoît point de loi* : on peut quelquefois se trouver obligé de sacrifier une partie pour ne pas perdre le tout ; c'est une maison qu'on abat pour arrêter les progrès d'un incendie. Mais ce qu'une nécessité impérieuse & publiquement connue, commande dans des temps extraordinaires, ne convient plus aux autres temps.

Aussi, pour éviter tout abus en cette partie, le droit de propriété exige-t-il que de tels cas soient déterminés assez clairement par les loix, pour que l'augmentation de l'impôt & sa répartition ne puissent jamais devenir arbitraires. A votre avis, vaut-il donc mieux qu'elles le soient ? Pensez-vous qu'il y ait du danger dans l'établissement d'un ordre public, qui ne permettroit pas que ce qui a pour objet la conservation de l'état, pût opérer la destruction de l'état ? Après tout, le danger que vous pourriez y voir, ne seroit ni pour le souverain, ni pour la nation ; mais seulement pour des hommes cupides, qui chercheroient à dévorer la nation.

Quelques personnes ont eu la simplicité d'objecter que les privilèges des biens ecclésiastiques se trouveroient blessés par l'établissement d'un impôt territorial. Comme si tous les biens-fonds de l'état n'étoient pas naturellement & nécessairement grévés de l'obligation de contribuer aux charges communes de l'état, aux dépenses qu'exige la sûreté de l'état. Comme si les ecclésiastiques ne payoient pas déjà cette contribution, dans la personne de leurs fermiers, ainsi que par les dons gratuits, & par les droits imposés sur les choses que nous consommons. Comme si les contre-coups de ces droits ne pouvoient détruire une portion des revenus de nos domaines ; sans porter le même préjudice aux revenus des biens-fonds appartenans aux ecclésiastiques : quelle illusion, qu'un tel privilège !

Bb

Le grand argument, l'argument banal contre l'impôt direct sur le produit net des terres, est de dire que le revenu du souverain diminueroit, ou que les propriétaires fonciers seroient surchargés. On ne voit donc pas que, dans la situation présente des choses, ce sont ces mêmes propriétaires qui, en dernière analyse, paient toutes les impositions; qu'ils paient, en outre, les frais & faux frais énormes de leur perception; que néanmoins une grande partie des revenus dont ils pourroient & devroient jouir, se trouve éteinte par le contre-coup des impositions. On ne voit donc pas que toutes les dépenses annuelles de l'état, soit dépenses communes, soit dépenses particulières de ses membres, sont établies sur le revenu général de l'état, & que ce revenu général consiste uniquement dans le produit net annuel de son territoire.

Cette vérité a tant de fois été mise dans le plus grand jour par les *économistes*, que j'aurois honte de vous en entretenir plus long-temps. Je finis donc cet article, en vous répétant qu'il est démontré, mais démontré jusqu'à la plus grande évidence, que les taxes sur l'industrie & les droits sur les marchandises, détruisent en pure perte, & sans que personne en profite, une grande partie du revenu national; qu'en leur substituant l'impôt direct dont je vous parle, le souverain seroit plus riche, le clergé plus riche, le propriétaire foncier plus riche : d'après cela, jugez vous-même si la classe industrieuse en seroit plus pauvre, & dites-moi pour qui seroit dangereux un pareil changement?

Je conviens cependant que, pour ne compromettre ni le revenu du souverain, ni celui des propriétaires fonciers, on ne doit songer à lever directement sur le produit des terres, la totalité de l'impôt, qu'après avoir fait ce qui convient pour rendre à ce produit, ce que les charges actuelles, dont il est indirectement grevé, lui font perdre nécessairement. L'impôt ne peut être demandé qu'à ceux qui l'ont dans leurs mains : il faut donc qu'il se trouve en entier dans celles des propriétaires fonciers ou de leurs fermiers, pour qu'ils puissent le payer directement & en entier. Il faut par conséquent que les frais de culture cessent d'être grossis par le renchérissement forcé de tout ce qu'achète le cultivateur, tant pour sa personne que pour son exploitation. Il faut qu'il soit encore affranchi de toute imposition personnelle, de manière qu'on ne prenne rien sur les sommes destinées aux avances de sa culture; & qu'en faisant de ces sommes un tel emploi, il n'ait à craindre pour lui personnellement aucune augmentation d'impôt. Il faut enfin qu'il ne subsiste plus aucun des obstacles qui s'opposent à la consommation, au débit de nos productions, & privent les premiers vendeurs, d'une portion du prix qu'ils devroient naturellement recevoir.

Certainement on ne dira que la vérité, quand on alléguera que parmi nous l'intérêt actuel de l'argent, les baux des terres, les loyers des maisons, les prix de la main-d'œuvre & des productions, étant réglés en conséquence des impôts tels qu'ils sont établis, le projet d'une telle révolution dans les arrangemens économiques de l'état, doit rencontrer les plus grandes difficultés, sans compter celles qui naîtront des intérêts particuliers déréglés. Mais que peut-on en conclure? qu'avec le talent nécessaire pour les prévoir, il faut encore du courage pour entreprendre de les surmonter, du génie pour en imaginer les moyens.

Aussi les efforts pour remplir un point de vue si important, doivent-ils être applaudis par tout bon citoyen. En supposant même que ces moyens ne fussent pas encore trouvés, seroit-ce une raison pour croire qu'ils ne le seront jamais, une raison pour ne pas les chercher? En seroit-il moins vrai qu'il faudroit désirer cette révolution, comme la plus heureuse de toutes celles qui pourroient survenir dans ce royaume? Si vous en doutez, considérez un moment la dette publique & ses contre-coups affreux : bientôt vous serez pénétré de la nécessité d'opérer progressivement la libération de l'état. C'est sur-tout d'après cette nécessité, que vous devez juger s'il est important de faire passer, dans les mains du souverain, tout ou partie des frais ou faux-frais qu'entraînent la forme actuelle de nos impositions & celle des paiemens faits ensuite pour le compte du roi.

Une autre branche bien intéressante du système des *économistes*, est l'institution d'une souveraineté unique & héréditaire. Ce qu'il y a de singulier, c'est qu'à cet égard ils sont accusés par les uns, de vouloir convertir en despotisme la monarchie, & par les autres, de vouloir détruire la monarchie en combattant le despotisme. La contradiction manifeste de ces deux imputations vous annonce que ni ceux-là, ni ceux-ci ne les ont entendus.

Qui dit autorité, dit le droit de commander; joint au pouvoir de se faire obéir : sans ce droit, on ne verroit en elle que violence, qu'oppression : sans ce pouvoir, toujours dépendante des volontés arbitraires d'autrui, elle ne pourroit exercer son droit; elle ne seroit qu'un nom, & rien de plus.

Par son essence, l'autorité doit donc être absolue : si l'on pouvoit arbitrairement se dispenser de lui obéir, elle ne seroit point une véritable autorité. Mais, par la raison qu'elle doit être absolue, il faut aussi nécessairement qu'elle soit unique : deux autorités égales, ne pouvant rien l'une sans l'autre, ne seroient autorité ni l'une ni l'autre. Or il est évident que l'unité d'autorité requiert l'unité de souverain : si elle étoit partagée en plusieurs mains, il y auroit plusieurs autorités, ou, pour mieux dire, plusieurs puissances rivales les unes des autres, cherchant mutuellement à se détruire les unes les autres, parce qu'elles seroient mutuellement un obstacle les unes aux autres.

Frappés des maux qu'entraînent naturellement après eux les vices d'une telle constitution politique, du danger auquel elle expose tous les droits de propriété, les *économistes* se sont ouvertement déclarés pour le gouvernement d'un seul; & rejettant, comme arbitraire dans ses fonctions, toute autre contre-force, que celle du corps politique même, en le supposant plein de vie, & non dans l'état de mort; toute autre contre-force, que celle des volontés communes de ce corps entier; invariablement fixées par la connoissance de son intérêt commun, & clairement énoncées dans ses loix fondamentales, ils soutiennent que le souverain doit jouir sans partage d'une autorité absolue; que tenant des loix tout ce qu'elle est, on ne peut s'élever contre cette autorité, sans s'élever contre les loix. Voilà, monsieur, ce qui les a fait accuser par quelques-uns de favoriser le despotisme, de chercher à le justifier. On n'a pas pris garde que, dans leur système, l'autorité n'est jamais que la fille, & nullement la rivale des loix; que, pour être absolue, elle n'est point arbitraire; que, pour être sans partage, elle n'est point sans bornes. Peut-être ne se sont-ils pas suffisamment expliqués sur ces objets; c'est cependant d'après leurs explications, que d'autres personnes ont voulu les faire passer pour ennemis du gouvernement monarchique: voyons si elles y sont bien fondées.

Faut-il être l'ennemi de ce gouvernement, pour dire que le bien s'opère par des loix naturelles & immuables; que les moyens de faire le mal sont les seuls qui puissent prêter à l'arbitraire; qu'ainsi l'autorité tutélaire des souverains a des bornes essentielles, des bornes marquées par la nature des choses, & qui ne conviennent pas moins à l'intérêt personnel du monarque, qu'aux intérêts de ses sujets. Nos rois mêmes, ces maîtres que nous adorons, ces princes à qui notre amour & notre confiance rendent tout possible, n'ont cessé de reconnoître publiquement & authentiquement ces importantes vérités. D'après leurs propres paroles, croyez, monsieur, croyez qu'ils se respectent trop, pour ne pas vouloir toujours régner par la justice & par la raison; qu'il n'est même aucun temps où ils ne vissent avec amertume, avec douleur, qu'on ne leur en supposât pas l'intention. A cet égard, on ne peut donc rien imputer aux *économistes*, à moins que de les accuser de vouloir donner à l'autorité, des bornes qu'elle ne doit point avoir naturellement; il est aisé de les en justifier.

Pourriez-vous bien vous représenter une société dont les membres n'auroient entr'eux aucuns droits réciproques? S'ils n'avoient pas de droits, pourquoi s'imposeroient-ils des devoirs? & quel besoin auroient-ils d'un gouvernement? Cherchez quel est à ce sujet l'ordre immuable de la nature: c'est sur nos droits qu'elle a fondé nos devoirs; c'est sur nos devoirs qu'elle a fondé nos droits.

Pour vouloir se rendre indépendant de cet ordre, il faut avoir oublié qu'on est homme; il faut, comme le fils de Philippe, se croire un Dieu; hé bien! à une telle folie, les *économistes* répondront comme les spartiates: *ce mortel veut être Dieu; qu'il le soit.*

Non, non, on ne peut refuser aux hommes un droit naturel à l'existence, & même à l'existence heureuse, par conséquent un droit naturel aux moyens d'exister & de se rendre heureux. C'est pour faire valoir ce droit qu'ils se sont réunis en société; c'est aussi pour remplir l'objet de cette réunion, que la loi de propriété devient nécessairement la loi fondamentale d'une société, le droit commun de tous ses membres; c'est enfin pour consolider cette loi, pour maintenir ce droit dans toute son intégrité, qu'un gouvernement est & doit être institué.

C'est donc dans la loi de propriété même, dans cette loi dont l'auteur de la nature est instituteur, qu'il faut aller chercher les bornes essentielles de l'autorité suprême d'un monarque: il doit s'interdire tout ce que cette loi lui interdit, tout ce qu'il ne pourroit se permettre, sans blesser le droit commun de son empire, sans détruire les droits essentiels de ses sujets, sans être injuste envers les hommes & coupable envers Dieu: tel est le langage d'un *économiste*. Aussi l'idée qu'il a des rois, est-elle la plus grande, la plus élevée qu'on puisse s'en former: il ne voit, dans leur auguste ministère, qu'une autorité tutélaire dont tout le monde a besoin; dans leurs personnes sacrées, que des êtres privilégiés, destinés par le ciel à toujours être bienfaisants, parce qu'ils sont destinés à toujours être justes.

Remarquez présentement que, dans une monarchie héréditaire, ce système est parfaitement conforme aux véritables intérêts personnels du souverain. La raison en est bien simple: ses intérêts personnels sont alors les mêmes que ceux de sa souveraineté; & les intérêts de sa souveraineté, toujours inséparables de l'intérêt commun, se trouvent inséparablement aussi attachés au maintien du droit de propriété.

Je ne vous dirai point qu'il n'en est pas ainsi des monarchies électives; l'exemple de la Pologne vous en a pleinement convaincu. Vous le savez, monsieur, vous le savez; les intérêts personnels des simples usufruitiers ne seront jamais les mêmes que ceux d'un propriétaire: la souveraineté n'étant pas leur patrimoine, que leur importe le préjudice qu'ils lui occasionnent, dès qu'il en résulte pour eux un avantage particulier? Voilà quel est en général le grand inconvénient du gouvernement de plusieurs; & comme les mauvais effets qui doivent en résulter, dépendent du personnel des administrateurs, sont aussi tantôt plus & tantôt moins funestes; l'importance de cet inconvénient ne doit point être appréciée par les maux qu'il cause, mais bien par ceux qu'il peut causer.

Peut-être m'allez-vous dire, comme beaucoup de gens, qu'un monarque pourra toujours auffi, & même plus facilement encore, abuser de fon autorité. Hé! fans doute, il le pourra toujours, fi la fociété fe trouve mal conftituée; je ne vois pas même comment il feroit poffible d'en empêcher. Alors l'expédient des contre-forces n'eft plus qu'un moyen d'oppofer l'arbitraire à l'arbitraire: c'eft tomber de Caribde en Sylla; c'eft fubftituer aux inconvéniens du defpotifme, tous ceux de l'anarchie. Mais lorfqu'une conftitution eft régulière en tout point; lorfqu'elle ne permet pas que le diftrict particulier du fouverain, & le diftrict particulier des loix puiffent jamais être confondus; qu'on faffe dépendre des volontés perfonnelles d'un feul, ce qui, d'avance & pour toujours, doit néceffairement être réglé par les loix; il eft évident que de tels abus ne peuvent avoir lieu. Sachant très-bien que perfonne ne vient dans ce monde avec fes titres à la main, le chef d'une telle fociété ne peut fe diffimuler que les loix font les titres uniques de la fouveraineté: il fe regarde donc comme le premier fujet des loix; & l'intérêt qu'il a de les conferver, eft trop grand, trop important, pour pouvoir ceffer d'être préfent à fes yeux Le dirai-je, mon cher marquis? il en eft des corps politiques comme de nos corps phyfiques: quand ils font mal organifés, ce qui doit fervir à leur conferver la vie, fert à leur donner la mort.

Je n'entrerai point ici dans le détail de toutes les conditions que requiert une conftitution régulière; je me contenterai de vous dire qu'ayant pour bafe la loi de propriété, & pour objet le maintien de ce droit dans toute fa plénitude, une conftitution politique ne devient régulière que par l'établiffement de toutes les grandes polices, de toutes les inftitutions qui doivent néceffairement fe réunir pour remplir cet objet: voilà le principe d'après lequel vous pouvez vous-même la combiner. Ne vous imaginez pas qu'une telle organifation ne foit qu'une belle chimère: par la raifon qu'elle ne convient pas moins aux vrais intérêts du fouverain qu'à ceux de fes fujets, je ne vois pas ce qui pourroit empêcher de l'établir, ou lui caufer enfuite la moindre altération, quand elle fera connue pour ce qu'elle eft.

Si nous fuppofons donc des corps politiques bien conftitués, des corps politiques qui foient, non des automates, non de fimples cadavres qu'on peut difféquer à fon gré; mais bien des corps vivans, organifés en tout point d'une manière qui convienne à leur nature, d'une manière conféquente à la loi de propriété; ils auront des loix fondamentales, & immuables, des loix que le fouverain fera dans l'heureufe impuiffance de changer: ce prince n'en aura pas même la volonté; tout lui fera connoître qu'elles font faites pour lui & non contre lui. Toujours ainfi gouverné lui-même par de telles loix dans fa vie publique, fon autorité ne pourra rien avoir d'arbitraire; &

c'eft précifément parce qu'elle n'aura rien d'arbitraire, parce qu'elle fe trouvera toujours d'accord avec les loix, toujours fondée fur les loix, toujours identifiée avec celle des loix, qu'elle deviendra néceffairement abfolue, néceffairement inébranlable; qu'elle acquerra toute la ftabilité des loix. Ah! monfieur, quel beau rôle pour les rois! C'eft alors que, régnant par des loix générales & invariables, ils gouverneront leurs empires comme Dieu gouverne l'univers; c'eft alors que, chéri, adoré d'un peuple heureux & nombreux, un monarque ne fera plus, aux yeux de fes fujets, qu'une image vivante de la Divinité; pourroit-on être françois, & contempler ce tableau fans émotion?

Telle eft la brillante perfpective que préfente aux fouverains & à leurs fujets, ce fyftême qualifié de dangereux par ceux qui ne le connoiffent pas. Cependant vous n'en découvrez point encore toute l'étendue: citoyen de l'univers, comme l'illuftre auteur de Télémaque, & l'honnête abbé de Saint-Pierre, je pourrois dire même comme Henri IV, l'économifte embraffe dans fes vues toutes les nations policées; il les confidère comme ne formant entr'elles qu'une feule & même famille; il les voit toutes naturellement unies par les liens d'une utilité réciproque; il en conclut que la paix eft le feul état qui convienne à leur intérêt commun; que cet intérêt commun qui, pour elles comme pour le fimple particulier, confifte dans la fûreté de leurs droits de propriété, & dans la liberté de les exercer, doit être la bafe de leur politique; qu'il doit dicter tous leurs traités, attendu que, fans lui, fans fa garantie, il eft impoffible de rendre les traités durables, de leur donner aucune folidité.

Je vous fais grace ici, monfieur, des raifons alléguées pour prouver que cette fraternité des nations n'a rien qui ne foit conféquent à la juftice par effence; qu'elle eft dans l'ordre de la nature, dans les vues de Dieu; ces raifons font connues de vous comme de moi, gravées dans votre cœur comme dans le mien; & elles vous montrent que, pour ne pas condamner un tel fyftême, il n'eft pas néceffaire d'avoir le bonheur d'être chrétien; qu'il fuffit d'être homme, d'être éclairé par les lumières naturelles, dont notre intelligence nous rend fufceptibles. Oui, c'en eft affez pour nous convaincre qu'étant tous appellés à connoître cette juftice, & fes rapports avec nos vrais intérêts, nous fommes tous auffi deftinés à la pratiquer; que c'eft pour nous une obligation, un devoir dont nous ne pouvons nous écarter, fans nous dégrader, fans effacer en nous ce qui diftingue des brutes les êtres intelligens.

LE BONHEUR PARTICULIER DES INDIVIDUS NE PEUT ÊTRE RAISONNABLEMENT ET SOLIDEMENT ÉTABLI, QUE SUR LE BONHEUR GÉNÉRAL DE L'ESPECE: voilà le grand principe des économiftes. Ils tiennent donc que, pour être heu-

yeux, les hommes ont besoin de se prêter une
mutuelle assistance ; qu'il est de leur devoir, comme de leur intérêt, de s'entre-servir ; qu'ainsi la
bienfaisance, cette vertu qui nous fait vivre déli-
cieusement dans les autres, qui ajoute à nos jouissances personnelles, toutes celles que nous leur
procurons, est une branche essentielle de la justice
qu'ils se doivent réciproquement ; qu'en cela même, ces êtres intelligens ne diffèrent de plusieurs
brutes, que parce qu'ils font par raison, ce qu'elles
font par instinct, par un effet naturel de leur organisation.

Quelle politique & quelle morale ! elles n'ont
d'autre objet que de pacifier la terre, que de rendre les hommes heureux, en les rendant justes &
bienfaisans. Traitez-les l'une & l'autre de chimériques ; dites qu'elles sont impossibles dans la pratique ; à la bonne heure ; nous en paroissons tellement éloignés, qu'on peut bien penser ainsi,
quand on ne prend pas la peine d'y réfléchir, de
considérer combien l'homme moral est factice,
combien il est aisé de le plier à la pratique des
vertus sociales, en y attachant l'intérêt de son
amour-propre, de ce besoin naturel qu'il a de l'estime de soi-même & de celle d'autrui. Mais toujours sera-t-il vrai que, pour croire dangereuses
de telles maximes, il faut en avoir une idée fausse ;
toujours sera-t-il vrai que, si notre espèce est condamnée à ne jamais rien faire de parfait, il n'en
est pas moins nécessaire que nous ayons une idée
vraie de la perfection, pour pouvoir nous conduire, pour travailler à notre bonheur en êtres
intelligens ; car plus nous serons voisins de la perfection, plus aussi nous serons heureux.

Le besoin que nous avons de cette idée, me
paroît d'autant plus absolu, que l'amour-propre,
ce grand ressort de l'humanité, ce germe de toutes nos grandes passions, ce sentiment qui, selon
Montesquieu, fait que nous nous aimons plus que
notre vie même, tient de nos opinions la direction
qu'il nous donne, le mouvement qu'il imprime au
monde moral. Aussi nous porte-t-il tantôt au mal,
& tantôt au bien, selon que les opinions relatives
à lui, sont des erreurs ou des vérités.

Ne faisons donc point un crime à ceux qui
s'efforcent de nous faire connoître la perfection
en fait de politique & de morale. Le but qu'ils
se proposent, mérite bien qu'en les jugeant, nous
nous dépouillions de notre légèreté ordinaire. Une
discussion exacte & rigoureuse de leurs principes
ne peut que répandre parmi nous de grandes lumières, ne peut ainsi que tourner à l'avantage
commun de la société. La religion même, qui n'a
rien de plus à redouter que le despotisme ; la religion, dont les véritables intérêts & ceux de ses
ministres seront toujours unis à ceux de l'état,
doit naturellement y gagner, & y gagner beaucoup. Sous les gouvernemens déréglés, haïe des
uns & méprisée des autres, ses efforts ne peuvent
rien contre le torrent de la corruption. Sa voix

se fera bien mieux entendre, quand l'organisation
des corps politiques, ayant toutes les conditions
requises pour faire régner les bonnes mœurs,
mettra les hommes dans la nécessité d'être vertueux
pour être heureux. Alors, pour les attacher de
plus en plus à leurs devoirs, pour ériger les vertus morales en vertus chrétiennes, la religion n'aura
rien à faire que d'élever nos vues jusqu'à l'Être
suprême ; que de joindre aux motifs humains, les
autres motifs qu'elle nous propose, & qui sont
faits pour nous rapprocher de la Divinité.

Au surplus, monsieur, puisqu'avec l'amour de
la justice dans le cœur ; puisqu'avec tout le zèle
possible pour le bien public, on ne peut être
compté parmi les *économistes*, sans passer pour un
visionnaire, pour un homme dangereux, apparemment qu'on doit se faire un honneur infini, une
réputation brillante, en affectant de soutenir les
propositions contraires à leurs principes. Publiez
donc hautement que les sociétés & leurs gouvernemens ne sont point institués pour rendre les peuples heureux ; ou, si vous le voulez, que nous
pouvons être heureux sans droits de propriété,
sans sûreté, sans liberté ; que nous pouvons être
heureux, quoiqu'opprimés, quoique réduits à la
condition humiliante des esclaves, des animaux
domestiques.

Publiez que les hommes ont la science infuse, ou
plutôt que, sans rien savoir, ils n'ont cependant besoin de rien apprendre pour pouvoir agir raisonnablement ; qu'en leur qualité d'êtres sensibles,
ils ne sont pas faits pour être conduits par l'attrait de leur intérêt personnel ; que du moins cet
intérêt n'est soumis à aucune dépendance naturelle, à aucun ordre auquel nous soyons tenus de
nous conformer, comme êtres intelligens ; qu'il
est, au contraire, en notre puissance de nous
soustraire aux loix de la nature, de changer à
notre gré les causes du plaisir & celles de la douleur.

Publiez qu'il n'est point pour nous de justice
par essence ; que le juste & l'injuste ne sont que
de convention ; qu'ils n'eurent jamais leurs principes dans la nature même des choses ; que le vice
& la vertu tiennent de nos opinions tout ce qu'ils
sont ; qu'ils n'ont aucun rapport nécessaire avec
notre intérêt commun.

Publiez que cet intérêt commun est une chimère ; que, pour former une véritable société,
nous n'avons aucun besoin de ce lien politique ;
que les hommes peuvent être parfaitement unis entr'eux, quoique divisés par des intérêts opposés,
par des opinions &-des prétentions inconciliables ;
que leurs intérêts particuliers ne sont jamais mal
entendus, quelque contraires qu'ils puissent être
à l'intérêt général ; qu'en conséquence, ils font
bien de violer les droits les uns des autres, quand
ils le peuvent impunément.

Publiez que tous les hommes doivent être égaux
dans le fait, malgré les différences naturelles qui

se trouvent habituellement entr'eux; que leurs conditions doivent être égales, quoiqu'ils servent inégalement la société; que tous ainsi doivent également commander. Et si cela ne vous paroît pas assez ridicule, changez de thèse; dites qu'aucune égalité, pas même celle de droit, ne doit régner entre les membres d'un même corps politique; que, pour qu'une société soit solidement établie, pour qu'elle puisse toujours jouir de la paix intérieure, & toujours prospérer, il faut que sa constitution la partage en deux principales classes; l'une d'oppresseurs, & l'autre d'opprimés.

Publiez que, pour être fécondées, les terres n'exigent de nous ni travaux, ni avances; que, malgré la multiplication dont notre espèce est susceptible, les productions sauvages qu'elles donnent spontanément, suffiront toujours à nos besoins; ou, si vous l'aimez mieux, que les hommes feront toujours les avances & les travaux de la culture, sans espérance d'en retirer aucun profit, de se voir même indemnisés de ce qu'ils auront avancé; qu'ils pourront ainsi toujours dépenser, sans rien recevoir.

Publiez que le commerce ne doit jouir d'aucune liberté, ni dans l'intérieur du royaume, ni avec les étrangers; qu'il est avantageux à l'état que ses productions restent sans débit & sans valeur, ou que leur valeur soit enlevée au souverain, aux propriétaires fonciers & aux cultivateurs, par quelques marchands revendeurs; qu'une nation s'enrichit, quand des marchands s'enrichissent en la dépouillant; qu'il est ainsi de l'intérêt général de substituer à la liberté du commerce, la pratique des privilèges exclusifs, afin d'introduire un monopole mercantile, à la cupidité duquel la richesse nationale ne puisse échapper.

Publiez qu'il convient que le poids des impôts soit doublé, soit triplé par les frais & faux frais de leur perception; qu'il convient que leur forme les rende arbitraires; qu'elle s'oppose à la consommation & à la réproduction; qu'elle occasionne ainsi à la nation, des pertes sèches qui tendent à la ruiner progressivement; que ces sortes d'impôts, quoique destructifs de la culture, de l'industrie, du commerce, de la population, des revenus de la nation & du souverain, sont néanmoins avantageux à l'état, par les fortunes particulières qu'ils permettent de faire aux dépens de l'état.

Publiez que, par la constitution d'un gouvernement monarchique, l'autorité souveraine doit être une autorité sans bornes; que, dans une monarchie même héréditaire, les vrais intérêts de la souveraineté ne sont point les vrais intérêts du souverain; que tout monarque est nécessairement un despote, en droit d'user arbitrairement de son pouvoir, de disposer, selon ses caprices, des biens & de la personne de ses sujets; qu'encore qu'il ne soit fort, que de la force de ceux qui lui obéissent, son titre néanmoins suffit pour le rendre pleinement indépendant des motifs qui doivent les

déterminer à lui obéir; que ni la raison, ni la religion ne lui imposent l'obligation d'être juste; ou, ce qui revient au même, que, sous sa domination, les hommes n'ayant aucuns droits, pas même celui d'exister, le juste & l'injuste résultent de sa seule volonté.

Publiez que le gouvernement de plusieurs n'a par lui-même aucun inconvénient; qu'il ne tend point à rendre arbitraires les prétentions; à mettre les intérêts particuliers en opposition à l'intérêt commun; à diviser le corps politique en plusieurs factions ennemies; à introduire la vénalité des hommes, l'oppression des uns par la puissance des autres, la tyrannie exercée par les patriciens sur les plébéiens; que les grands talens & le génie peuvent s'y montrer, sans exciter contre eux la jalousie, sans alarmer la multitude, sans s'exposer à des persécutions plus cruelles que l'ostracisme.

Publiez que les nations doivent commercer entre elles, dans la seule vue de se ruiner les unes les autres, attendu que, pour bien vendre, il ne leur faut pas des acheteurs qui puissent les bien payer. Mais, non; faites mieux encore: dites que, malgré le besoin réciproque qu'elles ont de se communiquer leurs productions par la voie des échanges, il ne convient point à leur intérêt commun de vivre en paix les unes avec les autres, pour que ces échanges puissent avoir lieu; qu'il leur est bien plus avantageux d'éprouver sans cesse tous les fléaux, toutes les horreurs de la guerre; qu'elles doivent se regarder comme étant naturellement ennemies les unes des autres, naturellement destinées à se désoler, à s'entr'égorger mutuellement, tandis que tout les invite naturellement à s'entre-servir.

Publiez, en un mot, qu'il n'est point d'ordre essentiel pour les sociétés; qu'il n'est par conséquent pour elles aucun désordre réel; ou, pour parler le langage scientifique de quelques stoïciens, que le bien & le mal moral, nos vertus & nos crimes, conviennent également au maintien de l'ordre universel; servent également à glorifier les dieux, à manifester la puissance & les volontés des dieux.

Homme sage, politique profond, quand ces belles maximes seront bien établies; quand votre sublime métaphysique, érigeant la folie en sagesse, sera parvenue à rendre les hommes scélérats par principes, à convertir en état de guerre l'état de société, j'ignore en quel lieu j'irai me réfugier; mais ce que je sais bien, c'est que ne voulant être ni le témoin, ni le compagnon de vos malheurs, je n'aurai rien de plus pressé, que de m'éloigner de votre prétendu corps politique, comme d'un volcan toujours en feu: heureux, heureux, si dans ma fuite je peux rencontrer une terre peuplée de ces fous, qui s'imaginent appercevoir dans l'ordre physique, le véritable fondement de l'ordre social, & dans l'agriculture, la source primitive de tous nos biens ; de ces fanatiques, qui croient à une morale universelle, établie par la nature même pour le bonheur de notre espèce, pour être conséquemment la règle invariable de tous nos procédés ; de ces gens systématiques, qui, plaçant la raison dans la connoissance des moyens de nous rendre heureux, & la sagesse, dans le bon usage qu'on fait de ces moyens, prétendent que des êtres raisonnables ne doivent jamais faire la guerre, que, pour se procurer la paix, & ces hommes dangereux enfin, qui tiennent que, moralement parlant, le crime consiste à nuire aux autres hommes, la vertu à leur être utile, la gloire à pratiquer constamment la vertu.

Faisons maintenant, en peu de mots, l'histoire de l'origine & des progrès de la science économique.

Depuis que l'Europe s'est éclairée, ou, pour éviter le langage de la présomption, depuis que les hommes y ont eu la facilité de se communiquer leurs pensées par le moyen de l'impression, on a prétendu détruire les préjugés, raisonner les opinions & fixer les idées ; il en est résulté quelques lumières, & beaucoup de contestations. Ce dernier point est une suite naturelle des nouveautés pour ceux dont elles dérangent les opinions & les souvenirs.

La Théologie a paru la première dans le champ de bataille ; d'autant plus terrible, qu'il s'agissoit dans ses prétentions du premier des empires, celui des ames. La Philosophie, qui est venue après, s'est d'abord occupée de l'étude des sciences physiques ou de la morale ; elle s'est adonnée depuis à la discussion de tous les objets de crédulité. La Politique a fait paroître ensuite sous ses bannières les publicistes, plus aisés à concilier, parce qu'ils ne se guidoient que d'après les lumières des anciens, qu'ils n'enseignoient rien que d'après ces modèles, & qu'ils avoient tous puisé leur doctrine à la même école.

Le commerce ayant pris la politique à ses gages, il y a près d'un siècle, il n'est résulté que de tristes effets de leur liaison ; ils se sont ruinés l'un & l'autre ; mais cela n'a pas empêché les hommes instruits & clairvoyans de raisonner & de calculer l'intérêt des nations, d'après cette association peu naturelle. Leurs spéculations ont eu cela d'avantageux, qu'elles ont excité la curiosité & tourné l'attention vers les objets qu'elles présentoient.

Il parut, vers le milieu du règne de Louis XV, un homme de génie, plein de goût, de décence & d'humanité, avec le talent d'écrire & l'ambition des distinctions littéraires. Obligé d'abord, par état, de s'occuper de l'étude du droit positif, l'étendue de la carrière donna l'essor à son esprit, dans lequel il crut trouver celui des loix. Il rapporta sans cesse à son objet tout le fruit de ses immenses lectures, qui loin de l'enrichir, gênèrent son génie, en le resserrant dans le cercle des

législations humaines souvent fortuites, d'autres fois forcées par les circonstances, & pour l'ordinaire, tirées de recueils suspects ou inutiles. Loin de remonter à la source des loix, dictées par la nature & par les besoins, prononcées & affichées par la nécessité pour avertir les hommes ignorans & abrutis, altérées ensuite par le choc des passions, profanées enfin par la cupidité, il crut voir, il voulut trouver dans la législation humaine le principe & le lien constitutif des sociétés, & il employa le travail le plus ingénieux & le plus opiniâtre, à donner de l'ordre & des graces au plus vaste recueil d'érudition & de sarcasmes politiques qui eût jamais paru. Quoiqu'il y eût bien des choses à redire contre plusieurs de ses principes, & fort souvent contre leurs conséquences, son livre, semé d'idées neuves, saillantes ou profondes, écrit d'un style brillant, vif & plein d'énergie, eut un succès prodigieux, & fit une révolution dans les esprits.

Il parut, peu de temps après, un autre homme célèbre, qui ne peut être bien jugé par ses contemporains, mais à qui sans doute la postérité impartiale rendra toute la justice qu'il mérite. Plein de zèle & d'amour pour l'humanité & d'une ingénuité modeste, dont on voit peu d'exemples, il prit sur lui de rappeller aux hommes le respect & l'amour de l'agriculture ; il représenta d'abord l'agriculture comme la base de la population, & celle-ci, comme la source de la prospérité des empires. Mais un vieillard, homme d'un génie rare, profond & infatigable, eut le courage de contredire ces assertions. Il lui démontra que la population étoit l'effet & non la cause des richesses ; que celles-ci donnoient le mouvement à la circulation des dépenses ; il en présenta la source dans les avances, le cours dans la distribution, les effets dans la réproduction ; il lui fit voir les rapports des dépenses entre elles, leurs rapports avec l'agriculture, avec la population, avec le commerce, avec l'industrie, & avec les richesses d'une nation ; & il eut la gloire de lui voir adopter publiquement ces principes.

De toutes ces connoissances se forma le corps de la science *économique*, qui embrasse l'ensemble des sociétés politiques, c'est-à-dire, tout ce qui concerne la force & la durée des empires & le bonheur physique & moral de l'humanité.

C'est proprement cette science nouvelle, quant à la forme, aux principes & aux résultats, qui a fait naître cette expression, aujourd'hui si commune : *économie politique*, & ce sont ses sectateurs, qu'on a appellés *économistes*.

Voici ce que les *économistes* nous présentent, comme les principes de cette doctrine. Ils disent, 1°. que tout sort de la terre productive des biens, qui seuls peuvent devenir richesses par leurs valeurs d'échange entre les hommes ; & que cependant il faut des richesses pour solliciter la terre à produire les biens à l'usage des hommes ; de manière que voilà tout auſſi-tôt cette filiation renverſée.

2°. Ils prétendent concilier cette contradiction, en appellant les premieres richeſſes *avances* confiées à la terre qui les double dans ſon ſein ; & quand on leur demande, où le premier cultivateur prit ſes premieres avances, ils répondent qu'il les trouva dans les fruits épars & ſpontanés de la terre en des climats fertiles ; que ces dons de la nature, économiſés par les premiers agriculteurs, ſe ſont enſuite progreſſivement accrus par la même méthode, toujours appliquée au même objet.

3°. Ils paſſent à la diſtribution de ces premiers fruits, dont l'excédent par-delà la miſe eſt par eux appellé *produit net*, (grand mot de ralliement dont ils font dépendre le ſort entier de l'eſpece humaine) & ce produit, diſent-ils, devient la ſolde du travail, comme celui-ci devient le paiement & la valeur vénale des fruits propres aux beſoins de l'ouvrier ; échange continuel, tendant à la conſommation des fruits, qui par-là ſe trouve la meſure de la production ; car la terre eſt toujours prête à accorder ce qu'on lui demande, en ſuivant les conditions de ſon traité avec le cultivateur, qui aſſurent le doublement de la miſe en avances. Or, le cultivateur ne peut faire d'avances pour le produit futur, qu'autant qu'on lui aura payé le produit paſſé.

4°. Ils font de cet échange continuel entre la conſommation & la production, le lien général de toute ſociété générale & particuliere, attendu que toutes les branches de l'induſtrie & tous les genres de travaux phyſiques & moraux arrivent, ſoit directement, ſoit indirectement à ce centre général de tous les biens, pour obtenir leur part de ſubſiſtances & tous les biens propres à tous leurs beſoins.

5°. Ils prétendent encore que ce concours ſeul, étendant, au moyen de l'induſtrie & de l'intelligence humaine, la reproduction à l'infini & la population au prorata, ainſi que tous les autres travaux en proportion, a fait & peut faire les ſociétés complettes, telles que nous les voyons, & même auſſi parfaites qu'elles peuvent l'être ; & ils aſſurent que ce ne ſont point les conquêtes, les légiſlations humaines, ni les autres efforts de l'eſprit humain qui operent la ſplendeur des états, comme on le croit d'ordinaire, mais que les ſociétés, leurs progrès & leurs proſpérités viennent tous d'une même ſouche, l'agriculture, & qu'elles augmentent ou diminuent en raiſon de ſes progrès.

6°. Ils fondent cependant toute la ſociété ſur l'ordre des dépenſes, & ils veulent que toute ſociété complette ſoit compoſée de trois claſſes diſtinctes ; 1°. la claſſe, qu'ils appellent *productive*, à laquelle ſont confiées les dépenſes de cultivation, dont ils calculent les avances qu'on peut, diſent-ils, modifier, mais dont on ne ſauroit ſe paſſer. 2°. La claſſe, qu'ils nomment *ſtérile*, qui embraſſe tous les travaux d'induſtrie avec leurs avances de proportion. 3°. La claſſe, propriétaire du revenu liquide, ou, comme ils le diſent, du *produit net* des terres, qui comprend le ſouverain, les propriétaires, & toute la troupe des ſalariés, que leurs dépenſes font vivre. Tout ſe meut, tout va dans la ſociété par le jeu de ces trois ſortes de dépenſes.

7°. Les économiſtes ne s'en tiennent pas-là. Ceux qui ſont forts dans leurs principes, vont vous dire, le calcul à la main, ſur telles données d'avances & de territoire que vous voudrez leur préſenter, ce qu'il peut y vivre d'hommes utiles & heureux.

8°. Ils vont vous expliquer, d'après les mêmes moyens, quel eſt le point de direction des dépenſes, par lequel un état proſpere, & juſqu'à quel degré il peut s'élever ; ils vous enſeigneront auſſi la marche de la décadence d'une ſociété & ſa progreſſion, ce qui embraſſe les rapports des dépenſes avec l'agriculture & avec la population.

9°. En développant ce qu'ils entendent par cette dénomination de claſſe ſtérile, ils prétendent que l'induſtrie & ſes chefs-d'œuvres de luxe & de décoration n'ajoutent aucune valeur nouvelle aux matériaux de leur travail ; que ce que les biens reçoivent de plus value dans les mains du fabriquant, de l'ouvrier, &c. ne leur eſt attribué que par une portion de revenu employée à les payer ; mais que ce revenu eſt ſorti de la terre, & non pas de la main de l'ouvrier, ni de la bourſe de l'acquéreur ; d'où il ſuit qu'on a pu dénommer ce travail *ſtérile*, (quoique très-utile d'ailleurs,) pour le diſtinguer du travail productif dont il eſt dépendant.

10°. Après avoir dit que l'échange eſt l'ame ſociale & le créateur de la qualité de richeſſes, ils affirment que le commerce ne produit rien ; qu'il n'eſt que l'agent des communications entre les conſommateurs & les producteurs ; que comme tel, il faut le laiſſer abſolument libre ; que tout eſt commerce ; qu'il faut bien diſtinguer le commerce d'avec le trafic de revendeur ; qu'il n'y a ni commerce, ni trafic national qui doive être diſtingué de celui de l'étranger ; que tout eſt ſervice public & particulier dans le commerce, & que la liberté & la concurrence doivent le faire fleurir au profit de tous, & en diminution de frais.

11°. Enfin ils aſſurent que le revenu public, ſi néceſſaire aux états, n'eſt point un impôt, mais une part de copropriétaire acquiſe à la ſouveraineté, par ſa miſe en avances ſouveraines : que cette part doit être priſe directement ſur le revenu des terres, parce que la terre ſeule eſt productive, & que toute autre contribution indirecte eſt ruineuſe du fonds & des fruits ; & ils le calculent d'une maniere effrayante.

Toutes ces nouveautés des *économiſtes* & leurs conſéquences à l'infini & leur deſpotiſme légal & toute leur nomenclature, quoiqu'étudiée avec ſoin

pour

pour exprimer exactement & n'employer que des mots connus, & qui portent avec eux leur sens naturel ; toutes ces nouveautés, dis-je, ont effarouché les opinions, l'amour-propre & les intérêts de plusieurs. D'autres n'en ont pris que quelques résultats qui, dans leurs mains, sont devenus comme les morceaux d'un vase précieux mis en pièces. Le temps seul démontrera à la généralité des esprits, qui a tort ou raison. On peut dire néanmoins, en faveur des *économistes* & sans partialité, qu'ils ont montré le but des spéculations de ce genre, & les objets auxquels elles devoient s'attacher ; que leur nomenclature d'abord attaquée a passé dans le langage de leurs antagonistes, même en traitant ces sortes de matières ; & quant à ceux qu'on voulut déprimer sans les connoître, on doit convenir de leurs bonnes intentions, & sur-tout d'avoir respecté dans tous leurs écrits, la religion, les mœurs & toutes les autorités reçues.

(Cet article est de M. Grivel.)

ECOSSE, pays de l'Europe, qui fait aujourd'hui partie de la Grande-Bretagne, & qui est régi par les loix politiques de l'Angleterre. Tout ce qui regarde la constitution angloise est applicable à l'*Ecosse* ; & ce que nous avons dit d'ailleurs à l'article ANGLETERRE, a plus ou moins de rapport avec celui-ci.

Nous nous bornerons donc à des détails propres à l'*Ecosse*. Nous donnerons, 1°. un précis de l'histoire politique de l'*Ecosse*, avec des remarques sur les anciens rois de cette contrée & sur leurs revenus : 2°. nous ferons la description de l'*Ecosse* & des isles qui en dépendent ; & des remarques sur les habitans & la population, le climat, les productions, la pêche, &c : 3°. nous parlerons ensuite du commerce de l'*Ecosse*, & 4°. enfin des loix de l'*Ecosse* & de ses tribunaux.

SECTION PREMIÈRE.

*Précis de l'histoire politique de l'*Ecosse*: remarques sur les anciens rois de cette contrée & sur leurs revenus.*

Nous croyons devoir commencer ce précis au moment où Elisabeth, reine d'Angleterre, songea à réunir l'*Ecosse* à sa couronne, après la mort de la reine Marie. Des détails antérieurs placés ici n'offriroient aucune espèce d'utilité : c'est dans l'histoire qu'il faut aller chercher les leçons de politique qu'ils peuvent offrir.

Jacques VI, qui depuis l'abdication forcée de Marie, régnoit en *Ecosse*, ne put venger l'assassinat de sa mère ; il étoit trop occupé lui-même à lutter contre les factions qui désolèrent l'état pendant sa minorité, & qui, par les intrigues d'Elisabeth, ne firent que s'accroître lorsqu'il fut

devenu majeur : cette reine vouloit réunir l'*Ecosse* à l'Angleterre, &, pour mieux réussir, elle fomentoit les vues ambitieuses & les haines mutuelles des premières familles de l'état, qui tentoient de s'exclure les unes les autres du gouvernement. Ce fut au milieu de ces troubles que Jacques VI, chancelant sur son trône, parvint contre son attente, après la mort d'Elisabeth, à régner sur l'Angleterre, en vertu de ses droits : il prit alors le nom de *Jacques I* ; il mourut en 1623, après avoir régné cinquante-huit ans sur l'*Ecosse*, & vingt-deux sur l'Angleterre. Depuis l'avénement de ce prince au trône d'Angleterre, l'*Ecosse* fut gouvernée comme un royaume séparé, & ce ne fut qu'en 1707, sous la reine Anne, que cette monarchie fut réunie à l'Angleterre.

L'union de l'*Ecosse* & de l'Angleterre fut proposée l'an 1706, & traitée avec beaucoup d'appareil. On choisit trente-deux commissaires de chaque royaume pour régler les conditions. Ceux qui furent nommés de la part de l'Angleterre, étoient en général des personnes habiles & favorables à l'union.

Les commissaires écossois ne se montroient pas si bien intentionnés, ou du moins ils desiroient des conditions plus favorables à l'*Ecosse*. Leurs compatriotes vouloient qu'on fît une union semblable à celle des Provinces-Unies, ou des Cantons suisses. Mais les anglois s'y opposoient ; ils disoient que, chacune des nations ayant son parlement, pourroit rompre l'union quand elle le jugeroit à propos. Il fut enfin convenu d'établir entre les deux royaumes une union constante & indissoluble, qui mît fin à toutes les distinctions, & réunît leurs différens intérêts.

Cette union paroissoit un ouvrage si difficile, que plusieurs désespéroient du succès ; & ceux qui en avoient la meilleure opinion, croyoient au moins que la négociation traîneroit en longueur, & dureroit plusieurs années ; elle fut cependant commencée & achevée en moins d'un an.

Cette union sembloit offrir un grand avantage à l'*Ecosse*, qui ne devoit payer que la quarantième partie des impôts publics, & avoir une onzième part dans la législation ; car il fut décidé qu'elle enverroit seize pairs Ecossois dans la chambre-haute, & quarante-cinq membres dans la chambre-basse ; c'est à-peu-près la onzième partie du parlement. Cette combinaison étoit juste : lorsque les états s'unissent, il faut qu'il y ait une proportion entre la part que chacun de ces états a dans la législation, & les impôts dont on le charge. La nation gagna d'ailleurs du côté du commerce, à cet arrangement ; mais les pairs d'*Ecosse* y perdirent. Il fut arrêté qu'ils jouiroient des toutes les autres privilèges des pairs d'Angleterre ; mais le plus considérable de tous, celui de siéger à la chambre-haute, fut restreint à seize d'entre eux, qui dévoient être élus à chaque nouveau parlement. Cependant le nombre des pairs qui donnèrent leur voix pour l'union, fut plus confidérable, proportion gardée, que dans les autres corps, & ce furent eux qui, par leur crédit, firent réuffir la négociation. Les pairs qui s'y oppofoient, les accuférent hautement d'avoir vendu leur patrie & les droits de leur naiffance.

Les écoffois, contraires à l'union, alléguèrent d'abord l'antiquité & la dignité de leur royaume qu'ils ne vouloient pas, difoient-ils, abandonner lâchement : ils foutinrent que, d'un état indépendant, ils tomberoient dans une dépendance entière de l'Angleterre : que, quelque favorables que paruffent les conditions qu'on leur offroit, il ne falloit pas s'attendre qu'elles fuffent religieufement obfervées dans un parlement, où feize pairs & quarante-cinq membres de la chambre-baffe ne pourroient tenir la balance égale contre plus de cent pairs & cinq cens treize membres de la chambre des communes : que l'Ecoffe ne feroit plus confidérée déformais des princes & des états étrangers : ils infiftèrent fur tout avec force, fur le danger que courroit la conftitution de leur églife, fous la domination d'un parlement anglois.

L'Angleterre, voulant diffiper leurs allarmes fur ce fujet, leur propofa de faire un acte pour la fûreté du presbytéranifme en Ecoffe ; elle promit de déclarer que le maintien de la conftitution de l'églife d'Ecoffe feroit regardé comme un article effentiel & fondamental, & une condition néceffaire de l'union reçue ; que cet acte feroit partie de celui de l'union, & feroit ratifié par un autre acte du parlement d'Angleterre. L'acte paffa, mais il ne fatisfit pas les oppofans. Ils engagèrent plufieurs comtés & les communautés où ils avoient du crédit, à préfenter des adreffes contre l'union. On n'eut aucun égard à ces adreffes, parce qu'on reconnut l'artifice de ceux qui les avoient follicitées. Ceux-ci, pour dernière reffource, tâchèrent de faire foulever la populace, & de l'exciter à des violences à Edimbourg & à Glafgow. Elle s'attroupa, en effet, autour de la maifon du grand prévôt d'Edimbourg, fort zélé pour l'union, & voulut en enfoncer les portes : on envoya promptement des gardes qui la difperfèrent. Elle n'entreprit rien dans la fuite ; mais elle paroiffoit fi difpofée à la révolte, que, fi elle avoit été animée par quelques perfonnes de poids, l'affaire de l'union auroit pu exciter de grands troubles. Quoi qu'il en foit, elle fut agitée de part & d'autre avec beaucoup de chaleur pendant trois mois ; chaque parti s'efforçoit de la faire réuffir, ou de la faire échouer. Enfin les articles, tels qu'ils avoient été réglés par les commiffaires, furent approuvés avec quelques légers changemens. Le comte de Stair, ayant affifté à tous les débats jufqu'au moment de la conclufion, mourut le lendemain. La longueur & la véhémence de la difpute avoient épuifé fes efprits.

L'acte fut approuvé fans aucune oppofition dans la chambre des communes d'Angleterre ; mais il y eut plufieurs débats dans la chambre-haute. Les pairs trouvèrent qu'on accordoit de trop grands avantages aux écoffois. On leur répondit en général qu'une affaire auffi importante que celle de réunir les deux pays fous la même adminiftration, ne pouvoit guère fe terminer fans quelque inconvénient ; mais que la confidération de la fûreté commune produite par l'union, devoit l'emporter fur tout. La principale objection qu'on fit contre l'union, étoit le danger manifefte où feroit l'églife anglicane, fi un fi grand nombre de perfonnes attachées au presbytéranifme avoit part à la légiflation. On infifta fur la rigueur avec laquelle le clergé épifcopal avoit été traité en Ecoffe, & on montra combien les écoffois étoient oppofés à la conftitution de l'églife anglicane : on répondoit que le plus grand danger que l'églife eût à craindre, venoit du côté de la France & du papifme : que les affaires de religion avoient été traitées de part & d'autre d'une manière fi violente, que l'un des deux partis ne pouvoit rien reprocher à l'autre : que la tolérance & la douceur appaiferoient les efprits irrités : que les Cantons fuiffes, quoique d'une communion différente, & très-zélés pour celle qu'ils fuivoient, formoient pourtant un feul état ; (ce qui n'eft pas vrai, & ce qui fuppofoit peu de lumières fur la nature du corps helvétique :) que la diète d'Allemagne étoit compofée de perfonnes de trois différentes religions : que fi l'un des partis avoit quelque chofe à craindre, ce feroit vraifemblablement le plus foible : que cinq cents treize membres l'emporteroient aifément fur quarante-cinq, & les vingt-fix évêques fur les feize pairs d'Ecoffe. Enfin l'acte paffa avec une pluralité de trente voix. Nous inférerons plus bas les articles de l'union, en parlant des loix de l'Ecoffe.

Il n'eft pas befoin d'examiner ici les avantages qu'a tiré l'Ecoffe de fon union avec l'Angleterre : fi elle a perdu du côté du commerce & de l'induftrie, elle y a gagné du côté de la liberté ; & fon incorporation avec un peuple auffi raifonnable, auffi ferme & auffi éclairé que le peuple anglois, doit la confoler de l'efpèce d'indépendance à laquelle elle a renoncé.

Le nom de Stuart, qu'a porté plus de trois cents ans la famille des rois d'Ecoffe, n'étoit que le titre d'une dignité du royaume, que poffédoit Walter, père de Robert II, premier roi d'Ecoffe, de la branche des Stuarts : fes fucceffeurs prirent ce titre diftingué, pour leur furnom, lequel a enfuite paffé à plufieurs familles illuftres, qui defcendent du fang de ces monarques.

Les rois d'Ecoffe fe font ordinairement donné les mêmes titres que les rois d'Angleterre : on les a en conféquence appellés *graces*, *alteffes* & enfin *majeftés*. Le roi Guillaume premier reçut du pape le titre de *défenseur de l'église*, & Jacque IV obtint celui de *protecteur de la foi chrétienne* : mais leurs succeffeurs se qualifioient feulement de *roi d'Ecoffe*, *d'Angleterre*, *de France & d'Irlande*.

On peut connoître le degré de puiffance qu'avoient les rois d'*Ecoffe*, en étudiant les guerres qu'ils ont foutenues, durant plufieurs fiècles, contre les romains, les faxons, les danois & les anglois. Tous leurs fujets étoient obligés de les aider dans les guerres : mais, à cet égard, l'autorité des monarques fut confidérablement augmentée par deux actes du parlement. Le premier offrit au roi une armée de 20,000 hommes d'infanterie & de 200 chevaux, toujours prêts à marcher où il les croiroit néceffaires ou utiles au fervice de la patrie. Le fecond enjoignoit à ces troupes d'obéir ponctuellement aux ordres qui émaneroient du confeil-privé du roi.

Les anciens revenus des monarques écoffois confiftoient principalement en terres de la couronne, qui ne pouvoient être aliénées que par acte du parlement, & dans les tutelles & mariages de ceux qui tenoient quelque chofe du trône.

Nous ajouterons, en terminant ce précis, que l'*Ecoffe*, avant l'union, a eu cent huit rois, & que ce long intervalle a été fans ceffe rempli de troubles, de défordres, de crimes. Les écoffois ont eu ce rare avantage, fi c'en eft un, de ne voir, dans la fucceffion de cent huit monarques, aucun prince étranger. Mais en ont-ils été plus heureux ? Qu'importe que les fouverains qui les ont opprimés, foient nés en *Ecoffe* même, ou qu'ayant reçu le jour dans des contrées éloignées, ils foient venus ufurper la couronne & afiervir la nation ? Qu'importe qu'un état, lorfqu'il eft mal gouverné, le foit par fes citoyens, ou par des tyrans nés dans un autre pays : il paroît qu'il eft des nations incapables de goûter les avantages, ou de fupporter les inconvéniens inféparables du gouvernement d'un feul ; l'agitation perpétuelle des écoffois fous leurs fouverains, ne peut être comparée au calme heureux dont ils jouiffent, depuis que l'ambition des grands & la turbulence du peuple ne font plus échauffés par la vue du trône.

Section IIe.

Defcription de l'Ecoffe & des ifles qui en dépendent; remarques fur les habitans & la population, le climat, les productions, la pêche, &c.

La grandeur de l'*Ecoffe* du nord au midi, ou depuis le promontoire de Caithnefs jufqu'à Galloway, peut s'évaluer à environ 215 mille écoffois ; & de l'occident à l'orient, ou depuis Ard-Namurchan, qui eft à-peu-près au milieu du pays, jufqu'à Buchaneff, à 140 mille écoffois. On compte environ trois cents ifles qui environnent ce pays, & qui en dépendent à quelques égards.

Les principales font les Ifles Orcades qui pren-

nent leur nom, s'il en faut croire Macpherfon, des mots *inche tore*, qui fignifient *ifles des Baleines*. Elles font féparées de la Terre-ferme par un détroit dangereux, appellé *Pentland-Firth*, lequel a vingt-quatre milles de longueur & douze de largeur. Pline portoit le nombre de ces ifles à quarante : Orofius en compte feulement trente-trois ; & il n'y en a que 28 d'habitées, fans comprendre l'ifle de Stroma, qui eft près des côtes de Caithnefs. D'après les extraits des regiftres des églifes, dont Campbell fait mention, le nombre des habitans fe monte à 32,033. Ils font la plupart bien faits & robuftes. Leur commerce confifte principalement en poiffons, en viande falée, en beurre, en talc, en peaux de loutres & de lapins, en alkali, en toile groffière, en bas tricottés en laine, en jambons, en orge, en plumes & en malt. On n'y voit pas beaucoup d'arbres ; il y croît cependant des pommes & des poires ; il y a auffi de bons légumes & des racines. Les habitans parlent l'anglois, altéré felon l'ufage des écoffois ; mais plufieurs vieillards du peuple parlent norwégien. La circulation des efpèces eft très-foible ; c'eft pour cela que les fermiers envoient en *Ecoffe* le paiement des loyers de leurs fermes en malt d'orge, ou en farine d'avoine. Ces ifles avoient autrefois leurs propres rois ; mais elles pafferent fous la domination des écoffois, après que ceux-ci eurent vaincu les pictes. Les normands s'en emparèrent en 1099, & ils les conferverent cent foixante-quatre ans. Alors Magnus, roi de Norwège, les vendit à Alexandre, roi d'*Ecoffe*, qui en donna l'inveftiture à un gentilhomme, appellé *Speire*. Elles pafferent de cette famille, par le mariage, à celle des Sinclairs. L'un des Sinclairs avoit pris le titre de *prince des Orcades*, & époufé une princeffe danoife. Les rois de Danemarck & de Norwège conferverent la fouveraineté de ces ifles, jufqu'à l'époque où le roi Chriftian I les donna en dot à fa fille Marguerite, qu'il maria au roi d'Ecoffe Jacques III. Le comte de Morton a fur ces ifles un droit de fief, dont il tire un revenu de 1,666 liv. fterl. ; mais il a cédé la fouveraineté pour 7,200 liv. fterl.

Les ifles de Shetland ou Mainland ont auffi appartenu à la Norwège. Elles prennent leur nom de la principale, qui s'appelle proprement *Jealtaland* ou *Yetland*, d'où eft venu d'abord Zetland & enfuite Shetland. On en compte quarante-fix. Les habitans ne s'occupent point de l'agriculture, mais ils fe livrent avec d'autant plus de foin à l'éducation du bétail ; ils exportent du poiffon féché & falé, des harengs, du beurre, de l'huile de baleine, des peaux de chiens marins, & de bons bas de laine qu'ils font avec la laine de leurs moutons ; ils échangent ces objets de commerce contre du cinnabre, qui leur eft fourni par la Norwège, contre des grains & de la farine qu'ils tirent de l'*Ecoffe* & des ifles Orcades, contre de l'eau-de-vie d'Hambourg, contre des draps de Leith

& du linge. Ils vont chercher à Londres les autres objets de nécessité. Quelques auteurs placent ici la *Thulé* des anciens.

L'isle de Shetland proprement dite, ou le Mainland, a 60 milles de longueur, & dans quelques endroits 16 de largeur. C'est sur la côte qu'elle est le plus habitée & le mieux cultivée; car on ne trouve au milieu que des montagnes, des rochers, des marais & des lacs. Les habitans sont d'origine normande & danoise. Les gens du commun s'occupent sur-tout de la pêche, de la fabrique des bas, & d'un drap de laine grossier. Leur genre de vie ressemble beaucoup à celui des norwégiens.

La partie occidentale de l'*Ecosse* étoit habitée anciennement par les écossois, proprement dits, & la partie orientale par les pictes. Les hautes montagnes qui s'étendent depuis Lochlomond, près de Dumbarton, jusqu'au Firth du Taine, dans le pays de Ross, leur servoient de limites.

Dans le langage gallois, le mot *scot* signifie *petit*; il est à présumer que les écossois ont été appellés ainsi par les pictes, leurs compatriotes, parce qu'ils étoient enfermés dans la petite contrée montueuse de la côte occidentale. *Pittich*, ou *piätdich* signifie en gallois quelqu'un qui pille & vole, & les membres de l'autre peuplade furent peut-être appellés *pictes*, à cause de leurs irruptions fréquentes dans les provinces méridionales.

Les écossois sont divisés aujourd'hui en *Highlanders*, ou *Lowlanders* (du haut & du bas pays). Les premiers se nomment *cael* ou *gael*, leur langue, *cælic* ou *galic*, & leur pays, *cæeldoch*. C'est delà que vient le nom *calidonien*, usité parmi les romains. Les écossois des montagnes s'appellent aussi *albanich*, & leur pays, *alba*; le nom d'*écossois* leur est inconnu : ils habitent sur-tout la partie du nord & les isles. Ils sont pauvres & mènent une vie fort dure. Ils diffèrent beaucoup des écossois du bas pays, tant à l'égard de la langue (c'est l'ancien gallois), que par rapport à l'habillement, aux mœurs & aux coutumes, & ils forment plus de la moitié de toute l'*Ecosse*; car ils s'étendent depuis Dumbarton, près de l'embouchure de la *Clyde*, jusqu'aux parties les plus septentrionales de l'isle, ce qui comprend quarante milles d'Allemagne en longueur, sur 10 à 20 de largeur. C'étoit autrefois des hommes ignorans & superstitieux, mais on a commencé, dans ce siècle-ci, à les instruire, & on a fondé à cet effet des écoles de charité, dont le nombre, en 1748, se montoit à 134. Elles sont sous la direction de la société royale, établie en *Ecosse* pour enseigner les dogmes de la religion chrétienne à ceux qui habitent le haut pays. Ces sages dispositions font espérer aux anglicans zélés, qu'on parviendra à détruire leur penchant pour le pape & l'aigreur qu'ils ressentent contre l'administration actuelle. En 1760, le parlement de la Grande-Bretagne a confirmé de nouveau les loix dressées quelques années au-

paravant à l'égard des écossois des montagnes; ces loix les déclarent sujets libres, & ordonnent de les instruire dans la religion chrétienne. On a voulu restreindre aux militaires le costume romain qu'ils avoient conservé jusqu'ici; mais ils ont pris un nouveau goût pour cet habillement.

Les calculs sur la population sont toujours incertains, & nous nous contenterons de dire, qu'on n'évalue pas celle de l'*Ecosse* à plus d'un million & demi d'habitans. Les émigrations des écossois, qui ont été chercher fortune en Amérique, ont été si considérables de nos jours, qu'on a vu une grande dépopulation sur les terres de plusieurs gentilshommes. Parmi les causes qu'on peut assigner à ces émigrations, il faut compter l'augmentation de loyer qu'ont essuyée les fermiers.

Il y a beaucoup de catholiques en *Ecosse*; mais l'église presbytérienne est l'église dominante. Elle a des pasteurs, des doyens & des diacres. Elle a pour tribunaux ecclésiastiques, le *consistoire*; composé du pasteur, du doyen & du diacre dans chaque paroisse; le *presbytère*, composé du pasteur, d'un doyen, de cinq jusqu'à dix, douze, & même un plus grand nombre de paroisses voisines; le *synode provincial*, composé de tous les membres des divers presbytères adjacens, & le *concile général*, qui se tient tous les ans au mois de mai. On compte environ 950 églises, qui forment 68 presbytères & 13 synodes provinciaux.

Toute l'*Ecosse* est divisée en 31 *shires* ou comtés, & 2 stewarties; 27 de ces comtés envoient chacun un député au parlement; mais il y en a six qui n'envoient que trois députés; les autres députés sont élus par les 66 bourgs royaux.

Le climat de l'*Ecosse* est plus froid, mais plus pur & plus sain que celui de l'Angleterre; cependant l'humidité des vallées & des contrées basses produit souvent la galle parmi les habitans. Il y a beaucoup de montagnes en *Ecosse*; leur stérilité y gâte extrêmement le paysage. Il n'en est pas moins vrai que l'*Ecosse* est susceptible d'une plus grande population & de plus grandes richesses. L'agriculture s'améliore de jour en jour, & outre les grains, on cultive aussi beaucoup de chanvre & de lin. L'éducation du bétail est un objet considérable. On y trouve en abondance du bois & du charbon de terre, qui est préféré à celui d'Angleterre. Les montagnes renferment de l'or & de l'argent & d'autres métaux, sur-tout du plomb. On a recueilli autrefois de la poudre d'or près de Crawford.

La pêche qui se fait sur les côtes, sur-tout celle du hareng, près des isles de l'*Ecosse*, est d'un très-grand rapport, mais elle n'est pas ce qu'elle pourroit être. On vient de s'occuper au parlement d'Angleterre (en 1785.) des moyens de l'encourager & de l'étendre, & l'on peut prédire que ces efforts auront du succès; car les travaux de la chambre des communes fur les objets de cette espèce, ne font jamais infructueux. Les écossois exportent sur-tout en Hollande leurs poissons. La pêche de l'*Ecosse*, proprement dite, occupoit, en 1774, dans la partie du nord-est du pays, 500 embarcations & 3000 hommes, & dans la partie du sud-est, 800 embarcations & 6000 hommes; elle prend annuellement 40,000 tonneaux de poisson. On le sale à Glasgow, aussi-bien qu'en Hollande. La principale rivière est la Tay. On travaille à un canal qui doit réunir la côte de l'est & celle de l'ouest.

Les productions naturelles, avec lesquelles l'*Ecosse* peut payer ce qu'elle tire de l'étranger, font de l'argent, de l'or & du cuivre, si on s'appliquoit à connoître les endroits où il se trouve; du plomb, du charbon & des tourbes, du bled, du seigle, de l'orge, des pois, des fèves, des bêtes à cornes, du lait, du beurre & des moutons, de la laine & quelques étoffes grossières; du chanvre, des peaux, du marbre blanc & gris, des ardoises, des amethistes d'un beau bleu, des bois, du poisson de rivière ou de mer, des perles & des coraux blancs.

Section IIIe.

Du commerce de l'Ecosse.

On compte que l'*Ecosse* envoie, chaque année, en Angleterre, 80 mille bœufs & 150 mille moutons, & que la plus grande partie de ses laines est employée dans les manufactures du comté d'Yorck, du West-Morland & du Cumberland. Elle a quelques manufactures inconnues à l'Angleterre, telles que celles des étoffes qu'elle appellé *plaids*, & qui font beaucoup plus fines que tout ce qui se fait dans les autres parties de la Grande-Bretagne. Son principal commerce avec l'Angleterre & les colonies, consiste dans les toiles & dans le sel qu'elle produit, qui est plus fort & meilleur que celui de Newcastle; les étrangers l'achètent pour en fournir l'Allemagne, la Norwège & les côtes de la mer Baltique. Ses bois de haute futaie seroient d'un très-grand avantage pour la marine, s'ils ne croissoient pas sur un terrein, tellement éloigné des rivières, que le transport en est presque impossible.

Un avantage par lequel l'*Ecosse* l'emporte sur l'Angleterre & sur presque toutes les nations de l'Europe, c'est que dans chaque branche de commerce qu'elle fait, la balance est en sa faveur. Le commerce de vin lui est quelquefois désavantageux, il est vrai, lorsqu'on y fait entrer les eaux-de-vie de France; mais l'eau-de-vie étant un commerce illicite, il seroit difficile, sur cette supposition, d'établir un calcul; & si l'on excepte cet article, il est certain qu'elle gagne sur les pays d'où elle prend ses vins, par le plomb, le bled, le tabac & le sel qu'elle y envoye,

Son commerce avec l'Angleterre est aussi en sa faveur; car les principales marchandises qu'elle en tire, font des étoffes de laine fines & quelques soieries; & si l'on excepte le sel & le poisson, il n'est aucun article du crû ou du produit de l'*Ecosse* qui ne passe en Angleterre.

D'après le rapport du bureau de la douane en *Ecosse*, lequel a été mis sous les yeux de la chambre des communes, les marchandises exportées & importées de l'*Ecosse* & en *Ecosse*, depuis 1748 jusqu'en 1765, ont formé la huitième partie de l'exportation & de l'importation de l'Angleterre.

Section IVe.

Des loix de l'Ecosse & de ses tribunaux.

*Des loix d'*Ecosse. Il est probable qu'avant le règne de Malcolm, surnommé *Canmore*, & contemporain de Guillaume I d'Angleterre, les écossois n'avoient pas de loix civiles écrites. Jusqu'alors, les rois placés sur un monticule, d'où ils pouvoient entendre les parties & en être entendus, rendoient eux-mêmes tous les jugemens: mais dans les cas de peu d'importance, les causes étoient soumises à l'opinion de quinze personnes du voisinage, recommandables par leur probité; & la sentence, qu'ils rendoient à la pluralité des suffrages, étoit décisive & sans appel.

Le premier code authentique qu'on connoisse dans le royaume d'*Ecosse*, si même on peut lui donner ce nom, est celui qu'on appelle *regiam majestatem*, des deux premiers mots qui s'y trouvent. Le compilateur de ce code déclare qu'il l'entreprit par ordre du roi David I; qu'il compulsa un grand nombre d'anciennes loix, & qu'on cherchoit à réduire en principes la pratique la plus communément observée dans les tribunaux du temps.

La loi civile, qui est la règle de toutes les procédures du royaume d'*Ecosse*, dans les cas que les statuts n'ont pas prévus, a un rapport infini avec celle qui gouverne l'Angleterre.

La loi municipale consiste dans les actes du parlement, auxquels on supplée par la coutume & la pratique des cours de justice; mais dans les cas où l'on ne peut se fonder, ni sur les arrêts de la législation, ni sur la conduite des tribunaux, on doit recourir à la loi civile, qui est la seule loi commune du royaume.

Il y a en *Ecosse* des loix particulières pour la sûreté des forêts, parcs, bois & chasses du monarque, pour empêcher que personne n'y fasse paître ses troupeaux, sans en avoir le droit, ou sans en avoir obtenu permission des contrôleurs ou gardes, qui sont obligés d'y veiller avec soin, sous peine de perdre leurs places, & de voir leurs terres confisquées au profit du roi: d'autres loix décernent des peines contre ceux qui y abattent du bois, ou y tuent, avec quelques armes que ce soit, les bêtes fauves qui y sont renfermées; qui, dans l'espace d'un mille à la ronde, tirent un coup de fusil pendant la nuit; ces délits entraînent la confiscation des biens. Enfin, la chasse est défendue dans la circonférence de six milles aux environs de toutes les forêts, parcs & palais des rois, sous peine de 100 liv. d'amende réversibles, moitié au roi, & moitié au dénonciateur.

La pratique de la loi en *Ecosse* est aussi aisée que régulière, par le soin qu'on met à la manutention des registres publics. Il y en a de deux sortes qui servent à l'enregistrement de tous les transports de terres ou de biens que peuvent faire entre eux les particuliers; les uns sont généraux & pour l'usage de tout le royaume; leur dépôt est à Edimbourg: les autres sont pour chaque comté en particulier, & se conservent chacun dans son district. Ils ont été établis par acte du parlement, sous le règne de Jacques II, & depuis cette époque, aucun des dépôts de l'Angleterre n'est plus avantageux à la conservation des droits civils des sujets.

Comme, en effet, personne ne peut faire valoir ses droits sur un bien-fonds, si sa prise de possession n'est pas enregistrée dans les soixante jours, il ne peut y avoir en *Ecosse* des transports secrets de propriétés; car le défaut d'enregistrement les rendroit nuls, & chacun est le maître de s'instruire de toutes les mutations en compulsant les registres publics. Cet exemple me paroît suffire pour en démontrer l'utilité: j'ajouterai que tout acte de justice, qui affecte ou charge les biensfonds des particuliers, doit être enregistré dans des délais plus ou moins longs, suivant sa nature, sous peine de nullité.

Le pouvoir de donner des loix à l'*Ecosse* appartient au parlement de la Grande-Bretagne depuis l'union des deux royaumes: nous allons indiquer les divers changemens que l'union des deux pays fit aux lois écossoises, & celles que le corps législatif y a fait depuis.

1. L'acte de la cinquième année de la reine Anne, chap. 8, statue que les royaumes d'Angleterre & d'*Ecosse* seront unis sous le nom de *Grande-Bretagne*, & que cette union commencera au 1er mai 1707.

2. Que le susdit royaume uni sera représenté par un seul & même parlement.

3. Que les sujets des deux royaumes unis auront la liberté de commercer dans tous les lieux qui peuvent appartenir à chacun d'eux séparément.

4. Que la succession à la couronne restera établie dans les branches protestantes de la maison d'Hanovre, aux conditions & exceptions prescrites en Angleterre.

5. Que les royaumes unis seront soumis à la levée des mêmes droits d'excise.

6. Que la taxe des terres sera portée en Angleterre à 1,997,763 liv. sterling; & la part de l'*Ecosse*, à 48,000 livres sterling, & que ce dernier royaume ne sera sujet à aucunes taxes que le premier aura pu mettre sur ses sujets avant l'union (1).

7. Qu'il sera payé à l'*Ecosse* une somme de 398,085 liv. sterl. en équivalent des dettes que peut lui avoir fait contracter cette union.

8. Que la monnoie d'Angleterre aura seul cours dans toute l'étendue des royaumes unis.

9. Que l'*Ecosse* n'aura par la suite ni poids, ni mesures, qui ne soient entièrement conformes aux poids & mesures en usage en Angleterre.

10. Les loix angloises, qui regardent le commerce, les douanes & l'excise, seront exactement observées en *Ecosse* qui, sur toutes les autres matières, gardera celles qu'elle avoit avant l'union.

11. La cour de session ou collège de justice, la cour judiciaire, & toutes les autres cours, inférieures établies en *Ecosse*, demeureront dans leurs droits, privilèges & fonctions; & nul procès intenté en *Ecosse*, ne sera transféré devant aucun des tribunaux siégeans à Westminster.

12. Les bourgs royaux seront maintenus dans toutes les prérogatives dont ils jouissoient avant l'union.

13. Seize pairs d'*Ecosse* auront droit de séance & de suffrage dans la chambre des lords, & quarante-cinq représentans d'*Ecosse* auront le même privilège dans la chambre des communes du parlement de la Grande-Bretagne.

14. Il y aura un grand sceau commun pour les royaumes unis, différent du grand sceau particulier de chacun, & l'*Ecosse* se servira du sien dans les choses qui la regardent spécialement.

15. Les ornemens royaux & les archives du royaume d'*Ecosse* y demeureront.

16. L'église presbytérienne demeurera dominante en *Ecosse*, comme l'épiscopale dominera en Angleterre.

17. Les seize pairs qui auront entrée & voix dans la chambre des seigneurs, seront au choix des lords écossois.

18. Des quarante-cinq députés à la chambre des communes, trente seront nommés par les comtés & les districts de Stewards, & quinze par les bourgs royaux.

19. L'acte de la sixième année de la reine Anne, chap. 6, ordonne qu'après le 1er mai 1708, il n'y aura qu'un conseil-privé pour les royaumes unis.

20. On établira en *Ecosse* un nombre suffisant

---

(1) La taxe des terres a fort augmenté depuis en Angleterre; & ce que paye aujourd'hui l'*Ecosse*, se règle sur la proportion qu'indiquent les premières sommes.

de juges à paix, qui, outre les droits dont ces sortes d'officiers y jouissent actuellement, partageront tous ceux que les loix d'Angleterre donnent aux siens.

21. Les cours de circuit se tiendront en *Ecosse* deux fois chaque année.

22. Le chapitre 14 oblige tous les officiers d'*Ecosse* à prêter le serment d'abjuration.

23. Le chapitre 23 règle la manière dont les seize pairs d'*Ecosse* seront élus ; & veut que tout pair écossois, coupable de trahison ou de crime capital, soit jugé de la même manière que le sont les pairs anglois dans des cas pareils.

24. Le chapitre 26 ordonne d'établir en *Ecosse* une cour d'échiquier, sur le modèle de celle d'Angleterre : il promet à chaque juré, qui y servira quatre termes par an, une gratification de 5 liv. sterling, & il déclare que les procès en erreur de jugement devront être portés devant le parlement de la Grande-Bretagne.

25. L'acte de la septième année, chap. 2, dit que le crime de trahison, ou celui d'une personne qui, en ayant eu connoissance, ne l'aura pas révélé, seront reputés de même énormité en *Ecosse* & en Angleterre ; que le roi pourra également, dans les deux royaumes, nommer des commissaires pour examiner & juger les coupables qui se trouveront dans l'un ou dans l'autre.

26. Les jurés qui, en *Ecosse*, seront appellés pour entendre & prononcer dans ces sortes d'affaires, devront avoir chacun 40 shellings de revenus annuels en fonds de terres.

27. L'*Ecosse* ne réputera point trahison, mais mettra au rang des fautes capitales, & punira comme telles, le vol commis contre les possesseurs de fonds, le meurtre, l'incendie volontaire & l'assassinat.

28. Après la mort du prétendant, & trois ans après que la maison d'Hanovre aura été sur le trône, nulle conviction du crime de haute trahison ne privera l'héritier de la succession du coupable.

29. Dans le cas où un écossois devroit être jugé pour trahison, on sera tenu de lui remettre, dix jours avant que de le faire comparoître, l'indictement ou l'accusation portée contre lui, la liste des témoins qui seront admis en justice pour en donner la preuve, & les noms des jurés qui doivent prononcer sur son sort.

30. L'acte de la huitième année, chapitre 14, prescrit à tous les officiers d'*Ecosse* de prêter les sermens requis.

31. Chapitre 15. Personne ne sera plus obligé d'accompagner les chefs de justice dans les circuits ; on en excepte le shérif du comté avec ses officiers.

32. Selon l'acte de la 10e année, chap. 7, tous membres de la communion épiscopale, résidans en *Ecosse*, pourront légalement s'assembler, sans qu'on ose les troubler, & vaquer à l'exercice du service

divin sous des pasteurs qui auront reçu l'ordination des mains d'un évêque protestant, pourvu que de pareilles assemblées ne se fassent dans aucune église paroissiale.

36. Les pasteurs destinés à ces fonctions, devront présenter leurs lettres d'ordination à la session de quartier, & les y faire enrégistrer en payant un shelling.

37. On condamnera à une amende de 100 livres sterling quiconque osera troubler ces sortes de congrégations.

38. Les pasteurs, présidents d'une assemblée qui suit le rit épiscopal, ont le droit de baptiser & de marier, pourvu que le baptême qu'ils auront administré soit enrégistré, & qu'ils ne célèbrent aucun mariage, sans qu'il ait été précédé de trois publications de bans.

39. La cour ecclésiastique d'*Ecosse* ne pourra, en conséquence d'une excommunication, soumettre un sujet à un châtiment, une amende ou une confiscation, & tout ministre sera tenu de prier pour la famille royale.

40. Le chapitre 12 restitue aux patrons des églises leur ancien droit de présentation.

41. La vacance de Noël est remise en usage par le chapitre 13.

42. Le chapitre 21 règle la manière de fabriquer les toiles.

43. Le trente-troisième chapitre fixe le mois d'avril & de septembre pour la tenue des sessions de justice.

44. L'acte de la douzième année, chapitre 6, défend d'élire pour membre du parlement, ou de recevoir le suffrage d'un homme qui, ayant acheté un bien-fonds, ne s'en trouve pas en possession depuis une année révolue.

45. Le chapitre 20 contient de nouveaux réglemens pour la fabrique des toiles.

46. L'acte de la première année de George, chapitre 27, nomme des commissaires pour établir ce qui est dû à l'*Ecosse* par droit d'équivalent.

47. Le chapitre 28 abolit la vacance de Noël.

48. Par le chapitre 54, on chercha à assurer efficacement la paix parmi les montagnards, & à cet effet on ordonna de les désarmer tous, en exceptant néanmoins de cette loi la noblesse, & les bourgeois qui avoient un revenu annuel de 400 liv. d'Ecosse, ou qui étoient duement qualifiés pour concourir à l'élection des membres du parlement.

49. Après le premier août 1717, les vassaux paieront en argent les services qu'ils doivent à leurs seigneurs, en comparoissant personnellement à l'armée ou en leur logis, ou pour les accompagner à la chasse, ou pour monter la garde.

50. George I, dans la cinquième année de son règne, chap. 20, adhéra à un acte, pour établir certains fonds annuels sur les revenus d'*Ecosse*, destinés à éteindre les dettes publiques contractées en *Ecosse*, & à d'autres emplois indiqués dans

le traité d'union, ainsi qu'à rembourser les équivalens réclamés par l'*Ecosse* ; & pour obvier à toutes disputes qui auroient pu naître par la suite, cet acte y destine deux fonds annuels, l'un de 10,000 livres sterling, & l'autre de 2000 livres sterling.

51. Ces fonds seront pris sur le produit de l'excise & de la douane d'*Ecosse*, après qu'on aura préalablement payé le montant de la liste civile ; & si le reste ne se trouvoit pas suffisant, on feroit bon du surplus en le tirant des revenus de l'*Ecosse*.

52. La somme annuelle de 200 liv. sterl. sera employée à encourager la pêche & les manufactures, & les annuités serviront de balance aux équivalens réclamés par l'*Ecosse*.

53. Le chapitre 29 tend à rendre plus efficaces les sermens que doivent prêter les ministres & prédicateurs employés dans les églises ou congrégations permises ou tolérées en *Ecosse*.

54. Le chapitre 30 établit quelques moyens pour rendre efficaces les loix concernant les grands chemins, les ponts & les passages d'eau en *Ecosse*.

55. Les juges de paix & les commissaires des subsides sont autorisés à faire réparer les grands chemins, de la manière dont ils le font en Angleterre.

56. L'acte de la sixième année, chapitre 13, contient des réglemens pour diriger les manufactures de laine en *Ecosse*.

57. Un acte de la huitième année, chap. 28, donne les moyens de suppléer aux registres qui avoient été brûlés à Aberdéen.

58. Les papistes sont obligés de faire enregistrer les biens-fonds qu'ils y possèdent. Cet acte de la neuvième année, chap. 24, est expliqué par un autre de la dixième, chap. 10.

59. Le chapitre 18 de la dixième année explique & corrige celui de la sixième, chapitre 13, concernant les manufactures de laine.

60. Le chapitre 19 explique la loi faite pour le jugement & l'admission des lords dans la cour de session d'*Ecosse*.

61. Un acte de la onzième année, chapitre 8, fixe les droits qui devront être perçus sur la dreche, à 3 shellings par boisseau ; ce qui les réduit à la moitié de ce qu'elle paye en Angleterre.

62. Le chapitre 26 donne les moyens de parvenir plus efficacement à désarmer les montagnards.

63. On a décidé que, dans les causes criminelles, on exigeroit double caution.

64. Nul châtiment capital ou corporel ne sera exécuté jusqu'au sud du détroit, que trente jours après qu'il aura été prononcé, & jusqu'au nord que quarante jours au moins après la sentence.

65. Le lord - lieutenant est autorisé à sommer les tribus, de délivrer les armes qui sont en leur possession.

66. Acte de la seconde de Georges II, cha-

pitre 32, pour encourager le transport des mats, vergues & beauprés d'*Ecosse* en Angleterre.

67. Un autre de la troisième, chapitre 32, qui donne aux juges la puissance d'ajourner la cour de session, & de fixer l'époque de l'exécution de toute sentence portant châtiment corporel.

68. Les juges pourront faire exécuter les punitions corporelles, huit jours après la sentence prononcée dans la partie méridionale du détroit, & dix jours après dans la partie septentrionale.

69. Ils ont aussi le droit d'accorder un répit de trente jours à tout criminel sous sentence de mort, pour lui donner le temps d'en faire adoucir la rigueur. Il y a d'autres réglemens postérieurs, dont il est inutile de parler ici.

Des tribunaux de l'Ecosse. La session ou le collège de justice fut établi en 1532, sous le règne de Jacques V, par autorité du parlement, qui nomma les seigneurs qui dévoient le composer, & fixa le temps & le lieu de leurs assemblées, ainsi que la forme à observer dans les procédures. L'acte d'établissement porte que le roi ne pourra rien exiger des juges, ni par écrit, ni par ordres, que ce que prescrit l'exacte justice. On donna à ce tribunal un président & quatorze sénateurs ou juges, auxquels on ajouta, par la suite, quatre juges extraordinaires, membres du conseil-privé, avec six clercs de la session pour tenir registre des actes de la compagnie, qu'on laissa à la nomination du roi.

Quelque sage qu'eût paru d'abord cet établissement, on ne tarda pas à s'appercevoir qu'il étoit sujet aux inconvéniens qu'on avoit voulu éviter. On se plaignit de l'ignorance & de la vénalité des juges, & chaque jour on éprouvoit avec quelle facilité la cour influoit sur eux.

Le parlement fit envain différentes loix, pour déterminer la jurisdiction du tribunal, les qualités & l'âge que dévoient avoir les juges, & pour annuller les nominations faites par le roi en faveur des sujets qui n'avoient pas l'âge requis. Cette altercation, entre le monarque & son parlement, dura jusqu'au sixième parlement de Jacques VI, qui fit cet arrêté solemnel.

« Comme divers écrits ou ordres ont été en» voyés, par le roi ou par son conseil-privé, aux » seigneurs de la session, tantôt pour les presser » de prononcer dans des causes civiles, tantôt » pour en suspendre les procédures, & quelque- » fois pour empêcher l'exécution d'un arrêt, il » est ordonné que lesdits juges procéderont dans » toutes causes pendantes devant leur tribunal ; » nonobstant écrit, injonction ou commandement » contraire, de quelque personne que ce soit ; » & parce que le peuple murmure ouvertement » de ce que le roi choisit des jeunes gens sans » gravité, sans lumières, sans expérience, & » qui ne possèdent point les biens-fonds requis » pour siéger parmi les seigneurs de session, il est » arrêté que le roi présentera des gens craignant » Dieu,

» Dieu, inſtruits dans la pratique & l'intelli-
» gence de la loi ; de fortune & de bonne répu-
» ration, qui feront examinés par un certain nom-
» bre des membres dudit tribunal, leſquels auront
» le droit, en ne les trouvant pas duement qua-
» lifiés, de les rejetter, juſqu'à ce qu'il plaiſe au
» roi d'en préſenter d'autres qui aient les quali-
» tés requiſes ».

Ces loix ne détruiſirent point les abus ; & ſous
Charles premier le parlement étoit ſi convaincu de
la corruption qui régnoit parmi les magiſtrats,
qu'il demanda & obtint l'ancien privilège de choiſir ſeul les juges du pays ; mais il s'en déſiſta ſous
Charles II : la corruption fit enſuite de ſi grands
progrès, que l'aſſemblée des états, lors de la révolution, demanda de nouveaux réglemens à ce
ſujet, & ſpécialement que la durée de la commiſſion accordée aux juges ne dépendît point du
bon plaiſir du roi ; mais qu'elle fût à vie, tant
que le poſſeſſeur ne commettroit point de faute
qui pût l'en priver légalement.

Toutes les cauſes civiles & criminelles ſont portées devant cette cour, depuis le premier novembre juſqu'au dernier février, & depuis le premier
juin juſqu'au dernier juillet.

En général elle ſuit, dans les jugemens qu'elle
prononce, les actes du parlement & les coutumes
de la nation : mais lorſque les actes du parlement
ou les coutumes de la nation n'indiquent rien ſur
les cauſes qu'on porte devant elle, elle a recours
à la loi civile, dont elle fait taire la rigueur pour
écouter la clémence & la juſtice.

Elle ſiège chaque jour pendant le terme, excepté
les dimanches & les lundis. Les vendredis ſont
deſtinés à entendre les cauſes de la couronne, ſelon le rôle que l'avocat en a dû fournir au garde
du grand ſceau. On ne peut appeller qu'au parlement, des jugemens que prononce la cour de ſeſſion. Ses jugemens, pour être validés, exigent la
préſence de neuf juges : on entend d'abord les
avocats des deux côtés, & les clercs écrivent les
principaux points ſur leſquels chacun d'eux appuie
le droit de la partie qu'il défend ; enſuite les juges
donnent leur avis & prononcent publiquement,
ce qui n'a lieu que depuis 1690 : car avant cette
époque, les avocats ſe retiroient dès que les plai-
doyers étoient finis, & les juges diſcutoient l'affaire : on appelloit enſuite les avocats, pour entendre l'arrêt qui ſe prononce à la pluralité des
voix.

Ce tribunal a deux chambres, qu'on diſtingue
par les ſurnoms d'*intérieure* & d'*extérieure*. L'extérieure n'a qu'un des juges, qui tient le tribunal
une ſemaine. On y porte toutes les cauſes en première inſtance ; & ſi la diſcuſſion en eſt facile,
le lord de ſemaine donne ſa ſentence : mais s'il
y trouve des difficultés, ou que l'une des deux
parties le demande, il peut la communiquer aux
autres juges qui le chargent de leur opinion ;
ſi le cas leur paroît embarraſſant, ou que l'une

des parties le déſire, ils ordonnent que la cauſe
ſoit apportée devant eux. Tous les avocats plai-
dent debout, ſi l'on en excepte un lord, un conſeiller privé & l'avocat du roi. Il y a dans cette
cour ſept clercs, appellés *clercs de bills*, chargés
de préſenter les requêtes au lord qui doit préſider
dans la chambre extérieure, pendant la ſemaine
ſuivante, pour que ce juge les ſigne en les recevant. La chambre intérieure commet chaque jour
deux juges, pour entendre dans l'après-midi les
témoins, & prendre le ſerment des *affidavits* ou
déclarations.

De la cour commiſſoriale. Il y a pluſieurs com-
miſſoriales en *Ecoſſe* ; mais la principale, & celle
où l'on peut appeller des jugemens rendus par toutes les autres, ſiège à Edimbourg, & eſt compoſée de quatre juges, chargés de prononcer dans
toutes les cauſes qui concernent les teſtamens, les
bénéfices eccléſiaſtiques, les dixmes, les divorces
& autres matières de cette nature. Cette cour a
un grand nombre de clercs, & les quatre juges
d'Edimbourg ont chacun 70 livres ſterling d'honoraires.

De la cour de juſtice. Cette cour fut ſubſtituée
au juge général, lors des conteſtations qui s'élé-
vèrent entre les ſhérifs & le comte d'Argyle, qui
avoit été nommé juge général de toutes les iſles
par Charles premier. Le parlement abolit ſa juriſdiction en 1672, & y ſubſtitua une cour de juſtice criminelle, compoſée d'un grand juge amovible à la volonté du roi, avec 200 livres ſterling
d'appointemens, du juge-clerc & de cinq autres
juges qui ſont lords de ſeſſion, & ont chacun
300 liv. ſterling par an.

Cette cour donne audience chaque lundi, &
deux fois l'année, en automne & au printemps,
elle ſe tranſporte dans les provinces pour y juger
les cauſes ſur les lieux. Cette tournée des juges
n'avoit lieu jadis qu'une fois l'année : mais en 1748,
après qu'on eut aboli les juriſdictions héréditaires,
on preſcrivit aux juges de la faire deux fois ; & ,
pour les dédommager de cette augmentation de
peines & de frais, il fut réglé que, ſi le grand
juge s'y tranſporte en perſonne, il aura 200 liv.
ſterling pour chaque tournée : le juge-clerc & les
commiſſaires ont chacun pour la tournée du ſud
ou de l'occident 130 liv. ſterling, & pour celle
du nord 180 liv. ſterling. Si un juge eſt chargé
ſeul d'une tournée, on lui paye 300 liv. ſterling
pour la dernière, & 250 pour l'une des deux premières. Les trois avocats qui ſont députés par l'a-
vocat général, & qui le repréſentent dans une
tournée, reçoivent de lui 50 liv. ſterl. chacun.

On emploie dans cette cour quinze jurés : leur
chef expoſe l'opinion de ſes collègues, par une
formule auſſi ſimple que celle des tribunaux d'Angleterre, & le juge ſe contente d'abſoudre ou de
prononcer la ſentence conformément à la déciſion
des jurés, qui la donnent par écrit & ſcellée, &
non de vive voix.

L'échiquier. Ce tribunal a été établi en *Ecoſſe*, par acte du parlement de la Grande-Bretagne, dans la ſixième année de la reine *Anne*, conformément, dit le titre, au 19e article de l'acte pour l'union des deux royaumes d'Angleterre & d'E-*coſſe*. Il a le même pouvoir, la même autorité, les mêmes privilèges, & la même juriſdiction, dans tout ce qui concerne les revenus d'*Ecoſſe*, que l'échiquier de Londres ſur ce qui regarde les revenus d'Angleterre. Il eſt compoſé d'un chef-baron qui a 2000 liv. ſterling d'appointemens, & de quatre barons qui en ont 700. Pour obtenir ces places, il faut avoir été pendant cinq ans avocat d'une des quatre cours d'Angleterre, ou avoir plaidé, pendant le même nombre d'années, dans la cour de ſeſſion d'*Ecoſſe*.

L'amirauté. La place de grand-amiral a toujours été donnée aux perſonnages les plus diſtingués de la nation. En 1603, Louis, duc de Lenox, couſin du roi Jacques VI, fut créé grand-amiral héréditaire d'*Ecoſſe*, & cette dignité ſubſiſta dans ſa famille juſqu'en 1672, qu'elle ſe trouva dévolue au roi Charles II, comme le plus proche héritier de Charles, duc de Lenox. Ce prince la donna à ſon fils naturel, appellé auſſi Charles, duc de Lenox, pour en jouir lui & ſa poſtérité, qui la garda juſqu'à la révolution. En 1693, Guillaume, duc d'Hamilton, fut revêtu de cet important emploi qui, après ſa mort, fut mis en commiſſion, laquelle ne finit que par la mort du roi Jacques VII. Charles, duc de Lenox, fut alors déclaré grand-amiral héréditaire d'*Ecoſſe*; mais, ſur ſa démiſſion volontaire, David, comte de Wems, en obtint le titre, en ſéparant de ſa juriſdiction les iſles Orcades & de Shetland. Ce lord en jouiſſoit à l'époque de l'union : mais depuis, celui qui a été revêtu de cette dignité a rarement réſidé en *Ecoſſe*.

C'eſt pour exercer la juriſdiction du grand-amiral qu'on a établi le tribunal de l'amirauté, qui tient ſes ſéances à Edimbourg ou à Perth, c'eſt-à-dire, dans les deux ports les plus conſidérables du royaume.

On ne peut rien dire de certain ſur l'origine de ce tribunal, ou ſur ſon ancienne manière de procéder; Charles II, après ſon rétabliſſement ſur le trône, ordonna de reſtituer les papiers de cette cour que Cromwell avoit enlevés; mais le vaiſſeau périt, & les archives furent englouties dans les flots : tout ce que les légiſtes peuvent avoir compilé ſur l'ancien régime de cette cour, ne doit pas remonter au-delà de 1511, époque à laquelle Emond Hephourn, comte de Bothwel, fut nommé grand-amiral d'*Ecoſſe*. Les deux plus anciens livres qu'on connoiſſe ſur ce qui s'eſt paſſé au tribunal de l'amirauté, tant au civil qu'au criminel, ont été compilés ſous ſon ſucceſſeur François, comte de Bothwel, & contiennent les procédures faites & les jugemens rendus, l'un depuis

l'année 1547 juſqu'à 1559, & l'autre depuis cette dernière époque juſqu'à 1561.

Un acte particulier du parlement, de la ſeizième année de Charles II, déclare que la cour d'amirauté d'*Ecoſſe* ſera un tribunal ſuprême dans toutes les cauſes qui ſont de ſa juriſdiction; il donne au lord grand-amiral les titres de *lieutenant du roi* & de *juge général* ſur les mers, dans les ports, havres & criques, ainſi que les rivières navigables; & il déclare que rien de ce qui relève de ſa juriſdiction ne pourra être porté devant un autre tribunal.

Les ſentences des cours inférieures d'amirauté ne peuvent être reviſées que par la cour ſuprême de l'amirauté. Pour ſuſpendre ou arrêter les jugemens de cette dernière; il faut un ordre donné par tous les lords lorſque les aſſiſes ſe tiennent, ou par trois d'entr'eux durant les vacances. Si le plaignant eſt débouté, l'amirauté peut le condamner à des dommages indépendans des frais. Cette cour a auſſi le droit de faire la réviſion des cauſes qu'elle a jugées, & c'eſt un pouvoir dont elle eſt revêtue par le 19e article du traité d'union, ſous les réſerves & les reſtrictions que le parlement de la Grande-Bretagne pourra juger à propos d'y mettre.

Les cauſes ſoumiſes à la juriſdiction de l'amirauté d'*Ecoſſe* ſont principalement : la révélation du ſecret du roi ſur mer en temps de guerre; la piraterie qui comprend ceux qui piratent, ceux qui les aident, les ſecourent ou les dérobent à la juſtice; la ſaiſie des effets prohibés, importés ou exportés; le refus d'obéir aux ordres de l'amiral; l'action de louer ou de freter des vaiſſeaux étrangers pour des transports auxquels ceux de la nation peuvent ſervir; l'embarras cauſé dans les ports & havres; l'enlèvement des bouées; l'uſage de faux poids & de fauſſes meſures ſur mer; le défaut de comparoître en tems de guerre aux revues que l'amiral peut indiquer à ſa volonté, &c. enfin ce qui regarde la marine eſt du département des juges qu'il commet pour en connoître à ſa place. On y ſuit la loi commune d'*E-coſſe*, en conſultant dans ces cas particuliers les loix d'Oléron, de Wisby & de la Hanſe teutonique, ainſi que les dernières conſtitutions faites à Amſterdam & dans les autres villes de Hollande.

L'amirauté n'a quelquefois qu'un vice-amiral qui jouit de 1000 liv. ſterling d'appointemens, & qui a le droit de conſtituer des députés dans les lieux où il croit que leurs fonctions ſont néceſſaires. Il faut cependant remarquer qu'il y a en *Ecoſſe* pluſieurs juriſdictions d'amirauté héréditaires dans des familles puiſſantes : c'eſt à ce titre que le duc d'Argyle eſt amiral des iſles occidentales; que les comtes de Sutherland le ſont du comté de leur nom, & que les Douglas, comtes de Moreton, le ſont des iſles Orcades & de Schetland.

La cour de la chancellerie. On attribue l'établiffement de cette cour à Jacques premier, qui en avoit pris l'idée pendant le féjour forcé de huit ans qu'il fit en Angleterre. Comme elle ne fut formée qu'en 1424, on ne trouve aucun regiftre antérieur à cette époque; ce qui n'a pas empêché quelques auteurs de lui donner une origine plus ancienne; mais ils avouent que ce prince a beaucoup perfectionné le régime de ce tribunal depuis fon retour d'Angleterre.

ECOSSE (NOUVELLE), contrée de l'Amérique feptentrionale qui appartient aux anglois, & fur laquelle fe fondent de grandes efpérances, depuis que les Etats-Unis fe font formés en républiques indépendantes.

Hiftoire de cette colonie. Le nom de la *Nouvelle-Ecoffe*, qui défigne aujourd'hui la côte de trois cents lieues, comprife depuis les limites de la Nouvelle-Angleterre, jufqu'à la rive méridionale du fleuve Saint-Laurent, ne paroît avoir exprimé dans les premiers temps qu'une grande péninfule de forme triangulaire, fituée vers le milieu de vafte efpace. Cette péninfule, que les françois appelloient *Acadie*, eft très-propre par fa pofition à fervir d'afyle aux bâtimens qui viennent des Antilles. Elle leur montre de loin un grand nombre de ports excellens, où l'on entre & d'où l'on fort par tous les vents. On voit beaucoup de morue fur fes rivages, & encore davantage fur de petits bancs qui n'en font éloignés que de quelques lieues. Le continent voifin attire par l'appas de quelques pelleteries. L'aridité de fes côtes offre du gravier pour fécher le poiffon, & la bonté des terres intérieures invite à toutes fortes de cultures. Ses bois font propres à beaucoup d'ufages. Quoique fon climat foit dans la zone tempérée, on y éprouve des hivers longs & rigoureux, fuivis tout-à-coup de chaleurs exceffives, d'où fe forment d'épais brouillards, qui rarement, ou du moins lentement diffipés, ne rendent pas ce féjour mal fain, mais le rendent peu agréable.

Ce fut en 1604 que les françois s'établirent en Acadie, quatre ans avant d'avoir élevé la plus petite cabane dans le Canada. Au lieu de fe fixer à l'eft de la péninfule, qui préfentoit des mers vaftes, une navigation facile, une grande abondance de morue, ils préférèrent une baie étroite qui n'avoit aucun de ces avantages. Elle fut appellée depuis, *baie françoife.* On a prétendu qu'ils avoient été féduits par le Port-Royal, qui peut contenir mille vaiffeaux à l'abri de tous les vents, dont le fond eft par-tout excellent, & qui a toujours quatre ou cinq braffes d'eau, & dix-huit à fon entrée. Il eft plus naturel de penfer que les fondateurs de la colonie choifirent cette pofition, parce qu'elle les approchoit des lieux où abondoient les pelleteries, dont la traite exclufive leur étoit accordée. Ce qui fortifie cette conjecture, c'eft que les premiers monopoleurs & ceux qui les remplacèrent, prirent toujours à tâche d'éloigner de l'exploitation des forêts, de l'éducation des beftiaux, de

la pêche, de la culture, tous ceux de leurs compatriotes que leur inquiétude ou des befoins avoient amenés dans cette contrée : aimant mieux tourner l'activité de ces aventuriers vers la chaffe & vers la traite avec les fauvages.

Un défordre, né d'un faux fyftême d'adminiftration, ouvrit enfin les yeux fur les funeftes effets des privilèges exclufifs.

Les miniftres de Louis XIV, qui vouloient faire jouer un grand rôle à leur maître, pour repréfenter eux-mêmes avec quelque dignité, s'apperçurent qu'ils n'y réuffiroient point fans l'appui des richeffes; & qu'un peuple, à qui la nature n'avoit pas accordé des mines, ne pouvoit avoir de l'argent que par l'agriculture & par le commerce. L'un & l'autre avoient été jufqu'alors étouffés dans les colonies, par les entraves qu'on met à tout, en voulant fe mêler de tout. Elles furent heureufement rompues; mais l'Acadie ne put ou ne fut pas faire ufage de cette liberté.

La colonie étoit encore au berceau, lorfqu'elle vit naître à fon voifinage un établiffement qui devint depuis fi floriffant, fous le nom de *Nouvelle-Angleterre.* Le progrès rapide des cultures de cette nouvelle colonie, attira foiblement l'attention des françois. Ce genre de profpérité ne mit entre les deux nations aucune rivalité. Mais, dès qu'ils purent foupçonner qu'ils auroient bientôt un concurrent dans le commerce du caftor & des fourrures, ils cherchèrent les moyens d'être feuls les maîtres, & ils furent affez malheureux pour les trouver.

Lorfqu'ils arrivèrent en Acadie, la péninfule & les forêts du continent voifin étoit remplies de petites nations fauvages. Ces peuples avoient le nom général d'*abenaquis.* Quoiqu'auffi guerriers que les autres nations fauvages, ils étoient plus fociables. Les miffionnaires s'étant infinués aifément auprès d'eux, vinrent à bout de leur donner leur croyance, & même de les rendre enthoufiaftes. Avec la religion qu'on leur prêchoit, ils prirent la haine du nom *anglois*, fi familière à leurs apôtres. Cet article fondamental de leur nouveau culte étoit celui qui parloit le plus à leurs fens, le feul qui favorifat leur paffion pour la guerre : ils l'adoptèrent avec la fureur qui leur étoit naturelle. Non contens de fe refufer à tout commerce d'échange avec les anglois, ils troubloient, ils ravageoient fouvent les frontières de cette nation. Les attaques devinrent plus continuelles, plus opiniâtres & plus régulières, depuis qu'ils eurent choifi pour leur chef Saint-Cafteins, capitaine du régiment de Carignan, qui s'étoit fixé parmi eux, qui avoit époufé une de leurs femmes, & qui fe conformoit en tout à leurs ufages.

Le gouvernement de la Nouvelle-Angleterre n'ayant pu, ni ramener les fauvages par des préfens, ni les détruire dans leurs forêts où ils s'enfonçoient, d'où ils revenoient fans ceffe, tourna toute fon indignation contre l'Acadie, qu'il re-

gardoit comme le mobile de tant de calamités.
Dès que la moindre hostilité commençoit à diviser
les deux métropoles, on attaquoit la péninsule.
On la prenoit toujours, parce que toute sa défense
résidoit dans le Port-Royal, foiblement entouré
de quelques palissades, & qu'elle se trouvoit trop
éloignée du Canada pour en être secourue. C'é-
toit sans doute quelque chose, aux yeux des nouveaux anglois, de ravager cette colonie, & de retarder ses progrès : mais ce n'étoit pas assez pour
dissiper les défiances qu'inspiroit une nation plus
redoutable encore par ce qu'elle peut que par ce
qu'elle fait. Obligés à regret de rendre leur conquête à chaque pacification, ils attendoient impatiemment que la supériorité de la Grande-Bretagne
fût montée au point de les dispenser de cette restitution. Les événemens de la guerre pour la succession d'Espagne amenèrent ce moment décisif,
& la cour de Versailles se vit à jamais dépouillée
d'une possession, dont elle n'avoit point soupçonné
l'importance.

La chaleur que les anglois avoient montrée à
s'emparer de ce territoire, ne se soutint pas dans
les soins qu'on prit de le garder ou de le faire
valoir. Après avoir légèrement fortifié Port-Royal,
qui prit le nom d'*Annapolis*, en l'honneur de la
reine Anne, on se contenta d'y envoyer une garnison médiocre. L'indifférence du gouvernement
passa dans la nation ; ce qui n'est pas ordinaire
aux pays où règne la liberté. Il ne se transporta
que cinq ou six familles angloises dans l'Acadie :
elle resta toujours habitée par ses premiers colons.
On ne réussit même à les y retenir qu'en leur promettant de ne les jamais forcer à prendre les armes contre leur ancienne patrie. Tel étoit l'amour
que la gloire & l'honneur de la France inspiroient
à tous ses enfans. Chéris de leur gouvernement,
honorés des nations étrangères, attachés à leur
roi par une suite de prospérités qui les avoit
illustrés & agrandis, ils avoient ce patriotisme qui
naît des succès. Il étoit beau de porter le nom françois ; il eût été trop affligeant de le quitter. Aussi
les acadiens qui avoient juré, en subissant un nouveau joug, de ne jamais combattre contre leurs
premiers drapeaux, furent-ils appelés les *françois
neutres*.

Il y avoit douze à treize cents acadiens dans
la capitale ; les autres étoient répandus dans les
campagnes. On ne leur donna point de magistrats
pour les conduire. Ils ne connurent pas les loix
angloises. Jamais il ne leur fut demandé ni cens,
ni tribut, ni corvée. Leur nouveau souverain paroissoit les avoir oubliés, & lui-même il leur étoit
tout-à-fait étranger.

La chasse qui avoit fait anciennement les délices
de la colonie, & qui pouvoit encore la nourrir,
ne touchoit plus un peuple simple & bon, qui
n'aimoit point le sang. L'agriculture étoit son occupation. On l'avoit établie dans des terres basses,
en repoussant, à force de digues, la mer & les

rivières dont ces plaines étoient couvertes. On retira de ces marais cinquante pour un dans les
premiers temps, & quinze ou vingt au moins dans
la suite. Le froment & l'avoine étoient les grains
qui y réussissoient le mieux : mais le seigle, l'orge
& le maïs y réussissent aussi. On y voyoit encore
une grande abondance de pommes de terre, dont
l'usage étoit devenu commun.

D'immenses prairies étoient couvertes de troupeaux nombreux. On y compta jusqu'à soixante
mille bêtes à corne. La plupart des familles avoient
plusieurs chevaux, quoique le labourage se fît avec
des bœufs.

Les habitations, presque toutes construites de
bois, étoient fort commodes, & meublées avec
la propreté qu'on trouve quelquefois chez nos laboureurs d'Europe les plus aisés. On y élevoit une
grande quantité de volailles de toutes les espèces.
Elles servoient à varier la nourriture des colons,
qui étoit généralement saine & abondante. Le cidre & la bierre formoient leur boisson. Ils y ajoutoient quelquefois de l'eau-de-vie de sucre.

C'étoit leur lin, leur chanvre, la toison de
leurs brebis, qui servoient à leur habillement ordinaire. Ils en fabriquoient des toiles communes,
des draps grossiers. Si quelqu'un d'entr'eux avoit
un peu de penchant pour le luxe, il le tiroit
d'Annapolis ou de Louisbourg. Ces deux villes
recevoient en retour, du bled, des bestiaux, des
pelleteries.

Les françois neutres n'avoient pas autre chose
à donner à leurs voisins. Les échanges qu'ils faisoient entr'eux étoient encore moins considérables,
parce que chaque famille avoit l'habitude & la
facilité de pourvoir seule à tous ses besoins. Aussi
ne connoissoient-ils pas l'usage du papier-monnoie
si répandu dans l'Amérique septentrionale. Le peu
d'argent qui s'étoit comme glissé, dans cette colonie, n'y donnoit point l'activité qui en fait le
véritable prix.

Leurs mœurs étoient extrêmement simples. Il
n'y eut jamais de cause civile ou criminelle assez
importante, pour être portée à la cour de justice
établie à Annopolis. Les petits différends qui pouvoient s'élever de loin en loin entre les colons,
étoient toujours terminés à l'amiable par les anciens. C'étoient les pasteurs religieux qui dressoient
tous les actes, qui recevoient tous les testamens.
Pour ces fonctions profanes, pour celles de l'église,
on leur donnoit volontairement la vingt-septième
partie des récoltes.

Elles étoient assez abondantes pour laisser plus de
facultés que d'exercice à la générosité. On ne connoissoit pas la misère, & la bienfaisance prévenoit
la mendicité. Les malheurs étoient, pour ainsi dire,
réparés avant d'être sentis. Les secours étoient
offerts sans ostentation d'une part ; ils étoient acceptés sans humiliation de l'autre. C'étoit une société de frères, également prêts à donner ou à

recevoir ce qu'ils croyoient commun à tous les hommes.

Cette précieuse harmonie écartoit jusqu'à ces liaisons de galanterie, qui troublent si souvent la paix des familles. On ne vit jamais, dans cette société, de commerce illicite entre les deux sexes. C'est que personne n'y languissoit dans le célibat. Dès qu'un jeune homme avoit atteint l'âge convenable au mariage, on défrichoit, on ensemençoit des terres autour de sa demeure; on y mettoit les vivres dont il avoit besoin pour une année. Il y recevoit la compagne qu'il avoit choisie, & qui lui apportoit en dot des troupeaux. Cette nouvelle famille croissoit & prospéroit, à l'exemple des autres. Toutes ensemble composoient une population de huit mille ames.

Les anglois sentirent, en 1749, de quel profit pouvoit être à leur commerce la possession de l'Acadie. La paix, qui devoit laisser beaucoup de bras dans l'inaction, donnoit, par la réforme des troupes, un moyen de peupler & de cultiver un certain vaste & fécond. Le ministère britannique offrit à tout soldat, à tout matelot, à tout ouvrier qui voudroit aller s'établir en Acadie, cinquante acres de terres, & dix pour toute personne que chacun d'eux ameneroit de sa famille : quatre-vingt acres aux bas-officiers, & quinze pour leurs femmes & pour leurs enfans : deux cents aux enseignes, trois cents aux lieutenans, quatre cents aux capitaines, six cents aux officiers d'un grade supérieur, avec trente pour chacune des personnes qui dépendroit d'eux. Avant le terme de dix ans, le terrain défriché ne devoit être sujet à aucune redevance, & l'on ne pouvoit, à perpétuité, être taxé à plus d'une livre deux sous six deniers d'impôt, pour cinquante acres. Le trésor public s'engageoit d'ailleurs à avancer ou rembourser les frais du voyage; à élever des habitations; à fournir tous les outils nécessaires pour la culture ou pour la pêche; à donner la nourriture de la première année. Ces encouragemens déterminèrent, au mois de mai 1749, trois mille sept cents cinquante personnes à quitter l'Europe, où elles risquoient de mourir de faim pour aller vivre en Amérique.

La nouvelle peuplade étoit destinée à former un établissement au sud-est de la péninsule d'Acadie, dans un lieu que les sauvages appellèrent autrefois *Chiboucton*, & les anglois ensuite, *Hallifax*. C'étoit pour y fortifier le meilleur port de l'Amérique, pour établir au voisinage une excellente pêcherie de morue, qu'on avoit préféré cette position à toutes celles qui s'offroient dans un sol plus abondant. Mais, comme c'étoit la partie du pays la plus favorable à la chasse, il fallut la disputer aux mickmacks, qui la fréquentoient le plus. Ces sauvages défendirent avec opiniâtreté un territoire qu'ils tenoient de la nature; & ce ne fut pas sans avoir essuyé d'assez grandes pertes, que les anglois vinrent à bout de chasser ces légitimes possesseurs.

Cette guerre n'étoit pas encore terminée, lorsqu'on apperçut de l'agitation parmi les françois neutres. Ces hommes simples & libres avoient déjà senti qu'on ne pouvoit s'occuper sérieusement des contrées qu'ils habitoient, sans qu'ils y perdissent de leur indépendance. A cette crainte, se joignit celle de voir leur religion en péril. Des pasteurs échauffés par leur propre enthousiasme, ou par les insinuations des administrateurs du Canada, leur persuadèrent tout ce qu'ils voulurent contre les anglois, qu'ils appelloient *hérétiques*. Ce mot, qui fut toujours si puissant pour faire entrer la haine dans des ames séduites, détermina la plus heureuse peuplade de l'Amérique à quitter ses habitations pour se transplanter dans la Nouvelle-France, où on lui offroit des terres. La plupart exécutèrent cette résolution du moment, sans prendre aucune précaution pour l'avenir. Le reste se disposoit à les suivre, quand il auroit pris ses sûretés. Le gouvernement anglois, soit humeur ou politique, voulut prévenir cette désertion par une sorte de trahison, toujours lâche & cruelle dans ceux à qui l'autorité donne les moyens de la douceur & de la modération. Les françois neutres, qui n'étoient pas encore partis, furent rassemblés, sous prétexte de renouveller le serment qu'ils avoient fait autrefois au nouveau maître de l'Acadie. Dès qu'on les eut réunis, on les embarqua sur des navires qui les transportèrent dans d'autres colonies angloises, où le plus grand nombre périt de chagrin, encore plus de misère.

Etat de la Nouvelle-Ecosse, *avant la révolution des Etats-Unis.* Depuis l'émigration d'un peuple qui devoit son bonheur à ses vertus & à son obscurité, la *Nouvelle-Ecosse* ne fit que languir. L'envie, qui avoit dépeuplé cette terre, sembla l'avoir flétrie. Du moins, la peine de l'injustice retomboit-elle sur les auteurs de l'injustice. Les calamités, si multipliées en Europe, y poussèrent à la fin quelques malheureux. On y comptoit vingt-six mille en 1769. La plupart étoient dispersés. On ne les voyoit réunis en quelque nombre qu'à Hallifax, à Annapolis & à Lunebourg. Cette dernière peuplade, formée par des allemands, étoit la plus florissante. Elle devoit ses progrès à cet amour du travail, à cette économie bien ordonnée, caractères distinctifs d'une nation sage & belliqueuse, qui, contente de défendre son pays, n'en sort guère que pour aller cultiver des contrées qu'elle n'est point jalouse de conquérir.

Cette année, la colonie expédia quatorze navires & cent-quarante-huit bateaux, qui formoient sept mille trois cens-vingt-quatre tonneaux. Elle reçut vingt-deux navires & cent-vingt bateaux, qui formoient sept mille six tonneaux. Elle construisit trois chaloupes, qui ne passoient pas cent-dix tonneaux.

Ses exportations pour la Grande-Bretagne & pour les autres parties du globe, n'excédèrent pas 729,850 liv. tournois.

Le voyageur américain dit que les exportations de l'Angleterre pour la *Nouvelle-Ecosse*, consistoient, à cette époque, en draps communs, toiles étrangères & d'Angleterre, fer, acier, airain, fer-blanc & étain travaillés, chapeaux, bonneterie, mercerie & ouvrages au tour, voiles, cordages, agrès & outils de vaisseaux, filets pour la pêche, ouvrages de sellerie, galons d'or & d'argent, liqueurs fortes, vins & drogues médicinales, & que tous ces articles, au prix moyen de trois ans, montoient par année à 26,500 liv. st.

& que les articles exportés de la *Nouvelle-Ecosse* consistoient en 3000 barriques de maquereaux salés, à 20 shellings....

	liv. st.
& que les articles exportés de la *Nouvelle-Ecosse* consistoient en 3000 barriques de maquereaux salés, à 20 shellings....	3,000
2500 tonnes de morue, à 10 liv. sterl.	25,000
300 tonnes d'huile de poisson, à 15 l. st.	4,500
5 tonneaux de côtes de baleine, à 300 l. st.	1,500
en planches, mats & autres bois de construction, pour..................	4,000
T O T A L..................	38,000

Malgré les encouragemens que la métropole n'avoit cessé de prodiguer à cet établissement, pour accélérer ses cultures, il avoit lui-même emprunté 450,000 liv., dont il payoit un intérêt de six pour cent. Il n'avoit pas alors de papier monnoie.

Etat de la Nouvelle-Ecosse, *depuis la révolution des Etats-Unis. Détails sur les établissemens nouveaux & sur les avantages que compte en tirer l'Angleterre.* Les troubles qui viennent de bouleverser l'Amérique septentrionale, ne sont pas arrivés jusqu'à la *Nouvelle-Ecosse*. Elle en a même tiré quelques avantages. Sa population a été portée à quarante mille ames, par l'arrivée des citoyens circonspects ou pusillanimes qui fuyoient la guerre. La nécessité de pourvoir aux besoins des armées & des flottes britanniques, a fait multiplier les subsistances. Un numéraire immense, jetté dans la circulation par les troupes, a tout animé, communiqué aux hommes & aux choses un mouvement rapide.

Depuis que l'Angleterre a reconnu l'indépendance des Etats-Unis, & que la paix est rétablie en Amérique, la *Nouvelle-Ecosse* a fait des acquisitions considérables. Le gouvernement britannique y a donné des terres aux loyalistes américains, qui s'y sont réfugiés en foule ; on y a bâti une nouvelle ville, appellée *Shelburne*. le cabinet de Saint-James voulant conserver de l'influence en Amérique, fera tous les efforts qui dépendront de lui, pour augmenter la population, les cultures, les pêcheries & les établissemens de toute espèce du Canada & de la *Nouvelle-Ecosse*.

Les détails que nous pourrions donner sur l'état où se trouve, dans ce moment-ci, la *Nouvelle-Ecosse* sur le nombre d'hommes qu'elle a acquis depuis la paix, sur les terreins qu'elle a défriché, & la

quantité de bâtimens qu'elle emploie à la pêche, seroient assez inutiles, parce qu'ils ne seroient plus exacts dans six mois. Le lecteur qui met de l'intérêt à ces recherches, doit les faire lui-même, ou attendre que les nouveaux établissemens de la *Nouvelle-Ecosse* soient bien consolidés.

On peut prédire que la *Nouvelle-Ecosse*, qui n'étoit rien, deviendra très-importante. Aucun moyen de prospérité ne lui manque. Ses pâturages sont propres à l'éducation des troupeaux, & ses champs à la multiplication des grains, sur-tout à la culture du lin & du chanvre. On connoît peu de côtes aussi favorables que les siennes aux grandes pêcheries ; & ses bateaux peuvent faire aisément sept voyages au grand banc de Terre-Neuve, lorsque ceux de la Nouvelle-Angleterre n'en font que cinq, avec beaucoup de difficulté. Les isles angloises lui fourniront des débouchés sûrs, faciles & presque exclusifs.

Quoiqu'elle soit située plus au nord que les Etats-Unis, & que le climat y soit plus rigoureux, on a lieu de croire, d'après la fertilité du terrein & la température de l'air, qu'on y établira avec succès la plupart des cultures ; & si cette contrée, presque déserte, ne joue pas si-tôt un grand rôle dans le commerce, elle ne tardera pas à offrir une grande population.

Les Etats-Unis doivent voir, sans beaucoup d'inquiétude, l'accroissement de sa prospérité ; c'est un bonheur pour eux que les loyalistes y aient trouvé un asyle : ces hommes, vendus à l'Angleterre, & attachés de bonne-foi & par enthousiasme à la cause qu'ils ont défendue, auroient troublé les républicains qui ont si noblement secoué le joug de l'Angleterre ; ceux-ci auroient abusé des droits de la victoire, & égarés par le sentiment du mépris & par la vengeance, ils auroient persécuté les loyalistes. L'Angleterre, après avoir donné une preuve si frappante de la raison qui dirige ses conseils, & un si bel exemple à toutes les nations qui combattent sans succès des rébelles triomphans, ne se consumera pas en stériles efforts pour envahir les provinces dont elle a reconnu la liberté ; & si elle songe à conserver les débris du naufrage, le congrès ne doit pas en concevoir de trop vives allarmes.

Les Etats-Unis ne doivent pas, d'un autre côté, songer de si-tôt à la conquête de la *Nouvelle-Ecosse*. Si l'amour de la liberté donne assez de force aux peuples, nouvellement établis, pour qu'ils défendent leur territoire, ils ont rarement la constance, l'audace & les moyens nécessaires, pour porter la guerre dans les pays ennemis, sur-tout si ce pays ennemi a une marine formidable, & l'assurance qu'inspirent la supériorité & les victoires.

D'ailleurs, Hallifax, qui n'étoit autrefois défendu que par quelques batteries, bien ou mal disposées, est maintenant entouré de bonnes fortifications, qu'on peut augmenter encore ; l'Angleterre entretiendra toujours à la *Nouvelle-Ecoſſe* & au Canada une marine, ſupérieure à celle des Etats-Unis, & elle les augmentera à meſure que les américains augmenteront la leur; car elle veut être la puiſſance maritime prépondérante; elle ſent que ſa proſpérité & peut-être ſon exiſtence tiennent à ce ſyſtème; elle a pour maxime d'avoir à la portée de ſes établiſſemens plus de vaiſſeaux que n'en ont les autres nations, & cet avantage, ſur lequel il ne faudroit pas compter par-tout ailleurs, eſt d'un effet ſûr chez un peuple dont la bravoure & les talens ſur mer ne ſe ſont jamais démentis. *Voyez* les articles CANADA, ANGLE-TERRE & ÉTATS-UNIS.

ÉCUYER. *Voyez* le Dictionnaire de Juriſprudence.

ÉDILE. L'*édile* chez les romains, étoit un magiſtrat qui avoit pluſieurs fonctions, & entr'autres, la ſurintendance des bâtimens publics & particuliers, des bains, des aqueducs, des chemins, des ponts & chauſſées, &c.

Ce nom vient d'*ædes*, temple ou maiſon; il fut donné à ces magiſtrats, à cauſe de l'inſpection qu'ils avoient ſur les édifices.

Les *édiles* inſpectoient auſſi les poids & meſures. Ils fixoient le prix des vivres, & veilloient à ce qu'on ne ſe permît point d'exactions trop fortes. La recherche & la connoiſſance des débauches & des déſordres qui ſe paſſoient dans les maiſons publiques, étoient de leur reſſort. Ils étoient chargés de la réviſion des comédies, & ils donnoient au peuple les grands jeux à leurs dépens. Ils gardoient encore les ordonnances du peuple. Ils pouvoient même faire des édits ſur les matieres qui étoient de leur compétence, & peu-à-peu ils ſe procurerent une juriſdiction très conſidérable, & la connoiſſance d'une infinité de cauſes.

Leur magiſtrature étoit ſi diſpendieuſe, que du temps d'Auguſte, des ſénateurs eux-mêmes refuſoient l'*édilité* pour cette raiſon.

Les fonctions qui mirent les *édiles* en ſi grande conſidération, appartenoient, dans les commencemens, aux *édiles plébéïens*, ou *petits édiles*, qui furent d'abord les ſeuls; ils n'étoient que deux, & on les créa la même année que les tribuns : ceux-ci ſe trouvant accablés par la multitude des affaires, demanderent au ſénat des officiers, auxquels ils puſſent confier des affaires de moindre importance; & le ſénat créa deux *édiles*, qu'on nommoit tous les ans à la même aſſemblée que les tribuns. *Voyez* TRIBUNS.

Mais ces *édiles plébéïens* ayant refuſé, dans une occaſion célèbre, de donner les grands jeux, parce qu'ils n'étoient pas en état d'en faire la dépenſe, des patriciens offrirent de les donner; pourvu qu'on leur accordât les honneurs de l'*édilité*.

On accepta leurs offres, & on créa deux *édiles*, l'an de Rome 388; on les appela *édiles majeurs*, ou *curules*, parce qu'en donnant audience, ils

avoient droit de s'aſſeoir ſur une chaiſe curule, ornée d'ivoire; au-lieu que les *édiles plébéïens* étoient aſſis ſur des bancs.

Les *édiles curules* avoient part à toutes les fonctions ordinaires des *édiles plébéïens*; ils étoient chargés ſpécialement de donner au peuple romain les grands jeux, des comédies & des combats de gladiateurs.

Voici un fait qui mérite d'être rapporté : les *édiles*, ſur la fin de la république, donnoient des couronnes d'or aux acteurs, aux muſiciens, aux joueurs d'inſtrumens & aux artiſtes qui ſervoient aux jeux : Caton engagea Favonius à ne diſtribuer, dans ſon *édilité*, que des couronnes de branches d'olivier, ſuivant l'uſage qui ſe pratiquoit aux jeux olimpiques; Curion, le premier *édile*, faiſoit ſur un autre théâtre, les frais de quelques jeux magnifiques & des préſens proportionnés; mais Caton préſidoit aux jeux de Favonius; les acteurs, les muſiciens & tout le peuple quitterent les jeux magnifiques de Curion, pour voler à ceux de ſon collègue : telle étoit, à cette époque, l'influence de Caton.

Dans la ſuite, pour ſoulager ces quatre *édiles*, Céſar en créa deux nouveaux, ſous le nom d'*édiles céréaux*, *édiles cereales*; parce que leur principal emploi fut de prendre ſoin des bleds, que les romains appelloient *don de Cérès*, *donum Cereris*. Ces *édiles*, créés les derniers, ſe prenoient auſſi dans la claſſe des patriciens.

Il y avoit, dans les villes municipales, des *édiles* qui jouiſſoient de la même autorité que les *édiles* de Rome, dans la capitale de l'Empire.

On juge, d'après pluſieurs inſcriptions, qu'il y eut un *édile* alimentaire, qu'on déſignoit par ces commencemens de mots, *ædil. alim.* On croit qu'il étoit chargé de fournir à la nourriture des perſonnes qui ſe trouvoient à la charge de l'état : mais quelques auteurs lui aſſignent d'autres fonctions.

Une ancienne inſcription offre les mots *ædilis caſtrorum*, *édile* des camps; cet officier étoit-il chargé de la police des camps, ou ne ſe mêloit-il que de la ſubſiſtance des troupes, comme nos munitionnaires généraux & nos intendans d'armée? c'eſt ce qu'on ne ſait pas. L'hiſtoire, depuis Conſtantin, ne parle plus des *édiles* : cette charge étoit dans la république, celle par laquelle commençoit la carriere des honneurs. *Voyez* ROME.

ÉDIT. *Voyez* ce mot ſous ſes diverſes acceptions dans le Dictionnaire de Juriſprudence.

ÉDUCATION, ſ. f. eſt, ſelon nous, l'art de former l'homme, dès ſon enfance, de manière qu'il puiſſe atteindre enſuite à la portion de bonheur qui lui eſt aſſignée, & contribuer au bien-être de ſes ſemblables. C'eſt l'inſtruction & l'expérience appliquées au perfectionnement de ſes organes & de ſes facultés, & tournées vers l'intérêt commun de la ſociété; c'eſt enfin la direction de ſon intelligence, employée à l'acquiſition de la science des droits & des devoirs de l'homme ; à la pratique habituelle de la justice par essence & de la vertu.

« Jamais siècle ne fut plus fécond que le nôtre en projets d'*éducation*, & jamais on ne s'accorda si peu sur les principes qui doivent en être la base. Le plus petit pédant s'évertue dans un imposant *prospectus*, où il ne vous promet rien moins que des spartiates pour le corps, & des athéniens pour l'esprit, après quatre ou six modestes années d'études & d'exercices ; &, Dieu sait, quels sont ces prodiges ! celui-ci ne veut former que le cœur, dit-il, & rendre l'esprit juste. Pour cela, qui est tout simple, il ne s'agit que de ne plus étudier le latin & l'histoire que très-foiblement, & au contraire de ne s'occuper que de mathématiques, parce que cette science est la seule vraie, la seule utile. Celui-là trouve plus commode de s'en tenir à l'ancienne manière ; & tout simplement suit le plan d'études de Charlemagne, décline & conjugue éternellement ; & méprise les innovateurs qu'il regarde comme des athées ».

« Que résulte-t-il de cette diversité d'opinions sur une matière aussi importante ? Beaucoup d'incertitudes pour les gens sensés ; &. de perte de temps pour les gens trop confians. L'erreur, ce me semble, vient de ce qu'on n'a pas assez distingué deux objets ; qu'il est dangereux de confondre dans l'éducation, l'instruction & l'éducation proprement dite. L'instruction doit avoir pour but de donner les connoissances générales, communes & convenables à tous les hommes vivans dans l'ordre de la société ; & de plus les élémens des connoissances particulières, relatives à l'état de chaque individu dans l'ordre de cette société. Le but de l'institution est de former le corps de manière à le rendre sain, vigoureux & dispos, & de faire prendre au cœur, par l'exemple & l'exercice, les habitudes sociales. Ces deux principes bien distingués, je pense que l'instruction doit être publique, & l'institution particulière & domestique. L'instruction doit être publique, parce que l'aiguillon le plus vif, qui puisse le plus exciter les enfans & leur inspirer le courage de surmonter les peines & les difficultés de l'application qu'exige l'étude, est l'émulation qui, à cet âge, est d'ordinaire d'une vivacité extrême, & telle que, s'il est des enfans sur lesquels ce motif ne puisse rien, il me semble inutile d'en chercher d'autres. Les établissemens publics, dans ce genre, doivent être sous la main directe d'une administration éclairée, qui veille de près sur les maîtres avant tout, & sur l'ordre des études. L'objet de l'instruction, en général, doit être l'étude de la religion, & les langues anciennes trop négligées, & sans lesquelles cependant nous retomberions bientôt dans la barbarie du neuvième siècle ; car il en est des sociétés instruites, en général, comme des hommes qui, en particulier, mettent à profit l'expérience de leurs pères. C'est l'histoire,

qui donne à chaque génération l'expérience qui lui manque, & sans laquelle il est évident que le monde se renouvelleroit à chaque instant, pour recommencer les mêmes choses sans aucune espèce de progrès. C'est en profitant de l'expérience de la génération qui la précède, & en prenant les connoissances au point où cette première les a laissées, que la génération qui suit peut en acquérir de nouvelles. L'unique cause de la barbarie des nations sauvages, est l'ignorance des temps qui les ont précédées. Ce n'est que dans le souvenir du passé qu'il faut rechercher la perfectibilité de l'homme ; car le présent ne fait que l'étonner sans lui rien apprendre. S'il lui arrive d'étendre un peu ses regards sur l'avenir, il s'égare en vaines conjectures, & rebuté par la fatigue de tant d'efforts inutiles, qui n'ont pour base aucun point de comparaison ; il retombe bientôt dans son état primitif d'abrutissement & de stupidité ».

« Les philosophes & les calculateurs ont beau raisonner sur les identités & les nombres, il n'en sera pas moins vrai de dire que l'étude de l'Histoire est une des plus importantes, en ce qu'elle indique aux nations la route qu'elles doivent suivre, & aux particuliers les modèles qu'ils doivent imiter ».

« Les Langues anciennes sont nécessaires, en ce qu'elles nous conservent & nous facilitent cette étude. On dit toujours que les traductions suffisent ; je le crois à certains égards ; mais encore faut-il qu'il y ait des gens assez instruits pour traduire, & d'autres non moins instruits encore pour juger les traductions. On ne rencontre par-tout que de ces raisonneurs exclusifs & tranchans, qui trouvent en général plus commode de dépriser ce qu'ils ignorent que de l'apprendre. De quelle utilité peut être le latin qu'on ne parle plus ? Mais les livres écrits en latin comment les lira-t-on ? Mais ils sont eux-mêmes inutiles pour la plupart, direz-vous ; qu'a-t-on à faire de toutes les inepties dont la plupart sont remplis ? Quoi qu'il en soit de ces inepties ; si l'on ne vous les avoit pas transmises, vous n'auriez peut-être pas acquis de vous-même le jugement que vous croyez avoir assez sain pour les éviter. Croyez que ceux qui vous ont précédés, philosophes altiers, étoient aussi avancés qu'ils pouvoient l'être ; qu'à leur place, sans l'expérience que l'on vous a transmise, vous auriez dit & fait plus de sottises peut-être, & qu'à la vôtre ils raisonneroient plus sensément que vous ne faites. Il ne faut plus que des Mathématiques. J'avoue que cette science peut être utile à qui veut être architecte, navigateur, astronome; mais pour celui qui ne veut rien être de tout cela, les premiers élémens doivent suffire. Il est faux, comme on le prétend, que cette étude rende l'esprit juste : 1°. parce que rien ne peut rendre juste un esprit qui ne l'est pas ; 2°. parce que cette justesse d'esprit, que l'on suppose l'effet de l'étude des Mathématiques, doit au contraire être supposée antérieure,

antérieure, fans quoi il n'y a ni goût ni progrès à attendre. D'ailleurs il réfulte de quantité d'obfervations & d'expériences, que cette étude, finon en donnant, au moins en perfectionnant très-ftrictement la juftefle de l'efprit, a l'inconvénient d'appauvrir & de deffécher l'imagination, & de faire des raifonneurs qui nient tout ce qui ne leur eft pas démontré. Ce n'eft que depuis quelques années, où l'on s'eft livré indiftinctement à cette étude, que nous avons vu s'éteindre le goût de la littérature & des arts d'agrément. La Poëfie elle même a ceffé de peindre & de mouvoir; elle eft devenue raifonneufe, & conféquemment a ceffé d'être Poëfie. On a vu de toutes parts s'élever des effains de philofophes géomètres, qui ont tout foumis au calcul, arts, goût, génie, fentiment. De là l'extinction abfolue des talens & des affections les plus douces. Le fiècle de Louis XIV, qui valoit bien le nôtre, avoit produit, dans tous les genres, des grands hommes que les Mathématiques n'avoient fûrement pas rendus tels. Je ne vois pas que Boffuet, Fléchier, Fénélon, Racine, Moliere, Boileau, la Fontaine foient arrivés, par des féries de calcul, à cette juftefle d'efprit, à cette vérité de goût, qui eft un grand mérite de leurs écrits. L'application du calcul ne peut fe faire, en un mot, qu'aux objets qui, de leur nature, peuvent fe mefurer ou fe compter: tout ce qui tient à l'élévation du génie, à la richeffe de l'imagination & à la fenfibilité du cœur, n'eft & ne fut jamais de leur reffort. Il eft cependant des établiffemens publics à Paris, où l'on n'étudie les autres fciences qu'acceffoirement à celle-ci, qui eft l'objet feul de l'inftruction. La raifon que l'on donne de cet étrange plan, c'eft que les enfans entendent mieux les rapports de figures crayonnées fous leurs yeux, qu'ils n'entendent l'Hiftoire & le principe des Langues. A cela, je réponds: 1°. qu'il ne faut pas imputer à l'étude même de l'Hiftoire & des Langues, la mal adreffe des inftituteurs qui n'ont pas l'avantage d'une règle invariable, commune à tous les maîtres de Mathématiques, qui n'ont à faire que d'expofer la chofe pour la faire entendre, à très-peu de différence près dans les méthodes. Encore une fois, les fiècles qui nous ont précédés ont eu des poëtes, des orateurs, des philofophes, des légiflateurs, des généraux d'armée, & nous ne voyons nulle part que ce fût à l'étude des Mathématiques qu'ils fuffent aucunement redevables de leurs talens, de leur génie, encore moins de cette force & de cette énergie de fentimens qui ont produit tant de belles actions. Cette obfervation, jointe à celle du dénuement & de la féchereffe de notre fiècle calculateur, devroit, ce me femble, nous rendre un peu plus circonfpects fur le choix des études, & nous faire conclure que, fans tout accorder à l'ancienne manière d'inftruire, nous ne devons pas tout prendre de la nouvelle ».

Œcon. polit. & diplomatique. Tom. II.

« La feconde partie de l'*éducation* que je nomme *inftitution*, & qui a pour but effentiel, comme je l'ai dit plus haut, de former un corps bien conftitué & un cœur fain, ne doit pas être livrée aux foins publics; mais aux foins domeftiques de ceux qui touchent de plus près aux enfans, je veux dire, de leurs parens: car c'eft de l'affection, de la tendreffe & l'influence journalière des bons exemples qu'il faut à la jeuneffe, & non les préceptes & le raifonnement du pédagogue. C'eft par la fenfibilité que l'amour de la vertu pénètre dans le cœur; c'eft par l'exemple qu'il s'y établit & s'y fortifie. J'avoue que, pour cela, il feroit néceffaire que l'intérieur de nos maifons ne pût offrir aux enfans que des exemples de pères vertueux, & que malheureufement il eft à-peu-près démontré que, dans ce fiècle, ce feroit trop exiger. Mais cependant, en établiffant ce principe d'inftitution pour les enfans, ne feroit-ce pas travailler en même-temps à réformer les mœurs des pères, & à leur impofer la néceffité d'en avoir de plus pures? Il n'eft pas un homme, quelque dépravé qu'on le fuppofe, fans ftupidité, qui craigne d'être mal jugé par fon fils. Il eft une pudeur naturelle que l'on ne peut étouffer, qui maîtrife l'opinion & enchaîne les penchans vicieux. Auffi voyons-nous que c'eft cette dure néceffité de donner l'exemple des vertus, ou de s'abftenir de celui des vices, qui détermine la plupart des parens à faire élever leurs enfans loin d'eux. Ce feroient des témoins journaliers & importuns, qui les forceroient à une vigilance perpétuelle fur eux-mêmes. L'avantage de ne rendre publique que l'inftruction & non l'inftitution, feroit donc néceffairement celui de rendre les pères meilleurs, de les détacher de tant d'habitudes criminelles que plufieurs voudroient avoir occafion de rompre, de leur rendre leur intérieur plus cher, & de leur faire prendre le goût des vertus & des plaifirs domeftiques. ... Tant d'époux que nous voyons défunis, féparés, feroient peut-être devenus des modèles parfaits de décence & d'honnêteté, s'ils avoient été affez heureux pour fe charger eux-mêmes de l'inftitution de leurs enfans, qui font les liens naturels de toute fociété établie entre un homme & une femme. L'accroiffement qui eft fi intéreffant dans l'enfance, ce développement fucceffif des facultés, auxquelles chaque jour femble apporter un rayon d'intelligence de plus, eft un charme fecret qui attache & qui bientôt rend néceffaire l'habitude de la domefticité. Bientôt l'intérêt ne fait qu'augmenter, les époux fe chériffent, les liens des familles fe refferrent, on devient bon fils, bon père, bon époux, parce que tout cela a fon plaifir, abftraction faite de toute néceffité de devoir. Les enfans prennent la douce habitude de l'attachement, de la reconnoiffance: ce n'eft plus parce qu'on leur a dit qu'il falloit aimer & refpecter fes parens, qu'ils les aiment & les refpectent, mais parce qu'ils éprouvent le plaisir le plus doux dans les careffes qu'ils leur rendent : la reconnoiffance & le refpeʧ font déjà dans leurs cœurs, avant que leur intelligence foit avertie que ce font des devoirs : *il faut, il ne faut pas.* Tais-toi, froid pédagogue, avec tes préceptes; amène tes élèves à ce qu'il faut, par la fenfibilité, & détourne les par cette même fenfibilité de ce qu'il ne faut pas. Le cœur n'entend que la langue du cœur, le fentiment n'arrive pas par l'intelligence, de là l'inutilité du précepte quand il eft feul. O ma mère ! comme tes tendres careffes avoient ouvert mon cœur à l'amour du bien! avec quel plaifir je volois dans tes bras recueillir le prix d'une journée bien remplie ! de quels regrets n'étois-je pas poigné, quand je lifois dans tes regards attriftés l'accufation d'une faute quelqu'elle fût ! Un de tes baifers plus ou moins tendre, m'en difoit plus que tous les livres de morale ; je t'aimois, & te refpeʧois long-temps avant que je fçuffe que c'étoit un devoir, & fi, dans ce moment, le fouvenir de ta tendreffe fait encore couler mes larmes, c'eft moins au précepte d'honorer la mémoire de fes parens que je dois cette tendre émotion, qu'au fentiment profond & à jamais ineffaçable de l'attachement ».

Quel bonheur pour nous-mêmes & pour la fociété dans laquelle nous avons à vivre, fi, dès nos premières années, on nous préfentoit tous nos autres devoirs fous la forme attrayante du fentiment ! fi l'on s'occupoit de nous y inviter par l'exemple ! A force d'imitation, on nous en rendroit la pratique habituelle & néceffaire. Mais le contraire arrive ; on nous livre à des mercenaires ; auxquels il eft impoffible de prendre pour une foule d'enfans étrangers & également indifférens, la forte d'intérêt qui produit par revanche l'attachement : ainfi le cœur eft fans exercice dès les années les plus tendres. Dans le moment où il ne s'ouvre que pour aimer tout ce qui l'entoure, il fe flétrit, fe deffèche, va au bien fans intérêt, & parce qu'on le lui dit ; n'évite le mal que par la crainte d'être puni, & finit par rejetter les préceptes dont l'amertume & la trifteffe le dégoûtent. — Je n'ai jamais pu entrer dans un collège, fans éprouver ce refferrement, ce malaife qui fe fait fentir à l'afpeʧ d'une maifon qui ne renferme que de malheureux orphelins . . . . Avec quelle ardeur ne s'attroupent-ils pas autour de vous ! Ils ont l'air de chercher leurs parens, de vous favoir mauvais gré de ce que vous ne l'êtes pas ; comme ils font triftes & dévorés d'envie à la vue de l'un d'eux qui jouit des careffes de fa mère ! Ce fpeʧacle m'a navré toutes les fois que j'en ai été témoin.

L'inftruʧion & l'inftitution diffèrent tellement, qu'il eft dangereux de les réunir fous le même point de vue, & d'en confondre les moyens, comme on le fait tous les jours. L'une, je le répète, doit être publique & confiée à des étrangers, publique, parce qu'elle a fon reffort dans l'émulation qui naît de la concurrence, & confiée à des étrangers, parce qu'elle exige de la fermeté. L'autre doit être particulière, parce qu'elle n'agit que par l'intérêt, l'affeʧion & la tendreffe. L'une n'exige que des préceptes, des règles & des leçons ; l'autre rejette tout ce qui a l'air de préceptes, de règles & de leçons, & ne demande que des fentimens. Il eft donc dangereux de réunir, dans la perfonne d'un étranger, l'inftitution à l'inftruʧion, parce que l'inftruʧeur qui n'eft jamais aimé, infpire du dégoût pour le même homme, en fa qualité *d'inftituteur* qu'il ne peut jamais être avec fruit. Dans la forte d'éducation particulière, où les parens donnent chez eux un gouverneur à leurs enfans, il feroit néceffaire, en fuivant les mêmes principes, que le gouverneur fût digne, par fon affeʧion & par fa tendreffe, d'être le repréfentant du père, & qu'il fût au plus chargé de veiller fur l'ordre des études; car, dès que la leçon arrive, on ne s'aime plus ; il s'y mêle de la contrariété, de l'ennui, par conféquent du dégoût, de l'éloignement, & à la longue de l'humeur. L'enfant, s'il eft bien né, convient bien qu'il doit reconnoître les foins de fon gouverneur, & l'aimer, parce que le tout eft pour fon bien. Oui, il en conviendra, il le dira ; mais il ne le fentira pas, & tout eft manqué. En un mot, il ne devroit être queftion, dans l'*éducation* publique, que d'inftruʧion, & dans l'*éducation* particulière que d'inftitution ; & nous n'aurons d'*éducation* vraie & profitable, qu'alors que ces deux objets fi effentiellement diftinʧs cefferont d'être confondus.

[Les réflexions qu'on vient de lire, font de M. Perreau, avocat, homme de lettres, connu par plufieurs bons ouvrages, & par l'heureux fuccès de l'*éducation* des jeunes meffieurs de Caraman, dont il a été chargé].

Examinons maintenant l'*éducation* fous un autre point de vue.

On a de tout temps beaucoup raifonné, écrit, difputé fur l'*éducation*, fur le fond & fur la forme, fur la néceffité & fur les moyens ; on fait paroître chaque jour de nouveau fyftêmes d'*éducation*, comme fi les hommes étoient les maîtres de la donner & de la refufer. On pourroit cependant nier l'un & l'autre. Pour bien s'entendre foi-même, il faut fouvent décompofer les expreffions, & fur-tout celles qui renferment une idée importante, que tous peuvent faifir, & que chacun néanmoins entend d'une manière différente.

L'*éducation*, qui eft l'initiation à l'état de l'homme, eft compofée de trois parties différentes : 1°. l'imitation, 2°. l'inftruʧion, 3°. l'apprentiffage.

De ces trois parties, la première entre fort peu dans les idées qu'on fe fait de l'*éducation*, & cependant c'eft la principale & la plus infaillible, commé celle dont le pouvoir & l'influence nous échappent malgré nous.

La seconde, ou l'instruction, suit la mode du jour & les préjugés du siècle. Elle nous échappe encore quant à l'effet. Par exemple, il y a des temps où il falloit qu'un ecclésiastique fût savant dans les lettres sacrées & profanes, pour être utile & distingué dans son état, où il étoit nécessaire qu'un magistrat fût jurisconsulte profond & érudit, & qu'il eût acquis la facilité de s'exprimer de vive voix & par écrit, dans les langues anciennes, pour briller au barreau, & pour être de poids au tribunal. On a vu d'autres temps où ces connoissances ont été regardées comme pédantesques, où l'esprit des affaires a été le *summum*, même dans l'état du clergé, où le sens réputé droit, le talent de l'exposition succinte, & l'esprit prompt à la décision sont devenus les plus grands talens des magistrats. Or, comme ces révolutions sont promptes & rapides, il est facile de concevoir que souvent l'instruction de la veille est temps perdu pour le lendemain.

La troisième partie, ou l'apprentissage, semble être uniquement propre à des objets particuliers, & dans ce cas il n'embrasse que le second période de l'éducation ; mais l'apprentissage général, je veux dire celui de la vie, commence, au premier développement de nos organes, à l'aurore de notre intelligence, & nous suit par-tout, opère par-tout, se réforme sur ses propres erreurs, & ne finit qu'avec nous.

Sous ce point de vue très vrai, l'apprentissage se réunit à l'imitation ; car nous imitons aussi toute notre vie. Transplantez un adulte, même un homme fait, dans une province éloignée, à la fin il en prendra l'accent & les mœurs ; dans un pays étranger, il en apprendra la langue : l'imitation nous accompagne, nous guide & nous sert long-temps du moins, si ce n'est jusqu'au bout ; & par ces deux points, voilà l'éducation bien prolongée.

Mais n'en seroit-il pas de même de l'instruction ? Ce mot plein de sens, *si jeunesse savoit & vieillesse pouvoit* : proverbe avoué de tout le monde, que chacun se rappelle bien des fois en sa vie, & sur-tout quand elle penche vers son déclin ; ce mot nous assure & nous prouve que l'âge & le temps nous apprennent tous les jours quelque chose, & que de la masse des leçons de toutes ces expériences se forme celle de nos connoissances, puisqu'il nous fait regretter l'emploi passé de notre jeunesse & de nos forces. Le désabusement lui-même, la langueur de la vieillesse imprudente, le repos de l'âge réfléchi, n'est-il pas une instruction ? Voilà donc l'éducation, considérée dans ses trois parties intégrantes, qui embrasse & régit notre vie entière, tandis que nous cherchons à éduquer nos enfans.

Mais cependant encore tout tels que nous sommes, arbitres prétendus des destinées futures, quel est notre dessein ? où prétendons-nous conduire ces enfans ? Voulons-nous les rendre meilleurs que nous, ou semblables, ou pires ?

Si c'est meilleurs que nous, il faut donc leur donner de meilleurs exemples que ceux que nous avons eu, d'autres mœurs que celles de nos contemporains, des préceptes qui nous accusent, des leçons mortes qui reprennent en eux la vie : tout cela ne se peut. Ils sont petits ; leur ambition naturelle est de paroître grands, de faire comme les grands, d'apprendre & de pratiquer ce que savent & pratiquent les grands.

Eh bien donc ! il faudra suivre leur penchant & les rendre nos semblables. Mais cela ne se peut encore ; car vous n'êtes pas ce que vous étiez il y a trente ans, & je ne dis pas vous, ni vos contemporains, mais le monde. Les gens de trente ans d'aujourd'hui, n'ont ni les mêmes mœurs, ni les mêmes usages, ni les mêmes prétentions, ni les mêmes idées que les hommes de trente ans avoient alors. Je ne sais si c'est pis ou mieux, mais ce n'est point du tout la même chose ; pourriez-vous espérer de fixer à votre gré la marche rapide des choses & de l'opinion, pour marquer le point qui semble le plus important, & pour vous y arrêter ?

Il ne reste donc qu'à les rendre pires ; & quant à ce point, je ne pense pas que jamais personne se soit donné la peine de spéculer pour cela Il pourroit bien résulter de ceci que nous ne sommes pas les maîtres de donner l'*éducation* à la jeunesse, ni de la lui refuser (1).

Mais, dira-t-on, sans exiger qu'on soit exactement & philosophiquement d'accord avec soi-même sur tout ce qu'on voudroit faire de ses enfans, tout peut se résumer en un point où chacun se retrouvera selon sa sphère. Le pauvre homme, c'est le plus grand nombre, & d'ailleurs tout riche & tout grand, en remontant à ses premiers aïeux, se trouveroit finalement le fils d'un pauvre homme ; le pauvre homme, disons-nous, ne croit avoir élevé sa famille que quand il l'a mise en état de gagner son pain. S'il le peut, il donne à son fils un métier. Une fois garçon charpentier, tailleur, chapelier, &c. le voilà placé & ainsi des autres. Le père voudroit qu'il eût du talent, que le sort lui fût favorable, qu'il fît sa fortune ; car il faut que quelqu'un la fasse. Eh bien ! chacun, selon sa portée, a le même desir. Le pain de la cupidité ce sont les richesses ; le pain de l'ambition ce sont les honneurs & les dignités ; le pain de la vanité c'est la servitude & le crédit ; le pain de l'industrie brillante des villes ce sont les talens, les arts, les graces ; il faut préparer ses enfans à tout cela, leur donner des maîtres en

(1) Au reste, les principes posés par M. Perreau dans la première partie de cet article, sont plus consolans, & peut-être plus sûrs.

E e 2

foupleffe & en fléxibilité de tous les genres. Je fuis bien le maître d'en faire la dépenfe, ou de la leur refufer.

Oui, mais non pas de la leur faire prendre ou laiffer. Le pauvre homme a, dans fon entreprife naturelle & louable, un affocié bien puiffant & bien efficace; c'eft la néceffité. Il a de plus deux circonftances très-avantageufes. L'une eft qu'au moyen de fa petiteffe, tout le vafte champ des travaux & le choix des occupations utiles lui font libres. Tout lui eft convenable, felon la nature, & rien ne déroge pour lui. L'autre eft qu'au moyen de cette liberté, il confulte le goût de fes enfans, & les laiffe choifir à leur gré. Il n'a donné d'exemple à fes enfans que celui de la peine qu'il a trouvée à les faire vivre; il ne leur devoit d'inftruction que celle de la vigilance & de l'économie; l'apprentiffage eft l'émancipation abfolue, & l'enfant va de lui-même. Il n'en eft pas ainfi du fils de l'homme opulent. Mais n'affimilons point les calculs & les progrès des riches à ceux du pauvre. Si ces derniers font lents & pénibles, les mécomptes infaillibles & les rêves font le partage des premiers.

Mais pourtant, fi nous fommes riches, c'eft un devoir d'appeler de bonne heure nos enfans au partage des avantages & des connoiffances que nous avons, & on ne le peut qu'en leur facilitant par des frais leur initiation inftructive, dans la carrière à laquelle ils font deftinés par leur état. J'en conviens, & je défapprouverai même ce genre d'éducation exclufive, qui femble tenir de trop près à la police des anciens égyptiens, qui défendoit chacun d'embraffer d'autre profeffion que celle de fon père. Les éducations féparées, &, quant à l'inftruction, bornées uniquement à un état particulier, me paroiffent propres à faire fciffion d'opinions & de préjugés entre les divers états; ce qui eft dangereux pour une fociété.

En cela, les anciennes *educations* qu'on blâme tant, parce que c'eft la mode de tout blâmer, en faifant participer les enfans de tout âge & de tous états aux premières & mêmes connoiffances, avoient la fageffe de les *focialifer* d'autant, fi l'on peut s'exprimer ainfi.

Mais ce qu'elles avoient de vraiment utile & de refpectable, c'eft qu'on y prenoit foin d'offrir aux regards & à l'émulation de la jeuneffe les exemples des vertus; & c'eft la bonne manière de les faire connoître, pourvu qu'on ait l'attention en même-temps de prémunir la jeuneffe contre l'invifibilité de la vertu, Dieu eft par-tout, c'eft-à-dire, préfent à tout, il en eft ainfi de la vertu. Elle eft, & j'en apporte les mêmes preuves; car les vices féparent & détruifent tout: mais il eft de la vertu de ne pas paroître, d'être modefte & de fe cacher.

La vertu, dis-je, la vertu! C'eft de quoi on ne fauroit parler dans le monde; car on auroit l'air de faire des leçons & même des reproches;

& le grand avantage, le fublime privilège de la doctrine, c'eft d'avoir le droit & la miffion de pétrir & de former l'ame & le cœur fléxible & tendre des enfans, & de les pénétrer des doux parfums de cette émanation célefte, en obfervant de ne tancer un manquement, de ne punir jamais une faute qu'en montrant fon alliance avec un vice, de ne louer un progrès, de ne récompenfer jamais un fuccès quelconque qu'en faifant voir fon adhérence avec une vertu.

Que la douceur foit raifonnée; mais que la févérité foit vertueufe, alors l'*éducation*, ou, pour mieux dire, la *difcipline* fera de grands biens à la fociété. Nous difons la fociété; car, dans l'*éducation*, tout doit être relatif à la fociété: ainfi toutes ces méthodes qui demanderoient un maître parfait pour un feul élève, belles & admirables en fpéculation, ne fauroient guères exifter en pratique. On trove par fois, il eft vrai, des hommes qu'un grand talent, un attrait particulier & une patience inaltérable deftinent en quelque forte à l'état noble & pénible d'inftituteur; mais ces hommes font rares, & le peu d'eftime qu'on attache à leurs fonctions refpectables, n'eft pas propre fans doute à les rendre plus communs. En général, pour fe connoître en tableaux, il faut en voir & en comparer beaucoup; pour fe connoître en hommes, il faut en fréquenter beaucoup & les pratiquer dans les affaires; de même, pour fe connoître en enfans, il eft néceffaire d'en voir beaucoup, de les obferver, & fur-tout de les aimer & de les fuivre; car les contenir n'eft que les contraindre, fi l'autorité n'eft perfonnelle & le fruit de la confiance acquife par des fervices dont l'enfance, par inftinct, fent la valeur naturelle, bien long-temps avant d'en pouvoir démêler les motifs.

Au refte, l'*éducation* laiffe les enfans à-peu-près tels, par le caractère, qu'elle les a trouvés: *naturam expellas furca*, &c. Le proverbe ou l'axiome, *gaudeant benè nati*, eft le plus ancien & le plus vrai de tous. Les parens inexpérimentés ou prévenus attribuent l'impuiffance de l'*éducation* à redreffer les caractères, au peu d'attention que les diftractions & les affaires de la plupart de ceux qui conduifent les enfans, permettent de faire aux individus; erreur dont les parens qui, fuivant ce préjugé, retirent leurs enfans de la foule, font triftement défabufés fi le fujet eft défectueux par nature. Rien ne change un mauvais caractère, rien ne redreffe une tête de travers; quant aux enfans que la nature & la providence ont doués d'un cœur droit & d'une tête faine, l'exemple les modifie, & celui des parens a fur eux la plus grande influence. Que les parens qui, par état, fe doivent ou croient fe devoir plus au monde qu'à leur famille, prennent au moins la précaution de foumettre leurs enfans au bon exemple des autres, en les confiant à des maîtres qui aiment & prifent la vertu. Il n'eft, au fond, que cela qu

en impofe conftamment ; & ce qui nous en impofe, même en nous gênant, forme nos mœurs
pour le temps préfent ou pour l'avenir.

(Cet article eft de M. GRIVEL.)

EGLINGEN, (feigneurie d'Allemagne dans
le cercle de Suabe.) Elle eft bornée par le comté
d'Oettingen, le duché de Neubourg, les domaines des comtes Fugger & l'évêché d'Augsbourg ;
elle appartenoit jadis aux comtes de Graveneck,
dont la maifon s'éteignit dans la perfonne de
Geoffroi-Antoine, qui mourut en 1727. La même
année, le prince de la Tour & Taxis acheta
pour 200,000 florins cette feigneurie, qui lui procura l'entrée aux diètes du cercle dans le collège
des comtes. Elle paye 20 florins pour chaque mois
romain, & 5 rixdales 36½ kr. pour l'entretien de
la chambre impériale.

EGLISE (état de l') : contrée de l'Italie, dont
le pape eft fouverain. On l'appelle auffi *état eccléfiaftique*, *état du pape*, & quelquefois *patrimoine
de S. Pierre* : on évalue fa longueur à 140 lieues,
& fa largeur à 44. Il eft borné au nord par celui
de Venife, au levant par la mer Adriatique, au
fud-eft par le royaume de Naples, au midi par
la Méditerranée, & enfin au couchant par le
grand-duché de Tofcane & les états du duc de
Modene.

Il eft divifé en douze ou treize provinces, qu'on
nomme la *Campagne de Rome*, la *Sabine*, le *patrimoine de S. Pierre*, les *duchés de Caftro & Ronciglione*, l'*Orviétan*, le *Perugin*, les *duchés de
Spolette & d'Urbin*, la *Marche d'Ancone*, la *Romagne*, le *Bolonnois*, le *duché de Bénévent* & le
Ferrarois, Avignon & le Comtat Venaiffin, enclavés dans la France, appartiennent auffi au pape.

Cet article contiendra, 1°. un précis de l'hiftoire politique de l'état de l'*églife* ; 2°. quelques
remarques fur chacune des provinces & fur la
grande réforme opérée en 1780 dans le Bolonois,
réforme qu'on doit au courage & aux lumières de M.
le cardinal Bon Compagni ; 3°. d'autres remarques
fur la pofition, les productions & le commerce
de l'état de l'*églife* ; 4°. nous parlerons des différentes charges de la cour de Rome, des tribunaux
& des loix civiles, des diverfes congrégations,
des nonces & des règles qu'on fuit à l'égard des
puiffances étrangères, de l'adminiftration en général & des routes de fortune ; 5°. nous dirons
quelle eft la conftitution de l'état de l'*églife*,
comment fe fait l'élection du pape, & nous comparerons fon autorité à celle des autres fouverains ; 6°. nous traiterons des finances de l'état
du pape, de fes revenus & de fes dettes ; 7°. enfin nous permettrons un grand nombre d'obfervations fur les réformes, dont l'état de Rome
paroît fufceptible relativement aux finances, aux

impôts, au commerce, à l'agriculture & aux
manufactures ; & nous indiquerons l'effet qu'a
produit le régime de gouvernement adopté par les
papes.

SECTION PREMIERE.

Précis de l'hiftoire politique de l'état de l'églife.

Les hiftoriens eccléfiaftiques racontent fort en
détail par quels degrés l'état de l'*églife* eft devenu
une puiffance confidérable, & ce n'eft pas ici le
lieu d'entrer dans ces détails. Tous les faits antérieurs au huitième fiècle, qu'allèguent les différens partis, font conteftés ; & pour découvrir
la vérité au milieu de ce cahos, il faudroit fe perdre dans des differtations hiftoriques. Nous nous
bornerons à des faits plus certains : ainfi, fans
parler de la prétendue donation que l'empereur
Conftantin fit en 324 à S. Sylveftre, évêque de
Rome, de ce que l'on appelle *le patrimoine de
S. Pierre*, donation dont Ifidore Mercator parle
pour la première fois, dont il eft peut-être l'inventeur, & poir laquelle on cite un acte qui
paroît en démontrer la fauffeté, nous dirons que
les évêques de Rome font devenus peu à peu fouverains d'une vafte étendue de domaines : quels que
fuffent ces domaines, ils s'accrurent beaucoup par la
donation de tout l'exarquat que Pepin, roi de France, fit à l'*églife* romaine en 755 : la donation fut
confirmée par fon fils Charlemagne, & ce prince
y ajouta d'autres poffeffions à trois différentes reprifes. Rome étoit encore foumife en apparence
aux empereurs, & les rois de France fe réfervèrent la fuzéraineté des pays qu'ils cédoient au
pape. Mais, fous les fucceffeurs de Charlemagne,
les fouverains pontifes eurent de belles occafions
d'augmenter leur pouvoir ; ils en profitèrent &
ils devinrent des fouverains abfolus ; ils employèrent enfuite différens moyens pour augmenter leur
puiffance temporelle. On verra, dans la fection
fuivante, comment chacune des provinces de l'é-
tat de l'*églife* a paffé fous la domination des
papes.

Il ne faut pas s'étonner qu'après les donations
de Pepin & de Charlemagne, ils aient porté fi
loin l'aggrandiffement de leurs domaines : chefs
de la religion catholique, ils exerçoient une autorité fpirituelle dans tous les pays catholiques ;
ils fe firent refpecter des princes qui trouvoient
un appui du trône dans la foi des fujets ; ils commencèrent de bonne heure à faire ufage des excommunications ; quelques-uns fe permirent d'abfoudre les fujets des fermens de fidélité envers
leurs fouverains, & les fouverains les redoutè-
rent. Enfin fi des terres, données à une abbaye ou
à des couvens de moines, font devenues en Allemagne des états fouverains qui fiègent à la diète
de l'Empire, fera-t-on furpris que la puiffance
temporelle des papes foit arrivée au point où nous

la voyons. Ils difpofoient des moyens les plus puiffans fur le cœur de l'homme : la barbarie de plufieurs fiècles a été utile à une cour qui conferva toujours un refte de lumières ; elle perfectionna en filence toutes ces inftitutions qui devoient maintenir la foi & affurer fon autorité fpirituelle : & c'eft un bonheur pour les provinces qu'elle a acquifes. On les a gouvernées avec négligence, mais avec douceur ; les papes n'ont guères fu ce qui contribuoit à la profpérité & à l'aifance d'une nation ; mais ils n'ont pas furchargé leurs fujets d'impôts, & ils ont fait très-peu de guerres : leur adminiftration a été plus paternelle que dans les autres contrées ; & fi l'on examinoit le degré de bonheur que le gouvernement a procuré depuis un fiècle aux divers peuples de l'Italie, le réfultat feroit en faveur de la contrée foumife au faint-fiège.

SECTION IIe.

Remarques fur chacune des provinces de l'état de l'églife, fur la grande réforme opérée en 1780 dans le Bolonois, réforme qu'on doit au courage & aux lumières de M. le cardinal Bon Compagni.

Les provinces de l'état du pape font gouvernées par des légats qui font des cardinaux, ou par des vice-légats & des gouverneurs qui font des prélats.

Les légations font au nombre de cinq ; celle de Bologne, d'Urbin, de la Romagne, de Ferrare & d'Avignon.

Le *patrimoine de S. Pierre* s'appelloit autrefois *Tufcia fuburbicaria.* La comteffe Mathilde en fit préfent au fiège de Rome. On prétend que cette donation eut lieu en 1077, fous le pape Grégoire VIII, & qu'elle fut renouvellée en 1102 en faveur de Pafcal II.

La *Sabine* paroît avoir été réduite en province particulière pour la commodité du gouvernement, après avoir paffé fous la domination du faint-fiège avec d'autres domaines dont elle dépendoit.

Duché de Caftro & comté de Ronciglione. Le pape Paul III donna à fon fils naturel Pierre-Aloife Farnefe, qui devint enfuite duc de Parme & de Plaifance, le duché de Caftro avec le comté de Ronciglione. Les defcendans d'Aloife Farnefe le poffédèrent à titre de fief du faint-fiège jufqu'à l'époque où Odoard, l'un d'eux, l'hypothéqua au Mont-de-Piété de Rome ; & comme il ne payoit ni les intérêts, ni le capital, le pape Urbain VIII en reprit poffeffion & fe chargea de la dette. Odoard trouva moyen de le recouvrer ; mais le pape Innocent II l'enleva au fils d'Odoard ; & celui-ci n'ayant pas rembourfé la fomme prêtée au terme qu'on lui avoit fixé, le duché de Caftro fut réuni en 1661 aux domaines du faint-fiège. En 1664, Louis XIV obtint du pape une prolongation de huit ans pour le rachat de l'hypothè-

que ; mais le rachat n'eut pas lieu. En 1732, don Carlos le réclama, & il offrit de rembourfer le capital de l'hypothèque ; le pape ne voulut point y confentir, & l'empereur promit, lors du traité de paix de 1736, de ne plus chercher à démembrer ces pays des domaines du faint-fiège. Le roi des Deux-Siciles le réclama de nouveau en 1762.

Le *duché de Spolette* eft une portion de l'ancienne province d'Ombrie ; il doit fon origine aux lombards, & il a eu Faroald pour premier duc. Après la deftruction du royaume des lombards, ce duché refta quelque temps foumis à la cour de France, mais en gardant fa première conftitution. Il paffa enfuite fous la domination du pape.

Le *territoire de Peroufe.* Peroufe étoit une ville des Etrufques, & fa domination s'étendoit de la mer Tyrrhénienne à la mer Adriatique. Elle fut affiégée par Augufte, prife & réduite en cendres. Les goths s'en emparèrent, après un fiège de fept ans, dans le cinquième fiècle ; mais elle fut reprife par Narfès. Elle fut comprife, ainfi que fon territoire, dans la donation de Pepin & de Charlemagne au faint-fiège. Elle recouvra fa liberté dans le grand interrègne, & en 1300 le pape excommunia fes citoyens qui avoient pris & démantelé la ville de Fuligno. En 1392 ils fe foumirent au pape, après lui avoir fait la guerre. Depuis 1416 jufqu'en 1424, ils obéirent à Forte Braccio, & en 1442 ils rentrèrent fous la domination du faint-fiège.

Le *duché d'Urbin* a eu fes ducs particuliers de la maifon du pape Jules II. Mais François-Marie de Rovere, l'un de ces ducs, étant mort fans enfans mâles, le duché fut réuni à la chambre apoftolique en 1631. Le dernier duc avoit confirmé, par un teftament de 1626, les prétentions du faint-fiège. Victoire, fille de fon fils Frédéric Ubald, mort avant lui, & femme de Ferdinand II, grand-duc de Tofcane, hérita des biens allodiaux.

La *Marche d'Ancone* eft fur la mer Adriatique. Toute cette plage eft garnie de tours, éloignées les unes des autres d'un demi-mille, & munies d'une ou deux pièces de canons, pour empêcher le débarquement des corfaires.

La ville d'Ancone avec fon territoire, qu'on nommoit anciennement *Picenum*, eut du temps des lombards un margrave pour gouverneur ; c'eft delà que lui eft venu le nom de la *Marche d'Ancone.* Elle fe remit en liberté & fe maintint dans cet état jufqu'en 1532 que Louis de Gonzague, général du pape Clément VII, la foumit au faint-fiège.

La *Romagne* ou la *légation de Ravenne*, en latin *Romandiola*, eft une portion de l'ancienne *provincia Flaminia* ; elle fut conquife au cinquième fiècle par les oftrogoths, & Théodoric, un de leurs rois, s'empara en 493 de la ville de Ravenne, & y établit fa réfidence. Dans le fiècle fuivant, les goths furent chaffés par Bélifaire & Narfès, généraux de l'empereur grec ; & Ravenne devint le siège des exarques ou gouverneurs impériaux, jusqu'en 752 ; à cette époque, les lombards se rendirent maîtres de Ravenne, après en avoir fait sortir l'exarque. Mais, en 755, le roi de France Pepin força Astolphe, roi des lombards, à lui céder tout l'exarquat, dont il fit présent au saint-siège. L'empereur Frédéric II donna, en 1221, les comtés de Romagne avec la ville de Ravenne aux deux frères Godefroi & Conrad, comtes de Hohenlohe, *cum infinita penè poteftate & imperio*, selon les expressions de Rubeo, dans son *Histoire de Ravenne*. La maison de la Polenta se l'appropria, & elle le garda jusqu'en 1440 que les vénitiens se rendirent maîtres de Ravenne. Ils la perdirent en 1503, & Louis XII rendit la ville & le territoire au pape Jules II.

Le duché de Ferrare avoit autrefois ses ducs particuliers de la maison d'Est, qui recevoient l'investiture du saint-siège. A la mort du dernier duc, le pape réunit, en 1518, ce duché à l'état de l'*église*. Le duc de Modene conserve cependant sur cette province, des prétentions qu'il a souvent essayé de faire valoir. C'est ici que le Pô se rend à la mer Adriatique par plusieurs embouchures. Le terrain, qui se trouve entre Ferrare & Ravenne, n'est pas fort habité, parce qu'il est bas & exposé aux débordemens du fleuve. On cherche depuis 1600 les moyens de le soustraire à cet inconvénient. En 1766, on fit faire une visite sur les lieux par des personnes impartiales, & l'année suivante on commença l'exécution d'un nouveau projet, sous l'inspection du père Lecchi, Jésuite. Il s'y suit avec ardeur, & il a été confirmé par le souverain pontife en 1772. A cette époque, on avoit élevé sur la rive droite du Primaro une digue de douze milles jusqu'à la Bastia, qui met à l'abri des débordemens du fleuve une très-vaste portion du pays ; & si on la continue jusqu'au nouveau canal, dans le district de Ravenne, on procurera le même avantage au reste des provinces inférieures. On avoit construit de grands canaux d'écoulemens, dont on avoit détourné des bras vers le territoire de Marmora, celui de Medicina & ailleurs, à la droite du Primaro ; les eaux ont eu de l'écoulement, & il en est résulté le desséchement d'une vaste étendue de marais. On avoit renfermé le Sillano dans son lit : on avoit garni de levées ses bords sur un espace considérable ; & en dirigeant son cours vers des vallées plus profondes, qui sont au-dessous de la Bastia, on avoit mis à sec ses bras, & prévenu les inondations qui incommodoient l'immense terrain de la Mattiola & les autres terres adjacentes, jusqu'aux confins du district d'Imola. On avoit creusé & garni de digues le Cavo Benedettino, qui reçoit le Reno depuis l'année 1771. Le cours de cette rivière avoit été abrégé ; au lieu de passer au Morgone, on l'avoit dirigé vers le Traghetto, & ses eaux qui auparavant ravageoient des terres

supérieures, ne leur causent plus aucun dommage, même dans le temps des plus grandes crûes. On avoit fait entrer le Reno dans un seul canal, & on avoit entrepris des travaux pour l'y maintenir. En détournant l'Idice dans le Diolo, on étoit parvenu à combler ce qui restoit encore de l'ancienne Padura, d'où s'exhaloient des vapeurs fort mal saines, & le nouvel écoulement qu'ils s'est ménagé par cette opération, a déja rendu à la culture une partie de cette immense vallée. Enfin on avoit réparé & haussé toute la digue qui règne sur la rive gauche du Primaro, l'espace de trente-cinq milles ; & on avoit ainsi prévenu les accidens auxquels étoient exposées les vallées de Comachio & toute la Polesine de S. Giorgio. La congrégation générale, tenue au mois de mars 1772, approuva ces divers travaux ; & le pape ordonna de continuer la digue à droite du Primaro, & qu'on élève au bord du Cavo Benedettino jusqu'au passage du Segni, ainsi que les ouvrages dont le but est de retenir le Reno dans son lit, jusqu'à la Rotta Pamphili. La relation de la visite faite par le père Antoine Lecchi, & imprimée à Bologne en 1767, donne le plan de ces travaux achevés ou à faire. Nous reviendrons sur cet objet, en parlant du Bolonois, & nous indiquerons la quantité de terrains rendus à la culture dans le Ferrarois & le Bolonois. Nous donnerons des détails si étendus sur le Bolonois, qu'il convient de les renvoyer à la fin de cette section, & de parler auparavant du duché de Bénévent & du Comtat Venaissin.

Le duché de Bénévent. Il paroît que ce pays fut érigé en duché, l'an 571 par les lombards en faveur de Zotus, l'un de leurs compatriotes. Il étoit alors plus considérable que ceux de Spolette & de Frioul : car du temps de ces mêmes lombards, il s'étendoit vers le nord, bien au-delà des limites actuelles du royaume de Naples ; neuf provinces de ce dernier état en faisoient partie sous les francs. Grimoald I, cinquième duc de Bénévent, devint roi des lombards. Arichis, qui fut le quinzième, soutint le parti de Didier, roi de Lombardie, contre Charlemagne, qui, après ses victoires, le confirma néanmoins dans son duché. Arichis le convertit en principauté. La nouvelle principauté fut divisée en 851, entre Radalchis & Siconolfo, qui établirent leur résidence à Salerne & à Capoue. Depuis 787, Bénévent releva des empereurs & des rois francs & allemands ; & jusqu'en 1053, il a presque toujours eu ses ducs particuliers. Mais, à cette époque, l'empereur Henri III le donna à certaines conditions au pape Léon IX.

Avignon & le Comtat Venaissin. Avignon, après avoir obéi tour-à-tour aux marseillois, aux romains, aux visigoths & aux françois, devint, au neuvième siècle, une des premières cités du royaume d'Arles. Elle tomba ensuite sous la domination des anciens comtes de Provence, & fut partagée en

1125, à l'extinction de leur race, entre les comtes de Barcelonne, qui héritèrent de la Provence proprement dite, & ceux de Toulouse qui obtinrent le Comtat Venaissin, & tout ce qui se trouve entre la Durance & l'Isère. Les comtes de Forcalquier paroissent y avoir exercé une sorte de jurisdiction que Guillaume V, l'un d'entre eux, abandonna aux magistrats en 1136, & que son fils recouvra sous les auspices de l'empereur Frédéric I. Les troubles des albigeois fournirent, vers l'an 1226, une occasion aux avignonois, attachés au parti du comte de Toulouse, d'établir un gouvernement démocratique; mais, en 1251, ils furent obligés de rentrer sous la domination de leurs anciens maîtres. A l'extinction de la maison de Toulouse, tous les domaines qui lui avoient appartenu, & par conséquent la moitié d'Avignon, échurent au roi de France Philippe le Hardi, qui s'en empara; mais Philippe le Bel, son fils & son successeur, céda en 1291 cette moitié d'Avignon à Charles II, roi de Naples, comte de Provence, qui se trouva maître de la ville entière. On sait que le pape Clément V y transféra le S. siège en 1309, & depuis cette époque les pontifes de Rome épièrent le moment favorable de s'en emparer. Clément VI le rencontra en 1348. La reine Jeanne de Naples, comtesse de Provence, accusée à Rome d'avoir assassiné son mari, voulut s'assurer de la faveur de son juge, & elle lui vendit Avignon; 80,000 florins d'or. Mais comme elle n'avoit alors que vingt-deux ans, & que toute aliénation du domaine de Provence lui étoit interdite par une Pragmatique-sanction de 1337, & par sa propre capitulation avec les états du pays, le roi de France, subrogé aux droits des anciens comtes de Provence, s'est prévalu de ces infractions, pour réunir en 1662, 1668 & 1768, cet état à sa couronne, comme un domaine injustement transmis à des étrangers. Si la cour de Rome veut conserver l'état d'Avignon, elle ne doit plus mettre le cabinet de Versailles dans le cas de réclamer ces droits: sa foiblesse, jointe à la position de cette partie de ses domaines, lui font une loi de ménager beaucoup la France, qui finiroit par garder Avignon & le Comtat Venaissin.

Le Comtat Venaissin portoit autrefois le nom de *marquisat de Provence*, & il échut, dans le partage de 1125, au comte de Toulouse, dont les successeurs le possédèrent jusqu'en 1228; les croisés s'en emparèrent à cette époque, à l'occasion de la guerre des albigeois, & il fut cédé au saint-siège par le traité de Paris. Les comtes de Provence, à qui il étoit substitué par ce même acte de partage de 1125, réclamèrent fortement, mais en vain, contre cette cession; & le jeune comte de Toulouse Raymond VII ne fut pas plus heureux, en redemandant au pape ce domaine de sa famille. L'empereur Frédéric II, seigneur suzérain du Comtat, auquel il s'adressa, le réhabilita en cassant le traité de 1228, & ordonna aux états

de ne reconnoître d'autre seigneur que ce comte qui, en conséquence, reprit possession du Comtat, & obtint en 1243 la renonciation du souverain pontife. Il ne laissa en mourant qu'une fille qui épousa Alphonse, comte de Poitiers, frère de S. Louis. Alphonse régna sur le Comtat pendant sa vie: mais sa femme qui lui survécut, n'ayant point d'enfans, légua en 1271 toutes ses possessions situées en-deçà du Rhône, dans la vieille France, au roi Philippe le Hardi son neveu; & le Comtat, avec tout ce qui lui appartenoit en-delà du fleuve, à Charles II, roi de Naples & comte de Provence. Philippe s'empara indistinctement de toute cette riche succession; & ce ne fut qu'en 1273 qu'il fit une nouvelle donation au pape Grégoire IX du Comtat Venaissin, qui ne lui appartenoit pas. Le Comtat a subi en 1662, 1688 & 1768 les mêmes révolutions que l'état d'Avignon, dont il est indépendant.

La légation de Bologne, ou le Bolonois. Nous avons déja dit quelques mots de cette province à l'article BOLOGNE: à l'époque de sa réunion au saint-siège sous Jules II, elle obtint différens privilèges dont elle jouit encore: tels sont le droit d'avoir un ambassadeur à la cour de Rome & un assesseur au tribunal de la Rote; l'assurance que l'on ne bâtira jamais de citadelle dans son enceinte, & que l'on ne confisquera les biens de ses citoyens, sous aucun prétexte. Le Gonfalonier & les Anziani ont conservé beaucoup de part dans l'administration, & l'on verra tout-à-l'heure que le légat doit avoir une grande fermeté, s'il veut maintenir ses droits contre les prétentions du sénat.

Les finances de la province de Bologne n'étoient point à la merci des papes; le sénat administroit les revenus: la cour de Rome avoit rarement établi des impôts, ou ordonné des dépenses, sans y être invitée par les sénateurs: & cependant les désordres s'étoient accumulés; l'ignorance des vrais principes de l'économie politique avoit assis les impôts de la manière la plus contraire aux intérêts de l'agriculture & du commerce: une dette énorme relativement aux revenus accabloit la province; des abus de toute espèce s'étoient introduits: le sénat les voyoit, il proposoit de vains remèdes, ses foibles moyens & ses vues bornées n'aboutissoient à rien; lorsqu'enfin le pape actuel nomme à la légation de Bologne, un homme bien instruit de tous les systèmes de l'économie politique, dont l'esprit supérieur découvre la source du mal & les moyens de guérir, dont la bienfaisance publique brave tous les obstacles, M. le cardinal Bon Compagni enfin, qui est aujourd'hui secrétaire d'état. Cet habile ministre forme la généreuse résolution de faire cesser la détresse où se trouve la province de Bologne; il combine ses projets en silence; il se livre au travail avec une ardeur infatigable; & après quelques années d'une administration très-laborieuse d'ailleurs, il envoye son plan à Rome en 1780.

II

Il repréfente au pape que les dettes montent à cinq millions d'écus romains, (environ 28 millions tournois), & les revenus de la province à 300 mille écus; qu'on tire cette fomme de divers impôts mal affis; qu'elle eft abforbée par les arrérages des dettes & les dépenfes ordinaires, & qu'on ne peut jamais avoir à la fin de l'année des fonds de furplus, applicables à l'amortiffement : que fi l'état éprouve quelque befoin, ou s'il arrive une de ces calamités, auxquelles le Bolonois eft très-expofé, il faut accabler le pays de nouvelles contributions.

Il indique les diverfes taxes, les gênes qu'entraîne leur perception, les fuites funeftes de ces impôts, & l'embarras du fénat qui cherchoit depuis long-temps les moyens de guérir tant de maux : il dit que les grains payent vingt-cinq pour cent; que la viande paye à-peu-près autant; que les autres articles de première néceffité ne fe trouvent guères moins chargés; que les foies du Bolonois manufacturées dans la province, payent plus de trente pour cent; & qu'il en doit réfulter une langueur extrême dans une branche d'induftrie, la plus utile de toutes celles que peut offrir la province. Il démontre que, pour encourager l'induftrie & augmenter le commerce des manufactures, il eft abfolument néceffaire d'établir un nouveau fyftême qui réforme le vice des impofitions publiques, tour-à-tour injuftes par leur répartition difproportionnée; dangereufes par les objets fur lefquels on les a affifes; capricieufes dans leurs taux, & d'une adminiftration très-compliquée & très-difpendieufe.

Il repréfente que la perception & la diftribution des fonds ne font pas moins vicieufes que leur multiplicité & leur nature : que $\frac{2}{15}$ du revenu des fermes font affignés au *Monte Confervazione*, $\frac{1}{26}$ au 1ᵉʳ *Monte Clemente*, $\frac{1}{5}$ aux *Monti Julio* & fecond *clemente* & à la chambre apoftolique, & enfin $\frac{165}{684}$ à la régence; & que cet ordre de diftribution fert de règle pour l'emploi du produit de beaucoup d'autres impôts.

Il porte fes regards en homme d'état, fur tout ce qui peut contribuer au foulagement & au bonheur de la province; il propofe la fuppreffion d'une multitude d'impôts; une diminution confidérable fur la plupart des autres, la réforme du tarif de la douane : felon les véritables principes de l'adminiftration, il fupplée à ces pertes du fifc par un impôt fur les terres, ou fur les productions réglé d'après un cadaftre, & il indique les moyens de trouver un fonds annuel d'au moins 60 mille écus, qu'on pourra employer à l'extinction des dettes. Il propofe enfuite de donner à un feul

fermier les droits affermés jufqu'alors à plufieurs; en réfervant au fifc une portion des bénéfices qui excéderont une telle fomme, ainfi qu'on l'a établi en France ces années dernières. Il étend fes vues plus loin encore; il offre des plans fur tout ce qui a rapport aux travaux publics & aux defféchemens entrepris depuis fi long-temps dans le Bolonois & le Ferrarois; & avec ce vertueux courage, fans lequel les adminiftrateurs ne firent jamais rien de grand, il engage le pape à abolir impitoyablement & indiftinctement tous les privilèges & toutes les exemptions dont jouiffent quelques individus & quelques familles. On fent quelles réclamations devoit exciter ce dernier point, dans un pays où il y a des familles papales, & où la nobleffe ancienne & nouvelle obtient toujours, fous quelques règnes, des franchifes ou des immunités qui accablent les autres contribuables, & qui perpétuent les défordres. Dans une opération fi compliquée, il falloit fuivre les abus jufques dans les plus petits détails, & trouver des remèdes efficaces, dont la fimplicité & la jufteffe fuffent affez frappantes, pour ne laiffer aux mécontens que de mauvaifes objections; & tel eft le plan qu'a donné M. le cardinal Bon Compagni. Il eft calculé, dans chacun des détails, avec une fageffe & un efprit infini. Il s'agiffoit de tout changer; la nature, la forme & la quantité des impôts; la diftribution des deniers, les tarifs, les réglemens des douanes & des fermes, les fermes elles-mêmes, & le régime de toutes les parties des finances; de fupprimer une multitude d'employés & d'officiers; de régler leurs récompenfes, & le plan dont nous parlons, réformoit tout.

Le pape, éclairé fur l'adminiftration des finances, & plein d'un defir ardent de rétablir celles du Bolonois, dont il s'étoit occupé avec foin, lorfqu'il rempliffoit la place de tréforier de la chambre apoftolique (1), admire la jufteffe, l'exactitude & les heureux effets du plan que lui propofe fon légat; il l'établit par une loi du 25 octobre 1780, & pour le faire exécuter, il accorde les pouvoirs les plus étendus à celui qui l'a formé.

Cette loi n'eft autre chofe qu'une longue lettre adreffée à M. le cardinal Bon Compagni (2).

Le fouverain pontife expofe d'abord, dans le plus grand détail, le rapport de fon légat. Il dit qu'il l'a reconnu jufte, néceffaire, & propre à réformer chacun des abus; que les modifications, les réferves & les vues qu'il renferme, lui ont paru convenables; & il l'approuve, & il le confirme dans toutes fes parties.

_____

(1) C'eft cette place qui le conduifit à la pourpre.
(2) Elle eft imprimée fous le titre de *Chirografo di noftro fignore papa Pio VI, col quale fi ordine e ftabilifce il regolamento della publica economia di Bologna*. Elle contient trente pages *in-folio*, & eft fuivie d'une autre ordonnance fur quelques points de détail, qui en renferme fix.

: Nous n'indiquerons pas ici les nombreux impôts qu'il supprime, ou qu'il diminue. Pour remplacer les impôts abolis ou diminués, & pourvoir à l'amortiffement des dettes ; il veut que tous les bleds & menus grains qui fe moudront à la campagne, paient 5 baioques (à peu-près 5 fols tournois) par corba (la corba pèfe 160 liv.), & les habitans de la montagne, vivant de chataignes, qu'on confomme, fans les porter au moulin, il met fur les chataigniers un impôt équivalent à celui des 5 baioques par corba. Il augmente du double l'impôt fur le fel, & il permet d'augmenter auffi du double, fi on le croit néceffaire, l'impôt fur le tabac ; enfin, il ordonne la confection d'un cadaftre, & il ajoute à ces impôts un impôt fur les terres, dont le produit, joint à celui des autres tributs, pourra fatisfaire à toutes les dépenfes & charges publiques, & amortir par année 70 mille écus romains de dettes. La répartition de l'impôt fur les terres, telle qu'elle eft fixée, femble avoir befoin d'une explication : *Effendo poi giufto*, dit l'ordonnance, *che trà le diverfe claffi dei poffidenti, quella rifenta maggior pefo, che meno contribuifce al bene della focieta, o che meno participa del di lei pefo ; quindi ordiniamo, che fiffata che fia fecundo la regola già indicata, quella fomma che dovrà contribuirfi dai terreni in genere, debba la medefima ripartirfi in modo che il fumante paghi la metà più di quello, che pagarà il cittadino, e che il foreftiere paghi due volte altrettanto più di quello che dovrà paghàre il cittadino, cofì, che fe la quota del cittadino farà, per efempio, di Bajocchi quatro per ogni centò lire di eftimo, quella del fumante fia di fei, e in confeguenza, fia di dodici Bajocchi quella del foreftiere.* La raifon pour laquelle on impofe les habitans de la campagne au double des habitans des villes, ne paroît pas affez développée. S'il eft vrai que les habitans des villes paient plus d'impôts fur les confommations, ne peut-on pas obferver que les habitans de la campagne font fujets d'ailleurs à plus de redevances & de contributions ? Les agriculteurs contribuent plus au bien de la fociété que les citadins ; ils fupportent davantage le poids de fes charges ; & les habitans des villes, plus riches en général, devroient payer des impôts plus confidérables. Nous fentons que pour faire réuffir une fi grande opération, il falloit fur-tout ne pas révolter les habitans des villes, & on jugera ces ménagemens bien excufables, lors même qu'on critiquera la manière dont on les a motivés.

Cette ordonnance affujettit à l'impôt fur les terres tous les propriétaires, fans aucune exception ; & elle y foumet expreffément les *laïcs*, les *eccléfiaftiques féculiers ou réguliers, de quelque état, grade, condition, inftitut & congrégation qu'ils foient, même ceux des ordres mendians, ou autres qui auroient obtenu les privilèges des ordres mendians, les chevaliers de Malte, de S. Etienne, de S. Maurice, de S. Lazare & de quelque ordre militaire que ce*

foit, les religieux, les lieux pies, les hôpitaux, les confréries, & collèges, les chapitres, les dignitaires de ces chapitres, les abbayes & commandes, les églifes, les prélats, les évêques, les archevêques, ceux mêmes qui fe trouvent affiftans du trône pontifical, & leurs manfes refpectives, les cardinaux, les abbés, les palatins & familiers du pape, les conclaviftes, les dapifères, les camériers, la chambre apoftolique, les clercs de cette chambre, les membres de la régence, les brévetés, officiaux & miniftres du faint-office, de Notre-Dame de Lorette, de la manfe archiépifcopale & de tout autre tribunal quelconque ; les étudians, les auditeurs civils & criminels, fuffent-ils princes, marquis, comtes, barons & feudataires du fiège apoftolique ; les gouverneurs & lieutenans, officiaux & miniftres, lors même que leurs terres fe trouveroient dans l'enceinte de leurs jurifdictions ; les privilégiés à titre de pères de douze enfans ; les familles Colonna & Lambertini, ou toutes autres qui réclameroient des exemptions acquifes, ou par la prefcription, ou par des titres formels, accordés ou confirmés par les papes, &c. &c. C'eft avec cet efprit de juftice rigoureufe qu'il faut répartir les impôts : les clercs du Bolonois n'ont pas réclamé d'exemptions ; ils n'ont pu fe fouftraire à l'impôt général en offrant des impôts particuliers, qui rendent toujours leur contribution moins forte ; & après l'exemple du fouverain pontife lui-même, dira-t-on encore que les conftitutions de l'*églife* ne permettent pas d'affujettir les clercs aux mêmes impôts que les laïcs ?

La circulation des grains dans l'intérieur des provinces n'étoit pas libre ; les propriétaires, d'après un réglement inconcevable, étoient obligés de les conduire à Bologne : le nouveau régime établit la libre circulation intérieure, & on peut les envoyer dans les autres provinces, depuis le 1er octobre, jufqu'à la fin de mars de chaque année. Il oblige feulement les propriétaires à dénoncer au gouvernement la quantité de bleds ou de menus grains qu'ils ont récoltés ; à les garder dans le Bolonois, les mois de juin, de juillet, d'août & de feptembre ; à ne pas les vendre & à ne point permettre qu'ils foient achetés par les étrangers ou les nationaux durant cet intervalle, excepté par les particuliers du Bolonois pour leur ufage, par les boulangers pour l'ufage du public, & par les greniers autorifés du gouvernement. Nous ne ferons aucune remarque fur ces modifications ; il faut voir quel en fera le fuccès : nous obferverons feulement que la difficulté de découvrir fi un particulier ou un boulanger achetent des grains pour les accaparer, ou parce qu'ils en ont un befoin urgent, obligera de faire un réglement particulier : l'excédant des fommes que produira le nouveau régime, eft deftiné à l'abolition des péages ; la nouvelle opération n'ajoute pas un écu de plus au tréfor du pape ; & elle porte ainfi tous les caractères de la bienfaifance & de la juftice.

Le rapport du cardinal adreffé au pape & la

loi du souverain pontife annoncent des législateurs éclairés, qui dominent les livres, les auteurs & les systêmes, qui séparent avec adresse ce qui est juste & utile, de ce qui est exagéré & dangereux. Ils estiment la simplicité des impôts, ils en parlent avec intérêt ; mais ils croient fort dangereux de réduire toutes les contributions à une seule, à l'impôt sur les terres ; & M. le cardinal Bon Compagni développe dans l'ouvrage que nous indiquerons tout à l'heure, les diverses modifications que les bons esprits mettent aux nouveaux principes.

Chacun des articles a été rédigé après un examen profond de toutes les parties de l'économie politique : ce n'est pas un administrateur qui adopte la ferme des impôts, parce que cette méthode favorise la paresse, & ne donne aucun souci ; c'est un écrivain habile qui a pesé tous les systêmes & qui se décide contre la régie : ce point est discuté fort en détail dans l'examen *des réflexions sur les nouveaux réglemens*. Ses raisons paroissent convaincantes, relativement au Bolonois ; mais elles laissent plus que des doutes, relativement aux autres pays ; & pour porter dans ces matières la modération & la circonspection, sans lesquelles on manquera toujours le but, nous croyons qu'on peut établir en principes, qu'il y a des pays où l'on peut affermer les impôts ; mais que dans la plupart, la régie seroit utile. Enfin, cet ouvrage est pour l'état de l'*église* un monument qui doit prévenir à jamais les mêmes abus dans ses provinces, & il offre aux autres pays des détails sur l'excès des maux & les sottises que peuvent produire l'ignorance & la multiplicité des loix fiscales. Quoiqu'on en dise, il faut admirer les heureux effets de la noble franchise qui développe ainsi les motifs des loix & l'état des affaires ; & l'on voit avec plaisir, qu'un bel exemple, donné par quelques administrateurs, n'est pas perdu pour toutes les nations.

La lettre du pape est intéressante d'une autre manière. Le souverain pontife a concerté & achevé cette grande opération avec son légat, sans aucun intermédiaire ; il n'a point porté l'affaire au consistoire ; il n'a point entendu les ministres de la chambre apostolique, les propriétaires des fonds de terres, ni aucun des privilégiés. Pie VI jugea sagement que des conseillers ne manqueroient pas d'embrouiller une affaire parfaitement éclaircie, & que si ces formalités sont en général utiles, il est bien des cas où elles arrêtent les meilleures combinaisons. Il n'a point fait enregistrer sa lettre à la chambre apostolique ; mais il déclare expressément qu'elle aura force de loi, malgré les bulles ou les réglemens de ses prédécesseurs : il ôte d'une manière expresse au cardinal camerlingue, au trésorier de la chambre, aux tribunaux du saint-siège, le droit de juger contre sa teneur, ou de l'interpréter d'une manière contraire à son esprit : il veut que la simple signature dont elle est pourvue équivale à une or-

donnance munie de l'appareil d'usage. Pour ne pas laisser son opération imparfaite, pour ne point l'abandonner aux caprices ou à la diversité d'opinion des légats qui viendroient après lui, M. le cardinal Bon Compagni, après cette première lettre du pape, demanda qu'on établît une congrégation des comptes, qui serviroit de conseil au cardinal légat ; & le souverain pontife, par une lettre particulière, du 7 novembre 1780, a établi un conseil, chargé de la vérification des comptes & de beaucoup d'autres objets.

Une réforme si importante ne s'est pas faite sans exciter des plaintes & des murmures. Des ouvrages clandestins l'ont attaquée sur tous les points : ces rapsodies étoient pleines de mensonges, on n'y retrouvoit que les objections de l'ignorance & les petites fureurs de l'intérêt : le sénat cependant les autorisoit sourdement, il en approuvoit les sottes raisons, pour inquiéter le ministre qui s'étoit occupé avec tant de zèle du bonheur de la province. Ce ministre a dédaigné d'employer l'autorité, lorsqu'il pouvoit faire usage de ses lumières ; il s'est donné la peine d'éclairer lui-même les mécontens, & de prouver la nécessité, la justice & l'utilité de l'opération dans l'ensemble & dans ses détails : le principal pamphlet des mécontens a pour titre : *Riflessioni sopra i chirographi di N. S. papa Pio VI, de 25 ottobre e 7 novembre 1780, risguardanti la publica economia di Bologna :* M. le cardinal Bon Compagni a fait les *Reflessioni &c. examinate :* & sa réponse est un bel ouvrage. L'auteur des *Réflexions* annonçoit hautement que le nouveau réglement *ruineroit la province* : il s'écrioit qu'on vouloit *réduire Bologne à la dépopulation, à la misère, à l'inertie, à la langueur de Ferrare, de Ravenne, & de toutes les autres villes qui gémissent sous le gouvernement du saint-siège, & qui n'ont pas l'avantage de jouir d'un gouvernement mixte, d'un gouvernement monarchi-aristocratique, & de l'influence réciproque du souverain & des corps des citoyens :* & afin d'en arrêter l'exécution, il employoit toutes les petites ressources &,toutes les exagérations usitées en pareil cas.

Dans la première partie du plan de réforme soumis au pape, le cardinal-légat avoit représenté que le systême des impôts du Bolonois & les droits d'entrées étoient injustes en eux-mêmes, mal assis & fondés sur des proportions extravagantes ; que la forme de la recette étoit bizarre ; que toute l'administration étoit très-compliquée, très-embarrassante & très-dispendieuse.

Que les impôts affectoient sur tout les consommations ; qu'une loi dont les inconvéniens sont très-sensibles, obligeoit à amener à Bologne presque toutes les productions de la campagne ; que les objets de première nécessité étoient les plus chargés de droits ; qu'il en résultoit une partialité vicieuse en faveur du riche, & un oubli cruel des intérêts des pauvres.

Que les matières brutes de la province sortoient

avec facilité; que les manufactures du pays étoient soumises à des droits rigoureux; qu'au contraire les matières brutes venant de l'étranger, étoient assujetties à des droits plus considérables que les matières travaillées, & qu'ainsi on favorisoit les manufactures étrangères.

Que les gênes & les embarras qui résultoient pour le commerce, de la nature, de l'assiette & de la mesure des impôts, étouffoient l'industrie; que ces maux se trouvoient encore augmentés par la méthode de perception, qui avoit trop multiplié les employés, les bureaux & les visites.

Que cette multiplication d'employés, de bureaux & de collecteurs, en accablant les sujets, obligeoit l'état à un grand nombre de stériles dépenses, diminuoit les revenus du fisc, & entretenoit dans l'oisiveté trop de gens qu'on pouvoit employer aux arts utiles.

Que la multiplicité des registres & des comptes introduisoit, tant de parties diverses, de sous-divisions & de calculs pour les sommes à recevoir & à envoyer à leur destination, qu'il étoit presque impossible à l'administration & aux employés de se former une idée claire des impôts, & d'y apporter une surveillance utile.

Après avoir exposé l'état de la question avec beaucoup de netteté & d'esprit, M. le cardinal Bon Compagni développe dans la première partie de son ouvrage, *l'absurdité de l'ancien système*; dans la seconde, *la simplicité & les avantages du nouveau*, & dans la troisième *la fausseté & la futilité des objections*. Il démontre par les faits : *que les objets de première nécessité étoient surchargés dans l'ancien système; qu'ils étoient beaucoup plus chers pour les pauvres que pour les riches; que les cultivateurs de terres étoient soumis à des loix & à des prohibitions, qui leur nuisoient infiniment, & qui mettoient des obstacles à la culture; que les droits perçus à Bologne étoient extravagans & bizarres, dans les proportions qu'on suivoit; qu'ils favorisoient les manufactures étrangères, & contrarioient celles du pays; qu'à Bologne la perception des droits & des revenus étoit divisée en tant de mains, qu'il en résultoit un extrême embarras pour les sujets, & un grand préjudice pour l'état; que les impôts & les sommes qu'ils produisoient, étoient assignés à tant de petites parties, qu'ils embrouilloient la comptabilité; qu'ils donnoient lieu à des exactions arbitraires, & que les abus échappoient à la vigilance de tous les contrôleurs.*

Il fait voir ensuite *la justice, les avantages & la modération du nouvel impôt sur les terres : les compensations sans nombre qu'offre cet impôt : les bons effets que produira la diminution des droits sur les objets de consommation, & les règles justes d'après lesquelles on a fixé la proportion de ces droits : les avantages qui résulteront du nouveau tarif sur les marchandises & les manufactures : la simplicité & la sûreté des nouvelles méthodes & des nouveaux ré-*

glemens, & il rend compte des vues de bien public qui ont animé le souverain.

Enfin il expose la fausseté & la contradiction des calculs de l'auteur des Réflexions *& des autres pamphlets contre le nouveau régime : il prouve que ceux du rapport envoyé au pape & de la lettre du souverain pontife sont exacts; que les dettes contractées pour les desséchemens doivent être comptées parmi les dettes de la province de Bologne, & qu'il ne s'ensuit pas que les sujets de cette province payent pour les autres; que la théorie des auteurs qu'on vient de citer, est neuve & absurde en fait de commerce; que leurs remarques sur la constitution, ou sur l'administration du gouvernement de Bologne manquent de justesse, qu'elles attentent à l'autorité souveraine; & que les prétendus faits, allégués par les ennemis de la lettre du pape & du nouveau régime, sont des mensonges.*

Cette réponse, où l'on voit toute la sagacité d'un homme d'état & la constance infatigable d'un ministre vivement occupé du bonheur public, est terminée par des comptes sur les diverses parties de l'administration de la province de Bologne. L'auteur expose, en passant, ses opinions sur les grandes questions de l'économie politique; & si les hommes systématiques lui reprochent d'avoir été très-modéré, les autres l'en remercieront.

Il ne faut pas s'étonner qu'une réforme si utile à la province, & si généreuse de la part du prince, puisque son trésor n'y gagnera pas un écu, ait excité des réclamations si vives. L'intérêt personnel & la jalousie s'embarrassent peu du bien public, & les bons administrateurs doivent, en général, espérer la même récompense.

Les détails de la régence, tels que les ont fixé les papes, ne s'observent plus : le sénat n'a point la subordination que lui imposent les loix; il décide seul dans plusieurs cas, où il auroit besoin de l'aveu du représentant du prince. Le légat devroit assister à toutes ses assemblées, & on en tient souvent sans lui. Les sénateurs veulent que le gouvernement soit monarchi-aristocratique : ils prétendent que pour publier une ordonnance ou édit, il faut qu'il soit souscrit par le gonfalonier & les *anziani*, &c : on n'avoit consulté ni le gonfalonier, ni les *anziani*, ni la régence, parce que leurs conseils auroient tout gâté : enfin le pape, pour donner au gouvernement une force coactive, avoit établi des troupes qui ne coûteront que 20 mille écus; & M. le cardinal Bon Compagni, qui dévoile avec esprit le jeu de la petite conspiration, prouve très-bien que les sbirres, employés jusqu'alors, étoient trop corrompus; qu'ils humilioient les citoyens contre lesquels on les faisoit agir; que la décence & la nécessité obligeoient de recourir à un autre expédient. Nous ne nous aviserons pas de prononcer sur le degré de pouvoir que revendique le sénat de Bologne; il a fait un mauvais usage de son auto-

cité; mais on ne doit pas juger avec trop de rigueur ceux qui défendent la liberté publique. Au
reste, la fermentation se calmera, ou plutôt elle
doit être calmée; le fénat de Bologne adoptera
l'opinion des citoyens, qui ont reçu la réforme
avec des transports de joie : il fentira qu'on a
fait pour la province tout ce que permet l'état
actuel des chofes; il se souviendra avec reconnoiffance du courageux miniftre qui s'eft occupé
de fon bonheur, prefque malgré elle, & du pape
éclairé qui s'eft élevé au-deffus de toutes les petites confidérations en faveur de la province de
Bologne. Pour nous, qui pouvons juger cette
opération avec un défintéreffement parfait, nous
obferverons que, parmi les plus belles réformes
des autres gouvernemens, on n'en citeroit pas une
où l'on ait confondu avec autant de fermeté les
pauvres, les riches & les puiffans; &, pour donner une idée frappante des abus & des injuftices
qu'offroit l'ancien régime, nous nous contenterons
de dire que les petites mefures deftinées au pauvre étoient accablées de droits, tandis que les
grandes mefures payoient un impôt léger. Le propriétaire ou le marchand qui vendoient le vin à
la corba, à la mezza corba, à la quartirola, ne
payoient que 9 liards par corba, & ils payoient
44 bajoques ou 44 fous & demi par corba, s'ils
le vendoient par flacons, par bouteilles : ainfi
les riches payoient 9 fur cet objet, tandis que les
pauvres payoient 267; car 44 bajoques & demi
font 267 liards.

Il y a près de deux fiècles qu'on travaille aux
deffèchemens du Ferrarois & du Bolonois; & depuis 1598 jufqu'en 1767, ces travaux avoient coûté
639,899 écus romains.

On a publié de temps à autre l'état des deffèchemens qui font effectués : on voit, par celui
de 1782, que cette année on avoit rendu à la culture, dans le Ferrarois, 1,893 tornatures ou arpens du pays, & 565 ¼ arpens en prés : de ces
2458 ¼ arpens, 779 ayant été plantés en bois
ou laiffés en pâturage, il ne refte que 1679 ¼
d'arpens convertis en terres labourables ou en
prés.

Le même compte attefte qu'en 1782 on avoit
rendu à la culture ou aux pâturages, dans le Bolonois, 13,592 ¼ arpens, & qu'en diminuant les
terrains plantés de bois ou laiffés en pâturages,
on avoit converti en terres labourables & en prés
5,843 ¼ arpens.

On évalue à des fommes très-confidérables les revenus qui en réfultent chaque année pour le Bolonois; mais il eft impoffible d'adopter les comptes
exagérés qu'on trouve dans les écrits fur ces matières. M. le cardinal Bon Compagni, qui a fuivi
ces deffèchemens avec un zèle extrême, étant aujourd'hui fecrétaire d'état, les fuivra avec encore
plus d'activité; & puifqu'il a adopté la noble

franchife de quelques adminiftrateurs modernes,
il nous communiquera fans doute des réfultats
précis.

SECTION IIIᵉ.

*Remarques fur la pofition, les productions, le commerce
& les manufactures de l'état de l'église.*

L'état de l'*église* devroit être le plus floriffant
& le plus heureux de tous les pays de l'Europe :
la fertilité de la plupart de fes provinces; la
richeffe de fes productions qu'il pourroit multiplier, & avec lefquelles il pourroit établir des manufactures avantageufes; les reffources que lui
offrent pour le commerce fes ports & fa fituation
au bord de la mer Adriatique & de la Méditerranée; les fommes confidérables que le pape retire
des nations catholiques, & l'argent qu'apportent
dans fes états une foule d'étrangers; la nature
du gouvernement qui préferve les peuples du fléau
de la guerre, & qui entraîne peu de dépenfes
d'adminiftration; la perfonne & le caractère du
chef qui, même fous les mauvais règnes, affran-
chiffent les fujets des dépenfes folles, & mettent
toujours quelque chofe de paternel dans le gouvernement, offrent des combinaifons heureufes pour l'aifance, la profpérité & le bonheur de la nation. Cependant le pays eft peu cultivé, pauvre & mal peuplé : fi l'on en croit Grofley; le dénombrement,
entrepris par les foins du cardinal Valenti, fixe à
1,100,000 le nombre de fes habitans. La population
paroît être plus confidérable; mais elle eft bien au-
deffous de ce qu'elle pourroit être. Le commerce
& les manufactures y font dans un état déplorable,
fi l'on en excepte les villes de Bologne & d'Ancone.
Les taxes, dont les grains font furchargés, &
les réglemens publiés fous le pontificat d'Innocent X; la nonchalance des grands propriétaires,
du bas peuple en général & de l'adminiftration,
tiennent l'agriculture dans une langueur extrême.
De mauvaifes loix que nous rapporterons plus bas,
nuifent au commerce & aux manufactures; l'i-
nertie & la mifère font chaque jour des progrès;
les dettes s'accumulent, & les abus de tout genre
font devenus fi multipliés, que l'état femble ne
pouvoir plus fe foutenir, fans quelque réforme.

Les papes paroiffent fentir la néceffité de changer
de fyftême; ils font effrayés de ce qu'ils ont perdu
depuis trente ans : ils voient les puiffances catholiques, fur lefquelles ils comptoient le plus, les
dépouiller d'une partie de leurs revenus; & les
opérations du cabinet de Lifbonne, de Madrid,
de Naples, de Vienne & du fénat de Venife,
leur montrent qu'ils ont à redouter d'autres événemens pareils. La faine politique leur impofe la
loi de ne plus compter que fur leurs propres états;
les provinces de l'*église* leur offrent des reffources
fuffifantes & affurées; & en ranimant l'agriculture,
en favorifant la population, le commerce & les

manufactures ; leur tréfor du moins n'en fouffrira pas.

Les bâtimens, les palais & les chofes précieu-fes qu'ils renferment, annoncent beaucoup de ma-gnificence ; mais ces richeffes d'oftentation ne fup-pofent point la richeffe de l'état : la pauvreté du pays & celle du peuple qui l'habite, fe montrent de toutes parts : les campagnes abandonnées & incultes, les mendians qui pourfuivent les étran-gers, le bas prix de certaines denrées, le défa-vantage du change & la rareté de l'argent, telle qu'on auroit peine à trouver à Rome mille ducats en efpèces pour faire un paiement, font des fymp-tomes plus fûrs de la mifère du pays.

Les couvens, les prélats, quelques feigneurs de fiefs & quelques *églifes* font prefque les feuls pro-priétaires des grands domaines, qui ne fe parta-gent point, qui ne fe démembrent ni ne fe ven-dent point. Les payfans & les cultivateurs poffé-dent peu de fonds, & de cette manière le fol fera toujours mal cultivé. Les propriétaires obli-gent leurs fermiers à ne femer chaque année qu'un quart des terres, & à laiffer le refte en pâturages ou en jachères. Pour cultiver ce quart, on fait venir des payfans de la Tofcane ou d'ailleurs ; & pour confommer les pâturages, on reçoit les beftiaux du royaume de Naples, qui s'en retournent quand ils font engraiffés.

Quoique les eaux foient très-communes & très-abondantes, il n'y a prefqu'aucune prairie arrofée ou foignée ; on y voit peu de beftiaux. Les ar-bres réuffiffent bien par-tout, ainfi qu'on peut en juger dans les endroits où il y en a, & on n'y trouve prefque point de plantations ; elles font interdites, à caufe des droits de parcours établis fur des titres ou des ufages. Les mûriers blancs, qui feroient d'un grand produit dans des climats fi doux, font très-rares, ainfi que les peupliers d'Italie, les platanes, & d'autres arbres qui embelliffent & fertilifent les campagnes de la Lom-bardie.

Celui qui recueille le bled, n'a pas le droit de le vendre où il lui plaît ; il eft obligé de le livrer à un prix fixe à la chambre des grains ; contrainte qui gêne le cultivateur & l'oblige à abandonner les campagnes.

L'annone, ou les greniers d'abondance de l'é-tat, prennent le bled où il leur plaît, & ils y mettent le prix qui leur convient. Le même bu-reau donne la permiffion de l'exporter : cette per-miffion s'achète, & le commerce des grains n'ayant point l'avantage de la concurrence, décourage la culture. Voilà pourquoi le plus grande partie du territoire de Rome, qui produiroit beaucoup de bleds, n'offre que de mauvais pâturages. Il pa-roît plus avantageux, & fur-tout plus commode aux propriétaires, d'avoir des pâturages dont ils difpofent à leur fantaifie, que des grains dont ils ne peuvent fe défaire que de la manière qui leur eft prefcrite, & fouvent à un prix trop bas.

On eft obligé encore de vendre l'huile au bu-reau de l'état, qui la paie ce qu'il veut ; & qui la revend aux détailleurs ; & ce monopole ne décou-rage pas moins le propriétaire & le cultivateur. Ce n'eft pas tout : l'huile achetée par le bureau eft mêlée & confervée dans de grands puits ; & un pays qui avec quelque foin, pourroit avoir de la très-bonne huile, n'en offre que de la mauvaife, qui feroit rebutée chez l'étranger, & qu'on n'ex-porte point. La fection 6e. contient un grand nombre de remarques fur les réformes dont l'état de Rome paroît fufceptible : nous nous contente-rons de dire ici qu'il faudroit abolir ces monopo-les & ces loix gênantes, attirer des colons, parta-ger les terres indivifibles, les rendre aliénables, en accorder la poffeffion, moyennant certaines redevances, à ceux qui les mettroient en valeur, & créer une claffe de cenfitaires à des conditions douces, équitables, également avantageufes au feigneur du fief, au fouverain & au cenfier ou payfan.

Alors, ces champs, couverts aujourd'hui de pierres, tombées des montagnes, feroient net-toyés ; les torrens feroient contenus dans leurs lits ; & les marais qui augmentent chaque jour, & empoifonnent le pays, deviendroient des campa-gnes riantes ; des plantations d'arbres embelliroient & fertiliferoient ces terreins nuds & brûlés ; les ruiffeaux arroferoient les prés, comme dans la Lombardie ; des prairies artificielles offriroient au cultivateur une fource de richeffes ; la campagne fe couvriroit de maifons, & le pape augmente-roit fes revenus : n'ayant plus befoin de l'argent des états catholiques, il auroit une politique plus fûre, plus fimple, plus ferme, & plus propre à raffermir fon autorité.

Au milieu de l'efferve fcence de commerce qu'on voit en Europe, par quelle fatalité l'état eccléfia-ftique, fi heureufement placé au milieu de l'Ita-lie, & entre deux mers, eft-il refté dans la pareffe & l'inaction ? Quelles font donc les terribles cau-fes qui ont réduit prefque à rien cette population prodigieufe qu'on y vit dans les beaux jours de l'ancienne Rome ? Si l'on n'en avoit la preuve fous les yeux, croiroit-on que des provinces entières, fertiles prefque par-tout, entrecoupées de mon-tagnes & de plaines, arrofées par des rivières & par des ruiffeaux, font devenues ftériles & em-peftées ; & que d'affreux déferts environnent la ca-pitale, trois ou quatre lieues à la ronde ? Les do-maines de l'*églife* produifent des bleds, des vins, du chanvre, des mûriers blancs, de la cire & du miel, des oliviers, des orangers, des figuiers, & toutes fortes de fruits, de légumes & de jar-dinages ; & on eft étonné de la modicité des re-venus qu'en tire le faint-fiège & de la mifère de fa foible population. Le Ferrarois feul, qui ren-ferme douze villes, dont Ferrare & Comacchio furent jadis très-peuplées, faute de foins, d'habitans & de culture, fe couvre de vaftes marais. La Romagne a auffi douze villes & un territoire fertile ; mais il y a fi peu d'habitans, & la culture y eft fi languiffante, qu'en d'autres pays, des diftricts de cinq ou fix lieues rapportent plus au fouverain & aux fujets, & font plus peuplés. Il en eft de même du duché d'Urbin & de la marche d'Ancone.

En examinant ainfi les diverfes provinces du faint-fiège, on apperçoit, prefque par-tout, les funeftes effets de l'indolence, du découragement & de la mifère ; & la quantité prodigieufe d'hôpitaux, la plupart bien rentés, qu'on y trouve, fuffiroient feuls pour en donner une mauvaife opinion.

La vafte étendue des marais Pontins, qui ont plus de quarante milles de longueur, fur une largeur plus ou moins grande, mais au moins de fix ou fept milles, ne produit plus rien. On fait qu'autrefois ils étoient prefque par-tout en culture. Les eaux qui tombent des montagnes, n'étant plus ni contenues, ni dirigées, débordent, croupiffent, & dans un pays fi chaud, empoifonnent l'air, au point que les environs deviennent inhabitables, & que les vapeurs peftilentielles percent la voiture du voyageur la mieux fermée. Le mauvais air de toute la campagne de Rome, fur la fin de l'été, lorfque les chaleurs diminuent, & que les nuits fe rafraîchiffent, vient de là.

L'an 592 de la fondation de Rome, le conful Cornelius Cethegus fit deffécher les marais Pontins : il paroît que ce canton fut bouleverfé par les eaux au 5 ou 6e. fiècle de la république ; car avant cette époque, les campagnes pontines produifoient des grains, & rien n'annonce qu'elles fuffent alors inondées. On effaya de les deffécher du temps de Pompée : Domitien y réuffit en partie par les grandes jettées avec lefquelles on foutint la portion de la voie Appienne, qu'il conduifit à travers les marais, jufqu'auprès de Terracine, afin d'éviter la montagne de Piperno & les longs détours qui la précèdent & qui la fuivent. Sixte-Quint tenta le même defféchement, & on dit qu'il y auroit réuffi, fi la mort lui eût laiffé le temps d'achever fon ouvrage. Ses fucceffeurs reprirent ces travaux à différentes époques ; mais trop peu éclairés fur les détails d'une opération fi difficile, trompés par les entrepreneurs, ou infoucians fur cet objet, ainfi que fur tant d'autres, ils l'ont fuivi avec peu de conftance, & rien ne les a dédommagé de tant de frais. Le pape actuel s'en eft occupé vivement, & fes efforts ont eu quelque fuccès ; mais une telle opération eft loin d'être achevée ! Nous en parlerons encore à l'article des FINANCES.

En allant de Florence à Rome, & de Rome à Naples, toutes les provinces de l'état eccléfiaftique que l'on traverfe, indiquent affez la mifère, l'inertie & la dépopulation.

Le petit nombre de cantons cultivés donnent les productions les plus riches, & offrent la végétation la plus vigoureufe. On peut donc affurer qu'il ne manque à ce beau pays que des bras & de la culture, pour devenir riche & floriffant : & on eft étonné que des idées fi fimples ne faffent aucune impreffion. Les papes font ordinairement vieux ; leur attention ne s'eft pas tournée du côté de l'économie politique, & l'on peut dire qu'en général ils n'ont pas connu les vrais principes d'adminiftration. Si le trône de faint Pierre eft occupé par un homme qui entreprenne de ranimer la culture & l'induftrie, il rencontre par-tout des obftacles ; & ce qu'il y a de plus facheux, il ne tarde pas à fe perfuader que les grands abus font incurables. On dit, par exemple, que Benoit XIV avoit voulu partager quelques-unes des terres vagues qui environnent Rome, & dont la folitude déshonore cette capitale, mais que les cardinaux s'y oppofèrent.

L'inertie des habitans & le défaut d'induftrie fe montrent, en quelques occafions, d'une manière bien frappante. Nous allons en citer un exemple remarquable : l'églife de S. Pierre eft de pierre tiburtine, dont les carrières fe trouvent à Tivoli, c'eft-à-dire, à cinq ou fix lieues de Rome : le Téverone qui paffe à Tivoli, vient fe dégorger dans le Tibre, en parcourant une ligne prefque droite : il en eût coûté fort peu de chofe pour le rendre navigable ; car le cardinal d'Eft, qui entreprit cette opération quelque temps après, dépenfa une très-petite fomme ; & cependant le tranfport de l'énorme quantité de pierres qu'il a fallu pour cet édifice, s'eft fait fur des chariots.

On ne voit dans la capitale aucune manufacture qu'on puiffe citer ; à peine y fait-on préparer la foie : la culture du chanvre, c'eft-à-dire, d'une production très-convenable au fol de l'Italie, eft négligée dans la plupart des provinces ; toutes les toiles fe tirent de l'étranger, qui fe contente d'y en envoyer de mauvaifes : celles qui arrivent des Pays-Bas, de l'Irlande & de la France, ne peuvent y être à bon marché. On y nourrit un grand nombre de bêtes à laine ; mais on ne profite pas de cette fource de richeffe : il n'y a aucune bonne fabrique de draps ; toute l'induftrie fe borne donc à la fabrique de quelques étoffes de foie d'une qualité médiocre, qui fe confomme dans le pays, & qu'on n'exporte point. Quoiqu'on y voie beaucoup de carroffes, il n'y a pas long-temps qu'on les faifoit venir de Milan, d'où il en arrive encore.

SECTION IVo.

Des différentes charges de la cour de Rome, des tribunaux & des loix, des diverfes congrégations, des nonces & des règles que fuit le faint-fiège à l'égard des puiffances étrangères, de l'adminiftration en général & des routes de fortune.

Les détails de l'adminiftration font confiés au cardinal-camerlingue, au cardinal-fecrétaire d'état, au cardinal-dataire qui a l'emploi le plus utile, au cardinal-chancelier ou fecrétaire des mémoriaux, au cardinal-auditeur, au cardinal-fecrétaire des brefs & au cardinal-vicaire.

Nous parlerons de l'étendue de pouvoir du cardinal camerlingue, en traitant de la chambre apoftolique; fon autorité eft fur-tout remarquable lorfque le faint-fiège eft vacant; il prend poffeffion du palais, comme repréfentant de la chambre apoftolique; on bat monnoie en fon nom & à fes armes: c'eft lui qui eft dépofitaire de l'anneau du pêcheur, & la garde-fuiffe l'accompagne partout, jufqu'à fon entrée au conclave.

Le cardinal-fecrètaire d'état eft chargé de la correfpondance des nonces apoftoliques & des légats à qui il adreffe les ordres du pape; il rend compte à fa fainteté des affaires eccléfiaftiques & politiques, & il dirige l'adminiftration des provinces.

Le cardinal-dataire préfide à la nomination & à l'expédition des bénéfices, & aux difcuffions qui en font la fuite; les difpenfes de mariages & ce qui concerne les annates, font auffi de fon département.

Le cardinal-vicaire exerce les fonctions épifcopales dans Rome; il donne les permiffions d'imprimer, & il eft juge de quelques affaires relatives aux mœurs. Il a la jurifdiction & l'infpection immédiates fur les corps eccléfiaftiques, féculiers ou réguliers, & fur les hôpitaux.

Le cardinal-chancelier étoit autrefois regardé comme le premier miniftre: on s'adreffoit à lui de tous les pays de la chrétienté, pour confulter le pape fur les matières de difcipline & de foi. Les lettres, provifions & expéditions de la cour de Rome, qui ont befoin du fceau, lui font renvoyées, & il eft à la tête de tous les officiers de la chancellerie.

Le cardinal auditeur eft le chef de la juftice; il repréfente le fouverain pontife dans les affaires contentieufes; il reçoit les appellations des juges fubalternes, & renvoie les caufes à d'autres juges; il affifte avec le pape au tribunal de la fignature, & il examine le mérite des perfonnes qu'on propofe pour l'épifcopat.

Le cardinal-fecrétaire des brefs eft chargé des affaires qui n'exigent pas le fceau en plomb de la chancellerie & de la daterie; mais qui s'expédient par des brefs, telles que les difpenfes d'âge, de temps & de capacité; il dreffe & il figne tous les brefs que le pape adreffe à différentes perfonnes.

La chambre apoftolique, préfidée par le cardinal camerlingue, &, en fon abfence, par le gouverneur de Rome, adminiftre les finances & perçoit les revenus du faint-fiège: on lui envoie le produit des biens patrimoniaux, des douanes, des falines, des gabelles, des monnoies & des autres impôts. Elle difpofe des terres abandonnées & des ruines d'édifices antiques, dont elle n'a pas fait la

conceffion ou l'aliénation. Ses officiers font l'auditeur général, qui en eft proprement le premier magiftrat, & le tréforier général. Les différentes charges de ce département font exercées par les prélats clercs de la chambre, c'eft-à-dire, par *il prefetto dell' annone, il prefidente dell' aque & delle ripe,* le commiffaire général des armes, le commiffaire général de la mer, qui eft en même-tems gouverneur du château Saint-Ange, *il prefidente della grafcia,* le préfet des archives, le préfident des monnoies, *il prefidente delle ftrade* (ou l'édile), les préfidens-gouverneurs des douanes. Ces officiers ont tous leurs tribunaux particuliers, où ils règlent ce qui eft de leur reffort. Les dépenfes regardent auffi la chambre apoftolique, & c'eft en fon nom que fe fait l'emploi de la plus grande partie des revenus du faint-fiège, d'après les ordres du fouverain pontife ou de fes miniftres.

On donne le nom de *confiftoire* à une affemblée de cardinaux, qui a lieu en préfence du pape: on diftingue le confiftoire ordinaire ou fecret, où le pape propofe des affaires importantes & délicates, & où il appelle un petit nombre de cardinaux: on y traite de la création des cardinaux, de la nomination des nonces ou des légats, des évêques, des unions ou érections d'*églife,* &c. &c.

Le confiftoire public ou extraordinaire eft une affemblée publique & générale de cardinaux qui fe tient communément tous les mois, pour donner le *pallium* à un archevêque, ou le chapeau à un nouveau cardinal; pour déclarer la béatification d'un faint, ou enfin pour une grace ou un privilège qu'accorde le pape.

Quant aux congrégations, il eft inutile d'en parler ici; ce font des commiffions ou des bureaux, dont le nombre varie, ainfi que l'étendue de jurifdiction qui leur eft attribuée.

Nous ne dirons rien du faint-office, des congrégations de l'index, des rites, du concile, des évêques & réguliers, des indulgences & des reliques, de la propagation de la foi, du cérémonial, de la difcipline eccléfiaftique, de l'élection & de l'examen des évêques; de l'état des *églifes,* des confins, des cours, des barons, des impôts, des comptes que rendent les fermiers ou receveurs publics, du commerce des actions ou *di monti,* de la fabrique de S. Pierre, de la vifite apoftolique des *églifes,* de la revifion des meffes pour faire obferver les fondations, de la vifite des prifonniers: le pape en établit de nouvelles encore, s'il croit en avoir befoin: telle eft celle du deffèchement des marais Pontins.

Mais nous croyons devoir dire un mot de la confulte, de la propagande & de la congrégation *del buon governo.*

La confulte fut établie en 1587 par Sixte-Quint, & chargée de recevoir les plaintes des peuples contre les officiers & les gouverneurs des villes, & celles des vaffaux contre les barons. On y examine les différends qui s'élèvent entre les
gouverneurs,

gouverneurs, les élections des officiers munici-paux, les qualités de ceux qui demandent la no-blesse, les procès criminels de toutes les provinces : on y dresse les réglemens nécessaires pour le bien des peuples, & pour la tranquillité publique. Le cardinal-secrétaire d'état est ordinairement préfet de cette congrégation, où se trouvent plusieurs autres cardinaux.

Le collège de la propagande fut fondé en 1622 par le pape Grégoire XV, & augmenté & doté par Urbain VIII en 1627. Outre la congrégation des cardinaux, qui y est établie & y tient ses séances pour toutes les affaires qui ont rapport à la propagation de la foi, plusieurs professeurs y font des leçons publiques sur la Théologie, la Phi-losophie, les Belles-Lettres & les Langues orien-tales, & on y instruit un assez grand nombre de jeunes ecclésiastiques qu'on destine aux missions étrangères. Les Indes, l'Abyssinie, la Syrie, l'Arménie & la Grèce fournissent plusieurs su-jets que les évêques catholiques répandus dans les pays infidèles envoient au collège de la propagande. Un missionnaire n'est pas toujours un bon observateur ; mais il est à souhaiter qu'après les grands intérêts de la foi, la cour de Rome tire de l'institution de la propagande, des lumiè-res sur les langues & les mœurs de l'Afrique & de l'Asie, & qu'elle communique ensuite ses décou-vertes aux savans.

La congrégation des cardinaux, appellée *del buon guoverno*, prononce sur ce qui a rapport à l'embellissement de la ville, à la construction & réparation des chemins & édifices publics ; mais elle ne se mêle pas de l'emploi des deniers. Elle examine les projets d'amélioration, de culture & de desséchemens, les revenus, les dettes, & les dépenses des communautés, les octrois des villes, les difficultés qui surviennent dans la perception, & toutes les causes civiles & criminelles qui y sont relatives, la ville de Rome exceptée.

Il ne faut pas croire que ces départemens & ces congrégations diverses tiennent à la constitution de Rome, ainsi que quelques auteurs l'ont dit. Les cardinaux limitoient autrefois la puissance du pa-pe, & ils formoient un conseil qu'il étoit obligé d'assembler sur les matières importantes ; mais peu à peu leur doctrine de l'infaillibilité spirituelle du souverain pontife a rendu son autorité absolue dans les affaires temporelles ; il décide seul, & il ne con-sulte les cardinaux que quand il le juge à propos.

Le Dictionnaire de Jurisprudence contient de grands détails sur les cardinaux, & nous indique-rons seulement ici les places qu'on appelle *cardi-nalices*, c'est-à-dire, les places qui ont le chapeau pour récompense, après quelque temps de ser-vice. Telles sont les places de gouverneur ou pré-fet de Rome, de vice-gérent ou de promoteur de Rome, de secrétaire de la consulte, de trésorier de la chambre apostolique, de majordome & de maître de chambre du pape : il faut y ajouter les

nonciatures à Vienne, à Paris, à Madrid & à Lisbonne : le secrétaire de la congrégation *di Ves-covi e regolari*, celui de la consulte, de la pro-pagande, le doyen de la rote, l'assesseur du saint-office, l'auditeur du pape & le secrétaire du con-cile, ou de la congrégation établie pour l'interpré-tation des canons du concile de Trente, obtiennent assez souvent la pourpre.

Outre les officiers & les départemens que nous venons d'indiquer, il en est beaucoup d'autres, plus ou moins semblables à ceux qu'on voit en d'autres pays. Voici les principaux.

Le vice-gérent ou promoteur général a la police des mœurs du clergé, & il est chargé de l'examen de ceux qui se présentent pour les ordinations ; c'est lui qui approuve les confesseurs, & qui donne aux prêtres étrangers la permission de dire la messe. Il a chez lui un tribunal & des bureaux, où se portent en première instance toutes les plaintes contre les ecclésiastiques.

Le majordome, le maître de chambre & l'au-diteur du conseil particulier du pape occupent les trois premières places de la cour. Le sacristain ou maître de chapelle vient ensuite : ces prélats sont évêques ou archevêques *in partibus*.

Le maître du sacré palais a la censure des li-vres & le droit de les approuver : sa place paroît réservée à l'ordre de S. Dominique, & elle con-duit quelquefois au cardinalat.

Les cameriers secrets ou premiers gentilshomm-s de la chambre du pape sont au nombre de 16 ; mais les cameriers secrets surnuméraires sont en bien plus grand nombre.

Il y a beaucoup d'autres prélats domestiques, tels que les cameriers d'honneur ou gentilshommes ordinaires qui portent, dans le temps de leur ser-vice, l'habit long violet ; les chapelains ou aumô-niers ordinaires, au nombre de six ; toutes ces classes ont une foule de surnuméraires qui rempla-cent les malades & les absens : on compte envi-ron 200 prélats.

Les tribunaux ordinaires de Rome sont ceux de la rote, de la signature, de *Monte Citorio*, de l'au-diteur, du gouverneur & du sénateur.

La rote connoît de toutes les causes civiles, où il s'agit de plus de 500 écus romains, soit entre les sujets des états ecclésiastiques, soit en-tre ceux des autres états qui recourent au juge-ment du saint-siège. Des douze auditeurs de rote, chargés du rapport des causes, il n'y en a que trois de romains.

Le nom de *rote*, commun à ce tribunal & à plu-sieurs autres de l'Italie, vient de ce que la forme de la salle est celle d'une roue.

La rote est bien loin d'avoir la compé-tence qu'elle avoit autrefois ; il n'y vient pres-qu'aucune des causes de France : l'*appel comme d'abus* y met bon ordre ; mais outre les causes de l'état du pape, en dernier ressort, ainsi que cel-les de Malthe, elle juge plusieurs causes eccléfiaftiques de l'Empire, (à l'exception de celles de la maison d'Autriche), plufieurs de Pologne, quelques-unes d'Efpagne & de certaines ifles de la Méditerranée; c'eft le tribunal civil du premier ordre. On n'y porte point d'affaires criminelles; on n'y plaide pas. L'éloquence des avocats confifte à perfuader les juges dans des entretiens qu'ils ont avec eux dans leur cabinet : ainfi l'éloquence n'eft plus connue à Rome que dans les chaires, & on l'y trouve, dit-on, rarement.

C'eft quelque chofe de remarquable que la diftribution & la précifion des heures indiquées pour chacune des opérations relatives à l'exercice de la juftice au tribunal de la rote. Il y a telle heure indiquée pour les entretiens des parties & de leurs confeils avec les juges. Telle autre pour la remife des mémoires à ces mêmes juges; telle autre pour la réunion de ces magistrats. Tout fe traite par écrit fommairement, & dans des entretiens tels qu'on vient de les décrire.

Il eft d'ufage & de règle, dans ce tribunal, que les arrêts contiennent les motifs qui ont décidé les juges. Cette méthode les oblige a beaucoup d'attention; mais auffi elle donne lieu à des moyens de fe pourvoir contre ces jugemens; & c'eft un malheur de plus ajouté à tous ceux qu'éprouvent les plaideurs à la rote, & en général à Rome. Le nombre des demandes en revifion n'étant pas fixé, le plaideur qui a obtenu trois, ou quatre jugemens favorables, peut toujours être amené devant le tribunal pour la même caufe qui fe plaide de nouveau. L'adminiftration n'y trouve-t-elle aucun inconvénient ? & le principe de droiture & d'amour de la juftice, qui femble la diriger en cette occafion, n'eft-il pas porté trop loin ? On obtient quelquefois un ordre du pape, pour qu'il ne puiffe y avoir que deux jugemens; mais on dit que la fignature peut refufer de l'admettre. La fignature n'a fans doute que le droit de remontrances, auxquelles le pape foufcrit; mais c'eft un autre abus : car alors la décifion du fouverain fe trouve compromife.

Les grandes difcuffions judiciaires qui ont lieu à Rome, font confiées à l'examen des auditeurs de rote, qui en font les commiffaires nés. Le roi de France a le droit d'en nommer un; le roi d'Efpagne en nomme deux pour la Caftille & l'Arragon. Ils font leur rapport, & ils ont voix délibérative dans les congrégations qui prononcent en dernier reffort fur les affaires dont elles font chargées. Les congrégations font toujours compofées d'un certain nombre de cardinaux & de prélats du fecond ordre, qu'on appelle *ponenti* ou *votanti*. Il eft difficile d'avoir à la rote un jugement décifif; la lenteur des auditeurs à travailler leurs rapports, & à mettre l'affaire en état d'être jugée; la communication qui doit en être faite aux cardinaux de la congrégation, lefquels cherchent à s'inftruire dans des extraits faits par leurs auditeurs, qui font ordinairement de jeunes

gens verfés dans les ufages & le droit de la cour de Rome, & qui s'attachent à leur perfonne, afin d'entrer, par leur protection, dans la prélature.

Les auditeurs de rote arrivent moins communément au chapeau que les juges de *monte Citorio*, parce que d'eux jugeant avec les autres, le talent individuel eft moins connu; & comme ils ont la prétention d'aller en droiture au chapeau, ils refufent les places intermédiaires; il arrive de là que prefque tous manquent leur but, & fe voient dépaffés par plufieurs de ceux qui exerçoient des poftes moins importans que les leurs.

La *fignature de juftice* eft un tribunal qui fait les réglemens pour les juges, & qui prononce fur leurs récufations, qui permet ou rejette les appellations, qui délègue des juges, & qui en fubftitue d'autres à ceux qu'on avoit d'abord nommé. Elle eft compofée d'un cardinal - préfet, de douze prélats qui ont voix délibérative, & d'autres qui font rapporteurs; l'auditeur de la fignature en exerce ordinairement feul les fonctions; mais on appelle de fes décifions au cardinal-préfet, ou à tous les membres de la fignature.

Le tribunal de *monte Citorio* eft un tribunal de première inftance.

Le gouverneur de Rome eft le principal juge en matière criminelle, à Rome & dans le territoire de la capitale.

Il y a plufieurs tribunaux de police, où fiègent les clercs de chambre fous l'autorité du cardinal-camerlingue.

Les plus importans font ceux des commiffaires des approvifionnemens, connus fous le nom de *prefetti de l'annona & della grafcia*; ils mettent le taux à toutes les denrées de confommation.

Les romains voulant, au 13e. fiècle, rentrer dans quelques-uns de leurs droits, donnèrent à deux chevaliers des maifons Colonna & Orfini, la place de fecrétaire de Rome; dignité, dit Platine, qu'on avoit coutume d'accorder aux rois & aux princes. Le pape Nicolas III s'étoit fait élire fénateur par le peuple, en 1278. Durant le féjour des fouverains pontifes en France, Rome fe trouva dans une efpèce d'anarchie, qui eût pu faire fouvenir le peuple romain de fes droits. Mais les papes, après leur retour, fur-tout après l'extinction du grand fchifme, & l'élection de Martin V, anéantirent la grande autorité du fénateur, ils en confervèrent le titre, & ne lui laiffèrent que le droit d'être à la tête de la magiftrature municipale de Rome.

Il conferve un tribunal, & il juge les caufes des laïcs, dans les cas qu'indique la conftitution *romanæ Curiæ*, donnée par Benoît XIV, le 4 janvier 1746; il eft fur-tout chargé de veiller à l'obfervation des ftatuts de la ville, & il faut qu'il foit étranger.

Les *confervateurs* de Rome font des magiftrats

municipaux, dont les fonctions répondent à celles des échevins de la ville de Paris.

On fuit dans les états du pape les loix romaines, telles qu'elles font en vigueur dans les cantons de la France, qu'on appelle *de droit écrit*; mais prefque toutes les provinces de l'état de *l'églife* ont leurs ftatuts ou coutumes particulieres.

Quant au droit public, c'eft-à-dire, celui qui règle les rapports du pape avec les nations étrangères; il eft compofé d'abord du droit canon, dont une portion confidérable eft fans vigueur, hors de l'état de *l'églife*; il comprend auffi les titres, ufages & poffeffions quelconques, qui peuvent donner le plus d'avantage à la caufe du pape, dans fes débats avec les divers fouverains de l'Europe.

Ce font les connoiffances relatives à ces deux fortes de droit, & l'habileté à les difcuter & à les interpréter d'une manière favorable au faint-fiège, qui ouvrent la route à la haute fortune.

Selon la décifion de Sixte-Quint, quatre moines doivent toujours faire partie du facré collège. Ce font eux fur lefquels on compte pour réfoudre les cas intéreffans du dogme & de la difcipline.

Il n'y a point d'état où la carrière de la fortune préfente des chances auffi nombreufes & auffi brillantes; il fuffit d'entrer dans la prélature pour faire fon chemin.

On peut y entrer en achetant une charge de protonotaire, ou d'autres de cette efpèce, & en prouvant qu'on a 8000. liv. de rente. La fimple bienveillance du pape y fait entrer quelquefois; on n'exige pas la nobleffe, fur-tout des italiens, à moins qu'ils ne veulent entrer en prélature par les charges de protonotaires.

Outre les places nombreufes & diftinguées qu'ils peuvent remplir en attendant le cardinalat, il faut obferver qu'au moins 50 chapeaux font réfervés aux italiens, & que les prélats ne font guères qu'au nombre de 200.

La carrière des gouverneurs, qui eft proprement celle de l'adminiftration, conduit beaucoup moins à la fortune, que l'état de juge fubalterne dans Rome, c'eft-à-dire, de juge de *Monte-Citorio*. Quoique les gouverneurs réuniffent l'autorité militaire, civile & d'adminiftration, ils ont en toutes ces qualités, fort peu de chofe à faire, parce qu'ils font aidés de leurs lieutenans, quant à la juftice, parce que la chambre apoftolique adminiftre elle-même les finances, & parce que plufieurs de ces gouverneurs font véritablement oubliés à Rome; au-lieu que les auditeurs de *Monte-Citorio*, toujours fous les yeux du public, fe font une réputation de favoir & de lumières, d'après laquelle on les juge fufceptibles des places de fecrétaires des grandes congrégations qui mènent au chapeau.

Les nonces font tirés de tous les ordres de la prélature; on choifit ordinairement les plus riches, parce que les nonciatures exigent de la réputation, & que les appointemens font peu confidérables. Dès qu'ils en obtiennent une, on les fait archevêques *in partibus*; quelques nonciatures conduifent immédiatement à la pourpre; d'autres ne font qu'y acheminer & obligent d'exercer enfuite des emplois intermédiaires.

L'étendue des fonctions des nonces varie beaucoup. D'après les libertés de *l'églife* gallicane & les concordats faits avec le faint-fiège, le nonce en France n'eft que l'envoyé du pape; il fe trouve fur la même ligne que les miniftres des autres puiffances. Ils exerçoient jadis en Portugal & en Efpagne des pouvoirs qui fe trouvent réduits à peu de chofe: ils confervent une affez grande jurifdiction en Pologne, mais c'eft de tous les pays catholiques, celui où ils ont confervé le plus d'afcendant. Leur afcendant n'étoit pas moindre en Allemagne, il y a peu d'années; car [Benoît XIV autorifa le nonce de Cologne.

1. A vifiter & réformer les *églifes* patriarchales, primatiales, archiépifcopales, épifcopales, collégiales & paroiffiales; les couvens d'hommes & de femmes, les abbayes, chapitres féculiers, en général; tous les couvens & hofpices quelconques, quand même ils feroient exempts & immédiatement fujets au faint-fiège, les univerfités & les collèges, &c.

2. A changer les réglemens, ufages & obfervances, à faire de nouveaux réglemens, & à publier & confirmer ceux qui exiftent déjà.

3. A fupprimer les abus.

4. A punir les délits & fautes des prêtres, & de tous les religieux fans exception, à les exhorter à une meilleure conduite, & à les réformer.

5. A juger & punir les défobéiffans, les fauffaires, les ufuriers, les raviffeurs de filles, les incendiaires & autres criminels.

6. A prendre connoiffance & terminer des procès en matière criminelle & matrimoniale, & en général tous les procès de jurifdiction mixte, excepté les procès en matière bénéficiale.

7. A conférer des bénéfices fimples dans l'étendue de fa nonciature, lorfqu'ils ne vaqueroient pas dans les mois du pape, & que leur revenu n'excéderoit pas 24 ducats d'or.

8. A accorder les difpenfes de mariage, *propter honeftatem publicam.*

9. A permettre d'aliéner des biens eccléfiaftiques, ou de les donner en bail héréditaire jufqu'à la troifième génération.

10. A remettre le ferment purgatoire.

11. A difpenfer des cenfures eccléfiaftiques.

12. A abfoudre les meurtres involontaires, les parjures, les adultères, ceux qui fe feroient rendus coupables de fornication, &c.

13. A faire des monitoires contre les malfaiteurs.

14. A accorder des indulgences.

15. A faire l'office dans des *églises* interdites.

16. A permettre de faire gras les jours de jeûne.

17. A accorder des permissions d'ordination.

18. A absoudre les accusés du crime de simonie.

19. A donner des pouvoirs pour bénir & consacrer des *églises*, cimetières, autels, cloches, calices, patènes, &c.

20. A donner des dispenses de mariages de consanguinité & d'affinité; & enfin,

21. A faire cesser les empêchemens de mariages résultans de la parenté spirituelle.

Mais on sait que l'empereur actuel a aboli la jurisdiction des nonces dans tous les états de la maison d'Autriche; & l'électeur de Cologne, quoique prince ecclésiastique, s'est affranchi également de cette autorité qu'exerçoit le représentant du pape.

SECTION V^e.

De la constitution de l'état de l'église, de l'élection du pape, & de son autorité comparée à celle des autres souverains.

Si les ultramontains ont soutenu l'infaillibilité du pape dans les matières spirituelles, on ne voit pas qu'ils l'aient expressément reconnu pour infaillible en ce qui regarde l'administration temporelle de ses états. Mais cette doctrine de l'infaillibilité sur le dogme & sur la foi, devoit donner au souverain pontife une autorité très-absolue. Quoiqu'on en dise, son autorité n'est en effet contenue par rien. La constitution de Rome est donc celle d'une monarchie très-absolue: les cardinaux semblent arrêter la puissance souveraine, mais cette barrière est nulle; & celui qui arrive au trône de saint Pierre, ne semble avoir d'autres entraves, que celles qui viennent de sa frayeur ou de sa timidité.

Suivant les principes du droit canon, le pape est le chef suprême & universel de toute l'*église*. Son autorité spirituelle s'étend à toutes les *églises* chrétiennes & à tous leurs membres, & il est le vicaire de Jesus-Christ. Il a un trône & une triple couronne, qu'on appelle la *tiare*. D'après ce que nous avons dit, les questions agitées par les canonistes, relativement à l'autorité des papes, ne méritent pas d'être discutées ici.

La grosse cloche du capitole, le canon du château Saint-Ange & l'ouverture des prisons annoncent la mort du pape au peuple de Rome. Le cardinal-camerlingue en avertit les cardinaux étrangers par des lettres circulaires, & les invite à se rendre au conclave. Il est chargé de la plus grande partie du gouvernement jusqu'à l'ouverture du conclave, & il fait les préparatifs nécessaires. On construit dans les galeries & dans quelques antichambres du Vatican, des cellules séparées les unes des autres, que l'on répartit par la voie du sort, entre les cardinaux

absens & présens. Chaque cardinal en a deux, une pour lui, & l'autre pour son conclaviste, ou bien pour deux de ses domestiques. Le onzième jour après la mort du pape, les cardinaux qui se trouvent à Rome se rassemblent avant midi dans l'*église* de saint Pierre, y célèbrent la messe du Saint-Esprit, & après avoir entendu un discours sur ce qu'ils doivent observer dans l'élection d'un nouveau pape, ils se rendent en procession deux à deux au conclave, qui est ensuite fermé par le gouverneur & le maréchal du conclave. Puisque l'élection du pape ne s'est jamais faite avant l'arrivée des cardinaux étrangers, on ne sait pourquoi on renferme ainsi quelques semaines de plus, ceux qui se trouvent à Rome ou en Italie. Personne ne peut sortir du conclave, avant que le pape soit élu; on laisse sortir les cardinaux malades, mais ils ne peuvent plus y rentrer. Le gouverneur du conclave est élu par les cardinaux: il se tient, avec le maréchal, près de l'entrée du Vatican, & on a besoin de leur permission pour y entrer, ou pour en sortir. La cuisine de chaque cardinal est en dehors; on visite les paniers, mais cette visite est *très-superficielle*. On dit que chaque conclave coûte à la chambre papale 200,000 écus, & même, selon quelques-uns, 300,000. Les cardinaux font écrire par leur conclaviste, dans un billet, le nom de celui auquel ils donnent leur voix. Ce billet se jette dans un calice placé sur l'autel de la chapelle du conclave, qui porte le nom de *Sixte IV*. Deux cardinaux font à haute voix la lecture des billets, & notent le nombre de suffrages donnés à chaque candidat. Il faut avoir les deux tiers des voix pour être élu pape, & l'on recommence le scrutin jusqu'à ce qu'un des cardinaux ait réuni ce nombre de suffrages. Si cette forme d'élection n'avoit pas le succès qu'on en attend, on recourroit à une autre qu'on appelle *accès* ou *accessit*, & voici en quoi elle consiste: on conserve le scrutin précédent, & chaque électeur est obligé de donner, par écrit, sa voix à quelqu'autre cardinal; & si, par la combinaison des deux scrutins, un candidat obtient le nombre de suffrages nécessaire, il est déclaré pape; dans le cas contraire, on se sert d'un troisième moyen, qui est celui de l'inspiration: les cardinaux, dont les suffrages se sont réunis en plus grand nombre sur un même sujet, sortent alors de leurs cellules, & s'écrient à haute voix: que tel ou tel soit pape. Le même nom est quelquefois répété par d'autres, & le souverain pontife se trouve ainsi élu. Mais si les deux derniers moyens sont infructueux, on recommence le scrutin de nouveau, & le conclave peut ainsi durer fort long-temps. L'empereur, la France & l'Espagne ont le droit d'exclure un des candidats; mais cette exclusion doit se prononcer avant la réunion des suffrages requis pour l'élection.

Quand l'élection est faite, & lorsque le pape a déclaré le nouveau nom qu'il veut prendre, le chef des cardinaux-diacres l'annonce au peuple rassemblé sur la place S. Pierre, &c. On lui impose la tiare ordinairement huit ou dix jours après.

Le gouverneur de Rome est chargé de toute l'administration durant le conclave.

Il paroît que le pape est à quelques égards le plus absolu de tous les despotes du monde ; on prétend qu'il casse & annulle un testament & une substitution, & qu'il éteint même des péages sans rembourser les propriétaires.

SECTION VIe.

Des finances de l'état de l'église, de ses revenus & de ses dettes.

Pour indiquer avec une précision rigoureuse la situation actuelle des finances du pape, il faudroit que la chambre apostolique en fournît l'état ; mais comme elle ne divulgue pas ce secret de l'administration, nous sommes réduits à profiter ici des détails qu'elle a laissé transpirer dans ces derniers temps, & des observations que nous avons recueillies à Rome.

Nous donnerons l'apperçu des dépenses & des revenus, tel qu'on le publia en 1758 durant la vacance du saint-siège ; nous dirons ensuite à quelle somme on évaluoit les dépenses & les revenus dix ans après, & enfin quel étoit, au jugement des hommes éclairés sur ces matières, l'état des finances du pape en 1780.

EXTRAIT *d'un livre des comptes rendus pour 1758, durant la vacance du saint-siège.*

ETAT GÉNÉRAL DU REVENU.

	écus rom.	baj.
La province de la Marche produisoit	246,257	3
L'état d'Urbin	20,063	34½
Le Camerino	13,335	72½
La Romagne	172,526	68½
L'Ombrie	109,900	46
Le duché de Spolette	38,280	70½
Le patrimoine de S. Pierre	117,496	37
Castro & Ronciglione	47,924	43½
La province maritime & la campagne	72,661	55
Le Ferrarois	79,374	13½
Le Bolonois	30,761	85½
Le duché de Bénévent	3,305	25½
Le Comtat Venaissin	11,418	28
Les revenus perçus dans la ville d'Avignon	3,998	3½
Les investitures données par la chambre	22,296	45½

Les principales investitures regardent le roi de Naples, qui paye pour cet objet, 11,038 76 & le duc de Savoie, qui en paye 20,000.

	écus rom.	baj.
La chambre capitoline	132	40½
La Calcographie camérale	500	95½
Les postes	46,248	30
Le messager de Pérouse à Florence	115	
La ferme du sel & de la poudre	50,882	59
La ferme du tabac jusqu'à la fin de mars	22,525	
L'impôt substitué à celui du tabac pour le reste de l'année	66,366	17
La ferme de l'eau-de-vie	5,625	
La mouture du district de Rome	41,410	75
La ferme de la *Rubiatella*	10,500	
Le privilège exclusif des glacières	8,389	97½
Les douanes générales de Rome	431,988	68½
Les douanes des *senzavie*	5,325	69
La douane de la pêche	9,300	
La douane du vin	8,759	33
La gabelle sur le vin de la campagne de Rome	2,740	20
La gabelle du vin des magasins	2,240	20
La gabelle du vin & de la paille	27,721	
La gabelle de la cire	14,478	72
La gabelle du papier	7,776	88
La gabelle du douze & vingt-deux pour cent	404	30½
L'imprimerie privilégiée	18,448	
La ferme des places du pont Saint-Ange	60	
Le subside nommé *la taxe pour les galères*	5,000	
La ferme de la place Navone	1,356	
La douane à Ripa-Grande	106	
Impôt de la monnoie à Gubbio	16	82
La Lanterne de Fiumicino	70	
La gabelle d'un quatrin par livre de fer	8,020	60
La contribution des boulangers	35,209	72
La chancellerie de la Marche	1,342	32½
Le greffe d'Urbin	740	
Les secretaires de la chambre	2,902	64
Idem des mêmes	856	81½
Les notaires de la chambre apost.	3,252	98½
Ceux du cardinal-vicaire	634	89
Ceux de la rote	488	61
L'office de ripetta	120	
Le collège des cursori	733	36
La secrétairerie & gabelle des monts	4,689	27
La secrétairerie des brefs	61,521	87
Dalli spogli generali	17,975	34½
L'office du maître des brefs	11,248	3
Les offices de chancellerie	1,019	21
Le plomb de la chancellerie	10,489	75½
Les *minuti servizii* de la chancellerie	548	69½
Les demi-annates de la chancellerie	548	69½
Les émolumens dus par des charges supprimées	430	81
Ceux qui appartiennent aux clercs de chambre	68	5½

	écus rom.	baj.
Le produit des *giocali*	493	20
Le fceau du camerlinguat	2,046	87 ½
Les émolumens dus par certaines compagnies de la chambre	480	25
La taxe pour le tribunal des eaux	330	
Ce qu'on tire du *multiplico*	5,144	32 ½
Différens vacables dus au *multiplico*	5,417	53 ½
Les revenans-bons incertains des vacables	18,450	41
La vacance des vacables	24,690	
La taxe, appellée *mancia*	27,314	70
La tréforerie fecrette	10,041	
La communauté des pêcheurs	2,000	
Celle des charcuitiers	85	
Celle des aubergiftes	920	
S. Charles le pri pour *fridipreftanza*	450	
Le collège des archives	51	
La préfecture des brefs	68	
Sinigaglia	43	52
Le droit fur les bois	449	90
La loterie affermée	50,000	
Le produit des *trabaroli*	113	5
Le mont nouveau	1	23
Différens revenus	346	50
Le facré palais, compte d'affignation, &c.	13,973	63
Le même par un autre compte	11,199	61
M. Alexandre Bandini	150	

La fomme de ces différens revenus fut d'environ	2,115,935 86

Ét at général de la dépenfe du faint-fiège en 1758.

Les intérêts des monts abforboient	1,239,333	65
Les troupes	410,634	81
Les émolumens dus aux offices vacables	87,143	82

Les vacables font :

Les *cavalierati del giglio*	7,920	
Les *cavalierati pii*	14,154	96
Les *cavalierati S. Pietro*	24,123	96
Les *cavalierati S. Paolo*	9,887	60
Les *portonarii di ripa*	9,347	60
Les *cubicularii apoftolici*	5,929	44
Les *correctori e fcrittori d'archivio*	3,026	16
Les *protonotarii apoftolici*	1,980	
Les *fcudierati apoftolici*	7,074	
	87,143	82

A la daterie pour affignation	9,600	
A la même pour un autre compte	12,000	
A la ville de Porto	1,224	38
Les dépenfes du palais	93,013	23
Pour autres dépenfes du palais	93,719	8

	écus rom.	baj.
Les prifons	7,202	59
La mufique de la chapelle	7,057	56
La franchife des lettres, &c.	480	99
Les copiftes d'écritures, &c.	2,841	28
Le papier & fes livres de bureau	1,161	23 ½
L'entretien des chemins confulaires	218	32
Les paliffades de Fiumicino	4,005	64 ½
Le voyage des offic. de la chambre	770	6
Les cens dus par la chambre	305	
Les fecours donnés au prétendant	12,418	70
Petites dépenfes particulières, relatives aux nonciatures	652	70
Le fecrétaire du tribunal des eaux	330	
Les différens vacables des provinces	598	20
Les affignations pour diverfes récompenfes	6,558	87
Les fecours des côtes	1,170	
Différentes reconnoiffances	286	
Les médailles d'or & d'argent	1,358	87
L'entretien de Ponte-Felice	800	
La colonie catholique albanoife	3,751	91
Dons	2,024	26 ½
Expéditions des couriers & eftafettes	5,842	1
Réparation de maifons	1,913	92
Loyer de maifons	636	
Aumônes différentes	2,971	78
Médicamens gratuits dans Rome	871	49
Affignation pour la congrégation du bon gouvernement	3,000	
Au peuple romain, fur l'article des denrées	4,422	74
Autres dépenfes fur le même objet	1,507	98 ½
Affignations annuelles, gratuites de charité	7,477	42
Appointemens des nonces	23,665	82
Dépenfes de la chancellerie	6,443	78 ¼
Appointemens des cardinaux & prélats en charge	26,757	36
Le tribunal du gouvernement	24,528	64
Le même pour compte de dépenfes	4,657	89
Le tribunal du cardinal-vicaire	3,464	63
Le tribunal de l'auditeur de la chambre	2,467	13
Le tribunal du camerlingue & du tréforier	1,014	23 ½
Les provifions camérales	17,668	63
Dépenfes diverfes	1,297	82 ½
Le Tibre	1,250	
Le nettoiement du grand canal des falines d'Oftia	7,761	55
La ville de Caftel-Gandolfe	1,384	17 ½
La commiffion de todi	1,337	85
Le facré palais pour les dépenfes du fiège vacant	14,079	83 ½

TOTAL	2,167,013	96 ¼

Il y a, dans ces comptes, des erreurs de calcul & des omissions : car la loterie, dont le produit n'est évalué qu'à 50,000 écus, en produisoit 140,000, selon quelques personnes : ensuite la ferme de Comacchio ne paroît pas comprise dans la recette, quoiqu'elle rende aujourd'hui environ 32,000 écus romains : il faut observer toutefois que le produit de cette ferme a beaucoup augmenté, & qu'on en tiroit seulement 6 ou 7 mille écus il n'y a pas bien des années : (elle a la pêche exclusive des anguilles).

Au reste, cet état donne, malgré ses imperfections, une idée du produit & des dépenses de chaque partie.

Ainsi la recette étoit d'environ 2,115,935 écus.
Et la dépense d'environ...... 2,167,013
Et il y avoit par conséquent un
deficit de................. 51,078 écus.

Le *deficit* seroit bien plus considérable, si on eût compris dans l'état l'entretien des palais du vatican, du quirinal, de S. Pierre, &c. Il y a lieu de croire que ces dépenses & beaucoup d'autres se trouvent suspendues durant la vacance du saint-siège.

En 1768, c'est-à-dire dix ans après, on étoit persuadé que les revenus de l'état du pape étoient d'environ 2 millions 200,000 écus romains ; que les intérêts des dettes absorboient un million 240,000 écus, & que depuis 1744, époque où les dettes montoient à 56 millions d'écus romains, elles avoient augmenté ; que le reste du revenu ne suffisoit pas pour les dépenses ordinaires ; qu'ainsi la chambre apostolique s'endettoit de plus en plus : on lut, dans les papiers publics de la même année 1768, que, pour réformer ces abus, le grand trésorier avoit dressé un plan approuvé de la congrégation de la chambre, lequel, en soulageant les sujets, porteroit les revenus du pape à six millions d'écus romains, ou 30 millions de livres tournois. D'après les détails que nous donnerons tout-à-l'heure, on jugera que des obstacles se sont opposé à son exécution.

Aperçu de la situation des finances de l'état du pape & de ses revenus personnels en 1780.

Revenus de l'état............... 14,000,000
de livres de notre monnoie.
Ce que la daterie & la pénitencerie
tiroit de l'étranger............ 3,000,000
L'Espagne paye, toutes les années,
de douze cens mille livres à deux millions.
Et la France trois à quatre cens mille liv.
le surplus vient du Portugal, de l'Allemagne & de l'Italie.

Mais de ces 3,000,000 l. on n'emploie aux dépenses de l'état que 1,100,000 l. assignés spécialement aux vacables (1). Le surplus se répartit entre les officiers de la daterie, & il a des destinations que nous indiquerons dans la section suivante.

Sur les 14,000,000 liv. de revenus
de l'état proprement dits, ci...... 14,000,000
Il faut déduire les articles suivans :
Les intérêts que payent les monts (2). 6,000,000
L'entretien des troupes............ 2,500,000
Les dépenses du palais apostolique,
ou de la cour................. 1,100,000
          TOTAL............... 9,600,000

Il ne reste donc que 4,400,000 l. pour les autres charges de l'état, telles que l'administration proprement dite, celle de la justice, les réparations des bâtimens militaires & civils, les ports & arsénaux, la marine, les ambassades, &c. Cette somme pourroit suffire avec une économie rigoureuse ; mais il survient d'autres dépenses, auxquelles on ne peut faire face qu'en augmentant les dettes.

Ainsi 1°. le pape actuel a beaucoup agrandi le local du Musée du Vatican : il l'a décoré avec magnificence ; il y a rassemblé des marbres, des sculptures & des bronzes très-précieux & très-chers. Pour augmenter la collection de ce Musée, il a fait des achats sans nombre ; il a ordonné plusieurs excavations dans Rome & ses environs, & dans plusieurs autres villes de sa domination.

2°. Il a ordonné, à côté de l'*église* de saint Pierre, une sacristie qu'il a voulu rendre digne de la Basilique du monde entier. Mal servi par ses artistes sur ce point, comme sur les autres de ce genre, il l'a recommencée trois fois. Les marbres antiques qui en décorent l'intérieur, y sont répandus avec profusion, & l'édifice tel qu'il est, après des faux frais si considérables, a dû coûter des sommes immenses.

3°. Il a entrepris le desséchement des marais Pontins & le rétablissement de la voie Appienne ; & les dépenses réelles, faites jusqu'à présent, n'ont aucune proportion avec celles du devis. Si on est parvenu à rouvrir, dans l'espace de quinze lieues, de Velletri à Terracine, où commence l'état de Naples, une superbe route entre deux canaux ; on critique beaucoup le systême de ce desséchement, & on ne croit pas à la durée de cette route. Il est difficile d'apprécier la justesse ou les défauts de cette critique, sans avoir des détails bien précis : on peut s'en rapporter à l'habile administrateur qui dirige aujourd'hui ces desséche-

(1) Ce sont des offices ou des rentes, qui s'éteignent, & qui tournent au profit de l'état, quand les rentiers ne les ont point résignées quarante jours avant leur mort.
(2) Les rentes sur les monts répondent à nos rentes sur l'hôtel de ville, les aides, gabelles, &c.

commerce & d'entreprises qui enrichiffent des intrigans & des fripons, pour dévouer à la misère une multitude innombrable d'hommes, qui vivent d'un modique patrimoine, ou que leur caractère vertueux & les circonftances éloignent des places & des affaires lucratives, exciteroient l'admiration.

Ce qu'il y a de plus fâcheux pour la chambre apoftolique, tandis que le revenu eft demeuré le même, les dettes & les dépenfes ordinaires ont augmenté, malgré les réductions d'intérêt qu'on a faites fous quelques règnes. Pour donner fur ce fecond point des détails exacts & précis, il faudroit avoir un tableau de comparaifon des dettes en 1712, & des dettes actuelles, de ce qu'on dépenfoit alors, & de ce qu'on dépenfe maintenant; & il n'y a guères que la chambre apoftolique qui puiffe le donner. Cependant les papes n'enrichiffent plus leurs familles aux dépens de l'état, comme ils le faifoient autrefois. Ils pouvoient alors difpofer fecrettement de très-grandes fommes, qui font aujourd'hui fous la régie de la chambre apoftolique. Leur autorité n'a pas diminué; mais le facré collège a établi peu-à-peu un ordre qui arrête les largeffes défordonnées, ou qui contient le fouverain par l'opinion publique. Ils créoient des fiefs en faveur de leurs parens, dans les provinces de leur domination: les maifons papales ayant tout envahi, il refte peu de pareils établiffemens à former; & fi le fouverain pontife en projettoit de femblables, les cardinaux ne manqueroient pas de lui adreffer des remontrances très-vives. On dit que le pape ne peut guères économifer ou donner en argent que 50,000 écus par année.

2°. Nous nous permettrons d'obferver ici que des articles confidérables des revenus des papes, qui ont déjà diminué, diminueront encore d'une année à l'autre, & que cette diminution tenant à des caufes puiffantes, & fur-tout aux progrès de l'étude de l'économie politique & aux prétentions des fouverains catholiques, qui fe multiplient chaque jour, la cour de Rome ne viendra pas à bout de la prévenir. Le Portugal a rompu la plupart des liaifons lucratives au faint-fiège, qui n'entretient plus de nonces à Lisbonne, & il ne permet plus de recourir à la daterie à ceux qui obtiennent des bénéfices. L'Efpagne acheta, fous Benoît XIV, pour trois millions de piaftres, la liberté des difpenfes qui ne font pas réfervées à la componende, & l'affranchiffement des expéditions de la daterie, excepté pour un petit nombre de bénéfices.

On croit que l'argent, verfé de France à Rome, foit pour les bulles, foit pour les difpenfes, ne monte, année commune, qu'à 3, ou 400,000 liv., ainfi que nous l'avons dit, & ce royaume payoit à Rome, en 1712, une fomme plus confidérable. Sous Charles IX, on difcontinua de payer les bulles; mais fous Henri III, on rétablit l'ancien ufage. Encore, les fommes payées à Rome par la France, ont-elles plufieurs deftinations. Premiérement, celle de former une diftribution pécuniaire, qu'on appelle *propice*, au profit du pape & des cardinaux, dont plufieurs ont befoin de ce fupplément à leur congrue. Secondement, de contribuer à l'entretien de quelques hôpitaux. Troifiémement, de concourir au paiement des rentes viagères, conftituées par la chambre eccléfiaftique, au profit des particuliers qui lui ont confié leur argent.

Quoique les officiers de la daterie & les objets que nous venons d'indiquer, abforbent à-peu-près les deux tiers des trois millions, auxquels on évalue cette branche de revenu, & quoique 1,100,000 l. feulement foient employés à la décharge de l'état, le tréfor de la cour de Rome fentira cependant cette diminution; car il faudra bien pourvoir, de manière ou d'autre, au dédommagement de ceux fur qui elle tombera.

3°. L'article des dépouilles des eccléfiaftiques des royaumes de Naples, d'Efpagne & de Portugal, eft prefque nul, & il ne tardera pas à le devenir tout-à-fait. Dans l'état actuel de l'Europe, c'eft une branche de revenu, fur laquelle la cour de Rome ne doit plus compter.

4°. Tout ce qui regarde les finances du pape femble fufceptible d'améliorations, & d'améliorations importantes. Les reffources & les impôts qu'a imaginé la cour de Rome, la forme de perception qu'elle a établi, & les moyens qu'elle emploie pour augmenter fes revenus, font-ils bien calculés? Leur foible rapport eft-il proportionné aux abus qu'ils entraînent, & au détriment qu'ils caufent à l'induftrie, au commerce & aux manufactures?

5°. Les papes ont rendu vénales les charges de la chancellerie & de la daterie, & plufieurs autres; la même perfonne en poffède plufieurs, que fouvent elle exerce, ou qu'elle fait exercer par des prête-noms, mais dont elle perd la propriété à fa mort.

La vénalité des charges eft par-tout un mal; chacun en convient aujourd'hui, & viendroit-on à bout de prouver ici l'exception à la règle générale? Le faint-fiège eft allé plus loin encore que les pays qui ont fi fort abufé de la vénalité des charges; & n'eft-il pas temps de réformer cet abus? Le gouvernement de Rome doit être tout paternel; il doit porter l'empreinte de l'honnêteté & de la raifon; il faut qu'on y apperçoive toujours cette noble vertu qui en eft le fondement; & au-lieu de confier les divers emplois à ceux qui ont de l'argent, ne convient-il pas de les confier aux hommes qui ont du mérite? Si le fouverain montre dans fon adminiftration toute la foibleffe de l'humanité, ne nuira-t-il pas à la fainteté du miniftère qu'il remplit? Les charges dont nous parlons ne s'achetant que pour la vie, leur vénalité a encore plus d'inconvéniens que celles dont le fond paſſe aux héritiers ; on paie à l'acheteur 8 pour cent de ſon argent, & en perdant ſon emploi, lorſqu'il meurt; il perd auſſi ſon capital : il ne peut même vendre ſon office, lorſqu'il eſt arrivé à l'âge de 70 ans, ou lorſqu'il eſt dangereuſement malade ; mais s'il ſe trouve au-deſſous de cet âge, & s'il ſe porte bien, on lui laiſſe la liberté d'en diſpoſer, pourvu qu'il ſurvive 20 jours. D'après un pareil arrangement, les poſſeſſeurs des charges ſont-ils modérés dans l'exercice de leurs droits ? Ne cherchent-ils pas à tirer tout le parti poſſible d'un emploi qui va leur échapper ? L'honnêteté peut-elle les contenir, quand ils ſe voient à la fin de leur carrière ? Et les malverſations des ſubalternes ne nuiſent-elles pas au reſpect qu'on doit au ſouverain ?

Le prix des charges étant d'ailleurs très-conſidérable ; car quelques-unes de la chambre apoſtolique coûtent 80 à 100 mille écus romains, les titulaires, pour ſe dédommager des riſques que court une ſi grande ſomme, peuvent-ils être modérés dans la perception de leurs droits ?

6°. La douane de Rome rapporte, dit-on, 380,000 écus au pape ; mais elle gêne beaucoup le commerce. Si les campagnes étoient bien cultivées, & ſi l'on mettoit l'impôt ſur les productions, en établiſſant le nouveau régime avec quelque ſoin, n'exciteroit-on pas l'induſtrie au lieu de l'arrêter ? & le commerce ne retrouveroit-il pas une partie de la liberté qui lui eſt ſi néceſſaire ? D'autres douanes ſont établies dans quelques villes du pape, & leur foible produit compenſe-t-il le mal qu'elles font au commerce, dont la langueur auroit beſoin de toute eſpèce d'encouragemens ? On dit que les douanes des villes du patrimoine de S. Pierre rapportent 52000 écus ; que celle d'Ancone en rapporte 9,000 ; celle de Bénévent 2,464; celle de Ferrare 74,346, &c. ; & lors même qu'on ſuppoſeroit ce produit beaucoup plus conſidérable, ſuffiroit-il pour dédommager de ſes funeſtes effets ? Les prohibitions deviennent ſurtout funeſtes dans une nation engourdie par une longue pareſſe, qui ſe ſert du plus léger prétexte pour végéter dans l'indolence. C'eſt la négligence, ce ſont les vues bornées des adminiſtrateurs qui ont établi les douanes dans les pays agricoles & ſur le continent ; & ſi elles conviennent aux iſles, en quelques cas particuliers, adonnées au commerce, on peut par-tout ailleurs leur ſubſtituer avec fruit, des impôts ſur les productions qui ſe perçoivent ſur les lieux de culture.

Au reſte, il n'y a point de douanes ſur les frontières ; elles ſe trouvent répandues dans quelques villes, d'après une règle qui, pour être appréciée, exige beaucoup de connoiſſances du local du pays ; elles embraſſent un ſeul diſtrict, qu'on appelle le *territoire romain*, autour duquel elles forment un cordon ; & les villes exceptées, ce qui entre dans le reſte des états du ſaint-ſiège, n'y eſt point ſujet. Les marchandiſes deſtinées

pour Rome ne payent qu'à Rome, & celles qui ſont deſtinées pour les autres lieux de ce territoire de Rome, payent ſur la frontière du territoire. Nous n'oſons nous permettre des réflexions ſur cet arrangement : on a peut-être quelques raiſons de gêner la province de Rome, & de laiſſer les autres plus libres, quoique la règle générale ſoit d'établir les douanes ſur les frontières ; un état peu riche & mal cultivé, & où le commerce eſt preſque nul, qui entraîne tout à la capitale, dans laquelle ſe rendent en foule les étrangers de tous les pays de l'Europe, eſt peut-être ſuſceptible d'une exception. Il peut en être d'autant plus ſuſceptible, qu'il n'y a pas de mal à tirer ainſi de l'argent des étrangers, que les ruines de l'ancienne Rome & de la Rome moderne attireront toujours, & qui, vu le peu de richeſſes du pays, n'auront de long-temps à ſe plaindre de la cherté des denrées & du ſéjour de la capitale de l'état eccléſiaſtique. Mais s'il eſt convenable de laiſſer les douanes autour du territoire de Rome, à n'enviſager que la proſpérité de l'état, il ne l'eſt pas de ſouffrir les abus qu'on voit à celle de Rome. Les cardinaux, les grands ſeigneurs & les ambaſſadeurs ont des droits de franchiſe, en vertu deſquels ils font entrer une certaine portion de denrées, ſans en payer les droits. N'en font-ils pas entrer ſouvent le double & même le triple ? Les commis le voient, & n'oſent s'y oppoſer : ils craignent d'avoir pour maître demain, celui qu'ils feroient punir aujourd'hui ; ils redoutent les parens ou les amis de celui qui régnera un jour ; mais ces abus paroiſſent inhérens à la conſtitution de Rome ; &, s'il faut indiquer des réformes poſſibles, ou d'une difficulté ordinaire, il ſera inutile d'inſiſter ſur celle-ci.

Toutes les ſoieries étrangères payent vingt-deux pour cent de l'eſtimation ; les draps fins payent moins que les draps groſſiers, afin d'encourager les fabriques du pays : cette diſpoſition eſt aſſez convenable, du moins dans l'état où ſe trouvent les manufactures du pays ; mais on ne voit nulle part des commis plus corrompus, & la plupart des négocians viennent à bout d'éluder les droits du fiſc.

7°. Les impôts paroiſſent mal aſſis dans toutes les provinces de l'état de l'*égliſe*, & leur perception ne ſemble pas moins défectueuſe. On voit que l'étude de l'économie politique y eſt fort négligée, & qu'on y connoît peu les vrais principes de la proſpérité d'une nation. Qu'on ne s'y trompe pas, l'eſprit & la raiſon ne ſuffiſent pas aujourd'hui pour adminiſtrer convenablement les états : l'économie politique eſt une ſcience ſi vaſte & ſi compliquée : les effets de chaque opération ont une influence ſi marquée ſur tout ce qui tient au bonheur & à la richeſſe du peuple : pour calculer ces effets avec préciſion, il faut combiner tant d'élémens, & avoir égard à tant de circonſtances particulières ; il faut approfondir tant de queſtions ſur le régime des ſociétés, qu'on eſt ſûr mens, & qui, durant la légation de Bologne, a donné de fi grandes preuves de fes lumières lorfqu'il dirigeoit les defféchemens du Bolonois & du Ferrarois; mais on peut dire que ce travail, entrepris plufieurs fois & fouvent abandonné par les anciens romains, devenu plus confidérable par les dégats de tant de fiècles, eft pour les finances papales un principe de défordre, digne d'une extrême attention.

Les mauvais principes fur les approvifionnemens, dont la cour de Rome femble s'être faite une règle, ajoutent encore à la détreffe du tréfor.

Nous l'avons déja dit, il n'y a prefque point de commerce, de manufactures ou de cultures dans les parties les plus voifines de Rome; & dans les provinces où l'on apperçoit plus de mouvement & d'action, l'induftrie, quant à la culture fur-tout, y eft enchaînée par des loix qui défendent l'exportation des denrées. Le gouvernement s'eft foumis à des pertes énormes, en s'engageant à fournir au peuple les grains & autres alimens à un prix bas & toujours uniforme; il y a des années où cette difpofition coûte à l'état des fommes trèsconfidérables, & il eft bien peu de momens d'abondance où il puiffe s'en dédommager; d'ailleurs ce fyftême a néceffité la conftruction & l'entretien de plufieurs greniers publics, & des frais de régie qui augmentent les charges de l'adminiftration générale.

Tant de caufes de détreffe expliquent affez pourquoi l'on voit à Rome fi peu d'argent, mais une immenfité de papiers-monnoie, appellés cédules. C'eft la chofe la plus difficile & la plus chère que de réalifer ce papier en efpèces, & les voyageurs ne manquent jamais de faire des obfervations défavantageufes à l'état; car ils fortent ordinairement des états de Naples ou de Tofcane, où il y a beaucoup d'or & d'argent.

Cette rareté a un autre inconvénient bien grave: les habitans de Rome font eux-mêmes perfuadés que l'état des finances reffemble fort à celui de la France, à l'époque qui précéda la déroute des billets de banque.

Les efpèces d'or & d'argent que repréfente cette immenfité de papier-monnoie, doivent fe trouver quelque part, & l'on eft embarraffé de dire en quel endroit. Le déficit, s'il y en a, retombe à la charge du prince, & on ne peut avoir fur ce point aucun apperçu du défordre des finances.

Mais on feroit affez fondé à penfer que la valeur totale des billets-monnoies n'a plus de proportion avec les cinq millions d'écus, dépofés par Sixte-Quint au château Saint-Ange, & les autres fommes dépofées depuis dans le même tréfor. Car en 1764, on y prit un demi-million d'écus pour les befoins publics: on en avoit ôté antérieurement des fom-

mes plus ou moins fortes; & il paroît qu'on ne les a pas remplacées dans ces derniers temps.

On évalue la dette connue de l'état de l'églife à 58,000,000 d'écus romains, & chaque écu vaut à-peu-près cent fois de notre monnoie. Des gens bien inftruits affurent à Rome que 16 millions d'écus de cette dette peuvent être attribués aux libéralités des papes envers leurs familles; mais que le furplus a été dépenfé en fecours donnés à Malte & à diverfes puiffances de l'Italie, dans les guerres contre les infidèles.

Les arrérages que paie l'état font foibles en comparaifon de ces 58,000,000 d'écus de capital; ils ne font, y compris les vacables, que de 7,100,000 liv. de notre monnoie; on a fait des réductions fur les rentes, depuis l'époque du règne de Sixte-Quint, où elles ont commencé.

Il y a toujours des bifarreries dans chaque gouvernement, & le pape a un revenu perfonnel, comme s'il n'étoit pas, au fond, fouverain abfolu des finances & de tous les départemens, & même plus abfolu qu'aucun autre fouverain.

Voici donc en quoi confifte ce revenu perfonnel du pape.

	liv.
Componenda, ou portion double des annates qu'il prend.	60,000
Propofitions des églifes qu'il fait par lui-même dans le confiftoire.	30,000
Les médailles du jour de S. Pierre.	8,000
Culex (1) des galères.	1,200
L'office d'écrivain apoftolique.	750
TOTAL.	99,950

SECTION VIIe.

Obfervations fur les réformes dont l'état de l'églife paroît fufceptible, relativement aux finances, aux impôts, au commerce, à l'agriculture & aux manufactures: effet qu'a produit le régime du gouvernement, adopté par les papes.

Nous aimons à fonger, en commençant ce morceau, que le fouverain pontife actuel eft très-éclairé, & qu'après avoir établi une fi belle réforme dans le Bolonois, il eft difpofé à faire, dans les autres parties de l'adminiftration, les autres changemens que lui permettront les circonftances. Nous le voyons d'ailleurs fecondé par un fecrétaire d'état qui jouit de fa confiance, & qui a montré un courage & des lumières, dont on peut tout efpérer.

Nous obferverons, avant d'entrer en matière, que fi l'adminiftration de l'état de l'églife a eu quelque chofe de défectueux jufqu'à préfent, on

---

(1) C'eft ce qu'on appelle familiérement en Italie un petit revenant-bon.

ne peut lui reprocher du moins les violences. Il y a bien peu de gouvernemens plus modérés que celui de Rome. Malgré cette multitude de droits si mal assis & si mal calculés, le peuple paie peu d'impôts ; & il jouit d'une liberté de penser, de parler, & d'agir, qui n'est pas commune.

Lorsque le pape manque de fermeté, lorsqu'il craint trop les petites intrigues & les petits caquetages ; lorsqu'il se souvient trop de ceux qu'il a vu à l'époque de sa vie, où il étoit dans la foule des sujets, il n'est, malgré son autorité absolue, que le chef d'une aristocratie composée des cardinaux, des grands du pays & de ceux des étrangers, à qui la naissance, le crédit & la fortune donnent beaucoup de considération ; & les diverses provinces deviennent des espèces de républiques, qui, en vertu de leurs loix & de leurs conventions, ne respectent le pouvoir, ni des légats, ni des gouverneurs. C'est la mollesse d'une longue suite de règnes qui a donné tant de consistance aux abus : toutes ces raisons engagent un pape à déployer de la fermeté ; & ceux même qui, trop frappés des obstacles qu'éprouveroit une réforme complette, ne songent pas à la commencer, devroient se dire : *j'ai besoin d'une extrême fermeté, si je ne veux pas que les abus augmentent ou se consolident sous mon règne.* Les voyageurs & les observateurs superficiels vous disent que le pape a tout à craindre, s'il est un homme de mérite. Quelle pitoyable frayeur ! & que craindroit le pape, la révolte de ses peuples ou la déposition ? Il n'a point à redouter la révolte des peuples, à moins qu'il n'appesantisse sur eux le joug de la tyrannie ; & quant à la déposition, les cardinaux ne compromettront jamais leur grandeur & leur autorité dans une pareille entreprise. Ils savent trop bien que ce scandale les perdroit aujourd'hui, & que l'état de l'*église*, fondé sur l'opinion, plus que sur toute autre base, courroit de grands risques.

On peut dire qu'à chaque nouveau règne, l'administration aura besoin d'un degré plus grand de modération & de sagesse. Le progrès de lumières, & le desir naturel aux princes d'affranchir leurs sujets de toute espèce de domination étrangère ; l'intérêt du fisc, & l'exemple de quelques pays catholiques, même de ceux qui ont donné les preuves les plus multipliées d'obéissance au saint-siège, exigent de la part du souverain pontife & de son conseil, beaucoup de raison & d'esprit ; ils ont besoin sur-tout de cette noble adresse qui se soumet aux circonstances, sans trop compromettre ses droits.

Les sots propos, les petites épigrammes & les vengeances puériles ne doivent point ralentir le zèle des papes & de ceux de ses ministres qu'échauffe l'amour du bien public. Le gouvernement de Rome, par la nature des choses, excitera toujours des plaintes & des murmures. Les princes romains oublient qu'ils doivent leur élévation aux pays sortis de leurs familles ; lorsqu'on leur donne pour souverain un homme né dans une condition obscure, leur orgueil est blessé ; la morgue des grandes maisons, si commune en Italie, se trouve ainsi punie par les tourmens de la vanité, & c'est tant mieux.

On ne peut espérer une réforme complette des abus ; mais il en est plusieurs qu'il seroit facile de supprimer. On ne nous persuadera point, par exemple, que des obstacles trop puissans s'opposent à l'abolition du commerce exclusif du bled & de la viande que fait le gouvernement. Nous ne craindrons pas de dire que le monopole, continué si long-temps, auroit eu des suites bien plus funestes encore dans tout autre pays. Mais si la modicité des dépenses de l'administration, si la douceur du gouvernement à tant d'autres égards ont tempéré dans l'état de l'*église* les effets d'un si mauvais régime, le désordre des finances & l'indispensable nécessité de rendre quelque activité à la culture & à l'industrie, ne permettent plus de laisser au fisc cette branche de commerce.

Le désordre qui se trouve dans les finances, l'embarras du fisc, les effets qui résultent pour le trésor, de la nature des impôts & des privilèges exclusifs, exigent tous les soins de l'administration ; & nous allons entrer dans des détails de toute espèce, afin de concourir à ses travaux, autant que nos foibles moyens le permettent. La circonspection & la mesure deviennent sur-tout indispensables ici, & nous tâcherons de remplir ce devoir.

1°. Il paroît par l'état des finances rédigé sous Clément XI, en 1712, que les revenus du pape montoient à quinze millions de liv. tournois ; ainsi, loin d'avoir augmenté depuis cette époque, ils semblent avoir diminué ; & rien ne prouve mieux la négligence & les vices de l'administration. Ce rapprochement est bien extraordinaire, puisque les revenus de la plupart des états de l'Europe ont doublé, triplé, quadruplé & même sextuplé dans le même espace de temps : pour n'en donner qu'un exemple, les revenus de la France, en 1712, n'étoient que de cent millions, & ils sont aujourd'hui de plus de cinq cents ; & si la France n'en est pas devenue cinq fois, mais seulement trois fois plus riche, parce que la valeur du marc d'argent a doublé, l'état de l'*église*, loin d'avoir augmenté sa fortune, est devenu de moitié plus pauvre. Par quelle fatalité les domaines du pape n'ont-ils pas profité de l'accroissement de numéraire & de richesses qui s'est fait en Europe ? Cette uniformité des revenus seroit digne d'éloges, si les habitans de l'état de l'*église* vivoient dans l'abondance, & si la sagesse de l'administration l'avoit dirigée : on verroit avec plaisir une nation qui dédaigne les richesses factices, tandis que tous les peuples s'agitent aujourd'hui pour avoir beaucoup de métaux ; des vues si simples & si raisonnables, au milieu de cette fureur de de se tromper lorsqu'on n'y apporte pas toute la force de méditation dont l'homme est susceptible. Les princes ou les ministres qui ont l'amour du bien public, vivent dans le siècle le plus favorable. Tous les pays de l'Europe, où l'on cultive les lettres avec succès, ont produit une multitude d'ouvrages importans sur cette matière : s'ils ne sont pas tous d'accord ; si l'esprit de système en a égaré plusieurs, on ne tarde pas à découvrir la vérité au milieu de cette contrariété d'opinions : si nous nous trompions nous-mêmes dans quelques observations, nos remarques générales n'en seroient peut-être pas moins solides, & nos méprises seroient justifiées par notre zèle.

Quant à la perception des tributs, chaque ville, chaque bourg, chaque village des états du pape forme une communauté, où il y a un petit conseil chargé de veiller aux intérêts de la ville ou de la bourgade. Ces communautés levoient jadis, par elles-mêmes, les impôts que le prince leur demandoit, & les contributions nécessaires à leurs dépenses particulières ; mais elles ne peuvent rien faire aujourd'hui, sans l'aveu du bureau d'administration établi à Rome, & leurs tributs sont levés par des sous-traitans. Plusieurs villes montrent un extrême mécontentement : Bologne se plaint sur-tout d'avoir perdu des droits qu'on avoit assuré à son gouvernement municipal. L'ancien régime ne convenoit-il pas à une administration paternelle, telle que doit être celle du pape ? La perception des impôts par les communautés ne prévient-elle pas, comme on l'a dit, les violences & les vols des officiers ou des fermiers du fisc ? n'allège-t-elle pas le fardeau des impôts ? n'établit-elle pas, dans toutes les classes des citoyens, une satisfaction dont tous les administrateurs doivent s'occuper ? Le régime actuel, qui s'est introduit peu à peu, n'a-t-il pas fait tomber les villes & les bourgs dans la langueur ? n'en a-t-il pas insensiblement diminué la population ? Et si les papes, effrayés jusqu'à présent du soin de contenir tant de sujets qui voient en lui leur égal porté sur le trône par des circonstances heureuses, ont toujours mis de l'intérêt à ôter au peuple cette foible prérogative, n'ont-ils pas montré de la pusillanimité plutôt que de la circonspection ? & ont-ils bien calculé les effets de la force puissante qui maintient leur autorité en Italie ?

8°. En examinant les impôts que payent les habitans de l'état de l'église, on voit que les papes ont établi tous les genres de taxes imaginées dans les contrées les plus dévouées au régime financier ; mais chacune de ces espèces de contributions, étant mal dirigée, se trouve d'un foible produit. Un homme intelligent pourroit proposer au pape l'abolition de plus de dix impôts, & lui promettre, dans ceux qu'il conserveroit, un revenu double & triple. Nous osons inviter la chambre apostolique à s'occuper de cet objet.

Il y a des impôts sur les terres, sur la mou-ture du bled, la viande, le vin & sur diverses marchandises ; la manière dont on les perçoit, ne gêne-t-elle pas le commerce & n'arrête-t-elle point la circulation ? La quotité de l'impôt sur les terres se détermine d'après un ancien cadastre, & chaque communauté a son cadastre particulier. Mais si les cadastres sont utiles ; s'il n'y a pas de meilleur guide, lorsqu'on veut repartir les impôts avec quelque justesse, il faut refaire ou changer souvent les cadastres, & nous demanderons si on a observé cette règle dans l'état de l'église ? à quelle époque on a rédigé les cadastres dont se sert on ? S'ils indiquent les augmentations ou les diminutions d'impôts que doivent produire les nouveaux défrichemens, ou les terres abandonnées depuis peu ? & si le crédit des grandes maisons ne vient pas à bout de favoriser leurs domaines pour surcharger ceux des pauvres ? Il y a lieu de croire que nos inquiétudes sont bien fondées ; car le pape actuel a ordonné un nouveau cadastre, & en 1780 l'impôt sur les terres avoit déja été établi & substitué à d'autres impôts plus onéreux dans cinq ou six provinces.

En général, la taxe sur les terres dans le territoire de Rome, qui s'étend à plus de quarante milles de cette capitale, est fort modique : on s'en est peu occupé, parce qu'elle ne fait point partie des revenus qui doivent se verser dans le trésor du prince, & qu'elle est destinée à l'entretien des ponts & chaussées, qui sont fort mal entretenus. Mais cet arrangement n'est-il pas susceptible de plusieurs critiques ? Selon les règles d'une bonne administration, tous les revenus doivent arriver au trésor du prince, qui paye ensuite les dépenses diverses, & qui ne doit pas assigner les frais des ponts & chaussées sur telle branche de commerce ; de manière que l'impôt soit plus ou moins fort, lorsqu'on met de la négligence ou du zèle à la réparation des ponts & chaussées. Les terres de la campagne de Rome n'appartiennent-elles pas à de grands propriétaires qui ont abusé de leur faveur sous quelques règnes, pour affranchir ou soulager leurs domaines, & qui ont trompé les papes, ou séduit le public, en paroissant se charger de pourvoir à l'entretien des routes ? On est d'autant plus disposé à le croire, qu'on a vu le pape, dans ces derniers temps, augmenter l'impôt sur le territoire de Rome, pour faire face aux dépenses extraordinaires occasionnées par la disette des grains : l'augmentation de taxe fut fixée d'abord à une année ; mais on la prolongea ensuite : nous ne savons pas si elle subsiste encore ; mais nous croyons pouvoir assurer qu'il n'y auroit pas d'inconvénient à établir un impôt uniforme sur toutes les terres des provinces de l'église.

Le sol des environs de Rome est plein de soufre ; & la culture est absolument nécessaire, pour qu'il n'exhale pas une vapeur nuisible : ainsi, par un hasard singulier, la médecine ordonneroit le mouvement des terres & la culture dans les domaines

du pape, lors même que l'industrie des sujets y
seroit occupée d'une manière beaucoup plus utile;
& cette remarque est applicable aussi à la plupart
des provinces. C'est parce qu'il n'y a point d'impôt sur les terres, que Rome est environnée de
déserts incultes & empestés : en ordonnant des
plantations d'arbres, & en suppléant à d'autres
impôts par un impôt territorial, on rendroit à la
culture les environs de Rome; & cette belle capitale ne seroit plus déshonorée par des friches,
qui laissent l'impression la plus facheuse contre le
gouvernement. Quoique quelques-unes de ces terres
soient à peine effleurées, une fois tous les trois
ans, par des laboureurs souvent étrangers qui y
passent comme des nuées; le sol est si fertile qu'elles n'en produisent pas moins d'abondantes mois-
sons.

9°. L'impôt sur la mouture du bled se paye au
moulin; & cet impôt n'est-il pas funeste, par la
gêne qu'il met dans une opération qui doit être
absolument libre, par les frais trop considérables
& les vexations qu'il occasionne, & par beaucoup
d'autres causes ? Celui qui veut faire moudre, doit
se procurer d'abord une permission, & il trouve
ensuite au moulin un employé qui pèse sa farine,
& qui en fait payer les droits avant qu'elle sorte.
Ce droit de mouture est différent, selon les lieux.
On a vu la rube de bled, qui rend 620 ou
640 livres de farine, payer 4 liv. tournois lorsqu'il
appartenoit à des particuliers, & 8 liv. 17 sous
lorsqu'il appartenoit à des boulangers. Ces sortes
d'impôts sont adoptés par une administration peu
active, qui craint de perdre ses droits, & qui,
malgré les inconvéniens, les perçoit dans un lieu
fixe où les denrées arrivent toujours.

10°. L'impôt sur les animaux destinés à la boucherie est-il bien imaginé ? Et si on le trouve raisonnable en lui-même, n'est-il pas vicieux, parce
qu'il est lié au monopole du suif? On assure que
la fixation du prix des viandes est déterminée
d'après le nombre des têtes de bétail qui se trouve
dans chaque province; qu'on enregistre celles
qui appartiennent à chaque particulier; qu'il faut
prouver qu'on les a présentées au marché, ou
rapporter les peaux de celles qui sont mortes d'accidens ou de maladies : ces entraves ne nuisent-
elles pas infiniment au commerce ? n'entraînent-
elles pas une multitude d'infractions aux loix ? &
l'état de l'église ne doit-il pas être celui de tous
les gouvernemens qui s'occupe le plus de la moralité du peuple ?

Le prix des peaux est aussi fixé, & le boucher
doit les vendre au tanneur qu'on lui désigne. On
le prive de sa liberté, afin de procurer au gouvernement un bénéfice sur les peaux, ainsi que sur
les suifs : mais ces monopoles rapportent-ils beaucoup à l'état ? & leur produit a-t-il jamais balancé
le tort qui en résulte pour le commerce ?

11°. Le vin des environs de Rome paroît exempt
d'impôt, tandis que tous les autres payent une

taxe; & pourquoi cette exception ? Le tarif pour
les vins étrangers est uniforme; mais on croit que
les personnes favorisées obtiennent une estimation
inférieure à celle des autres : & c'est un abus qui
annonce beaucoup de foiblesse. Sans doute l'administration de l'église offrira toujours des abus de
cette espèce; les familles papales, les parens &
les amis des cardinaux ne manqueront guères d'obtenir des exceptions; mais c'est un malheur pour
l'état & pour le peuple : & si le désordre des finances du Bolonois a déterminé à soumettre aux
nouveaux impôts tous les habitans, sans distinction
ni exception, l'état des finances de la cour de
Rome n'exige-t-il pas le même réglement ?

En quelques endroits l'impôt que doit payer le
vin, ne porte plus sur cet article; les communautés ayant représenté qu'un autre objet le suppor-
teroit mieux, le bureau d'administration a consenti à cet arrangement, & l'impôt n'a pas changé
de dénomination : une pareille facilité dans les
administrateurs n'a-t-elle produit aucun abus ?

12°. L'impôt sur le sel paroît le mieux réglé de
tous les impôts de l'église, & nous n'en dirons
rien : la vente du tabac, long-temps affermée, est
devenue libre &, pour compenser la perte du
fisc, on a augmenté l'impôt du sel, & on a ajouté
quelques droits à la douane de Rome. L'aisance
avec laquelle on a opéré cette conversion, & la
satisfaction qu'elle a causé, ne doivent-elles pas
exciter l'administration à en essayer d'autres semblables ?

13°. Est-il d'une saine politique de mettre des
impôts annuels sur les charges ? Les titulaires ne
sont que trop disposés à fouler le peuple, & à
faire valoir outre mesure les droits qui leur sont
accordés ? Les secrétaires, les greffiers & les notaires des chambres ou tribunaux de Rome, les
huissiers payent toutes les années une somme à la
chambre apostolique pour leur office & leurs travaux ; & ne peut-on pas dire que cet impôt est
vicieux ? Si le trésor du pape en tire 97,000 écus
par an, comme on l'assure, ne seroit-il pas raisonnable d'abolir cette branche de revenu, &,
après y avoir suppléé de quelque manière, d'assujettir à une police rigoureuse des hommes qu'on
voit par-tout disposés au désordre, & à la rapine ?
Si ce droit annuel est établi ailleurs sous le nom
de centième denier, ou sous une autre dénomination, il paroît moins considérable, & par conséquent moins abusif; il est fondé sur des motifs
plus sages, & enfin le fisc des grandes nations,
accablé de dettes & surchargé de dépenses, ne
doit pas servir de modèle à celui du pape.

14°. Un état qu'on nous a communiqué, assure
que la ferme des postes ne rend au fisc que six
mille écus par an; mais on se trompe sûrement,
& nous sommes d'autant plus portés à le croire,
que le compte rendu en 1758, pendant la vacance
du saint-siège, évalue ce revenu à une somme plus
considérable : au reste, on pourroit tirer un meil-

leur parti de cette taxe qui ne foule perſonne, & que tout le monde paye avec plaiſir. Les ports francs qui en diminuent le produit, ſont trop multipliés. La France, l'Empire, Turin, Gênes, Naples, Veniſe & Florence ont à Rome leurs poſtes particulières, qui reçoivent elles-mêmes la taxe des lettres dont elles ſont chargées. Nous ne craindrons pas de dire que la cour de Rome trouveroit aiſément, dans la poſte, un revenu de cent mille écus romains, ou de 500 mille livres tournois, ſi elle le vouloit bien. Mais elle n'oſera point ôter à l'Empire, à la France, à Turin, à Gênes, à Naples, à Veniſe & à Florence, des privilèges qu'elle leur a accordés; & le ſouverain pontiſe, ou ceux de ſes miniſtres qu'anime le zèle du bien public, doivent décourager vivement des établiſſemens pareils qu'on voudroit former ſous leur adminiſtration; car les abus, une fois établis ici, ſe maintiennent long-tems, & quelquefois toujours : la cour de Rome, obligée à des ménagemens & à des complaiſances, lors même qu'elle ſemble montrer plus de prétentions, craint ſans ceſſe de compromettre de grands intérêts dans une petite affaire, & jamais elle ne déploie de fermeté, que lorſqu'il eſt queſtion de raffermir la baſe de ſa puiſſance.

15°. Nous ne chercherons pas à donner les moyens de *travailler en finances* les domaines du pape. Dans un pays gouverné par un prince qui eſt le chef de l'*égliſe* catholique, qui eſt le vicaire de Jeſus-Chriſt ſur la terre, il ne convient pas que le fiſc montre de l'avidité; la ſimplicité & la tranquillité de ſon gouvernement n'exigent pas ces combinaiſons adroites qu'imaginent les traitans, pour lever de l'argent ſur le peuple, & fournir aux dépenſes faſtueuſes des autres ſouverains. La paix conſtante dont jouit l'état de l'*égliſe*, diſpenſe de ces impôts multipliés qu'entraînent ailleurs les guerres; mais il faut par-tout, de l'ordre, égaliſer les tributs autant qu'il eſt poſſible, & ſupprimer ces exceptions & ces privilèges abuſifs qui nuiſent au peuple, & qui favoriſent ceux qui ſont déja favoriſés de tant d'autres manières.

16°. Si les monopoles que s'eſt réſervé le ſouverain, portent un coup mortel à l'induſtrie & au commerce qu'il faudroit encourager avec ſoin, les privilèges excluſifs qui ſont très-multipliés, ne produiſent pas des effets moins funeſtes ; & ſi la cour de Rome ne veille pas aux progrès de l'induſtrie, de la culture & du commerce; ſi elle ne parvient pas à découvrir un moyen de rendre de l'activité à ſes ſujets, on peut prédire que le déſordre de ſes finances l'obligera à des coups d'autorité qui perdent un prince de réputation, & qui cauſent beaucoup de ſcandale. Nous ne nous permettrons pas de répéter que les dépenſes du pape excédent ſes revenus ; qu'on épuiſe le tréſor du château Saint-Ange ; qu'on accroît la dette publique, & qu'on augmente ſans ceſſe la

quantité de papier-monnoie qui circule à Rome, & que ce papier ſe diſcredite de plus en plus : peu de perſonnes connoiſſent ces faits avec exactitude & préciſion ; mais tout le monde a vu le diſcrédit du papier-monnoie, & ce ſeroit une opération bien utile que de l'abolir. Tout papier-monnoie qu'on ne peut réaliſer en eſpèces d'un moment à l'autre, eſt nuiſible à l'état; chacun eſt d'accord ſur ce point : mais les loix qui obligent à recevoir un papier-monnoie, ſont-elles défectueuſes ? Les meilleurs eſprits croient qu'oui, ſi l'on excepte des circonſtances particulières très-rares : ils ne veulent admettre que des billets de banque, ou d'autres billets qu'on puiſſe refuſer : il faut obſerver encore que l'objet de ces billets de banque eſt de faciliter la circulation; qu'ils conviennent ſeulement aux pays où le commerce a de l'activité ; & que ces mêmes billets de caiſſe achèvent de tout perdre chez un peuple pauvre & pareſſeux, dont le commerce eſt dans la langueur.

En attendant qu'on aboliſſe ce papier-monnoie, il eſt d'une extrême importance de maintenir une proportion exacte entre la valeur des billets-monnoies, & le dépôt en eſpèces d'or & d'argent, qui doit être au château Saint-Ange & dans les autres caiſſes publiques. Si on néglige cette précaution, on verra tôt ou tard un affreux bouleverſement.

17°. Avant de finir, nous indiquerons avec la même réſerve, les améliorations & les réformes qu'on pourroit faire dans les autres parties. On a protégé les établiſſemens de quelques fabriques; on a traité les entrepreneurs avec généroſité & avec magnificence ; mais cette généroſité & cette magnificence ſont en pure perte : le défaut de lumières, les connoiſſances peu approfondies ſur les diverſes branches de l'économie politique, le peu de reſſources qu'offre l'induſtrie des naturels du pays, & quelquefois la malhonnêteté des étrangers qu'il a fallu employer, ont ruiné les établiſſemens. Comme il eſt impoſſible de prévoir les vues d'un nouveau pape qui ſuit rarement les projets de ſes prédéceſſeurs, les entrepreneurs trompent, gagnent beaucoup, & attendent le règne ſuivant pour tout abandonner.

18°. Juſqu'ici la cour de Rome s'eſt occupée preſque excluſivement du maintien de la foi, & de ſes négociations avec les puiſſances catholiques ; & elle a négligé l'adminiſtration temporelle & économique de ſes états ; & ce ſyſtême, qu'entretiennent des prétentions mal placées, eſt bien fâcheux pour les peuples ſoumis à la domination du ſaint-ſiège. Mais que doit faire un pape qui veut travailler ſérieuſement à la proſpérité de ſes domaines, & qui deſire qu'on ſuive ſon plan même après ſa mort ? Nous croyons pouvoir propoſer un moyen ſûr: qu'il établiſſe des chaires d'économie politique, ſur un plan meilleur que celui des pays où il y en à ; qu'il faffe traduire les bons livres étrangers qu'on a publiés fur cette fcience; qu'il encourage l'étude de l'économie politique. La nation éclairée fatiguera enfuite l'adminiftration de fes cris , & il faudra bien qu'on s'occupe de fes intérêts temporels.

19°. Comment avertir le chef d'une religion , qui a la charité pour bafe , que les hôpitaux & les fecours pour les pauvres , trop multipliés, font mauvais en politique ? nous devons pourtant le dire, & quoiqu'on ne puiffe efpérer la réforme d'un abus qui tient aux mœurs de la nation & à l'une des qualités, les plus eftimables des grands du pays , il faut bien obéir à la voix de la raifon naturelle , & établir les principes indiqués par l'expérience.

Si le faint-fiège convertiffoit en fecours pour l'agriculture, les fommes qu'il accorde aux hôpitaux & aux pauvres ; s'il formoit dans les terreins en friche ou mal cultivés des colonies , où l'on enverroit cette foule de malheureux qui rempliffent Rome & les provinces : il y a lieu de croire qu'une pareille opération auroit des fuites très-heureufes : elle exigeroit des combinaifons fans fin ; mais le pape actuel & fon fecrètaire d'état peuvent lutter contre de pareils obftacles , & leurs lumières viendroient à bout de les furmonter.

20°. On punit rarement les coupables de mort : il eft fûr néanmoins que la douceur des peines, les refuges & les afyles, ouverts de tous côtés aux criminels, multiplient les affaffinats, & qu'ils convient d'ôter la vie à un affaffin, fur-tout chez un peuple, qui par la violence de fon naturel, a un penchant inconcevable au meurtre. La faine philofophie, en calculant la proportion des délits & des peines, ne trouve pas que la peine de mort infligée à un affaffin foit trop forte. Si le pape eft chef de l'églife & père de tous les chrétiens, il eft fouverain temporel de l'état ; fi la première qualité lui impofe la loi de traiter fes enfans avec douceur, la feconde l'oblige à exercer cette juftice inflexible qui maintient le repos & la fûreté dans un gouvernement; & rien n'eft plus défectueux que les manœuvres employées par les hommes puiffans, afin de fouftraire leurs créatures à la rigueur des loix. Si on n'abolit pas les lieux d'afyle ou de fûreté pour les criminels, la police fera toujours mauvaife, & l'on n'exécutera point les loix. L'abolition de ces lieux privilégiés paroîtra fans doute fort difficile : elle femble répugner à un gouvernement prefque tout religieux, & les ménagemens que la cour de Rome eft obligée de mettre dans l'adminiftration des affaires femble s'y oppofer ; mais le progrès des lumières & l'excès des abus amèneront peut-être un jour la réforme.

21°. Le peuple des états du faint-fiège eft très-difficile à contenir ; fpectateur habituel des intrigues ou des malices de ceux qui approchent la cour, il eft devenu criminel par habitude ; s'il ne l'eft pas devenu par principes ; la groffiéreté & la mifère ont achevé de le corrompre, & fa corruption eft très-grande, puifqu'elle va jufqu'à fe permettre les actions les plus viles , avec une effronterie remarquable. Il fe plaint hardiment ; on ne le contient qu'avec des fbirres & des bourreaux ; & la police qu'on exerce contre lui, eft celle d'un pays defpotique, où l'on fe permet tout contre la populace. Sans doute on eft fort embarraffé avec les méchans & les fcélérats : on eft fouvent réduit à porter les peines jufqu'à la cruauté & à l'infamie ; mais cette affreufe peine de l'eftrapade qu'on lui inflige fi brufquement pour de légers délits, ne doit-elle pas l'endurcir & l'habituer à la honte ? Pour le traiter avec tant de rigueur, qu'a-t-on fait pour lui ? & dans cette multitude de fouverains qui font arrivés fur le trône de S. Pierre, avec des vues & des caractères fi différens , en trouve-t-on beaucoup qui fe foient occupés férieufement de fon bonheur ? A-t-on cru qu'on le rendroit heureux, en maintenant, aux dépens du fifc, les denrées à un prix modéré & toujours uniforme ? On fe feroit trompé : ce moyen n'a jamais produit l'aifance & le bonheur du peuple. On l'a dépouillé fucceffivement des domaines dont il jouiffoit ; & la chambre apoftolique a affigné, fur les revenus de ces domaines, quelques-unes des rentes des monts ; il s'en fouvient toujours, & il ne voit pas qu'on lui ait donné de dédommagement ; il murmure fans ceffe, & nous ne craindrons pas de dire que fes murmures font quelquefois fondés.

22° Les exploitations qui fe font pour le compte du domaine ou en fon nom, font-elles dirigées avec intelligence & de la manière qui en affureroit le fuccès ? Les mines d'alun de la Tolfa, dans le patrimoine de S. Pierre ; la fabrication du foufre dans la Marche d'Ancone, dans le duché d'Urbin & dans la Romagne ; les f.lines de la Romagne ; les fabriques de vitriol, de falpêtre & de poudre rapportent-elles ce qu'on pourroit en tirer ? & la modicité des produits dont nous avons les états fous les yeux, n'exige-t-elle pas une réforme & des encouragemens de la part de l'adminiftration ?

23°. La politique romaine a long-temps eu pour objet un defpotifme univerfel, fondé fur les anciennes maximes de Grégoire VII. Elle fait aujourd'hui qu'on lui contefte la plupart de fes prétentions ; qu'elle n'a d'autre moyen de fe faire obéir que les excommunications, moyen bien moins puiffant qu'autrefois. Le fouverain pontife actuel a mis une fageffe & une modération dignes d'éloges dans fa conduite avec l'empereur : l'Europe lui faura gré d'avoir choifi pour fecrétaire d'état un homme dont la fageffe égale les lumières ; qui portera toujours dans fes négociations l'affabilité, la droiture & la fermeté de fon caractère ; qui, animé par des vues générales de bien public, & parfaitement inftruit de ce qui fe paffe en Europe , ne compromettra rien , & satisfera tout-à-la-fois la cour de Rome & les souverains catholiques.

EGLOFF, (seigneurie d'Allemagne au cercle de Suabe) ; elle est située sur la rivière d'Argen , entre les villes impériales d'Ysni & de Wangen ; elle étoit jadis connue sous le nom de communauté libre de *Meglof* ou *Meglitz* : l'ancien château & bourg de Meglof avec les villages, hameaux & fermes qui en font partie , étoient sous la dépendance immédiate de l'Empire , qui confirma leur immédiateté en 1521 , & recommanda ses juges , conseillers & habitans à la protection de la ville impériale d'Ysni. Elle fut ensuite engagée sous la réserve de ses privilèges à la maison d'Autriche , qui l'abandonna en 1661 aux comtes de Trann & d'Abensperg , à titre de seigneurie , pour la somme de 30,000 florins. Elle donne à ses titulaires un suffrage parmi les comtes de Suabe à la diète de l'Empire & à l'assemblée du cercle , où ils n'entrent que depuis 1662 ; leur taxe matriculaire m'est inconnue ; mais ils sont imposés à 26 rixdales 22 ½ kr. pour l'entretien de la chambre impériale.

EGYPTE , contrée d'Afrique. L'*Egypte* est bornée au midi par la Nubie , au nord par la Méditerranée, à l'orient par la mer-Rouge & l'isthme de Suez , & à l'occident par la Barbarie. Cette contrée si renommée dans l'histoire, par sa puissance & le nombre de ses peuples , n'a pas une étendue proportionnée à l'idée que nous en donnent les anciens. Elle n'a que deux cens lieues de longueur sur environ cinquante, dans sa plus grande largeur, c'est-à-dire , depuis Damiete jusqu'à Alexandrie : & si elle eut autrefois vingt mille villes ; si ses rois entretinrent des armées de trois cents mille hommes , comme on le dit , ce fait offre un phénomène politique bien intéressant. Au reste, on y voit encore avec étonnement les vastes débris de plusieurs ouvrages qui supposent une contrée florissante & très-peuplée ; & la fertilité extraordinaire du pays, le soin des premiers habitans de ne laisser aucun endroit inculte, la fécondité des femmes , des animaux , une grande quantité de canaux, dont la plupart sont aujourd'hui comblés , rendent croyable ce qui d'abord paroît impossible. Paul Lucas a inféré, dans son voyage, une lettre qui justifie de cette manière ce que les anciens ont dit de la prodigieuse quantité des villes d'*Egypte*. Les calculs sur la population actuelle varient beaucoup, & nous ne croyons pas devoir les indiquer ici. On n'y reconnoît plus ce pays célèbre , qui joua un si grand rôle parmi les nations de l'antiquité.

Si l'on a plus d'égard à la beauté, à la grandeur, aux fortifications des places, qu'au nombre des habitans, il y en a peu en *Egypte* qui méritent le nom de *villes*. Rosette, Damiete, la Mansoure & plusieurs autres, quoique très-peuplées, n'ont ni murs ni remparts. La ville même d'Alexandrie , qui est sur le bord de la mer , n'est point fortifiée.

Nous donnerons dans cet article , 1°. un précis de l'histoire politique de l'*Egypte* , envisagée surtout relativement au commerce, c'est-à-dire , sous le seul rapport qui puisse être utile : 2°. des détails sur le gouvernement actuel de l'*Egypte* : 3°. des remarques sur la division de l'*Egypte* & l'administration de ses provinces : 4°. des détails sur les productions & le commerce.

SECTION PREMIERE.

Précis de l'histoire politique de l'Egypte , envisagée relativement au commerce.

L'*Egypte* que nous regardons comme la mère de toutes les antiquités historiques, la première source de la police, le berceau des sciences & des arts ; l'*Egypte*, après avoir resté durant des siècles isolée du reste de la terre, que sa sagesse dédaignoit, connut & pratiqua la navigation. Ses habitans négligèrent long-temps la Méditerranée, où sans doute ils n'appercevoient pas de grands avantages, pour tourner leurs voiles vers la mer des Indes, qui étoit le vrai canal des richesses.

A l'aspect d'une région située entre deux mers, dont l'une est la porte de l'orient, & l'autre est la porte de l'occident, Alexandre forma le projet de placer le siège de son Empire en *Egypte*, & d'en faire le centre du commerce de l'univers. Ce prince, le plus éclairé des conquérans, comprit que, s'il y avoit un moyen de cimenter l'union des conquêtes qu'il avoit faites, & de celles qu'il se proposoit, c'étoit dans un pays que la nature semble avoir attaché, pour ainsi dire, à la jonction de l'Afrique & de l'Asie pour les lier avec l'Europe. La mort prématurée du plus grand capitaine que l'histoire & la fable aient transmis à l'admiration des hommes, auroit à jamais enseveli ces grandes vues, si elles n'eussent été suivies en partie par Ptolomée, celui de ses lieutenans qui, dans le partage de la plus magnifique dépouille que l'on connoisse, s'appropria l'*Egypte*.

Sous le règne de ce nouveau souverain & de ses premiers successeurs , le commerce prit des accroissemens immenses. Alexandrie servoit au débouché des marchandises qui venoient de l'Inde. On mit sur la mer-Rouge le port de Bérénice en état de les recevoir. Pour faciliter la communication des deux villes, on creusa un canal qui partoit d'un des bras du Nil, & qui alloit se décharger dans le golfe arabique. Par le moyen des eaux réunies avec intelligence & d'un grand nombre d'écluses ingénieusement construites, on parvint à donner à ce canal cinquante lieues de longueur, vingt-cinq toises de large, & la profondeur dont pouvoient avoir besoin les bâtimens destinés à le parcourir. Ce superbe ouvrage, par des raisons physiques qu'il seroit trop long de développer,

développer, ne produifit pas les avantages qu'on en attendoit, & on le vit fe ruiner infenfiblement.

On y fuppléa, autant qu'il étoit poffible. Le gouvernement fit conftruire, dans les déferts arides & fans eaux qu'il falloit traverfer, des hôtelleries & des citernes, où les voyageurs & les caravanes fe repofoient avec leurs chameaux.

Un écrivain, qui s'eft profondément occupé de cet objet, & qui nous fert de guide, dit que quelques-uns des nombreux vaiffeaux que ces liaifons avoient fait conftruire, fe bornoient à traiter dans le golfe avec les arabes & les abyffins. Parmi ceux qui tentoient la grande mer, les uns defcendoient à droite vers le midi, le long des côtes orientales de l'Afrique, jufqu'à l'ifle de Madagafcar; les autres montoient à gauche vers le fein Perfique, entroient même dans l'Euphrate pour négocier avec les habitans de fes bords, & fur-tout avec les grecs qu'Alexandre y avoit entraînés dans fes expéditions. D'autres plus enhardis encore par la cupidité, reconnoiffoient les bouches de l'Indus, parcouroient la côte de Malabar, & s'arrêtoient à l'ifle de Ceylan, connue fous le nom de *Taprobane*. Enfin un très-petit nombre franchiffoit la côte de Coromandel, pour remonter le Gange jufqu'à Palibotra, la plus célèbre ville de l'Inde par fes richeffes. Ainfi l'induftrie alla pas à pas, de fleuve en fleuve & d'une côte à l'autre, s'approprier les tréfors de la terre la plus fertile en fruits, en fleurs, en aromates, en pierreries, en alimens de luxe & de volupté.

On n'employoit à cette navigation que des bâteaux longs & plats, tels à-peu-près qu'on les voyoit flotter fur le Nil. Avant que la bouffole eût perfectionné l'art de conduire les vaiffeaux, & de les pouffer en haute mer, les navigateurs étoient réduits à rafer les côtes à la rame, à fuivre terre à terre toutes les finuofités du rivage, à ne prêter que peu de bord & de flanc aux vents, peu de profondeur aux vagues, de peur d'échouer contre les écueils, ou fur les fables & les basfonds. Auffi les voyages, dont la traverfée n'égaloit pas le tiers de ceux que nous faifons en moins de fix mois, duroient-ils quelquefois cinq ans & plus. On fuppléoit alors à la petiteffe des navires par le nombre, & à la lenteur de leur marche par la multiplication des efcadres.

Les égyptiens portoient aux Indes ce qu'on y a toujours porté depuis, des étoffes de laine, du fer, du plomb, du cuivre, quelques petits ouvrages de verrerie, & de l'argent. En échange, ils recevoient de l'ivoire, de l'ébène, de l'écaille, des toiles blanches & peintes, des foieries, des perles, des pierres précieufes, de la canelle, des aromates, & fur-tout de l'encens. C'étoit le parfum le plus recherché. Il fervoit au culte des dieux, aux délices des rois. Son prix étoit fi cher, que les négocians le falfifioient, fous prétexte de le perfectionner. Les ouvriers employés à le préparer étoient nuds, tant l'avarice craint les larcins de la pauvreté. On leur laiffoit feulement autour des reins une ceinture, dont le maître de l'attelier fcelloit l'ouverture avec fon cachet.

Toutes les nations maritimes & commerçantes de la Méditerranée alloient, dans les ports de l'*Egypte*, acheter les productions de l'Inde. Lorfque Carthage & Corinthe eurent fuccombé fous les vices de leur opulence, les égyptiens fe virent obligés d'exporter eux-mêmes les richeffes dont ces villes chargeoient autrefois leurs propres vaiffeaux. Dans les progrès de leur marine, ils pouffèrent leur voyage jufqu'à Cadix. A peine pouvoient-ils fuffire aux confommations des peuples. Eux-mêmes fe livroient à des profufions, dont les détails nous paroiffent romanefques. Cléopatre, avec qui finit leur empire & leur hiftoire, étoit auffi prodigue que voluptueufe. Mais, malgré ces dépenfes incroyables, tel étoit le bénéfice qu'ils retiroient du commerce des Indes, que lorfqu'ils eurent été fubjugués & dépouillés, les terres, les denrées, les marchandifes, tout doubla de prix à Rome. Le vainqueur, remplaçant le vaincu dans cette fource d'opulence, qui devoit l'enfler fans l'agrandir, gagna cent pour un, fi l'on s'en rapporte à Pline. A travers l'exagération qu'il eft facile de voir dans ce calcul, on doit préfumer quels avoient pu être les profits dans des temps reculés, où les indiens étoient moins éclairés fur leurs intérêts.

Tant que les romains eurent affez de vertu pour conferver la puiffance que leurs ancêtres avoient acquife, l'*Egypte* contribua beaucoup à foutenir la majefté de l'Empire, par les richeffes de l'Inde qu'elle y faifoit couler: mais l'embonpoint du luxe eft une maladie qui annonce la décadence des forces. Ce grand Empire tomba par fa propre pefanteur; femblable aux leviers de bois ou de métal, dont l'extrême longueur fait la foibleffe, il fe rompit, & il en réfulta deux grands débris.

L'*Egypte* fut annexée à l'Empire d'orient, qui fe foutint plus long-temps que celui d'occident, parce qu'il fut attaqué plus tard ou moins fortement. Sa pofition & fes reffources l'euffent rendu même inébranlable, fi les richeffes pouvoient tenir lieu de courage. Mais on ne fut oppofer que des rufes à un ennemi, qui joignoit l'enthoufiafme d'une nouvelle religion à toute la force de fes mœurs encore barbares. Une fi foible barrière ne pouvoit arrêter un torrent qui devoit s'accroître de fes ravages. Dès le feptième fiècle, il engloutit plufieurs provinces, entr'autres l'*Egypte* qui, après avoir été l'un des premiers Empires de l'antiquité, le modèle de toutes les monarchies modernes, étoit deftinée à languir dans le néant jufqu'à nos jours.

Les vénitiens n'avoient pas attendu cette cataftrophe pour chercher les moyens de fe rouvrir la route d'*Egypte*. Ils avoient trouvé plus de facilités qu'ils n'en efpéroient d'un gouvernement formé depuis les dernières croisades, & à-peu-près semblable à celui d'Alger. Les mamelus qui, à l'époque de ces guerres, s'étoient emparés d'un trône dont ils avoient été jusqu'alors l'appui, étoient des esclaves tirés la plupart de la Circassie, dès leur enfance, & formés de bonne heure aux combats. Un chef & un conseil composé de vingt-quatre des principaux d'entr'eux, exerçoient l'autorité. Ce corps militaire, que la mollesse auroit nécessairement énervé, étoit renouvellé tous les ans, par une foule de braves aventuriers que l'espérance de la fortune attiroit de toutes parts. Ces hommes avides consentirent, pour l'argent qu'on leur donna, pour les promesses qu'on leur fit, que leur pays devînt l'entrepôt des marchandises de l'Inde. Ils souffrirent, par corruption, ce que l'intérêt politique de leur état auroit toujours exigé. Les pisans, les florentins, les catalans, les génois tirèrent quelque utilité de cette révolution, mais elle tourna singuliérement à l'avantage des vénitiens qui l'avoient conduite. Telle étoit la situation des choses, lorsque les portugais parurent aux Indes. On sait que la découverte du Cap de Bonne-Espérance a changé la route de la navigation, & affoibli l'*Egypte* déja affoiblie par la nature de son gouvernement.

SECTION IIe.

*Détails sur le gouvernement actuel de l'*Egypte.

La Porte est, selon les traités, souveraine de l'*Egypte*; mais la foiblesse de son administration & de sa marine réduisent ses droits à un vain titre : elle n'en retire presque rien, & même il y a lieu de croire que cette contrée lui coûte aujourd'hui de l'argent. Elle n'est plus pour le grand-seigneur qu'une source d'humiliations & d'outrages; mais les choses peuvent changer; l'atroce gouvernement qui désole actuellement l'*Egypte*, peut disparoître; ces absurdes & cruels beys qui oppriment le commerce, les voyageurs & les sujets; qui se massacrent & se persécutent avec tant de barbarie, se détruiront peut-être eux-mêmes; les égyptiens retrouveront peut-être un reste de vigueur pour amener une révolution, & les despotes gouvernant les provinces éloignées ou conquises avec plus de modération que tous les autres administrateurs; il est possible que la puissance ottomane recouvre en *Egypte* l'autorité dont elle devroit y jouir.

En attendant, nous allons dire ce que les voyageurs les plus récens nous apprennent du gouvernement actuel de l'*Egypte*, & nous parlerons ensuite du régime qu'y avoit établi la Porte.

M. Capper, colonel au service de la compagnie angloise des Indes, qui a conseillé dernièrement, pour se rendre en Asie, une nouvelle route qu'il a faite plusieurs fois, & qui a séjourné en *Egypte* à diverses reprises, dit que ce pays est divisé au-

jourd'hui en vingt-quatre provinces, dont chacune est gouvernée par un bey ou sangiack; la plupart de ces beys demeurent au Caire, où, une fois par semaine, & quelquefois plus souvent, ils s'assemblent pour tenir conseil; & ces assemblées s'appellent *divan*. Le scheich belled est le président de ce conseil & le membre exécutif du gouvernement. Son emploi est en quelque sorte semblable à celui du doge de Venise, mais avec plus d'autorité; il est vrai que son pouvoir dépend de plusieurs circonstances, & entr'autres de ses talens & de sa fermeté, du parti qu'il a parmi ses collègues, & de sa bonne ou mauvaise intelligence avec le pacha. Quand je fus au Caire, ajoute M. Capper, le scheich belled étoit un homme foible, & il ne devoit sa sûreté qu'à la jalousie de deux beys rivaux, presque égaux en pouvoir, qui aspiroient à sa place. Le pacha est envoyé par la Porte : c'est une espèce de vice-roi du grand-seigneur. S'il peut réussir à semer la division entre les beys, & à s'attacher secrettement lui-même au parti le plus fort, lorsqu'il fait semblant d'observer la plus parfaite neutralité, il acquiert quelquefois plus d'influence que le scheich belled. Mais il doit agir avec beaucoup de prudence & de circonspection; car si ses intrigues sont découvertes, & si le parti opposé triomphe, on l'oblige à quitter le pays. La manière dont on le renvoie, caractérise les procédés arbitraires & ténébreux de cette république de tyrans. Quand les beys ont résolu de le renvoyer, ils détachent du divan un carracourouck qui se rend à sa maison. Cet officier s'approche de l'endroit où le pacha est assis, lève en silence un coin du tapis, y place dessous le papier qui contient son ordre; il en laisse sortir l'extrémité, afin qu'il soit apperçu, & il se retire sur le champ sans avoir proféré un seul mot. Le nom de *carracourouck* signifie un *messager noir*, parce qu'il est vêtu de cette couleur. Le pacha ne songe jamais à s'opposer à cet ordre; il sait que la résistance lui coûteroit probablement la vie. Il se retire donc, le plutôt qu'il lui est possible, à Baclako qui est à deux milles du Caire; & s'il suppose un violent degré de ressentiment contre lui, il va à Rosetto, & il profite ensuite du premier vaisseau pour gagner l'isle de Chypre, où il reste jusqu'à ce qu'il ait reçu des nouvelles de Constantinople. Le divan ou le conseil des beys, pour garder les apparences avec la Porte, envoie un député à Constantinople, avec des plaintes sur la conduite du pacha. Le grand-seigneur, qui sait qu'il ne peut soutenir son représentant, ne compromet point sa dignité, & il se contente d'envoyer en *Egypte* un autre pacha; & souvent il condamne à une amende celui qui a été disgracié. — Les enfans des beys n'héritent ni du rang, ni des biens de leurs pères; ils ne peuvent même être élevés à aucun des emplois propres aux beys. Le divan, après la mort d'un bey, dispose d'une portion de ses biens pour l'usage & l'entretien de sa famille; mais le reste passe avec son titre à son cashif ou lieutenant, qui succède ordinairement à son rang & à sa fortune. Ces cashifs sont des esclaves géorgiens ou circassiens, que les beys ont achetés & adoptés dans leur enfance; ils les élèvent avec autant de soin que de tendresse, afin qu'ils servent de protecteurs à leurs enfans. Cette loi singulière semble avoir été dictée par l'horreur de la monarchie & une prédilection pour l'anarchie républicaine; mais elle n'a pu être faite que durant l'administration de quelque chef qui n'avoit point de postérité.

Les beys sont toujours en guerre depuis sept ou huit ans; & la liste de ceux qui ont péri dans les batailles, ou qui sont morts assassinés, est fort nombreuse; mais ces assassinats & ces victoires ne changent rien à l'anarchie générale : un dey mort est remplacé par un ambitieux qui adopte le même parti, ou qui forme un parti nouveau, & la guerre & le carnage continuent d'un bout de l'*Egypte* à l'autre. Plusieurs voyageurs anglois, & entr'autres M. Irwin, ont tracé le tableau de quelques-unes de ces sanglantes révolutions : il n'y a plus de sûreté pour le peuple, ni pour les étrangers, & les derniers y sont exposés à toutes les violences & à toutes les exactions de la tyrannie. On frémit des dangers qu'ont couru plusieurs anglois qui ont fait, dans ces derniers temps, le voyage de l'Inde par l'*Egypte*.

Comme la haute-*Egypte* a des sheiks arabes, fort puissans, la Porte, avant les derniers troubles, étoit obligée d'y envoyer un sangiak pour gouverner le pays & lever les tributs qu'elle exigeoit d'eux, & des cashifs qui lui étoient subordonnés. Mais cette partie de l'*Egypte* offrant un asyle aux beys détrônés, ou malheureux dans les batailles, c'est-là qu'ils se réfugient, & l'on sent que les envoyés des grands-seigneurs y seroient fort mal reçus. Ils s'approprient les impôts, ils pillent les caravanes, & dans leur détresse, ils exigent toutes les contributions dont le pays est susceptible. Ce gouverneur & ses officiers habitoient Girge : il y avoit son divan, & il étoit environné d'un appareil, presque aussi imposant que celui du pacha. C'est-là que résidoient les divers détachemens des corps militaires. Le sangiack étoit nommé tous les ans par le divan du Caire, mais il restoit pour l'ordinaire trois ans en charge.

Les historiens rapportent que le sultan Selim ayant conquis l'*Egypte*, extermina entièrement les mammelus. Peut-être laissa-t-il au peuple l'ancienne forme d'administration; mais il y a lieu de croire qu'il n'en conserva que les apparences; car il réduisit les provinces en gouvernemens, de même que dans ses autres domaines. Il établit ses créatures pour beys, & envoya dans toutes les contrées des cashifs qui lui étoient affidés, & qui n'avoient aucun intérêt à ménager le pays. Il paroît que dans la suite ces beys furent remplacés par leurs esclaves. Ainsi, ce gouvernement

approchoit beaucoup de celui des mammelus. Il paroît aussi que les beys n'eurent pas d'abord un grand pouvoir. Il résidoit entièrement dans les troupes, sur-tout les janissaires & les arabes, & ils devinrent si puissans, qu'ils entreprirent de changer l'administration. On voit dans une liste des pachas que tout se passa assez tranquillement jusqu'en 1602, qu'ils massacrèrent un des représentans de la Porte. Vingt-huit ans après, ils en déposèrent un autre, & c'est le seul exemple de cette espèce qu'on ait vu depuis Selim, jusqu'en 1673.

La Porte s'étant apperçue que les troupes devenoient trop puissantes, jugea à propos de vendre les villages aux officiers qui les commandoient avant cette époque, parce qu'ils ne vouloient point être soumis aux beys; mais ils furent obligés de faire leur cour aux beys, qui en qualité de gouverneurs des provinces, ont une autorité absolue sur les villages. La Porte s'en trouva mieux; elle crut que l'autorité résidant entre les mains des beys, elle pourroit s'en débarrasser, sans que le peuple murmurât. Jusqu'alors, elle n'avoit pu offenser un officier, sans s'exposer au ressentiment de toutes les troupes. Les beys étant peu attachés à la Porte, le grand-seigneur aimoit mieux que leur charge fût successive qu'héréditaire; car l'hasnadar, ou trésorier d'un bey, ou tel autre grand officier ou cashif, qui étoit son esclave, venant à épouser sa veuve, étoit obligé d'employer une grande partie de ses biens & présens, pour se faire des amis, & s'assurer la succession; ce qui les empêchoit de devenir trop puissans. La Porte s'est trompée dans les mesures qu'elle a prises pour s'assurer l'*Egypte*. Elle auroit beaucoup mieux fait de n'y laisser les troupes qu'un an, afin de les empêcher de s'y marier. Elle auroit dû nommer des turcs pour beys, & défendre l'importation des esclaves en *Egypte*; car ils composent la principale force du gouvernement actuel. Dès que les esclaves d'un grand sont affranchis, ils deviennent caïmacans, ensuite cashifs. Ils achètent d'autres esclaves, qu'ils affranchissent à leur tour, de manière que tous dépendent du premier maître. La Porte a si bien senti l'avantage dont il seroit pour elle d'avoir un plus grand ascendant sur les troupes, qu'avant les derniers troubles, elle a souvent tenté d'envoyer un aga des janissaires pour commander en *Egypte*; mais les troupes & les beys s'y sont toujours opposés.

Au reste, ces fautes ne sont pas les seules qu'on doive reprocher à la Porte. Si elle n'a pu prévoir la révolte & l'indépendance que s'attribuent les deys, elle pouvoit faire ce qui dépendoit d'elle pour rendre l'*Egypte* heureuse; & on ne voit pas qu'elle se soit jamais occupée du bonheur de cette contrée. Ce qui est arrivé, arrivera toujours : un grand pays éloigné, qui obéit à un despote ignorant & barbare, secoue bientôt le joug ; & fi ce pays révolté eft plus barbare encore que la puiffance dont il abjure l'autorité , des factieux ignorans s'y emparent de l'adminiftration, & ils fe difputent les dépouilles & la vie des malheureux qu'ils ont fubjugués. Mais rien n'égale le fort des égyptiens ; & jamais on n'a vu en d'autres pays de la terre , le gouvernement dévolu à des efclaves : & encore , quels efclaves ! ils n'offrent qu'un vil ramas des férails ou des lieux les plus fouillés de l'Afie ; & c'eft de tels hommes , que des conventions politiques ont défignés pour adminiftrateurs d'une vafte contrée.

Nous ne donnerons pas plus d'étendue à ces vaines remarques, & nous nous bornerons à quelques obfervations de fait qui auront du moins l'avantage d'inftruire le lecteur.

SECTION IIIᵉ.

Remarques fur la divifion de l'Egypte & l'adminif-tration de fes provinces.

On divife l'*Egypte* en trois parties, la haute, la baffe & la moyenne. On fubdivife celles-ci en provinces, qui font gouvernées par des beys, ou pour parler plus exactement, par des fangiaks : d'autres le font par des cafhifs ; on a vu plus haut que les cafhifs font les lieutenans des beys. Celles qui font gouvernées par les premiers, s'appellent *fangialics* ; mais lorfqu'elles dépendent d'un fangiak , & qu'elles font gouvernées par un cafhif, qui n'eft pas bey , on les appelle *cafhiflics*.

Le fangiak, avant les troubles, étoit un gouverneur , fous le drapeau ou fangiack duquel tous les gens de guerre étoient obligés de fe ranger, lorfqu'il lui plaifoit de les convoquer.

Le divan a confervé jufqu'ici l'ancienne divifion, fuivant laquelle le Delta étoit au bas, la Thébaïde au haut, & l'Heptanonide, ainfi appellée , parce qu'elle contenoit fept provinces, au milieu. Mais les voyageurs divifent communément l'*Egypte* en haute & baffe. Celle-ci comprend tout le pays qui eft au midi du Caire, où il y a fix fangialics ou cafhiflics, dont font deux dans le Delta; favoir, Garbich , au nord-oueft , & Menoufich , au fud-fud-eft. Au couchant, eft Baheira , dont dépend le cafhiflic de Terrane. On trouve à l'o-rient Baalbeis & Manfoura, qu'on appelle *Deqüa-halié ,* & Kalioul eft le fixième.

La moyenne *Egypte* n'a à l'orient qu'Atfiet, au couchant, Gize, Faiume, Benefvief, Minio, & à ce qu'on dit, Archemonnain & Manfalouth. Il paroît que la dernière province dépend du bey de Gize, & fi cela eft, on doit la regarder comme une partie de la haute *Egypte* ; l'autre appartient à la Mecque, & forme une efpèce de principauté indépendante. Gize, qu'on a nommée la première , devroit appartenir au tefterdar, ou grand tréforier d'*Egypte.*

« La haute *Egypte*, dit un voyageur, conte-

» noit autrefois vingt-quatre provinces ; mais les » sheiks arabes fe font emparés de la plupart, » de manière que je ne connois au couchant que » Girge , Efne & Manfalouth , quoiqu'on mette » de ce nombre Aboutig , Tome , Hou, Bardis, » Furshouth & Badjoura. » La dernière & la plupart des autres étoient gouvernées, dans ces der-niers temps , par les sheiks arabes. A l'orient, eft Sciou, & à l'orient & au couchant, Ibrim. Elma eft auffi un cafhiflic ; il eft au midi d'Oaris , & on affure qu'il fuit des loix & des coutumes par-ticulières, & qu'un étranger ne peut y refter que trois jours. Akmim , Kenna, Cous & Luxerim ont auffi paffé pour des cafhiflics ; mais ils pa-roiffent aujourd'hui confondus dans le gouverne-ment arabe ; la plus grande partie de cette con-trée étant foumife à ces cinq sheiks arabes. On trouve au couchant le sheik d'Aboutig, qui a auffi une partie de fon territoire au levant ; le sheik de Bardis, près de Girge, lequel a un très-petit ter-ritoire dans cet endroit, & un plus grand, près de Cous & de Luxerin ; le sheik de Furshouth, dont les domaines s'étendent du côté du couchant jufqu'aux cataractes. Il poffède auffi une contrée à l'orient, au-delà de celle du sheik de Bardis ; à l'orient, l'émir d'Akmim poffède encore une vafte contrée au couchant ; un autre sheik réfide à Elbanaut, & a un petit territoire près de Kepht; vient enfuite le pays du sheik de Bardis, dont j'ai parlé ci-deffus. Le diftrict qui eft à l'orient, ap-partient, prefque en entier, aux arabes, lefquels n'ont aucun gouvernement régulier ; deforte qu'il n'y a qu'une province gouvernée par un cafhif, favoir , Sciout. Les enfans des sheiks arabes fuccèdent à leurs pères ; mais il faut qu'ils foient confirmés par le pacha, à qui il revient des fommes confidérables à la mort d'un sheik. Il diffère même de les confirmer, jufqu'à ce qu'on ait dé-pofé l'argent , & il arrive fouvent, dans cet in-tervalle, que les parens du sheik forment des in-trigues pour fe fupplanter l'un l'autre. On prétend que le pacha ne confirme que celui qui s'eft rendu agréable au divan & aux habitans. Nous répéte-rons , en finiffant ces détails, qu'en indiquant ce qui eft du reffort du pacha, nous parlons de l'éten-due de pouvoir qu'il exerçoit, & non pas de celle qu'il exerce aujourd'hui.

Au refte , le pouvoir du pacha, même avant les derniers troubles, étoit fort limité. Outre les privilèges , fouvent conteftés , qu'on vient de dé-crire, fes fonctions fe réduifoient à communiquer aux beys qui compofent fon divan , & aux divans des divers ogiaks militaires, c'eft-à-dire , à leurs corps , les ordres du grand-feigneur , & à les faire exécuter par les officiers. Lorfqu'il affermoit les domaines du fultan , & que quelqu'un venoit à mourir dans le pays, les confifcations lui appar-tenoient ; car anciennement , toutes les terres de l'*Egypte* appartenoient, dit-on, au grand-feigneur, & la Porte les regardoit comme fa propriété.

Le pacha a un caïa, ou bey, dont l'office est amovible ; c'est le premier ministre du pacha, & il tient le divan. Le pacha, ainsi que le grand-seigneur, se tient assis dans une tribune, fermée d'une jalousie, placée au bout de la salle où se tient le divan, & il y assiste rarement, si ce n'est dans les occasions extraordinaires ; par exemple, lorsqu'il arrive quelque ordre de la Porte, &c. Lorsque le pacha sort, il est toujours accompagné du dragoman aga, qui non-seulement lui sert d'interprète, mais encore de maître des cérémonies. Le pacha, de même que le grand-seigneur, a ses chouses, ses shatirs, ses bostangis, & une garde de tartares à cheval, qui sont chargés de la sûreté de sa personne, & qui servent à porter ses dépêches.

L'émir-hadgi, ou le prince des pélerins qui vont à la Mecque, est nommé par la Porte : afin de le dédommager des dépenses extraordinaires qu'il est obligé de faire la première année pour son équipage, on le laisse communément deux ans en place. Si c'est un homme habile, & s'il a des amis à la Porte, il peut conserver plus long-temps son emploi ; mais il est rare qu'il le conserve plus de six ans ; car, lorsqu'il a conduit la caravane sept ans de suite, le grand-seigneur lui fait présent d'un collier d'or ; sa personne passe pour sacrée, & on ne peut le mettre à mort publiquement. Cet officier a l'inspection des états qui dépendent de la Mecque, & il les fait gouverner par ses sardars. Les émolumens de sa charge, indépendamment de ce que la Porte lui donne, consistent dans le dixième de tous les effets des pélerins qui meurent en route ; & lorsqu'il se conduit bien durant son administration, il est sûr de s'attirer l'affection & l'estime de tous les habitans.

C'est la Porte qui nomme le tefterdar, ou grand trésorier du tribut que le grand-seigneur lève sur les terres d'*Egypte* ; elle le laisse ordinairement plusieurs années en place. Elle donne quelquefois cet emploi au bey le plus pauvre, pour le mettre en état de soutenir sa dignité, & souvent au bey le moins intrigant ; car un parti ne voudroit pas qu'un homme d'intrigue, qui seroit du parti opposé, fût revêtu d'un emploi aussi important.

Ce sont les janissaires qui gardent le Caire. Le vieux Caire étoit, avant les derniers troubles, sous la garde d'un bey qui y résidoit, & qu'on changeoit tous les mois. Les arabes ont inspection sur les environs de la ville. Il y a un officier chargé de faire la ronde dans la ville, & sur-tout pendant la nuit. On l'appelle le *walla*. Son emploi répond à celui de l'officier que les turcs appellent *soubasha*. Il a soin d'arrêter ceux qui commettent du désordre, ou qui ne peuvent donner un compte satisfaisant de leurs courses, ou qui se promènent dans les rues à des heures indues, & souvent il leur fait trancher la tête sur la place,

à moins qu'ils ne soient sous la protection des janissaires, ou de quelqu'autre corps de troupes. Il est la terreur des brigands, mais il devient leur protecteur lorsqu'ils savent le gagner par des présens ; & lorsqu'ils y manquent, ils ne sont jamais sûrs de voir la fin du jour. C'est à lui que les grands envoient ceux dont ils ont à se plaindre, & ils sont sûrs d'en être débarrassés. Un autre officier, appellé *metissib*, veille sur les poids & les mesures. On trouve dans les gros villages un caïmacan subordonné au cashif ; il a l'inspection sur dix ou douze autres plus petits, dont chacun a un sheik-bellet égyptien ou arabe. Ces caïmacans, de même que les cashifs, sont obligés de ménager beaucoup les sheiks arabes qui, dans plusieurs endroits, exercent une autorité despotique. Le seul moyen de gouverner qu'ait le cashif, est de gagner un sheik par des présens. Tous les officiers annuels sont nommés par le divan, le 29 août, qui est le premier de l'année coptique. Tous ces gouverneurs se permettent des concussions ; leur principal objet est d'amasser de l'argent pour le grand-seigneur, & sur-tout pour eux.

SECTION IVᵉ.

Détails sur les productions & le commerce de l'Egypte.

Tous les auteurs conviennent que l'*Egypte* est très-fertile ; mais le voyageur Grangier soutient que sa fertilité est beaucoup moins considérable que l'on ne croit ; que toutes les terres qui bordent le Nil, sont aussi bien cultivées qu'autrefois, & que la culture & le produit en grains, fruits, &c. ne répondent pas aux anciennes descriptions ; qu'il n'est point vrai que le nombre des habitans soit prodigieux ; que les terres n'y donnent pas deux récoltes, & que les brebis n'y ont pas plusieurs portées chaque année. Il ajoute que si les égyptiens d'aujourd'hui n'étoient pas d'une aussi grande frugalité que les anciens, la terre ne leur fourniroit pas assez de froment pour leur nourriture ; que la plupart des laboureurs vivent de farine d'orge détrempée dans l'eau, & qu'ils mangent, une fois par semaine, du pain fait avec un gros millet que les arabes appellent *doura* : que pour avoir des citrouilles, on les plante près des bords du Nil, & on mêle au terrain une quantité considérable de fiente de pigeon & de sable que l'on a soin d'arroser : que les terres voisines du Nil qui profitent de l'inondation pendant quarante jours, ne rapportent, dans les meilleures récoltes, que dix pour un : que celles qui ne sont inondées que cinq jours, rendent tout au plus quatre pour un.

On ne peut s'en rapporter à Grangier plutôt qu'aux autres voyageurs : la fertilité de l'*Egypte* paroît bien attestée ; mais il y a lieu de croire que, sur cette matière comme sur tant d'autres, on s'eft livré à l'exagération, & qu'il faut fe défier également des détracteurs & des panégyriftes. Le gouvernement fi vanté de l'antique *Egypte* n'avoit pas toute la fageffe qu'on lui a prêtée ; mais il s'occupoit à quelques égards du bonheur des peuples ; l'induftrie des fujets étoit extrême, & on fent jufqu'à quel point ces deux caufes durent influer fur la culture, & par conféquent fur la fertilité du fol. Il n'eft pas befoin d'aller en *Egypte*, pour affurer que fous l'autorité de la Porte, ou fous l'autorité plus cruelle & plus défaftreufe encore des beys, les terres font mal cultivées : & excepté les pays nouveaux, la terre n'eft jamais bien fertile, lorfqu'on la cultive & qu'on la foigne mal.

La fituation de l'*Egypte* eft très-avantageufe pour le commerce. Le voifinage de la Méditerranée lui facilite la communication avec une partie de l'Afie, la Grèce, l'Italie, l'Efpagne ; & vers les côtes orientales de l'Afrique, la mer-Rouge lui ouvre la route de la Perfe & des Indes orientales, fans parler de l'avantage qu'elle retire de fa proximité avec l'Arabie, toujours fertile en parfums & aromates. Le commerce y étoit floriffant, dès le temps des patriarches ; des caravanes y conduifoient des chameaux chargés de marchandifes précieufes qu'elles alloient prendre à Galaad. Jofeph fut vendu par fes frères dans une de ces caravanes. On voit, par l'hiftoire de ce patriarche, que, dès ce temps, l'*Egypte* fertile en grains en faifoit un commerce confidérable.

Les caravanes mufulmanes qui ont lieu chaque année, font compofées de marchands & de pélerins. Le grand-feigneur donne le quart des revenus de l'*Egypte* pour les frais de la caravane qui va du Caire à la Mecque, & qui eft quelquefois compofée de 40,000 hommes & de 8 à 10,000 chameaux. L'ufage ordinaire eft de refter trois jours à la Mecque, d'où l'on fe rend enfuite à Médine pour vifiter le tombeau de Mahomet. La caravane à fon retour fe charge du tréfor & des revenus deftinés au grand-feigneur.

L'intendant de la monnoie du Grand-Caire a affuré M. Savary que la caravane d'Abyffinie apportoit toutes les années pour plus de 4 millions de poudre d'or, dont on fabrique des fequins.

Par un traité conclu le 7 mars 1775, entre le premier des beys & M. Haftings, gouverneur pour la Grande-Bretagne, dans le Bengale, les anglois établis aux Indes font autorifés à introduire & à faire circuler, dans l'intérieur de l'*Egypte*, toutes les marchandifes qu'il leur plaira, en payant fix & demi pour cent fur celles qui viendront du Gange & de Madrafs, & huit pour cent fur celles qui auront été chargées à Bombay & à Surate. Quelques vaiffeaux anglois font venus à Suez, & le fuccès a furpaffé les efpérances ; mais il y a lieu de croire que cette convention eft aujourd'hui de peu d'effet, & il eft difficile de prévoir fi elle ep produira davantage lorfque la tranquillité fera

rétablie en *Egypte*. Si la cour ottomane & les arabes ne traverfoient pas la nouvelle communication ; fi le port de Suez, que les fables achèvent de combler, étoit réparé ; fi les féditions qui bouleverfent fans ceffe les rives du Nil, pouvoient enfin s'arrêter, on verroit peut-être les liaifons de l'Europe avec l'Afie reprendre, en tout ou en partie, leur ancien canal ; ou plutôt cette nouvelle route du commerce, après avoir joui un moment de quelque éclat, ne tarderoit pas à être abandonnée.

Les négocians de Marfeille ont follicité à la cour de France le privilège de faire, par l'*Egypte*, le commerce de l'Inde : l'un d'eux, dont je connois les lumières & la probité, s'eft chargé de cette négociation, & on dit qu'elle a réuffi à Verfailles : mais a-t-on fait des conventions avec les beys d'*Egypte* ? peut-on efpérer de les obtenir ? & lorfqu'on les aura obtenu, le commerce pourra-t-il compter fur la tranquillité dont il a befoin ? Il y a lieu de croire que le projet eft calculé avec foin ; les détails & l'efpèce de fanction que lui a donné le gouvernement, font encore inconnus, & nous ne nous aviferons pas de le critiquer. Nous nous bornerons à des remarques générales : a-t-on bien étudié les difficultés de la navigation de la mer-Rouge, & a-t-on lu les voyages que les anglois ont publié fur cette partie de l'océan ? Peut-on attendre de tous les bâtimens de commerce l'adreffe & le courage néceffaires à cette navigation ? croit-on réellement pouvoir fouftraire à l'avidité des pachas ou des beys, les marchandifes de l'Europe ou de l'Afie qui pafferont en *Egypte* ?

Il y a long-temps qu'il eft queftion d'une communication aux Indes orientales par le port de Suez ; mais on a déja obfervé que ce ne feroit ni par le golfe, ni par le port de Suez qu'on pourroit établir la communication la plus avantageufe des Indes à la Méditerranée. Quoique la navigation ne foit pas impraticable par le golfe de Suez, cependant on ne parvient jufqu'à ce port qu'avec des navires d'une médiocre grandeur ; les grands vaiffeaux feroient obligés de s'arrêter à plus de quatre-vingt lieues de Suez, d'où il faudroit transporter les marchandifes fur des navires qui tiraffent moins d'eau, & avec lefquels on pût éviter la quantité innombrable des bancs de fable qui fe trouvent vers la fin du golfe, à mefure qu'on approche du port de Suez. Le trajet par terre de Suez au Caire eft encore d'environ 32 milles d'Allemagne, au milieu du défert. Les marchandifes débarquées à Suez ne pourroient ainfi fe transporter au Caire que fur des chameaux ; car le projet d'un canal à faire, du port de Suez jufqu'à la branche la plus orientale du Nil, eft à tous égards une entreprife impoffible, à caufe du fond trop fabloneux dans lequel le canal devroit être creufé ; auffi ce canal, commencé du temps de Séfoftris, & dont on voit encore quelques veftiges à l'entrée du défert en approchant du Nil, fut-il abandonné par cette même raison : & d'ailleurs qui entreprendroit cet ouvrage ? & y a-t-il lieu d'espérer que les barbares égyptiens consentiront à un pareil travail ? La communication de la Méditerranée, par le port de Suez, ne procureroit pas davantage à la nation même qui l'obtiendroit : &, dans l'état actuel des choses, il paroît qu'il faut renoncer au commerce de l'Inde & de la Chine, ou suivre la route du Cap de Bonne-Espérance. Les négocians calculent mieux que personne les frais d'une expedition ; mais quelquefois ils n'apperçoivent pas tous les obstacles qui proviennent de la nature des gouvernemens, de l'ignorance & de la barbarie des peuples, ou des effets d'une sotte habitude.

EHRENFELS ou ERNFELS, seigneurie d'Allemagne au cercle de Bavière. La seigneurie d'Ehrnfels, située sur la rivière de Laber dans la principauté de Neubourg, & le bailliage de Beretzhausen appartenoient ci-devant à la famille de Stauff en Bavière, qui acheta en 1432 des seigneurs de Laber le bourg de Beretzhausen, placé au-dessous du fort d'Ehrenfels, & qui possédoit d'ailleurs Sinching, place forte en basse-Bavière, dans le bailliage de Haidau. Au quinzième siècle, les dynastes de cette seigneurie commencèrent la ligne d'Ehrenfels & celle de Sinching. Les mâles de celle-ci s'éteignirent le siècle suivant, & les femmes, à qui passa la succession, vendirent le château & le territoire de Sinching aux nobles de Sensheim. La ligne d'Ehrenfels, qui posséda en outre les châteaux de Kefering & de Triftlfing dans le même bailliage de Haidau, se ruinoit de jour en jour, en vendant ses domaines. Jean-Bernard de Stauff, dernier de ce nom, aliéna enfin en 1567, sous la réserve de la directe, la seigneurie d'Ehrenfels en faveur du comte palatin de Neubourg. Quoiqu'à la diète de l'Empire l'électeur palatin, en sa qualité de duc de Neubourg, se fasse légitimer par ses députés, par rapport à cette seigneurie, il refuse néanmoins de s'aggréger pour elle à aucun collège de comtes, & il ne prend voix & séance qu'aux assemblées du cercle de Bavière. Les mois romains d'Ehrenfels sont de 36 florins. Il est à présumer que son contingent pour l'entretien de la chambre impériale est compris dans celui de Neubourg, puisque la nouvelle matricule usuelle n'en fait pas mention séparément. Voyez l'article MAYENCE.

EISCHSFELD, pays d'Allemagne, qui appartient à l'électeur de Mayence. Voyez MAYENCE.

EISCHSTATT. Voyez AICHSTATT.

EISENACH, (principauté d'Allemagne au cercle de haute-Saxe) : elle est située dans la Thuringe ; la plupart de ses domaines se trouvent sur la rivière de Werra & sur les confins de la Hesse : il y en a une portion sur la Saale, à peu de distance de l'Unstrut, & une autre plus petite sur la Géra. Le pays est montueux & couvert de forêts ; il ne produit pas assez de bled pour la subsistance de ses habitans. Les contrées les plus fertiles sont

le bailliage d'Asttet & celui de Gross-Rudestett. Il croît du vin dans les environs de Jena ; mais il n'est pas d'une bonne qualité.

Les habitans de cette principauté professent généralement la religion luthérienne. Le corps de la noblesse renferme de très-anciennes familles : telles sont celles de Herda, des Utterodes, des Wangenheim, &c.

Cette principauté appartient au duc de Saxe-Weimar, à qui elle donne une voix dans les diètes de l'Empire & dans les assemblées du cercle.

Les collèges qui règlent les affaires d'état de cette principauté, sont : la régence provinciale, la chambre des finances, le consistoire supérieur, le collège des subsides & des mines.

La principauté d'Eisenach contient, 1°. le bailliage d'Eisenach ; 2°. celui de Krentzbourg ; 3°. celui de Gerstungen ; 4°. celui de Tiefenort ; 5°. celui de Grossen-Rudestett & de Ringleben ; 6°. la seigneurie de Farnroda : cette seigneurie est située à peu de distance d'Eisenach ; elle appartient aux bourgraves de Kirchberg, qui en furent investis en 1532 par l'électeur Jean Frédéric ; mais elle est soumise à la supériorité territoriale de la maison de Saxe-Eisenach. Les lieux qui en dépendent, sont :

La ville & le bailliage de Jena, qui appartinrent autrefois à la branche de Jena.

Les comtes de Gleichen eurent autrefois la seigneurie du bailliage de Remda, qui, en 1631, fut donnée à l'Université de Jena par les ducs de Saxe de la branche Ernestine.

Le bailliage d'Allstett est situé entre celui de Saugerhausen, dépendant de la Saxe électorale, la principauté de Querfurt & le bailliage de Wockstett, qui fait partie du comté de Mainfeld. Ce bailliage d'Allstett dépendoit autrefois du Palatinat de Saxe, dont il est bon de parler ici. Allstett, Querfurt & Eisleben sont entourés d'un canton dépendant du Palatinat de Saxe, où les rois & les empereurs d'Allemagne établissoient des comtes palatins. Le roi Henri Ier conféra cette dignité à Bourcard, & l'empereur Henri III au comte Dedo de Goseck, dans la famille duquel elle devint héréditaire ; mais Frédéric, comte palatin, ayant été tué en 1056, l'empereur Henri IV donna ce Palatinat au comte de Sommersebourg, dont Frédéric, fils de celui qui fut tué en 1056, garda une partie, en même temps qu'il conserva le titre de comte palatin, que sa fille porta en mariage à Hermann, landgrave de Thuringe. Albert, comte palatin, mourut en 1180, & alors la partie de ce Palatinat, qu'avoient occupée les comtes de Sommersebourg, passa à Louis, landgrave de Thuringe, qui l'obtint, selon toutes les apparences, non de l'empereur, mais de Henri, surnommé le Lion, duc de Saxe : depuis cette époque, les landgraves de Thuringe réunirent la totalité du comté palatin. La race de ces landgraves s'éteignit en 1247, par la mort de Henri Raspo ; ce qui fournit à Henri, margrave de Misnie, une occasion de s'approprier non-seulement le comté palatin, mais encore le landgraviat de Thuringe, en vertu de l'expectative qu'il en avoit obtenu. Après la mort de Henri, l'empereur Rodolphe I investit Albert II d'Ascanie, son gendre, de ce même Palatinat; Albert II le transmit à sa postérité, qui le garda pendant un temps assez considérable. Cependant les margraves de Misnie en conservèrent une partie: ils en conservèrent aussi & le titre & les armes; ce qui fit croire qu'il y avoit eu deux Palatinats: savoir, celui de Thuringe & celui de Saxe; mais le premier n'a jamais existé. Il faut remarquer que, du temps même des ducs de Saxe de la famille ascanienne, quelques ducs de Brunsvick se sont qualifiés de *comtes palatins de Saxe*. On ignore encore de nos jours la raison pour laquelle le duc Henri, surnommé *le capricieux*, à pris ce titre. Le duc Magnus, dit *le pieux*, fut investi solemnellement de ce Palatinat par l'empereur Louis IV; mais, à l'extinction des ducs de Saxe de la famille ascanienne, l'empereur Sigismond donna en 1422 à Frédéric, margrave de Misnie & landgrave de Thuringe, la dignité électorale & le comté palatin de Saxe à charge par eux de posséder l'une & l'autre sur le pied de fief; & quoique les électeurs de Saxe n'ajoutent point à leurs titres celui de *comte palatin*, ils ont soin de s'en faire investir expressément par les empereurs. *Voyez* l'article SAXE.

ELBE, isle de la Méditerranée près de la côte de Toscane: elle renferme une petite principauté qui appartient au prince de Piombino. La ville de Piombino & le reste de l'isle étoient, dans le treizième siècle, soumises aux pisans. Les génois s'en emparèrent en 1290, & les vendirent aux lucquois pour la somme de 8,500 livres (1); mais ils s'en réservèrent la suzéraineté. Peu de temps après, les pisans, commandés par le comte Gui de Monte-Feltro, recouvrèrent cette possession. Jacques d'Appiano ayant usurpé la souveraineté de Pise, se trouva maître de celle de Piombino & de l'isle entière; Gerard, son fils & son successeur, vendit en 1399 l'état de Pise à Jean Galéas Visconti, duc de Milan; mais il se réserva le domaine de l'isle d'*Elbe* & de Piombino. En 1439 Jacques II d'Appiano, étant mort sans héritiers mâles, il eut pour successeur, dans Piombino & l'isle d'*Elbe*, Rinald Orsino, mari de Catherine sa fille, qui, aidé des siennois & des florentins, résista en 1448 à Alfonse, roi d'Arragon, dont les troupes attaquoient ses états par mer & par terre. A la mort de Rinald, en 1450, la seigneurie de Piombino & de l'isle d'*Elbe* fut gouvernée par sa femme, sous la protection de la république de Sienne & l'inspection d'un conseil de quinze citoyens siennois, choisis par le sénat de cette république. Catheri-

ne, pour obtenir la paix du roi Alfonse, (d'autres disent du roi Ferdinand), s'engagea à lui donner toutes les années une tasse d'or de la valeur de 500 ducats. Elle mourut six mois après, & les siennois, qui avoient cet état sous leur protection, envoyèrent Christophe Gabrielli à Piombino. Il contint le peuple; mais les sénateurs de Sienne ayant fait venir de Naples Emmanuel d'Appiano, qui y portoit les armes depuis plusieurs années; ce guerrier, d'après le vœu des sujets, s'empara du gouvernement de Piombino & de l'isle d'*Elbe*. En 1501 César Borgia, fils naturel du pape Alexandre VI, enleva à Jacques IV d'Appiano, avec le secours des siennois, Sughereto, Scarlino, Piombino, l'isle d'*Elbe* & Pianosa. Mais, après la mort d'Alexandre VI, Jacques IV rentra en possession de la seigneurie de Piombino. En 1505, il mit son petit état sous la protection du roi d'Espagne, qui établit une garnison dans la capitale. Quatre ans après, il se soumit à l'empereur Maximilien I en qualité de feudataire impérial; il voulut s'assurer un défenseur au milieu des troubles qui déchiroient alors toute l'Italie. En 1534 Barberousse, corsaire turc, débarqua dans l'isle d'*Elbe*, saccagea Rio, & réduisit tous les habitans à l'esclavage; & c'est probablement à cette époque que fut démantelée Grossera, bourgade de l'isle, située autrefois dans le territoire de Rio, à l'endroit où est à présent l'église de sainte Catherine, auprès de la tour del Ghiaccio. En 1537 Come I de Médicis, alors duc de Florence, obtint des seigneurs de Piombino la ville de Portoferrajo, pour la fortifier contre les attaques des corsaires turcs: il y construisit une belle place, qu'il appella Cosmopoli. L'isle fut de nouveau ravagée par Barberousse en 1544. Quatre ans après, Charles-Quint enleva cet état à Jacques VI d'Appiano, sous prétexte qu'il étoit mineur, & que sa mère & lui avoient beaucoup de dettes & se trouvoient hors d'état de faire face aux dangers, dont la guerre les menaçoit. Ce prince en prit donc possession, & recommanda ensuite l'état & son seigneur en bas-âge à la protection de Côme I, duc de Florence. En 1551, Portoferrajo fut vainement assiégé par le corsaire Barberousse; Côme I y envoya des troupes, qui le forcèrent à la retraite. En 1554 les turcs, sous le commandement de Tragut Raïs, saccagèrent l'isle & en emmenèrent 900 personnes, qu'ils s'emparèrent de tous les ports, excepté de Portoferrajo, que gardoit Luc-Antoine Cuppano, gouverneur de Piombino & colonel au service du duc Côme, & Jacques VI, capitaine des galères du même duc. En 1556, les turcs firent de nouvelles tentatives sur l'isle, mais inutilement. En 1558, l'empereur Charles-Quint restitua à Jacques VI l'état de Piombino, & Côme I, duc de Florence, fut confirmé dans la

_____

(1) Une livre valoit alors ce que vaut à présent un ducat d'or.

possession

poſſeſſion de Portoferrajo, à cauſe des dépenſes qu'il avoit faites pour le fortifier. On lui accorda en même-temps un terrain de deux milles de diamètre, en vertu d'un accord paſſé entre Jacques & Philippe II, roi d'Eſpagne. En 1590 Alexandre, fils de Jacques VI, ayant été aſſaſſiné, l'iſle obéit à Felix, fils naturel du roi d'Eſpagne, alors gouverneur & commandant de la garniſon eſpagnole de Piombino. Cet état fut reſtitué à Jacques VII, fils d'Alexandre, qui en fut inveſti par l'empereur, & qui reçut en même-temps le titre de prince. Jacques VII étant mort en 1603 ſans enfans mâles, les habitans de Piombino appellèrent à ſa ſucceſſion Charles d'Appiano, fils de Sforza, deſcendant de Jacques III; mais l'état de Piombino lui fut enlevé par ordre de Philippe III, roi d'Eſpagne, qui prit poſſeſſion de la principauté au nom de ſa majeſté impériale. Le même monarque, excité par la jalouſie qu'inſpiroit Portoferrajo, qui devenoit plus fort chaque jour, commença en 1605 les édifices de Porto-Longone. En 1711 Iſabelle, comteſſe de Binaſco, épouſe de don George Mendoza, fut miſe en poſſeſſion de l'état de Piombino, par ordre du roi d'Eſpagne. En 1624 ce prince s'empara du fief de Piombino, qui lui avoit été accordé par l'empereur, ſous la condition qu'il le donneroit en arrière-fief à quelqu'autre prince. Il ôta la principauté à la comteſſe Iſabelle, parce qu'elle avoit épouſé Paul Jourdan des Urſins, duc de Bracciano, qui étoit peu affectionné aux intérêts de l'Eſpagne. Il en réſulta un procès, & le décret de l'empereur fut en faveur des fils des Sforza ou des Appiani: il les obligea de payer à la chambre des finances d'Autriche la ſomme de huit cens mille florins d'or; & cette clauſe n'ayant point été obſervée, la ſous-inféodation de Piombino fut accordée en 1635 à Nicolas Ludoviſi. La principauté eſt à préſent dans la maiſon de Bon Compagni, qui deſcend des ducs de Sora, famille napolitaine, dont Grégoire XII étoit membre.

Le grand-duc de Toſcane eſt reſté en poſſeſſion de Portoferrajo, & le roi de Naples de Porto-Longone.

Ces deux poſſeſſions, loin de rapporter quelque choſe au grand-duc de Toſcane & au roi de Naples, leur coûtent de l'argent: on ne connoît pas préciſément quels ſont les revenus de l'état de Piombino: ils conſiſtent ſur-tout dans la vente d'un minerai de fer, qui eſt fort recherché, & qui eſt preſque la ſeule production de l'iſle qui entre dans le commerce de l'Europe.

ELCHINGEN, abbaye princière d'Allemagne au cercle de Suabe. Cette abbaye, qui eſt de l'ordre de S. Benoît, fut fondée en 1128: elle portoit autrefois le nom d'Aichlingen; elle eſt ſituée ſur une montagne près du Danube, & environnée du territoire de la ville impériale d'Ulm, qui s'arroge le droit de protection contre l'aveu de l'empereur & de l'abbaye; elle fut réduite

en cendres peu de temps après, & rebâtie en 1142. L'abbé prend le titre de révérendiſſime ſeigneur, prélat du ſaint-Empire, ſeigneur régnant de l'abbaye impériale, libre & immédiate d'Elchingen. Il ſiège à la diète de l'Empire ſur le banc des prélats de Suabe, entre ceux de Marchtal & Salmánſweyler, &, aux aſſemblées du cercle, il ſe place entre Ochſenhauſen & Yrſée. Sa taxe matriculaire a été réduite à 50 florins; mais on lui fait payer d'ailleurs 162 rixdales 29 kr. pour l'entretien de la chambre impériale: il dit en vain que, depuis 1521, il a perdu juſqu'à deux cents domaines, nommément les bourgs de Waldſtetten, Ochſenbrunn, Wallenhauſen & Holzheim, ainſi que les hameaux de Weiſſingen & de Balpertshofen.

Ses poſſeſſions ſe réduiſent à quatre petits bailliages.

ÉLECTEURS D'ALLEMAGNE, ou princes électeurs du ſaint-Empire. Nous en avons déja parlé à la ſection 8e de l'article ALLEMAGNE, & nous y renvoyons les lecteurs: mais nous nous propoſons de diſcuter ici une queſtion importante. On ſait que les princes d'Allemagne, en général, jouiſſent dans leurs états du droit de ſouveraineté, & que les plus conſidérables d'entre ces princes ont ſeuls le privilège de choiſir un empereur; dont la dignité n'eſt nullement héréditaire. Il s'agit de ſavoir ſi ce droit eſt légitime ou uſurpé. Les partiſans de l'autorité impériale prétendent qu'il eſt uſurpé, & par conſéquent illégitime. Ils ſoutiennent que, ſans remonter à des temps plus reculés, la dignité impériale étoit héréditaire dans la famille des carlovingiens; que les ancêtres des princes d'Allemagne d'aujourd'hui n'étoient que des officiers & des domeſtiques de ces empereurs; que les noms de margraves, landgraves, pfaltzgraves déſignoient ſimplement les charges qu'ils occupoient; que ces officiers acquirent de grands biens, & devinrent formidables dans leurs gouvernemens; qu'enfin ils ſe ſoulevèrent contre leur légitime ſouverain, ſe rendirent indépendans, & s'arrogèrent le droit d'élire un chef commun. D'autres auteurs ſont d'une opinion bien différente; ils diſent que, dès le temps de Tacite, les principaux d'entre les différens peuples de la Germanie, s'aſſembloient pour choiſir un chef qui gouvernoit toute la nation; ils trouvent de plus, dans les hiſtoriens allemands du moyen âge, qu'il y avoit alors ſept peuples principaux, dont chacun avoit ſon chef ou ſon duc particulier, qui jouiſſoit d'une entière indépendance; qu'à la vérité, Charlemagne ſe rendit maître de l'Allemagne par la force des armes, mais que la dignité impériale n'étoit point héréditaire; que les deſcendans eux-mêmes de ce conquérant laiſſoient toujours l'image de la liberté aux germains, en ſe faiſant élire empereurs, & ils en citent pluſieurs exemples. Mais, ajoutent-ils, en ſuppoſant que l'Empire fût héréditaire ſous les carlovingiens; il eft fûr qu'après l'extinction de cette famille, en la perfonne de Louis l'enfant, les princes allemands recouvrèrent leur ancienne liberté par le droit qu'on appelle *jus poftliminii*, & on voit clairement qu'ils fe prévalurent de cet avantage, en plaçant fur le trône impérial, de leur pure volonté, Conrad I & enfuite Henri l'oifeleur. Enfin les mêmes auteurs démontrent que depuis cette époque tous les empereurs ont été élevés à l'Empire par voie d'élection, & qu'on ne cite pas un exemple du contraire. Je n'examine point fi on peut admettre l'hypothèfe de ces anciens peuples, & en déduire d'une manière naturelle & plaufible l'origine des conftitutions & les coutumes de l'Empire. Ce n'eft pas ainfi qu'il faut réfoudre la queftion : il eft plus fimple d'examiner à quelle époque les *électeurs* ont commencé à jouir de ce privilège, comment cette révolution arriva, & fi l'ufage & des titres formels ont confirmé leur prérogative. Que la dignité impériale fût alors héréditaire, ou qu'elle ne le fût pas, ce fait eft prefque indifférent. Les peuples changent tous les jours leurs conftitutions, & les peuples confédérés changent, à leur gré, le régime de leur affociation. Les publiciftes s'occupent donc de vaines recherches lorfqu'ils vont fouiller les vieux monumens de l'hiftoire, pour prouver que les fept *électeurs* repréfentent les fept peuples anciens qui concouroient à la nomination des empereurs d'Allemagne. Les publiciftes ont examiné encore fi la fouveraineté des *électeurs* & des princes d'Allemagne s'acquife légitimement ou non. Il fe rencontre fouvent, difent-ils, des cas où l'on eft obligé d'avoir recours à la préfomption ; lorfqu'il n'y a point de convention pofitive. Dans ces cas, l'alternative change tout-à-fait la thèfe : car fi les princes ont obtenu la fouveraineté territoriale par une grace des empereurs, il eft à préfumer que ces empereurs leur ont accordé le moins de privilèges qu'ils ont pu. Si, au contraire, les princes déja fouverains chez eux fe font donné un maître commun, on doit préfumer qu'ils fe font réfervés pour eux le plus de prérogatives qu'ils ont pu, & qu'ils n'en ont voulu accorder à ce chef, que le moins qu'il leur a été poffible. Cette nouvelle queftion eft auffi mal pofée que la première, & les moyens qu'on emploie pour la réfoudre font auffi défectueux. La plupart des fouverainetés ont commencé par l'ufurpation ; & quand celle des princes d'Allemagne auroit la même origine, on ne pourroit en conclure qu'elle eft illégitime aujourd'hui ; ils diroient, de leur côté, que la fouveraineté de l'empereur eft fondée également fur des ufurpations, & ils remonteroient dans la preuve de ces ufurpations, jufqu'aux peuples indigènes de la Germanie, auxquels des étrangers & des vainqueurs allèrent donner des loix. Les diplomes de l'empereur & de tout le corps germanique, des traités fans nombre reconnoiffent la fouveraineté de divers princes d'Allemagne ; une longue prefcription leur en a confirmé la jouif-

fance : & il n'eft pas befoin de donner d'autres raifons. Ainfi, fans nous arrêter aux fottes affertions des pédans, & à la ridicule importance qu'ils mettent aux vieux ufages, nous conclurons que tous les *électeurs*, princes, comtes & villes libres de l'Allemagne, jouiffent aujourd'hui des droits de la fouveraineté, & qu'ils n'ont d'autre obligation envers l'Empire, que celle qui réfulte de leurs conventions & du lien de toutes les fociétés, en vertu duquel on eft obligé de concourir au bien de la caufe commune, & de ne rien entreprendre qui puiffe lui nuire.

ELWANGEN, prévôté princière d'Allemagne, au cercle de Suabe. Ses terres font fituées fur les frontières du cercle de Franconie, entre le comté d'Oettringen, une partie du duché de Würtemberg, la ville impériale d'Alen, le comté de Limbourg & le marquifat de Brandebourg-Onolzbach. Cette prévôté renferme 9 bailliages.

Elwangen, qui n'étoit d'abord qu'un couvent de Bénédictins, fondé en 764, fut érigé en abbaye quelque temps après, & enfin, en prévôté féculière, en 1460 & 1461. Quelques auteurs ont prétendu que dès l'année 1011, l'empereur Henri II accorda à cette abbaye la dignité princière, qui lui fut confirmée par l'empereur Charles IV; d'autres au contraire foutiennent que la prévôté n'obtint cette diftinction qu'en 1555. Quoi qu'il en foit, des recès de l'Empire, antérieurs à cette époque, prouvent que dès le commencement du feizième fiècle, les prévôts d'*Elwangen* ont fiégé parmi les princes.

Le prince-prévôt d'*Elwangen* fiège fur le banc des princes eccléfiaftiques de l'Empire, après le prince-abbé de Kempten ; mais dans ces diètes du cercle de Suabe, ces deux princes, en vertu d'un accommodement de 1583, obfervent l'alternative du pas d'un jour à l'autre. Le chapitre eft compofé de douze membres. Le titulaire porte d'argent à une mitre d'abbé, d'or. Le duc de Würtemberg eft protecteur de cette prévôté, dont les dignités héréditaires font : celle de maréchal dans la maifon d'Adelmann, d'Adelmanusfelden ; celle de grand-chambellan dans la maifon de Freyberg & Eifenberg ; celle de grand-échanfon dans la maifon de Rechberg-Hoen-Rechberg, & celle de grand-maître dans la maifon de Schwarzachhorn. La taxe matriculaire de cette prévôté étoit jadis de cinq cavaliers & de dix-huit fantaffins, ou de 132 florins ; on lui fit, en 1691, une remife de 52 florins, & elle n'en paie plus que 80. Sa contribution pour l'entretien de la chambre impériale eft portée à 175 rixdales, 78 ¾ kr.

Les dicaftres du prince font la régence, le confeil eccléfiaftique & la chambre des finances.

EMBARGO eft un mot efpagnol, qui fignifie *arrêt*. Les anglois l'ont d'abord adopté, & toutes les nations l'emploient à préfent. Mettre un *embargo*, c'eft fermer les ports, & retenir les bâtimens qui fe trouvent en état de naviger.

L'*embargo* fe met fur les navires marchands des fujets, des étrangers & des puiffances neutres, alliées ou non. Les vaiffeaux de guerre ne font point foumis à la rigueur de l'*embargo*.

On pourroit donner à l'*embargo* une origine très-ancienne; car il paroît que Xenophon en fit ufage lors de la retraite des dix mille; mais le cas où ce général fe trouvoit eft celui de la néceffité, au-lieu que la feule raifon de bienféance fuffit aujourd'hui. Il faut donc attribuer cet ufage aux efpagnols, qui ont imaginé la chofe & le nom.

Ils fe permettent depuis long-temps des *embargos*. Les deux qu'ils mirent, lorfqu'ils allèrent en Sicile, en 1718, & à la conquête d'Oran, en 1732, font les deux plus confidérables dont ils aient donné l'exemple. Ils examinèrent quels étoient les navires propres à transporter des provisions, des chevaux, des munitions de guerre, des foldats. Ils empêchèrent ces bâtimens de s'en retourner & de prendre des cargaifons à fret. Ils les firent enfuite jauger, & ils payèrent deux piaftres par mois pour chaque tonneau. Les vaiffeaux françois, anglois, hollandois, & ceux de toutes les autres nations qu'on crut propres au fervice, fe virent affujettis à ces deux *embargos*, qui ne femblent pas avoir été fort onéreux aux propriétaires. Plufieurs capitaines firent des préfens aux officiers du roi d'Efpagne, afin que leurs navires fuffent compris dans la lifte de ceux qui devoient fervir aux expéditions projettées. Dans celle d'Oran, un vaiffeau anglois ayant été d'abord agréé & puis refufé, le capitaine Thomas Jackfon, qui le commandoit, donna de l'argent, & employa des recommandations pour être reçu. Il le fut, & il s'en trouva bien.

Les *embargos*, mis depuis en Efpagne, ont été plus onéreux aux propriétaires des bâtimens nationaux ou étrangers; on ne les a payés qué lorfqu'on s'en eft véritablement fervi. Ces *embargos* ont compris tous les navires étrangers; mais il eft fouvent arrivé que, fur les plaintes des miniftres, on laiffoit partir ceux qui avoient leur charge: cette condefcendance n'eft pas allée jufqu'aux vaiffeaux anglois; quoique ceux-ci fuffent prêts à partir, & qu'ils euffent déjà payé le mois d'avance aux matelots, on les retenoit. Le prétexte de l'*embargo* univerfel fur les navires fujets & étrangers, étoit d'empêcher qu'on n'allât donner des nouvelles de ce qui fe paffoit. En Efpagne, l'*embargo* particulier fur les anglois, qui étoit toujours le plus long, avoit pour motif de donner aux vaiffeaux de guerre le temps d'engager des matelots qui, autant qu'ils le peuvent, préfèrent le fervice des marchands à celui du roi.

Les autres princes n'ont jamais donné aucun dédommagement aux propriétaires des bâtimens nationaux ou étrangers, pour les avoir arrêtés; mais lorfqu'ils s'en fervent, ils paient ce qu'auroit payé le propriétaire.

Le roi d'Efpagne, en 1735, héfitant d'accepter les préliminaires de la paix que le roi de France avoit conclu pour lui & pour fes alliés, avec l'empereur d'Allemagne, mit un *embargo* dans tous fes ports. Les françois, foumis d'abord, comme tous les étrangers, à la rigueur de cette prohibition, obtinrent la permiffion de s'y fouftraire; mais l'*embargo* eut lieu pour toutes les autres nations; & il dura fix mois.

Le roi d'Efpagne & le roi d'Angleterre fe faifant la guerre, & manquant de matelots, mirent, en 1739, pour en avoir, un *embargo* dans tous leurs ports, fur les bâtimens nationaux & fur les bâtimens étrangers. Le premier *embargo* des anglois dura depuis le mois de juin, jufqu'au mois d'août; & ils en mirent enfuite un fecond, qui dura environ cinq femaines. Ces deux *embargos* caufèrent à Londres une cherté extrême fur le charbon de terre & fur quelques autres marchandifes.

Les mêmes princes mirent, en 1740, plufieurs *embargos* dans tous leurs ports; mais les expéditions projettées n'ayant pas eu lieu, ces *embargos* furent levés au bout de quinze jours ou de trois femaines, & les navires arrêtés ne reçurent aucun dédommagement.

Sur la fin de cette même année, le roi d'Angleterre voulant empêcher le transport du bœuf falé d'Irlande aux pays étrangers, mit un *embargo* dans tous les ports d'Irlande. Il a fait depuis la même chofe en plufieurs occafions. Craignant que les bâtimens étrangers ne transportaffent des hommes ou des munitions de guerre ou de bouche en Ecoffe, au fils aîné du prétendant qui y étoit, à la tête d'une armée, il mit pour trois mois un *embargo* fur tous les bâtimens chargés de provifions pour le dehors, excepté celles qui feroient pour l'ufage des vaiffeaux du roi d'Angleterre.

Le roi très-chrétien, pour faire transporter des troupes en Ecoffe, en faveur du prétendant, mit auffi un *embargo* fur tous les navires françois & étrangers qui fe trouvoient dans fes ports de Picardie & des Pays-Bas, & il le leva quelque temps après. Les miniftres de Suède, de Danemarck & de Hollande firent des inftances à la cour de France, pour obtenir quelque dédommagement, en faveur des navires de leurs fujets; mais on leur répondit: « que le roi, en mettant ces *embargos*, n'avoit fait que fe fervir du droit qu'ont tous les fouverains dans les ports de leur dépendance; & qu'ainfi fa majefté n'étoit point tenue de dédommager les maîtres de ces navires, par rapport au temps pendant lequel ils avoient été obligés de s'arrêter: que d'ailleurs, on ne leur avoit caufé aucun préjudice dans les états du roi. »

Pour transporter des grains à Cartbagène, la cour de Madrid mit un *embargo* général fur tous les bâtimens qui fe trouvoient dans fes ports.

L'ufage de l'*embargo* eft aujourd'hui fi généralement établi chez toutes les puiffances maritimes de l'Europe, qu'il eft devenu une efpèce de droit. On le met dans tous les cas où l'on en a befoin,

précisément & uniquement parce qu'on en a befoin. Chaque fouverain en fait ufage ; il eft ainfi
devenu réciproque, & il paroît qu'aucun état ne
doit s'en plaindre. Si des raifons, tirées du droit
naturel ou des loix de l'honneur, pouvoient balancer les raifons plus impofantes, tirées de l'ufage
& des conventions tacites, que femble produire
l'état de guerre, on diroit, que peut être l'*embargo*
permis fur les navires nationaux, parce que le
fouverain eft le maître d'employer tout ce qui peut
concourir à la défenfe ou à la gloire de la nation,
mais qu'il n'en eft pas de même des navires étrangers
qui arrivent dans un port fous la foi du commerce.

EMÉRAN (Saint-), abbaye princière d'Allemagne. C'eft une abbaye de Bénédictins qui eft
fituée dans la ville impériale de Ratisbonne.

L'empereur Charles VI confirma, en 1731, aux
abbés de *Saint-Eméran*, la dignité de prince, dont
il paroît qu'ils furent inveftis par l'empereur Albert. Le titre de l'abbé eft N. par la grace de
Dieu, prince du faint-Empire romain, abbé de
Saint-Eméran, abbaye exempte & immédiate.
Il fiège à la diète de l'Empire, parmi les
prélats, fur le banc du Rhin, entre l'abbé de
Münfter, dit *de Saint-Corneille*, & l'abbeffe
d'Efen ; & dans les affemblées du cercle de Bavière, il a voix & féance fur le banc eccléfiaftique, entre le prévôt de Berchtolfgaden & l'abbeffe
de Niedermünfter. Sa taxe matriculaire a été fixée
en 1682, à 32 florins. Son contingent pour l'entretien de la chambre impériale eft de 87 rixdales,
83 $\frac{1}{2}$ kr. Les ducs de Bavière font patrons &
protecteurs de l'abbaye pour les terres fituées
en Bavière ; ce font les meilleures & les plus confidérables que poffède l'abbaye.

EMEUTE. L'*émeute* eft un concours d'hommes
qui s'affemblent tumultuairement, & n'écoutent
plus la voix des magiftrats, foit qu'ils en veuillent
à leurs fupérieurs eux-mêmes, ou feulement à
quelques particuliers. Les *émeutes* ont lieu, quand
le peuple fe croit vexé ; elles font produites fur-
tout par ceux qui lèvent les impôts. Si les mécontens fe plaignent des magiftrats, ou des autres
dépofitaires de l'autorité publique, & s'ils en
viennent jufqu'à une défobéiffance formelle, ou
aux voies de fait ; l'*émeute* devient une *fédition*.
Voyez ce mot. Si le mal s'étend ; s'il gagne un
grand nombre de citoyens à la ville ou dans les
provinces, & s'il fe foutient, de manière que le
fouverain lui-même ne foit plus obéi, on donne
à ce défordre le nom de *foulèvement. Voyez* Sou-
LÈVEMENT.

Ces violences troublent l'ordre public, & on
les regarde comme des crimes d'état, lors même
qu'il y a de juftes fujets de plainte : car les voies
de fait font interdites dans la fociété civile. Ceux
qu'on vexe, doivent s'adreffer aux magiftrats, &
s'ils n'en obtiennent pas juftice, ils font réduits
à chercher des moyens de porter leurs réclamations au pied du trône. Le citoyen doit même

fouffrir patiemment des maux fupportables, plutôt que de troubler la paix publique ; & dans les
pays qui confervent le plus de liberté, il n'y a
qu'un déni de juftice de la part du fouverain, ou
des délais affectés, qui fembleroient pouvoir excufer l'emportement d'un peuple pouffé à bout, s'il
peut jamais être excufé.

ÉMIGRATION, f. f., du latin *migrare*,
fortir, abandon que des hommes, des familles,
des peuples font de leur pays pour paffer dans
un autre & pour habiter une nouvelle terre.

L'*émigration* eft toujours un grand malheur pour
l'homme qui l'embraffe comme dernière reffource
contre le mal-aife & la crainte infupportable de
la mifère.

Les voyages, les courfes, les travaux, les périls,
la défertion, tout cela eft dans le naturel de l'homme porté aux tentatives hafardeufes & à un genre
de vie aventurier, non-feulement par le defir de
voir de nouveaux objets & par l'efpérance vague
d'améliorer fon état, mais encore par une certaine inquiétude libertine & vagabonde, ordinaire
fur-tout dans la jeuneffe. Mais l'*émigration* eft
autre chofe : c'eft la démiffion volontaire de fon
droit d'habitant & de citoyen ; c'eft le délaiffement de fa patrie, de fes autels, de fes foyers,
du clocher de fa paroiffe, des divers afpects de
renfeignement habituel, des fontaines, des bois,
des chemins, des marchés, des lieux où l'on fo-
lâtra dans fon enfance, du langage, des noms de
baptême & de parenté, & du fouvenir mis fur
la tombe de fa mère. Le délaiffement de tous ces
objets, chers à notre mémoire, fait par des hommes
fimples, qui ne jouiffent jamais que de ces chofes
& les quittent pour ne plus les retrouver, fur de
foibles efpérances, fouvent réputées vaines par les
émigrans eux-mêmes, dénués d'ailleurs de forces,
de courage & de connoiffances pour fe tranfporter dans une terre abfolument étrangère, n'eft-ce
pas, au fond, le comble des calamités ?

On connoît la maladie du pays, invincible pour
un temps. Elle eft prefque générale parmi les
hommes, foit policés, foit barbares, & même
plus inévitable chez ces derniers. Ceci feroit croire
qu'elle tient aux habitudes & aux coutumes plus
fimples & plus tranchantes, en raifon de ce que
les peuples font plus groffiers ; mais fi l'on veut
en rechercher le principe, on trouvera que c'eft
une fuite du penchant donné à l'homme par la
nature pour accroître fes appartenances, c'eft-à-
dire, le defir fecret d'attirer tout à foi. Jamais on
n'en fut plus près que dans l'enfance ; les foins
empreffés d'un rufé courtifan ne fauroient approcher des attentions d'une mère, d'une nourrice
pour fon enfant. Le plus pauvre eut une mère qui
le foignoit, en raifon de ce qu'il étoit plus petit
& plus pauvre ; il eut un afyle où il commandoit
en maître. Les enfans des riches & des grands font
moins fujets à la maladie du pays que les pauvres,
comme ayant été tenus dès l'enfance dans la fer-

vitude qu'ils retrouvoient par-tout. Mais les pauvres se souviennent avec d'autant plus de prédilection des lieux où ils furent quelque chose, qu'ils ne sont plus rien nulle part.

C'est à ce souvenir même que renonce l'homme qui se détermine à l'*émigration*. Combien l'effort ne doit-il pas être grand ? Combien la nécessité ne doit-elle pas être impérieuse ? Et les princes & les gouverneurs osent, de sang-froid, ordonner des précautions sur leurs frontières, pour empêcher les *émigrations* & arrêter les *émigrans*. En faut-il ensuite pour empêcher des nationaux de quitter en famille un pays naturellement difficile & même ingrat ? Cela ne me paroît pas suivant l'ordre. Je dis plus ; dès qu'un homme est absolument misérable en un pays, & qu'il n'y trouve pas de ressources pour sa subsistance, au moyen de l'offre & de l'échange de son travail, c'est un bonheur qu'il en sorte ; car il est alors une portion de la population en non valeur, & par conséquent, à charge à lui-même, à ses voisins & à l'état.

Assurément, c'est la faute des arrangemens humains, & un effet du désordre politique, quand cela arrive ; car, selon l'ordre, il ne naît point d'homme, que son patrimoine ne naisse & ne croisse en quelque sorte auprès de lui. Il reçoit les premières avances qu'exige son enfance de ses parens, aidés, s'ils sont trop pauvres, par la charité des voisins. En croissant, il devient de quelque utilité au sein d'une société, ardente à tout travail, éveillée à toute industrie, & les avances de sa subsistance diminuent de leur poids en raison de ce que son petit secours apporte d'aide au travail. Adulte, il ambitionne, il imite, il supplée & embrasse les travaux de l'âge viril, & dès-lors, les avances cessent, jusqu'à ce que parvenu à l'âge de la force & de l'intelligence, il gagne par son travail de quoi rendre peu-à-peu les avances qu'il a reçues, en soutenant la vieillesse de ses bienfaiteurs, ou en épargnant de quoi devenir lui-même père de famille laborieux, constant & industrieux.

Telle est la marche de la société, civile d'abord, industrieuse ensuite, complette enfin, politique, instruite, éclairée ; telle est, dis-je, la marche sociale, selon l'ordre, c'est-à-dire, livrée à l'impulsion des loix de la nature. Mais pour cela, il faut que le cercle naturel des travaux & des dépenses ait son libre cours, & que rien, dans les opinions, ni dans les actes, ne contrarie l'ordre naturel légal.

Par cet ordre, & selon cet ordre, la culture est le centre commun, à l'avantage duquel se rapportent tous les travaux, attendu que toutes les richesses sortent de-là, comme tous les besoins partent du besoin de la subsistance. Selon cet ordre, tout aboutit à la richesse ou à l'aisance des propriétaires fonciers & à leur propension naturelle à employer leurs moyens à l'amélioration de leurs fonds, qui sont la source de leurs richesses

& du bien-être général & particulier de la société.

Si au-lieu de cela, le faste des cours & les bienfaits prodigués, si les amusemens oiseux & corrupteurs des villes induisent tous les grands propriétaires à dédaigner leurs domaines & à venir se ruiner dans le luxe & la mollesse de la capitale ; si les rentes multipliées séparent les revenus de leur source, de manière qu'ils passent dans des mains qui ignorent même d'où ils viennent, & qui n'y prennent aucun intérêt, que les plus sages pères de famille regardent leurs fonds comme la partie la plus onéreuse de leur patrimoine ; si l'opinion générale, égarée par l'exemple des fortunes & des prééminences à brevets, porte le plus grand nombre des citoyens à acheter & à suivre des emplois qui les éloignent de leur domicile ; enfin, si le fisc dérouté & l'impôt indirect, si favorable à la rapine & si ruineux, interceptent les racines du commerce, arrêtent & rançonnent la production aux portes de la consommation, & barrent ainsi toute l'industrie des campagnes ; tout s'appauvrit, & l'ignorance, la paresse, le découragement, sont les suites inséparables de la misère.

Les petits propriétaires ruraux, qui sont exactement les seuls résidents & vraiment utiles, de même que les forts entrepreneurs de culture, ces colonnes d'état, qui ne peuvent exploiter que les grandes terres à portée des grands débouchés, ne sauroient se soutenir dans leur exploitation sans le secours du commerce rural.

Si ce commerce manque ou déchoit, que devient alors la population du peuple auxiliaire de l'agriculture ? Ces hommes précieux, accoutumés à la fatigue & au labeur, qu'on appelle *manœuvres*, languissent dans leurs foyers déserts ; tout au plus on les appelle pour les fauches & les récoltes, & on les nourrit alors comme ces chevaux, auxquels on double l'avoine pour leur donner le moyen de faire une course forcée. Ce contraste d'un long repos & d'un travail pénible & insolite les dispose aux maladies, les retournent languir dans leurs chaumières, sans secours, sans trouver du travail dans les journées d'hyver, & l'impôt arbitraire vient encore achever de les épuiser & consomme leur ruine. Que peuvent devenir alors ces malheureux & leurs familles, bannis du cercle des travaux & des dépenses ? des voleurs & des mendians. Tout homme est nuisible à la société, s'il ne peut dépenser. Le travail, fonds primitif de toutes les dépenses quelconques, leur est refusé. Ce sont donc des hommes réduits à être nuisibles, & il est heureux d'en être débarrassé.

Mais, dira-t-on, cela fournit des hommes pour l'état & le service des particuliers. Soyez en état de solder des hommes, vous n'en manquerez jamais pour vos travaux & pour votre défense. Ayez des hommes sans solde, vous n'aurez que des ennemis.

Restent enfin les cultures privilégiées, les vignobles, les vergers, &c. qui ne se cultivent qu'à bras, & qui semblent faire vivre une nombreuse population : & c'est précisément sur les produits de ces genres de culture que s'exercent l'impôt indirect, les droits, les excises, les prohibitions. Tous ces produits n'ont de débouchés qu'à l'aide du trafic que tout éloigne. La récolte en est exposée à toutes les vimaires, le débit à la non-valeur & aux vexations ; les dépenses en sont très-fortes & toujours les mêmes, & les revenus si casuels & si intercadens qu'on peut les regarder comme presque nuls. Excepté les contrées voisines des grands débouchés, par-tout ailleurs la population nombreuse que ces cultures semblent nourrir, n'a point de consistance ni de durée. Son existence est aussi précaire que celle des chenilles sur la branche, qui périssent par les pluies d'hiver, ou qui, resserrées dans leur coque, dévorent la feuille qui leur servit de support & d'abri.

Tels sont les funestes & inévitables effets de l'intervention humaine dans le mouvement & l'action du cercle naturel des travaux & des dépenses : tels sont les fruits des fausses spéculations de la politique aveugle & frauduleuse, & ce sont ces désastres combinés & réunis qui forcent les hommes à l'*émigration*.

En effet, quand le métier d'homme ne vaut plus rien dans un pays, il est naturel de desirer de l'aller faire ailleurs. Le mal-aise & le danger chassent les malheureux loin de leur terre natale. Ils en sortent pour trouver un bien-être qu'elle leur refusoit. Les précautions qu'on prend d'ordinaire pour arrêter ce mal, ne sont guères moins funestes que le mal même. On peut les comparer à celles de ces barbares qui, voulant emmener un prisonnier expirant de la lianterie, prirent le parti de lui boucher les conduits des excrémens.

Quant aux souverains qui, dans des vues aussi mal combinées, veulent attirer chez eux des *émigrans*, & leur font des commencemens d'avances pour un nouvel établissement, ils perdent leur temps, leur peine, leurs frais & leur crédit. Ils ne savent pas qu'on peut secourir, soutenir même un malheureux une fois tombé dans l'indigence, mais qu'il est bien difficile qu'on le relève jamais. La charité est nécessaire & obligatoire pour le prochain ; mais chacun en a l'occasion dans son cercle, sans en attirer de loin.

Mais l'intention de ceux qui appellent les *émigrans*, est de profiter de leur travail & de leur industrie. Qu'ils appellent des richesses, les hommes les suivront toujours. Les hommes, sans les richesses, ne font que misère & désordre.

Le moyen d'appeller les richesses dans un état, c'est le renom de bonté du prince qui le gouverne, c'est la confiance qu'il inspire & la sûreté qu'il donne : ce sont ses vertus personnelles ; je veux dire, la sagesse, la stabilité du gouvernement, son respect pour les opinions, le soin toujours présent de faire concourir les volontés du plus grand nombre aux mesures de l'administration, l'art de faire les grandes choses sans appareil, les petites sans négligence, & celui de fonder sur les bases de la nature, qui peuvent attirer de riches *émigrans*. Les richesses & l'industrie, vexées ailleurs, viendront chercher un asyle & des propriétés dans un tel pays, sans qu'il en coûte rien au gouvernement que l'acquit de son ordre ; je veux dire, les avances souveraines pour les débouchés.

(*Cet article est de M.* GRIVEL.)

ADDITION à l'article ÉMIGRATION.

Il y a des *émigrations* chez tous les peuples qui communiquent avec leurs voisins ; mille causes produisent l'inquiétude, le mécontentement & la misère qui donnent lieu aux *émigrations*, & les souverains qui veulent les empêcher & qui les interdisent par des menaces rigoureuses, oublient trop que c'est un malheur inhérent à la nature sauvage & à la nature civilisée.

Est-il permis de quitter sa patrie ? C'est une question qu'on a discuté mille fois, & que peu d'auteurs ont bien résolu. Les enfans sont naturellement attachés à la société, dans laquelle ils ont reçu le jour : ils lui sont redevables, en grande partie, de leur naissance & de leur éducation. Ils doivent donc l'aimer, lui marquer une juste reconnoissance, lui rendre, autant qu'il est en eux, le bien pour le bien. Ils ont droit d'entrer dans la société, dont leurs pères étoient membres. Mais tout homme naît libre ; le fils d'un citoyen, parvenu à l'âge de raison, peut examiner s'il lui convient de se joindre à la société que sa naissance lui destine. S'il ne trouve point qu'il lui soit avantageux d'y rester, il est le maître de la quitter, en la dédommageant de ce qu'elle peut avoir fait en sa faveur, & en conservant pour elle, autant que ses nouveaux engagemens le lui permettront, les sentimens de reconnoissance & d'amour qu'il lui doit. Au reste, les obligations d'un homme envers sa patrie, changent, s'altèrent ou s'évanouissent, s'il la quitte légitimement pour en choisir un autre, ou s'il en est chassé à juste titre ou injustement, dans les formes ou par violence.

Nous distinguerons ici ce qui peut se faire rigoureusement, & ce qui est convenable. Tout homme a sans doute le droit de quitter son pays pour s'établir ailleurs, quand, par cette démarche, il ne compromet point les intérêts de sa patrie : & les intérêts du souverain qui veut avoir un sujet de plus, ne forment pas ici les intérêts de la patrie ; si on veut les confondre, il doit être permis de dire qu'un sujet de plus fait peu de bien à un état ; que le séjour forcé dans sa patrie peut faire beaucoup de mal à un individu & causer à jamais son malheur ; & que le calcul des proportions est admissible dans ce cas & de droit naturel. Mais un bon citoyen ne se déterminera jamais sans nécessité, ou sans de très-fortes raisons, à quitter sa patrie. Il est peu honnête d'abuser de sa liberté, pour abandonner des associés, après avoir tiré d'eux des avantages considérables; & c'est le cas de tout citoyen avec sa patrie.

Quant à ceux qui l'abandonnent lâchement dans le péril, & qui cherchent à se mettre en sûreté, au lieu de la défendre, ils violent manifestement le pacte de société, qui oblige tous les membres d'un corps politique à se défendre mutuellement: ce sont d'infames déserteurs que l'administration a droit de punir.

Les loix politiques des différens pays varient beaucoup au sujet des *émigrations*. Chez les uns, il est permis en tout temps, excepté le cas d'une guerre actuelle, de s'absenter & même de quitter entièrement sa patrie: ailleurs, tout le monde peut voyager librement pour ses affaires; mais on ne peut abandonner son pays, sans la permission expresse du souverain. Enfin il en est où l'on ne permet à qui que ce soit de sortir du pays, sans des passe-ports en forme, qui s'accordent assez difficilement.

Il est des circonstances où le pacte même de la société politique autorise un citoyen à renoncer à sa patrie.

1°. S'il ne peut trouver sa subsistance dans sa patrie, il lui est sans doute de la chercher ailleurs: car la société politique ou civile n'ayant été formée que pour faciliter à chacun les moyens de vivre & de se faire un sort heureux, il seroit absurde de refuser le droit de la quitter à un membre, à qui elle ne pourra procurer les choses les plus nécessaires.

2°. Si le corps de la société, ou celui qui le représente, manque à ses obligations envers un citoyen, celui-ci peut se retirer; car si l'un des contractans n'observe point ses engagemens, l'autre n'est plus obligé à remplir les siens; le contrat est réciproque entre la société & ses membres. C'est d'après ce principe qu'on chasse de la société un membre qui en viole les loix.

3°. Si la majeure partie de la nation, où le souverain qui la représente, veut établir des loix sur des choses, à l'égard desquelles le pacte de la société n'impose pas la soumission à tous les citoyens, ceux à qui ces loix déplaisent sont en droit de quitter la société pour s'établir ailleurs. Leur droit d'*émigration* peut venir de diverses sources.

1°. Dans le cas que nous venons d'indiquer, c'est un droit naturel qui leur est réservé dans le pacte même de l'association civile.

2°. Le droit d'*émigration* peut être assuré aux citoyens, par une loi fondamentale de l'état.

3°. Elle peut leur être accordée volontairement par le souverain.

4°. Enfin ce droit peut naître de quelque traité fait avec une puissance étrangère, dans lequel un souverain aura promis de laisser toute liberté à ceux de ses sujets qui, pour certaine raison, pour cause

de religion, par exemple, voudront s'établir en tels pays. Les intérêts de religion ont donné lieu à de pareils traités entre les princes d'Allemagne. En Suisse, un bourgeois de Berne, qui veut se transporter à Fribourg, & réciproquement un bourgeois de Fribourg, qui va s'établir à Berne pour y professer la religion du pays, est en droit de quitter sa patrie, & d'emporter tous ses biens. Différens traits de l'Histoire, & en particulier de l'*Histoire des Suisses* & des pays voisins, prouvent que le droit des gens établi par la coutume dans ces pays-là, il y a quelques siècles, ne permettoit pas à un état de recevoir, au nombre de ses citoyens, les sujets d'un autre état. Cette prohibition fâcheuse étoit fondée sur la servitude où se trouvoient alors ces peuplades. Un prince, un seigneur comptoit ses sujets parmi ses propriétés; il en calculoit le nombre, comme celui de ses troupeaux; &, à la honte de l'humanité, cet étrange abus n'est pas encore détruit partout.

Si le souverain essaye de troubler ceux qui ont le droit d'*émigration*, il fait une injustice, & les individus qui l'éprouvent sont en droit de réclamer la protection de la puissance qui voudra les recevoir. C'est ainsi que l'on a vu le roi de Prusse Frédéric-Guillaume accorder sa protection aux protestans émigrans de Salzbourg.

EMIR, titre que les turcs ou sarrasins donnent aux descendans ou parens de Mahomet.

Ce mot est arabe, & il équivaut à *prince*; il est formé de *amar*, qui est originairement hébreu, & qui, dans les deux langues, signifie *dire* & *commander*.

Les *émirs* sont en grande vénération, & ils ont seuls le droit de porter un turban vert. Il y a sur les côtes de la Terre-sainte, des *émirs* qui sont des princes souverains, comme l'*émir* de Gaza, l'*émir* de Terabée, sur lesquels le grand-seigneur a peu d'autorité.

Ce titre ne se donnoit d'abord qu'aux califes. On les appelloit aussi en Perse *émir zadeh*, fils du prince; &, par abréviation d'*émir*, on fit *mir*, & d'*émir zadeh*, *mirza*. Dans la suite, les califes ayant pris le titre de *sultans*, celui d'*émir* demeura à leurs enfans. Ce titre d'*émir* a été donné ensuite à tous ceux qui sont censés descendre de Mahomet par sa fille Fatima, & qui portent le turban vert.

Ces *émirs* étoient autrefois destinés uniquement au ministère de la religion, & l'état leur payoit une pension annuelle; aujourd'hui on les voit exercer toutes les charges de l'Empire; les magistrats, pénétrés de respect pour le sang de Mahomet, n'oseroient les punir. Ce privilège est réservé à l'*émir* bachi leur chef, qui a sous lui ses officiers & ses satellites, avec pouvoir de vie & de mort sur ceux qui lui sont soumis; mais, afin de ne pas blesser l'honneur du corps, il ne fait jamais punir les coupables, ni exécuter les criminels en public. Leur defcendance de la fille de Mahomet eft une chofe fi incertaine, que la plûpart des turcs même ne font pas fort crédules fur cet article : ils battent fouvent les refpectables enfans du prophete ; mais ils ont foin toutefois de leur ôter le turban vert, & de le pofer à terre avant de les frapper : un chrétien qui les maltraiteroit, feroit brûlé vif.

Emir eft auffi un titre qui, joint à quelqu'autre mot, défigne fouvent une charge ou un emploi, comme *émir al omera*, le commandant des commandans. C'étoit du temps des califes le chef de leurs confeils & de leurs armées.

Les turcs donnent encore ce nom à tous les vifirs ou bachas des provinces, l'*émir akhor*, appellé vulgairement *im rahor*, eft grand écuyer du grand-feigneur.

L'*émir alem*, qu'on nomme communément *miralem*, ou le porte-enfeigne de l'Empire, eft directeur de tous les intendans, & fait porter devant lui une cornette, mi-partie de blanc & de vert.

L'*émir bazar* eft le prévôt qui a l'intendance des marchés, & qui regle le prix des denrées.

L'*émir hadge*, prince ou conducteur des pélerins de la Mecque, eft ordinairement bacha de Jérufalem.

Les almoravides & les almohades, qui ont régné en Afrique & en Efpagne, ont pris le titre d'*émir al moslemin* ou *émir al moumenin*, c'eft-à-dire, commandant des fideles ou des croyans.

EMPEREUR ROMAIN. Les romains donnoient le nom d'*imperator*, d'où eft venu celui d'*empereur*, au général qui, après avoir remporté quelque victoire fignalée, étoit falué de ce nom par les acclamations des foldats, & enfuite honoré de ce titre par un décret du fénat. Il falloit, pour le mériter, avoir gagné une bataille, dans laquelle dix mille des ennemis étoient reftés fur la place, ou avoir conquis quelque ville importante. Sous Céfar ce terme changea de valeur : au lieu de défigner un général qui avoit eu de grands fuccès à la guerre, il fignifia la fouveraine puiffance du citoyen qui fubjuguoit la république, & dès-lors le nom d'*empereur* devint un titre d'autorité.

Augufte fe garda bien de fe faire adjuger la dictature, qui avoit rendu Céfar victime des conjurés. Il fe contenta de la puiffance militaire, c'eft-à-dire, du commandement des armées. Il la prit pour défendre, difoit-il, la république qui avoit befoin de cette magiftrature extraordinaire, eu égard à fa vafte étendue & à cette multitude d'affaires, qui excédoit fouvent les bornes des pouvoirs ordinaires. Auffi Cujas rend-il le mot *extraordinaire*, par ces mots *autorité du prince*.

Au temps où la république étoit floriffante, le cenfeur donnoit le nom de *prince* à celui des fénateurs qui furpaffoit les autres en mérite. Ce fut conformément à cet ufage que l'*empereur* s'appella *prince*, comme fi on eût dit le premier de Rome.

Dion rapporte que Tibere avoit coutume de dire, « je fuis le maître des efclaves que je poffede, » *empereur* des troupes, prince des autres, c'eft-» à-dire, chef ».

Lors donc que le titre d'*empereur* étoit employé pour défigner le pouvoir, il ne fignifioit pas le pouvoir royal, mais feulement le pouvoir militaire. Celui qui en étoit revêtu arrivoit cependant, par des voies fourdes ou violentes, au but qu'atteignent les rois à découvert & fans détour.

Dion dit, à la vérité, que l'*empereur* avoit le droit de faire des levées d'hommes & d'argent, celui de difpofer de la paix & de la guerre, & de prononcer un arrêt de mort contre un citoyen. Mais, loin de rapporter ces droits à l'autorité du prince, il les rapporte à celle que donnoient les charges de la république. Le prince s'adjugeoit les principales, telles que le confulat, l'empire proconfulaire, la puiffance tribunitienne. Par-là il s'invertiffoit d'un pouvoir fuprême, même pour les affaires civiles.

L'*empereur* étoit le chef fuprême & perpétuel des armées. Augufte cependant n'accepta jamais l'Empire pour toute fa vie ; il avoit peur qu'on ne crût qu'il vouloit arriver fecrétement à la dictature. Mais il le prit quelquefois pour cinq ans, plus fouvent pour dix, & il ne le quitta qu'à fa mort. Lorfqu'il étoit queftion de le proroger en fa perfonne, il donnoit pour prétexte la révolte des provinces qu'on pouvoit toujours, difoit-il, appaifer dans dix ans. Il feignit en même-temps de ne l'accepter que comme par force. Delà l'origine des décennales, où ce prince célébroit avec le peuple la joie du renouvellement de l'Empire dans fa perfonne, par des fêtes & des jeux folemnels, qui continuerent d'avoir lieu fous fes fuccefseurs.

Au refte, dans le partage qu'il fit des provinces, entre le fénat & lui, il fe chargea du gouvernement de celles qui n'étoient pas tout-à-fait domptées, & qui avoient par conféquent befoin de troupes pour être maintenues. Il fe réferva ainfi celles qui fembloient expofer à plus de danger; mais c'étoit, au fond, afin d'avoir ces provinces en fon pouvoir, & de tenir les romains fous le joug. Pour que le fénat n'eût pas des forces dangereufes à fa difpofition, il lui laiffa les provinces tout-à-fait domptées. L'Italie fut de ce nombre. Les triumvirs eux-mêmes ne l'avoient jamais comprife dans le partage de l'Empire. Ils avoient l'air de combattre pour elle par générofité.

Les *empereurs* fentirent qu'ils conferveroient avec peine la puiffance civile, dont ils s'étoient emparés, s'ils ne s'arrogeoient pas la dignité de *grand pontife*. Augufte donna l'exemple. Non content de la charge d'augure & de celle de quindécemvir des facrifices, qui étoient de grands facerdoces, il prit celle de grand-pontife. Ce fut afin de fe rendre arbitre de tout. Il acquéroit en effet par là le droit de commander aux autres pontifes, & à
tous

tous les prêtres, celui de porter des loix sur les sacrifices, les rits, les cérémonies, en un mot, sur tout ce qui avoit rapport au culte des dieux ; celui de punir, quand il le jugeoit à propos, les violateurs des choses sacrées ; de juger les affaires de religion, & d'expliquer ce qu'il y avoit d'obscur dans le droit sacré.

Tant que l'ancienne superstition subsista parmi les peuples, les *empereurs*, jaloux du pouvoir que leur donnoit le grand pontificat, s'en revêtirent jusqu'à Gratien. L'établissement de la religion chrétienne ne changea rien à cette disposition. Ils prenoient le nom de *grand-pontife*, peut-être même l'habillement ; mais ils abhorroient les cérémonies qui y étoient attachées.

Lorsque les *empereurs* eurent appellé à leur secours l'autorité divine, ils munirent leur personne de celle du peuple, en prenant la puissance tribunitienne. Elle donnoit toutes les forces du peuple & de si grands droits, qu'on pouvoit tuer impunément, comme un sacrilège & comme une victime dévouée aux dieux, quiconque violoit la personne d'un tribun. En conséquence, la puissance tribunitienne étoit appellée *sacrée*. L'*empereur* se l'arrogeoit, sans se déclarer tribun, parce que le tribun devoit être tiré du peuple, & que l'*empereur* étoit censé patricien. Il laissoit la charge, & acquéroit l'autorité. Celle-ci consistoit dans le privilège de mettre opposition aux senatus-consultes, dans celui de proposer des loix aux peuples, & de défendre les citoyens : mais elle consistoit surtout à mettre en sûreté la vie & la réputation du prince. Les *empereurs* tenoient cette sûreté toute entière de la puissance du tribunat, sur laquelle étoient fondées les loix de majesté. Ceux qui les violoient, étoient dévoués à la mort, parce qu'ils étoient censés avoir violé le peuple dans le tribun, & le tribun dans le prince.

L'arrêt de mort que prononcèrent les *empereurs* contre plusieurs personnes qui leur étoient odieuses ou suspectes, n'émanoit point de l'autorité royale, qu'on n'avoit jamais voulu recevoir dans Rome depuis Tarquin ; mais de la puissance tribunitienne, en vertu de laquelle le prince avoit absorbé tous les droits du peuple. Selon Suétone, Tibere usa du droit qu'elle lui donnoit, pour se venger d'un propos insultant qu'on lui avoit tenu lorsqu'il étoit à Rhodes au milieu des sophistes grecs. Il cita le coupable à son tribunal, & il le fit mettre en prison.

Les *empereurs* voulurent asservir à leur pouvoir, l'état & la réputation des citoyens ; ils voulurent sévir eux-mêmes contre la conduite de chaque particulier, afin de chasser à leur gré un sénateur de son ordre, & de faire passer un chevalier, du sien, à celui du peuple. Ils voulurent aussi estimer, comme il leur plairoit, les biens des citoyens en faisant le dénombrement. Pour cet effet, ils géroient la censure, soit en se contentant de l'exercice seul de cette magistrature, dont ils ne

s'arrogeoient ni le nom, ni les honneurs, soit en acceptant l'un & l'autre, soit en prenant cette dignité sous le nom de *préfecture des mœurs*, ou sous celui de *gouvernement des mœurs* & *des loix* : ces subterfuges avoient pour but de tempérer la haine & l'envie qui y étoient attachées.

Après Auguste, les *empereurs* joignirent aux magistratures de la ville le gouvernement souverain des provinces. Le sénat le leur conféroit, au moment où ils arrivoient au trône.

La loi Curiata avoit rendu les proconsuls, dans leurs provinces, maîtres absolus des affaires civiles & militaires. Le proconsulat donnoit au prince un empire libre & illimité sur toutes ; tel que la loi Gabinia l'avoit accordé à Pompée durant la guerre contre les pirates. L'*empereur* le déployoit sur la portion du globe soumise aux romains, dès qu'il étoit sorti de la ville. Auguste avoit conservé la puissance proconsulaire dans Rome même, à la faveur d'un senatus-consulte. Nous venons de dire en quoi consistoit cet empire militaire, qui fut comme le nerf de la dignité impériale ; qui, lorsque la république étoit florissante, ne s'accordoit qu'à un petit nombre de personnes, fort rarement & pour un temps, & que les *empereurs* recevoient à vie. Il absorba toute la puissance des proconsuls.

L'empire proconsulaire devint le pouvoir ordinaire des *empereurs*. Le sénat ne manquoit jamais de le leur accorder, dès qu'une fois, salués par les troupes, ils avoient pris sous leur conduite les armées du peuple romain. Ce titre les suivoit jusqu'à la mort, comme une prérogative qui leur appartenoit de droit, comme une autorité militaire donnée par le sénat, qui avoit ratifié le jugement & le choix des soldats. Il paroît que la qualification d'*empereur*, sans l'autorité proconsulaire, eût été peu de chose : mais, pour que l'autorité des *empereurs* fût sans bornes, ils avoient besoin de la puissance tribunitienne, qui se trouve toujours insérée dans leurs titres. On y omettoit souvent l'empire proconsulaire, parce que, selon l'opinion universelle, il étoit lié au droit de l'*empereur*.

Outre la pleine puissance des magistratures dont je viens de parler, le sénat donnoit aux *empereurs* certaines fonctions consulaires, qui même, lorsqu'ils n'étoient pas consuls, leur étoient communes avec ceux qui remplissoient cette dignité ; mais qui ne leur furent accordées que comme privilège. Elles consistoient à assembler le sénat, à faire les senatus-consultes, & à rapporter une, deux, trois, quatre, cinq affaires. Ceci s'appelloit *droit de premier*, *de second*, *de troisième*, *de quatrième*, *de cinquième rapport*. Ainsi la dignité d'*empereur* sembloit inférieure à cette puissance royale qui, depuis l'exil des Tarquins, étoit conférée tous les ans aux consuls par les comices du peuple : mais ces inutiles formes n'affoiblissoient point le despotisme des *empereurs*, & les premiers rois de Rome n'exercèrent sûrement pas une autorité absolue.

Les consuls acquéroient, par le droit de leurs charges, celui d'exercer des fonctions que l'*empereur* sembloit n'exercer que par une grace du sénat. Les premiers, dès qu'ils étoient installés, quelquefois même dès qu'ils avoient été désignés, jouissoient du droit de rapporter. L'*empereur* n'en jouissoit que quand le sénat le lui avoit donné, & seulement pour autant d'affaires que cette concession le pottoit. Dion nous apprend qu'Auguste ne pouvoit rapporter qu'une seule affaire, lorsque le sénat s'assembloit.

Ce droit de rapporter étant une portion de la puissance consulaire, c'est-à-dire royale, on ne l'accordoit aux *empereurs* qu'avec beaucoup de réserve. Probus le reçut pour trois affaires, Pertinax pour quatre, M. Antonin pour cinq. Mais à quoi servoient ces vaines précautions, puisqu'on négligeoit les choses importantes ?

Afin, disent les historiens, que l'*empereur* n'ignorât point qu'il l'étoit pour l'intérêt de la patrie & non pour le sien propre, le sénat lui accordoit le même honneur que Cicéron, sauveur de Rome, avoit reçu de Catulus ; c'est-à-dire, le nom de *père de la patrie* : par ce titre, le peuple étoit simplement recommandé au prince, comme une famille à la tendresse d'un père, & chaque citoyen se regardoit comme son enfant, & jouissoit de ses services & de ses travaux. La flatterie y ajouta ensuite une portion de l'autorité paternelle ; ce qui consistoit peut-être à exhorter & à avertir les citoyens. Tibere, qui jouoit la modestie avec plus de finesse que personne, qui étoit plus avide de pouvoirs réels que de titres éclatans, refusa le nom de *père de la patrie* : il dit pour prétexte qu'il exciteroit trop l'envie. Adrien, à l'exemple d'Auguste qui ne l'avoit pris que tard, ne l'accepta qu'après plusieurs années de règne : ce titre, dans son origine, ne donna pas une augmentation de pouvoir ; c'étoit seulement un témoignage complet des services rendus à la patrie.

Afin que l'*empereur* jouît des droits du sénat, & qu'il soutînt la majesté d'un ordre, dont il tiroit la sienne, il devenoit sénateur dès l'instant de sa création, s'il ne l'étoit pas auparavant ; le sénat & lui étoient censés ne faire qu'un seul corps pour le gouvernement du monde. Ce partage d'autorité, entre l'*empereur* & le sénat, étoit si odieux à Néron, que Vatinius lui disoit pour le flatter : « je te hais, César, parce que tu es sénateur ». L'orgueil des *empereurs* étoit blessé de ne pouvoir faire en qualité de princes plusieurs choses qui leur étoient permises en qualité de sénateurs.

Le titre d'*auguste* n'ajoutoit rien à la puissance de ceux qu'on élevoit à l'Empire ; mais il ajoutoit quelque chose à la vénération du peuple. Octave avoit rougi de prendre le nom de *Romulus* ; mais il prit le nom d'*Auguste*, qui passa à ses successeurs avec le surnom de *César*. Le prince, dé-

signé pour l'Empire, fut ensuite appellé *César* ; & celui qui y étoit élevé, fut appellé *Auguste*.

EMPEREUR D'ALLEMAGNE ; c'est le prince devenu chef du corps germanique par le suffrage libre des électeurs, proclamé ensuite, couronné & reconnu dans l'Empire.

La section 9ᵉ de l'article ALLEMAGNE traite de l'élection de l'*empereur*, de son couronnement, de ses prérogatives, de son revenu, &c. & nous ajouterons ici de nouveaux détails.

On ne reconnoît plus, dans les capitulations & les conditions qu'on impose maintenant au chef du corps germanique, les formes simples & brusques, par lesquelles les princes, dont ce chef prend la place & les titres, arrivoient au trône impérial ; l'on n'y reconnoît pas les mesures, tantôt calmes, tantôt orageuses, par lesquelles s'élevèrent les maîtres de l'Empire, tombé avec Augustule dans le cinquième siècle, ou Charlemagne qui renouvella cet Empire au commencement du huitième. Le sang-froid, la réflexion, la liberté président aujourd'hui à l'élection de l'*empereur* d'Allemagne ; & si ce prince ne paroît pas jouir d'autant d'autorité que ses prédécesseurs, il semble, aux yeux de la raison, l'emporter sur eux en dignité.

La Bulle-d'or & les autres documens impériaux relatifs à l'élection, n'ont fait que changer ou déterminer ses formalités : l'élection en elle-même existoit avant ces documens ; elle devançoit de plusieurs siècles l'établissement du collège électoral; il y a plus ; on ne comptoit pas quatre-vingt ans depuis la mort de Charlemagne, lorsque les allemands, reprenant l'antique usage de leur pays, se donnèrent un chef de leur propre choix ; leurs suffrages tombèrent en 888 sur Arnould, le pénultième des *empereurs* carlovingiens. Son fils Louis fut son successeur, & il fut élu de la même manière. Conrad de Franconie, élevé au trône l'an 912, fut choisi, disent les historiens, par les états divisés en deux classes ; savoir, celle des saxons, & celle des francs orientaux. Celle-ci comprenoit les peuples de Bavière, de Suabe, de Franconie & du Rhin : Henri l'Oiseleur, couronné l'an 919, fut élu par les suffrages du clergé, de la haute noblesse & des généraux d'armée ; & Othon le grand, parvenu à l'Empire l'an 936, déclare lui-même, dans un diplôme donné à l'abbaye de Quedlimbourg l'an 937, que « c'est au choix des » états, & non point à la force de ses droits héréditaires, qu'il est redevable de sa dignité ». Le même Othon obtint des états, l'an 961, que son fils lui succederoit ; & celui-ci pourvut de la même manière à l'élévation du sien, l'an 982. Il suit de ces exemples anciens, confirmés jusqu'à nos jours, que l'un des premiers attributs de l'empire d'Allemagne est d'être électif.

Ce choix, quant à la manière de le faire, n'a pas été de tout temps le même. Nous avons déjà

&c qu'avant la bulle d'or, les formalités n'étoient pas déterminées. Sous les *empereurs* de la race faxonne, qui fe terminèrent à Henri II, fous ceux de la race de Franconie, qui finirent avec Lothaire II, fous ceux de la race de Suabe, dont Conrad IV fut le dernier, fous Guillaume de Hollande, fous Richard de Cornouailles, fous Rodolphe d'Habfbourg, fous Adolphe de Naffau, fous Albert I, fous Henri VII & fous Louis V, les états affemblés en diète, procédoient à l'élection, foit en corps, foit par le miniftère des principaux d'entr'eux, munis du *jus prataxationis*, & toujours à la pluralité des voix. Enfin, fous Charles IV, auteur de la Bulle-d'or, le collège électoral prit confiftance, & depuis l'an 1519, époque de l'élection de Charles-Quint, fes droits ont été augmentés ou confirmés dans toutes les capitulations impériales.

Lorfque le collège électoral eft en activité, la capitulation à propofer au futur *empereur* eft un des premiers objets de fes délibérations, & l'on conçoit qu'elle n'eft pas toujours rédigée fans débats: on fait que les électeurs fe font approprié le droit exclufif de la rédiger, au grand regret des autres états de l'Empire; auffi, pour cet ouvrage important, les électeurs preffentent ils les difpofitions des divers princes de l'Empire; & cet ouvrage ne peut-être confommé dans peu de jours.

Si l'on demande quelles font les qualités du prince fur qui le choix des électeurs doit tomber; quelles vertus il doit avoir; de quel âge, de quelle religion, de quel pays, de quel rang il doit être; nous répondrons que par une négligence affez fingulière, les loix germaniques n'ont rien ftatué de bien précis ou de bien fûr là-deffus. Le légiflateur femble avoir voulu laiffer la décifion de ces points au collège électoral, ou s'en rapporter aux idées fantafques des docteurs en droit public; il prononce vaguement qu'il faut choifir pour *empereur* un homme jufte, bon & capable de rendre des fervices à l'Empire: il ne parle ni de l'âge, ni de la religion; il ne fait point mention du pays ou du rang dans lequel il doit être né: il y a plus, il ne dit rien de pofitif fur fon fexe, & rien n'indique, dans les conftitutions, fi un féculier doit être préféré à un eccléfiaftique. Mais l'ufage donne des notions plus claires & plus détaillées que la loi; il indique affez quel eft le fyftème germanique fur tous ces points: l'on n'a pas encore vu le choix des électeurs tomber fur une femme, fur un prêtre, ou fur un prince non catholique: depuis long-temps, on n'élit pour *empereurs* que des princes puiffans par eux-mêmes ou par leurs alliances; & quant à leur pays natal, on ne parut pas fe reftreindre rigoureufement à l'Allemagne, lorfque l'on mit fur le trône Charles-Quint, en 1519, & François I, en 1745. On ne parut pas non plus confidérer beaucoup fon âge, lorfqu'en 1690, on nomma *roi des romains*, c'eft-à-dire

qu'on défigna pour *empereur*, Jofeph I, qui n'avoit que douze ans: au refte, on ftipula alors, que fi l'*empereur* Léopold venoit à mourir, avant que Jofeph eût atteint fa dix-huitième année, les vicaires de l'Empire gouverneroient fous fon nom.

Si la bulle d'or garde le filence fur les qualités de l'*empereur* qu'il faut élire; elle ne le garde pas fur les cérémonies, qui doivent accompagner fon élection: elle les décrit dans toute la longueur du ftyle diplomatique; & l'on peut dire auffi qu'elles s'exécutent avec une exactitude fcrupuleufe. Les fermens font très-multipliés. Dans l'églife, où fe font rendus en proceffion pompeufe les électeurs catholiques, ou leurs ambaffadeurs, pour entendre la meffe, & où vont les joindre, après le fervice, les électeurs proteftans, ou leurs ambaffadeurs; on jure d'abord de donner fa voix au candidat le plus digne. Au fortir de cette églife, & en entrant dans la chapelle, ou falle d'élection, chacun jure en général de fe foumettre à la pluralité des voix; & les électeurs féculiers jurent de plus, d'agréer la capitulation impériale, fi les fuffrages viennent fur l'un d'entr'eux. Un quatrième ferment eft prêté par l'*empereur* élu, s'il fe trouve à la diète, & par fon ambaffadeur, s'il eft abfent, & ce ferment a encore rapport à la capitulation impériale; il fe prête au moment même où l'élection vient d'être déclarée, & la fignature de l'élu ou de fon repréfentant le confirme.

Quand l'élection eft achevée, on fait entrer dans le lieu de l'affemblée des notaires & témoins; on dreffe un acte qui eft figné & muni du fceau de chacun des électeurs. La bulle d'or réduit les électeurs au pain & à l'eau, fi l'élection n'eft pas faite dans l'efpace de trente jours. Dès que l'élection eft finie, on la fait annoncer dans la principale églife de la ville.

Lors du couronnement, l'*empereur* prête un ferment, conçu à-peu-près en ces termes: *Je promets devant Dieu & fes anges d'obferver les loix, de rendre la juftice, de conferver les droits de ma couronne, de rendre les honneurs convenables au pontife romain, aux autres prélats & à mes vaffaux, de conferver à l'églife les biens qui lui ont été donnés; ainfi, Dieu me foit en aide, &c.* L'archevêque, chargé de la cérémonie du couronnement, lui demande, *s'il veut conferver & pratiquer la religion catholique & apoftolique; être le défenfeur & le protecteur de l'églife & de fes miniftres; gouverner fuivant les loix de la juftice, le royaume que Dieu lui a confié, & le défendre efficacement; tâcher de recouvrer les biens de l'Empire qui ont été démembrés ou envahis; enfin, s'il veut être le défenfeur & le juge du pauvre comme du riche, de la veuve & de l'orphelin?* A toutes ces demandes, l'*empereur* répond *volo*, je le veux.

Les *empereurs*, après avoir été couronnés en Allemagne, alloient autrefois fe faire couronner à Rome, comme rois des romains; c'eft ce qu'on appelloit l'*expédition romaine*; ils alloient auffi à

Milan, à Monza, à Pavie, ou à Modène, se faire couronner rois de Lombardie. Mais il y a long-temps qu'ils se sont affranchis de ces deux dernieres cérémonies : les papes en sont fâchés, & ils prétendent toujours avoir le droit de confirmer l'élection des *empereurs*. La nécessité des temps ou la foiblesse des chefs du corps germanique les ont forcés souvent à demander aux papes la confirmation de leurs élections. Boniface VIII la refusa à Albert d'Autriche, parce qu'on l'avoit nommé sans son consentement : mais ces prétentions imaginaires ne sont plus d'aucun poids aujourd'hui ; & même, dès l'an 1338, les états de l'Empire, irrités du refus que le pape Jean XXII faisoit de donner l'absolution à Louis de Baviere, décidèrent qu'un prince élu *empereur* à la pluralité des voix, seroit en droit d'exercer les actes de la souveraineté, quand même le pape refuseroit de le reconnoître, & ils déclarèrent criminel de leze-majesté, quiconque oseroit soutenir le contraire, & attribuer au pape une supériorité sur l'*empereur*. *Voyez l'abrégé de l'Histoire d'Allemagne*, par M. Pfeffel, *page* 286. *& suivantes.*

Le pape, pour maintenir, autant qu'il est possible, ses prétendus droits, envoie toujours un nonce à l'élection des *empereurs* : mais ce ministre n'y est traité que comme les ministres des puissances de l'Europe, qui ne font pour rien dans l'affaire de l'élection. Charles-Quint est le dernier *empereur* couronné en Italie par le pape. L'*empereur*, avant & après son couronnement, se qualifie d'*élu empereur des romains*, pour faire voir qu'il ne doit point sa dignité à cette cérémonie, mais aux suffrages des électeurs.

Il y a parmi les publicistes d'Allemagne autant d'opinions différentes, que de questions problématiques. Chacun d'eux emploie des subtilités & des distinctions abstraites, souvent même frivoles, pour étayer ses sentimens. Leurs vaines recherches & leurs vaines opinions ne font d'aucun effet. Lorsqu'il se présente un des cas, sur lesquels ils disputent si longuement & avec tant de zèle, la décision est une suite du crédit, de la force ou de l'intrigue, & non pas des vieux réglemens ou des conseils des docteurs. Il seroit donc très-inutile d'entrer dans de grands détails sur les questions qui divisent en Allemagne les écrivains de droit public. Nous nous contenterons d'observer que sur ce qui regarde l'*empereur*, il y a parmi eux deux sectes principales, l'une des électoraux, l'autre des impérialistes, ou monarchistes.

Ces derniers disent que dans les investitures, l'*empereur* ne représente pas simplement l'Empire, mais qu'il partage avec lui la souveraineté directe ; que les états prétent hommage à l'*empereur* & à l'Empire ; qu'ils jurent fidélité & obéissance à tous les deux ; que les états ne peuvent rien faire sans l'*empereur* ; mais que l'*empereur* peut faire bien des choses sans les états ; que ceux-ci sont non-seulement vassaux de l'*empereur* & de l'Empire, mais

qu'ils sont sujets de l'*empereur* seul, en ce qui fait partie de ses réserves : *Universi imperii status subditi sunt soli imperatori, respectu suorum reservatorum* ; qu'à l'égard des autres droits qui leur sont communs, les états sont sujets de l'*empereur* & de l'Empire en même temps, mais que l'*empereur* ne l'est de personne ; que les loix de l'Empire ne l'obligent point comme loix, mais comme pactes ; que le chef est au-dessus des membres, que toutes les loix se publient au nom de l'*empereur* ; que la forme du gouvernement de l'Empire est plus monarchique qu'aristocratique, & que par conséquent, l'*empereur* est au-dessus des états ; que ceux-ci lui donnent le titre de *majesté* & de *seigneur très-clément*, au-lieu que l'*empereur* ne les appelle que ses *oncles*, & ne leur donne en particulier que le titre de *dilection*, sans en excepter les électeurs rois ; qu'en lui écrivant, ils se servent tous de la formule de *très-obéissans* : qu'on lit dans tous les recès ces formules impérieuses : *Si mandons & ordonnons à tous les électeurs & princes, en vertu de leur serment & de leur devoir, de nous rendre à nous & à l'Empire l'obéissance qu'ils nous doivent.*

Les électoraux répondent, que le serment prêté par les états à l'*empereur* & à l'Empire, ne peut nuire aux droits & prérogatives qu'ils tiennent des loix ; que l'*empereur* ne peut rien faire d'important, sans le concours des états ; mais que les électeurs peuvent faire bien des choses sans l'*empereur* ; que l'*empereur*, par exemple, ne peut assembler la diète, sans le consentement des électeurs, au-lieu que ceux-ci peuvent la convoquer malgré l'*empereur*, dans les cas où le bien de l'Empire l'exige ; que les réserves de l'*empereur* sont plutôt des marques de distinction que des droits de souveraineté sur les états ; que parmi ces réserves, il y en a qui ne peuvent être ainsi appellées que fort improprement ; que le droit de fonder des villes & d'établir de nouvelles universités est dans ce cas, puisque les électeurs & les princes en jouissent comme l'*empereur* ; que les états sont *co-impérans*, & nullement sujets de qui que ce soit ; que les loix ne les obligent pas non plus, comme loix, mais comme pactes & conventions, puisqu'ils ne sont obligés qu'aux choses consenties par eux, & qu'ils étoient les maîtres de refuser leur consentement, & par-là, d'empêcher la loi ; que cette proposition, *le chef est au-dessus des membres*, est vraie à l'égard de chaque membre en particulier, mais fausse à l'égard de tout le corps, à moins qu'on ne l'entende simplement d'une supériorité de rang & d'une prééminence accordée à l'*empereur*, & que personne ne lui dispute ; que cette autre proposition : *la forme du gouvernement de l'Empire est plus monarchique qu'aristocratique*, indique seulement un Empire gouverné par un chef, conjointement avec les membres qui partagent avec lui la puissance législative, en qualité de *co-imperans* ; que les titres

& les formules n'ont aucune force ; qu'ils ne font fondés que fur un ancien ufage, dont l'abolition n'eſt pas néceſſaire, puiſqu'il ne change ni la na-ture du gouvernement, ni ſa conſtitution ; que l'empereur reconnoît ſa dépendance de l'Em-pire, dans ſon ſerment de fidélité, & qu'enfin la partie n'eſt pas plus grande que le tout, ni par conſéquent l'empereur plus grand que l'Empire, dont il n'eſt qu'une partie.

L'empereur paroît être comptable de ſes actions publiques à l'Empire. On appelle actions publiques celles où il agit comme empereur, & non comme perſonne privée. L'empereur Mathias répondant aux plaintes des proteſtans, dans la diète de Ratisbon-ne en 1618, leur dit, entr'autres choſes, qu'il eſpéroit ſe conduire, dans l'adminiſtration de la juſtice, de manière à pouvoir en rendre compte à Dieu & aux états de l'Empire : mais on ſent que les publiciſtes doivent diſputer beaucoup ſur la valeur de ces expreſſions.

Enfin, dit Puffendorf, il eſt évident que l'em-pereur peut être dépoſé, & que ceux qui ont le droit d'élire, ont auſſi celui de dépoſer. L'un eſt une conſéquence de l'autre, & ſi aucune loi n'en fait une mention expreſſe, c'eſt peut-être parce que la choſe eſt trop claire, ou pour ne pas ſou-mettre l'empereur à des diſcuſſions trop fréquen-tes, pour prévenir les troubles & les diviſions.

L'exemple de Wenceſlas, fils de Charles IV, peut ſervir de preuve à cette aſſertion, & il in-dique du moins juſqu'où peut aller le pouvoir des électeurs, quand ils ſont bien unis. On peut citer encore l'exemple de Henri IV & la harangue de Ruthard, archevêque de Mayence, à l'aſſemblée qui s'occupoit des moyens de dépoſer cet empe-reur : Quo uſque trepidamus ô ſocii? nonne officii noſtri eſt regem conſecrare ? conſecratum inveſtire ? quod ergo principum decreto impendere licet, eorumdem auto-ritate tollere non licet ? quem meritum inveſtivimus, immeritum quare non deveſtiamus ?

Ceux qui ſoutiennent que l'Empire eſt au-deſſus de l'empereur, tirent leur principal argument de la juriſdiction que l'électeur palatin a ſur lui, & à laquelle la Bulle-d'or le ſoumet. Il faut obſer-ver néanmoins que, ſelon la Bulle-d'or, cette ju-riſdiction ne doit pas s'étendre au-delà du lieu où l'empereur tient ſa cour ; & qu'enfin depuis la Bulle-d'or, on n'a point d'exemple d'empereur cité à ce tribunal : mais le droit ſubſiſtera, tant que cet article ne ſera point abrogé par une conſtitution contraire. On publia, durant la guerre de trente ans, un écrit fort vif contre la maiſon d'Autri-che ; il eſt intitulé, Diſſertatio de ratione ſtatûs in Imperio noſtro romano-germanico. On ne ſçait pas encore quel en fut le véritable auteur. La plupart des docteurs allemands l'attribuent à un conſeiller du roi de Suède, que les uns nom-ment Camerarius, les autres Chemnitz, &c. Quoi qu'il en ſoit, l'ouvrage fit beaucoup de bruit. La maiſon d'Autriche eut dans la ſuite le crédit

de le faire prohiber dans l'Empire ; mais cette prohibition a enflammé davantage la curioſité du public, & a rendu le livre plus précieux. Il eſt aujourd'hui aſſez commun en Allemagne. L'au-teur, qui s'eſt caché ſous le nom d'Hippolytus à lapide, réduit l'empereur à la ſimple qualité d'ad-miniſtrateur, de directeur de la diète, ou de pre-mier magiſtrat de l'Empire. Enfin il ne lui accorde qu'une dignité précaire & dépendante du bon plai-ſir des états. Ses raiſonnemens ſont ſpécieux, & il les appuie de paſſages tirés des recès de l'Empire & des actes publics : mais il montre trop le déſir d'exciter les états de l'Empire contre la maiſon d'Autriche, & de rabaiſſer le chef du corps germanique. Au reſte, l'ouvrage contient d'excellentes idées : on y trouve l'érudi-tion néceſſaire dans la diſcuſſion de ces ſortes de matières, & des obſervations importantes à ceux qui étudient le droit public.

L'empereur ceſſe d'être empereur par la mort, par la réſignation, &, ſelon quelques auteurs, par la dépoſition. La retraite de Charles-Quint prouve que le chef de l'Empire peut réſigner ſa dignité, pourvu que ce ſoit entre les mains de ceux qui la lui ont conférée par une libre élec-tion.

Si les états ſont co-impérans, il ſemble qu'on ne peut leur conteſter le droit de dépoſer l'empereur, dans le cas où ſa conduite tendroit viſiblement à la ſubverſion des loix & à la ruine de l'Empire ; mais, s'ils ſont ſujets ou vaſſaux de l'empereur, une pareille entrepriſe ſeroit regardée comme un attentat. Au reſte, il paroît difficile de décider, d'après les écrits des docteurs, ſi les états ſont ſujets ou co-impérans : ces écrivains ſont preſque tous animés de l'eſprit de parti & d'intérêt ; les loix & les conſtitutions ſemblent indiquer que les états ſont co-impérans, quoique réellement vaſſaux de l'empereur & de l'Empire, en tant que cette vaſſalité ne préjudicie point à leurs droits & préro-gatives. Au reſte, quand on diroit que l'empereur eſt le monarque ſouverain de l'Empire, ſauf les loix dont il a juré l'obſervance ; puiſqu'il y a, dans toutes les capitulations, une clauſe qui annulle d'avance tout ce que l'empereur pourroit entre-prendre de contraire aux articles qu'il a ſolemnel-lement jurés, cette ſouveraineté ſe réduiroit à peu de choſe.

Quoique l'autorité des empereurs, dans les états eccléſiaſtiques, ne ſoit rien aujourd'hui, en comparaiſon de ce qu'elle étoit autrefois, les pa-pes ont beaucoup à craindre d'un empereur puiſ-ſant & ambitieux, qui feroit valoir les anciennes prétentions de l'Empire ſur l'Italie, & notamment ſur divers fiefs que le pape poſſede en toute ſou-veraineté, & la cour de Rome s'eſt conduite avec ſageſſe en ne ſe brouillant pas avec l'empereur ac-tuel, qui a fait tant de réformes. On a vu, en 1708, l'empereur Joſeph I s'emparer d'une partie de l'état eccléſiaſtique, bloquer Ferrare & menacer Rome. Le pape fut obligé de faire les démarches les plus contraires à ses inclinations. Les duchés de Parme & de Plaisance, reconnus fiefs du saint-siège, ont passé à la maison d'Autriche par le traité de Vienne, avec tous les droits que les papes y avoient eus. L'interim de Charles-Quint fut un acte bien extraordinaire de la part d'un prince catholique; il attribua à Charles le droit de décider des matières de la foi & de régler le culte divin. Au reste, on avoit déja vu l'*empereur* Sigismond forcer des papes intrus à renoncer à la dignité pontificale, faire élire un pape légitime, & rétablir la paix dans l'église; les autres puissances de l'Europe s'opposent aujourd'hui à ces actes de l'autorité impériale, mais la cour de Rome n'en est pas moins obligée de ménager beaucoup l'*empereur*.

Si l'argument dont se servent les publicistes, pour prouver qu'un prince protestant peut être élu *empereur*, est aussi péremptoire qu'ils le disent, il en résulte que les femmes ne sont point exclues du trône impérial. Celui, nous dit-on, *qui peut élire, peut aussi être élu* : or, la reine d'Hongrie a pu élire, donc elle a pu être élue. Cette princesse fut nommée, dans la capitulation de son époux, parmi les électeurs qui avoient concouru à l'élection; elle n'étoit donc pas inéligible. Le comte de Wurmbrand, son premier ambassadeur à la diète d'élection, exerça le suffrage de cette princesse, en qualité de *reine de Bohême*, malgré les oppositions des électeurs palatin, & de Brandebourg. Elle pouvoit donc être élevée à l'Empire, & devenir le chef du corps germanique, non-obstant la coutume & le second chapitre de la Bulle-d'or, & nous ne montrerons pas d'une autre manière le vice du raisonnement des publicistes.

Les électeurs ecclésiastiques, disent quelques écrivains, ne sont exclus de la dignité impériale que par la coutume, c'est-à-dire, par le fait. Maximilien I. brigua la papauté, & peut-être ne la manqua-t-il que parce qu'il n'étoit pas italien; mais personne ne s'est avisé de dire qu'il fût inéligible. Si donc un *empereur* peut devenir pape, à plus forte raison un électeur de Trèves, de Cologne ou de Mayence peut devenir *empereur* : mais il faudroit savoir si l'état ecclésiastique est compatible avec les fonctions impériales; si des loix n'ont pas jugé les électeurs ecclésiastiques, inutiles au commandement des armées, qui est une des principales fonctions de l'*empereur*. A l'égard des protestans, l'exemple de Frédéric le Sage & de Jean Georges I. électeurs de Saxe, prouve qu'ils ne sont pas inéligibles. On sait que la couronne impériale fut offerte à ces deux princes, qui étoient luthériens.

Quand on a étudié le corps germanique, on juge qu'un *empereur* puissant, qui n'emploie ses forces qu'à faire observer les loix dans l'Empire, à y maintenir le bon ordre & la sûreté publique,

& à le défendre des attaques du dehors, est, sans contredit, préférable à un *empereur* foible, qui ne peut donner aux loix l'appui qui leur est nécessaire. On croiroit que le règne d'un *empereur* foible est une espèce d'interrègne ou d'état de langueur, qui expose l'Empire à des divisions intestines & aux insultes de ses voisins : mais telle est aujourd'hui la position de l'Empire & de l'Europe, que le corps germanique doit plus redouter un prince actif, qu'un prince indolent.

L'Empire est un corps puissant, ou plutôt il devroit être un corps puissant; mais la plupart de ses membres sont foibles. Chacun d'eux, craignant d'être écrasé & opprimé par une force supérieure, n'ose s'opposer à la violence & prendre la défense des loix, à moins qu'il ne soit appuyé d'une puissance formidable qui le rassure contre le danger, & le réunisse à ses collègues par l'espérance de quelque avantage & le sentiment de leur propre conservation. Dès que ce sentiment n'est plus balancé par la crainte de se compromettre, ils se liguent volontiers pour les intérêts communs, & alors ces petits états deviennent formidables par leur réunion, & forment un corps capable d'en imposer au-dehors & au-dedans.

Un *empereur* puissant, mais zélé pour le corps germanique, peut procurer cet avantage à l'Empire; mais cet avantage est balancé par des inconvéniens, auxquels on n'a pu remédier jusqu'ici, quelque précaution qu'on ait prises.

Il est de la nature du pouvoir, comme de celle du feu, de s'étendre & d'engloutir tout ce qu'il rencontre. Plus un prince est puissant, plus il tâche d'accroître sa puissance. De-là les querelles avec ses voisins, les haines, les jalousies. Un *empereur* puissant n'a pas alors de peine à engager l'Empire dans ses démêlés personnels. Il gagne les grands états, par l'espérance de quelque avantage considérable, & les autres par la crainte de son ressentiment.

Depuis que cinq mariages avantageux ont rendu la maison d'Autriche maitresse des meilleures contrées de l'Europe, elle a formé projet sur projet. Charles-Quint, après la conquête d'Italie, pensa à subjuguer la France, sans pouvoir y réussir. Ferdinand I.er attira les armes du grand Soliman dans l'Empire, par ses projets sur la Hongrie. Ce royaume a épuisé dans la suite l'Empire, d'hommes & d'argent. Les états s'en sont plaints plus d'une fois à la diète, & plusieurs donnoient à entendre que, sous prétexte de défendre le rempart de l'Allemagne contre les ennemis du nom chrétien, on appauvrissoit & affoiblissoit les états de l'Empire, pour les assujettir plus aisément.

La France, investie de toutes parts par la maison d'Autriche, faisoit les derniers efforts pour prévenir les malheurs qui la menaçoient. Les *empereurs* ont entraîné l'Empire dans une infinité de guerres contre cette couronne. L'Empire a toujours perdu, & la maison d'Autriche presque toûjours gagné.

Sans le secours du corps germanique, Ferdinand I eût renoncé au dessein de détrôner Jean, roi de Hongrie, & de dépouiller la pupille du cardinal Martinusius. Mais à quoi serviront tous les efforts de l'Allemagne en cette occasion? à procurer la Hongrie à la maison d'Autriche, à épuiser les états du corps germanique, & à inspirer par-là à Charles-Quint l'idée de s'emparer de toutes les principautés de l'Empire. Les mêmes efforts continuèrent sous ses successeurs, & la même idée revint dans l'esprit de Ferdinand II, avec aussi peu de succès; les états ne se maintinrent dans leurs droits qu'aux dépens de diverses provinces de l'Empire qu'il fallut céder aux puissances étrangères, pour dédommagemens des secours fournis au corps germanique contre les attentats du chef.

L'Allemagne a donc trois choses à craindre d'un *empereur* puissant.

1°. D'être entraînée dans des guerres où elle ne peut que perdre, & qui sont entièrement étrangères à son intérêt général.

2°. De se faire beaucoup d'ennemis au-dehors.

3°. De se forger des fers au-dedans, en dissipant ses propres forces pour augmenter celles de l'*empereur*.

Quelques états de l'Empire ont profité des circonstances, il est vrai; ils ont acquis de nouvelles prérogatives & de nouveaux territoires; leur puissance s'est accrue: mais c'est un autre désavantage pour l'Empire.

Les *empereurs*, pour se venger de leurs ennemis, tant du dedans que du dehors, & pour s'enrichir de leurs dépouilles, avoient besoin des forces de l'Empire. Ils tâchoient de gagner les principaux états, bien assurés que les moins puissans n'oseroient s'opposer à leurs desirs. Ceux qui en avoient la hardiesse étoient proscrits, & leurs biens partagés entre l'*empereur* & ses partisans.

La maison d'Autriche a couru les plus grands dangers, par l'attaque imprévue des quatre électeurs que l'*empereur* avoit le plus favorisés. Le sacrifice d'une belle & riche province a sauvé le reste de ses états. La paix s'est faite; la tranquillité a été rétablie: mais les jalousies & les défiances subsistent toujours. Cette semence de discorde ne germera peut-être que trop pour le repos de l'Empire. La balance politique est souvent un être de raison, une chimère; mais elle est sur-tout impossible dans un même état. Tant que la maison de Brandebourg balancera le pouvoir de celle d'Autriche, l'Empire doit s'attendre à voir rallumer des querelles mal éteintes, & à être le théatre des démêlés de ces deux rivales.

Elles ont toutes deux leurs partisans & leurs alliés, au-dedans & au-dehors. La dignité impériale avoit ramené aux intérêts des princes de la maison d'Autriche la plus grande partie des états d'Allemagne, mais le projet de l'échange de la Bavière, a rangé les plus considérables du côté de la maison de Brandebourg.

EMPIRE D'ALLEMAGNE, EMPIRE D'OCCIDENT, EMPIRE ROMAIN, SAINT-EMPIRE. On donne ces diverses dénominations au corps germanique, & nous en avons déjà parlé à la section deuxième de l'article ALLEMAGNE. Elles sont en usage, suivant l'opinion commune, dès le couronnement d'Othon I, qui eut lieu à Rome en 962, & qui fut fait par le pape Jean XII. Pour en trouver l'origine, comme quelques-uns le prétendent, au temps de Charlemagne, qui fut couronné par Léon III, en l'an 800, il faudroit prouver, que dans la succession des Carlovingiens, le nom d'*Empire* étoit affecté à la Germanie, & que les Guys & les Berengers, aussi couronnés par les papes, se croyoient les maîtres de cette contrée. Quoi qu'il en soit, le corps germanique jouit sous ces titres d'une prééminence & d'une influence très-considérables: son chef a le pas sur les autres princes de la chrétienté, le pape excepté; & ses membres sont des souverains qui, liés d'abord les uns aux autres par les loix fondamentales, sont libres ensuite de former séparément des traités avec les puissances étrangères; quelques-uns d'entr'eux sont même des puissances redoutées.

L'étendue de cet *Empire* est d'environ onze mille lieues quarrées géographiques; il est borné à l'orient par la Pologne & la Hongrie; au midi, par l'Italie & la Suisse; à l'occident, par la France, les Provinces-Unies & la mer du nord; & au nord, par le duché de Sleswick & la mer Baltique. Son enceinte renfermoit autrefois des pays, que les conquêtes & l'affranchissement en ont successivement détachés: elle contenoit le royaume d'Arles qui ne subsiste plus, l'Alsace, la Lorraine & une partie des Pays-Bas que possede la France; la Silésie que possede le roi de Prusse, & les Provinces-Unies & la Suisse, devenues républiques indépendantes. Le duc de Savoie, l'archevêque de Besançon & l'évêque de Coire, sont encore des membres personnels de cet *Empire*; & le duc de Milan, celui de Modène, & plusieurs autres états d'Italie en relèvent comme fiefs. Selon quelques auteurs, on compte dans ses bornes qui lui ont été indiquées ci-dessus, 1816 villes, 1,812 bourgs, 80 mille villages, des châteaux, hameaux & monastères isolés, sans nombre, & environ 24 millions d'habitans.

Mais cet *empire* d'Allemagne, qui offre une puissance très-redoutable dans la multitude de ses membres divers, & dans la somme de leurs forces respectives, l'est-il également dans les effets qu'elle produit? Le corps germanique, si grand & si robuste dans ses détails, montre-t-il dans son ensemble une vigueur & une activité proportionnées? Afin de résoudre la question, nous ajouterons quelques traits à ce que nous avons déjà dit dans les articles ALLEMAGNE, DIÈTE, ÉLEC-TEUR, EMPEREUR.

On voit à la tête de l'*empire* d'Allemagne un prince honoré de titres pompeux, chargé des plus brillantes fonctions, élevé fur un trône qui femble être le premier de la chrétienté, après celui du faint-fiège ; un prince qu'on appelle *majefté facrée*, qui fe dit *invincible*, *toujours augufte*, que l'on nomme *Céfar*, qui commande à cent autres princes ; mais qui après avoir poffédé des villes, des palais, des châteaux & des terres ; après avoir eu, dans le douzième fiècle, au temps de Frédéric Barberouffe, fix millions d'écus de revenus, n'en a pas aujourd'hui quinze mille.

Le corps de cet *Empire* offre deux ou trois cens membres, partagés en trois claffes (*Voyez* DIÈTE) dont le concours eft néceffaire à toutes fes réfolutions & à tous fes mouvemens ; mais il faut bien du temps pour prendre leur avis ; ils font lents à fe déterminer, plus longs & plus lents encore à fe mettre en action ; ils peuvent rarement opérer de grandes chofes, & plus rarement encore, ils peuvent déployer toutes leurs forces par un concert unanime.

La correfpondance du corps germanique avec fon chef eft continuelle, mais il en réfulte peu d'effet. Sans parler des formalités d'étiquette, qu'en langage vulgaire, on appelleroit *complimens*, il y a dans le protocole impérial des minuties, des accumulations d'épithètes & de mots ; & un oubli dans quelques-uns de ces miférables détails, une omiffion légère, font des fautes, dont la réparation demande auffi du temps, & qui abforbe les momens deftinés aux affaires. L'empereur, d'ailleurs préfide à la diète par des commiffaires, qui n'étant pas ceux d'un maître, mettent une extrême circonfpection dans ce qu'ils propofent, & une grande retenue dans ce qu'ils acceptent : ils fe bornent à-peu-près à des cérémonies & à des négociations ; & négocier, comme on fait, c'eft aller lentement. Les états de l'*Empire*, de leur côté, membres ou non du même collège ; font peu femblables les uns aux autres ; pour fe réunir promptement, lorfqu'il s'agit d'une délibération : la défiance fe gliffe toujours dans le commerce des princes, & les débats ordinaires de ceux du corps germanique font des tâtonnemens, par lefquels chacun d'eux cherche à affurer fes intérêts, fans s'inquiéter de ceux de l'*Empire*.

Le lecteur peut juger, d'après cette efquiffe, s'il eft aifé à l'*Empire* germanique de faire ufage de fa puiffance ; fi l'exercice total de fes forces eft compatible avec les formes lentes & les réfolutions tardives que fa conftitution autorife. Il eft clair que le pouvoir limité de fon chef, & les droits illimités de fes membres doivent produire cette lenteur, qui femble affez fouvent dégénérer en inaction, & demander où eft l'*Empire*, lorfqu'on eft au centre de l'*Empire*. Cette lenteur n'eft

point une fuite du caractère des allemands ; car on remarque, dans l'intérieur de leurs états particuliers, une grande vivacité d'adminiftration ; fi l'on peut employer ce terme ; l'ordre, la vigilance, l'affiduité, la vigueur, y règnent prefque par-tout.

Suivant un ufage particulier dans l'enceinte de l'*Empire*, ufage fondé fur d'obfcures préfomptions de feudalifme, très-difficiles à éclaircir, fon nom allemand *reich*, *Empire*, *royaume*, appartient à quelques-unes de fes provinces, plutôt qu'à d'autres : il fe donne, comme par excellence, à la Suabe, à la Franconie & aux deux cercles du Rhin ; & on le donne comme par courtoifie, à la Weftphalie, aux deux Saxes ; à la Bavière, à l'Autriche, & au cercle de Bourgogne.

Il faut enfuite diftinguer la divifion politique & la divifion géographique de l'*Empire*. La première eft en cercles, au nombre de dix, & la deuxième, en haute & baffe-Allemagne. Dans la haute, on comprend la Suabe, la Bavière, l'Autriche, la Bohême, la Franconie & les états du Rhin, jufqu'à la Weftphalie ; & dans la baffé, la Weftphalie, les Pays-Bas autrichiens & les deux Saxes. Il eft inutile d'infifter fur la divifion en tétrarchies, en vertu de laquelle Othon III partagea, dit-on, l'Allemagne, & y établit quatre duchés, quatre archevêchés, quatre marquifats, quatre comtés, &c., dont tous les autres devoient relever : elle eft aujourd'hui regardée comme imaginaire, & comme l'invention d'un faifeur de chronique, qui trouvant des charmes cachés dans ce nombre de quatre, croyoit n'en pouvoir faire un plus bel ufage, qu'en l'appliquant aux diverfes portions de l'*Empire* ; mais puifque toutes les bifareries s'accréditent plus ou moins dans le monde, il faut dire que cette divifion n'a pas été dédaignée fi univerfellement. quelques-uns des états de l'Allemagne l'ont adoptée ; & on a vu longtemps, par exemple, les comtes, devenus princes de Schwartzbourg, fe qualifier de tétrarques du Saint-*Empire*.

L'*Empire* germanique a des prétentions dont, à la vérité, il s'occupe moins que fes docteurs en droit public ; nous n'en dirons qu'un mot. On les divife fyftématiquement en trois claffes ; la première eft celle des furanées ; la feconde, celle des moins vieilles, & la troifième, celle des récentes. Dans la première, on fait entrer les droits de l'*Empire* fur Naples, fur la Sicile, fur la Dalmatie, fur la Hongrie, fur la Pologne, fur le Danemarck, fur l'Angleterre, fur les Provinces-Unies, fur la Suiffe, fur la Champagne, fur Avignon & fur le royaume d'Arles : il n'a pas été queftion de ces droits depuis plus de 200 ans. La feconde renferme ceux qui ont pour objets la Provence, le Dauphiné, la principauté d'Orange & les états de la maifon de Chalon ; il en a été queftion à diverfes reprifes, depuis l'an 1500 ; mais ces difcuffions n'ont jamais été fuivies d'un décret. La troifième a rapport aux prétentions de
l'*Empire*

l'*Empire* fur la Courlande & la Livonie, fur la Pruffe, fur Genève, fur les bailliages que l'évêque de Conftance pofsède en Suiffe, fur Saint-Gal, fur Sedan, fur l'Alface & fur les feigneuries de Keffenich, d'Efloe, de Lent, de Borkenlohe & d'Anhold, dont jouiffent les hollandois : elles ont été foutenues en diverfes occafions, depuis l'an 1648, époque des traités de Weftphalie, & c'eft pour cela qu'on les appelle *recentes* ; mais on n'y a pas eu plus d'égards qu'aux prétentions de la France fur l'Allemagne, lefquelles embraffent, finon la totalité de l'*Empire*, au moins tout ce qui originairement étoit de l'ancienne Auftrafie & de l'ancien landgraviat d'Alface.

Pays immédiats de l'Empire. Il eft bon de parler ici des différens pays, qu'on appelle *pays immédiats de l'Empire*, & qui ne font partie d'aucun des cercles. Nous indiquerons, 1°. le comté de Montbeillard ; 2°. la feigneurie d'Afch ; 3°. la feigneurie de Wafferbourg ; 4°. le couvent de Schoenthal ; 5°. la paroiffe de Winden ; 6°. la feigneurie & le bourgraviat de Freudenberg ; 7°. la feigneurie libre d'empire de Hoërftgen ; 8°. la prévôté de Calenberg, 9°. l'abbaye d'Elten ; 10°. la feigneurie de Rheda ; 11°. l'abbaye de Burfcheid ; 12. la feigneurie de Javer ; 13°. la feigneurie de Kniphaufen ; 14°. la feigneurie de Dick ; 15°. la feigneurie de Mechernich ; 16°. la feigneurie de Schoenau ; 17°. la feigneurie de Wykie ; 18°. la feigneurie de Richold ; 19°. la feigneurie de Stein ; 20°. la feigneurie de Dreifs ; 21°. la feigneurie de Landskron, 22°. la feigneurie de Rheda ; 23°. le comté de Hombourg ; 24°. la feigneurie de Saffenberg ; 25°. la feigneurie de Schaumbourg ; 26. la feigneurie d'Oberftein ; 27°. la feigneurie impériale de Schaven.

Il faut parler auffi des trois cercles de la nobleffe immédiate d'Empire, de la Suabe, de la Franconie & du Rhin.

La nobleffe libre & immédiate d'*Empire*, felon la defcription qu'en donne Jean-Jacques Mofer, dans fon ouvrage *des Etats, de la Nobleffe & des autres membres immédiats de l'Empire d'Allemagne*, page 1249, eft un corps guidé par de certains ftatuts, & jouiffant de quantité de privilèges. On y trouve des comtes & un plus grand nombre de barons & de maifons nobles, qui, ainfi que leurs biens, dépendent immédiatement de l'empereur & de l'*Empire* Ce fut de l'agrément & par les ordres même de l'empereur Sigifmond, que prirent naiffance en 1422 l'union de ces divers membres, & la conftitution qui règne entre eux. Celle qui fubfifte actuellement, s'établit au feizième fiècle. On la divife en trois cercles de la nobleffe : celui de la Suabe, celui de la Franconie & celui du Rhin. Les trois cercles ne forment qu'un feul corps, dont l'effence eft la même, le directoire commun, qu'ils gèrent tour-à-tour de trois en trois ans. Chaque cercle eft dirigé par un directeur particulier, & chaque canton par un

capitaine, ou un autre officier qui a des députés & des confeillers pris dans le corps même de la nobleffe. Les affemblées font générales ; fi on convoque tous les directoires, ou tous les députés, tous les cercles, ou même tous les cantons ; elles font particulières, lorfque le directoire d'un cercle feul fe trouve réuni aux députés de tous les cantons de ce cercle ; ou, ce qui arrive le plus fréquemment, lorfque le directeur & les députés d'un feul canton s'affemblent en un lieu déterminé avec les avocats confultans, qu'ils jugent néceffaires. La nobleffe d'*Empire* peut admettre de nouveaux membres dans fon corps. Les empereurs lui ont accordé fucceffivement des privilèges confidérables ; &, quoiqu'elle n'ait point de fuffrage aux diètes & aux affemblées circulaires, elle n'eft pas regardée autrement que les états de l'*Empire*. Les nobles font tenus, à la vérité, de faire le fervice de chevaliers dans un preffant befoin, ou lorfque tout l'*Empire* fe trouve en guerre avec une autre puiffance ; mais ils ne paient aucune forte d'impôt, & ils ne fourniffent point de troupes : on les difpenfe aujourd'hui de fe rendre à l'armée ; ils donnent toujours une fomme d'argent, fous le nom de *don gratuit*, dont ils font faire la levée fur leurs fujets, & de laquelle l'empereur peut difpofer à fon gré ; mais ils ftipulent qu'on n'abufera pas de cette largeffe, pour l'exiger enfuite comme un droit. Ils ne contribuent en rien à l'entretien de la chambre, & ils jouiffent encore de quantité d'autres droits & immunités, que le lecteur trouvera dans l'ouvrage de M. Mofer, & dans les *Elementa juris publici germanici* de Jean-Etienne Pütter.

Des villages immédiats de l'Empire. Les villages, les bourgs, les hameaux & les cenfes, qui, ainfi que les gens libres, (freye lente) jouiffent de l'immédiateté de l'*Empire*, & qui fe trouvent en Allemagne, font vraifemblablement des anciens domaines des empereurs, ou des biens de quelques dynafties éteintes, qui n'ont plus été donnés en fief. Ils font fous la protection de quelques états de l'*Empire* ; mais ils ne font point foumis à leur jurifdiction territoriale. L'on peut voir làdeffus le traité de Gottlob Aug Jenichen, fur les *villages & les gens libres d'Empire*, à Leypfick in-8°, en 1747 ; Putteri, *Elementa juris publici germanici* ; un ouvrage de Jean-Jacques Mofer *fur les états de l'empire d'Allemagne, fur la nobleffe & les autres membres immédiats*, pag. 1510, &c. & l'*Inftruction fondamentale & hiftorique de Wegelin fur la préfecture impériale & de l'Empire dans le cercle de la Suabe*. La plupart de ces domaines font tombés au pouvoir de feigneurs particuliers ; & les gens libres font devenus des fujets, foit par la voie de donation, foit par celle d'engagemens, foit enfin par une foumiffion purement volontaire de leur part. Tels font les gens libres de Méglofs ou Méglitz en Suabe, qui aujourd'hui compofent la feigneurie d'Eglof ; ceux de Luftnau & d'Embs, dans le comté de Hohenembs ; ceux de Doren-büren dans le comté de Bregenz , & ceux de Rankweil dans le comté de Feldkirch. Telles font également les cenfes, appellées *Kellnhofe* , fituées dans les villages d'Efchach , de Rickenbach , de Schöüan & d'Oberraitnau, qui dépendent de la ville impériale de Lindau. Telles font encore le bourg d'Altorf , près de Ravensbourg ; les villa-ges qui faifoient partie ci-devant de l'adminiftra-tion impériale de Weiffenbourg ; favoir : Kahf-dorf, Petersbach, Bybourg & Wengen , le ha-meau de Sainte-Croix & Rohrbach , qui aujourd'hui dépendent de l'évêché d'Eichftett, & en partie de la ville impériale de Weiffenbourg : tels font auffi Mühlhaufen fur la rivière d'Enz, Pfæf-fingen, Bærftein, Altingen , tous dépendans du bailliage de Herrenberg , pays de Wurtemberg ; Grand-Gartach qui relève du bailliage de Bracken-heim ; Kirchheim fur le Necker , foumis l'un & l'autre à la domination de Würtembçrg ; Anfkirch , bourg appartenant au prince d'Oëttin-gen ; celui de Freyenféen , dépendant du bailliage de Laubach dans le comté de Solms, & proba-blement auffi Erlenbach , fitué dans le comté de Wertheim , & plufieurs autres. Quant à ceux qui actuellement jouiffent plus ou moins de leur li-berté immédiate de l'*Empire* , les plus remarqua-bles font :

1°. Les gens libres des landes de Lentkirch en Suabe.

2°. Le village libre d'*Empire* d'Alschhaufen.

3°. Le village libre d'*Empire* d'Althaufen.

4°. Les villages libres d'*Empire* de Gochsheim & de Seunfeld.

5°. Les villages libres d'*Empire* de Soulzbach & de Soden.

L'*empire* d'Allemagne comprend auffi des ga-nerbinats, qui n'ont aucune relation avec la no-bleffe de l'*Empire*. Le terme de *ganerbinat* (*ganerbs-chaftliches ort*) , défigne un endroit qui appar-tient en commun à différens feigneurs qui l'ont obtenu pour leur défenfe mutuelle. Plufieurs, tels que Bœnninghem , la feigneurie de Rothenberg, &c. font tombés fucceffivement fous la domina-tion d'un feul & même poffeffeur. On peut citer, par exemple , Widdern , petite ville en Suabe, & Kinzelfau , bourg de la Franconie ; &c. Il en eft d'autres qui font partie des terres , dont jouit la nobleffe de l'*Empire*.

Voyez les articles ALLEMAGNE, DIÈTE DE L'EMPIRE & ÉTATS DE L'EMPIRE.

EMPRUNT. *Voyez* le Dictionnaire des Fi-nances.

ENCHERE , f. f. terme dérivé d'*enchérir*, qui veut dire , dans fon fens propre, vendre plus *cher*. Il doit s'entendre de l'offre qui eft faite d'une marchan-dife , d'une ferme , d'un bien mis en vente, au-deffus du prix qu'un autre en a propofé. Dans une acception plus économique , l'*enchère* eft un fur-croît de valeur donné aux chofes , par leur con-

venance relative au goût des acheteurs concur-rents.

Pour connoître combien l'enchère importe à la fociété, il faut en revenir aux principes qui dé-mêlent & expliquent tout.

Les hommes ne peuvent obtenir des biens à leur ufage que par des efforts qui font des frais & des dépenfes ; il faut donc que ces biens qu'ils obtiennent foient des richeffes, c'eft-à-dire, qu'ils aient une valeur, fans quoi le travail pour les acquérir feroit une perte, & la dépenfe cefferoit bientôt. Nous difons qu'on ne peut obtenir des produits que par des dépenfes : cela eft clair ; car il faut que l'homme vive pendant ce travail, & fa propre confommation avant la récolte eft une avance & une dépenfe.

La terre rend tout en nature. Mais fi fes pro-duits font fans valeur de convenance, paffé la portion que peut confommer l'agent en titre, le cultivateur ; tout le refte lui eft fuperflu & ne remplace point fes avances. Il faut, pour ce rem-placement indifpenfable , que cet excédent ait une valeur, & c'eft cette valeur feulement qui lui donne la qualité de richeffe.

Plus ce remplacement eft prompt, plus ce pre-mier agent, qui l'eft en ceci de la fociété en-tière , peut hâter la continuation de fes travaux nourriciers ; plus ce remplacement lui eft avanta-geux par l'enchère mife aux produits qu'il reçut de la nature , plus il peut redoubler d'efforts de travail & de vigilance ; & toutes ces chofes font toujours récompenfées au prorata de leur quo-tité en matériaux d'abondance & en furcroît de richeffes.

Il fuit de là que la conftante , la haute & plus haute valeur des produits eft l'intérêt le plus di-rect de la fociété, comme étant le thermomètre de l'abondance : c'eft encore d'après cette confé-quence que le bon fens a fait le proverbe qui dit, *cherté foifonne*.

De cette haute valeur des produits de premier befoin ; provient & dépend l'*enchériffement* de tou-tes les autres denrées & marchandifes, & nécef-fairement l'augmentation fucceffive des falaires de tout travail , comme celle des moyens de toutes les dépenfes. Ceci eft aifé à comprendre & facile à démontrer.

En effet , chaque individu voudroit jouir & confommer ; & la plupart , ou même prefque tous, fort au-delà de ce qu'ils confomment ordinaire-ment ; mais ce font les moyens de payer qui leur manquent. Dans le défaut de confommateurs en état de payer & de producteurs qui puiffent con-tinuer leur travail, fi les produits que ce travail procure ne font pas payés, l'inaction forcée ne tarde pas à fe montrer , le travail diminue & ceffe par degrés & par conféquent les diftributions & les confommations, & l'on marche à grands pas vers la mifère générale.

Dans l'état naturel , au contraire , les chofes fe

se font comme elles se firent primitivement. L'homme travaille d'abord sur quelques foibles avances; son économie, son attention & sa vigilance continuelles en accroissent l'effet, & toutes ces choses sont récompensées par les largesses de la terre, qui, selon l'ordre naturel, double toujours dans son sein les fruits que lui confie une sage culture. Ce doublement est distribué à des aides, qui le payent de leur travail; nouvelles avances toujours doublées par la nature. Ce nouveau surcroît éveille l'industrie, dont les secours sont acceptés & reçus pour paiement, en ce que les choses qu'elle offre comme effets de son travail, sont propres à accélérer les travaux des producteurs.

C'est ainsi que naissent & s'étendent toutes les parties sociales; que le travail est toujours reçu pour paiement; que les produits sont toujours reçus comme salaire. Par cette marche progressive de prospérité arrivent enfin les revenus, c'est-à-dire, un excédent par-delà la restitution des avances de toute espèce, confiées, soit directement, soit indirectement à la terre, pour former des revenus annuels *disponibles*, qui ne doivent plus rien à la culture que par les rapports généraux & toujours constans de la consommation avec la production dont elle est la mesure, & qui vont fournir l'aliment aux autres emplois de la société. Ce sont ces revenus qui font vivre les propriétaires, le monarque, l'autel, & tous les employés quelconques au service du public.

Partons de là maintenant & du premier besoin, qui donne le mouvement & met le taux à tout le reste. Sera-t-il mal-aisé à concevoir, que si le septier de bled ne vaut que douze livres, l'état & la totalité des citoyens auront la moitié moins de revenus réels qu'ils n'auroient, si le bled valoit 24 livres? car tous les autres revenus, salaires, rentes en argent, loyers, émolumens de charge, profits de l'industrie, &c. ne sont que revirement de parties & distribution de revenus qui ne peuvent être méconnus que par ceux qui cherchent à se faire illusion. Tout sort de la même source, tout baisse avec elle; & si elle tarit, tout doit tarir à la fois.

On oppose à cela, que le haut prix des denrées met le pauvre hors de portée d'y atteindre; mais on confond en ceci une valeur forcée par l'erreur ou la fraude, avec la valeur progressive & constante. Sans doute, quand de fausses mesures ou des vues criminelles auront désorienté & expulsé le commerce, des cas fortuits particuliers feront des disettes cantonnées qui, répandant l'allarme au loin, iront éveiller le monopole & l'avertir de préparer ses trames odieuses. Alors la valeur de la denrée haussera tout-à-coup & démésurement au gré de la peur & de ces sourdes manœuvres, & sera d'autant plus hors de proportion avec les salaires, que le bled ne se trouvera pas aux mains du cultivateur foible & dépouillé

au jour le jour par le régime précédent; mais dans les greniers de quelques propriétaires prévoyans, qui ont mis à part leur revenu, en attendant l'instant de se prévaloir. Mais voyez combien il faut, dans ce cas, de faux coups de main, d'erreurs & de fautes humaines, d'institutions forcées & de concussions réelles & prétextées pour barrer la marche de la nature bienfaisante, & pour amener les choses à ce point. Selon l'ordre naturel, les choses suivent nécessairement la marche que nous avons déja tracée.

Le haussement de valeur passe d'abord dans la main de celui qui a tout intérêt à doubler son travail. Il n'augmentera pas à l'instant les salaires en proportion, mais certainement il les multipliera; & si nous n'oublions pas que ce sont les moyens de payer qui manquent; que le salaire de tout homme qui travaille, vaut au moins le pain qu'il consomme, & que le paiement va d'abord au pain, vous verrez le double de bouches aspirer justement à la nourriture, le double de bras s'employer au travail, & la terre recevoir un double tribut. Donnez-vous patience pour le reste; elle ne sera pas longue.

Toutes ces choses ont été dites & redites, & sont très-évidentes. Malgré cela, il ne sera pas, je crois, hors de propos de dire encore que nous avons fait des villes; que, dans ces villes, sont les docteurs; que la doctrine &, qui pis est, la justion & l'autorité sortent de ces villes, & qu'elles sont peuplées de rentiers, de gens qui vivent de salaires fixes, de loyers, de pensions, &c. L'intérêt qui les inspire, a communément des vues très-courtes, & il n'y a pas de mal à cela, lorsqu'il veut se borner à ce qui le regarde personnellement; mais on n'en peut pas dire autant, lorsqu'il se mêle de jurisdictionner. Ses vues courtes leur font commettre de grandes fautes, & deviennent souvent très-pernicieuses. Ils ne voient pas que le revenu des terres est la source, l'aliment & le seul garant réel de leurs revenus fictifs & de leurs attributions quelconques; mais ils voient le compte de leur boulanger, & d'ailleurs ils se déterminent difficilement à voir hausser le prix des autres consommations & les salaires des ouvriers que leur dépense fait vivre; & voilà ce qui les émeut si fort pour le pauvre peuple, & leur fait appuyer les cris de la populace, qui partout comme à Rome voudroit du pain pour rien, sans s'informer de ce qu'il coûte à faire venir.

Tout cela forme un concours de murmures qui épouvente les gens en place, peu assurés d'ailleurs de leurs principes, & par conséquent foibles en autorité. Ainsi va le monde, quand il va mal; mais il n'en est pas moins vrai que l'*enchère* est l'ame de la vie sociale, & que le plus grand intérêt de la société est d'étendre les valeurs sur le plus grand nombre d'objets possibles.

Un cheval mort, dans une ville grande & industrieuse, vaut souvent chez l'écorcheur le double de ce qu'il valoit vivant ; tant les divers rameaux de l'induſtrie populaire ſavent tirer parti de tous les débris qu'on livre aux corbeaux par-tout ailleurs. Il n'eſt rien dans tout ce que renferme l'Hiſtoire naturelle, depuis le ſommet des montagnes juſqu'au centre de la terre ; ſable , roche , argile , minéraux , végétaux , animaux , rien enfin dont l'intelligence & l'induſtrie humaine ne ſachent tirer parti pour la néceſſité , la commodité , l'élégance ou les ſuperfluités de la vie ſociale ; rien par conſéquent qui ne puiſſe avoir valeur d'échange avec les produits de la terre , inépuiſable en ſubſiſtances & en revenus , & devenir par conſéquent outil de labourage , principe de vie pour une portion de citoyens , & d'augmentation de revenus pour tous. Mais il faut pour cela que la liberté de l'enchère ſoit générale & commune à tous & pour tous. Tout ce qui gêne l'induſtrie , tout ce qui éloigne les enchériſſeurs , quels qu'ils ſoient , loin d'être appuyé & quelquefois promu par le gouvernement , eſt préciſément ce qu'il doit découvrir, empêcher & combattre.

Le monopole eſt le vœu des particuliers, l'objet des ligues, des profeſſions, des nations même ; mais le gouvernement, loin de donner dans les pièges que lui tend la cupidité privée , loin de ſe livrer aux illuſions que le faux intérêt fait préſenter à ſes eſclaves, ne doit avoir qu'un objet en vue ; c'eſt de faire obſerver la loi donnée par l'ordre naturel.

(Cet article eſt de M. GRIVEL.).

ENCLOS, ſ. m. C'eſt un eſpace renfermé de tous côtés , & contenu dans une enceinte de foſſés, de haies, de paliſſades ou de murailles , &c.

Ce qui concerne cet article paroîtroit appartenir plutôt à l'*économie rurale* qu'à l'*économie politique* ; mais la vraie & ſaine politique portera ſur le phyſique d'abord, attendu que, quand le phyſique va bien , il eſt aiſé que le moral s'enſuive, au lieu que le moral ſimplement ſpéculatif n'arrangeroit, dans mille ans , le phyſique de perſonne. Ici d'ailleurs l'objet n'eſt pas tellement phyſique, qu'il ne puiſſe ſe rapporter aux plus grands objets de la politique ; à ceux du moins qui devroient lui paroître les plus importans.

La propriété eſt naturellement un *enclos*, c'eſtà-dire , une circonſcription quelconque, au-dedans de laquelle nul n'a à prétendre, ſi ce n'eſt le poſſeſſeur ; ce principe eſt la baſe de toute morale, s'il s'applique à la propriété perſonnelle, premier genre de propriété ; il eſt la baſe de toute ſûreté, s'il s'applique à la propriété mobilière , qui eſt le ſecond genre de propriété ; il l'eſt enfin de toute durée & de perpétuité , s'il regarde la propriété foncière. Suivons maintenant cette dernière, à laquelle ſeulement le mot *enclos* eſt applicable.

Nul n'attachera ſa perſonne & ſes avances à la terre , qu'il ne ſoit aſſuré que le fonds auquel il voue ſes travaux , une fois approprié à la culture par ſes dépenſes plus ou moins fortes , lui demeurera en propre , excluſivement à tout autre. Le premier pacte ſocial de toute peuplade ſédentaire eſt celui-là ; c'eſt à ſon maintien que veille la ſociété entière ; c'eſt pour ſon exécution que la force publique eſt inſtituée. La borne qui limite le champ & protège l'*enclos*, eſt le premier ſubſtitut du ſouverain , & celui, à tout prendre , qui eſt le plus généralement reſpecté. En effet, dès qu'il eſt prouvé de tant de manières que la vie & l'ame de la ſociété humaine , c'eſt la récolte annuelle des productions à notre uſage ; que ces productions ſont une reſtitution de la nature avec excédent ; que la terre ne rend qu'en proportion double de ce qu'on lui confie ; qu'on ne lui confiera qu'au prorata de l'opinion & du ſentiment d'aſſurance de la propriété, tout ce qui garantit, accroît & cautionne la propriété , devient l'intérêt majeur de la ſociété humaine. On le ſent, on en eſt convaincu , & un reſpect religieux & populaire aſſure, protège & reſpecte les bornes des champs.

Les bornes ne ſont , s'il eſt permis de le dire, que les vedettes de la propriété. L'*enclos* quelconque en eſt le premier corps. Il préſente un objet plus diſtinct ; il ſuppoſe de plus grandes avances.

Il eſt d'ordinaire pourtant moins reſpecté par le peuple , non parce qu'il préſuppoſe moins de confiance, mais parce que l'habitude où l'on eſt de laiſſer pâturer les champs après les moiſſons, & le mélange qui ſe fait ainſi du mode paſtoral avec l'agriculture, accoutume le peuple des campagnes à une ſorte de droit public de parcours.

Abſtraction faite de la ſorte de reſpect qu'on doit & qu'on porte à la vie patriarcale, tableau de ſimplicité & d'innocence dans les premiers âges du monde ; la vie paſtorale nomade & ſi voiſine de l'état de guerre néceſſitée par la multiplication des peuplades, participe à ce fléau. La culture a beſoin d'engrais ; les animaux en fourniſſent le premier de tous. Cependant, par l'ordre phyſique , le règne animal donne moins à la terre qu'il n'en retire , ce qui , en certains pays, rendroit enfin cette ſorte d'engrais plus à charge qu'à profit, ſi l'on n'avoit ſubſidiairement beaucoup de friches étrangères au domaine , pour ſervir au parcours du bétail.

Cette méthode comporte néanmoins un double, triple & ſouvent décuple emploi de terre en pure perte, de manière qu'à la réſerve de certaines contrées voiſines de montagnes couvertes de dépaîtres ſpontanés, ou de marais ſalans, & autres endroits qu'on ne peut habiter qu'une partie de l'année, les beſtiaux ailleurs ſont plus nuiſibles que profitables. Si ce n'eſt à un petit nombre , c'eſt à la pluralité ſociale.

En Espagne, pays qui produit de si belles laines, un code particulier & privilégié ordonnera la désolation de plusieurs belles provinces, pour le passage des troupeaux qui vont de la mer aux montagnes. En Angleterre, où l'agriculture est si florissante, on proscrira de laisser des landes & des friches, pour ne pas perdre ces laines précieuses & soignées, qu'on retient ensuite par force dans le royaume pour les trafiquans du pays, double & grossière erreur en économie politique. Ailleurs le droit commun aura établi le dépaître d'un clocher à l'autre, & l'on verra des arrêts défendre de désoler les terres, c'est-à-dire, de cultiver autrement que votre voisin & votre canton, afin de laisser libre aux troupeaux tout le quartier qui doit être en jachères. Ce sont-là de vrais attentats à la propriété.

Le droit de parcours est même établi dans certaines coutumes, de manière qu'un homme n'est propriétaire de son fonds qu'une partie de l'année; car le reste du tems il est à tous, c'est-à-dire qu'il n'est à personne; & des gouvernemens, des administrations, interpellés pour décider des contestations à cet égard, y sont fort embarrassés, comme si le tiers de la propriété valoit la propriété toute entière.

Et quand on parle de lésion de la propriété, on diroit, à l'air consentant & froid dont on vous écoute, que vous parlez pour l'édification publique seulement, & l'on pourroit dire d'eux: ils ont des oreilles & ils entendent; mais ils ont des yeux & ils ne voient pas. Nous mettons en fait qu'il n'est pas si petite lésion quelconque de la propriété, qui ne porte aussi-tôt en effets calculables & visibles sur la confiance, &, par effet indispensable, sur les avances, sur le travail, sur le produit, sur le revenu.

On vous dit, en faveur du parcours & du dépaître, qu'ils sont nécessaires pour les pauvres; car on met l'intérêt des pauvres à tout & toujours pour en faire: intérêt du bas prix des denrées pour les pauvres; intérêt des communes en friche pour les pauvres; intérêt des labours cantonnés pour les pauvres; intérêt du parcours qui expulse les propriétaires pour les pauvres. Cependant le véritable intérêt des pauvres est qu'il y ait des riches de leurs propres fonds, qui aient besoin de leur travail, & qui les payent régulièrement, jeunes & vieux, forts & caducs; l'intérêt du pauvre est la richesse de son voisin, & non pas d'être libre d'aller à la picorée, tandis que la richesse & le travail déserteront.

Mais l'intérêt de l'état, l'intérêt général & particulier, est que chaque terre soit cultivée; qu'elle soit enclose; qu'elle soit gardée, soignée, prisée; qu'on n'en laisse écouler ni les terres, ni les engrais, & qu'elle rapporte, s'il est possible, deux ou trois récoltes par an.

Les enclos, en général, n'ont été faits que dans cette vue & en manifestent l'intention. Nous disons en général; car il est est aussi des pays d'enclos, qu'on appelle pays de bocage, où tout est enclos, pour laisser en maigre dépaître les meilleures terres, pour y lâcher les bestiaux sans gardiens; &, dans ces pays qui sont pauvres, les chemins serrés, creux & couverts en deviennent impraticables.

L'homme met en tout de l'excès, & se jette également dans les contraires. Se clôt-il? tout est enclos, & l'on ne voit plus le soleil nulle part; rompt-il les enclos? il arrache tout, laboure, écorche tout, & ne laisse plus ni abri contre les mauvais vents, ni arbres, ni feuilles qui attirent les influences du ciel si favorables. Les sources tarissent; le vent & les pluies emportent les terres; il n'y a plus de fossé qui les retienne, plus de chauffage pour le four, plus un brin d'herbe pour le bétail à la corde. Eh pauvre peuple! laissez venir les gros laboureurs, & l'industrie & les débouchés, & bientôt vous reverrez le labour par la bonne voie. Les clusiaux, que nous appellons enclos se multiplieront, ainsi que le jardinage, le chanvre & tout ce qu'il faut pour le ménage, afin que le salaire demeure & laisse un peu d'aisance pour acheter le sel & payer l'impôt.

Quoi qu'il en soit, les enclos sont un grand avantage pour le territoire, & conséquemment pour l'état, par les raisons que nous avons ci-dessus désignées. Un homme qui enclôt son domaine, n'a pas envie de s'enfuir par la brèche; il fait cas de son fonds; il est regnicole opiniâtre, & c'est ce que ne sauroient être les misérables ni les gens à gages, & ce que ne sont point les gens à l'aisance, ni les riches à porte-feuille.

Nous ne parlons pas ici de ces vastes parcs, affiches de vanité imitative. Nous ne voulons pas même y comprendre ces pâtis forcés que la clémence des grands permet de faire contre l'invasion des bêtes fauves, entretenues en trop grand nombre dans les forêts; c'est seulement une preuve que le labour, même chargé d'entraves, suit la dépense. On a vu, en certains temps & lieux, vendre la permission de se clorre, comme amortissement du droit de gibier. Eh! quand notre maison brûlera, dites donc aux faisans & aux lapins de venir éteindre l'incendie; armez-les contre l'ennemi, & sur-tout contre le premier de tous, la faim. Le pire ennemi de l'homme, c'est l'homme sans le vouloir, & seulement parce qu'il tient à des usages établis dans d'autres circonstances, compensés alors par des services gratuits qu'on paye aujourd'hui; mais c'est un droit, dont le titre sera méconnu tant qu'il ne paroîtra que celui du plus fort. Fatal effet de l'ignorance! c'est des limites de ses courtes vues qu'il faut nécessairement sortir; ce sont ses barrières qu'il faut rompre. Tout autre enclos doit être libre, vu favorablement & protégé d'une manière efficace.

(Cet article est de M. GRIVEL.)

ENFANT-TROUVÉ. L'*enfant-trouvé* eſt un *enfant*, qui dans les premières années de ſa vie a été abſolument abandonné de ſes père & mère, & auquel l'adminiſtration des hôpitaux ou la charité de quelques particuliers rend les devoirs de la maternité. Le premier hôpital qui ait été fondé en Europe, en faveur des *enfans-trouvés*, eſt celui de Paris.

Nous allons en parcourir tous les détails, & nous réunirons ainſi toutes les notions qui peuvent avoir rapport à cette claſſe infortunée de l'eſpèce humaine.

L'un des points de vue qui paroît devoir le plus attacher les ſouverains à la religion, c'eſt le rapport néceſſaire qui ſe trouve entre ſes principes & le bonheur de leurs ſujets. Ainſi, la France doit au zèle de ſaint Vincent de Paul & à la charité de quelques dames pieuſes l'hôpital des *enfans-trouvés*. Cette inſtitution, vraiment patriotique, a, dès ſes commencemens, eu deux objets ; de faire participer ces malheureuſes victimes de la honte & de la miſère aux bienfaits de la religion, de les conſerver, s'il étoit poſſible, pour l'utilité de la ſociété.

Le deſir qu'elles ne fuſſent pas privées de la grace du baptême, entraîna ce ſaint homme regardé à tant de titres comme le meilleur citoyen du ſiècle dernier.

Dans les premiers temps, les *enfans* expoſés appartenoient, comme eſclaves, à ceux qui les recueilloient. Et comme les expoſitions ſe faiſoient ſouvent à la porte des égliſes (1), ils devenoient les eſclaves des fabriques. Telle étoit la diſpoſition du droit romain & des conciles. Mais Juſtinien ayant déclaré libres les *enfans* expoſés, & l'eſclavage ayant été aboli en France, les *enfans* expoſés devinrent alors des charges purement onéreuſes aux paroiſſes, aux hôpitaux, aux ſeigneurs des lieux, dans leſquels on les avoit expoſés. Pendant un grand nombre de ſiècles, la charité commune adouciſſoit ſinguliérement cette charge ; mais la charité ſe réfroidit, & il fallut enfin décider qui devoit les nourrir.

L'ordonnance de Moulins (1566) ordonna que les pauvres de chaque ville, bourg & village dont ils ſont natifs & habitans, ſoient nourris & entretenus par les habitans de ces mêmes ville, bourg & village. Et comme les *enfans* expoſés ſont aſſurément les premiers & les plus infortunés pauvres, chaque paroiſſe reſta chargée des ſiens. La coutume de Bretagne offre ſur ce point une diſpoſition préciſe à l'article 503. D'Argentré trouve même que cette inſtitution eſt digne de Platon.

Non potuiſſet ab ipſo Platone meliùs & humaniùs inſtitui.

Cete ordonnance de Moulins, dont l'exécution éprouva les plus grandes difficultés, ne ſtatuoit cependant rien de bien poſitif ſur le ſort des *enfans* expoſés. Mais la Juriſprudence, après une multitude de variations, s'eſt enfin fixée à en charger les ſeigneurs hauts-juſticiers. On a penſé que cette obligation devoit être une compenſation des profits attachés à la haute-juſtice, tels que les épaves, les amendes, les confiſcations, la déſhérence & la ſucceſſion des bâtards. Tous les auteurs, ſans exception, atteſtent qu'on a regardé ces caſuels comme un dédommagement de la nourriture qu'ils devoient aux *enfans* expoſés.

Mais, ne doit-on pas regarder cette légiſlation qui ſubſiſte encore en partie, plutôt comme un moyen que le gouvernement avoit pris pour ſe décharger de ces infortunés, que comme une diſpoſition bienfaiſante à leur égard ? Il eſt étonnant que les diſputes que cette charge occaſionnoit, n'aient pas réveillé ſa tendreſſe ſur ces individus, qui ſont réellement ſes *enfans*. Combien ont perdu la vie, par les lenteurs avec leſquelles on alloit d'abord à leur ſecours ? A quels dangers les expoſoient la répugnance avec laquelle on les prenoit, l'intérêt que l'on avoit à leur mort ? Quelle race déteſtable devoit ſortir du ſein d'une conſtitution qui ne déterminoit ni la durée, ni la qualité des ſecours qui leur étoient néceſſaires, ne pourvoyoit point à leur inſtruction, & qui loin de leur rendre ſupportable l'infamie de leur origine, en faiſoit encore un fardeau pour leurs concitoyens, & aggravoit ainſi les torts de leur naiſſance par ceux de leur éducation ! Quelle épouvantable moyen encore d'aſſurer la conſervation de ces *enfans*, lorſqu'on excitoit un ſi grand intérêt de connoître leurs mères, lorſqu'il étoit ſi facile d'y parvenir, & lorſqu'on puniſſoit de mort la lâcheté, une fois conſtatée de l'expoſition !

Henri II voulut prévenir le crime de l'expoſition : il déclara, par ſon édit de février 1556, que *toute femme qui ſe trouvera convaincue d'avoir célé, couvert & occulté, tant ſa groſſeſſe, que ſon enfantement, ſans avoir déclaré l'un ou l'autre, & pris de l'un & l'autre témoignage ſuffiſant, même de la vie ou mort de ſon enfant, lors de l'iſſue de ſon ventre, & qu'après l'enfant ſe trouve avoir été privé du baptême & ſépulture, telle femme ſera réputée avoir homicidé ſon enfant, & pour réparation, punie de mort, & de telle rigueur que la qualité particulière du cas méritera.*

On eſt encore obligé de publier cet édit pluſieurs

---

(1) Il y avoit anciennement devant les portes des égliſes une coquille de marbre où l'on mettoit les *enfant* qu'on vouloit expoſer. Ils n'appartenoient aux fabriques, que lorſque perſonne ne vouloit ſe charger de les nourrir, A cette coquille, on ſubſtitua un berceau dans l'intérieur de l'égliſe. Celui de Notre-Dame eſt très-ancien, Il en eſt fait mention dans les titres les plus vieux de cette égliſe.

fois l'année dans les chaires évangéliques. Mais quelle défolante révélation de la méchanceté du cœur humain ne peut pas produire cette terrible fanction dans l'ame novice qui l'entend pour la première fois ! Une dame, devenue célèbre par fes ouvrages, a foutenu qu'il ne falloit pas même prononcer les noms des vices devant les *enfans*. Cette exceffive précaution eft impoffible. Mais feroit-il également faux qu'on ne doit pas offrir aux yeux des perfonnes fimples le fpectre de l'un des plus grands crimes ? Quoi qu'il en foit, l'édit de Henri II, dont l'objet le plus apparent étoit d'empêcher les expofitions, a peut-être mis les mères mal intentionnées, dans le cas d'étouf-fer promptement le germe ; & fon effet principal a peut-être été d'obliger de couvrir ce crime ou celui de l'expofition des plus épaiffes ténèbres. Si le légiflateur eût commencé par confulter le cœur d'une mère, il eût probablement établi d'autres moyens, ceux, par exemple, qui auroient faci-lité à l'exceffive indigence le foin de fes *enfans*. On étoit bien éloigné de fuivre cette marche. Auffi, vers le milieu du fiècle dernier, rien n'étoit fi commun dans les campagnes que l'infanticide, & l'expofition étoit très-fréquente dans les villes.

Cependant, l'aurore qui annonçoit le beau fiè-cle de Louis XIV, commençoit à paroître. Les arts & les fciences adouciffoient déjà nos mœurs, en jettant plus de lumières. Et la religion, en fe repliant fur fes principes, offroit le fpectacle confolant d'une charité qui cherchoit à remédier à tous les maux. C'eft à cette époque de la monarchie que nous fommes redevables des inftitutions les plus fages & les plus bienfaifantes. La piété d'un feul homme les créa & les fit réuffir prefque toutes.

On fentit enfin avec profondeur, que la religion, l'humanité & l'état avoient un intérêt égal à la confervation des *enfans* expofés. La tendre religion, qui feule avoit jufqu'ici jetté les yeux d'une mère fur ces infortunés, pleuroit fur le fort de ceux que par un crime atroce on privoit du baptême, & frémiffoit des malheurs dont la me-naçoit le défaut d'éducation des autres. Le génie de l'humanité s'attendrit fur cette multitude de victimes qu'un faux honneur, la pauvreté & une légiflation mal conçue, faifoient égorger. Le gou-vernement s'apperçut que la véritable richeffe étoit dans fa population, & que fi la perte de tant d'*enfans* l'appauvriffoit, leur mauvaife inftitution en pouvoit faire des fcélérats, & lui rendre un jour redoutables des hommes qu'il avoit d'abord méprifés.

L'hôpital des *enfans-trouvés* fut donc projeté. On fit plufieurs effais, & les lettres-patentes d'é-tabliffement parurent en 1670.

Nous allons entrer dans quelques détails fur l'état actuel de cette inftitution. Ils pourront quel-quefois paroître minutieux ; mais il ne faut pas perdre de vue qu'ils font tous importans, dans

un auffi vafte établiffement ; que, quelque peu cu-rieux qu'ils paroiffent, ils opèrent cependant le bien ou le mal, d'une multitude d'individus, & qu'en regard avec les autres établiffemens de ce genre, faits ou à faire, ils peuvent être précieux. Il n'eft pas toujours auffi utile qu'on penfe, au progrès des lumières, & fur-tout au bien de l'hu-manité, de n'offrir que de grandes maffes d'idées. Combien nous regrettons que les anciens, qui aimoient tant à développer les penfées les plus fimples, aient dédaigné de nous inftruire en dé-tail de leurs établiffemens !

Il y a trois maifons d'*enfans-trouvés* à Paris, qui ne font qu'un même établiffement. L'une, fituée rue Notre-Dame, s'appelle *la maifon de la couche*. Elle eft le feul entrepôt des *enfans*. C'eft-là que fe tiennent tous les genres de cor-refpondance qui les concernent. L'autre, beau-coup plus vafte, eft fituée dans la rue du faux-bourg Saint-Antoine. Le choix de fa fituation lui a même fait donner le nom de *bel air*. C'eft-là que les *enfans* fains & valides font placés au re-tour de la campagne. La troifième eft l'hofpice des *enfans-nouveaux-nés-vénériens*, fituée à Vau-girard.

On reçoit tous les *enfans* préfentés à la maifon de la couche, avec la fimple formalité d'un pro-cès verbal, dreffé par un commiffaire au Châtelet, & defcriptif de tous les papiers & hardes trou-vés fur eux, & des indications données par ceux qui les portent. Ce font ordinairement les fages-femmes ou les accoucheurs qui les préfentent.

Nous verrons qu'on pourroit tirer des perfon-nes de cet état des éclairciffemens utiles aux *en-fans* & à l'hôpital.

On commence par vifiter les *enfans* ; ils y reftent quelques jours & jufqu'à ce qu'on les envoie en nourrice. En attendant, ils font allaités par des nourrices réfidentes, au nombre de dix-huit ou vingt. Ceux qui font trouvés corrompus déjà par le virus vénérien, font tranfportés à l'hôpital de Vaugirard. On les faifoit paffer, il y a peu d'an-nées à la Salpêtrière, où on les nourriffoit avec du lait.

Les autres font envoyés en nourrice en Nor-mandie, en Picardie & en Bourgogne ; ils reftent dans les campagnes jufqu'à l'âge de fept ans. De-là, on les place chez les laboureurs qui les de-mandent. Le furplus des *enfans* eft ramené à la maifon de Saint-Antoine, où ils font au nombre de 600 des deux fexes. Les bourgeois de Paris & les artifans viennent en prendre pour les inf-truire dans leurs profeffions. Ceux qui n'ont pas été demandés, font envoyés à l'âge de 16 ans, les garçons à la Pitié, les filles à la Salpêtrière, pour travailler aux ouvrages des deux maifons. L'hôpital des *enfans-trouvés* n'en eft plus chargé.

Pour connoître le nombre des *enfans* qui font habituellement à la charge de l'hôpital, on a for-mé une année commune fur les cinq années 1773

& fuivantes , & cette année commune eſt de 11,417 , dont il y en a ordinairement 7,613 en nourrice & en fevrage , 3,068 en penfion , 84 à la maifon de couche, & 656 à la maifon de Saint-Antoine.

J'ai cru qu'on verroit avec intérêt la progreffion du nombre des *enfans-trouvés*, depuis la naiffance de l'hôpital , juſqu'à cette année. Ce relevé a été fait avec la plus grande exactitude.

TABLEAU DE RÉCEPTION
des Enfans - trouvés depuis l'établiffement.

Années.	Enfans.	Années.	Enfans.
1670	312	1758	5082
1680	890	1759	5264
1690	1504	1760	5032
1700	1738	1761	5418
1710	1698	1762	5289
1720	1441	1763	5254
1730	2401	1764	5538
1740	3150	1765	5496
1741	3388	1766	5604
1742	3163	1767	6007
1743	3099	1768	6025
1744	3034	1769	6418
1745	3234	1770	6918
1746	3271	1771	7156
1747	3369	1772	7676
1748	3429	1773	5989
1749	3775	1774	6333
1750	3789	1775	6505
1751	3783	1776	6419
1752	4127	1777	6705
1753	4329	1778	6688
1754	4231	1779	6644
1755	4273	1780	5568
1756	4725	1781	5608
1757	4969	1782	5444

On eſt effrayé de la différence du nombre des *enfans* expofés, lors de l'établiffement de l'hôpital , avec celui des *enfans* qu'il reçoit actuellement ; elle eſt au moins d'un à treize. La première année , on reçut 312 *enfans* , & en 1782, on en admit 5,444.

Le tableau prouve que la diftance de ces deux nombres a quelquefois été plus frappante.

Cette énorme progreffion fait craindre à l'un des concurrens (1) au prix donné en 1777 par l'Académie de Chaalons ; que pour peu qu'elle continue , tous les *enfans* fe trouvent , avant un fiècle , fans père & fans mère ; que tous les pères & toutes les mères veuillent être fans *enfans* , & que la France ne foit plus qu'un hôpital d'*enfans-trouvés* ; & tous les françois , des bâtards. Cette terreur , abfolument vaine & injurieufe aux mœurs françoifes , & qui n'a d'autre fondement que l'oubli de l'état actuel focial , fe diffipe aifément à l'aide de la réflexion.

On en a prefque conclu , que l'établiffement de faint Vincent de Paul a été plus nuifible aux mœurs , qu'il n'a été utile à l'humanité ; comme fi un plus grand nombre de malheureux qui profite d'un afyle , étoit un outrage aux mœurs ; comme fi cette augmentation étoit le réfultat de l'établiffement , & non pas celui de la combinaifon d'une foule de caufes étrangères ; comme fi elle ne rappelloit pas la multitude de crimes qui ont dû exifter avant lui ; & enfin , comme fi au contraire en préfentant autant de facilité à conferver les *enfans* , l'hôpital n'avoit pas ainfi déraciné prefqu'entiérement l'atrocité morale qui les faifoit périr.

L'augmentation du nombre des *enfans - trouvés* à Paris n'a pas pour caufe unique le débordement des mœurs. Si on veut qu'elles fe foient extrêmement dépravées d'une part , elles ont acquis dè l'autre plus de douceur ; ce qui auroit dû contribuer à diminuer les expofitions. Peut-être même, parce que la honte perfécute moins les foibleffes, la nourriture des bâtards par leurs mères ou par des nourrices à gages , eſt-elle devenue plus commune ? Mais ce feroit une erreur , de croire que les *enfans-trouvés* font prefque tous illégitimes ; ils n'en font que la plus petite portion , & encore comprend-on dans ce nombre les *enfans* deftitués de tout acte probatoire de leur état , & qui tous certainement ne font pas les productions du crime; fi à ces confidérations on ajoute que les provinces envoient ici leurs *enfans* expofés ; ce qui ne pouvoit avoir lieu avant 1670 : on ne trouvera pas que les mauvaifes mœurs aient confidérablement accru le nombre des *enfans-trouvés*. D'ailleurs , il eſt trop vrai de dire actuellement qu'elles nuifent à la population. Ainfi , il feroit imprudent de conclure du grand nombre de ces *enfans* que les mœurs font plus que jamais corrompues.

La caufe la plus générale & la plus exacte de cette progreffion , c'eſt la mifère , qui pendant longues années s'eſt appefantie fur le petit peuple, & que les efforts bienfaifans du prince qui nous gouverne n'ont pas encore pu foulager. Il eſt en effet aifé de concevoir la pefanteur du fardeau que la naiffance d'un *enfant* va impofer à une pauvre famille , & l'une des confidérations qui frappent

_____

(1) Moyens de détruire la mendicité, page 156.

le plus un observateur, c'est qu'elle puisse se déterminer à en avoir.

Une preuve bien sensible que l'indigence a occasionné cet accroissement du nombre des *enfans-trouvés*, c'est l'état de l'hôpital de Clermont, envoyé par l'intendant d'Auvergne.

Pendant les six années qui se sont écoulées, de 1743 à 1748, il y a eu, année commune, dans ce dernier hôpital, 625 *enfans - trouvés*. Le prix du bled étoit alors à 9 liv. 5 s. 4 den. le septier. Dans six autres années, de 1770 à 1776, il y a eu 1290 *enfans*, parce que le prix du bled étoit alors monté à 19 liv. 12 s. 11 den. Ainsi, lorsque le prix du bled a doublé, le nombre des *enfans* a doublé également. On n'a qu'à jetter les yeux sur le tableau ci - dessus, & on y reconnoîtra quelles ont été les suites d'années les plus malheureuses par l'augmentation des *enfans-trouvés*.

On doit encore l'attribuer aux transports qui s'en font à l'hôpital de Paris. Le gouvernement fut obligé d'y pourvoir, dès 1722. L'abus fut moins excessif pendant quelques années; mais il reparut.

En 1772, l'administration ayant commis deux de ses membres pour le vérifier, il fut constaté, que sur 6,459 *enfans* reçus à l'hôpital, depuis le 1er. janvier, jusqu'au dernier octobre, il y en avoit 2,350 qui venoient des provinces; ce qui fait à-peu-près le tiers. Il fut en conséquence délibéré qu'on engageroit les secrétaires d'état à donner des ordres pour défendre les transports; ils furent donnés & n'ont pas été suivis. En effet, depuis le 1er. janvier 1772, jusqu'au dernier décembre 1776, il a été amené à l'hôpital 33,222 *enfans*; & dans ce nombre, il y en avoit 10,068 qui y avoient été conduits des provinces. C'est un peu moins que le tiers. Le transport a diminué depuis l'arrêt du conseil du 10 janvier 1779. Mais il est encore d'environ 1200 *enfans* au moins par an, & on craint que cette dernière digue ne soit trop foible contre le torrent qui menace d'inonder l'hôpital.

Cette multiplication des *enfans - trouvés* seroit tolérable, si en rompant toute proportion avec les fonds destinés à l'hôpital & avec la mesure des soins & d'attention dont une administration publique peut être susceptible, elle n'intéressoit pas d'ailleurs leur conservation. On sent facilement que leur trop grande réunion dans la maison de la couche leur rend infiniment préjudiciable l'air de cette maison extrêmement difficiles; les soins multipliés dont ils ont besoin dans les premiers jours de leur vie, & comme impossible de trouver assez de nourrices pour les allaiter. Il est absolument démontré que la plus grande partie des maux qui désolent cet établissement, vient du trop grand nombre d'*enfans*.

Les deux causes de cette surcharge sont donc en dernière analyse le trop grand nombre d'*enfans* de Paris, que leurs parens seroient en état

de nourrir, & l'envoi des provinces qui peut un jour devenir encore plus exhorbitant.

On s'occupe depuis long-temps de trouver des remèdes à ces deux abus. Leur existence tient à la délicatesse des procédés qu'il faut suivre pour les extirper. Le point unique qu'il ne faut pas perdre de vue, & qui a été le motif de l'établissement, c'est la conservation des *enfans*. Combien il est à craindre qu'en se rendant difficile sur leur admission, en déployant la sévérité des loix, en mettant des conditions ou dures, ou humiliantes, tout le malheur ne retombe sur ces innocentes victimes.

Je vais exposer les moyens qui ont été proposés, & j'oserai indiquer quelles sont mes pensées sur cet important objet.

Et d'abord une expérience de plus de vingt années apprend que le nombre des *enfans-trouvés* nés à Paris est de 4000. Il a fallu plus d'un siècle pour déterminer cette progression; & il paroît que c'est à ce nombre que le concours des causes a fixé pour long-temps les *enfans* du libertinage & de la misère de cette ville immense.

Ces *enfans* sont ou bâtards, ou légitimes. On ne peut disconvenir du droit que ceux-là ont à l'hôpital. Son premier but a été de sauver les *enfans*. Et pour peu qu'on ait étudié l'état moral du siècle qui l'a vu naître, on conçoit que le plus grand danger qui les menaçoit, c'étoit le desir qu'avoient leurs mères de conserver leur honneur.

Cependant ce seroit un préjugé mal fondé & extrêmement dangereux de croire que l'hôpital est fait pour les bâtards, & qu'on peut les y envoyer tous. Ni la nature, ni la société n'ont dispensé les filles & leurs séducteurs de nourrir leurs *enfans*. Nous ne doutons pas même du desir que la plupart en ont, sur-tout les mères. Si elles ne le satisfont pas, c'est très-souvent l'effet des suggestions & des manœuvres de quelques sages-femmes & de quelques accoucheurs. Ces mères timides, qui voudroient se cacher à elles-mêmes leur état, vont ordinairement faire leurs couches chez les gens de l'art, propres à les délivrer. Elles y portent quelquefois des sommes assez considérables qui, ou leur appartiennent, ou leur ont été données par ceux qu'elles ont malheureusement trop connus: elles y portent même la layette qui doit servir à leur enfant. Ceux qui les reçoivent, ont donc un grand intérêt à leur représenter vivement l'embarras que leur causera la nourriture de cet enfant, les avantages exagérés de l'hôpital des *enfans-trouvés*, la facilité de les en retirer un jour, & l'usage général de les y cacher, pendant quelques années, les productions de l'amour. Ils réussissent trop souvent à persuader une mère honteuse, & leurs perfides insinuations sont récompensées par des sommes d'argent & par l'abandon des linges & hardes destinées à l'*enfant*. La police doit donc porter un œil vigilant sur ces officiers de santé,

N n

ENF

& il feroit à defirer qu'on prît des précautions pour arrêter leur avidité, & éclairer les filles-mères fur les inconvéniens du féjour de l'hôpital des *enfans-trouvés.*

On appelle *enfans* légitimes ceux qui font dépofés avec des extraits de baptême, qui conftatent leur origine de pères & de mères domiciliés & mariés. Il feroit très-dangereux que l'adminiftration profitât des connoiffances que lui donnent ces actes baptiftaires, pour inquiéter les familles de ces *enfans.* La crainte, fi peu fondée d'ailleurs d'une pareille détermination, a contribué fans doute à faire fupprimer l'état civil de plufieurs de ceux qu'on y apporte; nouvelle efpèce de crime plus répréhenfible que l'expofition, excufable peut-être par l'indifférence que porte le peuple fur fon état focial. La perfection de l'établiffement confifteroit à tellement affurer la confiance fur cet article, que l'on ne fît point difficulté de revêtir ces *enfans* de tous les caractères qui pourroient un jour leur faire connoître ceux auxquels ils doivent la vie.

Les moyens propofés pour arrêter ce déluge d'*enfans-trouvés*, fe réduifent à trois : conferver la loi de l'expofition, confifquer les *enfans*, & rendre contre les pères & mères dénaturés les loix les plus févères.

L'objet de l'établiffement a été la confervation des *enfans.* Or rien ne lui eft plus oppofé que de remettre en ufage la voie de l'expofition. Je conviens qu'à ne s'en tenir qu'à la force des mots, on ne doit recevoir que des *enfans-trouvés.* Mais fi cette formalité eft rétablie avec rigueur, il ne faut pas douter que le plus grand nombre des pères n'y confente; que pour l'éviter, ou la population n'en fouffre, ou que l'*enfant* ne foit quelquefois facrifié; que l'expofition, en devenant plus apparente, ne devienne un reproche trop humiliant nos mœurs. Ne doit-on pas même regarder l'ufage actuel comme une expofition réelle ? Il n'y manque que les douleurs & les dangers qu'effuyoit autrefois l'*enfant.* Ne rendra-t-on pas auffi, par ce moyen, la fuppreffion d'état beaucoup plus ordinaire ? Quel eft en effet le père qui, fachant les peines prononcées contre ceux qui expofent, ofera dépofer fur fon *enfant* la preuve de fon crime, & héfitera à faire le facrifice de l'état de cet *enfant*, quand autrement il s'expoferoit au déshonneur & à des punitions févères.

La confifcation des *enfans*, c'eft-à-dire, l'acquifition d'eux par l'état, de manière que leurs pères ne puiffent jamais les réclamer, après avoir coûté quelques larmes aux mères, retombera de tout fon poids fur leurs enfans qui font innocens. Pourquoi leur interdire la faculté de connoître leurs pères, & de leur prouver, par leurs mœurs, combien ils ont eu tort de les repouffer d'abord de la maifon maternelle ? Pourquoi en voudroit-on faire une troupe honteufe d'hommes fans pères & mères ? pourquoi, fi la fortune rit à ceux-ci & leur

devient plus propice, ne pourront-ils pas dédommager leurs *enfans* de l'injuftice barbare avec laquelle ils les ont traités ? que veut dire ce terme de *confifcation ?* feront-ils comme des efclaves appartenans à l'état ? Quel avantage retirera-t-il de leur fervice ? Cette fituation n'eft-elle pas contraire à notre conftitution ? Eft-elle digne du prince qui nous gouverne ? n'eft-elle pas propre plutôt à prolonger les charges dont l'hôpital eft grevé ? Ce mot eft donc ou vuide de fens, ou eft le fignal du renverfement de nos principes, de nos mœurs, de notre religion, de l'humanité, & par conféquent du bon fens. Ces deux moyens ont le tort de frapper également le pauvre, & les pères affez aifés pour entretenir leurs *enfans.*

Quelque mitigées que foient les loix qu'on voudra mettre en action contre les pères & mères, elles pourront entraîner les conféquences les plus terribles. Toute légiflation auftère eft incompatible avec l'idée d'un hôpital d'*enfans-trouvés.* Il eft néceffairement deftiné aux *enfans* que la honte, la mifère, ou même les motifs les plus criminels perfécutent. On rifqueroit de les écarter, en cherchant avec trop de févérité à éloigner ceux qui ne devroient pas y être admis. Les plus malheureux & les plus dignes de la compaffion du gouvernement font précifément ceux qui ont les plus mauvais pères. Le moindre effet de la rigueur fera l'expofition qu'il faut prévenir par humanité & par refpect pour les mœurs générales. Si les parens ont à craindre d'être pourfuivis par l'hôpital pour le paiement des nourritures de leurs *enfans*; s'ils ont à redouter la vigilance du miniftère public fur le fait de l'expofition, confulteront-ils la tendreffe en faveur de ces mêmes *enfans*, tendreffe le feul moyen qu'on doive chercher à réveiller ou à exalter pour dépeupler l'hôpital ? Une réflexion qui me paroît devoir amortir toute févérité, c'eft que ce n'eft pas une indifférence criminelle qui, par degrés, a peuplé ces afyles inftitués pour prévenir le crime, auquel la crainte de la honte pouvoit induire une mère égarée; c'eft la mifère, la feule mifère fi digne de la pitié du gouvernement.

Il me paroît donc que tous les réglemens fur cet objet doivent être remplis de douceur & de bonté. L'une des fauvegardes les plus fortes qu'ait l'hôpital, c'eft la honte dont le peuple couvre ceux qui ont la lâcheté d'expofer leurs *enfans.* Elle eft telle, que continuellement ils font en but à l'opprobre public, aux reproches les plus humilians, font fouvent obligés d'abandonner leur quartier & même leur profeffion. On a vu de ces malheureux pères venir redemander leurs *enfans*, avouer & le tourment intérieur & la diffamation qu'ils avoient encourus en les expofant, & fe défoler de ce que la mort de ces mêmes *enfans* les mettoit dans l'impoffibilité de donner à leurs concitoyens une preuve du retour de la tendreffe paternelle. Voilà de ces heureux moyens que la politique ne doit pas négliger, & que les ministres de la religion doivent sans cesse appuyer dans leurs instructions.

J'ai cru encore que l'administration pouvoit avec quelque utilité fondre ensemble l'idée bien adoucie de la confiscation des *enfans*, avec un usage qui a depuis long-temps lieu dans l'hôpital, & par lequel il oblige de donner 12 liv. 10 s. pour la moindre recherche d'un *enfant*, & cent livres par année de l'éducation qu'il lui a procurée, lorsque ses parens se présentent pour le retirer. Cette combinaison écarteroit peut-être, malgré sa simplicité, une partie des *enfans* parasites qui épuisent l'hôpital, ou du moins quelquefois le dédommageroit des frais qu'ils lui coûtent.

Il faut partir d'un principe, c'est qu'il est très-peu de mères qui consentent à abandonner leurs *enfans*, sans éprouver les déchiremens les plus violens, punition anticipée du crime qu'elles vont commettre, ou tourment nouveau de la misère, dont la coupe les abreuve. J'ai quelquefois été témoin de ce terrible combat de la nature, & j'ai gémi sur le préjugé ou sur la pauvreté de cette tendre mère qui est sur le point de faire un outrage à la religion & à l'humanité, & baigne d'un fleuve de larmes le sujet de tant de cruautés Les filles, qui n'ont pas le droit d'être mères, le disputent ici en sensibilité à celles qui ont acquis cet heureux privilège. S'il en est qui, sans verser une larme, se sépare de son enfant, prends cet *enfant*, ô respectable administration qui remplis les augustes fonctions de la maternité ! Cet *enfant* n'a pas de mère : quelle est donc celle qui consent à mettre son *enfant* à l'hôpital, sans former le vœu de le revoir un jour, où le changement d'état, de fortune, de situation lui permettra de contribuer à son bonheur !

C'est dans ce moment-là que j'imagine que la loi doit se présenter à elle ; c'est sous ce dernier rapport qu'elle doit la considérer & lui dire : ta fortune ne te permet pas de nourrir ton *enfant*; mais tu ne le verras, tu ne le posséderas, tu ne le connoîtras même que lorsque tu pourras rendre à l'état tous les frais qu'il va lui coûter. Dis-lui un éternel adieu, si tu crois ne pouvoir jamais acquitter cette dette aussi juste que ton titre de *mère* est incontestable. Celle qui est véritablement mère, ne l'est que par les soins qu'elle donne à ses *enfans*. Songe que l'éducation de celui que tu abandonnes seroit un léger poids, actuellement que tu es dans la force de l'âge.

Cette crainte de ne plus revoir leurs *enfans*, arrêtera indubitablement beaucoup de mères, en qui l'indigence ou le libertinage n'ont pas éteint tout sentiment. Elles ont actuellement l'idée que leur *enfant* sera au moins aussi-bien traité à l'hôpital que dans leur obscur réduit ; elles ont la certitude de pouvoir les retirer quand elles voudront ; elles ont l'espérance de le faire, quand leur fortune ne changeroit pas, & à une époque où il cessera de leur être coûteux. Mais si elles n'ont

rien à gagner en le plaçant aux *enfans-trouvés* ; si elles savent qu'elles seront obligées de payer tout-à-la-fois les frais successifs de son éducation, ou qu'autrement elles perdent pour jamais leur *enfant*, elles feront de mûres réflexions avant de s'y déterminer.

Ainsi je crois qu'il ne faudroit ouvrir le régistre fatal à la curiosité des mères, qu'en payant un droit beaucoup plus fort que celui qui existe à présent, & qui forme en totalité une recette de 10,000 liv. au plus par année. Je crois qu'il faudroit faire payer une somme considérable, à quelqu'époque qu'on voudroit les retirer ; je crois qu'on ne devroit même jamais en donner connoissance dans les dix premières années. Et cette sanction exécutée avec fermeté, publiée aux prônes des paroisses plusieurs fois dans l'année, jettée même dans les livres qui sont le plus à l'usage du peuple, affichée dans toutes les chambres des sages-femmes & accoucheurs, seroit le frein le plus doux, & peut-être le plus utile contre la grande affluence d'*enfans-trouvés*.

Mais l'abus le plus criant qui doit exciter toute la vigilance du gouvernement, & armer toute la sévérité des loix, c'est le transport des *enfans-trouvés* de la province à Paris. Il en vient des provinces les plus éloignées, des pays même qui ne sont pas sous la domination du roi de France. Ainsi, dans les dix premiers mois de l'année 1772, il en étoit arrivé de Rouen 156, de Dijon 167, d'Artois & Cambresis 178, de Flandre & Hainault 105, de Metz, Toul & Verdun 344, de Liége, 65, &c. On ne peut, sans frémir, penser aux dangers qu'ils courent dans leurs voyages. Ces *enfans*, que les soins maternels pourroient à peine défendre contre les périls d'un âge si tendre, sont remis sans précautions, & dans toutes les saisons, à des voituriers publics distraits par d'autres intérêts, & obligés d'être long-temps en route ; ils font ces voyages sans nourrices, ni personne qui soit chargé de les nourrir. Le prix pour ces voituriers est égal, soit que l'*enfant* parvienne au dépôt, soit qu'il meure en chemin. On n'a pas encore oublié les horribles forfaits de quelques femmes qui se chargeoient de ces *enfans* à transporter. Aussi un grand nombre meurt-il en chemin. Presque tous les *enfans*, par exemple, qu'on transporte de Lorraine par Vitry-le-François, expirent dans cette ville. Ceux qui échappent à ces dangers, viennent mourir de fatigue & d'inanition à la porte de l'hôpital de Paris. Ceux enfin qui sont assez heureux pour survivre, sont encore obligés de faire, peu de jours après, une route aussi longue pour aller trouver leurs nourrices, de manière que ces malheureuses victimes de l'insensibilité de leurs parens souffrent tellement de ces transports, que près des neuf dixièmes périssent avant l'âge de trois mois.

J'ai déja dit que l'administration de l'hôpital, plus effrayée encore du déluge de maux qui pleu-

voit fur ces foibles *enfans*, que de la difproportion qu'ils jettoient entre fes moyens & fes charges, pénétrée même par l'expérience du danger
qu'il y avoit de réunir un trop grand nombre
d'*enfans* dans le premier mois de leur naiffance,
avoit réclamé plufieurs fois le pouvoir protecteur
des miniftres. Il a toujours été donné des ordres
en conféquence, pour empêcher ces funeftes tranfports. Mais peu de temps après, les routes étoient
encore frayées par un plus grand nombre d'*enfans*
voyageurs. Enfin le bienfaifant directeur des finances, fur l'ame duquel tous les maux de la France
pefoient, fit rendre, le 10 janvier 1779, un arrêt
du confeil d'état qui les profcrit abfolument, &
préfente à ce grand mal des remèdes, auxquels
les anciennes loix n'avoient pas pourvu. Cet arrêt
fait expreffes inhibitions & défenfes à tous voituriers, meffagers & autres perfonnes de fe charger d'*enfans* qui viennent de naître, ou autres
abandonnés, fi ce n'eft pour être remis à des nourrices, ou pour être portés à l'hôpital des *enfans-
trouvés* le plus voifin, à peine de mille livres d'a-
mende au profit de tout autre hôpital, auquel ils
porteroient ces *enfans* ; ou, fi ces voituriers font
faifis en route, au profit de l'hôpital d'*enfans-
trouvés*, le plus proche des lieux où fe fait la fai-
fie, auquel hôpital par conféquent les *enfans* devroient être portés. Ordonne fa majefté aux officiers
de maréchauffées d'y tenir la main. Si ces difpofitions occafionnoient une dépenfe extraordinaire
à quelques hôpitaux de province, & fi cette dépenfe excède leurs revenus, elle veut qu'en attendant il y foit pourvu d'une manière ftable. Et,
d'après le compte qui lui fera rendu à cet effet,
le fonds néceffaire foit payé de fon tréfor royal la
première année, foit par affignation fur le domaine, foit autrement.

L'effet de cette loi a été jufqu'ici de diminuer
de près de moitié le nombre des *enfans* qu'on apportoit des provinces ; mais les tranfports commencent à augmenter, & redeviendront peut-être
dans peu les mêmes, fi on n'oppofe une barrière
plus forte : car le défaut de l'arrêt de 1779, refpectable par les motifs qui l'ont dicté, c'eft d'a-
voir arrêté le tranfport, fans avoir fuffifamment
pourvu aux lieux où l'on recevroit les *enfans*. Il réfulte du rapport de MM. les intendans qu'il y a,
dans le royaume, très-peu de fondations pour
les *enfans-trouvés*. Il y a même de très-grandes
provinces qui n'en ont pas. Ces établiffemens font
d'une date trop récente. Et, pendant un grand
nombre de fiècles, la pieufe charité des fidèles
s'eft plus occupée à doter des monaftères que des
hôpitaux, à foutenir des hordes de mendians qu'à
porter les fecours fur les individus qui, par leur
foibleffe ou leur impuiffance, les réclameroient
avec bien plus de droit.

Souvenons-nous donc des motifs qui ont déterminé le prince à charger les hauts-jufticiers de la
nourriture des *enfans* abandonnés fur leur terri-

toire ; ils continuent à recevoir les droits qui les
dédommagent de cette obligation. L'expérience a
démontré le danger qu'il y auroit de les laiffer
maîtres abfolus de la manière de s'en acquitter.
Leur négligence trop intéreffée fur cet article a
contribué à les en décharger infenfiblement. Leurs
officiers, toujours attentifs à ce qui les regarde,
s'empreffent de faire porter les enfans fur le territoire d'un autre feigneur, ou de les envoyer aux
hôpitaux, fans trop s'inquiéter s'ils font en état,
ou dans l'obligation de les recevoir. Il eft auffi
très-certain que la confervation des *enfans* ne peut
mieux être confiée qu'à l'adminiftration d'un hôpital. Il eft également évident que cette confervation eft intéreffée à trouver des afyles voifins
de l'expofition. Ainfi il me femble jufte de faire
pour les hauts-feigneurs-jufticiers de province ce
qui étoit impofé à ceux de Paris, tant qu'ils y
ont confervé leurs jurifdictions ; c'eft-à-dire, de
les taxer annuellement à une fomme proportionnée à l'étendue de leur reffort, ou de les obliger
de faire à l'hôpital le plus voifin d'eux, à fix lieues
environ de diftance, la ceffion des droits qu'ils
perçoivent, à raifon de la charge de nourrir les
enfans-trouvés. Il eft très-peu d'hôpital qui, quoique dans fon origine, il n'ait pas eu cette deftination, ne fe prête volontiers, ou ne puiffe être
forcé à prendre le foin de ces enfans. Alors toute
perfonne, en préfence de deux témoins, pourra
lever un *enfant* expofé, & fera autorifée à le porter à l'hôpital le plus voifin & indiqué par le
curé, où, fi l'enfant vit encore, on lui donnera
une fomme plus forte que s'il étoit expirant
en y entrant. Il eft même fage que cette fomme foit de nature, & à dédommager des frais de
tranfport, & à exciter le zèle néceffaire pour ne
pas laiffer languir les *enfans* expofés. On continueroit de défendre très-expreffément à tout officier ou cavalier de maréchauffée de laiffer paffer
aucun *enfant* à Paris, ou à un hôpital trop éloigné, & de faifir & faire emprifonner le voiturier
qui s'en feroit chargé, pour fon procès lui être
fait. Si cependant, malgré la furveillance des maréchauffées, on conduifoit encore des *enfans* à
Paris, l'adminiftration de l'hôpital feroit autorifée
à répéter les frais d'éducation à l'hôpital le plus
prochain de l'endroit où l'*enfant* auroit été expofé. Il réfulteroit de cet ordre légiflatif, dont
toutes les parties doivent fe foutenir, que l'hôpital de Paris feroit moins écrafé, & deviendroit
par-là plus utile ; que les provinces s'acquitteroient
du devoir de nourrir les *enfans* qui naiffent
dans leur fein ; que les *enfans* ne manqueroient jamais de nourrices, & que, moins éloignés de
leur patrie, ils pourroient un jour rentrer dans les
familles qui les ont d'abord repouffés.

L'un des objets qui frappent le plus en entrant
dans l'hôpital, c'eft le petit nombre des nourrices
de campagne en proportion des *enfans*. Il eft donc
bien intéreffant d'en connoître les caufes & de

chercher le remède à un inconvénient aussi grave; car le point sur lequel l'hôpital doit d'abord établir son mouvement, c'est une quantité suffisante de nourrices.

La différence du traitement des nourrices des *enfans* des bourgeois & de celui des nourrices des *enfans-trouvés*, est sans doute l'une des causes de la rareté & du peu de qualité des dernières. La direction de la recommandaresse sollicite vivement par un très-grand nombre de meneurs, & accueille très-bien les femmes de la campagne. Elle leur assure de l'emploi; presque aussitôt leur arrivée; leurs peines y reçoivent un salaire plus considérable. Les linges & hardes sont plus abondans; les frais de leur voyage sont souvent plus qu'acquittés par les petits présens des parreins & des parens. L'*enfant*, qui est moins dans le cas de les infecter de la contagion du mal vénérien, leur présente encore une perspective plus intéressante, soit du côté de ses père & mère, soit du côté de ce qu'il pourra devenir un jour.

L'hôpital ne leur offre pas les mêmes avantages. Apprécions pour beaucoup l'espèce de répugnance qu'une femme de la campagne doit éprouver, à donner son sein à un *enfant* illégitime, *enfant* souvent des mauvaises mœurs, dont elle craint que le terrible effet ne retombe sur elle, *enfant*, tout au moins, de la plus déplorable misère. Dans cette inégalité d'avantages, la concurrence doit donc écarter, & le grand nombre de nourrices; les nourrices saines.

Nous sommes pénétrés de toute la difficulté qu'il y a à obvier à ces inconvéniens. D'une part, si on augmente le salaire des nourrices des *enfans-trouvés*, il est à présumer que les bourgeois seront obligés d'augmenter aussi, dans la même proportion, le prix de la nourriture de leurs *enfans*. Ainsi, les disproportions finiront bientôt par être les mêmes, & l'opération n'aboutira qu'à surcharger le prix d'un objet devenu de première nécessité. De l'autre part, la moindre augmentation du salaire des nourrices occasionnera une distraction énorme des revenus déjà trop modiques de l'hôpital, qui est toujours arriéré à l'égard des nourrices.

Le seul moyen qui se présente, & qui résulte des observations déjà faites sur la manière de nourrir les *enfans*, c'est d'appeler à leur secours, concurremment avec les nourrices à lait, les femmes de la campagne qui auront une vache & une chèvre; cet expédient arrêteroit sûrement le torrent vénérien qui, quelque mesure qu'on ait prise, commence à inonder les habitans vertueux des champs. L'usage soutenu de plusieurs pays, & des expériences faites à ce sujet, avec la plus grande précision, prouvent qu'il n'y auroit pas d'inconvénient à nourrir ainsi les *enfans*; que les

femmes, destinées à leur usage, n'ont d'ailleurs à leur offrir qu'un lait suranné, & par conséquent, peu capable de les soutenir. Ce seroit une précaution très-sage alors, que de faire distribuer, soit à l'hôpital, soit dans les campagnes, une instruction simple, facile & courte, sur le régime qu'auroient à suivre ces nouvelles nourrices, & de les bien endoctriner, quand elles viennent à Paris. Il jailliroit ainsi des lumières qui pourroient être utiles à tous les *enfans*. On y est si peu éclairé sur les accidens les plus ordinaires! & il y en a tant qui succombent sous le poids de l'ignorance! Le célèbre Tillotson (1) avoit entendu dire à des personnes bien informées, que dans la plupart des villes & villages qui sont aux environs de Londres, & où sur-tout on fait le trafic de nourrir des *enfans*, à peine un sur cinq passe-t-il l'année. Cette méthode resserreroit beaucoup le cercle, dans lequel on est obligé d'aller chercher les nourrices, & seroit par-là très-utile aux *enfans*.

L'administration peut encore s'attacher aux femmes malheureuses, en obtenant des messageries des marchés plus avantageux & mieux observés pour leurs voyages; en rendant moins dures & moins fatigantes, les voitures qui les transportent avec les *enfans*; en ne prenant point les appointemens des meneurs sur les honoraires, déjà trop foibles des nourrices, en accordant des récompenses à celles qui auront le mieux réussi à élever des *enfans*. Peut-être suppléeroit-on au défaut d'honoraires & de récompenses, en sollicitant & obtenant du gouvernement de simples exemptions pour elles.

Les nourrices qui se présentent pour élever des *enfans-trouvés*, doivent être munies d'un certificat du curé de leur paroisse, lequel atteste leur religion, leurs mœurs, l'âge de leur lait, qu'elles n'ont pas de nourrissons, ou qu'ils sont en état d'être sevrés. Pour prévenir les omissions dans les certificats, & épargner les frais de ceux qui les délivrent, on en distribue d'imprimés aux curés des campagnes. Le lendemain de l'arrivée de ces femmes, leur lait est visité par une sœur de la charité, laquelle, si elle le trouve convenable, met son visa sur le certificat. Muni de cette formalité essentielle, & dont un homme de l'art assureroit davantage le résultat, le certificat est déposé au bureau, enliassé & mis dans des cases distinguées par meneurs. Celles que leurs occupations empêchent de venir à Paris, font remettre au bureau un certificat, sur lequel le chirurgien du lieu constate la qualité de leur lait, & reçoivent ensuite par le meneur un *enfant*, mais au défaut des nourrices qui ont fait le voyage. Le premier mois de la nourriture appartient au meneur, quand la nourrice n'est pas venue chercher son nourrisson. On préfère encore les *enfans-nou-*

(1) Sermons de Tillotson, tom. 6, pag. 245.

veaux-nés pour les envoyer par commiffion ; on n'accorde aux fevreufes ou nourrices fèches que les enfans qui ne peuvent teter, & de la part de qui il y auroit à craindre pour les nourrices. Aucune ne peut garder en même temps un nourriffon de l'hôpital & un nourriffon bourgeois, quand même l'un des deux feroit fevré.

On donne à la nourrice un billet en parchemin, chargé du nom de l'*enfant*, & une feuille imprimée, format grand *in-folio*, nommée vulgairement *bulle*, dont on conferve le double au bureau. Elle a pour objet de conferver pendant les fept années du féjour de l'*enfant* chez les nourrices, tous les renfeignemens qui peuvent le concerner, toutes les notes d'infpection & de curés, & toutes les échéances des paiemens qui font faits. Une longue expérience a prouvé l'utilité de ces bulles ; elles tiennent lieu de billet de renvoi vis-à-vis des curés qui peuvent fe les faire montrer, foit pour connoître les *enfans*, foit pour attefter leur exiftence ou leur décès ; les nourrices font tenues de les leur préfenter dans les huit jours au plus tard, après leur retour, ou après la réception des *enfans* qui leur font apportés. Les curés y mettent leur *vifa*, en obfervant, en cas de diverfité de noms, de s'en rapporter à ceux qui font fur le billet en parchemin. Si les nourrices ceffent de pouvoir nourrir, elles cèdent gratuitement ces bulles & billets en parchemin, hardes & linge à une autre qui a l'agrément du curé, du meneur, & envoie un certificat. Si elles avoient reçu des nourriffons une maladie contagieufe, elles ont le droit de fe rendre à l'hôpital, où on les admet auffi-tôt.

Les enfans font placés en nourrice pendant fept années. Nous avons déjà dit que le premier mois coûtoit à l'hôpital neuf francs ; les autres mois de la première-année en coûtent fept ; de la feconde, fix ; & des cinq autres années, cinq. On retient fur toutes ces fommes, excepté celle du premier mois, le fol pour livre en faveur du meneur.

La layette confifte en une couverture de laine blanche, deux langes d'étoffe, deux langes piqués, fix couches, quatre béguins, quatre tours de col, quatre chemifes en braffière, une braffière d'étoffe blanche, quatre cornettes & un bonnet de laine.

La première robe, en une piquure de corps, recouverte de droguet brun, avec un jupon pareil, une chemifette de revêche blanche, quatre chemifes, quatre béguins, quatre cornettes, quatre mouchoirs, quatre tours de col, deux paires de bas de laine blanche, & en outre, deux couches & deux langes.

La feconde robe, en une piquure, recouverte comme ci-deffus, & un double jupon ; celui de deffous eft de tirtaine, deux chemifes, deux béguins, deux mouchoirs de col, deux cornettes, un bonnet & deux paires de bas de laine.

La troifième & quatrième robes font compofées comme la feconde.

La cinquième & les fuivantes confiftent en une robe-de-chambre de droguet brun, comme les autres robes, une chemifette de revêche blanche, deux chemifes, deux béguins, deux mouchoirs, un bonnet & une paire de bas de laine.

On donne dix fols, lors de la livraifon de chaque véture, pour les fouliers de l'*enfant*.

La première robe fe délivre dans le neuvième mois de l'*enfant*, & les autres, d'année en année, excepté la troifième & les fuivantes, dont la livraifon échéeroit en hiver jufqu'à la fin de mars, lefquelles, fans avoir égard aux époques de la dernière livraifon, font délivrées dans le courant des mois d'octobre & de novembre, attendu la rigueur de cette faifon.

Toutes ces hardes font rendues aux meneurs par la nourrice, dans la quinzaine après le décès ou le changement des *enfans*, fous peine de n'être pas payée des mois qui pourront lui être dûs.

Les *enfans*, à qui il furvient quelqu'accident ou quelque maladie, autre que celle dont la contagion feroit dangereufe pour les nourrices, font traités fur les lieux, pourvu que dans le cas où la maladie feroit très-confidérable, il en foit donné avis au bureau. Alors le chirurgien donne un état de fes frais & vifites, lequel eft vifé & certifié véritable par le curé, envoyé à l'adminiftration, réglé par le chirurgien ordinaire de l'hôpital & foldé.

On a déjà dû reconnoître combien il eft fage d'avoir prolongé le féjour des *enfans-trouvés* dans les campagnes jufqu'à l'âge de fept ans. Cette habitation eft bien plus conforme à leur fanté, que celle des hôpitaux de cette ville, dans laquelle on les entafferoit. L'adminiftration, pleine de cette importante vérité, perfuadée encore de la néceffité de repeupler les campagnes, & du danger de la capitale pour les mœurs, a pris, depuis 1761, le parti de fixer le plus-qu'elle pourroit de ces *enfans* dans les campagnes pendant le refte de leurs jours. On ne peut trop l'engager à fuivre un plan auffi utile à l'état, malgré le préjugé des fœurs de la charité, qui aiment à voir leur maifon de Bel-air bien fournie, & plaignent les *enfans* de l'ignorance prétendue de la religion, dans laquelle elles penfent qu'on les laiffe croupir. Mais doit-on oublier qu'on leur conferve ? & ne procure-t-on pas d'ailleurs à ces *enfans* les inftructions de leurs paroiffes. On fe convaincroit d'une manière bien fatisfaifante de la fageffe de cette détermination, en comparant deux *enfans-trouvés* de l'âge de vingt ans, dont l'un n'auroit pas quitté la campagne, & l'autre auroit été enfoui dans le féjour défaftreux de nos hôpitaux. Il ne faut point oublier que ce procédé eft économique pour l'adminiftration, à laquelle un *enfant*, placé ainfi dans les campagnes, eft au moins les deux tiers moins difpendieux, que fi elle l'avoit rappellé a Paris ; car nous avons vu qu'ici il lui coûtoit plus de 125 livres.

Elle donne quarante francs par an pour chaque *enfant* mis à la pension, & trente livres lorsqu'il est question de sa première communion. La personne qui s'en charge, est obligée de présenter au bureau un certificat du curé, qui atteste sa catholicité, ses mœurs & ses moyens pour nourrir & bien élever l'*enfant*. La nourrice qui voudroit le garder, est tenue d'en donner avis, quand il est parvenu à sa sixième année, & d'envoyer un nouveau certificat de son curé : mais que l'enfant reste chez elle ou en sorte, elle doit faire remettre la bulle & le billet en parchemin qui lui ont été donnés. C'est à l'âge de sept ans qu'on place en pension. Voici l'engagement que signe la personne qui le prend en cette qualité.

Elle s'engage à garder l'*enfant* jusqu'à l'âge de vingt ans accomplis ; à le loger, nourrir, l'entretenir ; à l'élever dans la religion catholique, l'envoyer aux écoles pour apprendre à lire & à écrire ; à le conduire ou faire conduire à l'église pour assister, tant à l'office divin qu'aux instructions qui s'y font ; à lui apprendre ou faire apprendre un métier, ou à l'occuper aux ouvrages de la campagne, de manière qu'il puisse être en état de gagner sa vie par lui-même, lorsqu'il aura atteint l'âge de vingt ans ; à rapporter tous les six mois au bureau un certificat du curé duement légalisé, &attestant l'existence, l'état de santé ou de maladie, les dispositions de l'*enfant* & les progrès de son éducation ; à lui payer, lorsqu'il est parvenu à l'âge de seize ans, la somme de 24 liv. par année, pour lui tenir lieu de gages jusqu'à l'âge de vingt ans & servir à son entretien, & dont l'emploi est certifié par le curé ou par le meneur ; à ne pas le contraindre de rester chez elle après sa vingtième année, si ce n'est en lui payant des gages suivant l'usage du pays, & à proportion des services qu'il sera capable de rendre ; à représenter l'*enfant*, toutes les fois qu'elle en sera requise par l'administration ; à ne pouvoir lui faire contracter aucun engagement, par mariage ou autrement, ni le laisser contracter, sans le consentement par écrit du bureau, sous l'autorité duquel il est jusqu'à l'âge de vingt-cinq ans accomplis ; enfin à le prévenir du décès de l'*enfant*, & à lui en envoyer l'extrait-mortuaire légalisé par le juge royal. Toutes ces charges, clauses & conditions, elles s'engagent à les acquitter, sous les peines de droit.

Si le maître & l'*enfant* ont des plaintes réciproques à faire, ils doivent s'adresser, soit au curé, soit au procureur du roi ou au subdélégué qui, le cas arrivant, sont priés de les entendre, & d'envoyer leur avis au bureau, qui décide sur le parti qu'il convient de prendre.

On ne retire ou ne ramène aucun *enfant* placé, que d'après les ordres exprès & par écrit de l'administration ; étant important que, sans sa participation & sans des raisons valables, il ne soit porté atteinte aux engagemens contractés avec elle, & les meneurs sont responsables de cette contravention. Un de leurs devoirs est de visiter, au moins deux fois par an, cette classe d'*enfans-trouvés*.

Mais si l'*enfant* tire au sort pour la milice au lieu &place du fils, frère & neveu de la personne qui l'a pris en pension, conformément au privilège que sa majesté a bien voulu accorder, pour favoriser l'exécution du réglement de 1761, & s'il a le billet noir, elle demeure déchargée de son engagement, & tenue seulement de lui fournir par forme de gratification, outre les gages échus, un trousseau ou l'équipage qui convient à un milicien, en cas que ce ne soit pas une charge de la paroisse.

Le soin de pourvoir l'hôpital de nourrices, d'entretenir la correspondance du bureau avec les curés, les nourrices, les maîtres & *enfans* est confié à dix-huit meneurs. Ce nombre est évidemment trop petit. C'est particulièrement dans les provinces de Normandie, de Picardie & de Bourgogne qu'ils font leur résidence. Ils ne sont reçus en cette qualité qu'avec un certificat de bonne conduite, signé du curé, & légalisé par le juge royal, & en fournissant un état de leurs biens, & une caution suffisante pour répondre des sommes dont ils ont le maniement. Dans les trois mois au plus tard de leur admission, ils doivent se présenter aux curés des paroisses de leur département, pour s'en faire connoître.

Tous les quinze jours ils viennent à l'hôpital, & y amènent les nourrices qu'ils ont trouvées. Tous les six mois ils font la visite des *enfans*, payent les nourrices, en indiquant le paiement ainsi que la remise des vêtures sur les bulles, font viser l'état de leur visite par les curés, & se consultent avec eux pour les changemens de nourrices.

On leur donne à chacun deux sortes de registres ; l'un pour y inscrire les *enfans* envoyés en nourrice & placés à la pension dans leur arrondissement ; l'autre pour y inscrire les paiemens qui leur sont faits pour les nourrices & autres personnes qui en sont chargées. Ces registres sont cotés & paraphés, par premier & dernier feuillet, par l'un des administrateurs de l'hôpital.

Les pages du premier, qui est intitulé *registre des envois*, sont partagées en cinq colonnes, dont la première indique la date de l'envoi des *enfans* ; la seconde, les paroisses où sont domiciliées les nourrices ou autres personnes chargées des *enfans* ; la troisième, les noms des *enfans*, des nourrices, de leurs maris, ou d'autres personnes chez qui les *enfans* sont placés ; la quatrième, les numéros sous lesquels les *enfans* sont enregistrés à l'hôpital, & le quantième du registre de reception ; enfin la cinquième est destinée à des observations, telles que la date du décès des *enfans*, de leur retour, &c. Les articles de ces registres sont espacés de manière que chaque page n'en contient que huit, afin qu'on puisse faire mention des changemens de nourrices à la suite de l'article de chaque *enfant*.

Les pages du second registre, qui est intitulé *registre des bordereaux*, font aussi partagées en cinq colonnes, dont la première indique les pages du premier registre, auxquelles chaque article de celui-ci correspond; la seconde, les paroisses; la troisième, les noms des nourrices; la quatrième, les noms des *enfans*; la cinquième, les sommes réglées. Quant au nombre des articles contenus en chaque page du registre, il n'est pas réglé.

Pour s'assurer de la forme de ces registres, ils font dressés & tenus par les commis du bureau. A cet effet, les meneurs rapportent le premier, toutes les fois qu'ils viennent, ou qu'ils envoient leurs voitures avec des nourrices; & le second, lorsqu'ils viennent en recette.

Les nourrices & autres personnes chargées d'*enfans-trouvés* ne font employées dans les bordereaux, qu'après qu'il a apparu au bureau de l'existence des *enfans*, par les certificats des curés.

Les meneurs répondent de toutes les sommes réglées sur les bordereaux. Ils doivent avoir soin de décharger chaque article, ainsi que les paiemens portés sur les bulles, en indiquant à qui ils ont payé; & un mois au plus tard, après la confection des bordereaux, ils les certifient au bas en ces termes: *je certifie avoir payé pour les enfans dénommés au présent bordereau ce qu'il y a de marqué pour chacun d'eux*, & ce certificat serviroit de titre contre eux, en cas d'infidélité.

S'il se trouve sur les bordereaux quelques articles non réclamés, ils se remettent le montant à la sœur supérieure de la maison de la couche, qui les en décharge, en rend compte au bureau, & paye les personnes qui en font la réclamation, après toutefois que, par l'examen fait sur les registres de l'hôpital, il paroît que les sommes leur font légitimement dues.

Les meneurs ne peuvent payer les nourrices en bled, orge ou autres denrées & marchandises, de quelque nature qu'elles soient, à peine de révocation; excepté quand il s'agit de l'habillement de la première communion des *enfans* placés à la pension, lequel ils peuvent fournir & faire fournir, si les personnes chargées de ces *enfans* négligeoient de le faire. Ils doivent cependant tirer un mémoire exact & fidèle des marchandises fournies pour cet objet, lequel mémoire ils font certifier véritable par le marchand & par le curé de la paroisse.

Voici le traitement que l'administration fait à ces agens importans. Elle leur donne quarante sous par chaque *enfant* qu'ils conduisent avec les nourrices, sept francs pour chaque *enfant* qui leur est confié pour la nourrice qui n'a pu venir elle-même. Cette somme est le premier mois de nourriture, dont on prive celle-ci. Ils retiennent le sou

pour livre sur les mois de nourriture, & le déduisent sur les sommes dues aux nourrices. Ils se font aussi payer par elles le port des robes qu'ils leur remettent, à raison de cinq sous pour chacune, comme aussi trois livres pour les frais de retour des *enfans* qu'ils ramènent à Paris, en se chargeant de leur nourriture.

C'est avec peine que nous voyons toutes ces charges imposées sur les nourrices, & diminuer ainsi considérablement le salaire déja trop modique de leurs peines. Il me semble que cette nature de perception des revenus des meneurs les jette dans un état de guerre avec ces femmes, qu'ils ont tant d'intérêt de gagner pour les mettre au service de l'hôpital. Ne pourroit-on pas faire ici un sacrifice, (quoique les moindres soient considérables pour un établissement aussi chargé,) celui de faire aux meneurs un traitement en rapport des peines qu'ils prendront, & toujours des récompenses quand les peines auront eu des succès. Ainsi deja l'hôpital, pour engager les meneurs à chercher les occasions de placer les *enfans* dans les campagnes, leur a accordé de ses propres fonds le sou pour livre du montant des pensions, trois liv. une fois payées lorsqu'ils placent ainsi un *enfant*, lors même qu'à cette intention ils le cèdent à un meneur plus favorisé qu'eux par les circonstances. Au reste, les moindres vexations de leur part font punies par la révocation de leurs commissions. Et cette sévérité est très-juste: car autant leurs fonctions font utiles, autant il leur est facile d'en abuser.

Mais le protecteur spécial de l'*enfant-trouvé* dans les campagnes, le surveillant des nourrices & des meneurs, l'homme de l'état & du bureau d'administration, c'est le curé. Pour peu qu'il écoute la voix de l'humanité & de la charité, il n'y a point de doute qu'il ne prenne le plus tendre intérêt à la classe doublement infortunée des *enfans-trouvés*. Ici il n'a d'autre importunité à essuyer que les sollicitudes de la patrie & de la religion, qui remplissent à leur égard les fonctions de la maternité. Ici il n'a d'autre impulsion à recevoir que celle du son ministère, lié étroitement avec le bonheur des hommes. Que l'homme de Dieu parcoure donc avec une tendresse inquiète les chaumières où se cache l'âge foible & si malheureux des *enfans* de l'état: qu'il examine s'il y reçoit les secours nécessaires, si la nourrice est attentive à ses besoins, si elle est en état de l'allaiter, si elle a un berceau & un garde-feu: que ses yeux se reposent toujours avec complaisance sur cet infortuné: qu'il s'empresse à former son cœur à la vertu: qu'il presse avec encore plus de soin son instruction: qu'il veille à écarter de lui les mauvaises compagnies, les conseils perfides, l'oisiveté, le blasphème, les mœurs corrompues. Si la religion est destinée à faire des hommes heureux par la vertu, son chef-d'œuvre doit être l'*enfant-trouvé*.

Ainsi

Ainsi le curé doit entretenir la correspondance la plus exacte avec l'administration, & l'instruire de tous les détails qu'elle ne peut recevoir que par son ministère.

Seroit-ce ici le cas de recommander le désintéressement le plus absolu, soit pour les certificats des nourrices & de *l'enfant*, soit pour les frais de sépulture. J'ai vu, dans le réglement de 1744, que ces derniers étoient fixés à la somme de 3 livres; mais je croirois faire injure à l'état que j'ai l'honneur de remplir, si j'osois engager mes respectables confrères à refuser ces légères sommes prises sur le patrimoine des pauvres publics.

On a reproché aux curés la répugnance qu'ils témoignent d'avoir dans leurs paroisses, des *enfans-trouvés* à la mammelle. Cette répugnance paroît prendre sa source dans les dangers d'une pareille nourriture, & dans le peu d'avantage qu'en retirent les nourrices: mais je pense que ces raisons doivent céder à l'utilité commune dans le cœur d'un véritable pasteur. Si elles prévaloient jamais, quel seroit le sort de tant de malheureux *enfans*? Ceux que leurs mères envoient dans les campagnes, ont droit au lait dont la nature avoit enrichi leur sein; mais ceux que leurs mères ont abandonnés & méconnus, à qui s'adresseront-ils? & quelle est la mammelle qui s'ouvrira pour eux? Il me semble donc que le devoir d'un curé seroit d'affoiblir, dans les nourrices, cet intérêt qui les porte plus aux *enfans* des bourgeois qu'aux *enfans* proprement dits de l'état; de leur persuader qu'en prodiguant à ceux-ci leurs soins, elles acquittent la dette de la société & font une action vertueuse, & que, sous quelques rapports, il y a peut-être plus d'avantage à les soigner qu'à donner plus chérement son sein aux bourgeois. Quant aux dangers des nourrices, je conviens qu'ils sont plus apparens dans le cas de la nourriture des *enfans-trouvés*. Le curé doit aussi les examiner avec plus d'attention, s'assurer avec plus d'exactitude de leur état, & appeler avec la plus grande célérité les secours que l'hôpital offre dans le cas où la contagion se déceleroit. Quoi qu'il en soit, un curé peut se regarder plutôt comme l'un des chefs d'une immense famille que le pasteur d'un troupeau isolé. Il résulteroit de l'abandon général des *enfans-trouvés* une plaie beaucoup plus grave que de l'infection de quelques nourrices. Et si l'amour d'un curé pour sa paroisse pouvoit justifier la peine avec laquelle il y voit allaiter un *enfant-trouvé*, cette disposition prétendue louable, en s'étendant dans le corps des pasteurs, deviendroit le signal de la mort d'un nombre presque infini d'hommes.

A tous ces soins que le bureau prend des *enfans*, il ajoute celui de les faire visiter de tems en tems par les sœurs de la charité. La nécessité de ces visites a été sentie dès le commencement de l'établissement. Elle fut dès-lors la fonction des filles actives de S. Vincent.

Les constitutions de l'hôpital portent que tous les ans il sera fait une visite de l'une des provinces dans lesquelles il y a des *enfans-trouvés*, & qu'à cet effet il sera dressé chaque année, des rôles ou états distribués par paroisses des *enfans* existans, tant en nourrice & en sevrage qu'à la pension, dans les provinces où le bureau se proposera de faire faire les tournées. Cependant, au moment où j'écris, voilà plusieurs années que ces visites n'ont pas lieu.

Lorsqu'elles se font, la sœur de charité prend un registre, dont chaque page est partagée en cinq colonnes. La première indique les pages du registre des envois; la seconde, les noms des nourrices & de leurs maris; la troisième, les noms des *enfans*, leur âge, le dernier paiement fait & la dernière robe délivrée; la quatrième, les numéros sous lesquels les *enfans* sont enregistrés à l'hôpital, avec le quantième du registre; & la cinquième, les observations à faire lors de la visite.

Le meneur qui accompagne la sœur pendant la visite, est remboursé de tous ses frais. Ceux d'inspection sont alloués en dépense à la sœur supérieure de la maison de la couche.

Voilà quel est l'ensemble des soins que l'administration prend des *enfans* pendant leur séjour à la campagne. Il est bien agréable de pouvoir payer un juste tribut de louanges à la sagesse, à la précision avec lesquelles elle fait mouvoir cette immense machine. Il paroît que depuis vingt ans elle laisse, le plus qu'il lui est possible, ses *enfans* dans les campagnes. Le grand obstacle qu'elle rencontre, vient de la pauvreté des pays où elle trouve le plus de nourrices: car c'est dans ces pays-là même que la pauvreté empêche les habitans de prendre les *enfans* en pension. Au contraire ces places sont très-faciles à trouver dans les pays dont il vient peu de nourrices. L'administration, que l'expérience a convaincue de la justesse de cette observation, engage les meneurs de ces derniers départemens à se charger des *enfans* élevés dans les provinces moins riches, dont les meneurs reçoivent d'ailleurs les mêmes gratifications que si c'étoit eux qui eussent réussi à trouver ces débouchés.

Cependant il n'est pas possible de trouver ainsi à mettre tous les *enfans* en pension. Ceux qui n'ont pas cet avantage, sont ramenés à Paris quand ils ont atteint leur septième année. On évite de leur faire faire le voyage pendant la plus rigoureuse saison de l'année. La maison de Bel-air s'ouvre pour les recevoir; car on n'envoie plus guères à la Pitié qu'une partie des *enfans* qui sont exposés après l'âge de trois ans.

La maison de Bel-air est ordinairement composée de cinq cents enfans, tant filles que garçons, de deux prêtres, vingt sœurs, trois maîtres & quelques domestiques. Les garçons occupent un corps-de-logis séparé de celui des filles, & ils

O o

n'ont absolument rien de commun dans leurs exercices.

On y sépare les *enfans* en trois classes. La première, qu'on appelle les *petits bonnets*, est formée par les *enfans* au-dessous de l'âge de neuf ans. On admet, dans la seconde, ceux qui ont atteint ce dernier âge. Les *enfans* qu'on dispose à la première communion, composent la troisième classe ; l'occupation de la première, est d'apprendre l'alphabet & à prier Dieu. Le catéchisme, la lecture, l'écriture & le tricot emploient le tems des *enfans* de la seconde. Ces mêmes leçons & une instruction plus développée de la religion sont l'objet du travail de la troisième classe.

Les soins que les sœurs prennent de tous ces *enfans*, sont très-considérables. On admire sur-tout la grande propreté qui règne dans cette maison. Les *enfans* y mangent trois fois la semaine de la viande, & on leur sert les mêmes jours de la soupe grasse. La charité industrieuse des filles de la charité fait assez bien économiser cette fourniture, pour pouvoir encore donner du bouillon une ou deux fois de plus pendant le reste de la semaine. Les jours où on ne donne point de viande, on sert des légumes. Il m'a même semblé que, quelque médiocre que soit la nourriture pour des *enfans* de cet âge, elle valoit à-peu-près celle de certains collèges de Paris.

L'esprit de la maison est l'amour du travail. Il est encore tel, qu'il fournit à une partie de la dépense. Il est encore tel, qu'on en fait presque une loi à la convalescence. Il n'est pas douteux que le travail auquel on occupe les filles, ne convienne à leur sexe, & par conséquent ne leur soit un jour utile ; car il sort de leurs mains des ouvrages de couture, de broderie & de dentelles, très-perfectionnés. L'inconvénient de les assujettir ainsi, soit lors du travail des mains, soit lors des écoles & catéchisme à une fixité presqu'immobile, est peut-être moins grande pour elles que pour les garçons. Car on n'hésitera pas à les regarder comme dangereuse pour ceux-ci, si on fait attention que les *enfans* ont passé les sept premières années de leur vie à la campagne, c'est-à-dire, en eut toute la facilité de prendre beaucoup d'exercice, de ne jamais se contraindre, & avoient dans leurs mouvemens, dans leurs paroles presque toute la liberté de l'air qu'on y respire. Le contraste des occupations, de la discipline & même de l'air de l'hôpital ne tarde pas à influer sur eux ; & on remarque bientôt une différence désagréable entre l'apparence de santé, l'aisance, la pétulance dans les mouvemens, avec lesquelles ils arrivent de la campagne, & le maintien qu'ils prennent à Paris. Cette raison paroît suffisante pour déterminer à suppléer par des exercices violens & par des arts très-agissans, au tricot auquel on occupe les garçons, qui certes ne leur servira à rien &, contribue même à déranger leur taille.

C'est dans cette maison que les maîtres de Paris vont prendre des *enfans* pour leur montrer leur état. Il y a à-peu-près une centaine de ces *enfans* répandus dans la ville. Le soin de les surveiller, ainsi que leurs maîtres, est confié à un inspecteur qui en rend, plusieurs fois l'année, compte au bureau. On ne les donne point avant qu'ils aient fait leur première communion ; & durant l'apprentissage, qui ordinairement est de cinq ans, l'hôpital leur donne deux vêtemens.

Il y a environ douze brevets d'apprentissage fondés, dont l'objet est ou de diminuer le temps d'apprentissage pour une somme qu'on donne au maître, ou de payer celui de professions plus dispendieuses. Leur destination n'est aucunement de faire face aux frais d'habillemens que l'hôpital fait pendant le temps d'apprentissage. Ces brevets sont de 150 à 200 livres ; ils sont tirés au sort tous les ans parmi ceux qui, ayant fait leur première communion, sont dans le cas de prendre un métier.

Un particulier a même fondé une place dans un collège, pour y faire étudier un *enfant-trouvé*. Sa fondation ne doit avoir lieu qu'après le décès de celui qui l'a faite, & je pense que seule elle suffit pour l'hôpital.

L'administration, en passant les brevets d'apprentissage, s'est faite un principe d'obtenir les conditions les plus avantageuse pour ses enfans. Je me contenterai de faire ici mention de celles qui ont lieu en faveur des filles.

Par délibération des 19 août 1733 & 25 octobre 1752, il a été arrêté, à l'égard des filles qui seront placées depuis l'âge de huit ans jusqu'à quinze ans, que ceux à qui elles seront confiées seront tenus de leur donner trois cents livres en argent une fois payé, lorsqu'elles auront atteint l'âge de vingt-cinq ans accomplis, & de leur fournir à ce dernier âge un trousseau composé de quatre chemises ; quatre garnitures de tête ; huit bonnets, dont quatre piqués & quatre unis ; quatre cornettes de nuit ; quatre mouchoirs de cou ; quatre mouchoirs de poche ; une robe & un jupon de siamoise ; un autre jupon ; un corps ; deux tabliers ; deux paires de bas de laine tricotés ; deux paires de souliers, dont l'une neuve & l'autre remontée ; le tout neuf & sans préjudice des autres hardes & linges qu'elles auront à leur usage à la fin de leur engagement ; plus un lit garni de sa couchette, paillasse, un matelas de laine, un traversin de coutil rempli de plumes, une couverture de laine & deux paires de draps.

Par autres délibérations des 10 novembre 1742 & 30 octobre 1753, il a été arrêté, à l'égard des filles qui seront placées à l'âge de quinze ans & jusqu'à vingt-cinq ans, que ceux à qui elles seront confiées seront tenus de leur donner 200 livres en argent une fois payées, lorsqu'elles auront atteint l'âge de vingt-cinq ans accomplis, & de leur fournir à cet âge un trousseau composé de six chemises ; six garnitures de tête ; huit bonnets, dont quatre piqués & quatre unis ; quatre cornettes de nuit ; fix mouchoirs de cou ; fix mouchoirs de poche ; une robe & un jupon de fiamoife ; un autre jupon ; un corps ; deux tabliers ; deux paires de bas de laine tricotés ; deux paires de fouliers, dont une neuve & l'autre remontée : le tout neuf & fans préjudice des autres hardes & linges qu'elles auront à leur ufage à la fin de leur engagement.

Les *enfans-trouvés* reftent fous la tutelle de l'adminiftration jufqu'à l'âge de vingt-cinq ans accomplis ; & ils ne peuvent contracter aucun engagement de mariage, avant cette époque, fans y être autorifés par le bureau. Lorfqu'ils font parvenus à cet âge, on leur donne toutes les connoiffances relatives à leur naiffance.

Je ne dois pas oublier de faire mention d'une fondation de cent quatre-vingt-deux liv. en faveur de l'un des *enfans-trouvés* qui fe font mariés dans l'année. L'hôpital ne donne que cinquante écus par année. Ainfi le furplus de la fondation le met dans le cas, tous les cinq ans, de donner deux dots. Elles fe donnent par le fort.

Nous n'avons aucune loi qui établiffe bien pofitivement l'état civil des *enfans-trouvés* en France. Ils font confondus dans la règle générale, qui regarde comme bâtards tous ceux qui ne peuvent point préfenter un extrait-baptiftaire chargé des noms de père & mère mariés légitimement. On fent combien elle eft févère pour les *enfans-trouvés*, dont les pères fuppriment trop fouvent l'état pour échapper à la honte, aux reproches & aux peines de l'expofition ; mais c'eft la faute des parens & non de l'état. Car, pour être traités comme légitimes, il faut naturellement affigner une famille, acquérir les droits éventuels fur les biens qu'elle poffède.

Il n'en eft pas ainfi en Efpagne & en Ruffie. Dans le premier de ces états, les *enfans-trouvés* font réputés nobles. Ce principe qui ne paroît pas tendre à en diminuer le nombre, eft appuyé fur la crainte de déroger en aucun cas à la nobleffe, parce qu'il peut très-bien arriver qu'un noble ait placé fon enfant aux *enfans-trouvés*. Ils font même reçus dans l'ordre d'habfico.

L'hôpital des *enfans-trouvés* de Mofcou eft, fans contredit, le plus bel hôpital de l'univers. Il eft l'ouvrage du génie bienfaifant du célèbre M. Betski, qui en propofa les plans en 1763, à l'impératrice actuelle des Ruffies, & vient d'en quitter l'adminiftration, à caufe de fon grand âge. C'eft fur le mouvement de ce fuperbe établiffement que toutes les caiffes de charité opèrent le leur. Il eft l'ame des fecours accordés aux collèges des nobles, des demoifelles, des veuves, du prêt public à intérêt. Son inftitution & fon régime, dont nous ne pouvons trop exhorter les perfonnes curieufes à lire les détails dans le recueil des établiffemens de bienfaifance de Catherine II, 2 vol. in-12, font le plus grand honneur au génie de politique qui régit cet empire. Il n'y avoit en

Ruffie que deux claffes de citoyens ; les nobles & les ferfs. L'héroïne du nord fentit la néceffité d'un tiers état, auquel toutes les autres puiffances de l'Europe doivent la plus grande partie de leur force, de leurs lumières, de leurs arts & de leurs mœurs. Quel étoit le moyen de créer fous la zone glaciale une claffe d'hommes femblables ? Les étrangers ne pouvoient y devenir affez nombreux pour former feuls ce tiers état, & le gouvernement, obligé de refpecter la barbare propriété que la moitié de fes fujets avoit ufurpée fur l'autre moitié, ne pouvoit profiter de celle-ci pour l'objet qu'il fe propofoit. Les *enfans-trouvés* offrirent cette précieufe reffource ; ils n'appartiennent qu'à l'état. Perfonne n'avoit ni le droit, ni le défir de les reclamer ; ils furent donc placés dans l'hôpital que l'impératrice avoit fait conftruire à leur ufage. On les y élève avec cette douceur & ces foins ordinaires, dans l'état auquel ils font deftinés. On ne peut, fans une admiration mêlée d'attendriffement, lire les réglemens de cette célèbre maifon. Elle eft devenue un foyer & une pépinière d'artifans habiles, d'artiftes diftingués, d'hommes de lettres eftimables, de commerçans très-opulens, & même de magiftrats inftruits. Nous favons qu'elle eft toujours gouvernée avec la même fageffe & les mêmes fuccès. Ainfi, un acte d'humanité eft devenu un acte de la plus habile politique ; & cette inftitution de Catherine II vaut, en quelque forte, tous les prodiges de Pierre le Grand. L'hôpital de Paris n'a pas certainement la même perfection que celui de Mofcou. On peut même dire qu'il n'en a pas befoin : ce n'eft pas qu'on ne regrette de voir auffi peu d'enfemble dans le parti que nous tirons des *enfans-trouvés*, & qu'une politique habile ne pût donner à cet établiffement une marche plus développée & plus utile. Les vues que nous avons fur cet objet, demanderoient une longue difcuffion que ne permet pas l'étendue, déjà trop confidérable, de cet article ; elles feront peut-être la matière d'un ouvrage à part. Quoi qu'il en foit, nous avons vu avec le plus grand plaifir, l'attachement que les *enfans* de notre hôpital confervent pour lui, les relations qu'ils ne ceffent, par reconnoiffance, d'entretenir avec lui. On peut même affurer en général, que l'éducation qu'ils y ont reçue, équivaut au moins à celle que reçoivent les fils des petits artifans. Nous pouvons attribuer cet avantage au foin que l'on prend de les élever dans la connoiffance & dans la pratique de leur religion. Nous dirons ici, non comme une louange, mais par forme d'obfervation, que le nombre des *enfans-trouvés* qui s'adonnent au libertinage eft très-peu confidérable. Un magiftrat, qui depuis longtemps a acquis des droits à la vénération publique, nous a même dit, que pendant le long exercice de fes pénibles fonctions, il avoit rencontré peu de ces *enfans* qui aient mérité l'animadverfion de la juftice.

L'adminiſtration a, dès ſon établiſſement, été formée par deux compagnies, l'une de dames, & l'autre des principaux magiſtrats & citoyens. La première ſubſiſte encore. Les perſonnes qui la compoſent, ſont autant diſtinguées par leur charité, que par leur naiſſance. Elle a moins d'influence qu'autrefois ſur le régime, parce que l'ordre qui y règne rend peut-être leurs peines moins néceſſaires. Elles daignent cependant toujours s'occuper de ces *enfans*.

Mais l'adminiſtration véritable de la maiſon eſt toute entre les mains du bureau de l'Hôpital-Général. Huit ou neuf de ſes membres compoſent un comité particulier qui s'occupe de l'hôpital des *enfans-trouvés*, & dont les principales déciſions doivent être rapportées au grand bureau pour en être approuvées. C'eſt cette adminiſtration particulière qui connoît de tout ce qui concerne les *enfans*, les revenus de l'hôpital, & ſuit toutes les affaires qui y ont rapport. Telle eſt la diſpoſition de l'édit de création de 1670.

Si le ſort des *enfans-trouvés* n'eſt pas devenu plus déplorable dans ces derniers temps; ſi malgré leur multiplication, ils ont tous trouvé un aſyle dans l'hôpital qui leur eſt conſacré, c'eſt à la ſageſſe bienfaiſante de l'adminiſtration qu'il faut en avoir obligation.

Au reſte, l'adminiſtration s'occupe, dans ce moment-ci, des moyens de rendre cet aſyle plus ſain pour les *enfans-nouveaux-nés*, en donnant plus d'étendue au local où ils ſont dépoſés, & en mettant en parallèle un nouveau régime indiqué par les officiers de ſanté, avec celui que l'uſage avoit établi juſqu'à préſent.

(*Cet article eſt de M. DES BOIS DE ROCHEFORT, docteur de la maiſon & ſociété de Sorbonne, curé de S. André-des-Arcs.*)

ENNEMI, ſ. m., mot qui dans ſa ſignification propre exprime le contraire d'ami. Un *ennemi* eſt un homme, un peuple, &c. qui veut du mal & qui cherche à en faire à un autre homme, à un autre peuple. Il ſe dit particuliérement de celui qui eſt en guerre ouverte avec un adverſaire.

Ceux qui ont dit que le *tien* & le *mien* avoient rendu les hommes *ennemis* de leurs ſemblables & ſemé la diſcorde ſur la terre, n'y avoient pas regardé; ou bien, ils ont voulu dire que l'appétit du *tien*, joint au deſir de conſerver le *mien*, avoient engendré les querelles. On auroit pu leur attribuer pieuſement cette intention, s'ils n'avoient pas ajouté, que la communauté des biens étoit l'état primitif de l'homme & l'état naturel de paix & de douceur. Si le paradis terreſtre, où la terre offroit ſans travail une abondance de biens inépuiſables; ſi le paradis terreſtre avoit duré, & qu'il eût eu des hiſtoriographes, ils auroient pu nous atteſter cela; encore, je ne ſais ſi la communauté des femmes qui, ſi elles ne ſont pas une

richeſſe, ſont au moins un bien, n'auroit pas occaſionné quelque rixe.

Il eſt démontré au contraire, que c'eſt le *tien* & le *mien*, c'eſt-à-dire, la propriété qui fait l'état de ſociété, & l'état de ſociété qui fait & maintient l'état de paix.

L'état de nature pour l'homme eſt l'état de beſoin, d'imitation & d'intelligence. Le beſoin le force à vouloir avant tout ſa ſubſiſtance. Si elle eſt bornée & fortuite; il eſt en état de guerre indiſpenſable avec tout ce qui cherche à en avoir ſa part. L'imitation l'oblige à ſuivre l'exemple de ceux qui l'entourent, & par conſéquent à devenir concurrent de ſes propres bienfaiteurs: parti bien voiſin de l'état de guerre: l'intelligence l'a ſauvé de ce double inconvénient.

Par elle il a trouvé un tréſor inépuiſable de ſubſiſtance, ou, pour mieux dire, il lui fut indiqué d'abord par ſon auteur & bienfaiteur même, en le condamnant au travail.

Sans doute il étoit auſſi aiſé à l'auteur de la nature de donner à l'homme ſa ſubſiſtance ſans travail, que de faire en ſa faveur le miracle de la multiplication continuelle des fruits ſous ſa main; mais ce dernier étoit dans l'ordre général de la création; l'autre eût ſuppoſé un ordre particulier en faveur de la créature privilégiée, ou un autre ordre de création dont nous n'avons pas d'idée. L'homme eſt aſſez privilégié par le don de l'intelligence; car, par elle & à ſon flambeau qui éclaire & dirige ſon travail, il eſt devenu en quelque ſorte le ſubſtitut du créateur.

Le travail de l'homme demande de l'aide; car nos forces phyſiques ne ſont point proportionnées à nos beſoins. L'homme n'eſt tout entier, c'eſt-à-dire, ne jouit de ſes avantages individuels, que par l'union de ſes facultés morales à ſes organes phyſiques, & de ſon intelligence avec ſes forces. Sans cela, il eſt ſur la terre le plus dénué des animaux.

Indépendamment de ce qu'une longue & débile enfance lui rend les ſecours de ſes auteurs indiſpenſables; ce qui, par une longue habitude, commence l'état de ſociété; ſon intelligence bornée d'abord à l'imitation, effet naturel de cette ſociété, ne peut s'étendre que par la communication avec celle de ſes ſemblables; elle ne peut opérer que par leur ſecours.

Ce double beſoin ſe fait ſentir & trouve bientôt des aſſociés; mais s'agit-il de partager la proie, l'état d'*ennemi* s'offre de lui-même & par l'impulſion de la nature; car la proie ne ſçauroit ſuffire aux beſoins renaiſſans; & pût-elle fournir un moment à ceux de tous les aſſociés, la prévoyance fait partie de l'intelligence, & le ſouci du lendemain nuiroit à la paix du jour.

La bonne-foi, qui eſt l'ame néceſſaire de toute ſociété proſpère, peut bien pour un temps maintenir une ſorte d'équilibre; mais ce n'eſt point la paix; car le beſoin qui ne pactiſe avec perſonne, déja commande. Il faut chercher une nouvelle proie. La société devient ligue, & de recherche en recherche on trouve enfin un *ennemi*.

En cet état de guerre inévitable entre les hommes, la terre seule par sa fertilité, leur offre la paix, en donne les moyens, en solde le traité.

Mais ces moyens ne sont plus de recherche, c'est-à-dire, des fruits spontanés ; ce sont des fruits de sollicitation de sa fécondité miraculeuse, de secours, de travail, d'intelligence & d'association, en un mot.

L'agriculteur épouse la terre, lui offre toutes les avances de son économie, lui consacre son temps & ses forces, la rechauffe, ouvre son sein bienfaisant, lui confie la semence, la soigne, la préserve d'accidens, & reçoit à son terme les fruits d'une union si constante. Il voit multiplier de la sorte les biens nécessaires à notre usage, les voit devenir richesses, en ce qu'ils lui servent à solder ses engagemens avec les hommes qui, sous condition, lui offrent leur aide pour son travail. C'est ainsi que d'aide en aide, d'aide directe par le travail direct en aide indirecte par les travaux d'industrie, qui facilitent l'utile emploi du labeur, la société se multiplie, s'étend, prospère & s'enrichit toujours en observant les loix constantes & uniques de la paix ; je veux dire, dans la bonne-foi le jeu libre & constant de toutes les parties tendantes naturellement vers le centre commun & radical, la reproduction, qui est la source inépuisable de la distribution des revenus.

Tout cela ne se peut que par la paix : il n'est point question de gouverner les états ; c'est la nature qui les gouverne : il s'agit seulement de préserver son empire de l'invasion de l'*ennemi*.

Cet *ennemi* est d'abord dans le sein de chaque homme non instruit, & même non contenu par l'instruction de ses associés ; car il ne suffit pas de l'instruction individuelle ou même partielle pour nous contenir. L'âge de l'ardeur & même celui de la force n'est pas celui où nos passions cèdent à l'expérience & à la réflexion ; & comme la nature, qui veut en tout l'économie des moyens, inspire à tout individu le desir d'épargner les frais, le plus qu'il est possible, & d'aller à ses fins par la voie la plus courte, se prévaloir sur la part d'autrui semble à tout homme ignorant & avide le plus court moyen de grossir, sans frais, la sienne. C'est où tend l'imminente cupidité de l'homme, & des hommes, & des sociétés, &c.

Les passions n'ont ni calcul, ni bonne-foi, ni lumières, ni instruction suffisante pour prévenir où arrêter la guerre intérieure ; elles ne sentent point la nécessité des loix pour manifester à des hommes grossiers, ou qui veulent l'être, ce que leur eût dit la simple bonne-foi ; elles ne connoissent pas le besoin d'une force publique, pour soumettre à l'obéissance des loix & en imposer à l'*ennemi* secret, ni celui d'une force militaire pour repousser l'*ennemi* formidable, c'est-à-dire, toute

ligue étrangère qui ne reconnoît point nos loix, & qui méconnoît les loix naturelles de la bonne-foi & de l'union générale entre les humains, ordonnée & récompensée par la nature.

C'est en ceci sans doute, & d'après le premier coup d'œil jetté vaguement sur le ferment inévitable des passions des hommes, que les moralistes, dont nous venons de parler au commencement de cet article, ont pensé que le *tien* & le *mien* étoient l'occasion de la guerre, qu'ils s'imaginent pouvoir éteindre en rendant tous les biens communs. Quand cette communauté seroit possible, selon les qualités propres de la terre, selon l'ordre & l'indispensable nécessité des travaux & des avances qu'elle exige pour devenir fertile, seroit-elle possible selon la nature ? Pourroit-on rendre communes la santé, la vie, la force, nos organes enfin & nos facultés ?

Pour appui de ces opinions, on nous cite la soumission de quelques peuplades de sauvages effarouchés, (les peuples du Paraguai) que des hommes revêtus des deux plus grandes autorités connues, le pouvoir temporel & la mission céleste, ont rassemblées, accrues & maintenues par l'exemple sur-tout de leurs vertus bienfaisantes, dans l'union, la paix & la communauté des biens ; mais outre que rien n'étoit commun entre les pasteurs & le troupeau, si ce n'est la confiance, la division de ces peuplades en familles & la communication de leur territoire & de ses productions, fermée à tout accès étranger, étoient une condition nécessaire de leur conservation. Si tel étoit le plan de la nature, il est apparent qu'elle eût mis, autour de chaque peuplade, des barrières insurmontables à l'industrie & à la constance humaine. Ces barrières n'existent pas, & elle ne veut pas plus de communautés sequestrées que d'*ennemis*.

La distinction du *tien* & du *mien* est nécessaire comme celle de la droite & de la gauche, comme le discernement du juste & de l'injuste, du bien & du mal.

La nature a départi à chacun sa force, à chacun son adresse, à chacun son intelligence. Ce sont des dons, & chacun a le sien ; ils ont leur emploi, & chacun a le sien. Cet emploi est un travail ; ce travail vaut salaire, & sur tout cela chacun a son salaire proportionnel. L'objet de tout travail est d'accroître le *sien*, c'est-à-dire, son avoir ; & ceux qui ont cru que ce concours des mêmes desirs engendroit nécessairement des querelles & faisoit naître les *inimitiés*, ont ignoré comme tant d'autres ce que la plupart méconnoissent à savoir la source féconde & toujours croissante, où tous les desirs humains peuvent puiser sans relâche & trouvent par compte & par mesure de quoi les satisfaire infailliblement, tant qu'on laissera son cours libre à la nature, à la constance, au travail, à l'industrie humaine uniquement contenue dans les dépendances de la bonne-foi.

Sous le régime de la bonne-foi, tous sont amis,

tous les befoins font d'autant plus unis qu'ils font plus preffans, plus les mêmes. Tous les travaux font d'autant plus réglés qu'ils s'offrent plus à la concurrence ; car tout finalement va puifer à la fource intariffable, & d'autant plus facilement qu'on lui fait plus de follicitations.

Celui qui dérange ce calcul, foit par la violence, foit par l'aftuce, voilà l'*ennemi*. Le véritable *ennemi* eft celui qui veut recueillir fans avoir femé ; c'eft l'autel qui veut des facrifices fans inftruire ; c'eft l'autorité qui veut proportionner fa recette à fa dépenfe, & non pas fa dépenfe à fa recette ; c'eft le juge qui regarde aux intérêts de fa place & non à ceux de fon client ; c'eft le propriétaire qui fe regarde comme le poffeffeur arbitraire, & non comme le confervateur de fon domaine & le diftributeur de fes revenus ; c'eft le colon qui effruite la terre au bout de fon bail ; c'eft le commerçant qui tend des embuches à la concurrence, au lieu de la gagner de vîteffe & d'activité ; c'eft le marchand qui débite à faux poids & à fauffe mefure ; c'eft enfin l'homme qui vit feul en fon cœur, qui dit faux & qui fait mal. Tels font les vrais *ennemis* de la fociété.

(*Cet article eft de M.* GRIVEL.)

ADDITION à l'article ENNEMI.

Dans le droit public, on entend par le mot *ennemi* celui avec qui on eft en guerre ouverte. Les latins avoient un terme particulier, *hoftis*, pour défigner un *ennemi* public, & ils le diftinguoient d'un ennemi particulier, *inimicus*. Notre langue n'a qu'un même terme pour ces deux claffes d'hommes, qui cependant doivent être foigneufement diftingués. L'*ennemi* particulier eft un homme qui nous veut du mal, & qui fe réjouit de nos déplaifirs. L'*ennemi* public forme des prétentions contre nous, ou il fe refufe à celles que nous formons, & il foutient fes droits vrais ou prétendus par la force des armes. Le premier n'eft jamais innocent ; il nourrit dans fon cœur l'animofité & la haine. Il eft poffible que l'*ennemi* public n'ait pas ces odieux fentimens, qu'il ne fouhaite point de nous rendre malheureux, & qu'il cherche feulement à foutenir fes droits. Cette obfervation eft néceffaire pour régler nos devoirs envers un *ennemi* public.

Quand le chef de l'état, le fouverain, déclare la guerre à un autre fouverain, la nation entière eft cenfée déclarer la guerre à une autre nation : car le fouverain repréfente la nation ; il agit au nom de la fociété entière, & les peuples n'ont affaire les uns aux autres qu'en corps, & dans leur qualité de *peuple*. Ces deux nations font donc *ennemies*, & tous les fujets de l'une font *ennemis* de tous les fujets de l'autre. L'ufage eft ici conforme aux principes.

Les *ennemis* demeurent tels, en quelque lieu qu'ils fe trouvent. Ce font les liens politiques qui déterminent cette qualité, & ils ne changent pas lorfqu'on change de demeure : tant qu'un homme refte citoyen de fon pays, il eft *ennemi* de ceux avec qui fa nation eft en guerre ; mais il n'en faut pas conclure que ces *ennemis* puiffent fe traiter comme tels, par-tout où ils fe rencontrent. Chacun étant maître chez foi, un prince neutre ne leur permet pas d'ufer de violence dans fes terres.

Puifque les femmes & les enfans font fujets de l'état & membres de la nation, ils peuvent être comptés au nombre des *ennemis* : mais cela ne veut pas dire qu'il foit permis de les traiter comme les hommes qui portent les armes, ou qui font capables de les porter. On n'a pas les mêmes droits contre toute forte d'*ennemis*.

Quand on a déterminé exactement qui font les *ennemis*, il eft aifé de connoître les chofes appartenantes à l'ennemi, *res hoftiles*. Si le fouverain, avec qui on eft en guerre, rend *ennemie* fa nation entière, jufqu'aux femmes & aux enfans, tout ce qui appartient à cette nation, à l'état, au fouverain, aux fujets de tout âge & de tout fexe, eft donc au nombre des chofes appartenantes à l'*ennemi*.

Et il en eft encore ici comme des perfonnes : les chofes appartenantes à l'*ennemi* demeurent telles, en quelque lieu qu'elles fe trouvent ; d'où il ne faut pas conclure, non plus qu'à l'égard des perfonnes, que l'on ait le droit de les traiter partout, en chofes qui appartiennent à l'*ennemi*.

Puifque ce n'eft point le lieu où une chofe fe trouve, qui décide de la nature de cette chofe-là, mais la qualité de la perfonne à qui elle appartient ; les chofes appartenantes à des perfonnes neutres, qui fe trouvent en pays *ennemis* ou fur des vaiffeaux *ennemis*, doivent être diftinguées de celles qui appartiennent à l'*ennemi*. Mais c'eft au propriétaire de prouver clairement qu'elles font à lui ; car, au défaut de cette preuve, on préfume naturellement qu'une chofe appartient à la nation chez qui elle fe trouve.

Voilà quant aux biens mobiliers. La règle eft différente à l'égard des immeubles, des fonds de terre. Comme ils appartiennent tous en quelque forte à la nation ; qu'ils font de fon domaine, de fon territoire & fous fon empire ; & comme le poffeffeur eft toujours fujet du pays, en fa qualité de poffeffeur d'un fonds, les biens de cette nature ne ceffent pas d'être des biens de l'ennemi, *res hoftiles*, quoiqu'ils foient poffédés par un étranger neutre. Cependant aujourd'hui que l'on fait la guerre avec tant de modération & d'égards, on donne des fauve-gardes aux maifons, aux terres que des étrangers poffèdent en pays *ennemi*. Par la même raifon, celui qui déclare la guerre ne confifque point les biens immeubles, poffédés dans fon pays par des fujets de fon *ennemi*. En leur permettant d'acquérir & de poffédé ces biens-là, il les a reçus, à cet égard, au nombre de fes fujets. Mais on peut mettre les revenus en fequeſtre, afin qu'ils ne ſoient pas tranſportés chez l'ennemi.

Au nombre des choſes appartenantes à l'ennemi, ſont les choſes incorporelles, tous ſes droits, noms & actions, excepté cependant ces eſpeces de droits qu'un tiers a concédés & qui l'intéreſſent, de maniere qu'il ne lui ſoit pas indifférent de les voir poſſédés par l'un ou par l'autre ; tels ſont quelques droits de commerce. Mais comme les noms & actions, où les dettes actives ne ſont pas de ce nombre, la guerre nous donne ſur les ſommes d'argent, que des nations neutres pourroient devoir à notre ennemi, les mêmes droits qu'elle peut nous donner ſur ſes autres biens. Alexandre, vainqueur & maître abſolu de Thebes, fit préſent aux theſſaliens de cent talens qu'ils devoient aux thébains. Le ſouverain a naturellement le même droit ſur ce que ſes ſujets peuvent devoir aux ennemis. Il peut donc confiſquer des dettes de cette nature, ſi le terme du paiement tombe au temps de la guerre, ou au moins défendre à ſes ſujets de payer, tant que la guerre durera. Mais aujourd'hui l'avantage & la ſûreté du commerce ont engagé tous les ſouverains de l'Europe à ſe relâcher de cette rigueur ; & dès que cet uſage eſt généralement reçu, celui qui y donneroit atteinte, bleſſeroit la foi publique ; car les étrangers n'ont confié leur fortune à ſes ſujets que dans la perſuaſion que l'uſage général ſeroit obſervé. L'état ne touche pas même aux ſommes qu'il doit aux ennemis. Par-tout, les fonds confiés au public ſont exempts de confiſcation & de ſaiſie, en cas de guerre. Voyez l'article GUERRE.

ENNOBLISSEMENT, ſ. m. acte par lequel le ſouverain accorde à un roturier la qualité de noble. Voyez dans le Dictionnaire de Juriſprudence l'origine, l'hiſtoire & les révolutions des ennobliſſemens.

Non-ſeulement on a vendu la nobleſſe, mais on a obligé les gens riches d'acheter fort cher des lettres de nobleſſe. On ſe ſouviendra toujours de Richard Graindorge, né en normandie & marchand de bœufs de profeſſion, qui fut contraint en 1577 d'accepter des lettres d'ennobliſſement, qu'on lui fit payer 30,000 livres (1).

La révocation faite à diverſes époques & par différens princes, en 1598 par Henri IV, en 1634, 1640 & 1643 par Louis XIII, en 1664 par Louis XIV, & en 1715 par Louis XV, des ennobliſſemens obtenus, moyennant finance & même autrement, prouve aſſez l'importance qu'on doit attacher à la nobleſſe vénale. L'état regardant avec raiſon la vanité comme un fonds inépuiſable, a obligé les ennoblis de prendre, en diverſes circonſtances, des lettres de confirmation. Ainſi lorſque Louis XV monta ſur le trône, on obligea tous

les ennoblis pendant le regne de Louis XIV, c'eſt-à-dire, depuis 1643 juſqu'en 1715, de prendre & payer des lettres de confirmation de nobleſſe. Ainſi l'édit de 1771 impoſa la même obligation aux ennoblis depuis 1715, & il fixa la ſomme qu'ils paieroient.

Ce n'eſt pas ſeulement en France qu'on achete la nobleſſe. Combien de barons allemands ne doivent ce titre qu'à leur argent ? En 1750, la cour de Vienne fit publier à Milan une eſpece de tarif, qui fixoit le prix auquel on pourroit acquérir les titres de prince, de duc, de marquis, de comte, & les ſimples lettres de nobleſſe.

Les petits princes d'Allemagne & d'Italie donnent auſſi la nobleſſe à ceux qui veulent la payer ; mais ces ennoblis ne ſont gueres reconnus pour tels, hors les limites de la principauté, à laquelle ils doivent le rang dont ils jouiſſent.

Perſonne ne confond la nobleſſe vénale, avec la nobleſſe acquiſe par des ſervices rendus à l'état. Celle-ci eſt reſpectable, parce qu'elle eſt fondée ſur le mérite de celui qui l'obtient : elle eſt une récompenſe honorable, un encouragement à bien faire. Mais cette nobleſſe ne devroit-elle pas être perſonnelle comme le mérite auquel on l'accorde ? Il y a lieu de s'étonner que cette queſtion ſoit aujourd'hui problématique.

En général, les diſtinctions & les honneurs s'aviliſſent en ſe multipliant. Tout ce qui devient commun & facile à obtenir, perd beaucoup de ſa valeur. La nobleſſe ne devroit être accordée qu'à un mérite rare & à des ſervices ſignalés, à des vertus éminentes, à des connoiſſances ſupérieures & très-utiles à la ſociété. L'article IV de l'édit de Louis XIII du mois de janvier 1634, porte qu'à l'avenir il ne ſera fait aucun ennobliſſement que pour grandes & importantes conſidérations : on devroit peut-être y mettre un appareil qui relevât le prix d'une telle grace. Le même édit veut que les ennobliſſemens ſoient enrégiſtrés dans les cours ſouveraines, après que les procureurs-généraux auront été ouis. Ne ſeroit-il pas à déſirer qu'on conſultât, ſur les mœurs & le mérite du candidat, les magiſtrats de la ville & les habitans les plus notables du lieu où demeure celui que l'on veut ennoblir, afin que cette grace, revêtue par cette formalité, du ſuffrage public, ne pût jamais être ſoupçonnée d'avoir été mendiée ou achetée.

L'ennobliſſement n'eſt pas une reſſource de finance auſſi avantageuſe qu'on le croit, & il devient une ſurcharge pour les ſujets roturiers. Qu'on faſſe attention aux privileges, exemptions de taille & autres, dont jouit la poſtérité des ennoblis de 1715 ; que l'on mette dans la balance le prix de cette nobleſſe achetée, & celui de la confirmation

_____

(1) Laroque dit avoir vu les contraintes entre les mains de Charles Graindorge, ſieur Durocher, petit-fils de Richard. Traité de la nobleſſe.

de 1771, avec le produit de foixante années de taille, de franc-fief, peut-être, & de toutes les impofitions qu'auroient payé ces familles ennoblies, & ce qu'elles devroient payer par la fuite, & on verra ce que l'état a perdu.

Si l'on dit que, malgré ces *ennobliffemens* & la poftérité des ennoblis toujours croiffante, la taille des villages a été portée au même taux, & qu'ainfi leur contribution a été acquittée par les taillables: ces ennoblis ont donc acheté le droit de charger leurs voifins d'un furcroît de taille, & c'eft le gouvernement qui les y autorife. Ce ne font donc pas ces ennoblis qui ont payé leurs lettres de nobleffe, ce font leurs voifins, c'eft tout un village qui s'eft cottifé & fe cottifera chaque année pour les faire jouir de leurs privilèges. Eft-ce là un acte de fageffe ? L'article 4 de l'édit de Louis XIII de 1634 porte expreffément que les habitans des paroiffes où demeurent les ennoblis, feront indemnifés. Mais fi l'état les indemnife, l'*ennobliffement* lui eft peu utile; & s'il ne les indemnife pas, il manque à fa parole, &, pour fubvenir à un moment de détreffe, il fait une chofe injufte & préjudiciable à la nation dans tous les temps.

Ces reffources ont prefque toujours été mifes en ufage à des époques de diffipation & de gafpillage, & c'eft un nouveau motif pour les profcrire.

Malgré toutes les raifons fpécieufes qu'on pourroit donner du contraire, la nobleffe même qui eft le prix du mérite & des fervices dans l'ordre civil, ne devroit point être héréditaire; car les *ennobliffemens* augmentent le nombre des gens oififs qui, par leur inutilité, & fouvent par leur dureté & leurs mœurs déréglées, pèfent fur la fociété dont ils partagent les avantages, fans partager les charges publiques. Les chinois font plus fages que nous. Le fils du premier mandarin rentre dans la claffe du peuple, fi fon mérite ne le rend pas digne du rang de fon père. Parce qu'un de nos ancêtres fut affez riche pour acheter une charge, ou parce qu'il eut affez de talens & de vertus pour la remplir honorablement, ou enfin parce que quelque grande & importante confidération le fit élever au-deffus de fes égaux, eft-il conforme au droit naturel que fes enfans qui ne poffèdent pas la même dignité, qui n'ont ni fes talens ni fes vertus, qui n'ont rendu & ne rendent aucun fervice à l'état, jouiffent des mêmes diftinctions?

Un homme d'état qui mérite toute fa célébrité, & qui, dans ces fortes de queftions, n'a pas craint de parler le langage de la juftice & de la droiture, indique affez les dangers & les abus de la nobleffe; & nous croyons devoir inférer ici ce morceau d'un ouvrage précieux à tous égards.

« Il ne m'avoit point paru indifférent de connoître la quantité de charges, en France, qui produifent la nobleffe héréditaire, foit dès l'inftant qu'on en eft revêtu, foit à la feconde ou à la troifième génération, foit au bout d'un certain nombre d'années de poffeffion. Le nombre paffe quatre mille, & je crois à-peu-près jufte l'énumération fuccinte que je vais en donner.

80 charges de maîtres des requêtes.

1000 charges environ dans les parlemens, en retranchant celles qui font poffédées par les confeillers-clercs.

900 charges environ dans les chambres des comptes & dans les cours des aides.

70 Dans le grand confeil.

30 Dans la cour des monnoies.

20 Au confeil provincial d'Artois.

80 Au châtelet de Paris.

740 Dans les bureaux des finances.

50 charges de grands-baillifs, fénéchaux, gouverneurs & lieutenans-généraux d'épée.

900 charges de fecrètaires du roi.

Enfin on peut fixer à 200 environ, les offices en commiffion au parlement de Nanci & au confeil fouverain d'Alface, plufieurs charges tenant au fecond ordre, au confeil & à la chancellerie, celles aux tribunaux de la Table de marbre, & quelques autres encore.

Il faut obferver cependant qu'entre ces différentes charges, il en eft un grand nombre qui, par le fait, ne deviennent pas une fource de nouveaux nobles: car depuis que le royaume en eft rempli, plufieurs cours fouveraines n'admettent que difficilement, dans leurs compagnies, les familles bourgeoifes qui n'ont pas encore acquis cette petite illuftration.

En général, ce font aujourd'hui les charges les moins honorifiques & les moins utiles qui multiplient davantage les *ennobliffemens*, parce qu'auffitôt qu'on les a poffédées le temps néceffaire pour tranfmettre à fes enfans les droits qui y font attachés, on cherche communément à s'en défaire.

Parmi les offices de ce genre, on remarque furtout ceux des fecrètaires du roi & quelques autres, dépendans également de la chancellerie; & quoique leurs fonctions réunies n'exigent qu'un travail médiocre, le nombre des charges néanmoins s'élève maintenant à près de mille. Ce font les befoins d'argent qui, dans des temps de détreffe, ont donné lieu à la création de beaucoup d'offices inutiles; les promeffes n'étoient plus eftimées, les hauts intérêts ne féduifoient plus, on cherche des reffources par la vente des privilèges; & pour colorer cette conceffion, on imagina des fonctions qu'on feignit d'envifager comme néceffaires, & l'on y attacha la plus précieufe des prérogatives dans un état monarchique.

La politique & la faine raifon s'élèvent également contre de pareilles inftitutions; une fource perpétuelle de nouveaux nobles dénature l'idée qu'on doit fe faire de ces diftinctions; & l'accroiffement du nombre des perfonnes qui jouiffent d'exemptions dans le paiement des impôts, devient un véritable préjudice pour le refte de la nation.

Ces

Ces confidérations font trop fenfibles, pour qu'il foit néceffaire de s'y arrêter long-temps ; mais il en eft une moins apperçue, & qui me paroît digne d'une grande attention.

Cette multitude de charges qui donnent la nobleffe, & qu'on peut acquérir à prix d'argent, entretiennent un efprit de vanité, qui engage à renoncer aux établiffemens de commerce ou de manufactures, au moment où, par l'accroiffement de fa fortune, on pourroit y donner la plus grande étendue ; époque précieufe où l'on eft plus que jamais en fituation de lier fes travaux & fon induftrie à l'avancement de la profpérité de l'état : c'eft alors, en effet, que les négocians peuvent fe contenter d'un moindre intérêt de leurs capitaux ; c'eft alors qu'ils peuvent faciliter le commerce d'exportation par des avances ; c'eft alors qu'ils peuvent hafarder davantage & ouvrir, par des entreprifes nouvelles, des routes encore inconnues. Je crois donc que toutes les difpofitions publiques qui augmentent ou favorifent les vanités étrangères à l'état, dans lequel les divers citoyens fe trouvent placés, font contraires à une faine politique. Je n'héfite point à dire que ces difpofitions arrêtent, en France, le développement entier des forces & du génie du commerce ; & que c'eft-là une des caufes principales de la fupériorité que confervent, dans plufieurs branches d'affaires, les nations où les diftinctions d'état font moins fenfibles, & où toutes les prétentions qui en réfultent, ne font pas un objet continuel d'occupation.

Ces diverfes réflexions femblent indiquer qu'une des meilleures deftinations du crédit, en temps de paix, feroit d'emprunter les capitaux néceffaires pour rembourfer fucceffivement toutes les charges inutiles qui tranfmettent la nobleffe héréditaire ; mais les longs abus dans l'ordre moral, comme les longues maladies dans l'ordre phyfique, permettent rarement d'employer des remèdes trop actifs, fans s'expofer à quelqu'inconvénient. Rien ne femble moins raifonnable que de faire, des diftinctions & des privilèges, un objet de trafic ; mais lorfqu'il y a un fi grand nombre de citoyens ennoblis par des charges, qu'eux ou leurs pères ont achetées ; ce n'eft pas une difpofition fi fimple que de priver tout-à-coup le refte de la nation, de l'efpoir d'obtenir les avantages qu'une grande partie de leurs égaux fe font procurés, par le mérite feul d'une fortune aifée ; & fi cette obfervation ne doit pas arrêter la réforme d'un abus qui s'accroît chaque jour, on eft du moins conduit à penfer que, pour adoucir une pareille difpofition, il feroit convenable d'honorer davantage les états utiles qui n'auroient pas la facilité d'arriver à la nobleffe par la fortune. Il faudroit en même-temps chercher à tempérer un peu les nombreufes prérogatives d'un feul ordre de la fociété : avantages qui femblent hors de toute

proportion, lorfqu'on rapproche ces diftinctions du titre originaire de ce nombre prodigieux de familles, qui n'ont acquis la nobleffe qu'à prix d'argent : on examineroit peut-être alors de nouveau fi cette inftitution de nos jours eft bonne, qui exige deux ou trois degrés de nobleffe, pour être admis au rang d'officier dans le fervice de terre & de mer ; c'eft trop peu, fans doute, à l'honneur des vrais chevaliers françois, dont les titres fe perdent dans la nuit des temps ; & dèslors cette même condition ne fait plus que pefer fur des citoyens honorables par leurs fentimens, à l'avantage de ceux qu'une fortune du fiècle a favorifés.

Il faudroit encore, toujours dans le même efprit, tâcher d'adoucir ces exceptions, qui, jufques dans la diftribution des impôts, diftinguent les états & les perfonnes. Comment n'en réfulteroit-il pas une fource continuelle d'amertume & de jaloufie, puifque l'homme le plus nouveau dans l'ordre de la nobleffe, jouit de ces privilèges à l'égal des gentilshommes de la plus ancienne race ? Qu'on me permette même de le dire, fous un rapport plus général, la fimple raifon n'indique point que la plus grande part aux avantages de la fociété, doive être accompagnée de la moindre part aux charges publiques ; le fervice militaire, qui compofoit autrefois l'un des facrifices d'un ordre particulier de l'état, étant devenu un objet d'utilité, de faveur & de préférence, les premières caufes des privilèges font fenfiblement altérées ; mais ces vieilles opinions font encore dans toute leur force, & je ne confeillerois point d'offenfer des pretentions que le temps a confacrées : on doit feulement avancer vers un but raifonnable, par des moyens fages & à l'abri de toute efpèce de réclamations. L'un des motifs qui font tenir avec tant d'ardeur aux exemptions, c'eft la tâche imprimée fur certaines impofitions : telles, par exemple, que la taille, la corvée, le logement des gens de guerre, & d'autres encore : ce feroit une folle entreprife de vouloir entreprendre de déranger ces idées, & de vouloir affimiler indiftinctement à de pareilles charges tous les ordres de citoyens ; mais à mefure qu'on s'occuperoit de modifier ces mêmes impôts, les difficultés difparoîtroient. C'eft ainfi que la taille eft une humiliation dans la partie du royaume où elle indique une infériorité d'état, tandis que le même impôt ne rabaiffe perfonne dans les provinces, où ce tribut défigne uniquement une différence dans la nature des biens-fonds ; c'eft ainfi qu'on peut enfuite affeoir, fur ce genre de revenu, la dépenfe des chemins, fans que l'amour-propre d'aucun contribuable en foit offenfé. D'ailleurs, en fuppofant un moment où le fouverain feroit en état de remettre quelques impôts, pourroit-on faire aucune réclamation fondée, fi ces foulagemens étoient appliqués, par préférence, à égalifer davantage les charges des différens ordres des contribuables ?

Ce n'eſt jamais ſur la nature d'un bienfait que perſonne élève des plaintes.

Enfin, il ne faut pas perdre de vue une grande idée générale. La plupart des états de l'Europe ſont par leurs circonſtances, ou guerriers, ou commerçans ; & l'eſprit de leur gouvernement doit s'adapter à ces différences. La France, au contraire, doit être l'une & l'autre : elle eſt rappellée aux idées de nobleſſe & de ſervice militaire, par ſa conſtitution monarchique ; & aux idées de commerce & de richeſſes, par la nature de ſon ſol, par l'intelligence de ſes habitans, & par la poſition du royaume : ces différentes conſidérations ſe réuniſſent pour compoſer ſa puiſſance ; il faut donc habilement les ménager toutes ; il faut, dans le même temps qu'on nourrit les opinions qui enflamment l'honneur & le courage, ne point décourager celles qui attachent aux occupations utiles & fécondes de la ſociété ; & comme les ſentimens d'amour-propre & de vanité qui meuvent tous les hommes, ſont, en France, un reſſort encore plus puiſſant, l'on ne doit pas les diriger aveuglément, & dégoûter des profeſſions importantes, pour ajouter un petit triomphe de plus à celles qui ſont déjà favoriſées de tant de manières. C'eſt ſur-tout dans les villes de grandes manufactures, ou de trafic maritime, qu'il faut prendre ſoin du relief & de la ſatisfaction du commerce. Ainſi, pour citer un ſeul exemple, bien loin qu'on doive regarder comme importuns les privilèges de la ville de Lyon, qui l'autoriſent à ſe garder elle-même ; il faut, ſi l'on y réfléchit en homme d'état, maintenir politiquement une conſtitution, qui diſpenſe de mêler les militaires & leurs prétentions, au milieu d'une cité floriſſante par l'application univerſelle de ſes habitans, aux occupations du commerce. Il ſeroit à deſirer même, que dans les villes de ce genre, il n'y eût aucune grande cour ſouveraine ; les diſtinctions d'état qu'elles introduiſent, nuiſent ſourdement à la conſidération des négocians, & leur inſpirent inſenſiblement une ambition différente. On a vu, les années dernières, en France, une grande affaire, dont l'origine venoit de quelques places diſtinctes aſſignées, dans la ſalle de ſpectacle de Bordeaux, aux échevins de l'ordre de la nobleſſe, & à ceux du tiers état. Qu'un véritable adminiſtrateur public conſidère, ſi c'eſt dans une ville, dont le commerce enrichit la France, que de pareils uſages doivent ſubſiſter, ſi de telles diſtinctions, lorſqu'elles ſont hors de leur place, ſont peut-être un plus grand mal politique, que beaucoup de loix d'ignorance.

Ces réflexions ne s'écartent point du ſujet que j'ai voulu traiter ici ; leur eſprit s'y lie parfaitement ; & l'on peut en tirer une nouvelle preuve de l'eſpèce d'obligation où eſt le gouvernement, de laiſſer ouvertes les voies qui conduiſent à l'acquiſition de la nobleſſe, ſi en les fermant, il ne redouble pas de ſoins & de pré-

cautions, pour ménager aux autres états de la ſociété la conſidération qui eſt dûe à leur utilité & à leur importance. Il ſeroit à deſirer, ſans doute, que tous les moyens d'*ennobliſſement* à prix d'argent n'euſſent jamais été connus ; mais quand de pareils uſages ſubſiſtent depuis long-temps ; quand cette eſpèce de lien eſt établie entre les ordres de la ſociété qui ſe rapprochent par les lumières & l'éducation ; il faut, en le rompant, y apporter des ménagemens ; il faut, en rendant plus difficiles tous les changemens d'état, adoucir en même temps les motifs ſenſibles de jalouſie. Peut-être, quelques perſonnes trouveront-elles que tant de circonſpection eſt inutile ; que le gouvernement auroit trop à faire, s'il peſoit ſans ceſſe, & dans une exacte balance, les droits ou les prétentions de toutes les claſſes de la ſociété, & s'il s'inquiétoit de concilier ou de réunir tant de rapports différens : ſans doute, c'eſt à cette condition que l'adminiſtration eſt difficile ; mais les intérêts d'une nation, la juſtice, dûe à tous les ordres qui la compoſent, ne ſont pas un ſi petit objet, qu'on puiſſe s'en occuper ſans nonchâlance : c'eſt un ouvrage de peine, mais ſi beau dans ſes fins, ſi grand dans ſes rapports, que l'on y doit au moins le tribut de ſes forces.

ENTERREMENT. *Voyez* l'article CIMETIÈRE.

ENTRAVES, ſ. f. Ce mot, dans ſon ſens propre & primitif, eſt le nom des liens dont on embarraſſe les jambes d'un cheval. Par extenſion, les *entraves* ſont les fers aux pieds, comme les menottes ſont les fers aux mains. Figurement, il ſignifie obſtacle, empêchement.

C'eſt par une métaphore très-juſte que cette expreſſion a été tranſportée dans la langue de l'économie politique. En effet, c'eſt l'action des pieds que demande le commerce, ame de la vie ſociale, & non celle des mains ; car les menottes n'empêchent ni le rapprochement, ni la parole qui ſuffiſent pour conclure des échanges ; mais ce qui gêne le rapprochement, arrête tout.

La vie humaine eſt néceſſairement ſociale. Elle ne ſauroit l'être néanmoins, ſi la faim ſe faiſoit ſentir trop vivement ; car dans ce cas, un aſſocié dévoreroit l'autre, plutôt que de travailler au bien de la ſociété. Les hommes ne peuvent être aſſociés que pour le travail, à l'effet d'échapper à la miſère. Les moyens de recherche pour trouver la ſubſiſtance, comme la chaſſe, la pêche, &c. doivent manquer tôt ou tard par épuiſement. L'agriculture ſeule, qui fait un traité avec la nature, eſt un moyen durable & abondant, en raiſon du contingent que nous pouvons mettre dans cette fructueuſe alliance, moyen périodique & perpétuel. Mais ce traité, pour être avantageux, exige réſidence ; car la nature, qui travaille ſans relâche, demande ſans ceſſe une portion quelconque de la miſe de ſon coopérateur.

Telles ſont les premières & radicales *entraves*

de l'homme, cet être libre qui prétend & veut être indépendant, & qui naquit, qui vit & meurt dans la dépendance de la nature, laquelle ne peut même lui permettre de s'en écarter : mais ces *entraves*-là font favorables.

Chaque besoin annonce le plaisir d'y satisfaire ; de même la loi de résidence accorde le succès des travaux, la propriété, sa jurisdiction & ses fruits.

Cependant, nous avons vu qu'en ce genre, le travail le plus assidu ne pouvoit satisfaire qu'à une sorte de besoin ; que l'homme en avoit plusieurs, tous successivement impérieux, à mesure que les premières nécessités étoient satisfaites, & qu'il ne pouvoit fournir à ces besoins successifs, que par le moyen de l'échange avec son voisin. Tous les deux, sédentaires par la nature de leur travail, ils doivent néanmoins se rapprocher par la nécessité de faire leurs échanges ; & l'on ne s'entend que de près. Ils doivent aussi rapprocher les matériaux de ces échanges ; car comme on dit vulgairement : *on n'achète pas chat en poche*. La stabilité ordonnée par la nature de leurs travaux, la transplantation forcée par la nature de leurs besoins ; voilà les deux contraires qu'il faut absolument ment concilier, en prenant sur l'un & sur l'autre, & le moins qu'on peut sur les deux.

Cette conciliation a d'abord fait naître le courtage, œuvre des entremetteurs qui traitent de part & d'autre, indiquent & proposent les échanges ; elle a ensuite produit le trafic, c'est-à-dire, le commerce de revendeurs, qui se chargent des voyages & des transports des marchandises, achètent d'une main & emmagasinent, vont ailleurs & revendent de l'autre, & qui sont leurs affaires sur les différences de prix des deux côtés, comme les courtiers se payent sur le bénéfice des commissions.

Tous ces entremetteurs ne sont que des représentans des consommateurs de part & d'autre ; & ils ne sont profitables qu'autant que, par leur industrie, l'habitude & la vigilance, ils trouvent moyen de diminuer les frais de rapprochement pour les parties intéressées, qui toujours & en toutes manières payent ces frais. Toute l'utilité du commerce ne consiste qu'en diminution de l'espace qui sépare les consommateurs respectifs, toujours nécessaires les uns aux autres dans toute société. A bon droit donc nous avons dit que c'est de ses pieds dont a besoin le commerce, & que tout ce qui le gêne est *entraves*.

Si, par exemple, connoissant l'avantage du commerce, du trafic & de l'action qui le met en œuvre, l'administration entreprenoit d'autoriser les courtiers, de les privilégier, favoriser, &c. il donneroit au contraire par-là des *entraves* au commerce, à la consommation & à la production ; car ma confiance est à moi, & je suis seul juge valable des convenances entre celui à qui je l'accorde & moi ; & si vous me prescrivez l'entremetteur de mes affaires, je serai peut-être forcé de m'en

servir ; mais je ne ferai que des affaires forcées, acheminement vers la langueur. De son côté, le courtier abusera de son droit, grossira son salaire par accroissement de frais, diminution d'échanges, & par conséquent de consommation, & par conséquent de production.

Il en est de même, si l'autorité favorise le trafic, si elle lui privilègie & regarde ses profits comme un avantage national : c'est son action, c'est sa vigilance, sa sécurité & la multiplicité de ses entreprises qui sont un avantage pour tous ; mais tout cela doit être animé par la concurrence, & ne peut s'étendre qu'en raison de la multiplicité de ses pratiques. Cette multiplicité dépend de celle des consommations payées. Le consommateur ne peut payer que par échange avec les denrées dont il a besoin ; & plus vous augmentez les frais de l'échange, plus vous en altérez la subsistance ; moins il lui reste pour payer, acquérir & consommer.

Une telle erreur supposeroit qu'on ne peut se mettre dans la tête ce point fixe & capital ; que toutes les dépenses n'ont qu'une seule & même source, d'où il suit que toutes les fausses dépenses sont faites en diminution des vraies.

Au lieu de s'en tenir à ce point central du méandre des consommations, d'où l'on peut en démêler aisément toutes les sinuosités apparentes, on s'imagine que tout profit est une création de richesses. On voit naître & croître rapidement une ou plusieurs fortunes ; on les admire, on les envie ; mais bien peu recherchent, & nul ne discerne si cette fortune est une excroissance qui dessèche les parties environnantes, & par conséquent le corps entier de la société, ou si elle accroît la masse des fortunes réparties dans la société. Il n'en est aucune de ce dernier genre, qui ne soit faite de moitié avec la nature ; & la société éclairée ne devroit chercher que sous l'habit grossier des entrepreneurs de culture ses bienfaiteurs en ce genre, ou tout au plus sous le surtout de quelque propriétaire de campagne, mis peut-être en caricature dans quelque farce des bateleurs favoris de l'oisiveté.

Ceux qui gouvernent sagement les sociétés ; ceux qui se dévouent par honneur & avec magnanimité pour la défense de la patrie ; les maîtres de l'instruction qui enseignent le bien & désignent le mal ; les magistrats qui le répriment, sont les vrais bienfaiteurs de la société. Les gens de bien, les bons pères de famille la maintiennent & la perpétuent. Cependant nul ne la fait croître directement & s'étendre en prospérité & en vigueur, que celui qui met constamment ses fonds en valeur, & place ses avances dans le sein de la terre, qui lui en rend l'intérêt & double encore sa mise selon le terme & l'espèce du contrat ; mais il faut que ce cultivateur passe de main en main sur le champ tout ce qu'il puise dans le sein de cette mère commune, sans quoi bientôt le cours de ses bienfaits s'arrête & tarit pour tous. Nul toutefois ne peut recevoir de cette première main sa portion, qu'il ne l'acquitte par échange; car la peine du premier & du plus utile ouvrier, celle du laboureur doit être payée.

Il échange avec du travail en nature, ou en denrées, ou en marchandises qui toujours représentent le travail. Plus la demande évaluée & soldée est abondante, plus la distribution le sera; car la nature ne s'épuise pas. Tout consiste donc en ce que cette action soit accélérée. Elle ne peut l'être que par la rapidité & multiplicité des consommations soldées & échangées, & non pas en frais.

Les frais sont indispensables, puisque les distances sont inévitables; mais ils sont acte de service, & les fortunes des serviteurs ne sont pas celles des maîtres, bien au contraire. Il est juste qu'un serviteur actif, vigilant, fidèle, adroit & de confiance profite plus qu'un négligent; mais tout ce qui tend à m'imposer la loi sur les services que j'agrée & que je paye, est une *entrave*, pour ne pas dire une vexation, attendu que ce dernier mot ne convient qu'à l'acte d'oppression intéressée: mais cela revient au même quant au dommage & au détriment universel.

A plus forte raison doit-on regarder comme *entraves* les barrières & les droits mis sur le transit des denrées & marchandises, qui ne peuvent recevoir de valeur que par l'échange & le transport. Ces droits en diminuent la valeur pour le producteur, & l'augmentent pour le consommateur. Ils font donc l'effet d'éloigner ces deux points l'un de l'autre, tandis que le bien général dépend de leur rapprochement; & voilà comme les hommes savent aller droit au but, quand ils s'écartent des jalons plantés par la nature. Il ne veut d'*entraves* à rien, & les hommes semblent prendre plaisir à les employer dans toutes leurs démarches. Embarrassés de la sorte, ils ne vont pas bien loin sans faire des chûtes. Les premiers qui crurent pouvoir se délivrer de ces *entraves* & s'émanciper, avoient toute leur force; mais ceux qui ne font rien sans elles, qui tombent de fatigue & de lassitude sous leur poids accablant, quand ils seront épuisés & hors d'haleine, qui les soutiendra, qui les relevera?

(*Cet article est de M.* Grivel.)

ENTRÉES CHEZ LES PRINCES, privilège accordé à des particuliers qui sont admis auprès des rois & des princes, dans certains temps & à certaines heures.

La coutume des rois, des princes & des grands seigneurs, de distinguer leurs courtisans & les personnes qui leur sont attachées par les différentes *entrées* qu'ils leur donnent chez eux, est une coutume fort ancienne. Seneque, dans le livre IV *des Bienfaits*, chap. 24, nous instruit que C. Grac-

chus & Livius Drusus, tribuns du peuple, en furent les auteurs à Rome. «Parmi nous, dit-il, » Gracchus & après lui Livius Drusus, ont commencé à séparer la foule de leurs amis & de » leurs courtisans, en recevant les uns en particulier, les autres avec plusieurs, & les autres avec » tout le monde ».

Les premiers étoient appellés *propriores*, ou *primi amici*, ou *prima admissionis*, les amis de la première *entrée*: les seconds, *secundi amici*, ou *secunda admissionis*, les amis de la seconde; & les derniers, *inferiores amici*, ou *ultima admissionis*, les amis qui n'avoient que les dernières *entrées*.

Cet usage avoit été long-temps interrompu, & il ne subsistoit point à la cour d'Auguste; mais il fut rétabli par Tibère qui, comme Suétone nous l'apprend, partagea sa cour en ces trois classes, & appella la dernière la *classe des grecs*, parce que les grecs étoient alors des gens dont on faisoit peu de cas, & qui n'entroient que les derniers chez cet empereur.

La coutume dont je parle, se perdit encore après Tibère; elle fut renouvellée par d'autres empereurs, & elle prit enfin de si fortes racines sous Constantin, qu'elle s'est toujours conservée depuis, & qu'il n'y a pas d'apparence qu'on la laisse tomber. Au fond, il est bien juste que les princes aient la même prérogative & la même liberté que se donnent les particuliers, de recevoir différentes personnes chez eux à différentes heures, les unes plutôt, les autres plus tard, selon qu'elles leur sont ou agréables, ou nécessaires. Cependant aujourd'hui ce qu'on appelle *entrées* dans les cours de l'Europe, est un privilège spécialement attaché à certains emplois & à certaines charges, ou à la faveur d'entrer à certaines heures à la chambre des rois & des princes, quand les autres n'y entrent pas. C'est ordinairement un droit que donne la charge, & non la personne; c'est une pure étiquette qui ne prouve pas par elle-même que ceux qui jouissent de ce droit, ont la confiance particulière du prince.

ENTRÉES DES ROIS ET DES REINES. Réception solemnelle qu'on fait aux rois, aux reines & aux princes, lorsqu'ils entrent la première fois dans les villes, ou qu'ils reviennent triomphans de quelque grande expédition.

Ces sortes de cérémonies varient suivant le temps, les lieux, les nations; mais elles sont toujours un monument des usages des différens peuples & de la diversité de ces usages dans une même nation, lesquels offrent communément un excellent tableau de caractère: c'étoit, par exemple, un spectacle singulier que l'appareil de décorations profanes & de mascarades de dévotion, qui se voyoient en France aux *entrées* des rois & des reines, dans le quinzième siècle. L'auteur des *Essais sur Paris* en donne une esquisse tracée d'après l'histoire; & c'est le seul exemple que nous rapporterons: il seroit trop long de transcrire ici, même par extrait, ce qu'on pourroit recueillir fur cette matière avant & depuis Charles VII.

Comme les rois & les reines, dit l'auteur dont je viens de parler, faifoient leurs *entrées* par la porte S. Denis, on tapiffoit toutes les rues fur leur paffage, & on les couvroit en haut avec des étoffes de foie & des draps camelotés ; des jets d'eau de fenteur parfumoient l'air ; le lait & le vin couloient de plufieurs fontaines. Les députés des fix corps de marchands portoient le dais. Les corps de métiers fuivoient à cheval, repréfentant en habits de caractère les fept péchés mortels, les fept vertus, foi, efpérance, charité, juftice, prudence, force & tempérance ; la mort, le purgatoire, l'enfer & le paradis.

Il y avoit de diftance en diftance des théatres, où des acteurs pantomimes, mêlés avec des chœurs de mufique, repréfentoient des hiftoires de l'ancien & du nouveau Teftament, le facrifice d'Abraham, le combat de David contre Goliath, l'âneffe de Balaam prenant la parole pour la porter à ce prophete, des bergers avec leurs troupeaux dans un bocage, à qui l'ange annonçoit la naiffance de Notre-Seigneur, & qui chantoient le *Gloria in excelfis Deo*, &c. & pour lors le cri de joie étoit *noël, noël.*

A l'*entrée* de Louis XI, en 1461, on imagina un nouveau fpectacle : *devant la fontaine du Ponceau*, dit Malingre, pag. 208 *de fes Antiquités & annales de Paris*, étoient plufieurs belles filles en fyrenes toutes nues, lefquelles, en faifant voir leur beau fein, chantoient de petits motets de bergerettes, fort doux & charmans.

Il paroît qu'à l'*entrée* de la reine Anne de Bretagne, on pouffa l'attention jufqu'à placer de diftance en diftance, de petites troupes de dix ou douze perfonnes, avec des pots de chambre pour les dames & demoifelles du cortège qui en auroient befoin.

Ajoutez fur-tout à ces détails la defcription curieufe que le père Daniel a donnée, dans fon *Hiftoire de France*, de l'*entrée* de Charles VII, & vous conviendrez, en raffemblant tous les faits, que, quoique ces fortes de réjouiffances ne foient plus du goût de la politeffe & des mœurs de notre fiècle, cependant elles nous prouvent en général deux chofes qui fubfiftent toujours les mêmes ; je veux dire, 1°. la paffion du peuple françois pour les fpectacles, quels qu'ils foient ; 2°. fon amour & fon attachement inviolable pour nos rois & pour nos reines.

Je ne parle pas ici des cérémonies d'*entrées* de princes étrangers, légats, ambaffadeurs, miniftres, &c. ce n'eft qu'un vain cérémonial, dont toutes les cours paroiffent fatiguées, & qui finira lorfque la principale d'entr'elles jugera qu'il eft de fon intérêt d'en donner l'exemple.

ERBACH, (comté d') petit état d'Allemagne au cercle de Franconie. Le comté d'*Erbach* eft fitué dans l'Odenwald, & il eft environné de l'archevêché de Mayence, du Palatinat, du Rhin, du haut comté de Kattzenellubogen, & d'une partie du comté de Wertheim. Sa longueur eft d'environ cinq milles fur quatre & demi de largeur.

Quoique le terrain foit montueux, il eft cependant cultivé avec foin & d'un bon produit. Les forêts ne font plus en auffi grand nombre : on commence à les replanter ; beaucoup de cantons, autrefois boifés, ont été convertis en terres labourables. On y nourrit une affez grande quantité de bétail.

On y compte de 23 à 24,000 habitans. Ils profeffent, ainfi que la maifon régnante, la religion proteftante. Ils exportent de la farine d'épautre, de l'avoine, du bled farrafin, des bois, des charbons, de la potaffe, des beftiaux, du fer, des noix, du miel & de la cire. La laine eft convertie en draps.

Les anciens dynaftes d'*Erbach* ayant obtenu l'office d'échanfons héréditaires des palatins du Rhin, fe nommèrent communément *fchenk d'Erbach*, (*fchenk* fignifie *échanfon*) ou fchenk fieurs d'*Erbach*. L'empereur Charles V éleva, en 1532, Everard *Erbach* & tous fes hoirs légitimes, à la dignité de comte de l'Empire, de l'aveu de l'électeur palatin Louis, & il érigea la feigneurie d'*Erbach* en comté. L'arrière petit-fils d'Everard, Georges Albert, qui mourut en 1647, eut deux fils qui formèrent deux branches de la maifon d'*Erbach* ; George-Louis commença celle d'*Erbach*, & George-Albert celle de Furftenau. La première s'éteignit en 1731 par la mort du comte Frédéric-Charles, & fes domaines paffèrent à la feconde, qui offre aujourd'hui trois branches, celle d'*Erbach-Erbach*, celle d'*Erbach*-Schœnberg, & celle d'*Erbach*-Furftenau.

Le comté d'*Erbach* eft prefque en entier dans la mouvance de la maifon électorale palatine, dont les droits furent réfervés d'une manière expreffe, lorfque la famille d'*Erbach* obtint la dignité de comte. On croit que l'office d'échanfon héréditaire, dont les comtes d'*Erbach* font inveftis par les électeurs palatins, a été donné pour la première fois à George fieur d'*Erbach*, qui vivoit vers le milieu du treizième fiècle ; cependant d'autres prétendent que fon grand-père, qui vivoit au douzième fiècle, en étoit déja revêtu.

Le titre des comtes d'*Erbach* eft : *comtes d'Erbach & feigneurs de Brenberg.*

Les comtes d'*Erbach* ont deux fuffrages à la diète de l'Empire dans le collège des comtes, & aux affemblées du cercle ils fiègent entre Rieneck & Limbourg. Leur mois romain font de 40 florins, & ils payent pour l'entretien de la chambre impériale 27 rixdales 2 ½ kr. par terme.

Ils ont à Michelftadt une régence & une furintendance commune. Les affaires relatives à l'Empire & au cercle font adminiftrées par un confeil privé commun.

Les comtes d'*Erbach* ont vendu, en 1714, le bailliage de Danneberg-Seeheim à la maison de Hesse-Darmstadt; ils avoient aussi part au château de Habizheim & à ses dépendances; mais l'aliénation en a été faite en 1530 & 1664. La plus grande partie de ce domaine appartient aujourd'hui à la maison de Lœwenstein-Werteim.

ÉRECTION. On entend par ce terme de droit public & civil, l'acte par lequel on attribue à un pays un titre de souveraineté, ou à une terre celui de fief, de comté, de duché, &c. Le Dictionnaire de Jurisprudence parle de l'*érection* d'une terre en duché, marquisat, comté, baronie, &c. & nous allons parler ici de l'*érection* des royaumes & des autres titres de souveraineté, qu'on crée pour la première fois.

Les romains, maîtres d'une grande partie de la terre, créoient des rois, & donnoient aux princes le titre de *rois* & d'*amis du peuple romain.* Ils se plaisoient même à avoir des domestiques, auxquels ils donnoient la dénomination de *rois.* Les papes & les empereurs d'Allemagne ont voulu s'attribuer le même droit; & les vieilles chroniques fournissent quelques exemples de princes qui, se trouvant en état de monter sur le trône & de s'y maintenir, voulurent bien s'en faire mettre en possession par l'une ou par l'autre de ces puissances, & quelquefois par toutes les deux.

Dans ces siècles où l'autorité ecclésiastique forma des entreprises si téméraires & si singulières sur la puissance temporelle, les papes prétendirent qu'en qualité de pasteurs des nations, il leur appartenoit de décerner des honneurs extraordinaires à ceux que leur zèle pour le saint-siège en rendoit dignes. Ils voulurent même s'arroger le pouvoir de faire des rois; &, ce qu'il y a d'étonnant, cette prétention a eu quelquefois du succès.

Le pape Sylvestre II érigea la Hongrie en royaume, en faveur du prince Etienne, fils de Grisa, qui embrassa le christianisme. On cite une autre *érection* de ce même royaume, faite par le chef du corps germanique, dont je parlerai plus bas en indiquant les *érections* qu'on doit aux empereurs.

Alphonse VII, roi d'Arragon, prit le titre d'*empereur*, que ses successeurs ont négligé; il se fit couronner comme tel à Tolède, après avoir été couronné comme roi de Léon. Mariana a la bonne-foi d'avouer qu'il regarde comme une chimère le consentement qu'Innocent II y donna.

Innocent III fit Caloican roi des bulgares, & il lui permit de frapper de la monnoie à son coin.

Le titre de *roi de Portugal*, qui avoit été déféré à Alphonse I par son armée, lui fut confirmé par le pape Eugène, & ensuite par le pape Alexandre III, long-temps après que les états de Lamego eurent reconnu Alphonse I pour leur roi.

Les rois d'Angleterre, devenus maîtres de l'Irlande, ne prirent que le titre de *seigneurs* de cette Isle; mais sous le règne de Henri VIII, qui s'étoit soustrait à l'obéissance du saint-siège, & vers le milieu du 16e siècle, le parlement de Dublin déclara par un acte, « que désormais Henri & » ses successeurs seroient appellés *rois d'Irlande*, » parce que lui & ses prédécesseurs avoient tou- » jours eu la jurisdiction royale, en étoient vé- » ritablement rois, & qu'ils devoient en porter » le nom ». Henri donna force de loi à ce statut, en le confirmant. Il se qualifia depuis de *roi d'Irlande*; & marie sa fille, très-attachée à la religion catholique, prit le même titre. Le pape qui voulut ménager cette princesse, sans se départir du droit qu'il prétendoit avoir d'ériger lui seul de nouveaux royaumes, fit une *érection* secrète de l'Irlande en royaume, imitant en quelque sorte le sénat romain qui, pour se conserver une ombre de l'autorité qu'il réclamoit exclusivement au peuple, ratifioit d'avance tout ce qui seroit résolu dans les comices.

Clément VII érigea l'état de Florence en duché, & Pie V en grand-duché. L'empereur Maximilien II annulla cette dernière *érection*, & l'accorda de son chef & du consentement de l'Empire.

Les Deux-Siciles sont un témoignage subsistant encore du droit que les papes surent prendre, de créer & de donner des royaumes. Le comte Robert obtint d'Honorius II le titre de *duc de Sicile*. Peu content du titre de *duc*, il voulut avoir celui de *roi*; & ce fut l'anti-pape Anaclet qui lui accorda la qualité de *roi de Sicile*. Le pape Innocent II, qui fit la guerre au nouveau roi en signant la paix avec lui, lui donna l'investiture, sans parler de la concession de l'anti-pape. « Nous vous » confirmons, dit la bulle, le royaume de Sicile, » avec le duché de la Pouille & la principauté » de Capoue, & à vos successeurs, qui nous » feront hommage-lige & nous paieront un cens » annuel ».

Voilà des faits que l'Histoire nous a transmis. Examinons le droit.

L'acquisition des terres, des domaines, des possessions, des droits & des titres qui y sont attachés, est de droit humain. Le pape, en qualité de *pape*, n'a pas le droit de conférer des titres aux souverains, ni d'ériger des royaumes. Saint Pierre ne songeoit sûrement pas à ériger des royaumes; & si les papes jouissent de cette autorité, ce n'est assurément pas en qualité de ses successeurs. Jesus-Christ interrogé s'il étoit roi, répondit *qu'il étoit roi, à la vérité, mais que ce royaume n'étoit pas de ce monde.* Il ne reste donc qu'à examiner les droits du pape comme prince temporel, & il ne peut avoir que ceux qui appartiennent aux autres princes temporels dans les leurs.

Quelques auteurs allemands prétendent que le chef du corps germanique peut seul faire des rois, & qu'un roi, quelque puissant & quelque indépendant qu'il soit, n'a pas cette prérogative. Si cette seconde assertion est vraie, à l'égard des rois puissans & indépendans, elle l'est encore plus à l'égard des empereurs d'Allemagne, qui à proprement parler ne sont point souverains. Il faut avouer que, dans les siècles où les papes s'efforçoient de montrer le monde chrétien comme une seule république, dont ils étoient les chefs spirituels, & dont ils disoient que les empereurs étoient les chefs temporels, des princes qui aspiroient au titre de *roi* s'adressoient aux empereurs d'Allemagne pour l'obtenir, & qu'alors quelques autres puissances chrétiennes étoient plus disposées à y souscrire. Mais de ce que des princes foibles auront cru, dans des siècles ténébreux, avoir besoin de l'approbation des empereurs d'Allemagne pour prendre le titre de *rois*, s'ensuit-il qu'en effet le chef du corps germanique, qui ne conserve que le titre de ses prédécesseurs, & qui est dénué de leur puissance, ait aujourd'hui la prérogative de créer des rois ? Il seroit bien étrange que l'empereur pût déférer des titres de souveraineté hors de l'Allemagne, lui qui en Allemagne même ne peut, de son autorité privée, déférer le titre de *prince*, ni même celui de *comte*, & qui ne sauroit donner à personne le droit de suffrage à la diète générale de l'Empire. Les diplomes de princes & de comtes qu'il accorde, ne procurent que de vains titres, dont on ne jouit même en pays étranger que de l'aveu du souverain. Les temps d'ignorance & d'illusion sont passés. Depuis plusieurs siècles une indépendance absolue &, à certains égards, une égalité parfaite sont établies entre les princes : un écrivain qui étoit attaché à l'empereur Charles VII, & qui l'a été ensuite à l'électeur de Bavière son fils, a fait cependant imprimer en Allemagne un ouvrage, où il a osé placer, parmi les droits réservés de l'empereur, celui de créer des rois, des ducs, des archiducs, des princes, des comtes, des barons, des nobles, des notaires, des tabellions, &c ; mais on voit que cet auteur sentoit combien ce droit qu'il attribue aux empereurs est chimérique, & combien il y a de ridicule dans une énumération qui commence par des rois, & qui finit par des notaires & des tabellions ; car il ajoute que « ce droit est susceptible de différentes restric- » tions & limitations, surtout en ce qui con- » cerne l'article de la création des rois, lequel, » avant que d'être mis en usage, demande beau- » coup de ménagement & d'accord avec les puis- » sances étrangères ».

Henri II érigea en royaume le duché de Hongrie en faveur de son beau-frère Etienne. Il y avoit déja une autre *érection* faite par le pape, ainsi que nous l'avons dit.

Boleslas I, qui fut le douzième duc de Pologne, profita d'un pélerinage que l'empereur Othon III fit à Gnesne, où reposoient les reliques de saint Adalbert. Il en reçut le titre de *roi* & les ornemens de la royauté ; & depuis ce temps-là, les chefs de la république de Pologne ont pris le titre de *rois* : peu après le pélerinage d'Othon III, Boleslas I sollicita & obtint encore du pape Sylvestre II ce titre de *roi*. Boleslas II, son arrière petit-fils, le leur fit perdre en massacrant, au pied des autels, Stanislas, évêque de Cracovie. Grégoire VII l'excommunia & le priva de la dignité royale, & les polonois le chassèrent du trône & du pays. Ses successeurs ne prirent que le titre de *princes de Pologne*, soit parce que la puissance des papes étoit respectée, même dans ses matières temporelles, dans un temps où l'on n'avoit pas une juste idée des excommunications, soit parce qu'alors la Pologne appartenoit à plusieurs princes. Le titre de *royaume* ne fut rendu à la Pologne, qu'au couronnement d'Uladislas Loklek. Ce prince l'obtint de Jean XXII, à qui il envoya une ambassade d'éclat : ce pontife étoit alors en France. Le prince polonois aima mieux obtenir le titre de *roi*, du pape que de Louis de Bavière qu'il haïssoit, & dont il redoutoit les prétentions. Les rois de Pologne avoient reçu d'Othon les ornemens de la royauté ; les empereurs d'Allemagne vouloient regarder les princes polonois comme des espèces de feudataires de l'Empire ; & pour lever l'interdiction faite par un pape, il falloit que la puissance pontificale intervînt, sans quoi les polonois, selon l'opinion qui étoit alors reçue, auroient cru la royauté illégitime.

Le duché de Bohême fut décoré du titre de *royaume* par l'empereur Henri IV. Uladislas II du nom & XXII° duc de Bohême, qui y donnoit des loix alors, fut le premier roi. Ce titre cessa à la mort du prince qui l'avoit obtenu. Quelques-uns des successeurs d'Uladislas se qualifièrent de *rois*, d'après une convention avec les empereurs d'Allemagne, qui le leur permirent individuellement ; mais Uladislas II, duc de Bohême, plus connu sous le nom d'*Ottocare premier*, obtint de l'empereur Frédéric I, surnommé *Barberousse*, la dignité royale pour lui & pour son duché, & elle a passé à tous ses successeurs. Philippe de Suabe, ayant réduit la Bohême en province, défendit à Primislas de prendre le titre de *roi* ; mais, à la recommandation d'Othon IV, competiteur de Philippe à l'Empire, Innocent III accorda la dignité royale à Primislas.

Frédéric premier donna au duc Pierre l'investiture du Danemarck, & il le couronna roi de ce pays. Pierre fut si ébloui de la beauté des ornemens royaux, qu'il se rendit par-là feudataire de l'Empire ; mais ses successeurs secouèrent le joug.

Le duc d'Autriche reçut les ornemens royaux de Frédéric II, à la charge de demeurer feudataire de l'Empire ; mais il en trahit les intérêts, & douze ans après il fut dépouillé de la qualité de *roi*.

Charles-Quint érigea le marquisat de Mantoue en duché, en faveur de Frédéric de Gonzague.

Les génois offrirent à l'empereur Frédéric quatre mille marcs d'argent, pour ériger en royaume l'isle de Sardaigne, & donner le titre de roi à Barison qui étoit gouverneur de cette isle; mais Barison, après avoir obtenu cette qualité, n'ayant pu rendre aux génois cette somme qu'ils lui avoient prêtée, fut par eux ramené à Gênes, où il demeura prisonnier, jusqu'a ce qu'il eût trouvé le moyen d'appaiser ces fâcheux créanciers.

Maximilien II érigea le duché de Florence en grand-duché, après avoir annullé une élection antérieure faite par le pape Pie V.

Dans l'étendue de l'empire d'Allemagne, l'empereur peut créer des titres, cela n'est pas douteux, pourvu qu'il le fasse, selon les loix du corps germanique, avec le concours de la diète générale, ainsi qu'on l'a déja dit; mais les titres éminens que l'empereur défère en Allemagne même, ne font reconnus par les princes étrangers, que de la même manière & par les mêmes voies qu'ils reconnoissent ceux qui sont conférés par d'autres potentats dans les terres de leur domination.

Charles le Chauve, roi de France & empereur, voulant montrer sa puissance & le droit qu'il prétendoit avoir de faire des rois, donna en pur don à Boson, frère d'Hennengarde sa femme, des états qu'il érigea en royaume de Bourgogne. Ce fut dans la suite le royaume d'Arles.

Le roi de France est le plus ancien & le plus puissant souverain de l'Europe, & il ne réclame pas le droit de créer des rois. Je vais indiquer les seuls moyens légitimes qu'on connoisse de créer de nouveaux titres de souveraineté.

Selon le droit naturel, il appartient à ceux qui confèrent la chose même, de conférer le nom dont il faut l'appeller, & les titres qui doivent y être attachés. Un peuple forme une société civile, ou change la forme de son gouvernement; il se donne un maître, il peut sans doute l'appeller du nom qu'il juge à propos, marquis, duc, prince, roi ou empereur. Après avoir reconnu ce souverain sous un certain titre, il peut lui en déférer un autre plus relevé. Dans les anciens temps, & même dans le moyen âge, les chefs des petits peuples sont indistinctement appellés chefs ou rois; & c'est encore ainsi que parlent les historiens des nations modernes qui ne sont pas bien connues.

Un souverain, indépendant de tout autre souverain, possesseur de plusieurs provinces, peut aussi, selon le droit naturel, en démembrer une, & donner à la partie démembrée le titre qu'il juge à propos, soit en la gouvernant séparément, soit en la donnant, cédant ou vendant; pourvu que ce soit un état patrimonial, sans quoi la cession ne peut avoir lieu qu'avec le consentement & du peuple dont on démembre l'état, & de la province qu'on démembre. Mais ce ne seroit rien aujourd'hui de prendre des titres qui ne seroient pas reconnus par les autres puissances; & si tous les souverains étoient les maîtres de prendre celui qu'ils desirent, ils prendroient tous celui de rois.

Les souverains de l'Europe moderne, qui ne sont pas rois, ne peuvent le devenir que de l'aveu des puissances qui forment des royaumes ou des empires: mais si tel est l'usage, il seroit difficile d'établir des règles bien fixes sur ce point. Il paroît que si deux ou trois princes prépondérans reconnoissoient pour roi l'électeur de Saxe, par exemple, ce prince ne tarderoit pas à être reconnu par les autres, & qu'ainsi la Saxe deviendroit un royaume.

Les écrivains de droit public disent qu'un souverain peut se couronner de ses propres mains; qu'Antigone, Antipater, Eumène, Lysimaque, Ptolomée & Séleucus, officiers d'Alexandre, prirent ainsi le titre de roi après la mort de ce prince, & qu'Agathoclès, tyran de Sicile, se l'attribua à l'exemple des autres; que les titres de rois & ceux de princes, de ducs, de comtes & de marquis, désignant des souverainetés, furent ainsi usurpés en France, en Italie, en Allemagne, sous les règnes foibles des descendans de notre Charlemagne; qu'Alphonse, roi de Léon, se fit ainsi couronner & proclamer empereur, fit couronner & proclamer impératrice sa femme Dona Berengere, & couronner ses deux fils, don Sanche & don Ferdinand, l'un roi de Léon, & l'autre roi de Castille, quoiqu'il continuât de gouverner ces deux états; que le duché de Prusse est devenu ainsi un royaume reconnu par toutes les puissances de l'Europe; que les princes russes, après avoir pris le titre de grand-duc, comme plus illustre que celui de czar, se sont enfin décorés de celui d'empereur: accroissement d'honneur bien considérable pour eux en Europe; mais bien plus important encore en Asie, dont les souverains mettent une grande différence entre le titre d'empereur & celui de roi. Mais il n'est pas besoin de montrer combien il faut modifier toutes ces assertions. On sait que la Prusse n'a été reconnue pour un royaume que lorsque les traités l'ont élevée à ce rang; que les exemples, tirés des peuples anciens & des temps de trouble & de barbarie, ne prouvent rien; & que le souverain de Russie n'a pas la qualification d'empereur, parce qu'il l'a prise, mais parce que les autres puissances l'ont reconnue.

Un souverain se fait rendre par ses sujets les honneurs qu'il veut, lorsque la loi fondamentale de l'état ne s'y oppose point. Ces honneurs, ou déférés, ou reconnus par les sujets, sont légitimes; mais ils demeurent renfermés dans l'enceinte de son pays, tant que les puissances étrangères ne les ont pas reconnus.

ERNFELS. Voyez EHRENFELS.

ESCLAVAGE, s. f. est l'état humiliant de servitude personnelle, ou de dépendance forcée & oppressive, dans lequel on tient un homme.

Examinons l'esclavage dans ses différentes acceptions.

Des circonstances particulières nous obligent à renvoyer à l'article SERVITUDE & GUINÉE cette discussion sur l'esclavage.

ESCLAVONIE, royaume d'*Esclavonie*, l'une des provinces de la maison d'Autriche.

L'*Esclavonie* (Slavonia) Tót Orſság, Slowensſ-ka Seme, eſt ſituée entre la Drève & la Save ; elle eſt bornée au levant par le Danube, & au couchant par la Carniole ; elle a environ 40 milles de longueur & de 6 à 13 milles de largeur, & elle faiſoit autrefois partie de la Pannonie. Dans le moyen-âge elle prit le nom d'*Esclavonie*, des ſlaves ou esclavons, peuples voiſins ; elle fut d'abord diviſée en haute & baſſe, & enſuite en bannat & en généralat d'*Esclavonie*. La haute fait aujourd'hui partie de la Croatie : la baſſe-*Esclavonie* s'étend depuis le Danube à l'orient du pays juſqu'à la Croatie : elle a été de nouveau réunie en 1746 au royaume de Hongrie, par l'impéra-trice-reine Marie-Thereſe. Les habitans ſont des ſerviens ou raſciens, des croates & des walaques, & quelques colonies d'allemands & de hongrois. On trouvera ſur ce pays, des détails aſſez étendus à l'article *Illyrie hongroiſe*. Voyez ILLYRIE HONGROISE.

ESLINGEN. *Voyez* ESSLINGEN.

ESPAGNE, royaume d'Europe, dont la poſition eſt aſſez connue. Le dictionnaire de Géographie en parle avec beaucoup d'étendue, & ce morceau a excité des plaintes. Nous enviſagerons ici l'*Espagne* ſous d'autres rapports ; mais, avant d'entrer en matière, nous ferons quelques obſervations préliminaires.

Depuis un ſiècle les écrivains donnent des conſeils, & font des reproches amers à la nation espagnole : dans l'ardeur de leur zèle, ils ont pris ſouvent l'expreſſion du ſarcaſme & du mépris : ils voyoient des abus, & ils les relevoient ſans aucune meſure : il ſembloit, d'après ces abus, que l'*Espagne* étoit à deux ſiècles des lumières du reſte de l'Europe : l'état cependant faiſoit quelques réformes utiles ; mais ces réformes étoient très-difficiles : on ne daignoit pas les ſuivre, & on n'en tenoit point compte au miniſtre ou au prince qui les entreprenoit. Nous ne chercherons pas à diminuer les torts des écrivains qui ont ainſi manqué de juſtice & d'exactitude. Le zèle en a égaré quelques-uns ; la légéreté en a entraîné pluſieurs, & il en eſt, dont la ſottiſe & l'aigreur ne méritent que le dédain. Mais l'*Espagne* a réglé des objets importans, peut-être d'après des réclamations déſintéreſſées : elle a profité des idées ſaines, propoſées par des hommes injuſtes ſur quelques points : & leurs critiques portées trop loin ne méritent-elles pas de l'indulgence ? En effet, quel ſpectacle offroit l'*Espagne* à l'époque où Charles III eſt monté ſur le trône ! le pays étoit dépeuplé ; ſes habitans laiſſoient en friche la plus grande partie de leurs terrains ; les

manufactures étoient languiſſantes : l'état qui s'étoit permis pluſieurs fois des banqueroutes totales, ce qu'on n'avoit encore vu nulle part, n'avoit point de crédit : le peuple offroit par-tout l'inertie & la miſère : le régime des diverſes parties de l'adminiſtration étoit contraire aux principes les plus ſimples de l'économie politique : l'Europe étoit vivement frappée de tant d'abus, parce que la fertilité & la poſition de l'*Espagne* offrent des avantages de toute eſpèce, parce que cette contrée avoit eu autrefois beaucoup d'éclat, & parce qu'enfin l'induſtrie, les lumières & l'activité ſe montroient plus ou moins chez toutes les autres nations. Mais les auteurs ſe ſont perdus dans des généralités vagues ; ils ont confondu toutes les époques ; ils ont mal ſaiſi les principes qui guidoient l'*Espagne* dans ſes opérations ; & leurs ouvrages ſont devenus trop ſouvent de vaines déclamations. Pour n'en citer que deux exemples, on a crié mille fois contre l'expulſion des maures, & on n'a jamais examiné s'il convenoit de laiſſer une peuplade mahométane auſſi nombreuſe parmi des nations chrétiennes, & ſi des raiſons politiques ne demandoient pas ce grand ſacrifice : dans cette multitude infinie de diatribes contre l'inquiſition, perſonne n'a dit que l'*Espagne* regarde ce tribunal comme une inſtitution de police ; qu'elle ſe vante de lui devoir ſa tranquillité & de n'avoir eu jamais de guerre de religion ; qu'elle convient de l'iniquité & de la violence des anciens décrets de ce tribunal, & qu'elle ne les trouve pas trop ſévères aujourd'hui. Les prétentions de l'*Espagne* ſur ce point ne ſont pas démontrées ; mais enfin ne pas les diſcuter, c'eſt manquer aux premières règles de l'art & au premier devoir de l'écrivain qui veut être utile. Nous tâcherons d'être plus modérés, plus juſtes & plus exacts : nous ne manquerons pas de diſtinguer les tems. La maiſon d'Autriche laiſſa l'*Espagne* dans un état de miſère & d'inertie inconcevables : les deux premiers rois de la maiſon de Bourbon, Philippe V & Ferdinand commencèrent la régénération du pays, & les ſuccès du roi actuel donnent de belles eſpérances. Nous dirons où nous répéterons tout ce qu'on a fait d'utile pour rendre à la nation une partie de ſon ancienne proſpérité : nous nous permettrons des remarques ; mais elles ſeront énoncées avec décence : &, ſi nous nous trompons, le zèle qui nous anime pour la gloire & le bonheur de l'*Espagne*, excuſera nos erreurs.

Cet article contiendra 1°. un précis de l'hiſtoire politique de l'*Espagne* ; 2°. des détails & des obſervations ſur le gouvernement de l'*Espagne* ; 3°. nous parlerons de ſes colonies, & nous donnerons des détails & des remarques ſur leur gouvernement & ſur leur produit ; 4°. nous ferons pluſieurs obſervations ſur l'agriculture, les manufactures, le commerce, les revenus, la population & les progrès de l'*Espagne* ; 5°. nous dirons quelque choſe de ſes troupes, de ſa marine & de

fes forces ; 6°. nous traiterons des confeils d'adminiftration , des tribunaux , de la jurifprudence
& des loix ; & 7°. enfin des intérêts politiques de
l'*Efpagne*.

SECTION PREMIERE.

Précis de l'hiftoire politique de l'Efpagne.

Si on remonte aux temps les plus reculés , on
voit que le commerce attira les phéniciens fur les
côtes d'*Efpagne*. Les carthaginois les y fuivirent,
& ils fe rendirent maîtres du pays. Ceux-ci furent
à leur tour chaffés par les romains. Au commencement du cinquième fiècle arrivèrent , dans ces
contrées , des fuabes , des alains & des vandales ;
mais ils tombèrent bientôt fous la domination des
weftrogoths , qui commencèrent à avoir une demeure fixe en *Efpagne* , fous Ataulfe ou Adolphe ,
& dont Théodoric II doit être regardé comme
le premier roi. Les différens peuples qui étoient
venus habiter l'*Efpagne* , portoient alors le nom
de *romains* , & ils ne formèrent dans la fuite qu'une
feule & même nation ſous les goths ; la loi qui
permettoit à un goth d'époufer une romaine (une
efpagnole) , & à une romaine de fe marier à un
goth , facilita l'incorporation. Léwigild tranfporta
le fiège royal de Séville à Tolède ; & c'eſt depuis cette époque qu'on l'a nommée *ville royale*.
Reccarede ayant abjuré l'arianifme en 589 au concile de Tolède , reçut de l'affemblée le furnom
de très-chrétien & aimant Dieu , de très-glorieux,
de feigneur (*chriftianiffimus & amator Dei , glorio-
fiffimus dominus*) ; le titre de *très-chrétien* fut omis
dans la fuite , & les rois goths prirent celui d'*orthodoxe* pour n'être pas confondus avec les hérétiques , & celui de *catholique* pour ne l'être pas avec
les fchifmatiques.

A la mort du roi Witifa , en 711 , un grand
nombre de partis aigris les uns contre les autres ,
divifèrent l'état , & fes revenus furent confidérablement diminués par les richeffes que s'approprièrent les évêques & le clergé. Telle étoit la
pofition de l'*Efpagne* lorfque Roderic monta fur
le trône. On attribue à ce prince la deftruction
de l'empire des weftrogoths : les hiftoriens difent
qu'il eut des liaifons malhonnêtes avec la fille ou
la femme du comte Julien ,' & que pour fe venger , celui-ci appella les maures. Ces faits ne font
pas prouvés ; mais il eſt fûr que les maures fe
rendirent maîtres de l'*Efpagne* , par les intrigues
& les trahifons du comte Julien & de l'archevêque de Seville , Oppa ; lefquels , non contens de
foulever le peuple en fecret , paffèrent du côté
des maures à la fanglante bataille de Xérés en
712 ; ce qui caufa la défaite des goths & donna
l'empire aux maures , qu'on appelle autrement *arabes* ou *farrafins*. La révolution eut lieu en 714.
Le gouvernement des maures fut équitable & doux.
Les villes & châteaux dont ils s'emparèrent d'a-

bord , payoient , il eſt vrai , la cinquième partie
de leurs revenus ; mais les diftricts qui fe foumirent volontairement , n'en payoient que la dixième
partie , & tous les habitans conſervèrent leurs poffeffions. Les maures accordèrent auffi des emplois civils aux efpagnols ; ils remirent les anciennes loix en
vigueur ; ils maintinrent les comtes & juges nationaux ; ils laiffèrent aux naturels du pays une
entière liberté de religion , & ils leur permirent
de tenir des fynodes provinciaux à Cordoue : mais
ils défendirent de blafphémer Mahomet , de fréquenter leurs temples , & de difputer publiquement fur la religion. Plufieurs chrétiens eurent
l'imprudence de transgreffer cette loi , & il
fallut bien que l'adminiftration fe déterminât à
les punir de mort. Le clergé catholique ne défap-
prouva point ces rigueurs ; car le fynode , tenu
à Cordoue en 752 , décida que celui qui n'auroit
pas été perfécuté , & qui fe feroit expofé lui-même
à la vengeance des gouverneurs , ne feroit point
compté parmi les martyrs. On doit favoir gré aux
maures de s'être écartés ainfi de la loi fondamentale de l'alcoran ; & ils méritent d'autant plus
d'éloges , que les efpagnols jouirent de la liberté
de confcience durant près de quatre cents ans.
On leur doit d'autres éloges , pour avoir hâté le
progrès des fciences ; car ils enfeignèrent dans
leurs écoles , à Cordoue , à Tolède , à Salaman-
que , l'Aftronomie , les Mathématiques , la Philofophie , la Médecine , &c.

Quand les maures eurent fubjugué l'*Efpagne* ,
une partie confidérable de la nobleffe des weftrogoths , conduite par leur prince Pélage , fe retira
dans les montagnes des Afturies , dans la Galice
& dans la Bifcaye ; d'autres fe fauvèrent en Navarre , en Arragon & dans les Pyrénées : & c'eſt
ainfi que fe formèrent plufieurs petits royaumes
qui divifèrent le grand empire des goths. Pélage
& fes adhérens ayant défait les maures en 716 ,
les goths animés les uns contre les autres , & ne
pouvant s'accorder , poſèrent les premiers fondemens des royaumes de Léon , de Navarre ,
d'Arragon & de Sobrarbie , ainfi que des comtés
de Caftille , de Barcelone , &c. Ces nouveaux
états furent toujours en guerre avec les maures :
ils eurent entr'eux des querelles continuelles , & leurs
brouilleries & leurs raccommodemens ont jetté
beaucoup d'obfcurité dans leur hiftoire. Parmi ces
royaumes , on remarque fur - tout la Caftille &
l'Arragon. Des mariages réunirent trois fois ces
deux pays ; mais l'union ne devint permanente
qu'en 1473 , par le mariage du prince royal d'Arragon , Ferdinand , avec Ifabelle de Caftille ;
car ce prince fut reconnu la même année roi de
Caftille ; & après la mort de fon pere , en (1479) ,
il hérita de la couronne d'Arragon. Les deux Caftilles , l'Eftramadure , l'Andaloufie , la Murcie ,
Léon & les Afturies , la Navarre , la Bifcaye ,
les provinces de Guipufcoa , d'Alava , de Rioja
& la Galice dépendoient alors du royaume de

Caftille : celui d'Arragon comprenoit l'Arragon, la Catalogne, le Rouffillon, Valence & les ifles de Maiorque, de Minorque & d'Yvica. Ferdinand établit le tribunal de l'inquifition ; il mit fin en 1494 à la domination des maures, par la prife de la ville de Grenade, & il reçut à cette occafion du pape le titre renouvellé, de *roi catholique*. Ifabelle, de fon côté, fit équiper la flotte qui, en 1492, conduifit Chriftophe Colomb dans le nouveau-Monde. Le roi attribua à la couronne, en 1494, les grandes maîtrifes des trois ordres de S. Jacques, d'Alcantara & de Calatrava ; en 1504 il s'empara, par furprife, du royaume de Naples, & en 1512 il fe rendit maître de celui de Navarre ; il foumit les différents états de l'*Espagne*, qui n'ont plus formé qu'un feul corps. Le mariage (1496) de Philippe d'Autriche avec Jeanne, fille de Ferdinand, réunit à la couronne d'*Espagne* les états poffédés par la maifon d'Autriche. Le petit-fils de Ferdinand, Charles I, connu fous le nom de *Charles V*, fut en même-temps roi d'*Espagne* & (1520) empereur d'Allemagne : mais il céda le trône impérial à fon frère Ferdinand, en 1556. Son fils, fucceffeur au royaume d'*Espagne*, Philippe II, poffédoit en même-temps le duché de Milan, les dix-fept Provinces-Unies des Pays-bas & le comté de Bourgogne, & en 1587 il conquit le Portugal. Mais fes fujets des Pays-bas fe révoltèrent, & la flotte furnommée l'*invincible*, qu'il avoit mife en mer contre Elifabeth, reine d'Angleterre, fut prefque entièrement anéantie. Philippe III affoiblit fon pays par l'expulfion des maures. Sous Philippe IV, le Portugal fecoua le joug efpagnol ; différentes provinces fe révoltèrent ; fept provinces des Pays-bas furent déclarées libres & indépendantes en 1648, fous le nom de *Provinces-Unies*, & le comté de Rouffillon paffa fous la domination de la France en 1659. Charles II perdit une grande partie de ce qui lui reftoit encore dès Pays-bas, ainfi que la Franche-Comté, & il mourut en 1700, fans laiffer de defcendans. Son teftament appelloit au trône d'*Espagne* Philippe, duc d'Anjou, petit-fils de Louis XIV, roi de France. La guerre qu'il produifit entre la France & la maifon d'Autriche, & qui dura treize années, fut terminée par le traité d'Utrecht, lequel affura la couronne d'*Espagne* à Philippe, cinquième du nom. Ce prince abandonna Gibraltar & l'ifle de Minorque à l'Angleterre, & la Sicile au duc de Savoie ; l'empereur Charles VI, fon compétiteur, fut obligé de fe contenter des Pays bas & des provinces d'Italie, poffédées jufqu'alors par l'*Espagne*. En 1717, Philippe V enleva à l'empereur la Sardaigne & la Sicile : mais ayant accédé en 1720 à la quadruple alliance, il renonça à fes droits à la couronne de France, aux Pays-bas efpagnols, aux provinces d'Italie, ainfi qu'à la Sardaigne & à la Sicile : toutes ces ftipulations furent confirmées par le traité de Vienne

de l'année 1725, dans lequel Charles VI renonça de fon côté à la couronne d'*Espagne*. Philippe déclara la guerre à l'empereur en 1733, & il fe rendit maître des royaumes de Naples & de Sicile, qui paffèrent à fon fils don Carlos. Il y eut une autre guerre en 1739, entre l'*Espagne* & l'Angleterre. Ferdinand VI procura à fon frère Germain, par le traité d'Aix-la-Chapelle (1748), les duchés de Parme, de Plaifance & de Guaftalla. Son frère don Carlos lui fucceda au trône d'*Espagne* en 1759. Ce prince, qui règne actuellement fous le nom de *Charles III*, a recouvré l'ifle de Minorque dans le traité de 1782. On verra tout-à-l'heure ce qu'il a fait pour tirer fon royaume de l'état de langueur & d'inertie où l'avoient réduit fes prédéceffeurs : il travaille non-feulement à la police intérieure du pays, mais à rétablir le commerce, l'induftrie, la culture, la population, la marine & les forces de terre ; & fi l'ancienneté & la force des abus, fi d'autres caufes arrêtent le plein effet de fes foins, on le comptera cependant parmi les reftaurateurs de la monarchie efpagnole.

S E C T I O N I I°.

Détails & obfervations fur le gouvernement de l'Espagne.

Le royaume d'*Espagne* fut électif du temps des goths jufqu'au règne de Pelayo ou Pélage ; après la mort de ce prince, les états nommèrent encore les rois dans un intervalle de plus d'un fiècle : mais le choix tomba toujours fur un prince de la famille royale ; & depuis Ramir I jufqu'à Ildefonfe V, les états n'eurent plus d'autre fonction que de reconnoître le nouveau roi comme un fucceffeur digne de la couronne. Depuis le règne de ce prince, on ne trouve aucune trace d'élection ; & la couronne a paffé conftamment au fils aîné du roi, à titre héréditaire. Les rois d'*Espagne* ont attaché le droit de fucceffion à certaines lignes, à certaines perfonnes & à certains degrés. Le roi Philippe III a donné en 1619 le premier exemple de ces difpofitions, & il y a fur ce point un fecond règlement de 1713. Les femmes du fang royal ne font habiles à fuccéder au trône qu'en cas d'extinction des mâles. Des publiciftes croient que, fi la famille royale fe trouvoit fans rejetton, le peuple auroit le droit d'élire un nouveau roi. Mais il y a lieu de penfer qu'on ne lui permettroit pas d'en faire ufage ; & que fi un monarque fe voyoit fur le bord du tombeau fans héritiers, il appelleroit à la fucceffion un prince étranger, à l'exemple de Charles fecond. Lorfque le prince royal ou héréditaire n'eft pas en âge de régner lui-même, & que le roi n'a point difpofé de l'adminiftration, les états réclament le droit de former un confeil de tutèle chargé du gouvernement : mais alors la mère eft toujours regardée comme tutrice principale. Quand le nouveau roi monte sur le trône, il se fait couronner dans l'église des Hiéronimites de Buen-Retiro, & il y reçoit l'hommage des états.

Le roi d'*Espagne* prend les qualifications que voici : N. N. par la grace de Dieu, *roi des deux Castilles, de Léon, d'Arragon, des deux-Siciles, de Jérusalem, de Navarre, de Grenade, de Tolède, de Valence, de Galice, de Mayorque, de Séville, de Sardaigne, de Cordoue, de Corse, de Murcie, de Jaën, des Algarves, d'Algésire, de Gibraltar, des isles Canaries, des Indes orientales & occidentales, isles & Terre-ferme de la mer Océane, archiduc d'Autriche, duc de Bourgogne, de Brabant & de Milan, comte de Habsbourg, de Flandre, de Tyrol & de Barcelone, seigneur de Biscaye & de Molina,* &c. Son titre abrégé est : *rey catholico de Espana,* ou *rex Hispaniarum,* roi d'*Espagne.* (Le titre de *roi catholique,* qui fut donné à Ferdinand V en 1500 par le pape Alexandre VI, avoit déja été donné à Ildefonse I; il étoit même en usage plusieurs siècles auparavant, & le concile de Tolède l'avoit accordé en 589 au roi Reccarède:) ainsi le roi d'*Espagne* prend les titres de vingt-huit royaumes, d'un archiduché, de six duchés, de huit comtés, d'une principauté, d'un marquisat & de quatre seigneuries. On donna au prince royal depuis 1388 le titre de *prince des Asturies,* & les autres princes de la famille royale sont appellés *infans.*

Un homme qui a été plusieurs années ministre des affaires étrangères en France, M. le marquis d'Argenson, a fait sur le gouvernement de l'*Espagne* plusieurs observations qui ne seront pas ici déplacées. Les espagnols, dit-il, ont du courage & de l'élévation; ils aiment l'honneur jusqu'à la gloire. Ils chérissent leurs chefs, & ils ont pour eux une obéissance aveugle, non par crainte, mais par une fidélité héroïque. Charles-Quint disoit *que toutes les autres nations vouloient être caressées, & que les seuls espagnols vouloient être commandés.*

Cette disposition des espagnols a entraîné jadis l'administration dans des erreurs funestes: elle a ôté au peuple jusqu'à ces détails de police ou de répartition d'impôts, que les bourgs, les villages & les villes font mieux que les officiers royaux.

C'est un malheur que le gouvernement d'*Espagne* n'ait rien eu de populaire, lors de la découverte du Mexique & du Pérou: il eût écarté les penchans qui ne viennent que des passions d'un homme seul, telles que les guerres d'ambition & l'opulence subite des favoris; il eût admis la concurrence des villes d'*Espagne* propres au commerce, & les richesses étrangères eussent tourné au profit de l'état.

Le gouvernement d'*Espagne* a eu long-temps un fonds d'aristocratie naturelle à toutes les nations conquérantes, telles qu'étoient les goths: les capitaines qui ont affermi le trône, obtiennent leur part dans le gouvernement civil par la supériorité que méritent leurs services; ces distinctions passent à leur race, qu'on appelle *grande noblesse*; d'autres causes y avoient établi ces *Cortès* si fameux qui réprimoient & balançoient l'autorité royale: mais la nature du climat & du sol, & des circonstances particulières, que ce n'est pas ici le lieu de développer, ont anéanti tout-à-la-fois les privilèges des grands & ceux du peuple; & l'autorité du monarque est aujourd'hui très-absolue.

On ne prenoit autrefois les ministres & les conseillers d'état que parmi les grands; mais le cabinet de Madrid semble avoir aujourd'hui pour maxime d'admettre au ministère & aux conseils, des hommes de fortune & de mérite.

Le peuple y est encore moins écouté que dans les pays de l'Europe, où on le dédaigne le plus; tous les officiers de ville & de province sont officiers royaux: l'honneur de tirer sa commission directement du trône, est trop précieux pour les espagnols, dit M. d'Argenson.

Section IIIe.

Des possessions de l'Espagne hors de l'Europe, détails & remarques sur leur gouvernement & sur leur produit.

L'*Espagne* possède, 1°. dans la Méditerranée, les isles de Mayorque & de Minorque, d'Ivique & de Formentere : 2°. en Afrique, les villes de Ceuta, d'Oran, de Mazalquivir, Melilla & Pennon de Velez: on dit que l'entretien de ces établissemens coûteroit beaucoup au trésor, s'il n'en étoit dédommagé par le prétexte qu'ils lui fournissent de garder une grande partie des revenus ecclésiastiques de la *Bulla cruciata* : 3°. dans l'Océan atlantique, les isles Canaries : 4°. en Asie, les isles Philippines; & à l'orient de l'Inde, ils ont des comptoirs aux isles de Saint-Lazare & aux isles des Larrons : 5°. en Amérique, une étendue de plus de deux milles lieues de terrain de longueur; savoir, dans la partie méridionale un grand pays, auquel on donne le nom de *Terreferme,* le Pérou, le Chili, le Paraguay, le Tucuman; dans la partie septentrionale, le vieux & le nouveau Mexique, la Californie & la Floride: les isles sont celles de Cuba, d'Hispaniola, de Porto-Ricco, les Caribes, la Trinité, Sainte-Marguerite, Rocca, Orchilla, Blanche, & quelques-unes des Lucayes. Nous avons fait des articles séparés de la plupart de ces possessions, & nous y renvoyons le lecteur.

Les observations générales que nous inférerons ici, se bornent aux établissemens des espagnols dans les Antilles, & dans le continent du nouveau-Monde. Nous aurions voulu y ajouter un morceau sur les établissemens d'Afrique; mais nous n'avons pu nous procurer des mémoires, & il nous a paru plus convenable de dire dans des articles particuliers ce qui a rapport aux établissemens d'Asie.

Des établissemens espagnols aux Antilles. L'*Espagne* possède la partie la plus étendue & la plus fertile de l'Archipel de l'Amérique. Dans l'état actuel ce sont de vastes forêts, où règne une solitude affreuse. Bien loin de contribuer à la force, à la richesse de la monarchie qui en a la propriété, elles l'affoiblissent par les dépenses qu'absorbe leur conservation. En étudiant la marche politique des autres peuples, on voit que plusieurs d'entr'eux doivent leur prépondérance à quelques isles inférieures en tout à celles de l'*Espagne*, & les espagnols peuvent remarquer que la fondation des colonies, de celles sur-tout qui n'ont point des mines, ne peut avoir d'autre but raisonnable que celui d'y établir des cultures.

Ce seroit les calomnier que de les croire incapables par caractère, de soins laborieux & pénibles. Si l'on jette un regard sur les fatigues excessives que supportent si patiemment ceux de cette nation qui se livrent au commerce interlope, on s'appercevra que leurs travaux sont infiniment plus durs que ceux de l'économie rurale d'une habitation.

Les isles que possède l'*Espagne* en Amérique sont trop étendues, pour être cultivées dans tous leurs points avec une population aussi foible; mais il est impossible de croire que la culture a pris toute l'étendue que comporte l'état actuel des choses, & son bonheur pour les nations qui cultivent leurs possessions des Antilles avec plus de soin; car les productions des Antilles perdroient de leur valeur dans tous les marchés de l'Europe.

En 1735, les ministres espagnols imaginèrent une compagnie pour Cuba. Vingt ans après, ils eurent l'idée d'un nouveau monopole pour Saint-Domingue & pour Porto-Rico. La société qui devoit défricher ces déserts, fut établie à Barcelone avec un fonds d'un million 785,000 livres, divisé en actions de cent pistoles chacune. Ce corps ne paya jamais d'intérêt à ses membres; il ne fit aucune répartition; il obtint l'importante permission d'expédier plusieurs bâtimens pour Honduras. Cependant, le 30 avril 1771, ses dettes, en y comprenant son capital, s'élevoient à 3,121,692 livres, & il n'avoit que 3,775,540 liv. De sorte qu'en quinze ans de tems, avec un privilège exclusif & des faveurs très-signalées, il n'avoit gagné que 653,848 liv. Le désordre s'est mis depuis dans ses affaires. Actuellement, il est sans activité. On travaille à une liquidation,

& ses actions ne trouvent pas des acheteurs à cinquante pour cent de perte.

Le ministère n'avoit pas attendu ces revers, pour juger qu'il s'étoit égaré dans les vues qu'il avoit choisies pour faire fructifier les isles. Dès 1765, les administrateurs de ce grand empire reconnurent que ces possessions n'avoient pas fait le moindre pas vers le bien, sous le joug du monopole. Ils comprirent qu'en leur laissant ces entraves, elles n'en feroient jamais. Cette persuasion les détermina à recourir au véritable principe de la prospérité d'une nation, la liberté : mais ils n'osèrent pas, ou ils ne voulurent point lever les obstacles qui devoient en empêcher les heureux effets.

L'an 1778 vit enfin cesser une partie des prohibitions, des gênes, des impositions qui arrêtoient les travaux : mais ne reste-t-il pas trop de ces fléaux oppresseurs, pour opérer une grande activité? Eussent-ils tous cessé, ce ne seroit encore qu'un préliminaire.

Toutes les cultures du nouveau-Monde exigent quelques avances, & il faut des fonds considérables pour se livrer, avec succès, à celles du sucre. Si l'on en excepte Cuba, il n'y a pas peut-être dans les autres isles cinq ou six habitans assez riches pour demander au sol cette production. Si le ministère espagnol ne prodigue pas les trésors du Mexique & du Pérou à ces insulaires, jamais ils ne sortiront du long & profond sommeil où ils sont ensevelis. Cette générosité est facile dans un empire où le revenu public s'élève à plus de 170,000,000 l. peut-être à 200 où les dépenses ne passent pas 129,600,000 liv., & où l'on a une somme très-considérable qu'on peut employer en améliorations. Sans d'aussi puissans secours de leur gouvernement, d'autres peuples ont, il est vrai, fondé des colonies florissantes; mais on doit raisonner sur ces matières, d'après le caractère des peuples & d'après l'état des nations.

Si la cour de Madrid veut ouvrir ses trésors, les isles soumises à son empire offriront toutes sortes de productions. Placés sur un sol vaste & vierge, ses sujets ne seront pas seulement dispensés d'acheter à grands frais ce qui sert à leur consommation, ils pourront supplanter leurs maîtres dans cette carrière. Mais il faut observer que, sans la découverte du Mexique & du Pérou, les isles espagnoles d'Amérique auroient fait à-peu-près les progrès de celles des autres nations, ou du moins qu'il est permis de le croire d'après l'activité qui y régnoit à l'époque où l'on découvrit ces deux contrées. C'est à Saint-Domingue & à la Havane que Cortez prit les aventuriers qu'il mena à la conquête du Mexique : sept ou huit ans après, on découvrit le Pérou; la foible population qui se trouvoit dans les isles, se porta vers la source des trésors; elle négligea les véritables richesses, dans l'espérance d'amasser de stériles métaux, & il faut reprocher cette méprise aux espagnols avec circonspection ; car non-seulement les peuples, mais les individus les plus éclairés, les auroient imité en pareilles circonstances. Après la conquête du Mexique & du Pérou, le gouvernement devoit s'occuper des isles, y établir les colons & y encourager la culture ; mais la maison d'Autriche se trouva tout-à-coup placée dans un ordre de choses absolument nouveau pour elle ; elle ne connoissoit point les véritables principes sur la fondation des colonies ; le Mexique & le Pérou absorboient toute son attention ; cet amas éclatant de richesses qu'elle en tiroit, acheva de l'égarer : elle n'avoit pas assez de sujets pour peupler à la fois le continent & les isles, & elle négligea absolument ces dernières. Malheureusement, le caractère espagnol s'accordoit mieux de ces aventures périlleuses, au milieu des peuplades & des montagnes du Mexique & du Pérou, d'où il résultoit tout-à-coup une brillante fortune, que de la culture paisible & journalière des déserts de Saint-Domingue ou de la Havane, où l'on ne pouvoit s'enrichir qu'avec des soins & une constance infatigables. Mais aujourd'hui que deux siècles d'expérience ont appris à l'*Espagne* combien les métaux enrichissent peu les nations ; aujourd'hui qu'elle reconnoît les funestes suites de la conquête du Mexique & du Pérou, elle sent qu'il eût été plus utile pour elle de cultiver l'*Espagne* & les isles d'Amérique, que d'exploiter les mines du Potose ; & en cherchant à conserver les possessions du continent qui lui ont coûté si cher, elle s'occupe, autant que le permet sa situation, des moyens de réparer les fautes & les abus que deux siècles d'erreurs ont accumulé dans ses isles.

Des établissemens espagnols dans le continent du nouveau-Monde. Lorsque la cour de Madrid se vit maitresse de tant de vastes contrées dans l'Amérique septentrionale & dans l'Amérique méridionale, elle s'occupa de la manière dont elle régiroit de si grands établissemens. Elle donna la préférence à la plus absolue. Les monarques espagnols concentrèrent dans leurs mains tous les droits, tous les pouvoirs, & en confièrent l'exercice à deux délégués qui, sous le nom de *vice-rois*, devoient jouir, tout le temps de leur commission, des prérogatives de la souveraineté. On les entoura même, dans leurs fonctions publiques & jusques dans leur vie privée, d'une représentation qui parut propre à augmenter le respect & la terreur que le commandement devoit inspirer. Le nombre des places éminentes fut doublé depuis, sans qu'il arrivât jamais la moindre altération dans leur dignité. Cependant leur conduite, comme celle de tous les agens inférieurs, fut soumise à la censure du conseil des Indes, tribunal érigé en Europe pour gouverner, sous l'inspection du monarque, les provinces conquises dans le nouveau-Monde.

Dans ces contrées éloignées furent successivement établies dix cours de justice, chargées d'assurer la tranquillité des citoyens & de terminer les différends qui s'élèveroient entr'eux. Ces tribunaux, connus sous le nom d'*audiences*, prononcèrent définitivement sur les matières criminelles : mais les procès purement civils, qui s'élevoient au-dessus de 10,156 piastres ou de 54,843 livres, pouvoient être portés, par appel, au conseil des Indes. La prérogative accordée à ces grands corps de faire des remontrances aux dépositaires de l'autorité royale, & la prérogative plus considérable encore, attribuée à ceux des capitales, de remplir les fonctions des vice-royautés lorsqu'elles étoient vacantes : ces droits les élevèrent tous à un degré d'importance qu'ils n'auroient pas obtenu comme magistrats.

Il restoit à régler le sort de ceux qui devoient y vivre. Le souverain, qui se croyoit maître légitime de toutes les terres de l'Amérique, & par droit de conquête, & par la concession des papes, en fit d'abord distribuer à ceux de ses soldats qui avoient combattu dans le nouveau-Monde, & elle les traita avec beaucoup de génerosité.

Le fantassin reçut cent pieds de long & cinquante de large pour ses bâtimens ; dix-huit cents quatre-vingt-cinq toises pour son jardin ; sept mille cinq cents quarante-trois pour son verger ; quatre-vingt-quatorze mille deux cents quatre-vingt-huit pour la culture des grains d'Europe, & neuf mille quatre cents vingt-huit pour celle du bled d'inde ; toute l'étendue qu'il falloit pour élever dix porcs, vingt chèvres, cent moutons, vingt bêtes à corne & cinq chevaux. La loi donnoit au cavalier un double espace pour ses bâtimens, & le quintuple pour tout le reste.

Bientôt on construisit des villes. Ces établissemens ne furent pas abandonnés au caprice de ceux qui vouloient les peupler. Les ordonnances exigeoient un site agréable, un air salubre, un sol fertile, des eaux abondantes ; elles régloient la position des temples, la direction des rues, l'étendue des places publiques. C'étoit ordinairement un particulier riche & actif qui se chargeoit de ces entreprises, après qu'elles avoient obtenu la sanction du gouvernement. Si tout n'étoit pas fini au temps convenu, il perdoit ses avances, & devoit encore au fisc 5,400 liv. Ses autres devoirs étoient de trouver un pasteur pour son église, & de lui fournir ce qu'exigeoit la décence d'un culte régulier ; de réunir au moins trente habitans espagnols, dont chacun auroit dix vaches, quatre bœufs, une jument, une truie, vingt brebis, un coq & six poules. Lorsque ces conditions étoient remplies, on lui accordoit la jurisdiction civile & criminelle en première instance pour deux générations, la nomination des officiers municipaux, & quatre lieues quarrées de terrain.

L'emplacement de la cité, les communes, l'en-

trepreneur abforboient une portion de ce vaste
espace. Le reste étoit partagé en portions égales
qu'on tiroit au fort, & dont aucune ne pouvoit
être aliénée qu'après cinq ans d'exploitation. Chaque citoyen devoit avoir autant de lots qu'il auroit de maisons : mais sa propriété ne pouvoit
jamais excéder ce que Ferdinand avoit originairement accordé dans Saint-Domingue pour trois
cavaliers.

Par la loi, ceux qui avoient des possessions dans
les villes déja fondées, étoient exclus des nouveaux établissemens : mais cette rigueur ne s'étendoit pas jusqu'à leurs enfans. Il étoit permis à
tous les indiens, qui n'étoient pas retenus ailleurs
par des liens indissolubles, de s'y fixer comme
domestiques, comme artisans, ou comme laboureurs.

Indépendamment des terres que des conventions
arrêtées avec la cour assuroient aux troupes & aux
fondateurs des villes, les chefs des diverses colonies étoient autorisés à en distribuer aux espagnols
qui voudroient se fixer dans le nouvel hémisphère.
Cette grande prérogative leur fut ôtée en 1591.
Philippe II, que son ambition engageoit dans des
guerres continuelles, & que son opiniâtreté rendoit interminables, ne pouvoit suffire à tant de
dépenses. La vente des champs d'Amérique, qui
avoient été donnés jusqu'à cette époque, fut une
des ressources qu'il imagina. Sa loi eut même un
effet en quelque sorte rétroactif, puisqu'elle ordonnoit la confiscation de tout ce qui seroit possédé sans titre légitime, à moins que les usurpateurs ne consentissent à se racheter. Une disposition si utile, réellement ou en apparence, au fisc,
ne souffrit de modification dans aucune période,
& n'en éprouve pas encore.

Mais il étoit plus aisé d'accorder gratuitement,
ou de céder à vil prix des terrains à quelques aventuriers, que de les engager à en solliciter la fertilité. Ce genre de travail fut méprisé par les premiers espagnols que leur avidité conduisit aux Indes. La voie lente, pénible & dispendieuse de la
culture ne pouvoit guères tenter des hommes, à
qui l'espoir d'une fortune brillante & facile faisoit braver les vagues d'un océan inconnu, les
dangers de tous les genres qui les attendoient sur
des côtes mal saines & barbares. Ils étoient pressés
de jouir, & le plus court moyen d'y parvenir
étoit de se jetter sur les métaux. Avec plus de lumières sur les principes de l'économie politique &
de la richesse des nations, on auroit travaillé à
rectifier les idées des sujets, & à donner, autant
qu'il eût été possible, une autre pente à leur ambition. Ce fut tout le contraire qui arriva. L'erreur des particuliers devint la politique du ministère. Il préféra des trésors de pure convention,
dont la quantité ne pouvoit manquer de diminuer,
& qui chaque jour devoient perdre de leur prix
imaginaire, à des richesses sans cesse renaissantes,

& dont la valeur devoit augmenter graduellement
dans tous les temps. Cette illusion des conquérans
& des monarques jetta l'état hors des routes de
sa prospérité, & forma les mœurs en Amérique.
On n'y fit cas que de l'or, que de l'argent accumulés par la rapine, par l'oppression & par l'exploitation des mines.

Dans les premiers temps de la conquête, il fut
décidé que les mines appartiendroient à celui qui
les découvriroit, pourvu qu'il les fît enregistrer
au tribunal le plus voisin. Le gouvernement voulut d'abord faire fouiller pour son compte la portion de ce riche terrain qu'il s'étoit réservé ; mais
il ne tarda pas à revenir d'une erreur si ruineuse,
& il contracta l'habitude de la céder au maître
du reste pour une somme infiniment modique. Si,
ce qui n'arriva presque jamais, ces trésors se trouvoient dans des campagnes cultivées, l'entrepreneur devoit acheter l'espace dont il avoit besoin,
ou donner le centième des métaux. Sur d'arides
montagnes, le propriétaire étoit plus que suffisamment dédommagé du très petit tort qu'on lui
faisoit, par la valeur qu'une activité nouvelle donnoit aux productions récoltées dans le voisinage.

De toute antiquité, les mines, de quelque nature qu'elles fussent, livroient au fisc, en *Espagne*,
le cinquième de leur produit. Cet usage fut porté
au nouveau-Monde ; mais avec le temps, le gouvernement fut obligé de se réduire au dixième
pour l'or, & même en 1735, pour l'argent au
Pérou. Il lui fallut aussi baisser généralement le
prix du mercure. Jusqu'en 1761, cet agent, nécessaire avoit été vendu 432 liv. le quintal. A cette
époque, il ne coûta plus que 324 liv., ou même
216 liv. pour les mines peu abondantes ou d'une
exploitation trop dispendieuse.

Tout porte à penser que la cour d'*Espagne* sera
obligée, un peu plutôt, un peu plus tard, à de
nouveaux sacrifices. A mesure que les métaux se
multiplient dans le commerce, ils ont moins de
valeur, ils représentent moins de marchandises.
Cet avilissement doit faire un jour négliger les meilleures mines, comme il a fait abandonner successivement les médiocres, à moins qu'on n'allège
encore le fardeau de ceux qui les exploitent.

Le temps n'est peut-être pas éloigné, où il
faudra que le ministère espagnol se contente des
deux réaux de plata ou 1 liv. 7 s. qu'il perçoit par
marc pour la marque ou pour la fabrication.

Ce qui pourroit donner un grand poids à ces
conjectures, c'est qu'il n'y a plus guère que des
hommes dont les affaires sont douteuses ou déla-
brées, qui entrent dans la carrière des mines. S'il
arrive quelquefois qu'une avidité sans bornes y
pousse un riche négociant, c'est toujours sous le
voile d'un mystère impénétrable. Ce hardi spécu-
lateur peut bien consentir à exposer sa fortune,
mais jamais son nom. Il n'ignore pas que si ses

engagemens étoient connus, fa réputation & fon crédit feroient perdus fans reffource. Ce n'eft que lorfque le fuccès le plus éclatant a couronné fa témérité, qu'il ofe avouer les rifques qu'il a courus.

Lorfque le gouvernement fera forcé de renoncer à ce qu'il perçoit encore de droits fur les métaux, il lui reftera de grandes reffources pour fes dépenfes de fouveraineté. La principale auroit dû être la dixme que Ferdinand s'étoit fait céder par la cour de Rome. Mais Charles Quint, par des motifs qu'il n'eft pas aifé de deviner, la céda aux évêques, aux chapitres, aux curés, aux hôpitaux, aux églifes, à des hommes & à des établiffemens, déjà trop riches, ou qui ne tardèrent pas à le devenir. A peine ce prince en tranfmit-il la neuvième partie à fes fucceffeurs. Il fallut qu'un tribut, arraché aux indiens, remplît le vuide du tréfor public. Les claffes fupérieures de la fociété ne furent pas plus ménagées. Tout le nouveau-Monde fut affujetti à l'alcavala.

C'eft un droit levé feulement fur tout ce qui fe vend en gros, & qui ne s'étend pas aux confommations journalières. Il vient originairement des maures. Les efpagnols l'adoptèrent en 1341, & l'établirent à raifon de cinq pour cent. Il fut porté dans la fuite à dix, & pouffé même à quatorze : mais en 1750, on fit des arrangemens qui le ramenèrent à ce qu'il avoit été dans les premiers temps. Philippe II, après le défaftre de cette flotte, fi connue fous le titre faftueux d'invincible, fut déterminé, en 1591, par fes befoins, à exiger le fecours de toutes fes poffeffions d'Amérique. Il ne fut d'abord que de deux pour cent. En 1627, il monta à quatre.

Le papier timbré fut introduit en 1641 dans toutes les provinces efpagnoles du nouveau-Monde.

Le monopole du tabac commença à affliger le Pérou en 1752, le Méxique en 1754, & dans l'intervalle de ces deux époques, toutes les parties de l'autre hémifphère, dépendantes de la Caftille.

Dans des temps divers, la couronne s'appropria, dans le nouveau-Monde, comme dans l'ancien, le monopole de la poudre, du plomb & des cartes.

Cependant, le plus fingulier des impôts eft la croifade. Il prit naiffance dans les fiècles de fanatifme, où des millions d'européens alloient fe faire égorger dans l'Orient pour le recouvrement de la Paleftine. La cour de Rome le reffufcita en faveur de Ferdinand qui, en 1509, vouloit faire la guerre aux maures d'Afrique. Il exifte encore en Efpagne, où il n'eft jamais au-deffous de 12 fols 6 deniers, ni au-deffus de 4 livres. On le paie plus cherement dans le nouveau-Monde, où il n'eft que tous les deux ans, & où il s'élève depuis 35 fols, jufqu'à 13 liv., felon le rang & la fortune des citoyens. Avec cet argent, les peuples obtiennent la liberté de fe faire abfoudre par leurs confeffeurs des crimes réfervés au pape & aux évêques ; le droit d'ufer ; les jours d'abftinence, de quelques nourritures prohibées ; une foule d'indulgences pour des péchés déjà commis, ou pour ceux qu'on pourroit commettre. Le gouvernement n'oblige pas ftrictement fes fujets à prendre cette bulle.

Les finances du continent efpagnol de l'autre hémifphère furent long-temps & très-long-temps une énigme pour le miniftère même, Ce cahos fut un peu débrouillé par M. de la Enfenada. Chacune des douze années de fon heureufe adminiftration, la couronne retira de ces régions, ou des droits qu'elle percevoit au départ & au retour des flottes, 17,719,448 livres 12 fols. Depuis, cette reffource du gouvernement s'eft beaucoup accrue, & par l'importance des nouvelles taxes, & par la févérité qui a été employée dans la perception des anciennes. En 1780, le revenu public du Méxique s'élèvoit à 54,000,000 liv., celui du Pérou, à 27,000,000 liv. Celui du Guatimala, du nouveau royaume du Chili & du Paraguay, à 9,100,000 liv. C'eft en tout 90,100,000 liv. Les dépenfes locales abforboient 56,700,000 l.; il reftoit donc pour le fifc 34,500,000 livres. Ajoutez à cette fomme 20,584,450 liv. qu'il percevoit en Europe même fur tous les objets envoyés aux colonies, ou qui en arrivoient ; & vous trouverez que la cour de Madrid tiroit par an 55,084,450 livres de fes provinces du nouveau-Monde. Les revenus du Méxique & du Pérou paroiffent avoir augmenté depuis cette époque ; car le revenu total de la monarchie, qu'on évaluoit en 1780 à 170 millions, eft évalué aujourd'hui (en 1786) par quelques perfonnes à 200 millions, comme nous le dirons tout-à-l'heure, & les provinces de l'Amérique ont contribué pour quelque chofe à cet accroiffement. Au refte, toutes ces richeffes n'entrent pas dans la caiffe royale de la métropole. Une partie eft employée dans les ifles efpagnoles de l'Amérique, pour des dépenfes de fouveraineté, & pour la conftruction des vaiffeaux ou pour l'achat du tabac.

Dès que l'Efpagne eut découvert cet autre hémifphère, elle imagina un fyftème inconnu aux peuples de l'antiquité, & que les nations modernes ont depuis adopté, celui de s'affurer de toutes les productions de fes colonies & de leur approvifionnement entier. Dans cette vue, on ne fe contenta pas d'interdire aux nouveaux établiffemens, fous des peines capitales, toute liaifon étrangère ; le gouvernement pouffa la rigueur jufqu'à rendre toute communication entr'eux impraticable, jufqu'à leur défendre d'envoyer aucun de leurs navires dans le lieu de leur origine. Cet efprit de jaloufie fe manifefta dans la métropole même. Il y fut d'abord permis, à la vérité, de partir de différens ports : mais les retours devoient tous fe faire à Séville. Les richeffes que cette préférence accumula dans le fein de cette ville, la mirent
bientôt

bientôt en état d'obtenir que les bâtimens seroient
expédiés de sa rade, comme ils devoient y revenir.
La rivière qui baigne ses murs ne se trouvant pas
suffisante dans la suite pour recevoir des vaisseaux
qui, peu à peu, avoient acquis de la grandeur,
ce fut la presqu'isle de Cadix qui devint l'entrepôt général.

Il fut défendu à tous les négocians étrangers,
fixés dans ce port, devenu célèbre, de prendre
part directement à un commerce si lucratif. En
vain ils représentèrent que, consommant les denrées du royaume, payant les impositions, encourageant l'agriculture, l'industrie, la navigation,
ils devoient être regardés comme citoyens. Ces
raisons ne furent jamais écoutées. Il fallut que ces
hommes riches, actifs, éclairés, qui soutinrent
seuls pendant long-temps les liaisons de l'ancien
& du nouveau-Monde, couvrissent, avec plus de
dégoûts & d'embarras qu'on ne le croiroit, leurs
moindres opérations d'un nom espagnol.

La liberté de faire des expéditions pour les
grands établissemens qui se formoient de toutes
parts dans cet autre hémisphère, fut très-limitée
pour les naturels du pays eux-mêmes. Le gouvernement prit le parti de régler tous les ans le nombre des bâtimens qu'il convenoit d'envoyer, &
le temps de leur départ. Il entra dans sa politique
de rendre ses voyages rares, & la permission d'é-
quiper un navire devint une faveur très-signa-
lée.

Sous prétexte de prévenir les fraudes, d'établir
un ordre invariable, de procurer une sûreté entière à des vaisseaux richement chargés, on multiplia tellement les lenteurs, les visites, les impositions, les équipages, les formalités de tous les
genres, en Europe & en Amérique, que les faux-
frais doublèrent la valeur de quelques marchandises, & augmentèrent beaucoup la valeur de
toutes.

Les douanes augmentèrent le mal. Les objets
exportés pour l'autre hémisphère furent assujettis
à des droits, tels qu'il n'en avoit jamais existé
dans aucun siècle, ni dans aucune partie du globe.
Le prix même qu'on en avoit retiré fut imposé.
L'or en retour devoit quatre pour cent, & l'argent en devoit neuf.

Cependant, le mal ne se fit pas sentir dans les
premiers temps, quoique des écrivains célèbres
l'aient avancé avec confiance. Dans leur opinion, l'Espagne se voyant la maitresse de l'A-
mérique, renonça d'elle-même aux manufactures, à l'agriculture. Cette idée n'entra jamais
dans le système d'aucun peuple. A l'époque où
l'autre hémisphère fut découvert, Séville étoit
célèbre par ses fabriques de soie; les draps de
Ségovie passoient pour les plus beaux de l'Europe,
& les étoffes de Catalogne trouvoient un débit
avantageux dans l'Italie & dans le Levant. De

nouveaux débouchés donnèrent une activité nouvelle à cette industrie & à l'exploitation des terres
qui en est inséparable. S'il en eût été autrement,
comment cette monarchie auroit-elle pu envahir
tant de provinces; soutenir tant de guerres longues & sanglantes; soudoyer tant d'armées étrangères & nationales; équiper des flottes si nombreuses & si redoutables; entretenir la division
dans les états voisins, bouleverser les nations
par ses intrigues; donner le branle à tous les
événemens politiques? Comment auroit-elle pu
être la première & presque la seule puissance de
l'univers?

Mais tous ces efforts occasionnèrent une consommation immense d'hommes: mais il en passa
beaucoup dans le nouveau-Monde: mais cet autre hémisphère plus riche & plus peuplé demanda
plus de marchandises: mais les bras manquèrent
pour tous les travaux. Alors ce furent les nations
étrangères, où le numéraire étoit encore rare, &
par conséquent la main-d'œuvre à un prix modique, qui fournirent des subsistances à l'Espagne,
qui fournirent le vêtement à ses colonies. En vain
des réglemens sévères les excluoient de ce trafic.
Amies ou ennemies, elles le firent sans interruption & avec succès, sous le nom des espagnols
eux-mêmes, dont la bonne-foi mérita toujours
les plus grands éloges. Le gouvernement crut remédier à ce qu'il croyoit un désordre, & qui
n'étoit qu'une suite naturelle de l'état des choses,
en renouvellant l'ancienne défense de toute exportation d'or, de toute exportation d'argent. A Séville & ensuite à Cadix, des braves, appellés
métédores, portoient aux remparts des lingots qu'ils
jettoient à d'autres métédores, chargés de les délivrer à des chaloupes qui s'étoient approchées
pour les recevoir. Jamais ce versement clandestin
ne fut troublé par des commis, ou par des gardes
qui étoient tous payés pour ne rien voir. Plus de
sévérité n'auroit fait que hausser le prix des marchandises, par une plus grande difficulté d'en retirer la valeur. Si, conformément à la rigueur des
ordonnances, on eût saisi, jugé & condamné à
mort quelque contrevenant, & qu'on eût confisqué ses biens, cette sévérité, loin d'empêcher la
sortie des métaux, l'auroit augmentée, parce
que ceux qui s'étoient contentés jusqu'alors d'une
gratification médiocre, exigeant un salaire proportionné au danger qu'ils devoient courir, eussent multiplié leurs profits par leurs risques, &
fait sortir beaucoup d'argent, pour en avoir eux-
mêmes davantage. Au reste, les mines du nouveau
Monde ont été très-funestes à l'Espagne, comme
nous l'expliquerons dans la section suivante.

Tandis que la métropole dépérissoit, il n'étoit
pas possible que les colonies prospérassent. Si les
espagnols eussent connu leurs vrais intérêts, peut-
être à la découverte de l'Amérique se fussent-ils
contentés de former avec les indiens des nœuds
honnêtes, qui auroient établi entre les deux na-

tions une dépendance & un profit réciproque. Les productions des atteliers de l'ancien monde euſſent été échangées contre celles des mines du nouveau; & le fer ouvragé eût été payé, à poids égal, par l'argent brut. Une union ſtable, ſuite néceſſaire d'un commerce paiſible, ſe ſeroit formée ſans répandre du ſang, ſans dévaſter des empires. L'Eſpagne n'en ſeroit pas moins devenue maitreſſe du Mexique & du Pérou, parce que tout peuple qui cultive les arts, ſans en communiquer les procédés & la pratique, aura une ſupériorité réelle ſur ceux auxquels il en vend les productions.

On ne raiſonna pas ainſi. La facilité qu'on avoit trouvée à ſubjuguer les indiens ; l'aſcendant que prit l'Eſpagne ſur l'Europe entière ; l'orgueil ſi ordinaire aux conquérans ; l'ignorance alors générale des vrais principes du commerce : ces raiſons & pluſieurs autres empêchèrent d'établir dans le nouveau-Monde une adminiſtration fondée ſur de bons principes.

La dépopulation de l'Amérique fut le déplorable effet des premiers établiſſemens eſpagnols. Les premiers pas des conquérans furent marqués par des ruiſſeaux de ſang. Auſſi étonnés de leurs victoires que le vaincu l'étoit de ſa défaite, ils prirent, dans l'ivreſſe de leurs ſuccès, le parti d'exterminer ceux qu'ils avoient dépouillés ; & des peuples innombrables diſparurent de la terre.

Les mines furent encore une plus grande cauſe de deſtruction. Depuis la découverte du nouveau-Monde, ce genre de richeſſes abſorboit tous les ſentimens des eſpagnols. Inutilement quelques hommes plus éclairés que leur ſiècle, leur crioient : laiſſez l'or, ſi la ſurface de la terre qui le couvre peut produire un épi dont vous faſſiez du pain, un brin d'herbe que vos brebis puiſſent paître. Le ſeul métal dont vous ayez vraiment beſoin, c'eſt le fer. Conſtruiſez-en vos ſcies, vos marteaux, les ſocs de vos charrues ; mais ne les transformez pas en outils meurtriers. La quantité d'or néceſſaire aux échanges des nations eſt ſi petite, pourquoi donc la multiplier ſans fin ? Quelle importance y a-t-il à repréſenter cent aunes de toile ou de drap par une livre, ou par vingt livres d'or ? Les eſpagnols firent comme le chien de la fable, qui lâcha l'aliment qu'il portoit, pour ſe jetter ſur ſon image qu'il voyoit au fond des eaux, où il ſe noya.

L'Amérique fut comme maudite pour ſes conquérans. L'empire qu'ils avoient fondé, s'écroula bientôt de toutes parts. Les progrès du déſordre & du crime furent rapides. Les for
tereſſes les plus importantes tombèrent en ruine. Il n'y eut dans le pays ni armes, ni magaſins. Le ſoldat qui n'étoit ni exercé, ni nourri, ni vêtu, devint mendiant ou voleur. On oublia juſqu'aux élémens de la guerre & de la navigation, juſqu'au nom des inſtrumens propres à ces deux arts ſi néceſſaires.

Le commerce ne fut que l'art de tromper. L'or & l'argent, qui devoient entrer dans les coffres du ſouverain, furent continuellement diminués par la fraude, & réduits au quart de ce qu'ils devoient être. Toutes les claſſes de ſujets corrompus par l'avarice, ſe donnoient la main pour empêcher la vérité d'arriver au pied du trône, ou pour ſauver les prévaricateurs que la loi avoit proſcrits. Les premiers & les derniers magiſtrats agirent de concert pour appuyer leurs injuſtices réciproques.

Le cahos où ces brigandages plongèrent les affaires, amena le funeſte expédient de tous les états mal adminiſtrés, des impoſitions ſans nombre. On paroiſſoit s'être propoſé la double fin d'arrêter toute induſtrie, & de multiplier les vexations.

La haine qui ſe mit entre les eſpagnols nés dans le pays, & ceux qui arrivoient d'Europe, acheva de tout perdre. La cour avoit imprudemment jetté les ſemences de cette diviſion malheureuſe. De faux rapports lui peignirent les créoles comme des demi-barbares, preſque comme des indiens. Elle ne crut pas pouvoir compter ſur leur intelligence, ſur leur courage, ſur leur attachement, & elle prit le parti de les éloigner de tous les poſtes utiles ou honorables. Cette réſolution injurieuſe les aigrit. Loin de travailler à les appaiſer, les dépoſitaires de l'autorité ſe firent un art d'envenimer leur chagrin par des partialités humiliantes. Il s'établit entre les deux claſſes, dont l'une étoit accablée de faveurs & l'autre de refus, une averſion inſurmontable. Elle ſe manifeſta par des éclats qui, plus d'une fois, ébranlèrent l'empire de la métropole dans le nouveau-Monde. Ce levain étoit fomenté par le clergé créole & le clergé européen, qui avoient auſſi contracté la contagion de ces diſcordes. On peut, d'après ce calcul, ſe former une idée des obſtacles que rencontre le gouvernement eſpagnol, qui s'occupe aujourd'hui du ſoin de mieux régler le Mexique & le Pérou ; & ſi les réformes s'opèrent avec lenteur, il ne faudra pas s'en étonner.

Section IVᵉ.

Obſervations ſur l'agriculture, les manufactures, le commerce, les revenus, la population & les progrès de l'Eſpagne.

Les métaux du nouveau-Monde, auxquels l'Eſpagne a mis tant d'intérêt depuis la découverte de l'Amérique, lui ont fait bien du mal ; & avant de parler de ſon agriculture, de ſes manufactures, de ſon commerce, de ſes revenus, de ſa population & de la lenteur de ſes progrès dans le régime de ſes vaſtes poſſeſſions, il eſt bon d'établir quelques principes, & de rapporter quelques obſervations qui ſerviront à jetter du jour ſur ce chapitre.

L'Eſpagne a des colonies qui lui rapportent de l'argent ; la Hollande en a qui ne lui rapportent que des épiceries : cependant ce petit état est cent fois plus fort que ne le permet l'étendue de son terrain ; l'*Espagne* est cent fois plus foible, si l'on compare son territoire à celui des Provinces-Unies ; l'intérieur de ces provinces est florissant par-tout & fourmille d'habitans, & l'on sait quel est l'intérieur de l'*Espagne*.

Il est facile de juger l'effet qu'ont produit ces métaux apportés d'Amérique en *Espagne*, si on examine l'état de cette dernière contrée, avant la découverte du nouveau-Monde : si l'on remonte aux temps anciens, les *Espagnes* passoient pour le Pérou de l'Europe ; on ne voyoit point alors de pays plus peuplé ni plus cultivé, plus abondant en bestiaux, plus riche en tout, du moins dans les provinces intérieures.

Quand les maures conquirent les *Espagnes*, il faut voir les relations qu'ils font de cet heureux pays, & les maures étoient connoisseurs. L'accroissement du despotisme est toujours la suite des guerres civiles ; car les peuples veulent se reposer, quand les factions & les factieux sont détruits. Ainsi les rois d'*Espagne* devinrent plus absolus, lorsqu'ils eurent reconquis leurs petits royaumes ; ils souffrirent les maures qui voulurent se soumettre, & rien n'étoit encore plus fertile que l'*Espagne* ; mais son abondance alloit décliner.

Ferdinand le Catholique chassa tous les juifs : il en fut fort loué par le pape ; mais l'*Espagne* perdit un grand nombre de ses habitans. On découvrit l'Amérique ; l'*Espagne* en fit sa conquête, & voici ce qui est arrivé.

Elle sacrifia une population immense pour peupler le nouveau-Monde : ces nouveaux colons ont envoyé dans leur patrie une multitude de productions, dont on se passoit auparavant, & sur-tout de l'or & de l'argent.

On diroit que cet or étranger répugne à prendre racine, chez les espagnols qui l'ont découvert ; car il glisse, pour ainsi dire, sur la superficie de leur pays, & il ne paroît que chez les autres nations.

Depuis cette époque, l'*Espagne* a moins de manufactures ; elle a abandonné l'agriculture, & elle a augmenté en luxe, source de ruines pour les peuples conquérans. L'exemple de quelques grands, enrichis par la découverte des Indes, excite au luxe, & la fausse grandeur de l'état a inspiré à plusieurs rois une ambition qui n'étoit pas raisonnable. Philippe II vouloit conquérir la France & l'Angleterre ; il aspiroit ouvertement à la monarchie universelle. On évalue à trois milliards les dépenses qu'il a sacrifiées à un projet si défectueux ; & ces belles prétentions qui plaisoient au peuple, l'ont plongé dans la misère. On peut

comparer l'or des Indes qui vient en *Espagne*, à celui que les particuliers gagnent au jeu : il ne profite point ; on le dissipe follement, & on finit par perdre son patrimoine.

Les maures & les juifs chassés sous Ferdinand V & Philippe III, & poursuivis encore sous ses successeurs par l'inquisition, emportèrent avec eux beaucoup d'argent. Celui-ci avoit tout un autre usage dans l'*Espagne*, que n'avoit celui des Indes : il y étoit mieux naturalisé, il circuloit, il aidoit le commerce, il se répandoit par-tout.

On est effrayé des pertes réelles que l'*Espagne* a essuyées depuis environ 250 ans : M. le marquis d'Argenson en fit en 1755 la récapitulation que voici.

Le tiers de ses habitans perdus par le bannissement des maures & des juifs (1).

L'argent que faisoient circuler ces maures & ces juifs.

Les hommes qu'a condamnés l'inquisition.

L'accroissement des moines & du clergé.

Les fondations nouvelles, plus ecclésiastiques que pieuses, animées par les richesses de l'Amérique.

Le dépeuplement de la moitié du continent en Europe, pour aller défricher l'Amérique & l'Asie.

Les nouvelles maladies venues des Indes, qui semblent avoir choisi l'*Espagne* pour leur premier séjour en Europe.

La succession de la maison de Bourgogne, qui, en donnant des provinces éloignées, a produit des guerres si funestes.

Les guerres étrangères, pour acquérir ou défendre d'autres provinces éloignées.

La mauvaise distribution des richesses des Indes, l'augmentation de luxe, la diminution de l'agriculture & des arts, & la nation livrée ainsi à la fainéantise que lui inspire la chaleur du climat.

Examinons maintenant avec impartialité & avec décence quel est l'état de l'Espagne. Ecoutons d'abord M. Cavanilles qui ne peut être suspect, puisqu'il a répondu à un écrivain qui avoit porté trop loin ses reproches.

« Il est certain, dit-il, que jusqu'à ce que Char-» les III parvînt au trône, la véritable science du » gouvernement nous étoit presque inconnue. Le » choix d'un plan avantageux de commerce, ce-» lui d'une forme plus régulière dans la percep-» tion des impôts, ainsi que dans les autres par-» ties de l'administration ; enfin l'introduction de » toutes les lumières qui devoient faire connoître » aux espagnols leurs véritables intérêts ; & les » obliger d'abandonner des préjugés nuisibles ;

---

(1) Cette évaluation est un peu trop forte.

» toute cette régénération attendoit le règne de
» notre monarque ».

Agriculture. Pour être d'une équité rigoureuse,
il faut diftinguer avec M. Cavanilles les provinces
du centre, & celles qui font à la circonférence.
Les premières comprennent les deux Caftilles, le
royaume de Léon, la province d'Eftramadure,
une partie de la Manche & de l'Andaloufie. Les
autres font la Galice, les Afturies, la Navarre,
l'Arragon, la Catalogne, les royaumes de Valence, de Murcie & de Grenade, & la partie
méridionale de l'Andaloufie.

Ces dernières provinces font mieux arrofées que
le centre, & la nature leur a accordé de l'ombre, des prairies, le voifinage & les reffources
de la mer. Les premières, au contraire, font en
partie ftériles; les rivières y font en petit nombre, & les chaleurs infupportables. Elles font d'ailleurs privées de tous les avantages que procure le
commerce maritime aux provinces extérieures.

La culture de quelques-unes de ces provinces
extérieures a fait affez de progrès : le royaume
de Valence produit :

Soie, 2,000,000 de livres, à 15 l.	30,000,000
Chanvre, 25,000 quintaux, à 40 l.	1,000,000
Lin, 30,000 quintaux, à 50 liv.	1,500,000
Laines ordinaires, 23,000 quintaux, à 40 liv.	920,000
Riz, 140,000 charges, à 37 liv.	5,180,000
Huile, 100,000 quintaux, à 45 liv.	4,500,000
Vin, 3,000,000 cantaros, contenant 8 pintes, à 15 fous.	2,250,000
Raifins fecs, 60,000 quintaux, à 10 liv.	600,000
Figues, autant, à 8 liv.	480,000
Dattes & palmes	300,000
Somme totale	46,730,000

Il faut évaluer enfuite le bled, l'avoine, le
maïs, les amandes, la foude, les carouges, le
fel, le fparte, la pêche, &c. &c. &c. : &
en 1770, felon les calculs faits à l'intendance
de Valence, la valeur des fruits commerçables de la province montoit tous les ans à
65,000,000 de livres tournois, fans compter les
fruits des jardins & les comeftibles que l'on confomme dans le pays : mais tout le monde fçait
combien le royaume de Valence a été favorifé de
la nature, & l'étendue de fes productions n'eft
pas un moyen fûr de juger de l'induftrie des efpagnols.

On peut dire, en général, que l'*Efpagne* eft encore aujourd'hui mal cultivée; & le fol eft en
partie fi fertile, qu'en calculant la lenteur des progrès d'après le naturel des habitans, on a droit
d'attendre plus de foins du gouvernement : nous
propoferons tout-à-l'heure plufieurs moyens fur
un objet fi important à la régénération du pays.

« Une des principales raifons du peu de culture
» des terres, ajoute M. Cavanilles, eft fans doute
» le nombre infini de nos troupeaux. Si c'eft du
» milieu de l'*Efpagne* que fortent ces laines fi ef-
» timées dans toute l'Europe, c'eft auffi là qu'il
» faut un terrain immenfe pour nourrir les mou-
» tons qui les produifent. Ce n'eft pas par la
» confommation d'une feule année qu'on peut ju-
» ger de l'étendue néceffaire des pâturages : cha-
» que maître de troupeau eft obligé de fe pour-
» voir d'une double provifion, par la crainte d'une
» mauvaife année. On peut donc juger du terrain
» énorme qu'il faut à ces troupeaux, dont les
» poffeffeurs préfèrent le gain affuré que leur don-
» nent fans aucuns frais les pâturages, aux fuccès
» plus difpendieux & plus incertains de l'agricul-
» ture. Le journalier, qui ne trouve fa fubfiftance
» dans l'emploi de fes bras que pendant une pe-
» tite portion de l'année, abandonne bientôt la
» terre, & meurt fans fucceffion : de-là la perte
» de la population & celle de la culture ».

» Si nous ajoutons à l'emplacement néceffaire
» aux moutons celui qui eft deftiné aux haras,
» aux mules, aux taureaux; fi nous y joignons ce
» qu'il faut facrifier de terrain pour la récolte de
» falpêtre, qui occupe fi utilement tant d'indivi-
» dus (1); fi on fe rappelle enfin que dans une
» portion confidérable de pays aride, où des pluies
» incertaines font l'unique efpérance d'arrofement,
» des avances énormes deviennent néceffaires, &
» qu'elles ne font permifes qu'à un petit nombre
» de propriétaires très-riches, on verra alors
» qu'il faut retrancher à-peu-près une troifième
» partie des terres labourables dans le centre de
» l'*Efpagne* ».

Ce qui regarde les moutons fe difcute aujour-
d'hui dans les confeils d'*Efpagne*, & les avis font
partagés. On évalue à plus de 30 millions le produit des troupeaux, & des hommes très-inftruits
craignent de facrifier des bénéfices auffi certains,
à l'efpoir d'en obtenir un jour de plus confidérables par la culture des terres : ils conviennent que,
dans quinze ou vingt ans, il fera bon de favorifer les cultivateurs aux dépens de ceux qui élèvent
des moutons; mais ils difent que le temps n'eft
encore venu. Nous obferverons qu'en préfentant ainfi la queftion, ils la dénaturent un peu
pour la tourner à leur avantage. Les opérations
qu'on fait dans une partie de l'économie politique,
ont prefque toujours de l'influence fur les autres

---

(1) On a établi depuis peu à la porte de Madrid une fabrique de falpêtre, qui occupe déja plus de
4000 ouvriers.

parties de l'administration : il ne faut pas oublier ici qu'il est nécessaire de rétablir l'activité & l'industrie parmi les espagnols ; que si on prolonge, dans l'état actuel des choses, le régime établi sur les troupeaux de moutons, la culture & l'industrie journalière qui font la véritable source des richesses, se trouveront de plus en plus découragées, & qu'il ne semble plus y avoir de tems à perdre sur un objet aussi important.

Quant à ces nitrières qui embrassent, dit-on, tant de terrains, on nous permettra d'observer ici que les nitrières artificielles établies en France, ne nuisent point à la culture, & ne font pas perdre de terrain : on les alimente avec une terre abondante par-tout, & avec les urines & les ordures que fournissent les bestiaux les plus propres à la culture.

Le gouvernement, plus éclairé sur ses véritables intérêts, s'occupe de tout ce qui concerne l'économie politique. Il favorise diverses sociétés établies, sous le nom d'*amis du pays*, dont le but est d'exciter l'industrie, & sur-tout de ranimer & de perfectionner l'agriculture ; mais les progrès qu'elles ont occasionnés, ont été bien foibles jusqu'ici. Quelques années de vigilance & de protection n'ont pû suffire à réparer le mal causé par plusieurs siècles d'inertie. D'ailleurs un des principaux obstacles que rencontrera long-temps le zèle des amis ; c'est moins le défaut de population, puisqu'il est prouvé que celle d'*Espagne*, depuis trente ans, a augmenté d'un tiers, que le trop grand éloignement qui existe d'une peuplade ou d'un village à l'autre. Tous les voyageurs observent, en traversant le royaume, qu'il n'y a guères que les terres distantes d'une lieue, plus ou moins, des villes & des villages, qui soient cultivées, & il n'est pas possible qu'on défriche plus avant : car on parcourt quelquefois quatre, cinq & même six lieues, sans rencontrer d'habitation. L'entre-deux paroît une terre sacrée, que la charrue & le hoyau profaneroient ; & quelques villages deviennent misérables, parce qu'ils sont trop grands & trop peuplés. Le premier soin du gouvernement devoit être de fixer des limites à tous les bourgs, villages & hameaux ; & au-lieu de les laisser agrandir, les forcer de se multiplier : ainsi les hommes couvriroient un plus grand espace, & les terres en friche seroient mises en valeur. L'*Espagne* en a la preuve dans le royaume de Valence, & dans les nouvelles peuplades de la Sierra Morena.

Il est clair qu'avec un sol si fertile & quelques greniers publics, on ne devroit jamais manquer de grains en *Espagne* : cependant il arrive très-souvent des disettes dans quelques provinces, parce que l'exportation est mal combinée, & le pain y est toujours beaucoup plus cher qu'en France. Il est vrai de dire que le paysan espagnol ne connoît pas ce pain noir & dégoû-

tant que mange souvent notre laboureur ; le pain le plus blanc, fait du meilleur froment, sert de nourriture à presque tous les ordres de l'état. Les Castilles & l'Estramadure sont les provinces les plus fertiles en bled, & elles méritent sur-tout l'attention du gouvernement.

On pourroit apporter plusieurs remèdes à la grande stérilité dont on se plaint en *Espagne*. Le premier, dont on retireroit un double avantage, seroit de planter des arbres. On a la douleur de traverser les plaines immenses de la Castille, sans y rencontrer le plus petit arbuste ; les sources ne manquent pas dans la plupart des provinces, mais elles tarissent dans les grandes chaleurs. Si l'on avoit soin de planter des arbres sur les bords des ruisseaux & des rivières, le soleil ne les dessécheroit point. Si l'on en plantoit dans la campagne, les eaux y séjourneroient davantage.

L'*Espagne* a plus de cent cinquante rivières, six fleuves & quantité de sources dans les montagnes, & c'est la faute des habitans si les terres manquent d'humidité ; il faut même que le sol de l'*Espagne*, son climat & son soleil, malgré son ardeur, soient bien favorables pour produire des récoltes si abondantes dans les cantons les plus chauds ; car le terrain rapporte quelquefois cent pour un.

Une des premières réformes à laquelle il convient de travailler, est l'usage trop général des mulets. Le cheval, à ne considérer que sa beauté, mérite sans doute la préférence ; & en accordant au mulet toute la supériorité de force & la frugalité qu'on lui suppose, le seul défaut de ne pouvoir se réproduire devroit le faire exclure. N'est-ce pas l'ignorance, un luxe mal entendu & le défaut d'agriculture qui soutiennent le préjugé national d'avoir des mules ? car on en tire une grande partie de l'étranger, & elles sont d'un prix extravagant. S'il y a des cantons de l'*Espagne* où le cheval ne soit pas assez fort pour résister à la vivacité de l'air & à la fatigue, qu'on se serve alors de mulets, cela paroît naturel ; mais par-tout où les chevaux peuvent être employés sans risque, ils semblent préférables sous tous les rapports.

On vient de voir qu'il seroit utile, 1°. de décourager l'entretien des moutons ; 2°. de multiplier les villages ; 3°. de planter des arbres ; 4°. de défendre de se servir de mules & de mulets, dans les lieux où l'on peut s'en passer. Nous ajouterons, 5°. qu'il ne faut pas compter sur les frivoles encouragemens donnés par les sociétés littéraires, & sur-tout chez une nation qui aime peu les lettres, & qui ne tourne pas ses prétentions de ce côté. Lorsque le mal est si grand, lorsque la paresse est si forte & si invétérée, il faut des leviers & des mobiles plus puissans : ne seroit-il pas utile que le gouvernement accordât des distinctions, des exemptions & des graces ? qu'il fît des avances considérables ? Le trésor public eft en état de fupporter bien des facrifices ; & nous dirons plus bas que les dépenfes étant beaucoup moins grandes, & l'état ne fe trouvant furchargé ni de dettes, ni de penfions, il eft réellement plus riche que d'autres royaumes qui femblent avoir un revenu triple. Les adminiftrateurs n'ont jamais fenti jufqu'où va leur autorité ; avec quelle aifance ils peuvent produire de grands effets ; ils n'ont pas affez vu cette multitude d'encouragemens qui dépendent d'eux, & qui ne coûtent rien. Mais quand celui d'Efpagne feroit réduit à fe fervir, pour premier moyen, de l'argent du tréfor royal, on peut affurer qu'il n'y auroit pas de dépenfes mieux employées ; & comme le fifc eft toujours le maître de fe dédommager enfuite, & même de gagner fur fes avances par des contributions, ce foin d'adminiftration, au-lieu d'être de pure bienveillance, devient encore ici un calcul d'intérêt. Nous obferverons enfin que le gouvernement doit établir fur-tout, de grandes routes & des communications, non-feulement entre les diverfes provinces, mais entre les diftricts d'une province particulière, & même d'un village à l'autre (1). N'eft-il pas honteux qu'il y ait fi peu d'hôtelleries fur les grands chemins ; que les voyageurs foient obligés fouvent de porter leurs lits & leurs provifions, & que les chemins foient fi mauvais ? Qu'on perce des routes & des chemins ; qu'on établiffe des hôtelleries partout, & le gouvernement, qui femblera d'abord n'avoir travaillé que pour fa gloire, verra les heureux effets de ces foins, fur la culture. C'eft une règle générale ; un pays fera toujours mal cultivé, fi fon intérieur n'offre pas des communications fans nombre, par terre ou par eau : & cette obfervation bien fimple eft d'une vérité fi frappante, qu'on fera toujours étonné de voir des nations qui n'en profitent pas.

L'Efpagne vend tous les ans à l'étranger, en laine, en foie, en huile, en vin, en fer, en foude, en fruits, pour plus de 80,000,000 de liv. Ces exportations, dont la plupart ne peuvent être remplacées par aucun fol de l'Europe, font fufceptibles d'une augmentation immenfe. Elles fuffiront, indépendamment des Indes, pour payer tout ce que l'état pourra confommer de marchandifes étrangères. Il eft vrai qu'en livrant ainfi aux autres nations fes productions brutes, elle augmentera leur population, leurs richeffes & leur puiffance : mais elles entretiendront, elles étendront dans fon fein un genre d'induftrie bien plus fûr, bien plus avantageux. Son exiftence politique ne tardera pas à devenir relativement fupérieure, & le peuple cultivateur l'emportera fur les peuples manufacturiers.

L'Efpagne a donné depuis quelques années toute forte d'encouragemens au commerce, & il ne faut pas examiner ici fi ces encouragemens font bien calculés. La même méthode ne convient pas à toutes les nations, & les peuples fe trouvent quelquefois dans des circonftances où il eft bon d'exciter à des chofes, prefque toujours abufives ailleurs. L'agiotage, par exemple, dans les fonds publics & dans les entreprifes, eft contraire aux véritables principes de l'économie politique ; & dans la pofition où fe trouve l'Efpagne, il eft utile d'y exciter l'agiotage, pour donner aux habitans le defir de fortir de leur mifère, & les porter aux fpéculations & à l'induftrie. Le gouvernement a befoin de cette activité pour fon compte ; & c'eft ainfi que tous les foins de l'adminiftration, qui femblent n'avoir pour but que le bonheur & la richeffe des peuples, tournent encore à fon profit.

D'ailleurs le tréfor royal ne peut infpirer de la confiance & avoir du crédit que lorfqu'on oubliera ces dettes du prince qui fe font anéanties plufieurs fois à fa mort, & il a befoin cependant d'exciter la cupidité, pour obtenir de l'argent lorfqu'il ouvre de modiques emprunts. Il a fallu fept ans pour remplir un emprunt de 10 millions en rentes viagères, ouvert en 1770, quoiqu'il offrît aux prêteurs un intérêt de neuf pour cent. Il importe à la gloire du gouvernement de remplir fes vues avec plus d'aifance, lorfqu'il fe détermine à de femblables opérations. Il lui importe que les effets publics ne tombent pas dans le difcrédit, comme ils y font tombés jufqu'à préfent ; & le miniftère a fi bien fenti ces vérités, que fes dernières opérations de finances n'ont pas d'autre but.

Le gouvernement doit s'intéreffer d'autant plus au maintien du crédit & de l'intérêt de l'argent, que les mines du Mexique & du Pérou aviliffent métaux en Efpagne, & que cet aviliffement entretient l'indolence & la pareffe.

L'inca Garciloffo (2) dit qu'en Efpagne, après la conquête des Indes, les rentes qui étoient au denier dix, tombèrent au denier vingt. Cela devoit être ainfi. Une grande quantité d'argent fut tout-à-coup portée en Europe : bientôt moins de perfonnes eurent befoin d'argent ; le prix de toutes chofes augmenta, & celui de l'argent diminua : la proportion fut donc rompue, toutes les anciennes dettes furent éteintes. On peut fe rappeller le temps du fyftême (3), où toutes les chofes avoient une grande valeur, excepté l'argent. Après la conquête des Indes, ceux qui avoient de l'argent fu-

---

(1) Le gouvernement s'occupe actuellement de cet objet avec beaucoup de vivacité.
(2) Hiftoire des guerres civiles des efpagnols dans les Indes.
(3) On appelloit ainfi le projet de M. Law en France.

rent obligés de diminuer le prix ou le louage de leur marchandise, c'est-à-dire, l'intérêt.

Depuis ce temps, l'intérêt n'a pu revenir à l'ancien taux : ce n'est pas seulement, comme le dit Montesquieu, parce que la quantité d'argent a augmenté toutes les années en Europe, puisqu'il y est revenu chez les autres nations qui partagent ces métaux, & qui ont un numéraire plus abondant que celui de l'Espagne, mais surtout parce qu'on a négligé la circulation.

Ainsi cette compagnie des Philippines ou des Indes, & cette banque nationale de S. Charles, qu'on a critiqué avec tant de chaleur & d'amertume, peuvent être combinées d'une manière défectueuse dans des détails; mais elles seront utiles à l'Espagne, par la circulation qui en sera la suite, par l'esprit d'activité qu'elles inspireront aux espagnols, & par les ressources directes & indirectes qu'elles fourniront au gouvernement.

La cédule qui établit la compagnie des Philippines ou des Indes, est du 10 mars 1785; elle contient cent articles; dont plusieurs sont relatifs à la dissolution de la compagnie de Caracas, à la liquidation de ses dettes, & à l'incorporation de ses fonds dans la nouvelle compagnie.

Les opérations de celle-ci ont commencé le premier juillet de l'année 1785. On lui accorde un privilège exclusif durant vingt-cinq ans pour le commerce de l'Asie, qu'on veut réunir à celui de l'Amérique. Dans cette dernière partie du monde, la compagnie ne jouira d'aucun privilège; mais seulement de la liberté indéfinie accordée à tout espagnol pour ce commerce. Le port de Manille aux Philippines est libre & ouvert aux nations asiatiques : ses habitans pourront faire le commerce dans toute l'Asie, le privilège de la compagnie ne se bornant qu'au transport d'Amérique en Asie, & d'Asie en Europe. Le roi permet l'introduction & la vente de toutes les denrées & marchandises de l'Asie; soies, cotons, porcelaines, thé, bois précieux, mousselines, &c. Quant aux droits, les piastres embarquées en Espagne pour les Philippines, en seront exemptes; celles exportées des ports de la mer du sud pour les Philippines, paieront deux & demi pour cent de leur valeur; les effets & fruits de l'Espagne exportés pour ces isles, ainsi que les effets & fruits exportés des ports de l'Amérique, où les vaisseaux de la compagnie aborderont, seront francs de droits; les effets & fruits étrangers, embarqués en Espagne pour les Philippines, paieront deux pour cent; l'argent, les fruits & marchandises nationales d'Espagne & de l'Amérique, exportés de Manille pour l'Asie par des espagnols, seront libres; s'ils sont portés par des asiatiques, l'argent paiera trois pour cent de droits; les effets espagnols ou de l'Amérique

seront francs; les effets étrangers paieront deux pour cent de leur valeur, & les droits d'entrée pour les marchandises de l'Asie seront de cinq pour cent. L'extrême modicité de ces droits encouragera le commerce des Indes orientales, & facilitera celui de la compagnie.

Si on n'a pas augmenté les fonds de la compagnie, ils sont de 120 millions de réaux de vellon, divisés en 32 mille actions de 250 piastres chacune. Sa majesté y prend pour 20 millions de réaux de vellon, la banque nationale pour 12 millions. Ce capital ne peut être augmenté que par de nouvelles actions, & jamais par emprunt. On accorde à la compagnie, pour construire ses vaisseaux, les mêmes privilèges que ceux dont jouit la marine royale; ses bâtimens auront le pavillon royal, & les capitaines de la marine du roi pourront y servir sans déroger. Pendant le voyage jusqu'au retour en Espagne, les équipages seront réputés de la marine du roi, & jouiront de tous ses privilèges. Les voyages pourront se faire par le Cap de Bonne Espérance; mais on desire qu'ils aillent par le Cap Horn, en relâchant dans les ports de la mer du sud. Jusqu'à présent le vaisseau qui va d'Acapulco à Manille, pourra continuer. Les retours doivent se rendre en droiture dans les ports de l'Espagne, sans pouvoir aller en Amérique, sous quelque prétexte que ce soit. La compagnie enverra un nombre d'artisans à Manille, avec les instrumens nécessaires pour la culture des terres, & sur le bénéfice annuel, il sera pris quatre pour cent, pour encourager l'agriculture & l'industrie aux isles Philippines, où la compagnie aura un conseil. Il sera établi une direction générale à Madrid, à laquelle le ministre des Indes présidera. La compagnie ne se mêlera d'aucun objet politique quelconque, sous quelque prétexte que ce soit.

L'Espagne s'occupant avec zèle de nouveaux réglemens sur le commerce, elle ne doit pas oublier ses anciennes erreurs. Nous craindrons d'autant moins d'en rappeller une, qu'elle a montré depuis des principes plus généreux, & que ses vues sur cet objet se perfectionnent de jour en jour.

Dans la guerre qu'elle eut contre les anglois en 1740, elle fit une loi (1) qui punissoit de mort ceux qui introduiroient dans les états d'Espagne des marchandises d'Angleterre; elle infligeoit la même peine à ceux qui porteroient dans les états d'Angleterre des marchandises d'Espagne. Une ordonnance pareille ne peut, je crois, dit Montesquieu, trouver de modèle que dans les loix du Japon. Elle choque nos mœurs, l'esprit du commerce, & l'harmonie qui doit être dans la proportion des peines; elle confond toutes les idées, faisant un crime d'état de ce qui n'est que violation de police.

_____

(1) Publiée à Cadix au mois de mars 1740.

Nous aimons à répéter ici avec M. Cavanilles tout ce qu'on a fait fous le règne actuel en faveur du commerce.

« Le long espace de deux siècles n'avoit servi » qu'à augmenter les entraves & les restrictions » de celui de l'Amérique, à multiplier les impôts » sur les bâtimens & les denrées des deux conti- » nens ; il étoit réservé à Charles III d'affranchir » la navigation des îles du vent, & celle du con- » tinent presqu'entier, & en étendant le privilège » d'une seule ville à tous les principaux ports » d'Espagne. C'est à ce prince qu'on doit la sup- » pression des droits de tonelada, de palmeo, » de S. Elmo, extrangeria, de visite, d'inspec- » tion, de carène, & autres vexations qui em- » prisonnoient l'industrie, & rendoient l'activité » oisive. C'est encore à lui que nous devons le » nouveau tarif qui assure l'exportation libre de » tous droits, de plusieurs denrées, & qui ne fait » payer aux autres que ce qui est dicté à-la-fois » par la politique & par l'équité. C'est enfin à » lui que l'on doit l'extinction du commerce ex- » clusif de la compagnie de Caracas, dont il a » permis l'exercice à tous ses sujets. ». On a pris d'assez bonnes précautions pour arrêter le com- merce interlope ; on a senti qu'il falloit, par une diminution d'impôts, mettre les nationaux en état de donner leurs denrées à meilleur prix.

La bonne foi des espagnols a été fameuse dans tous les temps. Justin (1) nous parle de leur fi- délité à garder les dépôts ; ils ont souvent souf- fert la mort pour les tenir secrets. Cette fidélité qu'ils avoient autrefois, ils l'ont encore aujour- d'hui. Toutes les nations qui commercent à Ca- dix, confient leur fortune aux espagnols ; elles ne s'en font jamais repenties. Mais cette qualité ad- mirable, jointe à leur paresse, forme un mélange dont il résulte des effets qui leur ont été perni- cieux.

Il est doux de pouvoir penser, de pouvoir écrire que la condition de l'Espagne devient tous les jours meilleure. La noblesse n'affecte plus ces airs d'in- dépendance qui embarrassoient quelquefois le gou- vernement. On a vu arriver des hommes nouveaux, mais habiles au maniement des affaires publiques, qui furent trop long-temps l'appanage de la nais- sance seule. Les campagnes, mieux peuplées & mieux cultivées, offrent moins de ronces & plus de récoltes. Il sort des atteliers de Grenade, de Malaga, de Séville, de Priago, de Tolède, de Talavera, & sur-tout de Valence, des soieries qui ont de la réputation & qui la méritent. Ceux

de Saint-Ildefonse donnent de très-belles glaces ; ceux de Guadalaxara & d'Escaray, des draps fins & des écarlates ; ceux de Madrid, des chapeaux, des rubans, des tapisseries, de la porcelaine. La Catalogne entière est couverte de manufactures d'armes & de quincaillerie, de bas & de mou- choirs de soie, de toiles peintes de coton, de lainages communs, de galons & de dentelles. Des communications de la capitale avec les provinces commencent à s'ouvrir, & ces magnifiques voies font plantées d'arbres utiles ou agréables. On creuse des canaux d'arrosement ou de navigation, dont le projet conçu par des étrangers, avoit si long-temps révolté l'orgueil du ministère & celui des peuples. D'excellentes fabriques de papier ; des imprimeries de très-bon goût ; des sociétés consacrées aux beaux arts, aux arts utiles & aux sciences, étoufferont, tôt ou tard, les préjugés & l'ignorance. Ces sages établissemens seront se- condés par les jeunes gens que le ministère fait instruire dans les contrées dont les connoissances ont étendu la gloire ou les prospérités. Le vice des tributs, si difficile à corriger, a déjà subi des réformes très-avantageuses. Le revenu national, anciennement si borné, s'élève aujourd'hui (en 1786) à 200,000,000l. (2) Si le cadastre, dont la confection occupe la cour de Madrid depuis 1749, est fait sur de bons principes, & qu'il soit exécuté, le fisc verra encore croître ses ressources, & les con- tribuables seront soulagés.

A la mort de Charles-Quint, le trésor public étoit si obéré, qu'on mit en délibération s'il ne convenoit pas d'annuller tant d'engagemens fu- nestes. Ils furent portés à un milliard, ou peut- être plus, sous le règne inquiet & orageux de son fils Philippe. L'intérêt des avances faites au gou- vernement absorboit, en 1688, tout le produit des impositions ; & ce fut alors une nécessité de faire une banqueroute entière. Les événemens qui suivirent cette grande crise, furent tous si malheu- reux, que les finances retombèrent subitement dans le cahos, d'où une résolution extrême, mais nécessaire, les avoit tirées. Une administration plus éclairée mit, au commencement du siècle, un or- dre dans les recouvremens, une règle dans les dé- penses qui auroient libéré l'état, sans les révolu- tions qui s'y succédèrent avec une rapidité qu'on a peine à suivre. Cependant la couronne ne devoit, en 1759, que 160,000,000 de livres, que Ferdi- nand laissoit dans ses coffres. Son successeur em- ploya la moitié de cette somme à la liquidation de quelques dettes. Le reste fut consommé par la guerre de Portugal, par l'augmentation de la

(1) XLIII.

(2) C'est au moins ce qu'écrivent d'Espagne des hommes employés dans l'administration ; mais il faudroit savoir si on n'a pas fait cette évaluation sur les revenus qu'a tirés le fisc en 1784 & 1785. La surabondance de métaux qui sont arrivés à Cadix ces deux années, a payé beaucoup plus de droits que n'en paye an- née commune le produit des mines du Mexique & du Pérou.

marine,

marine, par mille dépenses nécessaires pour tirer la monarchie de la langueur où deux siècles d'ignorance & d'inertie l'avoient plongée.

La vigilance du nouveau gouvernement ne s'est pas bornée à réprimer une partie des désordres qui ruinoient ses possessions d'Europe. Il a porté un œil attentif sur quelques-uns des abus qui arrêtoient la prospérité de ses colonies. Leurs chefs ont été choisis avec plus de soin & mieux surveillés. On a réformé quelques-uns des vices qui s'étoient glissés dans les tribunaux. Toutes les branches d'administration ont été améliorées. Le sort même des indiens est devenu moins malheureux.

Ces premiers pas vers le bien doivent faire espérer au ministère espagnol qu'il arrivera à une très-bonne administration, lorsqu'il aura saisi les vrais principes, & qu'il emploiera les moyens convenables. Le caractère de la nation n'oppose pas des obstacles insurmontables à ce changement, comme on le croit trop communément. Son indolence ne lui est pas aussi naturelle qu'on le pense. Pour peu qu'on veuille remonter au temps où ce préjugé défavorable s'établissoit, on verra que cet engourdissement ne s'étendoit pas à tout ; & que si l'Espagne étoit dans l'inaction au dedans, elle portoit son inquiétude chez ses voisins, dont elle troubloit sans cesse la tranquillité.

Le gouvernement s'occupe du défaut de population, & il trouvera sûrement des moyens de l'accroître. Le propre des colonies bien administrées est d'augmenter la population de la métropole, qui, par les débouchés avantageux qu'elle fournit à leurs productions, augmente réciproquement la leur. C'est sous ce point de vue, intéressant à la fois pour l'humanité & pour la politique, que les nations éclairées de l'ancien hémisphère ont envisagé leurs établissements du nouveau. Le succès a par-tout couronné un si noble & si sage dessein. Il n'y a que l'Espagne, qui avoit formé son système avant que la lumière fût répandue, qui ait vu sa population diminuer en Europe, à mesure que ses possessions augmentoient en Amérique.

Lorsque la disproportion entre un territoire & ses habitans n'est pas extrême, l'activité, l'économie, une grande faveur accordée aux mariages, une longue paix peuvent, avec le temps, rétablir l'équilibre. L'Espagne qui, par le récensement très-exact de 1768, n'avoit à cette époque que neuf millions trois cents sept mille huit cents quatre habitans de tout âge & de tout sexe, & qui ne compte pas dans ses colonies la dixième partie des bras qu'exigeroit leur exploitation, ne peut ni se peupler, ni les peupler sans des efforts extraordinaires & nouveaux. Nous ne craindrons pas de le dire ; pour augmenter les classes laborieuses du peuple, il faut qu'elle diminue son clergé ; il faut peut-être qu'elle renvoie aux arts les deux tiers de ses soldats, que l'amitié de la France & la foi-

blesse du Portugal lui rendent inutiles. Il faut qu'elle s'occupe du soulagement des peuples, aussitôt que les possessions de l'ancien & du nouveau-Monde auront été tirées du cahos qu'avoient produit deux siècles d'erreurs.

Puisqu'il est impossible à l'Espagne de retenir le produit entier des mines du nouveau-Monde, & qu'elle le doit partager nécessairement avec le reste de l'Europe, toute sa politique doit tendre à en conserver la meilleure part, à faire pencher la balance de son côté, & à ne pas rendre ses avantages excessifs, afin de les rendre permanens. La pratique des arts de première nécessité, l'abondance & l'excellente qualité de ses productions naturelles devroient lui assurer cette supériorité.

Le ministère espagnol qui a entrevu cette vérité, ne s'est-il pas mépris en regardant les manufactures comme le seul mobile de l'agriculture ? C'est une vérité incontestable que les manufactures favorisent la culture des terres. Elles sont même nécessaires par-tout où les frais de transport arrêtant la circulation & la consommation des denrées ; le cultivateur se trouve découragé par le défaut de vente. Mais, dans tout autre cas, il peut se passer de l'encouragement que donnent des manufactures. S'il a le débouché de ses productions, peu lui importe que ce soit par une consommation locale, ou par l'exportation qu'en fait le commerce ; il se livrera au travail.

Quoique les métaux de l'Amérique ne forment pas la véritable richesse, dans l'état actuel des choses, ils peuvent ajouter beaucoup aux avantages des naturels de l'Espagne.

On n'a que des notions vagues sur la quantité de métaux, sur la quantité de denrées que l'ancien monde recevoit du nouveau, dans les premiers temps qui suivirent la conquête. Les lumières augmentent, à mesure qu'on approche de notre âge. Il paroît, dit l'auteur de l'Histoire philosophique & politique des établissemens européens dans les deux Indes, « qu'actuellement l'Espagne tire tous » les ans du continent de l'Amérique environ 89 » millions en or ou en argent, & 34 ou 35 millions » en productions : en tout, environ 123 millions. » En prenant ce calcul pour règle, il se trouveroit » que la métropole a reçu de ses colonies, dans » l'espace de deux cents quatre-vingt-sept années, » plus de 35 milliards.

» On ne peut dissimuler qu'autrefois il arrivoit » moins de productions qu'il n'en vient aujourd'hui ; » mais alors les mines étoient plus abondantes. Voulez-vous vous en tenir à la multiplication des » métaux seulement ? L'Espagne n'aura reçu que » vingt-cinq milliards. Nous compterons pour rien » les dix milliards en productions ».

L'Espagne a publié en 1785 l'état de ses exportations pour l'Amérique, & des importations que lui a procuré le nouveau-Monde, en 1784, & elle vient de publier le même état pour l'année 1785. Voici ces deux états.

S s

ÉTAT général des fruits, productions & marchandises espagnoles & étrangères, embarqués pour l'Amérique dans les ports d'*Espagne* en l'année 1784 avec la liste des droits qu'ont payés au fisc les cargaisons.

RÉAUX DE VELLON.

	Valeur des productions & marchandises espagn.	Valeur des march. étrangères.	Total de la valeur générale.	Droits perçus par le fisc.
CADIX.........	143,891,263	218,253,107	362,144,370	14,856,474
MALAGA......	19,637,965	1,430,109	21,068,074	437,704
SÉVILLE........	6,271,373	3,054,365	9,325,738	291,654
BARCELONE...	12,263,177	2,124,064	14,387,241	348,247
LA COROGNE..	6,457,595	3,996,200	10,453,795	328,630
SAINT-ANDER...	3,671,501	9,017,374	12,688,875	667,587
TORTOSA.....	766,918	28,953	795,871	19,843
DES CANARIES.	2,497,415	....	2,497,415	57,692
GIJON.........	428,154	1,019,047	1,447,201	72,583
TOTAL GÉNÉRAL.	195,885,361	238,923,219	434,808,580	17,080,414

Qui font.. 21,740,428 piastres fortes.
Différence en faveur des productions & marchandises étrangères... 43,037,858 réaux de vellon.

ÉTAT des fruits, productions & métaux que les vaisseaux du roi, ou les navires marchands, ont apporté d'Amérique dans les Ports d'*Espagne*, en l'année 1784, avec l'état des droits qu'en a tiré le fisc.

RÉAUX DE VELLON.

	MÉTAUX (1).	Valeur des autres importations.	Valeur totale des importations.	Droits qu'en a tiré le fisc.
CADIX.........	829,716,470	299,075,708	1,128,792,178	48,192,069
MALAGA......	....	1,860,554	1,860,554	42,603
BARCELONE....	10,214,060	9,123,320	19,337,381	718,837
LA COROGNE..	74,128,324	9,000,194	83,128,519	2,713,267
SAINT-ANDER.	4,084,340	10,097,430	14,181,770	555,996
AUX CANARIES.	10,980,700	5,236,680	16,217,380	519,600
TOTAL GÉNÉRAL.	929,123,894	334,393,886	1,263,517,782	52,742,372

La valeur des importations en piastres fortes a donc été de 63,175,889.

(1) On lit dans les états espagnols *dinero e alhajas* : mais les *alhajas* ne désignent ici que de l'or ou de l'argent ouvragés.

ÉTAT général des fruits, productions & marchandises espagnoles & étrangères, embarqués pour l'Amérique dans les ports d'*Espagne*, en l'année 1785, avec la liste des droits que ces cargaisons ont payé au fisc.

RÉAUX DE VELLON.

	Valeur des productions & marchand. espagn.	Valeur &c. des &c. étrangères.	Total de la valeur générale	Droits perçus par le fisc.
CADIX........	.. 267,600,710	400,172,243	667,772,953	255,549,347
LA COROGNE..	.. 8,596,786 19	5,273,373 25	13,870,160 1	432,391 28
MALAGA......	.. 16,744,698 26	2,589,175 8	19,333,874	320,514
SÉVILLE.......	.. 8,946,779	3,449,437	12,396,216	328,681
SAINT-LUCAR..	.. 426,661 17	574,665 17	1,001,317	49,871 26
ALICANTE.....	.. 1,496,246 19	540,335 23	2,036,582 8	81,309 6
BARCELONE....	.. 24,396,329 26	2,566,597	26,962,926 26	596,769 5
TORTOSE......	.. 1,874,150 17	127,103	2,001,253 17	51,309 22
GIJON........	.. 199,555	1,447,779 15	1,647,334 26	102,543 10
S. SEBASTIEN..	.. 70,235 21	1,737,511 5	1,807,746 26	123,732 27
SAINT-ANDER..	.. 4,290,696 22	11,189,433 3	15,480,229 1	836,816 26
CANARIES.....	.. 2,623,651	314,532 5	2,938,183 5	70,420
TOTAL.....	.. 337,266,601	429,982,185 28	767,248,787	28,543,702

Qui font en piastres fortes..................... 38,362,439   1,427,185

Différence en faveur des productions & marchandises étrangères .... 92,714,584 réaux.

Ou piastres fortes 4,635,729

Différence en plus, relativement à l'année 1784.... 332,441,220 réaux.

Ou piastres 16,622,061

ÉTAT des fruits, productions & métaux que les vaisseaux du roi, ou les navires marchands, ont apporté d'Amérique dans les ports d'*Espagne*, en l'année 1785, avec l'état des droits qu'en a tiré le fisc.

RÉAUX DE VELLON.

	MÉTAUX.	Valeur des autres importations.	Valeur totale des importations.	Droits qu'en a tiré le fisc.
CADIX........	 738,258,691	330,606,627	1,068,865,318	56,259,960
LA COROGNE..	 106,967,818	4,843,226 32	111,811,045 9	3,828,663 17
MALAGA......	 6,631,440	1,350,928 30	7,982,368 30	250,104 21
BARCELONE...	 10,990,237	12,166,801 7	23,157,038 12	1,139,624 20
SAINT-ANDER..	 8,359,807	16,147,387 31	24,507,194 31	1,641,209 28
S. SEBASTIEN...	 2,544,388	20,020,586	22,564,974	2,062,628
ALICANTE.....		539,821	539,821	46,848
GIJON........	 845,174	647,315	1,492,489 8	50,405 5
VIGO........	 140,000	390,600	530,600	18,801 32
CANARIES....	 2,923,237	1,699,995 2	4,620,218 9	173,949 20
TOTAL.....	 877,660,778	388,410,289	1,266,071,067	65,472,195

Ce qui fait en piastres fortes..................... 63,303,553   3,273,609 15

L'importation des métaux de l'Amérique, & l'exportation des objets destinés à l'approvisionnement du Mexique & du Pérou, avoient été peu considérables durant la guerre, & on ne peut prendre ces états des deux premières années de paix, pour des données fixes. Il faut attendre celui de 1786 qui paroîtra au commencement de 1787. Nous oserons prédire qu'on y trouvera la quantité de métaux importés plus considérable qu'on ne le croit ; & qu'au lieu d'évaluer cette importation à 89 millions par année avec M. l'abbé Raynal, ou à une somme moins grande, comme le fait M. Necker, les importations de métaux seront, année commune, de plus de 120 millions.

Les états que nous venons de donner, offriront d'une année à l'autre les progrès de l'activité & du commerce espagnol ; & ils montrent dès-à-présent que les étrangers ne fournissent pas des cargaisons aussi considérables qu'on le croyoit, dans les exportations qui se font en *Espagne* pour l'Amérique. La valeur des productions & marchandises espagnoles, exportées pour l'Amérique en 1784, fut de 195,885,361 réaux de vellon ; celle des productions & marchandises étrangères, exportées aussi pour l'Amérique dans la même année, fut de 238,923,219 réaux : ainsi cette dernière n'excède pas la première d'un cinquième (1). La différence a été un peu plus forte en 1785 ; mais elle n'a pas été d'un quart : & il sera bien intéressant de suivre désormais cette lutte de l'industrie espagnole, contre l'industrie des nations étrangères.

M. Necker n'évalue qu'à 1600 millions les métaux d'or & d'argent, expédiés des Indes-occidentales, & reçus à Cadix & à Lisbonne, depuis 1763, jusqu'en 1777 : calculant ensuite, d'après les registres des hôtels des monnoies, l'augmentation du numéraire en France, dans cet intervalle de 15 ans, il trouve que le numéraire a augmenté de 600 millions : après avoir déduit de la somme totale des métaux, importés d'Amérique en Europe, par le commerce légitime ou le commerce interlope, la quantité de ces métaux qui ont passé, dans le même espace de temps, aux Indes, à la Chine, à l'Isle-de-France, au Levant & sur les côtes de Barbarie, il ne reste que 600 millions pour l'accroissement du numéraire des autres pays de l'Europe ; & il conclud que « l'accroissement du numéraire de la France, pendant 15 ans, paroît égal à l'accroissement du numéraire des autres pays de l'Europe, durant » le même intervalle. » Ce résultat doit être bien agréable aux françois ; mais il ne peut être juste. Au reste, l'auteur célèbre que nous venons de citer, se défie de toutes ses suppositions & de ses calculs, & il en avertit les lecteurs : les détails que voici démontreront qu'en effet il se trompe. Si les enregistremens des métaux, arrivés à Cadix

& à Lisbonne, depuis 1763, jusqu'en 1777, n'offrent qu'environ 1600 millions de métaux d'or & d'argent, l'Europe n'a reçu, année commune, des possessions espagnoles & portugaises en Amérique, qu'un peu plus de 106 millions par an. Mais il y a lieu de croire qu'elle en a reçu davantage : car enfin, d'après le relevé des douanes de 1784, les différens ports d'*Espagne* ont reçu 929,123,894 réaux de vellons, ou 232,280,973 liv. tournois en métaux ; & en 1785, d'après le même relevé des douanes, l'*Espagne* a également reçu d'Amérique, 877,660,778 réaux de vellons, ou 219,415,194 liv. en métaux. L'*Espagne* seule a donc reçu d'Amérique, dans les années 1784 & 1785, 451,696,167 liv. tournois en métaux, & quand on supposeroit que c'est le produit des mines, pendant quatre années, il en résulteroit que les seules mines du Mexique & du Pérou produisent aujourd'hui plus de 112 millions par année. Il faut observer que l'escadre espagnole avoit rapporté, en 1783, la plus grande partie des métaux qui se trouvoient au Mexique & au Pérou ; que les escadres espagnoles & françoises ont tiré une quantité considérable de métaux par la Havane, pendant la guerre ; que les citoyens des Etats-Unis en ont tiré par la même voie, & que ces retours de 1784 & 1785 sont tout au plus le produit des mines du Mexique & du Pérou, pendant quatre années. Enfin, il reste sur cet objet des points qu'on ne veuille pas regarder comme assez sûrs, qu'on attende les états de 1786 & de ceux des années qui suivront.

Il faut y ajouter ensuite la quantité d'or & d'argent que le Portugal a reçu de ses possessions d'Amérique, dans les années 1784 & 1785. Mais le cabinet de Lisbonne n'a point publié ces détails, & si on suppose que le port de Lisbonne a reçu, en 1784 & 1785, la quantité de métaux qu'il a reçus, année commune, depuis la découverte des mines, jusqu'en 1756 ; (cet intervalle étant de 60 ans, & les registres des flottes nous apprenant que le Brésil seul avoit envoyé en Portugal, 2,400,000,000 en or, c'est-à-dire, année commune, 40 millions ;) on verra que l'Europe a reçu d'Amérique, par la voie de l'*Espagne* & du Portugal, plus de 106 millions de métaux dans chacune des années qui se sont écoulées entre 1763 & 1777, & qu'elle en a reçu plus de 140.

L'exploitation des mines du Mexique & du Pérou a fait de grands progrès, il est vrai, depuis huit ou dix ans ; mais il est clair que les nouveaux succès des entrepreneurs des mines ne peuvent avoir augmenté le produit d'une quantité aussi forte que celle que nous trouvons plus par différence. Il paroît donc que les états, sur lesquels M. Necker a compté, d'après d'autres écrivains, dans l'intervalle de 1763 à 1777, sont

_____

(1) Mais elle a été de plus d'un cinquième, parce qu'on embarque dans les ports d'*Espagne* une quantité assez considérable de marchandises qui sont réputées nationales, & qui sont de fabrique étrangère.

trop foibles, & qu'ainfi, le numéraire des autres nations a pu s'accroître, dans une proportion plus rapprochée de celle de la France. Il feroit en effet iconcevable que l'Angleterre, qui depuis 1763, jufqu'en 1777, s'eft emparée de prefque tout l'or du Bréfil, n'eût pas elle feule augmenté fon numéraire de plus de 300 millions, dans cet intervalle de 15 ans : ainfi, le numéraire de la France a bien réellement augmenté de 600 millions, depuis 1763, jufqu'en 1777 ; mais le lecteur jugera fans doute que l'accroiffement réuni du numéraire des autres nations de l'Europe a été plus confidérable.

On fera d'autant plus difpofé à le croire, que M. Necker fait une autre évaluation trop foible dans la même partie de fon ouvrage. Il n'eftime que de 2 à 3 cens millions les parties non enregiftrées, qu'on a débarquées clandeftinement dans les ports d'Efpagne & de Portugal, la quantité de poudre d'or, apportée des côtes d'Afrique, & les productions des mines d'argent, éparfes dans toute l'Europe, depuis 1763, jufqu'en 1777. En prenant un terme moyen, on ne trouve qu'environ 16 millions par année. Les vaiffeaux qui reviennent d'Amérique, font feuls entrer une fomme au moins égale, dans les ports d'Efpagne & à Lifbonne ; & il y a lieu de penfer que les mines d'Europe en donnent, elles feules, une auffi forte fomme chaque année : car enfin, on tire 40 mille marcs de celles de Saxe, ou environ 2 millions : celles de Hongrie produifent à-peu-près 5 millions : celle du Hartz, felon M. Bufching, dont tout le monde connoît l'exactitude, mettent dans la circulation 802,866 rixdales par an, & quelques perfonnes évaluent à plus d'un million de roubles le produit de celles de la Sibérie ; & il y a des années où elles ont produit, dit-on, deux millions & demi de roubles.

Il feroit poffible d'augmenter la maffe des métaux & des denrées que l'Efpagne tire du Mexique & du Pérou. Pour atteindre le premier but, il fuffiroit que le gouvernement fît paffer des gens plus habiles dans la métallurgie, & qu'il fe relachât fur les conditions auxquelles on permet d'ouvrir des mines : mais ce fuccès ne feroit jamais que paffager. La raifon en eft fenfible. L'or & l'argent ne font pas des richeffes ; ils repréfentent feulement des richeffes. Ces fignes font très-durables, comme il convient à leur deftination. Plus ils fe multiplient, & plus ils perdent de leur valeur, parce qu'ils repréfentent moins de chofes. A mefure qu'ils font devenus communs, depuis la découverte de l'Amérique, tout a doublé, triplé, quadruplé de prix. Il eft arrivé que ce qu'on a tiré des mines, a toujours moins valu ; & que ce qu'il en a coûté pour les exploiter, a toujours valu davantage. La balance, qui penche toujours de plus en plus du côté de la dépenfe, peut rompre l'équilibre, au point qu'il faudra renoncer à cette fource d'opulence. Mais ce feroit toujours un grand bien que de fim-

plifier ces opérations, & d'employer toutes les reffources des fciences à rendre ce travail moins deftructeur qu'il ne l'a été.

On s'eft long-temps mépris fur la manière d'importer en Efpagne, les tréfors du Mexique & du Pérou. M. de la Enfenada comprit le premier que l'extraction en feroit impraticable, tout le temps que le commerce du nouveau-Monde feroit conduit comme il l'avoit été. Auffi, malgré les obftacles qu'on lui oppofa, malgré les préjugés qu'il falloit vaincre, fubftitua-t-il en 1740 des vaiffeaux détachés, à l'appareil fi antique & fi révéré des galions & des flottes. Il méditoit des changemens plus avantageux encore, lorfqu'une difgrace imprévue l'arrêta au milieu de fa brillante carrière.

La moitié du bien qu'avoit fait ce miniftre hardi & habile, fut annullée en 1756, par le rétabliffement des flottes : mais le mal fut en partie réparé huit ans après, par l'établiffement des paquebots qui, de la Corogne, devoient porter tous les mois à la Havanne les lettres deftinées pour les colonies feptentrionales, & tous les deux mois à Buenos-Aires pour les colonies méridionales. On autorifa ces bâtimens affez confidérables à fe charger à leur départ, des marchandifes d'Europe, & à leur retour des denrées d'Amérique.

La fortie des métaux étoit prohibée fous des peines capitales. On fe jouoit de cette défenfe très-mal calculée, puifqu'il falloit bien que le commerce étranger retirât la valeur des marchandifes qu'il avoit fournies. Les gouvernemens anciens, qui avoient pour les loix, le refpect qu'elles méritent, n'auroient pas manqué d'en abroger une, dont l'obfervation auroit été démontrée chimérique. Dans nos temps modernes, où l'on fuit trop fouvent les fantaifies des adminiftrateurs, & non des principes raifonnés, l'Efpagne fe contenta, en 1748, de permettre l'extraction de l'or & de l'argent, pourvu qu'on payât au fifc un droit de trois pour cent. Cette redevance fut portée vingt ans après à quatre, quoique des fraudes continuelles avertiffent fans ceffe le gouvernement qu'il étoit de fon intérêt de la diminuer.

L'an 1774 fut l'époque d'une autre innovation heureufe. Jufqu'alors toute liaifon entre les différentes parties du continent avoit été févérement profcrite. Le Mexique, Guatimala, le Pérou, &c. étoient forcément étrangers l'un à l'autre. Cette action, cette réaction qui auroient fait jouir toutes ces provinces des avantages que la nature leur avoit partagés, étoient placées au rang des crimes, & très-févérement punies. Mais pourquoi n'avoit-on pas étendu la profcription d'une ville à une autre ville ; d'une habitation à l'habitation voifine, dans le même canton ; d'une famille à une autre famille, dans la même cité ? Le doigt de la nature a-t-il tracé fur le fol qu'habitent les hommes, quelque ligne de démarcation ? Comment fous la même dénomination un lieu placé à égale diftance entre deux autres lieux, peut-il exercer librement à l'orient un privilège qui lui est interdit à l'occident ? Un pareil édit bien interprété ne signifie-t-il pas : défendons à chaque contrée de cultiver au-delà de sa propre consommation, & à chacun de leurs habitans d'avoir besoin d'autre chose que des productions de son sol. Une communication libre fut enfin ouverte à ces provinces, & on leur permit de se croire concitoyens, de se traiter en frères.

Une loi, du mois de février 1778, autorise tous les ports d'*Espagne* à faire des expéditions pour Buenos-Aires, à en faire pour la mer du sud. Au mois d'octobre de la même année, cette liberté a été accordée pour le reste du continent, excepté pour le Mexique qui ne doit par tarder à jouir du même avantage. Ce sera un grand pas de fait ; mais il ne sera pas suffisant, comme on s'en flatte, pour interrompre le commerce interlope, l'objet de tant de déclamations.

Tous les peuples, que leurs possessions mettoient à portée des établissemens espagnols, cherchèrent toujours à s'en approprier frauduleusement les trésors & les denrées. Les portugais tournèrent leurs vues vers la rivière de la Plata. Les françois, les danois, les hollandois sur la côte de Caraque, de Carthagène & de Porto-Belo. Les anglois qui connoissoient & qui pratiquoient ces voies, trouvèrent, dans les cessions qui furent faites à leur nation par les traités, des routes nouvelles pour se procurer une part plus considérable à cette riche dépouille. Les uns & les autres atteignirent leur but, en trompant ou en corrompant les gardes-côtes, & quelquefois aussi en les combattant.

Loin de remédier au désordre, il paroît que les chefs l'encourageoient le plus qu'il étoit possible : plusieurs avoient acheté leur poste ; la plupart étoient pressés d'élever leur fortune, & vouloient être payés des dangers qu'ils avoient courus en changeant de climat. Il n'y avoit pas un moment à perdre, parce qu'il étoit rare qu'ont fût continué de trois ou de cinq ans dans les places. Entre les moyens de s'enrichir, le moins dangereux étoit de favoriser la contrebande, ou de la faire soi-même. Personne, en Amérique, ne réclamoit contre une conduite favorable à tous. Si les cris de quelques négocians européens arrivoient à la cour, ils étoient aisément étouffés par des largesses versées à propos. Le coupable ne se mettoit pas seulement à l'abri de la punition, il étoit encore récompensé. Rien n'étoit si bien établi, si généralement connu que cet usage. Un espagnol qui revenoit du nouveau-Monde, où il avoit rempli un emploi important, se plaignoit à quelqu'un des bruits qu'il trouvoit semés contre l'honnêteté de son administration. « Si l'on vous calomnie, lui dit son ami, vous êtes perdu sans ressource ; mais si l'on n'exagère pas vos brigandages, vous en serez quitte pour en sacrifier une partie ; vous jouirez paisiblement & même glorieusement du reste » ;

Le commerce frauduleux continuera jusqu'à ce qu'on l'ait mis dans l'impossibilité de soutenir les frais qu'il exige, de braver les dangers auxquels il expose, & jamais on n'y parviendra que par la diminution des droits dont on a successivement chargé celui qui se fait par les rades espagnoles. Depuis même les sacrifices faits par le gouvernement, dans les arrangemens de 1778, si le navigateur interlope n'a pas 64 pour cent d'avantage sur les liaisons autorisées, comme le dit un auteur très-connu, il en a plus de 50.

La révolution qu'une politique judicieuse ordonne, formera un vuide & un grand vuide dans le trésor public : mais l'embarras qui en résultera ne sera que momentané. Combien de richesses couleront un jour de cet ordre de choses si long-temps attendu.

Il faut observer d'ailleurs, & cette remarque est frappante, qu'avec ses revenus de 170 millions, ou, comme le disent des hommes bien instruits, de 200 millions, le gouvernement d'*Espagne* est au moins aussi riche que d'autres nations qui perçoivent sur leurs sujets un revenu trois fois plus considérable ; d'abord il a très-peu de dettes, & cet article des dettes absorbe ailleurs près de 200 millions ; il paye très-peu de pensions, & l'on sait que le trésor royal de France, par exemple, en paye 28 millions : quelque soit la magnificence de la cour, elle n'égale pas le faste & la magnificence de telle autre cour, & l'on peut estimer qu'elle dépense trois fois moins : le département de la guerre & celui de la marine coûtent infiniment moins qu'en France, & il est beaucoup d'autres articles de dépenses, sur lesquelles la comparaison est à l'avantage de l'*Espagne* : enfin la population de l'*Espagne* n'étant pas la moitié de celle de la France, il est clair qu'on doit accorder moitié moins de ces graces, de ces dons & de ces places inutiles, qui d'abord consomment les revenus en pure perte, qui accoutument ensuite le peuple & les grands à demander, & qui finissent par établir, dans une nation, une classe infiniment nombreuse d'hommes & de femmes, qui s'enrichissent en surprenant des largesses, & en déterminant le ministre à de très-mauvaises opérations.

Ainsi les revenus de l'*Espagne* bien administrés, permettroient aux souverains de très-grands sacrifices pour l'encouragement des travaux utiles à la nation & au roi.

Au reste, il est un moyen de prospérité pour l'*Espagne*, qui, loin de s'affoiblir, acquerera tous les jours de nouvelles forces. C'est le travail des terres : rien n'offre des avantages plus sûrs & plus faciles, & rien ne seroit plus intéressant ; car enfin si l'espagnol a les plaisirs de l'oisiveté, il en a la misère : s'il redevient laborieux, sa vie sera moins triste ; il aura plus de jouissances ; il sera mieux nourri & mieux vêtu ; il se portera mieux ; il éprouvera moins d'ennui, & il verra que la fatigue du travail est préférable à celle de l'oisiveté.

Il est possible qu'on fasse prospérer les aromates, les épiceries de l'Asie, qui font annuellement sortir dix ou douze millions de la monarchie. Cet espoir est plus particuliérement fondé pour la canelle : elle croît naturellement dans quelques-unes des vallées des Cordelières. En la cultivant, on lui donneroit peut-être quelques-unes des qualités qui lui manquent.

Plusieurs provinces du Mexique récoltoient autrefois d'excellentes soies que les manufactures d'*Espagne* employoient avec succès. Cette richesse s'est perdue par les contrariétés sans nombre qu'elle a essuyées. Rien n'est plus aisé que de la ressusciter & de l'étendre.

La laine de Vigogne est recherchée par toutes les nations. Ce qu'on leur en fournit n'est rien en comparaison de ce qu'elles en demandent. Le plus sûr moyen de multiplier ces toisons précieuses ne seroit-il pas de laisser vivre l'animal qui les donne, après l'en avoir dépouillé ?

Qui pourroit nommer les productions que les vastes régions possédées par les espagnols en Amérique pourroient voir éclore ? Dans tant d'espèces de culture ne s'en trouveroit-il pas quelqu'une du goût des indiens ? quelqu'une ne fixeroit-elle pas de petites nations toujours errantes ? Distribuées avec intelligence, ces peuplades ne serviroient-elles pas à établir des communications entre des colonies, maintenant séparées par des espaces immenses & inhabités ? Les loix, qui sont toujours sans force parmi des hommes trop éloignés les uns des autres & du magistrat, ne seroient-elles pas observées ? Le commerce, continuellement interrompu par l'impossibilité de faire arriver les marchandises à leur destination, ne seroit-il pas plus animé ? En cas de guerre, ne seroit-on pas averti à temps du danger, & ne se donneroit-on pas des secours prompts & efficaces ?

Il faut l'avouer, le nouveau système ne s'établira pas aisément. L'habitude de l'oisiveté, le climat & les préjugés contrarieront ces vues salutaires : mais il y a lieu de croire que des lumières sagement répandues, des encouragemens bien ménagés, des marques de considération placées à propos, surmonteront tous les obstacles.

On accéléreroit beaucoup le progrès des cultures, en supprimant la pratique devenue générale des majorats ou successions perpétuelles, qui engourdit tant de bras dans la métropole, & qui fait encore plus de mal dans les colonies. Les premiers conquérans & ceux qui marchoient sur leurs traces, usurpèrent ou se firent donner de vastes contrées. Ils en formèrent un héritage indivisible pour l'aîné de leurs enfans ; & les cadets se virent en quelque sorte voués au célibat, au cloître ou au sacerdoce. Ces énormes possessions sont restées en friche, & y resteront jusqu'à ce qu'une main vigoureuse & sage en permette ou en ordonne la division. Alors le nombre des propriétaires, aujourd'hui si borné malgré l'étendue des terres, se

multipliera, & les productions se multiplieront avec les propriétés.

Les travaux avanceroient plus rapidement, s'il étoit permis aux étrangers d'y prendre part. Le chemin des Indes espagnoles leur fut indistinctement fermé à tous, à l'époque même de la découverte. Les loix prescrivoient formellement de renvoyer en Europe ceux qui y auroient pénétré de quelque manière que ce pût être. Pressé par ses besoins, Philippe II autorisa, en 1596, ses délégués à naturaliser le peu qui s'y étoient glissés, pourvu qu'ils payassent cette adoption au prix qu'on leur fixeroit. Cette espèce de marché a été renouvellé à plusieurs reprises ; mais plutôt pour des artistes nécessairement utiles au pays, que pour des marchands qu'on supposoit devoir un jour se retirer avec les richesses qu'ils auroient acquises. Cependant le nombre des uns & des autres a toujours été excessivement borné, parce qu'il est défendu d'en embarquer aucun dans la métropole, & que les colonies elles-mêmes, soit défiance, soit jalousie, les repoussent. Le progrès des lumières autorise à penser que cette insociabilité aura un terme.

Il faut le dire, le gouvernement de l'*Espagne*, qui laisse tant de choses à desirer, & qui, ayant à lutter contre des obstacles difficiles à surmonter, ne donne encore que des espérances sur des articles essentiels, suit à quelques égards des principes beaucoup meilleurs que d'autres pays où l'on croit avoir plus de lumières.

Il n'y a rien de vénal dans les charges de l'église, dans les armées, dans la magistrature ; on y récompense le mérite, sans s'embarrasser de la naissance. C'est peut-être le pays de l'Europe où un plébéien arrive plus aisément à la fortune. Les dispositions les plus heureuses n'y sont pas étouffées par l'impossibilité de l'avancement. La noblesse y est respectée sans doute ; mais en même-temps le champ de l'honneur est ouvert au simple soldat, & il obtient plutôt qu'ailleurs les dignités & les grades. Si un homme, né dans l'état le plus obscur, se distingue par ses lumières & ses vertus, il se trouve bientôt aux premières places. On y établit des impôts avec beaucoup de ménagement : l'impuissance de la nation oblige, il est vrai, à une partie de ces ménagemens ; mais le cabinet de Madrid montre sur cet objet une vivacité de zèle qui est digne d'éloges.

Il vient de soutenir une guerre longue & dispendieuse : on s'étoit vu obligé d'augmenter d'un tiers les tributs ordinaires. La paix étoit à peine signée, que le roi a soulagé ses sujets de ce fardeau : & depuis le 1er janvier 1784 on a cessé de percevoir les accroissemens d'impôts.

SECTION Ve.

Des troupes, de la marine, & des forces de l'Espagne.

Si l'on en croit les apologistes de l'*Espagne*, el

y trouve une armée vraiment nationale. « Les régimens font compofés en entiers de citoyens
honorables, de laboureurs claffés (quintas),
qui payent à leur patrie le tribut qu'ils lui doivent, & qui défendent leurs poffeffions en la
fervant. Leur engagement eft de huit ans ; & ,
durant cet intervalle, ils ont le droit de vifiter
plûfieurs fois leurs foyers. Les fentimens de cette
efpèce d'hommes font proportionnés à leur condition , & doivent affurer les fuccès de l'*Efpagne*.

» Dans aucun pays, le foldat n'a une certitude
» de fortune à-la-fois auffi brillante & auffi folide.
» Celui qui a fervi trente-cinq ans, a de droit
» fa retraite d'officier & une penfion de 400 liv.
» Mais avant ce terme éloigné il jouit , après
» quinze ans de fervice, d'une folde plus forte
» qui reçoit de nouvelles augmentations, à me-
» fure qu'il approche de la dernière époque. La
» compofition de cette armée & tous ces excel-
» lents réglemens datent du règne du roi ac-
» tuel ».

D'autres écrivains ne font pas autant de cas du
régime militaire. « Les troupes, dit l'auteur du
» *nouveau voyage en Efpagne*, fait en 1777 &
» 1778, font fur un très-mauvais pied ; & fi l'on
» excepte quelques régimens étrangers & celui
» des gardes efpagnoles, il exifte peu de régimens
» complets. La profeffion militaire eft tombée
» dans un tel difcrédit depuis la paix de 1748,
» que le roi, pour faire des recrues, n'a trouvé
» d'autre moyen que celui des quintas ; c'eft le
» nom qu'on donne aux foldats enrôlés par le
» fort : ils fervent fix ans, & ne manquent pas
» de retourner chez eux à l'expiration de ter-
» me, quelque bon traitement qu'on leur faffe
» éprouver. Il eft rare qu'un efpagnol s'enrôle de
» bonne volonté.

» L'ufage des quintas a plus d'un inconvénient ;
» il dépeuple les campagnes, il y répand une dé-
» folation continuelle, par la fréquence avec la-
» quelle il fe répète. Les fujets qui rentrent dans
» les bourgs & les villages, au bout de leur en-
» gagement, ayant contracté le goût du liberti-
» nage & de l'oifiveté, ne font plus propres qu'à
» corrompre leurs concitoyens.

» Deux raifons entr'autres ont dégoûté en *Ef-
» pagne* du parti des armes ; la crainte fondée
» d'être tranfporté aux Indes, & le traitement
» qu'éprouvèrent à la paix ces fameux grenadiers
» provinciaux, qui furent réformés & renvoyés
» chez eux, où ils portèrent & répandirent le
» dégoût & l'humeur que leur caufa cette manière
» de payer leurs fervices. Les quintas ont encore
» cela d'odieux, que les hidalgos ou fils de no-
» bles étant fort nombreux, la claffe qui fouffre
» de cette vexation en eft d'autant plus accablée :
» car les quintas n'empêchent pas qu'il n'y ait en
» *Efpagne* des milices particulières.

» Charles III a tenté inutilement plufieurs mo-

yens d'accréditer la profeffion militaire ; il a
» augmenté la paye du foldat ; il a eu foin qu'il
» fût bien traité ; il a recruté fes troupes, de va-
» gabonds, de gens fans aveux, & même de mal-
» faiteurs. Mais on s'eft bientôt apperçu des
» inconvéniens de cette compofition, & l'on a été
» obligé de recourir à la reffource violente des
» quintas, qui n'ont produit d'autre bien que d'a-
» voir multiplié les mariages, & qui font peut-
» être une des caufes qui ont augmenté la popula-
» tion en *Efpagne*. Mais combien de miférables
» n'ont-elles pas produit » ! Il ne nous appartient
pas de juger laquelle de ces deux opinions eft la
mieux fondée ; & fi nous nous fommes permis de
citer un paffage fur les inconvéniens de l'ufage
des quintas, c'eft afin d'attirer l'attention fur cet
objet important.

On a publié l'état fuivant de l'armée de terre
efpagnole.

Capitaines généraux, 3 ; lieutenans-généraux,
52 ; maréchaux de camp, 67 ; brigadiers, 129,
infpecteurs généraux, 6.

Maifon du roi. Gardes-du-corps, 3 compagnies ;
gardes-hallebardiers ; gardes-à-pied efpagnols, fix
bataillons ; gardes-à-pied wallons, 6 bataillons ;
brigade de carabiniers du roi, 4 efcadrons.

Infanterie. Chaque régiment eft de deux bataillons.

Régiment du Roi ; régiment du Prince royal ;
Gallicie ; Savire ; Corogne ; Afrique ; Zamore ;
Soria ; Cordova ; Guadalaxara ; Seville ; Grenade ;
Victoria ; Lisbonne ; *Efpagne* ; Tolède ; Mayor-
que ; Burgos ; Maria ; Léon ; Irlande ; Cantabrie ;
Afturie ; Ceuta ; Navarre ; Hibernia ; Altonia ;
Arragon ; Oran ; volontaires d'Arragon ; Catalo-
nie, deux régimens ; Amérique ; Princeffe ; Eftre-
madura. Régimens italiens, Naples, milan ; régi-
mens wallons, Flandre, Brabant, Bruxelles ;
régimens fuiffes, Bruch, Saint-Gall, Ehaler,
Boftchard.

Artillerie. Ce corps eft compofé de 5 bataillons
& d'une compagnie de cadets gentilshommes. Le
nombre des officiers eft de 72. Le corps du Génie a 10 directeurs, 10 colonels, 20 lieutenans-
colonels, 30 capitaines, 40 lieutenans-capitaines
& 40 adjudans.

Cavalerie. Chaque régiment eft compofé de 4 efcadrons. Le régiment du Roi ; de la Reine ; du
Prince ; Infant ; Bourbon ; Farnèfe ; Alcantara ;
Efpagne ; Algarve ; Calatrava ; Sanjago ; Mon-
tefa ; Granada ; Volontaires.—Dragons du Roi ;
de la Reine ; Almanfa ; Paire ; Villaviciofa ; Sa-
gunto ; Numancia ; Lufitanie.

Les régimens de la milice provinciale font au
nombre de 42, chacun d'un bataillon. Le régiment de la milice réglée de Mayorque eft compofé de deux bataillons.

Milice des villes. A Cadix, 20 compagnies ; à
Puerto de Santa-Maria, 9 ; à Saint-Roch, 13 ;
à Carthagène, 9 ; à Zeata, 5 ; à Badajoz ; 14 ;

à Albuquerque, 8; à Alcantara, 6; à Valence, 7; à la Corogne, 12; à Cividad-Rodrigo, 9; & à Tarifa, 4.

Compagnies de garnison. Une de fusiliers, à Saint-Roch; une de cavalerie de Lanzas, à Ceuta; une de cavalerie de Moros-Almogatages, à Oran, & 10 compagnies sur la côte de Grenade.

Le corps des invalides est composé de 46 compagnies, & réparti dans les provinces.

Les espagnols construisoient autrefois des vaisseaux prodigieusement lourds, mais forts comme des châteaux & terribles dans le combat. Les anglois les craignoient, les fuyoient presque toujours, & en étoient souvent maltraités. Ces vaisseaux étoient si bien garnis d'hommes & de canons, qu'on a vu au combat de Toulon, le royal-Philippe entiérement démâté, rasé comme un ponton, soutenir un très-long combat, se faire remorquer & se sauver malgré tout le feu de la flotte angloise.

Les espagnols se dégoûtèrent de cette construction massive qui leur étoit particuliere. Ils adoptèrent la construction angloise; étonnés de la légéreté & de la prompte manœuvre des vaisseaux de cette nation, ils détruisirent leurs vieilles forteresses.

Le gouvernement a adopté depuis la construction françoise, qui paroît tenir un juste milieu entre l'ancienne construction espagnole & l'angloise. Il demanda à la cour de France & obtint un constructeur. M. Gauthier, qui étoit attaché au département de Toulon, alla en *Espagne*, où il fut sur le champ agrégé à la marine.

On publia, il y a deux ans, l'état que voici de la marine d'*Espagne*.

Il y avoit au Ferrol, 16 vaisseaux de ligne, 13 frégates & 11 sloops en état de servir; 4 vaisseaux de ligne & 2 frégates en réparation, 3 vaisseaux de ligne & 2 frégates en construction, 2 vaisseaux de ligne & deux frégates que l'on devoit détruire.

A la Corogne, 9 vaisseaux de ligne, 7 frégates & 9 sloops en état de servir, 2 vaisseaux de ligne & une frégate en construction, un vaisseau de ligne & 2 frégates en réparation.

A Cadix, 21 vaisseaux de ligne, 7 frégates & 11 sloops ou barques d'avis en état de servir; 7 vaisseaux de ligne en construction, 5 vaisseaux de ligne en réparation, 3 vaisseaux de ligne qui devoient être détruits.

A Carthagène, 4 vaisseaux de ligne & 2 frégates en état de servir, un vaisseau de 60 canons & 3 frégates en construction, 4 frégates en réparation, & 2 frégates déclarées hors d'état de servir.

A Malaga, 3 vaisseaux de ligne & 5 frégates en état de servir, un vaisseau de 70 canons & une frégate en construction, un vaisseau de 60 canons, & une frégate de 40 en réparation.

A Majorque, 2 frégates de 38 canons chacune en construction, & un vaisseau de 24 en réparation.

A la Havane, 7 vaisseaux de ligne en état de servir, & 5 vaisseaux de ligne en construction.

Selon ce calcul, l'*Espagne* avoit 72 vaisseaux de ligne outre les frégates, c'est-à-dire, une marine plus nombreuse que dans les deux derniers siècles.

L'*Espagne* a toutes ses frontières bien assurées. Du côté de la France, elle a pour rempart les Pyrénées; ses côtes sont garnies de places fortes, d'un grand nombre de redoutes, de forts & de tours; & dans l'intérieur du pays, une armée ennemie trouve peu de commodités; la cavalerie surtout y manque de fourrage, & ce qu'elle en trouve est très-difficile à rassembler.

SECTION VIᵉ.

Des conseils d'administration, des tribunaux, de la jurisprudence & des loix de l'Espagne.

Il y a en *Espagne* onze collèges supérieurs. Les affaires d'état importantes sont examinées au conseil d'état (*consejo de estado*), créé en 1626 par l'empereur Charles V. Il est composé d'un doyen & de quelques conseillers: les secrétaires d'état font exécuter les décisions de conseil, & ils sont chargés d'ailleurs d'un très-grand nombre de détails relatifs à la guerre, à la marine, aux Indes & aux finances.

Le suprême conseil de guerre, (*el consejo supremo de guerra*). Le roi Philippe l'érigea en 1714: il y a parmi les conseillers un secrétaire, un fiscal & trois assesseurs qui sont ministres du conseil royal de Castille.

Le conseil royal suprême (*el consejo real y supremo de su magestad*), ou le conseil royal de Castille. (*el consejo di Castilla*), est le tribunal suprême du royaume. Le roi Philippe III le partagea en 1608, en cinq chambres, dont chacune connoît d'une certaine nature d'affaires. La premiere (*sala primiera del govierno*) est composée d'un président, de sept conseillers & de deux fiscaux. La seconde est composée de quatre conseillers; celle des quinze cents (*sala de mil y quiniencas*) de cinq; celle de justice de quatre, & la chambre provinciale (*sala de provincia*), également de quatre: cette derniere a en outre un président (*governador*), deux juges qui prononcent sur les compétences, & un qui termine les discussions relatives aux ministres. Les provinces sont partagées entre sept conseillers ou ministres de la premiere chambre. Quelques affaires sont terminées en plein conseil, c'est-à-dire, par les sept chambres réunies: on y trouve alors un président, quatorze conseillers, deux fiscaux, trois *argentes fiscales* (substituts), sept référendaires & sept secrétaires. Ce conseil est réuni à la chambre royale de Castille (*la real camera de Castilla*), laquelle est composée d'un fiscal, secrétaire du patronat royal eccléfiaftique de Caftille (*del patronato real ecclefiaftico de Caftilla*), qui fait fes rapports direêtement au roi, & reçoit auffi immédiatement les ordres de fa majefté; d'un fecrètaire de grace, de juftice & d'état de Caftille; d'un fecrètaire de grace & de juftice du domaine royal de la couronne d'Arragon.

Le confeil royal fuprême des Indes (*confejo real y fupremo de Indias*) eft compofé d'un préfident, de deux fifcaux, dont l'un eft pour le Pérou, & l'autre pour la nouvelle-*Efpagne*; de deux fecrétaires, dont les départemens font partagés comme ceux des fifcaux & de quelques employés. Ce tribunal a la jurifdiêtion fur mer, & fur toutes les provinces de Terre-ferme en Amérique foumifes à la domination efpagnole.

Le confeil royal des ordres (*el confejo de los ordines*), érigé en 1489, eft partagé en deux chambres, dont l'une n'eft que pour l'ordre de S. Jacques, & l'autre pour les deux ordres de Calatrava & d'Alcantara. Ce confeil juge toutes les affaires qui concernent ces trois ordres.

Le confeil royal des finances (*el confejo real de hazienda*) fut divifé en quatre chambres par Philippe V : elles font nommées *fala de govierno* (chambre du gouvernement), *fala de milones* (falle des millions), *fala de jufticia* (chambre de juftice), & *tribunal de la contaduria mayor* (chambre fupérieure des comptes). Ce confeil eft compofé d'un préfident & de dix-huit confeillers qui demeurent toûjours en fonêtion.

Les autres collèges fupérieurs font : 1°. le commiffariat & la direêtion générale de la bulle des croifades (*commiffaria y direêtion general de cruzada*); il a pour préfident un commiffaire général : 2°. le collège royal de gruérie & des bâtimens (*real junta de obras y bofques*) : 3°. la junte générale du commerce, des monnoies & des mines; & 4°. la junte royale du tabac.

Le tribunal général de l'inquifition a un grand nombre de ce qu'on nomme familiers (*familiares*), lefquels font chargés de l'exécution de fes jugemens, & difperfés par tout le royaume comme infpeêteurs. Les écrivains efpagnols & étrangers ont évalué à 20 mille le nombre de ces familiers : ce nombre a pu être auffi confidérable; car les familiers ayant plufieurs privilèges, tel que celui d'exemption de logement, des gens de guerre, les inquifiteurs donnoient facilement des patentes. Mais l'adminiftration a réformé ces abus : elle a fupprimé les privilèges des familiers; & comme il en coûte de l'argent pour fe faire recevoir, on ne fe foucie plus d'acheter une patente qui n'eft plus d'aucun avantage : enfuite le grand inquifiteur paffe fa vie à la cour, & un mot du miniftre a fuffi d'abord pour arrêter ces abus. Ce n'eft pas tout, on a publié une loi qui fixe le nombre des tribunaux de l'inquifition, &, d'après la grandeur des villes & des cantons, celui des familiers : il

patoît que l'inquifition n'a pas aêtuellement, en 1786, plus de 1500 familiers. Le tribunal général a fous lui les tribunaux d'inquifition inférieurs établis à Séville, à Tolède, à Grenade, à Cordoue, à Cuença, à Valladolid, à Murcie, à Lérena, à Logrono, à Santiago, à Sarragoffe, à Valence, à Barcelone & à Majorque; & hors du royaume, dans les ifles Canaries, au Mexique, à Carthagène & à Lima. Chacun de ces tribunaux eft compofé de trois inquifiteurs, de deux fecrétaires, d'un alguafil & de quelques familiers. Lorfqu'il s'agit d'arrêter un ecclefiaftique, ou un chevalier de quelque ordre, ou un gentilhomme, ils font obligés d'en donner avis au confeil général, auquel d'ailleurs toûs les tribunaux inférieurs du royaume doivent rendre compte chaque mois de l'état des biens confifqués; & à la fin de l'année, des affaires qu'ils ont jugées & du nombre de leurs prifonniers.

Les collèges inférieurs établis à la fuite de la cour (*tribunales fubalternos en la corte*), font : le tribunal du juge de la maifon & cour royale (*fala de los fenores alcades de la cafa y coite*); la *junta de opofento*, & le *corregidor thenientes de la villa*.

Les premiers tribunaux provinciaux font : la chancellerie royale de Valladolid; la chancellerie royale de Grenade; le confeil royal & la chambre des comptes de Navarre; l'audience royale de la Corogne en Galice; l'audience royale de Séville; celles d'Oviédo, des ifles Canaries, de la contraêtation des Indes établie à Cadix (*audiencia real de la contraêtacion à las Indias*); d'Arragon, de Valence, de Catalogne, de Majorque. Les chancelleries ont un préfident, des affeffeurs, des juges pour le criminel (*alcades del crimen*); des juges pour les gentilshommes (*alcades de hijos-dalgo*), des fifcaux, &c. Le confeil royal de Navarre a un régent, des confeillers, un fifcal & des alcades; chaque audience a un régent, des alcades & autres employés. Les magiftrats des villes, qui font nommés ou par le roi, ou par les villes elles-mêmes, font chargés de l'adminiftration civile & économique. Ils rendent la juftice en première inftance, & aucune chancellerie d'audience n'ofe fe mêler des affaires, fi ce n'eft en cas d'appel.

Outre les ordonnances royales & les loix rédigées aux états de Toro, on fuit encore en *Efpagne* les anciens codes, appellés *fora & fruero zuzgo, leyes de la partida*, ou le droit romain.

SECTION VIIe.

Des intérêts politiques de l'Efpagne.

Le cabinet de Madrid doit s'occuper, 1°. du maintien de l'autorité du roi contre les grands, contre le clergé, & contre l'inquifition, d'où dépend le repos & le bonheur de la nation ; 2°. de la conservation de ses domaines aux Indes, & surtout en Amérique : & pour remplir cet objet, une bonne marine ne suffit plus. La révolution des Etats-Unis oblige à d'autres soins ; & les mouvemens qui arrivent au Mexique & au Pérou, depuis quelques années, exigent des précautions infinies. Jusqu'ici, le gouvernement espagnol a joui de beaucoup de sécurité dans le Pérou, parce qu'il est bien difficile d'y aller par terre, & que du côté de la mer, on ne peut y aborder, qu'en faisant le tour de l'Amérique-méridionale, ou bien par les Indes-orientales ; ces voyages entraîneroient des difficultés innombrables, & il seroit difficile d'y transporter des troupes nombreuses, sans les exposer à des maladies & à d'autres incommodités qui affoibliroient trop l'armée. Le célèbre chevalier Walpole prévit tous ces obstacles, lorsqu'en 1739, la nation angloise força le roi de porter la guerre en Amérique. Le désastre de l'armée britannique devant Carthagène & aille rs, justifièrent ce ministre, qui avoit soutenu si souvent, qu'*il n'y avoit que des coups à gagner dans une pareille guerre, & que le succès même seroit préjudiciable au commerce de la Grande-Bretagne.* Mais les Etats-Unis, trop sages aujourd'hui pour songer à des conquêtes, favoriseront un jour les entreprises qui les admettront au partage des trésors du Mexique & du Pérou : & l'*Espagne* sera réduite à ménager & à surveiller ses établissemens avec une grande attention. 3°. Cette puissance doit s'occuper de la protection de sa navigation aux Indes pour l'envoi & le retour de ses galions, & des autres vaisseaux qui appartiennent à la couronne ou aux particuliers. Les anglois ont tenu plus d'une fois les flottes espagnoles bloquées dans les ports d'Amérique, & en les privant de ces ressources, ils l'ont mis dans la détresse. 4°. L'*Espagne* doit s'occuper de l'accroissement de sa population. 5°. De l'accroissement du commerce, de l'industrie, de la perfection de l'agriculture, &c. 6°. Du maintien d'un prince de la maison de Bourbon sur le trône d'*Espagne* ; car alors, elle n'a plus guères lieu de craindre des démêlés avec la France ; mais, d'un autre côté, elle est intéressée au maintien de la sanction pragmatique, établie par la paix des Pyrénées, & confirmée par tous les traités ; suivant cette pragmatique, *la France & l'Espagne ne pourront jamais être réunies sous un même chef :* & une pareille réunion seroit trop dangereuse pour le repos de l'Europe, & elle réduiroit l'*Espagne* en province. 7°. Si la maison de Bragance venoit à s'éteindre, ou qu'il arrivât quelqu'autre révolution considérable en Portugal, l'*Espagne* chercheroit peut-être à reconquérir un royaume qui a été si long-temps sous sa domination, & qui est si fort à sa bienséance. Mais il faudroit calculer ses moyens ; & si son crédit n'étoit pas plus étendu qu'il ne l'est aujourd'hui, elle courroit des dangers en entreprenant

la guerre que produiroit cette prétention. 8°. L'arrangement des finances est un des principaux objets de l'administration, & la source des succès de tous les autres.

Voici la conduite particulière qu'elle observe, ou qu'elle doit observer à l'égard des puissances de l'Europe. Le Portugal ne sauroit par lui-même inspirer de crainte à l'*Espagne*, dont les forces de terre & de mer sont supérieures. Mais, lorsque les espagnols sont en guerre avec d'autres ennemis, les portugais peuvent faire des diversions, capables d'incommoder beaucoup l'*Espagne*. Au reste, le cabinet de Lisbonne & celui de Madrid se prêtent à un accommodement, lorsqu'il se présente un sujet de rupture ; & on a lieu de croire que les deux nations ne se déclareront pas la guerre de si-tôt.

La France a été de tout temps fort à craindre pour l'*Espagne*, & elle le seroit encore, si les liens du sang, les mariages & le système des deux couronnes les réuniroient leurs intérêts. Car, si la nature semble avoir séparé ces deux nations par la barrière effrayante que forment les Pyrénées, on a vu plus d'une fois les espagnols, ainsi que les françois, franchir ces montagnes presque inaccessibles, & s'attaquer avec un acharnement d'autant plus vif, qu'il étoit excité par une antipathie nationale. Mais cette aversion a disparu depuis le commencement du dix-huitième siècle, c'est-à-dire, depuis qu'un prince françois règne en *Espagne*. Cependant, comme les intérêts peuvent changer, & que l'amitié des deux monarques peut s'affoiblir, à mesure que les degrés de parenté s'éloigneront, l'*Espagne* doit toujours être sur ses gardes, & ne rien négliger pour entretenir en bon état ses ports de mer & les places fortes, dont les Pyrénées sont remplies. Il convient d'ailleurs à la cour de Madrid d'entretenir toujours une bonne harmonie & des liaisons d'amitié avec celle de Versailles, qui peut faire réussir ses vues politiques & protéger ses possessions étrangères.

L'*Espagne* doit ménager extrêmement l'Angleterre ; d'abord, parce que celle-ci est de toutes les puissances du monde la plus formidable sur mer, & que le roi de la Grande-Bretagne peut inquiéter, non-seulement les espagnols en Amérique, mais aussi troubler leur navigation ; ensuite, à cause des intérêts du commerce important qui se fait entre les deux nations ; car, quoique ce commerce soit au désavantage de l'*Espagne*, elle a eu besoin jusqu'ici de ce commerce désavantageux, & les autres peuples commerçans n'ont pu encore lui fournir ni la quantité, ni la qualité d'ouvrages, de grains, ou autres articles qui lui sont nécessaires. Au reste, trois causes peuvent brouiller ces deux puissances ; 1°. le roi d'*Espagne* étant de la maison de Bourbon, finit ordinairement, après bien des lenteurs, par favoriser les vues de la France, rivale naturelle de l'Angleterre ; 2°. l'*Espagne* voit avec beaucoup de jalousie, les anglois maîtres, au milieu de son territoire, de Gibraltar, place forte, de la plus grande importance; 3°. les négocians anglois trouvent tant d'avantages dans le commerce de contrebande, qu'ils font sur les côtes des possessions espagnoles en Amérique, qu'ils n'y renonceront jamais, & d'un autre côté, le cabinet de Madrid en souffre trop pour le permettre. Il entreprit la guerre de 1756 pour maintenir son droit naturel à cet égard, & la paix de 1763 lui avoit donné satisfaction; mais l'appât du gain a rendu les anglois infracteurs du traité, leurs vaisseaux reparoissent à tout moment dans ces parages, & cet objet de discorde subsistera toujours.

Les Provinces-Unies furent un ennemi dangereux pour l'*Espagne*, lorsqu'elles en eurent secoué le joug, & jusqu'à la paix de Munster; mais aujourd'hui, les deux puissances ont un intérêt véritable à maintenir cette bonne harmonie, dont leur commerce réciproque tire de si grands avantages, sur-tout quand l'*Espagne* est en guerre avec l'Angleterre, ou avec la France; &, comme la politique des hollandois a toujours rapport à l'accroissement ou à la conservation de leur commerce, il est probable qu'ils se détermineront avec peine à une rupture avec la cour de Madrid. D'ailleurs, la situation locale de l'*Espagne* & de la Hollande est telle, qu'elles ne sauroient songer à conquérir leurs domaines mutuels, sur-tout depuis que la Flandre espagnole appartient à la maison d'Autriche.

Le cabinet de Madrid cherche à ménager l'amitié du corps helvétique, non-seulement à cause des troupes suisses qu'il en tire, mais pour l'engager à observer la neutralité, lorsque l'*Espagne* prend part aux troubles qui naissent si souvent en Italie.

Depuis que l'*Espagne* n'a plus en Italie les provinces considérables qu'elle y possédoit autrefois, les seuls intérêts qui lui restent à y ménager, ont rapport à l'enchaînement des affaires générales de l'Europe & au maintien de l'équilibre. Elle doit tâcher néanmoins de s'y former, d'y entretenir un parti & de cultiver l'amitié de tous les princes & de toutes les républiques qui pourroient s'opposer aux progrès, ou de la maison d'Autriche, ou du roi de Sardaigne, s'ils vouloient trop s'agrandir. A l'égard du pape, le roi catholique doit observer la même politique envers le saint-siège, que le roi de Portugal, c'est-à-dire, qu'il doit ménager son amitié, en cherchant néanmoins à resserrer peu à peu les bornes de son pouvoir en *Espagne*. C'est le moyen de faire servir à l'avantage de l'état une partie des trop grandes richesses du clergé espagnol; &, si, dans des besoins pressans, la cour de Madrid obtient de Rome la permission de lever des dîmes sur les biens ecclésiastiques, ou d'exiger des dons gratuits des gens d'église, elle peut envisager ces richesses comme des ressources en cas de nécessité.

Tant que l'*Espagne* n'aura point de vues particulières sur l'Italie, les relations avec l'Empire ou le corps germanique seront très-foibles; car elle se trouve trop éloignée de l'Allemagne, & elle n'a de commerce qu'avec les villes anséatiques. Aucun des princes du corps germanique n'entretient d'ailleurs des escadres propres à lui donner la moindre inquiétude. Mais l'Empire pouvant nuire d'une manière indirecte au système politique de la cour de Madrid, ou le favoriser par la liaison générale des affaires de l'Europe, elle envoie ordinairement un ambassadeur à la diète d'élection, lorsque le trône impérial est vacant; elle cherche à y faire placer un candidat qui soit à sa bienséance; & si elle forme quelque projet sur l'Italie, la maison d'Autriche se présente sur son chemin, & s'oppose à ses vues. On ne parle pas des Pays-Bas espagnols, possédés aujourd'hui par cette même maison. Il ne seroit ni de la justice, ni de l'intérêt du roi d'*Espagne*, de chercher à revendiquer des provinces qu'il a cédées si solemnellement, qui sont si éloignées & si difficiles à reconquérir. Si la Prusse continue à faire des progrès dans ses manufactures & sa navigation, l'*Espagne* peut former avec cette puissance des liaisons avantageuses, & conclure un traité de commerce, qui a déjà été projetté: elle se procurera alors plus aisément les toiles de Silésie, les bois & plusieurs autres marchandises nécessaires à sa consommation & à celle de ses colonies.

L'éloignement de la Pologne lui interdit les relations avec l'*Espagne*: cette contrée n'a d'ailleurs ni port de mer, ni flotte, ni commerce maritime; & il n'est pas vraisemblable qu'un prince d'*Espagne* songe jamais à obtenir le trône de ce pays.

La navigation marchande de la Russie est très-foible, & elle ne peut avoir beaucoup de liaisons directes avec l'*Espagne*. Mais le cabinet de Pétersbourg se mêle aujourd'hui de presque toutes les affaires; & il faut, dans la politique, ménager les puissances qui ont des succès bien ou mal fondés.

Quant à la Suède & au Danemarck, ces deux puissances du nord n'ont pas des forces navales assez considérables pour attaquer les possessions espagnoles, ou nuire à leur navigation. Elles se nuiroient à elles-mêmes, & il est de leur intérêt d'encourager le commerce que font les négocians danois, suédois & norwégiens avec l'*Espagne*, en y envoyant les productions du nord, dont les espagnols ne sauroient guère se passer. Ensuite l'*Espagne* peut faire construire en Norwège des vaisseaux pour sa marine, & dans un besoin elle pourroit trouver chez ces puissances, des escadres, des flottes prêtes, & même quelques subsides. Il convient donc au roi catholique de ménager toutes les puissances qui ont des ports sur la mer Baltique.

La situation des affaires de l'Europe & de l'Asie

est telle aujourd'hui que l'*Espagne* n'a rien à craindre de la Porte ottomane ; mais elle est presque toujours en guerre avec les pirates de la côte de Barbarie, avec le roi de Maroc, &c. Comme elle possède sur cette côte le Pénon de Velez, Oran, Arzille, Ceuta, &c. les villes de Tunis, d'Alger & autres seroient sans doute à sa bienséance ; mais la conquête en paroît impossible dans l'état actuel des choses : les autres puissances européennes s'y opposeroient, & le cabinet de Madrid se souviendra long-temps du dernier débarquement qu'il a entrepris sur la côte d'Alger. L'*Espagne* doit donc borner ses vues à la défense des présides d'Afrique, & elle semble avoir peu de chose à craindre des maures. Les pirateries des barbaresques font peu de mal à l'*Espagne* ; car les navires étrangers apportent dans les ports d'*Espagne* les marchandises de la côte d'Afrique, & ils chargent celles de l'*Espagne* : la navigation aux Indes est protégée par des vaisseaux de guerre, contre lesquels les barbaresques ne se font jamais mesurés avec succès : ce qu'elle y trouve de plus facheux, c'est l'esclavage & la misère d'un si grand nombre de ses sujets qui tombent entre les mains des maures. Les attentats des pirates pourroient être réprimés aisément par la puissance espagnole, si elle vouloit employer les secours de la France ; mais nous avons dit à l'article BARBARESQUES comment il arrive qu'on souffre les pirateries.

Voyez les articles NAVARRE, MEXIQUE, PÉROU, CHILI, PARAGUAY, PHILIPPINES, CUBA, DOMINGUE (St.), & en général les articles particuliers des diverses possessions espagnoles.

ESPION : on donne ce nom à ceux qui font trafic des secrets d'un gouvernement, d'un ministre, d'un général, &c. Cette classe d'hommes si dangereuse & si avilie a toujours été commune : on en trouve souvent auprès des princes, dans les bureaux des ministres, parmi les officiers des armées, dans les cabinets des généraux, dans les villes ennemies, dans le plat pays, & même dans les couvens.

Il y a plusieurs sortes d'*espions* ; les uns s'offrent d'eux-mêmes ; les autres se rendent aux sollicitations d'un ministre, d'un général, ou de ceux qui sont chargés d'affaires publiques ou particulières. La cupidité est ordinairement le motif qui les détermine à accepter une pareille commission ; & si le patriotisme a décidé quelquefois des hommes courageux à jouer le même rôle, ces cas font très-rares, & ce patriotisme étoit mêlé d'ambition. Chaque prince, chaque ministre & chaque général, veut découvrir les desseins de son ennemi, & ils cherchent tous à avoir de bons *espions*.

Nous ne chercherons pas à donner ici la théorie de l'espionage ; l'habitude des affaires apprend tout ce qu'on doit savoir là-dessus ; & la circonspection, la réserve & la dissimulation indiquent assez

les combinaisons d'adresse ou d'astuce qu'il est nécessaire d'employer. Les détails dans lesquels nous allons entrer, sont plutôt destinés aux lecteurs simples qui ne connoissent pas les petits mystères des gouvernemens, qu'aux administrateurs ou aux hommes en place.

En général, on tire des lumières des *espions*, & jamais on ne s'ouvre entiérement à eux. Dans la même affaire, on en emploie plusieurs qui ne se connoissent pas : on ne communique avec eux qu'en secret. On les entretient souvent de choses, sur lesquelles on ne se soucie pa d'être éclairé. On les fait parler beaucoup : on leur dit peu de chose, afin de connoître leur caractère & leur intelligence.

On fait espionner les *espions*, afin de savoir s'ils ne sont point doubles : cette belle expression d'*espion double* signifie un traitre accrédité auprès des deux partis, ce qui arrive souvent. Lorsque, sur le rapport séparé de plusieurs, on croit être sûr qu'ils disent la vérité, on les fait garder séparément. Si c'est pour exécuter une entreprise, on les mène de différens côtés, on les questionne souvent, & l'on voit s'ils se rapportent dans les faits.

Il y a une troisième sorte d'*espions*, ou au moins de gens de qui on tire des connoissances certaines. Ce sont les gens du pays, que leurs affaires particulières attirent dans le camp ou dans les villes, & les prisonniers.

Jamais on ne questionne les premiers : on les entretient, & on les fait entretenir par des gens d'esprit qui, sans montrer de curiosité, les font assez parler pour apprendre d'eux ce qu'on veut savoir.

On questionne les prisonniers, plus ou moins durement, selon leurs caractères ; mais on a toujours soin alors de les séparer l'un de l'autre. On se conduit avec eux avec prudence. Ce n'est que par de longs détours qu'on découvre ce qu'on veut savoir, afin qu'ils ne fassent pas attention à ce qu'ils ont dit, & que de retour dans leur camp, ils ne puissent avertir leur général des projets de l'ennemi ; car le général ne manqueroit pas de lâcher des *espions* doubles, ou des transfuges, pour donner des notions différentes sur ce qu'on a voulu pénétrer, & faire ainsi prendre de fausses mesures.

Les *espions* qu'on peut avoir dans les monastères de certains pays, sont les meilleurs & les plus sûrs. Le gouvernement des consciences est un empire secret qui n'est pénétré de personne, & qui pénètre tout, disent les écrivains qui traitent ces matières ; & parmi les maux & les crimes qu'occasionne la guerre, celui-ci n'est pas le moins scandaleux. Au reste, l'emploi de ces sortes d'*espions* paroît infaillible dans une place occupée par un prince d'une différente religion, ou dans un état qui vient de changer de maître.

On confie l'espionnage à des femmes ; on les

introduit dans une ville ou dans un camp ; on les charge de porter des lettres, parce qu'elles font moins foupçonnées que les hommes. On a foin de les choifir jolies, & c'eft encore un fcandale qu'on croit quelquefois devoir ajouter à tant d'autres.

Quand des *efpions* ou des émiffaires font affez habiles & affez fideles pour s'acquitter de la commiffion dont on les charge, on fe contente de leur donner un mot du guet, qui leur fert de lettre de créance auprès de la perfonne avec qui on eft d'intelligence.

Si on eft forcé de donner des lettres, on les écrit de différentes manières, & de façon que fi elles tombent entre les mains de l'ennemi, il n'y puiffe rien deviner.

Quand le turc fait la guerre aux européens, il fe fert pour *efpions* & pour guides, de foldats nés fur la frontière, qui parlent hongrois, font vêtus à la hongroife & favent les chemins. Il emploie auffi les rénégats du pays, qui feignent de s'être fauvés des prifons, ou bien des payfans tributaires, ou des juifs, ou des prifonniers qu'il corrompt.

On punit communément les *efpions* du dernier fupplice : la peine n'eft pas trop forte ; car ils trament des complots qui peuvent coûter la vie à une armée entière. Ce métier ne pouvant guère s'exercer fans quelque efpèce de trahifon, & fans s'expofer à une mort infame, le fouverain n'a pas le droit d'exiger un pareil fervice de fes fujets, fi ce n'eft peut-être, difent encore les écrivains politiques, dans quelque cas fingulier & de la plus grande importance. Mais les gens qui fe dévouent volontairement à ce métier, font toujours en fi grand nombre, qu'il n'eft jamais befoin de l'ordonner à perfonne ; & avant d'exercer fon autorité fur une matière fi délicate, il eft indifpenfable de faire toutes les perquifitions poffibles pour trouver des hommes de bonne volonté. Si les *efpions* qu'emploie un prince viennent s'offrir d'eux-mêmes, ou s'il ne féduit que des gens qui ne font point fujets de l'ennemi, & qui ne tiennent à lui par aucun lien, prefque tout le monde convient qu'il peut légitimement & fans honte, profiter de leurs fervices. Mais eft-il permis, eft-il honnête de folliciter les fujets de l'ennemi, de les exciter à trahir leur patrie, & à nous fervir d'*efpions* ?

La demande fe réduit en général à favoir s'il eft permis d'exciter les fujets de l'ennemi à manquer à leur devoir par une honteufe trahifon. Il faut diftinguer ce qui eft dû à l'ennemi, malgré l'état de guerre, & ce qu'exigent les loix de la confcience & les règles de l'honnêteté. Tous les moyens d'affoiblir l'ennemi, qui ne bleffent pas les intérêts communs de la fociété, tels que le poifon & l'affaffinat, font permis à la guerre. *Voyez* GUERRE. En excitant un fujet à fervir d'*efpion*, ou un commandant à livrer fa place, on n'attaque

point les intérêts communs de la fociété. Des fujets de l'ennemi ne font pas un mal inévitable en fervant d'*efpions* : on peut fe garder d'eux jufqu'à un certain point ; & quant à la fûreté des places fortes, c'eft au fouverain à bien choifir ceux à qui il les confie. Ces moyens ne font donc pas contraires au droit des gens, & l'ennemi n'eft point fondé à s'en plaindre comme d'un attentat odieux, ou plutôt l'ufage les autorife & les juftifie. Mais font-ils honnêtes & compatibles avec les loix de la confcience ? non fans doute ; & fi la guerre n'impofoit pas filence à toutes les loix, même à celles du droit naturel, on fe reprocheroit ces démarches comme des crimes. Engager un fujet à trahir fa patrie ; fuborner un traitre pour mettre le feu à un magafin ; tenter la fidélité d'un commandant, le féduire, le porter à livrer la place qui lui eft confiée, c'eft les exciter à des crimes : & dès qu'on permettra à la confcience de faire entendre fa voix, elle criera toujours qu'il eft malhonnête d'exciter au crime. Elle excuferoit tout au plus ces pratiques dans une guerre très-jufte, où il s'agiroit de fauver la patrie de la ruine dont elle feroit menacée par un conquérant. Le fujet ou le général qui trahiroit fon prince dans une caufe manifeftement injufte, ne commettroit pas une faute fi odieufe : mais on obfervera qu'il s'agit alors de choifir entre deux maux, & que les règles de juftice pour cette pofition ne font pas les règles de juftice ordinaires. D'ailleurs celui qui ne refpecte lui-même ni la juftice, ni l'honnêteté, mérite d'éprouver à fon tour les effets de la méchanceté & de la perfidie : & fi jamais il eft pardonnable de fortir des règles févères de l'honnêteté, c'eft contre un ennemi de ce caractère, & dans une extrémité pareille. Les romains, dont les idées en général étoient fi pures & fi nobles fur les droits de la guerre, n'approuvoient point ces fourdes pratiques : ils n'eftimèrent pas la victoire du conful Servilius Cœpio fur Viriatus, parce qu'elle avoit été achetée. Valere Maxime dit qu'elle fut fouillée d'une double perfidie, & un autre hiftorien dit que le fénat ne l'approuva point.

Si on fe contente d'accepter les offres d'un traitre, on ne le féduit pas, & on peut profiter de fon crime en le déteftant. Les transfuges & les déferteurs commettent fouvent un crime en abandonnant leurs drapeaux : on les reçoit cependant par le droit de la guerre, comme le difent les jurifconfultes romains. Si un gouverneur fe vend lui-même, & offre de livrer fa place pour de l'argent, on profite de fon crime fans fcrupule, & il n'y a peut-être pas grand mal à obtenir alors fans péril ce qu'on eft en droit de prendre par force. Mais s'il faut parler le langage de l'honneur le plus délicat, il feroit beau de témoigner, en rejettant leurs offres, toute l'horreur qu'ils infpirent. Les romains, dans leurs fiècles héroiques, dans ces temps où ils donnoient de fi beaux exemples de grandeur d'ame & de vertu, rejettèrent toujours avec indignation les avantages que leur présentoit la trahison de quelques ennemis. Non-seulement ils avertirent Pyrrhus de l'affreux complot de son médecin; ils refusèrent de profiter d'un crime moins atroce, & renvoyèrent lié & garroté aux falisques un traitre qui avoit voulu livrer les enfans du roi.

ESSEN, abbaye princière d'Allemagne au cercle de Westphalie. Le territoire de cette abbaye est borné par le comté de la Marck, par l'abbaye de Werden, par le duché de Berg, par celui de Clèves, & par le comté de Recklinghausen.

L'abbaye d'*Essen* fut fondée en 877 par Alfried, évêque de Hildesheim. Les empereurs & les rois accordèrent anciennement à cette abbaye, des exemptions & des privilèges, entr'autres celui de se choisir un protecteur; titre qu'elle accorda en 1275 à l'empereur Rodolphe I. L'abbaye offrit en 1291 son avocatie aux comtes de la Marck, & en 1495 elle l'offrit, moyennant une somme de 600 écus d'or payable chaque année, à titre d'hérédité, à Jean II, duc de Clèves & comte de la Marck, pour lui & ses héritiers & successeurs, lesquels depuis ce temps-là en ont toujours été investis par l'abbesse conjointement avec le chapitre. Lorsque Frédéric-Guillaume, électeur de Brandebourg, fut mis en possession des pays de Clèves & de la Marck, ce prince reçut en 1648 l'investiture de l'avocatie pour lui & pour ses successeurs, & promit par serment d'observer tous les points contenus dans l'acte d'investiture de 1495.

Les titres de l'abbesse sont: N. N. par la grace de Dieu, abbesse de l'abbaye impériale & séculière d'*Essen*, princesse du saint-Empire romain, dame de Breysick, Recklinghausen & Huckarde. Le chapitre est composé de princesses & de comtesses. L'abbesse d'*Essen* siège à la diète de l'Empire entre les abbesses du banc du Rhin, & aux assemblées du cercle de Westphalie elle se place sur le banc des princes, après l'abbaye de Cornelii-Munster. Elle est toujours imposée à deux cavaliers & treize fantassins, ou à 76 florins par mois, & elle paye pour l'entretien de la chambre impériale 162 rixdales 29 kr. par terme.

Les charges héréditaires de cette abbaye sont possédées par les familles suivantes: la charge de maréchal par les barons de Dobbe; celle de séréchal par les barons de Vitinghof, dits Schell; celle d'échanson par les barons Dingelen de Dahlhausen, & celle de chambellan par les barons de Schirp.

L'abbesse d'*Essen* regarde la ville de ce nom comme municipale; mais la ville prétend être libre. La chambre impériale, après un procès qui fut très-coûteux, & qui dura plus de cent ans, ayant examiné les droits & privilèges des deux parties, adjugea en 1670 à l'abbesse la juridiction ordinaire & la pleine supériorité territoriale sur la ville, en réservant néanmoins à la ville les droits

dont elle a prouvé la possession: ces derniers se sont bornés à l'exemption de la prestation de foi & hommage, celle de ne payer aucune imposition; (elle doit seulement déposer sa quote-part des contributions pour l'Empire & pour le cercle, entre les mains mêmes de l'abbesse) à l'administration de la justice civile & criminelle: on a réservé à l'abbesse le droit de condamner à mort, de faire exécuter les criminels ou de leur faire grace; au pouvoir de constituer & de déposer les magistrats; à la garde de la ville, de ses murs, de ses tours, de ses portes & de ses digues, (sauf l'usage pour l'abbesse, en temps de paix, d'une petite porte pratiquée derrière l'abbaye); au droit de lever toutes sortes d'impositions & de faire des ordonnances pour le bien public; au droit de veiller à la sûreté des chemins, à celui d'exécuter les sentences rendues en matière civile, à quelques droits sur l'aunage, les mesures, les poids, le péage; & à la disposition des cloches & de ce qui en dépend; à l'accise, à la gabelle dans la ville & ses limites; à l'assemblée des bourgeois & habitans; aux forêts; aux appels des jugemens criminels au magistrat, & du magistrat à la chambre impériale; au libre exercice de la religion, de la confession d'Augsbourg dans les églises, écoles & hôpitaux, & enfin à l'administration des biens & revenus ecclésiastiques, selon les conventions du traité de Westphalie. Le contrat par lequel la ville d'*Essen* donna en 1495 l'avocatie à Jean, duc de Clèves & comte de la Marck, a été renouvellé à différentes époques. C'est en vertu de ce contrat que le roi de Prusse est aujourd'hui protecteur de cette ville.

ESSEQUIBO (colonie hollandoise). *Voyez* DEMERARY & PROVINCES UNIES.

ESSLINGEN, ville impériale dans le cercle de Suabe; elle est située sur le Necker. On y suit la confession d'Augsbourg; cependant on y fait un service catholique dans la chapelle de l'hôtel, que l'abbaye de Keisersheim y a pour sa recette. L'évêque de Constance & le prince de Fürstemberg y entretiennent des administrateurs. Le duc de Würtemberg y en a trois avec des receveurs. Il est difficile de fixer l'origine de l'immédiateté de cette ville. Elle occupe à la diète de l'Empire la cinquième place parmi les villes impériales de Suabe, & la troisième dans les assemblées particulières du cercle. Sa taxe matriculaire, fixée d'abord à 200 florins, a été réduite en 1683 à 147, & en 1692 à 37. Sa contribution pour l'entretien de la chambre impériale, est de 177 rixdales 51 kr. par terme. Au reste, elle paye pour sa prévôté une redevance annuelle de 10 florins en or au fisc de la préfecture d'Altorf. Elle est sous la protection du duc de Würtemberg.

Son territoire est enclavé dans celui de Würtemberg. Outre les villages de Wettingen & quelques hameaux, il comprend les villages paroissiaux de Deyzisau sur le Necker, Mœhringen & Vaihingen ; l'un & l'autre fe trouvent dans le canton qui appartient à l'hôpital de Sainte-Catherine.

ÉTAT DE L'ÉGLISE. *Voyez* ÉGLISE.

ÉTAT. (Loi de l') Chaque *état* a une loi fondamentale différente de celle de tout autre *état*, & c'eſt ce qu'on appelle *la loi de l'état* par excellence. Dans certains pays, la loi de l'*état* a établi le gouvernement populaire ; dans quelques autres le gouvernement ariſtocratique ; dans les uns une monarchie abſolue ; dans les autres une monarchie tempérée. L'ordre de la ſucceſſion aux couronnes eſt de même inégale, ſelon la loi particulière de chaque pays. Quelques-unes ſont électives, quelques autres ſont héréditaires. En France, la loi ſalique exclud abſolument les femmes de la ſucceſſion, & ailleurs les femmes ſont appellées à la ſucceſſion au défaut des males. Pluſieurs pays où l'on parle ſans ceſſe de la *loi de l'état*, ne pourroient la produire ; quelquefois elle ne ſe trouve ni dans les codes, ni dans les archives ; il y a des contrées où ce n'eſt autre choſe que l'uſage obſervé depuis un grand nombre de ſiècles, lequel a acquis force de loix : il en eſt d'autres où, de l'interprétation donnée à des loix particulières, on tire un réſultat général, qu'on nomme la *loi de l'état*.

Au reſte, la première & principale règle du droit public de chaque ſociété civile, c'eſt la *loi de l'état*, ſoit que cette loi exiſte & s'énonce en termes précis & formels, ſoit qu'elle ait ſeulement l'exiſtence dont on vient de parler : car cette loi détermine la forme du gouvernement ; elle règle la manière dont le monarque eſt appellé au trône, ſoit par élection ou par ſucceſſion ; celle dont il doit gouverner, ou celle dont la république doit être régie. Telle étoit à Rome la loi royale ; telle eſt en France la loi ſalique, diſent tous les écrivains. Nous obſerverons cependant à l'article FRANCE que la loi ſalique ne règle pas autant de points : telles ſont en Allemagne la bulle-d'or ; en Portugal la loi lamego ; en Angleterre la grande-charte ; en Pologne les *pacta conventa* ; en Curlande les *pacta ſubjectionis* ; en Danemarck la loi royale ; en Hollande l'union d'Utrecht, & ainſi de toutes les autres loix fondamentales des divers gouvernemens.

ÉTAT. (raiſon d') Cette expreſſion, devenue très-commune dans la politique, déſigne que dans les affaires publiques on ne doit jamais perdre de vue la conſervation, la proſpérité & le bonheur de l'état.

L'intérêt public obligeant quelquefois de donner atteinte aux loix & de faire fléchir les règles, on dit alors qu'on eſt entraîné par les *raiſons d'état*.

On peut dire que les loix ſont pour les hommes d'état, non comme la règle de Polyclete, qui demeure toujours droite & inflexible ; mais comme la règle lesbienne qui plie facilement, & qui s'accommode à toutes ſortes d'ouvrages. On ne peut ſe ſervir de la première de ces règles que dans une

forme parfaite de gouvernement, & il n'y en a point ſur la terre. Il ſeroit difficile de citer une conſtitution qui pût ſe paſſer de la ſeconde. Les ſouverains ont devant Dieu, comme devant les hommes, des règles de conduite, qui ne ſont pas les mêmes que celles des particuliers, elles ſont d'un ordre plus élevé. La raiſon d'état commande impérieuſement aux ſouverains eux-mêmes ; & & comme elle eſt d'un ordre ſupérieur à toutes les raiſons particulières, & qu'elle ſe rapporte au bien public, ils doivent ſuivre la loi qu'elle leur impoſe. Elle a pour but & pour unique fin le bien public, ou le ſalut de la république.

Comme les légiſlateurs ne doivent conſidérer que l'avantage dont leurs loix peuvent être au plus grand nombre des citoyens, & qu'ils ne doivent avoir aucun égard aux dommages qui en réſulteront pour quelques particuliers, la *raiſon d'état* diffère ſouvent du droit commun. Elle autoriſe bien des démarches qui ne paroiſſent pas fort juſtes, ſi on les examine d'après les règles ordinaires ; mais qui le ſont en effet, ſi on les analyſe d'après le grand principe de la conſervation & de la proſpérité des ſociétés.

La *raiſon d'état* a cependant ſes bornes. Comme on ne doit jamais appeller *raiſon* ce qui eſt tout-à-fait oppoſé à la raiſon, & qui loin d'en ſuivre les règles, s'en éloigne abſolument, on ne doit pas non plus appeller *raiſon d'état* ce qui, loin de conſerver l'*état*, le trouble, l'ébranle & le ruine. Les princes peuvent légitimement obeir à la loi que leur impoſe la *raiſon d'état*, pourvu que ce ſoit 1°. pour la néceſſité, ou au moins pour l'utilité publique, & pour une vérité évidente & majeure : 2°. pour conſerver ce qu'ils poſſedent juſtement, & non pour s'agrandir ; pour ſe mettre à couvert de quelque inſulte, & non pour inſulter une autre ſociété : 3° s'ils n'appliquent la *raiſon d'état* qu'aux cas extraordinaires, où les règles de la raiſon ordinaire ne ſuffiroient pas : mais les hommes d'état s'embarraſſent peu de ces conditions ; chaque nation cherchant ſa proſpérité aux dépens des autres, on n'eſt pas délicat ſur les moyens ; tous les peuples ont donné l'exemple de la corruption, & il doit être permis de dire qu'il y a, dans la plupart des adminiſtrations, quelques-uns des mauvais principes de Machiavel : elles abuſent alors des droits que donne la *raiſon d'état* ; & chacun de leurs abus autoriſant les repréſailles, reculé l'époque du retour de la droiture dans les affaires.

Les abus des droits que donne la *raiſon d'état*, ne ſont pas ſeulement nuiſibles aux autres peuples, ils nuiſent à la nation elle-même qui ſe les permet : ceux qui gouvernent, croient bientôt avoir des *raiſons d'état* pour devenir abſolus, & les citoyens eux-mêmes finiſſent par les croire : on ſe ſouvient du ſénat de Perſe, qui déclara par un décret que la volonté du ſouverain étoit la règle de toute juſtice, & que les juges de ce pays lui diſoient,

toutes

toutes les fois qu'ils parloient : *seigneur, si cela vous plaît, cela est juste*.

ÉTAT POLITIQUE. Nous entendons par cette expression, l'étendue de pays qu'une société civile occupe, & le nombre des membres de ce même corps soumis au même chef. Nous ne confondrons pas le mot d'*état*, comme on le fait généralement, avec les mots de *corps politique*, de *nation*, de *gouvernement*, de *société*, &c. *Voyez* CORPS POLITIQUE. C'est dans cette acception qu'on dit un *petit état*, un *grand état*; & au pluriel, les *états du pape*, les *états confédérés*, les *états tributaires*, &c.

Toute société qui se gouverne elle-même, sous quelque forme que ce soit, est un *état* souverain. Ses droits sont les mêmes que ceux de tout autre *état*. On peut regarder les différens *états* comme des personnes morales qui vivent ensemble dans une société naturelle, soumise au droit des gens. Pour qu'un *état* figure immédiatement dans cette société, il suffit qu'il soit véritablement souverain & indépendant, c'est-à-dire, qu'il se gouverne lui-même par sa propre autorité & par ses loix.

On doit donc compter au nombre des souverains, les états qui se sont liés à un autre plus puissant, par une alliance inégale, dans laquelle, comme l'a dit Aristote, on donne au plus puissant plus d'honneur, & au plus foible plus de secours.

Les conditions de ces alliances inégales peuvent varier à l'infini. Mais, dans tous les cas, si l'allié inférieur se réserve la souveraineté ou le droit de se gouverner par lui-même, il faut le regarder comme un *état* indépendant qui communique avec les autres, sous l'autorité du droit des gens. *Voyez* ALLIANCE.

Un *état* foible qui, pour sa sûreté, se met sous la protection d'un plus puissant, & s'engage à plusieurs devoirs équivalens à cette protection, sans toutefois se dépouiller de son gouvernement & de sa souveraineté, ne cesse donc point pour cela de figurer parmi les souverains qui ne reconnoissent d'autres loix que le droit des gens.

Il n'y a pas plus de difficulté à l'égard des *états* tributaires : car bien qu'un tribut payé à une puissance étrangère diminue quelque chose de la dignité de ces *états*, puisque le tribut est un aveu de leur foiblesse, il laisse subsister leur souveraineté dans son entier. L'usage de payer tribut étoit autrefois très-commun ; les plus foibles se rachetoient par-là des vexations du plus fort, ou ils se ménageoient à ce prix sa protection, sans cesser d'être souverains.

Les nations germaniques introduisirent un autre usage, celui d'exiger l'hommage d'un *état* vaincu, ou trop foible pour résister. Quelquefois même une puissance a donné des souverainetés en fief, & des souverains se sont rendus volontairement féudataires d'un autre.

Lorsque l'hommage laisse subsister l'indépendance

& l'autorité souveraine dans l'administration de l'état, & qu'il entraîne seulement certains devoirs envers le seigneur du fief, ou même une simple reconnoissance honorifique, l'*état* ou le prince feudataire ne cesse point d'être souverain. Le roi de Naples fait hommage de son royaume au pape : il n'en est pas moins compté parmi les principaux souverains de l'Europe.

Enfin plusieurs *états* souverains & indépendans peuvent former entr'eux une confédération perpétuelle, sans qu'aucun d'eux cesse d'être un *état* parfait. Ils composent alors une république fédérative : les délibérations communes ne donnent point d'atteinte à la souveraineté de chaque membre, quoique, d'après des engagemens volontaires, elles en puissent gêner l'exercice à certains égards. Un homme libre & indépendant ne cesse point de l'être, parce qu'il est obligé à remplir des engagemens qu'il a bien voulu prendre, si ces engagemens ne détruisent pas sa liberté.

Telles étoient autrefois les villes de la Grèce, & telles sont aujourd'hui les Provinces-Unies des Pays-Bas, & les membres du Corps helvétique.

Mais un peuple qui a passé sous la domination d'un autre, ne forme plus un *état*, & il ne peut plus réclamer le droit des gens d'une manière directe. Tels furent les peuples & les royaumes que les romains soumirent à leur empire ; la plupart même de ceux qu'ils honorèrent du nom d'*amis* & d'*alliés*, cessèrent d'être de vrais *états*. Ils se gouvernoient, dans l'intérieur, par leurs propres loix & par leurs magistrats ; mais au-dehors, obligés de suivre en tout les ordres de Rome, ils n'osoient d'eux-mêmes faire la guerre, ou contracter des alliances ; ils ne pouvoient traiter avec les nations. *Voyez* SOUVERAINETÉ.

On divise ordinairement les *états* en patrimoniaux & en usufructuaires ; les *états* patrimoniaux sont ceux qui appartiennent tellement aux souverains, qu'ils héritent du trône comme d'un patrimoine, & qu'ils peuvent les partager, les transférer & les aliéner. Les *états* usufructuaires sont ceux que les souverains ne tiennent qu'à titre d'usufruit. On observera que cette division des publicistes est bien indifférente ; que la définition des *états*, appellés *patrimoniaux*, n'est pas juste, parce qu'on ne peut jamais hériter d'un *état* comme d'un patrimoine.

Ce prétendu droit de propriété sur les *états*, attribué aux princes, est fondé sur une assimilation qu'on voudroit faire des loix sur les héritages des particuliers, avec les loix primordiales des nations sur la nature des gouvernemens. L'*état* n'est ni ne peut être un patrimoine, puisque le patrimoine est fait pour le bien du maître, au lieu que le prince n'est établi que pour le bien de l'*état*.

Les souverains qui ont acquis la souveraineté par droit de conquête, ou ceux à qui un peuple s'est donné sans réserve pour éviter un plus grand

mal, poſſedent, dit-on, leurs *états* en pleine propriété ; mais les ſouverains que le libre conſentement du peuple a établi ſur le trône, ne poſſedent la couronne qu'à titre d'uſufruit. Tel eſt le
langage de Grotius ſuivi de Puffendorf, & de la
plupart des commentateurs ou des écrivains de
droit public.

Grotius & Puffendorf s'éloignent ici des principes de la raiſon, ce qui leur arrive trop ſouvent ;
& comme ils n'ont pas ſaiſi les véritables principes de la nature & des devoirs de la ſociété,
ils ne peuvent guères établir que des erreurs,
lorſqu'ils établiſſent les droits des ſouverains &
ceux des ſujets. La couronne, diſent-ils, appartient en pleine propriété, par droit de conquête : l'*état* conquis change donc de nature ;
avant d'être conquis, le prince étoit établi pour
l'*état* ; & depuis la conquête, c'eſt l'*état* qui eſt
formé pour le prince. Enſuite quel eſt donc le
maître de cette nouvelle conquête ? Ce ne doit
pas être le ſouverain qui l'a conquiſe, à moins
qu'il ne l'ait conquiſe par ſes forces perſonnelles,
ſans faire uſage de celles de l'*état* ; car s'il l'a conquiſe avec les forces de l'*état*, c'eſt à l'*état* qu'elle
appartiendra : car le prince n'eſt pas le maître de
ce qu'il acquiert par des moyens que l'*état* lui
fournit.

Un peuple, ajoutent nos juriſconſultes, s'eſt
donné ſans réſerve à un ſouverain, pour éviter un plus grand mal : ainſi que les égyptiens,
pour échapper aux horreurs de la famine, dirent
à Joſeph : « achète nous & nos terres pour du
» pain, & nous ſerons eſclaves de Pharaon ».
Mais ce peuple a-t-il pu ſe donner tellement ſans
réſerve, que le prince doive regarder cette nation
comme un bien qui lui appartient en pleine propriété, & dont il ſoit le maître d'abuſer, s'il le
juge à propos ? La nature de la ſociété civile &
de la ſouveraineté permet-elle qu'on étende le
pouvoir abſolu au-delà des bornes de l'utilité publique ? car la ſouveraineté abſolue ne ſçauroit
donner au ſouverain plus de droit que le peuple
n'en avoit originairement lui-même. Or, avant la
formation des ſociétés civiles, perſonne, ſans contredit, n'avoit le pouvoir de ſe faire du mal à ſoi-
même ou aux autres : donc le pouvoir abſolu ne
donne pas au ſouverain le droit de maltraiter ſes
ſujets. Donc un peuple qui ſe donne à un ſouverain, ſans réſerve, pour éviter un plus grand mal,
ne s'y donne pas au point de le revêtir d'un pouvoir arbitraire tel qu'il le faudroit, pour que le
ſouverain le poſſédât à titre de patrimoine.

Rien n'empêche, continuent les mêmes auteurs,
qu'on diſpoſe du pouvoir ſouverain, auſſi-bien que
de tout autre droit, la nature des choſes ne s'y
oppoſe pas, & ſi la convention entre le prince
& le peuple déclare que le prince aura plein droit
de diſpoſer de la couronne, comme il le trouvera
à propos, ce ſera *un état* patrimonial : mais ce que

nous ayons déja dit, ſuffit pour apprécier ces maximes, & nous n'ajouterons rien de plus.

Du régime des états politiques. Quant au régime
des *états* politiques, il importe beaucoup à un
prince qui ne veut point faire de fautes, de connoître le génie & les inclinations dominantes du
peuple qui lui eſt ſoumis. Toutes les provinces
n'ont pas le même goût ou la même humeur ; mais
elles forment toutes enſemble un caractère général, qui eſt le réſultat des inclinations particulières, exaltées, adoucies ou tempérées les unes par
les autres : & c'eſt ce caractère général de la nation qu'il faut connoître, pour le ſuivre dans ce
qu'il a de bon, pour éviter de le choquer, pour
le ménager dans ce qu'il a de défectueux, & pour
que certaines qualités excellentes ſervent de contrepoids à d'autres qu'il eſt utile de changer.

Il y a des peuples que le courage & les moyens
de l'honneur touchent beaucoup, & qui cependant ſont pareſſeux ; il faut corriger une inclination
par l'autre. Il y en a qui ſont ſenſibles à la confiance du prince, & qui s'attachent au gouvernement en proportion des égards qu'ont pour eux
les adminiſtrateurs ; mais qui ſe mécontentent aiſément, s'ils ſe croient mépriſés, & ſi on ne
leur montre que l'autorité abſolue : il faut éteindre les ſemences de diviſion & de révolte, en donnant à ces peuples quelque part aux délibérations
publiques. Il y en a qui ſuivent toutes les impreſſions des perſonnes les plus qualifiées du pays, &
qui ne tiennent à l'*état* que par les grands propriétaires, dont ils reſpectent la naiſſance & dont
ils ont beſoin : il faut alors gagner la nobleſſe, lui
donner des emplois, l'attacher au bien public par ſon
intérêt particulier. Nous pourrions entrer ici dans
des détails beaucoup plus étendus ; mais ils ſeroient inutiles aux princes éclairés, & à ceux qui
ne le ſont pas.

Quand on examine cette multitude d'aſſociations
diverſes que réuniſſent ordinairement les monarchies, on y voit les reſtes de l'ancienne diviſion
qui partageoit les provinces entre pluſieurs maîtres,
avant qu'elles fuſſent réunies ſous un ſeul, &
qu'elles fiſſent un même corps. Ces provinces oublient avec peine les antipathies que des intérêts
oppoſés avoient fait naître, & que les guerres &
la jalouſie des ſouverains avoient entretenues. Il
faut peu de choſe pour rouvrir ces plaies, dont
le ſentiment confus dure long-temps, quoiqu'on
ne ſe ſouvienne pas de leur origine ; & le moindre prétexte ſuffit, dans des occaſions délicates,
pour dégoûter ces provinces de l'obéiſſance, ſur-
tout quand on leur préfère celles qu'autrefois elles
n'aimoient pas, ou qu'elles s'imaginent être traitées avec plus d'indifférence.

Il eſt de la ſageſſe & de la bonté d'un prince
de prévenir ce mal, en montrant plus de confiance aux provinces ſoupçonneuſes, & en les in-
téreſſant avec adreſſe à ſa perſonne & à l'*état* ;
mais il doit cacher ſoigneuſement ſes vues ; car au

lieu de guérir le mal, il ne feroit que le découvrir; il apprendroit à cette claffe de fes fujets qu'il s'en défie puifqu'il la ménage, & qu'elle peut l'inquiéter puifqu'il la craint.

Outre les divifions qui ont autrefois partagé les monarchies en différens royaumes, & qui ont laiffé comme une efpèce de cicatrice qu'on peut encore obferver, il y a des provinces particulières plus difficiles à manier, plus remuantes, plus orageufes, ou par le voifinage d'un autre prince, ou par la facilité des fecours étrangers, ou par une difpofition naturelle à s'oppofer à ce que les autres provinces approuvent ou condamnent. Il ne faut pas que le prince, même dans la plus profonde paix, oublie jamais ce caractère, & qu'il fe contente, pour tenir ce pays dans le devoir, des précautions qui fuffifent pour les autres. Il doit y conferver les places fortes, & les bien approvifionner : changer fouvent les garnifons & les commandans, & les bien payer; mettre beaucoup d'équité, de douceur & d'attention dans l'adminiftration de ce diftrict, & entretenir une bonne intelligence avec le prince qui en eft voifin.

Les privilèges, ou véritables ou prétendus, de certaines provinces doivent être approfondis. Il faut en connoître les titres & l'origine, en examiner la poffeffion, l'interruption, & les caufes qui en ont fufpendu l'effet. Les monarques veulent toujours établir une adminiftration uniforme & un même régime dans les diverfes provinces; ils n'attendent que les occafions favorables pour abolir les prérogatives de ceux de leurs fujets qui ont paffé fous la domination de la couronne à des conditions avantageufes; ils travaillent infenfiblement à ce grand projet, & ils réuffiffent ordinairement. Il eft fans doute de l'intérêt des autres fujets que les provinces privilégiées foient dépouillées de leurs exemptions; car le fardeau retombe fur eux : la fuppreffion des privilèges des provinces favorifées intéreffe même la nation envifagée collectivement : car, pour y opérer les grandes réformes dont elle a toujours befoin, & pour affeoir à fes moyens toute leur énergie, & pour affeoir les impôts d'une manière convenable, il faut que l'adminiftration ait une marche uniforme & rapide; mais cette entreprife eft fort délicate : le prince eft obligé fouvent de conferver ces privilèges; & s'il eft rare qu'il en accorde de nouveaux, ou qu'il rétabliffe ceux qui font tombés en défuétude, il n'ofe abolir ouvertement ceux qui fe trouvent en vigueur. Enfin on attache les peuples au gouvernement, en ne paroiffant pas jaloux de leurs privilèges légitimes, en ne faifant pas confifter l'autorité royale à les éteindre & à les fupprimer, comme s'ils lui étoient contraires, & en les maintenant comme des preuves de la bonne-foi & de la générofité du fouverain. Mais pour être jufte, on ne doit pas faire retomber le fardeau fur la claffe des fujets non privilégiée; & parce que leur longue

obéiffance & leur inaltérable foumiffion fupportent tout fans fe plaindre, il feroit affreux de fe prévaloir contr'eux d'une difpofition qui au contraire mériteroit une récompenfe.

Un prince doit être inftruit à fond des revenus de chaque province; il doit favoir en quoi ils confiftent; comment on les perçoit; comment ils font employés; quelle augmentation on y peut faire, fans charger le peuple; de quelle diminution le peuple auroit befoin; quels font ces befoins; par quelle voie l'on y pourroit remédier, fans toucher aux revenus du prince; quelles dépenfes, dont la province eft chargée, pourroient être fupprimées; quels abus fe font introduits dans l'adminiftration de fes fonds, & quelle diffipation on en fait.

Il doit être exactement informé du commerce de chaque province; de ce qui abonde dans l'une & manque à l'autre; des moyens de fuppléer à leurs befoins mutuels par des échanges, & de faciliter le commerce par la navigation, par la commodité & la fûreté des chemins, par l'affranchiffement de certaines marchandifes ou de certains jours, ou par d'autres voies. Pour conferver de nouveaux *états*, le prince doit fe faire eftimer, aimer & craindre des nouveaux fujets, parce que la fouveraineté méprifée, haïe & foible eft de toutes les fouverainetés la plus méprifable.

Il doit favorifer les miniftres de la religion, les perfonnes vertueufes & les gens de lettres, tous également propres à émouvoir & à calmer le peuple. Il doit donner des places honorables & utiles à la nobleffe du pays, & à ceux qui y ont de la confidération, en obfervant de n'employer ailleurs les officiers & les troupes du pays nouvellement acquis.

Il doit lier par les mariages les anciens & les nouveaux fujets, faire prendre infenfiblement aux uns les mœurs des autres, & les faire participer, autant qu'il eft poffible, à la même religion, aux mêmes loix, aux mêmes exercices & aux mêmes plaifirs; leur faire parler la même langue, & faire élever auprès du prince les enfans des nobles du pays.

Il doit garder inviolablement les conditions fous lefquelles les habitans fe font foumis, & les gouverner avec juftice.

Que fi l'intérêt de la religion & celui de l'*état* déterminent le conquérant à établir quelque nouveauté, il faut le faire pendant que l'étonnement de la conquête dure encore, & que le peuple, intimidé par la préfence des troupes, reçoit facilement les changemens, pour ne pas s'expofer à quelque chofe de pis.

Il doit défarmer les habitans, élever des citadelles, y établir des garnifons nombreufes, ou démanteler les places fortes du pays, fi les habitans font enclavés dans la monarchie.

Tranfplanter une partie des nouveaux fujets, & les remplacer par des colonies des anciens,

Emprunter de l'argent aux nouveaux sujets, & leur en payer exactement le revenu.

Leur donner des témoignages de confiance, en les intéressant de diverses manières à la puissance du prince & à l'état, & néanmoins s'en défier toujours ; empêcher leurs assemblées autant qu'il est possible, les détourner de toute communication avec les peuples voisins vivans sous un autre prince, & punir sévérement le moindre trouble, afin que les premiers mouvemens ne dégénèrent pas en sédition.

Si nos ancêtres avoient pris quelqu'une de ces précautions, l'Italie seroit peut-être encore à la France.

ÉTATS, *assemblée des députés des différens ordres de citoyens qui composent une nation, une province ou une ville. Voyez* le Diction. de Jurispr. article ÉTATS.

ÉTATS - GÉNÉRAUX. *Voyez* PROVINCES-UNIES.

ÉTATS DE L'EMPIRE. Ce sont proprement tous les membres du corps germanique, envisagés personnellement, ou relativement à leurs domaines, ou relativement à leurs charges ou dignités ; & dans le rapport de leur dépendance à l'égard de l'empereur, & de leur droit de séance & de suffrage à la diète de l'Empire : ils ont part à la régence générale de l'Allemagne ; & ils fournissent aux contributions réglées par la matricule, sous le nom de *contingens*.

Les recès de l'Empire, recueils authentiques des délibérations du corps germanique, leur ont donné pour la première fois cette dénomination collective à la diète d'Augsbourg, qui eut lieu sous Maximilien I l'an 1500. Jusqu'alors on les avoit toujours nommés individuellement ; & d'après leurs titres respectifs, on les rangeoit dans l'une des classes d'électeurs, de princes & de villes ; mais cette dernière classification ne commença que dans le quatorzième siècle.

Ces classes même n'étoient pas encore fixées vers le milieu du quatorzième siècle ; car la bulle d'or, qui est de l'an 1356, fut consentie nommément par les électeurs, les princes, les comtes, les gentilshommes & les villes. Sous les empereurs de la race de Souabe, dans les douzième & treizième siècles, les villes commencèrent à se faire compter parmi les états de l'Empire. Sous ceux de la race de Franconie, dans le XI° siècle, le corps germanique n'offroit que deux classes ; l'une d'ecclésiastiques, & l'autre de séculiers : la première comprenoit les archevêques, les évêques & les abbés ; & la seconde, les ducs, les princes, les comtes & la haute noblesse. Sous les empereurs saxons les diètes furent composées de même : il y eut aussi deux classes sous les carlovingiens ; l'une avoit voix délibérative, & l'autre n'assistoit aux *états* que pour écouter & pour obéir : les évêques, les abbés, les ducs & les comtes formoient la première, & les officiers in-

férieurs, les magistrats des villes, les employés dans les provinces formoient la seconde. Nous avons indiqué ailleurs les *états* de l'Empire d'Allemagne. *Voyez* les articles ALLEMAGNE & DIETE.

Nous avons dit aussi qu'ils se divisent en corps catholique & en corps évangélique, *voyez* ALLEMAGNE. Il y a dans l'un & l'autre de ces corps des membres ecclésiastiques & des membres séculiers : les différences de dignités ne font rien ; le membre plus qualifié n'est pas plus *état* de l'Empire qu'un autre moins qualifié : ainsi les catholiques & les protestans fournissent indifféremment à l'Empire des électeurs, des princes, des prélats, des comtes, des seigneurs & des villes, qui, partagés en trois collèges, forment la diète d'Allemagne.

Tous les *états* séculiers de l'Empire sont héréditaires, & tous les *états* ecclésiastiques sont électifs : ceux-là sont des fiefs masculins possédés par droit de primogéniture, & le choix des chapitres donne ceux-ci à des mâles ou à des femelles, selon la nature de leur fondation. Les villes impériales sont permanentes.

Les loix du corps germanique ne s'opposent pas à l'augmentation du nombre de ses membres, & par conséquent du nombre des états : l'intérêt du chef, celui du corps lui-même, ou plus souvent peut-être l'intérêt de quelque individu que l'on favorise ou que l'on craint, puisque tout corps moral a ses passions, fait quelquefois créer de nouveaux membres. Au reste, il est assez rare de créer de nouveaux *états* proprement dits ; mais il est très-commun de voir les anciens obtenir un plus haut rang : le corps germanique voulant témoigner sa reconnoissance au duc de Malborough, le fit prince de Mindelheim en 1705, & c'est un des exemples les plus récens du premier cas ; au lieu que, depuis un ou deux siècles, on compte une multitude de simples gentilshommes faits comtes, & de comtes faits princes ; bien plus, on a créé deux nouveaux électeurs en Westphalie, (l'électorat de Bavière est aujourd'hui réuni au Palatinat).

La création d'un nouvel *état* de l'Empire & son aggrégation à l'un ou l'autre des trois collèges, ne peuvent avoir lieu que par un diplôme de l'empereur, consenti par la diète. La création d'un électeur exige seulement le concours des trois collèges. Celle d'un prince demande celui des deux premiers, & suppose toujours que le candidat peut fournir au moins trois hommes de cavalerie & dix d'infanterie, ou soixante & seize florins en argent pour chaque mois romain simple, & seize florins pour l'entretien de la chambre impériale. Pour être fait comte ou seigneur avec voix & séance à la diète, il faut être souverain d'une terre ou de plusieurs ; & pour qu'une ville devienne impériale, il faut qu'elle soit aggrégée immédiatement à quelque cercle de l'Empire ; qu'elle contribue à ses charges , & qu'elle ne dépende que d'elle même : elle a besoin du consentement du collège électoral , de celui des villes , & spécialement de celui du banc , sur lequel la ville nouvellement créée doit prendre place.

Lorsqu'un nouvel *état* est admis à la diète de l'Empire , il signe deux actes : par l'un , il s'engage à soutenir l'honneur , les intérêts & la prospérité de l'empereur & de l'Empire , & de payer les contributions ordonnées ; & par l'autre , il promet de ne point empiéter sur les droits d'aucun des membres du corps germanique.

La qualité de membre de la diète n'est pas tellement attachée aux *états* de l'Empire , que tous sans exception en soient revêtus : il en est quelques-uns qui font partie du corps germanique , qui ont séance & voix aux assemblées de certains cercles , & qui n'ont ni séance ni voix dans l'un des trois collèges. Tels sont entr'autres Clèves , Juliers & Berg dans la Westphalie ; Waldeck , dans le cercle du haut-Rhin ; Sultzbach , dans celui de Bavière ; & plusieurs comtes. Ils sont immatriculés pour les charges de l'Empire ; ils payent leurs contingens ; ils obéissent à ses loix ; ils jouissent de sa protection ; ils suivent sa destinée , & cependant ils ne sont pas inscrits dans le catalogue de ses sénateurs ; ils n'ont point la qualité de *membres de la diète*. Des raisons particulières , à la vérité , les en privent ; une succession contestée , par exemple , ôte cette prérogative à Clèves , à Berg & à Juliers ; & le comte de Waldeck ne l'a pas , parce que ; ne voulant plus comme autrefois siéger parmi les comtes , il n'a pu encore se placer sur le banc des princes.

La qualité d'*état de l'Empire* & de *membre de la diète* ; une fois acquise , est inamovible ; & pour la perdre , il faut ou y renoncer , ou commettre des délits qui produisent l'expulsion , ou en être dépouillé par la loi du plus fort. Louis XIV l'ôta à plusieurs membres par ses conquêtes ; la ville de Donawerth , châtiée par l'Empire en 1606 , perdit alors sans retour son titre & ses droits de ville impériale ; & la Prusse , la Hollande & la Suisse se sont elles-mêmes séparées de l'Allemagne.

Tous les *états* de l'Allemagne , anciens ou nouveaux , ont contracté des obligations générales , mais positives , envers l'Empire , envers l'empereur , envers eux-mêmes , envers leur sujets & envers les puissances étrangères : en voici le précis.

1°. Envers l'Empire : ils doivent rester inviolablement attachés au corps germanique , soit qu'il ait un chef , ou qu'il n'en ait point ; soutenir ses droits , son honneur & sa majesté ; aider au recouvrement de tout ce qui peut lui avoir été injustement ravi , & remplir enfin à son égard la tâche que le droit de la nature & le droit des gens imposent à tous les membres de la même patrie.

2°. Envers l'empereur : ils promettent de lui

donner assiduement & fidelement des conseils & des secours , de ne lui refuser ni les hommes , ni l'argent , qui seront nécessaires pour le soutien de ses droits & de sa dignité , dans le cas où il ne sera pas le premier à la compromettre ; de lui obéir en toute chose juste & raisonnable ; de concourir avec lui à l'exécution de tout ce qui a été résolu par la diète , & de lui rendre enfin tous les devoirs que le droit de la nature & le droit des gens prescrivent à des subordonnés envers leur supérieur.

3°. Envers eux-mêmes : ils doivent entr'eux vivre paisiblement & en bonne harmonie , & cela conformément aux ordonnances relatives à la paix publique , & notamment à celles qui furent rappellées par l'édit de 1548 , lesquelles défendent aux *états* de l'Empire de prendre les armes les uns contre les autres , de se traiter avec violence , de se faire justice à eux-mêmes ; aussi-bien que de donner retraite , asyle ou secours aux infracteurs de la paix publique : les loix menacent du ban de l'Empire quiconque violera ces réglemens , si c'est un séculier , & si c'est un ecclésiastique , de la perte de tous ses droits réguliers , & d'une amende de deux mille marcs d'or.

4°. Envers leurs sujets : ils doivent leur laisser , dans tous les cas où les loix & l'usage de l'Empire le permettent , la liberté de recourir à l'empereur , au conseil aulique & à la chambre impériale : ne les point surcharger d'impôts ; mais sur-tout ne point augmenter & ne point dissiper les taxes ordonnées par les cercles pour les besoins de l'Empire , & enfin maintenir leurs *états* provinciaux , leurs vassaux & leurs sujets , dans leurs droits & leurs franchises , sans rien innover & sans enfreindre les constitutions anciennement établies pour chacun d'eux.

5°. Envers les puissances étrangères : ils ne doivent en offenser ou en attaquer aucune , de peur qu's'engageant , eux ou leurs collègues , dans les malheurs de la guerre , ils n'exposent leur patrie commune au danger , & ne se mettent hors d'état de lui rendre les services auxquels ils sont tenus.

Tel est le précis des obligations générales qu'impose la qualité d'*état de l'Empire* à tous ceux qui en sont revêtus : elles sont positives & sacrées , & il est de l'intérêt de tous les membres du corps germanique de les remplir. C'est pour les avoir observé plus ou moins que cette machine si compliquée subsiste depuis si long-temps. Il est aujourd'hui plus important que jamais de ne pas les perdre de vue , & nous oserons prédire ici qu'on ne tardera pas à voir une révolution fatale à l'Empire , si ceux qui ont voix à la diète ne veillent pas soigneusement au maintien des loix fondamentales.

Les droits de souveraineté , tels que les indique la constitution germanique , sont en trop grand nombre ; ils embrassent trop de détails , pour que l'on puiffe les indiquer ici : nous dirons feulement en général que, communs à tous les *états* de l'Empire, ils s'étendent au fpirituel & au temporel ; au temporel, avec les reftrictions d'hommage à l'empereur, & de foumiffion à l'Empire ; & au fpirituel, fans reftriction pour les proteftans, & avec reftriction pour les catholiques, dont la religion ne peut être exempte, comme on fait, de la fuprematie du pape. Les fujets des membres de la diète ne peuvent les troubler dans la jouiffance de leurs droits de fouveraineté : toutes leurs tentatives feroient traitées par ceux-ci de révolte & de rébellion ; & telle eft la liaifon établie entre les divers états du corps germanique, que, dans ce cas, ils doivent fe prêter réciproquement mainforte ; l'empereur lui-même, s'il en eft requis, ne peut refufer l'interpofition de fon autorité.

Dans toute action perfonnelle ou réelle, les *états* de l'Empire difcutent leurs droits devant l'empereur & le confeil aulique, devant la diète ou la chambre impériale : ce font autant de tribunaux fuprêmes, qu'aucun de ces états n'eft en droit de récufer. La jurifprudence de ces tribunaux fe tire, felon les matières, des loix provinciales de l'Allemagne, de fes loix fondamentales, de la Sainte-Écriture, du droit naturel, du droit des gens, du droit romain, du droit canonique & du droit féodal des lombards. Mais ce n'eft pas en première inftance que l'affaire de ces *états* fe porte devant ces grands tribunaux : les principaux d'entr'eux, & nommément les électeurs & les princes, ont la prérogative de plaider d'abord pardevant les auftregues ; & ce n'eft qu'après le jugement de ceux-ci qu'ils confentent qu'on les appelle à l'empereur, &c. Les prélats & les comtes ont la même prérogative, quand ils ont des difcuffions avec leurs fupérieurs en dignité ; & les villes en jouiffent précairement, *per modum privilegii Cæfaris.*

Les *états* de l'Empire réclament d'autres droits que conteftent, il eft vrai, plufieurs jurifconfultes allemands : ils comptent parmi ceux-là la défobéiffance & même la réfiftance qu'ils peuvent marquer à l'empereur, quand fes ordres & fes entreprifes fe trouvent contraires à la conftitution germanique : le privilège d'entrer en guerre féparée avec les puiffances étrangères, & de faire la paix avec elles, fuivant les conjonctures, pourvu que, dans l'un ou dans l'autre des cas, la fûreté de l'Empire foit ménagée : le droit de former entr'eux & avec les étrangers, les alliances, affociations ou unions qu'ils veulent, pourvu que, par ces engagemens particuliers, ils ne préjudicient en rien aux engagemens généraux qu'ils ont contractés avec l'Empire. *Voyez* les articles ALLEMAGNE & DIÈTE DE L'EMPIRE.

Nous croyons avoir indiqué, dans les articles ALLEMAGNE, DIÈTE, & dans cet article ÉTATS DE L'EMPIRE, tout ce qu'il importe de favoir fur le corps germanique & fes différentes fouverai-

netés, envifagées dans leurs rapports avec le gouvernement général & l'efpèce de confédération qu'elles forment entr'elles. Les articles particuliers de chacune de ces fouverainetés offrent d'autres détails, qui acheveront d'en donner une idée affez jufte : nous terminerons ce morceau par quelques obfervations fur cette multitude d'*états* qui affiftent à la diète, ou aux affemblées des cercles de l'Empire.

1°. Il n'y a rien dans l'antiquité qu'on puiffe comparer aux *états de l'Empire* & au corps germanique, & l'hiftoire des gouvernemens n'offre peut-être pas de phénomène plus fingulier. D'abord, on n'a jamais vu trois cents fouverainetés dans un efpace auffi peu étendu, & le régime & les combinaifons, adoptés pour cette efpèce de ligue, n'ont point eu de modèles, & n'auront point d'imitateurs.

2°. Il eût été impoffible de prévoir l'effet de cette combinaifon politique : fi on eût dit aux anciens politiques qui connoiffoient le mieux les gouvernemens : on verra un jour dans les forêts de la Germanie, une affociation de 300 *états*, dont quelques-uns ne feront que des villes, ou des domaines de deux lieues d'étendue, tandis que d'autres princes, leurs égaux à bien des égards, formeront des puiffances formidables : on y verra de fimples abbés, des abbeffes, des moines, des gentilshommes, des comtes & des rois : ces divers princes fuivront des religions plus ou moins intolérantes : les plus forts ne fubjugueront pas les plus foibles, & la ligue fubfiftera durant plufieurs fiècles : ils n'auroient vu qu'une abfurde chimère dans cette belle prédiction.

3°. De petites caufes fecretes ont maintenu & maintiennent le corps germanique dans fon état actuel ; il feroit intéreffant, mais difficile, de bien développer ces caufes ; & on découvriroit fans doute que la principale eft la jaloufie refpective de ceux des *états* qui ont une forte de prépondérance.

4°. Indépendamment de la loi générale qui condamne tous les gouvernemens à des révolutions perpétuelles, une caufe particulière de deftruction menace le corps germanique : cette deftruction eft-elle prochaine ? On ne peut la calculer ; mais il eft aifé de voir qu'il eft arrivé à plus de la moitié de fon exiftence, & que dans un fiècle l'Empire d'Allemagne ne fera plus, ou qu'il offrira des changemens de toute efpèce.

5°. En réfultera-t-il des avantages pour les peuples qui le compofent ? c'eft ce qu'on ignore. Si les petits gouvernemens font pour l'ordinaire mieux adminiftrés, c'eft lorfque les princes ont de la fimplicité, lorfqu'ils fe trouvent éloignés des potentats faftueux ; lorfque ce qui fe paffe chez leurs voifins, ne les excite pas à la dépenfe, & lorfqu'enfin il n'y a pas dans les nations toutes ces inſtitutions féodales, qui livrent les ſujets & leurs propriétés à la merci du maître. Dans l'état actuel, pluſieurs princes d'Allemagne gouvernent leurs ſujets avec douceur; ils en exigent peu d'impôts; la ſurveillance du chef réforme les abus, & fait des établiſſemens utiles; mais d'autres, il en faut convenir, accablent leurs ſujets d'impôts; ils régiſſent leurs principautés comme de jeunes libertins régiſſent leur patrimoine; ils cherchent tous les moyens poſſibles de fournir aux dépenſes trop fortes de leurs petites cours, & l'Europe les a vu avec douleur vendre des ſoldats qu'ils envoyoient à la mort dans les champs de bataille.

6°. Y auroit-il des moyens d'éloigner la révolution que doit ſubir un jour le corps germanique? eſt-il de l'intérêt des puiſſances de l'Europe de les chercher & de les mettre en uſage? En ſe ſoumettant à l'impérieuſe loi de la néceſſité & de la force, quel ſeroit à-peu-près le nombre d'états qu'il conviendroit de former en Allemagne, lorſque la révolution aura lieu.

7°. Quel ſera, relativement à l'Europe, l'effet de ce bouleverſement? & l'humanité en général s'en trouvera-t-elle mieux?

8°. Il paroît impoſſible que deux ou trois grandes puiſſances envahiſſent tout-à-coup cette multitude de principautés; mais ce n'eſt pas ainſi que s'opérera la révolution: elle ſe fera peu-à-peu, & ce travail ſera fort long. Il eſt douloureux de ſonger aux déprédations & aux guerres cruelles qui en ſeront la ſuite, & les amis des hommes & de la paix deſireront toujours qu'une ſi terrible révolution n'arrive jamais.

9°. Nous avons indiqué, dans l'article particulier des divers états de l'Empire, de quelle manière ſe ſont établies toutes ces ſouverainetés; mais on aimeroit à voir le tableau général de l'érection de tant de principautés, & nous ne connoiſſons point d'auteur allemand qui l'ait entrepris.

10°. L'hiſtoire ſecrette de la diète ne ſeroit pas moins intéreſſante. On deſireroit connoître par quelle intrigue on eſt toujours venu à bout de déterminer les petits ſouverains à prendre les réſolutions qui convenoient aux grandes puiſſances, lorſqu'elles délibéroient ſur des affaires qui importoient au repos & à l'équilibre du corps germanique.

11°. Il doit y avoir dans cette confédération biſarre pluſieurs points, ſur leſquels les petits princes ſont opprimés par les grands; mais il faudroit être bien verſé dans les moindres détails du corps germanique pour en parler d'une manière exacte.

Nous exhorterons ici les auteurs allemands à choiſir des ſujets plus utiles. Au lieu de traiter éternellement des queſtions rebattues, de répéter ce qu'on a dit mille fois ſur les loix d'Allemagne; de copier ſans ceſſe les mêmes erreurs & les mê-

mes ſottiſes; de toujours donner des principes ſur le droit naturel, le droit politique & le droit des gens, ſans jamais remonter aux véritables principes de la ſociété & des gouvernemens; de toujours dire, en un mot, ce qui ſe fait ſans examiner, ſi ce qu'on fait eſt bien, ne vaudroit-il pas mieux renoncer à des théories abſtraites & à de vaines diſcuſſions, & éclairer chacun des ſouverains du corps germanique ſur ſes véritables intérêts & ſur ceux des ſujets. On eſt d'autant plus étonné de cette négligence, que la plupart des ſouverains ont le droit d'imprimer ce qu'ils veulent chez eux; & qu'enfin le droit naturel & les maximes de juſtice adoptées preſque par-tout, autoriſent quiconque eſt léſé à faire valoir avec décence & avec modération ſes privilèges & ſes titres.

Nous n'attendrons pas de ces diſcuſſions un effet qu'elles ne peuvent avoir. Les réclamations de quelques citoyens inſtruits, de bons mémoires jettés à propos dans le public, n'arrêteront point de grands princes qui ſont armés d'une force redoutable, & qui avec des troupes ſans nombre finiſſent par impoſer ſilence, & par envahir tout ce qui leur convient. Mais on recule quelquefois l'époque de ces uſurpations; elles ſe font d'une manière moins bruſque: ſi on s'approprie des domaines ou des états, il en réſulte des ſtipulations [plus avantageuſes pour les ſujets: on avertit les nations étrangères qui ſe mêlent de la querelle; &, s'il faut capituler, on obtient du moins quelques avantages, & l'uſurpateur ne ſe rend pas le maître de tout, ſelon ſes caprices.

Nous ne chercherons point à examiner ici, ſi l'échange de la Bavière ſeroit utile aux peuples de cette principauté; ſi la maiſon d'Autriche ne s'eſt pas ôté le moyen de le conſommer; ſi en acquérant un état voiſin de ſes poſſeſſions, & cédant les Pays-Bas qui ſont éloignés, elle acquerroit une force dangereuſe; mais enfin les mémoires ſans nombre que le cabinet de Berlin & celui de Vienne ont publié depuis deux ou trois ans, éclairent l'Europe & l'Allemagne: ces deux puiſſances employeront d'autres moyens, lorſque le moment de criſe ſera venu; mais ſi l'effet des diſcuſſions polémiques ſe trouve à la fin peu conſidérable, on reconnoîtra du moins qu'il n'a pas été nul; & quand il ne produiroit d'autre bien que de laiſſer à des nations épuiſées par une guerre, le temps de ſe remettre un peu en état de combattre, ce ſeroit toujours quelque choſe.

Que les ſouverains ne permettent pas aux écrivains, des diſcuſſions trop libres ſur les avantages & les abus des divers gouvernemens, ſur la préférence que peut mériter un régime plus ou moins démocratique, on le conçoit: mais on ne démontrera jamais qu'ils ont de juſtes motifs de décourager les diſcuſſions qui ont rapport à leur intérêt perſonnel, &, qui, ſans toucher à la conſtitution du pays, examinent ce qu'il y a de plus utile pour les souverains & les sujets dans telle circonstance donnée. Ainsi, lorsqu'il se prépare une révolution dans le corps germanique & dans le reste de l'Europe, les puissances intéressées doivent, ce semble, accorder aux écrivains la permission de la discuter.

Quel peut être, après tout, l'inconvénient de ces discussions? Si les auteurs déraisonnent, tant pis pour eux; ils seront punis de leurs sottises par le dédain; s'ils se trompent, on s'en appercevra bientôt; & quand ils sont modérés, quand ils observent ces bienséances qu'ordonnent tout-à-la-fois la politesse, la justice naturelle & la raison; leurs réclamations n'ont rien de dangereux. En général, on redoute trop l'effet de ces discussions politiques; & dans les pays où on les défend avec le plus de rigueur, on n'a jamais examiné ce qu'il en résulte de bien & de mal: on n'a point comparé les avantages & les inconvéniens: ces derniers sont foibles, & les premiers sont importans: une nation éclairée n'adore pas en silence les sottises de ses maîtres; elle se permet alors de vaines remarques dans la conversation; mais ses plaintes n'ont pas de suite, & elles ne peuvent en avoir, parce que ce n'est pas avec les lumières de l'esprit qu'on excite des mouvemens dans les états: les lumières sont, si peu dangereuses sous ce rapport, que, dans la plupart des pays, l'un des meilleurs moyens d'énerver un peuple, c'est de l'éclairer & de l'occuper vivement avec les lettres & les arts. D'un autre côté, les administrateurs & les princes peuvent-ils découvrir d'eux-mêmes ce qui convient au régime d'un *état*? Pour trouver le meilleur régime en ce qui a rapport à l'économie intérieure & à la politique étrangère, on a besoin de méditations fortes & suivies; il faut qu'un grand nombre d'hommes l'étudient, parce qu'ils relèvent mutuellement leurs erreurs, & parce que l'un a des vues qui ont échappé à l'autre.

12°. L'élection d'un empereur est la chose qui importe le plus au bonheur & à la tranquillité de l'Empire; & cependant cette opération est exclusivement réservée aux sept électeurs. Sept princes sur environ trois cents, sont ainsi chargés de l'acte le plus important pour le corps germanique; & il seroit bien à désirer que tous les membres de la diète y eussent sur cet objet une influence qu'on calculeroit sur ses forces respectives. Il seroit alors plus aisé d'écarter du trône impérial la puissance qui inspireroit de l'effroi, ou plutôt cette puissance n'y arriveroit pas, ou ne s'y maintiendroit pas si aisément. Pour admettre les divers membres du corps germanique à l'élection de l'empereur, il faudroit des combinaisons sans nombre. Nous nous contenterons de proposer là-dessus quelques idées. Ne pourroit-on pas établir que tous les *états de l'Empire* composeroient trente-cinq voix, par

exemple; que chacun des électeurs actuels en auroit une, & pour les vingt-huit autres, diviser les princes en vingt-huit districts: chacun de ces districts, de quelque nombre d'*états* qu'il fût composé, n'en auroit qu'une; pour former la voix d'un district, on recueilleroit l'avis de tous les *états* qui s'y trouveroient; une petite abbaye princière, une ville impériale, un petit comté ou une seigneurie, formeroient le tiers; le quart, le cinquième, le sixième ou le septième d'un suffrage; tandis qu'un margrave ou un prince, maître d'un domaine assez étendu, auroit lui seul un suffrage, deux & même trois, selon l'étendue de ses possessions & de ses moyens: en supposant qu'il y eût, par exemple, vingt un suffrages par districts, onze de ces suffrages produiroient la voix, si on admettoit la règle de la pluralité; & si, au lieu de la règle de la pluralité, on admettoit celle des deux tiers ou des trois quarts, on calculeroit les détails des votes, d'après cette proportion. Il y a lieu de croire que cette réforme dans le corps germanique produiroit de bons effets, & attacheroit tous les *états* à la confédération. Cette réforme, établie avec une sorte d'appareil, rendroit un peu plus légales les diverses opérations des diètes; car, on doit en convenir, les privilèges des électeurs ne sont pas fondés sur des titres bien exacts; & l'empereur & la diète se permettent journellement des actes que les diplômes & les capitulations n'autorisent pas.

13°. Parmi les avantages qu'auroit l'opération sur laquelle nous venons de donner des détails, il ne faut pas oublier qu'il en résulteroit plus de zèle & de vigilance parmi les membres du corps germanique. Il en est un grand nombre qui n'assistent pas à la diète; & si après leur avoir donné un suffrage quelconque dans l'élection de l'empereur, on stipuloit d'une manière plus expresse, si on étendoit leurs droits à la diète, ils ne manqueroient pas d'y envoyer, & alors les résolutions seroient mieux combinées.

14°. Lorsqu'on étudie dans la constitution germanique ce qui a rapport à la diète, à son régime & à ses décrets, on voit que le régime fédératif des *états de l'Empire* a été calculé au hasard, ou en faveur des électeurs & des princes puissants. Et cependant de toutes les confédérations, aucune ne devoit être combinée avec plus de soin, puisqu'aucune n'offroit autant d'obstacles à la tranquillité intérieure & à la prospérité générale. Des détails sur cet objet nous meneroient trop loin; & ceux de nos lecteurs qui méditeront attentivement les articles ALLEMAGNE, DIÈTE, ÉLECTEURS, EMPIRE, ne douteront pas de la justesse de notre assertion.

15°. N'est-il pas clair, par exemple, que les états confédérés de la ligue germanique devroient avoir une armée puissante, facile à lever & à entretenir,

entretenir, & que le régime & la marche de ces troupes de l'union devroient être foumis à des règles invariables. Nous avons dit, & tout le monde fait combien l'armée de l'Empire est peu redoutable; quelles difficultés, quelles lenteurs & quels obstacles on éprouve, lorsqu'il s'agit de l'assembler; que d'embarras s'offrent de toutes parts, lorsqu'on veut la mouvoir & la mettre en action, & enfin quels ont toujours été ses foibles succès.

16°. Le lien qui attache quelques-uns des électeurs & l'empereur lui-même à la confédération germanique est presque idéal; avec cette belle règle des contingens à l'armée de l'Empire, les grandes puissances n'ont, dans le fait, d'autre engagement que celui de fournir un très-petit nombre de troupes, & ils peuvent à leur gré employer le reste de leurs forces contre le bien de la confédération.

17°. Il y a des loix pour mettre au ban de l'Empire les états réfractaires; mais que signifient ces loix? & si on les a exécutées quelquefois, n'étoit-ce pas contre les foibles? Si l'empereur qui, indépendamment de sa qualité de *chef de l'Empire*, se trouve souverain d'une vaste étendue de domaines, suit les intérêts & les vues ambitieuses de sa maison, aux préjudices de l'Empire, la confédération indique-t-elle avec précision de quelle manière on pourra le contenir? Et quand elle l'indiqueroit, le corps germanique a-t-il la force de réprimer une puissance aussi considérable?

18°. Il faut l'avouer, il y a quelque chose de bisarre dans cette confédération de tant d'états divers, qui donnent à leur chef le titre & la qualité d'*empereur*, & qui ne lui accordent ni des revenus, ni des troupes, ni une influence, proportionnés à une grandeur si importante en apparence.

ÉTATS-UNIS. Les treize-provinces qui viennent de secouer le joug de l'Angleterre & de former en Amérique des *états* libres & indépendans, ont pris ce nom. On en trouvera la liste plus bas. Leur position générale est assez connue, & nous l'indiquerons d'une manière plus précise dans la section 8e.

Cet article sera fort long; mais il est si important que les lecteurs ne s'en plaindront pas. Nous donnerons, 1°. un précis de l'histoire politique des *Etats-Unis* jusqu'à l'époque de la révolution. Nous parlerons de la situation où se trouvoient les colonies angloises avant la révolution & de la forme de leurs gouvernemens: 2°. nous indiquerons les causes & nous ferons l'histoire de la révolution: 3°. nous rapporterons l'acte d'indépendance: 4°. nous nous permettrons des remarques générales sur les constitutions des treize *Etats-Unis*, & des remarques particulières sur

les provinces qui doivent changer leurs constitutions, ou les revêtir de formes plus légales & plus solemnelles: 5°. nous transcrirons l'acte de confédération, sur lequel nous nous permettrons aussi des remarques, & nous dirons tout ce qui a rapport au congrès & aux nouveaux pouvoirs qu'il est à propos de lui confier: 6°. nous traiterons de la dette & des finances des *Etats-Unis*: 7°. nous exposerons dans quel état se trouvent aujourd'hui les nouvelles républiques américaines: 8°. nous parlerons des abus qu'elles doivent éviter dans la rédaction de leurs codes: 9°. de l'association des *cincinnati* & des dangers de cette institution: 10°. de la population des *Etats-Unis*: 11°. du commerce, de la marine, de l'armée: 12°. des nouveaux *états* qui se formeront dans le *territoire* de l'*ouest*, & des districts qui demandent déja à être admis à la confédération américaine, ou qui ne tarderont pas à y être admis; 13°. enfin des traités qu'ont formés les américains avec quelques puissances de l'Europe, & nous terminerons l'article par des observations politiques & des détails sur les sauvages qui se trouvent dans le voisinage ou dans l'enceinte des *Etats-Unis*. Nous avons fait un article particulier pour chacune des treize provinces, & on doit y chercher les détails propres à chacune de ces provinces. Nous avons mis du soin dans la composition de ces morceaux, & nous avons tâché de satisfaire à la fois la curiosité des lecteurs indifférens, & de montrer du zèle pour la prospérité de ces intéressantes républiques.

SECTION PREMIÈRE.

Précis de l'histoire politique des colonies angloises de l'Amérique septentrionale, jusqu'à l'époque de la révolution.

Nous avons rappellé à l'article de chacune des colonies l'époque de sa fondation; nous avons parlé des travaux des premiers colons & des obstacles qu'ils eurent à vaincre, des secours que leur donna la métropole, & enfin de tout ce qui s'est passé dans leur gouvernement; nous nous contenterons d'ajouter ici quelques remarques générales.

Les anglois, persécutés dans leur isle pour leurs opinions civiles & religieuses, se réfugièrent sur les côtes de l'Amérique septentrionale. On a observé avec justesse que cette première émigration ne pouvoit former des colonies bien florissantes. Les habitans de la Grande-Bretagne aiment à voyager; mais ils sont tellement attachés au sol qui les a vu naître, que des guerres civiles ou des révolutions déterminent seules à changer de climat & de patrie ceux d'entre eux qui ont une propriété, des mœurs ou de l'industrie; les émigrans, dont nous parlons ici, étoient accoutumés à une vie douce, à quelque aifance, à beaucoup de commodités; ils auroient eu befoin de l'enthoufiafme religieux ou politique pour les foutenir dans les travaux, les mifères, les privations & les calamités inféparables des nouvelles plantations, & le rétabliffement de la tranquillité publique dans la métropole mit des obftacles infurmontables au progrès des cultures en Amérique.

Le gouvernement de la Grande-Bretagne ne cherchoit point alors à fonder des colonies qui lui auroient enlevé un trop grand nombre de citoyens. Il s'occupoit vivement des progrès du commerce; il auroit défiré fans doute d'établir des colonies, & de s'enrichir de leurs productions; mais la population de l'Angleterre, de l'Ecoffe & de l'Irlande n'étoit pas nombreufe, &.il renonçoit à ces avantages qu'il falloit acheter par le facrifice d'une multitude de fujets. Il prenoit poffeffion des côtes & de l'intérieur de l'Amérique feptentrionale; il employoit la force pour obtenir cet inutile droit, parce que tous les peuples aiment à régner même fur des déferts, parce que la nation angloife fait faire depuis long-temps des calculs profonds fur l'avenir; & qu'enfin les puiffances modernes n'ont fouvent d'autre but, dans leurs opérations politiques, que d'arrêter l'induftrie & l'effor de leurs rivales.

Il paroît qu'alors on connoiffoit peu les reffources fans nombre qu'offroit la culture de l'Amérique feptentrionale. Les voyageurs n'avoient pas pénétré fort avant dans l'intérieur des terres; & les peuples qui avoient les idées les plus faines fur la véritable richeffe des nations, examinoient d'abord fi les contrées nouvelles offroient des mines d'or ou d'argent, & ils les dédaignoient fi elles ne préfentoient pas des indices.de ces ftériles métaux. On avoit défriché la plupart des Antilles; mais c'étoit avec les bras des nègres, & on fentoit bien que, pour garder & contenir de malheureux efclaves, il falloit les enfermer dans des ifles. Le continent du nouveau-Monde, dont les hautes forêts annonçoient un fol fi fertile & une végétation fi vigoureufe, ne tentoit point la cupidité: on étoit effrayé des obftacles; on craignoit de ne pas réuffir, & on redoutoit jufqu'aux fauvages qui promenoient dans ces déferts leur valeur indomptable & leur farouche liberté.

L'intolérance & le defpotifme, qui tourmentoient plufieurs contrées de l'Europe, produifirent le courage néceffaire pour défricher l'Amérique feptentrionale, & de nombreufes victimes de ces deux fléaux de l'humanité y abordèrent.

On fait jufqu'à quel point les opinions religieufes exaltent & renforcent les caractères, & avec quelle patience inaltérable & quelle noble conftance des hommes échappés à la verge des tyrans, fe livrent au travail dans la retraite qu'ils ont choifie. Dénués de moyens, n'ayant pas même

les outils les plus groffiers, tout devoit décourager les nouveaux colons; mais rien ne les découragea: ils montrèrent, par un exemple remarquable, les forces & les reffources de la néceffité. En paffant les mers, ils avoient perdu l'efpoir de retourner dans leur patrie; il eft vraifemblable qu'ils ne le defiroient plus; car s'il eft difficile d'étouffer cette difpofition naturelle, il ne l'eft pas moins d'oublier les injuftes perfécutions & les violences de la tyrannie. Ils ne tardèrent pas à trouver heureux, & à jouir en paix d'une fubfiftance affurée; on fut inftruit de leur bonheur, & les infortunés de toutes les parties de l'Europe, ceux de l'Allemagne fur-tout, prirent la route de l'Amérique. L'Angleterre s'apperçut de leurs progrès, & elle crut devoir encourager les émigrans; elle promit la qualité de *citoyen* dans toute l'étendue de l'empire britannique, après fept ans de domicile dans quelqu'une de fes colonies, & cette faveur augmenta la population des nouveaux établiffemens de l'Amérique feptentrionale.

« L'Amérique angloife, dit un écrivain célè-
» bre, fe rempliffoit de trois fortes d'habitans.
» Les hommes libres formoient la première claffe,
» & c'étoit la plus nombreufe.

» Une feconde claffe des colons fut autrefois
» compofée de malfaiteurs, que la métropole con-
» damnoit à être tranfportés en Amérique, &
» qui devoient un fervice forcé de fept ou de
» quatorze ans aux planteurs qui les achetoient
» des tribunaux de juftice. On fe dégoûta un peu
» tard, il eft vrai, de ces hommes corrompus &
» toujours prêts à commettre de nouveaux crimes ».
Nous obferverons que le nombre des malfaiteurs envoyés en Amérique ne fut pas affez grand, pour qu'on en faffe une des trois claffes dont la population des colonies fut d'abord compofée. Cet ufage commença fort tard. Un homme très-inftruit de tout ce qui a rapport à l'état ancien & à l'état actuel des provinces de l'union, ne croit pas qu'elles aient jamais reçu plus de deux mille malfaiteurs, & la plupart de ces malheureux accablés de maladies formèrent peu de mariages & donnèrent le jour à peu d'enfans: il ne penfe pas qu'eux & leurs defcendans foient aujourd'hui au nombre de 4000, & ainfi ils n'offrent guères que la millième partie de la population totale.

L'auteur de l'Hiftoire philofophique & politique des établiffemens dans les deux Indes ajoute:
» le nombre des hommes indigens que l'impoffi-
» bilité de fubfifter en Europe pouffoit dans le
» nouveau-Monde, fut très-confidérable. Em-
» barqués fans être en état de payer leur paf-
» fage, ces malheureux étoient à la difpofition de
» leur conducteur, qui les vendoit à qui bon lui
» fembloit. Cette efpèce d'efclavage étoit plus
» ou moins long; mais il ne pouvoit jamais durer
» plus de huit années. Si parmi ces émigrans il

» se trouvoit des enfans, leur servitude devoit » durer jusqu'à leur majorité, fixée à vingt-un ans » pour les garçons, & à dix-huit ans pour les » filles. Aucun des engagés n'avoit le droit de » se marier sans l'aveu de son maître, qui met- » toit le prix qu'il vouloit à son consentement. » Si quelqu'un d'eux s'enfuyoit & qu'on le ra- » trapât, il devoit servir une semaine pour cha- » que jour de son absence, un mois pour chaque » semaine, & six mois pour un seul. Le proprié- » taire qui ne vouloit pas reprendre son déser- » teur, pouvoit le vendre; mais ce n'étoit ce » pour le temps de son premier engagement. Du » reste, ce service n'avoit rien d'ignominieux, » & l'acquéreur faisoit tout ce qu'il pouvoit pour » affoiblir la tâche de la vente & de l'achat. A » l'expiration de sa servitude, l'engagé jouissoit » de tous les droits du citoyen libre; avec son » affranchissement, il recevoit du maître qu'il avoit » servi, ou des instrumens de labourage, ou les » outils nécessaires à son industrie ».

Le même écrivain continue ainsi : « de quelque » apparence de justice que l'on colore cette es- » pèce de trafic, la plupart des étrangers qui » passent en Amérique à ce prix, ne s'embar- » queroient pas, s'ils n'étoient trompés. Des bri- » gands, sortis des marais de la Hollande, se » répandent dans le Palatinat, dans la Suabe, » dans les cantons d'Allemagne les plus reculés, » ou les moins heureux. Ils y vantent avec en- » thousiasme les délices du nouveau-Monde, & » les fortunes qu'il est aisé d'y faire. Des hom- » mes simples, séduits par des promesses si ma- » gnifiques, suivent aveuglément ces vils cour- » tiers d'un indigne commerce, qui les livrent à » des négocians d'Amsterdam ou de Rotterdam. » Ceux-ci, soudoyés eux-mêmes par des compa- » gnies chargées de peupler les colonies, payent » une gratification à ces embaucheurs. Des famil- » les entières sont vendues, sans le savoir, à des » maîtres éloignés, qui leur préparent des con- » ditions d'autant plus dures, que la faim & la » nécessité ne permettent pas à ceux qui les ac- » ceptent de s'y refuser. L'Amérique forme des » recrues pour la culture, comme les princes » pour la guerre, avec les mêmes artifices, mais » un but moins honnête & peut-être plus in- » humain : car qui sait le rapport de ceux qui » meurent & de ceux qui survivent à leurs espé- » rances? L'illusion se perpétue en Europe, par » l'attention qu'on a de supprimer les lettres qui » pourroient dévoiler un mystère d'imposture & » d'iniquité, trop bien couvert par l'intérêt qui » en est l'inventeur. C'est le malheur des peuples » qui fait adopter ces chimères de fortune à la » crédulité des hommes simples. Des gens misé- » rables dans leur patrie, errans ou foulés sur la

» terre qui leur a donné le jour, n'ayant rien de » pire à craindre sous un ciel étranger, se livrent » aisément à la perspective d'un meilleur sort. Les » moyens qu'on emploie pour les retenir dans » leur pays, ne sont propres qu'à irriter en eux » le desir d'en sortir. C'est par des prohibitions, » par des menaces & des peines qu'on croit les » arrêter; on ne fait que les aigrir, les pousser » à la désertion par la défense même. Il faudroit » les attacher par des soulagemens & des espé- » rances : on les emprisonne, on les garotte; on » empêche l'homme, né libre, d'aller respirer » dans des contrées où le ciel & la terre lui don- » neroient un asyle ».

Le congrès & quelques citoyens des *États-Unis*, recommandables par leurs lumières & leur huma- nité, ne voient que de l'exagération dans ces re- proches. Puisque la loi de la propriété ôte aux malheureux jusqu'aux moyens de chercher un asyle dans une terre étrangère, l'usage dont on se plaint ici leur paroît une suite inévitable de l'ar- rangement des sociétés : ils croient qu'on peut l'adopter, si le gouvernement surveille les maîtres des engagés, & contient dans des bornes fixes cette espèce de servitude : c'est ce que les nou- velles républiques ont fait. On assure que les en- gagés n'éprouvent aucune vexation; qu'ils ne sont point malheureux; qu'à la fin de leur service, ils sont toujours en état de former un éta- blissement; qu'ils n'achètent pas trop cher l'ai- sance, la tranquillité & les privilèges dont ils jouissent alors; & qu'enfin, si c'est un abus, rien ne peut le réformer. Il s'agit ici d'une chose qui importe à la gloire des *États-Unis* & au bonheur des pauvres de l'Europe, & nous allons discuter ces reproches plus en détail. Les pauvres de l'Eu- rope qui allèrent s'établir en Amérique, devoient trouver les moyens de payer leur passage. On les laissa les maîtres de se mettre au service de l'amé- ricain qui leur convenoit, pourvu que celui-ci s'engageât à payer au capitaine du navire les frais de la traversée. S'ils ne savoient point la langue du pays; s'ils ne savoient pas eux-mêmes faire un arrangement, le capitaine du navire s'en char- geoit. Le contrat étoit de l'espèce désignée par le mot *indented* dans la Jurisprudence angloise (1); & on appella les engagés *indented servants* : on donna aussi quelquefois aux nouveaux débarqués le nom de *redemptioners*, parce qu'ils s'étoient ré- servé le droit de se racheter, en payant leur pas- sage au capitaine, & ils usèrent souvent de ce droit, en se mettant eux-mêmes au service d'un colon. Dans quelques provinces, ces gens avoient le droit de se marier, sans la permission de leur maître : on dit que celui qui s'enfuyoit, devoit servir une semaine pour chaque jour de son ab- sence, &c. mais si cela est jamais arrivé, ce fût dans la première époque de l'histoire des colonies, quand l'administration appartenoit aux premiers émigrans, qui, étant des laboureurs pour la plupart, avoient l'esprit borné & de la dureté dans le caractère. En Virginie, les loix ne permettoient de prolonger leur servitude que deux jours, lorsqu'ils s'absentoient vingt-quatre heures sans permission. Cette espèce de servitude étoit si douce, qu'afin de s'instruire dans la culture du pays, des étrangers qui apportoient en Amérique assez d'argent pour payer leur passage & acheter une ferme, donnoient très-souvent une certaine somme au colon qui vouloit les prendre à son service durant trois ans. Les pauvres de l'Europe qui se réfugient en Amérique, y rendent leur sort plus heureux; le fait est sûr, on ne doit pas le contester, & ils consentiront à acheter cette transplantation au prix de deux ou trois ans de service. Durant ce service, ils sont mieux nourris, mieux vêtus; on leur impose des travaux plus légers qu'en Europe. En prolongeant leur service d'un petit nombre d'années, ils achètent une ferme; ils se marient, & ils jouissent de toutes les douceurs de la vie domestique. On reproche aux républiques d'Amérique de permettre une espèce de servitude qui est la source du bonheur de ces infortunés. Mais que demande-t-on ? Faut-il que les *Etats-Unis* payent le passage de tous ceux qui voudront y chercher un asyle ? Ils ne le peuvent pas, &, s'ils le pouvoient, les frais leur paroîtroient au-dessus de l'acquisition : veut-on qu'ils éloignent les pauvres de leurs rivages ? Ceux qui connoissent les ressources de la classe indigente du peuple en Amérique & en Europe, ne donneront jamais ce conseil, s'ils écoutent la voix de l'humanité. On dit que ces pauvres émigrans sont trompés par des embaucheurs : mais ces délits se commettent en Europe, & comment les gouvernemens d'Amérique pourroient-ils les empêcher ? C'est aux souverains de l'Europe qui voient ces actions sous leurs yeux, & qui en essuient des dommages, à les arrêter. Enfin ce n'est qu'en Europe qu'on entend de pareilles plaintes. Ceux des pauvres émigrans qui ont été, ou qui se trouvent au service des américains, sont en général satisfaits, & il y en a très-peu qui regrettent d'avoir passé la mer. Nous ajouterons que ces détails ne sont pas du ressort du congrès; qu'ils appartiennent aux assemblées législatives des divers états, & qu'ainsi on auroit de la peine à établir un regime uniforme dans toutes les provinces.

Nous avons supposé, dans les observations précédentes, que les diverses provinces d'Amérique ne cherchent point à attirer les pauvres européens, que leur misère met dans l'impossibilité de payer leur passage; car si elles encourageoient les embaucheurs, nous ne craindrions pas de dire que cette manière d'attirer des citoyens est peu convenable à une terre de liberté. Les habitans des colonies ont pu avant la révolution desirer un plus grand nombre de bras; mais ils auront tort, s'ils cherchent à accroître promptement leur population : on verra, dans la dixième section, qu'il seroit plus raisonnable & plus avantageux de l'attendre des progrès du temps.

Le traité de 1763 ayant mis les deux Florides, une partie de la Louisiane & tout le Canada sous la domination de la Grande-Bretagne, elle se trouva maitresse des vastes contrées qui s'étendent depuis le fleuve Saint-Laurent jusqu'au Mississipi. Elle possédoit d'ailleurs la baie d'Hudson, Terreneuve, & les autres isles de l'Amérique septentrionale; & elle s'étoit ainsi formé dans le nouveau-Monde un empire dix fois plus étendu que l'Angleterre, l'Ecosse & l'Irlande réunies.

Ce vaste empire étoit coupé du nord au sud par une première chaîne de hautes montagnes, qui, s'éloignant & se rapprochant des côtes, laissent entr'elles & l'Océan, un territoire de cent cinquante, de deux cens, quelquefois de trois cens milles. Quelques voyageurs avoient pénétré sept ou huit cents lieues au-delà des monts Apalaches; mais on connoissoit peu la topographie de ces cantons. On y avoit découvert d'autres chaînes de montagnes & de longues vallées; on imaginoit que des fleuves qui coulent à l'extrémité de ces lieux sauvages, vont se perdre dans la mer du sud; &, dans l'ivresse de prospérité & de gloire qui s'empara des anglois, ils crurent qu'ils embrasseroient un jour toutes les branches de la communication & du commerce du nouveau-Monde. En passant d'une mer de l'Amérique à l'autre sur leurs propres terres, ils comptoient toucher, pour ainsi dire, à la fois aux quatre parties du globe; leur imagination chargeoit & expédioit des vaisseaux de tous les ports de la Grande-Bretagne & de ses comptoirs de l'Afrique pour le nouveau-Monde; elle formoit peut-être le projet d'en envoyer quelques-uns, de ses possessions dans les mers orientales, aux Indes occidentales par la mer pacifique. Elle se croyoit déja maitresse de toutes les portes du commerce, & elle espéroit, en garder les clefs avec ses nombreuses flottes. Elle songeoit peut-être à dominer sur les deux-Mondes, par l'empire de toutes les mers. Les colonies elles-mêmes s'enorgueillissoient d'appartenir à un empire aussi redoutable & aussi puissant; satisfaites de l'aisance & du bonheur que leur procuroient la culture, le commerce & d'assez bonnes loix, elles ne songeoient point à se séparer de la métropole; attachées à la nation britannique par la fierté, par la reconnoissance & les besoins, elles ne voyoient pour elles aucun avantage à former des *états* libres; & quand elles en auroient vu, elles manquoient de trop de choses pour se livrer à une entreprise aussi difficile. Mais, s'il y a des époques dans l'Histoire où une grandeur si prodigieuse a pu entrer dans la destinée d'un seul peuple, ce n'étoit pas au milieu des lumières & de l'inquiète activité de tous les peuples modernes, & quelques années ont suffi pour dissiper tous ces fantômes brillans.

Nous indiquons à l'article particulier de chacun des *Etats-Unis* la position dans laquelle se trouvoient les colonies de l'Amérique septentrionale, au moment où la plupart d'entr'elles ont déclaré leur indépendance. Nous nous contenterons de dire ici que toutes les colonies de l'Amérique angloise n'avoient pas la même forme de gouvernement. Celui de la Nouvelle-Ecosse, de deux provinces de la Nouvelle-Angleterre, de la Nouvelle-Yorck, de la Nouvelle-Jersey, de la Virginie, des deux Carolines & de la Géorgie étoit appellé *royal*, parce que le roi d'Angleterre y exerçoit la suprême influence. Les députés du peuple y formoient la chambre-basse, comme dans la métropole. Un conseil approuvé par la cour, établi pour soutenir les prérogatives de la couronne, y représentoit la chambre des pairs, & les personnes les plus distinguées du pays en étoient les membres. Un gouverneur y convoquoit, y prorogeoit, y terminoit les assemblées, donnoit ou refusoit le consentement à leurs délibérations, qui recevoient de son approbation force de loi, jusqu'à ce que le roi d'Angleterre les eût rejettées.

Le Maryland, la Pensylvanie & la Delaware étoient demeurés soumises à une seconde espèce de gouvernement, connue sous le nom de *gouvernement propriétaire*. Son origine n'avoit rien de respectable. Lorsque la nation angloise s'établit dans ces régions éloignées, un courtisan obtenoit facilement, dans des déserts aussi vastes que des royaumes, une propriété & une autorité sans bornes. La couronne qui se réservoit un stérile hommage, accordoit à un homme en crédit le droit de régner ou de gouverner à son gré dans un pays inconnu. Les colons & le cabinet de Saint-James ne tardèrent pas à sentir l'injustice & les abus de cette forme de gouvernement donnée d'abord à toutes les colonies. Les trois provinces où elle se trouvoit encore établie à l'époque de la révolution, étoient venues à bout d'en réprimer les excès. Le Maryland ne différoit des autres provinces voisines, qu'en ce qu'il recevoit son gouverneur de la maison de Baltimore, dont le choix devoit être approuvé par la cour. Le gouverneur de la Pensylvanie, nommé par la maison propriétaire, & confirmé par le roi, n'avoit point de conseil; & dénué de cet appui, il luttoit difficilement contre les communes qui s'emparoient peu-à-peu de toute l'autorité. Toutes les provinces de la Nouvelle-Angleterre avoient été assujetties à un troisième régime; mais il ne subsistoit plus que dans le Connecticut & à Rhode-Island: c'étoit une démocratie. Les citoyens élisoient, déposoient eux-mêmes tous leurs officiers, & faisoient toutes les loix qu'ils jugeoient à propos,

sans qu'elles eussent besoin de l'approbation du monarque, sans qu'il eût le droit de les annuller.

Le gouvernement des colonies s'étoit donc formé au hasard; la Grande-Bretagne n'y ayant pas établi le régime politique sur une base ferme & sur des principes équitables, les colons ne pouvoient avoir pour la métropole cet amour qu'inspire une sage administration. La douceur de leur jurisprudence criminelle & ces loix sacrées qui maintenoient leur liberté civile & leur donnoient la passion de la liberté, faisoient regretter les gênes mises à leur liberté politique, & ils ne pouvoient respecter beaucoup les actes législatifs d'une nation qui avoit montré si peu de sagesse dans la direction de ses colonies. Le clergé établi dans ces colonies, loin d'inspirer une soumission aveugle aux ordres de l'administration, y prêchoit la résistance aux décrets de la métropole, & il en donnoit l'exemple lui-même. On n'avoit jamais pu y établir de puissance ecclésiastique. Toutes les affaires qui, en d'autres régions, ressortissent d'un tribunal sacerdotal, furent portées devant le magistrat, ou dans les assemblées nationales. Les efforts que firent les anglicans pour établir leur hiérarchie, échouèrent toujours, malgré l'appui que leur donnoit la faveur de la métropole. Cependant ils participèrent à l'administration, ainsi que les autres sectes. Les seuls catholiques en furent exclus, parce qu'ils se refusoient aux sermens que paroissoit exiger la tranquillité publique.

SECTION IIe.

Quelles ont été les causes de la révolution, & précis, historique de cette révolution.

Un auteur que tout le monde connoît, a tracé les causes de la révolution d'une manière si brillante, si précise & si exacte, qu'on nous permettra de profiter ici de son travail. Une présomption que nous n'avons pas, pourroit seule déterminer à refaire ce morceau, & les lecteurs qui examineront les recherches & les soins que nous a coûté chacune des autres sections, nous pardonneront sans doute l'économie de tems que nous nous sommes ménagé dans la plus grande partie de celle-ci.

« Les premiers colons qui peuplèrent l'Amérique septentrionale, se livrèrent d'abord uniquement à la culture. Ils ne tardèrent pas à s'appercevoir que leurs exportations ne les mettoient pas en état d'acheter ce qui leur manquoit, & ils se virent comme forcés à élever quelques manufactures grossières. Les intérêts de la métropole parurent choqués par cette innovation. Elle fut déférée au parlement, où on la discuta avec toute l'attention qu'elle méritoit. Il y eut des hommes assez courageux pour défendre la cause des colons. Ils dirent que le travail des champs n'occupant pas les habitans toute l'année, ce seroit une tyrannie que de les obliger à perdre dans l'inaction le temps que la terre ne leur demandoit pas ; que le produit de l'agriculture & de la chasse ne fournissant pas à toute l'étendue de leurs besoins, c'étoit les réduire à la misère que de les empêcher d'y pourvoir par un nouveau genre d'industrie ; enfin que la prohibition des manufactures ne tendoit qu'à faire renchérir toutes les denrées dans un état naissant, qu'à en diminuer ou en arrêter peut-être la vente, qu'à en écarter tous ceux qui pouvoient songer à s'y aller fixer ».

« L'évidence de ces principes étoit sans réplique. On s'y rendit enfin après les plus grands débats. Il fut permis aux américains de manufacturer eux-mêmes leur habillement, mais avec des restrictions qui laissoient percer les regrets de l'avidité à travers les dehors de la justice. Toute communication à cet égard fut sévèrement interdite entre les provinces. On leur défendit, sous les peines les plus graves, de verser de l'une dans l'autre aucune espèce de laine, soit en nature, soit fabriquée. Cependant quelques manufactures de chapeaux osèrent franchir ces barrières. Pour arrêter ce qu'on appelloit un désordre affreux, le parlement eut recours à l'expédient, si petit & si cruel, des réglemens. Un ouvrier ne put travailler qu'après sept ans d'apprentissage ; un maître ne put avoir plus de deux apprentifs à la fois, ni employer aucun esclave, dans son attelier ».

« Les mines de fer, qui semblent mettre sous la main des hommes le sceau de leur indépendance, furent soumises à des restrictions plus sévères encore. Il ne fut permis que de les porter en barres ou en gueuses dans la métropole. Sans creusets pour le fondre, sans machines pour le tourner, sans marteaux & sans enclumes pour le façonner, on eut encore moins la liberté de le convertir en acier ».

« Les importations reçurent bien d'autres entraves. Tout bâtiment étranger, à moins qu'il ne fût dans un péril évident de naufrage, ou chargé d'or & d'argent, ne devoit pas entrer dans les ports de l'Amérique septentrionale. Les vaisseaux anglois eux-mêmes n'y étoient pas reçus, s'ils ne venoient directement d'un havre de la nation. Les navires des colonies qui alloient en Europe, ne pouvoient rapporter chez elles que des marchandises tirées de la métropole. On n'exceptoit de cette proscription que les vins de Madere, des Açores ou des Canaries, ou les sels nécessaires pour les pêcheries ».

« Les exportations devoient originairement aboutir toutes en Angleterre. Des considérations puissantes engagèrent le gouvernement à se relâcher de cette extrême sévérité. Il fut permis aux colons de porter directement au sud du Cap-Finistère, des grains, des farines, du riz, des légumes, des fruits, du poisson salé, des planches & du bois de charpente. Toutes les autres productions étoient réservées pour la métropole. L'Irlande même, qui offroit un débouché avantageux aux bleds, aux lins, aux douves des colonies leur fut fermée par un acte parlementaire ».

« Le sénat, qui représente la nation, vouloit avoir le droit de diriger le commerce dans toute l'étendue de la domination britannique. C'est par cette autorité qu'il prétendoit régler les liaisons de la métropole avec les colonies, entretenir une communication, une réaction utile & réciproque entre les parties éparses d'un empire immense ».

« On obligea les colonies à verser dans la métropole toutes les productions, même celles qui n'y devoient pas être consommées ; on les força à tirer de la métropole toutes les marchandises, même celles qui lui venoient des nations étrangères. Cette impérieuse & stérile contrainte, chargeant les ventes & les achats des américains de frais inutiles & perdus, arrêta nécessairement leur activité, & diminua par conséquent leur aisance ; & c'est pour enrichir quelques marchands ou quelques commissionnaires de la métropole, qu'on sacrifia les droits & les intérêts des colonies ! elles ne dévoient à l'Angleterre, pour la protection qu'elles en retiroient, qu'une préférence de vente & d'importation pour toutes leurs denrées qu'elle pouvoit consommer, qu'une préférence d'achat & d'exportation pour toutes les marchandises qui sortoient de ses fabriques. Jusques-là toute soumission étoit reconnoissance ; au-delà toute obligation étoit violence ».

« Aussi la tyrannie enfanta-t-elle la contrebande. La transgression est le premier effet des loix injustes. En vain on répéta cent fois aux colonies que le commerce interlope étoit contraire au principe fondamental de leur établissement, à toute raison politique, aux vues expresses de la loi. En vain on établit dans les écrits publics, que le citoyen qui payoit le droit, étoit opprimé par le citoyen qui ne le payoit pas ; & que le marchand frauduleux voloit le marchand honnête, en le frustrant de son gain légitime. En vain on multiplia les précautions pour prévenir ces fraudes, & les châtimens pour les punir. La voix de l'intérêt, de la raison & de l'équité prévalut sur les cent bouches & les cent mains de l'hydre fiscal. Les marchandises de l'étranger, clandestinement introduites dans le nord de l'Amérique angloise, montèrent au tiers ou plus de celles qui payoient les droits ».

« Une liberté indéfinie, ou seulement restreinte à de justes bornés, auroit arrêté les liaisons prohibées, dont on se plaignoit si fortement. Alors les colonies seroient arrivées à un état d'aisance qui leur eût permis de se libérer d'une dette de cent vingt à cent trente millions de livres qu'elles avoient contractée envers la métropole. Alors elles en auroient tiré chaque année pour plus de quarante-cinq millions de marchandises, somme à laquelle leurs demandes s'étoient élevées, aux époques les plus prospères. Mais au lieu de voir adoucir leur fort, comme elles ne cessoient de le demander, elles se virent menacées d'une imposition ».

« L'Angleterre sortoit d'une longue & sanglante guerre (en 1764), où ses flottes avoient arboré le pavillon de la victoire sur toutes les mers, où une domination déja trop vaste s'étoit accrue d'un territoire immense dans les deux Indes. Cet éclat pouvoit en imposer au-dehors : mais au-dedans la nation étoit réduite à gémir de ses acquisitions & de ses triomphes. Ecrasée sous le fardeau d'une dette de 3,330,000,000 liv. (1), qui lui coûtoit un intérêt de 111,577,490 livres ; elle pouvoit à peine suffire aux dépenses les plus nécessaires avec 130,000,000 liv. qui lui restoient de son revenu ; & ce revenu, loin de pouvoir s'accroître, n'avoit pas une consistance assurée ».

« Les terres restoient chargées d'un impôt plus fort qu'il ne l'avoit jamais été dans un temps de paix. On avoit mis de nouvelles taxes sur les maisons & sur les fenêtres. Le contrôle des actes pesoit sur tous les biens-fonds. Les vins, l'argenterie, les cartes, les dés à jouer ; tout ce qui étoit regardé comme un objet de luxe & d'amusement, payoit plus qu'on ne l'auroit cru possible. Pour se dédommager du sacrifice qu'il avoit fait à la conservation des citoyens, en prohibant les liqueurs spiritueuses, le fisc s'étoit jetté sur la drèche, sur le cidre, sur la bière, sur toutes les boissons à l'usage du peuple. Les ports n'expédioient rien pour les pays étrangers, n'en recevoient rien qui ne fût accablé de droits à l'entrée & à la sortie. Les matières premières & la main-d'œuvre étoient montées à un si haut prix dans la Grande-Bretagne, que ses négocians se voyoient supplantés dans des contrées où ils n'avoient pas même éprouvé jusqu'alors de concurrence. Les bénéfices de son commerce avec toutes les parties du globe, ne s'élevoient pas annuellement au-dessus de cinquante-six millions ; & de cette balance il en falloit tirer trente-cinq pour les arrérages des sommes placées par les étrangers dans les fonds publics ».

« Les ressorts de l'état étoient forcés. Les muscles du corps politique, éprouvant à la fois une tension violente, étoient en quelque manière sortis de leur place. C'étoit un moment de crise. Il falloit laisser respirer les peuples. On ne pouvoit les soulager par la diminution des dépenses. Celles que faisoit le gouvernement étoient nécessaires, soit pour mettre en valeur les conquêtes achetées au prix de tant de sang, au prix de tant d'argent ; soit pour contenir la maison de Bourbon, aigrie par les humiliations de la dernière guerre, par

les sacrifices de la dernière paix. Au défaut d'autres moyens pour fixer, & la sécurité du présent, & la prospérité de l'avenir, on imagina d'appeller les colonies au secours de la métropole. Cette vue étoit sage & juste ».

« Les membres d'une confédération doivent tous contribuer à sa défense & à sa splendeur, selon l'étendue de leurs facultés, puisque ce n'est que par la force publique que chaque classe peut conserver l'entière & paisible jouissance de ce qu'elle possède. L'indigent y a sans doute moins d'intérêt que le riche : mais il y a d'abord l'intérêt de son repos, & ensuite celui de la conservation de la richesse nationale, qu'il est appellé à partager par son industrie ».

« Jamais le ministère britannique n'avoit eu recours à ses colonies, sans en obtenir les secours qu'il sollicitoit. Mais c'étoient des dons & non des taxes, puisque la concession étoit précédée de délibérations libres & publiques dans les assemblées de chaque établissement. La mère-patrie s'étoit trouvée engagée dans des guerres dispendieuses & cruelles. Des parlemens tumultueux & entreprenans avoient troublé sa tranquillité. Elle avoit eu des administrateurs audacieux & corrompus, malheureusement disposés à élever l'autorité du trône sur la ruine de tous les pouvoirs & de tous les droits du peuple. Les révolutions s'étoient succédées, sans qu'on eût songé à attaquer un usage affermi par deux siècles d'une heureuse expérience ».

« Les provinces du nouveau-Monde étoient accoutumées à regarder comme un droit cette manière de fournir leur contingent en hommes & en argent. Cette prétention eût-elle été douteuse ou erronée, la prudence n'auroit pas permis de l'attaquer trop ouvertement. L'art de maintenir l'autorité est un art délicat, qui demande plus de circonspection qu'on ne pense. Ceux qui gouvernent, sont trop accoutumés peut-être à mépriser les hommes. Ils les regardent trop comme des esclaves courbés par la nature, tandis qu'ils ne le sont que par l'habitude ».

« Il n'est pas permis de contrarier sans nécessité les opinions dominantes dans un pays, & il n'y en eut jamais pour rejetter le système adopté par l'Amérique septentrionale ».

« En effet, soit que les diverses contrées du nouveau-Monde fussent autorisées, comme elles le souhaitoient, à envoyer des représentans au parlement d'Angleterre pour y délibérer avec leurs concitoyens sur tous les besoins de l'empire britannique ; soit qu'elles continuassent à examiner dans leur propre sein, ce qu'il leur convenoit d'accorder de contribution, il n'en pouvoit résulter aucun embarras pour le fisc. Dans le premier cas,

---

(1) Elle a fort augmenté depuis ; car aujourd'hui, (au commencement de 1786) elle est de près de cinq milliards.

les réclamations de leurs députés auroient été étouffées par la multitude, & ces provinces se seroient vues légalement chargées de la partie du fardeau qu'on auroit voulu lui faire porter. Dans le second, le ministère disposant des dignités, des emplois, des pensions, même des élections, n'auroit pas éprouvé plus de résistance à ses volontés, dans cet autre hémisphère que dans le nôtre ».

« Cependant les maximes consacrées en Amérique avoient une autre base, que des préjugés. Les peuples fondoient leurs prétentions sur la nature de leurs chartres ; ils s'appuyoient plus solidement encore sur le droit qu'a tout citoyen anglois de ne pouvoir être taxé que de son aveu, ou de celui de ses représentans. Ce droit, qui devroit être celui de tous les peuples, puisqu'il est fondé sur le code éternel de la raison, datoit du règne d'Edouard premier. Depuis cette époque, l'anglois ne le perdit jamais de vue. Dans la paix, dans la guerre, sous des rois féroces comme sous des rois ignorans, dans des momens de servitude, comme dans des temps d'anarchie, il le réclama sans cesse. On le vit sous les Tudors abandonner ses droits les plus précieux, & livrer sa tête sans défense à la hache des tyrans, mais jamais renoncer au droit de s'imposer lui-même. C'est pour le défendre qu'il répandit des flots de sang, qu'il détrôna ou fit mourir ses rois. Enfin, à la révolution de 1688, ce droit fut solemnellement reconnu dans l'acte célèbre où l'on vit la liberté, de la même main dont elle chassoit un roi, tracer les conditions du contrat entre une nation, & le nouveau souverain qu'elle venoit de choisir. L'anglois, en fondant ses colonies, avoit porté ces principes au-delà des mers, & les mêmes idées s'étoient transmises à ses enfans ».

« Les anglois, établis dans l'Amérique septentrionale, savoient à quel prix leurs ancêtres l'avoient acheté. Le sol même qu'ils habitent devoit nourrir en eux un sentiment favorable à ces idées. Dispersés dans un continent immense ; libres comme la nature qui les environne, parmi les rochers, les montagnes, les vastes plaines de leurs déserts, aux bords de ces forêts où tout est encore sauvage, & où rien ne rappelle ni la servitude, ni la tyrannie de l'homme, ils sembloient recevoir de tous les objets physiques les leçons de la liberté & de l'indépendance ».

« Soit que le ministère britannique ignorât ces dispositions, soit qu'il espérât que ses délégués réussiroient à les changer, il saisit le moment d'une paix glorieuse pour exiger une contribution forcée de ses colonies ».

« L'an 1764 vit éclore ce fameux acte du timbre, qui défendoit d'admettre dans les tribunaux tout titre qui n'auroit pas été écrit sur du papier marqué & vendu au profit du fisc ».

« Les provinces angloises du nord de l'Amérique s'indignent toutes contre cette usurpation de leurs droits les plus précieux & les plus sacrés. D'un accord unanime, elles renoncent à la consommation de ce que leur fournissoit la métropole, jusqu'à ce qu'elle ait retiré un bill illégal & oppresseur. Les femmes, dont on pouvoit craindre la foiblesse, sont les plus ardentes à faire le sacrifice de ce qui servoit à leur parure ; & les hommes, animés par cet exemple, renoncent de leur côté à d'autres jouissances. Beaucoup de cultivateurs quittent la charrue, pour se former à l'industrie dans des atteliers ; & la laine, le lin, le coton, grossiérement travaillés, sont achetés au prix que coûtoient auparavant les toiles les plus fines & les plus belles étoffes ».

« Cette espèce de conspiration étonne le gouvernement. Les clameurs des négocians, dont les marchandises sont sans débouché, augmentent son inquiétude. Les ennemis du ministère appuient ces mécontentemens, & l'acte du timbre est révoqué après deux années d'un mouvement convulsif, qui, dans d'autres tems, auroit allumé une guerre civile ».

« Mais le triomphe des colonies est de courte durée. Le parlement qui n'a reculé qu'avec une extrême répugnance, veut en 1767 que ce qu'il n'a pu obtenir de revenu par le moyen du timbre, soit formé par le verre, le plomb, le coton, les couleurs, le papier peint & le thé, qui sont portés d'Angleterre en Amérique. Les peuples du continent septentrional ne sont pas moins révoltés de cette innovation que de la première. Vainement leur dit-on que personne ne peut contester à la Grande-Bretagne le pouvoir d'établir sur ses exportations les droits qui conviennent à ses intérêts, puisqu'elle n'ôte point à ses établissemens, situés au-delà des mers, la liberté de fabriquer eux-mêmes les marchandises asservies aux nouvelles taxes. Ce subterfuge paroît une dérision à des hommes, qui purement cultivateurs & réduits à n'avoir de communication qu'avec leur métropole, ne peuvent ni se procurer par leur industrie, ni par des liaisons étrangères, les objets qu'on vient d'imposer. Que ce soit dans l'ancien ou dans le nouveau-Monde que ce tribut soit payé, ils comprennent que le nom ne change rien à la chose, & que leur liberté ne seroit pas moins attaquée de cette manière de celle qu'on a repoussée avec succès. Les colons voient clairement que le gouvernement veut les tromper, & ils ne veulent pas l'être ».

« Les principes de tolérance & de liberté, établis dans les colonies angloises, en avoient fait un peuple différent des autres peuples. On y savoit ce que c'étoit que la dignité de l'homme ; & le ministère britannique la violant, il falloit nécessairement qu'un peuple tout composé de citoyens se soulevât contre cet attentat ».

« Trois ans s'écoulèrent, sans qu'aucune des taxes qui blessoient si vivement les américains, fût perçue. C'étoit quelque chose ; mais ce n'étoit pas

pas tout ce que prétendoient des hommes jaloux de leurs prérogatives. Ils vouloient une renonciation générale & formelle à tout ce qui avoit été illégalement ordonné, & cette satisfaction leur fut accordée en 1770. On n'en excepta que le thé. Encore cette réserve n'eut-elle pour objet que de pallier la honte d'abandonner entièrement la supériorité de la métropole sur ses colonies : ce droit ne fut pas plus exigé que les autres ne l'avoient été ».

« Le ministère, trompé par ses délégués, croyoit sans doute les dispositions changées dans le nouveau - Monde, lorsqu'en 1773 il ordonna la perception de l'impôt sur le thé ».

« A cette nouvelle, l'indignation est générale dans l'Amérique septentrionale. Dans quelques provinces, on arrête des remercîmens pour les navigateurs qui avoient refusé de prendre sur leurs bords cette production. Dans d'autres, les négocians auxquels elle est adressée, refusent de la recevoir. Ici, on déclare ennemi de la patrie quiconque osera la vendre. Là, on charge de la même flétrissure ceux qui en conserveront dans leurs magasins. Plusieurs contrées renoncent solemnellement à l'usage de cette boisson. Un plus grand nombre brûlent ce qui leur reste de cette feuille, jusqu'alors l'objet de leurs délices. Le thé, expédié de cette partie du globe, étoit évalué à cinq ou six millions, & il n'en fut pas débarqué une seule caisse. Boston fut le principal théatre de ce soulèvement. Ses habitans détruisirent, dans le port même, trois cargaisons de thé qui arrivoient d'Europe ».

« Cette grande ville avoit toujours paru plus occupée de ses droits que le reste de l'Amérique. La moindre atteinte qu'on portoit à ses privilèges, étoit repoussée sans ménagement. Cette résistance, quelquefois accompagnée de troubles, fatiguoit depuis quelques années le gouvernement. Le ministère qui avoit des vengeances à exercer, saisit trop vivement la circonstance d'un excès blâmable, & il en demanda au parlement une punition sévère ».

« Les gens modérés souhaitoient que la cité coupable fût seulement condamnée à un dédommagement proportionné au dégât commis dans sa rade, & à l'amende qu'elle méritoit pour n'avoir pas puni cet acte de violence. On jugea cette peine trop légère; & le 13 mars 1774, il fut porté un bill qui fermoit le port de Boston, & qui défendoit d'y rien débarquer, d'y rien prendre ».

« La cour de Londres s'applaudissoit d'une loi si rigoureuse, & ne doutoit pas qu'elle n'amenât les bostoniens à cet esprit de servitude qu'elle avoit travaillé vainement jusqu'alors à leur donner. Si, contre toute apparence, ces hommes hardis persévéroient dans leurs prétentions, leurs voisins profiteroient avec empressement de l'interdit jetté sur le principal port de la province. Au pis aller, les autres colonies, depuis long-temps jalouses de

celle de Massachuset, l'abandonneroient avec indifférence à son triste sort, & recueilleroient le commerce immense que ses malheurs feroient refluer sur elles. De cette manière, seroit rompue l'union de ces divers établissemens qui, depuis quelques années, avoit pris trop de consistance, au gré de la métropole ».

« L'attente du ministère fut généralement trompée. Les américains demeurèrent unis. L'exécution d'un bill qu'ils appelloient inhumain, barbare & meurtrier, ne fit que les affermir dans la résolution de soutenir leurs droits avec plus d'accord & de constance ».

« A Boston, les esprits s'exaltent de plus en plus. Le cri de la religion renforce celui de la liberté. Les temples retentissent des exhortations les plus violentes contre l'Angleterre ».

« Les autres habitans de Massachuset dédaignent jusqu'à l'idée de tirer le moindre avantage de la capitale. Ils ne songent qu'à resserrer avec les bostoniens les liens qui les unissent, disposés à s'ensevelir sous les ruines de leur commune patrie, plutôt que de laisser porter la moindre atteinte à des droits qu'ils ont appris à chérir plus que leur vie ».

« Toutes les provinces s'attachent à la cause de Boston, & leur affection augmente à proportion du malheur & des souffrances de cette ville infortunée. Coupables, à peu de chose près, d'une résistance si sévèrement punie, elles sentent bien que la vengeance de la métropole contre elles n'est que différée, & que toute la grace dont peut se flatter la plus favorisée sera d'être la dernière sur qui s'appésantira un bras oppresseur ».

« Ces dispositions à un soulèvement général sont augmentées par l'acte contre Boston, qu'on voit circuler dans tout le continent sur du papier bordé de noir, emblème du deuil de la liberté. Bientôt l'inquiétude se communique d'une maison à l'autre. Les citoyens se rassemblent & conversent dans les places publiques. Des écrits pleins d'éloquence & de vigueur, sortent de toutes les presses ».

« Les sévérités du parlement britannique con-
» tre Boston, dit-on dans ces imprimés, doivent
» faire trembler toutes les provinces américaines.
» Il ne leur reste plus qu'à choisir entre le fer,
» le feu, les horreurs de la mort, & le joug
» d'une obéissance lâche & servile. La voilà en-
» fin arrivée cette époque d'une révolution im-
» portante, dont l'événement heureux ou funeste
» fixera à jamais les regrets ou l'admiration de la
» postérité.
» Serons - nous libres, serons - nous esclaves ?
» C'est de la solution de ce grand problème que
» va dépendre, pour le présent, le sort de trois
» millions d'hommes, & pour l'avenir la félicité
» ou la misère de leurs innombrables descen-
» dans.
» Réveillez-vous donc, ô américains ! jamais

» la région que vous habitez ne fut couverte
» d'auſſi ſombres nuages. On vous appelle *rebelles*,
» parce que vous ne voulez être taxés que par
» vos repréſentans. Juſtifiez cette prétention par
» votre courage, ou ſcellez-en la perte de tout
» votre ſang.

» Il n'eſt plus temps de délibérer. Lorſque la
» main de l'oppreſſeur travaille ſans relâche à vous
» forger des chaînes, le ſilence ſeroit un crime,
» & l'inaction une infamie. La conſervation des
» droits de la république : voilà la loi ſuprême.
» Celui-là ſeroit le dernier des eſclaves, qui,
» dans le péril où ſe trouve la liberté de l'Amé-
» rique, ne feroit pas tous ſes efforts pour la
» conſerver ».

« Cette diſpoſition étoit commune ; mais l'objet important, la choſe difficile, au milieu d'un
tumulte général, étoit d'amener un calme, à la
faveur duquel il ſe formât un concert de volontés
qui donnât aux réſolutions de la dignité, de la
force & de la conſiſtance. C'eſt ce concert qui,
d'une multitude de parties éparſes & toutes faciles à briſer, compoſe un tout dont on ne vient
point à bout, ſi l'on ne réuſſit à le diviſer, ou
par la force, ou par la politique. La néceſſité de
ce grand enſemble fut ſaiſie par les provinces de
New-Hampshire ; de Maſſachuſet, de Rhode-
Iſland, de Connecticut, de New-Yorck, de
New-Jerſey, des trois comtés de la Delaware,
de Penſylvanie, de Maryland, de Virginie & des
deux Carolines. Ces douze colonies, auxquelles
ſe joignit depuis la Géorgie, envoyèrent, dans
le mois de ſeptembre 1774 à Philadelphie, des
députés chargés de défendre leurs droits & leurs
intérêts ».

« Les démêlés de la métropole avec ſes colonies
prennent à cette époque une importance qu'ils
n'avoient pas eue. Ce ne ſont plus quelques particuliers qui oppoſent une réſiſtance opiniâtre à des
maîtres impérieux ; c'eſt la lutte d'un corps contre un autre corps, du congrès de l'Amérique
contre le parlement d'Angleterre, d'une nation
contre une autre nation. Les réſolutions priſes de
part & d'autre échauffent de plus en plus les eſprits. L'animoſité augmente. Tout eſpoir de conciliation s'évanouit. Des deux côtés, on aiguiſe
le glaive. La Grande-Bretagne envoie des troupes
dans le nouveau-Monde. Cet autre hémiſphère
s'occupe de ſa défenſe. Les citoyens y deviennent
ſoldats. Les matériaux de l'incendie s'amaſſent,
& bientôt va ſe former l'embraſement ».

« Gage, commandant des troupes royales, fait
partir de Boſton, dans la nuit du 18 avril 1775,
un détachement chargé de détruire un magaſin
d'armes & de munitions, aſſemblé par les américains à Concord. Ce corps rencontre à Lexington quelques milices qu'il diſſipe ſans beaucoup
d'efforts, continue rapidement ſa marche, & exécute les ordres dont il étoit porteur. Mais à peine
a-t-il repris le chemin de la capitale, qu'il ſe voit

affailli dans un eſpace de quinze milles, par une
multitude furieuſe, à laquelle il donne, de laquelle il reçoit la mort. Le ſang anglois, tant de
fois verſé en Europe par des mains angloiſes,
arroſe à ſon tour l'Amérique, & la guerre civile
eſt engagée ».

« Sur le même champ de bataille ſont livrés, les
mois ſuivans, des combats plus réguliers. Warren
devient une des victimes de ces actions meur-
trières & dénaturées. Le congrès honore ſa cendre ».

« Les troubles qui agitoient Maſſachuſet, ſe
répétoient dans les autres provinces. Les ſcènes
n'y étoient pas, à la vérité, ſanglantes, parce
qu'il n'y avoit point de troupes britanniques : mais
par-tout les américains s'emparoient des forts,
des armes, des munitions ; par-tout ils expulſoient
leurs chefs & les autres agens du gouvernement ;
par-tout ils maltraitoient ceux des habitans qui
paroiſſoient favorables à la cauſe de la métropole.
Quelques hommes entreprenans portent l'audace
juſqu'à s'emparer des ouvrages anciennement élevés par les françois ſur le lac Champlain, entre
la Nouvelle-Angleterre & le Canada, juſqu'à faire
une irruption dans cette vaſte région ».

« Tandis que de ſimples particuliers ou des diſtricts iſolés ſervent ſi utilement la cauſe commune, le congrès s'occupe du ſoin d'aſſembler une
armée. Le commandement en eſt donné à George
Washington, né en Virginie, & connu par quelques actions heureuſes dans la guerre précédente.
Le nouveau général entre tout de ſuite en campagne,
pouſſe de poſte en poſte les troupes royales, &
les force à ſe renfermer dans Boſton. Six mille de
ces vieux ſoldats, échappés au glaive, à la maladie, à toutes les miſères, & preſſés par la faim
ou par l'ennemi, s'embarquent le 24 mars 1776
avec une précipitation qui tient de la fuite. Ils
vont chercher un aſyle dans la Nouvelle-Ecoſſe,
reſtée, ainſi que la Floride, fidèle à ſes anciens
maîtres ».

« Ce ſuccès fut le premier pas de l'Amérique
angloiſe vers la révolution. On commença à le
déſirer hautement. On répandit de tous côtés les
principes qui la juſtifioient ».

« Au milieu de cette agitation ſi dangereuſe &
ſi terrible, les ſophiſmes d'un rhéteur véhément,
appuyés par l'influence du trône & par l'orgueil
national, étouffent, dans la plupart des repréſentans du peuple anglois, le déſir d'un arrangement
pacifique. Les réſolutions nouvelles reſſemblent aux
réſolutions primitives. Tout y porte même d'une
manière plus décidée l'empreinte de la férocité &
du deſpotiſme. On lève des armées, on équipe
des flottes, on achète des mercénaires allemands.
Les généraux, les amiraux font voile vers le
nouveau Monde, avec des ordres, avec des projets ſanguinaires. Il n'y a qu'une ſoumiſſion ſans
réſerve, qui puiſſe prévenir ou arrêter les ravages ordonnés contre les colonies. L'orgueil du

ministère, du parlement & de la nation angloise ne voient dans les américains que des misérables, dont on viendra à bout avec quelques régimens ; & par un aveuglément qu'il est difficile d'expliquer, la Grande-Bretagne a conservé ces illusions jusqu'aux derniers momens de la guerre.

« Les américains s'étoient bornés à une résistance que les loix angloises elles-mêmes autorisoient. On ne leur avoit vu d'autre ambition que celle d'être maintenus dans les droits très-limités dont ils avoient toujours joui. Les chefs même, auxquels on pourroit supposer des idées plus étendues, n'avoient encore osé parler à la multitude que d'un arrangement avantageux. En allant plus loin, ils auroient craint de perdre la confiance des peuples attachés par habitude à un empire, sous les aîles duquel ils avoient prospéré. Le bruit des grands préparatifs qui se faisoient dans l'ancien hémisphère, pour mettre dans les fers ou pour incendier le nouveau, étouffa ce qui pouvoit rester d'affection pour le gouvernement primitif. Les mercénaires allemands, achetés par l'Angleterre, produisirent l'indignation & la colère dans le cœur de tous les américains. Il ne s'agissoit plus que de donner de l'énergie aux esprits. Ce fut l'effet que produisit un ouvrage, intitulé le Sens commun ».

Cet ouvrage qui doit être à jamais célèbre, & qui mérite des éloges par-dessus toutes les œuvres du génie ou du patriotisme, puisqu'il a contribué d'une manière directe à la plus grande révolution qui soit connue dans les annales du monde ; cet ouvrage, dis-je, affermit dans leurs principes les esprits hardis, qui depuis long-temps demandoient qu'on se détachât de la métropole. Les citoyens timides, qui jusqu'alors avoient chancelé, se décidèrent enfin pour ce grand déchirement. Le vœu pour l'indépendance eut assez de partisans, pour que le 4 juillet 1776 le congrès général se déterminât à la prononcer. On trouvera cet acte plus bas ; & on y verra les griefs sans nombre que reprochoient les colonies angloises à la nation britannique. Si quelques-uns de ces griefs y sont exagérés ; si on leur donne l'explication la plus défavorable, il faut se souvenir qu'en pareille occasion, on parle moins au monde entier qu'à ses compatriotes, & que c'est une ruse bien permise, lorsqu'il s'agit de porter une immense étendue de pays & des peuples nombreux à une entreprise aussi audacieuse & aussi terrible.

« Les américains n'avoient pas encore créé leur systeme de gouvernement lorsque, dans les mois de mars, Hopkins enlevoit de l'isle angloise de la Providence une très-nombreuse artillerie & d'abondantes munitions de guerre ; lorsqu'au commencement de mai, Carleton chassoit du Canada les provinciaux occupés à réduire Quebec, pour achever la conquête de cette grande possession ; lorsqu'en juin Clinton & Parker étoient si vigoureusement repoussés sur les côtes de l'Amérique

méridionale. De plus grandes scènes suivirent la déclaration de l'indépendance ».

« Howe avoit remplacé le foible Gage. C'étoit même le nouveau général qui avoit évacué Boston. Reçu le 2 avril à Hallifax, il en étoit parti le 10 juin pour se porter sur la petite isle des Etats. Les forces de terre & de mer qu'il attendoit l'y joignirent successivement ; & le 28 août il débarqua sans opposition à l'isle Longue, sous la protection d'une flotte commandée par l'amiral son frère. Les américains ne montrèrent guères plus de vigueur dans l'interieur des terres que sur le rivage. Après une médiocre résistance & d'assez grandes pertes, ils se refugièrent dans le continent avec une facilité qu'un vainqueur qui auroit su profiter de ses avantages, ne leur auroit pas donnée ».

Les détails de la guerre ne peuvent entrer dans cet article. Les anglois triomphoient toujours en bataille rangée ; les américains mal-disciplinés, mal vêtus manquèrent souvent de cette intrépidité qui n'abandonne jamais le combat ; mais le génie de leur général, la constance & la fermeté des résolutions politiques du congrès & de la nation ont suppléé à tout ; & tandis que l'Europe trembloit pour le succès de la cause de la liberté, les Etats-Unis toujours ligués, malgré leurs malheurs & leurs défaites, rendoient fatales à l'Angleterre les victoires de ses guerriers. Ils n'ont porté que deux grands coups ; mais ces deux coups ont terrassé la puissance britannique : ils ont humilié cette nation orgueilleuse dans la partie la plus sensible d'elle-même : ces misérables rebelles, dont elle contoit si fièrement les défaites, ont fait mettre bas les armes à deux de ses armées. Le général Burgoyne à Saratoga, & le général Cornwallis à York-Town, ont livré aux américains leurs personnes, & leurs soldats & leurs drapeaux ; un allié puissant & généreux a contribué sans doute à ce dernier succès ; mais il est assez glorieux pour honorer les françois & les américains.

On auroit mauvaise grace de demander comment l'Amérique a repoussa pas de ses rivages ces européens qui lui portoient la mort ou des fers.

Ce nouveau-Monde étoit défendu par des troupes réglées, qu'on n'avoit d'abord enrôlées que pour trois ou pour six mois, & qui le furent dans la suite pour trois ans, ou même pour tout le temps que dureroient les hostilités. Il étoit défendu par des citoyens qui ne se mettoient en campagne que lorsque leur province particulière étoit envahie ou menacée. Ni l'armée toujours sur pied, ni les milices passagèrement assemblées n'avoient l'esprit militaire. C'étoient des cultivateurs, des marchands, des jurisconsultes uniquement exercés aux arts de la paix, & conduits au péril par des guides aussi peu versés que leurs subalternes dans la science très-compliquée des combats. Ils craignoient de se mesurer contre des hommes vieillis dans la discipline, formés aux évolutions, instruits dans la tactique, & abondamment pourvus de tous les inftrumens néceffaires à une attaque vive, à une réfiftance opiniâtre.

L'enthoufiafme feul auroit pû furmonter ces difficultés ; mais cet enthoufiafme ne fe trouvoit ni dans les colonies, ni dans la métropole.

L'opinion générale étoit en Angleterre que le parlement avoit effentiellement le droit de taxer toutes les contrées qui faifoient partie de l'empire britannique. Peut-être, au commencement des troubles, n'y auroit-on pas trouvé cent individus qui révoquaffent en doute cette autorité. Cependant le refus que faifoient les américains de la reconnoître, n'indifpofoit point les efprits. On ne leur porta point de haine, même après qu'ils eurent pris les armes pour foutenir leurs prétentions. Comme les travaux ne languiffoient pas dans l'intérieur du royaume, que la foudre ne grondoit qu'au loin, chacun s'occupoit paifiblement de fes affaires, ou fe livroit tranquillement à fes plaifirs. Tous attendoient fans impatience la fin d'une fcène dont, à la vérité, le dénouement ne leur paroiffoit pas incertain.

La fermentation dut fe montrer d'abord plus grande dans le nouvel hémifphère que dans l'ancien. Prononça-t-on jamais aux nations le nom odieux de *tyrannie* & le nom fi doux d'*indépendance*, fans les remuer ? Mais cette chaleur fe foutint-elle ? Si les imaginations s'étoient maintenues dans leur premier mouvement, le befoin d'en réprimer les excès n'auroit-il pas occupé les foins d'une autorité naiffante ? Loin d'avoir à contenir l'audace, ce fut la lâcheté qu'elle eut à pourfuivre. Elle fut obligée de punir de mort la défertion. On la vit fe refufer à l'échange des prifonniers, de peur d'augmenter dans les troupes le penchant de fe rendre à la première fommation. On la vit réduite à la néceffité d'ériger des tribunaux chargés de pourfuivre les généraux ou leurs lieutenans qui abandonneroient trop légérement les poftes confiés à leur vigilance. Il eft vrai qu'un vieillard de quatre-vingt ans, qu'on vouloit renvoyer dans fes foyers, s'écria : *ma mort peut être utile ; je couvrirai de mon corps un plus jeune que moi.* Il eft vrai que Putnam dit à un royalifte fon prifonnier : *retourne vers ton chef ; & s'il te demande combien j'ai de troupes, réponds-lui que j'en ai affez ; que quand il parviendroit à les battre, il m'en refteroit encore affez, & qu'il finira par éprouver que j'en ai trop pour lui & pour les tyrans qu'il fert.* Ces fentimens étoient héroïques, mais rares, & chaque jour ils devenoient moins communs.

Jamais l'ivreffe ne fut générale ; elle ne pouvoit être que momentanée. De toutes les caufes énergiques qui produifirent tant de révolutions fur le globe, aucune n'exiftoit dans le nord de l'Amérique. Ni la religion, ni les loix n'y avoient été

outragées. Le fang des martyrs ou des citoyens n'y avoient pas ruiffelé fur des échafauds. On n'y avoit pas infulté aux mœurs. Les manières, les ufages, aucun des objets chers aux peuples n'y avoient été livrés au ridicule. Le pouvoir arbitraire n'y avoit arraché aucun habitant du fein de fa famille ou de fes amis, pour le traîner dans les horreurs d'un cachot. L'ordre public n'y avoit pas été interverti. Les principes d'adminiftration n'y avoient pas changé, & les maximes du gouvernement y étoient toujours reftées les mêmes. Tout fe réduifoit à favoir fi la métropole avoit ou n'avoit pas le droit de mettre directement ou indirectement un léger impôt fur les colonies : car les griefs accumulés dans le manifefte n'eurent de valeur que par ce premier grief. Cette queftion, prefque métaphyfique, n'étoit guère propre à foulever une multitude, ou du moins à l'intéreffer fortement à une querelle, pour laquelle elle voyoit fes terres privées des bras deftinés à les féconder, fes moiffons ravagées, fes campagnes couvertes des cadavres de fes proches, ou teintes de fon propre fang. A ces calamités, ouvrage des troupes royales fur la côte, s'en joignirent bientôt de plus infupportables dans l'intérieur des terres, & le courage tranquille de la nation en général s'affermit de plus en plus.

Les bornes de cet ouvrage ne nous permettent pas de fuivre plus en détail l'hiftoire de la révolution des *Etats-Unis* ; mais il ne faut pas oublier de dire qu'après la défaftre de Burgoyne à Saratoga, la cour de Verfailles figna le 6 février 1778 un traité d'amitié, d'alliance & de commerce avec les *Etats-Unis* (1), & Louis XVI fit fignifier le 14 mars au roi d'Angleterre, qu'il avoit reconnu l'indépendance de cés *Etats*. Cette protection d'un grand roi, il faut en convenir, a établi la liberté des américains qui, ayant épuifé leurs reffources, fe voyoient forcés de fonger à un accommodement avec le cabinet de Saint-James. La guerre dans laquelle la France entra bientôt après contre l'Angleterre, procura une diverfion extrêmement utile aux colonies ; enfin le traité de paix fut négocié par un miniftre qui a montré une fageffe habile dans tout le cours de fon adminiftration, & qui, dans un efpace de peu d'années, a rétabli trois fois la paix en Europe. Si l'Angleterre a paru aveuglée pendant toute la guerre, elle n'a pas attendu long-temps le retour de fa raifon. Elle a ouvert les yeux ; & après avoir étonné le monde entier par fes forces & par fon courage, elle a fini par donner à tous les peuples un bel exemple de générofité & de fageffe : elle a dédaigné les événemens heureux qu'elle pouvoit efpérer de l'avenir & du hafard, & elle a reconnu formellement l'indépendance de l'Amérique par le traité de 1782,

---

(1) Nous rapporterons les principaux articles de ce traité, en parlant des traités qu'ont fait les américains avec quelques puiffances de l'Europe.

c'eſt-à-dire; après une guerre qui n'a duré que
ſept ans. Les annales de l'antiquité & celles des
temps modernes n'offrent aucune révolution auſſi
importante, comme nous l'avons déja dit, &
ſur-tout elles n'en offrent aucune d'auſſi rapide.

SECTION IIIᵉ.

ACTE D'INDÉPENDANCE.

DÉCLARATION D'INDÉPENDANCE,

Par les repréſentans des Etats - Unis *d'Amérique,*
aſſemblés en congrès.

Du 4 juillet 1776.

LORSQUE le cours des événemens humains
met un peuple dans la néceſſité de rompre les
liens politiques qui l'uniſſoient à un autre peuple,
& de prendre parmi les puiſſances de la terre la
place ſéparée, & le rang d'égalité auxquels il a
droit en vertu des loix de la nature, & de celles
du Dieu de la nature, le reſpect qu'il doit aux
opinions du genre - humain, exige de lui qu'il expoſe aux yeux du monde & déclare les motifs qui
le forcent à cette ſéparation.

Nous regardons comme inconteſtables & évidentes par elles-mêmes les vérités ſuivantes ; que
tous les hommes ont été créés égaux ; qu'ils ont
été doués par le créateur de certains droits inaliénables ; que parmi ces droits on doit placer au
premier rang la vie, la liberté & la recherche du
bonheur. Que pour s'aſſurer la jouiſſance de ces
droits, les hommes ont établi parmi eux, des
gouvernemens dont la juſte autorité émane du
conſentement des gouvernés. Que toutes les fois
qu'une forme de gouvernement quelconque devient deſtructive de ces fins pour leſquelles elle
a été établie, le peuple a le droit de la changer
ou de l'abolir, & d'inſtituer un nouveau gouvernement, en établiſſant ſes fondemens ſur les
principes, & en organiſant ſes pouvoirs dans la
forme qui lui paroîtront les plus propres à lui
procurer la ſûreté & le bonheur. A la vérité, la
prudence dictera que l'on ne doit pas changer,
pour des motifs légers & des cauſes paſſagères,
des gouvernemens établis depuis long-temps ; &
auſſi l'expérience de tous les temps a montré que
les hommes ſont plus diſpoſés à ſouffrir, tant
que les maux ſont ſupportables, qu'à ſe faire
droit à eux-mêmes en détruiſant les formes auxquelles ils ſont accoutumés. Mais lorſqu'une
longue ſuite d'abus & d'uſurpations, tendant invariablement au même but, montre évidemment
le deſſein de réduire un peuple ſous le joug d'un
deſpotiſme abſolu, il a le droit, & il eſt de ſon
devoir, de renverſer un pareil gouvernement, &

de pourvoir, par de nouvelles meſures, à ſa ſûreté
pour l'avenir. Telle a été la patience de ces colonies dans leurs maux, & telle eſt aujourd'hui la
néceſſité qui les force à changer leurs anciens ſyſ-
têmes de gouvernement. L'hiſtoire du roi actuel
de la Grande-Bretagne eſt un tiſſu d'injuſtices &
d'uſurpations répétées, tendant toutes directement
à établir une tyrannie abſolue ſur ces états. Pour
le prouver, expoſons les faits au monde impartial.

Il a refuſé ſon conſentement aux loix les plus
ſalutaires & les plus néceſſaires pour le bien public.

Il a défendu à ſes gouverneurs de paſſer des
loix d'une importance immédiate & urgente, à
moins qu'il ne fût ſurſis à leur exécution juſqu'à
ce que l'on eût obtenu ſon conſentement ; & quand
elles ont été ainſi ſuſpendues, il a tout-à-fait négligé d'y faire attention & de les examiner.

Il a refuſé de paſſer d'autres loix pour l'établiſſement de grands diſtricts, à moins que le
peuple de ces diſtricts n'abandonnât le droit d'être
repréſenté dans la légiſlature ; droit ineſtimable
pour un peuple, & qui n'eſt formidable que pour
les tyrans.

Il a convoqué des corps légiſlatifs dans des
lieux inuſités, dénués de toutes commodités, &
éloignés des dépôts de leurs regiſtres publics, dans
la ſeule vue, en les fatiguant, de les forcer à ſe
prêter à ſes deſſeins.

Il a diſſous à pluſieurs fois répétées des chambres
de repréſentans, parce qu'elles s'oppoſoient à ſes
entrepriſes ſur les droits du peuple, avec une fermeté qui ſied à des hommes.

Il a refuſé, pendant un long eſpace de temps
après ces diſſolutions, de faire élire de nouvelles
chambres de repréſentans, & par - là l'autorité
légiſlatrice qui ne peut pas être anéantie, eſt re-
tournée au peuple, pour être exercée par lui dans
ſon entier, l'état reſtant pendant ce temps expoſé
à tous les périls d'invaſions extérieures, & de con-
vulſions au-dedans.

Il s'eſt efforcé d'arrêter & d'empêcher la population de ces états, en mettant dans cette vue
des obſtacles à l'exécution des loix exiſtantes pour
la naturaliſation des étrangers, en refuſant d'en
paſſer d'autres pour encourager leurs émigrations
dans ces contrées, & en augmentant le prix des
conditions pour les nouvelles conceſſions & ac-
quiſitions de terres.

Il a gêné l'adminiſtration de la juſtice, en refuſant ſon conſentement à des loix néceſſaires
pour établir des tribunaux.

Il a rendu les juges dépendans de ſa ſeule volonté, pour la jouiſſance de leurs offices, & pour
le taux & le paiement de leurs appointemens.

Il a érigé une multitude de nouveaux offices,
& envoyé dans ce pays des eſſaims d'officiers pour
vexer notre peuple, & dévorer ſa ſubſtance.

Il a entretenu parmi nous, en temps de paix,

des troupes continuellement sur pied, sans le consentement de nos législatures.

Il a affecté de rendre le militaire indépendant de l'autorité civile, & même supérieur à elle.

Il a combiné ses efforts avec ceux d'autres personnes (1), pour nous soumettre à une jurisdiction étrangère à notre constitution, & non reconnue par nos loix, en donnant sa sanction à leurs actes de prétendue législation.

« Pour mettre en quartiers parmi nous de » gros corps de troupes armées.

» Pour protéger les gens de guerre, par des » procédures illusoires, contre les châtimens jus- » tement mérités, pour des meurtres qu'ils au- » roient commis dans la personne d'habitans de » ces états.

» Pour intercepter & détruire notre commerce » avec toutes les parties du monde.

» Pour imposer sur nous des taxes sans notre » consentement.

» Pour nous priver, dans beaucoup de cas, du » bénéfice de la procédure par jurés.

» Pour nous transporter au-delà des mers, » afin de nous y faire juger sur des délits pré- » tendus.

» Pour détruire le système de liberté des loix » angloises dans une province voisine, y établir » un gouvernement arbitraire, & en reculer les » limites, afin de faire à la fois, de cette pro- » vince, un exemple & un instrument propres à » introduire le même gouvernement absolu dans » ces colonies.

» Pour abroger nos chartes, abolir nos loix » les plus précieuses, & sapper par leur fonde- » ment les formes de nos gouvernemens.

» Pour interdire nos propres législatures, & » se déclarer revêtues du pouvoir de faire des » loix obligatoires pour nous, dans tous les cas » quelconques ».

Il a abdiqué la qualité de notre souverain, en nous déclarant hors de sa protection, & en nous faisant la guerre.

Il a dévasté nos mers, ravagé nos côtes, brulé nos villes, & massacré nos concitoyens.

Et maintenant il transporte de grandes armées de mercenaires étrangers, pour accomplir l'ouvrage de mort, de désolation & de tyrannie déja commencé, avec les circonstances de cruauté & de perfidie dont on auroit peine à trouver des exemples dans les siècles les plus barbares, & tout-à-fait indignes du chef d'une nation civilisée.

Il a forcé nos concitoyens, faits prisonniers sur mer, à porter les armes contre leur patrie, à devenir les bourreaux de leurs amis & de leurs freres, ou à tomber eux-mêmes sous les coups de leurs frères & de leurs amis.

Il a excité parmi nous des troubles domestiques, & a tâché d'attirer sur les habitans de nos frontières les indiens sauvages, ennemis sans pitié, dont la manière connue de faire la guerre est de massacrer tout ce qu'ils rencontrent, sans distinction d'âge, de sexe, ni de conditions.

A chaque époque d'oppression, nous avons demandé justice, dans les termes les plus humbles; nos pétitions réitérées n'ont reçu pour réponse que des insultes & des injustices répétées. Un prince, dont le caractère est ainsi marqué par toutes les actions qui peuvent désigner un tyran, est incapable de gouverner un peuple libre.

Et nous n'avons pas manqué d'égards envers nos frères les bretons. Nous les avons avertis, dans toutes les occasions, des tentatives que faisoit leur législature pour étendre sur nous une jurisdiction que rien ne pouvoit justifier; nous avons rappellé à leur mémoire les circonstances de notre émigration & de notre établissement dans ces contrées. Nous en avons appellé à leur justice & à leur grandeur d'ame naturelles, & nous les avons conjurés, par les liens du sang qui nous unissoient, de désavouer ces usurpations qui romproient inévitablement nos liaisons & notre commerce mutuel. Ils ont aussi été sourds à la voix de la justice & de la parenté. Nous devons donc céder & consentir à la nécessité qui ordonne notre séparation, & les regarder, ainsi que nous regardons le reste du genre-humain, comme ennemis pendant la guerre, & comme amis pendant la paix.

En conséquence, nous, représentans des *Etats-Unis* d'Amérique, assemblés en congrès général, appellant au juge suprême de l'Univers, qui connoît la droiture de nos intentions, nous publions & déclarons solemnellement, au nom & de l'autorité du bon peuple de ces colonies, que ces colonies sont, & ont droit d'être des *états libres & indépendans* : qu'elles sont dégagées de toute obéissance envers la couronne de la Grande-Bretagne; que toute union politique entr'elles & l'état de la Grande-Bretagne, est & doit être entièrement rompue; & que, comme *états libres & indépendans*, elles ont pleine autorité de faire la guerre, de conclure la paix, de contracter des alliances, d'établir le commerce, & de faire tous les autres actes ou choses que des *états* indépendans peuvent faire, & ont droit de faire. Et, pleins d'une ferme confiance dans la protection de la divine providence, nous engageons mutuellement, au soutien de cette déclaration, notre

_____

(1) C'est-à-dire, avec le parlement de la Grande-Bretagne.

vie, nos biens, & notre honneur qui nous eſt ſacré.

JOHN HANCOCK.

New-Hampshire.. { Joſiah Barlett.
William Whipple.
Matthew Thornton.

Maſſachuſſetts-bay. { Samuel Adams.
John Adams.
Robert Treat Paine.
Elbridge Gerry.

Rhode-Island, &c. { Stephe Hopkins.
William Ellery.

Connecticut...... { Roger Sherman.
Samuel Huntington.
William Williams.
Oliver Wolcoot.

New-York.... { William Floyd.
Philip Livingſton.
Francis Lewis.
Lewis Morris.

New-Jerſey.... { Sichard Stockton.
John Witherſpoon.
Francis Hopkinſon.
John Hart.
Abraham Clark.

Penſylvanie..... { Robert Morris.
Benjamin Ruſh.
Benjamin Franklin.
John Morton.
George Clymer.
James Smith.
George Taylor.
James Wilſon.
George Roſs.

Delaware....... { Céſar Rodney.
George Read.

Maryland....... { Samuel Chaſe.
William Paca.
Thomas Stone.
Charles Caroll, de Car-rolton.

Virginie........ { George Wythe.
Richard Henry Lee.
Thomas Jefferſon.
Benjamin Harriſon.
Thomas Nelſon, jun.
Francis Lightfoot Lee.
Carter Braxton.

Caroline ſeptentrion. { William Hooper.
Joſeph Hewes.
John Penn.

Caroline méridion. { Edward Rutledge.
Thomas Heyward, jun.
Thomas Lynch, jun.
Arthur Middleton.

Géorgie......... { Button Gwinett.
Lyman Hall.
George Walton.

SECTION IVe.

Remarques générales ſur les conſtitutions des treize Etats - Unis, & remarques particulières ſur les provinces qui ont changé ou doivent changer leurs conſtitutions, ou les revêtir de formes plus légales & plus ſolemnelles.

Nous avons fait à l'article des différens *états*, des remarques ſur la conſtitution de chaeun de ces *états*, & nous y renvoyons les lecteurs. Nous nous bornerons ici à des réflexions générales.

C'eſt un beau ſpectacle de voir treize *états* ſe former des conſtitutions à la fin du dix-huitième ſiècle, & profiter dans cet ouvrage des lumières de la philoſophie, & ſur-tout des ſages loix de l'Angleterre. Il ne faut pas s'occuper d'une per-fection chimérique, & exiger que l'homme con-ſerve, au milieu des chaînes de la civiliſation, les privilèges & les droits dont le déſir reſte toujours au fond de ſon cœur. Des juges, impoſans par leur eſprit, critiquent beaucoup les nouvelles conſ-titutions d'Amérique, & il y a lieu de s'en éton-ner. Les conſtitutions anciennes les plus vantées ſont aſſez connues; qu'on les compare avec cel-les-ci, & que le réſultat inſpire au moins de l'in-dulgence. Il a fallu ſix ſiècles pour porter la conſ-titution d'Angleterre au point où elle eſt aujour-d'hui; eſt-il donc bien ſurprenant que les conſti-tutions d'Amérique, rédigées en deux ou trois mois, laiſſent quelque choſe à deſirer ? Que les écrivains modernes y prennent garde; on leur reproche de ſavoir bien attaquer les monumens d'erreurs & de ſottiſes, mais de ne ſçavoir pas élever des édifices de ſageſſe & de raiſon. Me permettra-t-on de le dire; les gens de lettres en général raiſonnent ſur la politique avec toute la légéreté des gens du monde; ils aiment la liberté, & ils en parlent avec intérêt; mais lorſqu'il s'a-git d'indiquer un plan de conſtitution, leur en-thouſiaſme pour la liberté les égare; ils dédai-gnent les études déſagréables & pénibles du com-merce & de l'économie politique, ou ſi par un effort ſur eux-mêmes, ils s'y livrent quelquefois, c'eſt pour s'inſtruire ſur des queſtions de détail;

jamais ils n'étudient à fond ce qui a rapport aux gouvernemens, & ils ne s'avisent pas de prendre sur ces matières une réserve proportionnée à leurs lumières. Les uns admirent l'institution de Sparte, & ils voudroient que le monde entier adoptât le régime des lacédémoniens; les autres sont passionnés pour la pure démocratie; & sans examiner si elle est possible, si elle convient aux grandes & aux petites nations, ils demandent toujours que le gouvernement soit aussi démocratique qu'il peut l'être: ceux-ci dédaignent le caractère national & la position d'un pays; & pour les satisfaire, il faudroit établir par-tout le même gouvernement: ceux-là ne connoissent point la corruption humaine, ou, s'ils la connoissent, ils croient qu'il est facile de la réformer; ils ne mettent point de ménagemens dans les remèdes qu'ils proposent, & ils prennent de bonne-foi le langage qu'employoient les empiriques par charlatannerie. Plusieurs paroissent convaincus que l'espèce humaine est perfectible jusqu'au dernier point, & ils se réjouissent sérieusement de ce qu'on verra un jour l'âge d'or, & le siècle d'Astrée. Quelques-uns, ou plutôt des sectes entières, se fâchent de ce qu'on ne mène pas le monde avec deux ou trois mots, & ils croient que leur secret est infaillible. Le moindre détail d'administration apprendroit à tous qu'une injuste loi condamne l'homme à une servitude plus ou moins grande; que les rapports des citoyens entr'eux, & des états, les uns avec les autres, ont toujours produit & produiront toujours des maux & des abus; qu'un peuple ne doit pas songer à établir une constitution parfaite; que le comble du bonheur est d'en obtenir une un peu raisonnable, & qu'on ne cessera de dire des plus belles constitutions ce que disoit Solon de celle qu'il venoit d'établir à Athènes: *ce n'est pas la meilleure, c'est tout au plus celle qui convient le mieux aux athéniens.*

Quoi qu'il en soit, les constitutions adoptées par les *Etats-Unis* semblent leur convenir; elles consacrent tous les principes qui peuvent contribuer à l'espèce de bonheur dont l'homme est susceptible; elles laissent aux citoyens la portion de liberté qu'on peut espérer dans une grande nation.

Quand on se rappelle les formes de gouvernement dont parle l'Histoire; quand on jette les yeux sur les différens pays de la terre, comment ne seroit-on pas frappé de la simplicité, de la raison & de la philosophie des constitutions d'Amérique? Les droits du peuple & les grands principes des conventions sociales y sont établis de la manière la plus énergique & la plus formelle: on y retrouve tous les points de sagesse & d'utilité qu'offre celle de l'Angleterre. Elles établissent la liberté de la presse & la tolérance, le jugement par ses pairs, & la subordination de la puissance militaire à la puissance civile; elles mettent tous les magistrats dans la dépendance de la nation,

qui peut les révoquer, & qui leur fait rendre compte lorsqu'ils sont sortis de charge. Elles ont réformé plusieurs abus de la constitution angloise, & contiennent plusieurs dispositions importantes que les vrais patriotes anglois s'efforcent d'introduire dans la leur: ainsi elles ont exclus des corps législatifs quelques employés qui pouvoient porter dans les délibérations des intérêts particuliers contraires à l'intérêt général; elles ont sagement interdit toute autre commission aux hommes chargés d'une portion de la puissance exécutive: elles ont exclus du sénat & de la chambre des communes les officiers de marine & de terre, les traitans & fournisseurs d'habillemens ou de munitions pour les soldats ou les vaisseaux.

Les *Etats-Unis* ne se sont pas avisés de déclarer leurs constitutions éternelles & immuables; ils ont stipulé expressément qu'on les changeroit, lorsqu'elles ne conviendroient plus au peuple; plusieurs provinces recommandent de les changer, lorsque les circonstances l'exigeront, & elles se sont ménagées par-là le moyen le plus sûr de réformer les abus & d'avoir un bon gouvernement. Peut-être n'ont-ils pas encore établi les meilleurs principes sur les impôts; mais il faut observer que si la réserve pour le peuple du droit de souscrire aux taxes par ses représentans doit faire partie d'une constitution libre, il n'en est pas de même des détails sur la perception de l'impôt qui forment un article d'administration variable selon les circonstances; & s'il y a lieu de craindre que les préjugés des habitans des *Etats-Unis*, & le systême qu'ils se sont formé sur cette partie de l'économie politique ne les déterminent à mal asseoir les taxes, ils ont du moins proscrit tous les impôts humilians, tels que la capitation, &c. Enfin si les saines idées sur le commerce ne sont pas encore universelles dans ces nouveaux gouvernemens, on peut espérer qu'elles ne tarderont pas à s'y répandre; car le Maryland déclare dans sa constitution, que les privilèges exclusifs sont odieux, contraires à l'esprit d'un gouvernement libre & aux principes du commerce.

La constitution de la Grande-Bretagne a servi de modèle aux constitutions américaines; mais les *Etats-Unis* y ont choisi avec une raison forte les articles convenables à leur position. Ce qui regarde les droits de l'homme & du citoyen, convient à tous les peuples & à toutes les nations, grandes ou petites, & ils ont adopté en entier cette partie de la constitution angloise; mais si l'autorité royale est un mal nécessaire chez les anglois, il n'en est pas de même en Amérique, & les *Etats-Unis* ont proscrit tout ce qui regarde l'autorité royale. Si les nouvelles provinces, exceptées deux, ont cru devoir diviser leurs représentans en deux chambres: si, à l'imitation de ce qui se passe en Angleterre, elles ont établi une chambre des communes & un conseil ou sénat qui a quelque analogie avec la chambre des pairs, il faut bien examiner les

effets du fénat & de cette diftribution de la puiffance légiflative, avant de la critiquer. Un efprit
de vertige s'empare quelquefois d'un corps, on
ne fait comment, & il paroît utile qu'un fecond
corps foit néceffaire pour former une réfolution :
ces deux corps n'embarraffent point la légiflation,
lorfqu'on a fixé d'une manière précife leurs prérogatives & leurs droits, & lorfqu'on a pris des moyens
fûrs pour triompher de leur oppofition mutuelle ;
c'eft ce qu'ont très-bien calculé les républiques d'A-
mérique : fi ces deux corps mettent de la lenteur
dans les affaires, tant mieux ; on examinera davantage les grands points de la legiflation ou de
l'adminiftration, & il fe gliffera moins d'erreurs
dans les ordonnances ou les décrets du corps légiflatif.

Je viens de parler de deux *états* qui n'ont point
formé deux chambres de légiflation : c'eft de la
Penfylvanie & de la Géorgie dont il s'agit : cette
dernière province eft fi petite, les cultures y ont
fait fi peu de progrès, qu'elle croit n'avoir pas
befoin d'un fénat. Elle y a fuppléé cependant par
un confeil *exécutif* qui exerce les fonctions du
confeil privé, mais dont les droits fe bornent à
propofer fes obfervations à l'affemblée générale,
fans pouvoir rien empêcher ; lorfque fa population
fera plus confidérable, il y a lieu de penfer qu'elle
fentira les avantages d'une feconde chambre.

Quant à la Penfylvanie, c'eft parce qu'elle vouloit une conftitution très-démocratique, qu'elle
n'a point établi de fénat, & nous difcuterons ailleurs fes vues fur ce point (1). Nous formons
des vœux bien fincères, pour qu'un gouvernement fi populaire fe maintienne dans une province
fi peuplée & fi étendue ; mais nous n'ofons l'efpérer. Si les mœurs des quakers ont la fimplicité
& l'honnêteté qui conviennent à une démocratie
prefque abfolue, elles n'ont pas l'énergie & la
vigueur néceffaires à une forme de gouvernement
fi orageufe.

Nous avons remarqué ailleurs que fi toutes les
conftitutions américaines établiffent ces droits facrés que l'homme & le citoyen doivent conferver
dans tous les gouvernemens, elles le font avec
plus ou moins d'énergie ou d'étendue.

Les gouvernemens qu'elles ont adoptés, font
plus ou moins démocratiques, & elles ont pris
des précautions plus ou moins grandes contre l'a-
bus du pouvoir, & en faveur de la liberté du
peuple. Nous indiquerons les caufes de ces différences, & nous tâcherons de montrer quelle eft,
dans cette diverfité de fyftêmes, la combinaifon
la plus fage. Si elles ont prefque toutes exclu
du fénat & de la chambre des communes les officiers de marine & de terre, les traitans ou four-

niffeurs d'habillemens, de munitions, &c. pour
les foldats ou les vaiffeaux, quelques-unes, telle
que la Caroline feptentrionale, en ont auffi exclu
les fecrétaires d'état, les procureurs généraux,
les greffiers des cours de regiftre, les miniftres &
les prédicateurs de l'Évangile. Si elles établiffent
toutes la tolérance, elles ne lui laiffent pas par-
tout une égale étendue. Quelques-unes demandent
qu'on croie en Dieu ; & d'autres veulent qu'on
croie à la religion proteftante, à l'ancien & au
nouveau Teftament ; plufieurs exigent des fermens
bien dangereux, & ordonnent fur ce point des
chofes vagues & contradictoires. La Caroline méridionale, par exemple, après avoir dit qu'il fuffira de croire en Dieu, veut enfuite qu'on recon-
noiffe la vérité de fa religion chrétienne, &
l'infpiration de l'ancien & du nouveau Teftament.

La plupart ont établi un gouverneur, mais il
y en a qui n'en ont point : les unes fixent à trois
ans la commiffion de leurs repréfentans dans le
corps légiflatif, & les autres la réduifent à une
année. Nous indiquerons, dans des articles particuliers, celles qui femblent avoir accordé trop
de privilèges à leurs gouverneurs : la prérogative
de faire grace, qu'on leur a laiffé dans quelques
états, eft peut-être dangereufe, malgré les modifications qu'on a tâché de mettre à ce droit ; &
les provinces qui leur ont donné trop d'influence
dans la nomination aux emplois de la milice, ont
peut-être eu tort.

Les *Etats-Unis* font encore gouvernés par les
loix civiles de l'Angleterre ; ils ne tarderont pas à
s'occuper de la rédaction de leurs codes : ce travail eft prêt dans une ou deux provinces ; &
comme rien ne les oblige à la précipitation, il
faut qu'après avoir donné au monde entier un fi
bel exemple par leurs conftitutions, ils lui en donnent un auffi beau par leurs loix : l'intérêt du genre
humain leur en impofe même le devoir : quelque
facheufe que foit cette conjecture, il eft aifé de
prévoir que leurs conftitutions ne feront adoptées
nulle part, excepté peut-être dans les parties de
l'Amérique qui fe civiliferont ; l'Europe les admirera, & ne les imitera pas : mais leurs loix, fi
elles font bonnes, pourront être utiles en plufieurs points aux nations européennes : elles gé-
miffent fous un fatras de réglemens injuftes ou
bifarres, reftes de la féodalité ou de la jurifprudence des romains : l'autorité des bons écrivains & de leurs élèves fera trop foible pour
extirper des abus fi multipliés & fi invétérés ;
mais fi les américains doivent à leur code une
partie de leur bonheur, cette autorité impofante
féduira peut-être les peuples de l'ancien monde.
Eft-il befoin de rappeller aux *Etats-Unis* que fi

la jurisprudence criminelle de la Grande-Bretagne offre, excepté en ce qui regarde la nature des peines prononcées contre certains délits, ce qu'ont imaginé les hommes de moins défectueux, ses loix civiles se sont formées au milieu de la barbarie des fiefs, & qu'il est convenable de détruire ces monumens du malheur & de la sottise de nos ayeux. Leur situation les garantira de ces erreurs, & ils semblent si disposés à écouter la raison & les droits de l'homme, qu'il y a lieu de former les plus belles espérances. La constitution de quelques-uns d'entr'eux, celle de Pensylvanie, par exemple, ordonne de réformer les loix, de rendre les punitions moins sanguinaires, & de les proportionner au crime. Plusieurs provinces ont déja porté la réforme sur ces restes grossiers de la féodalité ; elles permettent la chasse & la pêche sur toutes les terres qui ne sont pas encloses, & sur toutes les rivières navigables qui ne sont pas une propriété particulière. D'autres se sont expliqués sur un article plus important sur les loix civiles, sur la servitude & sur l'esclavage des nègres : nous avons parlé ailleurs des intérêts particuliers qui arrêteront dans quelques provinces l'affranchissement général ; mais qu'elles y prennent garde, elles déshonoreront leur constitution & leur liberté, si elles retiennent des nègres dans les fers ; & si Athènes, Sparte & Rome ont conservé des esclaves, qu'elles ne cherchent point à se prévaloir de cet abus : ces peuples de l'antiquité ont subjugué l'admiration par de grandes choses, & la destinée n'appelle pas les citoyens des *Etats-Unis* à une gloire éclatante. Nous traiterons en détail, des abus qu'ils doivent éviter dans la rédaction de leurs codes, & nous renvoyons le lecteur à la section 8e.

La Pensylvanie s'est réservée le pouvoir d'établir, à certaines époques, des censeurs qui veillent au maintien de la constitution & à l'exécution des loix. Les citoyens de l'Amérique les plus éclairés font peu de cas de cette institution, à laquelle les anciennes républiques mirent tant de prix. Ils sont persuadés que les censeurs troubleront l'état & l'administration ; que, s'ils furent utiles chez les peuples de l'antiquité, les circonstances ne sont plus les mêmes, & que la liberté de la presse est la seule censure qu'il soit convenable d'établir aujourd'hui dans les républiques : mais comme on ne peut assurer de trop de manières le maintien de la constitution & l'exécution des loix, il est à desirer que les *Etats-Unis* examinent bien cette institution lorsqu'ils rédigeront leurs codes. Est-elle compatible avec leur position ? en l'adoucissant & en la combinant d'une autre manière, n'auroit-elle pas quelques avantages ? n'en auroit-elle pas du moins aujourd'hui que les mœurs des citoyens ne sont pas encore formées ? ne pourroit-on pas l'essayer pour un temps, avant de l'établir d'une manière formelle ?

L'auteur si profond & si habile des *Notes sur*

l'état de Virginie, dit qu'au mois de décembre 1776 & au mois de juin 1781, l'assemblée de Virginie, embarrassée de toutes les manières, proposa de créer un dictateur revêtu de la puissance législative, exécutrice, judiciaire, civile & militaire ; du droit de vie & de mort sur les sujets de l'état, & d'une autorité absolue sur leurs propriétés ; que cette effrayante proposition manqua d'être accueillie, & que la pluralité en faveur de la proposition contraire fut seulement de quelques voix. Que les *Etats-Unis* y réfléchissent bien, & quelle que puisse être un jour leur détresse, qu'ils ne songent jamais à cet expédient. Il détruiroit l'édifice de leur liberté ; car si la dictature ne causa point de mal dans les premiers temps de la république romaine, qu'on se rappelle les épouvantables atrocités qui en furent la suite sur la fin de la république, & la blessure mortelle qu'elle fit à la constitution. Les citoyens des nouvelles républiques doivent songer rarement à imiter les romains ; ils ne sont pas appellés à la même célébrité : s'ils veulent devenir guerriers & conquérans, ils se perdront, & leur constitution proscrit la dictature : nous reviendrons sur cet objet à l'article VIRGINIE. *Voyez* VIRGINIE.

Après avoir établi la tolérance d'une manière formelle dans la *déclaration des droits*, la Virginie a omis cet article fondamental dans sa constitution ; & si, comme le dit l'auteur *des Notes sur l'état de Virginie*, cette province se trouve réellement soumise à la loi commune de l'Angleterre, qui ordonne des persécutions religieuses, il faut se hâter de sortir d'une position si bisarre. Le lecteur croira d'abord que les citoyens des *Etats-Unis* respectent peu leurs constitutions, puisqu'ils osent les enfreindre sur un point aussi important ; il regardera ces constitutions comme un vain simulacre présenté au peuple pour l'exciter à la révolte ; il traitera de charlatannerie ces belles maximes & ces belles dispositions qu'on y voit ; mais qu'il ne se presse pas de juger, il trouvera à la fin de cette section, des détails qui appaiseront son humeur, & il ne sera plus effrayé de l'omission qui nous occupe ici.

Les *Etats-Unis* ne tarderont sans doute pas à changer quelques articles de leurs constitutions, & ils violeroient leurs loix fondamentales, s'ils ne s'occupoient pas de cette réforme. Quoique leurs constitutions aient été rédigées à la hâte & au milieu de la guerre, elles n'ont rien oublié d'essentiel : jamais peut-être un ouvrage si difficile n'a été fait si rapidement ; &, dans l'état où elles sont, c'est peut-être le plus beau monument de la législation humaine. Il faut payer un tribut d'éloges au vertueux citoyen qui y a le plus contribué, & nous nommerons ici M. Georges Mason qui, en 1776, rédigea la déclaration des droits de la Virginie, laquelle a servi de modèle à toutes les autres.

Nous nous sommes permis plusieurs critiques

fur ces conftitutions ; mais pour ne rien dire de vague, & ne pas oublier la pofition diverfe des différentes provinces de l'Amérique, nous les avons placés à l'article de chacun des *Etats-Unis*. L'article VIRGINIE fur-tout contient des remarques générales, qu'on jugera peut-être importantes.

Trois hommes recommandables par leurs lumières, M. l'abbé de Mably, M. Turgot & le docteur Price, ont écrit fur les conftitutions d'Amérique ; la plupart des critiques des deux premiers font fufceptibles de bien des réponfes, & nous oferons donner ici notre avis.

L'ouvrage de M. l'abbé de Mably eft intitulé : *Obfervations fur le gouvernement & les loix des Etats-Unis de l'Amérique.* Il eft plein de vues & de réflexions très-fages ; mais plufieurs de fes critiques générales & particulières manquent de jufteffe ; il met beaucoup d'importance à de petites chofes ; il eft effrayé de quelques inconvéniens qui ne doivent pas infpirer de l'effroi ; il veut prévenir des abus avec des moyens qui ne feroient d'aucun effet ; il oublie que lorfqu'on a établi des inftitutions importantes, on peut négliger des détails qui vont d'eux-mêmes ; il paroît même ne pas bien connoître la pofition actuelle des *Etats-Unis* ; d'autrefois fes préventions contre la conftitution d'Angleterre l'égarent, & il ne femble pas faire affez de cas des ménagemens & des modifications qu'exige la pofition d'une peuplade. Enfin, après avoir écrit toute fa vie fur la politique, la vieille divifion des gouvernemens en démocratie, en ariftocratie, en monarchie & en defpotifme le trompe, comme elle trompe les hommes les moins inftruits, & il parle toujours de la démocratie, comme s'il n'y avoit qu'une efpèce de gouvernement démocratique.

Il reproche aux américains de ne s'être pas occupés des mœurs dans leurs conftitutions, & il loue beaucoup les habitans de la Géorgie d'avoir recommandé la modération, la frugalité, la tempérance : ce n'eft pas ainfi que s'établiffent les vertus ; elles fe forment par de bonnes loix générales, par la liberté civile & politique, par l'amour de la patrie, & par l'abfence des préjugés deftructeurs.

Ses réfultats manquent de précifion ; il a toujours aimé la démocratie, il en parle encore avec éloge ; d'un autre côté, il regrette que les américains n'aient pas établi un gouvernement ariftocratique, tempéré par de fages loix. Il femble croire que le pacte fondamental d'une république fuffit pour en prévenir à jamais les révolutions ; il eft pourtant clair que la conftitution ariftocratique la mieux établie & la mieux tempérée finira, fuivant l'inévitable révolution des chofes, par dégénérer en démocratie, en anarchie ; & lorfque les légiflateurs ont la fageffe d'établir dans une nation un caractère de vigueur qui ne fe laiffe point opprimer, & qui fe déve-

loppe felon les circonftances, il ne faut rien demander de plus. M. l'abbé de Mably n'a pas eu des vues affez étendues. La réponfe à fes objections fur cette matière eft bien facile, & la voici : les américains ont prévu tout cela ; ils ont ordonné une révifion générale de leurs loix fondamentales à de certaines époques ; ils fe font engagé à faire cette révifion toutes les fois que la nation le voudra : il ne s'agit plus que d'avoir la force de la faire ; & fi quelque chofe peut donner cette force, c'eft l'amour du bien public & le courage énergique qu'infpire la démocratie : dans les gouvernemens ariftocratiques, les hommes n'ayant point de part au gouvernement, ne l'ont pas. Il faut obferver d'ailleurs que la révifion des loix & des abus à différentes époques, a toutes fortes d'avantages ; le peuple marque fa puiffance par une grande opération, & on en conferve le fouvenir : il fait ordinairement des actes d'une juftice rigoureufe & éclatante, & on fonge moins à opprimer un vengeur fi terrible.

Sans doute les inftitutions américaines font bien démocratiques ; fi on veut les juger d'après l'hiftoire & d'après la marche des autres peuples anciens ou modernes, il faudra y admettre un jour une partie du régime de l'ariftocratie, & les remarques de M. l'abbé de Mably & de quelques autres écrivains, font fondées à plufieurs égards : mais encore une fois pourquoi établir d'avance des chofes qu'on établira beaucoup mieux dans l'occafion ? Afin de remédier à des maux qui peut-être n'arriveront point, eft-il donc néceffaire d'adopter un mauvais régime ? car enfin la liberté de la preffe aura en Amérique des effets qu'on ne peut calculer : on fera peut-être furpris de la manière dont elle arrêtera les fuites du progrès des richeffes & de la civilifation ; & aucun peuple n'ayant eu cette reffource, il n'eft point de nation dont on puiffe citer ici l'exemple.

Les abus de la tolérance, établie par les américains, inquiètent M. l'abbé de Mably : parce que quelques *états* ont permis aux citoyens d'avoir un lieu d'affemblée religieufe, lorfqu'ils voudront payer un pafteur, il a peur que la diverfité des fectes & de communions ne trouble l'Amérique. Nous ne craindrons pas de le prédire ; on s'appercevra dans cinquante ans que les citoyens d'Amérique n'ont point abufé de cette loi. On s'occupe des folies de la fuperftition, dans un pays où l'on s'occupe peu de la politique & de la liberté ; mais le fanatifme & la fuperftition font peu redoutables dans les pays libres.

Ses idées fur la liberté de la preffe paroiffent également pufillanimes. Sans doute cette liberté entraîne des abus, & il eft aifé de les peindre d'une manière frappante : mais la queftion fe réduit à favoir fi elle produit plus de biens que de maux ? Les gouvernemens font tous condamnés à employer des chofes qui entraînent des abus ; il ne s'agit plus que de choifir ces chofes, & l'expérience de l'Angleterre a appris aux américains ce qu'ils doivent penser de la liberté de la presse.

Il seroit à desirer que les américains missent des bornes à leur commerce ; ce sera la première cause de leur corruption : mais vouloir, comme M. l'abbé de Mably, les ramener aux principes de Platon, c'est perdre son temps.

Nous avons fait voir à l'article DÉMOCRATIE dans quelles erreurs on est tombé, combien on a fait de remarques déraisonnables pour avoir mal saisi le sens du terme *démocratie*, ou *gouvernement démocratique* : le livre de M. l'abbé de Mably est plein de faux jugemens qui viennent de cette méprise. Il apperçoit de véritables démocraties dans les constitutions des *Etats-Unis* : & parce que les anciennes démocraties ne pouvoient guère subsister que dans une ville dont tous les citoyens se connoissoient, il en conclud que cette forme de gouvernement ne peut subsister dans les *Etats-Unis*, dont le territoire est si vaste. Que signifie ce rapprochement ? Dans les républiques de l'antiquité dont on nous parle, le peuple agissoit par lui-même & sans représentans ; dans les *Etats-Unis*, il agit par représentans & non par lui-même : le gouvernement y est democratique ; mais ce n'est pas une démocratie, si l'on donne à cette expression la valeur que lui donnent Aristote & M. l'abbé de Mably.

C'est dans une longue lettre au docteur Price que M. Turgot parle des constitutions des *Etats-Unis*, & qu'il paroît si frappé de leurs vices. Ce grand homme qui a montré un courage si vertueux & un zèle si ardent pour le bonheur des hommes, qui a peut-être rendu chimériques ses vues de bien public, parce qu'il les a trop étendues, & dont les erreurs méritent ainsi de la reconnoissance, a jugé bien rigoureusement l'ouvrage de législation des provinces de l'Amérique septentrionale. Il est étonné que les *Etats-Unis* aient imité la constitution d'Angleterre, qu'ils aient établi *des corps différens*, *un corps de représentans*, *un conseil*, *un gouverneur, parce que l'Angleterre a une chambre des communes, une chambre haute & un roi*. « On » s'occupe, dit-il, à balancer ces différens pou- » voirs, comme si cet équilibre des forces qu'on » a pu croire nécessaire pour balancer l'énorme » prépondérance de la royauté, pouvoit être de » quelque usage dans des républiques fondées sur » l'égalité de tous les citoyens, & comme si tout » ce qui établit différens corps n'étoit pas une » source de division. En voulant prévenir des » dangers chimériques, on en fait naître de » réels ».

Il est surpris qu'on ait ôté au clergé le droit d'éligibilité.

Il ajoute ensuite : « nul principe fixe sur l'im- » pôt : on suppose que chaque province peut se » taxer à sa fantaisie, établir des taxes person- » nelles, des taxes sur les consommations, sur les » importations, c'est-à-dire, se donner un intérêt

» contraire à l'intérêt des autres provinces », & il finit par se récrier contre les prohibitions du commerce.

Il ne seroit pas difficile de répondre à ces objections ; mais il faudroit relever les méprises d'un homme d'état respectable & mettre nos vues au-dessus des siennes, & c'est ce que nous ne ferons pas. Au reste, on verra à l'article VIRGINIE que si les américains n'ont pas eu tort d'imiter en quelques points la constitution d'Angleterre, ils auroient dû, à l'exemple des anglois, mettre des barrières fixes entre la puissance législative, la puissance exécutive & la puissance de juger ; que les contrepoids habilement ménagés sont ce qu'il y a de plus parfait dans la constitution de la Grande-Bretagne, & que si les mêmes contrepoids ne conviennent pas à la forme du gouvernement des américains, ils doivent en imaginer d'autres qui soient plus analogues à leurs constitutions.

Nous nous contenterons de faire une seule question sur la première objection de M. Turgot : les américains étoient-ils propres à une autre forme de gouvernement ? & leur esprit & leur caractère, façonnés par la constitution angloise, se seroient-ils accommodés d'une autre espèce de démocratie ? Est-il possible d'oublier que tous les peuples ne sont pas propres à la liberté ; que ceux qui s'y trouvent propres le sont plus ou moins, & qu'il faut leur donner une constitution plus ou moins républicaire. On ne cesse de prêcher depuis quelque temps une liberté absolue ; on endoctrine tous les peuples de la même manière, non sur des points qui intéressent les droits sacrés & invariables du genre humain, mais sur la forme particulière des gouvernemens, & c'est une grande erreur de la philosophie moderne. Si ces écrivains que leur zèle rend estimables, sçavoient avec quel dédain ils sont accueillis par un homme d'état, parce qu'ils passent toujours la mesure, ils deviendroient plus circonspects, & ils étudieroient davantage les modifications que mille circonstances rendent nécessaires.

M. Turgot dit avec plus de raison : « dans l'u- » nion des provinces entr'elles, je ne vois point » une coalition, une fusion de toutes les parties » qui n'en fasse qu'un corps un & homogène ; ce » n'est qu'une aggrégation de parties toujours trop » séparées, & qui conserveront toujours une ten- » dance à se diviser, par la diversité de leurs loix, » de leurs mœurs & de leurs opinions, par l'i- » négalité de leurs fortunes naturelles, plus en- » core par l'inégalité de leurs progrès ultérieurs. » Ce n'est qu'une copie de la république hollan- » doise, & celle-ci même n'avoit pas à craindre, » comme la république américaine, les accroisse- » mens possibles de quelques-unes de ses pro- » vinces ».

Mais ces détails regardent le système de confédération plutôt que les constitutions, & nous les renvoyons à la section suivante.

Nous nous contenterons de faire ici une remarque : M. le marquis de Châtellux a très - bien prouvé que les mêmes principes , les mêmes opinions & les mêmes habitudes ne peuvent se trouver dans les diverses républiques d'Amérique , & que le caractère & le génie d'un peuple ne sont pas uniquement le produit du gouvernement qu'il a adopté ; mais des circonstances dans lesquelles ce peuple s'est formé. Les rapports avec le congrès , la liberté de la presse , les intérêts généraux & communs feront peu à peu disparoître les différences qui ne sont pas le résultat de la position particulière des lieux.

Le docteur Price n'examine point les constitutions en général : elles lui paroissent bonnes ; mais il en critique différens articles , & il donne aux américains des avis sur ce qu'ils doivent craindre & sur ce qu'ils doivent éviter.

D'après les sermens qu'exigent les *états* d'Amérique , il leur demande avec raison s'ils n'auroient pas admis aux places de l'*état* Montesquieu , Newton & Locke. Il insiste avec chaleur sur l'importance de l'éducation. Il avertit les *Etats-Unis* que l'inégalité des fortunes est un des maux les plus à craindre pour eux ; que le partage égal des biens entre tous les enfans , sans que l'aîné ait rien de plus , leur convient ; & on verra plus bas que les *Etats-Unis* s'occupent de cet article important. Il parle , comme M. l'abbé de Mably , des dangers du commerce ; il est effrayé comme lui de cette fureur de trafic qui tourmente les *Etats-Unis* ; il leur demande s'ils en ont besoin , quels avantages ils peuvent en espérer , & ce qu'ils peuvent attendre de leurs liaisons avec l'Europe. Il observe que l'Angleterre ne se soutient que par sa marine & par son commerce , mais que les *Etats-Unis* ne sont pas dans le même cas.

Le docteur Price parle aussi de l'esclavage des nègres , & il faut espérer que les réclamations de tous les hommes instruits détermineront toutes les provinces , même les plus méridionales , à l'abolir.

Mais le docteur Price fait plusieurs reproches mal fondés aux *Etats-Unis* ; il dit , par exemple , que le congrès n'a point la force coactive , & on démontrera , dans la section suivante , que cette assertion , devenue très-commune , est absolument fausse.

Remarques particulières sur ceux des Etats-Unis qui ont changé leurs constitutions , ou qui doivent les changer ou les revêtir de formes plus légales & plus solemnelles.

La constitution du *nouvel - Hampshire* , établie en 1776 , déclara qu'elle seroit seulement en vigueur durant la guerre contre la Grande-Bretagne ; les citoyens de cet *état* ont en effet rédigé une constitution nouvelle depuis la paix. *Voyez* NEWHAMPSHIRE. (1).

Le *Connecticut* & *Rhode - Island* étoient , avant la révolution , les seules provinces qui eussent un *charter-government* , comme nous l'avons dit plus haut : elles se trouvoient beaucoup plus libres que les autres ; le roi d'Angleterre leur avoit accordé , par des chartres , la plupart des privilèges des *états* républicains ; & lorsqu'après la déclaration d'indépendance , le *Nouveau-Hampshire* , *Massachusett* , la *Nouvelle-Yorck* , le *Nouveau-Jersey* , la *Pensylvanie* , la *Delaware* , le *Maryland* , la *Virginie* , les deux *Carolines* & la *Georgie* rédigèrent une constitution ; ces deux *états* se contentèrent d'abjurer l'autorité de la Grande-Bretagne & d'altérer en quelques points le régime établi par leurs chartres. Ils n'ont rien changé à cette forme d'administration depuis la paix , & , à proprement parler , ils n'ont point de constitution , à moins qu'on ne veuille donner ce nom à leurs anciennes chartres modifiées : il est à desirer qu'ils imitent le reste des *Etats-Unis* , qu'ils rédigent une constitution , avec appareil & avec solemnité , & qu'ils établissent d'une manière formelle , dans la déclaration des droits , ces principes invariables de tolérance & de liberté civile & politique qui doivent les guider à jamais. Les nations libres sont en ce point comme les moines ; elles ont besoin d'une règle fixe , promulguée d'une manière éclatante ; il faut qu'elles aient sans cesse sous les yeux ces loix politiques qui assurent leur liberté ; il faut qu'elles soient relues & citées tous les jours ; il faut qu'elles occupent l'enfance & la vieillesse , & que leur décision claire & précise , toujours présente à l'esprit , intimide les ennemis du gouvernement. Lorsqu'on n'a qu'une liberté de fait , on la perd bientôt ; & les constitutions solemnelles sont ce que les tyrans redoutent le plus.

C'est par simplicité que les citoyens du Connecticut ont négligé cet ouvrage important. Leur paisible innocence ne prévoit pas les dangers , & leur fermeté courageuse les tranquillise sur les usurpations. Mais qu'ils se souviennent qu'on trompe aisément les hommes simples ; qu'avec de l'adresse , on surprend , ou arrête leur valeur ; & qu'ils ont d'autant plus besoin d'une constitution expresse , qu'ils ont plus de ces vertus tranquilles , si rares parmi les nations. La difficulté de l'ouvrage ne doit plus les effrayer ; ils ne sont plus à ces époques d'ignorance , où , *vu leur incapacité de rédiger une nouvelle forme de gouvernement , ils se mettoient solemnellement les uns aux autres de suivre les loix de Moyse , jusqu'à ce que quelqu'un d'entre eux eût l'habileté d'en faire de plus adaptées à leurs mœurs* (1). Ils n'ont presque qu'à copier , avec

---

(1) Nous y indiquerons les changemens faits à la constitution , qu'on a suivie pendant la guerre.
(2) *Voyez* l'article CONNECTICUT.

quelques changemens, les conftitutions des *états*
qui les environnent.

Quant aux citoyens de *Rhode-Ifland*, on ignore
les motifs de leur négligence, & ces motifs ne
font pas fi honnêtes. Nous parlerons tout-à-l'heure
de l'odieufe conduite & de la réfiftance opiniâtre
qu'on a pu leur reprocher dans le cours des années 1783 & 1784. Nous parlerons de leur
corruption & des moyens violents qu'on em-
ployeroit contre eux. Leur avide cupidité n'a
pas prévu les malheurs qui les menaçoient.
Puiffent-ils ouvrir bientôt les yeux & refter dans
l'union américaine! S'ils comptent faire la loi à
douze vaftes provinces, ils fe trompent beaucoup;
s'ils ne fongent qu'à s'enrichir par le commerce,
ils verront ce que devient un petit *état* corrompu par le commerce & par la richeffe, quand il
fe trouve au milieu de douze républiques puiffantes; ils s'appercevront avec regret, que de
ftériles métaux ne font pas le bonheur, & que
leur prétention de jouer un grand rôle avec un
territoire fi borné, étoit bien ridicule.

Il y a dans la Penfylvanie deux partis à-peu-
près de force femblable. L'un veut changer la
conftitution, & l'autre s'oppofe à ce changement.
Ils font d'accord tous les deux fur les principes
fondamentaux, & ils différent feulement fur quelques détails de la forme d'adminiftration. *Voyez*
PENSYLVANIE.

La forme de gouvernement, établie dans la
Virginie, eft fondée fur un acte qu'on ne peut
appeller une conftitution : mais une partie des citoyens le croit fuffifant, & elle ne defire pas qu'on
le revêtiffe d'une forme plus légale & plus folemnelle. Une autre partie des citoyens, & celle-
ci eft la plus refpectable & la plus éclairée,
n'y voit qu'un acte de la légiflation ordinaire, & elle demande qu'on établiffe une véritable conftitution, en corrigeant les défauts qu'on
a remarqué dans l'acte, aujourd'hui en vigueur.
La plupart des jeunes gens adoptent cette opinion, à mefure qu'ils entrent dans les charges,
& il y a lieu de croire qu'enfin ce parti l'emportera. Mais cette différence d'avis ne produit point
de difpute.

Les membres de l'affemblée générale de Virginie, qui a établi la nouvelle forme de gouvernement, avoient été choifis, avant qu'on fongeât
à fe féparer de la Grande-Bretagne : ils n'étoient
donc revêtus que des pouvoirs ordinaires de la
légiflation ; & la forme de gouvernement, établie
par eux, eft un acte ordinaire de la légiflation que
l'affemblée légiflative peut altérer : quoiqu'on n'y
ait pas encore fait de changement général, l'affemblée légiflative l'a modifié en plufieurs cas. Elle
a montré plufieurs fois qu'elle regarde l'ordonnance, appellée *la conftitution de cet état*, comme
toute autre ordonnance ou acte de la légiflation.

La convention, qui a réglé cette forme du gouvernement, déclara qu'elle formoit la chambre des
députés, durant le terme pour lequel on l'avoit
choifi ; & l'automne de la même année, elle fe
joignit au fénat, élu d'après la nouvelle conftitution, & ils exercèrent la puiffance légiflative.
Des malfaiteurs étoient alors dans la prifon publique, & il n'y avoit point encore de tribunal
établi pour les juger : cette chambre des députés
& le fénat paffèrent une loi, qui défigna pour
membres d'une cour, chargée de juger les prifonniers, des citoyens qui étoient membres du
confeil exécutif ; quoique, felon la conftitution,
perfonne ne puiffe exercer en même-temps l'autorité de plus d'un des trois départemens légiflatif, exécutif & judiciaire.

Ainfi, les mêmes hommes qui avoient fait la
conftitution, croyoient que l'affemblée générale
pouvoit la changer. La cour dont on vient de
parler, fut établie feulement pour ce cas. Lorfque
l'affemblée générale fut convoquée après l'élection de l'année fuivante, d'autres malfaiteurs
rempliffoient les prifons, & il n'y avoit toujours
point de tribunal de juftice ; l'affemblée paffa une
feconde loi, femblable à la première ; elle nomma des membres du confeil exécutif, qui formèrent de nouveau une cour de juftice pour le moment. On pourroit citer une foule de cas où l'on
a vu la puiffance exécutive & la puiffance judiciaire, exercées par les mêmes perfonnes, fous
l'autorité d'une loi contraire à la conftitution. La
puiffance légiflative s'eft auffi arrogé le droit de
juger. Deux individus, nommés *Robinfon* & *Faunt-
Leroy*, parens d'un Robinfon, fujet de l'Angleterre, qui mourut en Virginie en l'année 1782, réclamoient fon héritage dans les cours ordinaires
de juftice, auxquelles, felon la conftitution, il
falloit renvoyer le jugement ; ils faifoient valoir,
tous deux, leur habileté à hériter des terres du
défunt. L'une des parties adreffa une requête à
l'affemblée générale de l'*état*, & l'affemblée générale paffa une loi qui prononçoit en faveur de
celle-ci. L'année fuivante, un vaiffeau françois
entra dans un des ports de la Virginie, fans fe conformer aux réglemens ufités en pareilles occafions ; la
loi le foumettoit à des amendes applicables à quiconque les réclameroit. Un particulier les réclama
juridiquement. Le capitaine s'adreffa à l'affemblée
qui paffa une loi, d'après laquelle l'affaire fe trouva décidé contre le dénonciateur. Ce n'eft pas
tout. L'affemblée générale de Virginie eft habituée, durant fes feffions, à donner des ordres à
la puiffance exécutrice, malgré l'article de la conftitution, qui ne permet pas aux mêmes perfonnes
d'exercer la puiffance exécutrice & la puiffance
légiflative. Prefque toutes les pages de fes journaux
en fourniffent une preuve. Chaque affemblée annuelle de la Virginie ayant cru pouvoir modifier
& altérer par de nouvelles loix l'ordonnance, ap-

pellée *constitution*, on peut en conclure que cet *état* n'a point encore de constitution.

Il ne tardera pas à nommer un congrès, chargé spécialement de rédiger une constitution stable ; & il est bien à desirer qu'il s'occupe tout de suite d'une opération si importante. C'est une des provinces les plus peuplées & les plus éclairées ; il faut qu'elle serve de modèle & de guide à l'union américaine, & elle sentira combien il est dangereux de laisser des incertitudes & des doutes sur l'acte fondamental qui doit assurer sa prospérité & son bonheur. L'un de ses citoyens les plus respectables par ses emplois, par son patriotisme, par ses lumières & par son zèle (1), a rédigé une nouvelle constitution ; cet ouvrage est imprimé : que la Virginie l'examine à loisir & qu'elle l'adopte. Elle croira peut-être devoir en changer quelques articles ; mais nous oserons dire ici qu'il est fondé sur les principes les plus justes & les plus sains, & qu'on n'imaginera pas de combinaisons plus habiles & plus avantageuses. Si elle est adoptée, nous la rapporterons à l'article VIRGINIE, & si elle ne l'est pas, nous la comparerons avec celle qu'on a établi après l'acte d'indépendance, ou avec celle qui se trouvera en vigueur, lorsque nous écrirons ce morceau.

Il paroît qu'aucune autre province ne songe à changer sa constitution, & malgré les critiques que nous nous sommes permises, nous ne desirons pas que cette révision se fasse si promptement. Quelques années d'expérience en apprendront plus que toutes les théories, & s'il faut toucher à la constitution d'un *état* avec réserve, les troubles & les dangers qui accompagnent cette opération, exigent beaucoup d'adresse pour le choix du moment.

Jusqu'ici, l'union américaine a respecté ses constitutions ; & depuis la proclamation de l'indépendance, on n'a point vu parmi les magistrats & les officiers publics, de malversations contraires à l'acte fondamental. Il y a eu quelques opérations factieuses dans les assemblées de Pensylvanie ; mais ces erreurs d'un moment & ces délits passagers n'ont pas eu de suite ; & d'après ce que nous venons de dire sur la constitution de Virginie, les loix de l'assemblée de cette province, qui sont contraires à l'ordonnance fondamentale, ne peuvent ici former une objection. Il seroit assez difficile d'enfreindre les constitutions américaines, car les juges regarderoient comme nulle, toute loi contraire à l'acte fondamental de l'*état*. C'est ainsi que le patriotisme & les lumières des individus maintiennent le régime politique dans les républiques bien ordonnées, & qu'une forme de gouvernement, redigée d'une manière claire & précise, est le moyen le plus simple & le plus assuré de contenir les usurpations.

(1) M. Jefferson.

SECTION Ve.

Acte de la confédération, remarques sur la confédération des Etats-Unis, sur les nouveaux pouvoirs qu'il convient d'accorder au congrès, & détails sur le congrès.

ARTICLES DE CONFÉDÉRATION & d'union perpétuelle, entre les états de New-Hampshire, Massachusett, Rhode-Island & établissemens de Providence, Connecticut, New-Yorck, New-Jersey, Pensylvanie, Delaware, Maryland, Virginie, Caroline septentrionale, Caroline méridionale, & Géorgie.

ART. I. Les susdits *états* se confédèrent sous le titre d'*Etats-Unis* d'Amérique.

II. Chaque *état* retient & se réserve sa souveraineté, sa liberté & son indépendance, & aussi tous les pouvoirs, jurisdictions & droits qui ne sont pas expressément délégués aux *Etats-Unis* assemblés en congrès par le présent acte de confédération.

III. Lesdits *états* contractent, chacun en leur nom, par le présent acte, un traité d'alliance & d'amitié fermes & constantes avec tous les autres *états*, & chacun d'eux, pour leur défense commune, pour le maintien de leurs libertés, & pour leur bien général & mutuel ; s'obligeant à se secourir les uns les autres contre toutes violences dont on pourroit menacer tous ou chacun d'eux, & à repousser en commun toutes attaques qui pourroient être dirigées contre tous ou chacun d'eux, pour cause de religion, de souveraineté, de commerce, ou sous quelqu'autre prétexte que ce soit.

IV. Pour assurer & perpétuer le mieux possible la correspondance & l'amitié mutuelles parmi le peuple des divers *états* qui composent cette union, les habitans libres de chacun de ces *états*, à l'exception des mendians, des vagabonds & de ceux qui fuient les poursuites de la justice, auront droit à toutes les immunités & privilèges de citoyens libres dans les différens *états* ; & le peuple de chaque *état* pourra librement entrer dans chacun des autres *états* & en sortir, y jouira de tous les privilèges de trafic & de commerce, & sera soumis aux mêmes droits, impositions & restrictions que leurs habitans respectifs ; mais ces restrictions ne pourront pas s'étendre jusques à empêcher des effets importés dans un *état*, d'être transportés dans un autre *état*, dont le propriétaire desdits effets seroit habitant ; & aucun *état* ne pourra non plus mettre des impositions, des droits ni des restrictions fur le commerce des effets appartenans aux *Etats-Unis*, ou à quelqu'un d'eux.

Si quelque perfonne coupable ou accufée de trahifon, de félonie ou d'autre délit confidérable, dans un des *états*, fuit les pourfuites de la juftice, & eft trouvé dans quelqu'autre des *Etats-Unis*, elle fera, fur la demande du gouverneur, ou de la puiffance exécutrice de l'*état* dont elle fe fera évadée, délivrée & renvoyée audit *état* dans la jurifdiction duquel elle devra être jugée.

Il fera pleinement ajouté foi & croyance dans chacun des *états*, aux regiftres, actes & procédures judiciaires des cours & des magiftrats de tous les autres *états*.

V. Afin que les intérêts généraux des *Etats-Unis* foient dirigés & conduits le mieux & le plus convenablement que faire fe pourra, il fera nommé annuellement, en la manière que la légiflature de chacun des *états* l'ordonnera, des délégués qui s'affembleront en congrès le premier lundi du mois de novembre de chaque année, avec un pouvoir réfervé à chacun des *états* de révoquer fes délégués ou quelques-uns d'entr'eux, dans quelque temps de l'année que ce foit, & d'en envoyer d'autres à leurs places pour le refte de l'année.

Aucun *état* ne fera repréfenté en congrès par moins de deux, ni par plus de fept membres; le même fujet ne pourra pas être délégué plus de trois années dans l'efpace de fix; & un délégué ne pourra poffeder aucun office dépendant des *Etats-Unis*, pour lequel lui ni aucune autre perfonne pour lui recevroit des appointemens, des profits ou émolumens quelconques.

Chaque *état* pourvoira aux appointemens de fes délégués pendant la feffion des *états*, & pendant qu'ils feront membres du comité defdits *états*.

Chacun des *états* n'aura qu'un fuffrage pour la décifion des queftions dans l'affemblée des *Etats-Unis* en congrès.

La liberté de parler & celle des débats dans le congrès ne fera pas fujette à l'accufation en crime d'*état*, ni à être attaquée, de quelque manière que ce foit, dans aucune cour ou lieu quelconque hors du congrès; & les membres du congrès ne pourront être faifis perfonnellement ni emprifonnés, durant le temps de leur voyage pour fe rendre au congrès, durant celui de leur retour, ni pendant qu'ils y fiégeront, excepté pour trahifon, félonie ou perturbation du repos public.

VI. Aucun *état* en particulier ne pourra envoyer ni recevoir des ambaffades, entamer des négociations, contracter des engagemens, former des alliances, ni conclure des traités avec aucuns rois, princes ou *états* quelconques, fans le confentement des *Etats-Unis* affemblés en congrès.

Aucune perfonne pourvue d'un emploi, quelconque fous l'autorité des *Etats-Unis*, foit qu'il y ait des appointemens attachés à l'emploi, foit que ce foit une commiffion de pure confiance, ne pourra accepter aucuns préfens, émolumens,

ni aucuns offices ou titres, de quelque nature qu'ils foient, d'aucun roi, prince ou *état* étranger.

Les *Etats-Unis* affemblés en congrès, ni aucun *état* en particulier ne pourront conférer aucun titre de nobleffe.

Deux ou plufieurs des *états* ne pourront conclure entr'eux aucuns traités, confédération ou alliances quelconques, fans le confentement des *Etats-Unis* affemblés en congrès, & devront, dans ce cas, fpécifier exactement les objets pour lefquels ce traité, cette confédération ou cette alliance feront conclus, & combien de temps ils devront durer.

Aucun *état* ne pourra mettre des impôts ou droits qui puiffent altérer les claufes des traités conclus par les *Etats-Unis* affemblés en congrès, avec aucuns roi, prince ou *état*, ni contre celles d'aucuns traités déja propofés par le congrès aux cours de France & d'Efpagne.

Aucun *état* ne pourra entretenir en temps de paix que le nombre de bâtimens de guerre jugé néceffaire par les *Etats-Unis* affemblés en congrès, pour fa défenfe & celle de fon commerce; & aucun *état* n'entretiendra non plus de troupes en temps de paix, que la quantité jugée fuffifante par les *Etats-Unis* affemblés en congrès, pour fournir des garnifons aux fortereffes néceffaires à fa défenfe; mais chaque *état* entretiendra toujours une Milice bien ordonnée & difciplinée, fuffifamment armée & équipée, & il fe pourvoira d'un nombre convenable de pièces d'artillerie de campagne, de tentes & d'une quantité proportionnée d'armes, de munitions & d'équipages de campagne; le tout dépofé dans des magafins publics & toujours prêt à fervir.

Aucun *état* ne s'engagera dans une guerre fans le confentement des *Etats-Unis* affemblés en congrès, à moins d'une invafion actuelle de quelque ennemi, ou d'avis certains qu'il pourroit avoir d'une réfolution formée par quelque nation d'indiens de l'attaquer, & dans le cas feulement où le péril feroit trop imminent pour ne pas permettre de différer, jufqu'à ce que les *Etats-Unis* affemblés en congrès puiffent être confultés.

Et aucun *état* ne pourra donner de commiffions à des vaiffeaux ou autres bâtimens de guerre, ni des lettres de marque ou de repréfailles, qu'après une déclaration de guerre des *Etats-Unis* affemblés en congrès, & alors feulement contre le royaume ou l'*état*, & contre les fujets du royaume ou de l'*état* contre qui la guerre aura été déclarée, & en fe conformant aux règles qui feront établies par les *Etats-Unis* affemblés en congrès; dans le cas cependant où les côtes d'un *état* feroient infeftées par des pirates, il pourra, mais dans ce cas feulement, armer des bâtimens de guerre, & les entretenir auffi long-temps que le danger fubfiftera, ou jufqu'à ce que les *Etats-Unis* affemblés en congrès en aient décidé autrement.

VII.

VII. Lorsqu'un des *états* levera des troupes de terre pour la défense commune, tous les officiers du grade de colonel & au-dessous seront nommés par la législature de l'*état* qui les aura levés, où de la manière que ledit *état* l'ordonnera ; & toutes les vacances de ces emplois seront remplies par l'*état* qui aura fait la première nomination.

VIII. Toutes les dépenses de la guerre & toutes celles qui se feront pour la défense commune ou le bien général, &. qui seront allouées par les *États-Unis* assemblés en congrès, seront tirées d'un trésor commun, auquel il sera fourni par les différens *états*, en proportion de la valeur de toutes les terres qui, dans chaque *état*, seront concédées à une personne en particulier, ou qui auront été arpentées & bornées par une personne en particulier (1) ; & ces terres, ainsi que les bâtimens qui y auront été construits, ou autres améliorations qui y auront été faites, seront estimées de la manière que les *États-Unis* assemblés en congrès l'ordonneront & le régleront dans la suite des temps. Les taxes pour payer cette contribution seront imposées & levées sous l'autorité & par les ordres des législatures des différens *états*, dans les temps fixés par les *États-Unis* assemblés en congrès.

IX. Les *États-Unis* assemblés en congrès auront seuls & exclusivement le droit & le pouvoir de décider de la paix & de la guerre, excepté dans les cas mentionnés au sixième article, d'envoyer des ambassadeurs & d'en recevoir, de conclure des traités & des alliances ; mais ils ne pourront conclure aucun traité de commerce qui empêche la puissance législatrice des *états* respectifs de mettre sur les étrangers tels impôts ou droits auxquels le peuple du pays sera sujet, ni de défendre l'exportation ou l'importation de telle espèce de marchandises ou de denrées que ce soit.

Les *États-Unis* assemblés en congrès auront aussi seuls & exclusivement le droit & le pouvoir d'établir les règles, d'après lesquelles on décidera, dans tous les cas, la légitimité des prises sur terre & sur mer, la manière dont les prises faites par les forces de terre ou de mer au service des *États-Unis* devront être partagées, & l'emploi qui en sera fait ; d'accorder des lettres de marque ou de représailles en temps de paix, d'instituer des tribunaux pour le jugement des pirateries & des félonies commises en haute mer ; & d'établir aussi des cours pour recevoir & juger définitivement les

appels dans tous les cas de prises ; mais aucun membre du congrès ne pourra être nommé juge d'aucune desdites cours.

Les *États-Unis* assemblés en congrès jugeront aussi en dernier ressort toutes les discussions, querelles & différends déjà subsistans, ou qui pourroient s'élever dans la suite, entre deux ou plusieurs *états*, concernant les limites, la jurisdiction ou tout autre objet que ce soit, & cette autorité sera toujours exercée de la manière suivante. Toutes les fois que la puissance législatrice ou exécutrice, ou bien un agent légal de quelqu'un des *états* en discussion avec un autre *état*, présenteront au congrès une pétition expositive de la question, & par laquelle on demandera audience, il sera donné, par ordre du congrès, communication de la pétition à la puissance législatrice ou exécutrice de l'autre *état*, & il sera assigné un jour aux parties pour comparoître par leurs agens légitimes, à qui pour lors il sera ordonné de nommer d'un commun consentement, des commissaires ou des juges pour former une cour, à l'effet d'entendre & de juger la question ; mais si ces agens ne s'accordent pas pour faire ce choix, le congrès nommera trois personnes de chacun des *États-Unis*, chaque des parties alternativement, en commençant par la partie demanderesse, effacera un nom de cette liste, jusqu'à ce qu'elle soit réduite à treize sujets ; & sur ce nombre on en tirera au sort, jamais moins de sept & jamais plus de neuf, selon que le congrès l'ordonnera. Les sujets dont les noms auront été ainsi tirés, ou cinq d'entr'eux, seront commissaires ou juges pour entendre & juger définitivement la discussion, & ce sera toujours la pluralité des juges présens à la cause, qui déterminera le jugement.

Si l'une ou l'autre partie négligeoit de comparoître au jour assigné, sans donner des raisons que le congrès jugeât valables, ou si étant présente, elle refusoit de prendre la liste des juges & d'y faire son choix, le congrès procédera toujours à nommer trois personnes de chaque *état*, le secrétaire du congrès, au lieu & place de la partie absente ou refusante, effacera les noms, & le jugement ou la sentence de la cour nommée, comme il a été dit ci-devant, seront définitifs. Si quelqu'une des parties refuse de se soumettre à l'autorité de cette cour, ou de comparoître, ou de se défendre, ce nonobstant la cour procédera à prononcer la sentence ou le jugement qui seront également définitifs ; le jugement ou la sentence & toutes les autres procédures seront, dans tous les cas, trans-

---

(1) Lorsque l'on veut obtenir en Amérique une propriété dans les terrains vacans, l'on s'adresse à l'arpenteur général, qui fait arpenter & borner la partie demandée, après quoi il faut recourir à la législature pour avoir la concession ; mais comme il peut arriver qu'on néglige de la demander, & que cependant on jouisse déja, l'article ci-dessus prévoit le cas, & soumet toutes les terres, tant concédées que simplement arpentées & bornées, au paiement des impositions.

mis au congrès, & déposés parmi ses actes pour la sûreté des parties intéressées.

Mais tout commissaire, avant de prendre séance pour juger, prêtera, entre les mains de l'un des juges de la cour suprême ou supérieure de l'état, dans l'étendue duquel la cause devra être instruite, le serment « d'entendre & juger la question avec » impartialité, sincérité & attention, & selon ses » lumières, sans faveur, affection, ni espoir de » récompense ».

Aucun état ne pourra non plus, en vertu d'un tel jugement, être privé d'aucune partie de son territoire, au profit des Etats-Unis.

S'il survenoit quelques contestations, pour droit prétendu sur des terres par des particuliers, en vertu de concessions différentes, données par deux ou plusieurs états dont les jurisdictions, à l'égard de ces terres, eussent été déja déterminées, & que lesdites concessions fussent réclamées, comme ayant été faites avant la fixation de jurisdiction ; sur la pétition présentée par l'une ou l'autre des parties au congrès des Etats-Unis, ces contestations seront jugées, autant que faire se pourra, de la manière ci-devant prescrite pour juger les discussions de jurisdiction territoriale entre les différens états.

Les Etats-Unis, assemblés en congrès, auront aussi seuls & exclusivement le droit & le pouvoir de fixer le titre & la valeur des monnoies frappées sous leur autorité ou sous celle des états respectifs ; de déterminer les étalons des poids & mesures dans toute l'étendue des Etats-Unis ; de régler le commerce & de diriger toute espèce d'affaires avec les indiens qui ne seront membres d'aucun des états, pourvu que le droit législatif de chacun des états, dans ses propres limites, n'en éprouve aucune violation ni infraction ; d'établir & de régler les postes d'un état à un autre, dans toute l'étendue des Etats Unis, & de percevoir sur les lettres ou papiers circulant par cette voie, une taxe suffisante pour fournir aux frais de cet établissement ; de nommer tous les officiers des troupes de terre au service des Etats-Unis, excepté les officiers des régimens ; de nommer tous les officiers des forces navales, & de donner les commissions à tous les officiers quelconques au service des Etats-Unis ; de faire des réglemens pour l'administration & la discipline desdites forces de terre & de mer, & de diriger & ordonner leurs opérations.

Les Etats-Unis, assemblés en congrès, auront le pouvoir de nommer un comité qui siégera pendant les vacances du congrès, s'intitulera comité des états, & sera composé d'un délégué de chaque état, & de nommer tels autres comités & officiers civils qu'ils jugeront nécessaires pour conduire les affaires générales des Etats-Unis sous leurs ordres ; de nommer un de leurs membres pour présider le congrès, pourvu que personne ne puisse remplir la charge de président plus d'un

ah dans l'espace de trois années ; de déterminer les sommes d'argent qui devront être levées pour le service des Etats-Unis ; d'ordonner la destination de ces sommes, & de les appliquer au paiement des dépenses publiques ; d'emprunter de l'argent, ou de mettre en circulation des billets de crédit sur les Etats-Unis, en envoyant tous les six mois aux états respectifs un compte des sommes d'argent, ainsi empruntées ou mises en circulation par billets ; de faire construire & armer des vaisseaux ; de déterminer le nombre des troupes de terre que chaque état devra entretenir, & de faire en conséquence à chaque état la réquisition pour fournir son contingent, le tout à proportion du nombre des habitans blancs de chaque état : ces réquisitions seront obligatoires, & sur leur vu, la législature de chacun des états nommera les officiers de régiment, levera les hommes & les habillera, armera & équipera comme des soldats doivent l'être, aux dépens des Etats-Unis : les officiers & soldats ainsi armés, habillés & équipés marcheront au lieu désigné, & dans le temps fixé par les Etats-Unis assemblés en congrès : mais si les Etats-Unis assemblés en congrès, jugent à propos, d'après la considération de certaines circonstances, que quelqu'un des états ne lève point d'hommes, ou en lève moins que son contingent, & qu'un autre état en lève plus que le sien, le nombre excédent sera levé, pourvu d'officiers, habillé, armé & équipé de la même manière que le contingent de cet état, à moins que la législature ne juge qu'un tel excédent ne peut pas être fourni avec sûreté pour lui ; auquel cas elle levera, pourvoira d'officiers, armera, habillera & équipera seulement la portion de cet excédent, qu'elle jugera pouvoir fournir sans exposer la sûreté de son état respectif ; & les officiers & soldats, ainsi armés, habillés & équipés, marcheront au lieu désigné & dans le temps fixé par les Etats-Unis assemblés en congrès.

Les Etats-Unis assemblés en congrès ne s'engageront jamais dans aucune guerre ; ne donneront point de lettres de marque ou de représailles en temps de paix, ne concluront aucuns traités ou alliances, ne feront point fabriquer de monnoie, & n'en fixeront point la valeur ; ils ne détermineront point les sommes & les dépenses nécessaires pour la défense & le bien des Etats-Unis, ou d'aucuns d'entr'eux, ne mettront point de billets en circulation, n'emprunteront point d'argent sur le crédit des Etats-Unis, n'ordonneront point de destination ou d'emploi d'argent, ne statueront point sur le nombre de bâtimens de guerre à construire ou à acheter, ni sur la quantité de troupes de terre ou de mer à lever ; enfin ils ne nommeront point de général en chef de terre ou de mer, que la délibération ne passe à l'avis de neuf des états : & aucune autre question, de quelque nature qu'elle soit, excepté l'ajournement d'un jour au lendemain, ne sera décidée que par les suffrages de la pluralité des *Etats-Unis* assemblés en congrès.

Les *Etats-Unis* assemblés en congrès pourront s'ajourner au temps qu'ils voudront dans l'année, & au lieu qu'ils jugeront à propos dans l'étendue des *Etats-Unis*; pourvu que l'ajournement ne soit jamais pour un temps plus long que six mois; & ils publieront mois par mois le journal de leurs actes & délibérations, à l'exception des parties relatives aux traités, aux alliances ou aux opérations militaires, qu'ils jugeront devoir tenir secrètes: les avis par oui & par non, des délégués de chaque *état*, sur quelques questions que ce soit, seront inscrits dans le journal, lorsque quelque délégué le requerra; & il sera délivré aux délégués d'un des *états*, ou à quelqu'un de ces délégués en particulier, sur leur réquisition, une copie dudit journal, à l'exception des parties ci-dessus exceptées, pour être présentée aux législatures des différens *états*.

X. Le comité des *états* ou neuf de ses membres, seront autorisés, pendant les vacances du congrès, à exercer tel de ses pouvoirs que les *Etats-Unis* assemblés en congrès jugeront à propos, du consentement de neuf des *états*, de leur confier; mais il ne sera délégué audit comité aucun pouvoir, pour l'exercice duquel la voix de neuf *états* soit exigée dans les *Etats-Unis* assemblés en congrès par les articles de la confédération.

XI. Le Canada, sur sa simple accession à cette confédération, & sa jonction aux mesures des *Etats-Unis*, sera admis dans cette union, & rendu participant de tous ses avantages; mais il n'y sera admis aucune autre colonie, à moins que cette admission ne soit consentie par neuf *états*.

XII. Tous les billets mis en circulation, tout l'argent emprunté, & toutes les dettes contractées par & sous l'autorité du congrès, avant l'assemblée des *Etats-Unis* en conséquence de la présente confédération, seront réputés & considérés comme une charge desdits *états*, pour le paiement & l'acquittement de laquelle, lesdits *Etats-Unis* engagent solemnellement la foi publique par le présent acte.

XIII. Chaque *état* se soumet aux décisions des *Etats-Unis* assemblés en congrès, sur toutes les questions dont la connoissance leur est dévolue par la présente confédération. Les articles de la présente confédération seront inviolablement observés par tous & chacun des *états*, l'union sera perpétuelle, & il ne pourra être fait dans la suite aucun changement à aucun de ces articles, à moins que ce changement ne soit consenti dans un congrès des *Etats-Unis*, & confirmé ensuite par les législatures de chacun des *états*.

Et attendu qu'il a plu au souverain modérateur de l'univers de déterminer les législatures que nous représentons respectivement en congrès, à approu-

ver, & à nous donner pouvoir de ratifier les susd. articles de confédération & d'union perpétuelles. Sachez que, nous délégués soussignés, en vertu de l'autorité & des pouvoirs à nous donnés à cet effet, nous ratifions & nous confirmons pleinement & entièrement par ces présentes, au nom & au profit de nos constituans respectifs, tous & chacun des susdits articles de confédération & d'union perpétuelles, & toutes & chacune des matières & choses y contenues.

Et de plus, nous obligeons & engageons solemnellement la foi de nos constituans respectifs, qu'ils se soumettront aux décisions des *Etats-Unis* assemblés en congrès, sur toutes les questions dont la connoissance leur est dévolue par le présent acte de confédération; que tous les articles en seront inviolablement observés, & que l'union sera perpétuelle.

En foi de quoi nous avons signé ces présentes en congrès.

Fait à Philadelphie, dans l'*état* de Pensylvanie, le neuf juillet de l'an de grace mil sept cent soixante-dix-huit, & dans la troisième année de l'indépendance de l'Amérique.

Les susdits articles de confédération ont été finalement & définitivement ratifiés le premier mars mil sept cent quatre-vingt-un, l'*état* de Maryland y ayant accédé ledit jour par ses délégués dans le congrès, & ayant completté la confédération.

New-Hampshire. { Josiah Bartlett.
                 John Wentworth, jun.

Massachusett .... { John Hancock.
                 Samuel Adams.
                 Elbridge Gerry.
                 Francis Dana.
                 James Lovel.
                 Samuel Holten.

Rhode-Island, &c. { William Ellery.
                 Henry Merchant.
                 John Collins.

Connecticut ..... { Roger Sherman.
                 Samuel Huntington.
                 Oliver Wolcott.
                 Titus Hosmer.
                 Andrew Adams.

New-York ..... { James Duane.
                 Francis Lewis.
                 William Duer.
                 Governur Morris.

New-Jersey ..... { John Witherspoon.
                 Nathaniel Scudder.

ÉTA

Pensylvanie. . . . . . . { Robert Morris.
Daniel Roberdeau.
Jonathan Bayard Smith.
William Clingan.
Joseph Reed.

Delaware. . . . . . . { Thomas M'Kean.
John Dickinson.
Nicholas Vandyke.

Maryland. . . . . . . { John Hanson.
Daniel Carroll.

Virginie. . . . . . . { Richard-Henri Lee.
John Banister.
Thomas Adams.
John Harvey.
Francis Lightfoot Lee.

Caroline septentrion. { John Penn.
Cornelius Harnett.
John Williams.

Caroline méridion. { Henry Laurens.
William Henry Drayton.
John Matthews.
Richard Hutson.
Thomas Heyward, jun.

Géorgie. . . . . . . { John Walton.
Edward Telfair.
Edward Longworthy.

L'acte de confédération ayant été rédigé à la hâte & au milieu de la guerre, il ne faut point s'étonner s'il est susceptible d'un plus grand degré de perfection ; & si le lien fédéral n'a pas la force nécessaire à la prospérité des *Etats-Unis* & au maintien de la tranquillité.

Avant d'examiner les changemens qu'il convient de faire à l'acte fédératif des américains, nous observerons que dans son *état* actuel il produit les effets les plus heureux, & qu'il est bien supérieur à ces confédérations dont parle l'antiquité, & à celles du corps helvétique & de la Hollande. Si la ligue achéenne a paru bien calculée dans quelques détails, qui oseroit la comparer à l'union américaine ? *Voyez* l'article ACHÉENS. On ne connoît pas, d'une manière assez précise, l'étendue de pouvoir du conseil amphictionique ; mais le lien fédéral des républiques de la Grèce qu'il dirigeoit, n'annonce pas ces combinaisons heureuses qu'on apperçoit dans l'acte fédératif des *Etats-Unis*. Et cette ligue des suisses, dont on a parlé si souvent, sans l'avoir étudiée, n'a point d'administration fixe : son autorité n'a point de centre, & l'opinion est presque son seul appui ; elle n'a ni pouvoir exécutif, ni revenus assignés pour la

défense de la nation : les diètes helvétiques ne s'occupent pas des intérêts généraux de la confédération, & si elles les discutent quelquefois, le décret est renvoyé à chaque canton : les divers cantons peuvent former des alliances & des traités entr'eux ou avec les puissances étrangères, sans l'aveu de leurs associés : cette confédération est purement auxiliaire, en quelques points ; elle est grossièrement calculée & formée au hasard ; & elle ne se maintient que par l'heureux caractère des citoyens de chaque pays ; & sur-tout par l'heureuse position de la Suisse. Nous avons expliqué tous ces objets dans le plus grand détail, & nous renvoyons le lecteur à l'article CORPS HELVÉTIQUE. Quant à la confédération des Provinces-Unies, nous en parlerons à l'article PROVINCES-UNIES ; nous dirons jusqu'à quel point elle manque de force & d'énergie, à quels dangers elle expose les hollandois, l'inertie & les divisions que produit le droit conservé par chaque province, de décider dans ses assemblées particulières tous les points qui ont rapport à l'intérêt général & qui ont besoin d'une marche rapide. Enfin, nous la comparerons à la ligue américaine.

Le congrès, tel qu'il est aujourd'hui, a fort bien conduit les affaires durant les années de trouble & de carnage qui ont préparé le traité de paix ; il a montré une fermeté intrépide & une sagesse éclairée ; & comme tous les habitans des *Etats-Unis* ne s'occupoient alors que de l'indépendance, il a eu assez d'autorité, ou plutôt, on lui a montré assez d'obéissance pour qu'il pût achever ce grand ouvrage ; mais il l'eût achevé plutôt, & il en auroit moins coûté aux *Etats-Unis*, si les pouvoirs avoient eu plus d'étendue. Aujourd'hui que l'indépendance est reconnue, que chacune des provinces va s'occuper de ses intérêts particuliers aux dépens des autres ; que fières de leurs libertés & de leurs droits, elles voudront prononcer elles-mêmes sur ce qui les regarde ; on ne préviendra les troubles & les désordres qui seront la suite de ces prétentions, qu'en accordant plus d'autorité à la magistrature suprême de l'union. L'illustre Washington a exhorté les *Etats-Unis* à cette importante réforme, dans la belle lettre qu'il leur a adressée avant de quitter le commandement des troupes.

« Je pourrois, dit ce grand homme, démon-
» trer à quiconque a l'esprit ouvert à la convic-
» tion, qu'en moins de temps, avec beaucoup
» moins de dépenses, on auroit pu conduire la
» guerre à cette même issue favorable, si l'on eût
» développé d'une manière favorable les ressour-
» ces du continent : que les détresses, les attentes
» frustrées qui se sont renouvellées si souvent, ont,
» dans beaucoup de cas, résulté d'un défaut d'é-
» nergie dans le gouvernement continental, plutôt
» que d'un défaut de moyens de la part des *états*
» individuels ; que l'inefficacité des mesures, ré-
» sultant d'un défaut d'autorité suffisante dans le

» pouvoir fuprême, d'une condefcendance par-
» tielle, de la part de quelques *états*, aux réqui-
» fitions du congrès, & d'un défaut de ponctua-
» lité de la part de quelques autres, en réfroidif-
» fant le zèle de ceux qui étoient portés à mieux
» faire, ne fervoit qu'à accumuler les dépenfes
» de la guerre, & à faire manquer l'effet des plans
» les mieux concertés; qu'en un mot, le décou-
» ragement, occafionné par les difficultés & les
» embarras dans lefquels nos affaires fe trouvoient
» enveloppés par ce moyen, eût produit, il y a
» long-temps, la diffolution de toute armée moins
» patiente, moins vertueufe & moins perfévéran-
» te que celle que j'ai eu l'honneur de comman-
» der. — Mais en faifant mention de ces faits, qui
» font notoires, & que je cite comme autant de
» défauts de notre conftitution fédérale, particu-
» liérement plus fenfibles dans la conduite d'une
» guerre, &c. »

Depuis que la guerre eft terminée, on s'eft aperçu davantage que le congrès n'a pas affez d'autorité. Auffi, s'occupe-t-on, depuis 1783, des
changemens qu'il convient de faire à l'acte de confédération; on cherche les moyens de raffembler
avec célérité & énergie les forces de la république, au moment du befoin, & de foumettre les
états réfractaires à l'exécution du jugement qu'on
pourra prononcer contre-eux. Dans des circonftances difficiles, où les réfolutions ne peuvent être
différées fans danger, & où il eft néceffaire de
prendre un parti prompt & vigoureux, il eft impoffible de confulter chaque *état* particulier, & de
perdre du temps à lui développer les motifs
d'une mefure qui, fi elle eft retardée, devient
inutile.

Si les républiques fédératives de l'antiquité; fi
celles de la Suiffe & de la Hollande n'offrent pas
fur cette matière toutes les inftructions qu'on peut
defirer, les lumières & l'expérience des *États-Unis*
fuffifent pour ce travail, & bientôt ils donneront
au monde politique l'exemple de la confédération
la mieux calculée qu'on ait encore vue.

Nous allons indiquer plufieurs changemens qui
font devenus indifpenfables. 1°. Il faut établir une
règle générale pour admettre de nouveaux *états* à
l'union. Selon l'acte fédératif, aucun nouvel *état*,
excepté le Canada, ne peut y être reçu, fans obtenir le confentement de neuf provinces. Mais il eft
néceffaire d'indiquer les diftricts qui pourront former des *états* féparés, à quel point de leur population ils pourront entrer au congrès; & de quel
nombre de fuffrages on aura befoin pour former
une réfolution, lorfque le nombre des *états* de
l'union fera ainfi augmenté. L'acte du congrès, du
23 Avril 1784, a préparé ce travail. 2°. Le 8°. article de l'acte fédératif ordonne, en répartiffant les
contributions, de fixer le contingent de chaque
état, d'après la valeur des propriétés territoriales
de l'*état*: on a reconnu l'impoffibilité de cette ap-
préciation, & le congrès a recommandé aux di-

verfes provinces de permettre que les contingens
foient fixés, d'après la population, en comptant
cinq efclaves pour trois hommes libres. Le rapport du fecrétaire du congrès, daté du 4 Janvier
1786, nous apprend que huit des treize provinces,
Maffachufett, Connecticut, la Nouvelle-Yorck,
la Nouvelle-Jerfey, la Penfylvanie, le Maryland,
la Virginie & la Caroline-feptentriònale, avoient
déjà foufcrit à ce changement. 3°. La confédération défend à chaque *état* de former féparément
des traités de commerce ou autres avec les nations étrangères, & elle charge le congrès de ces
opérations, avec deux réferves feulement; la première, qu'il ne fera aucun traité qui empêcheroit
les diverfes provinces de mettre fur les étrangers
les impôts auxquels font foumis les nationaux, ou
qui leur ôteroit le pouvoir de défendre l'importation ou l'exportation de toute efpèce de marchandifes. Ainfi, le congrès a le droit de régler le commerce, autant que le commerce peut être réglé
par les traités avec les autres nations, & par des
traités qui ne contrarient point les deux réferves
fondamentales dont on vient de parler. Mais cette
difpofition eft trop imparfaite; car jufqu'à ce que
le congrès ait figné un traité avec une nation étrangère en particulier, l'affemblée de chacune des
provinces peut régler le commerce; & même,
lorfque le congrès a fait un traité de commerce,
les divers *états* ne perdent le droit de régler ce
commerce que dans les différens points énoncés
par le traité; & les traités s'expriment d'une manière fi générale, que la plupart des réglemens
feroient du reffort du corps légiflatif de chaque
province. Voyons, par exemple, jufqu'où les réfolutions du corps légiflatif des différens *états* peuvent affecter le commerce avec la France & l'Angleterre. Les *États-Unis* n'ayant point encore de
traité avec l'Angleterre, chacune des provinces
peut mettre fur les marchandifes de la Grande-
Bretagne, un impôt double de celui que paient
les autres nations: elle peut interdire l'entrée de
ces marchandifes; elle peut refufer aux anglois les
facilités ordinaires pour fe faire payer de leurs
débiteurs américains, ou enlever leur propriété;
elle peut refufer fes confuls, ou en arrêter les
fonctions: la France, au contraire, ayant un traité
de commerce avec les *États-Unis*, aucune province ne peut mettre des empêchemens au commerce, autorifé par le traité. Ainfi, quoiqu'un
des *états* de l'union puiffe défendre l'importation
de tous les vins, d'après une des réferves indiquées tout-à-l'heure, qui laiffe à chacun des *états*
le droit de défendre l'importation de toute efpèce
de marchandifes, il ne peut défendre l'importation des vins de France en particulier, s'il permet
l'entrée des vins des autres pays: il ne peut mettre
fur les marchandifes de France des droits plus
forts que fur celles des autres nations; il ne peut
mettre des obftacles au recouvrement des dettes
dûes par les américains aux françois, &c. &c.;

car le traité s'explique sur tous ces points. Mais les traités sont des moyens bien imparfaits de régler les détails d'un commerce. Pour régler convenablement celui des *états américains*, il s'agira sur-tout de mettre sur les marchandises de chaque nation étrangère, les droits, les restrictions & les prohibitions qui pourront obliger cette nation à concourir à des arrangemens de commerce justes & équitables ; d'établir dans toutes les provinces des droits uniformes sur les articles de commerce, de manière que cette ressource leur procure à toutes, un fonds qui les aide à supporter le fardeau des dépenses publiques. Or cela ne peut avoir lieu, si on abandonne cette disposition aux *états* particuliers ; car ils ne suivront pas tous le même plan. Le nouvel-Hampshire ne peut mettre un droit quelconque sur un article particulier, sans que Massachuset mette le même droit, parce que la taxe établie dans la première de ces provinces, jetteroit l'importation de cet article de ses ports, dans les ports de Massachuset, d'où la contrebande le feroit entrer par terre dans les districts du nouvel-Hampshire ; & si Massachuset étoit d'accord avec le nouvel-Hampshire pour établir le même droit, il faudroit par la même raison que Rhode-Island consentît à cet arrangement : Rhode-Island ne pourroit y consentir sans le Connecticut ; Connecticut ne le pourroit sans New-York ; New-York sans le nouveau Jersey, & ainsi de suite jusqu'à la Géorgie. Il est donc clair que pour régler de la manière la plus avantageuse le commerce des *Etats-Unis*, il faut charger de ce soin un corps seul, & il n'y a point de corps plus en état que le congrès de remplir ce but.

Tandis que nous discutons en silence la nécessité d'accorder au congrès le pouvoir de régler le commerce, les dernières nouvelles d'Amérique nous ont procuré des détails bien intéressans : ils montrent avec quel zèle & quelle rapidité les nouvelles républiques perfectionnent leurs loix, & tout ce qu'il faut espérer des lumières des citoyens des *Etats-Unis* & de l'empressement de la plupart des provinces à concourir au bien général de l'union.

Le congrès avoit recommandé aux divers *états*, le 18 avril 1783, de les revêtir du pouvoir de lever durant 25 ans, un impôt de cinq pour cent sur tous les articles importés de l'étranger. Le nouvel-Hampshire, Massachuset, le Connecticut, le nouveau-Jersey, la Pensylvanie, la Delaware, la Virginie, la Caroline septentrionale, la Caroline du Sud y avoient consenti. Le Maryland avoit aussi donné son acte qui renfermoit le même aveu ; mais cet acte a manqué son effet, parce qu'on s'est trompé, dans le renvoi, à la date de la recommandation du congrès ; & il faudra du temps pour le rectifier. Les papiers publics d'Amérique disent que Rhode-Island a accédé sans réserve à la proposition, & il ne reste plus que la nouvelle-York & la Géorgie. Les exportations des *Etats-Unis*, qui sont assez bien connues, offrent le moyen le plus sûr d'évaluer les importations. Ces importations sont à-peu-près d'environ 20 millions de piastres par année : l'impôt qu'on en tirera, paiera donc l'intérêt d'une dette de la même somme. Si on l'emploie au paiement de l'intérêt de la dette étrangère, il suffira pour acquitter l'intérêt entier de cette dette, & pour anéantir annuellement un demi-million de piastres de capital. (*Voyez* le chapitre suivant.) Les frais de perception qu'entraînent les impôts dans les *Etats-Unis*, sont ordinairement de six pour cent, & l'impôt sur les marchandises importées coûtera ainsi 60,000 piastres.

Le 30 avril 1784, le congrès recommanda aux diverses provinces de le revêtir du pouvoir d'exclure de leurs ports les vaisseaux de toutes les nations qui n'ont pas un traité de commerce avec les *Etats-Unis*, & de passer relativement à tous les peuples un acte général, d'après les principes de l'acte de navigation des anglois. Le corps législatif de l'union ne songeoit pas à user de ces pouvoirs, à l'égard des puissances qui proposeroient des arrangemens de commerce raisonnables, ou sur le pied de l'égalité ; mais il vouloit se trouver en état de recourir à cet expédient contre les peuples qui offriroient des traités désavantageux. A l'époque du 4 janvier 1786, le nouvel-Hampshire, Massachuset, Rhode-Island, le Connecticut, la nouvelle-York, la Pensylvanie, le Maryland, la Virginie & la Caroline septentrionale avoient donné leur aveu sur cet objet : il ne restoit plus qu'à obtenir les suffrages du nouveau-Jersey, de la Delaware, de la Caroline du sud & de la Géorgie.

Ce qui est admirable, le zèle des provinces a devancé les opérations du congrès, & plusieurs des *états* ont déja passé des actes pour charger le corps législatif de l'union, du réglement général du commerce des nouvelles républiques ; mais à condition que les revenus des douanes appartiendront à l'*état* dans lequel ils seront perçus, ce qui est très-juste. Voici les noms de ces *états* : le nouvel-Hampshire, Massachuset, Rhode-Island, le nouveau-Jersey, la Delaware & la Virginie. L'assemblée de Virginie est allée plus loin encore, & elle a donné une belle preuve de ses lumières & de son empressement : craignant que cette manière de procéder séparément ne réussît pas, ou ne différât trop une opération si utile, elle a nommé, le 21 janvier 1786, des commissaires chargés de conférer avec des commissaires des autres *états*, qu'elle a exhortés à adopter le même moyen & de rédiger la forme de l'acte, qui attribuera au congrès le réglement général du commerce de toutes les provinces de l'union. On enverra ensuite cet acte aux diverses assemblées législatives, & il est clair que des mesures si bien prises doivent avoir un heureux succès.

Rhode-Island qui s'est opposé si souvent aux

ÉTA
ÉTA
373

voeux raisonnables des autres provinces, commence à se corriger, ainsi qu'on vient de le voir. Nous exhorterons ici cet *état* à ne plus combattre des dispositions utiles. Sa position locale & une ou deux observations expliqueront l'esprit de contrariété qu'elle a montré jusqu'à présent, & nous l'avertirons ensuite des dangers qu'elle auroit à craindre, si elle donnoit de nouvelles preuves d'une opiniâtreté déraisonnable.

Les cultivateurs font les citoyens les plus vertueux; ils aiment davantage la patrie: les marchands font les citoyens les moins vertueux, & ce font ceux qui aiment le moins la patrie: les premiers habitent l'intérieur d'une contrée, & les seconds résident principalement dans les ports de mer. Dans le territoire qui formoit la colonie de Rhode-Island & de Connecticut, la partie qui renferme les ports de mer est devenue un *état* distinct qui se nomme *Rhode-Island*, & celle qui compose l'intérieur du pays est devenue un autre *état* qu'on appelle *Connecticut*; quoiqu'on y trouve une petite côte de mer, elle n'a point de bons ports. On voit à peine un marchand dans tout l'état de Connecticut, & à Rhode-Island chacun des citoyens est occupé de quelque forte de trafic. Le territoire de cette dernière province n'est que de mille milles quarrés, & les cantons dont on a cherché à tirer quelque parti, font presque tous mis en pâturages. Aussi un très-petit nombre de ses habitans sont-ils occupés de l'agriculture; ils s'adonnent tous au commerce, & cette circonstance a déterminé le caractère des deux *états*.

À l'époque où le congrès étoit mécontent de Rhode-Island, on a proposé quatre moyens d'arrêter cette province. On a dit: 1°. qu'on pourroit ne faire qu'un seul *état* de Connecticut & de Rhode-Island: 2°. qu'on pourroit chasser Rhode-Island de la confédération américaine: 3°. qu'on pourroit le forcer à se soumettre à la volonté des douze autres: 4°. que enfin les 12 autres *états* pourroient se gouverner selon les nouveaux arrangemens, & laisser Rhode-Island suivre les anciens. Mais il est aisé de voir les dangers & les difficultés de chacun de ces expédiens. Ces vues se discutent en silence, & il y a lieu d'espérer qu'on choisira le meilleur. Le congrès n'oubliera pas sans doute qu'il faut éviter les moyens violens & montrer de la patience à la fin d'une guerre si désastreuse & si terrible, lorsque la détresse dont elle a été la cause, subsiste encore; lorsque la marche du gouvernement n'est pas encore bien affermie, lorsqu'on voit encore des restes de l'aigreur & des petites factions qui font inséparables d'une guerre civile: chaque jour de délai produira l'heureux effet que produit le temps sur la convalescence d'un malade.

Le premier des moyens dont on vient de parler, paroît d'abord le plus simple & celui qui causera le moins de trouble. Mais en ne faisant qu'un seul *état* de Connecticut & de Rhode-Island, on portera la corruption dans la province

de l'union américaine la plus honnête, & celle qui est la plus propre à conserver les mœurs pures & fortes, nécessaires à la démocratie; & il seroit bien malheureux pour les citoyens de Connecticut, qu'on les unît aux citoyens corrompus de Rhode-Island.

Les trois changemens que nous avons indiqués, font jusqu'à présent les seuls que les américains proposent d'établir dans l'acte de confédération, & le dernier offre peut-être le seul article, sur lequel le congrès ait besoin d'une nouvelle étendue de pouvoir.

Les étrangers n'ont pas bien saisi les différens articles de l'acte de confédération, & on conseille aux nouvelles républiques d'accorder au congrès plusieurs points déja accordés à ce corps, & sur lesquels il ne reste point d'incertitude parmi les *États-Unis*.

« Dans l'état actuel des choses, dit le docteur » Price, s'il survient une dispute entre les *états*, » les loix de la confédération ordonnent un ap- » pel au congrès, un examen par le congrès; le » congrès doit entendre les parties & pronon- » cer: mais les loix s'arrêtent ici, & elles omet- » tent ce qu'il y a de plus nécessaire; car elles » ne donnent pas au congrès le pouvoir coactif, » ou le pouvoir de faire exécuter leur résolution ».

On a répété souvent que les décrets du congrès font impuissans, & que l'acte de confédération ne lui donne point la force coactive. Mais lorsque des peuples font un traité d'union, la décence ne permet pas de stipuler comment on puniroit l'état qui violeroit l'union fédérale, & cet article n'est pas nécessaire; car le droit d'employer une force coactive, appartient naturellement aux *états* qui souffrent de l'infraction. Si donc l'un des *états* de l'union américaine refuse d'obéir à la confédération, les autres ont un droit naturel de l'y forcer. Il est vraisemblable que le congrès montreroit une longue patience avant de recourir à la force, & en pareil cas on ne peut trop lui recommander de la modération & de la sagesse; mais enfin il enverroit des troupes s'il y étoit contraint, & personne n'en doute en Amérique. S'il se trouve jamais dans cette malheureuse nécessité, il est à désirer qu'il se borne d'abord à l'emploi d'une force navale; ce qui est plus aisé, moins dangereux pour la liberté, & plus propre à épargner le sang humain. Il pourroit aujourd'hui avec deux ou trois frégates arrêter l'importation & l'exportation d'une province réfractaire, & la ramener à l'obéissance sans tuer un seul homme.

Mais s'il ne s'agit pas de donner au congrès une force coactive, parce que l'acte de confédération l'en a déja revêtu, il est convenable de déterminer ce pouvoir d'une manière plus claire, lorsqu'on corrigera les articles du pacte fédératif.

Nous n'indiquerons pas ici ce qu'il faut ajouter aux pouvoirs du congrès, afin de le mettre en état de conduire une guerre avec plus de vivacité, & fur quels objets il a befoin d'une nouvelle autorité pour maintenir, durant la paix, l'obéiffance & la profpérité parmi les républiques de l'Amérique. La combinaifon de ces détails exige beaucoup de foin, & les citoyens de l'Amérique doivent là-deffus confulter l'expérience.

On a dit que le gouvernement fédéral des *Etats-Unis* & le gouvernement particulier des diverfes provinces manquent d'énergie, qu'il leur eft difficile de contenir les individus & les *états*: le fait eft vrai, & c'eft un inconvénient. Mais l'énergie des gouvernemens abfolus vient d'une force armée, & de la bayonette toujours placée fur la poitrine de chaque citoyen. La tranquillité qui en réfulte, reffemble beaucoup à la tranquillité du tombeau, & il faut avouer qu'une pareille énergie a auffi fes inconvéniens. Les *Etats-Unis* pèfent les inconvéniens des deux côtés, & ils aiment mieux fe foumettre à ceux du premier. Si on compare les délits que les citoyens d'Amérique peuvent commettre impunément, avec les délits que commet le fouverain dans les autres pays, on trouvera que ceux-ci font en plus grand nombre, plus facheux & plus accablans pour la dignité de l'homme. Afin de donner aux nouvelles républiques toute l'énergie dont elles font fufceptibles, afin de les contenir fûrement, il faudroit revêtir le congrès d'une autorité exceffive, & l'on ne s'en avifera pas. Cette autorité révolteroit les provinces, & bientôt elle deviendroit nulle; & enfin quelle que fût cette autorité, il y a lieu de croire, d'après les droits réfervés par les conftitutions aux citoyens & aux *états* de l'Amérique, qu'elle ne fuffiroit pas pour réprimer tous les écarts.

Ce qui a rapport au congrès, à la forme de fes affemblées & de fes délibérations, au nombre de fuffrages néceffaires dans les différentes queftions, & à fes procédés en général, eft fufceptible de quelques obfervations critiques, & nous allons indiquer, toujours d'après des faits exacts, les changemens qu'il feroit utile d'établir fur ces objets.

Le neuvième article de la confédération, §. 6, établit trois fortes de queftions qui peuvent être agitées au congrès: 1°. les plus importantes qui ont rapport à la paix ou à la guerre, aux alliances, à la fabrication des monnoies, aux réquifitions d'argent, à la levée d'une force militaire, ou à la nomination d'un commandant en chef: 2°. Les queftions ordinaires d'adminiftration, qui comprennent toutes les autres matières foumifes au jugement du congrès: 3°. les fimples queftions relatives à l'ajournement de ce corps.

Pour décider ces queftions, les *états* d'Amérique ont exigé un plus grand nombre de voix, felon qu'elles feroient plus importantes, & les principes dont on a tiré les différentes efpèces de fuffrages, annoncent beaucoup de fagacité & de juftefle. On a fenti qu'en certaines occafions, il

falloit avoir, 1°. le concours *d'une majorité des habitans de l'union*. On a cru s'affurer de ce concours en exigeant la voix de neuf *états*, parce que, fuivant les eftimations générales qu'on avoit fait des habitans & du rapport des hommes libres avec les efclaves, on penfa que neuf *états*, même les plus petits, comprendroient une majorité des citoyens libres de l'union, & les queftions les plus importantes ont befoin du fuffrage de neuf *états*. 2°. On a jugé qu'en d'autres circonftances, le *concours de la majorité des états* fuffiroit. Les nouvelles républiques étant au nombre de treize, fept conftituent cette majorité, & on a demandé ce nombre de voix pour les queftions ordinaires de l'adminiftration. 3°. Enfin on a penfé que *le concours de la majorité du congrès*, c'eft-à-dire, des *états* qui fe trouveront affemblés, fuffiroit quelquefois; & comme il n'y a point de congrès, lorfqu'on n'y voit pas fept *états*, cette efpèce de votation ne peut jamais comprendre moins de quatre *états*. Mais ces quatre *états* pouvant être les plus petits, ne renfermeroient pas la neuvième partie des citoyens libres de l'union, & on n'a donné à cette efpèce de majorité que le pouvoir d'ajourner d'un jour à l'autre le corps légiflatif de l'union.

Ainfi toutes les queftions fe décident au congrès par la loi de *majoris partis*; mais il y a trois fortes de majorités, 1°. celle des habitans, 2°. celle des treize *états*, 3°. celle des *états* qui fe trouvent au congrès, & qui, au lieu de treize, peuvent n'être que fept. L'étendue de pouvoir, accordée à ces diverfes majorités, fe proportionne à leur nature.

Le paragraphe 6 de l'article 9 de la confédération s'exprime groffiérement, & les lecteurs nous fauront peut-être quelque gré de l'avoir rendu plus clair. On y découvre cependant l'intention des légiflateurs. Il défigne d'une manière précife les queftions les plus importantes qui exigent neuf voix; & quant aux queftions ordinaires d'adminiftration, il déclare qu'elles auront befoin *d'une majorité des Etats-Unis affemblés en congrès*: ce paffage eft applicable, il eft vrai, au nombre 7 qui forme la majorité des treize *états*, ou au nombre 4 qui forme *la majorité d'une affemblée du congrès* compofé de fept *états*. Mais on ne peut fe méprendre fur celle des deux majorités qu'exige la loi: il eft évident que c'eft celle de fept voix; car il faut bien, d'après l'explication que nous donnions tout-à-l'heure, laiffer une autre efpèce de majorité plus petite, pour décider la queftion de l'ajournement du congrès.

Le paragraphe 6 de l'article 9 de la confédération devroit donc s'énoncer de cette manière: « les *états* affemblés en congrès ne s'engageront » jamais dans aucune guerre, &c. A MOINS QUE » LA DÉLIBÉRATION NE PASSE A L'AVIS DE » NEUF DES ÉTATS; ILS NE DÉCIDERONT AU-CUNE AUTRE QUESTION QUE DE L'AVEU D'UNE

» D'UNE MAJORITÉ DE TOUS LES ÉTATS,
» EXCEPTÉE CELLE DE L'AJOURNEMENT DU
» CONGRÈS, LAQUELLE POURRA SE DÉCIDER.
» PAR UNE MAJORITÉ, DES ÉTATS QUI SE
» TROUVERONT CE JOUR-LA AU CONGRÈS ».
La plupart des membres du premier congrès avoient été membres des corps législatifs des différentes colonies, & ils adoptèrent naturellement, dans les délibérations, les règles que suivoient les chambres législatives de leurs provinces : ils les adoptèrent d'autant plus volontiers, que ces règles tirées de la même source, c'est-à-dire du parlement britannique, étoient à-peu-près les mêmes. Selon une de ces règles, une question une fois décidée ne pouvoit être proposée une seconde fois dans la même session. Le congrès l'observa à la rigueur durant sa première session (à la fin de 1774) : mais la guerre étoit commencée lorsqu'il s'assembla de nouveau au printemps de l'année suivante. Il se trouva chargé de la direction des hostilités, en qualité de puissance exécutrice & de puissance judiciaire, & il reconnut qu'une règle sage en elle-même & nécessaire à un corps législatif, ne convenoit pas à un corps chargé de la puissance exécutrice, qui, dominée par les événemens, doit changer ses desseins selon les circonstances. Il étoit probable aussi que la session dureroit autant que la guerre, & il ne pouvoit s'assujettir à une règle qui rendroit les actes législatifs immuables durant cet intervalle. Il y a renonça donc dans la pratique, &, depuis, les questions décidées ont toujours été proposées de nouveau, & quelquefois résolues d'une manière contraire dans la même session. Mais ce qui étoit excusable pendant la guerre, ne l'est plus en tems de paix ; & nous ne craindrons pas de conseiller ici, de ne plus revenir, durant la même session, sur des questions étrangères à la puissance exécutrice : une pareille variation manque de noblesse ; elle nuit à la réputation du congrès, qui doit toujours montrer de la suite & de la fermeté dans ses desseins. Les circonstances peuvent obliger sans doute à changer dans la même année les résolutions qui appartiennent à la puissance exécutrice ; mais le congrès revient aussi sur des questions qu'on ne peut justifier de la même manière ; & pour n'en citer qu'un exemple, les appointemens des ministres des *Etats-Unis* en Europe, qu'il augmenta en 1784 (1), avoient-ils rapport à la puissance exécutrice, ou, s'ils y avoient quelque rapport, la seconde décision contraire à la première, & donnée peu de temps après, n'annonce-t-elle pas de la légéreté ? On paroît sentir que cet usage est un abus, & afin d'en diminuer les inconvéniens, on exige qu'une question décidée une fois, soit proposée de nouveau par un de ceux qui ont voté en faveur de la première décision, & qui déclare alors qu'il a changé d'avis : on n'a pu nous dire s'il est nécessaire que son suffrage ait décidé la voix de l'*état* dont il est un des représentans, & que la voix de sa province ait déterminé la résolution du congrès : mais un pareil expédient ne détruit pas l'objection.

Le onzième article de la confédération laisse au Canada la liberté d'entrer dans l'union américaine quand il le voudra ; mais il ajoute que pour y être admise, toute autre colonie aura besoin du consentement de neuf *états*. Lorsqu'on délibéra, au mois d'avril 1784, sur le plan d'après lequel se formeront les nouveaux *états*, dont nous parlerons plus bas (2), le comité qui rédigea le plan, y inséra cette clause, « pourvu que neuf » *états* consentent à cette admission, selon la ré- » serve du onzième article de la confédération ». On objecta, 1°. que les mots de l'acte fédératif « toute autre colonie » ne pouvoient avoir rapport qu'au reste des possessions de la Grande-Bretagne en Amérique, telles que les deux Florides, la nouvelle-Ecosse, &c. & que la loi « pour admettre à l'union un nouveau membre », ne pouvoit s'appliquer à un district qui étoit déja dans l'union, puisqu'il faisoit partie de l'un des *états* confédérés : 2°. qu'il ne seroit pas convenable d'exiger l'aveu de neuf *états* pour recevoir un nouveau membre, parce que les raisons qui rendent à présent ce nombre convenable, exigeroient un nombre de voix plus grand, lorsque l'union comprendroit plus d'*états*. Ce paragraphe fut rayé, & on y substitua celui-ci : « pourvu » qu'on obtienne l'aveu du nombre d'*états* qui se » trouvera alors nécessaire ». Quand de nouveaux *états* demanderont à être admis au congrès, il faudra décider si le onzième article de la confédération est applicable à leur admission (3). Ce débat fit naître une autre question : on demanda si le consentement de neuf *états*, requis par la confédération, devoit être donné par les législatures des diverses provinces, ou par leurs députés au congrès ? & il paroît qu'il suffit du consentement des députés au congrès. Si l'on veut que le onzième article de la confédération ne soit pas applicable à l'admission de ces nouveaux *états*, leur admission sera réglée par l'article 13, qui défend de rien changer aux dispositions du pacte fédératif, à moins que ce changement ne soit convenu dans un congrès des *Etats-Unis*, & confirmé ensuite par les législatures de chaque *état*. Kentucke & Frankland ne tarderont pas à être admis à la confédération américaine, & toutes ces questions se trouveront résolues (4).

---

(1) *Voyez* le journal du congrès de 1784, pag. 216.
(2) *Voyez* la section douzième.
(3) *Voyez* le journal du congrès du 20 avril 1784.
(4) Il est vraisemblable qu'elles le sont aujourd'hui ; car nous dirons plus bas que Kentuke est sur le point d'être admis à l'union américaine.

Il peut survenir des brouilleries entre les *états* américains, de plusieurs manières : 1°. une des provinces peut se brouiller avec les douze autres, en n'acquiesçant pas aux réquisitions légitimes du congrès : 2°. ils peuvent avoir des disputes sur leurs limites. L'acte de confédération donne les moyens de déterminer les différends : la plupart des *états* se soumettent au jugement indiqué par l'union fédérale, & on n'a point à craindre qu'un *état* oppose la force à l'exécution du décret. Les individus intéressés se plaignent, mais leurs plaintes ne causent point d'embarras : 3°. Il peut survenir d'autres contestations entre les divers *états*, telles que des demandes d'argent, des combats entre leurs citoyens & les autres disputes qu'on voit ailleurs entre deux nations. Il y a deux opinions sur la manière de les terminer. Selon les uns, elles se trouvent soumises à la décision du congrès, par le neuvième article de la confédération, qui attribue à ce corps le jugement « de » toutes les disputes qui surviendront entre deux » ou un nombre quelconque d'*états* sur les limi- » tes, la jurisdiction, où *pour quelque autre cause* » *que ce soit* ». Cette opinion est sans doute la mieux fondée ; mais quelques personnes la révoquent en doute, & c'est un autre point qu'il s'agit d'éclaircir lorsqu'on changera l'acte fédératif.

L'article 13 de la confédération défend de rien changer à aucun des articles, à moins que ce changement ne soit consenti dans un congrès des *Etats-Unis*, & *confirmé ensuite par les législatures de chacun des états* ; & l'embarras qu'a causé la résistance de Rhode-Island sur plusieurs réglemens capitaux, n'annonce-t-il pas les vices de cette disposition ? Lorsqu'on a exigé une pareille unanimité, il en est toujours résulté de grands maux, & il nous sembleroit convenable de réformer cet article. Y auroit-il de l'inconvénient à établir que 11 ou 12 *états* suffiront pour changer les articles de la confédération, mais qu'on laissera au 12°. & 13°. la liberté de renoncer à l'union, s'il le juge à propos ?

Si l'on en croit un homme d'un esprit supérieur, & l'un des membres les plus éclairés qu'ait eu le congrès (M. Jefferson), il seroit à desirer, qu'en formant la constitution fédérale, on l'eût assimilée, autant qu'il étoit possible, aux constitutions particulières des divers *états*. Chacune des provinces a confié à des départemens divers, la puissance législative, la puissance exécutrice & la puissance judiciaire. L'acte fédératif sépare la puissance judiciaire des deux autres, mais le congrès exerce la puissance législative & la puissance exécutrice ; & on a proposé un moyen de remédier à cet inconvénient. Le congrès ayant le droit d'établir les comités qu'il juge nécessaires, & de répartir le travail entre ces comités, il pourroit, le premier jour de chaque année, où il reprend ses séances, nommer un comité exécutif, composé d'un membre de chaque *état*, & lui renvoyer toutes les affaires relatives à la puissance exécutrice, qui se

présenteroient durant la session ; il se borneroit alors à ce qui est du ressort de la puissance législative, c'est-à-dire, aux questions sur lesquelles la confédération exige le suffrage de 9 *états*, & à celles qui conduiroient à des règles générales. Le journal de la séance du comité de la veille se liroit tous les matins au congrès, & il y seroit approuvé, à moins qu'on ne demandât les suffrages de tous les représentans sur un article particulier, & qu'on ne changeât cet article. Les sessions du congrès deviendroient de peu de durée, & les membres se sépareroient, après avoir nommé, en vertu de l'acte de confédération, un comité des *états*, qui remplaceroit le comité exécutif. Les actes de législation seroient plus soignés, parce que l'attention des membres du congrès ne seroit pas interrompue par les affaires relatives à la puissance exécutrice : il en résulteroit aussi un bien pour les affaires relatives à la puissance exécutrice, qui conviennent plus à un petit corps qu'à un grand corps. Un monarque doit charger de l'exécution de ses volontés des départemens composés de plusieurs membres, afin que ces corps dirigent, autant qu'il est possible, la volonté du prince vers la sagesse & la modération, c'est-à-dire, vers les deux choses qui lui manquent ordinairement ; mais le corps qui représente plusieurs républiques confédérées, offrant presque toujours de la sagesse & de la modération dans ses décrets, doit en confier l'exécution à peu de personnes, afin de donner à ces décrets la promptitude dont les résolutions des démocraties manquent en général. Il faudroit admettre au comité exécutif un membre de chaque *état*, car cette précaution est nécessaire pour assurer la confiance de l'union. Mais il seroit avantageux de réduire à 13 le nombre des personnes chargées de la puissance exécutrice de l'union fédérale, & de débarrasser le congrès de ces détails. Ce projet n'a encore été discuté que dans des conversations particulières, entre les membres du congrès. Il est aisé d'entrevoir que l'amour-propre des représentans des provinces, & cette passion naturelle à l'homme d'étendre, au-lieu d'affoiblir son autorité, lui suscitera beaucoup d'obstacles, & qu'on défendra le régime actuel par la crainte bien fondée de la corruption dont le comité exécutif seroit susceptible. C'est la seule remarque que nous nous permettrons sur ce point ; pour entreprendre de résoudre une pareille question, il faudroit connoître parfaitement, jusques dans les moindres détails, les embarras du régime actuel.

Le congrès, durant l'année 1784, ne fut guères composé de 25 personnes, & la Géorgie & la Delaware n'y envoyèrent point de représentans : excepté la Virginie & la Pensylvanie qui entretinrent 3 ou 4 députés, les autres provinces n'y en avoient que deux. Cette négligence de deux provinces, qui par leur constitution & bonne conduite durant la guerre, ont mérité de grands éloges, n'est pas excusable, & il est d'une extrême importance pour les divers *états*, d'avoir toujours au moins trois députés au congrès.

Le journal du congrès, de l'année 1784, fait naître de tristes réflexions. Tantôt, l'assemblée s'ajournoit, parce qu'il n'y avoit pas assez d'*états*; d'autrefois, il falloit écrire pour obtenir la présence des députés, lorsqu'on discutoit des affaires qui avoient besoin du suffrage de 9 provinces.

Le 19 avril, le congrès fit déclarer aux différens *états*; que tandis que chacune des provinces seroit représentée par deux députés seulement, on ne pouvoit guères espérer le nombre de suffrages nécessaires pour conduire les affaires publiques; que si chacun des 13 *états* étoit représenté par deux députés, 5 des 26 députés, c'est-à-dire, le 5e. pourroit faire avorter toutes les mesures qui auroient besoin du suffrage de 9 provinces; que des onze *états*, assemblés alors au congrès (la Delaware & la Géorgie n'y avoient point de députés, comme nous le disions tout-à-l'heure), 9 se trouvant représentés par deux députés, 3 sur 25 (1), c'est-à-dire, la 8e. partie des membres pouvoit rejetter toute espèce de proposition, quoique selon les constitutions, une semblable négative ait besoin de cinq voix sur treize, c'est-à-dire, de plus d'un tiers; que si chaque *état* se trouvoit représenté par trois membres, il ne faudroit pas moins de 10 voix sur 39, pour faire rejetter une proposition qui a besoin du suffrage de 9 *états* : que la représentation d'une province par deux membres est extrêmement nuisible, qu'elle produit des délais sans fin, & qu'ainsi, elle est beaucoup plus dispendieuse : & le congrès recommanda expressément à chaque province de se faire représenter par au moins trois députés.

Les calculs qu'on vient de voir, montrent d'une manière frappante les suites funestes de l'abus que nous examinons ici; mais pour qu'ils soient bien entendus des lecteurs qui ne sont pas familiarisés avec les usages du congrès, ils ont besoin d'une explication. Lorsque deux députés d'une province sont d'un avis différent sur une question, leur voix ne compte pas; & lorsqu'un *état* est représenté par trois députés, deux des trois suffrages forment la voix : ainsi, les treize *états* se trouvant représentés par deux députés, cinq députés de cinq provinces différentes peuvent, en ne s'accordant pas avec leurs collègues, rendre nulles les voix de ces cinq provinces, & faire ainsi rejetter les propositions qui ont besoin du suffrage de neuf provinces; & comme en 1784, il n'y avoit que onze *états* siégeans au congrès, trois députés de trois provinces différentes, représentées par deux députés, pouvoient, en donnant leur négative, faire avorter une motion qui avoit besoin du consentement de neuf *états*.

Quand trois étourdis, ou trois hommes malhonnêtes ou prévenus, peuvent faire rejetter les propositions les plus avantageuses à treize grandes républiques, est-il rien de plus abusif? & n'est-il pas affreux de voir une motion qui proscrivoit en 1800 l'esclavage & la servitude involontaire dans les *états* qui se formeront sur les terres de l'ouest, rejettée d'après ce funeste arrangement (1).

Selon l'article 5 de la confédération, « aucun. » *état* ne peut être représenté au congrès par *moins* » *de deux*, ni par plus de *sept membres* ». Il est absolument nécessaire de changer cette disposition. Il faut exiger que chaque *état* soit représenté par au moins trois députés, & encore, ce nombre nous paroît-il bien foible; il y a lieu de croire qu'il seroit convenable d'exiger cinq représentans pour chaque province. Il est impossible de le dissimuler, la liberté est bien précaire, & presque idéale, lorsqu'elle est fondée sur des députés qui sont les maîtres de donner leur voix sur chaque question, sans demander l'avis de leurs commettans, & sans avoir d'autre instruction que celle de suivre leurs lumières & leur conscience; si on a obtenu le suffrage de ces députés, on croit avoir obtenu le suffrage de leurs *états*, & chacun sent ce qu'on pourroit répondre là-dessus. Cet inconvénient est très-grave, & dans les gouvernemens où les citoyens abandonnent leurs droits à ces députés, il faut du moins combiner cette représentation avec des soins extrêmes.

Les assemblées du congrès ont d'ailleurs une décence & une simplicité bien dignes d'éloges : on imprime tous les jours ce qui s'est passé dans ses séances, & la lecture de ce journal suffit pour en avoir une haute idée. Celui de 1784 donnera lieu cependant à une remarque critique; & quelques membres du congrès se permirent une chicane presque puérile. On étoit mécontent, avec raison, de la province de *Rhode-Island*; on l'étoit aussi des deux députés qui lui servoient d'organe; un membre d'une autre province proposa de les exclure de l'assemblée, parce que l'année de leur mission étoit révolue : la motion étoit juste en elle-même, & il est bon d'exécuter les loix à la rigueur; mais on savoit que leur province les avoit élus de nouveau pour les représenter; & quoique cette nouvelle élection n'eût pas encore été notifiée au congrès, il falloit les admettre sans difficulté, comme on y auroit admis en pareille occasion, les députés d'un autre *état*. Cette mauvaise querelle a produit le réglement que voici. « Les » députés au congrès ne pourront plus en être » exclus que par le suffrage de sept *états* » : il est susceptible de plusieurs objections. Il paroît d'abord inutile, puisque cette question se trouve évidemment comprise dans l'article de l'acte fédératif qui exige la pluralité de sept voix. Ensuite, l'époque où finit la mission d'un député, ne pouvant jamais laisser d'incertitude, il n'est point convenable; car il ne faut pas faire des loix sur une

---

(1) Le congrès étoit alors composé de vingt-cinq personnes.
(2) *Voyez* la section dixième.

chofe auffi fimple. Enfin, la réfolution n'eft pas énoncée d'une manière affez précife ; & le fens littéral eft certainement contraire à l'intention du congrès, car il s'enfuivroit que les députés d'une province pourroient, contre le vœu de leur province & celui de la majorité des membres du congrès, y fiéger trois ans, au-lieu d'un, s'ils pouvoient corrompre, trois ans de fuite, fept députés de fept *états* différens. Sans doute cette corruption eft d'une impoffibilité prefque morale ; mais dans les tems de trouble, & lorfque des factions divifent les *états*, on voit des chofes plus extraordinaires, & pourquoi s'expofer à un pareil danger ?

L'acte fédératif permet au congrès d'établir un comité des *états* pour l'adminiftration des affaires durant fes vacances ; mais il ne dit rien de plus. On délibéra, en 1784, fur l'étendue du pouvoir qu'on accorderoit à ce comité des *états*, & le 26 avril, d'après le travail du comité particulier qu'on chargea de cette opération, il fut décidé

« Que le comité des *états* auroit tous les pouvoirs qui peuvent être exercés par fept *états* aſſemblés en congrès, excepté celui d'envoyer des ambaſſadeurs, des miniftres, des envoyés, des réfidens ou des confuls ; d'établir des règles pour décider quelles feront les prifes faites légalement par terre ou par mer ; & de quelle manière les prifes faites par les forces de terre & de mer, au fervice des *États-Unis*, feront divifées ou appropriées ; d'établir des côurs pour recevoir & juger définitivement les appels en cas de prifes ; d'établir d'autres tribunaux pour terminer les difputes qui s'éleveront entre deux ou plufieurs *états* ; de fixer les étalons des poids & des mefures des *États-Unis* ; de changer le tarif des droits fur les lettres & les paquets remis à la pofte établie par le congrès, & d'annuller ou d'enfreindre aucune ordonnance du congrès.

» Que neuf membres feront néceffaires pour expédier une affaire quelconque.

» Qu'aucune queftion, exceptée celle de l'ajournement d'un jour à l'autre, ne fera déterminée fans la concurrence de fept voix, &c.

Il y a eu un comité des *états* à la fin de l'année 1784 ; mais c'eft le feul qu'on ait vu.

Le congrès s'eft aſſemblé jufqu'à préfent à Philadelphie, à Trentown & à Annapolis, & il eft aujourd'hui à la Nouvelle-York ; mais on n'a pas encore fixé d'une manière invariable le lieu où il s'aſſemblera déformais : on préfume qu'il tiendra fes féances à George-Town fur le Patowmak, lorfque les terres affignées aux nouveaux *états* auront une population affez confidérable pour faire partie de la ligue. Cette ville eft très-bien choifie : elle fe trouve dans l'intérieur des terres & au centre des provinces qui compoferont alors l'union américaine. Il eft bon de dire les motifs qui engagèrent le congrès en 1783 à quitter Philadelphie. Les foldats de quelques brigades continentales poftées dans la Penfylvanie, fe révoltèrent, & on n'a

jamais fu s'ils en vouloient au congrès ou au gouvernement de Penfylvanie, ou s'ils vouloient feulement être payés de ce qu'on leur devoit. Le congrès qui fe trouvoit à la portée des rebelles, montra de l'indignation & de la fermeté.

Il ne voulut pas écouter les propofitions des mutins ; il prit des réfolutions vigoureufes qu'on peut voir dans fon journal à la date du 21 juin 1783. Il s'ajourna enfuite, comme s'il n'y avoit point eu de troubles, & les délégués fe rendirent à leurs maifons en paffant au milieu des féditieux. Il eut enfuite lieu de fe plaindre des mefures que prit M. Dickenfon, préfident de l'état de Penfylvanie, pour punir cette infulte ; & neuf jours après, il s'affembla à Prince-Town dans la province de Jerfey. Les habitans de la Penfylvanie lui envoyèrent des requêtes ; ils témoignèrent leur indignation de ce qui s'étoit paffé ; ils lui montrèrent du dévouement & le defir de le protéger ; ils le prièrent enfin de revenir à Philadelphie. Dès que le corps légiflatif de la Penfylvanie fut affemblé, il fit les mêmes démarches : la puiffance exécutrice, dont l'irréfolution avoit été fi blâmable, effaya de fe juftifier ; mais le congrès crut qu'il étoit bon de fe donner un exemple, & il ne retourna point à Philadelphie.

Les membres du congrès ne font pas payés de la même manière ; quelques-uns ont une fomme fixe de 4 à 8 piaftres par jour, d'autres font défrayés, & on leur fait en outre un traitement de 2, 3 ou 4 piaftres par jour.

Durant la guerre, aucun des wighs n'a defiré de voir fa province fe détacher de la confédération : mais les torys auroient été bien aifes dans tous les temps de voir la confédération fe diffoudre, même par parcelles ; ils efpéroient un accommodement avec la Grande-Bretagne. Depuis la paix, les citoyens des diverfes provinces ont murmuré quelquefois des décrets du congrès ; mais ces murmures ont été bien foibles : on rend juftice à la fageffe de ce corps ; il a la confiance des états ; la plupart des torys ont quitté les nouvelles républiques, & ceux qui s'y trouvent encore fe taifent, ou ils adoptent l'opinion du plus grand nombre, & la confédération s'affermit de plus en plus. La province de Rhode-Island, qui a donné d'abord des fujets de mécontentemens, revient à la raifon. On ne fait fi fes citoyens fongeoient à fe détacher de l'union, ou fi leur expulfion les eût beaucoup affligé. S'ils montrent encore de l'aveuglément & de l'opiniâtreté, la fecouffe qui réfultera des moyens violens qu'il faudra employer contre eux fera ménagée avec adreffe, & on peut prédire que la ligue confervera toute fa force. *Voyez* Rhode-Island.

SECTION VIIᵉ.

De la dette & des finances des États-Unis. Détails exacts fur l'hiftoire du papier-monnoie & fur fon anéantiffement.

Tout ce que nous avons écrit fur les *États-Unis*,

aura du moins le mérite de l'exactitude ; mais, avant de parler de leurs finances & de leurs dettes, nous obferverons au lecteur qu'il peut compter fur la juftesse & la précision des détails dans lefquels nous allons entrer. Cette remarque eft d'autant plus néceffaire, qu'on trouve par-tout des états de finances fi menteurs & fi faux qu'ils féduifent à peine les fots ; & qu'il n'en eft pas de ces matières comme des queftions de politique ou de morale, où l'on peut, d'après des fuppofitions inexactes, faire encore des raifonnemens utiles.

Les reffources que les *Etats-Unis* ont tiré du papier-monnoie pendant les hoftilités, & l'anéantiffement paifible qu'il a fubi, font bien extraordinaires ; mais une remarque hiftorique fuffira pour expliquer la fingularité de ce fait.

» A la naiffance des colonies, les efpèces y » avoient la même valeur que dans la métropole. » Leur rareté les fit bientôt hauffer d'un tiers. Cet » inconvénient ne fut pas réparé par l'abondance » des efpèces qui vénoient des colonies efpagno- » les, parce qu'on étoit obligé de les faire paffer » en Angleterre, pour y payer les marchandifes » dont on avoit befoin. C'étoit un gouffre qui » tariffoit la circulation dans les colonies. Il fal- » loit pourtant un moyen d'échange. A l'exception » de la Virginie, toutes les provinces le cher- » chèrent dans la création d'un papier-monnoie.

» L'ufage qu'en firent les divers gouvernemens, » fut d'abord affez modéré. Mais les brouilleries » avec les fauvages fe multiplièrent : mais on eut » des guerres contre le Canada : mais des efprits » ardens formèrent des projets compliqués & » vaftes : mais le tréfor public fut confié à des » mains avides ou peu exercées. Alors cette ref- » fource fut pouffée plus loin qu'il ne convenoit. » Inutilement il fut créé, dans les premiers tems, » des impôts pour payer l'intérêt des obligations, » pour retirer, à des époques convenues, les » obligations elles-mêmes. De nouveaux befoins » occafionnèrent de nouvelles dettes. Les enga- » gemens furent portés prefque généralement au- » delà de tous les excès. Dans la Penfylvanie » feule, les billets d'état confervèrent, fans in- » terruption, leur valeur entière. Leur réputation » fut altérée dans deux ou trois autres colonies, fans » y être tout-à-fait détruite. Mais, dans les deux » Carolines & dans les quatre provinces qui for- » moient plus particuliérement la Nouvelle-An- » gleterre, ils fe trouvèrent tellement avilis par » leur abondance, qu'ils n'y avoient plus de cours » à aucun prix. Maffachufett qui avoit pris l'Ifle » royale fur la France, reçut de la métropole en » dédommagement 4,050,000 livres. Avec ce nu- » méraire, elle retira de fon papier une fomme » douze fois plus forte ; & ceux qui reçurent » l'argent, crurent avoir fait un très-bon marché. » Le parlement d'Angleterre qui voyoit le défordre, » fit quelques efforts pour y remédier. Jamais ces » mefures ne réuffirent que très-imparfaitement ».

Ainfi lorfque les *Etats-Unis* déclarèrent leur indépendance, l'ufage du papier-monnoie & fon difcrédit leur étoient très-familiers. Dans les années qui précédèrent la révolution, lorfque les provinces avoient befoin de plus d'argent qu'elles ne pouvoient en lever par des taxes, la plupart mettoient en circulation des notes ou du papier-monnoie. La colonie qui adoptoit cet expédient, s'engageoit à payer au porteur la fomme indiquée par le papier-monnoie. Quelques-unes des provinces ne fixoient pas l'époque du paiement, & ne l'affuroient par aucun impôt. Le papier-monnoie de celles-ci perdoit de fa valeur ; mais le papier-monnoie des provinces qui fixoient l'époque du paiement, qui mettoient affez de taxes pour le rembourfer, & qui le rembourfoient avec exactitude, ou avant l'échéance, étoit auffi eftimé que l'or & l'argent. Le congrès n'avoit point de tréfor, lorfqu'on le chargea de la conduite de la guerre. Le commerce extérieur des différentes colonies fe trouvant arrêté, le fermier ne vendoit pas les productions de fes terres, & il manquoit des moyens de payer des taxes. Le papier-monnoie fut donc la feule reffource du congrès. Mais ce corps ne pouvant établir des impôts pour le rachat des billets, fut réduit à promettre feulement qu'on mettroit des taxes qui les racheteroient un jour. Il ne prévit pas la longue durée de la guerre, la fuppreffion prefque totale du commerce & d'autres événemens qui l'ont mis dans l'impoffibilité de tenir fa parole ; ou, s'il les prévit, l'indépendance & la liberté lui parurent fi précieufes, qu'afin de les obtenir, il crut devoir tromper les citoyens & les exciter à la guerre, par des promeffes d'argent qui jamais ne fe réaliferoient. La valeur du papier-monnoie fut une année au pair de celle de l'argent & de l'or. La guerre obligea enfuite le congrès à en répandre une quantité qui excéda toute proportion avec les métaux ou le papier qui fervent ordinairement de moyen de circulation, & il commença à devenir à meilleur marché : il perdit de fa valeur, comme l'or & l'argent eux-mêmes en auroient perdu, fi on les eût jetté dans le public avec la même profufion ; & n'ayant pas la valeur intrinsèque de ces métaux, la dépréciation fut plus rapide & plus grande que celle de l'or & de l'argent n'auroit pu l'être. Au bout de deux ans, fa valeur ne fut plus que de moitié, c'eft-à-dire, qu'avec une piaftre d'argent on achetoit deux piaftres de papier ; en trois ans il tomba à quatre pour un ; neuf mois après, fa valeur fut de dix pour un, & dans les fix mois fuivans, c'eft-à-dire, au mois de feptembre 1779, il s'échangeoit à vingt pour un. Le congrès, allarmé des fuites qu'entraîneroit la perte de cette reffource, fentit combien il étoit important d'arrêter la dépréciation. Il décida d'abord qu'il ne mettroit pas en circulation plus de 200 millions de piaftres de papier-monnoie, & les billets qui étoient dans le public, montoient à-peu-près à cette fomme. 20 piaftres du nouveau papier-monnoie alloient procurer à l'armée, des fecours qu'on auroit obtenu avec une piaftre d'argent ; le congrès le favoit ; mais il penfa que ce facrifice de 19 fur 20 feroit encore utile, fi on arrêtoit une dépréciation ultérieure. Il publia une adreffe aux différentes provinces ; il promit de nouveau de rembourfer le papier - monnoie dans toute fa valeur ; il prouva que les *Etats-Unis* avoient des moyens de faire ce rembourfement, & que la liberté ne feroit pas trop chère à ce prix. Sa déclaration fut fans effet. Perfonne ne reçut fon papier à un taux plus confidérable : au contraire, fix mois après, c'eft-à-dire, au mois de mars 1780, 40 piaftres de papier-monnoie ne s'échangeoient plus que contre une piaftre réelle. Le congrès effaya donc un autre expédient. Voyant que le projet de racheter ce papier au pair avoit complettement avorté, puifque les citoyens ne vouloient le recevoir qu'au taux de la dépréciation du moment, il publia que le trefor racheteroit le papier-monnoie à 40 pour un, valeur qu'il avoit alors, & qu'on donneroit aux propriétaires, de nouveaux billets qui feroient payés fans aucune diminution. Cette opération devoit réduire la fomme nominale du papier monnoie à 5 millions de piaftres, fomme qui n'étoit pas trop forte pour la circulation des treize *états*. On efpéra que le papier ne tomberoit pas davantage, & on l'efpéra d'autant plus que le congrès étoit bien décidé à n'en plus créer de nouveau. On en rapporta une très-petite quantité au trefor. Il continua à circuler & à perdre de fa valeur jufqu'à la fin de 1780. A cette époque, 75 piaftres de papier ne valoient plus qu'une piaftre effective, & l'argent qu'avoit répandu l'armée françoife, fe trouvant dans chacune des provinces fituées au nord de la Patowmac, la circulation du papier y ceffa tout-à-coup. Elle dura une année de plus dans la Virginie & la Caroline feptentrionale ; &, durant cet intervalle, le papier-monnoie perdit 1000 pour un, & il expira enfuite fans convulfion, ainfi qu'il étoit mort dans les autres *états*. On n'entendit pas un feul murmure parmi le peuple. Tous les citoyens, au contraire, fe félicitèrent de voir l'anéantiffement paifible de cette maffe gigantefque, qui caufoit de vives inquiétudes & devoit ébranler les fondemens alors mal affurés de la confédération. Les étrangers ne peuvent pas, comme les citoyens des *Etats-Unis*, avoir de l'indulgence pour fa mémoire ; ils ne peuvent pas juger avec modération cet être idéal qui a établi la liberté des *Etats-Unis*, & qui a difparu au moment de la victoire. Ils fe font plaint hautement de l'infidélité du congrès, & leurs plaintes ne font pas encore calmées. Il en eft bien peu qui aient perdu fur le papier-monnoie de l'Amérique ; & ceux qui font le plus de bruit, font des gens que de mauvaifes entreprifes de commerce ont ruinés ; pour donner quelques prétextes à leurs créanciers, ils ont acheté des maffes énormes de ce papier mort, qu'il ont eu

à 5000 pour un, & ils montrent enfuite les certificats du tréfor des *Etats-Unis*, comme fi tout le papier s'étoit anéanti entre leurs mains, & avoit caufé leur banqueroute. On paiera à chacun ce que lui a coûté le papier-monnoie dont il eft poffeffeur, avec un intérêt de fix pour cent depuis l'époque où il l'a reçu ; & l'on va voir qu'en général les créanciers étrangers, loin d'y perdre, peuvent encore y gagner.

Le congrès n'a pas encore pris tous les arrangemens néceffaires pour le rachat du papier-monnoie ; mais une réfolution de 1784 a établi le principe. Les propriétaires de ce papier - monnoie recevront en argent ce que valoit le papier-monnoie à l'époque où ils l'ont reçu, & un intérêt de fix pour cent depuis qu'il eft entre leurs mains. Les tables de dépréciation qu'on a fait dans chaque *état*, montreront combien il perdoit fur la place aux différentes époques. Les billets étant au porteur, & n'indiquant pas l'époque où tel propriétaire les a reçus, on aura beaucoup de peine à déterminer ce dernier point ; mais le corps légiflatif de l'union a mieux aimé que fon tréfor perdît quelque chofe, en admettant des preuves légères, que d'exiger des preuves exactes. Car ces preuves, par la nature des chofes, feroient difficiles & peut-être impoffibles, & elles entraîneroient des pertes pour les créanciers, & fur-tout pour les créanciers étrangers. Il a bien fallu fe contenter du feul moyen qui pût arrêter quelques malhonnêtes gens. On exige le ferment de ceux qui les préfentent, & on fonge avec douleur aux parjures que fe permettront plufieurs des créanciers : lorfque, d'un autre côté, les commiffaires voudront examiner fcrupuleufement la fortune d'un tel individu à telle époque, afin de s'affurer s'il a pu obtenir une telle quantité de papier - monnoie ; chacun apperçoit les dangers de cette inquifition & les injuftes décrets qui en feront la fuite. Pour terminer avec une forte d'honneur une affaire qui n'eft point honorable en elle-même, il convient de laiffer triompher ici les menteurs, les fripons & les parjures ; & dût-il en coûter un ou deux millions de piaftres au tréfor des *Etats-Unis*, il eft bon de hâter par ce facrifice la fin d'une opération facheufe, & d'acheter à ce prix le filence des nationaux & des étrangers.

Il ne faut pas examiner à la rigueur les détails de cette liquidation : on ne pouvoit en adopter de véritablement exacts ; & jufqu'à ce que tous ces chiffons de papier-monnoie & les certificats qu'on leur a fubftitué, aient obtenu le rembourfement dont on les jugera fufceptibles, on verra une fuite continuelle de décifions qu'il fera facile de blâmer, parce qu'elles ne peuvent être fondées fur la juftice rigoureufe. Si on s'en rapporte toujours aux déclarations des créanciers, on favorifera les parjures ; & fi on fe livre à un examen minutieux de leur fortune, les commiffaires, dirigés par l'injuftice ou la faveur, feront bien des méprifes.

Lorſque la cour de France conſentit à rembourſer la valeur entière des billets du Canada, qui
ſe trouveroient entre les mains des anglois, la
plupart des françois envoyèrent ces papiers à des
négocians de la Grande-Bretagne, qui les endoſ-
ſèrent : on les préſenta à des commiſſaires chargés d'examiner s'ils étoient des propriétés angloiſes : ils furent preſque tous déclarés tels ; & en
pareille occaſion, la même choſe arrivera toujours.

Si les *Etats-Unis* étoient contraints de racheter
avec une piaſtre d'argent chaque piaſtre en papier-
monnoie qu'ils ont mis dans la circulation, des
hommes parfaitement inſtruits de ces détails croient
qu'il en coûteroit 400 millions de piaſtres, c'eſt-
à-dire plus de deux milliards en eſpèces, pour
éteindre le papier-monnoie du congrès & celui
des différentes provinces : car on évalue à deux
cents millions de piaſtres la quantité de papier-
monnoie que le congrès a mis en circulation, &
à la même ſomme celle qui a été créée par les
états particuliers.

D'après la réduction qu'ont amené les circonſtances, le congrès rembourſera tout ſon papier-
monnoie à trois millions de piaſtres : cette
partie de ſa dette ſera comptée à ce taux dans
l'*état* que nous donnerons plus bas, & il n'en
coûtera pas davantage au tréſor particulier des
treize provinces pour rembourſer les 200 millions
de leur papier-monnoie.

Les Etats-Unis ſeroient dans l'impoſſibilité abſolue de trouver 400 millions de piaſtres pour
rembourſer leur papier-monnoie, puiſqu'on les
croit à peine en état de payer d'ailleurs les fournitures & beaucoup d'autres objets ſur leſquels le
tréſor public a fourni des reconnoiſſances, & d'
d'acquitter les emprunts & les engagemens pris
avec les étrangers : mais nous prouverons tout-à-
l'heure que les *Etats-Unis* ont beaucoup de moyens d'acquitter leur dette ainſi réduite à environ
43 millions de piaſtres. Nous nous propoſons ſeulement de montrer ici que l'énorme réduction de
leur papier-monnoie eſt un grand bonheur pour
eux. Il falloit que cet événement eût lieu, ou qu'un
pareil fardeau bouleverſât les nouvelles républiques.

La révolution de l'Amérique eſt, ſous tous les
rapports, la plus curieuſe de celles que préſentent les annales du monde. Nous nous contenterons d'indiquer en cet endroit, des rapports de
finances, & de donner ces détails précieux que
l'antiquité négligea toujours, & dont les écrivains
modernes les plus célèbres ne ſentent pas l'utilité.
Les *Etats-Unis* n'avoient pas encore terminé la
guerre, que le congrès ſembloit devoir 200 millions
de piaſtres en papier-monnoie, c'eſt-à-dire, un
milliard, & que le papier-monnoie mis en circulation par chaque province pour ſa dette particulière, montoit à la même ſomme. La dette actuelle
de l'union, non compris le papier-monnoie, étant

de près de 40 millions de piaſtres, & les dettes
particulières, faites ou augmentées pendant la
guerre, montant à 25 ou 26 millions de piaſtres,
les américains paroiſſent avoir dépenſé en ſept ans
plus de deux milliards trois cens millions tournois.
Les hommes qui jugent avec trop de précipitation, ne manqueront pas de s'écrier, d'après l'expoſé de ces premiers faits : « les américains n'a-
» voient point de marine, ou ils en avoient une
» très-foible ; ils ſe défendoient chez eux : le
» théâtre de la guerre leur offroit des reſſources
» ſans nombre contre les anglois ; rien ne prouve
» mieux la détreſſe où ils ſe ſont trouvés, & l'o-
» piniâtreté du miniſtère britannique n'étoit pas
» auſſi folle qu'on l'a prétendu. Les détails de
» cette eſpèce donnent une idée très-juſte du ca-
» ractère & des mœurs d'une nation, & la poſ-
» térité pourra, ſur ce ſeul fait, juger aſſez
» exactement que les citoyens des *Etats-Unis*
» n'avoient point d'enthouſiaſme pour la guerre ;
» qu'ils vendoient leurs ſervices au congrès, &
» qu'ils les vendoient fort cher ; qu'ils n'étoient
» point guerriers ; que, s'ils s'armoient un mo-
» ment pour défendre leurs cantons, ils dépo-
» ſoient promptement les armes ; que leur armée
» étoit remplie de mercenaires ; que l'amour de
» la liberté ne leur inſpiroit pas cette généroſité
» de tous les momens, qui ſacrifie ſes forces,
» ſon ſang & ſa fortune ; & qu'enfin on ne doit
» point les mettre au rang de ces braves ſuiſſes
» ou de ces fiers bataves, qui, dans le cours
» d'une longue guerre, offroient chaque jour leur
» poitrine aux traits de l'armée autrichienne ou
» eſpagnole, & qui ne vouloient d'autre récom-
» penſe que celle de mourir ou de vivre en li-
» berté ; car enfin ſi on ne nous a point tranſmis
» l'état des dettes des cantons ſuiſſes, au moment
» où ils obtinrent une trève ; ſi la négligence des
» écrivains nous a privés auſſi de celle des Provinces-
» Unies, à l'époque où elles commencèrent à
» jouir de leur indépendance, on ſait que celle
» des ſuiſſes étoit à-peu-près nulle ; & celle des
» hollandois, un peu plus conſidérable, doit avoir
» été environ deux cens fois moindre que celle
» des *Etats-Unis* ».

Mais ces remarques, qui paroiſſent juſtes au
premier coup-d'œil, ne le ſont point du tout, &
il eſt bon de montrer ici avec quelle circonſpection il faut écrire ſur les gouvernemens. Il ne
s'agit pas de ſavoir ſi les américains avoient beaucoup d'enthouſiaſme pour la guerre, s'ils montroient une grande généroſité, & ſi ſous ce rapport on peut les comparer à ces braves ſuiſſes &
à ces fiers bataves qui conquièrent leur liberté en
prodiguant, non des métaux ou du papier-mon-
noye, mais leur ſang & leur vie ; il eſt queſtion
ſeulement de calculer avec exactitude ce que l'indépendance a coûté aux nouvelles républiques ;
& dans ce calcul, il ne faut pas confondre les
valeurs nominales avec les valeurs réelles. La

quantité de papiers-monnoie, que le congrès a créé à différentes époques, monte, il est vrai, à 200 millions de piastres de valeur nominale; mais il faut examiner quelle étoit la valeur réelle de ce papier-monnoie, aux époques où il sortoit du bureau du trésor. Un soldat, un fournisseur, un autre citoyen, qui à la fin de l'année 1779, recevoit, pour un service quelconque, 40 piastres en papier, dans le fait, ne recevoit pas plus que celui à qui on donna une piastre en papier, pour le même service, dans le cours de 1775 & 1776; parce que le papier-monnoie fut au pair de l'ar-

gent dans le cours de ces deux années : à la fin de 1779, au contraire, 40 piastres en papier ne valoient qu'une piastre en argent, & lorsqu'on les employoit dans le commerce, elles payoient seulement les choses qu'on obtenoit avec une piastre effective. Pour faire connoître la véritable somme des papiers-monnoies dont le congrès s'est servi dans le cours de la guerre, nous allons donner l'époque & la valeur nominale des billets qu'il a mis dans la circulation; la dépréciation qu'essuya ce papier, au moment où on le créoit, & sa valeur réelle en argent ou en or.

Époques.			Valeur nominale.	Dépréciation.	Valeur réelle en piast. d'argent.	
1775.	Juin	23	2,000,000	...	2,000,000	
	Nov.	29	3,000,000	...	3,000,000	5,000,000
1776.	Fev.	17	4,000,000	...	4,000,000	
	Aout	13	5,000,000	...	5,000,000	9,000000
1777.	May.	20	5,000,000	...	1,877,273	
	Aout	15	1,000,000	$2\frac{2}{3}$	$333,333\frac{1}{3}$	
	Nov.	7	1,000,000	3	250,000	
	Dec.	3	1,000,000	4	250,000	$2,710,606\frac{1}{3}$
1778.	Janv.	8	1,000,000	4	250,000	
		22	2,000,000	4	500,000	
	Fev.	16	2,000,000	4	400,000	
	Mar.	5	2,000,000	5	400,000	
	Avr.	4	1,000,000	5	$166,666\frac{2}{3}$	
		11	5,000,000	6	$833,333\frac{1}{3}$	
		18	500,000	6	$83,333\frac{1}{3}$	
	May	22	5,000,000	6	1,000,000	
	Juin	20	5,000,000	5	1,250,000	
	Juill.	30	5,000,000	$4\frac{1}{2}$	1,111,111	
	Sep.	5	5,000,000	5	1,000,000	
		26	10,000,100	5	2,000,000	
	Nov.	4	10,000,100	6	$1,666,683\frac{1}{3}$	
	Dec.	14	10,000,100	6	$1,666,683\frac{1}{3}$	12,327,831
1779.	Jan.	14	* 24,447,620	8	$3,055,952\frac{1}{2}$	
	Fev.	3	5,000,160	10	500,016	
		12	5,000,160	10	500,016	
	Avr.	2	5,000,160	17	294,127	
	May	5	10,000,100	24	$416,670\frac{5}{6}$	
	Juin	4	10,000,100	20	500,005	
	Juill.	17	15,000,280	20	750,014	
	Sep.	17	15,000,260	24	$625,010\frac{5}{6}$	
	Oct.	14	5,000,180	30	$166,672\frac{2}{3}$	
	Nov.	17	10,050,540	$38\frac{1}{2}$	261,053	
		29	10,000,140	$38\frac{1}{2}$	259,743	$7,329,282\frac{1}{2}$
			200,000,000		$36,367,719\frac{1}{6}$	

( ) La somme que vota le congrès, le 14 janvier 1779, fut de 50,000,400 piastres nominales; mais il en destina une partie à l'échange des anciens billets, sans dire combien. On présume que ces échanges absorbèrent 25,552,780, parce que le reste, c'est-à-dire, 24,447,620, joint à toutes les autres créations antérieures au 3 septembre 1779, forment les 159,948,880 piastres nominales que le congrès déclara, au mois de septembre de la même année, se trouver dans la circulation.

Ainsi

Ainfi, l'on voit que les 200 millions de piaftres en papier, employés par le congrès, n'ont pas excédé la valeur de 36 millions de piaftres en argent pour ceux qui les ont reçu; fi nous eftimons, d'après la même règle, la valeur réelle des 200 millions de piaftres nominales, qu'on fuppofe avoir été créé par les diverfes provinces; fi nous établiffons enfuite la dette de l'union, étrangère & domeftique, à environ 43 millions de piaftres; & la dette des différentes provinces, à environ vingt-cinq millions, on trouvera que toutes ces fommes réunies, forment 140 millions de piaftres, ou 700 millions tournois; & qu'ainfi, la guerre n'a pas réellement coûté aux habitans des *Etats-Unis* plus de 140 millions de piaftres. Peut-être même faut-il en diminuer trois millions; car il eft poffible que les 43 millions de piaftres, auxquels on évalue la dette étrangère & domeftique de l'union, comprennent trois millions pour le rachat du papier-monnoie, comme on le verra tout-à-l'heure. Il s'eft écoulé 8 ans depuis la bataille de Lexington, jufqu'à la fin des hoftilités. La dépenfe annuelle a donc été de 17,500,000 piaftres, & l'Angleterre a dépenfé annuellement plus de 17,500,000 guinées.

Si on demande comment les deux maffes du papier-monnoie continental & du papier-monnoie des diverfes provinces, ayant été aux citoyens des *Etats-Unis*, pour 72 millions de piaftres, valeur réelle, on peut aujourd'hui les racheter avec environ 6 millions de piaftres effectives: nous répondrons que les propriétaires de ces papiers ont perdu fucceffivement les 66 millions de différence; chacun d'eux y a perdu la valeur que perdoit le papier-monnoie, dans l'intervalle où il reftoit entre fes mains. Cette dépréciation dont ils étoient les victimes, peut être regardée comme une taxe que leur impofoient les circonftances: les citoyens des *Etats-Unis* ont payé ici une contribution de 66 millions de piaftres, & cette taxe a été la plus oppreffive de toutes, parce qu'elle a été la plus inégale.

Les citoyens des *Etats-Unis* qui ont perdu fucceffivement une partie de leur propriété, à mefure qu'ils touchoient le papier-monnoie, n'ont pas formé la plus légère plainte, ainfi que nous l'avons déjà dit; ils ont ajouté ce facrifice à tant d'autres pour obtenir la liberté; & quoiqu'on dédaigne les calculs du gain & de la perte dans une guerre civile, nous aimons à prouver ici que ces pertes fe trouvent compenfées par la diminution d'impôts & de taxes qu'a entraînée la révolution. Que les nouvelles républiques examinent ce qu'elles paieroient dans tout autre gouvernement, ce qu'elles alloient payer à l'Angleterre, accablée de dépenfes & de dettes, & qu'elles voient fi en 20 ans, fi même en 10 ans elles n'auront pas gagné beaucoup fur ce point. Quelles contributions va-t-on exiger d'elles pour les arrérages de la dette, pour les dépenfes ordinaires de

l'union, pour les intérêts de la dette particulière & les dépenfes ordinaires de chaque *état*? Un impôt d'un & demi, de deux au plus fur les terres, quelques autres taxes, infiniment modiques, & il y a des contrées où l'on paie jufqu'à 40 & 50 pour cent de fa dépenfe ou de fes revenus. L'auteur des *Notes fur l'état de Virginie* a calculé que les citoyens de cette province ne paient annuellement que deux cinquièmes de piaftre pour la protection de leurs perfonnes & de leurs propriétés, & les autres avantages d'un gouvernement libre, & que les anglois paient 16 fois davantage fur cet objet feul. Au refte, il ne faut pas oublier d'autres contributions pour les dépenfes de l'union fédérale, l'intérêt des dettes du congrès & de chaque province: mais dans quelques années, ces deux derniers articles feront nuls.

Il eft aifé maintenant de juger fi les républiques d'Amérique ont fait banqueroute, & fi cette efpèce de banqueroute n'étoit pas forcée. Elles n'ont pas déclaré nulles les dettes qu'elles avoient contractées, mais elles ont profité des réductions qu'ont amené les circonftances fur les dettes en papier-monnoie, & leur crédit public ne doit pas en être affecté; car la perte retombe, non fur les étrangers, mais fur les nationaux; & puifque les nationaux ne fe plaignent point, il faut que l'Europe prononce avec modération fur un effet de la néceffité. Afin qu'on ne contefte pas la juftesse de cette affertion, nous ajouterons que les fournitures, les prêts & les fecours donnés aux *Etats-Unis* par les étrangers, n'ont jamais été payés en papier-monnoie, mais en reconnoiffances, fur lefquelles on n'a pas fait de réductions, & fur lefquelles on n'en fera point.

Le paiement de la dette publique du congrès & des dettes particulières des diverfes provinces eft ainfi très-facile, & les créanciers nationaux ou étrangers ne doivent avoir aucune inquiétude fur le capital ou les intérêts. La vente des terres immenfes, cédées au congrès par la Virginie & la Caroline feptentrionale, avec la condition expreffe qu'on en tirera un fonds d'amortiffement, & la vente de celles que céderont fans doute la Caroline méridionale & la Géorgie, produiront de grandes reffources: & lorfque les ateliers de culture auront repris toute leur activité, lorfque les citoyens feront fortis de la détreffe où les ont plongés les déprédations des anglois, lorfque le commerce fera bien établi, lorfque l'accroiffement de la population & des richeffes aura augmenté le produit des taxes, chacune des provinces fournira aux dépenfes ordinaires du gouvernement fédéral & de fon adminiftration, & au paiement des intérêts & du capital de la dette publique & des dettes particulières, fans fe gêner & fans être foumife à de gros impôts. Les détails que nous allons donner le prouveront fans replique.

La dette actuelle (au commencement de 1786) des *Etats-Unis* monte aux fommes fuivantes.

C c c

Dette étrangère.   *piaſtres.*

Emprunt d'Eſpagne.............	174,000
Dû aux fermiers généraux de France, 846,710 liv. 5 ſ.	156,798
A divers particuliers de France.....	250,000
Au roi de France, 24,000,000 tourn.	4,444,444
A la Hollande garantie par la France, 10,000,000 tournois............	1,851,851
Emprunt de Hollande de 5 millions de florins....................	2,020,202
Emprunt de Hollande de 2 millions de florins....................	808,080
	9,705,375

Dette domeſtique, telle qu'elle a été rapportée au congrès dans le mois d'avril 1783, époque depuis laquelle on n'a point préſenté d'état plus ſûr.	
Dettes du bureau d'emprunt......	11,463,802
Crédits dans les livres de la tréſorerie.	638,042
Dette de l'armée...............	5,635,618
Dette non liquidée, eſtimée à (1)	8,000,000
Commutation à l'armée..........	5,000,000
Gratifications dues à des particuliers.	500,000
Deficit des eſtimations précédentes.	2,000,000
	33,237,462
Total de la dette étrangère & domeſtique...................	42,942,837

C'eſt d'après l'avis de l'homme le plus inſtruit ſur tout ce qui regarde les *Etats-Unis*, que nous nous en tenons à l'*état* de 1783 : il n'y a point eu de rembourſements en 1784 & en 1785 ; le congrès a ſeulement payé les intérêts de ſa dette, & la liquidation, aujourd'hui bien avancée dans preſque toutes ſes parties, montre que l'évaluation faite par apperçu en 1783, étoit d'une exactitude preſque rigoureuſe.

Quelques perſonnes ont voulu calculer la dette des *Etats-Unis* par l'intérêt qu'ils payent ; mais cette méthode eſt fautive : le bureau d'emprunt (*loan-office*) a emprunté diverſes ſommes, avec la condition expreſſe que, malgré la dépréciation qui pourroit ſurvenir ſur le principal, l'intérêt ſeroit payé d'après la valeur nominale, le congrès ſe réſervant ſeulement le droit de rembourſer le principal au taux du jour, ſans égard à ſa valeur nominale. Cette partie de la dette des *Etats-Unis* monte à 3,459,200 piaſtres, ſuivant l'*état* des finances, inféré dans une réſolution du congrès, du 27 ſeptembre 1785.

En 1784, le congrès ordonna pour les dépenſes ordinaires de l'année, pour le paiement de l'intérêt, & les arrérages de l'intérêt de la dette, la ſomme de 3,812,539 piaſtres, & le 27 ſeptembre 1785, il ordonna la levée de 3 millions de piaſtres, leſquelles jointes à 649,880 piaſtres dont nous parlerons tout-à-l'heure, étoient néceſſaires pour le ſervice de l'année 1785, & il fit de ces ſommes la diſtribution ſuivante.

Dépenſes ordinaires.

       piaſtres.

Département civil	122,331
Département militaire.........	187,324. 32
Achats des droits des ſauvages & dépenſes accidentelles	5,000
Dépenſes diverſes, dont l'état ſera préſenté annuellement aux aſſemblées de chaque état..........	90,000
	404,555. 32

Pour les intérêts de la dette étrangère.

Intérêt d'une année des dix millions tournois empruntés en Hollande, & garantis par la France......	74,074
Intérêt d'une année des 24 millions prêtés par la France..........	222,222. 20
Intérêt d'une année des 174,000 piaſtres prêtées par l'Eſpagne...	8,700
Intérêt d'une année du premier emprunt de Hollande de 5 millions de florins....................	96,527. 5
Intérêt d'une année à 4 pour cent du ſecond emprunt de Hollande de 2 millions de florins.........	30,888. 88
Intérêt d'une année des 846,710 l. tournois, dues aux fermiers généraux de France.............	7,840
	440,252. 58

Pour les intérêts de la dette domeſtique.

Dette liquidée. 10,517,380 piaſtres. Intérêt d'une année.	631,042. 6
Dette du bureau d'emprunt 3,778,900 piaſtres, dont la valeur a été reçue juſqu'au 1er ſeptembre 1777, & qui doivent être payées ſans réduction Intérêt d'une année...	226,734
3,459,200 piaſtres, dont la valeur a été reçue entre le 1er ſeptembre 1777 & le 1er mars 1778, ſomme	

(1) Il y a lieu de croire que ces 8 millions de piaſtres pour la dette non liquidée, comprenoient trois millions de piaſtres pour le rembourſement du papier-monnoie ; mais nous n'oſons l'aſſurer. Si le rembourſement du papier-monnoie s'y trouve compris, il faut, dans le calcul des ſommes qu'a coûté la guerre aux *Etats-Unis*, faire la diminution dont nous avons parlé plus haut.

piastres.

qui doit être liquidée selon les tables de dépréciation, mais dont l'intérêt est payable d'après la valeur nominale. Intérêt d'une année. 207,540

5,146,330. 8 piastres en espèces, valeur des certificats du bureau d'emprunt, qui ont été mis dans le public après le 1er mars 1778, & qui n'ont pas encore été retirés. Intérêt d'une année......... 368,780. 6

                    743,054. 6

4,823,724 piastres, somme à laquelle on évalue les certificats qui ont été donnés, ou qui doivent être donnés aux lignes du Maryland, de la Virginie, des deux Carolines & de la Géorgie. Intérêt d'une année.............. 289,423. 4

1,141,551 5 piastres qu'il a fallu pour l'année 1784, par-delà la somme estimée dans la résolution du congrès, du 27 avril 1784. 1,141,551. 5

TOTAL............... 3,649,880

Le congrès a seulement exigé une contribution de trois millions de piastres pour l'année 1785, parce qu'il tiroit 649,880 piastres du dernier emprunt fait en Hollande, & que les contributions demandées aux *états* l'année d'auparavant, devoient remplacer cette somme. Les deux tiers des trois millions dont on vient de parler, étant destinés à payer les intérêts de la dette domestique, le congrès exhortoit les assemblées des diverses provinces à en régler la perception de manière qu'on exigeât de chaque contribuable un tiers seulement de sa cottisation en espèces, & qu'on reçut en paiement les intérêts dûs aux particuliers sur des certificats du bureau d'emprunt, & sur d'autres certificats des dettes liquidées.

Le compte des finances des *États-Unis*, rendu en 1785, fait naître plusieurs réflexions. En 1784, les dépenses ordinaires avoient été de 457,525 piastres : l'année d'après, elles sont de 404,555. 32, c'est-à-dire, d'environ 2 millions tournois : & l'union fédérale, absorbant une si petite somme, on peut en tirer un augure favorable pour la prospérité des nouvelles républiques.

Le département de la marine se trouvoit pour 30,000 piastres dans le compte des dépenses ordinaires de 1784 : il n'entre pour rien dans celui de 1785, parce que le congrès a vendu quelques

bâtimens de guerre qui lui restoient ; mais il faut regretter cette diminution de dépense.

En 1784, le congrès demanda 60,000 piastres pour l'achat des terres des sauvages ; en 1785, il ne demanda plus que 5,000 piastres : en 1784, on vouloit acheter des terres qui appartenoient aux sauvages, & on les acheta en effet ; mais en 1785, on ne s'occupa point de cet objet, & les 5,000 piastres que vota le congrès, furent, selon toute apparence, dépensées pour l'entretien des agens qui résidoient parmi les peuplades indiennes, où elles payèrent ce qui pouvoit être dû des achats de 1784. On ne se propose pas de renouveller les achats toutes les années ; ils auront lieu à des époques éloignées, à mesure que les établissemens des *États-Unis* s'étendront ; & nous osons assurer ici que les nouvelles républiques n'ôteront pas aux sauvages un pied de terrein sans leur aveu : tous les citoyens qui sont dans l'administration, regardent leur droit comme sacré.

L'article des dépenses diverses variera d'une année à l'autre ; car après avoir été en 1784 de 60,000 piastres, il étoit de 90,000 en 1785 ; mais d'autres compensations peuvent balancer cette différence.

Jusqu'ici, les diverses provinces n'ont pas payé avec exactitude les contributions ordinaires ou extraordinaires, demandées par le congrès; les finances des *États-Unis* n'ont pas encore une marche précise sur ce point ; & il y a beaucoup de déficits sur les contributions ordonnées pour les années précédentes.

On voit par le compte de 1784, qu'aucun des *états* n'avoit acquitté complettement les contingens assignés à chacun d'eux pour une première somme de 1,200,000 piastres, ordonnée le 10 septembre 1780 ; pour une seconde, de 2 millions, résolue le 30 octobre 1781, & une troisième, de 8 millions, résolue le 16 octobre 1782 ; que quelques provinces n'avoient rien payé de l'une de ces trois contributions ; que d'autres avoient payé un à compte, extrêmement foible, & que Massachusett, le Connecticut, la Pensylvanie, le Maryland & la Virginie étoient celles qui avoient payé davantage.

La table suivante fut publiée en même-temps par le congrès. La première colonne indique les *états* ; la seconde, le contingent exigé de chacun d'eux pour les 1,200,000 piastres ; la troisième, les contingens pour les 8 millions de piastres ; la quatrième, les contingens pour les 2 millions ; la cinquième, les différentes sommes payées par les divers *états*, à compte de leurs contingens respectifs jusqu'à la fin de 1783.

	Contribution des 1,200,000 piaftr.	Contribution des huit millions.	Contribution des deux millions.	Sommes payées avant le 31 décembre 1783 fur la contribution des huit millions.
Nouvel-Hampshire.	48,000	373,598	80,000	3,000
Maffachufett.....	192,000	1,307,596	320,000	247,677
Rhode-Ifland.....	28,800	216,684	48,000	67,847
Connecticut......	133,200	747,196	222,000	131,577
Nouvelle-Yorck...	54,000	373,598	90,000	39,064
Nouveau-Jerfey...	66,000	485,679	110,000	102,004
Penfylvanie......	180,000	1,120,794	300,000	346,632
Delaware........	16,800	112,085	28,000	
Maryland........	132,000	933,996	220,000	89,302
Virginie.........	174,000	1,307,594	290,000	115,103
Caroline feptentr..	88,800	622,677	148,000	
Caroline méridion.	72,000	373,598	120,000	344,301
Géorgie.........	14,400	24,905	24,000	
				Environ.
	1,200,000	8,000,000	2,000,000	1,486,511

En 1784 on avoit donné aux diverfes provinces, des facilités pour payer ces contingens ; car une réfolution du 28 avril permet aux différents *états* de recevoir de chaque contribuable les trois quarts de fa cottifation en argent, & le refte en diminution des arrérages dus à chaque individu par les *Etats-Unis*.

La réfolution du congrès, du 27 feptembre 1785, avertit que les provinces doivent encore la moitié de la contribution des 8,000,000 de piaftres, indiqués dans la table, & que le tréfor des *Etats-Unis* n'avoit rien reçu fur celle de 2,000,000 de piaftres.

En attendant qu'on ait fixé d'une manière invariable la règle, d'après laquelle on établira le contingent des différentes provinces, voici la proportion qu'on obferve pour une contribution de 1000 piaftres.

Le Nouvel-Hampshire en paie :........	35
Maffachufett......................	148
Rhode-Ifland	21
Connecticut	87
Nouvelle-Yorck	85
Nouveau-Jerfey	55
Penfylvanie	136
Delaware	15
Maryland	94
Virginie	169
La Caroline feptentrionale	72
La Caroline méridionale	72
Géorgie	11
	1000

On voit que le contingent de la Virginie eft le plus fort de tous ; mais plufieurs provinces femblent avoir payé davantage durant la guerre, parce qu'elles ne fouffroient point des déprédations des anglois qui ravageoient cruellement la Virginie. Dans la réquifition de 1784, les contingens demandés aux diverfes provinces furent calculés d'après les premiers à comptes, & de manière que toutes les provinces fe trouveroient fur un pied égal, après avoir payé ce qu'on leur demandoit alors. La demande des 1,200,000, des 8 millions & des 2 millions de piaftres, avoit été faite durant la guerre, par forme d'effai ; le congrès vouloit favoir fi les *états* pouvoient fournir les fubfides néceffaires. On reconnut qu'ils ne le pouvoient pas. C'eft par des emprunts faits en Europe que le congrès fe procura l'argent dont il avoit befoin, & à l'époque de la réquifition de 1784, il fongeoit à abandonner celles de 1,200,000 & de 2 millions & une moitié de celles de 8,000,000 de piaftres. Mais prefque toutes les provinces ayant payé une fomme quelconque, à compte de ces trois demandes, il fallut bien exiger des contributions proportionnées, de celles qui n'avoient rien payé, où qui avoient payé de moindres fommes.

Nous ne pouvons donner des détails fur la dette particulière des diverfes provinces ; nous favons feulement qu'en 1784 le nouvel-Hampshire devoit.................. 500,000 piaftres.
Maffachufett 5,000,000
Rhode-Ifland............ 430,000
Connecticut 3,439,086
La Virginie 2,500,000

La Virginie étant beaucoup plus riche que le Connecticut, nous ignorons comment elle devoit moins. Il est vraisemblable qu'elle avoit fait plus d'efforts & payé plus de contributions durant la guerre.

Les autres *états* avoient des dettes proportionnées à leurs facultés ; & si on estime leurs facultés, d'après la règle suivie jusqu'à présent pour la fixation des contingens qu'exige le congrès, les huit provinces qui ne sont pas nommées devoient environ 14 millions, & par conséquent la dette particulière de tous les *états* montoit à 25 ou 26 millions de piastres.

Les divers *états* s'efforcent de mettre des taxes qui suffisent au paiement de l'intérêt de leurs dettes particulières & de la dette fédérale, ainsi qu'aux dépenses ordinaires de leurs provinces & du gouvernement de l'union. Les taxes sont en général de 1 à $1\frac{1}{2}$ pour cent sur la valeur des biens, & de $2\frac{1}{2}$ à 5 pour cent sur l'importation des marchandises étrangères. Mais, comme nous le disions tout-à-l'heure, la levée des taxes & le paiement des intérêts se feront dans la suite avec plus d'exactitude. Les citoyens des nouvelles républiques éprouvent encore la détresse qu'ont produit les déprédations de la guerre. Leurs maisons étoient en ruine à la paix. Leurs fermes étoient dévastées ; ils manquoient de vêtemens & des choses les plus nécessaires à la culture. Ils ne pouvoient donc supporter de gros impôts, & les plaintes qu'on a formées contre eux, sont bien exagérées. On rencontre de toutes parts, des gens qui vous disent : ces américains si vantés, après une banqueroute scandaleuse, refusent de payer des impôts pour les frais de leur gouvernement ; ils ne songent pas à récompenser les braves soldats qui ont soutenu la confédération ; ils se sont mal battus, & lorsqu'ils voient la guerre terminée en leur faveur, ils ne veulent payer ni les étrangers qui leur ont donné des secours, ni les nationaux qui ont exposé leur vie tous les jours, ou prodigué leur fortune ; ils joignent l'ingratitude à la démence & à l'infidélité, & un peuple si corrompu ne laisse aucun espoir. Mais on peut répondre à ces déclamateurs si vifs : les américains reconnoissent que leurs dettes sont sacrées ; & en parlant du papier-monnoie, nous avons détruit la seule objection qu'on puisse faire : ils n'ont besoin que d'un tems raisonnable pour acquitter ces dettes, & ils en ont déja commencé le paiement ; ils fournissent les contributions nécessaires au maintien de leur gouvernement ; les officiers & les soldats ne se plaignent point depuis qu'on leur paye avec exactitude l'intérêt de ce qui leur est dû, & on s'occupe du remboursement du principal. Lorsqu'on voudra savoir s'ils se sont si mal battus, qu'on le demande aux troupes qu'ils ont chargé à Bunkers-Hill, à Bennington, à Still-Water, à Kings-Mountain, à Cowpens, à Guilford, & aux sources de

l'Eutaw : quant aux reproches si indécens, d'ingratitude, de folie, d'infidélité & de corruption, ceux à qui les faussetés ne coûtent rien, se les permettent aisément, mais ils ne rougissent pas de se dispenser des preuves. La manie de notre siècle est de juger de tout sur de vagues apperçus ; & puisqu'elle semble incurable, il faut s'en amuser.

Les critiques les plus justes en apparence se sont trop pressés d'établir leur opinion ; il falloit distinguer les époques, suivre d'une année à l'autre les opérations du congrès & de chacune des provinces ; se souvenir qu'à la fin d'une guerre civile, des républiques nouvelles & le corps qui les dirige, doivent aller à tâtons ; que les circonstances amenant tous les jours, des combinaisons qui n'ont pas été prévues par les constitutions ou par l'acte fédératif, la marche des affaires les plus urgentes doit manquer de rapidité ; & qu'enfin chaque *état* connoissant sa détresse, donne passagèrement & sans s'expliquer sur l'avenir, des décrets reçus avec peu d'indulgence de ceux qui ne la connoissent pas.

Au moment où la paix fut signée, le papier-monnoie se trouvoit anéanti, ou du moins les 200 millions de piastres qu'il représentoit à la charge des *Etats-Unis*, pouvoient s'acquitter avec trois millions de piastres, & les 200 autres millions de piastres de ce papier mis en circulation par les différentes provinces, pouvoient se racheter au même prix ; mais si cet effrayant fardeau n'embarrassoit plus le congrès, c'étoit aux dépens des citoyens de l'Amérique, & cette perte ajoutée à tant d'autres diminuoit encore leurs moyens de payer. sur le champ les impôts nécessaires pour acquitter les intérêts du reste de la dette. Ce reste de la dette étoit assez considérable pour exciter des inquiétudes : le congrès sentit qu'après ce qui étoit arrivé sur le papier-monnoie, il falloit s'occuper avec un soin extrême du maintien du crédit des nouvelles républiques chez les peuples étrangers. L'acte de confédération ne lui accordoit pas une autorité assez grande pour mettre des impôts, & hors d'état d'employer la contrainte, il se vit obligé de recourir à la persuasion. En 1783, il exposa aux différens *états* la situation des affaires, & les moyens qu'il convenoit d'employer pour payer les intérêts de la dette & rembourser un jour le capital. Il recommanda de pourvoir d'une manière efficace aux dettes des *Etats-Unis*, qu'on évaluoit alors à 42,942,837 piastres. « Cette somme, disoit-il, » effectuée en un seul paiement, ou à des termes peu éloignés, est un effort au-dessus de » nos ressources ; & quand cette opération seroit » praticable, le bien public demanderoit que la » dette suivît le cours d'une extinction graduelle, » & qu'on fît des fonds pour payer les intérêts, » qu'on peut estimer à 2,415,956 piastres par an. » Les moyens de remplir le trésor public, tels

» qu'ils font réglés par les articles de la confédé-
» ration, confidérés avec l'attention la plus fé-
» rieufe, font infuffifans. La ponctualité eft effen-
» tielle dans le paiement des intérêts de la dette ;
» mais les délais & les incertitudes auxquelles eft
» expofé un revenu à établir & à percevoir à di-
» verfes époques dans treize provinces indépen-
» dantes, ne permettent pas de l'efpérer. Le fonds
» auquel on a penfé d'abord, eft une taxe fur les
» importations. Nous n'avons point oublié les
» oppofitions qui ont autrefois empêché de l'a-
» dopter unanimement. Nous avons limité la du-
» rée du revenu à vingt-cinq ans, & laiffé aux *états*
» la nomination des officiers qui doivent le per-
» cevoir. Selon les ftrictes maximes du crédit na-
» tional, le revenu ne devroit pas être féparé de
» fon objet, & devroit refter joint à la même
» autorité, qui, par fa nature, difpenfe le pre-
» mier, & eft refponfable du fecond. Le con-
» grès, en fe relâchant fur cet objet, efpère
» qu'on verra dans cette condefcendance fa dif-
» pofition à fe prêter dans tous les temps aux
» vœux de fes conftituans, & fon vœu ardent
» pour l'établiffement d'un fonds qui le mette en
» état de fatisfaire aux obligations que lui impo-
» fent l'honneur & la juftice.
    » Le montant de ce fonds eft évalué à
» 915,956 piaftres. Il ne faut point s'attendre à
» une précifion rigoureufe, dans un premier effai
» fur une matière auffi compliquée & fujette à
» tant de variations ; mais on croit cette évalua-
» tion affez exacte. Le congrès abandonne aux
» états le foin de pourvoir aux 1,500,000 piaftres
» néceffaires en outre pour l'intérêt annuel de la
» dette ; & le congrès s'écarte encore ici des
» maximes du crédit public, afin de fe confor-
» mer au vœu des provinces. Un acte indivifible
» & irrévocable eft néceffaire pour les deux fonds :
» fans cela, il pourroit arriver qu'on établît un
» fonds partiel, & il eft effentiel de pourvoir à
» la totalité : quelques *états* d'ailleurs pourroient
» préférer le premier de ces fonds, d'autres pour-
» roient préférer le fecond, & on ne feroit fûr d'au-
» cun. L'acte doit être irrévocable, finon un feul *état*
» feroit le maître, toutes les fois qu'il le jugeroit
» à propos, de forcer les autres à une banque-
» route, & la crainte d'une banqueroute oppo-
» feroit un obftacle funefte à l'établiffement du
» crédit national. Les créanciers actuels, ou plu-
» tôt ceux d'entr'eux qui font nos compatriotes,
» ont prêté leur argent pour un terme qui eft
» expiré, ou, dans le principe même, ils ne
» font devenus créanciers qu'involontairement ;
» ils ont donc les uns & les autres un droit égal
» à demander le principal de leurs créances, &
» à ne fe point contenter de l'intérêt annuel.
» Le rembourfement de ce capital n'étant pas en-
» core poffible, il faut au moins en affurer l'in-
» térêt d'une manière fi fûre, qu'ils puiffent,
» s'ils le jugent à propos, tranfporter à d'autres

» leur créance, fans rien perdre fur fa valeur.
» Si les fonds font établis d'une manière affez
» fûre pour infpirer une confiance entière, il y
» a lieu d'efpérer que le capital de la dette do-
» meftique, qui porte l'énorme intérêt de fix pour
» cent, pourra être éteint par d'autres emprunts
» obtenus à un intérêt plus modéré. Pour ac-
» quitter le capital au terme affigné, nous comp-
» tons fur l'accroiffement naturel des impôts fur
» le commerce & fur les objets qui feront char-
» gés d'une taxe, & fur d'autres reffources qu'of-
» friront les circonftances. Si ces moyens fe trou-
» vent infuffifans, il faudra bien, à l'expiration
» des vingt-cinq ans, prolonger les impôts recom-
» mandés ici, ou en établir de nouveaux. C'eft
« aux différentes provinces à prononcer fur ce
« plan : tous les objets qu'il embraffe, importent
» à la profpérité des *Etats-Unis* ; quoique la dette
» nationale foit forte, elle l'eft moins qu'on ne
» devoit s'y attendre ; & lorfque l'on penfe à fa
» caufe, qu'on la compare aux charges que des
» guerres d'ambition & de vaine gloire ont ac-
» cumulées fur d'autres nations, elle doit être
» fupportée avec plaifir & avec orgueil. Au fur-
» plus, l'étendue de la dette eft un objet étran-
» ger à la queftion actuelle ; il fuffit qu'elle ait
» été légitimement contractée, & que la juftice
» & la bonne-foi demandent qu'elle foit payée.
» Le congrès n'a que l'option entre les différens
» moyens : ce n'eft auffi que fur cette option que
» peuvent porter les délibérations des différents
» *états*. Nous les fommons, au nom de la juftice
» & de la foi publique folemnellement engagée,
» de donner au plan que nous propofons, tout
» l'effet qu'il doit avoir, & de fe fouvenir, fi
» on le rejette, que le congrès ne fera pas ref-
» ponfable des fuites. S'il étoit néceffaire de faire
» valoir ici d'autres confidérations que celles de
» la juftice, aucune nation n'a jamais eu de
» plus graves. En effet, quels font les créanciers
» que nous devons payer ? D'abord un allié qui
» a défendu notre caufe, non-feulement par fes
» armes, mais par fes tréfors, & dont l'amitié,
» non contente de nous prêter des fommes con-
» fidérables, a fignalé fa munificence par les
» dons les plus généreux, enfuite des particuliers
» étrangers qui n'ont pas craint de nous donner
» des marques précieufes de leur confiance & de
» leur affection pour notre caufe. Le refte des
» créanciers eft compofé de ceux de nos citoyens
» qui ont expofé leur vie & combattu pour éta-
» blir notre liberté, ou qui, dans l'origine, ont
» prêté leurs fonds à la nation, ou qui enfin ont
» daigné recevoir la créance des prêteurs. Vouloir
» établir des diftinctions entre leurs droits, feroit
» une entreprife auffi inutile pour la nation qu'o-
» dieufe pour les particuliers. Si la voix de l'hu-
» manité parle plus haut en faveur de certains
» d'entr'eux, la voix de la politique, d'accord
» avec celle de la juftice, parle en faveur de tous.

» Une nation sage ne permettra jamais que ceux
» qui secourent leur patrie dans ses besoins, ou
» ceux qui se confient à sa foi, à sa fermeté &
» à ses ressources, souffrent les uns plus que les
» autres. Enfin les droits, pour la défense des-
» quels l'Amérique a pris les armes, sont les
» droits de l'humanité. Grace à la providence,
» ils ont triomphé de toutes les oppositions, &
» ils forment actuellement la base inébranlable
» sur laquelle reposent treize *états* indépendans.
» Un gouvernement républicain n'a jamais eu &
» n'aura jamais une occasion si brillante de justi-
» fier par les faits les formes pures qui compo-
» sent sa constitution. Sous ce point de vue, les
» citoyens des *Etats-Unis* sont comptables du dé-
» pôt le plus important qui ait jamais été confié
» à une société politique. Si la justice, la bonne-
» foi, l'honneur, la gratitude & toutes les autres
» qualités qui ennoblissent le caractère d'une na-
» tion, résultent de nos établissemens, la cause
» de la liberté acquerera un lustre & une dignité
» qu'elle n'a jamais eu, & nous aurons la gloire
» de donner un exemple qui ne peut qu'avoir l'in-
» fluence la plus favorable sur les droits de l'hu-
» manité. Mais si nos gouvernemens ont le mal-
» heur de se déshonorer par une conduite direc-
» tement opposée aux vertus dont nous venons de
» parler, & qui sont les plus essentielles pour
» l'Amérique, la grande cause du genre humain
» sera avilie & trahie; la dernière & la plus cé-
» lèbre des preuves en faveur des droits des na-
» tions tournera contre elles-mêmes, & on verra
» leurs protecteurs & leurs amis insultés, & ré-
» duits au silence par les vils suppôts de la ty-
» rannie ».

Tel est le précis de l'adresse que le congrès
envoya aux divers *états* immédiatement après la
paix : on y retrouve l'équité, la sagesse & les
vues nobles que ce corps a montré dans toutes
les occasions. Le seul reproche qu'on puisse faire
aux provinces, c'est d'avoir mis de la lenteur dans
leurs délibérations; & pour celles qui d'abord
n'y ont pas consenti, de n'avoir point expliqué
la cause de leur refus momentané, & de n'avoir
pas déclaré hautement qu'elles établiroient des
impôts, dès que leur position le permettroit. Au
reste, les impôts nécessaires au paiement des intérêts de la dette sont établis dans presque toutes
les provinces; & si leur perception essuie encore
des retards, l'époque où elle n'en essuyera plus
n'est pas éloignée. Nous ajouterons, en terminant
cette apologie, que le congrès, bien instruit des moyens d'aiguillonner les peuples, s'est permis avec
raison de passer quelquefois la mesure dans ses reproches; que la déclaration faite au commencement de 1783 par M. Morris, surintendant des
finances des *Etats-unis*, avoit aussi le même motif

à bien des égards; & qu'en examinant de pareilles affaires, il ne faut pas oublier les ruses de
l'administration. Les hommes qui ont plus d'honnêteté que de lumières, ou ceux qui se plaisent à
tout critiquer, forment leur jugement avec précipitation, mais les autres ne sont pas si légers.
On ne connoît point en Europe les innombrables
ressources des *Etats-Unis*, & il s'en est présenté
une, qui bien ménagée, suffiroit elle seule pour
payer toutes les dettes des nouvelles républiques.

Le 20 octobre 1783, l'assemblée générale de
Virginie a donné au congrès tout le territoire situé au nord-ouest de l'Ohio, à condition que
ce territoire sera formé en *états* particuliers ou en
républiques, qui seront admises à la confédération américaine; qu'on disposera de ces terres,
d'une manière utile aux finances de l'union, & à
quelques conditions particulières qu'il n'est pas
nécessaire de rappeller ici, & qu'on peut lire
dans le journal du congrès de 1784 : la même
province a donné depuis au congrès les terres qui
sont en-deçà de l'Ohio.

La Caroline septentrionale a suivi un si bel exemple, & elle a donné aussi en 1784 une partie
considérable des terres dans le canton de l'ouest.
Il y a lieu de croire que la Caroline méridionale
& la Géorgie donneront, de leur côté, toutes
les terres qui s'étendent depuis les derrières de
leurs établissemens, jusqu'au Mississipi.

Ce territoire qu'on appelle de l'*ouest*, a plus de
17 degrés de latitude de hauteur sur une profondeur en longitude, qui varie de 7 à 21 degrés (1).
Les terres sont neuves & fécondes sur cet immense district. Quelques-unes, telles que le canton
où se trouve l'établissement de Kentucke, dont
nous parlerons plus bas, & celles qui avoisinent le Mississipi, sont d'une fertilité extraordinaire, & le congrès les vendant aujourd'hui, il
il est impossible de calculer ce qu'il en tirera. On verra dans la section 12e, quels réglemens on a fait sur ces terres, de quelle manière
on les vend, & quelles loix on a donné aux *états*
nouveaux qui s'y formeront. Mais c'est ici le lieu
d'observer que la cession du territoire de l'Ouest,
faite au congrès par la Virginie & les deux Carolines, a procuré à l'union fédérale les moyens
de terminer promptement & d'une manière honorable ce qui a rapport aux terrains promis aux officiers & aux soldats de l'armée continentale. Nous
dirons ailleurs que, dans la division de ce territoire, on a laissé des lots pour les soldats & les
officiers, & que chacun d'eux peut en jouir dès-
à-présent. Le congrès avoit pris avec eux un autre engagement; il avoit offert aux seconds leur
demi-paye à vie, & ensuite cinq années de leur
solde, s'ils l'aimoient mieux, & aux soldats une

---

(1) On trouvera plus bas des calculs précis sur son étendue.

année entière de leur paye. Lorsque le général Washington abandonna le commandement, il réclama toutes ces promesses dans la belle lettre qu'il adressa aux chefs des différentes provinces; il les fit valoir avec toute la chaleur & toute l'énergie possibles. L'Europe jugea que les *états* de l'union américaine montroient bien de l'ingratitude, puisqu'il falloit employer autant de raisons pour obtenir le paiement d'une dette aussi juste & aussi sacrée; & cette opinion acquit de la force, quand les provinces y mirent de la résistance, quand elles soutinrent que le congrès avoit outrepassé ses droits; qu'on ne les avoit point consultés sur ces arrangemens, & quand elles semblèrent se prévaloir de cette raison misérable : comme si le congrès toujours dans la détresse, & apprenant chaque jour que des brigades entières abandonnoient leurs drapeaux, ou étoient prêtes à les abandonner, eût pu renvoyer ces malheureux guerriers, à l'époque où chacune des provinces auroit délibéré & prononcé sur les récompenses qu'on leur accorderoit.

Les divers *états* de l'union sont revenus sur ce point, ainsi que sur tant d'autres, où le zèle de leurs prérogatives & le sentiment de leur misère momentanée les avoient obligés à des délais. Cette affaire est aujourd'hui arrangée; le congrès a dirigé la négociation avec une sage adresse; les sommes dûes aux officiers & aux soldats ont été liquidées : chacun d'eux a reçu un certificat du bureau du trésor, & ainsi que nous l'observions tout-à-l'heure, on leur paie l'intérêt avec exactitude. On profite de toutes les occasions qui se présentent pour acquitter le principal. On reçoit les certificats au-lieu d'argent de ceux qui achètent les terres mises en vente par le congrès; & on ne tardera pas à adopter une méthode plus régulière & plus efficace de payer le tout. On a dû remarquer dans les comptes rendus un article sous le nom de *commutation*; il désigne la conversion de la demi-paye promise aux officiers durant leur vie, en 5 années de paye, une fois comptées.

On avoit proposé en outre d'accorder aux officiers & aux soldats une exemption de taxes pour un temps limité & d'autres espèces d'exemptions; mais nous ignorons ce qui a été résolu sur ce dernier point.

Le docteur Price, dans ses *Observations on the importance of the american revolution*, indique aux *États-Unis* un moyen de se débarrasser à jamais des dettes & des impôts avec les terres de l'Ouest dont nous parlions tout-à-l'heure. Il suppose que leur dette fédérale est de 9 millions sterlings, & qu'elles paient un intérêt de 5 & demi pour cent. Des taxes d'un million par an paieroient, dit-il, les intérêts & laisseroient un excédent d'un demi-million par an qui acquitteroit le principal en 13 ans.

Les dettes acquittées, 100,000 liv. sterlings, accumulées, ou plutôt, employées chaque année au défrichement de nouveaux terreins ou à d'autres objets d'utilité, donneroient, en peu d'années, un fonds qui suffiroit pour défrayer les dépenses de la confédération & délivrer à jamais les *états* de dettes & de taxes. Ce fonds en réserve, placé de manière qu'il produise 5 pour cent, produiroit en 19 ans un capital de 3 millions sterlings; en 57 ans, un capital de 30 millions sterlings; en 81 ans, un capital de 100 millions sterlings, & en 100 ans, un capital de 261 millions sterlings. Si on peut le faire valoir à 10 pour cent, il produira en 45 ans un trésor de 100 millions & de 1000 millions ou d'un milliard en 97 ans.

Les lecteurs instruits ne manqueront pas de faire les objections dont le plan du docteur Price est susceptible. Il offriroit sans doute des avantages, & ces avantages, réduits à leurs justes bornes, méritent encore quelque attention : mais l'expédient, adopté par le congrès à l'égard des terres de l'Ouest, est beaucoup plus simple.

Pour ne rien oublier de ce qui a rapport aux finances des *États-Unis*, nous dirons que les circonstances ne permettent pas encore aux individus de payer avec bien de l'exactitude leurs dettes particulières.

A la fin de la guerre, les individus de la Virginie devoient sûrement 2 millions sterlings à la Grande-Bretagne; quelques personnes ayant évalué cette dette à 3 millions, on peut l'estimer à 2 millions 500 mille livres sterlings. La dette individuelle de cette province équivaloit à-peu-près à la dette individuelle des douze autres provinces réunies. C'étoient les suites du commerce du tabac. Les marchands anglois faisoient sur les tabacs des bénéfices si considérables, qu'ils mettoient tous les moyens en usage pour qu'on leur en confiât une plus grande quantité. Ils en imaginèrent un puissant; ils vendoient à bas prix & ils donnoient un long crédit au planteur; quand ils l'avoient accablé de plus de dettes qu'il n'auroit pu en acquitter avec le produit de la vente de ses terres ou de ses esclaves, ils réduisoient le prix du tabac; & quelque riches que fussent ses cargaisons, quelque modiques que fussent ses demandes des choses nécessaires à sa position, il se trouvoit toujours hors d'état de payer complettement son créancier. Les dettes étoient devenues héréditaires de père en fils, depuis plusieurs générations, ensorte que les planteurs sembloient appartenir à quelques maisons de commerce de Londres.

Durant la guerre, les divers *états* ne se sont pas conduits de la même manière à l'égard des créances des anglois sur les américains. Selon les loix de la Virginie & de la plupart des *états* de l'union, les mêmes en ce point que celles de l'Angleterre, auxquelles l'Europe ne fait point atten-

tion

attention (1), un étranger ne peut posséder des terres du pays ; un débiteur, poursuivi en justice, est autorisé à répondre que son créancier est un ennemi étranger, & cette réponse le soustrait à ses poursuites. Après l'acte d'indépendance & la déclaration de guerre, les anglois devinrent des ennemis étrangers pour les citoyens des *Etats-Unis* ; les terres qu'ils possédoient dans les nouvelles républiques, se trouvoient confisquées, & ils n'avoient plus de moyens de se faire payer de leurs débiteurs. Quoique la loi dont nous parlons ne s'observe pas en Angleterre, parce que les débiteurs, plus honnêtes que la loi, ne profitent point d'une disposition si barbare, quoiqu'il soit bien dangereux pour le crédit d'en maintenir l'exécution, les américains profitèrent des avantages qu'elle offroit, & vû la position où ils se trouvoient, ils ne méritent point de reproches à cet égard. Les assemblées législatives craignirent cependant de nuire à leur réputation, & elles passèrent à différentes époques des actes en faveur des créanciers anglois. Celle de Virginie séquestra d'abord les terres, les esclaves & les autres propriétés ; elle confia ces biens séquestrés à des commissaires qui, pour la plupart, étoient les amis ou les agens des propriétaires, & elle ordonna de déposer au trésor ce qu'on en tireroit ; elle permit à tous ceux qui devoient aux sujets de la Grande-Bretagne, de payer leurs créanciers en déposant les sommes au trésor public ; elle déclara que l'argent, ainsi déposé, demeureroit propriété des sujets de la Grande-Bretagne, & que si l'*état* s'en servoit, il le rendroit, à moins que la conduite de l'Angleterre n'en justifiât la confiscation. Les billets-monnoies commençoient à tomber, & les débiteurs payèrent des sommes considérables avec ce papier. Ne voulant rien changer aux loix qui défendent à un étranger de posséder des terres dans l'*état*, elle ordonna quelque temps après, de vendre toutes les propriétés angloises, & s'appercevant du progrès de la dépréciation du papier-monnoie, & des pertes qu'essuieroient le trésor ou les particuliers sur l'article des séquestres, elle ordonna de convertir le produit des ventes en tabacs, dont elle indiqueroit ensuite l'usage. Au mois de mai 1780, elle révoqua la permission accordée aux débiteurs, de payer au trésor ce qu'ils devoient aux sujets britanniques. Les sommes séquestrées au trésor de Virginie, pendant la guerre, y étoient encore à la fin de 1785. Les anglois ayant refusé de satisfaire le congrès sur les esclaves qu'ils ont enlevé, contre la teneur du traité de paix, & de livrer les postes qui se trouvent dans les limites des *Etats-Unis* ; l'exécution de ce traité est en quelque sorte suspendue. On est tenté de croire que le remboursement présentera des difficultés ; que des sommes considérables ayant été payées en papier-monnoie par les débiteurs, les créanciers

anglois se plaindront, & avec justice, si cette perte tombe sur eux, & que si le trésor de Virginie le supporte, il augmentera le fardeau de sa dette : mais la perte ne retombera pas sur le créancier anglois ou sur le trésor de Virginie. Le traité de paix avec l'Angleterre a statué que les créanciers anglois & américains ne perdroient rien sur leurs créances mutuelles. On comptera au débiteur, non la valeur nominale, mais la valeur réelle de ce qu'il a payé, & il paiera la différence. Cet arrangement est juste, & le débiteur ne pourra se plaindre. Car si un américain, devant 1000 piastres à un anglois, a déposé au trésor public 800 piastres en papier-monnoie, lorsque la dépréciation étoit de 8 pour un, il est clair qu'il a seulement payé 100 piastres effectives & qu'il en redoit 900. Il est probable qu'il avoit reçu ces 800 piastres de papier-monnoie en échange de cent boisseaux de bled, qui n'ont jamais valu plus de 100 piastres d'argent. On a vû en d'autres gouvernemens des opérations pareilles, favorables aux débiteurs ; mais lorsqu'on s'est conduit de cette manière, on s'est écarté des principes de la justice, & les *Etats-Unis* & l'Angleterre n'ont pas voulu suivre de si mauvais exemples. Nous ajouterons que les créanciers américains n'auroient pas dû être payés avec des valeurs nominales, ainsi que cela est arrivé ; le congrès & les gouvernemens des diverses provinces n'ont pu arrêter cet abus, d'autant plus sensible, qu'il se trouvoit contradictoire avec les opérations du corps législatif de l'union ou des assemblées générales. Nous avons expliqué plus haut, que le congrès ne donnoit pas son papier-monnoie selon sa valeur nominale, mais selon le taux de la dépréciation ; & néanmoins, tous les débiteurs payoient leurs créanciers américains avec ce papier-monnoie, selon sa valeur nominale. Un grand nombre d'anglois crurent profiter de ces malheureuses circonstances : plusieurs d'entr'eux avoient de l'argent dans les *Etats-Unis* ; ils faisoient acheter du papier-monnoie, selon le cours de la dépréciation, & ils le donnoient à leurs créanciers, selon sa valeur nominale ; mais ainsi que nous venons de le dire, le traité de paix les oblige à payer la différence. Quant aux paiemens qui se font entre les américains, il paroît que les créanciers supporteront la perte.

Les citoyens de la Virginie paient actuellement leurs dettes aux sujets britanniques, & les loix même permettent à ces derniers d'appeler leurs débiteurs devant les tribunaux. Mais comme le montant de ces dettes excède 20 ou 30 fois tout l'argent qui circule dans cette province, les mêmes loix autorisent les débiteurs à s'acquitter à l'égard de leurs créanciers en sept paiemens égaux & annuels. Cette grace ne semble pas d'abord d'une justice bien rigoureuse ; mais si on l'examine, on la trouvera favorable aux créanciers anglois. Cha-

---

(1) Blackstone, liv. I, chap. 10.
Œcon. polit. & diplomatique. Tom. II.　　　　　　　D d d

cun fait que fi les créanciers accablent tous à la fois un malheureux débiteur, dont les affaires ne font qu'embarraffées, ils finiffent par perdre quelque chofe, lorfqu'ils n'auroient rien perdu, fi on lui eût donné du temps ; & telle eft la pofition des débiteurs en Virginie, que fans le réglement dont on vient de parler, leur ruine étoit inévitable : le créancier anglois auroit ainfi perdu beaucoup plus qu'il ne perdra par la rentrée tardive de fes fonds.

D'autres *états* de l'union ont paffé des actes qu'on peut excufer de la même manière. Il paroît que la Caroline méridionale permet à un débiteur de payer fes créanciers en offrant telle partie de fa propriété ou telles marchandifes qu'il voudra. La néceffité a produit cette difpofition. La Caroline méridionale n'avoit point d'argent, & elle devoit beaucoup à la Grande-Bretagne : il eût été facile aux anglois de ruiner le colon, & fi l'affemblée légiflative a cru devoir les contenir, on ne doit pas le trouver mauvais.

Il n'y a plus de furintendant des finances. Le 28 mai 1784, un acte du congrès a créé un bureau du tréfor, compofé de trois commiffaires. Les opérations de ce bureau ne laiffent rien à defirer ; mais pour que l'effet en foit bien fenfible, il faut de la patience. La paix n'eft fignée que depuis trois ans ; & dans cet intervalle on n'a pu réparer les pertes & les défaftres qu'ont produit fept années d'une guerre cruelle. L'Europe ne doit point juger avec févérité les arrangemens de finances que prennent les *Etats-Unis* ; & tout fe réduit à examiner ici ce qui eft poffible & ce qui ne l'eft pas. D'un autre côté, le congrès & les diverfes provinces doivent calculer leurs démarches fur leur pofition, & ne pas former des projets qui ont befoin d'un crédit national mieux affermi. Ainfi, lorfqu'on a cherché à donner de la ftabilité à la banque de Philadelphie, on s'eft trop preffé. Si les banques font convenables aux pays libres, c'eft aux pays libres qui ont un crédit national éprouvé, & qui méritent d'en avoir un. Les dernières nouvelles d'Amérique difent que cette banque eft à-peu-près détruite, & il ne faut pas s'en étonner.

Les *Etats-Unis* n'ont point encore de monnoie particulière (1) : nous avons lu un pamphlet qui propofe d'employer la piaftre comme mefure de compte ; & de fabriquer une première monnoie du même poids ; une feconde, d'une demi-piaftre ou de 5 dixièmes ; une troifième, de 2 dixièmes ou d'un cinquième de piaftre ; une quatrième, d'un dixième de piaftre ; & enfin, une cinquième, d'un vingtième de piaftre : l'auteur prouve très-bien qu'on ne peut choifir une valeur qui offre plus

d'avantages, & il y a lieu de croire qu'on fe rendra à la jufteffe de fes raifons.

La piaftre d'Efpagne eft aujourd'hui la principale monnoie courante en Amérique. Il n'y a pas, à beaucoup près, autant de louis qu'on pourroit l'imaginer, d'après les fommes qu'y a verfées la France. Quant aux monnoies d'Angleterre, elles font devenues fort rares ; auffi, le numéraire n'eft-il pas commun dans les *Etats-Unis* : il eft aifé de prévoir qu'il y fera rare, au moins 20 ans. Ce n'eft que par la balance du commerce qu'ils pourroient avoir un numéraire confidérable, & la balance du commerce ne peut leur être avantageufe dans ces premières années où ils manquent de fabriques. Enfuite, quand cette balance du commerce leur feroit avantageufe, l'intérêt des fommes qu'ils doivent à l'étranger, abforberoit ce bénéfice. Au refte, qu'ils ne s'en effraient pas. Ceux qui s'intéreffent le plus à leur profpérité & à leur bonheur, leur fouhaitent, non ces richeffes factices que produifent l'or & l'argent, mais les véritables richeffes qu'offrent la culture & des manufactures bornées, c'eft à-dire, l'abondance convenable à des peuples libres qui ne veulent pas fe corrompre.

SECTION VIIe.

Dans quel état fe trouvent aujourd'hui les nouvelles républiques américaines.

En examinant fur la carte l'immenfe terrein qui compofe les *Etats-Unis*, l'imagination embraffe l'avenir : il eft doux de penfer que la culture & la liberté vont s'établir fur les plus belles parties du nouveau-Monde, & on peut dire à ceux qui confervent des inquiétudes fur les finances des nouvelles républiques : voyez ce raviffant tableau, & n'ayez plus de crainte.

Il faut louer le miniftre qui a fait la paix de la Grande-Bretagne avec les *Etats-Unis* ; il n'a point eu la foibleffe ordinaire aux hommes d'état ; il a fixé d'une manière généreufe les limites des provinces de l'union : il a fenti qu'on lui reprocheroit de ne les avoir pas refferrées ; mais voyant que les nouvelles républiques n'avoient plus de bornes que celles dont elles voudroient s'environner, il a cru devoir prévenir des querelles funeftes à l'Angleterre pour les temps où elle auroit des miniftres moins généreux.

D'après le fecond article du traité, les *Etats-Unis* s'étendent au nord, depuis l'angle nord-oueft de la nouvelle-Ecoffe, ou depuis l'angle formé par une ligne nord, tirée de la fource de la rivière de Sainte-Croix, le long de la chaîne de

---

(1) Les dernières nouvelles d'Amérique, (du mois de février 1786) apprennent feulement qu'on vient d'y fabriquer une monnoie de cuivre, & qu'on y fabriquera bientôt des monnoies d'or & d'argent.

montagnes qui séparent les rivières, dont les embouchures sont dans le fleuve Saint-Laurent, de celles qui tombent dans l'Océan Atlantique, jusqu'à la source le plus nord-ouest de la rivière de Connecticut. De-là le long du milieu de cette rivière, jusqu'au 45e degré de latitude; de la même latitude, par une ligne exactement ouest, jusqu'à la rivière des iroquois ou de Cataraqui; de-là le long du milieu de cette rivière, jusqu'au lac Ontario; & en traversant le milieu du lac Ontario, jusqu'à la communication par eau, entre ce lac & le lac Erie; de-là le long du milieu du lac Erie, jusqu'à la communication par eau entre ce lac & le lac Huron: de-là le long du milieu du lac Huron, jusqu'à la communication par eau entre ce lac & le lac supérieur; de-là traversant le lac supérieur, au nord des isles royales ou Philipeaux, jusqu'au long lac; du long lac, coupé par le milieu, jusqu'à la communication par eau entre ce lac & le lac des Bois, & jusqu'au lac des Bois; de-là traversant ce lac, jusqu'à sa pointe la plus nord-ouest, & de-là jusqu'à la rivière du Mississipi: à l'ouest, d'une ligne qui part du dernier point, & qui se prolonge par le milieu du fleuve Mississipi, jusqu'à ce qu'elle coupe la partie nord de 31 degrés de latitude septentrionale: au sud, depuis une ligne tirée directement à l'est du dernier point, par 31 degrés de latitude nord, jusqu'au milieu de la rivière Apalachicola ou Catahouche; de-là le long du milieu de cette rivière, jusqu'à sa jonction avec la rivière Flint; de-là directement jusqu'à la source de la rivière de Sainte-Marie, jusqu'à l'Océan Atlantique: à l'est, sur une ligne qui commence aux frontières de la Floride, & qui se prolonge le long de la côte jusqu'à l'embouchure de la rivière de Sainte-Croix dans la baye de Fundy, en comprenant chacune des isles qui se trouvent jusqu'à 20 lieues des côtes des Etats-Unis, & entre des lignes tirées exactement est, des points où les limites, entre la nouvelle-Ecosse d'une part, & la Floride orientale de l'autre, toucheront respectivement la baye de Fundy & l'Océan Atlantique, à l'exception des isles qui sont ou ont été jusqu'à présent dans la dépendance de la nouvelle-Ecosse.

Ces limites sont ainsi déterminées d'une manière très-précise: les montagnes, les rivières, les lacs, l'Océan Atlantique & les degrés de latitude serviront toujours à les faire reconnoître, & il faut observer qu'on semble ne pas avoir trouvé une précision assez rigoureuse dans les observations sur les dégrés de longitude, puisque le traité n'emploie jamais cette expression.

En parlant des terres de l'ouest qui ont été cédées au congrès par la Virginie & la Caroline septentrionale, & de celles qui le seront bientôt par la Caroline méridionale & la Géorgie, & où

les citoyens des Etats-Unis formeront de nouveaux établissemens, nous n'avons point calculé leur étendue d'une manière rigoureuse. On verra plus bas (1), d'après des calculs précis, que le territoire des Etats-Unis contient environ un million de milles anglois quarrés, c'est-à-dire, plus de 330 mille lieues quarrées; & comme les treize provinces actuelles forment à-peu-près les trois huitièmes du tout, ou 123, 750 lieues quarrées, le territoire seul de l'ouest offre à la culture 206, 250 lieues quarrées. La Virginie, avant la cession qu'elle a faite à l'union des terres situées sur les derrières de ses établissemens, étoit d'un tiers plus étendue que les isles de la Grande-Bretagne & de l'Irlande, & les bornes qu'elle s'est fixée elle-même depuis ses cessions au congrès, lui laissent encore à-peu-près l'étendue de territoire que possède la nation angloise en Europe. Voyez l'article VIRGINIE.

Un auteur qui a tracé l'histoire des établissemens de toutes les nations dans les deux Indes, & qui, malgré ses fautes, a mérité leur reconnoissance, parle avec peu d'éloges des terres défrichées par les Etats-Unis, & il semble leur supposer peu de ressources. On l'a induit en erreur, & nous tâcherons de rétablir ici la vérité des faits.

» L'espace occupé par les treize républiques, » entre les montagnes & la mer, n'est que de » 67 lieues marines, dit-il; mais sur la côte leur » étendue est en ligne droite, de trois cens quarante-» cinq, depuis la rivière de Sainte-Croix jusqu'à » celle de Savannah.

» Dans cette région, les terres sont presque » généralement mauvaises, ou de qualité médio-» cre.

» Il ne croît guères que du maïs dans les quatre » colonies les plus septentrionales. L'unique res-» source de leurs habitans est la pêche, dont le » produit annuel ne s'élevoit pas avant la guerre, » au-dessus de 6,000,00. liv.

» Le bled soutenoit principalement les provin-» ces New-York, de Jersey & de Pensilvanie. » Mais le sol s'y est si rapidement détérioré, que » l'acre qui donnoit autrefois jusqu'à 60 boisseaux » de froment, n'en produit plus que vingt fort » rarement.

» Quoique les campagnes du Maryland & de » la Virginie soient fort supérieures à toutes les » autres, elles ne peuvent être regardées comme » très-fertiles. Les anciennes plantations ne ren-» dent que le tiers du tabac qu'on y récoltoit » autrefois. Il n'est pas possible d'en former beau-» coup de nouvelles, & les cultivateurs ont été » réduits à tourner leurs travaux vers d'autres » objets.

» La Caroline septentrionale produit quelques » grains, mais d'une qualité si inférieure, qu'ils

(1) Voyez plus bas les calculs sur la population.

» font vendus vingt-cinq ou trente pour cent de
» moins que les autres dans tous les marchés.
» Le fol de la Caroline méridionale & de la
» Géorgie eft parfaitement uni jufqu'à 50 milles
» de l'Océan. Les pluies exceffives qui y tom-
» bent, ne trouvant point d'écoulement, forment
» de nombreux marais, où le riz eft cultivé au
» grand détriment des hommes libres & des ef-
» claves occupés de ce travail. Dans les inter-
» valles que laiffent ces amas d'eau fi multipliés,
» croît un indigo inférieur qu'il faut changer de
» place chaque année. Lorfque le pays s'élève,
» ce ne font plus que des fables rebelles, ou
» d'affreux rochers, coupés de loin en loin par
» des pâturages de la nature du jonc.
» Le gouvernement anglois, ne pouvant fe
» diffimuler que l'Amérique feptentrionale ne l'en-
» richiroit jamais par les productions qui lui
» étoient propres, imagina le puiffant reffort des
» gratifications, pour créer dans cette partie du
» nouveau-Monde le lin, la vigne & la foie. La
» pauvreté du fol repouffa la première de ces
» vues; le vice du climat s'oppofa au fuccès de
» la feconde, & le défaut de bras ne permit pas
» de fuivre la troifième. La fociété, établie à
» Londres pour l'encouragement des arts, ne fut
» pas plus heureufe que le miniftère; fes bienfaits
» ne firent éclore aucun des objets qu'elle avoit
» propofés à l'activité & à l'induftrie de ces con-
» trées.
» Il fallut que la Grande-Bretagne fe contentât
» de vendre chaque année aux contrées qui nous
» occupent, pour environ cinquante millions de
» marchandifes. Ceux qui les confommoient, lui
» livroient exclufivement leurs indigos, leurs fers,
» leurs tabacs & leurs pelleteries. Ils lui livroient
» ce que le refte du globe leur avoit donné d'ar-
» gent & de matières premières, en échange de
» leurs bois, de leurs grains, de leur poiffon, de
» leur riz & de leurs falaifons. Cependant la ba-
» lance leur fut toujours fi défavorable, que lorf-
» que les troubles commencèrent, les colonies
» devoient cent vingt ou cent trente millions à
» leur métropole, & qu'elles n'avoient point de
» métaux en circulation ».

Selon des hommes très-inftruits, la fertilité des
terres des nouvelles républiques eft, en général,
fupérieure à la fertilité de la plupart des pays de
l'Europe; & plufieurs cantons, tels que les bords
de l'Ohio & du Miffiffipi, fans avoir été perfec-
tionnés par une longue fuite de travaux & d'engrais, égalent en richeffes les plus belles campagnes de l'Angleterre. La fertilité des diftricts
voifins des côtes de la mer paroît avoir diminué,
ainfi qu'elle diminue toujours, après quelques années de culture, lorfqu'on ne la répare pas. On
ne croit plus à ces belles théories qui faifoient
dégénérer les hommes, les animaux & les productions fur le fol du nouveau-Monde. Si les terres d'Europe femblent ne pas s'épuifer, c'eft que

d'une année à l'autre on multiplie les engrais,
& qu'on y redouble de foins. La même chofe arriveroit fans doute en Amérique; mais les colons
pouvant toujours travailler de nouvelles terres,
lorfque la richeffe des anciennes diminue, ils négligent celles-ci & ils ont raifon. C'eft par des
vues fages que le Maryland & la Virginie abandonnent peu-à-peu la culture du tabac. Cette
culture amaigrit le fol; elle fatigue les hommes
& les animaux; elle leur donne de mauvaifes fubfiftances & en petite quantité. Si les grains de la
Caroline feptentrionale ne font pas excellens,
pour en accufer le climat & le fol, il faudroit
examiner fi le froment ne s'améliore point dans un
pays, par l'induftrie & la conftance du cultivateur, & fi la terre peut produire de bon froment
lorfqu'elle eft défrichée depuis peu.

Vraifemblablement le fol des Etats-Unis ne fe
trouve pas fufceptible de toutes les cultures;
mais c'eft une fuite de fa pofition & non de fa
ftérilité. On ne doit point affurer encore qu'il re-
pouffe la culture du lin. La vigne & la foie ne
peuvent croître que dans les provinces les plus
méridionales; & pour prononcer qu'on n'en verra
jamais dans la Caroline du fud & la Géorgie, il
faut attendre les effets de la conftance infatigable
d'un peuple libre, qui voudra trouver chez lui
la plupart des productions utiles, & qui exploitera
les anciennes terres avec plus de zèle, lorfqu'il
n'en aura plus de nouvelles à défricher. Si les
bienfaits du gouvernement britannique & de la
fociété établie à Londres pour l'encouragement
des arts, n'ont point eu de fuccès, on doit en
conclure feulement que le ftérile honneur & le
foible appas d'une récompenfe n'ont point dé-
rangé les vues des colons.

Sans doute, la balance du commerce a été défavorable aux colonies jufqu'à la révolution; elle
doit l'être encore long-temps. Quoi donc, les
nations nouvelles peuvent-elles s'enrichir auffi facilement que les particuliers? On oublie qu'il faut
des fiècles pour confolider l'établiffement de toutes les nations nouvelles; que les colonies dont
on parle fe font formées dans le nouveau-Monde,
& qu'elles ont été réduites à tirer de l'Europe
leurs capitaux & même leurs inftrumens de culture. On fait d'ailleurs avec quelle ardeur intéreffée le négociant anglois prodiguoit fes fecours
aux colons, & avec quel foin le miniftère britannique arrêtoit leur induftrie. Un nouvel ordre
de chofes va commencer, & le progrès en tout
genre des républiques de l'union américaine ne
tardera pas à démentir toutes les fpéculations.

Qu'importe, après tout, la fertilité plus ou
moins grande du fol des Etats-Unis? & que fait
au bonheur de fes citoyens le degré plus ou moins
confidérable de la qualité de fes productions?
C'eft fur les fols ingrats que fe maintiennent les
conftitutions républicaines : la molleffe & l'abondance énervent le courage, &, dans les pays fa-

vorifés de la nature, les hommes aiment bientôt le repos & le plaifir plus que la liberté. Nous ne craindrons pas de le dire, nous voudrions que les citoyens des *Etats-Unis*, obligés toujours à un travail pénible & condamnés fans ceffe aux privations du luxe, trouvaffent dans la nature de leur pays, l'énergie de caractère & la fobriété de mœurs dont ils auront befoin.

Ils fe font occupés, immédiatement après la paix, du foin de réparer les ravages de l'armée angloife. Elle avoit prefque détruit un affez grand nombre de villes ; nous nous contenterons de nommer ici Charles-Town, New-London, Norfolk, Fair-Field, Efopus, maintenant Kingfton, Falmouth, Dambury, Norfolk, Portfmouth, Suffolk, &c. Ses déprédations dans les campagnes avoient été bien plus confidérables, & pour calmer l'humeur de ces hommes fi preffés, qui s'étonnent de voir les nouvelles républiques demander des délais pour acquitter leurs dettes, il suffiroit de leur montrer les reftes des incendies & des dévaftations qu'a produit la guerre.

Aujourd'hui que les américains font en pleine poffeffion de leur liberté, on peut les féliciter fur ces dévaftations & fur ces incendies. En fongeant à ce qu'il leur en a coûté pour devenir libres, ils fentiront mieux les avantages de leur pofition : ils fe rappelleront qu'un général anglois écrivoit à fon miniftre : *j'ai la fatisfaction de vous annoncer que je n'ai pas laiffé pierre fur pierre dans la ville d'Efopus :* ils fe fouviendront, que dans l'efpace de trois ans, onze mille de leurs prifonniers font morts de befoin & de mauvaife odeur dans un feul vaiffeau (le Jerfey) (1) ; que Tarleton fit hacher un détachement américain qui venoit de mettre bas les armes ; que 50 de ces malheureux guérirent de leurs bleffures, & qu'on les a vus, durant plufieurs années, mutilés d'une manière effrayante ; que ce même Tarleton donnoit aux fabres de fes foldats le tranchant des rafoirs, cruauté que les loix de la guerre n'autorifent pas ; & que pour interrompre ce bel ufage, un général américain fut obligé de lui envoyer un fabre affilé de la même manière, en l'avertiffant qu'il feroit impitoyable, comme on l'étoit envers lui : ils fe fouviendront que le parlement paffa, au commencement de la guerre, un acte qui obligeoit les américains, faits prifonniers en mer, à porter les armes contre les *Etats-Unis* ; & qu'on les déterminoit à fervir, en les affamant & en leur donnant des coups de fouet ; que ce fut pour eux la plus infupportable des cruautés, parce que les autres affectoient le corps, & que celle-ci révoltoit leur cœur ; que la frayeur d'avoir tué leur père ou leur frère les tourmenta toujours ; que plu-

fieurs eurent affez de conftance pour perfifter dans leur refus, quoiqu'on ne leur donnât qu'une demi-ration, & qu'on les accablât de coups ; mais que ces braves gens furent envoyés en Angleterre & de-là aux Indes orientales ; que les officiers généraux, l'adminiftration & le parlement fe font rendus coupables de forfaits plus grands encore : ils fe fouviendront, qu'après la bataille de German-Town, les prifonniers furent entaffés dans la cour du palais de la république à Philadelphie ; qu'on les y laiffa trois jours fans nourriture ; que les vivres arrivèrent, lorfqu'un grand nombre de ces infortunés étoient morts de faim ; que dans leurs derniers momens, ils avoient mangé l'herbe qui fe trouvoit à leur portée ; ils fe fouviendront qu'un anglois prit dans la haute mer un de leurs navires chargé de 500 nègres ; que les américains & les nègres furent jettés dans la cale ; & que lorfqu'on l'ouvrit, la moitié avoit fuccombé à de fi horribles fouffrances ; ils rapprocheront cet infernal cachot du trou de Calcutta qui a excité tant de fureur en Angleterre, & ils jugeront que le nabab du Bengale n'a pas été le plus cruel : ils tranfmettront à leurs enfans mille autres détails épouvantables ; & ils leur apprendront que l'une des grandes nations les plus éclairées, & peut-être la plus fage dans fon régime intérieur, furpaffe les peuples barbares, lorfqu'elle veut exercer fa domination.

Les *Etats-Unis* profitent avec zèle du loifir de la paix ; & fi en quelques points leur marche eft plus lente qu'on ne le defireroit en Europe, elle eft plus rapide fur beaucoup d'autres qu'on ne pouvoit l'efpérer, &, comme nous l'avons déjà dit, leur progrès étonnera bientôt les nations de l'ancien-Monde. Ils perfectionnent la navigation de leurs fleuves, & les vaftes travaux qu'ils ont commencé, feront d'une utilité bien étendue : voici l'extrait de la lettre, du 17 octobre 1785, écrite d'Alexandrie, ville de la Virginie, fituée fur la rivière de Potawmack. « Lorfque le général Washington abdiqua le » commandement, il conçut l'idée utile de per» fectionner la navigation des fleuves *Potawmack* » & *James*, dont les branches pénètrent à des » diftances très-éloignées. La première partie de » ce projet ne pouvoit être exécutée que par le » fecours d'une loi mutuellement paffée par les » états de *Virginie* & de *Maryland* qui fépare ce » grand fleuve. On fut fi frappé des vues patrio» tiques de M. Washington, qu'il ne fe trouva » pas une feule voix dans les deux affemblées » légiflatives qui s'y oppofaffent. Les fonds né» ceffaires furent bientôt fournis ; 50,000 livres » fterlings pour le premier, & 40,000 liv. fterl. » pour le fecond.

---

(1) Le vaiffeau le *Jerfey* a été, prefque durant toute la guerre, dans la rade de la Nouvelle-York. On y entaffoit les prifonniers américains, & on a calculé que ce bâtiment feul avoit jetté à la mer onze mille cadavres, en moins de trois ans.

» Notre illuftre concitoyen n'a ceffé depuis de
» s'en occuper : il a pris lui-même tous les niveaux
» néceffaires au-deffus de cette ville (Alexandrie).
» Ce fut le premier de ce mois, qu'au milieu de
» plufieurs milliers de fpectateurs, le général fit
» fauter les premiers éclats de ces antiques ro-
» chers, qui ont fi long-temps obftrué la navi-
» gation de ce beau fleuve. Dans trois ou quatre
» ans, toutes les productions de cette partie de
» la Virginie, depuis le pied des montagnes d'Al-
» léghény, pourront venir par eau jufqu'à cette
» ville, dont la profpérité va finguliérement aug-
» menter ; il n'eft pas même improbable qu'en
» perfectionnant la navigation de la rivière Sauva-
» ge (ce à quoi on a déja penfé), on puiffe enfin
» pénétrer jufqu'aux fources de la Youyoughéni
» qui tombe dans la Monongahéla, & unir enfin
» par une navigation intérieure l'ancienne Virgi-
» nie, avec les contrées ultramontaines. M. Wa-
» shington met à l'avancement d'un ouvrage fi
» étendu, le génie & la perfévérance qui l'ont
» fi long-temps & fi heureufement guidé dans la
» carrière militaire ; les travaux de la rivière James
» ont été commencés à la même époque. Je ne
» fais fi vous connoiffez une des branches de ce
» fleuve, appellée la Fluvana ; notre gouverne-
» ment fonge à l'unir par un canal avec le Ta-
» niffée, une des branches du grand fleuve des
» Chérakis, qui tombe dans l'Ohio, à trente
» lieues de fon embouchure dans le Miffiffipi. Si
» vous & moi vivons encore dix ans, nous pour-
» rons peut-être aller de la baye de Chefapeak à
» la nouvelle-Orléans par cette nouvelle voie, à
» travers notre continent ; ce qui formera une
» communication d'au moins 500 lieues.
» Les commiffaires qui avoient été envoyés l'an-
» née dernière par le gouvernement, pour tracer
» le canal deftiné à unir la navigation de la baye
» de Chefapeak avec le Sonde d'Albermale, dans
» la Caroline du nord, viennent d'en faire le rap-
» port le plus favorable. Cette communication,
» qui n'exige qu'un canal très-court, & dont trois
» milles ont été achevés avant la guerre, paffera
» à travers le Difmal-Swamp. Alors la ville de
» Norfolk, bâtie à l'embouchure de la rivière
» d'Elifabeth, à peu de diftance du Cap-Henry,
» deviendra l'entrepôt de toutes les productions
» de la Caroline du nord. Sans être expofés aux
» dangers de la navigation maritime de cet état,
» nous pourrons pénétrer à plus de cent lieues de
» profondeur, & remonter les grandes rivières
» navigables qui tombent dans cette vafte mer in-
» térieure.
» Le canal du Maryland, deftiné à faciliter la
» navigation de la rivière Sufquehannah, & à
» apporter à Baltimore les productions que four-
» nira un jour l'immenfe & fertile région qu'elle
» arrofe, doit avoir 21 lieues de longueur ; il y
» en a déja près d'un cinquième de fait ; par l'effet
» du plus grand hafard, plufieurs milliers d'eu-

» ropéens, arrivés l'année dernière, en ont en-
» trepris & fini des parties confidérables.
» L'affemblée légiflative de la Penfylvanie vient
» de faire tracer un autre canal non moins im-
» portant ; il doit unir les eaux de la même rivière
» Sufquehannah, prifes dans la partie qui traverfe
» cet état, & les conduire dans la rivière Schuilkill;
» alors Philadelphie partagera avec Baltimore les
» riches productions qui defcendront dans peu
» d'années de toutes les branches de ce fleuve, ainfi
» que de la Juniata, & de la Jiéna-dér hage : vous
» connoiffez le beau pays qu'elles arrofent juf-
» qu'aux lacs de Cauiadérage & de Otzega ».
Il eft queftion de beaucoup d'autres communications ; & pour bien apprécier les fuites de ces
immenfes travaux, il faut les fuivre fur la carte,
& avancer à l'aide de l'imagination ces époques
peu éloignées où le territoire des Etats-Unis,
cultivé dans tous les points, offrira d'autres canaux qui rapprocheront les provinces fituées fur
la côte de la mer, de celles qui fe trouveront
près du Miffiffipi ou des lacs, & le monde entier
ne préfentera nulle part un fpectacle auffi impofant de profpérité, de bonheur & d'induftrie.
Les temps d'épreuves font paffés pour les américains, ainfi que l'obfervoit après la paix un citoyen des Etats-Unis dans un ouvrage adreffé à
fes compatriotes : « la révolution la plus étonnante
» & la plus complette dont parlent les annales du
» monde, eft enfin confommée avec autant de
» gloire que de bonheur ; ils paffent du danger ex-
» trême à la fûreté parfaite, du tumulte de la
» guerre à la tranquillité de la paix, & ils doi-
» vent profiter des premiers momens de ce calme
» pour achever leur ouvrage. Aucune nation n'a
» eu un plus bel avenir. À la naiffance des nou-
» velles républiques, comme à celle d'un beau
» jour, ils n'apperçoivent qu'un horifon doux &
» ferein. Leur caufe étoit jufte, leurs principes
» généreux, leur caractère tranquille & ferme.
» En fe défendant, ils ont fuivi les règles de
» l'honneur. Il eft peu de pays, & peut-être n'en
» eft-il pas un feul, qui puiffe fe vanter d'une
» pareille origine. Tout eft glorieux pour le pre-
» mier établiffement des colonies américaines. Ro-
» me, qui tenoit jadis avec tant d'orgueil le fceptre
» de l'univers, n'avoit été d'abord qu'un repaire
» de brigands. Elle s'enrichit par le pillage & la
» rapine, & elle n'a dû fa grandeur qu'à l'op-
» preffion du refte de la terre ».
Un écrivain éloquent l'a dit : jamais la liberté
ne régna fur un auffi vafte empire, & jamais elle
ne fut établie fur d'auffi bons principes. Ce monde, que notre imagination même ne cherchoit pas
encore, il y a trois fiècles, qui eft tombé entre
nos mains, avec tous les fignes d'une organifation récente & dans l'enfance de l'efpèce humaine, s'enrichit tout-à-coup de cette longue expérience d'un autre monde vieilli dans toutes les
révolutions de la barbarie & de la civilifation ; il

va nous offrir le beau contraste de la société, perfectionnée sur un sol encore brut & sauvage. Les nouvelles républiques sont l'espérance du genre humain, elles ouvrent un asyle aux malheureux, & elles promettent de nobles exemples au monde entier. C'est par la sagesse & la patience qu'elles ont conquis leur liberté, & c'est au milieu des invasions de la tyrannie & des horreurs de la guerre qu'elles ont établi leurs constitutions. Elles n'ont point à détruire ces antiques abus & ces inaltérables préjugés qui font le malheur de toutes les vieilles nations; elles entrent dans un ordre de choses où tout peut leur obéir. Le passé ne les enchaîne pas, l'avenir est en leur disposition. Qu'elles tracent le plan de leurs destinées, comme le sage dirige sa conduite, sans s'asservir aux opinions & aux usages qui règnent autour d'elles. Ce n'est pas trop de toute la liberté de l'esprit humain, réunie à sa plus grande sagesse, pour leur donner les loix que le siècle présent exige. Il s'agit de résoudre les plus grands problêmes de la législation. En adoptant la démocratie, les américains se sont engagés à des mœurs fortes & pures, & cependant, ils ne se séparent point du reste de l'univers, où triomphent l'esclavage politique & la corruption morale. Appelés à toutes les richesses d'une vaste culture & d'un commerce qui embrassera peut-être les deux Mondes, ils n'y renoncent pas; ils ne renoncent pas à toutes ces commodités de la vie, à cet éclat qu'amènent les richesses, les sciences & les arts. Ils ne se refusent point à ces dangereux avantages, & ils le voudroient en vain; peut-être que le temps n'est plus, où l'on pouvoit les écarter de la formation des empires; il faut aujourd'hui les y admettre & le vaincre. Ils entreprennent donc de réunir ce que les plus grands législateurs ont jugé incompatible, & dans un dessein si hardi, il est nécessaire de rassembler toutes les forces de la législation. L'homme lui appartient; elle le forme & le déforme à son gré; elle fait exalter ses passions ou les enchaîner, le retirer de la civilisation par des mœurs farouches, ou l'embellir de tous les dons de la sociabilité. Elle fait le perfectionner, par les moyens qui l'avoient autrefois dégradé & corrompu. Puisse-t-elle, citoyens des *Etats-unis*, se saisir de vous par tous les points de l'état social, joindre à la sagacité des vues modernes l'efficacité des institutions antiques, & sur-tout employer habilement cet énergique amour du bien, ce vif espoir d'un heureux avenir qu'on éprouve dans les circonstances où vous vous trouvez! Puissiez-vous tirer vos mœurs des meilleurs penchans de la nature & des goûts les plus sains de la société! Ajoutez à l'austère simplicité des peuples nouveaux ce qu'elle peut admettre de la douceur des siècles polis; & quoiqu'environnés de la corruption, vous parviendrez à vous en garantir. En laissant aux richesses leur cours ordinaire, ayez soin de

disperser les fortunes excessives; corrigez l'extrême inégalité des jouissances par la plus sévère égalité des droits, & ne laissez pas se former dans vos états une classe d'indigens : ces malheureux remplissent une société de crimes, & finissent par la bouleverser. Ce sont les faux plaisirs qui dépravent l'homme : retranchez peu aux desirs de la nature, mais réprimez tous les besoins de la mollesse; toutes les fantaisies de la vanité. Tournez l'emploi des richesses vers le bonheur individuel & vers la gloire nationale, & elles féconderont les vertus, sans nourrir les vices. Appellez les sciences & les arts vers de grands objets par de belles récompenses, & leur gloire épurera vos sociétés, en les embellissant. S'il est si difficile aujourd'hui de maintenir des constitutions libres, jamais on n'eut plus de secours pour les bien préparer. On ne trouve plus, que rarement de bonnes loix & de bonnes mœurs, mais les sages en ont toujours fait l'objet de leurs études, & nous pouvons, du moins à cet égard, nous glorifier de nos lumières. Toutes les nations vivent dans un commerce continuel de leurs pensées; une heureuse découverte devient bientôt un héritage commun : accordez à tous les peuples la gloire de concourir à vos loix; & s'ils paroissent vous juger légèrement, faites-les rougir de leur précipitation. Les gazetiers d'Angleterre se permettent chaque jour le mensonge & la calomnie contre vous; les autres gazetiers de l'Europe copient ces sottises, & elles se trouvent bientôt dans la bouche des ignorans : mais que vous importent leurs suffrages? ils vous disent aujourd'hui des injures, demain ils vous combleront d'éloges. Les constitutions républicaines n'ont presque plus de juges; mais enfin il en reste quelques-uns; & plusieurs de ceux-ci, il ne faut pas le dissimuler, conservent de l'inquiétude. N'oubliez pas que la saine partie de l'Europe a les yeux fixés sur les *Etats-Unis* : dans cinquante ans, on saura par vous si les peuples modernes sont encore susceptibles de liberté, s'il est de bonnes mœurs compatibles avec les grands progrès de la civilisation, & si l'Amérique doit rendre meilleur ou pire le sort de l'humanité.

SECTION VIIIe.

Des abus que doivent éviter les Etats-Unis dans la rédaction de leurs loix civiles & criminelles.

Nous avons déjà dit quelques mots sur cette matière dans la section quatrième : nous ajouterons ici d'autres remarques.

Lors de la fondation des colonies, les anglois qui allerent s'établir en Amérique, y adopterent le droit civil de leur patrie; mais cette adoption ne pouvoit avoir rapport qu'aux loix générales & non à celles qui étoient propres à certains districts de la Grande-Bretagne. Leur nouvelle pofition les détermina à ajouter quelques loix analogues aux circonftances où ils fe trouvoient & même de changer des loix générales qui ne leur convenoient plus ou contrarioient leur maniére de penfer. La loi fur le partage des fucceffions, par exemple, fut changée dans plufieurs états. Lors de la déclaration de l'indépendance, les altérations qu'elle rendoit néceffaires fe firent aifément. Tout fe réduifit à établir que la puiffance judiciaire exercée jufqu'alors par telles & telles perfonnes, le feroit déformais par des citoyens nommés de telle & telle maniére, & aucune des conftitutions ne l'oublia. Cette réforme cependant ne fuffit pas; & la plupart des provinces méditent une réforme complette. La Virginie qui s'en eft occupée la premiére, a cru qu'il falloit revoir le code entier de la loi civile & criminelle, le perfectionner, & réformer tous les articles deftinés à foutenir l'autorité monarchique; enfin, réduire fous une forme moins volumineufe ceux qu'on conferveroit. En 1776, l'affemblée générale chargea cinq commiffaires de la revifion des anciennes loix & de la rédaction des loix nouvelles: l'un de ces commiffaires mourut bientôt après, un fecond refufa cet emploi, & l'âge d'un troifieme ne lui permit pas de fe livrer à des méditations fi pénibles. Les deux autres, M. Jefferfon, aujourd'hui miniftre plénipotentiaire des *Etats-Unis* à la cour de Verfailles, & M. Whythe ont fait eux feuls cet immenfe travail. Ils l'ont préfenté à l'affemblée de Virginie en 1779.

Ces deux commiffaires ont réduit à 126 bills les loix anciennes qu'ils ont confervées avec des changemens, & les loix nouvelles qu'ils ont ajoutées: nous avons toutes ces loix fous les yeux, & nous ofons annoncer qu'on y trouvera de la philofophie, de la raifon & de la fagacité; que leur ftyle pourra fervir de modele, & qu'on admirera par-tout le talent des deux légiflateurs.

L'affemblée générale n'a pu s'occuper de la difcuffion de ces bills, que dans la féance qui vient de fe terminer (celles de 1785, 86.): elle en a paffé trente-un, auxquels on a fait peu de changemens: on difcutera les autres l'année prochaine, & dans les années qui la fuivront: l'Europe attend avec intérêt le code civil & criminel des nouvelles républiques; mais fi elles prennent celui de la Virginie pour modele, fon attente ne fera pas trompée.

On dit que le Connecticut a entrepris la même révifion qui deviendra bien facile pour les autres états, lorfque l'un d'eux aura rédigé fon nouveau code.

Le plan d'après lequel les commiffaires de la Virginie ont fait la revifion des loix anciennes & la rédaction des loix nouvelles, intéreffera fûrement les lecteurs. Il y a lieu de croire que les autres provinces l'adopteront plus ou moins, & nous allons en parler. La loi commune d'Angleterre, c'eft-à-dire la partie des loix angloifes, antérieure à la date des plus anciens ftatuts, fervira de bafe au code. On a cru qu'il feroit dangereux de le rédiger de nouveau. Mais les changemens néceffaires dans cette loi commune, ainfi que ceux des ftatuts de la Grande-Bretagne & des actes de l'affemblée de Virginie qu'on propofe de conferver, ont été, comme nous venons de le dire, réduits à 126 actes nouveaux, auxquels on a tâché de donner toute la fimplicité de ftyle poffible.

Voici les changemens les plus remarquables qu'ait fait le comité.

1°. Il defire qu'on réforme les régles établies pour les fucceffions, & que les terres de toute perfonne qui meurt inteftat, fe partagent également entre fes enfans, ou parmi les héritiers au même degré. (1)

2°. Que les efclaves fe partagent comme les autres meubles. (2)

3°. Que toutes les dépenfes publiques du tréfor général ou d'une paroiffe ou d'un comté, telles que celles pour l'entretien des pauvres, les conftructions des ponts, & des palais de juftice, foient payées par des cotifations proportionnées aux facultés de chaque citoyen.

4°. Qu'on charge des entrepreneurs de l'entretien des chemins publics, & qu'on dédommage les propriétaires des terreins fur lefquels on ouvrira de nouvelles routes.

5°. Qu'on détermine avec précifion les règles d'après lefquelles les étrangers deviendront citoyens, & les citoyens deviendront étrangers.

6°. Qu'on donne la plus grande étendue poffible à la liberté de religion. (3) Le bill fur la tolérance que l'affemblée générale de Virginie vient de convertir en loi, eft fi curieux que nous croyons devoir l'inférer ici.

Acte de la république de Virginie qui établit la liberté de religion.

SECTION PREMIÈRE. Sachant bien que le Dieu tout-puiffant a créé libre l'efprit de l'homme; que toutes les entreprifes formées pour le contraindre avec des châtimens, en lui impofant des charges, ou le déclarant incapable de certaines actions civiles, produifent feulement des habitudes d'hypocrifie & de baffeffe, & font

---

(1) L'affemblée générale vient de convertir en loix les deux bills des commiffaires fur cette matière.
(2) Cette partie du plan des commiffaires a auffi été convertie en loi.
(3) Les bills relatifs à ces deux points auffi paffé.

contraires

contraires au plan du saint-auteur de notre religion, qui se trouvant le maître du corps & de l'esprit, n'a pas voulu la propager par des violences exercées sur l'un ou sur l'autre, quoique son autorité toute-puissante lui en donnât les moyens; que la présomption impie des législateurs & des administrateurs dans l'ordre civil & dans l'ordre ecclésiastique, qui n'étant que des hommes non inspirés & sujets à l'erreur, s'arrogent un empire sur la foi des humains, établissent leurs opinions & leurs manieres de penser, comme les seules véritables & les seules infaillibles, & s'efforcent ensuite d'y assujettir les autres, a produit & maintenu de fausses religions, sur la plus grande partie de la terre & dans tous les tems; qu'il est coupable & tyrannique de forcer un homme à payer des contributions destinées à répandre des opinions qui ne sont pas les siennes; que même, le forcer à fournir à l'entretien de tel ou tel prédicateur d'une croyance religieuse qui est la sienne, c'est le priver de la douce liberté de donner sa contribution au pasteur en particulier qui lui prêche l'honnêteté & la droiture de la maniere la plus persuasive, & dont il voudroit prendre la morale pour son modele; que c'est ôter aux ministres ces récompenses qui, accordées d'après la satisfaction qu'inspire leur conduite personnelle, les excitent de plus-en-plus à travailler ardemment & sans relâche pour l'instruction du genre humain; que nos droits civils ne dépendent pas plus de nos opinions religieuses que de nos systèmes sur les sciences naturelles & la géométrie: qu'ainsi, déclarer un citoyen quelconque indigne de la confiance publique, l'écarter des emplois honorables & lucratifs, à moins qu'il ne professe ou qu'il n'abjure telle ou telle opinion religieuse, c'est le priver injustement des priviléges & des avantages auxquels il a un droit naturel, ainsi que tous les concitoyens; que ces violences tendent d'ailleurs à corrompre les principes de la religion qu'elles veulent encourager, puisqu'on séduit avec de frivoles honneurs & de misérables intérêts, ceux qui professeront extérieurement telle croyance; que ceux qui ne résistent pas à de pareilles tentations sont criminels, il est vrai; mais que ceux qui les offrent ne sont pas innocens; que permettre au magistrat civil de porter son autorité dans le champ de l'opinion, & d'empêcher qu'on ne professe ou qu'on ne répande tels ou tels principes, parce qu'il en suppose les suites funestes, est une erreur dangereuse qui détruit tout-à-fait la liberté de religion; puisque le magistrat civil se trouvant juge des suites de ces principes, aura ses opinions particulieres, pour régle de ses jugemens; & approuvera ou condamnera les sentimens des autres, seulement parce qu'ils seront analogues ou contraires aux siens; que l'intervention de sofficiers publics, lorsque les principes dont nous parlons produisent des actes

Œcon. polit. & diplomatique. Tom. II.

contre la paix & le bon ordre, suffit aux justes intérêts du gouvernement civil; qu'enfin la vérité est puissante, & qu'elle triomphe si on l'abandonne à elle-même; que c'est à elle à lutter contre l'erreur; qu'on n'a pas besoin de se mêler de ce combat, & qu'elle n'a rien à craindre, à moins que les hommes ne viennent lui ôter ses armes naturelles, & lui interdire la liberté de la discussion; les erreurs cessant d'être dangereuses, lorsqu'on permet de les attaquer librement.

Section IIe. Nous, l'assemblée générale de Virginie, établissons pour loi, qu'on ne forcera personne à professer une croyance religieuse quelconque, à fréquenter un temple quelconque, à payer pour l'entretien d'un ministre quelconque; que personne ne pourra être ni contraint, gêné ou molesté dans sa personne ou ses biens, ni inquiété ou tourmenté de quelqu'autre maniere, à raison de ses opinions ou de sa croyance religieuse; mais que tous les hommes seront libres de professer, & de défendre par des argumens leurs opinions religieuses; que ces opinions religieuses ne pourront diminuer, étendre ou affecter en aucune maniere, leur habileté civile à faire telle ou telle chose, ou à exercer tel ou tel emploi.

Section IIIe. Quoique nous sachions bien que cette assemblée élue par le peuple, & chargée seulement des soins ordinaires de la législation, n'a pas le pouvoir de gêner ou d'empêcher les actes des assemblées suivantes, lesquelles seront revêtues d'une autorité égale à la nôtre, & qu'ainsi déclarer cet acte irrévocable, ce seroit établir une clause nulle; nous sommes toutefois les maîtres de déclarer, & nous déclarons que les droits confirmés par cette loi, sont les droits naturels du genre humain, & que si dans la suite on passe un acte pour annuller celui-ci, ou en diminuer les effets, cet acte sera une infraction au droit naturel.

7°. Le comité veut affranchir tous les esclaves qui naîtront après les nouvelles loix. Le Bill tel que l'avoient rédigé les commissaires chargés de la revision, ne contenoit pas cette clause, mais M. Jefferson & M. Whythe vouloient proposer, lorsqu'on le discuteroit, que les enfans des esclaves demeurassent avec leur pere jusqu'à un certain âge; qu'on les instruisît ensuite aux frais de l'état des détails de l'agriculture; qu'on leur apprît les arts & les sciences selon leur disposition, jusqu'à ce que les femmes eussent 18 ans, & les mâles 21; qu'à cette époque on les établit dans quelques cantons, avec des armes, des meubles, des instrumens, des outils, des semences & quelques animaux domestiques, que cette petite colonie fût déclarée libre & indépendante, & qu'elle fût sous l'alliance & la protection de l'état de Virginie, jusqu'à ce qu'elle eût acquis de la force, & qu'on envoyât en d'autres parties du monde, des navires qui rapporteroient un égal nombre de blancs. Malheureusement M. Jefferson s'est trouvé à Paris, & M. Whythe, en sa qualité de juge, n'a pu assister à l'assemblée générale, lorsque le bill a passé; la nouvelle loi de Virginie déclare seulement, qu'il n'y aura plus d'esclaves dans cette république, que ceux qui s'y sont trouvés le premier jour de la session de 1785, 86, & les descendans des femmes esclaves. On a très-bien fait de défendre l'importation des esclaves; mais la nouvelle loi ne statue rien sur l'affranchissement général: & sans en importer de nouveaux le nombre de ceux qui s'y trouvent, augmentera tous les jours par leur réproduction seule. Si la population des blancs double tous les vingt ans, celle des noirs augmente dans une proportion plus grande encore.

Il ne faut pas croire que l'absence de M. Jefferson & de M. Whythe, ait seule empêché qu'on ne proposât l'émancipation. Il se trouvoit à l'assemblée générale des hommes assez courageux & assez honnêtes pour la demander, & assez éclairés pour appuyer la proposition de toute l'éloquence dont elle est susceptible, (nous en citerons un seul, M. Maddisson qui à 30 ans étonne les nouvelles républiques par son éloquence, sa sagesse & son génie); mais ils ont vu que la pluralité des membres du corps législatif, n'étoit pas encore disposée à une si belle révolution. Ils ont craint qu'un effort inutile ne resserrât les chaînes de l'esclavage, & ne reculât l'époque où on affranchiroit les nègres. L'homme est un être bien étonnant & bien incompréhensible! pour défendre sa liberté, il souffre la fatigue, la faim, les coups de fouet, la prison & la mort, & le moment d'après les nobles sentimens qui l'ont soutenu dans de cruelles épreuves, ne font plus d'impression sur lui, & il impose à d'autres hommes une servitude qui, dans la durée d'une heure, produit plus de peines & de douleur, que l'assujettissement contre lequel il a pris les armes, n'en eût produit dans des siècles. Il faut donc attendre que le progrès des lumières & des sentimens de la justice naturelle, amène la réforme: & lorsqu'on examine la force de raison & l'humanité des hommes d'état, qui, par leur influence personnelle & par leurs écrits, dirigent les conseils des nouvelles républiques, on ne doute point, que leur ame généreuse ne triomphe de la cupidité de leurs concitoyens. On regrette seulement, que l'émancipation des esclaves n'ait pas lieu dans la ferveur de leur nouvel état; on eût tranché d'une manière plus nette les difficultés du détail que présentera l'exécution de la réforme.

8.° Le comité demande qu'on abolisse le privilège du clergé ou le pardon, mais que si la sentence est prononcée contre le défenseur,

la cour puisse en faveur des ecclésiastiques accorder une nouvelle instruction.

Tous les hommes, & même les femmes, jouissent aujourd'hui de ce privilège réservé aux ecclésiastiques. Dans la plupart des cas, il exempte de la peine capitale pour le premier délit; & c'est alors un pardon qu'accorde la loi. Dans les autres cas, c'est la puissance exécutrice qui pardonne. Mais lorsque les loix ont toute la douceur qu'elles peuvent avoir, ces deux pardons sont absurdes. Le principe de M. de Beccaria: *Les législateurs doivent éprouver le sentiment de la pitié, mais il faut que les exécuteurs de la loi soient inexorables*, est très sain. Quoique les anglois aient modifié le *benefit of clergy*; quoique ce pardon de la loi arrête la trop grande sévérité du législateur, on est étonné de retrouver une pareille institution dans le code d'une nation très-éclairée; il est nécessaire de réformer la jurisprudence criminelle de la Grande-Bretagne sur ce point. Blackstone a fait un chapitre sur le *benefit of clergy*; il ne conseille pas de l'abolir, mais le morceau est d'ailleurs intéressant & curieux.

9.° Que les esclaves convaincus d'un délit qui feroit condamner des hommes libres à une maison de force, soient transportés en Afrique, ou ailleurs, où ils continueront à vivre dans l'esclavage.

10.° Les commissaires se sont occupés d'un autre objet bien important, celui de répandre les lumières plus généralement parmi le peuple. L'un de leurs bills propose de diviser chaque comté en districts de cinq ou six milles quarrés, & d'établir dans chacun une école de lecture, d'écriture & d'arithmétique. Le maître seroit entretenu par le district, & il instruiroit trois ans gratis les enfans de chacun des habitans. L'inspecteur de ces différentes-écoles choisiroit annuellement le sujet qui annonce le plus de dispositions parmi les pauvres, & il l'enverroit à un des vingt collèges qu'on projette d'établir, & où on enseigneroit le grec, le latin, la géographie & les parties les plus compliquées de la science du calcul. Toutes les années, ou tous les deux ans, on examineroit les sujets ainsi entretenus par leurs paroisses dans les collèges. Le plus habile pourroit y rester six années de plus, & on renverroit les autres. On tireroit ainsi chaque année de la foule vingt des jeunes gens les plus distingués, & on perfectionneroit leur éducation aux dépens du public. Au bout de leurs six années on renverroit la moitié de ces boursiers, qui fourniroient vraisemblablement des maîtres aux écoles, & l'autre moitié, c'est-à-dire ceux qui seroient les plus habiles, seroient placés dans le collège de *Guillaume & Marie*, où ils s'occuperoient, pendant trois ans, de l'étude des sciences qui seroient le plus de leur goût. Le comité renvoie aux inspecteurs des écoles, les détails relatifs aux études, & à la manière de former l'esprit & le caractère qu'exige le gouvernement de la Virginie. Ce plan a beaucoup d'avantages, & comme il a pour but de rendre le peuple gardien de la liberté, & de l'instruire de tout ce qui peut lui inspirer de l'amour & du respect pour la constitution, il mérite les plus grands éloges. S'il peut s'exécuter, il faudra corrompre tout le peuple pour attenter à la constitution, & cette abominable entreprise ne sera pas aisée.

Tous les autres points de la jurisprudence civile & criminelle, sont traités avec la même sagesse. Inspirés par le noble sentiment de la liberté & par la commisération, cette belle vertu qui devroit se trouver dans le cœur de tous les législateurs, on lit leur ouvrage avec attendrissement. Ils connoissent si parfaitement les droits de l'homme & l'organisation des sociétés; leur esprit supérieur a si bien saisi les moyens de rendre les hommes justes & bons, que ce premier essai servira de modèle à tous les peuples qui voudront réformer leur législation. Il en est peu qui soient dans le cas de l'adopter complettement, mais il n'en est aucun qui ne doive en adopter l'esprit. La plupart des loix proposées par M. Jefferson & M. Whythe, conviennent à toutes les républiques de l'union américaine, & sûrement elles en profiteront. Mais quelques-unes de ces loix paroissent susceptibles encore d'un plus grand degré de perfection; & les assemblées législatives de chaque province s'occupant sans cesse de leur législation, rien n'est si facile que d'ajouter ou de changer des articles à celles qui se trouveront imparfaites. Nous oserons proposer ici diverses réflexions, qui peut-être ne seront pas inutiles.

Pour former de sages loix civiles, pour les approprier heureusement à la position & aux circonstances où se trouve une peuplade, il faut un travail & des combinaisons si multipliées, une connoissance si exacte & si parfaite de la nation à laquelle on les destine, qu'un étranger doit presque toujours se défier de ses vues. Mais il y a des principes généraux qui sont indépendans des mœurs & des climats, & dont tout le monde peut sentir l'exactitude. Il est nécessaire, par exemple, de proportionner sa vénération & son respect à la valeur des choses, & il est fâcheux de voir les *Etats-Unis* si respectueux pour le code des loix civiles de la Grande-Bretagne. Un écrivain célèbre parle ainsi de ce code.

«Comme le gouvernement anglois n'est qu'une » réforme de ce gouvernement féodal qui avoit » opprimé toute l'Europe, il en a conservé beau- » coup d'usages, qui n'étant dans l'origine que » des abus de l'esclavage, sont plus sensibles » encore par leur contraste avec la liberté, que » le peuple a recouvrée. On a donc été forcé » de joindre les loix qui laissoient beaucoup de » droits à la noblesse, avec les loix qui modi-

» fient, diminuent, abrogent, ou mitigent ces » droits féodaux. De-là tant de loix d'excep- » tion pour une loi de principe; tant de loix » interprétatives pour une loi fondamentale; » tant de loix nouvelles qui sont contraires aux » loix anciennes. Aussi convient-on qu'il n'y a » peut-être pas dans le monde entier, un code » aussi diffus, aussi embrouillé, que celui des » loix civiles de la Grande-Bretagne. Les hom- » mes les plus sages de cette nation éclairée, » ont souvent élevé la voix contre ce désordre. » Ou leurs cris n'ont pas été écoutés, ou les » changemens qui sont nés de cette réclama- » tion, n'ont fait qu'augmenter la confusion.

Ces observations sont très-fortes, mais il en est d'autres plus frappantes encore, & il seroit malheureux que les Etats-Unis n'en profitassent point. Pourquoi donc tant de réserve sur les loix civiles, après avoir montré une hardiesse si estimable dans leurs constitutions? Penseroient-ils que les constitutions suffisent à leur bonheur? Ils se tromperoient. Les loix civiles forment le caractère & la moralité d'un peuple plus que la constitution. Et il n'est pas aisé de concevoir le danger qu'a vu l'assemblée générale de Virginie, dans la rédaction d'un code tout-à-fait nouveau. Sans doute, il faut profiter des bonnes loix de l'Angleterre, comme il faut adopter les règlemens utiles qu'on trouve dans quelque pays du monde que ce soit, ou dans les écrits de l'homme le plus obscur; & si c'est la longueur ou la difficulté du travail qui arrêtent les américains, le tems est à leur disposition. Le projet qui adopte pour base du code, la révision de celui de la Grande-Bretagne, n'offre-t-il pas des inconvéniens de toute espèce? D'après cette première résolution ne sera-t-on pas moins scrupuleux sur les abus de telle loi? Ensuite les loix ne pouvant prévoir tous les cas, les tribunaux & les assemblées législatives des *Etats-Unis*, auront souvent à terminer des affaires civiles, sur lesquelles la législation n'aura rien prononcé; & puisqu'on veut réduire les loix à un petit volume, ils auront plus de ces sortes d'affaires à terminer que dans les autres pays. Que fera-t-on alors? On consultera le code de la Grande-Bretagne, & les jurisconsultes qui, même dans les pays libres, aiment plus la chicane que la liberté, exciteront chaque jour les juges à tirer leurs décisions d'un recueil flétri par la basse soumission de plusieurs parlemens aussi vils que le sénat de Rome sous les empereurs; où l'on trouve les loix extravagantes & cruelles publiées sous le règne de Henri VIII; où l'on voit entassés pêle-mêle ces beaux règlemens publiés en faveur de la liberté depuis Charles Ier, & ces détestables ordonnances que la tyrannie imagina au milieu d'un siècle barbare; car, à la honte de l'Angleterre, aucune de ces loix n'est abolie; elles déshonorent son code; & si

Eee 2

on ne les obſeve plus, ſi des actes poſtérieurs en arrêtent l'exécution ; ſi les lumières répandues dans la nation ne laiſſent pas craindre qu'on oſe jamais les invoquer, le code qui les renferme n'en eſt pas moins monſtrueux, & il doit inſpirer de l'horreur à des républiques qui établiſſent aujourd'hui leur gouvernement. Enfin, ſi les républiques américaines ſe courbent avec reſpect devant la légiſlation de la Grande-Bretagne, cette noble grandeur qui les a mis au-deſſus de la nation angloiſe, ne perdra-t-elle pas de ſon éclat ?

La compoſition & le régime des tribunaux n'exigent pas une moindre attention. M. l'abbé de Mably a conſeillé ſagement aux Etats-Unis, de ne point établir de cours d'équité, c'eſt-à-dire de ces cours où les juges prononcent malgré les loix, ſelon les règles de la juſtice naturelle & de la raiſon. Une pareille inſtitution eſt bonne en Angleterre, tant qu'on ne réformera pas les loix civiles. Elle ſeroit bonne dans tous les pays où l'on eſt gouverné par de vieilles loix ſouvent mauvaiſes ; mais elle ne convient pas à un peuple libre, qui rédige ſon code à la fin du 18.e ſiècle, & après des conſtitutions qui annoncent des vues ſi profondes, ſi nobles & ſi juſtes. Lorſque toutes les provinces auront rédigé leur code civil, il faudra voir ſeulement s'il eſt convenable de l'adopter, & ſi le vice des loix a beſoin de ce foible remède.

Les conſtitutions des Etats-Unis ont adopté l'inſtruction criminelle de l'Angleterre ; elles en ont fait un des articles de la liberté des citoyens, & à cet égard elles méritent des éloges. Les nouvelles républiques, en s'appropriant cette partie des loix criminelles de la Grande-Bretagne, ſongent à proportionner, avec plus de ſageſſe, les peines aux délits, & l'Europe chérira leur humanité. Les peines de mort ſont trop communes dans les loix d'Angleterre, & les graces fréquentes accordées par le Roi, multiplient les coupables à un point effrayant. Si ces graces ſemblent adoucir la ſévérité de la loi, c'eſt une raiſon de plus pour que les américains aſſignent des peines moins graves à de légers délits : ils deviendroient barbares s'ils envoyoient au ſupplice tous ceux qu'y enverroit une loi trop cruelle ; où le gouverneur & des magiſtrats particuliers s'empareroient du droit de faire grace, ce qui ſeroit dangereux pour leur liberté. La loi des commiſſaires de la Virginie, qui proportionne les peines aux délits, eſt ſage & douce en bien des points ; car ſi un roi philoſophe peut contenir les ſcélérats ſans peines de mort, les républiques ne le peuvent pas, & il eſt une claſſe de criminels à qui on n'oſera jamais laiſſer la vie, ſi on conſulte la ſaine raiſon ; mais cette partie de leur travail ne laiſſe-t-elle rien à deſirer ? Il faut l'expoſer en détail.

I. *Délits qui entraîneront une peine de mort.*

1.° La haute trahiſon. } Peine de mort, & le coupable pendu. Ses terres & ſes biens confiſqués au profit de la république.

2.° Ce que les loix angloiſes appellent *petty treaſon*, ou meurtre avec infraction de la foi domeſtique. } La potence, diſſection, confiſcation de la moitié des terres & des biens au profit des repréſentans de l'homme tué.

3.° Aſſaſſinat par le poiſon. } Le coupable ſera empoiſonné, confiſcation de la moitié de ſes biens comme dans l'article précédent.

En duel. . . . . . . } La potence, mais l'aggreſſeur ſera pendu d'une manière plus humiliante. Confiſcation de la moitié des biens, & de tous les biens ſi c'eſt l'aggreſſeur.

De toute autre manière. } La potence, & confiſcation de la moitié des biens.

4.° Ce que les loix angloiſes appellent *man ſlaugther* (c'eſt un meurtre ſans méchanceté expreſſe, ou implicite). } A la ſeconde fois, on ſera réputé aſſaſſin.

II. *Crimes qui ſeront punis par l'amputation de quelques membres, ou par une peine qui défigure le coupable.*

1.° Rapt. . . . . . . Sodomie. . . . . } Caſtration.

2.° Mutilation, l'action de défigurer quelqu'un. } La peine du talion, & la confiſcation de la moitié des biens au profit de la partie léſée.

III. *Crimes qui seront punis par le travail.*

1.° Le délit de *manslaugther* pour la première fois.	Sept années de travail pour le public, confiscation de la moitié des biens comme dans le cas d'assassinat.
2.° Contrefaction de la monnoie.	Sept ans de travail, confiscation au profit de la république des propriétés territoriales & des autres biens.
3.° Les incendiaires. 4.° Ceux qui enlèvent des navires.	Cinq ans de travail, une restitution triple.
5.° Vol appellé (*robbery*). 6.° Et vol nocturne avec effraction.	Quatre ans de travail, une restitution double.
7.° Effraction de maison. 8.° Vol de chevaux.	Trois ans de travail. Restitution.
9.° Grand larcin.	Deux ans de travail. Restitution, pilori.
10.° Petit larcin (*a*).	Un an de travail. Restitution, pilori.
11.° Prétentions à la sorcellerie, &c.	Plongé dans l'eau. Coups de fouet.
12.° Homicide excusable. 13.° Suicide. 14.° Apostasie. Hérésie.	Il faut avoir pitié des coupables & ne pas les punir.

Sans doute, lorsqu'il s'agit de proportionner les peines aux délits, il faut examiner 1.°, l'atrocité plus ou moins grande du délit ; & 2.° la position particulière d'une contrée qui excite davantage à le commettre, ou qui rend sa dé-couverte plus difficile, & alors on doit rendre la peine plus forte, afin de contrebalancer ce désavantage. Si on ne calculoit que l'atrocité, plus ou moins grande, du délit en lui-même, toutes les nations pourroient établir la peine au même degré ; mais comme il est nécessaire de régler le châtiment d'après la position du pays, & qu'il n'y a pas deux pays qui se trouvent dans les mêmes circonstances, il n'y a pas deux pays où l'on doive observer dans les peines une gradation absolument pareille. Pour en donner un exemple, & montrer avec combien de réserve on doit calculer ces sortes de choses ; les citoyens des *États-Unis*, abandonnent leurs chevaux, même durant l'hiver, sur des terreins qui ne sont pas enclos, & qui se trouvent trop étendus pour que les chevaux ne s'écartent pas au loin. Il est donc aisé de les voler, & difficile de découvrir les voleurs : le législateur est donc obligé d'opposer une peine plus grave à ces tentations : aussi le vol d'un cheval en Amérique, est-il puni plus sévèrement que tout autre vol de la même valeur. Quelques pays de l'Europe infligent une peine capitale à ceux qui volent des fruits sur les arbres. La peine est trop sévère sans doute ; mais le législateur l'a imaginée, parce qu'il est impossible d'enfermer ces fruits, comme on enferme de l'argent ; & la nature des choses ne permettant pas d'opposer des barrières physiques à cette espèce de vol, il a bien fallu lui opposer des barrières morales.

Un citoyen des *États-Unis*, qui examinera cette peine légérement, jugera que c'est le plus énorme de tous les abus du pouvoir ; parce qu'il est habitué de voir sur les arbres une quantité considérable de fruits, qui pourrироient s'ils n'étoient pas recueillis par les passans. D'après cette habitude, il n'en fait point de cas, & il ne croit point qu'ils puissent être la matière d'un délit.

Ces préjugés que les hommes, les plus instruits, ont peine à secouer, feront naître sur les loix des *États-Unis*, des critiques bien mal-fondées : on oubliera trop qu'en France, en Allemagne, en Italie, en Turquie & à la Chine, il seroit convenable d'établir d'autres loix sur les mêmes points. Voulant prévenir les méprises des lecteurs, nous tâcherons de les éviter nous-mêmes, & nous proposerons nos idées avec une extrême circonspection.

L'état de Virginie ne doit-il pas changer tout ce qui regarde le second article, ou *celui des crimes qu'on se propose de punir par l'amputation de quelques membres, ou par un châtiment qui défigure*

---

(1) Les loix d'Angleterre donnent le nom de grand larcin (*grand/larciny*) à tous les vols qui portent sur une chose de la valeur de 12 pences, ou 24 sols tournois ou au-dessus ; & celui de petit larcin, au vol d'une chose qui vaut moins de 12 pences.

le coupable. La peine proposée contre le rapt, & le crime de sodomie n'est-elle pas d'une indécence grossière ? elle a été imaginée dans les gouvernemens despotiques, ou chez des peuples barbares, & elle déshonoreroit les gouvernemens de l'Amérique. D'après la teneur du bill, une femme pourra, par esprit de vengeance, accuser un homme du délit qui entraîne la castration ; & cette raison n'effrayera-t-elle pas ceux qui connoissent les passions & leur injustice ? En général l'amputation & les peines du talion sont des peines détestables, & elles ont des suites bien dangereuses, car elles endurcissent les citoyens, & elles les accoutument à la cruauté. Les *Etats-Unis* en réformant la jurisprudence criminelle, doivent craindre d'y laisser des abus qu'on ne rencontre pas chez des nations très-mal gouvernées sur ce point. Ils ne peuvent ignorer, que la modération & la décence des peines doivent se trouver toujours dans la démocratie.

Les commissaires veulent qu'un homme coupable deux fois du délit, de *man slaughter*, soit puni comme un assassin.

Celui qui tue un homme volontairement, mais dans un transport subit, & sans avoir eu le tems de laisser sa passion se calmer, commet un délit de *man slaughter* ; & lorsque cela lui arrive deux fois, la loi d'Angleterre & l'ancienne loi de tous les états d'Amérique, le condamnent à la mort. On a supposé qu'un homme tellement subjugué par ses passions, qu'elles l'entraînent à des assassinats multipliés, est dangereux pour la société ; qu'il vaut mieux le sacrifier sur l'autel des loix, que d'exposer à la mort d'autres hommes plus innocens que lui : ces vues sont saines & justes ; mais pour les remplir est-il nécessaire d'envoyer le coupable au supplice, & ne suffiroit-il pas de l'enfermer, ou de le tenir le reste de ses jours aux galères ? Cet expédient seroit d'autant plus convenable, que des circonstances particulières peuvent diminuer le crime du malheureux, que la colère excite à deux assassinats ; & que les loix doivent s'exécuter à la rigueur dans les républiques.

La loi d'Angleterre est trop rigoureuse sur ce qui regarde le grand & petit larcin, & convient-il aux républiques de l'Amérique de l'adopter ?

La table qu'on vient de lire est susceptible d'autres objections ; mais comme il est facile d'y appercevoir des taches, & mal-aisé d'indiquer la nuance précise qu'il convient de mettre dans cette matière, nous bornerons ici nos remarques.

Les articles sur lesquels les commissaires disent : *Il faut avoir pitié des coupables, & ne point les punir*, mérite la reconnoissance de tous les hommes éclairés : nous désirons avec ardeur que leur travail soit corrigé, de manière à la mériter aussi sur tous les autres points.

Section IX.

De l'association des CINCINNATI, & des dangers de cette institution.

Nous donnerons 1.° l'histoire exacte de l'origine & des progrès de l'association des *cincinnati*. 2.° Nous examinerons si, dans son état actuel, elle est dangereuse pour les nouvelles républiques. 3.° Quels sont les moyens les plus simples de prévenir ces dangers, ou comment on pourroit l'abolir ?

Lorsqu'on se disposoit à licencier l'armée à la fin de cette guerre, qui a établi l'indépendance des *Etats-Unis*, les officiers qui, durant le cours des hostilités, avoient supporté les plus terribles épreuves, & qui, par de bons offices & des services réciproques, s'étoient inspirés mutuellement une amitié très grande, virent avec une extrême douleur, approcher le moment où ils alloient se séparer, sans l'espoir de se réunir jamais. Ils étoient de différentes provinces, ou ils habitoient des cantons éloignés de la même république. Le hasard seul pouvoit donc leur procurer des occasions de se revoir ; & ces occasions devoient être rares & réunir seulement un petit nombre d'entr'eux. Il falloit se quitter pour jamais, ou imaginer un moyen qui les rassemblât quelquefois. Ils songèrent à se rassembler à des époques fixes : le plaisir de se rencontrer ; la plus douce des consolations, celle de parler entr'eux de ce qu'ils avoient souffert, & des traits de bienveillance & d'attachement qu'ils avoient reçus de leurs camarades, leur parut supérieur à la fatigue du voyage. Un autre intérêt leur rendit ce projet agréable ; ils pensèrent qu'ils découvriroient par-là celui de leur frère d'armes, qui réussiroit dans le monde celui qui seroit malheureux, & qu'ils donneroient des secours à tous ceux qui se trouveroient dans la détresse. Cette idée avoit quelque chose de touchant & d'heureux, & elle fit souvent la matière des conversations. Ils s'y attachèrent si bien, qu'ils imaginèrent une association régulière, une véritable administration, des assemblées générales & particulières, à des époques fixes, avec des contributions pour les officiers qui en auroient besoin, & une décoration qui devoit les faire reconnoître de ceux qui ne les auroient pas connu personnellement, & être portée par leurs descendans, afin de perpétuer l'amitié qui les unissoit.

Le soin de licencier une armée qui n'étoit pas payée, affligeoit alors M. Washington, & ce qui rendoit cette opération plus difficile & plus cruelle pour lui, deux ou trois provinces ne paroissoient pas disposées à payer les troupes. Ses officiers causèrent quelquefois devant lui des arrangemens de la nouvelle société. Il sentit la pureté de leurs motifs, & les effets qui devoient en résulter, lui parurent aussi innocens. Il écrivoit aux différens états cette lettre d'adieu, qui a mérité le suffrage du monde entier. Il ne crut pas devoir multiplier les sujets de mécontentement de l'armée, en contrariant un projet qui n'avoit d'autre but que celui de la bienveillance & de l'amitié; cet incident qui diminuoit ses embarras, & calmoit ses officiers, lui causa plutôt une sorte de plaisir. Il jugea que l'association projettée, seroit un moyen de plus de renforcer le lien fédéral, & d'attacher à la confédération les guerriers qui avoient contribué à la révolution. L'association des *Cincinnati* se forma. On y admit les officiers de l'armée, & de la marine françoise, qui avoient fait la guerre avec les Américains, & avec le secours desquels les *États-Unis* avoient triomphé; mais on observa qu'en France on n'accorderoit pas cette faveur à tous les grades, & on la réserva aux colonels seuls. Un député vint à Paris leur proposer ce témoignage d'amitié, & chercher les aigles qui devoient être la marque distinctive de l'association.

Il fallut licencier l'armée, avant que les *Cincinnati* pussent tenir une assemblée générale pour la nomination de leur président : ils prièrent M. Washington d'agir en cette qualité, jusqu'à la première assemblée générale qui auroit lieu à Philadelphie au mois de mai suivant. Les loix de la société devinrent publiques; les hommes qui les lurent dans leur cabinet, sans être échauffés par cette amitié dont elles étoient la suite, & sans songer à la douleur qu'une séparation prochaine avoit excitée dans l'ame des officiers; les politiques qui n'observent dans les institutions que les dangers qui menacent la société civile; les cultivateurs & tous les citoyens laborieux enfin, qui, sous la garde des loix d'égalité, n'avoient jamais vu de distinction entre un homme & un homme, mais qui avoient trouvé dans leurs lectures le récit des affreuses vexations que les gens de leurs classes éprouvent en d'autres pays de la part de ceux qui sont distingués par des cordons & des titres, commencèrent à prendre l'alarme sur cette nouvelle institution. Chacun d'eux néanmoins garda un silence bien digne de remarque; ils se contentèrent long-tems de parler de leurs inquiétudes dans des entretiens particuliers.

M. Burke, chef-juge de la Caroline méridionale, éleva enfin la voix : il écrivit contre l'association des *cincinnati*, & il en montra tous les dangers, d'une manière imparfaite il est vrai, car il ne fut aidé que par son imagination; un américain ne pouvoit rien faire de plus : pour peindre tous les maux de l'aristocratie, il faut les avoir étudié en Europe. Les craintes de M. Burke parurent exagérées en Amérique, tandis qu'on sait en Europe, que M. de Mirabeau lui-même a dessiné trop foiblement encore les funestes suites de l'aris-

tocratie héréditaire, telles qu'on les éprouve dans l'ancien monde, & telles qu'on les auroit éprouvées dans le nouveau, si les *cincinati* avoient conservé leur association sous sa première forme. Le pamphlet de M. Burke avoit pour épigraphe : *Sonnez de la trompette au milieu de Sion*; il eut cette espèce de succès qu'en attendoit l'auteur; la nouvelle société devint d'abord la matière de toutes les conversations. Les assemblées législatives de quelques-unes des provinces ne tardèrent pas à s'en occuper. Le gouverneur de la Caroline méridionale la censura dans une adresse au corps législatif de cet état; les assemblées de Massachuset, de Rhode Island, de Pensilvanie condamnèrent ses principes : aucune circonstance, il est vrai, ne fournit ce point important à la délibération du congrès; mais il affectoit profondément l'esprit de tous les députés à l'assemblée de l'union fédérale. L'ordre polonois de la *divine providence* s'avisa d'offrir son cordon à ceux des citoyens distingués des *États-Unis* qu'on lui indiqueroit, & le congrès profita de cet incident pour déclarer de pareilles distinctions contraires aux principes de la confédération américaine.

Le mécontentement excité par l'association des *cincinnati* inquiéta de très-bonne heure M. Washington; il se souvenoit toujours de la pureté des motifs qui lui avoient donné naissance; mais il s'apperçut qu'il pouvoit en résulter des maux politiques, que la nature de ces motifs avoit cachés. Elle étoit désapprouvée par la majorité des citoyens de l'union, & cette raison seule suffisoit dans un pays où la volonté de la majeure partie du peuple forme & doit former la loi. Il vit que les objets de l'institution étoient trop légers en eux-mêmes, pour les opposer à des considérations aussi sérieuses; & qu'il étoit devenu nécessaire de l'anéantir complettement. Il s'y décida en effet, & ses lettres particulières le prouvent d'une manière incontestable. L'époque de la première assemblée annuelle qui devoit se tenir à Philadelphie approchoit : il se rendit à Philadelphie, bien résolu de faire usage de toute son influence pour la supprimer. Il proposa aux officiers de l'abolir, & il appuya cette proposition de toute sa force. Il rencontra une opposition qui fut bien pénible pour son cœur, car on observa que sa physionomie, si tranquille & si sereine au milieu des scènes les plus désastreuses des combats, se couvrit de nuages, & qu'il étoit aussi affligé qu'aux époques de la guerre, où il n'avoit point d'armée à opposer à l'ennemi. La question fut discutée durant plusieurs jours; les raisons & les conseils de M. Washington prévalurent enfin, & tout le monde fut persuadé que l'association ne subsisteroit plus. Une très-grande majorité des officiers alloit prononcer son anéantissement, lorsque M. le major l'Enfant, qu'on avoit envoyé en France, apporta, non-seule-

*

ment les aigles, mais des lettres des officiers françois qui acceptoient cordialement les symboles d'union & d'amitié qu'on leur avoit offerts, mais des demandes de beaucoup d'autres qui desiroient être reçus parmi les *Cincinnati* ; mais un avis que le roi avoit bien voulu reconnoître cette association, & que ses officiers portoient déjà l'aigle ; M. le major l'Enfant le portoit aussi lui-même. S'il fût arrivé deux jours plus tard, l'association n'existeroit plus ; & quand on voudra prouver à quelles petites causes tiennent les abus les plus dangereux, on n'oubliera pas cet exemple.

Cette funeste arrivée changea tout. La question prit une nouvelle forme. Après avoir offert aux officiers françois une association & un symbole d'amitié qu'ils avoient accepté, comment rétracter cette proposition, sans encourir le reproche de légéreté & d'ingratitude, sans faire une sorte d'injure à de braves guerriers qu'ils aimoient ? Les principes de la confédération, le mécontentement populaire étoient des raisons dont les américains connoissoient & sentoient toute la force ; mais des étrangers pouvoient-ils la connoître & la sentir également ? la sentiroient-ils assez, pour n'être pas indignés qu'on leur arrachât l'aigle dont les prévenances de l'amitié avoient orné leur sein ? La générosité & la noblesse des sentimens des officiers américains, leur ignorance bien pardonnable sur les idées, & le caractère des françois, empêchèrent de voir un expédient tres-simple qui pouvoit tout concilier. Arrêtez, arrêtez, pouvoit-on leur dire ; laissez l'aigle aux officiers françois ; ils tiennent aujourd'hui cette décoration de leur souverain ; elle convient à leur gouvernement, mais elle blesse vos constitutions & vos loix, elle est dangereuse pour vous : on ne vous accusera en France ni de légéreté ni d'ingratitude ; si l'honneur y est d'une délicatesse excessive, ce n'est pas en pareille occasion ; on y sait apprécier tout, jusqu'aux sacrifices des républicains ; & c'est là que les vertueux citoyens des états libres recueillent les éloges les plus justes & les plus flatteurs.

Les officiers américains entraînés par des craintes si mal fondées, n'osèrent plus abolir l'institution ; ils songèrent à la modifier de manière à ne pas indisposer les françois ; & voulant tout à-la-fois faire des sacrifices à leurs amis & à leurs concitoyens, ils anéantirent tout ce qui avoit de plus révolté ceux-ci. Les *cincinnati* conservèrent leurs noms, leurs assemblées & leurs fonds charitables ; mais ils déclarèrent que les fonds seroient sous l'inspection du corps législatif de chaque province, & que l'association ne seroit plus héréditaire : ils reçurent de France même des lettres qui conseilloient la réforme de ce point. Ils déclarèrent qu'on n'y admettroit plus de nouveaux membres ; que les assemblées générales, au lieu d'être annuelles, ne se tien-

droient que tous les trois ans : ils gardèrent l'aigle & le ruban, parce que leurs amis les portoient, parce qu'ils desiroient de voir ce symbole de l'amitié dans une contrée où il n'offensoit personne. Mais ce qui est bien digne d'attention, & ce qu'on ne sait pas en France, ils ne l'ont jamais porté eux-mêmes ; & au lieu de ces dix mille républicains qu'à Paris on suppose chamarrés d'un cordon, on n'en voit pas, dans les *Etats-Unis*, un seul qui ose suspendre l'aigle à sa boutonnière. Il blesseroit les yeux de ses concitoyens, & son audace seroit punie par des insultes sans nombre. Ils enfermèrent l'aigle dans leurs bureaux, avec les médailles de l'indépendance de l'Amérique, avec celles des trophées dont ils se sont rendus maîtres, & des batailles qu'ils ont gagnées.

Cette réforme a un peu tranquillisé les diverses provinces, il faut en convenir : les citoyens savent par quelles malheureuses circonstances l'association n'a pas été anéantie : ils s'intéressent trop à la réputation de leurs officiers, ils estiment trop tout ce qui peut rappeler à la mémoire de leurs alliés les époques où ils ne formoient qu'un seul peuple, pour se plaindre avec aigreur. S'ils songent à l'avenir, s'ils cherchent à écarter du sein de leurs républiques tout ce qui pourroit y établir des distinctions dangereuses, & dégrader une classe d'hommes au-dessous d'un autre ; ils apprennent avec plaisir que leurs alliés, chez qui se trouvent de pareilles distinctions en ont adopté une particuliere relative à l'établissement de la liberté des *Etats-Unis*, & ils seroient tres-affligés si la réforme domestique qu'on a crue nécessaire, si les censures des écrivains ou quelqu'autre cause les empêchoient de porter l'aigle, & diminuoient sa réputation.

Les détails dans lesquels nous venons d'entrer sont d'autant plus précieux, que le citoyen des *Etats-Unis* qui a écrit sur les dangers de l'association des *cincinnati*, que l'homme célèbre qui a traduit son ouvrage en françois, & qui y a ajouté des observations pleines d'une énergie si brillante, ne connoissant point ces détails, ne rendent pas assez de justice à M. Washington, & déclament quelquefois, quand il faudroit raisonner tranquillement.

On ne demandera plus par quelle fatalité Washington si modeste, si noble & si grand dans sa simplicité, a autorisé & défendu un pareil établissement ; on ne répondra plus qu'on l'a trompé, que son noble cœur l'a trompé lui-même, que plein de zèle pour la liberté, & n'ayant que des motifs purs, il a cru les autres incapables de mauvaises intentions, & que, par une foiblesse naturelle à l'homme, il n'a pu revenir complettement d'une erreur qu'il avoit adoptée.

Les reproches qu'on se permettra désormais contre les officiers américains, seront aussi plus modérés ; & on sera moins surpris qu'une institution fi bifarre & fi hétérogène dans des républiques fe soit formée en Amérique. On croira qu'elle a pu s'y établir fans mauvaifes intentions ; mais fi elle n'a rencontré de la part des citoyens qu'une oppofition paffible & raifonnable, tandis qu'on la regarde en Europe comme un détestable parricide, qu'on ne s'en étonne pas ; les habitans des *Etats-Unis* n'avoient jamais reconnu entr'eux d'autre diftinction que celle des hommes en charge qui exercent le pouvoir par l'autorité des loix, & des individus particuliers. Le plus pauvre laboureur s'y trouve au niveau du plus riche millionnaire ; & lorfqu'ils réclament mutuellement leurs droits, il eft en général plus favorifé. On a vu un cordonnier ou un autre artifan tiré de fon attelier par fes compatriotes pour exercer une charge, impofer fur le champ tout le refpect & toute l'obéiffance qu'exigent les loix à la fuite de l'emploi dont il étoit revêtu. Quant aux diftinctions produites par la naiffance ou par les marques extérieures de gloire ufitées en quelques pays, ils n'en avoient pas plus d'idée que de la manière d'exifter dans la lune ou les plantes. Ils avoient feulement oui dire que ces chofes-là exiftoient ailleurs, & ils jugeoient qu'elles devoient être mauvaifes. Nous l'avons déjà dit, il faut connoître l'ancien Monde, pour favoir jufqu'où la dignité de l'homme eft dégradée par des diftinctions arbitraires ; & nous le répéterons avec les hommes les plus éclairés & les plus vertueux de l'Amérique ; en établiffant l'affociation des *cincinnati*, les officiers américains n'ont pas vu le mal qu'ils alloient faire à leur patrie, & leurs intentions n'étoient point criminelles.

Cependant, que d'affreux abus & que de maux l'inftitution, fous fa première forme, n'auroit-elle pas entraîné ? On en a fait le tableau ; &, il faut être de bonne foi, les traits de ce tableau ne font point exagérées. Il refte à examiner fi l'affociation des *cincinnati*, dans fon état actuel, eft dangereufe, & il eft facile de prouver qu'*elle eft encore dangereufe fous chacun de fes rapports.*

Avant de montrer fes dangers, il convient de dire nettement ce qu'elle eft aujourd'hui. L'affemblée de 1784 a réduit les ftatuts à quatorze articles ; elle a défigné les perfonnes qui feront membres de l'affociation de l'ordre ; elle a réglé fon régime & fes affemblées ; elle a divifé l'ordre en treize provinces, & permis aux officiers françois de former une province à part ; chacune des provinces peut prendre les mefures qu'elle voudra fur les projets de bienfaifance de la fociété, reprimander & chaffer les membres qui fe conduiront d'une manière repréhenfible ; enfin établir des fonds pour le foulagement des membres qui auront befoin de fecours. L'article 10 ordonnoit à chaque officier de remettre un mois de fes appointemens au tréforier de l'affemblée d'état. L'article 12 dit que chaque affemblée d'état prêtera fes fonds à fa province, fi la province veut les

recevoir ; & s'il furvient des difficultés dans l'accompliffement des vues de la fociété, les légiflatures de chaque état en difpoferont de la manière qu'ils jugeront la plus équitable & la plus analogue aux vues primitives de l'inftitution.

Afin de préparer les diverfes affemblées à recevoir les derniers ftatuts dont on vient de parler, on leur adreffa une lettre circulaire fignée du général Washington en fa qualité de préfident ; mais il n'y parle plus en fon nom. Il eft bon de conferver ici ce monument historique ; il montrera peut-être un jour quel étoit l'aveuglement des fondateurs de l'affociation, & il apprendra jufqu'à quel point il faut fe défier, dans les états républicains, des inftitutions les plus honnêtes en apparence, lorfqu'elles portent avec elles des germes d'inégalité & de divifion.

« Les délégués des *cincinnati*, après les plus mûres délibérations & la difcuffion la plus approfondie des principes & des objets de notre fociété, ont jugé à propos de vous recommander les articles fuivans. »

« Pour que notre conduite foit connue & approuvée de tout l'univers, pour ne point encourir le reproche d'obftination ou de légéreté, & afin que vous foufcriviez plus volontiers à notre recommandation, voici les raifons qui nous ont déterminés : Nous déclarons d'abord, & nous prenons le ciel à témoin de notre véracité, que les principes les plus honnêtes ont dirigé notre conduite en cette occafion : notre confcience eft tranquille fur la droiture de nos intentions ; & nous en fommes intimement perfuadés, on verra un jour que nous n'avons eu d'autres motifs que ceux de l'amitié, du patriotifme & de la bienveillance. Mais nos vues, à certains égards, ont été mal interprétées ; comme l'acte de notre affociation a été rédigé à la hâte & dans un tems où, agités de toutes les manières, nous n'avions point la tranquillité d'efprit néceffaire pour examiner attentivement les détails de notre affociation, ou pour exprimer nos idées avec tout le foin qu'on auroit pu defirer ; comme plufieurs perfonnes ont jugé nos premiers ftatuts incompatibles avec le génie & l'efprit de la confédération ; & comme il pourroit arriver qu'ils ne rempliffent pas notre objet, & qu'il en réfultât de mauvais effets que nous n'avions pas prévus : pour diffiper toutes les inquiétudes, pour expliquer d'une manière claire & précife le principe de notre inftitution, & pour montrer de nouveau que les officiers de l'armée américaine font les citoyens les plus fidèles, nous avons arrêté les réformes & modifications importantes que voici: *La fucceffion héréditaire fera abolie ; toute interpofition dans les affaires ceffera d'avoir lieu ; les diverfes légiflatures prendront-elles-mêmes connoiffance de l'emploi des fonds* ; mais pour rendre plus efficace notre projet de fecourir les malheureux, nous demanderons des chartres aux diverfes provinces.

Il vous fera facile de juger pourquoi nous avons changé le premier article, si vous vous rappellez le motif qui nous engagea à former une société d'amis. Unis par les liens de la plus étroite amitié dans les différentes révolutions d'une guerre que toutes les circonstances ont rendue mémorable, nous avons eu le bonheur de remplir l'objet pour lequel nous avions pris les armes; & lorsqu'il a fallu nous séparer au moment du triomphe, lorsque nous sommes arrivés à la dernière scène de notre drame militaire, dont le dénouement étoit un sujet d'allégresse, puisque notre patrie jouissoit de l'indépendance & de la paix, mais d'affliction, puisque nous allions nous séparer, & peut-être pour ne nous revoir jamais; dans un moment où nous étions pénétrés de regrets plus aisés à concevoir qu'à décrire, où chacun de nous se rappelloit les traits de la bienveillance & de la sensibilité de ses camarades, il étoit impossible de ne pas chercher les moyens de prolonger une amitié si douce & si nécessaire à nos cœurs attendris, & il étoit naturel de desirer qu'elle se perpétuât parmi nos enfans jusqu'aux siècles les plus reculés. Tels étoient, nous l'avouerons, nos sentimens & nos idées, lorsque nous avons signé l'institution. Nos motifs étoient irréprochables; mais plusieurs de nos compatriotes craignant qu'il ne s'établît une ligne de séparation entre nos descendans & les autres citoyens, bien éloignés nous-mêmes de vouloir créer des distinctions inutiles & dangereuses, nous n'hésitons point à tout sacrifier, excepté l'amitié que nous inspireront toujours nos camarades & les actes de bienfaisance qui doivent en être l'effet. C'est avec la même pureté d'intention que nous avons proposé de faire usage de notre influence collective pour défendre le gouvernement, & cette précieuse union fédérative pour laquelle nous avons combattu. Mais instruits qu'on nous jugeoit trop officieux, & que notre zèle paroissoit déplacé, & que si on ne nous accusoit pas directement de former des desseins dangereux, on nous reprochoit de nous arroger le droit de défendre les libertés de notre patrie, nous ne pouvions, quelqu'injustes que nous semblassent ces reproches, nous opposer à l'opinion générale de nos concitoyens, ou affliger ceux dont il étoit de notre intérêt & de notre devoir d'avancer le bonheur. »

« Quant aux vues charitables qui servent de base à notre institution, en remettant vos fonds à la législature de votre état, pour qu'elle veille à leur juste emploi, vous prouverez l'intégrité de vos actions & la droiture de vos principes. Les provinces convaincues de l'innocence & de la générosité de nos intentions, protégeront sans doute un dessein qu'elles doivent approuver, & nous croyons qu'elles donneront des encouragemens aux heureuses dispositions où vous êtes d'adopter les moyens les plus efficaces & les plus

surs pour secourir les infirmes, & il y a lieu d'espérer qu'elles nous accorderont des chartres. »

« Vous aurez sans doute remarqué, Messieurs, que les seuls objets dont nous desirons de conserver le souvenir ne peuvent déplaire à nos concitoyens ou nuire à leur postérité: nous avons donc gardé les devises qui nous indiquent de quelle manière nous devons rentrer dans l'état de citoyens; nous les avons gardées, non comme des marques d'une distinction orgueilleuse, mais comme des gages de notre amitié, & comme des emblêmes qui nous empêcheront de nous éloigner du sentier de la vertu. Il est à propos de rappeller ici que ces décorations sont réputées des gages précieux d'amitié, & révérés par ceux de nos alliés qui les ont mérités, en contribuant à notre indépendance; que ces françois distingués par leur naissance ou par leur mérite ont obtenu sur ce projet l'agrément de leur souverain, & qu'enfin ce monarque illustre regarde notre association fraternelle comme un lien propre à resserrer de plus en plus l'harmonie & la réciprocité de bons offices qui règnent déjà si heureusement entre les deux nations. »

« Après avoir ainsi réformé tout ce qu'on a critiqué dans notre institution, sans rien perdre cependant de l'estime que nous nous flattons d'obtenir de nos contemporains & des générations futures; après avoir satisfait à tout ce qu'on pouvoit demander à une association qui doit se perpétuer entre nous jusqu'à notre dernier soupir, & après avoir établi sur un fondement durable & solide les projets de bienfaisance qui nous occupent; il ne nous reste plus qu'à vous parler des deux bases de notre établissement, l'amitié & la charité, & à invoquer votre libéralité, votre patriotisme & votre générosité. Comptant sur la justice & l'intégrité du public, nous pensons qu'il jugera satisfaisantes les réformes & les modifications que nous venons d'établir, & nous espérons que la puissance législative de chaque province passera bientôt des actes qui donneront de la stabilité à notre institution. »

« Permettez-nous d'observer enfin que professant l'amitié & la charité, chacun de nous doit remplir avec zèle ces devoirs de notre association, consoler & secourir ceux de nos infortunés compagnons qui ont vu luire pour eux des jours plus heureux, & qui ont mérité un meilleur sort; essuyer les larmes des veuves qui, sans notre charitable institution, se seroient trouvées réduites à la misère, ainsi que leurs enfans; soutenir les orphelins des deux sexes; soustraire d'innocentes filles à la corruption, encourager les fils à suivre les traces d'un père vertueux. Le bonheur des infortunés que nous aurons secourus sera le nôtre; cette idée charmera nos douleurs, & consolera nos derniers momens. Suivons donc les nobles projets que nous dicte la bonté; que nos actions attestent toujours la pureté de

nos vues, & laiſſons pour précepte à nos deſcendans que la gloire des guerriers n'eſt pas complette,
s'ils ne ſavent auſſi remplir les devoirs de citoyens. »

Tel eſt le langage ſéduiſant que prit le comité
des *cincinnati*. Nous ne chercherons pas à développer les faux principes & les erreurs que
contient cette lettre. Nous demanderons ſeulement comment l'aſſociation a pu vanter ſes ſacrifices avec emphaſe, puiſqu'elle conſervoit l'aigle & le ruban, & qu'alors elle comptoit les
porter ? comment a-t-on pu dire que les diverſes
provinces confirmeroient ſans doute l'aſſociation
par des chartres, puiſque la conſervation des
aigles devoit toujours exciter les murmures des
citoyens ? Nous obſerverons enfin que ne parlant
pas à des enfans, il eſt ſingulier qu'on ait donné
pour la principale des raiſons qui ont déterminé
à garder les aigles, *ces deviſes qui doivent maintenir les cincinnati dans les ſentiers de la vertu.*

Cette apologie eſt ſuſceptible de beaucoup d'autres objections : mais nous nous hâtons d'examiner
les inconvéniens qui peuvent réſulter de l'aſſociation des *cincinnati*, malgré la réforme des premiers ſtatuts.

1°. Les aſſemblées générales auront lieu tous
les trois ans. Ces aſſemblées tiendront les officiers
formés en corps ; elles perpétueront la diſtinction
entre l'ordre civil & l'ordre militaire, & il eſt
néceſſaire pour le bonheur des *Etats-Unis*, d'en
effacer la trace, le plutôt qu'il ſera poſſible. Les
aſſemblées militaires, non ſeulement exciteront la jalouſie & les craintes du gouvernement
civil, mais elles rendront cette jalouſie & ces
craintes bien fondées ; car lorſque les hommes ſe
raſſemblent, s'ils n'ont point d'affaires, ils en
imaginent. Les *cincinnati* s'entretiendront de leurs
griefs, réels ou imaginaires ; ils les peindront avec
la chaleur & l'exagération qu'inſpirent toujours la
vanité & l'intérêt perſonnel ; ils ſe communiqueront leur mécontentement : & ces étincelles peuvent produire un incendie qui conſumera leur
bonheur individuel & le bonheur général.

2°. La partie charitable de l'inſtitution aura elle-
même des ſuites funeſtes. D'abord elle perpétue
les dangers dont nous venons de parler : car enfin
les *cincinnati* ont établi des fonds, pour ſecourir
ceux d'entr'eux qui ſe trouveront dans le beſoin.
A qui appartiendront ces fonds ? S'ils appartiennent aux deſcendans des membres actuels de la
ſociété, ces deſcendans formeront une claſſe particulière ; ils auront un intérêt aſſez puiſſant pour
maintenir leurs prérogatives, pour continuer les
aſſemblées ; & dans un moment où la vigilance de
l'adminiſtration ſommeillera, où la fermeté de leurs
concitoyens ſe relâchera, peut-être pour replacer
l'aigle ſur leur poitrine, & ranimer toutes les prétentions de la ſociété. Eſt-il des actes de charité
particulière, qui puiſſent l'emporter ſur de ſemblables abus ? Dira-t-on que les *cincinnati* cherchent à garantir leurs deſcendans du beſoin ? &
pourquoi donc craignent-ils de les confier à la

bienfaiſance de cet heureux ſol & de ce climat favorable, qui pourvoiront aux beſoins des deſcendans de leurs autres concitoyens ? Craignent-ils
de les voir réduits à labourer la terre pour leur
ſubſiſtance ? S'ils labourent la terre, ils ſeront plus
honnêtes & plus heureux. Un induſtrieux fermier
occupe, dans l'ordre moral & dans l'ordre politique, un rang plus reſpectable que le lâche fainéant trop enorgueilli de ſa famille pour travailler, & ſe dévouant par goût à traîner une mi-
ſérable exiſtence, & à conſommer ce ſurplus de
travail des autres hommes, qui eſt le fonds ſacré
du pauvre que ſes infirmités condamnent à l'inaction. Une chétive penſion les empêchera ſeulement
de développer cette induſtrie & ces talens, qui
les conduiroient à une meilleure fortune.

3°. L'habitude des camps & de la guerre détruit les ſentimens, & les idées qui font les bons
citoyens. Il faut de la ſubordination dans les armées d'une république, comme dans celles d'une
monarchie, & tout ce qui aſpire à l'égalité, y eſt
criminel. On n'y connoît plus que la loi martiale
& la loi du plus fort ; & lorſqu'à la paix les
officiers ſe retrouvent au niveau des ſoldats, cette
dégradation eſt trop contraire au naturel de l'homme, pour ne pas exciter de l'humeur : il eſt néceſſaire de proſcrire tout ce qui peut entretenir
cette humeur, ou rappeller ces époques d'une
autorité contraire aux loix civiles, où un citoyen
forçoit à un ſeul mot, ſes égaux à voler au carnage & à la mort ; & l'aſſociation des *cincinnati*
n'a-t-elle rien de dangereux ſur ce point ?

4°. Si on étudie l'hiſtoire des démocraties, depuis celles de la Grèce juſqu'à celles que nous
voyons en Europe, on s'apperçoit que dans toutes, ſans exception, la prétention de former des
claſſes particulières dans l'ordre civil, a perdu ou
diminué la liberté publique & fait le malheur des
citoyens ; & que les *cincinnati* portent leurs aigles, ou qu'ils ne les portent pas, leurs aſſemblées & leurs fonds charitables ne ſeront-ils pas
le germe d'une claſſe particulière de citoyens ?
Non, les écrivains politiques eux-mêmes n'ont
jamais ſuivi les foibles commencemens de ces inſtitutions qui ont fini par opprimer des millions
d'hommes, pour ſatisfaire les fantaiſies & la cupidité d'un petit nombre de mortels ; & de toutes les inſtitutions, celles qui ſont favoriſées par
des guerriers, s'établiſſent le plus imperceptible-
ment. Les familles bernoiſes qui ont eu part à la
conquête du pays de Vaud, ont fini par s'emparer du gouvernement, quoiqu'elles n'euſſent établi ni aſſemblées, ni marque diſtinctive, & on
ne peut être tranquille ſur celles d'Amérique, qui
montreroient leurs aigles comme une preuve de
leurs droits & de leurs ſervices.

5°. En diſant de quelle manière s'eſt formée l'aſſociation des *cincinnati*, nous avons rappellé les
intéreſſans motifs qui en ont inſpiré le projet ;
nous nous ſommes efforcés de conſerver à ces motifs ce qu'ils peuvent avoir de ſenſible & d'aima-

ble ; mais nous permettra-t-on de le remarquer ? Le véritable patriotisme ne souffre pas ces petites affections particulières. Que les officiers américains se soient séparés avec regret ; qu'un attendrissement général les ait saisi tous, au moment où ils alloient quitter, peut-être pour jamais, les compagnons de leurs victoires, de leurs détresses & de leurs travaux ; qu'après de sanglantes batailles & de pénibles services, ils aient voulu garder le souvenir de ces scènes héroïques & de ces actions touchantes, dont ils avoient été les témoins ou les acteurs, & qui avoient laissé dans leur ame une impression sacrée, cela est digne d'éloges ; mais lorsque de braves guerriers qui ont combattu pour leur liberté, & qui aiment leurs constitutions, veulent, pour conserver ces souvenirs, maintenir une société qui excite les réclamations de treize républiques, leur bel attachement ne devient-il pas de la foiblesse ? ne ressemblent-ils pas à ces victimes d'une passion orageuse, qui, pour un instant de plaisir, sacrifieroient l'univers entier ? & cette disposition n'a-t-elle rien de dangereux ? Et qu'est-ce que des citoyens dont la patrie n'absorbe pas tous les sentimens, & qui dédaignent une égalité parfaite ? Ensuite n'y a-t-il point ici d'exagération ? Il est permis de le croire ; car enfin tous les *cincinnati* ne se connoissoient pas, & peut-on leur supposer cet enthousiasme de la tendresse, & ces transports passionnés qu'on retrouveroit à peine dans une société de frères ?

6°. On a voulu présenter l'association des *cincinnati*, comme une franc-maçonnerie militaire : on n'a pas songé qu'on la jugeroit alors plus redoutable, & oseroit-on soutenir qu'une franc-maçonnerie militaire, utile peut-être dans les monarchies, est convenable à des gouvernemens democratiques ?

7°. Si les républiques du nouveau-Monde avoient quelques institutions aristocratiques, l'association, dans son état actuel, auroit moins d'inconvéniens. Mais nous prions les *cincinnati* de l'observer ; en abjurant cette inconcevable méprise qui rendoit la décoration héréditaire & transmettoit ses privilèges à leurs descendans, le danger qu'ils ont reconnu sur cet article, est le même sur ceux qu'ils conservent ; & si l'abus est plus foible, c'est toujours un abus.

8°. Il est réellement inconcevable qu'une association d'amis, dans son état présent, ait imaginé de se donner une croix & un cordon. Ne savent-ils pas que ces cordons peuvent être utiles à des complices, mais que les honnêtes citoyens n'ont pas besoin de ce ralliement ? Si, par une estimable déférence pour les dispositions de leurs compatriotes, ils s'abstiennent de porter l'aigle, cet aigle est donc, de leur aveu, un objet d'horreur & de dédain dans les *Etats-Unis* ; & ne pas le sacrifier entièrement, est-ce montrer toute la déférence que mérite ici l'opinion publique ? & n'est-il pas raisonnable de concevoir des inquiétudes ?

9°. Tant que la société des *cincinnati* subsistera, on aura droit de se plaindre d'une infraction aux constitutions des nouvelles républiques ; on aura droit de réclamer contre les formes illégales qu'on a mises en usage pour l'établir. Les officiers américains se sont trompés ; ils avoient besoin de l'aveu du congrès, & de l'aveu de chacune des provinces : & quand cette institution seroit moins dangereuse, c'est un grand mal que, dans une affaire si importante, on dédaigne l'opinion du peuple & de ses représentans.

Quels seroient les moyens de prévenir ces malheurs, & comment pourroit-on abolir l'association des Cincinnati ? Cette institution peut être abolie ; 1°. par les officiers américains eux-mêmes ; 2°. par le crédit de M. Washington ; 3°. par un décret du corps législatif de chacune des provinces ; 4°. par une recommandation du congrès. Nous allons examiner ces différens moyens, calculés de manière que le troisième & le quatrième resteront toujours au défaut des deux premiers.

1°. Le premier de ces moyens seroit le plus simple, & celui qui réformeroit avec le plus de gloire une méprise que la postérité jugera sévèrement. Nous oserons donner ici des conseils aux officiers américains, & nous ne craindrons pas de leur dire : à votre première assemblée générale, (c'est-à-dire, l'année prochaine) distribuez vos fonds, à ceux d'entre vous qui en ont besoin ; assurez d'une manière quelconque les pensions des officiers, à qui vous avez promis tous les ans une certaine somme ; cessez à jamais vos contributions au trésor particulier de la société, & imitez les autres citoyens dans leurs actes de générosité. Déclarez en même-temps que vous ne tiendrez plus d'assemblées générales ou particulières. Si vous habitiez la même ville ou le même bourgade, il seroit peu séant de vous exhorter à ne pas former des cotteries entre vous ; mais dispersés dans la vaste étendue des *Etats-Unis* ou d'une province, vous ne pourrez désormais faire de longs voyages pour vous réunir, sans exciter des inquiétudes & de justes reproches. Ecoutez un étranger qui est animé par le seul but de la prospérité générale de vos républiques : nous vous conjurons de fondre les aigles, afin que vos descendans ne soient pas un jour tentés de les suspendre à leurs boutonnières. On vous a éclairés sur les dispositions des officiers françois ; ils garderont le signe de votre association, qu'ils tiennent de leur souverain ; & loin d'exciter leur mécontentement, vous obtiendrez leurs éloges : interrogez le jeune héros qui a volé si noblement au secours de l'Amérique ; que sa sagesse, sa valeur & ses talens militaires ont rendu les chefs du nouveau-Monde, & qui recueille en Europe des hommages si bien mérités ; il vous dira quelles sont les dispositions de ses compatriotes. Exécutez la généreuse résolution que vous aviez prise en 1784, & qu'une malheureuse circonstance a fait changer. Il sera beau de vous voir, d'un commun accord, sacrifier les restes de votre institution à la tranquillité & au bonheur publics : ce sacrifice vous méritera la plus douce des récompenses, la reconnoissance de vos concitoyens, & l'estime & l'admiration de toute l'Europe. Pourquoi ne le feriez-vous pas ? vous ne jouissez point de cette petite décoration ; aucun de vous n'ose la porter : vous vous en abstenez par délicatesse. Vous ne retrouverez plus une aussi belle occasion d'acquérir de la gloire. Cet acte de générosité sera célèbre à jamais dans vos annales : tous les gouvernemens libres le citeront pour exemple, & vous recueillerez encore les éloges des pays où le citoyen a perdu sa liberté.

Qu'auriez-vous donc à gagner, en soutenant votre société, malgré les réclamations de toutes les provinces ? La vanité est indigne de vous, & ses intérêts sont nuls ici, puisque vous ne profitez point de la marque d'honneur qu'elle s'étoit ménagée. Si l'on vous demandoit de renoncer à cette espèce de considération ou à ces jouissances de vanité, que l'homme chérit toujours, votre résistance offriroit une sorte d'excuse ; mais on vous propose le seul parti qui puisse convenir même à votre amour-propre, & n'en doutez point, on ne verra dans votre résistance qu'une opiniâtreté mal entendue.

Votre association peut devenir utile un jour à des intrigans & des ambitieux ; mais la majorité d'entre vous peut-elle espérer ces avantages ? & ne doit-elle pas se réunir à la nation pour arrêter les funestes projets de quelques hommes corrompus ? Dans cinquante ans, dans un siècle, le progrès des richesses aura peut-être affoibli le sentiment de la liberté, les distinctions ne seront plus odieuses au peuple, où il n'osera plus le dire ; mais alors, il ne restera plus de cincinnati ; & que penseroit-on de vous, si vous résistiez aux sollicitations de vos compatriotes & aux principes de la justice & de la raison, dans l'espoir d'obtenir un avantage, éloigné par-delà le terme de la vie ?

Ne comptez pas maintenir sourdement une institution qui rencontrera des occasions plus heureuses de se montrer. Tous vos concitoyens ont les yeux ouverts ; ils vous surveillent avec soin ; & que pourront vos foibles moyens, contre trois millions d'hommes qui ne veulent point de distinctions ? Des manœuvres secrettes triompheront-elles de la force irrésistible des constitutions & des loix ? & viendront-elles à bout d'asservir l'esprit général ? S'il est des contrées, où il soit si facile à un petit nombre de grands, de mener, des millions d'esclaves, ce n'est pas à ces époques d'enthousiasme, où de nouvelles républiques viennent d'établir leur liberté ; ce n'est pas au milieu du nouveau-Monde, où les déserts & les forêts entretiennent l'horreur de l'esclavage.

Hâtez-vous de prévenir le congrès & les corps législatifs des différentes provinces ; ils ne tarderont pas à s'occuper de vous ; ils ne manqueront pas de vous proscrire ; ils en ont le droit, & soyez-en sûrs, tant que votre association subsistera, l'Europe ne rendra point de justice à vos héroïques

travaux ; elle n'y verra point de générosité. Au nom de la patrie, abjurez donc solemnellement une erreur qui souille vos exploits.

2°. Le lecteur se souvient qu'en 1784, M. Washington avoit entraîné l'assemblée de Philadelphie par son influence & par la justesse de ses raisons ; & qu'à la voix de ce grand homme, la majorité des députés des cincinnati alloit abolir à jamais l'association, lorsque M. l'Enfant arriva. Son influence est aujourd'hui la même ; tous les officiers connoissent son désintéressement & sa vertu ; ils le chérissent, ils l'admirent tous, & on n'a peut-être jamais vu personne captiver aussi généralement la confiance & l'amour de ses concitoyens ; il peut exercer ici l'empire de sa vertu. Il l'a reconnu, il l'a dit publiquement ; il l'a soutenu avec courage ; il seroit utile d'abolir l'association : deux années de plus d'expérience & de réflexions avertissent son cœur, qu'elle est contraire aux loix, que c'est un abus effrayant ; que ses inévitables effets sont d'un extrême danger pour des républiques ; & lorsqu'il embrasse dans ses nobles pensées le sort de ces états, fondés par sa valeur, il déplore, n'en doutons pas, la fatalité des choses humaines qui déconcerte les meilleurs projets. Il n'a plus à craindre d'irriter ses officiers, qu'à la fin de la guerre quelques provinces refusoient de payer ; ils sont tous satisfaits. Il craignoit alors de déplaire à ses braves alliés, & il sait aujourd'hui qu'il ne leur déplaira point. Puisse-t-il s'occuper de cet objet important ! Il réussiroit, nous en sommes convaincus, & ce nouveau triomphe fermeroit à jamais la bouche de ses détracteurs. Oui de ses détracteurs, car il en a, depuis l'établissement dont nous parlons : leur nombre est peu considérable, il est vrai ; mais enfin, pour rendre une justice complette à ses lumières & à sa sagesse, ils attendent qu'il ait proposé une seconde fois l'abolition de la société des cincinnati.

3°. Puisque l'association des cincinnati se trouve divisée en assemblées d'états, c'est-à-dire, en corps particuliers dans chacune des provinces, chacune de ces provinces a le droit de l'abolir ; & il reste aujourd'hui peu de motifs de la traiter avec ménagement. Lorsqu'elle se forma, la détresse du trésor général de l'union & du trésor particulier des diverses républiques, étoit extrême ; il sembloit que les officiers n'obtiendroient pas les terres qu'on leur avoit promises, & que l'embarras des finances ne permettroit pas de leur accorder les récompenses pécuniaires, stipulées par le congrès. L'anéantissement du papier-monnoie avoit causé des pertes plus ou moins grandes à chacun d'eux ; on n'osoit indisposer, sur tous les points, des guerriers qui avoient à peine quitté les armes, & il fallut bien tolérer alors ces dédommagemens qu'ils se donnoient. Maintenant que le corps législatif de l'union américaine leur a cédé, dans le territoire de l'Ouest, les terres qu'ils réclamoient ; que la demi-paye a été assurée à ceux qui n'ont point préféré la *commuta-tion*, & que chaque *état* a pris des arrangemens solides pour qu'on les paie avec exactitude ; on peut revendiquer avec plus de fermeté les loix fondamentales de l'union & les loix constitutives de chaque province.

Les droits du corps législatif de chaque province sont évidens. Quand l'association des *cincinnati* seroit indifférente en elle-même, il seroit encore le maître de l'abolir : la volonté générale des citoyens forme la loi dans les *Etats-Unis* ; & pour ordonner ce sacrifice, il n'est pas nécessaire qu'il ait d'excellentes raisons. Les assemblées de Massachusett, de Rhode-Island & de Pensylvanie ont déja condamné ses principes ; & en achevant leur ouvrage, elles entraîneront infailliblement les autres *états*. Que pourroient-elles craindre ? des troubles d'un moment : ces troubles n'ont rien de dangereux : que feroient les officiers sans les soldats ? & les soldats redevenus citoyens se déclareront contre les *cincinnati*. Elles auront d'ailleurs l'appui du congrès & de presque tous les habitans des nouvelles républiques ; & avec ce secours, on peut braver les petites intrigues.

Mais à quelle époque le corps législatif doit-il développer sa puissance ? Au moment où les *cincinnati* termineront leur assemblée de l'année prochaine : s'ils n'abolissent pas alors leur association, les citoyens doivent se hâter ; car chaque jour de délai mûrit des germes de division funestes aux *Etats-Unis*. Parce que l'association n'a point de chartres, parce qu'il est bien décidé qu'elle n'en obtiendra point ; parce qu'elle est à peine tolérée, & que les aigles & les rubans ont disparu, qu'on ne croye pas pouvoir attendre : il faut, pour l'honneur de la loi, qu'on fasse cesser tout de suite leur infraction. C'est lorsque les démocraties s'établissent, qu'il convient sur-tout de donner un bon exemple, & d'arrêter vivement tous ceux qui ne respectent pas la constitution.

Y auroit-il de l'inconvénient à ordonner, qu'après la mort de M. Washington, ou après une époque de dix ans, les *Cincinnati* porteront au trésor de leur province, leurs aigles, leurs papiers. & leurs caisses ; que les aigles alors seront fondus, & les papiers brûlés, & que l'assemblée générale de la province disposera de leurs fonds. Nous croyons avec l'un des hommes les plus instruits de l'Amérique, que cette déférence, si raisonnable, au premier coup d'œil, auroit des dangers ; & qu'on satisfera à ce qu'exige la prudence, si on conserve les égards & l'attachement dus aux officiers ; que l'association n'auroit que trop de suites fâcheuses, lors même qu'on l'aboliroit demain ; & que les préjugés & les traditions funestes, n'ont pas besoin d'un si long intervalle pour jetter de profondes racines.

4°. Si les officiers américains, si M. Washington, si les corps législatifs des différentes provinces,

mettent ici de la nonchalance, le congrès qui veille à la prospérité des treize républiques, & qui par l'acte fédératif, à l'inspection ou le régime, de tout ce qui tient au bien général de l'union, pourra s'occuper de cet objet. Si on y discute l'association des *Cincinnati*, on y trouvera sans doute tous les divers sujets d'inquiétude, que nous avons énoncé, & une résolution solemnelle avertira tous les citoyens des *Etats-Unis*, que cette société blesse les constitutions & les loix, qu'elle est encore dangereuse, sous un grand nombre de rapports, & qu'il est nécessaire de l'abolir entiérement. Le Congrès n'auroit pas le droit d'obliger, chacun des états, à se conformer à sa résolution ; mais après un exposé des motifs, qui auroient déterminé son jugement, il leur recommanderoit de donner à ce jugement force de loi ; & il y a lieu de croire que les treize provinces ne tarderoient pas à l'adopter.

SECTION X^e.

De la population des Etats-Unis

La population doubloit tous les quinze ou seize ans dans quelques-unes des colonies angloises qui sont devenues des *états* libres, & tous les dix-huit ou vingt ans dans les autres. Cette foule d'irlandois, de juifs, de françois & d'allemands qui, fatigués de la misère qu'ils éprouvent en Europe, vont chercher la tranquillité dans ces climat lointains, contribuoit à une multiplication si rapide ; mais sa principale cause étoit la nature du pays, où l'expérience a démontré que la population double naturellement tous les vingt-cinq ans. M. Franklin explique ce phénomène d'une manière judicieuse.

« Le peuple, dit-il, s'accroît par-tout en raison du nombre des mariages ; & ce nombre augmente à proportion des facilités qu'on trouve à soutenir une famille. Dans un pays où les moyens de subsistance abondent, plus de personnes se hâtent de se marier. Dans une société vieillie par ses progrès mêmes, les gens riches, effrayés des dépenses qu'entraîne le luxe des femmes, forment, le plus tard qu'ils peuvent un établissement difficile à cimenter, coûteux à maintenir ; & les gens sans fortune passent leur vie dans un célibat qui trouble les mariages. Les maîtres ont peu d'enfans ; les domestiques n'en ont point ; & les artisans craignent d'en avoir. Ce désordre est si sensible, sur-tout dans les grandes villes, que les générations ne s'y reproduisent même pas assez pour entretenir la population à son niveau, & qu'on y voit constamment plus de morts que de naissances. Heureusement, cette décadence n'a pas encore gagné les campagnes, ou l'habitude de fournir au vuide des cités, laisse un peu plus de place à la population. Mais comme toutes les terres sont occupées & mises à peu-près

» dans la plus grande valeur, ceux qui ne peu-
» vent acquérir ces propriétés font aux gages de
» celui qui poſsède. La concurrence qui naît de
» la multitude des ouvriers, tient leur travail à
» bas prix, & la modicité du gain leur ôte le
» deſir, l'eſpérance & les facultés de ſe repro-
» duire par les mariages. Tel eſt l'état actuel de
» l'Europe.

» Celui de l'Amérique offre un aſpect tout op-
» poſé. Le terrein, vaſte & inculte s'y donnoit,
» avant la révolution, ou pour rien, ou à bon
» marché ; depuis la paix, il y eſt encore à ſi bon
» marché, que l'homme le moins laborieux trou-
» ve, en peu de temps, un eſpace qui, pouvant
» ſuffire à l'entretien d'une nombreuſe famille,
» y nourrira long-temps ſa poſtérité. Ainſi, les
» habitans des Etats - Unis ſe marient en plus
» grand nombre, & beaucoup plus jeunes que
» les habitans de l'Europe. S'il ſe fait ici un ma-
» riage par centaines d'individus, il s'en fait deux
» en Amérique ; & ſi l'on compte quatre enfans
» par mariage dans nos climats, il faut en comp-
» ter huit au moins dans le nouvel hémiſphère.
» Qu'on multiplie ces générations par celles qui
» en doivent naître, & l'on en trouvera qu'avant
» deux ſiècles, les nouvelles républiques doivent
» avoir une population immenſe, à moins que
» des obſtacles, qu'il n'eſt pas aiſé de prévoir,
» n'en rallentiſſent les progrès naturels. »

Si la guerre que les Etats - Unis viennent de
terminer a troublé l'accroiſſement de population
qu'ils auroient éprouvé dans le même intervalle
de paix, le nombre des habitans de l'Amérique
qu'a détruit le glaive des armées britanniques,
n'a guères diminué les habitans ; & la multitude
de ſoldats anglois & allemands qui ont été pris
par les américains, qui ont abandonné leurs drapeaux, ou qui à la fin des hoſtilités n'ont pas
voulu revenir en Europe, les étrangers, que la
guerre y a attiré, ou qui, malgré ſes ravages,
n'ont pas attendu le traité de pacification pour y
former leur établiſſement, compenſent cette perte.

Si l'on en croyoit des calculs qui ſont bien fau-
tifs, la population des Etats-Unis auroit eu, pendant la guerre, un décroiſſement aſſez conſidérable ; & c'eſt ici le lieu de montrer l'ignorance,
la ſottiſe ou la mauvaiſe foi des gazetiers, ou
des écrivains qui ne rougiſſent pas de les copier.

Les uns diſent qu'au commencement de la guerre, les Etats-Unis comptoient environ 400 mille
noirs, & deux millions 5 ou 6 cents mille blancs ;
d'autres, que le dénombrement, préſenté au congrès en 1775, montoit à 3 millions 137,809 habitans.

Quelques-uns obſervent enſuite que le dénombrement de 1783 a indiqué ſeulement 2,389,000 ames,
& ils ſe hâtent d'en conclure, que la population des
Etats-Unis a diminué de plus de ſept cents mille
perſonnes, pendant les ſept années de guerre.

Voici les faits dans toute leur exactitude. Le
congrès n'a jamais rien publié ſur la population
des Etats-Unis, & il n'a jamais pu le faire ; car
il n'y a point encore eu de dénombrement exact,
& aucune de ſes réſolutions n'indique le nombre
des habitans des diverſes provinces. Le 22 juin
1775, il ſe décida pour la première fois à mettre
du papier-monnoie en circulation, & la ſomme
fut de deux millions de piaſtres. Il déclara alors
que les douze colonies liguées ; (la Géorgie n'a-
voit pas encore accédé à la ligue), ſeroient cautions du rachat de ce papier. Afin de déterminer
la ſomme pour laquelle chacune des provinces
ſeroit engagée, on pria les repréſentans de chacune des provinces d'évaluer le nombre des
habitans par approximation, mais avec le plus
d'exactitude qu'ils pourroient. Ils n'étoient point
du tout préparés à cette évaluation : ils donnèrent cependant leurs conjectures. Nous allons les
rapporter, ainſi que la manière dont on répartit
les deux millions de piaſtres.

	Habitans blancs ou noirs.	cottiſation.
Nouvel-Hampſhire	100,000	82,713 piaſtr.
Maſſachuſett	350,000	289,496
Rhode - Iſland	58,000	47,973
Connecticut	200,000	165,426
Nouvelle-York	200,000	165,426
Nouveau-Jerſey	130,000	107,527
Penſylvanie	300,000	248,139
Delaware	30,000	24,813
Maryland	250,000	206,783
Virginie	400,000	330,852
Caroline ſeptentr.	200,000	165,426
Caroline méridion.	200,000	165,426
	2,418,000	2,000,000 piaſtr.

Nous avons déja dit que la Géorgie ne s'étoit
pas encore liguée avec les autres états ; on évaluoit ſa population à environ 30,000 ames, qu'il
faut ajouter aux 2,418,000. Nous obſerverons que
ſi le congrès fit de ce dénombrement la baſe de
la cottiſation, il ne lui donna pas même une
place dans ſes journaux ; & qu'il fut bien éloigné
de le publier, revêtu de ſa ſanction. Voici comment il s'eſt répandu dans le public ; à meſure
que les députés indiquèrent le nombre d'habitans
qu'ils évaluoient pour leur province, le ſecrétaire
du congrès l'écrivit ſur un morceau de papier ; il
calcula la cottiſation des deux millions de piaſtres,
d'après cette règle ; & il inſcrivit la ſomme ſur
les regiſtres. Mais les députés, pour leur ſatisfaction & pour l'inſtruction de leurs compatriotes,
prirent copie des états de population. Ces états
furent mis dans les papiers publics ; & lorſque les
gazetiers anglois jugèrent qu'il ſeroit utile à leurs
vues de comparer ce prétendu dénombrement avec
celui de 1783, comme leur principe eſt de mentir hardiment, afin qu'on ne les ſoupçonne pas
de menſonge, ils le portèrent à 3,137,809 habitans ;

& ils affurèrent que ce dénombrement avoit été publié par le congrès.

Au mois d'avril 1783, le congrès voulant exhorter les *états* à fournir un million & demi de piaftres pendant 25 ans, il fut néceffaire de fixer le contingent de chacune des provinces. Il fut décidé que cinq efclaves ne feroient comptés que pour trois hommes libres. Ce travail fut renvoyé à un comité, qui demanda aux députés des diverfes provinces quelle étoit la population de leur *état*. Quelques-uns des *états* avoient effayé de découvrir le nombre des habitans : d'autres ne s'en étoient pas occupés, & leurs députés n'avoient pas plus de moyens qu'en 1775, de faire l'évaluation d'une manière exacte. C'eft avec des données fi peu fûres, & d'après le principe de compter feulement les trois cinquièmes des efclaves, que le comité indiqua une répartition entre les provinces. Il avoit fixé le contingent de la Caroline méridionale, fur le pied de 170,000 habitans, mais lorfque le rapport fut foumis à la délibération du congrès, les députés de cet *état* obtinrent qu'on réduiroit leur contingent, fur le pied de 150,000 habitans, parce que l'ennemi venoit de dévafter cette province.

	habitans.	contingens.
Nouvel-Hampshire	82,200	52,708 piaftr.
Maffachufett	350,000	224,427
Rhode-Ifland	50,400	32,318
Connécticut	206,000	132,191
Nouvelle-York	200,000	128,243
Nouveau-Jerfey	130,000	83,358
Penfylvanie	320,000	205,189
Delaware	35,000	22,443
Maryland	220,700	141,517
Virginie	400,000	256,487
Caroline feptentr.	170,000	109,006
Caroline méridion.	150,000	96,183
Géorgie	25,000	16,030
	2,339,300	1,500,000

Le congrès refufa encore d'infcrire fon dénombrement dans fon journal, parce qu'il n'avoit pas l'exactitude qu'on pouvoit exiger. S'il fervit de règle, c'eft parce qu'il n'y eut pas moyen d'en trouver une meilleure. On fe contenta d'infcrire la cottifation ; mais les députés des diverfes provinces en prirent une copie, ainfi qu'en 1783 ; ils l'envoyèrent à leurs compatriotes : ce prétendu dénombrement fe gliffa dans les papiers publics, & les anglois l'attribuèrent au congrès. Si l'on veut avoir le nombre d'habitans que préfente ce calcul, il eft néceffaire d'ajouter 20,000 ames à la population de la Caroline méridionale, fe fouvenir enfuite que 700,000 efclaves n'ont été comptés que pour 420,000 perfonnes, & ajouter encore 280,000 fur cet article. On trouvera alors 2,639,300 habitans, c'eft-à-dire, 221,300 de plus que n'en avoit indiqué le calcul de 1775, & non-pas une diminution de 798,509, comme les papiers anglois ont eu la fottife ou l'effronterie de le dire.

Selon l'évaluation faite en 1775, les deux Carolines contenoient chacune 200,000 habitans ; le Maryland en contenoit 250 mille, & Rhode-Ifland en contenoit 58 ; & le dénombrement de 1783 n'en compte plus que 170 mille dans chacune des Carolines, 220,000 dans le Maryland, & 50,400 à Rhode-Ifland. L'état de Maffachufett & celui de Virginie ne préfentent pas de diminution ; l'évaluation de celui de Penfylvanie & de Connecticut eft plus forte en 1783 qu'en 1775, & les détails dans lefquels nous fommes entrés expliquent ces différences.

Les émigrations qui fe font faites en Amérique depuis la paix, celles qui auront lieu dans ces premières années où tous les infortunés de l'Europe croient avoir trouvé un afyle fûr, les illufions & l'enthoufiafme qu'infpire un pays immenfe, qui paroît avoir été conquis au bonheur & a la liberté ; les féductions & l'attrait que préfentent ceux-mêmes qui veulent ramener à la raifon les hommes occupés du foin de s'établir dans les nouvelles républiques (1), augmenteront d'une manière bien rapide la population des *Etats-Unis*. Elle paroît être aujourd'hui d'environ deux millions fept cents mille habitans, en y comprenant les nègres ; mais il faut obferver que cette évaluation doit être un peu trop foible ; qu'ayant été demandée pour fixer le contingent des impôts ou du rachat d'un papier monnoie, il étoit de l'intérêt des députés des provinces de diminuer plutôt que d'enfler le nombre des habitans ; & que fi le Connecticut & la Penfylvanie ont eu la nobleffe de ne pas le diminuer, on ne doit pas croire que les autres provinces aient été auffi généreufes.

« Si dix millions d'hommes, dit un écrivain » juftement célèbre, trouvent jamais une fub- » fiftance affurée dans ces provinces, ce fera » beaucoup. Alors même les exportations fe ré- » duiront à rien ou à fort peu de chofe ; mais » l'induftrie intérieure remplacera l'induftrie étran- » gère. A peu de chofe près, le pays pourra fe » fuffire à lui-même, pourvu que fes habitans » fachent être heureux par l'économie & la mé- » diocrité. »

(1) *Voyez* un petit écrit anglois, dans lequel le docteur Franklin donne des confeils aux malheureux qui fongent à s'établir en Amérique. Il paroît avoir pour but de détruire les idées chimériques dont ils fe bercent & de les décourager ; mais, par un ftratagême ingénieux & adroit, la lecture de ce pamphlet augmentera de plus en plus le defir de ceux qui méditent le projet de fe retirer dans les *Etats-Unis.*

L'auteur

L'auteur dont nous parlons a écrit ces remarques avant que le traité de paix eût donné une si vaste étendue aux *Etats-Unis*. Il calculoit leur population d'après l'espace de terrein qui se trouve défriché, ou du moins d'après celui qu'on voit entre les côtes de la mer, ou peut-être jusqu'aux Alléghanis; mais aujourd'hui que le territoire des *Etats-Unis* n'a d'autres bornes que le cours du Mississipi depuis trente-un jusqu'à quarante-trois degrés de latitude, un espace aussi immense comportera une population beaucoup plus considérable.

Le territoire des *Etats-Unis* contient à peu près un million de milles anglois quarrés. La proportion des terres fertiles y est plus grande que dans les trois royaumes d'Angleterre, d'Ecosse & d'Irlande. Si le territoire des *Etats-Unis* arrivoit au degré de population de ces trois royaumes, on y trouveroit cent millions d'habitans. Veut-on savoir quelle peut-être un jour la population du nouveau-Monde? La partie septentrionale, c'est-à-dire, depuis l'isthme de Panama jusqu'à 50 degrés de latitude nord, renferme environ cinq millions de milles quarrés, & on en trouve environ sept millions dans ce qui est au sud de l'isthme de Panama. Nous nous arrêtons au cinquantième parallèle, parce qu'il faut tirer la dernière ligne quelque part, & qu'au-delà de 50 degrés, le sol & le climat étant peu favorables, la population qu'on y trouvera compensera la petite diminution qui pourra résulter de quelques districts trop froids compris dans nos calculs. La partie septentrionale & la partie méridionale du nouveau-Monde renferment donc 12 millions de milles quarrés; & s'ils étoient aussi peuplés que les domaines de la Grande-Bretagne en Europe, ils offriroient douze-cents millions d'habitans; c'est-à-dire plus de monde qu'on n'en suppose aujourd'hui sur tout le globe.

La population actuelle, dans les districts habités des *Etats-Unis*, est d'environ 10 hommes par mille quarré, & l'expérience a montré que lorsqu'elle arrive à ce point, les habitans sont trop resserrés, & se portent en foule dans un canton désert. Dans quarante ans, le territoire entier des républiques américaines se trouvera à ce degré de population; & on peut établir qu'à cette époque, les habitans se porteront au-delà des limites actuelles: on peut établir aussi que la population n'y excedera pas ce terme, avant que la partie septentrionale & la partie méridionale du nouveau-Monde contiennent dix personnes par mille quarré; c'est-à-dire, qu'on y compte 120 millions d'habitans. Le sol & le climat sont très-favorables à l'ouest du Mississipi; ce canton est limitrophe des *Etats-Unis*; & c'est le pre-

mier qui sera peuplé par les citoyens des nouvelles républiques. Les propriétaires actuels auront bien de la peine à réprimer & à contenir les émigrations. Un seul homme est allé reconnoître, il y a peu d'années, le district de Kentucke éloigné de quatre à cinq cents milles des colons européens, il a décidé l'établissement de ce canton, il s'y est retiré avec sa famille & un petit nombre de voisins; & quoique cette petite colonie ait été sans cesse harcelée par les sauvages, il s'y est formé en dix ans une population de plus 30000 ames: sa population augmente tous les jours; &; ainsi que nous l'avons déjà dit, ce district ne tardera pas à former une république indépendante (1).

Les *Etats-Unis* semblent desirer une population rapide, & ils attirent chez eux le plus d'étrangers qu'il leur est possible. Un homme qui nous a fourni avec une bonté extrême des notes de tous les genres pour la composition de ce morceau, M. Jefferson a montré que cette disposition n'est pas sage, & ses preuves annoncent une extrême sagacité. Ils veulent augmenter le nombre de leurs citoyens; mais supposons qu'une importation d'étrangers double en une année la population de la Virginie, par exemple; un pareil accroissement n'aura jamais lieu, & c'est pour rendre nos réflexions plus sensibles que nous admettons une hypothèse exagérée. La Virginie, d'après des calculs que nous donnerons à l'article de cet état (*voyez* VIRGINIE), atteindroit en commençant avec un nombre d'habitans double de ceux qu'elle renferme aujourd'hui, un degré quelconque de population, seulement vingt-sept ans & trois mois, plutôt qu'elle ne l'obtiendroit si elle attendoit cet accroissement de la multiplication de ses habitans actuels. En fixant à quatre millions & demi la population convenable à la Virginie, il ne lui faudroit que cinquante-quatre ans & demi pour l'atteindre, si elle peut tout-à-coup doubler le nombre de ses habitans; & quatre-vingt-un ans neuf mois, si elle se borne à la multiplication naturelle de ses sujets. Ce n'est pas trop la peine de se presser; d'ailleurs une importation trop considérable d'étrangers n'a-t-elle pas beaucoup d'inconvéniens? il doit y avoir une grande harmonie de caractères, de goûts & d'idées entre des hommes réunis sous la même administration, lorsque l'administration est républicaine. Chaque espèce de gouvernement a ses principes particuliers; celui des états de l'Amérique en a sur-tout qu'on ne trouve nulle part. Les maximes & les préjugés des monarchies sont très opposées à l'esprit de leurs constitutions. Cependant la plupart des émigrans viendront des pays monarchiques; ils apporteront les principes

---

(1) *Voyez* ce que nous avons dit dans la section huitième.

du gouvernement qu'ils auront quitté, ils y feront familiarifés dès l'enfance, & s'ils viennent à y renoncer, ce fera pour fe livrer à une licence qui n'aura point de bornes; car l'homme, en pareille circonftance, va toujours d'une extrémité à l'autre, & ce feroit un prodige, s'il s'arrêtoit précifément au point d'une liberté modérée. Ils tranfmettront à leurs enfans leurs maximes avec leur langue, ils auront dans la légiflation de l'état une part proportionnée à leur nombre; ils y répandront leur efprit, ils en altéreront la droiture, & ils la rendront un corps hétérogène, incohérent & divifé. On en a fait la malheureufe expérience durant la guerre; & fi les républiques du nouveau-Monde profitent de cette leçon, elles deviendront plus homogènes, fi l'on peut parler ainfi; elles feront plus paifibles & plus durables. On leur confeilleroit donc d'offrir un afyle à tous ceux qui fe préfenteront; qu'elles fervent de refuge aux malheureux que la mifère chaffera de l'Europe, mais qu'elles n'attirent pas un trop grand nombre d'émigrans.

Une autre confidération doit les arrêter. Leur conftitution aura peine à fe maintenir au milieu des orages, des défordres & des crimes d'une grande population: elles fe font ménagé la reffource de la changer; mais c'eft toujours un malheur pour une république d'avoir à changer fa conftitution, & il eft bien rare que les ambitieux & les fcélérats ne profitent pas de ce moment pour nuire à la liberté.

Les remarques que nous venons de faire ne regardent point les ouvriers utiles; les Etats-Unis en ont befoin, & il eft raifonnable de leur offrir toutes fortes d'encouragemens; ils apporteront des préjugés abfurdes & des maximes dangereufes, mais la force morale des citoyens détruira ces funeftes effets.

A la fin de 1785, les Etats-Unis avoient reçu à peu près cinquante mille émigrans: la plupart étoient irlandois, & le plus grand nombre des autres, allemands; ils débarquoient fur-tout à Philadelphie, à Baltimore & à la Nouvelle-York. On affure que plufieurs font revenus en Europe; mais on ne peut croire que ces bruits vagues aient un fondement bien folide.

Le nombre des royaliftes qui ont quitté la Nouvelle-York, la Caroline fud & la Géorgie, lorfque l'armée britannique a évacué ces deux provinces, a été confidérable; mais il eft difficile d'évaluer le nombre de ceux qui ont abandonné les Etats-Unis depuis cette époque; on en compte à peu près deux mille.

On croit qu'il y a 650,000 nègres dans les cinq états les plus méridionaux, & que les huit autres n'en contiennent pas plus de cinquante mille. Ces derniers ont pris des mefures efficaces pour l'é-

mancipation future des efclaves. Les premiers n'ont rien fait fur cet objet. On eft très-difpofé à les affranchir en Virginie; ceux qui le defirent forment cependant la minorité dans tout l'état (1); mais ce font les hommes les plus éclairés où ils jouiffent de plus de crédit, & leur nombre s'accroît continuellement de prefque tous les jeunes gens qui arrivent aux emplois. Il paroit qu'une fi heureufe révolution ne tardera pas à avoir lieu. Le Maryland & la Caroline feptentrionale ont peu de citoyens difpofés à les affranchir, & perfonne n'y fonge dans la Caroline méridionale & la Géorgie: ces deux provinces au contraire ont continué l'importation des nègres que le refte des Etats-Unis a défendue depuis long-temps.

L'auteur des notes fur l'état de Virginie a très-bien développé la malheureufe influence qu'auroit la fervitude des nègres fur les mœurs des citoyens des Etats-Unis, & on ne fauroit répéter affez que les nouvelles républiques fe déshonoreront, fi elles retiennent les nègres dans l'efclavage. La cupidité feule pourroit y déterminer les provinces méridionales; car il eft prouvé que les blancs fupportent les travaux de la culture dans la Caroline méridionale & la Géorgie. La fervitude établie dans les républiques les plus célèbres de l'antiquité eft une tache qui fouillera à jamais la mémoire de ces anciens gouvernemens; &, comme nous l'avons dit tant de fois, les républiques du nouveau-Monde ne doivent pas imiter les républiques de la Grèce ou de l'ancienne Italie: qu'elles imitent plutôt l'Angleterre, un nègre y devient libre dès qu'il a mis le pied fur cette terre facrée. Sans doute l'émancipation des efclaves ne peut fe faire tout d'un coup; des enthoufiaftes feuls la confeillent fans précaution, mais il faut s'en occuper dès-à-préfent, & travailler tout de fuite à ce bel ouvrage. Sans doute avant la révolution, les nègres de l'Amérique feptentrionale étoient moins maltraités & moins accablés de travail qu'aux ifles. Les loix les protégeoient plus efficacement, & il étoit rare qu'ils fuffent la viĉtime de la férocité & des caprices de leurs maîtres. Cependant ces exemples arrivoient, & l'épouvantable hiftoire de ce malheureux nègre fufpendu dans une cage de fer au milieu des bois, & rongé vivant par les oifeaux de proie dont parle le Cultivateur américain, ne le prouve que trop.

On a obfervé, nous en conviendrons encore, que la févérité & la dureté du maître envers fon efclave diminuent, & que le fort des efclaves s'adoucit, depuis que les colonies forment des états libres; mais enfin l'efclavage fubfifte, & il eft douloureux de voir les provinces les plus méridionales méprifer tout ce qu'on a fait pour leur affranchiffement.

---

(1) Voyez ce que nous avons dit dans la feĉtion huitième.

Il faut rendre justice au congrès, il n'a rien oublié de ce qui pouvoit hâter une auffi belle opération : il a même profité avec adreffe des pouvoirs que lui donne l'acte fédératif, & il avoit imaginé en 1784 un heureux expédient pour détruire la fervitude. Le 19 avril de cette année, on y propofa qu'après l'année 1800 de l'ère chétienne, il n'y auroit ni efclavage, ni fervitude involontaire dans le territoire de l'Oueft, exceptées les fervitudes infligées pour des crimes ; fix des dix états affemblés en congrès, votèrent pour la motion, mais elle avoit befoin de fept voix ; l'un des trois députés, qui pouvoit former cette feptième voix, donna fon fuffrage en faveur de la motion ; & elle fut rejettée, parce qu'il ne pût ramener à fon opinion un de fes deux collègues (1). La deftinée d'un million d'hommes qui naîtront un jour, dépendit alors du oui, ou du non d'un feul individu. Il eft à defirer que les amis de l'humanité montrent ici de la conftance, & qu'ils remettent cette affaire en délibération toutes les années. Le 16 mars 1785, l'un d'eux a demandé que la même propofition fût renvoyée à un comité : elle y a été renvoyée par les fuffrages de huit états contre trois ; & quoique nous n'ayions pas de nouvelles ultérieures, ce petit fuccès donne des efpérances.

L'acte du congrès n'eût pas obligé les treize provinces actuelles à affranchir les nègres, après l'année 1800 ; car la décifion de ce point appartient au corps légiflatif de chaque état ; mais la fervitude eût été abolie dans les nouveaux états qui fe formeront fur le territoire de l'Oueft, & un fi bel exemple auroit produit les effets les plus heureux. On demandera peut-être comment le congrès pourroit abolir aujourd'hui la fervitude dans les états qui fe forment, puifqu'il n'a pu l'abolir dans les treize républiques qui exiftent maintenant : la difpofition des terres de l'Oueft fe trouve de fon reffort ; lorfqu'il a fait pour la vente & la culture de ces terres les arrangemens dont nous parlerons plus bas, il s'eft trouvé le maître d'en fixer les conditions ; & parmi ces conditions, il vouloit inférer l'abolition de la fervitude, après l'année 1800. S'il ne l'ajoute pas à celles qu'il a déja établies, les diftricts du territoire de l'Oueft, qui feront admis un jour au congrès, auront alors, comme les treize républiques actuelles, le droit de ftatuer ce qu'elles voudront fur cet objet.

SECTION XIe.

Du commerce, de la marine, & de l'armée des Etats-Unis.

Pour ne rien dire de vague, nous avons placé à l'article particulier des différens états,

ce qui regarde le commerce de chacune des provinces ; & nous donnerons peu d'étendue à cette fection.

Le voyageur américain évaluoit, avant la révolution, le commerce des provinces feptentrionales de l'Amérique, avec les ifles des Indes occidentales, au tiers de celui qu'elles faifoient avec la Grande-Bretagne : les provinces de la Nouvelle Angleterre, Connecticut, Rhode-Ifland & le nouvel Hampshire, envoyoient d'ailleurs à la côte d'Afrique quatre-vingt-dix vaiffeaux pour la traite des negres. Leurs cargaifons pour les Antilles & la partie méridionale de l'Amérique, ainfi que pour Surinam, Démérari, &c., &c., confiftoient en rum, mélaffe, chandelles de Spermaceti, tabac & autres provifions. Les quatre-vingt-dix navires employés à la traite des negres, apportoient ordinairement 9900 efclaves, lefquels à trente-cinq livres par tête, formoient une fomme de 346,500 livres fterlings.

Si les liaifons de commerce, établies avec les anglois, ont diminué depuis la paix, celles qu'ont formées les citoyens des nouvelles républiques avec la France, l'Efpagne & la Hollande, ont augmenté & elles augmentent chaque jour. Les négocians des *Etats-Unis* ont même pris un effor bien rapide, car ils ont déja envoyé des navires à la Chine ; & ce qui eft peut-être plus extraordinaire, on a vu des bâtimens américains mouillés dans le port de Conftantinople. Maintenant qu'ils ne font plus fous le joug de l'ambitieufe Angleterre, qui gênoit leur commerce & leur navigation avec tant de rigueur ; on verra leurs pavillons flotter fur toutes les mers, & dans tous les ports du monde, & leur commerce ne prendra que trop des accroiffemens nuifibles à leurs conftitutions & à leur liberté.

Avant la guerre la conftruction des navires étoit confidérable. Les Américains les envoyoient aux Antilles, chargés des productions du continent ; ils les échangeoient contre les productions de ces ifles, qu'ils portoient enfuite dans la Grande-Bretagne, où ils vendoient les bâtimens & les cargaifons ; & les capitaines expédioient des ports d'Angleterre, des toiles à voiles & d'autres articles, pour achever l'équipement des navires américains qui fe trouvoient fur les chantiers.

L'intérêt permis de l'argent étoit, avant la révolution, de 5 p. ⅔ dans la plupart des provinces, & il eft aujourd'hui le même.

L'union américaine n'a pas encore établi les loix qui doivent régler fon commerce : nous avons parlé des nouveaux pouvoirs qu'il faut donner au congrès fur cet objet, & jufqu'à l'époque où ce point important fera décidé, & où la Grande-Bretagne & les autres puiffan-

---

(1) *Voyez* le journal du congrès de 1784.

ces de l'Europe, auront signé leur traité de commerce avec les républiques du nouveau monde, il sera presque inutile de faire des recherches bien exactes sur le commerce des *Etats-Unis*. Les lecteurs peuvent desirer cependant quelques notions précises sur leur commerce actuel ; on peut s'en former une idée d'après l'estimation du produit de l'impôt sur les articles importés. Ces détails sont tirés d'un papier-américain, & nous n'osons pas en garantir l'exactitude.

Avant la guerre, les importations de la Grande-Bretagne en Amérique étoient évaluées de trois à quatre millions sterlings ; mais on n'y comprenoit pas les importations d'Irlande & d'Ecosse, non plus que celles de Hollande. On croit actuellement pouvoir évaluer les importations de toutes les marchandises d'Europe, à l'exception du thé, de l'eau-de-vie & du vin, à 3,500,000 liv. st., qui à 4 shellings 6 deniers la piastre, font une somme de 15,555,554 piastres, sur laquelle un impôt de 5 pour cent donnerait 777,773 piastres. L'auteur assigne ensuite le produit de l'impôt sur 2,000,000 gallons de rhum & d'autres liqueurs fortes, sur 100,000 gallons de vin de Madère, sur 600,000 gallons d'autre vin, sur 300,000 livres de thé bou, sur 25,000 livres d'autres thés, sur 75,000 quintaux de sucre, y compris le sucre en pains, sur 200,000 livres de caffé & de cacao, sur 2,000,000 gallons de mélasse, & après avoir déduit les frais de perception estimés à 8 pour cent, il trouve que ces divers objets réunis paieront aux douanes une somme de 915,955. Aucune donnée précise ne sert de fondement à ce calcul. L'auteur l'a combiné en partie sur le nombre des habitans, & sur les importations de quelques articles dans le port de Philadelphie.

L'armée entière des *Etats-Unis* a été licenciée à la paix ; mais à cette époque on engagea de nouveau quelques compagnies pour la garde des magasins, & dernièrement on a enrôlé deux ou trois régimens pour garnir les postes qui se trouvent le long des limites septentrionales des *Etats-Unis*.

En 1784, le congrès se décida à lever un petit nombre de troupes pour la garde des frontieres du N. O. & pour protéger les commissaires chargés des négociations avec les sauvages ; il fut résolu dans une de ses assemblées, qu'on feroit aux différens états la *requisition* de ces soldats ; mais un membre observa avec raison que l'autorité du congrès étoit incertaine ; qu'il seroit obligé d'emprunter de l'argent dans les *Etats-Unis* ou chez l'Etranger pour la solde de ces troupes ; que les troupes réglées en temps de paix sont fort dangereuses dans les gouvernemens démocratiques ; que sur une affaire aussi importante, il falloit que les députés prissent l'avis de leurs provinces, & il vint à bout de faire changer le mot de *requisition* en celui de *recommandation*. Pour que le gouvernement des *Etats-Unis* ait la force

du moment, nécessaire en bien des occasions, il faut que le corps législatif de l'union puisse dans un besoin urgent lever des troupes, & c'est encore un article sur lequel il convient d'augmenter ses pouvoirs. Il s'agit seulement de restraindre son autorité, & peut-être de la borner à six mois ou à un an.

Les *Etats-Unis* n'ont pas un seul vaisseau de guerre ; car l'*Alliance*, la derniere de leur frégates, vient d'être vendue. Le congrès qui voit ce qui reste à faire pour régler les finances, & qui manque d'argent, n'a point encore songé à établir une marine de l'union : nous n'osons nous permettre d'observer qu'il n'a pas besoin d'argent, & qu'il lui seroit facile de contracter des engagemens pour la construction de quatre ou cinq frégates ; mais il est sûr qu'il a besoin d'une petite marine. S'il avoit quelques frégates, il attaqueroit les pirates d'Alger & de Tunis qui retiennent en captivité deux équipages des *Etats-Unis* ; & nous ne craindrons pas de l'exhorter à rejetter tous ces petits projets de ménagement pour les barbaresques. La gloire d'arrêter les pirateries de ces vils esclaves de la côte septentrionale de l'Afrique, semble lui être réservée ; & puisque nos nations de l'europe ne veulent pas se réunir sur un objet si intéressant, que les braves citoyens des *Etats-Uunis* se chargent eux-mêmes de la vengeance.

Un homme qu'on n'accusera pas de suivre une idée systématique & de l'appliquer à un pays dont il ne connoît ni le local ni la position, conseille à la Virginie d'ouvrir tous les ports du commerce, d'ôter chacune de ses entraves, & d'accorder une liberté parfaite aux navires qui voudront aller dans les ports de cet état : il ajoute que pour éloigner davantage les causes de guerre, il seroit à souhaiter que les citoyens renonçassent à jamais à la navigation sur l'Océan : les *Etats-Unis* ne prendront pas un parti si sage, & les intérêts du commerce les détermineront un peu plutôt ou un peu plus tard à faire la guerre. Ils doivent donc avoir une marine ; mais s'ils vouloient établir une marine trop considérable, le poids des dépenses militaires les accableroit bientôt. Ils doivent desirer seulement de prévenir les insultes de celles des nations de l'Europe qui sont foibles à la mer, & ils pourroient, sans se gêner, acquérir ce dégré de puissance.

Si la Virginie, par exemple, employoit à se créer une marine un million de piastres qu'elle économiseroit aisément sur son revenu, elle parviendroit dans l'espace d'une année, à construire, équiper & armer une marine de 300 canons. Les autres états déployant leur zèle dans la même proportion, auroient une marine de 1500 canons de plus. Ainsi dans une année les *Etats-Unis* se procureroient une marine de 1800 canons. Les vaisseaux de ligne de la Grande-Bretagne estimés fur un terme moyen portent 76 canons, & leurs frégates en portent 38; 1800 canons formeroient ainfi une efcadre de 18 vaiffeaux de ligne & de 12 frégates. En comptant huit hommes par canon, d'après les proportions de la marine angloife, la dépenfe annuelle, y compris la fubfiftance, l'habillement & la folde des équipages & l'entretien ordinaire des vaiffeaux feroit d'environ 1200 piaftres par canon, ou de 2,304,000 piaftres; & cette fomme répartie fur 13 provinces, réduiroit à peu de chofe le contingent de chacune. Il paroît même que les nouvelles républiques d'Amérique feroient bientôt en état de faire un fecond & un troifieme facrifice pareils à celui que nous venons d'indiquer. Mais des forces trop confidérables infpirent de l'orgueil & de l'infolence aux démocraties, elles corrompent les citoyens, ainfi que la fortune & le pouvoir corrompent les particuliers; & la guerre nuifant toujours plus ou moins à la liberté, parce qu'elle fait taire ou viole infailliblement les loix qui la maintiennent, les états républicains doivent craindre tout ce qui eft capable de troubler leur modération & leur tranquillité.

SECTION XXIIᵉ.

Des nouveaux états qui fe formeront dans le territoire de l'Oueft, & des diftricts qui demandent à être admis au congrès, & qui ne tarderont pas à voir leur demande accueillie.

Nous avons déjà parlé des reffources de finances que le congrès tirera du territoire de l'Oueft, & des établiffemens qu'on y a défigné pour les officiers & les foldats de l'armée de l'union. Il s'y formera de nouveaux états, & nous allons expofer en détail à quelles conditions, & de quelle maniere on a fixé les bornes de ces états; les réglemens provifoires que fuivront les diftricts, & à quel dégré de population ils feront admis à l'union américaine. On a vu plus haut que l'affemblée générale de Virginie céda au congrès en 1783 tout le territoire fitué au delà de l'Ohio, & qu'elle lui a cédé en 1785 tout le territoire de Kentuelle qui eft en deçà; la Caroline feptentrionale lui a cédé auffi les terres qui lui appartenoient en delà des Alleghanis; & lorfque la Caroline méridionale & la Géorgie auront également cédé un efpace de terrein d'environ neuf degrés de longitude de profondeur, & quatre degrés de latitude de hauteur; tout le territoire de l'Oueft que nous avons évalué plus haut à dix-fept degrés de latitude de hauteur fur une profondeur en longitude qui varie de fept à vingt-un degrés, fera à la difpofition du congrès (I).

Voici de quelle maniere on formera de nouveaux établiffemens fur ce vafte terrein.

Selon le décret du congrès du 23 Avril 1784, les terreins déjà cédés, ou qui feront cédés enfuite à l'union par les états particuliers, & qui ont été achetés des Sauvages & mis en vente par le congrès, feront divifés en plufieurs états. Chacun de ces états comprendra du nord au fud deux degrés de latitude, à partir du quarante-cinquieme degré de latitude nord. Leur profondeur fera défignée par deux méridiens, dont l'un coupera le point le plus bas des rapides de l'Ohio, & l'autre le point occidental de l'embouchure de la Grande-Kanhaway; mais le territoire fitué à l'eft de ce dernier méridien entre l'Ohio & le lac Erie & la Penfylvanie, formera un état quelle que puiffe être fon étendue en latitude. Celui qui fe trouve au delà du 45ᵉ. degré de latitude entre lefdits méridiens, fera partie de l'état qui l'environnera au fud. Le congrès autorifera ceux qui s'établiffent fur les terres dont on vient de parler, à s'affembler pour créer une forme de gouvernement provifoire, & adopter la conftitution & les loix de quelqu'un des états primitifs. La légiflature ordinaire des nouveaux établiffemens pourra néanmoins changer ces loix & ériger des comtés, des bourgades & des banlieues, pour l'élection des membres de l'affemblée générale.

Lorfqu'un de ces états aura vingt mille habitans libres, il fera autorifé par le congrès, à convoquer une affemblée de repréfentans, qui établira une conftitution permanente, & un gouvernement qui lui foit propre; mais le gouvernement provifoire & la conftitution définitive feront établis d'après les principes fuivans, qui doivent leur fervir de bafe.

1°. Ils feront à jamais partie de la confédération des *Etats-Unis* d'Amérique.

2°. Ils feront foumis aux articles de la confédération, en tous les cas où les états primitifs s'y trouvent foumis, & à tous les actes & ordonnances des *Etats-Unis* affemblés au congrès.

3. Ils n'agiront jamais contre la difpofition primitive des terreins, faite par les *Etats-Unis* affemblés au congrès, ni contre les ordonnances & réglemens que le congrès jugera à propos de publier: le but de cette condition eft d'affurer aux acheteurs de bonne foi leurs droits fur ces terreins.

4°. Ils payeront une partie des dettes fédérarales qui font ou qui feront contractées, & leur contingent fera fixé par le congrès, d'après la proportion & la règle qu'on fuivra à l'égard des autres états.

5°. Ils ne mettront aucune taxe fur les pro-

(1) Nous avons évalué plus haut le nombre de lieues quarrées qu'il renferme.

priétés territoriales, appartenantes aux *Etats-Unis*.

6°. Leurs gouvernemens respectifs seront républicains.

7°. Les terres des propriétaires non résidens ne seront dans aucun cas taxées plus que celles des citoyens qui résident dans ces nouveaux états.

8°. Lorsqu'un de ces nouveaux *états* aura le même nombre d'habitans libres que le moins peuplé des treize *états* primitifs, cet état sera admis au congrès de l'union sur le même pied que les *états* primitifs, s'il obtient le consentement du nombre des provinces qui sera nécessaire alors pour cette admission; & afin d'adapter les articles de l'acte fédératif, à la position où se trouvera le congrès, quand le nombre des provinces sera ainsi augmenté, on proposera aux législatures des *états* primitifs de requérir le consentement des deux tiers des *Etats-Unis*, assemblés en congrès, dans tous les cas où le pacte de l'union exige maintenant les suffrages de neuf *états*; & si ce changement a lieu, les nouveaux *états* seront obligés de s'y soumettre. Lorsqu'une de ces nouvelles provinces aura établi un gouvernement provisoire, elle pourra avant d'être admise à la confédération, envoyer au congrès un député dont la voix sera consultative, mais non pas délibérative.

Jusqu'à l'époque où on aura établi des formes de gouvernement provisoire, les *Etats-Unis* assemblés en congrès auront le droit d'ordonner de tems à autres les mesures qui seront d'accord avec les principes de la confédération, & nécessaires pour le maintien de la paix & du bon ordre parmi ceux qui habiteront les nouvelles provinces.

Les dispositions ci-dessus ont été déclarées fondamentales entre les treize *états* primitifs & chacune des nouvelles provinces, & inaltérables si ce n'est du consentement réuni des *Etats-Unis* assemblés en congrès, & de l'*état* particulier dans lequel on proposera cette altération.

Lorsque le congrès eut fixé l'étendue & les bornes des nouveaux *états* qui se formeront dans le territoire de l'ouest; lorsqu'il eut publié les loix fondamentales de ces établissemens, il lui restoit à ordonner en détail ce qui a rapport à la reconnoissance, l'arpentage, la sous-division, la vente ou la concession de ces terreins, & c'est ce qu'il fit environ un mois après, par une longue ordonnance du 20 Mai 1785.

Cette ordonnance est très-détaillée, & on peut la lire dans le journal du congrès. Nous nous contenterons d'en indiquer ici les principaux articles.

» Des arpenteurs de chaque *état*, choisis » par le congrès ou par le comité des *états*, » marqueront d'abord des tranches, & ensuite » des banlieues qui contiendront plusieurs lots

» d'un mille quarré ou de 640 acres, & qui » seront désignés par les numéros 1. 2. 3. &c.

» Quand on aura arpenté sept rangs de ban-» lieues & de subdivisions de banlieues du sud » au nord, le Géographe en remettra les plans » au bureau du tréfor, qui les enregistrera avec » le rapport, & il remettra de semblables plans » & rapport, lorsque sept rangs nouveaux auront » été arpentés. Le secrétaire d'état au dépar-» tement de la guerre consultera ces plans, & » prendra le septieme des banlieues & des sub-» divisions qu'il s'agira de vendre en gros ou par » lot, afin de le distribuer aux officiers & sol-» dats qui ont servi dans l'armée continentale, » & ainsi de suite, jusqu'à ce qu'il ait obtenu » une quantité suffisante de banlieues, & de lots » pour l'armée. On expliquera plus bas comment » se fera la distribution de ces banlieues & de » ces lots de l'armée. Le tréfor de l'union pren-» dra possession des six autres parties au nom des » treize *Etats-Unis*, & il les distribuera aux di-» verses républiques, conformément à la règle » de proportion qu'on a suivi dans les derniers » contingens demandés aux provinces.

» Le tréfor de l'union remettra au bureau » d'emprunt de chaque *état* une copie des plans » originaux où seront marquées les banlieues & » subdivisions échues à chaque province, & le » bureau d'emprunt de chaque *état* procédera à » la vente publique des banlieues ou subdivisions. » Mais aucune portion de ce terrein ne sera » vendue au-dessous d'une piastre par acre, paya-» ble en espèces ou en billets du bureau d'em-» prunt réductibles d'après les tables de dépré-» ciation, ou en billets de dettes liquidées des » *Etats-Unis*, outre les frais d'arpentages & au-» tres, qui sont estimés à 36 piastres par ban-» lieue. Le paiement s'en fera tout de suite, sinon » les terres seront remises en vente.

» On réservera pour les *Etats-Unis* dans chaque » banlieue, les quatre lots marqués 8, 11, 26, » 29; & dans chaque subdivision de banlieue, » autant de lots des mêmes numéros. Le lot » n°. 16 de chaque banlieue sera aussi réservé » pour l'entretien des écoles publiques de cette » baulieue; on réservera en outre la troisieme » partie des mines d'or, d'argent, de plomb & » de cuivre que le Congrès vendra, ou dont il » disposera par la suite.

» Quand une banlieue ou subdivision aura été » vendue en total & payée, le bureau d'emprunt » délivrera l'acte en vertu duquel les acquéreurs » entreront en possession.

» Le congrès par sa résolution des 16 & 18 » septembre 1776, & du 12 août 1780, avoit » promis des terres aux Officiers & à quelques sol-» dats; par sa résolution du 22 septembre 1780, » il avoit promis d'autres terres à quelques em-» ployés dans les hôpitaux de l'armée, & le se-» crétaire d'*état* au département de la guerre sa-

»tisfera à ces engagemens avec les banlieues ou
» subdivisions réservées à l'armée.

» On réserve trois banlieues adjacentes au lac
» Erie, dont le congrès disposera en faveur des
» officiers, habitans & autres réfugiés du Canada,
» & des réfugiés de la Nouvelle-Ecosse, qui
» ont obtenu du congrès, ou qui obtiendront
» des titres sur ces terres, ou dont il fera l'emploi
» qu'il jugera convenable.

» Les bourgades de Guadenhutten, Schœnbrun
» & Salem, sur la Muskingum, avec l'arrondis-
» sement que le géographe jugera nécessaire, ainsi
» que les bâtimens & autres ouvrages qui s'y
» trouvent, feront réservés aux sauvages qui,
» après avoir embrassé le christianisme, s'établi-
» rent autrefois dans ces lieux, ou au reste de
» cette société ».

Le dernier article de l'ordonnance réferve expreffément les droits des officiers ou des foldats à
» qui la république de Virginie a promis des terres
» au nord-ouest de l'Ohio.

Il feroit difficile d'indiquer à quelle époque
on aura fini l'arpentage du territoire de l'ouest,
& commencé les établiffemens dans tous ces points.
Les arrangemens à faire avec les fauvages feront
peut-être longs; ils entraîneront des hoftilités, &
nous dirons plus bas avec quelle douceur il convient de traiter ces malheureufes peuplades, &
avec quelles précautions adroites il faudra les repouffer hors des limites des *Etats-Unis*.

Quoi qu'il en foit, d'après les réglemens du
congrès, le territoire de l'Ouest contiendra probablement feize nouveaux Etats, & fi on y ajoute
le *Maine* & le diftrict de *Vermont*, qui ne s'y
trouvent pas compris, l'union américaine fera un
jour compofée de trente-une provinces, ou trente-
un *états* différens.

A quelle époque l'union américaine contien-
dra-t-elle un auffi grand nombre d'*états*? Les remarques que nous avons faites plus haut fur la population pourront l'expliquer; mais il paroît que
dans peu d'années les diftricts de *Kentucke*, de
Frankland, de *Vermont* & du *Maine* formeront
des républiques indépendantes, & qu'on verra
bientôt au congrès les députés d'au moins dix-fept
provinces.

Nous allons indiquer plus en détail ce qui a
rapport aux diftricts de *Kentucke*, de *Frankland* &
du *Maine*.

Le diftrict de *Kentucke* fe trouve dans ce qu'on
appelle le territoire de l'ouest; il s'eft peuplé au
milieu de la guerre, car c'eft en 1771 qu'on a
commencé les premiers établiffemens, & malgré
tant de circonftances défavorables, la colonie a
pris un accroiffement fi prodigieux qu'on y compte
aujourd'hui plus de trente mille habitans, & une
milice de cinq mille hommes.

M. Filfon vient de publier une defcription de
la colonie de Kentucke, avec une carte très-exacte;
& quoique fon ouvrage renferme des erreurs, les

faits que nous allons en tirer font atteftés d'ailleurs.

La nouvelle colonie de *Kentucke* eft établie à
l'ouest, & fur les derrières de la Virginie. Sa partie centrale eft par 38 degrés & demi de latitude,
& 85 de longitude. Elle eft bornée au nord par
le grand *Sandy-Creek*, au nord-ouest par l'Ohio
(qu'on appelle autrement la belle rivière), au
fud, par la Caroline feptentrionale, & à l'eft
par les montagnes de Cumberland : fa longueur eft
d'environ 250 milles, & fa largeur de 200. Le pays
eft très-favorifé de la nature, il eft entrecoupé
d'une multitude de rivières & de ruiffeaux qui
arrofent un fol plus ou moins fertile, où croiffent fans culture diverfes plantes utiles, & plufieurs efpeces d'arbres chargés de bons fruits: telle
eft la douceur du climat qu'on y compte à peine
trois mois d'hiver, & l'air y eft plus fain que dans
les autres parties de l'Amérique.

La première connoiffance du pays de Kentucke
ne remonte pas au-delà de 1754; il fut négligé
jufqu'en 1767, époque à laquelle le commerce
des pelleteries y attira quelques Anglois; mais
ce n'eft qu'en 1769 qu'on l'a reconnu avec foin.

Nous ne parlerons pas ici des terreins que quelques particuliers ont achetés des fauvages, & du
rachat que le congrès a fait de ces terreins : nous
ne dirons rien non plus du mécontentement des
fauvages, ou des guerres qui en ont été la fuite :
on peut lire ces détails dans l'hiftoire ou la defcription de *Kentucke*.

La nouvelle colonie eft déja divifée en trois
comtés, qu'on nomme *Lincoln*, *la Fayette* &
Jefferfon : on y a bâti huit villes, ou pour mieux
dire, huit bourgs, & fa population actuelle de
trente mille habitans eft d'autant plus extraordinaire, qu'elle s'eft formée au milieu de la guerre,
& depuis 1775, c'eft-à-dire en moins de dix ans.
Le fol y rapporte de cinquante à foixante, &
quelquefois cent pour un. L'opinion générale des
colons eft qu'il produit environ trente boiffeaux
de froment & de feigle par acre; mais il perd un
peu de fa fertilité après cinq ans de culture.

On dit dans la traduction françoife de l'ouvrage
de M. Filfon, que la canne à fucre & le caffier y
font indigènes; mais une latitude fi élevée ne
convient pas à la canne à fucre & au caffier,
& c'eft une erreur du traducteur ou de l'auteur.

Les rivières n'ont point de fauts, & elles font
navigables pour des bateaux prefque à leur fource.
La fertilité des terreins n'eft pas la même par-tout;
les colons les diftinguent en terres de *première*, de
feconde & troifième qualité.

Kentucke produit du fel en abondance, & chacun
fait combien cet article eft important pour une colonie agricole. Il y a des mines de fer & de plomb,
& la terre y offre les deux métaux les plus précieux à l'homme.

La pofition de Kentucke n'eft pas auffi défavantageufe pour le commerce qu'on eft tenté de le croire à la première infpection des cartes ; le Miffiffipi offre une route qui n'eft pas longue & qui feroit peu difpendieufe. M. Filfon a expliqué comment ce canton peut-être fourni de denrées au même prix que s'il étoit éloigné de Philadelphie feulement de quarante milles ; mais les travaux qu'entreprennent les *Etats-Unis* pour leur navigation intérieure, préparent beaucoup d'autres routes ; & parmi leurs avantages, il faut compter celui de différer la conquête de deux Florides, que confeille l'auteur dont nous venons de parler. « Les Efpagnols, dit-il, étant les maîtres de la Nou-» velle-Orléans, ils pourront toujours gêner notre » navigation, quoique l'article 8 du traité de paix » de 1782 ait rendu le Miffiffipi, depuis fa fource » jufqu'à l'Océan, libre & ouvert aux bâtimens de » l'Angleterre & des *Etats-Unis*, on obfervera » mal cette ftipulation du Traité ».

Lorfque le territoire de l'oueft renfermera les *états* particuliers dont nous avons parlé, les intérêts du commerce & des befoins preffans engageront fans doute les *Etats-Unis* à s'affurer de l'embouchure du Miffiffipi ; mais il eft bien à defirer pour leur bonheur & leur repos qu'ils n'y fongent pas avant l'époque où l'union américaine fera confolidée, & où leur force bien reconnue permettra de dicter la loi en Amérique.

Kentucke a aujourd'hui le degré de population qu'exige le règlement du congrès pour être admis à l'union américaine : elle a demandé en effet à y être admife. Un acte de l'affemblée générale de Virginie, paffé dans la feffion de 1785 & 1786, déclare que le diftrict appellé *Kentucke* formera un état féparé & indépendant, à condition, 1°. que les habitans de ce diftrict confentiront à leur indépendance, 2°. que le congrès y confentira également, & les admettra à l'union fédérale ; 3°. qu'ils fe chargeront d'une partie de la dette publique de la Virginie ; 4°. qu'ils confirmeront toutes les ceffions des-terres de leur diftrict, faites par l'état de Virginie avant leur féparation.

Ainfi Kentucke n'a befoin, pour être admis à l'union américaine, que de l'aveu du corps légiflatif de la confédération, & il paroît que fon admiffion n'éprouvera plus d'autre délai que le tems néceffaire pour obtenir le confentement des affemblées particulières de chaque état.

Il s'eft formé fur les derrières de la Caroline feptentrionale une autre colonie qu'on appelle *Frankland* : la population & la culture y font des progrès rapides. Depuis la ceffion faite au congrès par la Caroline feptentrionale, *Frankland* a établi un gouvernement provifoire, & après Kentucke, ce fera la première divifion du territoire de l'oueft qui fe formera en état indépendant.

Le diftrict de *Vermont*, qu'on appelle improprement l'état de *Vermont*, ne fe trouve pas dans le territoire de l'oueft ; car il occupe une lifière placée au nord de Maffachufett, entre le *Nouvel*

Hampshire & la *Nouvelle-Yorck*, & ce n'eft pas fur les réglemens du congrès du mois d'avril 1784 qu'il peut demander à être admis à l'union américaine ; mais il le demande fur d'autres titres ; il l'a même demandé dans tout le cours de la guerre d'une manière inquiétante, & le congrès s'y eft oppofé jufqu'à préfent. Les réclamations de ce diftrict deviennent plus vives ; fes citoyens ne reconnoiffent point l'autorité d'un autre état ; ils fe gouvernent eux-mêmes, leurs forces augmentent, & il faudra bien les fatisfaire.

Les quatre provinces les plus feptentrionales defirent qu'on admette *Vermont* au congrès ; les provinces du milieu & celles du fud femblent s'y oppofer ; mais la grande difficulté vient de la Nouvelle-Yorck, qui réclame ce territoire. Ce projet a d'abord révolté chacun des habitans de la Nouvelle-Yorck, & le congrès eft intervenu de tems à autres pour arrêter les violences des deux parties. Les citoyens de la province de la Nouvelle-Yorck fe font familiarifés depuis avec l'idée d'une féparation, & on croit qu'ils ne tarderont pas à y confentir. Dans ce cas les provinces du milieu & celles qui fe trouvent au fud y confentiront fans doute, & *Vermont* formera un état libre.

Il eft d'autant plus néceffaire de ménager les habitans de *Vermont*, qu'en toute occafion ils ont donné des preuves de beaucoup de fermeté & de raifon, & qu'avec de la fermeté & de la raifon, une peuplade des *Etats-Unis* placée fur un terrein qu'elle peut défendre, ne reçoit des loix de perfonne ; & telle eft la pofition de *Vermont*.

New-Hampshire & la Nouvelle-Yorck demanderent au congrès en 1781, qu'on terminât les difputes avec les *New-Hampshire-Grants*, ou l'état de *Vermont* ; ces deux provinces dénoncèrent ce diftrict qui exerçoit l'autorité d'un état fouverain & indépendant. Le congrès décida alors qu'avant de reconnoître l'indépendance du peuple de l'état de *Vermont*, & de l'admettre à l'union américaine, il falloit qu'il renonçât expreffément à tout droit de propriété ou de jurifdiction fur la côte orientale de la rive oueft de la rivière de Connecticut, & fur les terres fituées en-dehors d'une ligne tirée de l'angle nord-oueft de l'état de Maffachufett, & continuée de-là vingt milles à l'eft de la rivière de Hudfon, auffi loin que cette rivière fe prolonge au nord-oueft ; enfuite fur les bornes occidentales des diftricts concédés par le gouvernement de New-Hampshire, dans les environs du lac Champlain, en exceptant toutefois une langue de terre placée entre la baie Miffifkoy & les eaux du lac Champlain. L'état de Vermont, après avoir refufé de foufcrire à cette réfolution, a fini par y adhérer le 22 Février 1782.

Le 12 octobre 1785, le congrès a réfolu fur la motion des délégués de Maffachufett, appuyé par ceux de la Virginie, qu'un comité indiqueroit les mefures capables de prévenir les funeftes **fuites**

fuites qui pourroient réfulter, fi un diſtrict particulier dans un *état* quelconque, prétendoit avoir & réclamoit le droit des gouvernemens indépendans, ſans l'aveu de cet *état* & des autres provinces de l'union américaine; mais il paroît que la réſolution n'a point de rapport au diſtrict de Vermont.

Il eſt plutôt relatif au *Maine*, diſtrict qui fait partie de l'état de Maſſachuſett, mais qui en eſt détaché par ſa poſition locale; l'*état* du nouvel Hampſhire, ſe trouve entre ce diſtrict & les autres cantons de Maſſachuſett; il forme la partie la plus-ſeptentrionale des *Etats-Unis*, & l'étendue de terrein qu'il occupe, eſt cinq fois plus grande que celle de l'état de Maſſachuſett proprement dit. Il eſt contre la nature des choſes, que la partie la plus foible donne ainſi des loix à une partie beaucoup plus forte, ſur-tout lorſque celle-ci a la mer & un état voiſin pour barrière. Le *Maine* commence donc à demander qu'on lui permette de former un *état* particulier; ſa population eſt encore très-foible; mais lorſqu'elle aura pris un certain degré d'accroiſſement, il eſt probable d'après quelques circonſtances, qu'il deviendra indépendant, & qu'on l'admettra à l'union.

Maſſachuſett, fière de ſa marine, ſoutiendra d'abord ſes prétentions; elle croira avoir des moyens faciles de ſoumettre les rebelles; mais le congrès interpoſera ſon autorité & ſon crédit, & la légiſlature de Maſſachuſett, finira d'autant plus aiſément par ſouſcrire à la demande du *Maine*, qu'elle aura peu d'intérêt à le garder.

Section XIIe.

Des traités qu'ont formés les Etats-Unis *avec quelques puiſſances de l'Europe. Remarques politiques, & détails ſur les ſauvages qui ſont dans le voiſinage, ou dans l'enceinte des Etats-Unis.*

Les *Etats-Unis* ont formé des traités avec la France, les Provinces Unies, la Suède & la Pruſſe, & c'eſt avec la France qu'ils ont contracté les liaiſons les plus étroites. Par un article du traité d'alliance éventuelle & défenſive, ſigné à Verſailles, le 6 février 1778, le roi de France & les nouvelles républiques d'Amérique, s'engagèrent à ſe défendre & à ſe ſécourir mutuellement, fi les arrangemens de commerce pris le même jour entre les deux nations, déterminoient le roi d'Angleterre à rompre la paix avec les françois; mais ils déclarèrent expreſſément, que ce traité d'alliance défenſive ceſſeroit lorſque les *Etats-Unis* & l'Angleterre ſigneroient la paix. Nous allons rapporter les articles dont l'effet ſubſiſte encore.

Dans l'article XI. les deux parties ſe garantiſſent mutuellement, dès-à-préſent & pour toujours, envers & contre tous, ſavoir; les *Etats-Unis* à ſa majeſté très-chrétienne les poſſeſſions actuelles de la couronne de France en Amérique, ainſi que celles qu'elle pourra acqué-

rir par le futur traité de paix; & ſa majeſté très-chrétienne garantit, de ſon côté, aux *Etats-Unis* leur liberté, leur ſouveraineté, & leur indépendance abſolue & illimitée, tant en matière de politique que de commerce, ainſi que leurs poſſeſſions & les accroiſſemens que leur confédération pourra ſe procurer pendant la guerre, d'aucun des domaines maintenant ou ci-devant poſſédés par la Grande-Bretagne dans l'Amérique ſeptentrionale, conformément aux articles V & VI du traité, & tout ainſi que leurs poſſeſſions ſeront fixées & aſſurées auxdits états, au moment de la ceſſation de leur guerre actuelle contre l'Angleterre.

XII. Afin de fixer plus préciſément le ſens & l'application de l'article précédent, les parties contractantes déclarent qu'en cas de rupture entre la France & l'Angleterre, la garantie réciproque énoncée dans cet article, aura toute la force & valeur du moment où la guerre éclatera; & ſi la rupture n'avoit pas lieu, les obligations mutuelles de ladite garantie, ne commenceroient que du moment ſuſdit, où la ceſſation de la guerre actuelle entre les *Etats-Unis* & l'Angleterre, aura fixé leurs poſſeſſions.

Les articles V & VI traitent des établiſſemens nouveaux que les deux nations peuvent former dans les mers de l'Amérique: il eſt bon de les rapporter. V. Si les *Etats-Unis* jugent à propos de tenter la réduction des iſles Bermudes, & des parties ſeptentrionales de l'Amérique, qui ſont encore au pouvoir de la Grande-Bretagne, leſdites iſles & contrées, en cas de ſuccès, entreront dans la confédération, ou ſeront dépendantes deſdits *Etats-Unis*.

VI. Le roi très-chrétien renonce à poſſéder à jamais les Bermudes, ou chacune des parties du continent de l'Amérique ſeptentrionale, qui, avant le traité de Paris de 1763, ou en vertu de ce traité, ont été reconnues appartenir à la couronne de la Grande-Bretagne, ou aux *Etats-Unis*, qu'on appelloit ci-devant colonies britanniques, ou qui ſont maintenant, ou ont été récemment ſous la juriſdiction & ſous le pouvoir de la couronne de la Grande-Bretagne.

VII. Si ſa majeſté très-chrétienne juge à propos d'attaquer aucune des iſles ſituées dans le golfe du Mexique, ou près dudit golfe, qui ſont actuellement au pouvoir de la Grande-Bretagne, toutes leſdites iſles, en cas de ſuccès, appartiendront à la couronne de France.

Le traité de commerce, ſigné entre les *Etats-Unis* & la France, le même jour, c'eſt-à-dire le 6 février 1778, renferme toutes les diſpoſitions générales qui ſe trouvent dans ces ſortes de traités: il eſt inutile d'en parler ici, & nous nous bornerons aux principales.

II. Le roi très-chrétien & les *Etats-Unis*, s'engagent mutuellement à n'accorder aucune faveur particulière à d'autres nations, en fait de commerce & de navigation, qui ne devienne auſſi-tôt commune à l'autre partie; & celle-ci jouira de cette faveur gratuitement, ſi la conceſſion eſt gratuite, ou en accordant la même compenſation, ſi la conceſſion eſt conditionnelle.

III. Les ſujets du roi très-chrétien ne payeront dans les ports, rades, havres, contrées, iſles, cités & lieux des *Etats-Unis*, ou d'aucun d'entr'eux, d'autres ni plus grands droits & impôts, de quelque nature qu'ils puiſſent être, & quelque nom qu'ils puiſſent avoir, que ceux que les nations les plus favoriſées ſont ou ſeront tenues de payer; & ils jouiront de tous les droits, libertés, privilèges, immunités & exemptions, en fait de négoce, navigation & commerce, ſoit en paſſant d'un port deſdits états à un autre, ſoit en y allant ou en revenant, de quelque partie ou pour quelque partie du monde que ce ſoit, dont les nations ſuſdites jouiſſent ou jouiront.

IV. Les ſujets, peuples & habitans deſdits *Etats-Unis*, & de chacun d'iceux, ne payeront dans les ports, havres, rades, iſles, villes & places de la domination de ſa majeſté très-chrétienne en Europe, d'autres ni plus grands droits ou impôts de quelque nature qu'ils puiſſent être, & quelque nom qu'ils puiſſent avoir, que les nations les plus favoriſées ſont ou ſeront tenues de payer; & ils jouiront de tous les droits, libertés, privilèges, immunités & exemptions en fait de négoce, navigation & commerce, ſoit en paſſant d'un port à un autre, deſdits états du roi très-chrétien en Europe, ſoit en y allant ou en revenant, de quelque partie ou pour quelque partie du monde que ce ſoit, dont les nations ſuſdites jouiſſent ou jouiront.

V. Dans l'exemption ci-deſſus eſt nommément compriſe l'impoſition de cent ſols par tonneau, établie en France, ſur les navires étrangers, ſi ce n'eſt lorſque les navires des *Etats-Unis* chargeront des marchandiſes de France dans un port de France, pour un autre port de la même domination, auquel cas leſdits navires deſdits *Etats-Unis*, acquitteront le droit, dont il s'agit, auſſi long-temps que les autres nations les plus favoriſées, ſeront obligées de l'acquitter: bien entendu qu'il ſera libre auxdits *Etats-Unis*, ou à aucun d'iceux, d'établir, quand ils le jugeront à propos, un droit équivalent à celui dont il eſt queſtion, pour le même cas pour lequel il eſt établi dans les ports de ſa majeſté très-chrétienne.

VII. Le roi très-chrétien employera ſes bons offices & ſon entremiſe auprès des roi ou empereur de Maroc ou Fez, des régences d'Alger, Tunis & Tripoli, ou auprès d'aucune d'entr'elles, ainſi qu'auprès de tout autre prince, état ou puiſſances des côtes de Barbarie en Afrique, & deſdits rois, empereurs, états & puiſſances, & de chacun d'iceux, à l'effet de pourvoir auſſi pleinement & auſſi efficacement qu'il ſera poſſible, à l'avantage, commodité & ſûreté deſdits

Etats-Unis & de chacun d'iceux, ainſi que de leurs ſujets, peuples & habitans, leurs vaiſſeaux & effets, contre toute violence, inſulte, attaque ou déprédation de la part deſdits princes & états barbareſques, ou de leurs ſujets.

X. Les *Etats-Unis*, leurs citoyens & habitans ne troubleront jamais les ſujets du roi très-chrétien, dans la jouiſſance & exercice du droit de pêche ſur les bancs de Terre-Neuve, non plus que dans la jouiſſance indéfinie & excluſive, qui leur appartient ſur la partie des côtes de cette iſle, déſignée dans le traité d'Utrecht, ni dans les droits relatifs à toutes & chacune des iſles qui appartiennent à ſa majeſté très-chrétienne; le tout conformément au véritable ſens des traités d'Utrecht & de Paris.

XI. Les ſujets & habitans deſdits *Etats-Unis*, ou de l'un d'eux, ne ſeront point réputés aubains en France, & conſéquemment ſeront exempts du droit d'aubaine, ou autre droit ſemblable, quelque nom qu'il puiſſe avoir: pourront diſpoſer par teſtament, donation, ou autrement, de leurs biens meubles & immeubles, en faveur de telles perſonnes que bon leur ſemblera; & leurs héritiers ſujets deſdits *Etats-Unis*, réſidant ſoit en France, ou ailleurs, pourront leur ſuccéder *ab inteſtat*, ſans qu'ils aient beſoin d'obtenir des lettres de naturalité, & ſans que l'effet de cette conceſſion leur puiſſe être conteſté ou empêché, ſous prétexte de quelques droits ou prérogatives de provinces, villes ou perſonnes privées; & ſeront leſdits héritiers, ſoit à titre particulier, ſoit *ab inteſtat*, exempts de tout droit de détraction, ou autre droit de ce genre, ſauf néanmoins les droits locaux, tant & ſi long-temps qu'il n'en ſera point établi de pareils par leſdits *Etats-Unis* ou aucun d'iceux. Les ſujets du roi très-chrétien jouiront, de leur côté, dans tous les domaines deſdits états, d'une entière & parfaite réciprocité, relativement aux ſtipulations renfermées dans le préſent article.

XVII. Il ne ſera donné aſyle ni retraite dans leurs ports ou havres, à ceux qui auront fait des priſes ſur les ſujets de ſa majeſté ou deſdits *Etats-Unis*; & s'ils ſont forcés d'y entrer par tempête, ou péril de la mer, on les fera ſortir le plutôt poſſible.

XXI. Aucun ſujet du roi très-chrétien ne prendra de commiſſion ou de lettres de marque pour armer quelque vaiſſeau ou vaiſſeaux, à l'effet d'agir, comme corſaire, contre leſdits *Etats-Unis*, ou quelques-uns d'entr'eux, ou contre les ſujets, peuples ou habitans d'iceux, ou contre leur propriété, ou celle des habitans d'aucun d'entr'eux, de quelque prince que ce ſoit, avec lequel leſdits *Etats-Unis* ſeront en guerre. Cette convention eſt réciproque.

XXX. Pour d'autant plus favoriſer & faciliter le commerce que les ſujets des *Etats-Unis* feront avec la France, le roi très-chrétien leur accordera en Europe un ou plusieurs ports francs, dans lesquels ils pourront amener & débiter toutes les denrées & marchandises provenant des treize *Etats-Unis* : sa majesté conservera d'un autre côté aux sujets desdits *Etats-Unis*, les ports francs qui ont été & sont ouverts dans les isles françoises de l'Amérique ; de tous lesquels ports francs, sujets des *Etats-Unis* jouiront, conformément aux règlemens qui en déterminent l'usage.

Le traité de commerce des *Etats-Unis*, avec les Provinces-Unies, a été signé, à la Haye, le 8 octobre 1782 : il a pour base l'égalité & la réciprocité la plus parfaite, ainsi que le précédent ; il laisse à chaque partie la liberté de faire sur le commerce & la navigation, les réglemens ultérieurs qu'elle jugera les plus convenables pour elle-même, & d'admettre d'autres peuples à la participation des mêmes avantages.

Ce traité contient 29 articles : il renferme les dispositions que nous venons d'indiquer en parlant du traité avec la France ; mais il en offre quelques-unes de particulières, qu'il est bon de faire connoître ici.

IV. Il sera accordé liberté de conscience entière & parfaite aux sujets & habitans de chaque partie & à leurs familles ; & personne ne sera molesté à l'égard de son culte, moyennant qu'il se soumette, quant à la démonstration publique, aux loix du pays. Il sera donné en outre liberté, quand des sujets & habitans de chaque partie viendront à mourir dans le territoire de l'autre, de les inhumer dans les cimetières usités, ou dans des endroits convenables & décens, que l'on assignera à cela selon l'occurrence ; & les cadavres des enterrés ne seront molestés en aucune manière.

VIII. Les marchands, patrons & propriétaires des navires, matelots, gens de toute sorte, vaisseaux & bâtimens, & en général aucunes marchandises, ni aucuns effets de chacun des alliés ou de leurs sujets, ne pourront être assujettis à un embargo, ni retenus dans aucun des pays, territoires, isles, villes, places, ports, rivages, ou domaines quelconques de l'autre allié, pour quelque expédition militaire, usage public ou particulier de qui que ce soit, par saisie, par force, ou de quelque manière semblable.

XXII. Ce traité ne sera censé déroger en aucune manière aux articles IX, X, XVII & XXII du traité de commerce subsistant présentement entre les *Etats-Unis* de l'Amérique & la couronne de France : il n'empêchera pas non plus sa majesté catholique d'y accéder & de jouir de l'avantage desdits quatre articles.

Le traité de commerce des *Etats-Unis* avec la Suede, a été conclu, à Paris, le 3 avril 1783.

Il renferme 27 articles, outre les articles séparés. Ce traité a aussi pour base l'égalité & la réciprocité la plus parfaite, & comme il offre d'ailleurs les dispositions générales ou particulières, que nous venons d'indiquer à l'égard de la France & des Provinces-Unies, il seroit inutile d'entrer ici dans de plus grands détails.

Les *Etats-Unis* viennent de conclure un traité de commerce & d'amitié avec la Prusse (1) : outre les stipulations générales qui se trouvent dans le traité avec la France, la Suede & les Provinces-Unies ; celui-ci en offre de particulières qui sont importantes, & qui ameneront peut-être une heureuse révolution dans cette partie de la politique. Voici l'article 13 : « Si l'une des parties » contractantes se trouve en guerre avec quelques » autres puissances, afin de prévenir toutes les » difficultés & toutes les mésintelligences qui » naissent à l'occasion des marchandises, jusqu'ici » appellées de contrebande, telles que les armes, » les munitions & les provisions militaires, de » quelque espèce qu'elles soient, aucun de ces » articles portés sur les navires, ou par les sujets » ou les citoyens de l'une des deux parties, aux » ennemis de l'autre, ne sera réputé contrebande, » & ils ne pourront entraîner ni confiscation, ni » condamnation, ni perte de propriété pour les » individus. Il sera néanmoins permis d'arrêter » ces navires & ces articles, & de les détenir, » l'espace de temps que l'on jugera nécessaire, » afin de prévenir les inconvéniens & le dommage » qui pourroient en résulter, s'ils arrivoient à » leur première destination ; mais en payant un » dédommagement raisonnable, pour la perte que » l'embargo du navire ou des munitions occa- » sionnera aux propriétaires : la puissance qui ar- » rêtera ces navires, pourra employer à son usage » toutes les provisions militaires, ou une partie » des provisions militaires ainsi arrêtées, en payant » aux propriétaires la valeur entière de ces arti- » cles ; valeur qui sera fixée par leur prix cou- » rant, au lieu de leur destination. Mais dans le » cas où ce navire seroit arrêté pour des articles » réputés jusqu'ici de contrebande, si le capitaine » consent à livrer les marchandises qu'on suppose » être de contrebande, il sera autorisé à le faire, » & alors le navire ne sera, ni conduit dans un » port, ni détenu plus long-temps ; mais il lui » sera permis de continuer son voyage ».

Art. 23. « S'il survient une guerre entre les » deux parties contractantes, les marchands ou » négocians de l'un des deux pays, résidans dans » l'autre, auront la permission d'y demeurer neuf » mois, pour recevoir ce qui leur est dû & ar- » ranger leurs affaires ; ils pourront ensuite par- » tir & emporter tous leurs effets, sans qu'on » les moleste, ou qu'on leur suscite des obstacles :

---

(1) Ce traité est ratifié par le roi de Prusse, & on attend d'un jour à l'autre, la nouvelle de la ratification du congrès.

» toutes les femmes, tous les enfans, tous ceux
» qui s'occupent des sciences & des lettres, en quel-
» que genre que ce soit, les artisans, les manu-
» facturiers & les pêcheurs non armés, & habi-
» tans des bourgs, villages ou lieux non fortifiés,
» & en général tous ceux qui travaillent pour
» la subsistance & le bonheur du genre humain,
» auront la permission de continuer leurs emplois
» respectifs; les troupes de l'ennemi, au pouvoir
» duquel le sort de la guerre les fera tomber,
» ne molesteront point leurs personnes, ne brû-
» leront ou ne détruiront point leurs maisons, ne
» ravageront point leurs champs; mais s'il est
» nécessaire de leur prendre quelque chose pour
» l'usage des troupes, on les paiera d'une manière
» raisonnable. Tous les navires marchands & de
» commerce, occupés de l'échange des produc-
» tions des différens endroits, & du soin de rendre
» les choses nécessaires à la vie, ou les simples
» commodités, plus faciles à obtenir & plus gé-
» nérales, pourront passer librement & sans être
» molestés. Les parties contractantes n'accorde-
» ront point de commission à des vaisseaux armés
» par les particuliers, & ne les autoriseront point
» à prendre ou détruire ces navires marchands,
» ou à interrompre leur commerce ».

Art. 24. « Afin qu'on ne détruise pas les pri-
» sonniers de guerre, en les envoyant dans des
» pays éloignés & des climats rigoureux, ou en
» les entassant dans des lieux mal sains, les deux
» parties contractantes promettent solemnellement
» l'une à l'autre, & au monde entier, qu'elles n'a-
» dopteront de pareils usages; qu'*elles n'en-
» verront point les prisonniers dans les Indes orien-
» tales, ou dans aucune autre partie de l'Asie &
» de l'Afrique*, mais que ces prisonniers seront
» détenus dans quelques parties de leurs domai-
» nes en Europe, ou en Amérique: *qu'on leur
» assignera des lieux sains; qu'on ne les enfer-
» mera pas dans des cachots, des vaisseaux ou des
» prisons; qu'on ne les mettra point aux fers; qu'on
» ne les liera point, & qu'on ne leur ôtera d'au-
» cune manière l'usage de leurs membres; que les
» officiers seront élargis sur leurs paroles, dans des
» districts convenables & de bons quartiers; que les
» soldats seront répandus dans des cantonnemens assez
» ouverts & assez étendus pour respirer l'air & faire
» de l'exercice; qu'on les logera dans des barraques
» aussi spacieuses & aussi bonnes que celles des trou-
» pes, au pouvoir desquelles ils se trouveront; qu'on
» fournira chaque jour aux officiers, autant de ra-
» tions, & des mêmes articles & de la même qua-
» lité, que celles qui seront données en nature ou
» autrement, aux officiers ennemis du même rang;
» que tous les soldats prisonniers auront la même
» ration que les soldats de la puissance chez laquelle
» ils se trouveront; que la valeur de ces rations
» sera payée par l'autre puissance, lorsqu'à la fin
» de la guerre on procédera à la liquidation ré-
» ciproque des comptes pour la subsistance de ces
» prisonniers; que ces comptes ne seront mêlés à*

» *aucun autre compte, & que leur solde ne pourra être
» retenue comme une satisfaction, ou en représaille
» d'aucun autre objet, ou pour aucune autre cause
» quelconque, réelle ou prétendue; que chacune des
» parties aura le droit d'entretenir un commissaire
» des prisonniers, à sa nomination, dans chacun
» des cantonnemens des prisonniers qui se trouveront
» en la possession de l'autre, lequel commissaire verra
» les prisonniers aussi souvent qu'il lui plaira; sera
» autorisé à recevoir & à distribuer les choses d'a-
» grément ou de commodité, qui pourront être en-
» voyées aux prisonniers; & à rendre compte de son
» administration dans des lettres ouvertes, adressées
» à ceux qui l'emploieront. Mais que si un officier
» viole sa parole, ou si un autre prisonnier s'é-
» chappe des limites de son cantonnement,
» après qu'on le lui aura désigné, cet officier,
» ou tel autre prisonnier particulier, perdra
» les droits & les avantages qui lui avoient été
» réservés par cet article. Nous déclarons que le
» prétexte de la dissolution de tous les traités par
» la guerre, ou tout autre prétexte quelconque, ne
» sera point regardé comme annullant ou suspendant
» l'effet de cet article ou du précédent; mais au
» contraire que nous l'établissons précisément pour
» l'état de guerre, & qu'il doit être aussi sacré du-
» rant la guerre, que les articles les mieux avérés
» du droit naturel & du droit des gens »*

Il faut admirer ici comment les républiques,
& sur-tout celles de l'Amérique, savent faire
usage de leur raison & profiter de l'expérience;
elles se souviennent du vaisseau *le Jersey*, dans
lequel onze mille de leurs prisonniers sont morts
en trois ans, ils se souviennent de ceux de leurs
citoyens qui ont été envoyés aux Indes orientales.
La cruauté de la Grande-Bretagne a déterminé
les *Etats-Unis* à demander les stipulations dont
nous venons de parler. Ils ont cherché à diminuer les maux & les malheurs du genre humain
pendant la guerre. C'est un grand pas vers cet
objet si intéressant, d'avoir soustrait l'agriculture
& le commerce à ses effets, & les dispositions
du 23e article laissent peu de chose à desirer là-
dessus. Le 13e article établit un autre point qui
est aussi important, celui d'affranchir le commerce
des nations neutres, des vexations, des délais &
des pertes qu'il éprouve de la part des peuples
belligérans, sous prétexte que les navires sont chargés de contrebande. Ces vexations ont été portées si loin de nos jours, qu'enfin les puissances
neutres ont senti la nécessité de se réunir & de
s'armer pour les interdire. Elles ont déclaré qu'à
l'avenir certains articles, désignés dans leurs ma-
nifestes, ne seroient pas réputés contrebande, &
que si l'une des nations en guerre prétendoit les
saisir ou les confisquer à ce titre, elles demanderoient satisfaction & feroient cause commune.
Elles ont ainsi diminué de beaucoup la liste des
objets de contrebande: leur réglement a mérité
l'approbation du monde entier, & il est devenu
une partie du droit des nations. Le 13e article

du traité des *Etats-Unis* avec le roi de Prusse, étend & perfectionne ces stipulations favorables à l'humanité ; car il efface également les articles de contrebande que les neutres avoient cru devoir conserver, & il ôte ainsi aux officiers des vaisseaux belligerans la tentation de trouver des articles confiscables : tentation qui les porte à arrêter tous les navires neutres, à se rendre sur leurs bords pour les fouiller ; lorsqu'ils sont à bord, à y commettre des actions irrégulières, & souvent à enlever les équipages pour les conduire sur leurs propres vaisseaux. La dernière guerre a fourni des exemples sans nombre de ces abus, & on croit que la même chose arrive dans toutes les guerres. Si on l'examine bien, on verra que la visite & l'inspection des articles appellés de contrebande, sont rarement utiles. L'usage de saisir de pareils articles s'introduisit dans l'enfance des arts, & alors on pouvoit embarrasser l'ennemi, en interceptant les munitions & les provisions de guerre qu'on trouvoit sur l'Océan ; mais les arts sont aujourd'hui trop répandus, pour que les nations belligérantes soient réduites à la route de mer pour s'en procurer. Exceptées les villes assiégées, à l'égard desquelles l'article dont nous parlons, maintient l'ancien usage, il n'est point de peuple en Europe, qui ne puisse trouver chez lui ces articles jusqu'ici prohibés, ou les tirer par terre du pays de leurs voisins, sur-tout depuis que la neutralité armée a déclaré que les munitions navales ne seroient plus de contrebande. Les articles encore réputés de contrebande, sont donc les restes d'un usage qui subsiste, lorsque les causes qui l'ont produit n'existent plus ; & en continuant à les visiter & à les saisir, on maintiendra donc un abus. L'objet que nous traitons ici, peut avoir des suites très-heureuses ; lorsque les vexations, auxquelles donnent lieu les articles réputés de contrebande, auront été une fois abolies, par les conventions particulières de quelques puissances, il y a lieu d'espérer que la réforme s'étendra de peuple en peuple, & que si elle ne devient pas générale, elle diminuera toujours les maux de la guerre.

L'Angleterre n'a point encore signé de traité de commerce avec les républiques du nouveau-Monde : on vient même de renouveller (au commencement de 1786) pour une année, l'acte qui règle par *interim* le commerce des *Etats-Unis* avec la Grande-Bretagne & les isles angloises de l'Amérique. Afin de justifier ce délai, on a dit au parlement que la Jamaïque préparoit une pétition sur cet objet, & qu'il falloit attendre. M. Jenkinson qui a proposé le délai, après avoir évalué à 700 le nombre des bâtimens anglois employés l'année dernière au commerce des *Etats-Unis*, & le nombre de leurs matelots à 4000, a établi des principes & des faits bien inexacts. « Les américains, » a-t-il dit, seront forcés, s'ils veulent se défaire » de leur excédant en grains, d'admettre les pro- » ductions de nos isles ; *ils ont été exclus des isles*

» françoises, & selon toute apparence, ils ne trou- » veront pas plus d'accès dans la métropole de ces » colonies. » M. Jenkinson ne sait donc pas qu'un arrêt du conseil d'état de France, du mois d'août 1784, ouvre, dans les isles françoises de l'Amérique, plusieurs ports aux bâtimens étrangers. Il n'a donc pas lu le traité qui permet aux navires des *Etats-Unis* de venir dans quelques ports de la France ; on peut l'assurer que le cabinet de Versailles ne songe pas à enfreindre cet article du traité. Nous remarquerons en passant que les anglois, bien instruits des affaires de leur pays, ne le sont guères de celles des autres nations, & qu'il est affligeant de les voir débiter au parlement tant de sottises & tant de faussetés sur les françois & sur les américains.

Cet acte qui règle par *interim* le commerce des *Etats-Unis* avec l'Angleterre, permet seulement aux américains d'exporter leurs productions dans les isles angloises, sur des bâtimens anglois ; & il est ainsi fondé sur le principe fondamental de l'acte de navigation ; mais il y a lieu de croire que les anglois ne pourront plus suivre les grandes maximes qu'ils ont suivi jusqu'à présent.

La position des *Etats-Unis* les éloigne de ces intrigues politiques des nations européennes, qui offrent si peu d'avantages & un si grand nombre de pertes. Lorsque dans les siècles à venir, l'Amérique contiendra une multitude de peuples civilisés, elle sera réduite à contracter des alliances, à établir aussi un système d'équilibre & à se livrer aux négociations, aux traités & aux guerres qui en sont la suite ; mais que les nouvelles républiques attendent cette époque, & qu'elles ne se pressent pas. Il faut les avertir d'un danger qui les menace à la première guerre que se feront l'Espagne, la France & l'Angleterre. On les pressera d'y entrer pour obtenir leurs navigateurs & leurs vaisseaux, pour jouir des ressources que donnera leur pays ; on leur présentera des récompenses, on leur promettra de grands secours : puissent-elles se souvenir toujours qu'elles n'ont besoin de personne, & qu'en prenant part aux guerres & aux intrigues de l'Europe, elles compromettront leur liberté & leur bonheur ! Mais d'un autre côté, qu'elles n'oublient pas les bienfaits dont la France les a comblés. On dit que des services politiques ne doivent inspirer aucune reconnoissance aux *états*. Cette maxime dangereuse n'est pas toujours vraie, & quelles qu'aient été les vues du cabinet de Versailles, les américains doivent chérir à jamais l'allié généreux qui a pris si noblement leur défense & qui les a rendus libres. C'est pour eux un devoir indispensable de lui prodiguer leurs secours, lorsqu'il en aura besoin ; mais c'est le seul peuple qui puisse les réclamer, & la première loi d'un gouvernement étant de calculer ses propres intérêts & ses convenances, les *Etats-Unis* verront toujours qu'il leur convient de ne pas se mêler des guerres de l'Europe. Si ces guerres produisent presque toujours des hostilités dans les diverſes parties du monde, c'eſt que l'adreſſe des négociateurs ne manque guères de ſéduire les nations qui devroient reſter neutres. Le bon ſens & la raiſon ſemblent avoir établi leur empire dans les *Etats-Unis*, & nous deſirons qu'ils éclairent les citoyens ſur ces cruelles mépriſes.

Les ſeules négociations politiques dont les *Etats-Unis* doivent actuellement s'occuper avec ſoin, regardent les ſauvages : il ſe trouve dans l'enceinte de leurs limites, telles que les a tracées le traité de paix avec l'Angleterre, une multitude de peuplades, dont la valeur cruelle inſpire de l'effroi : elles ſont bien nombreuſes, & elles doivent être bien indignées de la manière dont on les dépouille. Le congrès, nous le ſavons, ne ſonge pas à les chaſſer de force ; ou plutôt, il n'employera ſa force contre elles qu'à la dernière extrémité : mais enfin, il a déjà ordonné l'arpentage des terreins, & il a réglé la vente qu'on en feroit ; il s'eſt peut-être trop preſſé ; & pour maintenir l'exécution de ſes

ordonnances, il ſe trouvera entraîné, malgré lui, à des injuſtices (1).

L'habile auteur des notes ſur l'*Etat de Virginie* nous offre l'état ſuivant des tribus de ſauvages qui ſe trouvent dans le voiſinage ou dans l'enceinte des *Etats-Unis*. On l'a rédigé, d'après quatre liſtes différentes ; la première fut donnée en 1759 au général Stanwix par George Croghan, agent, ſous ſir William Johnſon, des affaires relatives aux ſauvages ; la ſeconde a été faite par un négociant françois très-diſtingué, qui paſſa pluſieurs années parmi les ſauvages, & elle eſt jointe au récit imprimé de l'expédition du colonel Bouquet en 1764 ; on doit la troiſième au capitaine Hutchins, qui en 1768 fut chargé d'aller reconnoître les diverſes tribus, pour en ſavoir le nombre ; la quatrième a été fournie en 1779 par Jean Dodge, qui commerçoit avec les ſauvages ; mais on a reçu d'une autre perſonne les articles marqués dans celle-ci d'une étoile.

(1) Dans l'ordonnance qui diſpoſe du territoire de l'Oueſt, le congrès a eu ſoin d'indiquer les droits des ſauvages ; mais il n'a pas reconnu ces droits d'une manière aſſez expreſſe.

TRIBUS.	Croghan. 1759	Bouquet. 1764	Hutchins. 1768	Lieux de leur réſidence.
Oſwegatchies			100	A Swagatchi ſur le fleuve Saint-Laurent.
Connaſedagoes		200	300	Près de Montréal.
Cohuunewagoes				
Orondoes			100	Près des trois Rivières.
Abenakies		350	150	Près des trois Rivières.
Les petits Algonkins			100	Près des trois Rivières.
Michmacs		700		Sur le fleuve Saint-Laurent.
Ameliſtes		550		Fleuve Saint-Laurent.
Chalas		130		Feuve Saint-Laurent.
Nipiſſins		400		Vers les ſources de la rivière Ottawas.
Algonquins		300		Vers les ſources de la rivière Ottawas.
Les Têtes rondes		2500		Rivière aux têtes boules ſur le côté oriental du lac ſupérieur.
Maſſaragues		2000		Lac Huron & lac ſupérieur.
Chriſtinaux. Kris		3000		Lac Chriſtinaux.
Aſſinaboes		1500		Lac Aſſinaboe.
Blancs ou Barbus		1500		
Sioux des prairies				Vers les ſources du Miſſiſſipi, & à l'oueſt de cette rivière.
Sioux des bois	10,000	1800	10,000	
Sioux				
Ajaoues		1100		Au nord des Padoucas.
Panis blancs		2000		Au ſud du Miſſouri.
Panis roux		1700		Au ſud du Miſſouri.
Padoucas		500		Au ſud du Miſſouri.
Grandeſeaux		1000		
Cauſes		1600		Au ſud du Miſſouri.
Oſages		600		Au ſud du Miſſouri.
Miſſouris	400	3000		Sur la rivière du Miſſouri.
Arkanſas		2000		Sur la rivière des Arkanſas.
Caouitas		700		A l'eſt des Alibamous.

Au nord & à l'oueſt des Etats-Unis.

TRIBUS.	Croghan. 1759	Bouquet. 1764	Hutchins. 1768	Dodge. 1779	Lieux de leur résidence.
Mohocs.	.....	.....	160	100	Rivière Mohocks.
Onéidas.	.....		300		Côté oriental du lac Onéida, & sources de la Suſquehaunah.
Tuſcaroras.	.....	.....	200	400	Entre les Onéidas & les Onondàgoes.
Onondàgoes.	.....	1550	260	230	Près du lac Onondago.
Cayagas.	.....		200	220	Sur les bords du lac Cayuga près de la branche nord de la Suſquehanah.
Senecas.	.....		1000	650	Sur les bords de la Suſquehanah, de l'Ontario, & près des ſources de l'Ohio.
Aughquagahs.	.....		150	....	Branche orientale de la Suſquehanah & ſur l'Aughquagah.
Nánticoes.	.....		100		A Utſanago, Chaghtuet & Owegy ſur la branche orientale de la Suſquehanah.
Mohiccous.	.....	.....	...	...	Dans les mêmes parties.
Couöies.			30	...	Dans les mêmes parties.
Sapöonies.	.....		30	....	A Diahago & en d'autres villages.
Munſies.	.....		150	150	Sur la branche n. de la Suſquehaunah.
Delawares ou Linnelinopies.	600	.....	150		Ibidem.
					A Diahago & en d'autres villages, &c.
Delawares ou Linnelinopies.	.....	.....	600	500	Entre l'Ohio & le lac Erie & les branches de Beaver Creek, Cayahoga & Muskinghum.
Shawaneſes.	400	500	300	300	Sur le Sioto & les branches du Muſkinghum.
Mingas.	.....	.....	...	60	Sur une branche du Sioto.
Mohiccous.	.....	.....	...	60	
Cohunnewagos	.....		300		Près de Sanduski.
Wiandots.					Près du fort S. Joſeph & du détroit.
Wiandots.	300	.....	250	180	Rivière Miami, près du fort Miami.
Twightwees.	300	300	350		Rivière Miami aux environs du fort Saint-Joſeph.
Miamis.	.....	350		300	Sur les bords de La-Wabash, près du fort Ouiatonon.
Ouiatonous.	200	400	300	300	Ibid.
Piaukiſkas.	300	250	300	...	Ibid.
Shakies.	.....	.....	200		Près de Kaskaskia.
Kaskakias.	.....		300	...	Près de Kaskaskia. Ce ſont peut-être les mêmes que les Mitchigamis.
Illinois.	400	600	200		Sur la rivière des Illinois.
Piorias.		800			Près de Saint-Joſeph & du fort du détroit.
Ponteotamies.	.....	350	300	450	Ibid.
Ottawas.			550	* 300	Sur la baie Saguinan du lac Huron.
Chippawas.			200		Près de Michillimakinac.
Ottawas.		5900		5450	Près du fort Sainte-Marie, ſur le lac ſupérieur.
Chippawas,	2000		400		Près du fort Sainte-Marie, ſur le lac ſupérieur. Pluſieurs autres villages le long des bords du lac ſupérieur, près de la baie des Puants, ſur le lac Michigan.
Ottawas.			250		
Chippawas.			400		
Shakies.	200	400	550		

TRIBUS.	Croghan. 1759	Bouquet. 1764	Hutchins 1766	Dodge. 1779.	Lieux de leur Résidence.
		avec les Saquis.			
Mynonanies.	....	400	....	...	Ibid.
Ouisconsings.	....	550	....		Rivière Ouisconsing.
Kickapous.	600	300	250	250	
Otogamies ou Renards.	....·	....	....	...	
Mascoutens.		....		...	Sur les bords du lac Michaigau, & entre ce lac & le Mississipi.
Miscotins.	....	500	400	...	
Outimacs.		....	....	...	
Musquakiès.	200	250	....	250	
Sioux de l'Est.	....	....	500		Vers les sources orientales du Mississipi & les isles du lac supérieur.
			Galphin 1768		
Cherokees.	1500	2500	3000		Parties occidentales de la Caroline nord.
Chickasaws.	....	750	500		Parties occidentales de la Georgie.
Catawbas.	....	150	....		Sur la rivière Catawba dans la Caroline sud.
Chacktaws.	2000	4500	6000		
Creeks supérieurs.	....	....			Parties occidentales de la Georgie.
Creeks inférieurs.	....	1180	3000		
Natchez.		150			Rivière Alibamon dans les parties occidentales de la Georgie.
Alibamous.	....	600			

Left margin: Dans l'enceinte & à la portée des Etats-Unis.

On parle aussi des Tribus suivantes.

C. de Croghan.
Lezar............ 400 Depuis l'embouchure de l'Ohio jusqu'à l'embouchure de la Wabash.
Webius........... 100 Sur le Mississipi, au-dessous des Shakies.
Onsasoys....
Grand Tuc... 4000 Sur la rivière blanche, branche du Mississipi.
Linways.... 1000... Sur le Mississipi.

C. de Bouquet.
Les Puans....... 700 Près de la baie des Puans.
Folle avoine..... 350 Ibid.
Ovanakina....... 300
Chiakanesson.... 350 On conjecture qu'ils font partie des Creeks.
Machecous....... 800
Sonikilas....... 200

C. de Dodge.
Mineamis....... 2000 Au N. O. du lac Michigan jusqu'aux sources du Mississipi, & ensuite jusqu'au lac supérieur.
Piankilas....
Mascoutins.. ....800 Sur les bords & près de la Wabash du côté des Illinois.
Vermillions..

Mais

Mais ces tribus pouvant faire partie de celles dont nous avons déjà parlé, on ne les a pas insérées dans la table. Les différences qu'on observe dans les dénombremens de la même tribu peuvent être attribuées quelquefois à des renseignemens inexacts, & d'autres fois à une étendue plus ou moins grande donnée aux établissemens de même nom.

Cette liste est effrayante. La première page de la table indique les peuplades qui sont au nord & à l'ouest des *Etats-Unis*, mais elle offre dans l'enceinte des nouvelles républiques environ 25 mille guerriers qui défendront leurs terreins avec férocité. Si l'on compte 25 mille guerriers parmi les peuplades sauvages qui se trouvent sur le territoire des *Etats-Unis*, tel que nous l'avons indiqué plus haut, leur population doit être d'au moins 80,000 habitans ; car le rapport des guerriers aux autres habitans est estimé d'environ 2 à 10 ; & que de travaux ne faudra-t-il pas pour les repousser au-delà des limites fixées par le traité ? On compte à peu-près 12,500 guerriers en-deçà de l'Ohio & 12,500 au-delà : ainsi, les citoyens des nouvelles républiques trouveront cette redoutable barrière dans chacun des établissemens qu'ils voudront former. L'auteur de la description de la colonie de *Kentucke* raconte les hostilités sans nombre qui se passent journellement entre les colons de ce district & les sauvages ; & si le congrès n'imagine pas un moyen d'accommodement avec la plupart de ces nations, il faut s'attendre à des scènes de carnage très-multipliées.

Pour renvoyer les sauvages au-delà du Mississipi ou au-delà des lacs, il faudra repousser de 12 ou 15 degrés de longitude, c'est-à-dire, de plus de 200 lieues, les peuplades qui se trouvent les plus voisines des établissemens actuels des citoyens des *Etats-Unis*. Il paroît d'abord difficile de déterminer une population si nombreuse à faire une pareille retraite ; mais les sauvages de l'Amérique sont accoutumés à de semblables émigrations ; & pour n'en citer qu'un exemple, l'une des peuplades qui forment aujourd'hui les six nations, & qui occupent les environs du lac *Ontario*, se trouvoit, il n'y a pas long-temps, au milieu des habitations de la Pensylvanie ; fatiguée de ce voisinage, elle envoya secrètement des députés aux cinq nations ; & au retour de ses députés, elle alla s'établir 150 lieues plus loin. La tribu qui l'a reçue, étoit appellée alors *la tribu des cinq nations* ; & on la nomme aujourd'hui *les six nations*.

Si le congrès veut accabler les sauvages du poids de ses forces, il en sera bientôt débarrassé ; mais plus il est aisé de dompter, de détruire, ou de chasser de si foibles ennemis, & plus les nouvelles républiques doivent craindre d'abuser de leur puissance. Ces malheureuses peuplades, qu'on a dépouillées, qu'on a repoussées *en arrière, en arrière & toujours en arrière*, comme elles le disent

si éloquemment dans leurs harangues, sont dignes de commisération & de pitié : malgré leur barbare cruauté, elles méritent encore de l'intérêt, & le traité de paix qui a fixé les limites des provinces de l'union américaine, & qui leur a donné une étendue si immense de terreins, a disposé illégalement, il faut en convenir, de leur propriété. Les citoyens des *Etats-Unis* doivent avoir une sorte d'attachement pour des tribus qui sentent le prix de l'indépendance & de la liberté, au point de dédaigner tous les arts & toutes les jouissances qui pourroient les asservir : ils se sont révoltés, parce que l'Angleterre vouloit leur imposer des taxes ; qu'auroient-ils fait, si on étoit venu les exterminer ou les chasser de leur territoire ? Eh bien ! de quel droit veulent-ils envahir les contrées de ces hommes paisibles qui vivent dans les forêts de l'Amérique, &, quoiqu'on en dise, avoient constaté leur possession par la culture ou par d'autres travaux : qu'ils n'espèrent pas tenir cachées leurs violences & leurs usurpations ; la vérité & la justice se feront entendre du milieu des bois du nouveau-Monde, & leurs violences exciteront d'autant plus d'indignation, qu'elles seront moins glorieuses. Sans doute, l'astuce ou la délicatesse européenne ont peu de prise sur ces caractères indomptables ; mais nous desirerions, pour l'honneur de la liberté, & pour la gloire des nations puissantes, que le congrès imaginât un moyen d'éloigner les sauvages ; que cette opération se fît d'un commun accord ; qu'une députation solemnelle, envoyée dans toutes les peuplades, ménageât l'accommodement ; qu'on leur offrît les troupeaux, les instrumens, les outils & les richesses qui seront de leur goût ; qu'on les déterminât, par de bons traitemens, à s'établir au-delà des bornes des républiques de l'union, & que la révolution fût à jamais consacrée par le serment de tous les citoyens. Qu'on ne soit pas effrayé de la dépense ; la plus grande magnificence ne coûteroit ici presque rien, & ceux même qui souhaitent avec tant d'ardeur de voir des nations civilisées dans toutes les parties de l'Amérique septentrionale, sans songer qu'alors on verra des désordres & des crimes de plus sur la terre, auront une pleine satisfaction ; car les races de sauvages ne tarderont pas à s'éteindre : elles périront d'elles-mêmes, ou le voisinage des *Etats-Unis* leur portera un coup mortel.

Voyez les articles CAROLINE SEPTENTRIONALE, CAROLINE MÉRIDIONALE, CONNECTICUT, DELAWARE, MASSACHUSET, RHODE-ISLAND, NEW-YORCK, NEW-JERSEY, MARYLAND, VIRGINIE, GÉORGIE, NEW-HAMPSHIRE & PENSYLVANIE. *Voyez* sur-tout l'article VIRGINIE : nous nous sommes procuré des mémoires bien précieux & bien exacts sur cette république ; & ce qu'on y lira, étant plus ou moins applicable aux autres provinces, servira de supplément général.

ETIQUETTE. *Voyez* CÉRÉMONIAL.

ETRANGERS. On trouve dans le dictionnaire de Jurisprudence, article ETRANGERS, les règles du droit naturel & du droit des gens à l'égard des *étrangers*, & nous y renvoyons les lecteurs.

Nous allons examiner de quelle manière une nation doit traiter les *étrangers* relativement au commerce : il paroît que c'est la seule question d'économie politique, qu'il convient de traiter sous cet article.

L'exportation des articles de ses manufactures est avantageuse à un peuple ; les *étrangers* payent & entretiennent alors des ouvriers utiles à l'état ; les espèces ou les productions du sol *étranger* qu'ils en retirent, augmentent ses richesses & ses jouissances : c'est ainsi qu'avec une culture peu étendue, il peut nourrir & entretenir un grand nombre d'habitans.

Les états qui n'ont pas besoin d'augmenter leur population, trouvent, dans l'exportation de leurs manufactures, les moyens de donner plus d'agrément & d'aisance à leurs sujets; ils y trouvent l'argent qui est le nerf de la guerre, quoi qu'en dise Machiavel. Nous ne prétendons pas qu'il faut encourager les fabriques aux dépens de l'agriculture : c'est la position de chaque pays, qui détermine le degré d'encouragement qu'il convient de donner à ces deux branches d'industrie ; mais lorsque les circonstances le permettent, il est utile d'encourager, autant qu'on le peut, l'exportation des ouvrages & des manufactures de l'état. Il est clair que si des récoltes abondantes donnent une quantité de productions, par-delà celle qui est nécessaire à la consommation des nationaux, il est avantageux de les envoyer à l'*étranger* : si l'*étranger* les paye en espèces d'or & d'argent, ces métaux ne périssent point, & ne se dissipent pas comme les fruits de la terre, & on peut toujours avec ces valeurs fictives fournir l'état de ce qui lui manque, s'il les paye avec d'autres productions, ou avec des ouvrages de l'art. Les débouchés du commerce sont si multipliés, qu'il est facile de les échanger contre des métaux, ou contre les articles dont on a le plus besoin.

Mais il n'est pas toujours convenable d'envoyer aux *étrangers* une quantité considérable des productions de son sol, & d'en recevoir le paiement en productions des manufactures étrangères : les modifications qu'exige le principe, ont été développées en d'autres endroits, & nous ne les indiquons pas ici.

On a critiqué souvent les maximes politiques des écrivains qui recommandent d'attirer dans un état le plus d'argent qu'il est possible ; on a donné à leurs vues les épithètes de basses & de rampantes, & on leur a répondu par de grands mots & par de beaux systêmes, dont la justesse est loin d'être démontrée. Sans doute, un peuple peut être riche & heureux, sans avoir un numéraire abondant ; il est aisé d'imaginer des circonstances

où l'état a une grande force respective, quoiqu'il possède peu de métaux ; les peuples les plus redoutables de l'antiquité le prouvent bien ; mais, dans l'état actuel des choses, l'accroissement du numéraire procure des avantages de toute espèce ; le commerce devient plus actif & plus étendu ; les bénéfices augmentent dans une proportion qu'il est difficile de calculer : on lève les impôts avec facilité ; lorsque les besoins publics l'exigent, on se procure de l'argent sans peine ; & comme la nation belligérante, dont le trésor est le mieux fourni, finit en général par obtenir des avantages, on obtient à la fin de la guerre une paix plus honorable & plus utile.

Il est vrai que l'accroissement du numéraire rend plus chers, les terres, les denrées & la main-d'œuvre. Les productions de l'art peuvent devenir si dispendieuses, que l'*étranger* cesse peu-à-peu de les acheter, & s'accoutume à les prendre ailleurs à meilleur marché ; mais lorsque la nation a des capitaux très-considérables, elle peut faire des avances très-fortes ; elle peut monter de vastes établissemens ; elle vient à bout d'imaginer les machines qui diminuent le nombre des ouvriers ; & avec ces avances, ces grands établissemens & ces machines, elle peut avec de l'ordre & de l'économie, vendre à plus bas prix que la nation pauvre, des marchandises qui sont encore de meilleure qualité. C'est ce que fait l'Angleterre sur quelques articles de ses fabriques. Cet accroissement du numéraire a un véritable inconvénient, il introduit le luxe dans un état ; & s'il faut oublier les vieilles nations corrompues, pour s'occuper d'un peuple naissant ; si au lieu de parler de ce qui se fait & de ce qui se fera en Europe, on veut rédiger des plans justes & raisonnables en eux-mêmes, mais dont tous les hommes d'état se moqueront, nous dirons qu'il seroit convenable de sacrifier tous les avantages d'un numéraire abondant, afin de prévenir la corruption & les maux qui résulteront du luxe. Ainsi, en développant l'utilité du commerce avec l'*étranger*, nous savons qu'un état seroit plus heureux, s'il cultivoit en paix son sol, & s'il bornoit ses fabriques aux ouvrages nécessaires à sa consommation ; mais lorsqu'on examine les moyens de rendre une nation florissante, on ne dédaigne pas les expédiens qui contribuent d'une manière indirecte & éloignée à la corruption des citoyens, & il seroit aisé d'en indiquer plusieurs recommandés ou usités par-tout, qui y contribuent d'une manière plus qu'indirecte. En raisonnant donc d'après l'inévitable corruption des gouvernemens modernes, on ne peut révoquer en doute les avantages de l'argent. Pour maintenir cette abondance du numéraire, il faut que, dans le commerce à l'*étranger*, on exporte plus de productions de la nation & d'ouvrages d'art, qu'on n'en importe ; & ce que nous venons de dire, ne peut avoir lieu que pour les nations actives, qui augmentent leur prospérité & leurs richeſſes aux dépens des autres, ou du moins qui attirent à elles le numéraire des autres peuples diſpoſés à ſacrifier ces valeurs fictives pour des jouiſſances.

S'il eſt déſavantageux à un état d'encourager les manufactures étrangères, il lui eſt déſavantageux d'encourager la navigation des *étrangers*. Un état qui envoie aux *étrangers* ſes productions & les ouvrages de ſes fabriques, doit toujours les envoyer, s'il eſt poſſible, ſur ſes propres vaiſſeaux : il entretient alors un certain nombre de matelots, qui lui ſont auſſi utiles que les ouvriers. S'il en abandonne le tranſport aux bâtimens *étrangers*, il fortifie la marine étrangère, & il diminue la ſienne.

La navigation eſt un point eſſentiel du commerce avec l'*étranger* ; les hollandois ſont, de tous les peuples de l'Europe, ceux qui conſtruiſent des vaiſſeaux à meilleur marché. Outre les rivières & les canaux qui rendent les tranſports ſi faciles & à ſi bon marché pour eux, le voiſinage du nord leur fournit à peu de frais les mâts, le bois, le goudron, les cordages, &c. & leur moulins à ſcie en facilitent le travail. Ils naviguent avec moins d'équipage, leurs matelots vivent à très-peu de frais, & un de leurs moulins tient lieu journellement de quatre-vingt hommes. Ils feroient donc la plus grande partie des tranſports par mer ; &, dans le cas où ils pourroient y ſuffire, ils les feroient tous, ſi on ſuivoit toujours le meilleur marché : les hommes d'état, à qui ces idées ſont le moins familières, encouragent la navigation nationale pour l'honneur de leur pays.

L'Angleterre ſentoit bien cette vérité, lorſqu'elle publia le fameux acte de navigation ; elle a aſſuré par-là la prépondérance de ſon commerce & de ſa marine ; elle voulut d'abord ſe garantir de cette concurrence fâcheuſe des hollandois, lorſqu'elle défendit à toute nation d'apporter chez elle d'autres marchandiſes que celles de leur crû.

La France & l'Eſpagne ont de riches productions qu'elles exportent ſur leurs vaiſſeaux, ou ſur les vaiſſeaux *étrangers*, & elles permettent à tous les peuples de leur apporter les productions & les marchandiſes des autres pays. Leur marine ſeroit bien plus formidable ; elles ſeroient moins embarraſſées, lorſqu'elles ont beſoin de matelots, ſi elles imitoient l'acte de navigation, dans les points que comporte l'activité de leurs ſujets. Elles ne tirent pas de leur commerce tous les avantages dont il eſt ſuſceptible ; la plupart des négocians de ces deux contrées ſont plutôt des facteurs, ou des commis des négocians *étrangers* que de véritables commerçans.

Il ſeroit aiſé de changer avantageuſement cet ordre de choſes, ſi le miniſtère vouloit concourir à la révolution. Il ſeroit inutile d'examiner ici ces moyens : nous dirons ſeulement que, dans les pays où le commerce n'entretient pas un nombre conſidérable de bâtimens & de matelots, il eſt preſque impoſſible que le prince entretienne une marine floriſſante, ſans des frais capables de déranger les finances de l'état.

Nous ajouterons, en finiſſant, que le commerce avec l'*étranger* importe plus à un état pour l'augmentation ou la diminution de ſes forces, que le commerce intérieur ; que le commerce intérieur n'eſt plus d'une ſi grande conſidération dans la politique ; qu'on ne ſoutient qu'à demi le commerce avec l'*étranger*, lorſqu'on ne veille pas à ce qu'il y ait toujours de gros négocians parmi les nationaux ; lorſqu'on ne s'occupe pas tout-à-la-fois des moyens d'entretenir des bâtimens & des matelots, des ouvriers & des manufactures ; lorſqu'on ne cherche pas à maintenir en ſa faveur la balance du commerce.

EU, portion de la haute Normandie avec titre de *comté* ; elle fut érigée en comté par Richard I, duc de Normandie, en l'année 950. Ce comté que Richard donna à l'un de ſes bâtards, appellé *Guillaume*, a paſſé ſucceſſivement dans les familles de Luſignan, Brienne, Artois & Guiſe : c'eſt de cette dernière famille que mademoiſelle de Montpenſier, fille de Gaſton, duc d'Orléans, l'acheta en 1660 pour deux millions, cinq cens mille liv. ; mais en 1662 elle en fit préſent au duc du Maine, fils légitimé de Louis XIV, roi de France ; ce prince, en qualité de comte d'*Eu* & pair de France, prit ſéance au parlement, le 8 mai 1694, immédiatement après les princes du ſang.

ÉVÊCHÉ ?
EVÊQUE ? *Voyez* ces deux articles dans le Dictionnaire de Juriſprudence.

ÉVOCATION. *Voyez* le meme Dictionnaire.

EUROPE. *Voyez* le Diction. de Géographie.

EUSTACHE, (iſle S.) l'une des Antilles. Cette iſle qui n'a que deux lieues de long & une de large, eſt formée par deux montagnes qui laiſſent entr'elles un vallon aſſez reſſerré. Celle qui eſt à l'eſt, porte les traces évidentes d'un ancien volcan, & eſt creuſée preſque juſqu'au niveau de la mer. Les bords de ce gouffre, qui a la forme d'un cône renverſé, ſont formés de roches calcinées par le feu qu'ils ont dû éprouver. Quelque abondantes que ſoient les pluies, il ne ſe fait jamais aucun dépôt d'eau dans cet entonnoir. Elle filtre, ſans doute, par les iſſues encore ouvertes du volcan, & pourra peut-être un jour contribuer à le rallumer, ſi ſon foyer n'eſt pas éteint ou trop éloigné.

Quelques françois, chaſſés de Saint-Chriſtophe, ſe réfugièrent, en 1629, dans un lieu ſi peu habitable, & l'abandonnèrent quelque tems après, peut-être parce qu'il n'y avoit d'eau potable que celle qu'on ramaſſoit dans les citernes. On ignore l'époque préciſe de leur émigration : mais il eſt prouvé que les hollandois étoient établis dans l'iſle en 1639. Ils en furent chaſſés par les anglois, ſur leſquels Louis XIV la reprit. Ce prince fit valoir ſon droit de conquête dans les négociations de Breda, & réſiſta aux inſtances de la république, alors son alliée, qui prétendoit que cette possession lui fût restituée, comme lui ayant appartenu avant la guerre. Lorsque la signature du traité de paix eut anéanti cette prétention, le monarque françois crut qu'il n'étoit pas de sa dignité de profiter du malheur de ses amis. Il remit, de son propre mouvement, aux hollandois leur isle, quoiqu'il n'ignorât pas que c'étoit une forteresse naturelle, qui pourroit l'aider à la conservation de la partie de Saint-Christophe qui lui appartenoit.

Avant leur désastre, ces républicains ne demandoient que du tabac à leur territoire. Après leur rétablissement, ils plantèrent dans les lieux susceptibles de culture, quelques cannes qui ne leur ont annuellement donné que huit ou neuf cens milliers de sucre brut. Ce n'est pas par ses productions qu'elle est utile aux hollandois, mais par l'entrepôt de commerce qu'ils y ont formé. Pour donner une idée des ressources qu'elle leur procure, nous nous contenterons de dire qu'on évalue à trois-millions sterling les prises qu'y fit l'amiral Rodney en 1781.

EXACTION : abus que commet un officier public, en exigeant des contribuables ou des négocians plus qu'ils ne doivent.

Les *exactions* diminuent les revenus publics, quoique d'abord elles semblent les augmenter. Si les *exactions* portent sur le commerce, elles le détruisent en peu de temps, & elles dessèchent la source du fisc : on se dégoûte bientôt d'un commerce qui est opprimé au lieu d'être protégé : on nuit à la culture & à l'industrie, si les *exactions* portent sur les contribuables : ces injustices découragent les sujets ; ils disent hautement qu'ils seroient des insensés, s'ils se tourmentoient pour satisfaire l'avidité des exacteurs. Si je vois que le produit de mon travail, de mes peines m'appartient, que je puis en disposer pour l'avantage de ma famille, je n'épargnerai ni ma santé, ni ma vie pour l'augmenter, & je chérirai cette patrie qui m'en garantit les avantages. Mais si un exacteur impitoyable vient m'enlever le fruit de mes travaux, je perdrai courage, je bornerai mes vues, je quitterai même ce corps politique, dont le chef autorise des abus si crians. Ainsi raisonnent les sujets vexés par l'injustice ; & si des circonstances particulières ne leur permettent pas d'exécuter leurs résolutions, ils tombent dans la langueur & le désespoir, & l'état ressent cette diminution de l'industrie.

EXEMPTION. *Voyez* le Dictionnaire de Jurisprudence.

EXIL. *Voyez* le même Dictionnaire.

F

FABIUS & CATON, *ou du gouvernement ré-publicain & des prérogatives de l'aristocratie*, roman politique de M. le baron de Haller.

« Les troubles de Genève, dit M. de Haller, » & les occupations qu'ils me donnèrent, me fi-» rent prendre la résolution d'opposer d'autres » principes à ceux vers lesquels je voyois qu'on » commençoit à pencher, & de montrer les con-» séquences que ne pouvoit manquer d'avoir cette » doctrine de l'égalité des hommes, dont on se » faisoit de fausses idées. Plusieurs années se sont » écoulées avant que j'aie pu songer a remplir » mon dessein; aujourd'hui que les années & les » infirmités de la vieillesse me laissent plus à moi-» même, j'ai repris mon ancien plan. J'ai peint » dans Usong un despote oriental, qui met lui-» même des bornes à une puissance excessive & » dangereuse; (*voyez* USONG). Dans Alfred » j'ai tracé le plan d'une monarchie modérée; » (*voyez* ALFRED). Dans le présent ouvrage je » parle du gouvernement républicain, & des pré-» rogatives de l'aristocratie. Peut-être suis-je » séduit par des préjugés de naissance; mais il » me semble que j'ai vu la confirmation des prin-» cipes que j'établis dans les comparaisons que » j'ai été souvent à portée de faire de la situation » de ma patrie avec celle de quelques démocra-» ties voisines, & dans les effets funestes qui sont » résultés pour les républiques de la Grèce & » pour Rome même, du pouvoir excessif du » peuple. Mon livre pourroit être mieux écrit; » mais j'écris au bord du tombeau, déchiré par » des douleurs presque continuelles : avec une » santé délabrée, l'imagination ne peut que per-» dre son feu & ses agrémens. Mes intentions » sont droites; je crois dire la vérité : si je me » trompe, ce n'est point l'intérêt propre ni d'au-» tres vues qui m'égarent. Puissent les bonnes » intentions qui m'animent, se trouver chez un » écrivain richement doué de tous les talens qui » nous manquent ! »

M. de Haller lie les leçons de politique qu'il donne, à cette époque intéressante où Rome & Carthage combattoient pour l'empire du monde, & pour leur existence. Nous nous arrêterons peu à l'historique qui est connu, & dont nous avons tracé le tableau. *Voyez* CARTHAGE, ROME.

Le roman politique de *Fabius & Caton* ren-ferme cinq livres : nous allons en extraire un mor-ceau, qui donnera une idée de l'ouvrage & des principes de l'auteur. M. de Haller l'a composé dans un gouvernement aristocratique, & il est trop favorable à l'aristocratie.

« Des peuples vicieux & adonnés à la volupté » ne peuvent supporter la liberté; les loix sont » les seuls liens d'un état libre, & ce lien est » trop foible pour de tels peuples : voilà pour-» quoi on ne voit aucune ombre de liberté dans » les pays chauds, & que, hors de l'Europe, » on ne trouve presque que des esclaves. Il faut » que, dans ces pays, le pouvoir illimité d'un » souverain s'oppose aux attentats de la cupidité » & de la volupté. La nature même y semble » jetter les fondemens de ce pouvoir. La chaleur » & la fertilité du climat rendent les hommes » paresseux, & leur inspirent l'amour du plaisir. » Qu'il s'élève un homme plus actif que ses con-» citoyens, un homme chez qui l'ambition étouffe » le goût du plaisir & du repos, aisément il sera » le maître. Mais ce pouvoir ne sera pas dura-» ble; le fils du héros ne sera qu'un voluptueux » efféminé : un séditieux entreprenant & coura-» geux le dépouillera bientôt de sa puissance. » Dans des climats froids, les habitans ne se » procurent les nécessités de la vie que par des » travaux pénibles; ils sont par conséquent durs, » vigoureux, enclins à l'indépendance; il seroit » difficile de les soumettre à l'esclavage. De tels » peuples sont demeurés libres, & ils ont eux-» mêmes choisi leurs conducteurs. Si un empire » est vaste, il lui faut un monarque. Dans un » état libre, les délibérations sont longues, & » les affaires trop nombreuses en souffriroient. Il » faudroit, pour défendre les frontières, avoir » sur pied des armées considérables, & accor-» der un trop grand pouvoir aux gouverneurs; » de tels commandemens seroient l'objet de l'am-» bition & de la cupidité. Celui qui auroit com-» mandé en maître dans les provinces, ne se » remontreroit qu'avec peine dans la classe des » citoyens ordinaires. Il faut donc, dans un Em-» pire très-étendu, un monarque dont l'autorité » soit infiniment élevée au-dessus de celle des » grands, de manière que la moindre désobéis-» sance de leur part soit punie comme une ré-» volte. Les résolutions d'un seul homme sont » rapides, secrètes, & leur exécution est plus » accélérée. Cependant je suis fort éloigné de » souhaiter de voir s'établir jamais une monar-» chie illimitée. Le monarque vertueux pourra » être trompé; le monarque vicieux sera un ty-» ran. Le bonheur des peuples demanderoit donc » qu'aucun Empire ne fût trop grand. Dans l'âge » d'or tous les royaumes étoient petits, & un » génie même médiocre suffisoit pour les gou-» verner. Dans des Empires, tel qu'étoit celui

» de Rome, avant qu'elle eût étendu ses con-
» quêtes dans les trois parties du monde, un
» roi est inutile, & de tels Empires sont plus
» heureux sous le gouvernement des grands. Tout
» ce que j'ai dit contre la démocratie, parle en
» faveur de l'aristocratie. La puissance du peu-
» ple, au moment où elle dégénère en excès,
» n'a plus de bornes. Le pouvoir des grands,
» au contraire, trouve naturellement son contre-
» poids dans le nombre de ceux qui y sont sou-
» mis. Les grands ne doivent leur pouvoir qu'aux
» loix, qu'à l'estime du peuple & à son bien-
» être. Ils sont donc intéressés à ne pas armer
» contre eux les citoyens. Les grands sont plus
» capables de gouverner le peuple. Les lu-
» mières ne rendent pas toujours vertueux ; mais
» sans lumières, la vertu est inutile. Un sénat,
» composé de gens éclairés, n'est pas aussi facile-
» ment ébloui par les charmes de l'éloquence d'un
» orateur séduisant, par l'éclat de quelques qua-
» lités brillantes, dont le peuple est presque tou-
» jours la dupe. La jalousie seule armera les
» grands contre celui d'entre eux qui voudra ten-
» ter de s'élever au-dessus d'eux. Lacédémone
» soutint avec fermeté la constitution de Lycur-
» gue, tandis que le gouvernement d'Athènes
» fut toujours variable : tantôt le peuple se donna
» pour chef un Pisistrate ; tantôt il établit sur
» lui un certain nombre de citoyens opulens ;
» tantôt enfin le moindre citoyen prétendit à l'au-
» torité suprême ».

Caton convient toutefois que, dans certaines
circonstances, le despotisme peut sortir du sein
de l'aristocratie : voici les remèdes qu'il indique
contre ce mal. Il suppose un Empire d'une médiocre étendue, ayant pour capitale une ville
peuplée ; il voudroit que tous les habitans de
cette ville fussent regardés comme composant le
corps des grands de l'état, c'est-à-dire, comme
pouvant tous aspirer au gouvernement. On choisiroit entre eux un sénat de trois cents personnes
au moins, dont l'élection se feroit par le sénat
même, & non par le peuple. Si le pays étoit
vaste, il voudroit que les habitans des autres
villes & les possesseurs des terres jouissent des
mêmes prérogatives que les habitans de la capitale. Il voudroit que tout changement dans la
constitution fût, par les loix mêmes, rendu très-
difficile.—Chaque citoyen qui ne seroit pas membre du sénat, mais qui seroit du nombre de ceux
qui pourroient aspirer à en être, auroit le droit
de représentation ; & il faudroit prendre garde
que les représentations ne devinssent pas trop
fréquentes, & qu'elles ne fussent pas légèrement
rejettées. Il seroit bon qu'avant de faire la guerre
ou d'établir un nouvel impôt, le sénat s'assurât
de la façon de penser du peuple, non pour s'y
soumettre, mais parce que de semblables entreprises peuvent être rendues très-difficiles, si le
peuple est mécontent. Comme dans l'aristocratie

la faveur, plus que le mérite, conduit aux honneurs, il faudroit fixer un âge, avant lequel il
ne seroit pas permis d'aspirer aux emplois ; personne ne pourroit parvenir aux premiers, sans
passer par les inférieurs ; & pour obtenir ces derniers, il faudroit soutenir un examen public. Les
affaires courantes seroient confiées à un petit
nombre de sénateurs, & jamais à une seule personne. Il faudroit que les plaintes du moindre des
citoyens fussent portées devant le sénat. Aucune
charge ne seroit à vie, & à cet égard il faudroit que les loix fussent inexorables. Un peuple
ne demeurera vertueux qu'autant que l'on répri-
mera le luxe ; les loix somptuaires devroient donc
être sévères & renouvellées de dix en dix ans,
pour être fortifiées. L'inexorable Caton voudroit
qu'on ne les modérât jamais ; il ajoute que pour
gouverner il faut des lumières, & que l'état doit
veiller à l'éducation des enfans des grands, afin
de les mettre en état de conduire les affaires.

FACTION. Ce mot, dans sa principale acception, signifie *un parti séditieux dans un état*.
Le terme de *parti* par lui-même n'est point
odieux ; celui de *faction* l'est toujours. Un grand
homme & un médiocre peuvent avoir aisément
un parti à la cour, dans l'armée, à la ville, dans
la littérature. On peut avoir un parti par son
mérite, par la chaleur & le nombre de ses amis,
sans être chef de parti. Le maréchal de Catinat,
peu considéré à la cour, s'étoit fait un parti dans
l'armée sans le vouloir. Un chef de parti est
toujours un chef de *faction* : tels ont été le cardinal de Retz, Henri, duc de Guise, & tant
d'autres.

Un parti séditieux, quand il est encore foible,
quand il ne partage pas tout l'état, n'est qu'une
faction. La *faction* de César devint bientôt un
parti dominant qui engloutit la république. Quand
l'empereur Charles VI disputoit l'Espagne à Philippe V, il avoit un parti dans ce royaume ; &
enfin il n'y eut plus qu'une *faction* ; cependant
on peut dire toujours le parti de Charles VI. Il
n'en est pas ainsi des hommes privés. Descartes
eut long-temps un parti en France ; on ne peut
dire qu'il eut une *faction*. C'est ainsi qu'il y a des
mots synonimes en plusieurs cas, qui cessent de
l'être dans d'autres.

Les romains donnoient le nom de *faction* aux
différentes troupes ou quadrilles de combattans
qui couroient sur des chars dans les jeux du cir-
que. Il y en avoit quatre principales, distinguées
par autant de couleurs, le verd, le bleu, le
rouge & le blanc ; d'où on les appelloit *la faction
bleue*, *la faction rouge*, &c. L'empereur Domitien y en ajouta deux autres, la pourpre & la
dorée ; dénomination prise de l'étoffe ou de l'or-
nement des casaques qu'elles portoient ; mais elles ne subsistèrent pas plus d'un siècle. Le nombre des *factions* fut réduit aux quatre anciennes
dans les spectacles. La faveur des empereurs &

celle du peuple se partageoient entre les *factions* ; chacune avoit ses partisans. Caligula fut pour la *faction verte*, & Vitéllius pour la *bleue*. Il résulta quelquefois de grands désordres de l'intérêt trop vif que les spectateurs prirent à leurs *factions*.

Les *factions* naissent la plupart des prétentions de deux familles, de deux rivaux assez puissans pour se faire un grand nombre de partisans ; ou de deux opinions contraires dans des matières, auxquelles tout le public met de l'intérêt.

Ces querelles, ces animosités ne s'appellent pas d'abord des *factions* ; elles ne méritent ce nom que lorsqu'un grand nombre se réunit contre un grand nombre : nous ne citerons pour exemple que les Guelphes & les Gibelins, les Whigs & les Torris.

Les *factions* ont besoin de tems pour se former ; lorsqu'elles commencent à naître, leurs vues sont ordinairement petites & foibles ; leurs projets croissent & s'étendent avec elles : sorties d'abord du choc des intérêts particuliers, elles finissent par diviser une nation : facheuses dans tous leurs degrés, elles contrarient toujours l'esprit des sociétés civiles, qui se sont établies pour profiter des secours mutuels de tous les citoyens : une partie se trouve privée de l'appui de l'autre ; le désordre & la confusion s'emparent de l'état ; enfin quand elles arrivent au dernier terme, les citoyens s'égorgent les uns les autres.

Les maisons de Guise & de Montmorency commencèrent par se disputer la faveur des rois de France ; elles cherchèrent à se fortifier mutuellement en se faisant des créatures, à l'aide des graces qu'elles arrachoient du souverain : ce n'étoit encore qu'une rivalité particulière. La cour se trouva remplie d'intrigues & de cabales ; les cabales gagnèrent les provinces, & devinrent des *factions* ; & lorsque, pour s'entredétruire, la première se fut mise à la tête des catholiques, & que la seconde eut attiré les Bourbons, chefs du parti des réformés, elles dégénérèrent en guerre civile. Les succès donnèrent assez de hardiesse à la première pour lui inspirer l'ambition du trône.

Les cabales, dangereuses dans toutes les sociétés, le sont moins dans la monarchie par la nature de sa constitution. L'autorité du prince, s'il sait s'en servir, est assez forte pour imposer à des sujets. En général, les autres gouvernemens manquent de force pour en arrêter les progrès.

Toute la science du monarque consiste à éteindre le feu naissant. Ce n'est d'abord qu'une étincelle, mais entourée de matières combustibles. S'il est facile d'en arrêter le premier cours, il est mal aisé de l'étouffer lorsqu'il s'est fortifié. Les orages commencent par des vapeurs, par des exhalaisons légères.

Sous l'empire de Justinien, les villes se divisèrent entre la couleur verte & la bleue, que l'on portoit dans les tournois : cette division servoit d'amusement à l'empereur & à sa cour ; mais elle ne tarda pas à devenir sérieuse : les magistrats de Constantinople voulurent punir quelques-uns des plus ardens : leurs partisans brisèrent les prisons, brûlèrent l'église de sainte Sophie ; & pour se soustraire à la punition, ils placèrent un des leurs sur le trône : on combattit pour lui ; les batailles furent sanglantes, & la mort du chef fut le salut de Justinien.

D'autres motifs engagent à s'opposer aux commencemens. La *faction* est une maladie de l'état qu'il faut traiter avec douceur, & il faut renoncer à la douceur & à l'humanité lorsque le mal est aigri, & que la contagion s'est répandue.

Le souverain donne des juges & des arbitres aux grands de l'état, qunad ils sont assez puissans pour que leurs divisions soient à craindre ; il les réconcilie ou il les oblige au silence. Il est rare que son autorité ne puisse arrêter les mésintelligences, lorsqu'elles se forment entre les principaux de l'état, ou entre des corps qui exercent les différentes parties de l'autorité.

Mais si par sa négligence, ou celle de ses prédécesseurs, les partis sont devenus *factions*, la douceur aura peu d'effet, & la force, qu'alors on est contraint d'employer, peut trouver de la résistance.

Le prince commet une faute en politique, s'il se borne à favoriser l'une ou l'autre des *factions* : il n'appaise rien, & il se fait des ennemis capitaux. Le souverain doit choisir, se déterminer & accabler l'une ou l'autre, si malheureusement il n'est plus possible d'employer des moyens de pacification : s'il se contente de protéger, il montre de la foiblesse. S'il est neutre, il est sans considération, & s'il veut se déchire. S'il veut être médiateur, il dégrade sa majesté. Lorsqu'il commande & exécute, c'est un souverain, & un souverain qui exerce la justice.

Des souverains ont eu pour maxime d'entretenir des *factions* de toute espèce, & de soutenir alternativement l'un ou l'autre parti. Catherine de Médicis s'arrêtoit lorsque les réformés de la France étoient prêts à succomber : cette conduite est pusillanime ; on cherche à maintenir son autorité, en affoiblissant la moitié de l'état par l'autre, & cet expédient est dangereux. S'il a quelquefois d'heureux effets, lorsqu'on l'emploie envers des voisins dont l'union seroit capable de donner de l'ombrage, il est détestable vis-à-vis des sujets. L'état perd ses meilleurs citoyens ; il s'énerve, & il court risque de devenir la proie des ennemis étrangers.

La manœuvre de Catherine de Médicis est une intrigue de femme ; elle ne mérite pas le nom de *politique* : elle n'est excusable qu'autant que l'on manque d'autres ressources. Rien ne prouve mieux la petitesse de l'esprit que la fourberie : ces foibles moyens de se maintenir sont indignes de la couronne ; ils laissent penser aux sujets que

Kkk z

celui qui ne fent pas en lui-même la force de la foutenir, n'eft pas digne de la porter.

C'eft un ufage prefque univerfel, parmi ceux qui gouvernent les états, de divifer les efprits, de les tenir occupés de leurs propres querelles, pour détourner leur attention d'une autorité qui s'étend au-delà de fes bornes légitimes ; mais il faut prendre garde que ces divifions ne deviennent factieufes.

De quelque nature que foient les troubles intérieurs, ils font plus difficiles à calmer dans les républiques, où l'autorité manque d'énergie & de point de réunion, & où la liberté fe rapproche de l'indépendance abfolue. Lorfque les *factions* ne s'y détruifent pas d'elles-mêmes, il eft prefque impoffible de les réprimer, parce que toute l'autorité réfide dans les loix, & que celle des magiftrats eft empruntée & paffagère ; les chefs de la *faction* n'y reconnoiffent point de fupérieur ; ils partagent eux-mêmes l'autorité, qui devient nulle en ces occafions.

Un effet de l'autorité divifée eft d'affoiblir le reffort de la crainte, & de rendre impoffible l'emploi de celui de la faveur. Soit que des haines ou des fentimens oppofés, ou l'ambition de parvenir à une dignité à laquelle il leur eft permis d'afpirer, divifent des familles puiffantes, les loix n'arrêtent ni ne puniffent ces fources de diffentions. Aucune autorité ne peut les contenir dans le principe ; elles arrivent fans trouver d'obftacles, au point où elles font fans remèdes, & c'eft-là le grand vice des conftitutions républicaines.

Si la haine s'empare de deux rivaux dans une république, ils ont tous deux leurs partifans ; le fénat, les magiftrats eux-mêmes fe partagent ; ils forment des partis fans s'en appercevoir : on ouvre les yeux trop tard. Une partie de l'autorité fe trouve armée contre l'autre, & elle fe détruit elle-même.

Lorfque la méfintelligence eft entre les nobles & le peuple, il femble que l'autorité doit conferver quelque empire en faveur des premiers ; mais l'expérience de tous les âges a montré combien cette autorité étoit foible, & les remèdes dangereux qu'employa dans cette occafion le gouvernement où les patriciens conferverent le plus d'énergie, le prouvent affez.

La guerre fut long-tems la reffource des romains ; il la fallut continuelle ; le temple de Janus ne fut plus fermé que deux fois en fept cens ans. On voyoit ceffer, aux approches du printems, les troubles qui avoient agité Rome pendant l'hiver. La paix du dedans n'étoit due qu'à la guerre du dehors. Rome manqua cent fois de périr par des mains étrangères, pour n'être pas détruite par les fiennes.

Les romains portoient contre l'ennemi l'ardeur que laiffoient dans les efprits les querelles domeftiques : après les campagnes, la vue des bleffures que le citoyen avoit reçues pour la patrie, fervoit à exciter le peuple à une nouvelle émotion. La guerre n'étoit pas un remède, c'étoit un palliatif cruel & fanglant.

Solon avoit fait une loi, qui obligeoit chaque citoyen de prendre un parti dans les troubles intérieurs ; elle ne permettoit à perfonne d'être neutre. Cette loi paroît dure & injufte. Il n'étoit pas libre de vivre en paix ; l'homme de bien étoit obligé de choifir entre deux partis, fouvent fondés l'un & l'autre fur la paffion, au mépris de l'équité. Celui qui fe rangeoit du côté où il croyoit voir le plus de juftice, ne penfoit pas comme fon père & fes frères ; il fe trouvoit en guerre avec eux.

Cependant il feroit difficile d'imaginer une loi plus fage & plus fenfée dans les circonftances où fe trouvoit la république d'Athènes ; elle offroit un grand inconvénient, celui de précipiter les querelles au point de maturité où elles deviennent *factions* ; mais, d'un autre côté, elle donnoit les moyens de hâter l'explofion de ces humeurs qui font toujours dangereufes, lorfqu'elles fermentent fourdement ; & en adoptant un expédient fi hardi, cet habile légiflateur compta fur les forces de la loi pour arrêter les défordres dans leurs commencemens. La légiflation des anciennes républiques préfente une foule de ces traits de hardieffe, qui étonnent le foible courage des modernes, ou plutôt, dans l'impoffibilité où nous fommes de juger de la force des mœurs & des loix anciennes, on ne peut que faifir quelques anneaux de la grande chaîne d'idées patriotiques & politiques que montra Solon.

Le premier mouvement des perfonnes fages & pacifiques qui fe trouvoient à Athènes, étoit de ne point fe mêler des querelles qui leur étoient étrangères ; mais les y contraindre, c'étoit les fervir. Si le feu s'embrafoit, elles devenoient tôt ou tard les victimes des deux partis, par là fuite infaillible des grands défordres. Elles pouvoient au contraire efpérer de fe fauver de la déroute, en fe rangeant de l'un ou l'autre des côtés.

L'inconvénient de fe trouver en oppofition avec fes proches, a quelquefois de bons effets. Dans les guerres de religion qui ont défolé la France, & dans quelques-unes des guerres civiles qu'on a vues dans ces derniers tems, les familles bien confeillées fe partageoient de bon accord entre les deux partis. Le frère trouvoit la protection d'un frère dans la *faction* ennemie ; & lorfque l'un des partis triomphoit, on étoit fûr de n'être pas facrifié : la neutralité ne donne pas ces avantages.

Mais, fans infifter plus long-tems fur les bons effets qui réfultoient pour les particuliers de cette loi de Solon, elle paroît avoir été d'une importance plus effentielle pour le bien public. Si les gens de bien ne fe mêlent pas des affaires de la république, lorfqu'il y a quelque danger, la république demeure abandonnée aux esprits factieux ; elle est perdue. Rester dans l'inaction, c'est manquer au devoir de citoyen. Si les esprits sages sont obligés de se déclarer pour ou contre, cette nécessité formera dans les commencemens un tiers parti, qui s'occupera du soin d'appaiser les différends ; il y employera toute sa puissance & toute sa sagesse. La persuasion réussit assez souvent, lorsqu'elle est accompagnée d'une force prête à accabler le parti qui s'y refuse, en se joignant à l'autre ; & en politique les prédications ne servent à rien, lorsqu'elles ne sont pas accompagnées de la force. Si le gros du peuple n'est pas séduit, il se détermine pour le côté où il voit tous ceux qu'il estime prudens, & alors les forcenés ne demeurent plus assez redoutables pour se soutenir.

Nous ignorons les effets de cette loi ; mais elle semble avoir été dictée par les vues d'une profonde politique : elle paroît augmenter la confusion en la rendant universelle ; mais c'est de cette confusion que dut naître l'ordre. Elle produisoit quelque chose de plus ; elle étoit une autorité nouvelle, lorsque la première devenoit impuissante : on demandera toujours, il est vrai, comment s'exerçoit cette autorité ; car c'est la partie foible de tous les gouvernemens qui ne sont pas monarchiques : mais les anciens suppléoient par l'adresse à ce vice de leurs constitutions.

La république de Vénise, instruite par ses malheurs passés, s'est plus occupée qu'aucun autre état, du moyen de réprimer & d'étouffer les factions. Il y auroit beaucoup de choses à dire sur les inquisiteurs d'état, & sur la bouche de pierre qui les instruit ; mais ces terribles expédiens, liés & assortis au reste des statuts, assurent la tranquilité intérieure, autant qu'il est possible de le faire dans une aristocratie.

De tous les troubles qui peuvent déchirer un état, ceux que le faux zèle de religion excite, sont les plus difficiles à appaiser. L'esprit des hommes, frappé par la religion, se roidit contre les obstacles ; il devient aussi ardent à la défendre, que négligent à la suivre lorsqu'il n'est pas saisi par l'enthousiasme.

Toute religion que l'on contrarie, forme une faction. On ne peut excepter de cette règle que la religion chrétienne dans ses premiers temps ; elle seule n'a opposé que la douceur & l'humilité à la persécution.

Toute religion se divise en secte, chaque secte produit une faction, & ici la religion chrétienne ne doit point être exceptée.

L'amour de la religion est une passion qui se peut avouer ; non-seulement elle est permise, elle est édifiante, il est beau de l'annoncer ; il est naturel qu'on la serve avec force & obstination.

L'ambition, l'amour, la jalousie, la vengeance, enfin chaque passion trouble tel ou tel cerveau, & affecte chacun d'eux d'une manière différente ; mais tous les esprits sont susceptibles de celle de la religion ; tous sont préparés par l'éducation à la recevoir ; elle agit par un principe uniforme : ce sont des rayons qui partent d'un même foyer, qui se dirigent vers un même objet, & qui par conséquent se réunissent. D'où il résulte que la religion est le mobile le plus universel & le plus puissant des factions, & qu'elle les rend les plus opiniâtres.

Aussi a-t-on vu les factions appuyées sur la religion devenir si formidables, que les rois n'auroient pu entreprendre de les détruire, sans mettre leurs états en péril. Les princes les plus sages sont tenus quelquefois de céder au tems dans de pareilles circonstances. Henri III entra dans l'association fondée pour sa ruine, & s'en déclara le chef : cette politique paroissoit nécessaire. Il se trouvoit alors dans une telle conjoncture, que son sceptre se seroit brisé, s'il eût voulu s'en servir contre le fanatisme. Constans & Théodose tolerèrent les ariens, n'osant les attaquer, & il n'est que trop d'occasions où les administrateurs se trouvent obligés de suivre la même maxime.

On remarque que le grand nombre de sectes trouble moins la tranquilité d'un état, que lorsqu'on n'en connoît que deux. L'inconvénient politique de la diversité des religions dans une même souveraineté, est l'antipathie qu'elle cause parmi les peuples : les insultes & les querelles sont plus animées, lorsqu'elles sont fondées sur des opinions religieuses.

FALKENSTEIN, comté de l'Empire d'Allemagne. Il est borné au nord par le grand bailliage d'Alzey au Palatinat ; à l'ouest par le sous-bailliage de Landsberg au duché des Deux-Ponts ; au sud par la principauté de Lautern ; & à l'est par les terres des comtés de Wartemberg & la seigneurie de Kirch-heim, qui appartient à la maison de Nassau-Weilbourg.

La religion luthérienne y est la religion dominante, depuis la réformation : à l'époque du traité de Westphalie, elle y avoit déja eu la jouissance exclusive des églises, écoles, presbytères, rentes, revenus & autres émolumens ecclésiastiques ; mais on y trouve aujourd'hui beaucoup de catholiques, sur-tout à Winweiler.

L'histoire des anciens seigneurs de Falkenstein n'est point encore débrouillée, non plus que leur généalogie. On sait seulement que Philippe de Polant, qui vécut au 13e siècle, fut le premier qui prit le nom de Falkenstein ; que son épouse, co-héritière de Munzenberg, lui apporta en dot une grande partie de la Wetteravie & plusieurs autres terres, & que Cuno II & Philippe VII ses descendans formèrent deux branches distinctes. Philippe X, héritier de la branche aînée, mourut en 1407, & ses domaines passèrent à son cousin Philippe XI, qui, ayant été créé comte en 1397 par l'empereur Wenceslas, est le seul de sa famille qui en ait porté le titre. Il mourut en 1410, & il eut pour successeur

Wernier, frère cadet de Philippe X, & auparavant archevêque de Trèves. Après la mort de celui-ci, toute la succession échut à ses neveux, enfans de ses sœurs Luitgard & Agnès; la première mariée à Everard, seigneur d'Epstein, & l'autre à Otton, comte de Solms, qui en eut deux filles; l'une de ces filles épousa Rupert, seigneur de Dirneboug, dont le petit-fils Guillaume prit le nom de *Falkenstein*, & commença la seconde branche de cette maison. Guillaume eut deux filles; l'une fut mariée à Cuno, comte de Manderscheid; l'autre, nommée *Marguerite*, fut donnée à Melchior, seigneur de Dhaun, qui en eut un fils, nommé *Wyrich*. Wyrich eut trois fils, Philippe, Sebastien & Jean le puîné, tige d'une troisième branche de *Falkenstein*. Sa fille Sidoine, mariée à Axel Lœwenhaupt, seigneur de Grefnes & de Kiegleholm, renonça à sa succession en 1579, & son frère Emic, comte de Dhaun, se voyant sans postérité, désigna dans son testament les descendans de Sebastien pour ses héritiers; &, à leur défaut, ceux de Philippe, qui se succédèrent en effet pour le comté de *Falkenstein*. Mais Guillaume Wyrich, de la dernière branche, ayant obtenu ce comté, le vendit en 1667 à Charles III, duc de Lorraine, qui le donna à Charles-Henri, prince de Vaudemont, après la mort duquel Léopold-Joseph-Charles, duc de Lorraine, fit valoir les droits de son prédécesseur, & les maintint contre les maisons de Lœwenhaupt & de Manderscheid, avec lesquelles il fit un accommodement en 1724 & 1727. Son fils François-Etienne, depuis empereur sous le nom de *François I*, fut enfin mis en possession de tout le comté, tant mouvant qu'allodial, par une sentence du conseil aulique de 1731, & se le réserva expressément, lors de la cession faite en 1735 & 1736 du duché de Lorraine à la couronne de France; de sorte qu'après avoir acheté ce qui y restoit encore à terminer avec les maisons de Lœwenhaupt & de Manderscheid, il l'a laissé à l'empereur Joseph II son fils, qui le possède aujourd'hui.

Ses armes sont une roue; &, selon sa taxe matriculaire, il fournit quatre fantassins & deux cavaliers, ou 40 florins par mois, outre 15 rixd. 67 & demi kr. par quartier pour l'entretien de la chambre impériale. Il donnoit à l'empereur défunt, comme marquis de Nomeny, voix & séance au collège des princes de l'Empire & aux assemblées du cercle du haut Rhin.

FALKLAND (isles). *Voyez* MALOUINES.

FAVORIS. *Voyez* l'article CONFIDENS DES PRINCES.

FAUQUEMONT, *seigneurie dans le duché de Limbourg*. La seigneurie de *Fauquemont* a pour bornes au nord & à l'orient le duché de Juliers, au midi la seigneurie de Rolduc & le comté de Daelem; & à l'occident l'évêché de Liège, le

territoire de Maëstricht & le comté de Rechem, dont elle est séparée par la Meuse. Cette seigneurie a, dans sa plus grande longueur d'orient en occident environ six lieues, & quatre de largeur du nord au midi. Elle renferme trente-cinq villages, outre la ville de *Fauquemont* & l'abbaye de S. Gerlac.

Par le traité conclu à la Haye en 1661, Philippe IV, roi d'Espagne, se réserva, dans le pays de *Fauquemont*, les villages & seigneuries de Nutt, Alt-Valckenburg ou *vieux-Fauquemont*, Stucht, Schin sur la Gueule, la maison d'Oost sur la même rivière, Wynantsrade, Geleen, Schinnen, Spanbeecq, Oorsbeeck, Jabeeck, Broussen, Schinvelt, Hoensbroeck, Vaesrade & Schaesbergh, avec toutes leurs dépendances. Il céda en toute propriété & souveraineté aux Etats-Généraux, la ville & le château de *Fauquemont*, avec les bans, seigneuries & villages de Meersen, Hauthem, Haren, Gent, Ulestraten, Bunde, Amby, Iteren, Climmen, Hulsberg, Schummert, Eysden, Herken-rade, Ekelrade, Beeck, Neerbeeck, Berck, Bemelen, Blyt & Heerle; avec le grand chemin depuis Heerle jusqu'à Schaesberg, & tous les hameaux, ressorts, jurisdictions, fiefs & dépendances de ces lieux & seigneuries; de même que tous les fiefs mouvans du château de *Fauquemont*, quoique situés hors de ce territoire. C'est en vertu de ce traité de la Haye & de celui de la Barrière, conclu à Anvers le 15 novembre 1715, que l'empereur possède aujourd'hui cette partie du pays de *Fauquemont*, & des deux autres territoires du pays d'Outre-Meuse, réservés par Philippe IV, roi d'Espagne, & que le reste est demeuré sous la domination des Etats-Généraux.

Le pays de *Fauquemont* est gouverné par deux hauts-officiers, & par les états. Ces hauts-officiers sont le voué, ou voogt en flamand, & le drossard. Le premier est pour le gouvernement civil & politique, & est le chef des bans ou tribunaux qui n'ont point de seigneur ni de schout. Le drossard connoît des affaires criminelles, & fait exécuter les sentences des échevins de *Fauquemont* & des autres tribunaux qui n'ont point de seigneur, ni de mayeur ou schout. Quand il s'agit d'une sentence de mort, le voué rompt un petit bâton blanc, après quoi le drossard en ordonne l'exécution. Ces deux officiers convoquent les états du pays, & signent conjointement les lettres circulaires pour cette assemblée. Les états qu'ils président ensemble, se tiennent une fois par an, mais le voué y a le premier rang. Ces deux officiers sont chargés l'un & l'autre de la publication & de l'exécution des édits & ordonnances des états généraux, & ils ont chacun six cens florins d'appointemens par an, monnoie de Hollande, outre des amendes pécuniaires qui leur reviennent. Ils ont sous eux des substituts choisis par eux, qu'on nomme *lieute-nans voués* & *lieutenans drossard*, & qui font leurs fonctions en leur absence. Le voué est aussi stadhouder, ou conservateur des fiefs de tout le pays de *Fauquemont*; qui ressortit de leurs Hautes-Puissances. Il établit les échevins & les secrètaires des bans de Meersen, de Climmen & de Beek, où il n'y a ni seigneur ni schout, de même que du ban de Heerle, dont le schout est nommé par les Etats-Généraux, qui disposent aussi des emplois de voué & de drossard.

Les états du pays sont composés de la noblesse & des députés des bans, qui ont chacun une voix.

La justice s'administre dans tout le pays d'Outre-Meuse, conformément aux anciennes loix & coutumes du pays, & d'après un réglement de leurs Hautes-Puissances, du 15 octobre 1663, qui contient cent douze articles.

La ville est gouvernée par deux bourguemestres qui doivent être de la religion réformée; la bourgeoisie choisit tous les ans quatre candidats, à la pluralité des voix, & le voué en nomme un. Leur fonction est de régler certaines affaires de police, concernant le bien de la communauté.

FÉDÉRATIVES (républiques). *Voyez* cet article à la lettre R.

FÉODAL (gouvernement) : nous tâcherons de donner ici une idée de ce gouvernement qui a subsisté si long-temps en Europe, & qui a produit, dans les mœurs & dans les constitutions, des vices & des préjugés que les lumières & les progrès de la raison n'ont pu encore détruire.

Nous ne parlerons pas de l'invasion faite par les peuples du nord sur les terres de l'Empire romain : pour avoir une idée du gouvernement qu'ils établirent dans les divers royaumes de leur domination, il est nécessaire de considérer la nature de leurs armées, qui venoient chercher de nouvelles habitations. La nation entière étoit divisée, comme les Israélites, en plusieurs tribus distinctes & séparées, dont chacune avoit ses juges, sans aucun supérieur commun, excepté en temps de guerre. Ainsi les armées ou colonies, qui sortoient du nord surchargées d'habitans, n'étoient pas des armées de mercenaires chargés de faire des conquêtes pour ceux qui les payoient; c'étoient des sociétés volontaires, ou des co-partageans dans l'expédition qu'on avoit entreprise. Ces sociétés étoient autant d'armées distinctes, tirées de chaque tribu, chacune conduite par ses propres chefs, sous un supérieur ou général qui étoit choisi d'un commun accord, & qui étoit aussi le chef ou capitaine de sa tribu : c'étoit, en un mot, une armée de confédérés. Ainsi la nature de leur association exigeoit que la propriété du pays conquis fût acquise à tout le corps des associés, & que chacun eût une portion de ce qu'il avoit aidé à conquérir.

Pour fixer cette portion, le pays conquis étoit divisé en autant de districts que l'armée contenoit de tribus : on les appella *provinces*, *comtés*, en anglois *shire*, mot qui vient du saxon *scyre*, c'est-à-dire, *diviser*, *partager*. Après cette division générale, les terres étoient encore partagées entre les chefs des tribus Pour s'établir dans un pays nouvellement conquis, il fallut proroger l'autorité du général, qu'on doit envisager sous deux différens rapports, comme seigneur d'un district particulier, partagé entre ses volontaires, ou comme seigneur ou chef de la grande seigneurie du royaume. Chaque district étoit présidé par le comte, (en anglois *Ealderman*), qui, avec une assemblée de vassaux tenanciers, *landholders*, régloit toutes les affaires du comté, & la seigneurie du royaume étoit présidée par le général ou roi, qui, avec une assemblée générale des vassaux de la couronne, régloit les affaires relatives au corps entier de la république ou de la communauté.

Lorsque les germains envahirent les Gaules, les visigoths occupèrent la Gaule narbonnoise, & presque tout le midi; les bourguignons se fixèrent dans la partie orientale; les francs conquirent à-peu-près le reste, & ces peuples conservèrent dans leurs conquêtes les mœurs, les inclinations & les usages qu'ils avoient de leur pays, parce qu'une nation ne change pas en un moment de façon de penser & d'agir. Dans la Germanie, ils cultivoient peu les terres, & ils se livroient beaucoup à la vie pastorale. Roricou, qui écrivoit l'histoire chez les francs, étoit pasteur.

Le partage des terres ne fut pas le même chez les différens peuples qui envahirent l'Empire : les uns, comme les goths & les bourguignons, firent des conventions avec les anciens habitans sur les domaines du pays : les seconds, comme les francs dans les Gaules, prirent ce qu'ils voulurent, & ils ne firent de réglement qu'entr'eux; mais, dans ce partage même, les francs & les bourguignons agirent avec la même modération. Ils ne dépouillèrent pas entièrement les peuples conquis; ils prirent quelquefois les deux tiers des terres, & d'autrefois ils n'en prirent que la moitié, & seulement dans certains districts. Il paroît que le tout les auroit embarrassé.

Il paroît encore qu'un esprit tyrannique ne dirigea point les partages; qu'on les fit en se souvenant des besoins mutuels de deux peuples qui devoient habiter le même pays. La loi des bourguignons veut que chaque bourguignon soit reçu en qualité d'hôte chez un romain : le romain fut lésé le moins qu'il lui fut possible : le bourguignon, chasseur & pasteur, ne dédaignoit pas de prendre des friches; le romain gardoit les terres les plus propres à la culture; les troupeaux du bourguignon engraissoient le champ du romain.

Ces partages de terres font appellés par les écrivains du dernier tems, *fortes gothicæ*, & en Italie *fortes romanæ*. La portion du terrain que les francs fe réferverent dans les Gaules, fut appellée *terra falica*, terre falique ; le refte fut nommé *allodium*, en françois, de la particule négative *a*, & *heud* qui fignifie, en langue téutonique, les perfonnes attachées par des tenemens de fief, lefquelles feules avoient part à l'établiffement des loix.

Le romain ne fut pas plus efclave des francs que des autres conquérans de la Gaule ; & jamais les francs ne firent de réglement général, qui mît le romain dans une.efpèce. de fervitude. Quant aux tribus, fi les gaulois & les romains vaincus en payèrent aux francs, ce qui n'eft pas vraifemblable, ces tribus n'eurent pas lieu longtemps, & furent changés en un fervice militaire ; & le cens ne fe levoit que fur les ferfs, & jamais fur les hommes libres.

Comme les germains avoient des volontaires qui fuivoient les princes dans leurs entreprifes, le même ufage fe conferva après la conquête. Tacite les défigna par le nom de compagnons *comites* ; la loi Salique par celui d'hommes qui font fous la foi du roi, *qui funt in trufto regis* ; les formules de Marculfe, *liv.* I, forme 18, par celui d'*antuftrions du roi* du mot *trew*, qui fignifie *fidel* chez les allemands, & chez les anglois *true*, vrai ; nos premiers hiftoriens par celui de *leudes*, de *fideles*, & les fuivans par celui de vaffaux & feigneurs, *vaffali*, *feniores*.

Les biens réfervés pour les leudes furent appellés, dans les divers auteurs & dans les divers tems, *des biens fifcaux*, *des bénéfices*, termes que l'on a enfuite appropriés aux revenus eccléfiaftiques ; *des honneurs*, des *fiefs*, c'eft-à-dire, *dons* ou *poffeffions*, du mot teutonique *feld* ou *foeld*, qui a cette fignification ; dans la langue angloife, on les appelle *fees*.

On ne peut douter que les fiefs ne fuffent d'abord amovibles. Les hiftoriens, les formules, les codes des différens peuples barbares, tous les monumens qui nous reftent, s'accordent fur ce fait. Enfin ceux qui ont écrit le livre des fiefs, nous apprennent que d'abord les feigneurs purent les ôter à leur volonté ; que bientôt ils les affurèrent pour un an, & qu'enfuite ils les donnèrent pour la vie.

Deux fortes de gens étoient tenus au fervice militaire ; les leudes vaffaux, qui y étoient obligés en conféquence de leur fief ; & les hommes libres, francs, romains & gaulois, qui fervoient fous le comte, & étoient menés par lui & fes officiers.

On appelloit *hommes libres* ceux qui, d'un côté, n'avoient point de bénéfices ou fiefs, & qui de l'autre n'étoient point foumis à la fervitude de la glèbe ; ces terres qu'ils poffédoient, étoient ce qu'on appelloit des *terres allodiales*.

On regardoit comme un principe fondamental, que ceux qui étoient fous la puiffance militaire de quelqu'un, étoient fous fa jurifdiction civile. En vertu du droit de juftice, attaché aux bénéfices militaires, on faifoit auffi payer des droits de fifc, qui confiftoient en quelques fervices de voiture dus par les hommes libres, & en quelques redevances judiciaires très-modérées. Les feigneurs eurent le droit de rendre la juftice dans leurs fiefs, par le même principe qui donnoit aux comtes le droit de la rendre dans leur comté.

Les fiefs comprenoient une grande étendue de terrain ; comme les rois ne percevoient rien fur les terres qui étoient du partage des francs ; ils ne fe réfervèrent aucuns droits fur les fiefs ; ceux qui les obtinrent, eurent à cet égard la jouiffance la plus étendue : la juftice fut donc inhérente au fief même. On ne peut, il eft vrai, prouver par des monumens authentiques, que les juftices, dans les commencemens, aient été attachées aux fiefs ; mais comme, dans les formules des confirmations de ces fiefs, on trouve que la juftice y étoit établie, il y a lieu de croire que ce droit de juftice étoit de la nature du fief, & une de fes prérogatives.

On fait bien que, dans la fuite, la juftice a été féparée du fief, d'où s'eft formée la règle des jurifconfultes françois, *autre chofe eft le fief*, *autre chofe eft la juftice* : mais voici une des grandes caufes de cette féparation ; une infinité d'hommes de fiefs n'ayant point d'hommes fous eux, ne furent pas en état de tenir leurs cours : toutes les affaires furent donc portées à la cour de leur feigneur fuzerain, & les hommes de fiefs perdirent le droit de juftice, parce qu'ils n'eurent ni le pouvoir, ni la volonté de le réclamer.

On peut maintenant avoir une idée de la nature des gouvernemens établis en Europe par les nations du nord. On voit l'origine des principautés, duchés & comtés, qui fe formèrent en Europe à cette époque ; la propriété, le domaine, *directum dominium*, du pays réfidoient dans le corps politique ; les tenanciers en fief étoient feulement revêtus du domaine utile, *dominium utile* ; & par conféquent les grands tenoient leurs feigneuries du public, de la nation, & non du fouverain. C'eft ainfi que les princes d'Allemagne tiennent leurs principautés de l'Empire, & non de l'empereur ; & c'eft auffi pour cela que les lords anglois font nommés *pairs du royaume*.

Montefquieu & une foule d'autres écrivains ont parlé des loix féodales, & nous renvoyons le lecteur à ces différens ouvrages. *Voyez* auffi, dans le dictionnaire de Jurifprudence, l'article FIEF, où on analyfe le fyftême de Montefquieu & de M. de Mably fur les fiefs, & où l'on trouve d'ailleurs tout ce que l'on peut defirer fur cette matière.

FERME

FERME GÉNÉRALE. ⎫ *Voyez* le Dic-
FERMIERS GÉNÉRAUX. ⎭ tionnaire des Finances.

FEROE (isles de), qui appartiennent au Danemarck.

Les isles de *Feroe* font situées au-deſſus de l'E-
coſſe. Il y en a ſeize. On les nomme en latin
inſulæ gleſſariæ, à cauſe de la quantité d'ambre
qu'on y recueilloit autrefois. La cour de Dáné-
marck les fait régir par le gouverneur d'Iſlande;
mais elles ſont peu conſidérables & d'un mince
rapport.

FERRARE, ce qui regarde le duché de *Ferrare*, ſe trouve dans notre article ÉTAT DE L'É-
GLISE.

FEZ, royaume d'Afrique, ſur la côte de Barbarie.

Ce royaume a celui d'Alger à l'orient, celui
de Maroc au midi, & la mer à l'occident & au
nord : il fait partie de l'ancienne Mauritanie
Tingitane. Le pays eſt rempli de montagnes,
ſur-tout vers le couchant & le midi, où eſt le
Mont-Atlas. Il eſt diviſé en ſept provinces arro-
ſées de pluſieurs rivières. Le fleuve de Sébou le
traverſe. Il eſt d'ailleurs très-peuplé. Ce royaume eut autrefois ſes princes particuliers; mais il
eſt à préſent uni à celui de Maroc, dont le ſouverain fait ſa réſidence à Miquenez. Il ne faut
pas confondre le royaume de *Fez* avec la province
de *Fez*, qui n'en eſt qu'une partie, & dont la
fertilité eſt prodigieuſe.

Salé eſt le port de ce pays, où il ſe fait le
plus grand commerce; il s'en fait auſſi beaucoup
à Tetouan. Les marchandiſes propres pour ce
royaume ſont les mêmes que celles pour le Levant.

Nous donnerons de plus grands détails ſur le
commerce de ce pays à l'article MAROC. Nous
y parlerons de ſon gouvernement & de ſa religion. *Voyez* auſſi l'article BARBARESQUE.

FINANCES. *Voyez* le Dictionnaire de Finances.

FIONIE, iſle du royaume de Danemarck dans
la mer Baltique. *Voyez* le Dictionnaire de Géographie.

FLANDRE, province de France : on trouve
dans le Dictionnaire de Géographie l'époque de
ſa réunion à la couronne, & ce qui a rapport
à cette province.

FLANDRE (comté de), qui appartient à la
maiſon d'Autriche, aux États-généraux & à la
France. Les limites de ce comté ſont vers le
nord-oueſt, la mer ſeptentrionale, où l'on
voit les bancs de ſable qu'on appelle *Dunes*;
vers le nord un bras de l'Eſcaut, appelé *de
Hont*, qui ſépare la Flandre de la Zéélande;
vers le levant il touche au Brabant & au Hainaut; vers le ſud au Hainaut & à l'Artois, &
vers le ſud-oueſt également à l'Artois. La ligne
droite depuis les frontières de l'Artois, à comp-

ter de la mer juſqu'à Anvers, comprend vingt
& quelques milles; celle qui ſe prolonge à l'extrémité ſeptentrionale de Cadſan à Marchien-
ne, ſeize; & en la pouſſant juſqu'à l'extrémité
de la langue de terre, qui eſt dans le bailliage de Douai, elle en a à-peu-près vingt.

L'air y eſt tempéré; le ſol eſt en général fertile & très-propre à l'agriculture; & dans quelques parties, ſavoir, le long de la mer, & vers
les frontières de la France, la fertilité eſt très-
grande. Le terrain produit toutes ſortes de bleds
& de légumes; & dans quelques diſtricts, comme celui de Gand & de Bruges, on peut exporter du bled; cependant il en eſt d'autres où
les récoltes ne ſuffiſent pas à la conſommation
des habitans. Le lin eſt la principale richeſſe du
pays; & les pâturages ſont abondans en pluſieurs cantons.

On y a creuſé des canaux très-utiles, dont
deux ſont entre Gand & Bruges; l'un eſt appelé
le vieux canal, & l'autre *le nouveau*; le premier
eſt proprement la Lieve, qu'on a rendue navigable; le nouveau ſe joint au premier à l'oueſt
de Gand, près du village de Lovendeghem.

La *Flandre* eſt bien peuplée & bien cultivée.
On y compte 62 villes murées & ouvertes, 1164
villages, & plus de 250 ſeigneuries.

Les états provinciaux ſont compoſés des prélats, des nobles & des membres des quatre
diſtricts de Gand, de Bruges, d'Ypres & de la
Terre-franche (*Vrye-Terra franca*). L'évêque
de Bruges eſt chancelier héréditaire de *Flandre*.
Les flamands profeſſent la religion catholique
romaine. Le roi d'Eſpagne, Philippe II, fonda
les évêchés de Gand, de Bruges & d'Ypres.
Aloſt & ſon diſtrict dépendent de l'archevêché
de Malines; Courtray & ſes châtellenies de l'é-
vêque de Tournay, & Caſſel avec une partie
du diſtrict de Borborch, de l'évêque de Saint-
Omer.

Les manufactures de *Flandre* ne ſont plus dans
l'état floriſſant où elles étoient autrefois; cependant la ville de Lille fournit encore des étoffes
de ſoie & de laine de pluſieurs ſortes, & quantité de dentelles, &c. Gand, Menin & Courtray fourniſſent de la toile; Tournay des tapiſſe-
ries, rideaux, couvertures, &c. Bruges des étoffes fines de laine, de coton, de la toile & des
dentelles.

C'eſt à Baldouin ou Baudoin I, qui a régné
au neuvième ſiècle, qu'on commence ordinairement la chronologie des comtes de *Flandre*. Le
quatrième comte, Baudouin III, établit, vers
l'année 950, les tiſſeranderies, & favoriſa le
commerce par l'inſtitution des foires. Baudouin V
acquit le comté d'Aloſt, & Philippe I, au douzième ſiècle, l'unit à la *Flandre* comme fief de
l'Empire; mais le même comte ſépara, en 1179,
l'Artois de la *Flandre*. Marguerite III, fille &
héritière de Louis II, 24ᵉ comte, épouſa en

1369 Philippe le Hardi, duc de Bourgogne, & lui transmit ce comté. Il passa ensuite à la maison d'Autriche par le mariage de Marie, fille de Charles le Hardi, avec Maximilien d'Autriche. La partie septentrionale a été cédée aux états-généraux, par le traité de Munster & par le traité des Barrieres en 1715, & la France s'est mise en possession de la partie méridionale en l'année 1667.

Le conseil provincial de *Flandre* a son siège à Gand ; c'est le tribunal supérieur de la province : cependant on en peut appeler au conseil suprême de Malines. Il y a aussi la chambre légale ou légitime, laquelle juge en dernier ressort de toutes les affaires féodales.

Après la séparation de l'Artois, le comté de *Flandre* a formé trois divisions : la première & la plus grande fut appelée proprement le comté de *Flandre*, & reconnut la domination françoise : on la divise, suivant les langues qu'on y parle, en *Flandre* allemande & en *Flandre* françoise. La *Flandre* allemande confine vers le nord à la mer du nord, vers le levant à la *Flandre* autrichienne, vers le sud à la Leye, & vers le couchant à l'Artois & au nouveau canal. La *Flandre* françoise a pour limites, au nord la *Flandre* allemande, au levant l'Escaut, au sud le Cambresis, & au couchant la Leye & le comté d'Artois. Charles-Quint détacha cette partie de la domination françoise, par la convention faite avec François premier l'an 1526. La seconde division, qui est appelée la *seigneurie de Flandre*, ou la *Flandre autrichienne*, comprend le comté d'Aloft, le pays de Weras, ce qu'on appelle les *quatre bailliages*, & le pays au-delà de l'Escaut. La troisième partie est appelée la *Flandre* proprement dite, parce qu'elle a toujours eu ses comtes particuliers sans dépendance, ni de la France, ni de l'Empire d'Allemagne : elle comprend Teuremonde, Bernheim & Geersberg avec leurs districts. *Voyez* l'article PAYS-BAS & PROVIN-CES-UNIES.

FLATTEUR. *Voyez* ADULATION, ADULA-TEUR.

FLORENCE, ancienne république de Toscane : ce qui regarde la constitution & la puissance de la république de *Florence*, se trouvera dans le précis politique de l'histoire du gouvernement de la Toscane, article TOSCANE. *Voyez* TOSCANE.

FLORIDE, contrée d'Amérique, qui appartient à l'Espagne. Sous le nom de *Floride*, les espagnols comprenoient anciennement toutes les terres de l'Amérique, qui s'étendoient depuis le golfe du Mexique jusqu'aux régions les plus septentrionales. Mais depuis long-temps cette dénomination illimitée se trouve restreinte dans la péninsule que la mer a formée entre la Géorgie & la Louisiane.

Ce fut Luc Velasquez, dont la mémoire est à jamais livrée à l'exécration des peuples, qui débarqua le premier sur cette plage, avec le projet d'en tirer des esclaves, par la ruse ou par la violence. La nouveauté du spectacle attira les sauvages voisins. On les invita à monter sur les vaisseaux ; on les enivra ; on les mit aux fers ; on leva l'ancre, & l'on tira le canon sur tout ce qui restoit d'indiens au rivage. Plusieurs de ces malheureux, si cruellement arrachés à leur patrie, refusèrent la nourriture qui leur étoit offerte, & périrent d'inanition. D'autres moururent de chagrin. Ceux qui survécurent à leur désespoir, furent enterrés dans les mines du Mexique.

Ces gouffres insatiables appelloient de nouvelles victimes. Le perfide Velasquez alla les chercher encore dans la même contrée : on l'y reconnut. La moitié de ses compagnons fut massacrée à leur arrivée. Ceux qui fuyoient la fureur d'un ennemi justement implacable, devinrent la proie des tempêtes. Lui-même n'échappa aux flots en courroux que pour couler des jours détestés, dans l'opprobre, dans les remords & dans la misère.

On avoit oublié en Espagne cette partie du nouveau-Monde, lorsqu'un établissement qu'y formèrent les françois, en rappella le souvenir. La cour de Madrid jugea qu'il lui convenoit d'éloigner de ses riches possessions une nation si active, & elle ordonna la destruction de la colonie naissante. Ce commandement fut exécuté en 1565, & le vainqueur occupa la place que ses cruautés venoient de rendre absolument déserte. Il étoit menacé d'une mort lente & douloureuse, lorsque le sassafras vint à son secours.

Les premiers espagnols auroient succombé aux fièvres dangereuses, dont ils furent presque tous attaqués à leur arrivée dans la *Floride*, soit que ce fût un effet de la nourriture du pays, ou de la mauvaise qualité des eaux. Mais les sauvages leur apprirent qu'en buvant à jeun, & dans leurs repas, de l'eau où l'on auroit fait bouillir de la racine de sassafras, ils pouvoient être assurés d'une prompte guérison. L'expérience fut tentée, & réussit.

Les espagnols établirent de petits postes à Saint-Mathéo, à Saint-Marc & à Saint-Joseph : mais ce ne fut qu'à Saint-Augustin & à Pensacole qu'ils formèrent proprement des établissemens : l'un à leur arrivée dans le pays, & l'autre en 1696.

Le dernier fut attaqué & pris par les françois, durant les courtes divisions qui, en 1718, brouillèrent les deux branches de la maison de Bourbon. On ne tarda pas à le restituer.

En 1740, les anglois assiégèrent vainement le premier. Les montagnards écossois, chargés de couvrir la retraite, furent battus & massacrés. Un de leurs sergens fut seul épargné par les sauvages indiens, qui, combattant avec les espagnols, le réservèrent pour les supplices qu'ils destinent à leurs prisonniers; & l'on sait avec quelle adresse il échappa à ces effroyables tortures.

Le traité de paix de 1763 fit passer au pouvoir des anglois la *Floride*, qui, vingt-trois ans auparavant, avoit résisté à la force de leurs armes. Il n'y avoit alors que six cens habitans. C'est par la vente de leurs cuirs; c'est avec les denrées qu'ils fournissoient à leur garnison, qu'ils devoient pourvoir à leur vêtement, & à un petit nombre d'autres besoins, excessivement bornés. Ces misérables passèrent tous à Cuba, quoique convaincus qu'ils y seroient réduits au pain de l'aumône, si un monarque touché de tant d'attachement ne fournissoit à leur subsistance.

La Grande-Bretagne se félicita d'avoir acquis la propriété d'une province immense, dont les limites étoient encore reculées jusqu'au Mississipi, par la cession d'une partie de la Louisiane. Depuis long-tems, cette puissance brûloit de s'établir sur un territoire qui devoit lui ouvrir une communication facile avec les plus riches colonies de l'Espagne. L'espoir d'un grand commerce interlope ne la quitta pas; mais elle sentit que cette utilité précaire & momentanée, ne suffisoit pas pour rendre ses conquêtes florissantes. C'est vers la culture que ses soins & ses espérances se tournèrent principalement.

La nouvelle acquisition fut partagée en deux gouvernemens. On pensa que c'étoit un moyen puissant, pour pousser avec plus d'ardeur, pour mieux diriger les défrichemens. Le ministère put être aussi décidé à cette division, par l'espoir de trouver, dans tous les temps, plus de soumission dans deux provinces que dans une seule.

S. Augustin devint le chef-lieu de la *Floride* orientale, & Pensacole de la *Floride* occidentale. Ces capitales, qui étoient en même-temps d'assez bons ports, ne réunissoient pas sans doute toutes les commodités dont elles étoient susceptibles: mais c'étoit toujours un grand bonheur d'avoir trouvé ce qu'elles en possédoient. Les autres colonies ne jouirent pas, à leur origine, de cet avantage.

Ces contrées eurent pour premiers colons des officiers réformés & des soldats congédiés. Tous ceux d'entre-eux qui avoient servi en Amérique, & qui y étoient établis, obtinrent gratuitement un terrein proportionné à leur grade. Cette faveur ne s'étendit pas à tous les gens de guerre, qui avoient combattu dans le nouveau monde. On auroit craint que les militaires des trois royaumes, qui étoient dans la même situation, n'eussent été tentés de quitter la mère-patrie, déjà trop épuisée par les dernières hostilités.

La nouvelle colonie reçut aussi des cultivateurs, des établissemens voisins. Elle en reçut de la métropole, & de divers états protestans. Il

en arriva même qui furent un sujet d'étonnement pour les deux hémisphères.

Les grecs gémissent sous la tyrannie ottomane. Ils doivent être disposés à secouer ce joug détesté. Ainsi le pensoit le docteur Turnbull, lorsqu'en 1767, il alla offrir à ceux du Péloponèse, un asyle dans l'Amérique angloise. Beaucoup se rendirent à ses sollicitations, & il persuada encore à des habitans de ces deux isles de le suivre.

Les émigrans, au nombre de mille, arrivèrent avec leur sage guide à la *Floride* orientale, où il leur fut accordé soixante mille acres de terre. C'eût été une très-vaste possession, quand même le climat n'en eût dévoré aucun. Malheureusement, ils avoient été si opiniâtrement contrariés par les vents, qu'ils ne purent débarquer, que durant l'été, saison dangereuse qui en fit périr le quart. Ce furent principalement les vieillards qui succombèrent. Ils étoient nombreux, parce que le judicieux Turnbull n'avoit voulu amener avec lui que des familles toutes entières.

Ce qui échappa de ce premier désastre, a joui depuis d'une santé qui n'a été altérée que par quelques fièvres. La constitution des hommes s'est fortifiée. Les femmes qui, à raison du climat, n'accouchoient d'abord que rarement, sont actuellement très-fécondes. On présume que les enfans auront une taille plus élevée, qu'ils ne l'auroient eue dans le lieu de leur origine.

La petite peuplade a reçu de son fondateur, des institutions qu'elle-même a approuvées, & qui s'observent. Ce n'est encore qu'une famille, où l'esprit de concorde doit durer long-temps. Au premier janvier 1776, elle avoit déjà défriché deux mille trois cens acres d'un sol assez fertile. Elle avoit assez d'animaux pour sa nourriture & pour ses travaux. Ses récoltes suffisoient à la consommation, & elle vendoit pour 67,500 livres d'indigo. L'industrie & l'activité qui la distinguent, font beaucoup espérer du temps & de l'expérience.

Les *Florides* qui, en 1769, n'exportèrent que pour 673,209 livres 18 sols 9 deniers de denrées, ont un avantage marqué sur le reste de ce grand continent. Situées, en grande partie, entre deux mers, elles n'ont rien à craindre de ces vents glacés, de ces variations imprévues, dans la température de l'air, qui, en toute saison, causent à leur voisinage des dégâts si fréquens & si funestes. Aussi est-il permis d'espérer que la vigne, que l'olivier, que le coton, que d'autres plantes délicates y prospéreront plutôt, & mieux que dans les provinces limitrophes. En 1775, la société formée à Londres, pour l'encouragement des arts, des manufactures & du commerce, donna à M. Stachey une médaille d'or, pour avoir récolté d'aussi bel indigo que celui de Guatimala. Si, dans un premier mou-

vement d'enthoufiafme, on ne s'eft que médiocrement exagéré les qualités de cette production,
elle deviendra une fource de richeffes pour la
colonie.

Cependant le terrein beaucoup trop fablon-
neux de la *Floride* orientale, en écartoit opiniâtrement tout ce qui étoit avide de fortune.
Il n'y avoit guère qu'un évènement extraordinaire qui pût la peupler. Les troubles qui ont
agité l'Amérique feptentrionale, ont pouffé fur
ce fol, communément ingrat, quelques citoyens
paifibles, qui avoient un éloignement décidé
pour les diffenfions, & un plus grand nombre
d'hommes, qui, par ambition, par habitude, ou
par préjugés, étoient dévoués aux intérêts de
la métropole.

Les mêmes motifs ont donné des colons à
l'autre *Floride*, beaucoup plus féconde, principalement fur les bords riants du Miffiffipi.
Cette province a eu l'avantage de fournir à la
Jamaïque, & à plufieurs ifles Britanniques des
Indes occidentales, des bois & des objets variés, qu'antérieurement elles recevoient des diverfes contrées de la Nouvelle-Angleterre. Ce
mouvement auroit été plus rapide, fi les côtes
de Penfacola euffent été plus acceffibles, & fi
fon port eût été moins infecté de vers.

L'Angleterre ayant cédé les deux *Florides* à
l'Efpagne, par le Traité de paix de 1782, on
ignore ce qui réfultera de ce changement de
domination, pour l'accroiffement de la nouvelle colonie.

Combien feroient accélérés les progrès des
deux provinces, fi leurs nouveaux maîtres, s'é-
cartant des maximes trop conftamment fuivies,
daignoient s'unir, par les nœuds du mariage,
à des familles indiennes! On demandera pourquoi ce moyen de civilifer les nations barbares,
qui a été fi heureufement employé par les politiques les plus éclairés, ne feroit pas adopté
aujourd'hui ? Et il eft peut-être à defirer que
l'Efpagne, renonçant à fes anciennes maximes,
fente la jufteffe de cette queftion.

Le voyageur Américain offre l'état fuivant
des marchandifes exportées de la Grande-Bretagne, pour Penfacola, capitale de la *Floride*
occidentale; & ces détails étant très-propres à
donner une idée de cette partie de la *Floride*,
nous les inférons ici.

Fer, acier, plomb, cuivre, étain,
fer blanc, & bronze travaillés, ouvrages
de Birmingham & de Scheffield, chanvre,
cordage, étoffe de foie, flanelle, baie de Col-
chefter, ouvrages de Manchefter, mercerie,
quincaillerie, gants, chapeaux, toiles d'Angleterre & autres, galons d'or & d'argent,
marchandifes des Indes, marquetterie, ta-
pifferies, agrès & provifions de navires, couleurs, peintures, eftampes, livres, modes, poterie, pierres à aiguifer, bijouterie, pipes, fro-

mages, bière forte, vins, faumure, tabac, articles, qui, au prix moyen de trois années, ont
coûté 97,000 liv. fterlings.

Des cuirs, du bois de campê- ⎫
che, & autres bois de teinture. ⎬ 60,000 l. fterl.
Et de l'argent en piaftres, mon- ⎪
tant annuellement à ⎭

Ainfi, à l'époque de 1766 ou de 1768, les importations de la *Floride* occidentale, excédoient
les exportations de 37 mille livres fterling : cette
difproportion a dû s'affoiblir depuis; mais il y a
lieu de croire que les exportations & les importations n'ont pu fe mettre au pair, & que la
balance du commerce fera encore plufieurs années au défavantage des colons; ainfi qu'il arrive
toujours dans les établiffemens qui commencent à
fe former.

FOIRE. Ce mot qui vient de *forum*, place publique, a été dans fon origine fynonime de celui de
marché, & l'eft encore à certains égards : l'un &
l'autre fignifient un concours de *marchands, &
d'acheteurs*, dans des lieux & dans des temps
marqués; mais le mot de *foire* paroît préfenter
l'idée d'un concours plus nombreux, plus folemnel, & par conféquent plus rare. Cette réflexion qui frappe au premier coup-d'œil, paroît
être celle qui détermine ordinairement dans l'u-
fage l'application de ces deux mots; mais elle
provient elle-même d'une autre différence plus
cachée, & pour ainfi dire plus radicale, entre
ces deux chofes. Nous allons la développer.

Il eft évident que les marchands & les acheteurs
ne peuvent fe raffembler dans certains temps,
& dans certains lieux, fans un attrait, un intérêt
qui compenfe, ou même qui furpaffe les frais
du voyage, & du tranfport des denrées; fans
cet attrait chacun refteroit chez foi : plus il
fera confidérable, plus les denrées fupporteront
de longs tranfports, plus le concours des marchands & des acheteurs fera nombreux & folemnel, plus le diftrict, dont ce concours eft le
centre pourra être étendu. Le cours naturel du
commerce fuffit pour former ce concours, &
pour l'augmenter jufqu'à un certain point. La concurrence des vendeurs limite le prix des denrées,
& le prix des denrées limite à fon tour le nombre des vendeurs en effet; tout commerce devant nourrir celui qui l'entreprend, il faut bien
que le nombre des ventes dédommage le marchand de la modicité des profits qu'il fait fur chacune, & que par conféquent le nombre des marchands fe proportionne au nombre actuel des
confommateurs, en forte que chaque marchand
corréfponde au nombre de ceux-ci. Cela pofé,
je fuppofe que le prix d'une denrée foit tel que,
pour foutenir le commerce, il foit néceffaire d'en
vendre pour trois cens familles, il eft évident
que trois villages, dans chacun defquels il n'y
aura que cent familles, ne pourront foutenir
qu'un marchand de cette denrée; ce marchand

fe trouvera probablement dans celui des trois villages, où le plus grand nombre des acheteurs, pourra fe raffembler plus commodément, ou à moins de frais, parce que cette diminution de frais fera préférer le marchand établi dans ce village, à ceux qui feroient tentés de s'établir dans l'un des deux autres; mais plufieurs efpèces de denrées feront vraifemblablement dans le même cas; & les marchands de chacune de ces denrées, fe réuniront dans le même lieu, par la même raifon de la diminution des frais, & parce qu'un homme qui a befoin de deux efpèces de denrées, aime mieux ne faire qu'un voyage pour fe les procurer, que d'en faire deux : c'eft réellement comme s'il payoit chaque marchandife moins cher. Le lieu devenu plus confidérable par cette réunion, même des différens commerces, le devient de plus en plus; parce que tous les artifans que le genre de leur travail ne retient pas à la campagne, tous les hommes à qui leur richeffe permet d'être oififs, s'y raffemblent pour y chercher les commodités de la vie. La concurrence des acheteurs, attire les marchands par l'efpérance de vendre; il s'en établit plufieurs pour la même denrée. La concurrence des marchands attire les acheteurs, par l'efpérance du bon marché; & toutes deux continuent à s'augmenter mutuellement, jufqu'à ce que le défavantage de la diftance compenfe pour les acheteurs éloignés le bon marché de la denrée, produit par la concurrence, & même ce que l'ufage & la force de l'habitude ajoutent à l'attrait du bon marché. Ainfi fe forment naturellement les différens centres de commerce ou marchés, auxquels répondent autant de cantons & d'arrondiffemens plus ou moins étendus, fuivant la nature des denrées, la facilité plus ou moins grande des communications, & l'état de la population plus ou moins nombreufe. Telle eft, pour le dire en paffant, la plus commune origine des bourgades & des villes.

La même raifon de commodité qui détermine le concours des marchands & des acheteurs à certains lieux, le détermine auffi à certains jours, lorfque les denrées font trop viles pour foutenir de longs tranfports, & que le canton n'eft pas affez peuplé pour fournir à un concours fuffifant & journalier. Ces jours fe fixent par une

efpèce de convention tacite, & la moindre circonftance fuffit pour cela. Le nombre des journées de chemin entre les lieux les plus confidérables des environs, combinés avec certaines époques qui déterminent le départ des voyageurs, telles que le voifinage de certaines fêtes, certaines échéances d'ufage dans les paiemens, toutes fortes de folemnités périodiques, enfin tout ce qui raffemble à certains jours un certain nombre d'hommes, devient le principe de l'établiffement d'un marché à ces mêmes jours, parce que les marchands ont toujours intérêt de chercher les acheteurs, & réciproquement.

Mais il ne faut qu'une diftance affez médiocre, pour que cet intérêt & le bon marché, produit par la concurrence, foient contrebalancés par les frais de voyage & de tranfport des denrées. Ce n'eft donc point au cours naturel d'un commerce animé par la liberté, qu'il faut attribuer ces grandes foires, où les productions d'une partie de l'Europe fe raffemblent à grands frais, & qui femblent être le rendez-vous des nations. L'intérêt qui doit compenfer ces frais exhorbitans, ne vient point de la nature; mais il réfulte des privilèges & des franchifes accordées au commerce en certains lieux & en certains temps, tandis qu'il eft accablé par-tout ailleurs de taxes & de droits. Il n'eft pas étonnant que l'état de gêne & de vexation habituelle, dans lequel le commerce s'eft trouvé long-tems dans toute l'Europe, en ait déterminé le cours avec violence dans les lieux où on lui offroit un peu plus de liberté. C'eft ainfi que les princes, en accordant des exemptions de droits, ont établi tant de foires dans les différentes parties de l'Europe; & il eft évident que ces foires doivent être d'autant plus confidérables, que le commerce, dans les temps ordinaires, eft plus furchargé de droits.

Une foire & un marché font l'un & l'autre un concours de marchands & d'acheteurs dans des lieux & des temps marqués; mais, dans les marchés, c'eft l'intérêt réciproque que les vendeurs & les acheteurs ont de fe chercher; dans les foires, c'eft le defir de jouir de certains privilèges, qui forme ce concours (1) : d'où il fuit qu'il doit être bien plus nombreux & plus fo-

---

(1) Ceci eft trop général, & la diftinction des marchés & des foires, telle qu'on la voit ici, n'eft pas abfolument jufte. Il y a encore bien des pays en France, où les foires font à-peu-près telles que l'intérêt naturel des vendeurs & des acheteurs a dû les établir d'abord; qui, inftituées fans lettres de prince, & perpétuées par le feul befoin de fe rapprocher & pour les relations de commerce, ne font point affujetties à des droits d'entrée. Ces foires fe tiennent dans des endroits convenus, fur des peloufes & fouvent dans des bois, ou dans des bourgs ou villages ouverts, où il feroit bien difficile, pour ne pas dire impoffible, de pofer des barrières pour la perception de ces droits. Le tenter, ce feroit détruire ces affemblées de convention; établir ces foires, ce feroit ruiner le commerce des campagnes. Heureufement on ne s'en eft pas avifé, rebuté fans doute par la difficulté de l'exécution. Ces foires font pour la plupart des foires de beftiaux. Ce qui fait, je penfe, la différence des marchés aux foires, c'eft que les premiers fe tiennent toujours dans des lieux bien habités, villes ou bourgs, & qu'ils font proprement le rendez-vous marqué pour le commerce des denrées néceffaires à la confommation du canton : au lieu que les foires, & fur-tout

folemnel dans les *foires*. Quoique le cours naturel du commerce fuffife pour établir des marchés, il eſt arrivé par la fuite de ce malheureux principe qui, dans preſque tous les gouvernemens, a ſi long-tems infecté l'adminiſtration du commerce; je veux dire, la manie de tout conduire, de tout régler, & de ne jamais s'en rapporter aux hommes ſur leur propre intérêt; il eſt arrivé, dis je, que pour établir des marchés on a fait intervenir la police; qu'on en a borné le nombre, ſous prétexte d'empêcher qu'ils ne ſe nuiſent les uns aux autres; qu'on a défendu de vendre certaines marchandiſes ailleurs que dans certains lieux défignés, ſoit pour la commodité des commis chargés de recevoir les droits dont elles ſont chargées, ſoit parce qu'on a voulu les aſſujettir à des formalités de viſite & de marque, & qu'on ne peut pas mettre par-tout des bureaux. On ne peut trop faiſir toutes les occaſions de combattre ce ſyſtême fatal à l'induſtrie; il s'en trouvera plus d'une dans l'*Encyclopédie*.

Les *foires* les plus célèbres ſont en France, celles de Lyon, de Bordeaux, de Guibray, de Beaucaire, &c. En Allemagne, celles de Léipſic, de Francfort, &c. Mon objet n'eſt point d'en faire ici l'énumération, ni d'expoſer en détail les privilèges accordés par différens ſouverains, ſoit aux *foires* en général, ſoit à quelques *foires* en particulier. Je me borne à quelques réflexions contre l'illuſion aſſez commune, qui fait citer à quelques perſonnes la grandeur & l'étendue du commerce de certaines *foires*, comme une preuve de la grandeur du commerce d'un état.

Sans doute une *foire* doit enrichir le lieu où elle ſe tient, & faire la grandeur d'une ville particulière : & lorſque toute l'Europe gémiſſoit dans les entraves multipliées du gouvernement féodal; lorſque chaque village, pour ainſi dire, formoit une ſouveraineté indépendante; lorſque les ſeigneurs, renfermés dans leur château, ne voyoient dans le commerce qu'une occaſion d'augmenter leurs revenus, en ſoumettant à des contributions & à des péages exorbitans, tous ceux que la néceſſité forçoit à paſſer ſur leurs terres; il n'eſt pas douteux que ceux qui les premiers furent aſſez éclairés, pour ſentir qu'en ſe relâchant un peu de la rigueur de leurs droits, ils feroient plus que dédommagés par l'augmentation du commerce & des conſommations, virent bientôt les lieux de leur réſidence enrichis, aggrandis & embellis. Il n'eſt pas douteux que lorſque les rois & les empereurs eurent aſſez augmenté leur autorité, pour ſouſtraire aux taxes levées par leurs vaſſaux, les marchandiſes deſtinées pour les *foires* de certaines villes qu'ils

vouloient favoriſer, ces villes devinrent néceſſairement le centre d'un très-grand commerce, & virent accroître leur puiſſance avec leurs richeſſes : mais depuis que toutes ces petites ſouverainetés ſe ſont réunies pour ne former qu'un grand état, ſous un ſeul prince, ſi la négligence, la force de l'habitude, la difficulté de réformer les abus, lors même qu'on le veut, & la difficulté de le vouloir ont engagé à laiſſer ſubſiſter & les mêmes gênes & les mêmes droits locaux, & les mêmes privilèges qui avoient été établis, lorſque chaque province & chaque ville obéiſſoient à différens ſouverains, n'eſt-il pas ſingulier que cet effet du hazard ait été non-ſeulement loué, mais imité comme l'ouvrage d'une ſaine politique ? n'eſt-il pas ſingulier qu'avec de très bonnes intentions, & dans la vue de rendre le commerce floriſſant, on ait encore établi de nouvelles *foires*, qu'on ait augmenté encore les privilèges & les exemptions de certaines villes, qu'on ait même empêché certaines branches de commerce de s'établir dans des provinces pauvres, dans la crainte de nuire à quelques autres villes, enrichies depuis long-temps par ces mêmes branches de commerce ? Eh qu'importe que ce ſoit Pierre ou Jacques, le Maine ou la Bretagne qui fabriquent telle ou telle marchandiſe, pourvu que l'état s'enrichiſſe & que des françois vivent ! Qu'importe qu'une étoffe ſoit vendue à Beaucaire ou dans le lieu de ſa fabrication, pourvu que l'ouvrier reçoive le prix de ſon travail ! Une maſſe énorme de commerce, raſſemblée dans un lieu & amoncelée ſous un ſeul coup-d'œil, frappera d'une manière plus ſenſible les yeux des politiques ſuperficiels. Les eaux raſſemblées artificiellement dans des baſſins & des canaux, amuſent les voyageurs par l'étalage d'un luxe frivole : mais les eaux que les pluies répandent uniformément ſur la ſurface des campagnes, que la ſeule pente des terrains dirige & diſtribue dans tous les vallons pour y former des fontaines, portent par-tout la richeſſe & la fécondité. Qu'importe qu'il ſe faſſe un grand commerce dans une certaine ville & dans un certain moment, ſi ce commerce momentané n'eſt grand que par les cauſes mêmes qui gênent le commerce, & qui tendent à le diminuer dans tout autre temps & dans toute l'étendue de l'état ! « Faut-il, dit le magiſtrat citoyen, auquel » nous devons la traduction de *Child*; faut-il » jeûner toute l'année pour faire bonne chère à » certains jours ? En Hollande il n'y a point de » *foire*; mais toute l'étendue de l'état & toute » l'année ne forment, pour ainſi dire, qu'une » *foire* continuelle, parce que le commerce y eſt » toujours & par-tout également floriſſant ».

---

celles des beſtiaux, ſe tiennent ſouvent hors des habitations; qu'on n'y vend que peu ou point de denrées, & que les relations de commerce y ſont plus étendues.

On dit : « l'état ne peut se passer de revenus ; il est indispensable pour survenir à ses besoins, de charger les marchandises de différentes taxes : cependant il n'est pas moins nécessaire de faciliter le débit de nos productions, sur-tout chez l'étranger ; ce qui ne peut se faire sans en baisser le prix, autant qu'il est possible. Or on concilie ces deux objets, en indiquant des lieux & des temps de franchise, où le bas prix des marchandises invite l'étranger, & produit une consommation extraordinaire, tandis que la consommation habituelle & nécessaire fournit suffisamment aux revenus publics. L'envie même de profiter de ces momens de grace, donne aux vendeurs & aux acheteurs un empressement que la solemnité de ces grandes foires augmente encore par un esprit de séduction, d'où résulte une augmentation dans la masse totale du commerce ». Tels sont les prétextes qu'on allègue pour soutenir l'utilité des grandes foires ; mais il n'est pas difficile de se convaincre qu'on peut, par des arrangemens généraux, & en favorisant également tous les membres de l'état, concilier avec plus d'avantage les deux objets que le gouvernement peut se proposer. En effet, puisque le prince consent à perdre une partie de ses droits, & à les sacrifier aux intérêts du commerce, rien n'empêche qu'en rendant tous les droits uniformes, il ne diminue sur la totalité la même somme qu'il consent à perdre. L'objet de décharger des droits la vente à l'étranger, en les laissant subsister sur les consommations intérieures, sera même bien plus aisé à remplir, en exemptant de droits toutes les marchandises qui sortent : car enfin on ne peut nier que nos foires ne fournissent à une grande partie de notre consommation intérieure. Dans cet arrangement, la consommation extraordinaire qui se fait dans le temps des foires, diminueroit beaucoup ; mais il est évident que la modération des droits, dans les temps ordinaires, rendroit la consommation générale bien plus abondante, avec cette différence que, dans le cas du droit uniforme, mais modéré, le commerce gagne tout ce que le prince veut lui sacrifier : au lieu que, dans le cas du droit général plus fort avec des exemptions locales & momentanées, le roi peut sacrifier beaucoup, & le commerce ne gagner presque rien ; ou, ce qui est la même chose, les denrées baisser de prix beaucoup moins que les droits ne diminuent ; & cela parce qu'il faut soustraire de l'avantage que donne cette diminution, les frais du transport des denrées nécessaires pour en profiter, le changement de séjour, les loyers des places de foire, enchéris encore par le monopole des propriétaires ; enfin le risque de ne pas vendre dans un espace de temps assez court, & d'avoir fait un long voyage en pure perte : or il faut toujours que la marchandise paye tous ces frais & ces ris-

ques. Il s'en faut donc beaucoup que le sacrifice des droits du prince soit aussi utile au commerce par les exemptions momentanées & locales, qu'il le seroit par une moderation légère sur la totalité des droits ; il s'en faut beaucoup que la consommation extraordinaire augmente autant par l'exemption particulière, que la consommation journalière diminue par la surcharge habituelle. Ajoutons qu'il n'y a point d'exemption particulière qui ne donne lieu à des fraudes pour en profiter, à des gênes nouvelles, à des multiplications de commis & d'inspecteurs pour empêcher ces fraudes, à des peines pour les punir ; nouvelle perte d'argent & d'hommes pour l'état.

Concluons que les grandes foires ne sont jamais aussi utiles que la gêne qu'elles supposent est nuisible ; & que, bien loin d'être la preuve de l'état florissant du commerce, elles ne peuvent exister au contraire que dans des états où le commerce est gêné, surchargé de droits, & par conséquent médiocre.

Cet article tiré de l'ancienne *Encyclopédie*, & qui n'est point souscrit du nom de son auteur, ni désigné par aucune lettre qui serve à l'indiquer, est d'un magistrat aussi célebre que respectable par ses connoissances, par ses mœurs, par sa probité, (M. Turgot) qui porta dans le ministère ces grands principes qui sont le fondement d'une administration sage & heureuse.

Nous ne nous permettrons que deux remarques sur cet article : 1°. l'auteur a confondu les *foires* qui ont des exemptions & des privilèges, & celles qui n'en ont pas ; d'où il résulte que sa théorie est trop générale : 2°. en admettant ces principes, on ne devroit peut-être pas presser d'abolir les grandes *foires* qui attirent des étrangers dans un état, parce qu'il en résulte plus de commerce & plus de bénéfice pour la nation chez laquelle se tient la *foire* ; il est clair, en effet, que les étrangers n'y viendroient pas sans ces exemptions de droit, & que Léipsick & Beaucaire, par exemple, y perdroient beaucoup si la Saxe & la France vouloient abolir les privilèges de ces deux grandes *foires* : nous observerons d'ailleurs que si ces deux grandes *foires* ne sont pas avantageuses par le commerce national qu'elles semblent produire ; si ce commerce national arrivoit dans un nouvel ordre de choses, au même point de prospérité, il n'en seroit pas de même du commerce étranger, & que le desir de conserver la partie du commerce étranger qui s'y fait, seroit peut-être encore un motif suffisant de ne pas les abolir. Nous ajouterons enfin, que sur ce point, comme sur la plupart des autres recommandés par les économistes, le peuple qui voudroit lui seul supprimer les gênes mises au commerce, ou les privilèges qu'on lui a accordé, en seroit la victime jusqu'au moment où les autres puissances l'imiteroient; qu'on parle en vain du progrès des lumières & des bons principes; qu'il faut avoir une foi bien robuste, pour imaginer qu'un jour on verra cet heureux accord des gouvernemens sur la liberté absolue du commerce, & qu'une si belle théorie péchera toujours par l'impossibilité de ses suppositions.

FORCE, MAISON DE FORCE. *Voyez* l'article DÉPÔT DE MENDICITÉ.

FORCES D'UN ÉTAT : nous entendons ici par *forces d'un état* le degré d'énergie & de vigueur, & les moyens de puissance qu'il peut développer. Nous parlerons des *forces morales*, des *forces physiques* & des *forces particulières* qui résultent de la capacité des hommes employés dans le ministère public.

Des forces morales d'un état. La puissance est nécessaire à la félicité, ainsi qu'à la grandeur des corps politiques; & celle de chaque état doit être considérée non-seulement en soi, mais relativement à celle des états voisins; car la grandeur d'un prince diminue celle de ses voisins; sa *force* fait leur foiblesse : la puissance réelle ou relative ne peut être appuyée que sur l'un de ces trois fondemens, l'amour, la crainte, la réputation.

L'amour qu'on a pour le souverain, porte les peuples à l'obéissance; (nous l'avons dit en parlant de l'*amour de la patrie* & de l'*amour du bien public*, &c.) C'est une forte barrière contre l'ennemi; & pour être aimé, il faut régner avec justice & avec indulgence.

La majesté destituée de *forces* n'est pas respectée. « Si l'on bannit du monde la crainte, » dit l'orateur romain, on ôtera en même-tems » tout attachement à observer les devoirs de la » vie. Ceux qui craignent les loix, les magis-» trats, la pauvreté, l'ignominie, la mort & la » douleur, sont par-là très-portés à s'acquitter » de ces devoirs ».

Un prince ne peut néanmoins regarder son gouvernement comme stable, si sa puissance n'est fondée que sur la crainte; car toutes les fois que la crainte n'agira point, ou qu'on pourra la surmonter, si l'on n'aime le prince, si l'on n'estime sa vertu, on cherchera à ébranler une puissance qui, au lieu d'inspirer par les loix une crainte raisonnable, excite l'aversion publique.

Il faut donc que l'amour & la crainte concourent à établir la puissance; &, quoique ces deux sentimens paroissent incompatibles, il n'est pas plus difficile à un prince d'en remplir l'ame de ses sujets, qu'à un père de les inspirer à ses enfans, à un maître de les faire agir sur ses disciples.

La base la plus ferme de la puissance est la réputation de celui qui gouverne avec justice, au gré de ses sujets & à celui des étrangers. Tibère disoit que les particuliers devoient songer à leurs intérêts, & les princes à leur renommée : si nous citons le mot d'un tyran, c'est parce qu'il est profond, du moins en ce qui regarde les princes. La réputation leur est en effet d'autant plus nécessaire, que celui dont on a bonne opinion, fait plus avec son nom, que d'autres avec des armées.

Dans tous les siècles & dans tous les états, les princes de grande réputation ont été plus heureux que ceux qui les ont surpassés en *forces*, en richesses, & en toute autre espèce de puissance.

Si les souverains qui donnent atteinte à leur honneur, pour se procurer un avantage momentané, croient gagner quelque chose, ils se trompent. Ils doivent plutôt hasarder leur fortune, que de nuire à leur réputation. L'état qui néglige la sienne, quelque prospérité passagère qu'il se procure, se creuse un précipice & court à sa décadence; semblable à ces terrains qui paroissent fermes & immobiles, mais dont un travail secret mine peu à peu les fondemens. Tout est uni, rien ne paroît affoibli, rien ne s'ébranle; mais peu à peu les soutiens se détruisent, & alors le terrain s'abaisse & ouvre un abîme. Les difficultés s'applanissent devant un prince d'une grande renommée; mais le premier affoiblissement qu'éprouve la réputation d'un souverain, quelque léger que soit cet affoiblissement, a des suites très-fâcheuses.

Sans doute, on n'est point sévere sur la morale des princes; on est indulgent par-tout sur leurs fautes, & la politique & l'usage tolerent de grandes vexations & de grands abus : nous ne parlons donc ici que des attentats contre la foi publique & la liberté civile, ou de ces excès d'immoralité politique, qui soulèvent les hommes les plus indulgens, & qui remplissent d'indignation les peuples étrangers. Il n'est pas aisé de dire en quoi consistent précisément de pareils attentats : les circonstances les rendent plus ou moins graves; & tel prince a perdu sa gloire, & s'est ôté la *force* d'une bonne réputation, tandis que d'autres plus coupables, mais plus adroits, n'ont rien perdu de leur réputation, ni de leur consistance.

Voyez ce qui se passa lorsque les Pays-Bas se révoltèrent contre Philippe II, & que ce prince perdit sept de ses provinces; la conjoncture de la nouvelle religion, l'esprit indocile des peuples, la fermeté outrée du duc d'Albe furent, si l'on veut, la cause de la révolte, & le roi d'Espagne n'y eut point de part. Il paroît qu'on eût pu dissiper la révolte par la *force* des armes; mais il falloit pour cela payer les troupes, & le roi n'avoit point d'argent; il falloit emprunter, & l'on ne trouva point de prêteurs. Pourquoi ? parce que Philippe II avoit manqué de payer ses créanciers; son crédit étoit perdu. La chose parut alors peu importante; mais le défaut de
crédit

crédit caufa dans la fuite la perte des armées & des provinces. d'Efpagne. Cet Empire, avec tout l'orgueil de fa puiffance, étoit réellement foible, & ces miférables révoltés, dont on parloit avec tant de mépris, avoient des *forces*; l'Efpagne devoit fuccomber, & elle fuccomba en effet.

Dans le commerce, il vaut mieux n'avoir que cent mille livres de capitaux, & être eftimé riche d'un million, que d'avoir un million & manquer de crédit. Ce que le crédit eft au négociant, la réputation l'eft au fouverain. Les bourfes des fujets font un tréfor limité qui n'offre bientôt plus de reffources: nous l'avons vu en France, dans le cours de la guerre qui termina le traité d'Utrecht: une réflexion très-fimple montrera toute l'utilité des *forces* morales d'un état: le fouverain même, dans les démocraties, manqueroit de puiffance pour dominer les individus, fi fon autorité n'avoit pour bafe l'opinion; c'eft l'opinion; c'eft cette confiance ordinairement aveugle, fouvent mal éclairée & toujours vague & indéfinie, qui contient avec fi peu de chofe les moyens fi puiffans des individus; elle produit des effets bien plus extraordinaires dans l'ariftocratie & la monarchie; là quelques nobles & un feul prince tiennent fous le joug des millions de citoyens: ils font dénués de *forces* phyfiques; & fi l'opinion qui fait la *force* morale, vient à changer, ils fe trouvent dans le dénuement & l'abandon, où les a mis la nature.

Des forces phyfiques de l'état, & des rapports ou intérêts politiques qui en réfultent.

Il y a des *forces* purement défenfives & des *forces* actives; il faut s'occuper des unes & des autres avec une égale attention, parce qu'on n'attaque pas toujours, & que le moindre événement malheureux peut, comme nous l'apprend le commentaire du chevalier Follard fur Polybe, convertir la guerre offenfive en guerre défenfive.

Les revenus ordinaires font en rapport de l'étendue, de l'abondance naturelle, & de l'aifance de chaque état; & c'eft cette même aifance plus ou moins grande, qui eft la mefure des reffources extraordinaires.

Le calcul exact des revenus ordinaires ne fuffit pas pour établir la proportion jufte, & la balance entre les engagemens & les *forces* réelles; car il faut être en état de pourvoir aux cas extraordinaires; &, s'il n'y a pas un fonds aifé & abondant de reffources extraordinaires, les moyens forcés de fe les procurer nuifent fouvent à la perception des revenus courans. Si les fubfides extraordinaires fe prennent dans les mêmes bourfes qui donnent les revenus ordinaires, les uns ou les autres deviennent d'une perception difficile. Comme c'eft le peuple qui fournit la plus forte portion des revenus ordinaires, il fe-

roit à fouhaiter, pour ne caufer aucun embarras, que les reffources extraordinaires puffent être prifes fur les gens aifés, fans quoi l'on pourroit fe trouver tout d'un coup au-deffous de la balance fur laquelle on avoit compté.

Voilà pourquoi les longues guerres, même heureufes, font toujours à charge, & qu'elles deviennent ruineufes, parce qu'alors on eft réduit à faire auffi tomber les charges extraordinaires fur ce même peuple déjà fatigué. Quelle étendue de pays n'a pas ruiné & épuifé la fameufe guerre de trente ans, terminée par la paix de Weftphalie! Les princes qui y gagnèrent le plus, s'ils avoient bien compté avec eux-mêmes, n'auroient pas trouvé de proportion entre les bénéfices & les pertes.

Ces reffources ménagées d'avance font d'autant plus néceffaires, qu'il eft utile de porter hors de chez foi le théâtre de la guerre, & que la vingtième partie des fommes qu'on y dépenfe, ne revient pas dans le pays; car il eft peu de contrées qui s'enrichiffent à être le théâtre de la guerre: il n'y a que celles dont le fol eft extrêmement fertile, & où il ne manque que de l'argent.

Il eft néceffaire de bien connoître fes *forces* phyfiques, afin de voir jufqu'où l'on peut s'engager. Il eft conftant qu'à fuccès pareils, la balance fera pour l'état qui en aura le plus, parce qu'il eft plus long-tems en état de tenter les coups de fortune, & que, comme le phénix, il femble renaître de fes propres cendres; mais quoique les états, ainfi que les hommes, aient des tempéramens plus robuftes les uns que les autres, il faut craindre d'abufer des meilleurs. C'eft pour cela que les guerres générales font fort à redouter. C'eft fur l'état des revenus & l'abondance de la population, qu'on doit calculer le nombre de troupes que l'on peut entretenir ordinairement, ou qu'on fe met dans le cas de lever. Ce dernier article eft bien le plus effentiel; car fi l'on excède les proportions, foit des revenus, foit de la population, on tombe bientôt dans l'épuifement.

S'il eft néceffaire de dépeupler les campagnes pour former des armées, les terres deviendront incultes, les produits du fol diminueront, & par conféquent les revenus du prince ou de l'état, car c'eft une feule & même chofe. Dans les machines, dont tous les refforts ordinaires font fort multipliés, il eft impoffible que quelqu'un foit forcé, fans que tous les autres en fouffrent. On n'eft pas fort avec des hommes fans argent, ou avec de l'argent fans hommes.

La population eft donc à compter pour beaucoup, quand il s'agit de prendre des engagemens qui peuvent occafionner une grande perte d'hommes; ou bien il faut avoir recours à des troupes étrangères, qui font toujours plus coûteufes & même plus embarraffantes. D'ailleurs il eft peu d'étrangers , dont on puisse attendre la constance & l'ardeur que montre une nation pour le salut & la gloire de ses citoyens.

L'état abondant en soldats aura pour lui l'espoir des grandes victoires , sur-tout si les troupes sont guerrières & aguerries. La qualité des troupes doit donc aussi entrer dans le calcul. Il est des nations où tout paysan , pour ainsi dire, naît soldat , & prend aisément l'esprit militaire. Il en est où il fait un métier mercénaire , sans goût & sans penchant naturel ; mais ce goût ne se peut acquérir qu'après de très-longues guerres , & les états foiblement constitués en ce genre ne s'y exposent point , & ils ont raison. Chaque peuple garde ainsi ses dispositions naturelles à se battre , ou par amour de gloire , ou par une obéissance servile & payée , ou par un principe de férocité & d'amour du sang.

Le gouvernement doit moins compter sur des troupes sans volonté & sans discipline ; & quand on commande une nation de cette espèce, il ne faut point la commettre , sans une absolue nécessité , aux hasards de la guerre. On doit s'attendre à des pertes ou à des affronts , & quelquefois à l'une & à l'autre. Une poignée de macédoniens attaquoit avec confiance une multitude d'asiatiques , & cette multitude étoit toujours battue.

Ensuite la nature du climat produit des hommes plus ou moins propres à soutenir les fatigues de la guerre. Les uns seront courageux , & n'auront point de fermeté : d'autres ne seront point dociles à l'assujettissement de la discipline militaire ; d'autres ne seront point patiens dans les momens de peine & de détresse , & ils seront toujours prêts à la révolte & au murmure. Ces diverses circonstances doivent être calculées dans les délibérations & dans les déterminations politiques ; & l'homme d'état ne sauroit trop étudier le génie & le goût des nations , s'il ne veut point les jetter dans des entreprises qui soient au-dessus de leurs forces.

Ces mêmes réflexions seront applicables au service maritime. En effet , une construction de vaisseau plus ou moins légère , des usages divers dans l'armement & l'équipement , l'esprit maritime plus ou moins militaire , plus ou moins commerçant , décideront du sort des escadres les plus nombreuses , & prépareront des succès ou des revers.

On doit encore considérer , dans l'examen de ses forces , si l'on a chez soi tout ce qu'il faut pour la guerre , parce que , si on ne l'a point , on peut , dans une infinité de cas , se trouver au dépourvu , & qu'il est déraisonnable de compter sur des moyens qui dépendent des hasards ou de la volonté d'autrui. Cette considération est d'autant plus essentielle , que même depuis les principes de droit public , établis par la neutralité ar-

mée , la plûpart des munitions ou des provisions qui servent à la guerre , deviennent , quand elle est déclarée , marchandises de contrebande , sujettes à être saisies & arrêtées sur terre comme sur mer , & que d'ailleurs on est réduit à les acheter fort cher , parce que les prix se fixent en proportion des risques comme des besoins.

Ce n'est pas encore assez d'avoir des hommes & de l'argent, il faut avoir des hommes en état de commander. Il est des nations assez connues , qui , à peine en un siècle , pourroient citer un général , & qui ont essuyé de terribles défaites. Il n'est point d'amour de la gloire ou de raison d'intérêt , qui puisse déterminer à se charger d'un grand rôle dans les guerres. S'y embarquer sur une aveugle confiance de ses généraux , ou avec la certitude que l'on n'en aura que de mauvais, c'est courir à une perte & à un déshonneur certains.

On peut mettre l'état des frontières au rang des *forces* purement défensives ; & c'est un autre calcul à faire , quand il s'agit de prendre des engagemens.

Un état ouvert de plusieurs côtés ne se dégarnira pas de ses forces , ou hésitera de se faire des ennemis en état de former une invasion.

S'il n'est foible que d'un côté , il ne s'engagera pas , à moins qu'un de ses alliés ne soit à portée de le secourir du côté foible.

Si sa frontière demande un grand nombre de troupes pour être gardée , il ne prendra que des engagemens proportionnés à ses moyens.

Si ses frontières se défendent d'elles-mêmes , par leur position , il pourra être beaucoup plus hardi dans ses entreprises , parce qu'il aura moins d'objets à soigner , & que c'est la multiplication des soins & des objets , qui rend les résolutions plus ou moins hasardeuses.

C'est par une suite de ces maximes , qu'ordinairement les princes qui font ensemble des traités de troupes , réservent les cas où ils en pourroient avoir besoin pour leur propre défense. Une nation ne peut donner en ce genre , que son excédant ou son superflu , quelque intérêt qu'elle eût d'être auxiliaire d'une autre puissance.

On ne fait pas toujours la guerre. L'espèce humaine n'y suffiroit pas ; mais on est souvent dans le cas de prendre des partis ou des engagemens qui y peuvent conduire ; & c'est alors qu'il faut prévoir tout ce que peut comporter l'état de ses *forces* , afin de n'être pas contraint de renoncer à ses projets , ou de revenir sur ses pas , ou de se décréditer en manquant à des engagemens dont on voit après coup les inconvéniens ou l'impossibilité.

Il est mal-aisé , dans l'ordre politique , de se refuser à certains engagemens. Lorsque les projets sont très-avantageux , il est dur de ne pouvoir pas les former ; mais lorsqu'on manque de moyens de les faire réussir , il vaut encore mieux n'y pas fonger, qu'être réduit à les abandonner honteufement.

Des forces particulières qui réfultent de la capacité des hommes employés dans les affaires.

Il ne fuffit pas, dans les combinaifons politiques, de calculer les *forces* générales; le calcul des *forces* particulières eft également néceffaire, fi l'on veut ne fe point méprendre. J'appelle *forces* particulières les reffources de talens dans les hommes qui peuvent avoir quelque part au miniftère ou au fervice public; & c'eft peut-être l'objet qu'il importe de calculer avec le plus de précifion.

Le meilleur métal & le mieux préparé, entre les mains d'un médiocre ouvrier, ne formera jamais que de médiocres ouvrages. Il en eft de même d'un état: il aura de grandes reffources, des *forces* fupérieures, de vaftes moyens; s'il n'a point de grands généraux & de grands miniftres, fes *forces* lui deviendront inutiles.

Alexandre, digne fans doute par lui-même du nom de *grand*, n'a peut-être dû fa fupériorité qu'à l'inferiorité de Darius & de Porus.

Rome, qui avoit fuccombé fous les efforts des grands hommes de Carthage, ne fe releva qu'après les avoir exclus du commandement par fes intrigues, & avoir reconquis la fupériorité de talens, par le choix de fes généraux.

Mithridate ne fe foutint fi long-temps que par la fupériorité de fon génie, & ne céda qu'au bonheur des généraux, peut-être moins grands que lui.

La gloire du règne de Charles-Quint fut l'ouvrage des grands capitaines de fon fiècle. Sans fa confiance en eux, il eût été moins entreprenant.

Le fiècle de Louis XIV montre bien, par la variété de fes fuccès, l'empire des bons généraux & les extrémités où l'on fe trouve réduit avec de grandes *forces*. On ne peut lire cette hiftoire, fans en être frappé.

Un miniftère fage oppofe des hommes à des hommes, dans les entreprifes de guerre ou dans les négociations; & ce font ces choix réciproques & combinés, qui ouvrent les grandes écoles propres à former des élèves. La lutte entre deux hommes très-inégaux, n'inftruit qu'imparfaitement les coopérateurs fubalternes. Au milieu de cette inégalité, on ne peut comparer une action avec une autre, puifque l'une ne répond pas à l'autre. Il eft donc prefque impoffible qu'une inftruction foible produife de grands hommes. Les plus belles années du règne de Louis XIV ont été l'ouvrage de l'école du grand Turenne.

Formons donc des hommes, fi nous voulons en trouver au befoin. Etudions leur jufte portée, pour ne leur rien donner au-deffus de leurs *forces*, pour les placer d'une manière analogue à leurs talens, & à ceux des généraux ou des miniftres contre lefquels ils doivent lutter; ou fi malheu-

reufement nous n'avons rien à oppofer en ce genre aux autres nations, plutôt que de nous expofer à des revers ou aux inconvéniens de l'incapacité des inftrumens que nous pourrions employer, éloignons les occafions délicates où nous pourrions fent'r cette difette.

Il eft donc important de connoître la portée des miniftres, des généraux, ou de tous ceux qui peuvent le devenir chez les autres nations. Tout le monde fait ce qu'un état a de revenus. La connoiffance des faits paffés apprend quelles peuvent être fes reffources; mais peu favent la valeur des hommes particuliers. Les bien connoître, les apprécier au jufte, c'eft rendre un grand fervice à fa patrie, & lui donner de précieufes lumières; mais pour cela il faut être habile fur cette matière, & c'eft un talent bien rare.

Quand on charge les hommes au-deffus de leurs forces, ils fe trouvent accablés fous le poids, & ils n'acquièrent rien pour l'inftruction. Leur efprit, occupé uniquement de difficultés, retrécit fon diamètre, au lieu de l'étendre; &, femblables à ceux qui fe font énervés par un grand effort, ils reftent prefque néceffairement médiocres pour toujours; ou fi malheureufement ils ont eu quelque fuccès inefpéré, l'amour-propre les furprend, & leur perfuadant qu'ils en favent affez, les laiffe avec un affemblage d'ignorance & de vanité, qui n'en fait plus que des hommes dangereux, parce que n'imaginant plus rien au-deffus de leurs forces, ils s'offrent à tout, & font toujours au-deffous de ce qu'on leur confie.

Il feroit heureux qu'on pût développer des talens qui commencent à naître; les fuivre, pour ainfi dire, pas à pas; animer l'émulation par des récompenfes proportionnées au mérite, au lieu de l'éteindre en les prodiguant prématurément, ou en les refufant quand elles font méritées. Ainfi fe formeroient des hommes, dont le nom refpecté & craint vaudroit à un état des *forces* réelles.

FORMOSE, ifle de la mer de la Chine, où les hollandois ont eu autrefois un établiffement. Les hollandois étoient déterminés à abandonner leur établiffement dans l'ifle des Pêcheurs, qu'ils défefpéroient de rendre utile, lorfqu'ils furent invités, en 1624, à s'aller fixer à *Formofe*, avec l'affurance que les marchands chinois auroient une liberté entière d'aller traiter avec eux.

Cette ifle, quoique fituée vis-à-vis la province de Fokien, & à trente lieues de la côte, n'étoit pas foumife à l'Empire de la Chine, qui n'a point la paffion des conquêtes, &, qui, par une politique inhumaine & mal entendue, aime mieux laiffer périr une partie de fa population, que d'envoyer la furabondance de fes fujets dans des terres voifines. On trouva que *Formofe* avoit cent trente ou cent quarante lieues de tour. Ses habitans, à en juger par leurs mœurs & par leur figure, paroiffoient defcendus des tartares de la partie la plus feptentrionale de l'Afie. Vraifem-blablement la Corée leur avoit fervi de chemin. Ils vivoient, la plupart, de pêche ou de chaffe, & alloient prefque nuds.

Les hollandois, après avoir pris fans obftacle toutes les lumieres que la prudence exigeoit, ju-gèrent que le lieu le plus favorable pour un éta-bliffement, étoit une petite ifle voifine de la gran-de. Ils trouvoient dans cette fituation trois avan-tages confidérables; une défenfe aifée, fi la haine ou la jaloufie cherchoient à les troubler; un port formé par les deux ifles; la facilité d'avoir, dans toutes les mouffons, une communication fûre avec la Chine : ce qui auroit été impoffible dans quel-qu'autre pofition qu'on eût voulu prendre.

La colonie fe fortifioit infenfiblement fans éclat, lorfqu'elle s'éleva tout d'un coup à une profpé-rité qui étonna toute l'Afie. Ce fut à la conquête de l'Afie par les tartares, qu'elle dut ce bonheur inefpéré. Ainfi les torrens engraiffent les vallons de la fubftance des montagnes ravagées. Plus de cent mille chinois, qui ne vouloient pas fe fou-mettre au vainqueur, fe refugièrent à Formofe. Ils y portèrent l'activité qui leur eft particuliere, la culture du riz & du fucre, & y attirèrent des vaiffeaux fans nombre de leur nation. Bientôt l'ifle devint le centre de toutes les liaifons que Java, Siam, les Philippines, la Chine, le Japon & d'autres contrées voulurent former. En peu d'an-nées elle fe trouva le plus grand marché de l'Inde. Les hollandois comptoient fur de plus grands fuccès encore, lorfque la fortune trompa leurs ef-pérances.

Un chinois, nommé Equam, né dans l'obfcu-rité, s'étoit fait pirate par inquiétude, & par fes talens étoit parvenu à la dignité de grand-amiral. Il foutint long-temps les intérêts de fa patrie contre les tartares; mais voyant que fon maître avoit fuccombé, il chercha à faire fa paix. Ar-rêté à Pekin où on l'avoit attiré, il s'y vit con-damné par l'ufurpateur à une prifon perpétuelle, dans laquelle on croit qu'il fut empoifonné. Sa flotte fervit d'afyle à fon fils Coxinga, qui jura une haine éternelle aux oppreffeurs de fa famille & de fa patrie, & qui imagina qu'il pourroit exercer contre eux des vengeances terribles, s'il réuffiffoit à s'emparer de Formofe. Il l'attaque, & prend à la defcente le miniftre Hambroeck.

Choifi entre les prifonniers pour aller au fort de Zélande, déterminer fes compatriotes à ca-pituler, ce républicain fe reffouvint de Regulus : il les exhorte à tenir ferme, & tâche de leur perfuader qu'avec beaucoup de conftance, ils for-ceront l'ennemi à fe retirer. La garnifon, qui ne doute pas que cet homme généreux ne paye fa magnanimité de fa tête, de retour au camp, fait les plus grands efforts pour le retenir. Ses inftances font appuyées par deux de fes filles qui étoient dans la place. J'ai promis, dit-il, d'aller

reprendre mes fers; il faut dégager ma parole Ja-mais on ne me reprochera à ma mémoire que, pour me mettre à couvert, j'ai appefanti le joug, & peut-être caufé la mort des compagnons de mon infortune. Après ces mots héroïques, il reprend tranquille-ment la route du camp chinois, & le fiège com-mence.

Quoique les ouvrages de la place fuffent en mauvais état; que les munitions de guerre & de bouche n'y fuffent pas abondantes; que la gar-nifon fût foible, & que les fecours envoyés pour attaquer l'ennemi, fe fuffent honteufement reti-rés, le gouverneur Coyet fit une défenfe opi-niâtre. Forcé au commencement de 1662 de ca-pituler, il fe rendit à Batavia, où fes fupérieurs, par une de ces iniquités d'état communes à tous les gouvernemens, le flétrirent, pour ne pas laiffer foupçonner que la perte d'un établiffement fi im-portant fût l'ouvrage de leur ineptie ou de leur négligence. Les tentatives qu'on fit pour le re-couvrer, furent inutiles, & l'on fut réduit dans la fuite à faire le commerce de Canton aux mê-mes conditions, avec la même gêne, la même dépendance que les autres nations.

Il pourroit paroître fingulier qu'aucun peuple de l'Europe, depuis 1683 que Formofe a fubi le joug des chinois, n'ait fongé à s'y établir, du moins aux mêmes conditions que les portugais à Macao. Mais outre que le caractère foupçonneux de la nation à laquelle cette ifle appartient, ne permettoit pas d'efpérer de fa part cette com-plaifance, on peut affurer que ce feroit une mau-vaife entreprife. Il paroît que Formofe n'étoit un pofte important que lorfque les japonois pouvoient y naviguer, & lorfque fes productions étoient reçues fans reftriction au Japon.

FRANCE. (royaume de) Sa pofition eft trop connue pour l'indiquer ici.

Ses divifions font auffi multipliées que les points de vue fous lefquels on peut la confidérer. Re-lativement à l'adminiftration de la juftice, on la divife en feize diftricts de parlement & autres cours fouveraines : relativement aux finances, en trente-trois intendances ou généralités : relative-ment au régime eccléfiaftique, en dix neuf ar-chevêchés; & relativement à l'état militaire, en trente-deux gouvernemens généraux de pro-vince.

Un homme d'état a fait le réfumé des moyens de puiffance de cette monarchie; & des faits fi exacts & fi précis feront d'autant mieux placés dans cet ouvrage, qu'ils nous difpenferont de longs détails qui inftruiroient moins le lecteur. Voici ce réfumé.

La France contient, je le penfe, près de vingt-fix millions d'ames.

Son étendue eft d'environ 27 mille lieues quar-rées. Le fol de cette heureufe contrée ne fe re-fufe à aucune des productions de l'Europe, &

plufieurs lui appartiennent d'une manière privilégiée.

Un grand nombre de rivières navigables, quelques canaux, & près de neuf mille lieues de chemin facilitent les communications intérieures du royaume, & deux mers baignent une partie de fes côtes.

Un climat fain & tempéré y rendroit la vie commune des hommes plus longue qu'en aucune autre partie du monde, fi des caufes morales ne contrarioient quelquefois l'influence favorable de la nature.

L'industrie des habitans est tellement variée, que ce royaume n'a peut-être aucun befoin véritable des ouvrages d'art des autres nations.

De riches colonies en Amérique font partie des poffeffions du roi, & plus de 120 millions en arrivent tous les ans.

Les contributions des peuples, réunies aux revenus du domaine de la couronne & aux biens patrimoniaux des villes, &c. s'élèvent à fix cents millions.

Le clergé jouit d'environ 130 millions de revenus.

La balance annuelle du commerce en faveur de la France, avant la dernière guerre, pouvoit être eftimée à 70 millions.

Les monnoies d'or & d'argent qui circulent dans le royaume, s'élèvent à plus de deux milliards.

L'accroiffement annuel de cette richeffe peut être évalué à quarante millions.

Et cet accroiffement eft égal probablement à l'augmentation du numéraire de tous les autres états de l'Europe enfemble.

Quel fpectacle étonnant de puiffance! que de raifons pour fe contenter de faire valoir tant de profpérité par des moyens fages! que de motifs pour ceffer d'être jaloux! & quelle fource de regrets, lorfqu'on enfanglante la terre pour obtenir un petit accroiffement de fupériorité dont on n'a pas befoin, au prix du bonheur public où il y a tant à ajouter!

Tout ce qui regarde l'adminiftration de ce royaume, les améliorations & les réformes dont il fe trouve fufceptible, eft fi connu; on a publié fur cette matière tant de bons ouvrages, que nous ne nous aviferons pas de mal répéter ce qui a été dit beaucoup mieux. D'autres circonftances nous obligent à réduire le plan de cet article : & la partie de la *Jurifprudence* traitant fort en détail, des tribunaux fubalternes, ainfi que des parlemens, des chambres des comptes, des cours des aides, &c. des confeils d'adminiftration, tels que le confeil d'état, le confeil des dépêches, le confeil royal des finances, le confeil royal de commerce, le confeil des parties, la grande chancellerie de France, &c. des ducs & pairs, des grands officiers de la couronne, &c ; *la partie des finances* ayant dit d'ailleurs tout ce

qu'on peut efpérer, dans un livre de la nature de celui-ci, fur les finances du royaume, nous nous bornerons à donner 1°. un précis de l'hiftoire politique de la France; 2°. des remarques fur la réunion à la couronne, fur la loi Salique & fur ce qu'on appelle les autres loix fondamentales du royaume, fur les appanages accordés aux enfans de France, & fur la nature & les privilèges des domaines de l'état; 3°. des détails politiques fur les maifons qui ont régné en France, fur celle qui règne aujourd'hui, fur l'ancienneté de cette famille, & fur les titres du roi; 4°. quelques obfervations fur la culture & les avantages de la pofition de la France, & fur la marine; 5°. nous ferons l'hiftoire politique de nos colonies d'Amérique; nous parlerons de l'adminiftration des impôts, des revenus, des dettes & des milices de ces colonies, des réformes dont elles font fufceptibles, & de l'édit du 24 août 1784, qui a tempéré à quelques égards le régime prohibitif; 6°. Enfin nous traiterons des intérêts politiques de la France à l'égard des autres nations.

SECTION PREMIÈRE.

Précis de l'hiftoire politique de la France.

Les francs, peuples de la Germanie, paffèrent le Rhin l'an 420; ils étoient commandés par Pharamond, qu'ils avoient déclaré chef de leur peuplade, & ils s'emparèrent de la ville de Trèves. C'eft à-peu-près tout ce qu'on fait de ce prince, que l'on regarde comme le premier roi des francs, & auquel on attribue l'inftitution de la loi Salique.

En 560 Clotaire, quatrième fils de Clovis I, & roi de Soiffons, devint, par la mort de fes frères & de leurs enfans, feul maître des états de fon père. Deux ans après, Chramme, fon fils naturel, arbora contre lui pour la feconde fois l'étendart de la révolte. Clotaire le & le fit brûler avec toute fa famille, dans une cabane où il s'étoit réfugié. Ses quatre fils partagèrent, felon l'ufage, l'Empire françois en quatre royaumes. Gontran eut la Bourgogne; Sigebert l'Auftrafie; Chilperic le royaume de Soiffons, & Caribert celui de Paris; mais Caribert mourut en 567, & Chilperic fon frère lui fuccéda fur le trône de Paris.

Vers le milieu du feptième fiècle, les maires du palais s'arrogèrent tout le pouvoir, & leur autorité devint bientôt abfolue. Après la mort de Dagobert II, le maire du palais, Pepin d'Heriftal fe fit déclarer duc d'Auftrafie; & il s'empara tellement de l'adminiftration, qu'il étoit en effet fouverain du pays, quoiqu'il ne parût gouverner que fous les ordres de Thierri III, roi de Bourgogne & de Neuftrie. Il mourut en 714, & il eut pour fucceffeur Charles Martel, fon fils naturel, qui devint plus puiffant encore, & qui réunit en fa perfonne les mairies de Neuftrie & d'Auftrafie.

Après la mort du roi Thierri IV, il gouverna tout le royauume avec la qualité de *duc des françois*, & il ne daigna pas mettre fur le trône un fantôme de roi. Il rendit des fervices fignalés à l'état, & les feigneurs du royaume confentirent au partage qu'il fit en 741 de la monarchie entre fes deux fils Carloman & Pepin. Le premier obtint l'Auftrafie, la *France* germanique, & toutes les nations qui en dépendoient ; l'autre eut la Neuftrie, la Bourgogne & la Provence. Cependant une intrigue politique donna la couronne à Childeric III ; mais l'autorité de Carloman & de Pepin ne fut pas diminuée : le premier ayant embraffé la vie monaftique en 746, Pepin, depuis furnommé *le bref*, fut fi bien fe concilier l'amour du peuple & le refpect des grands, qu'il fut folemnellement proclamé roi à Soiffons en 752 ; & Childeric, prince foible & reconnu incapable de regner, fut rafé & enfermé dans un couvent avec fon fils Thierri, dernier prince de fa race.

Le fceptre paffa dans une maifon étrangère, & la famille des Mérovingiens fit place à celle de Carlovingiens. Pepin réunit la Septimanie à la couronne, & enleva à Aftolphe, roi des lombards, l'exarçat de Ravenne, qu'il donna au faint-fiège. Charlemagne confirma cette donation, & y ajouta de nouveaux domaines. Ce grand prince, qui déploya tant de génie & de valeur à cette époque d'ignorance & de barbarie, fubjugua le royaume des lombards, foumit les faxons, étendit fa puiffance fur prefque toute l'Europe, & rétablit l'Empire d'Occident, dont il fut proclamé chef le jour de Noël de l'an 800. Il faifoit lui feul la force & la gloire de fa nation ; & après fa mort, la *France* ne fut plus qu'un état peu redoutable. Louis le Débonnaire, fon fils, dicta d'abord des loix à toutes les contrées qui en avoient reçu de Charlemagne ; mais fa foibleffe, fes fcrupules, fon dévouement aux prêtres & l'excès de fa bonté lui firent commettre des fautes qui, jointes à l'ingratitude de fes enfans rebelles, armèrent bientôt fes fujets les uns contre les autres, donnèrent lieu aux provinces éloignées de fecouer le joug, & attirèrent les barbares dans fes vaftes états. Ses fucceffeurs plus foibles encore, incapables de réfifter aux ennemis, leur permirent d'envahir les plus belles provinces de la monarchie ; les particuliers foumirent à leur autorité les cantons qu'ils gouvernoient ; ils empiérèrent tellement fur les droits de la couronne, qu'à la fin tout le royaume étoit tenu felon le droit des fiefs, & que le pouvoir royal fe trouva prefque anéanti. Louis V fut le dernier roi de cette race, & la cour ceffa fous fon règne d'être allemande.

Charles fon oncle, duc de la baffe-Lorraine, devoit lui fuccéder, & il ne négligea rien pour faire valoir fes droits ; mais les françois, indif-

poſés contre lui, préférèrent Hugues Capet, l'un des plus puiffans feigneurs du royaume. Il fut facré à Reims le 30 juillet 987, & c'eft le chef de la troifième race de nos rois.

Ce prince & fes fucceffeurs, animés du même efprit, s'occupèrent fucceffivement du foin de rétablir l'autorité royale dans toute fon étendue ; ils reprirent peu à peu tout ce qui avoit été ufurpé par les grands du royaume, & ils recouvrèrent enfin les droits les plus précieux de la couronne : mais la fureur des croifades, qui commença fous Philippe I, affoiblit beaucoup l'état.

En 1361, Jean le Bon hérita du duché de Bourgogne, par la mort de Philippe de Rouvre, dernier duc de la maifon de Bourgogne, & le donna enfuite à Philippe le Hardi, fon fils cadet. Charles VII reconquit fon royaume fur les anglois, & il leur enleva la Normandie & la Guienne qu'il réunit à la couronne. Louis XI gouverna en defpote ; il prit poffeffion de la Bourgogne après la mort de Charles le Téméraire, & il foumit à fon fceptre la Provence, le comté de Touloufe & la Champagne. Le mariage de fon fils Charles VIII, dernier mâle de la première branche des Valois, avec Anne de Bretagne, acquit ce duché à la monarchie, & celui de Louis XII avec la même Anne de Bretagne le réunit pour jamais à la couronne. Louis XII, duc d'Orléans, premier prince du fang & fon beau-frère, monta fur le trône ; il maria fa fille à François Ier, qui avoit été fucceffivement comte d'Angoulême & de Valois. Le nouveau roi aima & protégea les fciences, & on lui donna le titre de *père des lettres*. Il conclut, en 1515, avec le pape Léon X un concordat qui accorde des privilèges fi utiles à l'églife gallicane ; & ce fut fous fon règne que la réformation eut fes premiers profélytes en *France*. Henri II, fon fils & fon fucceffeur, enleva aux anglois Boulogne & Calais, les feules places qui leur reftoient dans le royaume. Il s'empara également de Metz, Toul & Verdun en 1552, durant la guerre que lui fit Charles-Quint.

Nous paffons quelques règnes qui n'offrent rien de propre au plan de cet article.

Après la mort de Henri III, Henri IV de la maifon de Bourbon, & alors roi de Navarre, fut reconnu par la plus grande partie des grands du royaume. Le fanatifme l'obligea néanmoins à conquérir chacune de ces provinces l'une après l'autre ; ce ne fut qu'après avoir embraffé la religion catholique que la ligue fe diffipa, & lui ouvrit les portes de Paris. Malgré fa renonciation au proteftantifme, il protégea ceux qui le profeffoient ; &, dès 1598, il publia le célèbre édit de Nantes, qui affura la liberté de leur culte. Ce prince fi révéré eut le fort de fon prédéceffeur ; il fut affaffiné par Ravaillac en 1610.

Les guerres de religion recommencèrent avec fureur, & fe fuccédèrent prefque fans intervalle sous Louis XIII, son fils. Ce prince réunit, en 1620, le royaume de Navarre à celui de la *France*; & le cardinal de Richelieu, son premier ministre, affoiblit les huguenots, & mit fin à l'autorité des états.

Les annales de la monarchie ne présentent point de règne aussi long & aussi brillant que celui de Louis XIV.

Il n'avoit que cinq ans lorsqu'il succéda à Louis XIII, en 1643, sous la régence d'Anne d'Autriche sa mère. Les troubles de la fronde à l'occasion du cardinal Mazarin, dont le pouvoir presque absolu avoit excité la jalousie des grands, & sur-tout celle des princes de Condé & de Conti & du duc de Longueville; la continuation des guerres commencées sous Louis XIII contre l'Empire & l'Espagne, sont les principaux événemens de sa minorité. La première de ces guerres fut terminée par le traité de Munster, qui donna au roi une nouvelle province; & la seconde, par le traité des Pyrénées, qui ajouta aussi quelque chose aux domaines de l'état.

Les espagnols n'ayant pas voulu satisfaire Louis XIV qui formoit des prétentions sur les Pays-Bas, au nom de la reine son épouse, il conprit en Flandre les villes d'Armentieres, de Charleroi, de Lille & plusieurs autres; il s'empara enfin de la Franche-Comté, qu'il rendit par le traité de 1668; mais il la prit une seconde fois, & elle lui fut assurée par le traité de Nimegue de 1678.

Il enrichit ensuite sa couronne d'une partie de la Flandre & du Roussillon.

Louis XV n'avoit que cinq ans, lorsqu'en 1715 il succéda à Louis XIV son arrière grand-père.

Le duc d'Orléans fut déclaré régent du royaume. Ce prince trouva l'état chargé de deux milliards de dettes. Un écossois, nommé Law, se présenta, & dit qu'il éteindroit cette énorme créance : chacun sait de quelle absurde manière il combina son opération, & l'affreux bouleversement qu'il produisit dans les fortunes des citoyens. Sur ces entrefaites, le cardinal Alberoni, ministre du roi d'Espagne, tramoit contre le duc d'Orléans une conspiration dirigée par le prince de Cellamare, ambassadeur d'Espagne. Elle fut découverte, & la France unie à l'Angleterre, à l'Empire & à la Hollande, fit la guerre aux espagnols, qui, effrayés du succès des armes françoises, demandèrent la paix. Le roi fut sacré à Reims en 1722, & déclaré majeur l'année suivante. Le duc d'Orléans conserva l'administration des affaires jusqu'en 1726, époque à laquelle le roi déclara qu'il vouloit gouverner lui-même. Louis XV avoit épousé la fille unique de Stanislas, roi de Pologne, & il déclara la guerre à l'empereur pour maintenir les droits de son beau-père, élu roi de Pologne pour la seconde fois. Mais cette guerre se termina par l'abdication de

Stanislas, qui garda le titre de roi de Pologne, & n'obtint d'autres domaines que les duchés de Bar & de Lorraine, reversibles après sa mort à la couronne de France.

Nous nous contenterons d'ajouter ici que, sous Louis XV, la *France* a acquis ces deux provinces & l'isle de Corse; les événemens politiques de ce règne les plus remarquables sont le pacte de famille entre les souverains de la maison de Bourbon, & l'alliance de la cour de Versailles avec la maison d'Autriche, qui étoit son ennemie depuis plusieurs siècles.

SECTION IIe.

Remarques sur la monarchie françoise, sur la succession à la couronne, sur la loi salique & sur ce qu'on appelle les autres loix fondamentales du royaume, sur les appanages accordés aux enfans de France, & la nature & les privilèges des domaines de l'état.

De la monarchie françoise. Jules-César soumit à la domination romaine les Gaules qui comprenoient le pays situé entre le Rhin, les Alpes, les Pyrénées & l'Océan, & les romains en furent chassés au commencement du cinquième siècle de l'ère chrétienne. Les goths s'emparèrent des parties méridionales, ou de l'Aquitaine; les bourguignons s'établirent dans la partie orientale, & les francs conquirent les provinces du Nord jusqu'à la Loire. Ils réunirent ensuite à leurs possessions celles des goths & des bourguignons, & ils formèrent une puissante monarchie, à laquelle on donna le nom de *France*. Ce royaume comprenoit alors la première habitation des francs, ou les terres situées à la droite du Rhin, le long de ce fleuve, depuis le Mein jusqu'à la mer.

La monarchie françoise, qui est tout-à-la-fois la plus ancienne, la plus illustre & la plus puissante de l'Europe, subsiste donc depuis 1300 ans; &, durant cette période, toutes les autres monarchies ont été conquises, ou elles ont changé de face. Les maures ont chassé les rois espagnols de leur trône, les turcs ont renversé l'Empire des grecs; les normands ont subjugué l'Angleterre : les allemands ont reçu des loix de la *France*, & le Danemarck a conquis la Suède.

Les francs eurent dans les Gaules, sur la fin du 3e siècle, un établissement qui fut confirmé par l'empereur Julien, & qui, sous Claudion, fut fixé au domaine de Cambrai & du pays voisin jusqu'à la Somme. Clovis fit un traité avec l'empereur Anastase II, & les françois devinrent les amis & les alliés du peuple romain. Les ostrogoths, maîtres de l'Italie, leur cédèrent tout ce que les rois d'Italie possédoient dans les Gaules, & le traité de l'empereur Justinien avec Childebert, Clotaire & Théodebert, successeurs de Clovis, confirma cette cession. C'est ainsi que s'établit la monarchie françoise, dont Clovis est le fondateur plutôt que Pharamond. Charlemagne l'agrandit quelques siècles après, & lui donna une stabilité qu'elle n'a point perdue. Le droit de conquête, le consentement du peuple & des nations étrangères, treize siècles de possession forment ses titres; &, ainsi que nous l'avons dit, aucun roi de l'Europe ne peut en montrer de pareils.

Cette monarchie s'étendoit autrefois depuis les frontières d'Espagne & l'état de Venise, jusqu'à l'Elbe & jusqu'aux bords du Danube; mais ce n'est qu'en Asie que d'aussi vastes contrées obéissent à un seul homme; & une cause dont on ne soupçonnoit pas alors l'influence, fit perdre à nos rois plusieurs de leurs provinces, & resserra de beaucoup les limites de leurs états; de simples gentilshommes usurpèrent la puissance souveraine, &, si l'on peut s'exprimer ainsi, mirent en pièces la couronne de Clovis & de Charlemagne.

Des rois mal habiles, qui avoient toute la grossiéreté de leur siècle, & qui ne voyoient dans leur royaume qu'un héritage de la nature des autres propriétés, partagèrent leurs états entre leurs enfans; ils affoiblirent la monarchie, & quoique les diverses provinces semblassent ne former qu'un seul Empire gouverné par les descendans de Clovis, ce n'étoit plus qu'une anarchie durant laquelle les sujets & les étrangers usurpèrent tout ce qui se trouvoit à leur bienséance. Sur la fin de cette première race, où Childeric fut détrôné comme indigne de tenir le sceptre, les maires du palais, dont nous avons parlé dans la section précédente, ne laissèrent à nos princes que le nom de rois & une vaine ombre d'autorité.

L'Empire françois démembré de nouveau, & par conséquent affoibli sous Louis le Débonnaire, second roi de la seconde race & empereur des romains, fut rétabli par Charles le Chauve, qui donna des loix à toutes les provinces qu'avoit possédé Charlemagne; mais cet Empire tomba en décadence sous les derniers rois de la seconde race, parce qu'ils n'occupèrent plus le trône d'Allemagne, & les grands seigneurs françois se rendirent indépendans. Les gouverneurs des provinces avoient le titre de *ducs*, c'est-à-dire, de *généraux*; & ceux des villes ou des pays moins étendus s'appelloient *comtes*, dénomination qui venoit du bas-Empire romain. Ces ducs & ces comtes n'étoient ni héréditaires, ni à vie; la volonté du prince anéantissoit leur autorité: mais après la mort de Louis le Débonnaire, la succession à la couronne occasionna des guerres civiles, & telle fut la foiblesse de ces françois qui, selon le témoignage de Jules-César, ne pouvoient être vaincus que par eux-mêmes, que leur pays devint la proie des pirates danois. Ces pirates, réunis à d'autres peuplades, s'emparèrent de la Neustrie, à laquelle ils donnèrent leur nom, &

ils conquirent en même-temps une partie de l'Anjou & de la Bretagne. Ceux des grands qui commandoient aux extrémités du royaume, se rendirent les maîtres des cantons où ils se trouvoient. Les ducs & les comtes, féodataires jusqu'alors, acquirent un pouvoir absolu, & ils ne laissèrent au souverain que le nom de roi. Les ducs devoient commander aux comtes, suivant l'ancienne institution; mais plusieurs de ceux-ci devinrent tout-à-fait indépendans, & ils n'obéirent plus ni au roi, ni aux ducs. Un capitulaire de Charles le Chauve autorisa pour la première fois la succession des comtés dans les familles: cette dangereuse condescendance eut des suites funestes. On voit, sous les règnes de ses successeurs, des comtes de Vermandois, des ducs de Guienne, des comtes de Toulouse, des comtes de Champagne, &c. &c. qui agissent avec indépendance, qui lèvent des troupes sans ordre du roi, qui se liguent entr'eux, qui donnent ou partagent leurs domaines, & les ducs & les comtes levant les tribus selon l'ancien usage, & recevant les amendes pour les envoyer au trésor royal, ils ne manquèrent pas de se les approprier, & il ne resta plus de domaine au roi sur la fin de la seconde race.

Louis V, dit le Fainéant, fut le dernier roi de cette seconde race. Charles, duc de Lorraine, prince de la famille royale, vivoit encore, & la couronne lui appartenoit; mais il avoit fait hommage de son duché à l'empereur Othon: il avoit montré beaucoup d'attachement pour les germains, qui étoient alors les plus grands ennemis de la *France*; il avoit levé des troupes contre le roi Lothaire son frère, & les françois étoient mécontens de lui, qui d'ailleurs le connoissoient peu, parce qu'il avoit presque toujours été hors du royaume, & qui le regardoient comme un étranger, donnèrent le sceptre à Hugues, surnommé *Capet*.

Hugues Capet, chef de la troisième race, ménagea les grands auxquels il devoit la couronne; & les seigneurs qui n'avoient d'autre droit que celui de la force, demeurèrent paisibles possesseurs des états qu'ils avoient usurpés. Ils se virent contraints eux-mêmes de laisser à leurs vassaux la possession des fiefs. Ces vassaux, dans la plupart des provinces, n'étoient tenus qu'à faire l'hommage-lige à leurs suzerains. Mais, dans les cantons où les suzerains avoient mieux conservé leurs droits, les vassaux, pour se maintenir en possession, payèrent une certaine somme à chaque mutation, ce qu'on appelloit racheter le fief, ou le droit de rachat.

Ainsi tous les fiefs devinrent patrimoniaux comme les autres biens, & l'on vit commencer ce gouvernement féodal qui fut si funeste à la monarchie. Malgré la subordination ordonnée par les loix des fiefs, elles établirent une égalité anarchique; &, sans procurer les avantages de l'a-

ristocratie

riſtocratie, elles détruiſirent ceux de l'état monarchique. C'eſt en effet une véritable anarchie,
lorſque les plus puiſſans uſurpent tour à tour l'autorité, & lorſque la force ſe trouvant dans les
mains du ſuzerain & dans celles du vaſſal, rend
leurs droits équivoques & les loix inutiles. On
voit à quels déſordres devoient ſe porter les paſſions ! Si un frein ne les retient pas, elles ne
tendent qu'à détruire la ſociété. Elles ont toujours excité, & elles exciteront toujours les hommes à ſacrifier le bien général à leurs intérêts
particuliers. Dès qu'un ſujet oſe faire la guerre,
tous ſes rapports avec le ſouverain ſe trouvent
anéantis, & il en réſulte de plus vives & de plus
longues inimitiés qu'entre deux princes indépendans. De-là naiſſent dans un état, l'incertitude du
citoyen ſur ſon ſort, la confuſion des loix, l'oppreſſion des foibles, & tous les maux de la guerre
civile.

Les derniers règnes de la ſeconde race & les
premiers de la troiſième n'offrent que des troubles & des violences. Nos rois furent preſque
uniquement occupés du vain projet de délivrer
le peuple de mille tyrans domeſtiques, & la France,
déchirée par des guerres inteſtines, ne put
réſiſter ni aux barbares ni à ſes voiſins, dont elle
fut tour à tour le jouet. Le monarque étoit reconnu de tous ces petits tyrans ; mais ils avoient
ſa puiſſance ; les domaines ſoumis immédiatement
au roi ſe réduiſoient preſque aux pays de Laon
& de Soiſſons. La monarchie fut en proie à toutes ſortes de brigandages ; des coutumes barbares devinrent des loix ; l'abus du pouvoir introduiſit les droits les plus étranges ; chaque grand
ſeigneur joua le rôle d'un ſouverain, & des guerres particulières déſolèrent chaque canton. Le vaſſal du monarque trouvoit mille prétextes de lui

refuſer l'obéiſſance ; & les arrière-vaſſaux de la
couronne, ſujets tout-à-la-fois du roi & de ſon
vaſſal immédiat, étoient toujours amis ou ennemis de la patrie, ſelon leurs intérêts ou ſelon leurs
caprices.

Heureuſement pour la nation, cette multitude
de ſouverainetés diſparut peu à peu. S. Louis
reſtreignit les droits des vaſſaux de la couronne ;
il établit la voie du reſſort au premier ſouverain ;
& les ſujets, opprimés par les ſentences arbitraires des juges des baronies, commencèrent à
porter leurs plaintes aux quatre grands baillis juges royaux, créés pour les écouter. Philippe Auguſte chaſſa les anglois qui avoient été long-tems
maîtres de la Normandie, du Maine, de l'Anjou & de la Guienne. Porté aux grandes choſes
par la force de ſon génie, ce prince dédaigna de
faire, à l'exemple de ſon père & de ſon aïeul, la
guerre à des princes particuliers ; il commença par
rendre les françois heureux, & finit par les rendre
redoutables. Il forma le noble & utile projet,
exécuté depuis avec ſuccès, de détruire les grands
vaſſaux.

Nous avons déja dit (1) comment la monarchie a acquis, ſous les règnes poſtérieurs, le
degré de puiſſance qu'elle a maintenant.

La France, dit M. de Réal, fut dans les commencemens un état purement monarchique, ainſi
qu'elle l'eſt aujourd'hui. Selon cet écrivain, nos
premiers rois (2) avoient une autorité abſolue.
« Si quelqu'un de nous, (diſoit Grégoire de Tours
» au roi Chilperic,) s'écarte des voies de la
» juſtice, vous pouvez le corriger ; mais qui
» peut vous corriger vous, s'il vous arrive de les
» franchir ? Nous vous parlons, mais vous nous
» écoutez quand il vous plaît. Que ſi vous re-
» fuſez de nous entendre, qui a droit de vous

<hr>

(1) Voyez la ſection précédente.
(2) Tous les auteurs ne conviennent pas que la France ait été monarchique dans les premiers temps.
Quelques-uns croient que le gouvernement des germains, qui a donné lieu à celui des francs, étoit une
ariſtocratie ; ils parlent d'une aſſemblée générale de la nation, en qui réſidoit la puiſſance légiſlative, &
d'un conſeil compoſé du roi & des grands, chargé du pouvoir exécutif. Ils diſent que ce conſeil ſtatuoit
proviſionnellement ſur quelques objets ; mais que la nation ſeule décidoit les points d'une importance majeure : De minoribus rebus principes conſultant, dit Tacite, de majoribus omnes ; que les rois & les généraux n'entreprenoient rien ſans le conſentement du peuple ; qu'Arminius, Maroboduus, Catualda, Van-
nius, Italus & Childéric furent chaſſés du trône & dépouillés du commandement, parce qu'ils s'arrogeoient
une domination trop étendue ; que Pharamond fut proclamé roi par les ſuffrages des ſoldats & du peuple ;
que la loi ſalique fut établie & confirmée dans différentes aſſemblées de la nation ; que Pepin fut élu librement par la nation ; que ce prince convoqua les grands à Saint-Denis, & demanda leur aveu pour
le partage de ſes états entre ſes fils Charles & Carloman ; que tous les ans, au mois de mai, il aſſembloit
les évêques, les abbés & les chefs de la nobleſſe ; que Charlemagne rétablit les aſſemblées du mois de
mai, & qu'alors la nation recouvra la puiſſance légiſlative dont on l'avoit dépouillée ſous le gouvernement
féodal ; qu'un capitulaire définit la loi : la volonté de la nation publiée ſous le nom du prince ; qu'un autre
capitulaire dit : lex conſenſu populi fit, & conſtitutione regis. Capit. an. 864, art 6 ; que Charlemagne ayant
fait venir ſon fils au parlement d'Aix, il interrogea les évêques, les abbés, les ducs & les comtes qui
repréſentoient la nation, & qu'il leur demanda à tous, l'un après l'autre, s'ils conſentoient à ce qu'il
donnât à Louis le titre d'empereur, & qu'il n'aſſocia Louis le Débonnaire à l'Empire qu'après avoir obtenu
le conſentement de chacun d'eux ; qu'Hugues Capet & Robert, ſon fils, dûrent la couronne à la nation ;
qu'Hugues Capet ayant demandé à Audebert, comte de la Marche, aſſiégeant Tours, qui l'avoit fait comte :
ce ſont, répartit Audebert, ceux-là même qui vous ont fait roi, vous & votre fils ; que, ſelon la grande
chronique, on appella les gens des bonnes villes à l'aſſemblée de 1141 qui eut lieu à Paris, & qu'enfin
les députés des communes furent régulièrement convoqués à chaque aſſemblée nationale, depuis Philippe
le Bel, & ſur-tout lorſqu'il s'agiſſoit d'établir quelque impôt.

» condamner, sinon celui qui à dit qu'il est la
» justice même ? » Mais il n'est pas toujours raisonnable d'établir un système sur les propos flatteurs d'un individu, & il est difficile de croire
que les premiers francs, gouvernés peut-être despotiquement, aient reconnu le despotisme de leur
prince.

Selon le même écrivain, les anciennes assemblées générales de *France*, qu'on appelloit *parlemens*, & qui portèrent neuf ou dix autres noms,
n'eurent jamais que voix consultative. Les états-
généraux qui succédèrent, dans le commencement du quatorzième siècle, à cet ancien conseil
de la nation, n'agirent jamais avec la couronne
que par la voie des très-humbles remontrances.
Les compagnies de judicature, qui, sous le nom
de *parlemens*, furent; & dans le même temps &
dans les siècles postérieurs, établies par nos rois,
consultées quelquefois par le souverain, ne décidèrent jamais par elles-mêmes que les procès
des particuliers, & n'exercèrent dans tous les cas
qu'une autorité émanée de la puissance royale,
toujours dépendante des rois.

Mais M. de Réal ne prouve point du tout son
opinion à l'égard des états-généraux; on démon-
treroit aisément qu'ils avoient une voix délibérative sur beaucoup d'objets, & que leur autorité
en quelques points se trouvoit supérieure à celle
du prince, loin de lui être subordonnée. Ces détails nous entraîneroient trop loin, & nous nous
contenterons de dire que les états - généraux,
composés des députés des trois ordres, le clergé,
la noblesse & le peuple, ont tenu leurs assemblées jusqu'en 1614; qu'on a cessé de les convoquer depuis cette époque, & que le roi s'est affranchi des entraves qu'ils mettoient à sa puissance; qu'en certains cas néanmoins leur autorité
est encore reconnue : il ne faut pas assimiler aux
états-généraux les états qui s'assemblent dans quelques provinces, appellées *pays d'état*, telles que
la Bretagne, la Bourgogne, le Languedoc, l'Artois, &c. Elles ont conservé le privilège de délibérer sur les prétentions du roi, sur-tout lorsqu'elles ont
pour objet de nouveaux impôts, & de répartir & de
percevoir les sommes accordées. Mais leurs délibérations manquant de force coactive, le monarque
demeure toujours le maître; & si elles persistent
dans leurs remontrances, il termine la discussion
en développant son autorité avec un peu plus d'appareil.

De la succession à la couronne. Les auteurs ne
sont pas d'accord sur ce qui regarde la succession au royaume de *France*. Les uns prétendent
que la couronne étoit élective sous la première
race de nos rois; les autres qu'elle étoit héréditaire sous la première race, élective sous la
seconde, & qu'elle est redevenue héréditaire sous
la troisième. Quelques - uns soutiennent qu'elle
étoit tout-à-la-fois héréditaire & élective; mais

la plupart disent qu'après avoir été purement héréditaire, elle est devenue successive.

Childeric, dernier roi de la race Carlovingienne, fut déposé, & son fils Thierry relégué dans
un monastère. Pepin rendit lui-même un témoignage solemnel à la loi sacrée de la succession à
la couronne. Pour en imposer aux peuples, il
avoit sollicité & obtenu le suffrage d'un pape,
& bientôt après il demanda à un autre pape l'ab-
solution du parjure dont il s'étoit rendu coupable
envers son roi légitime. Il est clair qu'alors le
royaume étoit héréditaire; &, s'il étoit héréditaire à cette époque, il y a lieu de penser qu'il
l'étoit aussi sous la première race. Il est chargé
aujourd'hui d'une substitution en faveur des aînés
mâles, & il se trouve tout-à-la-fois héréditaire
& successif. Mais à quelle époque précise est-il
devenu successif? C'est ce qu'il n'est pas aisé de
dire : il paroît seulement que cette substitution
s'est établie sous la troisième race; car, durant
la première & la seconde, les rois partageoient
à leur gré leurs domaines entre leurs enfans : la
ligne successive que l'on appelle *françoise*, &
que, suivant le langage des romains, on appelloit *agnatique*, est devenue la règle générale : nos
rois ont heureusement perdu l'avantage de pouvoir disposer de leurs états, & ils doivent laisser
leur couronne à leur successeur, telle qu'ils l'ont
reçue.

Une coutume qui s'observe depuis environ treize
siècles, & qu'on ne retrouveroit point ailleurs, exclut du trône les filles & leurs descendans mâles ou femelles. Il n'y a point d'autre
monarchie en Europe où cette coutume ait toujours eu lieu, & elle a produit la dénomination
de succession *françoise*, dont nous venons de
parler. On la regarde comme la règle fondamentale de la monarchie. On la désigne aussi sous le
nom de *loi salique*, *loi sacrée*, *loi inviolable*, loi
toujours respectée de la nation, monument aussi
ancien que la monarchie, & ce courage qui ne
permet pas aux françois de vivre sous les loix
d'une femme, ou d'obéir à un prince étranger.
Les auteurs françois l'appellent le *fondement de
la monarchie*, ou le *palladium* de la France.

Avant d'entrer dans des détails sur la loi salique, nous observerons que, malgré cette foule
d'ouvrages écrits sur la succession à la couronne,
la question n'est point du tout éclaircie.

Vous lisez dans quelques-uns que cette élection
du roi par les peuples, ajoutée au droit du sang
des princes qui obtenoient le trône sous la première & sous la seconde race, n'étoit qu'une reconnoissance du droit successif des princes, faite
par les communes & les grands; qu'à proprement
parler ce n'étoit point une élection, mais une simple approbation en faveur des princes à qui la
couronne appartenoit de droit héréditaire, mais
une inauguration du monarque à son avénement au
trône; que jamais la succession héréditaire agna-

tique n'a varié fous aucune des trois races ; que feulement les mâles partageoient entr'eux les divers états de la monarchie, fous la première & la feconde race, au lieu que l'aîné a fuccédé feul dans la troifième, & que les puînés ont été réduits à de fimples apanages, reverfibles à la couronne au défaut d'héritiers mâles.

On trouve ailleurs chacune de ces propofitions contestée, & il ne feroit pas facile de débrouiller un pareil cahos. Il faut qu'on ait jugé ces éclaircissemens inutiles; car les hommes qui ont porté le plus de critique & de raifon dans ces matières, n'ont pas même cherché à nous donner là-deffus des réfultats bien précis.

De la loi falique. La loi qui exclut les femmes de la couronne de *France*, n'eft pas une loi formelle, comme l'ont cru quelques écrivains, & comme les gens du monde le répètent fans ceffe ; & cet article ne fe trouve pas dans les loix faliques. L'origine des loix faliques & l'étymologie de leur nom eft auffi peu connue. Les uns prétendent que ce nom leur vient de *Saligaft*, qui en fut le compilateur ; d'autres le tirent du mot latin *fala*, & fuppofent que cette loi primitive des francs a été faite dans les falles de quelques palais. Si l'on en croit quelques-autres, les loix faliques ont pris leur nom d'une bourgade appellée *Salechia*, qu'ils placent fur les rives de l'Iffel ou du Sal. L'opinion la plus générale & la plus vraifemblable dérive le mot *falique* de ceux des francs qu'on appelloit *faliens*, & le nom de ceux-ci de la rivière de *Sala*.

Nous avons deux exemplaires des loix faliques, qui font affez conformes quant au fens, mais qui offrent des variantes dans les expreffions. Le plus ancien a été imprimé d'après un manufcrit de l'abbaye de Fulde. On trouve, dans la plupart des articles, des mots barbares qui indiquent les lieux où chaque décifion a été prononcée. On a fait l'autre édition, d'après la réforme de Charlemagne ; celle-ci contient à la fin, des articles ajoutés par les rois de *France* Childebert & Clotaire. Ces deux exemplaires paroiffent être l'extrait d'un plus grand code ; car on y trouve citées les loix faliques elles-mêmes, & certaines formules qu'on ne voit point & qu'on ne trouve point ailleurs.

On lit après les loix faliques une ordonnance de Childebert, fuivie d'un accord entre Childebert & Clotaire, où l'on voit que les loix faliques comprenoient foixante-dix-huit articles. On n'en compte que foixante-onze dans les éditions qui nous font parvenues. Les cinquante-fix premiers ont rapport feulement à la peine de divers crimes, du vol, des meurtres & des violences que pouvoient commettre des peuples barbares réduits à tirer leur fubfiftance du butin, de la chaffe & de la pêche. Le cinquante-feptième & le cinquante-huitième paroiffent avoir été ajoutés depuis la converfion de Clovis. Ils indiquent l'ordre ob-

fervé pour la rédaction de toutes ces loix ; car on y trouve que Clovis avec fes francs a rédigé la loi falique en foixante-dix-huit articles ; que Childebert, auffi avec fes francs, en a ajouté fix approuvés de Clotaire, & qu'enfin celui-ci en a fait d'autres confirmés par Childebert fon aîné, & par les francs de fon royaume. Les empereurs Charlemagne & Louis le Débonnaire fon fils expliquèrent ces loix, & ils y inférèrent divers réglemens, auxquels on devoit obéir comme à la loi falique.

Le recueil des loix faliques doit avoir été fait fous Clovis I ; car le chapitre qui traite de l'immunité des églifes & de la confécration de leurs miniftres, fuppofe la converfion de Clovis, & il ne peut être poftérieur, puifque Childebert, fon fils, y réforma quelques articles & en ajouta de nouveaux. Ces deux obfervations fixent la date du code falique ; mais plufieurs de fes articles ont pu être promulgués & obfervés fous les prédéceffeurs de Clovis, & dans le temps où les francs ne formoient qu'une horde de foldats.

Le paragraphe 6 du chapitre 62e eft celui qu'on appelle communément *foi falique* par excellence. Ce chapitre a pour titre *de l'Alleu.* Voici tout ce qu'il contient. I. Si quelqu'un meurt fans enfans, & que fon père & fa mère lui furvivent, fon père ou fa mère hériteront de lui. II. Si le père ou la mère font morts, les frères & les fœurs laiffés par le défunt obtiendront l'hérédité. III. Si le mort n'a laiffé ni père, ni mère, ni frères, ni fœurs, les fœurs du père en hériteront. IV. S'il n'y a point de fœurs du père, l'héritage paffera aux fœurs de la mère. V. A leur défaut, les plus proches parens du côté paternel fuccéderont. VI. *Pour ce qui concerne la terre falique, la femme n'aura aucune part de l'héritage, mais il appartiendra tout entier, & fans partage, au mâle.*

Ce dernier paragraphe eft devenu fi célèbre par l'application qu'on en a faite à la couronne de *France*, qu'on l'imprime en lettres majufcules dans les éditions des loix faliques, même dans les éditions qui fe font en pays étranger.

En fuppofant que le code des loix faliques eft la compilation des loix des faliens, peuple qui compofoit l'une des tribus des francs, & qui devoit avoir la prééminence fur les autres ; (car Othon de Frifingue appelle les faliens les plus nobles d'entre les francs, & quelquefois on les a nommés *francs* par excellence,) ce n'étoit que la loi des francs établis entre Cambrai & la Somme, diftinguée de la loi ripuaire donnée à ceux qui occupoient les bords du bas-Rhin & de la baffe-Meufe. Elle n'a jamais pu contenir de difpofition expreffe fur l'ordre de la fucceffion à la couronne de *France* ; car les loix faliques, femblables en ce point aux coutumes particulières de nos provinces, n'ayant été reconnues que d'une partie des françois, alors divifés en tribus, on n'auroit pu y inférer un décret qui obligeât également les autres tribus des francs, qui se trouvoient soumis à des loix particulières, & qui ne reconnoissoient pas celle des saliens.

Le passage si fameux est le dernier d'un chapitre qui traite seulement des successions entre les particuliers, & même des successions en ligne collatérale. Les termes qu'on y emploie, ne conviennent pas à la succession d'une couronne, & on ne peut les appliquer qu'à la succession des fiefs. On ignore par quel hasard on a séparé ce paragraphe de ceux qui le précèdent, pour lui attribuer un objet différent; & à n'examiner que le texte, rien n'autorise l'application qu'on en a faite à la couronne. Il est difficile de croire que les auteurs de la loi aient voulu confondre, dans un même chapitre, deux espèces de biens, si différentes par leur nature & par leurs prérogatives, le royaume & le patrimoine des individus, le droit du sceptre & celui des possessions privées. Comment imaginer que le même décret a réglé l'état des rois & l'état des sujets! Qu'on ait renvoyé à la fin du décret, comme un supplément ou comme un accessoire, l'article qui concerne le monarque, & qu'on se soit expliqué en deux lignes, & en termes obscurs, sur une matière de cette importance, tandis que le législateur s'étend beaucoup & s'énonce clairement sur ce qui regarde les sujets.

Les saliens possédoient deux sortes de biens: ils avoient d'abord des terres appellées *saliques*; c'étoient des bénéfices militaires ou d'autres de cette espèce, ou des récompenses données par Clovis. Ils possédoient, en second lieu, des *allodes* ou *alleux*; c'étoient des biens patrimoniaux. La distinction de ces deux sortes de biens est incontestable. Les loix saliques appellent *alléux* les biens héréditaires, les biens patrimoniaux, les biens qu'on recevoit de ses pères; elles emploient comme synonimes le mot *allode* & le mot *patrimoniaux*, & les capitulaires de Charlemagne, de Louis le Débonnaire, de Charles le Chauve donnent une acception opposée au terme *bénéfice* & à celui d'*alleu*.

Les terres saliques étoient la récompense d'un service militaire, & elles imposoient à ceux qui devoient en jouir, l'obligation de porter les armes; & la loi déclare que les femmes ne devoient avoir aucune part à cette espèce de bien, parce qu'elles ne pouvoient remplir la condition à laquelle leurs pères en avoient joui. Il n'en étoit pas de même des terres possédées par les ripuariens, autre peuple franc, non à titre de récompense du souverain, mais à titre de successeurs de ceux à qui les romains les avoient données. La loi des ripuariens transmettoit celles-ci aux pères, mères, frères, sœurs, oncles & tantes. Elle excepte seulement les terres saliques, auxquelles les mâles seuls pouvoient succéder.

Les diverses tribus des francs ayant eu besoin d'un roi guerrier, il paroît qu'elles ne songèrent jamais à donner la couronne à des femmes: &, s'il fut jamais question de les exclure formellement du trône, leur fierté dédaigna peut-être d'établir sur ce point une loi particulière, & leur grossière ignorance s'en tint à la disposition de la loi salique sur les *alleux*, que nous venons d'expliquer. Mais à quelle époque firent-ils cette belle interprétation? C'est ce qu'on ignore, & ce qu'il seroit peut-être difficile de découvrir.

La coutume de ne pas souffrir les femmes sur le trône, étoit plus ancienne chez les francs que le code salique. Elle leur étoit commune avec toutes les nations germaniques qui inondèrent l'Europe, & qui s'y établirent vers la fin de l'empire d'Honorius. Suèves, vandales, bourguignons, francs, lombards, aucun de ces peuples ne fut gouverné par des reines. Ils avoient tous des rois, qui souvent n'étoient que les chefs & les généraux de leurs armées.

Au reste, il est aisé d'imaginer comment ces peuples barbares firent, du titre du code salique que nous discutons, une application indirecte à la succession à la couronne. Les biens nobles ne peuvent, selon le droit commun, tomber de lance en quenouille; ils jugèrent que la prérogative de la royauté, qui est l'héritage le plus noble & celui d'où découle la noblesse de tous les autres, se trouvoit sur-tout dans ce cas. Si donc la règle qui, en France, exclut les femmes du trône, n'est pas une loi écrite, la coutume invariablement observée depuis le commencement de la monarchie lui a donné force de loi; & plusieurs jugemens de la nation qui la supposoient écrite, & qui prononçoient ses décrets d'après cette supposition, ne laissent aucun doute sur ce point.

Mais la première & la seconde race de nos rois ne fournissent pas, en effet, un seul cas où les filles d'un roi, mort sans postérité masculine, aient réclamé le sceptre; & lorsque, sous la troisième race, les descendans des filles ont voulu succéder, on n'a jamais admis leurs prétentions.

Depuis Hugues Capet, treize rois en ligne directe étoient montés sur le trône, lorsqu'après la mort de Jean, fils de Louis-le-Hutin, la couronne passa en ligne collatérale à Philippe le Long, comte de Poitou, frère de Hutin. L'ordre de la succession royale fut attaqué, pour la première fois, par Clémence, fille de Hutin; elle disputa le sceptre à Philippe le Long. Les pairs & les barons de *France* se rendirent à Paris, afin de juger ses prétentions; & une sorte d'assemblée de la nation décida que la loi salique & la coutume inviolablement observée parmi les françois, excluoient les filles de la couronne.

Charles le Bel n'avoit en mourant qu'une fille; mais il laissa la reine enceinte. Si elle n'accouchoit pas d'un prince, Philippe, fils de Charles, comte de Valois, frère de Philippe le Bel, père des trois derniers rois, héritoit du trône. Philippe le Bel, outre ses trois fils, avoit une fille, appellée *Isabelle*, mariée à Edouard II, roi d'Angleterre : son fils Edouard III s'avisa de prétendre à la succession, du chef de sa mère.

Il fut question de nommer un régent, & on choisit, selon l'usage, le prince que la loi appelleroit à la couronne, si la veuve de Charles le Bel accouchoit d'une fille.

Edouard reconnoissoit que la loi salique excluoit les filles de la succession à la couronne, & il falloit bien qu'il le reconnût, puisque les trois derniers rois, Louis Hutin, Philippe le Long & Charles le Bel, avoient laissé sept filles encore vivantes, à qui le trône eût appartenu plutôt qu'à Isabelle leur tante ; mais il vouloit que l'exclusion fût bornée à la personne des femmes, & qu'elle ne s'étendît pas à leurs descendans mâles ; il ne se croyoit pas obligé de recourir au droit de représentation, qui place un parent éloigné, au degré de celui qu'il représente, parce qu'il étoit neveu du dernier roi, & que Philippe de Valois n'en étoit que le cousin-germain. Il cherchoit ainsi à faire valoir le droit de proximité ; il soutenoit que la personne la plus proche où le défaut du sexe ne se trouvoit point, étoit, par la proximité du sang, en droit de succéder au sceptre de *France* ; & qu'ayant l'avantage d'un degré, il excluoit Philippe de Valois.

La prétention du roi d'Angleterre étoit mal fondée à tous égards ; car Philippe de Bourgogne étoit plus proche que lui par Jeanne sa mère, fille de Philippe le Long ; & Eudes IV, duc de Bourgogne, son père, ne pensoit pas que cette proximité lui donnât aucun droit à la couronne. Philippe de Valois répondoit d'ailleurs, qu'Isabelle n'ayant aucun droit au trône, ses enfans ne pouvoient en avoir ; que l'inhabilité de la mère avoit passé à son fils & à tous ses descendans ; que la mère d'Edouard ne pouvoit lui avoir communiqué un droit qu'elle n'avoit pas elle-même, & que ce prince ne pouvoit en avoir aucun de son chef, fondé sur sa proximité, puisque cette proximité n'existoit en sa personne que par sa mère ; qu'il étoit déraisonnable de vouloir succéder à la couronne comme fils d'Isabelle, sans vouloir la représenter, & qu'enfin la loi salique avoit un double objet : le premier, que le peuple françois ne fût pas soumis à des femmes ; & le second, d'empêcher que la couronne ne passât à un prince étranger.

Les princes & les barons de *France* reconnurent & déclarèrent la force de la loi salique ; ils prononcèrent unanimement en faveur de Philippe de Valois. « A donc les douze pairs & barons » de *France*, (dit un historien contemporain), » s'assemblèrent à Paris le plutôt qu'ils purent, » & donnèrent le royaume, d'un commun ac- » cord, à messire Philippe de Valois, & en

» ôtèrent la reine d'Angleterre, & le roi son » fils, laquelle étoit demeurée sœur-germaine du » roi Charles, dernier trépassé, par la raison de » ce qu'ils disent que le royaume de *France* est » de si grande noblesse, qu'il ne doit mie par » succession aller à femelles ». Edouard se soumit à ce jugement, & il vint à Amiens rendre hommage à Philippe, qui le somma de lui faire hommage en personne pour le duché de Guienne, qu'il tenoit sous la mouvance de la couronne. Si Edouard fit ensuite la guerre à Philippe, & si ses prétentions à la couronne en furent le prétexte, cette guerre n'affoiblit pas le droit incontestable de Philippe, l'autorité du jugement de la nation, & la soumission volontaire du prince anglois à ce jugement ; & il demeure prouvé qu'en *France* les filles & leurs descendans n'ont jamais succédé à la couronne, ni à aucune portion de la couronne.

La preuve la plus certaine qu'on a toujours suivi l'interprétation donnée à ce qu'on appelle la *loi salique*, c'est la suite généalogique de tous nos rois. On voit qu'ils sont montés sur le trône de père en fils, de frère en frère ; & qu'au défaut des enfans mâles du roi, le plus proche prince du sang royal a obtenu le sceptre. Il ne faut pas croire que la couronne de *France* n'a été héréditaire par les mâles, que depuis que Lothaire Empereur, Louis le Germanique & Charles le Chauve assemblés, convinrent, dans un traité solemnel, que leurs enfans succéderoient au trône ; qu'ils auroient chacun en partage ce qui leur seroit assigné, & que les oncles n'auroient aucune part à la couronne. Ce traité ne fut qu'une confirmation de la loi salique ; car un autre acte solemnel, signé par Louis le bègue & Louis, roi de Franconie, son voisin, déclara que ces deux princes régnoient par droit successif, & que leur royaume devoit passer à leur postérité par droit de succession, ce qui ne peut s'entendre d'un droit nouveau.

Au reste, le préjugé qui suppose la loi sur l'exclusion des femmes au trône, comme une loi écrite qui se trouve formellement dans les codes, n'est pas très-ancien ; il paroît qu'il a commencé à s'accréditer au commencement du quinzième siècle, d'après les assertions de Robert Gaguin & de Claude de Seyssel.

Si les françois excluent du trône les femmes & leurs descendans depuis plus de treize siècles, ils ne les ont pas privés du droit de gouverner le royaume à titre de régentes. Ils se sont éloignés par-là de l'esprit de cette règle, qu'ils regardent comme une loi fondamentale, & ils se sont privés de l'avantage qu'elle ménageoit à la nation ; on a remarqué, sur l'administration des régentes, que la nation françoise est de toutes les nations celle qui a souffert le plus de maux du gouvernement des femmes, quoiqu'elle ait pris un soin particulier de leur ôter le sceptre.

Les francs & les gaulois se mêlèrent tellement dans l'établissement de la monarchie, qu'ils ne firent plus qu'un peuple; ils se communiquèrent leurs usages & leurs cérémonies. Les francs, dont les princes étoient héréditaires & absolus, donnèrent aux gaulois des maîtres héréditaires & absolus, & ils prirent des gaulois les cérémonies que ceux-ci observoient dans l'inauguration de leurs chefs, & les égards pour leurs femmes : c'est par une suite de ces égards qu'elles sont arrivées à la régence, quoiqu'elles soient exclues du trône.

Des autres loix qu'on appelle fondamentales dans le royaume de France.

Malgré ce que nous avons dit de la loi salique, on peut l'appeller une loi fondamentale du royaume; car les loix fondamentales d'une monarchie n'ont pas besoin de toute la sanction & de toute la solemnité des loix fondamentales d'une démocratie ou d'une aristocratie, ou plutôt, dans les monarchies, on ne donne pas une acception si précise & si rigoureuse, à l'expression de loi fondamentale.

Outre cette loi, on compte parmi les loix fondamentales du royaume, celles de l'inaliénabilité & de l'indivisibilité de la monarchie, &c. car on croit qu'il seroit impossible d'y déroger, sans le consentement unanime de tous les ordres de l'état. Le lecteur trouvera à l'article ALIÉNATION, des détails, d'où il pourra conclure s'il seroit utile aujourd'hui de changer la loi de l'inaliénabilité : on n'attribue pas la même prérogative à l'ordonnance de Charles V, donnée en 1374 sur la majorité de l'héritier de la couronne; à celle de Charles VI, datée de 1404 sur le couronnement, &c; on ne les suit qu'autant que le roi, dont l'autorité ne connoît presque plus de limites, le trouve à propos. L'hérédité de la couronne passe aussi pour une loi fondamentale; de-là la maxime que le roi ne meurt point, parce que le moment qui ferme les yeux du prince régnant, met son successeur sur le trône : le mort saisit le vif dans cette succession, disent les publicistes, & le consentement des sujets, le sacre & le couronnement ne sont pas nécessaires.

A proprement parler, la loi fondamentale d'un état a eu besoin du consentement exprès de la nation ; mais il est des formes de gouvernement où les loix, publiées sans autre aveu que celui du souverain, passent pour fondamentales. Ainsi l'ordonnance du roi, du mois de juillet 1717, qui déclare les princes légitimés inhabiles à la succession, & qui confirme aux états la liberté de se choisir un maître à leur gré, après l'entière extinction de la race mâle des Bourbons, n'est pas une loi fondamentale ; mais on la regarde comme telle, parce qu'elle règle une chose qui est essentielle à une monarchie.

En cas de minorité, un régent nommé par le roi défunt, &, à son défaut, par le parlement, prend soin du gouvernement, au nom du roi mineur, jusqu'à ce que le jeune prince ait atteint l'âge de treize ans & un jour, terme fixé pour sa majorité.

Mais cet usage n'est peut-être pas assez ancien : on ne l'a pas suivi assez invariablement, pour être admis au rang des loix fondamentales.

Il ne paroît pas non plus qu'on doive mettre au nombre des loix fondamentales les *remontrances* des parlemens contre les loix nouvelles, & les *oppositions* des particuliers à l'enregîtrement des édits & déclarations ; malgré tout ce qu'on a écrit sur ces deux objets, il est aisé de voir que les *remontrances* & les *oppositions*, dans la constitution actuelle de la monarchie, produisent plus ou moins d'effet, selon le caractère des princes & des ministres ; qu'il suffit d'une lettre de jussion pour les arrêter ; & que si elles sont en usage aujourd'hui, c'est depuis 1715, époque où le régent crut, par des motifs particuliers, devoir rendre au parlement le droit de vérifier les édits avant de les enregîtrer, & redonner aux particuliers le droit de former opposition aux édits & déclarations.

Louis XIV qui se souvenoit des troubles de sa minorité, & de l'abus qu'il avoit cru voir résulter de ce droit de remontrances des parlemens, le leur interdit par la déclaration du 14 février 1673 : il déclara que les *ordonnances, édits, déclarations & lettres-patentes expédiées pour affaire publique, soit de justice ou de finances, émanées de l'autorité & propre mouvement du roi, sans parties, seroient enregîtrés purement & simplement ;* & il ajoute ensuite : *défendons à nos cours de recevoir aucunes oppositions à l'enregîtrement de nosdites lettres-patentes.*

Ainsi le parlement & les citoyens ne font des remontrances & ne forment des oppositions, que lorsque le législateur le permet, & il sera facile aux lecteurs de juger si ce droit des *remontrances* & des *oppositions* est une partie immuable de notre droit public. Ils penseront peut-être qu'il seroit à desirer de voir le droit assis sur des fondemens plus inébranlables ; mais que les loix les plus favorables aux sujets, dépendent trop souvent d'un prince qui peut les revoquer.

Des apanages accordés aux enfans de France, *de la nature & des privilèges des domaines de l'état.* On a vu, dans des temps de trouble & de désordre, le domaine sacré de la couronne passer à des familles étrangères ; & contre la maxime fondamentale de l'état, & contre l'esprit des anciens usages, les filles de *France* porter, dans les maisons de leurs maris, des provinces entières, & les fils de *France* s'approprier leurs apanages.

On ouvrit les yeux sur ces abus : Charles V ordonna que les filles de *France* n'auroient qu'une somme d'argent en dot ; & depuis cette sage disposition, elles ont été réduites à la jouissance ou l'usufruit de quelques domaines, lorsqu'elles ont vécu dans le célibat ; & à une dot en deniers, lorfqu'elles fe font mariées.

C'eft une maxime en *France*, que tout ce qui eft ajouté au royaume, fait partie du royaume, & fe trouve foumis aux mêmes loix.

Dès qu'un prince monte fur le trône, tous les domaines qu'il poffédoit font réunis à la couronne ; ils participent de fa nature, & ils fuivent la même loi de fucceffion. Nous n'examinerons pas fi ces domaines tiennent lieu de dot à la couronne avec laquelle le prince contracte une efpèce de mariage politique, comme le difent quelques écrivains, dont la fubtilité n'eft plus de notre fiècle. On a remarqué que les domaines particuliers n'étant que des acceffoires de la perfonne, ne pouvoient demeurer dans une condition privée, dès que le poffeffeur monte fur le trône. Les empereurs romains adoptoient le même principe. L'un des Antonins le reconnut, lorfqu'après fon élection il dit ces mots remarquables à fa femme, qui lui reprochoit de n'être pas affez libéral : *nous n'avons plus rien* ; c'eft-à-dire, que l'intérêt public & l'intérêt particulier fe trouvant confondus dans ce prince, il ne poffédoit plus rien en particulier, & que fes biens, réunis à ceux de l'état, avoient changé de nature, & étoient devenus, felon le langage des jurifconfultes, un propre de l'Empire, attaché non plus à la perfonne du prince, mais à fa couronne.

L'hiftoire de ce qui s'eft paffé à l'égard de la province de Bretagne, en eft une bonne preuve. Charles VIII époufa Anne, ducheffe de Bretagne, qu'il avoit prefque entièrement dépouillée de fes états. Le contrat de mariage rappelle les prétentions de chacune des parties fur la Bretagne ; la ducheffe y donne au roi & à fes fucceffeurs, rois de *France*, le duché de Bretagne, au cas qu'elle meure avant le roi, fans aucuns hoirs procréés d'eux légitimement ; le roi, de fon côté, donne à la ducheffe tous fes droits de propriété & de poffeffion, noms, raifons & actions fur ce duché, au cas que le roi meure avant la duceffe ; auffi fans hoirs mâles procréés d'eux légitimement ; pour éviter les inconvéniens de la guerre, entre le royaume & le duché, il eft ftipulé que la duceffe ne paffera pas à de fecondes noces, *fors avec le roi futur, s'il lui plaît & faire fe peut, ou à autre prochain & préfomptif futur, fucceffeur de la couronne* ; qu'en ce cas, ce prochain hoir fera tenu de faire à la couronne de *France* les reconnoiffances, & de lui payer les redevances dont étoient tenus envers elle les prédéceffeurs de la duceffe ; qu'ils ne pourront aliéner le duché en d'autres mains qu'en celles du roi de *France* ; & que s'il y a des enfans procréés de Charles & d'Anne, & fi Anne furvit au roi, elle jouira du duché de Bretagne & le poffédera entièrement, comme à elle appartient. Il ne réfulta point d'enfans de ce mariage, & Anne de Bretagne furvécut à Charles VIII. Devenue veu-

ve, elle époufa en fecondes noces Louis XII, qui fuccéda à la couronne de fon premier mari. Le nouveau monarque n'eut point non plus d'enfans mâles d'Anne de Bretagne ; mais il en eut deux filles, Claude & Renée de *France* ; & entraîné par l'affection qu'il avoit pour ces princeffes, il donna des lettres-patentes pour empêcher la réunion de fon domaine particulier à la couronne, & pour le tranfmettre à fes filles. Les lettres-patentes furent vérifiées au parlement de Paris. Cette difpofition étoit conforme aux vœux naturels des pères pour leurs enfans ; mais on réclama les loix & les privilèges de l'état, & la loi du royaume l'emporta fur la volonté de Louis XII ; & , quoiqu'il eût été l'amour & les délices de fon peuple, on n'obéit point à fes volontés après fa mort. François Ier, fon fucceffeur, recueillit le domaine de la maifon d'Orléans, comme roi & non comme mari de la reine Claude. Henri II, fils de François Ier, ayant fuccédé au duché de Bretagne, après la mort de François, dauphin, fon frère aîné, & dix ans après à la couronne, cette province devint une partie inféparable de la couronne : lorfqu'on fit la célèbre ordonnance du domaine, on ne révoqua pas ces lettres-patentes que la loi de l'état avoit abolies de plein droit. Après avoir marqué, dans plufieurs articles, quelle eft la nature du domaine de la couronne, on ajouta que les loix & les privilèges du domaine auroient lieu, tant pour l'ancien domaine uni à la couronne, qu'autres terres depuis accrues ou avenues, comme Blois, Coucy, Montfort, & autres femblables. Ces terres, accrues ou avenues à la couronne, compofoient le patrimoine particulier du roi Louis XII. L'ordonnance ne les réunit pas ; elle les fuppofe réunies par l'incorporation de plein droit, qu'aucune loi n'avoit pu empêcher. Voilà un premier exemple, & en voici un fecond.

Henri IV, devenu roi de *France*, déclara par des lettres-patentes, qu'il vouloit tenir fon patrimoine féparé de celui de la couronne. Sa tendreffe extrême pour la princeffe Catherine, fa fœur unique, qu'il vouloit favorifer, s'il n'avoit point d'enfans, le déterminèrent en cette occafion : les lettres-patentes furent vérifiées au parlement de Bordeaux ; mais le parlement de Paris, féant à Tours, refufa de les vérifier, malgré les lettres de juffion que le roi lui envoya à plufieurs reprifes. Le procureur général obferva « qu'en *France* il n'y a point de diftinction de » domaines dans le roi ; qu'il n'y a en lui qu'un » domaine public, lequel abforbe le particulier » que le roi avoit avant fon avénement à la cou- » ronne, & celui qui lui eft échu depuis par » fucceffion, libéralité, cafuel & conquête. » Une nouvelle déclaration ftatua cependant que le domaine particulier & patrimonial du roi feroit disjoint & défuni de la couronne, & cette déclaration fut enrégiftrée au parlement de Touloufe; mais la fœur de Henri étant morte, & trois ans après, ce prince ayant eu deux enfans mâles de fon mariage avec Marie de Médicis, un édit, enrégiftré dans tous les parlemens du royaume, déclara que tous fes biens patrimoniaux demeureroient à perpétuité unis à la couronne; ce qui comprenoit, outre le royaume de Navarre (1), les grandes terres que ce prince poffédoit en *France*. La principauté de Béarn, qui relevoit anciennement du duché d'Aquitaine, auroit dû être comprife dans cette réunion; mais le roi eut quelques raifons de ne l'y pas faire entrer, & la réunion de cette province à la couronne n'eut lieu que fous Louis XIII.

L'hiftorien d'Henri IV rapporte que ce prince donna à fon fils naturel le duché de Vendôme, pour en jouir de la même manière que les autres ducs; que le parlement vérifia les lettres avec une extrème répugnance, & à condition qu'on ne fe prévaudroit pas de cet exemple pour les autres biens patrimoniaux du roi, lefquels, par la loi du royaume, étoient cenfés réunis à la couronne.

SECTION III.

Détails politiques fur les maifons fouveraines iffues de celle de France; *fur celle qui règne aujourd'hui en* France, *fur l'ancienneté de cette famille, & fur les titres & les propriétés du roi.*

Maifons fouveraines iffues des rois de France. Les rois d'Auftrafie defcendent de Clovis I, cinquieme roi de la première race, & ils commencent à Lothaire fon fils, empereur d'Occident.

Les anciens ducs de Bourgogne & les rois de Portugal viennent de Robert le dévot, fecond roi de la troifieme race.

Les anciens comtes de Vermandois tirent leur origine d'Henri I, troifieme roi de la troifieme race.

La maifon de Dreux a pour tige Robert, cinquieme fils de Louis VI, cinquieme roi de la troifieme race.

Les comtes d'Artois font fortis de Louis VIII, huitieme roi de la troifieme race.

La branche de Bourbon, qui eft aujourd'hui fur le trône de *France*, eft iffue de Louis, fils aîné de Robert de *France*, fixieme fils de faint Louis, pour lequel la baronnie de Bourbon fut érigée en duché-pairie.

La branche des Valois & les Rois de Navarre viennent de Philippe III, dixieme Roi de la troifieme race.

Louis, fecond fils de Jean-le-Bon, eft la tige des ducs d'Anjou, qui forment la feconde branche des rois de Naples, & Philippe, fon qua-

trieme fils fut le chef de la branche des derniers ducs de Bourgogne.

La maifon actuelle d'Orléans vient de Louis XIII, par Philippe fon fecond fils, & frere unique de Louis XIV.

La maifon d'Efpagne régnante a pour chef Philippe, duc d'Anjou, petit fils de Louis XIV, & le roi de Naples actuel vient de la même tige.

La branche de la maifon de *France*, qui occupe aujourd'hui le trône, prit le nom de *Bourbon*, dans le quatorzieme fiècle, & fous le règne de la branche de Valois, elle étoit cadette des branches d'Orléans, d'Angoulême, d'Anjou, de Bourgogne & d'Alençon.

Ancienneté de la maifon régnante. Selon tous les généalogiftes, Hugues Capet, comte de Paris & duc de *France*, qui commença la fuite non-interrompue des rois de la troifieme race, dont Louis XVI eft le trente-unième, étoit fils de Hugues furnommé l'*Abbé le Grand* & *le Blanc*, & arriere-petit-fils de Robert-le-Fort, comte d'Anjou, duc & marquis de *France*. Robert premier, roi de *France*, étoit frere d'Eudes, qui monta auffi fur le trône de *France*; & ils eurent tous deux pour pere Robert-le-Fort, tué par les Normands à Briffarte, fur la Sarthe en Anjou. Ainfi Louis XVI defcend au vingt-cinquieme degré de Robert-le-Fort; il compte parmi fes ayeux, dans l'efpace de plus de neuf cens ans, un très-grand nombre de rois: l'hiftoire de fa famille eft plus avérée & plus authentique que celle de toutes les maifons régnantes; mais il y a parmi les généalogiftes quatre opinions différentes fur une queftion qui intéreffera plufieurs lecteurs.

Les uns veulent que les rois de la troifieme race defcendent de la feconde, ceux de la feconde de la première, & felon eux les Capétiens des Mérovingiens. Comme le nom de Clovis eft le même que celui de Louis, & qu'il y a trois Clovis dans la première race; fi les trois races n'étoient que diverfes branches d'une même famille, le monarque, qui règne aujourd'hui en *France*, devroit s'appeller *Louis XIX*, & non pas *Louis XVI*.

Les autres difent que les rois Capétiens viennent d'un frère de Charles Martel; & ne defcendent pas des Mérovingiens.

Selon quelques-uns la troifieme race a pour tige un frère de l'impératrice Judith, femme de Louis-le-Débonnaire, qui étoit de l'ancienne maifon de Baviere, par fon père, & de l'ancienne maifon de Saxe, par fa mère.

Selon d'autres enfin, Robert-le-Fort, & par conféquent Hugues Capet defcendent d'Hufprand, roi de Lombardie, qui monta fur le trône au

(1) Tout ce qui regarde la Navarre, fe trouve à l'article ESPAGNE.

commencement

commencement du huitième siècle, & de deux autres rois ses successeurs. Ceux-ci prétendent que les trois races sont réellement distinctes.

Tous les auteurs parlent des trois races, & ainsi plusieurs d'entr'eux s'expriment mal ; car ce qu'ils appellent des races, ne seroient que des branches d'un tronc commun.

En admettant la distinction des trois races, il faut encore avouer que la maison qui règne aujourd'hui en *France*, occupoit le premier trône de l'Europe, lorsque tout ce qu'il y a aujourd'hui de familles souveraines étoient sujettes, & plusieurs même sujettes de la maison de *France*. Les vassaux de nos rois ont conquis l'Angleterre ; ils ont regné en Ecosse ; ils ont chassé les sarrazins de l'Espagne & de l'Italie, & formé les royaumes de Portugal, de Naples & de Sicile ; quelques-uns ont été rois de Navarre, de Castille, de Léon, d'Arragon, d'Arménie & de Chypre, empereurs de Constantinople, rois de Jérusalem, & souverains de plusieurs pays d'Orient.

Le roi de *France* est le seul de tous les rois & de tous les empereurs de l'Europe, dont la famille n'ait point d'autre nom que celui de sa couronne ; car son véritable nom est *France*, & non pas Bourbon ; les princes qui gouvernent les autres pays, ont obtenu la couronne depuis que les noms sont devenus personnels. Le roi de *France* au contraire a pour nom de famille, le nom même de sa couronne, parce que ses ancêtres, assis sur le trône, prirent ce nom, lorsque les noms devinrent personnels sur la fin du douzième siècle.

Ainsi les ministres du roi des deux-Siciles tombèrent dans une erreur, lorsqu'ils firent mettre sur les monnoies cette légende : *Carolus Borbonius, rex Napolis*.

Du Tillet, qui est de tous les auteurs françois le plus exact à distinguer le nom de famille & les noms d'apanage, dit que « le surnom de *France* » appartient aux filles des rois de *France*, & que » si elles sont nées avant que leur père soit roi, » elles ne prennent de surnom qu'après son avé- » nement à la couronne.

Les fils de *France* qui n'ont point d'apanage, parce qu'ils doivent hériter de la couronne, portent toujours le nom de *France*. Le duc de Bourgogne, en ratifiant le contrat de son mariage, s'appelle *Louis de France, duc de Bourgogne*.

Les fils de *France* qui ont des apanages, joignent au nom de *France*, comme nom de famille, celui de leur apanage comme nom de terre ; & c'est ce nom d'apanage qui se perpétue dans leurs descendans, & se quitte par l'aîné de la branche qui arrive au trône. Orléans, Bourbon Condé & Bourbon-Conti sont des branches de la maison de *France*. Chacune de ces branches, outre le nom de *France* qui est commun à toute la maison, a une espèce de nom mixte, propre à tous les descendans de celui qui le premier a pris le

nom d'un apanage ou d'une seigneurie. Les branches actuelles de la maison de *France* se sont conformées aux usages des branches éteintes, que des princes du sang royal avoient anciennement formées, sous les noms de *Bourgogne*, de *Vermandois*, *Dreux*, *Artois*, *Toulouse*, *Anjou*, *Evreux*, *Blois*, *Champagne*, *Berry*, *Orléans*, *Angoulême*, *Alençon*, *Valois*.

Titres & prérogatives du roi. Le titre du roi de *France* est : par la grace de Dieu, roi de *France* & de Navarre. Celui de sire, qui veut dire *maître*, *seigneur*, lui est donné par ses sujets, comme une marque de sa souveraineté & de sa puissance. Les étrangers le nomment *le roi très-chrétien* ou *sa majesté très-chrétienne*, épithète dont la nation ne se sert point.

Les papes donnent de plus aux rois de *France* le titre de fils ainé de l'église, *primogenitus ecclesiæ filius*, depuis le baptême de Clovis, qui se trouva le seul prince orthodoxe dans l'empire d'Orient & d'Occident.

Le pape Grégoire III, écrivant à Charles Martel, lui donna, entr'autres titres d'honneur, celui de *roi très-chrétien*. Zacharie, faisant une réponse à Pepin, l'appella *très-chrétien*, & Charles le Chauve fut qualifié de *roi très-chrétien* par le concile de Savonnières. Ce même prince fut encore nommé *très-chrétien*, lors de son couronnement comme roi de Lorraine. Dans une ancienne traduction, le titre de *roi très-chrétien* est donné à Charles VI. Le sacré collège pensoit que cette prérogative appartenoit aux seuls rois de *France* ; car il s'opposa fortement à Alexandre VI qui vouloit l'accorder à Ferdinand, roi d'Espagne, dont il étoit né le sujet ; & cette résistance détermina le pape à donner à son ancien maître le nom de *roi catholique*.

Des auteurs françois prétendent que leur monarque porte ce titre depuis Childebert ; mais qu'on ne l'employa presque jamais sous la première race.

L'examen de cette assertion nous jetteroit dans des détails bien inutiles, nous nous contenterons d'observer que des souverains refusoient, il n'y a pas 150 ans, le titre de *roi très-chrétien* au roi de *France*. « Il se trouve encore des princes & des » états, (disoit un ministre de *France*,) qui ne » donnent pas au roi le nom de *très-chrétien*, » parce qu'on ne les y a pas accoutumés, & le » roi de Danemarck le refuse ouvertement. Quand » je m'en suis plaint à ses chanceliers, ils m'ont » répondu que leur maître étoit un roi fort chré- » tien, & qu'il ne connoît pas une qualité don- » née par les papes. Après avoir refusé de me » charger de lettres où le titre ne seroit pas, » ils me firent apporter une lettre, dont l'ins- » cription étoit : *Serenissimo principi Ludovico XIII. » Galliæ & Navarræ regi christianissimo*. Ils veu- » lent bien dire que c'est un prince très-chrétien, » mais non pas l'appeller le roi très-chrétien ».

Depuis qu'Humbert II, dauphin du Viennois, disposa de ses états en faveur de la maison de France, le fils aîné du roi, ou l'héritier présomptif de la couronne porte le titre de *dauphin*. *Voyez* l'article DAUPHIN.

Le fils aîné du dauphin est appellé *duc de Bourgogne*; mais ce titre ne se remplace pas. Lorsque le roi actuel étoit dauphin, son frère puîné, (aujourd'hui MONSIEUR,) étoit qualifié de comte de Provence, & son frère cadet de comte d'Artois. Les fils ou les filles du roi ont le surnom de *France*, & les fils ont en outre des titres particuliers, comme ceux de ducs d'Orléans, d'Anjou, de Berry, d'Aquitaine, &c. & les princesses sont appellées simplement *Mesdames de France*.

Le roi de *France* est le seul roi de l'Europe traité de majesté par l'empereur d'Allemagne & par les diètes de l'Empire. Les diètes & le chef du corps germanique ne donnent aux autres rois que la qualification de *sérénité*, de *dilection*, ou de *dignité royale*.

SECTION IV.ᵉ

Observations sur la culture & les avantages de la position de la France, *& sur la marine.*

On a publié des milliers de volumes sur la culture de la *France*, & les moyens d'augmenter ses productions : tout ce qui regarde cette matière, a été bien discuté, & se trouve aujourd'hui bien éclaircie : nous nous bornerons ici à une seule remarque.

Le marquis de Turbilly a prouvé, dans son mémoire sur les défrichemens (en 1760), que la moitié des terres du royaume est inculte, & que si les autres étoient mieux cultivées, le produit des récoltes doubleroit; il en conclud que les revenus du roi se tripleroient, si l'on défrichoit les premières, & monteroient au quadruple, si l'on amélioroit les autres; & que la population deviendroit plus nombreuse, à mesure que l'aisance deviendroit plus générale.

Les belles chaussées construites dans toute l'étendue du royaume, le grand nombre de rivières navigables qu'on y trouve, & les superbes canaux où aboutissent plusieurs de ces rivières, tels que celui de Bourgogne, de Briare, d'Orléans, de Picardie, le fameux canal royal de Languedoc, &c. fournissent ou fourniront de grands secours au commerce intérieur, & le rendront d'une facilité peu commune.

Le commerce extérieur n'a pas moins d'avantages par terre; il pénètre en Suisse & en Italie par Lyon; en Allemagne, par Metz & Strasbourg; en Hollande par Lille; & en Espagne, où le produit de la contrebande égale celui du commerce public, par Bayonne & Perpignan;

&c. La *France* fait trois sortes de commerce maritime.

L'un a lieu d'un port à l'autre & on le nomme *cabotage* ou *commerce des côtes*. Il entretient une correspondance entre toutes les provinces maritimes du royaume; il tire de l'une ce qui manque à l'autre, & il excite l'industrie. Le second embrasse l'Europe, & il consiste dans l'échange des denrées ou marchandises que les états divers s'envoient mutuellement. Il est aisé de voir que la *France* étant si riche par ses productions & par son industrie, les navires étrangers doivent y aborder en foule. Aussi les ports de *France* sont-ils fréquentés par toutes les nations européennes. Les navires françois vont à leur tour visiter les ports de leurs voisins, & l'on peut juger des avantages de leur commerce par les 70 millions que la balance de son commerce lui apporte toutes les années. Jusqu'ici ils ont peu fréquenté les mers du nord; & comme ils ont besoin des marchandises qu'on en tire, & que les recevant de la seconde & de la troisième main, ils doivent les payer plus cher, le cabinet de Versailles s'occupe aujourd'hui des moyens d'étendre son commerce dans le nord, & sur-tout en Russie; & il verra bientôt ses sujets entrer pour ce commerce dans une concurrence avantageuse avec les hollandois & les anglois.

La troisième sorte de commerce embrasse l'Asie, l'Afrique & l'Amérique; & comme elle expose à des risques, elle donne aussi des bénéfices plus considérables. Celui de la Guinée n'est pas le moins important; les françois en tirent de l'or, de l'ivoire, & sur-tout des nègres qu'ils transportent en Amérique. Leurs colonies dans le nouveau-Monde exigeant des détails particuliers, nous renvoyons ces détails à la section suivante. Le commerce des Indes orientales se fait par le port de l'Orient; il n'est plus ce qu'il étoit autrefois, & il seroit aisé de prouver qu'on ne doit pas s'affliger de cette diminution.

La *France* a pour la marine des avantages considérables. Sa situation est une des plus commodes & des meilleures pour troubler le commerce des autres nations, & faire prospérer le sien. Elle est placée comme au milieu de l'Europe; rien ne la gêne, rien ne lui porte obstacle.

C'est des anglois & des hollandois que la *France* tient l'art de construire les vaisseaux. Henri IV est le premier de nos rois qui ait songé sérieusement à établir une marine. Le cardinal de Richelieu la perfectionna sous Louis XIII, & la *France* eut une escadre assez forte. Louis XIV rendit sa marine redoutable; & elle contribua beaucoup à la gloire & au succès de ce prince. Mais elle ne se soutint pas : on la vit tomber dans les dernières années de son règne.

Elle s'est relevée avec beaucoup d'éclat sous

Louis XV, & des circonstances particulières l'ont rendue quelques momens égale ou supérieure à celle des anglois, durant la guerre qui vient de se terminer. On en sent aujourd'hui l'importance, & il y a lieu de croire qu'on l'entretiendra toujours avec beaucoup de soin. La cour de Versailles fait construire un port à Cherbourg, c'est-à-dire, dans la Manche, tout donne lieu d'espérer que cette belle entreprise aura du succès ; & nous ne craignons pas d'assurer qu'à la première guerre, la Grande-Bretagne trouvera la marine françoise plus redoutable. En traitant, dans la sixième section, des rapports de la *France* avec l'Angleterre, nous ferons quelques observations assez utiles sur le port de Dunkerque.

L'état des troupes de terre qu'entretient la *France*, se trouve par-tout, & nous ne le donnerons pas ici.

Section Ve.

Précis de l'histoire politique de nos colonies d'Amérique, remarques sur l'administration, les impôts, les revenus, les dettes & les milices de ces colonies, sur les réformes dont elles sont susceptibles, & sur l'édit du 24 août 1784, qui a tempéré à quelques égards le régime prohibitif.

Les détails dans lesquels nous allons entrer, sont fort étendus, & les observations importantes qu'ils renferment, ne nous appartiennent pas : quoiqu'elles se trouvent dans un livre qui est très-connu, il y a lieu de croire que le lecteur les trouvera fort bien placées ici.

Nous y avons ajouté seulement plusieurs remarques sur l'arrêt du conseil du mois d'août, qui tempère à quelques égards le régime prohibitif établi jusqu'alors dans nos Isles d'Amérique.

Précis de l'histoire politique de nos colonies d'Amérique. Depuis la fin tragique du meilleur de ses monarques, la *France* avoit été sans cesse bouleversée par les caprices d'une reine intrigante, par les vexations d'un étranger avide, par les projets d'un favori sans talent. Richelieu commençoit à la gouverner d'une manière absolue, lorsque quelques-uns de ses navigateurs, aussi puissamment excités par la passion de l'indépendance, que par l'appas des richesses, tournèrent leurs voiles vers les Antilles, avec l'espérance de se rendre maîtres des vaisseaux espagnols qui fréquentoient ces mers. La fortune, après avoir plusieurs fois secondé leur courage, les réduisit à chercher un asyle pour se radouber : ils le trouvèrent à Saint-Christophe en 1625. Cette isle leur parut propre au succès de leurs armemens, & ils souhaitèrent être autorisés à y former un établissement. Denambuc, leur chef, obtint non-

seulement cette liberté, mais encore celle de s'étendre, autant qu'on le voudroit ou qu'on le pourroit, dans le grand Archipel de l'Amérique. Le gouvernement exigea pour cette permission, qui n'étoit accompagnée d'aucun secours, d'aucun appui, le dixième des denrées qui arriveroient de toutes les colonies qu'on parviendroit à fonder.

Une compagnie se présenta, en 1626, pour exercer ce privilège. C'étoit l'usage d'un temps où la navigation & le commerce n'avoient pas encore assez de vigueur, pour être livrés à la liberté des particuliers : elle obtint les plus grands droits. L'état lui abandonnoit pour vingt ans toutes les isles qu'elle mettroit en valeur, & l'autorisoit à se faire payer cent livres de tabac, ou cinquante livres de coton par chaque habitant, depuis seize jusqu'à soixante ans. Elle devoit y jouir encore de l'avantage d'acheter & de vendre exclusivement. Un fonds qui ne fut d'abord que de 45,000 livres, & qu'on ne porta jamais au triple de cette somme, lui valut tous ces encouragemens.

Il ne paroissoit pas possible de rien faire d'utile avec des moyens si foibles. On vit cependant sortir de Saint-Christophe des essains d'hommes hardis & entreprenans, qui arborèrent le pavillon françois dans les isles voisines. Si la compagnie qui excitoit l'esprit d'invasion par quelques privilèges, eût eu, à tous égards, une conduite bien raisonnée, l'état ne pouvoit tarder à tirer quelques fruits de cette inquiétude. Malheureusement elle fit ce qu'a toujours fait, ce que fera toujours le monopole : l'ambition d'un gain excessif la rendit injuste & cruelle.

Les hollandois, avertis de cette tyrannie, se présentèrent avec des vivres & des marchandises, qu'ils offroient à des conditions infiniment plus modérées. On accepta leurs propositions. Il se forma dès-lors, entre ces républicains & les colons, une liaison dont il ne fut pas possible de rompre le cours. Cette concurrence ne fut pas seulement fatale à la compagnie dans le nouveau-Monde, où elle l'empêchoit de débiter ses cargaisons ; elle la poursuivit encore dans tous les marchés de l'Europe, où les interlopes donnoient toutes les productions des isles françoises à plus bas prix. Découragés par ces revers mérités, les associés tombèrent dans une inaction entière, qui les privoit de la plus grande partie de leurs bénéfices, sans diminuer aucune de leurs charges. Dans leur désespoir, ils abandonnèrent, en 1631, leur octroi à une nouvelle compagnie, qui elle-même le céda à une autre en 1642. Inutilement le ministère sacrifia à la dernière les droits qu'il s'étoit réservés. Cette faveur ne pouvoit pas changer le mauvais esprit, qui jusqu'alors avoit été un principe constant de calamités. Une nouvelle révolution devint bientôt nécessaire. Pour éviter sa ruine totale, pour ne pas succomber sous le poids de ſes engagemens, le corps épuiſé mit ſes poſſeſſions en vente. Elles furent achetées, la plûpart, par ceux qui les conduiſoient comme gouverneurs.

Boiſſeret obtint en 1649, pour 73,000 livres, la Guadeloupe, Marie‑Galande, les Saintes & tous les effets qui appartenoient à la compagnie dans ces iſles : il céda la moitié de ſon marché à Honel, ſon beau‑frère. Duparquet ne paya, en 1650, que 60,000 liv. la Martinique, Sainte‑Lucie, la Grenade & les Grenadins : il revendit ſept ans après, au comte de Cerillac la Grenade & les Grenadins un tiers de plus que ne lui avoit coûté ſon acquiſition entière. Malthe acquit, en 1651, Saint‑Chriſtophe, Saint‑Martin, Saint‑Barthelemi, Sainte‑Croix & la Tortue, pour 40,000 écus : ils furent payés par le commandeur de Poincy qui gouvernoit ces iſles. La religion devoit les poſſéder comme fiefs de la couronne, & n'en pouvoit confier l'adminiſtration qu'à des françois.

Les nouveaux poſſeſſeurs jouirent de l'autorité la plus étendue. Ils diſpoſoient des terreins. Les places civiles & militaires étoient toutes à leur nomination. Ils avoient droit de faire grace à ceux que leurs délégués condamnoient à mort : c'étoient de petits ſouverains. On devoit croire que, régiſſant eux‑mêmes leur domaine, l'agriculture y feroit des progrès rapides. Cette conjecture ſe réaliſa à un certain point, malgré les émotions qui furent vives & fréquentes ſous de tels maîtres. Cependant ce ſecond état des colonies françoiſes ne fut pas plus utile à la nation que le premier. Les hollandois continuoient à les approviſionner, & à emporter les productions qu'ils vendoient indifféremment à tous les peuples, même à celui qui, par la propriété, devoit en avoir tout le fruit.

Le mal étoit grand pour la métropole. Colbert ſe trompa ſur le choix du remède. Ce grand homme, qui conduiſoit depuis quelque temps le commerce & les finances du royaume, s'étoit égaré dès les premiers pas de ſa carrière. L'habitude de vivre avec des traitans, du temps de Mazarin, l'avoit accoutumé à regarder l'argent, qui n'eſt qu'un inſtrument de circulation, comme la ſource des richeſſes. Pour attirer celui de l'étranger, il n'imagina pas de plus puiſſant moyen que les manufactures. Il vit dans les atteliers toutes les reſſources de l'état, & dans les artiſans tous les ſujets précieux de la monarchie. Pour multiplier cette eſpèce d'hommes, il crut devoir tenir à bas prix les denrées de première néceſſité, & rendre difficile l'exportation des grains. La production des matières premières l'occupa peu, & il appliqua tous ſes ſoins à leur fabrication. Cette préférence, donnée à l'induſtrie ſur l'agriculture, ſubjugua tous les eſprits, & ce ſyſtême deſtructeur s'eſt malheureuſement perpétué.

Si Colbert avoit eu des idées juſtes de l'exploitation des terres, des avances qu'elle exige, de la liberté qui lui eſt néceſſaire, il auroit pris en 1664 un parti différent de celui qu'il adopta. On ſait qu'il racheta la Guadeloupe & les iſles qui en dépendoient, pour 125,000 livres ; la Martinique pour 40,000 écus ; la Grenade pour 100,000 livres ; toutes les poſſeſſions de Malthe pour 500,000 liv. Juſques‑là ſa conduite étoit digne d'éloges : il devoit rejoindre au corps de l'état autant de branches de la ſouveraineté ; mais il ne falloit pas remettre ces importantes poſſeſſions ſous le joug d'une compagnie excluſive, que l'expérience, d'accord avec les principes, proſcrivoit également. Le miniſtère eſpéra vraiſemblablement qu'une ſociété, dans laquelle on incorporeroit celle d'Afrique, de Cayenne, de l'Amérique ſeptentrionale, & le commerce qui commençoit à ſe faire ſur les côtes de Saint‑Domingue, deviendroit une puiſſance inébranlable, par les grandes combinaiſons qu'elle auroit occaſion de faire, & par la facilité de réparer, d'un côté, les malheurs qu'elle pourroit eſſuyer d'un autre. On crut aſſurer ſes hautes deſtinées, en lui prêtant, ſans intérêt pour quatre ans, le dixième du montant de ſes capitaux, en déchargeant de tous les droits les denrées qu'elle porteroit dans ſes établiſſemens, & en proſcrivant, autant qu'il ſeroit poſſible, la concurrence hollandoiſe.

Malgré tant de faveurs, la compagnie n'eut pas un inſtant d'éclat. Ses fautes ſe multiplièrent en proportion de l'étendue des conceſſions dont on l'avoit accablée. L'infidélité de ſes agens, le déſeſpoir des colons, les déprédations des guerres, d'autres cauſes portèrent le plus grand déſordre dans ſes affaires. La chûte de cette ſociété paroiſſoit aſſurée & prochaine en 1674, lorſque la cour jugea qu'il lui convenoit d'en payer les dettes qui montoient à 3,523,000 livres, & de lui rembourſer ſon capital, qui étoit de 1,287,185 liv. Ces conditions généreuſes firent réunir à la maſſe de l'état, des poſſeſſions précieuſes qui lui avoient été juſqu'alors comme étrangères. Les colonies furent véritablement françoiſes ; & tous les citoyens, ſans diſtinction, eurent la liberté de s'y fixer, ou d'ouvrir des communications avec elles.

Il ſeroit difficile d'exprimer les tranſports de joie que cet événement excita dans les iſles. Les fers ſous leſquels on gémiſſoit depuis ſi long‑tems, étoient rompus, & rien ne paroiſſoit déſormais ralentir l'activité du travail & de l'induſtrie. Chaque colon donnoit carrière à ſon ambition : chacun ſe flattoit d'une fortune prochaine & ſans bornes. Si leur confiance fut trompée, il n'en faut accuſer ni leur préſomption, ni leur indolence. Leurs eſpérances n'avoient rien qui ne fût dans le cours naturel des choſes, & toute leur conduite tendoit à les juſtifier, à les affermir.

Les préjugés de la métropole leur opposèrent malheureusement des obstacles insurmontables.

D'abord on exigea, dans les isles même, de chaque homme libre, de chaque esclave des deux sexes, une capitation annuelle de cent livres pesant de sucre brut. On représenta vainement que l'obligation imposée aux colonies de ne négocier qu'avec la partie principale, étoit un impôt assez onéreux pour tenir lieu de tous les autres. Ces représentations ne firent pas l'impression qu'elles méritoient. Soit besoin, soit ignorance du gouvernement, des cultivateurs qu'il auroit fallu aider par des prêts sans intérêt, par des gratifications, virent passer, dans les mains de fermiers avides, une portion de leurs récoltes, qui, reversée dans des champs fertiles, auroit augmenté graduellement la réproduction.

Dans le temps que les isles se voyoient ainsi dépouillées d'une partie de leurs denrées, l'esprit d'exclusion prenoit en *France* des mesures certaines pour diminuer le prix de celles qu'on leur laissoit. Le privilège de les enlever fut concentré dans un petit nombre de ports. C'étoit nuire aux autres rades du royaume, qu'on empêchoit de jouir d'un droit qu'elles avoient essentiellement : mais c'étoit un grand malheur pour les colonies, qui, par cet arrangement, voyoient diminuer sur eurs côtes le nombre des vendeurs & des acheteurs.

A ce désavantage s'en joignit bientôt un autre. Le ministère avoit cherché à exclure les vaisseaux étrangers de ses possessions éloignées ; & il y avoit réussi, parce qu'il l'avoit voulu véritablement. Ces navigateurs obtinrent de l'avarice, ce que l'autorité leur refusoit. Ils achetoient aux négocians françois des passe-ports pour aller aux colonies, & ils rapportoient directement dans leur patrie les chargemens qu'ils avoient pris. Cette infidélité pouvoit être punie, & réprimée de cent manières. On s'arrêta à la plus funeste. Tous les bâtimens se virent obligés, non-seulement de faire leur retour dans la métropole, mais encore dans les ports mêmes d'où ils étoient partis. Une pareille gêne occasionnoit des frais considérables en pure perte ; elle devoit influer beaucoup sur le prix des productions de l'Amérique.

Leur multiplication fut encore arrêtée par les impositions dont on les surchargea.

Le tabac fut assujetti à un droit de vingt sols par livre.

On proscrivit d'abord l'indigo des teintures du royaume, sous prétexte qu'il les détérioroit, & qu'il nuiroit à une des cultures de la métropole. Mais lorsque des expériences répétées eurent convaincu les plus opiniâtres que, mêlé avec le pastel, ou même employé seul, il rendoit les couleurs plus belles & plus solides, on se contenta de l'accabler de taxes. Elles furent telles, qu'il ne fut pas possible d'en exporter. Ce ne fut qu'en

1693 que celui qui étoit destiné pour l'étranger, fut délivré de ces vexations.

Le cacao ne sortit des mains du monopole que pour être assujetti, en 1693, à un droit de 15 s. la livre, quoiqu'il n'en coûtât que cinq dans les colonies. Son introduction dans le royaume ne fut d'abord permise que par Roüen & par Marseille, &, depuis sa liberté prétendue, que par ce dernier port.

Le coton, qui avoit d'abord échappé aux rigueurs du fisc, fut chargé, en 1664, de 3 liv. par quintal. Inutilement on réduisit de moitié cette imposition, en 1691. Cette modification ne fit pas revivre les arbustes qu'on avoit extirpés.

La consommation du gingembre, qui a une partie des propriétés du poivre, & qui peut aisément le remplacer, devoit être encouragée. On l'arrêta au moyen d'un droit de six liv. par quintal. Il fut réduit dans la suite à 15 sols : mais alors les dernières classes de citoyens avoient pris pour cette épicerie un mépris que rien ne put vaincre.

La casse de l'Amérique n'étoit achetée en *France* que le quart de ce que coûtoit celle du Levant. Des analyses bien faites auroient dissipé le préjugé d'où naissoit cette énorme différence dans les prix : mais le gouvernement ne s'avisa jamais d'un expédient qui devoit augmenter les richesses de ses possessions.

Le sucre étoit la plus riche production des isles. Jusqu'en 1669, l'exportation directe dans tous les ports de l'Europe en avoit été permise, ainsi que celle de toutes les denrées des colonies. On voulut à cette époque, qu'il ne pût être déposé que dans les rades du royaume. Cet arrangement en augmentoit nécessairement le prix, & les étrangers qui le trouvoient ailleurs à meilleur marché, contractèrent l'habitude de l'y aller chercher. Cependant le parti qu'on prit de décharger le sucre des trois pour cent qu'il avoit payés à son entrée, fut cause qu'on conserva quelques acheteurs. Une nouvelle faute acheva de tout perdre.

Les raffineurs demandèrent, en 1682, que la sortie des sucres bruts fût prohibée. L'intérêt public paroissoit leur unique motif. Il étoit, disoient-ils, contre tous les bons principes, que les matières premières allassent alimenter les fabriques étrangères, & que l'état se privât volontairement d'une main-d'œuvre très précieuse. Cette raison plausible fit trop d'impression sur Colbert. Qu'arriva-t-il ? Leur art resta aussi cher, aussi imparfait qu'il l'avoit toujours été. Les peuples consommateurs ne s'en accommodèrent pas : la culture françoise diminua, & celle des nations rivales reçut un accroissement sensible.

Quelques colons voyant qu'une expérience si fatale ne faisoit pas abandonner le système qu'on avoit pris, sollicitèrent la permission de raffiner leur sucre eux mêmes. Ils avoient tant d'avantages pour faire cette opération à bon marché, qu'ils se flattoient de recouvrer bientôt chez les étrangers la préférence qu'on y avoit perdue. Cette nouvelle révolution étoit plus que vraisemblable, si chaque quintal de sucre raffiné qu'ils envoyoient, n'eût été assujetti à un droit de 8 l. à son entrée dans le royaume. Tout ce qu'ils purent faire, malgré le poids de cette imposition excessive, ce fut de soutenir la concurrence des raffineurs françois dans l'intérieur de la monarchie. Le produit des atteliers des uns & des autres y fut consommé tout entier, & l'on renonça à une branche importante de commerce, plutôt que de reconnoître qu'on s'étoit trompé en défendant l'exportation des sucres bruts.

Dès-lors, les colonies qui recueilloient vingt-sept millions pesant de sucre, ne purent le vendre en totalité à la métropole, qui n'en consommoit que vingt millions. Le défaut de débouchés en réduisit la culture au pur nécessaire. Ce niveau ne pouvoit s'établir qu'avec le temps ; &, avant qu'on y fût parvenu, la denrée tomba dans un avilissement extrême. Cet avilissement, qui provenoit aussi de la négligence qu'on apportoit dans la fabrication, devint si considérable, que le sucre brut qui, en 1682, se vendoit 14 ou 15 francs le cent, n'en valoit plus que 5 ou 6 en 1713.

Il n'étoit pas possible que, dans cet état de choses, les colons pussent multiplier leurs esclaves, quand même le gouvernement n'y auroit pas mis des obstacles insurmontables par de fausses vues. La traite des nègres fut toujours confiée à des compagnies exclusives qui en achetèrent constamment fort peu, pour être assurées de les mieux vendre. On est fondé à avancer qu'en 1698, il n'y avoit pas vingt mille nègres dans ces nombreux établissemens, & il ne seroit pas téméraire d'assurer que la plupart y avoient été introduits par des interlopes. Cinquante-quatre navires de grandeur médiocre, suffisoient pour l'extraction du produit de ces colonies. Les isles françoises devoient succomber naturellement sous le poids de tant d'entraves. Si leurs habitans ne les abandonnèrent pas pour porter ailleurs leur activité, il faut attribuer leur persévérance à des ressources indépendantes de l'administration. Lorsqu'on opprimoit quelque production, le colon se tournoit rapidement vers un autre que le fisc n'avoit pas encore apperçue, ou qu'il craignoit d'étouffer au berceau. Les côtes ne furent jamais assez bien gardées, pour rompre toutes les liaisons formées avec les navigateurs étrangers. Les brigandages des flibustiers se convertissoient quelquefois en avances de culture. Enfin la passion, tous les jours plus vive de l'ancien-Monde pour les denrées du nouveau, étoit un grand encouragement à leur multiplication. Cependant ces moyens n'auroient jamais été suffisans pour tirer les colonies françoises de leur état de langueur.

Une grande révolution étoit nécessaire : elle arriva en 1717.

A cette époque, un réglement clair & simple fut substitué à cette foule d'arrêts équivoques, que des fermiers avides & peu éclairés avoient arrachés successivement aux besoins, à la foiblesse du gouvernement. Les marchandises, destinées pour les colonies, furent déchargées de toute imposition. On modéra beaucoup les droits des denrées d'Amérique, qui se consommoient dans le royaume. Celles qui pourroient passer aux autres nations, devoient jouir d'une liberté entière, à l'entrée & à la sortie, en payant trois pour cent. Les taxes mises sur les sucres étrangers, devoient être perçues indifféremment partout, sans aucun égard aux franchises particulières, hors le cas de réexportation dans les ports de Bayonne & de Marseille.

En accordant tant de faveurs à ses possessions éloignées, la métropole n'oublia pas ses intérêts. Elle voulut que toutes les marchandises, dont la consommation n'étoit pas permise dans son sein, leur fussent défendues. Pour assurer la préférence à ses manufactures, elle ordonna aussi que les marchandises même, dont l'usage n'étoit pas prohibé, payeroient les droits à leur entrée dans le royaume, quoique destinées pour les colonies. Il n'y eut que le bœuf salé, qu'elle ne pouvoit fournir en concurrence, qui fut déchargé de cette obligation.

Cet arrangement eût été aussi bon que les lumières du temps le comportoient, si l'édit eût rendu général le commerce de l'Amérique, concentré jusqu'alors dans quelques ports, & s'il eût déchargé les vaisseaux de l'obligation de faire leur retour au lieu d'où ils étoient partis. De pareilles gênes limitoient le nombre des matelots, augmentoient le prix de la navigation, empêchoient la sortie des productions territoriales. Ceux qui gouvernoient alors l'état, devoient voir ces inconvéniens, & se proposoient sans doute de rendre un jour au commerce, la liberté & l'activité qui lui sont nécessaires. Vraisemblablement ils furent obligés de sacrifier leurs maximes à l'aigreur des gens d'affaires, qui désapprouvoient avec éclat toutes les opérations contraires à leurs intérêts.

Malgré cette foiblesse, le colon qui n'avoit résisté qu'avec peine aux sollicitations d'un sol excellent, y porta tous ses soins dès qu'on le lui permit. Sa prospérité étonna toutes les nations. Si le gouvernement, à l'arrivée des françois dans le nouveau-Monde, avoit eu, par prévoyance, les lumières qu'il acquit par l'expérience un siècle après, l'état auroit joui de bonne heure d'une culture & d'une richesse, qui valoient mieux pour sa prospérité que des conquêtes. On ne l'auroit pas vu également affoibli par ses victoires & par ses défaites. Les sages administrateurs qui remédioient aux maux de la guerre par une heureuse révolution dans le commerce, n'auroient pas eu la douleur de voir qu'on avoit évacué Sainte-Croix en 1696, & sacrifié Saint-Christophe à la paix d'Utrecht. Leur affliction auroit été bien plus profonde, s'ils avoient prévu qu'en 1763 on feroit réduit à abandonner la Grenade aux anglois.

Remarques sur l'administration des colonies, les corvées, les impôts. Dans le premier âge de ses colonies, la *France* accordoit gratuitement des possessions à ceux qui en demandoient. Un vagabond s'enfonçoit dans les forêts, y marquoit l'espace plus ou moins étendu qu'il lui plaisoit d'occuper, & en fixoit les limites en abattant tout autour des arbres. Ce désordre ne pouvoit durer. Cependant l'autorité ne se permit pas de dépouiller ceux qui s'étoient fait à eux-mêmes un droit : elle régla seulement que, dans la suite, il n'y auroit de propriété légitime que celle qui seroit accordée par les administrateurs. Sans aucun égard aux talens & aux facultés, la protection devint alors la mesure unique des distributions. On stipuloit, à la vérité, que les colons commenceroient leur établissement dans l'année même de la concession, & qu'ils n'en discontinueroient pas le défrichement, sous peine de confiscation. Mais, outre l'inconvénient d'obliger aux dépenses de l'exploitation, des hommes qui n'avoient pas eu les moyens d'acquérir un fonds, la peine n'étoit infligée qu'à ceux qui, sans fortune & sans naissance, n'intéressoient personne à leur avancement, ou à des mineurs foibles & abandonnés, que la commisération publique auroit dû secourir dans la misère où la mort de leurs parens les laissoit. Tout propriétaire qui trouvoit de la recommandation ou de l'appui, pouvoit impunément garder son domaine en friche.

A cette prédilection qui devoit retarder sensiblement le progrès des colonies, s'est jointe une foule d'arrangemens économiques plus vicieux les uns que les autres. On a d'abord assujetti tous ceux à qui l'on donnoit des terres, à y planter cinq cens fosses de manioc pour chaque esclave qu'ils auroient sur leur habitation. Cet ordre blessoit également & l'intérêt des particuliers, en les forçant à cultiver une production vile sur un terrein qui pouvoit en rapporter de plus riches ; & l'intérêt public, en rendant inutiles les terreins secs qui n'étoient propres qu'à ce genre de production. C'étoit un double vice qui devoit diminuer la culture de toutes les denrées. Aussi la loi qui faisoit violence à la disposition de la propriété, n'a-t-elle jamais été rigoureusement exécutée : mais, comme on ne l'a jamais révoquée, elle est toujours un fléau entre les mains de l'administrateur ignorant, bizarre ou passionné, qui voudra s'en servir contre les habitans. La contrainte des loix agraires est encore aggravée par le poids des corvées.

La culture des terres, par la nature du climat & la nature des productions, exigeant plus de célérité, ne peut que souffrir extrêmement de l'absence de ses agens, qu'on occupe loin de leurs atteliers, à des ouvrages publics, souvent inutiles, & toujours faits pour des bras oisifs. Si la métropole, malgré la foule de moyens qu'elle a sous la main, n'est pas encore parvenue à corriger ou à tempérer la vexation des corvées, elle doit juger combien il en résulte d'inconvéniens au-delà des mers, quand la direction de ces travaux est confiée à deux administrateurs qui ne peuvent être ni dirigés, ni redressés, ni arrêtés dans l'exercice de leurs pouvoirs. Mais le fardeau des corvées est doux & léger au prix de celui des impôts.

L'impôt assis sur la tête des nègres est-il juste dans son étendue ? il est inégal dans sa répartition, & compliqué dans sa perception ; l'impôt établi sur les denrées qui sortent des colonies, est également susceptible de beaucoup de difficultés.

Loin d'attaquer la culture des colonies par d'impôts, on devroit l'encourager par des libéralités, puisque l'état de prohibition où l'on tient le commerce des colonies, rapporteroit ces libéralités à la métropole, avec tous les fruits dont elles auroient été la semence.

Que si la situation d'un état, arriéré par ses pertes & par ses fautes, ne permet pas de donner des leviers & d'ôter des fardeaux, ne pourroit-on pas se rapprocher de la meilleure administration, en supprimant du moins le paiement des taxes dans les colonies mêmes, pour en lever le produit dans la métropole ? Ce nouveau système feroit également agréable aux deux mondes.

Rien ne peut flatter le colon de nos isles d'Amérique, comme d'éloigner de ses yeux tout ce qui lui annonce sa dépendance. Fatigué de l'importunité des exacteurs, il hait une taxe habituelle ; il en craint l'augmentation. Il cherche en vain la liberté qu'il croyoit avoir trouvée à deux mille lieues de l'Europe.

Les navigateurs trouveront un avantage à ne payer des droits que sur une marchandise, qui désormais sans risque, dans toute sa valeur, sera parvenue à sa destination, & fera rentrer dans leurs mains le capital de leurs fonds avec le bénéfice. Ils n'auront pas la douleur d'avoir acheté du prince le risque même du naufrage, en perdant en route une cargaison, dont ils avoient payé la taxe à l'embarquement. Leurs navires, au contraire, rapporteront en denrées le montant du droit ; & la valeur des productions ayant augmenté par leur exportation, le droit en paroîtra moins fort.

Enfin le consommateur y gagnera lui-même, parce qu'il n'est pas possible que le colon & le négociant se trouvent bien d'une disposition, sans qu'il lui en revienne, avec le temps, quelque utilité. Si tous les impôts étoient réduits à un impôt unique, il y auroit moins de formalités, moins d'embarras, moins de lenteurs, moins de frais, & par conséquent la marchandise pourroit être donnée à meilleur marché.

Ce système de modération, que tout semble prescrire, s'établiroit sans peine. Toutes les productions des isles sont assujetties, en entrant dans le royaume, à un droit connu sous le nom de *domaine d'occident*, & qui est fixé à trois & demi pour cent avec huit sols pour livre. Leur valeur, qui sert de règle au paiement du droit, est déterminée dans les mois de janvier & de juillet. On la fixe à vingt-un ou vingt-cinq pour cent au-dessous du cours réel. Le bureau d'occident accorde d'ailleurs une tarre plus considérable que ne le fait le vendeur dans le commerce. Qu'on ajoute à cet impôt celui du même rapport, à-peu-près, que payent les denrées aux douanes des colonies, ceux qui sont payés dans l'intérieur de ces isles, & le gouvernement se trouvera avoir tout le revenu qu'il tire de ses établissemens du nouveau-Monde.

Remarques sur les milices. Les isles françoises, de même que celles des autres nations, n'eurent dans l'origine aucune troupe réglée. Les aventuriers, qui les avoient conquises, regardoient comme un privilège le droit de se défendre eux-mêmes; & les descendans de ces hommes intrépides se crurent assez forts pour garder leurs possessions. Ils étoient en état de faire le service qui se bornoit à repousser quelques bâtimens qui débarquoient des matelots & des soldats aussi peu disciplinés que les habitans qu'ils venoient insulter.

Tout devoit changer lorsqu'on prévit que ces établissemens, devenus considérables par leurs richesses, seroient attaqués tôt ou tard par des armées européennes transportées sur de nombreuses flottes; on y fit passer d'autres défenseurs. L'événement a prouvé que quelques bataillons épars étoient insuffisans contre les forces terrestres & maritimes de l'Angleterre. Le colon lui-même a jugé ses efforts incapables de retarder la révolution. Il a craint que l'ennemi victorieux ne lui fît payer un obstacle superflu; & on l'a vu moins disposé à combattre, qu'occupé des suites de la capitulation. Bientôt calculateur politique, il a senti que les fonctions militaires ne convenoient plus à son état d'impuissance: & il a donné de l'argent pour être déchargé d'un soin qui, glorieux dans son principe, étoit dégénéré en une servitude onéreuse. Les milices furent supprimées en 1763.

Cet acte de complaisance mérita l'approbation de ceux qui n'envisageoient l'institution des milices que comme un moyen de préserver les colonies de toute invasion étrangère. Ils pensèrent judicieusement qu'il ne falloit pas exiger que des hommes, qui ont vieilli sous un ciel ardent, pour élever l'édifice d'une grande fortune, s'exposassent aux mêmes dangers que ces malheureuses victimes de notre ambition, qui jouent à chaque moment leur vie pour une solde très-modique. Un pareil sacrifice leur parut contrarier trop la nature, pour qu'il fût raisonnable de l'espérer; & ils applaudirent au ministère, qui avoit senti qu'il convenoit de renoncer à une défense si vaine & si onéreuse.

Les observateurs, à qui les établissemens du nouveau monde sont mieux connus, portèrent de cette innovation un jugement moins favorable. Les milices, disoient-ils, sont nécessaires pour maintenir la police intérieure des isles; pour prévenir la révolte des esclaves; pour arrêter les courses des nègres fugitifs; pour empêcher l'attroupement des voleurs; pour protéger le cabotage; pour garantir les côtes contre les corsaires. Si les colons ne forment pas des corps, s'ils n'ont ni chefs ni drapeaux, comment éloigner tant de dangers? comment dissiper ces fléaux destructeurs, lorsqu'il n'aura pas été possible de les étouffer avant leur naissance? d'où naîtront cette harmonie & cet accord, sans lesquels rien ne se fait convenablement?

Ces réflexions, qui, toutes frappantes, toutes naturelles qu'elles sont, avoient pourtant échappé, ne tardèrent pas à changer les dispositions du ministre. Il se pénétra de la nécessité de rétablir les milices, mais sans vouloir renoncer aux taxes consenties pour l'entretien des troupes régulières. La difficulté étoit d'amener les peuples à cet arrangement. On négocia, on menaça. La Guadeloupe & la Martinique se soumirent enfin aux volontés de la cour en 1767: mais cet exemple ne fit pas sur Saint-Domingue l'impression désirée, espérée peut-être. L'année suivante il fallut faire la guerre à cette riche colonie; & ce ne fut qu'après avoir mis aux fers les magistrats de l'ouest & du sud de l'isle; qu'après avoir répandu du sang, qu'il fut possible de réduire à la soumission des cultivateurs aigris par les impôts qu'exigeoit le fisc.

Depuis cette époque, tous les habitans des possessions françoises dans l'autre hémisphère sont de nouveau enrégistrés. Les obligations, que cette espèce d'enrôlement impose, ont souvent varié, & ne sont pas encore clairement énoncées. Cette obscurité, toujours dangereuse dans les mains de chefs sans cesse occupés du soin d'étendre leur jurisdiction, tient le citoyen dans des alarmes continuelles pour la liberté, dont on est plus jaloux en Amérique qu'en Europe; elle l'expose chaque jour à des vexations. De-là suit pour ce genre de servitude une aversion très-marquée. On doit, s'il se peut, effacer les impressions du passé, on doit dissiper les défiances pour l'avenir. La législation y réussira, en faisant dans la forme des milices tous les changemens qui

peuvent

péuvent se concilier avec la police & la sûreté qu'elles doivent avoir pour objet.

Remarques sur le partage des héritages. On doit mettre au rang des choses qu'il faut réformer, l'usage établi dans les possessions françoises du nouveau monde, de partager également entre des enfans l'héritage de leur pere ; entre des cohéritiers, la succession de leur parent.

Nous abhorrons, avec tous les hommes raisonnables, que l'orgueil ou le préjugé n'ont point corrompus, nous abhorrons le droit de primogéniture, qui transfere le patrimoine entier d'une maison à un aîné qu'il corrompt, & qui précipite dans l'indigence ses freres & ses sœurs, punis comme d'un crime, du hasard qui les a fait naître quelques années trop tard.

Cependant la loi de l'égalité, qui semble dictée par la nature même ; qui se présente la premiere au cœur de l'homme juste & bon ; qui ne laisse d'abord aucun doute à l'esprit sur sa rectitude & son utilité : cette loi peut être quelquefois contraire au maintien de nos sociétés. On en a l'exemple dans les isles françoises, qu'elle écarte de leur destination, & dont elle prépare de loin la ruine.

Le partage fut nécessaire dans la formation des colonies. On avoit à défricher des contrées immenses. Le pouvoit-on sans population ? Et comment, sans propriété, fixer dans ces régions éloignées & désertes, des hommes qui, la plupart, n'avoient quitté leur patrie que faute de propriété ? Si le gouvernement leur eût refusé des terres, ces aventuriers en auroient cherché de climat en climat, avec le désespoir de commencer des établissemens sans nombre, dont aucun n'auroit pris cette consistance, qui les rend utiles à la métropole.

Mais, depuis que les héritages, d'abord trop étendus, ont été réduits par une suite de successions & de partages sousdivisés à la juste mesure que demandent les facilités de la culture ; depuis qu'ils sont assez limités pour ne pas rester en friche, par le défaut d'une population équivalente à leur étendue, une division ultérieure de terreins les feroit rentrer dans leur premier néant. En Europe, un citoyen obscur, qui n'a que quelques arpens de terre, tire souvent un meilleur parti de ce petit fonds, qu'un homme opulent des domaines immenses que le hasard de la naissance ou de la fortune a mis entre ses mains. En Amérique, la nature des denrées qui sont d'un grand prix, l'incertitude des récoltes peu variées dans leur espèce, la quantité d'esclaves, de bestiaux, d'ustensiles nécessaires pour une habitation : tout cela suppose des richesses considérables, & pas dans quelques colonies, & que bientôt on n'aura plus dans aucune, si le partage des successions continue à morceler, à diviser de plus en plus les terres.

Qu'un pere en mourant laisse une succession

de trente mille livres de rente, sa succession se partage également entre trois enfans. Ils seront ruinés si l'on fait trois habitations ; l'un, parce qu'on lui aura fait payer cher les bâtimens, & qu'à proportion il aura moins de nègres & de terres ; les deux autres, parce qu'ils ne pourront exploiter leur héritage sans faire bâtir. Ils seront encore ruinés, si l'habitation entière reste à l'un des trois. Dans un pays où la condition du créancier est la plus mauvaise de toutes les conditions, les biens se sont élevés à une valeur immodérée. Celui qui restera possesseur de tout, sera trop heureux, s'il n'est obligé de donner en intérêts que le revenu net de l'habitation. Or, comme la premiere loi est celle de vivre, il commencera par vivre, & il ne paiera pas. Ses dettes s'accumuleront, bientôt il sera insolvable ; & du désordre qui naîtra de cette situation, on verra sortir la ruine de tous les cohéritiers.

L'abolition de l'égalité de partages est le seul remède à ce désordre. Il est tems que la législation, aujourd'hui plus éclairée, voie dans ses colonies plutôt des établissemens de choses, que de personnes. Sa sagesse lui inspirera des dédommagemens convenables pour ceux qu'elle aura dépouillés & sacrifiés en quelque manière à la fortune publique. Elle leur doit les moyens de subsister par le seul travail possible à cette espèce d'hommes, en les plaçant sur de nouveaux terreins ; & elle se doit à elle-même d'acquérir de nouvelles richesses par leur industrie.

Mais quel plan de réforme pourroit-on suivre sur cet objet ? Comment conservera-t-on le droit naturel des cadets à l'héritage de leurs pères ; & quelle partie sera-t-il convenable de leur laisser ? c'est ce qu'il n'est pas possible de développer ici : pour résoudre une pareille question avec sagesse & avec une sorte d'équité, il faudroit avoir des connoissances de détails si multipliés ; il faudroit calculer ces élémens, & les combiner avec tant de soin, qu'un ouvrage de ce genre ne doit s'entreprendre que sous les auspices & avec le secours de l'administration.

Remarques sur les dettes. Une partie des dettes, qui surchargent les colonies des Antilles, tirent leur origine des droits que la loi accorde aux différens cohéritiers. Cet état de détresse a augmenté, à mesure que les colonies devenoient plus riches. Parvenues au point d'avoir plus d'habitans que de plantations à faire, la population surabondante est restée dans l'oisiveté, créancière des terres qu'elle n'occupoit pas, & dès lors inutile, onéreuse même à la culture.

Il est d'autres créances qui proviennent de la vente que les colons se sont faite mutuellement de leurs habitations. Rarement va-t-on en Amérique, sans le projet de revenir jouir en Europe des richesses qu'un travail opiniâtre ou des hasards heureux donnent ordinairement. Ceux qui ne s'écartent point de leurs vues, vivent avec plus ou moins d'économie, & font paſſer dans leur patrie ce qu'ils ont pu épargner de leurs revenus. Auſſi-tôt qu'ils ont atteint le degré de fortune où ils aſpiroient, ils cherchent à ſe débarraſſer de leurs plantations. Dans une région où le numéraire manque, il faut les vendre à crédit ou les garder; & la plupart des propriétaires aiment encore mieux livrer leur héritage à des acquéreurs, qui manquent quelquefois à leurs engagemens, que de les confier à des régiſſeurs rarement fidèles.

Enfin les avances faites aux colons, ont été l'occaſion de beaucoup de créances. Les terres des iſles françoiſes, comme des autres iſles de l'Amérique, n'offroient originairement aucune production qu'on pût exporter. Pour leur donner de la valeur, il falloit des fonds; & les premiers européens qui les occupèrent, ne poſſédoient rien. Le commerce vint à leur ſecours. Il leur fournit les uſtenſiles, les vivres, les eſclaves néceſſaires pour créer des denrées. Cette aſſociation des capitaux avec l'induſtrie donna naiſſance à une grande quantité de dettes, qui ſe ſont multipliées, à meſure que les défrichemens ſe ſont étendus.

Les débiteurs n'ont que trop ſouvent manqué aux obligations qu'ils avoient contractées. Un luxe effréné, que rien ne peut excuſer dans des hommes nés dans la miſère, en a réduit pluſieurs à ce manquement de foi. D'autres y ont été entraînés par une indolence inconcevable dans des eſprits ardens, qui avoient été chercher au-delà des mers un terme à leur indigence. Les moyens les plus abondans ont péri dans les mains de quelques-uns qui manquoient de l'intelligence néceſſaire pour les faire fructifier. Il s'eſt auſſi trouvé des colons ſans pudeur & ſans principes, qui, en état de ſe libérer avec leurs créanciers, ſe font audacieuſement permis de retenir un bien étranger. D'autres cauſes ont encore concouru à diminuer la force des engagemens.

Des ouragans, dont on retraceroit difficilement la violence, ont bouleverſé les campagnes & détruit les récoltes. Les bâtimens les plus diſpendieux, les plus néceſſaires ont été engloutis par des tremblemens de terre. Des inſectes indeſtructibles ont dévoré, pendant une longue ſuite d'années, tout ce que l'on pouvoit ſe promettre d'un ſol fertile & bien cultivé. Quelques denrées, dont la réproduction a ſurpaſſé la conſommation, ont perdu leur valeur & ſont tombées dans le dernier aviliſſement. Des guerres longues & cruelles, en oppoſant des obſtacles inſurmontables à la ſortie des productions, ont rendu inutiles les travaux les mieux ſuivis, les plus opiniâtres.

Ces calamités, qu'on a vu quelquefois réunies, & qui ſe font au moins trop rapidement ſuccédées, ont donné naiſſance à une juriſprudence favorable aux débiteurs. Le légiſlateur a embarraſſé de tant de formalités la ſaiſie des terres & des eſclaves, qu'il paroît avoir eu le projet de la rendre impraticable. L'opinion a flétri le petit nombre de créanciers qui entreprenoient de vaincre ces difficultés, & les tribunaux eux-mêmes ne ſe prêtoient qu'avec une extrême répugnance aux rigueurs qu'on vouloit exercer.

Ce ſyſtême, qui a paru long-temps le meilleur qu'on pût ſuivre, trouve encore quelques partiſans. Qu'importe à l'état, diſent ces calculateurs politiques, que les richeſſes ſoient entre les mains du débiteur ou du créancier, pourvu que la proſpérité publique ſoit augmentée. Mais ſi la proſpérité publique augmente quelquefois lorſqu'on foule aux pieds la juſtice, lorſque le miniſtère encourage la mauvaiſe foi, en lui offrant un aſyle ſous la protection de la loi, augmente-t-elle dans ce cas?

Remarques particulières ſur le gouvernement de nos colonies d'Amérique. Nous avons indiqué, au commencement de cet article, les reſſources que tire la *France* de ſes établiſſemens aux Antilles. Un produit ſi conſidérable ne pourroit lui échapper, ſans laiſſer un vuide immenſe dans ſon numéraire, dans ſa population, dans ſon induſtrie, dans ſon revenu public. On a ſenti l'importance de conſerver ces riches établiſſemens; & pour y parvenir, on a eu recours à des bataillons, à des fortereſſes. L'expérience a prouvé la foibleſſe de cette défenſe. Elle appartient à la marine, & ne peut appartenir qu'à elle. Qu'on mette donc les iſles ſous ſes voiles, & qu'on verſe dans ſes caiſſes ce que coûtoit la protection inſuffiſante qu'on lui accordoit: alors les fonds ordinaires de la marine de *France* ſe trouveront ſuffiſans pour donner à ſes opérations, de la dignité & des avantages.

Les gouverneurs des colonies françoiſes, outre la diſpoſition des troupes réglées, ont le droit d'enrégimenter les habitans, de leur preſcrire les manœuvres qu'ils jugent à propos, de les occuper comme il leur plaît pendant la guerre, de s'en ſervir même pour conquérir. Dépoſitaires d'un pouvoir abſolu, libres & jaloux de s'en arroger toutes les fonctions qui peuvent l'étendre ou l'exercer, ils ſont dans l'uſage de connoître des dettes civiles. Le débiteur eſt mandé, condamné à la priſon ou au cachot, & forcé de payer ſans d'autres formalités: c'eſt ce qu'on appelle le ſervice ou le département militaire. Les intendans décident ſeuls de l'emploi des finances, & en règlent pour l'ordinaire le recouvrement. Ils appellent trop ſouvent devant eux les affaires civiles ou criminelles, ſoit que la juſtice n'en ait pas encore priſ connoiſſance, ſoit qu'elles aient été déja portées aux tribunaux même ſupérieurs: c'eſt ce qu'on appelle *adminiſtration*. Les gouverneurs & les intendans accordent en commun les terres qui n'ont pas été données, & jugeoient, il n'y a que peu d'années, de tous les différends qui s'élevoient au sujet des anciennes possessions. Cet arrangement mettoit dans leurs mains, dans celles de leurs commis ou de leurs créatures, la fortune de tous les colons, & dès-lors rendoit précaire le sort de toutes les propriétés.

Lorsqu'on fonda ces établissemens, un peu avant le milieu du dernier siècle, on n'avoit aucune idée arrêtée sur les contrées du nouveau-Monde. On choisit pour les conduire, la coutume de Paris- & les loix criminelles du royaume. Les gens sages ont bien compris depuis, qu'une pareille jurisprudence ne pouvoit convenir à un pays d'esclavage & à un climat, à des mœurs, à des cultures, à des possessions qui n'ont aucune ressemblance avec les nôtres : mais on n'a pas profité de ces réflexions de quelques particuliers. Loin de corriger ce que ces premières institutions avoient de vicieux, il paroît qu'il a ajouté aux vices des principes l'embarras, la confusion & la multiplicité des formes.

Un officier qui, sous le nom de Lieutenant du roi, résidoit dans un port ou dans une bourgade, fut seul chargé pendant long-tems, dans les isles françoises, de ce soin important. Il vexoit les cultivateurs ; il rançonnoit le commerce, & il aimoit mieux vendre un pardon que prévenir des fautes. Depuis quelques années, les commandans des milices de chaque quartier sont chargés, sous l'inspection du chef de la colonie, du maintien de la tranquillité publique. Ce nouvel arrangement est plus sage que l'ancien : mais n'est-il pas encore trop arbitraire ? Il est doux d'espérer que le même code, qui mettra la fortune des particuliers sous la protection des loix, y mettra aussi leur liberté.

Le paiement se fait rarement aux échéances convenues, & ce manquement de foi a toujours divisé les colonies & la métropole. Le ministère cherche depuis long-temps un terme à ces discordes éternelles. Ne pourroit-on pas établir dans chaque jurisdiction un registre où toutes les dettes seroient inscrites dans l'ordre où elles auroient été contractées ? Lorsqu'au jugement des experts, le fonds de l'habitation se trouveroit grevé de plus de la moitié de sa valeur, chaque créancier auroit le droit de la faire vendre.

Remarques sur l'arrêt du conseil du 24 août 1784, qui a tempéré à quelques égards le régime prohibitif.

Puisque toutes les nations cherchent à s'enrichir aux dépens les unes des autres, & que chacune cherche à augmenter son commerce & son industrie par des prohibitions & des défenses établies à l'égard des peuples étrangers, on ne peut, sans être aveuglés par des systèmes, conseiller à un gouvernement d'ouvrir ses ports & ses colonies à tous les navires étrangers : &, dans l'état actuel des choses, c'est un principe que tous

les bénéfices des colonies doivent, s'il est possible, appartenir à la métropole ; mais il est des circonstances impérieuses qui modifient ce principe ; & la nécessité qui n'admet plus de principe général, & la loi sacrée de l'humanité qui ordonne quelquefois de s'écarter d'une maxime politique, & des révolutions, telle que celle de l'établissement des treize Etats-Unis, obligent à de nouvelles combinaisons. La cour de Versailles s'est efforcée de conserver à la métropole les bénéfices & le commerce exclusif de ses colonies ; mais par foiblesse ou par avidité ses négocians n'ont pas approvisionné ces colonies comme ils le devoient ; ils les ont laissé manquer de subsistances pendant la paix & pendant la guerre : d'affreuses disettes ont coûté la vie à une multitude de nègres ; & une longue expérience a démontré que les négocians de la métropole mettroient toujours la même négligence à l'approvisionnement de nos isles d'Amérique : les Etats-Unis pouvant contribuer à ces approvisionnemens de manière à produire pour les colons, pour la *France* en général, & même pour les négocians en particulier, des avantages qui compenseront les abus & la contrebande qu'entraînera ce nouvel ordre de choses, on s'est décidé à ouvrir aux navires étrangers quelques ports de nos colonies : cette opération dangereuse, qu'exigeoient la nécessité & l'humanité, a été calculée avec soin ; &, après avoir rapporté l'arrêt du conseil du mois d'août 1784, nous examinerons si les réclamations sont bien fondées.

ARTICLE PREMIER. L'entrepôt ci-devant assigné au carenage de Sainte-Lucie, sera maintenu pour ladite isle seulement, & il en sera établi trois nouveaux aux isles du vent ; savoir, un à Saint-Pierre pour la Martinique, un à la Pointe-à-Pitre pour la Guadeloupe & dépendances, un à Scarborough pour Tabago. Il en sera pareillement ouvert trois pour Saint-Domingue ; savoir, un au Cap-François, un au Port-au-Prince, un aux Cayes-Saint-Louis : celui qui existe au Môle Saint-Nicolas dans la même colonie, sera & demeurera supprimé.

II. Permet sa majesté, par provision & jusqu'à ce qu'il lui plaise d'en ordonner autrement, aux navires étrangers, du port de soixante tonneaux au moins, uniquement chargés de bois de toute espèce, même de bois de teinture, de charbon de terre, d'animaux & bestiaux vivans de toute nature, de salaisons de bœufs & non de porcs, de morue & poissons salés, de riz, maïs, légumes, de cuirs verds en poil ou tannés, de pelleteries, de résines & goudron, d'aller dans les seuls ports d'entrepôt désignés par l'article précédent, & d'y décharger & commercer lesdites marchandises.

III. Il sera permis aux navires étrangers qui sont dans les ports d'entrepôt, soit pour y por-

ter les marchandifes permifes par l'article II, foit
» à vide, d'y charger pour l'étranger, uniquement
des fyrops & taffias, & des marchandifes venues
de *France*.

IV. Toutes les marchandifes dont l'importation
& l'exportation font permifes à l'étranger dans
lefdits ports d'entrepôt, feront foumifes aux droits
locaux, établis ou à établir dans chaque colonie, & paieront en outre un pour cent de leur
valeur.

V. Indépendamment du droit d'un pour cent,
porté en l'article ci-deffus, les bœufs falés, la
morue & les poiffons falés paieront trois liv. par
quintal ; & fera le produit dudit droit de 3 liv.
converti en primes d'encouragement pour l'introduction de la morue & du poiffon falé, provenans de la pêche françoife.

VI. Les chairs falées étrangères qui feront introduites dans les colonies par les bâtimens françois expédiés directement des ports du royaume,
ne feront point affujetties au paiement des droits
mentionnés dans les deux articles précédens.

Le refte de l'arrêt fixe la police à obferver,
foit pour les vaiffeaux étrangers qui entreront dans
l'un des ports défignés, foit pour les navires nationaux qui en partiront pour les ports de l'étranger, même pour ceux de Saint-Pierre & Mi-
quelon.

Nous avons fait quelques remarques fur cette
difpofition, dans la fection cinquième de l'article
DOMINGUE (S.) Nous allons en ajouter ici de
nouvelles & difcuter avec impartialité & avec
précifion les effets de la loi.

Les colonies françoifes de l'Amérique ont befoin de farines, de vins, d'huiles, de toiles,
d'étoffes, de meubles, & de tout ce qui peut
contribuer à rendre la vie agréable. Même dans
le fyftême d'une liberté indéfinie, elles recevroient
tous ces objets de la métropole, à l'exception
des farines que l'Amérique feptentrionale pourroit donner à meilleur marché.

Dans l'état où font ces colonies, les beftiaux,
le poiffon falé, les bois étrangers font devenus
pour elles d'une néceffité abfolue. Il eft aujour-
d'hui prouvé que l'Europe ne peut leur en porter une quantité fuffifante. Il feroit à defirer fans
doute que les négocians de Bordeaux, de Nantes, &c. fuffent en état de faire avec exactitude
ces approvifionnemens : mais nos pêcheries font
trop foibles ; la confommation du royaume femble abforber prefque tout le bétail qui s'envoie
aux boucheries ; le tranfport des bois en Amérique eft trop difpendieux & trop embarraffant ;
l'armateur qui calcule fes intérêts, ne s'embarraffe pas fi les colonies en ont befoin ; il fe contente d'y envoyer les chofes fur lefquelles il compte
gagner davantage. Il attend la difette des colonies ; il s'efforce de l'y établir, afin de tirer de
fes expéditions des bénéfices plus confidérables :
fi fon avidité ne craint pas d'employer ces moyens

cruels, elle ne fait point ou elle ne peut pas calculer avec la même économie, les frais de l'armement ; &, après avoir vendu plus cher au colon, il gagne moins que l'armateur étranger.
D'après ces faits inconteftables, nous demandons
fi le miniftère n'a pas dû fonger aux Etats-Unis,
qui offrent à meilleur marché ces moyens effentiels à l'exploitation des colonies, & qui les fourniront toujours en abondance : une autre confidération a dû le déterminer. Nos négocians n'ayant
pas l'activité des négocians hollandois & anglois,
ne feront pas un commerce direct bien confidérable avec les Etats-Unis ; la difette du numéraire qu'on éprouve encore dans les nouvelles républiques, & la gêne de leurs citoyens, qui ne
leur permet pas de payer avec beaucoup d'exactitude, achèvent de les en détourner ; & on a pu
prévoir qu'en ouvrant cette route au commerce,
nos ifles deviendroient peut-être un entrepôt des
productions des nouvelles républiques d'Amérique, & des productions & des marchandifes de
la *France*, deftinées pour les Etats-Unis ; qu'a-
vec quelques réglemens bien faciles, on procureroit à nos négocians, des moyens utiles de completter leurs chargemens pour les ifles & les cargaifons qu'ils en rapportent. Nous ofons prédire
ici qu'un peu d'adreffe & des combinaifons affez
fimples fourniroient un jour, des dédommagemens avantageux à ceux de nos négocians qui
fe font élevés avec tant de fureur contre l'arrêt
du confeil du mois d'août 1784. Ce n'eft pas
tout, la politique vouloit qu'on accordât cette
faveur aux Etats-Unis qui n'ont pas encore fait de
traité de commerce avec les anglois, & que pour
nuire à de fi redoutables concurrens, on s'em-
preffât de former ces premières liaifons de commerce ; elle recommandoit de ne pas négliger un
point fur lequel l'habitude a plus d'empire qu'on
ne croit.

Il ne faut pas le diffimuler, les navires des
Etats-Unis & les autres navires qui iront dans les
ports, dont l'arrêt du confeil ouvre l'entrée, y
introduiront, ils en exporteront quelquefois des
productions défendues ; mais il s'agit d'examiner
fi quelques avantages ne compenferont pas cet
abus ; &, dans un pareil examen, il faut écarter foigneufement les ridicules exagérations de nos
négocians, & de ceux qu'aveuglent la cupidité
& l'efprit de fyftêmes.

La contrebande plus ou moins tolérée, a été
jufqu'ici la reffource des colons. Cette voie étoit
trop chère, malhonnête & infuffifante. Il étoit
temps que les loix prohibitives pliaffent fous l'im-
périeufe loi de la néceffité. Cet arrêt du confeil,
qui, fi l'on écoute les négocians, va ruiner le
commerce & perdre les colonies, change-t-il
réellement l'ordre des chofes ? Nous avons déja
dit à l'article SAINT-DOMINGUE, que les bâtimens interlopes venoient affez publiquement dans
nos colonies, fous le prétexte d'une voie d'eau,

dont ils daignoient à peine prendre un certificat, & que les administrateurs arrêtés par les besoins de chacune des isles, étoient obligés de fermer les yeux sur cette infraction aux loix : & si l'on doute de ce fait, qu'on réclame le témoignage des intendans, & que ceux-ci répondent avec franchise. Si l'on dit que l'importation des navires étrangers sera plus considérable, nous en conviendrons ; mais il sera plus facile de contenir l'extraction des denrées destinées uniquement pour la métropole ; & l'on peut assurer que, dans ce calcul d'inconvéniens, le ministère a adopté le plan qui sembloit en offrir le moins.

On essaya ce nouveau systême en 1765. Si on l'abandonna, ce fut par une suite de cette fatale instabilité qui a causé tant de mal à la *France*. Ce fut parce qu'on se rendit aux plaintes des négocians & à leurs belles promesses : aujourd'hui qu'on est plus en état d'apprécier leurs plaintes & leurs promesses, il est bien à désirer qu'on ne se presse pas sur la révocation de la loi ; & si l'on est réduit à l'abandonner malgré sa sagesse, qu'on ne l'abandonne du moins que sur les résultats de l'expérience. Les négocians, il est vrai, peuvent déterminer cette expérience d'une manière favorable à leurs vues ; ils peuvent, à l'aide d'une petite conspiration d'autant plus facile que leurs vues bornées les rendront plus craintifs, faire peu d'armemens, & négliger à dessein l'approvisionnement des colonies : mais s'ils obtenoient ce léger triomphe, ils ne rendroient pas leur cause meilleure ; car les principes de l'économie politique ne changent pas au gré de ces misérables factions.

Nos isles d'Amérique offrent chaque année à la métropole, leur consommation prélevée, cent mille barriques de sirop, dont la valeur peut être de neuf à dix millions. Jusqu'ici la *France* s'est privée elle-même de ce bénéfice, dans la crainte de nuire au débit de ses propres eaux-de-vie. Celles de sucre, toujours au-dessous de celles de vin, ne peuvent être que la boisson des peuples pauvres, ou même des gens les moins aisés chez les nations riches. Elles n'obtiendront la préférence que sur celles de grain que la *France* ne distille pas. Les siennes auront toujours pour consommateurs, même dans les isles, la classe d'hommes assez aisée pour les payer. L'arrêt du conseil n'introduit pas en *France* les sirops & les taffias de nos isles ; il permet seulement aux colons de les vendre à l'étranger, & l'on doit avouer qu'un objet si important méritoit l'attention du ministère.

Un écrivain très-instruit sur ces matières, & qui a recommandé le nouvel arrangement avant qu'on l'établît, est allé plus loin.

« Il faut, dit-il, à nos possessions d'Amérique » des noirs pour leurs travaux. La métropole n'a » fourni jusqu'ici que très-imparfaitement à ce » grand besoin. On doit donc se résoudre à re-» courir aux étrangers, seuls en état de remplir » le vuide. L'unique précaution qu'il convien-» droit de prendre, ce seroit d'établir peut-être, » sur les secours qu'on recevroit de ces rivaux, » un impôt qui les privât de l'avantage que des » circonstances particulières leur donnent sur les » négocians françois ».

Le ministre qui a rédigé la loi dont nous venons de parler, s'est abstenu de prononcer sur ce point, & il paroît que sa modération mérite des éloges. Il est très-convenable d'attendre les résultats de l'expérience, pour changer là-dessus l'ancien régime.

Nous avons fait sur chacune de nos possessions en Asie, en Afrique & en Amérique, un article particulier, auquel nous renvoyons le lecteur.

SECTION VIe.

Des intérêts politiques de la France *à l'égard des autres nations.*

Les ennemis d'un grand prince qui a si longtems régné, dit Montesquieu, l'ont mille fois accusé plutôt, je crois, sur leurs craintes que sur leurs raisons, d'avoir formé & conduit le projet de la monarchie universelle. S'il y avoit réussi, rien n'auroit été plus fatal à l'Europe, à ses anciens sujets, à lui & à sa famille. Le ciel, qui connoît les vrais avantages, l'a mieux servi par des défaites, qu'il n'auroit fait par des victoires. Au lieu de le rendre le seul roi de l'Europe, il le favorisa plus en le rendant le plus puissant de tous.

Sa nation qui, dans les pays étrangers, n'est jamais touchée que de ce qu'elle a quitté ; qui, en partant de chez elle, regarde la gloire comme le souverain bien, &, dans les pays éloignés, comme un obstacle à son retour ; qui indispose par ses bonnes qualités même, parce qu'elle paroît y joindre du mépris ; qui peut supporter les blessures, les périls & les fatigues, & non pas la perte de ses plaisirs ; qui n'aime rien tant que sa gaieté, & qui se console de la perte d'une bataille lorsqu'elle a chanté le général, n'auroit jamais été jusqu'au bout d'une entreprise qui ne peut manquer dans un pays, sans manquer dans tous les autres, ni manquer un moment sans manquer pour toujours.

Ce caractère national doit déterminer la conduite des princes & des ministres qui gouvernent la *France* ; &, sans vouloir leur indiquer les projets auxquels ils doivent se borner, nous traiterons des rapports politiques de ce royaume avec les autres nations.

La *France* est le plus vaste & le plus puissant royaume de l'Europe ; avec une bonne administration elle ne redouteroit aucun souverain, & elle dictera la loi dans les négociations. Aujourd'hui que les conquêtes & les traités lui ont donné pour bornes de fortes barrières, & qu'elle s'eſt établie de l'Océan juſqu'aux Pyrénées, aux montagnes de la Suiſſe & au Rhin, & qu'elle touche vers le nord, à ces Pays-Bas qui lui préſentent des domaines de l'Autriche, qu'elle envahiroit aiſément en cas de guerre; ſi elle portoit ſes vues ambitieuſes plus loin, elle exciteroit la jalouſie de toutes les autres nations; elle auroit trop de peine à garder ſes conquêtes au-delà du Rhin, & le moindre revers de fortune ſeroit l'époque de ſa décadence. Ainſi le premier point de ſa politique ſemble devoir être de ſe maintenir au point où elle ſe trouve. Le ſecond, d'augmenter, par tous les moyens poſſibles, ſon commerce & ſa navigation. Ces conquêtes de l'induſtrie ſont plus avantageuſes que celles des armes; & lorſqu'une fois on a procuré à l'état une conſiſtance & des reſſources ſolides, il eſt aiſé d'agrandir ſes domaines lorſqu'on en a la fantaiſie. Il paroît qu'on s'attache aujourd'hui à ſuivre cet excellent principe, négligé très-long-temps. Le troiſième objet de ſa politique eſt, diſent quelques écrivains, de diviſer les autres ſouverains de l'Europe, pour dominer & ne rien craindre : mais de pareils ſoins ſont indignes d'elle, & elle peut dédaigner ces petites combinaiſons de la foibleſſe.

Le Portugal, ſans pouvoir beaucoup nuire à la France, peut lui être utile dans des rapports de commerce, ou par des diverſions en Europe ou aux Indes, qui ſoient favorables à la cour de Verſailles. Mais depuis que des princes de la maiſon de Bourbon occupent le trône d'Eſpagne, le cabinet de Lisbonne ſe fiera moins à la France qu'à l'Angleterre qui n'a aucun d'intérêts de famille à ménager, qui a beſoin des vins, de l'or & des autres productions des domaines portugais, & qui juſqu'à preſent lui a toujours prêté le ſecours de ſes eſcadres. La France néanmoins doit vivre en bonne intelligence avec le Portugal, afin d'y obtenir une portion plus conſidérable du commerce, & y augmenter le débit de ſes manufactures. Le cabinet de Verſailles, avant ſes liaiſons avec celui de Vienne, s'efforçoit d'empêcher que le Portugal ne donnât des ſecours en argent à la maiſon d'Autriche, lorſque celle-ci étoit en guerre avec la France : car les liaiſons de parenté, formées par des mariages entre cette maiſon & celle de Brançance, inſpirent à la cour de Portugal des ſentimens d'amitié pour la cour de Vienne. Voyez l'article PORTUGAL.

Louis XIV fit une grande opération politique, lorſqu'il plaça une branche de la maiſon de Bourbon ſur le trône d'Eſpagne; il éteignit ou du moins il affoiblit cette longue haine nationale & cette rivalité dans les intérêts politiques, entre les eſpagnols & les françois. Tant que des princes autrichiens portèrent la couronne d'Eſpagne, ils mirent des entraves au progrès de la France; & lorſque celle-ci projettoit de s'agrandir, l'Eſpagne l'arrêtoit toujours par quelqu'endroit. Si,

en 1712, Philippe, duc d'Anjou, renonça à tous ſes droits au trône de France; ſi Philippe, duc d'Orléans, petit-fils de France, renonça auſſi de la manière la plus ſolemnelle au trône d'Eſpagne; ſi les puiſſances qui concoururent au traité d'Utrecht, ont poſé pour principe fondamental & irrévocable, que les ſceptres de France & d'Eſpagne ne pourront jamais être réunis, on n'a pu empêcher que deux princes d'une même maiſon ne fuſſent unis de cœur & d'intérêt, & que des mariages formés depuis dans la même famille, ne reſſerraſſent cette union. La maiſon de Bourbon poſſède les royaumes de France, d'Eſpagne, de Naples, de Sicile, le duché de Lorraine & de Bar, Parme & Plaiſance, une partie de la Lombardie, & les portions de l'Amérique, qui fourniſſent des matières ſi précieuſes au commerce de tous les pays. Cette maſſe de puiſſance bien dirigée la rendroit plus redoutable qu'aucune autre maiſon ſouveraine : le cabinet de Verſailles ſentira toujours combien il lui importe de fortifier de plus en plus l'union des diverſes branches, par de nouveaux mariages, & de ménager adroitement l'amitié du roi & du miniſtère d'Eſpagne. Ce royaume a d'ailleurs beſoin d'une quantité conſidérable de productions que la France peut lui fournir avec plus de facilité & à meilleur marché que l'Angleterre. Voyez l'article ESPAGNE.

La rivalité de l'Angleterre & de la France eſt bien ancienne, & l'on ne peut guères en eſpérer la fin. Les démêlés de ces puiſſances & l'antipathie naturelle entre les deux nations, ont verſé des flots de ſang, ſans éteindre leur animoſité. Voici les principales cauſes de cette rivalité : 1°. la ſituation locale & le voiſinage des deux royaumes, qui produit mille différends entre les peuples : 2°. les anciennes prétentions de l'Angleterre ſur pluſieurs provinces de la France; telles que la Normandie, la Bretagne, la Guienne, les villes de Calais, Dunkerque, &c. 3°. le titre de roi de France, que le roi d'Angleterre conſerve toujours : 4°. la domination ſur la mer que l'Angleterre s'eſt toujours efforcée d'établir, & à laquelle le cabinet de Saint-James ne ſauroit jamais renoncer, ſans perdre la moitié de ſes forces : 5°. les efforts des deux nations pour donner de l'énergie, de l'activité & de la ſupériorité à leurs manufactures, à leur commerce & à leur navigation : 6°. les poſſeſſions des anglois & des françois aux Indes, & avant le traité de 1763 leurs poſſeſſions dans le continent de l'Amérique, dont les limites n'étoient pas bien déterminées : 7°. les richeſſes de l'Angleterre, qui lui donnent une puiſſance acceſſoire très-conſidérable, & une grande influence dans les affaires générales de l'Europe : 8°. la différence de la religion, qui nourrit la haine politique : 9°. les ſecours que la France vient de donner aux Etats-Unis de l'Amérique. Cette dernière cauſe ſera déformais la plus active, & la Grande-Bretagne n'oubliera jamais que Louis XVI a affermi l'indépendance des anglo-américains. Mais lorsqu'on calcule les avantages de cette opération politique, qu'importe à la *France* un motif de plus ajouté à la haine infatigable & éternelle de la Grande-Bretagne ? En s'occupant de ses intérêts, elle a consommé une des plus belles révolutions que présentent les annales du monde, & c'est une témérité que d'oser prédire que cette révolution ne sera point favorable au bonheur du genre humain. De quelles humiliations les anglois ne l'avoient-il pas chargée à la paix de 1763 ? &, malgré leur fierté nationale, pouvoient-ils croire que l'orgueil de leurs conseils suffiroit pour tenir dans l'abaissement un peuple si formidable & si nombreux ? Pensoient-ils que la *France* souffriroit toujours cet odieux commissaire qu'ils entretenoient à Dunkerque, après avoir exigé la destruction du port & des fortifications ? qu'un peuple si brave & si sensible à l'honneur ne s'affranchiroit point de cette prétendue surveillance, qui étoit pour lui un outrage continuel.

Il sera bon ici d'entrer dans quelques détails sur le port de Dunkerque, dont le dernier traité a brisé les chaînes.

La place de Dunkerque fut conquise en 1558 sur les espagnols, par les françois qui s'étoient engagés à la remettre ensuite aux anglois. C'est à cette condition que Cromwel se détermina pour la *France* contre l'Espagne. Il vouloit un établissement en-deçà de la mer, & s'emparer de Calais par le moyen des espagnols, ou de Dunkerque à l'aide des françois ; le conseil de *France*, qui ne pouvoit résister à ce fier protecteur, aima mieux que cet établissement se fît aux dépens de l'Espagne qui possédoit Dunkerque.

Il profita peu de temps après, de la mauvaise économie de Charles II. Louis XIV acheta Dunkerque pour cinq millions de livres qui furent payées comptant. Les anglois n'ont pas encore pardonné cette faute à la mémoire de Charles II.

Louis XIV répara & augmenta les fortifications de Dunkerque.

L'un des plus grands avantages que les anglois & les hollandois retirèrent de la guerre pour la succession à la couronne d'Espagne, fut la démolition des fortifications de Dunkerque & le comblement de son port. Le traité d'Utrecht stipula « que le roi feroit raser toutes les fortifications de la ville de Dunkerque, combler le port & détruire les écluses qui servoient au nettoiement du port, le tout à ses dépens & dans le terme de cinq mois après la paix conclue & signée ; savoir, les ouvrages de mer dans l'espace de deux mois, & ceux de terre avec lesdites écluses dans les trois mois suivans ; à condition que ces fortifications, ports & écluses ne pourroient jamais être rétablis ; laquelle démolition ne seroit cependant commencée qu'a-

près que le roi auroit été mis en possession de tout ce qui devoit être cédé en équivalent de cette démolition ». Lorsqu'on voulut exécuter cet article du traité, on s'apperçut que, pour combler le port, on inonderoit dix lieues de pays : on proposa aux commissaires anglois de laisser l'écluse de Bergues, qui serviroit à l'écoulement des eaux du pays, & de combler le port de manière qu'il ne donnât plus de jalousie à la nation angloise. La reine Anne rejetta la proposition. Son principal ingénieur soutint qu'il falloit exécuter en son entier le traité d'Utrecht. Il répondit toutefois qu'on pouvoit faire écouler les eaux par Nieuport. Cette ville n'étant point de la domination du roi, & l'expédient de cet ingénieur n'ayant point été jugé pratiquable, il en indiqua un second, qui fut de procurer l'écoulement des eaux par Gravelines. Les difficultés de celui-ci inspirèrent l'idée d'un canal, auquel on travailla immédiatement après la démolition de la citadelle, des forts, & des autres ouvrages de Dunkerque. La cour d'Angleterre trouva qu'il ne lui convenoit pas de laisser subsister ce canal, parce que les vaisseaux françois, même ceux de guerre, auroient pu le parcourir dans toute son étendue. Cette considération fut le sujet de différens mémoires présentés à Louis XIV, ainsi qu'à son successeur. Le traité d'alliance, conclu à la Haye entre la *France*, l'Angleterre & la Hollande stipula que le grand passage de l'écluse de Mardick, qui avoit 44 pieds de largeur, seroit détruit de fond en comble, en ôtant les bajoyers, planchers, brusques, longrines & traversines, sur toute sa longueur ; qu'on enleveroit les portes, dont les bois & la serrure seroient désassemblés ; que la petite écluse resteroit, à l'égard de sa profondeur, dans l'état où elle se trouvoit ; mais qu'on réduiroit sa largeur à seize pieds ; que les jettées & les fascinages depuis les Dunes jusqu'à la mer basse, seroient rasés des deux côtés, au niveau de l'Estran ; & qu'après la ratification du traité, on emploieroit un nombre suffisant d'ouvriers pour la destruction de ces jettées, de manière que le grand radier ne subsistât plus, & que l'on retrécît le radier du petit passage. On commença ces différens travaux dans la même année 1717. Quand le roi Louis XV déclara à l'Angleterre la guerre que termina le traité d'Aix-la-Chapelle, les Provinces-Unies ne furent pas moins alarmées que la Grande-Bretagne, du rétablissement des fortifications de Dunkerque ; & ce fut pour tranquiliser les hollandois, qui n'avoient point encore pris de part à la guerre, qu'on les avertit, au nom du roi, que les réparations faites à Dunkerque étoient momentanées ; qu'elles avoient pour but de mettre le port hors des insultes des corsaires anglois ; que les emplacemens des Chateaux-vert & de bonne-Espérance, à la tête des anciennes levées, le Risbance, le fort de Reves & le fort Blanc, restoient &

resteroient encore dans l'état où ils s'étoient trouvés après la démolition, suite du traité d'Utrecht; que, conformément aux traités, on laissoit l'enceinte de la place & les écluses démolies, & qu'on n'y changeroit rien. Ce prince offrit de remettre Dunkerque aux Etats-Généraux jusqu'à la paix, & de les tranquiliser ainsi sur l'emploi qu'on pourroit faire de ces nouveaux ouvrages au détriment de la république. On vouloit par-là engager les hollandois à signer un traité de neutralité; mais ils n'acceptèrent point l'offre de la *France*, & ils donnèrent peu de temps après, des secours de toute espèce, & à la reine de Hongrie & au roi d'Angleterre. Un article du traité d'Aix-la-Chapelle dit : « que Dunkerque restera » fortifié du côté de terre, en l'état qu'il est ac- » tuellement; & pour le côté de la mer, sur » le pied des anciens traités ».

Le traité de 1763 ajoute sur ce point d'autres clauses plus humiliantes; mais, ainsi que nous l'avons déja remarqué, elles se trouvent anéanties par le traité de 1782, avec celles des traités postérieurs à la pacification d'Utrecht.

Le traité de 1782 n'autorise pas la *France* à rétablir le port de Dunkerque; mais celui de Cherbourg, auquel on travaille avec beaucoup d'activité & de succès, y suppléera. *Voyez* l'article ANGLETERRE.

Le traité de navigation & de commerce, conclu à Versailles entre la *France* & la Grande-Bretagne, le 27 septembre 1786, a établi des principes si généraux, & des articles si favorables aux deux peuples, que nous croyons devoir l'insérer ici. Il annonce si bien le progrès des lumières & la sagesse des deux ministres qui l'ont rédigé; il est si doux de voir s'établir des liaisons entre deux peuples rivaux; c'est une pièce si intéressante dans le moment actuel, & ses effets peuvent être si heureux, qu'il est bon de le donner en entier, malgré sa longueur.

Traité de navigation & de commerce entre la France *&* la Grande-Bretagne, *conclu à Versailles le* 26 *septembre* 1786.

Sa Majesté Très-Chrétienne & Sa Majesté Britannique étant également animées du désir, non-seulement de consolider la bonne harmonie qui subsiste actuellement entre elles, mais aussi d'en étendre les heureux effets sur leurs sujets respectifs, ont pensé que les moyens les plus efficaces pour remplir ces objets, conformément à l'article XVIII du traité de paix signé le 6 Septembre 1783, étoient d'adopter un système de commerce qui eût pour fondement la réciprocité & la convenance mutuelle, & qui, en faisant cesser l'état de prohibition & les droits prohibitifs qui ont existé depuis près d'un siècle entre les deux nations, pro-

curât de part & d'autre les avantages les plus solides aux productions & à l'industrie nationales, & détruisît la contrebande, qui est aussi nuisible au revenu public qu'au commerce légitime, qui seul mérite d'être protégé.

ARTICLE PREMIER. Il a été convenu & accordé entre le sérénissime & très-puissant roi très-chrétien, & le sérénissime & très-puissant roi de la Grande-Bretagne, qu'il y ait entre les sujets de part & d'autre une liberté réciproque, & en toutes manières absolue, de navigation & de commerce, dans tous & chacun des royaumes, états, provinces & terres de l'obéissance de leurs Majestés en Europe, pour toutes & chacunes sortes de marchandises, dans les lieux, aux conditions, en la manière & en la forme qu'il est réglé & établi dans les articles suivans.

II. Pour assurer à l'avenir le commerce & l'amitié entre les sujets de leursdites majestés, & afin que cette bonne correspondance soit à l'abri de tout trouble & de toute inquiétude, il a été convenu & accordé que si quelque jour il survient quelque mauvaise intelligence, interruption d'amitié, ou rupture entre les couronnes de leurs majestés, ce qu'à Dieu ne plaise (laquelle rupture ne sera censée exister que lors du rappel ou du renvoi des Ambassadeurs & Ministres respectifs), les sujets des deux Parties qui demeureront dans les états l'une de l'autre, auront la faculté d'y continuer leur séjour & leur négoce, sans qu'ils puissent être troublés en aucune manière, tant qu'ils se comporteront paisiblement, & qu'ils ne se permettront rien contre les loix & les ordonnances; & dans le cas où leur conduite les rendroit suspects, & que les gouvernemens respectifs se trouveroient obligés de leur ordonner de se retirer, il leur sera accordé pour cette fin un terme de douze mois, afin qu'ils puissent se retirer avec leurs effets & leurs facultés confiés tant aux particuliers qu'au public : bien entendu que cette faveur ne pourra être réclamée par ceux qui se permettront une conduite contraire à l'ordre public.

III. On est aussi convenu, & il a été arrêté que les sujets & habitans des royaumes, provinces & états de leurs majestés n'exerceront à l'avenir aucuns actes d'hostilité ni violences les uns contre les autres, tant sur mer que sur terre, fleuves, rivières, ports & rades, sous quelque nom & prétexte que ce soit, ensorte que les sujets de part & d'autre ne pourront prendre aucune patente, commission ou instruction pour armemens particuliers, & faire la course en mer, ni lettres vulgairement appelées de représailles, de quelques princes ou états ennemis de l'un ou de l'autre, ni troubler, empêcher ou endommager en quelque manière que ce soit, en vertu ou sous prétexte de telles patentes, commissions ou lettres de représailles, les sujets & habitans susdits du roi très-chrétien ou du roi de la Grande-Bretagne;

gne, ni faire ces fortes d'armemens, où de s'en
fervir pour aller en mer ; & feront à cette fin,
toutes & quantes fois qu'il fera requis de part &
d'autre dans toutes les terres, pays & domaines
quels qu'ils foient, tant de part que d'autre, renouvellées & publiées des défenses étroites & expreffes d'ufer en aucune manière de telles commiffions ou lettres de repréfailles fous les plus
grandes peines qui puiffent être ordonnées contre
les infracteurs, outre la reftitution & la fatisfaction
entière dont ils feront tenus envers ceux auxquels
ils auront caufé quelque dommage ; & ne feront
données à l'avenir par l'une des deux hautes parties
contractantes, au préjudice & au dommage des
fujets de l'autre, aucunes lettres de repréfailles,
fi ce n'eft feulement au cas de refus ou de délai
de juftice, lequel refus ou délai de juftice ne
fera pas tenu pour vérifié, fi la requête de celui
qui demande lefdites lettres de repréfailles n'eft
communiquée au miniftre qui fe trouvera fur les
lieux de la part du prince, contre les fujets duquel elles doivent être données, afin que, dans
le terme de quatre mois, ou plutôt, s'il fe peut,
il puiffe faire connoître le contraire, où procurer
la jufte fatisfaction qui fera due.

IV. Il fera libre aux fujets & habitans des états
refpectifs des deux fouverains d'entrer & d'aller
librement & furement, fans permiffion ni fauf-
conduit général ou fpécial, foit par terre ou par
mer, & enfin par quelque chemin que ce foit,
dans les royaumes, états, provinces, terres, îles,
villes, bourgs, places murées ou non murées,
fortifiées ou non fortifiées, ports & domaines de
l'un & de l'autre fouverain, fitués en Europe,
quels qu'ils puiffent être, & d'en revenir, d'y
féjourner ou d'y paffer, & d'y acheter auffi &
acquérir à leur choix toutes les chofes néceffaires
pour leur fubfiftance & pour leur ufage, & ils
feront traités réciproquement avec toute forte de
bienveillance & de faveur, bien entendu néanmoins que dans toutes ces chofes, ils fe comporteront & fe conduiront conformément à ce qui
eft prefcrit par les loix & par les ordonnances,
qu'ils vivront les uns avec les autres en amis &
paifiblement, & qu'ils entretiendront, par leur
bonne intelligence, l'union réciproque.

V. Il fera libre & permis aux fujets de leurfdites
majeftés réciproquement d'aborder avec leurs vaiffeaux, auffi bien qu'avec leurs marchandifes &
les effets dont ils feront chargés, & dont le commerce & le tranfport ne font point défendus par
les loix de l'un ou de l'autre royaume, & d'entrer dans les terres, états, villes ports, lieux &
rivieres de part & d'autre fitués en Europe, d'y
fréquenter, féjourner & demeurer fans aucune li-
mitation de tems, même d'y louer des maifons,
ou de loger chez d'autres, d'acheter où ils jugeront à propos toute forte de marchandifes permifes, foit de la première main, foit du marchand,
& en quelque manière que ce puiffe être, foit

dans les places & marchés publics où font expofées les marchandifes & dans les foires, foit dans
tout autre endroit où ces marchandifes fe fabriquent ou fe vendent : il leur fera auffi permis de
ferrer & de garder dans leurs magafins & entrepôts les marchandifes apportées d'ailleurs, & de
les expofer en vente, fans être obligés en aucune
façon de porter leurs marchandifes fufdites dans
les marchés & dans les foires, fi ce n'eft de leur
bon gré & de leur bonne volonté ; & ne pourront lefdits fujets, pour raifon de la liberté de
commerce ou pour toute autre caufe que ce foit,
être chargés d'aucun impôt ou droits, à l'exception
de ceux qui, devront être payés pour leurs navires
ou pour leurs marchandifes, conformément à ce
qui eft réglé par le préfent traité, ou de ce qui
fera payé par les propres fujets des deux parties
contractantes ; il leur fera auffi permis de fortir
de l'un & l'autre royaume quand ils le voudront,
& d'aller où ils jugeront à propos par terre ou
par mer, par les rivières & eaux douces, & auffi
ils pourront emmener leurs femmes, enfans, domeftiques, auffi bien que leurs marchandifes,
facultés, biens & effets achetés ou apportés,
après avoir payé les droits accoutumés, nonobftant toute loi, privilège, conceffion, immunités
ou coutumes à ce contraires en façon quelconque ;
& quant à ce qui concerne la religion, les fujets
des deux couronnes jouiront d'une entière liberté ;
ils ne pourront être contraints d'affifter aux offices
divins, foit dans les églifes ou ailleurs, mais au
contraire il leur fera permis, fans aucun empêchement de faire en particulier, dans leurs propres
maifons, les exercices de leur religion, fuivant
leur ufage. On ne refufera point de part ni d'autre
la permiffion d'enterrer dans des lieux convenables
qui feront défignés à cet effet les corps des fujets
de l'un & de l'autre royaume, décédés dans l'étendue de la domination de l'autre, & il ne fera
apporté aucun trouble à la fépulture des morts.
Les loix & les ftatuts de l'un & de l'autre royaume
demeureront dans leur force & vigueur, & feront
exactement exécutés, foit que ces loix & ftatuts
regardent le commerce & la navigation, ou qu'ils
concernent quelques autres droits, à la réferve
feulement des cas auxquels il eft dérogé par les
articles du préfent traité.

VI. Pour fixer d'une manière invariable le pied
fur lequel le commerce fera établi entre les deux
nations, les deux hautes parties contractantes ont
jugé à propos de régler les droits fur certaines
denrées & marchandifes. Elles font convenues en
conféquence du tarif fuivant ; favoir : 1°. les vins
de *France* importés en droiture de *France* dans la
Grande Bretagne, ne paieront dans aucun cas pas
de plus gros droits que ceux que paient préfentement les vins de Portugal.

Les vins de *France* importés directement de
France en Irlande ne paieront pas de plus gros
droits que ceux qu'ils paient actuellement.

2°. Les vinaigres de *France*, au lieu de 67 liv. 5 shillings 3 fous & douze vingtièmes de fous fterl. par tonneau qu'ils paient à préfent, ne paieront à l'avenir, dans la Grande-Bretagne, pas de plus gros droits que 32 liv. 18 shillings 10 fous & feize vingtièmes de fous fterling par tonneau.

3°. Les eaux-de-vie de *France*, au lieu de 9 shillings 6 fous douze vingtièmes de fous fterl. ne paieront à l'avenir dans la Grande-Bretagne, que 7 shillings fterling par gallon, faifant quatre quartes, mefure d'Angleterre.

4°. Les huiles d'olive venant directement de *France* ne paieront pas à l'avenir un plus fort droit que paient actuellement celles des nations les plus favorifées.

5°. La bière paiera mutuellement un droit de 30 pour 100 de la valeur.

6°. On claffera les droits fur la quincaillerie & la tabletterie (en anglois *hard-ware*, *cutlery*, *cabinet-ware and turnery*) & tous les ouvrages gros & menus de fer, d'acier, de cuivre & d'airain, & le plus haut droit ne paffera pas 10 pour 100 de la valeur.

7°. Les cotons de toutes efpèces, fabriqués dans les états des deux fouverains en Europe, ainfi que les lainages, tant tricotés que tiffus, y compris la bonneterie (en anglois *hofiery*) paieront de part & d'autre un droit d'entrée de 12 pour cent de la valeur. On excepte tous les ouvrages de coton & de laine mêlés de foie, lefquels demeureront prohibés de part & d'autre.

8°. Les toiles de batifte & linons (en anglois *cambrics and lawns*) paieront de part & d'autre un droit d'entrée de 5 shillings, ou 6 liv. tournois par demi-pièce de fept verges trois quarts d'Angleterre (*yards*); & les toiles de lin & de chanvre, fabriquées dans les états des deux fouverains en Europe, ne paieront point de plus forts droits tant en *France* que dans la Grande-Bretagne, que les toiles fabriquées en Hollande & en Flandre, importées dans la Grande-Bretagne, paient actuellement.

Et les toiles de lin & de chanvre fabriquées en *France* & en Irlande ne paieront mutuellement point de plus forts droits que les toiles fabriquées en Hollande, importées en Irlande, paient à préfent.

9°. La fellerie paiera mutuellement un droit d'entrée de 15 pour 100 de la valeur.

10°. Les gazes de toutes efpèces paieront mutuellement 10 pour 100 de la valeur.

11°. Les modes compofées de mouffelines, linons, batiftes, gazes de toutes efpèces (en anglois *millinery*), & de tous les autres articles admis par le préfent tarif, paieront mutuellement un droit de 12 pour 100 de la valeur; & s'il y a entre des articles non énoncés audit tarif ils ne paieront pas de plus forts droits que ceux que paient pour les mêmes articles les nations les plus favorifées.

12°. La porcelaine, la fayence & la poterie paieront mutuellement 12 pour 100 de la valeur.

13°. Les glaces & la verrerie feront admifes de part & d'autre moyennant un droit de 12 pour 100 de la valeur.

Sa majefté britannique fe réferve la faculté de compenfer par des droits additionnels fur les marchandifes ci-deffous énoncées les droits intérieurs actuellement impofés fur les manufactures ou ceux d'entrée qui font levés fur les matières premières; favoir, fur les toiles de toutes efpèces, teintes ou peintes, fur la bière, fur la verrerie, fur les glaces & fur les fers.

Et fa majefté très-chrétienne fe réferve auffi la faculté d'en ufer de même à l'égard des marchandifes fuivantes; favoir fur les cotons, fur les fers & fur la bière.

Pour d'autant mieux affurer la perception exacte des droits énoncés audit tarif payables fur la valeur, elles conviendront entre elles, non-feulement de la forme des déclarations, mais auffi des moyens propres à prévenir la fraude fur la véritable valeur defdites denrées & marchandifes.

Et s'il fe trouve par la fuite qu'il s'eft gliffé dans le tarif ci-deffus des erreurs contraires aux principes qui lui ont fervi de bafe, les deux fouverains s'entendront de bonne-foi pour les redreffer.

VII. Les droits énoncés ci-deffus ne pourront être changés que d'un commun accord, & les marchandifes qui n'y font pas énoncées acquitteront dans les états des deux fouverains les droits d'entrée & de fortie dus dans chacun defdits états par les nations européennes les plus favorifées à la date du préfent traité; & les navires appartenans aux fujets defdits états auront auffi dans l'un & dans l'autre tous les privilèges & avantages accordés à ceux des nations européennes les plus favorifées.

Et l'intention des deux hautes parties contractantes étant que leurs fujets refpectifs foient les uns chez les autres fur un pied auffi avantageux que ceux des autres nations européennes, elles conviennent que dans le cas où elles accorderoient dans la fuite de nouveaux avantages de navigation & de commerce à quelqu'autre nation européenne, elles y feront participer mutuellement leurfdits fujets, fans préjudice toutefois des avantages qu'elles fe réfervent; favoir, la France en faveur de l'Efpagne, en conféquence de l'article XXIV du pacte de famille figné le 10 Mai 1761; & l'Angleterre, felon ce qu'elle a pratiqué en conformité & en conféquence de la convention de 1703, fignée entre l'Angleterre & le Portugal.

Et afin que chacun puiffe favoir certainement en quoi confiftent les fufdits impôts, douanes & droits d'entrée & de fortie, quels qu'ils foient, on eft convenu qu'il y aura dans les lieux publics, tant à Rouen & dans les autres villes marchandes de *France*, qu'à Londres & dans les autres villes marchandes de l'obéiffance du Roi de la Grande-

Bretagne, des tarifs qui indiquent les impôts, douanes & droits accoutumés, afin que l'on y puisse avoir recours toutes les fois qu'il s'élevera quelque différend à l'occasion de ces impôts, douanes & droits qui ne pourront se lever que conformément à ce qui sera clairement expliqué dans les susdits tarifs & selon leur sens naturel ; & si quelqu'Officier ou quelqu'un en son nom, sous quelque prétexte que ce soit, exige & reçoit publiquement ou en particulier, directement ou indirectement, d'un Marchand ou d'un autre aucune somme d'argent ou quelqu'autre chose que ce soit, à raison de droit dû, d'impôt, de visites ou de compensation, même sous le nom de don fait volontairement, ou sous quelqu'autre prétexte que ce soit au-delà ou autrement qu'il n'est marqué ci-dessus ; en ce cas, si ledit officier ou son substitut, étant accusé devant le juge compétent du lieu où la faute a été commise, s'en trouve convaincu, il donnera une satisfaction entière à la partie lésée, & il sera même puni de la peine due & prescrite par les loix.

VIII. A l'avenir aucune des marchandises exportées respectivement des pays de l'obéissance de leurs majestés ne seront assujetties à la visite ou à la confiscation, sous quelque prétexte que ce soit, de fraude ou de défectuosité dans la fabrique ou travail, ou pour quelque défaut que ce soit. On laissera une entière liberté au vendeur & à l'acheteur de stipuler & d'en faire le prix, ainsi qu'ils le trouveront à propos, nonobstant toutes loix, statuts, édits, arrêts, privilèges, concessions ou usages.

IX. Comme il y a plusieurs genres de marchandises de celles qui seront apportées ou importées en France par les sujets de la Grande-Bretagne, qui sont enfermées dans des tonneaux, dans des caisses ou dans des emballages, dont les droits se paient au poids, on est convenu qu'en ce cas lesdits droits seront seulement exigés par proportion au poids effectif de la marchandise, & qu'on fera une diminution du poids des tonneaux, des caisses & emballages, de la même manière qu'il a été pratiqué, & qu'il se pratique actuellement en Angleterre.

X. Il est encore convenu que si quelque inadvertance ou faute avoit été commise par quelque maître de navire, l'interprète, le procureur ou autre chargé de ses affaires, en faisant la déclaration de sa cargaison, le navire pour cela ni sa cargaison ne seront point sujets à la confiscation ; il sera même loisible au propriétaire des effets qui auront été omis dans la liste ou déclaration fournie par le maître du navire, en payant les droits en usage suivant la pancarte, de les retirer, pourvu toutefois qu'il n'y ait pas une apparence manifeste de fraude ; & pour cause de cette omission, les marchands ni les maîtres de navires ni les marchandises, ne pourront être sujets à aucune peine, pourvu que les effets omis dans la

déclaration n'aient pas encore été mis à terre avant d'avoir fait ladite déclaration.

XI. Dans le cas où l'une des deux hautes parties contractantes jugera à propos d'établir des prohibitions, ou d'augmenter les droits à l'entrée sur quelque denrée ou marchandise du crû ou de la manufacture de l'autre, non énoncée dans le tarif, ces prohibitions ou augmentations seront générales, & comprendront les mêmes denrées ou marchandises des autres nations européennes les plus favorisées, aussi-bien que celles de l'un ou l'autre état ; & dans le cas où l'une des deux parties contractantes accordera, soit la suppression des prohibitions, soit une diminution des droits en faveur d'une autre nation européenne sur quelque denrée ou marchandise de son crû ou manufacture, soit à l'entrée, soit à la sortie, ces suppressions ou diminutions seront communes aux sujets de l'autre partie, à condition que celle-ci accordera aux sujets de l'autre l'entrée & la sortie des mêmes denrées & marchandises sous les mêmes droits, exceptant toujours les cas réservés dans l'article 7 du présent traité.

XII. Et d'autant qu'il s'est autrefois établi un usage, lequel n'est autorisé par aucune loi, dans quelques lieux de *France* & de la Grande-Bretagne, suivant lequel les françois ont payé en Angleterre une espèce de capitation, nommée en langue du pays *headmoney*, & les anglois le même droit en *France*, sous le titre d'*argent du chef* ; il est convenu que cet impôt ne s'exigera plus de part ni d'autre, ni sous l'ancien nom, ni sous quelque nom que ce puisse être.

XIII. Si l'une des hautes parties contractantes a accordé ou accorde des primes (en anglois *bounties*) pour encourager l'exportation des articles du crû du sol ou du produit des manufactures nationales, il sera permis à l'autre d'ajouter aux droits déja imposés en vertu du présent traité, sur lesdites denrées & marchandises importées dans ses états, un droit d'entrée équivalent à ladite prime : bien entendu que cette stipulation ne s'étendra pas sur la restitution des droits & impôts (en anglois *drawback*) laquelle a lieu en cas d'exportation.

XIV. Les avantages accordés par le présent traité aux sujets de sa majesté britannique, auront leur effet en tant qu'ils concernent le royaume de la Grande-Bretagne, aussi-tôt que des loix y seront passées pour assurer aux sujets de sa majesté très-chrétienne la jouissance réciproque des avantages qui leur sont accordés par le présent traité ; & les avantages accordés par tous ces articles, excepté le tarif, auront leur effet pour ce qui concerne le royaume d'Irlande, aussi-tôt que des loix y seront passées pour assurer aux sujets de sa majesté très-chrétienne la jouissance réciproque des avantages qui leur sont accordés par ce traité ; & pareillement les avantages accordés par le tarif, auront leur effet en tant qu'ils con-

cernent ledit royaume , auffi-tôt que des loix y
feront paffées pour donner effet audit tarif.

XV. Il a été convenu que les navires appartenans à des fujets de fa majefté britannique venant dans les états de fa majefté très-chrétienne
des ports de la Grande-Bretagne , d'Irlande ou
de quelqu'autre port étranger , ne paieront point
le droit de fret ni aucun autre droit femblable ;
pareillement les navires françois feront exempts ,
dans les états de fa majefté britannique , du droit
de cinq shillings , ou de tout autre droit ou charge femblable.

XVI. Il ne fera pas permis aux armateurs
étrangers , qui ne feront pas fujets de l'une ou
de l'autre couronne , & qui auront commiffion de
quelqu'autre prince ou état ennemi de l'un ou
de l'autre , d'armer leurs vaiffeaux dans les ports
de l'un & de l'autre defdits deux royaumes , d'y
vendre ce qu'ils auront pris , ou de changer en
quelque manière que ce foit , ni d'acheter même
d'autres vivres que ceux qui leur feront néceffaires pour parvenir au port le plus prochain du
prince , dont ils auront obtenu des commiffions.

XVII. Lorfqu'il arrivera quelque différend entre un capitaine de navire & fes matelots , dans
les ports de l'un ou de l'autre royaume , pour
raifon de falaires dus auxdits matelots , ou pour
quelqu'autre caufe civile que ce foit , le magiftrat
du lieu exigera feulement du défendeur de donner
au demandeur fa déclaration par écrit , atteftée
par le magiftrat , par laquelle il promettra de répondre dans fa patrie fur l'affaire dont il s'agira
par-devant un juge compétent ; au moyen de quoi
il ne fera pas permis aux matelots d'abandonner le
vaiffeau , ni d'apporter quelque empêchement au
capitaine du navire dans la continuation de fon
voyage. Il fera auffi permis aux marchands de l'un
ou de l'autre royaume , de tenir , dans les lieux
de leur domicile , ou par-tout ailleurs où bon leur
femblera , des livres de compte & de commerce ,
& d'entretenir auffi correfpondance de lettres dans
la langue ou dans l'idiôme qu'ils jugeront à propos , fans qu'on puiffe les inquiéter ni les rechercher en aucune manière pour ce fujet ; & s'il
leur étoit néceffaire , pour terminer quelque procès ou différend , de produire leurs livres de comptes , en ce cas ils feront obligés de les apporter
en entier en juftice , fans toutefois qu'il foit permis au juge de prendre connoiffance des lefdits
livres d'autres articles que de ceux feulement qui
regarderont l'affaire dont il s'agit , ou qui feront
néceffaires pour établir la foi de ces livres ; & il
ne fera pas permis de les enlever des mains de
leurs propriétaires , ni de les retenir fous quelque
prétexte que ce foit , excepté feulement dans le
cas de banqueroute. Les fujets de la Grande-Bretagne ne feront pas tenus de fe fervir de papier
timbré pour leurs livres , leurs lettres & les autres pièces qui regarderont le commerce , à la
réferve de leur journal , qui , pour faire foi en

juftice , devra être cotté & paraphé *gratis* par le
juge , conformément aux lois établies en *France* ,
qui y affujettiffent tous les marchands.

XVIII. Il a été ftatué de plus , & l'on eft convenu qu'il foit entièrement libre à tous les marchands , capitaines de vaiffeaux & autres fujets
du roi de la Grande-Bretagne , dans tous les états
de fa majefté très-chrétienne en Europe , de traiter leurs affaires par eux-mêmes , ou d'en charger
qui bon leur femblera , & ils ne feront tenus de
fe fervir d'aucun interprète ou facteur , ni de leur
payer aucun falaire , fi ce n'eft qu'ils veulent s'en
fervir. En outre , les maîtres des vaiffeaux ne feront point tenus de fe fervir , pour charger ou
décharger leurs navires , de perfonnes établies à
cet effet par l'autorité publique , foit à Bordeaux ,
foit ailleurs ; mais il leur fera entièrement libre
de charger ou décharger leurs vaiffeaux par eux-
mêmes , ou de fe fervir de ceux qu'il leur plaira
pour les charger ou les décharger , fans payer aucun falaire à quelque perfonne que ce puiffe être ;
Ils ne feront point tenus auffi de décharger dans
les navires d'autrui , ou de recevoir dans les leurs
quelques marchandifes que ce foit , ni d'attendre
leur chargement plus long-tems qu'ils le jugeront
à propos. Et tous les fujets du roi très-chrétien
jouiront pareillement & feront en poffeffion des
mêmes privilèges & libertés dans tous les états
de fa majefté britannique en Europe.

XIX. On ne pourra obliger les vaiffeaux chargés des deux parties , paffant fur les côtes l'une
de l'autre , & que la tempête aura obligés de
relâcher dans les rades ou ports , ou qui y auront pris terre de quelqu'autre manière que ce
foit , d'y décharger leurs marchandifes en tout
ou en partie , ou de payer quelques droits , à moins
qu'ils ne les y déchargent de leur bon gré , &
qu'ils n'en vendent quelque partie. Il fera cependant libre , après en avoir obtenu la permiffion
de ceux qui ont la direction des affaires maritimes , de décharger ou de vendre une petite partie du chargement , feulement pour acheter les
vivres ou les chofes néceffaires pour le radoub du
vaiffeau , & dans ce cas on ne pourra exiger de
droits pour tout le chargement , mais feulement
pour la petite partie qui aura été déchargée ou
vendue.

XX. Il fera permis à tous les fujets du roi très-
chrétien & du roi de la Grande-Bretagne , de
naviger avec leurs vaiffeaux en toute fûreté &
liberté , & fans diftinction de ceux à qui les marchandifes de leurs chargemens appartiendront , de
quelque port que ce foit , dans les lieux qui font
déja , ou qui feront ci-après en guerre avec le
roi très-chrétien , ou avec le roi de la Grande-
Bretagne. Il fera auffi permis auxdits fujets de
naviger & de négocier avec leurs vaiffeaux & marchandifes , avec la même liberté & fûreté des lieux ,
ports & endroits appartenans aux ennemis des deux
parties ou de l'une d'elles , fans être aucunement

inquiétés ni troublés , & d'aller directement , non-seulement desdits lieux ennemis à un lieu neu- tre , mais encore d'un lieu ennemi à un autre lieu ennemi , soit qu'ils soient sous la jurisdiction d'un même ou de différens princes. Et comme il a été stipulé , par rapport aux navires & aux marchandises , que l'on regardera comme libre tout ce qui sera trouvé sur les vaisseaux appar- tenans aux sujets de l'un & de l'autre royaume , quoique tout le chargement , ou une partie de céméme chargement appartienne aux ennemis de leurs majestés , à l'exception cependant des mar- chandises de contrebande , lesquelles étant inter- ceptées , il sera procédé conformément à l'esprit des articles suivans ; de même il a été convenu que cette même liberté doit s'étendre aussi aux personnes qui naviguent sur un vaisseau libre , de manière que , quoiqu'elles soient ennemies des deux parties , elles ne seront point tirées du vaisseau libre , si ce n'est que ce fussent des gens de guerre actuellement au service desdits ennemis , & se transportant pour être em- ployés comme militaires dans leurs flottes ou dans leurs armées.

XXI. Cette liberté de navigation & de com- merce s'étendra à toute sorte de marchandises , à la réserve seulement de celles qui seront expri- mées dans l'article suivant , & désignées sous le nom de *marchandises de contrebande*.

XXII. On comprendra sous ce nom de mar- chandises de contrebande ou défendues , les ar- mes , canons , arquebuses , mortiers , pétards , bombes , grenades , saucisses , cercles poissés affûts , fourchettes , bandoulières , poudre à ca- non , mèches , salpêtre , balles , piques , épées , morions , casques , cuirasses , hallebardes , jave- lines , fourreaux de pistolets , baudriers , chevaux avec leurs harnois , & tous autres semblables genres d'armes & d'instrumens de guerre servant à l'usage des troupes.

XXIII. On ne mettra point au nombre des marchandises défendues celles qui suivent , savoir , toutes sortes de draps & tous autres ouvrages de manufacture de laine , de lin , de soie & de coton & de toute autre matière , tous genres d'ha- billemens avec les choses qui servent ordinaire- ment à les faire ; or , argent monnoyé & non monnoyé , étain , fer , plomb , cuivre , laiton , charbon à fourneau , bled , orge , & toute autre sorte de grains & de légumes , le tabac , toutes sortes d'aromates , chairs salées & fumées , pois- sons salés , fromages & beurre , bière , huiles , vins , sucre , toutes sortes de sels & de provi- sions , servant à la nourriture & à la subsistance des hommes ; tous genres de coton , cordages , cables , voiles , toile propre à faire des voiles , chanvre , suif , goudron , brai & résine , ancres & parties d'ancres , quelles qu'elles puissent être ; mâts de navires , planches , madriers , poutres de toutes sortes d'arbres , & de toutes les autres

choses nécessaires pour construire ou pour ra- douber les vaisseaux. On ne regardera pas non plus comme marchandises de contrebande , celles qui n'auront pas pris la forme de quelqu'instru- ment ou attirail servant à l'usage de la guerre sur terre ou sur mer , encore moins celles qui sont préparées ou travaillées pour tout autre usage. Toutes ces choses seront censées marchandises non défendues , de même que toutes celles qui ne sont pas comprises , & spécialement désignées dans l'article précédent , ensorte qu'elles pourront être librement transportées par les sujets des deux royaumes , même dans les lieux ennemis , excepté seulement dans des places assiégées , bloquées & investies.

XXIV. Mais , pour éviter & prévenir la dis- corde & toutes sortes d'inimitiés de part & d'au- tre , il a été convenu qu'en cas que l'une des deux parties se trouvât engagée en guerre , les vaisseaux & les bâtimens appartenans aux sujets de l'autre partie devront être munis de lettres de mer , qui contiendront le nom , la propriété & la grandeur du vaisseau , de même que le nom & le lieu de l'habitation du maître ou du capi- taine de ce vaisseau ; ensorte qu'il paroisse que ce vaisseau appartient véritablement & réellement aux sujets de l'une ou de l'autre partie : Et ces lettres de mer seront accordées & conçues dans la forme annexée au présent traité. Elles seront aussi renouvellées chaque année , s'il arrive que le vaisseau revienne dans le cours de l'an. Il a été aussi convenu , que ces sortes de vaisseaux chargés ne devront pas être seulement munis des lettres de mer ci-dessus mentionnées , mais en- core des certificats contenant les espèces de la charge , le lieu d'où le vaisseau est parti , & celui de sa destination , afin que l'on puisse con- noître s'il ne porte aucune des marchandises dé- fendues ou de contrebande , spécifiées dans l'ar- ticle 22 de ce traité. Lesquels certificats seront expédiés par les officiers du lieu d'où le vaisseau sortira , selon la coutume. Il sera libre aussi , si on le desire & si on le juge à propos , d'expri- mer dans lesdites lettres à qui appartiennent les marchandises.

XXV. Les vaisseaux des sujets & habitans des royaumes respectifs arrivant sur quelque côte de l'un ou de l'autre , sans cependant vouloir entrer dans le port , ou y étant entrés , & ne voulant point débarquer ou rompre leurs charges , ne seront point obligés de rendre compte de leurs chargemens , qu'au cas qu'il y eût des indices certains qui les rendissent suspects de porter aux ennemis de l'une des deux hautes parties con- tractantes , des marchandises défendues appelées de contrebande.

XXVI. Si les vaisseaux desdits sujets ou habi- tans des états respectifs de leurs sérénissimes ma- jestés , étoient rencontrés faisant route sur les côtes ou en pleine mer , par quelque vaisseau de guerre de leurs férénissimes majestés, ou par quelques vaisseaux armés par des particuliers, lesdits vaisseaux de guerre ou armateurs particuliers, pour éviter tout désordre, demeureront hors de la portée du canon, & pourront envoyer leurs chaloupes à bord du vaisseau marchand qu'ils auront rencontré, & y entrer seulement au nombre de deux ou trois hommes, à qui seront montrées, par le maître ou capitaine de ce vaisseau ou bâtiment, les lettres de mer qui contiennent la preuve de la propriété du vaisseau, & conçues dans la forme annexée au présent traité ; & il sera libre au vaisseau qui les aura montrées, de poursuivre sa route, sans qu'il soit permis de le molester & visiter en façon quelconque, ou de lui donner la chasse, ou de l'obliger à se détourner du lieu de sa destination.

XXVII. Le bâtiment marchand appartenant aux sujets de l'une des deux hautes parties contractantes, qui aura résolu d'aller dans un port ennemi de l'autre, & dont le voyage & l'espèce des marchandises de son chargement seront justement soupçonnés, sera tenu de produire en pleine mer, aussi-bien que dans les ports & rades, non-seulement ses lettres de mer, mais aussi des certificats qui marquent que ses marchandises ne sont pas du nombre de celles qui ont été défendues, & qui sont énoncées dans l'article 22 de ce traité.

XXVIII. Si par l'exhibition des certificats susd. contenant un état du chargement, l'autre-partie y trouve quelques-unes de ces sortes de marchandises défendues & déclarées de contrebande par l'article 22 de ce traité, & qui soient destinées pour un port de l'obéissance de ses ennemis, il ne sera pas permis de rompre, ni d'ouvrir les écoutilles, caisses, coffres, balles, tonneaux & autres vases trouvés sur ce navire, ni d'en détourner la moindre partie des marchandises, soit que ce vaisseau appartienne aux sujets de la France ou à ceux de la Grande-Bretagne, à moins que son chargement n'ait été mis à terre en la présence des Officiers de l'Amirauté, & qu'il n'ait été par eux fait inventaire desdites marchandises. Elles ne pourront aussi être vendues, échangées ou autrement aliénées de quelque manière que ce puisse être, qu'après que le procès aura été fait dans les règles & selon les loix & les coutumes, contre ces marchandises défendues, & que les Juges de l'amirauté respectivement les auront confisquées par sentence, à la réserve néanmoins, tant du vaisseau même que des autres marchandises qui y auront été trouvées, & qui, en vertu de ce traité, doivent être censées libres, & sans qu'elles puissent être retenues sous prétexte qu'elles seroient chargées avec des marchandises défendues, & encore moins être confisquées comme une prise légitime ; & supposé que lesdites marchandises de contrebande, ne faisant qu'une partie de la charge, le patron du vaisseau agréât, consentît & offrît

de les livrer au vaisseau qui les a découvertes, en ce cas, celui-ci, après avoir reçu les marchandises de bonne prise, sera tenu de laisser aller aussitôt le bâtiment, & ne l'empêchera en aucune matière de poursuivre sa route vers le lieu de sa destination.

XXIX. Il a été au contraire convenu & accordé que tout ce qui se trouvera chargé par les sujets & habitans de part & d'autre, en un navire appartenant aux ennemis de l'autre, bien que ce ne fût pas des marchandises de contrebande, sera confisqué comme s'il appartenoit à l'ennemi même, excepté les marchandises qui auront été chargées dans ce vaisseau avant la déclaration de la guerre ou l'ordre des représailles, ou même depuis la déclaration, pourvu que c'ait été dans les termes qui suivent ; à savoir, de deux mois après cette déclaration ou l'ordre des représailles, si elles ont été chargées dans quelque port & lieu compris dans l'espace qui est entre Archangel, Saint-Pétersbourg & les Sorlingues, & entre les Sorlingues & la ville de Gibraltar ; de six semaines dans la mer Méditerranée, & de huit mois dans tous les autres pays ou lieux du monde, de manière que les marchandises des sujets de l'un & l'autre prince, tant celles qui sont de contrebande, que les autres qui auront été chargées, ainsi qu'il est dit, sur quelque vaisseau ennemi avant la guerre ou même depuis sa déclaration, dans les tems & les termes susdits, ne seront en aucune manière sujettes à confiscation, mais seront sans délai & de bonne foi rendues aux propriétaires qui les redemanderont, en sorte néanmoins qu'il ne soit nullement permis de porter ensuite ces marchandises dans les ports ennemis, si elles sont de contrebande.

XXX. Et pour pourvoir plus amplement à la sûreté réciproque des sujets de leurs sérénissimes majestés, afin qu'il ne leur soit fait aucun préjudice par les vaisseaux de guerre de l'autre partie, ou par d'autres armés aux dépens des particuliers, il sera fait défense à tous capitaines des vaisseaux du roi très-chrétien & du roi de la Grande-Bretagne, & à tous leurs sujets, de faire aucun dommage ou insulte à ceux de l'autre partie ; & au cas qu'ils y contreviennent, ils en seront punis, & de plus ils seront tenus & obligés, en leurs personnes & en leurs biens, de réparer tous les dommages de quelque nature qu'ils soient, & d'y satisfaire.

XXXI. Et pour cette cause, chaque capitaine des vaisseaux armés en guerre par des particuliers sera tenu & obligé à l'avenir, avant que de recevoir ses patentes ou ses commissions spéciales, de donner pardevant un juge compétent, caution bonne & suffisante de personnes solvables, qui n'aient aucun intérêt dans ledit vaisseau, & qui s'obligent chacune solidairement pour la somme de 36,000 liv. tournois, ou de 1500 liv. sterlings ; & si ce vaisseau est monté de plus de 150 matelots ou soldats, pour la somme de 72,000 livres tournois, ou de 3000 liv. sterlings, pour répondre solidairement de tous les dommages & torts qué lui, ses officiers ou autres, étant à son service, pourroient faire en leur course contre la teneur du présent traité, & contre les édits faits de part & d'autre en vertu du même traité par leurs sérénissimes majestés, sous peine aussi de révocation & de cassation desdites patentes & commissions.

XXXII. Leurs majestés susdites voulant respectivement traiter dans leurs états les sujets l'une de l'autre aussi favorablement que s'ils étoient leurs propres sujets, donneront les ordres nécessaires & efficaces pour faire rendre les jugemens & arrêts, concernant les prises, dans la cour de l'Amirauté, selon les règles de la justice & de l'équité, & conformément à ce qui est prescrit par ce traité, par des juges qui soient au-dessus de tout soupçon, & qui n'aient aucun intérêt au fait dont il est question.

XXXIII. Et quand, par les lettres de mer & les certificats, il apparoîtra suffisamment de la qualité du vaisseau & de celle de ses marchandises & de son maître, il ne sera point permis aux commandans des vaisseaux armés en guerre, sous quelque prétexte que ce soit, de faire aucune autre vérification. Mais si quelque navire marchand se trouvoit dépourvu de ses lettres de mer ou de certificats, il pourra alors être examiné par un juge compétent, de façon cependant que si, par d'autres indices & documens, il se trouve qu'il appartienne véritablement aux sujets d'un desdits souverains, & qu'il ne contienne aucune marchandise de contrebande destinée pour l'ennemi de l'un d'eux, il ne devra point être confisqué, mais il sera relâché avec sa charge, afin qu'il poursuive son voyage.

S'il arrive que le maître de navire, dénommé dans les lettres de mer, soit mort, ou qu'ayant été autrement ôté, il s'en trouve quelqu'autre à sa place, le vaisseau ne laissera pas d'avoir la même sûreté avec son chargement, & les lettres de mer auront la même vertu.

XXXIV. Il a été d'ailleurs réglé & arrêté que les bâtimens de l'une des deux nations repris par des armateurs de l'autre, seront rendus au premier propriétaire, s'ils n'ont pas été en la puissance de l'ennemi durant l'espace de vingt-quatre heures, à charge par ledit propriétaire de payer le tiers de la valeur du bâtiment repris, ainsi que de sa cargaison, canons & apparaux; lequel tiers sera estimé à l'amiable par les parties intéressées; sinon & faute de pouvoir convenir entr'elles, elles s'adresseront aux officiers de l'Amirauté du lieu où le corsaire repreneur aura conduit le bâtiment repris.

Si le bâtiment repris a été en la puissance de l'ennemi au-delà de 24 heures, il appartiendra en entier à l'armateur repreneur.

Dans le cas où un bâtiment aura été repris par un vaisseau ou bâtiment de guerre appartenant à sa majesté très-chrétienne ou à sa majesté britannique, il sera rendu au premier propriétaire en payant le 30e. de la valeur du bâtiment, de la cargaison, des canons & apparaux, s'il a été repris dans les 24 heures, & le 10e. s'il a été repris après les 24 heures; lesquelles sommes seront distribuées, à titre de gratification, aux équipages des vaisseaux repreneurs: l'estimation des 30es & 10es mentionnés ci-dessus, sera réglée, conformément à ce qui est convenu au commencement de cet article.

XXXV. Toutes les fois que les ambassadeurs de leurs majestés susdites, tant d'une part que de l'autre, ou quelqu'autre de leurs ministres publics qui résideront à la cour de l'autre prince, se plaindront de l'injustice des sentences qui auront été rendues, leurs majestés respectivement les feront revoir & examiner en leur conseil, à moins que ledit conseil n'en eût déja décidé, afin que l'on connoisse avec certitude si les ordonnances & les précautions prescrites au présent traité auront été suivies & observées. Leursd. majestés auront soin pareillement d'y faire pourvoir pleinement, & de faire rendre justice, dans l'espace de trois mois, à chacun de ceux qui la demanderont; & néanmoins, avant ou après le premier jugement, & pendant la révision, les effets qui seront en litige ne pourront être en aucune manière vendus ni déchargés, si ce n'est du consentement des parties intéressées, pour éviter toute sorte de dommage, & il sera rendu de part & d'autre des loix pour l'exécution du présent article.

XXXVI. S'il s'élève des différends sur la validité des prises, ensorte qu'il soit nécessaire d'en venir à une décision juridique, le juge ordonnera que les effets soient déchargés; qu'on en prenne un inventaire & qu'on en fasse l'estimation; & l'on exigera des sûretés respectivement du capteur, de payer les frais, au cas que le navire ne fût point trouvé de bonne prise; du demandeur, de payer la valeur de la prise, au cas qu'elle soit trouvée valide; & ces sûretés étant données de part & d'autre, la prise sera livrée au demandeur: mais si le demandeur refuse de donner des sûretés suffisantes, le juge ordonnera que la prise soit livrée au capteur, après avoir reçu de sa part des sûretés bonnes & suffisantes qu'il paiera la valeur entière de ladite prise, au cas qu'elle soit jugée illégale; & l'exécution de la sentence du juge ne pourra point être suspendue en vertu d'aucun appel, lorsque la partie contre laquelle un tel appel sera fait, soit le demandeur, soit le capteur, aura donné des sûretés suffisantes qu'il restituera la valeur, ou les effets, ou bien la valeur dudit vaisseau ou effets, à la partie appellante, au cas que la sentence fût rendue en sa faveur.

XXXVII. S'il arrive que des vaisseaux de guerre

ou des navires marchands, contraints par la tempête ou autres accidens, échouent contre des rochers ou des écueils sur les côtes de l'une des hautes parties contractantes, qu'ils s'y brisent & qu'ils y fassent naufrage, tout ce qui aura été sauvé des vaisseaux, de leurs agrès & apparaux, effets ou marchandises, ou le prix qui en sera provenu, le tout étant réclamé par les propriétaires ou autres ayant charge & pouvoir de leur part, sera restitué de bonne-foi, en payant seulement les frais qui auront été faits pour les sauver, ainsi qu'il aura été réglé par l'une & l'autre partie pour le droit de sauvetage, sauf cependant les droits & coutumes de l'une & de l'autre nation, lesquels on s'occupera à abolir ou au moins à modifier, dans le cas où ils seroient contraires à ce qui est convenu par le présent article. Et leursdites majestés, de part & d'autre, interposeront leur autorité pour faire châtier sévèrement ceux de leurs sujets qui auront inhumainement profité d'un pareil malheur.

XXXVIII. Les sujets de part & d'autre pourront se servir de tels avocats, procureurs, notaires, solliciteurs & facteurs que bon leur semblera, à l'effet de quoi cesdits avocats & autres susdits seront commis par les juges ordinaires lorsqu'il en sera besoin, & que lesdits juges en seront requis.

XXXIX. Et pour plus grande sûreté & liberté du commerce & de la navigation, on est convenu en outre que ni le roi très-chrétien ni le roi de la Grande-Bretagne, non-seulement ne recevront dans aucuns de leurs rades, ports, villes ou places, des pirates ou des forbans, quels qu'ils puissent être, & ne souffriront qu'aucuns de leurs sujets, citoyens & habitans de part & d'autre, les reçoivent & protègent dans ces mêmes ports, les retirent dans leurs maisons ou les aident en façon quelconque; mais encore ils feront arrêter & punir toutes ces sortes de pirates & de forbans, & tous ceux qui les auront reçus, cachés ou aidés, des peines qu'ils auront méritées, pour inspirer de la crainte & servir d'exemple aux autres; & tous leurs vaisseaux, effets & marchandises enlevés par eux & conduits dans les ports de l'un ou de l'autre royaume, seront arrêtés autant qu'il pourra s'en découvrir, & seront rendus à leurs propriétaires ou à leurs facteurs ayant leurs pouvoirs ou procuration par écrit, après avoir prouvé la propriété devant les juges de l'Amirauté par des certificats suffisans, quand bien même ces effets seroient passés en d'autres mains par vente, s'il est prouvé que les acheteurs ont su ou dû savoir que c'étoient des effets enlevés en piraterie; & généralement tous les vaisseaux & marchandises, de quelque nature qu'ils soient, qui seront pris en pleine mer, seront conduits dans quelque port de l'un ou de l'autre souverain, & seront confiés à la garde des officiers de ce même port, pour être rendus entiers

au véritable propriétaire, aussi-tôt qu'il sera dûment & suffisamment reconnu.

XL. Les vaisseaux de guerre de leurs majestés, & ceux qui auront été armés en guerre par leurs sujets, pourront en toute liberté conduire où bon leur semblera, les vaisseaux & les marchandises qu'ils auront pris sur les ennemis, sans être obligés de payer aucun droit, soit aux sieurs amiraux, soit aux juges quels qu'ils soient; sans qu'aussi lesdites prises qui abordent & entrent dans les ports de leursdites majestés, puissent être arrêtées ou saisies, ni que les visiteurs ou autres officiers des lieux puissent les visiter & prendre connoissance de la validité desdites prises : en outre, il leur sera permis de mettre à la voile en quelque temps que ce soit, de partir & d'emmener les prises au lieu porté par les commissions ou patentes que les capitaines desdits navires de guerre seront obligés de faire apparoir; & au contraire, il ne sera donné ni asyle ni retraite, dans leurs ports, à ceux qui auront fait des prises sur les sujets de l'une ou de l'autre de leurs majestés; mais y étant entrés par nécessité de tempêtes ou de périls de la mer, on emploiera fortement les soins nécessaires, afin qu'ils en sortent & s'en retirent le plutôt qu'il sera possible, autant que cela ne sera point contraire aux traités antérieurs faits à cet égard avec d'autres souverains ou états.

XLI. Leursdites majestés ne souffriront point que sur les côtes, à la portée du canon, & dans les ports & rivières de leur obéissance, des navires & des marchandises des sujets de l'autre soient pris par des vaisseaux de guerre, ou par d'autres qui seront pourvus de patentes de quelque prince, république ou ville quelconque; & au cas que cela arrive, l'une & l'autre partie emploieront leurs forces unies pour faire réparer le dommage causé.

XLII. Que s'il est prouvé que celui qui aura fait une prise, ait employé quelque genre de torture contre le capitaine, l'équipage ou autres personnes qui se seront trouvées dans quelque vaisseau appartenant aux sujets de l'autre partie, en ce cas, non-seulement le vaisseau & les personnes, marchandises & effets, quels qu'ils puissent être, seront relâchés aussi-tôt, sans aucun délai, & remises en pleine liberté; mais même ceux qui seront convaincus d'un crime si énorme, aussi-bien que leurs complices, seront punis des plus grandes peines & proportionnées à leurs fautes; ce que le roi très-chrétien & le roi de la Grande-Bretagne s'obligent réciproquement de faire observer, sans aucun égard pour quelque personne que ce soit.

XLIII. Il sera libre respectivement à leurs majestés, d'établir dans les royaumes & pays de l'une & de l'autre, pour la commodité de leurs sujets qui y négocient, des consuls nationaux qui jouiront du droit, immunité & liberté qui leur appartiennent

appartiennent à raison de leurs exercices & fonctions; & l'on conviendra dans la suite, des lieux où l'on pourra établir lesdits consuls, ainsi que de la nature & de l'étendue de leurs fonctions. La convention relative à cet objet, sera faite immédiatement après la signature du présent traité, & sera censée en faire partie.

XLIV. Il est aussi convenu que, dans tout ce qui concerne la charge & la décharge des vaisseaux, la sûreté des marchandises, effets & biens, les successions des biens mobiliers, comme aussi la protection des individus, leur liberté personnelle & l'administration de la justice, les sujets des deux hautes parties contractantes auront dans les états respectifs les mêmes privilèges, libertés & droits que la nation la plus favorisée.

XLV. S'il survenoit à l'avenir, par inadvertance ou autrement, quelques inobservations ou contraventions au présent traité de part ou d'autre, l'amitié & la bonne intelligence ne seront pas d'abord rompues pour cela; mais ce traité subsistera & aura son entier effet, & l'on procurera des remèdes convenables pour lever les inconvéniens, comme aussi pour faire réparer les contraventions; & si les sujets de l'un ou de l'autre royaume sont pris en faute, ils seront seuls punis & sévèrement châtiés.

XLVI. Sa majesté très-chrétienne & sa majesté britannique se sont conservé la faculté de revoir & d'examiner de nouveau les différentes stipulations de ce traité après le terme de douze années, à compter du jour où il aura été passé respectivement en Angleterre & en Irlande des loix pour son exécution; de proposer de faire tels changemens que le temps & les circonstances pourront avoir rendus convenables ou nécessaires pour les intérêts du commerce de leurs sujets respectifs; & cette révision devra être effectuée dans l'espace de douze mois, après lequel temps le présent traité sera de nul effet, sans cependant que la bonne harmonie & la correspondance amicale entre les deux nations en souffrent aucune altération.

XLVII. Le présent traité sera ratifié & confirmé par sa majesté très-chrétienne & par sa majesté britannique, deux mois ou plutôt si faire se peut, après l'échange des signatures entre les plénipotentiaires.

FORMULAIRE *des passe-ports & lettres de mer qui doivent se donner dans les Amirautés respectives des deux hautes parties contractantes, aux vaisseaux & bâtiments qui en sortiront, conformément à l'article 24 du présent traité.*

N. N..... A tous ceux qui verront ces présentes lettres; SALUT. Faisons savoir que nous avons donné congé & permission à N.... de

la ville (ou lieu) de N...., maître ou conducteur du vaisseau N.... appartenant à N.... du port de N...., tonneaux ou environ, étant à présent au port & havre de N.... de s'en aller à N.... chargé de N.... après que la visite de son vaisseau aura été faite avant son départ, selon la manière usitée par les officiers du lieu commis pour cela : Et ledit N... ou tel autre qui sera dans le cas d'occuper sa place, fera apparoir, dans chaque port ou havre où il entrera avec ledit vaisseau, aux officiers du lieu, du présent congé, & leur fera fidele rapport de ce qui sera fait & passé durant son voyage, & portera les pavillons, armes & enseignes de N... durant son voyage. En témoin de quoi nous avons fait apposer notre seing & le scel de nos armes à ces présentes; & icelles fait contresigner par N.... à.... jour de....l'an, &c. &c.

L'Angleterre a fait autrefois plusieurs traités de commerce avec la *France*. Le premier, en 1606, entre Henri IV & Jacques I, fut confirmé par Louis XIII au mois d'avril 1623. Ce prince défendit ensuite à ses sujets, par une proclamation en date du 8 mai 1627, tout commerce avec les sujets britanniques; mais en 1629, il révoqua cette prohibition. Sous le règne de Charles Ier, il y eut un traité de commerce, signé à Saint-Germain-en-Laye en 1632. Louis XIV en fit un troisième avec Charles II en 1677.

La rivalité des deux nations empêcha les suites de ces traités : elles n'étoient ni l'une ni l'autre assez éclairées sur les principes du commerce, & sur les désavantages que procurent aux divers peuples de l'Europe, les entraves & les gênes sur cet objet : mais aujourd'hui qu'on sait mieux apprécier les funestes effets de la contrebande, suite inévitable des prohibitions; aujourd'hui que les hommes d'état ont des vues plus nobles & plus étendues, qu'ils calculent mieux les causes & les effets de l'industrie & de la richesse nationale, on peut espérer que le traité de 1786 établi pour douze ans, sera changé peut-être en quelques points après cet intervalle, mais qu'il sera renouvellé & confirmé.

Les Provinces-Unies, considérées en elles-mêmes & comme isolées, sont peu redoutables à la *France*; mais elles peuvent le devenir, lorsque des alliances les réunissent à ses ennemis. Quand on examine les forces réelles de ces deux puissances, on trouve une grande disproportion. Etendue de pays, nombre & qualité des habitans, situation locale, revenus, ressources, armées, tout donne à la *France* un avantage infini; & les entreprises que les hollandois pourroient former contre elle, dans les mers de l'Europe ou dans celle des Indes, ne sont guère à craindre, parce que la *France* a toujours des moyens de se venger par terre, & de dévaster cette république, ainsi qu'on l'a vu en 1672, en 1747, &c. Mais comme la nation françoife a eu toujours des ennemis en Europe, la Hollande, en s'uniffant à eux, nous portoit des coups très-dangereux, comme l'expérience l'a prouvé dans la guerre de la fucceffion au commencement de ce fiècle. L'Angleterre ayant perdu l'alliance des Provinces-Unies, durant la guerre qui vient de fe terminer, le cabinet de Verfailles a cru devoir s'attacher ces républiques par un traité d'alliance: le traité ftipule les fecours d'hommes & de vaiffeaux que nous leur donnerons, & ceux qu'elles nous fourniront elles-mêmes; & il eft bien à defirer que le fuccès réponde aux grandes & nobles vues du miniftre qui a fait cet arrangement. La France fe trouve intéreffée plus que jamais à la pacification de ces républiques orageufes; nous dirons à l'article PROVINCES-UNIES, à quel point elles font déchues de leur ancienne fplendeur; combien leur alliance peut devenir onéreufe; avec quelle coupable négligence elles ont fait la dernière guerre, & combien elles feront peu utiles à la première, fi des événemens ne rendent pas la tranquillité aux différens états, & ne raniment pas la vigueur & l'énergie dans le cœur de leurs citoyens.

Nous dirons qu'elles font formidables en Afie, & qu'elles pourroient avoir une puiffante marine; mais que leur extrême corruption annonce une révolution fatale à leur liberté, & peut-être à leur exiftence. Voyez l'article PROVINCES-UNIES.

L'Italie ne peut inquiéter la France. Les républiques & les princes qui l'habitent, ne redoutent pas la France, dont les expéditions dans cette contrée ont toujours été malheureufes, & il femble que le cabinet de Verfailles ne doit fonger à l'Italie que pour y produire ou y arrêter des révolutions contraires à fes intérêts. Mais, par la combinaifon des intérêts politiques de l'Europe, le plus fort doit encore ménager les foibles, & le roi de France eft réduit, à la veille ou au milieu d'une guerre, à ménager le pape, le roi de Naples & le roi de Sardaigne: car bien que le pape, à le confidérer comme prince féculier, ne foit pas à craindre, fa puiffance, comme chef de l'églife catholique, eft d'autant plus redoutable qu'elle agit fur les confciences, & que fes opérations font couvertes d'un profond fecret. Trois raifons impofent des ménagemens à l'égard du fouverain pontife: 1°. l'influence qu'il a dans les affaires générales de l'Europe: 2°. le crédit qu'il fait fe ménager en Italie, & 3°. l'autorité même dont il jouit en France. Quoique les privilèges de l'églife gallicane foient fort étendus, & que le pouvoir du faint-fiège, à l'envifager extérieurement, ne foit pas confidérable dans le royaume, le pape a une influence directe dans toutes les affaires eccléfiaftiques, & une influence fecrette dans les affaires politiques. Les archevêques, les évêques, les prêtres, les moines, & tous les membres du clergé lui font attachés plus

ou moins. Voyez l'article ÉTAT DE L'EGLISE.

Le roi de Naples eft un prince de la maifon de Bourbon, trop foible, il eft vrai, pour former des entreprifes contre la France, par mer ou par terre: mais il eft fubordonné à quelques égards aujourd'hui au cabinet de Madrid, & il convient de le ménager, ainfi qu'il convient de ménager l'Efpagne. Voyez l'article NAPLES.

Le roi de Sardaigne garde la porte de l'Italie avec les principales fortereffes qui en défendent l'entrée. Si fes forces, comparées à celles de la France, ne font pas confidérables, elles le deviennent ordinairement par la difcipline de fes troupes, les approvifionnemens de fes magafins, de fes arfenaux, par la richeffe de fon tréfor & le bon état de fes finances, par fes alliances avec la maifon d'Autriche, les princes d'Italie & les puiffances maritimes; & pour les affaires d'Italie, il fait toujours pencher la balance du côté où il fe tourne. Voyez les articles PIEMONT & SARDAIGNE.

Les fuiffes pourroient attaquer le royaume, s'ils s'uniffoient avec d'autres puiffances; mais 1°. leur maxime n'eft point d'attaquer; 2°. leur intérêt & leur difpofition naturelle les mettent du parti de la France; 3°. un grand nombre de fuiffes font au fervice de cette couronne. Le cabinet de Verfailles entretient l'amitié de ces républiques; & il en vient à bout d'autant plus aifément, que divers cantons lui font dévoués, & que la Suiffe, en général, ne fauroit fe paffer de l'argent de la France. Voyez l'article CORPS HELVETIQUE.

L'Allemagne doit néceffairement occuper l'attention du cabinet de Verfailles. Nous parlons ailleurs des mefures & des vues qui conviennent à cette couronne, relativement aux princes qui compofent le corps germanique. La maifon d'Autriche fe trouve à la tête du corps germanique, depuis Rodolphe de Habsbourg. Toute l'Europe s'eft même habituée à la regarder comme le contrepoids de la maifon de Bourbon; & les puiffances maritimes fur-tout, fe font fait une loi de tenir l'une & l'autre dans un équilibre prefque égal, en foutenant celle qui paroiffoit la plus foible. De là eft née une rivalité ouverte entre ces deux maifons.

L'abaiffement de celle d'Autriche a été long-temps un des plus grands objets de la politique de la France; on l'a vu y travailler pendant trois fiècles. Il s'eft donné plus de cent batailles pour arriver à ce but. A la mort de l'empereur Charles VI, dernier prince de la maifon de Habsbourg, le moment parut favorable. La dignité impériale qui avoit toujours fubfifté dans cette maifon, paffa à celle de Bavière: on crut que le miniftère françois feroit les plus grands efforts pour en écarter la maifon d'Autriche; mais l'empereur Charles VII étant mort en 1745, le cabinet de Versailles sembla perdre de vue son grand projet, & elle ne s'opposa que foiblement à l'élection de François Ier, grand-duc de Toscane. La dignité impériale rentra ainsi dans la nouvelle maison d'Autriche, sur laquelle est entée celle de Lorraine. Les cabales & les intrigues de la cour firent oublier l'ancien système politique.

Le traité d'alliance que la France & la cour de Vienne ont signé en 1758, a excité & excitera tous les jours de vives critiques. Il seroit aisé de le justifier par les principes de la raison & de l'humanité; mais les objections dont il est susceptible, ne peuvent être discutées ici. Malgré cette alliance, l'intérêt des deux maisons est si opposé que l'exécution de ce traité est soumis à beaucoup de circonstances; &, par la nature des choses, elles doivent se surveiller avec un soin extrême.

La France entretient des ministres dans les cours électorales, à la diète de l'Empire, & auprès des princes les plus puissans de l'Allemagne, afin d'être instruite de tous les projets & de toutes les affaires, & de se ménager des amis & des alliés. Il est important pour elle d'avoir un gros parti dans le corps germanique; il est même de son intérêt qu'il soit divisé. Elle n'a pas besoin d'y exciter la division, & elle y trouve des partisans sans beaucoup de peine. Un corps de cette nature ne peut être parfaitement d'accord, & la France a toujours des moyens de s'attacher des princes allemands, en les aidant à maintenir leurs privilèges. Voyez l'article ALLEMAGNE.

Le Nord, malgré l'éloignement, influe dans les affaires générales de la France. La Pologne a occupé plus d'une fois le cabinet de Versailles, quoique les françois ne fassent aucun commerce direct avec ce royaume: elle a essayé souvent de placer sur le trône de Pologne un prince de la maison de Bourbon. Henri III, le dernier prince de la famille des Valois, fut roi de Pologne avant d'être roi de France. Le cardinal de Polignac se donna toutes les peines imaginables pour procurer cette couronne au prince de Conti, après la mort de Jean Sobieski; & lorsque le roi Auguste mourut, on sait avec quel zèle le cabinet de Versailles s'efforça de donner le sceptre à Stanislas Leskinski, dont Louis XV étoit le gendre. Il est à desirer pour le bonheur de la France qu'on ne cherche plus à mettre sur le trône de Pologne un prince de la maison de Bourbon: ce trône, après le partage qui s'est fait de nos jours, doit être dédaigné par nos princes; & dans quel labyrinthe de négociations, de jalousies & de guerres, nous nous placerions! Il seroit inutile d'indiquer ici les vues politiques que doit avoir la France à l'égard de la Pologne. Les puissances qui en ont pris la moitié, voudront un jour s'emparer du reste. Voyez l'article POLOGNE.

Le Danemark peut, en recevant des subsides, fournir à la France douze à quinze mille hommes, & le cabinet de Versailles a toujours cherché à s'en faire un allié. Ce pays d'ailleurs reçoit une quantité considérable de nos marchandises & de nos denrées, qui sont payées principalement sur Hambourg ou Amsterdam. Le Danemark est d'ailleurs le maître du passage du sund, objet de très-grande importance pour le commerce du nord. Ainsi la France ménage la cour de Copenhague, quoiqu'elle compte plus sur ses liaisons & ses alliances avec les suédois, ennemis naturels des danois, & que toute sorte de raisons mettent le Danemark dans les intérêts de l'Angleterre. Voyez l'article DANEMARK.

La Suède a été de tout temps amie & alliée de la France. Sans examiner si une certaine conformité d'esprit & de caractère entre les deux nations a produit ces rapports, un intérêt réciproque a cimenté. La France a presque toujours payé des subsides aux suédois. Ils ont préféré constamment le nôtre à ceux de l'Angleterre. Il y a d'ailleurs un commerce réciproque entre les deux peuples: car la Suède nous fournit une infinité de choses nécessaires à la construction des vaisseaux & à la marine en général, & la France lui envoie ses denrées & quelques marchandises en échange. La France ménage la Suède comme on ménage un allié naturel. Nous ne parlerons pas ici de l'équilibre du nord, que nous expliquerons en examinant les intérêts des puissances qui le composent; la Suède a besoin de l'argent des françois, & il y a des régimens Suédois constamment au service de la France. Voyez l'article SUEDE.

La Russie est devenue redoutable depuis le règne de Pierre I: elle augmente tous les jours ses forces; & elle accroît son importance dans le monde politique. Elle a des armées nombreuses; elle gouverne tant de contrées, qu'elle peut déconcerter ou détruire tous les projets des autres puissances dans le nord, en Pologne & en Allemagne. Elle entretient de plus une escadre assez considérable, qu'elle fait agir non-seulement dans la Baltique, mais dans la mer du Nord & dans la méditerranée. En 1733, lorsque le roi Stanislas se trouva assiégé dans la ville de Dantzik, les troupes françoises & moscovites se battirent pour la première fois, & les premières, inférieures en nombre, eurent du désavantage. On s'occupe des soins d'augmenter le commerce de la France avec la Russie, & ces détails suffisent pour indiquer ses rapports politiques avec le cabinet de Versailles. Voyez l'article RUSSIE.

La Porte Ottomane n'a jamais été dédaignée par le cabinet de Versailles. L'ambassadeur qui y réside, a le pas sur tous les autres ambassadeurs. Les turcs peuvent tenir trois états chrétiens en échec; savoir, la Hongrie, la Russie & la Pologne, & la cour de France a raison de les mettre dans ses intérêts. Le grand-seigneur pourroit d'ailleurs agir contre la république de Vénise, le roi de Naples & l'Italie en général ; il auroit, s'il le vouloit, ou plutôt si la nature de son gouvernement & le caractère de ses peuples le permettoient, une sorte d'influence dans les affaires de l'Europe. La *France* fait d'ailleurs un commerce considérable en Turquie, à Smirne & dans toutes les échelles du Levant. *Voyez* l'article OTTOMAN (empire).

Je ne parle point des algériens, des tunisiens, des marocains & des autres peuples de la côte de Barbarie. Nous leur faisons trop d'honneur en calculant nos intérêts politiques à leur égard; la *France* est en état de les châtier, lorsqu'ils ne respectent pas son pavillon ; &, comme nous l'avons dit à l'article BARBARESQUES, il est honteux que les nations de l'Europe souffrent leurs brigandages.

FRANCE (Isle de) dans la mer de l'Inde, appartenant à la *France.*

L'isle de *France* a, suivant les observations de l'abbé de la Caille, trente-un mille huit cents quatre-vingt-dix toises dans son plus grand diamètre; vingt-deux mille cent vingt-quatre dans sa plus grande largeur, & quatre cents trente-deux mille six cents quatre-vingt arpens de superficie. On y voit un grand nombre de montagnes, mais dont aucune n'a plus de quatre cents vingt-quatre toises d'élévation. Les campagnes sont arrosées par une soixantaine de ruisseaux, la plupart trop encaissés, & dont plusieurs n'ont de l'eau que dans la saison des pluies. Quoique le sol soit par-tout couvert de pierres plus ou moins grosses; qu'il se refuse au soc, & qu'il faille le travailler avec la houe, il ne laisse pas d'être propre à beaucoup de choses. Moins profond & moins fertile que celui de Bourbon, il est plus généralement susceptible de culture.

Cette isle occupa long-temps l'imagination de ses possesseurs beaucoup plus que leur industrie. Ils s'épuisèrent en conjectures sur l'usage qu'on en pourroit faire.

Les uns vouloient que ce fût un entrepôt où viendroient aboutir toutes les marchandises qu'on tireroit de l'Asie. Elles devoient y être portées sur des bâtimens du pays, & versées ensuite dans des vaisseaux françois. On trouvoit dans cet arrangement une économie manifeste, puisque la solde & la nourriture des navigateurs indiens ne coûtent que peu; on y trouvoit la conservation des équipages européens, quelquefois détruits par la seule longueur des voyages, plus souvent par l'intempérie du climat, sur-tout dans l'Arabie & dans le Bengale. Ce système n'eut aucune suite. On craignit que la compagnie ne tombât dans le mépris, si elle ne montroit, dans ces parages éloignés, des forces navales propres à lui attirer de la considération.

Une nouvelle combinaison occupa les esprits. On conjectura qu'il pourroit être utile d'ouvrir aux habitans de l'*Isle de France* le commerce des Indes, qui leur avoit été d'abord interdit. Les défenseurs de cette opinion soutenoient qu'une pareille liberté seroit une source féconde de richesses pour la colonie, & par conséquent pour la métropole. Mais l'isle manquoit alors de vaisseaux & de numéraire; elle n'avoit ni objets d'exportations, ni moyens de consommation. Par toutes ces raisons, l'expérience fut malheureuse, & la colonie fut fixée à l'état d'un établissement purement agricole.

Ce nouvel ordre de choses occasionna de nouvelles fautes. On fit passer de la métropole dans la colonie, des hommes qui n'avoient ni le goût ni l'habitude du travail. Les terrains furent distribués au hasard, & sans distinguer ce qu'il falloit défricher de ce qui ne devoit pas l'être. Des avances furent faites au cultivateur, non en proportion de son industrie, mais de la protection qu'il avoit su se ménager dans l'administration. La compagnie, qui gagnoit cent pour cent sur les marchandises qu'elle envoyoit d'Europe; & cinquante pour cent sur celles qui lui venoient de l'Inde, exigea que les productions du pays fussent livrées à vil prix dans ses magasins. Pour comble de malheur, le corps qui avoit concentré dans ses mains tous les pouvoirs, manqua aux engagemens qu'il avoit pris avec ses sujets.

Sous un tel régime, toute espèce de bien étoit impossible. Le découragement jettoit la plupart des colons dans l'inaction. Ceux auxquels il restoit quelque activité, ou n'avoient pas les moyens qui conduisent à la prospérité, ou n'étoient pas soutenus par cette force de l'ame, qui fait surmonter les difficultés inséparables des nouveaux établissemens. Les observateurs qui voyoient l'agriculture de l'*Isle de France*, ne la trouvoient guère différente de celle qu'ils avoient apperçue parmi les sauvages.

En 1764, le gouvernement prit la colonie sous sa domination immédiate. Depuis cette époque jusqu'en 1776, il s'y est successivement formé une population de six mille trois cents quatre-vingt-six blancs, en y comprenant deux mille neuf cents cinquante-cinq soldats; de onze cents quatre-vingt-dix-neuf noirs libres; de vingt-cinq mille cent cinquante-quatre esclaves; & de vingt-cinq mille trois cents soixante-sept têtes de bétail.

Le cafier a occupé un grand nombre de bras: mais des ouragans, qui se sont succédés avec une extrême rapidité, n'ont pas permis de tirer le moindre avantage de ces plantations. Le sol même, généralement ferrugineux & peu profond, paroît s'y refuser. Aussi peut-on raisonnablement douter si cette culture réussiroit, quand même le gouvernement n'auroit pas cherché à l'arrêter par les impositions qu'il a mises sur le café, à la sortie de l'isle, à son entrée en *France.*

Trois fucreries ont été établies, & elles fuffifent aux befoins de la colonie.

On ne recueille encore que quarante milliers
de coton. Cette production eft de bonne qualité, & tout annonce qu'elle fe multipliera.

Le camphrier, l'aloès, le cocotier, le bois
d'aigle, le fagou, le cardamome, le cannelier,
plufieurs autres végétaux propres à l'Afie, qui
ont été naturalifés dans l'ifle, refteront vraifemblablement toujours des objets de curiofité.

Des mines de fer avoient été ouvertes affez
anciennement. Il a fallu les abandonner, parce
qu'elles ne pouvoient pas foutenir la concurrence
de celles d'Europe.

Perfonne n'ignore que les hollandois s'enrichiffent depuis deux fiècles, par la vente du girofle & de la mufcade. Pour s'en approprier le
commerce exclufif, ils ont détruit ou mis aux
fers le peuple qui poffédoit des épiceries. Dans
la crainte d'en voir diminuer le prix dans leurs
propres mains, ils ont extirpé la plupart des arbres, & fouvent brûlé le fruit de ceux qu'ils
avoient confervés.

Cette avidité barbare, dont les nations fe font
fi fouvent indignées, révoltoit fingulièrement M.
Poivre, qui avoit parcouru l'Afie en naturalifte
& en philofophe. Il profita de l'autorité qui lui
étoit confiée à l'Ifle de France, pour faire chercher dans les ifles les moins fréquentées des Moluques ce que l'avarice avoit fi long-temps dérobé à l'activité. Le fuccès couronna les travaux
des navigateurs hardis & intelligens qui avoient
obtenu fa confiance.

Le 27 juin 1770, il arriva à l'Ifle de France
quatre cents cinquante plants de mufcadiers &
foixante-dix pieds de giroflier, dix milles mufca-
des ou germées, ou prêtes à germer, & une
caiffe de baies de girofle, dont plufieurs étoient
hors de terre. Deux ans après, il fut une
nouvelle importation beaucoup plus confidérable
que la première.

Quelques-unes de ces précieufes plantes furent
envoyées aux ifles de Seychelles, de Bourbon &
de Cayenne. Le plus grand nombre refta à l'Ifle
de France. Celles qu'on y diftribua aux particuliers, périrent. Les foins des plus habiles bota-
niftes, les attentions les plus fuivies, les dépenfes les plus confidérables ne purent même fauver,
dans le jardin du roi, que cinquante-huit mufcadiers & trente-huit girofliers. Au mois d'octobre
1775, deux de ces derniers arbres portèrent des
fleurs, qui fe convertirent en fruits l'année fuivante. Ceux que nous avons vus, font petits, fecs & maigres. Si une longue naturalifa-
tion ne les améliore pas, les hollandois n'auront
eu qu'une fauffe alarme, & ils refteront incom-
mutablement les maîtres du commerce des épiceries.

La faine politique a prefcrit une autre deftination à l'Ifle de France. C'eft la quantité de bled

qu'il y faut augmenter; c'eft la récolte du riz
qu'il conviendroit d'y accroître par une meilleure
diftribution des eaux: ce font les troupeaux dont
il eft important d'y multiplier le nombre, d'y perfectionner l'efpèce.

Ces objets de première néceffité furent long-
temps peu de chofe, quoiqu'il fût fort aifé de
former des pâturages, quoique le fol rendît vingt
pour un. On a imaginé, il n'y a que peu d'années, de faire acheter à un bon prix, par le gouvernement, tous les grains que les cultivateurs
auroient à vendre; & à cette époque, les fubfiftances fe font accrues. Si ce fyftème eft fuivi
fans interruption, la colonie fournira bientôt des
vivres à fes habitans, aux navigateurs qui fré-
quenteront fes rades, aux armées & aux flottes
que les circonftances y amèneront un peu plutôt,
un peu plus tard. Alors l'ifle fera ce qu'elle doit
être, le boulevard de tous les établiffemens que
la France poffède, ou peut un jour obtenir aux
Indes; le centre des opérations de guerre offenfive ou défenfive, que fes intérêts lui feront entreprendre ou foutenir dans ces régions lointaines.

Elle eft fituée dans les mers d'Afrique, mais
à l'entrée de l'Océan indien. Quoiqu'à la hauteur
de côtes arides & brûlantes, elle eft tempérée
& faine. Un peu écartée de la route ordinaire,
elle en eft plus fûre du fecret de fes armemens.
Ceux qui la defireroient plus rapprochée de notre
continent, ne voient pas qu'alors il feroit impoffible de fe porter avec célérité, de fes rades aux
golfes de ces contrées les plus éloignées: avantage ineftimable pour une nation qui n'a aucun
port dans l'Inde.

La Grande-Bretagne voit d'un œil chagrin, fous
la loi de fes rivaux, une ifle où l'on peut inquiéter fes propriétés d'Afie.

On croit que l'Ifle de France coûte annuellement à l'état 8,000,000 liv. Cette dépenfe, qu'il
n'eft guère poffible de réduire, mécontente beaucoup
de citoyens. Ils voudroient qu'on fe détachât de
cet établiffement, ainfi que de Bourbon, qui en
eft une onéreufe dépendance.

Ce feroit, en effet, le parti qu'il conviendroit
de prendre, à n'envifager que le commerce lan-
guiffant que les françois font actuellement dans
l'Inde; mais la politique étend plus loin fes fpéculations. Elle prévoit que, fi l'on s'arrêtoit à
cette réfolution, les anglois chafferoient des mers
d'Afie toutes les nations étrangères; qu'ils s'empareroient de toutes les richeffes de ces vaftes
contrées; & que de fi puiffans moyens réunis
dans leurs mains, leur donneroient en Europe
une influence dangereufe. Ces confidérations doivent convaincre de plus en plus la cour de Verfailles de la néceffité de fortifier, fans délai,
l'Ifle de France; mais en prenant des mefures efficaces, pour n'être pas trompée par les agens qu'elle
aura choifis.

Cependant il y a un rapport si nécessaire entre l'*Isle de France* & Pondichery, que ces deux possessions sont absolument dépendantes l'une de l'autre : car, sans l'*Isle de France*, il n'y a point de protection pour les établissemens de l'Inde; & sans Pondichery, l'*Isle de France* sera exposée à l'invasion des anglois, par l'Asie comme par l'Europe.

L'*Isle de France* & Pondichery, considérés dans leurs rapports nécessaires, feront leur sûreté respective. Pondichery protégera l'*Isle de France* par sa rivalité avec Madrass, que les anglois seront toujours obligés de couvrir de leurs forces de terre & de mer; & réciproquement l'*Isle de France* sera toujours prête à porter des secours à Pondichery, ou à agir offensivement, selon les circonstances.

D'après ces principes, rien de si pressé, après avoir fortifié l'*Isle de France*, que de mettre Pondichery en état de défense. Cette place deviendra le dépôt nécessaire du commerce qu'on fera dans l'Inde, ainsi que des hommes & des munitions qu'on y enverra. Elle servira aussi à faire respecter un petit nombre de troupes, lorsqu'on suivra des projets offensifs.

Voyez l'article. B O U R B O N. Il faut corriger ici une erreur qui s'est glissée dans cet article : on y lit qu'en 1776 on récolta à l'isle de Bourbon

5,441,025 quintaux de bled.

3,191,440 tonneaux de riz.

22,461,800 tonneaux de maïs.

2,515,190 tonneaux de légumes.

Il faut lire par-tout livres au lieu de quintaux & de tonneaux, & encore cette évaluation paroît-elle à des hommes instruits beaucoup trop forte.

Voyez aussi les articles BOURBON & ISLE DE FRANCE dans le dictionnaire de Géographie. M. Duval, ancien greffier en chef de l'Isle de Bourbon, qui les a rédigé, conjecture avec assez de raison, que l'épuisement des terres ne tardera pas à forcer le ministère d'abandonner ces deux isles.

FRANCFORT, ville impériale au cercle du haut-Rhin.

C'est l'une des quatre villes de l'Empire, où se déposent les deniers de la contribution, connue sous le nom de *mois romains*, & le lieu où s'assemblent les états du haut & du bas-Rhin. Elle a été célèbre de tout temps, par la résidence des princes francs, avant la naissance de Jesus-Christ & par les conciles, diètes & assemblées sans nombre, qui s'y sont tenues, & les séjours fréquens que les empereurs d'Allemagne y ont fait depuis Charlemagne. C'est-là où ces princes ont presque toujours été élus, &

le lieu où, en vertu de la Bulle d'or, ils sont encore élus & couronnés aujourd'hui. On y compte quatre mille maisons, tant grandes que petites, & 65 à 70,000 habitans. Elle entretient dix compagnies de soldats, dont sept pour son contingent à l'Empire & trois pour sa garnison, auxquelles il faut ajouter une compagnie de canoniers.

Les catholiques qui, pour le spirituel, ressortissent du diocèse de Mayence, y ont trois églises collégiales; & les luthériens, dont la religion est la dominante, y ont six églises.

Les réformés, quoiqu'en grand nombre à *Francfort* & d'un rang distingué parmi les marchands, n'y peuvent exercer publiquement leur religion. Ils vont à une demi-lieue dans le village de Bockenheim, qui dépend du comté d'Hanau. On leur avoit laissé la liberté de bâtir une église à la porte de la ville; mais ils n'en ont pas profité, & ils ne paroissent pas disposés à se servir de cette permission.

La ville a toujours été immédiatement soumise à l'empereur & à l'Empire. Elle tient à la diète le sixième rang parmi les états du Rhin, & a voix & séance aux assemblées particulières du cercle où elle est placée. Selon sa taxe d'immatricule, elle paye annuellement 500 florins; outre 676 écus 26 ¼ kr. pour l'entretien de la chambre impériale; impôt considérable que lui a occasionné la célébrité de ses foires. Il y en a deux par année; l'une au printemps, l'autre en automne, & elles durent chacune trois semaines. C'est à la dernière que se renouvelle chaque fois la cérémonie du *Pfeifer-Gericht*. Il consiste dans les députations que les villes de Nuremberg, de Worms & de Bamberg font à celle de *Francfort*, pour confirmer l'exemption de péage & d'impôt dont elles jouissent.

On distingue à *Francfort* deux classes de citoyens qui jouissent de divers priviléges : celle de Limbourg & celle de Frauenstein. Les membres de la première sont proprement ce qu'on nomme *patriciens* dans les autres grandes villes impériales, & descendent tous d'anciennes familles nobles, dont plusieurs membres ont été chanoines & chevaliers des ordres teutoniques & de Malthe. Ils ont quatorze places à remplir au sénat. Leurs registres portent qu'ils ne doivent se mêler d'aucune espèce de négoce, mais vivre de leurs rentes & de leurs biens, & ne s'allier qu'à des maisons nobles. Ils ont d'ailleurs entr'eux une police particulière, rédigée en 1585 & en 1636. Ils élisent un chef, & leur lieu d'assemblée est la maison de Limbourg, dont les armes sont les mêmes que celles des comtes de Limbourg, excepté que celles-ci portent quelques pieces de moins dans l'écu. L'ancien corps de Frauenstein ou Braunfells est composé de nobles & de gradués, qui tiennent leurs assemblées dans la maison de ce nom. Il y a d'ailleurs à *Francfort* d'autres familles, qui descendent d'une noblesse très-ancienne de Brabant.

Le magistrat de cette ville, à la tête duquel est un maire, se divise en trois bancs : le premier, composé de quatorze chefs ou échevins ; le second d'autant de conseillers, & le troisième d'un pareil nombre d'artisans & autres, qui concourent avec les deux premiers bancs au maintien des intérêts communs de la ville & à celui de la police ; mais toutes les affaires importantes sont du ressort exclusif des deux premiers bancs, qui fournissent seuls les deux bourgue-mestres qu'on élit chaque année, & les échevins & les syndics jugent les procès. Le consistoire, qui connoît de toutes les affaires ecclésiastiques, est composé de deux échevins, du doyen ou *senior* du ministère, de deux anciens ministres & de deux juristes.

FRANCHE-COMTÉ, province de France. *Voyez* dans le dictionnaire de Géographie, l'époque de sa réunion à la couronne.

FRANCONIE, ancien duché d'Allemagne, & l'un des cercles de l'Empire. Nous dirons d'abord ce qui est relatif à l'ancien duché de *Franconie*, & ensuite au cercle.

La *Franconie* moderne, située sur les bords du Mein, entre la Thuringe & la Suabe, à-peu-près au centre de l'Empire germanique, appartenoit autrefois à la Thuringe, à l'Allemagne, au pays des slaves ou venedes, qui habitoient le pays entre le Mein & la Rednitz, & peut-être en partie au duché de Bavière. Il y a beaucoup d'apparence que cette province ne fut détachée de la Thuringe & réunie à la *Franconie* orientale, que sous le règne de l'empereur Charlemagne. Dans la suite, le nom de *Franconie* orientale fut donné particuliérement & exclusivement à cette contrée : mais cette dénomination restreinte & le nom de Franconie (*Franconia*) ne se trouvent peut-être pas dans des documens antérieurs au onzième siècle. Jean Gottlieb Gonne, dans son écrit intitulé : *de ducatu Franciæ orientalis*, l'a prouvé. Il a prouvé aussi que la *Franconie* fut au huitième siècle sous la directe de Charles Martel, duc d'Austrasie ; de même que sous celle de ses fils Carloman & Pepin, & ensuite au neuvième siècle, sous celle des rois Carlovingiens. Le même auteur a remarqué qu'après l'établissement de l'empire d'Allemagne, la *Franconie* orientale n'a jamais été soumise à un duc, ainsi que la Bavière, la Suabe, la Thuringe & la Saxe ; mais que la plus grande partie de cette province a, dès l'origine de l'empire d'Allemagne, obéi immédiatement à des rois. Les ducs de *Franconie* fournirent, dans le dixième siècle, un empereur (Conrad I). Il eut pour successeurs son fils Henri III, son petit-fils Henri IV & son arrière petit-fils Henri V, dernier empereur & dernier rejetton de la maison de *Franconie*, qui mourut en 1125. Ce prince donna le duché de *Franconie* à son neveu Conrard III, fils de sa sœur Agnès, mariée à Fré-

déric, comte de Hohenstaufen, duc de Suabe : Conrad avoit un comté dans le Kochergau. C'est de cette manière que les duchés de *Franconie* & de *Suabe* se réunirent dans la maison de Hohenstaufen. Conrad III exerça son droit de duc sur la ville de Wurtzbourg ; il fut élu roi d'Allemagne, & transmit le duché de *Franconie* à son fils Frédéric, lequel faisoit sa résidence à Ruthenbourg. Ce dernier étant mort sans enfans, le duché de *Franconie* passa à Conrad, fils de l'empereur Frédéric I, lequel devient ensuite duc de Souabe. Ces deux duchés cessèrent d'exister avec la maison de Hohenstaufen.

Il existe encore quelques-uns des anciens tribunaux provinciaux de la *Franconie* ; savoir, le tribunal impérial du bourgraviat de Nuremberg, le tribunal impérial de Hirschberg dans l'évêché d'Eichstett, & le tribunal provincial de Wurtzbourg.

Une grande partie de la *Franconie* orientale, telle qu'elle existoit au moyen âge, appartient aujourd'hui à d'autres cercles, & une partie considérable de la *Franconie* moderne est possédée par la noblesse immédiate ; le reste, qui est la portion la plus étendue, forme le cercle de *Franconie* ; dont nous allons donner la description.

Ce cercle confine à ceux de Bavière, de Suabe, du bas-Rhin, de la haute Saxe & à la Bohême. C'est un des plus petits de l'Empire ; il n'a qu'environ 484 milles quarrés géographiques d'étendue.

On distingue dans les états de ce cercle : 1°. le banc ecclésiastique, qui comprend les évêchés de Bamberg, de Wurtzbourg & d'Eichstadt, & l'ordre Teutonique : 2°. le banc des princes, qui comprend Brandebourg-Bayreuth, Brandebourg-Anspach, Henneberg-Schlensingen, Henneberg-Romhild, Henneberg-Schmalkalden Schwarzenberg, Lœwenstein-Wertheim & Hohenlohe-Waldenbourg : 3°. le banc des comtes & seigneurs, qui comprend Hohenlohe-Neuenstein, Castell, Wertheim, Rieneck, Erbach Limbourg-Geildorf, Limbourg-Speckfeld, Seinsheim, Reigelsberg, Wiesentheid, Welzheim & Heusen : 4°. le banc des villes, qui comprend Nuremberg, Rothenbourg, Windsheim, Schweinfurt & Weissenbourg. Voici l'ordre des suffrages : Wurtzbourg, Brandebourg-Bayreuth, Eichstœdt, Brandebourg-Anspach, l'ordre Teutonique, Henneberg-Schlensingen ; les autres se suivent conformément au rang que nous leur avons donné dans l'énumération des quatre bancs.

Les princes convoquans sont l'évêque de Bamberg, & les margraves de Brandebourg-Bayreuth & d'Anspach. Ces derniers alternent tous les trois ans, d'après une transaction faite en 1712 & 1719, & confirmée par l'empereur. Bamberg s'arroge exclusivement le directoire ; & lorsque le siège épiscopal vient à vaquer, le chapitre prétend exercer les fonctions de directeur. Les margraves de Brandebourg s'opposent à l'une & à l'autre de ces prétentions; il est vrai qu'en 1559 George, évêque de Bamberg, & George-Frédéric de Brandebourg convinrent : « qu'à toutes » les assemblées & délibérations circulaires les » évêques de Bamberg avoient le droit de faire » la proposition d'exercer le directoire, de recueillir les suffrages, de former les conclusions, de rédiger les recès & d'administrer la » chancellerie » : les margraves de Brandebourg soutiennent néanmoins que l'arrangement dont il vient d'être parlé, ne concerne que la direction durant l'assemblée, (*directio durantibus horis confessus*), & que s'il renfermoit autre chose, ces autres stipulations ont été annullées par le traité de Westphalie. Si le co-directoire de Brandebourg devoit avoir lieu, la branche d'Anspach demanderoit à cet égard l'alternative. Les assemblées circulaires se tiennent depuis long-temps à Nuremberg. La chancellerie du cercle & les archives sont à Bamberg.

Ce cercle, eu égard à la France, est compris parmi les cercles antérieurs. Il s'est confédéré en 1682 avec les états du cercle du haut-Rhin, situés au-delà de ce fleuve, & avec les états du Westerwald; en 1683 & 1684 avec les cercles de Bavière & de Suabe; en 1691, 1692 & 1700 avec le cercle de Suabe; en 1697 avec les autres cercles antérieurs, & en 1702 avec les deux cercles du Rhin, & avec ceux d'Autriche & de Suabe. L'armée de l'Empire, en tems de paix, ayant été en 1682 fixée à 40,000 hommes, le contingent du cercle de *Franconie* fut réglé à 980 chevaux, 1902 fantassins; & dans la répartition des 300,000 florins accordés en 1707 pour la caisse générale, il fut compris pour la somme de 22,696 florins 47. kr. La charge de colonel du cercle est en activité; elle a presque toujours été, depuis le quatorzième siècle, dans la maison de Brandebourg : la branche de Bayreuth l'a remplie depuis 1603 jusqu'en 1764, & depuis cette époque elle a passé à la branche d'Onolzbach.

Par rapport à la religion, le cercle de *Franconie* est compris parmi les cercles mixtes. Il présente pour la chambre impériale deux assesseurs, un catholique & un protestant. La mort du premier est notifiée au prince convoquant catholique, & celle du dernier au prince convoquant protestant. Celui-ci en avertit le banc des comtes & des villes impériales, & propose en même-temps une ou deux personnes. Les états délibèrent, & admettent purement & simplement les deux personnes proposées, ou bien ils en ajoutent une troisième, & en donnent avis au prince convoquant, par leurs directoires respectifs; le directoire protestant fait ensuite la réponse & une présentation, laquelle est signée & scellée par les directeurs des deux bancs. Cette présentation est expédiée directement par le directoire des villes, ou bien il la renvoie au prince convoquant, pour qu'il en fasse l'envoi. Lorsque les trois bancs séculiers ne s'accordent pas sur la présentation, il arrive quelquefois que chaque banc présente séparément son candidat; alors c'est la chambre impériale qui choisit. *Voyez* les articles ALLEMAGNE, EMPIRE, &c.

FRÉDÉRIC (code). *Voyez* l'article CODE de la Jurisprudence, qui parle d'ailleurs de tous les codes étrangers.

FREYE-AEMTER : on donne ce nom en Suisse à une étendue de pays assez considérable, environnée des cantons de Zuric, Berne, Lucerne, Zug & du comté de Baden. On le nommoit anciennement le comté de Rori ou le Wagghental. Il appartenoit aux comtes de Habsbourg. Les suisses le conquirent sur la maison d'Autriche en 1415, & le gardèrent. Le canton de Lucerne en réclama une bonne partie, comme conquis par lui seul; mais les autres cantons se refusèrent à cette demande, & condamnèrent ce canton en 1426. Le pays fut régi par les cantons de Zuric, Lucerne, Schwits, Underwalden, Zug & Glaris. Uri n'entra dans la co-régence qu'en 1532, & Berne en 1712. D'abord on partagea ce pays en deux bailliages : on n'en forma qu'un ensuite, & ce ne fut qu'en 1712 qu'on le sépara de nouveau, comme nous l'expliquerons ci-dessous. Les habitans sont tous de la religion catholique; la réformation qui y avoit fait de grands progrès fut supprimée à la suite de la guerre civile de 1531. On y cultive beaucoup de bleds & de vignes, & c'est la seule industrie de ses habitans. On compte près de 20,000 habitans dans ce pays, quoiqu'il n'ait que sept à huit lieues de longueur sur trois à quatre de largeur.

La guerre civile de 1712 occasionna un nouveau partage. On tira une ligne de Lunhkofen à Faarwanguen. Ce qui étoit au nord de cette ligne, fut cédé aux cantons de Zuric & de Berne seuls, en réservant les droits du canton de Glaris; c'est ce qu'on nomme *les bailliages libres d'en bas.* Ce qui se trouve au midi de la même ligne, resta aux sept cantons; mais ils reçurent celui de Berne dans la co-régence. On nomme cette partie *les bailliages libres d'en haut.* Nous allons parler de chacune de ces deux parties.

Les bailliages libres d'en haut se gouvernent, comme nous l'avons dit, par les huit anciens cantons; mais Glaris a conservé tous ses droits, tels qu'il les avoit avant que Berne fût reçu dans la co-régence. Les baillifs n'étant établis que pour deux ans, Glaris en fournit un tous les quatorze ans, au lieu que les autres cantons n'en fournissent que tous les seize ans. Le baillif n'y réside pas; il va de temps en temps rendre la justice;

justice ; dans les intervalles, le secrètaire baillival qui réside à Bremgarten, en fait les fonctions. Les caufes civiles fe portent d'abord à un tribunal inférieur, enfuite, par appel, au feigneur baillif, à la diète des cantons régens, & enfin aux cantons eux-mêmes. Dans les caufes criminelles, le landgericht prononce la fentence, & le baillif a le droit de faire grace. Ce bailliage eft partagé en quatre diftricts, Mayenberg, Hitzhirch, Muri & Bettweil. La baffe-juftice de plufieurs endroits appartient à des communautés, à des monaftères, &c.

Les bailliages libres d'en bas font régis par les cantons de Zuric, Berne & Glaris. Le dernier n'a que la feptième partie : ainfi, dans l'efpace de quatorze ans, Zuric fournit trois baillifs ; Berne en fournit un pareil nombre, & Glaris un feul. La forme du gouvernement eft la même que dans la partie d'en haut.. Voyez l'article CORPS HELVÉTIQUE.

FREYSING ou FREYSINGEN, évêché fouverain d'Allemagne, au cercle de Bavière, fur les limites du duché de Bavière. S. Corbinian le fonda au commencement du huitième fiècle. Les donations qu'on fit à cet évêché, en augmentèrent infenfiblement les revenus, les terres & la population. L'évêque de Freysing occupe, comme prince d'Empire, la quatorzième place fur le banc eccléfiaftique, & il y fiège entre les évêques de Paderborn & de Ratisbonne. Il prend le fecond rang fur le même banc, aux affemblées circulaires de Bavière ; mais on n'y appelle fa voix qu'après celle de l'électeur. Sa taxe matriculaire, qui doit être diminuée aujourd'hui, étoit de 12 cavaliers & 80 fantaffins, ou 464 flor. Il paye à la chambre impériale un contingent de 152 rix. 19 kr.

L'évêché poffède plufieurs territoires nobles, dans la haute-Bavière ; dans la Stirie, la Carniole & le Tyrol : Bufching en fait la defcription.

FRIBOURG ou FREYBOURG, l'un des treize cantons de la Suiffe. La capitale fut fondée par Berthold IV, duc de Zæringuen, en 1179. Berthold III, fon oncle, avoit fait bâtir une ville du même nom dans le Brifgau en Suabe, & Berthold V fon fils devint le fondateur de la ville de Berne. Ces princes, établis vicaires de l'Empire, dans les provinces de l'ancien royaume de Bourgogne, ne foutenoient qu'avec peine, dans une petite portion de cette monarchie éphémère, une autorité toujours difputée par les grands vaffaux. Il étoit d'une fage politique de fortifier le parti des communes, pour fervir de contrepoids à l'ambition indocile de la nobleffe. Les fouverains en Europe, voyant leurs droits circonfcrits par ces conftitutions féodales, qui avoient dégéneré en anarchie & defpotifme, accordoient partout des privilèges aux fociétés municipales, intéreffées comme eux à l'affoibliffement du pouvoir des barons & des nobles. Les ducs donnèrent aux nouvelles villes, des chartres ou bulles, fur

le modèle de celles de la ville de Cologne, & ces chartres furent confirmées par les empereurs. Nour parlerons de la conftitution de la république de Fribourg, après avoir donné le précis de l'hiftoire politique de fon gouvernement.

Précis de l'hiftoire politique du gouvernement de Fribourg. Lorfque la maifon de Zæringuen s'éteignit en 1218, par la mort de Berthold V, les deux villes de Berne & Fribourg éprouvèrent un fort différent. Berne fit un grand pas vers l'indépendance, en fe maintenant fous la protection immédiate de l'Empire ; Fribourg tomba fous la domination du comte Ulrich de Kibourg, de la branche de Berthoud, mari d'Anne de Zæringuen, fœur du dernier duc. Au fond, cette condition ne dérogeoit point à fes immunités, qu'elle tenoit également du chef de l'Empire. Dès l'année 1243, elle fit une alliance particulière avec Berne, fuivant un droit que l'ufage général légitimoit, que les fouverains même autorifoient, & que les barons, fouvent trop foibles pour protéger leurs fujets, ou permettoient, ou n'ofoient empêcher. Cette alliance a été fouvent renouvellée dans le cours du treizième fiècle & le commencement du quatorzième ; mais l'obligation impofée aux fribourgeois de fervir leur feigneur, interrompit fouvent cette union des deux villes.

Déja en 1241, Fribourg prit parti contre les bernois, dans une querelle fufcitée à l'occafion d'un pont, que ceux-ci entreprirent de construire fur l'Aar, entreprife que le comte Eberhard de Kibourg traitoit d'infraction territoriale.

En 1288, les milices bourgeoifes de Fribourg & de la banlieue campèrent devant Berne, fous les ordres de l'empereur Rodolphe. Dix ans après, ces mêmes troupes furent battues près de Berne. Ces deux villes fe réconcilioient, dès que le fervice de leurs maîtres n'obligeoit pas les fribourgeois à exercer des hoftilités contre leurs voifins. En 1338, Fribourg fe vit engagé de nouveau dans une ligue formée contre la ville de Berne. Celle-ci obtint une fupériorité décidée par la victoire que fes troupes remportèrent près de Laupen, en 1339, avec le fecours de fes auxiliaires, particuliérement des trois premiers cantons fuiffes. Elle battit Fribourg en beaucoup d'autres rencontres, durant le cours de ce fiècle.

Fribourg & Berne fe lièrent en 1403 par un traité de combourgeoifie perpétuelle.

Fribourg faifoit renouveller fes immunités par les empereurs, dès qu'elle en trouvoit l'occafion. Sigifmond lui accorda, en 1414, le droit de battre monnoie ; &, ce qui paroît affez fingulier, ce don du chef de l'Empire fut ratifié par le pape Martin V à fon paffage en Italie, après la clôture du concile de Conftance. Pendant la première guerre civile entre les fuiffes, dans le quinzième fiècle, elle fournit des fecours aux cantons contre la ville de Zuric, protégée par les autrichiens ; mais fes troupes ceffèrent de marcher contre Louis, dauphin de France, qui venoit au secours des ducs. Une conduite si prudente mécontenta les alliés, & des convulsions intérieures mirent *Fribourg* dans de plus grands dangers encore.

L'impulsion alors générale en Europe, & qui tendoit à une révolution progressive par l'émancipation des communes, & l'abaissement de la noblesse, ne pouvoit manquer de produire une division des esprits à *Fribourg*. L'attachement pour les ducs d'Autriche ses anciens maîtres, l'habitude de faire la guerre en leur faveur, le ressentiment des dommages ou des offenses reçues par les bernois ou leurs alliés, formoient les principes d'un parti. L'exemple des succès des peuples ligués pour la défense de la liberté, le desir si naturel de l'indépendance, encouragé par l'épuisement sensible des forces & du crédit de la maison d'Autriche dans la Suisse, l'intérêt puissant de la paix avec ses voisins, tous ces motifs agissoient à-la-fois sur un autre parti, plus nombreux peut-être, mais moins appuyé par les personnes en place.

Un avoyer de *Fribourg* ayant été déposé, pour avoir favorisé l'évasion d'un prisonnier qui, disoit-on, lui avoit donné de l'argent, se réfugia auprès de Louis, duc de Savoie, son suzerain, qui songeoit à s'emparer d'une ville que la maison d'Autriche alloit perdre. Enhardi par cette protection, il dressa des embuches à ses accusateurs; un de ses émissaires fut pris & écartelé. Le duc Albert d'Autriche députa à Geneve pour calmer le duc de Savoie; celui-ci forma diverses plaintes, & rien ne fut terminé. Les fribourgeois, sentant la foiblesse de la protection de leur maître, s'adressèrent inutilement aux cantons suisses & au saint-siège. Enfin, les hostilités étant prêtes à commencer, Albert ne leur envoya d'autre secours qu'un officier de confiance pour commander les milices de *Fribourg*. La guerre eut lieu, & bientôt le peuple, las de vivre dans l'inquiétude, de combattre & de payer des contributions, excité par les chefs du parti mécontent, força le conseil de ville à conclure la paix, malgré la défense positive du duc d'Autriche, qui n'étoit appuyé d'aucune protection utile. *Fribourg* consentit de donner satisfaction à tous ses ennemis, même à son avoyer exilé.

Après cet accommodement forcé, le magistrat voulant prolonger les impôts pour payer les dettes publiques, les bourgeois & les communes de la campagne s'y refusèrent de concert, sous prétexte qu'ils se trouvoient épuisés; ils menacèrent même de confisquer les biens des citoyens les plus riches, pour acquitter l'état. Albert d'Autriche, réveillé enfin par le bruit de tant de désordres, se rendit à *Fribourg* pour entendre les griefs des communes. Elles reprochoient au conseil l'inobservance des ordres du duc, de ne point admettre aux premières charges, des personnes qui

par leurs fiefs, relevoient d'un autre suzerain; elles se plaignoient de ce que les vassaux empêchoient leurs sujets de se faire agréger à la bourgeoisie, & sur-tout des vexations des seigneurs. Le duc condamne la conduite des magistrats & des riches; il convoque le conseil, le casse d'autorité, établit un autre avoyer & un nouveau conseil, dans lequel il admet seulement quatre des anciens conseillers; il fait emprisonner les magistrats, & il exige d'eux le serment de se rendre, sur la première citation à *Fribourg* en Brisgau; ils s'y rendent, & on les arrête pour les rançonner.

Cette sévérité d'Albert, loin de satisfaire le peuple de *Fribourg*, ne servit qu'à l'enhardir. Il menaçoit de prendre sur les biens des magistrats disgraciés, la somme promise au duc de Savoie pour prix de la paix. Le nouveau conseil, le corps des deux cents & un comité nombreux de la bourgeoisie, présidés par le lieutenant du duc d'Autriche, ordonnèrent une nouvelle contribution, & les paroisses de la campagne s'y refusèrent nettement & avec menaces. Les particuliers les plus riches se retirèrent en lieu de sûreté. Un d'entr'eux, qui, sur un saufconduit du conseil, osa reparoître, fut pendu par ordre du Lieutenant du duc. Les conseils, convaincus que le duc & son plénipotentiaire ne cherchoient qu'à flatter la populace & à humilier la magistrature, fermèrent à ce plénipotentiaire l'entrée de leurs assemblées. Des troupes de paysans s'étant introduites dans la ville & emparées de quelques-unes des portes, la bourgeoisie prit aussi les armes pour défendre ses chefs. Un légat du pape, le duc Louis de Savoie & la régence de Berne, intervinrent comme médiateurs; ils persuadèrent aux citoyens & à la faction opposée de mettre bas les armes.

Ces troubles se passèrent en 1449. L'année suivante le duc d'Autriche, voyant s'évanouir le foible reste d'une autorité, dont il venoit d'abuser avec tant de bassesse, forma le projet de n'abandonner ses droits sur la ville de *Fribourg*, qu'après avoir essayé de la spolier. Hallwyl, prend les avances pour annoncer aux fribourgeois l'arrivée de leur maître. On fait les préparatifs d'une réception plus éclatante. Le lieutenant rassemble l'argenterie de la ville; après quelques jours de délai, il feint d'aller à la rencontre du duc, suivi d'un cortège des principaux citoyens. Un détachement qu'ils rencontrent, l'entoure; alors Hallwyl se retournant vers les fribourgeois : le duc, leur dit-il, n'ira plus chez vous. Par cet acte, que j'ai ordre de vous remettre, il vous déclare libres & maîtres de votre sort; mais comme vous lui devez quelque chose pour un tel bienfait, il gardera votre argenterie. Après ces mots, il leur tourne le dos, & les laisse dans l'étonnement.

La résolution inattendue du duc d'Albert ne fit qu'accroître la fermentation des esprits. Il se trama parmi le peuple de la campagne une conspiration contre la régence, dont celle-ci arrêta les effets par sa fermeté, & en faisant subir une peine capitale à huit des principaux conjurés. Informés que des émissaires d'Albert avoient trempé dans ce complot, & que ce prince songeoit encore à vendre au duc de Savoie les droits dont il venoit de faire cession à la ville, se défiant des bernois, & entraînés peut-être par le crédit des partisans secrets de la maison de Savoie, les conseils & la bourgeoisie résolurent de prévenir les desseins du prince Louis, en se mettant volontairement sous sa sauvegarde. Il se relâcha en faveur de cette soumission, d'une partie des sommes que lui devoit la ville. Le traité de combourgeoisie entre Berne & *Fribourg* fut maintenu. Les fribourgeois recouvrèrent leur tranquilité intérieure; ils s'accoutumèrent à des liaisons plus étroites avec les huit cantons de la ligue suisse, en fournissant des troupes auxiliaires dans les diverses expéditions contre les princes de la maison d'Autriche.

Une guerre plus périlleuse contre Charles le téméraire, dernier duc de Bourgogne, devint, par ses suites, l'époque de l'entière liberté de la république de *Fribourg*, qui partagea les risques & la gloire de trois victoires remportées par les alliés, dans les années 1476 & 1477. La duchesse Yolande de Savoie, mère tutrice des jeunes ducs, avoit favorisé les entreprises du duc de Bourgogne; le comte de Romont l'avoit aidé ouvertement. Les projets de la maison de Savoie sur les villes de Berne & de *Fribourg* étoient renversés par les défaites successives & par la mort de Charles le téméraire; les troupes des deux villes avoient saisi les terres du comte de Romont & le pays de Vaud; Genève étoit menacée par les suisses, & Louis XI, roi de France, qui triomphoit secrètement de la chûte de son rival le plus dangereux, n'étoit pas fâché de voir la duchesse de Savoie, sa sœur, punie d'avoir favorisé les desseins de son plus grand ennemi. La princesse demanda un congrès à *Fribourg*, où elle acheta des deux villes la paix pour ses fils, la sûreté pour Genève, & la restitution du pays de Vaud.

Mais le mécontentement des cantons populaires sur cette pacification renouvelloit les alarmes de Yolande. Pour se rassurer, elle sollicita le renouvellement de l'ancienne alliance de sa maison avec la république de Berne. Celle-ci, sensible à la fidélité des fribourgeois, n'accepta la proposition que sous la condition que *Fribourg* seroit comprise dans l'alliance, & déclarée absolument libre de toute obéissance envers la maison de Savoie. Il n'en coûta à cette nouvelle république que le sacrifice de dix mille florins, dont les ducs étoient ses débiteurs.

Les bailliages d'Orbe, de Grandson & de Morat, que les deux états de Berne & de *Fribourg* gouvernent à l'indivis, furent le prix de leurs efforts dans la dernière guerre.

Des désordres occasionnés par les suites de cette guerre dans les communes des divers états libres de la Suisse, & sur-tout dans quelques cantons démocratiques, engagèrent Zuric, Berne, Lucerne, *Fribourg* & Soleure à former, pour leur sûreté, une confédération particulière en 1478. Les cantons démocratiques s'en plaignirent hautement, comme d'une infraction à la ligue. Enfin cette querelle fut étouffée sans éclat, par la convention de Stanz, qui eut lieu en 1488. Les cinq villes renoncèrent à leur alliance particulière; *Fribourg* & Soleure furent admises au rang des cantons, dans la confédération helvétique.

Genève commençoit alors à s'impatienter dans les chaînes que *Fribourg* venoit de rompre, & que les princes cherchoient à resserrer. Elle eut recours à la protection des deux cantons de Berne & de *Fribourg* contre les entreprises de ses évêques & des ducs de Savoie. Les troubles, les traités, les hostilités que ce choc de l'esprit de liberté & d'une ambition oppressive occasionna, appartiennent plutôt à l'histoire de Genève qu'à celle des deux cantons, qui, en vertu de leur traité de combourgeoisie avec Genève, y intervinrent en qualité d'auxiliaires.

Au premier bruit de la prédication des réformés, le gouvernement de Berne avoit exhorté celui de *Fribourg* à ne point s'écarter de la croyance & du culte de leurs ancêtres. Cependant la nouvelle doctrine se répandit dans Berne, & fut enfin autorisée par le conseil suprême. Alors le magistrat de *Fribourg* se fit une règle invariable de ne rien permettre de contraire aux dogmes autorisés par l'église romaine; il craignit les secousses qui accompagnent ordinairement toutes les révolutions de cette espèce. Par un effet de cette prohibition, quelques magistrats indisposés, plusieurs s'expatrièrent; ce vuide fut rempli par des fugitifs des villes, où la doctrine évangélique exerçoit la même intolérance. En 1542, les conseils & la bourgeoisie jurèrent de demeurer fidèles à la foi catholique; à leur exemple, les paroisses de la campagne prirent, sans opposition, le même engagement solemnel.

Fribourg avoit renoncé en 1534 à la combourgeoisie de Genève, parce que cette ville venoit d'adopter les principes des réformateurs. Mais quand les bernois, deux ans après, sur le refus du duc de Savoie de donner satisfaction aux genevois, se saisirent du pays de Vaud, les fribourgeois se hâtèrent, de leur côté, de s'approprier une portion de cette province. Ses domaines s'accrurent des terres de Rue, Romont, Vautrux, Chatel, S. Denis, Estavayer & S. Aubin. Des différends que le partage de ces conquêtes fit naître entre les deux républiques, furent terminés par l'intervention des cantons alliés.

Les terres du comte de Gruyères n'avoient pas été saisies ; il avoit obtenu même, par la protection de l'état de *Fribourg*, une dispense de la prestation d'hommage. L'aîné de ses fils, Michel, en lui succédant en 1541, demanda la même prérogative. Il trouva son héritage embarrassé de beaucoup de dettes ; des levées de troupes pour la France achevèrent de le ruiner. En 1555 les deux villes de Berne & *Fribourg* achetèrent les prétentions de divers créanciers, &, par des exécutions juridiques mais rigoureuses, s'approprièrent les dépouilles de cette ancienne maison, qui avoit été un moment assez puissante.

Fribourg a une portion dans les gouvernemens acquis par les armes réunies des confédérés, de puis qu'elle fait partie de la ligue générale. L'article CORPS HELVETIQUE indique les divers traités d'une union particulière entre les états catholiques de la Suisse, & entre ceux-ci & quelques puissances voisines. Si l'état de *Fribourg* a toujours adhéré à tous ces engagemens particuliers, d'un autre côté il a observé fidelement cette clause de son traité d'alliance avec les huit anciens cantons, qui ne lui permet pas de prendre un parti dans les dissensions qui pourroient survenir entr'eux. On ne l'a point vu se mêler de ces troubles, dont un zèle mal entendu pour la religion fournissoit le sujet ou le prétexte.

De la constitution de la république, ou du gouvernement de Fribourg.

Fribourg & Berne ayant eu les mêmes princes pour fondateurs, leurs premières loix, leur police intérieure, leurs franchises municipales furent rédigées sur le même plan. Mais il y a quelques différences dans leurs constitutions, & il faut attribuer ces circonstances à la diversité des circonstances, aux époques où on les a établies, ou aux divers événemens que les deux villes ont éprouvés jusques vers la fin du quinzième siècle. Le lecteur saisira ces variétés, en comparant avec le tableau du gouvernement de Berne celui que nous allons tracer du gouvernement de *Fribourg*.

A *Fribourg*, l'autorité souveraine & le pouvoir législatif appartiennent au grand conseil qui est de deux cents membres ; les autres conseils, tribunaux ou comités sont une émanation ou une dépendance du grand conseil. Le gouvernement est très-aristocratique, puisque la prérogative d'entrer au grand conseil & de parvenir aux premières charges, est réservée à soixante & onze familles patriciennes, & que les autres citoyens ne peuvent aspirer aux honneurs de la magistrature. Cependant la bourgeoisie entière a, dès la première origine de la ville, le droit de suffrage dans les élections d'un premier chapelain ou curé, du chancelier ou secrétaire de la ville, & d'un bour-

gue-mestre. Les bourgeois des vingt-sept paroisses de l'ancienne banlieue sont associés au même privilège pour l'élection de l'avoyer qui est le chef du gouvernement.

La bourgeoisie concourt d'une autre manière au gouvernement. La ville est divisée en quatre quartiers ou bannières. Chaque quartier fournit un banneret ; quinze sujets pour le conseil des soixante, & vingt-huit autres pour le grand conseil. Les vingt-quatre membres du petit conseil, ajoutés aux quatre bannerets, au conseil des soixante, & aux cent douze conseillers nommés par les quatre bannières, complettent celui de deux cents. Il faut être né dans une des familles praticiennes prérogées, être adopté par une des treize tribus bourgeoises, & avoir vingt ans complets pour entrer au conseil, & on n'entre aux soixante qu'à trente ans. Un père & un fils ou deux frères ne peuvent être en même-temps du corps des bannerets & des vingt-quatre.

Les deux avoyers, qui alternent d'une année à l'autre dans leurs fonctions, président ces divers conseils. Le statthalter ou lieutenant est après eux le premier officier de la république ; depuis un siècle cet honneur est réservé au plus âgé des vingt-quatre. Les charges de trésorier, de bourgue-mestre, de commissaire général sont ensuite les plus distinguées. Les bannerets ont rang après les conseillers du petit conseil ; ils président le conseil secret ou conseil d'état, composé de vingt-quatre membres, pris du corps des soixante, six de chaque bannière.

Le grand conseil confirme & renouvelle le petit conseil & les soixante ; il est à son tour sujet au même grabeau qu'exerce le conseil secret. La plupart des élections se font par la voie, qui est appellé *aveug's*, *blinde wahl*, & qui mérite cette épithète à la rigueur ; les noms des aspirans sont cachés dans des boîtes, où les électeurs jettent leurs balottes sans savoir sur qui tombent leurs suffrages.

Le petit conseil est juge de haute police ; il juge en dernier ressort les procès civils. Il est aussi juge criminel ; mais quand l'accusé est bourgeois de la capitale ou d'une paroisse de l'ancien district, la sentence est prononcée devant le grand conseil, qui a le droit de modérer la peine ou de faire grace. Deux corps de justice civile, l'un pour la ville, présidé par le bourgue-mestre ; l'autre pour le ressort de l'ancien district, appellés *chambres de droit civil & de droit rural* ; une chambre d'appellations pour les causes jugées en première instance dans les bailliages ; une chambre pour les discussions sur les débiteurs insolvables ; un conseil de guerre pour le département militaire : tels sont, après les divers corps des conseils, les principales chambres de l'administration publique. Il n'est pas besoin d'entrer dans de plus grands détails sur ces commissions subordonnées. Cette distribution de pouvoir est à-peu-près la même dans tous les gouvernemens des pays policés ; elle se retrouve même dans toutes les constitutions municipales des villes un peu considérables ; elle se rassemble sur-tout dans les divers cantons aristocratiques de la Suisse.

Les intérêts & les prétentions réciproques des bourgeois & des patriciens ont produit une fermentation sourde, qui nous paroît bien dangereuse. Les citoyens s'y sont armés un moment les uns contre les autres, & nous craignons beaucoup que la division n'éclate bientôt d'une manière sanglante. Si plusieurs des habitans de la Suisse supportent l'aristocratie, que les magistrats & les patriciens, que ceux de *Fribourg* sur-tout n'oublient pas que la Suisse est une terre de liberté ; qu'on y respire avec l'air l'amour de l'égalité & de l'indépendance ; que des familles privilégiées, rassemblées dans une petite ville & toujours sous les yeux de la bourgeoisie, doivent user avec circonspection de leurs privilèges, & montrer beaucoup de simplicité & de douceur pour se les faire pardonner.

On évalue la population du canton de *Fribourg* à 73,000 âmes. La force militaire de cette république consiste en quatre compagnies bourgeoises & onze régimens de milices.

Le pays, non compris l'ancien district, est divisé en dix-neuf bailliages. La commission des baillifs dure cinq ans ; ils sont choisis par le sort aveugle, de la manière que nous avons indiquée. On a imaginé ce sort aveugle pour diminuer l'influence des familles puissantes ; & quoique ce moyen imparfait ne produise pas tout l'effet qu'on en a espéré, il paroît qu'il est fort convenable pour cette république. La partie orientale du canton est plutôt un pays de pâturages que de grande culture. Cette observation regarde sur-tout les bailliages de Corbins & de Gruyeres. Le reste du canton est un pays assez riche en fruits & grains de toute espèce, & en fourrages. Il comprend, outre le district de la ville & les trois bailliages ci-dessus nommés, les bailliages suivans : Farvagné ou Pont, Montagny, Surpierre, Romont, Vuippens, Vaurus, Bulle, Rue, Attalens, Chatel S. Denis, Font ou Vuissens, Cheires, Estavayer & S. Aubin, Dans ces derniers bailliages, on trouve quelques vignes, dont le produit ne fait pas un objet considérable.

Il y a de l'aisance & de l'industrie parmi les habitans de ce canton ; ils sont bons cultivateurs, & se bornent à-peu-près à ce genre d'industrie. Le commerce du bétail & les fromages font le principal article d'exportation. Cet état, comme celui de Berne, est divisé en deux portions, dont la plus grande fait usage d'un patois françois ou romand, tandis que l'autre parle un allemand corrompu.

La religion catholique romaine est seule tolérée dans les domaines de *Fribourg*. L'exclusion sévère qu'établit ce gouvernement, à l'époque où la réformation se répandit en Europe, partoit d'un principe adopté également dans toutes les aristocraties de la Suisse, de l'une & l'autre communion ; cette loi fut jugée nécessaire pour prévenir les troubles intérieurs de ces petits états. Les citoyens, rejettés par la communion dominante dans leur patrie, avoient du moins une retraite sûre dans des lieux voisins, où leur parti religieux dominoit à son tour : cette compensation, autorisée par les traités particuliers entre quelques états romains ou protestans de la Suisse, conservoit l'ordre & le calme, en fixant des bornes à l'empire des deux églises.

La république de *Fribourg* tire de la France des subsides considérables en argent ou en sel, & on a observé que, proportionnellement à son étendue & à sa population, il n'y a pas un canton qui ait autant de troupes au service de ce royaume. Faut-il donc traiter les fribourgeois de lâches mercénaires ? nous avons répondu à l'article CORPS HELVETIQUE à ces belles déclamations.

On ne sait pas précisément quel est l'état des revenus de la république de *Fribourg* : ils suffisent & par-delà aux dépenses de l'état qui n'a point de dettes : il paroît que le peuple paye peu d'impôts, & que cependant les familles patriciennes trouvent le moyen de s'enrichir. *Voyez* CORPS HELVETIQUE.

FRIEDBERG, ville impériale dans la Wetteravie, autrefois plus considérable qu'elle ne l'est aujourd'hui : elle est située sur l'Esbach, au pied des montagnes de la Hœhe ; elle professe le luthérianisme. Elle a voix & séance aux diètes du cercle du haut-Rhin, & à celles de l'Empire, où elle occupe la douzième place parmi les villes libres du Rhin. Sa taxe matriculaire est de 24 florins, & sa cote pour l'entretien de la chambre impériale est de 29 rixdales 29 kr. par terme. L'empereur Charles IV l'engagea en 1349, aux comtes de Schwarzbourg pour 10,000 florins, sous la réserve de ses privilèges & de son immédiateté, & leur titre passa dans le siècle suivant à l'électeur de Mayence, conjointement avec les seigneurs d'Epstein, les comtes d'Isenbourg & la ville de Francfort. Les trois premiers abandonnèrent leur droit au château impérial de *Friedberg*, de l'aveu de l'empereur, qui obligea la ville de Francfort à les imiter. Francfort y consentit, & il fut décidé alors que la ville de *Friedberg* prêteroit foi & hommage à chaque bourgrave ou châtelain nouvellement élu & confirmé par l'empereur. En 1706, elle s'affranchit de cette dépendance ; mais le château soutint inextinguible. Les bourgraves & ses six adjoints nobles sont état de l'Empire, membres du grand conseil ; & le magistrat de la ville est tenu de prendre leur avis dans toutes les affaires relatives à l'Empire ou au cercle, & de convenir avec eux fur le choix & les pleins pouvoirs de leurs députés.

FRIOUL AUTRICHIEN : on donne le nom de *Frioul autrichien* aux comtés princiers de Gradifca & de Gœrz, à la fénéchauffée de Tulmino & au ban d'Idrie, qui dépendent tous de la préfecture de Gœrz. Le *Frioul autrichien* fait partie de l'Autriche intérieure.

Le comté de Gradifca fut donné en 1641 par l'empereur Ferdinand III aux princes d'Eggenberg. Cette maifon s'éteignit en 1717, & l'empereur Charles VI ayant offert ce comté au comte d'Athau, qui le refufa, il y nomma un gouverneur ; mais aujourd'hui l'adminiftrateur du comté de Gœrz eft en même-temps baile de Gradifca.

Le comté de Gœrz eft appellé dans les actes, *comitatus Gortiæ*. Le comte de Cronberg nous a donné en 1756 une carte de ce comté & de celui de Gradifca. Il n'a jamais fait partie de la Carniole, dans laquelle les géographes l'ont compris mal-à-propos.

Il eft borné au nord par la fénéchauffée de Tulmino, au levant par le ban d'Idrie & la Carniole, au fud par le même duché & le territoire vénitien de Mofalcone, & au couchant le Jndri le fépare du *Frioul* vénitien. Ce pays produit furtout de très-bons vins blancs & rouges ; on feme auffi du bled dans les montagnes. Les fruits n'y font pas fi rares que l'huile. Il y a peu de chevaux & de bœufs, mais beaucoup de chèvres. On y recueille une quantité affez confidérable de foie.

Le peuple, depuis la Carniole jufqu'à la rivière de Lifonzo, parle un dialecte efclavon ; mais au-delà de cette rivière, on fe fert de la langue efclavonne & furlanne, ou frioulofe : le frioulois eft un italien corrompu, mêlé de françois. Les gens inftruits parlent en outre, l'italien & l'allemand. De 208 familles nobles, inferites dans la matricule des états, on n'en comptoit plus en 1753 que trente-neuf ; les autres font éteintes ou elles ont quitté le pays, & ces dernières ne font plus que membres honoraires des états de Gœrz. Le comté de Gœrz eft catholique : il faifoit autrefois partie du dio<unclear>c</unclear>èfe du patriarche d'Aquilée ; mais en 1751 on a établi, dans la ville de Gœrz même, un archevêché, auquel on a foumis tout ce qui dépendoit du patriarche dans les poffeffions de la maifon d'Autriche. Cet archevêque & fa cathédrale poffèdent tous les biens & revenus, dont le patriarche jouiffoit dans les domaines de l'Autriche. Il eft nommé par la maifon archiducale, & il a pour fuffragans les évêques de Trente, de Côme dans le Milanois, de Mantoue, de Triefte & de Biben en Iftrie.

Le défaut de chartes authentiques rend l'origine des anciens comtes de Gœrz difficile à déterminer. L'auteur de l'ouvrage intitulé : *Rudolphi comitis Gronbergii Coronini de Quifcha tentamen ge-*

neal. chronolog. promovendæ feriei comitum & rerum Goritiæ, pag. 83 & 84, préfume que la famille des comtes de Tyrol fut mife en poffeffion du comté de Gœrz, par l'ordre ou le confentement de l'empereur Henri IV ou V. Le chef de cette famille, depuis 1090 jufqu'en 1121, fut ou Geoffroi II, ou fon fils Adalbert ou Albert. De trois fils de Menard III, l'un appellé *Menard IV*, continua la tige du Tyrol, & Albert II celle de Gœrz. Le comte Léonard de Gœrz étant mort en 1500 fans héritiers mâles, l'empereur Maximilien I, à qui ce comté étoit d'ailleurs engagé, le reprit en vertu d'anciens traités conclus en 1361, 64, 94 & 1486. Depuis cette époque, le comté de Gœrz a toujours dépendu de la maifon d'Autriche. Il paffe pour un comté princier, auffi les empereurs de la maifon d'Autriche, depuis Maximilien I, ont-ils pris la qualité de comtes princes de Gœrz.

Ce comté eft régi par un fénéchal. Un préteur, affifté de fix affeffeurs & de deux nobles, connoît des affaires de la nobleffe ; mais, en matière criminelle, le nombre des juges eft augmenté de quelques nobles. Du tribunal de Gœrz les appels vont à la régence de l'Autriche intérieure à Gœrz. Les comtés de Gœrz & de Gradifca contribuent annuellement à la caiffe militaire de l'Autriche, pour la fomme de 41,502 florins.

La fénéchauffée de Tulmino commence à la frontière de la Carinthie, & s'étend fur les confins de la haute-Carniole, & de l'intérieure jufqu'au ban d'Idrie & au comté de Gœrz. Après l'extinction de la race de Dorimberg, cette fénéchauffée paffa aux comtés de Prainer de la branche de Graetz, qui, en 1649, firent convertir ce fief en terre allodiale. De cette branche, elle a paffé aux comtes de Coronini, qui la poffèdent encore.

Le ban d'Idrie eft fitué entre la Carniole & le comté de Gœrz : il eft peu confidérable, & il prend le nom de fa capitale.

On entend dans les chancelleries d'Autriche, par le *littorale auftiacum*, les ports fitués fur la mer Adriatique, qui dépendent de l'intendance générale de Triefte. Les côtes d'Autriche fur cette mer ont trente milles d'étendue, & elles renferment plufieurs bons ports, dont une partie eft fermée aux vaiffeaux marchands & aux grandes barques, afin d'empêcher la contrebande. Tous ceux qui n'ont ni bureau de péage, ni commis, font de ce nombre : on les appelle *porto morto*. Nous ne parlons ici que de ceux qui font ouverts.

Ces ports fervent d'entrepôt à toutes les marchandifes que l'Autriche envoie en Portugal, en Efpagne, en France, en Italie, en Grèce, dans les domaines de la Turquie, en Europe, en Afie & en Afrique. Les principales marchandifes confiftent 1°. en fer & en acier, qui, d'après les regiftres des douanes, rapportoient en 1770 plus de deux millions de florins par an ; 2°. en bleds de l'Autriche inférieure & de la Hongrie, évalués à un million de florins par an : 3°. en toutes fortes de toiles, évaluées à un demi-million de florins : 4°. en laine brute provenant de la Hongrie ; les manufactures de laine se font multipliées au point, que l'exportation de cette marchandise a été défendue : 5°. en verrerie, évaluée 100,000 florins par an : 6°. en potasse pour 300,000 florins par an, dont il se fait un grand débit en Angleterre : 7°. en draps gros & fins : 8°. en sel pour 60,000 florins par an : on le conduit principalement à Barleta dans le royaume de Naples, sur des barques uniquement destinées à cet usage : 9°. en bois de charpente & de chauffage : 10°. en cierges & en cire brute : 11°. en toutes fortes d'ouvrages en bois : 12°. en tartre, noix de galle & plusieurs autres articles.

Les navires de toutes les nations commerçantes fréquentent ces ports : voilà pourquoi les puissances étrangères entretiennent des consuls à Trieste. Les navires du pays font eux-mêmes une partie de ces exportations. En 1770, on comptoit 66 vaisseaux marchands appartenants aux sujets de la maison d'Autriche, outre les barques & autres bateaux qui cotoient la mer Adriatique, & quelques frégates, galères, tartanes & chaloupes de guerre.

La république de Raguse, qui entretient deux cents vaisseaux, va y prendre aussi des marchandises d'Autriche, qu'elle envoie ensuite dans la Méditerranée, & sur-tout en Afrique.

Les ports de la Littorale reçoivent de l'étranger, 1°. toutes les productions de la Turquie & de la Perse, & en particulier du coton, du café, de la soie, de la laine, du poil de chèvre, des vins de Grèce, des amandes, des oranges, des figues, des citrons, du marroquin, &c. 2°. du sucre brut du Portugal, de la France & de l'Angleterre, pour un million de florins par an : 3°. des bois de teinture : 4°. de l'épicerie : 5°. de la laine d'Espagne, &c. &c.

Après le bilan fait en 1770, on trouva que, dans l'espace de cinq années, le produit de l'exportation avoit excédé de deux millions le total des marchandises arrivées de l'étranger. Ces rapides progrès excitèrent l'attention de la république de Vénise, qui perdoit une partie de ce commerce, & il en résulta quelques contestations entre ces deux puissances.

Les districts du Littorale font regardés comme colonies, & dépendent immédiatement du directoire de commerce de Vienne, auquel l'intendance de Trieste qui les régit, est subordonnée. Le président de l'intendance commande en chef toutes les troupes : le pays est habité par des allemands, des hongrois, des italiens, des grecs, des arméniens, des juifs & des turcs. En vertu du traité de Belgrade de 1739, les turcs & autres sujets de la Porte y jouissent de grandes prérogatives, & un grand nombre d'entr'eux

est venu s'y établir. En 1770, on y comptoit aussi 92 familles grecques de la Morée : elles ont le libre exercice de leur religion, & une belle église à Trieste. La caisse du commerce à Vienne paye même à leur archimandrite une pension annuelle de 300 florins.

Le *Littorale* est riche en vins, en amandes, en olives, en oranges, en figues & en soie.

Le *Littorale* comprend 1°. le territoire d'*Aquilée* ; il appartenoit autrefois, comme tout le Frioul & l'Istrie, au patriarche d'Aquilée, qui tenoit le second rang parmi les métropolitains d'Italie, c'est-à-dire, le premier après le pape ; mais, dans le quinzième siècle, les vénitiens s'emparèrent, sous le patriarche Louis, (duc de Teck) des terres patriarchales, dont une partie passa dans la suite à la maison d'Autriche. Le patriarche ainsi dépouillé transféra son siège à Udine, après la décadence d'Aquilée ou Aglar. Ensuite la république de Vénise obtint de la cour de Rome que ce siège ne seroit occupé que par un vénitien ; ce qui occasionna de grandes contestations avec la maison d'Autriche. En 1621 & 1641 on interdit au patriarche l'exercice de toute jurisdiction ecclésiastique, & l'entrée même du pays. Le 29 novembre 1749 & le 27 juin 1750, le pape, à la réquisition de l'impératrice-reine Marie-Therese, déclara le comte Charles-Michel d'Attems vicaire apostolique, provisionnel dans la partie autrichienne du diocèse d'Aquilée ; la maison d'Autriche & la république de Vénise firent bientôt après, une convention confirmée par le pape en 1751. Le patriarchat d'Aquilée fut supprimé par ce traité, & remplacé par deux nouveaux archevêchés ; l'un établi à Gœrz, auquel on soumit toutes les paroisses autrichiennes de l'ancien diocèse d'Aquilée, en lui assignant les revenus provenant de ses terres, ainsi que les biens ecclésiastiques qui s'y trouvoient situés ; l'autre à Udine, dont on a fait dépendre toutes les églises de la partie vénitienne du diocèse d'Aquilée, en lui attribuant les revenus que le patriarche en tiroit.

2°. La ville de Trieste avec son district.

3°. La ville de Fiume.

4°. La seigneurie de Bukari, qui confine à la Croatie, & est séparée de la Carniole par la rivière de Culp.

5°. Une portion de la Dalmatie.

Voyez l'article AUTRICHE & les articles des autres états de la maison d'Autriche.

Nous parlerons à l'article VENISE du *Frioul vénitien*.

FRISE, l'une des Provinces-Unies & la cinquième des sept qui forment l'assemblée des Etats-Généraux.

Après avoir parlé de la position, de l'étendue, des productions, du commerce, des richesses, &c. de la *Frise*, nous donnerons un précis politique de son histoire ; nous décrirons ensuite son gouvernement, & nous ferons des remarques sur ce gouvernement.

SECTION PREMIERE.

De la position, de l'étendue, des productions, du commerce & des richesses, &c. de la Frise.

Le nom de cette province, déjà connu des romains, dérive, suivant l'opinion la plus vraisemblable, de l'ancien mot allemand *frissen*, qui signifie *creuser*; il paroît venir des fossés & des digues, dans l'enceinte desquelles demeuroient les frisons; car, relativement à la mer, les lieux compris dans cette enceinte étant comptés parmi les plus bas que le continent de l'Europe eût au nord-ouest, les habitans se voyoient obligés sans cesse de se défendre contre les eaux par des digues & autres ouvrages de cette nature. Cette enceinte étoit beaucoup plus vaste autrefois qu'elle ne l'est aujourd'hui. Le nom de *Frise* se donnoit, dit-on, à tout le terrain qui se trouve entre l'Escaut, l'embouchure du Weser & la mer d'Allemagne: l'on appelloit *frisons occidentaux*, les peuples qui habitoient entre l'Escaut & la Flie; & *frisons orientaux*, ceux qui étoient établis depuis la Flie jusqu'au Weser. Les uns & les autres étoient mis au nombre des germains, & eux-mêmes se donnoient pour tels, ainsi que le prouvent les annales de Tacite, liv. 13. §. 54.

Actuellement la *West-Frise* ou *Frise occidentale* est la Nord-Hollande; & on appelle *Ost-Frise* ou *Frise orientale*, une principauté d'Allemagne, située dans le cercle de Westphalie, & dont Embden est la capitale, & le roi de Prusse le souverain. La *Frise* dont il s'agit ici, est bornée au septentrion, par la mer d'Allemagne; à l'occident, par la Flie; au midi, par le Zuiderzée & l'Over-Yssel; & à l'orient, par l'Over-Yssel, le pays de Drenthe & la province de Groningue. Elle peut avoir douze lieues du sud au nord, & onze du couchant au levant. L'air y est humide. Dans les districts de l'occident & du nord, qui sont au-dessous du niveau de la mer, la province abonde en pâturages, & on y nourrit une multitude de bœufs, de vaches, de brebis, & surtout des chevaux remarquables par leur grande taille, & fort recherchés pour le trait. Dans les quartiers de l'orient & même du midi, où le terrein est moins abaissé, on cultive avec succès, du froment, des pois & d'autres légumes. Il y a, vers l'Over-Yssel & le pays de Drenthe, de belles forêts: on y trouve beaucoup de tourbe; mais elle n'égale pas en bonté celle de la province de Hollande: & le terrein d'où on la tire, ne tarde pas à devenir un lac. C'est ce qui a donné lieu aux lacs de Tjeuke, de Sloter, de Fljuessen, de Heeger, de Sueeker, de Bergum & à plusieurs autres.

La *Frise* se divise en trois quartiers, dont le premier s'appelle *Oestergo*, le second *Westergo*, & le troisième *Zevenwolde* ou les sept forêts. L'on y compte onze villes, dont Leuwarden est la principale, 336 bourgs & villages, & environ 136 mille habitans. Quoique la noblesse du pays soit assez nombreuse & possède même, de très-ancienne date, plusieurs châteaux répandus dans la contrée, cependant aucun de ces bourgs & villages n'y porte le titre de *seigneurie*, assez commun dans le reste des domaines de l'union des Pays-Bas. L'antique amour de la liberté & l'attachement aux anciens usages semblent avoir jetté dans la *Frise*, des racines plus profondes que dans aucune autre des Provinces-Unies: le peuple s'y habille encore à la vieille mode, & la langue qu'il parle est tellement celle de ses propres ancêtres, que ses confédérés ne la comprennent pas.

La religion réformée est la religion dominante en *Frise*: elle a 207 pasteurs, qui forment les classes de Leuwarden, de Dokkum, de Franeker, de Sneck, de Bolwerd & Workum, & de Zevenwolden. Deux membres de chacune de ces six classes, avec deux anciens, tiennent un synode annuel, huit jours après la Pentecôte. Les remontrans, les luthériens, les catholiques & les mennonites sont d'ailleurs en grand nombre dans la *Frise*; les derniers sur-tout y sont fort multipliés, à raison du lieu d'origine de Menno-Simon leur chef, lequel étoit du village de Witmarsum, préfecture de Wonseradeel dans l'Ostergo. Ils ne forment pas moins de 58 paroisses, sous 152 docteurs: les catholiques en ont 24, sous 31 prêtres; les luthériens deux, & les remontrans un.

Si l'on veut avoir une idée générale des productions & de l'importance de la *Frise*, nous dirons qu'elle contribue à-peu-près d'un neuvième aux charges de la république; sa quote-part des impôts est de 11 florins 10 s. 11 den. pour chaque centaine de florins que les Etats-Généraux ordonnent de lever: cette contribution est forte, & suppose bien des richesses dans une province qui, n'ayant pas 140 lieues en quarré, est membre d'un état, dont les dépenses annuelles sont d'ailleurs très-considérables.

SECTION SECONDE.

Précis de l'histoire politique de la Frise*, de son gouvernement, & remarques sur ce gouvernement.*

Il seroit inutile de parler de toutes les révolutions qu'avoit éprouvé la *Frise* avant le traité d'Utrecht: nous dirons seulement que Philippe II, roi d'Espagne, la tenoit, à titre de seigneurie, de son père Charles-Quint: celui-ci l'avoit achetée l'an 1515 du duc Albert de Saxe, qu'elle n'avoit, à la vérité, jamais voulu reconnoître pour maître, mais auquel cependant l'empereur Maximilien en avoit conféré le gouvernement héréditaire

héréditaire l'an 1498. Maximilien l'avoit acquis, par son mariage avec l'héritière de Bourgogne, & la maison de Bourgogne la possédoit, ou en tout ou en partie, dès l'an 1436. Jusqu'alors cette province, toujours libre & toujours censée comprise dans l'Empire germanique, avoit des podestats élus par le peuple; & ces podestats avoient pris, sous une forme républicaine, la place que sous une forme pareille, des ducs, des princes, & même des rois particuliers avoient eu précédemment dans le pays.

La Frise fait partie de l'union d'Utrecht depuis 1579; mais elle y entra par divisions: les députés de ses nobles se laissèrent devancer par ceux des villes & des villages.

Le gouvernement de la Frise diffère beaucoup de celui des autres provinces de l'union. Le peuple y est beaucoup plus libre, & il s'est opposé avec succès à l'établissement de l'aristocratie. L'histoire distingue avantageusement les frisons, des peuples des contrées, qui ne furent d'abord que leurs voisins, & qui devinrent leurs co-sujets après l'invasion de Charlemagne: & depuis que les sept provinces ont établi leur indépendance, leur conduite ferme & tranquille & leur amour de la liberté les distinguent plus avantageusement encore des autres membres de l'union.

Leur constitution particulière semble veiller sur le temple de la liberté nationale. Les amateurs des constitutions populaires la trouveront sage, simple & naturelle. Les états de Frise sont composés de quatre membres intégrans qui exercent par indivis la souveraineté. Il y a dans la province trois grands quartiers du plat pays, & un quatrième composé de toutes les villes ayant voix délibérative aux états. Ces quatre suffrages concourent aux décisions & aux résolutions souveraines. Quoique le brave peuple frison compte plusieurs familles nobles, qui ont mérité la noblesse à plus d'un titre, les nobles ne font pas un corps séparé. On ne peut prétendre à une distinction marquée sur ses concitoyens, que par les vertus politiques & par un patriotisme épuré: ainsi point d'ordre équestre en Frise.

Les trois quartiers sont divisés en plusieurs petits districts, qu'on appelle Griettines. Chaque Griettine tient son assemblée particulière dans le village qui lui sert de chef-lieu; ces petites assemblées sont composées de tous les chefs de famille & franc-tenanciers du district. Un petit champ orné d'une maisonnette, ayant une cheminée, donne droit au possesseur d'entrer à l'assemblée, & d'y voter avec la même force & la même liberté, qu'un citoyen le plus opulent du canton. Ces petites assemblées sont présidées par un citoyen élu à la pluralité des voix de ceux qui assistent à la Griettine. On l'appelle griet-man, l'homme de la Griettine, ou, pour mieux dire, l'homme du peuple, dans toute la rigueur du terme: car non-seulement il représente le peuple

de son district, mais il est créé tel par ce peuple. Le griet-man est ordinairement un des plus riches tenanciers de la Griettine, ou un noble frison recommandable par ses vertus sociales. Lorsque les Griettines ont pris une résolution, le griet-man la porte, en qualité de député, à l'assemblée générale du quartier dont sa Griettine ressort. Dans l'assemblée de ce quartier, les résolutions s'y prennent à la pluralité des voix des Griettines, représentées par leurs griets-mans; & les résolutions du quartier sont portées aux États provinciaux, par des députés qui n'y forment qu'une voix. Cette voix est une des quatre qui ont force décisive à l'assemblée des états. C'est ainsi que le peuple frison participe à l'autorité souveraine, au moyen d'une démocratie assez bien entendue; & c'est ce qu'on peut appeler un peuple libre.

Les villes de Frise, collectivement prises, ont aussi une voix aux états. Chacune de ces villes a une régence composée d'un certain nombre de magistrats, sous le titre de bourgue-mestres, &c. Ces magistrats, qui ne sont élus ni nommés par les habitans des villes, représentent cependant les citoyens. Les citoyens des villes de Frise n'ont donc pas le même privilège que les habitans des campagnes, & ils sont moins libres que ceux-ci. Oui, l'aristocratie se fait sentir vivement dans les villes de Frise; mais nous verrons tout-à-l'heure que les habitans du plat pays, veillent à la liberté nationale, & même à la liberté particulière des habitans des villes. Les résolutions se prennent dans chaque ville, à la pluralité des voix des magistrats. La résolution du quartier particulier des villes se prend dans une assemblée particulière, à la pluralité des voix des villes représentées par leurs députés. Cette assemblée nomme les magistrats qui doivent la représenter aux états, & ces magistrats députés n'y ont qu'une seule voix délibérative, qui est la voix proprement dite du quartier des villes. Les députés des quatre quartiers, assemblés à l'hôtel des états, y traitent des affaires générales & particulières de la province, & de toutes celles qui ont rapport à la confédération. Ces députés ne peuvent s'écarter des instructions qu'ils reçoivent de leurs hauts commettans. Comme le nombre des voix est pair, c'est-à-dire, que ces voix sont au nombre de quatre, il pourroit y avoir partage. Mais, pour remédier à cet inconvénient, les frisons ont trouvé un moyen très-favorable à leur liberté. Le peuple du plat pays étant beaucoup plus nombreux que celui des villes, payant une quantité plus considérable d'impôts, & ayant beaucoup plus à perdre, puisqu'il possède des biens-fonds, s'est réservé la prépondérance dans les délibérations publiques. Deux quartiers du plat pays, votant contre le troisième quartier du plat pays réuni, forment la résolution souveraine: ces deux voix l'emportent sur les deux autrès. Il est sûr qu'alors les deux quartiers du plat pays expriment le vœu de la majorité de la nation, puisque les habitans de ces deux quartiers, ayant des biens-fonds, sont plus nombreux & ont plus de ces richesses qui doivent donner de l'influence, que les habitans d'un seul quartier réunis aux habitans des villes. Ainsi, comme je l'ai dit plus haut, les habitans du plat pays veillent à la liberté nationale, & même à la liberté particulière des habitans des villes.

Pour entrer dans des détails particuliers de l'administration de la *Frise*, nous ajouterons qu'il y a 30 *Griettines* en *Frise*, 11 dans l'Ostergo, 19 dans le Westergo, & 10 dans le Zevenwolde; non comprises les jurisdictions des 11 villes, lesquelles forment encore une sorte de quartier séparé. Chacune de ces *Griettines* a dans son ressort un certain nombre de villages, & est composée d'un président, de deux ou trois assesseurs & d'un secrétaire, devant lesquels on plaide des causes purement civiles: on peut appeler de leurs sentences à la cour provinciale, qui siège à Leuwarden.

Les états de la *Frise* s'assemblent ordinairement toutes les années, au commencement de février, à Leuwarden, & en présence du prince stadhouder. On y compte 82 personnes, appellées *plénipotentiaires* & tirées des *griettines* & des villes: celles-ci, au nombre de 11, en nomment chacune deux; & celles-là, au nombre de 30, en nomment aussi chacune deux. Pour l'exécution des ordres de l'état, il y a un collège de députés, composé de neuf membres, que l'on change tous les trois ans; les villes fournissent trois de ces membres, & les *Griettines* six. La cour provinciale de Leuwarden est le tribunal suprême de la *Frise*; elle seule prend connoissance & décide des affaires criminelles, & on lui porte par appel les affaires civiles: ses assesseurs sont au nombre de douze, sans y comprendre un procureur général & un secrétaire. La chambre des comptes se tient aussi à Leuwarden. Enfin la province de *Frise* est représentée dans l'assemblée des Etats-Généraux par cinq députés: deux y arrivent au nom des trois quartiers, deux au nom des villes, & le cinquième au nom des villes & du quartier de Zevenwolden conjointement.

On s'étonnera peut-être que les princes d'Orange si chéris des frisons, & particuliérement la branche de cette illustre maison qui réunit sur la tête de Guillaume IV, les trois grandes charges de la république, possédées aujourd'hui de droit héréditaire par Guillaume V; on s'étonnera, dis-je, que ces princes, depuis long-temps stadhouders de *Frise*, aient obtenu si peu d'influence dans le gouvernement de cette province, qu'on peut appeler par excellence la patrie des Nassau-Dietz: cet étonnement cessera, si l'on examine le génie de la nation frisonne. Elle est reconnoissante, & elle a donné à ces princes toutes

les marques de faveur qu'elle a pu leur accorder, sans courir le risque de les rendre trop puissans à son égard; elle a mis le comble à ses faveurs, en rendant le stadhouderat de sa province héréditaire en leur faveur; mais, dans les capitulations particulières qu'elle leur a imposé, elle a pourvu à sa liberté civile. D'un autre côté, cette fière nation, jalouse de sa liberté nationale, a toujours tenu ses stadhouders dans une juste dépendance; elle n'a pas conféré aux comtes de Nassau le titre de premier *noble* de la province, parce qu'elle ne vouloit pas, à l'exemple des autres provinces de l'union, reconnoître un corps de noblesse séparé; & lorsque les comtes de Nassau sont devenus stadhouders des sept provinces, les frisons les ont écarté avec plus de soin du gouvernement général de leur province particulière.

Mais quelque soit la surveillance du peuple, elle ne peut jamais arrêter toutes les usurpations des dépositaires de l'autorité, & le stadhouder étoit parvenu à se donner assez d'influence dans la direction des affaires domestiques: ses recommandations aux emplois les plus importans de la province y avoient un effet tout aussi efficace qu'ailleurs; & lorsque les troubles ont commencé en Hollande, les villes de *Frise* ont résolu de ne plus recevoir ces recommandations dégénérées en espèce d'ordres absolus: elles ont fait revivre l'ancienne forme d'élection pour les charges honorables & lucratives. Elles ont, de concert avec le souverain de la province, réformé l'abus allarmant qui s'étoit glissé chez elles à cet égard; mais elles n'ont point touché, non plus que les Etats, aux privilèges, droits & prérogatives du stadhouder. Le stadhouder nomme encore & nommera toujours les magistrats des villes, comme ses devanciers l'ont fait avant lui; il confère & conférera à l'avenir les charges dont la nomination ou la collation lui sont assurées par la constitution de la province.

Au moment où nous écrivons ce morceau, les prétentions des provinces contre le stadhouder, ont excité des troubles devenus effrayans: la *Frise* qui s'est toujours occupée de ses intérêts, & qui a réprimé plus qu'un autre les entreprises du stadhouderat, ne joue pas un beau rôle dans ces troubles.

Le stadhouder, à qui les états de Hollande ont ôté le commandement de la garnison de la Haye, a quitté une ville où il devoit être désormais si peu considéré: en attendant qu'il puisse y rentrer avec honneur, il s'est retiré dans la province de *Frise*; & les états de cette province ont changé de système politique, depuis ce voyage; ils ont écrit une lettre aux états de Hollande, dans laquelle ils approuvent & justifient l'entreprise violente faite par le stadhouder sur les deux villes de Hattem & d'Elburg: ils censurent en même-temps les résolutions patriotiques des états de Hollande, relatives à cette entreprise. Cette lettre de MM. des états de *Frise* est conçue en termes si vifs, que plusieurs membres des états de Hollande ont proposé de la supprimer. Elle traite les états de Hollande d'oppresseurs, qui ont forcé les habitans de leurs provinces à s'armer, pour opprimer facilement les autres provinces de la confédération : nous reviendrons sur cette matière à l'article PROVINCES - UNIES. *Voyez* cet article. *Voyez* aussi les articles des six autres provinces de l'union.

FRISE ORIENTALE. On l'appelle *Ost-Frise*, & elle appartient au roi de Prusse. *Voyez* l'article OST-FRISE.

FUGGER (terres & seigneuries des comtes de) dans le cercle de Suabe.

Les comtes *Fugger* descendent de Jean *Fugger*, habitant du village de Graben, près d'Ausbourg, qui s'établit dans cette ville en 1370, & qui obtint par mariage le droit de bourgeoisie. Après avoir exercé le métier de tisserand, il s'appliqua ensuite au commerce, & il laissa une très-grande fortune à ses fils, appellés *André* & *Jacques*. Ce dernier eut deux fils, nommés *George* & *Jacques*, qui jouèrent un rôle distingué dans l'histoire de cette famille. Jacques *Fugger* se livra avec tant de succès au négoce & à l'exploitation des mines, que ses immenses richesses le mirent en état d'acheter plusieurs comtés & seigneuries ; & n'ayant point d'enfans, il les légua aux fils de son frere George. L'empereur Maximilien lui accorda, ainsi qu'à tous les *Fugger*, des lettres de noblesse. Parmi les fils de George, on remarque sur-tout Raymond & Antoine, qui, chefs de deux lignes principales, ajoutèrent de nouveaux biens aux seigneuries & terres que leur oncle leur avoit laissées à titre de fidéi-commis, & ils obtinrent de l'empereur Charles V, en 1530, la dignité de comtes & barons de l'Empire. La ligne principale de Raymond produisit, par les fils Jean-Jacques & George, les branches de Pfirt & de Weissenhorn ; les Zinneberg viennent de la première : la seconde subsiste encore en entier. La ligne principale d'Antoine forma trois branches par ses fils, appellés *Marc*, *Jean* & *Jacques*. Marc forma le rameau de Norndorf ou Marx *Fugger*, qui s'éteignit dans le dix-septième siècle, & dont les seigneuries furent partagées entre les deux rameaux suivans. Aujourd'hui l'on entend, par le rameau de Marx *Fugger*, le rejetton de celui de Jean, auquel échut la seigneurie de Norndorf, & qui descend de Sebastien. Jean est l'auteur d'un rameau sous-divisé en quatre rejettons, qui sont celui de Kirchheim ou de Bonaventure ; celui de Wœrth ou de Sebastien, & qui, ainsi que nous venons de l'observer, porte aujourd'hui le nom de *Marx - Fugger* ; celui de Mückenhausen ou de Paul ; enfin celui de Glœtt, dont l'auteur fut François Erneste. La branche

de Jacques, qui porta le nom de *Jacobine*, a pour rameau celui de Babenhausen ; le troisième fils de Jacques, appellé *Jérôme*, fonda le rameau de Wasserbourg ou Wœllenbourg.

Chacune des deux lignes principales passe à l'administration du fidéi-commis, & la charge d'administrateur est constamment attachée à l'ainé de la maison. Les comtes *Fugger* ont à Ausbourg une chancellerie commune.

Ils joignent leur nom de famille à leur nom de baptême ; ils y ajoutent les qualités de comtes de Kirchberg & de Weissenhorn, & chaque ligne y joint de plus, ses seigneuries & titres particuliers.

Les comtes *Fugger* ont voix & séance à la diète de l'Empire sur le banc des comtes de Suabe. Quant aux assemblées du cercle, la ligne Antonine y a trois suffrages, distingués par les noms de ses trois principaux rameaux, qui payent une taxe matriculaire de 108 florins ; celui de Marx *Fugger* est taxé à 22 florins 21 kr. 6 deniers ; celui de Jean *Fugger* à 43 florins 36 kr 6 den., & celui de Jacques *Fugger* à 42 florins 1 kr. 4 d. La contribution du premier pour l'entretien de la chambre impériale, est de 12 rixdales 8½ kr. ; celle du second, de 29 rixdales 46 kr. ; celle du troisième, de 28 rixdales 28 kr. La seigneurie de Wasserbourg est taxée séparément à 8 flor. pour les impositions de l'Empire, & à 14 rixdales pour la chambre impériale.

Les seigneuries & terres des comtes *Fugger* sont de trois espèces.

Une partie appartient aux domaines de la maison d'Autriche en Suabe ; savoir, les comtés de Kirchberg & de Weissenhorn, que les *Fugger* possèdent encore aujourd'hui à titre d'engagement de la maison archiducale, & dont la ligne de Raimond est seigneur. La taxe matriculaire de ces comtés, qui est de 28 florins, se verse dans la caisse du cercle d'Autriche. Ils sont taxés à 67 rixdales ¼ kr. pour l'entretien de la chambre impériale.

Autrefois les comtes *Fugger* possédoient de grandes seigneuries en Alsace & en Sundgau que la maison d'Autriche leur avoit engagées ; mais cette province ayant passé sous la domination de la France, la cour de Versailles a dégagé les seigneuries & les a abandonnées à d'autres possesseurs.

Une autre partie de leurs domaines dépend du cercle de Suabe, & se trouve entre les mains de la ligne Antonine. Elles sont situées entre le Danube, l'Iler & le Lech.

Une troisième portion de ces terres est comprise dans la matricule de la noblesse immédiate de Suabe, & presque entièrement possédée par les branches & rameaux de la ligne Antonine. Ces domaines versent leurs impositions dans la caisse de la noblesse immédiate de l'Empire. Tels sont : Dietenheim, Brandenbourg, Heimertingen, Grunenbach, Wald.

I. La branche moderne de Marx *Fugger* possède Norndorf, seigneurie située entre les rivières de Schmutter & de Lech. Il y a un bourg du même nom.

II. La branche de Jean *Fugger*, & nommément le rameau de Kirchheim, possède la seigneurie immédiate de Kirchheim, située entre celle de Mindelheim & le margraviat de Burgau. Elle fut achetée par le chef de la ligne Antonine.

Le rameau de Muckhausen possède la seigneurie de Muckhausen ou Mickhausen, située sur la petite rivière de Schmutter. C'est un fief de la maison d'Autriche, & les *Fugger* l'acquirent en 1563.

Le rameau de Gloett possède la seigneurie de Gloett ou Glætt, située sur un ruisseau de même nom.

III. La branche de Jacques *Fugger*, & nommément le rameau de Babenhausen, possède la seigneurie de Babenhausen sur la Günz, qui fut achetée en 1538 des seigneurs de Rechberg, & affranchie, moyennant une somme d'argent, de la directe des ducs de Würtemberg.

La ligne de Wasserbourg ou Wœllenbourg possède la seigneurie de Wœllenbourg, entre les rivières de Wertach & de Schmutter.

FULDE. (principauté de l'évêché de) Cette principauté est bornée par la Hesse, les comtés d'Isembourg & de Hanau, l'évêché de Wurzbourg, le comté princier de Henneberg, & quelques districts appartenans à la noblesse immédiate de l'Empire. Elle a environ 13 milles dans sa plus grande longueur, & 10 milles dans sa plus grande largeur.

Le sol en est montueux & couvert de bois, mais parsemé de bonnes terres labourables, & il renferme des salines très-abondantes. Le plus grand nombre des habitans est catholique, les autres font luthériens ; & on y compte 60 paroisses & 94 annexes ; elles sont occupées par les premiers, à l'exception de 9 paroisses & quelques annexes, qui restent aux derniers.

Ce pays est une partie considérable de l'ancien *Buchau*, Buchonia (*Boconia*, Bocaunia, Buochunna, Puohunnia), qui ne formoit qu'une triste & vaste forêt, divisé en six *gau* ou districts (*pagi*), nommés Grapfeld oriental & occidental, *Tullifeld*, *Salagewe*, *Sinnagewe*, Asefeld, Vueringewe & Baringe. L'abbé Sturm s'y rendit en 742, à la sollicitation de S. Boniface, pour y choisir l'emplacement d'un monastère, & il se décida pour un terrein proche la rivière de *Fulde*, où les marchands de Thuringe avoient coutume de passer pour se rendre à Mayence. S. Boniface ayant obtenu, deux ans après, la permission de Carloman, roi des francs, y fonda une abbaye sous la règle de S. Benoît, dont il créa Sturm premier abbé.

Ce nouvel établissement ne tarda pas à prospérer : le pape Zacharie I lui accorda en 751 l'exemption de l'ordinaire, & ce privilège lui fut confirmé par le roi Pepin en 755, & par Etienne IV en 769. Jean XIII y ajouta en 968 la primauté sur tous les abbés des Gaules & d'Allemagne ; & Sylvestre II, en la lui confirmant, lui donna en 999 le pouvoir de convoquer des conciles, & le droit d'appel direct au saint-siège à l'instar des évêques. L'empereur Charles IV, par une charte datée de 1356, & inférée en original dans le traité d'Ulric, *de archi-cancellariatu & primatu abbatis Fuldensis*, lui conféra la dignité d'archi-chancelier de l'impératrice romaine ; dignité presqu'uniquement honoraire, puisqu'elle ne consiste, lors du couronnement de cette princesse, qu'à lui ôter la couronne, la tenir & la lui remettre autant de fois que l'étiquette l'exige. Enfin Benoît XIV, en conservant à cette abbaye son état régulier, l'éleva en 1752 au rang d'évêché immédiat, malgré le mécontentement de l'archevêque de Mayence, qui prétendoit en être le métropolitain.

Le titre du prince de *Fulde* est : *évêque & abbé de Fulde, prince du saint Empire, archi-chancelier de l'impératrice régnante des romains, primat de la Germanie & des Gaules*. Son grand chapitre est composé de quinze chanoines.

Il est membre du cercle du haut-Rhin, aux assemblées duquel il assiste, & sa qualité de prince de l'Empire lui donne voix à la diète générale, où il siège au banc des princes ecclésiastiques après l'évêque de Coire. Sa taxe matriculaire est de 250 florins par mois ; outre 243 rixdales 4 ¼ kr. pour l'entretien de la chambre impériale.

Les dicastères établis dans le pays sont la cour féodale, le vicariat spirituel & la chambre des finances.

FURSTENBERG, (terres & comtés qui appartiennent aux princes & landgraves de Furstenberg).

La maison de *Furstenberg* est une des plus anciennes & des plus considérables de Suabe. Elle tire son origine du comte Egenon d'Urach, qui vivoit dans le treizième siècle. Au seizième, le comte Frédéric de *Furstenberg*, après avoir agrandi ses domaines, laissa deux fils, Christophe & Joachim, qui furent les chefs de deux lignes. La branche, appelée *Kinzingenthal ou vallée de la Quinche*, descend du comte Christophe, & elle a eu pour sa portion cette vallée, Blomberg, quelques autres seigneuries situées dans la Forêt Noire, & une partie considérable du landgraviat de Baar. Son fils Albert fut père de Christophe II, qui laissa deux fils chefs de deux lignes particulières ; Vratislas II fut chef de celle de Mœskirck, éteinte en 1744, & Frédéric-Rodolphe de celle de Stuhlingen, qui subsiste encore. Joachim, second fils du comte Frédéric, fut chef de la branche de Heiligenberg, continuée par son fils Frédéric, & sous-divisée par ses fils Egon & Jacques-Louis dans les rameaux de Heiligenberg & de Donesfingen. Ce dernier ne tarda pas à disparoître ; le premier, élevé en 1664 à la dignité princiere, finit pareillement en 1716, & ces terres, aussi-bien que la dignité princiere, passerent alors aux deux branches de Mœskirch & de Stuhlingen, dont nous venons de parler.

Il ne reste aujourd'hui de la maison de *Furstenberg* que la seule branche de Stuhlingen, qui réunit les différens états possédés par les autres ; le titre de *prince* ne se donne qu'au prince régnant & à son fils aîné ; ses autres enfans & ses freres mêmes sont appellés *landgraves*. Le prince régnant prend le titre de prince *Furstenberg*, landgrave de Baar & de Stuhlingen, comte de Heiligenberg & de Werdenberg, baron de Gundelfingen, seigneur de Hausen dans la vallée de la Quinche, de Mœskirch, d'Hohenhœven, de Wildensteit, de Jungnau, de Trochtelfingen, de Waldsberg & de Weytra, &c. ses enfans cadets & ses freres prennent celui de landgraves de *Furstenberg*, de Baar & de Stuhlingen.

Les titres des princes de *Furstenberg*, que nous venons de rapporter, contiennent l'énumération des différens domaines qu'ils possedent. Tous ces états, excepté la seigneurie de Weytra dans l'Autriche, au-dessous de l'Ens, se trouvent dans le cercle de Suabe, aux dietes duquel le prince a six voix ; savoir, une dans le college des princes pour Heiligenberg, & cinq dans celui des comtes & barons pour Stuhlingen, Mœskirck, Baar, Hausen dans la vallée de la Quinche & Gundelfingen. Depuis 1667, les princes de *Furstenberg* ont, en même-temps que ceux d'Ost-Frise, pris séance & voix, dans le college des princes, aux dietes de l'Empire ; mais ils conservent les places qu'Heiligenberg & Werdenberg leur donnent dans le college des comtes de Suabe.

La taxe matriculaire pour le landgraviat de Baar & pour la vallée de la Quinche, est de six cavaliers & 30 fantassins ou 102 florins ; pour la moitié des terres de Werdenberg, qui comprend Heiligenberg, Jungnau & Trochetelfingen, de deux cavaliers & deux fantassins ou 32 florins ; pour Stuhlingen, de 18 florins 30 kr. ; pour Engen de 70 florins, & pour Mœskirck de 30 flor. Cette maison paye à la chambre impériale pour les terres de Werdenberg 73 rixdales 87 kr. par terme ; 93 rixdales 30 kr. pour Baar ; 5 rixdales 36 ½ kr. pour Helfenstein-Wiesensteig, c'est-à-dire, pour Wildenstein ; 27 rixdales 13 kr. pour Gundelfingen ; 20 rixdales 25 ¼ kr. pour Zimmern ou Mœskirck ; 71 rixd. 1 kr. pour Lupfen & Suthlingen.

Les dicasteres du prince, qui sont le conseil aulique & de justice, la chancellerie laquelle en même-temps représente la cour féodale, & la chambre des comptes siégent à Doneschingen.

Les princes de *Furstenberg* exercent la jurisdiction criminelle, dans le territoire de l'abbaye de Salmansweiler, qui prétend l'avoir conféré volontairement à cette maison.

Nous allons donner quelques détails sur les différens domaines des princes de Furstenberg. Ces terres sont dans le cercle de Suabe. 1°. Le comté de Heiligenberg avec les seigneuries de Jungnau & de Trochtelfingen portent le nom d'états de Werdenberg, parce qu'ils appartenoient jadis aux comtes de Werdenberg, qui s'éteignirent en 1530 ; ces domaines entrerent dans la maison de *Furstenberg*, par le mariage du comte Frédéric avec Anne, fille & héritiere de Christophe, dernier comte de Werdenberg & de Heiligenberg ; ils passerent ensuite à leur fils Joachim, qui devint chef de la branche qui prit le nom de *Heiligenberg*.

Le comté de Heiligenberg a pour bornes à l'orient le comté de Kœnigseck, l'abbaye de Weigarten, & les bailliages d'Altorf & de Ravensbourg ; au sud, les territoires de Constance & de Salmansweiler ; à l'occident, ceux d'Ueberlingen & de Petershausen, & au nord la ville impériale de Pfullendorf, le comté de Sigmaringen & d'autres petits domaines. Il avoit autrefois des comtes particuliers ; mais il a passé à ceux de Werdenberg, qui l'ont transmis à la maison de *Furstenberg*. On y trouve un des plus anciens tribunaux de justice que les empereurs aient établis en Suabe : on l'appelle le *présidial de Schackebuch* ; mais sa jurisdiction est bornée à l'étendue du comté, qui forme aujourd'hui un grand bailliage.

Le landgraviat de Stuhlingue est situé sur la Wutach, petite riviere qui tombe dans le Rhin, entre le landgraviat de Klettgau, le canton de Schaffhouse, le bailliage de Blumenfeld, appartenant à l'ordre Teutonique, le comté de Bondorf & le Brisgau. Sa longueur est d'environ quinze lieues, sur trois de largeur.

Les comtes de Lupfen possédoient anciennement ce landgraviat, qui, après leur extinction en 1532, passa à Conrad de Pappenheim, auquel l'empereur Maximilien I en avoit accordé l'expectative. Maximilien, fils de Conrad, institua son petit-fils François-Maximilien de Furstenberg, héritier de Stuhlingue, d'Hœven & d'Engen.

Les états de Furstenberg-Stuhlingue contiennent :

Le landgraviat de Stuhlingue proprement dit, qui forme un grand bailliage.

La seigneurie de Heben, Hewen ou Hœwen, avec Engen, située dans le Hegau, entre les landgraviats de Baar & de Nekembourg, & quelques autres territoires.

Nous observerons, à l'occasion du landgraviat de Baar, que le terme de *Baar*, c'est-à-dire, *nud*

ou *ras*, femble avoir été donné à ce landgraviat, parce que fon terrein, en comparaifon de
la forêt Noire qui le borne, eft uni, plat &
dénué de bois noir; au refte, une partie de la
forêt Noire paroît avoir dépendu jadis du diftrict ou *gau* du Baar.

La feigneurie de Haufen, dans la vallée de
Quinche (Kinzingerthal), eft fituée fur la rivière de Quinche dans la forêt Noire.

La feigneurie de Mœfskirck fe trouve fur le
Danube, entre le comté antérieur d'Hohenberg,
celui de Sigmaringen, l'abbaye de Petershaufen,
la commanderie d'Alfchhaufen & la feigneurie de
Waldfperg; elles appartenoient autrefois aux
comtes de Zimmern, defquels elle paffa aux comtes d'Helfenftein, dont la famille s'éteignit en
1627. Le comte Vratislas II de *Furftenberg* ayant
époufé fucceffivement deux comteffes d'Helfen-
tein, dont la dernière, appellée *Françoife Caroline*, avoit été l'héritière de Rodolphe, dernier
comte de ce nom, réunit à fa maifon cette feigneurie, qui a fondé la branche de *Furftenberg-
Mœfskirck*. Aujourd'hui cette feigneurie forme
un grand bailliage.

G

GALL (Saint) abbaye princière, située en Suisse près du lac de Constance. L'abbé de *Saint-Gall* jouit des honneurs de la mître & du titre de *prince d'Empire* ; il a des liaisons particulières avec quelques cantons suisses : il est reconnu allié du corps helvétique, & son député siege dans les diètes générales.

S. Gallus, venu, selon la tradition, des isles britanniques, accompagné de S. Columban, fut un des premiers apôtres de l'Evangile dans la haute Allemagne. Ces courageux missionnaires firent succéder à des superstitions absurdes, souvent atroces, des dogmes de bienfaisance & d'humilité, les craintes & les consolations d'une vie à venir. Après la mort de S. Gall, quelques-uns de ses disciples s'établirent dans le lieu où il avoit fixé son hermitage. Les cellules se multiplièrent ; le travail, aidé d'une dévotion bienfaisante, procuroit à ces solitaires les objets de leurs premiers besoins. Vers l'an 720, environ, quatre-vingt ans après la mort de Gallus, un comte Waldram obtint de Pepin, qui fut peu après roi des françois, la permission de donner à cet établissement la forme régulière & solide d'un monastère, sous la règle de S. Benoit. Andomaré en fut le premier abbé.

Les vertus austères de ces premiers cénobites leur valurent une considération, dont ils se servoient quelquefois pour arrêter les passions injustes, & pour tempérer les mœurs sauvages des princes & des grands. Leurs retraites privilégiées servirent d'asyle à des cultivateurs dépouillés, à des serfs désespérés. On vit autour de ces fondations les défrichemens s'étendre, les solitudes se peupler, des bourgs se former ou des cités se relever de leurs cendres. La ville de S. Gall, dont nous parlerons dans l'article suivant, doit son existence à l'abbaye du même nom, & une partie du district circonvoisin lui doit, ou sa première population, ou du moins les premiers progrès de sa culture.

Cette solitude, où quelques anachorètes avoient vécu de la pêche & des aumônes, ne tarda pas à jouir de l'abondance. Les donations, les legs se succédoient de près dans ces temps d'injustice & de remords. Une économie suivie fournissoit aux monastères les moyens d'acheter à bon prix les dépouilles des maisons nobles que ruinoient les guerres féodales ou les croisades. L'abbé de S. Gall possédoit des biens très-considérables & un territoire assez étendu, lorsqu'en 1204 il obtint le titre de *prince du saint Empire*; & peu après la dignité épiscopale.

Les richesses avoient excité l'ambition chez ces hommes voués à l'humilité & aux méditations paisibles. Les évêques convoitoient les revenus des abbayes ; on employoit les armes temporelles pour s'attaquer & pour se défendre. Entraînés par les mœurs du siècle, ces princes ecclésiastiques armoient leurs vassaux, & faisoient la guerre avec la cruauté qu'on reproche à la noblesse de ces temps d'anarchie. Les abbés de S. Gall eurent souvent de ces querelles sanglantes avec les évêques de Constance, les abbés de la Reichenau, les landgraves de la Turgovie, &c.

Dans les premiers temps de leur institution, les abbayes avoient mérité le respect des peuples, par la protection des serfs opprimés ; mais elles n'eurent, dans la suite, aucun scrupule d'exercer tous les droits établis par les coutumes féodales sur les sujets qu'elles avoient acquis. L'insolente avidité de leurs officiers porta, vers le commencement du quinzième siècle, à la révolte, les appenzellois, qui, après une guerre fort vive & des succès variés, obtinrent leur entière indépendance. *Voyez* APPENZELL.

La bourgeoisie de S. Gall s'étoit aussi soustraite à l'autorité des abbés, qui eurent en elle une rivale inquiète. L'abbaye s'allia avec les quatre cantons, Zuric, Lucerne, Schwits & Glaris, en 1451, & elle s'assura des protecteurs ; & par l'acquisition du pays de Toggenbourg, qu'elle acheta en 1468, des héritiers du dernier comte, pour 14500 florins du Rhin, elle se dédommagea de la perte du pays d'Appenzell.

Vers la fin du quinzième siècle, l'abbé Ulrich eut une vive querelle avec la ville de *Saint-Gall*. Il demandoit du terrein pour agrandir le monastère, & il vouloit établir une porte dans l'enceinte qui sépare l'abbaye de la cité. Les bourgeois s'opposèrent à ce projet. Piqué de ces contradictions, il essaya de transporter le monastère à Roschach, sur le bord du lac de Constance. Dès qu'on eut posé les fondemens du nouvel édifice, les saint-gallois, aidés des peuples d'Appenzell & de ses propres sujets de l'abbaye, allèrent le démolir ; ils craignoient l'agrandissement de ces religieux dans le voisinage, & la perte des profits & salaires qu'ils en tiroient. Les cantons, appelés par leur allié, fournirent à main armée, ces rebelles, & les condamnèrent à des frais & dédommagemens considérables ; mais on abandonna le projet d'un nouveau monastère.

La doctrine des réformateurs devoit trouver des dispositions favorables dans des esprits accoutumés à luter contre le pouvoir des ecclésiastiques, devenus leurs maîtres ou les rivaux de leurs immunités. La bourgeoisie de S. Gall, une grande partie des peuples d'Appenzell & des sujets immédiats de l'abbaye embrassèrent cette doctrine. Le culte protestant s'établit dans l'enceinte même du monastère, & l'abbé se retira en Suabe. Mais l'issue de la guerre de religion, favorable au parti catholique, rétablit les affaires de l'abbé de S. Gall ; plusieurs de ses sujets demeurèrent attachés au culte réformé, mais ses droits & sa souveraineté furent maintenus.

Les liaisons qu'il prit dès-lors avec les états catholiques de la Suisse, & son association aux traités particuliers de ces états avec la France, le rassurèrent sur ses droits, & ouvrirent à ses députés l'accès aux diètes des cantons. Il jouit de tous les avantages d'un membre associé à la ligue helvétique, & il doit fournir mille hommes pour l'armée confédérée, en cas d'une attaque de la part d'un ennemi étranger. Voyez CORPS HELVÉTIQUE.

Vers le milieu du quinzième siècle, la riche succession des comtes de Toggenbourg excita la première guerre civile, la plus sanglante & la plus opiniâtre de toutes celles qu'on a vu en Suisse. Les droits de l'abbé, les immunités des peuples, & la défiance nourrie pour la diversité des cultes, ne cessoient de produire des querelles dans ce petit pays. Les cantons se brouillèrent de nouveau en 1712 : on eut recours aux armes ; les républiques de Zuric & de Berne, deux fois victorieuses, dictèrent les conditions de la paix. L'abbé, réfugié en Suabe, se refusoit opiniâtrement à l'accommodement accepté par son successeur en 1718. Les difficultés qui restoient encore, n'ont pu être terminées qu'en 1758, par la médiation des deux cantons dont on vient de parler.

L'abbé ou prince de S Gall a environ 92 mille sujets dans les anciens domaines du chapitre, dans quelques terres situées en Thurgovie où le port d'armes lui appartient, & dans le Toggenbourg. Ses droits sont moins étendus dans ces deux derniers districts. Une clause ajoutée, en 1590, au traité d'alliance ou de combourgeoisie perpétuelle avec quatre cantons, laissa à ses protecteurs le droit d'établir, en leur nom un contrôleur ou commandant, sous le titre de *capitaine du pays*, qui a le rang de conseiller intime, avec le droit d'assister aux audiences, & de percevoir la moitié des bamps pour le compte des cantons. Les cantons pourvoient de deux en deux ans, à tour de rôle, à cet office : celui qui le remplit, réside à Wyl ; mais sa commission ne s'étend ni sur cette seule petite ville, ni sur le Toggenbourg. C'est un juge de paix, qui doit veiller sur les immunités réservées aux peuples, dont les cantons sont, en vertu du traité, les garans & les arbitres. L'abbé exerce la justice & la police par des baillifs ou juges séculiers, subordonnés à di-

verses chambres, où des religieux siègent & ont la principale influence.

Le pays montueux est, en général, plus abondant en pâturages qu'en grains. Des entrepreneurs de fabriques & des commerçans de S. Gall, de Bischofzell & de Hérisau font filer du coton & du lin, & circuler des sommes considérables dans les terres de l'abbaye. Toutes ces principautés ecclésiastiques de l'Allemagne ont excité fréquemment le sourire & la critique des gens du monde : nous n'examinerons pas ici s'ils gouvernent leurs sujets avec plus de modération & de douceur que les princes laïques : nous nous contenterons d'observer que, dans les premiers temps de leur institution, ils rendirent des services à la culture, & que leur pouvoir, dominé par l'esprit de religion, fut utile aux peuples ; que, s'ils se livrèrent dans la suite à toutes les vexations des seigneurs féodaux, les services qu'ils ont rendus aux lettres méritent un peu d'indulgence.

Ils nous ont conservé les restes de la littérature ancienne. Seuls dépositaires de l'art d'écrire pendant plusieurs siècles, ces cénobites, par dévotion ou par oisiveté, plutôt que par l'envie de s'instruire, s'amusoient à copier & à peindre des évangiles, des missels, des chroniques, quelquefois d'anciens auteurs, dont ils ne savoient pas apprécier le mérite. On compte aujourd'hui environ mille manuscrits dans la bibliothèque du monastère de S. Gall, la plupart sur du parchemin. Ce trésor littéraire échappa à la révolution de 1712 ; les livres imprimés de cette bibliothèque assez nombreuse, furent en grande partie dispersés. Un abbé Ratgut avoit commencé, vers la fin du neuvième siècle, à former ce dépôt, qui a été utile aux pères du concile de Constance. Les religieux eux-mêmes y firent si peu d'attention, que ces manuscrits demeurèrent long-temps entassés dans la poussière d'une tour. C'est de ce cahos qu'on tira, vers l'année 1413, les manuscrits de Petrone, de Silius Italicus & de Valerius Flaccus. Voyez Poggii. Epist.

GALL (Saint) ville & petite république indépendante, située dans la Suisse & associée au corps helvétique. La fondation du monastère de S. Gall occasionna l'établissement d'un bourg ; après l'invasion des huns ou hongrois, dans le dixième siècle, les habitans dispersés se rassemblèrent & pour se garantir de nouvelles attaques, ils s'environnèrent d'un mur. D'abord sujette des abbés, cette ville, une des plus anciennes de la Suisse, obtint successivement diverses immunités de ses maîtres & des empereurs. Frédéric II la reconnut ville immédiate de l'Empire, & Rodolphe I rendit ce droit inaliénable. Au milieu de cette révolution sourde, qui éleva les communes dans tout le ressort de l'Empire, la bourgeoisie de S. Gall, par des alliances avec diverses villes de la Suabe & de l'Helvétie, l'Helvétie, étendit & fortifia ses privilèges ; elle profita des circonstances pour se rédimer de quelques charges. La guerre qui affranchit les peuples de l'Appenzell, rendit la ville de *Saint-Gall* presqu'indépendante. Elle obtint ensuite, par l'entremise de quelques cantons & à prix d'argent, son entière indépendance.

Lorsque cette petite république vit le prince, abbé de *S. Gall*, rechercher l'appui des cantons, elle eut soin, de son côté, de se lier, par un traité pareil de combourgeoisie, avec les cantons de Zuric, Berne, Lucerne, Schwitz, Zoug & Glaris. Cette rebellion qu'elle forma pour détruire le nouvel établissement des religieux de *Saint-Gall* à Roschach, dont nous avons parlé à l'article précédent, lui coûta quelques domaines que les cantons confisquèrent, & vendirent les uns à l'abbé, les autres au seigneur de Sax.

Lors de la réformation, la bourgeoisie de *Saint-Gall* espéra voir le monastère sécularisé, & profiter de ses dépouilles : la défaite des suisses réformés fit évanouir ces espérances ; mais elle conserva le nouveau culte. La ville de *S. Gall* devint le théatre du fanatisme des anabaptistes.

Le différend qu'eut la bourgeoisie avec l'abbaye en 1566, au sujet d'un mur & d'une porte de séparation, se termina par un arrangement sur leurs prétentions respectives. Il s'éleva une querelle en 1697, après une procession des catholiques, durant laquelle les prêtres refusèrent de baisser les croix & les enseignes en passant par la ville. On prit les armes, on fit des barricades ; mais le calme fut rétabli par l'entremise des alliés. En 1712, l'abbé, obligé de fuir devant les troupes des cantons protestans, mit le monastère sous la sauvegarde des bourgeois, qui l'ouvrirent aux vainqueurs par capitulation.

Le gouvernement de la ville de *S. Gall* est mêlé d'aristocratie & de démocratie. La bourgeoisie est partagée en six corporations ou tribus, outre celle des familles nobles. Chacune des six tribus se choisit trois présidens ou tribuns, qui alternent dans leurs fonctions. Douze de ces tribuns siègent au sénat ou petit conseil, avec les trois bourgue-mestres, dont la charge alterne aussi d'une année à l'autre, & avec neuf conseillers choisis indistinctement parmi tous les citoyens. Les vingt-quatre tribuns, réunis à onze représentans de chaque tribu bourgeoise, forment le grand conseil des nonante. La bourgeoisie élit le bourgue-mestre : elle est partagée en neuf compagnies de milice, une de canoniers & deux de grenadiers, dont l'une doit servir à cheval.

S. Gall n'a qu'une banlieue très resserrée, & est très-peuplée à raison de son étendue. On y compte huit mille trois cens habitans. Elle offre cet ordre simple, cette économie & cette propreté que donne l'habitude du commerce, & qui se maintient plus aisément dans une petite ville,

où l'attention des magistrats est moins distraite par la multiplicité des objets, & mieux éclairée par des citoyens qui la surveillent. On fournit aux dépenses publiques avec quelques droits d'entrée & de sortie ; & avec une contribution annuelle, réglée par le grand conseil : les citoyens absens la payent comme les autres.

On trouve, dans le petit territoire qui dépend de la ville, des jardins, des vergers, ou des prairies destinées au blanchissage des toiles. La fabrique des toiles & le commerce qui en est la suite, font l'unique richesse & la principale ressource de la république. Cette branche d'industrie y existe depuis le douzième siècle. Le concile assemblé à Constance au commencement du quinzième, l'affluence prodigieuse d'étrangers, le renchérissement des vivres qu'il produisit, les mouvemens guerriers qui suivirent ses résolutions, firent émigrer plusieurs familles citoyennes. L'attachement au culte réformé, à l'époque de Ferdinand, roi des romains, qui, par menaces & par adresse, avoit subjugué Constance, occasionna une émigration plus considérable encore, & la ville de *S. Gall* profita des pertes de sa rivale.

Le gouvernement de *S. Gall*, de son côté, a favorisé la fabrique des toiles, en faisant les frais de divers bâtimens & de quelques aqueducs pour la préparation des toiles. Des maisons saint-galloises se sont établies à Lyon, à Marseille, à Gênes, à Cadix, en Hollande & en Angleterre. C'est un bien que ces familles, après s'être enrichies, ne soient pas tentées de rapporter dans leur patrie l'exemple contagieux des dépenses & du luxe.

La ville de *S. Gall* se procure aisément toutes les denrées de la Suisse & de la Suabe ; mais on n'y peut aborder que par des routes mal entretenues. Si l'abbaye vouloit se prêter aux vues & aux intérêts de la ville sur cet objet, elle en retireroit elle-même des avantages.

La ville de *S. Gall*, en vertu de sa combourgeoisie avec six des cantons, jouit du titre d'associée du corps helvétique depuis 1666, & son député est admis aux diètes générales des suisses. Elle participe à divers traités des cantons, particuliérement des cantons évangéliques, avec des puissances étrangères, & aux privilèges que ces traités procurent à la nation chez ses voisins.

Comme ville marchande, elle profite des immunités accordées aux suisses par la France.

GALLES, (pays ou principauté de) l'une des provinces d'Angleterre. L'administration de la principauté de *Galles* fut mise, par Edouard I, sur un pied-peu différent de celle d'Angleterre. L'isle de Man, de même que celle de Jersey, Guernsey, Sark & Origny conservent à plusieurs égards les anciennes institutions des normands.

V v v

L'isle de Berwick suit les loix écossoises & ses usages particuliers.

Le revenu de cette principauté appartient à l'héritier présomptif de la couronne, qui en porte le titre. *Voyez* l'article ANGLETERRE.

GALLICIE. C'est le nom que l'empereur a donné à une partie de la Pologne, acquise à la maison d'Autriche par le démembrement de ce pays. Le reste des domaines qu'a acquis cette maison, s'appelle la *Lodomerie*. M. Busching vient d'insérer dans son Journal hebdomadaire une lettre d'un de ses correspondans, où on lit que la *Gallicie* & la Lodomerie ont 1360 milles carrés de surface, & une population de 3,107,000 ames. Dans ce nombre, sont compris 125,000 juifs. La lettre ajoute que, selon la proportion de surface entre ces deux provinces & les provinces qui composent actuellement la république de Pologne & le duché de Lithuanie, la Pologne actuelle doit renfermer une population de onze à douze millions d'ames. Nous parlerons de ces deux provinces à l'article POLOGNE, & nous reviendrons sur le calcul de leur population.

GASCOGNE, (province de France). *Voyez* dans le Dictionnaire de Géographie, l'époque de sa réunion à la couronne.

GEHMEN, seigneurie d'Allemagne dans le cercle de Westphalie. Cette terre, moins étendue aujourd'hui qu'autrefois, est une ancienne baronie immédiate de l'Empire, qui est enclavée dans le bailliage d'Ahaus, évêché de Munster. Ses seigneurs étoient chevaliers, qualifiés de nobles, & juges du tribunal Vemique. Godefroy & Gosouin, deux d'entr'eux, la mirent en 1280 sous la mouvance du comte Thierry VIII de Clèves; elle en releva d'abord qu'à titre de fief-lige; elle fut soumise ensuite à la coutume féodale de Zutphen, & transmissible aux femmes. Cordule, fille & héritière de Henri dernier, seigneur de *Gehmen*, l'apporta en dot à son époux Jean, comte de Schavenbourg, de la maison duquel elle passa en 1640, lors de l'extinction de ses mâles, à celle de Limbourg-Bronkhorst, en la personne de Jadoque, mari de Marie de Schouenbarg, & c'est une branche de Limbourg Styrum, qui la possède encore aujourd'hui. L'évêché de Munster réclama, au dernier siècle, la supériorité territoriale; mais l'empereur l'en débouta en 1682, & la maintint dans son immédiateté.

Cette seigneurie donne à celui qui la possède, voix & séance aux diètes de l'Empire & du cercle de Westphalie, où il siège après Blankenheim & Gerolstein. J'ignore quelle est sa taxe matriculaire, & ce qu'il paye pour l'entretien de la chambre impériale.

Elle contenoit en 1538 Heiden, Gescher, Loen, Ramstorf, Weseke & Vehlen, qui sont aujourd'hui réunis au bailliage d'Ahaus, évêché de Munster.

GEMUND, ville impériale d'Allemagne au cercle de Suabe. La ville de *Gemund* ou *Gmund*, ou *Schwæbisch-Gmund*, qui a d'abord porté le nom de *Keyserfreuth*, est située sur la Rembs, à l'embouchure de la vallée de ce nom, entre le bailliage de Lorch au duché de Würtemberg, & la seigneurie de Heidenheim. Son territoire touche à celui de la ville impériale d'Aalen & à la seigneurie de Rechberg. On y professe la religion catholique. Tous ses magistrats sont plébéiens. Il est vraisemblable qu'autrefois elle étoit ville municipale des ducs de Suabe : elle obtint dans la suite son immédiateté, que les empereurs Charles IV & Wenceslas ont promis de maintenir. Elle prend à la diète le treizième rang parmi les villes impériales de Suabe, & le dixième dans les assemblées du cercle. Sa taxe matriculaire, autrefois de cent-soixante-seize florins, fut réduite en 1683 à 115, & elle a été portée à 142 flor. en 1728. Sa cotisation pour l'entretien de la chambre impériale est de 101 rixdales 41½ kr. Elle a, dans ses environs, une chasse franche, & son territoire comprend les paroisses de Bergau, Dewangen, Herrligkofen, Iggingen, Mœglinghen & Bœbingen, Lautern, Muthlangen, Ober-Bettingen, Spreitbach, Weil, Wetzau & Zimmerbach.

GÉNÉRAL D'ARMÉE, commandant en chef une armée. On trouve dans la partie de l'art militaire un long article sur ce mot : nous l'envisagerons ici sous d'autres rapports : nous nous bornerons à des vues politiques, & nous ne parlerons que des traités faits par un *général d'armée*.

Si un *général* fait un traité ou une convention, sans ordre du souverain, ou sans y être autorisé par sa commission, le traité est nul : il ne peut être valide que par la ratification du souverain, expresse ou tacite. La ratification expresse est un acte du souverain qui approuve le traité, & s'engage à l'observer. La ratification tacite se tire, disent les publicistes, de certaines démarches que le souverain est présumé ne faire qu'en vertu du traité, & qu'il ne pourroit pas se permettre s'il ne le tenoit pour conclu. Supposons, continuent-ils, une paix signée par des ministres publics, qui ont outrepassé les ordres de leurs souverains; si l'un de ceux-ci fait passer des troupes, comme amies, sur les terres de son ennemi réconcilié, il ratifie tacitement le traité de paix. Mais si la ratification du souverain a été réservée, il s'agit d'une ratification expresse, & il est nécessaire qu'elle intervienne expressément pour donner au traité toute sa force.

On appelle en latin *sponsio*, un accord sur les affaires de l'état, fait par un *général* ou une personne publique, hors des termes de sa commission, & sans ordre ou mandement de son souverain. Celui qui traite ainsi pour l'état sans en ûre chargé, promet, par cela même, de faire enforte que l'état ou le souverain ratifie l'accord & le tienne pour bon, autrement son engagement feroit vain & illusoire. Le fondement de cet accord ne peut être, de part & d'autre, que dans l'espoir de la ratification.

L'histoire romaine nous fournit des exemples de cette espèce d'accords : arrêtons-nous au plus fameux, à celui des Fourches Caudines ; il a été discuté par d'habiles auteurs. Les consuls T. Veturius Calvinus & Sp. Postumius, voyant l'armée romaine dans le défilé des Fourches Caudines, sans espoir d'échapper, firent avec les samnites un accord honteux ; mais ils les avertirent qu'en qualité de simples *généraux*, ils ne pouvoient conclure un véritable traité public, *fœdus*, sans ordre du peuple romain, sans les féciaux & les cérémonies consacrées par l'usage. Le *général* samnite se contenta d'exiger la parole des consuls & des principaux officiers de l'armée, & six cents ôtages : les troupes romaines mirent bas les armes, & il les renvoya en les faisant passer sous le joug. Le sénat ne voulut point accepter le traité ; il livra les consuls aux samnites, qui refusèrent de les recevoir, & Rome se crut libre de tout engagement & à couvert de tout reproche. *Voyez* Tite-Live, liv. IX. Les auteurs ne font pas d'accord sur ce point. Quelques-uns soutiennent que si Rome ne vouloit pas ratifier le traité, elle devoit remettre les choses dans l'état où elles étoient avant la convention, renvoyer l'armée entière dans son camp aux Fourches Caudines ; & c'étoit aussi la prétention des samnites. On a beaucoup écrit sur cette matière qui n'est pas encore éclaircie.

Il faut examiner ici deux questions : 1°. à quoi est tenu le *général* qui a fait l'accord, *sponsor*, si l'état le désavoue ? 2°. A quoi est tenu l'état lui-même ? Mais, avant toutes choses, on doit observer avec Grotius, *droit de la guerre & de la paix, liv. II. chap.* 15. §. 16, que l'état n'est point lié par un accord de cette nature. Cela est manifeste par la définition même de l'accord, appellé *sponsio*. L'état n'a point donné ordre de le faire ; il n'en a conféré le pouvoir, ni expressément par un mandement ou par de pleins pouvoirs, ni tacitement par une suite naturelle de la nécessaire de l'autorité confiée à celui qui transige, *sponsori*. Un *général* a bien, en vertu de sa charge, le pouvoir de faire des conventions particulières, dans les cas qui se présentent ; il peut bien faire des pactes relatifs à lui-même, à ses troupes & aux circonstances de la guerre, mais non celui de conclure un traité de paix. Il peut se lier lui-même & les troupes qui sont sous ses ordres, dans toutes les rencontres où ses fonctions exigent qu'il ait le pouvoir de traiter ; mais il ne peut lier l'état au-delà des termes de sa commission.

Voyons maintenant à quoi est tenu le promettant, *sponsor*, quand l'état le désavoue. Il ne s'agit pas de raisonner ici d'après les maximes du droit naturel, adoptées entre particuliers ; la nature des choses & la condition des contractans y mettent nécessairement de la différence. Entre particuliers, celui qui transige purement & simplement sur le droit d'autrui, sans en avoir la commission, est obligé, si on le désavoue, d'accomplir lui-même ce qu'il a promis ; d'y substituer un équivalent, ou de remettre les choses dans leur premier état, ou enfin de dédommager celui avec qui il a traité, selon les diverses circonstances : sa promesse, *sponsio*, ne peut être entendue autrement. Mais il n'en est pas ainsi de l'homme public, qui transige, sans ordre & sans pouvoir, sur le fait de son souverain. Ils s'agit de choses qui passent sa puissance ; de choses qu'il ne peut exécuter lui-même ni faire exécuter, & pour lesquelles il ne sauroit offrir ni équivalent, ni dédommagement : il ne peut pas même donner à l'ennemi ce qu'il auroit promis, sans y être autorisé : enfin il n'est pas plus en son pouvoir de remettre les choses dans leur premier état. Celui qui traite avec lui, ne peut rien espérer de semblable. Si le contractant l'a trompé, en se disant revêtu d'assez de pouvoirs, il est en droit de le punir. Mais si, comme les généraux romains aux Fourches Caudines, le contractant a agi de bonne-foi ; s'il a averti lui-même qu'il n'est pas en pouvoir de lier l'état par un traité, on doit présumer que l'autre parti a bien voulu courir le risque de faire un traité qui deviendra nul, s'il n'est pas ratifié ; qu'il a espéré que, par égard pour le *général* & pour les otages, le souverain sera disposé à ratifier ce qui aura été ainsi conclu. Si l'événement trompe ses espérances, il ne peut s'en prendre qu'à sa crédulité. Un desir trop vif d'avoir la paix à des conditions avantageuses, l'appas de quelques avantages momentanés l'ont séduit ; & c'est sa faute.

On vient de voir que l'état ne peut être lié par un accord fait sans ordres & sans pouvoirs de sa part. Mais n'est-il pas absolument tenu à rien ? C'est ce qui reste à examiner. Si les choses sont encore dans leur entier, l'état ou le souverain peut simplement désavouer le traité, qui tombe par ce désaveu, & se trouve comme non avenu. Mais le souverain doit manifester sa volonté, aussi tôt qu'il connoît le traité ; non, à la vérité, que son silence seul puisse tendre valide une convention qui ne peut l'être sans son approbation ; mais il y auroit de la mauvaise foi à laisser le temps à l'autre partie d'exécuter, de son côté, une convention que l'on ne veut pas ratifier.

S'il s'est déja fait quelque chose en vertu de l'accord ; si la partie qui a traité avec le *sponsor*, a rempli de son côté ses engagemens, doit-on la dédommager, ou remettre, par le désaveu du traité, les chofes au point où elles fe trouvoient? ou fera-t-il permis d'en recueillir les fruits, en même-temps qu'on refufe de le ratifier. Il faut diftinguer ici la nature des chofes qui ont été exécutées, & celle des avantages qui en font revenus à l'état. Celui qui, ayant traité avec une perfonne publique non munie de pouvoirs fuffifans, exécute l'accord de fon côté, fans en attendre la ratification, commet une imprudence. & une faute infigne, à laquelle l'état avec lequel il croit avoir contracté, ne l'a point induit. S'il a donné du fien, on ne peut le retenir fans profiter de fa fottife. Ainfi lorfqu'une nation, croyant avoir fait la paix avec le *général* ennemi, a livré, d'après cette paix, une de fes places, ou donné une fomme d'argent, le fouverain de ce *général* doit fans doute reftituer ce qu'il a reçu, s'il ne veut pas ratifier l'accord. En agir autrement, ce feroit abufer des maximes cruelles d'une politique audacieufe.

A l'exemple que nous avons tiré de l'hiftoire romaine, ajoutons un autre exemple pris de l'hiftoire moderne. Les fuiffes, mécontens de la France, fe liguèrent avec l'empereur contre Louis XII, & firent une irruption en Bourgogne, l'an 1513. Ils affiégèrent Dijon. La Trimouille, qui commandoit dans cette place, craignant de ne pouvoir la fauver, traita avec les fuiffes, &, fans attendre aucune commiffion du roi, fit un accord, en vertu duquel le roi de France devoit renoncer à fes prétentions au duché de Milan, & payer aux fuiffes fix cens mille écus; les fuiffes, de leur côté, ne s'obligèrent à autre chofe qu'à retourner chez eux: enforte qu'ils étoient libres d'attaquer de nouveau la France, s'ils le jugeoient à propos. Ils reçurent des ôtages & partirent. Le roi fut-très-mécontent du traité: quoiqu'il eût fauvé Dijon & préfervé le royaume d'un très-grand danger, il refufa de le ratifier (1). Il eft certain que la Trimouille avoit outrepaffé fes pouvoirs, fur-tout en promettant que le roi de France, renonceroit au duché de Milan. Auffi ne fe propofoit-il vraifemblablement que d'éloigner un ennemi, plus aifé à furprendre dans une négociation qu'à vaincre les armes à la main. Louis XII n'étoit point obligé de ratifier & d'exécuter un traité fait fans ordre & fans pouvoirs; & fi les fuiffes furent trompés, ils ne durent en accufer que leur imprudence. Mais, comme il paroît que la Trimouille n'agit point avec eux de bonnefoi, puifqu'il ufa de fupercherie au fujet des otages, & qu'il donna en cette qualité, des gens de la plus baffe condition, au lieu de quatre citoyens diftingués qu'il avoit promis (2), les fuiffes auroient eu un jufte fujet de refufer la paix, à

moins qu'on ne leur fît raifon de cette perfidie, en leur livrant celui qui en étoit l'auteur, ou de quelqu'autre manière.

GENES, république d'Italie. Nous parlerons 1°. de la pofition, de l'étendue, des domaines, des productions & des villes de cette république: 2°. nous ferons un précis de fon hiftoire politique: 3°. nous décrirons fon gouvernement, fon administration & fes loix, & nous parlerons des nobles de *Gênes*: 4°. de la banque S. George & des revenus de la république: 5°. du commerce: 6°. de la population, de la marine & des forces de terre de la république de *Gênes*.

SECTION PREMIERE.

De la pofition, de l'étendue, des domaines, des productions & des villes de la république de Gênes.

Les domaines de la république de *Gênes* font fitués entre le Milanez, le bas-Montferrat, le Piémont, les états du grand-duc, du duc de Parme, du duc de Modène, & les principautés de Monaco & Maffa-Carrara.

Ils étoient autrefois beaucoup plus confidérables qu'ils ne le font aujourd'hui. La valeur de fes citoyens, leur commerce, leur opulence & leur redoutable marine en avoient reculé les bornes jufqu'aux plages les plus lointaines. Non-feulement elle poffédoit alors tout ce qui l'environne, fa domination s'étendoit fur toute la Ligurie, une partie du Piémont, le marquifat de Final, Carreto, fur Monaco, Sarzane, Livourne & le comté de Nice; elle avoit conquis les ifles de Corfe & de Chio; elle avoit des poffeffions en Tofcane, en Sardaigne, en Sicile, en Afrique, & fur-tout en Syrie, dans l'ifle de Chypre, dans le Levant & dans la Crimée, où Pera, Caffa & d'autres villes étoient des colonies génoifes. Mais la puiffance de cette république eft tombée avec fa marine; elle pouvoit alors mettre aifément deux cents voiles à la mer; elle avoit un grand nombre d'établiffemens dans les contrées éloignées; elle n'entretient plus aujourd'hui que quelques galères, & elle voit fon petit état reftreint à des côtes fort étroites, & refferré de toute part par la Méditerranée, le Piémont, & les autres états qui l'environnent. Les révolutions dans l'Europe politique, la formation de plufieurs nouvelles principautés, les conquêtes des turcs en Orient, la décadence du commerce du Levant, caufée par la découverte du nouveau-Monde, ont entraîné la ruine de la puiffance & de la marine de la république de *Gênes*. Peu à peu la république de

---

(1) *Voyez* Guichardin, liv. XII, chap. 2. Hiftoire de la confédération helvétique, par M. de Wattenville, partie II, pag. 185 & fuiv.

(2) *Voyez* le même ouvrage de M. de Wattenville, pag. 190.

Florence, les ducs de Savoie, d'autres puissances, & sur-tout les turcs, lui ont enlevé les domaines qu'elle avoit conquis, & l'ont réduite à ce que l'on appelle proprement l'*état de Gênes*.

De toutes ses anciennes possessions, l'isle de Corse est celle qu'elle a gardé le plus long-tems; mais elle a fini par la céder à la France en 1768, & son état se trouve borné à la côte de *Gênes*, subdivisée en deux autres côtes séparées par la capitale qui est au centre, & par la mer qui les baigne. On les nomme, l'une *côte occidentale ou du ponent*, & l'autre la *côte orientale ou du levant*. Sa côte s'appelle aussi *rivière de Gênes*, à cause de sa configuration longue, étroite & semblable à une rivière.

Les principales villes ou places qu'on trouve sur la côte du levant, sont Porto-Fino, Rapallo, Chiavari, Sestri, Levante, la Spezza, Luni, Porto-Venere & Lerici. On voit sur la côte occidentale, Volti, Arenzano, Varragine, Savone, Vuada, Noli, Albenga & Vintimille. Quelques unes de ces places sont fortifiées, ou ont des châteaux forts. La plupart offrent des rades très-commodes aux vaisseaux, & sont ou pourroient devenir de bons ports. Toute la côte de *Gênes*, prise ensemble, contient quarante-six lieues dans sa plus grande longueur, & onze dans sa plus grande largeur, qui n'est en général que de six à sept lieues.

Le sol de cette côte aride est pierreux; il produit peu de bled, mais on y fait beaucoup d'huile; quoiqu'elle ne soit pas très bonne, c'est la matière d'un grand commerce. Il y a aussi quelques vignobles, sur-tout sur la partie du levant: quelques-uns donnent de ces vins muscats exquis, & des vins doux comparables aux meilleurs vins grecs. Il y a des districts pleins d'orangers, de citronniers & de cédrats, & sur-tout dans les environs de la petite ville de San-Remo, dont le terroir produit une quantité étonnante de palmiers, qu'on y vient chercher de fort loin, & même de Rome, pour la procession du dimanche des rameaux. La vue & l'odorat sont satisfaits, lorsque le printemps & l'automne y déploient les richesses de la nature, & que l'air y est embaumé par les douces odeurs qu'exhalent les fleurs ou les fruits de ces arbres précieux. Le territoire de *Gênes* produit aussi des mûriers en abondance; mais les fabriques du pays tirent plus de soies de l'étranger, qu'elles n'en achetent des nationaux.

Les domaines de la république comprennent aussi les petits comtés de Vintimille & de Lavagne, & les marquisats de Final & de Zuccarello; & en quittant les bords de la mer, on trouve plusieurs vallées, entr'autres celles de Polcevera, de Bisagno, d'Arocia & de Teia: *Gênes*, outre les places dont nous avons parlé, en a quelques autres fortifiées ou non fortifiées, dont les plus remarquables sont Final, Castel-Vecchio,

Zuccarello, Ovada, Roccatagliata, Castiglione, Novi, Gari & son château, Sassello, Trebia, la Piève, &c.

Gênes possède encore la petite isle de Capraia, située presque vis-à-vis celle de Corse, & qui n'a que quatre lieues de tour: elle est à huit lieues de la Corse & à trente-huit lieues de *Gênes*. La France lui en a assuré la possession par le traité de 1768. Cette isle est peu de chose. *Voyez* l'article CAPRAYA.

La ville de *Gênes* est très-ancienne: c'étoit la principale ville, & peut-être même la capitale de l'ancienne Ligurie; les romains en firent une de leurs villes municipales. Son commerce étoit déja considérable sous leur domination, & elle étoit renommée par son opulence; les carthaginois la pillèrent & la brûlèrent, pendant la seconde guerre punique, sous le général Magon. Elle fut ensuite rebâtie par les romains avec plus de splendeur qu'auparavant. Tite-Live en parle souvent, ainsi que de ses habitans; & Strabon l'appelle *imperium totius Liguriæ*.

Elle occupe un terrein immense, & elle est environnée de remparts construits sur les rochers, ou taillés dans le roc, ainsi que les fossés qui bordent ces ouvrages. Ils enferment toutes les hauteurs qui dominent la ville; ils sont garnis d'une multitude de retranchemens & d'ouvrages extérieurs, & de 250 pièces de canons de divers calibres. Les principales de ces fortifications sont le fort appelé le *Diamant*; celui des *Deux-Freres*, & le bastion du *Sperone* ou de l'*Eperon*, qui fait l'angle des remparts. L'enceinte extérieure des murailles qu'on a commencées en 1626 & achevées en 1633, & qui ont coûté des sommes immenses, forme un circuit de huit milles, ou de quatre lieues de France.

SECTION IIe.

Précis de l'histoire politique de Gênes.

Gênes, dont on ignore l'origine, fut prise & brûlée par les carthaginois, comme nous le disions tout-à-l'heure; elle fut rebâtie par les romains; & elle obéit sept cens ans aux loix de cette république, ou à celles des empereurs.

Vers l'année 774 de l'ère chrétienne, lorsque Charlemagne eut détruit le royaume & la puissance des lombards, *Gênes* devint une des villes du royaume d'Italie, que ce prince donna à Pepin, son fils aîné. Jusques là tout ce qu'on en sait confusément, c'est qu'elle suivit le sort de ses maîtres, & fut, ainsi que l'Empire romain, la proie de différentes hordes de brigands, sortis du fond du nord, qui se répandirent en Italie. *Gênes*, la première ville qu'on trouvoit à la cente de l'Apennin, exposée sans défenses aux invasions de ces barbares, fut toujours, par sa malheureuse situation, la première victime de leurs fureurs.

Il paroît que, vers l'an 545, *Gênes* étoit soumise à des ducs ou comtes particuliers : on ignore s'ils étoient indépendans ou vassaux, ou simplement lieutenans des empereurs de Constantinople. On est tenté de croire qu'ils étoient lieutenans des empereurs ; car les gouverneurs, que ces empereurs mettoient dans la plupart des villes d'Italie, comme Turin, Naples, &c. portoient alors le nom de *ducs*. Pepin lui donna des gouverneurs sous le nom de *comtes*, qui y commandèrent l'espace d'environ un siècle : ces comtes étoient héréditaires, & il y a apparence que Pepin leur avoit donné *Gênes* en fief, & qu'il ne se réserva que la suzeraineté.

Gênes profita de la foiblesse des successeurs de Charlemagne en Italie : elle se rendit indépendante vers le commencement du dixième siècle, & elle créa des consuls, dont le nombre, d'abord illimité, varia toujours selon les circonstances. C'est à cette époque que *Gênes* devint une république. A peine avoit-elle recouvré sa liberté, qu'elle fut saccagée & presque ruinée de fond en comble par les sarrasins, qui voulurent se venger de ce qu'elle leur avoit enlevé la Corse. Ce désastre, qui étoit le troisième ou le quatrième de la même espèce, arriva vers l'an 936. Elle se rétablit en peu de temps, & elle obtint en 958 de Berenger II & d'Adalbert son fils, alors roi d'Italie, un acte d'indépendance, daté de Pavie, qui la confirmoit dans ses possessions & privilèges, & sur-tout dans le droit de se gouverner elle-même. En 1015, ses citoyens firent un traité d'alliance avec les pisans, & les aidèrent dans plusieurs expéditions contre les sarrasins établis en Sardaigne. Ils les chassèrent de cette isle, & y formèrent divers établissemens. Ce fut l'origine des longues querelles de *Gênes* avec Pise ; querelles qui ne se terminèrent, après une longue suite d'inimitiés, de guerres, de combats, & de succès alternatifs entre les deux républiques, que par la ruine de Pise, qui fut presqu'entièrement détruite par les génois en 1284. Les deux peuples se battirent sur terre & sur mer, en Italie & dans le levant, avec tout l'acharnement que la haine & la jalousie peuvent inspirer à des rivaux.

Les croisades mirent une espèce de trève aux fureurs de ces deux peuples. Les génois se couvrirent de gloire dans l'orient en 1097, 1098, 1099, 1100, &c. Ils contribuèrent à la prise de Jérusalem, de Césarée & d'autres villes, & ils rendirent les plus grands services à Godefroi de Bouillon, premier roi de Jérusalem, à Baudouin I son frère & à leurs successeurs, & ils obtinrent des privilèges & des établissemens avantageux. Telle fut l'origine des possessions que *Gênes* acquit dans le levant, & du commerce immense qu'ils y firent par la suite. Ces expéditions furent, par

leur sage conduite, la source de leur opulence & de leur bonheur, tandis qu'elles furent si ruineuses pour la plupart des autres nations.

Après les croisades, *Gênes* & Pise recommencèrent la guerre avec une nouvelle ardeur ; les pisans prétendoient avoir autant de droits que les génois sur la Corse, & ils firent plusieurs tentatives sur cette isle. Plusieurs papes avoient en vain essayé d'appaiser leurs différends. Enfin Innocent II, plus heureux, parvint en 1133 à pacifier les deux peuples.

Les génois ne négligeoient aucune occasion de s'agrandir ; ils étendirent successivement leur domination sur le marquisat de Final, le comté de Nice, une partie du Piémont, Monaco, &c ; & de l'autre côté de leur rivière, sur Lerice, Sarzane, Livourne, & une partie de la Lunégiane. Ils conquirent plusieurs isles & villes du levant & de la Chersonnese-Taurique où de la Crimée. Les turcs leur enlevèrent ces établissemens dans le cours du quinzième siècle ; leurs possessions en Syrie leur avoient été enlevées par les sarrasins, lors des désastres des chrétiens dans cette contrée, & les ducs de Savoie, les florentins & autres états voisins ne tardèrent pas à les dépouiller en Europe. En 1146, ils firent diverses expéditions, toutes fort heureuses, contre les maures d'Espagne & d'Afrique ; ils en rapportèrent un butin immense. Les familles, considérables par leurs richesses, leur puissance & leurs possessions, ou illustrées par leurs exploits en orient, par les grands emplois, & les premières magistratures qu'elles remplissoient dans leur patrie, s'arrogèrent la noblesse pour se distinguer du commun des citoyens.

Cette république vit commencer, au douzième siècle, ces troubles domestiques, plus funestes cent fois pour elle que toutes ses querelles avec les pisans & ses autres ennemis du dehors. Ils eurent pour cause l'ambition, la jalousie de ses citoyens, l'envie qu'ils avoient de s'emparer exclusivement de l'administration & des principales places de l'état. Les premières dissentions s'élevèrent entre les nobles, ou du moins entre les familles qui étoient dépositaires de l'autorité, ou qui exerçoient les premiers emplois. Leurs longues querelles firent place à celles des guelfes & des gibelins, puis à celles des nobles & des populaires, & enfin à celles des chefs des populaires entr'eux, qui subsistèrent plus de quatre cens ans. Un des plus funestes effets de ces troubles civils, fut d'obliger les génois à changer sans cesse de forme de gouvernement, & sur-tout de se soumettre souvent à des dominations étrangères.

La première révolution, opérée par les dissentions domestiques de *Gênes*, fut celle de 1190, où l'on substitua un podestat étranger annuel aux consuls : ces magistrats furent conservés ; mais on les subordonna au premier, & on borna leurs fonctions au jugement des affaires civiles, & au maintien de la police intérieure. Les consuls revinrent sur la scène ; ils en disparurent pour toujours en 1194, & les podestats étrangers furent irrévocablement mis en possession de l'autorité suprême ; mais avec un conseil composé des principaux citoyens de la ville. Ces podestats, ou préteurs étrangers annuels subsistèrent près de soixante & dix ans. En 1216 les génois, las de tous ces changemens infructueux pour leur repos, nommèrent cinq juges étrangers, qui, ayant chacun un quartier de la ville dans leur département, y exercèrent l'autorité suprême, sans dépendre l'un de l'autre. Ce gouvernement singulier dura peu, & l'on rétablit les podestats.

En 1228, la guerre s'étoit élevée dans le levant, entre les génois & les vénitiens, au sujet de quelques intérêts de commerce ; mais le pape Grégoire IX, qui avoit besoin du secours des derniers, appaisa ces différends en 1238. Le ressentiment de Frédéric donna bien plus d'allarmes aux génois. Ses flottes s'emparèrent de la mer de Ligurie, troublèrent leur navigation & leur commerce les tinrent plusieurs fois bloqués dans leur capitale, & les réduisirent aux plus grandes extrémités.

Il y eut en 1257 une nouvelle révolution. Le peuple, las d'être opprimé par les nobles qui s'étoient emparés exclusivement de toutes les charges, se souleva, prit les armes, chassa le podestat, & se créa un nouveau chef tiré de son corps, sous le nom de *capitaine du peuple*. Les nobles s'emparèrent bientôt de cette nouvelle dignité, qui fut presque toujours au pouvoir des Spinola & des Doria, chefs des gibelins, dont la faction devint successivement plus puissante que celle des guelfes.

L'année d'après, la guerre recommença entre *Gênes* & Venise dans le levant, à la suite d'une légère querelle de leurs marchands. Les génois reçurent à Acre plusieurs échecs. Le pape Alexandre IV, qui méditoit une nouvelle croisade, où il vouloit faire entrer les deux républiques, s'empressa de les réconcilier Mais cette paix ne fut pas de longue durée, & la guerre se ralluma entr'elles en 1261, avec plus de fureur qu'auparavant. Défaits dans le levant en 1263, les génois remportèrent à leur tour, l'année d'après, une victoire signalée sur les vénitiens. Les deux républiques firent la paix en 1265.

Cette paix ramena les troubles domestiques dans *Gênes*. Quatre puissantes familles nobles, les Spinola & les Doria, chefs des gibelins ; les Fiesques & les Grimaldi, chefs de la faction opposée, se battirent pendant plus de douze années. Ils se chassèrent & s'emparèrent alternativement de *Gênes*, du gouvernement, ainsi que de la place de *capitaine du peuple*. En 1273, les guelfes, vaincus & bannis, firent de vains efforts pour soumettre la ville aux loix de Charles I

d'Anjou, roi de Naples, qui, après beaucoup de tentatives inutiles, renonça à ce vain projet, & respecta la liberté de *Gênes*. Ses dissentions domestiques n'étoient pas encore appaisées, qu'elle se vit forcée de reprendre les armes contre les pisans, qui avoient soulevé la Corse en 1282 ; mais la défaite mémorable de leur flotte, le 6 août 1284, assura pour jamais la supériorité des génois, & porta un si funeste coup à la superbe rivale de *Gênes*, qu'elle ne put s'en relever. La ruine du port de Pise, en 1290, acheva de mettre le comble aux malheurs de cette république, & de hâter sa décadence.

Gênes, victorieuse, & comblée de gloire, n'en étoit guère plus heureuse. Les querelles des guelfes & des gibelins, que cette guerre avoit assoupies, se réveillèrent en 1289. Les chefs des derniers avoient presque toujours été triomphans jusqu'alors ; ils avoient forcé leurs ennemis de sortir de la ville, & ils étoient seuls en possession de toute l'autorité. Pour tromper le peuple, & lui laisser, en l'opprimant, une ombre de liberté, ils avoient créé en 1270 un nouveau magistrat populaire, sous le nom de *recteur* ou d'*abbé du peuple*, qui n'étoit qu'une idole sans pouvoir, & sous le nom duquel ils gouvernoient presque arbitrairement. Les guelfes trouvèrent le moyen de rentrer dans *Gênes*, & de relever leur parti en mettant la division parmi les chefs des gibelins, & armant les Doria contre les Spinola. Ceux-ci furent vaincus & chassés de *Gênes* à leur tour. L'empereur Henri VII, qui passa à *Gênes* en 1311, accommoda les deux partis. Charmés de ses vertus, & épris de la nouveauté toujours chère aux inconstans citoyens de *Gênes*, ils se soumirent à lui pour vingt ans. Sa mort précipitée, qui arriva l'année d'après, les replongea bientôt dans l'abîme de maux dont ils étoient à peine sortis. Les Spinola, qui étoient rentrés dans la ville à la suite de l'empereur, comme protecteurs de la faction gibeline, se virent forcés d'en sortir en 1314, & de céder la place à leurs ennemis, qui s'emparèrent du gouvernement & de toutes les charges.

Le peuple se souleva contre les nobles en 1339. Il changea la forme du gouvernement, & se donna un doge, à l'exemple de celui de Venise, qu'il tira de son corps. Simon Boccanegra, de la même famille que le premier capitaine du peuple, homme rusé & artificieux, se fit élire par ses intrigues. Les complots des nobles le forcèrent d'abdiquer en 1344. Il trouva le moyen de reprendre cette dignité en 1356, & de faire soulever ses concitoyens contre les Visconti, seigneurs de Milan, auxquels ils s'étoient soumis en 1353. Les nobles empoisonnèrent Simon Boccanegra en 1363 ; mais ils ne gagnèrent rien à sa mort : il eut des successeurs qui adoptèrent son plan, & s'occupèrent constamment du soin d'abaisser la noblesse. La faction populaire commença à l'emporter ; les nobles furent exclus des charges & des emplois, souvent forcés de sortir de *Gênes* & de se retirer sur leurs terres. Quatre puissantes familles populaires, qui formèrent autant de factions, les Adorni, les Frégoses, les Montaltes & les Guasco s'élevèrent sur les ruines des nobles, s'emparèrent du gouvernement & du dogat, se les disputèrent les armes à la main, se les arrachèrent alternativement, prirent la place des quatre familles nobles, & causèrent les malheurs de leur patrie pendant plus de cent cinquante années.

Les querelles sanglantes de ces ambitieux rivaux occasionnèrent de fréquentes révolutions dans le gouvernement de cette république. Les Adorni & les Frégoses la soumirent à plusieurs puissances étrangères, toutes les fois qu'ils ne furent pas assez forts pour dominer à *Gênes*, ou pour en chasser leurs ennemis. Antoine Adorni la mit en 1396 sous les loix de la France, & les Frégoses firent donner la souveraineté de *Gênes* à cette puissance en 1458.

Les génois qui, en 1396, reconnurent le roi Charles VI pour leur souverain, se révoltèrent quatre ans après : ce prince fit de vains efforts pour les retenir sous le joug ; ils s'en affranchirent tout-à-fait en 1409, pour passer sous celui de Théodore Paléologue, marquis de Montferrat. Leur inconstance ordinaire leur rendit odieuse la domination de ce prince, qu'ils secouèrent également en 1413. A peine se félicitoient-ils d'avoir recouvré leur liberté, qu'ils se trouvèrent contraints, par les circonstances, de la sacrifier de nouveau. Philippe-Marie Visconti, duc de Milan, trouva en 1421 le moyen de réduire *Gênes* sous son obéissance. Ce prince ne fut pas plus heureux que ne l'avoient été ses devanciers dans une souveraineté si épineuse. Il engagea vainement les génois dans des guerres étrangères ; il leur suscita un nouvel ennemi redoutable dans la personne d'Alphonse V, roi d'Arragon. Mécontens de ses tyrannies, ils vinrent à bout de s'y soustraire en 1436, & en 1458 leurs troubles civils les replacèrent sous la domination du roi de France Charles VII, dont ils se débarrassèrent aussi peu de temps après.

Successivement soumise aux ducs de Milan, de la maison de Sforce, & aux rois de France Louis XII & François I, *Gênes* fut pendant long-temps la victime des guerres d'Italie, le jouet de la fortune, des passions de ses citoyens, & toujours la proie du plus fort. Elle fut prise & saccagée par les impériaux en 1522, & reprise par les françois en 1527.

La générosité d'André Doria lui rendit enfin en 1528 la liberté qu'elle n'a pas perdue depuis, & cette époque est, à jamais, mémorable dans ses annales. Il se fit alors une réforme générale dans le gouvernement de cette république : il redevint totalement aristocratique. On abolit tous

les restes des factions ; le pouvoir des doges fut restreint dans les limites les plus étroites, & borné à deux ans. Les puissantes familles populaires furent agrégées aux familles nobles, qui furent réduites au nombre de vingt-huit principales familles ou tribus, sous le nom d'*Alberghi*. *Gênes* s'étant mise sous la protection de l'Espagne, cette puissance fit quelques efforts pour l'asservir.

La réforme de 1528 avoit éteint les anciennes dissentions civiles ; mais il s'en éleva de nouvelles en 1570, entre les anciens nobles & les nouveaux ou agrégés. Après une guerre de peu de durée, mais qui alloit devenir sérieuse, & où les anciens nobles, soutenus indirectement par l'Espagne, eurent tout l'avantage, les deux partis s'accommodèrent en 1576 par la médiation de l'empereur, du roi d'Espagne & du pape. On profita de cette occasion pour former un nouveau code de loix, qui servent de base à la constitution actuelle de la république.

Gênes se vit dans le plus grand péril en 1624, & elle se tira assez bien de la guerre qu'elle eut à soutenir contre le duc de Savoie & contre la France. Le marquisat de *Zuccarello*, qu'elle avoit acheté en 1623 de l'empereur Ferdinand, & qui étoit revendiqué par le duc de Savoie, fut plutôt le prétexte que la véritable cause de cette guerre, dont le but étoit d'enlever Gênes à l'Espagne, & d'occuper, par une diversion, les armes de cette puissance. En 1672, *Gênes* déconcerta, par son courage & sa vigueur, les nouvelles entreprises du duc de Savoie. Elle ne se tira pas aussi heureusement de ses démêlés avec Louis XIV. Ses liaisons continuelles avec l'Espagne, sa partialité pour cette couronne, que sa position l'obligeoit à ménager, & sur-tout le refus qu'elle fit de donner au monarque françois les satisfactions qu'il demandoit, lui attirèrent une fâcheuse affaire ; elle fut bombardée en 1684. Elle eut à peine fléchi le courroux de ce prince altier, par la plus humiliante des démarches, que son doge & quatre de ses principaux sénateurs vinrent à Versailles faire à Louis XIV des excuses solemnelles. Les guerres d'Italie, entre la France & les puissances liguées contre elle, lui causèrent de nouvelles inquiétudes ; elle se ressentit souvent du fâcheux voisinage des deux armées. Dans une situation aussi critique, elle s'obstina sagement à garder la neutralité la plus exacte. Les impériaux & les espagnols irrités, obligèrent les génois à leur payer des contributions considérables, & à faire des fournitures à leur armée. Les traités de paix de Riswick & d'Utrecht dissipèrent les allarmes des génois ; mais en 1717 la guerre qui se ralluma en Italie, entre l'empereur & le roi d'Espagne, les remit dans une position embarrassante. Ils n'en sortirent que pour voir la Corse se soulever contre eux avec plus de fureur que jamais, en 1728. Trop foibles pour réduire ses braves habitans indociles au joug, ils réclamèrent

successivement

successivement les secours de l'empereur Charles VI & de la France, qui envoyèrent des troupes dans cette isle, & qui la pacifièrent en 1741.

Gênes fut réduite à prendre une part directe à la guerre qui s'éleva en 1745, entre la France & l'Espagne d'un côté, & la reine d'Hongrie & ses alliés de l'autre. Elle avoit acquis, en 1713, le marquisat de Final, sur lequel elle avoit d'ailleurs d'anciennes & légitimes prétentions, & l'empereur Charles VI, père de la reine, lui en avoit donné l'investiture. La reine d'Hongrie ayant cédé ce même marquisat au roi de Sardaigne, par le traité de Worms de 1743, la république, pour conserver cette partie de ses domaines, accéda au traité d'alliance des rois de France, d'Espagne & des Deux-Siciles, qui lui garantirent ses états. Tant que leurs soldats furent aux environs de *Gênes*, cette ville fut tranquille ; mais les revers qu'essuyèrent en 1746, les troupes françoises & espagnoles, & l'éloignement de l'armée des trois couronnes, abandonnèrent *Gênes* à la merci de ses ennemis. Les autrichiens s'emparèrent aussi-tôt de la capitale & de son territoire ; ils exigèrent des contributions énormes, & ils s'y permirent de si grands excès, que le peuple indigné prit les armes, & les chassa de *Gênes*. Ils revinrent l'assiéger en 1747, sous le comte de Schulenbourg, tandis que les piémontois s'établissoient sur toute la côte du ponent, & que les mécontens, secondés par les anglois, faisoient soulever la Corse. La valeur des citoyens de *Gênes*, les secours qu'ils reçurent de la France & de l'Espagne, la vigilance des ducs de Boufflers & de Richelieu délivrèrent cette république, & la paix d'Aix-la-Chapelle en 1748 lui rendit la tranquillité ainsi qu'à la Corse : elle conserva le marquisat de Final & toutes ses possessions. Tout fut paisible en Corse jusqu'en 1761, que les habitans de cette isle se soulevèrent de nouveau sous Paoli. Les génois, se voyant hors d'état de les réduire, réclamèrent encore une fois le secours de la France, qui fit passer des troupes dans cette isle. Elle fut soumise par les armes françoises en 1769. Par un traité secret, conclu l'année d'auparavant, les génois avoient cédé à la France la souveraineté de l'isle de Corse, si elle en faisoit la conquête. *Voyez* l'article CORSE.

SECTION III.

Du gouvernement, de l'administration, des loix & des nobles de Gênes.

La république de *Gênes* a un chef titulaire ou premier magistrat, qu'on nomme *doge*. L'origine du dogat remonte jusqu'en 1339. Le doge se trouvoit alors en possession de l'autorité suprême, & cette importante dignité étoit à vie. Mais en 1528, lorsque le célèbre Doria réforma la constitution, on voulut arrêter les abus qu'entraînoit la puis-

sance sans borne des doges, & prévenir les dissensions continuelles qui s'élevoient entre les citoyens, au sujet d'une place si importante. Le doge n'est plus aujourd'hui que le premier officier, ou le représentant de la république ; le dogat ne donne plus aucun pouvoir à celui qui en est revêtu : ce n'est plus qu'un vain titre & un fardeau pénible pour ceux à qui on l'accorde : les doges ne restent plus en place que deux ans. La constitution actuelle s'est établie en 1528, ainsi que nous l'avons dit. On y fit quelques changemens en 1576 sur l'élection des magistrats, leur nombre, leurs fonctions, & la durée de leur administration : on créa plusieurs tribunaux, une rote criminelle, &c. Ces loix de 1528 & de 1576 sont la base du gouvernement & de la législation de *Gênes* ; les dernières sur-tout furent rédigées, de la manière la plus solemnelle, dans le congrès tenu à Casal par les ministres de l'empereur, du roi d'Espagne & du pape, de concert avec les députés de la république.

Le gouvernement de *Gênes* est purement aristocratique ; le doge, la seigneurie, le grand conseil & les autres collèges qu'on en tire, sont à la tête de l'administration. La seigneurie ou le sénat, qui a toute la puissance exécutive, est composée de treize magistrats ; savoir, de douze gouverneurs présidés par le sérénissime doge. Pour être gouverneur, il faut avoir été inscrit sur le registre des nobles génois, au moins douze ans. Ainsi que le doge, ils ne demeurent en place que deux ans, & ils ne peuvent y rentrer qu'après un intervalle de cinq ans. Les gouverneurs ou sénateurs sont tirés au sort dans une urne, appellée *il seminario*, qui contient cent vingt noms : on en tire cinq tous les six mois, & ces cinq noms servent pour le tirage de la loterie ainsi que nous le dirons plus bas : trente électeurs, nommés prud'hommes, *viri probi*, choisis par le grand conseil, présentent pour les places vacantes au *seminario*, ceux dont les noms leur paroissent mériter d'être mis dans l'urne. Le grand conseil délibère sur cette présentation & les noms de ceux qui ont le plus de voix, sont mis dans l'urne. Quand les gouverneurs ou sénateurs sortent de charge, ils deviennent procurateurs pour deux ans. Le collège des procurateurs, autrement nommé *la Camera*, est chargé de la régie des finances & des revenus publics. Cette chambre est composée de huit membres, élus procurateurs pour deux ans, tandis que les doges & les deux collèges sont procurateurs à vie. La *Camera* & la seigneurie ou le sénat sont chargés des affaires extérieures, donnent audience aux ambassadeurs & ministres étrangers, expédient les dépêches, connoissent des affaires graves, tels que les crimes d'état, &c. Ils commandent les troupes ; ils dirigent les affaires militaires en cas de guerre, & ils assemblent le grand conseil, quand ils le jugent à propos.

Le grand conseil ou l'assemblée générale est composé de la seigneurie, de tous les nobles, ou des principaux citoyens de la république. Il étoit originairement de 400 personnes. Il est encore censé contenir ce nombre, qui varie du plus au moins selon les circonstances. Pour entrer au grand conseil, il faut être âgé de vingt-deux ans, & noble depuis trois ans. On élit tous les ans ceux qui doivent le composer, mais seulement pour la forme; car on choisit toujours les mêmes membres, c'est-à-dire, tous les nobles: quelques-uns cependant en ont été exclus, parce qu'ils étoient notés défavorablement. On imprime chaque année la liste des membres du grand conseil, & c'est ce qu'on appelle le *livre d'or*, ou le catalogue de tous les nobles génois. Le grand conseil est proprement le souverain; car il est revêtu de la puissance législative. Lui seul a le droit d'établir de nouveaux impôts, de faire de nouvelles loix, de changer ou de réformer la constitution de l'état. C'est lui qui nomme le doge, les gouverneurs, les procurateurs & les principaux officiers de la république.

Deux cens membres du grand conseil forment, avec la seigneurie & les autres collèges, le petit conseil, que l'on appelle aussi conseil des *Quorum*. Ce petit conseil termine les affaires les plus importantes de l'état; il choisit les magistrats inférieurs; il décide de la paix & de la guerre, & même il fait des loix, pourvu qu'elles ne soient pas contraires à celles de 1576, & qu'elles obtiennent les deux tiers des suffrages; mais on ne peut établir de nouvelles taxes, ou proposer de nouvelles loix au grand conseil, sans les quatre cinquièmes des suffrages. Quoique le petit conseil soit élu tous les ans, ce n'est aussi seulement pour la forme; car on élit toujours les mêmes membres; l'élection se fait le 15 décembre, par trente personnes ou électeurs, appellées sages ou prud'hommes, *viri probi*, que ce conseil élit lui-même, & rend dépositaires du droit de nommer ceux qu'ils jugent dignes d'y entrer. On remplit de la même manière les places qui viennent à y vaquer pendant le cours de l'année.

Il y a un autre conseil, appellé l'*assemblée*, qui est composé de la seigneurie, du collège des procurateurs, & de cent membres du grand conseil. Il est chargé de juger les affaires civiles en dernier ressort, & c'est devant lui que se portent tous les appels des tribunaux inférieurs. Il assiste d'ailleurs la seigneurie & le collège, dans les cas difficiles. Les conseils ou collèges sont donc au nombre de cinq: 1°. la seigneurie: 2°. le conseil des procurateurs: 3°. le grand conseil: 4°. le conseil appellé *Quorum*: & 5°. l'assemblée ou le conseil proprement dit. Le doge préside à tous ces conseils; mais il n'a guères d'autres droits que celui de proposer les délibérations.

Pour être élu doge, il faut être né de légitime mariage, de famille noble, âgé de cinquante ans,

sénateur ou membre du grand conseil, & assez riche pour soutenir honorablement cette dignité. On procède ainsi à son élection: on tire au sort 50 membres du grand conseil, qui désignent vingt d'entr'eux. Ce nombre est réduit à quinze par le grand conseil; ces quinze sont réduits à six par le petit conseil, & c'est enfin sur ces six que le grand conseil choisit le doge. Il habite le palais de la seigneurie avec deux gouverneurs qui demeurent sans cesse auprès de lui, & observent scrupuleusement toutes ses actions. Il ne peut recevoir de visites, ni donner audience, ni ouvrir les lettres qui lui sont adressées, qu'en présence de ces deux surveillans. Il a d'ailleurs des gardes & un train nombreux, & il marche avec une pompe presque semblable à celle des souverains. Il porte, dans les jours de cérémonie, une longue robe à l'antique de velours ou de damas cramoisi, & un bonnet rouge de la même étoffe, qui est quarré, qui se termine en pointe en forme de piramide, & qui est surmonté par une touffe de soie, appellée *fiocco*. Au moment de son installation, on lui mettoit autrefois une couronne sur la tête & un sceptre à la main; cette cérémonie relative au royaume de Corse, dont la république étoit alors souveraine, ne s'observe plus, depuis qu'elle a cédé cette isle à la France (en 1768). On donne au doge, depuis l'année 1581, qu'il lui fut accordé par l'empereur Rodolphe, le titre de *sérénissime* & *d'illustrissime prince*, de votre *sérénité*; ce qui est aussi celui de tout le corps de la république, qu'on appelle *sérénissime république de Gènes*. Quand un doge est sorti de charge, on lui donne l'épithète d'*excellentissime*, qu'on donne aux gouverneurs & aux procurateurs.

Nous avons déja observé que le doge n'est plus qu'une vaine idole, accablée sous le poids d'un attirail & d'un cérémonial fatigant, sans pouvoir, sans crédit: ce n'est, en un mot, qu'un vain fantôme qui représente la république. Aussi sa dignité est-elle plus à charge que lucrative, & on l'envie si peu qu'un grand nombre de nobles font ce qu'ils peuvent pour y échapper. Ils ne peuvent cependant la refuser ouvertement, non plus que les charges supérieures. Le même homme ne peut être reçu doge qu'après dix ans, ce qui n'est jamais arrivé. Il ne deviendroit point procurateur à vie, s'il avoit contre lui des plaintes graves, & si l'on étoit mécontent de son administration. Car, à la fin de son dogat, il reste huit jours exposé aux plaintes publiques; les censeurs ou syndics suprêmes, dont nous parlerons tout-à-l'heure, reçoivent toutes les dénonciations, toutes les accusations intentées contre lui, & l'absolvent ou le condamnent. S'il étoit convaincu de malversation, ou de quelque crime grave, il seroit rigoureusement puni, ou du moins on le priveroit de la procuratie perpétuelle. Durant la vacance du siège ducal, c'est le plus ancien des gouverneurs qui fait les fonctions de doge.

Il y a plusieurs magistratures d'un ordre inférieur : les plus importantes sont celles de censeurs ou syndics suprêmes, espèce d'éphores qui sont au nombre de cinq, & chargés d'examiner avec soin la conduite du doge & de tous les magistrats qui sortent de charge, ainsi que de veiller au maintien & à l'exécution des loix. Les censeurs sont quatre ans en charge. Après eux viennent les sept inquisiteurs d'état, tribunal sévère, mais beaucoup moins redoutable qu'à Venise; ils veillent à la sûreté, à la tranquilité & à la police intérieure de l'état : ils observent tout ce qui se passe dans la ville, & même dans l'intérieur des maisons & le sein des familles, & ils ont l'œil toujours ouvert pour prévenir les complots & les soulévemens. Il y a encore trois charges de secrétaires d'état, magistrature subalterne, qu'on confère ordinairement à des citadins, en récompense de leurs services, ou pour exciter l'émulation des citoyens du second ordre, qui ne peuvent parvenir aux magistratures supérieures. Ces charges sont très-lucratives, & donnent la noblesse à ceux qui en sont revêtus; ils les exercent dix ans, & ils obtiennent quelquefois une prolongation de trois années.

Suivant un ancien usage, la justice est rendue à Gênes par un podestat ou juge criminel, qui est étranger. Ce sont aussi des étrangers qui jugent les affaires civiles. Ce sont pour l'ordinaire, des docteurs en droit, tirés des états voisins, ou des différentes universités d'Italie. Ils sont au nombre de trois. On appelle de leurs jugemens devant trois docteurs de la nation, ou deux docteurs & un noble; & en dernier ressort, devant le conseil ou l'assemblée, dont nous avons parlé plus haut. Il y a d'ailleurs une rote criminelle, établie en 1576, avec des loix qui servent à diriger ses jugemens. Quatre juges, tirés également de l'étranger, sont à la tête de ce tribunal : ses jugemens se portent pardevant la seigneurie & le collège des procurateurs, qui, comme on l'a vu, décident de tous les délits graves, tels que conspiration, crime de haute trahison, parricide, &c. Outre le droit romain, qu'on suit généralement dans l'état de Gênes, il y a des coutumes particulières, dont on a fait différens traités, lesquelles, jointes aux décisions de la rote & aux réglemens de 1528 & de 1576, servent de base à la jurisprudence civile & criminelle de Gênes.

Gênes a un tribunal de l'inquisition, présidé par un dominicain; mais ce tribunal n'a presque aucun pouvoir, & sur-tout il ne peut faire beaucoup de mal; car il est assisté de deux sénateurs qui surveillent toutes ses démarches: ils confirment ou infirment les jugemens de l'inquisition

qui ne peut rien ordonner sans leur aveu. Ils l'empêchent de rien entreprendre sur la fortune, la vie, l'honneur & la tranquilité des citoyens.

En 1528, André Doria distingua vingt-huit familles, qu'on appella (1) l'ancienne noblesse; il les déclara seules capables d'occuper les charges du gouvernement & de parvenir à la dignité de doge, & il parut mettre toutes les autres familles dans la classe du peuple. A ces familles, on en a depuis ajouté quelques-unes qui furent obligées de changer de nom, ou de prendre un de ceux de l'ancienne noblesse. Dans la suite, pour conserver la paix, il a fallu changer ces réglemens, & permettre, non-seulement que ces familles réunies aux vingt-huit anciennes, reprissent leurs vrais noms & leurs armes, mais aussi qu'on créât une nouvelle noblesse. La noblesse ancienne s'arroge des privilèges sur la moderne, quoiqu'elles aient l'une & l'autre un droit égal aux charges de l'état.

SECTION IVe.

De la banque de S. George, & des revenus de la république de Gênes.

La banque de S. George a de si grands rapports avec le gouvernement, l'administration & les finances de la république de Gênes, que nous croyons devoir en parler avec quelques détails.

La banque de S. George est comme une autre république au sein même de Gênes; elle a ses loix, ses magistrats & ses officiers particuliers. C'est par sa bonne administration qu'elle se soutient depuis plus de 400 ans; elle a possédé autrefois en propre l'isle de Corse & différentes possessions & colonies génoises dans le levant : le malheur des temps obligea la république de les lui abandonner, parce qu'elle étoit plus en état qu'elle de pourvoir à leur défense; ce qui obligeoit cette banque d'entretenir alors des flottes, & d'avoir des troupes à sa solde.

La maison, banque ou compagnie de S. George est un des plus anciens établissemens qu'on connoisse; il doit son origine à des prêts que des particuliers faisoient à la république dans ses besoins, & pour les intérêts desquels on leur assignoit le revenu de ses gabelles, dont elle recouvroit le produit. Ces prêts étoient une sorte d'achat du produit des gabelles; aussi les nomma-t-on d'abord, & les nomme t-on encore compere. Les premiers compere remontent à 1334. En 1407 il existoit assez de compere, pour que leur intérêt fût presque égal au produit annuel des gabelles. En 1407 on réunit tous les compere, appartenans à différens particuliers, en une seule compagnie qui prit le nom de S. George, du nom du lieu où étoit le bureau de la douane, & où depuis on a bâti l'hôtel ou maison de Saint-George.

L'acte de réunion fixo't chaque *luogho* ou action de la nouvelle compagnie, à 100 liv. monnoie de ce temps, & son dividende annuel à 7 liv. Un décret de la république déclara qu'on ne pourroit avoir recours sur ces actions que pour cause de legs, dots ou héritages; de sorte qu'elles ont toujours été à l'abri de toute saisie, même de celles pour sommes dues à la république. On nomma huit citoyens pour diriger cette compagnie: ils furent amovibles tous les ans, & électifs à la pluralité des voix des actionnaires, sous le titre de *protecteurs de S. George*, & formèrent un tribunal qui juge souverainement ce qui regarde la compagnie & les gabelles.

En 1408, d'après le compte arrêté entre la république & la compagnie, il se trouva que la république lui redevoit 14,692,360 liv. de notre monnoie actuelle, somme exorbitante pour cette époque, s'il est vrai sur-tout qu'avant la découverte de l'Amérique, on eût cinq ou six fois plus de denrées qu'on n'en a maintenant pour un écu du même titre & poids que celui de ces temps reculés. La république ayant continué d'emprunter, le nombre des actions augmenta tellement, que, vers le milieu du quinzième siècle, il montoit à 476,710, dont 13,603 appartenoient à la compagnie, à qui elles avoient été dévolues en différens temps pour diverses causes, & dont 57,926 lui étoient dues par la république, qui les avoit empruntées à différentes fois de la compagnie, & dont elle lui payoit les intérêts sur le pied courant des autres actions.

En 1359 la république devoit déja des sommes si considérables à la compagnie, qu'elle lui abandonna en paiement 78 gabelles, qui subsistent encore presque toutes; & pour compensation, la compagnie s'obligea de payer annuellement 50000 l. à la république. En 1453 la Corse fut cédée à la compagnie, qui la retrocéda en 1562 à la république, & promit de lui payer annuellement 75 mille liv. pour l'aider dans les dépenses qu'exigeoit cette isle, & 20,000 en outre pour la solde des troupes qu'elle y entretiendroit. Les revenus de la compagnie, dépendant du produit des gabelles & des droits dont le commerce est la source, elle avoit intérêt à soutenir celui de la république, parce que de sa décadence résultoit nécessairement la diminution ou l'anéantissement des revenus de la compagnie.

L'abandon de la plupart de ses gabelles, fait à la compagnie en 1359, n'empêcha point la république de s'en aider ensuite, en les augmentant & empruntant avec la compagnie sur cette addition, ou augmentation de droits.

Les dividendes sont proportionnels au produit des droits & gabelles. En 1407 le dividende étoit de 7 livres; en 1738 il étoit de 49 sols, il a depuis roulé de 45 à 42 sols. En 1747 il étoit à 28 de *numerata*, ancienne monnoie de compte, dont 4 liv. 10 f. égalent le croizat qui vaut 7 l. 12 f. monnoie actuelle. Ainsi, en 1747, il étoit à 47 f. plus une fraction.

Il faut que le prodigieux commerce que faisoient les génois dans le treizième siècle, eût fait monter extraordinairement les dividendes, puisqu'un génois, nommé *Vinaldo*, ayant destiné 90 actions pour être multipliées par l'addition de leur produit annuel au principal, & servir au rachat des gabelles aliénées à la compagnie; ces actions, qui n'étoient originairement qu'au nombre de 90, se trouvèrent portées en 1467 jusqu'à celui de 8000. Un usage vraiment patriotique & fort commun à *Gênes*, a fourni les plus étonnantes ressources à la république. Un propriétaire d'actions en léguoit un certain nombre, pour être multipliées jusqu'à un certain taux par l'addition du dividende annuel au principal; ces actions étant arrivées au terme qui leur étoit fixé, on distribuoit leur prix aux pauvres ou à la république, ou aux descendans du fondateur, suivant les conditions énoncées dans l'acte de son legs.

Une de ces fondations, faite au profit de la république par un Grimaldi, parvint à accumuler 17,810 actions, destinées au rachat des gabelles & autres biens publics aliénés, & produisit en 1729, 80,000 croizats à la république, ou six millions 80,000 liv.

Jusques-là cet établissement de Saint-George n'étoit qu'une compagnie de particuliers devenus fermiers généraux de la république. Il est devenu une banque ou caisse publique. Plusieurs sortes de monnoies étrangères, dont le prix étoit arbitraire, avoient cours dans les états de *Gênes*, & ils en étoient même tellement remplis, que, pour prévenir les suites d'un abus si préjudiciable au commerce, la république fit en 1675 un réglement qui décria toutes les espèces étrangères, ordonna de les porter à la monnoie pour y recevoir le paiement de leur valeur intrinsèque, en fit frapper de nouvelles en écus valant 4 liv., & déclara que tout paiement pour lettres-de-change de *Gênes* sur l'étranger & réciproquement, pour quelque somme que ce fût, & tous autres paiemens au-dessus de cent livres, seroient faits par virement de parties, au moyen de la banque établie à cet effet dans la maison de Saint-George, sous la direction & garantie des protecteurs.

Par ce réglement, la banque devint la caisse de toute la ville; tout particulier qui y portoit son argent, pouvoit l'en retirer à volonté, l'y rapporter, l'y reprendre en mêmes espèces, suivant ses besoins ou son caprice. L'usage des billets de banque s'introduisit sous le nom de *biglietti di cartulario*. Ces billets passoient non-seulement pour argent comptant dans le public, mais étoient acquittés au porteur, dès qu'il les présentoit au trétorier de la banque. Son crédit s'est soutenu jusqu'en 1746 ; mais *Gênes*, tombée au pouvoir des autrichiens, se vit forcée de tirer de sa banque deux millions de croizats ou 15,200,000 livres, malgré les refus qu'opposèrent d'abord ses protecteurs, qui consentirent enfin à prendre pour hypothèque de cet emprunt la taxe d'un pour cent, sur la valeur des biens produisant 500 liv. par an. Chacun alors s'empressa de retirer son argent de la banque, qui, ne pouvant satisfaire à-la-fois tous ses créanciers, refusa le paiement. Les billets furent décrédités ; il fallut, pour s'en procurer le paiement, perdre vingt pour cent ; depuis ce temps la paix a apporté quelque remède à ce mal ; mais la perte de la Corse est venue depuis faire une nouvelle plaie.

L'auteur de la *nouvelle histoire de Corse*, qui nous a fourni les détails précédens, évalue ainsi les revenus de la république. La Corse produisoit 600 ou 620,000 liv. par an à *Gênes*. Les dépenses que sa possession entraînoit, étoient de 550,000 l., de sorte qu'annuellement elle ne rendoit à *Gênes* au plus que 50,000 livres ; les revenus de la république sont   liv.
de 2,828,354
Ses dépenses montent à 2,361,783
auxquelles il faut ajouter pour la perte
de la Corse 50,000
Reste, revenu net de la république . . 416,571

Sur le revenu précédent de deux millions & plus, il lui rentre, par la maison de S. George, 900,000 liv. en supposant le dividende des actions à 49 sols. Mais il peut éprouver des variations, puisqu'en 1747 il tomba à 28 sols.

Le produit de la loterie, nommée *il giuco del lotto*, est compris dans cet état. Elle fut établie en 1620, & elle a servi de modèle à presque toutes les loteries de cette espèce, qu'on voit en Italie & ailleurs, & spécialement à la loterie de l'Ecole royale militaire de Paris, & à la loterie de Bruxelles. Celle de *Gênes* est une des moins avantageuses. On la tire dix fois par an, & elle est affermée 306 mille liv. de *Gênes*. On la nomme encore *il seminario*, parce que les noms dont on se sert dans deux tirages, sont ceux des sénateurs qui doivent sortir de la boëte, lorsqu'on tire au sort les gouverneurs ; on se sert de 90 noms de femmes pour les huit autres tirages.

Le Dictionnaire de finances parle avec détail, des impositions qui se lèvent à *Gênes*.

SECTION Vᵉ.

Du commerce de la république de Gênes.

De tout temps les génois ont été fort adonnés au commerce, & ils l'ont fait avec habileté. Ils étoient autrefois en possession de celui du levant, qui leur fut successivement enlevé par les véni-

tiens, les florentins & les autres nations commerçantes de l'Europe. Du moment où les turcs se furent emparés de leurs établissemens & entrepôts dans cette partie du monde, tels que Pera, Caffa, l'isle de Chio, &c. Leur commerce alla toujours en déclinant, jusqu'à ce qu'enfin la découverte de l'Amérique par Christophe Colomb, un de leurs concitoyens, lui porta le plus funeste coup en frayant de nouvelles routes, en ouvrant de nouveaux champs bien plus vastes à l'avidité des espagnols & des hollandois, & en leur procurant de nouvelles branches de commerce plus lucratives. Les génois, naturellement industrieux & actifs, ont cherché à remplacer ce qu'ils avoient perdu, par l'établissement des fabriques de soieries, de draps, de damas, de velours, de galons, de rubans, de bas de soie, de papier pour les Indes, de savon, de fleurs artificielles, & de beaucoup d'autres marchandises de luxe, qui sont d'un grand débit. On comptoit, il n'y a pas long-temps, 1500 métiers en soie le long de la côte ou rivière de *Gênes*. Les fabriques des pâtes, telles que les vermicelli, les macaroni, &c ; celles du chocolat, des eaux & pommades de senteur, &c. sont aussi très-avantageuses ; Mais l'objet le plus important pour ses citoyens, celui qui les dédommage en quelque façon, de la perte du commerce du levant, c'est la banque & le trafic des lettres de change ou du papier, espèce d'industrie qu'on dit avoir été inventée par eux, ainsi que la manière de tenir les livres de commerce en parties doubles. Ils font, dans tous les pays, des remises, & leurs profits sur ces remises sont très-considérables, sur-tout en temps de guerre : c'est avec l'Espagne qu'ils font le plus d'affaires ; elle leur doit toujours des sommes énormes, dont ils retirent de gros intérêts. Peu de nations entendent aussi-bien qu'eux la banque, ou l'art de faire valoir leur argent. Ils ont encore une autre branche de négoce fort utile ; c'est celui des piastres d'Espagne. Au reste, les nobles génois peuvent faire la banque & le change, sans déroger ; ils se livrent sans scrupule à ces deux genres de commerce ; ils ne craignent pas non plus d'être négocians en gros : c'est la source de l'opulence des plus illustres maisons de *Gênes*, ainsi que de Venise.

Le port de *Gênes* fut déclaré port franc en 1751 ; mais la franchise est encore plus étendue à Livourne. Cette franchise, dont la république n'a pas retiré tous les avantages qu'elle en espéroit, consiste en ce que tout marchand qui habite à *Gênes* le quartier nommé *Port franc*, peut avoir un magasin où, sans payer aucun droits, il lui est permis de tenir, durant une année, toutes sortes de marchandises, & les faire importer ou exporter par mer ; mais, s'il les vend à *Gênes* ou en terre ferme, il paye une grosse somme.

L'argent placé à intérêt rapporte peu à *Gênes*,

ainsi que chez les peuples où il est commun ; l'intérêt n'est communément que de trois pour cent, & celui des fonds de terre est un peu moindre. En 1780 on évaluoit à 45 millions de rixdalers ou d'écus d'Empire, les capitaux dûs par les étrangers à l'état de *Gênes*.

SECTION V. Ie.

De la population, de la marine, & des forces de terre de la république de Gênes.

L'état de *Gênes* ne contient guères que 400 mille habitans, dont la capitale seule renferme près du quart. En temps de paix, la république entretient environ cinq à six mille hommes de troupes réglées ; mais, en temps de guerre, elle pourroit armer jusqu'à trente mille de ses propres sujets (1). Elle l'a prouvé plusieurs fois, &, en dernier lieu, en 1747, quand les génois chassèrent les autrichiens de leur ville & de leur état ; tout le monde étoit soldat, jusqu'aux prêtres & aux moines, pour la défense de la patrie, & plus de quarante mille hommes prirent les armes. Il y a même trente mille hommes de troupes sur pied, qu'on exerce & fait passer en revue tous les mois.

Gênes, qui armoit autrefois des flottes de plus de deux cens voiles, montées par quarante à cinquante mille hommes de l'élite de sa jeunesse, & qui résistoit à la fois aux pisans, aux vénitiens, aux catalans, aux grecs & aux corsaires barbaresques, voit aujourd'hui ses forces maritimes réduites à quatre galeres & à quelques pinques armées en guerre. Elle auroit bien des moyens de rétablir sa marine, si la politique jalouse des autres puissances ne s'y opposoit pas ; car, si l'on en croit le rapport de plusieurs ingénieurs & géographes, qui ont visité & examiné soigneusement ses côtes, on y trouve d'excellens havres : tout le monde connoît le port de la Spezia, que la nature a fait seule un des plus beaux du monde entier, & il lui seroit aisé d'établir des chantiers pour la construction des vaisseaux. On construit de tems à autre, le long de la riviere de *Gênes*, des bâtimens de 50 à 60 canons pour le service de différentes puissances maritimes. En général, l'on y fait beaucoup de pinques & barques d'environ 150 à 160 tonneaux. *Voyez* l'article CORSE.

GENEVE, république indépendante, sur les confins de la France, du canton de Berne & de la Savoie.

Nous ferons, 1°. le précis de l'histoire politique, du gouvernement & des troubles de *Geneve* : 2°. nous parlerons de son gouvernement & des changemens opérés par l'édit de pacification de 1782 ; 3°. nous ferons des remarques sur cet

édit, & nous y ajouterons d'autres remarques sur le commerce & l'état actuel de *Geneve*.

SECTION PREMIERE.

Précis de l'histoire politique, du gouvernement & des troubles de Geneve.

Nous ne commencerons le précis de l'histoire politique & du gouvernement de *Geneve*, qu'à l'époque où les évêques de *Geneve* obtinrent des empereurs, ainsi que ceux de Lausanne & de Sion, les titres de princes & de souverains de leur ville & d'un territoire considérable des environs.

Les comtes de Genevois, simples officiers des empereurs, devenus vassaux de l'évêque, aspiroient à l'exercice exclusif de la justice. Les bulles des empereurs & des papes servoient plus à entretenir ces disputes qu'à les terminer. Le peuple, pressé alternativement par ces deux forces, profitoit de leur choc, pour affermir ou étendre ses privileges ; il craignoit moins l'abus de l'autorité pastorale, & celle-ci ayant plus besoin de la faveur populaire, il en obtenoit davantage.

Cependant une troisieme puissance s'étoit formée dans leur voisinage, & menaçoit la liberté des citoyens. Les comtes de Savoie, devenus puissans par la réunion successive de plusieurs fiefs, se trouverent les maîtres du Genevois ; ils ranimèrent les prétentions des anciens comtes, & ils aspirèrent à la souveraineté de la ville.

Au commencement du onzieme siècle, l'évêque, en sa qualité de prince temporel, pouvoit faire des alliances. Les bourgeois & habitans se reconnoissoient ses sujets. Il avoit le droit d'imposer des logemens & des corvées dans le territoire de la ville, de battre monnoie, de faire punir les voleurs ; les péages, les cours du Rhône, la gabelle sur les vins, les marchés & leur police, les lods des ventes des maisons, les pâturages publics, la confiscation des biens des criminels lui appartenoient. Outre le conseil épiscopal, juge des affaires qui intéressoient la religion ou la police ecclésiastique, l'évêque avoit deux tribunaux pour le civil ; la cour du vidomne & l'official. Le vidomne, aidé de trois ou quatre assesseurs, jugeoit en première instance les causes civiles. On appelloit de ses jugemens à l'official, &, dans les cas plus graves, l'appel alloit jusqu'à l'archevêque de Vienne. L'évêque pouvoit quelquefois faire grace, ou adoucir la sentence.

Comme il falloit suppléer au défaut de la puissance tutelaire des légitimes souverains, puissance affoiblie ou même anéantie dans la plus grande partie de l'Europe, les assemblées des communes étoient devenues d'un usage assez général. Il paroît qu'alors l'assemblée des communes, ou le

(1) Quelques personnes croient qu'elle n'en peut armer que vingt mille.

conseil général à *Geneve* étoit composé de tous les chefs de famille, citoyens ou habitans; (car cette diftinction n'étoit pas auffi clairement marquée que dans les temps poftérieurs): il pouvoit être convoqué, ou par l'évêque, ou par les fyndics, chefs de la communauté fous l'évêque. Le peuple nommoit annuellement quatre fyndics & un tréforier, qui choififfoient eux-mêmes quelques affeffeurs-confeillers pour les aider dans leurs fonctions. On confultoit le peuple fur les taxes, fur les alliances; & fans fon confentement, ni l'évêque, ni les magiftrats ne décidoient aucune affaire importante pour la communauté; au contraire, ces princes, à leur entrée dans la ville, prêtoient ferment entre les mains du fyndic, de garder & de protéger les franchifes de la cité.

Les bourgeois avoient la garde de la ville; les clefs des portes étoient dépofées chez le fyndic. Depuis le coucher jufqu'au lever du foleil, l'exercice de la jurifdiction des officiers de l'évêque fe trouvoit fufpendu. Ces officiers étoient obligés de remettre aux fyndics, dans les vingt-quatre heures, un malfaiteur arrêté; & ces derniers, affiftés d'un nombre indéterminé de confeillers de leur choix, le jugeoient fans appel. Ils remettoient à leur tour le coupable au vidomne pour l'exécution de la fentence. Dans les défordres nocturnes, les fyndics pouvoient faire emprifonner: ils concouroient avec l'évêque à la police fur le prix des denrées: ils gardoient les munitions, les archives, donnoient à l'évêque fa part des revenus de la communauté, & pourvoyoient aux dépenfes & charges publiques, particuliérement à l'entretien des fortifications.

L'empereur étoit à cette époque feigneur fuzerain de *Geneve* comme ville impériale; mais, dans le fait, les immunités obtenues par le peuple, la jurifdiction acquife par l'évêque, donnoient à l'un & à l'autre diverfes prérogatives communément réunies à la fouveraineté.

Les comtes de Maurienne, vaffaux des derniers rois de Bourgogne, après avoir étendu leur domination fur quelques provinces voifines, en avoient obtenu l'inveftiture de l'empereur Henri V, avec le titre de comtes de Savoie. Amé V porta le premier fes vues fur *Geneve*; l'évêque abandonné par les citoyens, jaloux de fa puiffance, fut contraint de lui céder le vidomnat, & Amé VI fe fit donner la commiffion de vicaire du Saint-Empire. Des conceffions impériales affranchiffoient la ville fur ce point; mais le comte, abufant de fes titres, fiégea quelquefois dans la ville, avec l'agrément de l'évêque ou des citoyens. Ademar Fabri, élu évêque en 1355, avoit fait rédiger les franchifes, coutumes & libertés du peuple, & les avoit confirmées folemnellement; mais quand Amé VIII eut joint au comté de Savoie le comté de Genevois, & obtenu de l'empereur Sigifmond le titre de *duc*, en 1417, il devint pour *Geneve* un voifin plus dangereux, & fit des propofitions en 1420 à l'é-

vêque Jean de Pierre-Cize, auquel il demandoit fes droits de prince fur la ville; il avoit eu la précaution d'obtenir une bulle du pape Martin V. L'évêque crut ne devoir rien faire, fans confulter l'affemblée générale du peuple, qui le pria de ne point aliéner fes droits, & de maintenir les franchifes de la ville.

Les genevois, fongeant à leur fûreté, fixerent à vingt-cinq le nombre des confeillers qui devoient gérer les affaires publiques avec les quatre fyndics: on créa auffi un confeil de cinquante, pour aider au befoin les vingt-cinq; mais ce fecond confeil changea dans la fuite, foit pour le nombre, foit pour l'étendue des pouvoirs.

Les ducs de Savoie, fucceffeurs d'Amé VIII, n'abandonnerent point fes vues fur *Geneve*. Ils procurerent plus d'une fois la dignité épifcopale à des cadets de leur maifon. Des enfans, des bâtards même, en furent revêtus pour la forme, & alors le duc de Savoie avoit beaucoup d'influence à *Geneve*. Il avoit des créatures dans le corps même des magiftrats; le chapitre & le confeil de l'évêché lui étoient à-peu-près dévoués. Les plus riches habitans poffédoient des domaines en Savoie, & ils ménageoient fes bonnes graces. Telle étoit la fituation épineufe des genevois, au tems du duc Charles III, vers le commencement du 16e fiècle. Les entreprifes de ce prince donnerent lieu à un traité avec Fribourg, & formerent à *Geneve* deux partis; l'un en faveur des intérêts du duc, & l'autre en faveur de la liberté; les citoyens, attachés au premier, furent défignés par le nom de cette foldatefque efclave & factieufe, qui fervoit fous les foudans d'Egypte; on les appella *mammellus*. Les autres prirent ou reçurent le nom de *huguenots*, qu'on a enfuite donné aux proteftans. Berne & Fribourg formerent bientôt un nouveau traité de combourgeoifie avec *Geneve*; & le duc n'ayant pu le prévenir, abandonna fes projets, après quelques cruautés & de vaines menaces.

Les conditions de cette alliance étoient inégales, ainfi que les befoins & les forces des parties contractantes. Les deux cantons fe réfervèrent le droit de juger des cas où *Geneve* demanderoit leur fecours, & ils ftipulèrent que cette ville en fupporteroit les frais; *Geneve* s'obligeoit à fecourir fes alliés à fes propres dépens & à la première réquifition. Le traité entre les trois villes eft la véritable époque de la liberté de *Geneve*, qui fe trouva affranchie de l'autorité menaçante des évêques & des ducs.

Les chefs des mammelus s'évadèrent, & on jugea leur conduite paffée; condamnés à de fortes amendes & bannis à perpétuité, ils fe liguèrent avec des gentilshommes favoyards, &, fous le nom de *confrerie de la cuillère*, ils fe vengèrent par des brigandages, dont le fecours onéreux de fes alliés ne garantiffoit *Geneve* que pour le moment. Ce fut le premier commencement des longues hostilités entre la république & la Savoie. L'évêque, brouillé à son tour avec le duc, fut réduit à demander le droit de bourgeoisie dans *Geneve*, pour jouir de la protection de la nouvelle alliance.

Tous ces événemens changèrent l'administration intérieure de *Geneve*. Pierre de la Beaume remit aux syndics & au conseil le droit de juger les causes civiles, en exceptant les ecclésiastiques. Le conseil général abolit le tribunal du vidomnat, & le remplaça par celui d'un lieutenant & de quatre assistans, nommés *auditeurs*, qui subsiste encore aujourd'hui. Le conseil des deux-cents fut aussi institué à cette époque. On augmenta de dix nouveaux membres le conseil des cinquante, créé en 1457 : il paroît qu'on vouloit imiter les formes reçues dans les deux villes alliées, Berne & Fribourg.

Sur de nouvelles hostilités des mammelus exilés & de leurs partisans, les deux cantons réprimèrent les vassaux du duc, conjurés contre *Geneve*.

Les variations continuelles de l'évêque le rendoient de jour en jour plus méprisable aux yeux du peuple & du duc. Ses démarches, presque toujours foibles ou mal calculées, hâtèrent la révolution qui anéantit cette autorité ecclésiastique, dont il avoit tenté de se servir pour recouvrer la jurisdiction civile. Après quelque temps de disputes sur la nouvelle doctrine des réformateurs, le conseil des deux-cents l'adopta en 1535, & l'assemblée générale approuva leur décision. Le canton de Fribourg mécontent renonça à l'alliance.

Calvin, exilé d'abord de *Geneve*, parvint en 1541 à établir une discipline ecclésiastique, & à fixer la constitution civile de cette république, par des loix qu'on a étendues & modifiées à plusieurs reprises.

Nous ne nous étendrons pas sur les guerres, les troubles & les prétentions de *Geneve*, à l'époque où les bernois, les fribourgeois & les valaisans enlevèrent au duc de Savoie les provinces qui entourent une partie du Lac; nous dirons seulement qu'après plusieurs disputes, le traité de combourgeoisie fut renouvellé entre *Geneve* & Berne en 1558. Le canton de Soleure y accéda en 1579. Les deux cantons prirent alors avec la France l'engagement de protéger *Geneve*. En 1584 Zuric, Berne & *Geneve* formèrent une alliance perpétuelle; c'est par ce dernier traité seul que *Geneve* est aujourd'hui liée avec les suisses. Les tentatives faites en 1570, pour l'associer à la confédération générale de cette nation, avoient été traversées par l'Espagne, la Savoie & le parti catholique.

Geneve fit la guerre au duc de Savoie sur la fin du seizième siècle; Henri IV la comprit dans le traité de paix qu'il fit à Lyon en 1600. Malgré les espérances qu'on lui avoit données, son territoire ne fut point augmenté; seulement, par le

traité d'échange du marquisat de Saluces contre la Bresse, le Bugey & le pays de Gex, la France devint son voisin au nord, & la Savoie au midi; &, comme ces deux puissances jalouses devoient s'accorder plus difficilement pour l'opprimer, elle eut une nouvelle raison de croire son indépendance assurée.

Nous ne parlerons pas de l'escalade que tenta contre *Geneve* le duc de Savoie, le 21 décembre 1602, ni de la guerre qui en fut la suite : ces faits sont assez connus.

L'histoire des troubles de *Geneve* commence à cette époque, où elle n'eut plus rien à craindre au dehors. On examina l'administration intérieure, & on remarqua que les conseils avoient pris diverses résolutions, dont l'objet passoit leur compétence, sans les proposer à l'assemblée générale. Les conseils supposoient que le silence du peuple faisoit un titre & une prescription en leur faveur. Tels furent les premiers chocs entre les conseils & la bourgeoisie. Bientôt il s'éleva des murmures; les conseils voulurent juger avec rigueur ceux qui les excitoient. Leur sévérité rendit les mécontens plus nombreux & plus unis; l'industrie & les progrès de l'aisance donnèrent vraisemblablement, à un plus grand nombre de bourgeois, la hardiesse & les vues nécessaires pour lier un parti. Ils demandèrent, en 1707, qu'on limitât la prépondérance de quelques familles dans les conseils, une collection complette des édits, & l'usage de la balotte à l'assemblée générale. Ils firent adopter les deux premiers points; & ce qui leur importoit le plus, ils rétablirent l'ancien usage d'assembler tous les cinq ans la bourgeoisie, pour voir si la constitution avoit reçu des atteintes. Les assemblées furent assez orageuses. Le parti mécontent s'abandonnoit aux murmures. Quelques troupes étoient répandues dans les provinces voisines de *Geneve*, & les conseils demandèrent un secours de trois cens hommes au canton de Berne, & de cent hommes au canton de Zuric. Ils l'obtinrent, & les chefs qui avoient conduit la bourgeoisie, furent accusés sur des paroles indiscretes ou séditieuses, & quelques-uns condamnés à des peines capitales. Le peuple intimidé vit ces exécutions sanglantes, & en 1712 il révoqua l'édit qui ordonnoit les assemblées périodiques.

Vers l'année 1730, un particulier critiqua les fortifications de la ville, commencées en 1600. Son mémoire excita des murmures sur la dépense excessive de ce plan, & sur les impôts qu'il rendoit indispensables, & que les conseils avoient continués de leur autorité, d'après un édit du conseil général de 1570, qui leur en avoit donné le pouvoir sans en fixer le terme. Des brochures servirent à échauffer le peuple. Plus le gouvernement sévissoit contre ces écrits, plus il irritoit les mécontens. Les conseils proposèrent en 1734 la question des impôts à l'assemblée générale, qui les confirma pour dix ans.

Cependant

Cependant les préventions & l'esprit de parti s'accroissoient chaque jour. On s'accusoit réciproquement de hauteur & d'ambition, de sédition & d'insolence. Des discours imprudens, interprétés comme des menaces, des rapports trop légerement adoptés augmentoient la défiance & la haine. Les moyens de sûreté qu'adoptoit un parti, étoient envisagés par l'autre comme des moyens d'oppression. Des citoyens découvrent que les canons d'un bastion, voisin des quartiers habités par le peuple, sont encloués, & qu'il s'est fait secretement des transports d'armes. Cette précaution contre les violences, usitée dans les émeutes, leur parut un indice sûr d'une conspiration contre la liberté. Ils s'en plaignent au gouvernement ; ils demandent que le fait soit éclairci : ils se font remettre la garde des portes ; bientôt ils s'impatientent de la lenteur des recherches, & ils exigent la déposition de six magistrats suspects ; ils entourent en foule l'Hôtel-de-ville, & ils arrachent au conseil les deux cents cette déposition, qui est confirmée peu après par l'assemblée générale.

La tranquillité paroissoit rétablie ; mais le souvenir de cette violence faite au grand conseil, & des exécutions de 1707, entretenoit, de part & d'autre, un ressentiment mal assoupi. On distinguoit alors trois partis dans la ville ; celui des magistrats, qui vouloit qu'on se bornât aux concessions faites en 1734 ; celui des citoyens, qui ne demandoient rien de plus en convenant que l'autorité des conseils alloit trop loin ; enfin un tiers parti très-ardent, qui avoit échauffé le second en 1734, & qui avoit des vues plus démocratiques. Ce dernier fut contenu, en 1736, par la réunion des deux premiers ; mais le 21 août 1737, il parvint à semer de nouvelles défiances, à l'occasion d'un jugement qui devoit se rendre contre quelques citoyens détenus en prison, & il forma des attroupemens qui aboutirent à une nouvelle prise d'armes. Des citoyens du parti attaché au magistrat, se trouvant auprès de l'Hôtel-de-ville, demandèrent & obtinrent que l'arsenal leur fût ouvert, afin de se mettre en état de s'opposer à la violence qui sembloit menacer le magistrat, & aussitôt les deux partis se trouvèrent armés & en présence l'un de l'autre : les syndics & d'autres personnes arrêtèrent les hostilités ; & le conseil ayant ordonné de mettre bas les armes, il fut convenu que les deux partis les quitteroient à la même heure : ceux du parti opposé au magistrat se retirèrent ; mais quelques-uns du parti contraire étant demeurés dans leurs postes, on eut de la défiance ; on reprit les armes avec plus de chaleur qu'auparavant ; il y eut des coups de fusil de tirés : un syndic fut blessé, & quelques hommes furent tués. Les plus échauffés des démocrates, entraînant le grand nombre, s'assurèrent du premier syndic qui les exhortoit à se calmer, & qui consentit à se mettre en ôtage entre leurs mains, & ils le gar-

dèrent toute la nuit en le traitant avec respect. Le lendemain il fallut leur abandonner les postes intérieurs & la garde des postes ; plusieurs des conseillers & d'autres citoyens quittèrent alors avec leurs familles une patrie où ils ne se croyoient plus en sûreté.

Geneve étoit plongée dans la consternation : elle eut recours à ses alliés. Des députés de Zuric & de Berne y arrivèrent ; ils inspirèrent peu de confiance à un peuple ombrageux & prévenu, qui leur supposoit trop d'attachement pour l'aristocratie. Cependant les deux partis, inquiets sur leur situation, paroissoient se rapprocher ; la bourgeoisie pressoit l'arrangement pour le ratifier en conseil général, avant qu'on fît intervenir une médiation étrangère, sollicitée par le parti le plus foible. Elle fut offerte par la France de concert avec les deux cantons. Les plénipotentiaires du roi & ceux de Zuric & de Berne, dressèrent un réglement qui devoit fixer les pouvoirs des conseils, & les droits réservés à l'assemblée générale, en prenant les anciennes constitutions pour base. Le rappel des magistrats déposés en 1734 rencontra la plus forte opposition ; mais le réglement fut approuvé par les deux conseils, & accepté dans le conseil général du 8 mai 1738. On statua, dans le dernier article, qu'il auroit force de loi, & qu'il ne seroit susceptible d'aucun changement, sans l'aveu du conseil général légitimement convoqué par les autres conseils.

Les compagnies bourgeoises s'étoient assemblées souvent, & s'étoient fait représenter par trentequatre députés durant les derniers troubles : cet usage, autorisé par la nécessité des négociations, avoit donné plus d'union au parti populaire, & une plus grande autorité à ses chefs : il étoit dangereux ; il auroit entretenu, dans le sein de la république, une démocratie toujours active, & il fut aboli par le nouveau réglement. Bientôt on établit les cercles, où les citoyens alloient se délasser de leur travail. Les discussions politiques devinrent plus habituelles, & la correspondance facile entre ces cercles, fit adopter des principes d'intérêt commun.

La crainte de se faire reprocher la première infraction de la paix publique maintint d'abord la tranquillité. Le voisinage des troupes espagnoles qui occupoient la Savoie, détourna ensuite l'attention inquiète du peuple sur un sujet de crainte plus pressant. Geneve eut aussi la satisfaction, en 1754, de voir terminer toutes les anciennes contestations avec la Savoie, par une démarcation & un traité avec la cour de Turin, qui renonçoit au vidomnat, & reconnoissoit Geneve pour une république souveraine. On fit, l'année d'après, une autre démarcation avec la France : l'état achevoit de payer ses dettes, & tout paroissoit concourir à sa prospérité. Le réglement de 1738 sembloit fixer la constitution de manière à ôter tout prétexte à de nouvelles disputes ; mais il accroiffement des richeffes préparoit de nouveaux orages.

La condamnation de l'*Emile* & du *Contrat focial* fournit en 1762, aux partifans de l'extrême démocratie, une nouvelle occafion de remuer. Le confeil déclara que fi Rouffeau fe préfentoit à *Geneve*, il feroit arrêté, pour ftatuer fur fa perfonne ce qui feroit jugé convenable : Rouffeau qui venoit de quitter la France, où fes deux ouvrages avoient été auffi condamnés, fe retira dans les montagnes de Neuchâtel ; de-là il correfpondoit avec fes amis de *Geneve*, qui firent des répréfentations fur la profcription de l'*Emile* & du *Contrat focial*. La réponfe du magiftrat ne les ayant pas fatisfaits, ils groffirent leur nombre en 1763, & ils firent de nouvelles inftances. Cette queftion particulière devint, par des écrits publiés de part & d'autre, une queftion générale. On demandoit que des répréfentations, qui avoient pour objet le fens des loix, fuffent portées au confeil général. Le confeil répondoit que la loi ne leur paroiffoit pas équivoque, & qu'on ne l'avoit point violée. La difpute intéreffoit alors la conftitution même de l'état. La loi veut qu'aucune matière ne puiffe être foumife à la décifion du confeil général, fans avoir été examinée & approuvée par les confeils inférieurs. Si elle donne à ces derniers un pouvoir négatif illimité, ils ont le droit d'empêcher la promulgation de toute loi nouvelle qui n'a pas leur agrément, & ils font de plus les feuls interprètes des loix établies, en jugeant de la validité des repréfentations. Si, d'un autre côté, un certain nombre de citoyens peut faire paffer une propofition contre l'avis des confeils, la république fe trouvera fans ceffe agitée par des factions, & la conftitution de l'état fera expofée à des variations continuelles.

Les efprits fe partagèrent. Les noms de *négatifs* & de *repréfentans* devinrent des noms de partis. On publioit des mémoires, on faifoit des livres. Aux *Lettres écrites de la campagne*, qui défendoient l'équilibre établi en 1738, Rouffeau oppofa, en 1764, les *Lettres écrites de la montagne*, & fon parti échauffé par leur véhémence, chercha dans les droits de la bourgeoifie, interprétés à la rigueur, un moyen jufques-là inufité d'éluder le réglement de 1738, & de furmonter la réfiftance des confeils. Le plus grand nombre des citoyens fe réunit en 1765, pour rejetter tous les candidats qui afpiroient aux charges de fyndics ; il n'y eut point d'élections, & les mêmes fyndics reftèrent en place. Ce fut un autre fujet de difpute important. La conftitution ordonne une nouvelle élection chaque année : elle déclare que les fyndics ne pourront être pris que dans le petit confeil ; mais elle attribue au confeil général le droit de rejetter le total, ou une partie des fujets préfentés par les confeils. Le peuple refufant d'élire les fyndics dans le corps du fénat, les confeils réclamèrent la garantie des trois puiffances

alliées. Elles envoyèrent des plénipotentiaires. On autorifa la bourgeoifie à fe faire répréfenter par vingt-quatre commiffaires tirés des différens cercles. Pendant qu'on délibéroit, les confeils obtinrent des médiateurs une déclaration qui légitimoit leur conduite. Les repréfentans furent offenfés d'une décifion qui leur parut au moins prématurée ; & lorfque le projet de la médiation fut préfenté au confeil général, le 15 décembre 1766, le peuple le rejetta avec une grande pluralité de voix.

Les puiffances alliées rappellèrent leurs plénipotentiaires. La cour de France, peu fatisfaite des repréfentans, fit approcher quelques troupes ; elle interdit le commerce aux genevois du parti populaire ; la communication avec la Suiffe même, que réfervoient les anciens traités, fut affujettie à la gêne des paffe-ports. Après avoir déclaré que les magiftrats de *Geneve* étoient fous la protection particulière des puiffances garantes, les plénipotentiaires raffemblés à Soleure, y prononcèrent fur les principaux points de divifion, entre les confeils & la bourgeoifie. La décifion n'eut pas fon plein effet. Les citoyens, irrités par l'appareil menaçant qui les environnoit, n'en devinrent que plus unis & plus obftinés ; ils en impofoient à leur tour au fénat par la fierté de leurs murmures. Le danger de l'anarchie, ou la crainte de perdre leur liberté, amena un accommodement qui fatisfit les vœux du peuple, parce qu'en étendant fon droit d'élection, il rendoit les magiftrats plus dépendans de fa faveur, & parce qu'il avoit été conclu fans l'intervention des médiateurs étrangers. Le projet de conciliation paffa au confeil général le 11 mars 1768.

Divers membres du petit & du grand confeil quittèrent leurs places, & plufieurs citoyens ceffèrent d'aller au confeil général ; ils voyoient du danger dans cette innovation, & ils fe plaignoient des voies tumultueufes & violentes qu'on avoit employées.

Après ce dernier triomphe du parti populaire, le mécontentement d'une autre partie du peuple expofa l'état à une nouvelle crife. Il y a dans *Geneve*, comme dans toutes les villes où les arts fleuriffent, beaucoup d'étrangers qui s'occupent de travaux utiles. Leurs enfans font appellés *natifs*. Souvent ces natifs & leurs defcendans ne connoiffent plus d'autre patrie ; mais divers privilèges en faveur des citoyens bornent l'induftrie & gênent le commerce de ces natifs. L'exemple des repréfentans, & le grand mot de liberté qui retentiffoit autour d'eux, leur donna plus d'envie ou plus de facilité d'acquérir les droits de la bourgeoifie, ou un adouciffement des gênes établies contre eux. Durant la divifion entre les magiftrats & les citoyens, chaque parti avoit flatté l'efpoir des natifs, pour les détourner du parti contraire. Quand ces derniers s'apperçurent que l'édit de conciliation oublioit leurs intérêts, ils s'abandon nèrent aux murmures avec moins de ménagement. On avoit cependant étendu leurs droits & leurs privilèges, & on leur avoit facilité l'acquisition du droit de bourgeoisie, en déclarant qu'on l'accorderoit toutes les années pour une somme modique à vingt-cinq d'entr'eux tirés au sort. Imitateurs imprudens de quelques traits pardonnés à des bourgeois, & supposant que ces derniers devoient s'intéresser à leur cause par une suite de leurs principes, plusieurs natifs se permirent des attroupemens, & ils se firent soupçonner des projets téméraires. Les citoyens coururent aux armes le 15 février 1770. Quelques habitans périrent dans le premier tumulte. Ceux qui étoient les plus coupables, ou qu'on supposoit les chefs du parti, furent exilés au nombre de huit, & d'autres se retirèrent d'eux mêmes. Cet exil, pour éviter les lenteurs d'une procédure ordinaire, fut prononcé par le conseil général, d'après l'avis des autres conseils qu'intimidèrent les représentans intéressés au maintien des gênes contre l'industrie des natifs; mais on accorda en même temps de nouveaux droits aux natifs.

Les divisions recommencèrent d'une année à l'autre, & la France fatiguée de ces troubles prit, au mois de septembre 1781, le parti de se dégager des liens qui l'unissoient aux cantons de Zuric & de Berne pour la garantie de *Geneve*; mais la prise d'armes du 8 avril de l'année d'après, annonçoit une catastrophe sanglante, & le roi interposa de nouveau sa médiation. Il envoya des troupes sur le territoire de *Geneve*; il en donna le commandement à M. le marquis de Jaucourt, & il le chargea d'ailleurs, en qualité de ministre plénipotentiaire, de rétablir la tranquillité & la paix dans *Geneve*, de concert avec les ministres du roi de Sardaigne & du canton de Berne, qui, de leur côté, avoient aussi fait marcher des soldats. Le parti populaire sembloit disposé à soutenir un siège : les françois ouvrirent la tranchée assez près de la place. Les représentans avoient rassemblé de la poudre en plusieurs endroits de la ville, & on craignoit que leur phrénésie ne les portât à embraser *Geneve* : ils detenoient les magistrats prisonniers, & ils menaçoient de les égorger. M. le marquis de Jaucourt se trouva alors dans une situation délicate; il eut besoin de toute la modération de son caractère, & en ne permettant pas à ses troupes de tirer, il rendit à l'humanité un service important. L'esprit conciliant, la douceur & la sagacité qu'il porta ensuite dans la négociation, méritent d'autres éloges : la ville capitula, les troupes des trois puissances y entrèrent; &, ce qu'il ne faut point oublier, les six mille soldats françois qu'il avoit sous ses ordres, passèrent deux nuits au bivouac, dans les rues de *Geneve*, sans donner lieu à aucune plainte. L'accommodement qui se fit dans *Geneve*, par les plénipotentiaires des trois puissances, fut dirigé par M. le comte de Vergennes, qui, semblable à un ange tutélaire,

veilloit au repos de l'Europe pacifiée tant de fois par ses soins; qui, dans sa simplicité, paroissoit fuir la gloire qui l'environnoit, & ne respirer que pour la prospérité de la France & la tranquillité des autres nations; &, au mois de novembre 1782, l'édit de pacification, dont nous allons parler, rétablit l'ordre dans *Geneve*.

SECTION IIe.

Du gouvernement de Geneve, & des changemens qu'y a faits l'édit de pacification de 1782.

Le pouvoir souverain réside dans l'assemblée générale des citoyens & bourgeois. Nous indiquerons plus bas ses droits & ses fonctions. Les citoyens sont ceux dont les pères ont déja joui du droit de bourgeoisie, & qui sont eux-mêmes nés à *Geneve*; ils peuvent aspirer à tous les emplois publics : ceux qui ont acquis le droit de bourgeoisie, & même les fils de citoyens ou bourgeois qui sont nés hors de leur patrie, ne peuvent entrer au sénat, ou obtenir d'autres charges réservées aux citoyens. Les simples bourgeois jouissent, hors de l'exception indiquée, de tous les droits des citoyens.

Le pouvoir exécutif & l'administration publique appartiennent à trois collèges ou conseils; le conseil des vingt-cinq, appellé *petit conseil*; celui des soixante, & enfin celui des deux cents, appellé le *grand conseil*, auquel les deux autres collèges se trouvent réunis. On verra bientôt quels sont les droits réservés au petit conseil, aux deux cents & au conseil des soixante, qui s'assemble rarement.

Le grand & le petit conseil nomment aux places vacantes dans le corps des soixante. L'édit de pacification a changé la forme d'élection pour les places vacantes au grand conseil; les détails sur cet objet seroient un peu longs, & nous renvoyons à l'édit.

Les quatre syndics sont à la tête de l'état; ils ne restent en charge qu'une année, & ils ne sont éligibles de nouveau qu'après un intervalle de trois ans. Leur rang est déterminé par celui de leur ancienneté dans le petit conseil. Le premier syndic préside tous les conseils; ils sont présidés en son absence par celui qui le suit en rang. L'un d'eux, c'étoit ordinairement le second, à moins qu'il ne voulût pas, étoit, avant l'édit de pacification, syndic de la garde ou commandant de la ville : mais depuis 1782 le deux cens choisit entre les quatre syndics celui qu'il veut mettre à la tête du conseil militaire, & ce syndic n'est plus appellé syndic de la garde, mais syndic militaire. Un autre syndic préside les bureaux & conseils de finances; & le dernier à la direction de l'hôpital & des chambres de justice & de police. Avant 1782, chaque année les deux conseils proposoient au conseil général huit conseillers pour les quatre places de syndics. La bourgeoisie pouvoit les rejetter tous ou en partie, en votant à la pluralité pour une nouvelle élection. Suivant l'édit de 1768, quand tous les conseillers éligibles avoient été rejettés, on présentoit au conseil général le tableau complet de tout le petit conseil. Pour dédommager la bourgeoisie de l'obligation d'élire quatre syndics sur ce tableau, l'édit lui réservoit, dans ce cas, le *grabeau* ou la révision du sénat. Les deux cents ajoutoient alors au tableau des sénateurs quatre nouveaux candidats ; les quatre sujets d'entre les sénateurs ou candidats proposés, qui avoient le plus de suffrages négatifs, étoient exclus du sénat.. Les citoyens constatèrent ce droit par un exemple, au mois de janvier 1773. Tous les membres du sénat ayant d'abord été rejettés pour les places de syndics, l'élection ne se fit que sur le tableau complet. Le grabeau suivit ; mais les quatre nouveaux candidats eurent l'exclusion.

L'édit de pacification a conservé la forme d'élection pour les syndics ; mais il y a fait des changemens que l'expérience avoit montré nécessaires , & il a changé aussi sur quelques points les prérogatives & les fonctions de ces officiers.

Le lieutenant vient après les syndics en charge. Il est choisi annuellement parmi les anciens syndics ou les conseillers. Il préside un tribunal de police , & il juge en première instance ; il est assisté de quelques auditeurs pris dans le conseil des deux cents & élus par le conseil général : ces auditeurs sont en charge trois ans ; les deux plus anciens en sortent chaque année, & on en choisit deux nouveaux ; ils peuvent être prorogés dans leurs charges pour trois ans. Ce sont eux qui avec le lieutenant font les premières procédures criminelles.

Le trésorier se prend dans le corps du petit conseil ; il reste en charge trois ans , & il peut être confirmé , au bout de ce terme , pour trois autres années,

L'office important de procureur général a été institué en 1534. On choisit le procureur général parmi les membres du deux cents. Sa commission est fixée à trois ans ; mais elle peut être prolongée de trois autres années. Il a plusieurs fonctions dans les procédures criminelles & dans les cas d'amende ; il veille sur les intérêts publics , sur les droits du peuple, la constitution , sur l'observation des loix ; il est le protecteur des pupilles , & il a l'inspection des tutelles.

L'édit de pacification a conservé les conseils établis dans la république ; il a seulement réglé d'une manière plus précise leurs droits réciproques , & il a établi un conseil militaire : à proprement parler , il n'a changé ni l'ancienne forme du gouvernement , ni l'administration primitive ; mais , en modifiant les édits antérieurs & les or-

donnances suivies jusqu'alors , il a modéré les droits de ceux des citoyens qui menaçoient davantage la tranquillité publique : voici les changemens & les articles principaux de cet édit.

Plusieurs édits , tels que celui de 1535 , se trouvent abrogés , & l'édit de pacification y a pourvu par de nouvelles institutions ; il a déclaré nuls & non avenus tous les édits publiés depuis 1733 , ainsi que les édits antérieurs à 1558 : il a défendu de les réclamer en manière quelconque, non plus que les loix auxquelles il a été dérogé par des loix postérieures. Il s'est plus occupé des moyens d'assurer aux citoyens & au conseil général le droit de réclamer auprès des puissances garantes contre l'inexécution des loix que celui d'en faire de nouvelles ; & en effet l'un est plus nécessaire que l'autre , après les stipulations très-détaillées qu'ont établi les médiateurs.

La république demeure composée de trois ordres ou conseils ; savoir , le petit conseil ou conseil d'état (1) : le conseil des deux cents ou le grand conseil , composé de 250 personnes , & le conseil général qui est l'assemblée de tous les citoyens & bourgeois âgés de vingt-cinq ans , au nombre de 14 à 1800 votans au plus. Mais les prétentions des divers partis rendoient bien incertains les droits & les prérogatives de ces divers conseils , & l'édit de pacification , ainsi que nous venons de le dire , a fixé les droits du conseil général , ceux des syndics , du lieutenant ou du tribunal de première instance , du grand conseil, du conseil des soixante , du petit conseil : il entre sur cet objet dans les plus grands détails.

Le petit conseil se trouve revêtu de tous les droits & attributs qui n'appartiennent pas au conseil général , au conseil des deux cents, au conseil des soixante , au conseil militaire , aux syndics, au lieutenant & à son tribunal , & aux autres offices , chambres ou départemens. Il juge sans appel tous les procès civils , lorsque la valeur contestée n'excède pas 2000 florins en principal , à moins qu'il ne s'agisse de propriétés d'immeubles , de servitudes , de rentes , de droits féodaux ou domaniaux. Il est chargé de faire toutes les années le grabeau , c'est-à-dire , la révision du grand conseil, l'examen des officiers destinés à rentrer en charge. Il a l'élection des natifs qui doivent être admis à la bourgeoisie. Il a le droit d'arbitrer sur les gardes que doivent payer les fils des citoyens nés en pays étrangers , qui veulent se faire reconnoître citoyens. Il donne à qui il veut le droit d'habitation. Il est le maître de retirer les permissions de domicile. Il a la police des cafés , cabarets & autres lieux publics d'assemblée. Il est chargé de répondre aux représentations & propositions du grand conseil & des adjoints. Il a le droit de rejetter toute proposition tendante à

---

(1) Le conseil des soixante ne peut être regardé ici comme faisant un ordre à part.

l'abrogation ou au changement de quelque loi ou réglement, à l'établissement des loix nouvelles ou des réglemens nouveaux, ainsi qu'à toute innovation de quelque nature qu'elle soit. Mais ce droit est modifié ; car si cette opposition n'est pas approuvée du deux cents, celui-ci a le droit de consentir ou de s'opposer définitivement à la proposition d'une loi nouvelle en conseil général. Il a le gouvernement & l'administration des finances : tout ce qui regarde les ministres des puissances étrangères, les dons, pensions, gages ou autres récompenses pour affaires d'état, données par des puissances étrangères à un sujet de la république, est de son ressort.

Les syndics & le petit conseil jugent toutes les causes criminelles. Le petit conseil seul peut faire mettre aux fers les accusés & prévenus.

Le conseil des deux cents a le droit de faire grace aux criminels. Il élit le petit conseil, & il exerce sur lui, au commencement de chaque année, le droit de censure ; il peut destituer ceux de cet ordre que leur conduite rendroit indignes de leurs places. Il connoît de toutes les dépenses qui excédent 21 mille florins ; c'est à lui que toutes les chambres & autres départemens rendent compte de leur gestion. Il fixe les appointemens de toutes les magistratures, charges & emplois, les pensions de retraite ; il détermine si les revenus de l'état doivent être mis en ferme ou en régie, &c. Il a l'inspection des monnoies ; il fait des réglemens sur le luxe, le jeu, le commerce, les fabriques, les arts, l'imprimerie, les poids, les mesures, les boucheries, les moulins, sur l'hôpital, sur les fonctions des officiers publics & les collèges. Il a, ainsi que le petit conseil, le droit d'agréer ou de rejetter les loix qui lui sont proposées, ou les changemens à celles qui sont établies. Aucune nouvelle loi, aucune abrogation de loix, aucun changement dans les loix ne peut avoir d'effet sans son approbation.

Le petit conseil, joint au grand conseil & à trente-six citoyens, appellés *adjoints*, tirés au sort entre ceux qui ont dix mille liv. de biens-fonds, élisent le grand conseil.

Le conseil des deux cents, dont le petit conseil fait partie, s'assemble le premier lundi de chaque mois. On invite chacun des membres nommément à proposer ce qu'il croit être le bien de l'état, & les trente-six adjoints aux deux cents jouissent du même droit. Le petit conseil est obligé d'examiner la proposition & de porter sa réponse au grand conseil, dans le terme de deux mois. Si vingt-cinq membres des deux cents & des adjoints, c'est-à-dire, si vingt-cinq personnes sur environ 280 ne sont pas contens de la réponse du petit conseil à une plainte sur l'inobservation ou l'infraction de quelque loi ou réglement, cette réponse doit être soumise à la décision des deux cents & adjoints, dans le terme de deux mois pour le plus tard.

Outre le petit & le grand conseil, il y a un conseil des soixante, chargé de connoître des négociations relatives aux traités ou alliances que la république pourroit conclure avec les états étrangers ; il connoît aussi des cas de danger extérieur & des autres affaires étrangères que le petit conseil estime devoir lui porter. Il est composé du petit conseil, des magistrats dont l'élection appartient au conseil général, & de vingt-un membres du grand conseil. L'édit de pacification lui accorde voix consultative, mais non délibérative, dans les affaires intérieures, sur lesquelles le petit conseil croira avoir besoin de ses lumières.

Le conseil général a l'élection des quatre syndics, & il les choisit sur tous les membres du petit conseil. Les syndics président tous les conseils. Leurs fonctions sont annuelles. La première fois qu'un syndic est élu, il doit avoir la pluralité des suffrages ; quand au bout de trois ans son tour de rentrer en fonction est venu ; s'il a contre lui les trois quarts des suffrages, on ne le choisit point. Le conseil général élit en outre le trésorier, le lieutenant de police, & dix autres magistrats qui composent les justices inférieures. On lui présente trois sujets pour chacune de ces places. Le lieutenant de police & le trésorier sont pris dans le petit conseil, & les autres dans le grand conseil. Les petit & grand conseils ne peuvent faire aucune loi, mettre aucun impôt, faire aucune alliance, aucun traité, aucune aliénation de domaine, non plus que la guerre ou la paix, introduire dans la ville aucune troupe étrangère, sans l'aveu du conseil général. Il faut aussi son consentement pour augmenter la garnison au-dessus de 1200 hommes, ou la diminuer au-dessous de 800. Voilà les principaux droits politiques que l'édit de pacification a réservé au citoyen : voyons de quels droits civils on l'a revêtu. On n'a rien stipulé contre sa liberté que dans les cas d'émeute ou de faction. On n'a rien changé à l'ancienne procédure criminelle, qui est peut-être la plus sage de l'Europe après celle de l'Angleterre : on y a même ajouté de nouveaux articles avantageux au peuple. On doit interroger l'accusé dans les vingt-quatre heures qui suivent son emprisonnement. Il peut toujours demander une information sur les faits justificatifs qu'il allègue pour sa défense. La torture est abolie avant & après le jugement. L'accusé choisit un avocat, un procureur & deux parens pour l'aider dans sa défense : on leur communique la procédure, & on leur en donne une copie s'ils le désirent. Dix-huit citoyens, tirés au sort entre les adjoints au conseil des deux cents, assistent aux conclusions du procureur général & à la défense de l'accusé. Celui-ci peut, après sa condamnation, solliciter sa grace auprès des deux cents. Le jour de l'exécution, on lit au coupable sa sentence devant le peuple, & elle est toujours précédée de la lecture du sommaire de la procédure, afin que le public en fâche les motifs. Si l'accufé a été emprifonné injuftement, la loi ordonne de le dédommager. Nous reviendrons plus bas fur ces droits civils du citoyen.

Le confeil militaire, établi par l'édit de 1782, a l'infpection & la direction des fortifications, de l'artillerie, des approvifionnemens & des munitions de guerre, des cafernes & arfénaux; il porte aux petit & grand confeils fon préavis fur les arrangemens qu'il convient de prendre à l'égard de ces objets, & il exécute tout ce qui eft ordonné : il eft chargé de la difcipline de la garnifon & de fa police intérieure. Un foldat condamné à mort peut recourir au grand confeil. Le but de l'inftitution du confeil militaire eft fur-tout de veiller à la tranquillité de la ville & de fon territoire; mais fes ordres fur cette matière font fubordonnés au petit & grand confeil.

La garnifon qui ne peut jamais être de plus de 1200 hommes, ou de moins de 800, ainfi que nous le difions tout-à-l'heure, eft cafernée. Le colonel & le major doivent être des officiers étrangers, mais de la religion réformée. Le confeil militaire eft compofé d'un fyndic élu annuellement, du colonel, du lieutenant-colonel, du major, d'un auditeur élu annuellement, de fix membres du grand confeil élus pour fix ans, & d'un fecrétaire auffi élu par le grand confeil & choifi entre fes membres.

Tous les membres du confeil militaire font élus par le grand confeil & fujets au grabeau annuel, à deux exceptions près.

Nous avons déja parlé des droits réfervés, par l'édit de pacification, aux citoyens & aux bourgeois. Cet édit a étendu les privilèges des habitans, & les natifs, nés à Geneve, jouiffent des mêmes droits que les citoyens, pour ce qui regarde la liberté individuelle; ils ont les mêmes privilèges dans l'exercice du commerce & des arts, dans le paiement des impôts, & ils font également habiles à pofféder des fonds : les payfans font traités comme les citoyens, quant à la liberté individuelle & aux impôts. La taillabilité perfonnelle a été abolie, & ils peuvent, en payant un lods, racheter la taillabilité réelle du petit nombre de fonds qui y font encore fujets.

A compter de la date de l'édit de pacification, chaque année, pendant dix ans, cinq natifs feront admis à l'honneur de la bourgeoifie, &, après les dix ans expirés, on n'en admettra plus que trois annuellement.

L'édit de 1782 a créé une claffe de domiciliés, c'eft-à-dire, de ceux qui s'établiffent à Geneve ou fur le territoire de la république : ils ont befoin d'une permiffion annuelle du petit confeil ou

des feigneurs châtelains : le petit confeil peut leur accorder, moyennant une certaine fomme, les droits attribués aux habitans.

L'édit de pacification a aboli les cercles ou coteries, & il a déclaré qu'on les regarderoit déformais comme des attroupemens puniffables felon la rigueur de la loi. Pour remplacer les coteries, on a établi des cafés publics dans la ville & la banlieue. On a défendu, fous les peines les plus graves, de délibérer ou de voter, dans les cafés ou cabarets, fur les affaires d'état, non plus que fur les opérations du gouvernement. On a défendu de rien imprimer fur les loix de Geneve, fur fon gouvernement & fon adminiftration, fans la permiffion expreffe du petit confeil.

Les citoyens, bourgeois, natifs, habitans, fujets ou domiciliés ne peuvent plus avoir des armes chez eux, fous peine de banniffement.

Ceux qui trouveront un libelle diffamatoire, doivent le brûler; &, s'il eft imprimé & s'il contient des faits qui intéreffent l'état, ils doivent le porter fur le champ aux fyndics, fous peine d'en être réputés les auteurs.

Les patrouilles de la garnifon peuvent arrêter & conduire au corps-de-garde; mais elles ne peuvent entrer dans aucune maifon fans un ordre par écrit de l'un des fyndics, & feulement pour la recherche des malfaiteurs, encore faut-il que ce foit en la préfence du dizenier ou fous-dizenier, ou de quelque perfonne connue du voifinage.

Pour pourvoir aux dépenfes des nouveaux établiffemens, les petit & grand confeils ont été autorifés à emprunter 600,000 liv. (1); & lorfque cet emprunt fera rembourfé, ils pourront toujours emprunter de nouveau jufqu'à la concurrence de trois cens mille livres, enforte que l'état demeure conftamment débiteur de cette fomme, fans qu'il foit befoin de l'affentiment du confeil général.

Pour le paiement de ces intérêts, les frais de garnifon, &c. on a mis divers impôts qui paroiffent affez confidérables; mais en général ils tombent fur les riches. On peut en voir le détail dans l'édit de pacification (2).

Cet édit a ordonné de faire, dans l'efpace de quatre mois au plus tard, un code des édits politiques non abrogés, ou auxquels il n'a pas été dérogé par des loix poftérieures, de convertir en loix les ufages fuivis, ou de rétablir les loix tombées en défuétude; & après ce code politique, de faire auffi, dans l'efpace de quatre mois, une collection des édits civils; d'y conferver les loix en vigueur, d'y concilier les loix avec les ufages qui leur font contraires, d'y éclaircir les loix fur l'ufage defquelles il a pu s'élever quelque doute dans la pratique. Le même édit déclare

---

que ces deux codes feront rédigés par une commission, & portés fuccessivement aux petit, grand & général conseils, pour y être approuvés ou rejettés *in globo*. Si le projet de la commission est rejetté par l'un des trois conseils, la collection des édits civils revus en 1713, auxquels il n'a pas été dérogé par des loix subféquentes, doit former le code des loix civiles de l'état, & il ne pourra s'introduire aucun usage qui y soit contraire.

Aucun des articles de l'édit de pacification ne peut être changé ou abrogé, qu'autant que la loi nouvelle, destinée à le changer ou à l'abroger, fera approuvée à la pluralité des trois quarts des suffrages dans le conseil des deux cents, & à la même pluralité dans le conseil général.

L'édit oblige les citoyens & bourgeois à prêter ferment de demeurer fidèles & foumis à la constitution de l'état, telle qu'elle a été fixée par l'édit de 1782, fous peine d'être rayés du nombre des citoyens & bourgeois, déchus de tous leurs privilèges, & de ne conferver que la qualité de fimples domiciliés.

L'édit de 1782 a pour base les articles propofés par les puissances garantes, en 1738, & acceptés alors unanimement par tous les ordres de l'état. On y a fait les innovations qu'on a jugées néceffaires, après les troubles qui ont tourmenté *Geneve* cinquante ans. Les rois de France & de Sardaigne & le canton de Berne ont propofé ces changemens à la république de *Geneve*, & ils ont été adoptés fuccessivement par les trois ordres ou conseils qui-les composent. On avoit eu foin d'exclure de ces conseils, les citoyens, bourgeois, habitans, &c. fujets à la peine de mort décernée, par la loi de 1738, contre ceux qui prendront les armes.

Pour donner la stabilité néceffaire à cette constitution, les trois puissances dont on vient de parler, l'ont garantie comme en 1738; enforte que fi l'un des ordres de l'état vouloit empiéter fur l'autre, ou l'empêcher de jouir de ses droits, il feroit fur le champ remis à fa place par les puissances garantes.

Les trois puissances, pour affurer la paix extérieure de *Geneve*, ont prévu le cas où elles fe feroient la guerre, & elles font convenues que *Geneve* jouiroit d'une neutralité perpétuelle.

SECTION IIIe.

Remarques fur l'édit de pacification : autres remarques fur le commerce & l'état actuel de Geneve.

Lorfque des médiateurs terminent des differfions civiles dans une république, ils excitent toujours le mécontentement de l'un des partis, & ceux qui ont travaillé à l'édit de pacification, n'efpéroient pas échapper à une loi que l'expérience de tous les fiècles & de tous les lieux a constatée; mais fi quelques genevois pouvoient fe plaindre, le reste de l'Europe devoit approfondir davantage les constitutions républicaines & l'efpèce de gouvernement qui convient à *Geneve*. Les citoyens & les habitans étoient fans cesse armés les uns contre les autres : on les voyoit toujours prêts à s'égorger & à terminer, par une catastrophe fanglante, le fort de cette malheureuse ville. Faut-il donc juger avec rigueur l'autorité plus ou moins grande qu'on a dû laisser aux magistrats ? Et fi l'on veut fe donner la peine de réfléchir, fi l'on veut écouter la voix de l'humanité, l'édit de 1782, en lui fuppofant des imperfections, ne fera-t-il pas approuvé de tout le monde, excepté de ces démocrates forcenés qui n'ont jamais étudié la démocratie, & qui parlent toujours du monde comme il ne va point, & des hommes comme ils ne font pas ?

L'édit de 1738, appellé *l'édit de la médiation*, que les partifans les plus zélés de la démocratie ont trouvé parfait quant aux *temps*, aux *lieux* & aux *circonstances*, qui a été, dit Rouffeau lui-même, *le falut de la république, & qui en fera la conservation quand on ne l'enfreindra pas*, avoit à-peu-près entraîné la balance en faveur du petit conseil & des deux cents, & pourquoi redemander toujours, après un demi-fiècle d'une malheureuse expérience, des chofes qui ne peuvent plus avoir lieu dans l'état actuel de la république ? Le même édit de la médiation avoit imposé la plupart des gênes qu'a renouvellé l'édit de 1782 : il avoit interdit les cercles; les citoyens & les bourgeois y avoient fuppléé par les coteries : & fi on fupprime les coteries, n'est-ce pas renouveller un ancien réglement ? Si l'édit de 1782 a défarmé les citoyens, les bourgeois & les habitans, l'édit de la médiation n'avoit-il pas ôté le même droit ? & lorfqu'on a fuppléé à la tranquillité & à la fûreté de la ville par une garnifon, laisser des armes dans les maifons des particuliers ne feroit-ce pas entretenir de fanglantes émeutes ? Sans doute les fimples citoyens & bourgeois de *Geneve* ont perdu une partie de leur influence dans le gouvernement; mais à quelle époque & comment l'ont-ils perdue ? C'est après que des exemples fans nombre ont démontré qu'ils ne vouloient y mettre aucune borne, & que les conseils étoient toujours obligés de foufcrire aux demandes les plus contraires à la constitution. Les representans oferoient-ils dire que les loix fondamentales les autorifoient à tout ce qu'ils ont exigé ? Il est aifé de prouver qu'ils fe font écartés fouvent de l'édit de la médiation, & du plan de conciliation adopté en 1768.

Les plénipotentiaires devoient calculer les prétentions & les droits réciproques des deux partis : quoiqu'occupés de la tranquillité générale, ils ne devoient favorifer l'un aux dépens de l'autre, que dans les cas où le bien public l'exigeroit, & c'est

la règle qu'ils ont fuivie ; ils ont examiné les motifs qui avoient excité des troubles dans la république, & ils ont donné une forte de fatisfaction
aux citoyens, aux bourgeois & aux natifs fur plufieurs points qui ont bouleverfé l'état depuis le
commencement du fiècle.

Les citoyens & les bourgeois réclamoient le
droit de faire pour le bien public toutes les repréfentations qu'ils eftimeroient convenables, &
de dénoncer la violation des loix ou des réglemens ; ils fe plaignoient de la prépondérance des
deux cents : on a établi que toutes les années on
tireroit au fort trente-fix citoyens ou bourgeois
infcrits, qui feront adjoints au confeil des deux
cents & qui y auront voix délibérative, & le
parti des repréfentans a ainfi gagné quelque
chofe.

Les repréfentans fe plaignoient de la prépondérance de quelques familles dans le gouvernement ; &, pour qu'une famille n'y acquière pas de
la prépondérance, il ne peut y avoir plus de fix
perfonnes du même nom dans le confeil des deux
cents, & il n'y a que deux familles qui fourniffent ce nombre. Ce confeil, actuellement de 240
votans, eft compofé de 135 noms différents. Il
faut qu'il y ait feize places vacantes pour commencer une nouvelle élection. Deux perfonnes de
même nom ne peuvent être dans le même fyn-
dicat, & il ne peut y en avoir plus de deux au
petit confeil : un père & un fils, un beau-père
& un gendre, un oncle & un neveu du même
nom, quand il ne feroit que d'alliance, ne peuvent y affifter à la fois.

Afin que les places du petit confeil ne deviennent pas héréditaires, un membre du petit confeil ne peut être remplacé immédiatement, ni par
fon fils, ni par fon gendre, ni par aucune perfonne de fon nom.

Les prétentions des natifs avoient donné lieu à
la prife d'armes du 6 février 1770, & la médiation a cru devoir leur accorder une partie des
privilèges qu'ils réclamoient alors.

Entr'autres motifs de la prife d'armes du 8 avril
1782, les repréfentans fe plaignoient des confeils,
qui fe refufoient à la publication du code des
loix de la république ; &, ainfi qu'on l'a vu plus
haut, l'édit de pacification *a ordonné de faire*,
*dans l'efpace de quatre mois au plus tard, un code
des édits politiques non abrogés, & auxquels il n'a
pas été dérogé par des loix poftérieures ; & après le
code politique, de faire auffi, dans l'efpace de quatre
mois, une collection des édits civils.*

On a fenti que les nouveaux pouvoirs, dont
on revêtoit la puiffance exécutive & la puiffance
militaire, nuiroient peut-être à la fûreté des citoyens : pour prévenir les abus de la puiffance
militaire, on l'a affujettie à diverfes reftrictions,
& il eft enjoint aux fyndics qui uferont de leur
autorité provifionnelle, d'en faire le rapport à la
première féance du petit confeil. Le nouvel édit

accorde des dédommagemens à l'innocent accufé, & il ordonne de le-prendre fur les deniers publics : on fera peut-être curieux de
favoir la fomme fixée pour ce dédommagement.
L'édit déclare qu'elle n'excédera pas cinquante
florins, & qu'elle ne fera pas au-deffous de
fept pour chaque jour que l'accufé aura été
détenu dans les prifons. Le même édit, pour
ne rien oublier de ce qui peut affurer les droits
civils des citoyens, des bourgeois & des habitans, a aboli la queftion définitive & la queftion
préparatoire qu'on ne donnoit plus, mais qui n'é-
toit abolie par aucune loi.

L'état de *Geneve* contient trente mille ames :
le nombre des citoyens & bourgeois, qui ont le
droit d'entrer au confeil général eft d'environ
feize cents ; & fi l'on en déduit les deux cents
cinquante qui compofent le petit & grand confeil, & qui font prefque toujours en but au
confeil général, il réfulte que les repréfentans
vouloient revêtir de l'autorité abfolue 1350 perfonnes fur 30,000. La plus grande partie de ces
1350 citoyens ou bourgeois étoient dévoués à
quelques hommes plus inftruits ou plus actifs,
qui fe trouvoient de fait les maîtres de la république : car, en faifant porter toutes les délibérations au confeil général où ils dominoient, ils
alloient forcer les réfolutions des confeils adminiftrateurs : *Geneve* auroit préfenté tous les inconvéniens d'une démocratie abfolue, & ceux
qui, par leur fortune, avoient le plus d'intérêt
au bonheur public, n'y auroient eu aucune influence. Il étoit néceffaire de fixer les rapports du
nombre des repréfentans & de celui des autres
habitans de la république ; car les écrivains qui
ont parlé des querelles de *Geneve*, fe font fervi
fréquemment du terme de *peuple*, pour défigner
le parti oppofé aux magiftrats : mais ce parti n'é-
toit qu'un vingt-feptième de la totalité des fujets
de la république ; &, à calculer rigoureufement,
ce n'étoit pas même un centième ; car trente démocrates entraînoient le refte des repréfentans.

Lorfque la république fe forma, plufieurs familles fe trouvoient, par leur ancienneté & par
leur fortune, à la tête de leurs concitoyens, &
elles occupoient de père en fils les places du confeil de la ville. Après l'expulfion de l'évêque, elles confervèrent 170 ans une forte de droit de
patronage, fondé fur des titres de bienfaifance &
fur les égards qu'avoient pour elles des hommes
d'une extraction plus récente, ou d'une fortune
moins aifée. Les offices de la magiftrature étoient
peu lucratifs, & ils n'excitoient point l'envie : on
les regardoit comme deftinées par leur éducation
à les remplir. A l'époque où la bourgeoifie fut
plus nombreufe & plus riche, il y eut plus de
citoyens en état de les occuper : il en réfulta des
rivalités & des haines. Quelques-uns de ceux qui
n'avoient pas réuni les fuffrages dans les élections,
crièrent à l'oligarchie ; pour captiver des voix,

ils montrèrent le desir de faire rendre au conseil général toute l'autorité, dont ils disoient qu'on l'avoit dépouillé. Ils se firent écouter, & ils devinrent des personnages importans. Ce font ces espèces de magistrats occultes, connus sous différens noms, qui ont perpétué les troubles, & qui, en armant la bourgeoisie pour forcer les conseils, ont amené la dernière révolution : nous demanderons si, dans cet ordre de choses, les plénipotentiaires pouvoient consacrer des prétentions qui soumettoient *Geneve* à une forme d'administration différente de celle qui avoit établi sa prospérité, & favoriser, aux dépens de la tranquillité générale, les vues ambitieuses de quelques individus.

Il paroît que les citoyens qui étoient du parti des représentans, après avoir examiné de sang-froid le nouvel édit, ne l'ont pas trouvé si désavantageux. Cette émigration qui devoit se faire en Irlande, qui se trouvoit encouragée par les largesses du parlement irlandois, qu'est-elle devenue? Aucun genevois n'en a profité, & la désertion presque totale dont on menaçoit la ville, s'est bornée au départ de quelques familles (1). Dans les premiers momens de chagrin ou d'humeur que donne toujours une cause perdue, ceux du parti qui se croyoit vaincu ou opprimé, parloient de fuir l'esclavage : ils ont fait leurs réflexions; ils ont senti qu'ils seroient encore plus heureux à *Geneve* que par-tout ailleurs; que si on a diminué leurs droits politiques, on n'a point attenté à leur liberté civile; que chez les peuples modernes, & dans une ville livrée toute entière à l'industrie & au commerce, la liberté civile est peut-être préférable à la liberté politique; qu'il y auroit de la tyrannie & de l'aversion pour la liberté, à changer la constitution populaire des petits cantons de la Suisse, qui fait le bonheur de leurs habitans; mais qu'à *Geneve* on a pu, sans tyrannie & sans aversion pour la liberté, étendre le pouvoir du magistrat.

Il devient nécessaire de changer toutes les constitutions après un certain intervalle : le temps de changer celle de *Geneve* étoit arrivé; les droits réclamés par les représentans étoient-ils compatibles avec leur caractère? n'auroient-ils pas porté bientôt un coup fatal à leur industrie? Que veulent-ils & que leur faut-il? cultiver le commerce, se livrer à l'industrie & acquérir des richesses; & est-il rien de plus propre à l'exécution de ces vues qu'une paix qui, sans les mettre dans l'esclavage, leur ôte seulement des privilèges qui ne produisent que des divisions & des émeutes.

Nous ne craindrons pas de le dire, cet édit de pacification est un grand bonheur pour *Geneve*. Qui fait si les puissances médiatrices, fatiguées

de tant de troubles, auroient toujours respecté son indépendance? & qui oseroit dire que, dans les marchés de la politique, des conjonctures fâcheuses pour cette ville n'auroient pas déterminé sa réunion à l'un des états voisins?

Il ne faut pas examiner, d'après des principes bien rigoureux, si la puissance exécutive est assez distincte de la puissance judiciaire; si elle est assez subordonnée à la puissance législative; si cette puissance législative est assez indépendante; si son autorité ne manque pas d'énergie; si les trente-six adjoints aux deux cents suffiront pour arrêter les vues ambitieuses & les usurpations de ce corps. Dans un si petit gouvernement, il faut calculer sur-tout les circonstances locales, & il est peu de principes généraux qui soient applicables ici. Les médiateurs ont réglé, d'après ces circonstances, ce qu'ils ont jugé de mieux. Nous ajouterons qu'après l'édit de 1782, le conseil général ne doit plus guères exercer sa puissance législative : lorsqu'il sera nécessaire de la mettre en activité, c'est de l'autorité des puissances garantes qu'il tirera le pouvoir dont il aura besoin.

On sera peut-être tenté de regretter l'usage des conseils généraux périodiques, qui se tenoient d'abord tous les cinq ans & ensuite tous les trois ans, & où l'on examinoit les atteintes portées à la constitution & aux loix, usage qui se perdit au seizième siècle (2). On desirera peut-être qu'en laissant les choses au point où elles sont, & en prévenant avec un réglement particulier les écarts du parti populaire, on les rétablisse pour y examiner uniquement, & sous la direction des puissances garantes, les représentations des citoyens & les transgressions des loix dans les divers corps de la république : mais ce rétablissement seroit dangereux; il ranimeroit les haines & les partis, & d'ailleurs les puissances garantes veillent au maintien de l'édit de pacification.

Enfin on peut dire de l'édit de pacification ce qu'a dit Rousseau de l'acte de la médiation, & les lecteurs éclairés trouveront l'apologie exacte dans tous les points. « Loin d'imputer aux médiateurs d'avoir voulu vous réduire en servitude, je prouverois aisément au contraire qu'ils ont rendu votre situation meilleure, à plusieurs égards, qu'elle n'étoit avant les troubles qui vous forcèrent d'accepter leurs bons offices. Ils ont trouvé une ville en armes; tout étoit, à leur arrivée, dans un état de crise & de confusion, qui ne leur permettoit pas de tirer de cet état la règle de leur ouvrage; ils ont remonté aux temps pacifiques, ils ont étudié la constitution primitive de votre gouvernement dans les progrès qu'il avoit déja faits; pour le remonter, il eût fallu le refondre : la raison,

(1) Il paroît même que la population de *Genève* n'a jamais été aussi considérable qu'elle l'est à présent,
(2) On les rétablit en 1707; mais l'édit de 1712 les anéantit de nouveau.

» l'équité ne permettoient pas qu'ils vous en don-
» naffent un autre, & vous ne l'auriez pas ac-
» cepté. N'en pouvant donc ôter les défauts,
» ils ont borné leurs foins à l'affermir tel que
» l'avoient laiffé vos pères; ils l'ont corrigé même
» en divers points; &, des abus qu'on peut y
» remarquer, il n'y en a pas un qui n'exiftât dans
» la république, long-temps avant que les média-
» teurs en euffent pris connoiffance. Le feul
» tort qu'ils femblent vous avoir fait, a été d'ô-
» ter au légiflateur tout exercice du pouvoir ex-
» cluffif & l'ufage de la force à l'appui de la
» juftice; mais, en vous donnant une reffource
» auffi fûre & plus légitime, ils ont changé le
» mal apparent en un vrai bienfait. En fe ren-
» dant garants de vos droits, ils vous ont dif-
» penfé de les défendre vous-mêmes. Ah! dans
» la mifère des chofes humaines, quel bien vaut
» la peine d'être acheté du fang de nos frè-
» res! La liberté même eft trop chère à ce
» prix.
» Les médiateurs ont pu fe tromper; ils étoient
» hommes: mais ils n'ont pas voulu vous tromper;
» ils ont voulu être juftes: cela fe voit, même
» cela fe prouve; & tout montre, en effet, que
» ce qui eft équivoque ou défectueux dans leur
» ouvrage, vient fouvent de néceffité, quelque-
» fois d'erreur, jamais de mauvaife volonté. Ils
» avoient à concilier des chofes prefque incom-
» patibles, les droits du peuple & les prétentions
» du confeil, l'empire des loix & la puiffance des
» hommes, l'indépendance de l'état & la garan-
» tie du réglement: tout cela ne pouvoit fe faire
» fans un peu de contradiction (1) ».

Geneve n'a jamais été plus floriffante & plus
heureufe, qu'elle ne l'eft depuis cette pacification: elle paye des impôts plus confidérables;
mais, ainfi que nous l'avons obfervé, ils
tombent principalement fur les riches; & fi l'on
calcule le tort que faifoient à l'induftrie les prifes d'armes par les troubles antérieurs, on verra
que les genevois ont gagné même fur ce point.
Avant les nouveaux impôts, on évaluoit les revenus de la ville à un million tournois; les frais
de garnifon n'en abforberont pas le produit déformais, & nous croyons qu'il reftera affez de
fonds pour former des établiffemens utiles. La
partie de la Géographie contient d'autres détails
fur cette ville; mais, en indiquant ce morceau,
nous préviendrons que quelques lignes qu'on y
trouve fur la pacification & fur fes effets font
très inexactes.

Geneve peut maintenant fe livrer à l'induftrie &
au commerce; & au lieu de déshonorer les conftitutions populaires, ainfi qu'elle l'a fait jufqu'ici,
elle peut mettre en honneur la liberté. Ses mœurs
que dépravoient les factions, offrent, à la cu-

pidité près, les difpofitions qui conviennent à la
démocratie. Les loix fomptuaires ont établi de la
fimplicité, & les magiftrats en donnent l'exemple. Leurs appointemens font très-foibles, & ils
fe font oppofés au deffein des repréfentans qui
vouloient les augmenter. On n'a jamais taxé de
corruption ceux qui adminiftrent la juftice & les
finances. Les pauvres trouvent du bled dans les
maga fins publics en temps de difette. Les maifons
de charité ont peu de revenus; mais les contributions des gens riches y pourvoient, & elles dé-
penfent une fomme égale à-peu-près au million
qui formoit les revenus de l'état.
Puiffe déformais cette petite république jouir
de la tranquillité néceffaire à fon indépendance!

GENGENBACH, petite ville impériale d'Allemagne au cercle de Suabe: elle eft fituée dans
l'Ortenau fur la Quinche. Elle a été engagée pendant quelque temps pour une moitié à l'évêché
de Strasbourg, & pour l'autre moitié à l'électeur
palatin. Elle fut délivrée de la dépendance de ce
dernier, lors de la profcription de l'électeur Philippe au commencement du feizième fiècle; mais
fon engagement ne l'empêcha pas de paroître à
la diète en 1470 & 1489. Elle y occupe la trente-
deuxième place, & aux affemblées du cercle la
trentième parmi les villes impériales de Suabe:
elle fuit la religion catholique. Sa taxe matriculaire qui, en 1683, avoit été réduite de
60 florins à 17, eft de 24 florins depuis 1728.
Sa cote pour l'entretien de la Chambre impériale
eft de 22 rixdales 88 ¼ kr.

GENGENBACH, abbaye princière d'Allemagne, au cercle de Suabe.
Cette abbaye de l'ordre de S. Benoît eft fituée
dans la ville impériale de Gengenbach: elle eft
dans le diocèfe de l'évêché de Strasbourg, &
fut, dit-on, fondée l'an 740. L'abbé a le titre
de très-réverend prélat de l'abbaye impériale de
Gengenbach & feigneur de Ryfs. Il a voix &
féance aux diètes de l'Empire fur le banc des prélats du cercle de Suabe, entre Swifalten & Lindau, & aux états du cercle, entre Swifalten &
Heggbach. Les matricules de l'Empire & du cercle ne le taxent plus qu'à 7 florins, tandis que fa
cote pour l'entretien de la chambre impériale eft
de 40 rixdales 54 kr. Les princes de Furftenberg
font protecteurs de cette abbaye, qui a perdu la
plus grande partie des biens & revenus qu'elle
poffédoit en Allemagne, en Suabe, dans l'évêché & la ville de Bâle, dans le Brifgau & dans
la vallée de la Quinche. Aujourd'hui elle a encore
des receveurs à Offenbourg & à Zell fur la rivière de Hammersbach.

GENS (droit des). Voyez à la lettre D l'article DROIT.

GENTOUX (code des), ou ancien code de quelques-uns des peuples de l'Inde. Nous avons dit à l'article BRAMES, de quelle manière le code a été compilé dans l'Inde, & comment il est parvenu à la connoiffance des européens. Nous allons en donner ici un extrait.

Nous obferverons d'abord que les gentoux ou peuples de l'Inde femblent avoir inftruit tous les autres, & que depuis leur réunion ils n'ont fubi, dans leurs mœurs & dans leurs préjugés, d'autres altérations que celles qui font inféparables du caractère de l'homme & de l'influence des temps.

Le code civil des gentoux s'ouvre par les devoirs du fouverain ou magiftrat. On lit dans un paragraphe féparé : « qu'il foit aimé, refpecté, » inftruit, ferme & redouté : qu'il traite fes fu- » jets comme fes enfans : qu'il protège le mérite » & récompenfe la vertu : qu'il fe montre à fes » peuples : qu'il s'abftienne du vin : qu'il règne » d'abord fur lui-même : qu'il ne foit jamais ni » joueur, ni chaffeur : que, dans toute occafion, » il épargne le brame & l'excufe : qu'il encou- » rage fur-tout la culture des terres : qu'il n'en- » vahiffe point la propriété du dernier de fes fu- » jets. S'il eft vainqueur dans la guerre, il en » rendra grace aux dieux du pays, & comblera » le brame des dépouilles de l'ennemi. Il aura à » fon fervice un nombre de bouffons ou parafi- » tes, de farceurs, de danfeurs & de lutteurs. » S'il ne peut faifir le malfaiteur, le méfait fera » réparé à fes dépens. Si percevant le tribut il » ne protège pas, il ira aux enfers. S'il ufurpe » une portion des legs ou donations pieufes, il » fera châtié pendant mille ans aux enfers. Qu'il » fache que par-tout où les hommes d'un certain » rang frequentent les proftituées & fe livrent à » la débauche de la table, l'état marche à fa rui- » ne. Son autorité durera peu, s'il confie fes » projets à d'autres qu'à fes confeillers. Malheur » à lui, s'il confulte le vieillard imbécile ou la » femme légère. Qu'il tienne fon confeil au haut » de la maifon, fur la montagne, au fond du » défert, loin des perroquets & des oifeaux ba- » billards ».

Il n'y auroit dans le code entier que la ligne fur les donations pieufes, qu'on y reconnoîtroit le doigt d'un prêtre. Mais quelle eft l'utilité des bouffons, des danfeurs, des farceurs à la cour du magiftrat ? Seroit-ce de le délaffer de fes fonctions pénibles, de le récréer de fes devoirs férieux ?

Combien la formation d'un code civil, fur-tout pour une grande nation, ne fuppofe-t-elle pas de qualités réunies ? Quelle connoiffance de l'homme, du climat, de la religion, des mœurs, des ufages, des préjugés, de la juftice naturelle, des droits, des rapports, des conditions, des chofes, des devoirs dans tous les états, de la proportion des châtimens aux délits ! Quel jugement ! quelle impartialité ! quelle expérience ! Le code des indiens a-t-il été l'ouvrage du génie, ou le réfultat de la fageffe des fiècles ? C'eft une queftion que nous laiffons à décider à celui qui fe donnera la peine de la méditer profondément.

On y traite d'abord du prêt, le premier lien des hommes entr'eux ; de la propriété, le premier pas de l'affociation ; de la juftice, fans laquelle aucune fociété ne peut fubfifter ; des formes de la juftice, fans lefquelles l'exercice en devient arbitraire ; des dépôts, des partages, des donations, des gages, des efclaves, des citoyens, des pères, des mères, des enfans, des époux, des femmes, des danfeufes, des chanteufes. A la fuite de ces objets, qui marquent une population nombreufe, des liaifons infinies, une expérience confommée de la méchanceté des hommes, on paffe aux loyers & aux baux, aux partages des terres & aux récoltes, aux villes & aux bourgs, aux amendes, à toutes fortes d'injures & de rixes, aux charlatans, aux filoux, aux vols, entre lefquels on compte le vol de la perfonne, à l'incontinence & à l'adultère ; & chacune de ces matières eft traitée dans un détail, qui s'étend depuis les efpèces les plus communes jufqu'à des délits qui femblent chimériques. Prefque tout a été prévu avec jugement, diftingué avec fineffe, mais preferit, défendu ou châtié avec injuftice. De cette multitude de loix, nous n'expoferons que celles qui caractèrifent les premiers temps de la nation, & qui doivent nous frapper ou par leur fageffe, ou par leur fingularité.

Il eft défendu de prêter à la femme, à l'enfant & au ferviteur. L'intérêt du prêt s'accroît à mefure que la cafte de l'emprunteur defcend : police inhumaine, où l'on a plus confulté la fécurité du riche que le befoin du pauvre. Quelle que foit la durée du prêt, l'intérêt ne s'élevera jamais au double du capital. Celui qui hypothéquera le même effet à deux créanciers, fera puni de mort. Le créancier faifira fon débiteur infolvable dans les caftes fubalternes, l'enfermera chez lui & le fera travailler à fon profit.

La femme de mauvaifes mœurs n'héritera point, ni la veuve fans enfans, ni la femme ftérile, ni l'homme fans principe, ni l'eunuque, ni l'imbécile, ni le banni de fa cafte, ni l'expulfé de fa famille, ni l'aveugle ou fourd de naiffance, ni le muet, ni l'impuiffant, ni le maléficié, ni le lépreux, ni celui qui aura frappé fon père. Que ceux qui les remplacent, les revêtent & les nourriffent.

Les indiens ne teftent point. Les degrés d'affinité fixent les prétentions & les droits.

La portion de l'enfant qui aura profité de fon éducation, fera double de celle de l'enfant ignorant.

Prefque toutes les loix du code fur les propriétés, les fucceffions & les partages, font conformes aux loix romaines, parce que la raifon &

Z z z 2

l'équité font de tous les temps & dictent les mêmes réglemens, à moins qu'ils ne foient contrariés par des ufages bizarres ou des préjugés extravagans, dont l'origine fe perd dans la nuit des
temps ; que leur antiquité foutient contre le fens
commun, & qui font le défefpoir du légiflateur.

S'il fe commet une injuftice au tribunal de la
loi, le dommage fe répartira fur tous ceux qui
y auront participé, fans en excepter le juge. Il
feroit à fouhaiter que par-tout le juge pût être
pris à partie. S'il a mal jugé par incapacité, il
eft coupable ; par iniquité, il l'eft bien davantage.

Après avoir condamné le faux témoin à la peine du talion, on permet le faux témoignage contre une dépofition vraie qui conduiroit le coupable
à la mort. Quelle étrange affociation de fageffe
& de folie !

Dans la détreffe, le mari pourra livrer fa femme, fi elle y confent ; le pere vendra fon fils,
s'il en a plufieurs. De ces deux loix, l'une eft infame, l'autre inhumaine. La première réduit la
mère de famille à la condition de proftituée ; la
feconde réduit l'enfant de la maifon à l'état d'efclavage.

Les différentes claffes d'efclaves font énormé-
ment multipliées par les indiens. La loi en permet
l'affranchiffement qui a fon cérémonial. L'efclave
remplit une cruche d'eau, y met du riz qu'il a
mondé avec quelques feuilles d'un légume, il fe
tient debout devant fon maître, la cruche fur
fon épaule ; le maître l'élève fur fa tête, la caffe,
& dit trois fois, tandis que le contenu de la
cruche fe répand fur l'efclave : *je te rends libre*,
& l'efclave eft affranchi.

Celui qui tuera un animal, un cheval, un bœuf,
une chèvre, un chameau, aura la main ou le
pied coupé, & voilà l'homme mis fur la ligne
de la brute. S'il tue un tigre, un ours, un fer-
pent, la peine fera pécuniaire. Ces délits font
des conféquences fuperftitieufes de la métemp-
fycofe, qui, faifant regarder le corps d'un animal comme le domicile d'une ame humaine,
montre la mort violente d'un reptile comme une
efpèce d'affaffinat. Le brame, avant que de s'affeoir à terre, balayoit la place avec un pan de
fa robe, & difoit à Dieu : *fi j'ai fait defcendre
ma bienveillance jufqu'à la fourmi, j'efpère que tu
feras defcendre la tienne jufqu'à moi.*

La population a paru aux légiflateurs un devoir primitif, un ordre de la nature fi facré, que
la loi permet de tromper, de mentir, de fe par-
jurer pour favorifer un mariage.

La polygamie eft permife par toutes les religions
de l'Afie, & la pluralité des maris tolérée par
quelques-unes. Dans les royaumes de Boutan &
du Thibet, une feule femme fert fouvent à
toute une famille, fans jaloufie & fans trouble domeftique.

La virginité eft une condition effentielle à la validité de l'union conjugale. La femme eft fous le
defpotifme de fon mari. Le code des indiens dit
*que la femme, maitreffe d'elle même, fe conduira
toujours mal, & qu'il ne faut jamais compter fur fa
vertu.* Si elle n'engendre que des filles, fon époux
fera difpenfé d'habiter avec elle. Elle ne fortira
point de fa maifon fans fa permiffion ; elle aura
toujours le fein couvert. A la mort de fon mari,
il convient qu'elle fe brûle fur le même bucher,
à moins qu'elle ne foit enceinte, que fon mari
ne foit abfent, qu'elle ne puiffe fe procurer fon
turban ou fa ceinture, ou qu'elle ne fe voue à
la chafteté & au célibat. Si elle partage le bucher avec le cadavre de fon mari, le ciel le plus
élevé fera fa demeure, & elle y fera placée à
côté de l'homme qui n'aura jamais menti.

La législation des indiens, qu'on trouvera trop
indulgente fur certains crimes, tels que l'affaffinat d'un efclave, la pédéraftie, la beftialité,
dont on obtenoit l'abfolution avec de l'argent,
paroîtra fans doute atroce fur le commerce illicite des deux fexes. C'eft vraifemblablement une
fuite de la lubricité des femmes & de la foibleffe
des hommes fous un climat brûlant, de la jaloufie effrénée de ceux-ci, de la crainte du mélange
des caftes, des idées de continence, & une
preuve de l'ancienneté du code. A mefure que
les fociétés s'accroiffent la corruption s'étend ;
les délits, fur-tout ceux qui naiffent de la
nature du climat dont l'influence ne ceffe point,
fe multiplient, & les châtimens tombent en défuétude, à moins que le code ne foit fous la
fanction des dieux. Nos loix ont prononcé une
peine févère contre l'adultère. Qui eft-ce qui s'en
doute ?

Ce que nous appellons *commerce galant*, le
code l'appelle *adultère.* Il y a l'adultère de la co-
quetterie de l'homme ou de la femme, dont le
châtiment eft pécuniaire ; l'adultère des préfens,
qui eft châtié dans l'homme par la mutilation ;
l'adultère confommé, qui eft puni de mort. La
fille d'un brame qui fe proftitue, eft condamnée
au feu. L'attouchement défhonnête, dont la loi
fpécifie les différences, parce qu'elle eft fans pudeur, atteinte à la décence fupprime dans un hiftorien, eft fuivi d'une peine effrayante. L'homme d'une
cafte fupérieure, convaincu d'avoir habité avec une
femme du peuple, fera marqué fur le front de la
la figure d'un homme fans tête. Le brame adultère fera marqué fur le front, des parties fexuelles
de la femme : on les déchirera à fa complice, &
elle fera mife à mort.

Les chanteufes, danfeufes & femmes publiques
forment des communautés protégées par la police. Elles font employées dans les folemnités : on
les envoie à la rencontre des hommes publics. Cet
état étoit moins méprifé dans les anciens temps.
Avant les loix, la condition de l'homme différoit
peu de la condition animale.

La courtisane qui aura manqué à sa parole, rendra le double de la somme qu'elle aura reçue. Celui qui l'avilira par une jouissance abusive, lui paiera huit fois la même somme, & autant au magistrat. Le châtiment sera le même, s'il l'a prostituée à un autre.

On ne jouera point sans le consentement du magistrat. La dette du jeu clandestin ne sera point exigible.

Celui qui frappera un brame de la main ou du pied, aura la main ou le pied coupé.

On versera de l'huile bouillante dans la bouche du sooder, ou de l'homme de la quatrième caste, convaincu d'avoir lu les livres sacrés. S'il a entendu la lecture des bedas, ses oreilles seront remplies d'huile chaude, & bouchées avec de la cire.

Le sooder qui s'asseoira sur le tapis du brame, aura la fesse percée d'un fer chaud, & sera banni. Quelque crime que le brame ait commis, il ne sera point mis à mort. Tuer un brame est le plus grand crime qu'on puisse commettre.

La propriété d'un brame est sacrée : elle ne passera point en des mains étrangères, pas même dans celles du souverain. Et voilà, dans les premiers temps, des hommes de main-morte parmi les indiens.

La réprimande suppléera au silence de la loi. Le châtiment d'une faute s'accroîtra par les récidives. L'instrument de l'art ou du métier, même celui de la femme publique, ne sera point confisqué. Que diroit l'indien, s'il voyoit nos huissiers démeubler la chaumière du paysan, & ses bœufs, & ses autres instrumens de labour mis à l'encan !

Et pour terminer cette courte analyse d'un code trop peu connu, par quelques grands traits, on lit au paragraphe du souverain : « s'il n'y a dans » l'état ni voleurs, ni adultères, ni assassins, ni » hommes de mauvais principes, le ciel est as- » suré au magistrat. Son empire fleurira ; sa gloire » s'étendra pendant sa vie, & sa récompense sera » la même après sa mort, si les coupables ont été » sévèrement punis » : car, dit le code avec au- tant d'énergie que de simplicité : « le châtiment est » le magistrat ; le châtiment inspire la terreur à » tous ; le châtiment est le défenseur du peuple ; » le châtiment est son protecteur dans la calamité ; » le châtiment est le gardien de celui qui dort ; » le châtiment, au visage noir & à l'œil rouge, » est l'effroi du coupable ».

Malgré les vices de ce code, dont les plus frappans sont trop de faveur pour les prêtres, & trop de rigueur contre les femmes, malgré sa grossièreté & ses injustices, il annonce cependant la haute réputation de la sagesse des brames dans les siècles les plus reculés. Si après le grand nombre des loix sensées qu'on y remarque, il en est qui paroissent trop indulgentes ou trop sévères ; d'autres qui prescrivent des actions basses ou mal-

honnêtes ; quelques-unes qui infligent des peines atroces pour des délits légers, ou des châtimens légers pour des crimes atroces, l'homme sage, avant que de blâmer, pesera les circonstances, qui ne permettent souvent au législateur de donner à un peuple que les meilleures loix qu'il peut rece- voir. Il conclura, sans hésiter, de la régularité compliquée de la Grammaire Samskrète, de l'anti- quité de cette langue commune autrefois, & de- puis si long-temps ignorée, & de la confection d'un code aussi étendu que celui des indiens, que, dans l'Inde, il s'est écoulé un grand nombre de siècles, entre l'état de barbarie & l'état policé, & que les prêtres se sont rendus coupables en- vers leurs compatriotes & les étrangers, par un secret mystérieux qui retardoit de toutes parts les progrès de la civilisation. Au reste, il est peu d'ar- ticles de ce code qui soient en vigueur aujourd'hui.

GÉORGIE, l'une des treize républiques de l'union américaine. Le lecteur trouvera à l'article *Etats-Unis*, un précis de l'histoire politique des Etats-Unis, jusqu'à l'époque de la révolution ; des remarques générales sur les constitutions des treize Etats-Unis ; des remarques sur l'acte de confé- dération, sur le congrès, & sur les nouveaux pouvoirs qu'il est à propos de lui confier : un état de la dette & des finances des Etats-Unis ; des remarques sur l'état où se trouvent aujourd'hui les nouvelles républiques américaines ; sur les abus qu'elles doivent éviter dans la rédaction de leurs codes : nous y parlons en outre de l'association des *cincinnati* & des dangers de cette institution, de la population, de la marine, de l'armée, des nouveaux états qui se formeront dans le territoire de l'Ouest & des districts qui demandent déjà à être admis à la confédération américaine, & des traités qu'ont formés les américains avec quelques puissances de l'Europe : cet article *Etats-Unis* of- fre enfin des observations politiques & des détails sur les sauvages qui se trouvent dans le voisinage, ou dans l'enceinte des Etats-Unis. Nous nous bor- nerons ici, 1°. au précis de l'histoire politique de l'établissement de la colonie de la *Géorgie*, & de son état lorsqu'elle s'est déclarée indépendante, & qu'elle a accédé à l'union américaine : 2°. nous donnerons la constitution de la *Géorgie* : 3°. nous ferons des remarques sur cette constitution : 4°. nous ferons d'autres remarques sur la conduite de la *Géorgie* pendant la guerre & depuis la paix : 5°. nous entrerons dans quelques détails sur son commerce & sur son état actuel.

SECTION PREMIERE.

Précis de l'histoire politique de l'établissement de la colonie de la Géorgie, & de son état lorsqu'elle s'est déclarée indépendante, & qu'elle a accédé à l'union américaine.

(Tous les détails de cette section sont tirés d'un auteur très-connu).

Entre la Caroline & la Floride, est une langue de terre, qui occupe 60 milles le long de la côte de la mer, acquiert peu-à-peu une largeur de 150 milles, & à trois cents milles de profondeur jusqu'aux Apalaches. Ce pays, qu'on nomme *Géorgie*, est borné au nord par la rivière de Savannah, & au midi par la rivière d'Alatamaha.

Lorsque la nation angloise eut établi une colonie dans la Caroline méridionale, le ministère britannique songea à occuper la *Géorgie* qui l'avoisinoit, & qui étant plus au sud sembloit offrir encore plus de ressources. Un de ces actes de bienfaisance, que la liberté, mère des vertus patriotiques, rend plus communs en Angleterre que par-tout ailleurs, acheva de décider les vues du gouvernement. Un citoyen compatissant & riche voulut qu'après sa mort, ses biens fussent employés à rompre les fers des débiteurs insolvables, que leurs créanciers détenoient en prison.

La sagesse politique, secondant le vœu de l'humanité, ordonna que les infortunés qu'on rendroit libres, seroient transportés dans la terre voisine de la Caroline, qu'on se proposoit de peupler. Ce pays fut appelé *Géorgie*, en l'honneur du souverain qui gouvernoit les trois royaumes.

Cet hommage, d'autant plus flatteur qu'il ne venoit pas de l'adulation; l'exécution d'un entreprise vraiment utile à l'état: tout fut l'ouvrage de la nation. Le parlement ajouta 225000 liv. au legs sacré d'un citoyen. Une souscription volontaire produisit des sommes encore plus considérables. Un homme qui s'étoit fait remarquer dans la chambre des communes, par son goût pour les choses brillantes; par son amour pour la patrie, par sa passion pour la gloire, fut chargé de diriger un si digne projet avec ces moyens publics. Jaloux de se montrer égal à sa réputation, Oglethorpe voulut conduire lui-même en *Géorgie* les premiers colons qu'on y faisoit passer. Il y arriva au mois de janvier 1733, & plaça ses compagnons à dix milles de la mer sur les bords de la Savannah. Cette rivière donna son nom au foible établissement, qui pouvoit devenir un jour la capitale d'une colonie florissante. La peuplade, bornée à cent personnes, s'éleva, avant la fin de l'année, au nombre de six cents dix-huit, dont cent vingt-sept avoient fait les frais de leur émigration. Trois cents vingt hommes & cent treize femmes, cent deux garçons & quatre-vingt trois filles étoient le fonds de la nouvelle population, & l'espérance d'une nombreuse postérité.

Ce fond s'accrut, en 1735, de quelques montagnards écossois. Leur bravoure nationale leur fit accepter l'établissement qu'on leur offrit sur les rives de l'Alatamaha, pour les défendre, s'il le falloit, contre les entreprises de l'espagnol voisin. Ils y fondèrent la bourgade de Darien, à cinq lieues de l'isle de Saint-Simon, où étoit déjà établi le hameau de Frédérica.

La même année, un grand nombre de laboureurs protestans quittèrent les environs de Saltzbourg, & allèrent chercher la paix & la tolérance dans la *Géorgie*. Ebenezer, placé sur la rivière de Savannah, à seize lieues de l'Océan, leur dut son origine.

Les suisses imitèrent les saltzbourgeois, sans avoir été persécutés comme eux. Ils s'établirent aussi sur la Savannah; mais trois lieues plus bas, mais sur une rive qui les mettoit sous les loix de la Caroline. Leur peuplade, formée de cent maisons, s'appella *Purysbourg* du nom de *Pury*, qui, ayant fait la dépense de leur transplantation, méritoit bien cette marque de reconnoissance.

Dans ces quatre ou cinq peuplades, il se trouva des hommes plus portés au commerce qu'à l'agriculture. On les en vit sortir, pour aller fonder, à cent quarante-cinq milles de l'Océan, la ville d'Augusta. Ce n'étoit pas la bonté du sol qu'ils cherchoient; ils vouloient partager avec la Virginie, avec les deux Carolines, les pelleteries que ces provinces obtenoient des Creeks, des Chickesaws, des Cherokees, les nations sauvages les plus nombreuses de ce continent. Leur projet réussit si bien, que, dès 1739, ces liaisons occupoient six cents personnes. L'extraction de ces fourrures d'une qualité inférieure étoit d'autant plus facile que, durant la plus grande partie de l'année, la Savannah conduit des barques de vingt à trente tonneaux jusqu'aux murs d'Augusta.

La métropole pouvoit, ce semble, beaucoup espérer d'un établissement qui, dans un temps très-borné, avoit reçu cinq mille habitans, qui avoient coûté 1,485,000 liv. au fisc, & beaucoup davantage aux zélés patriotes. Quel dut être l'étonnement, lorsqu'en 1741 on l'instruisit que la plupart des malheureux, qui étoient allés chercher un asyle dans la *Géorgie*, s'en étoient successivement retirés, & que le peu qui y restoit encore soupiroit sans cesse après un séjour moins insupportable! On chercha les causes d'un événement si singulier, & on les trouva.

Dans sa naissance même, cette colonie avoit porté le germe de son dépérissement. On avoit abandonné la jurisdiction avec la propriété de la *Géorgie* à des particuliers. L'exemple de la Caroline auroit dû prévenir contre cette imprudence; mais, chez les nations comme chez les individus, les fautes du passé sont perdues pour l'avenir. Le plus souvent les faits sont ignorés. Sont-ils connus, on en impute les fâcheuses conséquences à des prédécesseurs mal-habiles, ou l'on trouve, dans quelques légères différences entre les circonstances & dans quelques précautions frivoles, le moyen de colorer des opérations radicalement vicieuses; d'où il arrive qu'un gouvernement éclairé, surveillé par la nation, n'est pas-même à l'abri des surprises qu'on fait à sa confiance. Le ministère britannique livra donc l'intérêt public à l'avidité des intérêts privés.

Le premier ufage que les propriétaires de la *Géorgie* firent de l'autorité fans bornes qu'on leur avoit accordée, fut d'établir une légiflation qui mettoit dans leurs mains, non-feulement la police, la juftice & les finances du pays, mais la vie & les biens de fes habitans. On ne laiffoit aucun droit au peuple, qui, dans l'origine, a tous les droits. Contre fes intérêts & fes lumières, on vouloit qu'il obéît, C'étoit fon devoir & fon fort.

Comme les grandes poffeffions avoient entraîné des inconvéniens dans d'autres colonies, on arrêta que, dans la *Géorgie*, chaque famille n'auroit d'abord que cinquante acres de terre, & n'en poffederoit jamais plus de 500 ; qu'elle ne pourroit pas les aliéner ; qu'ils ne pafferoient pas même en héritage aux filles. Il eft vrai que cette fubftitution aux feuls mâles fut bientôt abrogée ; mais on laiffoit fubfifter encore trop d'obftacles à l'émulation.

Les colonies angloifes, même les plus fertiles, ne payoient qu'un foible cens, encore n'étoit-ce qu'après avoir pris de la vie & des forces. La *Géorgie* fut, dès le berceau, foumife aux redevances du gouvernement féodal, dont on l'avoit chargée. Ces rentes devoient s'accroître outre mefure, avec le temps. Ses fondateurs furent aveuglés par la cupidité, au point de ne pas voir que le plus petit droit exercé dans une province peuplée & floriffante, les enrichiroit bien plus que les taxes les plus multipliées fur une terre inculte & déferte.

A ce genre d'oppreffion, fe joignit un arrangement qui devint une nouvelle caufe d'oppreffion. Les défordres qu'entraînoit, dans tout le continent de l'Amérique feptentrionale, l'ufage des liqueurs fpiritueufes, fit défendre l'importation des eaux-de-vie de fucre dans la *Géorgie*. Cette interdicfion, quelle qu'en fût le motif, ôtoit aux colons la feule boiffon qui pouvoir corriger le vice des eaux du pays, qu'ils trouvoient par-tout mal faines, & l'unique moyen de réparer la déperdition qu'ils faifoient par des fueurs continuelles : elle leur fermoit encore la navigation aux Indes occidentales, où ils ne pouvoient aller échanger contre ces liqueurs, les bois, les grains, les beftiaux, qui devoient être leurs premières richeffes.

Toutes foibles qu'étoient ces reffources, elles devoient s'accroître très-lentement, à caufe d'une défenfe digne d'éloge, fi le fentiment de l'humanité, & non la politique, l'avoit dictée. L'ufage des efclaves fut interdit aux colons de la *Géorgie*. D'autres colonies avoient été fondées fans la main des nègres. On penfa qu'une contrée, deftinée à être le boulevard de ces poffeffions, ne devoit pas être peuplée d'une race de victimes, qui n'auroient aucun intérêt à défendre des tyrans.

Cependant, la fituation vraiment défefpérée du nouvel établiffement, publioit avec trop d'énergie les imprudences du miniftère, pour qu'on

pût perfévérer dans de fi fatales combinaifons. La province reçut enfin le gouvernement qui faifoit profpérer les autres colonies. Ceffant d'être un fief de quelques particuliers, elle devint une poffeffion vraiment nationale.

Depuis cette heureufe révolution, la *Géorgie* a fait d'affez grands progrès, fans être auffi rapides qu'on les efpéroit. A la vérité on n'y a pas cultivé la vigne, l'olivier, la foie, comme la métropole l'auroit défiré : mais fes marais ont fourni une affez grande quantité de riz ; & fur fon fol plus élevé a été récolté un indigo fupérieur à celui de la Caroline. Avant le premier Janvier 1768, fix cents trente-fept mille cent foixante-dix acres de terre y avoient été concédés. Ceux qui ne valoient que 3 liv. 7 fols 6 deniers en 1763, étoient vendus 67 liv. 10 fols en 1769. Les exportations de la colonie s'y élevèrent à 1,625,418 livres 9 fols 5 deniers ; elles ont beaucoup augmenté depuis.

Les douze autres colonies avoient déclaré leur indépendance, & formé une confédération contre le roi d'Angleterre, & la *Géorgie* ne fe preffoit pas d'accéder à la Ligue : elle y accéda enfin : elle fe déclara indépendante ; elle établit une conftitution : par le traité de paix avec l'Angleterre, elle a été reconnue pour un état libre & indépendant, ainfi que les douze autres provinces ; & fa population, & fes cultures vont faire des progrès rapides. Nous avons examiné à l'article ETATS-UNIS, les affertions de quelques écrivains, qui croient que le fol des *Etats-Unis* dépérit d'une manière fenfible : & parce qu'on a tenté vainement des effais dans la *Géorgie*, fous le gouvernement britannique, nous avons prouvé qu'il ne faut pas en conclure que ces effais feront également infructueux, avec l'énergie & la conftance qu'infpire la liberté à des citoyens.

SECTION SECONDE.

Conftitution de l'état de Géorgie, *unanimement arrêtée le 5 Février mil fept cent foixante-dix-fept.*

PRÉAMBULE. Confidérant que la conduite de la légiflature de la Grande-Bretagne, a depuis long-tems été vexatoire envers le peuple de l'Amérique, jufqu'au point d'avoir explicitement déclaré, les années dernières, & d'avoir affirmé qu'elle avoit le droit de lever des taxes fur le peuple de l'Amérique, & de faire des loix obligatoires pour lui, dans tous les cas quelconques, fans fon confentement ; qu'une telle conduite répugnant aux droits communs à tous les hommes, a forcé les Américains à s'oppofer en hommes libres à ces mefures vexatoires, & à s'affurer les droits & les privilèges qui leur appartiennent par les loix de la nature & de la raifon ; ce qui a été fait par le confentement général de tout le peuple, des états de New-Hampshire, Maffachufett, Rhode-Ifland, Connecticut, New-Yorck, New-Jerfey, Penfylvanie, des Comtés de New-Caftle, Kent & Suffex fur la Delaware, du Maryland, de la Virginie, de la Caroline Septentrionale, de la Caroline Méridionale, & de la *Géorgie*, donné par leurs repréfentans affemblés en congrès général dans la ville de Philadelphie.

Confidérant que le 15 du mois de Mars dernier, le fufdit congrès a recommandé aux affemblées & aux conventions refpectives de ceux des Etats-Unis, où il n'avoit pas encore été établi un gouvernement approprié aux circonftances, d'adopter la forme de gouvernement, qui d'après l'opinion des repréfentans du peuple, paroîtroit la plus propre à procurer le bonheur & la fûreté de leurs conftituans en particulier, & de l'Amérique en général.

Et confidérant que le fufdit honorable congrès a auffi déclaré le 4 juillet mil fept cent-foixante-feize, l'indépendance des états-unis de l'Amérique, & que tout lien politique entr'eux & la couronne de la Grande-Bretagne, a été rompu en conféquence de cette déclaration.

Tout confidéré, nous, repréfentans du peuple, de qui tout pouvoir émane, & de qui l'avantage eft le but de tout gouvernement, en vertu du pouvoir à nous délégué, nous ordonnons & déclarons, & par le préfent acte il eft ordonné & déclaré que les règles & règlemens fuivans font adoptés pour le gouvernement futur de cet état.

FORME DE GOUVERNEMENT.

ARTICLE PREMIER. Les départemens légiflatif, exécutif & judiciaire, feront diftincts & féparés, de manière que l'un n'exerce point les pouvoirs qui appartiennent aux autres.

II. La légiflature de cet état fera compofée des repréfentans du peuple, comme il eft ci-après indiqué.

Les repréfentans feront élus annuellement, le premier mardi du mois de décembre de chaque année; & les repréfentans ainfi élus, s'affembleront le premier mardi du mois de janvier fuivant à Savannah, ou dans tel autre lieu, ou tels autres lieux que la chambre d'affemblée en exercice ordonnera.

Les repréfentans ainfi élus procéderont dans leur première féance au choix d'un Gouverneur, à qui l'on donnera le titre de *honorable*, & d'un confeil chargé du département exécutif: ils y procéderont par la voie du fcrutin, & choifiront dans leur propre corps, deux fujets de chacun des comtés de cet état, à l'exception pourtant de ceux qui ne font pas encore autorifés à envoyer dix membres. L'un de ces confeillers de chaque comté fera toujours dans

le lieu de la réfidence du gouverneur, & les deux alterneront mois par mois, à moins qu'ils ne prennent entr'eux d'autres arrangemens pour regler leurs alternatives de fervices plus longues ou plus courtes; cette claufe, au refte, n'empêchera pas l'un & l'autre des membres de chaque comté de fervir à la fois, s'ils le veulent. Le refte des repréfentans s'appellera, *la chambre d'affemblée*; & la pluralité des membres de cette chambre aura pouvoir de procéder à l'expédition des affaires.

III. Ce fera une regle inaltérable, que la chambre d'affemblée expirera & fera diffoute chaque année le jour qui précédera celui de l'élection mentionnée dans le règlement de l'article précédent.

IV. La repréfentation fera partagée de la manière fuivante:

Dix membres pour chaque comté, comme il eft ci après ordonné, à l'exception du comté de Liberté, qui contient trois paroiffes, & à qui il fera paffé quatorze membres.

Les terres cédées au nord de la rivière Ogeechie, formeront un comté qui fera connu fous le nom de *Wilkes*.

La paroiffe de faint Paul formera un autre comté fous le nom de *Richemond*.

La paroiffe de faint George, un autre comté, fous le nom de *Burke*.

La paroiffe de faint Matthieu, & la partie fupérieure de faint Philippe, au-deffus de Canouchie, un autre comté, fous le nom de *Effingham*.

La paroiffe de Chrift church, *l'églife du Chrift*, & la partie inférieure de celle de faint Philippe, au-deffous de Canouchie, un autre comté, fous le nom de *Chatham*.

Les paroiffes de faint Jean, faint André, & faint Jacques, un autre comté, fous le nom de *Liberté*.

Les paroiffes de faint David & de faint Patrick, un autre comté, fous le nom de *Glyn*.

Les paroiffes de faint-Thomas & de fainte-Marie, un autre comté, fous le nom de *Camden*.

Le port & la banlieue de Savannah, auront droit d'envoyer quatre membres pour repréfenter leur commerce.

Le port & la banlieue de Sunbury auront droit d'envoyer deux membres pour repréfenter leur commerce.

V. Les deux comtés de Glyn & de Camden auront chacun un repréfentant; & leur repréfentation, ainfi que celle de tous les autres comtés qui pourront être établis dans la fuite par la chambre d'affemblée, fera reglée par les difpofitions fuivantes: chaque comté, dès le moment de fa première inftitution, aura droit d'envoyer un repréfentant, pourvu que les habitans dudit comté puiffent fournir dix électeurs; s'il y a trente électeurs, ils pourront envoyer deux repréfentans;

trois

trois pour quarante électeurs ; quatre pour soixante, six pour quatre-vingt ; & lorsqu'il y aura cent électeurs, ou plus, ils pourront envoyer dix représentans, parmi lesquels on choisira pour lors deux conseillers, comme il est ordonné pour les autres comtés.

VI. Les représentans seront choisis parmi les habitans de chaque comté, & devront avoir résidé douze mois au moins dans cet état, & trois mois dans le comté pour lequel ils seront élus ; mais les francs-tenanciers des comtés de Glyn & Camden, qui sont dans un état d'alarme, seront exceptés de cette clause, & pourront choisir un représentant pour chacun de leurs comtés respectifs, ainsi qu'il est spécifié dans les articles de la présente constitution, & faire leur élection dans tout autre comté de cet état, jusqu'à ce qu'ils ayent un nombre d'habitans résidans, suffisant pour leur donner droit à un plus grand nombre de représentans. Les représentans devront être de la religion protestante, de l'âge au moins de vingt-un ans, & posséder en leur propre & privé nom, deux cents cinquante acres de terre, ou quelque propriété de la valeur de deux cents cinquante livres sterling.

VII. La chambre d'assemblée aura le pouvoir de faire toutes les loix & tous les règlemens qui pourront procurer le bon ordre & l'avantage de cet état, pourvu que ces loix & règlemens ne répugnent point à la véritable intention, ni au vrai sens d'aucune des règles & dispositions contenues dans la présente constitution.

La chambre d'assemblée aura aussi le pouvoir d'abroger toutes les loix & ordonnances qu'elle trouvera nuisibles au peuple ; elle choisira son orateur, nommera ses officiers, établira ses règlemens pour sa discipline intérieure & ses formes de procéder, expédiera des lettres d'élection pour suppléer aux vacances intermédiaires, & pourra s'ajourner à tous les temps de l'année.

VIII. Toutes les loix & ordonnances seront lues trois fois ; chaque lecture se fera à des jours différens, excepté dans le cas de grand danger & de nécessité urgente ; & toutes les loix & ordonnances seront, après la seconde lecture, envoyées au conseil exécutif pour qu'il les examine & donne son avis.

IX. Tous les habitans blancs, mâles, âgés de vingt-un ans, possédant, en leur propre & privé nom, une valeur de dix livres sterling, & soumis à payer les taxes dans cet état, ou professant quelque métier, ou faisant quelque commerce, & qui auront résidé six mois dans cet état, auront droit de suffrage dans toutes les élections, pour les représentans & pour les autres officiers qui doivent, en vertu de la présente constitution, être choisis par l'universalité du peuple ; chaque personne ayant droit de voter à une élection, donnera son suffrage par la voix du scrutin, & sera tenue de le donner personnellement.

X. Aucun officier, quel qu'il soit, ne prêtera son ministère pour aucun procès, & ne causera aucune autre espèce d'empêchement à une personne ayant droit de suffrage, soit qu'elle ira au lieu de l'élection, soit pendant le temps de ladite élection, soit pendant celui de son retour : & aucuns officiers militaires, ou soldats ne paroîtront à une élection dans le costume militaire, afin que toutes les élections soient exemptes de toute gêne, & parfaitement libres.

XI. Aucun habitant n'aura droit à plus d'un suffrage, & ne le donnera que dans le comté où il aura son domicile, à l'exception du cas ci-dessus excepté, *pour les comtés de Glyn & de Camden* ; & aucun habitant ayant un titre de noblesse ne pourra être représentant, ni occuper aucun emploi soit honorifique soit lucratif, soit de pure confiance dans cet état, tant qu'il se prévaudra de son titre de noblesse ; mais s'il renonce à cette distinction, de la manière qui sera réglée par les législatures à venir, alors & dans ce cas, il aura droit de suffrage, & sera éligible pour représentant comme il a été ci-dessus réglé, & jouira de tous les autres avantages de citoyen libre.

XII. Tout habitant qui s'absentera d'une élection, ou qui négligera d'y donner son suffrage, sera tenu de payer une amende, qui n'excédera pas cinq livres sterling ; la législature règlera par un acte la manière dont se fera le recouvrement de ces amendes, & l'application des fonds qui en proviendront ; mais on admettra les excuses légitimes pour les absences.

XIII. La forme d'élection pour les représentans sera le scrutin, qui sera recueilli par deux ou plusieurs juges de paix, munis d'une boîte convenable pour recevoir les billets ; lorsque la votation sera finie, on fera le compte des billets en public, on le comparera avec la liste qui aura été préalablement dressée de tous les votans ; & la pluralité sera proclamée sur le champ ; il sera délivré un certificat de l'élection aux sujets élus, & il en sera envoyé un à la chambre des représentans.

XIV. Tout habitant ayant droit de suffrage, sera tenu, si l'on l'exige, de prêter le serment, ou de faire l'affirmation dont la teneur suit :

Je N. jure volontairement & solemnellement, [ou j'affirme suivant le cas], que je dois & voue une véritable fidélité à cet état, & que je soutiendrai sa constitution. Sur ce, Dieu me soit en aide.

XV. Cinq des représentans élus en la manière ci-devant prescrite, auront pouvoir de s'administrer mutuellement le serment suivant l'un à l'autre ; ils le feront prêter ensuite dans la chambre à tous les autres membres qui viendront se mettre en règle pour prendre leur séance ; & tout représentant ayant déjà prêté le serment, pourra comme ces cinq premiers le faire prêter aux autres.

Suit la teneur du serment.

Je N. jure folemnellement, que je garderai une véritable fidélité à l'état de *Géorgie*, que je répondrai du mieux qu'il me fera poffible à la confiance dont on m'a honoré, que je remplirai en confcience & auffi bien que mes lumieres me le permettront, les fonctions de ma place, pour l'avantage de cet état ; que je foutiendrai fa conftitution : & je jure que j'ai obtenu mon élection fans fraude, corruption ou féduction quelconques. Sur ce, Dieu me foit en aide.

XVI. Les délégués continentaux feront nommés annuellement au fcrutin, ils auront droit de fiéger, de difcuter, & de voter dans la chambre d'affemblée, & feront réputés en faire partie ; ils feront toutefois foumis au reglement contenu dans le douzieme article de la confédération des Etats-Unis.

XVII. Aucun habitant pourvu de quelqu'emploi lucratif fous l'autorité de cet état, ou pourvu d'une commiffion militaire fous l'autorité de cet état, ou fous celle de tout autre état que ce foit, excepté les officiers de la milice, ne fera éligible comme repréfentant. Et fi quelque repréfentant eft nommé à un emploi lucratif, ou pourvu d'une commiffion militaire, & s'il les accepte, fa place dans la chambre vaquera fur le champ, & il ne pourra être réélu tant qu'il gardera l'autre emploi.

Il n'eft point entendu par cet article, que la charge de juge de paix foit un emploi lucratif.

XVIII. Perfonne ne pourra poffeder à la fois plus d'un emploi lucratif fous l'autorité de cet état.

XIX. Le gouverneur, avec l'avis du confeil exécutif, exercera la puiffance exécutrice de cet état, conformément aux loix & à la conftitution de l'état, excepté pour les cas de graces ou de remifes d'amendes, qu'il ne pourra jamais accorder ; mais il pourra accorder répit à un criminel, ou faire furfeoir au paiement d'une amende, jufqu'à la plus prochaine féance de l'affemblée, qui en décidera comme elle le jugera à propos.

XX. Le gouverneur, avec l'avis du confeil exécutif, aura le pouvoir de convoquer la chambre d'affemblée, lorfque les circonftances l'exigeront, avant le temps pour lequel elle fe fera ajournée.

XXI. Le gouverneur, avec l'avis du confeil exécutif, pourvoira jufqu'à la prochaine élection générale, à tous les emplois qui viendront à vaquer dans l'intervalle d'une élection à l'autre, & toutes les commiffions civiles & militaires feront délivrées par le gouverneur, revêtues de fa fignature, & fcellées du grand fceau de l'état.

XXII. Le gouverneur pourra préfider le confeil exécutif dans tous les temps, excepté lorfque ce confeil prendra en confidération & examinera les loix & ordonnances, préfentées par la chambre d'affemblée.

XXIII. Le gouverneur fera choifi annuellement au fcrutin, il ne fera pas éligible pour cette charge pour plus d'un an dans l'efpace de trois années, & il ne pourra être pourvu d'aucune commiffion militaire fous l'autorité de cet état ni d'aucun autre état.

Le gouverneur devra réfider dans le lieu que la chambre d'affemblée en exercice défignera.

XXIV. *Serment du gouverneur.*

Je N. élu gouverneur de l'état de *Géorgie* par fes repréfentans, promets & jure folemnellement, que durant le temps pour lequel je fuis nommé, je m'acquitterai, auffi bien que mes talens & mon jugement me le permettront, des fonctions de ladite charge, fidelement & en confcience, conformément aux loix, fans faveur, affection, ni partialité ; que je foutiendrai, maintiendrai & défendrai de tout mon pouvoir l'état de *Géorgie* & fa conftitution ; que je ferai tous mes efforts pour protéger le peuple de cet état, & lui affurer la tranquille jouiffance de tous fes droits, franchifes & priviléges ; pour que les loix & ordonnances de l'état foient bien & duement obfervées, & pour que la loi & la juftice foient exécutées avec équité & douceur dans tous jugemens. Je promets & jure folemnellement en outre que je remettrai paifiblement & tranquillement la charge de gouverneur, pour laquelle j'ai été élu, à l'époque fixée par la conftitution pour ma permanence dans cette charge ; & enfin, je jure auffi folemnellement, que je n'ai point accepté, d'une maniere contraire à la conftitution, ladite charge pour laquelle j'ai été élu ; fur ce, Dieu me foit en aide.

Ce fera l'orateur de l'affemblée qui fera prêter au gouverneur le ferment ci-deffus.

Et l'orateur de l'affemblée fera prêter le même ferment au préfident du confeil.

Toute perfonne qui n'aura pas réfidé trois ans dans cet état ne fera pas éligible pour la charge de gouverneur.

XXV. Le confeil exécutif s'affemblera le lendemain de fon élection, & procédera à fe choifir un préfident parmi fes membres ; il aura le pouvoir de nommer fes Officiers & d'établir fes formes de procéder.

Les fuffrages dans le confeil fe donneront toujours par comtés, & non par individu.

XXVI. Chaque confeiller préfent à une délibération, pourra faire enregiftrer fa proteftation contre toutes mefures du confeil auxquelles il n'aura pas confenti, pourvu qu'il le faffe dans l'efpace de trois jours.

XXVII. Pendant toute la feffion de l'affemblée, tous les membres du confeil exécutif tiendront auffi leurs féances, à moins qu'ils n'en foient empêchés par maladie ou par quelqu'autre néceffité urgente ; dans ce cas, le plus grand nombre des membres de ce conseil formera un bureau pour examiner les loix & ordonnances qui leur feront envoyées par la chambre d'affemblée ; & toutes les loix & ordonnances envoyées au conseil, feront renvoyées avec fes obfervations dans l'efpace de cinq jours.

XXVIII. Un comité du conseil envoyé avec les changemens propofés dans une loi ou ordonnance, expofera les raifons du conseil pour ces changemens ; ce comité fera affis & couvert, & tous les membres de la chambre, à l'exception de l'orateur, refteront découverts pendant tout le tems.

XXIX. Dans les cas d'abfence ou de maladie du gouverneur, le préfident du conseil exécutif exercera les fonctions du gouverneur, & aura les mêmes pouvoirs.

XXX. Quand il fe préfentera devant le gouverneur & le conseil exécutif, quelqu'affaire qui exigera le fecret, le gouverneur devra, & il lui eft enjoint par la préfente constitution, de faire prêter le ferment dont la teneur fuit :

Je N. jure folennellement de ne révéler à qui que ce foit, de vive voix ni par écrit, ni d'aucune autre manière quelconque, l'affaire, quelle qu'elle foit, qui va être communiquée au conseil, jufqu'à ce que la permiffion en foit donnée par ledit conseil, ou que j'en fois requis par la chambre d'affemblée ; & je jure tout ce que deffus fans aucunes réferves ni reftrictions quelconques. Sur ce, Dieu me foit en aide.

On fera prêter le même ferment au fecrétaire & à tous les autres officiers qui fera néceffaire d'employer pour l'affaire.

XXXI. Le département exécutif fubfiftera jufqu'à ce qu'il foit renouvellé, de la manière ci-deffus prefcrite.

XXXII. Toutes les affaires entre les corps chargés de la puiffance légiflatrice, & de la puiffance exécutrice feront communiquées de l'un à l'autre par voie de meffage ; & le meffage fera porté de la légiflature au gouverneur ou au conseil exécutif, par un comité du gouverneur à la chambre d'affemblée par le fecrétaire du conseil ; & du conseil exécutif, par un comité de ce conseil.

XXXIII. Le gouverneur en exercice fera capitaine-général, & commandant en chef de toute la milice, & de toutes les autres forces de terre ou de mer appartenant à cet état.

XXXIV. Il fera exprimé dans toutes les commiffions de la milice, que les officiers qui en font pourvus les garderont tant qu'ils fe conduiront bien.

XXXV. Chaque comté de cet état, dans lequel il y a maintenant, ou dans lequel il y aura

par la fuite deux cents cinquante hommes ou plus, propres à porter les armes, formera un bataillon ; s'il devient trop nombreux pour un feul bataillon, il y en fera formé plufieurs, en vertu d'un bill de la légiflature ; & ceux des comtés qui auront moins de deux cents cinquante hommes, formeront des compagnies féparées.

XXXVI. Il fera établi dans chaque comté une cour appellée *cour fupérieure*, qui tiendra deux fois chaque année, favoir, à commencer du premier mardi du mois de mars.

Le premier mardi, dans le comté de Chatam.

Le fecond mardi, dans le comté de Effingham.

Le troifième mardi, dans le comté de Burke.

Le quatrième mardi, dans le comté de Richmond.

Le cinquième mardi, dans le comté de Wirkes.

Le fixième mardi, dans le comté de Liberté.

Le feptième mardi, dans le comté de Glyn.

Le huitième mardi, dans le comté de Cambden.

Les mêmes cours fe tiendront, à commencer en octobre, pour continuer dans le même ordre que ci-deffus.

XXXVII. Toutes les caufes & difcuffions entre des parties domiciliées dans le même comté, fe pourfuivront dans ce comté.

XXXVIII. Toutes les difcuffions entre des parties domiciliées dans des comtés différens, fe pourfuivront dans le comté qu'habite le défendeur, à l'exception de celles qui auront pour objet des biens-fonds, lefquelles fe pourfuivront dans le comté où les fonds feront fitués.

XXXIX. Toutes les caufes pour trouble du repos public, félonie, meurtre & trahifon contre l'état, fe pourfuivront dans le comté où le délit aura été commis. Toutes les caufes, foit civiles, foit criminelles, qui s'éleveront dans un comté, où il n'y aura pas un nombre d'habitans fuffifant pour y former une cour, fe pourfuivront dans le plus voifin des comtés où il s'en tiendra une.

XL. Toutes les caufes, de quelque nature qu'elles foient, à l'exception de ce qui fera dit ci-après, fe pourfuivront dans la cour fupérieure, qui fera compofée du chef-juge, & de trois autres juges ou plus, réfidans dans le comté. En cas d'abfence du chef-juge, le plus ancien juge préfent le remplacera, & tiendra la cour avec le greffier du comté, le procureur pour l'état, le fhérif, le coroner, le connétable & les jurés ; en cas d'abfence de quelques-uns des officiers ci-deffus nommés, les juges préfens en nommeront d'autres à leur place, par *interim*. Et fi quelque demandeur ou défendeur en caufe civile, n'eft pas fatisfait de la décifion du juré, alors & dans ce cas, il pourra, dans les trois jours, interjetter appel du verdict, & demander une nouvelle procédure par un juré ſpécial, qui ſera nommé comme il ſuit : chacune des parties, le demandeur & le défendeur, choiſiront ſix ſujets ; il ſera enſuite tiré au haſard ſix noms de plus d'une boëte à ce deſtinée, ce qui formera un total de dix-huit ſujets qui ſeront réquis de faire l'office de jurés ; les dix-huit noms ſeront mis enſemble dans la boëte, & les douze ſujets, dont les noms ſeront tirés les premiers en préſence de tous, formeront le juré ſpécial pour connoître de la cauſe & ſans appel.

XLI. Les jurés ſeront juges du droit ainſi que du fait, & il ne leur ſera pas permis de donner un verdict ſpécial (1) ; mais ſi tous les jurés ou quelques-uns d'entr'eux, ont quelques doutes ſur des points de droit, avant de prononcer ils s'adreſſeront aux juges, qui, chacun à tour de rôle, donneront leur avis.

XLII. Les jurés prêteront ſerment de donner leur verdict conformément à la loi, & à leur opinion d'après les preuves, pourvu qu'il ne ſoit pas contraire aux règles & réglemens contenus dans la préſente conſtitution.

XLIII. Le juré ſpécial prêtera ſerment de donner un verdict, conformément à la loi & à ſon opinion d'après les preuves, pourvu qu'il ne ſoit pas contraire à la juſtice, à l'équité, au ſentiment de ſa conſcience, ni aux règles & réglemens contenus dans la préſente conſtitution.

XLIV. Les priſes faites ſur terre & ſur mer ſeront jugées dans le comté où elles ſeront amenées ; il ſera convoqué, ſur la requête des preneurs ou des réclamans, une cour ſpéciale par le chef-juge, ou, en ſon abſence un ancien juge dudit comté, & la cauſe ſera expédiée & jugée dans l'eſpace de dix jours. La manière de procéder & l'appel ſeront les mêmes que dans les cours ſupérieures, à moins qu'après le ſecond jugement on n'interjette appel au congrès continental ; il n'y aura pas plus de quatorze jours d'intervalle entre la première & la ſeconde ſentence, & toutes les cauſes maritimes ſeront pourſuivies & jugées de la même manière.

XLV. Aucun grand-juré ne ſera compoſé de moins de dix-huit perſonnes, & douze pourront former un bill.

XLVI. La cour de conſcience ſera continuée ainſi qu'elle a exiſté juſqu'à préſent, & ſa juriſdiction s'étendra à toutes les cauſes qui n'excéderont pas la ſomme de dix livres ſterling.

XLVII. Il ſera ſurſis juſqu'au premier lundi de mars à toutes exécutions pour les ſommes au-deſſus de cinq livres ſterling, excepté dans le cas de condamnations à la cour des marchands, pourvu que l'on donne des ſûretés pour les dettes & pour les frais.

XLVIII. La totalité des frais pour un procès dans la cour ſupérieure, ne devra pas excéder la ſomme de trois livres ſterling, & il ne ſera pas ſoufferr qu'un procès ſoit pendant plus long-tems que deux ſeſſions dans la cour ſupérieure.

XLIX. Tout officier de l'état ſera comptable de ſa conduite à la chambre d'aſſemblée, lorſqu'il en ſera requis par elle.

L. Chacun des comtés gardera les regiſtres publics à lui appartenans ; il ſera fait des copies authentiques des différens regiſtres, dont cet etat eſt actuellement en poſſeſſion, & ces copies ſeront dépoſées dans les comtés reſpectifs auxquels elles devront appartenir.

LI. Les biens ne pourront pas être ſubſtitués ; & quand une perſonne mourra ab inteſtat, ſon bien ou ſes biens ſeront partagés également entre ſes enfans ; la veuve aura une part d'enfant, ou ſon douaire, à ſon choix ; tous les autres biens, dont il n'aura pas été diſpoſé par teſtament, ſeront partagés conformément à l'acte de diſtribution fait ſous le règne de Charles ſecond, à moins qu'un acte futur de la légiſlature n'en ordonne autrement.

LII. La légiſlature établira, dans chacun des comtés, un garde des regiſtres de vérification des teſtamens, pour vérifier les teſtamens & accorder des lettres d'adminiſtration.

LIII. Tous les officiers civils ſeront élus annuellement dans chaque comté, le jour de l'élection générale, excepté les juges de paix & les gardes des regiſtres pour la vérification des teſtamens, qui ſeront nommés par la chambre d'aſſemblée.

LIV. Il ſera établi, dans chaque comté, des écoles qui ſeront entretenues aux frais de l'état, ainſi que la légiſlature le reglera par la ſuite.

LV. Il ſera établi, aux frais publics, dans chaque comté, une maiſon pour les ſeſſions de la cour ſupérieure & une priſon, dans le lieu qui ſera dé-

---

(1) On appelle verdict la prononciation des jurés. (Voyez la note (4) de la Conſtitution de Maſſachuſett). Le verdict eſt ou général, ou ſpécial. Le verdict général, ſoit en matière civile, ſoit en matière criminelle, prononce déciſivement ſur la nature de la demande ou du crime. Le verdict ſpécial a lieu lorſque les jurés incertains recourent aux lumières des juges : ils prononcent alors en préſentant une alternative que l'avis des juges décide ; c'eſt une queſtion ſur l'eſpece, d'où vient à ce verdict le nom de ſpécial. Un homme, par exemple, eſt tué par une pierre qu'un autre a lancée, ce dernier eſt traduit en juſtice ; il y a donte d'homme, mais l'accuſé doit-il être conſidéré comme meurtrier, ou comme ayant tué involontairement. Les jurés recueillent les preuves à charge & à décharge, & ſoumettent par un verdict ſpécial la queſtion aux juges qui la décident. Dans la juriſprudence angloiſe, les jurés peuvent bien, s'ils veulent, prononcer toujours un verdict général ; mais alors ils en deviennent reſponſables, & peuvent être pourſuivis. En Géorgie, ils ſont obligés de le prononcer, mais ils peuvent & doivent auparavant s'aider des lumières des juges.

figné ou ordonné par la préfente convention, ou par la future légiflature.

LVI. Toutes perfonnes quelconques auront le libre exercice de leur religion, pourvu qu'il n'y ait rien de contraire au repos & à la sûreté de l'état; & perfonne ne contribuera, fans fon confentement, à l'entretien des miniftres ou inftituteurs en fait de religion, excepté pour ceux de la même profeffion de foi.

LVII. Le grand fceau de l'état fera compofé comme il fuit : d'un côté, un rouleau fur lequel feront gravés ces mots, *la conftitution de l'état de Géorgie*, & la légende *pro bono publico*; de l'autre côté, une belle maifon & d'autres bâtimens, des champs de bled, & des prairies couvertes de gros & menu bétail, une rivière coulant à travers de la prairie, avec un vaiffeau à pleines voiles, & pour légende, *Deus nobis hæc otia fecit*.

LVIII. Il ne fera permis de plaider devant les cours de juftice de cet état, qu'aux perfonnes autorifées à cet effet par la chambre d'affemblée; & fi une perfonne, ainfi autorifée, eft trouvée coupable de malverfation devant la chambre d'affemblée, la chambre aura le pouvoir de l'interdire.

On ne pourra rien inférer du préfent article, pour priver qui que ce foit du privilège inhérent à tout homme libre, la liberté de plaider fa propre caufe.

LIX. Il ne fera point impofé d'amendes exceffives, ni demandé de cautions exorbitantes.

LX. Les principes de l'acte de *habeas corpus*, feront réputés faire partie de la conftitution.

LXI. La liberté de la preffe & la procédure par jurés demeureront à jamais inviolables.

LXII. Aucun eccléfiaftique, de quelque communion qu'il foit, ne pourra occuper une place dans la légiflature.

LXIII. Il ne fera fait aucuns changemens à la préfente conftitution, à moins qu'ils ne foient demandés par les pétitions de la pluralité des comtés, lefquelles pétitions de chaque comté devront être fignées par la pluralité des votans dans chaque comté de cet état. Alors l'affemblée ordonnera la convocation d'une convention à cet effet, en fpécifiant les changemens à faire, conformément aux pétitions qui auront été préfentées à l'affemblée par la pluralité des comtés, ainfi qu'il a été dit ci-deffus.

SECTION TROISIEME.

Remarques fur la conftitution de la Géorgie.

La conftitution de la *Géorgie* eft la plus imparfaite de toutes celles des provinces de l'union américaine : elle eft à peine efquiffée; elle s'exprime fur les grands intérêts des citoyens avec tant de foibleffe; elle a oublié tant de chofes effentielles, qu'il eft abfolument néceffaire d'en établir une

nouvelle, & de la rédiger avec l'énergie, la vigueur & les foins qu'y ont mis les autres républiques : elle n'eft pas précédée d'une déclaration de droits, & elle s'eft écartée par là d'un très bon exemple que lui avoient donné le refte des citoyens de l'Amérique.

La forme du gouvernement établi en *Géorgie* eft très-fimple : il n'y a qu'une chambre de repréfentans & point de fénat. La population y eft fi foible, que cet arrangement convient aujourd'hui à la *Géorgie*; mais lorfqu'elle fera plus nombreufe, on peut prédire qu'elle fera réduite à former auffi un fénat, à l'exemple de onze autres provinces. La *Géorgie* a fenti dès-à-préfent qu'elle avoit befoin d'un corps qui pût faire des obfervations fur les loix de l'affemblée générale; elle a donné cette fonction au confeil; mais elle ne lui permet pas d'arrêter les loix. *Voyez* à l'article ETATS-UNIS ce que nous avons dit fur cet objet, en parlant de la *Géorgie* & de la Penfylvanie, qui n'a pas établi non plus une chambre du fénat.

La *Géorgie* n'a pas accordé à fon gouverneur le droit de faire grace; elle ne lui laiffe que la faculté d'accorder répit à un criminel, ou de faire furfeoir au paiement d'une amende, jufqu'à la plus prochaine féance de l'affemblée générale; & elle annonce en ce point une raifon forte, qui peut fervir de modèle à quelques provinces.

L'article 23 de la *Géorgie* auroit befoin d'être énoncé d'une autre manière : il déclare que le gouverneur ne pourra être pourvu d'aucune commiffion militaire fans l'autorité de cet état, ni d'aucun autre état; & cependant l'article 33 nomme le gouverneur en exercice capitaine général & commandant en chef de toute la milice & de toutes les forces de terre ou de mer appartenant à cet état.

L'article 48 qui réduit la totalité des frais pour un procès de la cour fupérieure à 3 liv. fterling, & qui défend d'y traîner, plus de deux feffions la décifion d'un procès, mérite des éloges, & eft analogue à la fimplicité qui règne encore dans la *Géorgie*.

L'article 56, qui femble établir la tolérance ne l'établit pas; car en difant que *toutes perfonnes auront le libre exercice de leur religion*, POURVU QU'IL N'Y AIT RIEN DE CONTRAIRE AU RESPECT ET A LA SURETÉ DE L'ÉTAT, il eft clair qu'on pourra toujours abufer de cette reftriction.

SECTION QUATRIEME.

Remarques fur la conduite de la Géorgie pendant la guerre & pendant la paix.

Durant l'année 1784 la *Géorgie* n'envoya point de repréfentans au congrès, & nous avons dit (article ETATS-UNIS) combien cette négligence étoit coupable. Nous y avons dit auffi que la Caroline méridionale & la *Géorgie* ne paroissent pas, comme les autres provinces, disposées à affranchir les nègres ; elles ont au contraire continué. l'importation que le reste des Etats-Unis a défendu depuis long-temps , & c'est encore un point sur lequel on peut faire des reproches à la *Géorgie*.

Le congrès a demandé , le 30 août 1784 , le pouvoir d'exclure des ports de l'union les vaisseaux de toutes les nations qui n'ont pas un traité de commerce avec les Etats-Unis , & de passer relativement à tous les peuples un acte général , d'après les principes de l'acte de navigation anglois. Au 4 janvier 1786 , neuf des treize provinces avoient donné leur aveu sur cet objet, & la *Géorgie* étoit une des quatre qui retardoient cette opération ; enfin , en 1784 , la *Géorgie* n'avoit rien payé sur la contribution qu'elle devoit pour les 1,200,000 , les huit millions & les deux millions de piastres , demandés par le congrès durant la guerre. Les déprédations des anglois sur le territoire de cette province avoient été si considérables , qu'elle se trouvoit dans une grande détresse ; elle a si peu de ressources qu'elle semble mériter de l'indulgence ; mais il paroît qu'elle n'a pas montré une bonne volonté proportionnée à ses moyens.

D'un autre côté, l'armée américaine passa l'hiver de 1776 heureuse & tranquille dans ses barraques ; elle attendit les secours qui devoient lui arriver avec le printems. Ces secours furent offerts & fournis avec beaucoup de générosité par les provinces du sud; provinces avec lesquelles les états du nord n'avoient eu , sous le gouvernement anglois, aucune connexion quelconque , & qui leur étoient plus étrangères que la métropole ; & la *Géorgie* donna en cette occasion une preuve de zèle.

Lorsque les ministres des Etats-unis se sont plaint, au mois de février 1786 , de ce que l'Angleterre retenoit des postes cédés aux nouvelles républiques par le dernier traité de paix, le lord Carmarthen a répondu , au nom du roi , qu'il les livreroit lorsque les américains auront rempli eux-mêmes les articles du traité, & il a articulé ensuite un grand nombre de plaintes. Nous parlerons de ces plaintes à l'article des états qu'elles regardent. Il a reproché à la *Géorgie* & à la Caroline du sud , d'avoir passé une ordonnance qui défend d'intenter une action pour une dette contractée avant le 26 février 1782, jusqu'au 1er janvier 1785; d'avoir déclaré qu'un débiteur peut , dans le cours d'un procès, offrir des terres en paiement , & que le créancier est obligé de les prendre aux trois quarts de l'estimation ; & ensuite à la *Géorgie* en particulier , la décision de ses juges , selon laquelle on arrête l'instruction d'un procès intenté par un sujet britannique , tandis qu'au contraire ils permettent que les sujets britanniques soient poursuivis par leurs créanciers. Nous avons expliqué à l'article ETATS-UNIS , comment ces ordonnances & ces décisions peuvent devenir favorables aux

créanciers anglois , au lieu de leur être nuisibles , & avec quelle circonspection il faut juger ces opérations des gouvernemens américains. Quelques-uns ont peut-être écouté la haine , où ils ne devoient écouter que la justice : la *Géorgie* en particulier est peut-être allée trop loin ; mais nous savons que l'Angleterre a mis peu de bonne-foi dans la négociation dont nous parlons ici ; qu'elle a voulu gagner du temps, parce qu'elle espère de l'avenir quelque chose d'utile à ses intérêts , & qu'elle a eu soin de cacher les propositions très-raisonnables des plénipotentiaires américains.

On croit que l'assemblée générale de la *Géorgie* vient d'établir du papier-monnoie , ainsi que la Caroline méridionale, la Pensylvanie , la Nouvelle-York & Rhode-Island ; & si cela est, elle a fait une opération dangereuse , ainsi que nous le dirons à l'article PENSYLVANIE.

SECTION CINQUIEME.

Quelques détails sur le commerce & l'état actuel de la Géorgie.

Le voyageur américain donne l'état suivant des marchandises exportées de la Grande-Bretague pour la *Géorgie* avant la révolution.

Fer, acier , cuivre , plomb , étain , fer blanc & bronze travaillés , marchandises de Birmingham & de Sheffield , chanvre , cordage , toiles à voile, étoffes de soie , flanelle , baie de Colchester , harnois , mercerie , quincaillerie , bijouterie , chapeaux, gants, galons d'or & d'argent , soierie , toiles d'Angleterre & d'autres pays , poteries , terres à aiguiser , filets pour la pêche , couleurs , agrès , marchandises de Manchester , marqueterie , modes , livres , tapisseries , semences de jardin , pipes , tabac , bière forte , vin & drogues médicinales. Tous ces articles , au prix moyen de trois ans , ont coûté 48,000 liv. sterling.

Marchandises exportées de la *Géorgie* pour la Grande-Bretagne & autres marchés.

	liv. sterl.
18,000 barils de riz à 40 sche......	36,000
17,000 livres indigo à 2 s..........	1,700
2,500 livres soie à 20 s............	2,500
Peaux de bêtes fauves & autres......	17,000
Planches , &c. bois de construction....	11,000
Ecaille de tortue , drogues & bestiaux..	6,000

Evalués au prix moyen de trois ans, ces articles coûtent 74,200

La colonie a fait beaucoup de progrès depuis cette époque ; ses exportations ont beaucoup augmenté ; mais , comme elle n'est pas encore remise des troubles & des dévastations de la guerre , il faut attendre qu'elle ait rétabli ses atteliers de culture , & qu'elle ait pris l'essor analogue à sa position pour donner fur fon commerce & fes productions, des détails qui puissent servir de règle à peu-près générale.

On n'a pas encore fixé, d'une manière invariable, la règle d'après laquelle on établira les contingens des diverses provinces; mais, selon la proportion suivie jufqu'ici, la *Géorgie* paye onze piaftres fur une contribution de mille piaftres, demandée aux diverses provinces de l'union américaine.

La Virginie & la Caroline feptentrionale ont donné au congrès le pouvoir de difpofer d'une partie du territoire de l'Ouest : on efpère que la *Géorgie* & la Caroline méridionale renonceront également à la propriété des terres qui s'étendent depuis les dernières de leur établissement jufqu'au Miffiffipi.

Un affez grand nombre de royalistes a quitté la *Géorgie*, lorfque l'armée britannique a évacué le continent de l'Amérique ; & cependant fa population eft évaluée par quelques perfonnes à quarante mille ames , tandis qu'au commencement de la guerre on ne l'évaluoit qu'à trente-mille.

La *Géorgie*, en étendant fes cultures & fa population, s'expofera à la colère des fauvages, & fur-tout des creeks qui font fes voifins immédiats. Elle s'eft vue réduite à commencer contr'eux une petite guerre cette année ; & quoiqu'on puiffe prédire que l'iffue de ces fortes de guerres fera toujours à fon avantage, la cruauté & les incurfions des peuplades qui l'avoifinent, retarderont fes progrès, ou du moins elles l'empêcheront de fe porter tout de fuite bien avant dans l'intérieur des terres.

« Je l'avoue, dit avec raifon M. l'abbé de Mably, je fens un attrait particulier pour la république de *Géorgie*. Cette colonie eft nouvelle ; elle occupe un grand territoire, & l'on me dit que le nombre de fes habitans ne monte pas à quarante mille. Quelles heureufes circonftances pour établir une république chez un peuple qui n'eft encore occupé qu'à chercher fes richeffes dans le défrichement des terres voifines de fes habitations ! Toutes fes idées doivent naturellement fe porter du côté de l'agriculture, qui donne feule aux hommes l'abondance, conferve la fimplicité de leurs mœurs, & difpofe leur ame aux grandes chofes. Auffi a-t-on vu cette colonie fi foible & plus expofée que toute autre aux malheurs de la guerre, ne fe point démentir, & donner l'exemple du courage & de la prudence ».

« Si j'avois été affez heureux pour être un citoyen de *Géorgie*, je crois que, dans l'affemblée qui en rédigea la conftitution, j'aurois fait tous mes efforts pour affermir plus folidement cet efprit de modération, de modeftie, dont il me femble que mes concitoyens, malgré leurs mœurs, ne connoiffent pas affez le prix. « Mes frères, » mes amis, aurois-je dit, rendons grace à la » providence d'avoir conduit l'Amérique à l'heu-

» reufe révolution qui affure fon indépendance, » avant le temps que, devenus trop nombreux » & trop riches, il nous auroit peut-être été im- » poffible d'affurer notre liberté fur des fonde- » mens inébranlables. Nous nous trouvons en » affez petit nombre pour pouvoir nous entendre ; » & nos mœurs, que des befoins inutiles n'ont » pas corrompues, nous permettent encore d'é- » tablir dans notre république naiffante les vrais » principes de la fociété, & d'élever une bar- » rière entre nous & les vices qui ne permettent » pas de prendre la route qui conduit au bonheur, » ou qui la font bientôt abandonner. Les hommes » n'ont de véritables richeffes que les productions » de la terre ; voulons-nous être folidement heu- » reux ? apprenons à nous contenter des fruits » que nous devons à notre travail ; ils nous fuf- » firont & ne nous manqueront jamais. Prenons » des mefures, pour que rien ne foit capable » d'altérer cette précieufe vérité que nous con- » noiffons encore, mais que l'exemple contagieux » de nos voifins peut bientôt nous faire ou- » blier ».

« Je vois avec chagrin, continuerois-je, que » vous ordonniez de graver fur le fceau de la ré- » publique une belle maifon. J'aimerois mieux » qu'il ne préfentât qu'une maifon fimple & mo- » defte, qui rappelleroit à notre poftérité des » mœurs fans luxe & fans fafte, qui ont fondé » cet état & qu'ils doivent imiter. Je verrai avec » plaifir, dans l'empreinte de ce fceau, *un champ* » *de bled, une prairie couverte de gros & de menu* » *bétail, une rivière qui la traverfera*. A ces ima- » ges qui peignent votre caractère, pourquoi vou- » lez-vous ajouter *un vaiffeau qui vogue à pleines* » *voiles* ? Songeons qu'il fera pour nous la boëte » de Pandore : craignons de nous familiarifer avec » ces idées d'une fauffe profpérité, & que nous » n'imprimerions que trop facilement dans la rai- » fon encore peu formée de nos enfans. Plût à » Dieu que jamais aucun vaiffeau, en nous ap- » portant des befoins & des plaifirs inconnus, ne » vienne nous dégoûter d'une fimplicité qui peut » fuffire à notre bonheur ! Plût à Dieu que nous » fuffions enfoncés dans les terres, & que nous » n'euffions à craindre de tout côté que le voifinage » des fauvages, bien moins dangereux que la mer » qui baigne nos côtes ! Pourquoi cherchons-nous » à favorifer les ports de Savannah & de Sun- » bury, en permettant à l'un d'envoyer quatre » repréfentans à la chambre d'affemblée, & à » l'autre deux pour repréfenter & favorifer leur » commerce ? Gardons-nous de fuivre l'exemple » de cette malheureufe Europe, qui a voulu éta- » blir fa force, fa puiffance & fon bonheur fur » des richeffes qui devoient l'affoiblir & l'ap- » pauvrir. Si nous regardons le commerce com- » me l'objet & la fin d'un état floriffant, il faut » dès ce moment, renoncer à tous les principes » d'une bonne politique, ou nous attendre qu'a-

» près les avoir établis, ils feront bientôt ren-
» versés. Si nous voulons encourager les vertus
» dont nous avons besoin, & les faire aimer à
» nos enfans, accordons des honneurs, des ré-
» compenses, des distinctions aux cultivateurs les
» plus habiles & les plus laborieux, & qui, pour
» apprendre à défendre leurs possessions, se dé-
» lasseront des travaux de la charrue par les exer-
» cices glorieux de la milice. Ne songeons point
» à attirer parmi nous une grande multitude d'hom-
» mes; ils ne vaudroient pas une poignée de
» bons citoyens qui auront de l'ame & de la
» vertu ».

GÉORGIE, contrée de l'Asie, située entre la
mer Caspienne & la mer Noire. *Voyez* sa position d'une manière plus précise dans le Dictionnaire de Géographie.

On la divise en *Géorgie* orientale & *Géorgie*
occidentale.

Des révolutions dont il est inutile de parler ici,
avoient rendu la *Géorgie* dépendante de la Turquie & de la Perse. On ignore si le grand-seigneur
& le sophi de Perse y abusoient de leurs droits de
suzeraineté, ou si les liens de la religion, qui est
la même qu'en Russie, ont inspiré au régent d'une
partie de la *Géorgie*, le desir de se mettre sous
la protection & la dépendance de la czarine.
Mais en 1783 on a vu le prince, appellé *Héraclius*, se soumettre à l'empire de Russie.

L'acte de ratification du traité conclu avec ce
prince, contient les treize articles suivans.

1°. Le prince Héraclius, czar de Cartalinie &
de Kachet, renonce, tant pour lui que pour ses
successeurs, à la dépendance de la Perse, ainsi
qu'à celle de toute autre puissance, & déclare
pour lui & ses successeurs, qu'il reconnoîtra la
suzeraineté & la protection de S. M. I. de toutes les Russies & de ses successeurs au trône, auxquels il promet fidélité & toute l'assistance quelconque : 2°. S. M. I. en acceptant cet engagement, promet pour elle & ses successeurs d'être
attachée gracieusement audit sérénissime czar,
& de lui garantir ses possessions actuelles & futures : 3°. à la mort du czar régnant, son successeur héréditaire notifiera son avènement à la
régence, par son envoyé à la cour de Russie, &
y demandera la confirmation dans sa dignité ; &
dès qu'il aura reçu les marques de l'investiture,
savoir, un diplôme, un étendard portant les armes de Russie, & au milieu celles de Cartalinie
& de Kachet, un sabre, un bâton de commandement & un manteau d'hermine, il prêtera, conformément au modèle ci-attaché, le serment de
reconnoissance de la suzeraineté & de la protection de Russie, & de fidélité envers les monarques Russes, en présence du ministre de Russie :
4°. le sérénissime czar s'engage à communiquer au
ministre de Russie, résidant auprès de lui, ou
aux commandans russes sur les frontières, toutes

les propositions & lettres qui pourroient lui être
adressées par les princes voisins, & à demander
leur avis & leur agrément, sur l'acceptation ou
le refus des propositions, lettres ou ambassades :
5°. le sérénissime czar pourra envoyer un ministre ou résident à la cour impériale, lequel y sera
traité & regardé comme les ministres des princes régnans : 6°. S. M. I. s'engage, pour elle
& ses successeurs, à regarder les ennemis des
peuples de Cartalinie & de Kachet comme ses
propres ennemis, & à comprendre ces peuples dans
ses traités avec la Porte-Ottomanne, avec la
Perse, ou avec quelqu'autre puissance ; à maintenir inviolablement le sérénissime czar, Héraclius
Teimurasovitsch, ses héritiers & ses successeurs,
dans la régence de Cartalinie & de Kachet, &
à abandonner exclusivement audit sérénissime czar,
l'administration du pays, l'imposition & le recouvrement des impositions, &c. : 7°. Le sérénissime czar promet pour lui & ses successeurs,
de faire marcher ses troupes pour le service de
S. M. I., de consulter les commandans de sa
majesté, dans les affaires de service, de consentir à leurs demandes, de protéger les sujets
russes contre toutes les offenses & vexations quelconques, & d'avancer en dignités, principalement
ceux qui auront bien mérité de l'empire russe, de la
protection duquel dépend la prospérité de Cartalinie & de Kachet : 8°. S. M. I. accorde au principal archevêque des états de Cartalinie & de
Kachet, le rang immédiatement après l'archevêque de Tobolsk, & lui confère le titre de membre du saint synode : 9°. la noblesse cartali-
nienne & kachétienne jouira en Russie des mêmes
honneurs & prérogatives que la noblesse russe :
10°. les sujets nés en Cartalinie & en Kachet,
pourront s'établir en Russie, en sortir & retourner ; les prisonniers que les russes auront délivrés, pourront retourner chez eux, en rembour-
sant les frais pour leur délivrance ; le sérénissime
czar promet d'observer la réciprocité avec les sujets de Russie tombés en esclavage : 11°. les
marchands de Cartalinie & de Kachet pourront
aller librement en Russie avec leurs marchandises, & ils y jouiront de tous les droits & avantages des sujets russes ; le czar promet de son
côté de prendre, conjointement avec les commandans russes, ou avec le ministre de russie,
toutes les mesures convenables à procurer au
commerce de Russie, tout l'avancement possible :
l'art. 12 dit que ce traité doit durer à perpétuité : 13°. les ratifications seront échangées
dans l'espace de six mois ou plutôt.

*Formule de serment à prêter par les czars de Car-
talinie & de Kachet.* Je N. promets & jure
devant le tout-puissant & le saint évangile d'être
fidèle & attaché à S. M. I. Catherine Alex-
iwna, impératrice & autoratrice de toutes les
Russies, à son très-cher fils S. M. I. le grand
prince Paul Petrowitsch, successeur légitime au
trône

trône impérial de Ruſſie, & à tous les ſuccſſeurs à ce trône, reconnoiſſant à perpétuité, pour moi & mes héritiers & ſucceſſeurs, au nom de mes pays & domaines, la ſuzeraineté de ſa majeſté & de ſes ſucceſſeurs, & renonçant pour cet effet à toute autre ſupériorité ſur moi & mes pays, quelque nom qu'on puiſſe lui donner, ainſi qu'à la protection de tout autre ſouverain ou régent, m'engageant en outre, d'après ma conſcience, à regarder les ennemis de l'empire Ruſſe comme mes propres ennemis, à me rendre avec fidélité au ſervice de ſa majeſté impériale & de ſon empire, dès que j'en ſerai requis, & à être prêt à ſacrifier pour ſon ſervice juſqu'à la dernière goutte de mon ſang; promettant d'entretenir une liaiſon ſincère avec les commandans civils & militaires & autres officiers de ſa majeſté impériale; & du moment où j'aurai connoiſſance d'un complot ou autre affaire qui pourroit être préjudiciable aux intérêts & à l'honneur de ſa majeſté impériale & de ſon Empire, d'en avertir ſur le champ; bref, d'agir conformément aux principes de religion commune avec la nation ruſſe & à mon devoir, & de me conduire ainſi qu'il convient, en reconnoiſſance de la protection & de la ſuzeraineté de ſa majeſté impériale. En foi de ſe ſerment, je baiſe l'évangile & la croix de mon Sauveur. *Ainſi ſoit-il.*

Le prince *Salomon* qui règne ſur une autre partie de la *Géorgie*, n'a point imité l'exemple du prince Héraclius : on dit que la miſère & la dépopulation de ſes états atteſtent les vices de ſon adminiſtration. On aſſure qu'il ne s'occupe point de la proſpérité de ſon pays; qu'il vit dans une orgueilleuſe indolence; qu'il eſt couvert de peaux, & qu'il ſe couche ſur une pierre, à l'imitation du patriarche Jacob, dont il croit deſcendre en ligne directe. On ajoute que lorſqu'on lui propoſa de ſe mettre ſous la dépendance de la Ruſſie, il répondit qu'il ne vouloit dépendre de perſonne que de ſon ſabre.

Tiflis eſt la capitale de la partie de la *Géorgie*, qui vient de ſe mettre ſous la dépendance de la czarine : c'eſt-là que réſide le prince Héraclius : la ville eſt aſſez bien bâtie en pierres; elle eſt diſtante de Pétersbourg d'environ 440 milles d'Allemagne. On évalue à 1,664,136 florins d'Empire, (environ 3,720,000 livres tournois) les revenus du prince Héraclius, qui vient de ſe déclarer vaſſal de la Ruſſie, & à 60,000 familles la population de ſes états.

Le docteur Jacob Reinegg, qui a ſéjourné quelque temps dans cette partie de la *Géorgie*, y compte, diſent les papiers publics, 61 mille habitans ou familles : ce qui eſt abſurde; car il y a quelque différence entre un habitant & une famille. N'ayant pas ſous les yeux l'ouvrage de M. Reinegg, nous ne pouvons indiquer la population avec plus d'exactitude. On ajoute que de ces 61 mille habitans ou familles, il y en a 20,000

à Tiflis, 4000 à Caſtel, 6000 à Kſik, 4000 à Thieulet & Ghefaur, 4000 à Schemſchettil, 6000 à Somgeti & Bembek, 12000 à Kakat, 3000 à Calek, & 2000 à Karajoes. Le docteur Reinegg ajoute que les ſujets ſont écraſés d'impôts, & qu'ils paient ſouvent au-delà de leurs revenus annuels; que la douane eſt affermée 25 mille roubles; que les mines d'or & d'argent d'Alldale, quoique mal exploitées, en rendent par an 63,000, & qu'Erivan paye un tribut de 15,000 roubles.

La Ruſſie a-t-elle gagné quelque choſe à la ſoumiſſion du prince Héraclius? a-t-elle acquis de la force en reculant ainſi les bornes de l'Empire? ne s'affoiblit-elle pas en multipliant les points qu'elle doit défendre? La czarine a dû être flattée de voir un prince aſiatique réclamer ſa protection, & l'amour de la domination & de la gloire ſi naturelle aux princes doit l'excuſer : elle a vu qu'elle affoibliroit & qu'elle humilieroit la Porte; elle a cru qu'en reſſerrant de toutes parts les états du grand-ſeigneur, elle obtiendroit plus aiſément du divan ce qu'elle voudroit : mais a-t-elle bien calculé l'effet des intrigues des turcs, & les ennemis qu'elles lui ſuſciteront parmi les peuplades qui habitent les environs du Caucaſe. Enſuite quels ſeront les effets de cet accroiſſement d'autorité? A quelles dépenſes entraînera-t-il ſes ſucceſſeurs? & ne paieront-ils pas, par des défaites & avec le ſang de leurs ſujets, le plaiſir de dicter des loix dans la *Géorgie*? Ce que nous avons dit à l'article Crimée, ſuffit pour réſoudre ces queſtions; & pour donner ici des détails particuliers, il paroît que les tartares Leſghis fatiguent déjà cruellement les troupes de la *Géorgie* & de la Ruſſie : il paroît qu'ils ont remporté des avantages très-conſidérables, & que plus de trois mille perſonnes, hommes & femmes de la *Géorgie*, ont été fait priſonniers, enlevés de la *Géorgie*, & vendus comme eſclaves par les Léſghis. Une grande partie de ces malheureux a été tranſportée à Belgrade, & vendue à des prix très-hauts : on dit que ce commerce injurieux à l'humanité, s'accroît tous les jours, parce que tous les jours il arrive de nouveaux tranſports. L'envoyé ruſſe à la Porte, ne pouvant voir d'un œil indifférent ces avantages des tartares ſur un peuple qui s'eſt mis immédiatement ſous la protection de la Ruſſie, a dépêché courier ſur courier pour en informer ſa cour. Il ne s'en eſt pas tenu là, il a fait des repréſentations réitérées au miniſtère. Enfin il a demandé une conférence particulière à ce ſujet; il s'eſt plaint particuliérement de ce que la Porte permettoit que les géorgiens priſonniers fuſſent tranſportés, par la mer Noire, à Belgrade, & que ſans aucun ménagement ils y fuſſent vendus; il a réclamé le traité de Kaïnargi, par lequel il eſt défendu aux turcs de faire des eſclaves en *Géorgie*, & de les retenir : il s'eſt fondé ſur ce traité pour faire les plus vifs reproches d'in-

B b b b

fidélité au miniſtère ottoman. On aſſure même qu'il s'eſt tellement abandonné au zèle avec lequel il plaidoit la cauſe des géorgiens, qu'il a menacé les miniſtres du ſultan, d'une invaſion totale des troupes ruſſes dans le Cuban pour le ſoumettre à ſa ſouveraine ; & que ſi le grand-ſeigneur ne vouloit écouter à aucun arrangement pour arrêter les déprédations des tartares du Cuban, l'impératrice ſe verroit forcée d'en faire la conquête. On ajoute que les miniſtres ottomans ont reçu cette déclaration avec beaucoup de froideur, & qu'ils ont perſiſté à répondre que le gouvernement étoit réſolu à conſerver la plus exacte neutralité. On eſt perſuadé que la Ruſſie ne ſauroit effectuer ſes menaces, puiſqu'il eſt impoſſible de faire paſſer des troupes régulières, & de les faire agir dans des défilés entre des montagnes prodigieuſement hautes, & ou à peine il y a quelques ſentiers étroits, connus des ſeuls tartares : que toute l'armée ruſſe, engagée dans ces coupe-gorges, y périroit d'elle-même, ſans que les tartares fuſſent obligés de ſe donner d'autre peine que de faire rouler quelques pierres détachées des rochers eſcarpés qu'ils grimpent avec autant de facilité que des chevreuils.

GERMAINS, PEUPLES DE LA GERMANIE : on donnoit ce nom général aux peuplades qui habitoient une portion de l'Europe, dont on fixera les limites tout-à-l'heure. Les *germains* ont joué un ſi grand rôle lors de la deſtruction de l'Empire romain, ils ont tellement influé ſur les mœurs, les uſages & le gouvernement des nations actuelles de l'Europe, que des remarques ſur leur hiſtoire politique & ſur leur gouvernement ne ſeront pas ici déplacées.

Nous avons déja donné quelques détails ſur cette matière à l'article ANGLO-SAXONS, nous allons en ajouter de nouveaux.

Il eſt bien difficile de déterminer les bornes de la Germanie, parce que l'étendue occupée par les différentes tribus, dépendoit de leurs défaites ou de leurs victoires. La nation triomphante envahiſſoit les poſſeſſions des vaincus, & ſouvent le plus foible ſe rangeoit ſous le drapeau de celui qui pouvoit le protéger, ou qui lui paroiſſoit le plus redoutable. Les anciens écrivains citent ſouvent un même peuple ſous différens noms, pour marquer les limites qui le ſéparoient de ſes voiſins. Comme aucune ville n'avoit un diſtrict certain, l'étendue des domaines d'une nation étoit auſſi mobile que ſa fortune. Malgré ces révolutions, on eſt convenu de donner le nom de *Germanie* à tout le pays qui ſe prolonge des rives de la Viſtule à celles du Rhin d'orient en occident, & des extrémités de la mer Baltique juſqu'au Danube, du nord au midi. On confond quelquefois les ſarmates avec les *germains*, parce que ceux-ci les ſubjuguèrent. Ainſi la Germanie renfermoit la Pruſſe, la Pologne, une partie de la Hongrie, l'Allemagne proprement dite, une par-

tie de la Scandinavie, le Danemark, les Provinces-Unies, les Pays-Bas, la Flandre, la Lorraine, l'Alſace & la Suiſſe.

Il eſt impoſſible de déterminer les lieux d'où partirent les premières colonies qui vinrent y former des établiſſemens.

Le gouvernement de la Germanie n'étoit point uniforme. Chaque canton avoit ſon régime particulier ; mais il paroît que par-tout les prêtres vengeoient, au nom de Dieu, les offenſes particulières & les délits publics. Les miniſtres ſacrés, qui préſidoient aux délibérations de la nation aſſemblée, avoient ſeuls le droit excluſif d'infliger des peines aux coupables ; quoique la loi fût fort indulgente & modérée dans les châtimens, il étoit des fautes qu'on puniſſoit avec plus de ſévérité que des crimes. Les traîtres & les déſerteurs étoient condamnés à la mort. La lâcheté étoit regardée comme un attentat contre la patrie ; & celui qui en avoit montré, étoit traîné dans la fange, qu'on regardoit comme le ſymbole d'un cœur vil & flétri. Des châtimens ſi ſevères ſemblent contradictoires avec la loi ſur l'homicide, qui étoit expié par une ſimple amende de bétail. Cet abus avoit ſon principe dans l'idée qu'il étoit plus glorieux d'être ſon propre vengeur que d'attendre une réparation d'un arbitre. La vengeance d'une injure étoit regardée comme la preuve d'une ame fière & généreuſe : ce préjugé entretenoit le courage national, & ſouvent prévenoit les offenſes. La loi, dans ces ſortes de cas, autoriſoit les combats particuliers, & celui qui en ſortoit vainqueur étoit réputé innocent, parce qu'on croyoit que les dieux favoriſoient toujours le parti le plus juſte. Cette façon de juger a été une erreur commune à tous les barbares : on la retrouve en Aſie & en Afrique. Les *germains*, ſimples dans leurs mœurs, ſe livroient rarement aux crimes que le luxe a introduit chez les peuples policés. Quand on a peu de beſoins, on a peu de tentations. Mais, quand une fois ils ſortoient des bornes du devoir, leurs écarts étoient des atrocités. Les nations civiliſées mettent de la modération dans le crime. Tout eſt excès chez le barbare.

Quelques tribus avoient un roi qu'elles proclamoient en l'élevant ſur un bouclier au milieu de l'aſſemblée. Cette dignité n'étoit point héréditaire, & même dans quelques cantons elle étoit amovible. C'étoit la récompenſe de la ſageſſe, des talens & de la valeur. Dans les républiques, on créoit un chef ; mais ce n'étoit que dans les temps de guerre, & alors ſon pouvoir étoit illimité. Dès que le calme étoit rétabli, il n'avoit plus de prérogatives, & il rentroit dans la claſſe de ſimple citoyen. Les rois veilloient à la police intérieure, & ils jugeoient les différends ; ils conféroient le droit de citoyen aux enfans qui, depuis l'aggrégation, n'appartenoient plus à leur famille, mais devenoient les enfans de l'état.

Ces rois, plus respectés par leurs mœurs que par leur pouvoir, ne paroissoient jamais en public qu'avec leur lance & leur bouclier. Ils ne quittoient point les armes, même pendant leur sommeil, & il est vraisemblable que c'est à leurs exemples que plusieurs modernes ont la bizarre coutume de marcher toujours armés au milieu de leurs concitoyens. Ces peuples guerriers se montroient toujours avec un appareil militaire dans les assemblées nationales, dans les sacrifices & dans les autres cérémonies religieuses. Les intérêts publics se discutoient devant le peuple assemblé. Les citoyens donnoient leurs suffrages sur la paix ou la guerre, sur le choix des magistrats, sur les peines & les châtimens qu'on devoit infliger aux criminels & aux perturbateurs de la tranquillité publique. Les magistrats étoient plus intègres qu'éclairés; mais, comme la chicane n'avoit point encore indiqué de routes obliques, la droiture du cœur étoit plus nécessaire que les lumières de l'esprit. On ne connoissoit de bon & d'honnête que ce qui avoit été pratiqué dans tous les temps par la nation; &, ce qui étoit la suite de ce préjugé, la police ne se trouvoit susceptible, ni de réforme, ni de relâchement. Chacun donnoit son suffrage en frappant le bouclier de sa lance. La voix de l'homme constitué en dignité n'avoit pas plus de poids que celle de l'homme le plus obscur.

Les premières guerres qui firent connoître les *germains*, ne furent que des invasions passagères sur les terres de leurs voisins. Une tribu prenoit quelquefois les armes pour exterminer une autre tribu; mais c'étoit un feu éteint aussi-tôt qu'allumé. Les républiques qui n'étoient pas d'accord, se rangeoient sous le même drapeau, lorsque la liberté publique étoit menacée : ainsi les *germains* formoient une sorte de confédération ; ils se précipitoient dans les dangers avec cette férocité stupide, qui semble provenir de l'ignorance du péril & de la dureté du caractère.

L'infanterie n'avoit pour armes que la lance, le javelot & un bouclier de bois fort léger : elle combattoit mêlée à la cavalerie, dont elle égaloit la vitesse. Chaque tribu ou chaque cité fournissoit cent jeunes soldats d'élite, dont on composoit l'armée de la nation. Les chevaux étoient d'une extrême vigueur, & sembloient ne respirer que la guerre.

Le titre de *soldat* étoit la plus noble des distinctions; & pour être enrôlé dans la milice, il falloit avoir montré du courage, ou fait quelque action d'éclat. Les femmes & les enfans suivoient leur époux sous la tente & dans les camps. Ce spectacle, loin d'amolir leur courage, leur inspiroit l'audace de tout oser, pour soustraire à la mort ou à l'esclavage les objets de leur ten-

dresse & les fruits de leurs amours. Le général, pour donner l'exemple de l'intrépidité, combattoit aux premiers rangs; &, s'il venoit à périr, le soldat regardoit comme un opprobre le bonheur de lui survivre. La fuite n'avoit rien de déshonorant, pourvu qu'on revînt à la charge avec un nouvel acharnement; mais la perte du bouclier étoit punie par la flétrissure & la dégradation. Celui qui le perdoit, étoit frappé des anathèmes de la religion. Alors, rebuté des dieux & des hommes, il étoit exclu des sacrifices & de la société civile. La vie lui devenoit un fardeau, dont il se débarrassoit en s'étranglant lui-même : toutes les fois qu'on se préparoit à une guerre nouvelle, on faisoit courir une flèche dans les différens cantons, & ce signal avertissoit de prendre les armes.

Le sacerdoce donnoit la plus grande autorité; les prêtres avoient le privilège de battre & de charger de chaînes ceux qui leur déplaisoient. L'innocent, ainsi que le coupable, subissoit ces châtimens arbitraires. Les prêtres, pour autoriser leur arrêt, n'avoient qu'à dire que les dieux le vouloient ainsi.

Nous ne dirons qu'un mot de l'histoire militaire des *germains*. Après avoir combattu les uns contre les autres, ils tournèrent leurs armes contre l'étranger. Leurs premières expéditions furent dans les Gaules, où ils se rendirent les maîtres de tout le pays situé entre l'Elbe & le Rhin, & sur-tout de la Belgique, dont Auguste, dans la suite, fit deux provinces sous le nom de *Belgique supérieure & inférieure*. La facilité de leurs premières conquêtes leur inspira l'audace d'attaquer les romains, & de réduire en cendres la capitale du monde : on vit alors s'allumer cette guerre (1) mémorable qui fit couler tant de sang, & qui ne fut terminée que par la dispersion & le massacre des teutons & des cimbres. Les défaites de ces deux peuples n'abbatirent point le courage des autres nations germaniques. Les nouveaux ravages qu'elles exercèrent dans les Gaules, forcèrent les habitans à implorer le secours des romains. César, chargé du soin de cette guerre, fut d'abord étonné d'avoir à combattre un ennemi qui méprisoit le luxe & les voluptés, qui n'avoit d'autre métier que la guerre, & d'autres richesses que ses armes. Les dépouilles des bêtes tuées à la chasse les couvroient pendant la nuit & leur servoient d'habits pendant le jour. Dédaignant les métaux précieux, qu'ils regardoient comme la source de tous les vices, on ne les voyoit point fouiller dans les entrailles de la terre pour en tirer l'or que la nature prévoyante y a caché : il leur paroissoit plus beau de se procurer des subsistances les armes à la main, que d'attendre les productions incertaines de leur sol.

(1) On peut voir dans les Commentaires de César tout ce qui a rapport à cette guerre.

Bbbb2

Les *suèves* étoient le peuple le plus belliqueux de la Germanie : divisés en plusieurs tribus,
ils occupoient une grande étendue de terreins ;
& inaccessibles aux invasions étrangères, ils alloient chercher au loin des ennemis sans s'informer de leur nombre : ils tenoient leurs assemblées dans d'épaisses forêts où, pour se rendre
les dieux propices, ils immoloient une victime
humaine ; ils faisoient trembler toutes les nations :
plusieurs peuples qu'ils avoient chassés de leurs
domaines, implorèrent l'assistance de César, qui
cherchoit des alliés pour en faire des esclaves.
Après la mort de ce dictateur, Auguste son successeur fit marcher douze légions contre les sicambres, les teuctères & les usipetes. Lollius,
chargé de l'expédition, fut vaincu dans le premier combat ; mais il ayant reçu de nouvelles troupes, il répara la honte de sa défaite. Les sicambres obtinrent la paix, à des conditions qu'ils dictèrent eux-mêmes.

Drusus, qui dans la suite porta le surnom de *Ger-*
manicus, marcha contre les rhétiens, barbares
qui tuoient tous les enfans mâles de leurs ennemis, dans l'espoir d'en extirper la race : la destinée des femmes enceintes dépendoit des devins :
on les égorgeoit lorsque ces imposteurs assuroient
qu'elles portoient un fils dans leur sein.

Les *germains* laissèrent ensuite Rome en paix jusques sur la fin du règne de Caligula, qui marcha contre eux avec une armée de deux cents
mille combattans, sans compter les gladiateurs &
les comédiens ; mais à peine fut-il sur leurs terres
que, saisi d'une terreur panique, il s'en retourna
sur ses pas avec autant de célérité que s'il eût
essuyé une défaite. Les *germains* brillèrent encore
un moment sous la conduite d'Italus, fils d'un
père qui avoit trahi sa patrie pour se vendre aux
romains. Elevé lui-même à la cour des empereurs
& comblé de leurs bienfaits, il ne vit en eux
que les tyrans de son pays. Appellé par les che-
rusques, il effaça bientôt la tache de son origine ; mais il ne combattit que pour faire triompher des ingrats, qui le dépouillèrent du commandement & l'obligèrent à se refugier chez les
lombards.

Après la mort de Galba, l'Empire parut pencher vers sa ruine. Civilis, batave d'origine, saisit cette occasion pour tenter d'affranchir sa patrie. Ce digne *germain*, pour mieux cacher ses
desseins, affecta d'être partisan de Vespasien ; &
sous ce prétexte, il convoqua les principaux chefs
de sa nation dans un bois sacré. Son éloquence
naturelle les porta à la révolte : il forma une
confédération de différens peuples, qui, d'une
voix unanime, le proclamèrent chef de toute la
Germanie, en l'élevant sur le bouclier militaire.
Le massacre général des marchands romains fut
le prélude d'une guerre opiniâtre. Civilis gagna
les deux premières batailles ; & tous ceux qui,
retenus par une prudence timide, n'avoient en-

core osé se déclarer, devinrent ses alliés. Fier de
ses succès, il publie qu'il ne combat ni pour Vitellius, ni pour Vespasien, mais pour rendre à
son pays son ancienne indépendance. Tandis qu'il
triomphe sur le Rhin, les sarmates tiennent assiégées les légions de Mésie & de Pannonie. Ce
fut alors que, pour la première fois, on vit des
romains quitter en corps leur drapeau, pour se
ranger sous les enseignes des barbares. Labeon,
afin d'arrêter ce torrent, lui opposa une armée
de nerviens, de tongres & de betusiens. Civilis
ne vit que ses frères dans ces lâches *germains*
armés contre lui ; & à une époque où il pouvoit les punir, il se présenta à eux sur le pont
de la Moselle : dès qu'il les apperçut, il jetta
ses armes dans le fleuve, & leur dit à haute voix :
« *germains*, c'est pour la cause commune, c'est
» pour vous que je combats ; si vous ne daignez
» point me reconnoître pour votre général, per-
» mettez-moi de marcher sous vos enseignes com-
» me simple soldat ». Ces paroles, prononcées
avec une mâle assurance, produisirent leur effet.
Les nerviens, les tongres & les betusiens abandonnèrent les romains & embrassèrent la cause
commune.

Sous le règne du dernier des douze Césars,
les daces, soutenus des marcomans, se répandirent dans les plus belles provinces de l'Empire.
Alors les romains, tyrans des nations, devinrent eux-mêmes tributaires ; ils se soumirent à
payer une somme annuelle à des barbares qui
menaçoient de réduire en cendres la capitale.
Trajan gagna les *germains* par ses bienfaits, &
ce fut d'eux qu'il se servit pour affranchir l'Empire d'un tribut déshonorant, & pour réduire
la Dacie en province romaine. Les *germains*
n'ayant plus d'ennemis au dehors, tournèrent
leurs armes contre eux-mêmes ; & pendant quarante ans, les cités furent déchirées par des
guerres domestiques ; mais enfin, revenus de cette
phrénésie, ils se réunirent & formèrent cette fameuse ligue qui ébranla l'Empire jusques dans
ses fondemens. On vit paroître cet essain de barbares, qui changea la face du monde, en lui
donnant de nouveaux oppresseurs sous le nom de
quades, de *vandales*, de *suèves*, de *goths* ; la
plupart de ces peuples sont tombés dans un oubli dont il est difficile de les tirer. On ne peut
dire quel en étoit le nombre, ni indiquer le nom
particulier de chacun : les auteurs contemporains
désignent quelquefois la même tribu par différentes dénominations. Les francs sont nommés
indistinctement *sicambres* ou *saliens*, &c. Nous
ne citerons que les principales tribus.

Les *cattes*, qui n'ont point transmis leur nom
à leurs descendans, étoient les peuples les plus
puissans de la Germanie ; leur territoire s'étendoit depuis la rive droite du Rhin, jusqu'à la
forêt d'Hercinie ou la forêt Noire, d'orient en
occident, & depuis les sources du Mein jusqu'au

pays des Cherufques, du midi au feptentrion. Tacite nous apprend que leurs armées nombreufes contenoient autant de cavalerie que d'infanterie : c'étoit de tous les *germains* le peuple le plus refpecté par fon amour pour la juftice.

Les bructères fe font immortalifés par leur haine contre les romains, & par leur conftance généreufe à défendre leur liberté. Il eft impoffible de déterminer les limites de leur pays, parce que ces peuples errants & vagabonds adoptoient pour patrie la contrée où ils trouvoient des fubfiftances.

Les cauches ne nous font connus que par le tableau que Pline nous en a laiffé. L'Océan, dit-il, fubmerge leurs habitations deux fois en vingt-quatre heures. Elles reftent un tems égal découvertes & cachées fous les eaux, deforte que cette alternative fait douter fi ce pays appartient à la terre ou à la mer.

Les pictes furent obligés d'abandonner leur pays, où leur exceffive population ne leur permettoit plus de trouver des fubfiftances proportionnées à leurs befoins : ils équipèrent une grande flotte, & débarquèrent fur les ifles Hébrides habitées par les écoffois. Les anciens habitans, trop foibles pour réfifter à cette race de géans, expoferent que la ftérilité de leur fol ne leur fourniffoit point affez de fubfiftance à eux-mêmes ; & pour donner plus de poids à leurs juftes repréfentations, ils offrirent à ces hôtes incommodes de les aider à chercher des établiffemens dans la partie feptentrionale d'Albion, qui, malgré fa fécondité, manquoit d'habitans. Les pictes fuivirent ce confeil, dont l'exécution ne rencontra point d'obftacles ; mais, comme ils n'avoient point de femmes, ils en demandèrent aux écoffois qui leur en fournirent, à condition qu'elles feroient préférées dans la fucceffion au trône. Cette alliance rendit leurs intérêts communs ; & ayant réuni leurs forces, ils chaffèrent de l'ifle les anciens habitans, depuis la mer du Nord jufqu'à la rivière de la Thine. Les deux nations reftèrent quelque tems confondues ; mais enfin la jaloufie du commandement les rendit rivales ; & pour prévenir l'éclat d'une rupture, elles confentirent à fe féparer. Les pictes fe fixèrent dans les provinces orientales, qui les rapprochoient de leur ancienne patrie, & les écoffois choifirent la partie occidentale de l'ifle qui étoit la plus voifine des Hébrides ; & ainfi, féparés par la montagne de Grabain, ils conferverent chacun leurs loix, leurs mœurs & leurs ufages.

Sans parler des cherufques fi redoutables fous Arminius, des tongres, des betufiens, des nerviens, des bataves, des canaïtains & des frifons, qui fignalèrent leur valeur fous les ordres de Civilis, & qui tous font célèbres par leur haine contre les romains, nous nous contenterons d'inférer ici quelques détails fur les allemands, les faxons & les bourguignons.

Les allemands qui, dans leur origine, n'étoient qu'un peuple particulier de la Germanie, donnèrent dans la fuite leur nom à cette vafte contrée. C'étoit un affemblage de différentes nations germaniques, qui confervèrent les mœurs & les ufages de leur pays dans tous les lieux où elles fe transportèrent.

Les bourguignons, avant leur invafion dans les Gaules, occupoient le pays qui eft à la droite du Rhin, entre l'embouchure du Necre & la ville de Bâle : cette peuplade, nombreufe & célèbre par fon courage, fut la terreur de fes voifins.

Les faxons occupoient tout le pays, depuis l'Ems jufqu'à l'Eiden. Quelques auteurs prétendent qu'ils s'étendoient jufqu'au nord de ce dernier fleuve, qui fert aujourd'hui de bornes à l'Empire germanique ; ils touchoient à l'orient le diftrict des thuringiens ; mais on ne peut déterminer les bornes qui féparoient ces deux peuples : ils étoient encore maîtres de plufieurs ifles fituées à l'embouchure de l'Elbe dans l'Océan feptentrional. Ce peuple de pirates fe raffembloit aux mouillages de ces ifles pour aller exercer fes brigandages fur les côtes des Gaules. La conftruction de leurs vaiffeaux facilitoit les moyens de les transporter par terre, d'un lieu dans un autre, fur des chariots. La quille, & toute la partie qui plongeoit dans l'eau, étoit d'un bois fort léger, & la partie qui furnageoit, n'étoit qu'un tiffu d'ofier couvert de cuir. Ainfi, lorfqu'on croyoit leur flotte fubmergée, on la voyoit reparoître fur les côtes dont on la croyoit éloignée. Ils infeftèrent fans ceffe les Gaules. Ils remontoient les fleuves jufqu'à plus de quarante lieues de leur embouchure. Tandis que leurs armées de terre affiégeoient les places & pilloient les provinces, l'Océan, dit Sidonius, n'offroit point d'écueils, ou de tempêtes qui puffent rebuter leur intrépidité.

Les faxons avoient des rois, ou plutôt des chefs particuliers, qui n'exécutoient que ce qui étoit décidé par la nation. Ils favoient obéir ; mais ils auroient puni le tyran qui eût ofé les traiter en efclaves. Les tribus indépendantes formoient une république fédérative, toujours prête à s'armer contre l'oppreffeur commun. Ils donnèrent leur nom à deux contrées dont ils firent la conquête : l'une s'appelloit le *rivage faxonique* dans la Grande-Bretagne, & l'autre dans la feconde Lyonnoife. On appelloit *faxons-beffins* les habitans de cette partie de la Normandie, dont Bayeux étoit la capitale.

On ne peut déterminer avec précifion dans quel fiècle les *germains-faxons* s'établirent dans la Grande-Bretagne & dans le Beffin. Il eft vraifemblable qu'ils s'y rendirent fort puiffans, puifqu'ils donnèrent leur nom au pays qu'ils occupèrent. On fait que Probus, dans le troifième fiècle, marcha contre plufieurs nations germaniques, qui avoient envahi les plus belles provinces des Gaules : il fit fur elles un fi grand nombre de prifonniers, qu'il s'en trouva embarassé, & qu'il les offrit vainement au plus modique prix. Pour s'en débarasser, il enrôla les plus jeunes & les plus vigoureux ; les autres furent envoyés dans la Grande-Bretagne où ils s'établirent. La reconnoissance en fit de fidèles alliés des romains, qui s'en servirent utilement pour réprimer l'indocilité des peuples d'Albion. C'est aussi à cette époque qu'on peut fixer l'arrivée des *germains - saxons* dans le Bessin, puisque, dès le cinquième siècle avant l'invasion des francs, le pays s'appelloit *littus saxonicum*.

Nous terminerons cet article par quelques remarques de Montesquieu, sur les mœurs, les usages, la législation & le gouvernement des *germains*.

Les anciens *germains* habitoient un climat où les passions étoient très - calmes. Leurs loix ne trouvoient dans les choses que ce qu'elles voyoient, & n'imaginoient rien de plus. Et, comme elles jugeoient des insultes faites aux hommes par la grandeur des blessures, elles ne mettoient pas plus de raffinement dans les offenses faites aux femmes. La loi des allemands (1) est là-dessus fort singulière. Si l'on découvre une femme à la tête, on paiera une amende de dix sols, autant si c'est à la jambe jusqu'au genou ; le double depuis le genou. Il semble que la loi mesuroit la grandeur des outrages faits à la personne des femmes, comme on mesure une figure de géométrie ; elle ne punissoit point le crime de l'imagination, elle punissoit celui des yeux. Mais lorsqu'une nation germanique se fut transportée en Espagne, le climat trouva bien d'autres loix. La loi des wisigoths défendit aux médecins de ne saigner une femme ingénue qu'en présence de son père ou de sa mère, de son frère, de son fils ou de son oncle. L'imagination des peuples s'alluma, celle des législateurs s'échauffa de même ; la loi soupçonna tout pour un peuple qui pouvoit tout soupçonner.

Ces loix eurent donc une extrême attention sur les deux sexes. Mais il semble que, dans les punitions qu'elles firent, elles songèrent plus à flatter la vengeance particulière qu'à exercer la vengeance publique. Ainsi, dans la plupart des cas, elles réduisoient les deux coupables dans la servitude des parens ou du mari offensé. Une femme (2) ingénue, qui s'étoit livrée à un homme marié, étoit remise dans la puissance de sa femme pour en disposer à sa volonté. Elles obligeoient les esclaves (3) de lier & de présenter au mari sa femme qu'ils surprenoient en adultère : elles permettoient à ses enfans (4) de l'accuser, & de mettre à la question ses esclaves pour la convaincre. Aussi furent-elles plus propres à raffiner à l'excès un certain point d'honneur, qu'à former une bonne police. Et il ne faut pas être étonné si le comte Julien crut qu'un outrage de cette espèce demandoit la perte de sa patrie & de son roi. On ne doit pas être surpris si les maures, avec une telle conformité de mœurs, trouvèrent tant de facilité à s'établir en Espagne, à s'y maintenir & à retarder la chûte de leur empire.

De la majorité des rois francs. Les peuples barbares qui ne cultivent point les terres, n'ont point proprement de territoire, & sont plutôt gouvernés par le droit des gens que par le droit civil. Ils sont donc presque toujours armés. Aussi Tacite dit-il « que les *germains* (5) » ne faisoient aucune affaire publique ni particu- » lière sans être armés ». Ils donnoient leur avis (6) par un signe qu'ils faisoient avec leurs armes (7). Si-tôt qu'ils pouvoient les porter, ils étoient présentés à l'assemblée ; on leur mettoit dans les mains un javelot (8) : dès ce moment, ils sortoient de l'enfance (9) ; ils étoient une partie de la famille, ils en devenoient une de la république.

» Les aigles, disoit (10) le roi des ostrogoths, » cessent de donner la nourriture à leurs petits, » si-tôt que leurs plumes & leurs ongles sont for- » més ; ceux - ci n'ont plus besoin du secours » d'autrui, quand ils vont eux-mêmes chercher » une proie. Il seroit indigne que nos jeunes gens » qui sont dans nos armées, fussent censés être » dans un âge trop foible pour régir leur bien, » & pour régler la conduite de leur vie. C'est » la vertu qui fait la majorité chez les goths ».

Childebert II avoit quinze ans (11) lorsque Gontran son oncle le déclara majeur, & capable de gouverner par lui-même. On voit dans la loi des ripuaires cet âge de quinze ans, la capa-

---

(1) Chap. 58, §. 1 & 2.
(2) Loi des wisigoths, liv. III. tit. 4, §. 9.
(3) *Ibid*, liv. III. tit. 4. §. 6.
(4) *Ibid*, liv. III. tit. 4. §. 13.
(5) Nihil, neque publicæ, neque privatæ rei, nisi armati agunt. *Tacite, de Moribus germ.*
(6) Si displicuit sententia, aspernantur ; sin placuit, frameas concutiunt, *Tacite, de Moribus germanorum.*
(7) Sed arma sumere non ante cuiquam moribus quàm civitas suffecturum probaverit.
(8) Tùm in ipso concilio, vel principum aliquis, vel pater, vel propinquus, scuto frameâque juvenem ornant.
(9) Hæc apud illos toga, hic primus juventæ honos : ante hoc domûs pars videntur, mox reipublicæ.
(10) Théodoric, dans Cassiodore, liv. I. lett. 38.
(11) Il avoit à peine cinq ans, dit Grégoire de Tours, liv. V. ch. 1, lorsqu'il succéda à son père en l'an 575, c'est-à-dire, qu'il avoit cinq ans. Gontran le déclara majeur en l'an 585 ; il avoit donc quinze ans.

été de porter les armes & la majorité marcher ensemble. « Si un ripuaire est mort, ou a été tué, y est-il dit (1), & qu'il ait laissé un fils, il ne pourra poursuivre ni être poursuivi en jugement, qu'il n'ait quinze ans complets ; pour lors il répondra lui-même, ou choisira un champion ». Il falloit que l'esprit fût assez formé pour se défendre dans le jugement, & que le corps le fût assez fort pour se défendre dans le combat. Chez les bourguignons (2) qui avoient aussi l'usage du combat dans les actions juridiques, la majorité étoit encore à quinze ans.

Agathias nous dit que les armes des francs étoient légères ; ils pouvoient donc être majeurs à quinze ans. Dans la suite, les armes devinrent pesantes ; & elles l'étoient beaucoup du temps de Charlemagne, comme il paroît par nos capitulaires & par nos romans. Ceux qui (3) avoient des fiefs, & qui par conséquent devoient faire le service militaire, ne furent plus majeurs qu'à vingt-un ans (4).

Les peuples qui ne cultivoient point les terres, jouissoient d'une grande liberté. Les *germains* furent dans ce cas. Tacite dit qu'ils ne donnoient à leurs rois ou chefs qu'un pouvoir très-modéré (5) ; & César (6), qu'ils n'avoient pas de magistrats communs, pendant la paix, mais que dans chaque village les princes rendoient la justice entre les leurs. Aussi les francs, dans la Germanie, n'avoient-ils point de roi, comme Grégoire de Tours (7) le prouve très-bien.

« Les princes (8), dit Tacite, délibèrent sur les petites choses, toute la nation sur les grandes ; de sorte pourtant que les affaires dont le prince prend connoissance, sont portées de même devant les princes ». Cet usage se conserva après la conquête (9), comme on le voit dans tous les monumens.

Tacite (10) dit que les crimes capitaux pouvoient être portés devant l'assemblée. Il en fut de même après la conquête, & les grands vassaux y furent jugés. *Voyez* l'article FÉODAL (GOUVERNEMENT) & ANGLO-SAXONS.

GERNRODE, ancienne abbaye princière d'Allemagne, au cercle des haute-Saxe.

L'ancienne abbaye de *Gernrode*, étoit une abbaye de femme libre & séculière, que Géro, marggrave de Lusace, fit bâtir vers l'an 660, & qu'il dota richement de ses propres fonds. Elle fut assignée par le traité de paix de Westphalie à la maison d'Anhalt, qui en avoit été mise en entière possession le 1er janvier 1624. Elle donne droit de séance & de suffrage dans le collège des princes, tant aux dietes de l'Empire qu'aux assemblées circulaires de la haute-Saxe. Sa taxe pour chaque mois romain, est de 36 florins ; & quant à l'entretien de la chambre, elle est sans doute comprise dans la somme que la maison d'Anhalt paye à ce sujet pour ses autres domaines. La première investiture qu'elle ait reçue de l'empereur au sujet de cette abbaye, ne remonte qu'à l'année 1728, le prince Léopold de Dessau, fut alors déclaré le chef de la famille, & *l'homme vivant & mourant du seigneur suzerain* Cette abbaye se trouve convertie aujourd'hui en un bailliage, qui fait partie de ceux que possède la branche d'Anhalt-Bernbourg.

GEROLSTEIN ou GEROLDSTEIN, & BLANKENHEIM, deux petits comtés d'Allemagne, aux cercles de Westphalie. Le second de ces comtés est situé dans l'Eyffel. L'héritière des comtes de *Blankenheim* les apporta au quinzième siècle à Jean de Schleiden, son mari, & sa fille Elisabeth, à Thierry III, comte de Manderscheir, dans la maison duquel ils sont encore. Ils donnent à leur possesseur voix & séance au collège des comtes & aux dietes du cercle de Westphalie, où il suit immédiatement le seigneur de Wittem. La matricule de l'empire les taxe à deux cavaliers & dix fantassins, ou soixante-quatre florins : mais elle ajoute que l'électeur palatin, duc de Juliers, les exempte *sine onere*. Leur contingent pour l'entretien de la chambre impériale, est de 72 rixdales 44 ½ kr. par terme.

GERSAW, petite république en Suisse, & l'une des plus petites de l'Europe. Elle contient au plus mille ames, & ses assemblées générales, auxquelles tout homme à l'âge de seize ans a le droit d'assister, ne passent pas le nombre de trois cents personnes. Elle consiste en un seul

---

(1) Tit. 81.
(2) Tit. 87.
(3) Il n'y eut point de changement pour les roturiers.
(4) S. Louis ne fut majeur qu'à cet âge. Cela changea par un édit de Charles V, de l'an 1374.
(5) Nec regibus libera aut infinita potestas. Cæterùm neque animadvertere, neque vincire, neque verberare, &c. *De Morib. germ.*
(6) In pace nullus est communis magistratus ; sed principes regionum atque pagorum inter suos jus dicunt. *De bello-gall.*, lib. VI.
(7) Liv. II.
(8) De minoribus principes consultant, de majoribus omnes ; ita tamen ut ea quorum penes plebem arbitrium est, apud principes quoque pertractentur. *De Morib. germ.*
(9) Lex consensu populi fit & constitutione regis. *Capitulaires de Charles le Chauve*, an. 864, art. 6.
(10) Licet apud concilium accusare & discrimen capitis intendere. *De Moribus germanorum.*

petit bourg avec quelques maisons écartées, & elle est située aux pieds du Rigi, sur les bords du lac de Lucerne. Son territoire n'a que deux lieues de longueur sur une de largeur. Le gouvernement de cette république assez inconnue est démocratique. Le chef se nomme *Landamman*, tient un conseil, une justice, qu'on augmente dans quelques cas déterminés & laquelle on nomme alors *justice doublée*, & une cour criminelle. En 1315, *Gersaw* conclut avec les cantons d'Uri, Schwitz & Underwalden, une alliance qui s'est confirmée en 1359. En 1431, le nombre des hommes que *Gersaw* devoit fournir à ses alliés en tems de guerre, fut fixé à cent. C'est la seule liaison de *Gersaw* avec le corps helvétique. Ce pays appartenoit à la maison d'Autriche qui l'hypotéqua à la famille de Moos de Lucerne. Les habitans se rachetèrent en 1390. L'empereur Sigismond confirma en 1433 leurs privilèges. *Gersaw* séparoit anciennement la Thurgovie de l'Ergovie, & appartenoit à la première de ces provinces.

GEX pays de , province de France. *Voyez* le Dictionnaire de géographie.

GIENGEN, ville impériale au cercle de Suabe : elle est située sur le ruisseau de Bregenz, & enclavée dans la seigneurie de Heidenheim. Elle professe la religion luthérienne. On ignore à qu'elle époque elle obtint son immédiateté. Mais en 1354, l'empereur Charles IV la donna en emphithéose au comte de Helfensteid. le même empereur la réunit à l'Empire en 1378, & l'empereur Wenceslas lui garantit sa liberté. Les impériaux la dévastèrent en 1634. Elle occupe à la diète la trente-unième place parmi les villes impériales du banc de Suabe, & la vingt-troisième dans les assemblées du cercle. Sa taxe matriculaire, qui en 1683 avoit été réduite de 60 florins à 34, est de 36 florins depuis 1728. Elle paie 27 rixdalers 6 kr., pour l'entretien de la chambre impériale.

GIMBORN & NEUSTADT, seigneurie d'Allemagne, au cercle de Westphalie : elle est située entre les duchés de Berg & de Westphalie, le comté de Homberg & celui de la Mark, dont elle faisoit autrefois partie. En 1610, Jean Sigismond, électeur de Brandebourg, & Wolfgang Guillaume duc de Neubourg, co-possesseurs des terres de Juliers, de Clèves, de Berg, de la Mark, &c. érigèrent *Gimborn*, qui dépendoit du comté de Schwarzenberg, en seigneurie médiate, sous la réserve de la supériorité territoriale, & y joignirent Nièder-Gelepe, avec les fermes de Dael & de Recklinghausen, paroisse de Gummersbach, Adam comte de Schwarzenberg, en reçut l'investiture, & en 1616, l'électeur de Brandebourg lui donna, à titre d'annexe de la seigneurie, les paroisses complettes de Gummersbach & de Meublenbach ; l'électeur Jean Guil-

laume y ajouta tout le bailliage de Neustadt, les droits régaliens, prérogatives & supériorité territoriale, & le titre de fief masculin & de baronnie immédiate du saint Empire. La prestation de l'hommage se fit en 1631.

Le comte de Schwarzenberg confirma dès lors à ses sujets protestans, une entière liberté de religion, & conclut avec eux en 1658, une convention, d'après laquelle on règle les affaires tant ecclésiastiques que civiles. Les ministres luthériens ont gardé leurs liaisons avec ceux du comté de la Mark, qui a toujours insisté sur la réunion de ces seigneuries à son domaine ; & qui en a toujours soutenu les intérêts, contre les vexations des seigneurs actuels.

Le comté de Schwarzenberg, demanda vainement en 1667, d'être admis aux états de la Westphalie ; mais on lui accorda cette grace en 1682, après son élévation à la dignité princière ; & après qu'il eut proposé de fournir au cercle un cavalier & deux fantassins, outre le cavalier & les cinq fantassins qu'il est obligé de fournir pour le contingent du comté de la Mark ; *Gimborn* & *Neustadt* ne contribuent en rien à l'entretien de la chambre impériale ; & depuis 1702, elle donne a son possesseur voix & séance aux diètes de l'empire, parmi les comtes de la Westphalie.

Elle est gouvernée par un grand-baillif, un prévôt & 12 échevins ; il y a un prévôt des mines & un receveur particulier.

GLARIS ou GLARUS, canton Suisse, le huitième dans l'ordre de la ligue.
Remarques sur sa position & ses productions. Ce petit pays peut avoir environ huit lieues dans sa longueur du nord au midi ; il présente à son entrée l'ouverture d'un beau vallon, qui se prolonge vers le midi, se partage en deux branches, & qui se termine dans les hautes Alpes, au pied des glaciers couverts d'une neige éternelle. Les Alpes qui bordent le pays de *Glaris* à l'est, au sud & à l'ouest, marquent en même temps les confins de ce petit état, du côté des ligues grises & des cantons d'Uri & de Schwitz.

Les arbres fruitiers réussissent très-bien dans la partie inférieure du vallon. Il faut compter pour fort peu de choses les produits d'orge & de grains. La principale ressource des habitans vient des prairies & des pâturages, ou des troupeaux. Ces pâturages dans les hautes Alpes, sont d'une qualité supérieure ; & les fromages de *Glaris* ont une grande réputation. C'est avec des plantes médicinales, rares même dans les autres parties de la Suisse, & abondantes dans celle-ci, que les habitans de *Glaris* composent leur thé de Suisse ; leur choix d'herbes vulnéraires, dont ils en font un objet de commerce assez étendu. On estime que dix mille pièces de gros bétail, & quatre mille moutons peuvent être nourris pendant l'été sur les Alpes de ce canton. Sans la disette, difette, ces productions diverses des Alpes, ne compenferoient pas les inconvéniens qui réfultent d'un pays froid & montueux, d'une grande étendue de terrein occupée par des rochers, des précipices, des forêts inacceffibles, des bruyeres ftériles & des glaces perpétuelles, & perdue pour la jouiffance de l'homme, pour la culture & la population; des inondations fréquentes caufées par des fontes de neiges fubites, ou par les pluies toujours plus abondantes dans les montagnes, & dont les flots font auffi-tôt raffemblés dans des vallons refferrés entre des monts d'une élévation exceffive, & le plus fouvent coupés prefque verticalement; des avalanches ou éboulemens de terres & de rochers; des variations brufques dans la température de l'air, & des grêles que le voifinage des glaciers rend plus fréquentes.

Précis de l'hiftoire politique du canton de Glaris.

Le Canton de *Glaris* étant autrefois fujet des religieufes de Seckinguen en Suabe, fe trouvoit affujetti à une fervitude perfonnelle & réelle; fi l'on en excepte un petit nombre de familles, qu'on regardoit comme la nobleffe du pays. La juftice civile étoit adminiftrée par des juges nommés par l'abbeffe, & elle y entretenoit des officiers. Le peuple avoit fes affemblées, fes chefs, fa bourfe publique, & les emplois dépendans de la feigneurie ne pouvoient être remplis que par les citoyens. Dans ces temps de vaffalité, le fort des fujets étoit fouvent moins dur fous le gouvernement eccléfiaftique; ils obtenoient plus aifément des immunités.

Les offices dépendans de l'abbeffe de Seckinguen devinrent des efpèces de fiefs; & les comtes de Habsbourg & les princes d'Autriche, les empereurs Rodolphe I & Albert I, les acquirent fucceffivement; ils les réunirent à la garde-noble & à la jurifdiction criminelle, qui ne devoit relever que de l'empire directement. Toutes ces aliénations, contraires aux franchifes du pays, entroient dans le grand projet de former en Suiffe un appanage pour l'un des fils d'Albert. L'exemple & les fuccès des premiers cantons Suiffes, ligués pour défendre leurs privilèges contre cette ufurpation ambitieufe, ne fervit qu'à rendre les princes plus attentifs fur ceux de leurs nouveaux fujets, qui n'avoient pas la force de leur réfifter féparément. Le peuple de *Glaris* vit avec regret fes ufages, fes immunités & les formes de fa police intérieure fucceffivement changées ou abolies. En temps de guerre les princes d'Autriche envoyoient des troupes en quartier dans le pays, pour en impofer aux habitans. Bientôt les confédérés furent en état de brifer les fers de leurs voifins. Les habitans de Schwitz entrèrent en 1351, à main armée dans le pays de *Glaris*, ils y rétablirent l'ancienne

forme de l'adminiftration publique & les droits du peuple, & après lui avoir rendu fa liberté, ils s'en formèrent un allié reconnoiffant & utile. Cette première alliance du peuple de *Glaris* avec les cantons, renfermoit des conditions inégales, il ne pouvoit ni s'allier, ni entrer en guerre, fans l'aveu des confédérés. Il rendit des fervices à la ligue, & en 1450 on anéantit cette condition; & pour donner à la prérogative nouvelle une force rétroactive, le fecond traité fut mis fous la date du premier.

Le peuple de *Glaris* commençoit à jouir de fa liberté fous la protection de fes alliés, lorfqu'en 1388 la nobleffe du parti autrichien, en guerre avec les cantons, l'attaqua avec des forces qui devoient paroître fuffifantes pour l'opprimer fans retour. Aidée des habitans de Wefen, elle furprit la petite ville de *Glaris*, fituée à l'extrémité inférieure du lac de Wallenftat; elle maffacra la garnifon, força les lignes qui défendoient l'entrée du pays, & fe répandit comme un torrent dans tout le vallon. Mais trois cents cinquante hommes de *Glaris*, & une trentaine de leurs voifins de Schwitz, foutinrent, dans un pofte avantageux, plufieurs attaques réitérées; après un combat de cinq heures, ils mirent les affaillans en déroute, & ils en maffacrèrent un grand nombre dans la pourfuite. L'anniverfaire de cette victoire fe célèbre toutes les années le 8 Avril. On oblige les députés de Wefen d'affifter à cette folemnité, & ils y entendent le reproche public de la trahifon, dont leurs ancêtres fe font rendus coupables.

Glaris eft le dernier des huit anciens cantons Suiffes, qui pendant environ cent trente ans, formèrent feuls le corps helvétique. Il eut part aux expéditions militaires & aux conquêtes des Suiffes, & il partage la régence des petits gouvernemens fujets ou des bailliages communs. *Voyez* l'art. SUISSE. Cette république a d'autres fujets qui lui font propres; elle poffède feule le comté de Werdenberg, & en commun avec le comté de Schwitz, le petit pays d'Uznach & Gafter; tous ces bailliages font fitués à l'orient & au midi du Toggenbourg.

La religion réformée s'introduifit dans le canton de *Glaris* en 1523. La guerre de religion de 1531, dont l'iffue fut contraire au parti des réformés, empêcha peut-être que la réformation ne devînt générale dans ce pays. On fixa, par divers traités fubféquens, les droits des deux églifes & l'ordre de chaque culte. Les deux partis ne fe féparèrent & ne fe cantonnèrent pas comme dans le pays d'Appenzell; mais on détermina l'influence que chacun d'eux auroit dans le gouvernement & les offices publics.

Gouvernement de Glaris, *& remarques fur cet état.*

Le gouvernement eft démocratique ou populaire. Tout citoyen d'une des quinze communautés du pays, a, dès l'âge de seize ans, le droit d'assister à l'assemblée du peuple, qui, hors les cas extraordinaires, ne se tient qu'une fois l'année au mois de mai, dans une place des environs de *Glaris*. Cette assemblée générale, appellée *landsgmeind*, exerce la souveraineté ; elle sanctionne les loix nouvelles, elle impose des contributions, elle fait des alliances, elle traite de la guerre ou de la paix. L'exercice du pouvoir exécutif, de la jurisdiction civile & criminelle, de l'économie publique & de la police, est confié au landrath ou conseil du pays. Ce corps est composé de quarante-huit conseillers de la religion réformée & de quinze conseillers catholiques, choisis les uns & les autres dans les différentes communautés du pays, d'après une proportion déterminée par la loi. Les chefs de ce conseil sont le landammam, le statthalter ou lieutenant, & le trésorier. Ces charges alternent, entre les deux religions ; le landammam, nommé par les réformés, est en charge trois ans ; ensuite les catholiques en nomment un pour deux ans. Le parti qui n'a point de landamman en charge, pourvoit pendant cet intervalle à l'office du lieutenant. Les réformés jouissent exclusivement du gouvernement du comté de Werdenberg, & les catholiques de celui de Gaster & d'Uznach ; la religion dominante de ces districts a donné lieu à cet arrangement. Les réformés d'une part, & les catholiques de l'autre, ont leurs assemblées particulières ou landsgmeind, pour l'élection de leurs magistrats : celles-ci se tiennent huit jours avant l'assemblée générale de tout le peuple.

On évalue la population de ce petit état à quinze mille ames. Les catholiques n'en composent plus qu'environ la huitième partie ; on estimoit leur nombre vers l'année 1623 au tiers environ de la population générale ; alors des épidémies avoient réduit à trois mille les hommes capables de porter les armes. Depuis le commencement du dix-huitième siècle, les réformés se sont accrus de deux mille neuf cents hommes à trois mille huit cents, & le nombre des catholiques a diminué.

Il faut attribuer cet accroissement des réformés aux succès de leur industrie. Outre l'exportation des productions naturelles du pays, des bestiaux, des chevaux, du beurre & des fromages, des cuirs & de quelques articles indiqués plus haut, on a introduit dans le pays la filature du coton, & la fabrication de quelques étoffes, draps & rubans. M. Ramond qui a traduit le voyage en Suisse de M. Coxe, cite les remarques d'un magistrat qui voyoit avec regret l'établissement de ces fabriques, & qui se plaignoit de la foiblesse de la race d'ouvriers qu'on a ainsi introduits dans le canton. *Glaris* est obligée de tirer des autres parties de la Suisse ou

de l'Italie, de l'Alsace & de la Suabe, les grains, les vins, le sel & la plupart des objets de commodité ou de luxe. *Glaris* entretient des compagnies au service de quelques puissances étrangères : ces liaisons qui ne sont utiles qu'aux officiers, seroient trop onéreuses a un petit état, sans la facilité de tirer des recrues des bailliages communs entre les cantons.

M. Ramond, dont nous venons de parler, a donné la description d'une assemblée générale du canton de *Glaris*, à laquelle il assista. Nous renvoyons le lecteur au voyage de Suisse par M. Coxe. Cet ouvrage contient d'autres détails sur le gouvernement & l'administration de *Glaris*. *Voyez aussi les articles* CORPS HELVÉTIQUE & SUISSE.

GLATZ, comté d'Allemagne, qui appartient aujourd'hui au roi de Prusse.

Le comté de *Glatz* est situé entre la Bohême, la Silésie & la Moravie, & est entouré de hautes montagnes, qui font partie des Sudettes ; on ne peut y entrer que par des gorges remplies de rochers escarpés. Sa longueur est de huit lieues géographiques, sur cinq de large. Sous le règne du comte Christophe de Hardeck, la mesure de chaque mille fut fixée à quinze mille huit cents soixante aunes du pays.

Les montagnes, les vallées, les forêts, les prairies, les champs ; les ruisseaux, les villes & les villages du comté de *Glatz*, forment le coup d'œil le plus agréable & le plus varié. Il produit dans les bonnes années le blé nécessaire à ses habitans, & assez souvent il en exporte.

On y compte neuf villes & plus de cent villages ; ces derniers sont grands & bien peuplés. Les habitans tirent leur subsistance de la culture des terres, du nourissage des bestiaux, de la filature & du commerce des toiles. Lorsque ce comté dépendoit de la Bohême, les états tenoient leurs diètes à *Glatz*, mais le gouvernement prussien ne les a pas encore convoqués.

La doctrine des hussites fit de grands progrès dans ce pays, au seizième siècle, sous la régence du comte Christophe de Hardeck. La confession d'Augsbourg s'y est maintenue malgré toutes les persécutions, depuis 1560 jusqu'en 1623 ; mais à cette époque tous les ministres luthériens & les maîtres d'école, au nombre de plus de cent vingt, furent chassés du pays ; & ceux de cette communion furent ramenés dans le sein de l'église catholique, par adresse ou par force. Un grand nombre d'entr'eux préféra un exil volontaire. Le pays ne professoit plus que la religion romaine ; mais depuis qu'il appartient au roi de Prusse, ceux de la confession d'Augsbourg ont été réintégrés dans la liberté de conscience.

Nous ne parlerons pas de toutes les révolutions politiques qu'a essuyé le comté de *Glatz*. Ladislas, roi de Hongrie & de Bohême, permit en 1453, à George Podiebrath, alors gouverneur, & depuis roi de Bohême, de dégager la seigneurie de *Glatz* des mains de Guillaume de Leuchtenberg. En 1462, l'empereur Frédéric III érigea cette seigneurie en comté, & il la donna aux fils de Podiebrath. Dans le partage qu'ils firent, *Glatz* passa à Henri l'aîné, duc de Munsterberg & de Frankenstein: Ladislas, roi de Bohême, l'investit du comté de *Glatz* en 1472, & le confirma dans ses possessions. En 1500, les fils de ce dernier vendirent le comté de *Glatz* à leur beau-frère le comte Albert de Hardeck, 60,000 couronnes. Le comte Christophe de Hardeck l'engagea, en 1534, à Ferdinand, Roi de Bohême, qui à son tour l'hypothequa à Jean de Bernstein. En 1547 il passa à Ernefte, duc de Bavière, d'abord à titre d'engagement, & ensuite en toute propriété. En 1561, l'Empereur Ferdinand le reprit, & depuis cette époque, *Glatz* a dépendu de la couronne de Bohême, jusqu'en 1742 : Frédéric II, Roi de Prusse, en fit alors la conquête. Par la paix de Berlin, conclue dans la même année, la couronne de Bohême le lui céda, ainsi qu'à ses héritiers, en toute souveraineté. En 1760, ce comté fut pris par les autrichiens; mais rendu au roi par la paix de Hubertsbourg en 1763.

Ce comté est placé dans les titres du roi de Prusse, comme un état souverain, après la Siléfie, l'Orange, Neuchatel & Valangin, & avant la Gueldre, Magdebourg & Clèves, &c.

Tant que ce comté fut sous la souveraineté de Bohême, il fut gouverné par une régence établie dans sa capitale, qui dirigeoit toutes les affaires de judicature & d'administration. Le grand-Sénéchal y présidoit & on appelloit de sa sentence directement à Prague, & ensuite à Vienne. Sous la domination prussienne, on a pris d'autres arrangemens. Le gouverneur de la capitale est maître de la garnison, il est encore chargé du maintien du bon ordre & de la sûreté publique dans tout le comté. Il doit veiller sur les bâtimens royaux & sur la police. Quant à la Jurisdiction, ce comté ressortit en matière civile à la régence royale de Breslau, & en matières ecclésiastiques au grand consistoire de cette ville. Le tribunal de Berlin reçoit les appellations de l'une & l'autre de ces cours, & les parties peuvent ensuite s'adresser au roi par voix de supplique. Les affaires sommaires & de peu de conséquence, peuvent être terminées par le Sénéchal du comté, en sa qualité de *judex delegatus*: il est en même temps assesseur à la régence royale & au grand consistoire de Breslau. Les bureaux des tailles, accises, domaines, postes & péages, dépendent de la chambre des guerres & domaines de Breslau.

Le comté de *Glatz* ne forme qu'un cercle. Nous ne savons pas précisément ce que le roi de Prusse en tire.

GLÈBE, (serfs de la) *voyez* le dictionnaire de jurisprudence.

GLOGAU, l'une des principautés de la Siléfie prussienne. *Voyez* SILÉSIE-PRUSSIENNE.

GORÉE (isles de). *Voyez* GUINÉE.

GOSCHUTZ, baronie de la Silésie, qui a sa régence particulière. *Voyez* SILÉSIE.

GOSSLAR, ville impériale d'Allemagne, au cercle de la basse-Saxe.

La ville de *Goslar* est située en-deça du Harz, au pied de la montagne de Rammelsberg. Les bailliages de Liebenbourg, de Langelsheim & de Harzsbourg, dépendants, le premier de l'évêché de Hildesheim, & les autres de la principauté de Wolfenbuttel, l'environnent de tous côtés; elle suit la doctrine de Luther. Il y a deux abbayes Luthériennes, qui relèvent immédiatement de l'Empire. L'empereur Henri III fonda en 1040, celle de Saint-Simon & de Saint-Jude, & y établit des chanoines de l'ordre de saint-Augustin. Cette abbaye est nommée dans de vieux titres, la *chapelle de l'empereur*. Ses biens dépendoient de la jurisdiction d'un administrateur qu'on appelloit Schutz-und Schirmvogt: mais Frédéric I mit en 1188 des bornes à son pouvoir, en confirmant l'immédiateté de cette abbaye, & en l'affranchissant de toute supériorité territoriale. Elle adopta en 1566 la doctrine de Luther; & cependant les empereurs ne cessèrent d'affermir son immédiateté: l'abbaye, de son côté, ne cessa pas non plus de soutenir qu'elle ne reconnoissoit point de jurisdiction en affaires contentieuses ou autres. La ville de *Gosslar* ne veut pas reconnoître son immédiateté, & la contestation est pendante au conseil aulique de l'Empire. L'abbaye immédiate de Petersberg fut fondée par l'empereur Henri III & Agnès, sa femme, en l'honneur de l'apôtre saint Pierre. Elle est qualifiée dans de vieux titres, de chapelle de la reine ou de l'impératrice. En 1500 elle conféra l'avocatie & la jurisdiction aux magistrats de *Goslar*, moyennant une rente annuelle, & la moitié des amendes. Cette concession, fixée d'abord à quarante ans, fut prolongée par la suite, & renouvellée dès que son terme approchoit. Elle n'a eu lieu toutefois que sur les domaines où l'abbaye exerce une supériorité immédiate. Les bourgeois de *Goslar* détruisirent cette abbaye en 1527. L'empereur y exerce encore de nos jours le droit de premières prières; droit qui fut mis en usage en 1754. L'empereur François confirma en même temps la religion luthérienne selon la confession d'Augsbourg, & il lui promit sa protection tant qu'elle continueroit de suivre le rit établi.

Les habitans de *Goslar* subsistent principalement de leur travail dans les mines de la montagne de Rammelsberg; ils font de la bierre & fournissent les choses nécessaires à la vie des gens qui habitent sur le Harz. *Goslar* doit son existence à l'empereur Henri I, qui vers l'an 922, en jetta les premiers fondemens. Les rois & les empereurs d'Allemagne tinrent autrefois leurs cours dans un château qui y étoit situé; ils y convoquèrent les états de l'Empire, & ce fut là aussi que les jours d'audience étoient indiqués. Elle fut une ville d'Empire dès sa naissance. Henri le Lion la demanda à l'empereur Frédéric, en récompense des services, qu'il devoit lui rendre dans une guerre en Italie. Il l'assiégea en 1180, parce que, comme ville impériale, elle prenoit le parti de l'empereur, alors son ennemi. Henri le jeune, duc de Brunsvick & de Lunebourg, lui fit la guerre en 1542, & l'assiégea aussi dix années après, mais ces hostilités n'eurent aucunes suites, & les parties belligérantes s'accommodèrent. Les députés de la ville de Goslar occupent aux diètes la septième place sur le banc du Rhin, dans le collége des villes de l'Empire; ils ont la seconde dans l'assemblée des cercles de la basse-Saxe. Cette ville payoit autrefois quatre cents florins de taxe matriculaire; ils furent réduits à cent-vingt en 1568 & 1571, & elle n'en paye aujourd'hui que soixante. Son contingent pour l'entretien de la chambre impériale, est fixé à 184 rixdales 70 kr. Le duc de Brunsvick Wolfenbuttel, est le protecteur héréditaire de cette ville, & à ce titre il reçoit toutes les années une somme d'argent.

GOTHA, principauté d'Allemagne, dont nous indiquerons la position tout-à-l'heure.

Nous parlerons à l'article SAXE des ducs de Saxe en général, & il ne sera ici question que de la branche de Gotha.

La nouvelle branche de Gotha, qui existe de nos jours, & qui est un rejetton de la branche Ernestine, reconnoit pour souche le Duc Erneste le pieux, qui fut un bon prince très-aimé de ses sujets: il ne possédoit originairement que les bailliages de Gotha, de Tenneberg, de Georgenthal & de Schwarzwald, Reinhardsbrunn, Wachsenbourg & Ichtershausen, Kœnigsberg & Tondorf; mais son frère Albert, étant mort en 1644, il ajouta à ses anciennes possessions la moitié d'Eisenach, & en 1672, les principautés d'Altenbourg & de Cobourg, qu'il hérita de son frère Frédéric Guillaume, & dont il céda volontairement la quatrième partie à ses cousins de la branche de Weimar. Le duc Erneste mourut en 1675, laissant sept fils pour héritiers de ses trois principautés de Gotha, d'Altenbourg & de Cobourg, ainsi que de sa part immédiate du comté princier de Henneberg. Ils regnèrent quelques années en commun, & jouirent par indivis de la succession qui venoit de leur échoir; mais ils prirent le parti de la diviser en 1680: chacun d'eux eut un certain district, les uns avec toute supériorité territoriale, & les autres seulement avec quelques droits régaliens. La portion du duc Frédé-

ric, aîné de la famille, fut la plus considérable; il devint en même-temps prince règnant: le duc Albert eut la principauté de Cobourg & le duc Bernard, la ville de Meinungen, avec faculté d'en jouir avec toute supériorité & indépendance: le duc Henri obtint les villes & bailliages de Rœmhild & de Kœnisberg; il abandonna ensuite le dernier au duc Erneste de Hildbourghausen, en vertu d'un recès particulier: il eut en outre le bailliage de Behrungen, la cour de Milz, & les fiefs dévolus de l'Echter. Le lot du duc Christian fut composé du bailliage & de la ville d'Eisenberg, de Ronnebourg, de Rhoda & de Cambourg, & celui du duc Erneste du bailliage & de la ville de Heldbourg, de Hildbourghausen, d'Eisfeld, de Veilsdorf & de Schalkau. Le duc Jean Erneste enfin fut mis en possession du bailliage, & de la ville de Saalfeld, du bailliage & de la ville de Grœfenthel, & du bailliage ainsi que la ville de Lehsten; par la suite on ajouta à son lot, la ville de Pœsnech, en vertu d'un recès particulier. Nous parlons ailleurs de la contestation qui s'éleva après la mort du duc Albert, touchant la succession de la principauté de Cobourg.

Nous ferons quelques remarques sur les différentes branches dans lesquelles celle de Gotha s'est partagée. Frédéric I, prince règnant de Gotha, eut pour successeur Frédéric II son fils, que l'empereur déclara majeur à l'âge de dix-huit ans, ainsi que les autres princes de cette maison: il établit le droit d'aînesse, & eut pour successeur, en 1732, le duc Frédéric III, mort en 1772, & après lui Erneste II, son fils, qui règne encore.

Bernard, duc règnant de Meinungen, avoit fixé le lieu de sa résidence à Hildbourghausen, mais il ne tarda pas à la transférer à Meinungen. Il eut pour successeur, en 1706, le duc Erneste Louis, son fils, qui transmit son duché à son fils, le duc Ulric, qui est mort en 1763, & qui a eu pour successeurs ses deux fils Auguste-Frédéric-Charles-Guillaume, & Georges Frédéric-Charle, ducs. La plupart des pays que cette branche possède, sont situés dans le cercle de Franconie, & composent une partie du comté princier de Henneberg.

Le Duc Henri fonda la branche de Rœmhild, qui s'éteignit avec lui en 1710. Celle d'Eisenberg, qui descend du duc Christian, eut le même sort. Il mourut en 1707.

La branche de Hildbourghausen, nommée en premier lieu d'Eisfeld, descend du duc Erneste. La princesse Sophie Henriette, son épouse, fille de George-Frédéric, prince de Waldeck, lui apporta en mariage la Seigneurie de Cuylenbourg, située dans les Pays-bas que possède actuellement le Statthouder des Provinces-unies. Il eut pour successeur le duc Erneste Frédéric, son fils: celui-ci mort en 1748, eut pour successeur

Ernefte Frédéric Charles, fon fils, duc règnant de Hildbourghaufen.

Le duc Jean Ernefte, qui mourut en 1729, fonda la branche de Saalfeld. Les ducs Chriftian Ernefte, & François Jofias fes fils, lui fuccedèrent & règnèrent en commun jufqu'en 1745, époque où le premier des deux mourut. François Jofias regna feul dès-lors, & transféra le lieu de fa réfidence à Cobourg, qui auparavant étoit établie à Saasfeld. Son fils Ernefte Frédéric, actuellement règnant, lui fuccéda en 1764.

La principauté de Gotha eft bornée au couchant par celle d'Eifenach & par le bailliage de Salzung, qui dépend de la maifon de Saxe-Meinungen & du comté princier de Henneberg; au midi, par la partie du même comté de Henneberg, qui appartient à l'électeur de Saxe & au prince de Heffe; au levant, par le bailliage d'Ilmenau que la maifon de Saxe-Weimar poffède dans le même comté, par le bailliage d'Arnftadt qui appartient aux ducs de Schwarzebourg-Sondershaufen, & par le territoire d'Erford; au nord, par le bailliage de Langenfalza, qui dépend de la Saxe électorale. Les bailliages de Kranichfeld & de Vuckeroda font cenfés faire partie de cette principauté; ils en font néanmoins détachés, & ils ne font point compris dans les limites, telles que nous venons de les tracer.

Le pays produit affez de bled & de légumes pour la fubfiftance des habitans. La partie méridionale contient des mines, & comprend une portion de la forêt de Thuringe.

La principauté de Gotha contient fept villes & cinq bourgs. Ceux qui affiftent aux états, font divifés en trois claffes: la première eft compofée des comtes & des feigneurs; favoir, des princes de Schwarzbourg & des comtes de Hohenlohe; la nobleffe forme la feconde, & les villes de Gotha & de Waltershaufen, comme relevant de la chancellerie, la troifième. Ceux qui y ont encore féance, font: les vaffaux nobles de la feigneurie de Tonna, ceux de la ville de Themar, & la ville de Themar même, fituée dans le comté princier de Henneberg. Le prince indique la tenue des états, & en convoque les membres, qui fe partagent en grand & en petit comités. Quelquefois le prince ne convoque qu'un feul comité, compofé des trois claffes.

Les fujets de la principauté profeffent la religion luthérienne. On compte dans cette principauté plus de deux cents églifes.

Les collèges fupérieurs du prince font: le confeil privé, la régence, à laquelle on a réuni la chambre fupérieure des tutèles & des curatèles; (mais cette chambre des tutèles a confervé fa chancellerie particulière) le confiftoire fupérieur, duquel dépendent celui de Kranichfeld, celui de Græfentonna, celui d'Ohrdruf & celui d'Arnftadt, & en outre vingt-quatre autres jurifdictions eccléfiaftiques inférieures; le collège de la

chambre, la recette fupérieure des fubfides, le confeil & la direction fupérieure de la police.

Une des principales branches de l'induftrie des habitans du duché de Gotha, eft la culture du lin, la filature & la fabrication des coutils de fil. Le commerce de fil non blanchi fe fait dans les villes de Gotha, de Waltnhaufen & d'Ohrdruf. La principale blanchifferie eft établie à Fréderiffrode. On compte jufqu'à 450 métiers pour la fabrication des coutils. Année commune, ces métiers fourniffent 53,208 pièces: on dit que c'eft un objet annuel de commerce de 284,160 rixdalers.

Le duc entretient deux régimens de province, compofés chacun de 800 hommes; l'un eft en garnifon dans la principauté de Gotha, & l'autre dans celle d'Altenbourg. Il entretient encore 160 hommes pour fa garde, & en outre un corps d'artillerie.

La principauté de Gotha eft divifée en douze bailliages, auxquels préfident des baillifs tirés du corps de la nobleffe, & qui font adminiftrés par des lieutenans-baillifs, nobles ou roturiers. Voyez les articles COBOURG, HILDBOURGHAUSEN & SAXE.

GOTHS, ancien peuple venu du nord, qui conquit plufieurs états & fonda plufieurs royaumes. Nous croyons devoir donner ici quelques détails fur les conquêtes, la légiflation & le gouvernement des anciens goths.

L'origine des goths fe perd, comme celle de la plupart des nations, dans la nuit de l'antiquité. Les anciens auteurs les ont confondus avec les fcythes, les farmates, les gètes & les daces. Les plus habiles critiques modernes préfentent à leur fujet deux opinions. Suivant les uns, les goths vinrent dans la Germanie, & ce font eux que Tacite appelle gothons, qui habitoient le territoire de Dantzick, aux embouchures de la Viftule. Selon une autre opinion plus généralement reçue, & qui paroît plus fondée, cet établiffement ne fut que leur feconde habitation. Plus de trois cens ans avant l'ère chrétienne, ils étoient fortis de la Scandinavie, cette grande péninfule qui paffa pour une ifle jufqu'au fixième fiècle, & que les anciens ont appellée la fource & la pépinière des nations, officina gentium. On apperçoit la trace de leur origine dans la Suède, dont une grande province a confervé le nom de Gothie. Voyez SUÈDE. Ils s'emparèrent d'abord de l'ifle de Rugen & de la côte méridionale & orientale de la mer Baltique jufqu'à l'Eftonie. Les ruges, les vandales, les lombards, les herules n'étoient que diverfes peuplades des goths, qui fe féparèrent du gros de la nation, & s'établirent en Germanie. Ceux qui confervèrent le nom de goths, quittèrent, au commencement du fecond fiècle, les bords de la Viftule; & ayant traverfé les vaftes plaines de la Sarmatie, ils fe fixèrent fur les bords des Palus Méotides. Une partie d'entr'eux refufa de fuivre les autres, & demeura à l'occident de la Viftule : on les nomma *gépides*, mot qui, dans leur langue, fignifioit *paref-feux*. Ces gépides, quelque temps après, (vers le temps de Claude le Gothique), ayant vaincu les bourguignons, s'avancèrent vers les bords du Danube, où ils commencèrent à inquiéter les romains.

Dès Palus-Méotides, les *goths* envoyèrent divers effains dans le pays des anciens gètes, vers les embouchures du Danube, & ils anéantirent peu-à-peu cette nation. Ils remportèrent de grandes victoires fur les vandales, les marcomans & les quades. Ils fe rendirent redoutables à l'Empire fous le règne de Caracalla, & forcèrent les romains à leur payer des penfions confidérables pour acheter la paix. Ils la rompirent toutes les fois qu'ils crurent trouver plus d'avantage à faire la guerre. Souvent on les vit paffer le Danube, & mettre à feu & à fang la Méfie & la Thrace. Ils battirent & tuèrent l'empereur Dece. Trebonien Galla leur paya un tribut. Sous Valerien & fous Gallien, ils portèrent le ravage juf-qu'en Afie, où ils entrèrent par le détroit de l'Hellefpont, après avoir pillé l'Illyrie, la Macédoine & la Grèce. Ils brulèrent le temple d'E-phèfe, ruinèrent Chalcédoine, pénétrèrent juf-qu'en Cappadoce; & à leur retour, ces barbares, nés pour la deftruction des monumens antiques, ainfi que des Empires, renverfèrent en paffant, Troie & Ilion, qui fe relevoient de leurs ruines. Ils furent battus par Claude, par Aurélien, par Tacite. Probus les réduifit à la foumiffion. Leur puiffance étoit déja rétablie fous Diocletien. Ils fervirent fidelement Galere dans la guerre contre les perfes. Ils étoient devenus comme néceffaires aux armées romaines, & nulle expédition ne fe fit alors fans leur fecours. Conftantin employa leur valeur contre Licinius : ils s'engagèrent avec lui, par un traité, à fournir aux romains quarante mille hommes toutes les fois qu'ils en feroient requis. Ce traité, fouvent interrompu par les guerres qui furvinrent entr'eux & l'Empire, étoit toujours renouvellé au rétabliffement de la paix ; il fubfifta jufques fous Juftinien, & ces troupes auxiliaires étoient nommées les *confédérés*, pour faire connoître que ce n'étoit pas à titre de fujets, mais d'alliés & d'amis, qu'ils fuivoient les armées romaines.

Les loix de ces peuples feptentrionaux n'étoient point, comme les loix romaines, chargées de détails minutieux, fujettes à mille changemens divers, & fi nombreufes qu'elles échappent à la mémoire la plus étendue. Elles étoient invariables, fimples, courtes, claires, femblables aux ordres d'un père de famille. Auffi le code Théodoric prévalut-il en Gaule fur celui de Théodofe, & Charlemagne tranfporta dans fes Capitulaires plufieurs articles des loix des vifigoths. Les loix des *goths* fervirent de bafe aux loix d'Efpagne ;

celles des lombards ont fervi de bafe aux conftitutions de Frédéric II, pour le royaume de Naples & de Sicile. La jurifprudence des fiefs, en ufage parmi tant de nations, doit fon origine aux coutumes des lombards, & l'Angleterre fe gouverne encore par les loix des normands. Tous les habitans des côtes de l'Océan ont adopté le droit maritime établi dans l'ifle de Gothland, & en ont compofé leur droit des gens. La forme même de la légiflation chez les *goths* communiquoit à leurs loix une folidité inébranlable. Elles étoient difcutées par le prince & par les principaux perfonnages de tous les ordres ; rien n'échappoit à tant de regards : on pratiquoit avec zèle & avec conftance ce qui avoit été établi d'un commun accord. Ces peuples ne connoiffoient point les titres purement honorifiques & fans fonction : on trouvoit dans toutes les villes, & jufques dans les bourgs, des magiftrats choifis par le fuffrage du peuple, qui rendoient la juftice, & faifoient la répartition des tributs.

Sous le règne de Valence, leur domination s'étendoit depuis les Palus Méotides jufques dans la Dace, fituée au-delà du Danube. Ils s'étoient rendus maitres de cette vafte province, après qu'Aurélien l'eut abandonnée. Les pencins, les baftarnes, les carpes, les victohales & les autres barbares de ces cantons étoient anéantis ou incorporés aux *goths*. On diftinguoit alors les oftrogoths, c'eft-à-dire, les *goths* orientaux, nommés auffi *gruthonges*, qui habitoient fur le Pont-Euxin & aux environs des bouches du Danube, & les vifigoths ou *goths* occidentaux, appellés encore *Thervinges*. On ne fait à quelle époque commença cette divifion, car il eft déja parlé des oftrogoths fous le règne de Claude le Gothique, & les meilleurs écrivains préfument que cette diftinction eft très-ancienne ; elle fubfifte encore en Suède. Ces deux peuplades avoient des princes différens, iffus de deux races célèbres dans leurs annales ; celle des Amales qui régnoit fur les oftrogoths, & celle des Balthes fur les vifigoths. Ils ne donnoient à leurs fouverains que le nom de *juges*, parce que le nom de *roi* n'étoit, felon eux, qu'un titre de puiffance & d'autorité, au lieu que celui de *juge* étoit un titre de vertu & de fageffe.

GOTZLAR, ville impériale. *Voyez* l'article GOSSLAR.

GOUVERNEMENT. Ce mot a diverfes acceptions ; il défigne 1°. les loix fondamentales, expreffément ou tacitement établies par une nation lorfqu'elles'eft réunie en fociété civile ; & c'eft dans ce fens que l'on dit du *gouvernement* qu'il eft *monarchique*, *ariftocratique* ou *démocratique* ; 2°. il défigne celui ou ceux que la nation a chargés, lors de la formation du corps politique, de lui procurer tous les avantages qu'il avoit lieu d'attendre de l'union des forces & des volontés particulières : c'eft dans ce fens que l'on dit le *gouvernement* d'Angleterre, pour exprimer le roi & le parlement, chargés du pouvoir législatif & exécutif pour le bonheur de la nation. Et si l'on veut comprendre dans la même définition réelle les deux attributs dont nous venons de parler, on peut définir le *gouvernement*, l'exercice du pouvoir suprème d'après la constitution essentielle de l'état. Voyez *Constitution politique*, ou *Constitution de l'état*.

Suivant cette définition, le *gouvernement* est un corps intermédiaire entre la loi fondamentale de l'état & la nation : car, s'il est des nations qui n'aient pas de véritables loix fondamentales, elles ont toujours des réglemens généraux qui passent pour tels, d'après le régime politique qu'on y suit. *Nous qui valons autant que toi*, disoient les états d'Arragon en reconnoissant leur nouveau roi, *te faisons notre roi, à condition que tu garderas & observeras nos privilèges & nos libertés; sinon, non.* Sidney, tom. 1, pag. 226, &c. Des auteurs observent ici que, dans un *gouvernement* despotique, la loi fondamentale est le code de la nature, auquel le *gouvernement* doit se conformer, parce que, quand même la nation auroit voulu l'en dispenser, elle n'en avoit pas le pouvoir. Mais cela est aisé à dire, & c'est donner au régime despotique une loi fondamentale plus belle encore que celle de la démocratie.

Il y a cette différence essentielle entre les sujets & le *gouvernement*, que les premiers existent par eux-mêmes, tandis que le *gouvernement* n'existe que par les sujets en vertu du pacte social. Ainsi la volonté dominante du *gouvernement* ne doit être que la volonté générale de la nation manifestée dans la constitution. La force du *gouvernement* n'est que la force publique du corps de la nation : dès qu'il veut tirer de lui-même quelqu'acte absolu & indépendant, la liaison du tout commence à se relâcher; & si le *gouvernement* a une volonté particulière différente de celle de la nation, exprimée dans la loi fondamentale, & s'il use, pour exécuter cette volonté particulière, de la force publique qui est dans ses mains, à l'instant l'union primitive s'évanouit, le corps politique se dissout, & il prend une autre forme.

Cependant, pour que le corps du *gouvernement* ait une existence, une vie réelle qui anime tout l'état; pour que tous ses membres puissent agir de concert & répondre à la fin pour laquelle il est institué, il lui faut un *moi* particulier, une sensibilité commune à ses membres, une force, une volonté propre qui tende à sa conversation. Cette existence particulière suppose des assemblées, des conseils, un pouvoir de délibérer, de résoudre, des droits, des titres, des privilèges qui soient réservés au *gouvernement*, & qui rendent sa condition plus honorable, à proportion qu'elle est plus pénible. Les difficultés sont d'ordonner, dans le tout général, ce tout particulier, de sorte qu'il n'altère point la constitution

générale en affermissant la sienne; qu'il distingue toujours sa force particulière, destinée à sa propre conservation, de la force publique destinée à la conservation de l'état; & qu'en un mot, il soit toujours prêt à sacrifier le *gouvernement* au peuple, & non le peuple au *gouvernement*.

Le corps du *gouvernement* peut être composé d'un plus grand ou d'un moindre nombre de membres. Sa force totale étant toujours celle de l'état, ne varie point : d'où il suit que plus il use de cette force sur ses propres membres, moins il lui en reste pour agir sur tout le monde. Ainsi, plus les membres du *gouvernement* sont nombreux, plus le *gouvernement* est foible. Comme cette maxime est importante, elle a besoin d'explication.

La nation peut, en premier lieu, commettre le dépôt du *gouvernement* à tout le peuple, ou à la plus grande partie du peuple, ensorte qu'il y ait plus de citoyens magistrats que de citoyens simples particuliers. On donne à cette forme de *gouvernement* le nom de *démocratie*. Voyez ce mot.

Ou bien elle peut concentrer le *gouvernement* dans les mains d'un petit nombre, ensorte qu'il y ait plus de simples citoyens que de magistrats; & cette forme porte le nom d'*aristocratie*. Voyez ce mot.

Enfin elle peut concentrer tout le *gouvernement* dans les mains d'un seul individu, dont tous les autres tiennent leur pouvoir. Cette troisième forme est la plus commune, & s'appelle *monarchie*. Voyez ce mot.

Toutes ces formes, ou du moins les deux premières, sont susceptibles d'une multitude de combinaisons; d'ailleurs la démocratie peut embrasser tout le peuple, ou se borner à un certain nombre. L'aristocratie, à son tour, peut se resserrer jusqu'au plus petit nombre indéterminément. La royauté même est susceptible de quelque partage. Sparte notamment eut deux rois par sa constitution, & l'on a vu dans l'Empire romain jusqu'à huit empereurs à la fois, sans qu'on pût dire que l'Empire fût divisé. Ainsi il y a un point où chaque forme de *gouvernement* change de nature; &, sous trois dénominations, le *gouvernement* est susceptible d'autant de formes diverses que l'état a de citoyens; & ce même *gouvernement* pouvant à certains égards se subdiviser en d'autres parties, l'une administrée d'une manière & l'autre d'un autre, il peut résulter de ces trois formes combinées une multitude de formes mixtes, dont chacune est multipliable par toutes les formes simples.

On a de tout temps disputé beaucoup sur la meilleure forme de *gouvernement*, sans considérer que chacune d'elles est la meilleure en certains cas, & la pire en d'autres.

Si, dans les différens états, le nombre des membres du *gouvernement* doit être en raison inverse de celui des citoyens, il résulte qu'en général le *gouvernement* démocratique convient aux petits états, l'aristocratique aux états d'une moyenne étendue, & le monarchique aux grands. Cette règle dérive du principe; mais il faut calculer la multitude de circonstances qui peuvent fournir des exceptions.

Si l'on donne l'acception la plus rigoureuse au terme *démocratie*, il n'a jamais existé de véritable démocratie, & il n'en existera jamais. On ne peut imaginer un peuple qui reste incessamment assemblé pour vaquer aux affaires publiques, & l'on voit aisément qu'il ne sauroit nommer pour cela des commissions, sans abdiquer ses droits : si tous les individus d'une nation vouloient se mêler des affaires publiques sur tous les points de détail, cette peuplade ne tarderoit pas à se détruire elle-même, ou à être conquise.

L'expérience de tous les âges & de tous les lieux autorise à mettre en principe que, quand les fonctions du *gouvernement* sont partagées entre plusieurs tribunaux, les moins nombreux acquièrent tôt ou tard la plus grande autorité, ne fût-ce qu'à cause de la facilité d'expédier les affaires.

D'ailleurs que de choses difficiles à réunir ne suppose pas ce *gouvernement*! Premièrement, un état très-petit où le peuple soit facile à rassembler, & où chaque citoyen puisse aisément connoître tous les autres; secondement une grande simplicité de mœurs, qui prévienne la multitude d'affaires & les discussions épineuses; ensuite beaucoup d'égalité dans les rangs & dans les fortunes, sans quoi l'égalité des droits & l'autorité ne pourroient subsister long-temps : enfin peu ou point de luxe; car ou le luxe est l'effet des richesses, ou il les rend nécessaires; il corrompt à la fois le riche & le pauvre : l'un par la possession, l'autre par la convoitise; il vend la patrie à la mollesse, à la vanité; il ôte à l'état tous ses citoyens, pour les asservir les uns aux autres, & tous à l'opinion.

Les premières sociétés se gouvernèrent aristocratiquement. Les chefs des familles délibéroient entr'eux des affaires publiques; les jeunes gens cédoient sans peine à l'autorité de l'expérience. De là les noms de *prêtres*, d'*anciens*, de *sénat*, de *gérontes*. Les sauvages de l'Amérique septentrionale se gouvernent encore ainsi de nos jours, &, vue leur position, ils ne sont pas mal gouvernés.

Mais à mesure que l'inégalité d'institution l'emporta sur l'inégalité naturelle, la richesse ou la puissance & les talens furent préférés à l'âge, & l'aristocratie devint élective. Enfin la puissance, transmise avec les biens du père aux enfans, créa des familles patriciennes, rendit le *gouvernement* héréditaire, & l'on vit des sénateurs de vingt ans.

Il y a donc trois sortes d'aristocratie; l'aristocratie naturelle qui approche de la démocratie; l'élective & l'héréditaire. La première ne convient qu'à des peuples simples; la troisième passe,

chez quelques auteurs, pour le plus mauvais de tous les *gouvernemens*, & quelques autres admirent beaucoup cette forme de *gouvernement* lorsqu'elle est combinée avec soin. Harrington, par exemple, ne tarit pas sur les éloges qu'il donne à la constitution de Venise, ainsi qu'on peut le voir dans l'*Ocaena*. La deuxième, qui est l'aristocratie proprement dite, semble la plus raisonnable; & si l'amour de l'autorité & la corruption qu'elle entraîne, ne dépravoient pas les sénateurs, ce seroit en effet la plus sage. *Voyez* ARISTOCRATIE.

Outre l'avantage de la distinction des deux pouvoirs, elle a celui du choix de ses membres : car, dans le *gouvernement* populaire, tous les citoyens naissent magistrats; mais celui-ci n'en admet qu'un petit nombre, & ils ne le deviennent que par élection : si l'intrigue ne s'en mêloit pas, la probité, les lumières, l'expérience seroient préférées.

Il est sûr que les assemblées se font plus commodément, les affaires se discutent mieux, s'expédient avec plus d'ordre & de diligence; que le crédit de l'état est mieux soutenu chez l'étranger par des sénateurs, que par une multitude inconnue ou méprisée.

C'est sans doute l'ordre le meilleur & le plus naturel que les plus sages gouvernent la multitude, quand on est sûr qu'ils la gouverneront pour son profit & non pour le leur.

A l'égard des convenances particulières, il ne faut ni un état si petit, ni un peuple si simple & si droit; il faut que l'exécution des loix soit exacte comme dans une bonne démocratie; il ne faut pas non plus une si grande nation que les chefs épars pour la gouverner, puissent trancher du souverain, chacun dans son département, & commencer par se rendre indépendans pour devenir enfin les maîtres.

Mais si l'aristocratie exige quelques vertus de moins que le *gouvernement* populaire, elle en exige aussi d'autres qui lui sont propres, comme la modération dans les riches & le contentement dans les pauvres; car il semble qu'une égalité rigoureuse y seroit déplacée : elle ne fût pas même observée à Sparte.

Si cette forme comporte une certaine inégalité de fortune, c'est bien pour qu'en général l'administration des affaires publiques soit confiée à ceux qui peuvent y donner tout leur tems; mais non pas, comme dit Aristote, pour que les riches soient toujours préférés. Au contraire, il est bon de montrer quelquefois au peuple qu'il y a, dans le mérite des hommes, d'autres raisons de préférence que la richesse.

Si la puissance est réunie dans les mains d'un homme, qui seul ait droit d'en disposer selon les loix, c'est la monarchie sur laquelle nous allons faire quelques remarques.

Dans les autres administrations, un être collectif

lectif représente un individu, & dans celle-ci un individu représente un être collectif : l'unité morale qui constitue le prince, est en même-tems ici une unité physique, & toutes les facultés que la loi réunit dans l'autre avec tant d'efforts, se trouvent naturellement réunies.

Ainsi la volonté du peuple, la volonté du prince, la force publique de l'état & la force particulière du *gouvernement*, tout répond au même mobile, tous les ressorts de la machine sont dans la même main, tout marche au même but ; il n'y a point de mouvemens opposés qui s'entredétruisent, & l'on n'imagine point de constitution dans laquelle un moindre effort produise une action plus considérable. Archimède, assis tranquillement sur le rivage, & tirant sans peine à flot un grand vaisseau, me représente un monarque habile, gouvernant de son cabinet ses vastes états, & faisant tout mouvoir en paroissant immobile.

Mais s'il n'y a point de *gouvernement* qui ait plus de vigueur, il n'y en a point où la volonté particulière ait plus d'empire & domine plus aisément les autres : tout marche au même but, il est vrai ; mais ce but n'est pas toujours celui de la félicité publique, & la force même de l'administration tourne sans cesse au préjudice de l'état.

Les rois veulent être absolus, & de loin on leur crie qu'ils doivent se faire aimer de leurs peuples. Cette maxime est très belle, & même très-vraie à certains égards. Malheureusement on s'en moque souvent dans les cours. La puissance qui vient de l'amour des peuples, est sans doute la plus grande ; mais elle est regardée comme précaire & conditionnelle, & rarement elle satisfait les princes ; les rois veulent presque toujours pouvoir être méchans, s'il leur plaît, sans cesser d'être les maîtres. On leur répète en vain que la force du peuple étant la leur, leur plus grand intérêt est que le peuple soit florissant, nombreux, redoutable ; ils savent très-bien que cela n'est pas toujours vrai. Leur intérêt personnel est d'abord que le peuple soit foible, misérable, & qu'il ne puisse jamais leur résister. En supposant les sujets toujours parfaitement soumis, l'intérêt du prince seroit alors que le peuple fût puissant, afin que cette puissance étant la sienne, le rendît redoutable à ses voisins ; mais comme cet intérêt n'est que secondaire & subordonné, & que les deux suppositions sont presqu'incompatibles, les princes donnent ordinairement la préférence à la maxime qui leur est le plus immédiatement utile. C'est ce que Samuel représentoit avec force aux hébreux ; c'est ce que Machiavel a montré clairement. En feignant de donner des leçons aux rois, il en a donné de grandes aux peuples.

On a vu, par les rapports généraux, que la monarchie n'est convenable qu'aux grands états, & on le verra encore, si on examine cette forme de *gouvernement* en elle-même. Plus l'administra-

tion publique est nombreuse, plus le rapport du prince aux sujets diminue & s'approche de l'égalité, enforte que ce rapport est un, ou l'égalité même dans la démocratie. Ce même rapport augmente à mesure que le *gouvernement* se resserre, & il est dans son *maximum*, quand le *gouvernement* est dans les mains d'un seul. Alors il se trouve une trop grande distance entre le prince & le peuple, & l'état manque de liaison. Pour la former, il faut donc des ordres intermédiaires ; il faut des princes, des grands, de la noblesse pour les remplir. Or, rien de tout cela ne convient à un petit état, que ruinent toutes ces distinctions.

Mais, s'il est difficile qu'un grand état soit bien gouverné, il l'est beaucoup plus qu'il soit bien gouverné par un seul homme ; & chacun sait que si quelques représentans d'un roi se conduisent bien, les autres se conduisent très-mal.

Un défaut essentiel, qui mettra toujours le *gouvernement* monarchique au-dessous du républicain, est que dans celui-ci la voix publique n'élève jamais aux premières places que des hommes éclairés & capables, qui les remplissent avec honneur.

Pour qu'un état monarchique pût être bien gouverné, sa grandeur & son étendue devroient être proportionnées aux facultés du maître. Il est plus aisé de conquérir que de régir. Avec un levier, le mouvement du doigt peut ébranler le monde ; mais pour le soutenir, il faut les épaules d'Hercule. Pour peu qu'un état soit grand, le prince est presque toujours trop petit. Si l'état est trop petit pour son chef, ce qui est très-rare, il est encore mal gouverné, parce que le chef, suivant toujours la grandeur de ses vues, oublie les intérêts des peuples, & ne les rend pas moins malheureux par l'abus de ses talens, qu'un chef borné par le défaut de ceux qui lui manquent. Il faudroit, pour ainsi dire, qu'un royaume s'étendît ou se resserrât à chaque règne, selon la portée du prince ; les talens d'un sénat ayant des mesures plus fixes, l'état peut avoir des bornes constantes, & l'administration aller toujours bien.

Le plus sensible inconvénient du *gouvernement* d'un seul, est le défaut de cette succession continuelle de vûes sages qu'on trouve dans les deux autres. Un roi mort, il en faut un autre ; les élections laissent des intervalles dangereux ; elles sont orageuses ; & à moins que les citoyens ne soient d'un désintéressement, & d'une intégrité que ce *gouvernement* ne comporte guère, la brigue & la corruption s'en mêlent. Il est difficile que celui à qui l'état s'est vendu, ne le vende pas à son tour, & ne se dédommage sur les foibles des sacrifices qu'ont arraché les hommes puissans. Tôt ou tard tout devient venal sous une pareille administration ; & la paix dont on jouit alors sous les rois, est pire que les désordres des interrègnes.

Qu'a-t-on fait pour prévenir ces maux ? on a rendu les couronnes héréditaires dans certaines familles, & l'on a établi un ordre de succession, qui prévient toute dispute à la mort des rois. Mais, comme tout a des inconvéniens dans l'ordre moral & sur-tout dans l'ordre politique, ce nouvel arrangement substitue l'inconvénient des régences à celui des élections : on a préféré une apparente tranquillité à une administration sage, & on a mieux aimé risquer d'avoir pour chefs, des enfans, des monstres, des imbécilles, que d'avoir à disputer sur le choix des bons rois; car les princes élevés pour le trône doivent avoir un heureux caractère; & c'étoit un mot très-sensé que celui du jeune Denis, à qui son père reprochant une action honteuse, disoit : t'en ai-je donné l'exemple ? Ah ! répondit le fils, votre père n'étoit pas roi.

On prend beaucoup de peine, à ce qu'on dit, pour enseigner aux jeunes princes l'art de régner. On feroit mieux de commencer par leur enseigner l'art d'obéir. Les plus grands rois qu'ait célébré l'histoire, n'ont point été élevés pour régner : c'est une science qu'on ne possède jamais moins qu'après l'avoir trop apprise, & qu'on acquiert mieux en obéissant qu'en commandant : *Nam utilissimus idem ac brevissimus bonarum malarumque rerum delectus, cogitare quid aut nolueris sub alio principe aut volueris.* Tacit. hist. lib. I. Les meilleurs princes que cite l'histoire, furent tous élevés à l'école du malheur; leur jeunesse & leurs premières années ne s'écoulèrent pas dans la mollesse & la magnificence d'une cour, & au milieu des adulations de tout ce qui les environnoit.

Une suite de défaut de cohérence est la mobilité du gouvernement royal, qui, se réglant tantôt sur un plan & tantôt sur un autre, selon le caractère du prince qui règne, ou des hommes qui règnent pour lui, ne peut avoir long temps un objet fixe, ni une conduite uniforme : l'état flotte de maxime en maxime, de projet en projet, & ces variations n'ont pas lieu dans les autres *gouvernemens.* Aussi voit-on qu'en général, s'il y a plus de ruse dans une cour, il y a plus de sagesse dans un sénat, & que les républiques vont à leurs fins par des vues plus constantes & mieux suivies, au lieu que chaque révolution dans le ministère en produit une dans l'état; car c'est une maxime très commune, chez les ministres & chez les rois, de s'écarter du système de leur prédécesseur.

Des gouvernemens mixtes. A proprement parler, il n'y a point de *gouvernement* simple. Il faut qu'un chef unique ait des magistrats subalternes; il faut qu'un *gouvernement* populaire ait un chef. Ainsi, dans le partage de la puissance exécutive, il y a toujours gradation du grand nombre au moindre, avec cette différence que le grand nombre dépend quelquefois du petit, & que d'autres fois le petit dépend du grand.

Quand les parties constitutives sont dans une dépendance mutuelle, comme dans le *gouvernement* d'Angleterre, il s'établit un équilibre, & les contrepoids le maintiennent : si l'autorité de chaque partie est indépendante comme en Pologne, cette dernière forme est mauvaise, parce qu'il n'y a point d'unité dans le *gouvernement*, & que l'état manque de liaison.

Lequel vaut le mieux d'un *gouvernement* simple ou d'un *gouvernement* mixte ? Cette question a été souvent discutée, & il faut faire ici la réponse que j'ai faite plus haut sur la meilleure forme de *gouvernement.*

Le *gouvernement* simple est le meilleur en soi, par cela seul qu'il est simple. Mais quand la puissance exécutive ne dépend pas assez de la législative, c'est-à-dire, quand il y a plus de rapport du prince à la nation que de la nation au prince, il faut remédier à ce défaut de proportion, en divisant le *gouvernement.*

On prévient le même inconvénient, en établissant des magistrats intermédiaires qui, laissant le *gouvernement* en son entier, servent seulement à balancer les deux puissances & à maintenir leurs droits respectifs. Alors le *gouvernement* n'est pas mixte, il est tempéré.

On peut remédier, par des moyens semblables, à l'inconvénient opposé; &, quand le *gouvernement* est trop lâche, ériger des tribunaux ou des conseils pour le resserrer. Cela se pratique dans toutes les démocraties. Dans le premier cas, on divise le *gouvernement* pour l'affoiblir, & dans le second pour le renforcer; car les *maximum* de force & de foiblesse se trouvent également dans les *gouvernemens* simples, au lieu que les formes mixtes donnent une force moyenne.

Toute forme de gouvernement n'est pas propre à tout pays.

La liberté n'étant pas un fruit de tous les climats, n'est pas à la portée de tous les peuples. Plus on médite ce principe établi par Montesquieu, plus on en sent la vérité. Nous avons parlé ailleurs des modifications qu'il faut y mettre, & c'est avec ces modications que nous l'adoptons ici.

Il y a dans chaque climat des causes naturelles d'après lesquelles on peut assigner la forme de *gouvernement* à laquelle la force du climat l'entraîne, & dire même quelle espèce d'habitans il doit avoir. Les terres ingrates & stériles, où le produit n'équivaut pas au travail, doivent rester incultes & désertes, ou seulement peuplées de sauvages. Les lieux où le travail des hommes ne produit que le nécessaire, doivent être habités par des peuples barbares, toute police y seroit impossible : ceux où l'excès du produit sur le travail est médiocre, conviennent aux peuples libres : ceux où le terroir abondant & fertile rapporte beaucoup avec peu de travail, paroiffent demander la forme monarchique, non pas afin de confumer, par le luxe du prince, l'excès du fuperflu des fujets, comme le dit un auteur, non comme il l'ajoute, parce qu'il vaut mieux que cet excès foit abforbé par le *gouvernement*, que diffipé par les particuliers; mais parce que l'abondance établit la molleffe, que la molleffe affoiblit & déprave les hommes, & que les hommes foibles & dépravés ont befoin d'être gouvernés par des rois. Il y a des exceptions, je le fais; mais ces exceptions mêmes, confirment la règle, en ce qu'elles amènent tôt ou tard des révolutions qui rétabliffent les chofes dans l'ordre de la nature.

Diftinguons toujours les loix générales des caufes particulières qui peuvent en modifier l'effet. Quand tout le midi feroit couvert de républiques, & tout le nord d'états defpotiques, il n'en feroit pas moins vrai que par l'effet du climat, le defpotifme convient aux pays chauds, la barbarie aux pays froids, & la bonne politique aux régions intermédiaires. Je vois encore qu'en accordant le principe, on pourra difputer fur l'application : on pourra dire qu'il y a des pays froids très-fertiles, & des plus chauds très-ingrats; qu'on voit le defpotifme dans des pays froids, & qu'on a vu la liberté dans des climats chauds : mais nous ne foutenons pas que la proximité plus ou moins grande de l'équateur, détermine la forme des *gouvernemens* ; nous obfervons feulement, que le climat mène vers telle forme d'adminiftration & qu'il y conduit, fi des caufes plus puiffantes ne changent pas cette direction.

Signes d'un bon gouvernement. Quand on demande quel eft le meilleur *gouvernement*, on fait une queftion infoluble, parce qu'elle eft indéterminée ; elle eft fufceptible d'autant de folutions qu'il y a de combinaifons poffibles dans les pofitions abfolues & relatives des peuples.

Mais fi l'on demande à quel figne on peut connoître qu'un peuple donné eft bien ou mal gouverné, c'eft autre chofe; & cette queftion de fait peut fe réfoudre.

La plupart des auteurs qui l'ont propofée l'ont mal réfolue, parce que chacun a voulu la réfoudre à fa manière. Les fujets vantent la tranquillité publique, les citoyens, la liberté des particuliers; l'un préfère la fûreté des poffeffions, & l'autre celle des perfonnes : l'un veut que le meilleur *gouvernement* foit le plus févère, l'autre foutient que c'eft le plus doux; celui-ci veut qu'on puniffe les crimes, & celui-là qu'on les prévienne : l'un trouve beau qu'on foit craint de fes voifins, l'autre aime mieux qu'on en foit ignoré ; l'un eft content quand l'argent circule, l'autre exige que le peuple ait du pain. Quand même on conviendroit fur ces points &

d'autres femblables, en feroit-on plus avancé ? Les quantités morales manquant de mefures précifes, fût-on d'accord fur le figne, comment l'être fur l'eftimation ?

» Pour moi, dit un écrivain, d'après lequel » on a répété mille fois la même affertion, je m'é- » tonne toujours qu'on méconnoiffe un figne » auffi fimple, ou qu'on ait la mauvaife foi de » n'en pas convenir. Quelle eft la fin de l'affo- » ciation politique ? C'eft la confervation & la » profpérité de fes membres. Et quel eft le » figne le plus fûr qu'ils fe confervent & prof- » pérent ? C'eft leur nombre & leur popula- » tion. N'allez donc pas chercher ailleurs ce » figne fi difputé. Toute chofe d'ailleurs égale, » le *gouvernement* fous lequel, fans moyens étran- » gers, fans naturalifations, fans colonies, les » citoyens peuplent & multiplient davantage, » eft infailliblement le meilleur : celui fous le- » quel un peuple diminue & dépérit, eft le- » pire. Calculateurs, c'eft maintenant votre af- » faire ; comptez, mefurez, comparez ce grand principe adopté par les économiftes eft bien faux : on ne leur citera pas la population de la Chine, car ils croient que c'eft le plus paternel & le meilleur de tous les gouvernemens : mais que peuvent-ils répondre, fi l'on cite la population de l'Inde, & celle de quelques-unes des contrées de l'Afrique ? Les ménages font prolifiques par des caufes très-indépendantes de la profpérité nationale ou de la bonté du *gouvernement* : c'eft aux médecins à expliquer cette théorie; & il faut pouffer loin la manie des principes généraux, pour adopter celui-ci. Il eft clair que dans un pays mal gouverné, mais où le climat infpire la volupté & rend les femmes fécondes, les hommes fe multiplient, parce que les ménages n'ont pas d'autres plaifirs ; ainfi qu'on voit parmi nous les artifans malheureux donner le jour à beaucoup d'enfans.

Le véritable fymptôme d'un bon *gouvernement*, c'eft l'aifance de tous ceux qui travaillent, c'eft la fatisfaction des fujets & des citoyens : car dans une mauvaife adminiftration, on peut bien réduire les peuples au filence, mais on ne peut leur donner de l'aifance & de la fatisfaction.

Abus du gouvernement, & *fa pente à dégénérer*.

Comme la volonté particulière agit fans ceffe contre la volonté générale, ainfi le *gouvernement* fait un effort continuel contre la nation. Plus cet effort augmente, plus la conftitution s'altère, & comme il n'y a point ici d'autre volonté de corps, qui, réfiftant à celle du prince, faffe équilibre avec elle, il doit arriver tôt ou tard, que le prince opprime enfin la nation, & rompe le traité focial. C'eft-là le vice inhérent & inévitable, qui dès la naiffance du corps politique, tend fans relâche à le détruire, de même que la vieilleffe & la mort détruifent enfin le corps de l'homme.

Il y a deux voies générales par lesquelles un *gouvernement* dégénère ; savoir, quand il se resserre, ou quand l'état se dissout.

Le *gouvernement* se resserre, quand il passe du grand nombre au petit, c'est-à-dire de la démocratie à l'aristocratie, & de l'aristocratie à la royauté. C'est-là sa pente naturelle. S'il rétrogradoit du petit nombre au grand, on pourroit dire qu'il se relâche, mais ce progrès inverse est impossible.

Nous avons déjà parlé de la dissolution des états. *Voyez* l'article *dissolution des états*.

Quand l'état se dissout, le *gouvernement* prend d'abord le nom général d'*anarchie*. Ensuite la démocratie dégénère en ochlocratie ; l'aristocratie en olygarchie. *Voyez* ces mots. La royauté dégénère en tyrannie ; mais ce dernier mot est équivoque & demande une explication. *Voyez* l'art. TYRANNIE.

Origine & nécessité du gouvernement civil.

Si les hommes étoient parfaitement bons & sages, s'ils pouvoient discerner les moyens qui tendent au bien général de leur espèce, & s'ils vouloient les employer, rien ne manqueroit à leur bonheur. Ils n'auroient besoin ni d'autres liens, ni d'autres obligations que celles que leur imposent la vertu & la sagesse. La nécessité de l'autorité civile ne peut donc être fondée que sur l'imperfection ou sur la dépravation des hommes, ou sur l'une & l'autre en même-temps.

Lorsque plusieurs auteurs anciens définissent l'homme un animal fait pour la société civile, ou naturellement propre à la société civile, ils ne veulent pas dire que l'homme souhaite naturellement d'être assujetti aux loix, de même qu'il souhaite la société d'autrui dans l'état de nature, ou de se marier & d'avoir des enfans. Personne n'aime à soumettre ses actions à la direction d'autrui, ni encore moins à le rendre maître de son bien & de sa vie. Il faut donc que les hommes ayent reconnu que les maux & les dangers attachés à l'anarchie, étoient plus grands que ceux auxquels ils s'exposoient en se soumettant eux & leurs affaires à la direction de certaines personnes, qui veillassent à la sûreté commune. Ils ont préféré de vivre sous les loix du *gouvernement* civil, tant à cause des avantages qu'ils y trouvoient eux-mêmes, qu'à cause de ceux qu'il procuroit à l'humanité.

Si l'on étudie la corruption des hommes, on sentira la nécessité du *gouvernement* civil. Comme la plupart sont avares & ambitieux, qu'ils aiment à opprimer, lorsqu'ils peuvent le faire impunément, & qu'ils sont plus touchés de leurs avantages présens, que des maux éloignés qu'ils peuvent s'attirer par leurs injustices, il a fallu trouver un remède contre ces mauvaises dispositions ; mais un remède dont l'effet fût présent & sensible, & l'on n'en a

point trouvé de plus efficace qu'une autorité civile, revêtue d'une force suffisante pour maintenir la justice, & châtier ceux qui nuisent aux autres. Quoique le commun des hommes, ou même chaque individu soit méchant & injuste, il est rare qu'étant unis, ils fassent des loix très-iniques. Tous ont un sentiment du juste & de l'injuste, & une aversion naturelle pour l'injustice. Je puis, pour mon plaisir, pour mon intérêt, ou pour satisfaire quelque passion, agir contre le sentiment que j'ai de la justice ; mais ceux qui n'ont aucun intérêt à ce que je fais, me regarderont avec horreur. Un second fera la même chose ; mais moi & mes semblables nous concevrons de l'indignation pour lui. Comme tous les autres ont les mêmes sentimens, ils ne s'accorderont guères à faire des loix injustes, encore qu'aucun ne soit assez affermi dans les principes de l'équité, pour faire ce qu'elle lui dicte, lorsque cela est contraire à ses intérêts ou à ses passions. D'ailleurs, chacun en particulier craint qu'on ne lui fasse tort, & appréhende lui-même d'en faire à ses voisins, de crainte de s'attirer leur ressentiment. Il est donc rare que plusieurs personnes unies d'intérêt, approuvent l'injustice d'un de leurs membres. Comme personne n'approuve l'injustice, si ce n'est celui qui trouve son intérêt à la commettre, jamais l'autorité publique ne donnera une approbation volontaire à celle que l'on commet envers l'un de ses membres, si ce n'est dans le cas où on la confie à un seul ou à un petit nombre de personnes. Car alors ce chef unique peut manquer à ce qu'il doit à ses sujets, ou ce petit nombre de personnes peut former une classe séparée du peuple, & opprimer celui-ci, pendant qu'elles observent entr'elles les règles de la justice.

On ne doit pas en conclure, à l'exemple de quelques écrivains, que la plus mauvaise espèce de police vaut mieux que la meilleure anarchie. Dans les plus mauvais *gouvernemens*, il se trouve toujours quelques bonnes loix, & la justice est souvent bien administrée, lorsqu'il ne s'agit ni des intérêts des chefs, ni de ceux de leurs favoris : le peuple est garanti des invasions extérieures, par la facilité qu'il a de réunir ses forces & ses conseils, avantage qu'on ne peut se promettre dans la nouvelle anarchie. Mais dans un état anarchique, où les mœurs des peuples ne sont point encore corrompues par la mollesse, les richesses & le luxe, il peut y avoir plus de bonheur, de simplicité & d'innocence de mœurs, que dans un mauvais *gouvernement* : on peut y trouver beaucoup de zèle pour la défense commune, pour l'observation de la justice, & même pour la culture des arts & des sciences.

Les écrivains politiques qui ont adopté la méthode scholastique dans leurs divisions, disent que les différens pouvoirs qui appartiennent aux gouverneurs dans la police civile, se divisent communément en quatre grands pouvoirs civils (1), qu'on appelle aussi les *parties essentielles* de l'autorité suprême, & en (2) petits pouvoirs; qui ne sont point essentiels au *gouvernement* civil.

Ils subdivisent quelquefois les parties essentielles en (3) internes, ou qui doivent être exercés par les sujets dans la société même, & en passagers ou externes, tels que ceux qu'on exerce envers des nations étrangères, ou des états indépendans.

La formation des sociétés civiles se fait souvent au hasard, mais elle entraîne communément trois actes exprès & implicites. 1°. Chacun s'engage, avec tous les autres, à se réunir pour toujours en un seul corps, & à règler d'un commun consentement ce qui regarde leur conservation & leur sûreté mutuelle. 2°. On règle par une ordonnance la forme du *gouvernement*, & le nombre de personnes auxquelles on veut le confier. 3°. Un autre acte désigne une ou plusieurs personnes revêtues du pouvoir de gouverner la société. Ceux qui ont cette autorité, s'engagent à veiller avec soin au bien public, & les autres leur promettent une fidélité & une obéïssance inviolable.

Toutes les sociétés n'ont pas commencé par ces trois actes authentiques, ainsi que nous le disions tout-à-l'heure; mais il est évident que toutes les sociétés sont fondées sur des conventions écrites ou non écrites, stipulées ou non stipulées expressément, qui ont rapport aux trois actes dont on vient de parler.

Les associations les plus parfaites sont celles qui, dans leur commencement, ont fait ces trois actes avec beaucoup d'appareil & de solemnité: telles sont celles des Etats-Unis d'Amérique. On connoît pas de *gouvernemens* où l'on ait pris ces précautions avec le même soin. *Voyez* l'article ABSOLU POUVOIR, DÉCADENCE DES ÉTATS, DISSOLUTION DES ÉTATS, DÉMOCRATIE, ARISTOCRATIE, MONARCHIE, &c.

GOUVERNEUR DE PROVINCE. *Voyez* le Dictionnaire de l'Art militaire.

GRADISCA (comté de), appartenant à l'empereur. *Voyez* FRIOUL.

GRAINS : on trouvera à l'article AGRICULTURE & à l'article BLED ce qui regarde le commerce des *grains*, & à l'article CULTURE ce qui regarde la culture. Nous ne parlerons ici que de l'emploi des terres en labourage, pâturage, jardinage, vignoble & autres cultures. Nous rechercherons les effets de ces divers emplois, & les causes qui les rendent plus ou moins avantageux.

Un champ de bled, d'une fertilité médiocre, produit beaucoup plus de nourriture pour l'homme que le meilleur pâturage de la même étendue. Quoique sa culture exige beaucoup plus de travail, le surplus qui reste après le remplacement des semences & la consommation qu'emporte tout ce travail, est aussi beaucoup plus grand.

Mais les valeurs relatives de ces deux sortes d'alimens, le pain & la viande de boucherie, changent beaucoup dans les divers périodes de l'agriculture. Dans ses commencemens grossiers les terres incultes, qui sont sans comparaison le plus grand nombre, sont toutes abandonnées aux bestiaux. Il y a pour lors plus de viande de boucherie que de pain; la plus grande concurrence est pour le pain, & par conséquent il est le plus cher. Ulloa dit qu'à Buenos-Ayres le prix ordinaire d'un bœuf choisi dans un troupeau de deux ou trois cents, étoit, il y a quarante ou cinquante ans, de quatre réaux ou vingt-un pences & demi. (environ quarante - quatre sols de France). Il n'en est pas de même quand la culture embrasse la plus grande partie des terres. Il y a, dans ce cas, plus de pain que de viande de boucherie, & le prix de la viande de boucherie est supérieur à celui du pain.

Ajoutez que, par l'extension de la culture, les terres qui restent incultes ne suffisant plus pour fournir à la demande de la viande de boucherie, on est obligé d'employer une grande partie de celles qu'on cultive à élever & engraisser les bestiaux, dont le prix doit par conséquent être assez fort pour payer non-seulement la peine de les élever, mais encore la rente que le propriétaire & les profits que le fermier auroient pu tirer d'une terre en labour. Il n'y a pas plus de cent ans que, dans plusieurs endroits des montagnes d'Ecosse, on avoit la viande de boucherie à aussi bon ou à meilleur marché que le pain, même le pain de gruau d'avoine. L'union des deux royaumes a ouvert aux bestiaux des montagnards le marché d'Angleterre. Leur prix est aujourd'hui environ trois fois plus grand qu'il n'étoit au commencement du siècle, & les rentes de plusieurs fonds de terre des montagnes ont triplé & quadruplé dans le même temps. Il y a peu d'endroits dans la Grande-Bretagne, où une livre de viande de boucherie ne vaille aujourd'hui plus de deux livres du meilleur pain blanc, &, dans les années d'abondance, elle en vaut quelquefois trois ou quatre.

C'est ainsi que, dans les progrès de la société, la rente & le profit d'un pâturage inculte viennent à se régler en quelque sorte par la rente & le profit de celui qui est cultivé, & que ceux-ci, à leur tour, sont réglés par la rente & le profit du bled.

---

(1) Jura majestatis majora.
(2) Jura majestatis minora.
(3) Jura imperii immanentia vel transeuntia.

Il ne faut pourtant pas étendre à toutes les terres cultivées d'un pays cette égalité entre la rente & le profit des herbages & ceux du bled, entre la rente & le profit d'une terre qui produit immédiatement la nourriture du bétail, & ceux d'une terre dont le produit immédiat nourrit l'homme : car il y a certaines fituations locales, où la rente & le profit des herbages font fort fupérieurs à ceux que rapporte le bled.

Dans le voifinage des grandes villes, par exemple, la demande du lait & du fourrage pour les chevaux contribue fouvent, ainfi que le haut prix de la viande de boucherie, à faire monter la valeur des herbages au-deffus de ce qu'on peut appeller fa proportion naturelle avec celle du bled. Il eft évident que cet avantage local ne peut fe communiquer aux terres fituées à quelque diftance des villes.

Des circonftances particulières ont tellement peuplé certains pays, que tout le territoire, femblable au voifinage d'une grande ville, ne pouvoit produire en même-temps affez d'herbes & de grains pour la fubfiftance de fes habitans. De-là les terres y ont été principalement employées à la production des fourages qui étant la marchandife la plus volumineufe, ne peuvent être auffi aifément tranfportés au loin ; & le bled, qui eft la nourriture du grand corps du peuple, a été tiré, pour la plus grande partie des pays étrangers. Telle eft actuellement la fituation de la Hollande, & telle paroît avoir été celle d'une partie confidérable de l'ancienne Italie durant la profpérité des romains. Caton l'ancien difoit, au rapport de Cicéron, que, dans l'adminiftration d'un bien de campagne, la première chofe & la plus profitable étoit d'avoir de bons pâturages ; la feconde d'en avoir de paffables, & la troifième d'en avoir de mauvais. Il ne mettoit le labour qu'au quatrième rang ; & en effet le labour devoit être fort découragé, dans les environs de Rome, par les diftributions de bled qui fe faifoient fouvent au peuple, foit gratuitement, foit à très-bas prix. Ce bled venoit des provinces conquifes qui, en place d'impôts, étoient obligées de le fournir à la république à un prix fixe. Le peu d'argent que ce bled coûtoit au peuple, doit avoir néceffairement réduit le prix de celui qu'on pouvoit amener à Rome du Latium, au point d'en décourager la culture dans cet ancien territoire de la république.

Il n'eft pas rare non plus que, dans un pays découvert, on loue un pré bien enclos plus cher qu'aucune pièce de terre à bled du voifinage. Il eft propre à nourrir le bétail employé au labour ; &, dans ce cas, l'excès de la rente fe paie moins pour la valeur du produit de l'herbage, que pour celle des terres à bled qu'il fert à faire cultiver. Elle tomberoit vraifemblablement, fi les autres prés du voifinage étoient enclos de même. C'eft ce qui arrivera probablement en Ecoffe, quand ces fortes de clôtures y feront communes. Elles font plus avantageufes pour les herbages que pour les terres à bled : elles épargnent le travail de garder les beftiaux qui paiffent mieux, quand ils ne font pas expofés à être troublés par le berger ou par fon chien.

L'ufage des prairies artificielles, des navets, des carottes, des choux, & les autres expédiens pour nourrir avec la même quantité de terre une plus grande quantité de beftiaux, doivent avoir diminué, ce femble, dans les pays cultivés, la fupériorité naturelle du prix de la viande de boucherie fur celui du pain : & en effet, il y a quelque raifon de croire, au moins pour le marché de Londres, que le prix de la viande de boucherie eft un peu plus bas en proportion du prix du pain, qu'il ne l'étoit au commencement du dernier fiècle.

Dans l'appendix à la vie du prince Henri, le docteur Birch nous a donné un état des prix que ce prince payoit communément pour fa viande de boucherie. Selon cet état, les quatre quartiers d'un bœuf pefant fix cents, lui coûtoient ordinairement neuf livres dix fchellings ou environ, c'eft-à-dire, trente-un fchellings & huit deniers le quintal. (34 liv. 17 f. 6 den. de France). Le prince Henri mourut le 6 novembre 1612.

Au mois de mars 1764, il y eut à Londres une enquête parlementaire fur les caufes de la cherté des vivres, dont on fe plaignoit alors. On trouve, entr'autres faits allégués à ce fujet par un marchand de la Virginie, qu'au mois de mars 1763 il avoit avitaillé fes vaiffeaux avec de la chair de bœuf, qui lui coûtoit vingt-quatre ou vingt-cinq fchel. le quintal ; ce qu'il regardoit comme le prix ordinaire, & qu'en 1764 il l'avoit payée 27 fchellings. Le haut prix du bœuf, cette année-là, étoit cependant de quatre fchellings & huit deniers meilleur marché que celui qu'on avoit ordinairement donné le prince Henri, & c'eft le meilleur bœuf qu'il faut faler pour les voyages de longs cours.

Pendant les douze premières années du dernier fiècle, le prix commun du meilleur froment, au marché de Windfor, étoit de 1 liv. 18 f. 3 den. & un fixième de den. fterling, la mefure de neuf boiffeaux de Winchefter.

Mais depuis 1752 jufques & compris 1764, le prix commun de la même mefure du meilleur froment étoit au même marché, de 2 liv. 1 f. 9 den. & demi.

Par conféquent, le bled paroît avoir été meilleur marché les douze premières années du dernier fiècle, & la viande de boucherie étoit plus chère qu'elle ne l'a été les douze années depuis 1752 jufques & compris 1764.

La plupart des terres cultivées dans un grand pays, font employées à produire la nourriture des hommes ou des beftiaux. La rente & le profit qu'on en tire, règlent la rente & le profit de toutes les autres terres en culture. S'il y avoit une espèce particulière de production qui rapportât moins, la terre qui la donne seroit aussi-tôt convertie en bled ou en pâturages; & si elle rapportoit davantage, une partie des terres qu'on met en bled ou en pâturages, seroit employée à cette espèce de production.

La rente que le propriétaire & les profits que le fermier retire d'une houblonnière, d'un jardin fruitier & d'un jardin potager, sont en général plus forts que ceux d'une terre à bled ou d'un herbage. Mais il faut plus de dépense pour mettre la terre en état de porter du houblon, des fruits & des légumes. De-là vient qu'il est dû au propriétaire une rente plus considérable. Il faut aussi plus d'attention & d'intelligence pour cette culture, & de-là vient qu'il est dû aux fermiers plus de profits. D'ailleurs la récolte est plus précaire, du moins celle du houblon & des fruits. Leur prix doit donc rapporter non seulement de quoi compenser les pertes accidentelles, mais encore une sorte de profit pareil à celui de l'assurance. L'état des jardiniers, souvent pauvres & jamais riches, peut nous convaincre que leur industrie n'est pas ordinairement surpayée.

Il paroît que le propriétaire, qui a fait d'abord des amendemens nécessaires pour ces sortes de productions, n'en a retiré, en aucun temps, audelà de ce qui suffisoit pour le dédommager de sa dépense. On supposoit, ce semble, dans l'ancienne agriculture, qu'après la vigne, c'étoit un jardin bien arrosé, qui, de toutes les autres parties de la ferme, étoit celle qui rendoit le meilleur produit. Mais Démocrite qui a écrit sur l'agriculture il y a environ deux mille ans, & qui étoit regardé par les anciens comme un père de l'art, pensoit qu'il n'étoit pas sage d'enclorre un jardin potager, parce que le profit ne compenseroit pas les frais d'un mur de pierres, & que les briques (il entendoit, je crois, celles qui sont cuites au soleil) dépérissant par la pluie & les mauvais temps de l'hiver, avoient continuellement besoin de réparations. Columelle, qui rapporte ce jugement de Démocrite, ne le conteste pas, & Palladius adopte l'opinion de Columelle, qui avoit eu auparavant l'approbation de Varron. On est persuadé aujourd'hui, dans la plus grande partie de l'Europe, qu'un jardin potager mérite seulement une clôture de haies & d'épines, ainsi que l'a recommandé Columelle. Dans la Grande-Bretagne & quelques autres pays du Nord, il n'est pas possible d'amener les plus beaux fruits à leur perfection sans le secours des murs.

Il paroît que les anciens croyoient, ainsi qu'on le croit encore aujourd'hui dans tous les pays de vignobles, que la vigne plantée dans un terrein convenable & amenée à sa perfection, étoit la partie de la ferme qui avoit le plus de valeur : mais c'est une question de savoir s'il falloit planter de nouvelles vignes. Columelle se décide pour l'affirmative, & il tâche de montrer, par la comparaison du profit & de la dépense, que c'est le plus avantageux. Cependant ces sortes de comparaisons, entre le profit & la dépense des nouveaux projets, sont communément trompeuses, sur-tout en agriculture. Si le gain qu'on faisoit alors par ces plantations, avoit été aussi grand que cet auteur l'imaginoit, il n'auroit pu être un sujet de dispute. Il l'est encore souvent dans les pays de vignobles : on y est porté à donner la préférence aux vignes. Ce qui paroît favoriser cette opinion, c'est l'inquiétude qu'ont en France les propriétaires des anciennes vignes, qu'on n'en plante de nouvelles. Mais elle semble indiquer aussi la persuasion que cette supériorité de profit ne pourroit durer, si les loix qui restreignent la liberté à cet égard ne subsistoient plus. En 1731, ils obtinrent un arrêt du conseil, portant défense de faire de nouveaux plants de vigne, & de renouveller ceux qui avoient été négligés depuis deux ans, sans y être autorisé par une permission particulière du roi, qui ne seroit accordée que sur une information de l'intendant de la province, où il certifieroit qu'il avoit examiné la terre, & qu'elle ne valoit rien pour toute autre espèce de culture. Le prétexte de ces propriétaires étoit la disette des grains & des pâturages, & la surabondance du vin. Mais si cette surabondance avoit été réelle, il ne falloit point d'arrêt du conseil; d'elle-même elle auroit prévenu efficacement de nouvelles plantations de vignes, parce qu'elle auroit réduit infailliblement les profits de cette espèce de culture au-dessous de leur proportion naturelle avec ceux du bled & des herbages. Quant à la disette du bled; il n'y a point de partie de la France où cette production soit mieux cultivée que dans les pays de vignobles où les terres sont bonnes pour le *grain*, témoin la Bourgogne, la Guienne & le haut Languedoc.

Il arrive quelquefois que la quantité de terre qu'on peut rendre propre à certaines productions, ne suffit pas pour fournir à la demande effective. Tout le produit peut être vendu à ceux qui consentent à en donner quelque chose de plus que ce qu'il faut pour payer la rente, le salaire & les profits selon leurs taux naturels, ou selon le taux qu'on les paye dans la plus grande partie des autres terres cultivées. Le surplus du prix, toute la dépense d'amendement & de culture payés peuvent communément, dans ce cas & dans ce seul cas, n'avoir pas de proportion régulière avec le surplus correspondant du prix du bled & des fourrages qu'il excédera toujours plus ou moins, & la plus grande partie de cet excédent ira naturellement à la rente du propriétaire.

Par exemple, la proportion naturelle & ordinaire, entre la rente & les profits du vin & ceux du bled & des fourrages, ne doit s'entendre que par rapport aux vignobles qui ne donnent que du bon vin d'ordinaire, tel qu'il en peut croître partout dans une terre légère, graveleuse ou fablonneufe, & tel que fon plus grand mérite confifte dans fa force & fa falubrité. C'eft avec ces vignobles feulement que les autres terres communes du pays peuvent entrer en concurrence, & non avec ceux qui font recommandables par une quantité particulière.

Le fol influe plus fur le vin que fur tout autre fruit de la terre. Au moins fuppofe-t-on qu'il reçoit du terroir un goût que tous les foins imaginables ne pourroient lui donner ailleurs, & les prétentions de quelques charlatans françois fur ce point font bien ridicules.

On peut comparer à ces vignobles précieux les fucreries poffédées par les nations européennes dans les Indes occidentales. Tout leur produit eft au-deffous de la demande effective de l'Europe, & on trouve toujours des gens qui veulent en donner au-delà de ce qui eft néceffaire au paiement total de la rente, des profits & du falaire dont on a befoin pour le préparer & le mettre en état de vente. Le plus beau fucre blanc fe vend communément, dans la Cochinchine, trois piaftres le quintal, environ treize fchellings & fix deniers de notre monnoie, comme nous l'apprend M. Poivre, obfervateur attentif de l'agriculture de ce pays-là. Ce qu'on y appelle quintal pefant de cent cinquante à deux cents livres de Paris, & fon poids moyen eft de cent foixante-quinze livres ; c'eft environ huit fchellings (9 liv. de France) le cent, poids d'Angleterre, ce qui n'eft pas le quart de ce qu'on paye communément en Angleterre les fucres bruns ou mofcouades que les colonies angloifes fourniffent, ni le fixième de ce qu'on paye le plus beau fucre blanc. La plus grande partie des terres cultivées dans la Cochinchine, font employées à produire du bled & du riz, qui nourriffent le grand corps du peuple. Les prix refpectifs du bled, du riz & du fucre y font probablement dans la proportion naturelle, ou dans celle qui s'établit naturellement entre les différentes productions de la plupart des terres en culture, & qui règle, auffi exactement qu'il fe peut, la récompenfe du propriétaire & du fermier fur la dépenfe qu'il a fallu originairement pour mettre la terre en état, & fur celle qu'il faut tous les ans pour l'y entretenir. On dit communément que le rum & la melaffe défraient toute la dépenfe de la culture du fucre qui, par ce moyen, eft tout bénéfice pour le propriétaire ou planteur. Si la chofe eft vraie (car je ne prétends pas l'affurer), c'eft comme fi le fermier d'une terre à bled fe rembourfoit de tous les frais de culture avec le produit de la paille, & que tout le *grain* fût profit pour lui. Nous voyons fouvent des fociétés de négocians de Londres & autres villes commerçantes acheter, dans les colonies angloifes

à fucre, de vaftes terreins pour les faire valoir par des facteurs & des agens ; & malgré l'éloignement & l'incertitude des retours provenans de l'adminiftration défectueufe de la juftice dans ces pays-là, ils ne laiffent pas de compter fur un profit. Perfonne ne s'avifera de faire la même entreprife fur les terres les plus fertiles de l'Écoffe & de l'Irlande, ou fur les terres à bled des provinces de l'Amérique feptentrionale, quoique l'adminiftration de la juftice y étant plus exacte, on puiffe compter fur des retours plus réguliers.

On préfère, dans la Virginie & le Maryland, la culture du tabac à celle du bled, comme étant d'un meilleur rapport. Le tabac peut être cultivé avantageufement dans la plus grande partie de l'Europe. Mais, comme il y eft devenu prefque par-tout un fujet d'impôt, & qu'on a fuppofé qu'il étoit plus difficile de lever le droit fur les différentes métairies du pays où cette plante pourroit être cultivée, que fur l'importation qui s'en feroit à la douane, on y a pris le parti d'en défendre la culture, ce qui n'eft pas trop raifonnable, puifque c'eft en accordant le monopole aux pays auxquels on la laiffe ; monopole dont la Virginie & le Maryland partagent le bénéfice avec quelques concurrens, & dont ils profitent largement, parce que le tabac croît chez eux en plus grande quantité. Cette culture n'eft pourtant pas fi avantageufe que celle de fucre. Je n'ai jamais ouï dire que des négocians réfidans dans la Grande-Bretagne, aient appliqué leurs fonds à des plantations de tabac, & nous ne voyons point que les colonies à tabac envoient des planteurs auffi riches qu'il en vient des ifles à fucre. Quoique la préférence que ces colonies ont jufqu'ici donnée au tabac fur le bled, femble dénoter qu'il y en a moins qu'on n'en demande en Europe, il eft probable que la demande effective du fucre eft encore moins remplie ; & quoique le prix actuel du tabac foit vraifemblablement plus que fuffifant pour payer le montant de la rente, du falaire & des profits, felon le taux ordinaire auquel ils fe paient pour le bled, le prix actuel du fucre doit rendre encore au-delà de ce furplus. Auffi les colonies à tabac ont-elles craint la furabondance de cette marchandife, comme les propriétaires des vignobles de France ont craint celle du vin. Par un acte d'affemblée, elles ont borné fa culture à fix mille plantes par nègre, évaluées à un millier de tabac. Ils calculent qu'un nègre peut faire valoir en même-tems quatre acres de terre de bled d'Inde ; le docteur Douglas, que je foupçonne être mal informé, dit que, pour prévenir cette furabondance, on brûle tant de tabac par chaque nègre, quand les années font trop fertiles ; pratique attribuée aux hollandois, par rapport à leurs épiceries. S'il faut des expédiens auffi violens pour tenir le tabac à fon prix actuel, il y a grande apparence que fa culture ne conferve

voit

véra pas long-temps l'avantage qu'elle peut avoir aujourd'hui fur celle du bled (1).

Si le peuple d'un pays tiroit fa nourriture ordinaire & favorite d'une plante que la terre la plus commune, avec la même ou à-peu-près la même culture que celle du bled, produiroit en beaucoup plus grande abondance que les terres les plus fertiles ne produifent de bled, la rente du propriétaire ou le furplus de la quantité de nourriture qui lui refteroit, le travail payé, & les fonds du fermier remplacés avec leurs profits ordinaires, feroit néceffairement beaucoup plus grande. Quel que fût le taux du prix du travail, il pourroit en acheter ou en commander davantage.

Ainfi un champ de riz produit beaucoup plus de nourriture que le champ de bled le plus fertile. On dit qu'un acre donne ordinairement par an, en deux récoltes, de trente à foixante boiffeaux. Sa culture demande plus de travail ; mais le prix de ce travail payé, il refte quelque chofe de plus que fi c'étoit du bled ; & de ce furplus, il en revient une plus groffe part au propriétaire dans les pays où le riz eft la nourriture commune & favorite du peuple, & où il fait la principale fubfiftance des cultivateurs. A la Caroline où les planteurs font généralement fermiers & propriétaires tout enfemble, & où la rente eft par conféquent confondue avec le profit, on trouve que la culture du riz eft plus lucrative que celle du bled, quoique la récolte du riz ne s'y faffe qu'une fois par an, & que le peuple foit trop attaché aux coutumes de l'Europe pour faire de cette plante fa nourriture ordinaire.

Un bon champ de riz eft en tout temps une fondrière qui, à une certaine époque de l'année, fe couvre d'eau. Il n'eft propre ni pour le bled, ni pour les pâturages, ni pour la vigne, ni pour aucune autre efpèce des végétaux utiles à l'homme. Par conféquent, dans les pays même où croît le riz, la rente des terres qui le portent, ne peut régler la rente des autres terres cultivées, dont il eft impoffible de faire des rizières.

Un champ de pommes de terre ne produit pas moins de nourriture qu'un champ de riz, & en produit beaucoup plus qu'un champ de froment. Un acre donnera douze mille pefant de pommes de terre contre deux mille pefant de froment. Il eft vrai que ces deux plantes ne font pas auffi nourriffantes en proportion de leur poids, à caufe de la nature aqueufe des pommes de terre. Mettons cependant que la moitié du poids de cette racine aille en eaux, (c'eft beaucoup), un acre rendra encore fix milliers de nourriture fo-

lide, c'eft-à-dire, le triple de ce qu'en rend un acre de froment. Il en coûte moins de frais pour cultiver l'un que l'autre ; le labour qui fe fait avec la houe, & les travaux extraordinaires qu'exigent les pommes de terre, étant plus que compenfés par le repos qu'on accorde aux terres à froment avant de les femer.

Si jamais cette racine devenoit la nourriture commune du peuple dans quelque partie de l'Europe, comme le riz l'eft dans certains pays ; fi elle y occupoit autant de terrein qu'en occupent aujourd'hui le froment & les autres *grains*, la même quantité de terre alimenteroit beaucoup plus de monde ; & les laboureurs étant généralement nourris de pommes de terre, ce qui en refteroit, après avoir remplacé tous les fonds & payé tout le travail employé à la culture, feroit plus confidérable. De ce furplus, il en reviendroit auffi une plus groffe part au propriétaire : la population augmenteroit, & les rentes iroient bien plus haut qu'elles ne vont à préfent.

Comme le fol propre aux pommes de terre eft bon pour prefque tous les végétaux utiles, fi elles occupoient une même quantité de terre qui eft aujourd'hui en bled, elles régleroient de même la rente de la plupart des autres terres cultivées.

On dit que, dans certaines parties du Lancashire, on regarde le gruau d'avoine comme une nourriture plus fubftantielle pour les gens de peine que le pain de froment, & fouvent on dit la même chofe en Ecoffe ; mais la vérité de cette opinion laiffe bien des doutes. Le menu peuple d'Ecoffe, qui mange du pain de gruau d'avoine, eft en général moins robufte & moins beau que le menu peuple d'Angleterre, qui mange du pain de froment, & il n'y a pas la même différence entre les gens plus aifés des deux royaumes ; expérience qui fembleroit prouver que la nourriture du bas peuple en Ecoffe convient moins à la conftitution de l'homme que celle des anglois du même rang. Il n'en eft pas ainfi des pommes de terre. Les porteurs de chaife, les crocheteurs, ceux qui déchargent le charbon, & ces malheureufes femmes qui vivent à Londres de la proftitution, font pour la plupart de la lie du peuple d'Irlande, qui fe nourrit de cette racine. Or, ce font peut-être les hommes les plus vigoureux & les plus belles femmes de l'Empire britannique. C'eft une preuve décifive que cet aliment a des fucs nourriciers, & qu'il eft bon pour la conftitution & la fanté de l'homme.

Il eft difficile de garder pendant un an des pommes de terre, & impoffible d'en faire des

---

(1) L'expérience a montré la juftelfe de cette remarque de M. Smith, auteur de *la Richeffe des nations* : nous avons dit à l'article ETATS-UNIS que les habitans de la Virginie & du Maryland font en effet dégoûtés de la culture du tabac, & qu'ils trouvent aujourd'hui un meilleur emploi de leurs terres.

　　　　G R A

magasins pour deux ou trois ans, comme on en fait de bled. La crainte de ne pouvoir les vendre avant qu'elles se gâtent, décourage leur culture; c'est peut-être le plus grand obstacle à ce qu'elles deviennent jamais dans un vaste pays celui des végétaux, dont les différentes classes du peuple tirent leur principale subsistance, comme on la tire du pain.

GRAND-MAITRE DE FRANCE & de la maison du roi. *Voyez* le Dictionnaire de Jurisprudence. *Voyez* dans le même dictionnaire, des détails sur d'autres charges qui commencent par le mot *grands*.

GRATIFICATIONS. Nous entendons ici par ce mot, des sommes accordées par un gouvernement, pour encourager l'exportation ou l'importation d'un article de commerce. On leur donne aussi le nom de *primes*.

Ces *gratifications* ont été inventées par la politique moderne, peut-être même ne sont-elles pas très-anciennes. Il reste un assez grand nombre de pays en Europe, qui n'en accordent point: c'est la Grande-Bretagne qui en fait le plus d'usage : On prétend qu'elles y mettent les négocians & les manufacturiers, en état de vendre leurs marchandises chez l'étranger à aussi bon ou meilleur marché que leurs rivaux. Ils en exporteront, dit-on, une plus grande quantité, & la balance du commerce sera plus en faveur de l'Angleterre. Nous ne pouvons, ajoutent les anglais qui défendent le système des *gratifications*, nous ne pouvons donner à nos ouvriers ce monopole, comme nous le leur avons donné chez nous, & il n'y a pas moyen de forcer les étrangers à acheter d'eux, comme nous y avons forcé nos compatriotes. Le meilleur expédient, faute de celui-là, c'est de les payer pour qu'ils achètent.

On sent que ce que nous dirons des *gratifications* accordées par l'Angleterre, est applicable aux *gratifications* accordées par les autres pays, & qu'en examinant les préjugés répandus sur cette matière, il étoit bon de choisir la nation qui paroît le mieux entendre le commerce.

Les seuls commerces, susceptibles de *gratifications*, sont ceux où le marchand est obligé de vendre ses marchandises pour un prix qui ne lui rend point son capital avec les profits ordinaires, ou dans lesquels il est obligé de vendre les choses moins qu'elles ne lui coutent réellement. La *gratification* est accordée pour compenser cette perte, & pour encourager le négociant à continuer, ou peut-être à commencer un commerce dont on suppose que les frais sont plus grands que les retours; dont chaque opération absorbe une partie du capital qu'on y a employé, & qui est tel de sa nature, que, si tous les autres commerces lui ressembloient, il ne resteroit bientôt plus de capital dans le pays.

Il faut observer que les commerces favorisés par les *gratifications*, & qui n'iroient pas sans cet appui, sont les seuls que deux nations puissent faire long temps, de manière qu'il y en ait une qui perde toujours, & qui vende constamment ses marchandises pour moins qu'elles ne lui coutent, en prenant le total de ses frais, jusqu'au moment de la vente. Si la gratification ne rendoit pas au négociant ce qu'il perdroit sans cela sur le prix de ses marchandises, son intérêt l'obligeroit aussi-tôt d'employer ailleurs son capital, ou de trouver un autre commerce où ce capital pût lui rentrer avec les profits ordinaires. Mais les *gratifications*, comme tous les expédiens du système mercantile, ne peuvent avoir d'autre effet que celui de forcer le commerce à prendre une direction beaucoup moins avantageuse que celle qu'il auroit prise de lui-même.

L'auteur anglais des traités sur les grains, a montré clairement que depuis le premier établissement de la *gratification* sur l'exportation de cette denrée, le prix des grains exportés, d'après une évaluation assez modérée, a excédé celui des grains importés, d'après une évaluation fort haute, d'une somme beaucoup plus grande que le montant de toutes les *gratifications* qui ont été payées durant cette période. C'est, à ce qu'il imagine, selon les vrais principes du système mercantile, une preuve claire que ce commerce de grains forcé, est avantageux à la nation, la valeur de l'exportation surpassant celle de l'importation, d'une somme bien plus forte que toute la dépense extraordinaire que le public a faite pour que ces grains fussent exportés. Il ne considere pas que cette dépense extraordinaire, ou la *gratification*, est la plus petite partie de la dépense de l'exportation des grains coute réellement à la société. Il faut mettre aussi en ligne de compte, le capital que le fermier a employé à la production. A moins que le prix des blés d'Angleterre vendus chez l'étranger, ne remplace non-seulement la *gratification*, mais encore ce capital avec les profits ordinaires des fonds, les anglois perdent, & les fonds nationaux sont diminués d'autant. Mais c'est précisément parce qu'on a jugé ce prix insuffisant, qu'on a jugé la *gratification* nécessaire.

Le prix moyen du blé est, dit-on, considérablement tombé depuis l'établissement de la *gratification*. M. Smith a tâché de montrer que le prix moyen du blé avoit commencé à baisser un peu vers la fin du dernier siècle, & qu'il a continué de baisser, durant le cours des soixante-quatre premières années du nôtre. Et, en supposant cet évènement aussi réel qu'il le croit, il a dû arriver en dépit, & non en vertu de la *gratification*.

Dans les années d'abondance, la *gratification* occasionnant une exportation extraordinaire, tient le grain à un prix plus haut dans le pays, que celui qu'il devroit avoir naturellement. C'étoit-là le but qu'on se proposoit ouvertement dans l'institution. Dans les années de disette, quoique la *gratification* soit souvent suspendue, la grande exportation qu'elle occasionne dans les années fertiles, doit cependant, empêcher plus ou moins, que l'abondance de l'une ne supplée à la disette de l'autre. Ainsi dans les années abondantes & dans les années stériles, la *gratification* doit tenir le prix du blé en argent un peu plus haut, dans le marché intérieur, qu'il ne le seroit naturellement.

Aucune personne raisonnable ne contestera, je pense, que tel est l'effet de la *gratification* dans l'état actuel du labourage. Mais bien des gens ont pensé qu'elle tend à encourager l'agriculture, en assurant au fermier, un prix meilleur que celui qu'il auroit sans elle, & que l'augmentation des grains, qui pourroit s'ensuivre à la longue, seroit capable d'en faire tomber le prix plus bas que la *gratification* ne le feroit monter dans l'état actuel d'amélioration où seroit l'agriculture.

Je réponds que la chose pourroit arriver, si l'effet de la *gratification* étoit de hausser le prix réel du grain, ou de mettre le fermier en état d'entretenir avec une égale quantité de grains, un plus grand nombre d'ouvriers de la même manière, libérale, médiocre ou chétive, dont ils sont communément entretenus dans son voisinage. Mais il est évident que cet effet ne peut être opéré ni par la *gratification*, ni par aucune institution humaine. Ce n'est pas sur le prix réel, mais seulement sur le prix nominal des grains, que la *gratification* peut influer.

Le véritable effet de la *gratification* est moins de hausser la valeur réelle du grain, que de dégrader la valeur réelle de l'argent, ou de faire qu'une égale quantité d'argent soit échangée contre une moindre quantité non-seulement de grains, mais de toute autre marchandise; car le prix du blé en argent règle celui de toutes les autres marchandises.

Ainsi, quand la *gratification* mettroit le fermier en état de vendre son blé quatre schelings le boisseau, au lieu de trois schelings six pences, & de payer à son maître une rente en argent proportionnée à ce surhaussement du prix pécuniaire de son produit, cependant, si, d'après ce surhaussement dans le prix du bled, quatre schelings n'achètent pas plus de marchandises d'une autre espèce, que trois schelings six pences n'en auroient acheté auparavant, ni la fortune du fermier, ni celle du maître, n'augmenteront de la moindre chose par ce changement: le fermier n'en cultivera pas mieux la terre, & son maître n'en vivra pas mieux.

Cette dégradation de la valeur de l'or & de l'argent, qui vient de la fertilité des mines, &

qui opère également ou presque également dans tout le monde commerçant, est d'une très-petite conséquence pour chaque pays particulier. Si le surhaussement qu'elle amène de tous les prix en argent, ne rend pas plus riches ceux qui les reçoivent, il ne les rend pas réellement plus pauvres. Un service de vaisselle d'argent, devient réellement à meilleur marché, & la valeur de toute autre chose reste réellement la même qu'auparavant.

Mais si cette dégradation dans la valeur de l'argent, arrive dans un seul pays comme un effet de sa situation particulière ou de ses institutions politiques, elle devient pour lui d'une très-grande importance, & bien loin de rendre quelqu'un plus riche, elle tend à rendre tout le monde beaucoup plus pauvre. Le surhaussement du prix pécuniaire de toutes les marchandises, tend alors à décourager, dans ce pays particulier, toutes les espèces d'industrie qu'on y exerce, & à mettre les nations étrangères en état de fournir chez les autres & chez lui-même, presque tout pour une moindre quantité d'argent, que ses ouvriers ne peuvent le donner.

L'Espagne & le Portugal, comme propriétaires de mines, sont condamnés à distribuer l'or & l'argent dans tous les autres pays de l'Europe. Ces métaux doivent donc naturellement être un peu meilleur marché en Espagne & en Portugal, que dans les autres parties de l'Europe. Cependant la différence ne devroit pas excéder les frais de la cargaison & de l'assurance; & à raison de la grande valeur de ces métaux, en proportion de leur volume, la cargaison est peu de chose, & l'assurance est la même que pour toute autre marchandise d'une égale valeur. Ainsi l'Espagne & le Portugal souffriroient peu de leur situation particulière, si leurs désavantages n'étoient aggravés par leurs institutions politiques.

L'Espagne en taxant, & le Portugal en défendant l'exportation de l'or & de l'argent, font monter la valeur de ces métaux dans les autres pays, au-dessus de la valeur qu'ils ont chez eux. Lorsque vous retenez un courant d'eau par une écluse, dès que l'eau est montée jusqu'au sommet, elle s'écoule nécessairement comme s'il n'y avoit point d'écluse. La défense de l'exportation ne peut retenir une plus grande quantité d'or & d'argent en Espagne & en Portugal, que ce que ces deux royaumes peuvent en employer, que ce que le produit annuel de leurs terres & de leur travail leur permet d'en convertir en monnoie, en vaisselle, en dorures & autres ornemens. Quand ils en ont cette quantité, l'écluse est pleine, & le surplus qui arrive doit nécessairement s'écouler. Aussi selon tous les rapports que nous en avons, l'exportation annuelle de l'or & de l'argent qui fortent de l'Espagne & du Portugal, est - elle égale, ou peu s'en faut, à l'importation. Cependant comme l'eau doit toujours avoir plus de profondeur derrière l'écluse que devant, de même la quantité d'or & d'argent que ces droits & prohibitions retiennent en Portugal & en Espagne, doit-être plus grande, en proportion du produit annuel de leurs terres & de leur travail, que celle qu'on trouve dans les autres pays. Plus l'écluse est élevée & forte, plus il doit y avoir de différence entre la profondeur de l'eau qui reste derrière & celle qui est devant. Plus la taxe sera exorbitante, plus les peines seront rigoureuses, & la police qui fait exécuter la loi, vigilante & sévère, plus il y aura de différence entre la proportion de l'or & de l'argent au produit annuel des terres & du travail de l'Espagne & du Portugal, & celle des autres pays. Aussi dit-on que cette différence est énorme, & qu'on y trouve souvent une profusion de vaisselle dans des maisons où l'on ne voit rien, d'ailleurs, qui réponde, ou qui soit assorti à cette sorte de magnificence. Le bon marché de l'or & de l'argent, ou, ce qui est la même chose, la cherté de toutes les marchandises, qui est l'effet nécessaire de la surabondance de ces métaux, décourage l'agriculture & les manufactures de l'Espagne & du Portugal, & met les nations étrangères dans le cas de leur fournir plusieurs espèces de produit brut, & presque toutes les espèces de produit manufacturé, pour moins d'argent qu'ils ne peuvent le faire venir ou le fabriquer eux-mêmes. La taxe & la prohibition opèrent en deux manières différentes. Elles ne font pas seulement baisser de beaucoup la valeur des métaux précieux en Espagne & en Portugal, mais en y retenant une certaine quantité de ces métaux, qui autrement se répandroit dans les autres pays, ils en font monter la valeur plus haut chez les autres, & ils leur donnent par-là un double avantage du commerce qu'ils font avec eux. Ouvrez les vannes, & il y aura sur le champ moins d'eau d'un côté & plus de l'autre : elle se mettra bientôt de niveau. Révoquez la taxe & la prohibition, la quantité d'or & d'argent diminuant de beaucoup en Espagne & en Portugal, augmentera dans les autres pays, & la valeur de ces métaux, leur proportion avec le produit annuel des terres & du travail, sera bientôt de niveau dans tous les pays de l'Europe. La perte que feroient l'Espagne & le Portugal par cette exportation, seroit absolument nominale & imaginaire. La valeur nominale de leurs marchandises, du produit annuel de leurs terres & de leur travail, tomberoit & seroit exprimée ou représentée par une moindre quantité d'argent, qu'elle ne l'étoit auparavant ; mais leur valeur réelle seroit la même, & suffiroit pour entretenir, commander & employer la même quantité de travail. Comme la valeur nominale de leurs marchandises tomberoit, la valeur réelle de ce qui leur resteroit d'or & d'argent monteroit ; & avec une moindre quantité de ces métaux, ils rempliroient tous les objets du commerce & de la circulation, comme auparavant. L'or & l'argent qui sortiroient de chez eux, n'en sortiroient pas pour rien, mais rapporteroient une valeur égale de marchandises d'une autre espèce. Ces marchandises ne seroient pas toutes destinées au luxe, à la dépense & à la consommation des gens oisifs qui ne produisent rien en retour de ce qu'ils consomment. Comme la richesse & le revenu réel des gens fainéans, n'augmenteroient point par cette exportation, de même leur consommation n'augmenteroit pas beaucoup. La plus grande partie probablement, & certainement une partie de ces marchandises, consisteroit en matières, en instrumens & en provisions pour l'emploi & la subsistance des gens industrieux, qui reproduiroient avec du bénéfice la pleine valeur de leur consommation. Une partie des fonds morts de la société se tourneroit ainsi en fonds actifs, & mettroit en action une plus grande quantité d'industrie. Le produit annuel des terres & du travail y grossiroit tout de suite un peu, & probablement beaucoup en un petit nombre d'années, parce que l'industrie s'y trouveroit soulagée d'un des plus lourds fardeaux qui l'oppriment.

La *gratification* sur l'exportation des grains, produit exactement le même effet que cette mauvaise politique de l'Espagne & du Portugal. Quel que soit l'état actuel du labourage, elle est cause qu'en Angleterre le bled est un peu plus cher, & chez les étrangers, un peu meilleur marché qu'il ne le seroit ; & comme le prix moyen du blé en argent règle plus ou moins celui de toutes les autres marchandises, elle y fait baisser considérablement la valeur de l'argent, & tend à la faire monter de quelque chose dans le marché des autres. Elle met les étrangers, & en particulier les Hollandois, non-seulement dans le cas de manger le blé d'Angleterre à meilleur compte qu'ils ne le mangeroient autrement, mais encore à meilleur marché que les Anglois ne peuvent le manger eux-mêmes dans les mêmes occasions, ainsi que le certifie une excellente autorité, celle de Mathias Decker. Elle empêche les ouvriers anglois de fournir leurs marchandises pour une aussi petite quantité d'argent qu'ils les auroient fournies, & met les hollandois en état de fournir les leurs pour encore moins ; elle tend à rendre les manufactures nationales de quelque chose plus chères dans les marchés étrangers, & celles des étrangers, de quelque chose moins chères qu'elles n'eussent été sans cela, & par conséquent à donner à leur industrie un double avantage.

Comme la *gratification* fait monter non le prix réel, mais seulement le prix nominal des grains ;

comme elle augmente non la quantité de travail qu'une certaine quantité de blé peut entretenir & employer, mais seulement la quantité d'argent pour lequel on l'échange, elle décourage les manufactures anglaises, sans rendre le moindre service réel soit aux fermiers, soit aux propriétaires. Elle met à la vérité un peu plus d'argent dans la poche des uns & des autres, & il sera peut-être difficile de persuader à la plupart d'entr'eux que ce n'est pas là leur rendre un service bien réel. Mais si l'argent perd de sa valeur dans la quantité de travail, de denrées & de marchandises de toute espèce qu'il peut acheter, autant qu'il augmente en quantité, le service est purement nominal & imaginaire.

Il n'y a peut-être qu'une classe d'hommes, dans toute la société, à laquelle la *gratification* seroit ou pourroit être utile, je veux dire les marchands de grain, ceux qui en sont les exportateurs & les importateurs. Dans les années d'abondance elle occasionneroit une plus grande importation, & en empêchant que l'abondance d'une année ne suppléât à la disette d'une autre, elle occasionneroit dans les années de disette une plus grande importation. Elle donneroit dans les unes & dans les autres, plus d'affaires aux marchands, & dans les mauvaises années elle ne les mettroit pas seulement dans le cas d'importer davantage, mais encore de vendre plus cher, & avec plus de profits qu'ils n'en auroient fait si on avoit permis à l'abondance d'une bonne année, de soulager une mauvaise. Aussi est-ce dans cette classe d'hommes, qu'on remarque le plus de zèle pour la continuation & le renouvellement de la *gratification*.

Quand les propriétaires vivans à la campagne firent imposer sur l'importation du grain étranger, de gros droits, qui dans les années médiocres sont équivalens à une prohibition, & quand ils firent établir la *gratification*, ils semblent avoir imité la conduite des manufacturiers Anglais. Par la première de ces institutions, ils s'assuroient le monopole dans le marché intérieur ; & par l'autre, ils tâchoient d'empêcher que ce même marché ne fût surchargé de la denrée. Leur vue étoit de faire monter la valeur réelle, comme le but des manufacturiers étoit de hausser celle de plusieurs sortes de marchandises manufacturées. Ils n'ont peut-être pas fait attention à la grande & essentielle différence que la nature a établie entre le grain & presque toutes les autres choses. Quand vous mettez les manufacturiers en toile ou en laine dans le cas de vendre leurs marchandises un peu plus cher, par le monopole intérieur & la *gratification* que vous leur accordez, vous faites monter non-seulement le prix nominal, mais encore le prix réel de ces marchandises : vous les rendez équivalent à une plus grande quantité de travail & de subsistance : vous augmentez le profit nominal & le profit réel, la richesse & le re-

venu réel de ces manufacturiers, & vous leur donnez le moyen, ou de mieux vivre eux-mêmes, ou d'employer une plus grande quantité de travail dans ces manufactures particulières : vous encouragez réellement ces manufactures, & vous dirigez vers elles une plus grande quantité de l'industrie du pays, que celle qui probablement s'y seroit tournée d'elle-même. Mais, quand vous faites monter par ces mêmes institutions le prix nominal ou pécuniaire du grain, vous ne faites pas monter sa valeur réelle, vous n'augmentez ni la richesse & le revenu réel, ni des fermiers, ni des propriétaires : vous n'encouragez point la production du grain, parce que vous ne leur donnez pas le moyen de nourrir & d'employer plus d'ouvriers à le faire venir. La nature a imprimé sur le grain une valeur réelle qu'aucune institution des hommes ne peut changer. Il n'est ni *gratification* sur l'exportation, ni monopole intérieur qui puisse l'augmenter. La plus libre concurrence ne peut la diminuer. Par-tout en général cette valeur est égale à la quantité de travail qu'elle peut entretenir ; &, dans chaque endroit particulier, elle est égale à la quantité de travail qu'elle peut payer libéralement, médiocrement ou mesquinement, selon la manière ordinaire dont il est récompensé. Les étoffes de laine ou de fil ne sont pas les marchandises qui règlent la valeur réelle des autres marchandises, qui la mesurent & la déterminent en dernière analyse. C'est le grain. C'est lui qui mesure & détermine cette valeur, par la proportion qu'il y a entre le prix moyen de toute autre chose en argent, & le prix moyen du bled aussi en argent. La valeur réelle du grain ne change point avec ces variations, dans son prix moyen en argent, qui arrivent quelquefois d'un siècle à l'autre. C'est la valeur réelle de l'argent, qui change avec elles.

Les *gratifications* sur l'exportation des marchandises du pays sont exposées, 1°. à l'objection générale qu'on peut faire contre tous les divers expédiens du système mercantile ; savoir, qu'elles poussent dans une certaine direction plus de l'industrie nationale qu'il n'y en iroit naturellement : 2°. à l'objection particulière de faire prendre violemment à l'industrie une direction qui n'est pas simplement moins avantageuse, mais qui est positivement & de fait désavantageuse ; le commerce qui ne peut aller sans *gratification*, étant nécessairement un commerce à perte. La *gratification* sur l'exportation des grains est de plus exposée à cette objection, qu'elle ne peut encourager à aucun égard la production de la marchandise particulière qu'elle se propose de multiplier. Ainsi, quand les propriétaires anglois demandèrent l'établissement de la *gratification*, ils agirent bien à l'imitation des marchands & des manufacturiers ; mais ils n'entendirent pas de même leur intérêt particulier, & ils n'eurent pas sur cet article la pleine & parfaite intelligence qui dirige ordinairement la conduite de leurs modèles. Ils ont chargé le revenu public, d'une dépense fort considérable (1); mais ils n'ont nullement augmenté la valeur réelle de leur marchandise, & en faisant baisser de quelque chose la valeur réelle de l'argent, ils ont découragé jusqu'à un certain degré l'industrie générale du pays, & au lieu d'avancer ils ont retardé plus ou moins l'amélioration de leurs terres, qui dépend nécessairement de cette industrie.

On pourroit imaginer qu'on encourageroit mieux la production d'une denrée ou d'une marchandise, en mettant une *gratification* plutôt sur la production même que sur l'exportation. Cependant on en a mis plus rarement. Les préjugés établis par le commerce mercantile, nous ont appris à croire que la richesse nationale vient plus immédiatement de l'exportation que de la production. En conséquence, la première a été plus favorisée, comme étant un moyen plus direct d'attirer de l'argent dans le pays. On a dit aussi que l'expérience avoit montré que les *gratifications* sur la production étoient plus sujettes à des fraudes, que celles sur l'exportation. J'ignore à quel point cela peut être vrai; mais on sait très-bien les abus qui ont été faits de celles sur l'exportation & les fraudes qu'on s'est permises. Mais il n'est pas de l'intérêt des marchands & des manufacturiers, que le marché intérieur soit surchargé de leurs marchandises, événement qui pourroit arriver, si la *gratification* étoit attachée à la production. En l'attachant à l'exportation, on prévient efficacement ce qu'ils regardent comme un malheur pour eux, parce qu'on les met dans le cas d'envoyer le surplus hors du pays, & de vendre cher ce qui y reste. Aussi, de tous les expédiens du système mercantile, imaginés par ces grands inventeurs, il n'en est point qui leur tienne plus au cœur que celui-là. On a vu des entrepreneurs de différentes sortes d'ouvrages, qui convenoient entr'eux d'accorder une *gratification* de leur poche sur l'exportation d'une certaine proportion des marchandises dont ils faisoient leur commerce; & cette manœuvre eut un tel succès, qu'elles se vendirent plus du double dans le pays, quoiqu'il y eût une augmentation considérable dans le produit. L'opération de la *gratification* sur les grains auroit été miraculeuse, si elle eût fait baisser au contraire le prix des grains en argent.

L'on a cependant accordé, dans certaines occasions, quelque chose de semblable à une *gratification* sur la production. L'encouragement donné à la pêche des harengs & de la baleine, peut être regardé comme quelque chose d'approchant. Il tend directement à rendre ces marchandises meilleur marché dans le pays, qu'elles ne l'auroient été dans l'état actuel de production. A d'autres égards, ses effets sont les mêmes que ceux des *gratifications* sur l'exportation: car une partie du capital du pays est employée à faire venir au marché, des marchandises dont le prix ne fait pas rentrer la dépense avec les profits ordinaires des fonds. Mais quoique les *gratifications* accordées à ces pêcheries ne contribuent pas à enrichir la nation, peut-être qu'on peut les justifier par la raison qu'elles contribuent à sa défense en augmentant le nombre de ses matelots & de ses vaisseaux. C'est ce qu'on peut faire souvent, par le moyen des *gratifications*, à moins de frais qu'il n'en coûteroit pour entretenir une grande marine sur pied en temps de paix, comme on entretient de grandes armées de terre.

Le même principe peut servir à l'apologie de quelques autres *gratifications*. Il est important que l'Angleterre soit le moins possible dans la dépendance de ses voisins, pour les manufactures nécessaires à sa défense; &, si elle ne peut les conserver autrement, il est raisonnable de taxer toutes les autres branches de l'industrie, pour soutenir celles-là. Les *gratifications* sur l'importation des munitions navales qui viennent de l'Amérique, sur la toile à voiles & sur la poudre à canon, qui se fabriquent en Angleterre, peuvent être justifiées par ce principe. La première est une *gratification* sur la production de l'Amérique, pour l'usage de la Grande-Bretagne; les deux autres sont des *gratifications* sur l'exportation.

Ce qu'on appelle *gratification* n'est quelquefois rien de plus qu'une restitution de droit, & alors elle n'est point sujette aux mêmes objections que ce qu'on appelle proprement une *gratification*. Par exemple, la *gratification* sur le sucre raffiné qu'on exporte, peut être considérée comme une restitution des droits sur les sucres bruns & moscouades, dont on le fait; la *gratification* sur la soie travaillée qu'on exporte, comme une restitution sur la soie écrue & tordue qui est importée;

(1) Il paroît, par les livres de la douane d'Angleterre, que la quantité de toutes les sortes de grains, exportée entre 1741 & 1750, c'est-à-dire en dix ans, n'alloit pas à moins de huit millions vingt-neuf mille cent cinquante-six mesures de huit boisseaux. La *gratification* payée pour cette quantité, se montoit à un million cinq cents quatorze mille neuf cents soixante-deux liv. dix-sept sols quatre deniers sterling. En conséquence, M. Pelham, premier ministre en 1749, observa cette même année à la chambre des communes, que les trois années précédentes il avoit été payé une somme exorbitante en *gratifications* pour l'exportation du bled. Il avoit bien raison de faire cette observation, & l'année suivante il en auroit eu encore davantage, puisque les *gratifications* pour cette seule année montèrent à trois cents vingt-quatre mille cent soixante-seize liv. dix sols six den. sterl. Chacun voit combien cette exportation forcée dut faire hausser le prix du bled dans les marchés anglois, au-delà de ce qu'il auroit coûté naturellement.

celle fur la poudre à canon, comme une reftitution des droits fur le foufre & le falpêtre importés. Dans le langage des douanes, on n'appelle *reftitution de droits* que ce qu'on alloue fur les marchandifes exportées dans la même forme qu'elles font importées. Si cette forme vient à changer, par le moyen d'une manufacture, on les appelle *gratifications*.

Les primes accordées par le public aux artiftes & aux manufacturiers qui excellent dans leurs ouvrages particuliers, ne prêtent pas aux mêmes objections que les *gratifications*. En encourageant le génie & l'habileté, elles fervent à nourrir l'émulation des ouvriers actuellement employés dans les mêmes occupations, & elles ne font pas affez confidérables pour tourner vers aucune d'elles une portion du capital du pays, plus forte que celle qui s'y tourneroit d'elle-même. Elles ne tendent point à renverfer la balance naturelle des divers emplois de l'induftrie, mais à rendre l'ouvrage qui fe fait dans chacun d'eux, auffi complet & auffi parfait qu'il peut l'être. D'ailleurs la dépenfe des primes eft une bagatelle, au lieu que celle des *gratifications* eft confidérable. La *gratification* fur le grain feul a quelquefois coûté plus de trois cents mille liv. fterl. par an à l'Angleterre, ainfi qu'on l'a vu plus haut.

Il ne faut pas pouffer trop loin les principes généraux que nous venons d'établir fur les *gratifications* : un écrivain qui veut foumettre les circonftances particulières à fes règles, excite avec raifon le fourire d'un homme d'état : après avoir établi une théorie jufte & vraie dans prefque tous les cas, un bon efprit voit bien qu'il faut admettre enfuite les exceptions & les cas particuliers. Ainfi, dans la queftion qui nous occupe, il eft clair qu'un miniftre qui veut établir dans fon pays une nouvelle branche de commerce utile, à laquelle les négocians ne font point difpofés, aura raifon de les y exciter par une *gratification* ; mais il doit calculer à quelle époque elle doit finir. Dans un autre pays, où l'induftrie & le commerce ont fait peu de progrès, il eft clair qu'il fera bon quelquefois d'exciter par des *gratifications* une branche de commerce, que le cours naturel des chofes auroit établi beaucoup plus tard. Nous pourrions indiquer plufieurs autres exceptions : c'eft à l'adminiftrateur & à l'homme d'état les faifir, fans s'embarraffer des criailleries des hommes fyftématiques : il doit feulement fe défier de tous ceux qui demandent de pareilles *gratifications*, lorfque le pays qu'il gouverne eft riche & peuplé, lorfque le commerce y eft très-actif : car fi les négocians négligent véritablement une branche de commerce utile, ils emploient leurs capitaux à d'autres objets utiles; & pour les faire revenir de leurs préventions, il en coûteroit fouvent par les primes une fomme qui abforberoit le bénéfice. *Voyez* l'article IMPORTATION.

GRÈCE ANCIENNE, ET GRECE MODERNE. Nous avons parlé, dans des articles particuliers, de la conftitution, des anciennes républiques de la Grèce. *Voyez* ATHÈNES, SPARTE & LACÉDÉMONE, THÈBES, ACHÉUS, AMPHICTRIONS, &c. Mais nous croyons devoir faire ici quelques remarques générales fur le gouvernement & la légiflation des anciens grecs.

La *Grèce* proprement dite ne renfermoit que l'Etolie, la Doride, la Béotie, l'Attique & la Phocide. Dans la fuite, on donna ce nom à l'Epire, au Peloponefe, à la Theffalie, & même à la Macédoine, qui compofent aujourd'hui la partie méridionale de l'Empire ottoman en Europe.

On diftingue quatre âges dans l'hiftoire de la *Grèce* : le premier s'étend jufqu'au fiège de Troie, & appartient plutôt à la fable qu'à l'hiftoire ; alors commence le fecond âge qui va jufqu'au règne d'Hidafpe; le troifième, qui eft le bel âge de la *Grèce*, fe termine à la mort d'Alexandre ; le quatrième enfin eft la vieilleffe de ce peuple fameux, qui paffa fous la domination des romains.

Que pouvoit-on attendre des premières fociétés grecques qui n'étoient que des affociations de brigands, dont la politique brutale rappelloit l'état fauvage dont elles venoient de fortir. Toujours inquiètes & turbulentes, elles s'abandonnoient aux impulfions fubites de leur crainte ou de leur cupidité. Plus elles étoient voifines, plus elles mettoient d'acharnement à fe détruire. La plus foible, chaffée de fes domaines, cherchoit de nouveaux établiffemens; &, après avoir été forcée d'abandonner lâchement fes poffeffions, elle avoit affez de courage pour envahir celles des autres. Ce fut ainfi que les béotiens, opprimés par leurs voifins, s'établirent dans la Cadmée, & les héraclides dans le Peloponèfe : c'étoient des flots pouffés par d'autres flots. Ils donnoient le nom de féditions à toutes ces guerres cruelles, parce qu'étant tous de la même famille, ils les regardoient comme des querelles domeftiques enfantées par des haines paffagères, & non par le defir des conquêtes.

Les grecs fentirent enfin la néceffité de refpecter leurs alliances, qui feules pouvoient donner de la ftabilité à leurs affociations, & après avoir été foldats ils devinrent citoyens. Les engagemens devinrent plus facrés; & pour affermir l'union des divers états, on la confirma par des fermens.

La révolution qui commença d'abord par quelques villes, eut une influence générale; un noble enthoufiafme réveilla le fentiment de la liberté : les peuples indépendans offrirent leur fecours à ceux qui voulurent s'affranchir de la tyrannie. Le fanatifme républicain fut une paffion nationale, & tous fe feroient cru déshonorés, fi quelqu'un d'entr'eux fe fût proftérné devant le fceptre des rois. Toutes les villes entrèrent dans cette confédération qui affuroit leur profpérité & leur indépendance ; elles envoyèrent des députés aux jeux établis à Olympie, à Corinthe & à Némée. On convoqua des affemblées générales de la nation à Delphes & aux Thermopiles, où l'on difcutoit les intérêts de la *Grèce*, & les proteftations d'amitié faites en préfence du dieu de Delphes, devenoient facrées. Le confeil des amphictions, compofé de ce qu'il y avoit de plus éclairé & de plus incorruptible dans la nation, préfidoit aux deftinées publiques. Pacificateurs plutôt qu'arbitres des querelles, ils n'avoient point de force coactive pour faire exécuter leurs arrêts ; mais le refpect qu'infpiroit leur intégrité, leur donnoit plus de puiffance que s'ils euffent été à la tête de plufieurs légions.

Cette république fédérative affermit fa conftitution avant d'en avoir corrigé les vices. Les loix avoient été établies au milieu des diffentions. La plupart avoient été dictées par le befoin du moment, & c'étoit dans le calme qu'il falloit les réformer. Mais on crut qu'il étoit plus utile de laiffer fubfifter quelques abus, que d'introduire des nouveautés qui font toujours des mécontens. Les troubles excités par l'expulfion des rois, avoient élevé les courages, & quelques ambitieux, mécontens de ne plus être tyrans fubalternes fous les rois, furent chercher une nouvelle patrie. Ces aventuriers formèrent des établiffemens qui infpirèrent à d'autres le defir de fuivre leur exemple. Tous ceux qui étoient nés fans fortune, ou qui l'avoient dérangée par leurs profufions, fe réunirent pour aller envahir des pays riches & fertiles. Ces colonies, devenues indépendantes de leurs métropoles, confervoient de l'attachement pour elles. L'Italie, l'Afrique, & fur-tout l'Afie mineure, furent peuplées de grecs qui, tranfplantés dans une nouvelle terre, y portèrent leurs arts & leurs vices. La *Grèce* fe trouva débarraffée de citoyens inquiets & turbulens, accablés de leur inutilité, & d'autant plus dangereux que ce n'eft que dans le trouble & la confufion qu'ils trouvent le moyen de rétablir leur fortune. Ces émigrations, en affurant la tranquillité des villes, les laiffoient dans un état de langueur & de foibleffe, & en réprimant l'ambition des conquêtes, elles étouffoient le germe du courage qu'infpire la confiance de fes forces.

Quoiqu'elles n'euffent point de guerres étrangères à foutenir, elles ne furent pas long-temps fans s'appercevoir qu'elles avoient dans leur conftitution une caufe de foibleffe & de diffolution. Les magiftrats n'étoient que les dépofitaires & les miniftres de la loi ; & comme on n'avoit pas déterminé leur pouvoir d'une manière affez précife, ils étoient fans ceffe expofés à la tentation de l'outrepaffer. Le citoyen qui vouloit bien refpecter un chef, craignoit en obéiffant de reconnoître un maître : la nobleffe, orgueilleufe de fes privilèges, infultoit au peuple qui fe croyoit formé d'un fang auffi pur que celui des nobles. Il n'y avoit point de rebelles dans les villes, mais elles étoient pleines de mécontens : & s'il fe fût trouvé quelque ambitieux, la république fédérative eût eu la honte de recevoir les loix d'un tyran. Des hommes d'un efprit fupérieur, touchés des malheurs de leur patrie, fentirent la néceffité d'introduire une légiflation nouvelle ; Licurgue fut le premier qui ofa le tenter, & il réuffit. D'un affemblage d'hommes vils & obfcurs, il fit un peuple de héros, & fon exemple eut par tout des imitateurs qui créèrent des hommes, puifqu'ils leur donnèrent des talens & des mœurs.

Les grecs étoient naturellement belliqueux. Leurs troupes étoient compofées de citoyens, de mercenaires & d'efclaves. Tout citoyen étoit deftiné, en naiffant, à la profeffion des armes. Les athéniens endoffoient la cuiraffe à dix-huit ans. Ils s'obligeoient par ferment à fervir jufqu'à foixante. Chaque claffe fourniffoit le nombre de foldats proportionné aux befoins de la patrie. A Sparte, on n'étoit agrégé dans la milice qu'à trente ans. Mais alors le fpartiate avoit fait un favant apprentiffage de la guerre, &, nourri dans l'obéiffance, il avoit tous les talens néceffaires pour commander. Chacun d'eux commandoit à quatre ou cinq ilotes, qui n'étoient point qualifiés du titre honorable de *foldats*. Ainfi une armée, compofée de huit mille fpartiates, pouvoit former un affemblage de quarante mille hommes. La nature du pays, coupé de bois & de montagnes, rendoit la cavalerie plus embarraffante qu'utile. Toutes leurs forces confiftoient en infanterie, qu'on divifoit en différens corps, à-peu-près comme nos régimens. Chaque corps étoit diftribué en quatre compagnies de cent vingt-huit hommes, mais ces divifions changeoient fouvent. Les foldats pefamment armés portoient un bouclier, une lance, un javelot & une épée. Les troupes légères, qu'on plaçoit à la tête, n'avoient qu'un arc & une fronde. Il y avoit auffi un corps de troupes, qui combattoit fur des chars traînés par des chevaux. Les hapites furent les premiers de la *Grèce*, qui combattirent à cheval, & les theffaliens étoient les plus habiles cavaliers. On ne recevoit dans la cavalerie que les hommes riches & d'une complexion robufte.

Les noms de *foldats* étoient infcrits fur les regiftres publics. Le tréfor public leur fourniffoit la pique & le bouclier.

Dans les premiers fiècles, les rois commandoient les armées, & ceux qui n'avoient ni le courage ni la capacité de remplir ce glorieux devoir, employoient leurs lieutenans qu'on appelloit *polemarques*. Après l'extinction de la tyrannie, chaque tribu créa un préteur ; & pour éviter toute jaloufie entre des généraux revêtus d'un pouvoir égal, ils commandoient chacun leur jour. Cet ufage entraîneroit parmi nous tant d'abus qu'il feroit bien ridicule ; mais, comme nous l'avons dit,

dit souvent, on ne peut juger les nations anciennes, d'après ce qui se passe aujourd'hui en Europe.

Les grecs, sans être aussi grands navigateurs que les tyriens & les carthaginois, se rendirent redoutables par leur marine. Leurs vaisseaux de guerre étoient fort longs : on les appelloit *biremes*, *triremes* & *quinqueremes*, selon le nombre des rameurs disposés par étage. On est fort embarrassé lorsqu'il s'agit d'en donner la description. On a peine à concevoir comment on pouvoit manier la rame d'un cinquième étage.

Les grecs avoient hors de la *Grèce* de nombreuses colonies.

1°. Dans l'Etolie : Cumes, Phocée, Elée.

2°. Dans l'Ionie : Smyrne, Clazomene, Teos, Colophon, Ephèse.

3°. Dans la Doride : Halicarnasse, Cnidus.

Ils en avoient encore dans la Sicile & dans une partie de l'Italie, vers la Calabre ; & comme elles étoient en grand nombre, on leur donna le nom de *grande Grèce*.

La *Grèce* entière n'étoit pas d'une aussi grande étendue qu'on pourroit le croire, en songeant que ce peuple tint tête aux armées innombrables des perses : son étendue n'excédoit pas le quart de la France ; mais Harrington a très-bien prouvé, dans l'*Oceana*, que jamais un peuple libre n'a été vaincu par des peuples esclaves, à moins que sa constitution ne fût vicieuse, & les perses ne triomphèrent des grecs que lorsque les républiques de la *Grèce* furent corrompues.

Nous avons parlé ailleurs de ces vices des républiques grecques : nous avons dit comment & à quelle époque elles se corrompirent, & les principes répandus dans tout le cours de cet ouvrage, expliquent assez la décadence de la *Grèce*.

Grèce moderne. On désigne aujourd'hui sous le nom de *Grèce*, divers pays dont plusieurs n'étoient pas autrefois compris sous ce nom : savoir, 1°. la Romanie ou Rumelie, qui étoit la Thrace des anciens : 2°. la Macédoine qui renferme le Jamboli, la Comenolitarie & la Janna : 3°. l'Albanie : 4°. la Livadie : 5°. la Morée, autrefois le Peloponnèse : 6°. l'isle de Candie, autrefois Crète : 7°. les isles de l'Archipel, au nombre de quarante-trois.

Cette étendue de pays est bornée à l'est par la mer Egée, au nord par les provinces du Danube, à l'ouest & au sud par une partie de la Méditerranée. Le gouvernement politique est confié à deux bachas, le bacha de Romelie & le capitan-bacha. Celui de Romelie a sous lui vingt-quatre sangiacs ; le capitan-bacha, qui est l'amiral de l'Archipel, a sous ses ordres treize sangiacs. Nous parlerons à l'article OTTOMAN (EMPIRE) des vices de leur administration.

Le Mahométisme est la religion dominante ; le christianisme du rit grec, suivi par le plus grand

nombre des habitans qui cultivent les isles de l'Archipel, y est toléré.

Le commerce des isles de l'Archipel consiste en huiles, vins, soies crues, miel, cire, coton, froment, &c. L'isle de Candie est renommée pour ses oliviers qui ne meurent que de vieillesse, parce qu'il n'y gele jamais. Chios est célèbre pour son mastic & pour ses vins ; Andros, Tine, Thermie & Zia pour leurs soies ; Mételin, qui est l'ancienne Lesbos, pour ses vins & pour ses figues ; Naxie pour son émeric ; Milo pour son soufre ; Samos pour son ocre ; Siphanto pour son coton ; Skino pour son froment ; Amorgos pour une espèce de lichen, sorte de plante propre à teindre en rouge, & que les anglois consomment, &c.

On ne retrouve, dans la *Grèce* moderne, aucune trace de son ancienne gloire & de sa grandeur passée. Ses villes, autrefois si nombreuses & si florissantes, n'offrent aujourd'hui que des monceaux de ruines ; ses provinces, jadis si belles & si fertiles, sont désertes & sans culture. La pesanteur du joug ottoman y accable les habitans, & leur physionomie seule annonce des esprits abattus. *Voyez* OTTOMAN (EMPIRE).

GREFFIER des Etats-Généraux des Provinces-Unies. C'est le titre du secrétaire de leurs Hautes Puissances.

Cet officier assiste réguliérement aux assemblées des Etats-Généraux : c'est lui qui lit la prière avant qu'on traite les affaires ; pendant les délibérations, il est assis au bout de la table & couvert ; mais il se tient debout, tête nue, lorsqu'il lit des lettres, requêtes ou autres pièces, ce qui est une de ses fonctions. Il écrit toutes les résolutions d'état ; il dresse les instructions des ministres publics de la république, & il fait les lettres aux princes étrangers. Il scelle & expédie aussi les ordres pour les généraux & les commandans, les loix & les édits des Etats-Généraux. Il assiste aux conférences avec les ministres étrangers, & il y donne sa voix. Il a sous lui deux commis & plusieurs écrivains qui travaillent tous les jours à la chancellerie.

Nous parlerons plus en détail de cette charge & de son importance, à l'article PROVINCES-UNIES.

GRENADE, (nouveau royaume de) partie de l'Amérique méridionale, près du fleuve Orenoque, l'une des provinces de l'Amérique espagnole.

Le nouveau royaume de *Grenade* est d'une très-grande étendue. Son climat est plus ou moins humide, plus ou moins froid, plus ou moins chaud, plus ou moins tempéré, selon la direction des branches des cordelières, qui en coupent les différentes parties. Peu de ces montagnes sont susceptibles de culture ; mais la plu-

Ffff

part des plaines, la plupart des vallées qui les féparent offrent un fol fertile.

Précis de l'Histoire politique de cet établissement. Même avant la conquête, le pays étoit fort peu habité. Au milieu des fauvages qui le parcouroient, s'étoit cependant formée une nation qui avoit une religion, un gouvernement, une culture; & qui, quoiqu inférieure aux mexicains & aux péruviens, s'étoit élevée beaucoup au-deffus de tous les autres peuples de l'Amérique. Ni l'hiftoire, ni la tradition, ne nous apprennent comment avoit été créé cet état : mais on doit croire qu'il a exifté, quoiqu'il ne refte aucune trace de fa civilifation.

Ce royaume, s'il eft permis de fe fervir de cette expreffion, fe nommoit *Bogota.* Benalcazar, qui commandoit à Quito, l'attaqua en 1526, du côté du fud, & Quefada, qui avoit débarqué à Sainte-Marthe, l'attaqua du côté du nord.

Des hommes unis entr'eux, accoutumés à combattre enfemble, conduits par un chef abfolu : ces hommes devoient faire & firent en effet quelque réfiftance; mais il fallut enfin céder à la valeur aux armes, à la difcipline de l'Europe. Les deux capitaines efpagnols eurent la gloire, puifqu'on veut que c'en foit une, d'ajouter une grande poffeffion à celles dont leurs fouverains s'étoient laiffés furcharger dans cet autre hémifphère. Avec le temps, les provinces plus ou moins éloignées de ce centre, fe foumirent en partie. Nous difons en partie, parce que l'organifation du pays eft telle, qu'il ne fut jamais poffible d'en fubjuguer les habitans, & que ceux d'entr'eux qui avoient reçu des fers, les brifoient auffi-tôt qu'ils avoient le courage de le bien vouloir. Il n'eft pas même fans quelque vraifemblance, que la plupart auroient pris cette détermination, fi on les eût affujettis à ces travaux deftructeurs qui ont caufé tant de ravages dans les autres parties du nouveau-Monde.

Quelques écrivains ont parlé avec un enthoufiafme prefque fans exemple, des richeffes qui fortirent d'abord du nouveau royaume. Ils les firent monter au point d'étonner les imaginations les plus avides du merveilleux. Jamais peut-être on ne pouffa fi loin l'exagération. Si la réalité eût feulement approché des fables, cette grande profpérité feroit confignée dans des regiftres publics, ainfi que celles de toutes les colonies véritablement intéreffantes. D'autres monumens en auroient perpétué le fouvenir. Dans aucun temps, ces tréfors n'exiftèrent donc que fous la plume d'un petit nombre d'auteurs naturellement crédules, ou qui fe laiffoient entraîner par l'efpoir d'ajouter à l'éclat dont déjà brilloit leur patrie.

Productions & commerce du nouveau royaume de Grenade. Le nouveau royaume fournit aujourd'hui l'émeraude, pierre précieufe, tranfparente, de couleur verte, & qui n'a guère plus de dureté que le criftal de roche.

Quelques contrées de l'Europe fourniffent des émeraudes, mais très-imparfaites & peu recherchées.

On a cru long-temps que les émeraudes d'un vert gai, venoient des Grandes-Indes, & c'eft pour cela qu'on les appelloit orientales. Cette opinion a été abandonnée; lorfque ceux qui la défendoient fe font vus dans l'impuiffance de nommer les lieux où elles fe formoient. Actuellement, il eft établi que l'Afie ne nous a jamais vendu de ces pierreries, que ce qu'elle-même en avoit reçu d'un nouvel hémifphère.

C'eft donc à l'Amérique feule qu'appartiennent les belles émeraudes. Les premiers conquérans du Pérou en trouvèrent beaucoup qu'ils brifèrent fur des enclumes, dans la perfuafion où étoient ces aventuriers, qu'elles ne devoient pas fe brifer fi elles étoient fines. Cette perte devenoit plus fenfible par l'impoffibilité de découvrir la mine où les Incas les avoient tirées. La nouvelle *Grenade* ne tarda pas à remplir le vuide. Cette région nous envoie maintenant moins de ces pierreries, foit qu'elles foient devenues plus rares, foit que la mode en ait diminué dans nos climats. Mais l'or qui en vient eft plus abondant; & ce font les provinces du Popayan & du Choco qui le fourniffent. On l'obtient fans de grands dangers & fans des dépenfes confidérables.

Ce précieux métal, qu'ailleurs il faut arracher aux entrailles des rochers, des montagnes ou des abymes, fe trouve prefque à la fuperficie de la terre. Il eft mêlé avec elle, mais des lavages plus ou fouvent répétés, l'en féparent affez aifément. Les noirs ne font jamais employés dans les mines qui ont de la profondeur, parce que l'expérience a démontré que les fraîcheurs les y faifoient périr très rapidement; les noirs font chargés feuls de ces travaux pénibles. L'ufage eft que les efclaves rendent à leurs maîtres une quantité d'or déterminée. Ce qu'ils en peuvent ramaffer de plus leur appartient, ainfi que ce qu'ils en trouvent dans les jours confacrés au repos par la religion, mais fous la condition formelle de pourvoir à leur nourriture pendant ces fêtes. Par ces arrangemens, les plus laborieux, les plus économes, les plus heureux d'entr'eux font en état, un peu plus tôt, un peu plus tard, d'acheter leur liberté. Alors ils lèvent leurs yeux jufqu'aux efpagnols. Alors, ils mêlent leur fang avec celui de ces conquérans.

Adminiftration, gouvernement, mines, reffources & remarques générales. La cour de Madrid étoit mécontente d'une région dont on lui exaltoit fans ceffe les avantages naturels; lui envoyât fi peu d'objets? & lui envoyât fi peu de chacun. L'éloignement où étoit ce vafte pays de l'autorité établie à Lima, pour gouverner toute l'Amérique méridionale, devoit être une des principales causes de cette inaction. Une surveillance plus immédiate pouvoit lui communiquer plus de mouvement, & un mouvement plus régulier. On la lui donna. La vice-royauté du Pérou fut coupée en deux. Celle qu'en 1718 on établit dans la nouvelle *Grenade*, fut formée sur la mer du nord, de tout l'espace qui s'étend depuis les frontières du Mexique jusqu'à l'Orénoque, & sur la mer du sud de celui qui commence à Veragua & qui finit à Tumbès. Dans l'intérieur des terres, le Quito y fut incorporé.

Cette innovation, quoique sage, quoique nécessaire, ne produisit pas d'abord le grand bien qu'on s'en étoit promis. Il faut beaucoup de temps pour former de bons administrateurs. Il en faut peut-être davantage pour établir l'ordre, & pour rappeller au travail, des générations énervées par deux siècles de fainéantise & de libertinage. La révolution a cependant commencé à s'opérer ; & l'Espagne en retire déjà quelques fruits.

La moitié de l'or que ramasse la colonie, passoit en fraude à l'étranger ; & c'étoit principalement par les rivières d'Atrato & de la Hache. On s'est rendu maître de leur cours, par des forts placés convenablement. Malgré ces précautions, il se fera de la contrebande tout le temps que les espagnols & leurs voisins auront intérêt à s'y livrer : mais elle sera moindre qu'elle ne l'étoit. Les ports de la métropole enverront plus de marchandises & recevront plus de métaux.

La communication entr'une province & une autre province, entr'une ville & une autre ville, entr'une bourgade même & une autre bourgade, étoit difficile ou impraticable. Tout voyageur étoit plus ou moins exposé à être pillé, à être massacré par les indiens indépendans. Ces ennemis, autrefois implacables, cèdent peu à peu aux invitations des missionnaires qui ont le courage de les aller chercher, & aux témoignages de bienveillance, qui ont enfin remplacé les férocités si généralement pratiquées dans le Nouveau-Monde. Si cet esprit de douceur se perpétue, les sauvages de cette contrée pourront être un jour tous civilisés & tous sédentaires.

Malgré la bonté connue d'une grande partie du territoire, plusieurs des provinces qui forment le nouveau royaume, tiroient leur subsistance de l'Europe ou de l'Amérique septentrionale. On s'est vu enfin en état de proscrire les farines étrangères dans toute l'étendue de la vice-royauté, d'en fournir même à Cuba. Lorsque les moyens ne manqueront plus, les cultures particulières au Nouveau-Monde seront établies sur les côtes ; mais la difficulté, la cherté des transports, ne permettront guère à l'intérieur du pays, d'en pousser les récoltes au-delà de la consommation locale. Le vœu des peuples qui l'habi-

tent, se borne généralement à l'extension des mines.

Tout annonce qu'elles sont comme innombrables dans le nouveau royaume. La qualité du sol les indique. Les tremblemens de terre presque journaliers en tirent leur origine. C'est de leur sein que doit couler tout l'or qu'entraînent habituellement les rivières ; & c'étoit d'elles qu'étoit sorti celui que les espagnols, à leur arrivée dans le Nouveau-Monde, arrachèrent sur les côtes en si grande quantité aux sauvages. A Mariquita, à Muso, à Pampelune, à Tacayma, à Canaverales, ce ne sont pas de simples conjectures. Les grandes mines qui s'y trouvent vont être ouvertes ; & l'on espère qu'elles ne seront pas moins abondantes que celles de la vallée de Neyva, qu'on exploite avec tant de succès depuis quelque temps. Ces nouvelles richesses iront se réunir à celles de Choco & du Popayan, dans Santa-Fé de Bogota, capitale de la vice-royauté.

La ville est située au pied d'un mont sourcilleux & froid, à l'entrée d'une vaste & superbe plaine. En 1774, elle avoit dix-sept cents soixante-dix maisons, trois mille deux cents quarante-six familles, & seize mille deux cens trente-trois habitans. La population y doit augmenter, puisque c'est le siège du gouvernement, le lieu de la fabrication des monnoies, l'entrepôt du commerce ; puisqu'enfin c'est la résidence d'un archevêque dont la juridiction immédiate s'étend sur trente-une bourgades espagnoles qu'on appelle *villes*, sur cent quatre-vingt-quinze peuplades d'indiens, anciennement assujettis, sur vingt-huit missions établies dans des temps modernes, & qui, comme métropolitain, a aussi une sorte d'inspection sur les diocèses de Quito, de Panama, de Caraque, de Sainte-Marthe & de Carthagène. C'est par cette dernière place, quoiqu'éloignée de cent lieues, &, par la rivière de la Magdeleine, que Santa-Fé entretient sa communication avec l'Europe. La même route sert pour Quito.

Nous avons parlé fort en détail, à l'article ESPAGNE, du produit des possessions espagnoles en Amérique, de leur régime & de leur importance plus ou moins grande. *Voyez* cet article, & *voyez* aussi les articles CHILY, PÉROU, MEXIQUE, CUMANA, QUITO, & les articles particuliers de toutes les contrées que possède la cour de Madrid dans le continent de l'Amérique.

GRENADE (isle), l'une des Antilles. Cette isle, cédée aux anglois par le traité de 1763, prise par les françois pendant la dernière guerre, & rendue par le traité de 1782, a vingt-une lieues de circonférence, six dans son plus grand diamètre qui est du nord au sud, & quatre de l'est à l'ouest. Son terrain, quoique fort haché, est presque généralement fertile, & susceptible de quelque culture, suivant sa qualité & son exposition qu'on n'étudie pas affez. Cependant le fol est d'autant plus productif qu'il est plus éloigné des côtes : ce qui peut venir de ce que les pluies trop fréquentes au pied des montagnes, lors même que le reste de l'isle est affligé par la sécheresse, entretiennent dans les terres presque toutes argileuses, qui les avoisinent, une fraîcheur & une humidité contraires à leur ameublissement, & par conséquent à leur fécondité. Dix rivières arrosent la partie de l'ouest ; trois la partie du nord ; huit la partie de l'est, & cinq celle du sud. Outre ces sources, toutes assez considérables pour faire rouler des moulins à sucre, on en voit plusieurs de moins abondantes très-utiles aux cafayères.

Le continent voisin préserve la *Grenade* de ces funestes ouragans qui portent la désolation dans tant d'autres isles, & la nature y a multiplié les anses, les baies, les rades qui favorisent l'exportation des denrées. Son port principal se nomme *Basse-Terre* ou *Saint-George*. Il fourniroit un abri sûr à soixante vaisseaux de guerre.

Histoire de cet établissement. Quoique les françois, instruits de la fertilité de la *Grenade*, eussent formé, dès l'an 1638, le projet de s'y établir, ils ne l'exécutèrent qu'en 1651. En arrivant, ils donnèrent quelques haches, quelques couteaux, un baril d'eau-de-vie au chef des sauvages qu'ils y trouvèrent ; & croyant à ce prix avoir acheté l'isle, ils prirent le ton de souverains, & bientôt agirent en tyrans. Les caraïbes, ne pouvant les combattre à force ouverte, prirent le parti que la foiblesse inspire toujours contre l'oppression, de massacrer tous ceux qu'ils trouvoient à l'écart & sans défense. Les troupes qu'on envoya pour soutenir la colonie au berceau, ne virent rien de plus sûr, de plus expéditif, que de détruire tous les naturels du pays. Le reste des malheureux qu'ils avoient exterminés, se refugia sur une roche escarpée, aimant mieux se précipiter tout vivans de ce sommet, que de tomber entre les mains d'un implacable ennemi. Les françois nommèrent légèrement ce roc, *le morne des sauteurs*, nom qu'il conserve encore.

Un gouverneur avide, violent, inflexible vengea tant de cruautés : la plupart des colons, révoltés de l'abus qu'il faisoit de son pouvoir, se refugièrent à la Martinique ; & ceux qui étoient restés sous son obéissance, il les condamnèrent au dernier supplice. Dans toute la cour de justice qui instruisit son procès, un seul homme, nommé *Archangeli*, savoit écrire : un maréchal ferrant fit les informations. Au lieu de sa signature, il avoit pour sceau un fer à cheval, autour duquel Archangeli, qui remplissoit l'office de greffier, écrivit gravement : *marque de M. de la Brie, conseiller-rapporteur.*

On craignit avec raison que la cour de France ne ratifiât pas un jugement si extraordinaire. La plupart des juges du crime & des témoins du supplice disparurent de la *Grenade*. Il n'y demeura que ceux qui, par leur obscurité, devoient se dérober à la perquisition des loix. Le dénombrement de 1700 atteste qu'il n'y avoit dans l'isle que deux cens cinquante-un blancs, cinquante-trois sauvages ou mulâtres libres, & cinq cents vingt-cinq esclaves. Les animaux utiles se réduisoient à soixante-quatre chevaux & cinq cents soixante-neuf bêtes à corne. Toute la culture consistoit en trois sucreries & cinquante-deux indigoteries.

Tout changea de face vers l'an 1714, & ce changement fut l'ouvrage de la Martinique. Cette isle jettoit alors les fondemens d'une splendeur qui devoit étonner toutes les nations. Elle envoyoit à la France des productions immenses, dont elle étoit payée en marchandises précieuses, qui la plupart étoient versées sur les côtes espagnoles. Ses bâtimens touchoient en route à la *Grenade*, pour y prendre des rafraichissemens. Les corsaires marchands qui se chargeoient de cette navigation, apprirent à cette isle le secret de sa fertilité. Son sol n'avoit besoin que d'être mis en valeur. Le commerce rend tout facile. Quelques négocians fournirent des esclaves & les ustensiles pour élever des sucreries. Un compte s'établit entre les deux colonies. La *Grenade* se libéroit peu-à-peu avec ses riches productions ; & la solde entière alloit se terminer, lorsque la guerre de 1744, interceptant la communication des deux isles, arrêta les progrès de la plus importante culture du nouveau-Monde. Alors furent plantés des cotonniers, des cacaoyers, sur-tout des cafiers, qui acquièrent, durant les hostilités, l'accroissement nécessaire pour donner des fruits abondans. La paix de 1748 ne fit pas abandonner ces arbres utiles ; mais les cannes furent de nouveau poussées avec une ardeur proportionnée à leur importance. Des malheurs trop mérités privèrent bientôt la métropole des grands avantages qu'elle se promettoit de sa colonie.

La *Grenade* passa au pouvoir de la Grande-Bretagne, qui fut maintenue dans sa conquête par le traité de 1763.

Les anglois n'y débutèrent pas heureusement. Un grand nombre d'entr'eux voulurent avoir des plantations dans une isle dont on s'étoit fait d'avance la plus haute idée ; &, dans leur enthousiasme, ils les achetèrent beaucoup au-dessus de leur valeur réelle. Cette fureur, qui expulsa d'anciens colons habitués au climat, fit sortir de la métropole trente-cinq ou trente-six millions de livres. A cette imprudence, succéda une autre imprudence. Les nouveaux propriétaires, aveuglés sans doute par leur orgueil national, substituèrent de nouvelles méthodes à celles de leurs prédécesseurs. Ils voulurent changer la manière de vivre des esclaves. Par leur ignorance même, attachés plus fortement à leurs habitudes que le commun des hommes, les nègres se révoltèrent,

Il fallut faire marcher des troupes & verfer du fang. Toute la colonie fe remplit de foupçons. Des maîtres, qui s'étoient jettés dans la néceffité de la violence, craignirent d'être brûlés ou affaffinés dans leurs habitations. Les travaux languirent, & furent même interrompus. Le calme fe rétablit enfin ; mais un nouvel orage le fuivit de près.

Sur toute l'étendue de l'empire britannique, les fectateurs du culte romain font rigoureufement privés de la moindre influence dans les réfolutions publiques. En établiffant le gouvernement anglois à la *Grenade*, le miniftère crut devoir s'écarter des principes généralement reçus, & il voulut que les anciens habitans, quelle que fût leur religion, puffent donner leur voix dans l'affemblée coloniale. Cette innovation éprouva la réfiftance la plus opiniâtre ; mais enfin le parlement qui avoit perdu quelque chofe de fes préjugés, fe déclara pour l'adminiftration, & les catholiques furent autorifés à s'occuper de l'intérêt commun comme les autres.

La prédilection que George III avoit montrée pour les françois devenus fes fujets, lui fit penfer que fes volontés ne trouveroient aucune oppofition dans un établiffement où ils formoient encore le plus grand nombre. Dans cette confiance, il ordonna qu'on y perçût, à la fortie des productions, les quatre & demi pour cent que toutes les ifles britanniques, excepté la Jamaïque, avoient très-anciennement accordés dans un accès de zèle. On lui contefta ce pouvoir. La caufe fut plaidée folemnellement, & la décifion ne fut pas favorable au monarque.

Cette victoire enfla le cœur des colons. Pour accélérer les cultures, ils avoient fait de gros emprunts aux capitaliftes de la métropole. Ces dettes, qui s'élevoient à cinquante millions de livres, ne furent pas acquittées à leur échéance. Les prêteurs s'armèrent du glaive de la loi, qui les autorifoit à faifir les plantations hypothéquées, à les faire vendre publiquement, & à en éxiger après huit mois, la valeur entière. Cette févérité répandit la confternation. Dans fon défefpoir, le corps légiflatif de l'ifle porta, le 6 juin 1774, un bill qui partageoit en cinq paiemens le prix de l'acquifition, & qui reculoit jufqu'à trente-deux mois le dernier terme. Le motif fecret de cet acte étoit fans doute de mettre les débiteurs à portée de fe rendre adjudicataires de leurs propres biens, & de leur procurer, par ce moyen, des délais qu'ils auroient vainement attendus de la commifération de leurs créanciers.

Une entreprife fi hardie fouleva l'Angleterre entière. On y fut généralement bleffé qu'une très-foible partie de l'empire fe crût en droit d'anéantir des engagemens contractés fous la difpofition d'une loi univerfelle dans la bonne foi du commerce. Cette indignation fut partagée par les ifles même de l'Amérique, qui comprirent bien

qu'il n'y auroit plus de crédit à efpérer, fi la confiance n'avoit plus de bafe. Les bretons de l'ancien & du nouveau - Monde unirent leurs voix pour preffer la puiffance fuprême de repouffer, fans délai, cette grande brèche faite au droit important & imprefcriptible de la propriété.

Le parlement, quelle que dût être la détreffe d'une fi précieufe acquifition, penfa comme les peuples.

Productions, commerce. En 1771 & 1775, Saint-George fut réduit en cendres par des incendies effroyables. La colonie éprouva d'autres calamités, & cependant fes productions ont triplé depuis qu'elle eft fortie des mains des françois. Elle eft devenue fous l'autre hémifphère, la feconde des ifles angloifes. La nouvelle métropole en recevoit chaque année, avant la dernière guerre, dix-huit millions pefant de fucre, qui, à 40 liv. le quintal, produifoient en Europe 7,200,000 liv. ; un million cent mille galons de rhum, qui, à 1 liv. 10 fols le galon, produifoient 1,650,000 livres ; trente mille quintaux de café, qui à 50 liv. le quintal, produifoient 1,500,000 liv. ; trois mille quintaux de cacao, qui, à 50 liv. le quintal, produifoient 150,000 livres ; trois cents quintaux d'indigo, qui, à 800 liv. le quintal, produifoient 240,000 livres ; treize mille quintaux de coton, qui à 150 l. le quintal, produifoient 1,950,000 liv. c'eft en tout 12,690,000 livres ; mais, dans ce revenu, étoit compris celui que donnent les Grenadins.

Ce font une douzaine de petites ifles, depuis trois jufqu'à huit lieues de circonférence. On n'y voit point couler de rivière, & le climat en eft cependant très-fain. La terre feulement couverte de halliers clairs n'a pas été défendue des rayons du foleil pendant des fiècles ; & l'on peut la travailler fans qu'elle exhale, dans aucun temps, ces vapeurs mortelles qui attaquent ailleurs généralement les jours des cultivateurs.

Cariacou, la feule de ces ifles que les françois euffent occupée, fut d'abord fréquentée par des pêcheurs de tortue, qui, dans les intervalles de loifir que leur laiffoit cette occupation, effayèrent quelques cultures. Leur petit nombre fut bientôt augmenté par plufieurs habitans de la Guadeloupe, que des infectes malfaifans avoient chaffés de leurs plantations. Ces bonnes gens, aidés de huit ou neuf cens efclaves, s'occupèrent affez utilement du coton. Cet arbufte fut porté par les anglois dans les autres Grenadins, & ils formèrent même une fucrerie à Bequia, & deux à Cariacou.

GRISONS ou LIGUES GRISES : on les appelle auffi *confédération des grifons*. Les *grifons* font voifins & alliés des fuiffes. Le pays qu'ils habitent, fitué à l'orient de la Suiffe proprement dite, formoit anciennement la partie fupérieure de la Rhétie : les géographes modernes le comprennent, ainfi que le Valais dans la Suiffe, dont il occupe fur les cartes environ la cinquième partie.

Cet article contiendra le précis de l'hiftoire politique du gouvernement des *grifons*, la defcription de ce gouvernement, des détails fur les revenus & les divifions, fur le commerce & les productions de ce pays.

Avant le cinquième fiècle, les oftrogoths avoient foumis cette partie de l'ancienne Rhétie. On trouve, dans un acte de 890, l'indication d'un comté de Coire, *Com. Curia rhetorum*. D'autres comtes & grands barons, établis dans l'intérieur ou fur les confins de ce pays, y étendirent la domination féodale, & le grand nombre de mazures, qu'on apperçoit encore fur les pointes les plus baffes des rochers qui bordent les vallons, fait croire que la Rhétie eut une multitude de petits tyrans, ainfi que les pays voifins. L'excès de l'oppreffion & du brigandage détermina les payfans à chercher, dans leur union & dans leurs propres forces, la juftice & la tranquillité que l'autorité précaire des empereurs ne pouvoit leur garantir. Cette révolution, indépendante de celle des cantons fuiffes, rapprocha les deux nations & les conduifit à une union plus étroite.

Les *grifons* formèrent fucceffivement entr'eux trois ligues différentes. Celle des communautés qui relevoient plus directement du fiège de Coire, eft la plus ancienne; elle date de l'année 1400 & 1419. L'abus de la domination féculière des évêques y donna lieu, & elle prit le nom de *ligue-Caddée* ou de la *Maifon-Dieu, Cafa Dei, Gotts-haus-Bund*. La ligue-haute ou ligue-grife, *obere-oder grau-bund*, s'eft formée en 1424, & celle des Dix-Droitures, *Zehn-Grichten-Bund* en 1436. Les deux premières fignèrent une alliance dès l'an 1425. Celle des Dix-Droitures s'allia avec la *ligue-grife* en 1471. Cette confédération générale a été renouvelée en 1544 & en 1712.

Par ce traité d'union, qui eft la bafe du droit public des trois ligues, ces peuples s'engagent réciproquement à ne faire aucune nouvelle alliance, aucune guerre ni traité de paix, que d'un mutuel accord; ils conviennent de fe fecourir à leurs propres frais les uns les autres, & de poffèder en commun les conquêtes qu'ils feront fur l'ennemi; ils règlent la manière de terminer tout différend entre des communes particulières, ou entre les diverfes ligues; lorfqu'il en naîtra entre deux ligues, la troifième en fera le juge. On garantit les privilèges de chaque partie, & on confirme les collectes & taxes ufitées. Il feroit fuperflu d'entrer dans le détail de toutes les précautions prifes pour maintenir la paix publique.

A ce traité, fuccéda en 1526 la convention des articles généraux, dont le but principal eft de fixer les limites du pouvoir du clergé. Les évêques de Coire avoient acquis une autorité temporelle fort étendue. Des circonftances favorables ayant affranchi ces peuples du joug féodal, plutôt par une fuite de petits fuccès que par une révolution marquée, ils fe trouvèrent difpofés à s'affranchir auffi de l'autorité épifcopale. Auffi la doctrine des réformateurs fut-elle adoptée par la majeure partie des *grifons*. A cette époque, ils privèrent l'évêque du droit de nommer des juges. Les communautés fe réfervèrent le privilège de choifir, à la pluralité des fuffrages, les magiftrats & leurs jufticiers, & les officiers ou fermiers de l'évêque furent exclus pour toujours des affemblées ou diètes nationales. En réfervant aux religieux des monaftères réformés une penfion à vie, on leur défendit de recevoir des novices, & les biens monaftiques furent mis en régie. Chaque commune conferva le droit de choifir fon pafteur. Chacune s'attribua en fon diftrict le droit du cours d'eau, de la chaffe & de la pêche. On établit l'uniformité du poids & des mefures. Il fut défendu d'appeler des juftices inférieures, au confeil de l'évêque; on abolit l'impôt des intrades, & il fut ordonné que l'élection d'un évêque par le chapitre auroit befoin à l'avenir du confentement de la ligue-haute & de la ligue-Caddée.

Ainfi les ligues-grifes forment une démocratie confédérée, fubdivifée en un grand nombre de petites démocraties, abfolument indépendantes pour ce qui a rapport à leur adminiftration & à leur police particulière: le droit de faire la guerre & la paix ou des traités d'alliances, de même que des loix relatives à l'union générale & à la conftitution nationale, font réfervés à la décifion de la pluralité entre les communautés des ligues. Jettons un coup-d'œil fur cette forme de gouvernement populaire, différente de celle des cantons démocratiques de la Suiffe.

Chaque ligue eft divifée en grandes jurifdictions, appelées *hautes-juftices*, *hochgerichte* ou *grandes communautés*, *communitates magna*: ces jurifdictions font partagées en fimples juftices ou communes, *gerichte*, *com. parva*. On donne auffi à ces dernières là dénomination de *communes, voifinages, diftriéls* ou *quartiers; Nack-barfchaften, Schnize* (1)*, Fleve, Directuren, Squadre, Contrade, &c.* Chaque petite communauté ou juftice fe donne un chef ou *ammann*, & une douzaine de juges qui prononcent dans les caufes civiles & fur les délits les moins graves. Le chef de la grande juftice ou communauté s'appelle *landammann*; il eft chargé de veiller aux intérêts particuliers de fa communauté; il préfide dans les jugemens des

---

(1) Ce terme, dans la langue du pays, répond exactement à celui qui défigne un quartier d'une pomme partagée. On voit, par la variété fingulière de ces termes, combien les dialectes varient chez les grifons, fuivant le voifinage des confins de l'Allemagne ou de l'Italie.

causes civiles majeures, des causes criminelles & fiscales ; quelques communautés cependant confient cette dernière commission à un *podeſtat* ou juge criminel, *blutrichter*. Tous les emplois sont sujets à un grabeau ou confirmation annuelle dans l'aſſemblée de la commune. On délibère encore dans ces aſſemblées ſur toutes les propositions qui intéreſſent la ligue générale, ou la confédération des trois ligues.

Lorſqu'il s'élève une difficulté entre deux communautés ou juſtices, la juſtice ou communauté neutre la plus voiſine doit en être le juge ou l'arbitre ; ſi la difficulté ne peut être terminée de cette manière, il eſt permis de porter le cas à la diète générale de la ligue. Nous allons expoſer brièvement les conſtitutions particulières de chacune des trois ligues.

La ligue-griſe, *grau-bund*, eſt diviſée en huit grandes juriſdictions. On y compte vingt & une communautés, qui ont droit de ſuffrage aux diètes nationales des trois ligues. Six de ces communautés ayant deux ſuffrages, ſi on y ajoute celui qui eſt attribué au chef de la ligue, la ligue griſe aura en tout vingt-huit ſuffrages. Le chef de cette ligue s'appelle *grand juge du pays, landrichter* ; on lui donne le titre d'*excellence*. Il eſt choiſi chaque année, dans la diète particulière, des députés de cette ligue, qui s'aſſemblent au village de Trouns ; l'élection ſe fait ſur trois ſujets propoſés alternativement, une année par l'abbé de Diſentis, une ſeconde année par le cau de Sax ou Sacco, chef des communautés de l'ancien comté de Sax ou Maſſox, & la troiſième année par la ſeigneurie de Ræzuns, appartenante à la maiſon d'Autriche.

La ligue Caddée ou de la Maiſon-Dieu, *Gotts-Haus-Bund*, diviſée en onze grandes juriſdictions, a vingt-trois ſuffrages aux diètes générales ; un pour le préſident de la ligue, & les vingt-deux autres ſont répartis ſur dix-ſept communautés. Le bourgue-meſtre de Coire étoit autrefois préſident de la ligue, *bunds-preſident*. D'après un compromis fait au commencement de ce ſiècle, les députés de la ligue choiſiſſent chaque année deux ſujets parmi les quinze ſénateurs de la ville, & le ſort décide entr'eux. Par un motif d'économie ou de convenance, la diète particulière de cette ligue ſe tient vers le même temps & dans le même lieu que la diète générale.

La ligue des Dix-Droitures ou juriſdictions, *Zehn-Gerichte-Brund*, ne forme que ſept grandes juriſdictions, & n'a que quinze ſuffrages ; ils ſont attribués au landamman & à onze communautés. Le chef, *bunds-landammann*, eſt choiſi tour-à-tour dans les ſept juriſdictions, par les députés de la diète particulière ; la commune de Davos a le privilège de deux tours, le premier & le cinquième.

Ces trois ligues ou confédérations forment enſemble la république confédérée des *griſons* ou des ligues griſes, en latin *réſpublica rhætorum*. Nous avons indiqué les objets réſervés à la déciſion des diètes générales des trois ligues. Ces aſſemblées ſont de trois eſpèces.

La diète ordinaire, appellée *bunds-tag*, ſe tient une fois l'an ; le plus ſouvent vers la S. Barthelemi, vieux ſtyle, ſi des affaires preſſées n'en avancent pas la convocation. Les chefs des trois ligues fixent l'époque dans un congrès, dont il ſera parlé plus bas. Ces diètes annuelles s'aſſemblent alternativement, une année à Ilanz dans la ligue-griſe, la ſuivante à Coire dans la ligue-Caddée, & la troiſième à Davos dans celle des Dix-Droitures. Le chef de la ligue, chez laquelle ſe tient l'aſſemblée, en eſt le préſident. Chaque communauté ayant un ou deux ſuffrages, députe deux repréſentans. L'aſſemblée complette forme ſoixante-ſix ſuffrages : nous avons indiqué le nombre attribué à chaque ligue. Les députés ſont munis des inſtructions de leurs commettans, & le réſultat de ces inſtructions ſe décide à la pluralité. A la fin des ſeſſions, qui durent ordinairement deux ou trois ſemaines, un comité, compoſé de trois chefs & de deux députés de chaque ligue, rédige les actes ; il expédie les recès ou les concluſions, tant ſur les objets terminés, que ſur ceux qui doivent faire la matière d'une nouvelle délibération : le chancelier de chaque ligue en expédie enſuite les doubles à chaque communauté, qui a droit de députation ou de ſuffrage. Les actes s'expédient, ou ſous les trois ſceaux des trois ligues, ou ſous le ſceau particulier de la ligue, chez laquelle la diète eſt aſſemblée.

Les diètes extraordinaires, *beyzage*, ſe tiennent toujours dans la ville de Coire, où l'on garde les archives de la confédération générale. Le chef de la ligue-Caddée en eſt le préſident, & les actes paſſent ſous le ſeul ſceau de cette ligue. Lorſque le temps preſſe, & que les affaires demandent du ſecret, les trois chefs ſeuls compoſent ſouvent l'aſſemblée : d'autres fois, ſur-tout quand un miniſtre étranger le requiert, on convoque les députés des communautés, mais ſeulement la moitié du nombre admis aux diètes ordinaires.

Si des états & ſouverains étrangers adreſſent une lettre aux trois ligues en commun, le préſident de la ligue-Caddée, qui réſide toujours à Coire, en fait l'ouverture, & la communique aux deux autres chefs ; celles qui s'adreſſent à l'une ou à l'autre ligue, ſont ouvertes par le chef de chaque ligue, pour être communiquées aux chefs particuliers des communautés.

Tels ſont les principes généraux de la conſtitution & du droit public de la république confédérée des griſons. Si cette conſtitution ſuffit au maintien de la paix & de l'union entre toutes les petites démocraties qui compoſent la ligue ; ſi elle garantit le peuple des abus de l'autorité & du pouvoir légiſlatif ; ſi elle aſſure au citoyen la liberté perſonnelle & réelle, on conçoit que ſes effets doivent à-peu-près ſe borner à ces premiers ſoins d'un état ; & que, dans des cas de troubles, de guerre, & de démêlés avec les puiſſances voiſines, la lenteur des délibérations, la diviſion de l'autorité publique, la diſette des finances, & la dépendance ou même la nullité du pouvoir exécutif, doivent avoir les plus grands inconvéniens. Quelques-uns des traits les plus mémorables dans l'hiſtoire des ligues-griſes, ſuffiront pour conſtater la juſteſſe de cette remarque.

L'union des communes étoit à peine conſolidée, que la guerre éclata entre les ſuiſſes & les griſons d'une part, & les provinces de la Suabe & du Tirol de l'autre. Quelques prétentions de la maiſon d'Autriche, la haine & la prévention de la nobleſſe allemande contre des peuples qu'on regarde comme ennemis de la nobleſſe, & plus encore une antipathie préparée de longue date, occaſionnèrent cette rupture. Dans l'eſpace de ſix mois, huit combats ſanglans, à l'avantage des ſuiſſes & de leurs alliés, furent livrés ſur la frontière qui ſe prolonge du Tyrol à Bâle. Les griſons eſſuyèrent d'abord quelques pertes ; ils avoient été défaits dans le Munſterthal & perdu la ville de Mayenfeld ; mais, par leurs propres forces ou avec le ſecours de leurs alliés, ils furent plus heureux au pas de Sainte-Lucie, à Freiſen, à Fraſtenz & dans le Munſterthal même. Sforze, duc de Milan, qui avoit beſoin des ſuiſſes & de l'Autriche, parvint à les réconcilier. La réputation d'une valeur indomptable fut le principal avantage qu'en retirèrent nos républicains.

Cette époque établit une liaiſon entre les cantons ſuiſſes & les ligues-griſes. Mais, par un effet malheureux de leurs ſuccès, le goût des armes, réveillé ſans ceſſe par les promeſſes des puiſſances qui ſe diſputoient le duché de Milan, devint une mépriſable habitude. Les penſions, l'avidité du butin corrompirent la diſcipline des griſons ; ils prodiguèrent leur ſang dans les plaines de la Lombardie, & leur valeur mercénaire les fit redouter & haïr. A l'exemple des ſuiſſes, ils enlevèrent au duc de Milan, la Valteline, les comtés de Chiavenna & de Bormio, & ces conquêtes furent long-temps un ſujet de trouble pour eux.

Ils furent encouragés à cette ſaiſie par l'évêque de Coire, qui réclamoit ces terres comme un ancien domaine de ſon égliſe : c'eſt du moins à ce titre qu'ils les retinrent en 1512. En 1530, l'évêque céda ſes droits temporels ſur ces provinces pour une rente perpétuelle de 573 florins par an. Depuis 1525 juſqu'en 1532, un gentilhomme milanois, nommé *Medicis* & ſurnommé le *châtelain de Muſſo*, ne ceſſa de les troubler dans cette poſſeſſion ; il étoit frère du pape Pie IV, & il ne faut pas confondre ſa famille avec celle de

Léon X élevée à la ſouveraineté de Florence. En oppoſant à la lenteur & à la crédulité des griſons toutes les reſſources du génie, de l'activité & de la perfidie, il les réduiſit à implorer le ſecours des ſuiſſes.

Une révolte des ſujets plongea les griſons dans les horreurs d'une guerre civile, vers le commencement du dix-ſeptième ſiècle. Les eſpagnols, alors poſſeſſeurs du Milanez, cherchoient à ſe procurer, par la Valteline, une communication libre avec les provinces autrichiennes. Ce deſſein tenoit à de plus vaſtes projets ; ils l'exécutèrent avec la cruauté dont leur avide politique avoit fait uſage dans les Pays-Bas, en Italie & en Amérique. La religion ſervit encore ici de prétexte à la perfidie. La plupart des communautés de la ligue avoient adopté la réformation, qui avoit fait moins de progrès dans les provinces ſujettes. Le nombre des partiſans de la réforme s'étant accru, ils demandoient une école publique à Sondrio, chef-lieu de la Valteline. Le zèle des catholiques, fomenté par les eſpagnols, s'y oppoſa. Les ſuites de cette querelle occaſionnèrent l'établiſſement d'une commiſſion extraordinaire criminelle, dont la ſévérité fit dégénérer les murmures en violences.

Ces fréquentes & malheureuſes expéditions en Lombardie avoient introduit le relâchement dans les états de la Suiſſe ; les penſions avoient corrompu une partie des magiſtrats ; l'appas du butin & l'habitude des enrôlemens momentanés avoient fait naître l'indocilité chez les peuples. Ces effets furent plus ſenſibles & plus durables dans les gouvernemens populaires, où l'autorité publique étoit moins affermie. L'excès du mal détermina les griſons à recourir à un remède extrême ; ils établirent des commiſſions pénales extraordinaires, *Straf-gerichte*. Un moyen ſi violent livroit le parti le plus foible à l'oppreſſion du plus fort, & provoquoit les vengeances. Ces ſecouſſes devenoient d'autant plus fréquentes & plus fortes, que la nation ſe trouvoit partagée en factions ; des citoyens puiſſans s'étoient vendus aux intérêts des eſpagnols, des vénitiens, des françois. Les familles de Salis & de Planta étoient à la tête des partis oppoſés.

Le marquis de Fuentes, gouverneur du Milanez, avoit conſtruit un fort ſur le bord du lac de Côme & ſur la frontière de la Valteline. Il en réſulta une très-grande fermentation dans le pays. Un citoyen de la famille Planta, menacé par le parti contraire, introduiſit des troupes autrichiennes dans le territoire de la ligue des Dix-Droitures. Par cette hoſtilité, il irrita ſes propres partiſans ; ſon château fut pillé, & une commiſſion extraordinaire ſévit contre lui. Une ſemblable commiſſion pourſuivoit, dans la Valteline, ceux qui s'étoient oppoſés à l'établiſſement d'une école réformée. L'occaſion fut ſaiſie par le fanatiſme. Le 20 juillet 1620, les catholiques zélés firent,

dans

dans la Valteline & dans le comté de Bormio, un maſſacre général des réformés & de leurs fauteurs. Tandis que les *griſons* des deux cultes ſe réuniſſoient pour venger cette perfidie, les eſpagnols fourniſſoient des ſecours aux provinces révoltées.

Loin de parvenir à punir une révolte auſſi atroce, ou ſeulement à faire rentrer les rebelles dans leur devoir, les ligues ſe trouvèrent environ quinze ans dans la plus grande confuſion, & près de voir leur confédération diſſoute. La politique eſpagnole mêloit toujours, dans cette querelle injuſte, l'intérêt de la religion. Ce prétexte maintenoit entre les cantons la défiance; il tenoit en ſuſpens leur zèle pour l'intérêt de la liberté & leur fidélité, envers des alliés dans l'oppreſſion; ils n'agiſſoient que mollement; ils ſe laiſſoient amuſer par des négociations inutiles, dans une occaſion où leurs ancêtres euſſent montré de la valeur. Les troupes autrichiennes s'emparèrent du pays des Dix-Droitures & de la ville de Coire. Si les *griſons* eurent quelques ſuccès, ils ne furent que paſſagers, & les revers étoient toujours accompagnés de nouvelles violences. Enfin, après pluſieurs projets de traités, ou ſimulés ou ſans exécution, l'embarras des grandes puiſſances décida du ſort de la Valteline & des *griſons*. La maiſon d'Autriche, preſſée par les ſuédois, fut obligée de rappeler la plus grande partie de ſes troupes; le duc de Rohan, avec quelques régimens françois & ſuiſſes, diſſipa le reſte en 1635, & parvint à chaſſer les eſpagnols de Bormio, de Chiavenna & de la Valteline. Il ne remit cette dernière province aux ligues qu'en 1637, & les affaires des *griſons* furent rétablies ſur le même pied qu'en 1617.

En 1649 les communes des Dix-Droitures, ſur leſquelles l'Autriche avoit conſervé divers droits, s'en rachetèrent pour 75,000 florins. Leur indépendance fut conſolidée. Une diſſenſion entre les trois ligues, au ſujet des prérogatives de la ligue-Caddée dans la direction intérieure de la confédération générale, fut terminée en 1728 par la médiation des cantons de Zuric & de Berne.

La Rhétie moderne, ou le pays des *griſons*, eſt en général fort élevé & montueux. Il renferme divers vallons ſéparés par des gorges & des hauteurs; quelques unes de ces paſſages ſont fermés par les neiges une grande partie de l'année. Plus on s'avance au midi, & plus ces vallons s'enfoncent dans les hautes Alpes, qui aboutiſſent enfin à des glaciers inacceſſibles, ou à des rochers ſi élevés que la végétation y ceſſe abſolument. Ces déſerts occupent même une grande ſurface. C'eſt du ſein de ces glaciers que ſortent le Rhin, l'Inn, l'Adda, & les principales rivières du pays. On cultive quelques grains dans les vallons & ſur les côteaux les moins rapides; cependant, même avec le ſecours des provinces

Œcon. polit. & diplomatique. Tome II.

ſujettes beaucoup plus fertiles que la Rhétie proprement dite, les états de la république fourniſſent tout au plus des grains pour la ſubſiſtance de la moitié des habitans : on tire le reſte de la Lombardie. Mais il faut obſerver que les montagnards en font une moindre conſommation que les peuples agricoles; chez quelques-uns même, l'uſage du pain paſſe plutôt pour une délicateſſe que pour un article de premier beſoin. Le produit des troupeaux, les beſtiaux, le beurre & le fromage fait toute leur reſſource.

La Rhétie, comme tous les pays montueux, abonde en métaux; mais on n'y voit pas des mines bien riches; & ce pays, comme la majeure partie de la Suiſſe, manque de ſel qu'il reçoit du Tyrol.

Il n'y a dans toute l'étendue de la ligue-griſe qu'un ſeul bourg entouré de murs; c'eſt Ilanz où ſe tient l'aſſemblée des trois ligues. On y trouve Diſentis, abbaye de bénédictins, autrefois riche, & fondée au ſeptième ſiècle. L'abbé jouit des honneurs de la mitre; il eſt prince de l'Empire; il aſſiſte à la diète particulière de cette ligue, & y tient le premier ſuffrage.

Nous avons parlé à l'article COIRE de la république particulière que forme cette ville, chef-lieu de la ligue-Caddée, ainſi que des prérogatives de la petite principauté de l'évêque.

Des villages cantonnés dans diverſes vallées, ou des hameaux, ou habitations diſperſées dans les montagnes, compoſent les autres communautés ou membres de la ligue-Caddée, ainſi que quelques-unes de celles des deux autres ligues.

La ligue des Dix-Droitures eſt celle qui a été le plus ſouvent & le plus long-temps en danger de perdre ſa liberté. Nous avons indiqué plus haut les troubles & les oppreſſions que ce pays a eſſuyées dans le dernier ſiècle. La petite ville de Meyenfeld eſt la ſeule dans l'enceinte de toute la ligue : elle porte le titre & elle eſt de fait, corégente & ſujette. Les ligues achetèrent la ſeigneurie de Meyenfeld des comtes de Soulz en 1509; ils établiſſoient un podeſtat dans la ville, & la bourgeoiſie, ſelon ſon tour après les autres communautés, pourvoit à cette charge, ainſi qu'à divers emplois publics.

Nous avons parlé des trois petites provinces, du comté de Bormio, de la Valteline & du comté de Chiavenna, que les *griſons* ont conquiſes ſur les ducs de Milan. Le ſol y eſt plus fertile, & le climat beaucoup plus doux que chez les *griſons*: cet avantage vient de ce que les hautes Alpes les garantiſſent au nord & déclinent vers le midi; les montagnes produiſent d'excellens fourrages, & les vallées de bons grains. La Valteline ſur-tout abonde en vins fort eſtimés, & dont elle fait un commerce lucratif. Ces provinces jouiſſent de divers privilèges, confirmés de nouveau lors de la reſtitution de 1639. Elles ſont gouvernées par des magiſtrats que nomment les ligues, & qui portent le nom de *capitaines, commissaires* ou *podestats*. Tous les deux ans la diète des trois ligues députe des syndics pour entendre les griefs portés contre les juges ou podestats, & les sujets peuvent appeler des syndics à la diète.

Ces provinces, d'après leur fertilité, sont aussi plus peuplées, à proportion de leur étendue, que le pays des ligues : on évalue à 150,000 ames la population de ces dernières, & celle du comté de Bormio, de la Valteline & du comté de Chiavenna à 100,000.

La milice de la république des *grisons* comprend tous les habitans capables de porter les armes. Elle offre la simplicité de l'ordonnance militaire des anciens suisses. Elle est partagée en trois divisions ; la première est composée des volontaires & de la jeunesse ; la troisième division ou l'arrière-ban ne se met en marche avec les bannières des trois ligues qu'à la dernière extrémité. Chaque ligue a son chef militaire & ses officiers particuliers. On conçoit que cette milice a plus de bravoure que de discipline, & qu'elle ne peut être bien exercée ; mais il se forme de bons officiers parmi les troupes qui sont à la solde de l'étranger. On fait monter à cinquante mille hommes toute la milice des ligues, en y comprenant les pays sujets. Au défaut de places fortes, le pays est défendu par des rochers & des gorges étroites.

Les finances de l'état doivent être peu considérables chez des peuples libres & pauvres, qui ne veulent point se charger d'impôts. Le revenu se réduit à-peu-près à 15,500 florins que produisent annuellement les fermes des péages dans les pays sujets. Cette somme est appliquée aux frais des diètes & d'autres dépenses publiques indispensables. Une petite taxe imposée sur quelques offices publics dans la Valteline, & le produit de quelques petits domaines dans le comté de Chiavenna, servent à défrayer les députés ou commissaires envoyés dans ces provinces, & à salarier les employés des ligues. Les sommes que payent ceux qui obtiennent des emplois, sont distribuées au peuple dans les communes, de même que les pensions des puissances étrangères. Il est clair que l'état manque de fonds pour des ouvrages publics, pour les chemins, pour les magasins de provision, si nécessaires dans un pays qui ne produit pas assez de bled. Pour chacune de ces opérations, il faudroit obtenir l'aveu des communes, & la forme du gouvernement doit entraîner bien des retards & bien des difficultés.

Les familles les plus riches des *grisons* trouvent une ressource dans le service militaire étranger. L'état accorde la permission des recrues pour deux régimens complets ; l'un à la solde de la France, l'autre à la solde de la république de Hollande ; pour un bataillon à la solde du roi de Sardaigne, & pour quelques compagnies dans les gardes suisses à Versailles & à Naples. Les *gri-*

sons ont des filatures de coton ; ils fabriquent une petite quantité de toiles peintes & d'étoffes en soie, des poëles, des jattes & des tasses avec une pierre réfractaire, appellée *lavezza*, de couleur tantôt cendrée, tantôt verdâtre, qui s'exploite dans le comté de Chiavenna. Le transport des marchandises d'Italie en Allemagne, qui se fait à dos de mulets ou de chevaux, procure quelque argent aux paysans qui se trouvent à portée de ces passages.

C'est en 1763 que le collège établi à Coire par les états des trois ligues, pour l'instruction de la jeunesse, a pris un certain degré de perfection. Huit maîtres y enseignent aujourd'hui les principes des langues mortes & les élémens des sciences. C'est la pepinière du clergé réformé dans les ligues. Un autre établissement plus moderne & tout aussi utile est celui du séminaire formé d'abord à Haldenstein, baronie libre de l'Empire, située à une lieue de Coire & soumise seulement à la protection des ligues, depuis transporté à Maschelinz, autre terre appartenante, ainsi que la première, à la famille de Salis.

La langue allemande domine dans les trois ligues, & elle est employée dans les chancelleries ; mais une grande partie du peuple se sert, ou d'un italien corrompu, ou d'un dialecte appelé *ladinum*, qui offre en effet dans ses constructions quelques traces d'un latin vulgaire.

La ligue-Caddée & la ligue-grise sont alliées de six cantons suisses, Zuric, Lucerne, Uri, Schwitz, Underwalden & Glaris, dès l'année 1497 : celle des Dix-Droitures sollicita la même alliance en 1567 ; les cantons se contentèrent de lui donner des assurances d'amitié ; mais depuis cette époque ils la désignent sous le titre général de *bons voisins & alliés*, dans leurs adresses aux trois ligues. Ces ligues réunies ont fait diverses alliances avec les papes, avec la France, avec la république de Venise, & un capitulat ou traité, souvent renouvellé, avec le duc de Milan. Elles sont particuliérement unies par des traités d'alliance perpétuelle, avec la république du Valais depuis 1600, avec celle de Berne depuis 1602, & avec celle de Zuric depuis 1707. Vers le commencement de ce siècle, les trois ligues demandèrent vainement aux cantons de les admettre à la confédération helvétique. Leur indépendance de l'empire d'Allemagne est reconnue & garantie par le traité de Westphalie de 1648 ; elles sont toujours comprises sous la dénomination générale des alliés de la Suisse ; & en vertu de ce traité, & d'après leur alliance particulière, elles jouissent des priviléges accordés par la France à toute la nation suisse.

GROENLAND, pays de l'Europe, qui appartient au Danemarck, où il a établi de petites colonies, & où il y a quelques comptoirs : ce pays est si peu important ; la population & le commerce y sont si foibles, que nous renvoyons le lecteur à la Géographie de Busching, qui en parle avec beaucoup d'étendue.

Nous nous bornerons ici à quelques observations relatives à la pêche, qui ne sont pas dans Busching.

Au commencement du printemps, les anglois, les hollandois, ceux de Hambourg & de Breme envoient sur les côtes du *Groenland* des navires pêcheurs. Si un vaisseau a le malheur de s'égarer & de ne pas sortir de ces parages avant les grandes gelées, tout l'équipage est la victime du froid. Le Danemarck retire peu de profit de ce pays & de la pêche.

Il paroît, d'après les différens états mis sur le bureau de la chambre des communes relativement à la pêche du *Groenland*, que les gratifications accordées par l'Angleterre pour l'encouragement de cette pêche depuis l'année 1733, temps où elles ont commencé, jusqu'à la fin de 1785, sont montées :

Pour l'Angleterre, à 1,064,272 l. st. 18 s. 2 d.

Pour l'Ecosse, à 202,158 liv. 16 s. 11 den.

L'Ecosse n'avoit point équipé de vaisseaux pour la pêche du *Groenland*, avant l'année 1750.

La gratification accordée aux vaisseaux anglois en 1785, a été plus forte que dans aucune année antérieure. Celle accordée aux vaisseaux écossois, s'est aussi accrue ; car en 1784 elle n'étoit que de 4,094 liv., & en 1785 elle s'est montée à 7,729 liv.

Le nombre des vaisseaux équipés en 1786 pour cette pêche, a été à Whitby de 20.

A Lynn . . . . 6.
Liverpool . . . . 13.
Sunderland . . . . 2.
Newcastle . . . . 16.
Yarmouth . . . . 2.
Hull . . . . 18.

On ignore le nombre de ceux de Londres.

Le nouveau Danemarck, qui est près du *Groënland*, a été découvert en 1609, par l'amiral danois, *Jean Munch*; mais à la paix d'Utrecht, on stipula que tous les pays situés au-delà du Canada, jusqu'au détroit de Hudson, appartiendroient à l'Angleterre, & le nouveau Danemarck s'y trouve. *Voyez* l'article DANEMARCK.

GRONINGUE, l'une des sept Provinces-Unies & la septième de l'union : elle est bornée au nord par la mer d'Allemagne, au midi par le pays de Drente ; la rivière de Lanwers la sépare de la Frise au couchant, & au levant elle touche à l'évêché de Munster & à la principauté d'Ost-Frise.

La qualité de l'air & celle du sol y sont à-peu-près les mêmes qu'en Frise. A quelques cantons près, tout le pays de *Groningue* est bas, & il se trouve ainsi propre à fournir d'excellens pâturages. L'éducation des bestiaux est en effet la principale ressource de ses habitans. Il y a des terres susceptibles de culture, mais la quantité n'en est point considérable : le pays produit de la tourbe ; mais cette tourbe n'est pas aussi bonne & aussi abondante que dans la Frise. Toute la partie méridionale, c'est-à-dire, celle qui avoisine la contrée de Drente, n'est qu'une terre mêlée de sable, couverte de bois.

On ne trouve que trois villes dans cette province.

Précis de son histoire politique. Cette province eut le titre de *seigneurie* dans des temps reculés. Elle étoit gouvernée au dixième siècle par un prévôt qui prit, au siècle suivant, la qualité de *bourgrave*. Libre alors & impériale, elle eut des statuts qui lui furent particuliers. En 1046, le bourgrave exerçoit sa jurisdiction sur la forêt de Drente, en vertu d'une concession des empereurs ; mais, à cette époque, cette même concession fut ratifiée par l'évêque d'Utrecht, auquel l'empereur Henri III avoit donné pouvoir de le faire. Il en résulta de longues contestations, qui amenèrent des actions sanglantes ; les évêques prétendoient que, d'après la concession, la ville de *Groningue* étoit soumise à leur pouvoir. Cette ville s'environna de murs au douzième siècle : elle affermit sa liberté le siècle suivant, & commença dès-lors à étendre sa domination sur la Frise. Maximilien I, empereur d'Allemagne, donna en fief à Albert, duc de Saxe, la souveraineté des provinces de *Groningue* & de Frise, qui refusèrent de se soumettre. Pressée également par deux compétiteurs, *Groningue* se soumit d'après des vues de sûreté, en 1498, à la loi de l'évêque d'Utrecht : elle lui demanda un juge en exécution d'un traité fait avec lui ; il fut convenu alors qu'elle ne cesseroit point de demeurer libre pour tout le reste. Sur ces entrefaites, l'archiduc Philippe s'efforça de réduire la ville de *Groningue* sous la puissance de George, duc de Saxe ; celui-ci l'assiégea en 1505, & l'évêque d'Utrecht ne lui envoyant point de secours, elle se mit en 1506 sous la protection d'Edzard, comte d'Ost-Frise, auquel le même duc George se vit de-puis obligé de confier le gouvernement des districts d'alen-tour, qu'on appelle *Ommelandes*. Tant de résistances engagèrent l'empereur Maximilien à mettre cette ville au ban de l'Empire. L'exécution du jugement fut renvoyée au même duc George, qui l'assiégea une seconde fois en 1514. *Groningue* échappa de nouveau à tous ces dangers, en se soumettant à Charles, duc de Gueldres, que l'empereur Charles V avoit investi des Ommelandes : elle se soumit enfin à Charles V lui-même, en 1536, en sa qualité de duc de Brabant, de comte de Hollande, & de seigneur de la Frise & d'Over-Yssel. Cette ville entra dans la confédération d'Utrecht en 1579, & elle y fut reçue une seconde fois en 1594.

Constitution particulière de la province de Gro-ningue.

La constitution particulière de la province de

Groningue ne diffère de la conſtitution de Friſe que par quelques nuances: Ces deux provinces, voiſines & contiguës au nord - oueſt des autres provinces de l'union, ſe gouvernent d'après les mêmes principes de démocratie, tempérés par une ariſtocratie raiſonnable. La ville de *Groningue*, la ſeule qui ait voix délibérative aux états de cette province, eſt un des deux membres intégrans de la ſouveraineté : les Ommelandes, c'eſt-à-dire, le plat pays, eſt l'autre membre. Les états de *Groningue* ſont connus ſous la dénomination de *ſtaden-landen*, qui veut dire *ville & pays*. Cette province n'a pas de corps de nobles, ſéparé & diſtinct. Les Ommelandes, ou le plat pays, ſont diviſées en pluſieurs petits diſtricts, qui répondent aux griettines de Friſe. Ces griettines délibèrent de la même façon qu'en Friſe ; les réſolutions s'y prennent de la même manière : elles ſont portées à l'aſſemblée générale ; & ici comme en Friſe, la réſolution ſouveraine eſt priſe de façon qu'on peut dire à la rigueur que cette réſolution eſt toujours priſe au nom & de l'autorité du peuple. *Voyez* l'article FRISE.

Le ſtadhouder a, dans cette province, les mêmes droits, prérogatives & privilèges qu'en Friſe. Les députés des Ommelandes ſont choiſis en partie parmi la nobleſſe, & en partie dans la claſſe des laboureurs ; les uns & les autres doivent poſſéder une quantité déterminée de fonds de terre. Les états s'aſſemblent toujours dans la ville de *Groningue*, & aſſez communément dans le cours du mois de février.

Il y a dans la province de *Groningue* un collège, qu'on appelle *les états députés* ; il eſt compoſé de huit perſonnes, dont quatre ſont priſes dans la ville de *Groningue*, & les quatre autres dans les Ommelandes. Il y a en outre, une cour provinciale, qui forme le ſiège ſouverain de juſtice. La chambre des comptes y eſt compoſée de ſix perſonnes. *Groningue* envoie ſix députés à l'aſſemblée des États-Généraux.

Adminiſtration eccléſiaſtique. Tout le clergé du pays de *Groningue* eſt diviſé en ſept claſſes : celle de *Groningue*, d'Appingedam, de Lopperſum, de Middeltum, de Marne, du quartier occidental Weſterquartier, & celle d'Oldampt & du pays de Weſtwolding, *Weſtwoldingerland*. Elles renferment 161 prédicateurs. Chaque claſſe en envoie annuellement trois & quelques anciens au ſynode, qui ſe tient alternativement à *Groningue* & à Appingedam au commencement du mois de mai. On tolère dans cette province, ainſi que dans les autres, le libre exercice de toutes ſortes de religions. Les catholiques romains y poſſèdent dix égliſes, qui ſont dirigées par treize prêtres ; les luthériens y forment trois communes ayant à leur tête quatre prédicateurs ; les anabaptiſtes y en ont vingt-ſept & ſoixante-un docteurs : on y en trouve auſſi deux des collégiens, qui

l'une & l'autre ſont établies dans la ville de *Gro-ningue*.

Cette province eſt compoſée de deux parties, qui ſont :

La ville de *Groningue* avec le territoire qui en dépend, & les Ommelandes qu'on diviſe en cinq quartiers.

Voyez l'article PROVINCES-UNIES & les articles particuliers des ſix autres provinces de l'union.

GRONSFELD, comté d'Allemagne au cercle de Weſtphalie.

Ce petit comté, ſitué dans le duché de Limbourg, près de la Meuſe & de la fortereſſe de Maſtricht, eſt une ancienne ſeigneurie que Catherine de *Gronsfeld* apporta en dot au quinzième ſiècle à un ſeigneur de Bronkhorſt, & qui fut érigée en comté par l'empereur Rodolphe II. La famille des comtes de Bronkhorſt-*Gronsfeld* s'éteignit en 1719, par la mort de Jean-François : ſa veuve Marie-Anne, née comteſſe de Tœrring-Jettenbach, demeura en poſſeſſion du comté, qui, à ſon décès arrivé en 1738, paſſa au comte Maximilien-Emanuel de Tœrring-Jettenbach du chef de ſa première femme Marie-Joſephine, née comteſſe d'Arberg & de *Gronsfeld*.

Les comtes de *Gronsfeld* ont voix & ſéance parmi ceux de la Weſtphalie, tant aux diètes du cercle qu'à celles de l'Empire, où ils ſiègent entre Pyrmont & Reckheim. Leur taxe matriculaire actuelle, déduction faite de Schlenaken, eſt de 19 rixdales 61 ⅔ kr. Le pays renferme, outre le château ſeigneurial, les villages paroiſſiaux de *Gronsfeld* & de Houtem, & quelques fermes & hameaux.

GRUBENHAGEN, principauté d'Allemagne, au cercle de la baſſe Saxe : elle eſt bornée par celles de Calenberg & de Wolfenbutel, par le comté de Wernigerode, par la principauté de Blankenbourg, le comté de Hohnſtein, la ſeigneurie de Klettenberg, & par le pays d'Eiſchfeld : une autre partie qui en eſt détachée, eſt bornée par les mêmes principautés de Calenberg & de Wolfenbutel, & encore par un coin de l'évêché de Hildesheim.

Les bailliages de Rotenkirchen & de Salzder-Helden, ceux de Calenbourg & de Radolfshauſen contiennent des terres aſſez fertiles, ſur leſquelles on récolte du froment, du ſeigle, de l'orge, de l'avoine, des haricots, des pois & du bled ſarraſin ; mais comme la majeure partie de cette principauté eſt montueuſe, que les contrées voiſines de la forêt de Harz ne produiſent que peu de grains, & qu'il n'en croît pas dans l'étendue de cette forêt, l'agriculture n'y offre que peu de reſſources à la ſubſiſtance des habitans, qui en général, & ceux du bailliage de Scharzfels, & du Harz en particulier, tirent des bleds des pays voiſins. Ils y ſuppléent en élevant des bêtes à cornes & des moutons, & en cultivant une quantité confidérable de lin qu'ils filent & convertiffent en toiles.

Il y a dans cette principauté deux villes qui reffortiffent immédiatement à la juftice de la chancellerie, & qui ont droit de haute & baffe juftice ; trois villes de montagne fituées fur le Harz, dont nous ferons une defcription particulière ; une autre ville de montagne, qui dépend du bailliage dans lequel elle fe trouve, & trois bourgs ; il faut ajouter quatre villes de montagne, que la maifon électorale poffède par indivis avec celle de Brunfwick, & qui, fituées fur le Harz, font partie du bailliage commun de Zellerfeld, Les états du pays font compofés du chapitre de faint Alexandre & de la collégiale de Notre-Dame de Einbeck, de la nobleffe poffédant des biens nobles & des villes d'Einbeck & d'Ofterode. L'affemblée des états fe tient chaque année au mois de feptembre, une année dans l'une, & la fuivante dans l'autre de ces deux villes. Les chapitres envoient chacun un député, & les villes deux ; quant à la nobleffe, elle y affifte en perfonne. Les mineurs n'y font point admis, non plus que leurs curateurs en leurs noms ou leurs chargés de procuration. Le fyndic principal y porte la parole, & propofe les fujets fur lefquels il doit être délibéré ; les états opinent, & les fuffrages ayant été recueillis, le même fyndic en dreffe le procès verbal, dont on délivre une copie aux trois membres de l'état. Il n'y a dans cette principauté, ni confeiller provincial, ni confeiller de la tréforerie.

La religion luthérienne domine exclufivement dans cette principauté. On y compte 41 paroiffes diftribuées en quatre furintendances, qui ellesmêmes font fubordonnées à une furintendance générale.

On y trouve plufieurs manufactures qui ont de la réputation. Einbeck fournit des draps, des flanelles, des frifes, du chalon, de la ferge, du crépon, de la callemandre, de la ferge drapée, du raz d'Angleterre & autres étoffes de bonne qualité. L'on y imprime des toiles dans la maifon des orphelins. Ofterode fournit, de fon côté, de belles étoffes de laine, à l'imitation de celles de Berlin & d'Angleterre ; ce qui foutient cette fabrique, eft une filature de laines fines établie à Herzeberg. Il fe file d'ailleurs, dans les villages, une quantité confidérable de lin, dont on fait des toiles. Les manufactures établies fur le Harz confiftent en fer, en cuivre & en armes blanches.

On y prépare auffi du vitriol, du foufre & de la calamine. Le pays exporte à l'étranger du lin, du fil, de la toile, du bois de charpente, des planches, des pierres, des grais, des ardoifes, du marbre façonné, du fer, du cuivre, du plomb, du fel, du vitriol, du foufre, de la calamine, du zinc, des ouvrages de laine de toutes efpèces & des moutons gras.

Le pays de *Grubenhagen* fait partie du duché de Brunfwick. Il fut érigé en principauté lorfqu'il échut en partage à Henri le capricieux, fils du duc Albert le grand, dont la branche s'éteignit en 1596.

Cette principauté a droit de fuffrage particulier aux diètes de l'Empire, dans le collège des princes & aux affemblées circulaires de la baffe-Saxe. Sa taxe matriculaire eft de cinq cavaliers montés, ou en argent de 60 florins.

La ville d'Einbech & d'Ofterode & les baillifs royaux du pays reffortiffent immédiatement à la juftice de la chancellerie établie à Hanovre, & non point à la cour fupérieure. Ce pays a droit de préfenter un confeiller à la chambre des appellations de Zelle.

Les revenus immédiats du fouverain proviennent des bailliages domaniaux & des droits régaliens. Tout le pays, le feul Harz excepté, eft fujet à un impôt, appellé *licent*, & obligé de fournir une certaine quantité de grains dans les magafins du roi. Cet impôt a été introduit en 1686, au lieu & place d'une contribution que l'on payoit précédemment, & dont le produit n'étoit pas auffi confidérable ; mais, dans le compte qui fe rend chaque année, on alloue l'excédant qu'il peut y avoir : cet excédant eft employé, ainfi qu'une autre petite fomme que le pays eft tenu de payer, à acquitter les gages des employés pour la province ; ceux entr'autres du confeiller qu'elle entretient à la chambre fupérieure des appellations de Zell, & ce qu'elle doit pour l'entretien de la maifon de force, établie dans la même ville de Zell. Il eft un autre impôt, qu'on nomme *fcheffelfchatz*, qui fe verfe auffi dans les coffres du fouverain ; mais il eft fi peu confidérable, qu'il ne vaut pas la peine d'être cité.

Bufching décrit, dans l'introduction à la principauté de *Grubenhagen*, le Harz pris dans la fignification la plus étendue. Il n'eft queftion ici que de cette partie du Harz, qui appartient à la maifon électorale & princière de Brunfwick-Lunebourg. Ces forêts immenfes font d'autant plus importantes, que ni les forges, ni les mines ne pourroient fubfifter fans elles. Ces mines produifent de la potée, du vitriol, du falpêtre, du foufre, de la calamine, du zinc, du cobalt, du plomb, du borax, du fer, du cuivre, du laiton, de l'argent & quelque peu d'or. L'on divife la partie du Harz, appartenante à la maifon de Brunfwick-Lunebourg, en Harz fupérieur & en Harz inférieur. Le Harz fupérieur, ainfi que les mines, les établiffemens & les forêts qui s'y trouvent, appartiennent à la maifon électorale de Brunfwick-Lunebourg, ou à cette maifon en commun avec l'autre branche de ce nom, felon la convention héréditaire de 1635 & le recès de

Hildesheim de 1649 ; mais la première en possède quatre septièmes , & la seconde trois septièmes seulement ; en vertu de certaines conventions particulières , celle-ci jouit en revanche de la chasse & du produit de l'engrais du bétail. La même communauté a lieu pour les salines établies à Harzebourg dans la principauté de Wolfenbuttel , & pour celle de Salzgitter dans l'évêché de Hildesheim. Elle a lieu encore pour toute la partie inférieure du Harz & ce qui en dépend. La justice est administrée sur tout le Harz , par les tribunaux des mines , des grueries & des conseils supérieurs. Les tribunaux des mines y sont au nombre de trois ; savoir , un à Clausthal , devant lequel sont portées les affaires qui naissent dans la partie du Harz , qui appartient à la maison électorale seule ; tribunal auquel sont sujettes les mines situées dans le bailliage d'Elbingerode & dans le comté , nommé *Solling* , près d'Uslar ; le second à Zellerfeld , dont la jurisdiction comprend la partie supérieure , qui est possédée en commun ; & le troisième enfin à Goslar , qui décide les contestations nées sur le Harz inférieur. Les uns & les autres connoissent de toutes les matières qui peuvent avoir rapport aux mines & aux forges. Les officiers de justice des deux premiers tribunaux prêtent serment à l'une & à l'autre des deux maisons de Brunswick-Lunebourg , & à tous ceux qui ont part à l'exploitation de ces deux établissemens ; ceux du troisième tribunal ne le prêtent qu'aux deux maisons souveraines seulement. Des deux grueries qui y sont établies , l'une est à Clausthal , & n'exerce ses fonctions que sur la partie du Harz , qui appartient à la maison électorale particuliérement ; l'autre placée à Goslar les exerce sur celle qui est commune aux deux maisons. Ces deux chambres forestières ne sont chargées proprement que de veiller aux intérêts des deux princes ; elles sont composées d'un verdier & d'un grand-maître , qui , outre les matières contentieuses , connoissent aussi de celles qui regardent les limites. Les conseils supérieurs des villes administrent la police & la justice , tant civile que criminelle. L'intendant des mines ou le vice-intendant , préside , au nom du prince , les tribunaux des mines , les grueries & les conseils supérieurs , mais dans la partie du Harz seulement , qui appartient à la maison électorale. Il n'en est pas de même de celle qui est possédée en commun ; comme chaque prince y entretient un intendant particulier , ils présidet tour à tour d'année en année ; savoir , celui de l'électeur dans les années paires , & l'autre dans les années impaires. Cette préséance donne le droit de rédiger les ordonnances & les décrets nécessaires , lesquels cependant ne peuvent être promulgués qu'après que l'intendant qui n'est pas en tour , les a ratifiés. Les appels de leurs jugemens sont portés à la cour de celui des princes , dont l'intendant est en régence. Si une charge commune vient

à vaquer , celui qui exerce le directoire , présente un sujet à l'autre , que celui-ci a coutume d'adopter.

Christian Bœsen , dans ses principes généraux d'économie sur les mines , les forges , les salines & les forêts , parle des revenus que produisent les établissemens sur le Harz. La partie que l'électeur possède seul ; produisoit annuellement , à l'époque de 1724 , tant en argent & en cuivre , qu'en fer , en plomb & en borax , une somme de 706,125 rixdales ; & en déduisant les frais d'exploitation , il pouvoit rester net pour la part du prince 163,000 , & pour celle des co-intéressés 120,567 rixdales. La partie du Harz supérieur d'un autre côté , commun aux deux princes , rendoit à peu-près 286,000 rixdales , dont le net pour les princes put se monter à 53,000 , & pour les co-intéressés à 19,707 rixdales. Les mines du Harz inférieur , autrement dit *Ramelzberg* , rendirent en or , en argent , en cuivre , plomb , borax , soufre , vitriol blanc & verd , zinc , potasse , laiton & sel , la valeur de 180,608 rixdales ; & déduction faite des dépenses , 50 à 60,000 rixd. D'après ce calcul , tout le Harz peut rapporter 1,172,733 rixdales , somme dans laquelle l'or peut entrer pour la valeur de 2880 , & l'argent pour celle de 802,860 rixdales ; & déduction faite de tous les frais , pour environ 324 mille rixdales.

Le surplus du produit de cette montagne , est employé à l'entretien des ouvriers qui sont nourris par les contrées voisines , telles que Halberstadt , Quedlinbourg , Nordhausen , la principauté d'Anhalt , &c. Les princes ont coutume d'acheter en nature des co-associés leurs parts des productions pour un prix convenu entr'eux. L'argent est monnoyé sur les lieux ; les autres productions sont livrées aux dépôts de commerce , établis à Hanovre & à Wolfenbuttel : ce dépôt fournit à un prix convenu & permanent , les suifs , les cuirs , & toutes les choses dont les ouvriers du Harz peuvent avoir besoin. Cet arrangement procure aux princes un bénéfice assez considérable.

Le Harz est habité par des mineurs , des forgerons , des bucherons & des voituriers. On y trouve aussi des employés des princes , des prédicateurs , des maîtres d'école , des artistes , des gens de métiers & des marchands. Les uns & les autres ne sont point sujets à l'imposition , nommée *licent* , non plus qu'à la contribution. Leurs charges se réduisent , dans les villes , à acquitter une certaine somme , connue sous le nom de *pfarrgeld* , dont le produit est employé à l'entretien de l'église & à celui de l'école. Cette somme est fixée à Clausthal , à une rixdale par chaque propriétaire de maison ou bourgeois , employé , ouvrier ou homme de métier. Elle est fixée à Andreasberg à une rixdale neuf gros , & à Altenau à une rixdale vingt gros. Un locataire eſt impoſé, dans le premier endroit, à une de-mi-rixdale, dans le ſecond à 22 gros 4 pfennings, & dans le troiſième à 28 gros. Ces montagnards ſont tenus de payer, en ſecond lieu, une ſorte de taille, pour ſubvenir aux frais de l'exploitation des mines & des forges; taille qu'on appelle à Andreasberg argent de ſurcroît (zubufsgeld), & à Altenau argent pour la conduite des mines (ſtollengeld). L'impôt qui ſe paye dans le pre-mier de ces deux endroits, eſt fixé à 2 rixdales 6 gros par chaque homme de-métier ayant une braſſerie; à une rixdale & demie, lorſque cette braſſerie appartient à un mineur ou à un forge-ron; à 12 gros par maiſon pour un homme de métier, qui n'a point de braſſerie; & lorſque cet homme eſt un mineur ou un forgeron, il en eſt exempt. La recette ſe fait différemment à Al-tenau; un bourgeois qui y a une braſſerie, eſt impoſé à une rixdale deux gros, & un homme de métier, bourgeois ou non, à huit gros. On y eſt tenu de payer huit autres gros par vache, & pour chaque cheval exempt des corvées du prin-ce. On y eſt tenu, en troiſième lieu, d'acquitter un léger droit d'acciſe établi ſur la bierre étran-gère, mais dont le montant eſt employé à l'en-tretien des mines & à celui des mineurs. Les gens de métier à Clauſthat ſont impoſés enfin, en quatrième lieu, à une modique ſomme d'argent, deſtinée à l'entretien des 40 hommes qui y ſont en garniſon. Les mineurs & les forgerons de l'une & l'autre partie du Harz peuvent acheter le ſei-gle qui leur eſt néceſſaire pour leur entretien, à raiſon de 16 gros la meſure de 4 boiſſeaux: ceux qui exploitent la portion appartenante à l'électeur, l'a-chètent à ce prix dans la ville d'Oſterode; & ceux qui travaillent ſur le Harz commun, dans celle de Goſlar. Voyez les articles BRUNSWICK & HANOVRE.

GRUMBACK, pays que poſſèdent en Alle-magne les rhingraves de Grumback.

La portion de ces rhingraves eſt ſituée dans le cercle du haut-Rhin, & elle comprend la ſeigneurie & le bailliage de Grumback en Weſtrie ſur les rivières de Glan & de Nahe, qui s'y réuniſſent. Son ſol, quoique montueux, produit de beaux grains; des vins en aſſez grande quan-tité, & des pâturages où l'on élève beaucoup de moutons, dont la laine eſt fine. On y trouve d'ailleurs des cornalines, des amethyſtes, des agates fines, des pierres d'autruche, des ſour-ces ſalantes, des veſtiges de charbon de terre, &c. & l'on y compte dix-ſept villages & quatre métairies ſeigneuriales.

Une partie de la vallée d'Eſweiler; ſavoir, les villages de Hundheim, de Nerzweiler, de Hinz-weiler, d'Oberweiler & d'Aſpach que la maiſon de Grumback acquit en 1755, par un échange fait entre le duc des Deux-Ponts contre le bailliage d'Alſenz.

Werſtadt ou Wœrſtadt, bourg conſidérable ſitué à deux lieues de Mayence, & dont la mai-ſon de Grumback ne poſſède qu'un quart.

Ce que le traité de partage de 1701 aſſura à la maiſon de Grumback de la ſucceſſion de Kir-bourg, & qui conſiſte dans la ſeigneurie de Tro-necken ou Dronecken, dite autrement la Marche ou la Marche de Talfang, ſituée au Hundsruck, & formant un bailliage de quatorze villages, dont deux profeſſent le catholiciſme, & douze la con-feſſion d'Augsbourg.

Le quart de la ſeigneurie de Dimringen, com-mune aujourd'hui à toutes les branches des princes de Salm & des rhingraves, & formant un bail-liage taxé ſéparément dans la matricule du cercle du haut-Rhin. Voyez l'article WILD & RHIN-GRAVES.

GUADELOUPE, iſle d'Amérique: c'eſt une des Antilles, & elle appartient à la France.

Cette iſle, dont la forme eſt très-irrégulière, peut avoir quatre-vingt lieues de tour. Elle eſt coupée en deux par un petit bras de mer, qui n'a pas plus de deux lieues de long, ſur une lar-geur de quinze à quarante toiſes. Ce canal, con-nu ſous le nom de rivière ſalée, eſt navigable, mais ne peut porter que des pirogues.

La partie de l'iſle, qui donne ſon nom à la colonie entière, eſt hériſſée, dans ſon centre, de rochers affreux où il règne un froid continuel, qui n'y laiſſe croître que des fougères & quelques arbuſtes inutiles couverts de mouſſe. Au ſommet de ces rochers, s'élève à perte de vue, dans la moyenne région de l'air une montagne, appellée la Souphrière. Elle exhale une épaiſſe & noire fumée, entremêlée d'étincelles viſibles pendant la nuit. De toutes ces hauteurs, coulent des ſources innom-brables qui vont porter la fertilité dans les plai-nes qu'elles arroſent, & tempérer l'air brûlant du climat par la fraicheur d'une boiſſon ſi renom-mée, que les galions qui reconnoiſſoient autre-fois les iſles du vent, avoient ordre de renouvel-ler leurs proviſions de cette eau pure & ſalubre. Telle eſt la portion de l'iſle, nommée par excel-lence la Guadeloupe. Celle qu'on appelle commu-nément la Grande-Terre, n'a pas été ſi bien traitée par la nature. Son ſol n'eſt pas auſſi fer-tile, ni ſon climat auſſi ſain & auſſi agréable. Elle eſt, à la vérité, moins hachée & plus unie: mais les rivières lui manquent généralement. On n'y voit pas même des fontaines. Des aqueducs, qui n'entraîneroient pas de grandes dépenſes, la feront jouir ſans doute avec le temps, de cet avantage de l'autre partie de la colonie.

Aucune nation européenne n'avoit occupé cette iſle, lorſque cinq cents cinquante françois, con-duits par deux gentilhommes, nommés Lolive & Dupleſſis, y arrivèrent de Dieppe le 28 juin 1635. La prudence n'avoit pas dirigé leurs préparatifs. Leurs vivres avoient été ſi mal choiſis, qu'ils s'é-toient corrompus dans la traverſée; & on en avoit embarqué ſi peu, qu'il n'en reſta plus au bout de deux mois. La métropole n'en envoyoit pas ; Saint-Chriftophe en refufa, foit par difette, foit faute de volonté ; & les premiers travaux de culture qu'on avoit faits dans le pays, ne pouvoient encore rien donner. Il ne reftoit de reffource à la colonie que dans les fauvages : mais le fuperflu d'un peuple qui, cultivant peu, n'avoit jamais formé de magafins, ne pouvoit être confidérable. On ne voulut pas fe contenter de ce qu'ils apportoient volontairement eux-mêmes. La réfolution fut prife de les dépouiller, & les hoftilités commencèrent le 6 janvier 1636.

Les caraïbes, ne fe croyant pas en état de réfifter ouvertement à un ennemi qui tiroit tant d'avantage de la fupériorité de fes armes, détruifirent leurs vivres, leurs habitations, & fe retirèrent à la Grande-Terre ou dans les ifles voifines. C'eft de-là que les plus furieux, repaffant dans l'ifle d'où on les avoit chaffés, alloient s'y cacher dans l'épaiffeur des forêts. Le jour, ils perçoient de leurs flèches empoifonnées, ils affommoient à coups de maffue tous les françois qui fe difperfoient pour la chaffe ou pour la pêche. La nuit, ils brûloient les cafes, & ravageoient les plantations de leurs injuftes raviffeurs.

Une famine horrible fut la fuite de ce genre de guerre. Les colons en vinrent jufqu'à brouter l'herbe, jufqu'à manger leurs propres excrémens, jufqu'à déterrer les cadavres pour s'en nourrir. Plufieurs qui avoient été efclaves à Alger, déteftèrent la main qui avoit brifé leurs fers ; tous maudiffoient leur exiftence : mais le gouvernement d'Aubert amena la paix avec les fauvages, à la fin de 1640. Quand on penfe à l'injuftice des hoftilités que les européens ont commifes dans toute l'Amérique, on eft tenté de fe réjouir de leurs défaftres, & de tous les fléaux qui fuivent les pas de ces féroces oppreffeurs. L'humanité, brifant alors tous les nœuds du fang & de la patrie, qui nous attachent aux habitans de notre hémifphère, change de liens, & va contracter au-delà des mers, avec les fauvages indiens, la parenté qui unit tous les hommes, celle du malheur & de la pitié.

Cependant le fouvenir des maux qu'on avoit éprouvés dans une ifle envahie, excita puiffamment aux cultures de première néceffité, qui amenèrent enfuite celles du luxe de la métropole. Le petit nombre d'habitans, échappés aux horreurs qu'ils avoient méritées, fut bientôt groffi par quelques habitans de Saint-Chriftophe mécontens de leur fituation ; par des européens avides de nouveautés ; par des matelots dégoûtés de la navigation ; par des capitaines de navire, qui venoient par prudence confier, au fein d'une terre prodigue, un fonds de richeffe fauvé des caprices de l'Océan. Mais la profpérité de la Guadeloupe fut arrêtée ou traverfée par des obftacles qui naiffoient de fa fituation.

La facilité qu'avoient les pirates des ifles voifines de lui enlever fes beftiaux, fes efclaves, fes récoltes même, la réduifit plus d'une fois à des extrémités ruineufes. Des troubles intérieurs qui prenoient leur fource dans des jaloufies d'autorité, mirent fouvent fes cultivateurs aux mains. Les aventuriers qui paffoient aux ifles du vent, dédaignant une terre plus favorable à la culture qu'aux armemens, fe laiffèrent attirer à la Martinique par le nombre & la commodité de fes rades. La protection de ces intrépides corfaires amena, dans cette ifle, tous les négocians qui fe flattèrent d'y acheter à vil prix les dépouilles de l'ennemi, & tous les cultivateurs qui crurent pouvoir s'y livrer fans inquiétude à des travaux paifibles. Cette prompte population devoit introduire le gouvernement civil & militaire des Antilles à la Martinique. Dès-lors, le miniftère de la métropole s'en occupa plus férieufement que des autres colonies qui n'étoient pas autant fous fa direction ; & n'entendant parler que de cette ifle, y verfa le plus d'encouragemens.

Cette préférence fit que la Guadeloupe n'avoit en 1700, pour toute population, que trois mille huit cents vingt-cinq blancs ; trois cents vingt-cinq fauvages nègres ; ou mulâtres libres ; fix mille fept cents vingt-cinq efclaves, dont un grand nombre étoient caraïbes. Ses cultures fe réduifoient à foixante petites fucreries, foixantefix indigoteries, un peu de cacao & beaucoup de coton. Elle poffédoit feize cents vingt bêtes à poil, & trois mille fix cents quatre-vingt-dixneuf bêtes à corne. C'étoit le fruit de foixante ans de travaux.

La colonie ne fit des progrès remarquables qu'après la pacification d'Utrecht. On y comptoit neuf mille fix cents quarante-trois blancs, quarante-un mille cent quarante efclaves, & les beftiaux, les vivres proportionnés à cette population, lorfqu'au mois d'avril 1759, elle fut conquife par les armes de la Grande-Bretagne.

La France s'affligea de cette perte : mais la colonie eut fes raifons pour fe confoler d'un évènement, en apparence fi fâcheux. Durant un fiège de trois mois, elle avoit vu détruire fes plantations, brûler les bâtimens qui fervoient à fes fabriques, enlever une partie de fes efclaves. Si l'ennemi avoit été obligé de fe retirer après tous ces dégâts, l'ifle reftoit fans reffource. Privée du fecours de la métropole, qui n'avoit pas la force d'aller à fon fecours, & faute de denrées à livrer, ne pouvant rien efpérer des hollandois, que la neutralité amenoit fur fes rades ; elle n'auroit pas eu de quoi fubfifter jufqu'au temps des reproductions de la culture.

Les conquérans la délivrèrent de cette inquiétude. A la vérité, les anglois ne font pas marchands dans leurs colonies. Les propriétaires des terres, qui, pour la plupart, réfident en Europe, envoyent à leurs repréfentans ce qui leur eft néceffaire ; & retirent, par le retour de leurs vaiffeaux, feau, la récolte entière de leurs fonds. Un commissionnaire établi dans quelque port de la Grande-Bretagne, est chargé de fournir l'habitation & d'en recevoir les produits. Cette méthode ne pouvoit être pratiquée à la *Guadeloupe*. Il fallut que le vainqueur adoptât, à cet égard, l'usage des vaincus. Les anglais, prévenus des avantages que la France retiroit de son commerce avec ses colonies, se hâtèrent d'expédier comme elle des vaisseaux à l'isle conquise, & multiplièrent tellement leurs expéditions, que la concurrence, excédant de beaucoup la consommation, fit tomber à vil prix toutes les marchandises d'Europe. Le colon en eut presque pour rien ; & par une suite de cette surabondance, obtint de longs délais pour le paiement.

A ce crédit de nécessité, se joignit bientôt un crédit de spéculation, qui mit la colonie en état de remplir ses engagemens. La nation victorieuse y porta dix-huit mille sept cents vingt-un esclaves, avec l'espoir de retirer un jour de grands avantages de leurs travaux. Mais son ambition fut trompée ; & la colonie fut restituée à son ancien possesseur, au mois de juillet 1763.

L'état florissant où la *Guadeloupe* avoit été élevée par les anglois, frappa tout le monde. On conçut pour elle ce sentiment de considération, qu'inspire aujourd'hui l'opulence. Jusqu'alors elle avoit été subordonnée à la Martinique, comme toutes les isles françaises du vent. On la délivra de ces liens, qu'elle trouvoit honteux, en lui donnant une administration indépendante. Cet ordre de choses dura jusqu'en 1768. A cette époque, elle fut remise sous l'ancien joug. On l'en retira en 1772, pour l'y faire rentrer six mois après. En 1775, on lui accorda de nouveau des chefs particuliers ; & il faut espérer qu'après tant de variations, la cour de Versailles se fixera à cet arrangement, le seul conforme aux principes d'une politique éclairée. Si le ministère s'écartoit jamais de cet heureux plan, il verroit encore les gouverneurs & les intendans, prodiguer leurs soins, leur crédit, leurs affections à l'isle métropolitaine, immédiatement soumise à leur inspection ; tandis que l'isle asservie seroit abandonnée à des subalternes, sans force, sans considération, & par conséquent, sans aucun pouvoir, sans aucune volonté d'opérer le bien.

Les gens de guerre qui ont opiné pour la réunion des deux colonies sous les mêmes chefs, se fondoient sur l'avantage qu'il y auroit à pouvoir réunir les forces des deux isles, pour leur défense mutuelle. Mais ils n'ont pas pensé qu'entre la Martinique & la *Guadeloupe*, se trouvoit à une distance égale, la Dominique, établissement Anglois, qu'on ne peut éviter, & qui inspecte également le double canal, qui la sépare des possessions françoises. Si vous êtes inférieur en forces matimes, la communication est impraticable, parce que les secours respectifs ne sauroient manquer d'être interceptés ; si vous êtes supérieur, la communication est inutile, parce qu'il n'y a point d'invasion à craindre. Dans les deux cas, le système qu'on veut établir n'est qu'une chimère.

Il en seroit tout autrement, s'il s'agissoit d'exécuter des projets offensifs. La réunion des moyens propres à chaque isle, pourroit devenir utile, nécessaire même dans ces circonstances. Alors on confieroit le commandement militaire à l'un des gouverneurs, & sa prééminence cesseroit après l'entreprise projetée.

Mais convient-il de laisser libre, le versement des productions territoriales d'une colonie dans l'autre ? Jusqu'à la conquête de la *Guadeloupe* par les anglais, ses liaisons directes avec les ports de France, s'étoient bornées à six ou sept navires chaque année. Ses denrées, par des motifs plus ou moins réfléchis, prenoient la plupart la route de la Martinique. Lorsqu'à l'époque de la restitution, l'administration des deux isles fut séparée, on sépara aussi leur commerce. Les communications ont été rouvertes depuis, & sont encore permises au temps où nous écrivons.

Cet ordre de choses trouve des censeurs en France. Il faut, disent-ils avec amertume, que les colonies remplissent leur destination, qui est de consommer beaucoup de marchandises de la métropole, & de lui envoyer une grande abondance de productions. Or, avec ses plus grands moyens pour remplir cette double obligation, la *Guadeloupe* ne fera ni l'un ni l'autre, tout le temps qu'il lui sera permis de porter ses denrées à la Martinique. Cette liaison sera toujours la cause ou l'occasion d'un versement immense dans les marchés étrangers, principalement à la Dominique. Ce n'est qu'en coupant le pont de communication, qu'on arrêtera ce commerce frauduleux, & qu'on déracinera l'habitude de la contrebande.

Ces argumens puisés dans l'intérêt particulier, n'empêchent pas que la *Guadeloupe* & la Martinique ne doivent être confirmées dans les liaisons qu'elles ont formées. La liberté est le vœu de tous les hommes ; & le droit naturel de tout propriétaire, est de vendre à qui il veut, & le plus qu'il peut, les productions de son sol. On s'est écarté, en faveur de la métropole, de ce principe fondamental de toute société bien ordonnée ; & peut-être le falloit-il dans l'état actuel des choses. Mais vouloir étendre plus loin les prohibitions, qu'éprouve le colon : vouloir le priver des commodités & des avantages qu'il peut trouver dans une communication suivie ou passagère avec ses propres concitoyens ; c'est un acte de tyrannie, que le commerce de France rougira un jour d'avoir sollicité. Si, comme on le prétend, la navigation permise entre les deux isles, donne une portion de leurs denrées à des rivaux rusés & avides, le gouvernement trouvera des moyens honnêtes, pour faire couler dans le sein du royaume, les richesses territoriales de la *Guadeloupe* & des petites isles qui en dépendent.

La Désirade, éloignée de quatre ou cinq lieues de la *Guadeloupe*, est une des isles qui en dépendent. Son terrein excessivement aride & de dix lieues de circonférence, ne compte que peu d'habitans, tous occupés de la culture de quelques pieds de café, de quelques pieds de coton. On ignore en quel temps précisément a commencé cet établissement, mais il est moderne.

Les Saintes, éloignées de trois lieues de la *Guadeloupe*, sont deux très-petites isles, qui avec un islot, forment un triangle & un assez bon port. Trente françois, qu'on y avoit envoyés en 1648, furent bientôt forcés de les évacuer par une sécheresse extraordinaire, qui tarit la seule fontaine qui donnât de l'eau, avant qu'on eût eu le temps de creuser des citernes. Ils y retournèrent en 1652, & y établirent des cultures durables, qui produisent aujourd'hui cinquante milliers de café, & cent milliers de coton.

A six lieues de la *Guadeloupe*, est Marie Galante, qui a quinze lieues de circuit. Les nombreux sauvages qui l'occupoient en furent chassés en 1648, par les français, qui eurent des attaques vives & fréquentes à repousser pour se maintenir dans leur usurpation. C'est un sol excellent, où s'est successivement formée une population de sept ou huit cents blancs, & de six ou sept mille noirs, la plupart occupés de la culture du sucre.

Saint-Martin & Saint-Barthélemi sont aussi dans la dépendance de la *Guadeloupe*, quoiqu'ils en soient éloignés de quarante-cinq & cinquante lieues.

Saint-Barthélemi a dix ou onze lieues de tour. Ses montagnes ne sont que des rochers, & ses vallées que des sables, jamais arrosés par des sources ou par des rivières, & beaucoup trop rarement des eaux du ciel. Elle est même privée des commodités d'un bon port, quoique tous les géographes l'aient félicitée de cet avantage. En 1646, cinquante français y furent envoyés de Saint-Christophe. Massacrés par les caraïbes en 1656, ils ne furent remplacés que trois ans après, l'aridité du sol les fit recourir au bois de Gayac, qui couvroit leur nouvelle patrie, & dont ils firent de petits ouvrages qu'on recherchoit assez généralement. Cette ressource eut un terme, & le soin de quelques bestiaux qui alloient alimenter les isles voisines, la remplaça. La culture du coton ne tarda pas à suivre, & la récolte s'en élève à cinquante ou soixante milliers, lorsque, ce qui arrive le plus souvent, les sécheresses opiniâtres ne s'y opposent pas. Jusqu'à ces derniers temps, les travaux ont tous été faits par les blancs; & c'est encore

la seule des colonies européennes, établies dans le nouveau-Monde, où les hommes libres daignent partager avec leurs esclaves les travaux de l'agriculture. Le nombre des uns ne passe pas quatre cents vingt-sept, ni celui des autres trois cents quarante-cinq. L'isle, dans son plus grand rapport, en nourriroit difficilement beaucoup davantage.

La misère de ses habitans est si généralement connue, que les corsaires ennemis qu'on y a vu souvent relâcher, ont toujours fidèlement payé le peu de rafraîchissemens qui leur ont été fournis, quoique les forces manquassent pour les y contraindre. Il y a donc encore de la pitié, même entre des ennemis & dans l'ame des corsaires.

Au premier janvier 1777, en y comprenant les isles plus ou moins fertiles, soumises à son gouvernement, la *Guadeloupe* comptoit douze mille sept cents blancs de tout âge & de tout sexe, treize cents cinquante noirs ou mulâtres libres, & cent mille esclaves, quoique leur dénombrement ne montât qu'à quatre-vingt-quatre mille cent.

Ses troupeaux comprenoient neuf mille deux cents vingt chevaux ou mulets, quinze mille sept cents quarante bêtes à corne, & vingt-cinq mille quatre cents moutons, porcs ou chevres.

Elle avoit pour ses cultures quatre cents quarante-neuf mille six cents vingt-deux pieds de cacao, onze millions neuf cents soixante-quatorze mille quarante-six pieds de coton, dix-huit millions sept cents quatre-vingt-dix-neuf mille six cens quatre-vingt pieds de café, trois cents quatre-vingt-huit sucreries qui occupoient vingt-six mille quatre-vingt-huit quarrés de terre.

Son gouvernement, son tribut & ses impositions étoient les mêmes qu'à la Martinique.

Si ces supputations fréquentes fatiguent un lecteur oisif, on espère qu'elles ennuyeront moins des calculateurs politiques qui, trouvant dans la population & la production des terres la juste mesure des forces d'un état, en sauront mieux comparer les ressources naturelles des différentes nations. Ce n'est que par un registre bien ordonné de cette espèce qu'on peut juger avec quelque exactitude de l'état actuel des puissances maritimes & commerçantes, qui ont des établissemens dans le nouveau-Monde. Assez de tableaux éloquens, assez de peintures ingénieuses amusent & trompent la multitude sur les pays éloignés. Il est temps d'apprécier la vérité, le résultat de leur histoire, & de savoir moins ce qu'ils ont été que ce qu'ils sont: car l'histoire du passé, sur-tout par la manière dont a été écrite, n'appartient guère plus au siècle où nous vivons que celle de l'avenir. Encore une fois, qu'on ne s'étonne plus de voir répéter si souvent un dénombrement de nègres & d'animaux, de terres & de productions; en un mot, des détails qui, malgré la sécheresse qu'ils offrent à l'esprit, font pourtant les fondemens phyfiques de la fociété.

La *Guadeloupe* doit obtenir de fes cultures une maffe de productions très-confidérable, & même plus confidérable que la Martinique. Elle a beaucoup plus d'efclaves ; elle en emploie moins à fa navigation & à fon commerce ; elle en a placé un grand nombre fur un fol inférieur à celui de fa rivale ; mais qui, étant en grande partie nouvellement défriché, donne des récoltes plus abondantes que des terres fatiguées par une longue exploitation. Auffi eft-il prouvé que fes plantations, qui ne font pas dévorées par les fourmis, lui forment un revenu fort fupérieur à celui qu'obtient la Martinique. Cependant quatre-vingt-un bâtimens de la métropole n'enlevèrent, en 1775, de cette ifle que cent quatre-vingt-huit mille trois cents quatre-vingt-fix quintaux fix livres de fucre brut ou terré, qui rendirent en Europe 7,137,930 l. 16 f. ; foixante-trois mille vingt-neuf quintaux deux livres de café, qui rendirent 2,992,860 l. 19 f. ; quatorze cents trente-huit quintaux vingt-fept livres d'indigo, qui rendirent 1,222,529 l. 10 f. ; mille vingt-trois quintaux cinquante-neuf livres de cacao, qui rendirent 71,651 liv. 6 fols ; cinq mille cent quatre-vingt-treize quintaux foixante-quinze livres de coton, qui rendirent 1,298,437 l. 10 fols ; fept cents vingt-fept cuirs, qui rendirent 6973 liv. ; feize quintaux cinquante-fix livres de carret, qui rendirent 16,560 liv. ; douze quintaux foixante-deux livres de canefice, qui rendirent 336 liv. 15 fols 10 den. ; cent vingt-cinq quintaux de bois, qui rendirent 3125 liv. Ces fommes réunies ne fe montent qu'à 12,751,404 l. 16 fols 10 den.

Quelques productions de la colonie paffoient à la Martinique. Elle livroit fes firops & d'autres denrées aux américains, de qui elle recevoit du bois, des beftiaux, des farines & de la morue ; fes cotons à la Dominique qui lui fourniffoit des efclaves ; fes fucres à Saint-Euftache, qui payoit en argent ou en lettres de change & en marchandifes des indes orientales.

La vigilance des derniers adminiftrateurs a mis quelques bornes à ces liaifons interlopes. Auffitôt fe font multipliés les navires françois, deftinés à l'extraction des denrées. L'habitude en a conduit beaucoup dans la *Guadeloupe* proprement dite, à Saint-Charles de la Baffe-Terre, où fe faifoient autrefois tous les chargemens, quoique ce ne foit qu'une rade foraine dont l'accès eft difficile, & où le féjour eft dangereux : mais un plus grand nombre fe font portés à la Pointe-à-Pitre.

C'eft un port profond & affez fûr, placé à l'une des extrémités de la Grande-Terre. Il fut découvert par les anglois, dans le temps qu'ils reftèrent les maîtres de la colonie ; & ils s'occupoient du foin de lui donner de la falubrité, lorfque la paix leur arracha leur proie. La cour de

Verfailles fuivit cette idée d'un vainqueur éclairé, & fit tracer, fans délai, le plan d'une ville qui s'eft accrue très-rapidement. La nature, les vents, le gliffement des côtes, tout veut que le commerce prefque entier d'une fi belle poffeffion fe concentre dans cet entrepôt. Il ne doit refter à Saint-Charles que la réunion des beaux fucres des trois rivières, & des cafés qui fe récoltent dans les quartiers du Baillif, de Deshays, de Bouillante & de la Pointe-Noire. Cependant cette ville continuera à être le fiège du gouvernement, puifque c'eft-là qu'eft la force, que font les fortifications.

Si l'on en croyoit quelques obfervateurs, la colonie devroit s'attendre à décheoir. Sa partie connue fous le nom de *Guadeloupe*, & cultivée depuis très-long-temps, n'eft pas, difent-ils, fufceptible d'une grande amélioration. Ils affurent, d'un autre côté, que la Grande-Terre ne fe foutiendra pas dans l'état floriffant où un heureux hafard l'a portée. Ce vafte efpace, couvert prefque uniquement de ronces, il y a dix-fept ou dix-huit ans, & qui fournit aujourd'hui les trois cinquièmes des richeffes territoriales, n'a pas un bon fol. Les fucres y font d'une qualité très-inférieure. Privé de forêts, de rofées & de rivières, il eft expofé à de fréquentes féchereffes qui détruifent fes beftiaux & fes productions.

La colonie a d'autres raifons encore pour efpérer des accroiffemens rapides. Il lui refte des terreins en friche, & ceux qui font déja cultivés, font fufceptibles d'amélioration. Ses dettes font peu confidérables. Avec moins de befoins que les établiffemens où la richeffe a depuis long-temps multiplié les goûts & les defirs, elle peut accorder davantage au progrès de fes cultures. Les ifles angloifes continueront à lui fournir des efclaves, fi les navigateurs françois fe bornent toujours à lui en porter annuellement cinq ou fix cens, comme ils l'ont fait. La réunion de ces circonftances fait préfumer que la *Guadeloupe* arrivera bientôt au faîte de fa profpérité, fans le fecours & malgré les entraves du gouvernement.

Voyez les articles FRANCE, SAINT-DOMINGUE, LA MARTINIQUE, &c.

GUASTALLE (duché de). *Voyez* l'article PARME.

GUELDRE (pays de), contrée de l'Europe. Nous indiquerons fa pofition plus bas : on la divife en deux parties ; la *Gueldre inférieure* avec le comté de Zutphen qui en dépend, & la haute-*Gueldre* : la haute-*Gueldre* appartient à l'empereur, au roi de Pruffe, à la Hollande, à l'électeur palatin, &c. &c ; & la *Gueldre inférieure* eft un des fept états de la confédération des Provinces-Unies : nous allons d'abord parler de la haute-*Gueldre*, & nous parlerons enfuite de la *Gueldre* inférieure.

GUELDRE HAUTE. Par les traités de Radftat, de Bade & de la Barrière, l'empereur Charles VI a cédé aux hollandois, dans la haute-*Gueldre*, la ville de Venlo, le fort de Stevenſweert, l'ammanie de Montfort & le fort Saint-Michel.

Le roi de Pruſſe y poſſède, en vertu des mêmes traités &d'un traité antérieur, conclu à Utrecht avec l'empereur, l'an 1713, la ville & l'ammanie de *Gueldre*, les ammanies de Keſſel, de Stralem & de Krieckenbeeck.

Enfin l'empereur Charles VI a cédé à l'électeur palatin les petites villes d'Erkelens & de Cuyckhoven. De ces divers partages, il n'eſt reſté à la maiſon d'Autriche que la ville de Ruremonde; les villages nommés de la *Matricule*, qui ſont Swalmen, Weghberg, Cuckten & Elmpt, & les ſeigneuries d'Allenbrouch, d'Ohn, d'Obbicht & de Papenhoven.

Ce quartier de la *Gueldre*, ſous la domination de ſa majeſté impériale, eſt baigné par la Meuſe & par une partie de la Roer. Il eſt enclavé entre le duché de Clèves, le comté de Meurs, le dioceſe de Cologne, celui de Liège, & les duchés de Juliers & de Brabant.

Les habitans ſont fort induſtrieux, mais le commerce n'y eſt pas en vigueur; quelques draps & quelques toiles ſont la principale branche de leur commerce.

Les habitans de la haute-*Gueldre* ont conſervé les dogmes & le culte de l'égliſe romaine, quoiqu'ils ſoient entourés de peuples qui ont embraſſé les dogmes des réformateurs. C'eſt par des diſpoſitions favorables pour les habitans de ce pays-ci, que ſa majeſté l'empereur Charles VI fit inſérer dans le traité de la Barrière, article 18, en cédant aux Etats-Généraux une partie de la *Gueldre*, qu'ils y maintiendroient les privilèges & coutumes de ces diſtricts, ſoit civiles ou eccléſiaſtiques, de même que le droit dioceſain de l'évêque de Ruremonde; les cérémonies & l'exercice public de la religion catholique, ſur le pied où elle étoit ſous le règne de Charles II, ſans pouvoir donner les charges de magiſtrature & autres de police, qu'à des perſonnes qui ſeroient de la même religion.

Que le droit de collation des bénéfices, appartenant au ſouverain, appartiendroit déſormais à l'évêque de Ruremonde, qui ne pourroit les donner qu'à des perſonnes qui ne ſeroient pas déſagréables aux Etats Généraux.

Ce diocèſe comprend onze villes; ſavoir, Ruremonde, Venlo, *Gueldre*, Weert, Wachtendonck, Baxmeer, Straelen, Nimegue, Grave, Fauquemont & Batembourg, outre 98 bourgs & villages, qui ſont partagés en huit doyennés ruraux.

Les états des débris de cette province, demeurés à S. M. l'empereur, ſont compoſés de nobles & de députés de la ville de Ruremonde; le clergé n'y a pas d'entrée.

Pour être reçu à l'état noble, il faut faire preuve de huit quartiers nobles, tant du côté paternel que du côté maternel, & poſſéder un tenement noble, reconnu pour tel par les députés de la ville de Ruremonde. Avant le démembrement de cette province, les députés des autres villes, ayant ſéance aux états, avoient pareillement voix délibérative.

La ville de Ruremonde eſt repréſentée aux états par deux députés, dont l'un eſt bourgue-meſtre ſervant, & l'autre l'ancien bourgue-meſtre; ils ſont autoriſés à donner leur voix, par eux-mêmes, aux aſſemblées des états ſans ſe concerter avec le magiſtrat.

Le marquis de Hoensbroeck, en qualité de maréchal héréditaire de la *Gueldre*, eſt député perpétuel des nobles, & propoſe les affaires à l'aſſemblée des états Les réſolutions s'y prennent à la pluralité des voix.

Les nobles ont un autre député ordinaire, outre le maréchal héréditaire, & la ville de Ruremonde en a également deux.

Le conſeiller-penſionnaire ou ſyndic eſt choiſi par les états à la pluralité des voix, & il n'a, comme dans les autres provinces, que voix conſultative.

La terre de Weert eſt ſous la domination de ſa majeſté l'empereur; elle appartenoit, dans le quinzième ſiècle, aux maiſons de Horn & d'Egmont; elle a préſentement pour ſeigneur le prince de Chimai, qui y poſſède les moulins, un livre cenſal, & la dixme conjointement avec le chapitre de S. Servais à Maëſtricht: le ſeigneur y nomme l'écoutette & les échevins qui adminiſtrent la juſtice en première inſtance. L'appel des ſentences eſt porté en dernier reſſort au conſeil ſouverain de *Gueldre*. Chaque adminiſtration a ſes bourgue-meſtres, qui ſont les collecteurs des tailles & receveurs des deniers publics, & qui, conjointement avec les jurés, adminiſtrent la police & les affaires internes. Elle eſt pays d'impoſitions, proprement dit; elle paye 18,000 florins de change, c'eſt-à-dire, autant que tout le reſte de la *Gueldre* autrichienne partage de ſa majeſté paye de ſubſides; elle paye 2100 florins de change par an pour l'abonnement des comptoirs, d'après l'accord fait en 1764, elle ne paye plus de droits d'entrée & de ſortie, enſorte qu'elle eſt, ainſi que la *Gueldre* autrichienne, traitée en province étrangère, vis-à-vis des autres provinces belgiques.

Les habitans de cette terre ont trouvé le ſecret de ſe garantir de la mauvaiſe monnoie qui inonde la *Gueldre*, & ſur-tout la ville de Ruremonde; elle ne diffère du cours de Brabant que de neuf pour cent, tandis que Ruremonde diffère de 22 pour cent, ce qui eſt pour eux un très-grand avantage.

Tous les impôts ſe lèvent ſur les propriétés, & le peuple deſire une cottiſation perſonnelle, au moins pour ſon contingent, dans l'abonnement des comptoirs, dont le trafic, qui est aujourd'hui exempt, étoit seul chargé autrefois.

Les communautés de la haute-*Gueldre*, excepté les villes de Weert & de Wessem, doivent tous leurs capitaux à eux-mêmes, à un & demi, un & trois quarts & 2 pour cent; aucun étranger n'est créancier: ce bas intérêt & cette position sont peut-être uniques en Europe. Les bêtes à cornes qu'ils vendent aux brabançons, les troupeaux de moutons, le beurre & les chevaux qu'ils élèvent, après en avoir tiré les poulins de la mairie de Bois-le-Duc, & leur métier de roulier d'Anvers sur Cologne, contribuent à une circulation d'argent, qui leur procure plus d'aisance qu'à divers cantons du Brabant & de la Flandre.

Le traité de Venlo, du 12 septembre 1543, par lequel la *Gueldre* reconnut la domination de l'empereur Charles V, contient les privilèges de cette province.

Il y est dit, art. 5, que le souverain instituera une chancellerie dans la province pour y administrer la justice, sans que personne puisse être assujetti à une jurisdiction étrangère; art. 6, que l'empereur Charles V confirmera le privilège *de non evocando*, accordé aux gueldrois à l'égard de l'Empire, par les empereurs ses prédécesseurs.

Ce traité est confirmé sous serment par chaque souverain à son inauguration, & lorsque l'empereur Charles VI céda différens districts du haut quartier de la *Gueldre* au roi de Prusse & aux Etats-Généraux des Provinces Unies, par les traités d'Utrecht & de la Barrière, nous avons dit que la conservation des privilèges de la province fut nommément stipulée en faveur des districts cédés; aussi ces deux puissances ont-elles établi chacune un nouveau conseil supérieur de justice dans les districts cédés; savoir, le roi de Prusse dans la ville de *Gueldre*, & les Etats-Généraux dans celle de Venlo.

Ce fut en 1547 que l'empereur Charles V institua le conseil de *Gueldre* & le fixa dans la ville d'Arnhem; il fut composé d'un stadhouder ou gouverneur de la province, d'un chancelier & de plusieurs conseillers, dont l'un fut nommé *mambour*, c'est-à-dire, avocat & procureur du souverain.

Ce conseil demeura à Arnhem jusqu'en 1580; mais, à l'occasion de la guerre civile & des troubles qui désoloient le bas quartier de la *Gueldre*, Alexandre Farnese, gouverneur général des Pays-Bas, ordonna qu'il fût transféré à Ruremonde; où il est resté depuis cette époque.

Lors de la réduction générale des officiers royaux arrêtée par le réglement du roi Charles II, donné à Madrid le 25 janvier 1681, il fut ordonné que ce conseil, réduit à une chambre de judicature, seroit composé déformais d'un chancelier, de deux conseillers de robe courte, de six de longue robe & d'un greffier.

Le conseil de *Gueldre* subsista sur ce pied jusqu'en 1720, à cette époque, par un réglement de l'empereur Charles VI, donné à Vienne le 8 mai de la même année, on retrancha deux conseillers de longue robe; de manière qu'il fut composé alors du chancelier qui fut nommé en même-tems lieutenant de la cour féodale, de deux conseillers de courte robe, de trois de longue robe, d'un fiscal ou *mambour* avec voix délibérative comme les autres conseillers dans les affaires non fiscales, & d'un greffier: cette réduction étoit convenable à tous égards, attendu qu'après les démembremens que le haut quartier de *Gueldre* avoit soufferts, en vertu des traités d'Utrecht, de Radstat, de Bade & de la Barrière, il ne restoit à la maison d'Autriche que la ville de Ruremonde avec quatre villages & quelques terres franches.

Par un réglement du 2 octobre 1737, l'empereur réunit le conseil de *Gueldre* & le magistrat de Ruremonde, pour ne faire déformais qu'un seul corps de justice & de police, composé d'un chancelier, de deux conseillers de courte robe, de sept conseillers de longue robe, y compris le fiscal & deux greffiers.

On en forma deux chambres, dont la première étoit composée du chancelier, du plus ancien conseiller de courte robe & de trois plus anciens conseillers de longue robe, y compris le fiscal: cette chambre devoit représenter le conseil de la province. Les autres cinq conseillers, tant de courte que de longue robe, devoient former la deuxième chambre & représenter le magistrat de Ruremonde.

L'expérience fit connoître que cette réunion ne produisoit pas les avantages qu'on s'en étoit promis, & en conséquence sa majesté l'impératrice-Reine la fit cesser par un réglement du 12 juin 1756, en séparant de nouveau le conseil & le magistrat de Ruremonde.

Le conseil fut donc rétabli sur le pied du réglement de l'an 1720, ensorte qu'il est composé aujourd'hui du chancelier, de sept conseillers, d'un greffier & de deux secrétaires. La dernière charge de secrétaire ne fut créée par sa majesté l'impératrice qu'en 1759, pour accélérer l'expédition des dépêches.

Des différens partages qui ont eu lieu dans cette province, il est résulté plusieurs contestations territoriales, ou abus qui ne sont pas encore détruits. Le bureau de Neer sur la Meuse, plus bas que Ruremonde, est de ce nombre. L'établissement de ce bureau où les liégeois lèvent le 60e est une nouveauté illégitime, introduite l'an 1700. Le gouvernement des Pays-Bas le fit d'abord supprimer à main armée; mais dans la suite, l'électeur de Bavière, gouverneur général de ces provinces, ayant des complaisances pour son frère, évêque & prince de Liège, le bureau fut rétabli en 1718. Le gouvernement des Pays-Bas le fit anéantir pour la seconde fois: le receveur

du 60e fut enlevé & conftitué prifonnier à Ruremonde ; mais le bureau a été rétabli pour la
feconde fois & fubfifte encore ; il eft fi préjudiciable au commerce de la Meufe, qu'en 1731
le roi de Pruffe demanda à l'empereur qu'on le
fupprimât.

Le bureau de Well, fur la même rivière, plus
bas que Venlo, a produit des difficultés qui fubfiftent encore. Après qu'on eut cédé au roi de
Pruffe, par les traités d'Utrecht, une partie du
haut quartier de la Gueldre, il demanda d'être
admis au partage des revenus provenants des bureaux établis fur la Meufe, & fur le refus qu'en
firent les Etats-Généraux, adminiftrateurs des
Pays-Bas autrichiens, il en établit lui-même à
Well l'an 1713.

Ce bureau a été depuis 50 ans un objet de
conteftations & de négociations. Les hollandois
foutinrent d'abord que les péages qui fe lèvent à
Ruremonde & à Venlo, étoient des tonlieux locaux, attachés à ces deux villes, & deftinés à
l'entretien de leurs fortifications ; ils en inférèrent de là que le roi de Pruffe ne pouvoit y prétendre la moindre part ; mais ils ajoutèrent de
plus qu'il n'étoit pas en droit d'impofer des péages fur le commerce de la Meufe, dans la partie de la Gueldre qui lui avoit été cédée, & la
cour impériale embraffa vivement le même fyftême. Le roi de Pruffe, ferme fur fes prétentions,
a ramené infenfiblement les hollandois : ils ont
offert de l'admettre au partage des bureaux de
Navagne, de Ruremonde & de Venlo, à la concurrence d'un tiers, & même de permettre qu'il
y eût dans chacun des bureaux un contrôleur de
fa part, aux conditions qu'il fupprimeroit le bureau de Well ; ils ont même cherché à obtenir à
cet effet le confentement de la cour impériale ;
mais jufqu'ici il n'en eft rien réfulté. Sa majefté
l'empereur feroit certainement léfé par un pareil
arrangement, attendu que deux des trois bureaux
lui appartiennent, & que celui de Navagne n'a
d'ailleurs rien de commun avec la Gueldre.

Quelques autres conteftations font relatives aux
terres de Vierffen, de Wickeraedt, de Thorn &
de Millendonck.

La terre de Vierffen eft confidérable : l'avant-
dernier roi de Pruffe s'en empara comme étant
dans la dépendance de l'ammanie de Krieckenbeeck, qui lui a été cédée par les traités d'U-
trecht, & il en a confervé la poffeffion.

Les états de la Gueldre autrichienne foutiennent au contraire que Vierffen eft une terre fran-
che, indépendante de l'ammanie de Krieckenbeeck, & qui n'a été comprife dans aucune des
ceffions faites au roi de Pruffe.

La terre de Wickeraedt étoit inconteftablement,
dans les anciens temps, un fief relevant du duché de Gueldre ; les actes de relief des années
1326, 1338 & 1402 en font foi. Elle fut réunie
au domaine du duc de Gueldre en 1454, & alié-

née en 1466. Ayant été réunie pour la feconde
fois au domaine, l'archiduc Maximilien la vendit
en 1485 à Henri de Hompefch, qui en obtint
l'inveftiture de l'empereur Frédéric III en 1488
avec cette claufe que le bourg de Wickeraedt
feroit déformais relevé, non comme fief de Gueldre, mais comme fief de l'Empire.

On foutient de la part de l'empereur, en fa
qualité de duc de Gueldre, que ce changement
de féodalité, fait pendant la minorité de Philippe
le Bel, a été accompagné de circonftances qui
le rendent nul. C'eft cependant fur le fondement
de l'acte de 1488 que les feigneurs de Wickeraedt prétendent ne plus dépendre de la Gueldre.

La terre de Millendonck étoit originairement
du patrimoine des anciens comtes de Gueldre ;
&, depuis qu'elle en eut été détachée en
1300, elle a toujours été en fief du duché de
ce nom.

En 1671, Philippe de Croy qui en étoit feigneur, fit quelques tentatives pour la fouftraire
au duché de Gueldre, & pour l'annexer à l'Empire ; mais on les réprima. Cependant fes fucceffeurs ne perdirent pas de vue le deffein de la rendre indépendante, &, dans l'année 1700, la
comteffe de Berlips, profitant du grand crédit
qu'elle avoit à la cour de Madrid, obtint du roi
Charles II des lettres-patentes, par lefquelles il
lui cédoit le domaine direct de Millendonck ;
elle prétendit en conféquence que ce prince lui
avoit abandonné, fans exception, tous les droits
qui lui appartenoient fur cette terre, & ce fut
fur ce fondement qu'elle chercha à la faire annexer au cercle de Weftphalie ; mais en 1702 le confeil de Gueldre caffa & annula ce qu'elle avoit fait :
la poffeffion néanmoins eft actuellement contre fa
majefté.

On foutient aux Pays-Bas, & avec raifon,
que la terre de Thorn eft une dépendance de
la Gueldre, quoique le chapitre noble de Thorn
prétende qu'elle eft terre immédiate de l'Empire.

On trouve dans la Gueldre un canal ruiné. Le
grand commerce que les hollandois faifoient par
le Rhin & la Meufe avec l'Allemagne, fit naître
à l'infante Ifabelle le deffein de l'attirer dans les
Pays-Bas dont elle étoit gouvernante ; dans cette
intention, l'on fe détermina, le 21 feptembre
1627, à creufer un canal du Rhin à la Meufe ; il
commençoit au-deffous de Rhinberg dans l'électorat de Cologne, paffoit à l'abbaye de Cam-
pen, enfuite à Bruggen, puis ayant
coupé la rivière de Niers, il fe rendoit dans la
Meufe à Venlo : il auroit eu huit lieues de cours,
& on fe propofoit de le prolonger de la Meufe
au Démer & du Démer à l'Efcaut. On le nomma le nouveau Rhin, ou la Foffe Eugenienne ;
mais les travaux furent d'abord traverfés, &
puis totalement ruinés à main armée par les hollandois, enforte qu'on n'y voit plus que les ref-

res d'un ravin entrepris avec beaucoup de dépense.

GUELDRE, l'une des sept Provinces-Unies : on l'appelle aussi le *pays de Gueldre*, ou *la Gueldre inférieure* avec le comté de Zutphen. Elle est bornée au couchant par les provinces d'Utrecht & de Hollande ; au nord par le Zuydersée, l'O-ver-Yssel ; au levant par l'évêché de Munster & le duché de Clèves, & au midi par la Meuse qui la sépare du Brabant. Elle a cet avantage sur les autres provinces, que l'air y est plus pur & plus sain. Son sol est d'une bonne qualité, si l'on ex-cepte le milieu du quartier du Veluwe, qui, ainsi que le comté de Zutphen, est sablonneux, chargé de broussailles & de landes.

Cette province est arrosée par les trois bras du Rhin, qui sont la Waal, l'Yssel & la Lek ; la Meuse en traverse les frontières méridionales. Elle a de moindres rivières, telles que la Linge, appellée autrefois *Lauge-Wasser*, qui prend son cours entre le Rhin & la Waal, & se perd dans la Merwe à peu de distance de Gorkum. La vieille Yssel qui a son embouchure dans l'Yssel, près de Doerbourg, la Berkel ou Borkel qui s'y jette de même dans les environs de Zutphen, & que le magistrat de cette ville a résolu en 1766 de rendre navigable, la Grift & les autres riviè-res du quartier de Veluwe, qui s'unissent à l'Ys-sel aux environs de Hatten. La *Gueldre* inférieure contient vingt villes & deux bourgs.

Précis de son histoire politique. Elle fut régie an-ciennement par des prévôts, dont les charges furent rendues héréditaires. Henri IV, empereur d'Allemagne, l'érigea en comté l'an 1709 en faveur d'Otton de Nassau qui la possédoit alors ; il avoit épousé la fille du comte de Zutphen, & réunit par-là ce comté au pays de *Gueldre*. Henri de Nassau y ajouta la contrée du Veluwe. Le comte Othon III y ajouta ensuite la ville im-périale de Nimégue avec tout son territoire, que Guillaume, roi des romains, lui engagea en 1248. Le pays de *Gueldre* fut érigé en duché en 1339, par l'empereur Louis de la maison de Ba-vière. Renaud II fut le premier qui le posséda sous ce titre. Ses descendans mâles s'éteignirent, & ce duché passa, en premier lieu, à la maison de Juliers, & postérieurement à celle d'Egmond, qui, en 1423, se fit prêter le serment de fidé-lité pour raison de ce duché & du comté de Zut-phen, & engagea le duché à Charles le Témé-raire, duc de Bourgogne, en 1472. Arnaud étant mort l'année d'après, Charles en prit possession ; mais il fut tué en 1477, & ce duché fut rendu à Arnaud, fils de Arnaud dont nous venons de parler, & qui le transmit à son fils Charles. Celui-ci eut à soutenir des contestations sans nom-bre ; il fut enfin forcé de se désister de ce duché en faveur de Charles V, empereur d'Allemagne. La cession fut suivie, en 1543, d'un abandon général des droits que Guillaume, duc de Clè-

ves, pouvoit réclamer. Trois quartiers de ce duché accédèrent en 1579 à la confédération con-clue à Utrecht : ils contiennent précisément l'é-tendue du terrein qu'occupe aujourd'hui la pro-vince de *Gueldre*. Ces quartiers furent celui de Nimégue, celui de Zutphen, & celui d'Arnheim.

Constitution particulière de la province de Gueldre. La constitution particulière de cette grande pro-vince est presque aristocratique. Si la province de Zélande doit regretter de n'avoir pas un nom-bre assez considérable de nobles, celle-ci peut se plaindre, à plus juste titre, d'en avoir un trop grand nombre. Il y a beaucoup de gentilshom-mes en *Gueldre*, & leur autorité s'y fait sentir avec tant de force, que les roturiers y sont à-peu-près comptés pour rien. Le droit féodal sem-ble y avoir conservé toute sa vigueur. Le sort du peuple diffère peu de ce qu'il étoit sous les ducs ses souverains ; des écrivains croient qu'il a perdu quelque chose sur plusieurs points, & que les nobles seuls ont gagné à la révolution. Le corps des nobles fait la loi dans les états, & ces états se trouvent revêtus de l'autorité souveraine : la noblesse a trop de part à la souveraineté. La pro-vince est divisée en trois grands quartiers ; le comté de Zutphen, le quartier de Nimégue, & le quartier de la Veluwe. Ces trois quartiers for-ment les trois voix délibératives aux états de la province, & ils s'y font représenter par des dé-putés. Chaque quartier tient son assemblée par-ticulière. Ces assemblées particulières sont com-posées de deux membres. Le premier est formé par le corps des nobles ; le second par le corps des villes. Le stathouder des Provinces-Unies est premier noble de *Gueldre*. Il se fait représenter par un autre noble qu'il choisit, & qui préside pour lui à l'assemblée ; lorsque la résolution est prise dans chaque quartier, elle se porte à l'assem-blée générale, & la résolution souveraine se dé-termine à la pluralité de deux quartiers contre un : il est rare que les trois quartiers ne soient point d'accord. Les villes sont presque toujours de l'avis de la noblesse.

Le nombre des gentilshommes qui peut assister aux états, n'est point déterminé. Chaque noble, doué des qualités requises, est admis à la régence commune, s'il a l'âge de vingt-deux ans. Quant aux villes, quoique leur nombre soit fixe, & qu'il ne puisse augmenter, il est libre aux collèges de la magistrature d'envoyer aux assemblées du quar-tier autant de députés qu'ils le jugent à propos, avec cette réserve cependant que, fussent-ils dix pour une seule ville, leurs voix ne sont comptées que pour une. Les assemblées particulières ont lieu dans la principale ville du quartier de la-quelle elles portent le nom ; le bourgue-mestre en régence y préside, & l'on y traite de toutes les affaires qui peuvent intéresser le quartier. Les assemblées générales se tiennent deux fois par année, alternativement dans les trois principales villes ; l'une au printemps , & l'autre en automne : les affemblées particulières ou des quartiers portent le nom de *diètes* , & les affemblées générales font qualifiées d'*états de la principauté de Gueldre* & du *comté de Zutphen*. La *Gueldre* envoie dix-neuf députés aux affemblées des Etats-généraux des Provinces - Unies. La cour de juftice fupérieure & la chambre des comptes de cette province , ont leur fiège dans la ville d'Arnheim.

Remarques fur la conftitution, la régence & l'adminiftration de la province de Gueldre. Nous avons dit plus haut , qu'en Gueldre les villes & la Nobleffe font prefque toujours du même avis ; & dans les autres provinces , on trouve rarement cet accord entre les villes & les nobles. Voici le mot de l'énigme. Dans les autres provinces , les nobles qui font reconnus pour tels , & qui peuvent prétendre à tous les droits de l'ordre équeftre , font exclus des magiftratures des villes : en *Gueldre* , les magiftratures des villes , fur-tout à Zutphen & à Nimègue , font remplies par des nobles. Il eft vrai qu'un bourguemaître de Zutphen , de Nimègue , &c. , ne peut fiéger en même-temps dans l'ordre équeftre ; mais cette précaution , ou fi l'on veut , cette exclufion , n'eft qu'une formalité. Un bourguemaître gentilhomme qui vote pour une ville , oublie prefque toujours les intérêts du peuple de la ville qu'il repréfente , en faveur des intérêts de l'ordre équeftre , qui font intimement liés à fes intérêts perfonnels.

Si le gouvernement général de la province de *Gueldre* appartient prefque en entier au corps des nobles de cette province , ils ont auffi la police particulière des villes & de leurs diftricts. Nous avons déjà remarqué que les nobles Gueldrois rempliffent prefque toutes les magiftratures des villes. On ne trouve guère dans les confeils des villes , que des nobles , qui prefque tous ont des terres feigneuriales , & des droits féodaux très-rigoureux. Les feigneurs font donc devenus les repréfentans de leurs vaffaux ; ils font d'autant plus impérieux , qu'ils ne reconnoiffent plus de feigneurs fuzerains depuis l'exclufion des ducs de *Gueldre* ; & auprès de qui , font-ils repréfentans de leurs vaffaux ? Auprès d'eux - mêmes ! Nous en appellerons ici à la confcience intime de tous les feigneurs de terres ; qu'ils confultent leur propre cœur , & qu'ils difent , fi les vaffaux ne rifquent rien à être repréfentés par leur propre feigneur , qui , revêtu , dans toute la force du terme , de la fuprême magiftrature , eft devenu juge & partie ? Et tant que cet ordre de chofes fubfiftera , le fentiment des villes fera celui du corps de la nobleffe. S'il y a diverfité d'avis dans les affemblées particulières des trois quartiers , cette diverfité n'a lieu qu'entre les nobles , perfuadés que le peuple doit être compté pour quelque chofe , & les nobles furs de leurs privilèges , & croyant que le peuple eft

fait pour obéir aveuglément. Les bourgeois des Villes de *Gueldre* , n'ont pas plus d'influence que les habitans du plat pays ; leurs nobles magiftrats , qu'ils ne choififfent pas , & qu'ils reçoivent de la main du ftathouder de la province , comme ils les recevoient de la main de leurs derniers ducs , règlent tout , décident de tout & gouvernent tout , fans la participation du corps de la bourgeoifie ; cette bourgeoifie n'eft qu'un fantôme : fi elle vouloit menacer , la garnifon ne tarderoit pas à la réprimer & à la faire rentrer dans le néant ; car les principales villes de *Gueldre* font pourvues d'une forte garnifon qui eft toujours dévouée au magiftrat.

La nobleffe Gueldroife étant très-nombreufe , fournit beaucoup d'officiers de terre & quelques-uns de mer à la république. Depuis que le premier noble de *Gueldre* eft devenu ftathouder , capitaine & amiral général héréditaire , toutes les graces militaires & autres découlent & ne peuvent découler que de lui. Il en réfulte que la nobleffe de *Gueldre* fe prête abfolument aux vues du premier noble de la province ; auffi les affaires s'y dirigent - elles prefque toujours à fon gré.

Le lecteur connoît maintenant la caufe des troubles *de la Gueldre* ; il voit comment les états ont pu fe déterminer à une expédition militaire , contre les villes de Hattem & d'Elbourg ; il juge que le ftathouder dirigeant à fon gré les nobles de cette province , elle a dû favorifer les prétentions du capitaine-général , malgré la réfiftance des autres provinces. Nous reviendrons fur ces troubles à l'article PROVINCES - UNIES ; ils feront peut-être pacifiés alors , & il fera plus aifé d'en faire le tableau général. En attendant , voici de quelle manière les états de *Gueldre* ont rendu compte de la partie de ces troubles , relative à leur provinces. Leur manifefte eft curieux , & nous le donnons ici , fans aucun changement.

« Les états de la principauté de *Gueldre* & de Zutphen , favoir faifons. Nous avons appris qu'avec la plus vive douleur , les bruits auffi mal fondés que malicieux , répandus non-feulement dans cette province , mais de toutes parts , au fujet des véritables raifons qui nous ont portés à notre réfolution du 31 août , relative aux villes de Hattem & d'Elbourg ; bruits tendans à nous attribuer des deffeins auxquels nous n'avons jamais penfé , & à infpirer aux bons citoyens & habitans de cette République , une défiance de notre fincère inclination à maintenir chacun dans fes droits & privilèges légitimes , & à prêter l'oreille à toutes plaintes juftes. A ces caufes , pour effacer toute impreffion de cette nature & prévenir les malheurs qui pourroient en être la fuite , nous avons cru également important & néceffaire d'inftruire tous & chacun , de la véritable nature & de la marche de cette affaire , par l'expofé public qu'on va lire »,

» Lorfque

» Lorsque l'année dernière 1785, il nous fut présenté, plusieurs requêtes sous le nom de diverses personnes des quartiers de Zutphen & de la Veluve, dans lesquelles les requérans s'ingéroient d'une manière aussi violente qu'illégale, dans le gouvernement de la république en général & de cette province en particulier, & dont le but étoit d'inspirer de la défiance contre nous & contre les seigneurs états des autres provinces nos hauts alliés, de faire méprifer l'autorité des divers collèges & de fomenter la diffenfion entre les citoyens & habitans, nous fimes une recherche exacte des qualités de ceux qui avoient figné lefdites requêtes, & des circonstances qui avoient accompagné ces fignatures : nous découvrîmes que ceux qui avoient figné n'étoient pour la plupart que des enfans, des mineurs, des personnes pauvres, fubfiftant de charités, des garçons manœuvres, pour la plupart, ignorant abfolument ce qu'ils avoient demandé & figné, & qu'ils ne l'avoient fait qu'à la perfuafion & par la féduction d'autres personnes.

» Après avoir demandé préalablement à ce fujet les avis des confeillers de ces principauté & comté, nous avons bien voulu ufer de la clémence & de la douceur dont nous avons toujours donné des preuves, en pardonnant à des fujets leurs entreprifes fouverainement coupables, ainfi que nous en avons été pleinement convaincus par les recherches que nous en avons faites. Cependant nous avons jugé néceffaire, pour le repos de nos bons citoyens & habitans, de prendre pour l'avenir des mesures convenables & abfolument conformes à la nature de notre confitution, fans toutefois ôter aux citoyens & habitans, l'occafion de pouvoir s'adreffer à nous dans la fuite, d'une manière décente & digne du refpect qui nous eft dû, fuivant la formule prefcrite par les loix. C'eft dans ces vues que nous avons arrêté, le 11 mai de cette année, une publication que nous avons envoyée à nos confeillers, pour la faire publier & afficher convenablement & fuivant l'ufage.

» La cour pour fatisfaire à cet ordre, envoya le nombre requis d'exemplaires aux officiers & magiftrats de cette province, pour les faire publier & afficher par-tout où il appartient. Deux membres du magiftrat d'Elbourg, conjointement avec les jurés de la bourgeoifie & quelques habitans, s'y oppoferent d'abord ouvertement ; quoique les fix autres membres, & par conféquent la grande pluralité du magiftrat fe fuffent déclarés fans difficulté, prêts à faire cette publication, felon l'ufage : cependant les deux autres membres, par une prétendue pluralité de voix des membres de la bourgeoifie, qu'ils avoient appellée de leur propre autorité à cette délibération, qui, concernant une affaire de jurifdiction, ne pouvoir jamais être cenfée de leur reffort, fe font permis de fe refufer à cette publication,

l'ont empêchée criminellement, en s'oppofant à nos ordres, & en fe révoltant contre l'autorité de leur légitime fouverain.

» Ce refus ayant donné lieu au Monboir & fous-Monboir, [procureur-général & fon fubftitut] de ces pays, d'en informer, felon leur ferment, les confeillers de ces principauté & comté, nos repréfentans en notre abfence, & auxquels le maintien de l'autorité & de la juftice du pays, & l'exécution de nos loix & ordonnances font particuliérement confiés, la cour a trouvé bon de requérir du magiftrat d'Elbourg une relation véridique de cette affaire, & des motifs qui y avoient donné lieu.

» Les deux membres fufdits du magiftrat n'ont pas craint d'en agir à cet égard de la même manière, & fans faire attention qu'on demandoit ce rapport uniquement du magiftrat, ils en ont envoyé à la cour, un, fait au nom du magiftrat & des jurés de la bourgeoifie, contenant non-feulement l'aveu qu'ils avoient refufé de faire annoncer & afficher cette publication, & de refpecter nos ordres & mandemens ; mais encore une prétendue juftification de cette conduite indécente, accompagnée de la menace audacieufe de maintenir ce refus par des voies de force, au cas qu'on entreprît de les contraindre à l'obéiffance requife.

» La cour ayant préalablement demandé les avis des monboir & fous-monboir de ces pays, nous a donné connoiffance de cette affaire. Nous avons vu non-feulement combien notre autorité légitime étoit méprifée de la manière la plus outrageante, & la plus propre à détruire tout ordre & toute police, dans un état de régence bien conftituée ; mais qu'en outre le repos & la fûreté des bons & paifibles citoyens de ladite ville étoient troublés d'une manière affreufe, tant par les efprits inquiets & turbulens qui s'y trouvent, que par des gens armés, des foi-difant corps-francs qui y font venus d'autres provinces. En conféquence, nous nous fommes trouvés dans la néceffité indifpenfable d'y pourvoir convenablement, tant pour le maintien de notre fouveraineté lefée, & de notre autorité, que pour le rétabliffement du repos & du bon ordre, le foutien & la protection de l'autorité du magiftrat.

» Dans cette vue feule, & par nul autre motif que celui du bien-être même de la ville d'Elbourg & de fes citoyens, nous avons cru, en premier lieu, devoir demander & requérir par écrit S. A. comme capitaine-général de cette province, de pourvoir ladite ville de garnifon militaire. Nous avons enfuite été informés des mouvemens tumultueux & entreprifes criminelles qui avoient lieu à Hattem, à l'imitation de ceux d'Elbourg, lefquels ne tendoient pas moins qu'à l'affoibliffement de notre fouveraineté, & à l'infraction ouverte des loix établies, & que l'on y foutenoit & encourageoit de même de foi difans corps francs

I i i i

qui s'y étoient rendus des provinces voisines ; nous nous sommes trouvés dans la nécessité d'y pourvoir de la même manière, & dans les mêmes intentions légales & pures.

» Ayant appris en attendant avec la plus juste indignation que, dans les deux dites villes, on osoit entreprendre de se mettre en état de défense, afin de s'opposer ultérieurement par la violence à nos mandemens, & de repousser la milice qui devoit y être envoyée par nos ordres : sans nous exposer à voir notre autorité légitime entièrement soulée aux pieds, à perdre toute idée de souveraineté, & nous rendre ainsi responsables de notre conduite envers la postérité, nous ne pouvions méconnoître l'indispensable obligation de remédier à un pareil désordre ; & dans le cas d'une résistance criminelle, où l'on en viendroit du côté de ces deux villes à pareille extrémité, de repousser alors la force par la force. Par suite des informations certaines à nous parvenues, que dans ces deux villes, & pour exécuter les projets de rébellion, on ne craignoit non-seulement pas d'établir des fortifications ; de se pourvoir de canons, de toutes sortes de munitions de guerre, & de dresser des batteries, mais que même on y faisoit venir des secours du dehors, nous avons cru devoir prendre des mesures nécessaires pour prévenir que les troupes de l'état ne fussent légèrement sacrifiées, & que nos ordres restassent sans effet : c'est pour cette raison, & pour elle seule, que nous avons dû pourvoir à tout ce qui pouvoit contribuer à prévenir & rendre nulles, une résistance & une opposition aussi violentes & aussi criminelles.

» Nous n'en avons pas moins donné des preuves réitérées de notre douceur & de notre patience, en exhortant les deux villes, par lettres expresses, de retourner à leur devoir & à l'obéissance due à nos ordres, quoique, par une dénonciation publique & par les plus fortes menaces, elles nous aient déclaré vouloir persister dans leur désobéissance invincible & dans le mépris de notre autorité.

» Comme si ce n'eût pas été encore assez, avant que de faire mettre à exécution les ordres décrétés, nous avons expédié dans les deux villes un manifeste pour y être publié, & dans lequel nous nous sommes efforcés de les ramener à leur devoir par la persuasion & la raison, en leur accordant trois heures pour délibérer & prévenir les suites inévitables qu'elles provoqueroient elles-mêmes, par la continuation d'une résistance opiniâtre & insensée ; déclarant en outre formellement notre désir & bonne volonté, de vouloir user de clémence & faire grace aux personnes déja coupables, au cas qu'elles rentrassent dans le devoir.

» Mais on a eu aussi peu d'égard à ce manifeste qu'à toutes les exhortations antérieures : on l'a reçu au contraire dans la ville de *Hattem* avec

un tel mépris, qu'au lieu de le faire publier, on a osé même, avant l'expiration des trois heures accordées, y répondre en faisant feu du canon de la ville sur les troupes qui avoient été envoyées par nos ordres pour y tenir garnison, & sans qu'elles eussent tiré un seul coup. Il en est résulté que ces troupes n'ont eu d'autre ressource pour satisfaire à nos ordres d'entrer dans la ville, & d'y placer une garnison suffisante, que celle de repousser une pareille violence, par une violence semblable, quoiqu'en usant de toute la modération possible. Graces à la bonté divine & aux soins de sa providence, nous avons eu la satisfaction d'apprendre, par des informations très-sûres, que personne, tant dedans que hors de la ville, n'a été ni tué ni blessé ; ce qui est d'autant plus surprenant, qu'outre le feu violent qu'on avoit déja fait sur les troupes avant qu'elles fussent entrées dans la ville, on a continué de tirer de la manière la plus hostile, tant sur les troupes que sur la ville même, après que la garnison y fut entrée, au moyen d'une batterie dressée de l'autre côté de la rivière, sur le territoire d'Overyssel.

» Telle étant donc la nature de cette affaire, que nous n'avons fait que rapporter en substance, mais dont nous nous réservons de donner au public une relation plus ample & détaillée dans toutes ses circonstances, nous nous assurons que toute personne impartiale & dégagée de préjugés, après avoir mûrement réfléchi sur cet exposé, sera pleinement convaincue que nous ne nous sommes point portés à de pareilles mesures, dans l'intention de nous servir du bras militaire pour faire naître des dissensions civiles, soit entre les régens & les bourgeois, soit entre ces derniers, auxquels nous avons toujours ouvert & ouvrirons la voie de la justice : que jamais nous n'avons eu ni n'aurons de pareilles vues, & que même on ne sauroit nous les prêter avec quelque apparence de fondement ; mais que nous avons été uniquement engagés à ces démarches par l'obligation qui nous est imposée, comme au souverain légitime de cette province, de maintenir le repos, le bon ordre & la sûreté de nos bons habitans, & faire respecter notre autorité légale, par l'exécution des loix & réglemens de la province ; sans prétendre, au reste, à aucune direction dans l'économie privée des villes, & n'ayant agi à cet égard que comme nous croyons que tout souverain est obligé & tenu d'en agir, suivant la nature & les propriétés de toute souveraineté, & selon son devoir de veiller à la conservation du bon ordre & de la tranquillité. C'est ainsi, dans de pareils cas, qu'en ont agi nos prédécesseurs, ainsi que les seigneurs états des autres provinces, nos alliés, soit dans des temps reculés ou plus récens, & même quelques-uns d'entr'eux, encore depuis peu.

» Nous osons donc attendre de l'amour de la vérité, de la tranquillité & de la concorde, de la part de tout citoyen bien intentionné dans ces pays, que, comme nous pouvons déclarer en nos consciences & devant Dieu n'avoir eu, par notre résolution du 31 août, d'autres vues que celles que nous avons manifestées ci-devant, lesdits citoyens & habitans étant ainsi mieux instruits & d'une manière conforme à la vérité, cesseront d'avoir des soupçons contre nos personnes & nos desseins ; qu'ils ne se laisseront plus séduire par des insinuations fausses & sinistres, par des prétextes malicieux qu'inventent des boutefeux, intéressés à répandre & à fomenter des semences de discorde & de haine, & qu'ils ne concevront plus à l'avenir le moindre doute, la moindre inquiétude sur des sentimens qui n'ont jamais eu lieu chez nous, puisqu'on peut être assuré que nous ne cesserons jamais de maintenir chacun dans ses droits & privilèges légitimes ; à quoi nous employerons toutes les facultés & toute la puissance que Dieu nous a accordées ».

Ainsi fait & arrêté dans une diète extraordinaire, tenue à Zutphen le 16 septembre 1786.

(Signé)   —   *par ordonnance de* L. N. P.

Paraphé. F. W. van der Steen.

Le lecteur impartial s'appercevra que le manifeste, en rendant compte des opérations antérieures, ne dit pas tout : ces corps francs, ces envoyés des autres provinces, cette résistance du peuple & de quelques magistrats indiquent un soulèvement contre l'influence des nobles & les usurpations des nobles & des états. Il s'agit de savoir si le stathouder, les nobles & les états n'ont point étendu leurs privilèges ; si le peuple a lieu de se plaindre, & si ses prétentions sont fondées : ces questions ne sont pas encore assez éclaircies ; mais il est évident que le peuple est mécontent de la constitution de *Gueldre* ; qu'il pense que les nobles y sont trop dévoués au stathouder, & que le stathouder usurpe des droits qui ne lui appartiennent pas. Cette espèce de guerre civile dans la province de *Gueldre* tient aux divisions générales, qui subsistent entre le stathouder & les Etats-Généraux, & au moins six dès états particuliers. Lequel des deux partis triomphera ? restreindra-t-on l'autorité, ou les usurpations du stathouder ? Lui rendra-t-on le commandement de la garnison de la Haye qu'on lui a ôté ? le laissera-t-on user de son influence & de son credit dans l'administration intérieure des provinces & des villes particulières ? C'est ce qu'on ne peut encore annoncer.

Si l'on veut savoir dès-à-présent quelle est la nature des griefs qu'alléguoient les habitans d'Elbourg, au moment où ils se disposoient à soutenir un siège, voici une lettre datée de leurs remparts, qu'ils écrivirent aux différens corps francs de la république.

« *Nobles & braves messieurs*, le moment approche où il faudra nous défendre contre l'ennemi commun. La violence & le despotisme vont porter leurs premiers coups sur nos remparts ; notre territoire va devenir le premier & le malheureux théâtre d'une guerre civile. Et pourquoi ? parce que nous refusons constitutionnellement d'accepter un régent qui n'a point les qualités prescrites par le réglement, parce qu'on veut que le vil dépendant du stathouder devienne le représentant d'un peuple libre. Nous avons résolu de tout hasarder, plutôt que de courber sous le joug stathoudérien, si arbitraire & de jour en jour plus oppressif. C'est ce qui nous engage à solliciter votre assistance, au nom de l'union sacrée qui nous lie. Nous vous prions de nous mander au plus vîte le nombre d'hommes pourvus d'armes, que vous pourrez nous envoyer en cas de besoin. Autorisés par le conseil, nous commençons dès aujourd'hui à monter la garde ; demain nous mettrons la ville en état de repousser l'attaque, & sous peu de jours, nous arrêterons un plan de défense, que nous enverrons, si vous le desirez, à une commission secrette nommée par vous. Sur quoi, &c ».

Remarques sur les districts qui dépendent de la province de Gueldre. Le quartier de Nimègue embrasse la partie méridionale de la *Gueldre*, & il est situé entre le Rhin, le Waal &. la Meuse. Quoique le plus petit des trois, il est toutefois le plus important, & celui qui paye le plus de contributions. Il contient les trois villes suivantes, (les seules qui aient voix & séance aux assemblées des Etats-Généraux & aux diètes), Nimègue, Thiel & Bommel ou Salt - Bommel, & les six bailliages nommés *Amtmanschappen*.

Le quartier ou *le comté de Zutphen* est séparé de celui de Veluwe ou Arnheim par la rivière d'Yssel. Othon I de Nassau acquit le comté par le mariage qu'il contracta dans l'onzième siècle avec Sophie, fille unique de Gerlach, comte de Zutphen ; il est resté depuis cette époque attaché au quartier de *Gueldre*. Aucun canton de la *Gueldre* n'est plus fertile que celui de ce comté dans la partie occidentale & méridionale, & même le long de l'Yssel & de la vieille Yssel ; mais il n'en est point de même vers le levant ; car, en suivant les frontières de l'évêché de Munster, on ne trouve que des marais, des bruyères & des broussailles.

Il contient cinq villes qui ont voix & séance aux états, Zutphen, Doësbourg, Dentikem, Lochem, Grol, quatre grands bailliages & trois seigneuries particulières.

Le quartier d'*Arnheim* ou le *Veluwe* est séparé du comté de Zutphen par la rivière d'Yssel ; en général, le sol n'y est pas aussi bon que dans le quartier de Nimègue : le centre sur-tout fort stérile ; il n'en est pas de même des districts voisins des rivières : ce quartier contient cinq villes qui ont voix & féance aux assemblées générales : Arnheim, Harderwick, Wageningen, Hattem & Elbourg : il contient d'ailleurs un bailliage, une préture & quelques seigneuries.

Nous croyons devoir parler ici des comtés de Buren & de Kullembourg, qui occupent le terrein situé entre le quartier de Nimégue, la province de Hollande & celle d'Utrecht. Ils ne dépendent pas de la province de *Gueldre* ; mais anciennement ils ont été possédés par les ducs de *Gueldre* à titre de fief, & il est bon d'en dire quelques mots.

Le comté de Buren n'est séparé de la province de *Gueldre* que par une digue oblique, qui commence à Leckendik, & se prolonge jusqu'à la rivière de Linge : cette digue est appellée *Aalsdik*. Ce comté, qui offre presque par-tout de bonnes terres labourables, appartient à la maison d'Orange, laquelle en est devenue propriétaire par le mariage que le prince Guillaume I contracta en 1551 avec Anne, fille du comte Maximilien d'Egmond.

Le comté de Kuilenbourg touche au précédent. Le terrein le plus voisin de la ville de ce nom est élevé & très-propre à l'agriculture ; celui qui est plus bas, ne peut servir qu'à des pâturages, parce qu'il est submergé pendant tout l'hiver, & qu'il n'est à sec que bien avant dans l'été. Ce comté étoit autrefois très-riche ; mais il fut endommagé par les eaux en 1740, & ces inondations reviennent chaque année. Charles V l'érigea en comté en 1555. Il passa en 1720 au pouvoir des états du quartier de Nimégue, qui l'achetèrent pour une somme de 80,000 florins d'Ernest-Frédéric, duc de Saxe-Hildbourghausen, qui en étoit devenu propriétaire en épousant la fille de George-Frédéric, prince de Waldeck. Ces mêmes états le donnèrent en 1748 à Guillaume III, stathouder héréditaire, & la maison de Nassau-Orange le possède depuis cette époque.

Administration ecclésiastique. Les ministres de la religion réformée sont divisés en neuf classes dans la *Gueldre* : celle de Nimégue, celle de Thielt, celle de Bommel, celle de Zutphen, celle de Veluwe le haut & de Veluwe le bas, celle de Bois-le-Duc, celle de Peele & de Campigne, & celle de Mastricht. Les six premières sont les seules qui, à proprement parler, dépendent de cette province ; les trois autres font partie des pays de la généralité (*generalitaets-lande*), dont nous parlerons à l'article PROVINCES-UNIES : les neuf forment un total de 285 prédicateurs. Chaque classe en envoie deux & autant d'anciens au synode, qui se tient alternativement au mois d'août à Nimégue, à Zutphen, à Arnheim & à Harderwik. Les catholiques romains ont quatorze communautés dans cette province. Les luthériens y en forment quatre, les remontrans une, & les anabaptistes trois.

Voyez l'article PROVINCES-UNIES & les articles des six autres provinces de l'union.

GUERRE. Les uns définissent la *guerre* l'exercice du droit de force ; les autres, un différend entre des souverains, qui se décide par la voie des armes ; plusieurs, l'état dans lequel on poursuit son droit par la force. On entend aussi par ce mot, l'acte même ou la manière de poursuivre son droit par la force.

On l'a défini encore *ratio ultima regum*, & cette définition, bonne en elle-même, est devenue ridicule par les applications qu'on en a faites. La *guerre* publique est celle qui a lieu entre les nations ou les souverains, qui se fait au nom de la puissance publique, & par son ordre. C'est celle dont nous avons à traiter ici ; la *guerre* privée qui se fait entre particuliers, regarde le droit naturel proprement dit.

Nous parlerons des causes qui légitiment la *guerre*, de la validité des actions qu'entraîne la guerre, & nous examinerons plusieurs règles, maximes ou décisions sur cette matière. Nous traiterons ensuite de la *guerre* civile.

SECTION PREMIERE.

Des causes qui légitiment la guerre, de la validité des actions qu'entraîne la guerre, & examen de plusieurs règles, maximes ou décisions sur cette matière.

La nature donne aux hommes le droit d'user de la force, lorsqu'elle est nécessaire pour leur défense & leur conservation. Ce principe est généralement reconnu ; la raison le démontre, & la nature elle-même l'a gravé dans le cœur de l'homme. La modération est recommandée dans l'Evangile : celle qui se laisse égorger ou dépouiller, plutôt que d'opposer la force à la violence, est un conseil & non pas un précepte.

Depuis l'établissement des sociétés politiques, un droit si dangereux dans son exercice n'appartient plus aux particuliers, si ce n'est dans les occasions où la société ne peut les protéger, & les secourir. L'autorité publique vuide tous les différends des citoyens, réprime la violence & les voies de fait. Si un particulier veut défendre ses droits contre le sujet d'une puissance étrangère, il doit s'adresser au souverain de son adversaire, aux magistrats qui exercent l'autorité publique ; &, s'il n'en obtient pas justice, il doit recourir à son propre souverain, obligé de le protéger.

Le droit de faire la *guerre* appartient donc exclusivement au souverain ; & c'est dans la constitution particulière de chaque état, qu'il faut chercher quelle est la puissance autorisée à faire la *guerre* au nom de la société. Les rois d'Angleterre, dont le pouvoir est d'ailleurs si limité, ont le droit de faire la guerre & la paix ; mais, par des combinaisons que nous avons expliquées à l'article *Angleterre*, la chambre des communes peut leur refuser des subsides, & ce droit n'est pas abſolu : ceux de Suède l'avoient perdu ; mais ils l'ont recouvré ſous le roi actuel.

Cauſes juſtes de la guerre. Quiconque aura une idée de la *guerre*, réfléchira ſur ſes effets terribles & ſur les ſuites déſaſtreuſes qu'elle entraîne, conviendra qu'elle ne doit être entrepriſe qu'à la dernière extrémité. L'humanité ſe révolte contre un ſouverain qui prodigue le ſang de ſes plus fideles ſujets, ſans néceſſité, ou ſans des raiſons très-preſſantes. S'il attaque injuſtement, de quel crime ou plutôt de quel effrayant amas de crimes ne ſe rend-il point coupable ? Chargé de tous les maux qu'il attire ſur ſes ſujets, il eſt coupable encore de tous ceux qu'il porte chez un peuple innocent : le ſang verſé, les villes ſaccagées, les provinces ruinées ; voilà ſes forfaits. On ne tue pas un homme, on ne brûle pas une chaumière, dont il ne ſoit reſponſable. Les violences, les crimes, les déſordres de toute eſpèce, que produiſent le tumulte & la licence des armes, ſouillent ſa conſcience.

En général, le fondement ou la cauſe de toute *guerre* juſte eſt l'injure, ou déja faite, ou dont on ſe voit menacé.

Lors donc qu'il s'agit de juger ſi une *guerre* eſt juſte, il faut voir ſi celui qui l'entreprend, a véritablement reçu une injure, ou s'il en eſt réellement menacé ; & pour ſavoir ce que l'on doit regarder comme une injure, il faut bien connoître les droits proprement dits d'une nation.

Tout le droit de la nation, & par conſéquent du ſouverain, a rapport au bien-être de l'état, & doit ſe meſurer ſur cette règle. Juſqu'ici on n'a pas encore vu, dans les annales de l'hiſtoire, un peuple qui ait ſuivi cette règle à la rigueur, & on peut dire qu'on n'en verra jamais. Les convenances, l'orgueil bleſſé, de mauvaiſes raiſons qu'on fait valoir avec art, déterminent la *guerre* au moindre prétexte ; & telle eſt notre foible nature, que les ſuccès font diſparoître l'injuſtice des motifs, du côté des vainqueurs.

Les prétextes qu'on donne pour faire la *guerre*, ſont ſans nombre ; les hommes d'état alléguent ſouvent des raiſons vraies en elles-mêmes & fondées, mais qui ne ſont point d'une aſſez grande importance : d'autrefois on ne craint pas d'alléguer des prétextes puériles. Telle étoit la plainte du czar Pierre I, de ce qu'on ne lui avoit pas rendu aſſez d'honneurs à ſon paſſage dans Riga.

Les peuples, toujours prêts à prendre les armes dès qu'ils eſpèrent y trouver quelque avantage, ſont injuſtes ; mais ceux qui ſemblent ſe nourrir des fureurs de la *guerre*, qui la portent de tous côtés ſans raiſons ni prétextes, & même ſans autre motif que leur férocité, ſont des monſtres indignes du nom d'hommes. Ils doivent être regardés comme les ennemis du genre humain, de même que, dans la ſociété civile, les aſſaſſins & les incendiaires de profeſſion ne ſont pas ſeulement coupables envers les victimes particulières

de leur brigandage, mais envers tout l'état. Il eſt clair que les nations ſont en droit de ſe réunir, pour châtier & même pour exterminer ces peuples féroces. Tels étoient divers peuples germains dont parle Tacite : tels étoient ces barbares qui ont détruit l'Empire romain. Ils conſervèrent cette férocité, long-temps après leur converſion au chriſtianiſme. Tels ont été les turcs & d'autres tartares, Genghiskan, Timur-bec ou Tamerlan & Attila, qui faiſoient la guerre pour le plaiſir de la faire. Tels ſont, dans les ſiècles polis & chez les nations les mieux civiliſées, ces prétendus héros, pour qui les combats ont des charmes, qui font la *guerre* par goût, & non par amour de la patrie.

En offrant à celui qui attaque une juſte ſatisfaction ; s'il ne veut pas s'en contenter, on a mis le bon droit de ſon côté, & l'on oppoſe déſormais de juſtes armes à ſes hoſtilités devenues injuſtes, parce qu'elles n'ont plus de fondement.

Les publiciſtes diſent que la *guerre* offenſive eſt permiſe. 1°. Si l'on a un droit à faire valoir, c'eſt-à-dire, ſi l'on eſt fondé à exiger quelque choſe d'une nation. 2°. Si l'on ne peut l'obtenir autrement que par les armes : mais ils n'expliquent pas le degré d'importance que doit avoir cette choſe réclamée, ni la nature des expédiens qu'il faut mettre en uſage avant d'en venir à cette extrémité. Ils auroient pu montrer, par exemple, de combien de manières un peuple peut ſe venger d'une petite injuſtice ou d'une petite injure, ſans adopter le terrible moyen & l'effroyable vengeance de la *guerre* : mais les principes les entraînent ; ils ſe laiſſent ſéduire par quelques généralités, & ils ne mettent pas tant de façons dans des détails qui intéreſſent d'auſſi près la vie & le bonheur des hommes.

La victoire ne juſtifie rien ; elle contraint le vaincu d'accéder au traité qui termine le différend. Ce qui étoit injuſte avant de commencer la *guerre*, l'eſt encore après des ſuccès. La victoire ſuit la force & la prudence, & non pas le bon droit.

La *guerre* ne peut être juſte des deux côtés. L'un s'attribue un droit, l'autre le conteſte ; l'un ſe plaint d'une injure, l'autre nie qu'il l'ait faite. Ce ſont deux perſonnes qui diſputent ſur la vérité d'une propoſition : il eſt impoſſible que les deux opinions contraires ſoient vraies en même tems : il peut arriver que les contendans ſoient l'un & l'autre dans la bonne-foi ; mais on ſçait à quoi s'en tenir ſur la bonne-foi de ceux qui entreprennent les *guerres*.

On demande ſi l'accroiſſement d'une puiſſance voiſine, par laquelle on craint d'être un jour opprimé, eſt une raiſon ſuffiſante de lui faire la *guerre* ; ſi l'on peut, avec juſtice, prendre les armes pour s'oppoſer à ſon agrandiſſement, ou pour l'affoiblir, dans la ſeule vue de ſe garantir des dangers, dont une puissance démesurée menace presque toujours les foibles. La question n'est pas un problême pour la plupart des politiques ; mais elle embarrasse ceux qui veulent allier la justice à la prudence.

D'un côté, l'état qui accroît sa puissance par une bonne administration, ne fait rien que de louable ; il remplit ses devoirs, & il ne blesse point ceux d'autrui. Le souverain qui, par héritage, par une élection libre, ou d'une manière juste & honnête, réunit à ses états de nouvelles provinces, des royaumes entiers, use de ses droits, & ne fait tort à personne. Comment seroit-il donc permis d'attaquer une puissance qui s'agrandit par des moyens légitimes ? Il faut avoir reçu une injure, ou en être véritablement menacé, pour avoir le droit de prendre les armes, pour avoir un juste sujet de *guerre*. D'un autre côté, une funeste expérience ne montre que trop que les puissances prédominantes ne manquent guère de molester leurs voisins, de les subjuguer même, dès qu'elles le peuvent impunément. L'Europe se vit sur le point de tomber dans les fers, pour ne s'être pas opposée de bonne heure à la fortune de Charles-Quint. Faudra-t-il attendre le danger, laisser grossir l'orage qu'il seroit facile de dissiper dans ses commencemens, souffrir l'agrandissement d'un voisin, & attendre qu'il se dispose à nous opprimer ? Sera-t-il tems de se défendre, quand on n'en aura plus les moyens ?

Comme il est impossible de suivre ici les règles du droit naturel, ou celles de la justice civile, qui ne permet les représailles ou la vengeance qu'après le délit, il paroît que si cette puissance formidable laisse percer des dispositions injustes & ambitieuses, par la moindre injustice envers une autre, toutes les nations peuvent profiter de l'occasion, &, en se joignant à l'offensé, réunir leurs forces pour la réduire, & pour la mettre hors d'état d'opprimer si facilement ses voisins, ou de les faire trembler devant elle : toutes les nations contre lesquelles elle dirige ses vues, forment alors une société morale, & elles semblent avoir le droit de repousser ou de punir l'injustice faite à l'une d'entr'elles. Il est d'ailleurs permis, il est louable de secourir ceux qu'on opprime, ou qu'on attaque injustement. Il est peut-être sans exemple, qu'un état reçoive quelque notable accroissement de puissance, sans donner à d'autres de justes sujets de plaintes ; mais, par la nature des gouvernemens, la politique ne peut pas marcher avec tant de précision.

Si un état puissant, par une conduite juste & circonspecte, ne donne aucune prise sur lui, doit-on voir ses progrès d'un œil indifférent ? & tranquilles spectateurs du rapide accroissement de ses forces, faut-il donc le laisser combiner sans obstacle les desseins qu'elles pourront lui inspirer ? Non sans doute. La nonchalance ne seroit pas excu-

sable. L'expérience & l'histoire doivent servir de guide aux hommes d'état ; elle autorise pour eux des précautions ou des actions, qui sont des injustices dans le droit naturel. Si les nations les plus puissantes de l'antiquité se fussent concertées pour arrêter les entreprises de Rome, pour mettre des bornes à ses progrès, elles ne seroient pas tombées successivement dans la servitude : mais la force n'est pas le seul moyen de se mettre en garde. Il en est de plus doux, & qui sont toujours légitimes. Le plus efficace est la confédération des autres souverains qui, par leur réunion, tiennent en échec la puissance qui leur fait ombrage. La même masse de forces diminue lorsque les peuples sont confédérés : la division s'y introduit, & il y a toujours de la foiblesse dans une confédération : c'est un malheur ; mais il n'en résulte pas pour les confédérés d'autre droit que celui de calculer les confédérations avec plus de soin.

Les confédérations, malgré leur foiblesse, seroient un moyen sûr de conserver l'équilibre, si tous les souverains étoient assez éclairés sur leurs véritables intérêts, & s'ils mesuroient toutes leurs démarches sur le bien de l'état : mais les grandes puissances se font toujours des partisans & des alliés, & elles ont tant de moyens pour cela ! Eblouis par l'éclat d'un avantage momentané, trompés par des ministres infideles, des princes deviennent les aveugles instrumens d'une puissance qui les engloutira quelque jour, eux & leurs successeurs. Le plus sûr est d'affoiblir celui qui rompt l'équilibre, aussi-tôt qu'on en trouve l'occasion favorable, & qu'on peut le faire avec justice ; ou d'empêcher, par des moyens honnêtes, qu'il n'acquière trop de forces. On ne doit pas souffrir qu'il s'agrandisse par la voie des armes, & on peut toujours l'arrêter avec justice : car si ce souverain fait une *guerre* injuste, chacun est en droit de secourir l'opprimé.

Mais si cette puissance formidable médite des desseins d'oppression & de conquête ; si elle trahit ses vues par ses préparatifs, ou par d'autres démarches, est-on en droit de la prévenir, lors même qu'elle ne s'est encore permis aucune injustice réelle ? Il seroit bien inutile de dire ici que non ; &, dans le fait, la question n'est point aisée à résoudre ; car alors de trop grands préparatifs semblent être une véritable injustice.

Les publicistes examinent une question particulière, qui a beaucoup de rapport à la précédente. Si un voisin, au milieu d'une paix profonde, construit des forteresses sur notre frontière, équipe une flotte, augmente ses troupes, assemble une armée puissante, remplit ses magasins ; en un mot, s'il fait des préparatifs de guerre, est-il permis de l'attaquer pour prévenir le danger, dont nous nous croyons menacés ? La réponse paroît dépendre des mœurs & du caractère de ce voisin, & il faut encore oublier les maximes du droit naturel, qui ne s'occupe pas de ces détails. Il faut le faire expliquer, lui demander la raison de ces préparatifs. C'est ainsi qu'on en use en Europe. Si sa foi est justement suspecte, on peut lui demander des sûretés. Le refus seroit un indice suffisant de mauvais desseins, & une juste raison de les prévenir. Mais si ce souverain n'a jamais donné des marques d'une lâche perfidie, & sur-tout si nous n'avons aucun démêlé avec lui, pourquoi ne demeurerions-nous pas tranquilles sur sa parole, en prenant les précautions que la prudence rend indispensables? Car, s'il n'a pas rendu sa foi suspecte, on n'est pas trop en droit d'exiger de lui d'autre sûreté.

Si un souverain demeure armé en pleine paix, la prudence ne permet pas à ses voisins de rester tranquilles sur sa parole : & quand ils seroient sûrs de la bonne-foi de ce prince, ce qui ne peut jamais arriver, il peut survenir des différends qu'on ne prévoit pas : lui laisseront-ils l'avantage d'avoir alors des troupes nombreuses & bien disciplinées, auxquelles ils n'auront à opposer que de nouvelles levées? Non sans doute, ce seroit se livrer presque à sa discrétion. Ils sont donc contraints de l'imiter, d'entretenir comme lui une grande armée. Sans remonter plus haut que le siècle dernier, on ne manquoit guère de stipuler, dans les traités de paix, que de part & d'autre on licencieroit les troupes. Si, en pleine paix, un prince vouloit en entretenir un plus grand nombre, ses voisins prenoient leurs mesures, formoient des ligues contre lui, & l'obligeoient à désarmer. Pourquoi cette coutume ne s'est-elle pas conservée? Ces armées nombreuses privent la terre de ses cultivateurs, arrêtent la population, & ne peuvent servir qu'à opprimer la liberté du peuple qui les nourrit.

Les publicistes s'avisent assez souvent de traiter des questions de morale à la suite de leurs questions politiques : la restitution des conquêtes, des prisonniers & des effets qui peuvent se trouver en nature, ne souffre point de difficultés, disent-ils, quand l'injustice de la guerre est reconnue. Ils ajoutent que la nation en corps & les particuliers, connoissant l'injustice de leur possession, doivent se dessaisir & restituer tout ce qui est mal acquis ; mais il ne seroit peut-être pas facile d'en citer un exemple. Quant à la réparation du dommage, les gens de guerre, généraux, officiers & soldats, sont-ils obligés en conscience à réparer des maux qu'ils ont faits, non par leur volonté propre, mais comme des instrumens dans la main du souverain. Grotius qui n'est pas toujours si sévère, se décide, sans distinction, pour l'affirmative. Voyez Droit de la guerre & de la paix, liv. III. chap. 10.

Il faut laisser ici la rigueur du droit naturel, & ne le rappeller qu'à la conscience des souverains ; quant aux effets extérieurs du droit parmi les hommes, il est nécessaire de recourir à des règles d'une application plus sûre & plus aisée, & cela pour le salut même & l'avantage de la grande société du genre humain.

La première règle de ce droit est que les traités à la suite d'une guerre juste ou injuste, justifient tout : elle est indispensable, si l'on veut apporter quelque ordre dans un moyen aussi violent que celui des armes, mettre des bornes aux calamités qu'il produit, & laisser une porte toujours ouverte au retour de la paix. Il est même impossible d'agir autrement de nation à nation, puisqu'elles ne reconnoissent point de juge.

Ce n'est pas tout, les droits fondés sur l'état de guerre, la légitimité de ses effets, la validité des acquisitions faites par les armes, ne dépendent point extérieurement & parmi les hommes, de la justice de la cause, mais de la légitimité des moyens en eux-mêmes, c'est-à-dire, de tout ce qui est requis pour constituer une guerre en forme. Si l'ennemi observe les règles de la guerre, on n'est point admis à se plaindre de lui comme d'un infracteur du droit des gens.

Seconde règle. Le droit étant réputé égal, tout ce qui est permis à l'un, en vertu du droit de guerre, est aussi permis à l'autre. Une nation, sous prétexte que la justice est de son côté, ne se plaint pas des hostilités de son ennemi, tant qu'elles n'excèdent pas les termes prescrits par les loix communes de la guerre.

Troisième règle. Ce droit des gens, admis par nécessité, & pour éviter de grands maux, ne donne point à celui dont les armes sont injustes, un véritable droit, capable de justifier sa conduite & de rassurer sa conscience, mais seulement l'effet extérieur du droit, & de l'impunité parmi les hommes. Le souverain, dont les armes ne sont point autorisées par la justice, n'en est donc pas moins injuste, pas moins coupable contre la loi sacrée de la nature, quoique, pour ne point augmenter les maux de la société humaine, la loi naturelle elle-même exige qu'on lui abandonne les droits extérieurs qui appartiennent très-justement à son ennemi. C'est ainsi que, par les loix civiles, un débiteur peut refuser le paiement de sa dette lorsqu'il y a prescription ; mais il pèche alors contre son devoir : il profite d'une loi établie pour prévenir une multitude de procès ; mais il agit sans aucun droit véritable.

Il importe peu de savoir si ces règles découlent du droit des gens volontaire, ou du droit des gens arbitraire, comme le veut Grotius.

Au lieu d'établir sur cette matière de vaines maximes qu'on n'écoutera point ; au lieu de donner d'abord avec Grotius comme une règle certaine & invariable, que c'est le seul esprit de paix qui doit diriger les opérations de la guerre, nous croyons qu'il sera plus utile de relever les erreurs dangereuses de ceux qui ont écrit sur la politique & sur le droit de la guerre.

Locke, dans le traité du Gouvernement civil,

chap. 14, dit, par exemple, que le vainqueur acquiert un pouvoir despotique sur les vaincus; qu'il peut justement les mettre à mort, & disposer absolument & comme il lui plaît, de ceux qui, s'étant mis dans l'état de *guerre*, ont perdu le droit propre qu'ils avoient sur leurs personnes. Sans doute, cette question n'est pas aussi simple qu'elle le paroît d'abord. Pour la résoudre, il faut se livrer à beaucoup de combinaisons, & faire entrer bien des élémens dans le calcul.

Mais on peut observer ici que les écrivains les plus habiles & les plus éclairés sur cette matière ont établi les erreurs les plus dangereuses, & qu'ils se sont égarés par de fausses inductions & des subtilités. Comment Locke ne voit-il pas que la proposition énoncée si généralement est absurde & cruelle; qu'elle ne peut être vraie qu'à l'égard d'une peuplade, où chaque individu ayant une portion de l'autorité souveraine, est entré par lui-même & directement, dans l'état de *guerre*, à l'égard d'une armée de l'un des petits cantons de la Suisse, par exemple, & que, dans tous les autres cas, c'est faire un abus monstrueux des finesses de la dialectique & de l'art du raisonnement. Comment ne voit-il pas que si le vainqueur obtient, par la victoire, ce pouvoir despotique sur le général, sur le chef, ou les hommes qui ont conseillé & résolu la *guerre*, il ne peut acquérir le même droit sur les malheureux soldats, ni même sur les officiers subalternes?

Sans doute on peut sans crime tuer un ennemi : on le peut non-seulement d'après la justice extérieure, & d'après ce qui se passe chez toutes les nations, mais d'après la justice intérieure & les loix de la conscience. Le droit de la *guerre* entraîne ce pouvoir.

Si l'on ne consulte ici que l'usage des nations, & ce que Grotius appelle *le droit des gens*, ce droit de tuer l'ennemi s'étendra bien loin : on pourroit dire qu'il a peu de bornes, & on proscriroit bien des innocens. Mais le droit que donne la *guerre* sur la personne & la vie de l'ennemi, est limité.

Le droit de tuer l'ennemi ne regarde-t-il que ceux qui portent actuellement les armes, ou bien s'étend-il indifféremment sur tous ceux qui se trouvent sur les terres de l'ennemi, soit qu'ils soient sujets ou étrangers, demandent plusieurs auteurs? Il sera bon de montrer ici, par un exemple, avec quelle légéreté on résout des questions aussi importantes. « Je réponds, dit un auteur connu » : à l'égard de tous ceux qui sont » sujets, la chose est incontestable : ce sont-là » les ennemis principaux, & l'on peut exercer » sur eux tous les actes d'hostilité en vertu de » l'état de *guerre*.

» Pour ce qui est des étrangers, ceux qui, » lorsque la guerre est commencée, vont, le sa- » chant, dans le pays ennemi, peuvent avec jus- » tice être regardés comme tels; mais pour ceux

» qui étoient déja venus dans le pays ennemi avant » la guerre, la justice & l'humanité veulent qu'on » leur accorde quelque temps pour se retirer; » que, s'ils n'en veulent pas profiter, on se » trouve par-là autorisé à les traiter comme nos » ennemis mêmes.

» A l'égard des vieillards, des femmes & des » enfans, il est certain que le droit de la *guerre* » n'exige pas par lui-même que l'on pousse les » hostilités jusqu'à les tuer, & que par conséquent » c'est une pure cruauté que d'en user ainsi. Je » dis que le but de la *guerre* n'exige pas cela par » lui-même; car si les femmes, par exemple, » exercent elles-mêmes des actes d'hostilité; si » oubliant la foiblesse de leur sexe, elles pren- » nent les armes contre l'ennemi, alors on est, » sans contredit, en droit de se servir contre elles » de celui que donne la *guerre*.

» Il faut en dire autant des ministres publics de » la religion, des gens de lettres & autres per- » sonnes, dont le genre de vie est fort éloigné » du métier des armes. Non que ces gens-là, ni » même les ministres des autels, aient nécessai- » rement & par leur emploi aucun caractère d'in- » violabilité, ou que la loi civile puisse le leur » donner par rapport à l'ennemi : mais, comme » ils n'opposent point la force ou la violence à » l'ennemi, ils ne lui donnent aucun droit d'en » user contr'eux ».

Quant aux prisonniers de guerre, il est reçu qu'exceptées quelques circonstances particulières, on ne peut les faire mourir, sans se rendre coupable de cruauté. Mais quelles sont ces circonstances particulières? Il n'est pas aisé de le dire nettement.

Les droits de la *guerre* ne s'étendent pas jusqu'à autoriser les outrages faits à l'honneur des femmes; car les outrages n'importent ni à notre défense, ni à notre sûreté, ni au maintien de nos droits, & ne peuvent servir qu'à satisfaire la brutalité du soldat.

Et dans les cas où il est permis d'ôter la vie à l'ennemi, peut-on se servir de toutes sortes de moyens indifféremment? Non sans doute, frappez l'ennemi, mettez-le hors de combat, tuez-le même, tout cela vous est permis : le droit des gens vous y autorise. Mais lorsque l'ennemi est une fois hors de combat, dès qu'il ne vous résiste plus, faut-il qu'il meure d'une blessure empoisonnée? & faut-il que la garnison & les habitans d'une ville assiégée périssent par l'empoisonnement des fontaines, des puits, &c? Ce seroit pousser la cruauté à l'excès, & bien au-delà de ce que les loix de la guerre permettent. *La guerre même a ses loix*, dit sagement Plutarque. *Vita Camil.*

Nous n'avons trouvé nulle part une solution juste des questions que se proposent ici les publicistes : leur discussion demanderoit des détails que ne comporte pas la nature de cet ouvrage, &

nous

nous nous bornerons à préfenter les indifcrettes réponfes de quelques auteurs.

« Peut-on légitimement faire affaffiner un en-
» nemi, fe demande l'un d'entr'eux ? « Je ré-
» ponds 1°. que celui qui fe fert pour cela du
» miniftère de quelques-uns des fiens, le peut en
» toute juftice. Lorfqu'on peut tuer un ennemi,
» il n'importe que ceux qu'on emploie pour cela
» foient en grand ou en petit nombre. Six cents
» lacédémoniens étant entrés avec Léonidas dans
» le camp de l'ennemi, allèrent droit à la tente
» du roi perfe : or ils auroient pu fans doute le
» faire, quoiqu'ils euffent été en plus petit nom-
» bre. L'entreprife fameufe de Mucius Scévola
» eft louée par tous ceux qui en ont parlé, &
» Porfenna lui-même, celui à qui on vouloit ôter
» la vie, ne trouve rien que de beau dans ce
» deffein.

» Mais il n'eft pas fi aifé de déterminer fi l'on
» peut pour cela employer des affaffins, qui, en
» fe chargeant de cette commiffion, commettent
» eux-mêmes un acte de perfidie, fi l'on peut em-
» ployer des fujets contre leur fouverain, & des
» foldats contre leur général. A cet égard,
» il femble qu'il faut d'abord diftinguer ici deux
» queftions différentes : l'une, fi l'on fait du
» tort à l'ennemi même contre lequel on fe fert
» de traître : l'autre, fi, fuppofé qu'on ne lui
» faffe aucun tort, on commet néanmoins une
» mauvaife action.

» Autrefois celui qui pouvoit tuer le roi ou le
» général ennemi, étoit loué & récompenfé : on
» fait quel honneur étoit attaché aux dépouilles
» opimes. Rien n'étoit plus naturel : les anciens
» combattoient prefque toujours pour leur falut,
» & fouvent la mort du chef met fin à la guerre.
» Aujourd'hui, au moins pour l'ordinaire, un
» foldat n'oferoit fe vanter d'avoir ôté la vie au
» roi fon ennemi ». Chacun apperçoit les vices
de ces raifonnemens; & puifque l'honneur en
apprend plus aux généraux des états policés que
les volumineux écrits des publiciftes, il n'eft pas
néceffaire de nous arrêter davantage fur ce point.

A l'égard des biens de l'ennemi, l'état de guerre
permet fans doute de lui enlever, de les ravager, de les endommager, & même de les détruire entièrement; car, comme le remarque fort
bien Cicéron, il n'eft point contraire à la nature
de dépouiller de fon bien une perfonne, à qui
l'on peut ôter la vie avec juftice : les maux que
l'on peut caufer à l'ennemi, en ravageant fes
terres & fes biens, font appelés le dégât.

Outre le pouvoir que donne la guerre de gâter
& de détruire les biens de l'ennemi, elle donne
encore le droit d'acquérir, de s'approprier & retenir fans crime les chofes qu'on a prifes fur l'ennemi.

Selon les règles du droit des gens, non-feulement ceux qui ont pris les armes pour un jufte

fujet, mais tous ceux qui font la guerre, acquièrent la propriété de ce qu'ils prennent à l'ennemi,
& cela fans règle ni mefure, du moins quant aux
effets extérieurs, dont le droit de propriété eft
accompagné, c'eft-à-dire, que les nations neutres doivent regarder les deux nations en guerre,
comme propriétaires légitimes de ce qu'elles peuvent acquérir l'une fur l'autre par la force des
armes.

Les chofes prifes dans une guerre publique &
folemnelle, appartiennent-elles à l'état ou aux
particuliers qui en font membres, ou à ceux qui
ont fait eux-mêmes le butin ?

Grotius, qui examine fort au long cette queftion, diftingue les actes d'hoftilité véritablement
publics, & les actes particuliers d'hoftilité faits
d'autorité privée à l'occafion d'une guerre publique. Par les derniers, felon lui, les particuliers
acquièrent pour eux-mêmes, premièrement & directement, ce qu'ils prennent fur l'ennemi; au
lieu que, par les premiers, tout ce que l'on prend
eft au profit du peuple ou du fouverain : mais on
a eu raifon de critiquer cette décifion; toute guerre
publique fe faifant par autorité du peuple ou du
chef du peuple, c'eft de lui que vient originairement le droit que des particuliers peuvent avoir
fur des chofes prifes à l'ennemi : il faut toujours
ici un confentement ou exprès, ou tacite du
fouverain.

SECTION SECONDE.

Des guerres civiles.

C'eft une grande queftion de favoir fi le fouverain doit obferver les loix ordinaires de la guerre
envers des fujets rebelles, qui ont pris ouvertement les armes contre lui. Si on répond vaguement que les loix de la guerre ne font pas faites
pour des rebelles dignes des derniers fupplices,
on ne réfout point la queftion; il faut l'analyfer
avec plus de foin. Si l'on veut voir clairement
quelle conduite le fouverain doit tenir envers des
fujets foulevés, on doit fe fouvenir que tous les
droits du fouverain viennent originairement des
droits même de la nation, des foins dont on l'a
chargé, de l'obligation qu'il a contractée de veiller
au falut du peuple, de travailler à fon bonheur,
& de le tenir dans l'ordre, la juftice & la paix.
Il eft néceffaire enfuite de diftinguer la nature &
le degré de ces défordres qui peuvent troubler
l'état, & obliger le fouverain à fubftituer les
voies de la force à celles de l'autorité.

Lorfqu'il fe forme dans l'état un parti qui n'o-
béit plus au fouverain, & fe trouve affez fort pour
lui réfifter; ou lorfqu'un gouvernement démocratique fe divife en deux factions oppofées, & que
de part & d'autre on en vient aux armes, c'eft
une guerre civile. Quelques publiciftes réfervent
cette dénomination aux juftes armes que les fujets

Kkkk

opposent au souverain, & ils distinguent cette légitime résistance de la rebellion, qui est une résistance injuste. *Voyez* REBELLION. Mais quel terme faudra-t-il employer pour désigner la *guerre* qui s'élève dans une république en proie à deux factions, ou dans une monarchie, lorsque deux rivaux se disputent la couronne? L'usage commun est de désigner par le terme de *guerre civile* toute *guerre* qui a lieu entre les membres d'une même société politique. Si elle est soutenue, d'un côté, par une partie des citoyens, & de l'autre par le souverain & ceux qui lui obéissent ; comme les mécontens ne manquent jamais de prétexte, ce désordre s'appelle ordinairement une *guerre civile*, & non pas une rébellion.

Nous n'examinerons point s'il y a des *guerres* civiles excusables : nous nous bornerons à l'examen des règles que l'on doit garder dans la *guerre* civile, & nous rechercherons ensuite si le souverain en particulier doit y observer les loix communes de la *guerre*.

La *guerre civile* rompt les liens de la société & du gouvernement, ou elle en suspend au moins la force & l'effet ; elle donne lieu à deux partis indépendans, qui se regardent comme ennemis, & ne reconnoissent point de juge commun. Mais ces deux partis forment-ils, au moins pour un tems, deux corps séparés, deux peuples différens ? Il paroît qu'oui : l'un des deux a eu tort de rompre l'unité de l'état, de résister à l'autorité légitime ; mais ils n'en sont pas moins divisés de fait. D'ailleurs qui les jugera, qui prononcera de quel côté se trouve le tort ou la justice ? On peut donc les regarder comme deux nations qui, ayant une querelle & ne pouvant s'accorder, recourent aux armes.

Si cela est, les loix communes de la *guerre*, ces maximes d'humanité, de modération, de droiture & d'honnêteté qu'a établies l'usage, doivent être observées de part & d'autre. Si on les a jugées nécessaires d'état à état, elles sont plus nécessaires encore, lorsque deux partis obstinés troublent leur commune patrie. Si le souverain, qui ne peut plus exercer les fonctions de juge, puisqu'il est devenu partie, se croit en droit de faire pendre les prisonniers comme rebelles, le parti opposé usera de représailles ; s'il n'observe pas les capitulations & les conventions, ses ennemis ne se fieront plus à sa parole ; s'il se permet les dévastations & les incendies, on se les permettra également contre lui : la *guerre* deviendra cruelle, terrible, & on augmentera les maux de la nation. On sait avec quelle dureté barbare le duc de Montpensier traita les réformés de France ; il livroit les hommes au bourreau, & les femmes à la brutalité d'un de ses officiers. Qu'arriva-t-il ? factions s'empara des réformés ; ils se vengèrent ; & la guerre déjà cruelle, parce que les *guerres* civiles & des *guerres* de religion le sont toujours, le fut encore davantage. Peut-on lire

sans horreur les cruautés féroces du baron des Adrets !

Quand le souverain a vaincu le parti opposé ; quand il l'a réduit à se soumettre & à demander la paix, il peut excepter de l'amnistie les auteurs des troubles, les chefs de parti, les faire juger suivant les loix, & les punir s'ils sont coupables : il peut sur-tout en user ainsi à la fin de ces troubles, où il s'agit moins des intérêts des peuples que des vues particulières de quelques individus, & qui méritent plutôt le nom de *révolte* que celui de *guerre civile*.

Si des sujets prennent les armes, sans cesser de reconnoître le souverain, & seulement pour faire cesser des vexations, deux motifs semblent exiger qu'on observe à leur égard les loix communes de la *guerre* : 1°. la crainte de rendre la *guerre* civile plus cruelle & plus funeste, par les représailles que le parti soulevé opposera aux sévérités du prince : 2°. le danger de commettre de grandes injustices. Le feu de la discorde & de la *guerre* civile n'est pas favorable aux actes d'une justice pure & sainte ; il faut attendre des occasions plus tranquilles.

Plusieurs de ceux qui ont allumé une *guerre* civile, ont laissé une grande réputation de talens ; mais ils ne la méritent pas : pour obtenir ce malheureux succès, il suffit de disposer les choses de manière que les partis opposés soient portés à répandre le sang de leurs adversaires ; &, d'après la corruption humaine, rien n'est si facile. Lorsqu'une fois on a versé du sang, la *guerre* continue d'elle-même, & elle ne se fait que trop ouvertement. Les deux partis ne respirent plus que le sang & le carnage ; ils deviennent implacables, & ils se massacrent l'un l'autre.

La *guerre* civile, qui ôta la couronne à Edouard IV pour rétablir Henri VI, commença par un conte venu d'un coin du royaume, sur une fraude commise contre un hôpital au sujet de quelque bled. La populace informée de cette affaire, rapportée d'une manière malicieuse, quoique véritable, se jetta en tumulte sur les officiers employés à recueillir ce bled ; & le ressentiment fut poussé si loin, que ce qui n'étoit d'abord qu'une simple querelle de particuliers, devint un soulévement qui changea l'administration.

La grande révolution de la Chine, qui mit en 1644 ce puissant état sous la domination & le joug des tartares, fut exécutée avec tant de promptitude que la ville capitale fut prise, & même la cour extérieure du palais, avant que l'empereur eût la moindre connoissance du danger où il se trouvoit. Il est vrai que tout annonçoit une révolution, & que ses sujets étoient indignés de sa tyrannie.

Dans les *guerres* de nation à nation, les individus des partis opposés ne se connoissant pas, ne peuvent avoir d'aversion réciproque ou de rancune personnelle, & la fureur de la foule a sur-tout pour objet le chef du parti oppofé. Les anglois haïffoient Louis XIV, & les françois Guillaume III. Cette haine perfonnelle ne s'étendoit tout au plus que fur quelques officiers des deux armées, qui s'étoient diftingués par leur bravoure, par leur fuccès, ou peut-être par leur cruauté. Le gros des deux armées n'éprouvoit qu'une inimitié générale, qui n'a rien de commun avec le reffentiment d'un particulier contre un autre particulier.

La *guerre* civile eft ainfi plus cruelle & plus féroce que les autres *guerres*. Dans les *guerres* nationales, les particuliers combattent, parce qu'on les paye, ou parce qu'ils efpèrent du butin : la *guerre* civile offre de plus les animofités de famille & la rivalité des voifins : on s'y difpute d'homme à homme pour le pouvoir & le commandement, qui ne peuvent être que dans les mains d'un feul ou d'un petit nombre d'individus. Les querelles de nation à nation ayant pour objets des points aifés à connoître, & dont le nombre n'eft pas grand, on peut arranger ou abandonner ces prétentions; mais ces matières ne font pas à la portée de tout le monde, ou quand elles y feroient, la marche de l'adminiftration en a fait l'apanage des hommes d'état feuls, & chaque peuple laiffe à fon fouverain le pouvoir d'entreprendre ou de finir de pareilles *guerres*. Il en eft tout autrement des *guerres* civiles; car alors on ne connoît pas le gouvernement civil, ou du moins les partis oppofés ne le reconnoiffent plus, & les motifs de la querelle font infinis : elle eft entretenue par les caprices, les animofités, les vues & les maux de chaque individu.

Il n'eft pas au pouvoir d'un général, dont l'autorité eft à-peu-près la feule que reconnoiffent les foldats, de fatisfaire & encore moins de réprimer les demandes. Quoique le pouvoir d'un général foit abfolu par fa nature, dans les *guerres* civiles, il ne peut le faire valoir fans la permiffion des foldats; ils le limitent à leur fantaifie : le chef emploie toute fon adreffe à fortir des bornes qu'on lui a prefcrites; & s'il en vient à bout fouvent, fouvent on l'arrête dans fes projets.

« Les chefs de parti, dit Tacite parlant de » celui de Vefpafien, ont beaucoup d'activité » pour allumer la guerre civile; mais ils n'ont » pas le pouvoir de réprimer la fougue qui fuit » la victoire ». Après avoir vaincu leurs ennemis, ils ne furent pas les maîtres de leurs propres gens; la raifon qu'il en donne, eft fort jufte : « les » hommes les plus méchans ont beaucoup de » facilité & de pouvoir pour allumer le trouble » & la difcorde : mais, pour maintenir la paix » & la tranquillité, il faut des mefures confor- » mes à la juftice & une bonne adminiftra- » tion ».

Dans la *guerre* civile, le prince ou le général d'une armée peut avoir affez d'autorité pour brûler ou piller une ville, pour paffer au fil de l'épée

un peuple innocent; mais fon pouvoir eft nul pour prévenir les plus grands défordres. Othon en fit la trifte expérience, ainfi que Jules-Céfar, le plus habile & le plus heureux capitaine de Rome. On peut dire la même chofe d'Augufte & de tous les généraux des *guerres* civiles. Céfar & Augufte furent réduits à fouffrir contre leur gré les accès de fureur & les excès de leurs officiers.

Il eft abfolument impoffible de maîtrifer le peuple dans les *guerres* civiles : il perd tout fentiment & toute idée de décence ou de juftice : il s'endurcit, & les calamités publiques & les défordres, au lieu de lui infpirer de l'horreur, lui caufent du plaifir.

Lors des derniers combats entre les armées de Vitellius & de Vefpafien, qui fe donnèrent dans les rues même de Rome, les romains étoient fi peu touchés de compaffion, & fembloient y prendre fi peu de part, « qu'ils s'affembloient comme » fpectateurs curieux autour des combattans; & » comme s'il eût été queftion d'un fpectacle fait » pour les amufer, ils favorifoient tantôt ceux- » ci, tantôt ceux-là par des acclamations & des » battemens de mains; dès qu'un parti venoit à » lâcher le pied, & que ceux qui en étoient fe » fauvoient dans les maifons, ou fe cachoient » dans les boutiques, le peuple vouloit qu'on les » en tirât & qu'on les tuât, fe flattant d'avoir » lui-même une portion plus confidérable du bu- » tin : car, tandis que les foldats s'occupoient de » fang & de carnage, les dépouilles tomboient » au pouvoir des gens du peuple. La ville ne pré- » fentoit qu'un fpectacle tragique & hideux d'un » côté, l'on voyoit des combats fanglants & des » bleffures mortelles; de l'autre, des bains déli- » cieux & des tavernes remplies de monde. On » voyoit de tous côtés, des ruiffeaux de fang & » des cadavres entaffés les uns fur les autres, & » tout auprès, des femmes publiques ou d'autres » qui leur reffembloient; des traits de diffolution » & de volupté, tels qu'on les obferve en pleine paix » & au milieu du luxe, avec toutes les barbaries » qui accompagnent une impitoyable captivité; de » forte qu'on voyoit la même ville plongée dans » les excès les plus brutaux, & abandonnée aux » débauches les plus fenfuelles. Rome avoit vu » auparavant combattre des armées dans fes murs, » lorfque Sylla & fut deux fois vainqueur, & » Cinna une; & l'on n'y vit pas moins exercer » de cruautés; mais préfentement on voyoit ré- » gner une infenfibilité & une fécurité dénatu- » rée : on ne vit pas même négliger pour un feul » moment l'amour des plaifirs, comme fi cette » confufion & ce carnage étoient arrivés à pro- » pos pour augmenter la gaieté de leurs fêtes; » ils fe réjouiffoient, ils fe livroient à tous les » plaifirs, vivant dans une parfaite indifférence » pour tous les partis, & triomphant de la mifère » publique ».

Kkkk2

On trouvera dans le dictionnaire de l'ART MILITAIRE, un long article sur l'art de la guerre.

GUINÉE, contrée de l'Afrique. Nous comprenons ici, sous le nom de *Guinée*, les divers pays où les européens font le commerce des esclaves. Nous donnerons, 1°. un précis de l'histoire politique de la *Guinée* : nous parlerons du gouvernement & de l'administration des diverses peuplades qui sont établies dans cette partie de l'Afrique : 2°. du commerce de la *Guinée*, & nous entrerons dans quelques détails sur le commerce des esclaves : 3°. des établissemens européens sur la côte de *Guinée*, & de la quantité d'esclaves qu'on en tire.

SECTION PREMIERE.

Précis de l'histoire politique de la Guinée, *du gouvernement & de l'administration des diverses peuplades établies dans cette partie de l'Afrique.*

Les révolutions qui ont dû arriver dans l'Afrique occidentale, comme dans le reste du globe, sont entièrement ignorées, & il étoit impossible qu'il en fût autrement dans une région où l'écriture a toujours été inconnue. On n'y a même conservé aucune tradition qui puisse servir de base à des conjectures bien ou mal fondées. Quand on demande aux peuples de ces contrées pourquoi ils ont laissé perdre le souvenir de ce qu'ont fait leurs pères, ils répondent qu'il importe peu de savoir comment ont vécu les morts ; que l'essentiel est que les vivans aient de la vertu. Le passé les touche si peu, qu'ils ne comptent pas même le nombre de leurs années. Ce seroit, disent-ils, se charger la mémoire d'un calcul inutile, puisqu'il n'empêche pas de mourir, & qu'il ne donneroit aucune lumière sur le terme de la vie. En parlant de cette partie du monde, on est donc réduit aux époques qui ont vu arriver les européens sur ses rivages. Il faut même se borner aux côtes, puisqu'aucun étranger, digne de créance, n'a pénétré dans l'intérieur des terres ; & que nos navigateurs n'ont guère étendu leurs recherches au-delà des rades où ils formoient leurs cargaisons.

Toutes leurs relations attestent que les parties connues de cette région sont gouvernées arbitrairement. Que le despote soit appellé au trône par les droits de sa naissance, ou qu'il le soit par élection, les peuples n'ont d'autres loix que sa volonté.

Mais un fait qu'attestent les voyageurs, qui mériteroit d'être vérifié scrupuleusement, & qu'on doit trouver singulier en Europe, où le grand nombre des monarchies héréditaires s'oppose à la tranquilité des gouvernemens électifs, c'est qu'en Afrique les contrées où il y a le moins de révolutions, sont celles qui ont conservé le droit de choisir leurs chefs. Pour l'ordinaire, c'est un vieillard dont la sagesse est généralement connue. La manière dont se fait ce choix, est simple, mais ne peut convenir qu'à de très-petits états. Le peuple se rend à son gré, dans trois jours, chez le citoyen qui lui paroît le plus propre au commandement. Si les voix se trouvent partagées, celui qui en a réuni un plus grand nombre, nomme le quatrième jour un de ceux qui ont eu moins de voix que lui. Tout homme libre a droit de suffrage. Il y a même quelques tribus où les femmes jouissent de ce privilège.

Telle est, à l'exception des royaumes héréditaires de Benin & de Juda, la formation de cette foule de petits états qui sont au nord de la ligne. Au sud, on trouve le Mayombé & le Quilingo, dont les chefs sont pris parmi les ministres de la religion ; les empires de Loango & de Congo, où la couronne se perpétue dans la ligne masculine du côté des femmes, c'est-à-dire, que le premier fils de la sœur aînée du roi, hérite du trône devenu vacant. Ces peuples croient qu'un enfant est bien plus sûrement le fils de sa mère que de l'homme qu'elle a épousé : ils s'en rapportent plus à l'enfantement qu'ils voient, qu'au moment de la conception qu'ils ne voient pas.

Ces nations vivent dans une ignorance entière de cet art si révéré parmi nous, sous le nom de *politique*. Cependant ils ne laissent pas d'en observer les formalités & certaines bienséances. L'usage des ambassades leur est familier, soit pour solliciter des secours contre un ennemi puissant, ou pour réclamer une médiation dans les différends, ou pour faire compliment sur les décès, sur une naissance, sur une pluie après une grande sécheresse. L'envoyé ne doit jamais s'arrêter plus d'un jour au terme de sa mission, ni voyager pendant la nuit dans les états d'un prince étranger. Il marche précédé d'un tambour, qui annonce au loin son caractère, & accompagné de cinq ou six de ses amis. Dans les lieux où il s'arrête pour prendre du repos, il est reçu avec respect : mais il n'en peut partir avant le lever du soleil, & sans que son hôte ait assemblé quelques personnes qui puissent témoigner qu'il ne lui est arrivé aucun accident. Au reste, on ne connoît aucune de ces négociations qui ait un objet un peu compliqué. Jamais on ne stipule rien pour le passé, tout est pour le présent. D'où l'on peut conclure que ces nations ne sauroient avoir aucun rapport suivi avec les autres parties du globe.

La guerre n'est pas plus combinée que la politique. Nul gouvernement n'a de troupes à sa solde. La profession militaire est l'état de tout homme libre. Tous prennent les armes pour couvrir leurs frontières, ou pour aller chercher du butin. Les généraux sont choisis par les soldats,

& le choix est confirmé par le prince. L'armée marche, & le plus souvent les hostilités commencées le matin, sont terminées le soir. L'incursion du moins n'est jamais longue, parce que, n'ayant point de magasins, le défaut de subsistances oblige de se retirer. Ce seroit un grand malheur pour ces peuples, qu'on leur enseignât l'art de tenir la campagne quinze jours de suite.

Ce n'est point le desir de s'agrandir, qui donne naissance aux troubles qui déchirent assez souvent ces contrées. Une insulte faite dans une cérémonie, un vol furtif ou violent, le rapt d'une fille, voilà les sujets ordinaires de la guerre. Dès le lendemain d'une bataille, le rachat des prisonniers se fait de part & d'autre. On les échange avec des marchandises ou avec des esclaves. Jamais on ne cède aucune portion du territoire; il appartient tout entier à la commune, dont le chef fixe l'étendue que chacun doit cultiver, pour en recueillir les fruits.

Cette manière de terminer les différends, n'est pas seulement des petits états qui ont des chefs trop sages pour chercher à s'agrandir, trop âgés pour ne pas aimer la paix. Les grands empires sont réduits à s'y conformer avec des voisins plus foibles qu'eux. Le despote n'a jamais de milice sur pied; &, quoiqu'il dispose à son gré de la vie des gouverneurs de ses provinces, il ne leur prescrit aucun principe d'administration. Ce sont de petits souverains qui, dans la crainte d'être soupçonnés d'ambition & punis de mort, vivent en bonne intelligence avec les peuplades électives qui les environnent. L'harmonie, entre les puissances considérables & les autres états, subsiste en même-temps par le pouvoir immense que le prince a sur ses sujets, & par l'impossibilité où il est de s'en servir comme il le voudroit. Sa volonté n'est qu'un trait, qui ne peut frapper qu'un coup & qu'une tête à la fois. Il peut bien ordonner la mort de son lieutenant, & toute la province l'étranglera à son commandement; mais s'il ordonnoit la mort de tous les habitans de la province, personne ne voudroit exécuter cet ordre, & sa volonté ne suffiroit pas pour armer une autre province contre celle-là. Il peut tout contre chacun en particulier : mais il ne peut rien contre tous ensemble.

Une autre raison qui empêche l'asservissement des petits états par les grands, c'est que ces peuples n'attachent aucune idée à la gloire des conquêtes. Le seul homme qui en ait paru touché, étoit un courtier d'esclaves, qui, dès son enfance, avoit fréquenté les vaisseaux européens, & qui, dans un âge plus avancé, fit un voyage en Portugal. Ce qu'il voyoit, ce qu'il entendoit dire, échauffa son imagination, & lui apprit qu'on se faisoit souvent un grand nom en occasionnant de grands malheurs. De retour dans sa patrie, il se sentit humilié d'obéir à des gens moins éclairés que lui. Ses intrigues l'élevèrent à la dignité de

chef des akanis, & il vint à bout de les armer contre leurs voisins. Rien ne put résister à sa valeur, & sa domination s'étendit sur plus de cent lieues de côtes, dont Anamabou étoit le centre. Il mourut. Personne n'osa lui succéder; & tous les ressorts de son autorité se relâchant à la fois, chaque chose reprit sa place.

La religion chrétienne & la religion mahométane semblent tenir par les deux bouts la partie de l'Afrique occidentale, fréquentée par les européens. Les musulmans de la Barbarie ont porté leurs dogmes aux peuples du Cap-Verd, qui eux-mêmes les ont étendus plus loin. A mesure que ces dogmes se sont éloignés de leur source, ils se sont si fort altérés, que chaque royaume, chaque village, chaque famille en a de différens. Sans la circoncision, qui est d'un usage général, à peine soupçonneroit on les peuples de professer le même culte. Il ne s'est tout-à-fait arrêté qu'au Cap de Monté, dont les habitans n'ont point de communication avec leurs voisins.

Ce que les arabes avoient fait au nord de la ligne pour l'Alcoran, les portugais le firent dans la suite au sud pour l'Evangile. Ils établirent son empire vers la fin du quinzième siècle, depuis le pays de Benguela jusqu'au Zaïre. Un culte, qui présentoit des moyens pour l'expiation de tous les crimes, se trouva du goût des nations qui avoient une religion moins consolante. S'il fut proscrit depuis dans plusieurs états, ce furent les violences de ses promoteurs, qui lui attirèrent cette disgrace. On l'a même tout-à-fait défiguré dans les contrées où il s'est maintenu. Quelques pratiques minutieuses font tout ce qui en reste.

Le pays est généralement mal peuplé. Il est rare d'y trouver des habitations ailleurs qu'auprès des rivières, des lacs & des fontaines. Dans ces contrées, ce sont moins les besoins réciproques qui rapprochent les hommes, que les liens du sang qui les empêchent de se séparer. Aussi distingue-t-on dans la même ville, quelquefois dans le même village, de petits hameaux qui sont autant de familles présidées par leurs patriarches.

SECTION IIe.

Du commerce de la Guinée : détails sur le commerce des noirs.

En *Guinée*, le commerce n'a jamais pu faire une grande révolution dans les mœurs. Il se bornoit autrefois à quelques échanges de sel & de poisson seché, que consommoient les nations éloignées de la côte. Elles donnoient en retour des pièces d'étoffes faites d'un fil, qui n'est autre chose qu'une substance ligneuse, collée sous l'écorce d'un arbre particulier à ces climats. L'air la durcit, & la rend propre à toute sorte de tissure. On en fait des bonnets, des espèces d'écharpes, des tabliers pour la ceinture, dont la forme varie felon la mode que chaque nation a adoptée. La couleur naturelle du fil eſt le gris lavé. La roſée qui blanchit nos lins, lui donne une couleur de citron que les gens riches préfèrent. La teinte noire, qui eſt à l'uſage du peuple, vient de l'écorce même de ce fil, ſimplement inſuſée dans l'eau.

Les premiers européens qui fréquentèrent les côtes occidentales de l'Afrique, donnèrent de la valeur à la cire, à l'ivoire, aux gommes, aux bois de teinture, qui avoient eu juſqu'alors aſſez peu de prix. On livroit auſſi en échange à leurs navigateurs quelques foibles parties d'or, que des caravanes, parties des états barbareſques, enlevoient auparavant. Il venoit de l'intérieur des terres, & principalement de Bambouk, ariſtocratie ſituée ſous les douzième & treizième degrés de latitude ſeptentrionale, & où chaque village eſt gouverné par un chef, nommé *farim*. Ce riche métal eſt ſi commun dans la contrée, qu'on en peut ramaſſer preſque indifféremment par-tout, en raclant ſeulement la ſuperficie d'une terre argileuſe, légère & mêlée de ſable. Lorſque la mine eſt très-riche, elle eſt fouillée à quelques pieds de profondeur & jamais plus loin, quoiqu'on ait remarqué qu'elle devenoit plus abondante, à meſure qu'on creuſoit davantage. Les peuples ſont trop pareſſeux pour ſuivre un travail qui deviendroit toujours plus fatigant, & trop ignorans pour remédier aux inconvéniens que cette méthode entraîneroit. Leur négligence & leur ineptie ſont pouſſées ſi loin, qu'en lavant l'or pour le détacher de la terre, ils n'en conſervent que les plus groſſes parties. Les moindres s'en vont avec l'eau qui s'écoule par un plan incliné.

Les habitans de Bambouk n'exploitent pas les mines en tout temps, ni quand il leur plaît. Ils ſont obligés d'attendre que des beſoins perſonnels ou publics aient déterminé les farims à en accorder la permiſſion. Lorſqu'elle eſt annoncée, ceux auxquels il convient d'en profiter, ſe rendent au lieu déſigné. Le travail fini, on fait le partage. La moitié de l'or revient au ſeigneur, & le reſte eſt réparti entre les travailleurs par portions égales. Les citoyens qui déſireroient ces richeſſes dans un autre temps que celui de la fouille générale, les iroient chercher dans le lit des torrens où elles ſont communes.

Pluſieurs européens cherchèrent à pénétrer dans une région qui contient tant de tréſors. Deux ou trois d'entr'eux, qui avoient réuſſi à s'en approcher, furent impitoyablement repouſſés. M. David, chef des françois dans le Sénégal, imagina en 1740 de faire ravager par un prince foule les bords du Feleme, d'où Bambouk tiroit tous ſes vivres. Ce malheureux pays alloit périr, au milieu de ces monceaux d'or, lorſque l'auteur de leurs calamités leur fit propoſer de leur envoyer des ſubſiſtances du fort Galam, qui n'en eſt éloigné que de quarante lieues, s'ils conſen-

toient à le recevoir & à permettre aux ſiens d'exploiter leurs mines. Ces conditions furent acceptées, & l'obſervation en fut de nouveau jurée à l'auteur du projet lui-même, qui, quatre ans après, ſe tranſporta dans ces provinces : mais le traité n'eut aucune ſuite. Seulement, le ſouvenir des maux qu'on avoit ſou<ferts & de ceux qu'on avoit craints, détermina les peuples à demander des productions à un ſol qui n'avoit été fécond qu'en métaux. Il paroît qu'on a perdu l'or de vue, pour s'occuper uniquement du commerce des eſclaves.

La propriété que quelques hommes ont acquiſe ſur d'autres dans la *Guinée*, eſt d'une origine fort ancienne. Elle y eſt généralement établie, ſi l'on en excepte quelques petits cantons où la liberté s'eſt retirée & cachée. Cependant nul propriétaire n'a droit de vendre un homme né dans l'état de ſervitude. Il peut diſpoſer ſeulement des eſclaves qu'il acquiert, ſoit à la guerre où tout priſonnier eſt eſclave, à moins d'échange, ſoit à titre d'amende pour quelque tort qu'on lui aura fait, ſoit enfin qu'il les ait reçus à titre de reconnoiſſance. Cette loi qui ſemble faite en faveur de l'eſclave-né, pour le faire jouir de ſa famille & de ſon pays, eſt inſuſſiſante depuis que les européens ont établi le luxe ſur les côtes d'Afrique. Elle ſe trouve éludée tous les jours, par les querelles concertées que ſe font deux propriétaires, pour être condamnés tour-à-tour, l'un envers l'autre, à une amende qui ſe paye en eſclaves-nés, & dont la diſpoſition devient libre par l'autoriſation de la même loi.

La corruption, contre ſon cours ordinaire, a gagné des particuliers aux ſouverains. Ils ont multiplié les guerres pour avoir des eſclaves, comme on les ſuſcite en Europe pour avoir des ſoldats. Ils ont établi l'uſage de punir par l'eſclavage, nonſeulement ceux qui avoient attenté à la vie ou à la propriété des citoyens, mais ceux qui ſe trouvoient hors d'état de payer leurs dettes, & ceux qui avoient trahi la foi conjugale. Cette peine eſt devenue avec le temps celle des plus légères fautes, après avoir été d'abord réſervée aux plus grands crimes. On n'a ceſſé d'accumuler les défenſes, même des choſes indifférentes, pour accumuler les revenus des peines avec les tranſgreſſions. L'injuſtice n'a plus eu de bornes, ni de barrières. Dans un grand éloignement des côtes, il ſe trouve des chefs qui font enlever, autour des villages, tout ce qui s'y rencontre. On jette les enfans dans des ſacs ; on met un baillon aux hommes & aux femmes pour étouffer leurs cris. Si les raviſſeurs ſont arrêtés par une force ſupérieure, ils ſont conduits au ſouverain qui déſavoue toujours la commiſſion qu'il a donnée, & qui, ſous prétexte de rendre la juſtice, vend ſur le champ ſes agens aux vaiſſeaux avec leſquels il a traité.

Malgré ces odieuſes ruſes, les peuples de la

côte fe font vus hors d'état de fournir aux demandes que les marchands leur faifoient. Il leur eft arrivé ce que doit éprouver toute nation, qui ne peut négocier qu'avec fon numéraire. Les efclaves font pour le commerce des européens en Afrique, ce qu'eft l'or dans le commerce que nous faifons au nouveau-Monde. Les têtes de nègres repréfentent le numéraire des états de la *Guinée*. Chaque jour ce numéraire leur eft enlevé, & on ne leur laiffe que des chofes qui fe confomment. Leur capital difparoît peu à peu, parce qu'il ne peut fe régénérer, en raifon de l'activité des confommations. Auffi la traite des noirs feroît-elle déja tombée, fi les habitans des côtes n'avoient communiqué leur luxe aux peuples de l'intérieur du pays, defquels ils tirent aujourd'hui la plupart des efclaves qu'ils nous livrent. C'eft de cette manière que le commerce des européens a prefque épuifé de proche en proche les richeffes commerçables de cette nation.

Cet épuifement a fait prefque quadrupler le prix des efclaves depuis vingt ans, & voici comment. On les paye en plus grande partie avec des marchandifes des Indes orientales, qui ont doublé de valeur en Europe. Il faut donner en Afrique le double de ces marchandifes. Ainfi les colonies d'Amérique, où fe conclut le dernier marché des noirs, font obligées de fupporter ces diverfes augmentations, & par conféquent de payer quatre fois plus qu'elles ne payoient autrefois.

Cependant le propriétaire éloigné, qui vend fon efclave, reçoit moins de marchandifes que n'en recevoit, il y a cinquante ans, celui qui vendoit le fien au voifinage de la côte. Les profits des mains intermédiaires; les frais de voyage; les droits quelquefois de trois pour cent, qu'il faut payer au fouverain chez qui l'on paffe, abforbent la différence de la fomme que reçoit le premier propriétaire, à celle que paye le marchand européen. Ces frais groffiffent tous les jours, par l'éloignement des lieux où il refte encore des efclaves à vendre. Plus ce premier marché fera reculé, plus les difficultés du voyage feront grandes. Elles deviendront telles, que de ce que le marchand européen pourra donner, il reftera fi peu à offrir au premier vendeur, qu'il préférera de garder fon efclave. Alors la traite ceffera. Si l'on veut abfolument la foutenir, il faudra que nos négocians achètent exceffivement cher, & qu'ils vendent dans les proportions des colonies, qui, de leur côté, ne pouvant livrer qu'à un prix énorme leurs productions, ne trouveront plus de confommateurs. Mais, jufqu'à ce période qui eft peut-être moins éloigné que ne le penfent les colons, ils vivront tranquillement du fang & de la fueur des nègres. Ils trouveront des navigateurs pour en aller acheter, & ceux-ci des tyrans pour en vendre.

Les marchands d'hommes s'affocient entr'eux, & formant des efpèces de caravanes, conduifent, dans l'efpace de deux ou trois cents lieues, plufieurs files de trente ou quarante efclaves, tous chargés de l'eau & des grains néceffaires pour fubfifter dans les déferts arides que l'on traverfe. La manière de s'en affurer, fans trop gêner leur marche, eft ingénieufement imaginée. On paffe, dans le cou de chaque efclave, une fourche de bois de huit à neuf pieds de long. Une cheville de fer rivée ferme la fourche par derrière, de manière que la tête ne peut en fortir. La queue de la fourche, dont le bois eft fort pefant, tombe fur le devant, & embarraffe tellement celui qui eft attaché, que, quoiqu'il ait les bras & les jambes libres, il ne peut ni marcher, ni lever la fourche. Pour fe mettre en marche, on range les efclaves fur une même ligne: on appuie & on attache l'extrémité de chaque fourche fur l'épaule de celui qui préfide, & ainfi de l'un à l'autre jufqu'au premier, dont l'extrémité de la fourche eft portée par un des conducteurs. On n'impofe guère de chaînes aux autres, fans en fentir foi-même le fardeau. Mais pour prendre fans inquiétude le repos du fommeil, ces marchands attachent les bras de chaque efclave fur la queue de la fourche qu'il porte. Dans cet état, il ne peut ni fuir, ni rien attenter pour fa liberté. Ces précautions ont paru indifpenfables, parce que fi l'efclave peut parvenir à rompre fa chaîne, il devient libre. La foi publique, qui affure au propriétaire la poffeffion de fon efclave, & qui dans tous les tems, le lui remet entre les mains, fe tait entre l'efclave & le marchand, qui exerce de toutes les profeffions la plus méprifée.

Les efclaves arrivent toujours en grand nombre, fur-tout lorfqu'ils viennent des contrées reculées. Cet arrangement eft néceffaire pour diminuer les frais qu'il faut faire pour les conduire. L'intervalle d'un voyage à l'autre, déja long par cette raifon d'économie, peut être augmenté par des circonftances particulières. La plus ordinaire vient d'abord des pluies, qui font déborder les rivières & languir la traite. La faifon favorable pour voyager dans l'intérieur de l'Afrique, eft depuis février jufqu'en feptembre; & c'eft depuis feptembre jufqu'en mars que le retour des marchands d'efclaves offre le plus de cette marchandife fur la côte.

SECTION IIIe.

Des établiffemens européens fur la côte de Guinée, & du nombre d'efclaves qu'on en tire.

La traite des européens fe fait au nord & au fud de la ligne. La première côte commence au Cap Blanc. Tout près font Arguin & Portendic. Les portugais les découvrirent en 1444; & s'y établirent l'année fuivante. Ils en furent dépouillés en 1638 par les hollandois qui, à leur tour, les cédèrent aux anglois en 1666, mais pour y rentrer quelques mois après. Au commencement de 1678, Louis XIV les en chassa encore, & se contenta d'en faire démolir les ouvrages.

A cette époque, Frédéric-Guillaume, ce grand électeur de Brandebourg, méditoit de donner de l'activité à ses états, jusqu'alors opiniâtrement ruinés par des guerres rarement interrompues. Quelques négocians des Provinces-Unies, mécontens du monopole qui les excluoit de l'Afrique occidentale, lui persuadèrent de bâtir des forts dans cette vaste contrée, & d'y faire acheter des esclaves qui seroient avantageusement vendus dans le nouveau-Monde. On jugea cette vue utile; & la compagnie, formée pour la suivre, se procura en 1682 trois établissemens à la côte d'Or, & un dans l'isle d'Arguin trois ans après. Le nouveau corps fut successivement ruiné par les traverses des nations rivales, par l'infidélité ou l'inexpérience de ses agens, par les déprédations des corsaires. Comme il n'en restoit plus que le nom, le roi de Prusse vendit en 1717, à la compagnie de Hollande, des propriétés devenues depuis long-temps inutiles. Ces républicains n'avoient pas pris possession d'Arguin, lorsqu'en 1721 il fut de nouveau attaqué, de nouveau pris par les ordres de la cour de Versailles que le traité de Nimègue avoit maintenu dans cette conquête. Ils y plantèrent bientôt leur pavillon, mais pour le voir encore abattre en 1724.

Depuis cette époque, la France ne fut pas troublée dans ces possessions jusqu'en 1763. Le ministre britannique, qui avoit exigé le sacrifice du Niger, voulut alors qu'elles en fussent une dépendance. Le traité de paix de 1782 a donné le Sénégal à la France.

Le fleuve du Sénégal est très-considérable. Quelques géographes lui donnent un cours de plus de huit cents lieues. Ce qui est prouvé, c'est que, depuis juin jusqu'en novembre, il est navigable dans un cours de trois cents vingt lieues. La barre qui couvre l'embouchure de la rivière, n'en permet l'entrée qu'aux navires qui ne tirent pas plus de huit ou neuf pieds d'eau. Les autres sont réduits à mouiller tout auprès, sur un fond excellent. C'est du fort Saint-Louis, bâti dans une petite isle peu éloignée de la mer, que leur sont apportées, sur des bâtimens légers, leurs cargaisons. Elles se bornent aux gommes recueillies dans l'année, & à douze ou quinze cents esclaves. Les gommes arrivent de la rive gauche, & les esclaves de la droite, la seule qu'on puisse dire peuplée, depuis que les tyrans de Maroc ont étendu leur férocité jusqu'à ces contrées.

Le traité de 1763 ayant assuré à la Grande-Bretagne la possession du Sénégal, que sa marine avoit conquis durant la guerre, les françois se sont trouvés réduits jusqu'au traité de 1782, à la côte qui commence au Cap Blanc, & se termine à la rivière de Gambie. Quoiqu'ils n'aient pas été

troublés dans la prétention qu'ils ont de pouvoir commercer exclusivement sur ce grand espace, leurs comptoirs de Joal, de Portudal, & d'Albreda leur ont à peine fourni annuellement trois ou quatre cens esclaves. Gorée, éloignée du continent d'une lieue seulement, & qui n'a que quatre cents toises de longueur sur cent de largeur, est le chef lieu de ces misérables établissemens. Durant les hostilités commencées en 1756, cette isle qui a une bonne rade, & dont la défense est facile, avoit subi le joug anglois : mais les traités la rendirent à son premier possesseur.

Jusqu'en 1772, cette contrée avoit été ouverte à tous les navigateurs de la nation. A cette époque, un homme inquiet & ardent persuada à quelques citoyens crédules que rien ne seroit plus aisé que d'arriver, par des routes jusqu'alors inconnues, à Bambouk & à d'autres mines non moins riches. Un ministre seconda l'illusion par un privilège exclusif, & on dépensa des sommes considérables à la poursuite de cette chimère. La direction du monopole passa, deux ans après, dans des mains plus sages; & l'on s'est borné depuis à l'achat des noirs qui doivent être portés à Cayenne, où la société a obtenu un territoire immense.

La rivière de Gambie seroit navigable, durant un cours de deux cents lieues pour d'assez grands bâtimens : mais ils s'arrêtent tous, à huit ou dix lieues de son embouchure, au fort James. Cet établissement, qui a été conquis, rançonné, pillé sept ou huit fois dans ce siècle, est situé dans une isle qui n'a pas un mille de circonférence. Les anglois y traitent annuellement trois mille esclaves, arrivés la plupart, comme au Sénégal, des terres intérieures & très éloignées.

Les isles du Cap Verd se trouvent non loin de ces rivages, & nous en avons parlé à l'article CAP-VERD.

Serre-Lionne n'est pas sous la domination britannique, quoique ses sujets en aient concentré presque toutes les affaires dans deux loges particulières, très-anciennement établies. Indépendamment de la cire, de l'ivoire, de l'or qu'on y trouve, ils tirent annuellement de cette rivière, ou des rivières voisines quatre où cinq mille esclaves.

Après ce marché, viennent les côtes des graines, des dents & des quaquas, qui occupent deux cents cinquante lieues. On y achete du riz, de l'ivoire, & des esclaves. Les navigateurs forment passagèrement des comptoirs sur quelques-unes de ces plages. Le plus souvent, ils attendent à l'ancre que les nègres viennent eux-mêmes sur leurs pirogues proposer les objets d'échange. Cet usage s'est, dit-on, établi depuis que des actes répétés de férocité ont fait sentir le danger des débarquemens.

Les anglois ont formé depuis peu un établissement au Cap Apollonie, où la traite des esclaves est

eſt conſidérable : mais ils n'y ont pas encore obtenu un commerce excluſif, comme ils le deſiroient, comme ils l'eſpéroient peut-être.

Après le Cap Apollonie, commence la côte d'Or, qui finit à la rivière de Volte. Son étendue eſt de 130 lieues. Comme le pays eſt diviſé en un grand nombre de petits états, & que leurs habitans ſont les hommes les plus robuſtes de la *Guinée*, les comptoirs des nations commerçantes de l'Europe y ont été exceſſivement multipliés. Cinq ſont aux danois ; douze ou treize, dont Saint-George de la Mina eſt le principal, appartiennent aux anglois & les anglois en ont conquis ou formé neuf ou dix, qui reconnoiſſent pour chef le Cap Corſe. Les françois, qui ſe voyoient à regret exclus d'une région ſi abondante en eſclaves, voulurent en 1749 s'approprier Anamabou. Ils s'y fortifioient, de l'aveu des naturels du pays, lorſque leurs travailleurs furent chaſſés à coup de canon par les vaiſſeaux de la Grande-Bretagne. Un négociateur habile qui ſe trouvoit à Londres, à la nouvelle de cette violence, témoigna ſon étonnement d'une conduite ſi peu meſurée. *Monſieur*, lui dit un miniſtre fort accrédité chez cette nation éclairée, *ſi nous voulions être juſtes envers les françois, nous n'aurions pas pour trente ans d'exiſtence*. A cette époque, les anglois s'établirent ſolidement à Anamabou, & depuis ils n'ont plus ſouffert de concurrence dans ce marché important.

A huit lieues de la rivière de Volte, eſt Kela très-abondant en ſubſiſtances. C'eſt-là que ſe rendent les navigateurs pour ſe pourvoir de vivres. De-là ils expédient leurs canots ou leurs pirogues, pour s'informer des lieux où il leur conviendra d'établir leur traite.

Le petit Popo les attire ſouvent. Les anglois & les françois fréquentent cette échelle : mais les portugais y ſont en bien plus grand nombre ; & voici pourquoi.

Cette nation, qui dominoit originairement ſur l'Afrique, y fut avec le temps réduite à un tel état de foibleſſe, que, pour conſerver la liberté de négocier à la côte d'Or, elle s'engagea à payer aux hollandois le dixième de ſes cargaiſons. Ce honteux tribut, qu'on a toujours régulièrement payé, donnoit à ſes armateurs de Bahia & de Fernambuc, les ſeuls qui fréquentent cette côte, un ſi grand déſavantage, qu'ils convinrent entr'eux qu'il n'y auroit jamais, dans aucun port, plus d'un bâtiment de chacune de ces deux provinces. Les autres ſe tiennent au petit Popo, où ils attendent que leur tour, pour traiter, ſoit arrivé.

Juda, éloigné de quatorze lieues du petit Popo, eſt fort renommé pour le nombre & pour la qualité des eſclaves qui en ſortent. Il n'eſt ouvert qu'aux anglois, aux françois & aux portugais. Chacune de ces nations y a un fort placé dans l'iſle de Gregoi, à deux milles du rivage.

Les chefs de ces comptoirs font tous les ans un voyage de trente lieues, pour porter au ſouverain du pays, des préſens qu'il reçoit, & qu'il exige comme un hommage.

A huit lieues de Juda, eſt Epée. Quelquefois il y a beaucoup d'eſclaves, plus ordinairement il n'y en a point. Auſſi ſa rade eſt-elle ſouvent ſans navires.

Un peu plus loin eſt Porto-nove. Le commerce, établi ailleurs ſur les rivages de la mer, s'y fait à ſept lieues dans les terres. Cet inconvénient le fit languir long-temps ; mais actuellement il eſt fort conſidérable. La paſſion pour le tabac du Breſil, qui eſt encore plus vive dans cet endroit que ſur le reſte de la côte, donne aux portugais une grande ſupériorité. C'eſt du rebut de ſes cargaiſons que l'anglois & le françois ſont réduits à former les leurs.

Badagry n'eſt qu'à trois lieues de Porto-nove : on y mène beaucoup d'eſclaves. Dans le temps que toutes les nations y étoient reçues, les navigateurs ne faiſoient leurs ventes & leurs achats que l'un après l'autre. Depuis que les anglois & les hollandois en ſont éloignés, il eſt permis aux françois & aux portugais de traiter en concurrence, parce que leurs marchandiſes ſont très-différentes. C'eſt le lieu de la côte le plus fréquenté par les armateurs françois.

Ahouy, ſéparé de Badagry par un eſpace de quatorze à quinze lieues, eſt ſitué dans les iſles de Curamo, ſur une rade difficile, marécageuſe & mal ſaine. Ce marché eſt preſque excluſivement fréquenté par les anglois, qui y arrivent ſur de groſſes chaloupes, & font leur traite entre les iſles & le continent voiſin.

Depuis la rivière de Volte juſqu'à cet Archipel, la côte n'eſt pas acceſſible. Un banc de ſable, contre lequel les vagues de l'Océan viennent ſe briſer avec violence, oblige les navigateurs, attirés dans ces parages par l'eſpoir du gain, à ſe ſervir des pirogues & des naturels du pays, pour envoyer leurs cargaiſons à terre, & pour retirer de terre ce qu'ils reçoivent en échange. Leurs navires mouillent ſans danger ſur un fond excellent, à trois ou quatre milles de la côte.

La rivière de Benin, qui abonde en ivoire & en eſclaves, reçoit des vaiſſeaux. Son commerce eſt preſque entièrement tombé dans les mains des anglois. Les françois & les hollandois ont été rebutés par le caractère des naturels du pays, moins barbares que ceux des contrées voiſines ; mais ſi légers dans leurs goûts, qu'on ne ſçait jamais quelles marchandiſes ils voudront accepter en échange.

Après le Cap Formoſe, ſont le nouveau & le vieux Calbari. La côte eſt baſſe, inondée ſix mois de l'année & très-mal ſaine. On n'y trouve que de l'eau corrompue ; les naufrages y ſont fréquens, & des équipages entiers y ſont quelquefois la victime des intempéries du climat. Tant de calamités n'ont pu écarter de ces parages dangereux les navigateurs de la Grande-Bretagne. Ils y achètent tous les ans, mais à très-bas prix, sept à huit mille noirs. Les françois, qui autrefois n'abordoient que rarement à ces marchés, commencent à s'y porter en plus grand nombre. Les navires qui tirent plus de 12 pieds d'eau, sont réduits à jetter l'ancre près de l'isle de Panis, où le chef de ces barbares contrées fait son séjour, & où il a attiré un assez grand commerce.

Les affaires sont beaucoup plus vives au Gabon. C'est un grand fleuve qui arrose une plaine immense, & qui, avec d'autres rivières moins considérables, forme une foule d'isles plus ou moins étendues, dont chacune a un souverain particulier. Il n'y a guère de pays plus abondant, plus noyé & plus mal sain. Les françois, plus légers qu'entreprenans, y vont peu malgré leurs besoins. Les portugais des isles du Prince & de Saint-Thomas n'y envoient que quelques chaloupes. Les hollandois en tirent de l'ivoire, de la cire & du bois de teinture. Les anglois y achètent presque tous les esclaves que font les unes sur les autres ces petites nations, perpétuellement acharnées à leur destruction mutuelle. Il n'y a point de grand entrepôt où se fassent les échanges. Les européens sont forcés de s'enfoncer avec leurs bateaux jusqu'à cinquante & soixante lieues dans ces marais infects. Cette pratique entraîne des longueurs excessives, coûte la vie à une infinité de matelots, & occasionne quelques meurtres. On verroit cesser ces calamités, s'il s'établissoit un marché général à l'isle aux Perroquets, située à dix lieues de l'embouchure du Gabon, & où peuvent aborder d'assez grands navires. La Grande-Bretagne le tenta, sans doute avec le projet de s'y fortifier & l'espoir d'arriver à un commerce exclusif. Son agent fut massacré en 1769, & les choses sont restées comme elles étoient.

On observera que les esclaves qui sortent du Benin, du Calbari & du Gabon sont très-inférieurs à ceux qu'on achète ailleurs. Aussi sont-ils livrés, le plus qu'il est possible, aux colonies étrangères par les anglois qui fréquentent plus que les autres nations ces mauvais marchés. Tel est le nord de la ligne.

Au sud, les marchés sont beaucoup moins multipliés, mais généralement plus considérables. Le premier qui se présente après le Cap de Lope, c'est Mayumba. Jusqu'à cette rade la mer est trop difficile, pour qu'on puisse approcher de terre. Une baie, qui a deux lieues d'ouverture & une lieue de profondeur, offre un asyle sûr aux vaisseaux qui sont contrariés par les calmes & par les courans, trop ordinaires dans ces parages. Le débarquement y est facile auprès d'une rivière. On peut croire que le vice d'un climat trop marécageux aura seul écarté les européens, & par conséquent les africains. Si de temps en temps on y vend quelques captifs, ils sont achetés par les anglois & les hollandois, qui vont assez régulièrement s'y charger d'un bois rouge qu'on emploie dans les teintures. Au Cap Segundo est une autre baie très-salubre, plus vaste & plus commode que celle de Mayumba même. On y peut faire sûrement & facilement de l'eau & du bois. Tant d'avantages y auroient vraisemblablement attiré un grand commerce, si le tems & les dépenses nécessaires pour arriver à l'extrémité d'une longue langue de terre n'en eussent dégoûté les marchands d'esclaves.

Ils ont préféré Loango, où l'on mouille à huit ou neuf cents toises du rivage, par trois ou quatre brasses d'eau sur un fond de vase. L'agitation de la mer est telle qu'on ne peut aborder la côte qu'avec des pirogues. Les comptoirs européens occupent, à une lieue de la ville, une hauteur regardée comme très-mal saine. De-là vient que, quoique les noirs y soient à meilleur marché qu'ailleurs; que, quoiqu'on y soit moins difficile sur la qualité des marchandises, les navigateurs n'abordent guère à Loango que lorsque la concurrence est trop grande dans les autres ports.

A Molembo, il faut que les vaisseaux s'arrêtent à une lieue du rivage, & que pour aborder, les bâteaux franchissent une barre assez dangereuse. Les affaires se traitent sur une montagne fort agréable, mais d'un accès difficile. Les esclaves y sont en plus grand nombre & de meilleure qualité que sur le reste de la côte.

La baie de Gabinde est sûre & commode. La mer y est assez tranquille, pour qu'on pût, dans le cas de nécessité, donner aux bâtimens les radoubs dont ils auroient besoin. On mouille au pied des maisons, & la traite se fait à cent cinquante pas du rivage.

Depuis Loango, il ne se trouve plus de plage abordable jusqu'au Zaire. Non loin de ce fleuve, est la rivière Ambriz, qui reçoit quelques petits bâtimens expédiés d'Europe même. Des navires plus considérables, arrivés à Loango, à Molembo & à Cabinde, y envoient aussi quelquefois des bâteaux pour traiter des noirs & abréger leur séjour à la côte : mais les navigateurs qui y sont établis, ne souffrent pas toujours cette concurrence.

Ces difficultés ne sont pas à craindre à Mossula, impraticable pour des navires. Les anglois, les hollandois, les françois, qui font leur traite dans les ports importans, y envoient librement leurs chaloupes; & rarement en sortent-elles, sans amener quelques esclaves obtenus à un prix plus modéré que dans les grands marchés.

Après Mossula, commencent les possessions portugaises, qui s'étendent sur la côte depuis le huitième jusqu'au dix-huitième degré de latitude australe, & qui, dans l'intérieur des terres, ont quelquefois jusqu'à cent lieues, On divise ce grand espace en plusieurs provinces, dont les différens cantons sont régis par des chefs tous tributaires de Lisbonne. Sept ou huit foibles corps de dix ou douze soldats chacun suffisent pour contenir tant de peuples dans la soumission. Ces nègres sont réputés libres; mais les moindres fautes les précipitent dans la servitude. Au milieu de leurs forêts, dans un lieu qu'on nomme la *Nouvelle-Oeiras*, furent découvertes, il n'y a que peu d'années, d'abondantes mines d'un fer supérieur à celui de toutes les autres parties du globe. Le comte de Souza, alors gouverneur de la contrée, les fit exploiter; mais elles ont été abandonnées. Ce commandant actif recula aussi les frontières de l'empire soumis à ses ordres. Son ambition étoit d'arriver jusqu'aux riches mines du Monomotapa, & de préparer à ses successeurs les moyens de pousser les conquêtes jusqu'au territoire que sa nation occupe au Mozambique.

D'autres jugeront de la possibilité ou de l'impossibilité, de l'inutilité ou de l'importance de cette communication. Nous nous bornerons à observer que le premier établissement portugais près de l'Océan, est Bamba, dont la fonction principale se réduit à fournir les bois dont peut avoir besoin S. Paul-de-Loanda. Cette capitale de l'Afrique portugaise a un assez bon port. Il est formé par une isle de sable, protégé à son entrée, resserré par des fortifications régulières, & défendue par une garnison qui seroit suffisante, si elle n'étoit composée d'officiers & de soldats, la plupart flétris par les loix ou du moins exilés. On compte dans la ville sept à huit cens blancs, & environ trois mille noirs ou mulâtres libres.

Saint-Philippe de Benguela, qui appartient à la même nation, n'a qu'une rade où la mer est souvent fort grosse. La ville, beaucoup moins considérable que Saint-Paul, est couverte par un mauvais fort, que le canon des vaisseaux réduiroit aisément en cendres. On n'éprouveroit pas une résistance bien opiniâtre de deux ou trois cens africains qui la gardent, & qui même, comme à Saint-Paul, sont en grande partie répartis dans des ports assez éloignés.

A dix lieues plus loin que Saint-Philippe, est encore une loge portugaise où sont élevés de nombreux troupeaux, & où est ramassé le sel nécessaire pour les peuples soumis à cette couronne. Les établissemens & le commerce des européens ne s'étendent pas loin sur la côte occidentale de l'Afrique.

Les navires portugais, qui fréquentent ces parages, se rendent tous à Saint-Paul ou à Saint-Philippe. Ces bâtimens traitent un plus grand nombre d'esclaves dans le premier de ces marchés, & dans l'autre des esclaves plus robustes. Ce n'est pas de la métropole qu'ils sont la plupart expédiés, mais du Brésil, & presque uniquement de Rio-Janeiro. Comme leur nation

exerce un privilège exclusif, ils payent ces malheureux noirs moins cher qu'on ne les vend ailleurs. C'est avec du tabac & des cauris qu'ils achètent sur les lieux mêmes, qu'ils soldent à la côte d'Or: sur celle d'Angole, c'est du tabac, des eaux-de-vie de sucre, & quelques toiles grossières qu'ils donnent en échange.

Dans les premiers temps qui suivirent la découverte de l'Afrique occidentale, cette grande partie du globe ne vit pas diminuer d'une manière sensible sa population. On n'avoit alors aucune occupation à donner à ses habitans: mais, à mesure que les conquêtes & les cultures se multiplièrent en Amérique, il fallut plus d'esclaves. Ce besoin a augmenté graduellement; & depuis la pacification de 1763, on a arraché chaque année à la *Guinée* quatre-vingt mille de ses malheureux enfans. Tous ces infortunés ne sont pas arrivés dans le nouveau-Monde. Dans le cours ordinaire des choses, il doit en avoir péri un huitième dans la traversée. Les deux tiers de ces déplorables victimes de notre avarice sont sortis du nord, & le reste du sud de la ligne.

Originairement on les obtenoit par-tout à fort bon marché. Leur valeur a successivement augmenté, & d'une manière plus marquée depuis 15 ou 20 ans. En 1777, un négociant françois en a fait acheter à Molembo 530, qui, sans compter les frais de l'armement, lui ont coûté, l'un dans l'autre, 583 liv. 18 sols 10 deniers. A la même époque, il en a fait prendre à Portonove 521, qu'il a obtenu pour 460 liv. 10 den.

Cette différence dans les prix, qu'on peut regarder comme habituelle, ne vient pas de l'infériorité des esclaves du nord. Ils sont au contraire plus forts, plus laborieux, plus intelligens que ceux du sud. Mais la côte où on les prend, est moins commode & plus dangereuse: mais on n'y en trouve pas régulièrement, & l'armateur est exposé à perdre son voyage: mais, pour leur fournir des eaux salutaires, il faut relâcher aux isles du Prince & de Saint-Thomas: mais il en périt beaucoup dans une traverse contrariée par les vents, par les calmes & par les courans: mais leur caractère les porte au désespoir ou à la révolte. Par toutes ces raisons, on doit les payer moins cher en Afrique, quoiqu'ils soient vendus un peu plus dans le nouveau-Monde.

En supposant qu'il a été acheté 80 mille noirs en 1777, & qu'ils ont été tous achetés au prix dont nous avons parlé, ce sera 41,759,333 liv. 6 sols 8 deniers que les bords africains auront obtenus pour le plus horrible des sacrifices.

Le marchand d'esclaves ne reçoit pas cette somme entière. Les impôts établis par les souverains des ports où se fait la traite, en absorbent une partie. Un agent du gouvernement, chargé de maintenir l'ordre, a aussi ses droits. Il est entre le vendeur & l'acheteur, des intermédiaires dont le ministère est devenu plus cher, à mesure que la concurrence des navigateurs européens a augmenté, & que le nombre des noirs eſt diminué. Ces dépenſes, étrangères au commerce, ne ſont pas exactement les mêmes dans tous les marchés : mais elles n'éprouvent pas des variations importantes, & ſont par-tout trop conſidérables. Ce n'eſt pas avec des métaux qu'on paye, mais avec nos productions & nos marchandiſes. A l'exception des portugais, toutes les nations donnent à-peu-près les mêmes valeurs. Ce ſont des ſabres, des fuſils, de la poudre à canon, du fer, de l'eau-de-vie, des quincailleries, des tapis, de la verroterie, des étoffes de laine, ſur-tout des toiles des Indes orientales, ou celles que l'Europe fabrique & peint ſur leur modèle. Les peuples du nord de la ligne ont adopté pour monnoie un petit coquillage blanc que nous leur apportons des Maldives. Au ſud de la ligne, le commerce des européens a de moins, cet objet d'échange. On y fabrique pour ſigne de valeur une petite pièce d'étoffe de paille de dix-huit pouces de long ſur douze de large, qui repréſente cinq de nos ſols.

Les nations européennes ont cru qu'il étoit utile à leur commerce d'avoir des établiſſemens dans l'Afrique occidentale. Les portugais qui, ſelon l'opinion commune, y étoient arrivés les premiers, firent long-temps ſans concurrence le commerce des eſclaves, parce que ſeuls ils avoient formé des cultures en Amérique. Des circonſtances malheureuſes les ſoumirent à l'Eſpagne, & ils furent attaqués dans toutes les parties du monde par le hollandois, qui avoit briſé les fers ſous leſquels il gémiſſoit. Les nouveaux républicains triomphèrent ſans de grands efforts d'un peuple aſſervi, & plus facilement qu'ailleurs en Guinée, où l'on n'avoit préparé aucun moyen de défenſe. Mais auſſi-tôt que Lisbonne eut recouvré ſon indépendance, elle voulut reconquérir les poſſeſſions dont on l'avoit dépouillée durant ſon eſclavage. Le ſuccès qu'elle eut dans le Breſil, enhardirent ſes navigateurs à tourner leurs voiles vers l'Afrique. S'ils ne réuſſirent pas à rendre à leur patrie tous ſes anciens droits, du moins firent-ils rentrer en 1648, ſous ſon empire, la grande contrée du pays d'Angole, où elle n'a ceſſé depuis de donner des loix. Le Portugal occupe encore, dans ces vaſtes mers, quelques iſles plus ou moins conſidérables. Tels ſont les débris qui ſont reſtés à la cour de Lisbonne de la domination qu'elle avoit établie, & qui s'étendoit depuis Ceuta juſqu'à la mer Rouge.

La jouiſſance de ce que les hollandois arrachèrent d'une ſi riche dépouille, fut abandonnée par la république à la compagnie des Indes occidentales, qui s'en étoit emparée. Le monopole conſtruiſit des forts ; il leva des tributs ; il s'attribua la connoiſſance de tous les différends ; il oſa punir de mort tout ce qu'il jugeoit contraire à ſes intérêts ; il ſe permit même de traiter en en-

nemis tous les navigateurs européens qu'il trouvoit dans les parages, dont il s'attribuoit excluſivement le commerce. Cette conduite ruina ſi entièrement le corps privilégié, qu'en 1730 il ſe vit réduit à renoncer aux expéditions qu'il avoit faites ſans concurrent juſqu'à cette époque. Seulement il ſe réſerva la propriété des forts, dont la défenſe & l'entretien lui coûtèrent régulièrement 280,000 florins ou 616,000 liv. Pour leur approviſionnement, il expédie tous les ans un vaiſſeau, à moins que les navires marchands qui fréquentent ces parages, ne veuillent ſe charger de voiturer les munitions pour un fret modique. Quelquefois même il uſe du droit qu'il s'eſt réſervé d'envoyer douze ſoldats ſur tout bâtiment, en payant 79 liv. 4 ſ. pour le paſſage & la nourriture de chacun d'eux.

Les directeurs des différens comptoirs peuvent acheter des eſclaves, en donnant 44 liv. par tête à la ſociété dont ils dépendent : mais ils ſont obligés de les vendre en Afrique même, & la loi leur défend de les envoyer pour leur compte dans le nouveau-Monde.

Ces régions ſont actuellement ouvertes à tous les ſujets de la république. Leurs obligations envers la compagnie ſe réduiſent à lui payer 46 liv. 14 ſ. pour chacun des tonneaux que contiennent leurs navires, & trois pour cent de toutes les denrées qu'ils rapportent d'Amérique en Europe.

Dans les premiers temps de la liberté, le commerce de l'or, de l'ivoire, de la cire, du bois rouge, de l'eſpèce de poivre connue ſous le nom de malaguette, occupoit pluſieurs bâtimens. On n'en expédie plus aucun pour ces objets, dont quelques parties ſont chargées ſur les navires envoyés pour acheter des noirs.

Le nombre de ces navires, la plupart de deux cents tonneaux, & depuis vingt-huit juſqu'à trente-ſix hommes d'équipage, s'élevoit autrefois chaque année à vingt-cinq ou trente, qui traitoient ſix ou ſept mille eſclaves. Il eſt fort diminué, depuis que la baiſſe du café a mis les colonies hors d'état de payer ces cargaiſons. La province de Hollande prend quelque part à ce honteux trafic : mais c'eſt la Zélande qui le fait principalement.

Les déplorables victimes de cette avidité cruelle ſont diſperſées dans les divers établiſſemens que les Provinces-Unies ont formés aux iſles ou dans le continent de l'Amérique. On devroit les y expoſer publiquement & les débiter en détail : mais ce règlement n'eſt pas toujours obſervé. Il arrive même aſſez ſouvent qu'un armateur, en faiſant ſa vente, convient du prix auquel il livrera les eſclaves au voyage ſuivant.

Ce fut en 1552 que le pavillon anglois parut pour la première fois ſur les côtes occidentales de l'Afrique. Les négocians qui y trafiquoient, formèrent, trente-huit ans après, une aſſociation que, ſuivant un uſage alors général, on gratifia d'un privilège exclusif. Cette société & celles qui la suivirent, virent leurs vaisseaux souvent confisqués par les portugais, & ensuite par les hollandois qui se prétendoient souverains de ces contrées : mais, à la fin, la paix de Breda mit pour toujours un terme à ces tyranniques persécutions.

Les isles angloises du nouveau-Monde commençoient alors à demander un grand nombre d'esclaves pour l'exploitation de leurs terres. C'étoit un moyen infaillible de prospérité pour les corps chargés de fournir ces cultivateurs. Cependant ces compagnies, qui se succédoient avec une extrême rapidité, se ruinoient toutes & retardoient, par leur indolence ou par leurs infidélités, le progrès des colonies dont la nation s'étoit promise de si grands avantages.

L'indignation publique contre un pareil désordre se manifesta en 1697, d'une manière si violente que le gouvernement se vit forcé d'autoriser les particuliers à fréquenter l'Afrique occidentale, mais sous la condition qu'ils donnèroient dix pour cent au monopole pour l'entretien des forts élevés dans cette région. Le privilège lui-même fut anéanti dans la suite. Depuis 1749, ce commerce est ouvert sans frais à tous les navigateurs anglois, & c'est le fisc qui s'est chargé lui-même des dépenses de souveraineté.

Depuis la paix de 1763, la Grande-Bretagne a envoyé tous les ans aux côtes de *Guinée* environ 200 navires, formant ensemble vingt-trois mille tonneaux, & montés de sept ou huit mille hommes. Liverpool en a expédié un peu plus de la moitié, le reste est parti de Londres, de Bristol & de Lancastre. Ils ont traité 40,000 esclaves. La plus grande partie a été vendue aux isles angloises des Indes occidentales & dans l'Amérique septentrionale. Ce qui n'a pas trouvé un débouché dans ces marchés, a été introduit en fraude ou publiquement dans les colonies des autres nations.

Ce grand commerce n'a pas été conduit sur des principes uniformes. La partie de la côte, qui commence au Cap Blanc & finit au Cap Rouge, fut mise en 1765 sous l'inspection immédiate du ministère. Depuis cette époque jusqu'en 1778, les dépenses civiles & militaires de cet établissement ont monté à 4,050,000 liv., somme que la nation a trouvé trop forte pour les avantages qu'elle a retirés.

C'est un comité choisi par les négocians eux-mêmes, & formé par neuf députés, trois de Liverpool, trois de Londres & trois de Bristol, qui doit prendre soin des loges répandues depuis le Cap Rouge jusqu'à la ligne. Quoique le parlement ait annuellement accordé 4 ou 500,000 liv. pour l'entretien de ces petits forts, ils sont la plupart en ruine : mais ils sont défendus par la difficulté du débarquement.

Il n'y a point de comptoir anglois sur le reste de l'Afrique occidentale. Chaque armateur s'y conduit de la manière qu'il juge la plus convenable à ses intérêts, sans gêne & sans protection particulière. Comme la concurrence est plus grande dans ces ports que dans les autres, les navigateurs de la nation s'en sont éloignés peu à peu, & à peine traitent-ils annuellement deux mille esclaves dans des marchés où autrefois ils en achetoient douze ou quinze mille.

On ne peut guère douter que les françois n'aient paru avant leurs rivaux sur ces plages sauvages ; mais ils les perdirent entièrement de vue. Ce ne fut qu'en 1621 qu'ils recommencèrent à y faire voir leur pavillon. L'établissement qu'ils formèrent à cette époque, dans le Sénégal, dut en 1678 quelque accroissement à la terreur qu'imprimoient les armes victorieuses de Louis XIV. Ce commencement de puissance devint la proie d'un ennemi redoutable sous le règne de son successeur. D'autres comptoirs, élevés successivement & devenus inutiles dans les mains du monopole, avoient déja été abandonnés. Aussi, faute de loges, la traite de cette nation a-t-elle toujours été insuffisante pour ses riches colonies. Elle ne leur a fourni, dans sa plus grande activité, que treize à quatorze mille esclaves chaque année.

Les danois s'établirent dans ces contrées il y a plus d'un siècle.

En 1754, la cour de Danemarck permit le commerce de la *Guinée* à tous les citoyens, à condition qu'ils payeroient 12 liv. au fisc pour chaque nègre qu'ils introduiroient dans les isles danoises du nouveau-Monde. Cette liberté se réduisit, année commune, à l'achat de cinq cens esclaves. Une pareille inaction détermina le gouvernement à écouter, en 1765, les ouvertures d'un étranger, qui offroit de donner à ce vil commerce l'extension convenable, & on le déchargea de l'impôt dont il avoit été grevé. La nouvelle expérience fut tout-à-fait malheureuse, parce que l'auteur du projet ne put jamais réunir au-delà de 70,000 écus pour l'exécution de ses entreprises. En 1776, il fallut revenir au système abandonné onze ans auparavant.

Christiansbourg & Frederisbourg sont les seuls comptoirs un peu fortifiés ; les autres ne sont que de simples loges. Pour la somme de 53,160 liv., la couronne entretient dans ces cinq établissemens 62 hommes, dont quelques-uns sont noirs. Si les magasins étoient convenablement approvisionnés, il seroit facile de traiter tous les ans deux mille esclaves. Dans l'état actuel des choses, on n'en achète que douze cens, livrés la plupart aux nations étrangères, parce qu'il ne se présente pas de navigateurs danois pour les enlever.

La couronne d'Espagne a reçu successivement, tantôt ouvertement & tantôt en fraude, ses esclaves des génois, des portugais, des françois & des anglois. Pour sortir de cette dépendance, elle s'est fait céder, dans les traités de 1777 & de 1778, par la cour de Lisbonne, les isles d'A-

nobon & de Fernando del Po, toutes deux fituées très-près de la ligne ; l'une au fud & l'autre
au nord. La première n'a qu'un port très-dangereux, trop peu d'eau pour les navires, fix lieues
de circonférence. Deux hautes montagnes occupent la plus grande partie de cet efpace. Les épais
nuages qui les couvrent, prefque fans interruption, entretiennent dans les vallées une fraîcheur
qui les rendroit fufceptibles de culture. On y voit
quelques centaines de noirs, dont le travail fait
fubfifter un petit nombre de blancs dans une grande
abondance de porcs, de chèvres & de volaille.
La vente d'un peu de coton fournit aux autres
befoins, lefquels font fort bornés. La feconde
acquifition a moins de valeur intrinfèque, puifqu'on n'y trouve de rade d'aucune efpèce ; &
que fes habitans font très-féroces : mais fa proximité du Kalbari & du Gabon la rendra plus propre à l'objet qu'on s'eft propofé.

Aujourd'hui il ne fuffit pas d'avoir quelques
poffeffions en *Guinée* pour fe procurer des efclaves. C'étoit, il eft vrai, l'état originaire de ce
trafic infame. Chaque nation européenne n'avoit
alors qu'à fortifier fes comptoirs pour en écarter
les marchands étrangers, pour affujettir les naturels du pays à ne vendre qu'à fes propres navigateurs : mais lorfque ces petits diftricts n'ont plus
rien eu à livrer, la traite a langui, parce que les

peuples de l'intérieur ont préféré les ports libres où
ils pouvoient choifir les acheteurs. L'utilité de
tant d'établiffemens, formés à fi grands frais,
s'eft perdue avec l'épuifement des objets de leur
commerce.

GUTENZELL, abbaye princière d'Allemagne, au cercle de Suabe. L'abbaye de *Gutenzell,
bona cella*, ordre de Citeaux, porte auffi, dans
d'anciens titres, le nom de *dei cella* : elle
eft fituée entre l'abbaye d'Ochfenhaufen, la
feigneurie d'Iler-Aicheim & quelques autres domaines ; fondée, dit-on, en 1240, elle eft fous
l'infpection de l'abbé de Salmanfweyler. On donne à l'abbeffe le titre de révérendiffime dame,
abbeffe de l'abbaye noble & impériale de *Gutenzell*. Elle fiège à la diète de l'Empire fur le banc
des prélats de Suabe, entre les abbeffes d'Hegbach & de Baindt, & entre Hegbach & Rothmunfter aux états du cercle. Sa taxe matriculaire
n'eft plus que de 10 florins : elle paye 13 rixdales
46 ¼ kr. pour l'entretien de la chambre impériale :
fon territoire eft très-borné.

GUYANE. *Voyez* CAYENNE.

GUZERATE, contrée de l'Inde, où les européens font un grand commerce. *Voyez* SU-
RATE.

GYMBORN & NEUSDADT. *Voyez* GIM-
BORN.

H

HAAG, (comté de) en Allemagne, au cercle de Bavière. Ce comté qui appartenoit à l'électeur de Bavière, & qui a passé à l'électeur palatin, est entouré de Wasserbourg & de Schwaben, bailliages de la haute - Bavière ; de Neumarkt, Dorfen & Erding, bailliages de la basse- Bavière, & de la seigneurie de Burkrain, qui appartient à l'évêque de Freysengen. Son étendue est d'environ quatre milles du levant à l'ouest, & de plus de deux milles du nord au sud.

Les nobles de Gurten en furent les premiers propriétaires ; il passa au treizième siècle, à titre de succession, à Siegfried de Fravenberg. L'empereur Maximilien I éleva Sigismond Fravenberg & ses fils à la dignité de comtes de l'Empire, en 1509. La maison de Bavière ayant obtenu de Charles V la survivance des fiefs des comtes de Haag relevans de l'Empire, l'empereur Ferdinand I la lui confirma. Après la mort du dernier comte Ladislas, en 1567, elle se mit en possession du comté dont nous parlons ici, & elle dédommagea les héritiers allodiaux. L'électeur palatin ne prend ni le titre, ni les armes de ce comté. En qualité de comte de Haag, ce prince a voix & séance aux assemblées du cercle sur le banc séculier, entre les comtes de Sternstein & d'Ortenbourg. Ceux-ci ont disputé le pas à la maison électorale de Bavière ; mais la maison électorale avoit la préséance de fait ; quoiqu'elle consentît que ses députés à la diète de l'Empire fissent faire par le directoire la légitimation de leur droit à l'égard de ce comté, elle refusoit d'être aggrégée à aucun collège de comtes de l'Empire. La taxe matriculaire du comté de Haag est de quatre cavaliers ou dix fantassins ou 88 florins, & il paye à la chambre impériale 81 rixdales 14 & demi kreutzers.

Ce comté est un bailliage de la généralité de Munich, & il étoit régi sous l'électeur de Bavière par un administrateur électoral ; par un juge provincial, un receveur, un prévôt féodal, & d'autres officiers.

HADAMAR. Voyez NASSAU.

HADELN, petit pays d'Allemagne, qui appartient à la maison électorale de Brunswick. Il ne fait point partie du duché de Saxe-Lavenbourg ; mais il dépendoit autrefois du domaine de ces ducs, & l'appel des jugemens qui se rendent à son tribunal supérieur, se porte encore aujourd'hui à la régence de Lavenbourg établie dans la ville de Ratzebourg.

Le pays de Hadeln est situé sur l'Elbe. Il confine au duché de Breme & au bailliage de Rit-

zébuttel, qui dépend de la ville de Hambourg.

De fortes digues qui règnent le long de l'Elbe, le garantissent des flots & des débordemens de ce fleuve. Il contient environ 47,700 journaux de terres marécageuses & sablonneuses, à la vérité, en quelques endroits, mais fertiles dans tous les autres. Il abonde en poissons, en bétail, en bled, en fruits & en toutes sortes de productions nécessaires à la vie. Le pays de Hadeln se trouva parmi les conquêtes de Charlemagne. Il subit ensuite le joug des comtes & des margraves de Stade, & enfin des ducs de Saxe-Lavenbourg ; mais il ne fut jamais incorporé à leur duché. Lorsque la race de ces ducs s'éteignit, l'empereur y établit un sequestre : le sequestre a duré jusqu'en 1731, époque à laquelle ce pays fut abandonné à la maison électorale de Brunswick, qui confirma les privilèges dont il avoit joui jusqu'alors, & lui laissa ses anciennes constitutions. Les habitans y professent la religion luthérienne depuis 1526. On n'y compte que dix églises paroissiales, auxquelles sont attachés vingt-six prédicateurs soumis à l'inspection de deux surintendans. Ce clergé forme chaque année une espèce de Synode. Le pays de Hadeln est divisé en trois cantons ; le Hochland, contrée supérieure, forme le premier ; le Sieland, contrée inférieure, le second, & la ville d'Oterndorf le troisième. Les deux premiers cantons renferment douze paroisses, dont chacune est dirigée par un prévôt & deux ou quatre échevins, qui administrent la basse-justice selon les loix du pays. Les magistrats en usent de même à Otterndorf, avec cette différence que les jugemens y sont rendus conformément aux droits de la ville. Les autres tribunaux sont : le consistoire, qui s'assemble chaque lundi de la quatrième semaine du mois ; le conseil provincial du premier des trois cantons, dont la session est fixée au lendemain de la tenue du consistoire ; celui du second, appellé viergericht, qui se tient le mercredi suivant ; le conseil supérieur qui siège le jeudi, & continue ses séances aussi long-temps que durent celles des différentes chambres, dont nous venons de parler. Le conseil des exécutions des jugements, qui se tient le vendredi, & n'est composé que du greffe ; le tribunal supérieur de la ville, qui est convoqué le samedi de la même semaine où s'assemble le consistoire ; celui enfin des appellations, qui siège le même jour que le précédent. On appelle du tribunal supérieur & de celui des appellations de la ville à la régence de Lavenbourg établie à Ratzebourg, ainsi que nous l'avons déjà dit, & du consistoire à la régence électorale de

Hanovre. Il eft permis de fe pourvoir à la cour fupérieure des appellations de Zell, lorfqu'il s'agit d'une fomme de 400 rixdales & au-deffous. Le greffe, qui eft à la nomination du roi d'Angleterre, & dont le choix eft prefque toujours tombé fur le premier confeiller de la régence de Breme & de Verden, préfide tous les fièges de juftice du pays; il eft feul chargé de l'exécution des ordonnances de la cour, qui intéreffent le gouvernement: mais, quoiqu'il fe trouve à la tête de tous ces tribunaux, il ne peut toucher d'épices que dans celui qui porte le nom de *confeil des exécutions*, & nullement dans les autres. Le fouverain entretient un directeur de la juftice, qui, en l'abfence du greffe, préfide en différens fièges; il entretient encore un baillif qui y repréfente fa perfonne, & adminiftre les finances.

Après un intervalle de douze ou quatorze ans, le grefe affemble tous les officiers de juftice, qui compofent les tribunaux du roi, les prévôts & échevins de la campagne, de même que les magiftrats d'Otterndorf, pour déterminer le montant des impofitions, & fixer la contribution de chaque individu. On établit alors une commiffion chargée de veiller à l'exécution de ce qui eft décidé; tant que dure cette cotifation, la part d'un contribuable ne peut être ni hauffée, ni baiffée, quelque changement qu'il puiffe arriver dans fa fortune. Les impofitions ordinaires fe montent à 10,000 rixdales; le directeur de la juftice en fait le recouvrement. Le baillif perçoit un autre impôt qu'on nomme *landfchat₂*, & qui n'eft exigible que des habitans de la campagne. Les dixmes appartiennent au roi, ainfi que les biens domaniaux, qui ne font pas en grand nombre. Le pays ne paye point de fubfides à l'Empire ni au cercle; il eft affranchi du papier timbré & d'une autre efpèce d'impôt, qui porte le nom de *licent*. *Voyez* BRUNSWICK & HANOVRE.

HAINAUT (comté de): une partie de ce comté appartient à la France, & elle eft à-peu-près fur le pied des autres provinces du royaume; nous ne parlerons ici que de la partie du comté de *Hainaut*, qui appartient à la maifon d'Autriche.

La partie autrichienne du comté de *Hainaut* eft bornée au nord par la Flandre, au levant par le duché de Brabant, le comté de Namur & l'évêché de Liège; au midi par la Champagne & la Picardie, & au couchant par le comté d'Artois & la Flandre. Sa plus grande étendue du midi au nord eft de 12 milles, & du levant au couchant de 13 à 14 milles.

L'air y eft bon & tempéré. Le terrein produit du bled en abondance. Les pâturages nourriffent toutes fortes de beftiaux, & les moutons y fourniffent une bonne laine.

On y compte 24 villes. Le nombre des villages eft eftimé par quelques auteurs à 950, &

par d'autres feulement à 614. Les états du pays forment trois chambres. La première comprend le clergé: les chapitres de S. Vaudru & de S. Germain de Mons n'envoient point de députés, parce qu'ils ne contribuent en rien aux charges publiques. La feconde comprend l'ancienne nobleffe, & la troifième les députés des villes. Chaque chambre n'a qu'une voix. Les députés de chacune demeurent à Mons: le clergé & la nobleffe y en entretiennent deux qu'on change tous les trois ans: les villes en nomment fix. Le fouverain envoie à l'affemblée des états deux commiffaires. Les députés s'affemblent chaque femaine: les états font convoqués par le fouverain.

Le clergé y étoit très-riche avant les dernières réformes de l'empereur. On y trouve feize abbayes d'hommes & dix abbayes de femmes, douze chapitres & une multitude de couvens.

On ne fait pas précifément à quelle époque ce pays obtint le titre de comté. Après la mort du comte Raginer IV, fa fille unique & fon héritière porta ce comté à Baudouin VI, comte de Flandre, & premier comte de *Hainaut*. Baudouin mourut en 1204, & laiffa deux filles, dont la première, Marguerite, époufa Bourcard d'Avenes, & lui donna le *Hainaut*. Son arrière petit-fils, Guillaume II, mourut en 1345 fans poftérité mâle, & le comté paffa à l'empereur Louis de Bavière, mari de Marguerite, fille de Guillaume. Guillaume IV laiffa une fille, qui, après s'être mariée quatre fois, mourut fans enfans en 1436; & Philippe le Bon, duc de Bourgogne fe mit en poffeffion du *Hainaut*.

La France obtint, par le traité des Pyrénées, les villes de Landrecy, Quefnoi & Avenes, Marienbourg & Philippeville; par le traité de Nimègue, Valenciennes, Bouchain, Condé, Cambrai, Bavay & Maubeuge avec leurs diftricts, & le traité de Rifwick lui donna quelques villages. La France céda, de fon côté, à la maifon d'Autriche, par la convention du 16 mai 1769, tous les lieux & terres dépendants de la châtellenie de Lille, & enclavés dans le *Hainaut*.

Le confeil fouverain, qui eft le tribunal fupérieur de la partie autrichienne du *Hainaut*, eft compofé de deux chambres: fa conftitution actuelle fut fixée par un réglement en 1702. La charge de grand bailli du comté de *Hainaut*, gouverneur de Mons & capitaine général de la province de *Hainaut*, fubfifte depuis 1323. Celui qui en eft revêtu, repréfente le fouverain. La charge de maréchal héréditaire eft exercée par la maifon de Tour & Taxis.

HALBERSTADT, principauté d'Allemagne au cercle de la baffe-Saxe: nous parlerons des comtés & des feigneuries qui y font incorporés.

La principauté de *Halberftadt* eft entourée de celle de Wolfenbuttel, du duché de Magdebourg, de la principauté d'Anhalt, du comté de

Mansfeld,

Mansfeld, de l'abbaye de Quedlinbourg, de la principauté de Blankenbourg, du comté de Wernigerode & de l'évêché de Hildesheim. A en juger par la carte d'Homann, cette principauté n'a pas plus de neuf milles géographiques du levant au couchant, & sept du midi au nord. Les gens du pays réduisent la première de ces deux étendues à sept milles, & la seconde à cinq. Le bailliage de Weferlingen n'est compris ni dans l'une, ni dans l'autre; il est séparé des autres, & situé le long de la rivière d'Aller.

La majeure partie de ce pays présente une plaine chargée, à la vérité de quelques côteaux, mais de peu de montagnes. Les plus élevées sont celles que l'on voit près de Weiterhausen, & près de Thal dans le comté de Regenstein. Le terrein y produit en abondance, du lin & du grain de toutes espèces. Les prés y sont excellens & en grand nombre, sur-tout dans la partie marécageuse, que l'on nomme à juste titre *le magasin des fourages de la principauté.* On y élève beaucoup de bétail, & sur-tout des moutons dont les laines sont d'un rapport considérable.

En comprenant le comté de Regenstein & la seigneurie de Dérenbourg, il y a dans cette principauté trois espèces de villes capitales, qui envoient des députés aux états, dix villes inférieures & 103 bourgs & villages. La liste des morts depuis 1750 jusqu'en 1757, est, l'une commune, de 2770 personnes, d'où l'on peut conclure que le nombre des habitans est d'environ 100,000. Les membres des états sont, 1°. les prélats, c'est-à-dire, le grand chapitre de Halberstadt en qualité de *clerus primarius,* dont le député, choisi dans le nombre de ceux qui le composent, a la préséance sur tous ceux qui assistent à cette assemblée; & le clergé du second rang, *clerus secundarius,* qui appartient aux quatre églises collégiales & aux trois couvens d'hommes catholiques; savoir, à celui de Huysbourg, à celui de Hammersleben & à celui de S. Jean de Halberstadt: 2°. la noblesse domiciliée dans le pays qui possède des terres nobles: 3°. les magistrats des trois principales villes, c'est-à-dire, de *Halberstadt,* Aschersleben & Osterwieck, parmi lesquels on élit quelquefois un conseiller provincial que le prince confirme ensuite. Les états s'assemblent tous les trois mois. Les conseillers provinciaux sont tenus de prêter serment entre les mains du souverain, & entre celles des députés de la province.

La plupart des habitans de la principauté professent la religion luthérienne. Les églises sont divisées en douze inspections, qui toutes sont soumises à celle d'un surintendant général.

Les réformés & les catholiques sont à-peu-près égaux en nombre: l'une & l'autre religion y est tolérée; mais il est défendu aux catholiques de faire aucun prosélyte, &, par une ordonnance de 1702, les couvens ne peuvent acquérir de

Œcon. polit, & diplomatique. Tome II.

bien-fonds. Quant aux juifs, on a limité le nombre de ceux qui peuvent s'y établir.

Les manufactures de laine s'y soutiennent avec avantage. L'on exporte sur-tout de la principauté de *Halberstadt,* des bleds & de la bierre, connue sous le nom de *bruhan.*

La principauté tire son nom de l'ancien évêché, dont Charlemagne avoit projetté l'établissement, & qui fut fondé par l'empereur Louis I, son fils. Cet évêché ayant été sécularisé en 1648 par le traité de Westphalie, il fut accordé à la maison électorale de Brandebourg sur le pied d'une principauté séculière; & , en rachetant la plupart des bailliages & des biens-fonds aliénés, elle le tira de l'état de délabrement dans lequel il se trouvoit alors. Cette principauté est arrivée à son étendue actuelle par l'incorporation du comté & seigneurie de Falkenstein, & par celles des bailliages d'Aschersleben, de Lora, de Klettenberg, de Regenstein, de Derenbourg, & autres.

La maison électorale de Brandebourg ayant été mise en possession de cette principauté, elle en prit le titre & les armes.

Cette principauté donne droit de séance & suffrage, dans le collège des princes, aux diètes de l'Empire & aux assemblées circulaires de la basse-Saxe. Sa taxe matriculaire est de 14 cavaliers montés & équipés & 66 fantassins, ou en argent, de 432 florins. Elle paye de plus 162 rixd. 24 kr. pour l'entretien de la chambre impériale; mais ces taxes ne comprennent pas ses redevances pour les seigneuries de Lora & de Klettenberg, ni le comté de Regenstein.

De toutes les grandes charges attachées ci-devant à cette principauté, celles de maréchal & d'échanson, héréditaires l'une & l'autre, sont les seules qui subsistent. Les nobles de Rœssing possèdent la première, & les nobles de Scheuken de Flechtingen la seconde. Les comtes de Hoym exerçoient autrefois celle de trésorier héréditaire, dont les fonctions cessèrent lorsqu'en 1713 ils vendirent au souverain tous les biens qui leur appartenoient dans ce pays.

La ville d'*Halberstadt* est le siège des collèges supérieurs établis dans la principauté. On y trouve la régence, la chambre féodale, qui, à l'aide de quelques conseillers consistoriaux, forme aussi le consistoire, une députation du bureau de la guerre & du domaine, établi à Magdebourg: cette députation est chargée aussi de l'inspection des forêts & de la gruerie; le collège des juges criminels, celui des tutèles & curatèles, & enfin celui des médecins.

Les revenus que le souverain tire de cette principauté, ainsi que des comtés & seigneuries qui y sont annexés, y compris celle de Wernigerode, se montent par année à environ 500,000 rixdales. La division qu'on a faite de tout le pays en cinq différens cercles, qui sont celui de *Halberstadt* ou

M m m m

de Weſterhaus, celui d'Aſcherſleben & d'Ermſleben, celui d'Oſcherſleben & de Weferlingen ; celui d'Oſterwieck & de Hornbourg, & celui enfin de la ſeigneurie de Dernbourg, facilite la perception des impôts.

HALL, ville impériale d'Allemagne, au cercle de Suabe. La ville de *Hall* ou Schwæbiſchhall, *Hala Suevorum*, & ſon territoire ſe trouvent ſur la rivière de Kocher, entre les comtés de Hohenlohe & de Limpourg, la principauté d'Anſpach & le duché de Wurtemberg. La ville profeſſe la religion luthérienne, & ſon magiſtrat, compoſé de vingt-quatre membres, a deux bourgueméſtres à ſa tête. On eſtime la bourgeoiſie à quinze cents pères de famille. La ville doit ſon origine, ainſi que ſon nom, à une ſaline importante. Le ſaunage appartenoit originairement à la nobleſſe immédiate du canton, qui l'abandonna preſqu'en totalité aux ſauniers, moyennant un canon emphytéotique. D'après cet arrangement, les poſſeſſeurs des ſalines forment deux claſſes ; ſavoir, le collège des ſeigneurs directs, qui font ſauner par des ouvriers à gages, ſans rendre compte à perſonne de leur exploitation, & le corps des ſauniers emphytéotiques qu'on peut ſousdiviſer en deux autres claſſes, dont la première jouit d'un domaine utile illimité; la ſeconde qui forme le plus grand nombre, ne peut ni engager, ni aliéner ſon uſufruit, lequel eſt grevé d'un fidéicommis perpétuel. Des employés veillent au maintien des droits des deux parties, de manière que les individus ne peuvent faire aucune innovation. Il faut que tout corps municipal qui y eſt intéreſſé, ſe conforme aux loix & réglemens arrêtés au nom de tous les copropriétaires. Le peuple opéra une révolution dans le quatorzième ſiècle ; il partagea le gouvernement avec la nobleſſe, & pluſieurs familles nobles quittèrent la ville. Celles qui reſtèrent, s'éteignirent en partie, ou ſe mélèrent avec la roture. Les empereurs Charles IV & Wenceſlas ſe ſont engagés, en 1348 & 1387, à maintenir l'immédiateté de la ville, & à ne jamais l'hypothéquer ni la vendre. Elle occupe à la diète le neuvième rang parmi les villes impériales de Suabe, & le ſixième à l'aſſemblée du cercle. Sa taxe matriculaire, fixée autrefois à 293 ⅔ florins, fut réduite en 1683 à 180 florins, outre 140 rixdales 63 kr. qu'elle paye par terme pour l'entretien de la chambre impériale. Elle jouit de la prérogative de porter une bannière de l'Empire ; & la petite monnoie, appellée *heller* ou *denier*, lui doit ſon nom. Ses armes ſont, partie d'or & de gueules à une main droite au premier, & une croix d'or au ſecond. En 1710, pluſieurs princes & états proteſtans aſſemblés en congrès, y conclurent une alliance. Elle eſſuya des incendies ruineux en 1346, 1680 & 1728. Son domaine patrimonial, dont les héritiers Homman publièrent en 1762 une carte levée par M. F. Knopf, eſt conſidérable & riche

par ſon agriculture & la quantité de beſtiaux qu'il nourrit.

HALLERMUND, ancien comté d'Allemagne au cercle de Weſtphalie. Ce comté, qui étoit une terre immédiate du cercle de Weſtphalie, n'exiſte plus comme domaine particulier, & ſe trouve incorporé aux bailliages de Springe, Calenberg & Lavenſtein, dépendans de la principauté de Calenberg. L'électeur George-Louis I de Brunſwick le donna en arrière-fief avec les armes, droits, immunités & prérogatives y attachées, à François Erneſte de Plate, ſon conſeiller intime, que l'empereur Léopold avoit créé baron en 1670, puis comte du Saint-Empire en 1689, avec l'aſſurance d'être aggrégé à l'un des collèges des comtes, & admis aux diètes de l'Empire & des cercles, ſi lui ou ſes deſcendans acquéroient tôt ou tard un comté ou ſeigneurie immédiate de l'Empire, & payoient une taxe matriculaire.

Celle de ce domaine étoit déja compriſe dans la ſomme totale, impoſée à la maiſon de Lunebourg ; mais le nouveau poſſeſſeur offrit d'en payer une nouvelle de deux fantaſſins, & l'empereur Joſeph demanda, par des lettres de 1706, adreſſées aux états du cercle de Weſtphalie, qu'on le reçût dans les aſſemblées ; &, par un décret de commiſſion daté du mois de juillet 1708, le même empereur déclara que le comté de *Hallermund* ſeroit admis au banc des comtes & ſiégeroit comme tel à la diète de l'Empire, à laquelle ce prince l'appella dès la même année : il venoit d'être reconnu par le cercle.

HAMBOURG, ville libre & impériale d'Allemagne, au cercle de la baſſe-Saxe. le nom de *Hambourg*, *Hamburgum*, *Hammonia*, tire ſon origine du vieux mot allemand *Hamme*, qui ſignifie une *forêt*. On préſume, non ſans fondement, qu'elle étoit une ville des nordalbingiens avant Charlemagne ; en 808, cet empereur la fit entourer de fortifications. Elle n'étoit connue alors que ſous le nom de *Hochbuchi*, *Hohenluchen*. Elle eſt ſituée ſur les frontières de la partie du duché de Holſtein, que l'on appelle *Stormarie*, à 18 milles de l'embouchure de l'Elbe dans la mer d'Allemagne : elle profite de trois rivières, de l'Elbe, de l'Alſter & de la Bille. La première eſt la plus conſidérable, & la Bille n'eſt, pour ainſi dire, plus propre à la navigation ; & à quelques bateaux près, chargés de bois, l'Alſter eſt de peu d'utilité. Si l'on compte les petites iſles que l'Elbe forme tout près de *Hambourg*, ce fleuve couvre dans ſa largeur un eſpace de terrein qu'on évalue à près d'un mille : on y a pratiqué deux ports d'une grande étendue ; & comme le fleuve parcourt la majeure partie de la ville dans de larges canaux, il eſt d'une utilité extrême aux maiſons & aux magaſins de marchands, conſtruits ſur l'une & l'autre de ſes rives.

On a commencé en 1768 un nouveau canal,

qu'on nomme *Herrengraben*, & on abat pour cela un rempart ; il embellira la ville non - feulement par les maifons qui feront conftruites de chaque côté, mais par le canal même qui fera affez large pour contenir une grande quantité de bateaux de moyenne grandeur. Le flux & le reflux fe font fentir dans tous les canaux qui traverfent cette ville. Les habitans en tirent plus d'un avantage ; mais il en réfulte des inconvéniens : car fi dans le tems de la haute marée il règne un vent de nord-eft, les eaux refluent dans les caves & dans les habitations baffes. La ville n'a pas une étendue proportionnée à la multitude de fes habitans. On n'y compte pas moins de 100,000 ames, fans y comprendre les juifs.

La charité publique a pourvu aux befoins des pauvres par des établiffemens pieux, qui, ainfi que les difpofitions pour les incendies, ont mérité l'attention & même les éloges des étrangers. Le réglement n'interdit pas aux pauvres les aumônes particulières : ceux des bourgeois en état de fecourir les néceffiteux, fe cottifent volontairement.

Les fortifications qui environnent la ville, font toutes conftruites dans l'ancien goût de celles de Hollande. Les foffés font larges & profonds, & les remparts fi fpacieux, que plufieurs chariots peuvent y rouler de front entre les rangées d'arbres qui s'y trouvent.

Hambourg n'eft arrivé à la forme du gouvernement qu'elle fuit, qu'après beaucoup de diffenfions inteftines : en 1708, l'empereur envoya des commiffaires chargés d'appaifer les troubles.

Le fénat conferve quelques droits régaliens ; mais les affaires qui intéreffent immédiatement le bien de l'état, ne peuvent y être terminées fans le concours de la bourgeoifie. Du nombre de ces affaires font, la fixation des contributions ou impôts qu'il s'agit de payer, & la confection des nouvelles loix : le fénat propofe d'abord ces objets à la première claffe de la bourgeoifie, puis à la feconde, enfuite à la troifième, & enfin à toute la bourgeoifie ; & la décifion de toute l'affemblée eft appellée *réfultat*, ou *recès* du fénat & de la bourgeoifie.

Le fénat eft compofé aujourd'hui de trente-fix ou trente-fept perfonnes ; favoir, de quatre bourgue-meftres, de quatre fyndics, de vingt-quatre confeillers & de quatre fecrétaires, dont l'un fait les fonctions de protonotaire, & un autre celles d'archivaire. On ne recueille que les fuffrages des bourgue-meftres & ceux des confeillers ; tous doivent être gradués, à l'exception de quatorze qui font pris dans le corps des marchands, & dont l'un eft bourgue-meftre, & les treize autres confeillers. Les bourgue-meftres & les fénateurs procèdent feuls au remplacement des membres du fénat. Les bourgue-meftres font pris dans le nombre des confeillers, & ceux-ci dans le corps de la bourgeoifie, mais au fort ; on les choifit dans la claffe des gradués, ou dans celle des marchands, felon le befoin. Les fyndics & les fecrétaires font toujours pris dans le nombre des gradués, & à la pluralité des fuffrages. Le citoyen, pourvu d'un office quelconque au fénat, eft tenu d'en faire les fonctions tout le tems de fa vie ; il ne peut le quitter qu'en quittant la ville.

La bourgeoifie eft divifée en cinq paroiffes. Les anciens (*die oberalten*) forment la première claffe ; il s'en trouve trois dans chaque paroiffe. A cette claffe fuccède celle des foixante, diftribués par douze dans chacune ; favoir, les trois mêmes anciens & neuf diacres. Vient enfuite la claffe des cent quatre-vingt, compofée des 60 ci-deffus & de 24 fous-diacres par chaque paroiffe, auxquels il faut ajouter fix adjoints qu'on élit pareillement, mais qui ne font tenus de comparoitre que dans les affemblées de l'entière bourgeoifie, affemblées auxquelles peuvent affifter auffi ceux des bourgeois qui s'y préfentent de bon gré, en fuppofant qu'ils aient le droit de s'y trouver : il faut que, fur le prix d'une maifon qu'un bourgeois peut avoir acquife, il ait au moins payé à compte mille rixdales en efpèces, ou que cette maifon foit fituée dans la ville de *Hambourg* ; ou que, dans l'étendue de fon territoire, il poffède en immeubles la valeur de deux mille rixdales en efpèces, déduction faite de toutes dettes ou hypothèques dont ces biens pourroient être chargés.

Le maniement & l'adminiftration des deniers publics font confiés à dix bourgeois, deux par paroiffe : chacun de ces receveurs eft en place fix ans ; il eft remplacé par un autre bourgeois qu'on choifit, moitié au fort & moitié à la pluralité des fuffrages. On les appelle *les commiffaires du tréfor*.

On ne tolère à *Hambourg* l'exercice public d'aucune autre religion que celui de la luthérienne. S'il y a des réglemens à faire en matière eccléfiaftique, des prières publiques, des fêtes ou autres pratiques de cette nature, à ordonner ; le fénat & la claffe des foixante les ordonnent feuls. Toutes les affaires, qui ailleurs font portées devant le confiftoire, font portées à *Hambourg* devant le juge féculier.

Les tribunaux de *Hambourg* fe divifent en inftances extrajudiciaires & en inftances judiciaires. Aucune affaire ne peut prendre cette dernière forme, à moins qu'elle n'ait pris la première, ou qu'il ait été permis de la prendre d'abord : c'eft devant le fénat qu'on forme l'inftance extrajudiciaire principale ; mais on la forme quelquefois devant les deux bourgue-meftres qui adminiftrent la juftice, & qui changent chaque année, devant les deux préteurs, &c. Les inftances ou tribunaux judiciaires font : le tribunal de l'amirauté, qui connoît des affaires qui concernent la navigation ; celui du bailliage, qui a pour objet l'intérêt des tribus ; le tribunal provincial, la baffe-juftice & le tribunal fupérieur, qui eft compofé de féna-

teurs. Ceux qui ne font pas fatisfaits du jugement, fe pourvoient par appel au tribunal fupérieur.

Comme la jurifdiction de l'amirauté embraffe
tout ce qui intéreffe la navigation, elle partage
avec la chambre des finances tous les foins qui
peuvent tendre à fa plus grande perfection. La
chambre des finances veille en particulier à ce
que ceux qui voguent fur l'Elbe depuis la ville
jufqu'à fon embouchure, & principalement les
grands bâtimens chargés, ne faffent point naufrage, ou ne foient point arrêtés par quelque obftacle fur leur route.

En vertu des conceffions des empereurs, la ville
eft en droit de percevoir des péages : la recette
s'en fait depuis très-long-tems dans la ville même
de *Hambourg*.

Outre les péages dont on vient de parler, on
paye à *Hambourg* différens droits d'accifes modérés : tels font les droits, fur la bierre, fur le
vin, fur l'eau-de-vie, fur la viande & fur la farine. Cette dernière contribution eft appellée *mat-
ten* en terme vulgaire. Quant aux impôts, il en
eft d'ordinaires, & qu'on perçoit chaque année;
de ce nombre eft la taille, que chacun eft tenu
de payer à proportion de fes facultés : il en eft
d'autres qu'on ne peut percevoir, fans que le fénat & la bourgeoifie affemblée y aient formellement
confenti; de cette claffe, font les deniers pour
les foffés, *grabengelder*, ceux dits *haverfchillinge*,
la capitation, les quatre pour cent & autres de
pareille nature.

Les corps de métiers y font diftribués par tribus, dont chacune a un membre du fénat pour
patron, qui en foutient les privilèges.

Les raffineries de fucre tiennent, fans contredit,
le premier rang parmi les fabriques de *Hambourg*,
foit que la qualité de l'eau foit favorable à la
fabrication de cette forte de marchandife, foit
que la bonté dérive de quelqu'autre caufe :
ce qu'il y a de fûr, le fucre qui fe raffine dans
cette ville, l'emporte de beaucoup fur tous les
autres. Les fabriques d'indiennes, & de bas, celles
de fils d'or & de velours, &c. font en grande
réputation chez l'étranger.

Hambourg fait un grand commerce de toiles,
de draps, d'étoffes de foie, de vin, de fucre,
de café, d'épiceries, &c. Il n'eft guère poffible
d'indiquer les diverfes marchandifes qu'on y vend,
ni celles dont la vente eft la plus confidérable; le
négociant s'applique à tout ce qui peut être un
fujet de commerce, & tire tout l'avantage poffible de l'heureufe fituation de cette ville : pour
donner une idée de fon commerce, nous obferverons qu'en 1786 on y comptoit 971 négocians,
dont 510 faifoient le commerce de la banque. Les
agens de change ou courtiers étoient au nombre
de trois cens quarante-huit, dont douze de la nation juive.

Les prix auxquels fe vendent à *Hambourg* les

marchandifes, font rendus publics en certains
temps, par des feuilles qui s'impriment à l'inftar
des feuilles hebdomadaires; elles contiennent également le cours du change & le prix courant de
ces marchandifes, fur le pied qu'elles ont valu
en dernier lieu à la bourfe. Il y a à *Hambourg*
une banque établie depuis 1619, qui eft de l'u-
tilité la plus importante pour ce même commerce;
nulle autre ne peut lui être comparée, ni pour
le crédit, ni pour l'ordre : nous en parlerons plus
en détail ailleurs. Entr'autres privilèges dont cette
ville jouit, d'après des conceffions impériales,
il ne faut pas oublier celui de battre monnoie :
elle en a toujours fait ufage. Le pied de la monnoie eft le même que celui établi à Lubeck.

On n'entrera point ici dans le détail de cette
quantité de lettres de franchife, que les empereurs d'Allemagne, les rois de Danemarck, les
ducs & les comtes de Holftein, & plufieurs autres puiffances ont accordées à *Hambourg*, tant
pour elle-même que relativement à fon union
avec le refte des villes anféatiques. Son immédiateté
a pour appui un jugement rendu & publié par
la chambre impériale de Spire, le 6 juillet 1618.
Ce jugement a eu fa pleine & entière exécution
par le traité fait avec les deux maifons de Holftein, le 27 mai 1768. L'article I de ce traité
porte que ces deux maifons reconnoiffent la
ville de *Hambourg* comme un état immédiat de
l'Empire, & qu'en cette qualité elle doit jouir
non-feulement du droit de féance & de fuffrage
aux diètes & aux affemblées des cercles, mais
auffi des droits territoriaux y attachés, tant dans
les affaires civiles qu'eccléfiaftiques, fans nulle
réferve ni exception. Les deux maifons de Holftein déclarèrent en outre qu'elles reconnoiffoient
cette même ville, ainfi que fon territoire, pour
un état féparé & indépendant du duché de Holftein : elles ont promis de la traiter en toutes occafions, quant aux titres & aux qualités, ainfi &
de même qu'elles ont coutume d'agir avec les
diverfes villes d'Empire, & particulièrement les
villes de Lubeck & de Breme. Ce traité fut fuivi,
le 3 juillet 1769, d'un décret rendu par l'empereur fur commiffion, en vertu duquel cette
ville obtint réellement le droit de féance & de
fuffrage aux diètes, droit qu'elle exerça effectivement
le 12 mars 1770, en prenant place fur le banc du
Rhin après la ville de Breme; elle fe réferva
alors fes droits pour le rang qui doit lui appartenir. La convention que fit la ville en 1736 avec
Chriftian VI, roi de Danemarck, & le traité des
limites, conclu avec la ville d'Altona en 1740,
ont terminé le différend qui s'étoit élevé au fujet du monoyage, au fujet de l'hôtel de Schavenbourg, fitué dans Hambourg, & enfin au
fujet des limites entre cette ville & celle d'Altona. Cette convention fut fuivie d'une autre du
12 mai 1768, par laquelle les maifons de Holftein réunies cédèrent à *Hambourg*, à perpétuité,

non-feulement les parts qu'elles avoient à l'hôtel de Schavenbourg & à celui de Mühlen, mais aussi les péages que les seigneurs de Schavenbourg avoient autrefois possédés. Les empereurs François I & Joseph II confirmèrent, à leur avénement au trône, les principales franchises dont cette ville avoit joui ; ils la prirent sous leur protection particulière, lors de leurs capitulations, ainsi que les villes de Lubeck & de Breme.

La matricule de l'Empire taxe la ville de *Hambourg* à vingt cavaliers montés & équipés & à cent vingt fantassins ; son contingent pour l'entretien de la chambre impériale est fixé par la matricule usuelle, récemment faite, à 439 rixdales 50 ½ kr.

La ville de *Hambourg*, depuis le neuvième jusqu'au treizième siècle, fut assiégée & saccagée à différentes reprises, & notamment en 1686 par une armée danoise ; elle fut en proie aux divisions intestines dans le dernier siècle, & au commencement de celui-ci ; les inondations, les incendies, la peste, le tremblement de terre de Lisbonne & plusieurs autres accidens fâcheux l'ont réduite tour à tour aux dernières extrémités, & on l'a vue encourir la disgrace de diverses puissances qui ont mis sa liberté dans le plus grand danger. Elle a fait des traités avec différentes têtes couronnées, & l'union dans laquelle elle a été avec toutes les villes anséatiques en général, subsiste encore aujourd'hui avec celle du Lubeck & de Breme.

Nous avons parlé plus haut de la convention signée le 27 mai 1768, entre les maisons de Holstein & la ville de *Hambourg*, pour les cessions que les cours de Danemarck & de Russie ont faites à cette ville ; *Hambourg* s'est relâchée en faveur de la première, d'un million d'écus, monnoie courante, sur les 4 millions de marcs bancs qu'elle avoit à réclamer; elle s'est relâchée aussi des 318,224 rixdales 14 escalins banco que la maison princière de Holstein lui avoit empruntés, ainsi que les 20,000 écus en espèces & des intérêts échus que cette même maison lui devoit en vertu d'une obligation de 1644.

HAMPSHIRE NOUVEL, l'un des Etats-Unis de l'Amérique ; il est situé au nord de Massachusett & du district qu'on appelle *état de Vermont*: il passe aujourd'hui pour la province la plus septentrionale des provinces américaines ; mais il se trouve au sud du district du Maine, qui dépend de Massachusett, & qui ne tardera pas à obtenir son indépendance, ainsi que nous l'avons dit à l'article ETATS-UNIS.

Le lecteur doit parcourir cet article ETATS-UNIS, qui a un rapport immédiat avec les articles particuliers des diverses provinces de l'union :

on y trouvera un précis de l'histoire politique des Etats-Unis jusqu'à la révolution ; des remarques générales sur les constitutions des treize Etats-Unis ; des remarques sur l'acte de confédération, sur le congrès & sur les nouveaux pouvoirs qu'il est à propos de lui confier ; un état de la dette & des finances des Etats-Unis ; des remarques sur l'état où se trouvent aujourd'hui les nouvelles républiques américaines, sur les abus qu'elles doivent éviter dans la rédaction de leurs codes : nous y parlons enfin de l'association des *cincinnati* & des dangers de cette institution, de la population de la marine, des nouveaux états qui se formeront dans le territoire de l'Ouest, & des districts qui demandent déjà à être admis à la confédération américaine, des traités qu'ont formés les américains avec quelques puissances de l'Europe : cet article ETATS-UNIS offre enfin des observations politiques & des détails sur les sauvages qui sont dans le voisinage ou dans l'enceinte des Etats-Unis.

Le *nouvel-Hampshire* étoit une des quatre provinces qu'on désignoit sous le nom général de *nouvelle-Angleterre*, & nous renvoyons à l'article MASSACHUSETT le précis de l'histoire politique de cet état avant la révolution, & d'autres détails sur le commerce du *nouvel-Hampshire*, avant qu'il ne fût un état indépendant : les premières hostilités, entre les américains & les anglois, se sont passées dans le *nouvel-Hampshire* ; & le précis de l'histoire politique des Etats-unis avant la révolution (*voyez* l'article ETATS-UNIS) contient plusieurs détails qui regardent le *nouvel-Hampshire*.

Nous nous bornerons à donner ici 1°. la forme du gouvernement provisoire, qui fut établie par les habitans du *nouvel-Hampshire* le 5 janvier 1777, & qui a subsisté jusqu'au 1er janvier 1784: 2°. la nouvelle constitution rédigée à la fin de 1783: 3°. nous ferons des remarques sur cette constitution : 4°. nous y ajouterons d'autres remarques sur les contributions, l'administration & le commerce du *nouvel-Hampshire*.

SECTION PREMIERE.

Forme de gouvernement provisoire, qui fut établie par les habitans du nouvel-Hampshire *le 5 janvier 1777, & qui a subsisté jusqu'au 1er janvier 1784.*

EN CONGRÊS (1) A EXETER 5 janvier 1776.

Nous, membres du congrès de la colonie de *New-Hampshire*, choisis & nommés par les suf-

(1) Les états américains ont appellé les uns *congrès*, les autres *convention*, le corps de représentans qu'ils

frages libres du peuple de ladite colonie, autorifés par lui & munis de fes pouvoirs, pour nous
affembler, avifer aux moyens, & prendre les mefures que nous jugerons les plus avantageufes au
bien public, & en particulier pour établir une
forme de gouvernement, dans le cas où le congrès continental nous le recommanderoit ; vue la
recommandation qui nous a été adreffée à cet effet par ledit congrès, après avoir mûrement réfléchi fur la malheureufe fituation dans laquelle
ce pays a été jetté par un grand nombre d'actes
oppreffifs & vexatoires du parlement britannique,
qui nous privent de nos droits & de nos privilèges naturels & conftitutionnels ; confidérant que,
pour forcer d'obéir à ces actes, le miniftère de
la Grande-Bretagne, par un abus infenfé & cruel
de fon autorité, a envoyé dans ce pays une grande
flotte & une puiffante armée ; que, par fes ordres, la vie & les biens des colons ont été en
plufieurs lieux la proie du fer & des flammes ;
que l'on a pris des vaiffeaux & leurs chargemens
appartenans à plufieurs habitans honnêtes & induftrieux de cette colonie, qui s'adonnoient au
commerce, en fe conformant aux loix & aux
ufages depuis long-temps établis dans ce pays.

Confidérant que le départ fubit & imprévu de
fon excellence Jean Wentworth, écuyer, notre
dernier gouverneur, & de plufieurs des membres
du confeil, nous laiffent dénués de toute légiflation ; qu'il n'y a plus de tribunaux ouverts pour
punir les criminels, & que par-là la vie & les biens
du bon peuple de cette colonie font expofés aux
machinations & aux mauvais deffeins des méchans.

Nous nous voyons donc réduits, pour la confervation de la tranquillité, du bon ordre, & pour
la fûreté de la vie & des biens des habitans de
cette colonie, à la néceffité d'établir une forme
de gouvernement, qui puiffe durer & fe maintenir pendant la conteftation malheureufe, &, pour
ainfi dire, contre nature, qui divife maintenant
cette colonie & la Grande-Bretagne ; proteftant &
déclarant que nous n'avons jamais cherché à nous

fouftraire à la dépendance de la Grande-Bretagne ; mais qu'au contraire, nous nous trouvions
heureux fous fa protection, tant que nous avons
pu jouir de nos droits & de nos privilèges naturels
& conftitutionnels, & que nous éprouverons une
joie fincère s'il peut s'effectuer, entre nous & notre mère-patrie, une réconciliation qui puiffe être
approuvée par le congrès continental, dans la
prudence & la fageffe duquel nous avons mis &
mettons notre confiance.

En conféquence, & pour répondre à celle que
le peuple de cette colonie a mife en nous, nous
arrêtons & déclarons que le préfent congrès prendra le nom, le pouvoir & l'autorité de *chambre
des repréfentans*, ou d'*affemblée pour la colonie de
New-Hampshire*, & que ladite chambre procédera
à choifir douze fujets tous francs-tenanciers (1),
de bonne réputation & habitans dans ladite colonie, de la manière fuivante : cinq dans le comté
de Rockingam, deux dans le comté de Strafford,
deux dans le comté de Hillsborough, deux dans
le comté de Cheshire, & un dans le comté de
Grafton ; lefquels douze fujets formeront une
partie diftincte & féparée de la légiflature (2),
fous le nom de *confeil* pour cette colonie ; que
ce confeil reftera en fonction jufqu'au troifième
mercredi du mois de décembre prochain, & que
fept de fes membres feront un *quorum* (3), &
pourront traiter les affaires :

Que ce confeil nommera fon préfident, & qu'en
l'abfence du préfident, le confeiller le plus âgé
préfidera.

Que les deux chambres de la légiflature nommeront un fecrétaire, qui pourra être un des
confeillers, ou qu'elles choifiront, à leur volonté,
parmi toutes autres perfonnes.

Qu'aucuns actes ou réfolutions ne feront valides ni mis à exécution, que lorfqu'ils auront
été paffés & arrêtés par les deux chambres de la
légiflature.

Que tous les officiers publics de ladite colonie
& de chacun des comtés (4) pour l'année courante, feront nommés par le confeil & l'affem-

---

ont choifi pour vaquer à la confection de leurs formes de gouvernement, & ceux qu'ils pourront élire dans
la fuite pour les changer & les corriger : on a cru devoir employer ici le mot anglois ; on auroit pu y
fubftituer la périphrafe, *commiffion générale extraordinaire*, mais elle auroit fouvent embarraffé ; la dénomination de *congrès* donnée à ces corps, ne pourra pas fe confondre avec celle donnée à l'affemblée des repréfentans de tous les Etats-Unis, que l'on appelle *congrès général* ou *continental*.

(1) *Francs-tenanciers*. Cette dénomination, qui s'appliquoit originairement en Angleterre à ceux qui poffédoient leurs terres en *aleu*, ne fignifie pas autre chofe en Amerique que *poffeffeurs en propre*, *propriétaires
de terres*.

(2) L'embarras qui réfulte dans la diction du mot *corps légiflatif*, appliqué à un corps compofé de deux
autres corps diftincts & féparés, a fait adopter de l'anglois le mot *légiflature* ; il eft dans l'analogie de la
langue françoife, qui manque de mot pour repréfenter cette idée ; & *légiflature*, qui eft le corps revêtu
de la puiffance légiflative, ne peut pas être confondu avec *légiflation*, qui eft le corps de cette puiffance.

(3) On a cru devoir adopter le mot *quorum* employé par les anglois, pour fignifier le nombre des membres d'un corps quelconque néceffaire pour repréfenter ce corps, & remplir toutes les fonctions qui lui
font attribuées. Nous nous en fervirons, pour épargner le retour fréquent d'une longue périphrafe.

(4) Les anglois ont confervé à leurs provinces l'ancien nom de *comtés*, qui leur avoit été donné dans le

blée, à l'exception des greffiers des différens tribunaux, qui feront nommés par les juges de leurs cours refpectives.

Que tous bills, réfolutions ou délibérations pour recueillir ou lever de l'argent, feront en premier lieu formés dans la chambre des repréfentans.

Que, dans aucune des feffions (1) du confeil ou de l'affemblée, l'une des chambres de la légiflature ne pourra s'ajourner pour un délai plus long que du famedi au lundi fuivant, fans le confentement de l'autre chambre.

Et il eft réfolu en outre, que fi la malheureufe conteftation actuelle avec la Grande-Brétagne duroit au-delà de la préfente année, & que le congrès continental ne donnât pas d'inftructions ou de directions à ce contraires, les membres du confeil feront choifis par le peuple de chaque comte refpectif, de la manière qui fera ordonnée par le confeil, & par la chambre des repréfentans.

Que le général & les officiers fupérieurs de la milice, lorfque les emplois vaqueront, feront nommés par les deux chambres, & tous les officiers fubalternes choifis par les compagnies refpectives.

Que tous les officiers de l'armée feront nommés par les deux chambres, à moins qu'elles n'en ordonnent autrement pour quelque cas particulier.

Que tous les officiers civils de ladite colonie & de chacun des comtés, feront nommés, & le tems qu'ils devront refter dans leurs offices, fixé par les deux chambres, excepté pour les greffiers, les tréforiers des comtés, & les gardes des regiftres des actes.

Que le peuple de chaque comté choifira chaque année un tréforier & un garde des regiftres des actes pour le comté; que le procès-verbal d'élection de ces officiers fera envoyé aux cours refpectives des feffions générales de paix (2) du comté, pour y être vérifié & certifié de la manière que le confeil & l'affemblée l'ordonneront par la fuite.

Qu'il fera expédié chaque année le premier jour de novembre, ou auparavant, des lettres circulaires, au nom du confeil & de l'affemblée, fignées par le préfident du confeil & par l'orateur de la chambre des repréfentans, pour procéder

aux élections des membres du confeil & de la chambre des repréfentans; & que les procès-verbaux de ces élections feront renvoyés le troifième mercredi du mois de décembre fuivant, de la manière que le confeil & l'affemblée le prefcriront par la fuite.

Dans la chambre des repréfentans, 19 feptembre 1776.

VOTÉ ET RÉSOLU,

Que comme la population s'accroîtra dans quelques villes nouvelles, ou dans quelques établiffemens nouveaux de cet état d'année en année, ou dans d'autres périodes de tems, il fera expédié des lettres circulaires, pour que ces villes ou ces établiffemens envoient des délégués au confeil & à l'affemblée, de manière qu'ils foient pleinement repréfentés fuivant le nombre de leurs habitans, & dans la même proportion que les autres parties de l'état.

Il feroit inutile de faire des remarques fur cette forme de gouvernement provifoire: elle ne contient que les premiers réglemens néceffaires aux circonftances où fe trouvoit la province, & tout le monde appercevra fes imperfections.

SECTION SECONDE.

Conftitution nouvelle du nouvel-Hampshire, contenant la déclaration des droits & la forme du gouvernement, arrêtées par les délégués du peuple de l'état de New-Hampshire, dans la convention tenue à Concord le premier mardi de juin 1783; foumife à l'examen du peuple dudit état, approuvée par lui, & établie par fes délégués en convention le 31 octobre 1783.

PARTIE PREMIERE.

Déclaration des droits.

ARTICLE PREMIER. Tous les hommes font nés également libres & indépendans: ainfi tout gouvernement émané du peuple, eft fondé fur le confentement général, & eft inftitué pour le bien général.

---

tems du gouvernement féodal, & ils ont appliqué ce même nom aux différentes fubdivifions de leurs colonies américaines.

(1) Le mot anglois *feffion*, qui répond au mot françois *affifes*, défigne tout l'efpace de tems pendant lequel un corps politique ou de judicature eft en activité, & doit être diftingué du mot *féance*, qui défigne les tems particuliers pendant lefquels ce corps eft effectivement affemblé chaque jour: ainfi les feffions des légiflatures américaines font toutes à-peu-près d'un an, & leurs féances font journalières.

(2) Les *juges de paix* font des juges inférieurs chargés de la police: ils ont droit de faire arrêter les gens qui troublent la tranquillité publique; il y en a plufieurs dans chaque comté; Ils forment une cour qui connoît de plufieurs efpèces de crimes, même capitaux, & ce font les affifes de cette cour que l'on appelle *feffions générales de paix*.

II. Tous les hommes ont certains droits naturels, essentiels & inaliénables, parmi lesquels sont la jouissance & la défense de leur vie, de leur liberté, le droit d'acquérir une propriété, de la posséder & de la défendre; en un mot, le droit de chercher le bonheur & de l'obtenir.

III. Quand les hommes entrent dans l'état de société, ils abandonnent quelques-uns de leurs droits naturels à la société pour s'assurer des autres par sa protection, & la cession devient nulle si l'équivalent ne se trouve pas.

IV. Parmi les droits naturels, il en est quelques-uns inaliénables par leur essence, puisqu'on ne peut donner ni recevoir pour eux un équivalent. Tels sont les droits de la conscience.

V. Tout homme a le droit naturel & inaliénable de rendre à Dieu un culte conforme à ce que lui dictent sa conscience & sa raison; & aucun homme ne doit être grevé ni molesté, inquiété, contraint, ni gêné, ni éprouver des obstacles dans sa personne, sa liberté ou ses biens, pour le culte qu'il rend à Dieu, de la manière, & dans les temps les plus convenables à ce que lui dicte sa conscience, ni pour la religion qu'il professe, ni pour ses sentimens ou sa croyance en matière de religion, pourvu qu'il ne trouble point la tranquillité publique, & qu'il ne trouble pas non plus les autres dans leur culte religieux.

VI. La morale & la piété, fondées sur les principes de l'Evangile, étant les meilleurs moyens d'assurer au gouvernement sa durée & sa tranquillité, & d'inspirer aux citoyens les sentimens de la soumission à laquelle ils sont obligés; l'établissement d'un culte public de la divinité, & celui d'une instruction publique sur la morale & la religion étant aussi les meilleurs moyens d'en répandre la connoissance & la pratique dans une société, pour remplir ce but important, le peuple de cet état a le droit de donner pouvoir, &, par la présente constitution, il donne plein pouvoir à la législature d'autoriser dans tous les tems, les différentes villes, paroisses, corporations ou sociétés religieuses dans cet état, à faire à leurs dépens les fonds convenables pour l'entretien & le maintien d'instituteurs protestans destinés à enseigner publiquement la religion & la morale.

Mais les différentes villes, paroisses, corporations ou sociétés religieuses auront, dans tous les temps, le droit exclusif d'élire leurs instituteurs publics, & de faire avec eux les conventions nécessaires pour leur entretien. Et jamais personne ne sera forcé de payer pour l'entretien d'instituteurs d'une secte ou croyance religieuse, qui ne sera pas la sienne.

Toutes associations de chrétiens, qui se conduiront bien, paisiblement, & en bons sujets de cet état, seront également sous sa protection, & il ne sera jamais établi par la loi, de subordination d'une secte ou croyance à une autre.

On ne devra rien inférer des présentes dispositions, qui puisse affecter les conventions ci-devant faites pour l'entretien des ministres de l'Evangile; mais au contraire, toutes ces conventions subsisteront & demeureront au même état que si la présente constitution n'avoit pas existé.

VII. Le peuple de cet état a seul & exclusivement le droit de se gouverner comme un état libre, souverain & indépendant, & dès-à-présent il a, & il aura toujours par la suite, l'exercice & la jouissance de tous les pouvoirs, jurisdictions & droits appartenans à ce titre, qu'il n'a pas déja, ou qu'il n'aura pas dans la suite expressément abandonnés aux Etats-Unis assemblés en congrès.

VIII. Tout pouvoir résidant originairement dans le peuple, & étant émané de lui, tous les magistrats & officiers du gouvernement sont ses mandataires, ses agens, & lui doivent dans tous les temps compte de leur conduite.

IX. Aucun office ni aucun emploi quelconques dans le gouvernement ne seront héréditaires... car les talens & l'intégrité que toutes ces places exigent, ne se transmettent pas avec le sang à la postérité, ni aux parens de ceux qui en sont revêtus.

X. Comme le gouvernement est institué pour le bien commun, la protection & la sûreté de la communauté entière, & non pas pour l'intérêt ou pour l'avantage particulier d'un homme, d'une famille ou d'une classe d'hommes; toutes les fois que le but pour lequel le gouvernement est institué n'est pas rempli, le peuple peut & doit réformer le gouvernement ancien, ou en établir un nouveau. La doctrine de la non-résistance contre le pouvoir arbitraire & l'oppression, est absurde, ne convient qu'à des esclaves, & est destructive du bien & du bonheur des hommes.

XI. Toutes les élections doivent être libres, & tous les habitans de cet état, ayant les qualités requises, ont tous & également le droit d'élire & d'être élus pour les emplois.

XII. Chaque membre de la communauté a droit d'être protégé par elle dans la jouissance de sa vie, de sa liberté & de sa propriété: en conséquence, il est obligé de contribuer pour sa part aux frais de cette protection, & de donner, quand le besoin de l'état l'exige, son service personnel, ou un équivalent: mais aucune partie de la propriété d'un homme ne peut lui être enlevée ou appliquée à des usages publics, sans son consentement, ou sans celui du corps qui représente le peuple. Et les habitans de cet état ne doivent être soumis qu'aux loix auxquelles ils ont donné leur consentement par eux-mêmes, ou qui ont reçu celui du corps qui représente le peuple.

XIII. Aucune personne qui, par scrupule de conscience, ne croit pas devoir porter les armes, ne doit y être forcée, pourvu qu'elle paye un équivalent.

XIV. Tout habitant de cet état a droit de trouver,

trouver, dans le recours aux loix, un remède à tous les torts qu'il peut essuyer dans sa personne, dans sa propriété & dans sa réputation, & d'obtenir droit & justice gratuitement, sans être obligé de les acheter, complettement, sans qu'on puisse les lui refuser, promptement & sans aucun délai, & conformément aux loix.

XV. Aucun habitant de cet état ne doit être tenu de répondre sur un crime ou délit quelconque, jusqu'à ce que l'objet de l'accusation lui soit désigné pleinement, clairement, dans sa substance, & avec toutes les formalités requises, & il ne doit pas être forcé de s'accuser ni de fournir des preuves contre lui-même. Tout citoyen doit avoir le droit de produire toutes les preuves qui peuvent lui être favorables, de se faire confronter tous les témoins, & d'être pleinement entendu dans ses défenses par lui-même & par un conseil. Et aucun citoyen ne doit être arrêté, emprisonné, privé ou dépouillé de sa propriété, de ses immunités ou privilèges, mis hors de la protection de la loi, exilé ou privé de la vie, de la liberté ou de ses biens, qu'en vertu d'un jugement de ses pairs, ou de la loi du pays.

XVI. Aucun citoyen ne sera soumis, après avoir été absous, à une nouvelle poursuite pour le même crime ou le même délit.

Et la législature ne pourra faire aucune loi, qui soumette un habitant de cet état à une peine capitale, sans une procédure par jurés, excepté pour la police des armées de terre ou de mer.

XVII. L'examen des faits dans le voisinage des lieux où ils se sont passés, est une chose si essentielle pour la sûreté de la vie, de la liberté & des biens dans une procédure criminelle, que jamais un crime ou délit quelconque ne doit être poursuivi dans un autre comté que celui où il a été commis : dans le cas cependant de sédition ou de rébellion générale dans un comté particulier, si les juges de la cour supérieure pensent que l'on ne peut attendre un examen impartial dans le comté où le délit aura été commis, ils feront connoître leur avis à l'assemblée ; &, sur leur rapport, l'assemblée pourra, si elle le juge à propos, ordonner que l'affaire se poursuive dans le comté le plus voisin, où l'on pourra s'attendre à trouver l'impartialité désirée.

XVIII. Toutes les peines doivent être proportionnées à la nature des délits. Une législature sage n'infligera pas la même punition au vol, aux crimes de faux & autres actes du même genre, qu'au meurtre & à la trahison ; dans les pays où l'on use, sans distinction contre tous les délits, des peines les plus sévères, le peuple s'accoutume à oublier la différence réelle entre les crimes eux-mêmes, & à commettre les plus atroces avec aussi peu de répugnance que les plus légers. Les mêmes raisons prouvent qu'il est impolitique & injuste de faire une multitude de loix sanguinaires ; car le véritable but de toutes les punitions

est de corriger les hommes, & non pas de les détruire.

XIX. Tout sujet a droit d'être à l'abri de toutes recherches & de toutes saisies de sa personne, de ses maisons, de ses papiers & de toutes ses possessions sans un motif raisonnable & autorisé par les loix : ce seroit donc une atteinte à ce droit qu'un warrant, dont le motif ou le fondement ne seroient pas, au préalable, certifiés par serment ou par affirmation ; c'en seroit une encore, si l'ordre donné dans le warrant à l'officier civil de faire des recherches dans les lieux suspects, d'arrêter une ou plusieurs personnes suspectes, ou de saisir leur propriété, n'étoit pas accompagné d'une désignation spéciale des personnes ou des objets dont il doit faire la recherche, & qu'il doit arrêter ou saisir : ainsi il ne sera décerné de warrants que dans les cas, & avec les formalités prescrites par les loix.

XX. Dans toutes les discussions qui intéressent la propriété, & dans tous les procès entre deux ou plusieurs personnes, excepté dans les cas pour lesquels il en a été jusqu'à présent usé autrement, les parties ont droit à un examen par jurés, & cette forme de procédure sera regardée comme sacrée, à moins que la législature ne juge, par la suite, nécessaire de la changer pour les causes relatives à des faits passés en haute-mer, ou aux gages des matelots.

XXI. Pour tirer l'avantage le plus complet de l'inestimable privilège de la procédure par jurés, on prendra de grandes précautions, pour qu'il ne soit nommé à ce service que des personnes ayant les qualités requises ; & ces personnes doivent être pleinement indemnisées pour leurs voyages, leur temps & leur service.

XXII. La liberté de la presse est essentielle pour assurer la liberté dans un état, & doit être inviolablement conservée.

XXIII. Les loix avec effet rétroactif sont nuisibles, oppressives & injustes au plus haut degré : ainsi on ne fera aucune loi de ce genre, ni pour la décision des causes civiles, ni pour la punition des crimes.

XXIV. Une milice bien réglée est la défense convenable, naturelle & sûre d'un état.

XXV. Les armées toujours subsistantes sont dangereuses pour la liberté, & il ne doit pas en être levé ni entretenu sans le consentement de la législature.

XXVI. Dans tous les cas &, dans tous les tems, le militaire doit être exactement subordonné à l'autorité civile & gouverné par elle.

XXVII. En temps de paix, aucun soldat ne doit être logé dans une maison sans le consentement des propriétaires, & en temps de guerre ces logemens ne doivent être faits que par le magistrat civil, & en la manière ordonnée par la législature.

XXVIII. Il ne doit être établi, fixé, assis,

N n n n

ni levé aucun subside, charges, impositions ou droits quelconques, sous quelque prétexte que ce soit, sans le consentement du peuple ou de ses représentans dans la législature, ou sans une autorisation émanée de ce corps.

XXIX. Le pouvoir de suspendre les loix ou leur exécution ne doit jamais être exercé que par la législature, ou par une autorité émanée d'elle, & dans les cas particuliers seulement pour lesquels elle y aura été expressément autorisée.

XXX. Comme il est essentiel pour les droits du peuple de conserver la liberté des délibérations, des débats, & en général la liberté de parler dans l'une & l'autre chambre de la législature, l'usage de cette liberté ne doit jamais être la matière d'aucune action, plainte ou poursuite dans tout autre tribunal ou lieu quelconque.

XXXI. La législature doit s'assembler fréquemment pour redresser les torts, corriger, fortifier & confirmer les loix, ou pour en faire de nouvelles, suivant que le bien public le requerra.

XXXII. Le peuple a droit de s'assembler d'une manière paisible & bien ordonnée, de s'occuper des objets d'intérêt public, de donner des instructions à ses représentans, & de requérir du corps législatif, par voie de pétition ou de remontrances, le redressement des torts qui lui ont été faits, & la réparation des maux qu'il a soufferts.

XXXIII. Aucun magistrat ni aucune cour de loi ne demanderont des cautions ou sûretés exorbitantes, n'imposeront des amendes trop fortes, ni n'imposeront des punitions inusitées & cruelles.

XXXIV. Personne ne pourra, dans aucun cas, être soumis à la loi martiale ni à aucune peine, soit corporelle, soit pécuniaire en vertu de cette loi, que par l'autorité de la législature, excepté les personnes employées dans les armées de terre ou de mer, & dans la milice en service actuel.

XXXV. Il est essentiel pour la conservation des droits, de la vie, de la liberté, de la propriété & de la réputation de chaque individu, que les loix soient interprétées, & que la justice soit administrée avec impartialité. C'est le droit de chaque citoyen d'être jugé par des juges aussi impartiaux que le sort de l'humanité permet de l'espérer. Il est donc non-seulement conforme aux principes d'une saine politique, mais encore essentiel à la sûreté des droits du peuple, que les juges de la cour judiciaire suprême gardent leurs offices aussi long-temps qu'ils s'y conduiront bien, & qu'ils aient un salaire honnête & assuré par des loix durables.

XXXVI. L'économie étant une des vertus les plus essentielles dans tous les états, mais sur-tout dans un état nouveau, il ne doit jamais être accordé de gratification qu'en considération de services actuels, & ces gratifications doivent être accordées par la législature, mais avec beaucoup de réserve, & jamais pour plus d'une année à la fois.

XXXVII. Les trois puissances essentielles dans le gouvernement de cet état; savoir, la puissance législatrice, la puissance exécutrice & l'autorité judiciaire doivent être aussi séparées & aussi indépendantes l'une de l'autre que la nature d'un gouvernement libre peut le permettre, & autant qu'il est compatible avec cette suite de liens qui doivent réunir les différentes parties de la constitution, en un tout cimenté par l'union & l'amitié les plus parfaites.

XXXVIII. Un fréquent recours aux principes fondamentaux de la constitution & un ferme attachement aux règles de la justice, de la modération, de la constance, de la frugalité & de toutes les vertus sociales, sont indispensablement nécessaires pour conserver le bonheur inappréciable de la liberté & d'un bon gouvernement; le peuple doit donc avoir une attention particulière à tous ces principes dans le choix de ses officiers & de ses représentans, & il a droit d'exiger de ses magistrats une exacte & constante observation de ces principes dans la confection & dans l'exécution des loix nécessaires pour la bonne administration du gouvernement.

PARTIE SECONDE.

Forme de gouvernement.

Les habitans du pays, ci-devant appellé la *province de New Hampshire*, conviennent solemnellement & réciproquement les uns pour les autres, de se former en un corps politique ou état libre, souverain & indépendant, sous le nom d'*état de New-Hampshire*.

Cour générale.

La puissance législatrice suprême dans cet état résidera dans le sénat & dans la chambre des représentans, & ces deux corps auront le droit négatif l'un sur l'autre.

Le sénat & la chambre s'assembleront chaque année le premier mercredi de juin, & dans tels autres temps qu'ils jugeront nécessaires, & ils se dissoudront & seront dissous sept jours précisément avant ledit premier mercredi de juin. Ils s'intituleront *cour générale de New-Hampshire*.

La cour générale à l'avenir aura plein pouvoir & autorité de créer & constituer des tribunaux, cours à registres, ou autres cours pour & au nom de cet état, entendre, examiner & juger toutes espèces de crimes, délits, causes, procès, plaintes, actions, & enfin toutes contestations quelconques qui s'éleveront ou naîtront dans cet état, entre ou concernant des personnes y habitant & résidant, ou des personnes qui y seront amenées, soit que ces causes soient civiles ou criminelles, réelles, personnelles ou mixtes, soit que les crimes soient capitaux ou non capitaux, & pour

HAM

HAM 647

rendre des jugemens & les faire exécuter. Et, par la présente constitution, pleins pouvoirs & autorité sont donnés à ces tribunaux, & cours d'exiger le serment ou l'affirmation, lorsqu'il en sera besoin, pour mieux découvrir la vérité dans toutes les causes ou contestations pendantes devant eux.

Il est en outre, par la présente constitution, donné & accordé à la cour générale pleins pouvoirs & autorité de faire & établir toutes espèces de réglemens, loix, statuts, ordonnances & instructions quelconques, salutaires & raisonnables, pour le bien & l'avantage de cet état, & pour le gouvernement & le bon ordre, tant de l'état que de ses sujets, & pour le maintien & la défense du gouvernement, & d'y attacher ou non des peines, pourvu qu'elles ne répugnent pas & ne soient pas contraires à la présente constitution; de nommer & établir annuellement, ou de pourvoir par des loix fixes à la nomination & à l'établissement de tous les officiers civils dans cet état, à l'exception de ceux de ces officiers pour l'élection ou la nomination desquels il en sera ordonné autrement dans cette forme de gouvernement; d'établir les différens droits & devoirs des différens officiers civils & militaires de cet état; d'en fixer les limites, & de régler les formules de sermens ou d'affirmation, qui seront respectivement exigées d'eux pour l'exécution des fonctions de leurs différens offices ou emplois, de manière que ces formules ne répugnent point & ne soient point contraires à la présente constitution; d'infliger des amendes & d'ordonner l'emprisonnement & toutes autres peines; d'imposer & lever sur tous les habitans de cet état, sur toutes les personnes qui y résideront, & sur tous les biens qui y sont situés, des taxes & impositions proportionnelles & suffisantes, dont la destination & la disposition seront faites par des warrants signés du président en charge, avec l'avis & le consentement du conseil, pour les objets du service public, le maintien & la défense nécessaires du gouvernement de cet état, la protection & la conservation de ses sujets, conformément aux actes qui y sont ou seront par la suite en vigueur.

Et, tant que les charges publiques du gouvernement seront en tout ou en partie imposées par tête ou sur les biens, en la manière pratiquée jusqu'à présent; pour que cette assiette soit faite avec égalité, il sera procédé à une nouvelle évaluation des biens-fonds dans cet état tous les cinq ans, & même plus souvent si la cour générale juge à propos de l'ordonner.

Sénat.

Il sera élu chaque année par les francs-tenanciers & autres habitans de cet état, ayant les qualités requises par la présente constitution,

douze sujets pour être sénateurs pendant l'année qui suivra leur élection : ces douze sujets seront choisis dans les districts & par les habitans des districts dans lesquels cet état sera divisé pour cet effet à l'avenir par la cour générale; & la cour générale se réglera, pour assigner le nombre qui sera élu par les districts respectifs, sur la proportion des charges publiques payées par les districts: elle fera connoître aux habitans de l'état les limites de chaque district, & le nombre de sénateurs qui devront être élus par chacun; mais le nombre de ces districts ne pourra jamais être au-dessus de dix, ni au-dessous de cinq.

Jusqu'à ce que la cour générale en ordonne autrement, les différens comtés de cet état seront réputés districts pour l'élection des sénateurs, & éliront comme il suit, savoir :

Rockingham 5
Strafford 2
Hillsborough 2
Cheshire 2
Grafton 1

. . . . 12.

Le sénat sera le premier corps de la législature, & les sénateurs seront élus de la manière suivante. Tout habitant mâle de chaque ville ou paroisse de cet état ayant le privilège de municipalité, de vingt-un ans & au-dessus, payant capitation en son nom, aura droit de se trouver aux assemblées des habitans desdites villes ou paroisses, qui doivent être à l'avenir annoncées & tenues annuellement dans le mois de mars, & à toutes autres assemblées autres que les annuelles, & de voter dans la ville ou dans la paroisse qu'il habite, pour les sénateurs du comté ou district dont il est membre.

Et tout homme ayant les qualités requises par la constitution, sera réputé, pour élire ou être élu aux offices ou emplois dans cet état, habitant dans la ville ou paroisse où il demeure, & où il a son domicile.

Les officiers municipaux des différentes villes ou paroisses susdites présideront avec impartialité à ces assemblées, tant que durera le choix des sénateurs; ils recevront le suffrage de tous les habitans de ces villes ou paroisses présens, & ayant qualité pour voter à l'élection des sénateurs; ils tireront & compteront les suffrages dans l'assemblée & en présence du greffier municipal, qui formera devant ces officiers & l'assemblée tenant, une liste exacte de tous les sujets qui auront eu des suffrages, & de la quantité des suffrages qu'ils auront eu à côté de leurs noms; une copie exacte de cette liste, certifiée par les officiers municipaux & le greffier municipal, sera ensuite cachetée, adressée au secrétaire d'état avec une

Nnnn2

fufcription qui indique le contenu du paquet, & délivrée par ledit greffier au shérif du comté dans lequel la ville ou paroiffe eft fituée, trente jours au moins avant le premier mercredi de juin, & le shérif de chaque comté ou fon député remettra au bureau du fecrétaire d'état tous les paquets qu'il aura reçus, dix-fept jours au moins avant le premier mercredi de juin.

Dans les bourgades & lieux qui ne forment point de corporation, les habitans ayant les qualités requifes par la conftitution, & qui font ou feront requis pour impofer fur eux des taxes fervant au maintien du gouvernement, ou qui feront impofés à cet effet, auront, dans les bourgades où lieux qu'ils habitent, le même droit de fuffrage pour élire les fénateurs, que les habitans des villes ou paroiffes refpectives fufdites. Les affemblées des habitans de ces bourgades, &c. pour cet objet fe tiendront annuellement au mois de mars dans les lieux refpectifs qui feront défignés par leurs affeffeurs, lefquels auront, pour convoquer les électeurs, recueillir les fuffrages & en faire rapport, la même autorité que la préfente conftitution attribue aux officiers & aux greffiers municipaux dans leurs municipalités refpectives.

Et afin que les fénateurs puiffent être affemblés, comme il eft ordonné, le premier mercredi de juin de chaque année, le préfident & trois membres du confeil alors en charge, examineront, auffi promptement qu'il fera poffible, les copies des liftes envoyées, & quatorze jours avant le fufdit premier mercredi de juin, le préfident fera faire les fignifications néceffaires aux fujets qui auront été trouvés élus fénateurs par la pluralité des fuffrages, pour qu'ils aient à fe rendre & à prendre leur féance ledit jour. Mais, nonobftant la préfente difpofition, les copies de liftes fufdites feront examinées la première année par le préfident & cinq des membres du confeil établi en vertu de l'ancienne conftitution du gouvernement, & ledit préfident notifiera de la même manière les élections, & avertira les fénateurs élus de fe rendre & de prendre leurs féances ledit jour premier mercredi de juin.

Le fénat fera juge fouverain des élections, des procès-verbaux d'élection, & des qualités de fes propres membres, requifes par la première conftitution; & le fufdit premier mercredi de juin de chaque année il décidera & déclarera qui font les fujets élus pour fénateurs dans chaque diftrict par la pluralité des fuffrages. Dans le cas où tous les fujets portés dans les procès-verbaux, ne feroient pas jugés élus à la pluralité des voix dans chaque diftrict, on pourvoiroit de la manière fuivante au remplacement de ceux dont l'élection n'auroit pas paru légale. Les membres de la chambre des repréfentans & ceux des fénateurs qui auront été déclarés duement élus, prendront les noms des fujets qui auront, après les élus, réuni le plus

de fuffrages dans chaque diftrict, jufqu'à la concurrence de deux fois le nombre des fénateurs manquans, s'il y a ce nombre de fujets qui aient eu des fuffrages; & parmi ces fujets ils éliront, dans un fcrutin général, les fénateurs néceffaires pour completter chaque diftrict. C'eft ainfi que l'on pourvoira à cette efpèce de vacances dans chaque diftrict; & l'on pourvoira de la même manière & auffi promptement qu'il fera poffible, à toutes les vacances qui arriveront dans le fénat par mort, par abfence de l'état, ou par toute autre caufe.

Mais aucun fujet ne pourra être élu fénateur, à moins d'être de la religion proteftante, de poffder en fon propre & privé nom une franchetenue fituée dans cet état, & valant deux cents livres fterling, d'avoir trente ans, d'avoir habité dans cet état pendant les fept années qui auront immédiatement précédé l'élection, & à moins d'être, au moment de l'élection, habitant du diftrict pour lequel il aura été élu.

Le fénat aura le pouvoir de s'ajourner, pourvu que chaque ajournement ne foit pas de plus de deux jours.

Le fénat nommera fes officiers & réglera fes formes de procéder; il ne faudra pas moins de fept membres du fénat pour former un *quorum* & être en activité; &, lorfqu'il y aura moins de huit fénateurs préfens, il faudra l'avis réuni de cinq au moins, pour donner de la validité à leurs procédés & à leurs actes.

Le fénat fera tribunal avec pleins pouvoir & autorité, pour entendre & juger, pour juger tous *impeachments* portés par la chambre des repréfentans contre un ou contre plufieurs officiers de cet état pour mauvaife conduite, ou pour malverfations dans leurs emplois. Mais, avant de procéder fur un *impeachment*, les membres du fénat fe feront mutuellement prêter ferment d'examiner & de juger en confcience, avec impartialité & conformément aux preuves, l'accufation portée devant eux. Cependant leur jugement ne pourra pas infliger de peines plus graves que la deftitution des charges ou emplois, ou l'incapacité de poffder aucune place d'honneur, de confiance ou de profit dans cet état: mais l'accufé ainfi convaincu fera encore foumis à l'*indictment*, à la procédure, au jugement & aux peines prefcrites par la loi du pays.

Chambre des repréfentans.

Il y aura dans cet état un corps de repréfentans du peuple élus annuellement, & cette repréfentation fera fondée fur les principes de l'égalité. Afin donc qu'elle puiffe être auffi également diftribuée que les circonftances le permettront, chaque ville, paroiffe ou lieu quelconque, ayant droit de municipalité, & contenant cent cinquante têtes mâles impofables, de vingt-un ans & au-deſſus, pourra élire un repréſentant ; s'il y a quatre cents cinquante têtes impoſables, il ſera élu deux repréſentans, & ainſi en augmentant, dans la même proportion de trois cents têtes impoſables pour un repréſentant de plus.

Les villes, paroiſſes ou autres lieux, qui auront moins de cent cinquante têtes impoſables, ſeront réunis pluſieurs enſemble à l'effet de choiſir un repréſentant, & on leur en donnera connoiſſance à temps. La première aſſemblée annuelle de chaque arrondiſſement ainſi formé pour l'effet ſuſdit, ſe tiendra dans la ville, paroiſſe ou lieu dans lequel il y aura le plus de têtes impoſables, ainſi dans la ſeconde en nombre, & ainſi tour-à-tour chaque année dans les différentes villes, paroiſſes ou lieux qui compoſeront l'arrondiſſement.

Lorſqu'une ville, paroiſſe, ou lieu quelconque ayant droit de municipalité, comme on l'a dit ci-deſſus, ne contenant pas cent cinquante têtes impoſables, ſera ſituée de manière à rendre ſa réunion avec une autre ville, paroiſſe, &c. trop incommode, l'aſſemblée générale pourra, ſur la demande de la pluralité des votans dans cette ville, paroiſſe, &c. donner un décret qui l'autoriſe à élire & envoyer un repréſentant à la cour générale.

Les membres de la chambre des repréſentans ſeront élus au mois de mars de chaque année, & formeront le ſecond corps de la légiſlature. Toutes perſonnes ayant qualité pour voter à l'élection des ſénateurs, auront droit de ſuffrage dans les villes, diſtricts, paroiſſes ou lieux de leur domicile, pour le choix des repréſentans. Ceux-ci ſeront élus au ſcrutin ; & pour être éligible, il faudra être habitant de cet état depuis deux ans au moins avant l'élection, poſſéder en ſon propre & privé nom, dans la ville, paroiſſe où lieu que l'on devra repréſenter, un bien de la valeur de cent livres ſterlings, dont la moitié ſoit en franche-aleu ; il faudra être, au temps de l'élection, habitant de la ville, paroiſſe ou lieu que l'on devra repréſenter : enfin il faudra être de la religion proteſtante ; &, ſi l'on ceſſoit d'avoir quelqu'une des qualités ſuſdites, l'on perdroit immédiatement le droit d'être repréſentant.

Le voyage de chaque repréſentant pour ſe rendre à l'aſſemblée générale, & pour retourner chez lui, une fois ſeulement chaque ſeſſion, ſera payé par l'état ; mais les appointemens pour ſon ſervice le ſeront par la ville, paroiſſe ou lieu qu'il repréſentera ; à la charge par les ſuſdits repréſentans de s'y rendre à temps, & de ne pas quitter ſans permiſſion. Toutes les vacances qui arriveront dans la chambre des repréſentans pendant le cours de l'année, ſeront remplies le plutôt poſſible & de la même manière que pour les élections annuelles.

La chambre des repréſentans ſera la grande

cour d'enquête de cet état, & tous les *impeachments* portés par elle, ſeront examinés & jugés par le ſénat.

Tous les bills d'argent devront être propoſés d'abord dans la chambre des repréſentans ; mais le ſénat pourra propoſer des changemens ſur ces bills, & concourir à leur confection comme pour tous les autres.

Il ſuffira de la pluralité des membres de la chambre des repréſentans pour former un *quorum*, & lui donner de l'activité ; mais lorſqu'il y aura moins des deux tiers des membres élus préſens, il faudra néceſſairement l'avis des deux tiers de ces préſens, pour donner validité à leurs procédés & à leurs actes.

Aucun membre de la chambre des repréſentans ou du ſénat ne pourra être arrêté ou obligé de donner caution ſur une pourſuite pour cauſe civile, durant ſon voyage pour ſe rendre à l'aſſemblée, ſon retour, ou le temps de ſon ſervice.

La chambre des repréſentans choiſira ſon orateur, nommera ſes officiers & réglera ſes formes de procéder. Elle aura droit de punir par la priſon toute perſonne qui ſe rendroit coupable de manque de reſpect envers elle en ſa préſence, par des actes de déſordre ou de mépris, en menaçant ou maltraitant quelqu'un de ſes membres, ou en troublant ſes délibérations ; & auſſi toute perſonne qui ſe rendroit coupable de quelque atteinte contre ſes privilèges, en faiſant arrêter pour dettes, ou en maltraitant quelqu'un de ſes membres pendant le temps de ſon ſervice ; en maltraitant ou troublant quelqu'un de ſes officiers dans l'exécution de quelque ordre ou de quelque procédure ordonnée par elle ; en maltraitant quelque témoin ou autre perſonne, mandé par elle pendant le temps qu'ils y ſont employés, ou en délivrant quelques perſonnes arrêtées par ordre de la chambre, les connoiſſant pour telles. Le préſident, le ſénat & le conſeil auront les mêmes pouvoirs en pareil cas ; mais les empriſonnemens ainſi ordonnés par les uns ou par les autres, pour quelque délit que ce ſoit, ne pourront pas durer plus de dix jours.

Les journaux, contenant les procédés des deux chambres de la cour générale, ſeront imprimés & publiés immédiatement après chaque ajournement ou prorogation ; &, ſur une ſimple motion faite par un ſeul membre, les *oui* & *non* ſur une queſtion quelconque ſeront inſcrits & enregiſtrés dans les journaux.

Puiſſance exécutrice. PRÉSIDENT.

Il y aura un magiſtrat revêtu de la puiſſance exécutrice ſuprême, ſous le nom de *préſident de l'état de New Hampſhire*, & à qui l'on donnera le titre d'*excellence*.

Le préſident ſera élu chaque année ; &, pour

être éligible à cette charge, il faudra avoir habité dans cet état pendant les sept années qui auront immédiatement précédé l'élection ; être âgé de trente ans ; posséder en son propre & privé nom, au temps de l'élection, un bien de la valeur de cinq cents livres sterling, dont la moitié soit en franche-tenue, & être de la religion protestante.

Les personnes ayant qualité pour voter aux élections des sénateurs & des représentans, se rendront tous les ans, au mois de mars, à une assemblée qui sera convoquée à cet effet dans les différentes villes, paroisses ou lieux de leur domicile, & y donneront leurs suffrages pour un président, aux officiers municipaux qui présideront à cette assemblée. Le greffier de la municipalité triera & comptera les suffrages en pleine assemblée, en présence des officiers municipaux & assisté par eux, & formera une liste contenant les noms des sujets qui auront eu des suffrages, & le nombre des suffrages qu'ils auront eus, à côté de leurs noms ; il inscrira cette liste sur les registres de la municipalité, & en fera publiquement la lecture dans l'assemblée : puis, en présence desdits habitans, il mettra sous enveloppe cachetée une copie de cette liste certifiée par lui & par les officiers municipaux, & la fera passer au shérif du comté trente jours au moins avant le premier mercredi de juin ; ou bien il aura soin de la faire parvenir, dix-sept jours au moins avant cette époque, au bureau du secrétaire d'état, qui la présentera le premier mercredi de juin au sénat & à la chambre des représentans, pour être examinée par ces deux corps. Dans le cas où un sujet aura réuni la pluralité des suffrages de tout l'état, ils déclareront & publieront l'élection ; mais si personne n'a réuni cette pluralité, la chambre des représentans choisira au scrutin deux sujets sur les quatre qui auront eu des suffrages, s'il y a ce nombre qui en aient eu, sinon elle choisira les deux sujets parmi ceux qui auront eu des suffrages ; & sur les deux sujets ainsi élus qu'elle présentera au sénat, ce dernier corps procédera, par la voie du scrutin, à en élire un qui sera déclaré président.

Le président de l'état présidera le sénat, & y aura sa voix comme les sénateurs ; mais, en cas de partage, elle sera prépondérante.

Le président avec l'avis du conseil aura, pendant les vacances de la cour générale, pleins pouvoirs & autorité de la proroger d'un temps à un autre, pourvu cependant que la somme de ces prorogations n'excède pas quatre-vingt-dix jours pendant une seule des vacances de ladite cour ; & pendant la session de ladite cour, il pourra l'ajourner ou la proroger pour un temps qu'il fixera d'après le désir des deux chambres, & il pourra aussi la convoquer plutôt que l'époque de l'ajournement ou de la prorogation, si le bien de l'état l'exige.

Dans le cas où les deux chambres seroient d'avis différent, sur l'époque de l'ajournement ou de la prorogation, le président, avec l'avis du conseil, aura droit d'ajourner ou proroger la cour générale pour le temps qu'il jugera convenable au bien public, pourvu que l'intervalle ne soit pas de plus de quatre-vingt-dix jours, & il la dissoudra sept jours avant le premier mercredi de juin. Dans le cas où il se déclareroit quelque maladie contagieuse dans le lieu où la cour générale devroit s'assembler à l'époque de l'ajournement, ou si quelqu'autre cause pouvoit mettre en péril la vie ou la santé de ses membres pour se rendre au lieu indiqué, le président pourra désigner pour la session tel autre lieu de cet état qu'il jugera le plus convenable.

Le président en charge de cet état sera commandant en chef de l'armée, de la marine & de toutes les forces de terre & de mer de cet état, & aura plein pouvoir, soit par lui-même, soit par un commandant en chef, ou par tels autres officiers, de rassembler quand il voudra, d'instruire, exercer & commander les forces de terre & de mer ; il aura droit aussi, lorsque la défense & la sûreté de cet état l'exigeront, de rassembler les habitans & les mettre sur le pied de guerre, de les commander & de les conduire, & à leur tête d'aller à la rencontre des ennemis, les repousser par la force des armes, les chasser, leur résister ou les poursuivre sur terre ou sur mer, au-dedans ou au-dehors de l'état ; aussi de tuer, détruire, s'il est nécessaire, & vaincre par toutes les voies, entreprises & moyens convenables, toutes & telles personnes qui pourroient dans la suite tenter ou entreprendre, d'une manière hostile, la destruction ou l'envahissement de cet état, ou qui voudroient lui causer du dommage, ou lui nuire hostilement de quelque manière que ce fût. Il pourra aussi mettre en vigueur & exercer la loi martiale sur l'armée & sur la marine, & aussi sur la milice en service actuel, en temps de guerre, dans le cas d'invasion, & aussi dans le cas de rébellion, déclarée telle par la législature lorsque la nécessité le requerra : il aura droit encore de surprendre par toutes voies & moyens quelconques, avec leurs vaisseaux, armes, munitions & autres biens à elles appartenans, toutes & telles personnes qui envahiroient ou tenteroient d'une manière hostile d'envahir, de conquérir cet état ou de lui nuire. Enfin le président est revêtu, par la présente constitution, de tous les autres pouvoirs qui peuvent appartenir à un général ou commandant en chef, & à un amiral, pour les exercer conformément aux règles & réglemens de la constitution & des loix du pays : mais il ne pourra, dans aucun temps, en vertu des pouvoirs à lui accordés par la présente constitution, ou qui pourront lui être accordés dans la suite par la législature, transporter aucuns habitans de cet état, ni les obliger à marcher hors des frontières, sans leur volontaire & libre consentement, ou sans celui de la cour générale; il ne pourra pas non plus décerner, sans l'avis & le consentement du conseil, les ordres revêtus du sceau de l'état, nécessaires pour exercer la loi martiale.

Le pouvoir de faire grace, excepté aux personnes convaincues pardevant le sénat en vertu d'*impeachments* de la chambre des représentans, appartiendra au président, par & avec l'avis du conseil. Mais aucunes lettres de grace, qui seroient accordées par le président avec l'avis du conseil avant la conviction, ne pourront valoir à la personne qui les auroit obtenues, nonobstant toutes expressions générales ou particulières qui pourroient y être contenues, pour désigner ou spécifier le délit ou les délits que l'on auroit entendu pardonner.

Tous les officiers de justice, le procureur général, le solliciteur général, tous les shérifs, coroners, gardes des registres de vérification des testamens, tous les officiers de marine, les officiers généraux & supérieurs des troupes de terre seront nommés par le président & le conseil; mais la commission ne sera expédiée que sept jours après la nomination, & cette expédition ne sera faite qu'avec le consentement de trois des membres du conseil. Les capitaines & officiers subalternes seront nommés par les officiers supérieurs dans leurs régimens respectifs, & recommandés par eux au président qui expédiera leurs commissions sur le vu de cette recommandation.

Aucun officier, pourvu d'une commission pour commander dans la milice, ne sera destitué de son emploi que sur une adresse des deux chambres au président, ou d'après une procédure dans la cour martiale, conformément aux loix qui seront en vigueur dans l'état.

Les officiers, commandant les régimens, nommeront leurs adjudans & quartiers-maîtres; les brigadiers leurs majors de brigade; les majors généraux leurs aides de camp, & les capitaines & officiers subalternes leurs bas officiers.

Le président & le conseil nommeront tous les officiers de l'armée continentale, dont la nomination est attribuée à cet état par la confédération des Etats-Unis, & ils nommeront aussi tous les officiers des forts & des garnisons.

La division de la milice en brigades, régimens & compagnies, établie en conséquence des loix militaires actuelles, sera conservée jusqu'à ce qu'elle soit changée par quelque loi future.

Il ne sera tiré aucun argent de la trésorerie de cet état, ni disposé d'aucune somme, excepté de celles dont la destination aura été faite pour le remboursement des bills de crédit ou de rescription du trésorier, ou pour le paiement des intérêts résultans de ces deux objets; que d'après un warrant signé du président en charge, par & avec l'avis & le consentement du conseil, & que

pour le maintien & la défense nécessaires de l'état, ou pour les dépenses nécessaires à la protection & à la conservation de ses habitans, conformément aux actes & résolutions de la cour générale.

Tous les bureaux publics, le commissaire général, tous les officiers chargés de magasins & d'effets appartenans à l'état, & tous les officiers commandans dans les forts & garnisons de cet état, donneront tous les trois mois au président, officiellement & sans avoir besoin d'en être requis, ou dans tout autre temps lorsqu'il les en requerra, un état de tous les effets, provisions, munitions, canons avec leurs équipages, des petites armes avec tout ce qui en dépend, & de toutes les choses appartenantes au public, qui sont confiées à leurs soins respectifs, en distinguant les espèces & quantités de chacune & dans le plus grand détail, comme aussi l'état de situation des forts & garnisons dont ils auront le commandement; & les officiers commandants communiqueront au président, lorsqu'il le leur demandera, les plans exacts de leurs forts & des terres ou mers adjacentes, ainsi que des havres qui en dépendront. Le président & les membres du conseil seront indemnisés de leurs services par les gratifications que la cour générale jugera à propos de leur accorder de temps à autre.

Il sera établi par la loi, des appointemens honnêtes & permanens pour les officiers de justice de la cour supérieure.

Toutes les fois que la place du président vaquera par mort, absence de l'état, ou de quelqu'autre manière que ce soit; le plus âgé des sénateurs en charge aura & exercera pendant cette vacance, tous les pouvoirs & toute l'autorité dont le président est revêtu par la présente constitution, lorsqu'il est personnellement présent.

Conseil.

Il sera élu chaque année à la première séance de la cour générale, par le scrutin réuni du sénat & de la chambre des représentans, deux membres du premier corps & trois du second, qui formeront un conseil pour assister le président dans les fonctions de la puissance exécutrice du gouvernement. Le président en charge aura plein pouvoir & autorité d'assembler ce conseil lorsqu'il le jugera convenable, & le président avec les conseillers, ou au moins trois d'entr'eux, pourra & devra tenir conseil toutes les fois que les circonstances l'exigeront, pour ordonner & diriger les affaires de l'état, conformément aux loix du pays.

Les qualités requises pour être conseiller, seront les mêmes que celles exigées pour être sénateur. Les membres du conseil ne coopéreront ni à porter les *impeachments*, ni à les juger; mais ils seront eux-mêmes sujets à l'*impeachment* par la chambre des repréfentans & jufticiables du fénat pour malverfation.

Les avis & réfolutions du confeil feront infcrits fur un regiftre & fignés par les membres préfens, & tout membre du confeil pourra y faire inférer fon avis contraire à la réfolution de la pluralité. L'une & l'autre chambre de la légiflature pourront fe faire repréfenter ce regiftre toutes les fois qu'elles le voudront.

Comme toutes les élections à faire le premier mercredi du mois de juin de chaque année par les deux chambres de la légiflature, en vertu de la préfente conftitution, ne pourront pas être achevées ce jour-là, lefdites élections feront remifes par ajournement d'un jour à un autre jufqu'à ce qu'elles puiffent être terminées, & elles fe feront dans l'ordre fuivant : s'il y a des places vacantes dans le fénat, on procédera d'abord à le completter ; enfuite on élira le préfident, fi le choix du peuple n'a pas décidé cette élection ; enfin les deux chambres procéderont à celle du confeil.

Secrétaire, tréforier, commiffaire général, &c.

Le fecrètaire, le tréforier & le commiffaire général feront choifis par le fcrutin réuni des fénateurs & des repréfentans, raffemblés à cet effet dans une même chambre.

Les regiftres du fecrètaire demeureront dépofés dans fes bureaux ; il nommera fes commis, de la conduite defquels il fera refponfable, & il recevra & exécutera les ordres du préfident & du confeil, du fénat & de la chambre des repréfentans, par lui-même ou par fes commis, fuivant qu'ils l'exigeront.

Tréforier de comté, &c.

Les tréforiers de comtés & les gardes des regiftres des actes feront élus par les habitans des différentes municipalités, dans les différens comtés de cet état, en la manière actuellement pratiquée, & conformément aux loix actuelles de l'état. Avant d'entrer en fonction, on leur fera prêter à chacun refpectivement le ferment de remplir fidellement les devoirs de leur emploi, & ils s'obligeront chacun, en donnant des fûretés fuffifantes, de payer une certaine fomme fixée à un taux raifonnable, & deftinée à l'ufage de l'état, pour affurer l'exécution ponctuelle de leurs fonctions & devoirs refpectifs.

Département de juftice.

Les conditions fixées par la loi, auxquelles les différens officiers tiendront leurs offices, feront exprimées dans leurs commiffions refpectives. Tous les officiers de juftice duement nommés, pourvus de commiffions & fermentés, garderont leurs

offices tant qu'ils fe conduiront bien ; ceux-là feuls exceptés pour lefquels la préfente conftitution en ordonne autrement. Mais le préfident, avec le confentement du confeil, pourra les deftituer d'après une adreffe des deux chambres de la légiflature.

L'une & l'autre chambre de la légiflature, ainfi que le préfident & le confeil, auront le droit de requérir l'avis des juges de la cour fupérieure fur des queftions de loi importantes, & dans les occafions qui l'exigeront.

Afin que le peuple ne puiffe pas fouffrir de la longue exiftence en charge d'un juge de paix, qui manqueroit de capacité ou de fidélité dans l'exercice des fonctions importantes de fon office, toutes les commiffions de juges de paix expireront au bout de cinq ans de leurs dates refpectives ; & lorfqu'une commiffion fera expirée, elle pourra être renouvellée, s'il eft néceffaire, ou l'on nommera un autre fujet, felon que le bien de l'état l'exigera.

Les juges, pour la vérification des teftamens & pour accorder les lettres d'adminiftration, tiendront à des jours fixés leurs affifes dans les lieux qui feront jugés les plus commodes pour le peuple. La légiflature défignera par la fuite les lieux & les temps de ces affifes ; &, jufqu'à ce que cette défignation foit faite, elles fe tiendront aux temps & dans les lieux que les juges refpectifs indiqueront.

Toutes les caufes de mariage, de divorce & de penfion alimentaire, & tous les appels de celles décidées par les juges refpectifs de vérification de teftamens, feront entendues & jugées par la cour fupérieure, jufqu'à ce que la légiflature en ait autrement ordonné par une loi.

Greffiers des cours.

Les greffiers de la cour fupérieure de juftice, des cours inférieures des plaids communs, & ceux des feffions générales de paix feront nommés par leurs cours refpectives, pour demeurer en place tant qu'elles le jugeront à propos. Et, pour prévenir toute fraude & toute infidélité dans les notes & regiftres defdites cours, aucun greffier ne pourra être confeil dans une caufe pendante à la cour à laquelle il fera attaché, & il ne pourra faire aucunes écritures dans aucune procédure civile.

Délégués au congrès.

Les délégués de cet état au congrès des Etats-Unis feront élus à un jour quelconque, entre le premier mercredi de juin & le premier mercredi de feptembre de chaque année, par le fénat & la chambre des repréfentans dans leurs chambres féparées, pour fervir en congrès pendant un an, à commencer le premier lundi du mois de novembre

vembre suivant. Ils seront pourvus de commissions signées par le président, & scellées du grand sceau de l'état ; mais ils pourront être révoqués dans quelque temps que ce soit pendant le cours de l'année, & il en sera choisi d'autres à leur place de la même manière, & qui seront pourvus de pareilles commissions. Il faudra qu'ils aient à tous égards les qualités requises par la présente constitution pour la charge de président.

Personne ne pourra être délégué au congrès pendant plus de trois années sur six, & aucun délégué ne pourra posséder aucun office sous l'autorité des Etats-Unis, pour lequel il recevra sous son nom ou sous celui d'un autre, aucuns salaires ou émolumens, de quelque nature que ce soit.

Encouragement des lettres, &c.

Attendu qu'il est essentiel à la conservation d'un gouvernement libre, que le savoir & les connoissances soient généralement répandues dans l'état, & que de toutes les manières de parvenir à ce but, la meilleure sans doute est de multiplier les moyens & les avantages de l'éducation dans les différentes parties du pays, il sera du devoir des législateurs & des magistrats, dans toutes les époques futures de ce gouvernement, de protéger & de chérir l'intérêt des sciences & des lettres, de protéger & encourager toutes les écoles publiques & particulières, les récompenses & les immunités pour les progrès de l'agriculture, des arts, des sciences, du commerce de tout genre, des manufactures & de l'histoire naturelle du pays ; enfin d'entretenir dans le peuple & de lui imprimer les principes de la bienveillance générale, de la charité publique & particulière, de l'industrie & de l'économie & l'honnêteté & de la probité, de la sincérité & de la sobriété ; en un mot, de toutes les affections sociales, & de tous les sentimens généreux.

Sermens & signatures, exclusion des emplois, commissions, actes, confirmation des loix, habeas corpus, style des loix & ordonnances, durée des offices & emplois, dispositions pour une révision future de la constitution, &c.

Tous sujets choisis pour être président, conseiller, sénateur ou représentant, officier civil ou militaire ; à l'exception seulement des officiers municipaux, & qui accepteront, devront, avant d'entrer en fonction dans leurs charges ou emplois respectifs, faire & signer la déclaration dont la teneur suit.

« Je N. reconnois, professe, certifie & déclare sincèrement, & d'après ma conscience, que l'état de *New-Hampshire* est & a droit d'être un état libre, souverain & indépendant ;

» je jure de lui garder fidélité & obéissance, & » de faire tous mes efforts pour le défendre contre toutes les trahisons, conspirations, & contre toutes tentatives hostiles quelconques. Je » certifie & déclare encore qu'aucun homme, ni » aucun corps d'hommes n'a & ne peut avoir » le droit de me relever de l'obligation que m'imposent le présent serment ou les présentes déclarations ou affirmations ; & qu'en reconnoissant, professant, certifiant & déclarant avec » vérité & sincérité ce que dessus, j'entends me » conformer à l'acception commune des termes » y employés, sans aucunes équivoques, restrictions mentales, ou réserves secrètes quelconques ; ainsi Dieu me soit en aide ».

« Je N. jure & affirme, solennellement & sincèrement, que je m'acquitterai fidèlement & » avec impartialité de tous les devoirs, & remplirai toutes les fonctions auxquelles je suis » obligé en qualité de . . . . du mieux » qu'il me sera possible, conformément aux rè-» gles & réglemens de la constitution, & conformément aux loix de l'état de *New-Hampshire* : » ainsi Dieu me soit en aide ».

Mais lorsqu'un sujet choisi ou nommé, comme il est dit ci-dessus, sera de la secte appellée *quakers*, ou se fera scrupule du serment, & refusera en conséquence de prêter le serment précédent, il suivra, pour la déclaration qu'il devra faire & signer, la même formule en omettant ces mots *je jure*, & *ainsi Dieu me soit en aide*, en ajoutant pour en tenir lieu, *je fais la présente déclaration sous les peines & amendes du parjure*.

Les sermens ou affirmations seront faits & signés par le président devant le plus âgé des sénateurs présens, & en présence des deux chambres de l'assemblée ; par les sénateurs & représentans premiers élus en vertu de la présente constitution ; devant le président & trois des conseillers de l'ancienne constitution, & par la suite devant le président & les conseillers alors en charge ; & par le reste des officiers susdits, devant les personnes qui seront désignées, en la manière qui sera prescrite dans le temps par la législature.

Toutes les commissions seront au nom de l'état de *New-Hampshire* ; elles seront signées par le président, certifiées par le secrétaire ou son principal commis, & scellées du grand sceau de l'état.

Tous les actes qui se feront dans les greffes de toutes les cours de loi, seront intitulés du nom de l'état de *New-Hampshire* ; ils seront scellés du grand sceau de la cour dans laquelle ils auront été faits, & seront certifiés par le chef juge, à son défaut par le premier juge, & au défaut de celui-ci par le plus ancien des juges de cette cour ; mais dans le cas où celui qui devroit certifier un acte, y auroit quelqu'intérêt, un autre

O o o o

juge de la même cour le certifiera , & il fera figné par le greffier.

La conclufion de tous les *inditments* , *prefentments* , & de toutes les informations fera contre la paix & la dignité de l'état.

Les biens des fuicides ne feront point confifqués à raifon de ce crime ; & pafferont aux héritiers en ligne afcendante , defcendante ou collatérale , comme fi la perfonne étoit morte de mort naturelle : & déformais les chofes qui auront accidentellement caufé la mort de quelqu'un , ne feront plus acquifes à Dieu , ni confifquées en aucune manière à raifon de ce malheur.

Toutes les loix qui ont été jufqu'à préfent adoptées , ufitées & approuvées dans la province, colonie ou état de *New-Hampshire* , & qui ont été mifes en pratique dans les cours de loi , demeureront en pleine vigueur jufqu'à ce qu'elles foient changées ou abrogées par la légiflature, à l'exception pourtant des parties de ces loix , qui ne feront pas compatibles avec les franchifes & droits contenus dans la préfente conftitution. Mais on ne pourra interpreter aucune des difpofitions contenues dans la préfente conftitution, en les référant à l'article 23 de la déclaration des droits, comme devant affecter les loix ci - devant faites au fujet des perfonnes, ou des biens de ceux qui fe font abfentés de l'état pendant la guerre.

La jouiffance du privilège & du bénéfice de l'*habeas corpus* fera affurée , dans cet état, de la manière la plus libre , la plus facile , la moins difpendieufe , la plus prompte & la plus ample , & la légiflature ne pourra la fufpendre que dans les cas les plus urgens , & jamais pour plus de trois mois.

Le ftyle à employer dans la confection & la paffation des actes , ftatuts & loix fera . *il eft ftatué par le fénat & la chambre des repréfentans affemblés en cour générale.*

Aucun préfident & aucun juge de la cour fupérieure ne pourront pofféder d'autres offices ou emplois fous l'autorité de cet état, que ceux que la préfente conftitution leur permet de pofféder , excepté pourtant que les juges de ladite cour pourront être pourvus des offices de juge de paix dans cet état. Aucun préfident & aucun juge de la cour fupérieure ne pourront pofféder non plus aucuns offices ou emplois , ni recevoir aucuns falaires , ni aucunes penfions d'aucuns autres états, gouvernemens ou puiffances quelconques.

Perfonne , dans cet état, ne pourra exercer en même - temps plus d'un des offices de juge pour la vérification des teftamens , shérif , garde des regiftres des actes ; & jamais plus de deux des offices de profit , qui font à la nomination du préfident , ou du préfident & confeil , ou du fénat & de la chambre des repréfentans, ou des cours, foit fupérieures , foit inférieures ; les emplois militaires & les offices de juges de paix font les feuls exceptés de cette difpofition.

Aucun fujet pourvu d'un office de juge de la cour fupérieure , ou de ceux de fecrètaire, tréforier de l'état, juge pour la vérification des teftamens , procureur général , commiffaire général , juge de la cour maritime ou de celle de l'amirauté ; aucuns officiers militaires à la paye, foit du continent , foit de cet état, excepté les officiers de la milice affemblée extraordinairement pour une occafion particulière ; aucuns juges de la cour inférieure des plaids communs , gardes des regiftres des actes , préfident , profeffeur ou inftituteur dans aucun collège , shérif ou officier des douanes , y compris les contrôleurs de ports, ne pourront occuper en même-temps que les offices ou emplois ci-deffus , une place dans le fénat , dans la chambre des repréfentans ou dans le confeil ; & lorfqu'un fénateur, repréfentant ou confeiller fera élu ou nommé à quelqu'un des fufdits offices ou emplois, l'acceptation qu'il en fera, entraînera la démiffion de la place qu'il occupoit dans un de ces corps , & l'on procédera à la remplir.

Aucun fujet qui , dans une pourfuite légale , aura été convaincu d'avoir voulu corrompre par préfens ou autrement , pour obtenir une élection ou une nomination , ne pourra jamais être admis à une place dans la légiflature, ni à aucun emploi de confiance ou de quelque importance dans cet état.

Toutes les fois que , dans la préfente conftitution , il eft queftion d'argent, on doit calculer fa valeur au taux de fix shellings & huit fols par once.

Afin que le changement dans la forme du gouvernement ne fufpende point le cours de la juftice , & afin qu'il n'en puiffe réfulter aucun danger ni aucun inconvénient pour cet état , tous les officiers civils & militaires , pourvus de commiffions du gouvernement & fous l'autorité du peuple de *New-Hampshire* , & tous les autres officiers dudit gouvernement & dudit peuple , en exercice au moment où la préfente conftitution fera mife en vigueur , conferveront la poffeffion , l'exercice & la jouiffance de tous les droits & pouvoirs qui leur auront été donnés & confiés , jufqu'à ce qu'il ait été nommé d'autres perfonnes à leurs places. Toutes les cours de juftice conferveront leurs jurifdictions refpectives , & tous les corps ou particuliers, chargés de la puiffance légiflative ou exécutrice , demeureront en pleine poffeffion , exercice ou jouiffance de leurs emplois & des départemens qui leur font confiés , jufqu'à ce que la cour générale & les officiers fupérieurs ou autres, qui doivent-être chargés de la puiffance exécutrice fous la préfente conftitution , foient défignés & revêtus de leurs charges , de leurs pouvoirs & de leur autorité.

La première forme du gouvernement fera tranfcrite fur parchemin, dépofée dans les bureaux du fecrétaire , fera partie des loix du pays , & fera imprimée à la tête des éditions futures des livres qui contiendront les loix de cet état.

Afin de conserver un attachement constant aux principes de la presente constitution, & de corriger les infractions qui pourroient y être faites, ainsi que pour y apporter les changemens dont l'expérience auroit fait voir la nécessité, la cour générale enverra, au bout de sept ans de l'établissement de la première constitution, ou fera envoyer par les bureaux du secrétaire, des ordres aux différentes villes ou autres lieux formant corporation pour élire des délégués, qui devront s'assembler en convention aux effets susdits. Lesdits délégués seront choisis de la même manière & dans la même proportion que les représentans à l'assemblée générale. Mais il ne sera fait aucuns changemens à la présente constitution, que ces changemens n'aient été présentés aux municipalités & même aux bourgades qui ne forment pas encore de corporations, & aient été approuvés par les deux tiers des habitans présens, ayant qualité pour voter, & votant réellement sur la question.

En convention tenue à Concord le 31.e jour d'octobre 1783.

Attendu que, de l'examen des procès-verbaux d'assemblées envoyés des différentes municipalités, il résulté que la DÉCLARATION DES DROITS & LA FORME DU GOUVERNEMENT ci-dessus ont été approuvées par le peuple : cette déclaration des droits & cette forme de gouvernement sont, par le présent acte, arrêtées & établies par les délégués du peuple, & sont déclarées être LA CONSTITUTION CIVILE DE L'ÉTAT DE NEW-HAMPSHIRE, pour être mises en vigueur le premier mercredi de juin 1784; & en attendant, la cour générale en exercice sous le gouvernement actuel, fera tous les arrangemens nécessaires pour l'établissement de la présente constitution, à l'époque & de la manière ici prescrite.

SECTION TROISIEME.

Remarques sur la constitution du nouvel Hampshire.

La déclaration des droits renferme les grands principes des conventions sociales & des idées républicaines, exprimées avec toute l'énergie & tous les détails possibles. On y trouve le précis

des maximes les plus saines qu'aient jamais imaginé les hommes sur les gouvernemens, & les ouvrages les plus célèbres n'offrent pas un tableau aussi intéressant. La tolérance (1), la liberté civile, la liberté politique, la sûreté de la personne & des biens, les belles maximes de la jurisprudence criminelle de l'Angleterre, rien n'est oublié.

La constitution a réglé d'une manière très-précise & très-exacte les droits & les fonctions de la cour générale ou de l'assemblée du peuple, ceux du sénat, de la puissance exécutrice, & des divers officiers de l'administration.

Elle nous paroît un modèle de précision, de netteté, de justesse & de profondeur.

Elle recommande avec raison à la cour générale de faire, tous les cinq ans, une nouvelle évaluation des biens-fonds, & même plus souvent, si on le croit nécessaire.

Quelques-unes des constitutions américaines sont plus détaillées; mais il n'en est point qui ait saisi les points essentiels avec autant de justesse & de netteté : celle du *nouvel-Hampshire* paroît s'être occupée de tout en peu de mots : elle est, je crois, la seule qui ait prévu les inconvéniens qui résultent de l'accroissement successif de la valeur du marc d'argent; elle a eu soin de tenir les appointemens ou les amendes, au point où on les a établis, & de les augmenter selon la valeur plus grande qu'acquerra dans la suite l'once du métal, qui sert de monnoie courante.

C'est aussi le *nouvel-Hampshire* qui a établi les dispositions les plus sages pour la révision ou le changement de la constitution : il a statué que, *tous les sept ans, on assembleroit un congrès général pour cet objet, & qu'il ne sera fait aucuns changemens à la constitution, que ces changemens n'aient été présentés aux municipalités & même aux bourgades qui ne forment pas encore de corporations, & qient été approuvés par les deux tiers des habitans présens, ayant qualité pour voter, & votant réellement sur la question.*

En réglant la composition & les droits de la chambre des représentans, le *nouvel-Hampshire* a eu une précaution importante qu'ont négligé la plupart des états de l'union : il a établi que cent cinquante têtes imposables auroient à la chambre basse un représentant; qu'un bourg ou une ville de 450 têtes imposables en auroit deux, en augmentant dans la même proportion de 300 têtes imposables pour un représentant de plus. Mais

(1) On voit dans l'histoire du Nouvel-Hampshire, par Belknap, que les premiers colons de cette province admirent l'intolérance pour un de leurs premiers principes : ce principe de l'intolérance étoit universellement répandu, excepté à Rhode-Island & dans la Pensylvanie, & poussé beaucoup plus loin qu'en Europe, dans toutes les colonies angloises, il n'y a qu'un siècle : on demande quelquefois quelles sont les grandes réformes opérées par le progrès des lumières; nous ferons sur ce seul objet une réponse décisive : les Etats-Unis viennent d'étonner l'Europe par la tolérance qu'établissent leurs constitutions : dans ces nouvelles provinces l'intolérance étoit, il n'y a qu'un siècle, celui des principes, auquel on tenoit le plus.

cette représentation d'un peuple libre est quelque chose de si idéal, elle assure si mal la liberté du peuple, que dans une république naissante, en Amérique sur-tout, il seroit convenable d'établir que 150 têtes imposables, & non pas 300, auront toujours un député à la chambre basse. Lorsque la population aura fait des progrès, cette proportion sera très-forte sans doute ; mais il nous semble qu'il n'y auroit pas de mal à l'établir pour dix ans : elle produiroit des effets d'autant plus heureux, qu'il faut, lorsqu'une république commence à se former, prendre tous les moyens possibles pour façonner le peuple, & lui donner l'esprit & le caractère propres à la démocratie.

N'y a-t-il aucun inconvénient à déclarer le sénat juge de tous les *impeachments*, portés par la chambre des représentans ? Cet article que quelques états d'Amérique ont pris dans la constitution d'Angleterre, est il bien d'accord avec les principes avoués dans leurs déclarations des droits, & dans leurs constitutions ? La puissance législative se trouvera-t-elle alors bien séparée & bien indépendante de la puissance judiciaire, ainsi qu'on le recommande expressément ? Il nous paroît que cette disposition peut entraîner des abus : il seroit peut-être plus simple d'ôter au sénat toute espèce d'autorité judiciaire, & lorsqu'il y auroit un *impeachment* formé par les communes, d'établir, pour ce cas, des juges qui seroient nommés par le peuple : ces remarques paroissent d'autant plus justes, que le sénat, dans les onze provinces d'Amérique, qui en ont établi un, est aussi revêtu d'une partie de la puissance exécutrice ; qu'il est contre tous les principes de donner à un seul corps une portion des trois pouvoirs ; que si les circonstances locales ne permettent pas d'ôter, sans inconvénient, au sénat une portion de la puissance exécutrice, il ne convient pas du moins de le revêtir de l'autorité judiciaire : enfin les restrictions qu'on a mises à son autorité judiciaire, dans le cas de l'*impeachment*, ne paroissent pas suffisantes, & l'on pourroit tout au plus lui demander son avis sur l'*impeachment*, avant de faire juger définitivement par un tribunal particulier.

La partie de la constitution du *nouvel-Hampshire*, qui traite de la puissance exécutive, nous paroît susceptible de diverses critiques ; & nous demanderons si les Etats-Unis d'Amérique, au lieu de choisir le conseil parmi les sénateurs & les députés à la chambre des représentans, n'auroient pas mieux fait de revêtir du pouvoir exécutif un corps séparé, très-distinct du sénat & de la chambre basse.

Le *nouvel-Hampshire*, ainsi que les autres états d'Amérique, ont pris la constitution d'Angleterre pour le modèle des leurs : nous avons dit ailleurs que l'abolition de la puissance royale exceptée,

leur gouvernement, se trouve à-peu-près calquée sur celui de la Grande-Bretagne.

Mais lorsqu'on veut une forme de gouvernement si démocratique, il faut adopter le régime convenable à la démocratie ; il faut balancer avec soin le pouvoir des différentes classes de l'état ; il faut proscrire tout ce qui donneroit trop d'autorité ou de prépondérance à quelques individus ou à quelques corps ; & il nous semble qu'on ne s'est pas assez défié des sénateurs du *nouvel-Hampshire*, non plus que des sénateurs des autres états : d'abord le sénat du *nouvel-Hampshire* a trop de part au pouvoir exécutif ; car ses 12 membres fournissent deux membres au conseil exécutif, tandis que la chambre des représentans n'en fournit que trois ; & en supposant que le régime actuel soit bon, on ne devroit peut-être admettre qu'un sénateur au conseil. Ensuite le principal inconvénient de la forme d'administration adoptée par les américains, c'est qu'elle manquera de force & d'énergie, pour remettre à leur place ceux des corps, qui voudroient usurper des droits, dont on ne les a pas revêtus : & certes un corps qui aura comme le sénat, par lui-même ou par quelques-uns de ses membres, une portion de la puissance législative, de la puissance exécutrice & de la puissance judiciaire, sera plus disposé qu'un autre à étendre ses droits au-delà des bornes fixées par la constitution. Sans doute on a compté sur les nouvelles élections des sénateurs, qui doivent se renouveller toutes les années : on a cru avec raison que ce déplacement continuel éteindroit ou affoibliroit l'esprit de corps ; mais on pourroit se procurer le même avantage avec des conseillers du corps exécutif, qui ne seroient tirés ni du sénat, ni de la chambre des représentans : ils laisseroient moins d'inquiétudes. Toutes les républiques américaines ont pour base une sorte d'équilibre qu'il n'est pas facile de garder, & on ne sauroit donner trop d'appui aux gouvernemens, dont la stabilité est si difficile.

La constitution du *nouvel-Hampshire* n'a-t-elle pas donné trop de pouvoir à l'individu qu'on appelle *président de l'état* ? On exige qu'il prenne l'avis du conseil, en quelques occasions : mais cette précaution paroît insuffisante. Sans doute, il y a de l'inconvénient à mettre un commandant en chef & un grand amiral, à la merci du suffrage de quelques collègues ; & si l'on ne peut critiquer la constitution du *nouvel-Hampshire* de ce que le président, en qualité de commandant en chef & de grand amiral, est le maître absolu de ses actions, il est d'autres détails de la puissance exécutrice où le concours de plusieurs magistrats est avantageux. On a donné au président, de l'avis du conseil, il est vrai, & à l'exemple de la plupart des autres provinces, le droit de faire grace : nous avons déjà dit combien ce droit est dangereux.

SECTION QUATRIÈME.

Remarques sur les contributions, la population,
l'administration & le commerce du nouvel-Hamp-
shire.

Le *nouvel-Hampshire* est un des premiers états
qui ont consenti à revêtir le congrès de l'union
du pouvoir de lever, durant vingt-cinq ans, un
impôt de cinq pour cent sur tous les articles importés de l'étranger, & qui ont passé des actes
pour charger le corps législatif de l'union, du
réglement général du commerce des nouvelles-ré-
publiques. *Voyez* l'article ETATS-UNIS.

Mais c'est une des provinces qui, pendant la
guerre, a payé avec le moins de zèle sa part des
contributions de 1,200,000, de deux millions &
de huit millions de piastres que le congrès demanda aux Etats-Unis.

On n'a pas encore fixé d'une manière invariable la règle qu'on suivra pour le contingent des
différentes provinces ; mais, d'après la proportion qu'on observe actuellement, le *nouvel Hampshire* paye trente-cinq sur une contribution de
mille piastres.

Nous avons dit ailleurs qu'il y a peu de provinces où l'on ait fait des recherches exactes sur
la population, & nous sommes réduits à donner
les évaluations imparfaites qui se firent en 1775,
lorsqu'il fallut régler de quelle somme du papier-
monnoie, mis en circulation par le congrès, chaque
province seroit caution, & en 1783 lorsqu'il fallut
repartir un million & demi de piastres que le congrès
demandoit aux états pendant vingt-cinq ans. En 1775
on évalua la population du *nouvel Hampshire* à
100,000 habitans blancs ou noirs, & en 1783
on ne l'évalua plus qu'à 82,000 ; mais nous avons
montré à l'article ETATS-UNIS, qu'on doit peu
compter sur ces estimations ; qu'elles se firent à
la hâte & sans données, & que d'autres causes
doivent les avoir rendues inexactes.

Nous avons parlé à l'article ETATS-UNIS des
prétentions du *nouvel-Hampshire* sur le district de
Vermont : on a vu que ce territoire, qu'on appelle *New Hampshire's Grants* ou *l'état de Vermont*, ne tardera pas à être admis à la confédération américaine : & cette raison nous déterminera peut-être à faire un article VERMONT. *Voyez*
s'il y a un article VERMONT.

Il s'est passé vers la fin de l'année dernière,
dans le nouvel-Hampshire & dans l'état de Massachusett, des scènes de rébellion, qui ont produit un mauvais effet en Europe, où l'on connoît mal les suites de ces sortes d'orages dans les
gouvernemens démocratiques.

Trois ou quatre cent séditieux se sont assemblés
en armes à la fin de septembre 1786, autour du
palais où l'assemblée générale tenoit ses séances,
& ils ont fait des pétitions : la chambre des re-

présentans a délibéré sur leur demande, & a consenti à ce qu'ils demandoient : la chambre du sénat, à laquelle on a porté l'affaire sur le champ,
a eu le noble courage de s'y refuser : les deux
chambres ont continué leurs délibérations tranquillement, & à l'entrée de la nuit elles se sont
ajournées. Les mutins voyant que le sénat ne vouloit point les écouter, ont investi la chambre où il
siégeoit ; & ils n'ont pas voulu permettre aux sénateurs de sortir. Les milices averties au milieu
de la nuit, ont paru le lendemain, là la pointe
du jour, au nombre de trois ou quatre mille hommes : elles ont marché contre les rebelles qui,
se voyant les plus foibles, ont songé à leur retraite. Il n'y a eu personne de tués ou de blessé ;
mais on a saisi 40 rebelles qu'on a mis en prison,
& qui seront jugés selon les loix.

Il n'est pas aisé de dire ce que vouloit cette
canaille : les insurgens étoient des misérables de
la lie du peuple, à demi-ivres & conduits par des
factieux : les uns crioient *papier-monnoie*, les autres *une égale distribution des biens* ; les uns *l'anéantissement des dettes*, les autres *un affranchissement
de toutes espèces de taxes* ; & tous se récrioient
contre les loix & le gouvernement.

Nous parlerons ailleurs des mauvais effets de
ce papier-monnoie que quelques états d'Amérique viennent d'établir, malgré la grande leçon
qu'a dû leur donner le papier-monnoie, mis en
circulation pendant la guerre. *Voyez* l'article PEN-
SYLVANIE.

L'assemblée générale du *nouvel-Hampshire* a
montré, en général, beaucoup de zèle pour son
indépendance : on a parlé d'un acte qu'elle a passé
qu'elle a passé en opposition à celui de la Grande-
Bretagne, mais qui ne doit être mis en vigueur,
qu'à l'époque où les autres états en auront passé de
semblables : nous manquons de connoissances précises sur cet objet, & nous n'ajouterons rien de plus.

Le *nouvel-Hampshire* n'a que 20 milles de côte, quoiqu'il soit très-étendu dans l'intérieur :
mais cette cote resserrée renferme la superbe baie
de Piskataqua, formée par les eaux du lac Exeter,
& au fond de laquelle se trouve la capitale de la
province, qu'on nomme *Portsmouth*.

Le *nouvel-Hampshire* s'étend à l'ouest jusqu'à
la rivière de Connecticut. Le sol est fertile &
entrecoupé de rivières & de ruisseaux, qui font
tourner les plus beaux moulins à scie de toute
l'Amérique. Cette province offre une quantité
considérable de bois, mâtures, merrains & planches ; elle exporte du porc salé, des bestiaux,
du lin, de la potasse, outre le produit de ses
pêches.

Le voisinage de la province de Massachusett a
beaucoup retardé le progrès du commerce du
nouvel-Hampshire, qui, avant la révolution, tiroit de la première plus de la moitié de ses importations, & qui lui envoyoit presque tous les
objets de son commerce : mais ces inconvéniens

commencent à disparoître depuis la paix ; car la population & le défrichement de ses terres sont plus avancés.

Les exportations du *nouvel-Hampshire* montèrent en 1774 à 39,000 liv. sterling. Elles consistèrent en mâts, planches, poutres, merrains, viandes fumées, salaisons, beurre & fromages, graines de chanvre & de lin, huiles de baleine & autres, maquereaux salés & aloses, chevaux & bétail, potasse.

On dit que ses importations & les marchandises d'Angleterre qu'il tira de Boston, ne montèrent la même année qu'à 12,000 liv. sterling ; mais il y a lieu de croire qu'elles furent un peu plus considérables.

Voyez l'article ETATS-UNIS, & les articles des douze autres provinces.

HANAU - MUNZENBERG, comté souverain d'Allemagne. Il est situé dans la Wetteravie, entre l'archevêché de Mayence, l'évêché de Fulde, les comtés de Rieneck, d'Issenbourg & de Solms, & les territoires de Hesse-Hombourg, de Francfort & de Friedberg. Sa longueur est d'environ neuf milles sur trois lieues communes dans sa plus grande largeur ; plusieurs districts sont enclavés dans d'autres territoires.

Le sol y est d'une fertilité surprenante ; il produit des grains & légumes de toute espèce, des vins exquis, des fruits délicieux : on y trouve une saline de grand rapport, une riche mine de cuivre & d'argent, une autre de cobalt, &c. Il est arrosé par le Mein, qui le traverse en grande partie.

On y compte cinq villes & 96 bourgs & villages, & le comte de *Hanau* est co-seigneur de quatre autres villes & de deux villages. Le luthéranisme s'y introduisit au seizième siècle ; mais le comte Philippe-Louis y substitua le calvinisme en 1594 : il y reste cependant un assez grand nombre de luthériens, qui y exercent publiquement leur culte. Le commerce y est florissant, & les manufactures fort multipliées, sur-tout dans la capitale.

Les anciens possesseurs du pays ne portoient d'abord que le titre de *seigneurs de Hanau*. René I, petit-fils de Henri, l'un d'entr'eux qui vécut sur la fin du douzième siècle, acquit, par sa femme Adélaïde, une partie de l'héritage de Munzenberg. René II obtint, en 1429, de l'empereur Sigismond la dignité de *comte* pour lui & sa postérité. Son fils cadet Philippe I, à qui un traité de 1458 donnoit un tiers du comté, nommément les château, ville & bailliage de Babenhausen, y joignit en 1481, du chef d'Anne son épouse, une partie de la seigneurie de Lichtenberg, & la maison de *Hanau* se divisa en branches de Munzenberg & de Lichtenberg. La première s'éteignit en 1640 ; &, d'après le pacte conclu en 1610, laissa sa succession à la seconde, qui, soutenue par Amélie-Elisabeth, langrave de Hesse-

Cassel, née comtesse de *Hanau*, réunit enfin tout le comté, qui avoit été démembré pendant la guerre qui affligeoit alors l'Allemagne. Les comtes Frédéric - Casimir, Jean - Philippe & Jean-René conclurent avec la maison de Hesse-Cassel un pacte de succession, dans lequel on stipula qu'à l'extinction de leur ligne masculine, elle hériteroit de tous les biens propres & oppignorations du comté de *Hanau-Munzenberg*. Mais une expectative sur les terres de *Hanau*, mouvantes de l'Empire, accordée en 1625 à la maison électorale de Saxe par l'empereur Ferdinand II, & confirmée par ses successeurs, fit naître des difficultés. Par un arrangement de 1724, la maison de Saxe renonça, en faveur de celle de Hesse-Cassel, à tous ses droits sur les fiefs de *Hanau-Munzenberg*, & elle ne se réserva que l'investiture directe de la part de l'empereur ; elle s'engagea ensuite à les donner à Cassel, à titre d'arrière-fiefs, sous la clause expresse qu'à l'extinction de la tige mâle de Cassel & de Philippsthal, ces fiefs lui retourneroient comme au vassal immédiat, mais avec l'obligation de rendre aux héritiers des arrière - feudataires l'équivalent, & cet équivalent consistoit en une somme de 70,000 écus d'empire, comptés à l'époque de l'acte ; & en une autre de 600,000 écus, payable à l'extinction de la maison de *Hanau* avec un territoire de 12,000 écus de rente. Cet accommodement fut ratifié par l'empereur Charles VI en 1728. Sept ans après, Frédéric, roi de Suède & landgrave de Hesse-Cassel, renonça à l'héritage de *Hanau-Munzenberg*, en faveur de sa maison ; & Jean René, dernier comte de *Hanau*, étant mort en 1736, le landgrave Guillaume VIII s'empara du comté, & le céda en 1754, (à l'exception de l'usufruit & de la supériorité territoriale qu'il se réserva durant sa vie,) à Guillaume, fils aîné de Frédéric, prince héréditaire : on stipula en outre, qu'à la mort de Guillaume, Frédéric, ou l'aîné de sa postérité mâle, en prendroit possession & le réuniroit aux états de Hesse-Cassel, pour n'en être plus séparé. Ce prince étant mort en 1760, la princesse Marie d'Angleterre, comme tutrice de Guillaume son fils aîné, prit la régence de ce comté, & elle le garda, malgré le mémoire que le landgrave Frédéric publia en 1762, pour infirmer la renonciation qu'il avoit faite en 1754. Ce pays souffrit beaucoup de la guerre des françois & des alliés, sur-tout depuis 1757 jusqu'à 1762.

Le comte régnant de *Hanau - Munzenberg* est membre du collège des comtes immédiats de la Wetteravie. Mais, en 1741, le landgrave Guillaume VIII en prit possession à l'époque où il quitta les assemblées du cercle du haut-Rhin. Sa taxe matriculaire est de 230 florins, & il paye 160 écus 25 un quart kr. pour l'entretien de la chambre impériale.

Les revenus du pays sont considérables. Jean

René, le dernier de ses comtes, les portoit, dit-on, annuellement à plus de 500,000 florins, & le landgrave Frédéric ayant offert, en 1762, une rente de 100,000 écus par an à son épouse & à ses enfans, comme un équivalent de ces revenus, on lui répondit que les salines seules en produisoient davantage, & qu'on pouvoit en tirer une somme double, déduction faite de toutes les dépenses.

On trouve à *Hanau* une blanchisserie de cire, &c. & beaucoup de manufactures de draps & d'autres étoffes de laine, velours & soieries, galons d'or & d'argent, bas de toute espèce, indiennes & ouvrages de coton, cartes, tabac en rouleaux & en carottes, porcelaines, &c. On y fait d'ailleurs un commerce considérable en bois de construction, qu'on y amène sur le Mein de Lobenstein, Kronach, Lichtenfels, &c. en fer brut & fondu, en farines, bled, &c. *Voyez* l'article HESSE; *voyez* à l'article LICHTENBERG ce qui regarde la seigneurie de Hanau-Lichtenberg.

HANOVRE (pays d') : on l'appelle autrement le duché ou la principauté de Calenberg : il appartient à l'électeur de *Hanovre* ou au roi d'Angleterre. Le pays d'*Hanovre* est séparé en deux, par celui de Wolfenbuttel. Sa partie septentrionale touche à la principauté de Lunebourg, à l'évêché de Hildesheim, à la principauté de Wolfenbuttel, aux comtés de Pyrmont, de la Lippe, de Schavenbourg & de Hoya, & enfin à la principauté de Minden : la partie méridionale est bornée par les principautés de Wolfenbuttel & de Grubenhaguen, par le pays d'Eichfeld, & par la basse-Hesse.

Nous avons donné à l'article BRUNSWICK un précis de l'histoire politique de la maison de Brunswick, & nous avons fait des articles particuliers sur les divers états que possède cette maison : nous nous bornerons ici à ce qui regarde proprement la principauté de Calenbourg ou le pays de *Hanovre*.

Navigation & productions. Toutes les rivières grandes ou petites, qui arrosent cette principauté, vont se perdre dans la Leine ou dans le Weser. La Leine a été rendue navigable depuis *Hanovre* par l'écurement de son lit, par le resserrement de ses bords & par la construction de quelques écluses, & les villes de *Hanovre* & de Breme peuvent commercer entr'elles par des bateaux qui voguent sur la Leine, sur l'Aller & sur le Weser. Le Weser borde & coupe cette principauté en plusieurs endroits ; mais il n'y reçoit de rivières remarquables que le Hemmer & la Humme. La Humme est navigable généralement. Le pays est montueux & pierreux dans de certains cantons, tourbeux, marécageux & sablonneux dans d'autres, & en tout il est peu fertile.

Villes & bourgs. On compte dans cette principauté dix-neuf villes & dix-sept bourgs ; celles de Goëttingen, de vieux *Hanovre*, de Nordheim

& de Hameln sont appellées les quatre grandes villes. Plusieurs jouissent du droit de juger les causes civiles & criminelles ; il en est d'autres qui jugent seulement les causes civiles : les appels de ces diverses jurisdictions vont aux tribunaux supérieurs de justice ; mais celles des villes qui n'ont ni haute ni basse justice, sont purement médiates. La régence provinciale envoie des rescrits à différentes villes, dont les comptes sont approuvés par la chambre privée de cette même régence. Les rescrits sont adressés aux bailliages, d'où dépendent les autres villes pour la haute & pour la basse justice, ou pour l'une des deux seulement.

Biens : on divise les biens en biens possédés par des nobles, qui peuvent entrer dans les ordres de chevalerie, qui ont voix & séance aux états, & sont par conséquent exempts de toutes contributions, & en ceux qui ne sont point exempts, & dont les propriétaires n'entrent pas aux états : ceux-ci ne jouissent d'aucune franchise relativement aux impositions, à moins qu'on ne prouve qu'ils aient été démembrés des biens de la première espèce.

Etats : les états sont composés, 1°. des prélatures, c'est-à-dire, des chapitres de Lockum, de Hamela & de Wustorf ; des couvens de Marienrode, Barsinghausen, Wennigsen, Wulfinghausen, Marienwerder & Mariense : 2°. de la noblesse, à laquelle appartiennent 164 biens nobles, qui donnent entrée aux états : 3°. des villes. Les états sont divisés en trois quartiers, qu'on nomme celui de *Hanovre*, celui de Goëttingue, & celui de Hameln & de Lauenau. Le district de Lauenau faisoit partie, en 1640, du comté de Schavenbourg ; mais la race des anciens comtes de Schavenbourg s'éteignit à cette époque, & le comté échut à la principauté de Calenberg, & fut incorporé au quartier de Hameln en 1701. Les états s'assemblent tous les ans dans la ville de *Hanovre*. C'est le souverain ou la régence qui les convoque : ils forment un grand & petit comité. Chaque quartier a le droit d'élire, entre ceux qui en font partie, un conseiller provincial & un conseiller du trésor, que le souverain approuve ; & outre l'abbé de Lockum, qui en est un de droit, il s'y en trouve quatre dans la province. Les quatre grandes villes n'ont point de rapport avec le collège du trésor ; mais celles de Munden ou Munder, qui sont au nombre des petites, nomment chacune un député à ce collège. La province a de plus un syndic & divers officiers. La noblesse de chaque quartier élit deux députés provinciaux parmi eux, qui sont du corps de la noblesse.

Nombre des paroisses. Sans comprendre le comté de Spiegelberg, la principauté de Calenberg contient deux cents dix paroisses luthériennes, treize surintendances, desquelles le clergé des quatre grandes villes, non plus que celui de Munden,

ne dépendent point, & deux furintendances générales. Les réformés y poſſèdent en tout cinq
églifes, & les catholiques fix.

Fabriques. On file dans cette principauté une
quantité conſidérable de lin, dont on fait des
toiles qu'on conſomme dans le pays, ou qu'on
exporte à l'étranger. Il s'y fait de la toile de lin
en façon de damas : on en imprime d'autres qui
imitent les belles indiennes. Les toiles cirées qu'on
y fabrique, & dont on ſe fert pour des tapiſſe-
ries, ſont bien colorées & de la meilleure qualité. Il y a de très-belles filatures de coton &
des fabriques de bonneterie, de tabac & de
laines.

Commerce. Les exportations ſont aſſez conſidérables. Cette principauté exporte ſur-tout du fil
de lin, des toiles, des camelots de Goëttingue,
des bouracans & d'autres étoffes. Ces marchandiſes
vont à Breme, à Hambourg & en Hollande : on
en fait paſſer auſſi à Francfort & en Italie.

Ancien état de la principauté de Calenberg. Elle
fait partie du duché de Brunſwick ; elle eſt en
grande partie compoſée d'anciens comtés & de
ſeigneuries, même de biens qui appartenoient autrefois à des couvens. Le diſtrict de Goëttingue
formoit autrefois une principauté particulière,
qu'on appelloit *principauté de Goëttingue* : on la
nommoit auſſi *principauté d'Oberwald*, parce qu'elle
ſe trouve ſituée au ſud de la forêt de Solling &
du Harz ; mais le même ſouverain ayant poſſédé
l'un & l'autre pays depuis 1495, & leur régence
& les tribunaux de juſtice ayant été auſſi les
mêmes, ils ne compoſent plus qu'un ſeul état,
ſous la dénomination de principauté de Calenberg. Cette principauté a beaucoup plus ſouffert
que tous les autres pays de l'électorat, pendant
la guerre que les françois y portèrent en 1757.
Le quartier de Goëttingue eut ſur-tout beaucoup
à ſouffrir depuis 1760 juſqu'en 1762.

Privilèges du pays de Hanovre. Cette principauté
donne à l'électeur d'*Hanovre* droit de ſuffrage
dans le collège des princes, & dans les aſſemblées
circulaires de la baſſe-Saxe. Sa taxe matriculaire
eſt de 22 & demi cavaliers montés & équipés,
& de 140 fantaſſins, ou en argent de 686 florins.

Charges héréditaires. La famille d'Oldershauſen
poſſède la charge de maréchal héréditaire dans la
principauté de Calenberg, de Grubenhagen &
de Wolfenbuttel ; elle doit en être inveſtie concurremment par les deux princes régnants de Calenberg & de Wolfenbuttel, en vertu d'une
convention faite en 1495, entre les ducs Henri
& Eric. La charge héréditaire d'intendant des cui-
ſines appartient à la famille de Roeſſing ; mais
elle eſt conférée auſſi en fief à celle de Goetz
d'Ohlenhanſen, pour la partie de la principauté
qui ſe trouve entre le Deiſter & la Leine. Celle
d'échanſon appartient, à pareil titre, à la famille
de Reden.

Tribunaux. La ville de *Hanovre* eſt le ſiège du
tribunal de la chancellerie, auquel reſſortiſſent
les principautés de Calenberg & de Grubenhagen, ainſi que les comtés de Hoya & de Diepholz. Cette ville eſt le ſiège auſſi de la cour
ſupérieure de juſtice, dont la juriſdiction s'é-
tend ſur les mêmes pays, à l'exception néanmoins de celui de Grubenhagen. Le maréchal de
la cour eſt juge du lieu de la réſidence, & de
ceux qui y ſont employés ; il lui eſt libre de renvoyer la connoiſſance des affaires à des tribunaux
ſupérieurs de juſtice. Le ſecrétaire de la cour
rédige par écrit, les jugemens qui ſont rendus,
& qui ſont enſuite ſignés par les aſſeſſeurs du
maréchal. Les états de la principauté de Calenberg ont droit de nommer & de préſenter deux
membres à la cour ſupérieure de juſtice ; mais le
choix du préſident appartient au ſouverain ſeul,
& ce choix doit être fait parmi la nobleſſe de
la province de Calenberg. Cette même province
préſente deux aſſeſſeurs à la cour ſouveraine des
appellations établie à Zell.

Il y a dans cette principauté, des villes,
des bailliages domaniaux & des couvens, ainſi
que des juriſdictions particulières nobles, qui
reſſortiſſent immédiatement au tribunal de la chancellerie.

Revenus. Les revenus immédiats du ſouverain
proviennent, ainſi que dans ſes autres états,
1°. des bailliages domaniaux, dont le moindre
rapporte annuellement 1500, & le meilleur 28
mille rixdales : 2°. des droits régaliens & de
l'acciſe établie ſur les eaux-de-vie étrangères qu'on
importe & conſomme dans la principauté. Sous
la dénomination d'eaux-de-vie étrangères, ſont
compriſes celles faites dans les quatre grandes
villes, dans les couvens & dans l'enceinte des
juriſdictions particulières nobles, lorſqu'elles n'y
ſont point conſommées : 3°. un impôt, appellé
licent : il a pris la place de la contribution établie anciennement. Il rapporte annuellement environ 261,700 rixdales. Les inſpecteurs, chargés
de veiller ſur ſa perception, ſont nommés par
le ſouverain ; les commiſſaires le ſont par la
province : les uns & les autres aſſiſtent aux comptes ; ils reçoivent également les ordonnances, &
rendent compte à la cour de leur exécution. Les
inſpecteurs doivent veiller ſur les braſſeries &
ſur les droits qu'elles payent. Ils correſpondent
ſur l'un de ces objets avec la chambre des comptes, & ſur l'autre avec la régence ; les commiſſaires répriment les fraudes, & ils ſtatuent ſur
les plaintes qu'on leur porte à cet égard. Tout
habitant de la campagne, âgé de douze ans, eſt
obligé de payer l'impôt de deux muids de ſeigle ;
mais cette taxe ſe réduit à la moitié depuis quatre
juſqu'à douze ans. Les inſpecteurs font annuellement leurs tournées dans les petites villes, dans
les bailliages & juriſdictions ; ils ſont aſſiſtés des
juges du lieu ; mais ils ne peuvent uſer de la dernière rigueur vis-à-vis de ceux qui pourroient
être

être en retard : 4°. de l'impôt établi sur les gens de condition, qui ne sont point sujets au *licent* : il est versé dans la même caisse que celui dont on vient de parler : 5°. de celui que payent le clergé & les forains : il est peu considérable ; car ceux qui ne demeurent point dans la principauté, ne sont imposés qu'à la moitié des sommes, auxquelles leurs biens étoient taxés avant 1686 : 6°. du produit du timbre sur le papier. Comme l'impôt, appellé *licent*, n'est destiné qu'à l'entretien des troupes, ceux qui en font la recette, envoient chaque mois aux commissaires des guerres les sommes nécessaires à cette sorte de dépense, dont le compte est visé & contrôlé par les inspecteurs. Les rôles, contenant ce qui a été perçu pour le *licent*, sont ensuite remis aux députés de la province, aux états qui, déduction faite de ce qui a été payé aux gens de guerre, touchent l'excédant qu'ils emploient à des dépenses publiques, telles que l'entretien de l'université de Goëttingue, celui de la cour souveraine des appellations, les appointemens des députés de la province, ceux du commissaire des chemins & autres de cette nature. Le *schatz* est un autre impôt, dont l'origine remonte à l'année 1614; il fut introduit à l'occasion de 600,000 rixdales de dettes que le souverain avoit contractées, & que la province se chargea de payer. Différens besoins publics l'ont maintenu depuis. C'est une taxe que payent la plupart des villages, & que payent aussi quelques particuliers. Les chaudières, servant à la fabrique des eaux-de-vie, sont taxées à trois rixdales par an. Les quatre grandes villes sont exemptes de plusieurs des taxes dont on vient de parler, parce qu'elles payèrent autrefois 100,000 rixdales à l'acquit du prince : elles sont affranchies aussi du droit de forage relativement aux biens que les bourgeois possédoient alors. Ces villes n'ont rien de commun avec les quatre conseillers provinciaux, qui, avec les deux députés des villes de Munden & de Munder, composent le collège des recettes. Il y a, dans la principauté, un receveur & un secrétaire général des finances, & chacun des trois quartiers a un receveur particulier de l'impôt, qu'on appelle *schatz*. Si on a besoin d'une somme extraordinaire, & si on ne veut pas avoir recours à la voie de l'imposition, on la prend sur celle qui est en réserve dans la caisse provinciale; & si le fonds de réserve est nul ou insuffisant, on emprunte le montant sur la foi de la caisse : mais, en pareil cas, les quatre grandes villes se chargent de la sixième partie de la somme; les villes de Goëttingue & de *Hanovre* contribuent alors chacune pour un tiers, & celles de Nordheim & de Hamel pour un sixième chacune. Les sujets de cette principauté acquittent un autre droit sur les grains; il porte le nom de *magasinkorn*, & il se paye en nature ou en argent.

Œcon. polit. & diplomatique. Tome II.

Armée. L'armée de l'électorat d'*Hanovre* étoit composée en 1786 de 26,084 hommes, dont 4202 de cavalerie divisés en 11 régimens; 13,762 d'infanterie répartis en 15 régimens; 5500 de milice réglée, & 2584 de troupes de garnison. Deux des régimens d'infanterie étoient dans les Indes orientales.

Voyez l'article BRUNSWICK & les articles particuliers de la maison de Brunswick.

HANSE ou villes hanséatiques, société de villes unies par un intérêt commun pour la protection de leur commerce.

La *Hanse* teutonique s'établit pendant le long interrègne d'Allemagne : elle tire son origine d'un traité que firent entr'elles, vers le milieu du treizième siècle, les villes de Hambourg & de Lubeck. Les conditions de ce traité furent que la ville de Hambourg chasseroit les voleurs & les brigands établis dans le pays situé entre la trave & Hambourg; & que depuis cette ville jusqu'à l'Océan, elle empêcheroit les pirates de faire des courses sur l'Elbe; que la ville de Lubeck payeroit la moitié des frais de l'entreprise; que ce qui regarderoit l'avantage de ces deux villes, seroit concerté entr'elles, & qu'elles uniroient leurs forces pour maintenir leurs libertés & leurs privilèges.

Lorsqu'on vit ces deux villes s'accroître de jour en jour par le commerce que les pirates troubloient auparavant, & que cette union rendoit plus sûr & plus facile, les villes voisines demandèrent à entrer dans la ligue pour jouir des mêmes avantages, & elles furent admises à l'union. On appella cette société *Hanse*, de l'expression allemande *An-géel*, qui signifie sur le bord de la mer, ou de l'ancien mot *Hansa*, qui vouloit dire commerce. La *Hanse* devint si célèbre, qu'une multitude de villes demandèrent à être admises au nombre des hanséatiques. Les souverains de divers états, pour attirer chez eux le commerce de la *Hanse*, lui accordèrent divers privilèges; & elle en obtint sur-tout de considérables des empereurs Charles IV, Frédéric IV & Maximilien II. Les quatre métropoles étoient Lubeck, Cologne, Brunswick & Dantzick. On compta parmi ces villes Bruges, Dunkerque, Anvers, Ostende, Dordrecht, Rotterdam, Amsterdam, dans les Pays-Bas; Calais, Rouen, Saint-Malo, Bordeaux, Bayonne & Marseille, en France; Barcelone, Séville & Cadix, en Espagne; Lisbonne en Portugal; Livourne, Messine & Naples, en Italie; Londres en Angleterre, &c.

Charles Quint, qui croyoit cette société contraire aux vastes projets dont il étoit occupé, ne négligea rien pour la détruire sourdement. Elle s'étoit formée à une époque où les princes d'Allemagne ne jouissoient que d'une autorité précaire dans leurs états : mais, à mesure qu'ils consolidèrent leur puissance, ils sentirent que les privilèges accordés au commerce par leurs prédé-

Pppp

cesseurs, ne servoient qu'à rendre leurs vassaux moins dociles, & ils détachèrent de la *Hanse* teutonique les villes de leur domination. Ce n'est pas seulement en Allemagne que les princes trouvèrent plus d'avantage à encourager le commerce particulier de leurs sujets : on établit ailleurs des compagnies, qui firent le commerce ordinaire, & des découvertes & des acquisitions en Afrique & en Amérique. Ce qui avoit d'abord causé la prospérité des villes hanséatiques, causa ensuite leur ruine, parce que leur éloignement, qui les mettoit en état d'embrasser un commerce plus varié & plus étendu, ne leur permettoit pas de se secourir promptement contre leurs ennemis. Plus les villes hanséatiques sentirent leur affoiblissement, moins il y eut d'union entre elles ; & voulant, les unes aux dépens des autres, réparer les pertes qui étoient la suite de leur décadence, elles ne firent que la hâter. Cette société presque ruinée par ses querelles, dont les flamands & les hollandois avoient habilement profité, perdit tout espoir de se relever, lorsque les nations les plus puissantes voulurent faire le commerce par elles-mêmes. Enfin quelques-unes, ne pouvant plus fournir leur part des contributions, renoncèrent à une société qui leur étoit onéreuse. Ainsi la ligue hanséatique, qui avoit été composée de quatre-vingt villes, tomba peu à peu dans l'état où elle est aujourd'hui. On n'y compte plus que trois villes, Lubeck, Breme & Hambourg.

Les villes de la *Hanse* n'étoient pas souveraines, mais municipales & dépendantes des princes. Elles n'ont jamais formé un état souverain, mais seulement une société de marchands, respectée selon ses forces. La *Hanse* teutonique n'avoit donc pas droit d'ambassade, & il peut encore moins appartenir aux trois villes qui n'en sont que les restes. Lubeck & Breme, qui ne tirent pas beaucoup d'avantage de la société hanséatique, tiennent à honneur d'être villes impériales libres, & en prennent la qualité. La ville de Hambourg a tâché de maintenir les débris de la *Hanse* teutonique ; parce qu'elle ne pouvoit se faire reconnoître ville impériale, le roi de Danemarck prétendoit qu'elle faisoit partie de son duché de Holstein ; mais, ainsi que nous l'avons dit, à l'article HAMBOURG, le roi de Danemarck a signé en 1767 un traité qui la reconnoît pour une ville impériale. Le roi de France n'a pas dédaigné de conclure des traités de commerce avec ces trois villes ; mais il ne donne à ses ministres que la qualité de *commissaires*, & les leurs n'ont que celle de *députés*. Tel est entr'autres le traité de 1716. Lorsque les états de l'Empire prirent part à la guerre des hauts alliés contre la France & l'Espagne, le commerce des villes hanséatiques en souffrit beaucoup ; & la paix étant rétablie entre l'empereur, l'Empire & la France, elles sollicitèrent sa majesté très-chrétienne de leur accorder un traité qui fixât l'état de leur commerce ;

il fut conclu à Paris le 28 septembre 1716. *Voyez* l'article LUBECK.

HARTZ (mines du). *Voyez* l'article GRUBENHAGEN.

HATZFELD (terres des). Elles sont situées dans le cercle de la haute-Saxe : elles consistent en une entité du comté de Gleichen, en la partie inférieure de la seigneurie de Kranichfeld & en la seigneurie de Blankenhayn. Par le recès de Leipsick, que signèrent en 1665 la cour de Saxe & celle de Mayence, & par un second recès d'Erfort de l'année 1667, appellé *recès d'exécution*, il fut convenu que, jusqu'à l'entière décision des procès commencés au sujet de ces terres, entre le comte de *Hatzfeld* d'une part, & les princes de Saxe de l'autre, ceux-ci demeureroient *in possessione vel quasi juris territorialis cum omnibus commodis & emolumentis*, ainsi & de même qu'ils en avoient joui jusqu'alors ; qu'en revanche le comté de *Hatzfeld* seroit maintenu dans sa condition d'état d'Empire, ainsi que dans ses autres droits, & avec l'étendue qu'ils pouvoient avoir alors. Afin de prévenir toutes voies de fait entre les parties contendantes, l'électeur de Saxe fut requis d'exercer *ad interim* tous les droits de la supériorité territoriale, lorsque le comte de *Hatzfeld* se défendroit *in actionibus realibus aut personalibus*, à moins qu'il n'eût contracté en pays étrangers ; de même lorsqu'il y auroit appel de ses jugemens, & d'exercer ces droits dans toutes les circonstances où la maison de Saxe les avoit exercés jusqu'alors ; que, dans tous ces cas, l'électeur de Saxe feroit valoir sa supériorité territoriale, en recevant ces causes & appellations, en les décidant & en faisant exécuter ses jugemens ; que le comté de *Hatzfeld* acquitteroit pareillement entre ses mains son contingent, soit pour les deniers de l'Empire, soit pour ceux de la chambre de justice ; que quant aux 500 florins que le comte de *Hatzfeld* avoit payé annuellement à la maison de Saxe par forme de reconnoissance de sa supériorité territoriale, dont 117 florins 17 gros 11 pf. à la maison de Gotha, & de 382 florins 3 gros 1 pf. à celle de Weimar, il continueroit de les payer à l'avenir par les mains de ses sujets. Il paroit que le fond du procès n'est pas encore terminé. Les comtes de *Hatzfeld* de la branche de Trachenberg, possesseurs actuels de ces mêmes terres, furent élevés à la dignité de prince, en 1741, par le roi de Prusse.

HAUT - WALDECK, seigneurie d'Allemagne, au cercle de Bavière. *Voyez* WALDECK.

HEGGBACH, abbaie princière d'Allemagne, au cercle de Suabe.

L'abbaye de *Heggbach* ou Heppach, ordre de Citeaux, appartient au diocèse de Constance, & se trouve entre l'abbaye d'Ochsenhausen, la ville impériale de Biberach & le territoire d'Autriche. L'époque de sa fondation est placée par quelques auteurs dans le onzième siècle, mais d'autres la fixent à l'année 1233. L'abbaye de Salmanfwey-ler en a la direction. On donne à l'abbeffe le titre de très-révérende abbeffe de l'abbaye impériale de *Heggbach*. Elle fiège à la diète de l'Empire fur le banc des prélats de Suabe, entre les abbeffes de Rothmunfter & de Gutenzell, & aux affem-blées du cercle entre l'abbé de Gengenbach & l'abbeffe de Guttenzell. Sa taxe matriculaire eft de 16 florins, & elle paye 13 rixdales 46 & demi kreut. pour l'entretien de la chambre impé-riale.

HEILBROUN, ville impériale d'Allemagne, au cercle de Souabe.

La ville de *Heilbroun* ou *Heilbrunn*, eft fituée fur le Necker, dans une contrée très-agréable & fertile, fur-tout en vignobles, entre le duché de Wurtemberg & le Palatinat.

Le gouvernement de cette ville eft ariftocrati-que, & les magiftrats, ainfi que la plupart des habitans, profeffent la religion luthérienne. On dit que l'empereur Henri IV en jetta les fonde-mens; que Frédéric II l'agrandit & augmenta fes fortifications; que Conrad III la créa ville impé-riale, & que Frédéric III lui accorda les armes d'or à l'aigle éployé de fable. Les empereurs Charles IV & Wenceflas ont garanti fon immé-diateté. Elle occupe à la diète de l'Empire la douzième place parmi les villes de Suabe, & la neuvième aux affemblées du cercle. Sa taxe ma-triculaire montoit autrefois à 208 florins; mais en 1683 elle a été réduite à 104, qui, en 1728, ont été portés à 126 florins. Elle paye 148 rix-dales 71 kr. pour l'entretien de la chambre impé-riale. Son territoire comprend les beaux villages paroiffiaux de Flein, Bœckingen, Neckar-Gar-tach & Faukenbach.

HEILIGENBERG, comté d'Allemagne, au cercle de Suabe. Il appartient aux princes de Furftenberg. *Voyez* l'article FURSTENBERG.

HEIM, feigneurie de *Heim* ou de Bretzenheim, au cercle du haut-Rhin.

Cette feigneurie, fituée fur la Nahe, près de Creutzenach, appartient aux feigneurs de Dhaun à titre de fief mouvant de l'archevêché de Co-logne, avant qu'ils acquiffent le comté de Fal-kénftein. Guillaume Wyrich de Dhaun, comte de Falkenftein, la vendit en 1642, de l'agrément du feigneur direct, au comte Alexandre de Ve-len, qui obtint pour elle, en 1665, voix & féance aux diètes du cercle du haut-Rhin, & à celle de l'Empire, où il fut aggrégé au collège des comtes immédiats de la Weftphalie. Mais Alexandre Otton, l'un de fes fucceffeurs, étant mort en 1733 fans poftérité mâle, elle retomba à l'électeur de Cologne, qui, l'année fuivante, la donna comme fief mafculin au comte de Wyr-mont, après la mort duquel elle échut en 1744 au baron de Roll, qui effaya, mais en vain, d'obtenir une place au collège des comtes de la Weftphalie. L'électeur de Cologne en a pris

poffeffion, & il profite de la voix qu'elle donne aux affemblées du cercle; mais il ne fait pas corps dans celle de l'Empire avec les comtes de la Weftphalie.

Sa taxe matriculaire eft de fix florins, outre huit florins pour le cercle, & trois rixdales treize & demi kr. pour l'entretien de la chambre impé-riale.

Les habitans font catholiques & luthériens, & les deux communions y concurent, en 1651, une convention renouvellée en 1723, & confirmée par le comte Alexandre de Velen.

HEITERSHEIM, principauté ou grand prieuré de *Heitersheim*, ordre de S. Jean, dans le cer-cle du haut Rhin.

Les poffeffions de l'ordre de Malthe, fituées dans le Brifgau, font marquées fur la carte de ce pays.

Le grand prieuré de l'ordre de Malthe, qui jouit de ces terres, eft prince du Saint-Empire, depuis que George Schilling obtint cette dignité de l'empereur Charles-Quint, & en cette qualité il a voix & féance aux affemblées du cercle du haut-Rhin & à la diète générale, où il fiège fur le banc des princes eccléfiaftiques, entre les pré-vôts d'Elwangen & de Berchtolfgaden. Sa taxe matriculaire eft de 10 cavaliers & 80 fantaffins par mois, ou de 240 florins réduits à 200 depuis 1769, outre 45 rixdales 49 & demi kr. pour fon contingent à l'entretien de la chambre im-périale.

Ce prince, fondé fur le droit d'acquet & fur une poffeffion de plufieurs fiècles, réclame la pleine fouveraineté de *Heitersheim*, Ginglingen, Brembgarten, Griesheim & Schlatt, & il croit ne devoir relever pour ces domaines que de l'em-pereur & de l'Empire : la maifon d'Autriche lui contefte cette prétention. Ayant fixé, dès le fei-zième fiècle, fa réfidence à *Heitersheim*, on l'in-vita aux diètes du Brifgau; il s'y rendit fous cer-taines réferves : on voulut pour cela le regarder comme vaffal, & en exiger toutes les charges. Il fut obligé de s'y foumettre en 1630, & il porta vainement des plaintes réitérées à l'empereur & au pape. Enfin, l'an 1665, il fut ftatué qu'il au-roit en effet la fupériorité territoriale fur les lieux dont on vient de parler; mais fous la directe & la protection de la maifon d'Autriche, qu'il re-garderoit d'ailleurs comme fon feigneur par rap-port au refte de ce domaine : qu'il feroit corps avec l'ordre des prélats de l'Autriche antérieure pour *Heitersheim* & Ginglingen, & avec celui de la nobleffe pour Brembgarten; convention qui ne s'accomplit d'abord qu'en partie, & que la maifon d'Autriche a tout-à-fait rejettée depuis.

HELENE (Sainte), ifle de l'Océan Atlan-tique, où les anglois ont un établiffement. Cette ifle, qui n'a qu'environ vingt-huit milles de cir-conférence, eft fituée à quatre cents lieues des côtes d'Afrique, & à fix cens de celles d'Amérique. C'est un amas informe de rochers & de montagnes, où l'on trouve à chaque pas les traces évidentes d'un volcan éteint. Elle fut découverte en 1602 par les portugais, qui la dédaignèrent. Les hollandois y formèrent, dans la fuite, un petit établissement : mais ils en furent chaffés par les anglois qui y font fixés depuis 1673.

Sur ce fol ftérile & fauvage, s'est formée fuccessivement une population de vingt mille hommes libres ou efclaves. Il y naît, ainfi qu'au Cap de Bonne - Efpérance, un beaucoup plus grand nombre de filles que de mâles. S'il étoit prouvé, par des calculs exacts, que la nature fuit la même marche dans tous les pays chauds, cette connoissance donneroit la raison des mœurs publiques & des usages domeftiques des peuples qui les habitent.

A l'exception du pêcher, aucun des arbres fruitiers, porté de nos contrées à Sainte-Helene, n'a profpéré. La vigne n'a pas eu une deftinée plus heureufe. Les légumes ont été conftamment la proie des infectes. Peu de grains échappent aux fouris. Il a fallu fe borner à l'éducation des bêtes à cornes ; & ce n'eft même qu'après en avoir vu périr un grand nombre, qu'on eft parvenu à les multiplier.

Le climat devoroit les diverfes efpèces de gramen que femoit le cultivateur. On imagina de planter des arbuftes, qui ne craignoient ni la chaleur ni la fécherefse, & bientôt naquit à leur ombre un gazon frais & fain. Cette herbe cependant n'a jamais pu nourrir à la fois plus de trois mille bœufs, nombre infuffifant pour les befoins de l'habitant & des navigateurs. Pour obtenir ce qui manque, il fuffiroit peut-être de recourir aux prairies artificielles, que des voyageurs intelligens trouvent praticables dans l'état actuel des chofes : mais ce moyen fera difficilement employé, à moins que le monopole ne fe détache des meilleurs terreins qu'on a réfervés en apparence pour fon fervice, & réellement pour l'utilité ou les fantaifies de fes employés.

Les maifons qui entourent le port, jettées comme au hafard, donnent plutôt l'idée d'un camp que d'une ville. Les fortifications qui les entourent, font peu confidérables ; & la garnifon, chargée de le défendre, n'eft que de cinq cents foldats tous mécontens de leur fituation. La colonie n'a que peu de rafraîchiffemens & quelques bœufs à donner aux navires, en échange des denrées & des marchandifes qu'ils lui portent d'Europe & d'Afie ; aussi le poiffon eft-il la nourriture ordinaire des noirs, & entre-t-il pour beaucoup dans celle des blancs.

Telle eft, dans la plus exacte vérité, l'état de Sainte-Helene, où relâchent tous les bâtimens qui reviennent des Indes en Angleterre, & où, en temps de guerre, ils trouvent des vaiffeaux d'efcorte. Les vents & les courans en écartent même ceux qui vont d'Angleterre aux Indes. Plufieurs

d'entr'eux, pour éviter les inconvéniens d'un fi long voyage, fait fans s'arrêter, relâchent au Cap de Bonne-Efpérance : les autres, particuliérement ceux qui font deftinés pour le Malabar, vont prendre des rafraîchiffemens aux ifles de Comore.

HELIASTE, tribunal de l'ancienne Athènes. Le tribunal de *Héliafte* n'étoit pas feulement le plus nombreux d'Athènes ; il étoit encore le plus important, puifqu'il s'agiffoit principalement, dans fes décifions, ou d'interpréter les loix obfcures, ou de maintenir celles auxquelles on pouvoit avoir donné quelque atteinte.

Les héliaftes étoient ainfi nommés, felon quelques-uns, du mot ἀλίζω, j'affemble, en grand nombre ; &, felon d'autres, d'ἥλιος, le foleil, parce qu'ils tenoient leur tribunal dans un lieu découvert, qu'on nommoit ἡλιαία.

Les thefmothètes convoquoient l'affemblée des héliaftes, qui étoit de mille, & quelquefois de quinze cens juges. Selon Harpocration, le premier de ces deux nombres fe tiroit de deux autres tribunaux, & celui de quinze cens fe tiroit de trois, felon M. Blanchard, un des membres de l'Académie des Infcriptions, des recherches duquel je vais profiter.

Les thefmothètes, pour remplir le nombre de quinze cens appelloient à ce tribunal ceux de chaque tribu, qui étoient fortis les derniers des fonctions qu'ils avoient exercées dans un autre tribunal. Il paroît que les affemblées des héliaftes n'étoient pas fréquentes, puifqu'elles auroient interrompu le cours des affaires ordinaires, & l'exercice des tribunaux réglés.

Les thefmothètes faifoient payer à chacun de ceux qui affiftoient à ce tribunal, trois oboles pour leur droit de préfence ; ce qui revient à deux fefterces romaines ou une demi-drachme : c'eft de-là qu'Ariftophane les appelle, en plaifantant, *les confrères du triobole.* Le fonds de cette dépenfe fe tiroit du tréfor public. Mais auffi on condamnoit à l'amende les membres qui arrivoient trop tard ; &, s'ils fe préfentoient après que les orateurs avoient commencé à parler, ils n'étoient point admis.

L'affemblée fe formoit après le lever du foleil, & finiffoit à fon coucher. Quand le froid empêchoit de la tenir en plein air, les juges avoient du feu ; les thefmothètes lifoient les noms de ceux qui devoient la compofer, & chacun entroit & prenoit fa place à mefure qu'il étoit appellé. Enfuite fi les exégetes, dont la fonction étoit d'obferver les prodiges & d'avoir foin des chofes facrées, ne s'y oppofoient point, on ouvroit l'audience. Ces officiers, nommés *exégetes*, ont été fouvent corrompus par ceux qui étoient intéreffés à ce qui devoit fe traiter dans l'affemblée.

Le plus précieux monument qui nous refte fur le tribunal des héliaftes, eft le ferment que prêtoient ces juges entre les mains des thesmothètes. Démosthènes nous l'a conservé tout entier dans son oraison contre Timocrate : en voici la forme & quelques articles principaux.

« Je déclare que je n'ai pas moins de trente » ans.

» Je jugerai selon les loix & les décisions du » peuple d'Athènes & du sénat des cinq cens.

» Je ne donnerai point mon suffrage pour » l'établissement d'un tyran, ou pour l'oligar-» chie.

» Je ne consentirai point à ce qui pourra être » dit ou opiné, qui puisse donner atteinte à la » liberté du peuple d'Athènes.

» Je ne rappellerai point les exilés, ni ceux » qui ont été condamnés à mort.

» Je ne forcerai point à se retirer ceux à qui » les loix, les suffrages du peuple & le tribunal » ont permis de rester.

» Je ne me présenterai point, & je ne souffrirai » point qu'aucun autre, en lui donnant mon suf-» frage, entre dans aucune fonction de magistra-» ture, s'il n'a au préalable rendu ses comptes » de la fonction qu'il a exercée.

» Je ne recevrai point de présent dans la vue » de l'exercice de ma fonction d'héliaste, ni di-» rectement, ni indirectement, ni par surprise, » ni par aucune autre voie.

» Je porterai une égale attention à l'accusateur » & à l'accusé, & je donnerai mon suffrage sur » ce qui aura été mis en contestation.

» Je le jure par Jupiter, par Neptune & par » Cerès; & si je viole quelqu'un de mes en-» gagemens, je les prie d'en faire tomber la » punition sur moi & sur ma famille; je les con-» juré aussi de m'accorder toutes sortes de pros-» pérités, si je suis fidèle à mes promesses ».

Il faut lire dans Démosthènes la suite de ce serment, pour connoître avec quelle éloquence il en applique les principes à sa cause.

La manière dont les héliastes donnoient leurs suffrages, nous est connue : il y avoit une sorte de vaisseau sur lequel étoit un tissu d'osier, & par-dessus deux urnes, l'une de cuivre, & l'au-tre de bois; au couvercle de ces urnes, étoit une fente garnie d'un quarré long, qui, large par le haut, se rétrécissoit par le bas, comme nous voyons à quelques troncs anciens dans nos églises.

L'urne de bois étoit celle où les juges jettoient le suffrage de la condamnation de l'accusé; celle de cuivre recevoit les suffrages portés pour l'ab-solution.

C'est devant le tribunal des héliastes que fut traduite la célèbre & généreuse Phrynée, dont les richesses étoient si grandes, qu'elle offrit de relever les murailles de Thèbes abattues par Alexandre, si on vouloit lui faire l'honneur d'employer son nom dans une inscription qui en rappellât la mémoire. Ses discours, ses manières, les caresses qu'elle fit aux juges & les larmes qu'elle répandit, la sauvèrent de la peine que l'on croyoit que méri-toit la corruption qu'elle entretenoit, en séduisant les personnes de tout âge.

Ce fut encore dans une assemblée des hélias-tes, que Pisistrate vint se présenter avec des bles-sures qu'il s'étoit faites, aussi-bien qu'aux mulets qui traînoient son char. Il employa cette ruse pour attendrir les juges contre ses prétendus en-nemis, qui jaloux, disoit-il, de la bienveillance que lui portoit le peuple, parce qu'il soutenoit ses intérêts, étoient venus l'attaquer, pendant qu'il s'amusoit à la chasse. Il réussit dans son des-sein; & obtint des héliastes une garde, dont il se servit pour s'emparer de la souveraineté. Le pouvoir de ce tribunal paroît d'autant mieux dans cette conception, que Solon qui étoit présent, fit de vains efforts pour l'empêcher.

HELVÉTIQUE CORPS. *Voyez* CORPS HÉL-VÉTIQUE.

HENNEBERG, comté princier d'Allemagne, au cercle de Franconie; il touche vers le levant aux principautés de Cobourg & de Schwarz-bourg; vers le nord aux principautés de Gotha & d'Eisenach; vers le couchant au landgraviat de Hesse & à l'évêché de Fulde, & vers le midi à l'évêché de Wurzbourg. Sa plus grande éten-due du nord au midi est d'environ six milles, & du levant au couchant de cinq milles & demi.

On trouve de bonnes terres labourables dans la plupart des districts. On cultive du tabac en quelques endroits.

Ce comté renferme dix villes & cinq bourgs. On y professe la religion luthérienne, à l'excep-tion d'une communauté de réformés, qui est à Schmalkalden.

Il n'offre guères d'autres fabriques que celles de bassin de Meinungen & de Suhla, & les fa-briques d'armes, de fer & d'acier de Suhla & de Schmalkalden.

La famille des anciens comtes de *Henneberg* ne commença à prendre ce nom qu'au onzième siè-cle. Elle se divisa au treizième siècle en trois branches principales; savoir, Schlensingen, As-chach & Hartenberg. Le comte Berthold X fut élevé à la dignité de prince; cependant la plu-part des princes de *Henneberg* gardèrent le titre de comtes. Outre le comté actuel de *Henneberg*, les princes de *Henneberg* ont aussi possédé les principautés de Cobourg & de Hildbourghausen, (qu'on nommoit *la nouvelle seigneurie de Henne-berg*), le bailliage de Fischberg qu'a racheté l'ab-baye de Fulde, & différens domaines qui ont passé à l'évêché de Wurzbourg. Les princes Guil-laume & George Erneste signèrent, en 1544, un pacte de fraternité avec les maisons de Saxe-Cobourg & de Hesse. La branche masculine de *Henneberg* s'éteignit en 1583 à la mort de George Erneste; le comté proprement dit, ou l'ancienne seigneurie de *Henneberg*, échut à la maison de

Saxe-Cobourg, & la ville & seigneurie de Schmal-kalden à celle de Hesse. Les domaines qu'a acquis l'évêché de Wurzbourg, y avoient été incorpo-rés à l'extinction des princes de *Henneberg*. La portion possédée par Saxe-Cobourg tomba bien-tôt dans la maison électorale de Saxe, & dans celles d'Altenbourg & de Weimar, qui l'admi-nistrèrent en commun. L'électeur Jean-George I transmit sa part à son fils cadet Maurice. Mais les inconvéniens qu'entraînoit cette administration commune, engagea les possesseurs à faire à Wei-mar, en 1660, un partage, d'après lequel la mai-son électorale de Saxe obtint la part qu'elle pos-sède encore aujourd'hui. Le duc Frédéric-Guil-laume II, fondateur de la ligne d'Altenbourg, obtint les villes & bailliages de Meiningen, Massfeld & Themar, la prévôté de Behrungen, & quelques autres districts; le tout échut, après la mort de son fils Frédéric-Guillaume III, en 1672, au duc Ernefte III, fondateur de la ligne de Gotha; & après celui-ci, à son troisième & à son quatrième fils, Bernard & Henri, qui s'ar-rangèrent de manière que le premier eut Meinin-gen, Massfeld, Wasungen, Sand, Breitungen, & Salzungen; & le second Rœmhild, Behrun-gen, Themar & d'autres domaines. Le duc Ber-nard de Saxe-Meiningen transmit ses états à son fils Ernefte Louis, & celui-ci à son fils Antoine Ulric: ce dernier, mort en 1763, institua héri-tiers, par son testament, ses deux fils du premier lit, & les deux du second. Le duc Ernefte de Rœmhild étant mort en 1710 sans héritiers, sa portion passa dans les maisons de Meinungen, Gotha, Saalfeld, & Hildbourghausen. Le Duc Guillaume de Saxe-Weimar obtint, par le par-tage de 1660, celle que sa maison possède au-jourd'hui: il est vrai qu'elle avoit été divisée en-tre les lignes de Weimar & d'Eisenach; mais elle retourna en entier à la première après l'extinction de celle d'Eisenach, arrivée en 1741. Ainsi le comté de *Henneberg* appartient maintenant à l'électeur de Saxe, aux ducs de Saxe-Weimar, Meinun-gen, Gotha, Cobourg-Saalfeld & Hildbourg-hausen, & au landgrave de Hesse-Cassel.

Les diverses branches de la maison de Saxe, que nous venons de nommer, ont joint à leurs titres celui de comtes princiers de *Henneberg*.

Le comté de *Henneberg* donne voix & séance à la diète de l'Empire dans le collège des princes; chacun des propriétaires exerce ce droit alterna-tivement durant quatre années. Le même comté donne trois suffrages aux assemblées du cercle: ces suffrages portent le nom de *Henneberg-Schlen-singen, Henneberg-Rœmhild* & *Henneberg-Schmal-kalden*. L'évêché de Wurzbourg réclama, en 1600, une voix aux assemblées du cercle, à raison des terres appartenantes autrefois à *Henneberg*; mais sa demande ne fut pas admise. La taxe matricu-laire du comté est de 190 florins, qui se divisent de la manière suivante; la Saxe électorale paye

pour Schlensingen 47 florins 59 & demi kr. ; Saxe-Meinungen 55 flor. 16 & demi kr. ; Themar ou Saxe-Gotha 13 flor. 55 & demi kr. ; Behrun-gen ou Saxe-Hildbourghausen 2 florins 29 trois quarts kr. ; Melis ou Saxe-Gotha 45 kr. ; Jl-menau ou Saxe-Weimar 10 flor. 17 kr. ; Kalten-Nordheim ou Saxe-Weimar 10 flor. 17 kr. ; Rœmhild 33 florins, & Schmalkalden ou Hesse-Cassel 16 florins. Quant à l'entretien de la cham-bre impériale, on trouve dans la matricule usuelle l'article suivant: *Henneberg*-Schlensingen 190 rixd. 36 kr. par terme; sur lesquelles la Saxe électo-rale paye 79 rixdales 16 kr. ; Saxe-Meinungen 63 rixd. 39 kr. ; Saxe-Weimar 13 rixd. 81 trois quarts kr ; Saxe-Eisenach 13 rixdales 81 trois quarts kr. ; Saxe-Hildbourghausen 2 rixdales 78 kr. ; Saxe-Gotha 16 rixd. 77 kr. ; Hesse-Cassel pour *Henneberg*-Schmalkalden 19 rixdales 8 & demi kr. ; l'évêché de Wurzbourg pour des terres de *Henneberg* 40 rixdales 33 kr. ; Saxe-Meinungen pour *Henneberg-Rœmhild* 81 rixdales 14 & demi kr. Les comtes princiers de *Hen-neberg* sont maréchaux héréditaires de l'évêché de Wurzbourg.

I. La maison électorale de Saxe fait administrer la partie de ce comté, dont elle a hérité après la mort de Maurice-Guillaume de Saxe-Zeitz, par un collège connu sous le nom d'*inspection su-périeure*; il décide toutes les affaires relatives à l'administration & aux finances. Le consistoire juge les affaires ecclésiastiques. Le pays est divisé en bailliages, & on y compte:

La ville & le bailliage de Schlensingen.

Le bailliage de Suhla.

Le bailliage de Kundorf.

Le bailliage de Benshausen, qui est administré par les officiers de Kundorf, dépendoit autre-fois de la portion de la maison de Hesse: il fut échangé en 1619 contre la portion que la Saxe avoit dans le bailliage de Hallenberg.

Le bien domanial de Vesta, situé sur la petite rivière du même nom.

Le bien domanial de Rohr, situé à un quart de lieue du village du même nom.

II. La part appartenante à Saxe-Weimar est com-posée de la première part de Weimar, qui con-siste dans le bailliage d'Ilmenau.

De l'ancienne part de Saxe-Eisenach.

Du bailliage de Kalten-Nordheim.

III. La part de Saxe-Meinungen est la plus grande; elle est située au centre du pays, & s'é-tend depuis les frontières d'Eisenach jusqu'à l'é-vêché de Wurzbourg. Elle comprend:

Les bailliages de Meinungen & de Massfeld,

Le bailliage de Sand.

Le bailliage de Frauenbreitungen.

La ville & le bailliage de Salzungen.

Le bailliage d'Altenstein appartenoit aux Hund de Wenkheim avec haute & basse-justice; il retourna en 1722 à la maison de Saxe-Meinungen comme fief ouvert.

Le bailliage ou l'ancienne seigneurie de Rœmhild appartenoit jadis à la branche de Hartenberg-Rœmhild de la maison de *Henneberg*. Le comte Berthold, dernier mâle de cette ligne, ayant emprunté beaucoup d'argent des comtes de Mansfeld, leur engagea la seigneurie de Rœmhild, dont ceux-ci se mirent en possession. après la mort de leur débiteur, en 1549, malgré les oppositions des princes de *Henneberg* de la ligne de Schlenfingen. Les comtes de Mansfeld cédèrent, en 1666, aux ducs de Saxe-Weimar toute la portion de Rœmhild avec Lichtenberg & Bruckenau, & reçurent en échange le bailliage d'Oldisleben avec une somme de 50,000 florins. Après l'extinction de la branche de Saxe-Rœmhild, en 1710, deux tiers de cette seigneurie passèrent à Saxe-Meinungen, & le troisième tiers à Saxe-Cobourg-Saalfeld.

IV. Les ducs de Saxe-Gotha & de Cobourg-Saalfeld possèdent le bailliage de Themar; le premier en a un tiers, & le second les deux autres tiers.

V. La maison ducale de Saxe-Hildbourghausen possède le bailliage de Behrungen.

VI. Le landgrave de Hesse-Cassel possède l'ancienne seigneurie, & aujourd'hui le grand bailliage de Schmalkalden, lequel fut racheté en 1360 d'Albert, bourgrave de Nuremberg, par le landgrave Henri & par Elisabeth. Tout le district passa à la maison de Cassel, en vertu de pacte de famille, après l'extinction des princes de *Henneberg*. Il comprend les bailliages suivans :

Le bailliage de Schmalkalden.

La prévôté de Herrenbreitungen.

La prévôté de Barchfeld. Il y a un tribunal noble, appartenant à Cassel.

La prévôté de Broterod, à laquelle appartiennent le bourg du même nom, Inselberg & Klein-Schmalkalden. Le bailliage de Hallenberg, qui appartenoit autrefois à la maison de Saxe, & qui fut échangé en 1619 contre la moitié de la prévôté de Benshausen.

Voyez les articles particuliers des diverses maisons, auxquelles appartient le comté princier de *Henneberg*.

HERFORD, abbaye princière d'Allemagne, au cercle de Westphalie. L'abbaye impériale séculière de *Herford* ou Hervorden est située dans la ville du même nom. Selon quelques auteurs, cette abbaye fut fondée en 789, & selon d'autres en 709. Elle fut rétablie en 820, après avoir été ruinée par les infideles. C'étoit originairement, & avant la réformation, un monastère de l'ordre de S. Benoît, établi à Mudenhorst dans le bailliage de Sparenberg; elle avoit alors pour proviseur & patron l'abbé de Corvey, & pour protecteur l'archevêque de Cologne. Elle adopta

la réformation sous l'abbesse Anne, comtesse de Limbourg.

L'abbaye de *Herford* tient ses privilèges, ses droits & sa supériorité territoriale du pape Adrien (1101), des empereurs Louis I, Conrad II (1147) & de l'Empire. La chambre impériale qualifie l'abbesse de princesse & prélate du saint Empire romain. L'abbesse de *Herford* assiste à la diète de l'Empire parmi les abbesses du banc du Rhin, & aux assemblées du cercle de Westphalie, sa place est entre Thorn & Nassau. Son mois romain est de deux fantassins ou huit florins par mois, & sa contribution pour l'entretien de la chambre impériale de 81 rixdales. 14 & demi kr. Cette abbaye est de la religion luthérienne; le chapitre est composé d'une doyenne, d'une custode, & de chanoinesses qui sont princesses ou comtesses, & dont le nombre dépend de l'abbesse : il faut y ajouter quatre chanoines capitulaires, nobles ou de bonne famille bourgeoise, deux diacres & quelques vicaires & prébendés.

On trouve à six cens pas de la ville de *Herford* une montagne, sur laquelle on voit le chapitre de Sainte-Marie, fondé dans le onzième siècle par l'abbesse Godesta. Ce chapitre, affilié à celui de *Herford*, est composé d'une doyenne, d'une prevôte, d'une custode & de neuf chanoinesses, toutes de familles nobles : il est soumis à l'abbesse de *Herford*, qui nomme aux prébendes, ainsi qu'à la place de custode.

L'abbaye de *Herford* possède un nombre assez considérable d'arrière-fiefs, & nomme à plusieurs cures. Les revenus de l'abbesse augmentent ou diminuent, selon qu'il meurt plus ou moins de monde dans les deux abbayes & dans les cures : on estime ces revenus par an à environ six mille rixdales. Les revenus des chanoinesses sont fort modiques. Les droits & les revenus de l'abbaye sont régis par un directeur de chancellerie & par deux conseillers.

Cette abbaye a des charges héréditaires, comme la plupart des abbayes d'Allemagne : celle de maréchal, celle de pannetier, celle de grand-veneur & celle d'échanson sont exercées, dans les cérémonies publiques, par des gentilshommes.

HERSFELD, principauté d'Allemagne au cercle du haut-Rhin. Cette principauté fut appelée autrefois *Herolfeld, Herolvesfelde, Herveld, Herocampia*. On la nomme aussi *Hirschfeld* : elle est située entre la haute & basse Hesse, & l'évêché de Fulde. Son sol arrosé par la Fulde est fertile. C'étoit originairement une abbaye immédiate de l'Empire, fondée en 736 sous la règle de S. Benoît, & richement dotée par les rois Pepin & Charlemagne. En 1370 Hermann, landgrave de Hesse, prit la ville de *Hersfeld* sous sa protection. Louis II traita avec elle en 1415 sur différens objets, entr'autres sur le droit d'aperture, & lui accorda en 1421 un diplome de protection, au cas que l'abbé voulût usurper ses privilèges. Elle fit hommage au landgrave Philippe en 1525 & en 1606. Otton, fils aîné du landgrave Maurice, fut nommé administrateur de l'abbaye, & le landgrave Guillaume V lui succéda immédiatement en cette qualité. Par le traité de Westphalie, les villes & abbaye de *Hersfeld*, converties en principauté séculière, furent attribuées avec le prieuré de Gellingen & leurs autres dépendances spirituelles & séculières, tant au dehors qu'au dedans, à la maison de Hesse-Cassel à titre de fief héréditaire du S. Empire. Depuis cette époque le landgrave en porte le titre & les armes, & il jouit, dès 1654, du droit de donner sa voix & de siéger à la diète générale & aux assemblées particulières du cercle du haut-Rhin. Sa taxe matriculaire est de deux cavaliers & neuf fantassins, ou de 60 florins par mois, & elle paye 81 rixd. 14 & demi kr. pour l'entretien de la chambre impériale.

Cette principauté est incorporée à la basse-Hesse, même au district de la Fulde, dont Hersfeld est ville directoriale. *Voyez* l'article HESSE.

HESSE, contrée d'Allemagne. Les bornes de la *Hesse* étoient sous les cartes différentes de celles qu'elle avoit sous l'empire des francs, & elles varièrent encore à l'époque qui précéda immédiatement le règne de Henri l'enfant. Aujourd'hui le landgraviat de *Hesse*, auquel on donne vingt & quelques lieues d'étendue, non compris le comté de Katzenelnbogen & quelques autres terres éparses au-delà de ses frontières proprement dites, touche à l'évêché de Fulde, à la principauté de Hersfeld, à la Thuringe, à l'Eichsfeld, à la principauté de Calenberg, à l'évêché de Paderborn, à la principauté de Waldeck, au duché de Westphalie, au comté de Witgenstein, au territoire de Nassau-Dillenbourg, & aux comtés de Solz & de haut-Isenbourg.

Nous ferons 1°. un précis de l'histoire politique, & des remarques sur le gouvernement de la *Hesse* : 2°. nous ferons la description des domaines qui appartiennent aux différentes branches de la maison de *Hesse* : 3°. nous parlerons des états, des tribunaux & de l'administration ; & 4°. des productions, du commerce, des revenus & de l'état militaire.

SECTION PREMIERE.

Précis de l'histoire politique, & remarques sur le gouvernement de la Hesse.

Ce pays étoit habité autrefois par les cattes, &, dans plusieurs auteurs, les mots *catti, chatti, chassi, jassi, hessi* sont des noms synonimes, qui désignent le même peuple. Au commencement du dixième siècle, sous le règne de Louis l'enfant, les comtes de *Hesse*, Conrad l'aîné, Gebhard,

Everard & Conrad le jeune se montrèrent dans des guerres civiles. Ce dernier, devenu roi de Germanie, accorda un asyle au Prince Charles & Louis, proches parens de son épouse Gisele, & fils du malheureux duc Charles de Lorraine, exclu du trône de France après la mort de Louis V ; le roi Conrad II créa le cadet d'entr'eux, surnommé le Barbu, premier comte de Thuringe, & son fils aîné Louis II est la souche de tous les landgraves de ce nom, comme son puîné, nommé *Berenger de Sangershausen*, est devenu par son fils Conrad celle de tous les comtes de Hohenstein. Il paroît que Louis le barbu & Louis II avoient déja quelques terres en *Hesse* ; Louis III, leur successeur, obtint la possession du pays entier par son mariage avec Edwige, fille & héritière du comte Gison de Gudensberg. Le landgrave Henri Raspe, son arrière petit-fils, mourut sans enfans en 1249, & il laissa pour héritière une fille de Louis le saint, son frère aîné, nommée *Sophie*, qui se qualifioit de landgrave de Thuringe, & qui ayant épousé Henri V, duc de Brabant, eut pour fils Henri I, surnommé l'enfant ; celui-ci prit le titre de landgrave de Thuringe, seigneur de *Hesse* : l'empereur Adolphe de Nassau le fit en 1292 prince du saint Empire ; il érigea aussi la *Hesse* en principauté, titre qui s'est changé en celui de landgraviat. Louis I, l'un de ses descendans, réunit à ce domaine les comtés de Nidda & de Ziegenhayn, à condition qu'ils seroient regardés comme fief oblat, mouvant de la Hesse, & que les landgraves y succéderoient à l'extinction de la tige mâle des comtes de Ziegenhayn ; ce qui eut lieu peu de temps après la mort de Jean, le dernier d'entr'eux, qui arriva en 1450. Louis laissa, en mourant, plusieurs fils ; les deux aînés partagèrent la *Hesse* : l'un eut le district en-deçà du Spiess, & l'autre le pays situé sur la Lœhn, avec les seigneuries de Ziegenhayn & de Nidda ; il y ajouta le comté de Katzenelnbogen par son mariage avec Anne, fille & héritière de Philippe, son dernier comte. Philippe le généreux, petit-fils de Louis I, réunit la *Hesse* entière, & c'est de lui que descend le landgrave actuel. Il régla par son testament le partage de sa succession entre ses quatre fils ; &, d'après ce testament, l'aîné Guillaume IV, auteur de la maison de *Hesse*-Cassel, en eut la moitié, le puîné Louis IV un quart, & les deux cadets, Philippe II & George I, tige de la maison de Darmstadt, l'autre quart. Philippe de Rhinfels étant mort sans enfans en 1483, laissa son héritage à ses trois frères, qui le partagèrent ; & Louis IV de Marbourg, qui mourut en 1604, divisa ses domaines eu deux portions ; l'une de Marbourg, qu'il légua à la maison de Cassel, & l'autre de Giessen, qu'il donna à celle de Darmstadt. Il en résulta entre ces deux branches de vives contestations, qui ne furent terminées qu'en 1648. Il n'y a donc plus en *Hesse* que deux maisons régnantes ; celle

de

de Caffel & celle de Darmftadt ; mais il eft plufieurs objets où la poffeffion eft encore indivife :
nous indiquerons 1°. l'inveftiture & la preftation
d'hommage du prince de Waldek, que l'aîné
des landgraves donne & reçoit au nom de tous
les deux : 2°. les archives du comté de Ziegenhayn : 3°. la juftice, appellée *Samthofgericht de
Marbourg*, qui a fes féances fixées, fes juges &
fes affeffeurs, dont les appels vont aux tribunaux
fuprêmes de l'Empire, s'il s'agit de plus de mille
florins d'or, finon au tribunal des révifions : 4°.
ce même tribunal des révifions ou appellations,
compofé de fept juges, & qui fe tient alternativement fix ans à Marbourg & fix ans à Gief-
fen : 5°. les deux maifons nobles de Kauffungen
& Wetter, qui ont quatre adminiftrateurs tirés
de la nobleffe de *Heffe*, l'hôpital ou couvent de
Haina qui en a un, & ceux de Merxhaufen, de
Hofheim & de Grunau, dont les régiffeurs, de
même que les précédens, rendent compte chaque
année aux commiffaires nommés par les deux
princes régnants : 6°. l'établiffement des princeffes
qui font obligées de renoncer formellement à la
fucceffion ; leur dot eft à la charge des fujets des
deux maifons régnantes, foit qu'elles appartiennent à l'une d'entr'elles, ou qu'elles defcendent
d'un prince appanagé : 7°. les diètes générales
de la *Heffe*, qui font très-rares, comme nous le
dirons plus bas : 8°. les droits fur le vin, le péage
du Rhin, & la portion appartenante à la *Heffe*,
du droit appellé *denier de Boppart* : 9°. les grands
offices héréditaires du pays, affectés ; favoir, celui de maréchal à la famille de Riedefel d'Eifenach, & celui d'échanfon à celle de Schenk de
Schweinsberg ; celui de chambellan à celle de
Berleps, & celui de grand-maître aux barons de
Dœrnberg : 10°. les juges arbitres, élus par
les landgraves pour prononcer fur leurs conteftations : 11°. le privilége des députés de l'Empire :
12°. la voix fes députations : 13°. les titres
qui font les mêmes, fi ce n'eft qu'aux qualités de
landgraves de *Heffe*, princes de Herffeld, comtes de Katzenelnbogen, Dietz, Ziegenhayn,
Nidda, Schaumbourg, Hanau, &c. que prennent
les deux princes régnants ; celui de Darmftadt
ajoute les comtés d'ifenbourg & de Budingen :
14°. le pacte de confraternité, fait entr'eux &
les maifons de Saxe & de Brandebourg : 15°. le
droit de fucceffion au comté de Waldeck : 16°. le
paiement du contingent aux charges de l'Empire : 17°. le rang aux affemblées publiques, al-
ternatif entre les deux landgraves & leurs députés.

Le droit d'aîneffe introduit dans la maifon de
Darmftadt en 1606, & confirmé deux ans après
par l'empereur Rodolphe, fut établi en 1627
dans celle de Caffel, & approuvé l'année fuivante par Ferdinand II : mais chacune de ces maifons a des princes appanagés. De Heffe-Caffel
relèvent 1°. les princes de Philippfthal, qui def-

cendent de Philippe, frère du landgrave Charles, & qui réfident à Philippfthal : 2°. ceux de
Rothenbourg, qui aiment mieux être nommés
Rhinfels, & qui defcendent d'Erneffe, fils cadet
du landgrave Maurice : fon frère aîné, landgrave
fous le nom de *Guillaume V*, lui accorda & à fes
frères la quatrième partie de fes biens préfens &
à venir ; c'eft pour cela qu'ils fe comptent parmi les
princes régnants. Heffe Caffel néanmoins foutient
fa fupériorité territoriale fur leurs poffeffions,
entr'autres le droit de garder la fortereffe de Rhinfels ; ce qui a produit une multitude de conteftations, terminées enfin par l'accommodement de
1754 : le landgrave de Heffe-Rothenbourg fe dé-
fifta alors, pour lui & fes fucceffeurs, du droit
de mettre garnifon dans cette fortereffe, & il le
céda à perpétuité à la maifon de Caffel, en renonçant d'ailleurs à toutes les prétentions qu'il
pouvoit former d'après le diplome de primogéniture à lui accordé par l'empereur ; la maifon de
Heffe-Caffel permit, de fon côté, que le prince
de Rothenbourg fît, de l'aveu ou fans la participation de l'empereur, un réglement de partage
avec fuppreffion, en faveur d'un de fes princes
actuels & de fes defcendans, de la communauté
jufqu'alors maintenue dans ce qu'on appelloit quart
univerfel de la fucceffion de *Heffe* ; il confentit
en outre à ce que ce prince & fes defcendants
poffédaffent, à titre de bien propre & excluff,
un quart de la fucceffion de *Heffe*, à charge toutefois de payer aux autres enfans mâles, dès qu'ils
auront atteint l'âge de vingt-cinq ans, une penfion viagère au moins de 3000 écus d'Empire :
il fut convenu d'ailleurs que ce réglement ne
ferviroit jamais au droit de primogéniture. La
branche de Rothenbourg ou Rhinfels fe divifoit
ci-devant en deux rameaux : l'un avoit pour chef-
lieu Rothenbourg, & l'autre Efchwege ; mais
celui-ci, qui fe qualifioit de Heffe-Wandfried,
s'éteignit en 1755 par la mort du landgrave
Chriftian, & il ne refte plus que celui de Rothenbourg. La branche appanagée de Heffe-Darmftadt eft celle de Heffe-Hombourg, qui defcend de Frédéric, fils du landgrave George I,
& dont le titre vient de la ville de Hombourg,
furnommé *Vorder hœhe* : fon chef a la charge
de grand-maître des forêts dans les marches de
Seulbourg & d'Ober-Erlenbach.

Les landgraves de Heffe-Caffel & de Heffe-
Darmftadt font partie des fix maifons princières,
qui font convenues de l'alternative pour le rang
au confeil des princes de l'Empire, où ils ont
l'un & l'autre voix & féance, de même qu'aux
diètes du cercle du haut-Rhin : la maifon de Caffel a refufé fouvent d'affifter aux affemblées du
cercle.

La taxe matriculaire de cette dernière eft de
1096 florins 45 kr., outre 472 écus 55 & demi
kr. par terme pour fon contingent à l'entretien
de la chambre impériale, non compris 25 écus

79 un quart kr. pour le comté de Katzeneln-bogen. Celle de Darmſtadt eſt de 666 flor. & de 313 écus 18 un huitième kr. pour la chambre impériale.

SECTION IIe.

Deſcription des domaines qui appartiennent aux di-verſes branches de la maiſon de Heſſe.

Les anciennes diviſions de la *Heſſe* s'appelloient la *Heſſe* proprement dite ; & les terres ſituées ſur la Loina , le pays de la Loina , & celui de deça le Spieſs , celui de deça & de delà le Spieſs ; celui de la Werra & le Darn , *Daun-land* (pays de montagnes). Aujourd'hui elle ſe diviſe com-munément en haute & baſſe *Heſſe* : nous allons parler de ſa diviſion politique ; elle préſente cette partie de la *Heſſe* , qui appartient à la maiſon de Caſſel , & celle de Heſſe-Darmſtadt , y compris le comté de Katzenelnbogen ; la principauté de Hersfeld , qui , bien qu'incorporée au bas land-graviat , fait un diſtrict à part , en ce qu'elle don-ne à ſon poſſeſſeur voix & ſéance aux aſſemblées de l'Empire & du cercle ; & les poſſeſſions de chaque famille appanagée des deux maiſons ré-gnantes.

On diſtingue I°. *la partie de la* Heſſe *poſſédée par la maiſon régnante de Heſſe-Caſſel & la branche appanagée de Heſſe-Rhinfels*. Cette partie contient cinq diſtricts ; ſavoir , 1°. dans la baſſe-*Heſſe* le canton de la Fulde , qui comprend les bailliages de Bauha , d'Ahna & de Neuſtadt : Caſſel eſt dans ce canton ; 2°. le bailliage de Lichtenau ; 3°. celui de Spangenberg ; 4°. celui de Melſun-gen ; 5°. celui de Friedewald ; 6°. celui de Rothen-bourg ; 7°. un certain nombre de juriſdictions & de terres nobles , qui ſont ſituées ſur la Fulde , & dont les poſſeſſeurs ſont membres des états.

II°. Le diſtrict de la Werra , qui comprend 1°. le bailliage de Vach ; 2°. celui d'Allendorf ; 3°. ceux de Sontra , Treffurt , Wanfried , Eſ-chwege , Ludwigſtein , Nevengleichen & Boven-den ; poſſédés par la maiſon de Heſſe-Rhinfels ; 4°. un certain nombre de juriſdictions & de biens nobles , dont les propriétaires font partie du corps des états.

III°. Le diſtrict de la *Diemel* , qui comprend 1°. le bailliage de Grebenſtein ; 2°. celui de Sab-babourg ou Zapfenbourg ; 3°. celui de Helmers-hauſen ; 4°. celui de Trentelbourg ; 5°. celui de Hof-geiſmar ; 6°. celui de Zierenberg ; 7°. celui de Wolfhagen ; 8°. un certain nombre de juriſ-dictions & de biens nobles , dont les propriétaires font membres des états.

IV°. Le diſtrict de la Schwalm , qui comprend 1°. le bailliage de Gudensberg ; 2°. celui de Felſ-berg ; 3°. celui de Homberg ; 4°. celui de Bor-ken ; 5°. l'ancien comté de Ziegenhayn ; 6°. le grand bailliage d'Ober-Aula ; 7°. un certain nom-

bre de juriſdictions & de terres nobles , dont les propriétaires ſont membres des états.

Dans la haute Heſſe.

V°. Le diſtrict de la Laehn , qui fait partie de la haute principauté de Marbourg , & qui contient quatre bailliages.

VI°. Pluſieurs villes & quatre bailliages , non compris dans les diſtricts dénommés des ri-vières.

VII°. Pluſieurs juriſdictions & terres ſeigneu-riales , dont les propriétaires ſont membres des états.

Le quart de la baſſe-*Heſſe* ; & le bas comté de Katzenelnbogen , poſſédés par les landgraves de *Heſſe*-Rhinfels ſous la ſupériorité territoriale de la maiſon régnante de *Heſſe*-Caſſel.

1°. Le quart de la baſſe-*Heſſe*.

Lorſque le landgrave Maurice de Heſſe-Caſſel céda (au mois de mai 1762) la régence à ſon fils du premier lit , landgrave ſous le nom de *Guil-laume V*, il fut convenu que ce prince régneroit ſeul dans tout le pays ; mais qu'il céderoit à ſes frères du ſecond lit la quatrième partie des biens préſens & à venir. Le droit de primogéniture ainſi réglé étoit appuyé ſur une convention , en-tre les maiſons de Heſſe - Caſſel & de Heſſe-Darmſtadt , ſignée au mois d'octobre 1627 , & ſur un diplome de l'empereur Ferdinand II , daté du mois de février 1628. En conſéquence , Guil-laume V fit à Caſſel la même année un arrange-ment avec ſes frères germains : il céda à eux & leurs deſcendans mâles un certain nombre de châ-teaux , villes & ſeigneuries déterminées , enſem-ble leurs biens , terres & autres dépendances quelconques , ainſi que la quatrième partie du péage , dit *landzoll* : une clauſe particulière de 1629 enjoignoit aux habitans de leur prêter ſer-ment de fidélité , & de leur rendre tous les de-voirs , auxquels des ſujets fideles ſont tenus en-vers leurs ſeigneurs & maîtres : il fut ſtatué de plus , qu'auſſi long-temps que la ligne de Heſſe-Caſſel ſubſiſteroit , il n'y auroit qu'une ſeule ré-gence , & que tout ce qui fait partie des droits régaliens , ou de la ſupériorité territoriale dans les terres cédées , nommément le droit épiſcopal & ce qui en dépend , la convocation des diètes , la publication de loix & ordonnances , la conce-ſſion des privilèges pour les foires ou corps de métiers , le droit d'eſcorte , la juriſdiction des voies & chauſſées , la monnoie , les impoſitions , tant impériales que provinciales , militaires & de ga-belle , la levée des troupes , les appels , &c. ſe-roient excluſivement réſervées au landgrave Guillau-me , comme unique prince & ſeigneur territo-rial , ainſi qu'à ſes deſcendans mâles , ſelon le droit de primogéniture ; qu'ils ſe feroient prêter à cet effet foi & hommage par les ſujets des ter-res cédées , & qu'ils y tiendroient des commiſfaires chargés de veiller au maintien & à l'exercice de ces droits; ce qui se pratique exactement. Ces terres sont:

1°. Dans le district de la Fulde, le bailliage de Rothenbourg, situé des deux côtés de cette rivière.

2°. Dans le district de la Werra, le bailliage de Sontra.

Partie de la ville & bailliage de Treffurt, Ganerbinat, qui avoit autrefois des seigneurs de son nom; dont l'un, nommé *Hermann*, infestoit la contrée voisine par des brigandages, qui donnèrent lieu aux princes de Mayence, de Saxe & de *Hesse* d'assiéger & de prendre Treffurt; qui leur appartient encore aujourd'hui, ensorte que chacun d'eux y a son bailli, ses bourgeois & ses quartiers différens.

Le bailliage de Wanfried.
Le bailliage d'Eschwege.
Le bailliage de Ludwigstein.
Le bailliage de Neven-Gleichen.

La seigneurie de Plessa, enclavée dans les terres de l'électeur de Brunswick-Lunebourg, & qui avoit jadis ses dinastes particuliers, qui descendoient vraisemblablement des seigneurs de Huckelum ou Hœckelheim. Les landgraves de Cassel sont taxés pour cette seigneurie à un homme de cheval ou 12 florins par mois, outre huit écus 9 trois quarts kr. pour l'entretien de la chambre impériale.

II. Le bas comté de Katzenelnbogen.

Le haut & bas comté de Katzenelnbogen échut en 1479, après la mort de Philippe son comte, à la maison de *Hesse* en la personne du landgrave Henri IV, que Philippe avoit institué son héritier, comme époux de sa fille Anne. Ce pays est resté incorporé à la *Hesse*, malgré les prétentions qu'ont formées les comtes de Nassau. Le landgrave Philippe le généreux détacha le bas-comté pour le donner à son fils Philippe II, après la mort duquel il passa en 1583 à George I, landgrave de Darmstadt, puis retourna en 1646 au prince de Cassel par un traité conclu entre les deux maisons. Mais les conventions de 1627 & 1628 ayant autorisé la maison de Rothembourg à réclamer le quart de la portion que la branche de Cassel avoit obtenu par l'accommodement avec celle de Darmstadt, il fut fait, au mois d'août 1648, un nouveau pacte, par lequel le landgrave de Cassel céda à ceux de Rothembourg, Frédéric & Erneste, à titre d'appanage héréditaire sous la réserve de la supériorité territoriale, le bas-comté de Katzenelnbogen, qui, par un sous-partage entre ces deux princes, dès le mois de décembre de la même année, resta tout entier à Erneste. De nouveaux différends, survenus entre le landgrave Guillaume V de Cassel & Erneste de Rhinfels, furent terminés en janvier 1654 à Ratisbonne, par une transaction confirmée dans les recès de l'Empire de la même année

comme une sanction pragmatique & un pacte de famille perpétuel des maisons de *Hesse*. Enfin l'arrangement fut confirmé par un traité de 1754 entre les deux maisons, relativement au droit de garnison dans la forteresse de Rhinfels, à celui de primogéniture & à d'autres objets.

Les héritiers de Homann ont publié une carte du bas-comté de Katzenelnbogen. Il fait partie de la Wettéravie, & confine aux états de Trèves, du Palatinat, de Mayence, de Nassau-Idstein, & des quatre seigneurs. Son sol fertile en grains est parsemé de belles forêts, de bonnes eaux minérales, de pâturages & de vignobles. On y trouve quelques fabriques de draps. En vertu de la supériorité territoriale réservée au landgrave de Cassel, comme nous l'avons dit plus haut, ce prince y jouit des droits épiscopaux, des charges, tant de l'Empire que du cercle, de celle des dons gratuits servant à doter les princesses, de celle des gabelles, &c. & il y tient un commissaire.

Ce bas-comté est divisé en trois-bailliages.

La terre des Quatre-Seigneurs, qui fait partie du district, appellé *Einrich* ou *Heinrich*, renferme neuf paroisses, savoir: Marienfels, Bachheim, Dornholzhausen, Singhoffen, Kirdorf, Obertiefenbach, Weyer, Ober-Walmenbach & Altenberg. La moitié appartient au bas-comté de Katzenelnbogen, & l'autre aux princes de Nassau-Usingue & de Nassau-Weilbourg pour un quart, & à la maison de Nassau-Orange-Dietz pour l'autre.

La partie de la *Hesse*, possédée par la maison régnante de *Hesse*-Darmstadt, se partage en deux régences, savoir:

Dans la haute-*Hesse* la régence de Giessen, qui embrasse le grand bailliage de Giessen, le bailliage d'Allendorf, le bailliage de Grunberg, le bailliage de Burggemunde, le bailliage de Hombourg sur l'Ohm, le bailliage d'Asfeld, le bailliage de Grebenau, le bailliage d'Ulrichstein, situé dans la Wettéravie, le bailliage de Schotten dans la Wettéravie, le grand bailliage de Nidda, formé du comté de même nom, situé également dans la Wettéravie, & qui, après la mort d'Engelhard, le dernier de ses comtes, passa en 1329 aux comtes de Ziegenhayn, à l'extinction desquels il échut avec le reste de leurs domaines à la maison de *Hesse*. Le bailliage de Stormfels, dont le bailli l'est aussi de celui de Rodheim; le bailliage de Bingenheim, qui confine à la Wettéravie, & forme ce qu'on appelle *la Marche de la Fulde*. La maison de *Hesse*-Darmstadt l'acheta au seizieme siecle de celle de Nassau-Saarbruck: le bailliage de Rosbach, situé entre les villes de Hombourg & de Friedberg; le bailliage de Butzbach, situé dans la Wettéravie. Le bailliage de Kleeberg en Wettéravie, dont la maison de Hohen-Solms avoit autrefois un huitième, est échu depuis la guerre de trente ans, au landgrave de

Qqqq 2

Hesse-Darmstadt, qui possède aujourd'hui le tout en commun avec le prince de Nassau-Weilbourg. Ils alternent pour la préséance dans l'administration, ensorte que Darmstadt l'exerce deux années, Weilbourg la troisième, & chacun d'eux y nomme un bailli, qui se réunissent pour rendre la justice : les appels vont régulièrement à celui des seigneurs, qui est en exercice ; mais il faut le concours des deux régences, pour décider si la partie appellante est recevable ou non, & pour prononcer ensuite la sentence. Le bailliage de Huttenberg en Wettéravie, dont la seigneurie étoit autrefois indivise entre la maison de *Hesse* & celle de Nassau-Weilbourg, qui, en 1703, convinrent d'un partage qui fixa la portion de chacune : celle de Darmstadt comprend aujourd'hui Lauggens, Kirchgœns, Pohlgœns, Allendorf, Annerod, Haussen, Leygestern.

Le bailliage de Kœnigsberg, en Wettéravie, vendu avec Hohen-Solms en 1350 par Philippe, comte de Solms, au landgrave Henri de *Hesse*. La maison de Darmstadt le posséda en commun avec celle de Solms jusqu'en 1629 qu'il fut partagé, & que Darmstadt obtint exclusivement ce qui compose aujourd'hui le bailliage de Kœnigsberg : la jurisdiction ecclésiastique resta seule indivise alors ; mais Solms renonça en 1638 à ses droits en ce point sur Kœnigstein, & il n'y a plus que le bailliage de Hohen-Solms, où elle soit commune aux deux parties.

Le bailliage de Blankestein.

Le bailliage de Biedenkopf.

Le canton de Breidenbach, divisé en deux districts, savoir : 1°. le bas-bailliage, dont la maison de Hesse-Darmstadt a trois huitièmes ; celle de Breidenbach deux huitièmes ; celle de Breidenstein trois huitièmes.

2°. Le haut bailliage.

Le bailliage de Battenberg.

La seigneurie d'Itter, située sur la rivière d'Eder, dans l'ancien Ittergau.

Plusieurs jurisdictions & terres nobles, indépendamment de celles dont on a déja fait mention, & dont les possesseurs ont droit de séance à l'assemblée des états, savoir :

Les jurisdictions appartenantes aux barons de Riedez & d'Eisenbach, qui les possèdent sous la supériorité territoriale du landgrave de Darmstadt, à qui ils prêtent hommage. Les habitans y ont droit d'appel des instances du seigneur aux justices provinciales de la *Hesse*, dès qu'il s'agit de plus de 30 florins.

Le canton de Rabenau ou de Londorf, qui appartient aux barons de Nordeck, de Rabenau & comprend huit villages & confine aux bailliages de Hombourg Hœhe & de Grunberg.

La vallée de Buseck, située entre le territoire de Solms-Lich & les bailliages de Giessen, d'Allendorf & de Grunberg, & qui comprend les villages d'Alten-Buseck, Gros-Buseck, Bœroroth, Reyskirchen, Burkhardsfelden, Albach, Oppenroth, Rœdgen & Bevern.

Les possessions de la maison princière de Hesse-Hombourg, situées dans la Wettéravie à deux milles de Francfort, au pied & en vue d'une chaine de montagnes, appellée die hœhe. Elles consistent dans la ville & le bailliage de Hombourg, que Louis V, landgrave de Darmstadt, céda en 1622, à titre de bien propre & héréditaire avec les droits, sujets, fonds & rentes qui en dépendent, au prince Frédéric son frère, chef de la maison de Hombourg, en déduction des arrérages de la pension annuelle de 20,000 florins à lui accordée dès 1606 ; Louis V se réserva toutefois & à ses successeurs certaines prérogatives, telles que le droit d'examiner les ecclésiastiques, tant de la ville que du bailliage, & de les faire comparoître aux assemblées synodales ; l'impôt sur le vin, dit goldener Weinzol ; le droit d'escorte & tout ce qui y a rapport ; la directe de tous les fiefs masculins ou ganerbinaux du canton ; la levée des subsides, tant de l'Empire que du cercle, qui ne doit se faire qu'en son nom, d'après l'estimation des diètes à lui communiquée par la maison de Hombourg ; le péage appellé landzoll ; l'impôt sur la laine ; la gabelle & la contribution militaire, aussi-long-temps que la maison régnante assignera à celle de Hombourg d'autres revenus équivalens ; le libre passage & logement des gens de guerre ; la nouvelle contribution militaire ; les appels ; le droit de protection & de sauf-conduit ; celui de lever des troupes ; celui d'aperture, &c. Les sujets de la ville & du bailliage sont tenus de prêter foi & hommage à la maison régnante, qui y tient un commissaire, appellé reservat-amtmann. En 1668 une nouvelle convention déclara que la maison de Hombourg donneroit un nouvel acte à la mort de chaque landgrave de Hesse-Darmstadt, & qu'au décès du landgrave de Hombourg, ses sujets, en prêtant à son successeur serment de fidélité, en prêteroient un également sur les réserves accordées à la maison de Darmstadt. En 1671, le landgrave George chrétien de Hombourg, céda la ville & son bailliage à Darmstadt, qui les garda jusqu'à la mort du landgrave Christophe de Binhenheim, époque où ils furent rendus au landgrave Frédéric II de Hombourg par une convention de 1681 ; &, par un nouveau traité de 1767, la supériorité territoriale en fut assurée à la maison de Darmstadt, à l'exception des articles expressément réservés par les recès à la maison de Hombourg, qui doit en jouir à perpétuité sans trouble ni empêchement. La maison de Darmstadt déclara en même temps qu'au cas où ses autres provinces seroient, en tout ou en partie, chargées de logement des gens de guerre, les ville & bailliage de Hombourg ne fourniroient que quinze rations complètes, payables sur le pied fixé pour le reste du pays. Le landgrave de Hesse-

Hombourg eſt d'ailleurs premier ſeigneur & grand maître héréditaire des forêts de la haute-Marche, & de celle de Seulberg & d'Erlenbach.

Les revenus de ce diſtrict, peu conſidérables d'abord, ont été augmentés du double, de même que le nombre des ſujets, par l'établiſſement d'une ville neuve, de deux colonies françoiſes, de quatre fermes domaniales & de quantité de manufactures, qui y entretiennent l'aiſance & l'émulation.

Les diverſes branches de la maiſon de *Heſſe* ont quelques autres provinces, qu'il eſt inutile d'indiquer ici.

La maiſon de *Heſſe* conſerve quelques prétentions ſur le duché de Brabant, ſans en indiquer l'origine. On lit à ce ſujet le paſſage ſuivant dans un Mémoire publié, il y a bien des années, par le profeſſeur Hopp, vice-chancelier de l'Univerſité de Marbourg.

« Henri II, landgrave de *Heſſe*, qui poſſédoit le duché de Brabant, eut deux fils : Henri III, qui lui ſuccéda dans ce duché, & Henri, ſurnommé l'*Enfant*, duquel deſcendent les maiſons actuelles de *Heſſe*. Jean III, arrière-petit-fils de Henri III, mourut en 1355, ſans laiſſer de deſcendans mâles. Après la mort de ce prince, le duché de Brabant auroit dû paſſer à Henri, ſurnommé *de Fer*, petit-fils de Henri l'Enfant; mais Jean III fit de ſon vivant aſſurer la ſucceſſion au duché aux princeſſes ſes filles, contre l'uſage & les loix féodales des habitans. La troiſième de ces princeſſes, à laquelle échut la ſucceſſion, avoit épouſé Louis, comte de Flandres; & de ce mariage, naquit la princeſſe Marguerite, qui fut mariée à Philippe le Hardi, duc de Bourgogne. Enfin le duché de Brabant paſſa dans la maiſon d'Autriche, par le mariage de l'empereur Maximilien I avec la princeſſe Marie, fille unique de Charles le Téméraire, duc de Bourgogne.

Section IIIᵉ.

Des états, des tribunaux & de l'adminiſtration de la Heſſe.

Etats. La *Heſſe* a des états & des aſſemblées du pays, nommées *jours de communication.* Les états de Heſſe - Caſſel ſont compoſés de trois ordres; ſavoir, 1°. celui des prélats, formé du commandeur provincial du bailliage de l'ordre Teutonique réſidant à Marbourg, du recteur & du ſénat de l'univerſité de cette même ville, en qualité de propriétaire des anciens couvens dont elle poſſède les biens; des adminiſtrateurs des maiſons nobles de Kauffungen & de Wetter, & de celui des grands hôpitaux de Haïna, Merxhauſen, Holfeim & Grunau: 2°. celui de la nobleſſe diviſée en cinq claſſes, ſelon les rivières de Lœhn, Schwalm, Fulde, Werra & Diemel; ces cinq claſſes n'ont entr'elles aucun rang fixe: 3°. celui du tiers état, qui ſe diviſe également en cinq diſtricts, déſignés ſous les noms de ces cinq rivières, & dont chacun a ſa ville directoriale, (Caſſel pour la Diemel, Marbourg pour la Lœhn, Eſchwege pour la Werra, Herberg pour la Fulde, & Homberg pour la Schwalm); avec cette différence que Caſſel & Marbourg envoient conſtamment deux députés chacune au diètes générales & aux aſſemblées particulières, au lieu que les autres n'y aſſiſtent qu'à tour de rôle & dans un ordre convenu. Chaque diſtrict nomme deux repréſentans aux petits comités & quatre aux grands, conjointement avec Saint-Goar & les autres villes du bas-comté de Katzenelnbogen, qui ont le droit d'en tenir deux à ceux-ci, & un aux premiers. Les états de *Heſſe-Darmſtadt* ſont également diſtingués en trois ordres : 1°. celui des prélats, formé du commandeur de l'ordre Teutonique à Schiffenberg & du recteur & du ſénat de l'univerſité de Gieſſen : 2°. celui de la nobleſſe : 3°. celui des villes.

Les diètes de Caſſel & de Darmſtadt ſont dirigées par le maréchal héréditaire, qui eſt toujours l'aîné de la famille de Riedeſel d'Eiſenach, & qui réclame la préſéance ſur les univerſités, à titre d'échanſon héréditaire & de chef des Schenks de Schweinsberg; il ſigne les recès des diètes immédiatement après le maréchal & avant l'univerſité de Gieſſen, malgré les proteſtations qu'elle ne ceſſe de renouveler à ce ſujet. Ces aſſemblés communes des deux états devroient ſe tenir alternativement dans le pays de Caſſel & dans celui de Darmſtadt; mais elles ſont très-rares aujourd'hui, de même que les diètes générales de chacun d'eux. Les deux landgraves ſe bornent à convoquer, ſelon leur bon plaiſir, des aſſemblées particulières, qu'on appelle *de communication*, où ils envoient leurs commiſſaires; ſavoir, celui de Darmſtadt à Gieſſen, & celui de Caſſel à Caſſel même ou à Hombourg, quelquefois à Treyſſa; ils enjoignent aux états d'y paroître par diſtricts ou cantons des rivières, qui les diſtinguent. Les diètes, appellées *de convocation*, où il s'agit ordinairement de dons gratuits, ſont annoncées par le maréchal héréditaire, ſous l'autorité & le conſentement du prince.

Quoique les *états*, dans les diverſes provinces de l'Allemagne, aient perdu une portion plus ou moins grande de leur autorité, on aime à voir ces aſſemblées, auxquelles le ſouverain communique toujours les impôts qu'il veut établir, & auxquels il laiſſe une ſurveillance ſur quelques objets & de certains détails : on eſt tenté de croire que ces pays ſont mieux gouvernés que les contrées, où il ne reſte pas de veſtiges des états.

Religion & régime eccléſiaſtique. La maiſon de Heſſe - Caſſel profeſſe la religion réformée; celle de Darmſtadt la luthérienne; la branche de Rothenbourg la catholique ; celles de Philippſtal & de Hombourg la réformée ; le culte des ſujets eſt pareillement mixte : l'abjuration de Frédéric, prince héréditaire de Heſſe - Caſſel, qui embraſſa le catholicifme en 1749, & le profeſſa publiquement en 1754, n'a rien changé à la conſtitution eccléſiaſtique du pays ; car, dès le 31 décembre de la même année, des reverſales ſignées de la main de ce prince & confirmées par ſerment, déclarèrent que ſes enfans nés & à naître, ne ſeroient élevés & inſtruits dans aucune autre religion que dans la religion évangélique réformée ; que s'il parvenoit jamais au gouvernement, loin de changer le régime eccléſiaſtique, il le conſerveroit & maintiendroit ſur le pied de l'année normale, fixée par le traité de Weſtphalie, &, ſelon la pratique actuelle de religion, introduite dans les maiſons de *Heſſe*, nommément dans les terres de Shavenbourg & de Hanau, ainſi que dans toutes celles qui pourroient y être réunies par la ſuite ; qu'il ſe conformeroit enfin en tout aux principes reçus du corps évangélique, ſans y apporter jamais aucun trouble ni empêchement : cet acte ſolemnel a été imprimé ſéparément, & inféré dans le 18ᵉ volume des actes, *acta hiſtorico-eccleſiaſtica*, & garanti par les rois proteſtans de l'Europe, par les Etats-Généraux des Provinces Unies & par le corps évangélique germanique. Les égliſes du pays de Heſſe-Caſſel ſont gouvernées par deux intendans réformés ; l'un réſidant à Caſſel, l'autre à Allendorf ſur la Werra ; un ſurintendant luthérien fixé à Marbourg & un certain nombre d'inſpecteurs, qui ont ſous leurs ordres des doyens ou métropolitains établis ſur les miniſtres, & ceux-ci ſur les maîtres d'école. On comptoit d'ailleurs autrefois deux ſurintendans à Gieſſen pour les diſtricts d'Alsfeld & de Marbourg ; mais on a attribué leurs fonctions aux trois profeſſeurs en théologie de cette univerſité, qui les exercent aujourd'hui.

Tribunaux. Indépendamment de la juſtice commune établie à Marbourg, & du tribunal des réviſions ou appellations, chaque landgrave a des conſeils ou tribunaux particuliers, relatifs au gouvernement propre de ſes états. Celui de Caſſel a un conſeil intime, deux régences ; l'une pour la baſſe-*Heſſe*, établie à Caſſel même ; l'autre à Marbourg, pour ce qu'il poſſède dans la haute-*Heſſe* ; une cour ſouveraine des appels pour les terres ſeules de ſa domination, & dont le ſiège eſt à Caſſel ; deux conſiſtoires, l'un à Caſſel, l'autre à Marbourg, où reſſortiſſent toutes les affaires eccléſiaſtiques & matrimoniales ; une chambre des finances ; deux chambres criminelles ; établies de même à Caſſel & à Marbourg, outre une juſtice extraordinaire, appellée *judicium honoratum*, qui s'aſſemble pour l'inſtruction des procès de criminels nobles ou diſtingués par leur rang. Le landgrave de Darmſtadt a également

ment un conſeil intime, deux régences établies, l'une à Gieſſen pour ſes bailliages de la haute-*Heſſe*, l'autre à Darmſtadt pour le haut - comté de Kakzenelnbogen & une partie du pays d'Epſtein ; une cour ſouveraine des appels, qui ſiège à Darmſtadt uniquement pour les terres de ſa dépendance ; une chambre des finances ; deux conſiſtoires, l'un à Darmſtadt, l'autre à Gieſſen pour les affaires eccléſiaſtiques & matrimoniales ; chambres criminelles, fixées à Darmſtadt & à Gieſſen, & le *judicium honoratum*.

SECTION IVᵉ.

Remarques ſur les productions, le commerce, les revenus & l'état militaire de la Heſſe.

En général le ſol de la *Heſſe* eſt montueux, couvert de bois, mais parſemé de vallons rians & de cantons fertiles en bleds, de pâturages où l'on nourrit beaucoup de bétail, & des côteaux où l'on recueille des vins d'une aſſez bonne qualité.

Le commerce a pour objet quelques-unes de ſes productions naturelles, & le produit des manufactures de dorures, draps & autres étoffes, chapeaux, bas, gants, papiers, &c. qu'on y trouve, ainſi que celui d'une fabrique de jolie fayence, façon de porcelaine, établie à Caſſel.

Impôts, revenus. Selon l'eſtimation commune, les revenus annuels de la maiſon de Caſſel montent à 1,200,000 rixdales, & ceux de Darmſtadt à la moitié ſeulement. La manière d'impoſer & de percevoir les contributions ordinaires & extraordinaires, fut réglée à la diète de Treyſa, tenue en 1576. Les domiciles des nobles, leurs ménages de campagne & leurs biens ſont exempts des taxes ordinaires, mais ſoumis aux extraordinaires accordées en diètes, comme tous les autres membres de l'état, à l'exception des quatre hôpitaux avec leurs payſans, & des biens des égliſes & des écoles, qui ſont francs de toutes charges. La caiſſe commune eſt régie par quatre receveurs généraux pris dans le corps de la nobleſſe, choiſis à la diète, ou par la députation formant le bureau des comptes de la province, & à la nomination deſquels ſont les commis des finances. Il y a en outre, des receveurs particuliers, établis à Marbourg & à Caſſel, qui ſont les deux villes de remiſe ou de dépôt : Marbourg pour les deniers provenans des villes & villages de cette partie de la haute-*Heſſe*, qui appartient à la maiſon de Caſſel, du comté de Ziegenhayn, & d'une partie des bailliages de Homberg, Gudensberg & Felsberg ; diſtricts dont les prélats, la nobleſſe & les roturiers, poſſeſſeurs des biens nobles, envoient leur contingent à la ville de Treyſa : Caſſel pour toutes les contributions du reſte du pays, ſans diſtinction des prélats, gentilshommes, poſſeſſeurs des biens nobles, villes ou villages. Les comptes généraux sont présentés par les receveurs en chef, & en second, au landgrave & aux états assemblés de concert avec l'université de Marbourg.

On est étonné de tout ce que peut faire un souverain avec des revenus très-bornés : nous en donnerons un exemple remarquable à l'article Piémont, en montrant les heureux effets de l'économie & de la vigilance de détails des derniers rois de Sardaigne. Nous nous contenterons de dire ici que le landgrave de Hesse-Cassel, qui vient de mourir, avoit fait des établissemens utiles sans nombre; qu'il s'étoit permis un assez grand nombre de fantaisies de luxe, fort dispendieuses.

Sous son règne, on n'a point établi de nouvelles impositions; plusieurs impôts anciens ont été supprimés. Il a laissé cependant les finances dans le meilleur état, & il a placé en capital plusieurs millions de rixdalers. Le landgrave actuel a déja réduit des impôts, & il a augmenté les forces militaires de ses états, qui, dit-on, ne tarderont pas à former une armée de vingt-cinq mille hommes des meilleures troupes de l'Allemagne.

Cependant lorsque le dernier landgrave parvint à la régence, ses domaines venoient d'être dévastés par la guerre de 1756. Il se chargea d'une partie des dettes des états du pays; il fit de Cassel, sa résidence, une des plus belles & des plus agréables villes de l'Europe : sans doute il tira des sommes considérables des anglois, en leur fournissant des troupes qu'il envoya dans le nouveau Monde, & dont nous parlerons tout-à-l'heure; mais on avoit vu les heureux fruits de son économie avant la guerre d'Amérique.

La partie militaire de Cassel & de Darmstadt est sous la direction d'un conseil de guerre : Cassel entretenoit, les années dernières, trois régimens de gardes à pied, dix régimens d'infanterie, une garde du corps à cheval, un régiment de gens d'armes; trois régimens de cavalerie, deux de dragons, un corps de houssards & un de chasseurs, un d'artillerie & sept régimens de garnison. Darmstadt entretenoit une garde à cheval, un régiment de gardes à pied, deux escadrons de dragons, deux régimens d'infanterie & quatre bataillons de milice réglée. Les régimens des cuirassiers ou de cavalerie étoient composés chacun de six compagnies, & chaque compagnie de 24 cavaliers, non compris les bas-officiers; deux compagnies de cuirassiers forment un escadron. Les régimens de dragons étoient composés chacun de cinq compagnies ou escadrons; le complet de chaque escadron étoit de cent hommes, & l'effectif de soixante. La plupart des régimens de cavalerie n'étoient pas montés. Les régimens d'infanterie consistoient chacun en cinq compagnies; le complet de chaque compagnie étoit de cent hommes, & l'effectif de 60.

On a critiqué très-vivement le landgrave de Hesse-Cassel, qui s'est permis de vendre à l'Angleterre un si grand nombre de ses soldats, durant la guerre d'Amérique. L'ensemble & les détails de ce marché ont excité de très-fortes plaintes : on n'a pu l'excuser sur les stipulations du traité d'alliance; aucun traité ne l'engageoit à ce qu'il a fait, & on n'y a vu qu'un trafic du sang & de la vie de ses sujets. Quelques personnes croient qu'on pourroit le justifier; mais nous nous contenterons de leur proposer quelques questions: est-il revenu en Europe un grand nombre de ces hessois, qui sont allés se battre en Amérique; pour que leur souverain mit de l'argent dans ses coffres? Il avoit eu soin de stipuler qu'on lui paieroit tant pour chacun de ceux qui seroient tués; mais lorsqu'il a reçu ce décompte, son cœur a-t-il été bien tranquille? & quand il a vu le reste de ces malheureux mercénaires s'établir dans les nouvelles républiques, a-t-il jugé que les guinées de l'Angleterre pouvoient compenser la perte de ses braves sujets? Enfin a-t-il pensé que l'argent pouvoit dédommager d'un marché que l'Europe, & surtout le nouveau-Monde, citera d'âge en âge?

Le landgrave de Cassel a deux ordres de chevalerie; l'un militaire, fondé en 1769 par le landgrave Frédéric, dont la marque est une croix d'or émaillée, de figure octogne, surmontée d'un chapeau princier, portant à l'un de ses côtés le chiffre du fondateur, au revers l'inscription *virtuti*, & attachée à un ruban bleu céleste liséré d'argent : l'autre, appellé du *lion d'or*, établi par le même prince au mois d'août 1770.

HILDBOURGHAUSEN. *Voyez* les articles Cobourg & Saxe.

HILDESHEIM, évêché souverain d'Allemagne, dans le cercle de la basse-Saxe. Le diocèse d'*Hildesheim* est borné par le comté de Wernigerode, les principautés de Calenberg & de Wolfenbuttel, de Grubenhagen, de Halberstadt & de Lunebourg. Le bailliage de Hundesruck en est séparé; il est situé au centre de quelques districts des duchés de Calenberg & de Grubenhagen. Sa plus grande étendue du levant au couchant est de dix milles géographiques, & de huit du midi au nord.

Le sol produit du bled, du seigle & de l'orge en abondance : on y cultive aussi beaucoup de lin & de houblon. Le nombre de chevaux & de bêtes à cornes n'y est que proportionné aux besoins du pays; mais on exporte des moutons & des porcs.

L'évêché contient huit villes, quatre bourgs & 234 villages. La matricule de la noblesse, dressée en 1731, annonce 75 biens nobles, dont les propriétaires entrent aux états; & sont admis aux assemblées des gentilshommes. Les états sont composés, 1°. du grand chapitre; 2°. des abbayes de Sainte-Croix, de Saint-Maurice, de Saint-Michel, de Saint-Godard, de Saint-Barthélemi, de Saint-André & de Saint-Jean; 3°. de la nobleffe; 4°. de la ville de Peina, de celle d'Elze, de celle d'Alfeld, & enfin de celle de Bokenem. Le fouverain a feul le droit de les convoquer; mais le grand chapitre a fouvent prétendu qu'alors on a befoin de fon aveu. Ils s'affemblent pour l'ordinaire au commencement de l'année; mais les féances fe tiennent toujours dans la falle de la nobleffe à *Hildesheim*. Le chancelier épifcopal en fait l'ouverture, & un de fes fecrétaires lit les propofitions de l'évêque. Le fyndic de chaque claffe des états y répond par des remercîmens; il affure le chancelier qu'on délibérera fur la demande, & qu'on l'inftruira de la réfolution.

La majeure partie de l'évêché étoit au pouvoir des ducs de Brunfwick & de Lunebourg, à l'époque où la doctrine de Luther commença à fe répandre; ils s'en étoient rendus maîtres, & ils en avoient obtenu l'inveftiture de l'empereur à la fuite du ban de l'Empire, auquel l'évêque Jean venoit d'être mis. Quoiqu'ils ne cherchaffent point à y introduire le luthéranifme, & que l'on oppofât même tous les obftacles poffibles à cette réforme, le pays cependant ne tarda point à l'embraffer. Le luthéranifme fit des progrès fi rapides dans le refte des domaines de l'évêché, que les évêques furent obligés d'adopter la tolérance & d'accorder la liberté de confcience à leurs fujets. Les affaires changèrent de face durant la guerre de trente ans: l'on profita de ce tems de trouble pour expulfer tous les prédicateurs évangéliques. Les églifes luthériennes fe reffentirent de ces violences; mais lorfqu'en vertu d'un traité de 1643 les ducs de Brunfwick & de Lunebourg abandonnèrent à l'évêque la partie qu'on appelle le *grand évêché*, on ftipula que les luthériens jouiroient un temps limité, & fous de certaines reftrictions, d'une pleine liberté de confcience. Les conférences, relatives au traité de paix de Weftphalie, s'entamèrent durant le délai convenu; les ducs demandèrent qu'on annullât le traité dans les points qui leur étoient contraires; que la liberté de religion fût ftable & permanente dans l'évêché de *Hildesheim*, & qu'on y accordât aux fujets, à cet égard, les privilèges dont jouiffent les fujets proteftans des fouverains catholiques. Le fuccès répondit à leur efpérance. Tous les couvens furent cédés aux catholiques; mais on leur ôta la faculté de pouvoir exercer leur culte dans les églifes, dont les luthériens étoient en poffeffion à l'époque de 1624: cette difpofition reçut un nouveau degré de force par le recès confiftorial de 1551 & par celui de 1711, qui le confirmèrent irrévocablement. Toutes les villes & la majeure partie de la nobleffe & des villages profeffent la religion luthérienne: le fouverain, le grand chapitre, les couvens, la plupart des employés de l'évêché, une partie de la

nobleffe & un grand nombre d'habitans des villes ou des villages profeffent la religion catholique. Il n'y a point de furintendance luthérienne dans toute l'étendue du petit évêché. Il y en a quatre dans le grand: deux font établies communément dans les villes d'Alfeld & de Bokenem. Celle de *Hildesheim* a un furintendant particulier.

Les manufactures & les fabriques font en petit nombre: on y fait du drap commun, de bonnes toiles, une efpèce de fayence qui imite la porcelaine, & toutes fortes d'ouvrages en fer. Les exportations confiftent en bleds, bois, houblon, laine, porcs, moutons, fils, toile & fel.

L'évêché de *Hildesheim* fut fondé par Charlemagne en 822. L'évêque Bernard I ajouta à fes domaines Winzenbourg; Jean I, Peina; Sigefoid II, Doffel; Othon II, Woldenberg, & Henri III, Schalden. Ces nouvelles acquifitions excitèrent l'orgueil de Jean IV, un de leurs fucceffeurs; il entra à main armée, en 1519, fur les terres des ducs de Brunfwick & de Lunebourg des anciennes branches de Wolfenbuttel & de Calenberg, & il y commit des hoftilités que l'empereur fit ceffer en 1521, en le mettant au ban de l'empire. Ce châtiment eut pour lui des fuites funeftes; il fut prefque dépouillé en entier de fes états: à peine conferva-t-il la grande prévôté & les bailliages de Steurwald, de Mariembourg & de Peina, auxquels on donna le nom de *petit évêché*, & qui lui furent confirmés par le traité conclu à Quedlinbourg en 1523. Les ducs gardèrent le furplus, qui formoit le grand évêché, jufqu'en 1643: à cette époque, ils en rendirent la majeure partie à l'évêque Ferdinand, d'après une convention faite avec lui. Ils fe réfervèrent l'excédant, & le partagèrent entr'eux. La branche de Zell eut le château de Dachtmiffen; celle de Wolfenbuttel prit le bailliage de Lutter près du Barenberg; ceux de Coldingen & de Wefterhofen furent incorporés à la principauté de Calenberg. On réferva toutefois à l'évêque la fuzeraineté de ces portions, qu'il fut contraint de donner en fief aux ducs.

L'évêque affifte aux diètes de l'Empire dans le collège des princes eccléfiaftiques, entre l'évêque d'Augsbourg & celui de Paderborn; il a voix & féance aux affemblées circulaires de la baffe-Saxe. En comprenant toutes les dépendances dont l'évêché étoit autrefois compofé, fa taxe matriculaire eft de 18 cavaliers équipés & de 80 fantaffins, ou de 536 florins en argent; mais, dans l'état actuel des chofes, la principauté de Calenberg fournit fur ce contingent 53 florins, & celle de Wolfenbuttel 4 florins 1 gros & 6 pfen. L'évêché d'*Hildesheim* paye en outre 72 rixdales 38 trois quarts kr. pour l'entretien de la chambre. L'électorat de Brunfwick paye deux rixdales 25 & demi kr. par mois romain pour ceux des domaines qui font un fief de cet évêché.

Le grand chapitre eft compofé de quarante-deux

deux membres : lorfque le fiège épifcopal vient à vaquer, il élit un autre évêque, & il gouverne par *interim*.

Il y a dans cet évêché quatre grandes charges héréditaires ; celle de grand-maître que poffèdent les nobles de Schwicheld ; celle d'échanfon, dont font revêtus les nobles de Veltheim ; celles de maître-d'hôtel & de tréforier, que poffèdent les nobles de Bœk & de Wulfingen. Les uns & les autres en reçoivent l'inveftiture, & ils les tiennent en fiefs mafculins, de même que les biens qui peuvent en dépendre.

L'évêque a un confeil privé, devant lequel on porte les affaires qui intéreffent l'état. Celles de juftice font adminiftrées par la chancellerie de la régence & par le tribunal de la cour ; mais la première connoît feule des matières criminelles. On y appelle des jugemens rendus dans les villes, dans les bailliages du prince, dans ceux du grand prévôt, du grand chapitre & dans les jurifdictions feigneuriales. Les appels de ces tribunaux reffortiffent directement à celui de l'Empire. Quant aux affaires féodales, elles ne peuvent être portées qu'à la chancellerie de la régence.

Les conteftations en matières fpirituelles font du reffort de l'officialité fi elles s'élèvent entre les domiciliés catholiques, & de celui du confiftoire provincial fi elles s'élèvent entre les luthériens. Ce confiftoire, établi en vertu du traité de paix de Weftphalie & confirmé par le recès confiftorial de 1651, eft compofé de deux confeillers eccléfiaftiques & de deux féculiers de la religion luthérienne, d'un fecrétaire & d'un greffier de la même communion. Il eft préfidé par le chancelier épifcopal de la régence, où à fon défaut par un autre confeiller du prince, qui y donne la première voix. Ni l'un ni l'autre cependant ne peut fe qualifier de préfident confiftorial, ni donner fon fuffrage, lorfque la queftion à décider intéreffe la religion proteftante. Le confiftoire ne s'affemble guère que huit fois par année ; fa jurifdiction comprend, felon le recès de 1651, tout l'évêché, & par conféquent les bailliages de Peina & de Steverwald, qui dépendent du petit évêché ; mais cette extenfion eft un fujet de difputes continuelles entre ce fiège & celui de l'officialité. La ville de *Hildesheim* a un confiftoire particulier.

Les revenus de l'évêque font adminiftrés par les officiers de fa chambre des comptes. Ils proviennent des biens domaniaux & des droits régaliens, & des fommes que les états lui accordent annuellement. On verfe, dans la caiffe de la province, les contributions & les impôts établis fur les Hufen (cantons de terre de 30 arpens), fur les comeftibles mefurés au boiffeau, fur les moutons, fur les villages, tous les fubfides enfin que les fujets font tenus de payer.

L'évêque n'entretient qu'une compagnie de fu-

filiers, en garnifon dans la ville de Peine, & un petit nombre de cavaliers.

Quoique la ville neuve ait été réunie en 1583 à la ville de Hildesheim, qu'on appelle la *vieille ville*, l'une & l'autre ont des magiftrats particuliers, que la bourgeoifie élit au commencement de chaque année. S'il fe préfente des affaires qui intéreffent les deux villes, elles font terminées par leurs magiftrats affemblés. Le corps des magiftrats & celui des députés, des communautés, des bailliages & des corps de métiers jugent au civil & au criminel : l'on appelle des jugemens rendus dans la vieille ville, à la chancellerie de la régence, au tribunal de la cour ; mais les appels de la ville neuve ne peuvent y être portés qu'après avoir paffé par la jurifdiction de la grande prévôté. Le fyndic préfide le confiftoire particulier à la ville de *Hildesheim*, & il a pour affeffeurs le furintendant, deux prédicateurs de la vieille ville, un de la nouvelle, les deux plus anciens magiftrats de la première & le doyen de l'autre. La ville de *Hildesheim* eft du nombre de celles qui ont appartenu à Henri le Lion ; auffi la maifon électorale de Brunfwick & de Lunebourg en a-t-elle confervé l'avocatie elle y entretient une compagnie de fufiliers, qui, avec les trois qui font à la folde des magiftrats, compofe toute fa garnifon. Elle reconnoît l'évêque pour fon fouverain ; mais elle ne lui prête pas ferment de fidélité : il n'en eft pas de même de la ville neuve, qui le prête au grand prévôt, dont elle relève. Sa part dans les fubfides de l'Empire & du cercle, eft fixée au neuvième de la fomme à laquelle eft impofé l'évêché. Les magiftrats y ont le pouvoir légiflatif ; ils répartiffent une forte d'impôt, dont ils font le recouvrement, & ils en emploient le montant à des objets qui intéreffent le bien public. *Hildesheim* étoit autrefois au nombre des villes Anféatiques. Les fièges & les prifes qu'elle effuya en 1632 & 1634 lui caufèrent un tort, dont elle n'a jamais pu fe remettre.

HITLAND ou SHETLAND, ifle de la mer du nord. *Voyez* le dictionnaire de Géographie.

HOHEN-GEROLDSECK, comté d'Allemagne, au cercle de Suabe. Ce comté eft fitué dans l'Ortenau, entre le Brifgau, la feigneurie de Haufen, appartenante à la maifon de Furftenberg, les villes impériales de Zell fur le Hammersbach & le Gengenbach ; la feigneurie de Mahlberg, qui appartient au margrave de Bade ; la feigneurie de Lahr, qui appartient à la maifon de Naffau-Saarbruck ; le bailliage d'Ettenheim, qui dépend de l'évêché de Strasbourg, & le marquifat de Hochberg. Son étendue eft d'environ trois lieues en tout fens. Il eft compofé de terres mouvantes de l'Empire & de l'Autriche, & de biens allodiaux. L'ancienne famille des feigneurs de Geroldfeck, dont le chef, fuivant la généalogie de Kremer, fut Bourcard de la maifon d'Alface, s'éteignit en 1634 dans la perfonne de Jac-

Rrrr

ques, feigneur de Geroldfeck ; fa fille unique, nommée *Anne-Marie*, époufa en premières noces le comte Frédéric de Solms, & après fon décès le margrave Frédéric de Bade-Dourlac. Les barons de Kronberg ayant obtenu, dès 1610, l'expectative des fiefs de l'Empire & de l'Autriche, ils prirent en 1653 poffeffion de tout le comté de *Hohen Geroldfeck*, malgré les proteftations de la comteffe Anne-Marie & celles de la maifon de Bade-Dourlac, qui en fut expulfée fans pouvoir jamais y rentrer. Craton-Adolphe, comte de Kronberg, étant mort fans poftérité en 1692, le margrave de Bade-Dourlac occupa les terres de *Hohen-Geroldfeck*, de l'agrément de l'empereur Léopold ; mais il en fut de nouveau dépouillé, & l'inveftiture du comté fut donnée à Charles-Gafpard de la Leyen, qui, en 1711 fut élevé avec fes defcendants au rang des comtes d'Empire, & obtint la même année voix & féance aux diètes de l'Empire & du cercle parmi les comtes de Suabe. Le titulaire fe qualifie de comte immédiat de la Leyen & de *Hohen-Geroldfeck*, baron d'Adendorf, feigneur de Bliefcaftel, de Burweiler, de Munchweiler, d'Otterbach, Niewera, Saffig, Ahrenfels, Bongard, Simpelfeld, &c. Son contingent eft de 16 florins par mois romain, & de 8 rixdales 9 trois quarts kreutzers par quartier pour l'entretien de la chambre impériale.

HOHENLOHE, principauté d'Allemagne, dans le cercle de Franconie.

Cette principauté touche à la grande maîtrife de Mergentheim, à l'évêché de Wurzbourg, au territoire des princes de Hatzfeld, à la principauté d'Onolzbach, au territoire des villes impériales de Rothenbourg & de Schwœbifch-Hall, au duché de Wurtemberg, & à une partie des électorats de Mayence & du Rhin. Suivant la carte de Chapuzet, elle a, dans fa plus grande largeur dù levant au couchant, environ cinq milles & trois quarts, & à-peu-près fix milles & demi du feptentrion au midi. Elle étoit beaucoup plus étendue autrefois; car elle comprenoit près du tiers de toute la Franconie. Elle tire fon nom du château de Hohenloch, (Holloch, Honloch, Hollo, &c.) qui étoit fitué à peu de diftance de la ville d'Uffenheim, & qui appartenoit à Brandebourg-Onolzbach.

Le pays offre de beaux vignobles & de bonnes terres labourables.

On y compte dix villes, trois bourgs & douze châteaux.

La réformation, qui commença à s'y introduire en 1540, fut adoptée par-tout en 1556 ; depuis cette époque, tous les habitans profefferent la religion luthérienne. Mais le comte Louis-Guftave de *Hohenlohe*-Schillingsfurft ayant embraffé la religion catholique en 1667, & fon frère Chriftian de *Hohenlohe*-Bartenftein ayant imité fon exemple bientôt après, leurs fujets proteftans

formèrent beaucoup de plaintes. L'adminiftration eccléfiaftique eft réglée de cette manière : il y a d'abord trois églifes communes à toutes les branches de la maifon de *Hohenlohe* ; favoir, celle d'Œhringen, les paroiffes d'Œttelfingen & de Schupf. Il y a en outre 59 paroiffes, dont 37 appartiennent à la ligne de Nevenftein, & 22 à celle de Waldenbourg. En 1579 on établit à Œhringen un confiftoire général, pour connoître des caufes les plus importantes, en matière eccléfiaftique & matrimoniale, dans toute la principauté : on fit auffi une ordonnance confiftoriale commune ; mais cet arrangement entraînoit beaucoup d'inconvéniens, &. toutes les affaires qui appartenoient au confiftoire commun, furent dans la fuite portées à l'adminiftration proteftante d'Œhringen, ou au confiftoire particulier & à l'infpection de la feigneurie que ces mêmes affaires concernoient ; cependant elles ont toujours été décidées d'après l'ordonnance, dont nous parlions tout à l'heure ; ou, lorfqu'elles étoient relatives à tout le pays, elles ont été examinées par les confiftoires & infpections particulières, & décidées conformément à l'avis du *fenium evangelium*.

L'hiftoire de la maifon de *Hohenlohe* paroît affez ordinaire : voici ce qu'en dit Bufching. Othon, fils de Conrad le fage, duc de Franconie & de Lorraine, eut trois fils. Le troifième de ces fils, Cuno ou Conrad, fonda la branche cadette des ducs de Franconie, & il poffédoit, dans le duché de Franconie, une portion du pays fitué entre le Mein & la Tauber, & nommément le diftrict où étoient les châteaux de Hohenloch, Brauneck, Specfeld & Bernheim. Hermann, fils de Cuno, fut comte de la Franconie orientale ; il vivoit vers la fin du dixième fiècle & au commencement du onzième, & il poffédoit, dans le duché de Franconie, les diftricts fitués fur la Tauber, la Jax & le Kocher : ce font les terres qui compofent le comté moderne de *Hohenlohe*. Herman jouit d'une grande confidération ; car il avoit époufé en fecondes noces la mère de l'empereur Conrad le Salique. Il eft regardé comme la fouche commune des comtes de *Hohenlohe* : fon fils aîné, Sigefroi, fonda à Weickersheim l'ancienne tige des comtes de *Hohenlohe* ; & fon fecond fils, Everard, qui habitoit le château de Hohenloch, fonda la tige qui exifte actuellement. Les fils de ce dernier, Ulric & Godefroi, prirent, au douzième fiècle, le nom du château de Hohenloch. Ulric faifoit fa demeure à Uffenheim, & eft, felon toutes les apparences, l'auteur des branches d'Uffenheim & de Specfeld, dont on trouve des traces jufqu'au treizième fiècle. Le comte Godefroi eft le premier bourgrave de Nuremberg qu'on connoiffe. Son petit-fils Frédéric l'aîné eut deux fils, Godefroi & Conrad, qui partagèrent le pays d'*Hohenlohe* : le cadet fixa fa demeure au château de Braunéck, & fonda une branche particulière ; l'aîné continua de demeurer à Hohenloch. Le fils aîné de celui-ci, Albert, fut le chef de la branche de Speck-feld, qui s'éteignit en 1412. Le second fils Crato ou Craft I continua la maison, qui fleurit encore aujourd'hui; & George, qui mourut en 1551, est la souche commune des comtes modernes; car son fils du premier lit, Louis Casimir, fonda la branche de Nevenstein, & son fils du second lit, Everard, fonda celle de Waldenbourg.

La ligne de Nevenstein s'est partagée de la manière suivante. Le fondateur de cette ligne eut deux petits-fils; savoir, Craft & Philippe - Erneste : le premier fit sa demeure à Nevenstein, & les fils du second, Charles-Louis & Jean-Frédéric, l'un à Weickersheim, & l'autre à Œhringen. Après la mort du premier, arrivée en 1756, ses terres passèrent à celui-ci. Le comte Philippe-Erneste recommença la ligne de Langenbourg, laquelle, sous ses petits-fils, se partagea de manière que le comte Albert Wolfgang continua la ligne de Laugenbourg, tandis que le comte Christian Craft fonda celle d'Ingelsingue, & Frédéric-Everard celle de Kirchberg : toutes ces lignes subsistent encore aujourd'hui. L'empereur leur avoit offert la dignité princière en 1744, mais ils la refusèrent; ils l'acceptèrent en 1764, & leur pays fut érigé en principauté.

La branche principale de Waldenbourg s'est partagée de la manière suivante. Le comte George-Frédéric, cadet des petits-fils d'Everard, fonda la ligne de Schillingsfurst. Son petit-fils Philippe-Charles, fils du comte Christian, commença la ligne de Bartenstein, laquelle demeura en partie à Bartenstein & en partie à Pfedelbach : mais cette dernière ligne s'éteignit en 1764, & ses domaines passèrent à celle de Bartenstein. Le second fils de George - Frédéric; savoir, Louis-Gustave, continua la ligne de Schillingsfurst. Toute cette ligne fut élevée à la dignité princière en 1744, & l'empereur François I érigea (1760) en principauté immédiate le comté de Waldenbourg, les terres patrimoniales & les seigneuries immédiates possédées par ces trois lignes.

Les princes de la ligne de Waldenbourg se qualifient de princes de *Hohenlohe*, comtes de Waldenbourg, seigneurs de Langenbourg, &c. Les princes de la ligne de Nevenstein, qui est l'aînée, se qualifient de princes de *Hohenlohe*, comtes de Gleichen, seigneurs de Laugenbourg & Cranichfeld, &c.

Les princes de *Hohenlohe* siègent à la diète de l'Empire sur le banc des comtes de Franconie, où ils ont la préséance & six suffrages : mais ils n'en ont que deux, aux assemblées circulaires. Leur taxe matriculaire étoit autrefois de 250 flor. mais elle a été réduite à 144 : la branche de Waldenbourg paye 56 florins, & celle de Nevenstein 88. La première donne pour l'entretien de la chambre impériale 67 rixdales 7 & demi kr., & la seconde 89 rixd. 29 & demi kr.

Le droit de primogéniture n'a encore été introduit que dans la branche de Laugenbourg, où il existe depuis 1718, & il a été confirmé par l'empereur. L'aîné (*senior*) de chaque ligne principale est administrateur des droits appartenants à la supériorité féodale; chaque branche régnante a une chancellerie & des officiers particuliers.

La principauté de *Hohenlohe* se divise en trois parties principales; savoir :

1°. Les domaines possédés en commun par toute la maison de *Hohenlohe*.

2°. Les bailliages & lieux appartenants à la tige principale de Waldenbourg.

I. La ligne de Bartenstein, laquelle contribue 23 flor. 5 kr. pour la taxe matriculaire, dont est chargée la tige de Waldenbourg.

II. La ligne de Schillingsfurst, qui contribue de 32 flor. 55 kr. pour la taxe matriculaire de la branche de Waldenbourg.

3°. Les bailliages & lieux appartenants à la ligne principale de Nevenstein.

I°. La ligne d'Œhringen, qui contribue de 51 flor. 20 kr. à la taxe matriculaire imposée à la ligne principale.

II°. La ligne de Langenbourg, qui contribue de 12 florins 13 un tiers kr. à la taxe matriculaire de la branche principale de Nevenstein.

III°. La ligne d'Ingelfingen, qui contribue de 12 flor. 13 un tiers kr. à la taxe matriculaire de la branche principale de Nevenstein.

IV°. La ligne de Kirchberg, qui contribue de 12 flor. 13 un tiers kr.

HOHENEMBS, comté d'Allemagne au cercle de Suabe, qui appartient aujourd'hui à la maison d'Autriche. Ce comté situé le long du Rhin, dans la vallée de Rhintal, est entouré de la seigneurie autrichienne d'en-deçà de l'Alberg. La maison de *Hohenembs* est une ancienne famille noble, qui vient du pays des grisons. L'empereur Charles V éleva cette famille au rang de barons, & peu-à-peu à celui de comtes de l'Empire. Sous le règne de Ferdinand I, le comte Jacques Hannibal obtint voix & séance à la diéte générale & à celle du cercle de Suabe. Son fils Gaspard acheta, en 1614, du comte Charles-Louis de Soulz les seigneuries de Vadiez & de Schellenberg, qui furent aliénées dans la suite. Jacques Hannibal, fils de Gaspard, est la souche des comtes de *Hohenembs* d'aujourd'hui; il laissa deux fils, Charles Frédéric, qui continua la ligne de Hohenembs; & François-Guillaume, tige de celle de Vaduz. La première finit dans la personne de François-Charles-Antoine, & le comté de Hohenembs passa à la branche de Vaduz, qui s'éteignit à son tour au commencement de l'année 1760. Le dernier comte, François-Guillaume-Rodolphe, laissa une fille unique, qui sollicita la possession de ce comté auprès de l'empereur; mais l'empereur François conféra les fiefs de *Hohenembs* à la maison d'Autriche, à charge de féparer les terres mouvantes des terres allodiales, & de réunir les portions démembrées de ce comté. Le titre du dernier comte étoit : comte du faint empire, de *Hohenembs* & de Gallara, feigneur de Dornbiern, de Wiednau, d'Haffluch, de la cenfe immédiate de Luftnau, ainfi que des feigneuries de Biftra, Bonna, Trepin & de Laubendorf. Il avoit féance, dans le collège des comtes de Suabe, à la diète de l'Empire & à celles du cercle. Son contingent étoit d'un cavalier & de deux fantaffins, ou de 20 florins. D'après la matricule ufuelle la plus récente, il payoit pour le comté fde *Hohenembs* & la feigneurie de Soulz-Brandis 60 rixdales 21 kr. à la chambre impériale.

HOHENZOLLERN, comté princier & états des princes de *Hohenzollern*. Le comté princier de *Hohenzollern* eft borné par le duché de Wurtemberg, par le bas-comté de Hohenberg, par la feigneurie de Haigerloch, & par celle de Trochtelfingen, qui fait partie des terres de Furftenberg. Le comté de Sigmaringen touche vers l'oueft au haut-comté de Hohenberg; vers l'eft, à quelques villes & diftricts de la maifon d'Autriche, & pour le refte du territoire de Furftenberg, de Wurtemberg & de Truchfefs. La feigneurie de Haigerloch eft enclavée dans le comté de *Hohenzollern*, dans le duché de Wurtemberg & dans le comté de Hohenberg, qui appartient à l'Autriche. Ces terres, affez fertiles d'ailleurs, fe trouvent arrofées par le Danube, qui traverfe le comté de Sigmaringen.

La maifon de *Hohenzollern* eft très-ancienne. La tige de ces comtes fe divifa, vers la fin du douzième fiècle, en deux branches, lorfque le bourgraviat de Nuremberg fut donné au comte Conrad. C'eft cette branche des bourgraves, qui parvint dans la fuite à l'électorat de Brandebourg & à la couronne de Pruffe. L'autre branche de *Hohenzollern*, en confervant le nom, a confervé auffi les terres qui y font affectées. Le comte Charles, mort en 1576, duquel defcendent tous les princes de *Hohenzollern* actuellement exiftans, établit, le 24 janvier 1575, le pacte de fucceffion, qui s'obferve dans cette famille. Son fils Eitel, Frédéric III, fonda la ligne de *Hohenzollern*-Hechingen; & fon fecond fils, Charles II, celle de *Hohenzollern*-Sigmaringen. En 1623, Jean-George, de la branche de Hechingen, fut élevé par l'empereur au rang des princes du faint Empire, pour lui & l'aîné de fes defcendans; & fon fils Eteil Frédéric prit fa place, au mois de juin 1653, fur le banc des princes. En 1692, le prince Frédéric-Guillaume obtint de l'empereur Léopold que la dignité princière s'étendroit fur tous les cadets de fa maifon. Elle s'éteignit en 1750, & le gouvernement paffa au prince Jofeph-Guillaume-François, neveu du précédent, du chef de fon père Hermand-Frédéric. La branche

de Sigmaringen vient, comme nous l'avons obfervé, du comte Charles II, mort en 1606, & dont le fils, appellé *Jean*, obtint à fon tour, en 1623, la qualité de prince de l'Empire. Le prince Ménard I, fils du précédent, laiffa deux enfans; Maximilien, le premier, qui continua la branche princière, & François-Antoine fon cadet, qui fut auteur de la ligne collatérale des comtes de *Hohenzollern*-Haigerloch.

Les princes Eitel-Frédéric, de la branche de Hechingen, & Ménard I de celle de Sigmaringen, firent entr'eux une convention confirmée par l'empereur, d'après laquelle la dignité princière ne feroit affectée qu'aux feigneurs aînés régnants de leur branche refpective, tandis que les autres enfans n'auroient que le titre de *comtes*. Ainfi les collatéraux du prince régnant de *Hohenzollern*-Hechingen n'ont porté jufqu'à ce jour que le titre de *comtes*, malgré le diplôme obtenu de l'empereur, en 1692, par le prince Frédéric-Guillaume, lequel étendoit la dignité princière fur tous les cadets de cette maifon.

Les princes de *Hohenzollern* font chambellans héréditaires du faint Empire : dignité qui, fuivant la difpofition faite par le comte Charles en 1575, appartient toujours à l'aîné de la famille, qui en reçoit l'inveftiture de l'électeur de Brandebourg, mais qui peut céder fon droit à un autre de fa maifon. En vertu de la convention & du pacte de la fucceffion, que ces princes conclurent à Nuremberg, en 1692 & 1695, avec la maifon électorale de Brandebourg, ils prennent le titre de bourgraves de Nuremberg, & la maifon de Brandebourg, au contraire, le nom de *Hohenzollern*. Le comté princier de *Hohenzollern*, avec tous fes droits régaliens, jurifdictions & appartenances, eft un bien allodial exempt de toute mouvance. Les princes de *Hohenzollern* réclament le même privilège pour le comté de Sigmaringen contre la maifon d'Autriche, qui en répète le domaine direct, & de laquelle le comté de Vœringen & la feigneurie de Haigerloch relèvent en effet. Les princes ne reçoivent l'inveftiture de l'empereur & de l'Empire que pour le droit de glaive, & pour un cens affecté à la prévôté de Reutlingen. L'une & l'autre des deux branches profeffe la religion catholique.

Les princes régnants des deux branches fe qualifient de princes de *Hohenzollern*, bourgraves de Nuremberg, comtes de Sigmaringen & Vœringen, feigneurs de Haigerloch & Wœhrftein, &c.

Les princes de *Hohenzollern* n'ont au confeil des princes de l'Empire qu'une feule voix, que le prince régnant de *Hohenzollern*-Hechingen donne entre ceux d'Aremberg & de Lobkowitz. Il n'en eft pas de même aux diètes du cercle de Suabe, où chacun des deux princes régnants a fon fuffrage particulier. La matricule taxe les terres de Hechingen & de Haigerloch à fix cavaliers

& vingt fantaffins, évalués à 152 florins, dont 95 florins pour Hechingen, & 57 florins pour Haigerloch. Vœringen & Sigmaringen devroient payer 138 florins ; mais ce paiement n'a pas lieu, parce que Vœringen eft fous la mouvance de l'Autriche, & que la maifon archiducale forme la même prétention fur Sigmaringen. La cote pour l'entretien de la chambre impériale eft de 43 rixd. 25 kr. & demi, réparties fur les trois branches de Hechingen, de Haigerloch & de Sigmaringen. La matricule ufuelle porte encore des articles particuliers pour les terres de Verdenberg & de Tengennellenbourg ; mais on ne fuit pas cette taxe.

Le prince régnant de *Hohenzollern*-Hechingen poffède le comté princier de *Hohenzollern*.

Le prince de Hohenzollern Sigmaringen poffède le comté de Sigmaringen, autrefois poffédé par les comtes de Werdenberg en 1482 : ceux-ci convinrent avec la maifon d'Autriche qu'après leur extinction, il pafferoit à cette dernière. Le cas étant arrivé en 1534, la maifon d'Autriche en inveftit les comtes de *Hohenzollern* ; mais elle s'eft attribuée la fupériorité territoriale.

HOHNSTEIN, comté d'Allemagne, au cercle de la haute Saxe.

Le comté de *Hohnftein*, ainfi que les feigneuries de Lora & de Klettenberg, font fitués dans la Thuringe ; ils font environnés de la partie feptentrionale de la principauté de Schwarzebourg, du territoire d'Eichsfeld, de l'évêché de Walkenried, du duché de Brunfwick, de la principauté de Blankenbourg & du comté de Stolberg. Le comté de *Hohnftein* s'étendoit en 1356 jufqu'aux environs de la ville de Weiffenfée.

Le pays, quoique montueux, eft fertile & bien cultivé. On transporte, dans le Harz & à Nordhaufen, les bleds qui excèdent la confommation annuelle ; les pâturages y font bons & abondans, & on y élève une quantité confidérable de beftiaux. Les forêts font d'un grand rapport dans plufieurs endroits.

Le comté & les deux feigneuries renferment cinq villes & deux boargs ; la nobleffe y eft nombreufe. A l'exception de quelques habitans des feigneuries de Lora & de Klettenberg, qui profeffent la religion calvinifte, tous les autres font luthériens. On y trouve quelques manufactures.

Il exifte, dans la bibliothèque royale d'Hanovre, une chronique non imprimée de *Berthold*, religieux de l'ancien couvent de Rheinhardsbronn, à laquelle le confeiller Scheid a ajouté une préface manufcrite, qui donne les éclairciffemens les plus fatisfaifans fur la généalogie des anciens comtes de *Hohnftein*, & fur celle des landgraves de Thuringe. Louis le Barbu, comte de Thuringe, & fon frère Charles, étoient fils de l'infortuné Charles, duc de Lorraine, qui, dernier rejetton de la branche Carlovingienne, fut privé de la couronne de France. Les deux frères

fe rendirent auprès de Conrad II, roi de Germanie, dont la femme Gifela étoit leur proche parente ; Louis reçut de Conrad la Thuringe, dont il fut le premier comte, & époufa Cécilie, unique héritière de la ville de Saugerhaufen. C'eft de Louis II, leur fils aîné, furnommé *le Sauteur*, que font defcendus tous les landgraves de la Thuringe. Tous les comtes de *Hohnftein* defcendent du cadet Beringer de Saugerhaufen. Utta ou Jutta, fille de cette même Cécile, époufa Thierry de Linderbeck, dont naquit Beringer qui eut deux fils, Louis & Thierry ; le premier fut comte de Laré ou Lora, & le fecond, comte de Berka. Le rédacteur de cette chronique ne fait aucune mention d'un troifième fils, nommé *Conrad*, qui doit avoir été la fouche des comtes de *Hohnftein*. Conrad, fils de Beringer, fit conftruire le château de *Hohnftein*, & il paroît qu'il eut, entre autres enfans, Eliger I, qui demeura au château d'Ilbourg, dont le fils Eliger II fonda, du vivant de fon père, le couvent d'Ilefeld, & prit enfuite le nom de *Hohnftein*, parce que peut-être les biens de *Hohnftein* lui étoient échus. La feigneurie de Lora ou Laré faifoit originairement du landgraviat de Thuringe. La famille du comte Louis de Laré s'éteignit avant le milieu du treizième fiècle, par la mort du comte Albert, fon petit fils, & cette feigneurie tomba au pouvoir des comtes de Reichlingen, qui la vendirent, au milieu du quatorzième fiècle, aux comtes de *Hohnftein*. C'étoit anciennement un fief qui relevoit des électeurs de Saxe, en leur qualité de landgraves de Thuringe ; mais l'électeur Augufte fit une convention avec le grand chapitre de Halberftadt en 1573, en vertu de laquelle il obtint la mouvance des biens du comté de Mansfeld, qui jufqu'alors avoient relevé de ce même chapitre ; il abandonna au chapitre celle de la feigneurie de Laré, ainfi que les villes d'Elrich & de Bleicherode. Le comté de Klettenberg fut originairement un fief de l'archevêché de Magdebourg ; mais depuis 1257, il releva de l'évêché de Halberftadt, en exécution d'un échange. Albert, comte de Klettenberg, fe démit de la poffeffion de cette feigneurie en faveur du comte Thierry de Hohnftein & d'Albert fon fils ; & le comte Conrad, dernier rejetton de fa famille, céda, en 1266, aux mêmes comtes de Hohnftein la part qu'il y avoit encore. Cette feigneurie, tombée ainfi au pouvoir des comtes de Hohnftein, fut partagée entre Thierry VI & Ulric III, fils du comte Thierry IV. Henri VI, fils de Thierry, fut le chef de la branche de Hohnftein-Vierradt, & Henri VIII, fils d'Ulric, établit celle de Hohnftein-Lora & de Klettenberg. La première finit en 1609 par la mort de Martin, comte de Hohnftein-Vierradt, & la feconde s'étoit éteinte en 1593 à la mort d'Ernefte VII. On ne rapportera ici que le partage des terres de ce dernier, fait entre les feigneurs fuzerains. Henri-Jules, duc de Brunſwick s'empara du château & du bailliage de Hohnſtein, que le duc Auguſte rendit enſuite aux comtes de Stolberg, ainſi qu'on le dira plus bas. Les comtes de Schwarzbourg & de Stolberg s'étoient mis en poſſeſſion du comté de Lora & de Klettenberg, en vertu du pacte de confraternité, établi avec les comtes de Hohnſtein ; mais Henri-Jules, duc de Brunſwick-Lunebourg, évêque de Halberſtadt, qui, en cette qualité, en avoit donné l'expectative, en 1583, au duc Jules ſon père, du conſentement du grand chapitre, s'empara de ces mêmes ſeigneuries, & s'en fit inveſtir par le grand chapitre comme duc de Brunſwick. Les comtes de Stolberg & de Schwarzbourg intentèrent un procès, à cet égard, à la chambre impériale, qui fut terminé par une tranſaction de 1632 ; le duc Frédéric Ulric abandonna aux comtes de Schwarzbourg & de Stolberg la ſeigneurie de Lora, pour la poſſéder comme fief relevant de Brunſwick-Wolfenbuttel, ne ſe réſervant que la puiſſance ſouveraine, & leur abandonnant les ſubſides, les péages, le droit épiſcopal & le droit ſur les mines. La maiſon princière de Brunſwick garda de ſon côté la ſeigneurie de Klettenberg, mais avec la promeſſe d'en inveſtir les comtes à l'extinction de la branche de Brunſwick-Wolfenbuttel, &c. Lorſque cette branche s'éteignit, en 1634, par la mort du duc Frédéric Ulric, & que les ſeigneuries de Lora & de Klettenberg retournèrent à l'archevêque de Halberſtadt, en ſa qualité de ſeigneur ſuzerain, la branche de Brunſwick-Zell ayant négligé de s'en faire co-inveſtir dans le tems, & l'archevêque ayant été attribué, par le traité de paix de Weſtphalie, à la maiſon électorale de Brandebourg, pour la poſſéder ſur le pied d'une principauté, celle-ci ne ſe crut point obligée d'exécuter la convention, ſignée avec les comtes de Schwarzbourg & de Stolberg. Elle s'y crut d'autant moins obligée, que les premiers en avoient été dépoſſédés dans la guerre de trente ans. Elle donna ces ſeigneuries en fief, en 1649, au comte Jean de Sayn & de Witgenſtein, qui avoit été ſon miniſtre plénipotentiaire au congrès d'Oſnabruck, & Ferdinand III ratifia cette conceſſion en 1653. Cependant l'électeur Frédéric reprit ces ſeigneuries en 1699, & notifia au comte Auguſte de Sayn, qu'il ſe chargeoit de toutes les dettes nouvelles ou anciennes, contractées ſur ces ſeigneuries, & qu'il s'obligeoit à lui payer comptant une ſomme de 100,000 écus, outre 20,000 rixdales qu'il s'obligeoit auſſi de lui donner pour pareille ſomme prêtée au comte Guſtave, ſon père, & employée à acquitter une dette, d'après laquelle ces ſeigneuries avoient été hypothéquées. L'empereur promit, à la vérité, en 1674, aux comtes de Scwarzbourg & de Stolberg, de les indemniſer de la perte qu'ils venoient d'eſſuyer, & qui étoit évaluée à 300,000 rixd.; mais ces promeſſes n'eurent jamais de ſuite. Le

bailliage de Bodung échut, après la mort du dernier comte de Hohnſtein, à la maiſon électorale de Saxe, qui en inveſtit celle des comtes de Schwarzbourg. Les ducs de Grubenhagen confiſquèrent, de leur côté, les comtés de Lutterberg & de Scharzfeld, malgré le pacte de confraternité établi entre les comtes de Stolberg & de Schwarzbourg, & ceux de Hohnſtein, & malgré la co-inveſtiture accordée par ces ducs, en 1490, 1530, 1568 & 1586. Les comtes de Schwarzbourg-Sonderſhauſen tenoient depuis bien des années, en fief, des landgraves de Heſſe, les deux tiers du droit de juſtice dans Allersberg ; ils obtinrent l'autre tiers de Maurice, auſſi landgrave de Heſſe, après la mort du comte Erneſte, & donnèrent en arrière-fief la totalité de ce droit à la famille de Minigerode.

Le roi de Pruſſe, les princes de Schwarzbourg, les comtes de Stolberg & ceux de Sayn & Witgenſtein prennent tous également la qualité de *comtes de Hohnſtein* ; mais la maiſon électorale de Brunſwick la diſpute au roi de Pruſſe, parce qu'il ne poſſède pas le vieux comté de *Hohnſtein*. Cette maiſon la conteſte bien plus encore aux comtes de Sayn & de Witgenſtein ; elle ſoutient qu'elle n'eſt due qu'aux princes de Schwarzbourg & aux comtes de Stolberg, puiſqu'eux ſeuls en ont été inveſtis par la maiſon électorale de Brunſwick-Lunebourg.

Les anciens comtes de *Hohnſtein* envoyoient des députés aux diètes de l'Empire, en qualité de ſeigneurs de Lora & de Klettenberg ; ils avoient auſſi ſéance & ſuffrage aux aſſemblées circulaires de la haute-Saxe. La maiſon électorale de Brandebourg a réclamé le même droit, ſans avoir pu l'obtenir. Ces ſeigneuries ſont chargées d'une taxe matriculaire, qui ſe monte à 56 flor.; mais elles en ſont exemptées par l'électeur de Brandebourg. Elles ſont impoſées en outre à 37 rixdales & 79 kr. pour l'entretien de la chambre. Les ſubſides de l'Empire & du cercle que le comté de *Hohnſtein*, proprement dit, eſt obligé de payer, ſont perçus par la maiſon électorale de Brunſwick-Lunebourg, qui les remet aux comtes de Stolberg, chargés de les faire parvenir à leur deſtination.

Le comté de *Hohnſtein* proprement dit eſt un fief relevant de la maiſon électorale de Brunſwick-Lunebourg.

En 1733 un recès, entre la maiſon électorale de Brunſwick-Lunebourg & les comtes de Stolberg, déclara que ces derniers ſeroient en droit d'accorder des privilèges à leurs ſujets du comté de *Hohnſtein*, & de faire tels réglemens qu'ils jugeront néceſſaires pour les forêts, la chaſſe, les mines, les corvées, &c. En conſéquence, tous les vaſſaux & habitans ſont tenus de leur prêter foi & hommage, & leur juſtice foreſtale connoît de tout ce qui concerne les forêts. Ils ont également le droit d'avoir une chancellerie &

un confiftoire, & par conféquent celui de haute & baffe-juftice, en matière civile & eccléfiaftique; celui de préfenter & d'établir des prédicateurs, & de faire des vifites dans les paroiffes. La maifon électorale peut, de fon côté, faire des vifites générales dans ces mêmes églifes, & les appels en affaires civiles & eccléfiaftiques font réfervés aux tribunaux du duché de Calenberg. Elle eft en droit de percevoir les fubfides dus à l'Empire & au cercle, & la contribution pour l'entretien de la chambre; mais elle en remet le montant aux comtes de Stolberg, qui le verfent dans la caiffe de l'Empire, & fe font donner des quitrances particulières. Le comté fut partagé, en 1645, entre les deux principales branches de la maifon de Stolberg.

Les comtes de Stolberg-Stolberg poffèdent aujourd'hui le bailliage de *Hohnftein*.

Les comtes de Stolberg-Wernigerode poffèdent la forêt du bailliage de *Hohnftein*, dont la fuperficie contient 22,800 journaux de 120 verges quarrées chacun: cette forêt a une juftice foreftale. Ses revenus font confidérables; une partie du bois eft conduite à Nordhaufen, & une partie convertie en charbons, qu'on confomme dans les ufines de Schierk, qui dépendent du comté de Wernigerode.

Le bailliage du chapitre appartient à la maifon électorale de Brunfwick-Lunebourg. Les biens qui en dépendent, font régis & gouvernés actuellement par la régence électorale de Hanovre, qui y place un bailli pour y adminiftrer la baffe-juftice & gérer les affaires qui peuvent fé préfenter.

Les feigneuries de Lora & de Klettenberg font appellées auffi le *comté de Hohnftein*; mais elles ne doivent pas être confondues avec le véritable comté, dont nous avons parlé plus haut. L'une & l'autre font incorporées à la principauté de Halberftadt, & elles dépendent de fa régence & de fon confiftoire; elles ont une chambre particulière du domaine & de la guerre, dont le fiège eft établi à Elrich. On plaide en première inftance, dans ces deux feigneuries, aux bailliages, devant les magiftrats & dans les fièges de juftice feigneuriaux. Elles contiennent 71 différentes villes, bourgs ou villages, & rapportent annuellement près de 80,000 rixdales.

La feigneurie de Lora comprend 29 bourgs ou villages.

Le comté ou la feigneurie de Klettenberg eft compofé de quarante-deux, tant villes que villages.

Le bailliage de Bodungen, qui faifoit partie de la feigneurie de Lora, appartient au prince de Schwarzbourg-Sonderhaufen, comme fief relevant de l'électorat de Saxe.

HOLLANDE, une des fept Provinces-Unies, & la plus confidérable de celles qui compofent l'union Belgique.

Nous parlerons 1°. de fa pofition, de fa population, de fa culture & de fon commerce: 2°. nous ferons un précis de fon hiftoire politique: 3°. nous décrirons la conftitution & la forme de fon gouvernement: 4°. Nous entrerons dans quelques détails fur fes tribunaux: 5°. nous traiterons de fes richeffes, de fes reffources, de fes dettes & de fes effets publics; & 6°. enfin la banque d'Amfterdam a une telle influence fur l'adminiftration & le gouvernement de la province de *Hollande* en particulier, & des fept provinces en général, que nous donnerons des détails exacts fur cette banque.

Section première.

De la pofition, de la population, de la culture & du commerce de la province de Hollande.

Cette province eft bornée au midi par les états du Brabant; au levant par les provinces de Gueldres, d'Utrecht & le Süder-Sée; au nord par le Süder-Sée & la mer du nord, qui fert de limite au couchant. C'eft la plus étendue des provinces de l'union. De Wit dit qu'elle contient quatre cents mille journaux de terres; d'autres écivains y en comptent 440,000.

En certains endroits, la mer eft plus élevée que la terre; & pour la garantir de l'inondation, ou d'une fubmerfion totale, on a fait conftruire d'immenfes digues & entrecouper le terrein de foffés & de canaux, qui écondulfent les eaux dans le temps du flux. La mer du nord forme, fur les côtes des Dunes & des monceaux de fable, qui tiennent lieu de levées. L'air n'y eft pas fain: la plus grande partie du fol eft en pâturages: on y trouve beaucoup de bétail & de bêtes à cornes, & le beurre & les fromages forment le principal commerce des habitans de la campagne.

On récolte de très-bons grains dans la partie la plus méridionale de la *Hollande*, c'eft-à-dire, dans le diftrict qui avoifine la Zéelande, ou fur les ifles d'Over-Vlacque, de Voorn, de Butten, de Beierland & quelques autres de la Weftlande; il n'en eft pas de même des parties intérieures; la plupart n'offrent que des terres tourbeufes, qui, à la vérité, font utiles pour le chauffage, mais dont la fouille peu devenir nuifible avec le temps; car il fe forme des lacs dans les excavations qu'on eft obligé de faire. On en voit déja un grand nombre entre Delft & Gouda. Plufieurs de ces lacs ont été defféchés par le moyen de foffés & de canaux qu'on y a pratiqués. C'eft dans la *Hollande* feptentrionale où il y a le plus de ces lacs defféchés: on les y connoît fous le nom de *Polder*: on veut deffécher ainfi le grand lac de Harlem, pour l'empêcher d'engloutir de nouvelles terres. Outre les fleuves & les rivières qui traverfent les Pays-Bas, ainfi que la *Hollande*, cette province est arrosée par d'autres rivières moins considérables.

Toutes ces rivières aboutissent à des canaux, qui établissent une communication entre les villes, les bourgs & les villages de *Hollande*. Ces canaux sont de la plus grande utilité. Pendant l'été, des bâteaux tirés par des chevaux partent toutes les heures d'un lieu à un autre ; l'on peut s'y embarquer avec des marchandises de toutes espèces, & commercer ainsi, à peu de frais, dans l'intérieur de la province.

On est étonné de la culture & de la population de la *Hollande*. Elle contient 37 villes, huit bourgs & environ 400 villages. L'on y a compté, en 1732, 163,462 maisons ; savoir, 79,957 dans les villes de la *Hollande* méridionale, & 46,932 dans le pays plat ; 11,154 dans les villes de la *Hollande* septentrionale, & 25,419 dans le reste de la province. En supposant six personnes par maison, la population étoit alors de 980,772 personnes. Guillaume Kerseboom a trouvé le même nombre, en 1732, par un calcul différent ; il multiplie par 35 les 28,000 enfans qui naissent tous les ans. On croit que la population a encore augmenté depuis cette époque.

La *Hollande* se divise en *Hollande* méridionale & *Hollande* septentrionale ou West-Frise. Celle-ci a beaucoup moins d'étendue que la méridionale : elle forme à-peu-près une isle ; car la mer du Nord & le Süder-Sée l'environnent presque de toutes parts, & elle ne tient à la *Hollande* méridionale que par une langue de terre, qui aboutit, d'un côté, à la mer du Nord, & de l'autre à celle de Wyck. Le rivage de la mer ne présente que des monceaux de sable & de hautes digues, par lesquelles on contient les eaux, plus élevées que le pays même. On ne voyoit autrefois dans la West-Frise que des flaques & des marécages de côté & d'autre ; si le sol a changé de nature, & si d'excellens pâturages en ont pris la place, c'est l'effet des travaux suivis des habitans ; mais comme ils ne sont point à l'abri des inondations, on y entretient une grande quantité de chapelets, qui pompent les eaux en cas de besoin.

Les villes qui ont droit de suffrage dans les assemblées, se divisent en grandes villes, qui envoient des députés à l'assemblée des Etats-Généraux : ce sont Alkmaar, Hoorn, Enkhuisen ; & en villes moindres, tels qu'Edam, Monnikendam, Medenblick & Purmerende.

La West-Frise contient d'ailleurs différens bailliages & plusieurs isles, situées dans le Suder-Sée, & attenant à ce golfe, qui n'ont été anciennement détachées de la terre-ferme des Pays-Bas que par l'impétuosité des flots de la mer. Les habitans de ces isles sont de bons marins, parce que, dès leur tendre jeunesse, ils ne s'occupent que de la navigation. Aussi la majeure partie d'entr'eux se voue-t-elle au service des escadres ou des vaisseaux marchands.

Les seigneuries suivantes ne font point partie, à la vérité, de la province de *Hollande*, mais elles y sont enclavées ; & il convient d'autant plus d'en parler ici, que, relativement aux arrangemens ecclésiastiques, elles sont comprises dans les synodes de la *Hollande*.

1°. Le comté de Leerdam, où est la petite ville de Leerdam, située sur la Linge.

2°. La seigneurie de Hagestein, de laquelle relève comme fief, Tienhoven.

3°. La seigneurie d'Ysselstein.

4°. Le pays d'Altena.

5°. Le pays ou le grand bailliage de Heusden.

6°. De Langestraat, (la longue chaussée).

SECTION IIe.

Précis de l'histoire politique de la province de Hollande.

C'est contre toute vraisemblance qu'on fait remonter au dixième siècle l'origine des anciens comtes de *Hollande*. Il y a lieu de croire que, vers le milieu du onzième siècle, les empereurs s'arrogèrent un pouvoir illimité sur la province de la *Hollande* ; mais celle-ci, aidée du secours de Thierri, comte de Vlaarding, ne cessa de s'y opposer ; Florent son frère, héritier de ses sentimens, ne négligea rien pour défendre la liberté de sa patrie. C'est ce même Florent qui passa pour le premier comte de *Hollande*. La première mention qui soit faite du nom de *Hollande* ou du comté de *Hollande*, remonte à l'année 1064, date de la donation que l'empereur Henri IV fit de ce même comté à Guillaume, évêque d'Utrecht. Le comte Jean I étant mort en 1219 sans laisser d'héritiers, le comté passa aux comtes de Hainaut. Il parvint graduellement à Jean de Bavière, fils cadet du duc Albert de Bavière & comte de *Hollande*, qui mourut en 1425, après avoir disposé par son testament de tous les droits qu'il avoit sur la *Hollande*, en faveur de Philippe le bon, duc de Bourgogne, qui transmit ce comté à la maison d'Autriche.

La suite de l'histoire politique de la province de *Hollande* se trouve à l'article PROVINCES-UNIES. *Voyez* cet article.

SECTION IIIe.

Constitution & forme de gouvernement de la province de Hollande.

Quoique la *Hollande* méridionale soit séparée de la West-Frise, elle n'a qu'une seule & même régence, appellée *états de Hollande & de West-Frise*, ou de la *Frise occidentale particulière*.

Les

Les sept provinces de l'union n'ayant pas adopté la même forme de gouvernement, nous nous attacherons à montrer les différences qui se trouvent entre leurs diverses constitutions. Les provinces de *Hollande* & de *Zélande* paroissent, plus que toutes les autres, avoir choisi un gouvernement démocratique-aristocratique, dans lequel cependant l'aristocratie domine, sinon en apparence, du moins en réalité. Les provinces de Gueldre, d'Overyssel & d'Utrecht ont aussi un gouvernement mêlé de démocratie & d'aristocratie, où l'aristocratie, peut-être encore trop dominante, se fait pourtant moins sentir que dans les provinces de *Hollande* & de *Zélande*; enfin, les provinces de Frise & de Groningue & Omelandes sont soumises à un gouvernement mêlé de démocratie & d'aristocratie, dans lequel l'aristocratie se fait peu sentir, mais où elle se fait sentir assez pour que la démocratie, trop livrée à elle-même, ne dégénère pas en anarchie.

Les états provinciaux de *Hollande* sont composés de deux membres, ou de deux corps qui sont censés représenter le corps entier du peuple. Le premier de ces deux membres est le corps des nobles, communément appellé *l'ordre-équestre*. Le nombre de ces nobles n'est point déterminé, ni le même en tout temps, & ils elisent à la pluralité des voix ceux qu'ils veulent admettre dans leur corps; mais il est rare qu'ils soient plus de dix. Cet ordre-équestre, qui n'est peut-être pas assez nombreux, est présidé par le Prince d'Orange, en qualité de premier noble de la province, & non en qualité de stadhouder, capitaine & amiral-général héréditaire, ces dernieres qualités ne donnant à ce prince voix délibérative dans aucun des états provinciaux de la confédération: comme stadhouder, capitaine & amiral général, il n'est aux états provinciaux, que ce qu'il est aux états-généraux, c'est-à-dire, un ministre subordonné, & comptable au souverain. Le corps de la noblesse délibère en particulier sur les points qui font l'objet des délibérations des états; il conclut à la pluralité des voix, & cette conclusion portée à l'assemblée, ne forme qu'une seule voix, c'est-à-dire, que les voix de tous les nobles, prises ensemble, n'en forment qu'une seule délibérative aux états de *Hollande*, & cette voix unique résulte de la majorité des suffrages des nobles dans leur assemblée particulière. En qualité de premier noble de *Hollande*, de Zélande & d'autres provinces, le prince d'Orange est membre intégrant de la souveraineté; il l'est comme chaque noble des provinces respectives, comme chaque magistrat qui vote dans le conseil d'une ville, & dans un sens plus général, comme chaque ville en particulier. C'est bien dans un sens plus général, car une ville en particulier a une voix délibérative entière à l'assemblée des états; & un simple magistrat, un simple noble, n'ont qu'une partie de

voix délibérative dans la résolution de leur corps, car cette résolution ne forme elle-même qu'une seule voix.

Le second membre des états de *Hollande*, est le corps des villes de la province, qui sont censées représenter le peuple.

A la naissance de la république, & d'après la constitution primitive qu'elle adopta, six villes seulement avoient droit de suffrage: ce furent celles de Dordrecht, de Harlem, de Delft, de Leyde, de Goude & d'Amsterdam. Guillaume I, Prince d'Orange, y en ajouta 12 autres, & en porta le nombre à 18, dont 11 dans la *Hollande* méridionale, & 7 dans la Westfrise. Les petites villes envoyoient aussi autrefois leurs députés aux assemblées des états: mais soit que par économie elles aient voulu retrancher cette dépense, soit que quelques autres raisons les en aient détournées, elles ont perdu leur droit. On ne fixe pas le nombre de députés que chaque ville doit envoyer à ces assemblées: on convint en 1581 que la Haye seroit le lieu où s'assembleroient les états de cette province.

Les villes qui envoient des députés aux états de la province de *Hollande*, ne sont plus qu'au nombre de dix-huit. Celles des petites qui ont cessé d'y envoyer, se sont rangées dans la classe des bourgs & des villages de la province, qui ne se font point représenter aux états, & qui sont ainsi réduits à se conformer en tout aux décisions souveraines qui émanent des états. On peut donc dire que plusieurs villes, tous les bourgs & villages de la Hollande n'ayant pas de représentans aux états, sont sujets des états; & que l'enthousiasme de liberté dont se vante le dernier individu de cette province est assez mal fondé.

Les dix-huit villes qui ont voix aux états, forment un corps séparé de l'ordre équestre, & délibèrent en leur particulier; la résolution se prend dans le corps, à la majorité des voix des villes, & non à la majorité des voix des représentans; car les représentans d'une ville, quel que soit leur nombre, n'ont qu'un seul suffrage. Ainsi les voix délibératives aux états de *Hollande* & de Westfrise font au nombre de dix-neuf: la majorité de ces dix-neuf voix détermine la résolution souveraine. Cette résolution est complettement souveraine pour les affaires générales qui regardent la province en particulier, mais elle ne l'est qu'imparfaitement pour celles qui regardent la confédération, car elle ne forme qu'une des sept voix délibératives aux états généraux.

Les villes qui ont voix aux états, y envoient le nombre des députés qu'elles jugent à propos. Ces députés font toujours accompagnées d'un magistrat appellé *avocat ou conseiller-pensionnaire*. Celui-ci porte ordinairement la parole aux états au nom de députés de sa ville. Ces députés semblent destinés à le surveiller, & lui, avocat

S f f f

penfionnaire, les aide de fes confeils dans des cas épineux, non prévus, & qui demandent une réfolution fubite; car ordinairement le confeiller penfionnaire, & les députés des villes refpectives partent pour l'affemblée des états avec des inftructions précifes, formelles & déterminées, dont il ne leur eft pas permis de s'écarter, fans avoir pris l'avis de leurs commettans refpectifs. Les époques des affemblées ordinaires des états font fixes; mais en tems de guerre, & dans d'autres circonftances critiques pour l'union fédérale, ou pour la province, les affemblées extraordinaires font très-fréquentes. La convocation fe fait par une lettre circulaire adreffée aux villes; la lettre expofe les points qui y feront mis en délibération. Elle eft écrite par un comité des états, qui eft permanent à la Haye. Ce comité eft compofé d'un petit nombre de magiftrats de la province députés *ad hoc*.

La difcuffion des points fur lefquels on doit délibérer à l'affemblée des états, fe fait dans les divers corps des régences des villes qui ont voix aux états; les réfolutions fur ces divers objets, s'y prennent à la majorité des voix des régens qui compofent le grand confeil de la ville. Les régens qui, dans ce confeil, difcutent les intérêts du peuple de la province en général & du peuple de leur ville en particulier, font cenfés n'agir qu'au nom du peuple, n'exprimer que le vœu du peuple, & en un mot ne repréfenter que le peuple. Sous cet afpect, on ne peut difconvenir que la démocratie ne domine dans le gouvernement général de la province, parce qu'alors on pourroit compter dix-huit voix démocratiques contre une ariftocratique, celle des nobles; mais en *Hollande*, les magiftrats des villes peuvent-ils être appellés à la rigueur les repréfentans du peuple? C'eft une queftion que nous ne déciderons pas ici. Le peuple ne réclamant point contre l'autorité prefqu'abfolue de fes magiftrats, ne demandant point d'avoir une part plus directe à leur élection, n'exigeant point que les magiftrats les confultent fur les points de la plus grande conféquence, & fe contentant du droit conftitutionnel de pouvoir l'exiger quand il le voudra, il faut conclure, que même aujourd'hui, le magiftrat des villes refpectives n'agit, ne parle, ne délibère & ne décide qu'au nom du peuple, & que la préfomption eft ici en faveur de la démocratie, mêlée d'une ariftocratie puiffante, exercée par les régens des villes de *Hollande*, d'après l'aveu tacite du peuple.

Si les conftitutions de chaque province de l'union différent effentiellement les unes des autres, les gouvernemens politiques de chaque ville de la province de *Hollande* ne different pas moins. Cette différence, dans les conftitutions des pro-

vinces de l'union, & dans le gouvernement politique des villes, embarraffe extrêmement la conftitution générale de l'union. Elle produit de la lenteur dans les réfolutions; de la méfintelligence dans les provinces & dans les villes; l'inactivité & l'inaction; les cabales, les corruptions, les intrigues; en un mot, le peu de vigueur des entreprifes générales & particulières.

Le nombre des magiftrats qui compofent le confeil de ville n'eft pas fixe pour chaque ville de *Hollande*; il eft plus grand dans quelquesunes, & plus petit dans d'autres; mais dans toutes, on le divife en trois claffes. La première eft compofée des bourguemaîtres; la feconde des échevins, & la troifième des confeillers. Les bourguemaîtres font les gouverneurs de la ville, & c'eft le bourguemaître en exercice, ou comme l'on dit, le bourguemaître régnant, qui fait les fonctions de gouverneur. Dans les villes où il y a garnifon, les troupes lui font fubordonnées, & il peut les faire agir, en cas de befoin. Le commandant de la garnifon prend à ce fujet fes ordres. Dans la plupart des villes de *Hollande*, la nomination des bourguemaîtres s'eft faite jufqu'à préfent par le ftadhouder, fur une double élection du confeil de ville; mais à Amfterdam & à Leyden, l'élection des bourguemaîtres ne dépend en aucune manière du ftadhouder: ils règnent chacun à leur tour. La nomination des échevins s'eft faite jufqu'ici par le ftadhouder, fur une double élection du confeil de ville. L'élection des fimples confeillers des villes s'eft toujours faite & fe fait encore par le confeil de ville, auquel les candidats font propofés. Mais le ftadhouder s'eft avifé de recommander, dans prefque toutes les villes, les fujets qu'il defiroit voir dans les régences des villes: ces recommandations étoient devenues fi efficaces, que dans le plus grand nombre des villes, les confeillers y étoient placés prefque tous par le ftadhouder. C'eft contre cet abus que les villes de *Hollande* & prefque toutes les villes des autres provinces fe récrient fortement aujourd'hui (1). C'eft cet abus que des gazettiers ofent appeller *droit*, *prérogative*, *privilège* du ftadhouder. Les échevins régnans dans les villes de *Hollande* font chargés communément de la juftice diftributive civile & criminelle; c'eft à leur tribunal que vont, en première inftance, tous les procès & conteftations de citoyen à citoyen; les caufes majeures font portées par appel à la cour fouveraine de *Hollande* & de Zélande qui fiège à la Haye.

Dans l'affemblée du corps de ville, chacun des membres qui la compofent a fa voix, & celle du dernier confeiller a autant de force que celle du plus ancien bourguemaître. Tout s'y décide

_____

(1) Nous parlerons plus en détail à l'article PROVINCES-UNIES des troubles qu'a occafionné cette réclamation.

à la majorité des fuffrages, ainfi que dans tous les collèges particuliers.

Du grand penfionnaire de Hollande. La plupart des villes qui envoient à l'affemblée des états de *Hollande* ont un miniftre qu'on nomme *confeiller-penfionnaire* ; ce miniftre eft le principal mobile des affaires politiques dans la chambre des bourguemaîtres ou dans le confeil, dont il eft toujours membre, mais où il n'a point de voix. L'ordre équeftre a auffi fon confeiller penfionnaire : d'après un ufage dont on ne s'eft point écarté depuis la fondation de la république, ce penfionnaire du premier membre des états l'eft en même-tems de toute l'affemblée des états, quoique ce foient proprement deux charges diftinctes : on l'appelle en hollandois *confeiller-penfionnaire* par excellence, en françois *grand-penfionnaire* : on le nommoit originairement l'*avocat de Hollande* ; & c'étoit encore fon titre du tems du vertueux mais infortuné Olden Barneveld. En fa qualité de penfionnaire de la nobleffe, le grand-penfionnaire eft affis à la table de cet ordre à l'affemblée des états, & c'eft-là qu'il ouvre les délibérations, propofe les matières, recueille les voix, & fait en un mot toutes les fonctions de préfident de l'affemblée. Ces fonctions éminentes, & les prérogatives de préfident devroient s'exercer par le plus ancien ou le premier membre de la nobleffe ; mais comme c'eft toujours le penfionnaire qui porte la parole au nom de l'ordre, l'ufage a encore établi que le grand-penfionnaire, quoique fimplement miniftre, eft en effet le modérateur de l'affemblée, & qu'un feul coup de marteau qu'il a toujours près de lui, impofe filence lorfque le bon ordre paroît l'exiger. Comme il eft le principal confeiller de la province, & l'ame de toutes les affaires, il a entrée & voix délibérative dans l'affemblée des confeillers députés & à la chambre des comptes, & on ne fait rien dans ces affemblées provinciales, fans le confulter & fans prendre fon avis. Pour la même raifon il eft député né de la province aux états-généraux & au confeil d'état ; ainfi, quoiqu'il ne foit, à proprement parler, que le premier miniftre de la province de *Hollande*, il l'eft en effet des fept provinces-unies, parce que la *Hollande* payant elle feule plus que la moitié de toutes les dépenfes publiques, il eft naturel que fon influence foit décifive, & que celui qui la dirige, dirige en même-tems toute la confédération. Ainfi le grand-penfionnaire, qui n'eft payé que par la province de *Hollande*, eft regardé par les étrangers comme le premier miniftre de la république, & l'ufage autorife cette idée, qui n'étoit pas jufte dans fon origine. C'eft à lui que les miniftres étrangers s'adreffent, quand il ne s'agit pas de vifites ou de chofes de pure formalité ou d'éclat ; car alors ils doivent s'adreffer au préfident de femaine des états-généraux. C'eft auffi le grand penfionnaire qui entretient les correfpondances

intimes avec les miniftres de la république dans l'étranger, qui a le fecret des grandes affaires, & qui eft chargé de découvrir celui des autres états. La république laiffe à fa difpofition cent mille florins par an, dont il n'eft jamais tenu de rendre compte ; c'eft la clef d'or qui ouvre les cabinets. La charge n'eft pas à vie : elle fe donne feulement pour cinq ans, mais après les cinq ans, il peut demander de droit la premiere charge qui vaque dans le haut confeil de juftice. Le célèbre de Witt avoit choifi cette retraite ; mais ordinairement le grand-penfionnaire eft prorogé dans fes fonctions, & il refte en place jufqu'à fa mort : il n'y a eu, depuis M. de Witt, qu'un feul exemple du contraire, celui de M. Gilliffen, qui quitta à la révolution de 1747. La charge par elle-même n'eft point lucrative, car les appointemens font modiques : mais outre les cent mille florins dont il ne rend pas compte, d'autres commiffions utiles établiffent une forte de proportion entre fes travaux & fes honoraires. Il eft affez fouvent curateur de l'univerfité à Leyde, &, ce qui vaut mieux encore, garde-des-fceaux de la Province. Cette charge alterne entre le plus ancien membre de l'ordre équeftre, & le confeiller-penfionnaire ; lorfque celui-ci en eft revêtu à fa mort, elle paffe au plus ancien du corps des nobles, & au décès de ce dernier, elle retombe au confeiller-penfionnaire.

Le collège des confeillers députés, en langage du pays, *de gecommitteer de raden*, qui, felon la divifion de la *Hollande*, forment deux affemblées particulières, a une grande part à l'adminiftration de la province. Les confeillers députés de la *Hollande* méridionale font au nombre de dix, parmi lefquels il y en a un tiré du corps de la nobleffe, qui occupe le premier rang. Ce collège eft chargé des finances & des affaires de la guerre, & convoque les états en cas de befoin. Celui de la Frife occidentale particulière, eft compofé de fept députés des villes de cette partie de la province : il s'affemble dans la ville de Hoorn, & délibère tous les ans au mois de novembre avec celui de la *Hollande* méridionale.

La province entière envoie à l'affemblée des états-généraux un député de la nord-hollande, deux députés du confeil d'état, de la nobleffe, & d'autres députés au nom des villes de la *Hollande* méridionale, & un en celui des villes de la Weftfrife, avec le penfionnaire de la province.

SECTION IVe.

Des tribunaux de la province de Hollande.

Comme les provinces de *Hollande* & de Zélande ne faifoient autrefois qu'un feul gouvernement, elles confervent encore deux cours de judicature communes La première, qu'on nomme le grand confeil, eft compofée de douze

confeillers, neuf de *Hollande* & trois de Zé-
ande, dont le ftadhouder eft le chef; fuivant
'ancienne conftitution, il alloit préfider quand
il le jugeoit à propos ; & il nommoit tous les confeillers, excepté un qui étoit choifi par les nobles. Ce tribunal eft la cour fuprême de toutes
les caufes criminelles; mais au civil, on appelle
à une autre cour, qu'on nomme la cour de *Hollande*, ou la cour provinciale de juftice, & de laquelle on ne peut appeller qu'en préfentant une
requête aux états de la province : fi les états croient
qu'il n'y a pas de raifons fuffifantes pour cela,
l'appel ne fe fait point.

La cour provinciale de juftice eft compofée de
huit confeillers de la province de *Hollande*, &
trois de celle de Zélande : le préfident eft
choifi alternativement dans l'une & dans l'autre.

La province de *Hollande* eft divifée en deux parties relativement à l'état eccléfiaftique, ainfi qu'elle
l'eft felon la conftitution politique; mais pour le ré
gime eccléfiaftique, Harlem & Amfterdam dépendent de la *Hollande* méridionale, & felon la première divifion, ces deux villes font partie de la feptentrionale. Chacune de ces deux parties a fon fynode particulier. Celui de la *Hollande* méridionale eft compofé d'onze claffes, qui font : celles
de Dordrecht, celle de Delft & des diftricts qui
en dépendent, celle de Leyde & du Rheinland
inférieur, celle de Goude & de Schonhooven,
celle de Schiellan, celle de Guérée (Gorichem),
celle de Voorn & de Lutten; celle de la Haye,
celle de Woerden & du Rheinland fupérieur,
celle de Buren, de laquelle dépend le comté
de ce nom, Leerdam, Kuilembourg & la baronnie d'Yffelftein ; celle enfin de Breda, qui
fait partie des états du Brabant. On compte dans
toutes ces claffes 331 prédicateurs. Le fynode
de la *Hollande* feptentrionale ou Weftfrife confifte
en fix autres claffes, qui portent le nom de
claffe d'Alkmaar, de Harlem, d'Amfterdam, de
Hoorn, d'Enkuifen & d'Edam, où l'on trouve
120 prédicateurs. Ces claffes s'affemblent annuellement par députés, dont le nombre eft fixé
à trois prédicateurs avec un ancien par chaque
claffe. Les affemblées fe tiennent alternative-
vement dans chacune des villes dont les claffes
portent le nom. Les anglois presbytériens ont des
temples à Rotterdam, à Leyde, à la Haye & à
Amfterdam. Il y a auffi dans cette dernière ville
une églife épifcopale angloife. Les catholiques
romains en ont environ 250 dans cette province,
dirigées par 235 prêtres; celles de ces églifes
qui fuivent la doctrine de Janfénius, peuvent
être au nombre de 40. Comme la tolérance eft
générale dans les provinces unies, on y trouve
des luthériens, des remontrans & des anabap-
tiftes : les premiers ont dans celle de *Hollande*
dix-neuf communautés & vingt-huit prédicateurs;
les feconds trente communautés & trente-huit
prédicateurs; les derniers enfin foixante-feize com-

munes & cent foixante-trois docteurs. On trouve
à Amfterdam une communauté de Quakers ;
celle de Herrendik eft le lieu où font établis
principalement les *frères unis évangéliques*.

SECTION Ve.

*De la richeffe, des reffources, des dettes & des
effets publics de la province de Hollande.*

En *Hollande* l'argent vaut ordinairement de
2 à 3 ½ pour cent par an, fur les hypothèques de
l'état ; 3 ¾ pour cent fur les hypothèques des particuliers, & 4 pour cent fur des effets de commerce ou fur de bonnes lettres de change. Les
efcomptes varient de deux & demi à cinq pour
cent, felon les temps & les circonftances. Il y
a plufieurs espèces de fonds publics en *Hollande*.
Ceux à la charge des Etats-Généraux, rapportent
tous fans exception, déduction faite du centième
denier, trois pour cent : ceux à la charge des
états de *Hollande* & de Weft-Frife, rapportent,
déduction faite du centième & deux centième den.
deux & demi pour cent. Ceux à la charge des
états des autres provinces, & de chaque province
en particulier, rapportent depuis deux jufqu'à
quatre pour cent, fans retenue ou déduction.
Ceux à la charge des différentes amirautés, font
généralement empruntés à raifon de trois pour
cent, exempts de retenue ou déduction, hypothéqués fur les droits de tonnage, des navires
& vaiffeaux de commerce.

Ainfi la province de *Hollande* eft de toutes les
provinces de l'union Belgique, celle qui a le plus
de richeffes & de crédit : nous allons le démontrer encore par d'autres faits.

Au mois de mai 1774, les fonds fur la province de Zéelande, qui rapportoient trois pour
cent d'intérêt, étoient difficiles à vendre à raifon
de 70 pour cent, ou de trente pour cent de perte
au-deffous de leur pair : tandis que les fonds fur
la province d'*Hollande*, qui ne rapportent que
deux & demi pour cent, ne s'achetoient pas aifément à 110 pour cent, ou dix pour cent de
bénéfice, au-deffus de leur pair : cette différence
de 40 pour cent eft digne de remarque. La province de Zéelande n'avoit jamais réduit les intérêts d'aucune de ces dettes : elle n'avoit jamais
fufpendu ou reculé d'un feul jour les paiemens
de ces intérêts ; & la province d'*Hollande*, qui
jouiffoit d'un crédit fi fupérieur, avoit donné
plufieurs preuves du contraire. La plupart de fes
dettes avoient été contractées à quatre pour cent,
avec cette condition fpéciale qu'elles ne feroient
jamais réduites ou chargées d'aucune taxe : cependant toutes fes dettes, fans exception, furent
chargées d'abord d'un centième, enfuite d'un deux-
centième denier, impôts qui équivalent à un &
demi pour cent : ainfi les propriétaires ne reçoivent effectivement que deux & demi pour cent

de leurs fonds, qui ont été empruntés à raison de quatre. Ce n'eſt pas tout, la province d'*Hollande* s'eſt pluſieurs fois trouvée dans la malheureuſe impoſſibilité de payer les intérêts de ſes dettes, & de reculer les paiemens d'une année, & quelquefois de dix-huit mois : elle a toujours, & même actuellement, une année en arrière ; mais les capitaliſtes ont une ſi haute idée de ſes moyens, & ces moyens ſont ſi ſûrs, qu'ils aiment mieux placer ſur la province de *Hollande* à bas intérêt, que ſur les autres à un intérêt plus conſidérable.

Section VIᵉ.

Détails exacts ſur la banque d'Amſterdam.

Les eſpèces courantes d'un grand état, tel que la France ou l'Angleterre, conſiſtent généralement preſqu'en entier dans la monnoie qui lui eſt propre. S'il arrive que ces eſpèces ſoient uſées, rognées, ou autrement dégradées au-deſſous de leur valeur primitive, l'état peut les rétablir efficacement par une réforme de ſa monnoie. Mais les eſpèces courantes d'un petit état, tel que Gênes ou Hambourg, ne peuvent guères être entièrement compoſées de ſa monnoie particulière ; elles le ſont en grande partie de celles des états voiſins avec leſquels ſes habitans ont un commerce continuel. Un pareil état, qui réformera ſa monnoie, ne ſera donc pas toujours le maître de réformer ſes eſpèces courantes. Si l'on y paye avec ces eſpèces les lettres de change étrangères, la valeur incertaine de la ſomme, choſe ſi incertaine de ſa nature, doit toujours faire tourner le change contre lui, parce que tous les états étrangers eſtimeront ſes eſpèces courantes au-deſſous même de leur valeur.

Afin de remédier à l'inconvénient auquel ce change déſavantageux expoſoit leurs négocians, ces petits états, devenus attentifs au détail du commerce, ont ſouvent ſtatué que les lettres de change étrangères, d'une certaine valeur, ſeroient payées non en eſpèces de cours communes, mais par un ordre ſûr, ou par un tranſport dans les livres d'une certaine banque établie ſur le crédit & ſous la protection de l'état : cette banque étant toujours obligée de payer en bon & véritable argent au titre du pays. Les banques de Veniſe, de Gênes, d'Amſterdam, de Hambourg & de Nuremberg paroiſſent avoir été toutes établies originairement dans cette vue, quoiqu'on ait fait ſervir depuis, quelques-unes d'elles à d'autres uſages. L'argent de ces banques étant meilleur que les eſpèces courantes ordinaires du pays, a néceſſairement porté un agio qui a été plus grand ou plus petit, ſelon que les eſpèces courantes étoient ſuppoſées plus ou moins dégradées au-deſſous du titre de l'état. Par exemple, l'agio de la banque de Hambourg, qu'on

dit être communément d'environ quatorze pour cent, eſt la différence qu'on ſuppoſe entre le bon argent au titre de l'état, & les eſpèces courantes rognées, uſées & diminuées qu'on y verſe des états voiſins.

Avant 1609, la grande quantité de monnoies étrangères, uſées & rognées, que le commerce étendu d'Amſterdam porta de toutes les parties de l'Europe dans cette ville, réduiſit la valeur de ſes eſpèces courantes d'environ neuf pour cent au-deſſous de la bonne monnoie nouvellement fabriquée. Dès que cette monnoie paroiſſoit, elle étoit fondue ou enlevée, comme il ſe pratique toujours en pareil cas. Les négocians, dans l'abondance d'eſpèces courantes, ne pouvoient pas toujours trouver aſſez de bon argent pour acquitter leurs lettres de change, & la valeur de ces lettres devint incertaine en grande partie, malgré les divers réglemens faits pour l'empêcher.

Pour remédier à ce mal, on établit une banque, en 1609, ſous la garantie de la ville. Cette banque reçut les monnoies étrangères & les monnoies dégradées du pays ſelon leur valeur intrinſèque, relativement au titre de l'argent du pays, en déduiſant ſeulement ce qu'il falloit pour les frais du monnoyage & autres indiſpenſables. Elle donna une créance ou un crédit dans ſes livres, pour ce qu'ils valoient après cette déduction. Ce crédit fut appelé *argent de banque*. Comme cet argent repréſentoit exactement celui qui étoit au titre, il avoit toujours la même valeur réelle, & intrinſèquement ſon prix étoit ſupérieur à celui de la monnoie courante. Il fut réglé en même-temps que toutes les lettres de change de 600 flor. & au-delà, qui ſeroient tirées ou négociées à Amſterdam, ſeroient payées en argent de banque. D'après ce réglement, chaque négociant fut obligé de tenir un compte ouvert avec la banque, pour payer les lettres de change étrangères, qui mirent néceſſairement une foule de gens dans le cas de demander de l'argent de banque.

Outre ſa ſupériorité intrinſèque ſur les eſpèces courantes & la valeur qu'y ajoute cette demande, l'argent de banque a encore quelques autres avantages. Il eſt à l'abri du feu, des voleurs & d'autres accidens : la ville d'Amſterdam en répond ; il peut ſe payer par une ſimple ceſſion ou tranſport, ſans avoir l'embarras de le compter ou de le transférer d'un lieu dans un autre. Il paroît que, dès les commencemens, ces différens avantages ont multiplié les agioteurs, & on croit généralement qu'on y a laiſſé tout l'argent que les particuliers y ont porté d'abord, perſonne ne ſe ſouciant de demander le paiement d'une dette qu'il pouvoit vendre en gagnant une prime. En le demandant, il auroit perdu cette prime. Comme un ſcheling qui vient d'être frappé, n'achète pas plus de marchandiſes au marché qu'un vieux ſcheling uſé qui a cours ; de même du bon argent monnoyé, qui pafferoit des coffres de la banque dans ceux des particuliers, fe trouvant mêlé & confondu avec les efpèces courantes ordinaires du pays, n'auroit pas plus de valeur que ces efpèces dont il ne feroit plus diftingué réellement. Tant qu'il refte à la banque, fa fupériorité eft certaine & connue; s'il étoit une fois entre les mains d'un particulier, cette même fupériorité, pour être bien conftatée, demanderoit peut-être plus de peine que ne vaudroit la différence. D'ailleurs, en fortant des coffres de la banque, il perdroit tous les autres avantages de l'argent de banque, fa fûreté, la fûreté & la facilité d'en faire paffer la propriété d'en autre, & l'ufage qu'on en fait pour payer les lettres de change étrangères. Enfin, par-deffus tout cela, il ne pourroit en fortir, fans payer préalablement la peine de l'avoir gardé, ainfi qu'on va le voir dans le moment.

Ces dépôts de monnoies que la banque s'obligeoit de faire réfondre, conftituoient originairement le capital de la banque, ou toute la valeur de ce qui étoit repréfenté par ce qu'on appelle *argent de banque*. Actuellement on fuppofe qu'elles ne font qu'une bien petite partie de ce capital. Pour faciliter le commerce en lingots, la banque s'eft mife, depuis plufieurs années, dans l'ufage de donner un crédit dans fes livres, fur des dépôts de lingots d'or & d'argent. Ce crédit eft d'environ cinq pour cent au-deffous du prix des lingots à la monnoie. La banque accorde en même-temps un récepiffé qui autorife la perfonne qui fait le dépôt, ou le porteur, à retirer les lingots quand il voudra, dans l'efpace de fix mois, en remettant à la banque une quantité d'argent de banque égale à celle à laquelle fe monte le crédit qu'elle lui a donné dans fes livres lors du dépôt, & en payant pour la garde ou le foin de le garder, un quart pour cent fi le dépôt eft en argent, & un demi pour cent s'il eft en or, déclarant en même-temps qu'au défaut de ce paiement & à l'expiration de ce terme, le dépôt appartiendra à la banque au prix auquel il a été reçu, ou pour le crédit qu'elle a donné dans fes livres. Ce qui fe paye ainfi pour la garde du dépôt, peut être confidéré comme frais de magafinage, & on a allégué diverfes raifons de ce que cette fomme étoit beaucoup plus forte pour l'or que pour l'argent. La pureté de l'or eft, dit-on, plus difficile à conftater que celle de l'argent. Les fraudes font plus aifées à pratiquer dans le métal le plus précieux, & occafionnent une perte plus grande. L'argent, d'ailleurs, étant le métal fur lequel fe règle la valeur de tous les autres, l'état, ajoute-t-on, veut plus encourager les dépôts en argent que ceux en or.

On fait communément les dépôts de lingots, quand le prix en eft un peu au deffous de l'ordinaire, & on les retire quand il vient à hauffer. En *Hollande*, le prix courant des lingots eft généralement au-deffus de leur prix à la monnoie, par la même raifon qu'il l'étoit en Angleterre avant la dernière réforme de la monnoie d'or. On dit que la différence eft communément de fix à fept fols de *Hollande* par marc, ou par huit onces d'argent à onze parties de fin fur une d'alliage. Le prix de la banque, ou le crédit qu'elle donne pour les dépôts de l'argent de cette qualité, (quand ils font faits en monnoie étrangère, dont la fineffe eft connue & conftatée comme celle des piaftres ou rixdales du Mexique) (1), eft de vingt-deux florins le marc. Le prix à la monnoie eft d'environ vingt-trois florins, & le prix courant, depuis vingt-trois florins fix à vingt-trois florins feize ftivers ou fols de *Hollande*, c'eft-à-dire, de deux à trois pour cent au deffus du prix à la monnoie. Les proportions entre le prix de banque, le prix à la monnoie & le prix courant, font à-peu-près les mêmes pour l'or en lingots. Une perfonne peut généralement vendre fon *récépiffé* pour la différence entre les prix des lingots à la monnoie, & leur prix courant. Un *récépiffé* de lingots vaut toujours quelque chofe, & en conféquence il arrive rare-

---

(1) La banque d'Amfterdam recevoit, au mois de feptembre 1775, les lingots & les monnoies de différentes efpèces aux prix fuivans :

A R G E N T.

	florins.	
Piaftres du Mexique	22	le m arc.
Ecus de France	Idem.	
Monnoie d'argent angloife	Idem.	
Piaftres du Mexique, nouveau coin	22 21 10	
Ducatons	3	
Rixdales	2 8	

Barre d'argent, contenant onze douzièmes d'argent fin, 11 florins le marc, & ainfi de fuite, en proportion jufqu'à un quart de fin, pour lequel elle donne cinq flor.

Barres d'argent fin 23   le marc.

O R.

	florins.	
Monnoie de Portugal	310	le marc.
Guinées	Idem.	
Louis d'or neuf	Idem.	
Louis d'or vieux	Idem.	
Ducats neufs	4 19 8	le ducat.

L'or en barre eft reçu en proportion de fa fineffe, comparée avec la monnoie d'or étrangère ci-deffus.

Elle donne pour les barres d'or fin 340 florins par marc. Cependant elle donne, en général, un peu plus pour la monnoie d'une fineffe connue, que pour les barres d'or & d'argent, dont la fineffe ne peut être conftatée que par les procédés de la fonte & de l'effai.

ment que quelqu'un le laiffe expirer, ou qu'il laiffe écheoir fes lingots à la banque au prix où elle les a reçus, foit en ne les retirant pas avant les fix mois révolus, foit en négligeant de payer quatre & demi pour cent, afin d'avoir un nouveau *récépiffé* pour fix autres mois. C'eft cependant ce qui arrive, dit-on, quelquefois, & plus fouvent à l'égard de l'or qu'à l'égard de l'argent, à raifon de ce qu'on paye davantage pour la garde de l'un, que pour celle de l'autre.

La perfonne qui, en faifant un dépôt de lingots, obtient en même-temps un crédit fur la banque & un *récépiffé*, paye avec fon crédit fur la banque fes lettres de change, à mefure qu'elles viennent à écheoir; & elle vend ou garde fon *récépiffé*, felon qu'elle juge que le prix des lingots doit hauffer ou baiffer. Le récépiffé & le crédit fur la banque ne demeurent guères enfemble, & il n'y a point de raifon pour qu'ils y demeurent. La perfonne qui a un récépiffé, & qui a befoin de retirer des lingots, trouve toujours des crédits fur la banque, ou, ce qui eft la même chofe, elle trouve toujours à acheter de l'argent de banque au prix ordinaire; & la perfonne qui a de l'argent de banque, & qui a befoin de retirer des lingots, ne manque jamais de trouver une égale abondance de récépiffés.

Les propriétaires des crédits fur la banque, & les porteurs de récépiffés font deux différentes fortes de créanciers à l'égard de la banque. Le porteur d'un récépiffé ne peut tirer les lingots pour lefquels il lui a été donné, qu'en réaffignant à la banque une fomme d'argent de banque, égale au prix auquel fes lingots ont été reçus. S'il manque d'argent de banque, il faut qu'il en achete de ceux qui en ont. Le propriétaire d'argent de banque ne peut tirer des lingots, fans produire à la banque, des récépiffés pour la quantité qu'il lui en faut. S'il n'a point de récépiffé à lui appartenant, il faut qu'il en achete de ceux qui en ont. Quand le porteur d'un récépiffé achete de l'argent de banque, il achete la faculté de retirer une quantité de lingots, dont le prix eft à la monnoie de cinq pour cent au-deffus du prix de banque. L'agio de cinq pour cent, qu'il paye communément pour cela, ne fe paye donc pas pour une valeur imaginaire, mais pour une valeur réelle. Lorfque le propriétaire d'argent de banque achete un récépiffé, il achete le pouvoir de retirer une quantité de lingots, dont le prix courant eft de deux à trois pour cent au-deffus du prix qu'ils fe vendent à la monnoie. Le prix qu'il paye pour cela, eft donc également payé pour une valeur réelle. Le prix du récépiffé & le prix de l'argent de banque font entr'eux, ou compofent enfemble la pleine valeur, ou le prix entier des lingots.

La banque accorde un récépiffé, auffi-bien que des crédits fur la banque, pour les dépôts des efpèces courantes du pays; mais ces récépiffés

n'ont fouvent aucune valeur, où ne rapportent aucun prix à la bourfe, c'eft-à-dire, quand on les vend. Par exemple, pour les ducatons, dont chacun vaut, prix de cours, trois florins trois ftivers, la banque accorde un crédit de trois florins feulement, ou cinq pour cent au-deffous de leur valeur courante. Elle accorde de même un récépiffé, qui met le porteur en droit de retirer le nombre de ducatons dépofés, quand il voudra, dans le terme de fix mois, en payant un quart pour cent de droit de garde. Ce récépiffé ne rapportera fouvent rien à la bourfe ou au marché. Trois florins, argent de banque, fe vendent généralement au marché pour trois florins trois ftivers, ce qui feroit la valeur entière des ducatons, fi on les retiroit de la banque; & avant de pouvoir les retirer, il faudroit payer un quart pour cent pour le droit de garde, ce qui feroit en pure perte pour le porteur du récépiffé. Cependant fi l'agio de la banque venoit à tomber à trois pour cent, ces fortes de récépiffés pourroient rapporter quelque chofe, & fe vendre un & trois quarts pour cent. Mais l'agio de la banque étant aujourd'hui généralement d'environ cinq pour cent, on les laiffe fouvent expirer, ou, comme ils difent, tomber à la banque. Les récépiffés donnés pour des ducats d'or lui tombent encore fouvent, parce que, avant de pouvoir les retirer, il faut payer un plus fort droit de garde ou de magafin; favoir, un demi pour cent. Les cinq pour cent que gagne la banque lorfqu'on lui laiffe tomber les dépôts, foit en monnoie, foit en lingots, peuvent être regardés comme un dédommagement du foin de les garder à perpétuité.

La fomme d'argent de banque à laquelle fe montent les récépiffés qui ont expiré, doit être fort confidérable. Elle doit comprendre tout le capital originaire de la banque, qui, comme on le fuppofe généralement, y eft refté depuis qu'il y a été dépofé, perfonne n'étant curieux de renouveller fon récépiffé ou de retirer fon dépôt, parce que ni l'un ni l'autre ne pourroient fe faire fans perte, par les raifons que j'ai dites; mais quel que puiffe être le montant de cette fomme, elle eft peu de chofe en comparaifon de la maffe totale de l'argent de banque. La banque d'Amfterdam a été, depuis plufieurs années, le grand magafin de l'Europe pour les lingots, dont on ne laiffe guère expirer les récépiffés, ou qui ne tombent que très-rarement à la banque. On fuppofe que la très-grande partie de l'argent de banque, ou des crédits fur les livres de la banque, a été créé derniérement par ces fortes de dépôts que ceux qui font le commerce en lingots, font & retirent continuellement.

Il ne peut y avoir de demande fur la banque, fi ce n'eft par le moyen des récépiffés. La plus petite maffe d'argent de banque, dont les récépiffés font expirés, eft mêlée & confondue avec la plus grande maffe dont les récépiffés font encore en force ; de manière que, quoiqu'il puisse y avoir une somme considérable d'argent de banque pour laquelle il n'existe point de récépissé, il n'y a cependant aucune somme ou portion spécifique qui ne puisse être demandée par quelqu'un en tout temps. La banque ne peut être débitrice de deux personnes pour la même chose, & le propriétaire d'argent de banque, dépourvu de récépissés, ne peut demander de paiement à la banque, s'il n'en achète pas. Ordinairement & en temps de paix, il ne peut trouver de difficulté à en acheter au prix courant, qui généralement correspond avec le prix auquel il peut vendre la monnoie ou les lingots qu'un récépissé l'autorise à tirer de la banque.

Les choses peuvent changer de face dans une calamité publique, dans le temps, par exemple, d'une invasion telle que celle de la France en 1672. Les propriétaires de l'argent de banque étant alors pressés de le retirer de la banque pour le garder eux-mêmes, la quantité de gens qui demanderoient des récépissés, pourroit les faire monter à un prix exorbitant. Les porteurs de ces effets pourroient former des prétentions extravagantes, &, au lieu de deux à trois pour cent, demander la moitié de l'argent de banque, à laquelle se monte le crédit donné sur les dépôts pour lesquels les récépissés ont été respectivement accordés. L'ennemi, au fait de la constitution de la banque, pourroit même les acheter, afin d'empêcher que le trésor ne fût enlevé : on suppose que, dans ces circonstances, la banque s'écarteroit de la règle ordinaire de ne payer qu'aux porteurs de récépissés. Les porteurs de ces effets, qui n'ont point d'argent de banque, doivent avoir reçu entre deux & trois pour cent de la valeur du dépôt, pour lequel on leur a donné leurs récépissés respectifs. La banque, dit-on, seroit donc dans le cas de ne se faire aucun scrupule de payer, soit en monnoie, soit en lingots, la pleine valeur des sommes pour lesquelles les propriétaires d'argent de banque seroient couchés dans ses livres comme créanciers, payant en même-temps deux ou trois pour cent à ces porteurs de récépissés, qui n'auroient point d'argent de banque ; ce qui constitueroit alors toute la valeur de ce qu'on pourroit justement supposer leur être dû.

Dans les temps même ordinaires de paix, il est de l'intérêt des porteurs de récépissés de faire baisser l'agio, pour acheter meilleur marché l'argent de banque, (& conséquemment les lingots que ces récépissés les autorisent à tirer de la banque) & de vendre plus cher leurs récépissés à ceux qui ont de l'argent de banque, & qui ont besoin de retirer des lingots de la banque, le prix d'un récépissé étant généralement égal à la différence entre le prix courant de l'argent de banque, & celui de la monnoie ou des lingots pour lesquels on a eu le récépissé : il est, au contraire, de l'intérêt des propriétaires de l'argent

de banque de faire monter l'agio, pour vendre d'autant plus cher leur argent de banque, ou acheter un récépissé d'autant meilleur marché. Pour empêcher les tours d'agiotage que ces intérêts opposés occasionnoient quelquefois, la banque a pris, depuis quelques années, la résolution de vendre en tout temps l'argent de banque pour des espèces courantes à cinq pour cent d'agio, & de le racheter pour quatre ; en conséquence de cette résolution, l'agio ne peut monter au-dessus de cinq, ni tomber au-dessous de quatre pour cent, & la proportion entre le prix de l'argent à la banque & celui de la monnoie courante, reste en tout temps à-peu-près la même que celle qui est entre leurs valeurs intrinsèques. Avant que cette résolution fût prise, le prix de l'argent de banque montoit quelquefois jusqu'à neuf pour cent d'agio, & quelquefois il descendoit jusqu'au pair, selon l'influence que les intérêts opposés avoient à la bourse.

La banque d'Amsterdam fait profession de ne rien prêter de ce qu'elle a en dépôt, mais de garder dans ses caisses, en monnoie ou en lingots, la valeur d'un florin, pour chaque florin pour lequel elle donne un crédit dans ses livres. On ne peut guère douter qu'elle ne garde, en effet, toute la monnoie & les lingots dont il existe des récépissés en force, qu'on peut lui redemander en tout temps, & qui réellement ne sont continuellement que sortir de chez elle & y rentrer ; mais peut-être n'est-il pas aussi sûr qu'elle garde également la partie de son capital, dont les récépissés sont expirés depuis long-temps, qu'on ne peut lui redemander dans des temps ordinaires & tranquilles, & qui, dans le fait, doivent rester chez elle à jamais, ou aussi long temps que subsisteront les états des Provinces-Unies ; cependant il n'y a point d'article de foi mieux établi à Amsterdam, que la ferme croyance où l'on y est que pour chaque florin qui circule comme argent de banque, on trouvera dans le trésor de la banque un florin correspondant en or ou en argent. La ville en est garante. La banque est sous la direction des quatre bourg-mestres régnans, qui sont changés tous les ans. Chaque nouveau collège de bourg-mestres visite le trésor, le compare avec les livres, le reçoit sous serment, & le remet avec la même solemnité respectable au collège qui lui succède : dans ce pays sage & religieux, les sermens ne sont pas encore méprisés. Ce changement annuel de directeurs paroît fournir, depuis qu'il existe, une preuve suffisante qu'il n'y a point eu de malversation. Quelques révolutions que les factions aient occasionnées dans le gouvernement d'Amsterdam, le parti dominant n'a jamais accusé ses prédécesseurs d'infidélité dans l'administration de la banque : aucune accusation n'eût porté un coup aussi sensible à la réputation & à la fortune du parti humilié, & nous pouvons être assurés que, s'il y avoit eu

moyen

moyen de l'appuyer, on n'auroit point manqué de le faire. En 1672, lorsque le roi de France étoit à Utrecht, la banque paya si promptement qu'elle ne laissa pas le moindre doute sur sa fidélité à remplir ses engagemens. Quelques-unes des pièces qui sortirent alors de ses coffres, parurent avoir été brûlées par le feu, qui prit à la maison de ville aussi-tôt après l'établissement de la banque, preuve qu'elles y étoient restées depuis ce temps-là.

Une question qui a long-temps occupé les spéculations des curieux, c'est de savoir à quoi se monte le trésor de la banque: on ne peut offrir là-dessus que des conjectures: on compte généralement qu'il y a environ deux mille personnes qui ont des comptes ouverts avec la banque; & en leur accordant à toutes individuellement la valeur de quinze cents livres sterlings couchées sur leurs comptes respectifs (& c'est les traiter fort libéralement), la quantité totale d'argent de banque, & conséquemment le trésor de la banque, sera d'environ trois millions sterl. ou trente-trois millions de florins (à 11 florins la livre sterling), somme considérable & suffisante pour une circulation très-étendue, mais fort au-dessous des idées extravagantes que certaines gens se sont formées de ce trésor.

La ville d'Amsterdam tire un revenu considérable de la banque: outre ce qu'on peut appeller la rente ou le droit de magasin, dont j'ai parlé plus haut, chaque personne qui ouvre un compte avec la banque, paye dix florins, & pour chaque nouveau compte trois florins trois stivers ou steuvres; pour chaque transport, deux stivers, & si le transport est de moins de trois cents florins, six stivers, afin n'être pas surchargé d'une multiplicité de petites affaires. La personne qui néglige de balancer son compte deux fois par an, paye une amende de vingt-cinq florins. Celui qui donne un ordre pour le transport d'une somme plus grande que la balance de son compte, est obligé de payer trois pour cent pour la somme sustirée, & en outre son ordre est rejetté. On suppose aussi que la banque fait un profit considérable par la vente de la monnoie ou des lingots étrangers qui lui tombent quelquefois à l'expiration des récépissés, & qu'elle garde toujours jusqu'à ce qu'elle puisse les vendre avec avantage; elle fait encore un profit, en vendant l'argent de banque à cinq pour cent d'agio, & en l'achetant à quatre. Ces divers émolumens rapportent quelque chose de plus que ce qui est nécessaire pour payer les salaires des officiers, & défrayer la dépense de la manutention: l'on suppose que ce qui se paye pour la garde des lingots, dont la banque donne des récépissés, monte seul par an à un revenu net de cent cinquante à deux cents mille flor. Lorsqu'on forma cette institution on ne songeoit cependant pas à se procurer un revenu, mais à l'utilité publique: on vouloit mettre

les négocians à l'abri de l'inconvénient d'un change désavantageux. Le revenu qu'elle produit aujourd'hui, n'étoit pas prévu, & peut être considéré comme accidentel. Ainsi le change, entre les pays qui payent en ce qu'on appelle argent de banque, & ceux qui payent en espèces courantes, doit paroître généralement en faveur des premiers & contre les derniers. Les premiers payent avec un argent, dont la valeur intrinsèque est toujours la même, & exactement conforme aux titres de leurs monnoies respectives; les derniers payent avec une sorte d'argent, dont la valeur intrinsèque varie continuellement, & est presque toujours plus ou moins au-dessous de son titre; mais quoique le change de compte doive être généralement en faveur des premiers, le change réel peut souvent être en faveur des autres.

Voyez l'article PROVINCES-UNIES, & les articles particuliers des six autres provinces.

HOLSTEIN, (duché de) contrée d'Allemagne dans le cercle de basse Saxe. Le duché de Holstein, y compris la seigneurie de Pinneberg, est borné au nord par le duché de Schleswig & le Royaume de Dannemarck; il touche par une de ses parties occidentales à la mer Baltique, qui lui sert de limite au levant; le duché de Lavenbourg, les territoires des villes de Lubeck & de Hambourg, ainsi que l'Elbe, le terminent au midi, & il aboutit vers le couchant à l'Elbe & à la mer Atlantique. Sa plus grande étendue du levant au couchant est de 17 à 19, & du nord au midi de 13 & 12 & 13 & demi milles géographiques. Sa circonférence renferme l'évêché de Lubeck & le comté de Ranzau, dont nous parlerons dans des articles séparés.

Nous donnerons 1°. un précis de l'histoire politique du Holstein: 2°. nous traiterons de sa population, des diverses classes de ses habitans & de son administration ecclésiastique; 3°. de sa position, de ses productions, de ses manufactures & de son commerce; 4°. de son administration & de ses tribunaux; 5°. de ses revenus, de ses troupes & de ses milices; 6°. nous ferons quelques remarques sur la seigneurie de Pinneberg, qui est réunie au Holstein.

SECTION PREMIERE.

Précis de l'histoire politique du Holstein.

Le duché de Holstein est composé de l'ancien pays de Holstein, de la Stormarie, du Dithmarsen & de la Wagrie. Les trois premiers districts furent appelés anciennement *Nordalbingia*, c'est-à-dire, la partie de la Saxe située en delà de l'Elbe. Charlemagne les subjugua, & il en tira plus de 10,000 familles, qu'il établit en deçà du Rhin, dans le Brabant, en Flandre ou en Hollande. Le même empereur fit un traité de paix

Tttt

en 811 avec Homming, roi de Dannemarck; il fut convenu dans ce traité que la rivière d'Eyder sépareroit le Dannemarck & l'empire; c'est depuis cette époque que le district qui borde cette rivière du côté de l'Allemagne, est appellée *la Marche*, & qu'on y a placé un margravé pour en défendre les limites; on supprima ensuite ce margraviat, par une convention entre Conrad II, & Canut le grand, roi de Dannemarck. Lorsque ces quatre pays faisoient partie du duché de Saxe, le duc Lothaire, devenu roi des romains, érigea le Holstein & la Stormarie en comté, & il en investit l'an 1106 Adolphe I, comte de Schavenbourg, & Adolphe II, son fils, y ajouta le pays de Wagrie. Les Venedes le possédoient alors; Adolphe leur assigna pour demeure le canton qui environne Lutzembourg & Oldenbourg, & ceux qui touchent à la mer Baltique, & il plaça dans les autres districts les habitans qu'il avoit tirés de la Flandre, de la Hollande, d'Utrecht, de Westphalie, de la Frise & du Holstein; ils s'établirent près de Segebert, le long de la Trave & de la Schewentin, & depuis la Schvald jusqu'au lac de Ploen. Adolphe III, comte de Holstein & de Schavenbourg, témoigna un attachement sincère à Henri le lion, duc de Saxe & de Bavière, lorsque ce prince eut été mis au ban de l'empire; mais celui-ci refusant de livrer les prisonniers, faits à la bataille contre les westphaliens, Adolphe en eut du mécontentement, & il abandonna les intérêts du duc, qui l'attaqua à main armée & lui enleva ce qu'il possédoit au-delà de l'Elbe, ensorte que le comte fut obligé de se retirer dans sa terre de Schavenbourg. Le duc, de retour de l'Angleterre, en 1189, où il s'étoit retiré, & ayant repris le comté de Stade, traversa l'Elbe & dirigea sa route vers le Holstein, dont les habitans, de même que les stormariens se déclarèrent en sa faveur pendant l'absence du comte Adolphe. Celui-ci s'étoit rendu, de son côté, en Palestine; &, dès qu'il fut revenu en Europe, il eut recours à l'empereur Frédéric, pour rentrer en possession du comté dont on l'avoit dépouillé. L'empereur le renvoya plein d'espoir & comblé de présens; mais, peu satisfait de ces promesses, Adolphe rechercha l'alliance de Bernard, nouveau duc de Saxe, & d'Otton, margrave de Brandebourg, qui le rétablirent dans le Holstein. Henri, surnommé le lion, étoit mort sur ces entrefaites; le comte profita de cet événement; il se réconcilia avec Henri son fils, duc & comte palatin, qui l'investit de son domaine héréditaire de Gamme, situé sur l'Elbe, & qui lui abandonna Lavenbourg. Le comte Adolphe répara ainsi toutes ses pertes; mais sa fortune fut de peu de durée: Waldemar II, roi de Danemarck, se rendit maître, en 1203, & de ces pays & de sa personne; & Adolphe fut contraint de se retirer de nouveau dans son comté de Schavenbourg. Adolphe IV, son fils, reprit

le Holstein de vive force en 1224; il livra bataille à Waldemar près de Bornhœvet, & l'ayant mis en fuite, il recouvra les domaines de son père. Le premier devoir qu'il remplit après ce succès, fut celui de la reconnoissance. Albert, duc de Saxe, l'avoit aidé de ses troupes, pour l'affranchir de la domination danoise; il se soumit à lui; &, craignant les vicissitudes auxquelles il demeuroit exposé, il embrassa la vie monastique. Les comtes Jean I & Gerard I, ses fils, partagèrent entr'eux sa succession, de façon que le premier eut la Wagrie & la ville de Kiel; le second le pays de Holstein & la Stormarie, auxquels il ajouta postérieurement le comté de Schavenbourg. La race de Jean s'éteignit en 1390, par la mort d'Adolphe X; la Wagrie fut réunie dès-lors au pays de Holstein. Gerard I, de son côté, eut deux fils, Gerard II & Henri I, qui partagèrent en deux branches celle de Holstein. Le comte Gerard IV fut de cette dernière; il reçut en fief, en 1386, le duché de Schlefwig de la couronne de Danemarck, &, il transmit ce fief à son fils Adolphe VIII, auquel les danois offrirent la royauté en 1448, mais qu'il refusa. Il mourut en 1459, sans laisser d'enfant mâle. Les états du duché de Schlefwig & du comté de Holstein lui donnèrent pour successeur Christian I, roi de Danemarck, qu'ils nommèrent leur souverain. Otton II, comte de Schavenbourg, l'un des descendans de Gerard I, avoit hérité par cette mort, de l'un & de l'autre; mais, afin de prévenir toutes les difficultés qui pouvoient naître entr'eux, ils firent une convention en 1460, par laquelle Otton se désista, en faveur de Christian, de ses prétentions sur le duché de Schlefwig & sur le comté de Holstein, & il reçut en dédommagement 43,000 florins du Rhin, & en outre la seigneurie de Pinneberg, dont le comté actuel de Ranzau faisoit alors partie.

Les pays de Holstein, de Stormarie & de Ditmarsen furent érigés en duché, en 1474, par l'empereur Frédéric III, à la sollicitation de Christian I, roi de Danemarck. La Wagrie faisoit partie des deux premiers districts, qui l'un & l'autre reconnurent Christian pour leur souverain; mais il n'en fut pas de même des habitans de Ditmarsen. Ce monarque laissa deux fils; Jean qui lui succéda à la couronne, & le duc Frédéric I, qui partagèrent entr'eux les duchés de Schlefwig & de Holstein. Christian II, fils du premier, ayant été privé de son royaume, le fut aussi de sa part des deux duchés; ils échurent l'un & l'autre à Frédéric son oncle, dont les deux fils, le roi Christian III & le duc Alphonse, furent la souche des deux branches principales; savoir, la royale & la ducale, ou celle de Gottrop. Ce même Christian établit en 1533 la fameuse union, qui fut renouvellée à Rendsbourg en 1623, & qui avoit pour objet d'établir des secours mutuels entre les deux branches. Il donna, en 1544, aux ducs Jean l'aîné & Adolphe, ses deux frères, la portion de ces duchés qui lui appartenoit ; mais il voulut que les couvens nobles, la noblesse & les villes ne fussent soumis qu'à une seule régence commune. Christian III eut pour successeur à la couronne Frédéric II, son fils, qui, conjointement avec les ducs Jean & Adolphe, ses oncles, acheva de soumettre, en 1559, les habitans de Dithmarsen ; ils divisèrent le pays entr'eux, de manière que le duc Jean le jeune, son frère, souche de la branche de Sondersbourg, eut une partie de ces duchés, qui avoit appartenu au roi. Le duc Jean l'aîné mourut sans postérité. Ce qui lui étoit échu en partage de ce duché, fut divisé entre le roi son frère, & le duc Adolphe leur oncle. La maison royale jouit encore actuellement de la part qu'elle obtint dans le duché de *Holstein*. La branche de Sonderbourg se divisa par la suite en celle de Sonderbourg, dont les lignes d'Augustenbourg & de Beek sont collatérales ; en celle de Norbourg anciennement éteinte, & en celle de Plœn ; cette dernière fut la seule qui eut une part dans le duché de *Holstein* ; & après son extinction arrivée en 1761, sa portion accrut celle du roi en vertu d'une convention faite en 1756.

Le duc Adolphe, fondateur de la branche de Gottrop, & fils puîné du roi Frédéric I, transmit à ses fils sa part des duchés de Schlefwig & de *Holstein*; Jean-Adolphe, le troisième, fut le seul qui eut des enfans ; il établit le droit de primogéniture dans sa famille, & mourut en 1616. Le duc Frédéric IV, son arrière-petit-fils, fut père de Charles-Frédéric, qui épousa Anne, fille du second lit de Pierre I, empereur de Russie ; & en vertu du traité de paix conclu en 1720, il perdit pour quelque tems tous ses états en général, & ce qu'il avoit hérité de son père, dans le duché de Schlefwig. Il mourut en 1739, laissant un fils, nommé *Pierre Ulric* ; Elisabeth, impératrice de Russie, sa tante, le créa grand-duc de Russie, & le déclara son successeur au trône. Il prit le nom de *Pierre Féodorowitsch* : il parvint à la couronne au commencement de 1762 ; &, comme on le sait, il ne la porta que six mois ; car il mourut vers le milieu de la même année. En 1773, le roi de Danemarck acquit tout le duché de *Holstein*, en donnant les comtés d'Oldenbourg & de Delmenhorst en échange de la partie ducale de ce duché. C'est Frédéric-Auguste, évêque de Lubeck & duc de *Holstein*, qui obtint les comtés de la Westphalie pour lui & ses descendans mâles.

Les comtes de *Holstein* étoient feudataires des ducs de Saxe ; ils l'étoient déja de Henri, surnommé *le lion*, & ils l'ont été de tous les ducs successeurs de la branche d'Afcanie ; le dernier de ceux-ci les investit, en 1380, du comté de Holstein & de Stormarie. Il paroît qu'à l'extinction de cette branche, ils se dégagèrent de la Saxe,

en ne prêtant plus de foi & hommage ; aussi ne reçurent-ils plus d'investiture, soit de l'Empire, soit d'Eric V, duc de Saxe-Lavenbourg, qui, en 1414, obtint pour lui-même de l'empereur Sigismond l'inféodation du comté de *Holstein* & de Stormarie. Ce fut vers le même temps que Jean Scheele, évêque de Lubeck, obtint de cet empereur la commission perpétuelle de donner en son nom l'investiture du comté de *Holstein* & de Stormarie. Les comtes ne devenoient pas pour cela vassaux de l'évêché ; ils ne perdoient pas non plus l'immédiateté de l'Empire, dont ils avoient joui jusqu'alors ; & ne s'opposèrent-ils point d'abord à ce privilège, quoiqu'obtenu sur un exposé subreptice ; ils y trouvoient même des avantages auxquels ils n'avoient garde de renoncer : d'un côté, il leur offroit l'occasion de se dégager des électeurs de Saxe, & de devenir feudataires de l'Empire ; ils pouvoient, de l'autre, être investis sans beaucoup de peines ni de dépenses ; ils furent affranchis des subsides de l'Empire jusqu'en 1548. Le roi Christian II avoit sollicité & obtenu pendant ce tems, de l'empereur Charles V le privilège de pouvoir, ainsi que ses héritiers, conférer en son nom & en celui de ses successeurs, l'investiture du comté de *Holstein*. Ce fut en vain que le duc Frédéric réclama contre cette concession ; inutilement aussi le roi Christian II renonça-t-il à son privilège, lors de la convention conclue à Bordisholm en 1522 ; jamais l'évêque de Lubeck ne put rentrer dans la possession du droit qui lui avoit été accordé : cependant les rois Christian III & Frédéric II, ainsi que les ducs Jean & Adolphe, avoient interposé leurs bons offices pour concourir au succès de ses démarches ; la prise de fief du comté de *Holstein* ne pouvoit plus se faire que par les mains de l'empereur même, usage qui a prévalu depuis, & qui subsiste encore.

Le roi de Danemarck prend le titre de *duc de Holstein*, de *Stormarie* & de *Ditmarsen*. Tous les ducs de Schlefwig & de Holstein, de la maison royale & de celle de princes, se qualifioient, en qualité d'héritiers de Norwège, ducs de Schlefwig, de Holstein, de Stormarie & de Ditmarsen, comtes d'Oldenbourg & de Delmenhorst. Mais les ducs de la maison royale ont abandonné la première de ces qualités à la réquisition de Christian VI.

Le duché de *Holstein* donne au roi de Danemarck séance & suffrage à la diète de l'Empire dans le collège des princes. La part qu'avoit l'empereur de Russie, lui donnoit le même droit. Le suffrage du premier étoit appelé celui de *Holstein-Gluckstadt*, le second celui de *Holstein-Gottrop*. L'un & l'autre de ces princes avoient aussi voix & séance aux assemblées circulaires de la basse-Saxe, sous les dénominations qui viennent d'être rapportées : ils présentoient à leur tour, pour raison de ce cercle & indépendamment de celui de Mecklenbourg, un affesseur à la chambre fouveraine de l'Empire. Depuis 1773, le roi de Danemarck réunit les deux droits. La taxe matriculaire pour tout le duché eft de 40 cavaliers montés & équipés & de 80 fantaffins, ou en argent de 800 florins. Le contingent à l'entretien de la chambre eft taxé pour Holftein-Gluckftadt & pour Holftein-Gottrop à 189 rixdales 31 & demi kr. chacun.

SECTION IIe.

De la population, des diverfes claffes d'habitans & de l'adminiftration eccléfiaftique du Holftein.

On compte dans ce duché quatorze villes & dix-huit bourgs, en y comprenant la ville d'Altona & celles qui fe trouvent dans la feigneurie de Pinneberg. Le nombre des enfans nés en 1766, dans la partie du duché qui appartenoit alors au roi de Danemarck, monta à 4899, & celui des morts à 4013. Il naquit pendant la même année, dans la feigneurie de Pinneberg 869 enfans, & dans la ville d'Altona 682.

La plupart des laboureurs qui demeurent dans les bailliages appartenans aux ducs de *Holftein*, ou qui font attachés à quelques couvens, font libres, à l'exception cependant de ceux des bailliages de Gifmar & d'Oldenbourg, qui font ferfs, ainfi que les laboureurs, des gentilshommes, & tenus à des corvées journalières, fans pouvoir quitter le domaine, à la culture duquel ils font deftinés; ceux qui exploitent les biens nobles fitués dans les bas-fonds, voifins des deux mers, & qu'on appelle *marfchland*, font exceptés de cette règle: parmi ceux qui laboureur les terres fablonneufes, nommées *geeftland*, il y en a peu de libres. La nobleffe du *Holftein* fait corps avec celle de Schlefwig; elles jouiffent des mêmes droits & privilèges, à l'exception néanmoins que celle du *Holftein* peut feule aujourd'hui compofer la régence & la juftice provinciale, commune à l'une & à l'autre. Les gentilshommes & autres poffeffeurs de biens nobles exercent dans leurs terres la haute & baffe juftice; ils font exempts de péage & de l'impôt appellé *licent*, relativement aux productions de leur bien & aux denrées qu'ils font importer pour leur confommation; ils ont de plus le droit de chaffe, & font difpenfés de l'ufage du papier timbré. Il y a trois couvens nobles; favoir, celui d'Itzehoe, celui de Preetz, & celui d'Uterfen, qui ont les mêmes privilèges que la nobleffe. Les ducs invitoient jadis les abbés & les prévôts des couvens nobles, la nobleffe & les villes, aux diètes qui fe tenoient ordinairement à Kiel, à Rendsbourg, à Schlefwig ou à Flensbourg; mais ces diètes femblent avoir été fupprimées; car on ne les a pas convoquées depuis 1711 & 1712, & à cette époque

les villes ne furent point appellées. Les feules affemblées qui foient reftées en ufage, font celles des nobles; elles font indiquées par les prélats ou abbés, & fe tiennent communément dans la ville de Kiel. Les biens nobles du *Holftein* font divifés en quatre diftricts, qui font celui d'Oldenbourg, celui de Preetz, celui de Kiel & celui d'Itzehoe. Chaque diftrict a fon député qui, inftruit par les prélats de la néceffité de tenir une affemblée générale, en fait avertir tous les membres qui compofent ce diftrict.

La religion luthérienne eft dominante dans tout le duché. Les paroiffes & leurs prédicateurs font fous la difcipline des prévôts, qui eux-mêmes font fous les ordres de deux furintendans généraux, nommés par le roi. Les calviniftes & les catholiques font tolérés; les uns & les autres ont des églifes à Gluckftadt & à Altona. Toutes fortes de croyances font d'ailleurs admifes dans le duché, fans en exclure celle des memnonites, qui ont deux églifes dans la dernière de ces deux villes. Il y a à Kiel une chapelle pour le rit grec à l'ufage des ruffes. Les juifs n'ofent avoir de demeures fixes que dans les villes de Gluckftadt, de Rendfbourg, de Kiel & d'Altona. Cette conceffion a été étendue depuis, par un privilège fpécial, au bourg de Wandsbeck & à la ville de Moifling.

SECTION IIIe.

De la pofition, des productions, des manufactures & du commerce du Holftein.

Le duché du *Holftein*, fitué entre la Baltique & l'Océan, eft expofé à des orages qui purifient l'air; mais, pour prévenir les inondations ruineufes & la fureur des flots, il a fallu conftruire de hautes & fortes digues le long de l'Elbe & de la mer Atlantique, ainfi que dans les contrées baffes que parcourent les rivières qui s'y précipitent. Ces diftricts, expofés à tant d'accidens, font néanmoins très-fertiles; ils offrent des terres fortes & graffes, qui produifent du froment, de l'orge, des fèves, des pois, des navets & de la très-bonne herbe, & les habitans y élèvent une grande quantité de bêtes à cornes. Le bétail y eft généralement & plus grand & plus fort que dans les contrées fablonneufes ou dans les terreins élevés; une vache y rend, dans un jour d'été, depuis cinq jufqu'à dix pots de lait. Le fourrage y eft fi bon, qu'on y amène une grande quantité de jeunes bœufs de Jutland, & on les y engraiffe avec ceux du pays. Il n'en eft pas de même des cantons qui occupent le centre de ce duché, tels que ceux de Rendsbourg, de Bordisholm, de Segeberg, & de ceux qui avoifinent le territoire de Hambourg, & qui, en retrogradant, fe trouvent près d'Itzehoe: les terres y font la plupart fablonneufes; elles ne préfentent que des bruyères, propres feulement au pâturage des moutons. Les autres terres de ce duché, quoique mêlées de sable, sont infiniment supérieures en bonté à celles dont il vient d'être parlé, notamment dans le district qui borde la mer Baltique, & dans le canton qu'on appelle *la Prévôté*. Elles n'ont rien à envier à celles de la première qualité du pays de la Marche, quoiqu'une vache de ces districts ne rende que trois jusqu'à cinq pots de lait. Le *Holstein* produit, au surplus, des grains au-delà du besoin de ses habitans. Là comme ailleurs on a éprouvé la disette de bois, & on commence à brûler de la tourbe. La majeure partie des gentilshommes-louent leurs vaches à des entrepreneurs. Il n'est pas rare d'y rencontrer des fermes principales composées de trois cents, de quatre cents vaches & même plus, sans y comprendre les métairies, qui chacune en nourrit encore cent à cent cinquante. La rente ordinaire d'une de ces bêtes est de six à dix rixdales; mais le propriétaire est tenu de fournir le pâturage en été, & de l'entretenir de foin & de paille pendant l'hiver.

La viande du bœuf, du veau, du mouton & des agneaux est grasse & d'un goût agréable. Les haras de quelque réputation sont en plus petit nombre qu'ils n'étoient autrefois; mais le *Holstein* fournit encore de très-beaux chevaux, qui se payent deux cents, même trois cents rixdales. La volaille y abonde, & l'on n'y manque point de gibier de toutes espèces. Il en est de même du poisson, que les mers Atlantique & Baltique, les rivières & les lacs fournissent en grande quantité. Les étangs sont travaillés d'une façon singulière: on les peuple de carpes, de petits brochets & de petites perches, qu'on y laisse séjourner pendant deux ou trois années; lorsque la pêche est faite & que les eaux se sont écoulées, on laisse sécher l'étang, & on y sème ensuite de l'avoine pendant quelques années, ensuite on l'empoissonne de nouveau. On dit que cette méthode est très-lucrative.

Le *Holstein* a des manufactures & des fabriques: elles sont pour la plupart dans les villes d'Altona & de Gluckstadt; mais on pourroit les multiplier beaucoup. Sa situation sur l'une & sur l'autre mer, jointe aux rivières en partie navigables, qui le parcourent, offrent de grandes facilités à la navigation au commerce; si l'on savoit en tirer tout le parti dont le pays est susceptible. Il tire beaucoup de marchandises de Hambourg & de Lubeck. Celles des villes qui font le plus de commerce, sont Altona, Gluckstadt & Kiel. Les exportations consistent en bleds, en orge germé, en gruau, en amidon & en sarrasin. L'on exporte aussi des pois, des fèves, des bêtes à cornes, des moutons, des porcs, des chevaux, de la volaille, du beurre, du fromage, du gibier & du poisson.

SECTION IVᵉ.

Administration & tribunaux du Holstein.

Le roi de Danemarck commande dans le *Holstein*, ainsi que dans la principauté de Schleswig, par l'entremise d'un gouverneur: chacun de ces pays eut, avant la réunion, sa cour de justice particulière. La chancellerie de la régence royale reçut à Flensbourg, en 1648, sa constitution actuelle, & fut transférée à Gluckstadt l'année d'après, où elle subit de légers changemens en 1752. Le gouverneur y préside: elle est composée d'un chancelier, d'un vice-chancelier, de cinq conseillers & de trois secrétaires; le dernier des secrétaires est chargé en même-temps des archives. Ces officiers, qui s'assemblent quatre fois par an, administrent la justice. Ils sont juges des appels qui s'interjettent des sentences rendues dans quelques bailliages, & notamment dans ceux de la partie méridionale de Dithmarsen. Les juges supérieurs du consistoire sont en partie les mêmes que ceux de la chancellerie; ceux qui ont droit de siéger avec eux, sont: le surintendant général, qui toutefois n'y est tenu qu'autant qu'il le veut bien; le prévôt de Munsterdorf & le pasteur du château de Gluckstadt. La chambre des matières criminelles se trouve réunie depuis 1754 à la chancellerie de la régence. On y a supprimé l'usage d'envoyer la procédure à des jurisconsultes étrangers pour avoir leur avis. Il y a des justices supérieures à Pinneberg, à Altona & à Ranzau.

Les causes sont jugées en première instance par des juridictions inférieures, qui, dans les villes, sont composées des magistrats; l'appel de leurs jugemens est porté à la chancellerie de la régence. Il y a aussi, dans presque toutes les villes, une basse-justice exercée par deux conseillers de ville, qui jugent les affaires d'injures & de police, connoissent des dettes & des matières de peu de conséquence; l'appel est porté devant les magistrats. Dans les campagnes, les prévôts des paroisses sont chargés de tenter les accommodemens à l'amiable; les causes qui n'en sont point susceptibles, sont portées, en première instance, devant le baillif; & lorsque les parties sont justiciables d'un des bailliages appelés *geestœmster*, elles se pourvoient par appel à un tribunal, nommé *ding und recht*, qui juge en matière civile & criminelle. Ce tribunal est composé d'un certain nombre de gens intègres, appelés *fromme holsten*, du prévôt qui n'y assiste que l'épée nue à la main, d'un arbitre & d'un entremetteur. Le baillif n'y assiste que pour diriger les officiers & les empêcher de s'écarter des principes de droit: il n'a point de voix délibérative dans les jugemens. Le bailliage de Segeberg a une constitution différente de celle dont on vient de parler.

ler : au lieu du tribunal de *diig und recht*, l'on y a introduit la justice ordinaire du bailliage. La basse-justice du pays de Krempe & de Wilster est appellée *lodding*, &, à proprement parler, *landding*, c'est-à-dire, la justice, d'une certaine étendue de pays ; les appels en sont portés à celle de *gœding*, ou, pour dire mieux, *ganding*, qui signifie la justice de toute une province, & forme le second degré de jurisdiction. La seigneurie de Pinneberg a des justices inférieures, qui lui sont particulières.

Les couvens & les gentilshommes du duché de *Holstein* dépendoient, ainsi que leurs sujets, de la régence commune, dont le gouvernement alternoit ci-devant entre l'empereur de Russie & le roi. Cette régence étoit administrée par la chancellerie de celui des deux souverains qui en avoit alors l'exercice : l'on y expédioit des ordonnances & des réglemens dans les affaires qui requièrent célérité, & qui ne peuvent point être portées au tribunal provincial ; les officiers étoient installés au nom commun des souverains : mais ceux du roi tenoient la première place. Les affaires contentieuses, qui naissoient entre les sujets communs, devoient être instruites au siège commun de justice de trimestre, qui tenoit ses séances douze semaines avant que le tribunal de la province, dans lequel elles devoient être jugées, n'ouvrît les siennes. L'assemblée de ce tribunal n'avoit lieu que lorsque les souverains le jugeoient nécessaire : elle se tenoit alternativement à Gluckstadt & à Kiel ; les membres y étoient invités par lettres-patentes munies du sceau de l'un & de l'autre prince. Ces souverains avoient tour à tour le directoire de cette assemblée, ensorte que pendant tout le temps de sa durée, fût-elle de plus d'une année, il restoit à l'un d'eux, & que l'autre l'avoit lors de l'assemblée suivante. Celui qui étoit en exercice, avoit voix prépondérante lorsque les voix se trouvoient partagées. Elle étoit composée, au surplus, de huit conseillers nobles, moitié royaux & moitié impériaux, de quatre autres conseillers royaux & autant d'impériaux lettrés, nobles ou de condition bourgeoise : on les tiroit communément de la chancellerie de la régence. Il y avoit un chancelier, que les souverains nommoient alternativement, & auxquels cet officier étoit tenu, ainsi que le notaire du tribunal de la province, de prêter le serment de fidélité, & enfin deux secrétaires, l'un royal & l'autre impérial, tous deux, à la vérité, chargés de tenir le protocole ; mais les expéditions n'en étoient délivrées que par celui dont le souverain exerçoit le directoire. Les prélats, les gentilshommes & les prédicateurs des églises nobles & ci-devant communes aux deux princes, plaidoient à ce tribunal en première instance : on y portoit aussi les appels des jugemens rendus dans les sièges de justice appartenans aux couvens, ainsi qu'à ceux des gentils-

hommes. Toutes les causes y étoient discutées verbalement ; mais si une partie ne vouloit point s'en tenir au jugement, & qu'elle voulût se pourvoir par appel à un des tribunaux en dernier ressort, elle étoit obligée de demander à l'entrée de la cause, qu'elle fût instruite par écrit, & se réserver le droit d'appel en ces termes : *processus in scriptis cum beneficio appellationis.* La dernière assemblée que ce tribunal ait tenue, fut à Gluckstadt en 1753. Lorsqu'il n'y restoit plus d'affaires civiles à juger, on procédoit aux ecclésiastiques, qui y étoient traitées dans un consistoire général, auquel assistoit le surintendant en chef de l'un & de l'autre souverain. Outre le tribunal dont il vient d'être parlé, il en existoit un autre qui connoissoit de quelques matières criminelles, & qui étoit également commun aux deux princes. Depuis que le roi de Danemarck est seul maître du *Holstein*, on a changé en quelques points la forme de ces tribunaux.

Il reste à dire quelque chose en général des justices inférieures des couvens & des gentilshommes. Les premières s'exercent, où contre les conventuels, ou contre les sujets dépendans du couvent : au premier cas, la justice est administrée par le prévôt, par l'abbesse ou la supérieure, & les plus anciennes conventruelles du couvent : au second cas, la question à décider est jugée en matière civile par l'abbesse ou supérieure & par le prévôt ; il est libre cependant au particulier de se pourvoir par appel au tribunal, appellé *ding und recht*, & delà à celui de la province. Les couvens font exercer aussi la haute-justice, où sont portées les affaires criminelles. Lorsqu'en matière criminelle le procès est instruit, les pièces sont envoyées à quelque université, sur l'avis de laquelle le prévenu du crime subit la peine prononcée contre lui.

SECTION Ve.

Des revenus, des troupes & des milices du Holstein.

Les revenus ordinaires que perçoit le souverain du pays, dérivent principalement des biens domaniaux, des régaliens & des impositions. Ceux de cette dernière espèce sont : les contributions, l'impôt connu sous le nom de *herrengeld*, que payent les domiciliés dans les bailliages du pays de Ditmarsen ; un autre impôt nommé *licent* ; le papier timbré & la fourniture d'une certaine quantité de seigle, d'avoine, de foin & de paille. Les contributions sont perçues sur le nombre de charrues que font valoir les villes, les bailliages, les couvens & les biens nobles. Ces charrues sont évaluées depuis 24 jusqu'à 36 journaux, selon le degré de bonté des terres. Le journal est composé de 120 perches en longueur sur 3 trois quarts perches en largeur ; la perche contient seize pieds, & le pied est de douze pouces. Il seroit

à desirer que l'on arpentât exactement la contenance des terres qui dépendent des villes, des
bailliages, des couvens & des biens nobles; les
unes sont imposées pour plus de charrues, & d'autres pour moins qu'elles n'en ont effectivement.
Les couvens & ceux qui occupent des biens nobles, sont taxés à trois rixdales par charrue. Il
est des biens nobles qui, selon cette évaluation,
payent au-delà de 2000 rixdales par année. Le duché de *Holstein* est réputé contenir 2625 charrues
contribuables, qui appartiennent aux couvens &
à des nobles : d'où il suit que cette sorte d'impôt produit seule près de 100,000 rixdales par
année. Les gentilshommes & les couvens sont
tenus de payer chaque mois la douzième partie
de cette contribution à la caisse militaire. Les magistrats sont chargés d'en faire la perception dans
les villes, & les greffiers dans les bailliages. La
charrue est imposée à une rixdale pour la pension
des princesses, outre les trois dont on vient de
parler.

Le roi de Danemarck entretient dans ce pays
quelques régimens d'infanterie & deux de cavalerie. La plus grande partie de celui de milices,
appellé *de Shlesvig-Holstein*, que le roi fit lever
en 1739, fut tirée de la partie qui lui appartenoit
dans le duché de *Holstein*. Le pays de Krempe
& de Wilster, la seigneurie de Pinneberg & le
comté de Ranzau obtinrent une exemption à cet
égard en 1755. Cette milice est fournie à raison
de trois charrues & trois quarts pour un homme;
il doit être âgé d seize à trente-six ans, & il
est obligé d'en servir six. La ville de Heiligen-
hofen est tenue de livrer un certain nombre de
matelots pour le service maritime.

Section VIᵉ.

Remarques sur la seigneurie de Pinneberg.

Les comtes de *Holstein*, de Stormarie & de
Schavenbourg de la branche de Schavenbourg possédoient déja la seigneurie de Pinneberg au commencement du quatorzième siècle. Le comte Adolphe X, dernier rejetton de la branche de Wagrie ou de Kiel, étant mort, cette seigneurie fut
séparée du comté de *Holstein*, par l'accord que
firent Nicolas II & le fils de Henri II son frère,
d'une part, & le comte Otton I, alors possesseur de cette seigneurie, de même que du comté
de Scharenbourg, son frère & ses fils, de l'autre part. La branche de Schavenbourg tira en outre
de la succession d'Adolphe X l'hôtel de Schavenbourg, situé à Hambourg, l'isle nommée *Bil-
lenwerder*, ainsi que toutes celles qui en dépendent; quelques autres domaines, & 8000 livres,
valeur de Lubeck, que le comte Nicolas fut obligé
de lui payer par forme de supplément. Par une
convention de 1460, entre le roi Christian I &
Otton II, comte de Schavenbourg, le premier

promit, tant en son nom qu'en celui de ses successeurs, de maintenir le comte, de même que
ses héritiers, dans la possession de la seigneurie
de Pinneberg. Elle fut qualifiée maintefois de
comté de Holstein, après que ce pays eut été érigé
en duché. Otton VI, comte de Schavenbourg,
étant mort en 1640 sans laisser d'héritiers, Christian IV, roi de Danemarck, en prit possession
& la partagea avec Frédéric III, duc de Holstein-Gottrop. Elisabeth, mère du dernier comte
de Schavenbourg, avoit des prétentions sur cette
seigneurie : on les évalua à 145,000 rixdales, qui
lui furent payées après une convention faite sur
cet objet en 1641. La seigneurie, ainsi que le
reste de la succession, fut ensuite divisée en cinq
parties; le roi en prit d'abord une, pour s'indemniser des frais qu'il avoit supportés; il en
prit en outre deux, & les deux autres échurent au
duc; celles-ci consistèrent dans le bailliage de Brams-
tedt & dans celui d'Eimeshorn : on laissa indivis
le péage de Schavenbourg, l'hôtel situé à Hambourg, & les prébendes & vicariats du grand
chapitre de Schavenbourg. Quant aux dettes pour
lesquelles cette seigneurie étoit hypothéquée, il
fut convenu que le roi en paieroit les deux tiers,
& que le reste demeureroit à la charge du duc.
Par une ordonnance du roi Frédéric III, de l'année 1649, il fut statué que sa part de la seigneurie de Pinneberg n'auroit rien de commun
avec la régence du *Holstein*, mais qu'elle
conserveroit toujours son immédiateté & sa supériorité territoriale, & qu'elle seroit exempte des
impôts dont le duché de *Holstein* pourroit être
chargé. L'administration de cette seigneurie est
confiée à un drossard provincial. Les sujets y plai-
dent en première instance au tribunal de la province, qui, dans chaque prévôté, est composé
du prévôt, appellé *ding vogt*, & de huit personnes assermentées, que le drossart commet à
cet effet. Ces juges s'assemblent deux fois chaque
année. On appelle de leurs jugemens à un autre
tribunal, nommé *gœding*, où préside le *ding vogt*;
il est composé de vingt-six personnes assermentées, prises dans toutes les prévôtés de la seigneurie. On appelle de ses jugemens, ainsi que
de ceux que rendent le drossard provincial &
l'administrateur du bailliage, à la cour supérieure
des appellations de Pinneberg. Cette cour est
formée de ceux des membres de la régence de
Glucikstadt, qui par leur brevet, en ont obtenu
du roi la commission particulière; le drossard même de Pinneberg n'y préside qu'autant que le
roi lui en a accordé le pouvoir. Cette cour qui,
jusqu'en 1754, ne jugeoit qu'en matière civile,
obtint la jurisdiction criminelle à cette époque,
& l'envoi des procédures à des jurisconsultes
étrangers fut aboli. Il est des cas où il est permis d'appeler des jugemens de cette cour à celles
de l'empereur & de l'Empire; mais ces cas sont
peu fréquens. Cette seigneurie a un consistoire

particulier : ceux qui le composent, font le drof-
fard provincial, les prédicateurs & le prévôt de
cette même feigneurie, qui l'est en même-temps
de la ville d'Altona ; quant au confistoire fupérieur, il fe trouve réuni à la cour des appellations dont on vient de parler. La feigneurie de
Pinneberg, au furplus, eft demeurée exempte de
toutes impofitions de l'Empire & du cercle, depuis l'époque où elle fut féparée du duché de
Holftein. *Voyez* DANEMARCK, SLESWICK &
NORWEGE.

HOLZAPHEL, comté d'Allemagne au cer-
cle de Weftphalie ; il eft fitué fur la rivière de la
Hogue, entre le territoire de Trèves & celui de
Naffau-Dietz.

Il eft compofé de la feigneurie immédiate d'Ef-
terau & de la prévôté d'Iffelbach, que le prince
Jean-Louis de Naffau-Hadamar vendit, en 1643,
à Pierre Holzaphel avec pleine fupériorité territoriale, pour la fomme de 64,000 rixdales, &
que l'empereur Ferdinand III érigea la même
année en comté immédiat de l'Empire, fous le
nom de *Holzaphel*. Elifabeth - Charlotte, fille
unique de Pierre & fon héritière, porta le nouveau comté en dot à Adolphe de Naffau-Dillenbourg : l'aînée de fes trois filles époufa le prince
Guillaume-Maurice de Naffau-Siegen ; la feconde
le comte Frédéric-Adolphe de la Lippe-Detmold,
& la troifième le prince Lebrecht d'Anhalt-
Bernbourg-Hoym, dont les defcendans tiennent
le comté de *Holzaphel* à titre d'alleu.

Ce domaine donne à fon poffeffeur voix &
féance aux diètes de l'Empire, & à celles du
cercle de Weftphalie, où il ne fut admis qu'en
1643 avec rang entre Winnenbourg & Wittem. Sa taxe matriculaire eft de 15 florins, outre
13 rixdales 86 & demi kr. pour l'entretien de la
chambre impériale.

HONDURAS (établiffement de) formé par
les efpagnols en Amérique. Il comprend auffi
les côtes d'Iucatan & de Campeche, où les anglois ont un petit établiffement ; & nous parlerons de ces trois diftricts dans le même article.

La contrée de *Honduras*, Iucatan & de Campeche occupe 180 lieues de côtes, & s'enfonce
dans l'intérieur jufqu'à des montagnes fort hautes, plus ou moins éloignées de l'Océan.

Le climat de cette région eft fain & affez
tempéré. Le fol en eft communément uni, très-
bien arrofé, & paroît propre à toutes les productions cultivées entre les tropiques. On n'y
eft pas expofé à ces fréquentes féchereffes, à ces
terribles ouragans qui détruifent fi fouvent, dans
les ifles du nouveau-Monde, les efpérances les
mieux fondées.

Le pays eft principalement habité par les mof-
quites. Ces indiens furent autrefois nombreux ;
mais la petite-vérole a confidérablement diminué
leur population. On ne penfe pas qu'actuellement

leurs diverfes tribus puiffent mettre plus de neuf
ou dix mille hommes fous les armes.

Une nation, encore moins multipliée, eft fixée
aux environs du cap Gracias-à-Dios. Ce font
les famboes defcendus, dit-on, d'un navire de
Guinée, qui fit autrefois naufrage fur ces parages. Leur teint, leurs traits, leur cheveux, leurs
inclinations ne permettent guère de leur donner
une autre origine.

Les anglois font les feuls européens que la
cupidité ait fixés dans ces lieux fauvages.

Leur premier établiffement fut formé vers 1730,
vingt-fix lieues à l'eft du cap *Honduras*. Sa pofition à l'extrémité de la côte & de la rivière
Black, qui n'a que fix pieds d'eau à fon embou-
chere, retardera & empêchera peut-être toujours fes progrès.

A cinquante-quatre lieues de cette colonie eft
Gracias-à-Dios, dont la rade, formée par un
bras de mer, eft immenfe & affez fûre. C'eft
tout près de ce cap fameux que fe font placés
les anglois fur une rivière navigable, & dont les
bords font très-fertiles.

Soixante-dix lieues plus loin, cette nation en-
treprenante a trouvé à Blew - Field des plaines
vaftes & fécondes, un fleuve acceffible, un port
commode, & un rocher qu'on rendroit aifément
inexpugnable.

Les trois comptoirs n'occupoient, en 1769,
que deux cents fix blancs, autant de mulâtres &
neuf cents efclaves. Sans compter les mulets &
quelques autres objets envoyés à la Jamaïque,
ils expédièrent cette année, pour l'Europe, huit
cents mille pieds de bois de Mahagoni, deux
cents mille livres pefant de falfepareille & dix
mille livres d'écailles de tortue. Les bras ont été
multipliés depuis. On a commencé à planter des
cannes, dont le premier fucre s'eft trouvé d'une
qualité fupérieure. De bons obfervateurs affirment qu'une poffeffion tranquille du pays des mof-
quites vaudroit mieux un jour pour la Grande-
Bretagne, que toutes les ifles qu'elle occupe actuellement dans les Indes occidentales.

La nation ne paroît former aucun doute fur
fon droit de propriété. Jamais, difent fes écrivains, l'Efpagne ne fubjuga ces peuples, &
jamais ces peuples ne fe foumirent à l'Efpagne.
Ils étoient indépendans de droit & de fait, lorfqu'en 1670 leurs chefs fe jettèrent d'eux-mêmes
dans les bras de l'Angleterre, & reconnurent fa
fouveraineté. Cette foumiffion étoit fi peu forcée, qu'elle fut renouvellée à plufieurs reprifes.
A leur follicitation, la cour de Londres envoya
fur leur territoire, en 1741, un corps de troupes que fuivit bientôt une adminiftration civile.
Si après la pacification de 1763, on retira la milice & le magiftrat ; fi l'on ruina les fortifications
élevées pour la fûreté des fauvages & de leurs
défenfeurs ; ce fut par l'ignorance du miniftère,
qui fe laiffa perfuader que le pays des mofquité

faifoit

faifoit partie de la baie de *Honduras*. Cette erreur ayant été diffipée, il a été formé de nouveau, dans ces contrées, un gouvernement régulier au commencement de 1776.

La péninfule d'Yucatan, qui fépare les baies de *Honduras* & de Campêche, a cent lieues de long fur vingt-cinq de large. Le pays eſt entièrement uni. On n'y voit ni rivière, ni ruiſſeau : mais par-tout l'eau eſt ſi près de la terre, par-tout les coquillages ſont en ſi grande abondance, que ce grand eſpace a dû faire autrefois partie de la mer.

Yucatan, *Honduras* & Campêche n'offrirent pas aux eſpagnols ces riches métaux, qui leur faiſoient traverſer tant de mers. Auſſi négligèrent-ils, mépriſèrent-ils ces contrées. Peu d'entr'eux s'y fixèrent ; & ceux que le fort y jetta, ne tardèrent pas à contracter l'indolence indienne. Aucun ne s'occupa du ſoin de faire naître des productions dignes d'être exportées. Ainſi que les peuplades qu'on avoit détruites ou aſſervies, ils vivoient de cacao, de maïs auxquels ils avoient ajouté la reſſource facile & commode des troupeaux tirés de l'ancien monde. Pour payer leur vêtement, qu'ils ne vouloient pas ou ne ſavoient pas fabriquer eux-mêmes & quelques autres objets de médiocre valeur que leur fourniſſoit l'Europe, ils n'avoient proprement de reſſource qu'un bois de teinture, connu dans tous les marchés ſous le nom de *bois de Campêche*. Le cœur de cet arbre donne une belle couleur noire & violette.

Le goût de ces couleurs, qui étoit plus répandu il y a deux ſiècles qu'il ne l'eſt peut-être aujourd'hui, procura un débouché conſidérable à ce bois précieux. Ce fut au profit des eſpagnols ſeuls, juſqu'à l'établiſſement des anglois à la Jamaïque.

Dans la foule des corſaires, qui ſortoient tous les jours de cette iſle devenue célèbre, pluſieurs allèrent croiſer dans les deux baies & ſur les côtes de la péninfule, pour intercepter les vaiſſeaux qui y naviguoient. Ces brigands connoiſſoient ſi peu la valeur de leur chargement, que lorſqu'ils en trouvoient des barques remplies, ils n'emportoient que les ferremens. Un d'entr'eux ayant enlevé un gros bâtiment qui ne portoit pas autre choſe, le conduiſit dans la Tamiſe avec le ſeul projet de l'armer en courſe ; & contre ſon attente, il vendit fort cher un bois dont il faiſoit ſi peu de cas, qu'il n'avoit ceſſé d'en brûler pendant ſon voyage. Depuis cette découverte, les corſaires qui n'étoient pas heureux à la mer, ne manquoient jamais de ſe rendre à la rivière de Campeton, où ils embarquoient les piles de bois qu'ils trouvoient toujours formées ſur le rivage.

La paix de leur nation avec l'Eſpagne ayant mis des entraves à leurs violences, pluſieurs d'entr'eux ſe livrèrent à la coupe du bois d'inde. Le cap Catoche leur en fournit d'abord en abondance. Dès qu'ils le virent diminuer, ils allèrent

s'établir entre Tabaſco & la rivière de Champeton, autour du lac Triſte & de l'iſle aux Bœufs, qui en eſt fort proche. En 1675, ils y étoient deux cents ſoixante. Leur ardeur, d'abord extrême, ne tarda pas à ſe ralentir. L'habitude de l'oiſiveté reprit le deſſus. Comme ils étoient la plupart excellens tireurs, la chaſſe devint leur paſſion la plus forte, & leur ancien goût pour le brigandage fut réveillé par cet exercice. Bientôt ils commencèrent à faire des courſes dans les bourgs indiens, dont ils enlevoient les habitans. Les femmes étoient deſtinées à les ſervir, & on vendoit les hommes à la Jamaïque, ou dans d'autres iſles. L'eſpagnol, tiré de ſa léthargie par ces excès, les ſurprit au milieu de leurs débauches, & les enleva la plupart dans leurs cabanes. Ils furent conduits, priſonniers à Mexico, où ils finirent leurs jours dans les travaux des mines.

Ceux qui avoient échappé, ſe réfugièrent dans le golfe de *Honduras*, où ils furent joints par des vagabonds de l'Amerique ſeptentrionale. Ils parvinrent avec le temps, à former un corps de quinze cents hommes. L'indépendance, le libertinage, l'abondance où ils vivoient, leur rendoit agréable le pays marécageux qu'ils habitoient. De bons retranchemens aſſuroient leur ſort & leurs ſubſiſtances, & ils ſe bornoient aux occupations que leurs malheureux compagnons gémiſſoient d'avoir négligées. Seulement ils avoient la précaution de ne jamais entrer dans l'intérieur du pays pour couper du bois, ſans être bien armés.

Leur travail fut ſuivi du plus grand ſuccès. A la vérité, la tonne qui s'étoit vendue juſqu'à neuf cents livres, étoit tombée inſenſiblement à une valeur médiocre : mais on ſe dédommageoit par la quantité de ce qu'on perdoit ſur le prix. Les coupeurs livroient les fruits de leurs peines, ſoit aux jamaïcains qui leur portoient du vin de Madère, des liqueurs fortes, des toiles, des habits, ſoit aux colonies angloiſes du nord de l'Amerique, qui leur fourniſſoient leur nourriture. Ce commerce toujours interlope, & qui fut l'objet de tant de déclamations, devint licite en 1763. On aſſura à la Grande-Bretagne la liberté de couper du bois, mais ſans pouvoir élever des fortifications, avec l'obligation même de détruire celles qui avoient été conſtruites. La cour de Madrid fit rarement des ſacrifices auſſi difficiles que celui d'établir au milieu de ſes poſſeſſions une nation active, puiſſante, ambitieuſe. Auſſi chercha-t-elle, immédiatement après la paix, à rendre inutile une conceſſion que des circonſtances fâcheuſes lui avoient arrachée.

Le bois qui croît ſur le terrein ſec de Campêche, eſt fort ſupérieur à celui qu'on coupe dans les marais de *Honduras*. Cependant le dernier étoit d'un uſage beaucoup plus commun, parce que le prix du premier avoit depuis long-temps paſſé toutes les bornes. Ce défaut de vente étoit une punition de l'aveuglement, de l'avidité du fiſc. Le miniſtère eſpagnol comprit à la fin cette grande vérité. Il déchargea ſa marchandiſe de tous les droits dont on l'avoit accablée ; il la débarraſſa de toutes les entraves qui gênoient ſa circulation, & alors elle eut un grand débit dans tous les marchés. Bientôt les anglois ne trouvèront plus de débouchés. Sans avoir manqué à ſes engagémens, la cour de Madrid ſe verra délivrée d'une concurrence qui lui rendoit inutile la poſſeſſion de deux grandes provinces. Quelquefois Cadix tire le bois directement du lieu de ſon origine ; plus ſouvent il eſt envoyé à la Vera-Cruz, qui eſt le vrai point d'union du Mexique avec l'Eſpagne.

La cour d'Eſpagne & le roi d'Angleterre viennent de ſigner une convention particulière ſur ces trois établiſſemens. Nous ne ſavons pas préciſément ce qu'elle contient, & nous n'ajouterons rien de plus. Voyez les articles des diverſes poſſeſſions des eſpagnols en Amérique.

HONGRIE, royaume d'Europe. Nous parlerons, 1°. de la diviſion de ce pays, de ſon ſol, de ſes productions, de ſes diverſes claſſes d'habitans & de ſa population : 2°. nous ferons un précis de ſon hiſtoire politique : 3°. nous ferons quelques remarques ſur le royaume de Hongrie & ſur les états du pays : 4°. nous traiterons de l'adminiſtration, des tribunaux & des loix : 5°. nous publierons diverſes remarques ſur le commerce, les canaux de navigation, les troupes, ſur les revenus de la Hongrie, & ſur l'adminiſtration générale des finances de la maiſon d'Autriche.

SECTION PREMIERE.

Diviſion de la Hongrie, *ſon ſol, ſes productions, ſes diverſes claſſes d'habitans, ſa population.*

La Hongrie portoit autrefois le nom de Pannonie ; ſes habitans qui tiroient leur origine des eſclavons, s'arrogeant le titre de panoves ; (le mot pan, en langue eſclavonne, ſignifie ſeigneur), on les appella pannoniens. Leur pays ne comprenoit pas toute la Hongrie d'aujourd'hui, comme celle-ci ne renferme pas non plus toute la Pannonie. Il y eut un temps où la portion compriſe entre les monts Crapack, le Danube & la Theis, ſe nommoit Jazygum metanaſtarum regio. Le nom de metanaſtes déſigne des peuples qui s'y ſont tranſportés d'ailleurs : quant à celui de Jazyges, l'origine en eſt incertaine.

On diviſe communément la Hongrie en haute & baſſe-Hongrie ; mais on n'eſt pas d'accord ſur l'étendue de ces deux parties. Selon quelques-uns, la haute Hongrie eſt la portion ſituée au-deſſus du Danube vers la Pologne, & celle au-deſſous du Danube ils la nomment baſſe-Hongrie. D'autres tirent une ligne méridienne depuis le

comté de Zips, juſqu'à l'endroit où le comté de Firm touche au Bannat de Temeſwar, & ils donnent à la partie occidentale le nom de baſſe-Hongrie, & à l'orientale celui de haute-Hongrie. Relativement au gouvernement, on partage la Hongrie, ſelon ſes quatre dicaſtères ou départemens, en quatre grands cercles & en cinquante-deux comtés que les hongrois nomment Warmegyes.

La Hongrie, dans ſa dénomination la plus reſtreinte, eſt bornée par la Drave qui la ſépare de l'Eſclavonie, & par la Servie au midi ; par la Valachie & la Tranſylvanie à l'orient ; par les monts Crapack au ſeptentrion, où elle ſe trouve ſéparée de la Pologne ; & à l'occident elle confine à la Moravie, à l'Autriche & à la Styrie. Dans un ſens plus étendu, la Hongrie renferme l'Eſclavonie, la Dalmatie, la Boſnie, la Servie, la Tranſylvanie, & même la Moldavie & la Valachie ; ce qui lui donne alors une étendue de 10,875 milles géométriques en quarré. La maiſon d'Autriche n'en poſſéderoit qu'environ 4760, & le turc 5945.

Vers le nord, le terrein eſt montueux & ſtérile ; l'air y eſt froid, mais ſain ; la partie qui occupe le milieu, eſt plus unie & plus tempérée & auſſi plus humide : la partie inférieure ou méridionale eſt chaude & fertile ; elle offre des plaines, mais le grand nombre des marais en rendent le climat mal ſain. D'ailleurs la Hongrie offre en abondance tout ce qui eſt néceſſaire aux beſoins & aux commodités de la vie. Un enthouſiaſte, pénétré de cette vérité, s'eſt permis là-deſſus une grande exagération : il a dit que c'étoit le ſeul lieu du monde où l'on pût ſe vanter de jouir de la vie : *extra Hungariam non eſt vita ; ſi eſt vita, non eſt ita.*

On y trouve de l'or, de l'argent, du fer, du plomb, du zinnopel, (minéral peu connu ailleurs, & qui contient un minerai alkalin d'argent, qui donne trois à quatre onces par quintal).

Outre ſes villes, la Hongrie a un grand nombre de bourgs privilégiés, mais ni les uns ni les autres ne ſont bien bâtis. De chétifs villages, qui n'ont guères que trente maiſons, jouiſſent du droit de tenir marché. Dans un ſeul comté, il ſe trouve une centaine de bourgs ou moindres lieux, qui jouiſſent du même droit. Le royaume, en général, n'eſt pas aujourd'hui aſſez peuplé : on y compte toutefois cinq millions d'habitans ; & ſi l'on y comprenoit l'Eſclavonie, la Croatie & la Tranſylvanie, il en contiendroit huit ; mais il pourroit être mieux cultivé & nourrir une population double & triple : ſes habitans ſont de différentes races. Les hongrois proprement dits deſcendent des anciens hongrois ; & quoiqu'ils ſoient plus policés que leurs ancêtres, ils offrent encore des reſtes de leur origine. Celle des jazyges & des cumanes paroît avoir été la même. Le pays des jazyges a été poſſédé après eux par les cumanes ou cunes à qui, par cette raison, des écrivains hongrois donnent le nom de *jazyges*. Il est plus probable que ces cumanes ont fait partie des anciens habitans de la Transylvanie, connus sous le nom de *pazinacites*. Ils jouissoient jusqu'en 1638, de privilèges considérables qu'on leur a ôtés depuis. Le palatin du royaume porte entr'autres titres, celui de comte & de juge des cumanes (*comes & judex cumanorum*). Une autre partie des habitans est d'origine esclavone; tels sont les bohémiens, les croates, les serviens ou rasciens, les russes & les vendales. Ceux-ci occupent la partie orientale & septentrionale, & nommément les comtés de Presbourg, Nitra, Trentschin, Arva, Liptau, Thurotz, Altsohl, Barsch, Hont, Nœgrad, Grœmoer & Oedenbourg, & il y en a d'autres dans le reste de la *Hongrie*. Leur établissement paroît fort ancien. Les habitans allemands sont originaires de l'Autriche, de la Styrie, de la Bavière, de la Franconie, de la Souabe & de la Saxe. Ils semblent y être venus lorsque les saxons s'établirent en Transylvanie, sous le règne de Geysa II & d'André II; depuis cette époque, la guerre, le commerce & la fertilité du pays en ont attiré d'autres, & leur nombre s'est surtout accru depuis que ce royaume appartient à la maison d'Autriche. Les walaques ou olaques, qui habitent les environs de la Transylvanie & de la Walaquie, descendent vraisemblablement des romains établis dans la Dace. Nous en parlerons plus au long à l'article TRANSYLVANIE. On compte parmi les étrangers, les grecs que le commerce y a conduits: les juifs dont le nombre est de beaucoup diminué: les turcs & les zigenners, peuplade ambulante dont l'origine n'est pas bien connue, & dans laquelle on trouve un grand nombre de forgerons & de musiciens. Les hongrois, y compris les esclavons & les allemands, sont seuls qualifiés, dans les édits & mandemens, de regnicoles & états du royaume de *Hongrie*: les allemands même ne peuvent y acquérir de biens nobles qu'ils n'aient obtenu l'indigenat, fixé depuis 1741 à une contribution de 200 ducats de Kremnitz, qui se payent à la caisse provinciale. Ces différences d'origine & de condition doivent varier les caractères; mais le genre de vie est assez uniforme. La noblesse est nombreuse & aussi polie qu'aucune autre nation de l'Europe. Depuis le règne de l'empereur Charles VI, tous les magistrats s'allient à des familles allemandes, & presque toutes les femmes de la première condition abandonnent l'habillement hongrois. Les nobles jouissent de beaucoup de privilèges & de franchises, & entr'autres de l'exemption de toute redevance au roi pour leurs terres. Plusieurs roturiers cherchoient à se faire ennoblir, au préjudice des revenus de la couronne, & on a mis des restrictions à leur ennoblissement. Le paysan ne possède rien en propre; le gentilhomme

dont il est le fermier, est le maître de le congédier; &, sans être serf, il est presque aussi misérable qu'un paysan polonois ou russe. Dans les districts qui manquent de bois de charpente, le paysan, & sur-tout les rasciens, habitent des souterreins ou des trous creusés en terre, de telle manière que la cheminée ou le toit paroissent seuls au-dessus du sol.

Quoique les catholiques romains ne forment pas la quatrième partie des habitans, & supportent à peine le sixième des contributions, leur religion est la dominante, & ils dépendent de deux archevêques & de neuf évêques, nommés par le roi & confirmés par le pape. Les abbés & les prévôts, qui sont aussi à la nomination du roi, n'ont pas besoin d'être confirmés par le pape. La plupart des prélats jouissent de revenus considérables; mais il paroît que l'empereur actuel les a diminués. Au reste, la puissance du pape ne s'étendoit pas, même avant les dernières opérations de la cour d'Autriche, aussi loin en *Hongrie* que dans d'autres royaumes; il ne pouvoit disposer des bénéfices, & l'appel en cour de Rome n'étoit pas permis. Comme les revenus des évêchés vacans tombent au roi, jusqu'à ce qu'il lui plaise d'y nommer, on ne se presse pas de les remplir. Les protestans n'y sont que tolérés; ils ont des surintendans & des anciens. Les catholiques seuls peuvent posséder quelque bien-fonds dans la Dalmatie, la Croatie & l'Esclavonie. L'église grecque, composée de rasciens, russes & valaques, tient ses privilèges de l'empereur Léopold en 1690, & ces privilèges ont été confirmés par ses successeurs. Une partie s'est réunie à l'église catholique romaine, & se nomme *ecclesia redunita* ou de l'ancienne croyance: l'autre partie qui est demeurée séparée, est appellée *ecclesia dissentiens* ou des dissidens. La première a deux évêques; la seconde en a trois, à Ofen, à Neuf Arade & à Grand-Waradin, qui sont suffragans du patriarche de Carlowitz. On tolère les anabaptistes ou memnonites aux environs de Presbourg, ainsi que les juifs dans quelques villes & bourgs; mais les uns & les autres sont obligés, depuis le règne de l'empereur Rodolphe, de payer le double impôt.

SECTION SECONDE.

Précis de l'histoire politique & du gouvernement de la Hongrie.

Les romains ayant subjugué la Pannonie, la gardèrent sous leur domination près de 400 ans. Les vendales la conquièrent dans le quatrième siècle, & ils en demeurèrent maîtres environ quarante ans jusqu'en 395. A cette époque, ils firent une invasion dans les Gaules; & les goths que les huns avoient chassés de leurs anciennes demeures, vinrent occuper leur territoire. Ce que nous allons dire des huns, des awares & des hongrois, relativement à l'histoire de ce pays & de ses anciens habitans, est tiré de l'histoire générale des huns, par M. de Guines. Selon cet auteur, les huns que les chinois appellent *hoing-un*, & contre les incursions desquels ils ont bâti leur fameuse muraille, habitoient anciennement le nord de la Chine. Les chinois les ayant subjugués, ceux qui occupoient la partie septentrionale se portèrent vers l'occident, & s'établirent d'abord aux environs du Wolga; ensuite sur les terres que bordent les mers Caspienne & d'Azof, ou Palus Méotides. En 374 ils passèrent en Europe, au-delà du Danube, vainquirent les alains, & peu après (en 376) les goths qui habitoient la Dace, c'est-à-dire, cet espace situé entre la mer Noire & la Theisse.

L'année suivante (377) ils occupèrent les deux Pannonies, & en 397 ils commencèrent à recevoir le baptême. C'est sous le règne d'Attila que leur état prit le plus d'accroissement; mais il s'affoiblit en 454 à la mort de ce roi, & il finit sous le règne de Dengizich, son fils, en 489: ce prince fut vaincu par les gépides & les goths. Ceux qui échappèrent à la révolution, s'établirent entre le Niester & le Don ou Tanaïs, & se divisèrent en huns cuturguriens & uturguriens.

Les awares, originaires d'Asie, y sont connus sous le nom de *gengênes*. Vers le milieu du sixième siècle, ils furent vaincus par les turcs, reste des anciens huns établis sur les monts Alta, & ils se retirèrent dans la Chine & en Europe. Ces derniers ont été nommés, par les écrivains grecs & latins, *awares*, mais abusivement: ils portèrent d'abord le nom de *varchonites*, peut-être d'après celui d'un de leurs kans, nommé *Var*. Les auteurs latins les appellent aussi *huns awares*, soit qu'on les ait crus huns d'origine, ou qu'après avoir vaincu les huns ils se soient réunis avec ce qui en restoit pour former un seul peuple. Il paroît qu'ils occupoient déja la Moldavie & les bords du Niester avant l'année 553, & qu'ils s'emparèrent ensuite du pays des gépides ou daces. En 568, les lombards leur abandonnèrent la Pannonie. Ce fut en 598 & 599 qu'ils conquirent la Dalmatie, que les croates & les serviens leur enlevèrent en 640. Il se dédommagèrent de cette perte en étendant leur territoire du côté de la Bavière, & ils se rendirent aussi maîtres du pays situé entre l'Ens & la Save. Mais, dans le huitième siècle, Charlemagne les resserra beaucoup, les assujettit & leur fit embrasser le christianisme. Enfin ils s'unirent aux hongrois qui venoient d'Asie.

Ces hongrois, connus sous ce nom des historiens latins, même à l'époque de leur séjour en Asie, ne le tirent donc pas du château de Hungu, comme quelques auteurs le pensent. Les historiens grecs leur donnent le nom de *turcs*.

C'est ainsi qu'on nommoit le reste des huns établis au voisinage de la Chine, & qui étoit partagé en deux peuples; l'un à l'orient, & l'autre à l'occident du fleuve Irtisch: depuis ce fleuve les turcs occidentaux s'étendoient jusqu'à la mer d'Azof; mais, au huitième siècle, ils furent resserrés & confinés entre le Wolga & le Tanaïs. Chassés de là par les pazinacites, une partie se porta vers l'orient, & s'établit dans une contrée de la Perse, d'où sont sortis probablement les turcs modernes. Les autres se portèrent vers l'occident, & s'emparèrent de la Transylvanie & de la Moldavie: il y a lieu de croire que ces émigrations eurent lieu vers l'an 822. Ils furent obligés, en 889, de céder la Transylvanie aux pazinacites, dont les cunes ou cumanes semblent avoir fait partie, & ils occupèrent les environs de la Theisse, ensuite (en 896) le district qui est entre les fleuves Gran & Waag. On passera sous silence leurs invasions dans la Carinthie, la Bavière, l'Italie, la Saxe & quelques autres provinces d'Allemagne, pour parler de leur conversion au christianisme vers l'an 973. Leur duc Geysa les y encouragea par son exemple: son fils Etienne reçut le baptême en 983; & ayant succédé à son père en 997, il fut le premier roi né en *Hongrie*. Il y établit par-tout la religion chrétienne, érigea des évêchés, des abbayes & des églises, fit de la Transylvanie une province de *Hongrie*, & fut mis, après sa mort, au nombre des saints. Des vingt rois ses successeurs d'origine hongroise, le second, nommé *Pierre*, se mit, lui & son royaume, sous la protection de l'empereur Henri III; le troisième, André, partagea le royaume en trois parties, & en céda une à son frère Bela à titre de duché; le huitième, Ladislas le saint, ajouta aux autres provinces du royaume l'Esclavonie, la Croatie & la Dalmatie, & il fut très-respecté de son peuple: le dixième, Etienne III, par son mariage avec une princesse polonoise, unit le district de Zips à la *Hongrie*; le douzième, Geysa II, appella les saxons en Transylvanie l'an 1145; le dix-septième, André II, accorda de grands privilèges à la noblesse, entr'autres celui de pouvoir s'opposer à ses rois, s'ils entreprenoient quelque chose contre les constitutions du royaume, droit qui lui fut ôté en 1688: le dix-neuvième, Etienne, rendit la Bulgarie tributaire; & le dernier, André III, mourut en 1301. Après eux régnèrent douze rois étrangers, parmi lesquels on compte Louis I qui réunit au royaume, en 1356, la Dalmatie attaquée & conquise tant de fois par les vénitiens; Sigismond qui, en 1390, contraignit les moldaves & les valaques à lui payer tribut, en même-tems qu'il engagea à la Pologne treize villes du comté de Zips; Matthias, à qui les bohémiens cédèrent la Silésie & la Moravie: Uladislas II, qui fixa le droit coutumier (*jus consuetudinarium tripartitum*). Louis II, le dernier de ces rois, perdit la bataille de Mohats contre les turcs & y fut tué. Le royaume paffa enfuite à la maifon d'Autriche, qui en eft aujourd'hui en poffeffion. Le premier roi de cette maifon Ferdinand I, frère de Charles-Quint, eut une longue querelle avec fon concurrent Jean de Zapolya, & il fut obligé de lui céder la Tranfylvanie & quelque portion de la *Hongrie* : cette ceffion fut confirmée par Maximilien, fon fils & fon fucceffeur. Rodolphe II fe vit contraint par fon frère Matthias, affifté des hongrois eux-mêmes, de lui abandonner le Royaume de *Hongrie*. Après lui, Ferdinand II, petit-fils de Ferdinand I, fut dépoffédé en 1620 du royaume, par Bethlem Gabor, prince de Tranfylvanie, qui, l'année fuivante, fut contraint de le lui reftituer. Ferdinand III eut une guerre à foutenir contre George Rakotzy, prince de Tranfylvanie ; & fon fils Ferdinand IV, quoique déja élu & couronné roi de Hongrie, mourut avant lui. Ce fut Léopold fon frère, qui lui fuccéda en 1654 ; & fous fon règne, les troubles de religion produifirent une guerre fanglante, dans laquelle le comte Tekely fit intervenir les turcs, qui n'en tirèrent aucun avantage. La Tranfylvanie ayant été de nouveau réunie au royaume de *Hongrie*, les mécontens hongrois trouvèrent un chef en la perfonne de François Rakotzy ; &, après la mort de Léopold, il continuèrent à faire la guerre à l'empereur Jofeph fon fucceffeur : mais en 1711 ils furent réduits à l'obéiffance. Cette même année mourut l'empereur Jofeph, auquel fuccéda Charles VI fon frère, qui, par la paix de Paffarowits, en 1718, acquit tout le bannat de Temefwar, une portion de la Valachie, la plus grande partie du royaume de Servie & Belgrade qui en eft la capitale, une partie de la Croatie & de la Bofnie, & cette petite portion de l'Efclavonie qui n'étoit pas encore de fa dépendance. Mais en 1739 les turcs reprirent Belgrade & toute la Servie, la Valaquie autrichienne, l'ifle & la forterefle d'Orfava, le fort Sainte-Elifabeth, & la partie feptentrionale de la Bofnie qu'arrofe la Save, nouvellement conquife. En 1722, à la diète de Presbourg, la fucceffion au trône a été affurée à la maifon d'Autriché, de manière qu'au défaut d'héritiers mâles, la couronne paffe aux femmes. Ainfi, à la mort de l'empereur Charles VI arrivée en 1740, Marie-Therefe fa fille aînée lui fuccéda, & fut couronnée en 1741 reine de *Hongrie* : les états du royaume donnèrent en même tems la co-régence à feu l'empereur François-Etienne, époux de cette princeffe. L'empereur actuel s'eft trouvé maître de la *Hongrie* à la mort de fa mère.

SECTION TROISIEME.

Remarques fur le royaume de Hongrie *& fur les états du pays.*

Le roi de *Hongrie*, felon les conftitutions du royaume, & d'après les pieux efforts du roi Etienne I pour la converfion des hongrois à la foi chrétienne, eft furnommé apoftolique : le pape Clément XIII confirma ce titre, en 1758, à l'impératrice-reine Marie-Therefe & à tous fes fucceffeurs au trône. C'eft en l'honneur du premier roi apoftolique que cette princeffe a inftitué en 1764 l'ordre de Saint-Etienne.

On vient de voir que la *Hongrie* eft un royaume héréditaire dans la maifon d'Autriche depuis 1687, & qu'il peut être poffédé par des femmes en vertu de la conftitution de Presbourg de 1723 : cette conftitution déclare qu'au défaut des defcendans de l'empereur Charles, ceux de l'empereur Jofeph fuccéderont ; & que fi la ligne eft éteinte, la couronne paffera à la ligne Léopoldine qui occupe le trône de Portugal. Le prince héréditaire étoit ci-devant qualifié *duc de Hongrie*, aujourd'hui il porte le nom d'*archiduc d'Autriche*.

Les états du royaume de *Hongrie* forment quatre claffes, & font défignés dans les conftitutions fous le nom de *Peuple*.

La première claffe comprend les prélats qui exercent la jurifdiction dans les affaires eccléfiaftiques : ils ont le premier rang ; mais le palatin du royaume ne le cède qu'à l'archevêque de Gran.

Cet archevêque eft primat du royaume, premier fecrétaire & chancelier, légat-né du Saint-Siège & prince du Saint-Empire romain. Lui feul a le droit de facrer les rois ; il eft comte perpétuel du comté de Gran ; il peut donner des lettres de nobleffe ; il ne prête point ferment en perfonne, mais par fes officiers, &c.

La feconde claffe eft celle des magnats ou barons du royaume ; favoir :

Les grands barons, nommés proprement *barons du royaume*, qui exercent les grands offices de la couronne, mais qu'ils ne poffèdent pas par droit d'hérédité : tels font le palatin du royaume, qui repréfente le roi dans les affaires les plus importantes : le juge de la cour royale : le ban (*prorex*) de la Dalmatie, Croatie & Efclavonie : le waivode de la Tranfylvanie, dont aujourd'hui l'office eft fupprimé, la principauté étant régie par des intendans ou lieutenans de roi : le tréforier (*magifter tavernicorium regalium*), ainfi nommé du mot hongrois *tavar* qui fignie *tréfor* : le grand échanfon (*magifter pincarnarum*) : le grand maréchal (*magifter dapiferorum*) : le grand écuyer (*magifter agafonum*) : le grand chambellan (*magifter cubiculariorum*) : le grand huiffier ou premier capitaine des gardes (*magifter janitorum*), & le maréchal de la cour (*magifter curiæ*). Ces grands barons ont de foibles appointemens ; la plupart des charges en *Hongrie* ne font qu'honorifiques : le palatin reçoit cependant 30,000 florins.

Les petits barons du royaume, où fimplement les comtes & barons.

La troifième claffe eft celle des nobles, dont

quelques-uns possèdent des terres (*nobiles possessionati*) , & les autres (*armalistæ*) jouissent de quelques exemptions ou privilèges.

La quatrième classe est composée des villes libres & royales (*civitates liberæ atque regiæ*) , qui sont convoquées aux diètes , & ne relèvent d'aucue comté , mais sont du domaine royal (*peculium sacræ coronæ*) , & elles ont ordinairement un juge & bourg-maître à leur tête : on en distingue de deux sortes.

1°. Celles qui ressortissent du trésorier de la couronne , & qui ne peuvent être jugées qu'à son tribunal.

2°. Celles où le roi exerce sa justice par son lieutenant.

On distingue encore les petites villes libres , parmi lesquelles il y en a du département des mines (*oppida metallica*) , entr'autres Schmœlznitz & Schwedler , qui relèvent du fisc royal.

Enfin les villes militaires (*oppida militaria*) , dites bourgs housards , qui appartiennent aux serviens ou rasciens des comtés de Batsch , Bodrog & Temeswar , & qui ressortissent du conseil de guerre.

Les gentilhommes qui sont attachés aux archevêques & aux évêques , ou qui sont leurs vassaux , & qu'on nomme *prædialistes* , jouissent des mêmes privilèges que les nobles du royaume , avec lesquels ils vont de pair lorsque leur noblesse a été confirmée par le roi.

Le gouvernement de la *Hongrie* s'administre au nom du roi & des états , par la diète du royaume , la chancellerie de la cour de *Hongrie* , le conseil royal , la chambre royale , les chefs des différens comtés , & le sénat des villes royales. La diète ou les comices du royaume se convoque à Presbourg , par lettres royales , tous les trois ans lorsque l'intérêt du roi ou celui du royaume paroît l'exiger. En vertu de cette convocation , les seigneurs spirituels & temporels se rendent en personne dans la chambre des magnats. L'ordre de la noblesse & les villes envoient deux députés qui s'assemblent dans la chambre des états. Ces états assemblés exposent au roi la situation des affaires , & le roi y répond par quelques propositions concernant l'avantage du royaume , auxquelles ils donnent leur consentement.

L'empereur actuel s'est occupé du soin de diminuer l'autorité & les privilèges des états ; mais ses démarches n'ayant pas encore produit d'effet bien marqué , nous n'en dirons rien ici.

SECTION QUATRIEME.

Détails sur l'administration , les tribunaux & les loix de la Hongrie.

La chancellerie de la cour de *Hongrie* , appellée *la bouche & la main du roi* , siège à Vienne : elle est composée du chancelier royal , de six référen-

daires privés , trois secrètaires , &c : ces membres ont leurs appointemens assignés sur les taxes de la chancellerie. Des six référendaires , l'un est chargé des affaires publiques ; deux , de celles des villes ; un quatrième , des affaires de justice ; le cinquième , de celles qui concernent la religion , & le sixième du clergé de *Hongrie*. Les ordres du roi , en matière civile , ecclésiastique & de jurisprudence s'y expédient pour la *Hongrie* & les royaumes incorporés de Croatie , Dalmatie & Esclavonie. Tout ce qui va au roi & dépend de son bon plaisir , est du ressort de cette chancellerie , à laquelle doivent s'adresser aussi ceux qui demandent audience du roi. Elle n'est point censée influer sur l'administration générale du royaume , mais expédier seulement les ordres du roi.

La lieutenance royale ou conseil de lieutenant de roi (*consilium regium locum tenentiale*) siège à Presbourg , & est composée de vingt-trois conseillers sous la présidence du lieutenant , que le roi nomme à son choix parmi les prélats , magnats & gentilshommes. L'empereur Charles VI l'établit en 1723 , pour administrer , au nom du roi , les affaires civiles du royaume de *Hongrie* & des pays incorporés ; celles que les constitutions du pays décident expressément , & celles qui y ont rapport. Ce tribunal ne dépend d'aucun autre , & ses représentations s'adressent immédiatement au roi.

Le trésor royal partagé en deux chambres ; l'une pour la *Hongrie* , l'autre pour les mines (*hungarica & metallica camera*) , a dans son département les domaines , revenus & droits royaux. La chambre royale de *Hongrie* siège à Presbourg , & elle est composée d'un président & de vingt-quatre conseillers. Elle veille sur les domaines & revenus de la couronne , sur les droits du fisc , la douane & l'impôt sur le sel. Elle est incorporée à la chambre royale d'administration de Caschau , ainsi qu'à huit commissariats provinciaux pour les contributions.

La chambre royale des mines siège à Cremnitz ; elle est sous le département de la chambre royale de Vienne , & elle a l'inspection des villes minières relativement aux mines & aux monnoies : les chambres de Schemnitz , Neusohl dans le comté de Zips , & celle de Konigsberg ressortissent à celle de Cremnitz.

Les comtés ou palatinats de *Hongrie* (*Hung-Warmegye Slav. stolice*) sont de petites provinces arpentées , & partagées en deux ou plusieurs districts. Chaque comté a un comte ou palatin , un vice-comte , un receveur (*perceptor*) , un notaire , quatre grands juges (*supremi judices*) , & autant de juges inférieurs (*vice-judices nobilium*) , qui sont tirés du corps de la noblesse , & doivent avoir des biens-fonds.

Le nom de *warmegye* que porte chaque comté avec la dénomination du principal château qui s'y trouve , désigne proprement le territoire ou jurifdiction d'un château arx, caftrum & caftellum : ces deux derniers termes font particuliérement affectés aux maifons des gentilshommes.

L'adminiftration de la juftice en matière civile fe fait au nom du roi, d'après les loix du royaume & felon la différente condition' des jufticiables. Les procès fe portent du tribunal des petites villes (forum oppidanum) à celui des comtés, fi ce font des villes libres, ou à celui des feigneurs fous la jurifdiction defquels tel lieu fe trouve. Dans les villes libres & royales, on plaide en première inftance pardevant le juge du lieu; & en feconde, l'affaire eft portée au fénat ou confeil, d'où on peut appeller au tréforier, ou à l'officier appellé perfonalis regni; &, felon d'autres, perfonalis præfentia regia, qui eft préfident de la table royale de juftice (tabula regia judiciaria). Le tribunal des mines, dans les villes libres de ce département, juge les affaires qui y font relatives, & on le diftingue de la juftice ordinaire du lieu. On peut appeller du juge établi pour connoître de ces fortes de caufes, au commiffariat des villes minières. Les jurifdictions inférieures des nobles fiègent, dans chaque comté, chez le feigneur du lieu pour ce qui regarde les gens du peuple; & quant aux gentilshommes, ce font les juges des nobles & le vicomte qui connoiffent de leurs affaires, d'où elles fe portent au tribunal du comté, & de là à la table royale & à celle des fept (tabula regia & feptemviralis). La jurifdiction moyenne des nobles (forum nobilium fubalternum) juge les affaires entre deux ou plufieurs comtés, & fiège à Tirnau, Gunz, Eperies & Debretzen : de ce tribunal les caufes font portées à la table royale & à celle des fept. La jurifdiction ou juftice fupérieure des nobles, qui fiège à Pefth, fe divife en table royale & en table des fept : elle juge de tout ce qui y a été porté par appel, & d'autres affaires importantes des nobles. L'une a pour préfident le lieutenant, dit perfonalis præfentia regia, & la feconde le comte palatin, ou en fon abfence le juge de la cour, ou bien le tréforier. La table des fept eft ainfi nommée du nombre des juges dont elle étoit ci-devant compofée : Charles VI y en a ajouté huit, & aujourd'hui il s'y trouve dix-huit affeffeurs, parmi lefquels font cinq évêques, fept magnats, & fix du corps de la nobleffe. Elle revoit tout ce qui lui eft adreffé par la chambre royale.

La jurifdiction eccléfiaftique s'exerce pour l'ordinaire dans chaque évêché & chapitre, d'où les affaires paffent fucceffivement à l'archevêché; & il paroît, d'après les derniers réglemens, qu'enfin elles arrivent au confeil de Vienne.

Les hongrois ne font aucun ufage du droit romain. Ils font uniquement gouvernés par trois fortes de loix qui leur font propres. I. Par le droit coutumier du royaume, qu'Etienne Verbetrius rédigea de l'ordre du roi de Hongrie en

1514, & qui contient les réglemens qu'on fuit d'après les décrets des rois, les privilèges des provinces, les fentences & les arrêts des juges, auxquels un long ufage a donné force de loi. II. Par les ftatuts du prince. C'eft ainfi que les hongrois appellent les loix faites par le fouverain, du confentement du peuple. III. Par les décrets qu'on appelle de ce nom, & que le roi feul a ordonné fans le concours des peuples.

Mais une grande partie de cette jurifprudence va changer; & l'empereur actuel qui règle dans le plus grand détail tout ce qui a rapport à fes divers états, n'a pas oublié la Hongrie. Il a commencé par établir de nouveaux tribunaux; &, comme ils ne paroiffent pas être encore en activité, nous avons donné le détail des anciens.

Voici l'ordonnance qui établit le nouveau régime.

« Déclarons & ordonnons par la préfente, qu'à compter de la fin du préfent terme de juftice, tous ces tribunaux foient fupprimés; qu'avec le premier janvier 1786, l'ouverture fe faffe des nouveaux tribunaux; & qu'enfuite, pendant tout le cours de l'année, ils tiennent leurs féances fans interruption ».

« Il fera établi un département de juftice fuprême, auquel appartiendront l'infpection & la conduite des tribunaux inférieurs, & devant lequel il ne fera point permis de porter une procédure en révifion, à moins que les deux parties n'aient obtenu chacune une fentence différente. Nous voulons bien laiffer à ce département fuprême le nom de table feptemvirale, qu'il a porté jufqu'à préfent. Il fera établi, en fecond lieu, un autre tribunal d'appel, qui portera le nom ufité de table royale, & qui fera partagé en deux feffions différentes. Ce tribunal fera la révifion de tous les procès, dans la Hongrie & la Croatie, qui lui feront dévolus des tribunaux inférieurs, à établir en première inftance, par la voie d'appel; & il tiendra pareillement, à cet effet, fes feffions pendant le cours de l'année ».

« Comme tribunaux de première inftance, l'on confervera les quatre tables diftrictuales qui exiftent déja en Hongrie, ainfi que la table de juftice qui exifte en Croatie. L'on confervera de plus les jurifdictions des comitats & celles des diftricts privilégiés; mais feulement pour des différends de peu d'importance, puifque tous ceux qui feront de plus de confidération devront fe porter immédiatement aux tables diftrictuales. Il en fera de même des juftices des villes libres & de celles des montagnes : & pour les habitans du plat-pays, les juftices feigneuriales, ainfi que pour les bourgs, les magiftrats locaux fubfifteront comme tribunaux de première inftance. Il ne fera permis à qui que ce foit de les paffer : mais le procès n'y fera traité que fommairement; & il fera libre à la partie, mécontente du prononcé, de porter alors le procès devant le tribunal ordinaire du comitat, en le commençant par toutes les formalités uſitées ».

« Les tables des diſtricts tiendront leurs ſéances pendant tout le cours de l'année : pour ce qui eſt des juriſdictions des comitats, bourgs & montagnes, elles adminiſtreront auſſi la juſtice aux parties durant toute l'année, conformément à la nouvelle ordonnance. Notre chancellerie de cour de Hongrie & Tranſylvanie n'aura plus déſormais aucune influence dans les affaires de juſtice ».

« Les procès criminels, faits à des nobles comme à des roturiers, ſeront décidés par les juſtices des comitats, & ceux des bourgeois des villes par les magiſtrats locaux, en première inſtance. De-là, lorſqu'ils concernent les nobles, ils ſeront portés à la table royale : mais s'ils regardent des roturiers ou bourgeois des villes, aux tables des diſtricts. De ces tribunaux les nobles pourront avoir recours, par la voie de guerre, à la table ſeptemvirale, & les roturiers aux commiſſaires royaux que nous avons établis ».

« Dans chacun des tribunaux ou juriſdictions ſus mentionnés, chaque aſſeſſeur inſtruira les procès qui lui ſeront aſſignés par le préſident; il en fera l'extrait & le rapport, d'où il s'enſuit que la charge des juges territoriaux (ou protonotaires) doit entièrement ceſſer. Quant aux conſeillers que nous nommerons pour compoſer les nouveaux tribunaux, & qui doivent y être occupés à des ſéances permanentes, nous aurons très-gracieuſement ſoin de leur fixer un rang & des appointemens convenables aux tribunaux, tant inférieurs que ſupérieurs ».

Donné à Vienne le 25 ſeptembre 1785.

Il ſeroit difficile de prévoir les obſtacles que rencontreront le nouveau régime des tribunaux & la nouvelle ordonnance civile & criminelle, & nous ne porterons là-deſſus aucune conjecture. Les nobles hongrois, après avoir donné à la maiſon d'Autriche des preuves d'un dévouement ſi parfait, l'ont inquiété par la manière courageuſe dont ils défendent leurs privilèges; mais il eſt une époque où il faut que les grandes nations ſe ſoumettent à la volonté de leur roi, & cette époque ſemble être arrivée pour la Hongrie.

SECTION CINQUIEME.

Remarques ſur le commerce, les canaux de navigation, les troupes, les revenus & les impôts de la Hongrie, & ſur l'adminiſtration générale des finances de la maiſon d'Autriche.

Fabriques, commerce. Les arts & métiers, de même que le commerce, qui eſt preſque tout entre les mains des grecs & des raſciens, commence à faire de grands progrès dans les villes & les bourgs.

La *Hongrie*, la Croatie & l'Eſclavonie exportent des grains, du riz, de la cire, des vins, de l'eau-de-vie, du tabac, du bois de charpente, de la potaſſe, des chevaux, des bœufs, environ 100,000 par an (40,000 paſſent à Vienne), des moutons, des veaux, de la volaille, des porcs, des noix de galle, des cuirs & peaux, du ſavon, du beurre, des fromages, du miel, du poiſſon, du cuivre, du plomb, de l'antimoine, du zinc, du laiton, de la calamine, du ſel, du vitriol, du ſalpêtre.

L'empereur actuel ne néglige rien pour augmenter le commerce de ſes états, & celui de la *Hongrie* en particulier. Il a projeté pluſieurs canaux; il a fait une multitude de réglemens; il a obtenu de la Porte des facilités aſſez grandes, & il pourroit en attendre des effets très-heureux, ſi l'on pouvoit animer le commerce avec des réglemens.

Il eſt queſtion de conduire le Danube dans la mer Adriatique, entre Buccari & Porto-ré, en joignant par des canaux le Danube, le lac de Neuſiedel, la Ranb, la Muhr, la Drawe, la Sawe & la Kulpa, & l'on examine les plans de pluſieurs autres communications.

Nous allons donner ici un réſultat général du commerce des ſujets de l'empereur, en avertiſſant qu'il ne faut jamais compter beaucoup ſur ces ſortes d'états, & qu'on doit faire peu d'attention à la manière dont l'auteur qui a rédigé la table, calcule les bénéfices ou les pertes des diverſes branches de commerce. Il ſeroit mieux placé à l'article AUTRICHE; mais il ne nous étoit pas encore parvenu lorſque nous avons rédigé cet article.

Leur commerce du levant forme par an un objet de 12 millions de florins. Bénéfice net, environ trois millions.

Leur commerce dans la Baltique & dans la mer du Nord, eſt moins conſidérable. On l'évalue à 10 millions, dont 6 d'importation & 4 d'exportation. Bénéfice net, un million.

Le commerce de la mer Noire roule actuellement ſur 4 millions, dont 2 & demi d'exportation, & un & demi d'importation. Bénéfice, un million.

Celui des Indes orientales excède déjà la ſomme de 8 millions par an. Le bénéfice net s'eſt monté juſqu'à préſent à 2 millions.

Celui avec l'Amérique commence à devenir important pour les ſujets autrichiens. On évalue à 3 millions les marchandiſes que les ports d'Oſtende & de Trieſte envoient par an dans l'Amérique ſeptentrionale & méridionale. Il eſt vrai que les marchandiſes de retour excèdent cette ſomme; mais comme il n'en reſte dans les états autrichiens que pour environ un demi-million de florins, ce commerce eſt avantageux aux autrichiens.

Le commerce avec la France faiſoit autrefois

un

un objet annuel de 6 à 8 millions de florins ; mais il est tombé à 3 millions dont un d'exportation & deux d'importation. Perte, un million.

Le commerce avec la Hollande roule par an sur 6 millions, dont 2 d'exportation & 4 d'importation. Perte, 2 millions.

Le commerce avec l'Allemagne forme un objet de 4 millions, dont 2 & demi d'exportation, & 1 & demi d'importation. Bénéfice, un million.

Le commerce de terre avec la Russie, & celui avec la Pologne, est évalué à 2 millions & demi. Bénéfice, un million.

Le commerce avec les états ottomans forme un objet de 3 millions & demi. Perte, un million & demi.

Le total du commerce des états autrichiens est estimé par an 58 millions & demi de florins, dont 31 pour les marchandises d'exportation, & 27 & demi pour celles d'importation. Ainsi le bilan général est en faveur de l'Autriche de 3 millions & demi de florins.

Le bilan du commerce autrichien avec l'Angleterre n'a pu être évalué bien exactement ; mais il est au désavantage des autrichiens.

Le dictionnaire des Finances parle en détail des impositions de diverses natures qui se perçoivent en Hongrie, & nous bornerons ici à des remarques générales. Un écrivain bien instruit dit : « que les revenus publics consistent en contributions, dont la noblesse est exempte, en péages, produits des mines & des salines qui appartiennent à la couronne ; & en ce qui est du domaine & du fisc royal, y compris les villes libres & du département des mines. La Hongrie fournissoit ci-devant 3,300,000 florins de contribution ; mais depuis 1764 elle est taxée à 4,700,000 florins. Le revenu des mines peut s'estimer en gros d'après celui de 1744, qui fut, à la vérité, considérable, Kremnitz & Schemnitz ayant fourni, tous frais faits, 2429 marcs d'or fin pour le compte de la cour & des maîtrises, & 92,261 marcs d'argent à la monnoie, c'est-à-dire, trois millions quarante-trois mille florins. Les années suivantes, le produit a été de quarante à cent mille florins par mois ».

Les administrateurs d'un pays peuvent avoir seuls des notions très-précises sur les revenus, & le lecteur doit se souvenir de cette remarque, toutes les fois qu'il trouvera de pareils détails dans cet ouvrage.

Voici, par exemple, un autre état que nous donnons avec défiance.

En 1765 les revenus de la Hongrie & de la Transylvanie étoient les suivans :

florins.

1. Contributions de la Hongrie.... 3900000
2. Revenus des domaines......... 4000000
3. Revenus des mines............ 2000000

florins.

4. Contributions & domaines dans le Bannat de Temeswar.......... 1100000
5. Contribution de la Transylvanie.. 1500000
6. Revenus.................... 200000
7. Revenus des seigneuries de Raizkere & de Bellic............. 60000
(Ces seigneuries viennent d'être vendues à l'archiduchesse Christine pour la somme de 1,900,000 florins).
8. Revenus des terres de Hölitsch, Saffin, Ovar................ 250000
9. Revenus de la milice croate, à laquelle on a assigné des terres..... 80000

TOTAL............... 13,190,000

On ajoute que le total des revenus est porté aujourd'hui à 15 millions de florins, & que la dépense monte presque à la même somme ; elle a été considérablement augmentée par les nouveaux arrangemens de l'empereur. Les commissaires perpétuels, par exemple, coûtent par an 45 mille florins plus que les anciens grands palatins : la multiplication des tribunaux a aussi augmenté la dépense, &c.

Jusqu'à présent les contributions du royaume de Hongrie se tiroient des terres roturières, & faisoient un objet d'environ quatre millions de florins. Les terres de la noblesse ne payoient rien ; & c'est à cette circonstance qu'il faut attribuer les droits considérables, auxquels les marchandises de Hongrie sont assujetties à leur entrée dans l'Autriche. On s'occupe actuellement d'un projet d'imposition sur les terres appartentes à la noblesse : on assure qu'elles seront taxées à huit millions de flor. par an, & que pour les dédommager, toutes les marchandises du crû de ce royaume pourront entrer librement dans les autres états héréditaires.

On ne peut douter que l'empereur ne cherche à augmenter les revenus de tous ses états : la Hongrie offre de grandes ressources à son trésor ; & s'il est vrai, comme on le dit, que depuis 1683 la maison d'Autriche a dépensé quatre cents quatre-vingt-six millions sept cents trente-cinq florins à soutenir différentes guerres pour le royaume de Hongrie, les hongrois doivent craindre qu'elle ne cherche à se dédommager d'une si grande perte, par l'accroissement des contributions annuelles.

Administration générale des finances. Le rapport de la banque de Vienne avec les finances publiques étant peu connu, nous présenterons ici quelques détails sur cet objet. Ils seroient mieux placés à l'article AUTRICHE, mais ils ne sont pas arrivés à temps ; & comme ils ont quelques rapports avec tous les états de l'empereur, nous croyons devoir les inférer ici.

Pour payer les dettes de l'état, on établit à Vienne, en 1703, une banque à laquelle l'empereur Léopold affigna quatre millions de fes revenus annuels. On voulut d'abord que tous les paiemens des lettres de change paffaffent par cette banque, fous peine d'une amende de dix pour cent; mais ce réglement fut trouvé trop dangereux, & il fut aboli en 1704. La même année l'empereur affigna pour cinq millions & demi annuellement de fes revenus; il fe trouvoit cependant, dans ce fonds prétendu, plufieurs objets prefqu'imaginaires. On croyoit mettre, au moyen de cette banque, quarante millions en *giro*, qui devoient fe rembourfer en douze ans. En 1705, on fixa les intérêts de la banque à cinq pour cent, & la ville de Vienne fut déférée garante du crédit de l'état: la banque devint auffi banque de la ville; mais, au fond, c'étoit toujours une caiffe de crédit pour l'état. En 1714 Charles VI fit encore quelques changemens à cette banque, & lui affigna de nouveaux revenus. En 1753, on y fit des changemens confidérables. Voici l'extrait d'une lettre écrite à ce fujet en 1755: « La banque de Vienne fut établie par le magiftrat de la ville, il y a environ cinquante ans. La ville y p̂ete encore fon nom. — Les affignations très-valables ne font fignées que par les receveurs & les contrôleurs de la banque, tous deux fubordonnés au magiftrat. — La cour de Vienne étoit bien-aife de trouver, par le crédit de cette banque, les fommes dont elle avoit befoin: mais il fallut naturellement affigner auffi à la banque autant de fonds qu'il en falloit pour payer les intérêts des fommes levées par cette voie. De-là vint qu'une grande partie des revenus du fouverain fut engagée à la banque, & qu'ils le font encore. La cour trouva que l'importance de l'affaire exigeoit qu'elle-même eût l'œil fur la régie de tous ces revenus, le maniement de la banque devenant un objet toujours plus digne d'attention. A cet effet, la cour établit une commiffion fous le nom de *minifterial bancoh of deputation*. Cette commiffion s'eft peu-à-peu emparée de toute la direction de la banque, & le magiftrat de la ville de Vienne ne fait plus qu'y prêter fon nom. Le préfident de cette commiffion eft en même tems chef du département de tous les importans revenus affignés à la banque, dont je vais vous faire bientôt le dénombrement. Il a quatre confeillers dans fon confeil, une infinité de fubalternes à Vienne & dans les provinces, pour la régie de ces revenus. Il eft entièrement indépendant de tous fes fubalternes, en tout ce qui a rapport au département de la banque, foit du directoire à Vienne, foit de tous les autres dicaftères dans les provinces. Comme il eft en même-temps préfident du directoire de com-

merce, fon pouvoir s'étend fort loin.... On m'a affuré qu'à la fin de l'année 1748 l'état paffif montoit à quarante-neuf millions de florins, outre beaucoup d'arrérages d'intérêts; qu'à la fin de l'année 1751, non-feulement tous les arrérages d'intérêts étoient acquittés, mais qu'on avoit auffi payé cinq millions de florins de capital dans ces trois ans. C'eft donc là-deffus que j'ai fondé le calcul de 44 millions de dettes à la fin de 1751. Ces dettes & les billets de banque délivrés là-deffus font de différentes fortes: 1°. il y a des emprunts que la banque a faits elle-même, & fur lefquels elle a donné des obligations en forme, toujours payables à la réquifition du créancier, avec les intérêts à cinq pour cent; payables par an: 2°. il y a des fommes placées dans la banque, conformément aux loix, & qui y doivent refter ou un certain tems, ou à perpétuité, contre un intérêt de quatre à cinq pour cent; tels font les fidéicommis en argent comptant, les fonds des fondations pieufes, des églifes, des hôpitaux & autres, les dépôts, l'argent des pupilles, fur lefquels la banque donné des certificats: 3°. il y a des dettes contractées, & affignées pour le fouverain, & acceptées par la banque, fur lefquelles elle a donné des billets payables à un certain terme, avec les intérêts à cinq pour cent, payables par an: 4°. il y a d'autres fortes de dettes, fur lefquelles la banque de Giro, combinée à préfent avec la grande banque de Vienne, a délivré des billets, & qui ne font jamais payables; mais dont on tire annuellement l'intérêt à cinq pour cent, & dont on peut fe fervir en forme de paiement par la ceffion. Quant aux dettes de la première claffe, on a mis les intérêts à quatre pour cent, & l'on a offert de payer le capital à qui n'a pas voulu laiffer l'argent pour cet intérêt. La plupart ont mieux aimé ne point reprendre leur argent, & la banque a fait non-feulement par-là un gain très-confidérable, mais elle a augmenté fon crédit. Pour mieux l'établir, on a commencé à s'acquitter des plus anciennes dettes, & on en eft déja venu jufqu'à celles de l'an 1731 & 1732. On a publié dans les gazettes de Vienne, tout le courant de l'année 1755, — que les dettes de ces deux années de cette première claffe dévoient être payées jufqu'à la fin du mois d'août 1755, & que qui ne reprendroit pas fon argent dans ce terme, perdroit les intérêts pour l'avenir. On a gagné par-là pareillement, que la plupart ont laiffé leur argent fur de nouvelles obligations à quatre pour cent. Quant à la feconde claffe, les dépôts & l'argent des pupilles ne reftent, à la vérité, à la banque qu'autant que le procès ou la minorité dure; mais au moins il n'eft pas permis de l'en tirer pendant ce temps. L'argent, au contraire, qui

» appartient aux fidéicommis, églises, hôpitaux
» & autres fondations pieuses, ne font jamais
» de la banque, & les intéressés n'en tirent que
» les intérêts, avec cette différence que plusieurs
» de ces fondations tirent encore, par privilège
» ou convention expresse, cinq pour cent ;
» & ceux qui n'ont pas eu la même prévo-
» yance, font obligés de se contenter de quatre
» pour cent. Quant à la troisième classe, on s'est
» servi presque du même moyen qu'à l'égard des
» dettes de la première, & on a offert, par l'é-
» dit du 30 novembre 1752, le paiement de
» toutes ces dettes jusqu'au 15 mars 1753, quoi-
» que leur terme ne fût pas encore échu, sous
» peine de perdre les intérêts ultérieurs. Beau-
» coup ont retiré, mais beaucoup y ont aussi
» laissé leur argent à quatre pour cent. Quant à
» la quatrième classe, il n'y a aucun moyen de
» mettre plus bas l'intérêt de cinq pour cent,
» puisque déja ces billets de Giro portent le dé-
» savantage, que comme je n'en puis jamais de-
» mander le paiement à la banque, leur valeur
» monte & baisse plus que celle des autres billets,
» selon les circonstances, & que souvent il y a
» de la perte en les voulant réaliser par des ces-
» sions. Je crois pouvoir tirer de-là la conclu-
» sion que les deux tiers des dettes de la banque
» ne font plus à présent qu'à quatre pour cent ».
L'auteur de cette lettre évalue les revenus assignés à la banque, dans le temps qu'il écrivoit,
à 170,930,000 flor. Les obligations de la banque
de Vienne peuvent être comparées aux rentes sur
l'hôtel-de-ville de Paris. La cour administre la
banque par ses ministres & conseillers, & la ville
de Vienne en est garante. Comme le capital de
ces obligations n'est sujet à aucun impôt, on recherche ces obligations. Dans l'année 1778, on
mit une taxe extraordinaire, sous le titre de *subsi-
dium praesentaneum*, sur tous les revenus quelconques, mais les obligations de banque furent épar-
gnées. D'ailleurs on ne donne point des obligations nouvelles à la banque, ce qui fait encore
rechercher davantage ces fonds-là. Après la guerre
de 1756, on fit encore, sur le crédit de la banque, pour 10,000,000 florins de billets de banque, depuis 5 jusqu'à cinq mille florins. Ces
billets étoient acceptés dans toutes les caisses
impériales comme de l'argent comptant. On avoit
même exigé, pour leur donner plus de cours,
que le paiement de certains revenus se fît
moitié en argent, & moitié en billets de banque. Il y avoit d'ailleurs, dans les provinces,
des caisses particulières où on donnoit de l'argent
sur le champ à ceux qui présentoient des billets.
— Indépendamment de la banque, la maison
d'Autriche a encore des dettes sur le crédit des
états, & d'autres sur le crédit de la chambre
des finances. Par le crédit des obligations de
banque qui est fermé, c'est-à-dire, qui ne reçoit plus d'argent, on soutient adroitement le

crédit des autres papiers. La cour, pour soutenir
ces crédits, retire même de temps en temps une
partie des obligations. On évalua, en 1783, les
dettes de l'état à deux cents millions. Cette somme ne seroit pas trop forte, s'il étoit vrai, comme on l'a imprimé dans le journal de Schloezer,
que la cour de Vienne paye annuellement quinze
millions de flor. pour les intérêts, & pour éteindre
une partie du capital. Le comte de Haukwitz a
fait beaucoup de réformes utiles dans les finances
de l'Autriche sous le règne de Marie-Thérèse. —
Il y a une défense en Autriche de donner des capitaux à intérêts dans les pays étrangers, & une
ordonnance du 27 mars 1783, d'après laquelle
tout l'argent appartenant à des églises ou à des
fondations, doit être placé *in fundis publicis*,
avec défense de le prêter à des particuliers.

Troupes. Le royaume de *Hongrie* peut mettre
aisément une armée de 100,000 hommes à pied,
non compris le contingent des royaumes incorporés. Les heyduckes forment l'infanterie, & les
housards la cavalerie. Pour veiller à l'ordre & à
la sûreté des grands chemins, les comtés entretiennent des heyduckes qui font une espèce de
maréchaussée à pied. En 1741, le baron de
Trenk parut à la tête d'une troupe de pandoures,
qui se rendit redoutable en Allemagne, & qui
étoient ainsi appellés, non du village de Pan-
dour dans le comté de Batsch, mais du mot esclavon *pandur*, qui signifie *voleur de grand chemin*,
ce qu'étoit effectivement cette troupe de brigands ; ils s'étoient retranchés en 1740 dans une
forêt de l'Esclavonie, d'où ils mettoient presque
tout le pays à contribution : le baron de Trenk
leur persuada de servir la reine : il augmenta
leur nombre de tous les malfaiteurs qu'il put tirer des prisons où ils se trouvoient renfermés.

Voyez les articles ILLYRIE HONGROISE,
TRANSYLVANIE, & en général les articles particuliers des divers états de la maison d'Autriche.

HONNEUR : nous ne parlerons ici que des
idées & des principes d'*honneur*, qui produisent
tant d'effet dans quelques contrées.

Ce n'est point dans les maisons publiques où
l'on instruit l'enfance, dit Montesquieu, que
l'on reçoit dans les monarchies la principale éducation ; c'est lorsque l'on entre dans le monde
que l'éducation en quelque façon commence. Là
est l'école de ce que l'on appelle l'*honneur*, ce
maître universel qui doit par-tout nous conduire.

C'est-là que l'on voit & que l'on entend toujours dire trois choses : *qu'il faut mettre dans les
vertus une certaine noblesse, dans les mœurs une
certaine franchise, dans les manières une certaine
politesse.*

Les vertus qu'on nous y montre, sont toujours moins ce que l'on doit aux autres, que ce
que l'on se doit à soi-même : elles ne sont pas

tant ce qui nous appelle vers nos concitoyens que ce qui nous en diftingue.

On n'y juge pas les actions des hommes comme bonnes, mais comme belles ; comme juftes, mais comme grandes ; comme raifonnables, mais comme extraordinaires.

Dès que l'honneur y peut trouver quelque chofe de noble, il eft ou le juge qui les rend légitimes, ou le fophifte qui les juftifie.

Il permet la galanterie lorfqu'elle eft unie à l'idée des fentimens du cœur, ou à l'idée de conquête : & c'eft la vraie raifon pour laquelle les mœurs ne font jamais fi pures dans les monarchies, que dans les gouvernemens républicains.

Il permet la rufe, lorfqu'elle eft jointe à l'idée de grandeur de l'efprit ou de la grandeur des affaires ; comme dans la politique, dont les fineffes ne l'offenfent pas.

Il ne défend l'adulation que lorfqu'elle eft féparée de l'idée d'une grande fortune, & n'eft jointe qu'au fentiment de fa propre baffeffe.

Là l'honneur fe mêlant par-tout, entre dans toutes les façons de penfer & de toutes les manières de fentir, & dirige même les principes.

Cet honneur bizarre fait que les vertus ne font que ce qu'il veut, & comme il les veut ; il met de fon chef, des règles à tout ce qui nous eft prefcrit ; il étend ou il borne nos devoirs à fa fantaifie, foit qu'ils aient leur fource dans la religion, dans la pratique ou la morale.

Il n'y a rien dans la monarchie que les loix, la religion & l'honneur prefcrivent tant que l'obéiffance aux volontés du prince ; mais cet honneur nous dicte que le prince ne doit jamais nous prefcrire une action qui nous déshonore, parce qu'elle nous rendroit incapable de le fervir.

Crillon refufa d'affaffiner le duc de Guife ; mais il offrit à Henri III de fe battre contre lui. Après la S. Barthelemi, Charles IX ayant écrit à tous les gouverneurs de faire maffacrer les huguenots, le vicomte Dorte qui commandoit à Bayonne, écrivit au roi (1) : « Sire, je n'ai trouvé » parmi les habitans & les gens de guerre que de » bons citoyens, de braves foldats, & pas un bour- » reau : ainfi eux & moi fupplions votre majefté » d'employer nos bras & nos vies à chofes fai- » fables ». Ce grand & généreux courage regardoit une lâcheté comme une chofe impoffible.

Il n'y a rien que l'honneur prefcrive plus à la nobleffe que de fervir le prince à la guerre : en effet c'eft la profeffion diftinguée, parce que fes hafards, fes fuccès & fes malheurs même conduifent à la grandeur. Mais, en impofant cette loi, l'honneur veut en être l'arbitre ; & s'il fe trouve choqué, il exige ou permet qu'on fe retire chez foi.

Il veut qu'on puiffe indifféremment afpirer aux emplois ou les refufer ; il tient cette liberté au-deffus de la fortune même.

L'honneur a donc fes règles fuprêmes, & l'éducation eft obligée de s'y conformer (2). Les principales font, qu'il nous eft bien permis de faire cas de notre fortune, mais qu'il nous eft fouverainement défendu d'en faire aucun de notre vie.

La feconde eft, que lorfque nous avons été une fois placés dans un rang, nous ne devons rien faire ni fouffrir qui faffe voir que nous nous tenons inférieurs à ce rang même.

La troifième, que les chofes que l'honneur défend, font plus rigoureufement défendues, lorfque les loix ne concourent point à les prefcrire ; & que celles qu'il exige font plus fortement exigées, lorfque les loix ne les demandent pas.

La France eft le pays de la terre où cet honneur dont nous parlons, eft le plus impérieux. L'origine de ce point d'honneur fe trouve dans les loix & les mœurs des barbares nos ancêtres ; & c'eft moins une fuite de la monarchie, qu'une fuite des préjugés de nos ancêtres.

On trouve des énigmes dans les codes des loix des barbares. La loi (3) des frifons ne donne qu'un demi-fou de compofition à celui qui a reçu des coups de bâton, & il n'y a fi petite bleffure pour laquelle il n'en donne davantage. Par la loi falique, fi un ingénu donnoit trois coups de bâton à un ingénu, il payoit trois fous ; s'il avoit fait couler le fang, il étoit puni comme s'il avoit bleffé avec le fer, & il payoit quinze fous ; la peine fe mefuroit par la grandeur des bleffures. La loi des lombards (4) établit différentes compofitions pour un coup, pour deux, pour trois, pour quatre. Aujourd'hui un coup en vaut cent mille, & voici l'explication de cette différence.

La conftitution de Charlemagne, inférée dans la loi (5) des lombards, veut que ceux à qui elle permet le duel, combattent avec le bâton. Peut-être que ce fut un ménagement pour le clergé ; peut-être que, comme on étendoit l'ufage des combats, on voulut les rendre moins fanguinaires. Le capitulaire (6) de Louis le Débonnaire donne le choix de combattre avec le bâton ou avec les

---

(1) Voyez l'hiftoire de d'Aubigné.
(2) On dit ici ce qui eft, & non pas ce qui doit être : l'honneur eft un préjugé que la religion travaille tantôt à détruire, tantôt à régler.
(3) Additio fapientium Willemari, tit. 5.
(4) Liv. I, tit. 6, §. 3.
(5) Liv. II. tit. 5, §. 23.
(6) Ajouté à la loi falique fur l'an 819.

armes. Dans la fuite , il n'y eut que les ferfs qui combattiffent avec le bâton (1).

Déja je vois naître & fe former les articles particuliers de notre point d'*honneur*. L'accufateur commençoit par déclarer devant le juge, qu'un tel avoit commis une telle action, & celui-ci répondoit qu'il en avoit menti (2) ; fur cela le juge ordonnoit le duel. La maxime s'établit que, lorfqu'on avoit reçu un démenti, il falloit fe battre.

Quand un homme (3) avoit déclaré qu'il combattroit, il ne pouvoit plus s'en départir ; & , s'il le faifoit, il étoit condamné à une peine. De-là fuivit cette règle, que quand un homme s'étoit engagé par fa parole, l'honneur ne lui permettoit plus de la rétracter.

Les gentilshommes (4) fe battoient entr'eux à cheval & avec leurs armes, & les villains (5) fe battoient entr'eux à pied & avec le bâton. De-là il s'enfuivit que le bâton étoit l'inftrument des outrages (6), parce qu'un homme qui en avoit été battu, avoit été traité comme un villain.

Il n'y avoit que les villains qui combattiffent à vifage découvert (7) ; ainfi il n'y avoit qu'eux qui puffent recevoir des coups fur la face. Un foufflet devint une injure qui devoit être lavée par le fang, parce qu'un homme qui l'avoit reçu, avoit été traité comme un villain.

Les peuples germains n'étoient pas moins fenfibles que nous au point d'*honneur* ; ils l'étoient même plus. Ainfi les parens les plus éloignés prenoient une part très-vive aux injures, & tous leurs codes font fondés là-deffus. La loi des lombards veut que celui qui, accompagné de fes gens, va battre un homme qui n'eft point fur fes gardes, afin de le couvrir de honte & de ridicule, paye la moitié de la compofition qu'il auroit due s'il l'avoit tué ; & que fi, par le même motif, il le lie, il paye les trois quarts de la même compofition.

Difons donc que nos pères étoient extrêmement fenfibles aux affronts ; mais que les affronts d'une efpèce particulière, de recevoir des coups d'un certain inftrument fur une certaine partie du corps, & donnés d'une certaine manière, ne leur étoient pas encore connus. Tout cela étoit compris dans l'affront d'être battu ; & , dans ce cas, la grandeur des excès faifoit la grandeur des outrages.

« C'étoit chez les germains, dit Tacite, une » grande infamie d'avoir abandonné fon bouclier » dans le combat ; & plufieurs, après ce mal- » heur, s'étoient donné la mort ». Auffi l'ancienne loi falique donne-t-elle quinze fous de compofition à celui à qui on avoit dit par injure qu'il avoit abandonné fon bouclier.

Charlemagne (8), corrigeant la loi falique, n'établit dans ce cas que trois fous de compofition. On ne peut pas foupçonner ce prince d'avoir voulu affoiblir la difcipline militaire : il eft clair que ce changement vint de celui des armes ; & c'eft à ce changement des armes qu'on doit l'origine de bien des ufages. *Voyez* l'article Mo-NARCHIE.

HOYA, comté d'Allemagne dans le cercle de Weftphalie, dont la plus grande partie appartient à l'électeur de Brunfwick.

Il eft borné au fud par la principauté de Minden ; à l'oueft par le comté de Diepholz ; au nord par celui de Delmenhorft ; les bailliages de la ville de Breme, le Wéfer, la partie du bailliage de Theding-haufen, qui appartient à la maifon de Wolfenbuttel & l'Aller ; à l'eft par les principautés de Lunebourg & de Calenberg. On eftime fon étendue à huit milles de longueur fur fept dans fa plus grande largeur.

Non compris ce qui en appartient à la Heffe, il renferme une ville, treize bourgs & environ neuf mille feux. La plupart des payfans font ferfs, & les habitans s'occupent de l'agriculture, de l'entretien du bétail, de l'éducation des abeilles, du filage de la laine & du lin, du tiffage des étoffes, bas & toiles de ces matières premières : on y fait des dentelles, fur-tout à Liebenau, ville qui exporte une quantité confidérable de faulx, &c. Une multitude d'ouvriers vont chaque année en Hollande, au commencement du printemps, tirer de la tourbe ou faucher des prés, &c ; & , à l'approche de la moiffon, ils retournent chez eux avec l'argent qu'ils ont gagné. Ces voyages, au lieu d'enrichir le pays, nuifent à fa profpérité.

Les états font compofés, 1°. des deux prélats qui font à la tête de l'abbaye de Baffum & du couvent d'Heiligenrode ; mais il y a long-temps qu'on ne les a appellés aux diètes : 2°. des nobles ou poffeffeurs des fiefs & d'autres biens nobles & des francs, ou ceux qui ont des francs aleux & autres terres privilégiées : enfin 3°. de

---

(1) *Voyez* Beaumanoir, chap. 64 , pag. 323.
(2) *Ibid.* chap. LIV, pag. 329.
(3) *Ibid.* chap. 3 , pag. 25 & 329.
(4) *Voyez*, fur les armes des combattans. Beaumanoir, chap. 61 , pag. 308 , & chap. 64, pag. 328.
(5) *Ibid.* chap. 64 , pag. 328 : *voyez* auffi les chartes de Saint-Aubin d'Anjou, rapportées par Galland, pag. 263.
(6) Chez les romains, les coups de bâton n'étoient point infames. *Lege idus fuftium. De iis qui notantur infamid.*
(7) Ils n'avoient que l'écu & le bâton. Beaumanoir, chap. 64 , pag. 328.
(8) Nous avons l'ancienne loi, & celle qui fut corrigée par ce prince.

la ville de Nieubourg & des bourgs. On ne les convoque que pour la création de nouveaux impôts ; que lorsqu'il s'agit d'abolir des ordonnances qui dérogent à la constitution établie ; d'élire un nouveau conseiller provincial, ou un conseiller à la cour souveraine des appellations, un assesseur à la justice aulique, ou un syndic provincial, ou enfin lorsque le bien des membres particuliers l'exige. Ces états ont droit de présenter un assesseur à la justice aulique de Hanovre, un conseiller à la cour souveraine des appellations ; &, de concert avec le comté de Diepholz, un député, inspecteur de cette cour, & un autre conseiller à la même cour avec la province de Grubenhagen, quand c'est son tour ; parmi les provinces électorales, d'y nommer. Les tribunaux du pays font le collège des finances, composé de trois conseillers provinciaux nobles & indigenes, & de deux députés-jurisconsultes de la roture ; l'un tiré du haut comté, l'autre du bas. Ce collège s'assemble ordinairement quatre fois l'année pour revoir les registres & les extraits de la recette & de la dépense des deniers provinciaux. Le petit comité des états, formé de trois conseillers provinciaux, de deux députés équestres, l'un de la noblesse terrière du haut-comté, l'autre de celle du bas, d'un député des francs, d'un de la ville de Nieubourg, d'un du bourg d'Hoya, & d'un enfin de celui de Stolzenau : il se rend à Hanovre quatre fois par an, deux fois pour écouter les propositions du souverain, & deux fois pour lui porter la résolution des états. Le grand comité, formé de trois conseillers provinciaux nobles, deux députés de la noblesse du haut-comté, de deux de celle du bas, d'un de l'ordre équestre, de deux des francs, des deux députés roturiers du collège des finances, & enfin des bourg-maîtres de la ville de Nieubourg & des bourgs d'Hoya, Stolzenau & Sillingen : il s'assemble régulièrement deux fois par an, pour délibérer sur les propositions des diètes, & tout ce qui concerne les intérêts du pays, ratifier les dispositions provisoires & urgentes du collège des finances ou du petit comité, & procéder à l'élection des députés, des commissaires provinciaux & autres officiers. Il y a en outre, des dicastères communs à ce comté & à toutes les terres de l'électorat de Brunswick, sur-tout à la principauté de Calenberg. *Voyez* l'article HANOVRE.

Tout le pays professe la religion luthérienne ; & ses paroisses, au nombre de cinquante-quatre, sont inspectées par quatre spéciaux & un surintendant général, subordonnés au consistoire de Hanovre.

Précis de l'histoire politique. L'origine de ce comté remonte jusqu'au douzième siècle, époque à laquelle Otton & Gerard, seigneurs & comtes de Stumpenhausen, bâtirent le château d'*Hoya*, près du bourg de son nom. L'étendue de ce do-maine très-resserrée d'abord, s'accrut successivement. Les comtes Gerard & Jean, frères, le partagèrent, vers les années 1320 à 1330, en deux parties : celle qui échut au premier, fut nommée *haut* ; l'autre *bas-comté*, & cette distinction s'est conservée. En 1502, la ligne de Gerard s'éteignit dans la personne du comte Frédéric, & ses domaines devoient passer à Juste, représentant de celle de Jean, en vertu d'un pacte de succession conclu en 1459. Mais l'empereur Maximilien I en avoit, de sa propre autorité, donné l'expectative en 1501 à Henri le moyen, duc de Lunebourg, de qui le comte Juste d'*Hoya* fut enfin obligé, en 1524, de le recevoir à titre d'arrière-fief : il fut réduit encore à souffrir que ses sujets lui prêtassent l'hommage éventuel à Henri le moyen. Sa branche s'éteignit en 1543 à la mort d'Otton son quatrième fils ; alors le comté échut en entier à la maison de Lunebourg, & fut partagé entre les trois branches ducales de Calenberg, Wolfenbuttel & Zell. Les deux premières eurent les bailliages de Stolzenau, Ehrenburg, Sycke, Steyerberg, Siedenburg, Diepenau & Bahremburg dans le haut comté ; & celle de Zell, *Hoya*, Nieubourg, Liebenau, Alt-et-neu-Bruchhausen dans le bas. Le duc Eric de Calenberg mourut sans enfans en 1584, & ses domaines du comté d'*Hoya* & de la principauté de Calenberg échurent à la ligne de Wolfenbuttel. Celle-ci ayant pris fin, en 1634, à la mort de Frédéric Ulric, le haut comté d'*Hoya* passa à la maison de Brunswick-Lunebourg, & échut en partage au duc Guillaume de Harbourg, qui, ayant mis fin en 1642 à la branche de son nom, transmit sa succession à celle de Zell, laquelle eut par-là tout ce que la maison de Brunswick possédoit dans ce pays. Mais, en 1682, les six bailliages du haut-comté, Stolzenau, Siedenburg, Bahrenburg, Steyerberg, Diepenau, avec celui de Harpstedt & le couvent de Heiligenrode furent démembrés pour être réunis à la principauté de Calenberg, & ils lui furent incorporés jusqu'en 1705, que la ligne de Zell ayant manqué, tout le pays se retrouva appartenir à la branche de Brunswick-Hanovre, parmi les provinces électorales de laquelle il est compté dans le diplôme de l'empereur, qui l'élève au rang des électeurs.

En vertu d'une convention datée de 1526, le landgrave de Hesse-Cassel possède comme seigneur direct, depuis la mort du comte Otton, cette partie du comté d'*Hoya*, formée des bailliages d'Ucht & de Freudenberg. La maison électorale de Brunswick-Lunebourg est dédommagée de ce démembrement, par la réunion qu'elle a faite au comté d'une partie du bailliage de Thedinghausen & de celui de Westen.

Le comté d'*Hoya* donne à la maison de Brunswick voix & séance au collège des comtes de la Westphalie après Steinfurt ; & aux diètes du tercle, entre Tecklenburg & Virnemburg. Sa taxe matriculaire est de deux cavaliers & six fantassins, ou de 48 florins par mois. Il payoit autrefois neuf écus d'Empire chaque terme pour l'entretien de la chambre impériale ; mais cette somme est comprise aujourd'hui dans celle que la maison de Brunswick paye en gros pour toutes les terres dépendantes de son électorat.

Revenus, administration. Les contributions ordinaires se payent sur un pied fixe, établi en 1680, & vont par mois à 5670 rixdales, indépendamment du don gratuit (*licent*) annuel de deux mille écus, que la ville de Nieubourg donne pour son exemption des charges. Les affaires de la trésorerie sont administrées par le collège des finances, & le revenu de la taille, formant un objet annuel de 13,000 rixdales, est appliqué aux frais communs de la province, tels que les appointemens des officiers, des états, de l'assesseur à la justice aulique, &c. Le pays accorde en outre, des fourages, en nature ou en argent, pour la cavalerie qui y est en quartier ; une certaine somme pour le pain de munition de l'infanterie ; une partie des frais de légations, & une cottisation pour l'entretien de l'université de Goëttingue. Si l'on ajoute à ces dépenses ordinaires 113,000 rixd. que le prince tire des bailliages, on trouvera que le comté d *Hoya* est, à proportion de son étendue, l'un des pays de toute l'Allemagne qui rapporte le plus.

On le divise en haut & bas-comté, ainsi que nous l'avons dit. Le premier comprend les bailliages de Bahrenburg, Diepenau, Ehrenburg, Harpstedt, Siedenburg, Stolzenau, Steyerberg & Sycke ; le second ceux de l'ancien & nouveau Bruchhausen, *Hoya*, Liebenau, Nieubourg, Thedinghausen & Westen : on le divise aussi en quatre grands quartiers.

Voyez les articles BRUNSWICK, HANOVRE, LUNEBOURG, & les articles particuliers des divers états que l'électeur de Brunswick possède en Allemagne.

HUDSON, établissement des anglois à la baie de *Hudson*.

Ce détroit de *Hudson*, dont la profondeur est de dix degrés, est formé par l'Océan, dans les régions éloignées, au nord de l'Amérique. Son embouchure a six lieues de largeur. L'entrée n'en est praticable que depuis le commencement de juillet jusqu'à la fin de septembre : encore est-elle alors assez dangereuse. Les vaisseaux ont à s'y préserver des montagnes de glace, auxquelles des navigateurs ont donné quinze à dix-huit cens pieds d'épaisseur, & qui s'étant formées par un hiver permanent de cinq ou six ans, dans de petits golfes éternellement remplis de neige, en ont été détachées par le vent du nord-ouest, ou par quelque cause extraordinaire.

Le vent du nord-ouest, qui règne presque continuellement durant l'hiver, & très-souvent en

été, excite dans la baie même des tempêtes effroyables. Elles sont d'autant plus à craindre que les bas-fonds y sont très-communs. Heureusement on trouve de distance en distance, des groupes d'isles assez élevées pour offrir un asyle aux vaisseaux. Outre ces petits archipels, on voit dans l'étendue de ce golfe, des masses isolées de rochers nuds & sans arbres.

On a découvert sous cette zone glaciale, du fer, du plomb, du cuivre, du marbre, une substance analogue au charbon de terre. Le sol y est d'ailleurs d'une stérilité extrême. A la réserve des côtes, le plus communément marécageuses, où il croit un peu d'herbe & quelques bois mous, le reste du pays ne présente guère qu'une mousse fort haute, & de foibles arbrisseaux assez clairs semés.

Tout s'y ressent de la stérilité de la nature. Les hommes y sont en petit nombre & d'une taille qui n'excede guère quatre pieds.

Tels étoient les habitans du pays qui fut découvert en 1607 par Henri *Hudson*, occupé du soin de chercher au nord-ouest un passage pour entrer dans la mer du sud. Cet intrépide & habile navigateur parcouroit pour la troisième fois, en 1611, ce détroit jusqu'alors inconnu, lorsque ses lâches & perfides compagnons, le jetterent, ainsi que sept matelots animés de son esprit, dans une barque des plus fragiles, & l'exposerent sans provisions, sans armes, à tous les périls de la mer & de la terre. Les barbares qui lui refusoient les secours de la vie, ne purent lui ôter la gloire de la découverte. La baie où il entra le premier, est & sera toujours la baie d'*Hudson*.

Les calamités inséparables des guerres civiles firent perdre de vue en Angleterre, une contrée éloignée qui n'avoit rien d'attrayant. Des jours plus sereins n'en avoient pas rappellé le souvenir, lorsque Groseillers & Radisson, deux françois canadiens, mécontens de leur patrie, avertirent les anglois occupés à guérir, par le commerce, les plaies de la discorde, qu'il y avoit de grands profits à faire sur les pelleteries qu'ils pouvoient tirer d'une terre où ils avoient des droits. Ceux qui proposoient l'entreprise, montrèrent tant de capacité, qu'on les chargea de la commencer. Le premier établissement qu'ils formèrent, surpassa leurs espérances & leurs promesses.

Ce succès chagrina la France, qui craignit avec raison de voir passer à la baie d'*Hudson* les belles fourrures que lui fournissoient les contrées les plus septentrionales du Canada. Ses inquiétudes étoient fondées sur le témoignage unanime de ses coureurs de bois, qui, depuis 1656, s'étoient portés jusqu'à quatre fois sur les bords de ce détroit. On auroit bien désiré de pouvoir aller attaquer la nouvelle colonie, par la même route qu'avoient suivie ces traiteurs ; mais les distances furent jugées trop considérables, malgré les facilités qu'offroient les rivières. Il fut arrêté que l'expédition se feroit par mer, & elle fut confiée à Grofeillers & à Radiffon, dont on avoit ramené l'inconftance ; foit que tout homme revienne aifément à fa patrie, ou qu'un françois n'ait befoin que de quitter la fienne pour l'aimer.

Ces deux hommes inquiets & audacieux partirent, en 1682, de Quebec fur deux bâtimens mal équipés. A leur arrivée, ne fe trouvant pas affez puiffans pour attaquer l'ennemi, ils fe contentèrent d'élever un fort au voifinage de celui qu'ils s'étoient flattés d'emporter. Alors on vit naître entre deux compagnies, l'une établie en Canada, l'autre en Angleterre, pour le commerce exclufif de la baie, une rivalité qui devoit toujours croître dans les combats de cette funefte jaloufie. Leurs comptoirs réciproques furent pris & repris. Ces miférables hoftilités n'auroient pas difcontinué fans doute, fi les droits jufqu'alors partagés n'avoient pas été réunis en faveur de la Grande-Bretagne, par la paix d'Utrecht.

Les établiffemens formés à la baie de *Hudfon*, ont appartenu depuis cette époque à l'Angleterre ; mais ils ont été attaqués & dévaftés durant la guerre qui vient de fe terminer : M. de la Peyroufe qui commandoit la petite efcadre, & qui fait à préfent un voyage autour du monde, déploya, durant cette expédition, des talens, un courage & des fentimens d'humanité, qu'il eft bon de rappeler ici. Il caufa de très-grands dommages à l'Angleterre, dans cette partie de fes domaines que le cabinet de Saint-James croyoit affez défendus par les glaces ; mais depuis le retour de la paix, en 1783, les anglois ont réparé cette perte, & nous allons entrer dans quelques détails fur leur commerce à la baie de *Hudfon*.

La baie de *Hudfon* n'eft, à proprement parler, qu'un entrepôt de commerce. La rigueur du climat y a fait périr tous les grains femés à plufieurs reprifes, y a interdit aux européens toute efpèce de culture, & par conféquent de population. On ne trouve fur ces immenfes côtes qu'environ deux cents foldats ou facteurs, enfermés dans quatre mauvais forts, dont celui d'Yorck eft le principal. Leur occupation eft de recevoir les pelleteries que les fauvages voifins viennent échanger contre quelques marchandifes, dont on leur a fait connoître & chérir l'ufage.

Quoique ces fourrures foient fort fupérieures à celles qui fortent des contrées moins feptentrionales, on les obtient à meilleur marché. Les fauvages donnent dix caftors pour un fufil ; deux pour une livre de poudre ; un caftor pour quatre livres de plomb ; un pour une hache ; un pour fix couteaux ; deux caftors pour une livre de grains de verre ; fix pour un furtout de drap ; cinq pour une livre un caftor pour une livre de tabac. Les miroirs, les peignes, les chaudières, l'eau-de-vie ne valent pas moins de caftors à proportion. Comme le caftor eft la mefure commune des échanges, un fecond tarif, auffi frauduleux que le pre-

mier, exige deux peaux de loutre ou trois peaux de martre, à la place d'une peau de caftor. A cette tyrannie autorifée, fe joint une tyrannie au moins tolérée. On trompe habituellement les fauvages fur la mefure, fur le poids, fur la qualité de ce qu'on leur livre, & la léfion eft-à-peu-près d'un tiers.

Ce brigandage méthodique doit faire deviner que le commerce de la baie de *Hudfon* eft foumis au monopole. La compagnie qui l'exerce, n'avoit originairement qu'un fonds de 241,500 liv., qui a été porté fucceffivement à 2,380,500 liv. Ce capital lui vaut un retour annuel en pelleteries, fur lequel elle fait un bénéfice exorbitant, qui excite l'envie & les murmures de la nation. Les deux tiers de ces belles fourrures font confommées en nature dans les trois royaumes, ou employées dans les manufactures nationales. Le refte paffe en Allemagne, où le climat lui ouvre un débouché fort avantageux.

L'auteur du livre intitulé *le Voyageur américain*, qui parcourut, vers l'année 1766, les établiffemens de la baie de *Hudfon*, par ordre du miniftère anglois, donne l'état fuivant des marchandifes exportées de l'Angleterre pour la baie de *Hudfon*.

Draps de laine communs, cotons, toiles d'Angleterre, armes de chaffe, fufils de chaffe, pierres à fufil, poudre à tirer, balles de plomb, coutelas, cuirs apprêtés, fel, farine de froment, d'avoine, d'orge, pois, fèves, drêche, lard & bœuf falé & fumé, beurre, fromage, bifcuit, mélaffe, acier travaillé, fer, bronze, cuivre, étain, pipes, tabac, bonneterie, chapeaux, chandelle, agrès & provifions de navire, merceries, épiceries, huiles, eaux-de-vie & vins. Tous ces articles, au prix moyen de trois années, ont coûté 16,000 livres fterling.

Il donne auffi l'état fuivant des marchandifes importées de la baie de *Hudfon* en Angleterre.

34 mille peaux de caftor, 16,000 martes, 2000 loutres, 1100 fouines, 3000 renards, 5000 loups, 7000 lièvres, 650 ours noirs, 40 ours blancs, 500 pêcheurs, 250 orignaux, 3000 gazelles, 30 à 50 quintaux plumes de lit, 20 à 30 quintaux côtes de baleine, quelques tonnes huile de baleine, 150,000 plumes d'oie, 2000 livres poil de caftor, 1000 peaux d'élan, 2000 peaux de bêtes fauves, 250 livres caftoreum. Ces articles, évalués fur le prix de la première main à Quebec, coûtent, au prix moyen de trois ans, 29,340 liv fterling.

Cet auteur ajoute : « la compagnie de la baie de *Hudfon* emploie quatre navires & 130 matelots. Elle a quatre forts où elle tient 186 hommes. Les exportations étant de 16,000 liv. fterl. par année, & les importations de 29,340 liv., elle gagne en tout 14,000 l. fterl. ». Elle doit gagner davantage.

» Si ce commerce étoit libre, la pêche feule des baies de *Hudfon*, de Baffin & du détroit de Davis, (dans ce dernier, les hollandois font une

pêche

pèce auffi abondante qu'au Japon ; où ils ne tuent les baleines que pour en avoir les fanons) ; occuperoit 800 navires de toute efpèce & feize mille hommes ».

» Ce commerce exigeroit & feroit fubfifter douze colonies , chacune de 3000 habitans des deux fexes. Au bout de fept années au plus, les exportations monteroient à 320,000 l. fterlings, les retours à 586,000 ; ce qui produiroit un revenu de 74,680 liv. ft , c'eft-à-dire , vingt fois plus que le montant de chaque année , encore avec l'efpoir certain d'une augmentation plus grande ».

» La compagnie de la baie de *Hudfon* conduit toutes fes affaires avec un fecret fi impénétrable, qu'il eft impoffible de connoître précifément à quel prix elle échange fes marchandifes contre celles des naturels. Elle eft dans l'ufage de ne donner des brevets à fes agens qu'après leur avoir fait prêter le ferment de garder le fecret fur fes opérations ; & elle ufe d'une telle dureté envers ceux dont elle ne peut l'exiger ; qu'elle leur ôte bientôt l'envie de s'en mêler en aucune manière ».

» Cependant , comme elle ne peut cacher la grande quantité de fes exportations, il eft facile d'avoir connoiffance, jufqu'à un certain degré de ce myftère : je dis jufqu'à un certain degré ; car il n'eft pas poffible de favoir au jufte quelle quantité de ces exportations confument les agens de la compagnie ».

» Ce que je fais par ma propre expérience , c'eft qu'elle n'a point de prix fixe pour aucune des marchandifes de l'échangeur, & qu'elle les met au taux qu'il lui plaît ; je dois dire auffi que je l'ai vue, dans plus d'une occafion, donner des exemples d'une équité rare, & pouffer la délicateffe de confcience jufqu'au point de fe contenter de mille pour cent de profit ».

» La compagnie change arbitrairement, prefque en tout temps , le tarif de fes marchandifes & de celles des naturels du pays, non fous prétexte qu'elles valent plus ou moins que les années précédentes, mais feulement felon la quantité plus ou moins grande des dernières, parce que c'eft là-deffus qu'elle règle la valeur des fiennes , la quantité des effets exportés étant à-peu-près toujours la même. Une pareille vexation étoit trop frappante pour n'être pas apperçue même par ces fauvages : ils ne pouvoient en témoigner leur reffentiment qu'en difcontinuant le commerce , comme auroit fait tout autre peuple dans une pofition différente ; cependant ils ne tardèrent pas à imaginer des moyens pour n'en être plus dupes : ils n'apportèrent plus de leurs fourrures qu'autant que leur peu d'expérience leur avoit appris qu'il en falloit pour avoir en échange toutes les marchandifes de la compagnie , dont la quantité leur étoit auffi connue par expérience. Au refte , comme dans leurs chaffes , ils tuoient pour leur nourriture beaucoup plus d'animaux qu'ils n'apportoient de fourrures au marché , ou ils confumoient eux-mêmes le furplus de celles-ci , dont ils auroient pu fe difpenfer & fe procurer un retour avantageux, ou ils les jettoient par reffentiment, fuivant en cela la politique des hollandois qui , pour conferver le prix de leurs épiceries , en jettent le fuperflu dans la mer ».

Le *Voyageur américain*, très - inftruit fur cette matière , croit qu'on pourroit établir de nouvelles branches de commerce à la baie de *Hudfon* : on vient de voir qu'il propofe d'y employer, ainfi que dans celle de Baffin , un grand nombre de vaiffeaux à la pêche de la baleine & du veau marin ; il remarque enfuite qu'on y trouve des mines de cuivre , qui pourroient être d'un grand rapport.

J

JAMAIQUE, isle d'Amérique appartenant à l'Angleterre.

Cette isle qui est sous le vent des autres isles angloises, & que la géographie a placée au nombre des grandes Antilles, peut avoir quarante-trois ou quarante-quatre lieues de long, & seize ou dix-sept dans sa plus grande largeur. Elle est coupée de plusieurs chaînes de montagnes irrégulières, où des rochers affreux sont confusément entassés. Leur stérilité n'empêche pas qu'elles ne soient couvertes d'une prodigieuse quantité d'arbres de différentes espèces, dont les racines, pénétrant dans les fentes des rochers, vont chercher l'humidité que laissent des orages & des brouillards fréquens. Cette verdure perpétuelle, alimentée, embellie par une foule d'abondantes cascades, forme un printemps de toute l'année, & présente aux yeux enchantés le plus beau spectacle de la nature. Mais ces eaux qui, tombant des sommets arides, versent la fécondité dans les plaines, ont un goût de cuivre désagréable & mal sain. Le climat est plus dangereux encore. De toutes les isles de l'Amérique, c'est la Jamaïque qui est la plus meurtrière. On y périt très-rapidement; & après deux siècles de défrichemens, il se trouve des districts très-fertiles, même près de la capitale, où un homme libre ne passeroit pas la nuit sans un extrême besoin.

Précis de l'histoire politique de la Jamaïque. Colomb découvrit la Jamaïque en 1494; mais il n'y forma point d'établissement. Huit ans après, il y fut jetté par la tempête. La perte de ses vaisseaux le mettant hors d'état d'en sortir, il implora l'humanité des sauvages, & il en reçut tous les secours de la commisération naturelle. Cependant ce peuple, qui ne cultivoit que pour ses besoins, se lassa de nourrir des étrangers qui l'exposoient à mourir lui-même de disette, & il s'éloigna peu à peu des côtes. Les espagnols ne gardèrent plus alors de ménagement avec ces timides indiens qu'ils avoient déja effarouchés par des actes de violence, & ils s'emportèrent jusqu'à prendre les armes contre un chef humain & juste, qui n'approuvoit pas leur férocité. Pour sortir de cette situation désespérée, Colomb profita d'un de ces phénomènes de la nature, où l'homme de génie trouve quelquefois des ressources pardonnables à la nécessité.

Ses connoissances astronomiques l'instruisoient qu'il y auroit bientôt une éclipse de lune. Il fit avertir les caciques voisins de s'assembler pour entendre des choses utiles à leur conservation. « Pour » vous punir, leur dit-il d'un air inspiré, de la » dureté avec laquelle vous nous laissez périr, » mes compagnons & moi, le Dieu que j'adore » va vous frapper de ses plus terribles coups. » Dès ce soir, vous verrez la lune rougir, puis » s'obscurcir & vous refuser sa lumière. Ce ne » sera que le prélude de vos malheurs, si vous » vous obstinez à me refuser des vivres ».

A peine l'amiral a parlé, que ses prophéties s'accomplissent. La désolation est extrême parmi les sauvages. Ils se croient perdus, demandent grace, & promettent tout. Alors on leur annonce que le ciel, touché de leur repentir, appaise sa colère, & que la nature va reprendre son cours. Dès ce moment, les subsistances arrivent de tous côtés, & Colomb n'en manqua plus jusqu'à son départ.

Ce fut don Diegue, fils de cet homme extraordinaire, qui fixa les espagnols à la Jamaïque. En 1509, il y fit passer de Saint-Domingue soixante-dix brigands, sous la conduite de Jean d'Esquimel. D'autres ne tardèrent pas à les suivre. Tous sembloient n'aller dans cette isle paisible que pour s'y baigner dans le sang humain. Le glaive de ces barbares ne s'arrêta que lorsqu'il n'y resta pas un seul habitant pour conserver la mémoire d'un peuple nombreux, doux, simple & bienfaisant. Pour le bonheur de la terre, ses exterminateurs ne devoient pas remplacer cette population. Auroient-ils voulu même se multiplier dans une isle qui ne fournissoit pas de l'or? Leur cruauté fut sans fruit pour leur avarice; & la terre qu'ils avoient souillée de carnage, sembla se refuser aux efforts d'inhumanité qu'ils firent pour s'y fixer. Tous les établissemens élevés sur la cendre des naturels du pays, tombèrent à mesure que le travail & le désespoir achevèrent d'épuiser le reste des sauvages échappés aux fureurs des premiers conquérans. Celui de Sant-Iago de la Vega fut le seul qui se soutint. Les habitans de cette ville, plongés dans l'oisiveté qui suit la tyrannie après la dévastation, se contentoient de vivre de quelques plantations, dont ils vendoient le superflu aux vaisseaux qui passoient sur leurs côtes. Toute la population de la colonie, concentrée au petit territoire qui nourrissoit cette race de destructeurs, étoit bornée à quinze cents esclaves commandés par autant de tyrans, lorsque les anglois vinrent enfin attaquer cette ville, s'en rendirent maîtres, & s'y établirent en 1655.

Avec eux y entra la discorde. Ils en apportoient les plus funestes germes. D'abord la nouvelle colonie n'eut pour habitans que trois mille hommes de cette milice fanatique, qui avoit combattu &

triomphé fous les drapeaux du parti républicain. Bientôt ils furent joints par une multitude de royalistes, qui efpéroient trouver en Amérique la confolation de leur défaite, ou le calme de la paix. L'efprit de division qui avoit fi long-temps & fi cruellement déchiré les deux partis en Europe, les fuivit au-delà des mers. C'en étoit affez pour renouveller, dans le nouveau-Monde, les fcènes d'horreur & de fang tant de fois répétées dans l'ancien. Mais Penn & Venables, conquérans de la *Jamaïque*, en avoient remis le commandement à l'homme le plus fage, qui fe trouvoit le plus ancien officier. C'étoit Dodley, qui avoit plié fous l'autorité d'un citoyen vainqueur, mais fans rien perdre de fon attachement pour les Stuarts. Deux fois Cromwel, qui avoit démêlé fes fentimens fecrets, lui fubftitua de fes partifans, & deux fois leur mort replaça Dodley à la tête des affaires.

Les confpirations qu'on tramoit contre lui, furent découvertes & diffipées. Jamais il ne laiffa impunies les moindres brèches faites à la difcipline. La balance fut dans fes mains toujours égale entre la faction que fon cœur déteftoit & celle qu'il aimoit. L'induftrie étoit excitée, encouragée par fes foins, fes confeils & fes exemples. Son défintéreffement appuyoit fon autorité. Content de vivre du produit de fes plantations, jamais on ne réuffit à lui faire accepter des appointemens. Simple & familier dans la vie privée, il étoit dans fa place, intrépide guerrier, commandant ferme & fevere, fage politique. Sa manière de gouverner fut toute militaire : c'eft qu'il avoit à contenir ou policer une colonie naiffante, uniquement compofée de gens de guerre, à prévenir ou repouffer une invafion des efpagnols, qui pouvoient tenter de recouvrer ce qu'ils venoient de perdre.

Mais, lorfque Charles II eut été appellé au trône par la nation qui en avoit précipité fon père, il s'établit à la *Jamaïque* un gouvernement civil, modelé, comme dans les autres ifles, fur celui de la métropole. Cependant ce ne fut qu'en 1682 que fe forma ce corps de loix, qui tient aujourd'hui la colonie en vigueur. Trois de ces fages ftatuts méritent l'attention des lecteurs politiques.

Le but du premier eft d'exciter les citoyens à la défenfe de la patrie, fans que la crainte de commettre leur fortune particulière puiffe les détourner du fervice public. Il ordonne que tout dommage fait par l'ennemi, foit payé fur-le-champ par l'état ; & aux dépens de tous les fujets, fi le fifc n'y fuffit pas.

Une autre loi veille aux moyens d'augmenter la population. Elle veut que tout maître de vaiffeau, qui aura porté dans la colonie un homme hors d'état de payer fon paffage, reçoive une gratification générale de 22 liv. 10 f. La gratification particulière eft de 168 liv. 15 f. pour chaque perfonne portée d'Angleterre ou d'Ecoffe ; de 135 l. pour chaque perfonne portée d'Irlande ; de 78 l. 15 f. pour chaque perfonne portée du continent de l'Amérique ; de 45 liv. pour chaque perfonne portée des autres ifles.

La troifième loi tend à favorifer la culture. Lorfqu'un propriétaire de terres n'a pas la faculté de payer l'intérêt ou le capital de fes emprunts, fa plantation eft vendue au prix eftimé par douze propriétaires. Sa valeur, quelle qu'elle foit, libère entièrement le débiteur. Mais fi elle excédoit fes dettes, on feroit tenu de lui rembourfer le furplus. Cette jurifprudence, qu'on pourroit trouver partiale, a le mérite de diminuer la rigueur des pourfuites du rentier & du marchand contre le cultivateur. Elle eft à l'avantage du fol & des hommes en général. Le créancier en fouffre rarement, parce qu'il eft fur fes gardes ; & le débiteur en eft plus tenu à la vigilance, à la bonne-foi, pour trouver des avances. C'eft alors la confiance qui fait les engagemens, & cette confiance ne fe mérite & ne s'entretient que par des vertus.

Le temps a amené d'autres réglemens. On s'apperçut que les juifs, établis en grand nombre à la *Jamaïque*, fe faifoient un jeu de tromper les tribunaux de juftice. Un magiftrat imagina que ce défordre pouvoit venir de ce que la Bible qui leur étoit préfentée, étoit en anglois. Il fut arrêté que ce feroit fur le texte hébreu qu'ils jureroient dans la fuite ; &, après cette précaution, les faux fermens devinrent infiniment plus rares.

En 1761, il fut décidé que tout homme qui ne feroit pas blanc, ne pourroit hériter de 13,629 liv. 3 f. 4 d. Ce ftatut déplut à plufieurs membres de l'affemblée, qui s'indignèrent qu'on voulût ravir à des pères tendres la fatisfaction de laiffer une fortune achetée par de long travaux à une poftérité chérie, parce qu'elle ne feroit pas de leur couleur. On fe divifa, & le parlement d'Angleterre fe faifit de la conteftation. Un des plus célèbres orateurs de la chambre des communes fe déclara hautement contre les nègres. Son opinion fut que c'étoient des êtres vils, d'une efpèce différente de la nôtre. Le témoignage de Montefquieu fut le plus fort de fes argumens, & il lut avec confiance le chapitre ironique de l'*Efprit des loix* fur l'efclavage. Aucun des auditeurs ne foupçonna les véritables vues d'un écrivain fi judicieux, & fon nom fubjugua tout le fénat britannique.

Le bill alloit s'étendre aux indiens, lorfqu'un homme, moins aveuglé que les autres, obferva que ce feroit une injuftice horrible de confondre les anciens propriétaires de l'ifle avec les africains, & qu'il n'en reftoit d'ailleurs que cinq ou fix familles.

Avant qu'aucune de ces loix eût été portée, la

Yyyy2

colonie avoit acquis une affez grande célébrité. Quelques aventuriers, autant par haine ou jalousie nationale que par inquiétude d'esprit & besoin de fortune, attaquèrent les vaisseaux espagnols. Ces corsaires furent secondés par les soldats de Cromwel, qui, ne recueillant après sa mort que l'aversion publique attachée à ses cruels succès, cherchèrent au loin un avancement qu'ils n'espéroient plus en Europe. Ce nombre fut grossi d'une foule d'anglois des deux partis, accoutumés au sang par les guerres civiles qui les avoient ruinés. Ces hommes, avides de rapine & de carnage, écumoient les mers, dévastoient les côtes du nouveau-Monde. C'étoit à la *Jamaïque* qu'étoient toujours portées par les nationaux, & souvent par les étrangers, les dépouilles du Mexique, & du Pérou. Ils trouvoient dans cette isle plus de facilité, d'accueil, de protection & de liberté qu'ailleurs, soit pour débarquer, soit pour dépenser à leur gré le butin de leurs courses. C'est-là que les prodigalités de la débauche les rejettoient bientôt dans la misère. Cet unique aiguillon de leur sanguinaire industrie les faisoit revoler à de nouvelles proies. Ainsi la colonie profitoit de leurs continuelles vicissitudes de fortune, & s'enrichissoit des vices qui étoient la source & la ruine de leurs trésors.

Quand cette race exterminante fut éteinte par sa meurtrière activité, les fonds qu'elle avoit laissés devinrent la base d'une nouvelle opulence, par la facilité qu'ils donnèrent d'ouvrir un commerce interlope avec les possessions espagnoles. Cette veine de richesses qu'on avoit ouverte vers 1672, s'accrut successivement & très-rapidement vers la fin du siècle. Des portugais, avec un capital de trois millions, dont leur souverain avoit avancé les deux tiers, s'engagèrent en 1696 à fournir aux sujets de la cour de Madrid cinq mille noirs, chacune des cinq années que devoit durer leur traité. Cette compagnie tira de la *Jamaïque* un grand nombre de ces esclaves. Dès lors, le colon de cette isle eut des liaisons suivies avec le Mexique & le Pérou, soit par l'entremise des agens portugais, soit par les capitaines de ses propres vaisseaux employés à la navigation de ce commerce. Mais ces liaisons furent un peu ralenties par la guerre de la succession au trône d'Espagne.

A la paix, le traité de l'Assiento donna des alarmes à la *Jamaïque*. Elle craignoit que la compagnie du sud, chargée de pourvoir de nègres les colonies espagnoles, ne lui fermât entièrement le canal & la route des mines d'or. Tous les efforts qu'elle fit pour rompre cet arrangement, ne changèrent point les mesures du ministère anglois. Il avoit sagement prévu que l'activité des assientistes donneroit une nouvelle émulation à l'ancien commerce interlope, & ses vues se trouvèrent justes.

Le commerce prohibé que faisoit la *Jamaïque*,

étoit simple dans sa fraude. Un bâtiment anglois feignoit qu'il manquoit d'eau, de bois, de vivres; que son mât étoit rompu, ou qu'il avoit une voie d'eau qu'il ne pouvoit ni découvrir, ni étancher, sans se décharger. Le gouverneur permettoit que le navire entrât dans le port & s'y réparât. Mais, pour se garantir ou se disculper de toute accusation auprès de sa cour, il falloit mettre le sceau sur la porte du magasin où l'on avoit enfermé les marchandises du vaisseau; tandis qu'il restoit une autre porte non scellée, par où l'on entroit & l'on sortoit les effets qui étoient échangés dans ce commerce secret. Quand il étoit terminé, l'étranger qui manquoit toujours d'argent, demandoit qu'il lui fût permis de vendre de quoi payer la dépense qu'il avoit faite : permission qu'il eût été trop barbare de refuser. Cette facilité étoit nécessaire, pour que le commandant ou ses agens pussent débiter impunément en public ce qu'ils avoient acheté d'avance en secret, parce qu'on supposeroit toujours que ce ne pouvoit être autre chose que les effets qu'il avoit été permis d'acquérir. Ainsi se vuidoient & se répandoient les plus grosses cargaisons.

La cour de Madrid se flatta de mettre fin à ce désordre, en défendant l'admission des bâtimens étrangers dans ses ports, sous quelque prétexte que ce pût être. Mais les jamaïcains, appellant la force au secours de l'artifice, se firent protéger, dans la continuation de ce commerce, par les vaisseaux de guerre anglois, qui recevoient cinq pour cent sur tous les objets dont ils favorisoient l'introduction frauduleuse.

Cependant, à cette violation éclatante & manifeste du droit public, en succéda une plus sourde & moins menaçante. Les navires expédiés de la *Jamaïque* se rendoient aux rades de la côte espagnole les moins fréquentées; mais sur tout à deux ports, également déserts : celui de Brew à cinq milles de Carthagène, & celui de Grout à quatre milles de Porto-Belo. Un homme qui sçavoit la langue du pays, étoit promptement mis à terre pour avertir les contrées voisines de l'arrivée des vaisseaux. La nouvelle se répandoit de proche en proche avec la plus grande célérité, jusqu'aux lieux les plus éloignés. Les marchands venoient avec la même diligence; & la traite commençoit, mais avec des précautions dont l'expérience avoit enseigné la nécessité. L'équipage du bâtiment étoit divisé en trois parties. Pendant que l'une accueilloit les acheteurs avec politesse & veilloit d'un œil attentif sur le penchant & l'adresse qu'ils avoient pour le vol, l'autre étoit occupée à recevoir la vanille, l'indigo, la cochenille, l'or & l'argent des espagnols, en échange des esclaves, du vif-argent, des soieries, & d'autres marchandises qui leur étoient livrées. En même temps la troisième division, retranchée en armes sur le tillac, veilloit à la sûreté du navire & de l'équipage, ayant soin de ne pas laisser entrer plus de monde à la fois qu'elle n'en pouvoit contenir dans l'ordre.

Lorsque les opérations étoient terminées, l'anglois regagnoit son isle avec ses fonds qu'il avoit communément doublés, & l'espagnol sa demeure avec ses emplettes, dont il espéroit tirer un semblable & même un plus grand bénéfice. De peur d'être découvert, il évitoit les grandes routes & marchoit dans des chemins détournés, avec des nègres qu'il venoit d'acheter, & qu'il avoit chargés de marchandises distribuées en paquets d'une forme & d'un poids faciles à porter.

Cette manière de négocier prospéroit depuis long-temps au grand avantage des colonies des deux nations, lorsque la substitution des vaisseaux de registre aux galions ralentit, comme l'Espagne se l'étoit proposé, la marche de ce commerce. Il diminua par degrés; & dans les derniers tems, il étoit réduit à peu de chose. Le ministère de Londres, voulant le ranimer, pensa en 1766 que le meilleur expédient pour rendre à la Jamaïque ce qu'elle avoit perdu, étoit d'en faire un port franc.

Aussi-tôt les bâtimens espagnols du nouveau-Monde arrivèrent de tous les côtés, pour y échanger leurs métaux & leurs denrées contre les manufactures angloises. Cet empressement avoit cela de commode, que le gain dont il étoit la source, étoit sans danger & ne pouvoit être l'occasion d'aucune brouillerie : mais il falloit s'attendre que la cour de Madrid ne tarderoit pas à rompre une communication si nuisible à ses intérêts. La Grande-Bretagne le pensa ainsi; & pour continuer à faire couler dans son sein les richesses du continent voisin, elle jetta sur la côte des mosquites les fondemens d'une colonie.

Quel que soit un jour le sort de ce nouvel établissement, il est certain que la Jamaïque s'occupa long-temps beaucoup trop d'un commerce frauduleux, & trop peu de ses cultures. La première à laquelle les anglois se livrèrent, fut celle du cacao, qu'ils avoient trouvée bien établie par les espagnols. Elle prospéra tant que durèrent les plantations de ce peuple, qui en faisoit sa principale nourriture & son négoce unique. Les arbres vieillirent; il fallut les renouveller : mais soit défaut de soins ou d'intelligence, ils ne réussirent pas, & on leur substitua l'indigo.

Cette production prenoit des accroissemens considérables, lorsque le parlement la chargea d'un droit qu'elle ne pouvoit porter, & qui en fit tomber la culture à la Jamaïque, comme dans les autres isles angloises. Cette imprudente taxe fut depuis supprimée : on lui substitua même des gratifications; mais cette générosité tardive n'enfanta que des abus. Pour jouir du bienfait, les jamaicains contractèrent l'habitude qu'ils ont conservée de tirer cette précieuse teinture de Saint-Domingue, & de l'introduire dans la Grande-Bretagne comme une richesse de leur propre sol.

On ne sauroit regarder comme entièrement per-

due la dépense que fait à cette occasion le gouvernement, puisque la nation en profite : mais elle entretient cette défiance &, s'il faut le dire, cette friponnerie, que l'esprit de finance a fait naître dans toutes nos législations modernes entre l'état & les citoyens. Depuis que le fisc n'a cessé d'imaginer des moyens pour s'approprier l'argent du peuple, le peuple n'a cessé de chercher des ruses pour se soustraire à l'avidité du fisc.

Il existoit encore quelques plantations d'indigo à la Jamaïque, lorsqu'on commença à s'y occuper du coton. Cette production eut un succès rapide & toujours suivi, parce qu'elle trouva, sans interruption, un débouché avantageux en Angleterre, où on la mettoit en œuvre avec une adresse qui a été plutôt imitée qu'égalée par les nations rivales.

Le gingembre a été moins utile à la colonie. Les sauvages, que les européens trouvèrent dans les isles d'Amérique, en faisoient assez généralement usage : mais leur consommation en ce genre, comme dans les autres, étoit si bornée, que la nature brute leur en fournissoit suffisamment. Les usurpateurs prirent une espèce de passion pour cette épicerie. Ils en mangeoient le matin, pour aiguiser leur appétit. On leur en servoit à table, confit de plusieurs façons. Ils en usoient après le repas, pour faciliter la digestion. C'étoit, dans la navigation, leur antidote contre le scorbut. L'ancien monde adopta le goût du nouveau, & ce goût dura jusqu'à ce que le poivre, qui avoit eu long-temps une valeur extraordinaire, fut baissé de prix. Alors le gingembre tomba dans une espèce de mépris, & la culture en fut à-peu-près abandonnée par-tout, excepté à la Jamaïque.

Cette isle produit & vend une autre épicerie, connue sous le nom impropre de poivre de la Jamaïque.

L'art de le cultiver ne fut connu à la Jamaïque qu'en 1668. Il y fut porté par quelques habitans de la Barbade. L'un d'entr'eux avoit tout ce qu'exige la forte de création qui dépend des hommes : c'étoit Thomas Moddifort. Son activité ses capitaux, son intelligence le mirent en état de défricher un terrein immense, & l'élevèrent, avec le temps, au gouvernement de la colonie. Cependant le spectacle de sa fortune & ses vives sollicitations ne pouvoient engager aux travaux de la culture, des hommes nourris la plupart dans l'oisiveté des armes. Douze cents malheureux, arrivés en 1670 de Surinam, qu'on venoit de céder aux hollandois, se montrèrent plus dociles à ses leçons. Le besoin leur donna du courage, & leur exemple inspira l'émulation. Elle fut nourrie par l'abondance d'argent que les succès continuels des flibustiers faisoient entrer chaque jour dans l'isle. Une grande partie fut employée à la construction des édifices, à l'achat des esclaves, des uftenfiles, de tous les meubles néceffaires aux habitations naiffantes. Avec le temps, il fortit de cette poffeffion une grande abondance de fucre inférieur, à la vérité, à celui qu'on fabriquoit dans la plupart des autres colonies, mais dont le rum avoit une fupériorité marquée.

Le cafier profpéroit dans les établiffemens hollandois & françois du nouveau-Monde, avant que les anglois euffent fongé à fe l'approprier. La Jamaïque fut même la feule des ifles britanniques qui crut devoir l'adopter ; mais elle n'en pouffa jamais la culture auffi loin que les nations rivales.

Etat, commerce, productions, population & administration de la Jamaïque. C'étoit, en 1756, une opinion généralement reçue que la Jamaïque étoit dans le plus grand état de profpérité où elle pût atteindre. Une ifle occupée depuis un fiècle par un peuple actif & éclairé : une ifle où la piraterie & un commerce frauduleux avoient verfé, fans interruption, les tréfors du Mexique & du Pérou : une ifle à laquelle aucun moyen d'exploitation n'avoit jamais manqué : une ifle dont les parages fûrs & les rades excellentes n'avoient ceffé d'appeller les navigateurs : une ifle qui avoit toujours vu fes productions recherchées par l'Europe entière ; un tel établiffement devoit paroître, même aux efprits les plus réfléchis, avoir fait tous les progrès dont la nature l'avoit rendu fufceptible.

La guerre, qui rendra cette époque à jamais célèbre, diffipa une illufion fi raifonnable. Un fléau, qui quelquefois bouleverfe les états & toujours les épuife, fut une fource de fortune pour la Jamaïque. Les négocians anglois, enrichis des dépouilles d'un ennemi par-tout vaincu, par-tout fugitif, fe trouvèrent en état de faire de groffes avances & de longs crédits aux cultivateurs. Les colons eux-mêmes, animés par le découragement des colons françois, dont les travaux avoient jufqu'alors été fi heureux, profitèrent avec chaleur des facilités que des événemens inattendus mettoient dans leurs mains. La paix n'arrêta pas l'impulfion reçue. Ce mouvement rapide a continué, & les productions de la colonie font de près d'un tiers plus confidérables qu'elles ne l'étoient il y a trente ans.

L'ifle entière peut contenir trois millions huit cents mille acres de terre. Les montagnes, les rochers, les lacs, les marais, les rivières, d'autres lieux néceffairement perdus pour les travaux utiles, en occupent un million fept cents vingt-huit mille quatre cents trente-un, felon les lumières d'un homme judicieux & appliqué, qui a long-temps conduit la colonie. Le gouvernement en a fucceffivement accordé un million fix cents foixante & onze mille cinq cents foixante-neuf, qui font défrichés ou qui peuvent l'être. Il en refte encore à concéder quatre cents mille, qui attendent des bras & des moyens d'exploitation.

En 1658, la Jamaïque comptoit quatre mille cinq cents blancs & quatorze cents efclaves ; en 1670, fept mille cinq cents blancs & huit mille efclaves ; en 1734, fept mille fix cents quarante-quatre blancs & quatre-vingt fix mille cinq cents quarante-fix efclaves ; en 1746, dix mille blancs & cent douze mille quatre cents vingt-huit efclaves ; en 1768, dix-fept mille neuf cents quarante-fept blancs & cent foixante-fix mille neuf cents quatorze efclaves ; en 1775, dix-huit mille cinq cents blancs, trois mille fept cents noirs ou mulâtres libres, & cent quatre-vingt-dix mille neuf cents quatorze efclaves. Cent dix mille de ces malheureux font placés fur fix cents quatre-vingt fucreries. Le refte eft employé à des cultures moins précieufes dans quatorze cents foixante habitations, à la navigation, au fervice domeftique, & à d'autres travaux de néceffité première.

Les dépenfes publiques de la colonie s'élèvent annuellement à 817,750 livres. C'eft avec des impofitions fur les maifons, fur les différentes productions du fol, fur les boiffons étrangères, fur la tête des noirs ; & dans les cas extraordinaires, avec un doublement de capitation qu'on pourvoit à fes befoins. Les comptables chargés, dans les dix-neuf paroiffes, de lever les contributions ordonnées par l'affemblée générale, ont obtenu pour prix de leurs foins deux & demi pour cent, & le receveur général en retient cinq.

Les monnoies qui circulent habituellement dans l'ifle, ne paffent pas 954,041 l. Ce numéraire eft plus que fuffifant, parce qu'il ne fert qu'aux plus petits détails de commerce. Les efclaves apportés d'Afrique, les marchandifes que l'Europe envoie ; tout ce qui a une grande valeur, eft payé en lettres-de-change fur Londres & fur quelqu'un des autres ports britanniques où les colons envoient leurs denrées pour leur propre compte.

Le prix de ces productions n'eft pas uniquement deftiné aux befoins fans ceffe renaiffans de la Jamaïque. Une grande partie doit fervir à l'acquittement des dettes qu'un luxe immodéré & des malheurs trop répétés lui ont fait fucceffivement contracter. Ses engagemens, autant qu'on en peut juger, s'élèvent aux deux tiers de fes richeffes apparentes. Le plus grand nombre de fes créanciers eft fixé en Angleterre. Les autres font des négocians paffagèrement établis dans l'ifle, parmi lefquels on compte beaucoup de juifs. Puiffe ce peuple, d'abord efclave, puis conquérant, & enfuite avili pendant vingt fiècles, pofféder un jour légitimement la Jamaïque, ou quelqu'autre ifle riche du nouveau-Monde ! Puiffe-t-il y raffembler tous fes enfans, & les élever en paix dans la culture & le commerce, à l'abri du fanatifme qui le rendit odieux à la terre, & de la perfécution qui l'a trop rigoureufement puni de fes erreurs ! Que les juifs vivent enfin libres, tranquilles & heureux dans un coin de l'univers, puifqu'ils font nos frères par les liens de l'humanité, & nos pères par les dogmes de la religion!

La colonie envoie actuellement, chaque année, à sa métropole huit cents mille quintaux de sucre qui, à 40 liv. le quintal, produisent 32,000,000 de livres : quatre millions de galons de rum qui, à 1 liv. 10 s. le galon, produisent 6,000,000 de liv. : trois cents mille galons de melasse qui, à 10 s. le galon, produisent 150,000 liv. : six mille quintaux de coton qui, à 150 liv. le quintal, produisent 900,000 livres : six mille quintaux de piment qui, à 42 l. le quintal, produisent 252,000 l. dix-huit mille quintaux de café qui, à 50 liv. le quintal, produisent 900,000 livres : trois mille quintaux de gingembre qui, à 70 liv. le quintal, produisent 210,000 livres : pour 400,000 liv. en bois de teinture ou de marqueterie. Tout ces objets réunis portent les produits de la Jamaïque à 40,812000 liv.

Les navires destinés à leur extraction sont très-multipliés, mais du port de cent cinquante à deux cents tonneaux seulement.

Un petit nombre prennent leur chargement au port Morant, qu'il faudroit regarder comme bon si l'entrée étoit moins difficile. Cette rade, située dans la partie méridionale de l'isle, n'est défendue que par une batterie mal construite & mal placée. Douze hommes commandés par un sergent, y font continuellement la garde. Non loin de là est une baie du même nom, plus commode & plus fréquentée par les navigateurs.

La côte n'offre plus de mouillage que pour de très-petits bateaux jusqu'au Port-Royal, où est embarquée la moitié des productions de la colonie destinées pour l'Europe.

Plus loin est le vieux havre, communément assez fréquenté. Les planteurs voisins ont souvent résolu d'élever quelques ouvrages pour protéger contre les petits corsaires les bâtimens qui y formeroient leur cargaison. Ce projet dispendieux paroît tout-à-fait abandonné. L'on a compris enfin que l'embarras de l'entrée seroit toujours la meilleure des défenses.

La baie de la rivière Noire exigeroit une bonne batterie. On l'établiroit sans beaucoup de frais, & elle feroit la sûreté du grand nombre de petits navires qui la fréquentent.

Savane-la-Mare n'a jamais que peu d'eau, & son entrée est par tout embarrassée de récifs & de rochers submergés. C'est le plus mauvais port de la colonie. Il est pourtant devenu l'entrepôt d'un assez grand commerce, depuis que le territoire voisin a été défriché. Ses habitans voulurent autrefois s'entourer de fortifications. L'ouvrage fut abandonné, après qu'on y eut dépensé plus de cent mille écus. Il ne reste plus de ces travaux qu'un amas de ruines.

L'isle n'a sur sa côte occidentale très-resserrée qu'un seul port, & c'est celui d'Orange. Sept

ou huit bâtimens y prennent annuellement leur charge.

Le premier havre au nord, est celui de Sainte-Lucie. Il est spacieux ; il est sûr ; il est défendu par un fort capable de faire quelque résistance, s'il étoit réparé, si son artillerie étoit mise en état de servir. On y entretient toujours une foible garnison.

Huit ou neuf lieues plus loin, est l'excellente baie de Montego. La cinquième partie des productions de la colonie est embarquée dans la petite ville de Barnet, défendue par une batterie de dix canons.

Des bas-fonds rendent difficiles l'entrée du port Sainte-Anne. A peine reçoit-il tous les ans quinze ou seize navires.

Le port Antonio est un des plus sûrs, mais non des plus fréquentés de l'isle. Son fort est gardé par un détachement que commande un officier.

La côte orientale n'offre que le havre de Manchineel. Le mouillage y est bon ; mais, dans les parages voisins, la mer est toujours violemment agitée par les vents d'est. C'est le quartier le plus exposé à l'invasion ; & la batterie de dix canons, qu'on y a construite, ne le mettroit pas à l'abri du danger, si ces richesses étoient plus considérables. Toute la défense de la colonie réside proprement dans le Port-Royal.

Sant-Iago de la Vega, que les anglois ont appellé Spanishtown, paroissoit être la capitale de l'isle en 1756. Cette ville, bâtie par les espagnols à quelques milles de la mer, sur la rivière de Cobre, la plus considérable du pays, sans être navigable, étoit le siège du corps législatif, du gouverneur général, des tribunaux de justice, & par conséquent le séjour des colons les plus riches.

L'amiral Knowles jugea cet arrangement contraire au bien public ; & en 1756, il fit décider par l'assemblée générale, que tous les ressorts, tous les pouvoirs de l'administration seroient réunis à Kinstown.

Lorsque les espagnols furent obligés d'abandonner la Jamaïque à l'Angleterre, ils y laissèrent un assez grand nombre de nègres & de mulâtres qui, las de leur esclavage, prirent la résolution de sauver dans les montagnes une liberté que sembloit leur offrir la fuite de leurs tyrans vaincus. Après avoir établi des réglemens qui devoient assurer leur union, ils plantèrent du maïs & du cacao dans les lieux les plus inaccessibles de leur retraite. Mais l'impossibilité de subsister jusqu'au temps de leur récolte, les força de descendre dans la plaine pour y dérober des vivres. Le conquérant souffrit ce pillage d'autant plus impatiemment, qu'il n'avoit rien à perdre, & déclara la guerre la plus vive à ces ravisseurs. Plusieurs furent massacrés. Le plus grand nombre se soumit. Cinquante ou soixante seulement trouvèrent encore des rochers, pour y vivre ou mourir libres.

La politique vouloit qu'on achevât d'exterminer ou de réduire cette poignée de fugitifs, échappés à la chaîne ou au carnage. Mais les troupes, qui périssoient ou s'épuisoient de fatigue, ne goûtèrent pas un système de destruction, qui devoit leur coûter encore du sang. On y renonça, dans la crainte de les soulever. Cette condescendance eut des suites funestes. Les esclaves, que l'horreur du travail ou la peur des châtimens jettoit dans le désespoir, ne tardèrent pas à chercher un asyle dans les bois, où ils étoient sûrs de trouver des compagnons prêts à les assister. Le nombre des fugitifs augmenta tous les jours. On les vit bientôt déserter par essaims, après avoir massacré leurs maîtres, & dépouillé les habitations qu'ils livroient aux flammes. Inutilement on employoit contr'eux des partisans actifs, auxquels on assura 900 liv. pour chaque noir massacré, dont ils présenteroient la tête. Cette rigueur ne changea rien, & la désertion n'en devint que plus générale.

Le nombre des rebelles accrut leur audace. Jusqu'en 1690 ils s'étoient bornés à fuir. Mais enfin se croyant assez forts, même pour attaquer, on les vit fondre par bandes séparées sur les plantations angloises, où ils firent des dégâts horribles. En vain furent-ils repoussés avec perte dans leurs montagnes; en vain pour les y contenir, construisit-on des forts de distance en distance avec des corps-de-garde : malgré ces précautions, les ravages recommencèrent à diverses reprises. Le ressentiment mit tant de fureur dans l'ame des noirs achetés par les blancs, que ceux-ci, pour couper, disoient-ils, la racine du mal, résolurent, en 1735, d'employer toutes les forces de la colonie à détruire un ennemi justement implacable.

Aussi-tôt les loix militaires prennent la place de toute administration civile. Tous les colons se partagent en corps de troupes. On se met en mouvement, on marche aux rebelles par différentes routes. Un parti se charge d'attaquer la ville de Nauny, que les noirs avoient bâtie eux-mêmes dans les montagnes Bleues. Avec du canon, on réussit à réduire une place construite sans règles, défendue sans artillerie : les autres entreprises n'ont qu'un succès équivoque, ou balancé par des pertes. Les esclaves, plus glorieux d'un triomphe qu'abattus de dix revers, s'enorgueillissent de ne plus voir dans leurs tyrans que des ennemis à combattre. Après neuf mois de combats & de courses, on abandonne enfin le projet de les soumettre.

Les anglois, rebutés de courses & d'armemens inutiles, tombèrent dans un découragement universel. Les plus pauvres d'entr'eux n'osoient accepter les terreins que le gouvernement leur offroit au voisinage des montagnes. Des établisse-

mens plus éloignés des rebelles aguerris, furent négligés, ou même abandonnés. Plusieurs endroits de l'isle, qui, par leur aspect, annonçoient le plus de fécondité, restèrent dans leur état inculte.

Dans cette situation, Trelaunay fut chargé de l'administration de la colonie. Ce gouverneur sage, & sans doute humain, ne tarda pas à sentir que des hommes qui, depuis près d'un siècle, vivoient de fruits sauvages, nuds, exposés à toutes les injures de l'air; qui, toujours aux prises avec un assaillant plus fort & mieux armé, ne cessoient de combattre pour la défense de leur liberté, ne seroient jamais réduits par la force ouverte. Il eut donc recours aux voies de conciliation. On leur offrit non-seulement des terres en propriété, mais la liberté, mais l'indépendance. Ces ouvertures furent accueillies favorablement. Le traité conclu avec eux en 1739, porta que le chef qu'ils choisiroient eux-mêmes, recevroit sa commission du gouvernement anglois; qu'il se rendroit tous les ans dans la capitale de la colonie, s'il en étoit requis; que deux blancs résideroient habituellement auprès de lui, pour maintenir une harmonie utile aux deux nations; & qu'il prendroit les armes avec tous les siens, si la colonie étoit jamais attaquée.

Tandis que Trelaunay faisoit cet accomodement au nom de la couronne, l'assemblée générale de la colonie proposa son arrangement particulier. Dans ce second accord, le nouveau peuple s'engagea à ne plus donner de retraite aux esclaves fugitifs; & on lui assura une somme fixe pour chaque déserteur qu'il dénonceroit, une récompense plus considérable pour ceux qu'il ramèneroit dans leurs plantations. Depuis ce pacte, la petite république rétrograda toujours. Elle ne compte plus dans son sein que treize cents individus, hommes, femmes, enfans, répartis dans cinq ou six villages.

Soit que ce qui venoit de se passer eût inspiré de l'audace, ou que la dureté du joug anglois eût soulevé la haine, les nègres esclaves résolurent d'être libres aussi. Pendant que la guerre d'Europe embrasoit l'Amérique, ces malheureux convinrent, en 1760, de prendre tous les armes le même jour, de massacrer leurs tyrans, & de s'emparer du gouvernement. Mais l'impatience de la liberté déconcerta l'unanimité du complot, en prévenant le moment de l'exécution.

On prit des mesures contre de nouveaux soulevemens. Un esclave est fustigé dans les places publiques, s'il joue à quelque jeu que ce soit, s'il ose aller à la chasse, ou s'il vend autre chose que du lait ou du poisson. Il ne peut sortir de l'habitation où il sert, sans être accompagné d'un blanc, ou sans une permission par écrit. S'il bat du tambour, ou s'il fait usage de quelque instrument bruyant, son maître est condamné à une amende de 225 l. C'est ainsi que les anglois, ce

peuple

peuple fi jaloux de fa liberté, fe joue de celle des autres hommes. Enfin la *Jamaïque* eft de toutes les contrées de l'Amérique celle où le nègre eft le plus maltraité.

Ce feroit une perte funefte à l'Angleterre que celle de la *Jamaïque*. La nature a placé cette ifle à l'entrée du golfe du Mexique, & l'a comme rendue la clef de ce riche pays. Les vaiffeaux qui vont de Carthagène à la Havane, font forcés de paffer fur fes côtes. Elle eft plus à portée qu'aucune autre ifle des différentes échelles du continent. La multitude & l'excellence de fes rades lui donnent la facilité de lancer des vaiffeaux de guerre de tous les points de fa circonférence. Tant d'avantages font achetés par des inconvéniens.

Si l'on arrive aifément à la *Jamaïque* par les vents alifés, en allant reconnoître les petites Antilles, il n'eft pas auffi facile d'en fortir, foit qu'on prenne le détroit de Bahama, foit qu'on fe détermine pour le paffage fous le vent.

JANISSAIRES. *Voyez* l'article OTTOMAN (EMPIRE) & le Dictionnaire de l'Art militaire.

JAPON, grande contrée qui fe trouve à l'extrêmité de l'Afie. Il feroit inutile de donner ici les détails fur l'adminiftration defpotique du *Japon*; & nous nous bornerons à indiquer ce qui a rapport aux établiffemens de commerce qu'y eurent autrefois les portugais, & qu'y confervent les hollandois : & nous terminerons l'article par quelques remarques de Montefquieu fur les loix & le gouvernement du *Japon*.

Ce fut en 1542 qu'une tempête jetta, comme par bonheur, un vaiffeau portugais fur les côtes de ces ifles fameufes. Ceux qui le montoient, furent accueillis favorablement. On leur donna tout ce qu'il falloit pour fe rafraîchir & fe radouber. Arrivés à Goa, ils rendirent compte de ce qu'ils avoient vu; & ils apprirent au vice-roi, qu'une nouvelle contrée fort riche & fort peuplée s'offroit au zèle des miffionnaires, à l'induftrie des negocians. Les uns & les autres prirent la route du Japon.

Ils trouvèrent un grand Empire, peut-être le plus ancien du monde après celui de la Chine. Ses annales font mêlées de beaucoup de fables : mais il paroît démontré qu'en 660 Sin-Mu fonda la monarchie qui s'eft depuis perpétuée dans la même famille. Ces fouverains, nommés *daïris*, étoient à la fois les rois, les pontifes de la nation ; & la réunion de ces deux pouvoirs mettoit dans leurs mains tous les refforts de l'autorité fuprême. Les daïris étoient des perfonnes facrées, les defcendans, les repréfentans des dieux. La plus légère défobéiffance à la moindre de leurs loix, étoit regardée comme un crime digne des plus grands fupplices. Le coupable même n'étoit pas puni feul : on enveloppoit dans fon châtiment fa famille entière.

Vers le onzième fiècle, ces princes, plus ja-

loux fans doute des douces prérogatives du facerdoce que des droits pénibles de la royauté, partagèrent l'état en plufieurs gouvernemens, dont l'adminiftration politique fut confiée à de grands feigneurs connus par leurs lumières & par leur fageffe.

Le pouvoir illimité des daïris fouffrit de ce changement. Ils laiffèrent flotter comme au hafard les rênes de l'Empire. Leurs lieutenans, dont l'ambition étoit inquiète & clairvoyante, trouvèrent dans cette indolence le germe de mille révolutions. Peu à peu on les vit fe relâcher de l'obéiffance qu'ils avoient jurée. Ils fe firent la guerre entr'eux; ils la firent à leur chef. Une indépendance entière fut le fruit de ces mouvemens. Tel étoit l'état du *Japon*, lorfqu'il fut découvert par les portugais.

Les grandes ifles qui compofent cet Empire, placées fous un ciel orageux, environnées de tempêtes, agitées par des volcans, fujettes à ces grands accidens de la nature, qui impriment la terreur, étoient remplies d'un peuple que la fuperftition dominoit, & qui, par des circonftances particulières, étoit avide de nouveauté. Les portugais furent reçus avec le plus vif empreffement. Tous les ports leur furent ouverts. Chacun des petits rois du pays cherchae à les attirer dans fes états. On fe difputoit à qui leur feroit plus d'avantages, à qui leur accorderoit plus de privilèges, à qui leur donneroit plus de facilités. Ces négocians firent un commerce immenfe. Ils tranfportoient au *Japon* les marchandifes de l'Inde qu'ils tiroient de différens marchés, & celles de Portugal, auxquelles Macao fervoit d'entrepôt. Le daïri, les ufurpateurs de fes droits fouverains, les grands de l'Empire, la nation entière, tous faifoient une confommation prodigieufe des productions d'Europe & d'Afie. Mais avec quoi les payoit-on ?

Le terrein du *Japon* eft en général montueux & peu fertile. Ce qu'il donne de riz, d'orge & de froment, les feuls grains auxquels il foit propre, ne fuffit pas à la prodigieufe population qui le couvre. Les hommes, malgré leur activité, leur intelligence, leur frugalité, feroient réduits à mourir de faim, fans les reffources d'une mer extrêmement poiffonneufe. L'Empire fournit un petit nombre de productions qui puiffent être exportées, exceptés fes ouvrages d'acier, les plus parfaits que l'on connoiffe, fes porcelaines & quelques autres articles, fes manufactures n'étoient d'aucun prix pour l'Europe.

C'étoit principalement avec le fecours de fes mines d'or, d'argent, de cuivre, les plus riches de l'Afie, & peut-être du monde entier, que le *Japon* payoit fes dépenfes. Les portugais emportoient tous les ans de ces métaux pour quatorze à quinze millions de livres. Ils époufoient d'ailleurs fes riches héritières du pays, & s'allioient aux familles les plus puiffantes.

Z z z

Le *Japon* servit en 1600 de réfuge à quelques hollandois qui avoient fait naufrage à l'isle de Bang ; mais ce ne fut qu'en 1609 qu'il reçut des navires de la compagnie.

Depuis près d'un siècle le gouvernement avoit changé au *Japon*. Un tyran avoit rendu féroce un peuple magnanime. Taycosama, de soldat devenu général, & de général empereur, avoit usurpé tous les pouvoirs, anéanti tous les droits. Après avoir dépouillé le dairi du peu d'autorité qui lui restoit, il avoit subjugué tous les petits rois du pays. Le comble de la tyrannie est d'établir le despotisme par les loix. Taycosama fit plus encore : il le cimenta par des loix sanguinaires. Sa législation civile ne fut qu'un code criminel, où l'on ne voyoit que des échafauds, des supplices, des coupables, des bourreaux.

La navigation, le commerce, les comptoirs des portugais s'étoient soutenus durant les persécutions violentes de Taycosama. Cependant depuis long-temps le gouvernement & le peuple anglois étoient mécontens d'eux. Ils s'étoient rendus suspects au gouvernement par leur ambition, par leurs intrigues, peut-être par des conspirations secrètes ; & odieux au peuple, par leur avarice, par leur orgueil, par leurs infidélités. Mais, comme on avoit pris l'habitude des marchandises qu'ils apportoient, & qu'on n'avoit point d'autre canal que celui de leur navigation pour se les procurer, ils ne furent exclus du *Japon* qu'à la fin de 1638, lorsqu'il y eut des négocians en état de les remplacer.

Les hollandois, qui depuis quelque tems étoient entrés en concurrence avec eux, ne furent pas enveloppés dans cette disgrace. Comme ces républicains n'avoient pas montré l'ambition de se mêler du gouvernement ; qu'ils avoient prêté leur artillerie contre les chrétiens ; qu'on les voyoit en guerre avec la nation proscrite ; que l'opinion de leurs forces n'étoit pas établie ; qu'ils paroissoient réservés, souples, modestes, uniquement occupés de leur commerce, on les toléra, mais en les gênant beaucoup. Trois ans après, soit que l'esprit d'intrigue & de domination les eût saisis, soit, comme il est plus vraisemblable, qu'aucune conduite ne pût prévenir la défiance Japonoise, ils furent dépouillés de la liberté & des privilèges dont ils jouissoient.

Depuis 1641, ils sont relégués dans l'isle artificielle de Décima, élevée dans le port de Nangazaki, & qui communique par un pont à la ville. On désarme leurs vaisseaux à mesure qu'ils arrivent ; & la poudre, les fusils, les épées, l'artillerie, les voiles, le gouvernail même, sont portés à terre. Dans cette espèce de prison, ils sont traités avec un mépris dont on n'a point d'idée, & ils ne peuvent avoir de communication qu'avec les commissaires chargés de régler le prix & la quantité de leurs marchandises. Il n'est pas possible que la patience avec laquelle ils souffrent ce

traitement depuis plus d'un siècle, ne les ait avilis aux yeux de la nation qui en est le témoin, & que l'amour du gain ait amené à ce point l'insensiblité aux outrages, sans avoir flétri le caractère.

Des draps d'Europe, des soies, des toiles peintes, du sucre, des bois de teinture, quelques épiceries, principalement du poivre & du girofle : telles sont les marchandises qui sont portées au *Japon*. Les retours ordinaires étoient très considérables dans le temps d'une liberté indéfinie. Après les gênes, il ne fut annuellement expédié de Batavia que trois bâtimens, qu'il fallut bientôt réduire à deux. Depuis douze ans même, on n'envoie alternativement qu'une ou deux foibles cargaisons, soit que l'acheteur ait exigé cette réduction, soit que le vendeur y ait été déterminé par la médiocrité des bénéfices. Suivant les réglemens, tous les effets réunis ne devoient produire que 1,100,000 livres ; mais, quoique vraisemblablement cet ordre ne soit pas exécuté à la rigueur, on est assuré que le gain ne passe pas 50,000 liv. Il seroit plus considérable, sans l'obligation imposée aux hollandois, d'envoyer tous les ans à la capitale de l'Empire un ambassadeur chargé de présens. Le paiement se fait avec le meilleur cuivre de l'univers, qui se consomme dans le Bengale, sur la côte de Coromandel & à Surate ; il se fait aussi avec du camphre que l'Europe emploie lorsqu'il a été purifié à Amsterdam.

Les agens de la compagnie sont plus heureux que le corps qu'ils servent. Par une hospitalité qui est particulière au *Japon*, on leur donne dès leur arrivée, des courtisanes qu'ils peuvent garder jusqu'à leur départ. Ces filles ne servent pas seulement à leurs plaisirs, mais encore à leur fortune. C'est par ce moyen qu'ils introduisent dans le pays, & l'écaille de tortue dont les japonois font leurs bijoux les plus recherchés, & le camphre de Sumatra, qui, se trouvant assez parfait pour n'avoir pas besoin de l'opération du feu, est censé digne des autels.

En échange, ils reçoivent un or très-pur qui, aussi-bien que les marchandises, passe par les mains de leurs maitresses, dont l'intelligence & la probité dans cette double négociation sont également attestées.

Les chinois, le seul peuple étranger qui soit dans l'Empire avec les hollandois, ne font pas un commerce plus étendu, & c'est avec les mêmes gênes. Depuis 1688, ils sont enfermés tout le temps que leur vente dure, hors des murs de Nangazaki, dans une espèce de prison, composée de plusieurs cabanes, environnée d'une palissade, & défendue par un bon fossé, avec un corps-de-garde à toutes les portes. On a pris ces précautions contre eux, depuis que, parmi les livres de philosophie & de morale qu'ils vendoient, on a trouvé des ouvrages favorables au christianisme. Les missionnaires européens les avoient chargés, à Canton, de les répandre, & l'appât du gain les détermina à une infidélité qui a été sévérement punie.

On peut croire que ceux qui ont changé l'ancien gouvernement du pays en un despotisme le plus absolu de la terre, regarderont toute communication avec les étrangers, comme dangereuse à leur autorité. Cette conjecture paroît d'autant mieux fondée, qu'on a défendu à tous les sujets de sortir de leur patrie. Cet édit rigoureux, soutenu de la peine de mort, est devenu la maxime fondamentale de l'Empire.

Remarques sur les loix & sur le gouvernement du Japon. Les peines outrées peuvent corrompre le despotisme même. Jettons les yeux sur le *Japon.* On y punit de mort presque tous les crimes (1), parce que la désobéissance à un si grand empereur que celui du *Japon,* est un crime énorme. Il n'est pas question de corriger le coupable, mais de venger le prince. Ces idées sont tirées de la servitude, & viennent sur-tout de ce que l'empereur étant propriétaire de tous les biens, presque tous les crimes se font directement contre ses intérêts.

On punit de mort les mensonges qui se font devant les magistrats (2).

Ce qui n'a point l'apparence d'un crime, est là sévérement puni; par exemple, un homme qui hasarde de l'argent au jeu, est puni de mort.

Il est vrai que le caractère étonnant de ce peuple opiniâtre, capricieux, déterminé, bizarre, & qui brave tous les périls & tous les malheurs, semble, à la première vue, absoudre ses législateurs de l'atrocité de leurs loix. Mais des gens qui naturellement méritent la mort, & qui s'ouvrent le ventre pour la moindre fantaisie, sont-ils corrigés ou arrêtés par la vue continuelle des supplices? & ne s'y familiarisent-ils pas?

Les relations nous disent, au sujet de l'éducation des japonois, qu'il faut traiter les enfans avec douceur, parce qu'ils s'obstinent contre les peines; que les esclaves ne doivent point être trop rudement traités, parce qu'ils se mettent d'abord en défense. Par l'esprit qui doit régner dans le gouvernement domestique, n'auroit-on pas pu juger de celui qu'on devoit porter dans le gouvernement politique & civil?

Un législateur sage auroit cherché à ramener les esprits par un juste tempérament des peines & des récompenses; par des maximes de philo-sophie, de morale & de religion assorties à ces caractères; par la juste application des règles de l'honneur; par le supplice de la honte; par la jouissance d'un bonheur constant & d'une douce tranquillité. Et, s'il avoit craint que les esprits accoutumés à n'être arrêtés que par une peine cruelle, ne pussent plus l'être par une plus douce, il auroit agi (3) d'une manière sourde & insensible; il auroit, dans les cas particuliers les plus graciables, modifié la peine du crime, jusqu'à ce qu'il eût pu parvenir à la modifier dans tous les cas.

Mais le despotisme ne connoît point ces ressorts; il ne mène pas par ces voies; il peut abuser de lui, mais c'est tout ce qu'il peut faire: au *Japon* il a fait un effort; il est devenu plus cruel que lui-même.

Des ames par-tout effarouchées & rendues plus atroces, n'ont pu être conduites par une atrocité plus grande.

Voilà l'origine, voilà l'esprit des loix du *Japon*: mais elles ont eu plus de fureur que de force. Elles ont réussi à détruire le christianisme; mais des efforts si inouis sont une preuve de leur impuissance. Elles ont voulu établir une bonne police, & leur foiblesse a paru encore mieux.

Il faut lire la relation de l'entrevue de l'empereur & du dayri à Meaco (4). Le nombre de ceux qui y furent étouffés ou tués par des garnemens, fut incroyable: on enleva les jeunes filles & les garçons; on les retrouvoit tous les jours exposés dans des lieux publics à des heures indues, tout nuds, cousus dans des sacs de toile, afin qu'ils ne connussent les lieux par où ils avoient passé: on vola tout ce que l'on voulut: on fendit le ventre à des chevaux pour faire tomber ceux qui les montoient: on renversa des voitures pour dépouiller les dames. Les hollandois, à qui l'on dit qu'ils ne pouvoient passer la nuit sur des échafauds sans être assassinés, en descendirent, &c.

Je passerai vîte sur un autre trait. L'empereur, adonné à des plaisirs infâmes, ne se marioit point; il couroit risque de mourir sans successeur. Le dayri lui envoya deux filles très-belles. Il en épousa une par respect; mais il n'eut aucun commerce avec elle. Sa nourrice fit chercher les plus belles femmes de l'Empire; tout étoit inutile: la fille d'un armurier étonna son goût (5); il se détermina, il eut un fils. Les dames de la cour, indignées de ce qu'il leur avoit préféré une personne d'une si basse naissance, étouffèrent l'en-

---

(1) *Voyez* Kempfer.
(2) Recueil des ouvrages qui ont servi à l'établissement de la compagnie des Indes, tom. 2, partie II, pag. 428.
(3) Remarquez bien ceci comme une maxime de pratique, dans les cas où les esprits ont été gâtés par des peines trop rigoureuses.
(4) Recueil des voyages qui ont servi à l'établissement de la compagnie des Indes, tom. 5, pag. 2.
(5) Ibid.

fant. Ce crime fut caché à l'empereur ; il auroit verfé un torrent de fang. L'atrocité des loix en empêche donc l'exécution. Lorfque la peine eft fans mefure, on eft fouvent obligé de lui préférer l'impunité.

Enfin le peuple japonois a un caractère fi atroce, que fes légiflateurs & fes magiftrats n'ont pu avoir aucune confiance en lui. Ils ne lui ont mis devant les yeux que des juges, des menaces & des châtimens : ils l'ont foumis, pour chaque démarche, à l'inquifition de la police. Ces loix qui, fur cinq chefs de famille, en établiffent un comme magiftrat fur les quatre autres ; ces loix qui, pour un feul crime, puniffent toute une famille ou tout un quartier ; ces loix qui ne trouvent point d'innocens là où il peut y avoir un coupable, font faites pour que tous les hommes fe méfient les uns des autres, pour que chacun recherche la conduite de chacun, & qu'il en foit l'infpecteur, le témoin & le juge.

JARDINS, JARDINAGE : avantages & inconvéniens de ce genre de culture. *Voyez* l'article GRAINS.

JAVA, ifle d'Afie, qui eft le centre de la puiffance hollandoife dans l'Inde.

Java, qui peut avoir deux cents lieues de long fur une largeur de trente à quarante, paroît avoir été conquife par les malais à une époque affez reculée. En 1609, lorfque la compagnie hollandoife fongea à s'établir dans cette ifle, un mahométifme fort fupérftitieux en étoit le culte dominant. Il y avoit encore, dans l'intérieur du pays, quelques idolâtres ; & c'étoient les feuls hommes de *Java* qui ne fuffent point parvenus au dernier degré de la dépravation. L'ifle, autrefois foumife à un feul monarque, fe trouvoit alors partagée entre plufieurs fouverains qui étoient continuellement en guerre les uns avec les autres. Ces diffenfions éternelles avoient entretenu, chez ces peuples, l'oubli des mœurs & l'efprit militaire. Ennemis de l'étranger, fans confiance entr'eux, on ne voyoit point de nation qui parût mieux fentir la haine. Il fembloit que l'envie de fe nuire, & non le befoin de s'entr'aider, les eût raffemblés en fociété. Le javanois n'abordoit point fon frère, fans avoir le poignard à la main ; toujours en garde contre un attentat, ou toujours prêt à le commettre. Les grands avoient beaucoup d'efclaves qu'ils achetoient, qu'ils faifoient à la guerre, ou qui s'engageoient pour dettes. Ils les traitoient avec inhumanité. C'étoient les efclaves qui cultivoient la terre, & qui faifoient tous les travaux pénibles. Le javanois mâchoit du bétel, fumoit de l'opium, vivoit avec fes concubines, combattoit ou dormoit. On trouvoit dans ce peuple beaucoup d'efprit ; mais il y reftoit peu de traces de principes moraux. Il fembloit moins un peuple avancé, qu'une nation dégénérée. C'étoient des hommes qui, d'un gouvernement réglé, étoient paffés à une efpèce d'anarchie, &

qui fe livroient fans frein aux mouvemens impétueux que la nature donne dans ces climats.

Un caractère fi corrompu ne changea rien aux vues de la compagnie fur *Java*. Elle pouvoit être traverfée par les anglois, alors en poffeffion d'une partie du commerce de cette ifle. Cet obftacle fut bientôt levé. La foibleffe de Jacques I & la corruption de fon confeil rendirent ces fiers bretons fi timides, qu'ils fe laiffèrent fupplanter, fans faire des efforts dignes de leur courage. Les naturels du pays, privés de cet appui, furent affervis. Ce fut l'ouvrage du temps, de l'adreffe, de la politique.

Une des maximes fondamentales des portugais avoit été d'engager les princes qu'ils vouloient mettre ou tenir fous l'oppreffion, à envoyer leurs enfans à Goa, pour y être élevés aux dépens de la cour de Lisbonne, & s'y naturalifer, en quelque manière, avec fes mœurs & fes principes. Mais cette idée, bonne en elle-même, les conquérans l'avoient gâtée, en admettant ces jeunes gens à liurer plaifirs les plus criminels & à leurs plus honteufes débauches. Il arrivoit de là que ces indiens, mûris par l'âge, ne pouvoient s'empêcher de haïr, de méprifer du moins des inftituteurs fi corrompus. En adoptant cette pratique, les hollandois la perfectionnèrent. Ils cherchèrent à bien convaincre leurs élèves de la foibleffe, de la légéreté, de la perfidie de leurs fujets, & plus encore de la puiffance, de la fageffe, de la fidélité de la compagnie. Avec cette méthode, ils affermirent leurs ufurpations : mais, il faut le dire, la perfidie, la cruauté furent auffi les moyens qu'employèrent les hollandois.

Le gouvernement de l'ifle, qui avoit pour unique bafe les loix féodales, fembloit appeller la difcorde. On arma le père contre le fils, le fils contre le père. Les prétentions du foible contre le fort, du fort contre le foible, furent appuyées fuivant les circonftances. Tantôt on prenoit le parti du monarque, & tantôt celui des vaffaux. Si quelqu'un montroit fur le trône des talens redoutables, on lui fufcitoit des concurrens. Ceux que l'or ou les promeffes ne féduifoient pas, étoient fubjugués par la crainte. Chaque jour amenoit quelque révolution, toujours préparée par les tyrans, & toujours à leur avantage. Ils fe trouvèrent enfin les maîtres des poftes importans de l'intérieur, & des forts bâtis fur les côtes.

L'exécution de ce plan d'ufurpation n'étoit encore qu'ébauchée, lorfqu'on établit à *Java* un gouverneur qui eut un palais, des gardes, un extérieur impofant. La compagnie crut devoir s'écarter des principes d'économie qu'elle avoit fuivis jufqu'alors. Elle étoit perfuadée que les portugais avoient tiré un grand avantage de la cour brillante que tenoient les vice-rois de Goa ; qu'on devoit éblouir les peuples de l'orient pour mieux les fubjuguer, & qu'il falloit frapper l'imagination

& les yeux des indiens, plus aisés à conduire par les sens que les habitans de nos climats.

Les hollandois avoient une autre raison pour se donner un air de grandeur. On les avoit peints à l'Asie comme des pirates, sans patrie, sans loix & sans maître. Pour faire tomber ces calomnies, ils proposèrent à plusieurs états voisins de *Java*, d'envoyer des ambassadeurs au prince Maurice d'Orange. L'exécution de ce projet leur procura le double avantage d'en imposer aux orientaux, & de flatter l'ambition du stathouder, dont la protection leur étoit nécessaire pour les raisons que nous allons dire.

Lorsqu'on avoit accordé à la compagnie son privilège exclusif, on y avoit assez mal-à-propos compris le détroit de Magellan, qui ne devoit avoir rien de commun avec les Indes orientales. Isaac Lemaire, un de ces négocians riches & entreprenans qu'on devroit regarder par-tout comme les bienfaiteurs de leur patrie, forma le projet de pénétrer dans la mer du sud par les terres Australes, puisque la seule voie connue alors pour y arriver étoit interdite. Deux vaisseaux qu'il expédia en 1615, passèrent par un détroit qui depuis a porté son nom, situé entre le cap de Horn & l'isle des Etats, & furent conduits par les événemens à *Java*. Ils y furent confisqués, & ceux qui les montoient envoyés prisonniers en Europe.

Cet acte de tyrannie révolta les esprits déja prévenus contre tous les commerces exclusifs. Il parut absurde qu'au lieu des encouragemens que méritent ceux qui tentent des découvertes, un état purement commerçant mît des entraves à leur industrie. Le monopole, que l'avarice des particuliers souffroit impatiemment, devint plus odieux, quand la compagnie donna aux concessions qui lui avoient été faites, plus d'étendue qu'elles n'en devoient avoir. On sentoit que son orgueil & son crédit augmentant avec sa puissance, les intérêts de la nation seroient sacrifiés dans la suite aux intérêts, aux fantaisies même de ce corps devenu trop redoutable. Il y a de l'apparence qu'il auroit succombé sous la haine publique, & qu'on ne lui auroit pas renouvellé son privilège qui alloit expirer, s'il n'avoit été soutenu par le prince Maurice, favorisé par les Etats-Généraux, & encouragé à faire tête à l'orage, par la consistance que lui donnoit son établissement à Java.

Quoique divers mouvemens, plusieurs guerres, quelques conspirations aient troublé la tranquillité de cette isle, elle ne laisse pas d'être assujettie aux hollandois de la manière dont il leur convient qu'elle le soit.

Bantam en occupe la partie occidentale. Un de ses despotes qui avoit remis la couronne à son fils, fut rappellé au trône en 1680, par son inquiétude naturelle, par la mauvaise conduite de son successeur, & par une faction puissante. Son parti alloit prévaloir, lorsque le jeune monarque,

assiégé par une armée de trente mille hommes dans sa capitale, où il n'avoit pour appui que les compagnons de ses débauches, implora la protection des hollandois. Ils volèrent à son secours, battirent ses ennemis, le délivrèrent d'un rival, & rétablirent son autorité. Quoique l'expédition eût été vive, courte, rapide, & par conséquent peu dispendieuse, on ne laissa pas de faire monter les dépenses de la guerre à des sommes prodigieuses. La situation des choses ne permettoit pas de discuter le prix d'un si grand service, & l'épuisement des finances ôtoit la possibilité de l'acquitter. Dans cette extrémité, le foible roi se détermina à se mettre dans les fers, à y mettre ses descendans, en accordant à ses défenseurs le commerce exclusif de ses états.

La compagnie maintient ce grand privilège avec trois cents soixante-huit hommes distribués dans deux mauvais forts, dont l'un sert d'habitation à son gouverneur, & l'autre de palais au roi. Cet établissement ne lui coûte que 110,000 l. qu'elle retrouve sur les marchandises qu'elle y débite. Elle a, en pur bénéfice, ce qu'elle peut gagner sur trois millions pesant de poivre, qu'on s'est obligé de lui livrer à 28 livres 3 sols le cent.

C'est peu de chose en comparaison de ce que la compagnie tire de Cheribon, qu'elle a réduit sans efforts, sans intrigue & sans dépenses. A peine les hollandois s'étoient établis à *Java*, que le sultan de cet état resserré, mais très-fertile, se mit sous leur protection, pour éviter le joug d'un voisin plus puissant que lui. Il leur livre annuellement trois millions trois cents mille livres pesant de riz, à 25 liv. 12 s. le millier; un million de sucre, dont le plus beau est payé 15 liv. 6 sols 8 deniers; un million deux cents mille livres de café, à 4 s. 4 den. la livre; cent quintaux de poivre, à 5. 2 den. la livre; trente mille livres de coton, dont le plus beau n'est payé que 1 liv. 11 s. 4 den. la livre; six cents mille livres d'arèque, à 13 liv. 4 sols le cent. Quoique des prix si bas soient un abus manifeste de la foiblesse des habitans, cette injustice n'a jamais mis les armes à la main du peuple de Cheribon, le plus doux, le plus civilisé de l'isle. Cent européens suffisent pour le tenir dans les fers. La dépense de cet établissement ne monte pas au-dessus de 45,100 livres, qu'on gagne sur les toiles qu'on y porte.

L'empire de Mataran, qui s'étendoit autrefois sur l'isle entière, dont il embrasse encore la plus grande partie, a été subjugué plus tard. Souvent vaincu, quelquefois vainqueur, il combattoit encore pour son indépendance, lorsque le fils & le frère d'un souverain mort en 1704, se disputèrent sa dépouille. La nation se partagea entre les deux concurrens. Celui que l'ordre de la succession appelloit au trône, prenoit si visiblement le dessus, qu'il ne devoit pas tarder à se voir

tout-à-fait le maître, fi les hollandois ne fe fuffent déclarés pour fon rival. Les intérêts que ces
républicains avoient embraffés, prévalurent à la
fin; mais ce ne fut qu'après des combats plus
vifs, plus répétés, plus favans, plus opiniâtres
qu'on ne devoit s'y attendre. Le jeune prince qu'on
vouloit priver de la fucceffion du roi fon père,
montra tant d'intrépidité, de prudence & de fermeté, qu'il auroit triomphé, fans l'avantage que
fes ennemis tiroient de leurs magafins, de leurs
forterelfes & de leurs vaiffeaux. Son oncle occupa
fa place, mais ce ne fut que pour s'en montrer
indigne.

La compagnie, en lui remettant le fceptre, lui
dicta des loix. Elle choifit le lieu où il devoit fixer
fa cour, & s'affura de lui par une citadelle où
eft établie une garde qui n'a de fonction apparente
que celle de veiller à la confervation du prince.
Après toutes ces précautions, elle fe fit un art
de l'endormir dans le fein des voluptés, d'amufer
fon avarice par des préfens, de flatter fa vanité
par des ambaffades éclatantes. Depuis cette époque, le prince & fes fucceffeurs, auxquels on a
donné une éducation convenable au rôle qu'ils
devoient jouer, n'ont été que les vils inftrumens
du defpotifme de la compagnie. Elle n'a befoin,
pour le foutenir, que de trois cents cavaliers &
de quatre cents foldats, dont l'entretien, avec celui des employés, coûte 835,000 livres.

On eft bien dédommagé de cette dépenfe par
les avantages qu'elle affure. Les ports de cet état
font devenus les chantiers où l'on conftruit tous
les petits bâtimens, toutes les chaloupes que la
navigation de la compagnie occupe. Elle y trouve
tous les bois néceffaires pour fes différens établiffemens de l'Inde, & pour une partie des colonies
étrangères. Elle y charge encore les productions
que le royaume s'eft obligé à lui livrer, c'eft-à-
dire, quinze millions pefant de riz, à 17 l. 12 f.
le millier; tout le fel qu'elle demande, à 10 liv.
7 f. 10 den. le millier; cent mille livres de poivre, à 21 liv. 2 f. 4 den. le cent; tout l'indigo
qu'on cueille, à 3 liv. 2 f. la livre; le cadjang,
dont fes vaiffeaux ont befoin, à 28 liv. 3 fols
2 den. le millier; le fil de coton, depuis 13 fols
jufqu'à 1 liv. 13 fols fuivant fa qualité; le peu
qu'on y cultive de cardamome, à un prix honteux.

La compagnie dédaigna long-tems toute liaifon
avec Balimbuam, fituée à la pointe orientale de
l'ifle. Sans doute qu'elle ne voyoit point de jour
à tirer avantage de cette contrée. Quel qu'ait
été le motif des hollandois, ce pays a été attaqué dans les derniers temps. Après deux ans de
combats opiniâtres & de fuccès variés, les armes de l'Europe ont prévalu en 1768. Le prince
indien, vaincu & prifonnier, a fini fes jours dans
la citadelle de Batavia; & fa famille a été embarquée pour le cap de Bonne-Efpérance, où elle
terminera, dans l'ifle Roben, une carrière déplorable.

Nous ignorons quel ufage les vainqueurs ont
fait de leur conquête. Nous ne favons pas davantage quel profit il leur en reviendra d'avoir
détrôné le roi de Maduré, ifle fertile & voifine
de Mataran, pour y placer fon fils comme gouverneur. Ce qui nous eft malheureufement trop
connu, c'eft qu'indépendamment du joug tyrannique de la compagnie, tous les peuples de *Java*
ont à fupporter les vexations plus odieufes, s'il
eft poffible, de fes trop nombreux agens. Ces
hommes avides & injuftes fe fervent habituellement de faux poids & de fauffes mefures, pour
groffir la quantité des denrées ou des marchandifes qu'on doit leur livrer. Cette infidélité,
dont ils profitent feuls, n'a jamais été punie, &
rien ne fait efpérer qu'elle puiffe l'être un jour.

Du refte, la compagnie, contente d'avoir diminué l'inquiétude des javanois, en fappant peu
à peu les mauvaifes loix qui l'entretenoient, de
les avoir forcés à quelque agriculture, de s'être
affurée d'un commerce entièrement excluf, n'a
pas cherché à acquérir des propriétés dans l'ifle.
Tout fon domaine fe réduit au petit royaume
de Jacatra. Les horreurs qui accompagnèrent la
conquête de cet état, & la tyrannie qui la fuivit, en firent un défert. Il refta inculte & fans
induftrie.

Les hollandois, ceux fur-tout qui vont chercher la fortune aux Indes, n'étoient guère propres à tirer ce fol excellent d'un fi grand anéantiffement. On imagina plufieurs fois de recourir
aux allemands, dont, avec l'encouragement de
quelques avances ou de quelques gratifications,
on auroit dirigé les travaux de la manière la plus
utile pour la compagnie. Ce que ces hommes laborieux auroient fait dans les campagnes, des ouvriers en foie tirés de la Chine, des tifferands
en toile appellés du Coromandel, l'auroient exécuté dans des atteliers pour la profpérité des manufactures. Comme ces projets utiles ne favorifoient en rien l'intérêt particulier, ils reftèrent
toujours de fimples projets. Enfin, les généraux
Imhoff & Moffel, frappés d'un fi grand défordre,
ont cherché à y remédier.

Pour y réuffir, ils ont vendu à des chinois, à
des européens, pour un prix léger, les terres
que l'oppreffion avoit mifes dans les mains du
gouvernement. Cet arrangement n'a pas produit
tout le bien qu'on s'en étoit promis. Les nouveaux propriétaires ont confacré la plus grande
partie de leurs domaines à l'éducation des troupeaux, dont ils trouvoient un débit libre, facile,
& avantageux. L'induftrie fe feroit tournée vers
des objets plus importans, fi la compagnie n'eût
pas exigé qu'on lui livrât toutes les productions
au même prix que dans le refte de l'ifle. Le monopole a réduit les cultures à dix mille livres
pefant d'indigo, à vingt-cinq mille livres de co-

ton, à cent cinquante mille livres de poivre, à dix millions de sucre, à quelques autres articles peu importans.

Ces produits, ainsi que tous ceux de *Java*, sont portés à Batavia, bâti sur les ruines de l'ancienne capitale de Jacatra, au sixième degré de latitude méridionale.

L'insalubrité du climat de Batavia est bien connue, & on n'en sera point étonné, si l'on considère que, pour la facilité de la navigation, Batavia a été placé sur les bords d'une mer, la plus sale qui soit au monde ; dans une plaine marécageuse & souvent inondée, le long d'un grand nombre de canaux remplis d'une eau croupissante, couverts des immondices d'une cité immense, entourés de grands arbres qui gênent la circulation de l'air, & s'opposent à la dispersion des vapeurs fétides qui s'en élèvent.

Cependant la population est immense dans cette cité célèbre. Indépendamment des cent cinquante mille esclaves dispersés sur un vaste territoire perdu en objets d'agrément, ou consacré à la culture, il y en a beaucoup d'employés dans la ville même au service domestique. C'étoient originairement des hommes indépendans, enlevés la plupart par force ou par adresse, aux Moluques, à Célebes, ou dans d'autres isles. Cette injustice a rempli leurs cœurs de fureur, & jamais ils ne perdent le desir d'empoisonner ou de massacrer des maîtres barbares.

Les indiens libres sont moins aigris. Il s'en trouve de tous les pays situés à l'est de l'Asie. Chaque peuple conserve sa physionomie, sa couleur, son habillement, ses usages, son culte & son industrie.

Entre ces nations, les chinois méritent une attention particulière. Depuis long-temps ils se portoient en foule à Batavia, où ils avoient amassé des trésors immenses. En 1740, ils furent soupçonnés ou accusés de méditer des projets funestes. On en fit un massacre horrible, soit pour les punir, soit pour s'enrichir de leurs dépouilles. Comme ce sont les sujets les plus abjects de cette célèbre contrée qui s'expatrient, ce traitement injuste & jamais mérité ne les a pas éloignés d'un établissement où il y a de gros gains à faire, & l'on en compte environ deux cents mille dans la colonie. Ils y exercent presque exclusivement tous les genres d'industrie. Ils y sont les seuls bons cultivateurs ; ils y conduisent toutes les manufactures. Cette utilité, si publique & si étendue, n'empêche pas qu'ils ne soient asservis à une forte capitation & à d'autres tribus plus humilians encore. Un pavillon arboré sur un lieu élevé, les avertit tous les mois de leurs obligations. S'ils manquent à quelqu'une, une amende considérable est la moindre des peines qu'on leur inflige.

Il peut y avoir dix mille blancs dans la ville. Quatre mille d'entr'eux, nés dans l'Inde, ont

dégénéré à un point inconcevable. Cette dégradation doit être surtout attribuée à l'usage généralement reçu, d'abandonner leur éducation à des esclaves.

Batavia est situé dans l'enfoncement d'une baie profonde, couverte par plusieurs isles de grandeur médiocre, qui rompent l'agitation de la mer. Ce n'est proprement qu'une rade ; mais on y est en sûreté contre tous les vents & dans toutes les saisons, comme dans le meilleur port. Les bâtimens qui y arrivent ou qui en partent, reçoivent une partie de leur cargaison & les réparations dont ils ont besoin, dans la petite isle d'Ornust, qui n'en est éloignée que de deux lieues, & où l'on a formé des chantiers & des magasins. Ces navires entroient, il y a soixante aus, dans la rivière qui se jette dans la mer, après avoir fertilisé les terres & rafraîchi la ville. Elle n'est plus accessible que pour des bateaux, depuis qu'il s'est formé à son embouchure un banc de boue, qui devient tous les jours plus impraticable. C'est, dit-on, la suite de la pratique qu'ont contractée tous les hommes riches, de détourner les eaux du fleuve pour en entourer leurs maisons de campagne. Quelle que soit la cause du désordre, il faut le combattre par les moyens les plus efficaces. L'importance de Batavia mérite bien qu'on s'occupe sérieusement de tout ce qui peut soutenir l'éclat & l'utilité de sa rade. Elle est la plus considérable de l'Inde.

On y voit aborder tous les vaisseaux que la compagnie expédie d'Europe pour l'Asie, à l'exception de ceux qui doivent se rendre à Ceylan, dans le Bengale & à la Chine. Ils s'y chargent en retour, des productions & des marchandises que fournit *Java* ; de toutes celles qui y ont été portées des différens comptoirs, des différents marchés, répandus sur ces riches côtes, dans ces vastes mers.

Les établissemens hollandois de l'est sont les lieux qui, à raison de leur situation, de leurs denrées & de leurs besoins, entretiennent avec Batavia les liaisons les plus vives & les plus suivies. Indépendamment des navires que le gouvernement y avoit envoyés, on y voit arriver beaucoup de bâtimens particuliers. Il leur faut des passe-ports. Ceux qui auroient négligé cette précaution, imaginée pour prévenir des versemens frauduleux, seroient saisis par les chaloupes qui croisent continuellement dans ces parages. Parvenus à leur destination, ils livrent à la compagnie les objets de leur chargement, dont elle s'est réservé le privilège exclusif, & vendent les autres à qui bon leur semble. La traite des esclaves forme une des principales branches du commerce libre. Elle s'élève annuellement à six mille des deux sexes. C'est dans ce vil & malheureux troupeau que les chinois prennent des femmes qu'il leur est permis ni d'amener, ni de faire venir de leur patrie.

Ces importations font groffies par celles d'une douzaine de jonques parties d'Emuy, de Limpo & de Canton, avec environ deux mille chinois conduits tous les ans à *Java*, dans l'efpérance d'y acquérir des richeffes. Le thé, les porcelaines, les foies écrues, les étoffes de foie & les toiles de coton qu'elles y portent, peuvent valoir 3,000,000 de liv.

On leur donne en échange de l'étain & du poivre, mais fecrètement, parce que le commerce en eft interdit aux particuliers. On leur donne du tripam, cueilli fur les bords de la mer aux Moluques. On leur donne des nageoires de requin & des nerfs de cerfs, dont les vertus réelles ou imaginaires font inconnues dans nos contrées. On leur donne ces nids fi renommés dans tout l'Orient, qui fe trouvent en plufieurs endroits, & principalement fur les côtes de la Cochinchine.

Avec ces productions, les chinois reçoivent à Batavia une folde en argent. Elle eft toujours groffie par les fecours que leurs concitoyens établis à *Java* font paffer à des familles qui leur font chères, & par les fommes plus confidérables qu'emportent tôt ou tard ceux qui, contens de la fortune qu'ils ont faite, s'en retournent dans leur pays qu'ils perdent rarement de vue.

Les efpagnols des Philippines fréquentent auffi Batavia. Anciennement ils y achetoient des toiles. Ils n'y prennent plus que la cannelle dont ils ont befoin pour leur confommation & pour l'approvifionnement d'une partie du Mexique. C'eft avec l'or, qui eft une production de leurs ifles même; c'eft avec la cochenille & les piaftres venues d'Acapulco, qu'ils paient cet important objet.

Rarement les françois vont-il à Batavia pendant la paix. Le befoin des fubfiftances les y a fouvent attirés dans les deux dernières guerres. On les y verra moins, lorfque l'ifle de France & Madagafcar fe feront mis en état de nourrir leurs efcadres & leurs troupes.

Quelques-uns des vaiffeaux anglois qui vont directement d'Europe à la Chine, relâchent à cette rade. C'eft pour y vendre de la quincaillerie; des armes, des vins, des huiles, d'autres articles moins confidérables qui appartiennent tous aux équipages. On y voyoit auffi arriver autrefois de loin en loin les navigateurs de cette nation, qui font le commerce d'Inde en Inde. Ils y viennent en bien plus grand nombre, depuis que leurs armemens fe font multipliés, depuis que leurs affaires fe font étendues. Leurs ventes fe réduifent à peu de chofe; mais leurs achats font confidérables. Ils y chargent, en particulier, beaucoup d'areque, boiffon exquife faite avec du riz, du fyrop de fucre, du vin de cocotier qu'on laiffe fermenter enfemble, & qu'enfuite on diftille.

Toutes les denrées, toutes les marchandifes qui entrent à Batavia ou qui en fortent, doivent cinq pour cent. Cette douane eft affermée 1,900,800 l.

La fomme feroit plus forte, fi ce qui appartient à la compagnie ou qui eft deftiné pour elle, étoit foumis aux droits; fi les principaux agens de ce grand corps ne fe difpenfoient pas le plus fouvent de les payer; fi les fraudes étoient moins multipliées parmi les perfonnes de tous les ordres. Un revenu qui doit étonner, c'eft celui que forment les jeux de hafard. Il en coûte annuellement 384,000 liv. aux chinois, pour avoir la liberté de les ouvrir. On y accourt de tous les côtés avec la fureur fi ordinaire dans les climats ardens, où les paffions ne connoiffent pas de bornes. Là vont s'enfevelir les fortunes de la plupart des hommes libres; là, tous les efclaves vont diffiper ce qu'il leur a été poffible de ravir à la vigilance de leurs maîtres. Il y a d'autres impofitions encore dans cette capitale des Indes hollandoifes, fans que cependant elles couvrent les dépenfes d'un entrepôt, qui s'élèvent affez régulièrement à 6,000,000 liv.

Le confeil qui domine fur tous les établiffemens formés par la compagnie, réfide à Batavia. Il eft compofé du gouverneur des Indes hollandoifes, d'un directeur général, de cinq confeillers, & d'un petit nombre d'affeffeurs qui n'ont point de voix, mais qui remplacent les confeillers morts, jufqu'à ce qu'on leur ait donné des fucceffeurs.

C'eft la direction d'Europe qui nomme à ces places. Quiconque a de l'argent; quiconque eft parent ou protégé du général, y peut arriver. Lorfque ce chef n'eft plus, le directeur & les confeillers lui donnent provifoirement un fucceffeur, qui ne manque guère d'être confirmé. S'il ne l'étoit pas, il n'entreroit plus au confeil; mais il jouiroit des honneurs attachés au pofte qu'il auroit occupé paffagèrement.

Le général rapporte au confeil les affaires de l'ifle de *Java*; & chaque confeiller, celles de la province des Indes qui lui eft confiée. Le directeur a l'infpection de la caiffe & des magafins de Batavia, qui verfent dans tous les autres établiffemens. Tous les achats, toutes les ventes font de fon reffort. Sa fignature eft indifpenfable dans toutes les opérations de commerce.

Quoique tout doive fe décider dans le confeil à la pluralité des voix, rarement les volontés du général y font-elles contrariées. Il doit cet empire à la déférence qu'ont pour lui les membres qui lui doivent leur élévation, & au befoin qu'ont les autres de fa faveur pour pouffer plus rapidement leur fortune. Si, dans quelque occafion, il éprouvoit une réfiftance trop contraire à fes vues, il feroit le maître de fuivre fon avis, en fe chargeant de l'événement.

Le général, comme tous les autres adminiftrateurs, n'eft mis en place que pour cinq ans. Communément il y refte toute fa vie. On en a vu autrefois qui abdiquoient les affaires, pour couler à Batavia des jours paifibles; mais les dégoûts que
leur

leur donnoient leurs succefleurs, ont fait réfoudre les derniers chefs à mourir dans leur poste. Durant long-temps ils eurent une grande repréfentation. Le général Imhoff la fupprima, comme inutile & embarraffante. Quoique tous les ordres puiffent afpirer à cette dignité, aucun militaire n'y eft jamais parvenu, & on n'y a vu que peu de gens de loi. Elle eft prefque toujours remplie par des marchands, parce que l'efprit de la compagnie eft purement mercantile. Ceux qui font nés dans l'Inde, ont rarement affez d'intrigue ou de talent pour y arriver. Le général actuel n'eft pourtant jamais venu en Europe.

Les appointemens de ce premier officier font médiocres; il n'a que 2,200 liv. par mois, & une fubfiftance égale à fa paie. La liberté qu'il a de prendre dans les magafins tout ce qu'il veut au prix courant, & celle qu'il fe donne de faire le commerce qui lui convient, font la mefure de fa fortune. Celle des confeillers eft auffi toujours fort confidérable, quoique la compagnie ne leur donne que 440 liv. par mois, & des denrées pour une pareille fomme.

Le confeil ne s'affemble que deux fois par femaine, à moins que des événemens extraordinaires n'exigent un travail plus fuivi. Il donne tous les emplois civils & militaires de l'Inde, excepté ceux d'écrivain & de fergent, qu'on a cru pouvoir abandonner, fans inconvénient, aux gouverneurs particuliers. Tout homme qui eft élevé à quelque pofte, eft obligé de jurer qu'il n'a rien promis, ni rien donné pour obtenir fa place. Cet ufage, qui eft fort ancien, familiarife avec les faux fermens, & ne met aucun obftacle à la corruption.

Toutes les combinaifons de commerce, fans en excepter celles du cap de Bonne-Efpérance, font faites par le confeil, & le réfultat en vient toujours à fa connoiffance. Les vaiffeaux même qui partent directement du Bengale, de Ceylan & de la Chine, ne portent en Europe que les factures de leurs cargaifons. Leurs comptes, comme tous les autres, fe rendent à Batavia, où l'on tient le livre général de toutes les affaires.

Le confeil des Indes n'eft ni un corps ifolé, ni un corps indépendant. Il eft fubordonné à la direction, qui fubfifte dans les Provinces-Unies. Quoiqu'elle foit une, dans toute la rigueur du terme, le foin de vendre deux fois l'an les marchandifes, eft partagé entre les fix chambres intéreffées dans ce commerce. Leurs opérations font proportionnées au fonds qui leur appartient.

L'affemblée générale qui conduit les opérations de la compagnie, eft compofée des directeurs de toutes les chambres. Amfterdam en nomme huit; la Zélande, quatre; les autres chambres, un chacune; & l'état, un feul. On voit qu'Amfterdam ayant la moitié des voix, n'a befoin que d'en gagner une, pour donner la loi dans les dé-

libérations, où tout fe décide à la pluralité des fuffrages.

Ce corps, compofé de dix-fept perfonnes, s'affemble deux ou trois fois l'année, pendant fix ans à Amfterdam, & pendant deux ans à Middelbourg. Les autres chambres font trop peu confidérables pour jouir de cette prérogative. Quelques efprits myftérieux imaginèrent, vers le milieu du dernier fiècle, qu'un profond fecret pourroit rendre les opérations plus fructueufes, & il fut choifi quatre des plus éclairés ou des plus puiffans d'entre les députés, pour les revêtir du droit de régler les affaires d'une importance remarquable, fans l'aveu de leurs collègues, fans l'obligation même de les confulter.

Nous donnerons à l'article PROVINCES-UNIES d'autres détails fur la compagnie hollandoife. *Voyez* cet article.

JAVER (principauté de). *Voyez* SILÉSIE.

JEAN (Saint), petite ifle de l'Amérique dans la baie de Saint-Laurent. Elle appartient aux anglois: on en trouve aux Antilles une autre du même nom, dont nous parlerons à l'article fuivant.

Lorfque les anglois s'emparèrent de *Saint-Jean*, durant le cours de 1756, ils eurent la mauvaife politique d'en chaffer plus de trois mille françois, qui depuis peu y avoient formé des établiffemens. La propriété de l'ifle n'eut pas été plutôt affurée au vainqueur par les traités, que fe comte d'Egmont défira de s'en voir le maître. Il s'engagea à fournir à fes frais douze cents hommes armés pour la défenfe de la colonie, pourvu qu'il lui fût permis de céder aux mêmes conditions & en arrière-fiefs, des portions confidérables de fon territoire. Ces offres étoient agréables à la cour de Londres; mais une loi portée à l'époque mémorable du rétabliffement de Charles II, avoit défendu la ceffion du domaine de la couronne, fous la redevance d'un hommage féodal. Les jurifconfultes prononcèrent que ce ftatut regardoit le nouveau-Monde comme l'ancien, & cette décifion fit naître d'autres idées au gouvernement.

La longue & cruelle tempête qui avoit agité le globe, étoit appaifée. La plupart des officiers, dont le fang avoit fcellé les triomphes de l'Angleterre, étoient fans occupation & fans fubfiftance. On imagina de leur partager le fol de *Saint-Jean*, fous la condition qu'après dix ans d'une jouiffance gratuite, ils paieroient chaque année au fifc, comme dans la plupart des provinces du continent américain, 2 liv. 10 f. 9 den. & demi pour chaque centaine d'acres qu'ils pofféderoient. Très-peu de ces nouveaux propriétaires avoient la volonté de fe fixer dans ces régions lointaines; très-peu étoient en état de faire les avances qu'exigeoient des défrichemens un peu étendus. Prefque tous cédèrent pour plus ou moins de tems, pour une rente plus ou moins modique, leurs droits à des Irlandois, fur-tout à des montagnards écoffois. Avant la révolution des Etats-Unis, le nombre des colons ne s'élevoit pas au-deffus de douze cents; mais il y a lieu de croire que la population eft un peu plus confidérable aujour-d'hui. La pêche de la morue & diverfes cultures les occupent. Ils n'ont aucune liaifon d'affaires avec l'Europe. C'eft avec Quebec, c'eft avec Hal-lifax feulement qu'ils commercent.

Jufqu'en 1772, *Saint-Jean* fut une dépendance de la Nouvelle-Ecoffe. A cette époque, elle forma une colonie particulière. On lui donna un gouver-neur, un confeil, une affemblée, une douane, une amirauté. C'eft le port de la Joie, maintenant appellé *Charlotte-Town*, qui eft le chef-lieu de la colonie.

Une ifle fi peu étendue ne paroiffoit guère fufceptible de la dignité où elle étoit appellée par une faveur dont nous ignorons la caufe. Pour donner une forte de réalité à cet établiffement, on y attacha les ifles de la Madéleine, habitées par un petit nombre de pêcheurs de morue & de vaches marines : on y attacha l'Ifle-Royale, au-trefois fameufe, mais qui a perdu fon importance en changeant de domination. Louisbourg, la ter-reur de l'Amérique angloife il n'y a pas vingt-huit ans, n'eft plus qu'un amas de ruines. Les quatre mille françois qu'une défiance injufte & peu rai-fonnée difperfa après la conquête, n'ont été rem-placés que par cinq ou fix cents hommes, moins occupés de pêche que de contrebande. On a même ceffé de penfer aux mines de charbon de terre.

Ces mines font très-abondantes à l'Ifle-Royale, d'une exploitation facile, & en quelque manière inépuifables. Il y régnoit, fous les anciens poffef-feurs, un défordre que le nouveau gouvernement a voulu prévenir, en s'en réfervant la propriété, pour ne l'abandonner qu'à ceux qui auroient des moyens fuffifans pour le rendre utile. Ceux qui formeront cette entreprife avec les fonds nécef-faires, trouveront un débouché avantageux dans toutes les ifles occidentales de l'Amérique. Ils en trouveront même fur les côtes & dans les ports du continent feptentrional, où l'on éprouve déja la cherté du bois, & où elle fe fera toujours fentir davantage, fi des canaux ne lui en appor-tent pas de l'intérieur des terres.

JEAN (Saint), ifle d'Amérique, l'une des Antilles, appartenant au Danemarck : ce fut en 1719 que les danois commencèrent le défriche-ment de l'ifle *Saint-Jean*, voifine de Saint-Tho-mas, mais encore plus petite de la moitié.

Au premier janvier 1773, on comptoit à Saint-Jean foixante-neuf plantations, dont vingt-fept étoient confacrées à la culture du fucre, & qua-rante-deux à d'autres productions moins impor-tantes. Saint-Thomas en avoit exactement le mê-me nombre avec la même deftination; mais elles étoient beaucoup plus confidérables. Sur 345

qu'on en voyoit à Sainte-Croix, cent cin-quante étoient couvertes de cannes. Dans les deux premières ifles, les propriétés acquièrent l'éten-due que le colon eft en état de leur donner. Ce n'eft que dans la dernière que chaque habitation eft bornée à trois mille pieds danois de longueur, fur deux mille de largeur.

Saint-Jean eft habité par cent dix blancs & deux mille trois cents vingt-quatre efclaves. Saint-Tho-mas, par trois cents trente-fix blancs & quatre mille deux cents quatre-vingt-feize efclaves. Sainte-Croix, par deux mille cent trente-fix blancs & vingt-deux mille deux cens quarante-quatre ef-claves. Il n'y a point d'affranchis à *Saint-Jean*, & il n'y en a que cinquante-deux à Saint-Thomas, que cent cinquante-cinq à Sainte-Croix. Cepen-dant les formalités néceffaires pour accorder la liberté, fe réduifent à un fimple enregiftrement dans une cour de juftice. Si une fi grande facilité n'a pas multiplié ces actes de bienfaifance, c'eft qu'ils ont été interdits à ceux qui avoient con-tracté des dettes. On a craint que les débiteurs ne fuffent tentés d'être généreux aux dépens de leurs créanciers.

Cette loi paroît très-fage. Il femble qu'en la mitigeant elle auroit fon utilité, même dans nos contrées. Il feroit à defirer que tout citoyen, revêtu de fonctions honorifiques à la cour, dans les armées, dans l'églife, dans la magiftrature, en fût fufpendu au moment où il feroit légitime-ment pourfuivi par un créancier, & qu'il en fût irrémiffiblement dépouillé au moment où les tri-bunaux l'auroient déclaré infolvable. Il femble qu'on prêteroit avec plus de confiance, & qu'on emprunteroit avec plus de circonfpection. Un au-tre avantage d'un pareil réglement, c'eft que bientôt les conditions fubalternes, imitatrices des ufages & des préjugés des hautes claffes, deman-deroient la même flétriffure, & que la fidélité dans les engagemens deviendroit un des caractè-res des mœurs nationales : nous indiquerons à l'article SAINT-THOMAS le produit total des ifles danoifes en Amérique, & nous ferons des remar-ques fur l'adminiftration de ces ifles. *Voyez* auffi l'ar-ticle CROIX (SAINTE).

JERSEY (Nouveau), l'un des treize Etats-Unis de l'Amérique : il eft borné par la Nou-velle-Yorck, la Penfylvanie, l'état de Delaware & la mer. Nous ferons 1°. le précis de l'hiftoire politique de cette province : 2°. nous donnerons fa conftitution : 3°. nous ferons des remarques fur les vices de cette conftitution : 4°. nous fe-rons d'autres remarques fur les productions, la culture, la population, le commerce, l'indu-ftrie & l'état actuel du *Nouveau-Jerfey*. Nous avons déja obfervé plufieurs fois que le lecteur doit parcourir l'article général ETATS-UNIS, avant de lire les articles particuliers des diverfes provinces de l'union américaine.

SECTION PREMIERE.

Précis de l'histoire politique du Nouveau-Jersey.

Le *Nouveau - Jersey* porta d'abord le nom de *Nouvelle-Suède*. Il fut ainsi défigné par des aventuriers de cette nation, qui abordèrent à ces plages fauvages vers l'an 1638. Ils y formèrent trois petits établiffemens, Christiana, Elzinbourg, & Gottembourg. Cette colonie n'étoit rien, lorfqu'elle fut attaquée & conquife en 1655 par les hollandois. Ceux des habitans qui tenoient plus à leur première patrie qu'à leurs plantations, repafsèrent en Europe. Les autres fe foumirent aux loix de leur vainqueur, & leur territoire fut incorporé au fien. Lorfque le duc d'Yorck reçut l'invefliture de la province à laquelle il donna fon nom, il en détacha ce qui y avoit été ajouté, & le partagea à deux de fes favoris, fous le titre de *Nouveau-Jersey*.

Carteret & Berkeley qui poffédoient, le premier la partie de l'eft, & le fecond la partie de l'oueft, n'avoient follicité ce vafte territoire que pour le vendre. Des hommes à fpéculation leur en achetèrent à vil prix de grandes portions, dont ils fe défirent en détail. Au milieu de toutes ces fubdivifions, la colonie refta partagée en deux provinces, féparément gouvernées par les héritiers des premiers propriétaires. Les difficultés qu'éprouvoit leur adminiftration les dégoûtèrent de cette efpèce de fouveraineté qui ne convient guère à des fujets. Ils remirent, en 1702, leur charte à la couronne. Depuis cette époque, les deux provinces n'en ont fait qu'une qui, comme la plupart des colonies angloifes, étoit dirigée par un gouverneur, un confeil, & les députés des communes.

Le temps où l'on ne comptoit pas dans un pays fi vafte feize mille habitans, eft peu éloigné. C'étoient les defcendans des fuédois & des hollandois, fes premiers cultivateurs. Quelques quakers, quelques anglicans, un plus grand nombre de presbytériens écoffois s'étoient joints aux colons des deux nations. Les vices du gouvernement arrêtoient les progrès & caufoient l'indigence de cette foible population. L'époque de la liberté fembloit devoir être, pour cette colonie, l'époque de la profpérité; mais la plupart des européens, qui cherchoient un afyle ou la fortune dans le nouveau-Monde, préféroient la Penfylvanie ou la Caroline, qui avoient plus de célébrité. A la fin cependant, le *Nouveau-Jersey* s'eft peuplé. On y comptoit cent trente mille habitans au moment de la révolution.

La colonie eft couverte de troupeaux & abondante en grains. Le chanvre y a fait plus de progrès que dans aucune des contrées voifines. On y a ouvert avec fuccès une mine d'excellent cuivre. Ses côtes font acceffibles, & le port d'Am-

boi, fa capitale, eft affez bon. Aucun des moyens de profpérité, propres à cette partie du globe, ne lui manque. Cependant elle eft toujours reftée dans une obfcurité profonde. Son nom eft prefqu'ignoré dans l'ancien monde, & n'eft guères plus connu dans le nouveau.

Sa pauvreté ne lui permettant pas, dans les commencemens, d'avoir un commerce direct avec les marchés étrangers ou éloignés, elle étoit réduite à vendre fes denrées à Philadelphie, & plus ordinairement à New-Yorck. Ces deux villes lui donnoient en échange quelques marchandifes de la métropole, quelques denrées des ifles. Leurs plus riches négocians lui firent même des avances, qui la mirent de plus en plus dans la dépendance. Malgré l'accroiffement de fes cultures & de fes productions, elle n'eft pas encore fortie de cette efpèce de fervitude. Mais fon indépendance & la révolution générale qui vient de s'opérer en Amérique, lui donneront de l'activité, & elle ne tardera pas à faire tous les progrès qui feront proportionnés à fon étendue.

SECTION II°.

Conflitution du Nouveau-Jersey.

PRÉAMBULE.

Comme toute l'autorité conftitutionnelle que les rois de la Grande-Bretagne ont jamais poffédée fur les colonies ou fur leurs autres domaines, étoit émanée du peuple & tenue de lui, en vertu d'un contrat pour l'avantage commun de la fociété entière, il s'enfuit que l'obéiffance d'un côté, & la protection de l'autre, font deux obligations réciproques, également dépendantes l'une de l'autre, enforte que le lien de l'une eft rompu, par cela feul que l'autre eft refufée ou retirée.

Et puifque George III, roi de la Grande-Bretagne, a retiré fa protection aux bons peuples de ces colonies, & que, par fon confentement à plufieurs actes du parlement britannique, il a entrepris de les affujettir à la domination abfolue de ce corps; qu'il leur a même fait la guerre la plus cruelle & la plus dénaturée, fans autre caufe que leur fermeté à foutenir leurs juftes droits; toute obligation d'obéiffance & de fidélité a donc néceffairement ceffé, & la diffolution du gouvernement s'en eft fuivie dans chacune des colonies.

Et comme, dans la fituation déplorable où font actuellement ces colonies, expofées à la fureur d'un ennemi cruel & inexorable, il eft abfolument néceffaire qu'il y ait une forme de gouvernement, non-feulement pour le maintien du bon ordre, mais encore pour unir plus efficacement le peuple , & le mettre en état d'employer toutes ses forces à sa propre défense indispensable. L'honorable congrès continental, conseil suprême des colonies américaines, ayant averti celles de ces colonies qui ne s'étoient pas encore mises en mesure , qu'il étoit temps que chacune respectivement se choisît & adoptât la forme de gouvernement qui lui paroîtroit la plus propre à faire son bonheur & sa sûreté particulière, & à assurer le bien-être de l'Amérique en général.

Nous , les représentans de la colonie du *Nouveau-Jersey* , élus de la manière la plus libre par les comtés assemblés en congrès, nous avons , après mûre délibération , arrêté une déclaration de droits , en forme de charte , & la forme de gouvernement, telle qu'elle est exposée dans les articles suivans.

Forme de gouvernement.

ARTICLE Ier. Le gouvernement de cette province résidera dans un gouverneur, un conseil législatif & une assemblée générale.

II. Lesdits conseil législatif & assemblée générale seront choisis, pour la première fois, le second mardi du mois d'août prochain : leurs membres seront au nombre, & auront les qualités mentionnées ci-après ; & ces deux corps seront & demeureront revêtus de tous les pouvoirs & de toute l'autorité qui doivent désormais appartenir au conseil législatif & à l'assemblée générale de cette colonie, jusqu'au second mardi d'octobre de l'année de Notre-Seigneur mil sept cent soixante & dix-sept.

III. Le second mardi d'octobre annuellement, & ainsi chaque année à perpétuité, (avec faculté de s'ajourner d'un jour à l'autre s'il en est besoin) les différens comtés choisiront, chacun pour soi, une personne pour être membre du conseil législatif de cette colonie : il faudra que le sujet élu soit & ait été habitant & franc-tenancier dans le comté pour lequel il sera choisi ; pendant l'année entière qui précédera immédiatement l'élection, & qu'il soit riche au moins de mille livres, argent de proclamation (1) , en biens réels & personnels dans le même comté. Chaque comté élira aussi en même-temps trois membres pour l'assemblée ; & personne ne pourra obtenir le droit de siéger dans ladite assemblée, à moins d'être & d'avoir été pendant l'année entière qui précédera immédiatement l'élection , habitant dans le comté qu'il doit représenter, & à moins de posséder dans ce même comté , des biens-fonds ou mobiliers de la valeur au moins de cinq cens liv. argent de proclamation.

Le second mardi après le jour de l'élection , le conseil & l'assemblée générale s'assembleront séparément , & le consentement des deux chambres sera nécessaire pour toutes les loix. La présence de sept membres suffira pour mettre le conseil en activité , & aucune loi ne passera dans les deux corps qu'à la pluralité des suffrages des membres actuellement présents & consentans.

Si dans la suite une majorité des représentans de cette province , dans le conseil & dans l'assemblée générale réunis , jugent équitable & convenable , d'augmenter ou de diminuer le nombre, ou de changer , pour un ou plusieurs comtés de cette colonie , la proportion des membres de l'assemblée générale , ces changemens tendans à établir plus d'égalité dans la représentation, pourront être faits légitimement , nonobstant ce qu'il peut y avoir de contraire dans la présente charte , pourvu cependant que le nombre total des représentans dans l'assemblée générale ne soit jamais moindre de trente-neuf.

IV. Tous les habitans de cette colonie , d'un âge competent , qui y posséderont cinquante liv. argent de proclamation , de bien clair , & qui auront résidé dans le comté où ils prétendront droit de suffrage , pendant les douze mois qui auront immédiatement précédé l'élection , auront ce droit pour l'élection des représentans dans le conseil & dans l'assemblée générale , ainsi que pour tous les autres officiers publics qui seront élus par la totalité du peuple du comté.

V. L'assemblée générale , en commençant ses séances , aura le pouvoir de choisir son orateur & ses autres officiers , de juger des qualités & de la validité des élections de ses membres , de régler ses séances par ses propres ajournemens , de préparer les bills qui doivent passer en loix , & d'autoriser son orateur à la convoquer toutes les fois que quelque circonstance extraordinaire l'exigera.

VI. Le conseil aura aussi le pouvoir de préparer les bills qui devront passer en loix ; il aura tous les mêmes droits & pouvoirs que l'assemblée générale , & sera à tous égards libre & indépendant de la législature de cette colonie, excepté cependant qu'il ne pourra ni préparer les bills d'imposition , ni même y rien changer , ce droit devant appartenir privativement & par privilège à l'assemblée générale.

Le conseil sera convoqué de temps en temps par le gouverneur ou par le vice-président ; mais il devra l'être toutes les fois que l'assemblée générale siégera ; & en conséquence l'orateur de la chambre de l'assemblée , aussi tôt après ses ajournemens , donnera avis au gouverneur ou au vice-président, du temps & du lieu auxquels sa chambre se sera ajournée.

VII. Le conseil & l'assemblée , à leur première

---

(1) *Voyez* une note de la constitution de Massachusett.

féance après chaque éléction annuelle, éliront, à la pluralité des voix, une perfonne fur toute la colonie, pour être gouverneur pendant un an; le gouverneur fera toujours préfident du confeil, & aura la voix prépondérante dans fes délibérations. Le confeil tout feul choifira enfuite parmi fes membres un vice-préfident, qui agira comme tel dans l'abfence du gouverneur.

VIII. Le gouverneur (& en fon abfence le vice-préfident du confeil le fuppléera dans toutes fes fonctions) aura la puiffance exécutrice, fera le chancelier (1) & le général ordinaire & fubrogé (2) de la colonie; il fera auffi capitaine général & commandant en chef de toute la milice & de toutes les autres troupes de l'état; trois ou un plus grand nombre des membres du confeil formeront un confeil privé, que le gouverneur confultera dans tous les temps.

IX. Le gouverneur & le confeil, dont fept membres feront un nombre fuffifant pour lui donner l'activité, feront, comme ils l'ont été jufqu'à préfent, la cour d'appel en dernier reffort dans tous les procès; & ils auront le droit de faire grace aux criminels, après la condamnation, pour tous les cas de trahifon, de félonie & autres crimes.

X. Les capitaines & tous les autres officiers fubalternes dans la milice, feront choifis par les compagnies dans leurs comtés refpectifs; mais les officiers généraux & fupérieurs feront nommés par le confeil & l'affemblée.

XI. Le confeil & l'affemblée auront le pouvoir d'ordonner le grand fceau de cette colonie, lequel fera fous la garde du gouverneur, & en fon abfence du vice-préfident du confeil, pour en être ufé par eux quand il en fera befoin; & ce fceau s'appellera le grand fceau de la colonie du Nouveau-Jerfey.

XII. Les juges de la cour fuprême de juftice garderont leurs offices pendant fept ans : les juges de la cour des plaids communs, dans les différens comtés, les juges de paix, les greffiers de la cour fuprême, les greffiers des cours inférieures (des plaids communs & feffions de trimeftres), le procureur général & le fecrétaire provincial ne garderont les leurs que cinq ans, & le tréforier provincial ne fera qu'un an en place. Tous ces officiers feront nommés, chacun en particulier, par le confeil & par l'affemblée, dans la manière expofée ci-deffus, & recevront leurs commiffions du gouverneur, ou, en fon abfence, du vice-préfident du confeil. Bien entendu que chacun defdits officiers en particulier pourra être nommé de nouveau à l'expiration de chaque terme refpectivement fixé; & que chacun def-

dits officiers pourrra être deftitué lorfqu'il fera jugé coupable de mauvaife conduite par le confeil, fur une accufation en crime d'état intentée par l'affemblée.

XIII. Les habitans de chaque comté; ayant droit de fuffrage en vertu des conditions expofées ci-deffus, éliront chaque année dans les lieux & dans les tems marqués pour l'élection des repréfentans, un shérif & un ou plufieurs coroners; & ils pourront réélire la même perfonne pour chacun de ces offices, jufqu'à ce qu'elle ait rempli pendant trois ans, mais jamais plus long tems; après quoi il faudra qu'il fe paffe un intervalle de trois années avant que la même perfonne puiffe être réélue. Lorfque l'élection aura été notifiée au gouverneur ou au vice-préfident par le miniftère de fix francs-tenanciers du comté pour lequel elle aura été faite, les officiers élus recevront immédiatement leurs commiffions pour entrer en exercice de leurs offices refpectifs.

XIV. Les diftricts des villes fe choifiront refpectivement des connétables dans leurs affemblées de ville annuelles pour l'élection des autres officiers; ils choifiront en outre trois francs-tenanciers, ou même un plus grand nombre, gens capables & de bonne réputation, pour recevoir & juger définitivement les appels relatifs aux affiètes injuftes d'impofitions; ces commiffaires aux appels tiendront leurs féances dans le temps qu'ils jugeront convenables, & le peuple en fera inftruit à l'avance par des avertiffemens publics.

XV. Les loix de cette colonie commenceront par la formule fuivante : *qu'il foit ftatué par le confeil & l'affemblée générale de cette colonie, & il eft ici ftatué par leur autorité.* Toutes les commiffions données par le gouverneur ou le vice-préfident, commenceront auffi par cette autre formule : *la colonie du Nouveau-Jerfey, à N. N. Salut :* tous les actes publics fe feront au nom de la colonie, & toutes les plaintes fe termineront par ces mots : *contre la paix de la colonie, contre fon gouvernement & fa dignité.*

XVI. Tous les criminels feront admis, pour les témoins & pour les confeils, aux mêmes priviléges dont leurs pourfuivans jouiront & auront droit de jouir.

XVII. Les biens de ceux qui fe détruiront eux-mêmes, ne feront pas confifqués en conféquence de ce crime, mais ils pafferont aux perfonnes qui les auroient dû recueillir fi la mort eût été naturelle; & les chofes qui pourront occafionner accidentellement la mort de quelqu'un, ne feront plus déformais réputées acquifes à

Dieu (1), & ne feront plus fous aucun prétexte confifquées à raifon de ce malheur.

XVIII. Aucune perfonne dans cette colonie ne pourra jamais être privée de l'ineftimable privilège d'adorer le Dieu tout-puiffant, de la manière qui lui eft dictée par fa propre confcience, ni forcée fous aucun prétexte de fe rendre dans les lieux où l'on pratique un culte contraire à fa foi & à fon jugement ; & perfonne, dans cette colonie ne pourra-être obligé de payer des dîmes, des taxes ou d'autres contributions quelconques pour l'édification ou la réparation des églifes, ou pour foudoyer les miniftres d'une religion qu'il ne croit pas véritable, & qu'il ne s'eft pas engagé à pratiquer volontairement & de propos délibéré.

XIX. Il n'y aura point, dans cette province, d'établiffement d'aucune fecte particulière de religion par préférence à une autre ; & aucun proteftant, habitant de cette colonie, ne pourra être privé de la jouiffance d'aucun droit civil par le feul motif de fes principes religieux ; mais toutes perfonnes profeffant la croyance de quelque fecte proteftante que ce foit, qui fe conduiront bien & ne troubleront point le gouvernement tel qu'il eft ici établi, pourront être élues pour tous les emplois, foit lucratifs, foit de pure confiance, être choifies membres de l'une ou de l'autre chambre de la légiflature, & jouiront pleinement & librement de tous les privilèges & de toutes les immunités dont jouiffent tous les autres fujets de ce gouvernement.

XX. Afin que les corps légiflatifs de cette colonie puiffent être, autant qu'il eft poffible, à l'abri de tout foupçon de corruption, aucuns des juges des cours fuprêmes, des fhérifs, ni aucunes autres perfonnes revêtues de quelque emploi lucratif fous l'autorité du gouvernement, excepté les juges de paix, ne pourront être élus membres de l'affemblée générale ; & même pour ces derniers, leurs offices feront déclarés vacans auffi-tôt qu'ils auront été élus, & qu'ils prendront leur féance dans l'affemblée.

XXI. Toutes les loix de cette province, contenues dans l'édition qui en a été publiée dernièrement par M. Allinfon, excepté celles qui feront incompatibles avec la préfente charte, feront & demeureront en pleine vigueur, jufqu'à ce qu'elles aient été changées par l'autorité légiflatrice, & elles feront exécutées dans tous les points par tous les officiers civils ou autres, & par tout le bon peuple de cette colonie.

XXII. La loi commune d'Angleterre, auffi-bien que la loi des ftatuts, demeureront auffi en vigueur, telles qu'elles ont été pratiquées jufqu'à préfent dans cette colonie, jufqu'à ce qu'elles aient été changées par une loi future de l'autorité légiflative, à l'exception auffi des parties qui contrarieroient les droits & privilèges contenus dans la préfente charte ; & le droit ineftimable de la procédure par jurés fera & demeurera confirmé comme une partie de la loi de cette colonie, qu'on ne pourra changer.

XXIII. Toute perfonne qui aura été élue de la manière ci-deffus preferite, pour être membre du confeil légiflatif ou de l'affemblée générale, devra faire, avant de prendre fa féance dans l'une ou l'autre de ces chambres, le ferment ou l'affirmation dont la teneur fuit :

Je N. déclare folemnellement que, comme membre du confeil légiflatif (ou de l'affemblée générale, fuivant le cas) de la colonie du Nouveau-Jerfey, je ne confentirai à aucune loi, à aucune réfolution, à aucun acte qui me paroiffe nuifible au bien public de cette colonie, ou dont l'effet puiffe être l'abrogation ou l'altération de la partie du troifième article de la charte de cette colonie, qui établit que les élections des membres du confeil légiflatif & de l'affemblée feront annuelles, non plus que de la partie du vingt-deuxième article de ladite charte, qui regarde la procédure par jurés ; & que je ne confentirai non plus à rien qui ait pour but d'abroger ou d'altérer aucunes parties des dix-huitième & dix-neuvieme articles de la même charte. Toutes perfonnes élues, comme il a été dit ci-devant, font par la préfente conftitution autorifées à demander ledit ferment ou ladite affirmation auxdits membres, & à les recevoir d'eux.

Mais il eft déclaré, & c'eft la véritable intention du congrès, que, s'il y avoit une réconciliation entre la Grande-Bretagne & ces colonies, & que les dernières rentraffent de nouveau fous la protection & le gouvernement britanniques, la préfente charte fera nulle & comme non avenue, mais, dans le cas contraire, elle fera fermement & inviolablement établie.

En congrès provincial du *Nouveau-Jerfey*, à Burlington, 2 juillet 1776. Par ordre du congrès.

Signé, SAMUEL TUCKER, préfident.

Extrait des minutes. *Signé* WILLIAM PATERSON, Secrétaire.

_____

(1) Autrefois en Angleterre, l'épée dont on s'étoit fervi pour tuer un homme, le chariot qui l'avoit écrafé, toute chofe en général qui avoit contribué à la mort de quelqu'un, étoit confifquée au profit de l'églife ; à la réforme, les feigneurs fe font emparés de ce droit qui s'exerce encore dans la Grande-Bretagne.

Section IIIe.

Remarques sur les vices de la constitution du Nouveau-Jersey.

La constitution du *Nouveau-Jersey* est une des plus imparfaites de celles qu'ont établi les nouvelles républiques américaines. Il paroît qu'elle fut rédigée à la hâte pour former un gouvernement provisoire durant la guerre : il est à desirer que cette province revienne sur cet objet, & qu'elle établisse d'une manière détaillée, dans ses loix fondamentales, les dispositions qui peuvent assurer la liberté politique & la liberté civile, & qu'elle reconnoisse solemnellement & avec appareil l'importance & la vérité de ces grands principes.

La fin de cette prétendue constitution annonce que les habitans du *Nouveau-Jersey* sembloient croire à une réconciliation prochaine avec l'Angleterre ; ou bien sachant que les troupes angloises étoient à Long-Island, & que leur province alloit devenir le théâtre de la guerre, ils n'osèrent pas établir leurs droits & leurs loix fondamentales avec la fermeté que montroient les autres provinces : mais aujourd'hui que le succès a passé leurs espérances, il est absolument nécessaire qu'ils rédigent une nouvelle constitution. Ils doivent prendre pour modèle celles de Massachusett & du Nouvel-Hampshire.

Cette nécessité est bien pressante ; car, exceptées la tolérance & la procédure par jurés, ils ne disent rien sur la liberté personnelle, sur le droit qu'ont les citoyens de choisir les instituteurs publics, sur la comptabilité des magistrats envers le peuple, sur la division des trois pouvoirs qu'ils confondent au lieu de les séparer, sur les distinctions héréditaires, sur le droit qu'a le peuple de n'être assujetti à aucun impôt sans son aveu, ou sans celui de ses représentans ; sur l'administration gratuite de la justice, sur les *warrants* indéfinis, sur la liberté de la presse, sur la subordination du pouvoir militaire à l'autorité civile, sur les armées entretenues durant la paix ; ils ne réservent pas au peuple le droit de s'assembler & de faire des pétitions ou des remontrances.

La constitution du *Nouveau-Jersey* est susceptible d'un nombre infini de critiques : le vice le plus grave est celui de n'avoir pas séparé les trois pouvoirs législatif, exécutif & judiciaire : elle déclare que le gouverneur &, en son absence, le vice-président du conseil aura *la puissance exécutrice* ; & il est incroyable qu'on ait revêtu un seul homme de toute la puissance exécutrice : on lui enjoint, il est vrai, de consulter le conseil privé ; mais il ne paroît pas obligé de déférer aux avis des conseillers. Ensuite le conseil législatif, ou le sénat qui concourt à la création des loix avec la chambre des représentans, qu'on appelle improprement l'*assemblée générale*, est aussi conseil du gouverneur & conseil exécutif ; & on a ainsi confondu la puissance exécutrice & la puissance législative. Ce n'est pas tout, le gouverneur & le conseil sont *la cour d'appel en dernier ressort dans tous les procès* ; & le conseil se trouve ainsi revêtu de la puissance législative, de la puissance exécutrice & de la puissance judiciaire.

Nous ne donnerons pas plus d'étendue à nos remarques : nous nous bornerons seulement à demander où *est la déclaration des droits* en forme de charte, dont on parle à la fin du préambule, & si on prend ce petit préambule qui est à la tête de la constitution pour une déclaration de droits ?

Section IVe.

Remarques sur les productions, la culture, la population, le commerce, l'industrie & l'état actuel du Nouveau-Jersey.

L'étendue du *Nouveau-Jersey* n'est pas considérable ; mais il est renommé pour l'excellence & l'abondance de ses denrées, pour l'étendue de ses prairies naturelles & de ses marais boisés, qui un jour feront sa plus grande richesse ; pour la multitude de ses ouvrages de fer, de ses forges, de ses mines de cuivre, ainsi que pour l'industrie & la propreté de ses habitans.

« Je ne connois point, dit *le Cultivateur américain*, de province plus agréable à habiter, ni de plus intéressante à examiner : tout y réjouit le cœur d'un bon citoyen. La prospérité, l'abondance & la propreté, l'industrie fructueuse y annoncent le bonheur des habitans ; les chemins y sont bons, les plantations agréables à voir, les jeunes villes nombreuses & bien bâties, les auberges excellentes, les sites charmans ; un grand nombre de rivières la traversent & les moulins y abondent. Un certain esprit éclairé & social subsiste ici, encore plus que par-tout ailleurs, entre toutes les familles opulentes & polies, dont les établissemens embellissent ces heureux cantons ; elles contribuent à rendre le séjour de cette province infiniment agréable. Les maisons y ont un air de propreté & de décence, qui est très-frappant ; la plupart sont bâties en pierres de taille, & les autres sont décorées & peintes avec soin. Plusieurs des colons ont un gazon devant leurs portes, ornés des deux côtés avec des cèdres rouges ».

On trouve dans cette province une quantité immense de bleds, farines, biscuits de mer, porc & bœuf salé, jambons, lin, chanvre, fer, cuivre, fer platiné, cidre, merrein, bois, &c. Elle n'a point de capitale où les habitans puissent vendre leurs denrées : Perthamboy jouit d'une belle situation, à la vérité, à l'embouchure de la rivière de Rariton ; mais les quais, les magasins, les grands capitaux & la concurrence des marchands établis à Philadelphie d'un côté, & à New-Yorck de l'autre, attirent toutes les productions de cette province; le cours même de leurs rivières semble indiquer les endroits marqués par la nature, pour y disposer de leurs denrées.

Des états d'une vérité incontestable démontrent qu'en 1769 le *Nouveau-Jersey* n'expédia aucun bâtiment pour l'Europe, & qu'elle n'envoya aux Indes occidentales que vingt-quatre bateaux, dont la charge ne valoit que 56,965 l. 19 s. 9 d. Tout le reste de ses richesses territoriales fut livré aux colonies voisines, qui en firent elles-mêmes le commerce.

Cette situation est ruineuse & avilissante. Le *Nouveau-Jersey* doit construire lui-même des navires, dont la nature lui a donné tous les matériaux. Il doit les lancer dans des mers diverses, puisque les hommes ne lui manquent plus. Il doit porter ses productions aux peuples qui ne les ont encore reçues que par des agens intermédiaires. Il doit tirer de la première main l'industrie étrangère, que des circuits inutiles lui ont fait payer jusqu'ici trop cher. Alors il pourra former des projets vastes, se livrer à de grandes entreprises, s'élever au rang où ses avantages semblent l'appeller, & approcher des provinces qui l'ont trop long-temps étouffé de leur ombre, ou offusqué par leur éclat.

La race primitive des colons de cette province a été singulièrement mêlée : la partie qui avoisine New-Yorck, étoit & est encore entièrement hollandoise; l'occidentale étoit jadis occupée par des suédois & des finlandois, qui s'étoient établis sur les rivières de Racoon & de Cohensey. Leur postérité s'est répandue dans plusieurs endroits. A ces deux premières tiges se sont unies depuis, des émigrations d'anglois, de françois, d'irlandois & d'écossois.

M. le marquis de Chatellux fait, sur les mœurs de cette province, une remarque qu'il est bon de rappeller ici.

« L'état de New-Yorck & les Jerseys, dit-il, furent peuplés par des hollandois nécessiteux, à qui la terre manquoit dans leur patrie, & qui s'occupèrent bien plus de l'économie domestique que du gouvernement public. Ces peuples ont conservé le même esprit : leurs intérêts, leurs efforts sont, pour ainsi dire, individuels; leurs vues sont concentrées dans leurs familles, & ce n'est que par nécessité que ces familles forment un état. Aussi, lorsque le général Burgoyne a marché sur Albany, ce sont les habitans de la Nouvelle-Angleterre qui ont le plus contribué à arrêter ses progrès; & si ceux de l'état de New-Yorck & des Jerseys ont souvent pris les armes & montré du courage, c'est que les premiers étoient animés par une haine invétérée contre les sauvages, dont les anglois se faisoient toujours

précéder, & que les autres avoient à se venger des excès dont les troupes ennemies s'étoient rendues coupables, lorsqu'elles avoient envahi leur pays ».

Des querelles théologiques divisent cette province depuis plusieurs années. Les uns prétendent que les classes ecclésiastiques, établies en Hollande par le concile de Dordrecht, ont seules le pouvoir d'ordonner les prêtres; les autres plus indépendans soutiennent, au contraire, que leurs synodes américains suffisent pour conférer cette ordination. Comme on ne s'occupe guère de ces objets qu'au défaut des intérêts politiques & civils, on verra les partis qu'ont produit ces querelles, se calmer peu à peu, & la tolérance honorée par la tranquillité des citoyens, à qui on l'accorde.

« Et qu'importe au public, dit le *Cultivateur américain*, où les prêtres hollandois soient éduqués, pourvu qu'ils le soient! L'éducation du collège de Prince-Town n'est-elle pas assez bonne pour eux? Qu'importe d'où ils reçoivent leurs pouvoirs ecclésiastiques, pourvu qu'ils sachent édifier leurs congrégations par leurs bonnes mœurs, & les instruire par leurs connoissances! Qu'ils aillent en Hollande, ou qu'ils soient consacrés par un synode batavo-américain, peu importe au bien public, qui n'exige que la paix & la plus parfaite liberté dans toutes les opinions religieuses ».

Cette province, dont l'intérieur est si fertile, est heureusement défendue des fureurs de la mer par un grand espace sablonneux, que la nature a planté de forêts immenses de cèdres blancs; c'est de ces forêts que les habitans tirent les bardeaux dont les maisons sont couvertes, des mâts, des vergues & des planches. Dans nul endroit du continent de l'Amérique, on ne rencontre autant de prairies immenses; elles n'attendent que le dessèchement & l'application de l'industrie humaine pour devenir des terreins consolidés & fertiles. C'est sur ces nouveaux sols que les habitans cultivent avec tant de succès le chanvre & toutes les espèces de foins & de maïs. Des milliers d'acres encore sous les eaux, dans peu d'années améliorés par le progrès du temps & de la population, enrichiront les colons qui les possèdent, & embelliront cette partie de l'Amérique. On n'est pas moins étonné de la quantité immense de marais boisés; les bornes de toutes les rivières offrent des deux côtés, des terreins aujourd'hui fangeux, mais qui seront un jour convertis en prairies.

Il est impossible de voyager à travers cette province l'espace de quelques lieues, sans rencontrer quelques petits fourneaux où l'on fond & où l'on forge le fer. Un propriétaire a-t-il un grand marais boisé qu'il voudroit nettoyer, il commence par faire une digue à son extrémité pour arrêter l'eau du ruisseau qui le traverse. Il tire ensuite de cette eau retenue deux partis très utiles ; il y établit les roues nécessaires à la fabrique du fer, qui sont mises en mouvement par ce courant factice ; & le séjour des eaux, élevées à cinq ou six pieds, pourrit tous les arbres du marais dans le cours de peu d'années. Ainsi l'industrie américaine fait profiter de tout ce que la nature lui offre avec une si grande profusion. Quand tous les arbres du marais sont détruits, on détruit aussi la digue qui retenoit les eaux ; on démolit les légers bâtimens qu'exigeoit la fabrique du fer ; & dans un petit nombre d'années, le voyageur qui n'avoit vu en passant qu'un vaste étang rempli d'arbres renversés, & qui n'avoit entendu que le bruit des marteaux & des enclumes, voit avec surprise des champs bien enclos, & des prairies vertes, desséchées & divisées en petites portions par une multitude de fossés. Telle est la métamorphose qu'on observe presque partout, dans le cours de peu d'années : les montagnes voisines fournissent la mine dont on a besoin pour ces petites forges.

Il y a des moulins à platiner le fer, dont le méchanisme est admirable ; les mêmes roues qui servent à mouvoir les rouleaux, servent aussi, quand on le veut, à faire mouvoir un moulin à bled. Une simple machine les soulève ou les abaisse pour les arrêter ou les faire agir.

Cette province fut jadis concédée à seize seigneurs écossois ; de là des divisions & des subdivisions, qui ont occasionné beaucoup de difficultés & beaucoup de procès, & même ont retardé long-temps les plantations de cette belle province.

Elle a été, durant bien des années, le théâtre de la guerre, & elle répare peu à peu les dévastations qui en ont été la suite.

On a peu de reproches à faire au *Nouveau-Jersey* depuis la paix : frappé du défaut de numéraire, comme s'il étoit possible qu'il en eût un considérable, il a voulu y suppléer par le papier-monnoie, comme si ce supplément n'étoit pas mille fois plus dangereux que l'espèce de stagnation qu'on a voulu prévenir. Il ne tardera pas à sentir les vices de ce remède : mais, en attendant que les lumières y soient répandues sur un objet si important, la plupart de ses citoyens sont livrés à l'aveuglement, & quelques-uns se sont permis des choses d'autant plus déraisonnables qu'elles sont ridicules.

Le célèbre Payne a démontré, dans un pamphlet, que l'expédient du papier-monnoie n'a pour but que la fraude & l'oppression. Il est allé trop loin sans doute ; & au lieu de ces vues criminelles, on sera plus exact d'attribuer des vues bornées, aux partisans du papier-monnoie. Quoi qu'il en soit des motifs qui ont contribué à son établissement, ce bon citoyen a engagé les états à le proscrire ; mais ses remontrances n'ont produit aucun effet : elles ont seulement aigri des es-

prits contre ce philosophe & contre ceux qui avoient adopté ses principes. Une populace effrénée à brûlé à New-Yorck & dans le *Nouveau-Jersey*, le portrait des magistrats qui s'étoient opposés à l'établissement du papier.

D'après la règle suivie jusqu'à présent pour la répartition du contingent des diverses provinces de l'union américaine, règle qui n'a pas encore été fixée d'une manière invariable, ainsi que nous l'avons observé ailleurs, le *Nouveau-Jersey* paye cinquante-cinq piastres pour une contribution de mille.

Le *Nouveau-Jersey* a passé, en 1783, un acte qui ordonne de lever des impôts jusqu'à la concurrence de 31,259 liv. sterl. pendant vingt-cinq ans, pour payer l'intérêt & le principal de la dette des Etats-Unis. *Voyez* l'article général des ETATS-UNIS & les articles particuliers des douze autres provinces.

JEVER, seigneurie immédiate de l'Empire. La seigneurie de *Jever* est représentée avec assez de netteté sur la carte de l'Ost-Frise : elle est bornée au couchant par le pays de Harrling & l'Ost-Frise ; par l'Ost-Frise & le comté d'Oldenbourg au midi ; par la rivière de Jahde & la seigneurie de Kniphausen au levant, & la mer d'Allemagne au nord.

Sa largeur & sa longueur n'excèdent pas trois milles d'Allemagne ; mais elle est d'une grande fertilité, & on y élève une quantité considérable de chevaux & de bétail ; les irruptions de la mer l'ont beaucoup diminué. Le château de Mœllen fut englouti en 1066 ; différentes paroisses de la contrée de Rustring subirent le même sort en 1218 & 1511 ; le canal de Jahde qu'on y voyoit autrefois, fut transformé en un golfe ouvert, & la seigneurie de *Jever* fut séparée totalement du comté d'Oldenbourg. Jean XVI, comte d'Oldenbourg, en rétablit la communication par le moyen des digues, dont il environna le canton, appelé *Ellenferdamm*. Ce pays essuya, en 1651, de nouvelles inondations non moins terribles que les précédentes ; le dommage qu'elles causèrent a été depuis réparé en quelque façon par des digues. Les habitans de cette seigneurie furent gouvernés par leurs juges, leurs capitaines & leurs avocats, jusqu'en 1355, que les frises de Rustring élurent, d'une commune voix pour leur prince, le brave Edo Wimmecken Papinga, que les ostringiens & les warangiens reconnurent également pour leur souverain en 1359 ; & ce fut de ce prince que descendirent tous les seigneurs de *Jever*. Anne & Marie, filles d'Edo de Wimmecken le jeune & de Heilwige, fille du comte Gerard d'Oldenbourg, sa femme, eurent beaucoup à souffrir du comte d'Ost-Frise. Ces traitemens déterminèrent Marie, après la mort de sa sœur aînée, à offrir en 1652 à l'empereur Charles V, comme comte de Hollande & duc de Brabant, ses biens allodiaux ; & en fief perpétuel sa

B b b b b

feigneurie de *Jever*, la ville de ce nom & le château. Les feigneurs qui fuccédèrent à Marie, firent la reprife de ce fief à la maifon de Bourgogne. Marie inftitua, en 1573, pour héritier de tous fes domaines, & de l'agrément du feigneur féodal, Jean XVI fon coufin, comte d'Oldenbourg & de Delmenhorft; celui-ci les tranfmit à Antoine Gunther fon fils, qui mourut en 1667, & laiffa la feigneurie de *Jever* à Jean, prince d'Anhalt-Zerbft fon neveu. Cette maifon n'a point ceffé depuis d'en être en poffeffion. Il fut convenu toutefois, par un traité fait avec le roi de Danemarck en 1689, que fi la race mafculine & féminine du prince d'Anhalt-Zerbft s'éteignoit, cette feigneurie feroit réunie au comté d'Oldenbourg par forme de réverfion.

On agita, dans le dix-feptième fiècle, la queftion : fi la feigneurie de *Jever* fait partie ou non de l'empire d'Allemagne. L'empereur décida qu'oui : on demanda enfuite fi elle dépend du cercle de Bourgogne ou de celui de Weftphalie. La maifon princière d'Anhalt-Zerbft la foutient incorporée au cercle de Bourgogne par le traité de Bourgogne de 1548; d'autres prétendirent que ce fait ne pouvoit être prouvé, & qu'il étoit plus convenable de la placer dans le cercle de Weftphalie. Ses poffeffeurs n'ont en attendant, ni voix ni féance aux affemblées de ce même cercle, & ne font point aggrégés non plus, pour ce qui la concerne, à aucun collège des comtes de l'Empire. On ne voit pas qu'elle paye une taxe matriculaire; & quant à l'entretien de la chambre impériale, fa contribution devroit être de 40 rixdales par mois romain; mais le cercle de Bourgogne s'en chargea.

L'on porte à 60,000 rixdales le revenu annuel de la feigneurie de *Jever*; elle comprend trois cantons & une ifle, qui renferme dix-neuf paroiffes.

ILLYRIE HONGROISE : on donne ce nom aux royaumes d'Efclavonie, de Croatie & de Dalmatie.

L'*Illyrie* proprement dite défignoit autrefois cette contrée qui s'étend le long de la mer Adriatique; & dans une fignification plus étendue, tout le pays renfermé entre cette mer & le Danube, & même jufqu'à la mer Noire. Dans la première acception, elle comprenoit la Dalmatie, la Liburnie & la petite province de Japydie. Ce n'eft qu'au quatrième fiècle que, fous le nom de *grande Illyrie*, on comprit prefque toutes les provinces romaines de la partie orientale de l'Europe; &, felon la forme de gouvernement, on la partageoit alors en occidentale & orientale. La première renfermoit la Dalmatie, les trois Pannonies, y compris celle aux environs de la Save, la Norique méditerrannée & la Norique côtière, (*Noricum méditerrannéum & ripenfe*): la feconde comprenoit la Macédoine & l'Achaïe, la Theffalie, l'Epire & la Crète, la Dace côtière &

la Méditerranée, (*Dacia ripenfis & méditerranea*), la haute Moéfie (*Moefia prima*), la Dardanie & la Prævalitana. Dans les fiècles fuivans, plufieurs des peuples efclavons s'étant répandus fur le territoire des provinces romaines, la grande *Illyrie* comprenoit le pays fitué entre la mer Adriatique & le Danube, depuis la Save jufqu'au Scodrus & à l'Hémus dans la Thrace, & de là jufqu'au Pont-Euxin; ce qui renfermoit la Pannonie aux environs de la Save (*Pannonia Savia*), la Dalmatie & les deux Moéfies.

Aujourd'hui l'*Illyrie* eft compofée des mêmes provinces qu'elle offroit dans le moyen âge, & on la divife en hongroife & en turque : nous parlerons de celle-ci à l'article OTTOMAN (Empire). L'*Illyrie hongroife* fe prolonge du Danube à la mer Adriatique, entre les rivières de Drave, de Save & d'Unna : on y trouve les trois royaumes d'Efclavonie, de Croatie & de Dalmatie.

La Croatie hongroife s'étend depuis la Drave jufqu'à la mer Adriatique : elle a pour bornes au levant l'Efclavonie & la Bofnie, au couchant la Styrie & la Carniole. Les croates tirent leur origine des efclavons, & ils vinrent s'établir l'an 640, fous l'empire d'Héraclius, dans ces contrées, d'où ils chafsèrent les avares. Leur ancien nom de hrwaten ou hrowaten a été changé par les grecs en celui de chrobaten. Dans le moyen âge ils avoient leurs rois particuliers; ils furent fubordonnés quelque temps aux empereurs d'Orient, & ils fe nommoient *rois de Croatie & de Dalmatie*. Ces royaumes pafsèrent dans le onzième fiècle à Ladiflas, roi de Hongrie, & ils font demeurés jufqu'à ce jour fous la même domination, quoiqu'ils aient fouvent tenté de s'y fouftraire. De tous les peuples d'*Illyrie*, les croates parlent la langue qui approche le plus du polonois : ils naiffent, pour ainfi dire, foldats, & font exercés, dès leur enfance, au métier des armes : auffi aiment-ils mieux aller à la guerre que vivre chez eux. Soit en guerre, foit dans leurs habitations, ils vivent comme des frères & répondent les uns pour les autres. S'ils occafionnent quelques troubles, c'eft afin de s'exempter des redevances pour leurs terres : voulant être foldats ou payfans; ils ne cultivent que la quantité de terres néceffaire à leur fubfiftance, & ces terres produifent de bon vin. Ils profeffent la religion catholique romaine, à l'exception de ceux qu'on nomme *apoftats*, & qui fe difent de l'ancienne créance. Eu égard à fa fituation, on divife la Croatie en celle d'au delà & celle d'en deçà de la Save; & par rapport au gouvernement, en bannat & en généralat de Croatie.

I. La Croatie en deçà de la Save, autrement dite la haute Efclavonie, a pour habitans des croates, quelques graïciens grecs & valaques.

II. La Croatie au-delà de la Save, ou la Croatie propre, eft partagée en hongroife & turque

Là partie de l'*Illyrie hongroise*, qui est située entre la Drave & la mer Adriatique, est assez fertile. L'air n'est pas fort sain vers la mer. On y recueille du bled, du vin, de l'huile & d'autres productions.

Les habitans sont d'origine esclavonne, & se partagent, selon les pays, en différentes nations chez lesquelles on trouve des hongrois, des allemands, des vénitiens & des turcs. Les nations principales sont 1°. les esclavons qui ne forment qu'un seul peuple avec les serviens ou rasciens, & qui, entremêlés de quelques hongrois & allemands, habitent l'Esclavonie : 2°. Les croates qui, accrus par des colonies d'allemands & de valaques, occupent la Croatie & l'Esclavonie : 3°. les dalmates, dont les uscoses (transfuges) ou chrétiens, qui sont venus de la Bulgarie, de la Servie & de la Thrace, & les morlaques, proprement *mauro walaques* font partie ; ils sont entremêlés de colonies vénitiennes, turques & albanoises. La langue des habitans de l'*Illyrie* est l'esclavonne : on distingue le dialecte de Dalmatie, de celui de Croatie & de Rascie. Mais aujourd'hui les croates & les rasciens parlent le hongrois & l'allemand ; les dalmates l'italien & la langue turque ; & les walaques qui se sont établis dans le plat pays de l'*Illyrie*, parlent la langue walaque. Les croates & les rasciens s'habillent communément à la hongroise ; les dalmates à la vénitienne & à la turque. Tous les illyriens s'adonnent à l'agriculture, au commerce & au métier de la guerre ; mais les dalmates s'occupent beaucoup de la navigation.

La religion catholique romaine est la seule publiquement autorisée, & trois archevêques & vingt-quatre évêques qui, pour la plupart parmi les hongrois, n'ont que le seul titre sans revenus, sont préposés à l'église de cette communion. L'église grecque orientale n'a, dans l'*Illyrie* & quelques endroits de la Hongrie, qu'un archevêque & dix évêques.

Le gouvernement de l'Esclavonie & de la Croatie est réuni à celui de la Hongrie & de la Styrie, & reconnu héréditaire dans la maison d'Autriche. Celui de la Croatie hongroise est administré par le vice-roi, ou ban de Croatie, Esclavonie & Dalmatie, au nom du roi de Hongrie, selon les loix de ce royaume & les ordonnances particulières des provinces de l'*Illyrie*. Le gouvernement de la Croatie & de la Styrie est confié à un gouverneur royal hongrois dans la Styrie, dans le généralat de Croatie, & dans les terres que baigne la mer Adriatique.

Les prélats, magnats, gentilshommes & bourgeois des villes libres royales ont les mêmes prérogatives que ceux de Hongrie. Les diètes, qui sont composées des quatre ordres du royaume, traitent, sous l'autorité du roi, les affaires particulières du pays : ce n'est que par députés que les états d'*Illyrie* assistent aux diètes de Hongrie.

L'administration de la justice est la même dans l'Esclavonie & le bannat de Croatie que dans la Hongrie. On y trouve le tribunal inférieur ou des villes libres, d'où les affaires se portent au trésorier royal ; d'autres villes ressortissent ensuite de la table du ban. Ce tribunal supérieur, auquel le ban préside, s'occupe, à de certaines époques, des affaires que lui renvoient les comtés, & d'autres matières importantes qu'il envoie à la table royale de Pesth, & de-là à celle des sept (*tabula septemveralis*), si elles ont besoin d'une révision particulière.

Les revenus du pays proviennent des impôts des droits de péage. L'*Illyrie* peut mettre cinquante mille hommes de troupes sur pied dans la Croatie, & vingt mille dans l'Esclavonie, ainsi qu'on l'a vu dans la dernière guerre.

Voyez l'article HONGRIE & l'article AUTRICHE.

IMAN, ministre de la religion mahométane. Ce mot signifie proprement ce que nous appellons *prélats, antiste* ; mais les musulmans l'appliquent en particulier à celui qui a l'intendance d'une mosquée, qui s'y trouve toujours le premier, & qui fait la prière au peuple, lequel la répète après lui.

Iman se dit aussi absolument par excellence, des chefs, des instituteurs ou des fondateurs des quatre principales sectes de la religion mahométane, qui sont permises. Ali est l'iman des perses, ou de la secte des schiaites ; Abu-beker, l'iman des sunniens, qui est la secte que suivent les turcs ; Saphii ou Safi-y, l'iman d'une autre secte.

Les mahométans ne sont point d'accord entre eux sur l'imanat ou dignité d'*iman*. Quelques-uns la croient de droit divin & attachée à une seule famille, comme le pontificat d'Aaron ; les autres soutiennent, d'un côté, qu'elle est de droit divin ; mais de l'autre, ils ne la croient pas tellement attachée à une famille, qu'elle ne puisse passer dans une autre. Ils avancent de plus, que l'*iman* devant être, selon eux, exempt non-seulement des péchés graves, comme l'infidélité, mais encore des autres moins énormes, il peut être déposé s'il les commet, & sa dignité transférée à un autre.

Quoi qu'il en soit de cette question, il est constant qu'un iman ayant été reconnu pour tel par les musulmans, celui qui nie que son autorité vient immédiatement de Dieu, est un impie ; celui qui ne lui obéit pas, un rebelle ; & celui qui s'avise de le contredire, un ignorant : c'est par-tout de même.

Les imans n'ont aucune marque extérieure qui les distingue du commun des turcs ; leur habillement est presque le même, excepté leur turban qui est un peu plus large & plissé différemment. Un *iman*, privé de sa dignité, redevient laïque

tel qu'il étoit auparavant, & le vifir en nomme
un autre ; l'examen & l'ordonnance du miniftre
font toute la cérémonie de la réception. Leur
principale fonction, outre la prière, eft la prédication, qui roule ordinairement fur la vie de
Mahomet, fa prétendue miffion, fes miracles,
& les fables dont fourmille la tradition muful-
mane. Ils tâchent, au refte, de s'attirer la vénération de leurs auditeurs, par la longueur de
leurs manches & de leurs barbes, la largeur de
leurs turbans, & leur démarche grave & compofée. Un turc qui les auroit frappés, auroit la
main coupée ; & fi le coupable étoit chrétien,
il feroit condamné au feu. Aucun *iman*, tant
qu'il eft en exercice, ne peut être puni de mort ;
la plus grande peine qu'on lui puiffe infliger, ne
s'étend pas au-delà du banniffement. Mais les fultans & leurs miniftres ont trouvé le fecret d'é-
luder ces privilèges, foit en honorant les *imans*
qu'ils veulent punir, d'une queue de cheval,
diftinction qui les fait paffer au rang des gens de
guerre, foit en les faifant déclarer infideles par
une affemblée de gens de loi, & dès-lors ils
font foumis à la rigueur des loix guerrières.
Mœurs des turcs, liv. II. tom. 1.

IMPÉRIALES (VILLES): Les villes impériales font des états de l'Empire germanique,
difperfés dans tous les cercles qui le compofent,
excepté dans ceux d'Autriche, de Bourgogne, de
haute-Saxe & du bas-Rhin ; & formant à la diète,
par la conftitution germanique, le troifième &
dernier collège de fes membres immédiats.

En Allemagne on appelle les villes Reichftœdte,
villes de l'Empire. Des deux mille & tant de
villes que renferme actuellement l'Allemagne,
il n'y en a que cinquante-une qui foient effectivement *impériales.* Reftées parmi celles que les
anciens empereurs conquirent ou fondèrent, ou
environnèrent de murs, & qu'ils abandonnèrent
enfuite ; ou parmi celles qu'il fut permis aux
prélats, aux ducs, aux marquis, aux comtes
de bâtir, de peupler, de fortifier & de garder
pour eux, toutes les autres ne font réputées que
des villes provinciales : la ville de Vienne elle-
même, qui depuis plus de trois cens ans a été
la réfidence de la plupart des empereurs d'Allemagne, eft une ville provinciale comme la plus
petite des derniers membre de la diète.
Auffi, pour fuppléer au fens trop vague de cette
dénomination de *Reichftœdte*, a-t-on foin, dans
tous les documens & actes publics relatifs à ces
villes, d'ajouter au beau titre de *libres* celui
d'*impériales* qu'on leur donne. Voyez l'énumération de ces villes, leur rang, leurs devoirs,
&c. aux articles ALLEMAGNE & DIETES DE
L'EMPIRE. Nous nous bornerons ici à quelques
remarques générales fur ces villes, fur leur origine & fur les révolutions qu'elles ont éprouvées.
Situées dans l'enceinte de l'Allemagne, fans
fe confondre avec la multitude de celles qui en

occupent le fol avec elles, les villes impériales
doivent avoir un caractère propre qui les diftingue de toutes les autres : ce caractère doit leur
avoir été donné par le confentement univerfel
des états qui leur font affociés ; & fi, parmi les
traits qui compofent ce caractère, il en eft qui
frappent plus dans les unes que dans les autres,
c'eft qu'il eft de la nature des corps moraux
comme de celle des corps phyfiques, de préfenter des faces diverfement figurées. Cette diverfité
de traits n'altère d'ailleurs point ici le fond de la
chofe : que toutes les *villes impériales* d'Allemagne ne jouiffent pas d'une confidération égale ;
qu'un éclat éblouiffant relève la profpérité des
unes, & que l'obfcurité couvre le bonheur des
autres ; que même les fuffrages des petites foient
entraînés par le fuffrage des grandes, il n'en eft
pas moins conftant qu'une même qualité leur eft
propre & commune à toutes, & que l'on compte
à la diète les voix de Friedberg, de Pfullendorf,
de Bopfingen, de Buchorne, de Buchau, &c.
auffi bien que celles d'Ulm, de Cologne, de Nuremberg, d'Ausbourg, de Francfort fur le Mein,
&c. Mais enfin la liberté, l'indépendance de toute
autre fouveraineté que de celle de l'empereur &
de l'Empire, voilà le caractère principal des villes
dont il s'agit ici : celui que leur imprime la forme
républicaine de leurs gouvernemens refpectifs,
n'eft que fecondaire ; & celui qu'elles étalent,
foit d'après l'efpèce de religion qu'elles profeffent, foit d'après l'antiquité, l'étendue, les richeffes qu'elles peuvent avoir en partage, n'eft
envifagé que comme accidentel. Par la même loi
générale qui fait reffortir de l'empereur & de
l'Empire uniquement, les électeurs, les princes,
les prélats, les comtes & la nobleffe immédiate
d'Allemagne, chaque *ville impériale* forme un
état diftinct, qui fe régit lui-même, qui acquiert, qui aliène, qui tranfige, qui négocie
comme le fait tout autre état de l'Empire, &
qui, fiégeant & votant dans les affemblées de la
nation, en eft de droit & de fait un membre auffi
effentiel qu'aucun de ceux qui compofent les deux
autres collèges de la diète.

Quant à l'origine de ces villes, il faut, pour
ne pas s'y tromper, fe garder de prendre pour
impériales toutes celles qui, faifant jadis partie
du domaine des empereurs, étoient par cela
feul qualifiées de ce nom ; la claffe en différoit
infiniment de celle des cinquante-une qui le portent aujourd'hui. Elle étoit fi nombreufe dans les
dixième, onzième, douzième & treizième fiècles, qu'avec toutes les villes, qui des deux côtés
du fleuve depuis Bâle jufqu'à Coblentz, bordoient
le Rhin, elle comprenoit encore toutes celles qui,
fous la régence ambulante des empereurs, devenoient leurs fièges momentanés, & fe trouvoient
ainfi éparfes dans toutes les provinces de l'Empire, où il étoit de la convenance de ces princes
d'aller établir leur féjour. Dans quelques-unes de

celles-ci, à la vérité, la qualité d'*impériale* se restreignoit au palais ou château qu'habitoit l'empereur; & le reste du lieu, ville, bourg ou village, ne participoit qu'à l'honneur de sa présence, & demeuroit provincial, sujet au prince ou seigneur particulier, qui possédoit le fief. Mais, sur quelque lieu de l'Allemagne que l'on fît alors tomber la dénomination d'*impériale*, elle ne désignoit pas, comme aujourd'hui, l'indépendance & la liberté : *impériales* ou provinciales, toutes les villes de l'Empire étoient alors sous le joug, & bien éloignées de former par leur assemblage un corps politique. Elles n'avoient aucune part à la régence de l'état; & si, dans la personne de leurs magistrats, elles paroissoient quelquefois aux diètes, c'étoit pour recevoir des ordres & non pour donner des avis. Au reste, la servitude n'étoit point le lot absolu de ces premières *villes impériales* : la gloire ou la sûreté de l'Empire avoient fait jetter les fondemens de leurs murs : son bien-être exigeoit qu'elles fussent remplies de citoyens utiles : on les peupla de nobles, de bourgeois & d'artisans; ces derniers seuls passoient alors pour serfs; les autres jouissoient de prérogatives & de franchises : les nobles alloient à la guerre, & les bourgeois remplissoient les charges civiles. Dans le douzième siècle, sous Henri V, on sentit qu'il convenoit de relever la condition des artisans; peu à peu l'on en fit une seconde classe de bourgeois : ce fut l'époque des premières tribus ou corps de maîtrise; & Worms & Spire sont à la tête des villes qui en aient eu. D'ailleurs, originairement gouvernées dans le régime judiciaire par des préfets impériaux, ecclésiastiques ou séculiers, les villes du domaine *impérial* ne tardèrent pas à obtenir pour elles-mêmes l'administration de leur propre police : ce n'étoit pas une portion d'autorité dont l'exercice pût donner de l'ombrage. De nos jours, on ne parle qu'avec dérision ou pitié de l'ancienne police des villes allemandes : cependant l'acquisition qu'elles en firent, fut, pour un certain nombre d'entr'elles, un pas vers l'indépendance. Un autre pas plus grand, plus efficace, mais plus tardif, fut l'acquisition du droit de judicature, ou de la faculté de tirer leurs juges de leur propre sein : parvenues, les unes plutôt, les autres plus tard, à écarter les préfets impériaux, ou du moins à prendre sur elles les fonctions de leurs charges, & à ne leur en laisser que le titre, elles érigèrent & composèrent elles-mêmes leurs propres tribunaux; & par une progression que les empereurs ne paroissoient pas jaloux d'arrêter, elles arrivèrent enfin au terme de faire leurs propres loix. Dès le dixième siècle, Aix-la Chapelle & Cologne jouissoient déja de tout ce qu'elles pouvoient desirer à cet égard. On croit qu'à la longue les empereurs se prêtèrent sans peine à ces affranchissemens; leur intérêt y concouroit avec leur gloire, & il étoit naturel qu'ils aimassent à voir

leurs villes se distinguer de celles de leurs vassaux, qui toutes, à la réserve de celles qu'avoisinoient la mer Baltique & la mer du Nord, étoient pauvres, sans commerce comme sans liberté. Les *villes impériales* devenues libres, devinrent commerçantes, & le trésor de l'empereur s'accrut beaucoup par leurs richesses : ce trésor étoit sur-tout considérable dans le douzième siècle, sous Frédéric Barberousse. Dans le treizième siècle, à l'époque de l'extinction de la maison de Souabe, époque où tant d'affaires changèrent de face en Allemagne, les *villes impériales* jouant un grand rôle dans la révolution, il fut du sort, bon ou mauvais, de l'Empire, de voir la plupart d'entr'elles sortir de toute dépendance particulière, pour ne reconnoître d'autre souveraineté que la sienne, & pour entrer même dans le partage de cette souveraineté, conjointement avec les membres qui en avoient jusques-là formé le corps. Leurs propres forces suffirent à quelques-unes pour secouer le joug; d'autres ne purent s'en dégager qu'à l'aide de quelques états voisins, auxquels il fut utile & permis de devenir leurs protecteurs. Ce fut donc alors qu'associées à quelques anciennes villes libres, telles que Lubeck, Francfort, Cologne, &c. les premières *villes impériales* commencèrent à former dans l'Empire une classe d'états immédiats, & à occuper, dans les assemblées de la nation, une place importante. Il y eut pendant un temps entre ces villes quelques contestations sur la préséance : les unes la demandoient à raison de leurs titres d'*impériales*, & les autres se l'adjugeoient à raison de l'antiquité de leur affranchissement : la dispute n'a jamais été bien terminée; mais dans la succession des choses, on a senti la frivolité de la dispute; & même, dans les diètes modernes, on en est sagement venu au point de confondre sans scrupule les *villes impériales* avec les villes libres : ce sont en effet ces deux titres réunis, qui les font asseoir sur les deux bancs du Rhin & de Souabe; & on prétend qu'on embarrasseroit ces villes, si on vouloit leur faire expliquer à elles-mêmes l'un de ces titres sans l'autre. Quoi qu'il en soit, & pour en revenir à des points plus essentiels, la première diète où l'on ait formellement consulté l'opinion de ces villes en qualité d'états immédiats, est celle qui se tint à Cologne sous Adolphe de Nassau, l'an 1293. On ne sait pas en quel nombre elles y assistèrent; un auteur a voulu observer que le nom de Nassau a quelque chose d'heureux pour la liberté des peuples : qu'il présida en Allemagne à l'élection du troisième collège de la diète, qui est celui des villes républicaines : qu'il présida dans les Pays-Bas à la fondation & au soutien de la république des Provinces-Unies, dont la liberté fait la base; & en Angleterre, qu'on l'a vu présider au rétablissement de la constitution du royaume, prête à périr sous la main des Stuarts :

qu'on ne connoît pas de maison moderne en Europe, qui, pareille ou supérieure en élévation à celle de Nassau, ait autant de titres de cette espèce à présenter à la reconnoissance des peuples. Malheureusement les divisions actuelles qui troublent les Provinces-Unies, ne confirmeront pas cette remarque frivole. Sous Louis V, & nommément à la diète de Francfort de l'an 1342, les villes eurent voix délibérative; & il paroît que dès-lors, quel qu'ait été leur nombre, elles n'ont pas cessé d'y être appellées. Sous Charles IV & sous Wenceslas, sous Maximilien I & sous Charles-Quint, on confirma les chartes & la qualité du plus grand nombre d'entr'elles & enfin, dans les traités de Westphalie de 1648; fut expressément stipulé que les suffrages des villes seroient aussi décisifs que ceux des électeurs & des princes.

Ainsi aggrégées au corps des états libres de l'Empire; ainsi devenues, chacune pour soi un état indépendant de tout autre que de ce corps, les *villes impériales* suivant la destinée commune à tous les etablissemens humains, furent bientôt exposées à quelques traverses, & éprouvèrent avec le temps, des révolutions. Le lien fédéral qui les rassembloit, n'en fut pas altéré : on ne dépouilla leur collège d'aucun de ses droits; mais on diminua le nombre de celles qui en partageoient les avantages : on réduisit à cinquante-une ce nombre qui, dans les treizième & quatorzième siècles, étoit de plus de quatre-vingt. Respectées d'abord à cause de leur richesse particulière, & ensuite à cause de leurs alliances nombreuses; ces villes qui prenoient une consistance digne d'admiration, & qui s'acquéroient une réputation digne d'envie, eurent pour premiers adversaires les gentilshommes immédiats de l'Empire. Elles puisoient leurs richesses dans le commerce, source toujours méprisable aux yeux de la noblesse allemande; & elles formoient presque seules l'union fameuse de la Hanse, imaginée par Lubeck en 1241, & fortifiée en moins de trente ans par l'accession de quatre-vingt autres villes. Il fut de leur sagesse de se distinguer par une grande sévérité dans leur police, & par une grande fermeté dans leurs principes. La sûreté intérieure de l'Allemagne, bannie durant les troubles de l'Empire, fut rappellée par leur amour de l'ordre, & rétablie par la vigueur de leurs mesures : on leur dut, en un mot, l'expulsion d'une multitude de vagabonds, dont les routes du pays étoient alors infestées, & dont les brigandages, funestes sur-tout aux marchands, étoient souvent autorisés par la part criminelle que les gentilhommes campagnards ou seigneurs de châteaux n'avoient pas honte d'y prendre. Les services que rendirent les villes en cette occasion, ne furent pas méconnus par quelques-uns des empereurs du quatorzième siècle; & l'obligation qu'on leur en avoit, jointe à l'argent qu'elles

avancèrent dans des momens de besoin; procurèrent à plusieurs l'affranchissement d'un reste de pouvoir particulier, que d'autres états ecclésiastiques & séculiers prétendoient encore exercer sur elles. La régence de Charles IV, plus avide & plus prodigue d'argent qu'aucune autre, fut aussi, plus qu'aucune autre, féconde en concessions favorables aux villes. Mais toutes les fois qu'elles parurent acquérir des droits à l'estime publique, elles donnèrent des prétextes à la malveillance privée. La noblesse immédiate, qui n'avoit ni leur puissance, ni leur sagesse, les prit en haine : elle crut voir son abaissement dans leur élévation, & sa ruine dans leur prospérité. Peut-être aussi songeoit-elle à l'état d'obscurité & d'humiliation où languissoient, dans l'enceinte des villes, les nobles qui jadis en avoient été les premiers citoyens, & qui, sous la forme de gouvernement adoptée par ces espèces de républiques, composoient une classe toujours qualifiée de *patricienne*, il est vrai, mais privée de toute preponderance. Trop foible à tous égards pour entreprendre elle seule une guerre contre les villes, la noblesse immédiate vint à bout d'associer à sa haine plusieurs princes disposés, les uns à réprimer leur influence, & les autres à conquérir leurs richesses. Bientôt il y eut des ligues : les princes armèrent, les villes armèrent aussi; & sous Wenceslas, on en vint aux mains. Les villes perdirent deux batailles en 1388; l'une près de Wayl, & l'autre dans les environs de Worms : c'en fut assez pour les intimider, & pour leur faire acheter la paix à tout prix. Quelques villes du Rhin retombèrent sous le joug, & d'autres se rachetèrent à force de contributions. Mais la perte ou la mutilation de quelques membres n'entraîna pas la destruction du corps : dans le siècle suivant, & déja sous le règne de Robert, les *villes impériales* reprirent une vigueur nouvelle; & à la mort d'Albert second, l'an 1439, elles eurent assez de fermeté pour s'engager, par un traité, à ne reconnoître pour empereur que celui qui confirmeroit leurs droits, leurs privilèges & leurs immunités : résolution hardie & presque injurieuse aux électeurs, mais dont on ne trouve cependant la censure nulle part, dans l'histoire de l'Empire. On n'y trouve pas non plus d'autre projet général contre l'ordre entier des villes; mais on y voit ses démembremens particuliers. Sans parler ici des villes passées en divers temps sous la domination de la France, de la Prusse, de la Hollande, & de la Suisse, on se contentera de dire que, sous Charles-Quint, Constance fut assujettie à l'Autriche; que sous Rodolphe II, Donawerth fut assujettie à la Bavière; & que, sous Léopold I, la ville de Brunswick fut soumise à ses ducs.

Voyez l'article ALLEMAGNE, l'article DIETE DE L'EMPIRE, & les articles particuliers de chacune des *villes impériales*.

IMPORTATION : on emploie ce mot dans l'économie politique, pour défigner les productions du fol, ou les marchandifes qu'une nation tire de l'étranger. Si un pays manque d'une denrée ou d'une fubftance propre aux manufactures, on n'a jamais dit, dans les théories de commerce, qu'il fallût s'en priver, plutôt que de les tirer de la contrée où on en trouve : mais pour encourager les fabriques nationales, prefque tous les peuples ont eu jufqu'ici pour maxime de défendre ou d'affujettir à de gros droits les productions des fabriques étrangères, afin de diminuer l'importation. Les adminiftrateurs & les écrivains, les économiftes exceptés, ont cru que l'intérêt d'une nation confiftôit à réduire tous fes voifins dans la pauvreté. On fait envifager à chacune d'elles, avec un œil d'envie, la profpérité de toutes les autres avec lefquelles elle commerce, & on lui fait regarder leur gain comme une perte pour elle. Le commerce qui doit naturellement être parmi les peuples, comme parmi les individus, un lien d'union & d'amitié, eft devenu la plus féconde fource de difcorde & d'animofité. L'ambition capricieufe des rois & des miniftres n'a pas été plus fatale au repos de l'Europe, dans notre fiècle & le précédent, que l'impertinente jaloufie des marchands & des manufacturiers. La violence & l'injuftice de ceux qui gouvernent le monde, font un ancien mal, auquel je crains fort que la nature des affaires humaines laiffe peu d'apparence de remède. Mais la baffe rapacité, l'efprit de monopole des marchands & des manufacturiers, qui ne font, ni ne doivent être les maîtres du monde, font un autre mal, peut-être incorrigible, mais dont il feroit fort aifé d'arrêter les plus mauvais effets, en l'empêchant de troubler la tranquillité publique.

Il eft indubitable que c'eft l'efprit de monopole, qui originairement a inventé & propagé cette doctrine ; & ceux qui l'ont enfeignée les premiers, n'étoient pas, à beaucoup près, fi fous que ceux qui l'ont crue. Dans tout pays il eft, & il eft impoffible qu'il ne foit pas de l'intérêt du grand corps du peuple, d'acheter ce dont il a befoin de ceux qui le vendent à meilleur marché. La propofition eft fi évidente, qu'il paroît ridicule de fe mettre en frais pour la prouver ; & jamais on ne l'eût mife en queftion, fi les fophifmes intéreffés des marchands & des manufacturiers n'avoient brouillé le fens commun des hommes. Leur intérêt, à cét égard, eft directement oppofé à celui du grand corps du peuple. Comme il eft de l'intérêt de ceux qui ont obtenu la maîtrife dans une corporation, d'empêcher que le refte des habitans fe ferve d'autres ouvriers qu'eux, de même il eft de l'intérêt des marchands & des manufacturiers de chaque pays, de s'affurer le monopole du marché intérieur. De là, dans la Grande - Brétagne & dans la plupart des autres pays de l'Europe, les impofitions extraordinaires

fur prefque toutes les marchandifes importées par des marchands étrangers. De là les gros droits & les prohibitions fur toutes ces manufactures étrangères, qui peuvent entrer en concurrence avec les nôtres. De là les empêchemens extraordinaires, mis à l'importation de prefque toutes les fortes de marchandifes venant des pays avec lefquels on fuppofe que la balance du commerce eft défavantageufe, c'eft-à-dire, des pays qui font l'objet de la plus violente animofité nationale.

Cependant la richeffe d'un pays voifin, quoique dangereufe en guerre & en politique, eft certainement avantageufe dans le commerce. Dans un état d'hoftilité, elle peut fournir à nos ennemis les moyens d'entretenir des flottes & des armées fupérieures aux nôtres ; mais, dans un état de paix & de commerce, elle doit pareillement les mettre dans le cas de faire avec nous des échanges pour une plus grande valeur, & de nous fournir un marché plus confidérable, foit pour le produit immédiat de notre propre induftrie, foit pour tout ce que nous achetons avec ce produit. Un homme riche doit être naturellement une meilleure pratique qu'un pauvre, pour les gens induftrieux de fon voifinage ; il en eft de même d'une nation riche : il eft vrai qu'un homme riche, qui eft lui-même un manufacturier, eft un voifin dangereux pour ceux qui commercent dans le même genre que lui. Cependant tout le refte du voifinage, qui eft fans comparaifon le plus grand nombre, profite du marché qu'ouvre fa dépenfe ; ils profitent même de ce qu'il vend à meilleur compte que d'autres plus pauvres qui font le même négoce. Les manufacturiers d'une nation riche peuvent fans doute être auffi de dangereux rivaux pour ceux de leurs voifins : cette rivalité eft cependant avantageufe au grand corps du peuple, qui profite d'ailleurs beaucoup par le marché confidérable que lui fournit la dépenfe d'une telle nation dans tout autre genre. Les particuliers qui veulent faire fortune, ne fongent jamais à fe retirer dans les provinces pauvres & éloignées ; ils fe rendent à la capitale, ou dans quelqu'une des grandes villes commerçantes du pays ; ils favent qu'où il circule beaucoup de richeffes, ils pourront en avoir leur part, & qu'il y a peu à gagner où il n'y en a guère en mouvement. Les mêmes maximes qui dirigent ainfi le fens commun d'un, de dix ou de vingt individus, devroient bien régler le jugement d'un, de dix ou de vingt millions, & faire regarder à toute une nation les richeffes de fes voifins comme une caufe & une occafion probable d'en acquérir elle-même.

Les nations commencent à s'éclairer ; le traité de commerce que la France & l'Angleterre viennent de figner, en eft une fi belle preuve. Elles ont fenti que ces prohibitions du produit des fabriques étrangères entraînoient la contrebande ;

qu'elles encourageoient peu les manufactures nationales, & que leur effet le plus fûr étoit de diminuer les revenus du fisc. Nous sommes donc à une époque favorable, pour développer les suites funestes & les avantages illusoires des vieux principes sur les *importations*; & c'est ce que nous allons faire d'après M. Smith, l'auteur qui a traité les questions de l'économie politique avec le plus de justesse & de profondeur.

Les exemples & les faits que nous indiquerons à l'appui de ces principes, seront souvent tirés de la Grande-Bretagne : c'est le pays où le monopole & le commerce ont fait le plus de progrès; & on peut toujours en parler sans inconvéniens. Après les vues générales, nous ne manquerons pas d'indiquer les exceptions; car c'est la seule manière de traiter raisonnablement & avec fruit les questions d'économie politique.

Lorsqu'on empêche, par de gros droits ou par des prohibitions absolues, l'importation des marchandises étrangères de l'espèce de celles que produit le pays, on assure par-là plus ou moins le monopole intérieur à l'industrie domestique qui les produit. La prohibition d'importer de chez l'étranger, du bétail en vie ou des provisions salées, assure ainsi le monopole intérieur de la viande de boucherie aux nourrisseurs de bestiaux de la Grande-Bretagne. Les gros droits sur l'*importation* du bled, droits qui, dans le tems d'une abondance ordinaire, équivalent à une prohibition, donnent le même avantage aux producteurs de cette denrée. La défense d'importer des laines étrangères, est également favorable aux manufacturiers en laine. Quoique la manufacture de soie ne travaille que sur des matières étrangères, elle a obtenu dernièrement le même avantage. Celle de toile n'en est pas encore venue là, mais elle s'y achemine à grands pas. Plusieurs autres espèces de manufacturiers de la Grande-Bretagne ont obtenu de même, ou entièrement, ou presque entièrement, le monopole contre leurs concitoyens.

On ne peut douter que ce monopole intérieur ne donne souvent un grand encouragement à l'espèce particulière d'industrie qui en jouit, & qu'elle ne détermine à employer de ce côté-là une plus grande quantité des fonds de la société qu'on n'en auroit employé sans cela. Mais il n'est pas également sûr qu'il tende à l'accroissement de l'industrie générale de la société, ou à lui donner une direction plus avantageuse. L'industrie générale de la société ne peut jamais aller au-delà de ce que son capital peut en employer. Comme le nombre des ouvriers qui peuvent être employés par un particulier, doit toujours avoir une certaine proportion avec son capital, de même le nombre de ceux qui peuvent être continuellement employés par tous les membres d'une grande société, doit avoir une certaine

proportion avec tout le capital de cette société, & il ne peut jamais excéder cette proportion. Il n'y a point de réglement de commerce, qui puisse augmenter la quantité d'industrie, dans une société, au-delà de ce que son capital peut en mettre en œuvre. Ils peuvent seulement en détourner une partie dans une direction où elle n'auroit point été sans eux, & il n'est nullement certain que cette direction artificielle doive être plus avantageuse à la société, que celle que l'industrie prendroit d'elle-même.

Chaque individu cherche continuellement à trouver l'emploi le plus avantageux, pour le capital dont il est le maître.

1°. Chaque individu tâche d'employer son capital le plus près de chez lui qu'il peut, & conséquemment, autant qu'il le peut, à soutenir l'industrie domestique, pourvu cependant qu'il y gagne les profits ordinaires des avances, ou qu'il n'y gagne guère moins.

Ainsi, à égalité de profits ou à peu près, tout marchand en gros préfère naturellement le commerce intérieur au commerce étranger de consommation, & celui-ci au commerce de transport. Son capital ne s'éloigne jamais tant de sa vue, dans le premier de ces commerces, que dans le second. Il connoît mieux les personnes auxquelles il se fie; & s'il lui arrive d'être trompé, il connoît mieux les loix du pays auquel il faut qu'il s'adresse pour obtenir la réparation du tort qu'on lui a fait. Dans le commerce de transport, le capital du marchand est, pour ainsi dire, partagé entre deux pays étrangers, & il n'est jamais nécessaire qu'il en revienne une partie chez lui, ni qu'elle se place immédiatement sous ses yeux & sous sa main. Un marchand, livré au commerce de consommation, sera toujours charmé de vendre chez lui, à égalité de profits ou à peu près, le plus qu'il pourra des marchandises qu'il amasse pour les marchés du dehors, & de changer ainsi son commerce étranger de consommation en commerce intérieur. Par-là il s'épargne, autant qu'il est en lui, le risque & l'embarras de l'exportation. De cette manière, l'intérieur d'un pays est, pour ainsi dire, le centre autour duquel les capitaux des habitans circulent toujours, & vers lequel ils tendent continuellement, quoique des causes particulières puissent les repousser & les chasser vers un emploi plus éloigné. Un capital, employé dans le commerce intérieur, met nécessairement en mouvement une plus grande quantité d'industrie domestique, & donne de l'occupation & du revenu à un plus grand nombre d'habitans du pays, que ne peut le faire un capital égal, placé dans le commerce étranger de consommation, & celui qu'on place dans ce dernier, a le même avantage sur celui qu'on met dans le commerce de transport. Ainsi, à égalité de profits ou peu s'en faut, chaque individu penche naturellement

à

à employer fon capital de la manière qui, felon toute apparence, doit le plus contribuer à l'induſtrie domeſtique, & procurer du revenu & de l'occupation à un plus grand nombre de gens du pays.

2°. Tout individu qui emploie fon capital au ſoutien de l'induſtrie domeſtique, tâche naturellement de la diriger de façon que fon produit ſoit de la plus grande valeur poſſible.

Or, le revenu annuel de toute ſociété eſt préciſément égal à la valeur échangeable de tout le produit annuel de fon induſtrie, ou plutôt il eſt préciſément la même choſe que cette valeur. Comme chaque individu fait tous ſes efforts pour employer fon capital à ſoutenir l'induſtrie, & à la diriger de manière que fon produit ſoit de la plus grande valeur poſſible, chaque individu travaille donc néceſſairement à rendre le revenu de la ſociété le plus grand poſſible.

Il eſt évident que chaque-particulier, dans ſa ſituation locale, peut beaucoup mieux juger à quelle ſorte d'induſtrie il doit mettre fon capital, que l'homme d'état & le légiſlateur ne peuvent le juger pour lui. L'homme d'état, qui entreprendroit de diriger les particuliers dans la manière dont ils doivent employer leurs capitaux, ne ſe chargeroit pas ſimplement d'un ſoin inutile, mais il s'arrogeroit une autorité qu'on ne pourroit pas confier ſûrement, je ne dis point à une ſeule perſonne, mais à une aſſemblée ou un ſénat quelconque, & qui ne ſeroit jamais en plus mauvaiſes mains que dans celles d'un homme qui auroit la folie & la préſomption de s'imaginer qu'il eſt capable de l'exercer.

Accorder le monopole de la vente intérieure au produit de l'induſtrie domeſtique, dans un art ou une manufacture particulière, c'eſt en quelque ſorte diriger les individus ſur la manière dont ils doivent employer leurs capitaux; &, dans preſque tous les cas, cette conduite doit être ou inutile, ou nuiſible. Un réglement de cette nature eſt manifeſtement inutile, ſi on peut acheter chez ſoi le produit de l'induſtrie domeſtique à auſſi bon marché que celui de l'induſtrie étrangère. Si on ne le peut pas, il eſt généralement nuiſible. Tout chef de famille ſage & prudent a pour maxime de ne jamais faire chez lui ce qu'il a meilleur marché d'acheter. Le tailleur ne s'aviſe pas de faire ſes ſouliers, il les achète du cordonnier. Le cordonnier ne fait pas ſes habits, il ſe ſert du tailleur. Le fermier ſe ſert de l'un & de l'autre, pour ſa chauſſure & ſon habillement.

Il eſt difficile que ce qui eſt prudence dans la conduite d'une famille particulière, ſoit folie dans celle d'un grand royaume. Si un commerce étranger peut nous fournir une choſe à meilleur marché que nous ne pouvons la faire, il vaut mieux l'acheter des étrangers avec quelque partie du produit de notre propre induſtrie employée dans le genre où nous avons quelque avantage. L'in-

duſtrie générale du pays étant toujours en proportion avec le capital qui l'emploie, ne ſera pas plus diminuée par là que celle des ouvriers dont je viens de parler; elle ſera ſeulement la maitreſſe de choiſir la direction où elle pourra s'employer le plus avantageuſement. On ne l'emploie ſûrement pas avec le plus grand avantage, quand on la dirige vers un objet qu'il en coûte moins d'acheter que de faire. La valeur de ſon produit annuel eſt certainement plus ou moins diminuée, quand on la détourne de faire des choſes qui ont évidemment plus de valeur, pour en faire qui en ont moins.

Il eſt vrai que ces réglemens pourront procurer plutôt une manufacture à la nation; & qu'après un certain temps la marchandiſe qu'elle fabriquera, pourra s'y vendre auſſi bon & peut-être meilleur marché que celle qu'on tireroit de l'étranger. Mais, quoiqu'on puiſſe faire ainſi entrer avec avantage l'induſtrie de la ſociété dans un canal particulier en moins de temps qu'il n'en eût fallu ſans cela, il ne s'enſuit nullement que la ſomme totale de ſon induſtrie ou de ſon revenu puiſſe jamais en devenir plus conſidérable. L'induſtrie de la ſociété ne peut augmenter qu'en proportion de ce que ſon capital augmente, & ſon capital ne peut augmenter qu'en proportion de ce qu'elle épargne ſur ſon revenu. Mais l'effet immédiat de ces ſortes de réglemens, eſt de diminuer ſon revenu; & ce qui diminue ſon revenu, n'eſt certainement pas fort propre à augmenter ſon capital au-delà de l'accroiſſement qu'il auroit pris de lui-même, ſi l'emploi du capital & de l'induſtrie s'étoit fait naturellement.

Quand la ſociété n'auroit jamais acquis une certaine manufacture, faute de pareils réglemens, elle n'en ſeroit pas néceſſairement plus pauvre en aucun temps. Elle auroit pu employer, dans chaque période de ſa durée, tout ſon capital & ſon induſtrie à d'autres objets, & l'employer de la manière la plus avantageuſe pour le tems. Dans chaque période, ſon revenu auroit pu être le plus grand que comportoit ſon capital, & tous les deux s'augmenter avec la plus grande rapidité poſſible.

Les avantages qu'un pays a ſur un autre par ſes productions, ſont quelquefois ſi conſidérables, que tout le monde reconnoît l'inutilité de lutter contr'eux. Avec des couches, des chaſſis de verre & des ſerres, on peut faire produire à l'Ecoſſe de fort bons raiſins & en faire de bon vin, qui coûteroit trente fois plus que le vin au moins auſſi bon qu'elle tire de l'étranger. Seroit-ce une loi raiſonnable en Ecoſſe que d'y défendre l'*importation* de tous les vins étrangers, uniquement pour y encourager à faire du vin de Bordeaux & du vin de Bourgogne? Il y auroit donc une abſurdité manifeſte à tourner vers un emploi trente fois plus du capital & de l'induſtrie, qu'il n'en faudroit pour acheter des pays étrangers une

Ccccc

égale quantité des marchandises dont on manque ; & il y en a nécessairement une de la même espèce, quoique moins frappante, à tourner vers un pareil emploi un trentième ou même un trois-centième de plus de l'un & de l'autre.

Les marchands & les manufacturiers sont ceux qui tirent le meilleur parti de ce monopole intérieur. La défense d'importer en Angleterre du bétail en vie & des salaisons, & ces gros droits sur le bled étranger, qui, dans le temps d'une abondance ordinaire, équivalent à une prohibition, ne sont pas à beaucoup près si avantageux aux nourrisseurs de bestiaux & aux fermiers de la Grande-Bretagne que les autres réglemens de la même sorte le sont aux marchands & aux manufacturiers. Les marchandises de ceux-ci, sur-tout celles de la plus belle espèce, se transportent bien plus aisément d'un pays à l'autre, que le bled ou le bétail. Aussi est-ce à faire venir ou à exporter le produit de ces manufactures, que s'occupe le commerce étranger. En fait de manufactures, il ne faut qu'un très-petit avantage pour mettre les étrangers en état de vendre, même en Angleterre, à meilleur marché que ne vendent ses propres ouvriers ; mais il en faudroit un très-grand, pour qu'ils le fissent à l'égard du produit brut. Si on permettoit l'*importation* libre des manufactures étrangères, probablement plusieurs de ses manufactures en souffriroient ; quelques-unes d'elles seroient peut-être entièrement ruinées, & une partie considérable des fonds & de l'industrie qu'on y emploie à présent, seroit forcée de prendre une autre route. Mais la plus libre *importation* du produit brut de la terre n'opéreroit pas le même effet sur l'agriculture du pays.

Si jamais, par exemple, on laissoit pleine liberté d'importer du bétail étranger, il en arriveroit si peu que les nourrisseurs de bestiaux ne pourroient pas y perdre grand'chose. De toutes les marchandises, le bétail en vie est peut-être la seule dont le transport soit plus coûteux par mer que par terre. Quand les bestiaux viennent par terre, ils se transportent eux-mêmes au marché. Par mer, il faut non-seulement les embarquer, mais transporter aussi avec eux leur nourriture & leur boisson, ce qui n'entraîne pas de petits frais ni de petits inconvéniens. Le petit trajet de mer, qui sépare l'Irlande de la Grande-Bretagne, rend, à la vérité, plus facile l'importation du bétail irlandois ; mais quand on auroit permis pour toujours l'*importation* libre de ce bétail, qu'on n'a permise depuis peu que pour un temps limité ; elle n'affecteroit pas beaucoup l'intérêt des nourrisseurs de bestiaux. Les parties de la Grande-Bretagne, qui bordent la mer d'Irlande, sont toutes des pays de pâturages. Ce ne pourroit être pour leur usage, qu'on transporteroit le bétail d'Irlande. Pour qu'il arrive à son véritable marché, il faut le faire passer, à grands

frais & avec de grandes incommodités, à travers une grande étendue de pays. Les bœufs gras ne peuvent aller si loin. L'on ne pourroit donc importer que les maigres, & cette *importation* ne pourroit nuire à l'intérêt des pays qui les nourrissent & les engraissent ; elle leur seroit plutôt avantageuse, en faisant baisser le prix du bétail maigre ; elle croiseroit seulement l'intérêt des pays qui en font des élèves. Le peu de bétail d'Irlande importé depuis la permission donnée, & le prix auquel se soutient le bétail maigre semblent démontrer que les districts où l'on fait des élèves dans la Grande-Bretagne, ne souffriront jamais beaucoup de la liberté de cette *importation*. On dit, il est vrai, que le menu peuple d'Irlande s'y est quelquefois violemment opposé ; mais si les exportateurs avoient trouvé beaucoup à gagner dans la continuation de leur commerce, comme ils avoient la loi pour eux, il leur eût été facile de triompher de cette résistance de la populace.

Ajoutez que les pays qui nourrissent & engraissent, doivent toujours être bien cultivés, au lieu que ceux qui font des élèves, sont généralement incultes. Le haut prix du bétail maigre, en augmentant la valeur des terres incultes, est comme une gratification accordée au défaut de culture. Si un pays étoit très-bien cultivé par-tout, il lui seroit peut-être plus avantageux d'importer son bétail maigre que de le nourrir. C'est aussi, à ce qu'on dit, la maxime que la province de Hollande suit à présent. Les montagnes d'Ecosse, du pays de Galles & du Northumberland ne sont pas, il est vrai, des terreins fort susceptibles d'amendement, & semblent destinées par la nature à faire des élèves pour la Grande-Bretagne. La plus libre *importation* du bétail étranger ne pourroit avoir d'autre effet que d'empêcher ces pays qui font des élèves de tirer avantage des progrès de la population & de la culture dans le reste du royaume, de les mettre à un prix exorbitant, & d'établir ainsi une taxe réelle sur les parties du pays mieux cultivées.

La plus libre *importation* des viandes salées feroit aussi peu de tort aux nourrisseurs de bestiaux que celle du bétail en vie. Les viandes salées ne sont pas seulement une marchandise volumineuse, mais, comparées à la viande fraîche, elles sont d'une plus mauvaise qualité & d'un plus haut prix, à raison de ce qu'elles coûtent plus de frais & de travail. Elles ne pourroient donc jamais entrer en concurrence avec la viande fraîche, quoiqu'elles pussent y entrer avec les viandes salées du pays. Elles peuvent être bonnes à l'avitaillement d'un vaisseau pour un voyage de long cours, ou à d'autres usages pareils ; mais elles ne feront jamais une partie considérable de la nourriture du peuple. La petite quantité de provisions salées, qui est venue d'Irlande en Angleterre depuis la liberté de l'*impor-*

tation, est une preuve d'expérience que les nourrisseurs de bestiaux n'en ont rien à craindre. Il ne paroît pas que le prix de la viande de boucherie s'en soit jamais ressenti sensiblement.

La libre *importation* du bled même ne pourroit guère porter préjudice aux fermiers de la Grande-Bretagne. Le bled est une marchandise encore plus volumineuse que la viande de boucherie. Une livre de bled à un penny est aussi chère qu'une livre de viande de boucherie à quatre pences. La petite quantité de bleds étrangers, importée dans les temps même de la plus grande disette, peut convaincre les fermiers anglois qu'ils n'ont rien à appréhender de l'*importation* la plus libre de cette denrée.

Il faut le dire, au grand honneur des propriétaires vivans à la campagne & des fermiers, il n'y a pas de gens moins sujets au malheureux esprit du monopole. Si l'entrepreneur d'une grande manufacture apprend qu'il s'établit une fabrique de la même espèce à vingt milles de la sienne, il n'en faut pas davantage pour l'alarmer. L'entrepreneur hollandois de la manufacture de laine à Abbeville, stipula qu'il n'y en auroit point de semblable à trente lieues de cette ville. Les propriétaires de la campagne & les fermiers sont, au contraire, généralement plus disposés à aider leurs voisins qu'à les traverser dans la culture & l'amélioration de leurs fermes & de leurs biens. Ils n'ont point de secrets, comme en ont la plupart des manufacturiers; &, s'ils ont trouvé quelque nouvelle pratique avantageuse, ils se font un plaisir de la communiquer & de la répandre. *Plus quæstus*, dit Caton l'ancien, *stabilissimusque, minimeque invidiosus; minimeque malè cogitantes sunt qui in eo studio occupati sunt*. Les propriétaires qui vivent à la campagne, & les fermiers sont dispersés & ne peuvent se liguer aussi aisément que les marchands & les manufacturiers, qui, rassemblés dans les villes & accoutumés à cet esprit exclusif de communauté qui règne parmi eux, tâchent naturellement d'étendre contre tous leurs compatriotes le privilège exclusif qu'ils ont dans les villes, au préjudice de tous leurs habitans. Aussi paroissent-ils avoir été originairement les inventeurs des réglemens qui s'opposent à l'*importation* des marchandises étrangères, & qui leur assurent le monopole intérieur. Ce fut probablement pour les imiter, & pour se mettre au pair avec les gens disposés à les opprimer, que les propriétaires campagnards & les fermiers se sont éloignés en quelques pays de la générosité naturelle à leur condition, jusqu'au point de demander le privilège exclusif de fournir leurs concitoyens de grains & de viande de boucherie. Peut-être ne se donnèrent-ils pas le loisir de considérer combien il y avoit moins à craindre pour eux de la liberté du commerce, que pour ceux dont ils suivoient l'exemple.

Défendre l'*importation* des grains & du bétail étranger par une loi perpétuelle, c'est, dans le fait, statuer que la population & l'industrie du pays n'excéderont jamais ce que le produit brut de son sol peut en entretenir.

Il semble cependant qu'il y ait deux cas où il seroit généralement avantageux de mettre quelque taxe sur l'industrie étrangère, pour encourager l'industrie domestique.

Le premier cas est lorsqu'une espèce particulière d'industrie est nécessaire à la défense du pays. La défense de la Grande-Bretagne, par exemple, dépend beaucoup de ses matelots & de ses vaisseaux. Par conséquent, l'acte de la navigation a cherché sagement à donner à ses matelots & à ses vaisseaux le monopole du commerce intérieur, tantôt par des prohibitions absolues, tantôt par de gros impôts sur les vaisseaux des pays étrangers. Les principales dispositions de cet acte sont celles qui suivent.

1°. Tous les vaisseaux dont les propriétaires, les maîtres & les trois quarts de l'équipage ne sont pas sujets de la Grande-Bretagne, ne pourront, sous peine de confiscation du vaisseau & de sa cargaison, faire le commerce aux établissemens & plantations de l'Angleterre, ni être employés au commerce côtier de la Grande-Bretagne.

2°. Un grand nombre des articles d'*importation* les plus volumineux pourront être importés dans la Grande-Bretagne seulement, soit dans les vaisseaux tels qu'on vient de les décrire, soit dans les vaisseaux du pays produisant ces articles, & dont les propriétaires, les maîtres & les trois quarts des équipages seront de ce pays-là; & quand ils seront importés par des vaisseaux de cette dernière espèce, ils seront sujets à une taxe double de celle imposée sur les marchandises étrangères. S'ils sont transportés dans des vaisseaux d'un autre pays, le vaisseau & la cargaison seront confisqués. Lorsqu'on fit cet acte, les hollandois étoient, ce qu'ils sont encore aujourd'hui, les grands voituriers de l'Europe, & ce réglement leur ôta entièrement la faculté d'être ceux de la Grande Bretagne, ou d'importer en Angleterre les marchandises d'aucun autre pays de l'Europe.

3°. Défense, sous peine de confiscation du vaisseau & de sa cargaison, d'importer, même dans des vaisseaux britanniques, beaucoup des divers articles d'*importation* les plus volumineux, si ce n'est des pays qui les produisent. L'intention de ce réglement fut probablement de mortifier les hollandois. La Hollande étoit alors, comme à présent, la grande foire où se rendoient toutes les marchandises de l'Europe, & par-là on empêcha les vaisseaux anglois de se charger en Hollande des marchandises d'aucun autre pays de l'Europe.

4°. Tout poisson salé, ainsi que les nageoires, les os & l'huile de baleine, qui n'auront point

été pris & falés à bord des vaiffeaux britanniques, feront fujets au double des droits fur les
marchandifes étrangères, quand ils feront importés dans la Grande-Bretagne. Les hollandois, qui
font encore aujourd'hui les principaux pêcheurs
en Europe, étoient alors les feuls qui entrepri-
fent de fournir du poiffon à toutes les nations
étrangères. Ce réglement mit une charge bien
lourde fur la fourniture qu'ils en faifoient à la
Grande-Bretagne.

L'Angleterre & la Hollande n'étoient point
en guerre, quand on paffa l'acte de la navigation; mais il régnoit entre les deux nations une
violente animofité. Elle avoit commencé durant
le gouvernement du long parlement qui le premier
dreffa cet acte. Elle éclata bientôt après, dans
les guerres de Hollande, durant le gouvernement
du protecteur & celui de Charles II. Il n'eft donc
pas impoffible que quelques-unes des difpofitions
de ce fameux acte aient eu l'animofité nationale
pour principe. Elles font cependant auffi favorables à la profpérité de la nation angloife, que fi
elles avoient été dictées par la plus profonde fageffe. Cette animofité avoit alors en vue le même
objet qu'auroit indiqué la fageffe la plus confommée; je veux dire, la diminution de la puiffance
de la Hollande, la feule puiffance navale qui
fût capable de mettre la fûreté de l'Angleterre
en danger.

L'acte de la navigation n'eft point favorable au
commerce étranger, ou à l'accroiffement de l'o-
pulence qui en dérive. L'intérêt d'une nation,
dans fes relations de commerce avec les nations
étrangères, eft comme celui d'un marchand par
rapport aux différentes perfonnes avec lefquelles il traite; c'eft d'acheter le meilleur marché, & de vendre le plus cher poffible. Or il eft
naturel qu'elle achète meilleur marché, lorfque,
laiffant au commerce une liberté parfaite, elle
encourage toutes les nations à lui apporter les
marchandifes qu'elle a befoin d'acheter; & par
la même raifon il eft tout fimple qu'elle vende
plus cher, quand fes marchés feront pleins d'acheteurs. Il eft vrai que l'acte de la navigation ne met
point de gênes fur les vaiffeaux étrangers, qui vont
en Angleterre pour exporter le produit de l'induftrie britannique. Les anciens droits que les étrangers avoient coutume de payer fur toutes les marchandifes exportées, auffi-bien qu'importées, ont
été même fupprimés, par des actes fubféquens,
fur la plus grande partie des articles de l'exportation. Mais fi, par des prohibitions ou de gros
droits, on empêche les étrangers de venir vendre, on les met fouvent hors d'état de venir
acheter, parce qu'obligés de venir fans cargaifon,
il faut qu'ils perdent le fret depuis leur pays jufqu'à la Grande-Bretagne. Ainfi, en diminuant le
nombre des vendeurs, l'Angleterre diminue néceffairement celui des acheteurs, & elle fe met
dans le cas non-feulement d'acheter les marchan-

difes des autres plus cher, mais encore de vendre les fiennes meilleur marché qu'elle ne le feroit s'il y avoit une pleine liberté de commerce.
Cependant, comme la défenfe nationale eft une
chofe beaucoup plus importante que l'opulence,
l'acte de la navigation eft peut-être le plus fage
de tous les réglemens de commerce, qui aient
été faits en Angleterre.

Le fecond cas où il fera généralement avantageux de mettre quelque charge fur l'induftrie
étrangère, afin d'encourager celle du dedans,
eft lorfqu'il y a quelque taxe d'impofée dans le
pays fur le produit de la dernière. Alors il paroît
raifonnable d'impofer une taxe égale fur pareil
produit de la première. Ce ne fera pas donner
le monopole intérieur à l'induftrie domeftique,
ni déterminer vers un certain emploi plus de
fonds & de travail qu'il ne s'en fera porté naturellement de ce côté-là. Ce fera feulement
empêcher que ce qui s'y feroit porté, n'en foit
détourné par la taxe, pour prendre une direction
moins naturelle; &, la taxe impofée, la concurrence entre l'induftrie domeftique & étrangère refteroit, autant qu'il eft poffible, fur le
même pied qu'auparavant. Quand on met dans
la Grande-Bretagne une taxe fur le produit de
l'induftrie domeftique, l'ufage eft d'en mettre une
beaucoup plus forte fur l'*importation* de toutes
les marchandifes étrangères de la même efpèce,
afin d'arrêter les clameurs des marchands & des
manufacturiers.

Selon quelques perfonnes, cette feconde li-
mitation de la liberté du commerce devroit quelquefois s'étendre bien plus loin que fur les marchandifes étrangères qui peuvent entrer précifément en concurrence avec celles du pays qui font
taxées. Ils prétendent que quand on a impofé
dans un pays des chofes néceffaires à la vie, il
convient de taxer non-feulement les mêmes chofes importées des autres pays, mais encore toutes
les fortes de marchandifes étrangères qui peuvent
entrer en concurrence avec ce qui compofe le
produit de l'induftrie domeftique. La fubfiftance, difent-ils, renchérit néceffairement en conféquence de ces taxes, & le prix du travail doit
toujours hauffer avec le prix de la fubfiftance des
ouvriers. Ainfi, quoique chaque marchandife faifant partie du produit domeftique ne foit pas impofée immédiatement, elle devient plus chère
par un effet de ces taxes, puifque le travail qui
les produit, devient lui-même plus cher. Ces
taxes, continuent-ils, font donc réellement équivalentes à une taxe fur chaque marchandife particulière que le pays produit. Par conféquent,
pour mettre l'induftrie domeftique fur le même
pied que l'étrangère, il convient de mettre fur
toute marchandife étrangère un droit égal à ce
furhauffement du prix des marchandifes du pays,
avec lefquelles elle peut entrer en concurrence.

En fuppofant que les taxes fur les chofes néceffaires à la vie, comme les taxes mises dans la Grande-Bretagne sur la drèche, la bière, le savon, le cuir, la chandelle, &c. sont nécessairement hausser le prix du travail, & conséquemment celui de toutes les marchandises. Ce surhaussement général du prix de toutes les marchandises en conséquence de celui du prix du travail, est un cas différent de celui d'une marchandise particulière, dont le prix monte par la taxe particulière qu'on impose immédiatement sur elle. Il en diffère à deux égards.

1°. On peut toujours savoir exactement de combien peut monter le prix d'une telle marchandise par la taxe dont on la charge; mais on ne peut jamais savoir avec la moindre exactitude à quel point le surhaussement général de toutes les marchandises qui sont le fruit du travail, affectera le prix de chacune en particulier; & par conséquent il n'y a pas moyen de proportionner avec exactitude à ce surhaussement de prix la taxe sur chaque marchandise étrangère.

2°. Les taxes sur les choses nécessaires à la vie ont sur le bien-être du peuple à-peu-près le même effet qu'un sol pauvre & un mauvais climat. Elles rendent les vivres plus chers, tout comme ils le seroient s'il falloit un travail & une dépense extraordinaires pour les tirer de la terre. Dans une disette naturelle provenant du sol & du climat, il seroit absurde de diriger les gens dans la manière dont ils doivent employer leurs capitaux & leur industrie. Ce seroit une égale absurdité que de prétendre la faire dans une disette artificielle provenant de ces sortes de taxes. Les laisser s'arranger comme ils pourront, accommoder leur industrie à leur situation, & chercher les emplois du travail & des fonds dans lesquels ils peuvent, malgré la dureté de leur situation, se procurer quelque avantage dans le commerce du dedans ou du dehors, c'est évidemment ce qu'il y a pour lors de mieux à faire pour eux. Si on leur met une nouvelle taxe, parce qu'ils sont déja surchargés de taxes; si parce qu'ils payent déja trop cher les choses nécessaires à la vie, on leur fait payer aussi trop cher la plus grande partie des autres marchandises, ne prend-on pas la voie la plus absurde pour les indemniser?

Lorsque ces sortes de taxes parviennent à un certain excès, elles sont une malédiction égale à la stérilité de la terre & à l'inclémence du ciel; & c'est pourtant dans les pays les plus riches & les plus industrieux, qu'elles sont le plus généralement imposées. Des pays moins heureux ne pourroient soutenir un si grand désordre. Comme les corps les plus vigoureux sont les seuls qui vivent & se portent bien avec un régime mal sain, de même il n'y a que les nations douées des plus grands avantages naturels & acquis dans toutes sortes d'industrie, qui puissent subsister & prospérer avec le fardeau d'un grand nombre de

taxes. La Hollande est le pays de l'Europe où il y en a le plus; & par des circonstances particulières, elle continue de prospérer, non par le moyen de ces charges, comme on l'a supposé avec la plus grande absurdité, mais en dépit d'elles.

Comme il y a deux cas où il sera généralement avantageux d'imposer l'industrie étrangère pour encourager l'industrie domestique, il y en a deux autres qui demandent une délibération réfléchie, & on ne peut trop examiner jusqu'où il est à propos de continuer la libre *importation* de certaines marchandises étrangères; & jusqu'où & de quelle manière il est à propos de rétablir l'*importation* libre, après qu'elle a été interrompue quelque temps.

Il importe de voir jusqu'où il est à propos de continuer l'*importation* libre de certaines marchandises étrangères, si une autre nation empêche, par de gros droits ou des prohibitions, qu'on n'importe chez elle le produit de certaines de nos manufactures. La vengeance dicte alors naturellement de rendre la pareille, & d'établir les mêmes droits & prohibitions sur l'*importation* qu'ils feroient chez nous du produit de quelques-unes ou de toutes leurs manufactures. Aussi les nations ne manquent-elles guère d'avoir recours à ces représailles. Les françois ont été particulièrement ardens à favoriser leurs manufactures, en mettant des entraves à l'*importation* des marchandises étrangères qui pouvoient entrer en concurrence avec les leurs. C'étoit une grande partie de la politique de M. Colbert qui, malgré ses grands talens, paroît avoir été trompé par les sophismes des marchands & des manufacturiers, qui ne cessent de demander le monopole contre leurs concitoyens. On croit aujourd'hui, en France, que toutes les opérations de ce genre n'ont pas fait de bien à ce pays. Ce ministre, par le tarif de 1667, imposa de fort gros droits sur les marchandises d'un grand nombre de manufactures étrangères. Sur son refus de les modérer en faveur des hollandois, ils défendirent en 1671 l'*importation* des vins, des eaux-de-vie, & de tout ce que fabriquoient les manufactures de France. La guerre de 1672 paroît avoir été en partie occasionée par cette dispute de commerce. La querelle fut terminée en 1678 par la paix de Nimegue. Quelques-uns de ces droits furent modérés en faveur des hollandois, qui en revanche, levèrent leur prohibition. Ce fut vers le même temps que les françois & les anglois commencèrent à opprimer mutuellement l'industrie les uns des autres par de semblables droits & prohibitions. L'esprit d'hostilité, qui a toujours subsisté depuis entre les deux nations, n'a pas permis de les modérer de part ni d'autre, jusqu'au traité de commerce de 1786. En 1697 les anglois défendirent l'*importation* de la dentelle qui se fait en Flandre. Le gouvernement de ce pays, qui étoit alors fous la domination de l'Efpagne, défendit, de fon côté, l'*importation* des laines angloifes. En 1700, la défenfe d'importer de la dentelle en Angleterre fut levée, à condition que l'*importation* des laines angloifes feroit en Flandre fur le même pied qu'elle étoit auparavant.

Il peut y avoir une bonne politique à ufer de cette efpèce de repréfailles, quand il y a une probabilité qu'elles feront révoquer les gros droits & les prohibitions dont on fe plaint. Ce qu'on recouvrera d'étendue dans le marché du dehors, fera généralement plus que fuffifant pour compenfer l'inconvénient paffager de payer plus cher certaines marchandifes pendant un court efpace de temps. Mais ces fortes de repréfailles produiront-elles la révocation dont il s'agit ? C'eft un point dont la décifion appartient peut-être moins à la fcience du légiflateur, dont les délibérations doivent toujours être dirigées par des principes généraux qui ne varient jamais, qu'à l'adreffe de l'homme d'état ou du politique, dont les confeils fe règlent felon les viciffitudes ou les variations momentanées qui arrivent dans les affaires. S'il n'y a pas de probabilité que ces repréfailles faffent lever les impofitions & les défenfes, il paroît que c'eft une mauvaife méthode de réparer un tort fait à certaines claffes de nos concitoyens, en faifant nous-mêmes un autre tort à ces claffes & à prefque toutes les autres. Quand nos voifins ferment leurs portes à quelques-unes de nos fabriques, nous fermons les nôtres non-feulement à ce qui fe fait de pareil chez eux, ce qui feul ne les toucheroit pas beaucoup, mais encore à d'autres produits de leur induftrie. Cette vengeance peut fans doute donner de l'encouragement à quelque claffe particulière de nos ouvriers, &, en excluant certains de leurs rivaux, les mettre en état d'augmenter le prix de ce qu'ils font & vendent chez nous. Cependant les ouvriers qui ont fouffert de la prohibition de nos voifins, n'y gagneront rien ; au contraire, ils y perdront eux & prefque toutes les autres claffes de citoyens, puifque par-là ils feront obligés de payer certaines marchandifes plus cher qu'ils ne les payoient auparavant. Une loi de cette nature impofe donc une taxe réelle fur tout le pays, non en faveur de cette claffe d'ouvriers à qui la prohibition de nos voifins porte préjudice, mais en faveur de quelqu'autre claffe.

Il y a auffi quelquefois matière à délibérer jufqu'où & de quelle manière il convient de rétablir la libre *importation* des marchandifes étrangères, après qu'elle a été interrompue pendant quelque temps. Ce fecond cas a lieu, quand des manufactures particulières, au moyen des gros droits & des prohibitions fur toutes les marchandifes étrangères qui pouvoient entrer en concurrence avec elles, fe font étendues au point d'employer une grande multitude de bras. Dans

ce cas, l'humanité peut exiger que la liberté ne foit rendue au commerce que peu-à-peu, lentement & avec beaucoup de réferve & de circonfpection. Si on fupprimoit tout d'un coup & tout à la fois ces forts droits & ces prohibitions, il viendroit peut-être bientôt dans le pays une fi grande quantité de marchandifes étrangères de la même efpèce & moins chères, que plufieurs milliers de fujets fe verroient tout-à-coup privés de leur emploi ordinaire & des moyens de fubfifter. Il en réfulteroit fans doute un grand défordre ; mais qui feroit pourtant, felon toute apparence, beaucoup moindre qu'on ne l'imagine communément : ce que je prouve par les deux raifons fuivantes.

1°. Toutes ces manufactures, dont le produit paffe communément en partie chez l'étranger, fans qu'il y ait de gratification attachée à l'exportation, ne peuvent guère fe reffentir de la plus libre *importation* des marchandifes étrangères. Il faut que leurs productions fe vendent hors du pays, auffi bon marché que toutes les étrangères des mêmes efpèces & qualités, & conféquemment il faut qu'elles fe vendent meilleur marché dans le pays même. Elles feroient donc encore en poffeffion du marché intérieur ; & quand certaines perfonnes du beau monde auroient la fantaifie de préférer les marchandifes étrangères, précifément parce qu'elles font étrangères, à celles du pays qui font de même efpèce, quoique meilleures & moins chères, cette folie, par la nature des chofes, feroit toujours fi rare & s'étendroit fi peu, qu'elle ne pourroit faire aucune impreffion fenfible fur l'emploi général des ouvriers. Mais il n'y a aucune gratification attachée à l'exportation qui fe fait annuellement d'une grande partie des manufactures de laine, des cuirs tannés & de la quincaillerie de la Grande-Bretagne ; & ce font ces manufactures qui emploient le plus de bras. La manufacture de foie feroit peut-être celle qui fouffriroit le plus de cette liberté du commerce ; celle de toile enfuite, quoique beaucoup moins.

2°. De ce qu'un grand nombre de gens perdroient leur moyen ordinaire de fubfiftance, par le rétabliffement de la liberté du commerce, il ne s'enfuit nullement qu'ils feroient privés de tout moyen de travailler & de fubfifter. Par la réduction des armées de terre & de mer, à la fin de la guerre de 1756, il y eut en Angleterre plus de cent mille, tant foldats que matelots, à qui on retira leur emploi ordinaire, & ce nombre égale ce qu'on emploie de gens dans les plus grandes manufactures. Sans doute qu'ils en fouffrirent quelque dommage ; mais, en les congédiant, on ne leur ôta point tout moyen de travailler & de gagner leur vie. La plus grande partie des matelots s'attacha probablement au fervice des vaiffeaux marchands à mefure qu'elle en trouva l'occafion ; & en attendant, les foldats & eux furent abforbés dans la grande maffe du peuple, où ils s'adonnèrent à beaucoup de différentes occupations. Non-feulement l'état n'éprouva aucune convulfion, mais il n'arriva pas même de défordre fenfible après un fi grand changement dans la fituation de plus de cent mille hommes, tous rompus dans l'ufage des armes, & la plûpart accoutumés à la rapine & au pillage. On ne s'apperçut pas que le nombre des vagabonds fût nulle part augmenté fenfiblement ; & , autant que j'ai pu l'apprendre, le falaire même du travail ne baiffa dans aucune profeffion, fi ce n'est dans celle des matelots au fervice de la marine marchande. Mais fi l'on compare les habitudes d'un foldat avec celles d'un manufacturier quelconque, on trouvera que celles du dernier tendent moins à le rendre inhabile à un nouveau métier, que celles du premier à le rendre incapable d'en exercer aucun. Le manufacturier a toujours été accoutumé à ne compter pour fa fubfiftance que fur fon travail feul ; au lieu que le foldat l'a toujours attendue de fa paie. L'application & l'induftrie ont été le partage de l'un, la fainéantife & la diffipation celui de l'autre. Or il eft beaucoup plus facile de changer la direction de l'induftrie, & de la tourner d'une efpèce de travail à une autre, que d'amener l'oifiveté & la diffipation à s'occuper. D'ailleurs la plûpart des manufactures fe reffemblent affez, pour qu'un ouvrier n'ait pas grande peine à paffer de l'une à l'autre. La plus grande partie de ces ouvriers font auffi employés accidentellement aux travaux de la campagne. Les fonds qui les mettoient auparavant en action dans une manufacture particulière demeurant encore dans le pays, ferviront à occuper le même nombre de bras à quelqu'autre chofe. Le capital du pays reftant le même, on demandera la même ou à-peu-près la même quantité de travail. Peu importe qu'il ne fe faffe pas dans les mêmes endroits, & qu'il n'ait pas les mêmes objets. Il eft vrai que les foldats & les matelots licenciés ont la liberté d'exercer tel métier qu'ils voudront dans toutes les villes & tous les lieux de la Grande-Bretagne & de l'Irlande. Qu'on rende à tous les fujets de fa majefté britannique la même liberté naturelle d'exercer telle efpèce d'induftrie qu'il leur plaira, & par-tout où bon leur femblera dans les trois royaumes ; qu'on caffe les privilèges exclufifs des corporations ; & qu'on aboliffe le ftatut de l'apprentiffage, deux inftitutions qui font de véritables breches faites au droit naturel ; qu'on y ajoute auffi la révocation de la loi des établiffemens, & qu'un pauvre ouvrier qui ne trouve plus rien à faire dans un certain métier, ou dans un certain endroit, cherche impunément de quoi gagner fa vie autrement, ou dans un autre endroit ; qu'il ne craigne plus d'être pourfuivi ou renvoyé, alors ni le public ni les individus ne feront guère plus léfés par la diffolution accidentelle de quelques claffes de manufacturiers, que par le licencîment des foldats. Les manufacturiers anglois ont fans doute un grand mérite par rapport à leur pays ; mais ils ne peuvent en avoir plus que ceux qui le défendent de leur fang, & ils ne méritent pas d'en être mieux traités.

S'attendre que la liberté du commerce foit jamais rétablie entièrement dans la Grande-Bretagne, ce feroit une bonhomie auffi abfurde que de compter d'y voir jamais réalifer l'Oceana ou l'Utopie. Non-feulement les préjugés, mais, ce qui eft bien plus infurmontable, les intérêts particuliers de plufieurs individus s'y oppofent irréfiftiblement. Si les officiers d'une armée s'oppofoient à toute réduction des troupes avec autant de zèle & d'unanimité, que les maîtres manufacturiers en ont pour s'élever contre toute loi tendante à multiplier leurs rivaux dans le marché intérieur ; fi les premiers animoient leurs foldats comme les autres enflamment leurs ouvriers, pour les foulever & les déchaîner contre toute propofition d'un pareil réglement, il n'y auroit pas moins de danger à réduire une armée, qu'il n'y en a un dernièrement à vouloir diminuer à quelque égard le monopole que nos manufacturiers ont obtenu contre leurs concitoyens. Ce monopole a tellement groffi le nombre des monopoleurs, que, femblables à un déluge de troupes fur pied, ils font devenus formidables au gouvernement, & ont intimidé plufieurs fois la légiflation. Le membre du parlement, qui vient à l'appui de toute propofition faite pour fortifier le monopole, eft fûr d'acquérir non-feulement la réputation de bien entendre le commerce, mais de la faveur & du crédit dans un ordre d'hommes, à qui leur multitude & leurs richeffes donnent une grande importance. S'il s'y oppofe, au contraire, & qu'il ait de plus affez d'autorité pour les traverfer, ni la probité la plus reconnue, ni le plus haut rang, ni les plus grands fervices rendus au public, ne peuvent le mettre à l'abri de la détraction & des calomnies les plus infâmes, des infultes perfonnelles, & quelquefois du danger réel que produit le déchaînement des monopoleurs furieux & trompés dans leurs efpérances.

Si on ouvroit fubitement le marché intérieur à la concurrence des étrangers, le maître particulier d'une manufacture, qui feroit obligé d'abandonner fon commerce, en fouffriroit fans doute confidérablement. Il pourroit peut-être trouver aifément un autre emploi à cette partie de fon capital, qui lui fervoit à acheter les matières & à payer fes ouvriers ; mais il ne pourroit guères fe garantir d'une groffe perte dans la difpofition qu'il feroit de l'autre partie de fon capital, fixée dans fes atteliers & dans les inftrumens fervans à fa fabrique. Un ménagement équitable pour fon intérêt demanderoit donc que ces fortes de changemens ne fe fiffent pas brufquement, mais lentement, graduellement, & après de longs avertiffemens. La légiflation, fuppofé qu'elle puiffe jamais être dirigée, non par les clameurs importunes de l'intérêt perfonnel, mais par une vue étendue de ce qu'exige le bien général; la légiflation, dis-je, doit peut-être donner par la même raifon une attention particulière à ne point établir de nouveaux monopoles de ce genre, & à ne pas étendre plus loin ceux qui fubfiftent déja. Tout nouveau réglement de cette nature introduit plus ou moins un défordre réel dans la conftitution de l'état, auquel il fera difficile de remédier enfuite fans occafionner un autre défordre.

C'eft par des vues politiques, plutôt que par des vues de commerce, qu'on a fouvent défendu ou affujetti à de gros droits l'importation des articles provenant des manufactures étrangères; c'eft par de femblables vues qu'on maintient ce régime dans plufieurs gouvernemens. On croit mettre des obftacles à la profpérité de la nation voifine & à la force de cet état; on croit diminuer fes richeffes, & cette erreur n'eft pas moins palpable: malgré ces prohibitions, l'induftrie du peuple auquel on veut nuire, s'exerce d'une manière auffi utile à la profpérité nationale; & quant à la force d'un état, il eft bien reconnu qu'on peut fuppléer aux métaux avec du courage; qu'un peuple fimple dans fes mœurs & d'une fortune bornée, eft plus redoutable qu'un peuple amolli par la fortune. Les politiques favent bien que la nation voifine qu'on affujettit à des prohibitions & à des gênes, ufe de repréfailles & vous impofe les mêmes prohibitions & les mêmes gênes, & qu'ils partagent ainfi les maux dont ils font la caufe; mais lorfque la nation eft puiffante, ils penfent qu'elle peut, fans inconvénient, partager ce mal; & c'eft avec ces grands principes fur les reffources inépuifables que les nations opulentes, après avoir brillé d'un éclat trompeur, fe ruinent & éprouvent des bouleverfemens terribles.

La reftitution des droits, au moment de l'importation, paroît très-raifonnable. En rendant au négociant qui exporte le tout ou une partie de l'accife, ou d'un autre droit impofé fur l'induftrie domeftique; on ne peut jamais occafionner l'exportation d'une plus grande quantité de marchandifes qu'on n'en auroit exporté fans l'impôt. Cette reftitution ne tend pas à tourner, vers aucun emploi particulier, une plus grande portion du capital que celle qui s'y feroit tournée d'elle-même, mais feulement à empêcher qu'il en foit rien détourné à d'autres emplois; il tend non à renverfer la balance qui s'établit naturellement entre les divers emplois de la fociété, mais à empêcher que le droit impofé ne la renverfe; non à détruire, mais à conferver ce qu'il eft prefque toujours utile de conferver, la divi-

fion & la diftribution naturelle du travail dans la fociété.

On peut en dire autant des reftitutions à la réexportation des marchandifes étrangères importées. Dans la Grande-Bretagne, la partie du droit fur l'importation qu'on reftitue, eft en général de beaucoup la plus forte: la moitié des droits impofés par ce qu'on appelle l'ancien fubfide, y eft univerfellement rendue, excepté fur les marchandifes exportées aux plantations britanniques, & fouvent le tout ou une partie de ceux impofés par les derniers fubfides & impôts. Les reftitutions furent accordées originairement pour encourager le commerce de tranfport, qu'on regardoit comme le plus propre à faire venir l'or & l'argent dans le pays, parce que les étrangers payent fouvent la cargaifon des vaiffeaux en argent. Mais quoique ce commerce ne mérite pas d'encouragement particulier, & quoique le motif de l'inftitution ait été peut-être bien fou, l'inftitution paroît affez fage. Elle ne peut introduire dans ce commerce de tranfport plus du capital du pays, qu'il n'en auroit naturellement s'il n'y avoit pas eu de droits fur l'importation; elle empêche feulement que ce commerce ne foit abfolument exclu par ces droits. Quoiqu'il ne mérite aucune préférence, il ne faut pas l'exclure, mais le laiffer libre comme tous les autres. Il eft une reffource néceffaire pour les capitaux qui ne peuvent trouver d'emploi, ni dans l'agriculture & les manufactures du pays, ni dans fon commerce étranger de confommation.

Le revenu des douanes, bien loin de fouffrir de ces reftitutions, en profite par la partie des droits qu'elles ne rendent pas: fi on n'en ôtoit rien, les marchandifes étrangères fur lefquelles il fe paye, ne pourroient guère être exportées, ni conféquemment importées, faute d'un marché pour les vendre: les droits dont on retient une partie, ne feroient donc jamais payés.

Ces raifons paroiffent fuffifantes pour juftifier les Draw-backs anglois, & les juftifieroient quand ils feroient du total des droits pour l'exportation qui fe feroit, tant du produit de l'induftrie nationale que des marchandifes étrangères; à la vérité, le revenu de l'accife en fouffriroit un peu, & les douanes beaucoup plus; mais un tel réglement rétabliroit mieux la balance naturelle de l'induftrie, & la divifion & diftribution naturelle du travail, toujours plus ou moins dérangées par ces fortes de droits.

Ces raifons cependant ne juftifieront que les draw-backs fur l'exportation des marchandifes aux pays abfolument étrangers, & non à ceux où les marchands & les manufacturiers anglois font le monopole: par exemple, une reftitution des droits à l'exportation des marchandifes d'Europe aux colonies angloifes d'Amérique, n'occafionnera pas toujours une exportation plus confidérable que celle qu'on y auroit faite, tous les droits reftans.

Comme

Comme ils y jouiffent du monopole, il pourroit arriver fouvent qu'ils y en portaffent la même quantité : ainfi les reftitutioñs de droits peuvent être fouvent en pure perte pour l'excife & les douanes, fans rien changer à l'état du commerce, ni le rendre en aucune manière plus étendu qu'il ne feroit. Il eft clair que les reftitutions de droits ne font utiles que dans les cas où les marchandifes, pour l'exportation defquelles on les accorde, font réellement exportées chez l'étranger, & ne rentrent pas clandeftinement dans le pays. On fait l'abus qu'on a fait en Angleterre de ces reftitutions de droits, particuliérement de celles fur le tabac, combien elles ont occafionné de fraudes également préjudiciables au fifc, & à ceux qui font le commerce de bonne-foi.

Nous terminerons ce morceau par une remarque importante; c'eft fur-tout pour fe procurer une balance favorable de commerce qu'on a gêné les *importations*. Après toute l'inquiétude qu'on s'eft donnée fur ce fujet, après les vaines tentatives de prefque toutes les nations commerçantes, pour tourner cette balance en leur faveur, il ne paroît pas qu'aucune nation de l'Europe ait été appauvrie par cette caufe : au contraire, en proportion que chaque pays, chaque ville a ouvert fes ports, au lieu d'être ruinés par la liberté du commerce, ainfi qu'on devoit s'y attendre d'après les principes de ce fyftême, ils fe font enrichis : je dis *en proportion*; car il y a peu de villes en Europe, qui, à certains égards, méritent le nom de *ports francs*, & il n'y a pas un feul pays où le commerce étranger foit libre. La Hollande approche peut-être le plus de ce caractère, quoiqu'elle en foit encore bien éloignée, & il eft reconnu que la Hollande tire non-feulement toute fa richeffe, mais même une grande partie de fa fubfiftance néceffaire, du commerce étranger.

Il y a véritablement une autre balance, déja expliquée ci-devant, très-différente de la balance du commerce, & qui, felon qu'elle vient à être favorable ou défavorable, occafionne néceffairement la profpérité, ou la décadence d'une nation. C'eft la balance du produit annuel & de la confommation : car fi la valeur échangeable du pro-

duit annuel excède celle de la confommation annuelle, le capital de la fociété doit augmenter annuellement, en proportion de cet excédant. La fociété, dans ce cas, vit de fon revenu; & ce qu'elle épargne fur ce revenu, eft naturellement ajouté à fon capital, & employé de manière que le produit annuel en devient encore plus grand. Si au contraire, la valeur échangeable du produit annuel eft au-deffous de la confommation annuelle, il faut que le capital de la fociété diminue annuellement, en proportion de ce *déficit*. Sa dépenfe excède alors fon revenu, & prend néceffairement fur fon capital. Son capital, par conféquent, doit néceffairement décheoir, & avec lui la valeur échangeable du produit annuel de fon induftrie.

La balance du produit & de la confommation eft très-différente de ce qu'on appelle la balance du commerce : elle peut s'établir dans une nation qui n'auroit point de commerce étranger, mais qui feroit abfolument féparée du refte du monde : elle peut avoir lieu fur tout le globe terreftre, dont la richeffe, la population & les progrès peuvent croître ou décroître par degrés.

La balance du produit & de la confommation peut être conftamment en faveur d'une nation, quoique ce qu'on appelle *la balance du commerce* foit généralement contr'elle. Une nation peut importer pour une plus grande valeur qu'elle n'exporte, peut-être un demi-fiècle de fuite : l'or & l'argent qui lui viennent durant tout ce temps, peuvent être envoyés, fur le champ, hors du pays; fa monnoie circulante peut tomber graduellement, & différentes fortes de papier-monnoie en prendre la place : enfin les dettes même qu'elle contracte chez les principales nations avec lefquelles elle commerce, peuvent aller toujours en croiffant; & cependant il peut fe faire que fa richeffe réelle, que la valeur échangeable du produit de fes terres & de fon travail aient augmenté, durant ce même efpace de temps, en beaucoup plus grande proportion : l'état des colonies de l'Amérique feptentrionale & le commerce qu'elles faifoient avec la Grande-Bretagne avant les derniers troubles, font une preuve que cette fuppofition n'eft nullement impoffible.

Fin du fecond Volume.